中国建设年鉴 2013

《中国建设年鉴》编委会 编

中国建筑工业出版社

图书在版编目(CIP)数据

中国建设年鉴2013/《中国建设年鉴》编委会编. —北京：中国建筑工业出版社，2014.3
ISBN 978-7-112-16222-2

Ⅰ.①中… Ⅱ.①中… Ⅲ.①城乡建设-中国-2013-年鉴 Ⅳ.①F299.2-54

中国版本图书馆CIP数据核字(2013)第306603号

责任编辑：马　红
责任设计：陈　旭
责任校对：姜小莲　赵　颖

中国建设年鉴2013
《中国建设年鉴》编委会　编

*

中国建筑工业出版社出版、发行(北京西郊百万庄)
各地新华书店、建筑书店经销
北京天成排版公司制版
北京中科印刷有限公司印刷

*

开本：880×1230毫米　1/16　印张：62¼　插页：24　字数：2020千字
2014年1月第一版　　2014年1月第一次印刷
定价：300.00元
ISBN 978-7-112-16222-2
(24962)

版权所有　翻印必究
如有印装质量问题，可寄本社退换
(邮政编码　100037)

编辑说明

一、《中国建设年鉴》是由住房和城乡建设部组织编纂的大型工具性年刊，中国建筑工业出版社具体负责编辑出版工作。每年一本，逐年编辑出版。

二、本年鉴力求综合反映我国建设事业发展与改革年度情况，属于大型文献史料性工具书。内容丰富，资料来源准确可靠，具有很强的政策性、指导性、文献性。可为各级建设行政主管领导提供参考，为地区和行业建设发展规划和思路提供借鉴，为国内外各界人士了解中国建设情况提供信息。本书具有重要的史料价值、实用价值和收藏价值。

三、本卷力求全面记述2012年我国房地产业、住房保障、城乡规划、城市建设与市政公用事业、村镇建设、建筑业、建筑节能与科技和国家基础设施建设等方面的主要工作，突出新思路、新举措、新特点。

四、本年鉴记述时限一般为上一年度1月1日至12月31日。考虑有些条目内容的完整性和时效性，为服务住房城乡建设事业，个别记述在时限上有所上溯或下延。

五、本卷内容共分十篇，分别是重要活动，专论，建设综述，各地建设，法规政策文件，行业发展研究报告，数据统计与分析，部属单位、社团与部分央企，2012年建设大事记，附录。采用篇目、栏目、分目、条目依次展开，条目为主要信息载体。

六、我国香港特别行政区、澳门特别行政区和台湾地区建设情况暂未列入本卷。

七、本年鉴资料由各省、自治区住房和城乡建设厅，直辖市住房城乡建设行政主管单位及有关部门，国务院有关部委司局，住房和城乡建设部各司局和部属单位、社团等提供。稿件由供稿单位组织专人搜集资料并撰写、供稿单位负责人把关。

八、谨向关心支持《中国建设年鉴》的各地区、有关部门、各单位领导、撰稿人员和有关单位致以诚挚的感谢！

《中国建设年鉴2013》编辑委员会

主任

王　宁　住房和城乡建设部副部长

副主任

王铁宏　住房和城乡建设部办公厅主任

沈元勤　中国建筑工业出版社社长

编委

曹金彪　住房和城乡建设部法规司司长

倪　虹　住房和城乡建设部住房改革与发展司司长

冯　俊　住房和城乡建设部住房保障司司长

孙安军　住房和城乡建设部城乡规划司司长

刘　灿　住房和城乡建设部标准定额司司长

沈建忠　住房和城乡建设部房地产市场监管司司长

吴慧娟　住房和城乡建设部建筑市场监管司司长

陆克华　住房和城乡建设部城市建设司司长

赵　晖　住房和城乡建设部村镇建设司司长

常　青　住房和城乡建设部工程质量安全监管司司长

陈宜明　住房和城乡建设部建筑节能与科技司司长

张其光　住房和城乡建设部住房公积金监管司司长

何兴华　住房和城乡建设部计划财务与外事司司长

王　宁　住房和城乡建设部副部长兼人事司司长

姜万荣　住房和城乡建设部直属机关党委常务副书记

田思明　驻住房和城乡建设部纪检组副组长、监察局局长

张志新　住房和城乡建设部办公厅巡视员

王早生　住房和城乡建设部稽查办公室主任

杨　榕　住房和城乡建设部科技发展促进中心主任

秦　虹　住房和城乡建设部政策研究中心主任

王忠平　全国市长研修学院（住房和城乡建设部干部学院）常务副院长

赵春山　住房和城乡建设部执业资格注册中心主任

鞠洪芬　住房和城乡建设部人力资源开发中心主任

刘士杰　中国建设报社社长

杨　斌　北京市住房和城乡建设委员会主任

陈　永　北京市市政市容管理委员会主任

黄　艳　北京市规划委员会主任

邓乃平　北京市园林绿化局局长　首都绿化办公室主任

窦华港　天津市城乡建设和交通委员会主任

李春梅　天津市规划局常务副局长

刘子利　天津市国土资源和房屋管理局局长、书记

沈　毅	天津市容和园林管理委员会主任
黄　融	上海市城乡建设和交通委员会主任
冯经明	上海市规划和国土资源管理局局长
刘海生	上海市住房保障和房屋管理局局长
陆月星	上海市绿化和市容管理局（上海市林业局、上海市城市管理行政执法局）党组书记、局长
程志毅	重庆市城乡建设委员会主任
张定宇	重庆市国土资源和房屋管理局党组书记、局长
扈万泰	重庆市规划局局长
朱正举	河北省住房和城乡建设厅厅长
李栋梁	山西省住房和城乡建设厅党组书记、厅长
范　勇	内蒙古自治区住房和城乡建设厅厅长
商向东	辽宁省住房和城乡建设厅厅长
秦福义	吉林省住房和城乡建设厅厅长
杨占报	黑龙江省住房和城乡建设厅厅长
周　岚	江苏省住房和城乡建设厅厅长
谈月明	浙江省住房和城乡建设厅厅长
李　明	安徽省住房和城乡建设厅厅长
龚友群	福建省住房和城乡建设厅厅长
陈　平	江西省住房和城乡建设厅党组书记、厅长
宋军继	山东省住房和城乡建设厅厅长
宋瑞乾	山东省建筑工程管理局局长
刘洪涛	河南省住房和城乡建设厅厅长
李德炳	湖北省住房和城乡建设厅厅长
蒋益民	湖南省住房和城乡建设厅党组书记、厅长
王　芃	广东省住房和城乡建设厅厅长
严世明	广西壮族自治区住房和城乡建设厅党组书记、厅长
王志宏	海南省住房和城乡建设厅厅长
何　健	四川省住房和城乡建设厅党组书记、厅长
张　鹏	贵州省住房和城乡建设厅厅长
罗应光	云南省住房和城乡建设厅厅长
陈　锦	西藏自治区住房和城乡建设厅厅长
杨冠军	陕西省住房和城乡建设厅党组书记、厅长
杨咏中	甘肃省住房和城乡建设厅党组书记、厅长
匡　涌	青海省住房和城乡建设厅厅长
杨玉经	宁夏回族自治区住房和城乡建设厅党组书记、厅长
张　鸿	新疆维吾尔自治区住房和城乡建设厅厅长
刘　平	新疆生产建设兵团建设局局长
张亚东	大连市城乡建设委员会主任
刘建军	青岛市城乡建设委员会主任
郑世海	宁波市住房和城乡建设委员会主任
林德志	厦门市建设与管理局党组书记、局长
李廷忠	深圳市住房和建设局党组书记、局长
王幼鹏	深圳市规划和国土资源委员会主任
王晓涛	国家发展和改革委员会固定资产投资司司长
刘　东	中国铁路总公司建设管理部副主任
李　华	交通运输部公路局局长
肖大选	交通运输部水运局副局长
祝　军	工业和信息化部通信发展司副司长
饶　权	文化部财务司副司长
隋　斌	农业部发展计划司司长
孙继昌	水利部建设与管理司司长
陈　锋	教育部发展规划司副司长
齐贵新	国家卫生计生委规划与信息司副司长
覃章高	中国民航局机场司司长
翟　青	环境保护部规划财务司司长
谢　韬	中国建筑工程总公司办公厅副主任
孟凤朝	中国铁建股份有限公司董事长
姚桂清	中国铁路工程总公司副董事长、党委副书记、工会主席
范集湘	中国电力建设集团有限公司董事长、党委副书记
李　迅	中国城市科学研究会秘书长
苗乐如	中国房地产业协会秘书长、中国房地产研究会副会长兼秘书长
徐宗威	中国建筑学会副理事长、秘书长

张洪复	中国土木工程学会副秘书长	修 璐	中国建设监理协会副会长兼秘书长
陈晓丽	中国风景园林学会理事长	李秉仁	中国建筑装饰协会会长
崔衡德	中国市长协会秘书长	林芳友	中国公园协会副会长
王 燕	中国城市规划协会秘书长	王德楼	中国工程建设标准化协会理事长
齐继禄	中国勘察设计协会副秘书长	徐惠琴	中国建设工程造价管理协会理事长
吴 涛	中国建筑业协会副会长兼秘书长	李竹成	中国建设教育协会理事长
杨存成	中国安装协会副会长兼秘书长	王要武	哈尔滨工业大学教授
刘 哲	中国建筑金属结构协会秘书长		

《中国建设年鉴 2012》工作执行委员会

刘世虎　住房和城乡建设部办公厅综合处处长
赵锦新　住房和城乡建设部办公厅秘书处处长
王宏轩　住房和城乡建设部办公厅督办处副处长
毕建玲　住房和城乡建设部办公厅宣传信息处处长
欧阳志宏　住房和城乡建设部办公厅档案处处长
宋长明　住房和城乡建设部法规司综合处处长
梁慧文　住房和城乡建设部住房改革与发展司综合处处长
王　超　住房和城乡建设部住房保障司综合处处长
付殿起　住房和城乡建设部城乡规划司综合处处长
吴路阳　住房和城乡建设部标准定额司综合处处长
陈健容　住房和城乡建设部房地产市场监管司综合处处长
王　玮　住房和城乡建设部建筑市场监管司综合处处长
赵健溶　住房和城乡建设部城市建设司综合法规处处长
顾宇新　住房和城乡建设部村镇建设司综合处处长
邵长利　住房和城乡建设部工程质量安全监管司综合处处长
王建清　住房和城乡建设部建筑节能与科技司综合处处长
姜　涛　住房和城乡建设部住房公积金监管司综合处处长
王彦芳　住房和城乡建设部计划财务与外事司综合处处长
管又庆　住房和城乡建设部人事司综合处处长
郭剑飞　住房和城乡建设部直属机关党委办公室主任
韩　煜　住房和城乡建设部稽查办公室综合处处长
李剑英　住房和城乡建设部科技发展促进中心综合财务处处长
周　江　住房和城乡建设部政策研究中心科研处处长
张海荣　全国市长研修学院（住房和城乡建设部干部学院）院务办公室副主任
徐凌功　住房和城乡建设部人力资源开发中心
单海宁　住房和城乡建设部执业资格注册中心办公室主任
马　红　中国建筑工业出版社中国建设年鉴编辑部主任
李　迎　中国建设报社新闻中心主任
黄天然　北京市建设发展研究中心主任
郑勤俭　北京市市政市容管理委员会研究室调研员
陈建军　北京市规划委员会办公室调研员
王　军　北京市园林绿化局研究室主任
刘怀孟　天津市城乡建设和交通委员会办公室主任
李　蓓　天津市规划局办公室主任
徐连和　天津市国土资源和房屋管理局办公室主任
孟宪国　天津市容和园林管理委法规处处长
年继业　上海市城乡建设和交通委员会办公室

	主任	斗 拉	青海省住房和城乡建设厅办公室副主任
孙新华	上海市规划和国土资源管理局研究室主任	颜景春	宁夏回族自治区住房和城乡建设厅办公室主任
刘 虓	上海市住房保障和房屋管理局办公室主任	陆青锋	新疆维吾尔自治区住房和城乡建设厅办公室
胡建文	上海市绿化和市容管理局研究室主任	汪 祥	新疆生产建设兵团建设局办公室主任
刘朝煜	重庆市城乡建设委员会办公室主任	杨晓军	大连市城乡建设委员会建设市场处副处长
熊仪俊	重庆市国土资源和房屋管理局综合处副处长	田 峰	青岛市城乡建设委员会办公室主任
金 伟	重庆市规划局办公室副主任	袁布军	宁波市住房和城乡建设委员会办公室主任
徐向东	河北省住房和城乡建设厅办公室主任	陶相木	厦门市建设与管理局办公室主任
贺 鑫	山西省住房和城乡建设厅办公室主任	刘世会	深圳市规划和国土资源委员会秘书处处长
戴军瑞	内蒙古自治区住房和城乡建设厅办公室主任	邝龙桂	深圳市住房和建设局办公室主任
乔晓光	辽宁省住房和城乡建设厅办公室主任	刘 勤	国家发展和改革委员会固定资产投资司处长
邢文忠	吉林省住房和城乡建设厅办公室主任	李永文	中国铁路总公司建设管理部综合处处长
李守志	黑龙江省住房和城乡建设厅办公室主任	周荣峰	交通运输部公路局处长
杨洪海	江苏省住房和城乡建设厅办公室主任	李永恒	交通运输部水运局处长
陈 航	浙江省住房和城乡建设厅办公室副主任	王晓丽	工业和信息化部通信发展司调研员
姚继冬	安徽省住房和城乡建设厅办公室副主任	王明亮	文化部财务司规划统计处处长
吴建迅	福建省住房和城乡建设厅办公室主任	张 辉	农业部发展计划司投资处处长
姚宏平	江西省住房和城乡建设厅办公室主任	赵东晓	水利部建设与管理司处长
崔秀顺	山东省住房和城乡建设厅办公室主任	吴翔天	国家卫生计生委规划与信息司基建装备处副处长
刘江明	河南省住房和城乡建设厅办公室主任	胡天木	中国民航局机场司建设处处长
邱正炯	湖北省住房和城乡建设厅办公室副主任	张华平	环境保护部规划财务司综合处副处长
彭国安	湖南省住房和城乡建设厅办公室主任	李成扬	中国建筑工程总公司办公室高级经理
黄维德	广东省住房和城乡建设厅办公室主任	戴开扬	中国铁建股份有限公司办公室主任
叶 云	广西壮族自治区住房和城乡建设厅办公室主任	常玉伟	中国铁路工程总公司办公厅副主任
谢 曦	海南省住房和城乡建设厅改革与发展处副处长	孙德安	中国电力建设集团有限公司办公厅副主任
方怀南	四川省住房和城乡建设厅政策法规处处长	周兰兰	中国城市科学研究会办公室副主任
毛家荣	贵州省住房和城乡建设厅办公室主任	邵新莉	中国房地产业协会、中国房地产研究会副秘书长
程 鹏	云南省住房和城乡建设厅办公室主任	杨 群	中国建筑学会秘书处综合部主任
王世玉	西藏自治区住房和城乡建设厅办公室副主任	张 君	中国土木工程学会主任助理
杜晓东	陕西省住房和城乡建设厅政策法规处处长	付彦荣	中国风景园林学会业务部副主任
郭元乐	甘肃省住房和城乡建设厅办公室调研员	陈 欣	中国市长协会副秘书长

何秀兰	中国城市规划协会办公室主任	王毅强	中国建筑装饰协会副秘书长
汪祖进	中国勘察设计协会行业发展研究部主任	于绍华	中国公园协会副秘书长
王承玮	中国建筑业协会信息传媒部副主任	蔡成军	中国工程建设标准化协会办公室主任
顾心建	中国安装协会联络部主任	薛秀丽	中国建设工程造价管理协会办公室主任
庞 政	中国建设监理协会行业发展部主任	张金娣	中国建设教育协会办公室主任
吕志翠	中国建筑金属结构协会办公室副主任		

中国建设年鉴编辑部
主编兼编辑部主任：马红
电　话：010-58934311
地　址：北京市海淀区三里河路9号院中国建筑工业出版社北配楼南楼310

目 录

第一篇 重要活动

李克强主持保障性住房公平分配工作
　　座谈会并讲话 ……………………………… 2
李克强：实现保障性安居工程保质按期竣工
　　确保分配公开公平公正 …………………… 2
李克强在北京考察保障房建设强调确保
　　公平分配 …………………………………… 3
李克强：破解城市二元结构难题走新型城
　　镇化道路 …………………………………… 4
国务院专项督察房地产市场调控政策措施
　　落实情况 …………………………………… 5
全国住房城乡建设工作会议召开 …………… 6

第二篇 专论

坚定信心　创新机制　全面实施供热计量收费
　　——在2012年北方采暖地区供热计量改革
　　　　工作电视电话会议上的讲话 …… 仇保兴 10
在住房和城乡建设部第七批城乡规划督察员培训
　　暨派遣会上的讲话 ……………………… 仇保兴 12
科学谋划　开拓创新　全面加强城市湿地资源保护
　　——在全国城市湿地资源保护管理现场
　　　　会上的讲话 ………………………… 仇保兴 17
提高认识　狠抓落实　推动高强钢筋应用工作
　　实现新突破 …………………………… 陈大卫 23
在《中国风景名胜区事业发展公报》新闻
　　发布会的讲话 ………………………… 唐　凯 27

第三篇 建设综述

住房城乡建设法制建设 ……………………… 30
- 着力推进法律、行政法规立法工作 ……… 30
- 行政复议工作 ……………………………… 30
- 规范城乡规划行政处罚裁量权 …………… 30
- 严格行政处罚合法性审核 ………………… 31
- 规范性文件的合法性审核 ………………… 31
- 切实推进经济体制改革和行政审批制度
  改革工作 …………………………………… 31
- 做好法律法规草案征求意见和地方请示的
  答复工作 …………………………………… 31
- 调研、巡查、培训工作 …………………… 31
- 认真办理全国人大议案、建议和政协提案 … 31
- 法规处长座谈会 …………………………… 32
- 开展法制宣传教育和培训 ………………… 32

住房改革与发展 ……………………………… 32
- 住房发展规划编制与实施 ………………… 32
- 全国住房发展规划 ………………………… 32
- 《〈全国城镇住房发展规划(2011～2015年)〉》
  特点 ………………………………………… 32
- 省级住房发展规划 ………………………… 32
- 城市住房建设规划 ………………………… 32

房地产市场监管 ……………………………… 33
房地产市场调控政策及市场运行基本情况 …… 33
- 全国新建商品住房销售面积稳中有升，
  四季度成交量回升明显 …………………… 33
- 前10个月新建商品住房价格总体平稳，
  11、12月涨幅有所扩大 …………………… 34
- 房地产开发投资保持增长，土地购置
  面积下降 …………………………………… 35

房屋交易与权属管理 ………………………… 35
- 加快推进城镇个人住房信息系统建设 …… 35
- 进一步加强房地产市场监管 ……………… 35
- 加强房屋权属管理 ………………………… 35
- 加强房地产中介行业管理 ………………… 35

- 加强法制建设 ······ 36
- 物业管理 ······ 36
  - 概况 ······ 36
  - 会同有关部委协商物业服务价格及税收政策 ······ 36
  - 开展全国物业管理工作会的筹备工作 ······ 36
  - 开展全国36个城市住宅专项维修资金管理情况的专项调研 ······ 36
  - 物业管理师 ······ 36
  - 印发《全国白蚁防治事业"十二五"发展规划纲要》 ······ 36
  - 修改完善《全国物业管理示范项目考评标准（修订稿）》 ······ 36
  - 新建城镇居民小区物业管理人员培训 ······ 36
  - 物业管理调研和宣传 ······ 36
  - 贯彻落实CEPA补充协议四 ······ 37
- 城市房屋征收 ······ 37
- 住房保障建设 ······ 37
  - 概况 ······ 37
  - 住房保障政策拟定 ······ 37
    - 《关于鼓励民间资本参与保障性安居工程建设有关问题的通知》下发 ······ 37
    - 《住房保障档案管理办法》印发 ······ 38
    - 《关于加快推进棚户区（危旧房）改造的通知》下发 ······ 38
    - 《公共租赁住房管理办法》（住房城乡建设部部令第11号） ······ 39
  - 保障性安居工程年度计划及资金安排情况 ······ 39
    - 明确年度计划 ······ 39
    - 加大投入力度 ······ 39
  - 加强保障性安居工程监督检查 ······ 39
    - 开展专项巡查 ······ 39
    - 加强监督检查 ······ 39
  - 保障性安居工程实施情况 ······ 39
    - 土地落实情况较好 ······ 39
    - 分配和使用管理进一步完善 ······ 39
    - 城镇保障性住房建设进展顺利 ······ 39
- 住房公积金监管 ······ 40
  - 住房公积金业务开展情况 ······ 40
    - 住房公积金缴存人数、归集金额持续增加 ······ 40
    - 住房公积金提取稳步增长 ······ 40
    - 住房公积金个人贷款发放同比大幅增长 ······ 40
  - 住房公积金贷款支持保障性住房建设试点情况 ······ 41
    - 进一步扩大住房公积金贷款支持保障性住房试点范围 ······ 41
  - 住房公积金贷款支持保障性住房试点运行情况 ······ 43
  - 完善住房公积金政策和监管制度建设情况 ······ 43
    - 推进《住房公积金管理条例》修订工作 ······ 43
    - 加强住房公积金配套监管制度建设 ······ 43
    - 开通12329住房公积金热线 ······ 43
  - 住房公积金监督检查情况 ······ 43
    - 加快历史遗留涉险资金清收 ······ 43
    - 开展住房公积金分支机构检查 ······ 44
- 城乡规划 ······ 44
  - 颁行一批城乡规划管理规章 ······ 44
  - 省域城镇体系规划 ······ 44
  - 城市总体规划 ······ 44
  - 历史文化名城保护 ······ 44
  - 国家专项资金补助国家历史文化名城保护 ······ 45
  - 甲级城乡规划编制单位资质审批 ······ 45
  - 全国城乡规划建设工作会议筹备 ······ 45
  - 开展容积率专项治理工作总结 ······ 45
  - 开展城镇化课题研究 ······ 45
  - 推进生态城市国际合作 ······ 45
  - 绿色生态城区试点示范 ······ 45
- 城市建设与市政公用事业 ······ 45
  - 市政基础设施建设与人居环境 ······ 45
    - 市政公用设施水平和服务能力显著提高 ······ 45
    - 大力推动生活垃圾处理工作 ······ 45
    - 稳步推进供热体制改革 ······ 46
    - 研究城市地下管线管理工作 ······ 46
    - 抓好城市供水安全保障 ······ 46
    - 加强污水处理设施建设和运行的监管 ······ 46
    - 加强城市照明管理 ······ 46
    - 推广数字化城市管理模式 ······ 46
    - 推动城市步行和自行车交通系统示范项目 ······ 47
    - 促进城镇人居生态环境改善 ······ 47
  - 世界遗产和风景名胜资源保护工作进一步加强 ······ 47
    - 加强风景名胜区规划建设管理工作 ······ 47
    - 做好世界遗产申报和国际交流 ······ 47
- 村镇建设 ······ 48
  - 农村危房改造取得突破性进展 ······ 48
  - 传统村落保护发展工作取得显著成效 ······ 48
  - 大别山扶贫联系工作开局良好 ······ 48
  - 创建指导村庄规划的初步手段 ······ 48
  - 加强对小城镇的支持和指导 ······ 48
- 工程建设标准定额 ······ 49

- 2012年工程建设标准、造价的基本情况 ………… 49
- 继续完善标准体系 ……………………………… 49
- 进一步提高标准立项的科学性 ………………… 49
- 标准清理工作 …………………………………… 49
- 发挥标准化技术支撑机构作用 ………………… 49
- 积极推动标准的国际化战略 …………………… 49
- 开展标准编制理论研究工作 …………………… 50
- 工程造价管理制度建设 ………………………… 50
- 工程计价依据改革 ……………………………… 50
- 工程造价信息化管理 …………………………… 50
- 工程造价咨询市场监管 ………………………… 50
- 加强标准实施指导监督公共服务能力建设 …… 50
- 加快高强钢筋推广应用工作 …………………… 50
- 增强对新实施重点标准规范宣贯培训力度 …… 50
- 建设标准、方法参数体系框架初具雏形 ……… 51
- 加强无障碍环境建设 …………………………… 51
- 大力开展工程建设行业认证认可工作 ………… 51
- 支持老龄事业发展 ……………………………… 51
- 标准定额廉政风险防控扎实开展 ……………… 51
- 圆满完成江苏省保障性安居工程专项
  巡查 …………………………………………… 52
- 2012年批准发布的国家标准 …………………… 52
- 2012年批准发布的行业标准 …………………… 54
- 2012年批准发布的产品标准 …………………… 56

工程质量安全监管 ………………………………… 58
概况 …………………………………………………… 58
工程质量监管 ………………………………………… 58
- 推进法规制度建设 ……………………………… 59
- 突出加强保障性安居工程质量监管并组织开展
  监督执法检查 ………………………………… 59
- 认真调查处理工程质量事故质量问题 ………… 59
- 积极夯实工程质量管理基础 …………………… 59
- 开展工程质量管理工作调研 …………………… 59

建筑安全管理 ………………………………………… 59
- 完善规章制度 …………………………………… 59
- 开展专项整治 …………………………………… 59
- 加强监督检查 …………………………………… 59
- 加强事故通报 …………………………………… 59
- 夯实工作基础 …………………………………… 60

勘察设计质量监管与技术政策研究
制定 ………………………………………………… 60
- 修订勘察设计质量监管相关文件 ……………… 60
- 完善施工图审查管理工作 ……………………… 60
- 质量监督检查与调研 …………………………… 60
- 标准设计管理 …………………………………… 60
- 技术进步引导 …………………………………… 60

- 中日JICA抗震研修项目 ……………………… 60
- 开展推动行业技术进步等相关基础性
  研究 …………………………………………… 60

城乡建设抗震防灾 …………………………………… 60
- 法制建设和工作部署 …………………………… 60
- 标准规范和技术文件 …………………………… 60
- 城市抗震防灾规划 ……………………………… 60
- 建设工程抗震设防监管 ………………………… 60
- 自然灾害处置和应急能力建设 ………………… 61
- 抗震技术研究和国际交流合作 ………………… 61

城市轨道交通工程质量安全管理 …………………… 61
- 继续加强城市轨道交通工程质量安全
  监管工作 ……………………………………… 61
- 健全制度规范 …………………………………… 61
- 研究关键性问题 ………………………………… 61
- 人员培训 ………………………………………… 61
- 促进经验交流 …………………………………… 61

建筑市场监管 …………………………………………… 61
概况 …………………………………………………… 61
不断完善建筑市场法规体系和
监管体系 …………………………………………… 61
- 完善建筑市场监管工作立法 …………………… 61
- 健全合同管理制度 ……………………………… 61

严格行政执法,加大建筑市场监管和
清出力度 …………………………………………… 62
- 进一步规范招投标监管工作 …………………… 62
- 完成专项治理各项任务 ………………………… 62
- 加大对违法违规行为的查处力度 ……………… 62

改进行政审批工作,推动资质资格评审
制度创新 …………………………………………… 62
- 明确工作思路,注重体制机制创新 …………… 62
- 加强资质申报业绩核查,完善审批后的
  动态监管 ……………………………………… 62
- 积极推进资质申报、评审电子化 ……………… 62
- 建立企业资质审批信息公开制度 ……………… 62
- 稳步推进个人执业资格制度建设 ……………… 62

积极推进建筑市场监管信息化建设工作 ………… 62
- 全国建筑市场监管信息系统(企业和注册人员)
  基础数据库建设 ……………………………… 63
- 研究工程项目数据库建设方案 ………………… 63
- 完善建筑市场诚信机制建设 …………………… 63

行业发展和国际交流合作 …………………………… 63
- 加强政策研究,促进行业健康发展 …………… 63
- 加强对外交流合作 ……………………………… 63

建筑节能与科技 ………………………………………… 63
概况 …………………………………………………… 63

建筑节能工作 ··· 63
- 建筑节能体制机制建设 ································ 63
- 新建建筑节能监管 ···································· 63
- 北方采暖地区既有居住建筑供热计量及
  节能改造 ·· 64
- 公共建筑节能监管体系建设 ························ 64
- 可再生能源建筑一体化规模化应用 ················ 64

绿色建筑快速发展 ·· 64
- 全面推进绿色建筑发展 ······························ 64
- 继续完善绿色建筑评价体系 ························ 64
- 加大对绿色建筑标识评价的指导监督力度 ······ 64
- 绿色建筑技术研究 ···································· 64

住房城乡建设科技创新 ·································· 64
- 组织实施国家科技重大专项和科技计划
  项目 ·· 64
- 高分辨率对地观测系统重大专项"城市精细化
  管理高分专项应用示范系统先期攻关" ········ 64
- 新启动15个国家科技支撑计划项目 ··············· 64

国际科技合作深化和扩大 ······························ 64
- 推动被动式超低能耗建筑示范工作 ··············· 64
- 协助推进供热计量改革工作 ························ 64
- 启动公共建筑节能改造试点工作 ·················· 64
- 推进现代木结构建筑技术应用发展 ··············· 64
- 低碳生态城市工作 ···································· 64
- 继续推动住房城乡建设领域应对气候变化
  工作 ·· 65
- 开展市长建筑节能与低碳生态城市培训 ········ 65

住房城乡建设人事教育 ·································· 65
概况 ··· 65
- 住房和城乡建设部村镇建设司和住房公积金
  监管司内设机构调整 ······························ 65
- 住房和城乡建设部全国白蚁防治中心机构
  规格调整 ·· 65
- 住房和城乡建设部中国城市规划设计研究院
  内设机构调整 ······································ 65
- 住房和城乡建设部城乡规划管理中心(遥感
  应用中心)内设机构调整 ························ 65
- 住房和城乡建设部成立城市地下管线
  办公室 ·· 65
- 住房和城乡建设部保密委员会及其办公室
  组成人员调整 ······································ 66
- 住房和城乡建设部治理商业贿赂领导小组及
  其办公室组成人员调整 ·························· 66
- 住房和城乡建设部完成部直属事业单位
  清理规范工作 ······································ 66
- 住房和城乡建设部召开住房城乡建设系统
  人事处长座谈会 ···································· 66

劳动与职业教育 ·· 66
- 继续协调筹备建立住房和城乡建设部职业
  技能鉴定指导中心 ································ 66
- 继续做好住房城乡建设部职业分类大典
  修订工作 ·· 66
- 编写行业职业技能标准 ······························ 66
- 继续加大建设职业技能培训与鉴定工作
  力度 ·· 66
- 加强行业中等职业教育指导工作 ·················· 67
- 深入推进建筑工地农民工业余学校工作 ········ 67
- 继续开展农民工艾滋病防治宣传教育
  工作 ·· 67
- 第十一届中华技能大奖、全国技术能手和
  国家技能人才培育突出贡献奖评选 ············ 67

高等教育 ·· 67
- 住房城乡建设部、教育部出台政策促进高校
  土建类专业学生企业实习 ························ 67
- 普通高等学校土建类本科专业调整 ··············· 67
- 住房城乡建设部组建新一届高校土木工程
  专业评估委员会 ···································· 68
- 住房城乡建设部组建新一届高校建筑环境与
  设备工程专业评估委员会 ························ 68
- 住房城乡建设部组建新一届高校城乡规划专业
  评估委员会 ·· 68
- 住房城乡建设部组建新一届高校给排水科学
  与工程专业评估委员会 ·························· 68
- 住房城乡建设部组建新一届高校工程管理专业
  评估委员会 ·· 69
- 2011~2012年度高等学校建筑学专业教育
  评估工作 ·· 69
- 2011~2012年度高等学校城市规划专业
  教育评估工作 ······································ 71
- 高校城市规划硕士专业学位授予工作 ··········· 72
- 2011~2012年度高等学校土木工程专业教育
  评估工作 ·· 73
- 2011~2012年度高等学校建筑环境与设备
  工程专业教育评估工作 ·························· 75
- 2011~2012年度高等学校给水排水工程专业
  教育评估工作 ······································ 76
- 2011~2012年度高等学校工程管理专业教育
  评估工作 ·· 77

干部教育培训及人才工作 ······························ 78
- 领导干部和专业技术人员培训工作 ··············· 78
- 举办全国专业技术人才知识更新工程"城市
  生活垃圾处理与资源化"高级研修班 ········ 78
- 继续开展住房城乡建设系统定向硕士研究生

- 培养工作 …… 78
  - 住房城乡建设部选派1名"博士服务团"成员到西部地区服务锻炼 …… 78
  - 住房城乡建设部所属单位6人获2012年度国务院政府特殊津贴 …… 78
  - 住房城乡建设部接受2名"西部之光"访问学者 …… 78
- 执业资格工作 …… 78
  - 住房城乡建设领域个人执业资格考试情况 …… 78
  - 住房城乡建设领域个人执业资格及注册情况 …… 79

城乡建设档案工作 …… 80
- 概况 …… 80
  - 城乡建设档案工作体系基本形成 …… 80
  - 城建档案及地下管线法规和技术标准建设卓有成效 …… 80
  - 依法按程序归集和管理建设工程档案成效明显 …… 80
  - 城市地下管线工程档案管理稳步推进 …… 80
  - 中小城市城乡建设档案工作发展迅速 …… 81
  - 城建档案信息化水平不断提高 …… 81
  - 城建档案馆库和馆藏资源建设同步推进 …… 81
  - 住房城乡建设档案查询利用成果丰硕 …… 81

住房城乡建设稽查执法 …… 82
- 稽查执法体制机制建设情况 …… 82
- 重点稽查执法工作 …… 82
  - 开展保障性安居工程监督检查 …… 82
  - 开展房地产市场监督检查，落实调控政策 …… 82
  - 开展城乡规划、建设管理监督检查，促进科学发展 …… 82
  - 开展建筑节能、城镇减排监督检查，建设生态文明 …… 82
  - 开展住房公积金监督检查，维护职工权益 …… 82
  - 开展建筑市场和工程质量安全监督检查，打击违规行为 …… 82
  - 案件稽查和受理举报工作 …… 83
  - 保障性安居工程专项巡查 …… 83
  - 住房公积金督察工作 …… 83
  - 部派城乡规划督察员工作 …… 84
  - 利用卫星遥感技术辅助城乡规划督察工作情况 …… 84
  - 住房城乡建设系统治理商业贿赂工作 …… 85
  - 稽查执法工作分类指导 …… 85
  - 地方稽查执法制度建设 …… 85
  - 地方城乡规划督察制度建设 …… 86
  - 稽查执法队伍建设 …… 86

固定资产投资 …… 86
- 全社会固定资产投资继续保持平稳较快增长 …… 87
  - 固定资产投资较好发挥了经济增长的"稳定器"作用 …… 87
  - 民间投资保持较快增长，国有投资增速低于同期整体投资增速 …… 87
  - 中西部投资增速加快，投资地区结构进一步优化 …… 87
  - 制造业和房地产开发投资增速放缓，基础设施成为稳投资的重要着力点 …… 87
  - 投资资金来源较为充足，社会融资结构变化明显 …… 87
- 中央投资项目建设进展顺利 …… 87
  - 加强统筹、突出重点，科学合理安排中央投资 …… 87
  - 中央投资发挥重要的引导带动作用 …… 88
- 进一步深化投资体制改革，积极鼓励和引导民间投资健康发展 …… 88
  - 加强投资领域立法 …… 88
  - 规范投资项目审核管理 …… 88
  - 鼓励民间投资 …… 89
- 保障性安居工程建设和管理进一步加强，房地产市场调控取得新成效 …… 89

铁路建设 …… 89
- 概况 …… 89
  - 年度投资任务全面完成 …… 89
  - 新线开通 …… 90
  - 质量安全稳定有序可控 …… 90
  - 市场移交取得突破 …… 90
  - 科技创新再获成果 …… 90
  - 建设管理得到全面加强 …… 90
  - 路地合作建设格局进一步形成 …… 90
- 建设管理 …… 90
  - 铁路建设新体制新机制得到完善落实 …… 90
  - 铁路建设标准化管理纵深推进 …… 91
  - 施工组织审核管理进一步强化 …… 91
  - 铁路建设市场进一步规范 …… 91
  - 重要管理办法简况 …… 92
- 2012年新开工主要项目 …… 93
  - 宝鸡至兰州铁路客运专线 …… 93
  - 郑州至徐州铁路客运专线 …… 93
  - 重庆至万州铁路 …… 93
  - 西安至成都铁路西安至江油段 …… 93
  - 广通至大理铁路扩能改造工程 …… 94
  - 郑州至新郑机场城际铁路 …… 94

- 2012年销号主要项目 ······················· 94
  - 京沪高速铁路 ····························· 94
  - 武汉至广州客运专线(乌龙泉至花都段) ····· 94
  - 海南东环铁路 ····························· 94
  - 宜万线 ···································· 94
  - 广深港客运专线 ···························· 94
  - 上海至杭州铁路客运专线 ··················· 94
  - 太中银铁路 ································ 95
  - 张家口至集宁铁路 ·························· 95
- 2012年续建主要项目 ······················· 95
  - 哈尔滨至大连铁路客运专线 ················· 95
  - 北京至石家庄铁路客运专线 ················· 95
  - 石家庄至武汉铁路客运专线 ················· 95
  - 长沙至昆明铁路客运专线 ··················· 95
  - 天津至秦皇岛铁路客运专线 ················· 95
  - 绵阳至成都至乐山铁路客运专线 ············· 95
  - 南京至杭州铁路客运专线 ··················· 95
  - 成都至重庆铁路客运专线 ··················· 96
  - 兰新铁路第二双线 ·························· 96
  - 新建云桂铁路 ····························· 96
  - 兰州至重庆铁路 ···························· 96
  - 贵阳至广州铁路 ···························· 96
  - 南宁至广州铁路黎塘至广州段 ··············· 96
  - 东莞至惠州城际轨道交通 ··················· 96
  - 郑州至焦作城际铁路 ······················· 97
  - 山西中南部铁路通道 ······················· 97
  - 成昆线昆明至广通段扩能改造工程 ·········· 97
  - 滨绥铁路牡丹江至绥芬河段扩能改造工程 ···· 97
  - 杭州东站改扩建工程 ······················· 97
  - 新建霍尔果斯铁路口岸站 ··················· 97
- **公路建设** ································· 97
  - 公路建设基本情况 ·························· 98
  - 推行现代工程管理 ·························· 98
  - 进一步加强项目管理工作 ··················· 98
  - 认真组织重点项目竣工验收 ················· 98
  - 加强农民工工资管理工作 ··················· 99
- **水路工程建设** ···························· 99
  - 水路基础设施建设成效显著 ················· 99
  - 举世瞩目的长江南京以下12.5米深水航道工程正式启动 ······························ 99
  - 码头结构加固改造工作全面开展 ············ 100
  - 重点水运建设项目进展顺利 ················ 100
  - 水运工程建设项目设计、施工水平不断提高 ······························· 100
  - 大连港大窑湾港区三期工程17号、18号集装箱泊位工程通过国家验收 ············· 100
  - 唐山港曹妃甸港区煤炭码头工程通过国家验收 ······························· 100
  - 天津港南疆港区26号铁矿石码头工程经国家批准建设 ······························ 101
- **通信业建设** ······························ 101
  - 通信业发展概况 ··························· 101
  - 开展通信建设领域专项治理 ················ 101
  - 通信业建设相关法规政策 ·················· 102
- **民航建设** ································ 103
  - 机场管理法规规章及技术标准 ·············· 103
    - 规章修订 ······························ 103
    - 技术标准颁布下发 ····················· 103
  - 机场及配套设施建设 ······················ 103
    - 重点建设项目 ··························· 103
    - 其他建设项目 ··························· 103
    - 机场规划管理 ··························· 103
  - 民航建设纪事 ···························· 103
- **公共文化服务设施建设** ···················· 104
  - 全国公共文化设施建设 ···················· 104
    - 全国文化(文物)系统基本建设 ············ 104
    - 全国文化基建项目 ······················ 104
    - 全国文物事业机构新建项目 ············· 104
    - 公共图书馆建设 ······················· 104
    - 群众艺术馆、文化馆、乡镇文化站建设项目 ································· 104
    - 博物馆建设项目 ······················· 104
  - 基层文化设施建设项目仍是建设主体 ········ 104
    - 基层文化设施建设投入大幅增加 ·········· 104
    - 乡镇综合文化站 ······················· 104
  - 地市级公共文化设施成为重点建设领域 ······ 104
    - 地市级文化基础设施规划 ················ 104
    - 已开工建设项目 ······················· 104
  - 国家重点文化设施建设进展顺利 ············ 105
- **卫生基础设施建设** ························ 105
  - 2012年卫生建设项目中央投资全部下达 ····· 105
  - 医疗卫生建设项目中央预算内投资 ·········· 105
  - "十二五"期间卫生专项规划编制 ············ 105
  - 专项规划陆续印发和逐步实施 ·············· 105
  - 舟曲灾区医疗卫生系统灾后恢复重建任务全部完成,玉树地震灾区医疗卫生系统灾后恢复重建工作按计划推进 ······················ 105
  - 《医用气体工程技术规范》正式颁布实施 ·································· 106
  - 医疗卫生机构节能减排工作扎实推进 ········ 106
  - 预算管理医院建设 ························ 106
- **环境保护工程建设** ························ 106
  - 环境保护工程建设投资、资金利用概况 ······ 106

- 环境保护部参与分配的中央环保资金增加 …… 106

重点领域工作进展 …… 106
- 全力防治大气污染 …… 106
- 加强重点流域污染防治 …… 107
- 强化饮用水源保护和地下水污染防治 …… 107
- 推进农村环境保护 …… 107
- 大力推进重金属污染治理 …… 107
- 加强生物多样性保护 …… 107
- 环境监管能力建设进一步加强 …… 107

环境保护工作相关法规、政策 …… 107
- 环境保护工作相关法规 …… 107
- 修订完善环境质量标准 …… 107
- 建立主要污染物减排长效机制 …… 108
- 继续推进战略环评、规划环评和项目环评 …… 108

- 推进排污权有偿使用和交易工作 …… 108
- 探索完善生态补偿机制 …… 108
- 开展环境功能区划编制工作 …… 108
- 强化危险废物安全处理处置管理 …… 108

西部开发建设 …… 108
- 西部地区经济持续健康发展 …… 108
- 规划引导和政策支持力度不断加大 …… 108
- 特色优势产业发展步伐加快 …… 109
- 特色农业和现代服务业稳步发展 …… 109
- 基础设施建设深入推进 …… 109
- 生态建设和环境保护 …… 109
- 教育科技人才事业 …… 110
- 社会事业薄弱环节进一步改善 …… 110
- 医疗卫生和文化事业 …… 111
- 改革开放不断深化 …… 111
- 区域合作和对内对外开放 …… 111

第四篇 各地建设

北京市 …… 114
住房和城乡建设工作 …… 114
- 概况 …… 114
- 政策规章 …… 114
- 房地产业 …… 115
- 住房保障 …… 117
- 城市建设与市政公用事业 …… 118
- 村镇建设 …… 119
- 工程建设标准定额 …… 119
- 工程质量安全监督 …… 120
- 建筑市场 …… 121
- 建筑节能与科技 …… 122
- 建设人事教育工作 …… 123
- 大事记 …… 124

城乡规划 …… 126
- 概况 …… 126
- 规划研究和规划编制 …… 127
- 规划管理与城市景观 …… 129
- 工程设计与标准 …… 130
- 勘察·设计·测绘 …… 132

市政公用基础设施建设和管理 …… 133
- 概况 …… 133
- 市政基础设施建设和市容管理 …… 134

园林绿化美化建设 …… 139
水务建设与管理 …… 143

天津市 …… 145
城乡规划建设管理 …… 145

- 概况 …… 145
- 规划管理 …… 147
- 法制建设 …… 151
- 科技工作 …… 152
- 调研工作 …… 152
- 信息化建设 …… 153

城乡建设与交通建设 …… 155
房地产业与住房保障 …… 158
- 房地产业 …… 158
- 住房保障制度 …… 159
- 房地权籍管理 …… 160
- 房屋征收安置 …… 161
- 物业管理 …… 162
- 房地产市场管理 …… 163
- 既有房屋管理 …… 164
- 历史风貌建筑保护 …… 165

建筑业与工程建设 …… 166
建筑节能与科技 …… 168
市容环境与园林绿化 …… 168

河北省 …… 171
- 概况 …… 171
- 房地产业 …… 171
- 住房保障 …… 172
- 住房公积金管理 …… 173
- 城乡规划 …… 173
- 城市建设 …… 173
- 建筑业与工程建设 …… 174

- 村镇建设 ……………………………… 175
- 建设节能与科技 ……………………… 175
- 建设教育 ……………………………… 175
- 大事记 ………………………………… 175

山西省 ……………………………………… 179
- 概况 …………………………………… 179
- 住房城乡建设法制建设 ……………… 180
- 房地产业 ……………………………… 180
- 住房保障 ……………………………… 181
- 公积金管理 …………………………… 181
- 城乡规划 ……………………………… 181
- 城市建设与市政公用事业 …………… 182
- 村镇规划建设 ………………………… 183
- 工程建设标准定额 …………………… 184
- 工程质量安全监督 …………………… 184
- 建筑市场 ……………………………… 185
- 建筑节能与科技 ……………………… 185
- 建设人事教育 ………………………… 186
- "四位一体"机关建设 ………………… 186
- 大事记 ………………………………… 186

内蒙古自治区 ……………………………… 191
- 概况 …………………………………… 191
- 住房保障体系建设 …………………… 191
- 房地产市场及调控 …………………… 191
- 城乡规划建设管理 …………………… 192
- 建筑市场监管体系建设 ……………… 193
- 建筑节能 ……………………………… 193
- 大事记 ………………………………… 194

辽宁省 ……………………………………… 196
- 房地产业 ……………………………… 196
- 保障性安居工程 ……………………… 196
- 建筑业 ………………………………… 196
- 县城建设 ……………………………… 196
- 城市建设 ……………………………… 196
- 城市面貌 ……………………………… 196
- 城乡规划 ……………………………… 196
- 新建建筑节能 ………………………… 196
- 既有建筑改造 ………………………… 197
- 科技推广 ……………………………… 197
- 质量检测 ……………………………… 197
- 做好公积金贷款支持保障性住房建设
  试点工作 ……………………………… 197
- 配合住房城乡建设部做好两次涉险资金
  专项检查 ……………………………… 197
- 工程质量和安全 ……………………… 197
- 立法工作 ……………………………… 197
- 依法行政工作 ………………………… 197
- 援建青海玉树灾区 …………………… 197

吉林省 ……………………………………… 197
- 概况 …………………………………… 197
- 法制建设 ……………………………… 198
- 房地产业 ……………………………… 199
- 住房保障 ……………………………… 199
- 住房公积金管理 ……………………… 199
- 城乡规划 ……………………………… 200
- 城市建设与市政公用事业 …………… 200
- 村镇规划建设 ………………………… 203
- 工程建设标准定额 …………………… 203
- 工程质量安全监督 …………………… 204
- 建筑市场 ……………………………… 205
- 建筑节能与科技 ……………………… 206
- 大事记 ………………………………… 207

黑龙江省 …………………………………… 209
- 概况 …………………………………… 209
- 保障性安居工程超额完成任务 ……… 209
- 农村泥草房、农危房改造实现新突破 … 209
- 城镇化试点工程取得积极进展 ……… 209
- "三优"文明城市创建工程持续深入 … 209
- 城镇市政基础设施建设快速推进 …… 210
- 城乡规划和建筑设计管理更加严格 … 210
- 建筑节能和主街路综合改造深受欢迎 … 210
- 房地产、建筑业平稳健康发展 ……… 210
- 法制建设和工程质量安全监管
  得到加强 ……………………………… 210
- 队伍建设和党风廉政建设同步推进 … 210

上海市 ……………………………………… 211
城乡建设 …………………………………… 211
- 概况 …………………………………… 211
- 市政基础设施 ………………………… 212
- 重大工程建设 ………………………… 212
- 建筑业 ………………………………… 213
- 法制建设 ……………………………… 216
规划和国土资源管理 ……………………… 219
- 概况 …………………………………… 219
- 规划获批 ……………………………… 220
住房保障和房屋管理 ……………………… 221
- 概况 …………………………………… 221
- 房地产市场管理 ……………………… 222
- 房屋征收(拆迁)管理 ………………… 223
- 物业管理 ……………………………… 224
- 住房保障 ……………………………… 225
市容管理与城市绿化 ……………………… 226
- 行政执法 ……………………………… 226

- 市容环境卫生整治 …… 227
- 重大环境工程建设 …… 229
- 城市生态建设 …… 229
- 环境(行业)管理 …… 230
- 信息化建设 …… 231

江苏省 …… 231
- 概况 …… 231
- 房地产业 …… 232
- 住房保障 …… 233
- 住房公积金管理 …… 234
- 城乡规划 …… 234
- 城市建设与市政公用事业 …… 235
- 村镇规划建设 …… 237
- 工程建设标准定额 …… 237
- 工程质量安全监督 …… 238
- 建筑市场 …… 238
- 建筑节能与科技 …… 240
- 建设人事教育工作 …… 241
- 大事记 …… 241

浙江省 …… 246
- 概况 …… 246
- 政策规章 …… 247
- 房地产业 …… 247
- 住房保障 …… 247
- 公积金管理 …… 247
- 城乡规划 …… 247
- 城市建设与市政公用事业 …… 247
- 村镇规划建设 …… 247
- 工程建设标准定额 …… 248
- 工程质量安全监督 …… 248
- 建筑市场 …… 248
- 建筑节能与科技 …… 248
- 建设人事教育工作 …… 248
- 大事记 …… 248

安徽省 …… 251
- 概况 …… 251
- 政策规章 …… 251
- 房地产业 …… 252
- 住房保障 …… 253
- 住房公积金管理 …… 254
- 城乡规划 …… 255
- 城市建设与市政公用事业 …… 256
- 村镇规划建设 …… 257
- 工程建设标准定额 …… 258
- 工程质量安全监督 …… 259
- 建筑市场 …… 259
- 建筑节能与科技 …… 260

- 大事记 …… 262

福建省 …… 264
- 概况 …… 264
- 政策规章 …… 267
- 住房保障 …… 267
- 房地产业 …… 268
- 住房公积金监管 …… 268
- 城乡规划 …… 269
- 城市建设和市政公用事业 …… 270
- 村镇建设 …… 271
- 建筑业 …… 272
- 建筑节能与科技工作 …… 274
- 建设人事教育 …… 275
- 大事记 …… 275

江西省 …… 278
- 概况 …… 278
- 法制建设 …… 280
- 建筑业与工程建设 …… 280
- 城乡规划 …… 281
- 勘察设计与建设节能 …… 282
- 村镇建设 …… 283
- 房地产业 …… 284
- 建设教育 …… 284
- 住房保障 …… 285
- 城市建设 …… 285
- 住房公积金管理 …… 286
- 大事记 …… 287

山东省 …… 289
- 建设法制建设 …… 289
- 房地产业、住房保障和住房公积金监管 …… 290
- 城乡规划 …… 290
- 城市建设与管理 …… 292
- 工程建设管理 …… 293
- 村镇建设 …… 294
- 建筑节能 …… 295
- 大事记 …… 296

河南省 …… 297
- 概况 …… 297
- 城乡规划与建设 …… 298
- 城市建设和市政公用基础设施建设 …… 299
- 村镇规划与建设 …… 300
- 住宅与房地产业 …… 300
- 住房保障和保障性安居工程 …… 302
- 工程建设与建筑业 …… 303
- 大事记 …… 307

湖北省 …… 309
- 概况 …… 309

- 建设法规 …………………………………… 310
- 房地产业 …………………………………… 311
- 住房保障 …………………………………… 312
- 公积金管理 ………………………………… 313
- 城乡规划 …………………………………… 314
- 城市建设与市政公用事业 ………………… 315
- 城市管理 …………………………………… 316
- 村镇规划建设 ……………………………… 317
- 工程建设 …………………………………… 318
- 建筑节能与科技 …………………………… 319
- 建设人事教育 ……………………………… 321

湖南省 …………………………………………… 322
- 政策法规 …………………………………… 322
- 重点工程建设 ……………………………… 322
- 住房保障 …………………………………… 323
- 城乡规划 …………………………………… 324
- 房地产业 …………………………………… 325
- 住房公积金管理 …………………………… 326
- 建筑业 ……………………………………… 326
- 城市建设 …………………………………… 328
- 村镇建设 …………………………………… 329
- 勘察设计 …………………………………… 330
- 世界遗产和风景名胜 ……………………… 331
- 建筑节能与科技及标准化 ………………… 332
- 建设教育 …………………………………… 333
- 大事记 ……………………………………… 334

广东省 …………………………………………… 336
- 概况 ………………………………………… 336
- 政策规章 …………………………………… 337
- 房地产业 …………………………………… 337
- 住房保障 …………………………………… 338
- 公积金管理 ………………………………… 339
- 城乡规划 …………………………………… 340
- 城市建设与市政公用事业 ………………… 341
- 村镇规划建设 ……………………………… 341
- 工程建设标准定额 ………………………… 342
- 工程质量安全监督 ………………………… 342
- 建筑市场 …………………………………… 343
- 建筑节能与科技 …………………………… 344
- 建设人事教育工作 ………………………… 345
- 大事记 ……………………………………… 346

广西壮族自治区 ………………………………… 349
- 概况 ………………………………………… 349
- 政策规章 …………………………………… 349
- 房地产业 …………………………………… 350
- 城乡规划 …………………………………… 350
- 城市建设与市政公用事业 ………………… 350
- 村镇规划建设 ……………………………… 352
- 建筑业与工程建设 ………………………… 353
- 大事记 ……………………………………… 354

海南省 …………………………………………… 356
- 概况 ………………………………………… 356
- 城镇规划建设 ……………………………… 358
- 城市建设管理 ……………………………… 359
- 村镇建设 …………………………………… 360
- 房地产业 …………………………………… 361
- 建筑业 ……………………………………… 363
- 建设科技 …………………………………… 364
- 建设政策法规 ……………………………… 365
- 建设执法稽查 ……………………………… 365
- 建设系统教育培训 ………………………… 366
- 建设系统行政审批 ………………………… 367

重庆市 …………………………………………… 367
  城乡规划 …………………………………… 367
  城乡建设 …………………………………… 369
  房地产市场与保障性住房建设 …………… 374
- 房地产市场 ………………………………… 374
- 保障性住房建设与改革 …………………… 374
- 住房制度改革 ……………………………… 374
- 房地产管理 ………………………………… 375
- 春秋两季房地产交易会 …………………… 376

四川省 …………………………………………… 376
- 概况 ………………………………………… 376
- 城乡规划 …………………………………… 377
- 城市建设 …………………………………… 378
- 村镇建设 …………………………………… 380
- 勘察设计与建设科技 ……………………… 382
- 建筑业 ……………………………………… 382
- 建设工程质量安全监督管理 ……………… 384
- 标准定额和工程造价管理 ………………… 385
- 房地产市场 ………………………………… 386
- 住房公积金管理 …………………………… 387
- 建设行政审批 ……………………………… 387
- 大事记 ……………………………………… 387

贵州省 …………………………………………… 389
- 城乡规划与城镇化 ………………………… 389
- 城镇建设与市政公用事业 ………………… 390
- 房地产业和住房保障 ……………………… 390
- 农村危房改造与村庄整治 ………………… 391
- 建筑业与建设节能 ………………………… 391
- 工程质量与安全 …………………………… 391
- 风景名胜区建设和世界自然遗产申报管理 … 392
- 依法行政与人才工作 ……………………… 392

云南省 393
- 概况 393
- 房地产业 394
- 保障性住房建设 395
- 住房公积金监管 395
- 城乡规划 396
- 城市建设与市政公用事业 397
- 村镇建设和抗震防震工作 399
- 工程质量安全监督 401
- 建筑业与工程建设 402
- 建筑节能与科技 403
- 建设人事教育工作 404
- 大事记 405

西藏自治区 406
- 概况 406
- 保障性住房建设 406
- 城乡规划建设管理 406
- 基础设施建设扎实推进 407
- 加强风景名胜区和历史文化名城名镇建设 407
- 积极服务农牧区发展 407
- 建筑市场管理 407
- 强化建筑质量安全监管 407
- 房地产业 408
- 完成公有房屋普查统计，着力推进区直机关周转房建设 408
- 深入开展强基惠民活动，着力加强基层基础 408

陕西省 408
- 建设法制 408
- 房地产业 409
- 保障性住房建设 410
- 住房公积金管理 411
- 城市规划 412
- 城市建设与市政公用事业 413
- 村镇规划和建设 414
- 勘察设计 415
- 工程质量安全监督 415
- 建筑市场 416
- 建筑节能与科技 417
- 建设人事教育 419
- 大事记 419

甘肃省 422
- 住房保障 422
- 房地产业 424
- 城市规划 425
- 建筑业 426
- 城市建设 429
- 村镇建设 430
- 建筑节能与科技 431
- 工程建设 432
- 勘察设计 433
- 法制建设 433
- 建设稽查执法 433
- 舟曲灾后重建 433
- 大事记 434

青海省 435
- 概况 435
- 住房保障 435
- 房地产业 436
- 公积金管理 436
- 城乡规划 436
- 建筑业 436
- 城市建设与市政公用事业 437
- 村镇建设 437
- 建筑节能与科技 437
- 法规稽查 438
- 玉树灾后重建 438
- 大事记 438

宁夏回族自治区 442
- 概况 442
- 政策规章 443
- 房地产业 445
- 住房保障 446
- 公积金管理 447
- 城乡规划 447
- 城市建设与市政公用事业 448
- 村镇建设规划 449
- 工程建设标准定额 450
- 工程质量安全监督 450
- 建筑市场 451
- 建筑节能与科技 452
- 建设人事教育 452
- 大事记 452

新疆维吾尔自治区 455
- 概况 455
- 政策规章 456
- 房地产业 456
- 住房保障 457
- 公积金管理 457
- 城乡规划 458
- 城市建设与市政公用事业 459
- 村镇规划建设 462
- 工程建设标准定额 463
- 工程质量安全监督 463

- 建筑市场 ………………………………… 465
- 建筑节能与科技 ………………………… 466
- 建设人事教育工作 ……………………… 467
- 大事记 …………………………………… 467

新疆生产建设兵团
- 城镇规划 ………………………………… 469
- 城镇建设 ………………………………… 470
- 农村安居工程 …………………………… 470
- 住房保障 ………………………………… 470
- 职工住房状况 …………………………… 470
- 住宅建设完成情况 ……………………… 470
- 房地产产权产籍管理 …………………… 470
- 团场城镇和连队危旧房屋集中整理专项
  工作 …………………………………… 470
- 建筑业 …………………………………… 471
- 建筑业生产经营指标 …………………… 471
- 建筑业企业主要财务指标 ……………… 471
- 各师及企业综合排名 …………………… 471
- 建筑节能与科技 ………………………… 471
- 建筑市场管理 …………………………… 471
- 生产安全事故控制指标完成情况 ……… 472
- 开展"打非治违"、隐患排查和专项整治 … 472
- 质量安全执法检查 ……………………… 472
- 安全质量标准化活动 …………………… 472
- 开展"安全生产月"和"质量月"活动 …… 472
- 文明工地创建 …………………………… 472
- 创建优质工程活动 ……………………… 472
- 质量安全培训工作 ……………………… 472
- 兵团住房公积金管理 …………………… 472
- 防震减灾 ………………………………… 472
- 建设项目管理 …………………………… 473
- 纪检监察 ………………………………… 473

大连市 ……………………………………… 474
- 城市建设与管理 ………………………… 474

- 工程建设 ………………………………… 475
- 城市交通 ………………………………… 476
- 城市供气 ………………………………… 477
- 城市供热 ………………………………… 477
- 建筑业 …………………………………… 478
- 房地产业 ………………………………… 482

青岛市 ……………………………………… 483
- 概况 ……………………………………… 483
- 建筑业 …………………………………… 483
- 房地产业 ………………………………… 484
- 勘察设计业 ……………………………… 484
- 园林绿化 ………………………………… 485
- 村镇建设 ………………………………… 485
- 建设科技与建筑节能 …………………… 486
- 大事记 …………………………………… 487

宁波市 ……………………………………… 489
- 城乡建设 ………………………………… 489
- 住房保障 ………………………………… 489
- 建筑业 …………………………………… 490
- 建筑节能与科技 ………………………… 491
- 房地产业 ………………………………… 491
- 房屋征收 ………………………………… 493
- 物业管理 ………………………………… 493

厦门市 ……………………………………… 494
- 勘察设计 ………………………………… 494
- 城市管理 ………………………………… 494
- 村镇建设 ………………………………… 495
- 物业管理 ………………………………… 495
- 建筑业 …………………………………… 496
- 房地产业 ………………………………… 498
- 保障性安居工程 ………………………… 499

深圳市 ……………………………………… 500
- 住房和建设 ……………………………… 500
- 城市规划和房地产市场管理 …………… 502

第五篇 政策法规文件

一、国务院令 ……………………………… 508
无障碍环境建设条例
  中华人民共和国国务院令第622号 ……… 508
二、部令 …………………………………… 510
公共租赁住房管理办法
  中华人民共和国住房和城乡建设部令
  第11号 …………………………………… 510
城乡规划编制单位资质管理规定
  中华人民共和国住房和城乡建设部令

  第12号 …………………………………… 513
城乡规划违法违纪行为处分办法
  中华人民共和国监察部
  中华人民共和国人力资源和社会保障部
  中华人民共和国住房和城乡建设部令
  第29号 …………………………………… 517
三、综合类 ………………………………… 520
关于贯彻落实国务院关于加强和改进消防工作的
  意见的通知

建科〔2012〕16号 …… 520
关于建筑外墙保温材料消防安全专项整治
　工作情况的通报
　　公消〔2012〕74号 …… 521
关于推进夏热冬冷地区既有居住建筑节能
　改造的实施意见
　　建科〔2012〕55号 …… 522
关于印发《夏热冬冷地区既有居住建筑节能改造
　补助资金管理暂行办法》的通知
　　财建〔2012〕148号 …… 524
关于加快推动我国绿色建筑发展的实施意见
　　财建〔2012〕167号 …… 526
财政部　住房城乡建设部关于完善可再生能源
　建筑应用政策及调整资金分配管理
　方式的通知
　　财建〔2012〕604号 …… 528
住房城乡建设部关于印发《民用建筑能耗和
　节能信息统计暂行办法》的通知
　　建科〔2012〕141号 …… 530
住房城乡建设部办公厅关于开展国家智慧
　城市试点工作的通知
　　建办科〔2012〕42号 …… 532
住房城乡建设部办公厅关于2012年全国住房城乡
　建设领域节能减排专项监督检查建筑节能
　检查情况的通报
　　建办科函〔2013〕202号 …… 537
住房城乡建设部关于印发"十二五"绿色建筑
　和绿色生态城区发展规划的通知
　　建科〔2013〕53号 …… 540

四、建筑市场监管类 …… 546
关于进一步加强房屋建筑和市政工程项目招标
　投标监督管理工作的指导意见
　　建市〔2012〕61号 …… 546
关于印发《建设工程监理合同（示范文本）》的通知
　　建市〔2012〕46号 …… 548
住房城乡建设部办公厅关于建筑智能化等工程
　设计与施工资质延续有关问题的通知
　　建办市〔2012〕33号 …… 555
住房城乡建设部办公厅关于2012年上半年全国
　建设工程企业及注册执业人员违法违规行为
　查处情况的通报 …… 556

五、工程质量安全监管类 …… 558
关于贯彻落实《国务院关于坚持科学发展安全
　发展促进安全生产形势持续稳定好转的意见》
　的通知
　　建质〔2012〕6号 …… 558
关于转发财政部、安全监管总局《企业安全生产
　费用提取和使用管理办法》的通知
　　建质〔2012〕32号 …… 560
财政部　安全监管总局关于印发《企业安全生产
　费用提取和使用管理办法》的通知
　　财企〔2012〕16号 …… 560
关于印发《2012年建筑安全专项整治工作方案》
　的通知
　　建安办函〔2012〕8号 …… 567
关于印发住房城乡建设系统贯彻落实国务院关于
　坚持科学发展安全发展促进安全生产形势持续
　稳定好转意见有关重点工作分工实施意见
　的通知
　　建办质函〔2012〕233号 …… 568
住房城乡建设部办公厅关于加强城市轨道交通
　工程施工图设计文件审查管理工作的通知
　　建办质〔2012〕25号 …… 570

六、城乡规划与村镇建设类 …… 571
关于印发《建设用地容积率管理办法》的通知
　　建规〔2012〕22号 …… 571
住房和城乡建设部关于印发《关于规范城乡规划
　行政处罚裁量权的指导意见》的通知
　　建法〔2012〕99号 …… 573
住房城乡建设部　国家文物局关于对聊城等
　国家历史文化名城保护不力城市予以通报
　批评的通知
　　建规〔2012〕193号 …… 574
住房城乡建设部　文化部　国家文物局、财政
　部关于开展传统村落调查的通知
　　建村〔2012〕58号 …… 575
关于做好2012年扩大农村危房改造试点工作
　的通知
　　建村〔2012〕87号 …… 576
住房城乡建设部关于支持大别山片区住房城乡
　建设事业发展的意见
　　建村〔2012〕159号 …… 579
住房城乡建设部　文化部　财政部关于加强
　传统村落保护发展工作的指导意见
　　建村〔2012〕184号 …… 581
住房城乡建设部　文化部　财政部关于公布
　第一批列入中国传统村落名录村落名单的通知
　　建村〔2012〕189号 …… 583

七、城市建设类 ………………………………… 583
　国务院关于实行最严格水资源管理制度的意见
　　国发〔2012〕3号 ………………………… 583
　关于进一步保障环卫行业职工合法权益的意见
　　建城〔2012〕73号 ………………………… 586
　关于印发进一步鼓励和引导民间资本进入市政
　　公用事业领域的实施意见的通知
　　建城〔2012〕89号 ………………………… 588
　住房城乡建设部关于印发全国城镇燃气发展
　　"十二五"规划的通知
　　建城〔2012〕100号 ………………………… 590
　住房城乡建设部关于促进城市园林绿化事业
　　健康发展的指导意见
　　建城〔2012〕166号 ………………………… 597
　住房城乡建设部关于加强城镇供水设施改造
　　建设和运行管理工作的通知
　　建城〔2012〕149号 ………………………… 601

八、住宅与房地产类 ………………………………… 602
　关于进一步严格房地产用地管理巩固房地产
　　市场调控成果的紧急通知
　　国土资电发〔2012〕87号 ………………… 602

　关于印发全国白蚁防治事业"十二五"发展
　　规划纲要的通知
　　建房〔2012〕92号 ………………………… 604
　关于做好2012年城镇保障性安居工程工作的通知
　　建保〔2012〕38号 ………………………… 608
　关于做好2012年住房保障信息公开工作的通知
　　建办保〔2012〕20号 ……………………… 610
　关于鼓励民间资本参与保障性安居工程建设
　　有关问题的通知
　　建保〔2012〕91号 ………………………… 611
　关于做好保障性安居工程电力供应与服务工作
　　的若干意见
　　电监供电〔2012〕48号 …………………… 613
　住房城乡建设部关于印发《住房保障档案管理
　　办法》的通知
　　建保〔2012〕158号 ………………………… 615
　关于加快推进棚户区（危旧房）改造的通知
　　建保〔2012〕190号 ………………………… 617
　关于进一步加强住房公积金监管工作的通知
　　建金〔2012〕10号 ………………………… 619

第六篇　行业发展研究报告

中国风景名胜区事业发展公报(1982—2012)
　………………………… 住房和城乡建设部　622
2012年城市照明节能工作专项监督检查
　情况 ………………………………………… 626
2012年上半年全国建设工程企业及注册执业人员
　违法违规行为查处情况 …………………… 627
2012年下半年全国建设工程企业及注册
　执业人员违法违规行为查处情况 ………… 629

人口迁移流动条件下的城市规模和结构发展趋势研究
　… 住房和城乡建设部政策研究中心课题组　630
人口、家庭与住房占有关系
　… 住房和城乡建设部政策研究中心课题组　647
城市公共装备配备标准研究
　… 全国市长研修学院(住房和城乡建设部干部学院)　664

第七篇　数据统计与分析

一、2012年城镇建设统计分析 ………………… 672
　（一）2012年城市建设统计概述 …………… 672
　（二）2012年县城建设统计概述 …………… 676
　（三）2012年村镇建设统计概述 …………… 679
　（四）2012年城镇污水处理设施建设情况 … 681
二、2012年建筑业发展统计分析 ……………… 682
　（一）2012年建筑业基本情况 ……………… 682
　（二）2012年全国建筑业发展特点分析 …… 688
　（三）2012年建筑业特、一级资质企业基本

　　情况分析 ………………………………… 691
　（四）2012年建设工程监理行业基本情况 … 699
　（五）2012年工程建设项目招标代理机构
　　基本情况 ………………………………… 700
　（六）2012年工程勘察设计企业基本情况 … 701
　（七）2012年房屋市政工程生产安全事故
　　情况通报 ………………………………… 706
　（八）入选国际承包商250强的中国内地
　　企业 ……………………………………… 712

（九）入选全球承包商250强的中国内地
　　　　企业 …………………………………… 714
　（十）2012年我国对外承包工程业务完成额和
　　　　新签合同额前50家企业 …………… 715
　（十一）中国500强企业中的建筑业企业 …… 718
　（十二）2013年"世界500强"中的中国
　　　　　建筑业企业 ………………………… 719
　（十三）2012年度中国建筑业双百强企业 …… 720
三、2012年全国房地产市场运行分析 ………… 725
　（一）2012年全国房地产开发情况 …………… 725
　（二）2012年商品房销售情况 ………………… 727
　（三）70个大中城市住宅销售价格
　　　　变动情况 ………………………………… 728
　（四）2012年全国房地产市场季度分析 ……… 750

　（五）2012年全国房地产开发资金来源
　　　　结构分析 ………………………………… 752
　（六）2012年全国房地产开发景气指数 ……… 752
　（七）中国500强企业中的房地产企业 ……… 753
　（八）2013年"世界500强"中的中国
　　　　房地产企业 ……………………………… 753
四、2012年各省（区、市）住房城乡建设部门
　　行政复议工作统计分析报告 ……………… 753
　（一）案件基本情况 …………………………… 753
　（二）案件特点 ………………………………… 755
　（三）主要做法 ………………………………… 755
　（四）问题和建议 ……………………………… 756
　（五）2012年各省（区、市）住房城乡建设部门
　　　　行政复议案件统计分类汇总 ………… 756

第八篇　部属单位、社团与部分央企

部属单位、社团 ………………………………… 766
住房和城乡建设部科技与产业化发展中心 …… 766
　• 住房和城乡建设部科技与产业化发展中心
　　（住宅产业化促进中心）成立 …………… 766
　• 中心职能 ……………………………………… 766
　• 内设机构 ……………………………………… 766
　• 开展可再生能源建筑应用研究 …………… 766
　• 组织开展国家水专项研究工作 …………… 766
　• 民用建筑能耗统计 ………………………… 766
　• "绿色建筑评价标识"评审工作全面开展 …… 767
　• 绿色建筑研究继续深化 …………………… 767
　• 开展行业科技成果评估推广，促进科技
　　成果转化 …………………………………… 767
　• 华夏建设科学技术奖励评审工作顺利开展 … 767
　• 广泛开展建筑节能国际合作项目 ………… 767
　• 推进供热计量改革相关研究 ……………… 767
　• 第十一届中国国际住宅产业博览会在京
　　召开 ………………………………………… 767
　• 国家康居示范工程发展态势良好 ………… 768
　• 住宅产品认证与性能认定工作持续开展 … 768
　• 开展国家住宅产业化基地的建立与
　　管理工作 …………………………………… 768
全国市长研修学院（住房和城乡建设部
干部学院） ……………………………………… 768
2012年培训工作基本情况 …………………… 768
　• 中共中央组织部委托的培训工作 ………… 768
　• 部司局委托的培训工作 …………………… 769
　• 地方党委、政府委托的培训工作 ………… 770

　• 企业家培训工作 …………………………… 770
　• 社会性短期培训工作 ……………………… 770
探索完善培训内容和方法，提高培训质量
和水平 ………………………………………… 770
　• 教研工作建设 ……………………………… 770
　• 教务工作建设 ……………………………… 770
　• 教学质量建设 ……………………………… 771
　• 系统开发培训教材和教学资料 …………… 771
　• 科研工作 …………………………………… 771
对外交流与合作 ……………………………… 771
　• 积极承接地方党委、政府委托的各类
　　培训班 ……………………………………… 771
　• 面向国际合作基本形成相对稳定的合作
　　伙伴 ………………………………………… 771
住房和城乡建设部人力资源开发中心 ……… 771
　• 完成住房城乡建设部司局委托的重点培训项目
　　与外事服务工作 …………………………… 771
　• 完成住房和城乡建设部2012年专业技术职务任职
　　资格评审工作 ……………………………… 772
　• 承担《住房城乡建设部建设工程（科研）专业技术
　　职务任职资格评审标准》的修编工作 …… 772
　• 承担《住房城乡建设行业国家职业分类大典》
　　修订工作（建议稿） ……………………… 772
　• 承担《住房公积金管理人员职业标准》编制
　　研究工作 …………………………………… 772
　• 完成2012年住房城乡建设部艾滋病防治部委
　　支持经费项目 ……………………………… 772
　• 参与国家和北京人力资源服务标准修（制）

- 订工作 ……………………………………… 772
- 人事代理业务稳步发展 ………………… 772
- 人才交流平稳发展 ……………………… 772

住房和城乡建设部执业资格注册中心 …… 772
- 执业资格考试工作 ………………………… 772
  - 考试组织 ……………………………… 772
  - 其他考试相关工作 …………………… 773
- 执业资格注册工作 ………………………… 773
  - 一级注册建筑师、勘察设计注册工程师 … 773
  - 一级建造师 …………………………… 773
  - 注册城市规划师 ……………………… 773
  - 物业管理师 …………………………… 773
  - 注册管理相关工作 …………………… 774
- 继续教育工作 ……………………………… 774
  - 必修课选题规划和教材编写 ………… 774
  - 必修课教材师资培训 ………………… 774
  - 继续教育实施情况的监督检查 ……… 774
- 中国香港、台湾地区及国际交流与合作工作 …………………………………… 774
- 综合研究与协调工作 ……………………… 774
  - 研究工作 ……………………………… 774
  - 协调工作 ……………………………… 774
- 信息和档案管理工作 ……………………… 774

中国建筑工业出版社 ……………………… 774
- 坚持专业出版特色 ………………………… 774
- 以出版方式服务建设工作大局 …………… 775
- 重大项目与品牌图书出版 ………………… 775
- 建设行业专业教材出版 …………………… 775
- 积极探索数字出版，加快推进出版转型 … 775
- 实施"走出去"战略，加强国际交流与合作 …………………………………… 775
- 深化机构改革，合理专业布局 …………… 775
- 深化干部聘任制度改革，切实加强队伍建设 …………………………………… 775
- 生产经营稳中有进，经济效益有所提高 … 776
- 获奖情况 …………………………………… 776

中国城市科学研究会 ……………………… 776
- 概况 ………………………………………… 776
  - 单位简介 ……………………………… 776
  - 工作概况 ……………………………… 776
- 学术会议与学术活动 ……………………… 776
  - 主办第八届国际绿色建筑与建筑节能大会暨新技术与产品博览会 ………… 776
  - 主办2012城市发展与规划大会 ……… 776
  - 主办2012中国城镇水务发展国际研讨会与新技术设备博览会 ……………… 777
  - 主办第十九届海峡两岸城市发展研讨会 … 777
  - 主办生态城市中国行活动——昆山花桥站活动 …………………………… 777
  - 主办面向世界城市低碳发展高级研讨会 … 777
  - 以国际论坛为载体，积极组织承办有关分论坛交流活动 ……………………… 777
  - 国际科技合作研究项目 ……………… 777
- 决策咨询 …………………………………… 778
  - 参加国家重大科技项目的决策咨询研究工作 …………………………………… 778
  - 《河北省生态宜居城市建设研究》项目完成 …………………………………… 778
  - "湖南株洲云龙示范区生态城市规划体系创新研究"项目开展 ……………… 778
  - 承接政府转移职能 …………………… 778
- 大型展览展会活动 ………………………… 779
  - 第八届国际绿色建筑与建筑节能大会暨新技术与产品博览会 ……………… 779
  - 2012中国城镇水务发展国际研讨会与新技术设备博览会 …………………… 779
- 期刊学术出版 ……………………………… 779
  - 期刊出版 ……………………………… 779
  - 年度报告出版 ………………………… 779
- 组织建设 …………………………………… 780
  - 工作会议召开与会员服务工作 ……… 780
  - 启动换届筹备工作 …………………… 780
  - 内部机构设置 ………………………… 780
  - 科技工作者专家库 …………………… 780
  - 发展团体会员和个人会员 …………… 780

中国建筑学会 ……………………………… 781
- 工作概况 …………………………………… 781
- 发展和繁荣中国建筑文化座谈会 ………… 781
- 全国甲级建筑设计院建筑创作方向工作会议 ……………………………………… 781
- "建筑我们的和谐家园"2012年会 ……… 782
- "资深会员"故宫颁证仪式 ……………… 782
- 车书剑出席第九届亚洲建筑国际交流会和亚洲建协第15次建筑师大会 ………… 782
- 第六届梁思成奖在人民大会堂颁奖 ……… 782

中国土木工程学会 ………………………… 782
- 工作概况 …………………………………… 782
- 中国土木工程学会第九次全国会员代表大会 ……………………………………… 783
- 中国土木工程学会第十五届年会暨隧道及地下工程分会第十七届年会 ………… 783
- 第二十届全国桥梁学术会议 ……………… 784

- 第十届中国土木工程詹天佑奖颁奖典礼 …… 784

中国风景园林学会 …… 784
- 年度主要工作 …… 784
- 评奖工作 …… 785
- 承担政府委托的多项工作 …… 785
- 组织工作 …… 785
- 2012国际风景园林师联合会(IFLA)亚太区会议暨中国风景园林学会2012年会 …… 786
- 召开纪念计成诞辰430周年国际研讨会，推动理论历史研究 …… 786

中国市长协会 …… 787
- 概况 …… 787
- 围绕城市热点、难点问题举办专题研讨会 …… 787
- 加强国际交流与合作 …… 787
- 开展适合女市长特点的各项活动 …… 788
- 继续做好《中国市长》杂志的编辑出版工作 …… 788
- 继续做好《中国城市发展报告》和《中国城市状况报告(2012/2013)》的研究出版工作 …… 788
- 信息服务与咨询 …… 788

中国城市规划协会 …… 789
- 概况 …… 789

精心打造协会优势品牌活动，全面提升行业影响 …… 789
- "2011年度全国优秀城乡规划设计奖"评选工作 …… 789
- 加强对评优工作的审查力度 …… 789
- 编辑出版《全国优秀城市规划获奖作品集(2011~2012)》 …… 789
- 召开"转型 创新 发展——2012年中国城市规划协会会员代表大会" …… 789

反映会员单位诉求，积极支持地方活动 …… 790
- 召开2012年全国省规划院联席会 …… 790
- 参加第七届泛珠三角区域城市规划院院长论坛 …… 790
- 参加优质生活圈视角下的澳珠协调发展交流会 …… 790
- 参加第22届华东地区规划院联席会 …… 790
- 参加2012年西南地区规划院联谊会 …… 790

完成住房和城乡建设部交办的工作，发挥桥梁作用
- 完成住房和城乡建设部批准的外事计划 …… 790
- 完成《国家职业分类大典》修订工作 …… 790

加强规划队伍素质建设，抓好继续教育培训工作 …… 790
- 举办两期转型发展创新——城乡规划编制研讨班 …… 790

关注舆论宣传，提高协会影响力 …… 791
- 完成《中国城市规划年度发展报告(2011~2012)》 …… 791
- 完成《中国数字城市规划专业领域2011年度发展报告》 …… 791
- 组织编纂《中国城市交通规划年报》 …… 791
- 制作《全国优秀城市规划获奖作品集(2007~2012)》光盘 …… 791
- 网站改版 …… 791

做好协会组织建设，加强内部管理 …… 791
- 召开2012年会长工作会议暨第二届全国优秀城乡规划设计奖评选组织委员会在京委员会议 …… 791
- 召开2012年全国城市规划协会秘书长联席会议 …… 791
- 召开2012年专、兼职秘书长工作会议 …… 791

充分发挥二级专业委员会作用，提高协会整体工作效能 …… 791
- 规划管理专业委员会 …… 791
- 规划设计专业委员会 …… 791
- 城市勘测专业委员会 …… 791
- 地下管线专业委员会 …… 792
- 女规划师工作委员会 …… 792
- 信息管理工作委员会 …… 792
- 规划展示专业委员会 …… 792

中国勘察设计协会 …… 792
- 承办首届中国(北京)国际服务贸易交易会"建筑及相关工程服务"板块系列活动 …… 792
- 召开全国工程勘察设计行业信息化建设交流大会 …… 792
- 开展课题研究 …… 793
- 组织优秀工程项目评选 …… 793
- 发挥分支机构推动行业持续健康发展作用 …… 793
- 组织开展"首届全国勘察设计·最美·女设计师评选活动" …… 794
- 完成《国家职业分类大典》相关职业新增与修订工作 …… 794
- 增强行业宣传力量 …… 794
- 加强协会自身建设提升服务能力和水平 …… 794

中国建筑业协会 …… 795
- 深入开展行业调查研究 …… 795
- 促进工程质量安全管理与企业科技创新

- 水平提高 ································ 795
- 推进行业信用体系和企业品牌建设 ········ 796
- 加强行业培训工作 ······················ 796
- 建筑业统计与信息宣传工作 ·············· 796
- 搭建业内交流合作平台 ·················· 796
- 协会建设 ······························ 796
- 纪念中国建设工程鲁班奖(国家优质工程)
  创立25周年 ···························· 797
- 纪念推广鲁布革工程管理经验25周年 ······ 797
- 重要会议与活动 ························ 797

中国安装协会 ······························ 801

推动安装行业工程质量水平提高，提升协会服务能力 ································ 801
- 开展2011~2012年度第二批中国安装工程
  优质奖评选工作 ························ 801
- 激励获奖项目经理再创佳绩 ·············· 801
- 表彰先进企业和优秀企业家 ·············· 801

推动安装行业科技进步，促进协会科技工作开展
- 做好表彰奖励和总结宣传工作 ············ 801
- 组织科技进步奖宣讲会和技术推广活动 ····· 802
- 在活动中充分发挥专家作用 ·············· 802

认真完成政府主管部门交办的工作，为协会赢得服务企业的更大空间 ················ 802
- 认真做好机电工程专业一级注册建造师继续
  教育工作 ······························ 802
- 继续做好建造师教育相关工作 ············ 803
- 做好国家职业大典分类修订工作 ·········· 803

召开协会理事会议和相关会议，推进协会各项工作稳步发展 ·························· 803
- 召开协会五届五次理事(扩大)会议 ········ 803
- 召开协会联络员、通讯员会议 ············ 803
- 召开安装行业高层论坛 ·················· 803

加强协会秘书处自身建设，积极做好基础性工作 ································ 803
- 加强协会秘书处自身建设 ················ 803
- 发挥协会分支机构的专业优势和作用 ······ 803
- 办好《安装》杂志、《工作通报》和
  协会网站 ······························ 804
- 认真筹备协会第六次会员代表大会 ········ 804

中国建筑金属结构协会 ······················ 804
- 协会发文 ······························ 804
- 行业展会 ······························ 805
- 行业年会 ······························ 805
- 工作会议 ······························ 806
- 联合协作 ······························ 806

- 标准制定 ······························ 807
- 服务企业 ······························ 807
- 服务政府 ······························ 809
- 促科技进步 ···························· 809
- 培训工作 ······························ 810
- 考察交流 ······························ 810

中国建筑装饰协会 ·························· 811
- 行业规模 ······························ 811
- 企业状况 ······························ 811
- 从业者队伍状况 ························ 812
- 全国建筑工程装饰奖 ···················· 812
- 主要会议 ······························ 813
- 重要活动 ······························ 813

中国公园协会 ······························ 814
- 理事会、会长会和公园信息工作交流会
  如期召开 ······························ 814
- 组织开展多种公园文化活动，促进行业科学
  发展 ································· 815
- 举办全国公园(园林)协会(学会)联谊会暨文化
  建园论坛 ······························ 815
- 发挥专业委员会作用，开展中国公园"最佳
  植物专类园区"评选 ···················· 816
- 创建对外交流平台，组织出国考察 ········ 816
- 积极参与各地园林建设工作 ·············· 816
- 协会秘书处日常工作运转正常 ············ 816

中国工程建设标准化协会 ···················· 816
- 分支机构制度建设 ······················ 816
- 协会分支机构工作会议 ·················· 816
- 组建协会专家委员会和学术委员会 ········ 816
- 开展工程建设协会标准试点工作 ·········· 817
- 参与各类工程建设标准编制 ·············· 817
- 工程建设标准英文版翻译 ················ 818
- 工程质量安全检查及调研 ················ 818
- 工程建设标准宣贯培训 ·················· 818
- 工程建设标准化咨询服务 ················ 818
- 工程建设标准及图书资料发行 ············ 818
- 标准化学术研究与研讨 ·················· 818
- 编辑出版《工程建设标准化》期刊 ········ 818
- 协会信息化建设 ························ 819

中国建设工程造价管理协会 ·················· 819
- 法律法规制订 ·························· 819
- 工程造价领域重大课题研究 ·············· 819
- 标准编制等基础建设工作 ················ 819
- 工程造价咨询单位资质管理、造价工程师
  考务工作 ······························ 819
- 造价工程师继续教育工作 ················ 819
- 积极开展对外交流与合作 ················ 820

- 期刊和信息化工作 …………………… 820
- 秘书处基础建设和制度建设 ………… 820

中国建设教育协会 ……………………… 820
- 重要会议 ……………………………… 820
- 《中国建设教育协会2009～2013年发展规划》
  中期检查及修订工作 ………………… 821
- 协会承办或主办的各类主题活动 …… 821
- 科研服务 ……………………………… 822
- 培训活动 ……………………………… 822

中央企业 ………………………………… 823
中国建筑工程总公司 …………………… 823
- 概况 …………………………………… 823
- 主要指标 ……………………………… 823
- 重大项目 ……………………………… 824
- 走向海外 ……………………………… 824
- 改革发展 ……………………………… 825
- 重大创新 ……………………………… 825
- 信息化建设 …………………………… 826
- 党建工作 ……………………………… 826
- 履行社会责任 ………………………… 826

中国电力建设集团有限公司 …………… 827
- 概况 …………………………………… 827
- 主营业务 ……………………………… 827
- 突出优势 ……………………………… 827
- 组织机构 ……………………………… 827
- 2012年度经济技术指标完成情况 …… 828
- 年度代表工程 ………………………… 830

中国铁路工程总公司 …………………… 832
- 概况 …………………………………… 832
- 主要指标 ……………………………… 833
- 改革发展 ……………………………… 833
- 重大项目 ……………………………… 833
- 年度代表工程 ………………………… 834
- 走向海外 ……………………………… 834
- 重大创新 ……………………………… 835
- 党建工作 ……………………………… 835
- 信息化建设 …………………………… 835
- 履行社会责任 ………………………… 835

中国有色矿业集团有限公司 …………… 836
- 2012年度企业概况 …………………… 836
- 年度经济技术指标完成情况 ………… 836
- 年度主要工程 ………………………… 837

中国铁建股份有限公司 ………………… 838
- 概况 …………………………………… 838
- 主要经济指标完成情况 ……………… 838
- 生产经营 ……………………………… 839
- 改革发展 ……………………………… 839
- 企业管理 ……………………………… 840
- 技术创新 ……………………………… 841
- 工程创优 ……………………………… 841
- 国内工程 ……………………………… 841
- 海外工程 ……………………………… 841
- 房地产开发 …………………………… 841

第九篇 2012年建设大事记

1～12月 ……………………………………… 844

第十篇 附 录

一、2012年度会议报道 ………………… 854
全国推广应用高强钢筋工作会议召开 …… 854
全国特色景观旅游名镇名村研讨会召开 … 855
全国建筑市场监管工作座谈会召开 ……… 855
第一届中国智慧城市高峰论坛 …………… 856
全国保障性安居工程质量和建筑安全生产工作
电视电话会议 …………………………… 857
2012年北方采暖地区供热计量改革工作电视
电话会议 ………………………………… 857
第三届中国国际生态城市论坛举办 ……… 858
2012年世界屋顶绿化大会开幕 …………… 859
全国住房城乡建设系统廉政风险防控工作
创新经验交流会召开 …………………… 859

二、示范名录 …………………………… 860
国务院发布第八批国家级风景名胜区名单
及简介 …………………………………… 860
国家城市湿地公园 ………………………… 862
2012年"迪拜国际改善居住环境最佳范例奖"
获奖项目名单 …………………………… 862
第一批列入中国传统村落名录的村落名单 … 863
考评合格的2012年度全国物业
管理示范住宅小区(大厦、工业区)名单 … 871

住房城乡建设部关于公布第六届梁思成建筑奖名
　单的通报 …………………………………… 875
三、获奖名单 ………………………………………… 876
　2012年中国人居环境奖获奖名单 …………… 876
　中国人民环境范例奖 ………………………… 876
　2012～2013年度第一批中国建设工程鲁班奖
　　（国家优质工程）入选名单 ………………… 877
　第十一届中国土木工程詹天佑奖获奖名单 …… 885
　2011～2012年度省地节能环保型住宅国家康
　　居示范工程通报表扬名单 ………………… 891

　住房城乡建设系统2011～2012年度全国青年
　　文明号名单 …………………………………… 892
　全国住房城乡建设系统先进集体名单 ………… 893
　全国住房城乡建设系统先进工作者名单 ……… 896
　全国住房城乡建设系统劳动模范名单 ………… 905
　全国住房城乡建设系统先进集体事迹 ………… 913
　全国住房城乡建设系统先进工作者事迹 ……… 944
　全国住房城乡建设系统劳动模范事迹 ………… 958

第一篇

重要活动

李克强主持保障性住房公平分配工作座谈会并讲话

2012年2月6日，中共中央政治局常委、国务院副总理李克强主持召开保障性住房公平分配工作座谈会并讲话。他强调，要在确保保障性安居工程按期开工、质量可靠、如期建成的同时，把确保公平分配放在更重要的位置，按照保障基本、公正程序、公开过程的原则，科学确定保障范围，规范和阳光操作，切实保障中低收入住房困难家庭的基本住房需求。

会上，住房和城乡建设部负责人汇报了保障房分配制度建设和实施的总体情况，辽宁省、上海市、重庆市负责同志介绍了本地加强保障房公平分配的主要做法。在听取大家发言后，李克强说，这几年，各级政府下大力气推进保障性安居工程建设，这是一项重大民生和发展工程，也是宏观调控的重大举措，并有利于调整收入分配结构，群众十分拥护，社会高度关注。随着近年来大规模建设的保障房陆续竣工，做好分配工作已进入关键时期，各地和有关部门围绕公平分配进行了大量探索，积累了不少好的经验。确保公平分配是关系保障性安居工程成败及可持续发展的"生命线"，对政府公信力和执行力也是重要考验。只有做到公平分配，使该保障的群众真正受益，防止不符合条件者侵占保障房资源，才能实现政府投入大量财力人力保障基本住房需求的政策初衷。必须充分认识这项工作的重要性和紧迫性，在继续保质保量地推进保障房建设的同时，下更大力气做好公平分配。

李克强指出，确保保障房公平分配，一是要保障基本。住房保障是政府提供的一项基本公共服务，通过提供小户型、齐功能、质量可靠的保障房和加快推进棚户区改造，保障中低收入住房困难家庭的基本住房需求，改善棚户区群众的居住条件，并为符合条件的新就业职工和外来务工人员提供稳定居所。二是要公正程序。准入、审核、轮候、分配、退出等方面的程序要严格规范，对保障房申请人、入住者的收入、住房、财产等情况全面审核、动态监测，使所有符合条件者都能公平公正地参加申请、轮候和逐步获得保障房。完善纠错机制，堵塞漏洞，使不符合条件者能够及时清退。同时各类程序又要尽可能简便，惠民便民。三是要公开过程。全面公开透明，是保障房公平分配的"试金石"，要坚持阳光操作，接受群众、社会和媒体全方位监督，做到全过程公开。

李克强强调，要探索完善保障房分配和质量管理的长效机制。近期，国务院决定对保障性住房分配和质量管理开展全面自查和实地督查，要通过自查和重点督查查找问题、总结经验、扶正祛邪。坚决查处骗购骗租、变相福利分房、以次充好、质量监管不到位、失职渎职等问题，让违法违规者付出高代价。要总结推广地方好的做法和经验，完善相关制度，不断提高保障房分配和质量管理的水平。

李克强说，要处理好政府保障和市场机制的关系。一方面，要抓紧落实好资金、土地等配套条件，严把工程质量关，保证如期完成今年保障性安居工程建设任务。另一方面，要继续采取有效措施，增加普通商品住房供应，通过发挥市场机制的作用，依托商品房市场解决多数居民的多层次住房需求问题。要继续坚持搞好房地产市场调控，巩固调控成果。

国务院保障性安居工程协调小组各成员单位负责同志、国务院督查组成员参加了会议。

（来源：新华社2012年2月8日）

李克强：实现保障性安居工程保质按期竣工 确保分配公开公平公正

中共中央政治局常委、国务院副总理李克强6月29日在全国保障性安居工程工作会议上强调，要继续推进保障性安居工程建设，实现保质按期竣工，确保分配公开公平公正，使建设成果惠及更多中低收入住房困难群众，更好地发挥保障房建设对改善民生、稳定增长、调整结构的重要作用。

会上，住房和城乡建设部负责人介绍了今年全国保障房建设进展和质量安全、公平分配检查情况，黑龙江、上海、江西、四川、陕西等省（市）政府负责人介绍了本地进展和做法。在认真听取大家的发言后，李克强说，保障房是社会和群众极为关心、政府高度重视的重大民生和发展工程，今年中央财政对保障房建设补助资金继续增加，相关部门加大了在土地、信贷、税收、债券等方面的支持力度，并进一步扩大了棚户区改造范围，各地也积极加大投入，努力克服困难，保障房建设整体进展顺利。深入推进保障性安居工程，不仅是改善民生之必需，也是今年贯彻稳中求进要求的重要举措，具有刺激消费、带动投资、调节收入分配、推进城镇化等多重效应，对有效应对当前外部环境变化、促进经济增长、调整经济结构具有重要意义。

李克强强调，住房是百年大计，保障房更是政府主导建设的民生工程，必须坚持高质量、严要求。从近期全国检查情况看，保障房工程质量总体是好的，但确有少数项目存在不同程度的问题。对发现的质量问题要"零容忍"，哪个地方、哪个环节出问题，就在哪里解决，对责任单位和责任人要严肃追究，决不手软。保障房建设要坚持质量第一，工期服从质量。进一步完善制度，对新建和在建工程，严把勘察设计、招标投标、材料供应、工程建设和监理等全过程质量管理。对建成的项目，要严格验收监管，绝不能走过场，不达标项目一律不得交付使用。

李克强说，今年保障房在建规模大，各地进展也不平衡，要进一步落实建设条件，尤其是要创新机制拓展资金来源，更多吸引社会资金参与，使计划任务按期完成。同时，随着保障房大规模建设的推进，要更加注重抓竣工、抓配套、抓入住。保障房竣工必须具备入住使用的基本条件，对新上项目，要尽量做到位置合适、交通便利，同步考虑配套建设水、电等相关市政设施和教育、卫生等公共服务设施。已开工建设的项目，凡是配套设施不齐全的要尽快完备，以方便入住群众工作生活的需要，更好地发挥保障房的实际效用。

李克强指出，今年将进入保障房分配的高峰，公平分配是"生命线"。保障房面向低收入和中等偏下收入住房困难群众，如果建好后分配不合理，就会损害他们的利益，从而失信于民。几年来，各地已探索形成了不少行之有效的好做法，核心是规范程序、公正操作、公开透明、接受监督。要总结好的经验，进一步健全配租配售制度和相关法规规定，鼓励地方先行先试。更加详细地公布保障房开工、建成、分配结果、退出情况等信息，加快全国城市个人住房信息系统建设和联网，为公平分配保障房提供基础支撑。在严格准入的同时，要畅通举报投诉渠道，建立有效的纠错机制，把不符合条件的住户及时清退出保障房。坚决查处骗购骗租、变相福利分房、利用职权侵占以及违规转租、转售保障房等行为。更多使用市场化的办法，完善保障房后续管理。

李克强最后说，要不断健全住房供应体系，使保障房建设和商品房供应发挥各自应有的作用。继续推进保障房建设，加大棚户区改造力度。同时，增加普通商品住房供应，抑制投机投资性需求，稳定房地产市场调控政策，巩固调控成果，促进房地产市场长期平稳健康发展。

各省（自治区、直辖市）政府和新疆生产建设兵团负责人，国务院有关部门负责人，计划单列市政府负责人参加了会议。

（摘自新华网　2012 年 7 月 1 日）

李克强在北京考察保障房建设强调确保公平分配

8月21日，中共中央政治局常委、国务院副总理李克强在北京市考察保障性安居工程建设情况，并召开保障房分配和运行现场会。他强调，要在保质按期完成今年保障房建设任务的同时，严格管理确保公平分配，完善配套形成有效供应，创新机制实现持续运行，切实把保障性住房建设成果转化为惠民成果。

在石景山远洋沁山水社区，李克强走进入住公租房的群众家中，了解他们的实际感受。居民反映，住进保障房再也不担心频繁搬家，而且这里靠近中心城区，交通便利，学校、医院、商场一应俱全，还可根据住户要求配租家具家电等，拎包就能入住，降低了入住成本。李克强听了十分高兴，他说，建保障房不光是要盖质量可靠的房子，还要同步完善必要的公共服务设施，使群众生活更加便利和安定。

随后，李克强来到该小区物业公司，工作人员介绍，这里的公租房是在商品房小区中配建的，政府对不同生活困难程度的住户给予不同比例的租金补贴，对不再符合保障条件的则及时取消补贴实现退出，公租房与小区商品房的物业服务都委托给同一家公司，提供同等同质的服务。李克强对此表示赞许。他说，保障房的运行管理，既要体现政府职责，又要发挥市场机制作用，市场能办的事情就应当交给市场，这样有利于提高服务质量和效率。

在海淀区万寿路街道办事处住房保障服务大厅，李克强来到业务办理窗口、评议室等，与保障房申请者、资格审核小组成员和工作人员亲切交谈，听取保障房分配情况介绍。李克强说，保障房作为宝贵的公共资源，公平分配是必须严守的"生命线"。要实现这一点，全程公开是前提，严格执行是关键，健全机制是保障。他强调，保障房建设可以多渠道、多方式推进，但保障对象和分配程序必须严格规范。保障房是解困房，要真正分配给低收入和中等偏下收入住房困难群众；保障房不是过去那种福利房，要坚决防止不符合条件者获得保障房。建立有效的纠错机制，严肃查处骗租骗购、利用各种手段侵占保障房等违规违纪行为。

随后，李克强主持召开保障房分配和运行现场会，听取有关省(市)政府负责人的意见和建议。李克强说，住房问题是世界性难题，也是我国人民群众解决温饱问题后关心的焦点问题。保障性安居工程是重大民生工程和民心工程，也是重大发展工程。通过近几年的集中推进，全国已有近亿居民从中受益。同时应当看到，目前中低收入住房困难家庭和棚户区居民仍然较多，改善居住条件的期盼和需求十分强烈，必须继续有力推进保障房建设和棚户区改造，这也有利于抑制房价过快上涨，降低城镇化进程中人口合理转移的门槛。同时，保障房产业链长、带动性强，建设和使用过程中能够形成巨大的投资和消费需求，有力拉动经济增长。在当前形势下，更应充分发挥好保障房建设惠民生、稳增长、调结构一举多得的作用。

李克强指出，目前保障房开工建设已达到全年目标的70%以上，总体进展顺利。要突出抓好竣工入住这个环节，做到质量可靠、设施配套、布局合理，这样才能真正形成有效供给，更好地实行住房保障政策的初衷。一是对住房质量问题，要实行"零容忍"，严格责任追究，该赔偿的要赔偿，该清出市场的要清出市场。二是对配套设施欠缺的项目，要抓紧完善，保证市政等基本设施同步建成，尽快达到入住条件，并将此作为竣工的重要标准。三是对拟建的保障房项目，要精心规划，项目选址一定要从便利居民就业、就医、就学、购物等实际需求出发，使群众既安居、又乐业。

李克强说，随着保障房供应规模越来越大，入住群众越来越多，建立实现持续运行的长效机制势在必行。各地在入住居民收入动态跟踪、保障房准入退出、租金收缴等方面，已经有许多好的做法，要鼓励先行开展地方立法，为完善政府监管、规范市场运作、实现保障房可持续运行提供法制和政策保障。要创新运行管理模式，逐步将廉租房向公租房并轨，实行租补分离、明收明补，根据住户不同收入情况给予适当租金补贴。要兼顾居民承受能力、补贴支持力度和实际运营需要，合理确定公租房租金水平，通过在公租房项目中配建一定比例的商业用房等多种措施，充实运行管理资金，使公租房可持续运行。在财税等政策上也要研究给予必要支持。

李克强最后说，要继续贯彻执行房地产市场调控政策，抑制投机投资性需求，增加普通商品住房供应，巩固调控成果，促进房地产市场长期平稳健康发展。

北京市委、市政府主要负责人和河北、吉林、上海、江苏、安徽、四川、陕西等省(市)政府以及国务院有关部门负责人参加上述活动。

(摘自新华网 2012年8月22日)

李克强：破解城市二元结构难题走新型城镇化道路

中共中央政治局常委、国务院副总理李克强25日在全国资源型城市与独立工矿区可持续发展及棚户区改造工作座谈会上强调，要深入贯彻落实科学发展观，加快资源型城市可持续发展，推动独立工矿区转型,加大棚户区改造力度,"三位一体"推进,着力破解城市内部二元结构难题,带动内需扩大和就业增加,走可持续的新型城镇化道路。

李克强说,经过长期开发,不少资源型城市和矿区资源逐步枯竭,普遍出现了接续产业跟不上、就业困难、生态环境严重破坏、社会保障负担重等问题,与其他城市的发展差距拉大,很多独立工矿区人均财力不及全国平均水平的1/5。当前资源枯竭城市及工矿区的居民仍有6000万~7000万人,其中相当一部分还住在棚户区,成为我国城市内部二元结构的集中反映。这既是历史遗留的问题,也是我国推进现代化进程、建设和谐社会迫切需要解决的问题。

李克强指出,资源型城市转型和棚户区改造是扩内需、调结构的重要内容和巨大潜力源泉。近些年来,国家采取增加转移支付、扶持替代产业发展、实施矿山环境治理重点工程等措施,在当地党委、政府和干部群众的共同努力下,使资源型城市及工矿区转型发展有了明显进展。尤其是近几年国家大规模实施保障性安居工程,其中一半是棚户区改造,在已完成的1000多万户棚改中,有几百万户集中在资源枯竭城市。一些地方完成棚改后,各方面面貌焕然一新,生态环境也有了很大改善,从被遗忘的角落变成宜居之地和投资热土,新的产业特别是服务业随之而来、随之而兴,就业、收入、消费都持续增加。实践证明,推进资源型城市转型和棚户区改造,不仅可以改善几千万人的生活,而且能够创造巨大的需求,带来一举多得的效应。

李克强说,加大棚户区改造力度,是推进资源型城市及工矿区转型发展的重要抓手,也是解决城市"二元结构"矛盾的切入点。当前,收入分配是社会关注的焦点,城乡差距问题既普遍又突出,而城市二元结构中的高低收入差距往往更大,繁华的城市中心区与简陋的棚户区、工矿区并存,形成了明显反差,资源枯竭城市困难群众更多。目前,资源枯竭城市低保人口比例比全国平均水平高出1倍,不少工矿区和棚户区低保人口比例甚至达到50%左右。加大棚户区改造力度,逐步补上这笔历史欠账,保障和改善这些群众的基本民生,体现了调节收入分配"托底"的要求,把这块收入差距的最"短板"补上了,就能够产生倍增效应,更有力地促进资源型城市转型发展和城镇化顺利推进。

李克强指出,要把资源型城市转型和棚户区改造作为推进新型城镇化的重要任务。城镇化是我国发展的一个大战略,城镇化不是简单的城市人口比例增加和面积扩张,而是要在产业支撑、人居环境、社会保障、生活方式等方面实现由"乡"到"城"的转变。各级政府要按照转变经济发展方式的要求,积极创造转型发展的环境。突出加大棚户区改造力度,集中力量一场一场打"歼灭战",由"大片"至"小片",逐步完成城市和工矿棚户区的改造任务。将独立工矿区纳入资源型城市可持续发展的政策支持范围,因地制宜,宜改则改,宜搬则搬。资源型城市转型,要以企业为主体,既瞄准资源深加工,又注重发展非资源产业,关键是能带动更多就业。对于近些年在资源富集地区发展形成的新兴工业区,既要支持,也要引导,防止产生新的封闭棚户区和趋于刚性的城市二元结构。他强调,资源型城市及工矿区转型发展、棚户区改造是一项长期艰巨、系统复杂的工作,要科学规划,摸清底数,依靠改革作为动力,创新体制机制,统筹协调配合,形成工作合力,加快建立资源开发补偿、衰退产业援助、专项资金支持等长效机制,增强可持续发展能力。

(节选)

(摘自新华网 2012年9月25日)

国务院专项督察房地产市场调控政策措施落实情况

据新华社 党中央、国务院高度重视房地产市场平稳健康发展。针对近期房地产市场出现的新情况、新问题,为进一步推动房地产市场调控政策措施落实,坚决抑制投机投资性需求,巩固房地产市场调控成果,国务院决定从7月下旬开始,派出8个督察组,对16个省(市)贯彻落实国务院房地产市场调控政策措施情况开展专项督察。

此次督察的重点是检查住房限购措施执行情况,差别化住房信贷政策执行情况,住房用地供应和管理情况,税收政策执行和征管情况。国务院督察组将深入有关部门和机构核查政策落实情况，实地查看商品住房项目，听取基层群众意见和建议。对落实房地产市场调控政策措施有偏差、不到位的，国务院督察组将督促进行整改。

此次督察的地区是：北京市、天津市、河北省、辽宁省、吉林省、上海市、江苏省、浙江省、福建省、山东省、河南省、湖北省、湖南省、广东省、重庆市、四川省。对其他地区落实情况，国务院有关部门也将通过各种方式进行督促检查。

（摘自《中国建设报》2012年7月26日）

全国住房城乡建设工作会议召开

12月25日，全国住房城乡建设工作会议在北京召开。会议全面总结了全国住房城乡建设系统过去5年的工作，并对2013年的重点工作进行了部署。住房城乡建设部部长姜伟新作工作报告，副部长仇保兴主持会议，副部长陈大卫、齐骥、郭允冲、中央纪委驻部纪检组组长杜鹃出席会议。

5年来，全国住房城乡建设系统以科学发展观为统领，坚决贯彻落实党中央、国务院的决策部署，求真务实，团结拼搏，各项工作都取得了新的进展，全系统精神面貌也有了很大提高，较好地完成了中央交给的任务。

2008～2012年，全国共开工建设城镇保障性住房和棚户区改造住房超过3000万套，基本建成1700万套以上，大批城镇中低收入家庭的住房困难得到解决。认真落实中央房地产市场调控政策，投机投资性住房需求得到了抑制，房地产市场形势总体平稳。住房公积金安全管理和制度研究工作得到加强，住房公积金总体安全。

《城乡规划法》得到认真贯彻，城乡规划审查和实施管理工作进一步加强。新增城乡规划督察员派驻城市85个，总数达到103个。国家级风景名胜区新增38处，全国历史文化名城、名镇、名村分别新增10个、96个和97个，三清山等4个项目成功列入世界遗产名录。城市市政基础设施建设成效显著。预计到今年年底，全国城市生活垃圾无害化处理率达80%，全国城市污水处理率达84.9%，分别比2007年提高18个和22个百分点。城市供水、地下管线、交通、园林绿化工作扎实推进。5年来，农村危房改造工作逐步由试点转为全面推进，今年实现了农村地区全覆盖，累计支持了1033.4万贫困户实施危房改造。组织了全国首次传统村落调查，公布了第一批646个传统村落名单。

建筑市场和工程质量安全监管力度加大，工程质量安全形势总体稳定。建筑节能工作有了长足进展，城镇新建建筑全面执行了节能强制性标准，北方采暖地区15省市5年累计完成供热计量及节能改造面积5.9亿平方米，可再生能源建筑应用快速发展，发展绿色建筑初步成为社会共识。

住房城乡建设领域法规和建设标准工作迈出新步伐，《国有土地上房屋征收与补偿条例》等4部行政法规、《公共租赁住房管理办法》等12项部门规章颁布实施，2300多项国家、行业和地方标准发布。

住房城乡建设系统在汶川、玉树、彝良地震和舟曲泥石流等灾害抢险救援和灾后重建工作中发挥了重要作用。党风廉政建设、队伍建设和精神文明建设深入开展。

会议强调，2013年要认真贯彻落实党的十八大和中央经济工作会议精神，着力做好11项工作：

一是努力完成城镇保障性安居工程建设任务，尤其是要加大配套设施建设力度。明年城镇保障性安居工程建设的任务是基本建成460万套、新开工600万套。要加快配套设施建设，做到配套设施与保障房工程同步规划、同期建设、同时交付使用，确保已竣工保障房能及早投入使用。继续抓好公平分配和入住后管理工作，探索创新保障性住房建设和管理机制。

二是坚定不移地搞好房地产市场调控。继续严格实施差别化住房信贷、税收政策和限购措施，坚决抑制投机投资性住房需求，支持合理自住和改善性需求。编制和实施好住房发展和建设规划，引导和稳定社会预期。密切监测市场形势，继续推进城镇个人住房信息系统建设。强化市场监管，加强房地产领域诚信体系建设。

三是加快修订《住房公积金管理条例》，继续做好资金安全和使用管理工作。出台归集、提取、个人贷款、财务会计等业务规范。加快住房公积金监管信息系统建设。提高住房公积金服务质量。

四是继续抓好城乡规划工作，积极稳妥推进城镇化。抓好由国务院审批城市总体规划的审查报批工作，进一步提高审查质量和速度。推进省域城镇体系规划和村庄规划编制工作。继续完善城乡规划督察员制度，依法查处规划违法违规行为。加强历史文化名城名镇名村保护工作，推进数字景区和绿色生态城区建设。

五是加快城市市政公用设施建设，加强城镇减排，改善城市人居生态环境。编制城市排水与暴雨内涝防治设施建设规划。继续抓好在建城镇供水设施项目的建设工作，强化水质督察。推进城镇生活垃圾和污水处理设施建设工作，提高设施运行水平。切实加强城市综合管理，推进数字城管工作，强化城市地下管线和城建档案管理。

六是完成好农村危房改造任务，推进村镇建设。明年要完成农村危房改造任务300万户左右。制订全国传统村落保护发展规划，保护村落的传统文化要素和地区民族特色。扩大绿色低碳重点小城镇试点和特色景观旅游名镇名村示范，启动美丽小镇和美丽乡村示范。

七是以更大决心和更快步伐推进建筑节能。完成北方既有居住建筑供热计量及节能改造面积2亿平方米左右，实施夏热冬冷地区既有居住建筑节能改造1900万平方米，启动绿色生态城区示范建设20个。继续推进可再生能源建筑应用省级示范工作。

八是进一步强化建筑市场和工程质量安全监管。加大建筑市场监管力度，重点落实注册人员执业责任。强化房屋和市政工程质量安全监管，遏制重特大事故发生。

九是加强法规标准建设，提高依法行政能力。加快《城镇排水和污水处理条例》等重点立法进程。对重要建设标准实施效果开展评估和监督检查。继续强化执法监督工作。

十是下气力研究住房城乡建设领域的几个重要问题。配合国家发展改革委深入研究我国城镇化问题。配合有关部门加快构建符合我国国情、系统配套、科学有效、稳定可预期的房地产市场调控政策体系。进一步研究完善住房保障制度。加强对住房公积金管理问题的研究。

十一是继续深入推进党风廉政建设、队伍建设和精神文明建设。

会上，来自山东、河南等地住房城乡建设主管部门负责人进行了经验交流。各省、自治区住房城乡建设厅，直辖市建委及各有关部门，新疆生产建设兵团建设局主要负责人，计划单列市建委及有关部门主要负责人参加会议；纪检组长、文明办主任，全国住房城乡建设系统先进集体、先进工作者和劳动模范代表列席会议。

全国住房城乡建设系统党风廉政建设工作会议、精神文明建设工作会议同期举行。全国住房城乡建设系统精神文明建设工作会议对全国住房城乡建设系统先进集体、先进工作者和劳动模范进行了表彰并现场颁奖；人力资源社会保障部党组成员、副部长杨士秋宣读了《人力资源社会保障部、住房城乡建设部关于表彰全国住房城乡建设系统先进集体、先进工作者和劳动模范的决定》。

(摘自《中国建设报》 2012年12月26日 记者 张际达 汪汀)

第二篇

专 论

坚定信心 创新机制 全面实施供热计量收费
——在 2012 年北方采暖地区供热计量改革工作电视电话会议上的讲话

仇保兴

(2012 年 8 月 21 日)

同志们：

今天我们召开 2012 年北方采暖地区供热计量改革工作电视电话会议。会议的主要任务是贯彻落实国务院《节能减排"十二五"规划》，全面实施供热计量收费，进一步促进建筑节能。刚才有五个单位介绍了他们的主要做法和经验，我觉得都很好，值得学习、借鉴和推广。下面我讲几点意见。

一、供热计量改革取得明显成效

一是供热计量收费面积快速增加。目前河北、山西、山东等 11 个省根据《城市供热价格管理暂行办法》出台了供热计量价格和收费实施细则。地级以上城市出台供热计量价格和收费办法已经达到 105 个，也就是说绝大部分北方城市都已出台供热计量价格管理办法。2011 年北方采暖地区 15 个省、自治区、直辖市累计实现供热计量收费面积 5.36 亿平方米，比 2010 年(3.17 亿平方米)增加了 2.19 亿平方米，增幅达到 69%。

二是新建建筑供热计量装置安装比例明显提高。2011 年北方采暖地区新竣工建筑 3.45 亿平方米，其中安装分户供热计量装置的有 2.5 亿平方米，占新建建筑总量 72%，较 2010 年(52%)提高 20 个百分点。天津、北京、河北、吉林、山东 5 个省市基本做到了新建建筑供热计量设施不欠新账，值得表扬。

三是既有居住建筑供热计量及节能改造大规模推进。在"十一五"超额完成国务院下达的 1.5 亿平方米改造任务的基础上，2011 年完成北方既有居住建筑供热计量及节能改造面积 1.32 亿平方米。内蒙古、吉林、山东超额完成年度改造任务。实践证明，实施既有居住建筑供热计量及节能改造可以节能减排(30%)、减少 PM2.5 等空气污染(30%)、增加就业、促进生产、增加人民群众收入、提高人民群众基本生活质量，是一件"一举多得"的大好事，属于"最优内需"。

二、推进供热计量改革仍存在"四大"障碍

2011 年新竣工建筑没有安装分户供热计量装置的有 1 亿平方米，占新竣工建筑总量 28%。累计供热计量装置安装面积约有 9.5 亿平方米，但实现供热计量收费面积 5.36 亿平方米，还有大量已经安装的供热计量装置闲置。进一步推进供热计量改革存在"四大"主要障碍：

一是认识和观念障碍。有些地方的领导只满足于冬季稳定供热，而没有把供热节能摆上议事日程，没有认识到稳定供热和计量节能是同等重要的问题。有些地方将供热节能重点只放在系统设施节能改造上，忽视或贬低供热系统计量收费的行为节能。事实上，国内外的实践都已经证明，如果不搞供热计量收费，调动用户的积极性，系统设施节能就是"白搞"，即使节了一些能也被开窗放热而白白浪费掉了。也有少数地方的干部错误地认为搞供热计量收费，供热企业就一定会减少收入。事实证明并非如此。榆中县供热计量收费比例达到了 86%，鹤壁市达到了 69%，这些地方供热质量不仅得到很大提高，绝大多数的用户节约了热费，更重要的是，供热企业综合效益不仅没有减少，还实现了可持续发展。鹤壁市实施供热计量后，供热企业实现系统节能 30% 以上，在总耗能不变、供热质量提高的情况下，供热面积增加 100 多万平方米。所以说，少数地方存在这样或那样的错误认识，完全没有道理，都只是为推迟改革寻找借口和理由。

二是体制机制障碍。有些城市监管体系没有形成合力。建设工程规划、设计、施工图审查、施工、监理、质量监督、验收等各环节缺乏有效监督配合，缺少责任追究机制，导致不装表和装"假"表情况时有发生。少数城市确定的基本热价比例过高，导致群众没有节能的积极性，大部分居民需要多交费，导致

"假节省"。有些城市实行供热计量收费"面积上限",限制了价格对行为节能杠杆作用的发挥,影响了行为节能的积极性。部分城市计量收费政策不配套,装表和收费缺乏有效衔接,没有落实供热企业选表、装表和收费责任,导致即使装了质量好的表,供热企业也不按表收费。有些城市没有出台配套的收费办法或出台的收费办法过于粗糙,缺乏可操作性。

三是计量表质量障碍。一些城市热量表质量良莠不齐。近年来虽然热量表质量有所提高,但质量差、价格高的问题还没有得到解决,一些城市热量表质量良莠不齐,存在着"假"表、"烂"表驱逐好表的现象,在很大程度上制约了供热计量收费的开展。有些城市的供热系统未安装过滤装置,造成水质特别差,严重影响了计量表的精度和寿命。

四是能力障碍。有些地方供热计量改革领导机构缺乏必要的专职人员,组织领导能力不足,无法真正开展工作。有些地方的供热企业技术管理水平较低,没有配备专门人员,不知道如何开展供热计量、也不知道如何收费。此外,近年来虽然检测能力有所提高,但总体上还比较弱,不能满足检测要求,如大口径表至今无法检测。

三、认清形势,坚定信心

供热计量改革是大势所趋,民心所向,形势所迫。从承德、鹤壁、榆中、天津等供热计量工作先进城市的情况看,实施供热计量收费、提高系统调控水平,供热系统至少可以节能30%以上。如果我国北方地区所有城市全部实现了供热计量收费,每年可节约4000多万吨标准煤,5年下来就是2亿多吨标准煤,二氧化碳减排4亿多吨。供热计量节能潜力巨大,加快推动供热计量改革必须实行"三个强化":

一是强化信心。国务院《节能减排"十二五"规划》明确要求,"十二五"期间,实现节约能源6.7亿吨标准煤。我部的落实措施明确提出,到"十二五"末,建筑节能形成1.16亿吨标准煤节能能力。北方采暖地区节能减排的最大潜力在供热计量节能,北方采暖地区是否全面有效推行供热计量改革不仅是完成建筑节能任务的关键,更是关系到整个国家节能减排任务能否完成的关键。各地要进一步转变观念,统一思想,充分调动各方积极性,坚定不移地推进供热计量改革。

二是强化目标。"十二五"时期要完成国务院下达的北方采暖地区既有居住建筑供热计量及节能改造面积4亿平方米以上的任务,我部已与各省市签订协议,各地要严格按照协议完成改造任务。对于已装表的建筑,全面取消以面积计价收费方式,无条件地实行按实际热量计价收费方式。

三是强化措施。新建建筑和经改造的既有居住建筑必须同步安装供热计量装置和温控装置,同步实施按热量计价收费。对不符合民用建筑节能强制性标准的新建建筑,不得出具竣工合格验收报告,不得销售或者使用。今年我部将对这两个"不得",组织专项检查。既有居住建筑节能改造不同步实施供热分户计量改造的,不得通过验收,不得拨付中央财政既有居住建筑供热计量及节能改造奖励资金。今年北方采暖地区住宅供热计量实际收费比例达不到35%要求的城市,不得申报中国人居环境奖、国家园林城市、可再生能源建筑应用示范城市等城乡建设领域的任何奖项。明年这个比例要上升到40%。

四、创新机制、细化政策

随着装表和计量收费面积越来越大,供热计量改革到了一个关键转型时期,各地要进一步创新机制,强化措施,细化政策,扎扎实实推进此项工作。

一是要加强组织领导。城市政府要充分发挥推进供热计量改革的主导作用,"一把手"要亲自牵头,分管领导要全力以赴。城市建设(供热)主管部门的主要领导是供热计量改革第一责任人。城市政府应将供热计量改革目标完成情况作为对建设(供热)主管部门主要领导考核评价的主要内容之一。建设(供热)主管部门应加强对供热企业的监管,对拒不实施计量收费的供热企业,要对其负责人依法严肃处理。

二是要创新监管机制。要切实加强建设工程规划、设计、施工图审查、施工、监理、质量监督、验收和销售等环节全过程的监管。对达不到供热计量要求的工程项目一律不得办理各类手续和证书。施工图审查部门在审查时,不仅要看有没有进行了供热计量设计,还要看设计合不合理。建筑质量监管部门在验收备案时不仅要看有没有计量装置,更要看安装合不合理、质量合不合格、有没有首检、温控阀是不是自动恒温阀等。

三是要创新收费机制。严格落实供热企业计量收费改革的主体责任,制定房地产开发企业和供热企业选表、安装和收费衔接细则和资金管理办法。计量装置一定要由供热企业按照规定直接公开招标、采购。电表、水表、燃气表管理的成功经验就是让电力公司、自来水公司、燃气公司直接负责招标、采购、收费和更换。计量装置采购合同应明确生产厂家直接承担售后服务。对于不能或不愿承担售后服务的生产厂家,要列入"黑名单",清理出市场。各城市要在总结前期计量收费经验的基础上,尽快将基本热价降至

30%，取消"面积上限"，完善计量热价和管理办法，而且要定期告知用户热量和热费，进一步提高行为节能的积极性，真正实现用多少热交多少费。这项工作今年年底之前，我部将组织专项检查。

四是要创新激励和约束机制。各地对违反供热计量强制性标准和要求的规划、设计、监理、施工、房地产开发等单位和供热企业，要依法进行处罚，情节严重的要吊销或降低企业资质。要学习推广山东省和北京市的经验，将供热政策性亏损补贴改为供热计量奖补资金，资金发放额度与供热计量改革绩效和供热节能量挂钩，提高供热企业参与计量改革的积极性。今后对于拒不推行供热计量或迟缓推行计量收费的供热企业，不应再发放任何补贴，中央财政也不再给予供热系统技术改造补助。

五是要强化管理措施。各地要加强供热能耗管理，尽快建立供热监控调度平台，实现从热源到管网、换热站、终端用户的整个供热系统能耗统计、监控和调度，为实施供热计量改革提供决策支撑。供热企业要加大供热系统节能和调控改造力度，实现供热系统需求侧管理、变流量调控。同时，加强计量表和系统水质运行维护管理，采用远传集抄系统，建立电子管理档案，对故障表及时预警、维修和更换。

五、几点具体要求

一是开展计量装置清查。各省级住房城乡建设（供热）部门要组织本地各城市在今年采暖季前对辖区内供热计量装置安装和使用情况进行一次清查。清查的办法可以是城市间的交叉互查。对于未安装计量装置的新建建筑要责令房地产开发企业配合供热企业补装到位。房地产开发企业拒不补装的，要坚决撤销原有的竣工验收备案证书。对于已安装但未收费的合格计量装置，要责令供热企业在这个采暖季按表计量收费。对于不合格的计量装置，要责令采购方在今年采暖季前予以限时更换或维修。对城市出台的计量热价高于30%的，要督促整改。各地要根据清查情况，提出整改建议和解决措施。对于清查出的质量不合格的计量装置要建立"黑名单"，坚决清出市场。

二是探索合同能源管理模式。各地要充分利用国家对合同能源管理的优惠政策，在供热计量改造及收费项目中，积极引入合同能源管理模式，利用能源服务公司资金、技术、管理优势，建立具有一定规模的计量收费试点示范项目，总结经验，大力宣传和推广。

三是认真分解改革目标任务。各省级住房城乡建设（供热）部门要根据本地实际，明确今年采暖季供热计量收费改革目标，并将目标任务分解到所辖城市，对没有完成的城市要予以通报批评。根据今年既有居住建筑供热计量及节能改造完成情况，及时调整明年的任务指标，尽早落实项目。

四是大力开展宣传培训。各地要采取多种形式，加强供热计量技术培训，提高规划、设计、施工、监理、质量监督及供热企业相关人员的供热计量专业技术水平、知识和能力。组织媒体开展多种形式供热计量改革宣传活动，普及供热计量知识，取得群众的理解和支持，营造供热计量改革良好社会舆论氛围。

同志们，多年的实践已经证明，深化供热计量改革、全面推行按实际热量计价收费是实现建筑节能减排最直接、最有效、成本最低的措施，也是供热企业可持续发展的必由之路。只要我们坚定信心、迎难而上，开拓创新、真抓实干，一定能够完成党中央国务院赋予我们的这一光荣神圣使命。

谢谢大家！

（仇保兴为住房城乡建设部副部长。来源：住房和城乡建设部网站 2012年9月5日）

在住房和城乡建设部第七批城乡规划督察员培训暨派遣会上的讲话

仇保兴

（2012年9月26日）

同志们：

今天，住房和城乡建设部在这里隆重召开会议，正式聘任住房和城乡建设部第七批城乡规划督察员。刚才，22位新任督察员领取了印有"住房和城乡建设部"印章的聘书。这标志着,从今天开始,部派城乡规划督察员队伍已扩大到116名,派驻城市增加到103个。城乡规划督察工作已基本实现由国务院审批城市总体规划城市的全覆盖。在这里我谨代表住房和城乡建设部,对全体新任督察员表示祝贺。在大家即将奔赴城乡规划督察岗位之际,我讲三点意见:

一、深入开展城乡规划督察工作是形势发展的必然要求

随着城市时代的到来,中国的城市发展正面临严峻挑战。传统城镇化模式所积累的问题和矛盾日益突出,城镇化转型刻不容缓。新型城镇化要实现六个方面的转型,即由城市优先发展向城乡互补协调发展转型,由高能耗的城镇化向低能耗的城镇化转型,由数量增长型城镇向质量提高型城镇转型,由高环境冲击型城镇向低环境冲击型城镇转型,由放任式机动化城镇向集约式机动化城镇转型,由少数人先富的城镇化向社会和谐的城镇化转型。在这个历史阶段,我们要坚持科学发展观,加快转变经济发展方式,更加注重保障和改善民生,促进社会公平正义,维护法制权威,防止城市发展建设过程中的盲目性和片面性,保证国家经济社会的健康稳定发展。新形势对深入开展城乡规划督察工作提出了新的、更高的要求。

(一)深入开展城乡规划督察工作是积极稳妥推进城镇化的必然要求

中国的城镇化是资源约束下的城镇化,资源短缺是中国城镇化推进的基本条件。我国的耕地、水、石油和天然气等资源人均拥有量分别只有世界人均水平的40%、25%、8.3%和4.1%,且时空分布极不均衡。然而,我国大多数城镇发展模式仍比较粗放。

——从土地资源看,在机动化的推力下,大多数城市都偏重用地规模的外延扩张,出现了"土地城镇化"速度快于人口城镇化的现象,土地资源低效利用问题在一些城市普遍存在。一些大城市谋求创新思路,超常规跨越,带来了新一轮城市规模和城市空间的扩张,擅自突破总体规划确定的规划区范围。以开发区为主体的工业用地利用方式,虽然经历了清理整顿,目前仍存在发展粗放、产出效率不高的问题。另外,相当部分的开发区与城区空间分隔,面临着服务配套不足、职住不平衡等问题,制约了工业的转型提升。

——从水资源来看,全国有420多座城市供水不足,其中110座严重缺水,缺水总量达105亿立方米。与此同时,我国水资源浪费严重,有的城市不顾水资源条件,盲目上马高耗水项目,进一步加剧了水资源紧张的状况。比如,政府造湖动力一般来自于水资源和土地资源联合开发的价值,尤其是房地产开发。这种过度追求数量增长而忽视质量增长的城镇化模式,造成城镇化发展对土地、水等资源和能源过度依赖,生态环境持续恶化,传统的城镇化模式已难以为继。

因此,今天的城镇化绝不能再沿袭过往"高耗能、高污染、高排放"的模式,必须转变城镇发展方式,走资源节约、环境友好、集约紧凑的绿色城镇化道路,以最小的资源环境影响来获取最大的城镇化收益,这是我国在众多约束条件下的必然选择。这就要求我们要科学编制规划,优化城乡空间布局,合理配置生产要素、节约集约利用资源能源,统筹推进城镇化、工业化和农业现代化。城乡规划督察员通过对城乡规划实施情况的就地监督,可以及时发现和纠正规划实施中的偏差,促进地方政府依法严格实施规划,保证以规划来控制城镇化的规模、速度和节奏,降低城镇化发展的资源环境代价,确保城镇化沿着既定轨道推进,是积极稳妥推进城镇化的必然要求。

(二)深入开展城乡规划督察工作是提高城市建设质量的必然要求

据统计,2011年底我国城镇化率已经达到51.27%,东部沿海地区城镇化率已经超过61%,城镇化率超过50%的省份已经有15个,城镇人口约6.9亿。中国城镇化率突破50%,这是中国社会结构的一个历史性变化,追求城市生活已成为越来越多人的共同愿望。城镇化进程的本质动力,并非源于人类追求,是经济发展规律使然。人们聚居于城市,是为了寻求更多的就业机会,使用便利的生活设施和享受高效的社会服务。快速的城镇化进程在见证了城市经济增长、消费水平提高和物质生活改善的同时,却伴随着交通拥堵、环境恶化、设施短缺、住房紧张、服务滞后和城市内涝等诸多问题,严重影响了城市生活质量的提高。

——交通拥堵愈演愈烈。2011年,我国汽车保有量首次过亿,23个城市的机动车保有量超过100万辆,其中北京、重庆、成都、上海、广州、杭州、天津等7个城市超过200万辆。机动化的高速发展导致交通拥堵的时空范围扩大,中国城市上班族平均通勤时间全球领先,比世界平均水平高出31.7%,比加拿大和美国高出近乎1倍。全国约2/3的城市在

高峰时段出现拥堵,北京、上海、天津、沈阳、西安、成都等平均通勤(往返)时间超过1小时。

——环境污染日益加剧。交通也带来了环境污染。我国城市大气可吸入颗粒污染物超标情况严重;二氧化硫浓度依然维持在高水平,为欧美等发达国家的2~4倍。臭氧、灰霾等二次污染问题日趋严重,部分特大城市的灰霾天数已经达到全年的30%以上,比如北京PM2.5排放总量中交通影响的比重高达22.2%。

——城市公共服务滞后。长期以来城镇建设的重点主要集中在开发区、城市新区、CBD等城市"名片"及招商引资的重点地区,以及财政收益明显的商品住房开发领域,城乡基础设施建设和公用事业发展严重滞后,公共服务能力和中低收入人群的住房保障发展缓慢,大量历史欠账需要偿还,而城镇化的进一步发展又会产生大量新的基础设施和公共服务需求,从而形成巨大的双重压力。

到城镇化中后期,政府要侧重社会效益。今年的政府工作报告提出"要遵循城市发展规律,根据资源环境和人口承载能力,加强管理服务,完善基础设施,提升城镇化质量和水平"。这就要求城镇化要改变片面追求经济增长的定势,转而更加重视群众的生活质量和社会发展,不断改善人居环境。城乡规划的本质是一项维护公共利益,实现经济、社会和环境协调发展的公共政策。城乡规划督察员通过对城乡规划全过程的监管,可以保证规划过程的公平与合理,可以强化基础设施、服务设施等用地的空间管制,将城乡规划中关于城市综合交通体系、城乡公共服务设施、城乡基础设施和城乡综合防灾体系建设的内容和要求落到实处,切实提高城乡居民的实际生活水平。因此,深入开展城乡规划督察工作,对于切实提升城市发展质量,提高城市综合管理水平,具有不可替代的重要意义。

(三)深入开展城乡规划督察工作是提升可持续发展能力的必然要求

城镇可持续发展主要包括生态资源、自然景观和历史文化的可持续。风景名胜、历史文化资源和生态环境是事关城市可持续发展的高等资源,没有这些资源的保护就不可能有城乡建设的可持续发展。然而,在市场化的巨大推力下,目前各地破坏不可再生资源的现象仍然较为突出。有些城市不惜以牺牲文化遗产为代价,瞄准容积率较低的历史文化街区大拆大建,通过土地出让,实施商业地产开发。例如,一些地方为拓展、开发新的旅游资源,拟投资复制古城;不少历史名城的历史文化街区已经面目全非;有的城市甚至以发展文化产业和复建古城为名,打造旅游品牌,对历史文化名城进行大规模改造,在社会上引起了强烈反响。一些风景名胜区忽视保护,超强度开发,自然生态和景观资源遭到严重破坏。2006年,电影《无极》剧组在云南香格里拉碧沽天池拍摄,对当地自然景观造成破坏。日前,该导演执导的大型实景演出项目《希夷之大理》在大理古城东北角的水库搭建起一个巨型舞台,对古城生态环境造成不良影响。有些城市在推进旅游产业开发和文化产业开发中,侵占国家风景名胜区,在核心景区内建设宾馆酒店和大型文化、商业服务设施。一些地方挤占公共绿地和水系进行建设,造成城市生态环境恶化。有的城市单纯从经济效益出发,将中心绿地取消,迁到郊区去,认为只要绿地面积不变,生态效益就不变,还可以赚大钱。

事实表明,生态环境被破坏了,就覆水难收;历史建筑被拆除了,就不可恢复。这些问题都将对城镇化的可持续发展带来隐患。城乡规划是突出城市特色,保护文化和自然遗产、促进城乡建设的可持续发展的法定文件。城乡规划督察员通过事前事中监督,可以及时制止侵占生态绿地、水系、历史文化街区和风景区进行开发建设的违规行为,有效保护不可再生资源,防止那些在保护范围内进行房地产开发建设、破坏生态环境的做法,避免造成因决策失误造成不可挽回的损失,是提升城镇可持续发展能力的重要保障。

(四)深入开展城乡规划督察工作是坚持依法行政的必然要求

城乡规划所具有的利益分配功能,使规划领域成为各种利益交织、权钱交易的重灾区。近年来,城乡规划建设领域腐败问题呈现多发、高发态势,形势非常严峻,其中规划腐败占了很大比例。特别是违规审批规划,擅自改变土地用途、提高项目容积率,从中谋取私利,社会反响强烈。这些问题屡禁不止,影响了城乡建设的健康发展,甚至导致腐败滋生,影响了党和政府的形象。

党中央和国务院高度重视上述问题。《2012年政府工作报告》提出"严格依法行政,坚决纠正有法不依、执法不严、违法不究等行为"。今年3月1日,我部颁布实施了《建设用地容积率管理办法》,从容积率调整的制度和程序上加以规范,显示了中央政府规范规划行政权力运行的决心。城乡规划督察制度强化了规划实施的层级监督,从制度上落实了《城乡规划法》对强化规划层级监督的要求,改变了以往"规划规划,墙上挂挂",只重编制、不重监督的做法。督察员重点督察城市总体规划等的编制和调整是否符合法定权限和程序，重点建设项目的规划许可是否符合法定程序，可以从实体和程序上纠正和防范违规行为，有利于规范规划行政权力运行，扭转主管部门执法不严、疏于管理，违规越权审批的问题，遏制违规开发建设行为的泛滥，促使政府回归到依法行政的轨道，从源头上预防腐败。

二、六年来城乡规划督察制度取得了显著成效

2006年以来，住房和城乡建设部实施了城乡规划督察制度。部派城乡规划督察员通过参加各类涉及规划督察事项的会议，约见市政府及规划主管部门领导等方式，对派驻城市的生态环境、历史文化遗产、风景名胜资源和生态环境等核心资源进行监控，及时发现和制止地方规划实施中的问题。六年来，督察员共向地方政府发出督察建议书和意见书236份，遏制和纠正了违法违规行为和苗头700余起，保证了规划强制性内容的严格实施，避免了规划决策失误造成的重大损失，取得了显著成效。

（一）避免地方政府规划决策失误，维护城市公共利益

六年来，督察员在项目选址审批阶段及时介入，共纠正了230余起在城市禁止建设用地和限制建设用地违规选址建设的问题，消除了城市建设的隐患，保护了生态环境，维护了公共利益。

驻某市督察员发现，该市拟将三个项目分别布置在城市中心绿地、生态隔离绿地和水源保护区，一旦实施后将会破坏绿地系统格局，威胁城市饮水安全。督察员及时予以制止，提醒市政府慎重决策。并经多方努力，促使市政府放弃了这三个项目的规划方案。

驻某市督察员发现，该市拟在城市上风方向违规选址建设垃圾焚烧厂，一旦实施将对周边5公里范围内近12万人口的生活环境造成重大影响。督察员及时向市政府提出关注民生、重新论证的建议。市政府采纳了督察建议，最终决定另行选址。

驻某市督察员发现，该市新建污水处理厂的三个选址方案都位于城市水系上游，一旦建成将对城市居民饮水安全带来隐患。督察员立即向当地市政府及规划主管部门指出项目选址存在的问题。市政府经过再次论证，接受了督察员意见，否定了原选址方案，消除了城市规划建设上的隐患，维护了城市公共安全。

驻某市督察员发现，该市某重点招商引资项目侵占了防洪堤两侧的带状城市公共绿地，不符合城市总体规划和防洪规范的要求，存在安全隐患。督察员立即发出督察建议予以制止，督促此市按总规要求修改原规划方案，不再侵占绿化控制线进行建设。

（二）保护风景名胜和历史文化资源，保障城市可持续发展

六年来，督察员从事前防范的角度，严密监控风景名胜区和历史文化保护区范围内的建设情况，制止了150余起违反风景名胜区规划和历史文化名城保护规划进行开发建设的倾向性问题，有效保护了不可再生资源，维护了城市的长远利益。

驻某市督察员获悉，该市为招商引资，拟批准在风景区核心景区建设超高层建筑。督察员向市政府指出，该设计高度远远超出风景区规划的控制要求，建成后将对风景区的景观造成严重影响，要求暂停项目实施，按照规划重新论证。市政府对此高度重视，几经协调修改，大幅降低了该项目的设计高度，保护了西湖的景区风貌。

驻某市督察员发现，台湾金宝山集团拟申请将位于漓江风景名胜区保护区范围内1275亩旅游服务设施用地变更为居住用地，并将容积率由0.4提高至1.2，进行大规模房地产开发。督察员意识到，该项目位于漓江风景名胜区峰林谷地景观与岩漠化地质特征的重要地段，一旦实施大规模建设将对风景名胜区造成严重损害。于是督察员立即向市政府发出督察建议书予以制止，避免了漓江风景区的自然景观。

驻某市督察员获悉，江苏省拟在国家级风景名胜区——钟山风景区范围内建设大型文化设施项目。当时现场已进行围挡，一些施工机械开始进场。鉴于事态紧急，督察组立即向市政府发出督察建议书。此后，督察组又经过反复沟通，促使该项目得以另行选址，风景区整体风貌得以保护。

驻某市督察员发现，该市拟违规占用古城墙遗址保护地带进行开发改造回迁安置。为避免对城墙遗址造成永久破坏，督察组迅速反应，向市政府发出《督察意见书》。市政府采纳了督察员的意见，正式复函表示将对保护地带内的居民异地安置，同时按照城市总体规划的要求，将该地块进行预留，待条件成熟时建设遗址公园。

驻某市督察员发现，某建设单位在国家级历史文化名镇核心区内进行违法建设活动。督察员约见了市政府领导，说明了破坏古镇风貌的危害性，详细阐述了《历史文化名城名镇名村保护条例》中的具体要求，促使市政府拆除了违法建筑，保护了名

镇的历史风貌。

（三）强化规划权威性严肃性，促进地方政府依法行政

针对各地存在的"以人代法，以权代法，违法干预，私改规划"问题，督察员通过监督城乡规划制定和实施的法定程序和权限，有效预防和制止了此类问题，提高了地方对城乡规划权威性和严肃性的认识，规范了规划管理行政权力运行，促进了依法行政。

驻某市督察员发现，某区政府以会议纪要方式，违规将城市总体规划确定的市政设施走廊及防护绿地用地变更为建材物流交易市场用地，并出租20年，致使5万平方米的违规建设既成事实。督察员约见市政府领导指出，城市总体规划的强制性内容不容随意变更，建议拆除违法建设，引起了市政府的高度重视，并制止了类似行为的再度发生。

驻某市督察员发现，某区政府拟违反法定程序调整规划用地性质，将150亩具有应急避难功能的城市公共绿地变更为居住用地进行房地产开发，督察员立即向市政府发出督察意见书予以制止。经过两年的努力，市政府最终决定恢复原用地性质，"公园绿地实行原址改造、保留绿地面积150亩不减少"。

驻某市督察员发现，该市拟违反法定权限在省级风景名胜区保护范围内进行大规模开发建设。督察员立即致函市政府主要领导，指出存在问题。市委书记阅后表示赞成督察员的意见，并责成市规委会从实际出发，尽快形成整改意见，认真落实督察建议。

（四）督促规划部门严格执法，提高规划部门执法效能

针对各个城市普遍存在的开发商违反规划、未批先建的问题，督察员通过查处违反规划强制性内容的违法建设，提高了基层规划部门遏制违法建设的能力，提升了规划部门执法效能。

驻某市督察员发现，某工业项目在未获得规划许可的情况下，占用756亩城市防护绿地进行建设，违法建设面积为6.32万平方米。督察员及时向市政府发出建议书，要求立即停止违规行为。市政府复函表示对侵占绿地的行为依法查处。目前，该市着手拆除侵占绿地的部分违法建设。

驻某市督察员通过卫星遥感图斑核查发现，该市管辖的某县房地产开发商占据了大面积的总规道路用地进行住宅建设，使总体规划中的城市道路变成了断头路。督察员实地勘察后发出建议书，促使县领导意识到执行规划的重要性，最终决定拆除占压道路的部分建筑。

驻某市督察员发现某开发商在项目建设过程中擅自提高容积率，加建了1.8万平方米，并主动找到市综合执法局交纳899万元罚款。督察员明确向市政府指出，该项目容积率调整程序不符合《城乡规划法》的规定，不得以罚代管，必须予以纠正。最终，该市严格依法对违规单位进行了处罚，并启动了对其相关党政干部违规行为的追究程序。

三、全面提升城乡规划督察工作效能

今年，部派城乡规划督察员工作已经由逐年覆盖发展到全覆盖，这标志着城乡规划督察工作已经发展到一个新的历史阶段。城乡督察工作将从面的扩张转向质的提升，进入全面提升效能的阶段。在各位新督察员上任之际，我提几点要求：

（一）尽职尽责，忠实履行监督职能

督察员承担着城乡规划实施监督的重要任务，使命光荣，责任重大。督察员要以对国家负责、对人民负责的精神，围绕中央决策部署，及时制止违反城乡规划，损害公共利益、长远利益的行为。督察员要督促各地严格执行城市总体规划、国家级风景名胜区规划和历史文化名城保护规划，对规划确定的"绿线"、"蓝线"、"黄线"和"紫线"，以及禁建区、限建区等强制性内容进行严格监管，及时发出并跟踪落实督察意见书和建议书，努力将违法违规行为遏制在萌芽状态，确保派驻城市不出现规划重大问题。

（二）加强学习，提高服务监督素质

要熟练掌握城乡规划的有关法律、法规和方针政策，熟悉派驻城市的情况。要围绕督察职责，对派驻城市的发展多做前瞻性的思考，提高应对新形势、新情况和新问题的能力，改进和完善工作方式方法，不断提高工作水平和质量。为了达到这个目标，督察员一定要密切联系群众，最好能在派驻城市的报纸上公布自己的工作电话、传真和电子邮箱，以利于单位或个人举报各类违反规划的行为。另外，希望督察员们充分利用现代网络，网络具有便捷、实时的特点，我建议免费为督察员提供一个网络交流的平台，利用现代化的手段进行信息和图片的传输和促进相互学习。

（三）快速反应，及时制止违规行为

我国正处于快速城镇化发展阶段，城乡建设日新月异，城乡规划督察工作如果不能体现高效的原则，就无法应对快速城镇化的挑战。要做到高效，

就要做到快速反应。第一是了解信息要快，第二是处理信息要快，第三是下情上达，纠正错误行为要快。例如，在历史建筑拆毁之前就要及时地发出督察文书给相关地方政府。对于督察员到任以前已经发生的违规行为，应总结经验教训并及时向当地政府和有关部门指出存在的问题。对影响较大、比较典型的案件，应书面向部报告。对于督察员到任后继续发生的违法违规行为，应及时向部报告有关情况，由部严肃处理。要及时、如实地报告派驻城市规划执行情况和自身工作情况，因行使职权发生争议时，应积极配合部做好协调沟通工作，尽量在与地方取得共识的基础上发出督察文书。

（四）严于律己，遵守廉政建设规定

督察员既要与地方政府建立顺畅的沟通渠道，又要时刻保持公正独立，要自觉按照中央反腐倡廉工作和督察员管理规定的各项要求，坚持原则、廉洁自律、秉公督察，只有做到严格要求，才能大胆工作；只有在原则问题上不动摇，才能树立督察员的权威，使督察工作不断健康发展。

同志们，城乡规划和建设是社会主义现代化建设的重要组成部分，关系到国民经济持续快速健康发展的全局。我们要把做好城乡规划督察工作作为贯彻落实科学发展观的重要内涵，作为保持经济平稳较快发展的重要保障，为提高城乡建设发展的质量和效益作出贡献。另外，督察员们远离家乡在异地工作，要料理好自身的生活，注意身体。住房和城乡建设部稽查办作为部派规划督察员的管理单位，要认真做好督察员的服务和后勤保障工作，为督察员们顺利开展工作创造良好条件。

最后，我代表部党组向你们的辛勤工作表示衷心感谢，希望你们早出成效、多出成效！谢谢大家。

（来源：住房和城乡建设部网站　2012年10月26日）

科学谋划　开拓创新
全面加强城市湿地资源保护
——在全国城市湿地资源保护管理现场会上的讲话

仇保兴

同志们：

非常高兴与大家相聚在有中国"北方水城"美誉的辽宁省铁岭市召开全国城市湿地资源保护管理现场会。此次会议的主要任务是：学习交流铁岭市和全国各地城市湿地保护和管理的经验与成果，深入分析我国城市湿地资源保护工作面临的新形势和任务，研究探讨全面加强城市湿地资源保护工作的具体措施，努力推动城市湿地资源保护工作再上一个新台阶。

下面我结合近年来全国城市湿地资源的保护情况，并就做好今后一个时期内我国城市湿地资源保护工作，讲四点意见，供大家参考。

一、我国城市湿地资源保护工作成效显著

我国湿地类型众多，生物多样性丰富，现有的天然湿地面积约3620万公顷，分布高等植物2200多种，鱼类、鸟类和野生动物1700多种，其中有很多是濒危物种。据统计，全国城市湿地面积约274万公顷，其中水面约88万公顷。尽管城市湿地占我国湿地总面积不到10%的比例，但其具有与人类聚居区共生的独特地位和不可替代的复合功能，而且在所有湿地类型中，城市湿地是最易受到城镇化进程破坏的，所以城市湿地资源保护尤为重要、尤为紧迫。近年来，一大批城市湿地得到了抢救性的保护，城市湿地保护管理的力度、水平和科学性都有明显提高，取得了显著的成效，具体表现在以下几个方面：

一是命名了国家城市湿地公园，加大湿地保护力度。为了加快对城市湿地的抢救性保护，自2004年2月以来，我们先后批准设立了43个国家城市湿地公园，规划面积4万多公顷，分布于20多个省（自治区、直辖市）的42个城市，其中铁岭市莲花湖城市湿地公园于2009年作为全国城市湿地公园的典型代表入展上海世博会。城市湿地公园的建设，不仅有效保护了湿地生态系统的生态特征和基本功能，而且美化了城市环境，丰富了城市的生物多样性，也为市民亲近湿地，观赏和体验湿地提供了重要的场所。同时，国家城市湿地公园也为所在的城市人居环境和投资环境优化创造了新源泉，为构建本地化的生态文明和可持续发展提供了基础性条件，已成为全国湿地科学保护与合理利用的示范平台。

二是注重抓好城市湿地公园的规划编制，使城市湿地公园的建设科学化。城市湿地处在人类活动强度最大的地区，科学保护和合理利用始终是一对难解难分的矛盾，要化解这一矛盾，前提就是要科学编制城市湿地的规划。我部已经批准的43个国家城市湿地公园中，80%以上都完成了公园的总体规划编制，50%以上完成了公园的详细规划，并将城市湿地公园纳入城市绿线和蓝线管理范围，划定了绿线和蓝线，使其成为城市规划中法定禁止和限制开发的区域。虽然城市总体规划不可能百年不变，但是纳入绿线和蓝线管制范围的城市湿地，应该百年不变，永久保护。

在科学编制和有效管理湿地规划的前提下，城市湿地的保护力度不断加强，投入不断加大。如铁岭市委、市政府，多年坚持高标准、高定位，以城市生态建设和人居环境改善为出发点，对莲花湖国家城市湿地公园进行了高起点、高水准的规划建设，突出了湿地资源的优势，成为具有生态观光休闲、污水处理和中水回用、生态科普教育、湿地科学研究、城市雨洪调蓄等复合功能的城市湿地公园。目前莲花湖国家城市湿地公园已经成为了铁岭文化名城的生态文化品牌，成为一张生态景观方面的金字招牌，并因此获得中国人居环境范例奖，得到了国内外的认可。

三是积极实施城市湿地环境整治和生态修复工程，湿地恢复初见成效。许多地区开展了城市湿地的恢复工作，特别是在松花江流域的长春市、哈尔滨市；海河流域的北京市、天津市；黄河流域的济南市；长江中下游的杭州市、苏州市、上海市；西北地区的西安市以及华中地区的武汉市等，都实施了城市湿地修复工程。

在莲花湖国家城市湿地公园一期工程建设中，铁岭市针对莲花湖湖水受污染严重、水位下降的实际情况，对主体水域进行全面清淤治理，恢复了水域面积122.6公顷。在恢复建设过程中，注重保护原生态和自然景观，并模拟构建了自然湿地植物群，栽种了15种以上当地水生植物1300万株，新增绿化面积113万平方米，整个湿地内堤坝均采用拟生态手法进行植物护坡，恢复了近自然状态的生态驳岸，既充分体现了自然景观，减少人为痕迹，又大大丰富了生物多样性，同时使莲花湖的水体形成活的循环水系，将原来的死水、臭水变成活水、净水，显著改善了湿地生物的生存环境。

城市湿地保护与恢复工程的实施，不仅使部分城市的河流湿地、湖泊湿地得到有效保护，也促进了湿地内部生态结构和功能的调整和完善，并且在景观提升、生物多样性保护、人居环境改善、旅游功能发挥等方面都产生了积极的作用，一举多得。

四是城市湿地保护的相关政策逐步建立和完善。为了加强对城市湿地公园的管理，全面保护和合理利用城市湿地资源，我部相继制订和发布了《城市湿地公园规划设计导则》和《国家城市湿地公园管理办法（试行）》。各地也相应制订出台了城市湿地保护管理法规、标准，如江苏无锡市、山东东营市等都出台了城市湿地公园保护地方法规，有力地推动了当地城市湿地资源保护管理工作。特别是2010年我部与国家质检总局联合颁发的《城市园林绿化评价标准》，将城市的湿地资源保护纳入城市园林绿化重要工作内容，并作为国家园林城镇、国家园林县城、国家园林城市和国家生态园林城市考核的重要指标。城市湿地资源保护工作进入了科学化、法制化、规范化轨道。

五是湿地保护的宣传教育全面开展，湿地科普服务功能不断体现。根据城市湿地公园临近城市，与市民的生活密切，同时又具有独特的历史人文景观的特点，各地因地制宜，组织开展了各种各样的湿地保护宣传教育活动。如无锡长广溪城市湿地公园建设湿地科普馆普及湿地基本知识；昆山市湿地公园通过建设农耕文化馆、湿地演示区、鸟岛、观鸟回廊等开展各种科普宣传活动；东营市明月湖湿地公园内设置了鸟类展板，举行"放飞黄河口"等宣传教育活动；绍兴镜湖湿地公园专门开辟了两条水上湿地游线路，公园年接待游客超过150万，有效普及了湿地公园的生态教育功能，使科普工作深入人心。我国城市湿地公园面积虽小，但是由于具有高度功能复合性和贴近老百姓生活，已经成为生态教育的主阵地。

二、我国城市湿地保护存在的问题与不足

几年来，我们做出了一些成绩，但存在的问题也不容忽视。随着城镇化的加速，制约城市湿地资源保护工作的瓶颈在加大，湿地保护面临的挑战也在加剧，集中表现在：

一是湿地保护的公众意识还比较薄弱。我国于1992年加入《国际湿地公约》，湿地保护工作于20

科学谋划　开拓创新　全面加强城市湿地资源保护——在全国城市湿地资源保护管理现场会上的讲话

世纪90年代中期才逐步走上正轨。目前全社会对"城市湿地"概念上还比较陌生，理解上相对片面、狭隘，对湿地的结构、功能、效益了解不全面，尤其是对城市湿地的生态价值、复合功能及其不可替代性等尚缺乏认识。特别是有些城市的决策者，生态保护意识不强，追求短期经济效益，对城市湿地盲目开发利用，造成了一些城市湿地生态退化、水体污染、物种减少，甚至完全丧失湿地功能。湿地保护的宣传教育工作普遍滞后，宣传教育的广度、力度、深度都还不够，尚未唤醒全社会对城市湿地的保护意识，尚未形成"政府主导，全社会参与"的良好氛围。

二是湿地面积仍在不断减少。虽然局部有所改善，但是整体上湿地面积还在减少。在城镇化的进程中，随着经济社会发展以及城市人口的增加，一方面，部分城市长期盲目开垦占用自然水系，使湿地面积逐年减少；另一方面，失控的房地产开发使很多湿地转变成城市建设用地，被工程建设、建筑工地或者人工化地表所代替。据相关研究，我国近40年来，城市化程度较高的沿海地区已累计丧失湿地2.19万平方公里，相当于全部沿海湿地的50%。越是城镇化水平高的发达地区，湿地保护的难度越大。

城市规划学有三个基本原则：一是要尊重最广大人民的利益；二是要尊重自然生态环境；三是要尊重地域文化特色与风貌。由此，从规划来看，对于城市湿地必须要做到非常严格的保护，必须以《城乡规划法》的强制性对开发利用活动进行限制和制约，将最宝贵的又不可再生的资源留给子孙后代，让老百姓能永远享受到城市最美丽的景观。

三是湿地生态环境持续恶化。在快速城镇化进程中，城市人口不断增加，生产和生活产生的大量污水和废物，有的未经处理就对外排放，再加农田中大量化肥和农药的残留物，最终都汇聚到湿地和水体之中，大大超过了湿地的自净能力，导致湿地水质下降、湿地生物物种减少、生态功能退化，破坏了湿地乃至整个城市的生态环境。据统计，我国的亩均农产品化肥农药使用量是发达国家的2~3倍。巢湖地区的统计结果显示，当地面源污染占水体污染源的60%。农业的面源污染如此之巨大，造成水质恶化，使城市湿地中大量生物死亡，物种大幅度减少，河道淤积，自净功能丧失，结果对其周边环境造成了严重污染。不仅如此，城市湿地受污染而丧失功能的状况还有加剧的可能。2011年中国环境状况公报显示，全国地表水污染依然严重，松花江、黄河、淮河、辽河为轻度污染，海河为中度污染。长江、珠江等十大水系监测的469个国控断面中，Ⅳ~Ⅴ类和劣Ⅴ类水质断面分别为25.3%和13.7%，这些大江大河，丧失水质生态功能的水体就占三分之一以上；26个国控重点湖泊（水库）中，Ⅳ~Ⅴ类和劣Ⅴ类水质的有14个，占57.7%，我国许多重要的湖泊，例如滇池、巢湖等水体的水质都变成了劣Ⅴ类，完全丧失了生物多样性和水体自净化功能。我国今后二、三十年仍处在工业化、城镇化和农业现代化的高潮期，大环境对城市湿地保护工作带来的严峻挑战不容忽视。

四是湿地的生态服务功能退化。河道、湖泊原有富有生物多样性的生态岸线被硬质驳岸和砌底代替，这样一种"两面光"或者"三面光"的水利工程建造模式，使原有的自然河堤变成了钢筋混凝土堤，河道的断面形式单一生硬，湿地生态多样性和历史文化遗产被严重破坏。全国各地，几乎所有城市河道的处理都是一个设计模式，一种景观风格，这是一种可怕的现状和灾难性的趋势。而且，各类城市防汛工程还在持续扩大，甚至为了百年一遇的洪涝不惜破坏原有自然湿地和文化遗产。天然湿地越来越少，城市生物多样性受到严重威胁，城市湿地涵养水源、净化水质、调蓄雨洪、美化环境、减少"热岛效应"等生态服务功能有可能会逐步下降、退化，甚至完全消失。

五是湿地资源开发利用的强度过大。随着旅游业的快速发展，城市湿地面临着被破坏的压力也越来越大。旅游业是一把双刃剑，一方面有越来越多的人倾心于观赏美丽的城市湿地，观赏人与自然和谐的美景，体现了城市湿地的使用价值，也有利于提高人们保护湿地的认识和自觉性；另一方面为追求短期效益，过度开发、超负荷接待游客，导致著名的湿地景观受到严重的破坏。一些地方片面追求经济增长，不断在湖泊、河流、湿地周边大量新建游乐场所、开发房地产，逐渐成为威胁湿地的最主要因素。比如说环太湖的苏州和无锡，原本是我国著名的风景名胜区，由于生产、生活产生的污水大量增加，特别是环太湖一度有多达1200多个化工厂，其污水不达标排放使得这些地区的湿地污染日趋严重，再加上沿途的乡镇外发包湖面给渔民进行水产养殖，为追求高产而大量的投放饲料和生物激素，使环太湖地区水体富营养化越来越严重。水质污染反过来对生物多样性的威胁越来越大，成为威胁到渔业生产的最主要因素，最终造成恶性循环。大家都知道滇池前几年已基本上成为了一个臭水沟，曾经美丽迷人的滇池无限风光已经不再。蓝藻暴发的时候有半米多厚，不仅没有美景可赏，还散发出浓烈臭气，周围的居民不得不安装双层玻璃窗来防止臭气的渗入。这绝对不是生态文明时代的人居环境。好在通过近几年拨乱反正式的有效治理，此两处水体污染已明显得到控制。

三、城市湿地资源保护利用要正确处理的若干关系

一是城市湿地保护与城市经济社会之间的关系。我国很多城市都是依水而建、因水而兴。中华民族是农耕文明最悠久的民族，自古以来都是逐水草而居的，我国大多数城市都诞生于水系。历史上看，中华文明的诞生和兴衰存亡都与水生态有着密切关系。我国的大部分农田都是平坦的，不像欧洲国家是起伏不平的，我国75%的农田属水浇地，占全世界水浇田总的60%以上，可见水系、湿地确是中华民族生存的命脉。城市水系则是现代城市生存成长、持续发展的生命线，具有供水、交通运输、防灾、雨洪调节、生态安全、调节气候等不可替代的复合功能。

历史上几乎所有城市的衰亡都是跟水系的枯荣直接相关，如果水源被污染，湿地被破坏，水循环被中断，必然威胁到城市的安全与发展。在城镇化的中后期中，国家85%以上的GDP产生在城市，将来城市还将拥有大约75%以上的全国人口。城市的兴衰存亡关系到民族的兴衰存亡，而城市的兴衰又基于城市水系。城市水系中的湿地是城市之肾，如果"肾"衰败了，整个城市功能必然瘫痪。许多历史名城的繁荣昌盛就是因为有了湿地的存在。比如元代定都北京，就是因为有莲花池美丽的湿地。但是，现在莲花池的现状已经无法让人联想到它曾经的美丽，而且因为其生态功能丧失，几乎每年都遭受洪涝灾害。城市又因水而秀、因水而美。不仅因为水景是最美的城市景观，水是最重要的城市生态调节因子，还因为水是柔的、阴性的，与刚硬的、阳性的城市建筑形成阴阳互补协调的关系。这也是城市健康的中国文化注释。

一些城市的水体被污染、湿地被破坏、PM2.5严重超标，破坏了城市生态系统的阴阳平衡，严重影响城市的健康，谈不上宜居、宜业、宜游。事实上2006年铁岭市恢复建设莲花湖城市湿地公园，不仅提升了城市形象、城市品位，还大大改善了老百姓的居住环境和生活质量，也提升了这个城市的竞争力。一批国内外的500强企业落户铁岭，与其美丽的城市环境直接相关。正是城市湿地资源为城市发展提供了新的经济和社会发展动力，我们一定要妥善处理好保护与发展的关系，始终坚持生态优先，保护第一。保护好城市湿地，等于保护了城市竞争力，保障了城市经济社会长远发展。

二是城市湿地保护与城市生态安全，特别是水资源安全的关系。健康的城市湿地是城市安全的关键。当前我国城市发展面临的两大主要威胁是耕地减少和缺水。缺水有两种情况，一种是资源性缺水，另外一种是水质性缺水，其中80%以上属水体被污染造成的水质性缺水，因而出现了"江南水乡没有水喝"的现状。一个城市，如果缺乏健康的湿地水系，自然的水循环、自净化和再利用就无法实现。这是因为95%以上的水都是就地循环利用的，而且是动态均衡的，水源一旦被污染无法利用，这个城市就不可能得到健康发展。城市湿地不仅可以补充城市建设和发展不可或缺的水源，对城市地下水形成有效、持续、稳定的补给，同时可以提供良好的生物栖息环境，可以依靠湿地生物来净化水质、保护水源，保障人与自然和谐共生。

城市湿地是整个区域水文系统的重要组成部分，它作为城市"蓄水池"起着蓄水和雨洪调节、控制地表径流量、调节区域的水平衡和小气候、减少热岛效应等作用。一方面，城市的建设强度越高，硬化地面面积越大，一旦下大雨，雨水径流总量和雨洪峰值流量就越大，市民生命财产受到的威胁也就会越严重；另一方面，城市快速发展，湿地资源被不断侵占，面积在缩小、质量在下降，其蓄水防洪和生态调节功能逐渐减弱甚至丧失。长期以来，我国一些地方用单一的水利工程措施进行城市抗旱、防洪和开发，而不注重利用湿地对雨洪的储蓄和净化利用，出现了不同程度的城市地下水位下降，水系、水源枯竭、水体污染、水网功能退化等问题。如华北地区，解放初期，老百姓打井五米，地下水就取之不尽，用之不竭，现在要打150米深才能看见水。地下水位下降反过来导致地表承载力的变化，必然影响所有地面工程和建筑安全。事实上自然界的"湿地"和"雨洪"的关系犹如鱼和水的关系。如果城市湿地保护有力，湿地能起到良好的滞洪、蓄洪、净化水质等功能，雨洪就能与城市和谐共生。由此可见，湿地是城市安全最基本的元素之一，没有健康的城市湿地，也就丧失了自然的滞洪能力。今年进入雨季以来，我国包括首都北京、武汉等许多城市都受到了不同程度的内涝灾害，这都与湿地的蓄水防洪功能退化直接相关。因为城市越大、城镇化水平越高，越容易在城市上空形成逆温层，导

科学谋划 开拓创新 全面加强城市湿地资源保护——在全国城市湿地资源保护管理现场会上的讲话

致局部地区暴雨几率大增。北京从20世纪90年代之后出现了一种非常反常的现象，那就是暴雨一般不下在山区，而是下在城区。比如今年的"7.21"，北京遭遇到60年未遇的特大暴雨，城区下了200多毫米雨水，山区平均仅下了50多毫米，密云水库只补充了其实际蓄水量的30%，还有70%仍放空。城镇化等导致城市周边微气候和地理空间格局的变化，使得城市湿地调节功能的重要性越来越突出，可以说保护城市湿地就等于维护城市安全。

三是城市湿地科学管控和合理利用的关系。合理利用是指在可持续发展的框架下，在生物多样性持续改善的条件下，通过生态系统保育和管理措施，维持湿地的基本生态功能。"绝对保护"和"无序开发"等极端理念在城市湿地规划工作中都是不可取的，因为城市是人类活动最频繁的地方，像自然保护区那样，只许动植物等生存条件更美好，而禁止人类进入，在城市湿地是无法实现的。所以，城市湿地的保护和利用是一对非常特殊的矛盾关系，既要保护好湿地生态，让其中的各类物种都能生存繁育，又要合理利用，使湿地为人类生活更美好服务。这是一个非常值得研究的问题，这方面，发达国家的成功经验和教训值得我们学习借鉴。

城市湿地大多处于城市边缘甚至城市中心，具有巨大的经济和生态价值，相比其他类型湿地，需要更强制性的行政保护措施，才能保障合理利用和可持续性，保证湿地的生态和社会效益得以持续发挥。目前一些地方没有处理好两者的关系，过度开发湿地的各种资源，不仅会导致湿地资源枯竭，还对湿地生态系统产生了不可逆转的负面影响。只有做到以保护谋发展，以发展促保护，开展城市湿地生态保育和社区管理，探索形成共同保护、共同受益的长效机制，才能实现保护和合理利用的"双赢"。像杭州的西溪湿地，曾经居住在里面的农民养殖了3万多头猪，所有的粪便都直接排到湿地中。猪粪是很好的鱼饲料，能让鱼长得又快又肥，但西溪湿地水体却彻底地变臭变质了。尤其是夏天，西溪湿地臭气熏人，完全丧失了自净功能，更不用说游玩观赏了。史实中，南宋时期西溪湿地是纵横交错的河港，掩映在茂密的树林之中，是与杭州西湖齐名的景观水系。但由于过度片面的生产性，原有的湿地丛林变成了3万多头猪和几十万吨鱼的生产场所地，整个湿地生态系统被完全破坏了。

20世纪90年代末，杭州市政府下决心对西溪湿地进行全面恢复和保护，经过科学规划和保护建设，逐渐恢复了水系和湿地生物，其生态功能和景观效果也得以恢复，如今又成为中外闻名的湿地美景。

可见，片面单一地利用城市湿地不仅会造成湿地资源的枯竭，而且还会对城市湿地生态系统造成不可逆转的负面影响。湿地作为城市基础设施的有机组成部分，必须在保护的前提下科学规划、合理利用，一要寻找城市湿地生态功能、社会效益与经济效益之间的平衡，二要在规划建设中妥善处理城市湿地与城市重大基础设施之间直接而又共生互利的关系，充分考虑保护水体、文化和自然景观、水生态、防灾等因素，并全面分析评估城市建设强度对湿地造成的影响。

在城市湿地恢复和保护建设中，一方面我们要反对一些北方缺水城市盲目乱挖大水面，造成水蒸发浪费，只得长距离调水来补充，导致原有自然水系的水源分配秩序被打乱；另一方面，也要反对盲目占用和破坏已经具有悠久历史和生态自适应性的原有城市湿地。我们强调对于现有的或者历史上存在的水系或者城市湿地要严格保护和合理利用，如果不注意保护历史的遗存、尊重古人的创造和严格保护城市湿地生态的复杂性，就会毁坏这些宝贵的资源，也就等于毁坏了城市的未来。作为城市的管理者和决策者，一定要转变湿地保护与利用就是对抗、冲突的思维与决策定势，要认真处理好保护与利用之间的关系，遵循生态学原理，湿地生态自身的繁育规律，科学、可持续的合理开发利用湿地，使湿地与人类和谐共存。

四是城市湿地自然恢复和园林化建设的关系。城市湿地的恢复要遵循生态学原则、近自然原则和生物多样性原则，充分利用原有的水体、植物、地形、地貌等自然资源，尽可能以自然恢复为主，尽量恢复湿地的自然原貌、历史原貌，保持城市湿地生态系统整体性、完整性、独特性和地域特色，实现生态、经济和社会协调平衡，而不是盲目抄袭国外景观，领导主管臆断。第二次世界大战时期英国首相丘吉尔曾说过："所有的政治家都有欲望在地球上留下自己的痕迹。"不同的是，有些政治家是用精神和才华，尊重和汇集专家学者意见和民智，顺应自然和客观规律决策，而还有一些政治家是用看得见的巨大人工工程、高楼大厦来彰显自己的功绩。更有些地方领导主观意识太强，连种什么树、什么规格、怎么种等都得自己说了算，根本不遵守公开、公示等管理程序，更不尊重专家意见。甚至就因为领导一句话，原本生长旺盛、民众喜爱的乡土植物、适生树种一夜之间全部更换成领导喜欢的外来树种，不仅造成了原生地的生态破坏，更因为砍伐、树木移植后大量死亡等造成了巨大浪费。可谓是生态劫难！这种做法的结果不是流芳百世，恐怕要遗臭万年。当前这样的问题比较突出，需要特别注意纠正。

城市园林绿化与城市湿地的关系问题，绝不能凭"长官意志"来处理，而应体现陆地园林与湿地的共生性和互补性，既要满足人民群众的审美、游赏等需求，更要满足生态保育的要求。只有尊重科学、顺应自然、符合生态的才是美的，只有多样性的才是美的，因为人类的天性就是亲近自然和喜爱丰富的多样性，而不是某些领导个人心中单一的表现形式。在湿地植物配置方面，一是要考虑植物种类的多样性，二是要尽量采用乡土植物，形成丰富错落的湿地景观。在湿地的岸边环境设计方面，一定要生态驳岸，绝对不能搞"两面光"、"三面光"。这不仅可以使水面与岸线呈现一种自然的生态交接，既能加强湿地的自然调节功能，又能为鸟类、两栖爬行类动物提供生活的环境；同时还能充分利用湿地的渗透及过滤作用，并且从视觉效果上来说，这种过渡区域能带来一种丰富、自然、和谐又富有生机的景观。

回溯历史许多城市湿地功能丧失，80%都是由于错误的"建设性破坏"所造成的。总的来讲，我们要尊重和顺应自然、尊重当地的历史文化、尊重群众的长远利益，系统考虑城市湿地的完整性、协调性、历史文化性、生态安全性、功能复合性和利益共享性，科学开展城市湿地生态修复工程，避免湿地保护与恢复过程中过度人工化而造成"建设性破坏"，切实保障湿地生态廊道的畅通，不断提高城市湿地的生态功能，改善城市生态、优化人居环境。

四、科学谋划，周密部署，全面加强城市湿地资源保护工作

认清上述四大关系以后，针对城市湿地资源保护所面临的机遇、挑战和形势，我们既要认识到城市湿地资源保护的复杂性、紧迫性、艰巨性和长期性，更要提高城市湿地资源保护工作的责任感、使命感和科学理性，要有"本领"恐慌的求知欲。这次会议以现场考察为主，就是希望大家在听取专家专题报告之后，通过实地考察，进一步明确如何编制城市湿地保护发展规划，如何组织实施，如何加强管理，并进一步提高认识、理清思路，明确城市湿地保护的目标任务，科学做好城市湿地保护管理工作。总体上来看，要注重以下六方面工作的强化。

一要完善城市湿地资源保护的法规和标准体系。我国目前还没有一部湿地保护的专项法律法规，这给城市湿地资源的科学保护与合理利用带来了困难。因为人类的各种活动干扰以及各类城市建设项目的胁迫等，使得城市湿地保相比其它自然湿地资源保护更复杂、更艰难。所以，一方面要加强调查研究，加快城市湿地保护立法工作进程；另一方面在上位法还不具备的情况下，鼓励各地根据地方实际加快地方性法规制定，健全湿地保护法律法规，妥善处理城市建设、湿地保护及开发利用之间的关系，为国家层面的立法工作奠定基础。只有通过立法才能界定湿地的保护范围，明确保护目标和责任主体、保护管理重点与标准，明确保护与合理利用原则以及法律责任等，有序地开展城市湿地资源的开发利用，使城市湿地保护有法可依、有章可循。同时对城市湿地保护的管理技术标准也要加强研究，加快组织编制城市湿地公园规划设计、建设、管理以及城市湿地生态系统复合功能评估、监测等方面的标准和规范，促进城市湿地资源保护工作的规范化、科学化。

二要科学实施城市湿地保护与恢复工程。根据各地的实际情况和城市湿地资源保护的现状，坚持"全面保护、生态优先、合理利用、持续发展"的方针，实施城市湿地保护与恢复工程，以维护城市湿地系统生态平衡、保护城市湿地的复合功能和生物多样性、实现资源的可持续利用为基本出发点，最大限度地发挥城市湿地在保护生态环境、改善人居环境、休闲旅游、雨洪调蓄、净化水质、科普教育等方面的生态效益、经济效益和社会效益，实现人与自然和谐共存。要本着生态优先、顺应自然和因地制宜的基本原则开展城市湿地保护与恢复，以尊重自然、尊重历史、尊重地域风貌特色、推广应用乡土物种为主要措施，尽量少使用单一的工程措施，避免"一刀切"的模式，重点保护生物多样性和历史文化遗产，保护水体岸线的复杂性与自然生态性，实现湿地保护与恢复工程建设的环境友好、生态和谐。

三要切实加强城市湿地公园规范化建设管理。要本着"三分建设七分管养"的原则，进一步加强城市湿地公园的保护和管理，把湿地公园纳入绿地系统规划和城市控制性详细规划。要配备专业的管理人才、专业的管理机构，统一对城市湿地公园进行保护管理。各地要对照《城市湿地公园管理办法》等政策文件，制定符合当地实际的湿地公园管理办法和法规，各城市湿地公园和有关部门要密切配合，坚决禁止污染和破坏行为，不得在湿地公园内搞开发，严格禁止承包水面养鱼养蟹等经营行为，严禁在城市湿地公园内围湖造田、开荒取土以及把湿地资源变成建设用地等,要切实制止建设性的破坏。对于开放性的湿地公园,要设置核心保护区,限制和减少人工进入。相关的行业协会要担负起服务与协助监管的职责,要配合城市园林绿化行业主管部门对各城市湿地保护情况进行跟踪考核和评估总结,对保护不力甚至污染、破坏的行为要及时通报,对已经取得的成功经验要及时推广。

四要建立城市湿地资源的动态监管信息。开展城市湿地资源的调查建档工作,对城市湿地进行资源本底调查,通过GIS、遥感等手段调查掌握城市湿地的类型、面积、自然环境要素、生态多样性、水源补给状况,以及水体污染程度等,并进行评估分析,把可能威胁到湿地的主要因素进行分类、排队,进行动态管理,提高城市湿地资源保护的效率和效果。在重点及典型城市湿地生态系统所在区域建立湿地生态系统监测点,对城市湿地资源变化、重点保护对象、生态旅游开发影响以及保护规划实施情况等方面进行动态监测,逐步实现定点监测与全面调查相结合的湿地监测体系。一旦发现问题,第一时间发出预警,并及时反馈给地方政府,切实保护好湿地资源。如太湖监管,由于采用卫星遥感技术,一旦蓝藻爆发,就可通过卫星照片和网络传输,使中央以及各有关部门及时了解到蓝藻的爆发的位置、面积、浓度等情况,可以大大提高和有效监督当地政府实施应急防控的效能。

五要系统开展城市湿地保护科技支撑和培训工作。城市的湿地有着与天然湿地大不相同的特点,如规模小、污染严重、生态脆弱,受人工活动的干扰大、与城市各项工程共生等。所以要针对城市湿地资源的特点,全面开展城市湿地保护利用的科学研究,对城市湿地生态系统结构与功能、城市湿地保护和恢复的模式、城市湿地生态系统保护及恢复关键技术、城市湿地生态系统演替规律的模拟监测、城市湿地对区域气候的调节功能、城市湿地资源开发利用合理途径等方面进行深入探索,为城市湿地保护管理和合理利用提供技术支撑。要建立健全国家、省、市(区)三级培训制度,组织开展形式多样的培训活动,加强对城市湿地资源保护主管领导和专业技术人员的培训,全面提高各级城市湿地资源管理工作者和技术人员的专业素质和管理水平,促进城市湿地资源保护管理水平提升。

六要广泛开展城市湿地资源保护宣传教育。城市湿地保护和合理利用,其成败很大程度上取决于社会公众对城市湿地重要性的认识和参与的深度。我国湿地保护工作始于20世纪中期,对城市湿地的独特性、公益性和社会性,更需要面向全社会分门别类有针对性地进行宣传教育,尤其是对党政领导和有关部门要重点宣传。要大力宣传城市湿地的重要功能和多重效益,宣传保护城市湿地的重大意义,宣传我国城市湿地保护的法律法规和政策标准,避免在保护与发展的决策中造成偏差,要极力防止建设性砍伐。要创新宣传形式,拓宽宣传渠道,整合宣传资源,充分利用电视、电台、报刊、网络等媒介,全方位开展湿地科普、资源保护等宣传教育活动,形成全社会关注湿地、爱护湿地、参与湿地保护、监督湿地保护的良好氛围。

同志们,加强城市湿地资源保护,事关城市安全和国家生态文明建设,事关经济社会可持续发展,意义重大,影响深远,是时代赋予我们这一代人的神圣使命。通过这次会议,大家既要坚定信心,也要看到问题,找到差距,明确工作目标,抓住工作重点,迎难而上,努力取得更大的成就。

谢谢大家!

(来源:关于印发《仇保兴同志在全国城市湿地资源保护管理现场会上的讲话》的通知 建城园函〔2012〕245号)

提高认识　狠抓落实
推动高强钢筋应用工作实现新突破

陈大卫

这次会议的主要任务,是贯彻落实《住房和城乡建设部、工业和信息化部关于加快应用高强钢筋的指导意见》,对全国高强钢筋推广应用工作进行动员和部署。姜伟新部长高度重视此项工作,多次过问并作出指示。下面，我代表住房城乡建设部讲几点意见。

一、深刻认识推广应用高强钢筋的重要意义

改革开放以来，我国经济社会发展取得了举世瞩目的成就。但在发展进程中，我们既面临刚性需求；也需应对能源、资源、环境的"刚性"约束。一方面，随着经济总量扩大和人口增长，我国战略性资源不足的矛盾日益尖锐。2011年，我国铁矿石对外依存度达到60%。快速上涨的铁矿石价格吞噬着钢铁企业利润空间，制约了我国钢铁工业的健康发展。另一方面，我国长期形成的高投入、高消耗、高污染、低产出、低效率的"粗放"发展模式尚未根本改变，经济发展与资源浪费、环境污染并存。我国单位GDP能耗仍是日本的4.5倍、美国的2.9倍，钢铁、建材等高耗能行业单位产品能耗比国际先进水平高10%~20%；水体化学需氧量指标、大气中二氧化硫等主要污染物排放量居高不下，二氧化碳排放总量持续上升。不解决这些问题，我国资源难以支撑、环境难以承受、发展难以持续、民生难以改善。两部门加快推广应用高强钢筋，我们要从调整经济结构、转变发展方式、推动科学发展的高度，认识这项工作的重要意义。

（一）推广应用高强钢筋是落实中央节能减排决策部署的重要措施

加强节能减排工作，是党中央、国务院针对当前经济社会发展的问题、矛盾，从我国经济社会长远发展出发做出的战略部署，是落实科学发展观，落实资源节约和环境保护基本国策的客观要求。

党的十七大、"十二五"规划纲要都对节能减排工作提出了明确要求。国务院《"十二五"节能减排综合性工作方案》强调"坚持优化产业结构、推动技术进步、强化工程措施、加强管理引导相结合，大幅度提高能源利用效率，显著减少污染物排放。制定并实施绿色建筑行动方案，从规划、法规、技术、标准、设计等方面全面推进建筑节能。推广使用新型节能建材"。

推广应用高强钢筋是实现节能减排目标的有效措施之一，建设工程使用高强钢筋能够降低钢筋用量，相应减少钢铁生产的能源资源消耗和污染物排放，实现国家年均节能目标的2%。应用高强钢筋是绿色建筑行动方案的重要内容，有助于带动建设领域科技创新。

（二）推广应用高强钢筋是钢铁工业转型升级的突破口

我国是钢铁生产和消费大国。2011年钢材产量8.8亿吨，居全球第一。据统计，我国每吨钢平均消耗1.6吨铁矿石、600公斤标准煤、4.1吨新水，排放约2吨二氧化碳、2吨污水、1.5公斤粉尘。过多的能源资源消耗和污染物排放使钢铁工业转型升级势在必行。

我国建设工程以钢筋混凝土结构为主，钢筋消耗量很大。2010年全国城镇房屋建筑钢筋和线材用量1.3亿吨，占其总产量一半以上，占钢铁总产量的16%。

推广应用高强钢筋是实现减量化用钢的重要途径。据测算，以HRB400替代HRB335钢筋的省钢率约12%~14%；HRB500取代HRB400钢筋可再节约5%~7%。在高层或大跨度建筑中应用高强钢筋，效果更明显，约节省钢筋用量30%。2010年全国高强钢筋用量比例约35%，按照当前我国工程建设规模，如果高强钢筋用量比例达到65%，每年大约可节省钢筋1000万吨，相应缓解铁矿石进口、煤炭和电力供应的压力，节省环境容量。

《钢铁工业"十二五"发展规划》提出"扩大高性能钢材品种，实现减量化用钢，推进节能降耗"。加快应用高强钢筋，是落实《规划》部署，推动钢铁工业结构调整和转型升级的突破口。

（三）推广应用高强钢筋是推动建筑业技术进步的有效途径

"十一五"末期，建筑业增加值占国内生产总值的比重已达到6.6%，从业人员超过4000万，成为拉动国民经济发展的支柱产业和吸纳农村富余劳动力就业的重要领域。目前，我国建筑业生产方式总体上还是以粗放型为主，工业化水平低、湿法作业多、物耗能耗高。随着科技进步和人民生活水平提高，对建筑产品的需求不仅仅局限于数量增加，用户更注重功能完善和质量品质，行业更关注生产工业化、建造过程精细化，国家则要求能源资源消耗减量化、废弃物利用资源化。建筑业必须从拼物质资源消耗向依靠科技进步、提高劳动者素质和创新管理模式转变。

推广应用高强钢筋，是建筑业将钢铁行业技术进步成果转化为现实生产力的具体体现。作为一项系统工程，使用高强钢筋涉及工程设计、材料加工、工程管理、质量监控等，其构成要素包括构建技术支撑平台、改进工程设计方法、改善钢筋加工方式、改良钢筋连接技术、提高施工现场管理水平和加强

技术人员培训等,可以推动建筑业技术创新。另外,使用高强钢筋能够解决建筑结构中,特别是梁柱节点部位,钢筋密集、不易操作的问题,还有助于避免"肥梁胖柱",对保障工程质量和安全可靠性具有积极意义。总之,应用高强钢筋将提高相关工程技术和建筑"四节一环保"水平,促进建筑业科学发展。

二、妥善处理推广应用高强钢筋中的几个问题

1995年,原建设部和冶金部开始联合推广应用新型钢筋。经过10多年努力,取得了一定成效。但由于经济发展水平不够均衡、工程技术应用普及程度不够平衡等原因,我国高强钢筋应用比例仍然偏低,地区差异较大,东部地区应用好于西部地区,大城市应用好于中小城市。

根据我国现行标准规范,在混凝土结构中,高强钢筋使用量理论上可以达到钢筋总用量的70%。发达国家非预应力钢筋多以400MPa、500MPa为主,甚至600MPa,其用量一般占到钢筋总量的70%~80%。这表明我国推广应用高强钢筋潜力很大。考虑到两大行业生产、应用、研发等实际情况,两部门经过认真研究,确定到"十二五"末期,在建筑工程中高强钢筋使用量至少要达到钢筋总用量65%,这是一个经过努力可以实现的目标;明确推广应用技术路线为:加快淘汰335MPa、优先使用400MPa、积极推广500MPa螺纹钢筋。

推广应用高强钢筋涉及不同行业、不同主体和多个环节,需要统筹兼顾、协同配合,妥善处理好以下问题。

(一)供给和需求问题

丰富市场供给,满足工程需要,是推广应用高强钢筋的基础,发挥市场配置资源基础性作用,通过合理制度安排,改善市场环境、规范市场秩序,平衡供需、引导价格。工程建设对钢筋需求总量大、需要规格多,企业希望及时供货,但单一规格批量大小不一,而钢筋是批量生产,达不到一定的量,钢铁企业不愿意生产。目前,高强钢筋总的产品规格和产能可以满足使用需求,但在有些区域,还难以便捷地买到高强钢筋,更不用说价格合理、规格齐全。生产和应用单位要加强协同配合,解决好供需矛盾。鼓励生产单位创新供应方式,规划好仓储、发展或依托高效物流配送渠道,在更宽范围、更广领域内满足市场需求。应用单位要加强对需求的分析预测。两系统要形成有效衔接机制,联合建立信息平台,及时、准确发布高强钢筋的供需及价格信息,合理引导供给与消费。

(二)市场机制与政府引导问题

要坚持通过市场机制推动高强钢筋应用,发挥企业主体地位和积极性,保障市场供应、调节供需平衡。政府工作侧重点要转向社会管理和公共服务,通过完善标准体系、制定激励政策、健全监管措施等,确保钢筋质量和工程质量,避免钢筋价格大幅波动。

云南推广高强钢筋取得成效的重要原因,就是注重发挥企业积极性和政府引导作用。昆钢集团强化高强钢筋技术研发,主动与建设、设计和施工单位沟通协调,针对高强钢筋应用中的技术问题举办培训班,并向保险公司投保钢筋质量,这些措施产生了积极效果。云南有关部门加强引导,出台了《在建筑工程中推广HRB500热轧带肋钢筋的指导意见》、《关于推广应用高性能抗震钢筋的意见》、《HRB500热轧带肋钢筋建筑工程应用技术措施》、《建筑工程应用500MPa热轧带肋钢筋技术规程》等政策措施和地方标准,推动了高强钢筋应用。

(三)全局利益与局部利益问题

生产单位和应用单位要有大局观,从全局利益的高度出发,兼顾对方诉求,共同做好工作。由于外部环境恶劣、市场竞争激烈,钢铁企业运营艰难,在建设领域推广应用高强钢筋,为企业提供了新的发展机遇,拓展了转型发展空间。通过减少钢筋用量节约成本是建筑企业使用高强钢筋的主要动力,在一定时期内,价格仍是影响高强钢筋应用的关键因素。建筑企业整体利润微薄,难以承受过高的材料价格;价格也不能过低,钢铁企业没有了积极性,供给就难以为继。价格适宜,保证生产单位和应用单位合理利润空间,形成"共赢",是高强钢筋成功应用的前提条件和重要保障,云南、江苏、河北等地的经验就说明了这一点。

(四)技术先进性与经济适用性问题

不是所有建筑结构和构件都要使用高强钢筋,也不是使用钢筋强度越高越好,要坚持以节材为核心,以结构安全为前提,科学可靠、经济合理地使用。建筑结构形式多样,规范对不同构件的设计计算和构造要求也不同,使用高强钢筋的节材效果差别较大。当节材效果明显或有助于保障建筑质量安全时,应当使用高强钢筋,特别是高层和大跨度建筑;当不需要很高强度时可采用普通强度钢筋。多种钢筋生产工艺都能实现高强度,但延性有差别,价格也不同,要综合考虑钢筋强度和延性,

根据结构和构件受力特点选用钢筋，如地下室墙、基础底板，可用延性小、价格低的钢筋，降低工程造价。

（五）全国推广与重点示范问题

"十二五"期间应用高强钢筋的指导思想、主要目标和重点任务，是综合分析全国情况后提出的。各地要根据本地区应用高强钢筋基础条件，实事求是制定各自目标：基础好的地区，如400MPa螺纹钢筋应用水平高的城市，可积极应用500MPa，力争提前实现全国工作目标；基础差一些的城市要循序渐进，推广应用以400MPa为主；有抗震设防要求的地区，要推广高强抗震钢筋。

试点示范对全国推广应用高强钢筋具有积极作用。两部门选择云南、重庆、江苏、河北和新疆作为试点，就是要通过不同地区、不同条件的城市、钢铁企业和建设项目示范，积累高强钢筋的生产和应用经验，建立生产、配送、设计、施工、监理、验收等推广应用全过程协调和管理机制。

三、切实完成推广应用高强钢筋的各项任务

两部门联合印发了《指导意见》，成立了高强钢筋推广应用协调组和技术指导组，协同工作机制、政策和技术支撑体系初步形成。近年来各地也积累了很多经验，这次会议期间将进行交流。为保障推广应用高强钢筋各项工作落到实处，目前要重点做好以下工作：

（一）加强组织领导和协调配合。应用高强钢筋工作涉及面广、关联性强。各地要高度重视，加强领导，按照《指导意见》要求，成立相关部门参加的领导与工作协调机构，完善制度、明确职责、制定方案，形成联合推广机制，强化阶段目标管理，加强过程监督，做到有部署、有落实、有检查。

（二）完善相关政策措施。两部门正抓紧研究推广应用高强钢筋的鼓励政策和措施。一是会同国家发改委、财政部等部门，将钢铁企业淘汰落后产能、生产高强钢筋技改项目纳入技改资金扶持范围；将应用高强钢筋纳入绿色建筑行动方案、绿色建筑标识测评与工程评奖等工作；争取建筑工程领域节材的财政扶持政策。各地也要结合实际制定扶持政策。二是完善相关标准规范，进一步修订已纳入500MPa钢筋的《混凝土结构设计规范》，启动修订《钢筋机械连接技术规程》、《钢筋焊接及验收规程》等，发布国家产品标准《钢筋混凝土用钢》。

（三）做好示范工作。各试点地区要按照《示范工作方案》要求，强领导、抓落实，按时完成任务。示范工作与全国推广同时进行，示范过程中好的经验我们将组织交流、推广；对出现的共性问题，我们也会采取措施加以解决。地区也可借鉴这种模式，在全面推广的基础上，选择部分城市、项目开展示范，发挥典型引路效应。

（四）加强技术研发与指导。协调组将组织对500MPa及以上钢筋的生产、加工、机械连接、焊接等技术和结构设计软件进行研究，加强改进高强钢筋综合性能、高强钢筋和高强混凝土结构构件抗震性能的研究，摸索准确识别钢筋牌号的方法，避免混淆使用。编制高强钢筋应用图集、手册、指南等辅助技术资料。各地要成立由两系统专家组成的高强钢筋推广应用技术指导组，建立咨询平台，畅通沟通渠道，及时提供指导。

（五）加大宣传和培训力度。各地两部门要统一组织、协同围绕应用高强钢筋的社会效益和经济效益，利用报纸、杂志、网络等媒体，通过案例分析、专家访谈及经验交流等形式，开展有深度、有声势的宣传。要以相关标准规范为依据，对工程设计、施工、监理等单位的技术人员开展高强钢筋应用技术培训，特别要关注偏远、经济欠发达地区和中小城市。协调组正组织专家编写教材，近期将在全国组织开展师资培训。

（六）加强监督检查。今年两部门将组织对有关工程建设标准和钢筋产品标准实施情况进行监督检查，严格控制钢筋直径负偏差，杜绝瘦身钢筋。各地要将是否合理使用高强钢筋作为施工图审查和工程质量监督的重要内容，严格把关。建设、设计、施工和监理单位要认真履职，加强管理，保障工程质量。同时，各地也要及时反馈推广应用中遇到的新情况、新问题，两部门要抓紧研究，提出解决办法。

同志们，应用高强钢筋是新形势下推进节能减排工作的重要内容，任务艰巨，责任重大，使命光荣。大家要统一认识、振奋精神、加强协同、扎实推进，以实际行动贯彻落实科学发展观，以优异成绩迎接党的十八大召开！

（陈大卫为住房城乡建设部副部长。摘自《中国建设报》 2012年4月16日）

在《中国风景名胜区事业发展公报》新闻发布会的讲话

唐 凯

(2012年12月4日)

同志们：

大家好。首先，我谨代表住房和城乡建设部，对各位新闻媒体朋友的光临表示欢迎！对各位朋友长期以来对我国风景名胜区和世界遗产工作的关心和支持表示衷心感谢。

今年是我国风景名胜区成立30周年，过去的30年，是我国经济建设、政治建设、社会建设、文化建设全面发展的30年，也是中国风景名胜区事业蓬勃发展的30年。在过去的30年中，我国风景名胜区事业在保护生态、服务人民、展示文化、推动社会经济发展中作出了重要贡献。值此风景名胜区成立30周年之际，我们全面总结了30年来我国风景名胜区体系建设、法规体制建设、资源保护、规划管理、能力建设、社会贡献、国际合作等方面的工作，形成了《中国风景名胜区事业发展公报（1982—2012）》（以下简称《公报》）。目的是客观反映我国风景名胜区事业的发展概况和成就，提高公众对风景名胜区的认识，增强公众保护风景名胜资源的意识，推进我国风景名胜区事业健康发展。下面，我就《公报》主要内容说明如下：

一、风景名胜区功能和作用

风景名胜区是指具有观赏、文化或者科学价值，自然景观、人文景观比较集中，环境优美，可供人们游览或者进行科学、文化活动的区域。风景名胜区是我国国家自然和文化资源的精华，是国家社会文明的重要标志，对振兴民族精神、弘扬和延续民族文化具有不可估量的作用。

风景名胜区事业是国家社会公益事业，与国际上其他国家建立国家公园管理体系一样，我国建立风景名胜区的目的，就是要为国家保留一批珍贵的风景名胜资源，在严格保护的前提下，科学的建设管理，永续的发展利用。

二、风景名胜区取得的主要成绩

（一）建立了具有中国特色的风景名胜区管理体系

1982年，国家正式建立风景名胜区制度，30年来，我国风景名胜区事业不断发展壮大，已经形成了覆盖全国的风景名胜区体系，为我国自然和文化遗产的保护与传承作出了重要贡献。截至目前，国务院共批准设立国家级风景名胜区225处，面积约10.36万平方公里；各省级人民政府批准共设立省级风景名胜区737处，面积约9.01万平方公里，两者总面积约19.37万平方公里。这些风景名胜区基本覆盖了我国各类地理区域，占我国陆地总面积的比例由1982年的0.2%提高到目前的2.02%。特别需要指出的是，我国的风景名胜区在世界上也具有非常重要的地位，为世界遗产事业发展作出了突出贡献。我国现有43处世界遗产地中，共涉及国家级风景名胜区32处、省级风景名胜区8处。

（二）建立了风景名胜区的法规制度

1985年，国务院颁布我国第一个关于风景名胜区工作的专项行政法规《风景名胜区管理暂行条例》，使风景名胜区走上依法发展之路。2006年，国务院颁布《风景名胜区条例》，强化了风景名胜区的设立、规划、保护、利用和管理，是风景名胜区事业发展的重要里程碑。我国建立了国家建设行政主管部门、地方政府主管部门以及风景名胜区管理机构三级管理体制，全面负责全国风景名胜区的保护、利用和统一管理。

（三）保护了自然和文化遗产资源

通过设立风景名胜区，国家以较少的资金投入，保护了最珍贵的地质遗迹、最典型的地貌类型、最美丽的自然景观和典型的生态系统，保护了文化遗产及其所处的自然与人文环境，使传统文化成为活的可传承的文化，在保护生物多样性、维持地域生态平衡、实现民族文化传承等方面发挥着重要作用。并逐步实现由注重视觉景观保护向文化遗产、生物多样性、自然生态系统等方面综合保护的转变，由点状保护向网络式、系统保护的转变，由注重区内保护向区内外协调保护、共同发展的转变。

（四）建立了风景名胜区规划和保护机制

随着风景名胜区事业的发展，住房城乡建设部重点加强了风景名胜区的规划管理工作，先后制定了风景名胜区的规划审批制度和风景名胜区规划规范等专项技术性法规，风景名胜区的规划对风景名胜资源的保护，对风景名声区合理开发和永续利用起到了重要的作用。截至目前，已有180处国家级风景名胜区编制完成了总体规划；152处国家级风景名胜区编制了重点景区详细规划；7个省（自治区、直辖市）编制了省域风景名胜区体系规划；343处省级风景名胜区编制完成了总体规划；128处国家级风景名胜区和271处省级风景名胜区总体规划已分别通过了国务院和省政府的批准，分别占国家级风景名胜区和省级风景名胜区总数的61.5%和36%。

（五）拉动了区域经济和旅游业的发展

30年来，我国风景名胜区逐步建设起了一大批基础设施和接待服务设施，极大地改善了旅游环境，提高了旅游接待能力。风景名胜区经济效益和社会效益也日趋显著，促进了政府和相关产业的资金投入，景区内外交通、通信、电力等设施有了较大改善，解决了大批社会劳动力和待业人员的就业问题，拉动了包括宾馆餐饮、文化娱乐、交通运输、邮电通信、园林绿化、建筑与工程、广告宣传、环境技术、商业贸易以及工艺纪念品开发生产等旅游服务的相关产业。风景名胜区不仅成为带动旅游经济持续发展的重要因素，而且在带动地方经济发展、推动地区风景旅游小城镇建设、促进当地农民致富、增加社会劳动力就业等方面发挥着举足轻重的作用。

（六）树立了良好的国际形象

作为对外开放的窗口，风景名胜区既向世界展示了我国灿烂悠久的民族文化，也向世界展示了我国政府保护风景名胜资源这一特殊珍贵资源的决心。在我国风景名胜区更好地走向世界的同时，世界也从这个浓缩的窗口看到了中国的积极变化，增加了国际社会对中国的了解和对改革开放的支持。我国自1985年加入《保护世界文化和自然遗产公约》以来，在世界遗产价值研究、提名申报、资源监测、定期评估、人员培训、保护管理规划、能力建设、青少年教育等方面均开展了深度国际合作，不仅推进了我国世界遗产的发展，而且带动了我国风景名胜区事业的发展。

三、风景名胜区发展展望

当前，我国正处于工业化、城镇化和旅游产业快速发展的阶段，经济建设、城乡建设、旅游开发对风景名胜区的压力仍然十分突出。我们已进入全面建成小康社会的新时代，建设生态文明和美丽中国，是我们共同追求的目标。在新的历史时期，我国风景名胜区事业发展要深入贯彻落实科学发展观，坚持可持续发展战略，加强法制建设，完善管理体制机制，加强规划管理与实施，鼓励公众参与，扩大国际交往。我们要认真贯彻落实"十八大"精神，正确把握我国风景名胜区事业发展的方向，把风景名胜区保护好、利用好、管理好。

再次感谢各位朋友长期以来对我国风景名胜区和世界遗产工作的关心和支持。谢谢大家！

（唐凯为住房和城乡建设部总规划师。来源：住房和城乡建设部网站 2012年12月4日）

第三篇

建 设 综 述

住房城乡建设法制建设

【着力推进法律、行政法规立法工作】 （1）《公共租赁住房管理办法》、《城乡规划编制单位资质管理规定》、《城乡规划违法违纪行为处分办法》发布实施。2012年初，配合部住房保障司开展《公共租赁住房管理办法》的研究起草工作。2月对《公共租赁住房管理办法》进行修改，并送国务院有关部门和地方征求意见。之后会同住房保障司对反馈的意见进行梳理、研究，同时召开座谈会，进一步听取专家学者、有关部门和地方的意见，对《办法》进行反复修改。《办法》重点规定了申请公共租赁住房的条件、申请和审核程序、轮候期、配租程序、租赁合同、租金、维修养护责任、使用要求、退出机制等内容，并明确违法行为的法律责任。《办法》于5月28日发布后，及时起草了报国办的信息专报。

《城乡规划编制单位资质管理规定》于7月2日发布，9月1日起施行。主要规定了城乡规划编制单位资质条件、许可程序、时限和法律责任等内容，是加强城乡规划编制单位管理、规范城乡规划编制、保证编制质量的一项重要制度。

《城乡规划违法违纪行为处分办法》于12月3日由住房和城乡建设部和人力资源社会保障部、监察部共同发布，2013年1月1日起施行。《办法》规定了行政机关公务员及其他有关人员违反城乡规划的具体行为，明确适用的处分幅度和档次，是巩固工程建设领域突出问题专项治理工作的一项重要成果。

（2）《城镇个人住房信息系统管理办法》经部常务会议审议通过。《城镇个人住房信息系统管理办法》规定了信息采集和存储的主体、系统安全以及使用管理等内容。按照副部长陈大卫要求，请部信息化领导小组办公室将《办法》送工信部、中国信息协会以及国家信息化专家咨询委员会的有关专家征求意见。会同部房地产市场监管司按审议意见并吸收专家反馈意见进行修改完善。

（3）《房屋建筑和市政基础设施工程施工图设计文件审查管理办法（修订）》提请部常务会议审议。5月，修订稿报部法规司后，会同部工程质量安全司反复协调，逐条完善。《办法》征求意见稿形成后，征求有关部门和地方意见，并在内蒙古、山东等地多次组织召开审查机构代表、专家学者和地方同志参加的座谈会听取意见，经反复修改完善后形成《办法》送审稿，提请部常务会议审议。

（4）《房地产开发企业资质管理规定（修订）》等规章立法积极推进。《房地产开发企业资质管理规定（修订）》经多次与部房地产市场监管司协调，先后在杭州、太原等地召开座谈会，听取部有关部门以及专家和地方意见，就主要法律问题达成一致意见，会同房地产市场监督司进一步修改完善。

《建筑工程施工发包与承包计价管理办法（修订）》征求建筑市场监管司等司局意见，与部标准定额司多次协调，12月在广西南宁召开座谈会，听取各方意见，会同标准定额司进行修改完善。

《城市蓝线管理办法（修订）》《建筑施工企业主要负责人项目负责人和专职安全生产管理人员安全管理规定》《建筑工程施工许可管理办法（修订）》《历史文化名镇名村保护规划编制审批办法》正式送地方和部门征求意见，汇总整理各方意见。

【行政复议工作】 2012年，共办理行政复议案件477件，是2011年案件量的2倍多。发出行政复议意见书4件，推动天津市政府迅速完成对控制性详规的审批并依法主动公开。召开部机关行政复议及行政应诉工作会，健全行政复议工作机制，对部机关行政复议工作进行部署。组织召开住房城乡建设系统行政复议工作会，推动各地依法行政和矛盾化解。完成2011年度部机关、住房城乡建设系统等3个行政复议工作分析报告，通过《建设情况通报》等形式印发。探索案例指导的方式，初步整理了行政复议典型案件。开发应用行政复议业务管理及统计系统，提高行政复议工作信息化管理水平。

【规范城乡规划行政处罚裁量权】 印发《关于规范城乡规划行政处罚裁量权的指导意见》（建法〔2012〕99号）。《意见》体现了严禁以罚代管、以罚代拆的原则，区分和明确违法建设的不同情形，界定不能拆除、没收实物、违法收入、建设工程造价等重要概念，对于维护城乡规划的权威性和严肃性，规范城乡规划行政执法行为具有重要意义。

印发《关于转发全国人大常委会对违反规划许可、工程建设强制性标准建设、设计违法行为追诉时效有关问题的意见的通知》（建法〔2012〕43号），对违反规划许可、工程建设强制性标准建设、设计违法行为的追诉时效等问题进行明确。

【严格行政处罚合法性审核】 对部里业务司局提出的行政处罚意见，从事实和法律两方面严格把关，严格依据法律法规和比照工程建设行政处罚裁量基准提出审核意见，坚持复杂敏感案件会审制度，对当事人提出听证申请的案件认真组织听证，确保经审核的每个处罚决定都事实清楚、程序合法、依据正确、过罚相当，经得起检验。共办理行政处罚合法性审核67件。根据当事人申请举办听证会7场。

【规范性文件的合法性审核】 办理规范性文件审核20件，认真履行职责，发现问题及时协调解决。如部城市建设司起草的《关于加强城市步行和自行车交通系统建设的指导意见》，规定不按照要求设立步行道、自行车道的建设项目，行政机关不予办理施工许可，与行政许可法的规定不符，经及时沟通，并建议其将设立步行道、自行车道要求列入城市控制性详细规划，从源头上解决问题。

【切实推进经济体制改革和行政审批制度改革工作】 按照行政审批制度改革工作部际联席会议办公室的要求，结合住房城乡建设部实际，向监察部提交贯彻落实国务院深化行政审批制度改革电视电话会议精神的情况报告。按照国务院统一部署，组织开展第6批取消和调整行政审批项目工作，共取消4项、下放3项行政审批项目。根据部领导批示要求，积极支持广东省在行政审批制度改革方面先行先试，牵头组织有关司局，多次召开会议，逐项研究广东省提出的方案并提出处理建议，向监察部报送《关于对广东省拟取消和调整行政审批事项意见的函》，副部长陈大卫参加了国务院研究授权广东省在行政审批改革方面先行先试工作的会议。12月，按照监察部要求，报送部机关实施的行政许可目录以及法律法规、国务院决定设立由省级以下人民政府主管部门实施的行政许可目录。

按照国家发展改革委的部署，组织协调有关司局，提交了党的十六大以来经济体制改革的有关工作情况及其他相关情况的书面材料。

【做好法律法规草案征求意见和地方请示的答复工作】 立足住房城乡建设部"三定"职责，积极协调，认真研究，按时保质地提出答复意见。2012年，共办理征求意见230件。按照部长姜伟新要求，在国务院常务会议审议原则通过《无障碍环境建设条例》后，就草案中对住房城乡建设部门职责的表述，积极协调国务院法制办采纳了部修改建议。会同有关司局，参加《自然遗产保护法》、《老年人权益保障法》、《政府投资条例》等相关法律法规的协调工作。

在办理征求意见过程中，注重与有关部门的协调沟通。如最高人民法院就住房城乡建设部《城市房地产抵押管理办法》（下称《办法》）与《担保法》及相关司法解释是否矛盾，来函征求住房城乡建设部意见，经与房地产市场监管司认真研究后，认为《办法》与《担保法》不矛盾，并积极与全国人大、国务院法制办以及最高人民法院沟通协调，达成一致。

本着为地方服务、推进依法行政的原则和认真负责的态度，办理地方请示答复13件。如就浙江省住房城乡建设厅关于无证房产可否依据协助执行文书直接办理产权登记的请示，会同房地产市场监管司多次研究提出答复意见。同时，促成最高人民法院对规范人民法院无证房产执行问题下发通知，要求防止"违法建筑"等不符合法律、行政法规的房屋通过执行行为合法化，并区分情况对无证房产执行提出具体要求。住房城乡建设部及时转发最高人民法院的通知，对于加强规范房屋登记行为，维护房地产交易安全起到了重要指导作用。

【调研、巡查、培训工作】 完成赴大别山集中连片特殊困难地区蹲点调研工作，对河南省柘城、宁陵两县的扶贫工作情况进行了蹲点调研，按规定撰写了相应的调研报告；负责对云南省保障性住房建设情况进行巡查，按部里统一要求，于10月底前完成巡查，撰写了巡查总结报告；会同稽查办和新疆维吾尔自治区住房城乡建设厅，对新疆维吾尔自治区住房城乡建设系统稽查执法人员近300人进行培训，提高了稽查执法人员的业务能力，取得较好效果，顺利完成援疆培训任务。

【认真办理全国人大议案、建议和政协提案】 办理议案15件，建议12件，提案11件。注重提高办理效率和质量，及时与人大代表和政协委员沟通，按时并尽量提前办结议案、建议和提案，办结率在办公厅统计的各司局排名中名列前茅。年初还认真接待任玉奇代表来访，组织有关司与代表座谈沟通。

【**法规处长座谈会**】 3月，组织召开住房城乡建设系统法规处长座谈会，交流经验，研究问题，部署工作，加强了与省厅法规处的联系和沟通。

【**开展法制宣传教育和培训**】 在部机关举办法制讲座，邀请著名法学家周汉华教授讲授"依法行政与行政管理方式创新"。在昆明、大连举办2期住房城乡建设系统行政处罚和行政强制培训班，培训执法人员约600人。

（住房和城乡建设部法规司）

住房改革与发展

【**住房发展规划编制与实施**】 根据2011年12月22日全国住房保障工作座谈会的精神和2011年12月23日全国住房城乡建设工作会议的部署，住房城乡建设部住房改革与发展司加快推进住房发展规划的编制与实施工作，明确了住房发展规划是国民经济和社会发展规划的专项规划，并将住房发展规划分全国、省区和城市三个层级。全国住房发展规划主要提出全国住房发展的指导思想、发展目标和政策导向。省区住房发展规划主要是贯彻国家战略意图，结合本地实际情况，提出本地住房发展的目标任务和政策措施。城市（含直辖市和县城）住房建设规划和年度计划，主要是明确住房建设总量、结构、时序、空间布局等，引导市场预期。

【**全国住房发展规划**】 在全国住房发展规划层面，部住房改革发展司会同住房保障司、房地产市场监管司召开了多次专家和地方同志参加的研讨会、座谈会，讨论全国住房发展规划要点。2012年9月，住房城乡建设部下发了《关于印发全国城镇住房发展规划（2011—2015年）的通知》（建房改〔2012〕131号），着力推动住房政策制定由"问题导向"向"目标导向"转变，由单项突破向统筹解决转变，由着眼于短期市场调控向着重于长远制度设计转变。

【**《全国城镇住房发展规划（2011—2015年）》特点**】 《全国城镇住房发展规划（2011—2015年）》主要呈现出以下四个特点。一是突出了住房发展规划是国民经济和社会发展规划的专项规划。作为国民经济和社会发展的专项规划，住房发展规划具有明确的法律地位，具有执行的法定性、权威性和严肃性。二是突出了引导关联资源配置的作用。住房发展规划根据住房发展目标，对土地、资金等要素资源提出明确要求。规划经批准后，就可以有效规范和引导相关部门的政策行为，落实土地、金融、税收等方面对住房发展的支持。三是突出了住房发展方式的转变。强调建设资源节约型、环境友好型社会，推进科技进步和建筑节能，制定经济、适用、环保和节约资源的住房标准体系，全面推广省地节能环保型住宅，加快推进住宅产业化。四是突出了国家和地方的协调统一，可操作性强。住房发展规划体系分为全国住房发展规划、省区住房发展规划、城市住房建设规划及年度计划，既突出了国家层面对住房发展整体形势的把握和宏观政策指导，也突出了地方落实住房建设和管理责任的主体作用，有利于规划的实施。

【**省级住房发展规划**】 在省级住房发展规划层面，截至2012年12月底，已经有11个省区市正式出台省级住房发展规划，另有16个省已完成规划文本起草工作。建立了全国住房发展规划联络员制度，全国各省、区、市住房城乡建设部门都明确了负责住房发展规划工作的处室，确定了具体的联络人员，住房发展规划工作网络初步建立起来。

【**城市住房建设规划**】 在城市住房建设规划层面，2012年下发了《城市住房建设规划编制导则》，并在成都、深圳和南宁举办三期培训班，对全国所有地级以上城市主管处室负责人和规划编制人员进行了轮训，着力提高住房建设规划的编制质量。

总的来看，在国务院领导的重视和关心下，在住房城乡建设部领导的大力支持下，在各有关部门的积极配合下，经过艰苦努力，2012年住房发展规划编制实施取得较大进展，为继续做好这项工作奠定坚实的基础。

（住房和城乡建设部住房改革与发展司）

房地产市场监管

1. 房地产市场调控政策及市场运行基本情况

(1) 房地产市场调控工作情况

2012年,各地区、各部门认真贯彻党中央、国务院决策部署,继续坚定不移地搞好房地产市场调控。主要包括:严格执行差别化住房信贷、税收政策和住房限购措施,坚决抑制投机投资性需求;加快中小套型普通商品住房建设,增加居住用地有效供应;加强房地产市场监管,整顿规范市场秩序;及时纠正和制止个别地方放松调控政策的苗头;加快推进城镇个人住房信息系统建设,积极研究制定扩大个人住房房产税改革试点方案,完善促进房地产市场调控的长效机制。7月,针对部分城市商品房销售量明显回升,新建住房价格出现环比上涨,部分城市再现高价地等情况,国土资源部、住房城乡建设部联合印发了《关于进一步严格房地产用地管理巩固房地产市场调控成果的紧急通知》(国土资电发〔2012〕87号),要求各地国土资源、住房城乡建设主管部门进一步提高认识,坚持房地产市场调控不放松;加大住房用地供应力度,提高计划完成率;继续探索完善土地交易方式,严防高价地扰乱市场预期;严格执行现有政策,加强监管增加住房有效供给;强化监测分析和新闻宣传,积极引导市场。8月,国务院办公厅还组织开展了对全国16个省(市)房地产市场调控政策措施落实情况的督促检查。

(2) 房地产市场运行基本情况

2012年,在一系列调控政策措施的持续作用下,投机投资性需求得到抑制,自住需求成为主体,市场运行总体平稳。但11、12月部分城市住房成交量价回升势头明显。

【**全国新建商品住房销售面积稳中有升,四季度成交量回升明显**】据国家统计局数据,2012年全国新建商品住房销售9.8亿平方米,同比增长2.0%(图1)。其中,东部、中部地区同比分别增长6.4%和2.1%;西部地区同比下降5.5%。40个重点城市同比增长9.7%。东、中部地区商品住房销售面积占全国的比重有所增加,分别达到47.4%和27.3%;西部地区占比则比2011年下降1.9个百分点,为25.3%。40个重点城市商品住房销售面积占全国的比重比2011年提高2.6个百分点,达到38.0%。

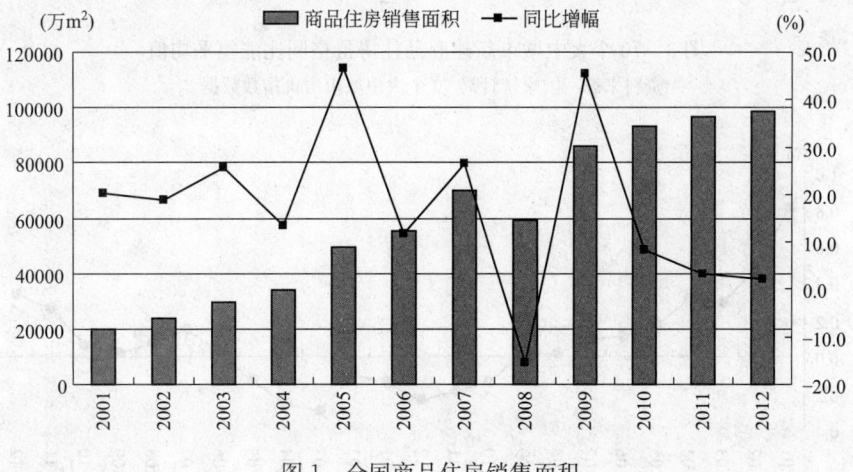

图1 全国商品住房销售面积

资料来源:2001~2011年数据来源于《中国统计年鉴》,2012年数据来源于国家统计局。

从全年走势看,2012年年初全国市场整体低迷,住房交易量萎缩,同比降幅较大。二季度后,市场逐步复苏和回暖,自住需求加快释放,观望气氛明显减弱,住房成交面积同比降幅不断收窄。四季度部分城市市场明显回升,带动全国新建商品住房成交面积同比由负转正(图2)。

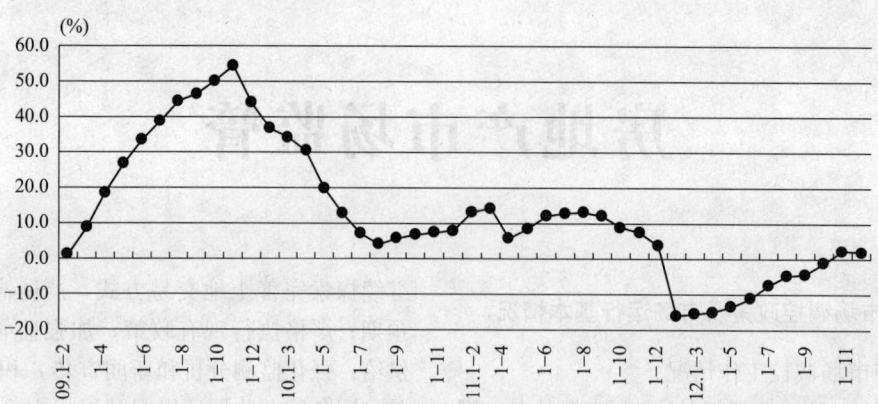

图2　全国商品住房销售面积同比增幅月度变化
资料来源：国家统计局数据。

【前10个月新建商品住房价格总体平稳，11、12月涨幅有所扩大】　据国家统计局数据，2012年1~10月，70个大中城市的房价有涨有降、幅度不大，11、12月房价上涨城市个数有所增加。12月，新建商品住房价格同比上涨的城市有40个，环比上涨的城市有54个；二手住房价格同比上涨的城市有25个，环比上涨的城市有46个。从70个大中城市新建商品住房价格指数涨幅平均值来看，2012年3月后，房价同比持续下降，二季度降幅呈扩大走势，7、8、9月保持在-1.3%，11、12月同比降幅明显收窄（图3）；1~5月房价环比持续下降，6月以来上涨或持平，11、12月涨幅明显扩大（图4）。

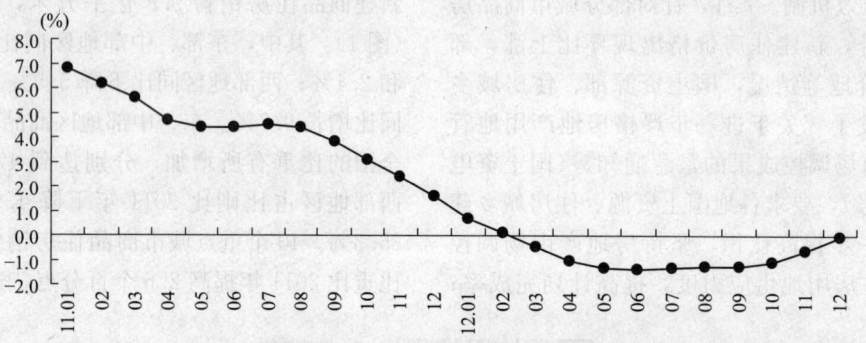

图3　70个大中城市新建商品住房价格同比涨幅平均值
资料来源：国家统计局70个大中城市房价指数数据。

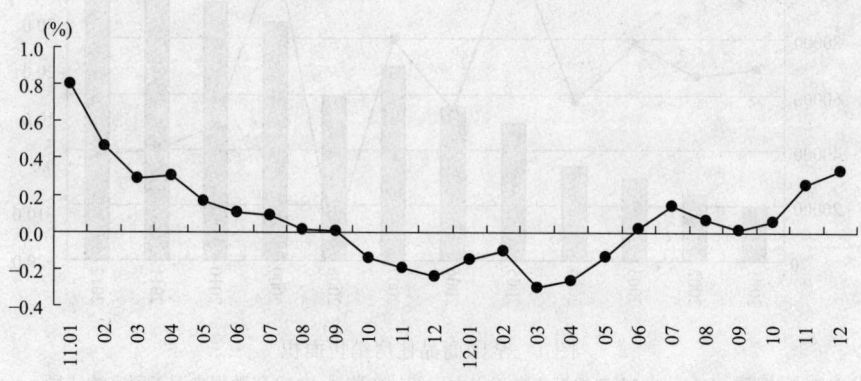

图4　70个大中城市新建商品住房价格环比涨幅平均值
资料来源：国家统计局70个大中城市房价指数数据。

【房地产开发投资保持增长，土地购置面积下降】　据国家统计局数据，2012年全国房地产开发投资7.2万亿元，同比增长16.2%（图5）；东、中、西部房地产开发投资同比分别增长13.9%、18.3%、20.4%。商品住房施工面积为42.9亿平方米，同比增长10.6%，其中新开工面积为13.1亿平方米，同比下降11.2%；商品住房竣工7.9亿平方米，同比增长6.4%。房地产开发企业土地购置面积和待开发土地面积同比分别下降19.5%和0.1%。

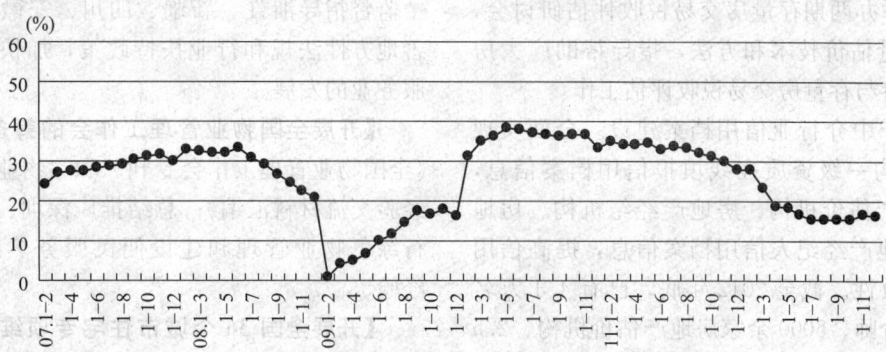

图5　全国房地产开发投资增幅
资料来源：国家统计局数据。

2. 房屋交易与权属管理

【加快推进城镇个人住房信息系统建设】　城镇个人住房信息系统建设取得阶段性进展。国家发展改革委下达立项批复。继续推进设区城市与部联网，截至2012年底，基本完成40个重点城市与部联网，信息系统部分统计分析功能投入使用，重点城市住房交易情况周报编制工作正式启动。制定信息系统建设和管理制度，研究起草《城镇个人住房信息系统管理办法》和相关配套细则。2012年底，经国务院同意，住房城乡建设部印发《关于加强城镇个人住房信息系统建设和管理的通知》（建房〔2012〕198号），进一步加强城镇个人住房信息系统建设和管理工作。

【进一步加强房地产市场监管】　加强商品房交易资金监管，指导各地加快建立健全交易资金监管制度，将交易资金监管工作开展较好的地方经验和措施，以《建设工作简报》的形式刊印各地。认真贯彻落实《商品房屋租赁管理办法》，严格执行房屋租赁登记备案制度，规范商品房屋租赁行为，强化对住房租赁价格监管。调查了解重点城市住房租金价格上涨情况、交易税费标准，收集重点城市房地产交易合同示范文本和房地产经纪机构业务文书，拟制定住房租赁市场价格监测方案。严格规范房地产市场外资准入行为，对房地产市场违规利用外资情况进行调查研究，并与国家外汇管理局、商务部进行沟通联系，形成房地产市场违规利用外资报告。配合中国人民银行反洗钱局召开房地产行业反洗钱座谈会；配合国土资源部积极做好小产权房专项清理和政策研究工作。

【加强房屋权属管理】　建立健全房屋登记制度。2012年2月发布行业标准《房地产登记技术规程》（JGJ 278—2012）。5月在北京、安徽、广西等地举办8期培训班，指导地方出台有关规范性文件。

继续推进房地产交易与登记规范化管理工作。2012年5月，在河北廊坊召开全国房地产交易与登记规范化管理经验交流会。10月至12月，先后对申请2012年度全国房地产交易与登记规范化管理先进单位进行实地检查指导。

积极开展房屋登记审核人员确认与培训考核工作。分别指导内蒙古、西藏、云南、广西、江西等省（区、市）房地产主管部门对房屋登记审核人员开展考核培训工作；组织业内专家赴青海、贵州、甘肃、内蒙古和西藏等地授课。组织召开三次房屋登记官考核命题审题会，丰富房屋登记官考核题库内容。

【加强房地产中介行业管理】　强化房地产中介行业准入管理。深化行政审批制度改革。完善房地产估价机构一级资质的审核程序，将网上核查、电话问询、出具情况说明等多种审查方式相结合，健全动态审批机制。2012年底，组织召开房地产估价机构资质评审专家座谈会，听取评审专家的意见和建议，统一评审标准和要求。同时，加强对机构重大变更事项的监管。逐步完善资质系统，实现了对估价机构是否符合资质等级条件的实时动态监管。

加强房地产中介行业制度建设。组织开展《房地产估价规范》和《房地产估价基本术语标准》的修订、制订工作，2012年6月形成报批稿向部标准定额司申请报批。对2006年发布的《房地产经纪执业规则》和《房地产经纪服务合同示范文本》进行修订和完善。制订《房地产估价档案管理指导意见》，进一步加强和规范房地产估价档案管理。2012年3月在北京举办两期存量房交易税收评估研讨会，探讨房地产批量估价技术和方法，指导帮助广大房地产估价机构参与存量房交易税收评估工作。

加强房地产中介行业信用档案建设。全面实现房地产估价机构一级资质在线填报信用档案信息，及时更新房地产估价机构、房地产经纪机构、房地产估价师和房地产经纪人信用档案信息，提高信用档案信息的时效性。截至2012年底，已有4.1万名注册房地产估价师、5000余家房地产估价机构、2.5万名注册房地产经纪人、2万家房地产经纪机构的相关信息通过信用档案系统予以公示。通过房地产估价信用档案系统上报业绩的估价机构达332家（含一级机构267家），累计公示房地产估价项目信息204万条。

认真做好从业人员资格考试、注册、继续教育等工作。对全国房地产经纪人资格考试大纲和用书进行修订，编制全国统一的房地产经纪人协理资格考试大纲。按期组织房地产估价师、房地产经纪人资格考试的征题、命题、审题、考试、评卷和校对工作。结合行业实际需求，进一步规范和细化房地产估价师和房地产经纪人注册工作。公布了注册流程、申报材料清单、办理时限等内容；制定了审查标准，并在注册系统和网站上公开公示办理情况，逐步规范注册管理工作。以开展网络教育、举办研讨会和行业活动等多种方式开展继续教育。2012年12月在三亚举办《房地产估价规范》、《房地产估价基本术语》的房地产估价新国标研讨会。

【加强法制建设】 积极开展《城市房地产抵押管理办法》修订工作。赴西宁、上海、温州、西昌等地开展实地调研座谈，形成了《房地产抵押管理办法》初稿，组织专家和地方进行了逐条讨论，作进一步修改完善。开展《商品房买卖合同示范文本》修订工作，多次组织专家召开座谈会，形成征求意见稿在网上公开征求社会意见。

3. 物业管理

【概况】 2012年，住房城乡建设部贯彻落实国务院关于"大力发展物业服务业"的政府工作目标，进一步健全物业管理法规体系，完善执法机制，规范服务行为，物业管理覆盖面逐步扩大，物业服务质量得到规范提高，切实维护了各方主体的合法权益，有效地改善了人居环境，提高了城镇管理水平，进一步发挥物业管理在保障民生和促进社会和谐中的积极作用。

【会同有关部委协商物业服务价格及税收政策】 监督指导浙江、新疆、四川、安徽等地制定和完善地方性法规和行业扶持政策，加快促进现代物业服务业的发展。

【开展全国物业管理工作会的筹备工作】 编印《全国物业管理工作会专刊》和《物业管理市场监管经验交流材料汇编》；总结推广深圳、上海等地在推行绿色物业管理和建设便民服务热线中的做法和经验。

【开展全国36个城市住宅专项维修资金管理情况的专项调研】 针对《反腐倡廉网络舆情》中反映的问题，责成有关城市进行了核查和整改，分析研究解决当前维修资金问题的对策和措施，形成《关于城市住宅专项维修资金使用管理问题的报告》并上报中央领导。

【物业管理师】 印发《关于开展物业管理师注册工作的通知》及《关于物业管理师注册工作有关问题的补充通知》，开展物业管理师初始注册工作，研究部署开展物业管理师继续教育、执业准则标准制定及考试大纲修订等工作，全面实施物业管理师制度。

【印发《全国白蚁防治事业"十二五"发展规划纲要》】 进一步发挥白蚁防治工作在防灾减灾和保障经济建设成果中的积极作用，积极推进白蚁防治事业持续健康发展。继续推动中国白蚁防治氯丹灭蚁灵示范项目，全面履行《关于持久性有机污染物的斯德哥尔摩公约》。

【修改完善《全国物业管理示范项目考评标准（修订稿）》】 在认真总结工作经验和广泛征求各方意见的基础上，顺应物业管理法律政策环境变化和物业服务专业分工的发展，进一步修改完善《全国物业管理示范项目考评标准（修订稿）》，提高物业管理示范项目考评工作的客观性、公正性和专业性。

【新建城镇居民小区物业管理人员培训】 贯彻落实国务院玉树、舟曲灾后恢复重建协调小组工作会议精神，组织全国部分物业管理专家，协助灾区有关部门做好新建城镇居民小区物业管理人员培训工作。

【物业管理调研和宣传】 会同九三学社中央委员会共同研究物业管理面临的重要问题及其对策并上报中央；配合新华通讯社开展物业管理热点难点问题的采访调查和宣传报道工作。

【贯彻落实 CEPA 补充协议四】 会同商务部台港澳司与香港工贸署就香港物业服务提供者在港服务面积的认定问题达成一致意见；指导并促进闽粤港澳台"两岸五地"开展物业管理行业交流和合作。

4. 城市房屋征收

2011年1月，《国有土地上房屋征收与补偿条例》（以下简称《条例》）公布施行后，住房城乡建设部会同国务院有关部门和地方认真贯彻落实《条例》，加大力度排查化解征收拆迁矛盾纠纷，房屋征收拆迁工作总体平稳。

《条例》出台后，会同国务院法制办对地方房屋征收部门和法制工作部门负责人、业务骨干进行了培训，解读《条例》精神，指导地方开展工作；下发《国有土地上房屋征收评估办法》，规范房屋征收评估活动；督促指导各地制定评估机构选定、低收入家庭住房保障、停产停业损失等《条例》实施的配套政策。

大力推进房屋征收信息公开工作，下发《关于推进国有土地上房屋征收与补偿信息公开工作的实施意见》（建房〔2012〕84号），并专门召开住房城乡建设系统信息公开工作电视电话会议进行部署，明确信息公开内容、范围、方式等事项，扩大公众参与、公开透明，明确与被征收人利益密切相关的被征收房屋情况、分户评估情况和补偿情况，在征收范围内向被征收人公布。

加强廉政风险防控，从制度上预防腐败问题的发生。在部廉政风险防控工作领导小组领导下，对部里行使的各项权力事项进行全面梳理，明确职权目录和权力清单，制定权力运行流程图，梳理排查权力运行过程中的廉政风险点，对廉政风险点作出具体描述并评定风险等级，有针对性地采取防控措施，从制度上杜绝吃拿卡要、收受财物等腐败案件的发生。

积极配合最高人民法院，研究解决房屋征收中的强制执行问题，在最高人民法院《关于办理申请人民法院强制执行国有土地上房屋征收补偿决定案件若干问题的规定》出台后，积极组织各地征收部门进行培训，解读司法解释精神，指导各地规范房屋征收行为，做好申请法院强制执行工作，推动征收工作有法有序推进。

按照国务院部署，会同国土资源部等制定征地拆迁情况检查工作方案，下发《开展征地拆迁专项检查的通知》，对在全国开展《条例》贯彻落实和违法违规案件查处情况进行部署，严肃查处损害人民群众合法利益的突出问题。

保持高压态势，继续坚决查处违法征地拆迁案件。监察部牵头，住房城乡建设部、国土资源部等组成调查组对湖南桑植、宁乡、浙江瑞安、云南巧家发生的四起征地拆迁案件进行调查处理。加强市场监管，对网络、媒体等报道的河北保定、黑龙江大庆、天津北辰区、内蒙古鄂尔多斯等地发生的征地拆迁案件，及时发函督促地方核实处理。

（住房和城乡建设部房地产市场监管司
撰稿：邢军　杨有强　陈琪　卢苇　张真）

住房保障建设

1. 概况

2012年是进一步加强保障性安居工程建设的关键之年。国务院多次专题研究部署保障性住房建设和管理工作。国务院各有关部门根据各自职责，完善政策措施，加强协作配合。地方各级政府都把住房保障工作提到重要工作日程，创新机制，加大投入，精心组织，积极推进。

2. 住房保障政策拟定

【《关于鼓励民间资本参与保障性安居工程建设有关问题的通知》下发】 住房和城乡建设部、国家发展和改革委员会、财政部、国土资源部联合下发《关于鼓励民间资本参与保障性安居工程建设有关问题的通知》（建保〔2012〕91号）。明确了多种方式引导民间资本参与保障性安居工程建设。鼓励和引导民间资本根据市、县保障性安居工程建设规划和年度计划，通过直接投资、间接投资、参股、委托代建等多种方式参与廉租住房、公共租赁住房、经济适用住房、限价商品住房和棚户区改造住房等保障性安居工程建设，按规定或合同约定的租金标准、价格面向政府核定的保障对象出租、出售。

落实民间资本参与保障性安居工程建设的支持政策。对实行公司化运作并符合贷款条件的项目，按照风险可控、商业可持续原则给予积极支持。地方政府可采取贴息方式对公共租赁住房建设和运营给予支持。民间资本参与各类棚户区改造，享受与国有企业同等的政策。可以在政府核定的保障性安居工程建设投资额度内，通过发行企业债券进行项目融资。符合财政部、国家税务总局有关规定的，可以享受有关税收优惠政策。同时，按规定免收行政事业性收费和政府性基金。用地上适用国家规定的保障性安居工程土地供应和开发利用政策。公共租赁住房项目可以规划建设配套商业服务设施，统一管理经营，以实现资金平衡。

营造民间资本参与保障性安居工程建设的良好环境。2012年8月底前，各地要对本地区民间资本参与保障性安居工程建设和管理的各项政策进行一次梳理，对其中不符合法律、法规和有关政策的规定，予以取消。列入年度建设计划的保障性安居工程项目，市、县住房城乡建设部门要及时公布项目名称、位置、占地面积、建设规模、套型结构、总投资、开竣工时间等信息，便于民间资本参与。民间资本参与建设的保障性住房，在分配、使用、上市交易、退出管理和财务核算等方面，要遵守国家和地方的有关规定。各地住房城乡建设部门要严格落实民间资本参与建设的保障性住房的质量责任，切实履行监督管理职责，加大工程质量责任追究力度，依法严肃查处各种违法违规行为。

【《住房保障档案管理办法》印发】 住房城乡建设部印发《住房保障档案管理办法》（建保〔2012〕158号）。按照相关内容分为六章、31条，包括总则、归档范围、归档管理、信息利用、监督管理、附则。

主要内容是：在总则部分，规定《住房保障档案管理办法》制定的目的依据、档案定义、组织领导、职责要求等；在归档范围部分，明确住房保障档案种类、归档范围；在归档管理部分，规定各类档案的归档保管、保管期限、对外移交、档案销毁等管理要求；在信息利用部分，明确住房保障档案信息的利用、查询、保密等事项；在监督管理部分，规定住房保障档案管理工作的监督、惩处、检举控告和奖励；在附则部分，规定各地参照建立棚户区改造安置对象档案、制定具体实施办法和办法的施行日期。

【《关于加快推进棚户区（危旧房）改造的通知》下发】 住房和城乡建设部、国家发展和改革委员会、财政部、国家林业局、国务院侨务办公室、中华全国总工会联合下发《关于加快推进棚户区（危旧房）改造的通知》（建保〔2012〕190号）。

总体要求。加快推进集中成片棚户区（危旧房）改造，积极推进非成片棚户区（危旧房）改造，逐步开展基础设施简陋、建筑密度大的城镇旧住宅区综合整治，稳步实施城中村改造，着力推进资源型城市及独立工矿区棚户区改造。

全面推进城市棚户区（危旧房）改造。加快推进非成片棚户区（危旧房）改造、城中村改造和城镇旧住宅区综合整治。城市棚户区（危旧房）改造要因地制宜，采取拆除新建、改建（扩建、翻建）、综合整治等多种方式。

加快推进国有工矿棚户区改造。铁路、钢铁、有色、黄金等行业棚户区，要按照属地原则纳入各地棚户区改造规划计划组织实施。已纳入中央下放地方煤矿棚户区改造范围的煤矿棚户区，2013年年底前要基本建成，其他煤矿棚户区统一纳入国有工矿棚户区改造范围。

大力推进国有林区棚户区和国有林场危旧房改造。任务较少的省（区、市）要争取在2013年年底前完成改造，其他省（区、市）要力争在2015年年底前基本完成。对林区（场）没有经济来源的特殊困难家庭，要探索通过多种方式妥善安置。

积极推进国有垦区危房改造。加快剩余国有垦区危房改造，力争在2015年年底前全面完成，有条件的地区要争取在2014年年底基本完成。将华侨农场非归难侨危房改造，统一纳入国有垦区危房改造中央补助支持范围，加快实施改造。

进一步做好各类棚户区（危旧房）调查摸底。各地对辖区内截至2012年底尚未实施改造、在改造的各类棚户区（危旧房），逐个调查摸底，登记造册。调查情况于2013年1月底前报送住房城乡建设部、国家发展改革委、财政部、农业部和国家林业局。

切实抓好各类棚户区（危旧房）改造的组织实施。按照统筹规划、分步推进、量力而行、尽力而为的原则，合理安排改造时序，有序推进各类棚户区（危旧房）改造。要充分尊重居民群众的意愿，落实好土地、财税、信贷等各项优惠政策。要拓宽融资渠道，加快基础设施配套，确保工程质量安全，加强改造后的住房管理，完善社区公共服务，确保居民安居乐业。

【《公共租赁住房管理办法》（住房城乡建设部部令第11号）】 明确立法目的、供应对象、适用范围，并对部门职责、档案信息和社会监督做了总体要求。

对公共租赁住房的申请与审核作出明确规定。申请条件做了原则性规定，具体条件由直辖市和市、县级人民政府住房保障主管部门根据本地区实际情况确定。对申请方式做了规定，可以个人申请，对开发区和园区集中建设向用工单位或者园区就业人员配租的公共租赁住房，也可由用工单位代表本单位职工申请集体租赁。审核结果应公示，并保障申请人对审核结果有知情权、申诉权。

对公共租赁住房的轮候与配租作出要求。要求各地合理确定轮候期、制定配租方案，并向社会公布，形成倒逼机制。允许地方采取综合评分、随机摇号等方式进行公开配租，并做到房源、过程、结果三公开。配租方案公布后，要求各地对轮候对象进行复审，建立复核审查机制。强化了合同管理，对合同内容做了原则性规定，通过签订合同明确出租人和承租人的权利和义务。对租赁期限、租金标准、租金补贴、租金使用及换租做了原则性规定。

对公共租赁住房的使用与退出作出规定。对所有权人的行为要求、承租人的行为要求、房地产经纪机构、使用巡查做了原则性规定。对房屋以及配套设施的维修养护做了规定，所有权人及其委托的运营单位应当按照合同约定履行公共租赁住房及其配套设施的维护义务。对续租申请与退出做了原则性规定。

对有关法律责任作出界定。对骗租和承租人违反禁止行为做出明确的惩罚规定。社会力量投资的公共租赁住房的所有权人及其委托的运营单位有违规出租、擅自调整租金等行为，由市、县级人民政府住房保障主管部门责令限期改正，并处以3万元以下罚款。对住房城乡建设（住房保障）主管部门及其工作人员渎职的处罚做出了明确规定。对经纪机构及其人员违反本办法，做出了明确的处罚规定。

3. 保障性安居工程年度计划及资金安排情况

【明确年度计划】 十一届全国人大五次会议通过的《政府工作报告》提出，2012年继续推进保障性安居工程建设，在确保质量的前提下，基本建成500万套，新开工700万套以上。此外，计划新增发放廉租住房租赁补贴50万户。年初，住房城乡建设部代表保障性安居工程协调小组与各省、自治区、直辖市及新疆生产建设兵团签订了目标责任书。各地及时将任务落实到市县和具体项目，并逐级签订目标责任书。

【加大投入力度】 2012年中央财政加大保障性安居工程的支持力度，下达补助资金1858亿元，比2011年增加300多亿元。

4. 加强保障性安居工程监督检查

【开展专项巡查】 2012年，继续开展城镇保障性安居工程专项巡查工作。18个单位派出50多名专项巡查联络员，在巡查期间，各派出单位共有31位司局级干部带队，并加派了近150名巡查员，承担了30个省区市及兵团的巡查任务。巡查了1870个有建设项目的区县。巡查新开工项目10524个。

【加强监督检查】 督促地方落实审计发现问题的整改。根据《审计署关于18个省区市2011年保障性安居工程审计情况报告》，要求相关地区对审计发现问题进行整改。做好重点案例的核查处理。对部分省市保障性住房建设、分配管理中出现的问题进行重点核查。做好信访反映问题的核查处理。根据住房城乡建设部领导在中央纪委《信访简报》上的批示，对信访反映的13个住房保障问题进行全面核查。

5. 保障性安居工程实施情况

【土地落实情况较好】 国务院要求，各地积极落实保障性住房、棚户区改造住房和中小套型普通商品住房用地供应量不得低于住房用地供应总量的70%。各地采取积极措施落实建设用地。为方便群众生活和就业，一些城市尽量选择在道路沿线和地铁站点周围建设保障性住房。

【分配和使用管理进一步完善】 国务院对保障性住房的分配管理十分重视，要求做到过程公开透明、结果公平公正、使用合理有序。各地都公布了住房保障准入标准，建立申请、审核、轮候、配租配售和公示制度。不少地方还对保障性住房使用管理进行动态监测。

【城镇保障性住房建设进展顺利】 2012年，保障性安居工程开工781万套，基本建成601万套，全面完成年度任务。

（住房和城乡建设部住房保障司）

住房公积金监管

2012年，全国住房公积金缴存人数首次突破1亿人，归集额、提取额同比增速超过20%，住房公积金个人贷款发放额增长45.21%，增值收益426.55亿元创下历史新高，住房公积金贷款支持保障性住房建设试点城市扩大到92个，住房公积金制度呈现良好发展势头。

1. 住房公积金业务开展情况

【住房公积金缴存人数、归集金额持续增加】截至2012年末，全国342个设区城市全部建立住房公积金制度，实缴职工人数10156.28万人，较上年末增加505.48万人，增幅为5.24%。见图1。

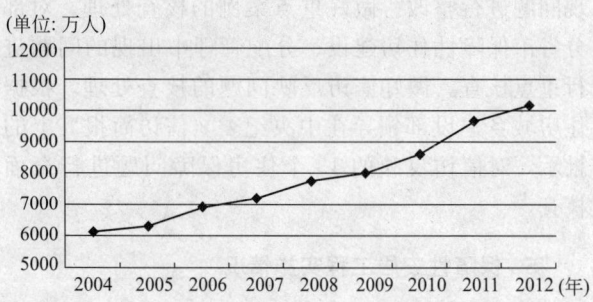

图1　全国住房公积金实缴人数增长情况

2012年，全国住房公积金归集额为9821.38亿元，同比增长21.15%，见图2。截至2012年末，全国住房公积金归集总额为50398.53亿元，较上年末增长24.2%，增速基本与上年持平，见图3。

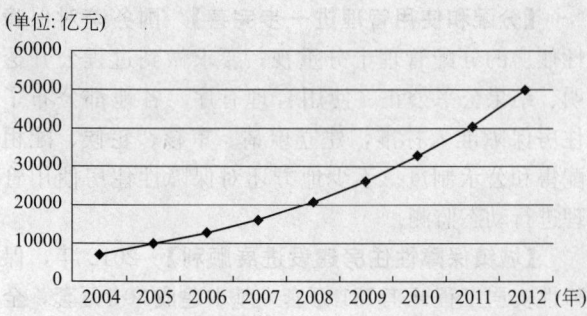

图2　全国住房公积金归集总额增长情况

截至2012年末，全国住房公积金归集余额（归集总额与提取总额之差）为26805.1亿元，同比增长22.44%，见图4。其中，归集余额过千亿的省市有8个，分别为广东、江苏、北京、上海、山东、浙江、辽宁和四川，见图5。

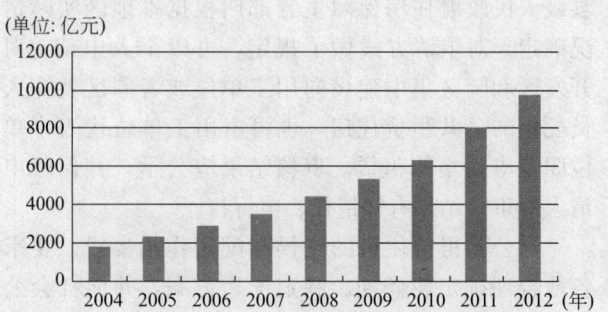

图3　全国住房公积金年度归集额增长情况

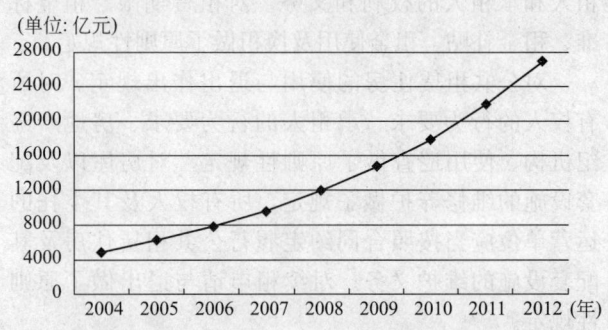

图4　全国住房公积金归集余额增长情况

【住房公积金提取稳步增长】　2012年，全国住房公积金提取额为4907.98亿元，同比增长24.93%，占当年归集额的49.97%。截至2012年末，全国住房公积金提取总额为23593.43亿元，较上年末增加26.27%，占归集总额的46.81%。全国住房公积金年度提取额增长情况见图6。

【住房公积金个人贷款发放同比大幅增长】2012年，全国发放住房公积金个人住房贷款5565.02亿元，比上年增加1732.66亿元，增幅为45.21%；发放贷款笔数208.55万笔，较上年增加49.95万笔，增幅为31.49%；单笔贷款金额平均为26.68万元，较上年增加2.52万元；全年贷款发放额占归集额的比例为56.66%，较上年增加9.39个百分点；回收贷款1995.93亿元。

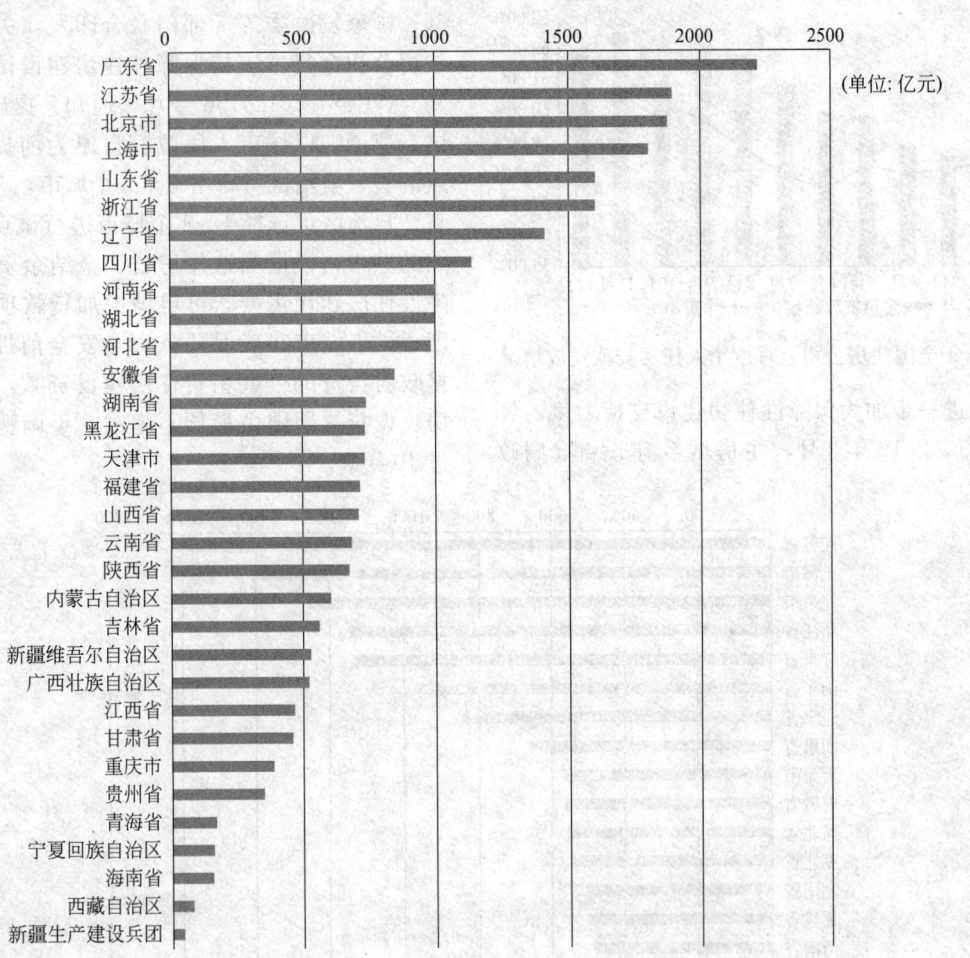

图5 2012年末全国住房公积金归集余额分布情况

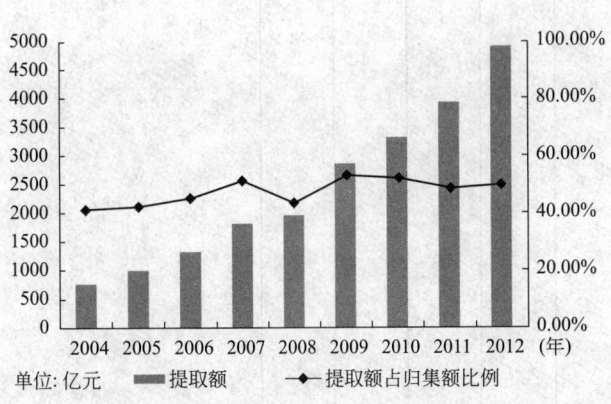

图6 全国住房公积金年度提取额增长情况

截至2012年末,全国累计发放住房公积金个人贷款1707.37万笔、27968.35亿元,较上年末分别增长13.91%、24.84%。住房公积金个人贷款余额为16553.84亿元,较上年末增长27.49%;全国住房公积金个人贷款率为61.76%,较上年末上升2.45个百分点。全国住房公积金个人住房贷款增长情况见图7。2012年全国住房公积金月度个人住房贷款发放情况见图8。2012年末全国各地区住房公积金个人住房贷款余额分布情况见图9。

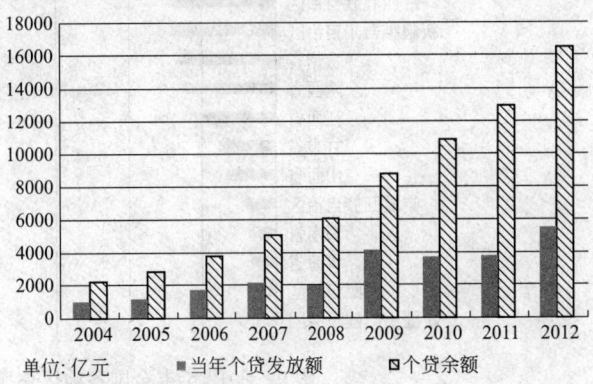

图7 全国住房公积金个人住房贷款增长情况

2. 住房公积金贷款支持保障性住房建设试点情况

【**进一步扩大住房公积金贷款支持保障性住房试点范围**】 为贯彻落实《国务院办公厅关于保障性安居工程建设和管理的指导意见》(国办发〔2011〕45

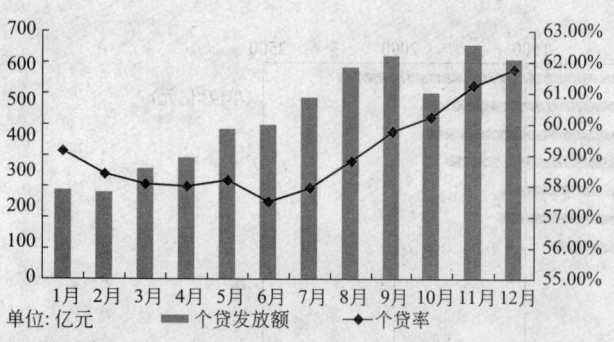

图 8　2012 年全国住房公积金月度个人住房贷款发放情况

号）精神，进一步加大保障性住房建设支持力度，经国务院同意，2012 年 3 月，住房城乡建设部、财政部、国家发改委等 7 部门联合印发《关于扩大利用住房公积金贷款支持保障性住房建设试点范围的通知》（建金〔2012〕36 号）。《通知》提出，适当扩大试点范围，以城市人民政府自愿为前提，已开展试点的省、自治区可新增 1 至 3 个城市，未开展试点的省、自治区可选择 1～3 个城市进行试点；已开展试点的城市，根据当地住房公积金结余资金情况和保障性住房建设需要，可申请增加贷款项目和贷款额度；试点城市在确保还款资金安全前提下，优先安排政府投资的公共租赁住房建设贷款，公共租赁住房建设贷款期限由最长不超过 5 年调整为最长不超过 10 年。

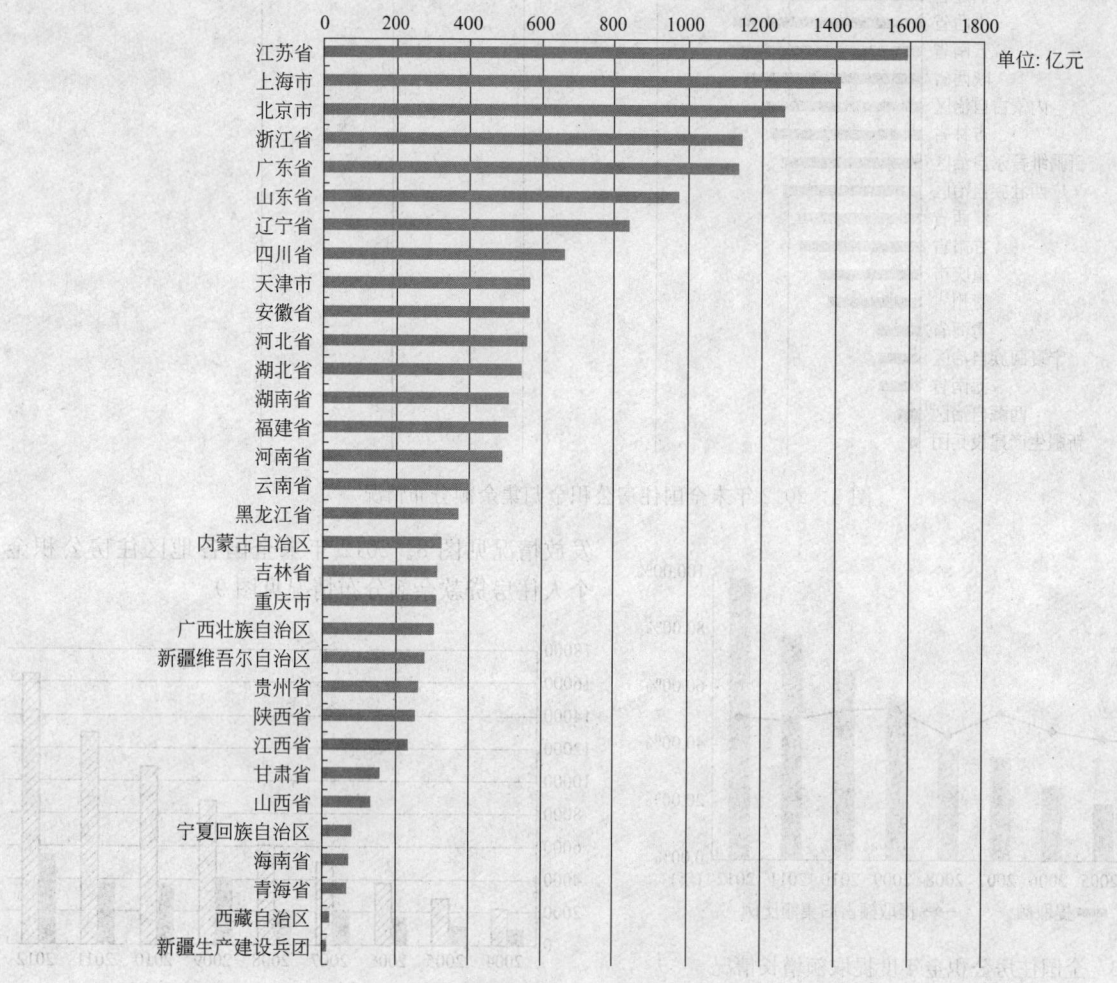

图 9　2012 年末全国各地区住房公积金个人住房贷款余额分布情况

根据《通知》要求，有关省、自治区、直辖市报送了申请试点城市、实施方案和建设项目。经住房城乡建设部、财政部、人民银行共同研究，2012 年 6 月，三部门联合印发《关于做好扩大利用住房公积金贷款支持保障性住房建设试点范围工作的通知》（建金〔2012〕130 号），确定石家庄等 64 个城市为新增试点城市，北京等 18 个城市为新增贷款额度城市，290 个建设项目为新增试点项目。2012 年 9 月 24～25 日，全国住房公积金贷款支持保障性住房建设试点工作暨培训会议在哈尔滨市召开。住房城乡建设部副部长陈大卫出席会议并讲话。住房城乡建设部、财政部、人民银行、中纪委纠风室、审计署等国家有关部门，各省（自治区）住房城乡建设厅、试点城市公积金管理中心和受委托银行负责同志参加会议。会议对第一批试点工作进行总结，对扩大试点工作进行部署。会议还就试点有关政策、操作程序、监管和信息系统等方面进行了培训。

【住房公积金贷款支持保障性住房试点运行情况】 截至2012年底，全国共有北京、天津、唐山、运城、包头、大连、长春、通化、哈尔滨、齐齐哈尔、佳木斯、上海、无锡、杭州、宁波、芜湖、淮南、六安、福州、厦门、济南、青岛、淄博、泰安、洛阳、武汉、长沙、岳阳、海口、重庆、攀枝花、贵阳、昆明、西安、延安、兰州、西宁、银川、乌鲁木齐、克拉玛依、哈密41个城市158个保障性住房建设项目审批通过贷款，累计金额647.46亿元，按工程进度发放贷款417.35亿元。其中，经济适用住房108.77亿元，公共租赁住房125.3亿元，城市棚户区改造安置用房183.28亿元。共有34个城市、123个项目登记还本付息，累计还本金58.12亿元，累计还息16.15亿元。

3. 完善住房公积金政策和监管制度建设情况

【推进《住房公积金管理条例》修订工作】 2012年，《住房公积金管理条例（修订）》列为国务院三档立法项目。年初，住房公积金监管司邀请国务院发展研究中心等四家科研单位和部分地区住房公积金监管办、管理中心，对以往两年的调查研究成果进行系统梳理。3月，就《住房公积金管理条例》修订工作向部主要负责同志作了汇报。4~5月，陈大卫副部长带队赴上海、北京、浙江等10个省（市）调研，听取省（市）人民政府负责同志的意见；住房公积金监管司会同法规司等有关司局，吸收专家学者，组成10个调研小组，分赴29个省（区、市）调研，共召开57场座谈会，征求地方人民政府、相关部门、缴存单位和职工代表的意见。6~9月，就《住房公积金管理条例》修订思路和修订重点，多次向部领导作专题汇报。10月，住房城乡建设部第92次部常务会议专题听取了完善住房公积金制度的汇报。此后，陈大卫副部长带队赴国务院法制办、国务院发展研究中心等部门和单位，听取主要负责同志的意见和建议，并就若干重点问题达成共识。经过一年努力，初步形成较为明确的《住房公积金管理条例》修订思路和基本可行的立法框架草案。

【加强住房公积金配套监管制度建设】 印发《关于进一步加强住房公积金监管工作的通知》，明确省级监管职责，落实监管工作任务。制定《住房公积金管理业务用房标准》，指导各地规范住房公积金业务用房和服务网点建设。继续推进住房公积金缴存、提取、个人贷款、核算、数据标准和信息技术等业务规范编制工作，提高住房公积金管理规范化、标准化水平。

大力推进住房公积金绩效考核制度建设，征求各地意见，与财政等有关部门协调，测算分析考核数据，修正调整考核指标和分值权重。收集相关行业责任追究制度有关资料，对各省级监管机构和城市公积金中心建立和实施责任追究制度情况进行调查摸底，起草住房公积金责任追究制度，明确责任追究的主体、方式和程序。研究起草住房公积金信息披露制度，规范信息披露的主体、内容、时间和方式，建立部、省、市三级信息披露机制，提高工作透明度，自觉接受社会监督。研究拟定公积金管理人员职业标准编写方案，启动住房公积金管理人员职业标准编写工作。

【开通12329住房公积金热线】 为提高住房公积金管理效率和服务水平，增强管理工作透明度，加强社会监督，在深入调研、充分论证的基础上，2012年9月，住房城乡建设部印发《关于开通12329住房公积金热线的通知》（建金〔2012〕143号）（以下简称《通知》）及《12329住房公积金热线服务导则》。《通知》对12329热线号码的通信费标准、建设原则、服务内容、建设模式、开通时限要求、方案备案要求、建设运营费用、号码资源性质等作了说明和部署。《通知》要求，已开通热线的公积金中心，要将服务热线号码统一更换为12329，并按《服务导则》要求完善12329住房公积金热线；尚未开通热线的城市，应结合当地情况，按照自愿原则，创造条件逐步开通12329住房公积金热线。

2012年11月1日，全国12329住房公积金热线现场交流会在上海召开，各省、自治区住房公积金监管部门和部分城市住房公积金管理中心负责同志共130人参加会议。会上，首先举行上海12329住房公积金热线开通仪式，上海市副市长沈骏、住房城乡建设部住房公积金监管司有关负责同志、上海市建设交通委员会主任黄融出席仪式，并共同为上海12329住房公积金热线开通启动按钮。上海市公积金管理中心介绍了上海市住房公积金热线建设经验和运营管理情况。住房公积金监管司对全国12329服务热线开通工作进行部署。

4. 住房公积金监督检查情况

【加快历史遗留涉险资金清收】 为加快全国住

房公积金历史遗留的挤占挪用资金和逾期项目贷款、涉险国债清收工作，进一步加强住房公积金资金安全，维护缴存职工权益，2012年2月，住房城乡建设部会同国务院纠风办、监察部、财政部、人民银行、审计署、银监会等六部门，决定对存在住房公积金涉险资金的21个省（自治区）82个城市和地区，开展了清收专项检查。全年共开展3轮专项检查。2012年3～5月，由住房城乡建设部、监察部、银监会等部门联合组成9个检查组，对21个省（自治区）共78个城市进行实地检查；2012年6～9月，针对云南、江苏、湖北、广东4个重点省份开展督查；2012年12月，组织住房公积金督察员，针对仍存在历史遗留项目贷款和挤占挪用资金的江苏、吉林、辽宁、湖北等9个省（区）开展督查。

2012年10月，住房城乡建设部在南京召开全国住房公积金涉险资金清收工作会议，交流清收工作经验，部署清收工作。2012年11月，以住房城乡建设部办公厅名义向存在涉险资金的省（自治区）下发通知，督促进一步加快清收工作。截至2012年底，全年累计清收涉险资金10.83亿元，其中，历史遗留项目贷款和挤占挪用7.96亿元，涉险国债2.87亿元，超过半数城市和地区完成清收，清收工作取得明显成效。

【开展住房公积金分支机构检查】 为全面了解全国住房公积金管理机构调整情况，进一步按照精简、安全、效能的原则推进机构调整，完善住房公积金管理体制，住房公积金监管司会同监察部纠风室、全国总工会社会保障工作部，并请部分省区住房城乡建设厅领导带队，抽调地方同志参加，组织13个专项检查组，于10月20日至11月30日赴全国26个省区，对80个城市未调整到位的108个分支机构进行实地检查。检查主要针对2002年条例修订以来，各设区城市住房公积金管理机构落实"四统一"（统一核算、统一管理、统一政策、统一决策）政策情况，重点检查未调整到位分支机构的机构设置、政策执行、业务运行、账户管理、管理效率五方面内容。

检查发现，有209个区县、89个行业、24个省直管理机构未调整到位，部分未调整到位分支机构业务管理不规范、制度不健全，特别是部分行业住房公积金分支机构存在账户管理不规范、资金使用率低、增值收益率低、缴存差距较大、服务水平不高等问题。检查结束后，检查组向各省厅和有关部门、单位反馈了检查意见，要求各省区切实重视和继续推进机构调整工作。

（住房和城乡建设部住房公积金监管司）

城 乡 规 划

【颁行一批城乡规划管理规章】 住房和城乡建设部颁布并实施《城乡规划编制单位资质管理规定》、《建设用地容积率调整管理办法》、《规范城乡规划行政处罚裁量权指导意见》、《住房城乡建设部关于推广应用城乡规划管理廉政风险防控手册的通知》等规章文件。2012年10月，住房和城乡建设部和国家文物局联合印发《历史文化名城名镇名村保护规划编制要求》（试行）。由住房和城乡建设部、监察部、人力资源和社会保障部共同颁布的《城乡规划违法违纪行为处分办法》于2013年1月1日实施。修订完成《城市蓝线管理办法》；研究起草《城市紫线管理办法（修订）》、《历史文化街区保护管理办法》，《城市绿线管理办法（修订）》。

【省域城镇体系规划】 国务院批复同意河南、广东和吉林省城镇体系规划。住房和城乡建设部召开城市规划部际联席会议审查通过西藏自治区城镇体系规划。组织专家组完成了新疆维吾尔自治区城镇体系规划纲要和成果的技术审查，以及安徽、江西和贵州城镇体系规划成果的技术审查。

【城市总体规划】 国务院批复同意惠州、邯郸、洛阳、保定、绍兴、南昌市城市总体规划。住房和城乡建设部组织召开了第47、48、49、50次城市总体规划部际联席会议，审查南京、福州、成都等13个城市总体规划，将常州、银川、石家庄、保定、贵阳、襄阳等城市总体规划上报国务院审批。

【历史文化名城保护】 国务院将新疆的伊宁市和库车县公布为国家历史文化名城。到2012年底，国家历史文化名城共有119个。组织专家完成云南省会泽县、山东省烟台市、青州市的国家历史文化名城申报的现场考察工作。根据对全国历史文化名城保护工作的检查，2012年10月将全国历史文化名城名镇名村保护工作检查报告上报国务院。

【**国家专项资金补助国家历史文化名城保护**】 2012年中央预算内投资2.65亿元，补助27个省（自治区、直辖市）的国家历史文化名城中的历史文化街区和中国历史文化名镇名村的基础设施改造和环境整治项目55个；财政部补助资金700万元，用于10个国家历史文化名城保护规划的编制或历史建筑的维修。

【**甲级城乡规划编制单位资质审批**】 2012年有42家城乡规划编制单位取得甲级资质。到2012年底，甲级资质城乡规划编制单位共有296家。

【**全国城乡规划建设工作会议筹备**】 2012年3月，住房和城乡建设部牵头开展全国城乡规划建设工作会议筹备工作。深入调研当前城乡规划建设面临形势、存在问题，组织起草了中央领导讲话素材稿和《国务院关于加强城乡规划和城乡建设工作的意见（代拟稿）》。

【**开展容积率专项治理工作总结**】 提交容积率专项治理三年专项治理总结报告。结合住房和城乡建设部领导交办的重点案件赴地方进行调查，限时督办住房和城乡建设部领导指示的11个信访案件。

【**开展城镇化课题研究**】 组织联合开展调研，完成"新农村建设和城镇化问题"重点课题研究；参与国家发展和改革委员会牵头的"城镇化发展规划"编制；按照中央新疆工作协调小组部署，牵头编制完成《新疆生产建设兵团城镇化发展规划》。

【**推进生态城市国际合作**】 2012年7月6日，国务院副总理王岐山和新加坡副总理张志贤在苏州共同主持召开了中新天津生态城联合协调理事会第五次会议。2012年9月22日，住房和城乡建设部、国家发展和改革委员会、天津市人民政府、国际经济交流中心共同主办第三届中国（天津滨海）·国际生态城市论坛和博览会。继续协调各部委研究国家有关中新天津生态城的支持政策，推进中新天津生态城建设。

【**绿色生态城区试点示范**】 完善和推进生态城市和绿色生态城区试点示范工作。住房和城乡建设部组织开展对中新天津生态城、唐山市唐山湾生态城、无锡市太湖新城、深圳市光明新区和坪山新区5个生态试点城市的现场考核，并下发了进一步加强和改进生态城区规划建设的督促函；对昆明市呈贡新区、重庆市悦来生态城、长沙市梅溪湖新城、池州市天堂湖新区、贵阳市中天未来方舟生态城5个申报低碳生态试点城市的城市进行现场考察和规划评审，批准设立为绿色生态示范城区；对申报中央财政支持的绿色生态城区示范的北京科技未来城等26个城区进行规划审核。

（住房和城乡建设部城乡规划司）

城市建设与市政公用事业

1. 市政基础设施建设与人居环境

【**市政公用设施水平和服务能力显著提高**】 市政公用基础设施的快速发展有力地保障了人民群众生活需要和经济社会发展。截至2012年，城市供水综合生产能力2.7亿立方米/日，供水管道长度59万公里，用水普及率97.2%；排水管道长度约45万公里，其中，污水管网16.4万公里，雨水管网14.5万公里，其余为合流制管网。城市燃气管道长度约35万公里，天然气供应量约744亿立方米，燃气普及率92.6%；北方采暖地区城市集中供热管道长度约22万公里，集中供热面积49.2亿平方米。650个城市建成污水处理厂1947座，污水处理厂处理能力1.2亿立方米/日，污水处理率84.9%；建成城市垃圾无害化处理设施628座，生活垃圾无害化处理能力44.5万吨/日，无害化处理率81.22%。城市道路总长度31.8万公里，人均城市道路面积13.75平方米，城市桥梁5.34万座；已有16个城市建成城市轨道交通线路总长1978公里，运营总里程1940公里，还有26个城市在建轨道交通线路约1500公里。全国城市人均公园绿地面积12.27平方米，建成区绿地率35.72%。全国国家级风景名胜区225处，总面积10.4万平方公里。

【**大力推动生活垃圾处理工作**】 2012年1月国务院办公厅印发《城市生活垃圾处理重点工作部门分工方案》（国办函〔2012〕5号），住房城乡建设部会同相关部门建立部际联席会议制度，按照职责做好落实工作。强化《"十二五"全国城镇生活垃圾无害化处理设施建设规划》引领作用，指导各地加快生活垃圾处理设施建设。组织对全国城市生活垃圾填埋场和焚烧厂开展检查评定。会同国家发展改革委等部门继续开展餐厨垃圾处理试点，确定16个城市成为第二批餐厨试点城市，支持深圳市成为"建筑垃圾减排和综合利用试点城市"。调研存量垃圾治理工作，开展存量治理技术交流培训，会同国家发展改革委、环境保护部印发《关于开展存量生活垃圾治理工作的通知》，指导各地开展非正规垃圾场的摸底工作，制定近期工作计划。组织修订公共厕所有关标准，完成《我国公厕建设管理有关情况的报告》。会同有关部门调研生活垃圾收费情况。积极促进环卫职工权益保障，2012年5月，住房城乡建设部、人力资源社会保障部会同公安部等部门共同印发《关于进一步保障环卫行业职工合法权益的意见》（建城〔2012〕73号）。2013年2月召开"全国城市环卫工作座谈会暨优秀环卫工人表扬会议"。住房城乡建设部部长姜伟新出席会议并讲话。

【稳步推进供热体制改革】 组织召开2012年北方采暖地区供热计量改革工作电视电话会议，进一步推动供热计量收费工作。组织对北方采暖地区15个省、自治区、直辖市进行供热计量收费情况专项检查。起草部令《民用建筑供热计量管理办法》（草案）。会同国家发展改革委印发《关于编制〈北方采暖地区集中供热老旧管网改造规划〉的通知》，对北方采暖地区集中供热老旧管网改造工作做出具体安排。研究制订《关于拉萨市城市供暖工程建设方案的意见》。研究起草《关于北京市"煤改电"供暖工作的调研报告》。截至2012年底，北方采暖地区15个省、自治区、直辖市供热计量收费面积累计达8.05亿平方米。出台供热计量价格和收费办法的地级以上城市达到116个，占北方地级以上采暖城市的93％。

【研究城市地下管线管理工作】 会同国家发展改革委、财政部、安监总局、工信部、原广电总局、电监会、保密局、总参信息化部、总后营房部等十个部门起草《关于加强城市地下管线管理的指导意见》。针对管线普查、信息化管理、经济财政政策等问题，开展专题调研。成立"住房和城乡建设部城市地下管线办公室"，建立部内城市地下管线管理协调机制。组织开展城市地下管线综合管理11个课题的研究工作。

【抓好城市供水安全保障】 会同有关部门编制印发《全国城镇供水设施改造与建设"十二五"规划及2020年远景目标》，明确"十二五"期间的建设任务和目标。印发《关于加强城镇供水设施改造建设和运行管理工作的通知》，指导各地贯彻落实规划。修订并发布《城镇供水设施建设与改造技术指南》。会同卫生部组织开展城镇供水水质督察。组织修订《生活饮用水卫生监督管理办法》。研究建立城镇供水绩效考核制度。对二次供水管理模式进行调研，研究二次供水设施规划建设、专业运营、收费和监督管理等方面的制度。组织工作组对广西柳江镉污染应急供水、贵州铜仁锰污染应急供水进行指导，确保突发性环境污染事故中城市供水安全。

【加强污水处理设施建设和运行的监管】 指导各地贯彻实施《"十二五"全国城镇污水处理及再生利用设施建设规划》。会同财政部印发《关于抓紧落实"十二五"中央财政专项资金集中支持城镇污水处理设施配套管网建设任务的补充通知》，指导做好中央财政专项资金支持城镇污水处理配套管网建设工作，中央财政2012年累计下达171亿资金用于城镇污水配套管网建设。积极推进《城镇排水与污水处理条例》的立法工作。加强污泥处理处置有关工作。会同国家发改委组织召开第一批城镇污水处理厂污泥处理处置示范项目交流现场会，就国内外污泥处理处置的技术、经验开展广泛交流。

【加强城市照明管理】 印发《关于做好半导体路灯应用示范工程项目验收工作有关事宜的函》，跟踪14个LED路灯应用示范工程项目建设情况。组织完成12个LED路灯应用示范工程项目的跟踪检测工作。起草《半导体照明产品在城市道路应用的指导意见》（初稿），规范半导体路灯在城市道路照明领域的应用。配合国家发展改革委研究修改《半导体节能产业"十二五"专项规划》。开展绿色照明示范城市评价标准研究，起草《绿色照明城市评价标准》和《绿色照明城市申报与评审办法》征求意见稿。

【推广数字化城市管理模式】 数字城管标准体系建设工作进一步完善，制定数字城管行业标准9项，正在制定2项。支持数字城管学组建设和专家队伍建设，提升技术研发水平。组织开展数字化城市管理应用技术培训，培训人员600余人次。2012年8月，组织召开数字化城市管理工作座谈会，促进工作交流，推进数字化城市管理相关工作。研究起草《关于全面推广数字化城市管理模式的指导意见》(征求意见稿)。

【推动城市步行和自行车交通系统示范项目】 2012年12月,在重庆、济南、杭州、昆明、昆山、常熟、深圳、厦门、三亚、寿光、常德、株洲12个城市开展城市步行和自行车交通系统示范项目,组织编制专项规划,出台鼓励政策,促进城市交通节能减排和发展模式的转变。积极开展"中国城市无车日活动",鼓励绿色低碳出行方式,截至2012年9月,活动连续开展六届,承诺开展活动的城市达到152个,涉及超过2亿的城区人口,活动不仅得到城市人民政府的高度重视,同时也得到企事业单位、媒体、居民等社会各界的广泛关注和积极参与。

【促进城镇人居生态环境改善】 2012年以改善人居环境、服务广大百姓为出发点,加强园林绿化立法和制标工作,切实推进城市园林绿化事业的发展,不断改善城镇人居环境和生态环境质量。通过国家园林城市、县城、城镇和国家生态园林城市创建,加强对城镇园林绿化建设的监督、指导和服务。截至2012年底,已命名213个国家园林城市(区),94个国家园林县城和22个国家园林城镇。已命名30个中国人居环境奖城市、398个中国人居环境范例奖项目。进一步完善提升城市园林绿化企业资质核准管理系统,规范城市园林绿化一级企业资质的申报、审批和管理程序,完成194家城市园林绿化企业一级资质升级和资质延续核准工作。出台《关于促进城市园林绿化事业健康发展的指导意见》;组织修订《国家园林县城城镇标准和申报评审办法》、《生态园林城市申报与定级评审办法和分级考核标准》;与有关部门联合印发《关于加强植物园植物物种资源迁地保护工作的指导意见》。积极筹备和举办国际性会议和展览,扩大城市园林绿化的社会认知度、参与度和影响力。第八届中国(重庆)国际园林博览会成功闭幕。全面跟踪、协助北京市做好第九届园博会展园及中国园林博物馆建设、开幕式筹备、展会宣传等各项工作。评审确定武汉市为第十届园博会承办城市。加强城市规划区内生物多样性保护工作,2012年批准山东省寿光市滨河城市湿地公园等4家国家城市湿地公园,与有关部门联合印发《全国湿地保护工程"十二五"实施规划》。组织召开全国城市湿地资源保护管理现场会。

2. 世界遗产和风景名胜资源保护工作进一步加强

【加强风景名胜区规划建设管理工作】 开展国家级风景名胜区保护管理执法检查工作。2012年5~10月,在各地自查的基础上,组织8个检查组对48处风景名胜区保护管理等工作进行抽查。根据检查结果,对各风景名胜区进行综合评分及分档定级,并形成检查报告,下发检查结果通报,对抽查发现突出问题的风景名胜区提出限期整改意见。加快风景名胜区规划审查进度,加强风景名胜区重大建设项目选址核准工作。福寿山—汨罗江等7处风景名胜区总体规划经国务院批准实施,猛洞河等10处风景名胜区总体规划上报国务院待批,云台山等4处风景名胜区总体规划通过部际审查会议审查,五老峰等9处总体规划完成征求国务院相关部门意见。贵州荔波樟江、武陵源、三江并流梅里雪山等12处国家级风景名胜区详细规划经审查后批准实施。湖北武汉东湖通道、青海涩宁兰复线输气管道、四川雅安至皖南高压输电线路等26项风景名胜区重大建设项目选址方案完成核准工作。完成《2011年度全国国家级风景名胜区规划实施和资源保护状况报告汇编》,并抄送国家发展改革委、国土资源部等国务院相关部门。组织开展河北太行大峡谷、山西碛口等17处风景名胜区申报国家级风景名胜区的审查工作,并于2012年10月30日经国务院审定公布。做好风景名胜区设立30周年、世界遗产公约通过40周年相关活动宣传工作。编写完成并发布《中国风景名胜区事业发展公报(1982—2012)》,并于12月4日召开新闻发布会向社会发布。完成大型画册《风景名胜区》的编写编辑工作。

【做好世界遗产申报和国际交流】 成功完成云南澄江古生物化石地申报世界自然遗产工作,组织做好新疆天山申报世界自然遗产的文本起草、国内外专家实地考察以及对外协调等有关工作。组织召开世界遗产与可持续发展国际论坛和青海、新疆、西藏三省(区)世界遗产申报工作座谈会,组织协调并成功启动"中国南方喀斯特"二期申遗工作。启动并组织专家研究制订世界遗产申报和保护管理办法。参加世界自然保护联盟2012年世界保护大会,协助章新胜(原教育部副部长)成功竞选IUCN理事会主席。组织17名风景名胜区管理人员赴美交流培训,做好与美国国家公园管理局、世界自然保护联盟等国外机构或组织的对外联系与交流工作。参与国务院参事室组织开展的国家级风景名胜区和自然保护区保护管理情况调研工作。

(住房和城乡建设部城市建设司)

村 镇 建 设

【农村危房改造取得突破性进展】 2012年中央农村危房改造补助资金和试点任务大幅增加，达445.72亿元、560万户，均超过了前4年的总和。试点范围实现全国农村地区全覆盖，户均补助标准从6000元进一步提高到7500元，陆地边境一线贫困户和建筑节能示范户增加补助也从2000元提高到2500元。召开全国农村危房改造工作电视电话会议，总结成效与经验，部署下一步工作。推进农户档案信息公开。继续推动扩大农村危房改造试点建筑节能示范工作，加强农房质量安全和抗震设防指导。加强村镇建设管理员培训和农村建筑工匠培训、考核及监管。结合农村危房改造开展现代生土绿色民居示范与农村现代生土建筑工匠培训。组织实施农村危房改造任务落实情况年度检查与定量化绩效评价。委托中影集团在试点地区0.75万个村放映农村危房改造公益宣传片，编印《农村危房改造（2008～2012）》宣传册。会同农业部、国家发改委、国土资源部研究推动以船为家渔民上岸安居工程工作，并上报国务院《关于推进以船为家渔民上岸安居》的报告。

【传统村落保护发展工作取得显著成效】 建立住房城乡建设、文化、财政三部门共同推进传统村落保护发展的合作机制。组织开展全国第一次传统村落摸底调查，各地共上报登记了11496个有保护价值的村落，是我国截至2012年掌握数量最大的传统村落信息，并初步建立传统村落信息库。成立建筑、规划、文化、民俗历史等多领域的传统村落专家委员会，研究我国传统村落保护发展的思路。制定并印发传统村落评价认定指标体系，组织地方和专家委员会开展中国传统村落的推荐、评审和认定工作。组织专家组赴部分省份现场考核。公布第一批列入中国传统村落名录的646个村落名单。组织编辑《中国传统村落名录副册》。制定并印发《传统村落保护发展指导意见》。与财政部开展中央财政支持传统村落保护发展事宜的协商。协调中央电视台两次较系统地播放传统村落的宣传节目。

【大别山扶贫联系工作开局良好】 2012年，组织部机关各司局赴大别山36个县开展乡村调研，向国务院扶贫办和国家发改委提交《大别山集中连片特困地区区域发展与扶贫攻坚调研报告》，为制定片区扶贫和发展规划提供较高质量的资料。加强与国务院扶贫办、国家发展改革委、中央有关部委、鄂豫皖三省有关部门的联系与协调。本着尽力而为、真诚帮扶的态度，制定并印发住房城乡建设部《关于支持大别山片区住房和城乡建设事业发展的意见》。实施部分支持行动，如安排大别山片区农村危房改造任务18.2万户，是2011年的2.35倍；启动4个示范村的规划编制和金寨县城乡规划编制示范；确定对口帮扶的建筑业企业。完成与国务院扶贫办日常联系协调工作。

【创建指导村庄规划的初步手段】 协助有关专家向国务院领导上报了加强农村建设管理的建议，会同中央农村工作办公室上报国务院《关于落实国务院领导加强农村建设管理批示的报告》，提出推进村镇规划建设管理条例修订、加强村庄规划编制和实施、指导农房建设、保护农村田园风貌和文化遗产等措施。之后与财政部等有关部门开展较深入的研究和反复协商，确定2013年中央财政支持开展村庄规划编制示范，以建立村庄规划的指导方法，改进村庄规划编制和实施为目标，研究编制几个主要类型的村庄规划样本，制定村庄规划编制指南。

起草村庄规划试点工作相关政策文件。组织专家研究制定村庄规划技术导则，启动村镇规划建设管理信息系统研发工作。针对镇规划存在的问题，起草加强和改进镇规划编制和实施工作的指导意见（征求意见稿）。组织2012年度优秀村镇规划评选。

【加强对小城镇的支持和指导】 协调财政部、国家发改委扩大绿色低碳重点小城镇试点范围。完成重点流域重点镇污水管网建设项目核实，将898个重点镇的18105公里管网建设任务列入"十二五"期间中央支持范围。配合国家发改委，将全国重点镇供水设施建设和改造任务纳入《全国城镇供水设施改造与建设"十二五"规划及2020年远景目标》。组织召开全国特色景观旅游名镇名村工作会议，颁发"一镇（村）一匾"的国家特色景观旅游名镇名村牌匾。开发国家特色景观旅游名镇名村网站，加强对名镇名村的宣传、服务和管理。

（住房和城乡建设部村镇建设司）

工程建设标准定额

【2012年工程建设标准、造价的基本情况】 2012年，标准定额司紧紧围绕住房城乡建设中心工作和标准定额司工作要点，落实科学发展观要求，继续完善标准定额体系，健全体制机制，调动各方力量，加强标准定额编制和实施监督的全过程管理，完善政府投资经济决策制度，加强建设标准、方法参数的制定，扎实开展《无障碍环境建设条例》的制定和宣贯等工作，促进标准定额事业健康发展。截至12月底，2012年已批准发布工程建设国家标准90项，工程建设城建、建工行业标准67项，产品行业标准95项；批准发布住房公积金管理业务用房建设标准等4项建设标准、方法参数；完成298项行业标准和161项地方标准备案；组织完成184家乙级工程造价咨询企业晋升甲级资质，5210名造价工程师初始注册等工作。

【继续完善标准体系】 2012年共批准发布3个部分的工程建设标准体系，包括煤炭工程、冶金工程和建材工程，启动了各部门、行业工程建设标准体系整合和建立国家工程建设标准体系工作。重点完成有关无障碍、质量安全、市政基础设施安全、新能源利用、节能减排等标准的制定发布，如：《无障碍设计规范》、《建筑结构荷载规范》、《建筑地基处理技术规范》、《城市防洪工程设计规范》、《燃气系统运行安全评价标准》、《光伏发电站设计规范》、《有色金属冶炼厂收尘设计规范》、《工程施工废弃物再生利用技术规范》和《水泥窑协同处置污泥工程设计规范》。

【进一步提高标准立项的科学性】 按照"十二五"规划目标任务的要求和住房城乡建设部工作重点，落实以人为本、生态环保、安全实用、合理建设的理念，加强了标准立项研究。一是重点下达了涉及百姓权益、有关质量安全、新能源利用、节能减排的标准，如《住房公积金归集业务规范》、《老生活垃圾填埋场生态修复技术规范》、《城镇供水管网抢修技术规程》、《公共厕所设计标准》、《建筑地基基础工程施工质量验收规范》、《风光储输联合发电站设计规范》、《城市节水评价标准》等项目的制、修订计划。二是落实国务院及住房城乡建设部领导有关指示精神，加强主动立标，商有关单位开展《建筑能耗标准》、《居住区电动汽车充电设施技术规范》、《保温防火复合板应用技术规程》、《建筑轻质条板隔墙技术规程》、《建筑门窗及幕墙钢化玻璃》等标准制、修订。三是为推动建筑工程设计的数字化，积极采用国外BIM先进技术，下达建筑工程协同设计数字化交付规范、储存规范和分类规范。四是为落实"稳增长"有关要求，实施宽带中国战略、推进光纤入户，会同工信部组织制定住宅区和住宅建筑内光纤到户通信设施工程设计、施工和验收等规范。

【标准清理工作】 按照标准清理工作方案，加强对清理项目进度的督促。截至2012年底，对超时限的808项工程建设标准计划编制项目，基本实现原定工作目标。已完成报批661项，已完成专家审查108项；因技术已落后或现有标准已涵盖原标准技术内容而取消23项；因更换编制单位或变更技术内容，以及住房城乡建设部与公安部就外墙保温防火材料选用存在分歧等原因，需再次延长时间的16项（占总项目2%）。此外，超时限的91项产品标准，全部完成报批或专家审查工作。

【发挥标准化技术支撑机构作用】 为保障标准的编制质量和水平，2011年，对原有标准编制组织机构进行调整，新建立住房和城乡建设部强制性条文协调委员会、工程勘察与测量标准化技术委员会等21个标准化技术委员会，为推动标准编制管理创新发挥了积极作用。2012年，标准定额司充分发挥标准化技术委员会的作用，加强对标准编制工作的管理，通过标准化技术委员会及时收集、反馈各方面的意见建议，认真研究，合理采纳，推动形成良好的工作机制。此外，充分发挥标准定额研究所、标准化协会和有关学会、协会、科研单位、企业的积极性，推进形成良好的标准化工作氛围。

【积极推动标准的国际化战略】 加大对我国工程建设标准开展外文翻译的力度，近年来下达100项中国标准英文版翻译工作计划，其中电力行业的工程标准63项，石化行业的工程标准37项，推动中国工程建设标准"走出去"。近年，为解决标准翻译和制定工作经费不足的困难，标准定额司多次向财政部门反映、汇报，取得了财政部门的理解和支持，获得了财政经费追加。

【开展标准编制理论研究工作】 针对哈尔滨桥梁事故，组织结构、桥梁专家研究陈肇元院士关于工程质量问题的意见。组织开展有关"干法施工"的标准体系研究。落实住房城乡建设部领导关于北京7.21暴雨灾害的有关指示精神，启动了市政排水标准体系研究。组织完成建筑节能标准中外对比、建筑结构标准中外对比研究课题。为促进西部地区城乡规划标准化工作，联合城乡规划司组织重庆规划局等单位开展山地城乡规划标准体系研究课题。

【工程造价管理制度建设】 配合推进《建筑市场管理条例》的制定。配合部法规司与国务院法制办多次协调沟通，已将涉及建设工程合同与造价相关的内容列入征求意见稿中。修订《建筑工程施工发包与承包计价管理办法》。配合法规司与相关司进行协调沟通，并基本达成一致意见，正按照审批程序和要求准备住房城乡建设部部务会审定的相关材料。开展《建设工程造价管理条例》的立法前期调研工作。多次组织召开调研及论证会，完成了制订条例的必要性、可行性分析及立法调研报告初稿。

【工程计价依据改革】 组织修订《建设工程工程量清单计价规范》及各专业工程量计算规范等10本国家标准，构建工程量清单计价标准体系。开展《全国统一建筑工程基础定额》、《全国统一安装工程预算定额》、《全国统一市政工程预算定额》、《全国统一施工机械台班费用编制规则》、《全国统一安装工程施工仪器仪表台班费用定额》五项全国统一定额修编工作。组织制订并印发了《全国统一定额修编工作方案》及《全国统一定额修编统一性技术规定》并召开了全国统一定额修编工作启动会议，修编工作全面启动。制订《建设工程定额管理办法》。理顺全国统一、行业及地方各类定额层次、应用范围，规范表现形式及编修程序。修订《建筑安装工程费用项目组成》，完成征求意见稿并与财政部进行沟通。

【工程造价信息化管理】 组织制订《工程造价信息化管理办法》。组织各地工程造价管理机构对造价信息化工作现状、问题及发展进行调研座谈，完成《建设工程造价信息化管理办法》送审稿。开展"典型工程造价数据库平台"的建立工作。按照建立"典型工程造价数据库平台"的总体构想，在现有住宅、城市轨道交通数据系统的基础上延伸扩展并完善。完成"国家建设工程造价数据库建设方案"和"国家建设工程造价数据库技术方案"的起草工作，并召开了专家论证会。在工程造价信息网上发布建筑工程人工成本信息4期，住宅造价指标2期。组织编制国家标准《建设工程人工材料设备机械数据标准》，建立工程造价数据储存互通共享的依据，提高造价数据交流的效率。

【工程造价咨询市场监管】 启动修订《工程造价咨询企业管理办法》（建设部令第149号）。开展"工程造价咨询行业发展战略"课题研究，了解行业发展状况，收集管理办法中存在的问题，为修订工作做准备。组织制订《建设工程造价咨询规范》，规范造价咨询企业执业内容，提高执业水平。组织制订《工程造价咨询服务收费标准》，规范服务收费行为，抑制恶意低价竞争。组织建立工程造价咨询业统一的管理平台和诚信体系。按计划对已有的工程造价咨询企业、造价师、造价员、统计等各类管理系统进行整合，开展动态信息系统和诚信体系设计，为实现动态监管和诚信系统建设提供依据。发布国家标准《工程造价术语标准》，统一行业术语，方便学术交流。开展2011年造价咨询统计工作，完成《2011年工程造价咨询统计公报》和《2011年工程造价咨询统计资料汇编》。并按国家统计局要求，修订完成新的《工程造价咨询统计报表制度》。

【加强标准实施指导监督公共服务能力建设】 为加强标准公共服务能力建设，实现工程建设标准强制性条文向社会全面公开，满足专业人士、管理人员及社会有关方面等不同对象方便、快捷、准确地查询工程建设标准强制性条文的需求，在组织标准定额研究所、中国建筑科学研究院开展房屋建筑、城乡规划、城镇建设强制性条文清理和标注工作的基础上，完成"工程建设标准强制性条文检索系统"（房屋建筑、城乡规划、城市建设三部分）开发建设工作。

【加快高强钢筋推广应用工作】 为落实国务院"十二五"节能减排的有关工作部署，促进钢铁工业和建筑业产业结构调整和技术进步，会同工信部原材料司全力推进高强钢筋推广应用工作，2012年年初，两部联合印发《关于加快应用高强钢筋的指导意见》，召开全国推广应用高强钢筋工作会议，成立高强钢筋推广应用协调组，建立协同推进工作机制，成立了技术指导组，加强高强钢筋应用技术研发，通过启动省市示范，加强高强钢筋生产应用技术培训，组织高强钢筋应用情况全国检查，有力地推动各地加快应用高强钢筋工作。

【增强对新实施重点标准规范宣贯培训力度】 会

同人事司组织中国建筑科学研究院开展"部分结构工程施工规范宣贯培训班",并联合发文公布26项标准作为宣贯培训重点,支持主编单位或编制组开展培训,并部署地方制定本地区标准培训计划,做好本地区标准宣贯培训工作,确保广大工程技术和管理人员及时掌握新发布的标准规范。

【建设标准、方法参数体系框架初具雏形】 截至2012年底,现行工程项目建设标准(简称建设标准)156项,用地指标32项,方法参数13项,建设标准、方法参数体系框架初具雏形。2012年,积极推进45项建设标准编制,重点开展了四个方面工作:一是支持住房城乡建设部重点工作和中心工作,批准发布《住房公积金管理业务用房建设标准》。二是认真落实中办文件要求,推进残疾人服务机构标准编制,完成《残疾人康复机构建设标准》和《残疾人托养机构建设标准》审查。三是加快儿童医院,社区卫生服务中心、服务站等公共卫生机构建设标准的编制及报批进度。四是积极促进教育事业发展,加强幼儿园、中等职业教育学校等建设标准的编制管理。表1为2012年工程项目建设标准、方法参数发布目录。

2012年工程项目建设标准、方法参数发布目录　　表1

序号	建设标准名称	批准文号	批准日期	施行日期
1	乡镇综合文化站建设标准	建标〔2012〕44号	2012.03.23	2012.05.01
2	高速磁浮交通建设标准(试行)	建标〔2012〕81号	2012.05.21	2012.09.01
3	住房公积金管理业务用房建设标准	建标〔2012〕137号	2012.05.02	2012.11.01
4	公共卫生建设项目经济评价方法与参数	建标〔2012〕80号	2012.05.15	2012.08.01

【加强无障碍环境建设】 认真贯彻落实《无障碍环境建设条例》和《无障碍建设"十二五"实施方案》有关工作,印发《关于贯彻落实〈无障碍环境建设条例〉进一步加强无障碍环境建设工作的通知》。加强设计规范和技术指南的编制,组织完成《无障碍设计规范》编制,于2012年9月1日起正式实施;基本完成《家庭无障碍建设指南》编写。在总结100个无障碍创建城市经验基础上,开展新一轮无障碍建设城市创建准备工作。充分利用媒体,加强无障碍理念的普及和宣传,营造全社会关爱无障碍环境的良好氛围,以《无障碍环境建设条例》颁布为契机,在中国建设报和中央人民广播电台等媒体开展专题访谈,强化宣传力度。

【大力开展工程建设行业认证认可工作】 根据标准定额司人员调整情况,逐步完成中国合格评定国家认可委员会全委会和各分支委员会委员人选更换,并积极参加相关委员会工作。受国家质检总局、国家认监委邀请,在第五个"世界认可日"发表《认证认可是促进建设事业快速健康发展的重要保障》主题演讲。就有关检测中心申请更名一事了解情况,并配合人事司做好有关工作。

【支持老龄事业发展】 积极应对人口老龄化,认真落实《中国老龄事业发展"十二五"规划》。对"十二五"老龄事业发展规划评估指标体系的有关指标设置提出意见,并起草标准定额司落实《中国老龄事业发展"十二五"规划》方案。

认真落实住房城乡建设部领导在《国务院办公厅关于印发社会养老服务体系建设规划(2011—2015年)的通知》(国办发〔2011〕60号)上的批示精神,起草标准定额司落实社会养老服务体系建设规划的工作方案。

积极配合全国老龄办做好"老年友好型城市、老年宜居社区、老年温馨家庭"建设指南的编制工作,并积极参与"创建老年友好城市"工作调研,支持开展物业为老服务研究工作。

积极支持老年文化建设工作,对全国老龄办组织的"海峡两岸养老职业学院项目"的可行性报告提出建设性意见。

【标准定额廉政风险防控扎实开展】 为进一步加强反腐倡廉建设,推进廉政风险防控管理,促进标准定额事业健康发展,根据《关于印发中共住房和城乡建设部党组关于加强廉政风险防控工作的实施方案的通知》(建党〔2011〕76号)要求,标准定额司扎实开展了廉政风险防控工作。

通过全面调查,做好做实了清权确权工作,填写了标准定额司《主要职责一览表》,按照全司岗位层级关系和岗位职责绘制《岗位框架图》、《廉政风险防控权力清单》和《廉政风险防控权力运行流程图》。

在清权确权的基础上,扎实开展了廉政风险评估。从领导岗位和各业务工作岗位入手,认真查找各权力运行方面可能存在的廉政风险,并根据廉政风险的11个具体表现,评定廉政风险的具体等级。

认真落实住房和城乡建设部廉政风险防控工作小组办公室要求,积极借鉴兄弟司局的工作经验,多次讨论修改全司防控工作材料，为建立科学防控体制机制奠定了良好的工作基础。

【圆满完成江苏省保障性安居工程专项巡查】标准定额司高度重视保障性安居工程专项巡查工作，针对江苏省实际情况，按照部里统一部署，早做计划、科学安排，克服本司业务工作繁重、人员少的客观困难，加强组织领导，制定了保障性安居工程巡查工作流程及注意事项。会同江苏省住房城乡建设厅有关同志共同组成部、省保障性安居工程联合巡查组开展巡查工作，严格执行巡查计划，确保巡查覆盖率和覆盖面。圆满完成对江苏省13个市（包括南京）、60个县（区、县级市）的巡查任务。行程累计15000多公里，巡查计划开工项目573个，巡查率为71%；巡查计划竣工项目427个，巡查率为77%。同时，在江苏省住房城乡建设厅的配合支持下，全面掌握和了解江苏省住房保障工作体系、政策体系、制度体系、行政体系和全省各地工作动态。

【2012年批准发布的国家标准】 2012年批准发布的国家标准见表2。

2012年批准发布的国家标准　　　　　　　　　　表2

序号	名称	类型	编号	批准日期	实施日期	公告号
1	钢结构工程施工规范	制定	GB 50755—2012	2012.1.21	2012.8.1	1263
2	挤压钢管工程设计规范	制定	GB 50754—2012	2012.1.21	2012.8.1	1264
3	炼钢机械设备安装规范	制定	GB 50742—2012	2012.1.21	2012.8.1	1265
4	石油化工循环水场设计规范	制定	GB/T 50746—2012	2012.1.21	2012.8.1	1266
5	有色金属冶炼厂收尘设计规范	制定	GB 50753—2012	2012.1.21	2012.8.1	1267
6	混凝土结构试验方法标准	修订	GB/T 50152—2012	2012.1.21	2012.8.1	1268
7	城市轨道交通岩土工程勘察规范	修订	GB 50307—2012	2012.1.21	2012.8.1	1269
8	民用建筑供暖通风与空气调节设计规范	修订	GB 503736—2012	2012.1.21	2012.10.1	1270
9	粘胶纤维设备工程安装与质量验收规范	制定	GB 50750—2012	2012.1.21	2012.8.1	1271
10	核电厂常规岛设计防火规范	制定	GB 50745—2012	2012.1.21	2012.10.1	1272
11	胶合木结构技术规范	制定	GB/T 50708—2012	2012.1.21	2012.8.1	1273
12	电子辐射工程技术规范	制定	GB 50752—2012	2012.1.21	2012.8.1	1274
13	冶金工业建设岩土工程勘察规范	制定	GB 50749—2012	2012.1.21	2012.8.1	1275
14	冶金工业建设钻探技术规范	制定	GB 50734—2012	2012.1.21	2012.8.1	1276
15	石油化工污水处理设计规范	制定	GB 50747—2012	2012.1.21	2012.8.1	1277
16	数字集群通信工程技术规范	制定	GB/T 50760—2012	2012.3.30	2012.8.1	1353
17	无障碍设计规范	修订	GB 50763—2012	2012.3.30	2012.9.1	1354
18	木结构工程施工质量验收规范	修订	GB 50206—2012	2012.3.30	2012.8.1	1355
19	工业企业总平面设计规范	修订	GB 50187—2012	2012.3.30	2012.8.1	1356
20	医用气体工程技术规范	制定	GB 50751—2012	2012.3.30	2012.8.1	1357
21	城镇燃气工程基本术语标准	制定	GB/T 50680—2012	2012.3.30	2012.10.1	1358
22	土方与爆破工程施工及验收规范	修订	GB 50201—2012	2012.3.30	2012.10.1	1359
23	水泥窑协同处置污泥工程设计规范	制定	GB 50757—2012	2012.3.30	2012.8.1	1360
24	钢制储罐地基处理技术规范	制定	GB/T 50756—2012	2012.3.30	2012.8.1	1361
25	白蚁防治工程基本术语标准	制定	GB/T 50768—2012	2012.5.28	2012.10.1	1390
26	节水灌溉工程验收规范	制定	GB/T 50769—2012	2012.5.28	2012.10.1	1391
27	构筑物抗震设计规范	修订	GB 50191—2012	2012.5.28	2012.10.1	1392
28	蓄滞洪区设计规范	制定	GB 50773—2012	2012.5.28	2012.10.1	1393
29	屋面工程质量验收规范	修订	GB 50207—2012	2012.5.28	2012.10.1	1394
30	屋面工程技术规范	修订	GB 50345—2012	2012.5.28	2012.10.1	1395

工程建设标准定额

续表

序号	名称	类型	编号	批准日期	实施日期	公告号
31	电厂动力管道设计规范	制定	GB 50764—2012	2012.5.28	2012.10.1	1396
32	水电水利工程压力钢管制作安装及验收规范	制定	GB 50766—2012	2012.5.28	2012.12.1	1397
33	秸秆发电厂设计规范	制定	GB 50762—2012	2012.5.28	2012.10.1	1398
34	木结构工程施工规范	制定	GB/T 50772—2012	2012.5.28	2012.12.1	1399
35	±800kV及以下直流换流站土建工程施工质量验收规范	制定	GB 50729—2012	2012.5.28	2012.10.1	1400
36	±800kV及以下换流站换流变压器施工及验收规范	制定	GB 50776—2012	2012.5.28	2012.12.1	1401
37	±800kV及以下换流站干式平波电抗器施工及验收规范	制定	GB 50774—2012	2012.5.28	2012.12.1	1402
38	±800kV及以下换流站构支架施工及验收规范	制定	GB 50777—2012	2012.5.28	2012.12.1	1403
39	±800kV及以下换流站换流阀施工及验收规范	制定	GB 50775—2012	2012.5.28	2012.12.1	1404
40	建筑结构荷载规范	修订	GB 50009—2012	2012.5.28	2012.10.1	1405
41	炭素厂工艺设计规范	制定	GB 50765—2012	2012.5.28	2012.10.1	1406
42	露天煤矿岩土工程勘察规范	制定	GB 50778—2012	2012.5.28	2012.12.1	1407
43	石油化工控制室抗爆设计规范	制定	GB 50779—2012	2012.5.28	2012.12.1	1408
44	有色金属采矿设计规范	制定	GB 50771—2012	2012.5.28	2012.12.1	1409
45	民用建筑室内热湿环境评价标准	制定	GB/T 50785—2012	2012.5.28	2012.10.1	1410
46	建筑电气制图标准	制定	GB/T 50786—2012	2012.5.28	2012.10.1	1411
47	民用建筑太阳能空调工程技术规范	制定	GB 50787—2012	2012.5.28	2012.10.1	1412
48	城镇给水排水技术规范	制定	GB 50788—2012	2012.5.28	2012.10.1	1413
49	石油化工钢质设备抗震设计规范	制定	GB 50761—2012	2012.5.28	2012.12.1	1414
50	服装工厂设计规范	制定	GB 50705—2012	2012.5.28	2012.10.1	1415
51	有色金属加工厂节能设计规范	制定	GB 50758—2012	2012.5.28	2012.10.1	1416
52	油品装载系统油气回收设施设计规范	制定	GB 50759—2012	2012.5.28	2012.10.1	1417
53	电气装置安装工程盘、柜及二次回路接线施工及验收规范	修订	GB 50172—2012	2012.5.28	2012.12.1	1418
54	电气装置安装工程蓄电池施工及验收规范	修订	GB 50171—2012	2012.5.28	2012.12.1	1419
55	工程施工废弃物再生利用技术规范	制定	GB/T 50743—2012	2012.5.28	2012.12.1	1424
56	建筑物电子信息系统防雷技术规范	修订	GB 50343—2012	2012.6.11	2012.12.1	1425
57	1000kV架空输电线路勘测规范	制定	GB 50741—2012	2012.6.11	2012..12.1	1426
58	光伏发电站设计规范	制定	GB 50797—2012	2012.6.28	2012.11.1	1428
59	光伏发电站施工规范	制定	GB 50754—2012	2012.6.28	2012.11.1	1429
60	光伏发电工程施工组织设计规范	制定	GB/T 50795—2012	2012.6.28	2012.11.1	1430
61	光伏发电工程验收规范	制定	GB/T 50796—2012	2012.6.28	2012.11.1	1431
62	城市防洪工程设计规范	修订	GB/T 50805—2012	2012.6.28	2012.12.1	1432
63	会议电视会场系统工程施工及验收规范	制定	GB 50793—2012	2012.6.28	2012.12.1	1433
64	电子工厂化学品系统工程技术规范	制定	GB 50781—2012	2012.6.28	2012.12.1	1434
65	汽车加油加气站设计与施工规范	修订	GB 50156—2012	2012.6.28	2013.3..1	1435
66	电子会议系统工程设计规范	制定	GB 50799—2012	2012.8.13	2013.3.1	1457
67	煤炭工业给水排水设计规范	制定	GB 50810—2012	2012.8.13	2013.3.1	1458
68	消声室和半消声室技术规范	制定	GB 50800—2012	2012.8.13	2013.3.1	1459
69	有色金属选矿厂工艺设计规范	制定	GB 50782—2012	2012.8.13	2013.3.1	1460
70	燃气系统运行安全评价标准	制定	GB/T 50811—2012	2012.10.11	2012.12.1	1384

续表

序号	名称	类型	编号	批准日期	实施日期	公告号
71	刨花板工程设计规范	制定	GB 50827—2012	2012.10.11	2012.12.1	1485
72	复合地基技术规范	制定	GB/T 50783—2012	2012.10.11	2012.12.1	1486
73	Ⅲ、Ⅳ级铁路设计规范	修订	GB 50012—2012	2012.10.11	2012.12.1	1487
74	煤炭工业环境保护设计规范	制定	GB 50821—2012	2012.10.11	2012.12.1	1488
75	中密度纤维板工程设计规范	制定	GB 50822—2012	2012.10.11	2012.12.1	1489
76	弹药装药废水处理设计规范	制定	GB 50816—2012	2012.10.11	2012.12.1	1490
77	石油化工大型设备吊装工程规范	制定	GB 50798—2012	2012.10.11	2012.12.1	1491
78	城市轨道交通工程基本术语标准	制定	GB/T 50833—2012	2012.10.11	2012.12.1	1492
79	电磁波暗室工程技术规范	制定	GB 50826—2012	2012.10.11	2012.12.1	1493
80	石油化工粉体料仓防静电燃爆设计规范	制定	GB 50813—2012	2012.10.11	2012.12.1	1494
81	城市规划基础资料收集规范	制定	GB/T 50831—2012	2012.10.11	2012.12.1	1495
82	防腐木材工程应用技术规范	制定	GB 50813—2012	2012.10.11	2012.12.1	1496
83	硅集成电路芯片工厂设计规范	制定	GB 50809—2012	2012.10.11	2012.12.1	1497
84	城市综合管廊工程技术规范	制定	GB 50838—2012	2012.10.11	2012.12.1	1498
85	木结构试验方法	修订	GB/T 50329—2012	2012.10.11	2012.12.1	1499
86	矿浆管线施工及验收规范	制定	GB 50840—2012	2012.10.11	2012.12.1	1500
87	±800kV直流换流站设计规范	制定	GB/T 50789—2012	2012.10.11	2012.12.1	1501
88	石油天然气站内工艺管道工程施工规范	局修	GB 50540—2009（2012年）	2012.12.24	2012.12.24	1562
89	住宅区和住宅建筑内光纤到户通信设施工程施工及验收规范	制定	GB 50847—2012	2012.12.25	2013.4.1	1565
90	住宅区和住宅建筑内光纤到户通信设施工程设计规范	制定	GB 50846—2012	2012.12.25	2013.4.1	1566

【2012年批准发布的行业标准】 2012年批准发布的行业标准见表3。

2012年批准发布的行业标准 表3

序号	名称	类型	编号	批准日期	实施日期	公告号
1	被动式太阳能建筑技术规范	制定	JGJ/T 267—2012	2012.1.6	2012.5.1	1238
2	生活垃圾卫生填埋气体收集处理及利用工程运行维护技术规程	制定	CJJ 175—2012	2012.1.6	2012.5.1	1239
3	红外热像法检测建筑外墙饰面粘结质量技术规程	制定	JGJ/T 277—2012	2012.1.6	2012.5.1	1240
4	建筑施工起重吊装工程安全技术规范	制定	JGJ276—2012	2012.1.11	2012.6.1	1242
5	生活垃圾卫生填埋场岩土工程技术规范	制定	CJJ 176—2012	2012.1.11	2012.6.1	1243
6	风景名胜区游览解说系统标准	制定	CJJ/T 173—2012	2012.1.11	2012.6.1	1244
7	住宅厨房模数协调标准	制定	JGJ/T 262—2012	2012.1.11	2012.5.1	1245
8	住宅卫生间模数协调标准	制定	JGJ/T 263—2012	2012.1.11	2012.5.1	1246
9	气泡混合轻质土填筑工程技术规程	制定	CJJ/T 177—2012	2012.1.11	2012.5.1	1247
10	城市道路工程设计规范	修订	CJJ 37—2012	2012.1.11	2012.5.1	1248
11	中小学校体育设施技术规程	制定	JGJ/T 280—2012	2012.2.8	2012.8.1	1279
12	城市轨道交通直线电机牵引系统设计规范	制定	CJJ 167—2012	2012.2.8	2012.8.1	1280
13	风景园林标志标准	制定	CJJ/T 171—2012	2012.2.8	2012.8.1	1281
14	混凝土结构工程无机材料后锚固技术规程	制定	JGJ/T 271—2012	2012.2.8	2012.8.1	1282

续表

序号	名称	类型	编号	批准日期	实施日期	公告号
15	房地产登记技术规程	制定	JGJ 278—2012	2012.2.29	2012.6.1	1307
16	房屋代码编码标准	制定	JGJ/T 246—2012	2012.2.29	2012.6.1	1308
17	底部框架-抗震墙砌体房屋抗震技术规程	制定	JGJ 248—2012	2012.3.6	2012.8.1	1321
18	混凝土结构耐久性修复与防护技术规程	制定	JGJ/T 259—2012	2012.3.6	2012.8.1	1322
19	索结构技术规程	制定	JGJ 257—2012	2012.3.6	2012.8.1	1323
20	钢筋焊接及验收规程	修订	JGJ 18—2012	2012.3.6	2012.8.1	1324
21	钢筋混凝土薄壳结构技术规程	修订	JGJ 22—2012	2012.3.6	2012.8.1	1325
22	现浇混凝土空心楼盖技术规程	制定	JGJ/T 268—2012	2012.3.6	2012.8.1	1326
23	轻型木桁架技术规范	制定	JGJ/T 265—2012	2012.3.6	2012.8.1	1327
24	自密实混凝土应用技术规程	制定	JGJ/T 283—2012	2012.3.15	2012.8.1	1330
25	建筑陶瓷薄板应用技术规程	修订	JGJ/T 172—2012	2012.3.6	2012.8.1	1331
26	装饰多孔砖夹心复合墙技术规程	制定	JGJ/T 274—2012	2012.4.5	2012.10.1	1347
27	采光顶与金属屋面技术规程	制定	JGJ 255—2012	2012.4.5	2012.10.1	1378
28	钢丝网架混凝土复合板结构技术规程	制定	JGJ/T 273—2012	2012.4.5	2012.10.1	1349
29	建筑基坑支护技术规程	修订	JGJ 120—2012	2012.4.5	2012.10.1	1350
30	建筑机械使用安全技术规程	修订	JGJ 33—2012	2012.5.3	2012.11.1	1364
31	公共汽电车行车监控及集中调度系统技术规程	制定	CJJ/T 178—2012	2012.5.3	2012.11.1	1365
32	高强混凝土应用技术规程	制定	JGJ/T 281—2012	2012.5.3	2012.11.1	1366
33	高压喷射扩大头锚杆技术规程	制定	JGJ/T 282—2012	2012.5.16	2012.11.1	1378
34	城市道路照明工程施工及验收规范	修订	CJJ 89—2012	2012.5.16	2012.11.1	1379
35	生活垃圾收集站技术规程	制定	CJJ 179—2012	2012.5.16	2012.11.1	1380
36	城镇排水管道检测与评估技术规程	制定	CJJ 181—2012	2012.7.19	2012.12.1	1439
37	金融建筑电气设计规范	制定	JGJ 284—2012	2012.7.19	2012.12.1	1440
38	透水沥青路面技术规程	制定	CJJ/T 190—2012	2012.8.23	2012.12.1	1447
39	建筑地基处理技术规范	修订	JGJ 79—2012	2012.8.23	2013.6.1	1448
40	城市轨道交通站台屏蔽门系统技术规范	制定	CJJ 183—2012	2012.8.23	2012.12.1	1449
41	辐射供暖供冷技术规程	修订	JGJ 142—2012	2012.8.23	2013.6.1	1450
42	建筑物倾斜纠偏技术规程	制定	JGJ 270—2012	2012.8.23	2012.12.1	1451
43	既有建筑地基基础加固技术规范	修订	JGJ 123—2012	2012.8.23	2013.6.1	1452
44	组合锤法地基处理技术规程	制定	JGJ/T 290—2012	2012.9.26	2013.1.1	1477
45	城市轨道交通工程档案整理标准	制定	CJJ/T 180—2012	2012.9.26	2013.1.1	1478
46	建筑工程施工现场视频监控技术规范	制定	JGJ/T 292—2012	2012.10.29	2013.3.1	1503
47	既有居住建筑节能改造技术规程	修订	JGJ/T 290—2012	2012.10.29	2013.3.1	1504
48	盾构可切削混凝土配筋技术规程	制定	CJJ/T 192—2012	2012.10.29	2013.3.1	1505
49	城市道路线路设计规范	制定	CJJ/T 193—2012	2012.10.29	2013.3.1	1506
50	建筑能效标识技术标准	制定	JGJ/T 288—2012	2012.11.1	2013.3.1	1512
51	交通客运站建筑设计规范	修订	JGJ/T 60—2012	2012.11.1	2013.3.1	1513
52	城乡规划工程地质勘察规范	修订	CJJ 57—2012	2012.11.1	2013.3.1	1514
53	体育场馆声学设计及测量规程	修订	JGJ/T 131—2012	2012.11.1	2013.3.1	1515
54	建设电子档案元数据标准	制定	CJJ/T 187—2012	2012.11.1	2013.3.1	1516

续表

序号	名称	类型	编号	批准日期	实施日期	公告号
55	建筑外墙外保温防火隔离带技术规程	制定	JGJ 289—2012	2012.11.1	2013.3.1	1517
56	浮置板轨道技术规范	制定	CJJ/T 191—2012	2012.11.1	2013.3.1	1518
57	住房保障信息系统技术规范	制定	CJJ/T 196—2012	2012.11.2	2013.3.1	1529
58	透水砖路面技术规程	制定	CJJ/T 188—2012	2012.11.2	2013.3.1	1530
59	城市地理编码技术规范	制定	CJJ/T 186—2012	2012.11.2	2013.3.1	1531
60	城镇供热系统节能技术规范	制定	CJJ/T 185—2012	2012.11.2	2013.3.1	1532
61	夏热冬暖地区居住建筑节能设计标准	修订	JGJ 75—2012	2012.11.2	2013.4.1	1533
62	住房保障基础信息数据标准	制定	CJJ/T 197—2012	2012.11.2	2013.3.1	1534
63	环境卫生设施设置标准	修订	CJJ 27—2012	2012.12.24	2013.5.1	1558
64	园林绿化工程施工及验收规范	修订	CJJ 82—2012	2012.12.24	2013.5.1	1559
65	餐厨垃圾处理技术规范	制定	CJJ 184—2012	2012.12.24	2013.5.1	1560
66	现浇塑性混凝土防渗芯墙施工技术规程	制定	JGJ/T 291—2012	2012.12.24	2013.5.1	1561
67	市政工程勘察规范	修订	CJJ 56—2012	2012.12.24	2013.5.1	1563

【2012年批准发布的产品标准】 2012年批准发布的产品标准见表4。

2012年批准发布的产品标准　　　　　　　表4

序号	名称	类型	编号	批准日期	实施日期	公告号
1	天然石材用水泥基胶粘剂	制定	JG/T 355—2012	2012.1.6	2012.5.1	1233
2	建筑遮阳热舒适、视觉舒适性能检测方法	制定	JG/T 356—2012	2012.1.6	2012.5.1	1234
3	聚丙烯静音排水管材及管件	修订	CJ/T 273—2012	2012.1.6	2012.8.1	1235
4	木丝水泥板	制定	JG/T 357—2012	2012.1.6	2012.8.1	1236
5	建筑门窗及幕墙用玻璃术语	制定	JG/T 354—2012	2012.1.6	2012.8.1	1237
6	上滑道车库门	修订	JG/T 153—2012	2012.2.6	2012.5.1	1254
7	现浇混凝土空心结构成孔芯模	制定	JG/T 352—2012	2012.2.6	2012.5.1	1255
8	纤维增强复合材料筋	制定	JG/T 351—2012	2012.2.6	2012.8.1	1256
9	金属装饰保温板	制定	JG/T 360—2012	2012.2.6	2012.8.1	1257
10	中央空调在线物理清洗设备	制定	JG/T 361—2012	2012.2.6	2012.8.1	1258
11	建筑能耗数据分类及表示方法	制定	JG/T 358—2012	2012.2.6	2012.8.1	1259
12	建筑用泡沫铝板	制定	JG/T 359—2012	2012.2.6	2012.8.1	1260
13	电子远传水表	修订	CJ/T 224—2012	2012.2.6	2012.8.1	1261
14	板式垃圾输送机	制定	CJ/T 390—2012	2012.2.8	2012.5.1	1283
15	给水排水用滗水器通用技术条件	制定	CJ/T 388—2012	2012.2.8	2012.5.1	1284
16	不锈钢衬塑复合管材与管件	修订	CJ/T 184—2012	2012.2.8	2012.5.1	1285
17	城市轨道交通设备房标识	制定	CJ/T 387—2012	2012.2.8	2012.5.1	1286
18	快速公交(BRT)公共汽车制动系统	制定	CJ/T 389—2012	2012.2.8	2012.5.1	1287
19	生活垃圾收集站压缩机	制定	CJ/T 391—2012	2012.2.8	2012.5.1	1288
20	集成灶	制定	CJ/T 386—2012	2012.2.8	2012.5.1	1289
21	钢筋桁架楼承板	制定	JG/T 368—2012	2012.2.9	2012.8.1	1290
22	缓粘结预应力钢绞线专用粘合剂	制定	JG/T 370—2012	2012.2.9	2012.8.1	1291
23	聚碳酸酯(PC)实心板	制定	JG/T 347—2012	2012.2.9	2012.8.1	1292
24	城市客车信息网控制总线系统设备	制定	CJ/T 397—2012	2012.2.9	2012.8.1	1293
25	电磁式燃气紧急切断阀	制定	CJ/T 394—2012	2012.2.9	2012.8.1	1294

续表

序号	名称	类型	编号	批准日期	实施日期	公告号
26	家用燃气器具旋塞阀总成	修订	CJ/T 393—2012	2012.2.9	2012.8.1	1295
27	IC卡冷水水表	修订	CJ/T 133—2012	2012.2.9	2012.8.1	1296
28	纤维增强复合材料格栅	制定	JG/T 364—2012	2012.2.9	2012.8.1	1297
29	外墙保温用锚栓	制定	JG/T 366—2012	2012.2.9	2012.8.1	1298
30	建筑工程用切(扩)底机械锚栓及后切(扩)底钻头	制定	JG/T 367—2012	2012.2.9	2012.8.1	1299
31	聚碳酸酯(PC)中空板	修订	JG/T 116—2012	2012.2.9	2012.8.1	1300
32	工业滑升门	制定	JG/T 353—2012	2012.2.9	2012.8.1	1301
33	饮用燃气大锅灶	修订	CJ/T 392—2012	2012.2.29	2012.8.1	1309
34	冷凝式燃气暖浴两用炉	制定	CJ/T 395—2012	2012.2.29	2012.8.1	1310
35	家用燃气用具电子式燃气与空气比例调节装置	制定	CJ/T 398—2012	2012.2.29	2012.8.1	1311
36	鸭嘴式橡胶止回阀	制定	CJ/T 396—2012	2012.2.29	2012.8.1	1312
37	混凝土防冻泵送剂	制定	JG/T 377—2012	2012.2.29	2012.8.1	1313
38	温度法热计量分摊装置	制定	JG/T 362—2012	2012.2.29	2012.8.1	1314
39	建筑用玻璃与金属护栏	制定	JG/T 342—2012	2012.2.29	2012.8.1	1315
40	缓粘结预应力钢绞线	制定	JG/T 369—2012	2012.3.15	2012.8.1	1332
41	闭口型压型金属板	制定	JG/T 363—2012	2012.3.15	2012.8.1	1333
42	建筑变形缝装置	制定	JG/T 372—2012	2012.3.15	2012.8.1	1334
43	塑铝贴面板	制定	JG/T 373—2012	2012.3.15	2012.8.1	1335
44	金属屋面丙烯酸高弹防水涂料	制定	JG/T 375—2012	2012.3.15	2012.8.1	1336
45	结构加固用玄武岩纤维片材	制定	JG/T 365—2012	2012.3.15	2012.8.1	1337
46	集中式蓄电池应急电源装置	制定	JG/T 371—2012	2012.4.5	2012.8.1	1341
47	砂基透水砖	制定	JG/T 376—2012	2012.4.5	2012.8.1	1342
48	建筑用开窗机	制定	JG/T 374—2012	2012.4.5	2012.8.1	1343
49	冷轧高强度建筑结构用薄钢板	制定	JG/T 378—2012	2012.4.5	2012.10.1	1344
50	通断时间面积法热计量装置技术条件	制定	JG/T 379—2012	2012.5.7	2012.9.1	1367
51	建筑结构用冷弯薄壁型钢	制定	JG/T 380—2012	2012.5.7	2012.10.1	1368
52	建筑结构用冷成型焊接圆钢管	制定	JG/T 381—2012	2012.5.7	2012.10.1	1369
53	建筑消能阻尼器	修订	JG/T 209—2012	2012.5.3	2012.9.1	1371
54	无风管自净型排风柜	制定	JG/T 385—2012	2012.5.16	2012.11.1	1375
55	采暖空调用自力式压差控制阀	制定	JG/T 383—2012	2012.5.16	2012.11.1	1376
56	聚氨酯泡沫合成轨枕	制定	CJ/T 399—2012	2012.5.16	2012.10.1	1377
57	再生骨料地面砖和透水砖	制定	CJ/T 400—2012	2012.5.16	2012.10.1	1381
58	门窗幕墙用纳米涂膜隔热玻璃	制定	JG/T 384—2012	2012.5.16	2012.11.1	1382
59	传递窗	制定	JG/T 382—2012	2012.5.16	2012.11.1	1383
60	风机过滤器机组	制定	JG/T 388—2012	2012.9.21	2012.12.1	1465
61	不锈钢水嘴	制定	CJ/T 406—2012	2012.9.21	2013.2.1	1466
62	环氧涂层预应力钢绞线	制定	JG/T 387—2012	2012.9.21	2013.2.1	1467
63	空调冷凝热回收设备	制定	JG/T 390—2012	2012.9.21	2012.12.1	1468
64	建筑用钢质拉杆构件	制定	JG/T 389—2012	2012.9.21	2012.12.1	1469
65	好氧堆肥氧气自动检测设备	制定	CJ/T 408—2012	2012.9.21	2013.2.1	1470
66	城市轨道交通基于通信的列车自动控制系统技术要求	制定	CJ/T 408—2012	2012.9.21	2013.2.1	1471
67	防气蚀大压差可调减压阀	制定	CJ/T 404—2012	2012.9.21	2013.2.1	1472
68	游泳池用压力式过滤器	制定	CJ/T 405—2012	2012.9.21	2013.2.1	1473

续表

序号	名称	类型	编号	批准日期	实施日期	公告号
69	城市供热管道用波纹补偿器	修订	CJ/T 402—2012	2012.9.21	2012.12.1	1474
70	活塞式大流量排污阀	制定	CJ/T 403—2012	2012.9.21	2013.2.1	1475
71	建筑用钛锌合金饰面复合板	制定	JG/T 339—2012	2012.10.29	2013.1.1	1507
72	建筑外墙用铝蜂窝复合板	制定	JG/T 334—2012	2012.10.29	2013.1.1	1508
73	钢筋连接用灌浆套筒	制定	JG/T 398—2012	2012.10.29	2013.1.1	1509
74	梯形轨枕技术条件	制定	CJ/T 401—2012	2012.10.29	2013.1.1	1510
75	建筑用钢木室内门	制定	JG/T 392—2012	2012.11.1	2013.3.1	1519
76	隔油提升一体化设备	制定	CJ/T 410—2012	2012.11.1	2013.3.1	1520
77	玻璃钢化粪池技术要求	制定	CJ/T 409—2012	2012.11.1	2013.1.1	1521
78	外墙用非承重纤维增强水泥板	制定	JG/T 396—2012	2012.11.1	2013.1.1	1522
79	建筑幕墙热循环试验方法	制定	JG/T 397—2012	2012.11.1	2013.1.1	1523
80	建筑门窗五金件 双面执手	制定	JG/T 393—2012	2012.11.1	2013.1.1	1524
81	建筑门窗复合密封条	制定	JG/T 386—2012	2012.11.1	2013.1.1	1525
82	建筑用膜材料制品	制定	JG/T 395—2012	2012.11.1	2013.1.1	1526
83	通风器	修订	JG/T 391—2012	2012.11.1	2013.1.1	1527
84	建筑智能门锁通用技术要求	制定	JG/T 394—2012	2012.11.1	2013.1.1	1528
85	建筑遮阳产品术语	制定	JG/T 399—2012	2012.12.6	2013.4.1	1543
86	中低速磁浮交通轨排通用技术条件	制定	CJ/T 413—2012	2012.12.6	2013.4.1	1544
87	中低速磁浮交通车辆电气系统技术条件	制定	CJ/T 411—2012	2012.12.6	2013.4.1	1545
88	中低速磁浮交通道岔系统设备技术条件	制定	CJ/T 412—2012	2012.12.6	2013.4.1	1546
89	城市轨道交通钢铝复合导电轨技术要求	制定	CJ/T 414—2012	2012.12.6	2013.4.1	1547
90	低地板有轨电车车辆通用技术条件	制定	CJ/T 417—2012	2012.12.24	2013.4.1	1552
91	城市轨道交通车辆防火要求	制定	CJ/T 416—2012	2012.12.24	2013.4.1	1553
92	聚氨酯硬泡复合保温板	制定	JG/T 314—2012	2012.12.24	2013.4.1	1554
93	通风空调系统清洗服务标准	制定	JG/T 400—2012	2012.12.24	2013.4.1	1555
94	洗扫车	制定	CJ/T 418—2012	2012.12.24	2013.4.1	1556
95	小型电动垃圾车	制定	CJ/T 419—2012	2012.12.24	2013.4.1	1557

(住房和城乡建设部标准定额司　撰稿：余山川)

工程质量安全监管

1. 概况

2012年，工程质量安全监管工作以保障性安居工程和城市轨道交通工程为重点，切实加强法规制度建设，强化工程质量安全监管，严肃认真开展质量安全监督检查和事故查处，全面落实质量安全责任，加快技术政策研究制定，促进技术进步与创新，推进城乡建设抗震防灾工作，提高工程抗震防灾能力，指导督促各地做好城市轨道交通工程质量安全监管工作，保持全国建筑工程质量安全形势持续稳定好转态势。

2. 工程质量监管

2012年工程质量监管工作突出强化保障性安居工程质量监管，推进法规制度建设，加强监督执法检查，认真处理质量事故和质量问题，工程质量监管各项工作取得明显进展。

【推进法规制度建设】 印发《关于做好工程质量事故质量问题查处通报工作的通知》，建立工程质量事故质量问题月通报制度。研究修订《全国建筑业新技术应用示范工程管理办法》，召开多次座谈会和专题研究论证，形成报审稿。研究起草《国家级工法管理实施细则》，对工法管理情况进行书面调查，开展相关调研，组织召开地方、有关部门、协会、企业座谈会。

【突出加强保障性安居工程质量监管并组织开展监督执法检查】 组织召开全国保障性安居工程质量和建筑安全生产工作电视电话会议，通报全国保障性安居工程质量监督执法检查情况和上半年建筑安全生产情况，部署安排下一阶段保障性安居工程质量和建筑安全生产工作。在各地自查的基础上，5～6月分两批派出15个检查组对30个省区市（西藏自治区除外）的保障性安居工程质量进行监督执法检查，共抽查180个在建保障性安居工程，总建筑面积约249万平方米。据统计，在180个工程的13345项检查内容中，符合项及基本符合项为12784项，不符合项为561项，分别占总检查项的95.8%和4.2%。检查组共反馈检查意见3082条，对33个违反工程建设强制性标准和存在质量安全隐患的工程项目下发《建设工程质量监督执法建议书》。按照中办相关要求，在调查研究基础上，完成并上报《保障性住房建设质量监管发现的主要问题及原因分析》和《各地开展工程质量监督工作面临的主要困难》两份材料。

【认真调查处理工程质量事故质量问题】 印发《关于对2011年第四季度房屋建筑工程质量事故质量问题的通报》，通报2011年第四季度发生的3起质量事故质量问题。认真调查处理工程质量事故质量问题，2012年派人赴现场或请地方调查处理工程质量事故质量问题13件，下发督办函2份。认真处理工程质量投诉，2012年共受理工程质量投诉20起，均及时批转相关省住房城乡建设主管部门调查处理，并要求及时将处理结果报住房和城乡建设部。印发《关于组织开展全国既有玻璃幕墙安全排查工作的通知》，要求各地对既有玻璃幕墙安全维护情况和实体质量安全情况进行全面排查，并对排查结果建立专门的管理档案；对排查发现的问题，要求限期进行整改。

【积极夯实工程质量管理基础】 印发《关于做好全国工程质量专家推荐工作的通知》，建立全国工程质量检查专家库，专家库分为勘察、设计、施工三个组，分别有专家55人、220人和193人。2012年全国工程质量检查专家均从该专家库中抽取。建立全国建筑业新技术应用示范工程专家库。组织开展新疆维吾尔自治区工程质量检测人员专项培训，共培训监督、检测人员200多名。

【开展工程质量管理工作调研】 2月，在上海召开部分地区主管部门座谈会和有关企业座谈会，就工程质量监督管理情况进行调研；10月，赴山东调研工程质量通病治理情况。开展全国工程质量监督机构有关情况调查，初步摸清全国工程质量监督机构的总体状况、工程质量监督工作中存在的主要问题及面临的主要困难等情况。整理汇总并发文公布2011年度全国工程质量责任主体行政处罚情况。参与编制《质量发展纲要（2011～2020）》和《2012年贯彻实施〈质量发展纲要〉行动计划》。

3. 建筑安全管理

【完善规章制度】 结合住房城乡建设系统实际，印发《关于贯彻落实〈国务院关于坚持科学发展安全发展促进安全生产形势持续稳定好转的意见〉的通知》；组织编写《施工企业安全生产管理规范》；研究提出《安全生产法》、《特种设备安全法》等重要法律法规的修改意见。

【开展专项整治】 按照国务院安委会的统一部署，持续开展建筑施工领域"打非治违"专项行动，印发《关于集中开展建筑施工领域"打非治违"专项行动的通知》和《住房城乡建设部办公厅关于进一步深化建筑施工领域"打非治违"专项行动集中开展"回头看"活动的通知》。据统计，全国住房城乡建设部门共检查在建工程项目44880个（次），查处非法违法建筑施工行为17304起，下发隐患整改通知书6767份，停工整改项目2160个（次）。

【加强监督检查】 结合建筑安全生产形势，印发《关于对北京市怀柔区北房镇在建工地"2·22"塔吊倒塌事故的通报》和《住房城乡建设部关于湖北省武汉市"9·13"施工升降机坠落事故的通报》，分阶段组织开展对北京、广东、湖南、吉林、新疆、河北、山西等地区的专项检查。

【加强事故通报】 建立健全事故通报制度，每月初通报上月全国房屋市政工程生产安全事故情况，曝光发生较大及以上事故的企业名称及企业法定代表人、项目经理、项目总监的姓名。严格执行事故查处督办制度，依照规定对29起较大及以上事故下发事故查处督办通知书，要求各地认真组织开展事故查处工作。

【夯实工作基础】 设立并委托有关单位完成涉及建筑安全生产管理及安全生产关键技术的6项课题的研究，为完善建筑安全生产管理制度做了很好的储备。认真开展调查研究，全面分析建筑起重机械安全监管体制，研究提出改革完善建筑起重机械安全监管工作措施。建立建设建筑安全专家库，通过各地住房城乡建设部门的推荐，共选取165名入库专家，其中安全管理专家59人、安全技术专家67人、设备管理专家39人。继续深入推进建筑施工安全生产标准化建设，研究制定相关政策措施，推动安全生产标准化工作。

4. 勘察设计质量监管与技术政策研究制定

（1）勘察设计质量监管

【修订勘察设计质量监管相关文件】 修订《房屋建筑和市政基础设施工程施工图设计文件审查管理办法》（建设部第134号令），形成送审稿。完成《市政工程设计文件编制深度规定》、《岩土工程勘察文件、建筑工程和市政公用工程施工图设计文件审查要点》、《房屋建筑和市政基础设施施工图设计文件审查示范文本》等技术性指导文件的审查。起草《关于进一步加强工程勘察设计质量管理的意见》。

【完善施工图审查管理工作】 进一步修改"全国施工图设计文件审查情况统计报表"，印发《2011年度全国施工图设计文件审查情况报告》。提请部计划财务司将房屋建筑和市政基础设施工程施工图设计文件审查相关数据纳入住房和城乡建设重要指标。

【质量监督检查与调研】 开展全国保障性安居工程质量监督执法检查勘察设计质量问题汇总与分析。修订全国保障性安居工程质量监督执法检查用表（勘察设计），完成全国工程质量专家库（勘察设计）建设工作。组织召开勘察设计质量技术工作调研座谈会。

（2）推动行业技术进步

【标准设计管理】 起草《工程建设标准设计管理规定》（修订稿）。组织召开全国工程建设标准设计专家委员会会议，总结部署工作。下达2012年国家建筑标准设计编制工作计划，发布41项国家建筑标准设计。

【技术进步引导】 组织开展第六届梁思成建筑奖审定工作。完成《中国建筑技术政策》报批稿。起草《全国工程勘察设计大师评选与管理办法》。细化《全国优秀工程勘察设计奖评选办法》实施具体规定。组织编制并印发《公共租赁住房优秀设计方案汇编》，完成给国务院领导的有关情况报告。

【中日JICA抗震研修项目】 组织召开中日JICA抗震研修项目第三次协调工作委员会会议。印发《关于协助开展中日建筑抗震技术人员研修项目工作的函》，组织各地推荐研修人员。

【开展推动行业技术进步等相关基础性研究】 组织开展"勘察设计和施工BIM技术发展对策研究"、"白图替代蓝图对策研究"、"计算机审图对策研究"、"工程勘察设计专有技术研发和评审制度"等基础性研究工作。

5. 城乡建设抗震防灾

2012年，我国自然灾害形势严峻，特别是地震灾害仍然较为突出，全国共发生16次5级以上地震，部分地震造成了较大人员伤亡和财产损失。按照国务院的统一部署，住房和城乡建设部认真组织开展住房城乡建设系统抗震防灾工作。

【法制建设和工作部署】 加强《建设工程抗御地震灾害管理条例》的研究起草工作，形成征求意见稿。召开全国部分省市抗震办公室主任座谈会，交流各地工作经验，研究进一步加强抗震防灾工作措施。部署全系统防灾减灾日宣传工作，并开展5·12防灾减灾日有关活动。召开推广建筑隔震减震技术座谈会，研究隔震减震技术推广应用工作。

【标准规范和技术文件】 批准发布《构筑物抗震设计规范》、《底部框架—抗震墙砌体房屋抗震技术规程》和《石油化工钢制设备抗震设计规范》3项抗震相关标准。组织编制并完成《城市抗震防灾规划标准》、《城市综合防灾规划标准》、《村镇综合防灾规划标准》、《城镇防灾避难场所设计规范》、《建筑震后应急评估和修复技术规程》和《城市地下空间工程抗灾设防专项论证技术要点》等标准规范和技术文件的征求意见稿。

【城市抗震防灾规划】 完成第二届全国城市抗震防灾规划审查委员会换届工作。推动完成67项城市抗震防灾规划的编制工作，并对部分城市抗震防灾规划技术评审工作进行指导。加强城市总体规划中有关城市抗震防灾专项内容审查、论证，注重完善城市防灾避难场所规划和地下空间开发利用等规划内容，提高城市设防能力。开展用于城市防灾规划的防灾社区指标体系研究。

【建设工程抗震设防监管】 推动各地完成1126项超限高层建筑工程抗震设防专项审查工作，强化全国超限委对超限高层建筑工程的抗震设防审查和技术总结工作。推动完成23项重要市政公用设施抗震设防专项论证工作，并更新全国市政公用设施抗震专项论证专家库。作为全国校舍安全工程领导小组成员单位，完成对广西壮族自治区的对口督查工作。

【自然灾害处置和应急能力建设】 参加国务院救灾工作组赴"5·10"甘肃省定西市特大冰雹山洪泥石流、"7·21"北京市特大暴雨灾害房山等受灾地区并开展相关工作。组织救灾工作组赴"9·7"云南省彝良地震灾区了解灾情，并派出相关专家对灾后重建给予技术指导。做好与西藏亚东、新疆伊犁等震区抗震主管部门的实时联系，为灾区提供技术指导和政策文件。根据新修订的《国家地震应急预案》，开展《住房城乡建设系统破坏性地震应急预案》修订工作。

【抗震技术研究和国际交流合作】 组织开展具有历史价值木结构和砖石结构建筑的抗震鉴定加固技术要点研究工作，组织编制具有历史价值钢筋混凝土建筑的抗震鉴定加固案例。组织开展房屋建筑抗震质量评定指标体系、建筑隔震施工与验收技术、工程组织等研究工作。参加地震工程国际研讨会暨中美合作协调会、亚太经合组织灾后恢复重建能力建设研讨会等交流活动。继续开展中日合作"建筑抗震技术人员研修"活动，年内组织3批赴日培训共计44人，开展14期国内培训共计3014人。

6. 城市轨道交通工程质量安全管理

【继续加强城市轨道交通工程质量安全监管工作】 近年来，住房和城乡建设部加强城市轨道交通工程质量安全监管，各地不断提升风险防控能力，工程质量安全形势比较稳定，总体受控。

【健全制度规范】 为规范城市轨道交通工程周边环境调查工作，确保工程及其周边环境安全，制定《城市轨道交通工程周边环境调查指南》；为有效指导城市轨道交通工程质量安全检查工作，推动参建企业落实质量安全主体责任，制定《城市轨道交通工程质量安全检查指南(试行)》。会同有关部门研究提出加强行业监管的对策建议。

【研究关键性问题】 组织开展有关工期造价、监督机构、技术力量配置等问题的调研，组织开展城市轨道交通工程BIM技术、标准设计、地下水处理及关键部位质量检测、应急预案编制、设计文件编制深度规定以及监测测量人员培训制度等专项课题研究。

【人员培训】 组织编写《地铁工程施工安全管理与技术》、《地铁工程勘察设计质量安全管理与技术》，依托住房城乡建设部专家委员会支持各地开展城市轨道交通工程管理技术人员质量安全培训。青岛、大连、无锡、西安、北京等地组织开展城市轨道交通工程质量安全培训，应地方要求，协调提供师资和技术支持。

【促进经验交流】 组织召开全国城市轨道交通工程质量安全管理经验交流会暨专家委员会第二次全体会议和联络员会议。总结近年来城市轨道交通工程质量安全管理情况；交流各地好的经验和做法；分析面临的严峻形势和突出问题；研究部署下一阶段的重点工作。

（住房和城乡建设部工程质量安全监管司　撰稿：林涛）

建筑市场监管

1. 概况

2012年，住房和城乡建设部建筑市场监管司以工程质量安全为核心，以规范建筑市场秩序为主线，不断完善法规制度建设，严格建筑市场准入清出管理，规范建设工程企业资质资格审批，强化建筑市场过程监管。

2. 不断完善建筑市场法规体系和监管体系

【完善建筑市场监管工作立法】 2011年底，住房和城乡建设部向国务院法制办报送《建筑市场管理条例》（送审稿），2012年11月，国务院法制办向全社会公开征求意见；修订《建筑工程施工许可管理办法》；调研论证《建设工程监理管理规定》。

【健全合同管理制度】 编制《建设工程监理招标(示范文本)》、《工程设计合同示范文本》，完成《建设工程施工合同(示范文本)》报批稿，为规范合同管理，避免合同纠纷，依法保障工程建设各方当事人合法权益提供依据。

3. 严格行政执法，加大建筑市场监管和清出力度

【进一步规范招投标监管工作】 贯彻落实《招标投标法实施条例》。组织召开住房和城乡建设系统《实施条例》全国宣贯会，印发《关于进一步加强房屋建筑和市政工程招投标监督管理工作的指导意见》，为进一步加强对工程建设招标投标活动的监管，规范市场各方主体的交易行为，起到积极的引导保障作用。

推动电子招投标及综合专家库研究。与国家发展改革委、中纪委联合组织电子招投标调研，研究制定房屋建筑和市政工程电子招投标行业标准，完成对各地综合评标专家库建设、使用和管理情况的调研，印发《关于征求对〈关于组建全国房屋建筑和市政工程综合评标专家库的通知（征求意见稿）〉的函》，提出建立部级资深和稀缺评标专家库的思路。

【完成专项治理各项任务】 继续深入开展工程建设领域专项治理。部署住房城乡建设系统开展"借用资质投标、出借资质收取管理费用"专项清理工作，下发《关于开展房屋建筑和市政工程建设中挂靠借用资质投标违规出借资质问题专项清理工作的通知》。完成《住房城乡建设部工程建设领域突出问题专项治理工作总结》、《住房城乡建设系统关于推进工程建设有形市场建设情况的总结报告》、《住房城乡建设部贯彻落实全国公共资源交易市场工作推进会专题报告》。

组织建筑市场专项执法监督检查工作。组织对上海、黑龙江、河北、河南等十个省（市）开展全国建筑市场监督执法专项检查。据统计，在1778项检查内容中，符合项1430项，基本符合项236项，不符合112项，符合和基本符合率为93.7%，对所有受检工程都下发了《全国建筑市场监督执法专项检查反馈意见》，共提出反馈意见275条，对存在严重违反建筑市场法律法规行为的工程项目，共下发6份《住房和城乡建设部建筑市场执法建议书》。

【加大对违法违规行为的查处力度】 对负有安全生产事故责任的企业进行处罚。吊销1家施工企业和1家监理企业资质证书；降低2家施工企业资质等级；停业整顿4家施工企业和5家监理企业；注销5名一级建造师证书；吊销2名一级建造师和1名监理工程师注册证书、终身不予注册；停止12名一级建造师和4名监理工程师执业。

对弄虚作假的企业和个人进行通报。对30家企业申报资质、146名申报个人执业资格注册存在弄虚作假的行为进行全国通报。

建立建筑市场违法违规查处情况报送通报制度。2012年各地住房城乡建设主管部门共查处存在违法违规行为的建设工程企业18141家、注册执业人员1031人。

4. 改进行政审批工作，推动资质资格评审制度创新

【明确工作思路，注重体制机制创新】 按照住房和城乡建设部领导对深化行政审批改革的指示精神，建筑市场监管司组织调研，赴有关省市，召开管理部门和企业座谈会听取意见，并起草完成《关于创新和改进资质资格管理工作初步设想的报告》，提出行政审批改革中远期规划及近期目标。

【加强资质申报业绩核查，完善审批后的动态监管】 印发《关于加强建设工程企业资质申报业绩核查工作的通知》，通过业绩核查工作，加大对弄虚作假企业的处罚，规范企业申报行为，维护资质审批结果的客观公正。同时通过加强资质审批后的动态核查力度，撤销、撤回弄虚作假企业资质，发布建设工程企业及注册执业人员违法违规行为查处情况的通报。

【积极推进资质申报、评审电子化】 为进一步提高建设工程企业资质申报和评审的阳光、公开、透明，提高申报审批效率，组织开发"建设工程企业资质申报及评审系统"，并在山东、河南省和上海市开展监理企业、招标代理机构资格网上申报评审。

【建立企业资质审批信息公开制度】 在住房城乡建设部网站专设"建设工程企业资质管理专栏"，集中公布审批标准、审批程序、申报条件、办事流程、公示公告意见和企业申报资质中常见问题的解答，为企业提供"一站式"的网上查询服务，实现阳光评审，避免人为干预。

【稳步推进个人执业资格制度建设】 调研梳理注册执业制度中考试、注册、继续教育、执业等各环节存在的突出问题，起草完成《勘察设计注册工程师继续教育管理办法》（征求意见稿）、《关于加强建造师注册管理工作的通知》、《关于对取得建造师临时执业证书人员有关管理工作的通知》。印发《关于公布一级注册建造师继续教育培训单位名单的通知》、《一级注册建造师继续教育必修课课程安排》、《关于增加全国一级注册建筑师、勘察设计注册工程师执业人员照片和手写签名图片信息有关问题的通知》、《关于对取得建造师临时执业证书人员执业情况进行调查的通知》。

5. 积极推进建筑市场监管信息化建设工作

【全国建筑市场监管信息系统（企业和注册人员）

基础数据库建设 印发《全国建筑市场监管信息系统基础数据库（企业、注册人员）数据标准（试行）》，在实现建筑市场监管司现有的各企业和注册人员子系统数据实时连接的基础上，完成企业库和人员库数据的整合，实现对企业注册人员达标情况的实时监管，在充分利用地方建筑市场监管信息系统资源的基础上，开发数据接口与开发数据接口程序，试点与地方住房城乡建设主管部门实现数据连接，初步实现全国范围内的企业和注册人员信息数据的互联共享。

【研究工程项目数据库建设方案】 在对全国各地工程项目数据库进行书面调研和部分省市实地调研的基础上，起草了《工程项目数据库建设情况调研报告》及《全国建筑市场监管信息系统工程项目数据库建设工作方案》。

【完善建筑市场诚信机制建设】 研究建筑市场诚信信息分级发布标准、管理办法，加大力度督促各地及时上报企业及个人不良行为信息，同时，将建筑市场监管司会同其他部门作出的行政处罚决定书及各地建设主管部门处罚通报上传至全国建筑市场诚信信息平台，截至2012年底，全国建筑市场诚信信息平台共发布1万余条信息，其中收录各地上报的企业和注册人员不良行为信息1734条。

6. 行业发展和国际交流合作

【加强政策研究，促进行业健康发展】 组织起草《关于进一步促进工程勘察设计行业改革与发展若干意见》，研究解决工程勘察设计行业改革与发展主要问题，促进勘察设计行业科学发展；组织开展建筑行业相关政策研究，开展建筑业企业营业税改征增值税调研工作，完成《建筑业企业营业税改增值税调研测算报告》；开展建筑业企业资质管理改革调研，提出"建筑业企业资质标准修订工作方案"，启动建筑业企业资质标准修订工作；完成2011年度全国勘察设计行业、工程监理行业统计以及招标代理行业统计及分析报告；组织起草规范建设工程企业跨省承揽业务工作通知，规范各地跨省承揽业务管理政策，取消强制要求外地企业在当地注册独立子公司，将本地区、本系统奖项或业绩作为评标加分条件等不合理的限制措施，统一制度规则、发挥市场机制作用，为企业创造公平竞争的良好环境；组织编写《中国建筑业改革与发展研究报告（2012）》。

【加强对外交流合作】 积极做好《内地与香港、澳门〈关于建立更紧密经贸关系的安排〉补充协议八》的相关落实工作，并参加《内地与香港、澳门〈关于建立更紧密经贸关系的安排〉补充协议九》、《两岸经济合作框架》磋商；参加中国与澳大利亚、冰岛、韩国等自贸区磋商；提出政府采购协议建设领域第四轮出价方案；组织相关协会、工程建设企业参加首届京交会。

（住房和城乡建设部建筑市场监管司）

建筑节能与科技

【概况】 2012年建筑节能与科技以节能减排、科技创新为重点，深入抓好建筑节能，全面推进绿色建筑发展；组织实施好国家科技重大专项和科技支撑计划项目；抓好墙体材料革新工作；开展全方位多层次的国际科技合作与交流；完善监督管理机制，推进科技成果转化。

1. 建筑节能工作

围绕《国务院关于印发"十二五"节能减排综合性工作方案的通知》（国发〔2011〕26号）明确的各项工作任务，完善措施，加大力度，更加突出地抓好建筑节能工作。中央财政也加大了支持力度，共计安排135亿元支持建筑节能，各项工作取得进展。

【建筑节能体制机制建设】 落实《节约能源法》、《民用建筑节能条例》确定的基本法律制度，研究制定配套的政策措施，制定出台了建筑节能"十二五"专项规划，明确建筑节能工作目标、思路、重点工作任务及保障措施。

【新建建筑节能监管】 重点抓好施工阶段等薄弱环节以及中小城市等薄弱地区执行标准的监管力度，做好北方采暖地区以及夏热冬冷地区新颁布的建筑节能标准的贯彻实施。全面推行民用建筑能效测评标识、民用建筑节能信息公示等制度。进一步加强建筑节能材料、产品、设备在生产、流通和使用环节的质量监管，严格工程准入。

【北方采暖地区既有居住建筑供热计量及节能改造】 完成北方地区既有居住建筑供热计量及节能改造任务2.77亿平方米，在重点市县推动实施"节能暖房工程"。启动夏热冬冷地区既有居住建筑节能改造任务1200万平方米。

【公共建筑节能监管体系建设】 深入开展公共建筑能耗统计、能源审计及能效公示工作，进一步扩大能耗动态监测平台试点范围。在6个省市、77个高校启动节能监管平台建设试点，实施公共建筑节能改造重点城市示范，安排公共建筑节能改造任务680万平方米。

【可再生能源建筑一体化规模化应用】 推进可再生能源建筑应用示范工作深入发展，适时开展新建建筑强制性应用可再生能源试点。在5个省、21个城市、52个县开展可再生能源建筑应用示范。在8个省启动太阳能光热建筑应用综合示范。组织"太阳能屋顶计划"项目252个，装机容量542兆瓦。

2. 绿色建筑快速发展

全国绿色建筑快速发展，除内蒙古、西藏、宁波和新疆生产建设兵团外，其他所有省、自治区、直辖市、计划单列市，都相继开展了绿色建筑评价标识工作。2012年共有389个项目获得绿色建筑评价标识，建筑面积4094万平方米。

【全面推进绿色建筑发展】 深入研究制定绿色建筑行动方案，积极与相关部门合作，研究支持绿色建筑发展的财税政策。与国家发改委联合制定《绿色建筑行动方案》，并由国务院办公厅转发（国办发〔2013〕1号），联合财政部印发《关于加快推动绿色建筑发展的实施意见》，明确财政政策激励机制，对绿色建筑中央财政予以补贴。推动有条件地区开展强制性推广绿色建筑试点，在8个城市启动了绿色生态城区建设示范。

【继续完善绿色建筑评价体系】 根据绿色建筑评价标识开展情况，研究制定针对不同地区、不同建筑类型的绿色建筑标识评价技术细则，发布《超高层绿色建筑评价技术细则》，开展了绿色工业建筑的评价工作。

【加大对绿色建筑标识评价的指导监督力度】 加强绿色建筑标识评价的培训，积极指导和支持地方开展绿色建筑评价工作，保证评价工作科学、规范，提高工作质量。

【绿色建筑技术研究】 加快绿色建筑相关共性关键技术研究开发及推广应用。围绕绿色建筑规划、设计、建造和运营等各阶段的技术需求，组织研发拥有自主知识产权，适用于不同气候区、不同建筑类型的绿色建筑配套适宜新技术、新产品、新材料和新工艺，提升绿色建筑技术集成水平，组织绿色建筑集成示范。

3. 住房城乡建设科技创新

【组织实施国家科技重大专项和科技计划项目】 组织完成水专项2009年启动课题监督检查。组织完成2013年水专项实施计划的编制，并通过财政部预算评审。

【高分辨率对地观测系统重大专项"城市精细化管理高分专项应用示范系统先期攻关"】 形成城市精细化管理总体方案，研发城市规划遥感监测、风景名胜区遥感监测、城镇污水处理监测等国家级应用系统和城市应急资源管理遥感应用、城乡规划用地现状管理等城市级应用系统。

【新启动15个国家科技支撑计划项目】 包括"智慧城市管理公共信息平台关键技术研究与应用示范"等。由住房城乡建设部组织实施的"十二五"国家科技支撑计划项目达18个，国拨经费5.84亿元。

4. 国际科技合作深化和扩大

国际科技合作继续深化与国际机构和发达国家政府的技术合作与交流，推动住房城乡建设系统提升技术和管理水平。

【推动被动式超低能耗建筑示范工作】 推动被动式超低能耗建筑示范工作，指导示范工程建设，支持地方编写超低能耗建筑标准，与美国能源部合作开展超低能耗建筑研究。

【协助推进供热计量改革工作】 加快组织实施世界银行/全球环境基金"中国供热改革与建筑节能项目"，选择确定两个新示范城市，组织召开供热计量改革经验交流会。

【启动公共建筑节能改造试点工作】 与教育部、卫生部及相关单位合作，开展中小学校、医院节能工作，指导中小学、医院的节能改造示范工作。

【推进现代木结构建筑技术应用发展】 成立中国现代木结构建筑技术产业联盟，发挥企业推广木结构建筑的积极性和主动性。

【低碳生态城市工作】 与欧盟策划完成"中欧低碳生态城市合作项目"。与世界银行申请了全球环境基金"中国城市建筑节能与可再生能源项目"。积极参与"中欧城镇化论坛"和"中欧市长论坛"。启动中德合作"亚洲城市资源综合管理"项目。与加拿大、英国、丹麦等签署关于生态城市合作谅解备忘录，成立关于生态城市合作的领导和实施机构，制订工作计划。

【**继续推动住房城乡建设领域应对气候变化工作**】 参加在巴西举办的联合国可持续发展大会，与德国环境部合作开展中国北方既有居住建筑采暖能耗基准线研究，与德国复兴开发银行合作开展新建建筑节能碳交易机制研究。协助国家发改委参加联合国气候变化大会谈判工作。

【**开展市长建筑节能与低碳生态城市培训**】 组织落实2期赴德国的中国市长建筑节能与低碳生态城市培训班，组团赴德国、奥地利、瑞士、加拿大、丹麦等国开展医院建筑节能、木结构职业教育、建筑节能与供热计量改革等考察。

（住房和城乡建设部建筑节能与科技司）

住房城乡建设人事教育

1. 概况

【**住房和城乡建设部村镇建设司和住房公积金监管司内设机构调整**】 2012年2月20日，住房和城乡建设部印发《关于村镇建设司和住房公积金监管司内设机构调整的批复》，对住房和城乡建设部村镇建设司和住房公积金监管司内设机构进行调整，村镇建设司将村镇规划处（综合处）分设为综合处和村镇规划处，住房公积金监管司增设信息化推进处。调整后，村镇建设司设4个处室：综合处、小城镇与村庄建设指导处、农房建设管理处、村镇规划处；住房公积金监管司设4个处室：综合处、政策协调处、督察管理处、信息化推进处。（范婷）

【**住房和城乡建设部全国白蚁防治中心机构规格调整**】 2012年8月7日，住房和城乡建设部印发了《住房城乡建设部关于调整全国白蚁防治中心机构规格的通知》，对全国白蚁防治中心机构规格进行调整。调整后，全国白蚁防治中心的机构规格由正处级调整为副司级。（范婷）

【**住房和城乡建设部中国城市规划设计研究院内设机构调整**】 2012年11月6日，住房和城乡建设部印发《关于中国城市规划设计研究院内设机构和中层领导干部职数调整的批复》，对住房和城乡建设部中国城市规划设计研究院内设机构进行调整，设立城镇水务与工程专业研究院、城市交通专业研究院、住房与城乡规划研究所、文化与旅游规划研究所，撤销工程规划设计所、城市水系统规划设计研究所、城市交通研究所。调整后，中国城市规划设计研究院设综合办公室、党委办公室、人事教育处、计划财务处、科技业务处、总工程师室、城市规划设计所、城市与区域规划设计所、城市规划与历史名城规划研究所、城市建设规划设计研究所、城市环境与景观规划设计研究所、城市与乡村规划设计研究所、住房与城乡规划研究所、城市交通专业研究院、城镇水务与工程专业研究院、风景园林规划研究所、文化与旅游规划研究所、建筑设计所、院士工作室、城乡规划研究中心、城市规划学术信息中心、服务中心等22个内设机构；设深圳分院、上海分院、西部分院、汕头分院、海南分院、厦门分院、惠州分院、北海分院、钦州办事处等9个派出机构。（范婷）

【**住房和城乡建设部城乡规划管理中心（遥感应用中心）内设机构调整**】 2012年11月6日，住房和城乡建设部印发《关于住房和城乡建设部城乡规划管理中心（遥感应用中心）内设机构和中层领导干部职数调整的批复》，对住房和城乡建设部城乡规划管理中心（遥感应用中心）内设机构进行调整，增设遥感业务管理处、遥感技术处、地下管线处。调整后，住房和城乡建设部城乡规划管理中心（遥感应用中心）设9个内设机构：办公室、规划处、信息处、园林绿化技术管理处、风景名胜区监管处、给排水处、遥感业务管理处、遥感技术处、地下管线处。（范婷）

【**住房和城乡建设部成立城市地下管线办公室**】 2012年10月22日，住房和城乡建设部印发《住房城乡建设部关于成立城市地下管线办公室的通知》，成立住房和城乡建设部城市地下管线办公室（设在部城市建设司），主要职责是负责协调相关司局和单位研究拟定城市地下管线规划建设管理的法规、规章、重大政策及标准规范，指导地方开展城市地下管线综合管理等工作。

办公室主任由部城市建设司主要负责同志兼任，副主任由部城乡规划司、办公厅分管负责同志兼任。（范婷）

【**住房和城乡建设部保密委员会及其办公室组成**

【人员调整】 2012年3月19日，住房和城乡建设部印发《关于调整住房和城乡建设部保密委员会及其办公室组成人员的通知》，对住房城乡建设部保密委员会及其办公室组成人员进行调整。住房城乡建设部保密委员会主任为部长姜伟新，副主任为副部长郭允冲，成员为：王铁宏、曹金彪、倪虹、冯俊、孙安军、刘灿、沈建忠、吴慧娟、陆克华、赵晖、常青、陈宜明、何兴华、张其光、王宁、杨忠诚、许中志、王早生、胡子健、李晓江、倪江波、秦虹、刘佳福、赵春山、刘士杰。住房和城乡建设部保密委员会办公室主任为王铁宏，副主任为斯淙曜、丛佳旭、倪江波。（范婷）

【住房和城乡建设部治理商业贿赂领导小组及其办公室组成人员调整】 2012年9月3日，住房和城乡建设部印发《住房城乡建设部关于调整部治理商业贿赂领导小组及其办公室组成人员的通知》，对住房城乡建设部治理商业贿赂领导小组及其办公室组成人员进行调整。住房和城乡建设部治理商业贿赂领导小组组长为部长姜伟新，副组长为副部长陈大卫、中央纪委驻部纪检组组长杜鹃，成员为王铁宏、曹金彪、倪虹、冯俊、孙安军、刘灿、沈建忠、吴慧娟、陆克华、赵晖、常青、陈宜明、张其光、何兴华、王宁、杨忠诚、田思明、王早生。

住房和城乡建设部治理商业贿赂领导小组办公室主任为王早生，副主任为王学军、彭小平。（范婷）

【住房和城乡建设部完成部直属事业单位清理规范工作】 2012年3月1日，住房和城乡建设部向中央机构编制委员会办公室报送《关于住房和城乡建设部直属事业单位清理规范意见的报告》，报告住房和城乡建设部直属事业单位清理规范工作开展情况、清理规范意见、住房和城乡建设部事业单位存在的主要困难和建议等。2012年9月4日，中央机构编制委员会办公室印发《中央编办关于住房城乡建设部所属事业单位清理规范意见的函》，批复了住房和城乡建设部所属事业单位清理规范意见，包括全国市长研修学院与住房和城乡建设部干部学院整合为全国市长研修学院（住房和城乡建设部干部学院），住房和城乡建设部政策研究中心与中国城乡建设经济研究所整合为住房和城乡建设部政策研究中心（中国城乡建设经济研究所）等。（范婷）

【住房和城乡建设部召开住房城乡建设系统人事处长座谈会】 2012年3月7日，住房和城乡建设部印发《关于召开住房城乡建设系统人教处长暨职业标准实施工作座谈会的通知》，3月22日、23日召开全国住房城乡建设系统人事处长座谈会。会议通报住房城乡建设部2011年教育培训工作情况和2012年工作思路；交流各地专业人员岗位培训考核及职业技能培训工作情况；研究部署《关于贯彻实施住房和城乡建设领域现场专业人员职业标准的意见》和《关于加强建设类专业学生企业实习工作的指导意见》的实施工作。（范婷）

2. 劳动与职业教育

【继续协调筹备建立住房和城乡建设部职业技能鉴定指导中心】 为规范建设行业职业资格证书管理，规范行业职业技能培训，提高鉴定水平，住房和城乡建设部拟筹备建立住房和城乡建设部职业技能鉴定指导中心，统一指导管理住房城乡建设行业职业资格的考核、发证等工作，在行业操作人员中探索推行国家职业资格证书制度。2012年以来继续围绕发挥省级住房城乡建设主管部门职能、设立省级行业职业技能鉴定机构等问题，同人力资源社会保障部有关司局进行多次协商沟通，基本达成一致意见。（胡秀梅）

【继续做好住房城乡建设部职业分类大典修订工作】 住房城乡建设行业国家职业分类大典修订（以下简称大典修订）工作，由部人事司统一领导，有关司局业务指导，部人力资源开发中心组织实施，21个行业协会承担具体修订任务，400余家企事业单位和管理机构参与职业调查，共收集有效调查问卷万余份。直接参加修订的行业专家500余名。经过修订的住房城乡建设行业职业分类体系含79个职业（保留原有职业61个、新增职业18个）、306个工种（保留原有工种172个、新增工种134个）。大典修订工作完成编修，送审稿已报送人力资源社会保障部。（胡秀梅）

【编写行业职业技能标准】 经商住房和城乡建设部标准定额司，住房和城乡建设部人事司组织完成了已经编修的建筑施工、安装、装饰等部职业标准的审定工作。研究同意全国白蚁防治中心拟申报开展白蚁防治工职业标准修订工作，按照程序报标准定额司。（胡秀梅）

【继续加大建设职业技能培训与鉴定工作力度】 继续加强职业技能培训和鉴定工作，促进工人职业技能水平和从业人员队伍整体素质提高。住房和城乡建设部人事司下发《关于印发2012年全国建设职业技能培训与鉴定工作任务的通知》。2012年全年计划培训141.3万人，实际培训171.8万人，超额完成30.5万人。全年计划鉴定95.4万人，实际鉴定106.3万人，超额完成10.9万人。四川、重庆（不含市政）、天津、上海、江苏、山西、安徽等省（市）培训人数均超过8万；辽宁、河南、浙江、湖南、宁夏等23个省

（区、市）超额完成年度培训任务；山东、江苏省技师、高级技师培训和鉴定成效突出。（胡秀梅）

【加强行业中等职业教育指导工作】 组织召开住房城乡建设行业职业教育教学指导委员会工作会议暨部中等职业教育第五届专业指导委员会主任委员会议，与教育部有关司局沟通，指导各专业指导委员会研究中职与高职衔接改革课题，组织制订专业教学标准，编制培养方案，规划开发专业教材，引导中等职业学校参与行业农民工培训工作，培育更多合格技能人才。继续与教育部职成司、建设教育协会合作举办2012年全国职业院校建设类技能大赛，促进学校教学改革和培养技能人才。（胡秀梅）

【深入推进建筑工地农民工业余学校工作】 2012年初，为研究巩固农民工业余学校工作成果，进一步发挥服务载体功能，组织相关部门联合开展专题调研和座谈会。7月，召开全国建筑工地农民工业余学校经验交流会，国务院农民工办、教育部、全国总工会、共青团中央等单位派人参会。同时在《中国建设报》开设"建筑工地农民工业余学校宣传报道"专栏，大力宣传各地创建农民工业余学校的经验。12月，住房城乡建设部、中央文明办、教育部、全国总工会、共青团中央共同印发《关于深入推进建筑工地农民工业余学校工作的指导意见》，进一步推进建筑工地农民工业余学校制度化、标准化、规范化发展。（胡秀梅）

【继续开展农民工艾滋病防治宣传教育工作】 住房和城乡建设部积极履行国务院艾滋病防治工作委员会成员单位的职责，在行业农民工中普及艾滋病防治知识，提高他们的自我防护意识。充分利用艾滋病宣传日等时机，大力开展行业农民工艾滋病防治知识宣传教育工作。完成住房城乡建设行业防艾宣教评估体系构建的课题。运用课题成果对本系统各地工作进行评估，引导带动学习先进。（胡秀梅）

【第十一届中华技能大奖、全国技术能手和国家技能人才培育突出贡献奖评选】 按照人力资源和社会保障部《关于推荐第十一届中华技能大奖全国技术能手候选人和国家技能人才培育突出贡献奖候选单位候选个人的通知》要求，住房城乡建设部办公厅印发通知，在全行业组织开展评选推荐工作。各地住房城乡建设部门共推荐了中华技能大奖候选人7人，全国技术能手候选人13人，国家技能人才培育突出贡献奖候选单位7家、候选个人6人。部人事教育司对候选人和候选单位进行了审核，推荐中华技能大奖候选人1名、全国技术能手候选人3名和国家技能人才培育突出贡献奖候选单位3家和候选个人3名。经人力资源和社会保障部全国技能人才评选表彰办公室组织专家评审，徐洪保、陈月鸣同志被评为第十一届全国技术能手，安徽建工技师学院、虞顺卿分获得国家技能人才培育突出贡献奖单位和个人。（胡秀梅）

3. 高等教育

【住房城乡建设部、教育部出台政策促进高校土建类专业学生企业实习】 为促进高等学校、职业院校建设类专业学生企业实习工作，提高建设类专业教育教学质量，增强学生实践能力和就业能力，住房城乡建设部、教育部印发《关于加强建设类专业学生企业实习工作的指导意见》（以下简称《意见》）。《意见》要求各地住房城乡建设行政主管部门、教育行政主管部门、普通高等学校、中等职业学校和企事业单位把建设类专业人才实践能力培养摆上重要位置，进一步加大工作力度，完善相关政策措施，建立长效机制，积极推进学生到企业实习。《意见》规定了学校、企业和政府部门的职责和任务，并制定具体措施引导企业接收土建类专业学生实习。（王柏峰）

【普通高等学校土建类本科专业调整】 2012年9月，教育部颁布《普通高等学校本科专业目录（2012年）》，对1998年颁布的《普通高等学校本科专业目录》及原设目录外专业进行调整。新目录分为基本专业（352种）和特设专业（154种）。按照新目录，原土建类（专业类代码为0807）调整为土木类（专业类代码为0810）、建筑类（专业类代码为0828）两个专业类；原设在管理科学与工程专业类下的工程管理专业进行了调整；原土建类部分目录外专业有的作为基本专业，有的作为特设专业。在基本专业中，普通高等学校土木、建筑类专业设置如下：(1)土木类本科专业：土木工程（对应原土木工程专业，以及建筑工程教育目录外专业）、建筑环境与能源应用工程［对应原建筑环境与设备工程专业，以及建筑设施智能技术（部分）、建筑节能技术与工程目录外专业］、给排水科学与工程（对应原给水排水工程专业，以及给排水科学与工程目录外专业）、建筑电气与智能化［对应原建筑电气与智能化、建筑设施智能技术（部分）目录外专业］；(2)建筑类本科专业有：建筑学（对应原建筑学专业）、城乡规划（对应原城市规划专业）、风景园林（可授工学或艺术学学士学位，对应原风景园林专业，以及景观建筑设计、景观学目录外专业）；(3)工程管理相关专业：工程管理（属于管理科学与工程类，可授管理学或工学学士学位，对应原工程管理专业，以及项目管理目录外专业）、房地产开发与管理(属于管理科学与工程类,对应原房地产经营管理目录外专业)、工程造价(属于管理科学与工程类,可授管理学或工学学士学位,对应原工程造价目录外专业)、物业管理(属于工商管理类,对应原物业管理目录外专业)。在特设专业中,土木类设有城市地下空间工程、道路桥梁与渡河工程专业,建筑类设有历史建筑保护工程专业。(王柏峰)

【住房城乡建设部组建新一届高校土木工程专业评估委员会】 2012年1月,住房城乡建设部印发通知,组建第五届住房城乡建设部高等教育土木工程专业评估委员会,任期四年。新一届高校土木工程专业评估委员会主任委员为同济大学李国强教授;副主任委员共4人,分别为:中国建筑设计研究院任庆英、苏州科技学院何若全、长安大学沙爱民、中国建筑科学研究院赵基达;委员共26人,分别为:中国建筑第八工程局有限公司王玉岭、山东建筑大学王崇杰、北京市市政工程设计研究总院包琦玮、西安建筑科技大学白国良、清华大学叶列平、安徽省建筑设计研究院朱兆晴、中冶建筑研究总院有限公司刘毅、河海大学刘汉龙、中国中建设计集团有限公司邢民、重庆大学张永兴、东南大学邱洪兴、哈尔滨工业大学邹超英、中国建筑工程总公司宋中南、天津大学郑刚、西南交通大学易思蓉、湖南大学易伟建、浙江大学罗尧治、中交第三公路工程局有限公司周钢、吉林建筑工程学院战高峰、中国电子工程设计院娄宇、中铁三局集团有限公司贾定祎、沈阳建筑大学贾连光、华南理工大学莫海鸿、中水淮河规划设计研究有限公司唐涛、中交第一公路工程局有限公司黎儒国,秘书长由住房城乡建设部人事司有关负责人担任。(王柏峰)

【住房城乡建设部组建新一届高校建筑环境与设备工程专业评估委员会】 2012年1月,住房城乡建设部印发通知,组建第三届住房城乡建设部高等教育建筑环境与设备工程专业评估委员会,任期四年。新一届高校建筑环境与设备工程专业评估委员会主任委员为中国建筑设计研究院潘云钢教授级高工;副主任委员共3人,分别为:清华大学朱颖心、哈尔滨工业大学姚杨、中国建筑科学研究院徐伟;委员21人,分别为山东省建筑设计研究院于晓明、天津市建筑设计院伍小亭、重庆大学付祥钊、中国建筑西南设计研究院有限公司戎向阳、东南大学张小松、五洲工程设计研究院张小慧、同济大学张旭、天津大学张欢、中国中元国际工程公司李著萱、山东建筑大学李永安、北京建筑工程学院李德英、西安建筑科技大学李安桂、中国制冷学会杨一凡、东华大学沈恒根、解放军后勤工程学院建筑设计研究院吴祥生、上海建筑设计研究院有限公司寿炜炜、空军工程设计研究局罗继杰、中原工学院范晓伟、同方人工环境公司范新、大连理工大学端木琳,秘书长由住房城乡建设部人事司有关负责人担任。由于2012年9月教育部颁布《普通高等学校本科专业目录(2012年)》,原建筑环境与设备工程更名为建筑环境与能源应用工程,12月住房城乡建设部印发通知,将建筑环境与设备工程专业评估委员会更名为建筑环境与能源应用工程专业评估委员会。(王柏峰)

【住房城乡建设部组建新一届高校城乡规划专业评估委员会】 2012年12月,住房城乡建设部印发通知,组建第四届住房城乡建设部高等教育城乡规划专业评估委员会(原专业名称为城市规划,根据教育部颁布的《普通高等学校本科专业目录(2012年)》更名),任期四年。新一届高校城乡规划专业评估委员会主任委员为同济大学彭震伟教授;副主任委员共3人,分别为:中国城市规划学会石楠、清华大学吴唯、中国城市规划设计研究院陈锋;委员共23人,分别为:华南理工大学王世福、厦门市城市规划设计研究院王唯山、北京大学冯长春、沈阳建筑大学石铁矛、深圳市城市规划设计研究院有限公司乔建平、武汉市国土资源和规划局刘奇志、浙江大学华晨、上海市浦东新区规划土地管理局朱若霖、山东建筑大学闫整、哈尔滨工业大学冷红、南京大学张京祥、广州市规划局李颖、上海市城市规划设计研究院苏功洲、天津大学运迎霞、江苏省城市规划设计研究院陈沧杰、西安建筑科技大学陈晓键、北京市城市规划设计研究院施卫良、东南大学段进、华中科技大学洪亮平、重庆大学赵万民、浙江省城乡规划设计研究院顾浩、重庆市规划设计研究院彭瑶玲,秘书长由住房城乡建设部人事司有关负责人担任。(王柏峰)

【住房城乡建设部组建新一届高校给排水科学与工程专业评估委员会】 2012年12月,住房城乡建设部印发通知,组建第三届住房城乡建设部高等教育给排水科学与工程专业评估委员会(原专业名称为给水排水工程,根据教育部颁布的《普通高等学校本科专业目录(2012年)》更名),任期四年。新一届高校给排水科学与工程专业评估委员会主任委员为哈尔滨工业大学崔福义教授;副主任委员共2人,分别为:清华大学张晓健、中国建筑设计研究院赵锂;委员共22人,分别为:同济大学于水利、中国人民解放军总后勤部建筑工程规划设计研究院王冠军、中国市政工程中南设计研究总院有限公司邓志光、中国航天建设集团有限公司任向东、天津市建筑设计院刘建华、中国兵器工业第五设计研究院刘巍荣、四川大学张永丽、上海市政工程设计研究总院(集团)有限公司张辰、兰州交通大学张国珍、桂林理工大学张学洪、重庆大学张智、北京建筑工程学院张雅君、北京市市政工程设计研究总院李艺、浙江工业大学李军、中国市政工程华北设计研究总院李成江、中国市政工程西南设计研究总院罗万申、湖南大学施周、电力规划设计总院唐燕萍、苏州科技学院黄勇、西安建筑科技大学黄廷林、中国中元国际工程公司黄晓家,秘书长由住房城乡建设部人事司有关负责人担任。(王柏峰)

【住房城乡建设部组建新一届高校工程管理专业评估委员会】 2012年12月,住房城乡建设部印发通知,组建第四届住房城乡建设部高等教育工程管理专业评估委员会,任期四年。新一届高校工程管理专业评估委员会主任委员为东北大学丁烈云教授;副主任委员共4人,分别为:中国建筑股份有限公司王立、同济大学乐云、重庆大学任宏、江苏省建工集团有限公司朱华强;委员共24人,分别为:武汉理工大学方俊、东北财经大学王立国、中南大学王孟钧、中交第一公路工程局有限公司刘东元、深圳市地铁集团有限公司刘卡丁、北京交通大学刘伊生、西安建筑科技大学刘晓君、东南大学成虎、中国建设工程造价管理协会吴佐民、天津大学张水波、北京建工集团有限责任公司张伟、中国建筑工业出版社张兴野、清华大学张红、大连理工大学李忠富、武汉市城乡建设委员会陈跃庆、哈尔滨工业大学武永祥、中国建设监理协会修璐、南京栖霞建设股份有限公司夏保国、中国房地产估价师与房地产经纪人学会柴强、广州市建筑集团有限公司梁湖清、上海建工集团股份有限公司龚剑、中国建筑业协会景万、中国建筑一局(集团)有限公司薛刚,秘书长由住房城乡建设部人事司有关负责人担任。(王柏峰)

【2011~2012年度高等学校建筑学专业教育评估工作】 2012年,全国高等学校建筑学专业教育评估委员会对北京建筑工程学院、深圳大学、华侨大学、山东建筑大学、广州大学、河北工程大学、中南大学、武汉大学、北方工业大学、中国矿业大学、苏州科技学院、西北工业大学等12所学校的建筑学专业教育进行评估,并对南京工业大学建筑学专业进行中期检查。评估委员会全体委员对各学校的自评报告进行了审阅,于5月派遣视察小组进校实地视察。之后,经评估委员会全体会议讨论,做出了评估结论并报送国务院学位办。9月,国务院学位委员会印发《关于批准北京建筑工程学院等高等学校开展建筑学学士、硕士专业学位和城市规划硕士专业学位授予工作的通知》(学位〔2012〕33号),授权这些高校行使或继续行使建筑学专业学位授予权。2012年高校建筑学专业评估结论见表1。

2012年高校建筑学专业评估结论　　　　表1

序号	学校	专业	授予学位	合格有效期 本科	合格有效期 硕士研究生	备注
1	北京建筑工程学院	建筑学	学士、硕士	7年(2012.5~2019.5)	7年(2012.5~2019.5)	复评
2	深圳大学	建筑学	学士、硕士	4年(2012.5~2016.5)	4年(2012.5~2016.5)	复评
3	华侨大学	建筑学	学士、硕士	4年(2012.5~2016.5)	4年(2012.5~2016.5)	复评
4	山东建筑大学	建筑学	学士、硕士	7年(2012.5~2019.5)	4年(2012.5~2016.5)	学士复评 硕士初评
5	广州大学	建筑学	学士	4年(2012.5~2016.5)	——	复评
6	河北工程大学	建筑学	学士	4年(2012.5~2016.5)		复评
7	中南大学	建筑学	学士、硕士	4年(2012.5~2016.5)	4年(2012.5~2016.5)	学士复评 硕士初评
8	武汉大学	建筑学	学士、硕士	4年(2012.5~2016.5)	4年(2012.5~2016.5)	复评
9	北方工业大学	建筑学	学士	4年(2012.5~2016.5)		复评
10	中国矿业大学	建筑学	学士	4年(2012.5~2016.5)		复评
11	苏州科技学院	建筑学	学士	4年(2012.5~2016.5)		复评
12	西北工业大学	建筑学	学士	4年(2012.5~2016.5)		初评
13	南京工业大学	建筑学	学士	4年(2010.5~2014.5)		中期检查通过,有效期从2010年起计算

截至2012年5月,全国共有48所高校建筑学专业通过专业教育评估,受权行使建筑学专业学位(包括建筑学学士和建筑学硕士)授予权,其中具有建筑学学士学位授予权的有47个专业点,具有建筑学硕士学位授予权的有28个专业点。见表2。

高校建筑学专业教育评估通过学校和有效期情况统计表

(截至2012年5月,按首次通过评估时间排序) 表2

序号	学校	本科合格有效期	硕士合格有效期	首次通过评估时间
1	清华大学	2011.5～2018.5	2011.5～2018.5	1992.5
2	同济大学	2011.5～2018.5	2011.5～2018.5	1992.5
3	东南大学	2011.5～2018.5	2011.5～2018.5	1992.5
4	天津大学	2011.5～2018.5	2011.5～2018.5	1992.5
5	重庆大学	2006.6～2013.6	2006.6～2013.6	1994.5
6	哈尔滨工业大学	2006.6～2013.6	2006.6～2013.6	1994.5
7	西安建筑科技大学	2006.6～2013.6	2006.6～2013.6	1994.5
8	华南理工大学	2006.6～2013.6	2006.6～2013.6	1994.5
9	浙江大学	2011.5～2018.5	2011.5～2018.5	1996.5
10	湖南大学	2008.5～2015.5	2008.5～2015.5	1996.5
11	合肥工业大学	2008.5～2015.5	2008.5～2015.5	1996.5
12	北京建筑工程学院	2012.5～2019.5	2012.5～2019.5	1996.5
13	深圳大学	2012.5～2016.5	2012.5～2016.5	本科1996.5/硕士2012.5
14	华侨大学	2012.5～2016.5	2012.5～2016.5	1996.5
15	北京工业大学	2010.5～2014.5	2010.5～2014.5	本科1998.5/硕士2010.5
16	西南交通大学	2010.5～2014.5	2010.5～2014.5	本科1998.5/硕士2004.5
17	华中科技大学	2007.5～2014.5	2007.5～2014.5	1999.5
18	沈阳建筑大学	2011.5～2018.5	2011.5～2018.5	1999.5
19	郑州大学	2011.5～2015.5	2011.5～2015.5	本科1999.5/硕士2011.5
20	大连理工大学	2008.5～2015.5	2008.5～2015.5	2000.5
21	山东建筑大学	2012.5～2019.5	2012.5～2016.5	本科2008.5/硕士2012.5
22	昆明理工大学	2009.5～2013.5	2009.5～2013.5	本科2001.5/硕士2009.5
23	南京工业大学	2010.5～2014.5	——	2002.5
24	吉林建筑工程学院	2010.5～2014.5	——	2002.5
25	武汉理工大学	2011.5～2015.5	2011.5～2015.5	本科2003.5/硕士2011.5
26	厦门大学	2011.5～2015.5	2011.5～2015.5	本科2003.5/硕士2007.5
27	广州大学	2012.5～2016.5		2004.5
28	河北工程大学	2012.5～2016.5	——	2004.5
29	上海交通大学	2010.5～2014.5		2006.6
30	青岛理工大学	2010.5～2014.5		2006.6
31	安徽建筑工业学院	2011.5～2015.5		2007.5
32	西安交通大学	2011.5～2015.5	2011.5～2015.5	本科2007.5/硕士2011.5
33	南京大学	——	2011.5～2018.5	2007.5
34	中南大学	2012.5～2016.5	2012.5～2016.5	本科2008.5/硕士2012.5
35	武汉大学	2012.5～2016.5	2012.5～2016.5	2008.5

续表

序号	学校	本科合格有效期	硕士合格有效期	首次通过评估时间
36	北方工业大学	2012.5~2016.5	—	2008.5
37	中国矿业大学	2012.5~2016.5	—	2008.5
38	苏州科技学院	2012.5~2016.5	—	2008.5
39	内蒙古工业大学	2009.5~2013.5	—	2009.5
40	河北工业大学	2009.5~2013.5	—	2009.5
41	中央美术学院	2009.5~2013.5	—	2009.5
42	福州大学	2010.5~2014.5	—	2010.5
43	北京交通大学	2010.5~2014.5	—	2010.5
44	太原理工大学	2010.5~2014.5	—	2010.5
45	浙江工业大学	2010.5~2014.5	—	2010.5
46	烟台大学	2011.5~2015.5	—	2011.5
47	天津城市建设学院	2011.5~2015.5	—	2011.5
48	西北工业大学	2012.5~2016.5	—	2012.5

（王柏峰）

【2011～2012年度高等学校城市规划专业教育评估工作】 2012年，住房和城乡建设部高等教育城市规划专业评估委员会对西安建筑科技大学、华中科技大学、山东建筑大学、浙江大学、武汉大学、湖南大学、苏州科技学院、沈阳建筑大学、安徽建筑工业学院、昆明理工大学、福建工程学院11所学校的城市规划专业进行评估。评估委员会全体委员对各校的自评报告进行审阅。5月，派遣视察小组进校实地视察。经评估委员会全体会议讨论，做出城市规划专业评估结论，见表3。

2011～2012年高校城市规划专业评估结论　　　　表3

序号	学校	专业	授予学位	合格有效期		备注
				本科	硕士研究生	
1	西安建筑科技大学	城市规划	学士、硕士	6年（2012.5~2018.5）	6年（2012.5~2018.5）	复评
2	华中科技大学	城市规划	学士、硕士	6年（2012.5~2018.5）	6年（2012.5~2018.5）	复评
3	山东建筑大学	城市规划	硕士	—	4年（2012.5~2016.5）	硕士初评
4	浙江大学	城市规划	硕士	—	4年（2012.5~2016.5）	硕士初评
5	武汉大学	城市规划	学士、硕士	6年（2012.5~2018.5）	6年（2012.5~2018.5）	复评
6	湖南大学	城市规划	学士、硕士	6年（2012.5~2018.5）	4年（2012.5~2016.5）	学士复评 硕士初评
7	苏州科技学院	城市规划	学士	6年（2012.5~2018.5）	—	复评
8	沈阳建筑大学	城市规划	学士、硕士	6年（2012.5~2018.5）	6年（2012.5~2018.5）	学士复评 硕士初评
9	安徽建筑工业学院	城市规划	学士	4年（2012.5~2016.5）	—	复评
10	昆明理工大学	城市规划	学士、硕士	4年（2012.5~2016.5）	4年（2012.5~2016.5）	学士复评 硕士初评
11	福建工程学院	城市规划	学士	4年（2012.5~2016.5）	—	初评

截至2012年5月，全国共有30所高校的城市规划专业通过专业评估，其中本科专业点29个，硕士研究生专业点17个。高校城市规划专业评估通过学校和有效期情况统计，见表4。

高校城市规划专业评估通过学校和有效期情况统计表

（截至 2012 年 5 月，按首次通过评估时间排序） 表4

序号	学校	本科合格有效期	硕士合格有效期	首次通过评估时间
1	清华大学	——	2010.5～2016.5	1998.6
2	东南大学	2010.5～2016.5	2010.5～2016.5	1998.6
3	同济大学	2010.5～2016.5	2010.5～2016.5	1998.6
4	重庆大学	2010.5～2016.5	2010.5～2016.5	1998.6
5	哈尔滨工业大学	2010.5～2016.5	2010.5～2016.5	1998.6
6	天津大学	2010.5～2016.5	2010.5～2016.5（2006年6月至2010年5月硕士研究生教育不在有效期内）	2000.6
7	西安建筑科技大学	2012.5～2018.5	2012.5～2018.5	2000.6
8	华中科技大学	2012.5～2018.5	2012.5～2018.5	本科2000.6/硕士2006.6
9	南京大学	2008.5～2014.5（2006年6月至2008年5月本科教育不在有效期内）	2008.5～2014.5	2002.7
10	华南理工大学	2008.5～2014.5	2008.5～2014.5	2002.6
11	山东建筑大学	2008.5～2014.5	2012.5～2016.5	本科2004.6/硕士2012.5
12	西南交通大学	2010.5～2016.5	——	2006.6
13	浙江大学	2010.5～2016.5	2012.5～2016.5	本科2006.6/硕士2012.5
14	武汉大学	2012.5～2018.5	2012.5～2018.5	2008.5
15	湖南大学	2012.5～2018.5	2012.5～2016.5	本科2008.5/硕士2012.5
16	苏州科技学院	2012.5～2018.5	——	2008.5
17	沈阳建筑大学	2012.5～2018.5	2012.5～2018.5	本科2008.5/硕士2012.5
18	安徽建筑工业学院	2012.5～2016.5	——	2008.5
19	昆明理工大学	2012.5～2016.5	2012.5～2016.5	本科2008.5/硕士2012.5
20	中山大学	2009.5～2013.5	——	2009.5
21	南京工业大学	2009.5～2013.5	——	2009.5
22	中南大学	2009.5～2013.5	——	2009.5
23	深圳大学	2009.5～2013.5	——	2009.5
24	西北大学	2009.5～2013.5	2009.5～2013.5	2009.5
25	大连理工大学	2010.5～2014.5	——	2010.5
26	浙江工业大学	2010.5～2014.5	——	2010.5
27	北京建筑工程学院	2011.5～2015.5	——	2011.5
28	广州大学	2011.5～2015.5	——	2011.5
29	北京大学	2011.5～2015.5	——	2011.5
30	福建工程学院	2012.5～2016.5	——	2012.5

（王柏峰）

【**高校城市规划硕士专业学位授予工作**】 根据2012年住房和城乡建设部高等教育城市规划专业评估委员会作出的评估结论及相关学校的申请，2012年9月，国务院学位委员会印发《关于批准北京建筑工程学院等高等学校开展建筑学学士、硕士专业学位和城市规划硕士专业学位授予工作的通知》（学位〔2012〕33号），批准沈阳建筑大学、浙江大学、山东建筑大学、武汉大学、华中科技大学、湖南大学、昆明理工大学、西安建筑科技大学8所开展城市规划硕士专业学位授予工作。2011年国务院学位委员会、教育部、住房城乡建设部启动城市规划硕士专业学位授予工作以来，已批准2批共17所学校开展城市规划硕士专业学位授予工作。名单及有效期见表5。

开展城市规划硕士专业学位授予工作的高校名单及有效期统计表

（截至2012年9月）

表5

序号	学校	授予城市规划硕士专业学位有效期	获得授予权年份	备注
1	清华大学	2011年9月～2016年5月	2011年	/
2	天津大学	2011年9月～2016年5月	2011年	/
3	哈尔滨工业大学	2011年9月～2016年5月	2011年	/
4	同济大学	2011年9月～2016年5月	2011年	/
5	南京大学	2011年9月～2014年5月	2011年	/
6	东南大学	2011年9月～2016年5月	2011年	/
7	武汉大学	2011年9月～2018年5月	2011年	该校2011年9月获得城市规划硕士专业学位授予权，有效期为2011年9月至2012年5月。2012年通过城市规划专业评估复评后，根据国务院学位委员会通知，第二轮有效期从2012年9月起计算
8	华南理工大学	2011年9月～2014年5月	2011年	/
9	重庆大学	2011年9月～2016年5月	2011年	/
10	西北大学	2011年9月～2013年5月	2011年	/
11	西安建筑科技大学	2011年9月～2018年5月	2011年	该校2011年9月获得城市规划硕士专业学位授予权，有效期为2011年9月至2012年5月。2012年通过城市规划专业评估复评后，根据国务院学位委员会通知，第二轮有效期从2012年9月起计算
12	沈阳建筑大学	2012年9月～2018年5月	2012年	/
13	浙江大学	2012年9月～2016年5月	2012年	/
14	山东建筑大学	2012年9月～2016年5月	2012年	/
15	华中科技大学	2012年9月～2018年5月	2012年	/
16	湖南大学	2012年9月～2016年5月	2012年	/
17	昆明理工大学	2012年9月～2016年5月	2012年	/

（王柏峰）

【2011～2012年度高等学校土木工程专业教育评估工作】 2012年，住房和城乡建设部高等教育土木工程专业评估委员会对沈阳建筑大学、郑州大学、合肥工业大学、武汉理工大学、华侨大学、石家庄铁道大学、北京工业大学、兰州交通大学、昆明理工大学、西安交通大学、华北水利水电学院、四川大学、安徽建筑工业学院、内蒙古工业大学、西南科技大学、安徽理工大学、盐城工学院、桂林理工大学、燕山大学、暨南大学、浙江科技学院21所学校的土木工程专业进行评估。评估委员会全体委员对各校的自评报告进行审阅，于5～6月派遣视察小组进校实地视察。经评估委员会全体会议讨论，做出评估结论，见表6。

2011～2012年高校土木工程专业评估结论

表6

序号	学校	专业	授予学位	合格有效期	备注
1	沈阳建筑大学	土木工程	学士	八年（2012.6～2020.6）	复评
2	郑州大学	土木工程	学士	五年（2012.6～2017.6）	复评
3	合肥工业大学	土木工程	学士	八年（2012.6～2020.6）	复评

续表

序号	学校	专业	授予学位	合格有效期	备注
4	武汉理工大学	土木工程	学士	五年(2012.6~2017.6)	复评
5	华侨大学	土木工程	学士	五年(2012.6~2017.6)	复评
6	石家庄铁道大学	土木工程	学士	五年(2012.6~2017.6)	复评
7	北京工业大学	土木工程	学士	五年(2012.6~2017.6)	复评
8	兰州交通大学	土木工程	学士	八年(2012.6~2020.6)	复评
9	昆明理工大学	土木工程	学士	五年(2012.6~2017.6)	复评
10	西安交通大学	土木工程	学士	五年(2012.6~2017.6)	复评
11	华北水利水电学院	土木工程	学士	五年(2012.6~2017.6)	复评
12	四川大学	土木工程	学士	五年(2012.6~2017.6)	复评
13	安徽建筑工业学院	土木工程	学士	五年(2012.6~2017.6)	复评
14	内蒙古工业大学	土木工程	学士	五年(2012.6~2017.6)	初评
15	西南科技大学	土木工程	学士	五年(2012.6~2017.6)	初评
16	安徽理工大学	土木工程	学士	五年(2012.6~2017.6)	初评
17	盐城工学院	土木工程	学士	五年(2012.6~2017.6)	初评
18	桂林理工大学	土木工程	学士	五年(2012.6~2017.6)	初评
19	燕山大学	土木工程	学士	五年(2012.6~2017.6)	初评
20	暨南大学	土木工程	学士	五年(2012.6~2017.6)	初评
21	浙江科技学院	土木工程	学士	五年(2012.6~2017.6)	初评

截至2012年6月,全国共有66所高校的土木工程专业通过评估。详见表7。

高校土木工程专业评估通过学校和有效期情况统计表

(截至2012年6月,按首次通过评估时间排序) 表7

序号	学校	本科合格有效期	首次通过评估时间	序号	学校	本科合格有效期	首次通过评估时间
1	清华大学	2005.6~2013.6	1995.6	14	武汉理工大学	2012.6~2017.6	1997.6
2	天津大学	2005.6~2013.6	1995.6	15	华中科技大学	2008.5~2013.5	1997.6
3	东南大学	2005.6~2013.6	1995.6	16	西南交通大学	2007.5~2015.5	1997.6
4	同济大学	2005.6~2013.6	1995.6	17	中南大学	2009.5~2014.5 (2002年6月至2004年6月不在有效期内)	1997.6
5	浙江大学	2005.6~2013.6	1995.6	18	华侨大学	2012.6~2017.6	1997.6
6	华南理工大学	2010.5~2018.5	1995.6	19	北京交通大学	2009.5~2017.5	1999.6
7	重庆大学	2005.6~2013.6	1995.6	20	大连理工大学	2009.5~2017.5	1999.6
8	哈尔滨工业大学	2005.6~2013.6	1995.6	21	上海交通大学	2009.5~2017.5	1999.6
9	湖南大学	2005.6~2013.6	1995.6	22	河海大学	2009.5~2017.5	1999.6
10	西安建筑科技大学	2005.6~2013.6	1995.6	23	武汉大学	2009.5~2017.5	1999.6
11	沈阳建筑大学	2012.6~2020.6	1997.6	24	兰州理工大学	2009.5~2014.5	1999.6
12	郑州大学	2012.6~2017.6	1997.6	25	三峡大学	2011.5~2016.5 (2004年6月至2006年6月不在有效期内)	1999.6
13	合肥工业大学	2012.6~2020.6	1997.6	26	南京工业大学	2011.5~2019.5	2001.6

续表

序号	学校	本科合格有效期	首次通过评估时间	序号	学校	本科合格有效期	首次通过评估时间
27	石家庄铁道大学	2012.6~2017.6（2006年6月至2007年5月不在有效期内）	2001.6	44	四川大学	2012.6~2017.6	2007.5
				45	安徽建筑工业学院	2012.6~2017.6	2007.5
				46	浙江工业大学	2008.5~2013.5	2008.5
28	北京工业大学	2012.6~2017.6	2002.6	47	解放军理工大学	2008.5~2013.5	2008.5
29	兰州交通大学	2012.6~2020.6	2002.6	48	西安理工大学	2008.5~2013.5	2008.5
30	山东建筑大学	2008.5~2013.5	2003.6	49	长沙理工大学	2009.5~2014.5	2009.5
				50	天津城市建设学院	2009.5~2014.5	2009.5
31	河北工业大学	2009.5~2014.5（2008年5月至2009年5月不在有效期内）	2003.6	51	河北建筑工程学院	2009.5~2014.5	2009.5
				52	青岛理工大学	2009.5~2014.5	2009.5
				53	南昌大学	2010.5~2015.5	2010.5
32	福州大学	2008.5~2013.5	2003.6	54	重庆交通大学	2010.5~2015.5	2010.5
33	广州大学	2010.5~2015.5	2005.6	55	西安科技大学	2010.5~2015.5	2010.5
34	中国矿业大学	2010.5~2015.5	2005.6	56	东北林业大学	2010.5~2015.5	2010.5
35	苏州科技学院	2010.5~2015.5	2005.6	57	山东大学	2011.5~2016.5	2011.5
36	北京建筑工程学院	2011.5~2016.5	2006.6	58	太原理工大学	2011.5~2016.5	2011.5
37	吉林建筑工程学院	2011.5~2016.5	2006.6	59	内蒙古工业大学	2012.6~2017.6	2012.6
38	内蒙古科技大学	2011.5~2016.5	2006.6	60	西南科技大学	2012.6~2017.6	2012.6
39	长安大学	2011.5~2016.5	2006.6	61	安徽理工大学	2012.6~2017.6	2012.6
40	广西大学	2011.5~2016.5	2006.6	62	盐城工学院	2012.6~2017.6	2012.6
41	昆明理工大学	2012.6~2017.6	2007.5	63	桂林理工大学	2012.6~2017.6	2012.6
42	西安交通大学	2012.6~2017.6（有条件）	2007.5	64	燕山大学	2012.6~2017.6	2012.6
				65	暨南大学	2012.6~2017.6	2012.6
43	华北水利水电学院	2012.6~2017.6	2007.5	66	浙江科技学院	2012.6~2017.6	2012.6

（王柏峰）

【2011~2012年度高等学校建筑环境与设备工程专业教育评估工作】 2012年，住房和城乡建设部高等教育建筑环境与设备工程专业评估委员会对清华大学、同济大学、天津大学、哈尔滨工业大学、重庆大学、沈阳建筑大学、南京工业大学、大连理工大学、上海理工大学9所学校的建筑环境与设备工程专业进行了评估。评估委员会全体委员对学校的自评报告进行审阅。5月，派遣视察小组进校实地视察。经评估委员会全体会议讨论，做出评估结论，见表8。

2011~2012年度高等学校建筑环境与设备工程专业教育评估结论　　表8

序号	学校	专业	授予学位	合格有效期	备注
1	清华大学	建筑环境与设备工程	学士	五年(2012.5~2017.5)	复评
2	同济大学	建筑环境与设备工程	学士	五年(2012.5~2017.5)	复评
3	天津大学	建筑环境与设备工程	学士	五年(2012.5~2017.5)	复评
4	哈尔滨工业大学	建筑环境与设备工程	学士	五年(2012.5~2017.5)	复评
5	重庆大学	建筑环境与设备工程	学士	五年(2012.5~2017.5)	复评
6	沈阳建筑大学	建筑环境与设备工程	学士	五年(2012.5~2017.5)	复评
7	南京工业大学	建筑环境与设备工程	学士	五年(2012.5~2017.5)	复评
8	大连理工大学	建筑环境与设备工程	学士	五年(2012.5~2017.5)	初评
9	上海理工大学	建筑环境与设备工程	学士	五年(2012.5~2017.5)	初评

截至2012年5月,全国共有29所高校的建筑环境与设备工程专业通过评估。见表9。

高校建筑环境与设备工程专业评估通过学校和有效期情况统计表

(截至2012年5月,按首次通过评估时间排序)　　　　表9

序号	学校	本科合格有效期	首次通过评估时间	序号	学校	本科合格有效期	首次通过评估时间
1	清华大学	2012.5~2017.5	2002.5	14	广州大学	2011.5~2016.5	2006.6
2	同济大学	2012.5~2017.5	2002.5	15	北京工业大学	2011.5~2016.5	2006.6
3	天津大学	2012.5~2017.5	2002.5	16	沈阳建筑大学	2012.5~2017.5	2007.6
4	哈尔滨工业大学	2012.5~2017.5	2002.5	17	南京工业大学	2012.5~2017.5	2007.6
5	重庆大学	2012.5~2017.5	2002.5	18	长安大学	2008.5~2013.5	2008.5
6	解放军理工大学	2008.5~2013.5	2003.5	19	吉林建筑工程学院	2009.5~2014.5	2009.5
7	东华大学	2008.5~2013.5	2003.5	20	青岛理工大学	2009.5~2014.5	2009.5
8	湖南大学	2008.5~2013.5	2003.5	21	河北建筑工程学院	2009.5~2014.5	2009.5
9	西安建筑科技大学	2009.5~2014.5	2004.5	22	中南大学	2009.5~2014.5	2009.5
10	山东建筑大学	2010.5~2015.5	2005.6	23	安徽建筑工业学院	2009.5~2014.5	2009.5
11	北京建筑工程学院	2010.5~2015.5	2005.6	24	南京理工大学	2010.5~2015.5	2010.5
12	华中科技大学	2011.5~2016.5(2010年5月至2011年5月不在有效期内)	2005.6	25	西安交通大学	2011.5~2016.5	2011.5
				26	兰州交通大学	2011.5~2016.5	2011.5
				27	天津城市建设学院	2011.5~2016.5	2011.5
				28	大连理工大学	2012.5~2017.5	2012.5
13	中原工学院	2011.5~2016.5	2006.6	29	上海理工大学	2012.5~2017.5	2012.5

(王柏峰)

【2011~2012年度高等学校给水排水工程专业教育评估工作】 2012年,住房和城乡建设部高等教育给水排水工程专业评估委员会对南京工业大学、兰州交通大学、广州大学、安徽建筑工业学院、沈阳建筑大学、济南大学6所学校的给水排水工程专业进行评估。评估委员会全体委员对各校的自评报告进行审阅。5月,派遣视察小组进校实地视察。经评估委员会全体会议讨论,做出评估结论,见表10。

2011~2012年度高等学校给水排水工程专业教育评估结论　　　　表10

序号	学校	专业	授予学位	合格有效期	备注
1	南京工业大学	给水排水工程	学士	五年(2012.5~2017.5)	复评
2	兰州交通大学	给水排水工程	学士	五年(2012.5~2017.5)	复评
3	广州大学	给水排水工程	学士	五年(2012.5~2017.5)	复评
4	安徽建筑工业学院	给水排水工程	学士	五年(2012.5~2017.5)	复评
5	沈阳建筑大学	给水排水工程	学士	五年(2012.5~2017.5)	复评
6	济南大学	给水排水工程	学士	五年(2012.5~2017.5)	初评

截至2012年5月,全国共有29所高校的给水排水工程专业通过评估。详见表11。

高校给水排水工程专业评估通过学校和有效期情况统计表
（截至2012年5月，按首次通过评估时间排序）　　　表11

序号	学校	本科合格有效期	首次通过评估时间	序号	学校	本科合格有效期	首次通过评估时间
1	清华大学	2009.5～2014.5	2004.5	16	桂林理工大学	2008.5～2013.5	2008.5
2	同济大学	2009.5～2014.5	2004.5	17	武汉理工大学	2008.5～2013.5	2008.5
3	重庆大学	2009.5～2014.5	2004.5	18	扬州大学	2008.5～2013.5	2008.5
4	哈尔滨工业大学	2009.5～2014.5	2004.5	19	山东建筑大学	2008.5～2013.5	2008.5
5	西安建筑科技大学	2010.5～2015.5	2005.6	20	武汉大学	2009.5～2014.5	2009.5
6	北京建筑工程学院	2010.5～2015.5	2005.6	21	苏州科技学院	2009.5～2014.5	2009.5
7	河海大学	2011.5～2016.5	2006.6	22	吉林建筑工程学院	2009.5～2014.5	2009.5
8	华中科技大学	2011.5～2016.5	2006.6	23	四川大学	2009.5～2014.5	2009.5
9	湖南大学	2011.5～2016.5	2006.6	24	青岛理工大学	2009.5～2014.5	2009.5
10	南京工业大学	2012.5～2017.5	2007.5	25	天津城市建设学院	2009.5～2014.5	2009.5
11	兰州交通大学	2012.5～2017.5	2007.5	26	华东交通大学	2010.5～2015.5	2010.5
12	广州大学	2012.5～2017.5	2007.5	27	浙江工业大学	2010.5～2015.5	2010.5
13	安徽建筑工业学院	2012.5～2017.5	2007.5	28	昆明理工大学	2011.5～2016.5	2011.5
14	沈阳建筑大学	2012.5～2017.5	2007.5	29	济南大学	2012.5～2017.5	2012.5
15	长安大学	2008.5～2013.5	2008.5				

（王柏峰）

【2011～2012年度高等学校工程管理专业教育评估工作】 2012年，住房和城乡建设部高等教育工程管理专业评估委员会对沈阳建筑大学、华北水利水电学院、三峡大学、长沙理工大学4所学校的工程管理专业进行评估。评估委员会全体委员对各校的自评报告进行审阅。5月，派遣视察小组进校实地视察。经评估委员会全体会议讨论，做出评估结论，见表12。

2011～2012年度高等学校工程管理专业教育评估结论　　　表12

序号	学校	专业	授予学位	合格有效期	备注
1	沈阳建筑大学	工程管理	学士	五年(2012.5～2017.5)	复评
2	华北水利水电学院	工程管理	学士	五年(2012.5～2017.5)	初评
3	三峡大学	工程管理	学士	五年(2012.5～2017.5)	初评
4	长沙理工大学	工程管理	学士	五年(2012.5～2017.5)	初评

截至2012年5月，全国共有33所高校的工程管理专业通过评估。见表13。

高校工程管理专业评估通过学校和有效期情况统计表
（截至2012年5月，按首次通过评估时间排序）　　　表13

序号	学校	本科合格有效期	首次通过评估时间	序号	学校	本科合格有效期	首次通过评估时间
1	重庆大学	2009.5～2014.5	1999.11	7	天津大学	2011.5～2016.5	2001.6
2	哈尔滨工业大学	2009.5～2014.5	1999.11	8	南京工业大学	2011.5～2016.5	2001.6
3	西安建筑科技大学	2009.5～2014.5	1999.11	9	广州大学	2008.5～2013.5	2003.6
4	清华大学	2009.5～2014.5	1999.11	10	东北财经大学	2008.5～2013.5	2003.6
5	同济大学	2009.5～2014.5	1999.11	11	华中科技大学	2010.5～2015.5	2005.6
6	东南大学	2009.5～2014.5	1999.11	12	河海大学	2010.5～2015.5	2005.6

续表

序号	学校	本科合格有效期	首次通过评估时间	序号	学校	本科合格有效期	首次通过评估时间
13	华侨大学	2010.5~2015.5	2005.6	24	郑州航空工业管理学院	2009.5~2014.5	2009.5
14	深圳大学	2010.5~2015.5	2005.6	25	天津城市建设学院	2009.5~2014.5	2009.5
15	苏州科技学院	2010.5~2015.5	2005.6	26	吉林建筑工程学院	2009.5~2014.5	2009.5
16	中南大学	2011.5~2016.5	2006.6	27	兰州交通大学	2010.5~2015.5	2010.5
17	湖南大学	2011.5~2016.5	2006.6	28	河北建筑工程学院	2010.5~2015.5	2010.5
18	沈阳建筑大学	2012.5~2017.5	2007.6	29	中国矿业大学	2011.5~2016.5	2011.5
19	北京建筑工程学院	2008.5~2013.5	2008.5	30	西南交通大学	2011.5~2016.5	2011.5
20	山东建筑大学	2008.5~2013.5	2008.5	31	华北水利水电学院	2012.5~2017.5	2012.5
21	安徽建筑工业学院	2008.5~2013.5	2008.5	32	三峡大学	2012.5~2017.5	2012.5
22	武汉理工大学	2009.5~2014.5	2009.5	33	长沙理工大学	2012.5~2017.5	2012.5
23	北京交通大学	2009.5~2014.5	2009.5				

（王柏峰）

4. 干部教育培训及人才工作

【领导干部和专业技术人员培训工作】 按照中央大规模培训干部要求，2012年住房城乡建设部机关、直属单位和部管社会团体共组织培训班409项，763个班次，培训领导干部和专业技术人员69113人次。全国市长研修学院共组织7期市长培训班，共培训市长217人次。支持西藏、新疆、青海领导干部培训工作，举办援藏培训班1期、援疆培训班2期、援青培训班1期，培训相关地区领导干部和管理人员278人次，住房城乡建设部补贴经费56万元。（王柏峰）

【举办全国专业技术人才知识更新工程"城市生活垃圾处理与资源化"高级研修班】 2012年7月30日至8月3日，住房城乡建设部在北京举办"城市生活垃圾处理与资源化"高级研修班，各省（区市）建设（市容环卫）主管部门以及相关科研、设计、技术推广单位、院校的专业技术人员43名参加。这期研修班列入全国专业技术人才知识更新工程，经费由人力资源社会保障部全额资助。（王柏峰）

【继续开展住房城乡建设系统定向硕士研究生培养工作】 2012年，住房城乡建设部委托哈尔滨工业大学举办"城乡规划与管理"定向研究生班（单独考试）；继续委托中国人民大学在住房城乡建设系统开展定向培养公共管理硕士（MPA）工作。（王柏峰）

【住房城乡建设部选派1名"博士服务团"成员到西部地区服务锻炼】 按照中央组织部、共青团中央《关于开展第13批博士服务团成员选派工作的通知》，住房城乡建设部选派了1名"博士服务团"成员赴贵州服务锻炼。（王柏峰）

【住房城乡建设部所属单位6人获2012年度国务院政府特殊津贴】 经国务院批准，住房城乡建设部相关直属单位、部管社团6人获2012年度国务院政府特殊津贴。截至2012年，住房城乡建设部机关、直属单位及部管社团共有享受政府特殊津贴人员72名。（王柏峰）

【住房城乡建设部接受2名"西部之光"访问学者】 根据中组部、教育部、科技部、中科院《关于做好2012年"西部之光"访问学者选派工作的通知》，住房城乡建设部接受了西藏、云南各1名青年科研骨干人才，到部属事业单位进行研修学习。（王柏峰）

5. 执业资格工作

【住房城乡建设领域个人执业资格考试情况】 2012年，共有98.4万人次参加住房城乡建设领域个人执业资格全国统一考试（不含二级），当年共有12.3万人次通过考试并取得执业资格证书。2012年住房城乡建设领域个人执业资格全国统一考试情况统计见表14。

2012年住房城乡建设领域个人执业资格全国统一考试情况统计表　　表14

序号	专业	2012年参加考试人次	2012年取得资格人次
1	建筑（一级）	37424	1822

序号	专业	2012年参加考试人次	2012年取得资格人次
2	结构工程(一级)	18833	2032
3	岩土工程	5898	365
4	港口与航道工程	398	126
5	水利水电工程	2417	556
6	公用设备工程	12851	2958
7	电气工程	7638	1662
8	环保工程	3319	993
9	化工工程	2232	1061
10	建造(一级)	652883	63332
11	工程监理	52486	16302
12	城市规划	17412	1910
13	工程造价	92529	10056
14	物业管理	47394	13150
15	房地产估价	13549	1953
16	房地产经纪	15702	3445
	合计	984976	123734

(王柏峰)

【住房城乡建设领域个人执业资格及注册情况】 截至2012年底，住房城乡建设领域取得各类执业资格人员共104.9万人(不含二级)，注册人数73.2万人。住房城乡建设领域执业资格人员专业分布及注册情况统计见表15。

住房城乡建设领域执业资格人员专业分布及注册情况统计表
(截至2012年12月31日)　　　　　　　　　　　　　　　　　表15

行业	类别	专业	取得资格人数	注册人数	备注
勘察设计	(一)注册建筑师(一级)		28348	26702	
	(二)勘察设计注册工程师	1. 土木工程 岩土工程	13962	12463	
		水利水电工程	7199	0	未注册
		港口与航道工程	1377	0	未注册
		道路工程	2411	0	未注册
		2. 结构工程(一级)	45516	41037	
		3. 公用设备工程	23034	16632	
		4. 电气工程	17389	12650	
		5. 化工工程	6017	3621	
		6. 环保工程	3896	0	未注册
		7. 机械工程	3458	0	未注册
		8. 冶金工程	1502	0	未注册
		9. 采矿/矿物工程	1461	0	未注册
		10. 石油/天然气工程	438	0	未注册
建筑业	(三)建造师(一级)		402040	282397	
	(四)监理工程师		203536	135891	
	(五)造价工程师		132934	120000	
房地产业	(六)房地产估价师		46151	41279	
	(七)房地产经纪人		47676	25845	
	(八)物业管理师		43649	0	未注册
城市规划	(九)注册城市规划师		17987	14081	
	总计		1049981	732598	

(王柏峰)
(住房和城乡建设部人事司)

城乡建设档案工作

【概况】 2012年,在各级建设或规划行政主管部门的领导下,各级城建档案管理机构和广大城建档案工作者,紧紧围绕城乡规划建设管理工作大局,积极履行职责,扎实开展工作,全国城乡建设档案工作取得新进展,服务经济社会发展取得新成绩。

【城乡建设档案工作体系基本形成】 住房城乡建设部办公厅专门设有城建档案办公室,23个省区市建设或规划部门设有城建档案管理机构,其他省区的建设厅都有处室负责这项工作;截至2012年,城建档案馆建馆率地级以上城市达到90%以上,县级市和县达到60%以上。山东省17个设区市馆全部加挂了城建档案管理处(办)的牌子,淄博市设立副县级的城建档案和地下管线管理处,寿光、荣成等十几个县市区馆也加挂管理处(办)的牌子;江苏省所有市县全部设立城建档案馆(室),多数城市设置城建档案管理处,实行馆处合一体制,具备业务指导、检查监督和行政执法职能。浙江省11市和义乌市建设部门建立专门的档案管理机构,各县均已建立城建档案馆(室);四川省18个市都建立了城建档案机构,110个县(区、市)设立了城建档案馆(室)。部、省、市、县四级城建档案工作体系基本形成,行业管理、行政指导和公共服务职能进一步强化。

【城建档案及地下管线法规和技术标准建设卓有成效】 全国已有21个省区市政府颁布了城乡建设档案管理办法,其中黑龙江省对城建档案馆建设、乡镇建设档案管理、城建档案管理经费及信息化等都作了明确规定;《陕西省城市地下管网管理条例》通过省政府研究,并提交省人大常委会审议。济南、西安、长沙、南昌、太原、西宁等城市通过市人大立法制定城建档案管理条例,杭州、昆明、长沙通过市人大立法制定地下管线或管线档案管理条例,厦门、济南、沈阳、南京、合肥、银川、乌鲁木齐、淄博、扬州等市政府制定了地下管线档案管理办法。四川省成都、绵阳、攀枝花等18市政府均出台城建档案管理规定和城市地下管线工程档案管理办法,山东省近些年已有15市政府、14县(县级市)政府出台或重新修订了城建档案、地下管线管理办法。住房和城乡建设部城建档案工作办公室先后组织制订《建设电子文件与电子档案管理规范》、《城建档案业务管理规范》两个行业标准,发布《建设工程电子文件元数据标准》,北京、天津城建档案馆参加《建筑工程资料管理规程》、《城市轨道交通工程档案整理标准》等行业标准的制订,上海、天津、江苏、安徽等省市也相继制订了城建档案地方标准。

【依法按程序归集和管理建设工程档案成效明显】 各地认真落实住房城乡建设部《关于切实加强建设工程档案归集管理的通知》(建办〔2011〕161号)精神,将建设工程档案归集纳入城乡规划和工程建设管理程序,大部分城市实行"三书"制度:在领取建设工程规划许可证或施工许可证前,建设单位签订《建设工程档案报送责任书》,明确向城建档案管理机构报送工程档案的责任;在工程竣工验收前,城建档案管理机构对工程档案进行预验收,预验收合格的,出具《建设工程档案预(专项)验收意见书》,作为规划验收(核查)、竣工验收和办理竣工备案手续的依据之一;工程档案按规定报送后,城建档案管理机构向建设单位出具《建设工程档案接收证明书》(《建设工程档案合格证》),作为申办房屋产权初始登记的依据之一。江西、山东等省还实行全省范围内程序、文书、时限"三统一"的工程档案归集制度。各地城建档案管理机构普遍入驻当地政府政务服务中心、规划或建设服务中心,有的还盯在重点工程现场,为建设单位提供优质高效服务。各地城建档案管理机构还组织开展城建档案执法检查或参加建筑市场、工程质量安全检查,对拒交工程档案、不按规定移交管线档案的违法违规行为予以依法查处。

【城市地下管线工程档案管理稳步推进】 近几年来,住房城乡建设部先后对广东、湖北、湖南、山东、福建、重庆等地贯彻落实《城市地下管线工程档案管理办法》的情况进行了检查,国务院参事室也在全国有关省市开展了城市地下管线规划建设管理调研,引起有关地方政府及主管部门的高度重视。山东省政府就管线安全专门制发文件，截至2012年，山东17个设区市中，莱芜、日照、威海等9市完成管线普查并建立运行信息系统，淄博、聊城2市基本完成管线普查并调试信息系统，济南、青岛2市对原有系统进行完善和升级，潍坊、临沂等4市启动管线普查；91个县市中，即墨、龙口、莒县等10个县市完成管线普查和信息系统建设。湖南省长沙市在全国大城市中率先启动新一轮地下管线信息化工程，由市财政直接投资，先后录入管线信息1.2万公里，城建档案馆通过与测绘院联动对管线状况进行动态管理，走出了一条成功路子；天津市规划局专门组建地下空间规划管理信息中心，不仅运用市场机制和规划管理手段收集完善了管线信息，还把人防、地铁、地下停车场等信息纳入了信息系统；厦门、广州、武汉在构建管线信息系统的同时，培育了当地地理信息技术企业；昆明地下管线信息系统建设项目，荣获2011年度中国人居环境范例奖；宁波、福州、沈阳、南京、石家庄、成都、银川、贵阳、无锡、嘉兴、株洲等城市及北京、上海、重庆部分城区，都已开展管线普查并建立运行信息系统。

【中小城市城乡建设档案工作发展迅速】 各地认真贯彻落实建设部《关于加强中小城市城乡建设档案工作的意见》（建办〔2007〕68号），县市区城建档案工作取得较快发展。截至2012年，全国已有1000多个县市区建立城建档案馆（室）。北京市10个远郊区县陆续建立专门的城建档案管理机构，均为各区县规划分局所属的全额事业单位；河北省136个县全部建立城建档案管理机构，均隶属于县住房城乡建设局，建馆（室）率达到100%；重庆市38个区县均设立有城建档案馆（室），区、县设馆（室）率达100%。江苏省在所有县全部建馆的基础上，依托村镇建管所建立村镇建设档案室，并制定《江苏省村镇建设档案归档范围和分类大纲》，开展了村镇建设档案室评估。辽宁省有41个独立设置的县市区馆，13个县市开展了地下管线档案收集工作，19个县市开展声像档案拍摄和制作工作。

【城建档案信息化水平不断提高】 城建档案在检索自动化、存储数字化、利用网络化方面取得重要成果，全国绝大多数城建档案馆实现了档案目录计算机管理，东部沿海地区设市城市和中西部大城市基本实现房产档案数字化，50%以上的城建档案馆建立了城建档案管理信息系统，大中城市普遍开展了城建档案数字化工作，北京、上海、天津、重庆、河北、山西、辽宁、黑龙江、江苏、福建、江西、湖北、湖南、陕西、贵州等省市建立开通"城建档案"网站。珠海、芜湖等数字城建档案馆示范项目通过部级鉴定，上海、天津、广州、杭州等建成数字城建档案馆，江苏省绝大多数城建档案馆建立局域网。汶川地震后，各地按部里要求积极开展城建档案信息异地备份工作，乌鲁木齐、南宁、太原、成都等地完成一到二轮备份。

【城建档案馆库和馆藏资源建设同步推进】 截至2012年，全国城建档案馆库建设迎来新高潮，极大地改善了城建档案保管条件。北京、广州、南宁、沈阳等新馆建筑面积都在3万平方米以上，武汉、西安、济南、延安等新馆库也在建设中。江苏省馆房建筑总面积由2005年的3.4万平方米增加到2012年的11万平方米，无锡、镇江、常州、徐州等新馆相继建成投入使用，南通、连云港、太仓等市县在建新馆。各地强化加大了工程档案归集力度，许多地区通过实行"三书"制度使工程档案接收进馆率接近100%。一些城市积极开展老照片、老图纸等历史档案资料征集，进一步丰富了馆藏。城市基础设施档案、重点工程档案、电子档案、声像档案在馆藏中的比例逐步扩大，城建档案门类趋向齐全，结构趋向合理，馆藏越来越丰富。

【住房城乡建设档案查询利用成果丰硕】 各地积极主动地开展城建档案服务，在城市规划建设管理、住房保障与房地产调控、行政决策、投资调研、抢修救灾、编史修志、处理民事纠纷、应对突发事件等工作中发挥重要作用。四川省近5年间接待查阅利用城建档案18万人次，提供利用45万卷；天津市城建档案馆2011年提供查档服务1600多人次，实现"零信访、零投诉、零纠纷"。各地城建档案馆还编制《城建档案馆指南》、《城市简介》、《城市建设大事记》、《重点工程简介》等，开展多形式、多途径的城建档案利用服务。上海、广州、绍兴等城建档案馆的编研工作已经成为城建档案界的文化品牌，上海城建档案馆编写的《上海邬达克建筑》一书被匈牙利代总统作为礼物送给访匈的中国国家领导人。山东省所有市县房产档案已实现数字化，成为率先全面建成个人住房信息系统并完成省市县三级联网的前提和依托，在执行差别化的房地产税收、信贷政策和限购措施以及保证保障房分配公平公正方面发挥了重要作用。

（住房和城乡建设部城建档案工作办公室）

住房城乡建设稽查执法

【稽查执法体制机制建设情况】 1月13日，在北京召开全国住房城乡建设稽查执法工作座谈会，会议旨在贯彻落实2012年全国住房城乡建设工作会议精神，总结《住房和城乡建设部2011年重点稽查执法工作方案》（建稽〔2011〕33号）落实执行情况，研究解决工作中存在的问题，交流经验，部署2012年稽查执法重点工作。会前，住房和城乡建设部部长姜伟新专门作出重要批示："继续围绕中心工作展开稽查工作，有问题的，查实后要按规定严肃处理"。副部长陈大卫出席会议并作工作报告。他肯定了2011年稽查执法工作取得的成效，并对2012年工作作出部署，要求在推动中央决策部署落实见到新成效，推动城镇化健康有序发展实现新突破、维护市场秩序保障质量安全迈上新台阶、规范行政权力运行取得新进展，狠抓落实，务求实效，实现稽查执法工作新跨越。继续推动预警预报、集体研判、协同联动、警示震慑等工作机制建设。推广住房城乡建设领域违法违规举报信息系统，新增在广东、河南、贵州、福建、宁夏、青海、新疆7省区应用，为建立部省共享的信息平台打基础。强化信息宣传，及时反映部及各地工作动态，交流工作经验。印发并在报刊、部网站上登载稽查执法工作动态56期。

【重点稽查执法工作】 围绕部中心任务，统筹部署保障性安居工程、房地产市场调控、城乡规划建设管理、建筑节能和城镇减排、住房公积金监督检查、建筑市场和工程质量安全监督检查等方面稽查执法工作，2月，会同部相关司局制定《住房和城乡建设部2012年重点稽查执法工作方案》（建稽〔2012〕26号），共计安排13项专项重点检查内容。明确重点稽查执法工作分三个阶段进行，1～2月为部署阶段，3～11月为实施阶段，12月为总结阶段，并要求各地要将开展重点稽查执法工作作为2012年一项重要工作任务，周密部署，扎实推进，强化对市场各方主体行为的监督检查，保障住房城乡建设中心任务顺利完成，确保中央决策部署贯彻落实，营造良好发展环境。

配合部各司局开展专项检查，派出200余人次，参加保障性住房建设工程质量监督执法检查、建筑节能与城镇减排工作检查、风景区保护管理执法检查、扩大农村危房改造试点任务落实情况检查、房屋征收与补偿条例执行情况督查调研、高强钢筋推广应用情况检查等11项检查。参加了为期3个月的中央信访维稳督导工作。通过开展重点稽查执法工作，促进部中心任务的落实，推动解决突出问题，进一步规范市场。

各级住房城乡建设主管部门按照《住房和城乡建设部2012年重点稽查执法工作方案》（建稽〔2012〕26号），紧紧围绕中心任务，深入开展监督检查，取得积极成效。

【开展保障性安居工程监督检查】 住房城乡建设部及新疆等16个省份建立专项巡查机制。据不完全统计，各地围绕保障性安居工程开展专项检查1140余次，完善政策制度180余项，查处违规问题440余起，给予行政处罚320余件，罚没金额960万元。

【开展房地产市场监督检查，落实调控政策】 各地围绕房地产市场开展专项检查2260余次，完善政策制度190余项，查处违规问题3180余起，给予行政处罚2340余件，罚没金额6030万元。

【开展城乡规划、建设管理监督检查，促进科学发展】 各地围绕城乡规划、建设管理开展专项检查3800余次，完善政策制度1170余项，查处违规问题29480余起，给予行政处罚19320余件，罚没金额9.07亿元。

【开展建筑节能、城镇减排监督检查，建设生态文明】 各地围绕建筑节能、城镇减排开展专项检查550余次，完善政策制度80余项，查处违规问题270余起，给予行政处罚190余件，罚没金额509万元。

【开展住房公积金监督检查，维护职工权益】 各地围绕住房公积金开展专项检查580余次，完善政策制度170余项，查处违规问题540余起，给予行政处罚120余件，罚没金额50万元。

【开展建筑市场和工程质量安全监督检查，打击违规行为】 各地围绕建筑市场和质量安全开展专项检查3070余次，完善政策制度500余项，查处违规问题11700余起，给予行政处罚9620余件，罚没金额4.3亿元。

【案件稽查和受理举报工作】 组织或参与对党中央、国务院及部领导批示的43件涉及扰乱市场秩序、损害群众利益、影响社会稳定的违法违规案件进行了调查,如重点调查核实国务院领导批示房地产市场涉众型纠纷案8件、现场督办群众举报案件14件,对发现的违法违规问题提出处理意见,并督促处理到位。按季度进行案件统计分析,掌握违法违规行为动态规律,提出预防和治理措施,及时通报有关司局在制定政策时参考。同时,在系统内集中通报了10起违法违规典型案件。全年共受理违法违规问题举报731件,环比增加了31.2%,除直接调查的外,督办群众举报231件,转地方处理群众举报457件。

举报反映的问题主要集中在房地产市场、建筑市场、城乡规划和工程质量安全等与群众利益密切相关的领域。731件举报中,涉及一个行业的656件,同时涉及两个以上行业的75件。其中,房地产市场308件,建筑市场168件,城乡规划130件,工程质量安全83件,住房保障65件,城市建设16件,村镇建设15件,住房公积金11件,标准定额8件,建筑节能7件,风景名胜区5件,历史文化名城保护2件。通过数据对比分析,主要反映了以下几个问题:房地产市场仍是群众举报问题最多的领域,反映的问题主要集中在房屋征收、竣工交付、预(销)售等环节;建筑业企业行为需要进一步规范,反映企业申报资质弄虚作假、违规出借资质等问题仍然较多,特级企业违法违规问题时有发生且影响较大;违反规划建设依然多发易发,涉及监督处罚环节的举报增多,规划执法仍需进一步加强;工程质量安全方面的举报仍居高不下,施工单位偷工减料,使用不合格建筑材料造成房屋墙面开裂、屋顶漏水等质量问题仍是群众举报的重点;保障性住房建设与管理问题不容忽视,随着近年来保障性住房建设规模大,工期紧,任务重,监管难度大,与保障性住房有关的举报有增加的苗头,反映的问题主要涉及市政基础设施配套滞后或不全、改变保障性住房项目性质违规销售等方面。

在重点疑难案件查处中,与城乡规划司、建筑市场监管司、房地产市场监管司、城市建设司、住房公积金监管司等建立会商与集体研判机制。与国土资源部、铁道部、交通部等部委共建执法监管共同责任机制。通过查办案件工作,纠正了违法违规行为,维护了法律法规的严肃性和权威性,保护了群众合法权益。

【保障性安居工程专项巡查】 2012年5~10月,部稽查办举全办之力组织保障性安居工程建设巡查组对重庆、吉林、浙江、广东、贵州、甘肃、青海、四川、湖南、新疆、新疆生产建设兵团(以下简称兵团)等11个省(区、市、兵团)(以下简称11个省区)2012年保障性安居工程开工和竣工项目进行巡查。

(1)针对巡查地区和人员较多的情况,稽查办专门制定《稽查办保障性安居工程专项巡查工作规程》,成立由办领导牵头,各处处长担任联络员的巡查小组,统筹安排全办工作人员、城乡规划督察员、住房公积金督察员、稽查特派员参与巡查,认真查看各地保障性安居工程开工、竣工及质量安全情况,并每月组织全办人员集体研究巡查情况,提高巡查质量,总结好的经验做法和存在的问题,及时向部保障性安居工程领导小组办公室报告。

(2)克服困难,完成青海、新疆、兵团等地区的巡查工作。青海巡查组不顾海拔高、路途遥远艰险、自然条件恶劣等困难,克服玉树、果洛、黄南等高海拔地区强烈的高原反应,有些同志带病坚持巡查工作,累计行程近2万公里。新疆、兵团巡查组克服路途遥远(每天行程约300公里)、形势复杂等困难,不计个人安危,忘我工作。贵州、湖南、甘肃、重庆等地山区丘陵较多,交通十分不便,巡查组同志不辞辛苦,跑遍所有有项目的县市。累计派出84名巡查人员,共查看了个854个县、4311个开工项目、2491个竣工项目,开工项目巡查覆盖率74.1%,竣工项目巡查覆盖率58%。

【住房公积金督察工作】 住房城乡建设部、财政部、国家发改委、人民银行、审计署、银监会六部门经过认真遴选后联合聘任了第二批33名督察员,并于12月27日在北京召开第二批住房公积金督察员聘任暨培训会议,至此督察员总人数达到51名。住房城乡建设部副部长陈大卫作了重要讲话,六部门有关司局(部、室)负责同志参加了聘任会。

配合住房公积金监管司组织公积金督察员对公积金贷款支持保障房建设的93个试点城市、407个试点项目进行全面督查,帮助有关城市解决试点工作中遇到的困难。发现个别城市存在管理不规范、放款进度慢、存在资金风险等问题,督察员及时提出意见建议,并督促整改落实,有力推进了试点工作。积极参与公积金历史遗留涉险资金清收工作,对有涉险资金的21个省、自治区,82个城市开展多次清收检查。清收检查中,督察员认真查账、逐一核对原始凭证,对历史遗留涉险资金严格分类,督促城市政府认真落实还款责任。

督察员在督察的同时,注重调研,帮助完善住房公积金制度。一是帮助理顺管理体制。如,督察员参与对某省违规设置省直中心、某市违规设置铁路中心等问题的调查,及时制止了违反公积金法规政策设立管理机构的问题,还推动了全国住房公积金分支机构的检查,为下一步理顺管理体制奠定了基础。二是督促完善体制机制。针对个别城市住房公积金决策机制不健全,公积金中心内控机制不完善等问题,督察员及时提醒城市政府和有关部门,进一步规范决策、管理、监督体制机制。三是为修订条例献计献策。围绕《住房公积金管理条例》修订工作,督察员积极参与调研活动,广泛收集地方意见,深入思考,及时反馈信息,就制度定位、加强管理等提出合理化建议。

【部派城乡规划督察员工作】 2月,在北京市召开城乡规划督察员座谈会,姜伟新部长接见了全体督察员并作了重要讲话,副部长仇保兴作工作报告,全面部署城乡规划督察工作。7月,在吉林省长春市召开了部派城乡规划督察员半年工作总结暨培训会。

组织开展第七批部派城乡规划督察员的遴选和派驻。9月25日,组织召开第七批部派城乡规划督察员派遣暨培训会议,姜伟新会见全体新任督察员并与大家合影,仇保兴在会上做了重要讲话。第七批新增齐齐哈尔市、伊春市、鹤岗市、鸡西市、鞍山市、抚顺市、阜新市、温州市、台州市、威海市、汕头市、江门市、惠州市、中山市14个派驻城市。同时,根据需要对第六批派驻督察员进行调整及续聘。规划督察工作范围扩大到103个城市、116名督察员,基本覆盖由国务院审批总体规划的城市。

2012年,部派城乡规划督察员认真履职,严格督察城市总体规划强制性内容的执行情况,重点关注城市公共绿地、历史文化遗存、风景名胜资源等公共利益和不可再生资源的保护。督察员通过列席会议、踏勘现场、调阅资料和卫星遥感核查等手段发现问题,全年共发出督察文书75份,纠正了295起违规侵占公共绿地和风景区、历史文化保护区搞商业开发的倾向性问题,共制止占用绿地面积426万平方米,有力地维护了城市公共利益。如督察员通过参加会议发现,山东省某市拟侵占26亩规划绿地和应急避难场所建设4万平方米的宗教建筑,不仅破坏城市绿地格局,而且对周边十余万居民休憩和紧急避灾造成严重影响,在督察员的督促下,该项目另行选址。督察员通过列席辽宁省某市市长办公会发现,一个区政府申请报建的四个项目在现状绿地中增加7块商业用地,共计侵占绿地2.88公顷。

督察员当场提出反对意见制止了四个项目,保护了市民休憩空间和城市生态环境。督察员在保护历史文化和风景名胜资源方面也取得显著成效。全年共制止48起在国家级风景名胜区核心区内破土动工以及在历史文化街区、历史地段大拆大建和历史建筑拆旧建新的违规苗头。如督察员通过媒体报道获悉,江苏省某市拟在国家级风景名胜区保护范围内建设大型文化设施项目。该项目位于集中体现景区景观特色的敏感地带,建成后将会对风景区景观资源和生态环境产生严重影响。督察员立即向市政府发出了督察建议书,制止了该项目在风景区保护范围内的选址。

督察员针对部分城市规划管理权限分散、规划执法力量薄弱等共性问题开展调研,在督促各地加快规划编制工作和督促理顺规划管理体制方面做了大量工作,这些工作都得到了各派驻城市政府的认可和支持。如驻湛江督察员积极督促湖光岩国家级风景名胜区总体规划的编制报批工作。驻丹东督察员促使该市成立了城乡规划局,并将市区的两个规划分局作为市局的派出机构。驻郑州、安阳、唐山、徐州、南通、苏州、宁波、淮南等城市督察员在督促各市维护市级规划管理权方面取得了阶段性成果。

【利用卫星遥感技术辅助城乡规划督察工作情况】 3月,增加张家口、本溪、锦州、辽阳、盘锦、佳木斯、淮南、淮北、德州、烟台、潍坊、临沂、枣庄、平顶山、湘潭、株洲、衡阳、湛江18个城市。10月,增加鞍山、抚顺、阜新、齐齐哈尔、鸡西、鹤岗、伊春、温州、台州、威海、汕头、江门、惠州、中山14个城市,共计增加32个城市开展利用卫星遥感辅助规划督察工作,使开展卫星遥感辅助规划督察工作的城市由71个增加到103个,基本覆盖国务院审批城市总体规划的城市。赴所有新增城市开展前期工作协调,获取城市总体规划及地形图等基础资料,并于11月对第二批新增14个城市规划局有关人员进行工作培训。

2012年全年,共对89个城市开展234期次监测工作。对涉及"四线"等强制性内容的重点图斑,交驻地督察员核查情况,通过约谈、发出督察建议书、意见书等方式,督察发现的问题。对经初步核实疑似存在违法建设问题的图斑,按照属地管理原则,交省(区)、城市查处。对遥感发现的南京、呼和浩特等3起涉嫌违反总体规划强制性内容的问题进行了稽查。在前期城市工作的基础上,11~12月,请71个城市报送利用卫星遥感辅助城乡规划督察违法建设查处情况总结,对石家庄、济南、郑州、南阳、广州、佛山6个城市开展工作督导调研，强化总体规划实施监督，督促城市利用遥感监测提高规划稽查执法工作效能。

在对督察员问卷调研、分析问题和深入研究解决思路的基础上，起草《利用卫星遥感数据辅助城乡规划督察和稽查执法工作规程》初稿，不断规范和完善工作流程。组织开发管理软件，通过信息技术手段提高工作效率。

【住房城乡建设系统治理商业贿赂工作】 参加中央第九次治理商业贿赂工作会议，在会上做了发言。研究制定《住房和城乡建设系统近期治理商业贿赂工作要点》，对推进全系统治理商业贿赂工作提出要求，并分组赴各地对落实情况督导调研。开展住房城乡建设系统治理商业贿赂专项工作情况调研工作，总结十七大以来全系统治理商业贿赂工作情况。根据部领导批示，会同有关司制定住房城乡建设部加强规范中资企业境外经营行为的具体措施，上报中央治理商业贿赂办公室。完善与检察机关治理商业贿赂工作联动机制，对进入"黑名单"的行贿企业，在资质审查、招标投标中一票否决。继续与最高人民检察院、监察部、国土资源部、国家文物局实施案件线索移送和协查机制，加强跨部门、跨行业案件查处协作配合，形成整体合力，提高整体效能。加强宣传与交流，编印简报12期，宣传各地在市场诚信体系建设和防止商业贿赂长效机制建设等方面的先进经验，指导各地推进工作。据不完全统计，2012年全系统配合纪检、监察机关查办商业贿赂案件96件。

【稽查执法工作分类指导】 为了推动各地稽查执法工作深入开展，组织开展《建设稽查执法绩效考评办法》课题研究，围绕体制机制建设、业务工作和工作成效三项主要内容，对各省级住房城乡建设主管部门的稽查执法工作进行分类指导。

6月，向26个省、自治区住房城乡建设厅（不含直辖市和西藏）印发通知，要求各地认真做好工作总结，并按要求报送相关材料。8月，对各地工作情况进行研讨，一对一地提出改进建议，指导推进工作。

四川、河北、安徽三省的稽查执法工作较为突出。四川省住房城乡建设厅高度重视稽查执法工作，形成较为完善的省、市、县三级稽查执法体系，四川省政府出台《四川省建设监察规定》。率先探索实行城乡规划督察制度和稽查执法工作考核制度等，近两年又开展了乡镇执法试点，推动乡镇稽查执法机构建设，工作深入，稽查执法工作不断开拓创新，工作成效显著。河北省住房城乡建设厅大力推进稽查执法制度建设，形成了较为完善的省、市、县三级稽查执法体系，将城乡规划督察工作写入《河北省城乡规划条例》并派驻了省派督察员。建立稽查执法情况报告、定期通报、巡查、重点督查、约谈、考核、责任追究等7项制度，积极推进违法行为记录制度，严肃查办违法违规案件，工作成效显著。安徽省住房城乡建设厅成立行政机构建设稽查局（副厅级），工作职能覆盖住房城乡建设所有业务领域。将城乡规划督察工作写入《安徽省城乡规划条例》并派驻了省派督察员。建立行政处罚专用章、稽查执法专家库和评议考核制度等。紧紧围绕住房城乡建设中心任务组织开展专项检查，认真总结，提出改进工作的建议，取得良好成效。

山西、黑龙江、贵州、云南、浙江五省的稽查执法工作开展情况也比较好。山西省住房城乡建设厅在查办违法违规案件、建设建筑市场诚信体系等方面表现突出；黑龙江省住房城乡建设厅在组织专项检查、指导和推动地市工作等方面表现突出；贵州省住房城乡建设厅在加强全省稽查执法队伍建设、推进城乡规划督察工作等方面较突出；云南省住房城乡建设厅在完善稽查执法制度、查办违法违规案件等方面较突出；浙江省住房城乡建设厅在推动市县稽查执法队伍建设、推进城乡规划督察工作等方面较突出。

【地方稽查执法制度建设】 7月，甘肃省建设稽查执法局成立，住房和城乡建设部陈大卫副部长、甘肃省常务副省长刘永富为甘肃省建设稽查执法局揭牌。该局主要职能包括：组织对全省建设领域重大违法违规行为的专项稽查执法；参与全省建设领域各类专项检查，会同业务处室对违法违规行为作出行政处罚；受理投诉举报案件；指导全省建设稽查执法工作等。核定编制27名。山西省住房和城乡建设厅稽查办公室加挂山西省城乡规划督察员办公室牌子，负责城乡规划督察的有关工作，增加副处级领导职数1名。10月10日，第六届省级住房城乡建设稽查执法机构联席会议在福建厦门召开。全国各省、自治区、直辖市33支稽查执法机构代表80余人参加会议。山西、浙江、吉林省住房城乡建设厅稽查执法机构，厦门市建设与管理局等四家单位就如何加强联动和层级指导，加大案件查处力度，提高稽查执法工作效能等方面在会上作了经验交流。山东省住房城乡建设厅制定下发《山东省住房城乡建设执法监察办法》，进一步规范山东省住房城乡建设稽查执法监察工作，加强法律、法规、规章执行情况的监督检查，依法查处违法违规行为。青海省住房城乡建设厅制定下发《青海省住房和城乡建设违法违规行为投诉举报管理办法》，进一步加强住房城乡建设违法违规行为投诉举报受理工作，及时稽查处理各类违法违规案件。

【地方城乡规划督察制度建设】 截至2012年底，全国共有15个省（自治区）建立了城乡规划督察员制度，7个省将城乡规划督察员制度写入本省的《城乡规划条例》，3个省（自治区）由省政府或省住房城乡建设厅发文，开展城乡规划督察工作。

山东省高度重视、不断推进省派驻规划督察员制度建设工作。8月，山东省人大常委会批准实施的《山东省城乡规划条例》第六十二条规定："省人民政府建立派驻城乡规划督察员制度，对有关城市、县人民政府的城乡规划工作进行监督检查"。11月初，山东省人民政府又正式印发《关于实施省派驻城乡规划督察员制度的通知》（鲁政字〔2012〕244号），决定从2013年开始，分批向由省政府审批总体规划的6个设区市及部分县级市派驻城乡规划督察员。

福建省积极推进省派城乡规划督察员工作。2011年5月1日实施的《福建省实施〈城乡规划法〉办法》中要求县级以上人民政府逐步建立城乡规划督察员制度，对城市总体规划的实施情况进行督察。按照此要求，福建省住房和城乡建设厅于2012年1月印发了《福建省住房和城乡建设厅关于开展派驻城市规划督察员工作的通知》（闽建规〔2012〕1号），决定在全省九个设区市和平潭综合实验区开展派驻规划督察员工作，标志着福建省正式实施派驻规划督察员制度。福建省住房和城乡建设厅出台《规划督察员管理办法》、《规划督察员工作规程》等有关配套文件，并将抓紧研究部省、省市联动的规划督察机制。

2012年底，辽宁省住房和城乡建设厅决定继续推进省派城乡规划督察员制度，将督察方式由巡查改为派驻，计划首先对四个地级市（营口市、铁岭市、朝阳市、葫芦岛市）派驻省级城乡规划督察员，并重新起草《辽宁省城乡规划督察员管理办法》、《辽宁省城乡规划督察员工作规程》、《辽宁省城乡规划督察员公用经费管理规定》。

为进一步提升规划督察效能，部与各省共同探索建立部、省规划督察联动机制，通过建立分层次、全覆盖的督察网络，进一步畅通信息沟通渠道，强化集体研判制度，调动各方行政资源形成督察合力，及时发现各类违法违规苗头并将其遏止在萌芽状态，促进各省城乡经济社会全面协调可持续发展。

【稽查执法队伍建设】 认真开展廉政风险防控工作，抓好党员干部、两支督察员队伍和稽查特派员队伍的反腐倡廉教育。加强党组织建设，积极开展"创先争优"活动，组织赴井冈山开展革命传统主题教育活动，参观"复兴之路"展览活动；参加"首届中央国家机关公文写作技能大赛"，2篇公文获优秀奖。积极开展工青妇工作，丰富干部职工精神文化生活，被授予"先进基层工会组织"称号，2名同志分别被评为"优秀工会工作者"和"先进妇女工作者"。不断提高稽查执法队伍业务素质，全年共举办二期稽查执法专题培训班，全系统1170人参加了培训。与法规司共同组织了新疆维吾尔自治区建设行政执法人员培训，各地（州）近300人参加了培训。加强调查研究，做好政策储备，开展了"〈住房和城乡建设稽查执法管理办法〉深化研究"、"住房公积金试点项目巡查动态管理模块建立研究"、"城乡规划督察工作效能研究"、"卫星遥感技术辅助城乡规划督察工作信息化管理研究"、"住房和城乡建设领域违法违规举报信息系统的应用与推广"等工作研究。

（住房和城乡建设部稽查办公室）

固定资产投资

2012年，面对严峻复杂的国际经济形势和国内改革发展稳定的繁重任务，在党中央、国务院的正确领导下，各地区、各部门全面贯彻落实党的十八大精神，以科学发展为主题、以加快转变经济发展方式为主线，按照稳中求进的工作总基调，充分发挥投资对促进经济平稳较快发展和推进经济结构调整的关键作用，积极推动"十二五"规划顺利实施。

1. 全社会固定资产投资继续保持平稳较快增长

【固定资产投资较好发挥了经济增长的"稳定器"作用】 2012年，世界经济形势严峻复杂，国内经济下行压力加大。针对经济运行中的突出矛盾，中央把稳定投资作为扩内需、稳增长的重要举措，出台一系列政策措施。2012年，全社会固定资产投资37.5万亿元，增长20.3%，增速比上年回落3.5个百分点；扣除价格因素实际增长19%，比上年加快2.9个百分点。2012年，资本形成、最终消费和净出口对国内生产总值增长的贡献率分别为50.4%、51.8%和-2.2%，投资和消费对经济增长发挥了重要作用。

【民间投资保持较快增长，国有投资增速低于同期整体投资增速】 近年来，特别是新36条及42项实施细则出台以来，民间投资保持较快增长势头，增速始终高于整体投资增速。2012年民间投资增长24.8%，比同期固定资产投资(不含农户)增速高4.2个百分点；民间投资所占比重从2009年的48.1%上升到2012年的61.4%，提高13.3个百分点。2004年以来(除2009年外)，国有及国有控股投资增速一直低于同期整体投资增速，在全部投资中的比重明显下降。2012年国有投资增长14.7%，低于整体投资增速5.9个百分点。港澳台商和外商投资也呈放缓态势，2012年增长11.2%，低于整体投资增速9.4个百分点。

【中西部投资增速加快，投资地区结构进一步优化】 2012年，东部地区投资增长17.8%，比上年回落3.5个百分点；中、西部地区投资增长25.8%和24.2%，分别比东部地区高8和6.4个百分点。中西部地区投资占全国投资的比重达到52%，比2003年提高10.3个百分点；东部地区比重为46.6%，下降9.6个百分点。近年来投资区域格局的变化，充分体现了中央实施西部开发、东北振兴和中部崛起等发展战略的政策效果，也是区域间生产要素成本、市场需求、投资环境等因素变化的结果。

【制造业和房地产开发投资增速放缓，基础设施成为稳投资的重要着力点】 由于工业生产和企业效益明显下滑、市场预期不好，2012年制造业投资增速明显放缓，全年增长22%，增速比上年回落9.8个百分点。同时，受房地产市场调控影响，房地产开发投资增速连续两年放缓，2012年增长16.2%，分别比2010年、2011年回落17和11.7个百分点。基础设施投资以政府和国有企业投资为主，受调控政策的影响最为直接，2012年以来在中央投资、银行信贷等方面加大支持力度，基础设施投资增速持续回升，全年增长13.3%，比上年提高7.4个百分点，对投资平稳运行发挥了重要支撑作用。

【投资资金来源较为充足，社会融资结构变化明显】 2012年，各项投资资金来源到位39.9万亿元，超出同期投资完成额3.5万亿元，增长18.6%。其中，国家预算资金增长29.7%，比上年加快18.9个百分点，增速居各项资金来源之首。近年来，社会融资结构发生较为明显的变化，银行表外业务、企业债券等非银行贷款社会融资比重明显提高，受此影响，投资项目的融资方式和渠道更趋多元化，包括债券、股票等融资在内的自筹资金保持较快增长，自筹资金占全部资金来源的比重由2000年的44.8%上升到2012年的67.3%，同期国内贷款比重则由23.9%下降到12.5%。

2. 中央投资项目建设进展顺利

【加强统筹、突出重点，科学合理安排中央投资】 按照党中央、国务院的有关部署，2012年中央预算内投资安排进一步向民生领域和民生工程倾斜，注重发挥中央投资的引导带动作用，不断优化投资结构，推动"十二五"规划纲要确定的各项建设任务顺利实施。同时，继续从严控制"两高一资"和党政机关楼堂馆所建设。中央预算内投资重点用于以下六个方面建设：

一是保障性安居工程。继续支持廉租住房建设。积极推动中央下放煤矿、国有工矿、国有林区、垦区棚户区(危房)改造工程，以及保障性安居工程相关配套基础设施建设。支持农村危房改造试点项目。

二是"三农"建设。支持水利建设。加强农村民生工程和农业基础设施建设等，继续实施农村电网、农村公路、农村饮水等农村民生工程。支持新增千亿斤粮食、种养业良种工程等农业基础设施建设。支持边疆、少数民族地区发展，特别是新疆、西藏和四省藏区经济社会发展项目。

三是重大基础设施建设。支持铁路、中西部支线机场、长江等内河高等级航道，以及进藏公路等交通项目建设。支持石油储备二期工程、煤矿安全改造等能源项目建设。支持国家和区域矿山应急救援队、防灾减灾应急体系建设。

四是教育、卫生等社会事业建设。重点支持中西部农村初中校舍改造、中等职业教育基础能力建设、特殊教育学校建设二期、农村学前教育推进工程、中西部高等教育振兴计划等教育基础设施项目。

继续安排基层医疗卫生服务体系、精神卫生防治机构、卫生监督体系等项目，启动重大疾病公共卫生防控体系、地市级综合医院、儿童专科医院等项目。加大广播电视村村通等文化专项投入力度，加强基层就业和社会保障服务设施、社会和社区服务体系等社会管理项目建设。

五是节能减排、环境保护与生态建设。重点支持十大重点节能工程、城镇污水垃圾处理设施、重点流域水污染治理等。支持生态建设。实施天然林资源保护工程（二期），继续支持重点防护林建设、三江源生态保护和石漠化综合治理试点等。

六是自主创新和结构调整。支持自主创新和战略性新兴产业发展项目建设，以及重点产业振兴和技术改造、促进服务业发展等项目。

【中央投资发挥重要的引导带动作用】 在中央投资的引导、带动下，一大批"十二五"规划重点项目启动实施，经济社会薄弱环节建设进一步加强。

一是保障性安居工程建设持续推进。全年基本建成城镇保障性安居工程住房601万套，新开工781万套，均超过计划目标。

二是农业基础地位进一步稳固，农村生产生活条件继续改善。中央预算内投资用于"三农"建设的比重提高到50.5%。全国新增千亿斤粮食生产能力规划全面实施，基层农技推广服务体系建设项目基本覆盖全部乡镇。大江大河大湖治理和骨干水源工程建设全面加快，大中型灌区改造与建设、大型灌排泵站更新改造、小型农田水利建设和中小河流治理加强，海洋渔船更新改造力度加大，生猪和奶牛标准化规模养殖场建设积极推进。农村安全饮水普及率达到81%，新建和改造农村电网线路31.76万公里，新建改建农村公路19.4万公里，新增农村沼气用户180万户，改造农村危房560万户。支持建设粮食收储仓容422万吨、农产品批发市场105个和冷链物流配送能力800万吨。对革命老区、民族地区和边疆地区支持力度加大，集中连片特殊困难地区扶贫开发积极推进，易地搬迁农村贫困人口195万人，超过计划目标90万人。

三是基础设施保障能力继续增加。新建铁路投产里程5382公里，其中高速铁路2723公里，新建公路58672公里，其中高速公路9910公里；建成沿海港口万吨级以上泊位96个；新建成民用运输机场2个。大型能源基地建设继续推进，绿色矿山建设、燃煤电厂综合升级改造加快，风电、光伏发电并网装机容量分别新增1500万千瓦、300万千瓦，原煤、原油、天然气产量分别增长3.8%、2.3%、4.4%，发电量增长4.8%。

四是社会事业建设取得新进展。中小学校舍安全工程三年规划改造任务基本完成，边远艰苦地区农村学校教师周转宿舍建设、农村学前教育推进工程、农村义务教育学生营养改善计划试点积极推进。城乡基层医疗卫生服务体系进一步健全，农村急救体系、重大疾病防治、县级卫生监督机构、儿童医疗服务体系建设加快，医疗服务、药品监管、医疗保障、公共卫生和综合管理的信息互联互通逐步实现，全科医生培养工作继续加强。继续推进广播电视盲村覆盖，支持少数民族新闻出版能力、地市级公共文化服务设施建设以及国家文化和自然遗产保护设施建设。博物馆、图书馆、文化馆（站）建设进展顺利。旅游基础设施规划和红色旅游二期建设方案颁布施行。

五是节能减排和生态建设取得新成效。支持489个循环经济和资源节约重大示范项目，建成后可形成年节水能力2.6亿吨、废物循环利用量6900万吨。继续推进天然林资源保护、退耕还林、退牧还草、防护林体系建设、京津风沙源治理、石漠化综合治理等重点生态工程建设，全年完成造林面积601万公顷，治理退化草原582.7万公顷。加快城镇污水垃圾处理设施及污水管网工程建设，新增污水日处理能力1106万吨、中水日回用能力221万吨、垃圾日处理能力9.3万吨。城市污水处理率和城市生活垃圾无害化处理率分别达到84.9%和81%。

六是自主创新和产业结构调整步伐进一步加快。颁布实施"十二五"国家战略性新兴产业发展规划。生物医药、互联网信息服务、海洋工程装备等新的增长点加速成长。传统产业转型升级迈出新步伐。服务业发展有了新进展，各类生产性和生活性服务业发展迅速。全国老工业基地调整改造、资源型城市与独立工矿区可持续发展统筹推进。

3. 进一步深化投资体制改革，积极鼓励和引导民间投资健康发展

2012年，围绕健全投资管理长效机制，继续深化投资体制改革。

【加强投资领域立法】《政府投资条例》通过国务院法制工作机构的立法审查；有关部门积极推动《企业投资项目核准和备案管理条例》的制订工作。《国家发展改革委重大固定资产投资项目社会稳定风险评估暂行办法》印发实施，重大项目社会稳定风险评估制度初步建立。

【规范投资项目审核管理】 启动《政府核准的

投资项目目录》修订工作，进一步简政放权、缩小核准范围，更好发挥市场配置资源的基础性作用，切实转变政府投资管理职能。健全完善政府投资项目管理制度，抓紧制定或修改相关管理办法，积极推进政府投资项目决策责任追究制。

【鼓励民间投资】 以出台鼓励民间投资发展实施细则为着力点，继续贯彻落实《国务院关于鼓励和引导民间投资健康发展的若干意见》，不断增强投资增长的内生动力，激发经济发展活力。一是按照国务院关于"2012年上半年制定出台民间投资实施细则"的工作要求，42项实施细则在2012年6月底前全部出齐，在消除制约民间投资发展障碍方面迈出了实质性步伐。同时，有关领域和地区抓紧推出鼓励民间投资参与的重大项目，发挥示范带动效应。二是积极开展督查工作，保障政策措施的贯彻落实。11月，国务院办公厅组织有关部门对12个部门的落实工作进行了专项督办。12月中旬，国务院派出督查组对有关地区鼓励和引导民间投资情况进行督促检查。三是认真做好宣传工作，营造良好舆论氛围。有关部门及时通过网站发布民间投资概况信息，按月监测分析民间投资变动情况，跟踪政策实施效果，及时通过主要新闻媒体宣传介绍鼓励民间投资的政策措施和进展情况，营造良好的贯彻落实氛围。民间投资36条及其配套实施细则的出台，改善了民间投资发展环境，我国的民间投资总体上呈现出总量比重逐渐提高、投资结构趋于优化的特点。

4. 保障性安居工程建设和管理进一步加强，房地产市场调控取得新成效

按照国务院的部署，为确保2012年开工建设保障性住房和棚户区改造住房任务顺利实施，有关方面采取了一系列措施。一是按照国务院确定的总体建设目标，有关部门组织各地方积极落实2012年保障性安居工程建设任务。二是加大中央投资对保障性安居工程建设的支持力度，及时下达中央投资，跟踪项目进展，督促各地完成建设任务。三是加强工程质量管理。有关部门组织开展全国保障性安居工程质量监督执法检查，推动各地落实工程质量永久责任制、建材和部件供应质量责任制。四是加大政策支持。明确民间资本参与保障性安居工程建设，享受与国有企业同等的贴息等支持政策；国有工矿企业、国有林区企业和国有垦区企业符合条件的棚户区改造支出，准予在企业所得税税前扣除。五是完善管理制度。制定《公共租赁住房管理办法》，规范公共租赁住房申请与审核、轮候与配租、使用与退出管理制度，明确了出租人、承租人的权利和义务关系。六是国务院组织有关方面开展专项督查，针对发现问题，有关地方认真落实整改，确保工程如期建成、发挥效益。

2012年，各地区、各部门认真贯彻党中央、国务院决策部署，坚定不移地搞好房地产市场调控。各有关部门指导各地严格执行差别化住房信贷、税收政策和住房限购措施，坚决抑制投机投资性需求；加快中小套型普通商品住房建设，增加居住用地有效供应；加强房地产市场监管，整顿规范市场秩序；及时纠正和制止个别地方放松调控政策的苗头；加快推进城镇住房信息系统建设，积极研究制定扩大个人住房信息系统建设，积极研究制定扩大个人住房房产税改革试点方案，研究完善促进房地产市场调控的长效机制。在房地产市场调控政策作用下，投机投资性需求得到抑制，房价基本稳定，部分城市房价稳中有降，房地产市场运行总体平稳。

（国家发展和改革委员会固定资产投资司）

铁 路 建 设

1. 概况

2012年，铁路参建各单位以迎接党的十八大胜利召开和学习贯彻十八大精神为动力，围绕年初确定的保质量、保安全、保稳定、保开通工作主基调，积极转变观念、转变作风、提高效率，坚持依法建设，纵深推进标准化管理，科学有序加快推进项目建设，取得新的成绩。

【年度投资任务全面完成】 认真贯彻落实中央关于稳增长、调结构的决策部署，按照"保在建、上必需、重配套"的原则，经受投资计划不断调整增加的严峻考验，精心组织管理，保持铁路建设加快推进的良好态势。2012年完成铁路基建投资5215亿元，同比增长13.3%。上海、北京、南宁铁路局，广铁集团及贵广、晋豫鲁铁路公司完成投资超过200亿元。9至12月份，全路共完成投资2848亿元，是上年同期的近2倍，月均完成投资超过700亿元。

【新线开通】 哈大客专、京石武客专、哈罗铁路等68个项目先后建成投产，全年共投产铁路新线5389公里、复线4792公里、电气化铁路6073公里，其中投产新建高速铁路2722公里，尤其是世界上首条在高寒地区建设的哈尔滨至大连客专，以及京广客专北京至武汉段、合蚌客专、汉宜客专先后开通运营，以"四纵四横"为主骨架的快速客运网加快形成。合宁铁路顺利通过正式验收，京沪高速铁路基本具备正式验收条件，标志着高速铁路工程正式验收工作取得进展。

【质量安全稳定有序可控】 年内，组织开展多次安全质量大检查及预防坍塌事故、火工品等专项整治活动，党的十八大召开前后，开展安全质量稳定大检查，排查整改一批质量安全问题和隐患。及时调查处理哈芬槽道、预应力钢棒断裂等重大问题，加强质量安全基础建设，加强铁路建设应急管理，严格质量安全处罚，进一步提升了铁路建设工程实体质量和安全生产水平。全年未发生重大及以上等级质量安全事故，施工安全事故数量和死亡人数继续在全国工矿商贸行业保持较低水平；武汉天兴洲公铁两用长江大桥等121项工程被评为部级优质工程。农民工工资支付督查、工程转包及违法分包清理、建设项目社会稳定风险排查等进展顺利，社会群体性事件处置及时，建设队伍总体稳定，施工环境和谐有序。

【市场移交取得突破】 根据中央治理工程建设领域突出问题工作领导小组办公室要求，为从制度层面消除人为干预条件，促进铁路建设健康有序发展，铁道部党组决定铁路工程项目全部进入地方交易市场招标。在监察部的大力指导和相关省市政府大力支持下，经过铁道部、铁路局和地方交易市场的共同努力，2011年12月底，所有部管项目统一进入北京市交易中心招标；2012年6月底，18个铁路局管理的项目全部进入地方公共交易市场招标，铁路原有的19个工程交易中心全部关闭，市场移交工作顺利完成。

【科技创新再获成果】 依托重点工程，充分发挥铁路建设单位的组织作用和企业及科研院所的技术优势，围绕哈大客专高寒地区路基防冻胀、兰新第二双线高寒干旱地区混凝土制备、黄冈公铁两用长江大桥大跨双塔双索面斜拉等重点技术，强化科研攻关，在理论计算、施工方法、工艺及设备等方面取得重大进展，提升了铁路建造技术水平。

【建设管理得到全面加强】 坚持依法规范组织铁路建设，进一步理顺铁路建设管理体制，落实铁道部建设管理的主体责任，发挥建设单位项目管理作用，健全工作机制，强化制度建设，为科学有序推进铁路建设提供了体制保障。深入推进依法建设和标准化管理，修订完善变更设计、概算清理、工程造价、建设市场管理等制度办法15个，制订发布18项建设标准、18项标准局部修订条文、4项造价标准，7项标准设计图纸；加强工程质量和安全风险控制，强化施工组织审核管理、统筹资源配置，掌握了项目推进的主动权，保证了铁路建设有序推进。加大建设领域反腐倡廉力度，推动铁路建设项目进入地方交易市场招标，抓好专项治理、执法监察、"打非治违"、招投标监督抽查、招投标投诉举报受理、配合审计等工作，严厉打击各种违法违纪违规行为，促进了铁路建设健康发展。

【路地合作建设格局进一步形成】 适应铁路建设加快推进的形势，铁道部党组分别向各省区市党政主要领导致信，通报铁路建设情况，加强沟通协调，在达成共识的基础上，与20个省区市签订了新一轮合作协议，部省合作进一步深化。推进铁路分类建设，支持地方政府和铁路共同承担资金筹集与建设推进工作，得到了各省区市的积极响应，形成了路地充分发挥各自优势、共同推进铁路建设的良好局面，为顺利实施"十二五"铁路建设规划奠定了基础。（中国铁路总公司建设管理部）

2. 建设管理

【铁路建设新体制新机制得到完善落实】 各单位按照新的铁路建设管理体制，完善落实各项工作机制，加大内外沟通协调力度，加快清除阻碍项目有序推进的各种因素，形成及时发现反映问题、迅速研究解决问题的良好氛围，有效发挥了体制机制的促进作用。围绕加强部省合作，铁道部采取多种方式，与各省市自治区建立相互磋商、相互协调、共同推进铁路项目加快建设的工作机制，在较高层面营造了项目有序加快推进的良好氛围。同时，各建设单位普遍与地方政府及主管部门建立定期协调沟通工作机制，及时汇报、及时沟通、及时解决项目建设问题。面对繁重的建设任务，铁道部发挥铁路建设管理主体责任，专门研究加快建设和统筹建设资金、确保开通项目等重大问题，明确了调增建设规模、筹措建设资金、加强部省合作、加快建设进度、深化投融资体制改革等重要举措；接连召开铁路建设动员会、座谈会、推进会，对加快项目建设、完成投资和开通任务进行再部署、再动员；铁道部有关部门和单位深入基层调研指导，及时调整年度计划，提出月度投资考核、新增投资考核、开通项目考核等激励措施，制定资金支付新规定，加快批复项目初步设计、招标计划、变更设计、概算清理、材料价差调整等，为各单位完成任务创造条件、做好服务。在投资任务不断调增、开通压力日益加大的情况下，各铁路局、铁路公司认真履行建设单位职责，积极筹集建设资金，科学组织，层层传递责任和压力，齐心协力，攻坚克难，迅速掀起加快项目建设高潮，圆满完成各项任务。铁道部机关及各单位狠抓工程建设周例会和问题督办制度的落实，建立工程调度制度，畅通信息反馈渠道，形成责任明确、上下联动的协同作战机制，提高办事效率、促进项目建设。各级包保组、督导组全面落实维稳和安全质量包保制度，定期到现场检查督导，及时处置不稳定因素和质量安全隐患，创造了保质量、保安全、保稳定的基本经验。铁路局坚持提前介入高铁项目，认真组织静态、动态验收工作，切实开展"保驾护航"，保证哈大、京石武等高铁按期顺利开通和持续安全运营。

【**铁路建设标准化管理纵深推进**】 各单位以纵深推进铁路建设标准化管理为抓手，全面落实铁道部党组关于实施安全风险管理的要求，健全责任体系，规范管理行为，强化源头控制，落实工作程序，加大监督检查，严格责任追究，大力化解工程建设质量、安全、稳定和廉政等风险，有效提高了建设管理水平。铁道部在完善建设规章标准的同时，通过举办培训班、召开座谈会等方式加大规章标准宣贯力度，促进参建单位更好地理解和执行规章标准；指导建设单位制定本单位标准化管理手册，明确工作流程、岗位职责和工作标准，把建设单位标准化管理落到实处。各级领导干部带头深入学习风险管理知识，结合工程项目实际，举办了质量、安全、稳定、廉政风险管理专题讲座，相互学习、相互借鉴，提高了全员风险防控意识，明确了风险防控管理责任、工作流程和应急处置措施，基本实现了风险控制"事事有标准、事事有流程、事事有责任人"的管理要求。大力推进过程控制标准化，系统分析各类风险的关键因素，做好风险计划、辨识、评估和控制，依靠机械化、工厂化、专业化、信息化等手段，预测风险、控制风险、化解风险，探索创造了以标准化管理防控工程建设风险的有益经验。大力清理包工队、推行架子队，强化施工现场控制，有效提升了标准化作业水平，为确保工程质量安全、有序推进项目建设提供了基本保障。一方面，深入开展工程转包和违法分包专项清理活动，集中整改工程转包和违法分包问题425个，按照有关规定和标准，对原施工队伍进行改造，组建成为比较规范的混合型、纯劳务型、劳务承包型架子队，由正式员工带民工，消除包工头带队伍、干工程的乱象；另一方面，把推行架子队正式纳入招投标文件、信用评价、合同履约检查考核等工作中，促使施工企业集中培养施工骨干力量，规范架子队组建和劳务用工管理行为。相当多的施工企业把架子队用工模式作为企业发展的战略措施，从加强技术管理，加强质量、物资、资金控制，加大劳务工培训考核力度，落实同吃、同住、同劳动等方面入手，使架子队组建、管理工作迈上新台阶。

【**施工组织审核管理进一步强化**】 各单位紧紧抓住施工组织设计这条主线，科学合理安排项目建设，掌握了项目推进的主动权。狠抓开通项目施工组织落实。铁道部有关部门在深入调研的基础上，逐一制定2012年开通项目施工组织落实方案，及时掌握影响开通的制约因素，并派出工作组现场蹲点督导；相关建设单位集中调配力量，强力组织攻坚，有序推进剩余工程、联调联试、初步验收、安全评估、运营准备等工作，为各投产项目及时开通奠定了坚实基础。强化在建项目施工组织动态管理。按照落实"十二五"规划任务、注重点线能力协调、均衡安排生产的原则，铁道部认真梳理了"十二五"后三年开通的大中型在建项目施工组织，进一步明确各项目投产竣工时间；各单位根据施工组织工期要求，加快恢复停工项目施工，统筹配置资源，均衡安排生产，增强了完成投资的后劲。提高新开工项目施工组织质量。各建设单位主要领导亲自组织制定新开工项目指导性施工组织设计方案，认真研究重难点控制性工程，按批复总工期明确主要节点工期、重大技术措施和资源配置要求，提高施工组织的可操作性。铁道部工管中心提前介入新开工项目施工组织审查，督促建设单位将施工组织编制与施工图审核有机结合起来，同时研究、同时审查、同时批复，提高施工图与指导性施工组织的一致性。

【**铁路建设市场进一步规范**】 全面完成铁路建设市场移交。铁道部有关部门和各铁路局认真落实中纪委和部党组关于铁路工程项目进入地方交易市场招投标的要求，深入调研，细化方案，稳步推进，于6月底实现全部铁路工程项目进入地方交易市场招标的目标，铁路原有19个交易市场全部关闭。

规范铁路工程招投标管理。根据铁路建设市场移交的新形势，加强调研，及时采取针对措施，规范铁路工程招投标管理。依据《招标投标法实施条例》，进一步完善招投标管理制度。修订印发《铁路建设工程施工招标投标实施细则》，明确规定招标文件要载明"综合评估法和经评审的最低投标价法"两种评标办法、开标时临时抽取确定采用哪种办法，力求将插手干预和围标串标的可能性降到最低；按照甲乙双方平等和责权利统一的原则，修订印发《铁路工程施工总价承包招标合同示范文本》。加强招投标监管。制定《铁路工程建设项目招标投标活动监督办法》，进一步明确铁道部、铁路局两级和建设司、工管中心、监察局三个部门的监管主体责任，以及按照开标前、评标中、定标后三个阶段进行监督的方式和内容；制定《关于进一步规范铁路建设项目招投标活动的通知》，从切实保证评委独立公正评标、进一步完善招投标管理、强化招投标监管等三个方面，提出加强监管的12项具体措施。改进铁路评标专家管理，修订印发《铁路建设工程评标专家库及评标专家管理办法》，按照专家库建、管、用分离的原则，对专家库组建、管理和使用进行了规定，明确专家库的专业设置、专家抽取等事项，制定评标工作"十不准"规定，建立评标专家廉政告知和廉政承诺制度。2012年初，将铁路专业评标专家由3000人增至近4000人，并移交地方交易中心使用，采用电脑随机抽取、语音自动通知方式，评标专家自行前往地方交易中心，防止评标前招标人与评委专家接触。四是积极推进铁路电子招标工作。铁道部提出铁路工程项目电子招投标系统技术需求，由北京市交易中心组织开发铁路工程电子招投标系统。落实11月中央治理办组织召开的铁路工程项目电子招标投标试点协调推进会议精神，加快在北京、南京、南昌和广州四个交易中心推进铁路电子招标和远程异地评标工作。

推进诚信体系建设。认真开展铁路参建单位信用评价活动，督促有关单位按规定及时公开建设项目信息及有关企业的不良行为；切实做好铁路建设信息和信用信息公开工作，通过铁道部政府网站及铁路建设建设工程网公开有关建设项目的实施阶段信息。加强资质管理，对铁道行业资质初审专家库进行了扩容调整，调整后的施工监理初审专家共101名，设计咨询初审专家共70名；完成4批申报铁路行业施工、设计、监理企业资质申报初审工作；完成了一级建造师注册初审工作。严格评优和资质审查，组织完成2012年度鲁班奖、詹天佑奖申报推荐工作，完成46家企业资质。加强评优管理，完成2011～2012年度铁路优质工程（勘察设计）奖评选工作，共评定优质工程（勘察设计）奖215项，其中优质工程奖121项、优秀工程勘察奖13项、优秀工程设计奖54项、优秀工程标准设计奖13项、优秀工程设计软件奖14项；完成2011～2012年度铁路建设工程部级工法评审工作，共评定部级工法178项。抓好专项治理、执法监察、"打非治违"、招投标监督抽查、招投标投诉举报受理、配合审计等工作，严厉打击各种违法违纪违规行为，处罚通报9起招投标违规问题，取消4家物资供货商一定时期内的物资投标资格，对5家次建设单位给予通报批评，对11名建设管理人员按规定追究了责任；组织抽查工程转包和违法分包清理情况，对全路清理出的工程转包和违法分包实行销号管理，大力营造公开、公平、公正的铁路建设市场环境。

【重要管理办法简况】 制定印发《关于调整铁路大中型建设项目管理的通知》（铁建设〔2012〕37号）。按照决策权、执行权、监督权相分离，协调推进以及实施专业化管理的总体要求，对大中型铁路建设项目管理进行了调整，铁路公司（筹备组）组织建设或委托建设快速铁路网项目、跨局路网主骨架长大干线项目以及建设难度大的项目，铁路局组织建设既有线、枢纽、局管内新线和受委托代建涉及既有线安全部分工程。同时确定了18个专业化管理机构，专业化管理机构除承担现有建设任务外，经各出资人协商同意，可承担区域内新开工快速铁路网项目、跨局路网主骨架长大干线项目以及建设难度大的项目的建设管理工作。

制定印发《铁路建设工程调度制度》（铁建设〔2012〕31号），在铁路建设中全面实行工程调度制度。要求铁道部工程管理中心和各铁路局、铁路公司、建设指挥部设立调度机构。工程调度实行24小时值班制度、调度命令通知制度、请示报告制度和信息报告制度。工程信息实行周、月、季、年报告制度，特殊工点实行日报制度，突发事件随时报告，工程信息必须真实、及时、准确。工程信息报告主要包括项目质量、安全、进度、投资、环保、维稳，以及外部协调事项办理、存在问题等内容及相关说明。

修订印发《铁路建设管理人员责任追究暂行办法》（铁建设〔2012〕42号），加强铁路建设责任追究。修订主要内容是：明确了责任追究方式和认定处理程序，责任等级划分等事项；在对安全质量、招标投标、投资控制等违规行为进行追究的基础上，不仅对权钱交易者实施追究，对滥用职权或失职、渎职者，也要严格追究责任。

修订印发《高速铁路竣工验收办法》（铁建设〔2012〕107号），加强高速铁路建设管理，规范高速铁路竣工验收工作。明确规定：高速铁路竣工验收采用先期验收、专家检查、政府验收的组织方式；先期验收包括铁路局和建设单位组织的静态验收和动态验收；专家检查包括对静态验收、动态验收结果进行评审，为初步验收、正式验收提供专家意见；政府验收包括初步验收和正式验收。《办法》同时对静态验收、动态验收、初步验收及正式验收条件进行了细化完善，并增加在初期运营期间，建设项目设计、施工、设备安装单位和设备供应商在建设单位组织下，配合运营单位做好设备维修和应急处理工作，及时处理可能出现的问题，共同保证初期运营工作顺利进行的要求。

修订印发《铁路建设项目变更设计管理办法》（铁建设〔2012〕253号），规范铁路建设项目变更设计管理工作，保证工程质量、施工安全，合理控制工程投资。主要修订内容是：对变更设计定义进行调整，细了变更设计类别划分内容，进一步明确变更设计程序，规范变更设计应急处理，增加变更设计管理和责任追究等方面内容。

修订印发《铁路建设项目物资设备管理办法》（铁建设〔2012〕216号），规范铁路建设物资设备管理，保证建设工程质量和生产安全。主要修订内容是：调整了物资设备供应方式分类，明确了建设单位采购物资设备的范围，增加了许可认证物资设备管理和新型物资设备管理内容，并对甲供物资设备目录进行了调整。（中国铁路总公司建设管理部）

3. 2012年新开工主要项目

【宝鸡至兰州铁路客运专线】 为贯彻国家西部大开发战略，强化路桥运输通道能力，构建我国铁路客运专线主骨架，实现通道内客货分线，提高旅客运输服务质量，新建宝鸡至兰州铁路客运专线。

线路自西宝客专宝鸡南站引出，经天水、秦安、通渭、定西，至兰州西站，正线全长400公里，其中：陕西省境内45公里，甘肃省境内355公里。

工程于2012年10月开工建设。截至2012年底，全线累计完成投资12亿元，占设计的1.85%。累计完成路基土石方2万方，占设计的0.09%；特大、大、中桥291延米，占设计的0.26%；隧道112成洞米，占设计的0.04%。

【郑州至徐州铁路客运专线】 为促进我国区域经济协调发展，强化路桥运输通道，发挥客运专线网络效益，提高旅客运输服务水平，新建郑州至徐州铁路客运专线。

线路起自河南省郑州市，经开封、商丘和安徽省砀山、萧山县，至江苏省徐州市，正线全长362公里，其中：河南省境内252公里，安徽省境内74公里，江苏省境内36公里。

工程可研批复投资估算总额465.6亿元，其中工程投资421.2亿元，动车组购置费44.4亿元。初步设计批复概算479.79亿元，工期按48个月安排（含联调联试及运行试验）。

工程于2012年12月开工建设。截至2012年底，全线开工累计完成投资10亿元，占设计的1.99%。

【重庆至万州铁路】 为促进成渝地区城乡统筹改革试验区及三峡库区建设，推进沿线城镇化进程，完善区域路网布局，提高铁路运输能力，新建重庆至万州铁路。

线路自重庆北站引出，经江北区、长寿区、垫江县、梁平县，至万州北站，正线全长246公里。

工程可研批复投资估算总额311.5亿元，其中工程投资295.5亿元，动车组购置费16亿元。初步设计批复概算252.78亿元，施工总工期按4年安排（含联合调试及试运行6个月）。

工程于2012年1月开工建设。截至2012年底，全线累计完成投资6.4亿元，占设计的2.53%。累计完成路基土石方274万方，占设计的12.74%；特大、大、中桥650延米，占设计的0.54%；隧道210成洞米，占设计的0.35%。

【西安至成都铁路西安至江油段】 为形成华北至西南铁路新通道，缓解铁路运输紧张状况，提高运输质量，完善铁路网布局，促进区域经济社会协调发展，新建西安至成都铁路西安至江油段。

线路自陕西省西安市，经汉中、四川省广元，至江油与绵阳至成都至乐山铁路客运专线相连接，正线全长510.5公里，其中陕西、四川两省境内分别为343.6、166.9公里。

工程可研批复投资估算总额693.7亿元，其中工程投资641.7亿元，动车组购置费52亿元。初步设计批复概算655.79亿元，其中陕西省境内449.47亿元，四川省境内206.32，工程总工期（含联调联试及运行试验）按5年安排。

工程于2012年10月开工建设。截至2012年底，全线累计完成投资12.83亿元，占设计的1.96%。

【广通至大理铁路扩能改造工程】 为促进云南省经济社会发展，提高铁路运输能力，完善区域路网结构，实施广通至大理铁路扩能改造工程。

线路自广通北经楚雄、南华南、祥云至大理东，新建双线167公里，大理东至大理增建二线8公里，正线全长175公里。

工程可研批复投资估算143.1亿元，其中工程投资138.07亿元，机车车辆购置费5.03亿元。初步设计批复概算137.98亿元，施工总工期暂按4.5年安排。

工程于2012年12月开工建设。截至2012年底，全线累计完成投资7亿元，占设计的5.07%。

【郑州至新郑机场城际铁路】 为促进中部战略崛起，适应中原城市群区域一体化发展的目标要求，完善综合运输结构，缓解区域交通紧张状况，新建郑州至新郑机场城际铁路。

线路自郑州站东端引出，向东经郑州东站、郑西客专的西南联络线至新建经开站，之后新建双线跨越南水北调工程、京珠高速铁路后下穿机场设新郑机场站，预留进一步向许昌延伸的条件，正线全长39.9公里。

工程可研批复投资估算总额55.9亿元，其中静态投资53亿元，建设期贷款利息2.8亿元，铺底流动资金0.1亿元。由铁道部和河南省合资建设，项目资本金按总投资的50%（27.95亿元）考虑，铁道部使用铁路建设专项资金，河南省出资由自筹资金解决；资本金以外的资金（27.95亿元）利用国内银行贷款。河南负责征地拆迁协调工作。初步设计批复概算55.7732亿元，施工总工期按3.5年安排。

工程于2012年9月开工建设，截至2012年底，全线累计完成投资12.19亿元，占设计的21.26%。累计完成路基土石方1万方，占设计的2.82%；特大、大、中桥7167延米，占设计的28.15%；隧道297成洞米，占设计的4.13%。（中国铁路总公司建设管理部）

4. 2012年销号主要项目

【京沪高速铁路】 线路北起北京南站，南至上海虹桥站，正线全长1318公里。工程总投资2166.51亿元。工程于2008年4月18日开工建设，2011年6月30日开通投产。

截至2012年底，全线累计完成投资1737.78亿元。累计完成路基土石方4890万方；特大、大、中桥1107747延米；隧道14867成洞米；接触网3910条公里；正线铺轨2741.4公里；房屋1027749平方米。

【武汉至广州客运专线（乌龙泉至花都段）】 线路自武汉铁路枢纽新武汉站起，南至新广州站，正线全长968.446公里。工程总投资928.8688亿元。工程于2005年6月23日开工建设，2009年12月26日开通投产。

截至2012年底，全线累计完成投资928.87亿元。累计完成路基土石方10215万方；特大、大、中桥395899延米；隧道172470成洞米；接触网2708.7条公里；正线铺轨1788.5公里；房屋446467平方米。

【海南东环铁路】 线路自既有海口站至新三亚站，正线全长308.11公里。工程总投资221.2556亿元。工程于2007年9月29日开工建设，2010年12月开通投产。

截至2012年底，全线累计完成投资205.2556亿元。累计完成路基土石方3056万方；特大、大、中桥103576延米；隧道25748成洞米；接触网793.9条公里；正线铺轨612.3公里；房屋106524平方米。

【宜万线】 线路西起自达万铁路的万州站，东至鸦（鹊岭）宜（昌）铁路的花艳站（宜昌东），正线全长378公里。宜万线宜昌东至凉雾段一次建成复线，线路长度288.46公里。工程总投资274.8948亿元。工程于2003年12月1日在湖北省恩施车站举行奠基仪式，2010年12月开通投产。

截至2012年底，全线累计完成投资274.89亿元。累计完成路基土石方5000万方；特大、大、中桥76809延米；隧道343430成洞米；接触网953条公里；正线铺轨665.5公里；房屋129854平方米。

【广深港客运专线】 线路自新广州站至新深圳站，正线长102.45公里，工程总投资173.44亿元。工程于2005年12月开工建设，2011年12月开通投产。

截至2012年底，全线累计完成投资227.6亿元。累计完成路基土石方1024万方；特大、大、中桥58107.6延米；隧道32773成洞米；接触网331.5条公里；正线铺轨203.3公里；房屋168300平方米。

【上海至杭州铁路客运专线】 线路自上海虹桥至杭州东站，新建线路长度153.49公里。工程总投资290.2574亿元。工程于2009年4月1日开工建设，2010年10月26日开通投产。

截至2012年底，全线累计完成投资274.3亿元。累计完成路基土石方447万方；特大、大、中桥145734延米；接触网514条公里；正线铺轨319.9公里；房屋75110平方米。

【太中银铁路】 线路东起山西省太原市,西至宁夏回族自治区中卫和银川市,线路总长941公里,包括太原至中卫正线747公里和定边至银川联络线194公里。工程总投资440.0872亿元。工程于2006年2月24日开工,2010年12月开通投产。

截至2012年底,全线累计完成投资430.3亿元。累计完成路基土石方10117万方;特大、大、中桥180202延米;隧道177568成洞米;接触网2343条公里;正线铺轨1447公里;房屋168054平方米。

【张家口至集宁铁路】 线路自张家口南站起至集宁南站止,正线全长178.09公里,一次建成张家口至集宁铁路复线,线路长178公里。工程总投资73.6755亿元。工程于2006年5月1日开工,2011年4月28日开通投产。

截至2012年底,全线累计完成投资73.7亿元。累计完成路基土石方2889万方;特大、大、中桥25637延米;隧道18923成洞米;接触网538条公里;正线铺轨364.9公里;房屋28034平方米。(中国铁路总公司建设管理部)

5. 2012年续建主要项目

【哈尔滨至大连铁路客运专线】 线路北起哈尔滨,南至大连,正线全长904.26公里。工程总投资923.4亿元。工程于2007年8月23日开工建设,2012年12月1日开通投产。

截至2012年底,全线累计完成投资952.21亿元,占设计的88.2%。累计完成路基土石方5458万方,占设计的96.6%;特大、大、中桥683814延米,占设计的99.7%;隧道9934成洞米,占设计的100%;接触网2578条公里,占设计的98.9%;正线铺轨1959公里,占设计的100%;房屋470164平方米,占设计的93.6%。

【北京至石家庄铁路客运专线】 线路北起北京西站,南至石家庄南站,正线全长约283.7公里。另新建石太客运专线直通线,正线全长约28.6公里。工程总投资438.7亿元。工程于2008年10月7日开工建设,2012年12月26日开通投产。

截至2012年底,全线累计完成投资433.95亿元,占设计的91.7%。累计完成路基土石方1578万方,占设计的98.6%;特大、大、中桥242087延米,占设计的99.8%;隧道9459成洞米,占设计的99%;接触网1036条公里,占设计的98.9%;正线铺轨639公里,占设计的98.2%;房屋214138平方米,占设计的96.1%。

【石家庄至武汉铁路客运专线】 线路北起石家庄南站,南至武汉天兴洲大桥北岸,正线全长840.7公里。另新建郑西客运专线直通线39公里。工程投资1167.6亿元,建设总工期4.5年。2008年10月15日,石家庄至武汉铁路客运专线开工动员大会在郑州举行,2012年12月26日开通投产。

截至2012年底,全线累计完成投资957.01亿元,占设计的75.3%。累计完成路基土石方4556万方,占设计的99.1%;特大、大、中桥717088延米,占设计的99.5%;隧道39457成洞米,占设计的100%;接触网2417条公里,占设计的99.6%;正线铺轨1762公里,占设计的98.6%;房屋655745平方米,占设计的99.9%。

【长沙至昆明铁路客运专线】 长沙至昆明铁路客运专线,自长沙南站至昆明南站,正线全长1158.09公里。投资总额1601.4亿元,工程总工期,长沙南至贵阳北段按4年安排,贵阳北至昆明南段暂按5年半安排。工程于2010年10月1日开工建设。

截至2012年底,全线累计完成投资571.30亿元,占设计的38.3%。累计完成路基土石方7374万方,占设计的71.6%;特大、大、中桥221438延米,占设计的64.3%;隧道462743成洞米,占设计的77.1%。

【天津至秦皇岛铁路客运专线】 线路自天津站至秦皇岛站,全长257.4公里。工程总投资338亿元,建设总工期4年。工程于2008年11月8日开工建设。

截至2012年底,全线累计完成投资340.1亿元,占设计的90%。累计完成路基土石方2191万方,占设计的87.3%;特大、大、中桥168012延米,占设计的92.8%;隧道10897成洞米,占设计的98.2%;接触网944条公里,占设计的95.9%;正线铺轨462公里,占设计的71.5%;房屋165516平方米,占设计的72.4%。

【绵阳至成都至乐山铁路客运专线】 线路自四川省江油市,经绵阳至乐山,正线全长约317公里,包括成都枢纽配套工程。工程总投资392亿元,建设总工期3年安排。工程于2009年7月6日开工建设。

截至2012年底,全线累计完成投资376.1亿元,占设计的92.7%。累计完成路基土石方3693万方,占设计的82.3%;特大、大、中桥187484延米,占设计的98.1%;隧道13230成洞米,占设计的100%。

【南京至杭州铁路客运专线】 线路自南京站至杭州东站,新建线路全长248.963公里。工程总投资313.8亿元，建设总工期3年。工程于2009年4月4日开工建设。

截至2012年底，全线累计完成投资287亿元，占设计的87.2%。累计完成路基土石方1812万方，占设计的99.3%；特大、大、中桥1165454延米，占设计的99.8%；隧道26732成洞米，占设计的100%；接触网671条公里，占设计的95.8%；正线铺轨506公里，占设计的99.0%；房屋74878平方米，占设计的92.1%。

【成都至重庆铁路客运专线】 成都至重庆铁路客运专线自成都东站引出，经四川简阳、资阳、资中、内江、重庆荣昌、永川、璧山至重庆站。成都东站至重庆站，正线长度308.45公里。投资估算总额398.9亿元，施工总工期按48个月安排。工程于2010年11月1日开工建设。

截至2012年底，全线累计完成投资182.03亿元，占设计的50.9%。累计完成路基土石方3896万方，占设计的89.6%；特大、大、中桥110027延米，占设计的64.9%；隧道40660成洞米，占设计的71.1%。

【兰新铁路第二双线】 兰新铁路第二双线自兰州铁路枢纽兰州西站引出，经青海省西宁、甘肃省张掖、酒泉、嘉峪关、新疆维吾尔自治区哈密、吐鲁番，引入乌鲁木齐站，线路全长1776公里。总投资估算总额1435亿元，施工总工期按5年安排。工程于2010年1月1日开工建设。

截至2012年底，全线累计完成投资768.70亿元，占设计的56.2%。累计完成路基土石方15145万方，占设计的96.1%；特大、大、中桥392146延米，占设计的92.2%；隧道143950成洞米，占设计的77.4%；正线铺轨677公里，占设计的19.1%；房屋1183平方米，占设计的0.5%。

【新建云桂铁路】 线路自昆明枢纽南客站引出，经石林、板桥、弥勒、普者黑、广南、富宁、百色、田阳、平果、隆安，至南宁东站。南宁至昆明南，新建正线长710.269公里；南宁枢纽南环线邕宁至那罗增建第二线，正线长43.023公里；昆明枢纽昆明南至昆明东客车联络线，长16.768公里；王家营西至羊堡增建第二线，长7.112公里；羊堡至金马村联络线，长12.245公里；石林板桥至南昆铁路石林南货车联络线，长24.529公里；引入南宁枢纽、昆明枢纽和百色地区相关工程。工程总投资894.81亿元，建设总工期6年。工程于2010年7月1日开工建设。

截至2012年底，全线累计完成投资232.6亿元，占设计的27.1%。累计完成路基土石方4546万方，占设计的50.8%；特大、大、中桥62152延米，占设计的20.4%；隧道159825成洞米，占设计的38.0%。

【兰州至重庆铁路】 兰州至重庆铁路，自甘肃省兰州市，至重庆市合川、北碚，新建双线铁路820公里。另修建南充经广安至高兴单线铁路95公里。工程投资总额774亿元，建设工期为6年。2008年9月26日兰渝铁路开工动员大会在甘肃省兰州市沙井驿举行。

截至2012年底，全线累计完成投资609.07亿元，占设计的69.4%。累计完成路基土石方13084万方，占设计的84.2%；特大、大、中桥173603延米，占设计的79.9%；隧道506988成洞米，占设计的83.0%；接触网358条公里，占设计的9.6%；正线铺轨324公里，占设计的15.6%；房屋237767平方米，占设计的54.9%。

【贵阳至广州铁路】 贵阳至广州铁路，自贵阳北站至广州站，线路长857.01公里。投资总额975.54亿元，建设工期为6年。2008年10月13日，贵广铁路开工动员大会在广西壮族自治区桂林市灵川县贵广铁路甘棠江特大桥桥址举行。

截至2012年底，全线累计完成投资560.45亿元，占设计的60.5%。累计完成路基土石方4996万方，占设计的82.0%；特大、大、中桥204421延米，占设计的80.2%；隧道450970成洞米，占设计的96.9%；正线铺轨7公里，占设计的0.4%；房屋886平方米，占设计的0.6%。

【南宁至广州铁路黎塘至广州段】 南宁至广州铁路黎塘至广州段，自柳州至南宁客运专线黎塘西站至肇庆东，线路长度约401.6公里；肇庆东至三眼桥与贵广铁路四线共线，线路长度约61.4公里。工程总投资410亿元，建设工期4.5年。工程于2008年11月9日开工建设。

截至2012年底，全线累计完成投资309.51亿元，占设计的72.7%。累计完成路基土石方6440万方，占设计的93.0%；特大、大、中桥159752延米，占设计的94.1%；隧道102362成洞米，占设计的93.7%；接触网530条公里，占设计的48.1%；正线铺轨555公里，占设计的57.4%；房屋69731平方米，占设计的55.4%。

【东莞至惠州城际轨道交通】 东莞至惠州城际轨道交通，自东莞道滘站至惠州客运北站，全长99.8公里。投资总额为342.8亿元，工期3.5年。工程于2009年5月8日开工建设。

截至2012年底，全线累计完成投资147.3亿元，占设计的46.7%。累计完成路基土石方67万方，占设计的 79.1%；特大、大、中桥 29756 延米，占设计的 69.4%；隧道 34975 成洞米，占设计的 69.9%。

【郑州至焦作城际铁路】 郑州至焦作城际铁路自郑州枢纽南阳寨站引出，向北沿既有京广铁路通道跨黄河，经武陟、修武，向西沿既有新月铁路通道至焦作站，线路全长约 77.8 公里，其中利用京广铁路 9.65 公里，新建线路 68.14 公里。投资估算总额为 97.6 亿元，施工总工期按 42 个月安排。工程于 2010 年 9 月 25 日开工建设。

截至 2012 年底，全线累计完成投资 48.02 亿元，占设计的 52.1%。累计完成路基土石方 667 万方，占设计的 96.2%；特大、大、中桥 31787 延米，占设计的 80.9%。

【山西中南部铁路通道】 新建线路自瓦塘站引出，经临县、柳林、蒲县、洪洞至长治，引入京广线汤阴东站，利用具有汤台铁路并增加第二线至侯庙站，新建线路自侯庙站引出，经泰安至辛泰铁路范镇站，利用辛泰铁路并增建第二线至莱芜东站，新建线路自莱芜东站引出，经沂源、沂水、巨峰南至日照南站，线路全长 1260 公里，其中新建线路 1089 公里，利用既有线增建第二线 171 公里。配套建设与崮瓦铁路、南同蒲铁路、太焦铁路、京广铁路、京九铁路、京沪铁路的联络线 114 公里。预留韩岗至兖州联络线。工程总投资 998 亿元，建设总工期 4.5 年。工程于 2010 年 4 月 10 日开工建设。

截至 2012 年底，全线累计完成投资 594.23 亿元，占设计的 62.9%。累计完成路基土石方 12795 万方，占设计的 97.7%；特大、大、中桥 247339 延米，占设计的 88.8%；隧道 347405 成洞米，占设计的 96.7%；正线铺轨 1020 公里，占设计的 37.7%。

【成昆线昆明至广通段扩能改造工程】 线路自新建广通站至读书铺站，线路全长 93.5 公里，以及昆明枢纽配套工程。工程总投资 54.8 亿元，建设工期 4 年。工程于 2007 年 10 月 18 日开工。

截至 2012 年底，全线累计完成投资 51 亿元，占设计的 86.9%。累计完成路基土石方 553 万方，占设计的 82.6%；特大、大、中桥 11638 延米，占设计的 94.3%；隧道 59474 成洞米，占设计的 94.7%。

【滨绥铁路牡丹江至绥芬河段扩能改造工程】 线路自既有滨绥铁路牡丹江站引出，经穆棱、下城子、绥阳至边境口岸城市绥芬河。牡丹江站至绥芬河线路全长 138.8 公里。工程总投资 123 亿元，建设工期 3.5 年。工程于 2010 年 6 月 1 日开工建设。

截至 2012 年底，全线累计完成投资 48.65 亿元，占设计的 45.8%。累计完成路基土石方 1199 万方，占设计的 68.7%；特大、大、中桥 14042 延米，占设计的 41.2%；隧道 33852 成洞米，占设计的 66.3%；房屋 14156 平方米，占设计的 23.0%。

【杭州东站改扩建工程】 杭州东站扩建工程，新建杭州东站站房、雨棚及相关工程。工程总投资 120.8 亿元，建设工期 4 年。工程于 2008 年 12 月 27 日开工建设。

截至 2012 年底，全线累计完成投资 118.89 亿元，占设计的 89.3%。累计完成路基土石方 411 万方，占设计的 100%；特大、大、中桥 14089 延米，占设计的 98.3%；隧道 1845 成洞米，占设计的 100%；接触网 79 条公里，占设计的 24.3%；正线铺轨 59 公里，占设计的 92.1%；房屋 156105 平方米，占设计的 88.2%。

【新建霍尔果斯铁路口岸站】 霍尔果斯铁路口岸站东起既有精伊霍铁路 K283+000，西至中哈铁路接轨点 DK6+041.5，主要包含：宽轨场、准轨场、边检场、客运车场、换装场及联检楼、客站站房等相关生活配套设施和"一关两检"设施。工程总投资 18.4 亿元。建设总工期 1.5 年。先期工程于 2011 年 10 月 10 日开工建设。

截至 2012 年底，全线开工累计完成投资 13 亿元，占设计的 67.4%。累计完成路基土石方 652 万方，占设计的 100%；特大、大、中桥 108 延米，占设计的 100%；正线铺轨 7 公里，占设计的 81.1%；房屋 78400 平方米，占设计的 83.5%。

（中国铁路总公司建设管理部）

公 路 建 设

2012 年，面对复杂的经济形势和艰巨繁重的改革发展任务，交通运输行业认真贯彻落实中央决策部署，坚持主题主线，坚持稳中求进，着力破解难题，努力推进交通运输科学发展，全年交通运输行业运行平稳，公路建设事业取得新的进步，为全面建成小康社会提供了坚实的交通运输保障。

【公路建设基本情况】 2012年年底，全国公路总里程达423.75万公里，比上年末增加13.11万公里。公路密度为44.14公里/百平方公里，比上年末提高1.37公里/百平方公里。

全国等级公路里程360.96万公里，比上年末增加15.60万公里。等级公路占公路总里程的85.2%，提高1.1个百分点。其中，二级及以上公路里程50.19万公里，增加2.83万公里，占公路总里程的11.8%，提高0.3个百分点。全国高速公路里程达9.62万公里，比上年末增加1.13万公里。全国高速公路车道里程42.46万公里，增加4.87万公里。

全国公路桥梁达71.34万座、3662.78万米，其中特大桥梁2688座、468.86万米，大桥61735座、1518.16万米。全国公路隧道为10022处、805.27万米，其中特长隧道441处、198.48万米，长隧道1944处、330.44万米。

全年完成公路建设投资12713.95亿元，比上年增长0.9%。其中，高速公路建设完成投资7238.30亿元，下降2.5%。

【推行现代工程管理】 全国交通运输系统大力推进高速公路施工标准化活动，全面落实现代工程管理"五化"要求。交通部派人参加陕西、云南等省组织召开的现场会，对贵州、湖南、湖北、安徽等省施工标准化情况进行调研，组织广东、陕西、江苏、福建等省起草《高速公路施工标准化技术指南》，按照工地建设、路基、路面、桥梁、隧道5个分册进行编写，统一标准化要求，于2012年底出版发行。

6月28～29日，交通部在陕西召开全国高速公路施工标准化活动现场会，副部长冯正霖出席会议并做重要讲话，就加快推行现代工程管理进行工作部署。会议充分肯定了施工标准化活动取得的阶段性成果，要求各地进一步深化对现代工程管理的认识，贯彻人本化核心理念，创造和谐的施工环境；推进项目管理专业化，提升项目管理能力；深化施工标准化内涵，促进工程管理转变；突出信息化管理效用，发挥信息技术优势；秉承精细化管理目标，做实精品工程。会议强调，当前和今后一个时期公路建设管理方面的重点任务是：围绕"五化"要求，以施工标准化活动为载体，加大活动实施力度，深化活动内涵，注重活动实效，全面推行现代工程管理。一是全面推进，实现标准化施工全覆盖。二是注重落实，以标准化为手段构筑安全生产防线。三是夯实基础，以标准化为抓手确保工程质量。四是加强监管，以市场规范促进现代工程管理落实。五是加强技术交流，全面提高一线施工人员素质。

【进一步加强项目管理工作】 加强勘察设计管理。各级交通运输主管部门严格按照《关于进一步加强公路勘察设计工作的若干意见》，加强设计审查工作，提高设计质量，控制工程造价。部公路局对新疆奎屯至克拉玛依等代建项目及贵州省毕节至都格等项目开展设计回访，了解初步设计批复意见执行情况，总结经验，研究存在的问题，为进一步加强勘察设计工作奠定基础。

学习贯彻《国务院关于进一步加强道路交通安全工作的意见》，提出落实措施。交通部组织研究细化安全评价工作方案，并在高速公路交工验收中试点应用；开展《公路工程交竣工验收政策研究》，进一步加强验收管理工作。

加强公路建设用地监管和公铁立交建设协调。交通部会同国土资源部联合印发《关于联合印发高速公路项目用地未批先用问题整改查处的通知》（国土资厅发〔2012〕23号）。交通部公路局与国土资源部执法监察局等6部委有关司局联合开展"部部联创、共建执法监察共同责任机制活动"。会同铁道部联合印发《关于公铁立交和公铁并行路段护栏建设与维护管理相关问题的通知》（铁运〔2012〕139号），明确立交建设原则、立交条件预留、方案审查程序等有关要求，为公路铁路立交建设提供政策依据。

【认真组织重点项目竣工验收】 交通部对陕西省秦岭终南山公路隧道、江西省瑞金至赣州高速公路等项目进行竣工验收。终南山隧道是国家高速公路网包茂线的重要组成部分，是我国自行设计、施工、监理的世界级工程，全长18.02公里，双洞四车道高速公路标准，建设规模世界第一。在勘察设计阶段，经多方案比选，选用18公里特长隧道方案使路线高程降低至雪线以下，改善了通车条件，保证全天候安全通行；针对特长隧道特点和难点，设置三个竖井，采用纵向分段通风方式，建立和配置机电工程八大系统；模拟自然景观设计洞内视觉景观带，取得良好效果。建设单位针对秦岭山区地质条件复杂、特长隧道设计、施工技术经验不足等难题，注重创新，组织多学科、跨行业联合攻关，取得科研成果40余项，获国家专利4项，国家级工法1项，获中国公路学会2009年度科学技术特等奖及

2010年度国家科技进步一等奖，填补了国内特长公路隧道建设技术的多项空白，为我国公路隧道建设积累了宝贵经验，标志着我国公路特长隧道工程建设与管理达到国际领先水平。秦岭终南山公路隧道的建设，使我国公路隧道建设规模一举突破至18公里，改变了山区公路建设传统观念，实现了公路隧道工程建设、设计、管理的新突破。该隧道建成后大大缩短了公路里程，节约了占地，保护了环境，并利用弃渣造田400余亩，实现了全年全天候全时段安全通行；对完善国家和陕西省公路网结构，沟通长江、黄河两大经济区域，打通西部快速大通道，促进西部地区经济社会发展，加快推进西部大开发战略具有重大意义。

【加强农民工工资管理工作】 为深入贯彻落实党的十八大精神和中央领导同志有关批示要求，保障广大农民工合法权益，交通部印发《关于进一步做好公路水运工程建设领域农民工工资支付与管理有关工作的意见》，就落实责任、完善制度、清理督查及构建长效机制等提出要求，实行农民工实名登记制与银行代发工资制度，坚持定期清理督查，努力构建长效机制。

春节前，交通部领导分别带队，结合春运检查工作，对部分省份的农民工工资支付保障情况进行督查，会同人力资源社会保障部、住房城乡建设部等部门联合召开保障农民工工资支付工作视频会议，全力维护农民工合法权益。

（交通运输部公路局）

水 路 工 程 建 设

2012年，面对交通运输发展的新形势和新任务，水路建设紧紧围绕党中央全面建设小康社会的战略部署和全国交通运输工作会议精神，不断加强行业监管和重点建设项目管理，促进水路工程建设持续、快速发展，为国家发展和社会繁荣进步提供有力保障。

【水路基础设施建设成效显著】 截至2012年底，沿海和内河港口生产泊位达到3.2万个，其中万吨级以上深水泊位1886个，5万吨级以上泊位达到819个，煤炭、原油、铁矿石、集装箱等专业化泊位达到997个，港口加快向大型化、专业化方面发展。全国内河航道通航里程达到12.5万公里，其中51%为等级航道，位居世界第一。长江口深水航道治理工程成功实施、长江南京以下12.5米深水航道一期工程（太仓至南通段）开工建设，长江干线航道治理取得重大进展，初步建成以"两横一纵两网十八线"高等级航道为主体的干支直达、通江达海的内河航道体系，为中国交通运输事业发展提供了有力保障作用。

2012年，我国沿海港口新建及改（扩）建码头泊位135个，新增吞吐能力32401万吨，其中万吨级及以上泊位新增吞吐能力30683万吨。内河港口新建及改（扩）建码头泊位251个，新增吞吐能力12025万吨，其中万吨级及以上泊位新增吞吐能力5250万吨。全年新增及改善内河航道里程686公里。

2012年，全国水运基础设施建设完成投资1493.82亿元，同比增长6.3%，其中，沿海建设完成投资1004.14亿元，比上年同期下降0.3%；内河建设完成投资489.68亿元，比上年同期增长23.1%。（常勤）

【举世瞩目的长江南京以下12.5米深水航道工程正式启动】 2012年8月28日，长江南京以下12.5米深水航道一期工程开工仪式在江苏常熟举行，国务院及有关部门、江苏省的领导出席开工仪式，这标志着我国"十二五"时期投资规模最大、技术最复杂的国家重点内河水运工程正式开工，它的建设在全国内河水运建设发展史上具有举足轻重的示范作用。

长江南京以下12.5米深水航道建设工程建设范围为长江干线南京至太仓河段，河段总长280公里，共包含11个水道。工程项目的建设思路是"整体规划、分期实施、自下而上、先通后畅"，工程分三期组织实施。2012年8月28日，一期工程正式开工。一期工程先行治理太仓至南通约56公里河段的航道，主要实施通州沙下段至狼山沙尾部、白茆沙中上段等整治措施，并辅以必要的疏浚工程，实现由苏州港太仓荡茜闸至南通港天生港区12.5米深水航

道贯通。（常勤）

【码头结构加固改造工作全面开展】 2012年在全国范围内开展了码头结构加固改造工作，发布"沿海港口码头加固改造工作座谈会"会议纪要，并按《沿海港口码头结构加固改造工作有关事宜的通告》有关要求，全面开展沿海码头结构加固改造推进工作。根据有关港口行政主管部门和企业要求，组织举办三期沿海港口码头结构加固改造工作研讨培训班。按照交通部和省两级管理要求，各级主管部门完成报送申请沿海港口码头结构加固改造项目的梳理分类及符合性审查工作。

截止到2012年年底，宁波-舟山港北仑港区北仑国际集装箱码头3号～6号泊位工程、大连港大窑湾港区11号、13号、14号泊位等8个项目的结构加固改造方案通过交通部审批，各省级管理部门也完成了南京港龙潭港区二期通用泊位码头工程、苏州港张家港港区长江国际码头工程（1号、2号泊位）、广州港黄埔港区新港油码头等58个项目的方案审批工作。

宁波大榭万华5万吨级煤盐码头、湛江港300号泊位码头、南通港如皋港区通用码头一期工程（1号、2号泊位）等42个码头结构加固改造工程项目完工投入使用。（常勤）

【重点水运建设项目进展顺利】

（1）一批重点沿海港口、航道建设项目开工建设和竣工投入使用。

深圳港盐田港区集装箱码头扩建工程、广东珠江电厂煤码头扩建工程、苏州港太仓港区协鑫码头工程、宁波大榭招商国际集装箱码头二阶段工程等20多个重点港口建设项目开工建设；日照-仪征原油管道及配套工程项目日照港岚山港区30万吨级原油码头工程、江苏华能金陵电厂二期配套码头工程、唐山港曹妃甸煤炭码头工程、宁波-舟山港西蟹峙石油储运码头工程等10多个重点港口建设项目通过竣工验收，正式投入使用。

（2）长江干线等航道整治工程进展顺利，沿江港口工程建设有序开展。

长江口南槽航道疏浚工程、长江中游戴家洲河段航道整治二期工程、长江干线数字航道兰家沱至鳊鱼溪段建设工程等9个长江干线航道建设项目开工建设；长江口深水航道南北港分汊口河段新浏河沙护滩及南沙头通道潜堤工程、长江中游沙市河段航道整治一期工程、长江干线涪陵至丰都段航路改革配套设施建设工程等14个航道建设项目的竣工验收投入使用。

长江上游航运中心重庆港，中游武汉、宜昌等港口，下游皖江港口集群、江苏沿江港口群建设稳步推进；西江干线南宁、梧州港等港口扩能工程进展顺利。（常勤）

【水运工程建设项目设计、施工水平不断提高】 2012年全面贯彻落实科学发展观，不断推动水运工程建设质量提升和勘察设计技术创新，进一步提高水运工程勘察设计水平，多个代表性水运工程建设项目获国家和行业内表彰。

唐山港京唐港区3000万吨煤炭泊位（32号～34号）工程、长江下游东流水道航道整治工程等6个项目获2011～2012年度国家优质工程银质奖。

上海港外高桥港区六期工程、长江口深水航道治理三期工程等12个项目获2012年度水运交通优质工程奖；苏州港太仓港区武港码头工程等4个项目、上海港外高桥港区六期工程等5个项目、长江中游周天河段航道整治控导工程等9个项目分别获2012年度水运交通优秀设计一、二、三等奖；辽东湾满载VLCC推荐航路扫测、滇池污染底泥疏挖及处置二期工程地质勘察等5个项目、溪南半岛水深测量和水深图及三维高程模型制作等7个项目分别获2012年度水运交通优秀勘察一、二、三等奖。（常勤）

【大连港大窑湾港区三期工程17号、18号集装箱泊位工程通过国家验收】 2012年3月30日，大连港大窑湾港区三期工程17号、18号集装箱泊位工程通过国家竣工验收，正式投入运营。工程建成2个10万吨级集装箱泊位（码头水工结构按靠泊15万吨集装箱船舶建设）及相关配套设施。码头设计年通过能力为129.6万TEU；码头岸线长为793米；码头陆域面积约为76.2万平方米，其中包括重箱堆场、空箱堆场及其他堆场，并配套建设相应的生产及生产辅助建筑物。工程总投资约22.1亿元。工程自2005年3月开工建设，2008年7月完工。竣工验收委员会经过认真审议，认为该工程设计合理，工艺设备选型先进，满足设计规范和港区生产的使用和管理要求，工程总体质量合格。

该工程的建设完成，对于满足东北老工业基地振兴的需要，进一步推动大连东北亚国际航运中心建设，适应大连港集装箱运输持续发展和提高国际竞争力等方面均具有重要意义。（刘国辉）

【唐山港曹妃甸港区煤炭码头工程通过国家验收】 唐山港曹妃甸港区煤炭码头工程位于唐山港曹妃甸港区一港池西岸，建设10万吨级煤炭装船泊位

2个，7万吨级和5万吨级煤炭装船泊位各1个及7万吨级待泊泊位1个（水工结构均按靠泊10万吨级船舶设计），以及相应的堆场等配套设施，设计年装船能力5000万吨，工程总投资50.28亿元。码头在国内首次采用深水遮帘式钢板桩结构，翻车机房围护结构为国内外最大，应用国内首例四翻翻车技术，码头前沿采用4台6000吨/小时移动伸缩式装船机，堆场建成了目前国内最大规模的防风抑尘网。工程于2006年8月11日开工，于2008年12月5日完工，2010年8月26日开始试运行，2012年6月28日通过唐山市港航管理局组织的初步验收，同年11月通过交通部组织的竣工验收。

该项目的建设完成，对提高唐山港专业化煤炭卸船能力，满足我国经济高速持续发展对煤炭需求快速增长以及大秦线扩能改造的实际需要，完善国内煤炭运输通道，适应国家"西煤东运"和"北煤南调"战略等均具有重要作用。（祝振宇）

【**天津港南疆港区26号铁矿石码头工程经国家批准建设**】 天津港南疆港区26号铁矿石码头工程位于天津港南疆港区东部，建设1个30万吨级铁矿石接卸泊位，码头长400米，设计年通过能力2300万吨，概算投资316616.9万元；码头呈顺岸连片式布置，前沿设计底标高为－24.8米；堆场长度为1220.6米，宽度为364米，四周布置防风抑尘网；码头卸船设备选用4台2500吨/小时桥式抓斗卸船机，水工结构采用高桩码头结构型式。

该工程于2011年11月经国家发展和改革委核准，2012年7月通过交通部批准初步设计。该工程建成后将进一步缓解天津港专业化矿石码头工程能力不足的状况，对提高天津港铁矿石专业化、集约化水平，优化港区功能，完善国内矿石运输格局具有重要意义。（祝振宇）

（交通运输部水运局）

通 信 业 建 设

【**通信业发展概况**】 2012年，通信业共完成电信基础设施投资3613.8亿元，同比增长8.5%，增速比2011年下降3.4个百分点。2012年分类投资中增速最快的是传输投资，共完成828.7亿元，同比增长46.7%，增速比2011年提高24.1个百分点，在全部投资中占比达到22.9%，比2011年提高6.1个百分点。移动通信投资仍是占比最大的投资领域，共完成1366.4亿元，同比增长2.1%，占全部投资的37.8%，互联网及数据通信投资占比11.5%，共完成416亿元，同比下降5.1%。2012年，基础电信业共完成3G基础设施建设投资972.9亿元，同比增长13.1%。

截至2012年年末，基础电信业光缆线路长度达到1480.6万公里，同比增长22.8%，增速比2011年提高1.2个百分点。2012年新增光缆线路长度268.6万公里，新增规模比2011年扩大53万公里。2012年接入网光缆线路长度新增159.5万公里，12月末达到670.2万公里，同比增长32.1%，在全部光缆线路长度中占比达到45.3%，比2011年提高3.1个百分点。本地网中继光缆线路长度占比48.9%，首次低于50%，占比比上年同期下降2个百分点。

【**开展通信建设领域专项治理**】 根据中纪委《2012年工程建设领域突出问题专项治理工作要点》的精神，按照《工业和信息化部2012年工程建设领域突出问题专项治理工作要点》的要求，结合通信建设工程实际，下发《关于深入开展2012年通信建设领域突出问题专项治理工作的通知》（工信厅通函〔2012〕383号），全面部署2012年通信建设领域通信建设招标投标、工程质量、安全生产、信息公开等重点工作。

（1）进一步规范通信建设项目招投标活动

加强制度建设。组织修订《通信建设项目招标投标管理办法》，制定了《通信建设项目评标专家和专家库管理办法》，两项《办法》经过调研、会议讨论、广泛征集意见及网上公开征集社会意见等环节，现已完成报批稿。

加强宣贯工作。组织召开通信行业《招标投标法实施条例》（以下简称《条例》）宣贯培训会，对《条例》、《简明标准施工招标文件》、《标准设计施工总承包招标文件》和通信行业招标文件范本进行了解释，进一步规范了从业人员参与招投标活动的行为，提高了招投标队伍的整体素质。

建立"通信建设项目招标管理平台"，已正式上线试运行，实现了评标专家资格网上申请，同时正在组织开展招标项目的网上备案等工作。

严格备案管理，加强对重点工程建设项目招投标活动的跟踪和监督，对发现的问题立即要求企业整改，对电信集团公司招投标备案情况进行通报。

开展招标投标专项检查工作。工业和信息化部组成检查组对中国电信、中国移动、中国联通3个集团公司及8个省（区、市）的电信运营企业进行抽查，共检查项目170项，从检查情况看，各基础电信企业招投标活动的规范化水平有大幅提升，招投标活动日益规范。

(2) 深化通信建设工程质量监督管理

为督促企业重视过程质量和安全生产工作，工业和信息化部建立全国通信建设工程质量和安全生产通报制度，每季度公布一次全国通信建设项目质量和安全生产情况，全年，共抽查通信建设项目2146项，抽查发现问题244个。

组织部、省联合检查组对上海、江苏等10个省（市）的30个省级电信运营企业的通信建设工程质量和安全生产进行了抽查，对抽查发现的问题要求企业立即整改，并在行业内作了通报，使企业对工程质量和安全生产意识明显提高。

加强质量监督宣贯工作。为明确一段时期质量监督工作思路和重点，总结交流通信工程质量监督工作情况，组织召开通信建设质量监督工作座谈会，主管局领导参加会议，为做好质量监督工作打下良好的基础；为加强通信工程质量监督队伍建设，提高质量监督人员的政策和业务水平，组织质量监督工程师培训工作班。加强制度建设，开展质量监督工作调研，启动《通信工程质量监督管理规定》的修订工作。

(3) 强化通信建设工程安全生产管理工作

加强制度建设。针对通信建设形势发展变化的情况，着手修订《通信建设工程安全生产管理规定》、《通信建设工程企业主要负责人，项目负责人和专职安全生产管理人员安全生产考核管理暂行规定》。

加强工程建设安全生产标准制订工作。针对近年来发生的安全生产事故情况，组织开展《通信工程安全生产操作规范》修订工作，进一步细化通信建设工程安全生产薄弱环节操作规程，目前已完成审查工作。针对目前电信运营企业改、扩建电信机房情况增多且缺乏安全生产规范的情况，编制《通信设施拆除技术暂行规定》（征求意见稿）。

加强安全生产宣贯和培训工作。组织召开全国通信建设领域安全生产宣贯会，来自各省（区、市）通信管理局、各电信企业集团公司和省级公司以及部分设计、施工、监理企业的200多人参加了会议，通过对安全生产法律法规、通信建设工程强制性标准和安全生产操作规范的讲解，通报近两年发生的安全生产事故情况，提高从业人员的安全生产意识，增强企业安全生产工作责任感。

继续开展通信建设领域安全生产"三类人员"的安全生产法律法规和技术规范培训考核工作，通过协会组织的方式，全年共培训安全生产人员10589人，进一步促进从业人员安全生产素质的提高。

集中开展"打非治违"专项行动。下发《关于集中开展通信建设领域安全生产"打非治违"专项行动的方案》，扎实开展"打非治违"专项行动。要求企业加强领导、落实责任，开展了自查自纠工作，围绕事故多发、危险源集中的工程建设项目进行重点检查，及时治理纠正非法违规行为，有效防范和坚决遏制非法违规行为导致的安全生产事故。

【通信业建设相关法规政策】

(1) 组织制定光纤到户强制性标准

积极与住房城乡建设部沟通协商，工业和信息化部组织起草的《住宅区和住宅建筑内光纤到户通信设施工程设计规范》(GB 50846—2012)、《住宅区和住宅建筑内光纤到户通信设施工程施工验收规范》(GB 50847—2012)两项国家标准，由住房和城乡建设部于2012年12月25日发布，2013年4月1日起实施。两项标准将光纤到户的相关条款列为强制性条款，为推动我国信息技术发展、宽带网络建设乃至下一代信息基础设施的发展打下良好基础。

(2) 组织行业标准审查工作

组织专家对《通信局站共建共享技术规范》等8项国家标准及《无线局域网工程设计规范》等13项行业标准送审稿审查工作，为通信工程建设及电信基础设施资源共建共享提供技术依据，通过标准的实施规范通信建设企业的从业行为。

(3) 组织开展通信建设工程奖项评选工作

2012年度，共评出158个项目获得部级优秀通信工程设计奖及优质通信工程奖，其中获得部级优秀通信工程设计奖 123 项，获得部级优质通信工程奖项 35 项。

（工业和信息化部通信发展司）

民 航 建 设

1. 机场管理法规规章及技术标准

【规章修订】 为了适应民用机场工程建设过程中的变化，满足民用机场工程及民航空管建设工程的需要，对《民用机场建设管理规定》（民航总局令第 129 号）进行修订。

【技术标准颁布下发】 完成《供 A380 飞机使用的现有民用机场采用的技术标准及运行要求》、《民用机场场道工程预算定额》、《民用机场目视助航工程预算定额》的发布工作；完成《民用机场飞行区技术标准》的修订工作。

2. 机场及配套设施建设

2012 年，民航全行业完成固定资产投资 712 亿元左右，其中安排中央预算内投资 16.2 亿元，民航发展基金约 118 亿元，重点保障安全、空管及中西部机场项目的实施。

【重点建设项目】 2012 年民航重点建设项目共 22 个，其中计划竣工 6 个，实际完成 3 个。已完成项目为：成都双流机场、西安咸阳机场、拉萨贡嘎机场扩建工程，未完成的项目为：合肥新机场工程、成都区域管制中心工程和西安区域管制中心工程。

续建项目 6 个。其中杭州萧山机场扩建工程已完工，预计 2013 年完成 4 个，2014 年完成 1 个。预计 2013 年完成的项目为：深圳宝安机场、西宁曹家堡机场、沈阳桃仙机场、贵阳龙洞堡机场扩建工程；预计 2014 年完成的项目为：南京禄口机场扩建工程。

新开工项目 10 个。已开工 5 个，其余 5 个尚未开工。已开工的项目为：天津滨海机场、南宁吴圩机场、广州白云机场扩建工程、沈阳区域管制中心工程和乌鲁木齐区域管制中心工程。其余 5 个项目正在积极推进前期工作。

【其他建设项目】 2012 年竣工的其他建设项目有鄂尔多斯机场飞行区改扩建工程、扬州泰州机场工程、南通机场飞行区改扩建工程等 195 个项目。

续建项目有：池州九华山机场工程、济南遥墙机场航站区扩建工程、新建德令哈民用机场工程、兰州中川机场二期扩建工程、大连机场飞行区东区改造工程等 198 个。

新开工项目有：新建抚远民用机场工程、延吉机场航站区改扩建工程、林芝机场站坪扩建工程、新建稻城民用机场工程、武汉机场国际航站楼扩建工程等 120 个项目。

【机场规划管理】 2012 年民航局组织了三亚凤凰、福州长乐、乌鲁木齐地窝堡等机场的总体规划审查，完成乌鲁木齐地窝堡机场总体规划的批复工作。按照授权和分工，民航各地区管理局对辖区内飞行区指标 4D 及以下机场的总体规划进行了审批。

3. 民航建设纪事

2 月 1 日，民航局与新疆维吾尔自治区人民政府联合批复了乌鲁木齐地窝堡国际机场总体规划。

3 月 11～13 日，民航局组织了西安咸阳机场扩建工程行业验收。

4 月 12～13 日，民航华东地区管理局组织新建扬州泰州机场工程行业验收。

7 月 3～6 日，民航局组织成都双流机场扩建工程行业验收。

7 月 23 日、24 日，民航西南地区管理局组织新建遵义工程行业验收。

12 月 25 日，民航西南地区管理局组织拉萨贡嘎机场扩建工程行业验收。

12 月 24～26 日，民航局组织杭州萧山机场扩建工程行业验收。

（中国民航局机场司）

公共文化服务设施建设

1. 全国公共文化设施建设

【全国文化(文物)系统基本建设】 2012年,全国文化(文物)系统基本建设投资项目总数达到2579个,项目计划总投资达735.59亿元,比上年增长16.9%;计划施工面积(建筑面积)1461.08万平方米;本年完成投资额为106.27亿元。全国竣工项目1068个,竣工面积221.27万平方米。

【全国文化基建项目】 2012年,全国文化基建项目2136个,比上年减少4546个。项目计划总投资511.12亿元,比上年增长30.2%;计划施工面积(建筑面积)924.37万平方米,与上年基本持平;竣工项目982个,竣工面积170.74万平方米。

【全国文物事业机构新建项目】 2012年,全国文物事业机构新建项目总数为443个(不含文物维修项目),与上年基本持平;项目计划总投资224.47亿元;计划施工面积(建筑面积)536.71万平方米;本年完成投资额为278.01亿元,全年竣工项目86个,竣工面积50.53万平方米。

【公共图书馆建设】 在文化基建项目中,全国有255个公共图书馆建设项目,占文化基建项目总数的11.9%;计划施工面积189.22万平方米,占文化基建项目总面积的20.5%;国家预算内资金17.28亿元,占文化基建项目国家预算内资金总量的24.3%;本年实际完成投资额16.77亿元,占文化建设项目本年实际完成投资额的21.4%。全年竣工项目83个,竣工项目面积35.96万平方米。

【群众艺术馆、文化馆、乡镇文化站建设项目】 全国有1266个群众艺术馆、文化馆、乡镇文化站建设项目,占文化基建项目总数的59.3%;计划施工面积113.89万平方米,占文化基建项目计划施工总面积的12.3%;国家预算内资金5.63亿元,占文化基建项目国家投资总数的7.9%;本年完成投资额7.14亿元,占总数的9.1%。全年竣工项目682个,其中文化馆64个,文化站618个,竣工面积44.31万平方米。

【博物馆建设项目】 在文物基建项目中,有222个博物馆建设项目,占文物基建项目总数的43.7%。计划施工面积312.92万平方米,占文物基建项目总面积的58.3%。国家预算内资金27.35亿元,占文物系统总数的80.4%;本年完成投资额21.65亿元,占文物系统总数的77.9%。2012年,全国44个博物馆项目建成,竣工面积42.93万平方米。

2. 基层文化设施建设项目仍是建设主体

【基层文化设施建设投入大幅增加】 2012年,各级文化部门对县级图书馆、文化馆和乡镇综合文化站等基层文化设施建设的投入大幅增加。在全国2579个文化(文物)基建项目中,县级和乡镇级基建项目共1857个,占全国文化基建项目总数的72.0%。其中,乡镇综合文化站建设项目共1101个。

【乡镇综合文化站】 "十一五"期间,文化部和国家发展改革委联合制定并实施了《全国"十一五"乡镇综合文化站建设规划》,在全国范围内基本实现"乡乡有文化站"的建设目标。截至2012年底,需要中央补助投资的乡镇综合文化站建设项目23856个已基本全部建成。竣工并投入使用的乡镇综合文化站,为群众开展了丰富多彩的文化活动,对于满足广大农民群众精神文化需求,保障基层群众文化权益起到重要的作用。

3. 地市级公共文化设施成为重点建设领域

【地市级文化基础设施规划】 为进一步改善我国城市文化设施,切实解决地市级文化基础设施薄弱的问题,2012年1月,文化部会同国家发展改革委、国家文物局正式印发《全国地市级公共文化设施建设规划》。根据规划,拟对全国532个纳入项目储备库的地市级文化设施项目进行建设。其中,公共图书馆189个,文化馆221个,博物馆122个。预计总建设规模约为450万平方米,总投资约200亿元,中央投资近70亿元。规划实施完成后,将基本实现全国地市级城市都建有设施达标、布局合理、功能完善的公共图书馆、文化馆和博物馆。

【已开工建设项目】 截至2012年底,在纳入《规划》的532个地市级公共图书馆、文化馆和博物馆建设项目中，已开工建设项目 142 个，占规划项目总数的 26.7%；已开工建设项目计划总投资 140.33 亿元，平均每馆 9882 万元；已开工建设项目总建筑面积 187.06 万平方米，平均每馆 13173 平方米。

4. 国家重点文化设施建设进展顺利

2012 年，各重点文化设施建设项目稳步推进。国家美术馆、中国工艺美术馆、中央歌剧院剧场 3 个工程完成设计招标，开始方案深化和可行性研究报告编制工作，总投资 30 亿元。平安故宫工程总体方案已经国务院同意，资金测算 40 亿元。中国国家画院扩建、国家文献战略储备库 2 个项目进入投资评审程序，总投资 15 亿元。

（文化部财务司）

卫生基础设施建设

2012 年，卫生系统认真组织实施医疗卫生服务体系建设，编制专项发展规划，指导舟曲和玉树开展地震灾后恢复重建，推进预算管理单位基础设施建设，继续做好医疗卫生机构节能减排工作，卫生基础设施条件得到进一步改善。

【2012 年卫生建设项目中央投资全部下达】 2012 年，根据国家"十二五"规划纲要和医疗改革要求，在加快推进基层医疗卫生服务体系、基层医疗卫生管理信息系统、农村急救体系、全科医生临床培养基地、卫生监督体系和食品安全风险监测体系建设的同时，中央启动了儿童医疗服务体系、地市级医院以及重大疾病防治机构等建设。

【医疗卫生建设项目中央预算内投资】 2012 年，下达医疗卫生建设项目中央预算内投资共 243.44 亿元，用于支持医疗卫生服务体系建设。其中：完善基层医疗卫生服务体系建设项目 6883 个、中央投资 97 亿元；农村急救体系建设项目 894 个、中央投资 16 亿元；全科医生临床培养基地建设项目 158 个、中央投资 25 亿元；重大疾病防治机构建设项目 233 个、中央投资 10 亿元；精神卫生防治体系建设项目 4 个、中央投资 0.44 亿元；县级卫生监督机构建设项目 300 个、中央投资 5.21 亿元；地市级医院建设项目 66 个、中央投资 26 亿元；儿童医疗卫生服务体系建设项目 102 个、中央投资 30 亿元。支持 28 个省级疾病预防控制中心食品安全风险监测能力建设（设备配置）项目、中央投资 3 亿元；支持 29 个省（区、市）基层医疗卫生管理信息系统建设项目、中央投资 30.79 亿元。

随着这些卫生建设项目的陆续竣工并投入使用，医疗卫生机构基础设施条件将得到明显改善，医疗卫生服务体系将得到有效加强，为进一步提高人民群众看病就医的公平性、可及性、便利性奠定坚实基础。

【"十二五"期间卫生专项规划编制】 为做好"十二五"期间医疗卫生基础设施建设工作，按照《中华人民共和国国民经济和社会发展第十二个五年规划纲要》、《中共中央 国务院关于深化医药卫生体制改革的意见》（中发〔2009〕6 号）和《"十二五"期间深化医药卫生体制改革规划暨实施方案》（国发〔2012〕11 号）有关要求，卫生部会同国家发展改革委开展了"十二五"期间卫生专项规划的编制工作，提高医疗卫生基础设施建设工作的计划性和规范性。

【专项规划陆续印发和逐步实施】 截至 2012 年底，《农村急救体系建设方案》和《县级卫生监督机构建设方案》已经正式印发各地执行，《完善基层医疗卫生服务体系建设方案》、《基层医疗卫生机构管理信息系统建设方案》、《全科医生临床培养基地建设方案》、《食品安全风险监测能力建设方案（设备配置）》、《重大疾病防治设施建设方案》、《地市级医院建设方案》和《儿童医疗服务体系建设规划》均已完成初稿，将陆续印发各地执行。

上述 9 个专项规划明确了"十二五"期间医疗卫生服务体系建设的指导思想、建设目标、建设原则、建设任务、资金安排、相关措施和预期成效。专项规划的陆续印发和逐步实施，将有力推动我国医疗卫生服务体系建设。

【舟曲灾区医疗卫生系统灾后恢复重建任务全部完成，玉树地震灾区医疗卫生系统灾后恢复重建工作按计划推进】 截至 2012 年 12 月，舟曲灾区医疗卫生系统灾后恢复重建任务全部完成，所有卫生重建项目均已竣工并投入使用。玉树灾区由于气候原因，已有78个项目开工建设，52个项目已竣工并投入使用（占项目总数的66%），1个项目由于建设用地被占用等原因，尚未开工建设。

【《医用气体工程技术规范》正式颁布实施】 2012年3月，住房和城乡建设部正式批准颁布《医用气体工程技术规范》（以下简称《规范》），并于2012年8月1日起实施。

2008年住房城乡建设部下达了《规范》编制计划。卫生部规划财务司委托上海市建筑学会组织成立的编制组于2009年12月完成征求意见稿，2010年9月完成送审稿，2011年8月完成报批稿。《规范》明确了医用气体工程中的原则性技术指标和要求以及设备或产品的主要技术参量，是中国第一个医用气体工程建设领域的国家技术标准，对进一步提高全国医疗卫生机构医用气体工程施工质量具有重要意义。《规范》的施行进一步完善了中国卫生机构建设标准体系。

【医疗卫生机构节能减排工作扎实推进】 2012年，印发《关于进一步加强医疗卫生机构节能减排工作的通知》，提出医疗卫生机构节能减排的总体要求，并积极组织预算管理医院扎实开展节能减排工作。2012年，卫生部会同国管局召开创建节约型医院主题宣传活动，启动预算管理医院能耗调研统计工作，还配合国家发展改革委、财政部和国管局开展节约型公共机构示范单位创建工作，全面了解医院能耗现状和存在的问题，研究提出全国医院节能减排的具体措施，有效挖掘医疗卫生单位节能潜力，发挥各单位节能示范效应。预算管理医院都结合自身实际积极采取措施开展节能减排工作，效果显著。

【预算管理医院建设】 2012年，国家发展改革委共安排中央预算内基本建设投资13.1亿元支持预算管理医院改善基础设施条件。2012年全年在建项目包括中国医学科学院阜外心血管病医院卫生部心血管病防治研究中心及阜外心血管病医院改扩建工程和复旦大学附属中山医院肝肿瘤及心血管病综合楼等40多项工程，总建筑面积336万平方米，总投资221亿元。同时，2012年共有北京大学第一医院保健中心、复旦大学附属华山医院临床医学中心、吉林大学中日联谊医院科研教学综合楼工程等8个项目立项；共有中国医学科学院北京协和医院门急诊楼及手术科室楼、北京大学第一医院门诊楼等5个项目顺利建成投入使用。项目建设进展顺利，工程质量良好，较大地改善了这些单位的业务用房条件。

（国家卫生和计划生育委员会规划与信息司）

环境保护工程建设

1. 环境保护工程建设投资、资金利用概况

【环境保护部参与分配的中央环保资金增加】 2012年，环境保护部参与分配的中央环保资金超过194亿元，比2011年增加12%以上，有效保障了环保重点工作的推进。各专项资金中，农村环保专项资金规模达到55亿元，同比增长37.5%，有效促进了农村环境治理和污染减排。中央环保专项资金规模为25亿元，同比增长25.6%，重点用于支持新安江和汀江流域水环境补偿、北戴河近岸海域环境综合整治、重点城市燃煤锅炉烟尘治理等重大环保专项工程。重金属污染防治专项安排资金32亿元，在全国范围内选取20个重金属污染治理重点示范区域和湖南、河南两个示范省，集中资金、充分发挥示范带动作用。湖泊生态环境保护专项安排资金15亿元，新增21个水质较好湖泊纳入良好湖泊保护试点范围。三河三湖及松花江流域水污染防治专项全年累计安排专项资金50亿元，直接下达地方政府自主安排区域水环境综合整治等项目。国家级自然保护区专项资金规模1.8亿元，同比增长20%，进一步加强国家级自然保护区管护能力建设和生物多样性保护等相关工作。

2. 重点领域工作进展

【全力防治大气污染】 国务院批复《重点区域大气污染防治"十二五"规划》，提出采取综合治理、协同控制、联防联控等措施全力治理大气污染问题。同时，出台实施环境空气质量新标准，下拨地方监测设备中央补助资金5.19亿元，在京津冀、长三角、珠三角等重点区域以及直辖市和省会城市

共74个城市、496个监测点位按照新标准开展监测，于2013年1月1日正式对外发布监测数据。国家继续安排资金深入开展燃煤锅炉综合整治工程，重点支持大气污染严重的城市，实施燃煤锅炉清洁能源替代或高效除尘改造。研究推进大气污染综合治理，起草城市环境空气质量达标管理办法，编制《"十二五"挥发性有机物污染综合防治试点工作方案》，开展燃煤电厂大气汞污染控制试点工作。进一步完善机动车污染防治体系，加大新生产机动车环保检查工作力度。印发《关于促进车用汽柴油产品质量提升的指导意见》，督促提升车用燃油质量。

【加强重点流域污染防治】 国务院批复《重点流域水污染防治规划（2011~2015年）》，统筹部署"十二五"时期重点流域水污染防治工作。在国务院各有关部门的大力推动下，各地在加快推进重点流域城镇生活污水处理设施建设的基础上，积极推进重点流域水污染防治及生态修复工程建设。各地通过推动绿色生态工程、城市河道整治和湿地工程、饮用水源地保护工程建设和实施污染源在线监控、提高工业污染源污水排放标准等一系列措施，加快推进重点流域水污染治理工作。环境保护部通过卫星监控对重点流域水污染防治工作进行监控，提高环境预警、应急能力。

【强化饮用水源保护和地下水污染防治】 环境保护部组织开展全国地级以上城市集中式饮用水水源环境状况评估，基本摸清321个城市833个水源地的基本情况。积极贯彻落实《全国地下水污染防治规划》，逐步推进地下水基础环境状况调查评估，编制华北平原地下水污染防治工作方案。

【推进农村环境保护】 印发实施《全国农村环境综合整治"十二五"规划》、《全国畜禽养殖污染防治"十二五"规划》，全面系统推进农村环境保护工作。同时，中央财政2012年安排55亿元农村环保专项资金，支持各地开展农村环境综合整治。截至2012年底，全国共有23个省（区、市）纳入农村环境连片整治示范范围，中央财政累计投入135亿元，2.6万个村庄、5700多万农村人口受益。

【大力推进重金属污染治理】 印发实施《重金属污染防治"十二五"规划》，安排重金属专项治理资金32亿元，选取20个重点示范区域和湖南、河南两个示范省予以集中支持，大力推进重金属污染治理工作。同时，强力推进历史遗留铬渣治理，累计治理铬渣230万吨，全国堆存长达数十年甚至半个世纪的670万吨铬渣基本处置完毕。环境保护部深入开展环保专项行动，对1216家生产、停产或停产整治的铅蓄电池企业加大监管力度，取缔关闭289家。

【加强生物多样性保护】 召开中国生物多样性保护国家委员会第一次会议，审议通过《联合国生物多样性十年中国行动方案》，生物多样性保护上升为国家战略。编制完成《全国生物多样性本底评价报告》，系统分析了中国生态系统宏观结构、物种多样性区域分布、生物多样性保护现状与空缺。对累计建成的363处国家级自然保护区，完成人类活动卫星遥感监测和实地核查工作。

【环境监管能力建设进一步加强】 截至2012年底，环境监测执法业务用房建设565个项目开工率达97%，完工率65%，基层环境监管执法工作基础保障得到加强。同时，支持24个省（区、市）164个县（区）级开展环境监测站标准化建设，为170个监测执法机构配备移动执法系统和挥发性气体检测设备。印发《关于加强环境空气质量监测能力建设的意见》，推进城市空气质量监测点位细颗粒物（PM2.5）等空气质量监测能力建设。

3. 环境保护工作相关法规、政策

【环境保护工作相关法规】 2012年2月，第十一届全国人民代表大会常务委员会第二十五次会议通过《清洁生产促进法》修正案，并于2012年7月1日起正式实施。新修订的《环境保护法》修正草案提请全国人大常委会初次审议。

【修订完善环境质量标准】 针对灰霾等影响人民群众健康和科学发展的突出环境空气问题，经国务院同意，2012年2月29日环境保护部会同国家质检总局发布新修订的《环境空气质量标准》（GB 3095—2012），配套发布《环境空气质量指数（AQI）技术规定（试行）》（HJ 633—2012）和《关于实施〈环境空气质量标准〉（GB3095~2012）的通知》。印发《空气质量新标准第一阶段监测实施方案》和《关于加强环境空气质量监测能力建设的意见》，明确开展第一阶段监测的范围、内容和要求。针对影响环境空气质量的重点行业、领域，加快了钢铁、水泥、机动车等行业大气污染物排放标准制修订工作，发布8项钢铁和焦化工业污染物系列排放标准。围绕饮用水安全等关系国计民生和可持续发展的突出水环境问题，全面启动了《地表水环境质量标准》修订工作，发布4项纺织染整工业污染物系列排放标准。2012年，发布环境监测标准20项、环境管理规范类标准38项；发布各类国家环境保护标准72项，现行有效国家环境保护标准达1378项，其中国

家环境质量标准和污染物排放(控制)标准160项。各省(区、市)人民政府依法制定并备案的地方环境质量标准和污染物排放标准累计达到95项,其中现行有效标准86项。

【建立主要污染物减排长效机制】 国务院办公厅批转发布《"十二五"主要污染物总量减排考核办法》,环境保护部等有关部门联合发布《"十二五"主要污染物总量减排统计办法》和《"十二五"主要污染物总量减排监测办法》,逐步完善主要污染物总量减排统计、监测和考核体系,促进主要污染物总量减排长效机制的建立。

【继续推进战略环评、规划环评和项目环评】 西部大开发战略环评稳步推进,金沙江水电基地分段实现全流域规划环评,七大流域各主要支流全面实施综合规划环评。2012年,环境保护部批复项目环评文件240个,涉及总投资近1.4万亿元,对不符合要求的24个项目退回报告、不予审批或暂缓审批,涉及总投资1000多亿元,有效遏制"两高一资"、低水平重复建设和产能过剩建设项目。

【推进排污权有偿使用和交易工作】 研究制定《排污权有偿使用和交易指导意见》,明确排污权交易总体思路和工作要求,以及分配管理制度和组织保障措施。截至2012年底,全国已有11个省份开展排污权交易试点工作,试点地区排污权交易市场运转良好。同时,在全国范围内全面推行电力行业脱硝电价补贴政策,充分运用价格杠杆促进污染减排。

【探索完善生态补偿机制】 财政部会同环境保护部等有关部门在继续实施重点生态功能区生态补偿机制的基础上,开展新安江流域等生态补偿试点工作,逐步探索完善流域上下游之间、自然保护区内外和不同主体功能区之间生态补偿的有效办法。自2008年起,中央财政资金对国家重点生态功能区范围内的部分县(市、区)实施资金转移支付,5年支持资金总额达1100亿元,其中2012年371亿元,支持的县(市、区)由221个增加到466个。

【开展环境功能区划编制工作】 环境保护部联合国家发展改革委、工业和信息化部、财政部、国土资源部、住房城乡建设部、水利部、农业部、国家林业局、国家能源局、国家海洋局、中国气象局等12个部门编制完成《全国环境功能区划纲要》(征求意见稿),在吉林省、浙江省、新疆维吾尔自治区开展省级环境功能区划编制试点。

【强化危险废物安全处理处置管理】 环境保护部发布《危险化学品环境管理登记办法(试行)》(环境保护部令22号),组织全国县级以上环境保护部门对生产、使用和进出口危险化学品的活动进行登记,对化学品环境风险的源头进行控制,预防和减少危险化学品对环境和人体健康的危害,防范环境风险。

(环境保护部规划财务司)

西部开发建设

2012年,各地区、各部门、各单位认真贯彻落实党中央、国务院关于深入实施西部大开发的战略部署,以西部大开发2012年工作安排为指导,完善落实政策措施,强化资金项目支持,努力营造西部大开发良好发展环境。西部地区各族干部群众紧抓战略机遇,有效应对各种挑战,奋力推动经济社会继续保持良好发展态势,为全国经济持续健康发展做出了新的贡献。

【西部地区经济持续健康发展】 2012年,中国西部地区实现生产总值113915亿元,增长12.5%,占全国国内生产总值比重由上年的19.2%提高到19.8%。完成固定资产投资(不含农户)86150亿元,增长24.7%。实现社会消费品零售总额36614亿元,增长15.8%。进出口总额达到2364亿美元,增长28.5%。地方公共财政收入12765亿元,增长18.0%。城乡居民收入大幅提高,增长速度与经济发展基本保持同步。到2012年末,西部地区人民币贷款余额12.1万亿元,增速比全国高2.7个百分点。自2007年起,西部地区主要经济指标增速已连续6年超过东部地区和全国平均水平,基本扭转了与其他地区发展差距不断扩大的势头,并成为我国经济增长潜力最大的区域。

【规划引导和政策支持力度不断加大】 国务院批复实施《西部大开发"十二五"规划》,明确了"十二五"期间西部开发工作思路和主要目标任务。国务院印发进一步促进贵州经济社会又好又快发展的若干意见，批复同意云南面向西南开放桥头堡、陕甘宁革命老区、呼包银榆经济区、天山北坡经济带等重点区域发展规划，以及乌蒙山、秦巴山5个西部片区区域发展与扶贫攻坚规划。《西部大开发水利发展"十二五"规划》等一批专项规划编制实施。多层次的对口支援、对口帮扶体系初步建立，对新疆、西藏、青海等省藏区以及贵州困难市州的扶持力度进一步加大。中央财政对西部地区均衡性转移支付4020亿元，增长13.0%，对西部专项扶贫资金转移支付增长22.8%。利用国际金融组织贷款15.42亿美元，支持西部地区经济社会事业发展。鼓励类产业及优势产业项目在投资总额内进口的自用设备在政策规定范围内免征关税以及企业所得税优惠政策得到有效落实。对西部企业申请首次公开发行股票和并购重组实行优先审核的特殊政策，西部担保机构申报中小企业信用担保资金条件进一步放宽。新设立9家非银行金融机构，组建287家新型农村金融机构。实行中央分成新增建设用地有偿使用费向西部地区倾斜的政策，安排71.7亿元支持西部地区实施土地整治和高标准基本农田建设。甘肃舟曲灾后恢复重建胜利完成，青海玉树重建工作稳步推进。

【**特色优势产业发展步伐加快**】 工业化进程扎实推进。完成一批重要矿区勘查开发专项规划编制，青藏高原等地区获得重要找矿新发现。启动建设甘肃金川等19家矿产资源综合利用示范基地。批复一批煤炭矿区总体规划，新核准煤矿项目的年生产能力达到2660万吨。石油天然气产量占全国产量比重进一步提高，鄂尔多斯盆地东缘煤层气产业化基地初具规模，重庆等省（市）煤矿瓦斯抽采量均超过3亿立方米，新疆伊犁煤制天然气、内蒙古10万吨甜高粱秸秆燃料乙醇等重大项目获得核准，宁夏煤炭间接液化等项目前期工作进展顺利。核准火电项目1205万千瓦，向家坝等大型水电站投产发电，观音岩等一批大中型水电项目开工建设。核准哈密东南部、酒泉风电基地二期等百万千瓦级风电项目，批复实施吐鲁番新能源微电网示范项目，推进宁夏新能源综合示范区建设。重庆钢铁节能减排环保搬迁等重点项目顺利实施。国家产业振兴和技术改造专项、智能制造装备发展专项等重大产业专项继续加大对西部地区支持力度。安排战略性新兴产业发展专项资金6.5亿元，支持西部地区100多个项目建设。西部地区的老工业基地调整改造工作有序推进，25个地级市和省会城市的9个老工业区列入《全国老工业基地调整改造规划（2013~2020年）》。中央财政安排西部地区资源枯竭城市转移支付40.8亿元，中央预算内投资支持转型项目21个。

【**特色农业和现代服务业稳步发展**】 中央投入180多亿元，专项用于支持西部地区加强粮棉油、畜产品生产能力建设以及农业机械化推广。农业综合开发、小型农田水利和种业基地建设等惠农工程稳步实施，以黄土高原苹果、新疆棉花和水果、桂滇甘蔗等为代表的特色农业产业带初步形成。现代物流技术应用、城市共同配送和"万村千乡市场工程"、"西果东送"农产品现代流通等试点项目有序推进。文化创意、现代物流、知识产权服务等现代服务业加快发展。旅游基础设施建设和产品开发力度继续加大，到西部地区旅游人数达到1923.5万人次，比上年增加18.1%；旅游外汇收入达到84.4亿美元，比上年增加20.6%。

【**基础设施建设深入推进**】 新开工西部大开发重点工程22项，投资总规模5778亿元。设立西部大开发重点项目前期工作专项补助资金，加强重大项目储备。加快推进西部地区对外联系通道、区域开发性铁路建设，新建铁路投产里程1793公里，增建铁路复线投产里程1428公里。西部地区"八纵八横"骨架公路建设加快，公路建设补助标准显著提高，新增公路通车里程3.7万公里，其中高速公路3335公里，农村公路3.2万公里。民航航线网络和机场布局进一步优化，新建遵义机场，迁建昆明机场，改扩建成都、西安等机场，民用运输机场数达到91个。长江干线、西江航运干线等高等级航道和航运枢纽及港口建设项目取得新进展。城市轨道交通规划建设有序推进。一批重点水利枢纽工程开工建设和投产运营，大中型水库及城市水源工程建设加快推进。江河治理、灌区续建配套与节水改造、病险水库水闸除险加固、农村饮水安全等工程和山洪灾害监测预警系统建设全面推进。新增农村水电装机154万千瓦，重庆、广西农村水电增效扩容改造工程试点取得明显成效。藏中电网、新疆750千伏主网架、西南水电外送、新疆和内蒙古风电外送、农网改造升级和无电地区电力建设等重点工程进展顺利。西气东输三线、中卫—贵阳管线等重点输气项目开工建设。补建2229个乡镇邮政局所。92%的20户以上自然村通电话，67%的行政村通宽带。基础设施建设用地得到及时保障，批准单独选址建设项目用地412件、面积310.5万亩。

【**生态建设和环境保护**】 安排中央林业投资440.2亿元，继续实施天然林资源保护、京津风沙源治理、石漠化综合治理、湿地保护等重点生态工程。巩固退耕还林成果专项安排基本口粮田建设770万亩、户用沼气17万口、生态移民17万人,特色种植业1183万亩,补植补造480万亩。安排草原生态保护补助奖励资金139亿元。退牧还草工程安排围栏建设6606万亩,退化草原补播2191万亩,人工饲草地建设83万亩,舍饲圈棚建设6.5万户。小水电代燃料生态保护工程建设装机19万千瓦,解决16.8万户农村居民的生活燃料问题。治理水土流失面积6553.2平方公里,实施坡改梯68.8万亩。建立健全生态补偿机制,中央财政安排重点生态功能区转移支付371亿元。深入开展生态文明市(县)示范工程试点,批复内蒙古乌兰察布等13个市(州、盟)和重庆巫山县等74个县(市、区、旗、团场)为生态文明工程示范试点市县,批复贵阳建设全国生态文明示范城市。继续实施重点流域污染治理、重金属污染综合防治、重点区域大气污染防治、良好湖泊生态环境保护、尾矿库闭库治理等环保工程。继续支持重点节能工程和园区循环化改造示范试点、鄂尔多斯等城市工业固废综合利用试点、"城市矿产"示范基地建设,启动资源综合利用"双百工程"。稳步推进历史文化名城名镇名村、风景名胜区和世界遗产保护,新建古日格斯台等12个国家自然保护区和青格达湖国家城市湿地公园。

【教育科技人才事业】 继续把教育放在优先地位。学前教育投入进一步加大,重点支持利用农村闲置校舍改扩建幼儿园和在农村中小学增设附属幼儿园,积极支持民办幼儿园和城市集体企事业单位开办幼儿园。中央安排资金590多亿元,全面实施农村初中校舍改造、农村义务教育薄弱学校改造、农村义务教育学生营养改善计划等项目。民族地区普通高中建设不断加强。中职教育示范校建设加快实施,东西部地区职校联合招生、合作办学和对口支援工作扎实推进。新设立32所普通高校,东部支援中西部地区招生协作计划比上年增加2万人。中西部地区高校基础能力建设工程启动实施。对口支援西部高校的受援范围进一步扩大。国家助学金、奖学金和中职教育免学费政策向西部地区倾斜,继续实施西部开发助学工程,免费师范生招生规模进一步增加。

农村学校教育硕士师资培养计划、农村义务教育阶段学校教师特设岗位计划、中小学教师国家级培训计划稳步实施。累计新建改扩建边远艰苦地区农村学校教师周转宿舍6.4万套。

科技支撑能力继续增强。相关国家科技计划专项基金继续向西部地区倾斜。新建新疆荒漠与绿洲生态等国家重点试验室以及重点实验室培育基地、国家野外科学观测研究站。累计支持西部地区建设70多个国家工程实验室、国家认定企业技术中心、国家地方联合工程研究中心(实验室)。"西部行动计划"、"院地合作西部专项工程"、"西部行动高技术项目计划"等取得新进展。云南玉溪等4个省级产业园区升级为国家级高新区。乌鲁木齐获批为国家创新型试点城市,重庆、成都、兰州、西安成为首批国家文化和科技融合示范基地。科技富民强县专项行动计划、科普惠农兴村行动专项、科技惠民计划试点、科技特派员农村创业行动等深入开展。知识产权投融资服务体系逐步健全,发明、实用新型和外观设计等专利的全年申请受理20.6万件,同比增长34.2%。

人才开发扎实推进。组织实施西部地区人才培养特别项目、少数民族高层骨干人才培养计划和边远贫困地区、边疆民族地区和革命老区人才支持计划等工程,"千人计划"、"长江学者奖励计划"、"春晖计划"继续向西部地区倾斜。深入开展党政领导干部双向交流,安排一批西部地区干部到中央、国家机关和经济相对发达地区挂职锻炼。博士服务团、"西部之光"人才培训计划、东部城市对口支援西部地区人才培训计划、西部地区管理人才创新培训工程等工作继续推进。举办公务员对口培训班31期,培训2200余人。组织高级专家和留学回国人员赴西部基层一线开展技术咨询服务活动。引智规模进一步增大,聘请外国专家6681人次,资助专业人才出国(境)培训2991人次。艰苦边远地区津贴动态调整机制逐步完善,事业单位岗位设置管理实施工作全面完成。

【社会事业薄弱环节进一步改善】 就业和社会保障水平稳步提高。"春风行动"、"雨露计划"等就业服务项目深入实施。在126个县(市、区)开展基层就业和社会保障服务设施建设试点。继续鼓励高校毕业生到西部地区就业,"三支一扶"、"西部计划"等项目有序推进,招募毕业生15万人。开展通过职业教育实现就业和脱贫试点,指导西部地区落实职业培训有关政策,做好各类职业技能培训。在67个县(市、区)开展农民创业促进工程试点,农民创业环境逐步改善。继续实施下岗失业人员小额担保贷款贴息政策,支持就业困难人员创业再就业。

城镇职工基本养老、基本医疗、失业、工伤、生育保险参保人数较上年分别增长7.8%、27.4%、6.3%、10.9%、10.1%。实现新型农村和城镇居民社会养老保险制度全覆盖,3700多万城乡老年居民按月领取基础养老金。研究企业职工基本养老保险与城乡居民社会养老保险转移接续办法。社会保障卡实际持卡人数达到7234万人。城镇职工、居民医保初步实现市级统筹，新农合参合率达到97.7%，居民医保和新农合财政补助标准提高到每人每年240元。重特大疾病医疗救助试点稳步推进。城乡居民最低生活保障基本实现应保尽保，保障标准进一步提高。中央财政下达城镇保障性安居工程建设补助资金770亿元，较上年增加80亿元；住房公积金贷款支持保障性住房建设试点城市增加到31个，新增贷款238.8亿元。城镇保障性安居工程建成220万套，农村危房改造竣工218.9万户。社会福利事业投入明显增加，社会治安防控体系建设深入推进，综合应急救援体系初步建立，防灾减灾救灾工作进一步加强。

【医疗卫生和文化事业】 中央财政投入西部地区公共卫生和医改专项经费149亿元，城乡卫生服务网络不断完善，医疗卫生服务条件得到改善，应急能力显著提高。重点传染病防控、地方病和重性精神疾病防治工作扎实推进。医疗人才培养和对口支援力度进一步加大，"万名医师支援农村卫生"、"县级医院骨干医师培训"、农村订单定向医学生免费培养、全科医生转岗培训等项目深入开展。农村部分计划生育家庭奖励扶助制度、"少生快富"工程和计划生育特别扶助不断完善，基层计划生育服务体系建设继续推进，638个县(市、区)纳入国家免费孕前优生健康检查项目试点范围。农村孕产妇住院分娩补助、妇女"两癌"筛查等项目全面展开，贫困地区儿童营养改善项目启动实施。广播电视"村村通"、直播卫星公共服务、文化信息资源共享、西新工程、流动舞台车等项目继续实施，公益性文化设施免费开放和国家公共文化示范区创建稳步推进。数字图书馆推广工程全面启动。非物质文化遗产和代表性传承人保护得到加强。基层公共体育设施建设得到加强。加大基层科普行动专项资金投入。

【改革开放不断深化】 重点领域和关键环节改革继续推进。成都、重庆统筹城乡综合配套改革不断深入，积极探索创新体制机制的新路子。集体林权制度改革进展顺利，已确权集体林占纳入改革范围总面积的98.6%，4072万农户拿到林权证。城乡水务一体化管理稳步推进，内蒙古等7省(区)开展农业水价综合改革。重庆等3省(市、区)开展排污权交易试点。启动低丘缓坡荒滩等未利用地开发利用试点和工矿废弃地复垦利用试点。高校专业学位研究生教育综合改革试点取得进展。

【区域合作和对内对外开放】 西部地区承接产业转移速度加快，重庆、四川、云南、陕西、青海、宁夏等省份实际利用外来资金增幅均达两位数，一批电子、汽车、家电、装备制造等大型企业落户西部，广西桂东、重庆沿江、宁夏银川承接产业转移示范区示范效果不断显现。内陆开发开放全面展开。宁夏内陆开放型经济试验区批准设立。中国—马来西亚钦州产业园区等5家国家级经济技术开发区和银川、西安高新2个综合保税区获得批准，遂宁等7个省级开发区升级为国家级开发区，乌鲁木齐、石河子国家级开发区和广西北海出口加工区完成扩区。批准贵阳、南宁、桂林等地口岸签证业务。陆续开放重庆、成都、西安为大陆居民赴台湾个人旅游试点城市。中哈霍尔果斯国际边境合作中心投入运营，广西东兴、云南瑞丽、内蒙古满洲里重点开发开放试验区建设实施方案获得批准，内蒙古阿尔山公路口岸获准开放。兴边富民行动深入推进。西部地区与东中部和周边地区的经济合作稳步加强。修订《中西部地区外商投资优势产业目录》。全年实际利用外商直接投资99.2亿美元，占全国利用外资总量的8.9%，韩国三星12寸存储器生产线落户西安。

（国家发展和改革委员会西部开发司）

第四篇

各 地 建 设

北 京 市

(一)住房和城乡建设工作

1. 概况

2012年,北京市城市建设完成社会固定资产投资6462.8亿元、同比增加9.3%;完成房地产开发投资3153.4亿元、同比增加3.9%,其中住宅1628.0亿元、同比减少8.5%,办公楼384.8亿元、同比增加5.8%,商业用房275.9亿元、同比减少7%。商品房施工面积13122.5万平方米、同比增加8.8%,其中住宅7510.4万平方米、同比增加4.8%;商品房新开工面积3224.2万平方米、同比减少24.1%,其中住宅1627.5万平方米、同比减少37.3%;商品房竣工面积2390.9万平方米、同比增加6.5%,其中住宅1522.7万平方米、同比增加15.7%。全年完成建筑业总产值6564.8亿元、同比增加8.6%,其中在北京地区完成2565.9亿元、同比增加10.8%,在外省完成3998.9亿元、同比增加7.3%。实现建筑业增加值764亿元、同比增加8.3%。

继续从严贯彻落实房地产调控政策并不断完善执行机制,严格执行住房限购政策,加强购房资格审核,明确补缴社保在购房资格审核中不予认可;升级购房资格审核信息系统,实现对申请家庭房产、缴纳个税和社保、工作居住证、户籍等信息的联网自动审核;落实商品房价格管控措施,引导企业合理定价。全面实施预售商品房资金监管,扩大存量房交易服务平台试点,将该平台向丰台区、房山区、平谷区等10个区县推广。出台14条措施稳定租金和规范租赁市场秩序,加紧租赁信息平台建设。加强保障性住房建设管理,坚持把发展公共租赁房作为保障房建设重点,推动住房保障方式向"租售并举、以租为主"转变,公租房规模占比明显提高,配租步伐明显加快。进一步完善"三级审核、两次公示"资格审核制度和保障房后期管理体制机制,严把资格审核关,确保房源分配公开透明。加快推进棚户区改造,探索先签约后搬迁、先对接后选房、先建设后上楼的征收模式,做好棚户区居民安置工作。加强对重点工程建设的组织协调、综合调度和监督管理,联席调度计划新开工项目及大型投资项目,重点保障轨道交通工程拆迁、建设工作,协调解决房建工程实施问题。强化落实建设主体工程质量责任,加强质量检测机构管理,严格审查检测机构资质条件,同时,正式启用工程竣工验收备案新系统,备案信息实时公示。推进工程建设监理诚信体系建设,下发监理企业及注册监理工程师市场行为评价管理办法及评价标准,规范工程监理企业行为。加强保障性住房工程质量管理,狠抓轨道交通工程特、一级风险源的管控工作,实施轨道交通和保障房建设、老旧小区综合整治等民生工程专项监督。加强企业申报业绩核查,将资质审核与业绩挂钩,完成资质动态核查管理系统升级改造,实现资质动态核查工作全面化、规模化、常态化。将信用评价结果引入建设工程评标环节,以科技手段规范招标投标活动,同时,实施建设工程评标巡查监督制度,规范招标代理机构行为。颁布新版建筑业劳动合同示范文本,完善劳务分包合同履约监管体系,从源头避免拖欠农民工工资事件的发生。完善工程担保制度,试行工程担保机构业务人员实名制,修改信用评级办法,加大担保机构流动资金考核力度。开展"物业服务质量年"活动,增强物业企业服务意识,探索建立物业接撤管问题应急处置工作机制,成功化解海淀区西山美墅小区物业管理交接矛盾。加强住宅专项维修资金管理,出台既有建筑外套加固技术导则,并建立施工、监理、设计企业合格承包人名录。组织建材供应企业诚信评价,实施建材供应备案与采购备案,并推进墙体材料革新。推进住宅产业化,落实保障房项目产业化试点240万平方米。全面启动老旧小区综合整治工作,完成综合整治工程1564.5万平方米,拆除简易楼29栋,惠及居民21万余户。

2. 政策规章

【地方性法规和政府规章】 年内,完成《北京市建设工程施工现场管理办法》修订工作,并对纳入本年度市政府立法调研计划的《北京市建筑节能管理规定》（修订）和《北京市国有土地上房屋征收与补偿办法》开展调研，其中《北京市建筑节能管理规定》（修订）已纳入市政府下年度计划完成项目。多次与市政府法制办及市人大就本委地方法规立法项目进行沟通协调，将《北京市建设工程质量条例》、《北京市基本住房保障条例》列入市人大下年度立项论证项目。

【代拟市政府规范性文件】 年内，起草《北京市人民政府关于加强保障性住房使用监督管理的意见（试行）》、《北京市人民政府办公厅关于贯彻国务院办公厅保障性安居工程建设和管理指导意见的实施意见》和《关于进一步规范房屋租赁市场稳定房屋租金工作的意见》3部市政府文件，进一步加强北京市保障性安居工程建设和管理，促进房屋租赁市场健康发展。

【规范性文件制定与废止】 年内，制发《关于加强工程监理单位施工现场质量安全岗位管理工作的通知》、《关于公共租赁住房租金补贴申请、审核、发放等有关问题的通知》等29件委发规范性文件（见附表1），并严把规范性文件合法性审查关，及时做好备案工作，以上文件均按要求向市法制办备案。起草《北京市住房和城乡建设委员会规范性文件管理办法》，从制度上完善规范性文件管理。积极配合参与《北京市实施〈中华人民共和国防震减灾法〉规定》的制定工作。深入研究《中华人民共和国安全生产法（修正案）》、《铁路运输安全保护条例（修订）》等50余件立法草案及规范性文件，并按时向相关单位回复意见。

【完善监督执法工作基础】 年内，建立健全相关制度及工作方案，出台《北京市建设工程安全质量监督总站调查询问工作准则》、《轨道交通建设工程安全施工标准化图册》等20余个规范性文件，梳理现行建设工程安全质量规范性文件，形成规范性文件目录和文库；完成《北京市建设工程质量监督执法标准化研究》和《考核评价系统研究》等课题，并对489项遗留工程进行了清理；深化每月行政基础数据分析，全面反映和掌握北京市监督业务动态；组织15次近2200人次的北京市监督人员业务培训，进一步提高了监督人员业务素质；专门成立信访工作小组，实现信访和监督执法工作的良性互动。

3. 房地产业

【严格执行住房限购政策】 年内，继续落实房地产市场宏观调控政策，严格执行住房限购政策，加强购房资格审核，抑制投资投机需求。截至年底，累计核验52.7万户家庭，其中3.7万户不具备购房资格。针对工作居住证造假问题，5月联合市人力社保部门印发《关于进一步加强〈北京市工作居住证〉核验工作的通知》，规定伪造工作居住证购房的家庭，2年内不得在北京市购房，对伪造单位暂停办理工作居住证资格。同时，升级购房资格审核信息系统，形成住房城乡建设、地税、人力社保、公安等部门的联网信息审核，实现对申请家庭房产、个税和社保、工作居住证、户籍等信息的联网自动审核，并与市民政部门协调推进婚姻信息联网审核。

【引导开发企业合理定价】 为配合落实好房地产宏观调控政策，在项目预售监管中继续执行价格监测会工作机制，对预售商品住宅项目申报价格和销售承诺价格按照"老项目不高于前期，新项目不高于周边"原则，指导企业合理定价。全年召开价格监测会40期，监测项目267个，引导181个项目将售价下调2%~55%。加强项目销售价格监管，建立网上交易价格预警机制，自动报警销售价超过承诺价的项目，累计约谈60个项目，其中30个项目已整改降至承诺价以下，29个项目价格正在回落中，暂停1个项目网上签约资格。

【商品住房市场交易情况】 年内，商品住房（含新建和二手）成交23万套、2324万平方米，同比增加36.8%、33.9%，与2006年平均水平基本持平，其中新建、二手商品住房分别为9.4万、13.6万套，同比增加60.4%、24.2%。商品住房累计签约4584亿元，同比增加36.8%。多套购房比重持续回落，第二套住房购买比重占10.8%，比上年降低2个百分点，比新政前最高点25%低14.2个百分点，回落到2006年水平。新建商品住房成交均价20711元/平方米，同比下降7.6%，为近年来首次下降；二手住房成交均价18956元/平方米，同比上涨7.1%，涨幅比上年回落1.3个百分点，房地产市场总体保持平稳健康发展。

【稳步推进房屋征收拆迁】 7月12日，市住房城乡建设委联合相关部门发布《关于国有土地上房屋征收与补偿中有关事项的通知》，进一步明确房屋征收中被征收房屋面积的认定，公房的征收补偿、搬迁、临时安置费以及奖励、补助费用标准等实操问题。协调市高级人民法院出台《关于国有土地上房屋征收与补偿案件审判工作指南（试行）》，明确房屋征收受案范围、法院管辖权、审查标准、强制执行实施主体等内容。至此，北京市"1+5+3"房屋征收政策体系全面形成。全年启动征收拆迁项目34

个(国有土地房屋征收项目15个,集体土地房屋拆迁项目19个),征收拆迁房屋建筑面积341.9万平方米,其中涉及住宅户数23742户(房屋征收21435户,房屋拆迁2307户),同比增加54.2%,建筑面积196.8万平方米(房屋征收135.4万平方米,房屋拆迁61.4万平方米),同比减少33.1%。全年接待征收拆迁类来访1290人次,同比减少29.5%。

【加强房地产开发项目动态监管】 年内,为加强对北京市房地产开发项目开发建设环节的有效监控,启用房地产开发项目动态监管平台,通过与市发展改革、国土、规划等部门各审批环节数据共享,实时监控每个项目拿地、开工、上市等进展情况,准确掌握房地产市场供应的各类信息。该平台实现按住宅、商业、办公、其他等四类用途以及建设主体进行分类监管,并实现对商品住宅项目中配套设施是否同步开工、同步竣工的监管。截至年底,该平台内共有817个在途项目,其中住宅项目569个。同时,基本掌握北京市房地产潜在供应底数,并按照拿地未开工、开工未入市、入市未销售的基本框架,深入开展房地产潜在供应形势分析,定期报告市委、市政府,为房地产宏观调控工作提供决策支撑。

【加强房屋租赁管理】 年内,市住房城乡建设委会同市发展改革部门起草并上报《关于进一步规范房屋租赁市场稳定房屋租金工作的意见》(4月13日由市政府办公厅印发),启动房屋租赁平台建设;会同市规划、流动人口管理、公安等部门起草《关于公布北京市出租房屋人均居住面积标准有关问题的通知(征求意见稿)》,年内完成公开征求社会意见工作。全年北京市住房租赁市场累计交易140万套次,与上年基本持平;住房租赁与买卖比为6.1∶1。住房平均租金为53.5元/(平方米·月),同比上涨8.5%,增幅比上年回落2.5个百分点;租金售价比(平均租金与二手住房均价之比)由上年的1∶360回落至1∶350,连续两年回落。

【加强房地产经纪行业管理】 二季度,市住房城乡建设委联合市工商部门在北京市开展房地产经纪行业专项整治,印发《关于开展房地产经纪行业专项整治活动的实施方案》,重点整治28种经纪违法违规行为。发现已取得营业执照未备案的房地产经纪机构1220家、无照经营34家、超范围经营16家,下发责令改正通知书32份,移送其他部门49家,约谈6家,处罚6家,通报9家。5月29日~6月30日,在北京市500余家经纪机构中开展"经纪诚信月"活动,对其进行业务指导、监督、检查;9月5日,发布《房地产经纪行业服务公约》,呼吁机构诚信经营。

【房地产估价行业监管】 年内,基本完成"北京市房地产估价行业管理系统"开发,实现估价机构、人员资质、资格申请、审批、业绩上报等网络化、电子化。截至年底,北京市有房地产估价机构159家,其中一级38家、二级40家、三级64家、三级暂定9家、外地在京分支机构5家、军队系统内估价所3家,从业注册估价师1121人。

【加强物业服务管理】 全面开展"物业服务质量年"活动,引导业主主动关注、监督物业企业服务;推进业主大会和物业服务评估监理机构建设,年内新成立业主大会44个,完成前期物业服务费用评估132个;探索建立物业接管、撤管问题应急处置工作机制,成功化解海淀区西山美墅小区物业管理交接矛盾,为物业管理交接工作的监督指导和纠纷调处提供良好的运作机制。大力推行专业化、社会化物业服务,围绕存在的专项维修资金监管、保障性住房物业管理等重大节点问题深入调研,做好改革政策储备。同时,规范物业服务企业行为,加大对违法行为的处罚力度,开展北京市物业服务合同备案,推进物业项目收支公示,加强物业服务企业资质审批后监管,启动物业服务企业资质核查,其中市级核查117家一级企业,区县核查304家二级、2537家三级企业,对核查中发现的问题采取约谈告诫、责令整改等措施,督促企业改进。此外,继续加强住宅专项维修资金管理,截至年底,北京市累计归集住宅专项维修资金330.51亿元、219万套,其中2012年度归集资金29.09亿元、17.42万套。累计1039个小区使用住宅专项维修资金3.95亿元,涉及电梯、屋面防水等3650个维修项目。北京市取得《物业服务企业资质证书》企业2919家、比上年减少166家,其中一级122家,新增5家;二级324家,新增19家;三级2473家,减少64家;三级暂定无,减少126家。外埠在京企业取得资质50家。北京市有物业服务项目6153个、新增193个,建筑面积53803万平方米,其中住宅类项目3658个、39700万平方米,非住宅类项目2495个、14108万平方米。在所有物业服务项目中,一级企业管理项目1594个、占25.9%,二级企业管理项目1698个、占27.6%,三级企业管理项目2861个、占46.5%。

【房屋权属登记管理】 年内,印发《关于落实北京市住房限购政策进一步做好房屋登记有关问题的通知》,明确与限购相关的政策口径和操作流程;印发《关于贯彻实施〈房地产登记技术规程〉有关问题的通知》，严格执行受理、审核岗位分设、登记官登簿的强制性要求；印发《关于规范房屋面积测算工作有关问题的通知》，要求各房产单位统一技术执行标准和面积测算规则；印发《北京市房地产交易权属管理系统和档案管理系统用户及密钥管理办法》，确保房屋登记信息安全和使用规范。同时，市住房城乡建设委与市规划、公安消防部门建立联席会议制度，定期研究解决规划管理、消防管理与房屋登记管理的衔接问题；会同市编办出台《关于进一步健全完善区县住房保障和房屋登记体制机制的通知》，明确各区县房屋登记行政机构的职责；向市政府报送《关于开展集体建设用地范围内房屋登记试点工作的意见》，并经其同意在大兴、平谷、海淀3区设立试点。全年北京市办理房屋登记业务68.19万件、同比增加6.6%，登记面积1.7亿平方米、同比增加15.3%；办理证书作废及送达、注销公告587件；发生涉及房屋登记的行政诉讼210件、同比增加28%；受理房产测绘成果备案业务3853件、审核通过3008件，完成测绘资质初审2件。

【房屋安全鉴定机构管理】 自3月13日起，对北京市房屋安全鉴定机构开展无有效期限制的备案工作。截至年底，有24家鉴定机构完成正式备案，其中业务范围不限的机构6家、业务范围中小型的机构5家、业务范围小型的机构13家，且备案信息通过市住房城乡建设委网站向社会公示。同时，要求已备案的房屋安全鉴定机构通过市住房城乡建设委网站房屋安全鉴定管理子系统出具报告，非系统出具的报告均视为无效报告。截至年底，北京市各房屋安全鉴定机构通过系统出具报告1309份，其中房屋建筑安全评估报告5份、鉴定报告697份、鉴定（含抗震）报告10份、专项维修鉴定报告597份。

【推进房屋抗震加固工作】 年内，围绕房屋综合整治中出现的主要问题，制发30余份文件，进一步明确相关政策和制度上的具体落实措施。完成老旧住宅抗震加固工业化成套技术研究、快速高效混凝土框架结构减震加固技术研究及标准编制和低配筋高层混凝土剪力墙结构抗震鉴定与加固技术研究3项子课题，通过反复试验，研究出施工速度更快、可靠性更高、对居民干扰更小的新型加固方法，并出台既有建筑外套加固技术导则。建立施工、监理和设计企业合格承包人名录，其中一级施工资质施工单位80家、甲级资质监理单位67家、甲级设计资质设计单位20家。开展宣传工作，编制抗震节能综合改造百问百答，制作改造技术说明光盘、宣传海报，并在电视台、广播电台滚动播出公益广告，形成良好的舆论环境。截至年底，1500万平方米综合整治任务落实到各区县和具体项目中，其中1980年前建成的市属房屋抗震鉴定工作全部完成。

【普通地下室使用管理】 年内，对普通地下室情况进行摸底，北京市共有普通地下室17805处，其中北京市所属15301处、面积2720万平方米，中央和军队所属2504处、面积325.18万平方米。市属普通地下室已使用13843处、2580.73万平方米，占普通地下室总处和总数的90.4%，占面积总数的94.87%。为确保元旦、春节两节和全国两会期间社会安全稳定，根据市安委会开展安全生产"护航"联合行动的工作部署和相关工作要求，制发治理和打击非法违法使用普通地下室行为的通知并开展相关工作。自2011年12月～2012年2月，对北京市地下空间实施专项检查，联合检查7次，涉及14个区，检查地下空间38处，其中人防工程14处、普通地下室24处，使用类型包括旅店、学校餐厅、车库、超市、仓库、员工宿舍等，对违法行为现场要求整改。

4. 住房保障

【编制"十二五"住房保障规划】 1月，根据市政府"十二五"规划纲要，会同市发展改革部门印发《北京市"十二五"时期住房保障规划》。该规划提出"十二五"时期北京市住房保障工作指导思想、发展目标、主要任务和保障措施，是北京市"十二五"规划体系的重要组成部分，也是"十二五"时期北京市住房保障工作的指导性文件；规划明确"十二五"期间北京市建设筹集各类保障性住房100万套，其中公共租赁住房占公开配租配售保障性住房60%以上。

【完善公共租赁住房配套政策】 年内，市住房城乡建设委印发《关于公共租赁住房租金补贴对象及租金补贴标准有关问题的通知》、《关于公共租赁住房租金补贴申请、审核、发放等有关问题的通知》，明确租金补贴对象、发放标准及补贴申请、审核、发放的具体程序，提高承租家庭租金负担能力。同时，搭建公共租赁住房租金补贴发放平台，加强租金补贴发放的动态统筹管理。此外，市住房城乡建设委联合市财政等部门印发《关于免收公共租赁住房项目行政事业性收费和政府性基金有关事项的通知》，对免收项目、免收流程作出具体规定。

【加大住房保障资金支持】 年内，落实国家关于保障性住房有关财政投入政策，继续实施《关于进一步明确财政性资金投资公共租赁住房建设管理中有关问题的通知》，加强资金使用管理。3月，市住房城乡建设委联合市金融等部门印发《北京市金融支持保障性住房建设的意见》，进一步完善保障性住房相关融资管理制度，吸引各类金融机构及社会资金参与建设，同时规定金融机构对保障性住房项目的融资与商品房融资公开统计、专项管理；投融资平台发行企业债券优先用于保障性住房建设。10月，市住房城乡建设委联合市公积金管理中心等部门印发《北京市利用住房公积金支持保障性住房建设试点项目贷款管理与监督办法》，对市公积金中心、住房城乡建设、财政及审计部门的职责，各类保障性住房的贷款期限和利率，贷款受理、评审、审批和合同签订，贷款发放、支付、回收、管理、监督等作出明确规定。

【推进保障性住房建设标准化和产业化】 5月，市住房城乡建设委印发《关于进一步加强保障性住房工程质量管理的意见》，对保障性住房建设程序、建设各方主体行为、建筑材料管理、工程施工组织等方面提出要求，明确建设单位依法承担工程质量的首要责任，全面负责质量管理。同时，建设单位必须严格落实永久性标牌制度，将责任单位及责任人铭刻在保障性住房工程的永久性标牌上，一旦房屋出现质量问题，可终身追究责任。7月，为规范、指导北京市公共租赁住房建设，印发《北京市公共租赁住房标准设计图集》，要求由政府投资建设的公共租赁房项目，严格按照设计图集户型选用；其他社会投资建设的公共租赁房项目，鼓励按设计图集优先选用。8月，为在保障性住房中推行住宅产业化，印发《关于在保障性住房建设中推进住宅产业化工作任务的通知》，提出在推行住宅产业化的工作目标、实施标准、实施范围、工作要求和监督管理。9月，印发《关于2012年在保障性住房建设中推进住宅产业化工作的实施方案》，明确组织机构、开工前安排和工作要求等，要求各单位认真完成本年度保障性住房建设中实施产业化的各项工作。

【加大保障房工程监管力度】 年内，落实《关于进一步加强保障性住房工程质量管理的意见》、《关于北京市房屋建筑和市政基础设施工程设置永久性标牌的通知》，进一步强化工程建设主体质量责任意识，充分发挥社会监督作用，组织开展了保障性住房工程永久性标牌设置情况专项检查、工程质量和市场行为专项检查。市、区两级网格执法检查保障性安居工程项目459项，单体工程475个，建筑面积1474.78万平方米，下发责令改正通知书124份，立案处罚62起，并对相关企业和责任人进行记分处理。

【各类保障性住房建设情况】 全年实现新开工建设、收购各类保障房17.4万套，其中公共租赁房6万套、经济适用房1.2万套、限价商品房1.6万套、定向安置房8.6万套；竣工各类保障房7.4万套，其中公共租赁房0.8万套、经济适用房0.8万套、限价商品房1.3万套、定向安置房4.5万套。

【保障性住房申请审核情况】 全年北京市保障性住房申请3.6万户，其中公共租赁住房申请1.9万户（包括三房轮候家庭1.5万户、新申请家庭0.4万户）。保障性住房申请市级备案通过3.2万户，其中廉租房0.2万户、经济适用房0.5万户、限价商品房2万户、公共租赁房0.5万户（含部分2011年申请、2012年备案通过家庭）。截至年底，北京市保障性住房累计备案家庭30.7万户，其中廉租房2.8万户、经济适用房9.4万户、限价商品房18万户、公共租赁房0.5万户（不含"三房"轮候家庭2.1万户）。

【保障性住房配租配售情况】 年内，配租配售各类保障性住房9.4万套，其中旧城人口疏解、棚户区改造、城乡结合部整治等对接安置房源4.5万套，公开配租配售保障性住房4.9万套。在公开配租配售房源中，经济适用住房1万套、限价商品住房1.9万套、公共租赁住房（含廉租住房）2万套。

【推进城市和国有工矿棚户区改造】 年内，探索完善棚改征收实施模式。门头沟采空棚户区房屋征收工作采取"三先三后"实施模式，即先签约后搬迁、先对接后选房、先建设后上楼，通过"整体先行征收"签订征收协议，以法律文件形式锁定房屋面积、安置补偿款及安置面积等内容，签约后居民不搬家不周转，待安置房达入住条件后再按照协议对接安置，保障了居民的根本利益，降低了征收成本。截至年底，三片试点棚户区开工建设、收购安置房382.3万平方米、6.5万套，完成计划的108%；累计竣工安置房151.03万平方米，2.3万套；累计搬迁居民约4万户，其中年内完成居民搬迁2万户。新增五片棚户区[1]已开工建设、筹集安置房65万平方米、7800套，完成约6400户的入户摸底调查工作。

5. 城市建设与市政公用事业

2012年，北京市确定200项重点工程建设项目，

---

[1] 新增五片棚户区即2011年北京市新增的京煤集团门头沟、房山、大兴等矿区及首农集团永乐店农场和丰台长辛店地区等5个棚户区改造项目。

其中续建 110 项，计划新开 90 项，计划竣工 56 项，总投资 10472.5 亿元，本年计划投资 1786.6 亿元。截至年底，重点工程新开工 46 项，占年度开工计划 51％；竣工 23 项，占年度竣工计划 41％；完成投资 1968 亿元，占年度投资计划 110％，同比超出 4 个百分点，创历年投资新高。

【交通设施项目】 共确定 42 项重点工程，完成投资 488.77 亿元，其中机场建设 1 项、轨道交通及配套工程 15 项、高速公路 3 条、城市道路 18 条、交通枢纽及配套工程 5 项。地铁 6 号线一期、地铁 9 号线、地铁 10 号线二期、京石铁路客运专线北京段、四惠交通枢纽、宋家庄交通枢纽等 6 项工程年内竣工。

【现代产业项目】 共确定 70 项重点工程，完成投资 543.56 亿元，其中 26 项现代制造业项目、12 项高新技术产业项目、15 项生产性服务业项目、3 项文化创意产业项目、14 项园区建设项目。中芯国际(北京)有限公司一期增资扩产项目、北京长安汽车公司乘用车建设项目(长安集团北京基地一期工程项目)、金风风电设备产业园项目、三元食品工业园、京东方第 8.5 代薄膜晶体管液晶显示器件(TFT-LCD)项目、国家汽车质量监督检验中心等 6 项工程年内竣工。

【民生保障项目】 共确定 29 项重点工程，完成投资 694.03 亿元，其中综合整治 6 项、保障性住房 1 项、棚户区改造 1 项、医疗卫生设施 7 项、文化教育设施 11 项、社会福利项目 3 项。20 万户农民住宅抗震节能改造项目、2012 年老旧小区综合整治、2012 年城乡结合部 50 个重点村城市化改造项目、2012 年保障性住房、北京协和医院门急诊楼及手术科室楼改扩建工程 5 项工程年内竣工。

【生态环境项目】 共确定 34 项重点工程，完成投资 163.18 亿元，其中大气治理项目 1 项、垃圾处理项目 6 项、水务治理项目 21 项、绿化工程 6 项。五环内无煤化改造工程、清河再生水厂二期及再生水利用工程、怀柔新城滨河森林公园、平原造林 20 万亩等 4 项工程竣工。

【能源资源项目】 共确定 25 项重点工程，完成投资 78.5 亿元，其中供热工程 8 项、输变电工程 4 项、热电工程 5 项、风电工程 1 项、燃气工程 7 项。草桥热电厂天然气工程、陕京三线二期天然气工程等 2 项工程竣工。

6. 村镇建设

【乡属中小学校舍翻扩建工程竣工】 工程位于房山区北部，建筑面积 4.77 万平方米，涉及 28 所中小学，地上 1～4 层，砖混、框架结构，工程总造价 9015 万元。2011 年 3 月 16 日开工，2012 年 6 月 25 日竣工。北京房山区教育委员会建设，中国中建设计集团有限公司、北京北方设计研究院、中国京冶工程技术有限公司设计，北京城建建设工程有限公司施工，北京伟泽工程项目管理有限公司监理。

【小红门新村一期 13 项工程竣工】 工程位于朝阳区小红门，包括 B26～29、B30～31、B32～37、C-1 号住宅楼，建筑面积 2.36 万平方米，其中 B26～29、B30～31、B32～37 号住宅楼地下 1 层、地上 3 层，C-1 号住宅楼地下 1 层、地上 6 层，框架剪力墙结构，工程总投资 15861.66 万元。2009 年 10 月 10 日开工，2012 年 6 月 28 日竣工。北京江南投资集团有限公司建设，北京中外建建筑设计有限公司设计，河北沧贸建筑安装工程有限公司施工，北京融源建筑设计有限公司监理。

【怀柔区 32 项乡村公路大修工程竣工】 工程位于怀柔区 14 个乡镇范围内，包括乡级公路大修建设工程 21 项，道路长 35.35 千米，其中桥梁 8 座、0.13 万平方米，涵洞 2 道、30 米，挡土墙 16 处、1.25 万立方米；村级公路大修建设工程 11 项，道路长 13.35 千米，其中桥梁 1 座、120 平方米，涵洞 1 道、7 米。工程总投资 3155.396 万元。2012 年 7 月 8 日开工，2012 年 10 月 31 日竣工。怀柔区各乡镇政府组织建设、施工、监理。

7. 工程建设标准定额

【制定造价管理规范】 年内，根据北京市建筑市场实际，起草《北京市建设工程造价管理办法》立项论证，制发《关于工程造价管理服务平台关闭补报端口的通知》、《关于调整建设工程造价中税金标准的通知》、《关于缮调整房屋修缮工程造价中税金标准的通知》等文件，完成《北京市工程施工招标控制价管理暂行办法》初稿和《保障性住房造价指标体系》课题调研报告，进一步规范北京市工程造价管理。

【编制 2012 年建设工程计价依据】 年内，编制完成房屋建筑与装饰、仿古建筑、通用安装、市政、园林绿化、构筑物、城市轨道交通等工程预算定额 7 部、24 册(未包括与之配套使用的《北京市建设工程和房屋修缮材料预算价格》、《北京市建设工程和房屋修缮机械台班费用定额》、《房屋修缮工程预算定额》)。

【加强造价和计价行为监管】 开展招标控制价、

备查备案、竣工结算价备案，对造价专业人员编制造价成果文件的质量和执业行为进行监管。修改《北京市工程造价咨询企业及其注册造价师市场行为评价体系暂行办法》（试行），起草《注册造价工程师管理办法实施细则》、《招标控制价管理办法》初稿，制定《外省市工程造价咨询企业在京设立分支机构备案标准程序及申请表》、《外省市工程造价咨询企业在京承接咨询任务备案的标准程序及申请表》，进一步加强对建设、施工单位造价计价行为的监管。对169家造价咨询企业资质进行实地核查；受理举报投诉4起，及时深入现场调查，约谈相关企业负责人，并妥善处理相关问题；根据《北京市工程造价咨询企业及从业人员动态监督管理暂行办法》规定，对未按期报送相关资料的26家企业和未报送上年度统计报表的25家企业分别给予约谈、扣分、通报批评处理。

【及时发布价格信息】 年内，完成《北京工程造价信息》2012年度1~12期编辑出版工作，发行14万册；发布建筑、安装、市政、古建、园林绿化工程建筑产品和设备的市场价格信息及机械、模板、脚手架等市场租赁价格信息，反映主要建材市场价格变化情况；发布文件选登、信息文摘、新品集萃等相关建材信息58篇。根据住房城乡建设部要求，按时完成建设工程造价基础数据分析月报、经济运行数据报表上报，以及每季度住宅基础数据、人工实物量数据上报工作。

【完善建筑定额体系】 年内，完成北京排水集团PE管道非开挖补充定额及轨道10号线卵石、砾石等19项补充定额的批复；面向社会公开发布《北京市房屋修缮工程技术经济指标（三）》，涉及平房、办公楼、教学楼等工程改造、修缮的经济技术指标；完成抗洪抢险农村房屋重建工程的投资估算过程管理及工程结算。以上指标的出台和测算工作为北京市建筑市场提供了更准确的计价标准和依据。

【完成其他相关业务工作】 年内，修编完成《建设工程工程量清单—通用安装工程计量规范》附录H、I、J、K及附录E5市政管网工程，共计5册；组织城市轨道交通工程地下车站和区间大断面开挖技术经济指标编制；参与《建筑市场管理条例》起草及修改、《建筑面积计算规则》初稿审定、《建设工程工程量清单计价规范》（修订说明）修改等工作；参加《全国统一安装工程预算定额》编制工作启动会，并接受《采暖及通风空调》编制任务。完成《关于将农民工的休假及保险纳入工程造价的提案》、《关于建立北京市建设施工企业从业人员工资单价指导规定的建议》政协提案调研，测算相关数据，并撰写回复报告。受市民防部门委托，编制人防设施修缮定额相关子目，测算相关加固改造方案的工程造价；完成老旧住宅楼使用A级、复合A级保温材料的测算以及建筑、房屋修缮工程施工和生活垃圾计算标准有关数据的测算。

8. 工程质量安全监督

【完善工程安全监管法规体系】 年内，颁布《北京市危险性较大的分部分项工程安全动态管理办法》、《北京市建设工程施工现场附着式升降脚手架安全使用管理办法》、《关于加强工程监理单位施工现场质量安全岗位管理工作的通知》、《关于进一步加强租赁建筑起重机械安全使用管理的通知》等规范性文件，并修订了《建设工程施工现场安全防护、场容卫生及消防保卫标准》，进一步完善工程安全监管法规体系，夯实施工安全监管的制度基础。

【工程质量管理法规体系建设】 年内，制发《2012年工程质量管理工作要点》、《关于进一步加强保障性住房工程质量管理的意见》、《北京市建设工程质量检测机构市场行为信用评价暂行管理办法》、《关于加强北京市建设工程质量检测管理工作的通知》、《关于加强老旧小区房屋建筑抗震节能综合改造工程质量管理的通知》、《关于进一步规范北京市房屋建筑和市政基础设施工程质量事故质量问题查处报告制度的通知》等文件，进一步加强施工现场质量管理，规范网格化监督管理工作，督促落实参建各方的质量责任，确保建设工程质量。

【加强安全质量监督执法】 年内，北京市在监工程20204项/标段，其中房建18654项、规模1.65亿平方米，市政1446项、投资额229亿元，轨道交通104标段、投资额875.03亿元。监督机构新注册工程3292项/标段，其中房建3102项、规模4536万平方米，市政185项、工程总造价34亿元，地铁5标段、投资额37亿元。对建设单位组织工程竣工验收监督执法工程2769项/标段，其中房建2651项、市政79项、地铁39标段。实施安全质量行政处罚1845起、罚款约1718.35万元，其中质量类163起、罚款746.15万元，安全类1640起、罚款900.54万元，其他类42起、罚款71.66万元。市监督总站全年立案360起，其中质量类152起、安全类197起、其他类11起。按一般程序作出处罚239起、罚款704.41万元，其中安全类135起、罚款134.95万元，质量类87起、罚款497.84万元，分别占北京市质量类处罚起数和质量类罚款额度的53.37%、

66.72%；其他类17起、罚款71.62万元。

【加强质量检测机构管理】 年内，严格审查检测机构资质条件，完成59家资质延期、17家资质变更审查，2家室内环境检测单位备案审查。继续整顿检测市场，对24家检测机构下发责令改正通知书，立案处罚5家，撤销资质2家。继续组织北京市建设工程质量见证检测机构和专项检测机构检测能力验证工作，促使检测机构规范管理，提高水平，对能力验证不满足的检测机构下发责令改正通知书。

【加强监理行业监管】 年内，推广使用住房城乡建设和国家工商部门印发的《建设工程监理合同（示范文本）》，制发《北京市工程监理企业及注册监理工程师市场行为评价管理暂行办法》及配套的北京市工程监理企业和注册监理工程师市场行为评价标准，起草《关于对北京市建设监理企业负责人、总监理工程师、监理工程师进行约谈（讲评）学习考核的规定》，进一步规范工程监理企业行为，推进了工程建设监理诚信体系建设。此外，印发《北京市住房和城乡建设委员会关于北京市安全监理人员安全生产考核有关工作的通知》，并指导行业协会做好相关培训工作。

【加强轨道交通工程监督】 年内，强化轨道交通工程特级、一级风险源管控工作，做好安全质量预警预控；落实《关于开展北京市轨道交通建设工程安全质量状态评估工作的通知》要求，研究每季度评估报告，针对不同内容的预警、评价、突出问题、原因分析及建议提示，及时向有关企业通报或警示，并不断跟踪，切实发挥评估工作效果。9月，组织质量监督执法人员参加住房城乡建设部的业务培训；11~12月，分5期7批对轨道交通工程监督、建设、施工、监理、检测和监测等单位1105人进行培训。此外，协调高架线桥梁支座缺陷整治工作，全面排查支座隐患，督促参建单位落实质量责任，做好隐患治理。

【加强重点工程监督执法】 年内，负责北京市490项重点工程的监督执法任务，监督对象主要为民生、公共安全等重点、重大工程及市公共财政投资工程。为确保重点工程质量安全，加强市、区两级联动，会同昌平区、通州区组织开展未来科技城市政配套工程、通州新城核心区东关大道和北环环隧项目安全质量联合执法检查，每月对在施安全质量状况进行测评排名打分，及时通报检测结果，形成奖优惩劣机制，进一步提高工程质量和安全生产管理水平；对房山区、密云县等市政工程进行技术性指导，发挥重点工程引领示范作用。

【开展质量月活动】 市住房城乡建设委与市质量技术监督、卫生等部门联合印发《关于开展2012年北京市"质量月"活动的通知》，在各区县住房城乡建设系统开展工程质量宣传活动，重点宣贯《北京市人民政府关于贯彻国务院发展纲要（2011~2020年）的实施意见》各项要求，并进行工程质量风险排查，涉及"三不按照"违法违规行为和质量通病防治等，进一步加强对重点领域工程的质量监管，推进工程质量法规体系建设和队伍建设。

9. 建筑市场

【建筑市场经济运行情况】 年内，北京市建筑业生产保持良好发展势头，全社会固定资产投资、工程交易项数、工程交易合同额、房屋累计施工面积均呈现同比增长态势。人工价格继续增长，钢筋、混凝土等重要材料价格保持下行，六类典型工程造价指数中的四类近年来首次下降。安全生产事故死亡人数有所下降。全年北京市完成建筑业总产值6564.8亿元，同比增加8.6%，其中北京地区完成2565.9亿元，同比增加10.8%，在外省完成3998.9亿元、同比增加7.3%。施工总承包和专业承包企业新签合同额8050.6亿元，同比增加5.3%。

【对外承包服务与管理】 年内，北京市施工企业境外市场稳中有增，20家施工企业对外承包工程完成营业额27.9亿美元，同比增加13.1%，占北京市对外承包工程营业额的96.2%；新签合同额38.8亿美元，同比增加57.2%，占北京市对外承包工程新签合同额的96.4%。外派人员6027人，月末在外人数11559人，分别占北京市对外承包工程外派人员和月末在外人员总数的89.1%和95.2%，对外承包工程项目外派人员以施工企业为主。

【工程招标投标项目办理】 全年办理施工总承包发包交易3119项、交易额1988.5亿元，其中市招标投标机构办理837项、交易额836.6亿元，区县招标投标机构办理2282项、交易额1151.9亿元；完成监理服务交易1821项、交易额37亿元，其中市招标投标机构办理553项、交易额15.4亿元，区县办理1268项、交易额21.6亿元；完成专业项目招标833项、中标价113.7亿元，材料设备招标376项、中标价46.7亿元。

【开展各项验收备案管理】 年内，788家生产企业的1810个产品在北京市办理建设工程材料供应备案，468家生产企业的1708个产品因型式检验报告到期失效被中止备案资格；北京市416个年内新办理施工许可的房屋建筑工程进行采购备案。1月17

日，市住房城乡建设委印发《关于调整民用建筑节能专项验收备案行政管理事项的通知》，从制度上确保供热单位参加集中供热采暖节能工程分项验收，以保证供热计量装置安装满足供热计量收费要求。市区两级住房城乡（市）建设部门按其规定，严格执行民用建筑节能专项验收备案制度，做到新建工程热计量安装可控、可计量，应备案工程均进行备案。4月9日，市住房城乡建设委发布《关于老旧小区综合改造工程外保温材料专项备案和使用管理有关事项的通知》，对北京市老旧小区综合改造工程使用的外保温材料开展专项备案，全年有68家生产企业的74个产品办理备案。9～11月，市区两级建设行政主管部门对北京市39家预拌砂浆备案生产企业开展了备案信息专项核查，并对备案信息不合格、不具备散装砂浆供应能力的27家企业取消备案登记。

【外地进京建筑企业及人员备案管理】 截至年底，中央及外省市来京施工备案企业1963家，其中总承包627家、专业承包643家、劳务分包693家；外地进京备案工程监理企业171家，其中综合资质8家、专业资质163家（甲级140家、乙级21家、丙级2家）；累计备案劳务企业施工队长13114人。同时，备案劳务分包合同11626份、合同额3133329.05万元，备案施工人员70余万人。

【建筑市场诚信建设】 年内，修订《北京市建筑施工总承包企业及注册建造师市场行为信用评价管理暂行办法》，实现在北京市注册和备案的建筑施工总承包企业、注册建造师市场行为信用评价日评价功能；出台《北京市建设工程施工综合定量评标办法》，全面推进诚信体系建设。继续完善建筑市场监管信息系统，扩大系统使用范围，开通建筑市场监管信息系统企业用户操作平台，并从中国建设工程造价管理协会、住房和城乡建设部获取北京市注册造价工程师、注册监理工程师有关信息，与原有信息互联互通。

10. 建筑节能与科技

【开展墙体材料革新工作】 年内，"玻璃棉、岩棉外保温系统连接安全性、耐久性解决方案及标准编制"、"轻量化节材降耗墙体构造系统及材料研究"、"新农村低成本、低能耗墙体成套技术研究"、"高层建筑外墙外保温防火安全及防火技术措施的研究"、"预制加气混凝土外墙板框架结构体系可行性研究"、"北京市建筑墙体材料的发展历史沿革"6项新型墙体材料专项基金支持项目通过验收。全年北京市有203家墙体材料生产企业，主要生产砖、板、块三大类产品，总产量50亿块标砖，新型墙体材料生产比例为95.6%，全年利用废弃物414万吨。

【发布2项应用政策】 5月29日，市住房城乡建设委发布《关于加快推进北京市散装预拌砂浆应用工作的通知》，要求自10月1日起，北京市中心城区、北京经济技术开发区、新城地区、北京市所有政府投资建设工程使用的砌筑、抹灰、地面类砂浆，应当使用散装预拌砂浆；8月10日，发布《关于做好散装预拌砂浆应用保障的若干意见》，提出要在生产、使用和运输环节加强散装预拌砂浆供应保障。7月23日，市住房城乡建设委联合市政市容、发展改革、规划、质监等部门发布《关于加强建筑垃圾再生产品应用的意见》，明确了北京市建设工程领域建筑垃圾再生产品的使用管理，要求有关单位做好建筑垃圾再生产品供应和需求信息的申报工作，并按照替代使用比例使用建筑垃圾再生产品，提高建筑垃圾再生产品的利用率，该文件于10月1日起实施。

【完成混凝土搅拌站绿色生产达标考核】 4～7月，市、区两级住房城乡（市）建设部门对75家混凝土搅拌站开展专项检查，重点检查企业资质、原材料、生产质量管理、试验管理等，抽取水泥、砂子、石子、外加剂4类混凝土原材料样本383组，在此基础上公布了第三批绿色生产达标搅拌站点45个，至此北京市共公布129个通过绿色生产达标考核搅拌站点。

【开展绿色建筑评价标识工作】 8月，发布《关于北京市绿色建筑评价标识工作执行北京市地方标〈准绿色建筑评价标准〉》（DB11/T825～2011）的通知》，明确自9月1日起，绿色建筑标识评价工作执行北京市地方标准《绿色建筑评价标准》（DB11/T825～2011）。此后通过施工图设计审查并申请一、二星绿色建筑评价标识的项目，由市住房城乡建设委会同市规划委按照该评价标准进行评审。全年北京市19个项目通过绿色建筑评价标识认证，建筑面积265.2万平方米，其中一星项目3项、二星11项、三星5项，设计标识项目17项、运行标识项目2项、公建项目8项、住宅项目11项。截至年底，北京市累计通过绿色建筑评价标识认证项目42项，总建筑面积428.5万平方米。

【发布绿色建筑适用技术推广目录】 4月，发布《关于印发〈北京市绿色建筑适用技术推广目录〔2012〕〉的通知》，推广绿色建筑节地类、节能类、节水类、节材类、室内环境类、运营管理类6个领域24个方面的84项通用技术和44项具体应用技术，指导北京市低碳生态园区和绿色建筑项目建设。

【推进住宅产业化工作】 8月13日,发布《关于在保障性住房建设中推进住宅产业化工作任务的通知》,明确保障性住房实施住宅产业化的工作目标、实施标准、实施范围、工作要求和监督检查等要求;9月14日,发布《关于2012年在保障性住房建设中推进住宅产业化工作的实施方案》,明确2012年北京市保障性住房建设中落实240万平方米产业化住宅,并成立保障性住房实施住宅产业化领导小组全面负责住宅产业化推进工作。11月21~23日,市住房城乡建设委联合住房城乡建设部、中国房地产业协会、中国建筑文化中心举办"第十一届中国国际住宅产业博览会",并组织北京市相关企业参加。同时,为方便各建设、设计、施工、构件生产等单位学习住宅产业化相关知识,市住房城乡建设委组织编写《产业化指导手册(设计篇)》,并进一步完善预制构件生产和施工部分内容,形成《装配式剪力墙住宅产业化技术参考手册》。年内,经考察论证,博洛尼旗舰装饰装修工程(北京)有限公司被列入国家住宅产业化基地。

【开展抗震节能农宅新建翻建和改造】 年内,针对北京市多数农宅未采取抗震节能保温设计、房屋结构安全性能不高、冬季室温低采暖耗能高等现状,为进一步落实市政府新农村建设折子工程,完成2011~2012年建设20万户抗震节能农宅目标,通过资金鼓励、技术支撑和培训指导服务,农宅建设质量专项现场检查,以及利用农宅建设管理信息系统对农宅建设进行动态跟踪管理,大力推进抗震节能农宅新建翻建和改造工作。截至年底,完成抗震节能农宅新建和改造27万余户,超额完成35%;每个采暖季实现节能量约38万吨标准煤,减排91万吨二氧化碳。

【开展课题研究】 年内,组织完成《钢筋混凝土结构产业化住宅技术标准、质量检测与控制研究》、《住宅建设工业化关键技术及相关技术研究与示范》2项科研课题考核及验收,完成《陶瓷太阳板与建筑一体化关键技术研究及示范》、《北京市高节能建筑外窗系统技术提升研究》2项重大科研课题立项,并围绕住宅产业化技术开展《装配式大开间框架~剪力墙结构及关键技术开发》等4项课题研究。

【重点科技成果鉴定项目】 年内,组织完成重点科技成果鉴定项目34项,其中达到国际领先水平5项、国际先进水平7项、国内领先水平21项。

【新增工程建设地方标准】 年内,新发布工程建设地方标准(施工验收与房屋管理部分)10项,分别是《房屋建筑安全评估技术规程》DB11/T 882—2012、《建筑弱电工程施工技术规范》DB11/ 883—2012、《胶粉聚苯颗粒复合型外墙外保温工程技术规程》DB11/T 463—2012、《温拌沥青路面施工及验收规程》DB11/T 939—2012、《基坑工程内支撑技术规程》DB11/ 940—2012、《无机纤维喷涂工程技术规程》DB11/T 941~2012、《居住建筑供热计量施工质量验收规程》DB11/T 942—2012、《外墙外保温施工技术规程(复合酚醛保温板聚合物水泥砂浆做法)》DB11/T 943—2012、《防滑地面工程施工及验收规程》DB11/T 944—2012、《建设工程施工现场安全防护、场容卫生及消防保卫标准》DB11/ 945—2012。同时,配合老旧小区综合改造工程外保温材料专项备案工作,组织编发4种保温材料施工技术导则,并联合市规划部门发布《外墙外保温防火隔离带技术导则》。

【加强技术指导服务】 全年开展公益技术讲座10期,233家单位的8000余名专业技术人员参加,内容涉及绿色建筑、抗震加固、可再生能源、低碳区域建设、住宅产业化、关键施工技术等方面,进一步提高专业技术人员业务水平;累计对150余人次的村镇建设管理干部进行抗震节能农宅建设管理技术指导培训。同时,为更好地指导北京市农民住宅抗震节能建设项目,组织编制《北京市既有农村住宅建筑(平房)综合改造实施技术导则》、《新农村住宅设计图集》(09BN~1)、《村镇建筑工匠通讯录》、《北京市农房节能改造技术指导手册》、《北京新农村民居抗震节能保温实用手册》,并免费向各区县和乡镇发放4000余册。

【10项市级新技术应用示范工程通过验收】 年内,朔黄发展大厦、国家博物馆改扩建工程等10项工程通过北京市建筑业新技术应用示范工程验收,其中新疆大厦应用新技术整体达到国内先进水平,其他工程达到国内领先水平。

【108项工法通过市级审定】 年内,有150余项工法申报市级工法,经专家评审,无缝洁净面板施工工法、道面细缝排水系统施工工法等108项通过市级审定。以上工法普遍具有创新性、技术先进、安全可靠等特点,能够指导施工并具有推广前景,客观反映了北京市建筑业施工技术水平。

11. 建设人事教育工作

【提升培训工作水平】 市住房城乡建设委组织全委干部职工开展《践行"北京精神"·提高履职能力》公共知识培训,获得优秀组织工作奖;抓好干部在线学习,全部按时完成年度学习任务,并连续7年在北京市委办局年度考核中排名并列第一；组织局处级干部调训56人次、人均培训240学时，提高干部理论水平和业务能力；先后选派55名局处级干部赴外考察学习，帮助干部进一步开阔视野、更新观念。同时，做好干教信息报送，先后向市委组织部报送、发表21条干教信息，向市人力社保局报送、发表24篇干教信息，在北京市委办局排名前列。

【行业职业教育培训与考核】 年内，与66家单位签订规范培训办班行为责任书，其中委管协会17家，社会办学培训机构49家。对新申报、待整改培训机构开展基础评估，年内有3家通过；对上年合格的37家培训机构开展动态评估，其中33家通过。组织企业主要负责人继续教育9期3121人次，通报替学替考人员26人次；检查造价员继续教育培训班88期。完成证书续期66202人次，其中"三类人员"28288人次、造价员30336人次、特种作业7578人次，完成证书信息变更32474人次。加强建筑企业主要负责人、项目负责人和专职安全员安全生产考核，组织统考11次、赴外地考核12次，考核"三类人员"35888人、合格26763人。组织关键岗位专业管理人员考试13次57116人，合格33114人，特种作业人员统考5次20187人，合格12128人，工人职业技能岗位考核15次3986人，合格3378人。

【加强教育培训管理】 根据《关于规范住房和城乡建设委及所属单位培训办班行为的通知》精神，要求委管协会及社会培训机构依法开展培训，维护培训市场秩序。年内与66家单位签订规范培训办班行为责任书，其中委管协会17家，社会办学培训机构49家。同时，继续开展培训机构办学水平评估工作，委托相关行业协会组织专家修订综合办学水平评估细则，并对新申报、待整改培训机构开展基础评估，年内有3家通过；严格按照准入清出制度，对上年合格的37家培训机构开展动态评估，其中33家通过。

【开展继续教育及证书续期变更】 年内，为做好二级建造师继续教育工作，专门成立市注册建造师继续教育领导小组，并委托行业协会和相关培训机构建立北京市注册建造师网络继续教育工作平台，在全国率先开展二级建造师网络继续教育，截至年底，10650人完成规定课时，9000余人参加现场测试。全年组织企业主要负责人继续教育9期3121人次，通报替学替考人员26人次；检查造价员继续教育培训班88期。完成证书续期66202人次，其中"三类人员"28288人次、造价员30336人次、特种作业7578人次，完成证书信息变更32474人次。

【开展行政执法培训】 为提高执法案卷制作水平，开展住房城乡建设系统行政处罚案卷评查工作，针对上年度全系统处罚案卷评查中发现的问题，组织全系统200余名执法人员进行问题讲评，并邀请市法制办相关负责人进行行政处罚案卷制作和行政强制案卷标准专题培训。根据各执法单位实际需求，为怀柔区、密云县住房城乡建设委等单位进行上门培训，并通过咨询热线对执法人员遇到的疑难问题予以解答。根据《北京市行政处罚执法资格管理办法》规定，组织各单位2010年来新增的204名一线工作人员进行北京市建设工程和房屋管理领域执法资格人员培训及考试。

12. 大事记

1月

13日 市政府办公厅印发《关于贯彻国务院办公厅保障性安居工程建设和管理指导意见的实施意见》，明确加大保障性安居工程建设力度，大力发展公共租赁住房，推动住房保障方式向"以租为主"转变。

17日 北京市首个面向社会公开配租的公共租赁房——远洋沁山水公共租赁房正式办理入住，北京市保障房建设投资中心为入住家庭提供了菜单式家具、电器。

29日 市住房城乡建设委、市发展改革委联合发布《北京市"十二五"时期住房保障规划》。该规划是北京市"十二五"规划体系的重要组成部分，提出今后五年北京市住房保障工作的指导思想、发展目标、主要任务和保障措施，明确"十二五"时期公共租赁住房供应数量占到公开配租配售保障性住房的60%以上。

2月

4日 市委书记刘淇、市长郭金龙围绕"践行北京精神，加快绿色北京建设，全面提升城市环境质量"主题到通州区调研，深入绿化地块现场、河滩荒地，了解绿化规划，号召全面完成全年新增造林绿化面积20万亩的任务。

14日 北京市组织召开保障性住房建设及棚户区改造工作现场会。会前围绕棚户区改造工作，副市长陈刚带队到门头沟采空棚户区石门营安置房项目建设现场进行调研，实地察看竣工交用的安置房和周边配套设施情况。现场会上市住房城乡建设委汇报了北京市保障性住房建设和棚户区改造工作情况以及2012年的工作安排。

17日 国务院保障房督查组到京检查保障房分配与建设情况,实地督导检查西城、石景山、海淀和朝阳四区保障性住房分配及质量管理工作,并对北京市保障性住房质量给予充分肯定。

3月

2日 北京市印发《北京市金融支持保障性住房建设的意见》,进一步完善相关融资管理制度,吸引并引导各类金融机构及社会资金参与支持北京市保障性住房建设工作,构建由银行、证券公司、基金公司、保险公司、公积金管理中心、企业以及社会资本、融资自律组织等共同参与的全方位保障性住房金融支持体系。

8日 市住房城乡建设委公布首批开发企业承担前期物业服务责任的新建商品住宅名单,涉及86个住宅物业项目。

22~26日 北京市举行首届轨道交通建设工程技能竞赛。大赛分模板支撑、起重吊装、防水工程3个专业,参赛人员168人,进一步推动轨道交通建设工程管理人员和一线作业人员专业素质和技能水平的提高。

4月

27日 市住房城乡建设委、市财政局印发《关于公共租赁住房租金补贴对象及租金补贴标准有关问题的通知》,市住房城乡建设委印发《关于公共租赁住房租金补贴申请、审核、发放等有关问题的通知》。两《通知》规定了公共租赁房租金补贴对象应具备的条件,租金补贴申请、审核、发放的具体程序。明确租金补贴将按照"租补分离"的原则,将其标准按家庭收入及困难程度分为六档。

5月

8日 市住房城乡建设委印发《关于进一步加强保障性住房工程质量管理的意见》,明确建设单位必须应依法承担工程质量的首要责任,全面负责质量管理。同时,建设单位必须严格落实永久性标牌制度,一旦保障房出现质量问题,将可终身追究责任。该意见率先在公共租赁住房中试点推行。

9日 市住房城乡建设委就《关于公布北京市出租房屋人均居住面积标准有关问题的通知(征求意见稿)》公开征求社会意见,为北京市首次就出租房屋人均居住面积标准有关问题公开征求意见。

11日 联合市人力社保部门印发《关于进一步加强〈北京市工作居住证〉核验工作的通知》,进一步加强工作居住证审核工作,对伪造工作居住证购房的家庭,限制2年内不得在北京市购房,对伪造的单位暂停办理工作居住证资格。

6月

1日 北京市房屋权属登记部门开始全面按我国首个房地产登记行业标准《房地产登记技术规程》受理房屋登记,并正式执行房屋登记官制度。

21日 市住房城乡建设委召开来京施工企业安康杯竞赛表彰会暨迎接"十八大"文明施工、平安交通现场会,表彰了2011年度北京市"安康杯"竞赛优胜单位、优胜企业、优胜项目部、优秀班组、优秀组织单位和优秀组织个人。

30日 北京市召开住房保障专家咨询组和监督建议组成立大会。小组成员包括人大代表、政协委员和社会专家等47人,社会人士加入专家团队并参与住房保障工作在全国尚属首次。

7月

19日 北京市召开北京历史文化名城保护建设区县工作会,东、西城区政府作了名城保护典型发言,针对前期名城保护工作的经验、措施、办法、机制、途径、资金筹措等方面作了全面的介绍。副市长陈刚出席并讲话,提出十二五时期各区县开展历史文化名城保护工作的目标任务。

19日 市住房城乡建设委印发《北京市房屋建筑安全管理员管理办法》,规定自10月1日起,北京市每一个物业管理区域或者自管房项目应当至少配备1名房屋建筑结构安全员和1名设备设施管理员对所辖房屋建筑进行安全管理,旨在提高北京市既有房屋建筑使用安全管理水平,建立健全基层房屋建筑使用安全管理人员队伍,实现房屋建筑安全可持续。

23日 北京市存量房交易平台暨北京市房地产交易市场有限公司成立。该平台充分利用现代信息技术手段,通过对存量房信息统一检验采集、集成一站式服务,从源头对各类主体的网上签约、贷款申请、产权变更、资金交付等行为进行全流程规范和管控。这是北京市清理整顿产权交易所以来,首家批准设立的产权交易所。

8月

21日 中共中央政治局常委、国务院副总理李克强考察北京市保障性安居工程建设情况,并召开保障房分配和运行现场会,到海淀区万寿路街道办事处住房保障服务大厅了解保障房申报和审批业务流程,并走进石景山远洋沁山水社区公共租赁房群众家中了解他们的实际感受。

22日 副市长陈刚出席房山区救灾永久性安置房工程开工仪式。该工程包括阎村镇公主坟安置项目二期、良乡安置房项目和青龙湖安置房项目,总建筑面积59万平方米，预计2013年10月竣工，完工后可安置受灾群众1.1万人。

9月

14日　北京市保障性住房实施产业化动员大会发布《关于印发〈关于2012年在保障性住房建设中推进住宅产业化工作的实施方案〉的通知》，该通知明确2012年在保障性住房中落实240万平方米产业化住宅。

10月

13日　市委书记郭金龙、代市长王安顺到丰台区调研，实地察看了第九届中国（北京）国际园林博览会工程进度，并召开座谈会听取相关工作汇报。

11月

15日　市住房城乡建设委发布《北京市可以参与房屋征收评估的房地产价格评估机构名录》，名录内容包括该106家评估机构的名称、法定代表人、成立日期、注册地址、资质证号、资质等级以及其近三年从事房屋征收拆迁评估工作业绩等情况。

21~23日，由住房和城乡建设部住宅产业化促进中心、中国房地产业协会、中国建筑文化中心和北京市住房和城乡建设委员会联合主办的"第十一届中国国际住宅产业博览会"在国家会议中心举办。市住房城乡建设委联合北京市企业组成的北京展团以丰富的展品、专业的内容、生动的展示获得了参观者的广泛关注。

12月

21日　北京市发布燕保·京原家园、燕保·青秀家园公共租赁房项目配租公告，标志着北京市迄今最大规模公共租赁房项目市级统筹集中配租工作正式启动。两项目可提供房源3336套，全部面向城六区已通过公共租赁房备案轮候的家庭公开摇号配租。

26日，中国建筑业协会公布2012~2013年度中国建设工程鲁班奖（国家优质工程）第一批入选名单，中国国家博物馆改扩建工程（新馆）等8项工程获奖。

12月　位于北京经济技术开发区的12平方公里安置房竣工，包括7个地块，总建筑面积228万平方米，共160栋住宅楼，总套数18387套。该工程是截至2012年底北京最大的超大型住宅群体工程。

（北京市住房和城乡建设委员会）

（二）城乡规划

1. 概况

2012年，北京市城乡规划工作深化落实城市总体规划，加强统筹协调，完善体制机制，改进工作方式，在转变规划理念和工作方式上取得了新的突破：一是初步建立多角度全方位的沟通工作机制。二是加强行业引领和监管，加快制定各类技术标准。三是完善应急处置、舆情监测机制建设，提升综合协调工作能力。四是开展规划实施动态监测的基础性工作，促进规划引导和管控方式的初步转型。五是提高规划队伍的自我认知水平，深入开展北京市规划核心价值观大讨论活动。

【加大空间资源配置的统筹力度，促进人口、资源、环境协调发展】　组织开展产业功能区建设与人口资源环境协调发展研究。为下一步经济转型发展、提高产业效益、优化就业结构、集约利用土地的路径探索和政策制定打好基础；积极推进京津冀区域协调发展，继续深化北京市区域空间发展战略研究；以北京市新机场规划建设为契机，统筹推进南部地区发展；编制完成中关村国家自主创新示范区海淀北区、昌平南部地区的街区规划和控制性详细规划，为示范区发展创造良好的空间基础；聚焦通州，进一步明确了通州城市副中心的功能定位，提出规划实施建议。

【规划政策研究、规划项目实施】　组织开展北京市基本生态控制区划定、大城市产业空间聚集规律、中心城防洪防涝设施系统规划等百余项重要专项规划编制与课题研究；做好土地储备规划相关工作，保障全年供地任务的完成；加快重点功能区规划。深化丽泽商务区、北京科技商务区（TBD）、怀柔雁栖生态示范区、密云生态商务区等重点功能区规划；做好重大项目选址，促进项目加快落地实施。

【历史文化名城保护】　成功举办纪念国务院批准设立"国家历史文化名城"和《中华人民共和国文物保护法》颁布30周年和北京市核心区文化探访路等系列活动；组织开展中轴线保护规划编制、《北京历史文化名城保护评价体系》等重要调研工作，并将调研成果直接转化应用到规划管理中去；深入开展名镇名村保护。

【保障性住房、公共服务设施规划建设】　全面完成"十二五"期间建设100万套保障性住房和市政府2012年建设任务的规划选址及相关工作；组织保障性住房建筑设计方案展，听取社会公众意见，不断提升规划设计质量和水平；全面保障老旧小区综合改造任务的实施。组织开展基础教育、医疗、养老等涉及民生的专项规划，为加快推进基本公共服务均等化，改善人居环境做好服务。

【重大交通、市政基础设施规划建设】　提高城市运行保障能力，积极完成规划配合工作，保障6、8、9、10号轨道线年内顺利开通；结合各条轨道线路所经区域的文化特色，精细化高水平完成全部车站及站内装修设计；开展中心城区重点区域步行和自行车慢行系统规划，营造绿色出行环境；完成轨道交通线网规划（2015调整版）；编制完成中心城公交场站、加油站布局规划及CBD核心区APM设置方案，加快推进重点功能区轨道交通和外围综合交通规划的实施；围绕四大热电中心及其配套工程、能源结构调整重大工程、南水北调等重点工程，做好规划审批和技术服务。加快生活垃圾处理设施规划研究和审批。

【规划保障】 按照"两环、三带、九楔、多廊"的空间布局，完成北京市25万亩平原造林工程的选地和规划校核工作；积极研究和编制清洁能源相关布局规划；推进中心城63座锅炉房清洁能源改造，落实好以治理PM2.5为重点的清洁空气行动计划；依据电动车充电设施布局规划，大力推进相关设施建设。按照电力设施落地规划，完成城区"煤改电"工程、变电站选址和约1.1万户改造工程的规划研究和审批。

【加强法制建设和行业管理，积极推进依法行政】 开展地方性规章的立法调研和各类标准、技术规定的修订工作；制定重大决策社会稳定风险评估实施细则，进一步完善行政决策、行政复议、诉讼应诉、行政调解和信息公开等工作机制，规范审批行为。通过加强和完善督查督导、案卷评查工作，提高干部队伍的依法行政能力。

【加大规划监督和违法建设查处力度】 积极破解违法建设查处难、拆除难、屡禁不止这一难题。规划监督执法工作由单体监督执法向线性工程和功能区的综合监督执法转变，从点到线到面逐步拓展范围，使规划监督执法工作上新台阶，同时通过新技术、新手段，提高查处违法建设的工作效率和水平。（陈建军）

2. 规划研究和规划编制

【大城市金融商务产业空间集聚规律研究】 年内，市规划委完成大城市产业空间聚集规律研究，该研究分析产业集聚的空间规律，提出对北京产业空间布局的建议。（穆蕊）

【北京城市近期建设规划年度实施计划（2012～2013年）】 年内，市规划院完成《北京城市近期建设规划年度实施计划（2012～2013年）》。该规划强调城乡统筹协调发展，引导重要基础设施、大型公共设施、安全设施、环境设施等公益性设施建设的时序安排。（刘琳琳）

【北京市城市轨道交通近期建设规划调整（2007～2016年）】 年内，市规划院编制的《北京市城市轨道交通近期建设规划调整（2007～2016年）》获国家发改委批复，调整后的北京城市轨道交通近期建设规划新增线路里程89公里，预计到2016年北京市轨道交通运营里程达到664公里。（张晓东）

【城乡规划实施引导激励机制研究】 年内，市规划委完成《城乡规划实施引导激励机制研究》。该研究提出包括容积率奖励和转移、开发权转移、放松规划管制、捆绑式开发等激励工具，并根据北京现实条件，给出保障性住房建设、公共空间、城市更新与历史街区保护等方面的政策建议。（张智杰）

【低碳城乡规划研究与延庆试点应用】 年内，市规划院会同其他研究单位完成《低碳城乡规划研究与延庆试点应用》。该研究创新建立城乡规划碳排放评估方法，将碳减排目标落实到城乡规划。课题在延庆县得到良好地试点应用。（鞠鹏艳）

【北京市典型功能区低碳生态详细规划设计指标研究】 年内，市规划院完成《北京市典型功能区低碳生态详细规划设计指标研究》。该课题针对"现代商务服务""高新科技研发""新型制造产业"三种类型功能区，建构以规划为先导，空间、资源、交通和环境整体营造的低碳生态详细规划设计指标架构，并提出应用建议。其主要指标项已纳入市政府《关于全面发展绿色建筑推动生态城市建设的意见》。（鞠鹏艳）

【北京低碳城市规划核算体系及技术导则研究】 年内，市规划院完成《北京低碳城市规划核算体系及技术导则研究》。该研究针对不同用地类型，构建碳排放核算指标体系。已完成北京低碳城市规划技术导则框架研究，主要包括建筑、交通和碳汇三个规划导则。（赵霆 何永）

【北京区域综合能效评价研究】 年内，市规划委完成《北京区域综合能效评价研究》。该研究通过项目数据集合，对供能系统进行规划实施后评价，就建设低碳智慧城市，推动社会可持续发展提出对策建议。（袁晓芳）

【北京市文化设施及产业研究】 年内，市规划委完成《北京文化设施及产业调研》。该研究全面梳理北京市文化设施现状情况，分析文化设施布局存在问题，对文化设施建设提出规划引导建议。（金晓峰）

【北京市产业功能区建设发展情况分析报告】

年内，市规划院完成《北京市产业功能区建设发展情况分析报告》。该研究为优化产业发展政策环境，提升产业功能区发展的水平和质量，推进北京市产业结构战略性调整等提供了技术支撑。（杨明）

【科技产业园区配套设施规划研究】 年内，市规划院完成《科技产业园区配套设施规划研究》。该研究在人口结构与区位条件、园区开发模式和投融资模式、政策支持和引导方式三方面分析园区配套存在问题，从实施分类、策略、过程、责权四个环节提出意见和建议。（宋怡 张帆）

【产业园区土地利用效益评估研究】 年内，市规划委完成《产业园区土地利用效益评估研究》。该研究系统评估北京市19个产业园区发展现状，构建产业园区土地利用效益评价指标体系，剖析园区土地效益差异的主要原因，提出意见和政策建议。（张智杰）

【中关村国家自主创新示范区布局规划】 年内，市规划委组织编制的《中关村国家自主创新示范区空间规模和布局》获国务院批复。该规划确定"一区十六园"的空间规模和规划布局，明确未来中关村示范区规划原则和要求。（马彦军）

【北京市域水环境与滨水区统筹规划】 年内，市规划院完成《北京市域水环境与滨水区统筹规划》。该研究强化用地与水环境的统筹，立足于规划在用地空间上的落实与建设指导，提出水环境提升与城市建设统筹的总体对策、原则性要求与指导建议。（周乐 黄莹）

【市域集体建设用地现状分析研究】 年内，市规划委组织梳理北京市集体建设用地现状利用情况，掌握总量、结构和分布，就未来集体建设用地统筹利用的发展定位、规模控制、实施方式、相关政策等形成初步意见。（王姗）

【北京市保障性住房审批数据统计分析研究】 年内，市规划院完成《北京市保障性住房审批数据统计分析研究》。该研究成果包含"北京市保障性住房审批数据统计分析研究报告"和"保障性住房规划审批数据库"两部分，提出现有审批数据存在问题和改善策略，从而推动保障性住房审批数据库及维护机制的建立。（史亮）

【典型保障性住房项目规划实施调研】 年内，市规划委完成《典型保障性住房项目规划实施调研》。该调研从项目立项、土地权属、规划编制、规划审批、建设和后续运营管理等方面开展调研，提出保障性住房规划编制管理和建设实施机制等方面的对策建议。（甘霖）

【北京市老旧居住小区停车设施规划对策研究】 年内，市规划委完成《北京市老旧居住小区停车设施规划对策研究》。该研究系统分析北京市老旧居住小区停车现状及存在问题，提出规划思路、技术方法和实施对策。（刘洋）

【中心城"十二五"时期市政场站及管网系统空间布局规划】 年内，市规划院完成《北京市中心城"十二五"时期市政场站及管网系统空间布局规划》。该规划建立"十二五"时期和远景北京市中心城各专业市政基础设施规划目标体系，完成北京市域四大生命线工程、九类中心城市政专业、多个功能区市政管线综合规划和中心城内重要市政场站设施的选址工作。（徐彦锋）

【中心城防洪防涝系统规划（一期）】 年内，市规划院完成《北京市中心城防洪防涝系统规划》一期工作，并确定"防、渗、蓄、排、管"的中心城防涝规划总体思路和"两纵四横、一环双网"的防洪防涝格局。（徐彦锋）

【北京新城地景规划】 年内，市规划院完成《北京新城地景规划》。该规划结合北京城市发展方向，提出新城地景的功能定位和建设目标，确定地景体系和地景的空间结构，并制定区县地景设计指引、总体建设指引和行动计划。（杨松）

【北京新城发展规划指数研究】 年内，市规划院完成《北京新城发展规划指数研究》。该研究在国内首次建立以"指数"为表征手段、客观揭示城乡规划实施成效及发展特征的量化评价体系，形成包括"城市发展规划指数"概念内涵、体系框架、评价准则、评价方法、评价流程和评价机制在内的核心理论构架。（张朝晖）

【"十二五"时期重点新城建设实施规划】 年内，《北京市"十二五"时期重点新城建设实施规划》获批。该规划明确"十二五"时期重点新城发展定位及近期目标，提出发展实施引导、发展建设重点和规划实施保障的策略。（穆蕊）

【新城重点地区城市设计梳理研究】 年内，市规划委组织的《新城重点地区城市设计梳理研究》获阶段性成果。该研究分析重点地区城市建设的发展特征、趋势和先进建设理念，全面总结城市设计的组织经验，有效指导城市建设。（王姗）

【"十二五"永定河绿色生态发展带规划】 年内，市规划委完成《北京市"十二五"时期永定河绿色生态发展带发展规划》，明确永定河绿色生态发展带的功能定位、发展目标和发展策略，强调近期实施重点区域，并提出实施保障建议。（张聪达）

【北京特色民居研究】 年内，市规划院完成《北京特色民居研究》。该研究剖析北京特色民居差异性形成的原因，揭示民居圈层、地貌、流域三大分异规律，首次划分内城、外城等七大特色片区，提炼和归纳其价值特色，提出挖掘、延续民居特色的对策建议。（袁晓芳 袁方）

【"一轴一线一带"保护规划研究】 年内，市规划院完成围绕旧城"一轴一线一带"地区的保护规划研究，即《北京中轴线保护规划》、《朝阜路沿线历史文化资源保护与整治规划》和《长安街——前三门大街带状区域保护研究》。该研究采取不同层面、不同形式的公共参与，统一并提升公众认识。（赵幸）

【北京旧城传统风貌地区公共服务设施调研】 年内，市规划院完成旧城传统风貌地区（以下简称平房区）研究。该课题分析平房区各项公共服务设施的现状情况、特点、问题，提出配套标准、规范、策略、实施路径和政策机制保障等方面的规划建议。（金晓峰 崔琪）

【旧城内道路红线管理办法研究与实施规划方案】 年内，市规划院完成《旧城内道路红线管理办法研究与实施规划方案》。该课题对旧城道路红线在技术、管理及实施层面与北京历史文化名城保护紧密衔接展开研究，提出相应对策。（刘立早）

【东四南历史文化街区保护规划】 年内，市规划院完成《东四南历史文化街区保护规划》。该规划率先探索历史文化街区的胡同定线，建立与东城区旧城规划管理地理信息系统紧密对接的基础信息数据库，为未来规划审批和监管提供了直观依据。（赵幸）

【北京新机场选址及相关规划工作】 年内，市规划委组织开展新机场配套及周边综合市政交通基础设施规划研究、新机场影响区安置房用地选址规划研究、新机场周边临空经济区规划研究等相关规划工作，做好新机场及其周边地区产业发展、城市空间布局、交通及市政基础设施的衔接，实现新机场地区的健康可持续发展。（史妍萍）

【通州建设城市副中心规划研究】 年内，市规划委完成通州建设城市副中心规划研究。该研究全面梳理通州新城发展现状及存在问题，借鉴国内外相关经验，提出通州副中心建设的功能定位和规划实施建议。（王姗）

【通州运河北京新商务中心区地下空间综合规划】 年内，市规划院编制完成《通州运河北京新商务中心区地下空间综合规划》。该规划包括《核心区市政工程专项规划》、《核心区市政工程规划方案综合》、《核心区（北区）市政工程规划方案综合调整与优化》和多条城市道路市政工程设计综合规划。（徐林 陈蓬勃）

【警用直升机应急起降点选址研究】 年内，市规划委会同市公安局对北京市地面和楼宇平台直升机起降点普查统计，开展警用直升机应急起降点规划，形成阶段性选址方案。（王姗）

3. 规划管理与城市景观

【2012年规划许可概况】 年内，市规划委受理各类建设项目12125件，核发各类建设项目11768件。核发城镇建设规划用地许可总规模5497.07公顷（其中，建设用地2947.28公顷），规划建设许可规模5218.34万平方米，市政道路、管线规模202.85万延米。核发乡村建设规划许可规模97.43万平方米，使用现状集体建设用地总规模301.22公顷。（杜红艳）

【北京市既有居住区无障碍设施改造导则（试行）】 年内，市规划委、市残联、市住建委、市市政市容委联合发布《关于印发〈北京市既有居住区无障碍设施改造导则（试行）〉的通知》。该导则对居住区无障碍设施改造部位、改造环节、技术参数等提出具体要求。（杜红艳）

【百个住宅小区无障碍改造完成】 年内，市规划委组织完成119处住宅小区无障碍改造任务，主要包括住宅及小区配套公建出入口增设无障碍坡道及扶手，多层住宅一层加装扶手等。（杜红艳）

【轨道交通新线无障碍设施建设情况评估】 年内，市规划委组织评估2011年底通车的轨道交通8号线（北段）、9号线（南段）和15号线（一期）东段线路的18座车站的无障碍设施设计、建设情况，获"三条新线无障碍设施建设基本符合《规程》要求"的初步结论。（杜红艳）

【北京获全国无障碍建设先进城市称号】 年内，住房城乡建设部、民政部、残联、老龄委办公室联合发布《关于表彰"十一五"全国无障碍建设先进城市的决定》，北京等60个城市获表彰。（杜红艳）

【中心城控规动态维护电子监察系统启用】 年内，由市规划委会同市监察局开发的北京市中心城控规动态维护电子监察系统正式启用。主要通过信息化（电子监察）手段规范规划调整，对调整过程全面跟踪与监控，并与市监察局电子监察平台的信息对接，为国内首创。（顾旭东）

【中心城区燃煤集中锅炉房改造规划】 年内，

由市规划院、煤热院、热力工程设计院等单位共同编制完成的《北京市中心城区燃煤集中锅炉房改造规划》获专家通过。该规划提出中心城区煤炭集中锅炉房改造方案和剩余用地使用方案，为燃煤锅炉清洁能源改造工作提供基本依据，在国内同类规划中处于领先水平。（任玮）

【新城控规实施动态评估和优化维护机制】 年内，市规划委制定新城规划成果规范化管理办法，加强对北京新城地区规划编制、审批、实施的全过程监控。（黄莹）

【北京四大热电中心建设选址及管线配合】 年内，市规划委组织市规划院研究论证东南、西南、东北、西北四大热电中心的选址和两进两出管线的选线，基本完成四大热电中心天然气进线、中水进线的规划选线工作、热力出线方案、电力出线方案。四大热电中心建成将初步构建安全高效低碳的城市供热体系。（白羽　陈蓬勃）

【2014年世界种子大会场馆区用地控规】 年内，市规划委批复2014年世界种子大会场馆区用地控制性详细规划。该规划编制兼顾青龙湖地区的长远发展和举办世界种子大会的近期需要，并充分考虑当地农民就业和安置。（马彦军）

【市规划委网站获北京政府网站评比第一名】 年内，市规划委网站在北京市45个政府单位的网站考评中获第一名，并被评为"2011年度优秀政务网站"，"市规划委勘察设计与测绘公共服务"平台被评为"2011年度优秀网上服务项目"。（任玮）

【"十二五"期间无障碍环境建设重点工作】 年内，市规划委发布《北京市"十二五"期间无障碍环境建设指导意见》，明确了研究建立具有北京特色的无障碍标准体系等8项重点工作。（任玮）

【"十二五"公共环境艺术规划编制完成】 年内，市规划委组织完成《北京"十二五"城市公共环境艺术（城市雕塑）发展规划纲要》编制工作。该规划纲要提出"十二五"时期城市公共环境艺术（城市雕塑）发展的方向、目标和主要任务。（王希希）

【市规划委首次举办公共环境艺术评选】 年内，市规划委第十八届建筑艺术评选首次设立公共艺术奖，对近五年来的公共环境艺术优秀工程进行评选。在申报评奖项目319件中，评选出公共艺术奖70件，其中特别奖4件。（于化云）

【开发区建区二十周年《绽放》雕塑落成】 年内，北京城市雕塑建设管理办公室会同开发区规划分局建设完成开发区建区二十周年雕塑《绽放》。该雕塑材质为不锈钢喷漆，总高23.8米，主体高20米。（王京京）

【永定河公园历史文化浮雕墙落成】 年内，一座长200米、高2.4米的历史文化浮雕墙在门头沟永定河公园落成。浮雕墙整体设计为"M"形，水波纹贯彻整个画面，充分展示门头沟区的资源特点和独特魅力。（王京京）

【北京3项雕塑全国获奖】 年内，全国城市雕塑建设指导委员会公布2011年全国优秀城市雕塑建设项目评选结果，北京共有3项雕塑获奖。（王亚琦）

【33站50幅地铁公共艺术建设完成】 年内，市规划委会同市轨道交通建设管理有限公司组织开展地铁六号线一期、八号线二期南段、九号线北段、十号线二期38个站共58个墙面的公共艺术品规划建设工作，33个站50幅地铁公共艺术壁画建设完成并通过专家验收。（王京京）

4. 工程设计与标准

【世界著名建筑设计师地图绘制完成】 年内，市规划委组织绘制完成世界著名建筑设计师分布地图，包括亚洲、美洲、欧洲等区域102条著名设计机构和建筑师的信息。（任玮）

【中心城公交场站布局及用地规划（01～18片区）】 年内，市规划委组织市规划院编制完成的《北京市中心城公交场站布局及用地规划（01～18片区）》获批，中心城共规划公交场站326处，现状保留107处，规划新增219处。（陈洪亮）

【中心城雨水系统改造工程】 年内，市规划委完成中心城区的中小河道和下凹立交桥区雨水泵站改造、中心城雨水管网消隐等规划，包括中小河道28条，约150公里，雨水泵站20个。并完成《20座下凹式立交桥排涝工程规划》、《北京市中心城防洪防涝系统规划（一期）》、《北京市中心城"7.21"暴雨积水问题分析及规划对策》等研究。（薛飞）

【中心城下凹式立交桥桥区积水治理工程设计】 年内，市政总院完成"7.21"灾后中心城区20座下凹式立交桥雨水泵站及排水系统升级改造工程设计，使重现期达到5～10年一遇，总抽升能力由30立方米每秒提升至57立方米每秒，总蓄水能力达到10万立方米。（娄静）

【昌平新城城市设计方案】 年内，《昌平新城文化创意新区城市设计方案》和《昌平东沙河两岸城市设计及概念性建筑设计方案》获专家通过。设计方案功能定位清晰，布局结构合理，理念先进。（任玮）

【全国人大机关办公楼设计】 该工程位于天安门广场西南，人民大会堂南侧西郊民巷以南，建筑设计为1000人办公使用，面积8.3万平方米，地下2层，地上7层，框架结构，延续广场建筑的中心对称式布局，体量和风格与广场主要建筑物协调一致，成为天安门广场上又一标志性建筑。获市规划委表彰2012年度优秀工程设计综合奖（公共建筑）一等奖。（刘江峰　刘丽姿）

【全国组织干部学院设计】 该工程位于朝阳区金盏金融后台服务区内，建筑面积4.00619万平方米，地下1层，地上7层，A、B、C、D为框架结构，E座位钢结构、混合结构。项目采用成熟适宜的生态绿色技术，主动式和被动式结合，避免"高、贵"技术的堆砌，实现低碳绿色理念。获市规划委表彰2012年度优秀工程设计综合奖（公共建筑）一等奖。（刘江峰　刘丽姿）

【未来科技城（南区）市政工程设计】 年内，市政总院完成未来科技城（南区）市政工程施工图的编制。该工程包含8条市政道路，分别规划为城市次干路和城市支路，红线宽度20～30米，全长约13.3公里。（娄静）

【未来科技城神华规划四路市政工程跨温榆河桥梁工程设计】 年内，市政总院完成未来科技城神华规划四路市政工程跨温榆河桥桥梁工程可行性研究报告。神华规划四路设置跨越温榆河特大桥梁一座，主桥采用钢箱梁结构，跨径布置为217米，全宽30米。（娄静）

【地铁6号线一期、二期工程初步设计方案】 年内，地铁6号线一期、二期工程初步设计方案获市政府批复。一期方案由五路居站至草房站，长30.69公里；二期方案由草房站至东小营站，长12.4公里，途经海淀、西城、东城、朝阳、通州5个行政区。（葛庆）

【地铁16号线工程设计】 年内，市政总院完成地铁16号线的初步设计评审及补充评审。该线为城区西部的南北干线，途经海淀、西城和丰台三区，全长约40.2公里，共设24座车站，全部为地下线。（娄静）

【地铁7号线工程设计】 年内，市政总院完成地铁7号线全部主体建筑、结构施工图设计，以及东部车站大部分附属工程的施工图设计。该线以地下线方式沿规划道路向东南敷设，起点北京西站，终点焦化厂站，全长23.67公里，共设21座车站。（娄静）

【国道110（昌平德胜口-延庆县城）二期工程设计方案】 年内，市规划委批复国道110（昌平德胜口-延庆县城）二期工程设计方案。该道路全长约35.6公里，主线按照高速公路标准设计，设计速度为100公里/小时（山区段为80公里/小时）；辅路系统按照二级公路标准设计，设计速度为40～60公里/小时。（叶康军）

【京石二通道（大苑村-市界段）工程规划】 年内，市规划委完成京石二通道（大苑村-市界段）工程规划手续。该工程北起京良路、向西南穿越房山至市界，与河北段道路接顺，道路全长约51公里。设计标准为高速公路，设计速度为120公里/小时，道路红线宽80米。（叶康军）

【房黄亦联络线方案】 年内，市规划委批复房黄亦联络线方案。该线全程14.9公里，设计车速80～60公里/小时，西起房琉路，东至良常路，沿线串联京昆高速、京石高速、京保公路、良常路等干线公路。（叶康军）

【丽泽商务区外部配套主干路设计方案】 年内，市规划委批复金中都南路、西站南路南延和柳村路等三条丽泽商务区外部配套主干路设计方案，三条道路是丰台路网规划的重要组成部分。（陈洪亮）

【阜石路快速公交车辆系统工程初步设计】 年内，市规划委会同市发改委审定阜石路快速公交车辆系统工程初步设计。阜石路快速公交线路是中心城连接门头沟新城和石景山地区的重要交通走廊，东起西二环阜成门外，西至龙泉镇，线路全长约25公里，共设置23座车站。（陈洪亮）

【天安门广场周边人行道整治工程设计】 年内，北京市政总院完成天安门广场周边约54786平方米的人行道维修改造工程设计，包括更换花岗岩面砖、结构补强等。（娄静）

【农村公路水毁修复工程设计】 年内，市政总院完成部分农村公路水毁修复工程设计，包括房山区河北镇公路工程中第1批和第2批，共16条道路的方案设计和施工图设计，张坊镇公路工程中第1批、第2批共16个项目施工图设计。（娄静）

【建筑太阳能光伏系统设计规范】 年内，市规划委发布《建筑太阳能光伏系统设计规范》，于9月1日实施。该规范总结北京市建筑太阳能光伏系统应用的实践经验，提出"太阳能光伏系统设计应与建筑工程设计统一规划、同步设计、同步施工、同步验收"的理念，具有较强的创新性和可操作性。（曹泳超）

【居住建筑节能设计标准】 年内，市规划委发布《居住建筑节能设计标准》，于2013年1月1日实施。该标准是国内首个将居住建筑的单位面积采暖能耗指标达到节能75%水平的地方技术规范，使北京市居住建筑综合节能水平达到同气候条件发达国家的先进水平。（曹泳超）

【外墙夹心保温设计规程】 年内，市规划委发布《外墙夹心保温设计规程》，于2013年1月1日实施。该标准针对北京市建筑外墙保温设计中存在的难题，提高设计的适用高度、耐久性，作出系统、详细的规定，达到国内领先水平。（曹泳超）

【绿色建筑设计标准】 年内，市规委发布《绿色建筑设计标准》。该标准首次从控规阶段介入，将生态规划与绿色建筑有机结合，设置指标体系，提出覆盖空间规划、交通组织、资源利用、生态环境四方面共20项详细规划指标和27项建筑设计指标。（曹泳超 刘丽姿）

【新建建设工程雨水控制与利用技术要点（暂行）发布】 年内，市规划委发布《新建建设工程雨水控制与利用技术要点（暂行）》，提高了新建建设工程雨水控制与利用能力，细化了规划设计、施工图审查、规划审批、规划核验等环节的监管要求。（曹泳超）

【6项消防设计地方标准修订】 年内，市规划委会同市公安局组织修订《疏散用门安全控制与报警逃生门锁系统设计、施工及验收规程》、《简易自动喷水灭火系统设计规程》、《自然排烟系统设计施工及验收规范修订》、《消防安全疏散标志设置标准》、《吸气式烟雾探测火灾报警系统设计、施工及验收规程》、《防火玻璃框架系统设计施工及验收规范》等6项北京市地方标准，修改和增加部分内容与条款。（曹泳超）

【5册建筑设计通用图集出版】 包括：《工程做法》(12BJ1-1)、《加气混凝土砌块、条板》(12BJ2-3)、《建筑节能外窗、建筑遮阳》(11BJ2-10)、《A级不燃材料外墙外保温》(12BJ2-11)、《木门》(12BJ13-3)。（曹泳超）

【7册指导性图集出版】 包括：《北京市雨水利用工程实例汇编》、《北京市老旧小区综合改造指导性图集》、《北京市老旧小区抗震加固系列图集—板墙及砂浆面层加固分册》、《北京市老旧小区抗震加固系列图集—柱、圈梁、钢拉杆加固分册》、《北京市老旧小区抗震加固系列图集—外套装配式混凝土加固分册》、《北京市老旧小区抗震加固系列图集—房屋平改坡加固分册》、《北京市公共租赁住房标准设计图集（一）》。（曹泳超）

【规划建设专题片编制完成】 年内，市城建档案馆剪辑制作完成《北京市城乡结合部50个重点村规划建设专题片》，用影像再现北京市城乡结合部城市化建设和发展的历史进程。（王炜）

【市城建档案馆入库档案22348卷】 年内，市城建档案馆完成工程档案预验收900项；接收纸质工程竣工档案866项22348卷，缩微胶卷6000余卷。接收规划管理档案7500余卷，整编5900余卷；接收资质管理类实体档案1938项，2318卷，实行电子著录信息与纸质品档案同步接收进馆。接收11项重点工程声像档案，其中照片档案79册，3006张，光盘116张。接收名人故居声像档案170处，照片5086张。接收四合院声像档案387张；制作缩微工程档案母片352盘，拷贝片681盘；完成馆藏档案数字化文件级著录29567卷，442833条；完成扫描工程竣工档案4121卷，282080页。提供利用档案7050人次，11944卷次。（田晓晶）

5. 勘察·设计·测绘

【规划设计勘察测绘年度优秀工程表彰】 年内，市规划委表彰规划设计勘察测绘2012年度优秀工程项目，共评出获奖项目281项，包括综合奖246项、中小项目创新奖14项、单项奖21项。其中北京市11个项目获优秀城乡规划设计一等奖，13个项目获优秀工程设计综合奖（公共建筑）一等奖，3个项目获优秀工程设计（道路桥隧）一等奖，3个项目获优秀工程设计（给水排水）一等奖，4个项目获优秀工程设计（轨道交通）一等奖，2个项目获优秀工程设计（燃气热力）一等奖，5个项目获优秀工程设计（风景园林）一等奖，9个项目获优秀工程勘察一等奖。（刘丽姿）

【测绘地理信息优秀工程表彰】 年内，市规划委表彰北京市优秀测绘地理信息工程项目，共评出获奖项目67项，其中一等奖14项，二等奖19项，三等奖34项。（刘丽姿）

【勘察设计测绘行业综合服务窗口开通】 年内，北京市勘察设计测绘行业综合服务窗口开通运行，由北京大学北京市发展研究院和市勘察设计和测绘地理信息管理办公室共同创建的服务体系创新示范研究基地挂牌。（刘丽姿）

【普利兹克颁奖礼】 年内，市规划委组织2012年普利兹克建筑奖颁奖典礼，为首位获殊荣的中国建筑师王澍颁奖，并举办有弗兰克·盖里等4名该奖历届得主参加的"建筑论坛"。首次在中国举办的颁奖典礼吸引新华社、中央电视台、美联社等国内外近百家时政和专业媒体报道。国务院新闻办制作专题纪录片《中国设计》，北京电视台科教节目实况录播颁奖典礼。（刘丽姿）

【北京市测绘地理信息管理机构更名】 年内，市规划委所属的北京市勘察设计与测绘管理办公室更名为北京市勘察设计和测绘地理信息管理办公室，该办公室承担着11项行政许可事项，约占市规划委行政许可事项的70%。（刘丽姿）

【住宅抗震节能改造工程设计合格承包人名录招标完成】 年内，由市勘测办与市房屋建筑抗震节能综合改造工作领导小组共同组织，经专家评审，北京筑都方圆建筑设计有限公司等20家单位入选北京市住宅抗震节能改造工程设计合格承包人名录。（任玮）

【建设工程勘察专题研究成果】 年内，市规划委组织开展的《影响建设工程勘察市场及质量的重要因素调研及解决办法》课题研究成果获专家通过。该课题总结分析北京市在建设工程勘察市场及质量安全方面存在的问题、主要影响因素，提出建设工程勘察市场及质量管理办法。（任玮）

【11种地图编制出版】 包括：《北京市政务地图集》（2012地图版、影像版）、《北京历史地图集》、《北京市水务发展规划图集》、《北京市水务工程位置图》、《北京市城区水务工程现状图》、《2012版北京市国防交通图》、《北京市交通旅游图》、《北京市新城地图册》、《北京市行政区划图》、《北京市城区行政区划图》、《北京市轨道交通建设地图册》。（张京川）

【"中国尊"项目岩土工程勘察完成】 年内，市勘察设计研究院有限公司完成北京CBD中央商务区"中国尊"岩土工程勘察项目。"中国尊"为一座528米高、形似古代礼器"尊"的建筑，是把握北京建筑文化、经济脉搏的新地标。（闫铁英）

【垃圾场地下水质自动监测技术研制完成】 年内，市勘察设计研究院有限公司完成的《生活垃圾填埋场地下水污染自动监测技术应用研究》课题通过市科委验收。该项技术可完成生活垃圾填埋场地下水的常规监测与连续自动监测、特征指标筛选等工作。（闫铁英）

【南水北调配套工程实施第三方监测】 年内，南水北调配套工程东干渠开工。其第二标段长22.6千米，由于采用内径4.6米的钢筋混凝土隧洞输水需盾构法施工，市勘察设计研究院有限公司承接了施工第三方监测工作。（闫铁英）

【浅层地下水监测发展规划通过规划验收】 年内，市勘察设计研究院有限公司承接的《北京市浅层地下水动态监测发展规划》项目通过规划验收。该成果提出北京市浅层地下水动态监测工作的总体目标、主要任务和保障措施。（闫铁英）

【京东地面沉降监测项目通过规划验收】 年内，市勘察设计研究院有限公司会同市测绘院完成的《北京东部区域地面沉降监测网络的建设与应用》专项课题通过市规划委验收。其成果建立了规划阶段地面沉降对基础设施影响的风险评估体系等。（闫铁英）

【门头沟采空区棚户区改造工程勘察】 年内，市勘察设计研究院有限公司累计完成门头沟采空区棚户区改造工程勘察130余万建筑平方米。主要有石门营、石泉等地区，开展地质灾害评价、建筑地基勘察、岩土工程设计与施工、工程监测与检测等工作。（闫铁英）

（北京市规划委员会）

（三）市政公用基础设施建设和管理

1. 概况

2012年，北京市市政基础设施建设和管理工作取得新的成效和进展。

【燃气供应】 购入天然气84.1亿立方米，销售天然气79.4亿立方米，同比增长22.6%和22.8%。发展家庭用户33.4万户、公服用户4081个、燃气采暖锅炉5443蒸吨、夏季负荷430蒸吨。北京市天然气、液化气、CNG等用户总数累计达到580万户，运行燃气管网长度达到15000多公里。建成加气站15座，发展天然气汽车1700余辆。开展消除隐患工程186项，完成178项。各类事故总量与上年同期相比下降35.3%。

【供热保障】 投入资金26多亿元对北京市燃煤、燃气、燃油（含液化石油气）、电锅炉供热单位给予财政补助，惠及410多万户居民。实施核心区非文保区1万户煤改清洁能源工作，完成年度供热系统节能改造和老旧供热管网改造任务，完成既有公共机构和大型公建供热计量改造，实行供热计量收费。新增城市热网供热面积429.3万平方米，锅炉房接收新增供热面积707.87万平方米，区域供热新增供热面积29万平方米。截止到2012年底，北京热力新增供热面积1500万平方米，北京市总供热面积约6.97亿平方米，锅炉房4144座，供热管网总长2万多公里。

【城乡环境建设】 对香山、中关村、CBD、奥林匹克中心区，以及108个校园周边环境进行整治，完成30条市级重点道路环境建设达标任务，以及京沪高铁北京段42公里沿线的环境治理。开展257个老旧小区、27片老旧平房区和295条街巷胡同及1085个村庄的环境治理，启动"环境优美居住小区、街巷胡同评选"活动，在15个乡镇、513个行政村开展环境优美乡镇和生态村创建。在石景山区、顺义区马坡镇、丰台区丰台街道和朝阳区黑庄户乡郎各庄村4个不同类型的地区开展精细管理先行试点。开展城六区及市级平台落实贯彻标准和系统调整对接，推广远郊区县网格化管理工作，将126处脏乱死角和城六区脏乱死角纳入网格化监控。建立非法小广告、积存垃圾等问题的发现和解决机制。

【市容环境管理】 北京市垃圾处理能力约1.7万吨/日，北京市垃圾无害化处理率达到97%，其中，城区无害化处理率100%，郊区无害化处理率93.6%。基本实现生活垃圾无害化处理，垃圾处理结构进一步优化，焚烧、生化和卫生填埋比例由2010年的10：10：80转变为15：15：70。再生资源回收量增加6.3%。在阿苏卫等6座生活垃圾填埋场推广全密闭作业。完成1800个居民小区和市区（县）党政机关垃圾分类达标试点工作。普查北京市3万多家餐饮服务单位的餐厨垃圾处置情况，全面启动规范餐厨垃圾和废弃油脂收运处理和资源化利用工作。在北京市推广道路清扫保洁新工艺，新增1000台环卫电动车作业，提高了保洁能力和水平。

【城管执法工作】 体制机制改革取得重大突破。深入推进城管执法体制机制改革，加强城管与公安两支队伍的融合，有效破解了城管执法难的问题。全年共查处违法行为65.9万起，重点地区群众举报同比下降12.4%，群众回访满意率同比上升10.7%。100处环境脏乱重点地区整治工作成效显著。北京市共宣传告诫79.3万人次，查处违法行为20.3万起，社会表扬2113件，群众回访满意度达到85%以上，实现了"三无、四有、五控"的整治目标。理论创新取得重大突破。提出"四点共识、五个必须"理论体系的坚持和发展；"服务是本质、形象是生命、规范是基础、执行是关键"的理念、"两个不能"原则以及"三严禁、四不准"铁规铁纪等一系列实践指导体系。

2. 市政基础设施建设和市容管理

【完成26条路灯改造任务】 为解决小区路、断头路等城市道路"有路无灯"的问题，对城区26条有路无灯道路进行路灯建设工程，涉及道路总长度14.774公里，共新装路灯524盏、变压器8座。高质量提前完成建设任务，为群众夜间出行提供便利与安全保障。（郑勤俭）

【确保大气主要污染物均下降2%】 按照市政府下达的任务，为确保2012年大气主要污染物均下降2%的目标，超额完成年度1200蒸吨（实际完成2035蒸吨）燃煤锅炉清洁能源改造任务。推进城市道路清扫保洁新工艺，提高城市道路清扫保洁新工艺作业率，北京市城市道路清扫保洁新工艺覆盖率达82%。加强城六区城市道路路面尘土残存量监测，每月抽取城区30条道路进行尘土残存量和近地面扬尘监测。加强建筑垃圾运输规范管理，组织集中夜查30余次，出动执法人员1.8万人次，设卡525次，检查不规范车辆2600台次，处理建设工地541个，取缔非法聚集点14处，处理扬尘遗撒、乱倒乱卸413件，规范运输车辆4521辆。办理渣土消纳许可394件、运输车辆准运许可3015件、消纳场所设置许可22件。积极推进清洁能源工程，加快四大燃气热电中心的建设。

【完成114项市级地下管线消隐工程】 结合市属道路大修计划和区属道路大修计划，开展地下管线隐患排查治理，推动落实消隐工作实施，组织开展地下管线结构性隐患排查治理工作培训。加强地下管线消隐工程协调与督促检查，完成114项56公里市级地下管线消隐工程。同时，开展架空杆线整治和井盖线杆设施普查落实责任权属，井盖、线杆权属落实率分别达到90%和88%。

【建立道路井盖塌陷管理机制】 为有效解决城市道路井盖塌陷管理问题，建立以界定清晰地下管线权属单位和道路养护单位修复责任，采取修复工程由井盖产权单位出资，道路养护单位结合道路修缮一并实施且保修的方式。同时，采用超早强钢纤维快速修补新技术，将老式单层井盖更换成双层"五防"井盖，提高修缮质量。2012年城区"一环两纵"14条重点道路治理城市道路检查井沉陷、烂边等病害376处，更换"五防"井盖310个，填埋废弃井8个，提升井盖找平路面58处，提高了道路通行的安全性。

【建立地下管线安全防护机制】 加强与建设、路政、管线行业主管部门协调，办理工程手续时提示建设单位登录挖掘工程管线信息沟通系统发布工程信息。深化城六区挖掘工程信息共享工作，将网格监督员发现的挖掘工程、12319热线公众举报的挖掘工程，及时通报各管线单位。对轨道交通在施9条线路、82个标段开展现场检查，发现问题423个，通报相关部门整改解决，与上年同比下降18%。挖掘工程信息平台共服务87家建设单位，发布510项建设工程沟通信息，有效预防了施工破坏地下管线事故的发生。

【开展架空杆线百日整治】 确立"清废杆、治危杆、管好杆"工作思路，制定管理措施，评估《架空线管理若干规定》实施情况，完善架空线设置许可等工作。依托网格化城市管理平台，在城区网格覆盖区域开展线杆普查和确权确责工作，明确线杆的产权单位、维护单位责任，为实施精细管理奠定基础。规范杆线标识，组织清除隐患线杆2756根、线缆2340处，处置城市管理信息平台积案536件。

【北京国际供热节能展】 2012中国北京国际节能环保展览会在北京展览馆举行，北京市市政市容管理委员会组织设置供热节能展，集中展示供热行业先进技术。6月10日，北京市市长郭金龙参观"供热计量体验区"，对供热计量改革工作表示肯定，并指出：要动员广大市民群众增强环保节能意识，为建设资源节约型、环境友好型社会，推动可持续发展做出贡献。此次展会累计约3.6万人次参观了供热节能专区，发放宣传材料3万份。

【督查餐饮公服用户燃气安全】 会同安监、质监、商务、工商、公安消防等部门对16区县逐一进行督导检查，严厉打击违法用气行为。组织开展燃气安全进企业、进社区等宣传活动630余次，发放燃气安全使用常识等宣传材料100余万份。北京市共督导检查餐饮企业等公服用户3.27万次，下达执法文书7500份，发现并整改安全隐患1.26万处，共处罚金30万元。

【规范公交候车亭户外广告设置】 制定公交候车站亭户外广告设置专项规划，规划设置300余条公交线路候车亭广告点位，对2904站点8100余处灯箱广告设施全部建立台账。明确设置规范，统一编写广告设施管理代码，实行精细化管理。发布通告，对与上述规划不符的公交车站候车亭广告设施，督促设置人整改、拆除。逾期不整改的，进行查处，强制拆除。

【地下管线挖掘与城区网格对接】 要求网格监督员对巡查发现的在市政道路、道路两侧绿化带、开放公共区域进行的地下管线铺设、地下构筑物建设、打桩、打井等各类挖掘工程全部进行上报。在网格系统增加问题种类，其中路面挖掘深度不足30厘米的施工问题定义为"无证掘路"，工程挖掘深度在30厘米以上，按"挖掘工程未完成地下管线安全防护"上报。通过网格系统与地下管线防护信息沟通系统的信息互通，公示挖掘工程信息，促使管线权属单位和挖掘施工单位进行信息沟通和协调配合，减少外力破坏地下管线事故的发生。挖掘防护与网格系统配合工作4月在海淀区开始试点，发布工程配合信息60余项。城六区网格系统全面推广应用这一模式。

【城市管理服务互动平台试运行】 该平台在网格化管理平台基础上，深化两大功能。基于政务专网的业务信息共享互动功能。市、区、街三级城市管理部门可以实现政务信息资源提供、获取、案件跟踪、问题管理、任务管理、公文管理、即时沟通等功能，畅通了管理部门之间的沟通渠道。基于互联网的公共服务功能。实现城市管理问题上报、问题处置情况跟踪、市政设施地图查询、城市管理信息查看等功能。市民通过互联网反映的问题即时进入网格化管理平台进行处置，并且市民可以随时查看处置进程、状态，畅通了政府与市民的沟通渠道。

【整治进京铁路沿线环境】 京广、京哈、京津城际、京石客专、京包5条铁路沿线共完成拆除违法建设14.1万平方米，平整土地105.8万平方米、外立面粉饰52.3万平方米，广告牌匾整治2160平方米，绿化162.6万平方米，清理垃圾渣土408.5万立方米，清理堆物堆料9.4万立方米。

【提升火车站公交场站周边环境】 北京北站周边拆除违法建设2306平方米，绿化铺装3万平方米，清运垃圾渣土2340吨。二环路完成14个桥区13公里绿化美化工程，共完成景观绿化16206平方米；完成45栋楼体外立面粉饰和景观照明。三环路完成景观绿化26950平方米，道路硬化8000平方米，拆除广告牌匾200平方米。前面整治公交场站、交通枢纽长途车站周边环境，东直门交通枢纽周边环境整治工作基本完成，绿化美化8840平方米，规范广告牌匾450平方米，改造树池26处。

【完成5座开放式公园环境建设】 丰台区高立庄公园建设全面完成，拆除违法建设280平方米；丰台区黄土岗公园建设全面完成，绿化4.8万平方米；朝阳区北纬40度绿地公园建设全面完成，铺装5393平方米，种植各类树种2729株，完成景观墙13面，草坪约4万平方米。西城区永定河引水渠沿线景观工程一期建设完成，移植树木47762株，绿化2693平方米，拆除构筑物1.9万平方米；纪家庙公园一期建设完成，绿化2.9万平方米，下一步将结合周边在施工项目开展二期建设。

【完成80条城市道路环境达标建设】 按照年度环境建设的总体部署，提前完成北京市80条市级重点达标道路的环境建设工作，并且，按照《城市道路达标十条标准》，组织专家对80条市级道路进行了全面检查、评审和验收。

【评选环境优美小区和街巷胡同】 3月启动，历时9个月的首都环境优美居住小区街巷胡同评选活动结束。该活动以"共建环境优美社区，共享宜居美好生活"为主题，按照公共区域干净整洁、公共服务设施完好、垃圾实行分类投放、无私搭乱建、绿化优美等10条标准，各区县共推荐候选居住小区胡同291个。通过新闻发布会，候选小区胡同报道，灯箱广告宣传画，发放宣传海报，摄影作品巡展等宣传形式，吸引市民参与评价。市民投票人次达343万，比上年增加83万，增长31.9%。最终评选出30名环境优美小区，30名环境优美街巷胡同。其中，经过整治的老旧小区占30%、街巷胡同占40%。

【完成环境建设五大重点工程】 区域环境整体提升工程。结合区域环境和功能特点，选取重点区域，通过城市设计，综合各种环境建设元素，开展环境建设整体提升工程，完成20处精品街区示范建设。背街小巷环境改善工程。在160条背街小巷、80个校园周边区域开展美化沿街立面、修复破损道路、清理乱堆物料、拆除私搭乱建、补建绿化植被、完善公共设施等综合环境整治工作。铁路沿线环境提升工程。重点开展京包、京哈、京九3条铁路沿线100米范围内建筑立面清洗粉饰，废品收购点和垃圾消纳点拆除清理，白色污染清理，违法经营、广告牌匾规范整治。景观设施规范提升工程。推进户外广告牌匾、城市道路公共服务设施的规范治理，解决历史遗留的30条道路有路无灯问题，完成二环路以内架空线入地任务。重大活动环境保障工程。按照"四个服务"要求，重点做好G20峰会、园博会、葡萄大会、种子大会等国际性会议场所、途经沿线、驻地周边环境建设。

【整治老旧小区和街巷胡同环境】 启动老旧小区公共区域环境综合整治，针对882栋简易楼改造，实施1500万平方米配套建设任务，积极推进老旧小区节能改造、管线改造和环境整治，实施了83处老旧小区绿化改造，制定《关于开展老旧小区公共区域整治工作的意见》，建立公共区域整治的联系机制。

【街巷胡同和校园周边环境建设】 按照2012年整治191条街巷胡同环境、103个校园周边环境、128个老旧小区和10个平房区的计划，指导相关区县，制定工作方案，建立专项整治任务台账和工作机制。街巷胡同周边整治方面，东城、西城、朝阳等14个区县共计完成道路修整铺装85302平方米，绿化补建36738平方米，清理各类杂物1772吨，修整建筑立面45700平方米，规范广告牌匾303处。校园周边整治方面，朝阳、海淀、丰台等8个区县103个校园周边共计完成道路修整17850平方米，绿化补建8120平方米，拆除违法建设1900余平方米，清理各类杂物1010余吨，完善公共照明90余处，规范广告牌匾187处，清理非法经营164起。

【治理规范道路两侧公共服务设施】 对北京市重点地区、重点道路两侧的公共服务设施进行规范和整治，累计清洗粉饰公交站亭1520组，垃圾桶12000组/次，更新和新增向导牌191个，更新街牌121处，维修座椅282处，拆除附带广告设施110处，清洗护栏6万余延米；更新137条大街的1712组公用电话亭，规范38条大街的126组公用电话亭，维修话机40000余部/次，清洗粉饰公用电话亭17000余组，检查北京市邮政报刊亭47047亭/次，治理超范围经营1236亭次，拆除私搭乱建38处，查没烤肠机57台，并对1030起报刊亭严重违约行为进行警告及处理。

【规范治理城市道路公用电话亭】 按照"政府组织、企业实施、重点更新、全面规范"的原则，依据城市道路公共服务设施设置标准，制定公用电话亭专项治理工作方案，重点整治设置点位不合理，外观破损脏乱、整体风格与道路环境不协调等问题，自2012年起，用3年时间对北京市500条大街两侧公用电话亭进行规范治理，其中，2012年规范治理127条重点大街，2013年规范治理300条重点大街，剩余重点大街的治理2014年完成。已更新3000个新式公用电话亭和配套一卡通话机，对170余条道路的原有公用电话亭进行点位调整和样式统一。

【稳步开展村庄生态环境整治】 会同市农委共同推进农村地区1000个村庄的环境整治工作，对118个村庄的环境建设工作进行抽查。按照新农村"五项基础设施"建设要求，2008年至2010年北京市农村地区建成公厕6000座。为保障农村公厕投入正常运行。对农村公厕运行统筹安排，并对农村地区旅游景点周边及旅游沿线环境卫生进行检查，纳入环境卫生综合考评，确保公厕干净、整洁、无异味，正常运行。

【完成600小区垃圾分类系统建设】 在巩固完善1800个垃圾分类达标试点小区的基础上，招募垃圾分类"绿袖标"指导员6000余人，研究制定生活垃圾分类管理责任人制度、物业小区垃圾分类规范管理暂行办法等相关配套政策，开展"做文明有礼的北京人，垃圾减量垃圾分类从我做起"各类宣传活动200余场，实施"日检查、月考评、季评价、年汇总"的专业和第三方相结合的垃圾分类检查考评制度，提前完成600个居民小区生活垃圾分类收集、分类运输和分类处理体系建设任务。北京市50％以上的居住小区实现垃圾分类达标。

【生活垃圾焚烧设施建设】 平谷区生活垃圾焚烧厂（400吨/日）、鲁家山生活垃圾焚烧厂（3000吨/日）均基本完工，进入设备调试和试运行，具备焚烧能力，北京市焚烧处理能力达到5200吨/日，生活垃圾焚烧处理比例达到29％，完成年度任务目标。

【生活垃圾生化处理设施建设】 平谷区生活垃圾综合处理厂项目基本完工，将进行试运行，具备生化处理能力200吨/日；董村生活垃圾综合处理厂主体工程基本建成，具备生化处理能力650吨/日；南宫堆肥厂扩容改造工程已基本完成，将逐步通过调整工艺流程实现处理能力，具备2000吨/日处理能力，北京市生化处理能力达到5300吨/日，生化处理比例达到30％，完成年度任务目标。

【生活垃圾真空收集系统建设】 确定新奥通城公司作为项目建设主体开展前期工作，通州区环卫中心作为项目建成后运行主体。重新编制了"综合服务中心项目规划建设方案"，设计方案报市规划委待批准；市发改委表示支持该项目，资金来源纳入通州新城120亿元专项建设资金。

【提高建筑垃圾循环利用】 昌平区资源化处置设施已投入试运行；朝阳区、海淀区、丰台区、石景山区资源化处置设施正在进行立项报批、征地拆迁等工作；大兴区资源化处置设施协调进行用地性质变更等工作。3座移动式资源化处置设施投入试运行，北京市建筑垃圾资源化处置能力达400万吨/年。

【加大农村非正规填埋场治理】 在继续推进农村地区生活垃圾分类的基础上，积极推广陈腐垃圾治理、生态修复及土地再利用等新技术，完成23处农村非正规垃圾填埋场治理工作。

【整治通州区非正规垃圾填埋场】 通州6万平方米占地90余亩的沙坑，已填埋垃圾渣土约30亩，搭建违法建设17间340平方米。采取成立专项整治的方式开展治理。共清运生活垃圾400余车次，9600立方米，清运渣土3000余车次，70640立方米，填埋8900平方米，违法建设全部拆除，遣散废品回收人员70人，对周边道路实施24小时洒水降尘作业。同时完成北运河流域等非正规垃圾填埋场的治理工作。

【加强餐厨垃圾和废弃油脂管理】 大力推动每日就餐人员规模1000人以上的党政机关、大专院校、部队、国有企事业等单位和营业面积大于1000平方米以上大型餐饮企业建设餐厨垃圾就地处理设施。同时，推进餐厨废弃油脂资源化利用，初步建立了集中、统一、规范、有序的餐厨废弃油脂专业化收运和资源化处理体系。研究制定《北京市餐厨垃圾和废弃油脂收集运输服务合同示范文本》，出台《北京市推广餐厨垃圾就地资源化处理项目指导意见》，研究制定了餐厨垃圾和废油脂规范收集率、资源化处理率考核指标，并纳入食品安全考核评价体系。（郑勤俭）

【严控道路清扫保洁扬尘污染】 加强对责任区内的道路冲刷、洒水压尘、清洗和机扫作业，重度污染天气加大水车作业频次、加大道路清扫保洁频次，严重污染天气在日常道路清扫保洁频次基础上，增加清扫保洁作业2次或2次以上。在气温合适情况下，保证白天对重要地区和主要道路喷雾降尘2~3次，使用吸尘式机械清扫车辆进行道路机扫作业。在当日最高气温低于5摄氏度时，暂停白天城市道路喷雾降尘。在当日最低气温低于5摄氏度时，停止城市道路冲刷和道路清洗作业。

【6000座农村公厕正常开放使用】 按照加大农村地区非正规填埋场治理力度，加快郊区县生活垃圾处理设施建设，继续推进农村地区生活垃圾分类和6000座公共厕所正常开放使用的计划。年内，将农村地区公厕开放运行情况纳入市容环境卫生综合检查和考评。联合有关部门对农村地区公厕开放、运行工作进行联合检查，发现问题立即督促整改，6000座农村公厕基本正常开放使用。

【建筑垃圾许可办理权下放区县】 从4月1日开始，按照"管理重心下移、权责一致"的原则，建筑垃圾渣土消纳许可、运输车辆准运许可、消纳场所许可三项许可将下放区县统一受理，以区县市政市容委名义做出许可决定。市、区县住房城乡建设委在行政许可办理窗口，协助进行渣土消纳许可办理宣传工作，提示建设、施工（拆除）单位办理渣土消纳许可。

【温家宝总理慰问北京环卫职工】 5月1日上午，中共中央政治局常委、国务院总理温家宝到北京环卫集团奥林匹克公园清废综合区，看望慰问节日期间坚守岗位的环卫职工，代表党中央、国务院向大家表示节日的祝贺和亲切的慰问，向广大劳动者致以崇高的敬意。

【制定行业公厕管理服务标准】 为做好北京市主要行业公厕管理服务工作，促进公厕管理服务规范化、标准化，研究制定《北京市主要行业公厕管理服务工作标准》。该标准为北京市主要行业公厕管理服务工作的指导性标准，适用范围包括园林、旅游、交通、铁路、卫生、商务等行业，涉及公园、旅游区（点）、旅游线路中及旅游接待场所及各种旅游饭店、长途汽车首末站、轨道交通站、飞机场、火车站、医院、商场、超市等人员集散场所的公厕。其内容包括：公厕卫生保洁、公厕设施及维护、公厕保洁人员服务、公厕管理工作要求、公厕启用必备条件5项内容。

【治理冬季白色污染】 为消除白色污染对冬季市容环境严重影响，11月下旬启动为期一个月专项治理行动。对背街小巷、景点周边、公路、铁路、河道及绿化带两侧100米范围内，及拆迁待建工地、废品收购点、集贸市场等易成为污染源建立治理台账，实施重点防护。城市道路每2公里配备1名保洁员，背街小巷、集贸市场等区域按照网格化管理要求，配备保洁人员，遇有大风天气，保洁人员全员上岗捡拾清除白色污染。制定治理白色污染环卫作业标准，加强指导和检查，定期通报，提高北京市冬季环境卫生质量。

【市民城管通应用软件试运行】 2012年1月1日，以城市管理志愿者发动为目标的市民城管通移动应用软件上线试运行。关心城管工作的市民可在城管地图公共服务平台下载软件并安装到安卓和苹果智能手机上，把手机变为市民城管通，参与城市管理。市民城管通是对城管地图公共服务平台功能的拓展和延伸，主要集成了举报、投诉、咨询、建议、城管位置查询和纠错等功能。截至1月4日，市民城管通移动应用软件被下载40次。

【坚决遏制节前环境秩序反弹】 为遏制环境秩序违法行为反弹趋势，坚决打压违法相对人春节前"捞一把"的心态，为广大群众营造整洁、安定、祥和的节日氛围，1月16～20日，北京市城管执法部门重点围绕群众举报数量较高的点位，集中开展了为期5天的"压反弹、保秩序"专项整治行动。北京市共出动人员23417人次，车辆6089车次，组织公安、城管联勤联动执法小分队194个，查处各类违法行为4109件；96310城管热线受理举报1153件，环比下降39.2%。

【百日集中行动成效卓著】 "八大亮点工程"有效服务市民群众。严格落实3名城管、2名治安警、1名交警、6名协管的"6321"捆绑执法机制，天安门及周边地区基本实现"零举报"。建成295条精品大街和370个精品社区。整治113家重点学校周边环境，群众举报同比下降54.3%。整治143家三级医院周边环境。检查餐饮服务单位3000多家，整改各类问题600多起。集中清除主要道路、临街建筑的山寨指路牌及临窗广告4665块。100处环境脏乱重点地区整治完成率93%。集中治理进京铁路、公路、机场沿线周边环境秩序，消除问题隐患5033处，整改白色污染、乱堆乱倒等问题1.2万起。"六项重点整治"有效改善了街面环境秩序。整治施工扰民行为，查处施工扬尘、道路遗撒、夜间施工等6549起。整治违法建设，查处1188起，拆除违法建设18.5万平方米。整治非法运营行为，查处黑车、黑摩的7076辆。整治门前三包，查处乱堆放、乱张贴、乱搭建、乱挖占、乱拉挂、乱停车"六乱"问题19.5万起。圆满完成第十一次党代会、京交会等大型活动保障1702场次，服务市民群众326.7万人。开展服务中央单位和驻京部队事项409项，走访服务455家，完成市政府交办重要任务8项。推动了护航行动燃气执法、扫黄打非、大型户外广告、暑期旅游市场整治等20多项北京市性专项执法行动。

【集中整治夏季突出违法行为】 继首都环境秩序建设百日集中行动动员部署后，北京市城管执法系统本着边动员、边部署、边整治的原则，各区县结合开展"双车"、"双护"行动，"100处环境脏乱重点地区综合整治"、"进京第一印象通道工程"等专项行动，针对辖区夏季存在的突出环境秩序问题和突出点位，逐一分析会商，制定整治方案，同时组织力量，迅速行动，开展集中整治。5月18～20日，北京市城管执法系统共出动执法人员4870人次，执法车辆1389车次，查处六类环境秩序问题850起。

【建成城管地图公共服务平台】 2012年全国科技活动周暨北京科技周主场活动于5月19日在全国农业展览馆正式开幕，"我爱北京·我的城市我做主"城管地图公共服务平台和"我爱北京"市民城管通作为科技北京行动计划项目，在北京科技周"智慧城市"展区展出并引起市民关注。城管地图公共服务平台通过整合96310热线、网站投诉、信访等系统，实现点图举报、投诉、建议、挑错等功能，并进一步研发了"我爱北京"市民城管通，使市民可以更加方便地参与城市管理、监督执法作为、为城管执法建言献策并帮助纠错，是北京城管致力于推动市民参与城市管理、实现"人民城市人民管"的一项重要举措。

【启动100处环境秩序脏乱点整治】 7月20日，北京市100处环境秩序脏乱重点地区"攻坚行动"启动仪式在五棵松体育馆广场举行。"100处环境秩序脏乱重点地区整治行动"是2012年市政府为民拟办实事项目之一。市整治办在认真梳理近三年来城管热线群众举报点位的基础上，结合首都综治办、市信访办等部门意见，在北京市范围内确定100处环境脏乱重点整治地区，将通过建管并举、集中整治等措施，净化乱点，消除死角，变乱点为亮点，以点带面提升北京市环境秩序水平，为迎接党的十八大奠定坚实基础。

【积极开展7.21特大水灾救援】 7月21日，北京普降特大暴雨，市城管执法局立即启动防汛救灾应急预案，要求各北京市城管队伍牢固树立"雨情就是命令"，认真做好强降雨、雷电等应对工作，加强城市道路易积水点、危旧房屋等部位的巡查检查，强化值守应急和信息报告，及时处置突发情况，确保城市安全运行。共出动救援车辆2.4万余台次，5.9万人次，救助、疏散市民群众9800余人，救助社会车辆650台次，排查老旧平房6400间，组织爱心捐款85万余元。

【开展核心区环境秩序专项整治】 为维护首都核心区良好的环境秩序，8月19日开展"核心区环境秩序专项整治"。东城区、西城区和天安门地区环境秩序领导小组迅速调集城管、治安、交管等部门的执法力量，组成联合执法小组，对核心区重点点位进行严密布控。共出动执法力量1404人次、143车次，劝诫、查处各类违法行为281起，罚款2750元，核录、训诫违法相对人226人，有效地维护和保障了核心区的环境秩序。

【强化核心区环境秩序管控】 继核心区环境秩序专项整治行动开展以来，按照行动方案第一阶段任务要求，该地区城管、治安、交管等部门联合对无照游商、黑车黑导游、流浪乞讨等违法行为进行拉网式排查整治，通过健全深化"三警"联动机制、跨区协作机制、跟踪监测机制、督查考核机制、通报研判机制五项工作机制，全面加强核心区环境秩序管控力度。截至8月28日，核心区共出动执法力量3126人次、443车次，劝诫、查处各类违法行为1412起，罚款8450元，核录、训诫违法相对人1137人次，核心区环境秩序问题群众举报继续保持低发态势。

【举办第七届全国城管执法年会】 10月26~27日，由市政府法制办公室、市城管执法局承办的第七届中国行政法学研究会城市管理执法专业委员会年会在北京会议中心召开。市政府副秘书长周正宇、法制办主任刘振刚等出席年会并致辞。

【城管执法人员配发执法记录仪】 依靠科技支撑，规范执法行为，保障执法人员安全，在北京市城管执法系统配发执法记录仪。截止到11月9日，北京市共配发执法记录仪4431台，基本达到每两名正式城管执法队员一台的配备标准。通过执法记录仪在一线的使用，提升城管执法工作整体效能，实现"两降三升"：即北京市城管系统暴力抗法同比下降81%，群众举报同比下降7.9%，查处违法行为同比上升11.7%，群众回访满意度同比上升19.8%，社会表扬同比上升141%。

【城管物联网平台投入运行】 城管执法坚持队伍建设、科技建设双轮驱动战略，强化城管执法科技支撑，城管物联网平台作为北京市第一批物联网应用示范项目，2012年建成并投入运行。城管物联网平台充分利用新一代信息技术，整合城管执法车1273辆、车载卫星点位系统884套、车载取证视频408套、3G无线视频400个、数字集群终端5024部、执法城管通6300部、试点工地噪音监测20个等感知资源，接入市公安局12000路视频监控信息，初步实现在一张地图、一个大屏上对主要大街和重点点位的实时监控，以及对执法人员和车辆等勤务力量的掌控，初步实现了立体化、点对点、扁平化指挥以及与城市管理相关部门的联勤联动。同时结合城管执法"高发时间、高发地点、高发违法形态"三高问题的环境秩序常量分析和三色态势预警，实施高峰勤务模式，提高了勤务部署和调度的科学性、有效性，大大提升了快速反应和应急处突能力。

（北京市市政市容管理委员会　撰稿：郑勤俭）

（四）园林绿化美化建设

【概况】 2012年，北京市新增造林绿化面积2.47万公顷，新增城市绿化面积1330公顷，森林覆盖率达到38.6%，同比增长1%，林木绿化率达到55.5%，同比增长1.5%，城市绿化覆盖率达到46.2%，同比增长0.6%，人均公共绿地达到15.5平方米，同比人均增加0.2平方米，首都地区488万人次以各种形式参与义务植树活动，市委市政府作出实施平原地区百万亩造林工程（北京用5年时间实现新增森林面积100万亩，以下简称平原造林工程），年内，在全社会的共同推动和广泛参与下，完成平原造林1.70万公顷，植树1671万株。（齐庆栓）

【实施平原地区造林工程】 3月16日，平原造林工程正式启动，按照建设标准，一类项目52.5万元/公顷、二类项目45万元/公顷、三类项目42万元/公顷，工程投资100亿。平原地区造林工程涉及的14个区县（朝阳、海淀、丰台、石景山、门头沟、房山、通州、顺义、大兴、昌平、平谷、怀柔、密云、延庆）。以适宜平原地区绿化主要树种刺槐等，适宜低山山区造林的针叶树种侧柏等，适宜山区造林的针叶树种油松等，适宜山区造林的阔叶树种银杏等，小乔木及灌木树种山桃等乡土树种为主体的主要树种选择名录和植物配置模式，造林栽植树种达到针叶、阔叶、灌木及藤本4大类100多个，栽植树种适合北京气候特点、节水耐旱、滞尘作用明显，完成平原造林1.70万公顷，植树1671万株。北京市造林66.67公顷以上地块达到51个，333.33公顷以上4块，666.67公顷以上1块，平原地区666.67以上生态片林达到19块。（齐庆栓）

【开展首都第28个义务植树日】 4月1日，北京市162.8万人参加义务植树日劳动，十六个区（县）机关干部群众、驻地官兵、各界人士参加所在区县义务植树活动，义务植树地块与平原绿化造林工程相结合，义务植树日活动在平原造林工程范围内，海淀、丰台、石景山、大兴、通州、顺义、平谷、怀柔、密云、昌平、延庆、门头沟、房山等北京市107个认养点、24个义务植树点，共250.2公顷，义务植树地块与城区见缝插绿、身边增绿工程相结合，义务植树地块与重点造林工程相结合，以共建绿色北京为主题。共栽植各类树木152万余株，超计划任务57%。（齐庆栓）

【全民义务植树蓬勃开展】 4月3日，党和国家领导人胡锦涛、吴邦国、温家宝、贾庆林、李长春、习近平、李克强、贺国强、周永康到北京市丰台区永定河畔参加首都义务植树活动。2012年北京市完成义务植树400万株，抚育树木1591万株，认建认养绿地410.9公顷，认养树木11.5万株。社会各界购买碳汇750多万元开展碳汇营造林活动。中央和市、区（县）属1116个单位与700个村结对开展"城乡手拉手、共建新农村"活动，通过各种渠道提供扶持资金7850.1万元，支持新农村植树24.6万株。全年创建首都绿化美化花园式街道4个、花园式社区56个、花园式单位150个、园林小城镇5个、首都绿色村庄80个。（齐庆栓）

【第三届郁金香文化节吸引游客30万人次】 4月22日至5月15日，第三届郁金香文化节在北京国际鲜花港举行。节庆期间，室外集中展示96个品种400万株郁金香，搭配风信子、洋水仙、番红花等精品球根花卉。室内展出朱顶红、贝母、藏红花、观赏葱等228个花卉优良品种，吸引游客30万人次。（齐庆栓）

【第四届月季文化节吸引游客50万人次】 5月23日至6月24日，第四届月季文化节在北京植物园、天坛公园、陶然亭公园以及纳波湾园艺公司同时举行。开展月季采摘加工、新品种月季、盆栽月季展、月季种苗及新技术推介会等10多项主题活动，吸引游客50万人次。（齐庆栓）

【全力应对"7.21"特大暴雨救灾工作】 7月21日，暴雨预警后，北京市园林绿化系统立即启动应急预案，重点对城区可能影响交通和居民出行的倒树进行清理和扶正加固，排出积水，北京市园林绿化系统共有216支应急抢险队7620名抢险队员，参与值守备勤、清理城市倒树、排水抢险等工作，累计投入近10万人次，出动抢险救援车辆2320台次、水泵1200台次，共清理河道、公园绿地淤泥约5万立方米，排查危险树木6万余株，清除渣土垃圾15万千克，修复滨河森林公园坍塌路面2000平方米。（齐庆栓）

【节日景观布置喜庆祥和】 9月下旬至11月下旬，北京市围绕展示辉煌成就、烘托氛围这条主线，在天安门广场及长安街等重点地段，开展庆祝中华人民共和国成立63周年、迎接党的十八大景观布置，天安门广场中心将布置以"祝福祖国"为主题、以花篮为主景的立体花坛，广场中心花坛直径为50米，花篮最宽处11米，顶高15米。（齐庆栓）

【成功举办第四届菊花文化节】 9月22日至11月18日，第四届菊花文化节在北京国际鲜花港、北海公园、北京植物园、世界花卉大观园举办，北京国际鲜花港以"梦幻海洋"为主题，共种植各类花卉面积近11万平方米，共70多万株菊花，300多万株草花品种；北京植物园花展的主题是"菊香北京"，共展出各色花卉近2000个品种，约40万余株；北海公园以"汴菊秋韵、香艳北海"为主题开展活动；9月26日～10月25日，世界花卉大观园有大立菊、拉链龙、绿雕、艺菊盆景等近千个艺菊作品展出，展览面积5万平方米，展出200余个菊花品种、20余万盆菊花。（齐庆栓）

【政策法规体系不断完善】 12月27日，北京市第十三届人民代表大会常务委员会第三十七次会议通过《北京湿地保护条例》，将于2013年5月1日正式实施。年内，市政府批复《北京市林地保护利用规划（2010～2020年）》，编制完成《北京市湿地公园发展规划（2011～2020年）》。（齐庆栓）

【城市绿色空间不断拓展】 年内，市园林绿化局按照规划建绿、立体拓绿、见缝插绿、增绿添彩的总体规划，北京市完成绿地建设1330公顷。建成广渠秋韵等20处城市休闲公园，提高公共绿地500米服务半径覆盖率，完成屋顶绿化17万平方米、垂直绿化12.4万延长米、居住区绿化170万平方米，推动四环路等主要干道及联络线的增彩延绿，丰富城市景观；11个新城万亩滨河森林公园基本建成免费开放，十大滨水绿廊建设稳步推进，西城"北京营城建都滨水绿道"一期、顺义潮白河绿道试点已建成开放。（齐庆栓）

【山区生态建设稳步推进】 年内，山区生态建设以京津风沙源治理、太行山绿化等国家工程为重点，完成人工造林0.49万公顷，推进房山长周路、密云京承三期等重点绿色通道建设，完成绿化966.67公顷，实施区县、乡镇级公路河道绿化300千米，开展森林健康经营，完成封山育林2.45万公顷，林木抚育4万公顷，实施彩色树种造林1.13万公顷，北京市4.67万名生态林管护员开展林木抚育、森林防火、病虫害防治和资源保护，京冀区域合作造林0，67万公顷，植树700余万株；北京市组织专业养护队1054支，开展以清除拉拉秧为重点的专项治理。（齐庆栓）

【**资源保护稳步推进**】 年内，市园林绿化局通过审核和优化设计方案，减少征占用林地50多公顷，减少移伐树木9.8万株。推进松山、百花山、野鸭湖、翠湖等自然保护区和湿地建设，新建房山长沟、怀柔琉璃庙2个市级湿地公园和延庆曹官营湿地保护小区，恢复湿地575公顷，抢救复壮古树600余株，加强野生动物疫源疫病监测，开展野生动物及其制品专项打击行动，遏制破坏森林资源和侵占、毁坏林木绿地的违法犯罪行为。（齐庆栓）

【**京津风沙源治理工程建设**】 年内，北京市京津风沙源治理工程建设工程2.62万公顷，其中荒山造林0.37万公顷，封山育林2.25万公顷，涉及昌平、门头沟、延庆、怀柔、平谷、密云和房山7个区县。北京市荒山造林任务全部完成，共栽植苗木375万株。修建步道24.8万米、防火道13.8万米，打机井8眼，配备水泵693台，铺设管线45.6万米，施用肥料257万千克。（齐庆栓）

【**推进退耕还林阶段任务**】 年内，北京市开展退耕还生态林地的补植补造工作，区县完成补植补造面积1399公顷，实现退耕还林面积零流失，面积合格率100%，建档率为100%。2012年北京市巩固退耕还林成果专项规划退耕地补植补造1399公顷，观光采摘示范园15个，工程计划投资1966万元，其中安排中央专项资金570万元，市级配套资金1396万元。（齐庆栓）

【**支援和田地区防沙治沙项目进展顺利**】 年内，完成对口支援新疆和田地区防沙治沙项目《农十四师47团10连土地治理及富民工程》和《四十七团防沙治沙试验示范基地建设项目》，目前工程建设已完成，均进入验收阶段，顺利完成对北京市对口支援新疆和田地区交钥匙项目。（齐庆栓）

【**科技支撑成效明显**】 年内，科技在城乡绿化建设中，组织实施首都平原百万亩造林科技支撑工程、应对空气PM2.5(指大气中直径小于或等于2.5微米的颗粒物)、香山红叶景观提升、园博会新技术

应用、林业有害生物的检测防治等科研计划项目32项。实施科技成果推广项目24项，组织制(修)订国家、行业和地方标准40项，引进新品种500余个。（齐庆栓）

【**花卉产业实现产值15.5亿元**】 年内，市园林绿化局组织实施花卉育种研发与良种引进，积极推进花卉产业示范基地建设，北京市花卉生产面积达到0.47万公顷，实现产值15.5亿元，大中型花卉交易市场40个，花卉零售店1500个，花卉生产企业280个。（齐庆栓）

【**提升古树名木保护管理能力**】 年内，园林绿化局加大古树名木隐患排查及支撑加固工作力度，分析查找古树名木安全隐患，重点加强古树名木的检查监测，组织开展北京市古树名木保护管理检查，共检查16个区县和5个局直属单位古树名木928株，涉及34个乡镇(街道)、44个村，其中一级古树176、二级古树752株。（齐庆栓）

【**国家级和市级重点公园达到46个**】 年内，景山公园、中山公园、劳动人民文化宫等历史名园入选《中国世界文化遗产预选名单》，颐和园等10家国家重点公园完成总体规划编制进入报审程序。八达岭——十三陵国家级风景名胜区详细规划编制有序推进；颐和园德和园、北海小西天万佛楼等古建筑修缮工程竣工；13处郊野公园旅游配套设施建设完成。大力加强北京市公园风景区分级分类管理，确定主要公园名录，国家级和市级重点公园达到46个，精品公园达到91个，公园免费开放比例达到86%，公园和风景名胜区年接待游客2.5亿人次。（齐庆栓）

【**第九届中国国际园林博览会筹办进展顺利**】 第九届中国国际园林博览会三大标志性建筑—中国园林博物馆、主展馆、永定塔主体建设基本完成；国内外展园建设初具规模，全国59个城市46个展园建设进度良好，各省市展园完工，特色展园进展顺利。有25个国家的34个城市、机构确定参展，并陆续进场。园区内市政基础工程基本竣工，园区周边地铁、道路建设、环境整治进展顺利。开展2019年世界园艺博览会(A1级)申办工作并得到国际园艺生产者协会正式批准。取得2016年世界月季洲际大会举办权。2013年第十一届中国菊花展、2014年世界葡萄大会等筹备工作顺利推进。（齐庆栓）

大 事 记

1月

1日 《北京市园林绿化资源损失鉴定工作管理暂行办法》公布实施。

4日　怀柔区新城绿地系统规划正式获批。规划期限为2008年至2020年。规划总面积2122.6平方千米。

2月

1日　市委书记刘淇主持召开十届市委常委会第232次会议，听取市园林绿化局关于起草《关于实施平原地区百万亩造林工程的意见》的汇报。

2日　第16个"世界湿地日"，市园林绿化局和中国林科院联合召开世界湿地日座谈会。

23日　北京市政府、首都绿化委员会召开首都绿化美化总结表彰暨动员大会。中央政治局委员、市委书记刘淇出席。市委副书记、市长、首都绿化委员会主任郭金龙讲话。副市长、首都绿化委员会副主任陈刚主持，副市长、首都绿化委员会副主任夏占义作了题为《坚持科学发展 建设生态文明 努力打造绿色宜居新北京》的工作报告。首都绿化委员会办公室主任邓乃平宣读《北京市人民政府、首都绿化委员会关于表彰2011年度首都绿化美化先进集体积极分子的决定》和《致中直机关、中央国家机关部级、驻京解放军、武警部队军职领导干部的感谢信》。

3月

1日　市防火办召开电视电话会议，安排部署全市"两会"期间森林防火工作。

同日，局（办）政务微博"@首都绿化"（http://weibo.com/u/2611712083）在新浪"北京微博发布厅"正式上线。

16日　2012年北京市平原地区造林工程建设动员大会和平原地区造林工程建设启动仪式暨植树活动在通州区举行。

22日　2012年全市公园风景名胜区工作会议召开。

4月

1日　首都第28个全民义务植树日。市委书记刘淇和首都市民代表在建国门桥西北角绿地共同植树。市长郭金龙在西城区天宁城市休闲公园广场绿地参加义务植树活动。

3日　党和国家领导人胡锦涛、吴邦国、温家宝、贾庆林、李长春、习近平、李克强、贺国强、周永康到丰台区永定河畔参加首都义务植树活动。胡锦涛总书记对市委书记刘淇说，北京要真正成为首善之区，必须在绿化美化工作中走在前面。希望你们加快绿色北京建设步伐，全面提升城市环境质量，让生态文明建设成果更好地惠及全市人民。

13日　第九届园博会组委会办公室组织召开园博会设计师广场专题会。

5月

27日　2012年京冀生态水源保护林建设合作项目工作会召开。首都绿化办副主任甘敬参加，河北省、张家口市、承德市林业部门负责同志参加。

4月

29日　"北京中日民间友谊林"项目总结会召开。国家林业局对外合作项目中心负责同志、首都绿化办巡视员张建民参加。北京环境保护基金会秘书长顾家橙主持。

6月

4日　市防火办召开全市森林防火工作总结会，总结、部署工作。市园林绿化局局长邓乃平参加。

7~8日　韩国釜山市环境绿地局局长金荣焕（Kim YoungWhan）、韩国驻华大使馆农业参赞赵逸镐（Cho IlHo）和韩国国际协力团中国事务所郑胤吉（Jeong YunGil）访问市园林绿化局，就两市开展园林绿化国际合作与邓乃平、甘敬交流、探讨。

10~12日　中科院动物所、中科院植物所、国土部评审中心、国家海洋局等单位专家组成联合评估组对松山、百花山国家级自然保护区评估检查。

7月

21日　北京遭遇61年未遇的大雨，"7.21"特大自然灾害导致平原造林受灾面积17384亩，积水面积11126亩，倒伏树木2.3万株。

26日　东城区园林绿化管理中心成立。

8月

8~22日　市园林绿化局在全市范围开展林木绿地养护管理和景观环境治理专项工作。

14日　经市政府同意，北京市主要公园共46个，范围为国家级重点公园和市级重点公园。

24~25日　全国绿化委员会办公室专家组到北京市开展古树名木保护情况调研。

29日，市园林绿化局完成全市15个区、县以及北京市园林绿化有限公司申报的特、一级绿地的实地检查工作。

9月

11日　住房城乡建设部国家级风景名胜区执法检查组检查八达岭-十三陵国家级风景名胜区。

14日　北京市第三届职业技能大赛绿化工复赛落幕。

22日至11月18日，第四届北京菊花文化节举办。

10月

8日　北京市退耕地还生态林和经济林1999年~2004年全部完成阶段验收。

9~12日　市园林绿化局组织专家检查精品公园创建工作，提出2012年精品公园推荐名单。

18日　北京市园林绿化局（首都绿化办）《关于加强全市园林绿化行业文化建设的指导意见》发布。

11月

3~4日 北京市遭遇近年来最大暴雪。截至11月5日延庆县共发生树木倒伏91229株,树木折枝591275株。

5日 北京市园林绿化局召开全市公园风景区工作会。

28日 西城区、怀柔区和延庆县三区县人民政府、绿化委员会举行首都绿化美化"城乡手拉手,共建新农村"活动签约仪式。

12月

10日 东城区政府专题会议决定柳荫公园、青年湖公园从2013年1月1日起实行免费开放。

11~13日 京津沪渝四市绿化协作区会议在重庆市北碚区召开。

27日 市十三届人大常委会第三十七次会议表决通过《北京市湿地保护条例》,2013年5月1日正式施行。

28日 北京西山国家森林公园通过国家级3A级景区评定。

同日,丰台花园被授予国家2A级旅游景区。

(北京市园林绿化局)

(五)水务建设与管理

【概况】 2012年,北京市水务局认真落实市委市政府对水务工作的各项要求,全面推进水务改革发展,落实最严格的水资源管理制度,加快水务基础设施建设,全力应对"7·21"特大自然灾害,水务运行管理水平和公共服务能力进一步提升,为城市平稳运行和首都经济社会持续健康发展提供了有力的水务保障。(王民洲 唐菊)

【全市水资源状况】 年内,全市平均降水量708毫米,比2011年降水量552毫米多28%,比多年平均值585毫米多21%。全市地表水资源量为17.95亿立方米,地下水资源量为21.55亿立方米,水资源总量为39.5亿立方米,比多年平均37.39亿立方米多6%。全市入境水量为5.82亿立方米(未包括南水北调河北应急调水);出境水量为18.50亿立方米。全市大、中型水库年末蓄水总量为15.06亿立方米,可利用来水量为6.39亿立方米。官厅、密云两大水库年末蓄水量为12.23亿立方米,可利用来水量为3.26亿立方米。全市平原区年末地下水平均埋深为24.27米,地下水位比2011年末回升0.67米,地下水储量增加3.4亿立方米,比1980年减少87.2亿立方米,比1960年减少107.9亿立方米。2012年全市总供水量35.9亿立方米,比2011年的36亿立方米减少0.1亿立方米,其中生活用水16亿立方米,环境用水5.7亿立方米,工业用水4.9亿立方米,农业用水9.3亿立方米。(王民洲 唐菊)

【水资源调配】 年内,北京市深入挖掘备用水源开采潜力,统筹做好境内水资源调配,加强运行管护,稳定应急水源地开采,全年应急水源供水2.9亿立方米。实施白河堡水库向密云水库集中输水4220万立方米。完善跨省市水资源合作机制,实施境外调水,利用南水北调中线工程实现从河北4座水库向北京应急调水,实际收水2.9亿立方米。实施河北云州水库向白河堡水库集中输水1180万立方米,有效缓解了水资源供需矛盾。(王民洲 唐菊)

【生态清洁小流域建设】 年内,北京市以水源保护为中心、服务沟域经济发展,通过政策集成和项目整合,建成34条生态清洁小流域,治理面积410平方公里。截至2012年底,全市已累计治理水土流失面积6028平方公里。其中建成生态清洁小流域219条,治理面积2832平方公里,为山区经济发展提供水资源和水环境支撑。(王民洲 唐菊)

【南水北调工程建设】 年内,南水北调工程(北京段)配套工程进度整体提速,全年完成投资46亿元。大宁调蓄水库完成防渗墙及主体构筑物施工,形成约180万平方米的生态水面;南干渠工程二衬接近贯通,完成14575个施工单元质量评定,合格率100%、优良率94.8%。东干渠、团城湖调节池等进入主体施工阶段,郭公庄水厂、城子水厂、第十水厂陆续开工建设。3项输水工程、1项智能调度管理系统、8项新建及改造水厂工程稳步推进。工程绿化纳入全市平原地区百万亩造林工作计划,完成了大宁调蓄水库春、秋季造林任务,连同永定河绿化带初步形成生态景观。年内,组织开展各类课题研究30项,PCCP管道工程关键技术与应用项目评为市科学技术一等奖,大宁调蓄水库、南干渠工程通过2012年度北京市市政基础设施结构"长城杯"评审。南水北调工程投资中心成立一年来,签订融资合同114亿元,拨付资金31.5亿元,及时保障了配套工程的资金需求。(王民洲 唐菊)

【城乡供水安全】 年内,北京市加快推进供水设施建设与改造,以南水北调配套工程建设为重点,开工建设郭公庄水厂、第十水厂、东干渠、团城湖调节池等一批输水、调蓄和水厂工程,新建、改造供水管线300公里。推进新城水厂新建和改扩建,提高供水能力。完成城区29家单位54眼自备井供水水质改善工程,30万居民饮用水水质得到改善。全市各供水相关单位密切协作,科学调度,保证了在多水源切换情况下的供水安全。完善供水水质监测网建设，强化城乡供水水质监督和管理，确保供水新国标逐步覆盖新城和中心镇。制定完善高峰用水保障预案，实施科学调度，2012年夏季市区高峰日供水量达到285万立方米，确保了夏季高峰供水安全。加强村镇供水设施运行管理制度建设，运行管理逐步规范，3000多处村镇供水设施安全运行。（王民洲　唐菊）

【污水处理和再生水设施建设】　年内，北小河污水处理厂升级改造工程投入运行，完成吴家村、清河、堡头、昌平百善等污水处理厂和再生水厂新建、改扩建工程，丰台河西、昌平未来科技城等再生水厂和大兴黄村、小红门等污水处理厂升级改造工程开工建设。建立污水处理目标考核责任制，将年度污水处理率、污水处理量、再生水利用量等指标分解到各区县和有关部门，促进污水处理设施建设及运行管理。2012年，全市污水处理量12.2亿立方米，污水处理率达到83%；再生水利用量7.5亿立方米，同比增长0.5亿立方米。（王民洲　唐菊）

【三大流域综合治理】　年内，北京永定河流域治理取得新进展，完成园博湖及其水源净化工程建设，新增水面、绿地和湿地面积272万平方米，与"四湖一线"工程形成了湖泊、溪流、湿地相间的绿色生态走廊，为城市发展拓展了新空间。大兴、房山等新城滨河森林公园开园迎宾，永定河两岸又添新的水生态景观。北运河流域治理开工建设榆林庄闸改建工程，引温济潮二期工程投入运行。强化区县出境断面水质考核公示机制，北运河国家控制出境断面主要污染物化学需氧量持续达到考核目标要求。加快潮白河流域治理，开工建设潮白河（王各庄至牛栏山橡胶坝段）及怀河（大秦铁路桥至牛栏山橡胶坝段）综合治理工程，基本完成密云、怀柔、顺义等新城滨河森林公园涉水项目主体工程。潮白河干流形成了50公里的有水河段。开展河道湖库周边造林绿化，完成永定河马厂水库、清河、凉水河、潮白河等平原河道、湖库周边绿化造林工程4.5万亩，占2012年全市平原区造林任务的近五分之一。（王民洲　唐菊）

【提升防汛保障能力】　年内，北京市修订发布《北京市防汛应急预案》，完善雨天道路交通保障等6项机制，优化8支城市防汛排水抢险队伍布控方案，落实抢险队伍和防汛物资。完成门头沟、延庆、平谷等9区县山洪灾害防御非工程措施建设，在抗击"7·21"特大自然灾害中发挥了重要作用。完善水利工程运行维护项目管理办法等规章制度，修订《水库维修养护技术规程》等6项管理标准，加强水利工程日常运行维护和精细化管理，全市各大中型水利工程运行安全，没有出现垮坝、倒闸等安全事故，经受住了"7·21"特大暴雨自然灾害的考验。认真总结和汲取"7·21"特大自然灾害的经验教训，积极实施提高城乡防洪排涝能力的一系列措施。市政府制定了《关于加快推进水利工程建设提高防洪能力的实施意见》和《北京市水利工程建设实施方案（2012~2015年）》，明确今后4年八大类工程建设任务。市委市政府召开动员大会进行全面部署，要求动员社会力量、举全市之力加快水利工程建设，构建渗、蓄、滞、排防洪体系，全面提升整体防洪能力和水资源收集利用水平，加快水务基础设施建设，为首都经济社会持续健康发展提供保障。（王民洲　唐菊）

【依法治水管水】　年内，北京市修订出台《北京市节约用水办法》、制定颁布《北京市河湖保护管理条例》两部水务法规。市政府出台《关于进一步加强污水处理和再生水利用工作的意见》等一批加强水务建设和管理的政策文件，水务法规体系进一步完善。依法扎实推进水库移民后期扶持工作，促进社会稳定。按时办结全国和市人大代表建议、政协委员提案76件。完善水务行政执法体制和机制，强化监督管理，继续开展4项整治和水资源、排水等专项执法活动，团城湖水源地野泳得到有效禁止。（王民洲　唐菊）

【节水型社会建设】　年内，采用经济、科技、行政和法律等多种方式促进节水，不断完善节水型社会管理体系。海淀区完成全国节水型社会试点建设，大兴区、怀柔区节水型社会试点工作扎实推进。加大城市雨水利用和农业高效节水灌溉力度，大力推广清水零消耗示范工程，深入推进节水型单位和社区创建工作。2012年，全市总用水量35.9亿立方米，万元GDP水耗较2011年降低5.7%，农业灌溉水利用系数达到0.697。节水工作继续保持全国领先水平。（王民洲　唐菊）

【水务改革发展】　年内，北京市全面实施最严格水资源管理制度，起草完成《关于实行最严格水资源管理制度的意见》，确立了水资源开发利用控制、用水效率控制和水功能区限制纳污控制的"三条红线"，并纳入市政府对区县政府绩效考核评价体系。拓宽水务投融资渠道，进一步落实土地出让收益10%投入水务建设的政策，市级供排水企业加强自筹资金投入，提高城市供排水设施建设资金保障能力，各区县通过BOT、BT等多种形式吸引社会资本，拓宽水务投融资渠道。建立高层次水资源协调工作机制取得进展，组建首都水资源协调委员会筹备工作办公室。继续落实市属供排水企业运营补贴政策，保证供排水企业安全正常运营。会同市编办提出了区县水务管理机构改革的初步意见，区县基层水务管理体制改革扎实推进。（王民洲 唐菊）

【夯实水务基础工作】 年内，北京市全面谋划水务发展战略，进一步完善了水务发展规划体系。服务水务中心工作，积极破解水务技术难题，围绕南水北调受水区饮用水安全保障、流域水生态环境建设、雨洪利用等主题，以国家"水专项"和"科技北京"行动计划项目为龙头，实施重大科技项目23项，继续完善和强化水务信息化建设，全面完成国家规定的8个专项水务普查任务并率先将成果上报国务院水利普查办公室。（王民洲 唐菊）

【应对"7·21"特大暴雨自然灾害】 7月21日，北京市遭受自1951年有完整气象记录以来最大的暴雨山洪泥石流灾害。16小时内全市平均降雨170毫米，城区平均降雨215毫米，暴雨中心房山区河北镇日降雨量541毫米。强降雨导致全市多条河流发生洪水，西部山区多处发生泥石流和山体滑坡，房山区拒马河洪峰流量达到2570立方米/秒，大石河洪峰流量1110立方米/秒，均为1963年以来最大洪水。北运河拦河闸洪峰流量1200立方米/秒，为新中国成立以来实测最大洪水。全市绝大部分农田面积不同程度受灾，水利堤防受损1688处，冲毁公路361公里，供电中断1.7万条次，受损倒塌房屋13万间，被淹受损车辆4万余台，农作物受灾面积6.7万公顷，受灾人口超过93万人，直接经济损失160多亿元。市委市政府果断决策，各级党委和政府全力以赴，全市人民奋力抢险，用最短时间恢复了灾区群众的生产生活，赢得了抗击特大暴雨山洪泥石流灾害的胜利。（王民洲 唐菊）

【完成水库移民工作年度任务】 年内，北京市水库移民扶持工作按照全市统一部署，完成了农业户口124677人的身份核定，拨付区县后期扶持资金7783万元；完成了48629名无固定收入农转非移民身份核定，拨付区县补贴资金2500万元；拨付扶持资金1.67亿元，完成对全市849个移民接收村的项目扶持工作。2012年开展了全市移民安置区后期扶持政策监测评估工作，对密云、延庆、昌平进行稽查试点。（王民洲 唐菊）

【完成水务普查工作目标】 年内，北京市水务普查完成普查数据获取、普查表填报、数据审核、数据录入、数据质量抽查与现场复核、空间数据上图、数据审核汇总分析、数据整改与上报、数据成果开发与应用等工作。普查数据成果通过了区县级审核、市级审核、市级水务普查领导小组成员单位审核、国家级审核，并接受了国家组织的数据质量抽查，数据质量达到预期目标要求。在水普信息化方面，将水务普查信息叠加在一张GIS图上，形成了"5+3+N"的水务普查"一张图"；建成了北京水务普查数据采集处理系统，采集水务普查各专项的500余万个数据，形成水务普查"一个库"；水务普查指标与常规水务统计指标的梳理、衔接工作也取得初步成果；在"一张图、一个库、一套表"的基础上，着手开发水务普查成果展示与共享的"一个平台"，通过"四个服务"实现普查成果的共享与应用，促进水务精细化管理水平的提高，全面完成国家要求的八个专项的普查任务，基本完成北京市增加的供水设施普查、排水设施普查和水文化遗产普查工作。（王民洲 唐菊）

（北京市水务局）

天 津 市

（一）城乡规划建设管理

1. 概况

2012年，按照天津市委、市政府总体部署，城乡规划工作紧密围绕全市经济社会发展重点，提高规划编制水平与规划管理效能，优化城市空间发展布局，增强城市载体功能与文化品位，服务经济建设与民计民生改善，各项工作取得显著进展。

（1）落实空间发展战略规划，规划编制体系日趋完善

以《空间发展战略规划》为总纲，围绕天津市当前及长远发展中的重点问题和关键环节，着力推

动涵盖全市各层次、各类型的重点规划编制工作，规划编制体系得到丰富和完善。

【规划研究发挥先导作用】 围绕区域辐射能力、城市可持续发展、提升城市活力等方面，开展京津冀区域交通一体化研究、城市核心区规划建设、城市地下空间规划和建设管理研究等工作，取得丰硕的研究成果，为前瞻性地解决城市建设发展中的重点、难点问题，提供有益指导和有力支撑。

【强化城市发展目标定位】 按照空间发展战略规划的要求，城市总体规划修改从人口、用地、交通、绿地、公共服务设施等方面强化城市发展目标，并与区县总规提升工作结合，取得阶段性成果，为各层次、各专项规划编制提供依据。

【专项规划提供城市建设实施依据】 以年度规划编制计划为抓手，全力协调推动涵盖经济发展、民计民生、文化建设、历史保护等方面共计40项重点规划编制项目。目前住房建设规划、造林绿化规划、消防规划、环卫设施、商业设施布局规划已经市政府正式批复。结合经市政府批复实施的近期建设规划，有效确保各类设施的空间落位，为提升城市交通环境，增强城市载体功能提供规划保障。

(2) 深化重点项目规划策划，城乡功能活力有效提升

2012年分析研究滨海新区、中心城区和各区县的发展重点，深化细化城市空间结构，注重空间和功能的协调，实现经济、社会和空间效益的共赢，为城市发展不断注入生命力和活力。

【促进滨海新区功能转型】 启动滨海新区总规修改，深化提升核心区总体城市设计和疏港交通建设规划，完成于家堡、响螺湾、海河两岸和中央大道两侧等地区设计导则，一批国家级、区域级高端产业和研发转化基地在各功能区形成集聚效应，金融、商务等高端服务业在核心区形成规模。

【促进中心城区功能提升】 编制完成北部新区分区规划，拓展中心城区发展空间；集中力量提升天钢柳林地区规划设计，为承接城市功能预留战略储备空间；完成海河上游沿线—热电、中信、棉三、国家会展中心项目等地块规划策划，推动项目开工建设，完善以海河为轴线的服务型经济带、文化带、景观带的形成；组织开展中心花园及解放北路地区、民园地区、德式风情区等历史保护街区规划策划，将历史文化底蕴与高端商务商业服务功能有机结合；深化完善26个地铁上盖物业、8条入市口道路两侧以及天塔绿荫里地区规划设计，盘活土地资源，提升土地价值，提高城市服务载体功能。

【促进区县节约集约发展】 开展区县空间管制区规划编制工作，引导区县各类开发建设合理发展，控制和改善区域环境，实现资源永续利用；着力推动武清北部地区、未来科技城等规划策划，承接区域化和专业化职能；配合相关委局，继续推进示范工业园区、设施农业园区、示范小城镇规划建设，促进城乡统筹协调发展。

(3) 强化公共设施规划保障，生态宜居水平显著增强

【大力提升交通承载能力】 优化唐廊、京秦、塘承等高速公路规划方案，确保地铁2、3号线开通运营，推动5、6号线建设，完成人行过街设施规划选址，制定15条卡口工程建设方案，有力推动城市对外交通和公共交通建设；组织开展综合交通补充调查，启动2012年城市交通运行报告编制，通过分析城市交通运行状况，把握城市交通发展趋势，为交通供需调控及基础设施建设提供支撑。

【改善生态环境品质】 完成天津市北辰、东丽、西青郊野公园规划设计，组织外环绿化带规划编制，开展侯台、南淀公园规划设计，既发挥生态效益，也满足市民的休闲娱乐需求，达到保护与生态资源综合利用的功效。积极做好陈塘庄热电厂迁建工程、津沽和张贵庄污水处理厂配套管网工程及市重点工程煤改燃工作的规划保障，引导城市建设与生态环境协调发展。

【着力推动保障性住房和配套建设】 完成13个限价商品房地块建筑方案审查及42个公租房项目配套公建立面方案审查，开展新一批限价商品房地块的选址和规划策划，确定选址地块5个、规划规模1万套。加大后期监管力度，确保社区文化、医疗、体育、商业、养老等公共服务设施按规划同步实施到位，为群众工作、学习、生活提供便利。

【推进文教体卫设施规划建设】 开展代谢病医院、中医二附院、第三中心医院、海河医院、胸科医院规划及建筑方案的设计；组织开展天津大学、南开大学新校区、海河教育园二期规划设计及深化完善工作；完成天津电台数字大厦、网球中心等文体设施的规划设计，有力促进公共设施的整合提升和均衡发展。

(4) 推进规划精细化管理，管理与服务水平迈上新台阶

【完善体制机制】 建立城乡规划管理运行分析制度，定期统计分析、发布成果、服务决策；对40项全市年度城乡规划编制项目实施跟踪管理制度；完善"一控规两导则"管理体系和控规动态维护制

度，完成中心城区控规修编，实现环外地区新城、示范镇、示范工业园控规编制的全覆盖；在项目审批管理环节，坚持会审和督导督察制度；加强测绘地理市场监管，实行联合执法与监管办案机制等，确保各项工作任务的规范执行及规划与建设的有效衔接。

【增强服务水平】 通过"调惠上"活动，全系统服务全市经济社会发展的作用突显。推出10条服务措施，组成23个服务组，集中6个月的时间，深入大项目、好项目现场协调服务。主动做好规划公开，全年受理政府信息公开申请700余件，政务网建设得到加强，日均访问突破万人次，建成启用天津测绘专网。在年初的政务信息公开工作考评中位列全市第一，连续三年被评为市政府信息公开先进单位，被住房城乡建设部树为先进典型。

2. 规划管理

（1）规划业务管理

【"一网通"管理】 "一网通"业务管理平台实现"全市域、全系统、全事项、全过程"的管理目标。2012年3月，天津市规划局作为示范单位，局长尹海林在全市信息化建设现场推动会上做专题发言，提出"组织局内网提升改造，为全系统干部职工打造良好的工作平台、学习平台和交流平台。"获得住房城乡建设部有关领导高度评价。市委规划建设交通工委组织有关单位到市规划局观摩、座谈。

【许可审批业务管理】 按照"优化加简化"原则，优化许可审批业务办理流程，简化办件过程，对19个许可审批事项的113张申请表、承办表格和通知书等进行修改提升，涉及管理数据200余项。

2012年全市规划行政主管部门承办城乡规划业务案件19447件，市局承办574件，占2.95%。审批建设用地面积7626.76公顷；审批建设总规模5611.19万平方米。全年进入全市重点联审项目117项，核发建设工程规划许可证（含部位证）95项，在90天审批周期内完成率达96%。两次在全市投资项目联合审批联席会上做典型发言。

开门服务，审批提速。公开咨询服务电话，全天候接受建设单位和社会咨询。市局和区（县）局分别确定专职人员，负责相关工作，发现问题及时研究解决，做到每个重大项目规划审批"零差错"、"零超时"。

【政府信息公开】 依法规范政府信息公开工作，制定政府信息公开实施细则和操作规程，确立各处（室）信息公开责任人制度，建立区（县）局案件会商和协调机制，加强对区（县）局政府信息公开工作指导、帮扶。编印《政府信息公开实务手册》，开展全系统政府信息公开培训，推动全系统政府信息公开工作规范运行。

在申请公开政府信息工作中，全年全系统受理政府信息公开申请700余件，是2011年的4倍。其中市局受理申请量370件，是2011年的3倍。

主动公开政府信息，局政务网改版后，上网访问量突破700万人次，日均访问率突破1万人次，位居全市行政机关前列。按照国家测绘地理信息局考核标准，建成并启用天津测绘专网，从专业视角，全方位展示测绘行业管理和测绘事业各项工作成果。

【综合统计、业务督办】 坚持年度统计公报制度，对全系统承办业务案件审批情况进行综合分析。建立城乡规划管理运行分析制度，每季度和半年对全市规划审批的重要数据进行统计分析，形成权威成果发布，为领导决策服务。

加强业务督办力度，创新督办内容和方式，规范督办方法和督办标准，在做好局机关内部督办基础上，加强对派出机构业务指导和督办。对行政审批事项、局长业务会议定事项、市重点工程项目、会议专报中涉及的业务工作和指令性任务项目等六方面重点督办。各业务处（室）每月召开业务督查督导会，对区（县）局业务案件办理情况进行督办，对重要事项进行专题督导。全年召开业务督查督导会30余次，督办和协调解决各类问题1300余件。

【计划任务管理】 2012年下达规划指令性任务41项。一是组织开展前期研究，编制任务书。重要指令性任务书均经局长业务会审查评估后组织实施。二是每季度组织各责任处（室）对任务进展情况进行跟踪督办。重点抓进度，抓验收成果。三是实施分类任务验收管理，对需报市政府审批的规划项目，提前组织预验收。

【综合业务协调】 按照市委、市政府关于开展"调结构、惠民生、上水平"活动要求，成立规划系统"调、惠、上"活动领导小组，负责统一组织领导、协调推动工作。领导小组组长由局长尹海林担任，副局长和处（室）主要负责人为小组成员，下设综合协调组、建设项目服务一组、建设项目服务二组、对外宣传组。

活动期间，对重大项目进行梳理，逐项提出落实意见，确定策划方案项目，超前提出规划审批要求，衔接各审批环节；尚未确定策划方案的项目，提前介入，超前研究，有针对地开展项目规划研究、方案策划等工作，保证重大项目落位。采取"走出去，请进来"的形式，及时掌握市政府政策措施，提供规划在城市经济发展建设方面政策信息；建立对区（县）政府服务指导协调机制，集中帮助解决区（县）政府和各重点企业在发展中遇到的问题与困难。全年组织召开各类服务协调会40余次，对百余个规划问题予以协调落实。

以"服务月"活动为载体，安排政策宣传周、局长接待日、服务百家企业、服务重大项目、召开重大项目现场推动会、加强对中介机构协调指导力度，促进中介服务活动、创新审批管理及服务措施等八项具体工作为企业服务。6月18日，召开重大规划建设项目现场推动会，对新一批重大项目审批过程中存在的问题进行协调和研究，并听取企业对规划管理工作的意见和建议，现场协调和审批规划建设项目11件。

【业务培训】 加强对全系统业务培训，初步建立区（县）局全员全科强化学习机制。组织局系统业务管理工作人员分科目培训辅导。培养一批业务骨干，在此基础上编撰、修订《天津市城乡规划管理业务手册》等四本业务管理教科书。

（2）规划编制管理

【城乡规划编制计划管理】 根据天津市政府办公厅《关于转发市规划局拟定的天津市2012年度城乡规划编制计划的通知》（津政办发〔2012〕67号）要求，列入全市城乡规划编制计划41项，涉及21个相关委、办、局和区（县）政府。其中，总体规划11项、分区（功能区）规划3项、专项（业）规划10项、控制性详细规划2项、重点地区规划14项。截至2012年底，完成规划成果18项，形成"阶段方案" 13项，完成"初步方案" 3项。

【规划调研】 组织开展综合交通补充"小样本"调查。从常态调查和特征调查更新基础数据，获取城市交通基本特征及变化规律，动态维护综合交通调查成果，真实反映城市交通供需服务水平，截至2012年底已初步完成调查分析报告，并将调查成果纳入相关规划。

（3）建设项目规划管理

【修建性详细规划审批管理】 组织全市规划管理部门对399个建设项目修建性详细规划管理情况进行调查分析，针对区（县）修建性详细规划管理中存在效率偏低，程序不规范，批前工作准备不充分，审查要点不统一，图面表达深度不统一，调整条件与程序不规范，相关法律、法规、规范、文件运用不熟悉等问题，开展专题培训，不断提升审批水平。开展居住项目配套设施专项梳理工作，对2008年以来天津市中心六区及环城四区配套公共服务设施规划审批及实施使用情况进行全面梳理，在充分分析配套实施现状和存在问题的基础上，联合市建设交通委、市发展改革委、市国土房管局、市财政局制定《天津市新建住宅配套非经营性公建建设和管理办法》（津政办发〔2012〕29号）、《关于贯彻实施天津市新建住宅配套非经营性公建建设和管理办法的通知》（规建字〔2012〕312号）、《加强居住项目室外健身活动场地规划管理的通知》（规建字〔2012〕9号）。从1979年执行居住配套标准以来，首次从政策上明确配套经营性公建和非经营性公建区分标准。

【用地规划管理】 继续完善全市建设用地数据维护，强化规划审批管理，完成中心城区建设用地规划动态管理系统数据运营维护，完成蓟县、武清、宝坻、宁河四个区（县）用地数据建库；开展三维数字城市建设与维护、全市建设用地现状调查及市中心城区建设用地规划动态管理系统数据运营维护工作，完成市中心城区重点区域21平方千米三维现状模型更新；开展地下空间规划与建设管理研究，通过归纳地下空间规划与建设管理要素，制定地下空间利用规划与建设管理技术指标，探索地下空间规划与建设相关政策，为地下空间控制性详细规划、修建性详细规划编制和管理提供依据。

为严格规划用地容积率管理，制定下发《关于企事业单位利用现有用地改造问题通知》（规建字〔2012〕313号），规范自有用地项目容积率调整程序。

【建设工程规划管理】 坚持会审制度和督导督查机制，强化审批管理。坚持每周一次业务案件审会、每月一次督导督查会以及建筑外檐巡查工作。组织完成2011年度全市建设项目督导督查方案汇编，下发各区（县）规划管理部门参阅。全年对区（县）1294个建设项目进行督导督查。

做好建设项目巡查管理工作。全年组织现场巡查38次，陪同市领导、局领导对150余个项目的外檐效果和外檐材料进行现场审查，提升建筑外檐实施效果。IOS动态监管平台建设完毕，对600余个项目进行动态入库，为现场巡查工作提供技术保障。

针对建设项目存在增加容积率和改变设计用途的潜伏设计情况，出台《关于严格天井建筑审批要求的通知》（规建字〔2012〕73号）、《工业研发类项目规划管理暂行办法》等文件，维护房地产市场的健康有序发展。

【重点工作成果】 与海河教育园区管委会、市教委等相关单位沟通，不断优化天津大学和南开大学新校区、铁道职业技术学院、青年职业技术学院、商务职业学院、广播电视大学、教师公寓等海河教育园区二期工程规划设计,其中铁道、青年、商务三所高职院校开工建设;以海河为轴线,组织有关建设和设计单位开展海河两岸一热电、中信、棉三、八分部、第一预应力钢丝厂、河西区毛织厂、第一钢丝绳厂、水产冷库等地块节点规划策划。除海河节点外,还组织绿荫里地块规划策划。通过一系列地块策划,有效指导土地出让工作;为提升城市景观形象,做好城市入市口的规划建设工作,组织开展金钟河大街、卫国道、津滨大道三条入市口道路及快速路(海津大桥至卫昆桥)的城市设计编制,从空间关系、平面布局、建筑风格、体量、色彩等方面提出规划要求,为改善入市口地区和快速路两侧重点地区的城市形象做好规划储备;做好保障性住房规划管理,重点做好大寺、双青新家园限价商品房地块以及42个公租房项目建筑方案审查。开展2012年新一批限价商品房地块选址与规划策划工作,规划安排限价房1万套;会同卫生部门开展代谢病医院、中医药大学第二附属医院、第三中心医院扩建等工程规划设计,为医疗卫生资源的提升与整合提供规划保障。

【规划研究】 针对已建成居住建筑存在建筑色彩雷同,缺乏变化的问题,开展规划设计导则提升工作,对已批未建和已批在建1000余栋高层建筑外檐效果进行全面梳理,查找问题。汇总厦门市等外省(市)经验,形成《建筑外檐色彩提升导引》,得到市领导肯定,市委书记张高丽批示:"这既关系当前又关系长远,非常迫切重要"、"这关系天津的城市格调,请再用心把握一下"。

(4)市政工程规划管理

【重点市政设施建设】 地铁项目:全面推进地铁前期规划工作。完成地铁5、6号线一期全部线性工程规划许可审批和两线上42座车站管线切改方案审批。为工程建设提供规划保障。全面推进地铁2、3、9号线及2号线机场延伸线规划手续完善工作。完成地铁2、3、9号线及2号线机场延伸线全部线性工程、15座车站管线切改、19座车站管线配套规划许可审批手续,保障地铁2、3、9号线开通运营。

公路项目:完成唐-廊高速公路一期、京-秦高速公路、塘-承高速公路二期以及外环东北部调整线、津-围快速路、津-蓟快速路、津-宁高速中心城区联络线等高、快速路规划方案审查,完成规划许可审批。结合市中心区建设项目配套建设及交通拥堵点改造,审查相应道路规划设计方案。

铁路项目:完成津滨城际军粮城北站广场设计方案、京沪高铁天津南站配套交通工程规划方案及审批,促进市中心区与天津南站的交通联系,为高速铁路地方配套工程实施奠定基础。完成铁路大北环线北辰郊野公园段线位优化方案,为铁路建设和郊野公园的建设提供规划保障。

其他项目:完成陈塘庄热电厂迁建工程、津沽污水处理厂、张贵庄污水处理厂配套管网规划许可审批和中压南北干线和15座改燃锅炉房配套管线规划设计方案审查审批;审定10条高压管线及扩能升压等工程路径规划方案。完成"民心工程"金钟公路等5座人行天桥项目的规划选址及方案论证和审批。

【业务案件审批】 审批建设工程规划许可证(市政)786件,审批建设项目长度为1 283 357千米。其中市规划局办理113件,市中心六区规划分局办理247件,环城四区规划分局办理218件,市郊区(县)规划局办理90件,滨海新区规国局办理43件,高新技术产业园区规划处和海河教育园规建处办理75件。

【规章制度建设】 制定《天津市市政工程规划管理规定》,明确市、区(县)"两级"审批职能,规范市政工程建设规划管理工作;制定《天津市道路规划编制与管理工作规程》、《天津市长输管线编制与管理工作规程》和《天津市建设项目修建性详细规划(市政工程)规划编制与管理工作规程》,规范规划管理部门规划审查审批行为;制定《天津市机动车机械式停车规划管理暂行规定》和《天津市机动车机械式停车规划设计导则》,为规范机动车机械式停车提供依据;从道路功能出发,综合现代交通工程、城市设计以及景观设计等方法,制定《中心城区道路规划设计导则》,加强和规范城区道路规划设计科学管理,促进道路与沿线土地利用协调发展,为提升城市运行效率与活力提供保障;修订《天津市居住区用地电力规划综合负荷密度指标及10 kV公用配电站选站的设置要求》,为10 kV变电站规划管理提供制度保障。

【管理机制建设】 依据《天津市交通影响评价规划管理暂行办法》、《天津市交通影响评价技术工作规程》,组织市建交委、市公路局、市交通港口局和市交管局等单位对35个项目的交通影响评价报告进行联合审查,深化完善建设项目修建性详细规划方案。对交通影响评价工作进行总结分析,为政府规章和天津市地方技术标准提供理论依据;完成《天津市道路交通竖向规划》动态维护工作,确保竖向高程规划的现势性;每月召开市政规划管理督导督查工作例会,分期分批对区(县)市政业务管理工作进行监督检查,促进区(县)规划管理部门规划管理水平的提升。对区(县)局的业务案件办理情况进行及时有效的监管检查,发现问题及时解决,对普遍存在的问题及时提出督导要求并向局领导汇报,及时处理;完善督导督查机制,将业务培训纳入定期督导督查中,组织区(县)局进行业务案件讲解分析,督导督察工作与培训工作结合,不断提高市政工程规划管理队伍素质。

【创新管理】 编制2013年道路疏导建设计划,提出交通拥堵点解决方案和措施,为天津市道路建设和缓解交通拥堵提供决策依据;研究编制2012年城市交通运行报告。组织市规划院开展城市交通运行报告编制的前期研究,建立交通畅通指数评价机制。通过分析城市交通运行状况和把握城市交通发展趋势,为交通供需调控及基础设施建设提供支撑,为市政府决策提供参考;完善市政管线规划管理信息系统,做到市政工程科学化管理。局信息系统已运行,河北区、南开区和河西区三个分局已开展试点运行工作。

【课题研究】 组织天津大学、天津市规划院完成"天津市土地利用与城市交通协调发展研究"。提出土地利用与交通一体化规划,促进城市交通网络与城市空间布局相协调的规划思路,对规划编制和管理具有借鉴意义,在地铁2号线延伸线规划、地铁1号线延伸线规划及地铁站周边用地规划等项目中得到应用。

(5) 保护规划管理

【课题研究】 为提高规划编制与管理水平,超前谋划管理策略,组织市规划院、天津大学等单位完成"天津市历史街区保护规划编制与管理研究"及"大运河天津段保护与利用"两个重点研究课题。

【规章制度建设】 通过深入区(县)调研,出台《天津市历史文化名镇、名村保护规划编制技术标准》(规保字〔2012〕26号)、制定《天津市五大道历史文化街区规划管理规定》(待批),完成《天津市雕塑管理办法》修订稿。为细化城市雕塑建设管理程序,加强城市雕塑建后监督检查,编制完成《保护规划管理工作成果汇编》。

(6) 证后管理

【规划验收】 以在建项目跟踪查验和重点项目服务为主要内容,全市建筑工程规划验收(发证)1654项,建设规模3845.9万平方米,较2011年增加4.2%;市政管线工程规划验收(发证)237项,建设规模22.66万米,较2011年增加5.3%。

【规划检查】 全年对已批准的2500余项建筑项目进行15219次检查,对1000余项市政项目进行4143次检查。针对存在问题,召开专题推动会24次、地铁验收推动会18次,保证各个项目的实施。

对上年度执法监察和信访各项业务开展情况进行检查,以案卷评查为平台,加大区(县)间交流和学习力度,推进全市规划系统执法监察业务共同提高。针对案卷评查发现的问题,强化规范和培训指导。

【规划服务】 全年组织下基层服务45次,建立与区(县)规划部门两级联动,加强对建设单位的服务指导,实行"24小时动态服务监督"。

(7) 地名管理

【地名普查】 在滨海新区普查试点基础上,市政府决定开展天津市第二次地名普查,成立以副市长熊建平为组长的天津市地名普查领导小组,普查领导小组办公室设在市规划局,普查领导小组由19个委、办、局及15个区(县)政府主管领导组成。为确保普查任务,市政府批转《天津市第二次全国地名普查实施方案》和《地名普查经费预算方案》,为普查工作开展提供保障。制定《天津市第二次全国地名普查技术方案》,适时组织全市地名工作人员普查培训。至2012年底,全市地名普查内业调查和外业信息采集工作正在有序进行。

【"一张图"管理】 为扭转"建一地、命一名"的被动局面,杜绝以"规划路"作路名等现象,将《天津市中心城区道路地名规划》成果数据逐条更新到道路控制红线图层中,将道路地名规划与道路控制红线两个数据图层合并为一个图层,纳入到局"一网通"道路控制红线流程中,随道路定线和路网调整进行动态更新,确保地名规划数据的准确性,真正实现"一张图"管理,为规划管理和规划编制提供保障。

【历史地名保护与管理研究】 由市规划局与天津师范大学合作开展《天津市历史地名保护与管理研究》,年内形成《天津市历史地名录》、完善历史地名保护数据库等五项成果。对地名管理、保护地名文化遗产和传承地名文化具有重要价值。

【地名法规制度】 结合城乡发展建设和商业、商务的兴盛,修订完成《天津市地名商业冠名管理办法》、《天津市居住区及公建名称使用管理规定》,经市政府批转实施。创新地名管理理念,建立地名命名、更名预审制度,超前研究地名命名、更名的审批工作,从源头上保证地名命名、更名科学规范。

【地名命名更名】 组织完成解放南路地区、文化中心标志塔、纪庄子污水处理厂等重点项目命名方案征集，经专家论证，市领导认可，预期完成命名。地铁等市级重点建设项目跟踪管理，超前服务，在做好地铁1、2、3号线部分车站站名调整的同时，多次组织市地铁公司、各相关区分局研究地铁5、6号线车站名称，并提出命名方案，在广泛征求意见基础上，经斟酌、筛选，形成76个站位命名方案。命名方案体现城市特色，突出以人为本，服务便民，强化指位功能等特点。该方案上报市政府同意，在电视台、电台、天津日报、今晚报等多家媒体进行权威发布，在社会上引起共鸣。

全年审批各类标准地名428条、更名63条、门号申领1980个。设置地名标志12617个，开具各类地名证书1156件，体现出地名公共服务的社会价值。

(8) 城建档案管理

【法规建设】 2012年，按照天津市规划局立法计划，再次修改《天津市城市建设档案管理规定》（市政府〔2003〕5号令），将其中"规划和国土资源局"改为"规划局"，已报市政府待批。组织主编的国家行业标准《城市轨道交通工程档案整理标准》，已在全国颁布实施。修订的《天津市建设工程文件归档整理规程》，2012年3月1日实施。

【档案执法】 配合局执法监察部门首次在市中心六区和环城四区开展城建档案执法检查，梳理摸清市中心六区2006年10月1日、环城四区2008年12月1日以后已核发建设工程规划验收合格证而未办理档案认可证的建设工程项目情况。

督办40个建筑工程项目向城建档案馆移交档案并办理档案预验收证明，104个建筑工程项目补办档案认可证。电力集团、自来水集团等6家管线权属单位主动与城建档案馆移交52个管线工程项目档案。

坚持对全市档案管理人员的季度培训制度，提高业务能力，增强法规意识。

【区（县）档案管理】 坚持"一手抓机构建设、一手抓业务管理"的原则，积极推动区（县）城建档案管理工作的落实。经滨海新区编委批准，天津市塘沽区城市建设档案馆更名为滨海新区城建档案馆（津滨编字〔2012〕12号），依法开展滨海新区城建档案的管理、监督、检查、指导和业务培训等工作。4月份，市城建档案管理处组织五区（县）规划局分管城建档案工作的负责人和相关人员赴浙江、江苏省调研学习兄弟省、市城建档案机构建设和馆房建设、城建档案资源建设和基础设施建设等方面的先进经验，推动工作落实。

宝坻区、宁河县和蓟县规划局认真落实国家和天津市城建档案管理规定，先后开展城建档案的收集整理和移交归档工作。宝坻区和静海县规划局已着手馆房建设的方案设计。

【局机关档案管理】 2012年接受文书类、业务类档案2936卷，提供利用123次，复印提供1076张。在城建系统档案协作组年度评优活动中获先进集体称号。组织各分局参加规划系统电子文件自动归档系统业务培训。

3. 法制建设

2012年度天津市城乡规划法制建设取得新进展。立法方面，8月15日，市长黄兴国签发市人民政府令第55号，公布《天津市测绘成果管理实施办法》，自2012年10月1日起施行。其他立法项目正在按计划进行。全年向市政府法制办备案的规划方面行政规范性文件7件，均为制定的文件。执法监察方面，机制建设、违法建设查处、行政复议、行政诉讼应诉工作、保障性住房建设专项工作、高尔夫球场清理整治工作、互联网地图服务监管等工作，均按计划推进，取得明显成效。

(1) 规范性文件

【简况】 全年向市政府法制办备案的规划方面行政规范性文件7件，均为制定的文件。

【制定的文件】《关于印发天津市市政工程规划管理规定的通知》；《关于印发天津市测绘项目备案管理暂行办法的通知》；《关于废止天津市规划局处室职责等49件规范性文件的通知》；《关于延长天津市规划局大事记记载规定等22件规范性文件有效期限的通知》；《关于印发天津市居住区用地电力规划综合负荷密度指标及10kV公用配电站选站设置要求的通知》；《关于进一步加强测绘资质管理工作的通知》；市规划局关于印发《天津市建筑工程规划许可证后管理工作规程》等规范性文件的通知。

(2) 执法监察

【机制建设】 "完善规划执法监督检查管理机制"列入局2012年重点工作。根据工作内容的调整和地下空间规划管理的需要，修订证后管理工作规程和竣工测量成果编制标准。规划违法行为查处规定、工作规程和自由裁量权细化标准，正在按照局管委会审查意见进行完善。与市安全局等九部门联合下发地理信息市场联合执法制度和联合监管办案机制，下发测绘地理信息行政执法工作措施，为具体工作的有效开展提供指导。

【违法建设查处】 在"两个体系、三个层面、二级监督"的巡查体系基础上,制定《天津市城乡规划实施监督检查工作方案》,实现许可审批与证后管理的无缝对接,有效遏制违法建设发生。2012年全市出动巡查人员5272人次,巡查发现并移送综合执法部门处理违法建设69起,较2011年减少31.9%。2012年全市查处职责范围内的违法建设项目32项,同比增长23%,均已处理完毕。

【行政复议、行政诉讼应诉工作】 全年办理行政复议案件67件:市局受理行政复议案件36件,其中维持具体行政行为的15件,调解的1件,驳回复议申请的1件,正在审理19件。住房城乡建设部受理行政复议案件31件,维持31件。市局应诉行政诉讼案件52件,胜诉50件,正在审理2件,行政诉讼应诉胜诉率100%。

【保障性住房建设专项工作】 跟踪、核查2012年保障房项目,对前置环节存在问题专报市领导,按照批示精神推进后续工作。印发《市规划局关于进一步加强保障性住房配套项目规划许可和规划验收工作的通知》,解决配套设施不足问题。

【高尔夫球场清理整治工作】 按照市发改委的工作安排,对全市18个高尔夫项目规划许可审批情况进行复查,提出审核意见。

【互联网地图服务监管工作】 根据国家测绘地理信息局的工作部署,利用互联网地理信息安全监管系统,组织测绘院对218个问题地图网站进行审核。

4. 科技工作

【技委会工作】 2012年规划局技术委员会召开10次会议,分别审议通过《天津市建筑工程规划测量成果编制标准》、《天津市市政工程规划测量成果编制标准》、《天津市建筑工程规划许可证后管理工作规程》、《天津市市政工程规划许可证后管理工作规程》、《天津市历史文化街区道路调整定线》、《天津市城市近期建设规划编制技术标准》、《天津市机动车机械式停车库规划设计导则(初稿)》、《天津市环城四区环外道路地名总体规划》、《天津市工业遗产认定标准》、《天津市工业遗产保护与利用规划》《历史文化名城保护规划(2005—2020年修改稿)》、《天津市中心城区道路规划设计导则》、《天津市城乡规划违法行为查处工作规程》、《2012～2013年度科技计划项目》。

【科技管理】 组织协调重点课题和研究项目,对2010年度25个科技计划研究项目进行跟踪管理、检查,发现问题及时协调,使25个研究项目全部通过终期验收。本次研究公开发表论文50余篇;连同研究报告取得研究成果70项。组织申报住房城乡建设部科研课题3项。2011年在住房城乡建设部立项的23项科研课题中,已完成结题验收5项。

【科研成果】 局系统约有73项科研成果获市级和国家行业协会科技奖励,比上年增加13项。市建筑设计院完成的《绿色建筑技术研发及创新平台建设》获天津市科技进步科技企业创新工程二等奖;市勘察院完成的《天津市区标准土层的建立及特性研究》成果被评为市科技进步三等奖。地下空间规划信息管理中心完成的《城市地下管线信息管理与服务的关键技术研究》和《基于时空数据模型的地下管网信息化关键技术研究及应用》项目,分别荣获华夏建设科技三等奖和市科技进步三等奖。

【科普工作】 按照市科技活动周组委会要求,组织局系统各单位开展第二十六届科技周活动,组织科技工作人员参加相关讲座。购买发放相关标准,受到科技人员的欢迎。为提升规划行业规划设计人员学术水平,与市城市规划学会合作,组织全市规划技术人员开展科技论文评选工作,征集论文287篇,评出规划行业优秀论文一等奖16篇、二等奖29篇、三等奖46篇、优秀奖73篇。其中71篇论文被中国城市规划学会年会录用。

【行业管理】 研究编制《城乡规划编制资质审查工作规程》,纳入局业务指导手册,规范规划资质审核程序、内容及标准等。组织局业务管理部门和规划资质单位学习国家住房城乡建设部颁发的《城乡规划编制单位资质管理规定》(住房城乡建设部令第12号),与规划协会共同组织学习培训班,结合实例进行讲解。办理规划资质审批事项15件,办理外地规划编制单位进津承担规划编制业务23件。指导规划学会、协会组织第二、三届天津规划师沙龙活动。组织中国城市规划协会规划管理专业委员会三届四次年会暨大城市规划局长座谈会和中国城市规划协会西安年会"城市规划管理分论坛",编制会议工作方案,研究确定会议主题和有关筹备工作。

5. 调研工作

【简况】 市局确定重点调研课题18项。其中,局领导承担12项,局系统各单位局级领导干部承担6项。局重点调研课题和局系统处级领导调研课题均按调研计划完成。

【调研成果】 在天津市第十二届优秀调研成果

评选中，《注重城市设计提升规划管理水平》获二等奖，《关于对基层领导理论联系实际和领导干部队伍建设的调研与思考》、《环渤海城市群空间发展模式研究》、《提升规划水平打造"五个西青"》、《天津新家园保障房社区规划设计探索》、《企业党委围绕经济工作发挥政治核心作用的探索与思考》、《津南区城乡一体化路径选择与对策研究》获三等奖。市规划局承担的市重点调研课题《市第九次党代会以来天津市发挥规划龙头先导作用情况综述》在2012年市委研究室《参阅件》第42期发表；市重点调研课题子课题《充分发挥规划引领作用积极促进城市科学发展——关于进一步增强城市载体功能的对策研究》在2012年规划建设交通工委研究室《决策参考》第26期发表。

6. 信息化建设

【规划基础数据建设】 市规划院继续开展"规划三类数据手册编制"工作，与相关30个委办局建立信息沟通渠道，完成数据更新近千条，为市局管理和规划编制提供参考依据。完成13个专项规划现状GIS建库工作。全年规划项目的空间位置GIS数据入库375项，规划成果GIS数据项目成果制作并入库27项。结合局"三类数据建设"，完成医疗卫生布局规划等13个专项规划现状数据建库。完成中心城区土地细分导则数据建设及滨海新区控规成果GIS建库工作，形成院内各部门之间数据共享使用。

【开展规划信息化学术研究】 市规划院完成住房城乡建设部课题《基于GIS的城市规划编制协同工作研究》（2009-R2-35）并验收通过。完成院级课题《基于GPS的平板电脑现场调查系统研究》和开发基于iPad的调查系统。

【市建院信息化建设】 在设计、协同管理平台日常使用升级维护及使用过程中，对升级项目空间、调整登录环境、改善数据库存储等，实施施工图资源的整合利用，与合作伙伴合作研发"施工图资源库"、"施工图资源库加密"等。开展BIM培训，提供技术服务和支持，2012年"创新杯"BIM大赛获得绿建项目应用类一等奖。解决院部门信息资源分散问题，开发"AD信息同步系统"。

【高精度三维技术研究】 高精度三维工程环境构建理论、方法及公路勘察设计成套技术项目首次将多源激光雷达（LiDAR）技术、"GPS+大地水准面模型"精密测定海拔高程技术、海量数据管理技术、三维可视化技术、三维建模技术等现代高新技术进行集成应用研究，高精度真三维工程环境构建理论和高精度三维工程环境支持下的公路勘察设计成套技术，综合技术性能达到国际领先水平。高精度三维工程环境构建理论、方法及公路勘察设计成套技术荣获2012年度国家科学技术进步二等奖。

【市中心区三维数字城市建设与维护】 市勘察院完成三维网络平台网络系统架构升级，实现与"E图"系统的初步集成及城市设计管理、历史文化街区三维数字管理模块开发试用。完成市中心区重点区域21平方千米的三维现状模型更新，城市设计三维模型47.3平方千米更新以及14片历史文化街区9.9平方千米现状三维建筑结构细化和场景效果提升。完成市中心区建设用地规划动态管理系统数据运营维护，完成环城四区建设用地变化现状调查和蓟县、武清、宝坻、宁河四个区（县）现状房屋、道路、水系、绿地数据建库，专项建设用地数据库建库、规划实施现状数据建库、市政交通信息用地数据建库，以及全市核定用地数据收集与建库。数据成果已纳入系统。

【市在建项目规划移动智能监管平台】 市勘察院完成全市域在建项目数据库的建立，对491个项目进行点位分布、图文信息归类、实施空间定位，实现"能管理、能看、能定位、能查"的目标。

【数字盘山建设】 市勘察院完成盘山地区705平方千米DTM/DSM/DEM数据，50平方千米精细体框模型数据。完成数据标准研究，基础空间地理数据库建设，专题数据建库，三维虚拟旅游环境及名胜古迹360度全景环视数据库建设，完成地理信息系统、规划管理系统、国土资源管理系统、城市建设管理系统、资源保护系统、应急管理系统、三维旅游服务系统，共7个系统软件设计和开发。

【机载激光雷达航空测量】 市勘察院完成天津市范围机载雷达航测和数据处理、DSM、DEM、DTM数据制作及城市建成区建筑物体框建模、成果质量检查。

【城建档案信息资源整合与共享】 市城建档案馆《城建档案信息资源整合与共享》课题入选住房城乡建设部2012年科学技术项目计划——科技示范工程项目，赴北京参加立项专家评审会，完成项目申报书、技术方案、可行性研究报告，按国家住房城乡建设部要求完成科技项目管理系统登记和材料上报工作。

【城建电子档案异地备份研究】 市城建档案馆开展《城建电子档案异地备份研究》，针对硬件设备和备份软件问题，与有关公司进行数据备份技术讨论交流。多渠道了解、收集电子档案异地备份相关材料。结合媒资项目硬件设备升级，重新部署6台服务器，根据馆内应用环境，拟定数据备份软件功能模块。拟定适合高可靠、高性能、高扩展性、易管理、低成本的本地＋异地的分步实施的数据备份方案。完成天津城建电子档案异地备份研究报告。

【电子文件自动归档系统研发及应用】 市城建档案馆研究纸质档案与电子档案的对应关系、地名归档要件内容与要求、电子文件格式等问题，确定"按环节立卷，按项目归档"的原则和整体归档流程，制定系统功能需求，2012年6月完成前期研发工作。召开电子文件自动归档系统测试工作培训会，对建管处、市政处、南开和红桥分局4个试点单位提出测试时间、测试范围要求。2012年三季度开展带数据测试工作，组织召开自动归档系统（南开、红桥分局）测试试点单位经办人员操作培训会，确定试点单位全面测试规划局业务电子文件自动归档系统。

【市规划展览馆信息化建设】 充分利用对外官方网站的平台资源，为公众提供准确的规划馆讯息。对馆官方网站的文字、图片、资讯等内容定期更新。建立规划馆数字档案库，对展区数字展示内容及各类数字资料进行归类整理存档。不断拓宽馆内局域网职能，为职工提供信息共享平台，建立公共文件专栏，即时发布馆工作总结、简报、消息等讯息，实现政务公开。

【地下空间信息综合管理系统建设】 2012年，地下空间规划管理信息中心根据市地下空间信息化建设规划，组织完成《天津市地下空间信息综合管理系统》（三期）的总体设计、需求分析、数据库设计、用户操作手册及合同条款规定的各项功能开发工作并通过验收，实现对天津市地下空间综合信息数据集中统一管理与服务。完成地下管线数据采集软件开发，该系统可以与内业数据处理系统无缝衔接，提高地下管线外业采集工作效率和地下管线数据质量。开展文化中心周边地区地下空间规划管理信息系统开发，实现文化中心周边地区地上地下从现状到规划整体方案阶段数据和资料的分析、处理和集成统一管理；在此基础上建立三维模型，开发三维可视化系统，直观展示规划方案中各类数据的相互关系，分析规划方案的合理性，辅助规划方案调整，为规划提供支持和智能服务。

【市政管线规划管理信息系统建设】 地下空间规划管理信息中心根据市政工程规划管理的需要，整合市政专项规划数据、现状管线数据、市政管线审批成果数据和市政规划验收数据，完成市政管线规划管理数据库及市政管线规划管理信息系统的研发工作，实现市政管线从现状、规划审批到竣工数据的全覆盖，为市政工程规划管理和辅助决策提供支撑。

【地下空间信息数据库建设】 2012年，地下空间规划管理信息中心重点做好市政审批数据及地下建设工程现状、竣工数据整理入库工作。全年接收市政工程审批数据983项，整理出成果871项；完成现状管线数据审核2237件次，竣工管线数据审核632件次，规划核对168项。入库地下管线现状数据1027项，竣工数据332项，数据库新增管线长度5098千米。不断将地下空间信息管理向不同层次拓展延伸，一是逐步由中心城区向滨海新区及五区（县）拓展延伸，帮助指导区（县）开展地下空间信息数据库的建立和应用；二是逐步由地下管线管理向地下空间管理拓展延伸，整合以地下管线为主的地下空间各类信息数据，推动地下建（构）筑物信息管理工作开展，全年完成7项地下建（构）筑物竣工数据的数据检查和入库。

【信息化建设成果推广应用】 地下空间信息中心加快地下管线信息系统推广应用工作，多次赴区（县）局进行信息系统推广服务，组织人员培训与技术指导。已向市局、河西及河北区规划分局安装部署市政管线规划管理信息系统，完成静海、宁河县及宝坻区规划局安装天津市地下管线信息综合管理系统。积极开展科研课题研究，在近年科研成果的基础上，完成3项成果登记，1项计算机软件著作权和2项专利的申请，获得1项天津市科技进步奖及1项住房城乡建设部华夏建设科学技术奖。顺利完成住房城乡建设部课题《城市地下管线四维数据库建设与管理》《城市地下管线综合信息管理研究》和市局课题《天津市地下空间信息系统集成与管理》的验收。

【"一网通"业务管理系统升级】 市规划信息中心对城乡规划涉及的19项许可审批事项、27个子项，93张表单逐一研究，整合管理数据270余项，理顺业务数据关系，优化业务系统流程。通过增加数据必填项、数据关联、指标控制、数据自动计算等功能，用技术手段确保审批数据的严肃性和一致性，采取数据整合和流程整合方式，实现审批环节间数据的自动继承及历史数据版本管理。

【建设项目e图管理系统建设】 市规划信息中心在项目建设中采用网络版多平台三维数据嵌入、二三维数据联动，三屏图文分显技术，提升规划数据展示能力。同时，贴合规划业务管理需求，采用多种空间分析模型，开发用地结构、规划实施、卫生机构容量与通达性、示范工业园等多个分析工具，对规划设计合理性做出准确评述，提升信息化辅助规划决策能力。

【城乡规划业务空间信息平台】 市规划信息中心配合总体处开展空间管制规划落实，为严控禁建区建设项目审批工作提供技术手段。优化调整空间平台，对初始登录空间数据加载策略、城市设计导则和土地细分导则查询功能集成展示形式、图形维护流程、查询定位方式等方面进行改进，简化审批图形修改程序，提升用户体验度。

【城乡规划业务档案管理系统】 市规划信息中心为解决规划审批档案管理长期存在的归档周期长、数据失误率高、电子文件不完整、档案管理不便、数字化成本高等问题，启动建设天津市城乡规划业务档案管理系统，将电子档案的生成与业务审批案卷归档实时同步进行，结束业务审批档案纸质存档的历史，并提供档案快速检索功能，显著提高档案管理质量。目前10个分局的历史案件档案著录工作已全面完成，档案电子数据量达2.3TB，共138万个电子文件。

【专家库及科技项目管理系统】 市规划信息中心与局科技处合作完成专家库及科技项目管理系统建设，共收录规划、建筑、市政、交通等近30个专业的219位专家信息，实现科技成果、评优成果、学术论文、基础资料等信息的动态管理、共享利用，借助信息化手段助力科技管理工作。

(天津市规划局)

(二) 城乡建设与交通建设

【城建法规建设】 2012年，《天津市建筑节约能源条例》正式施行，《天津市建设工程施工安全管理条例》通过市人大二审。继续强化行政处罚案件法制审核工作，全年共审核行政处罚案件112件，在行政处罚告知前，及时纠正证据不充分、违法事实认定不准确等问题，案件一次性合格率96%以上。实施建设系统执法人员培训考核工作方案，利用两个月的时间，完成建设、供热、燃气和风景名胜区管理4个执法类别共300多名执法人员的法律知识考核和执法证换证工作，进一步提高了执法人员的综合素质。

对全市重大项目做到提前介入、靠前服务、简化程序、方便企业，所有项目坚持进场办理，网上审批，完善监管。组织召开重大项目协调服务会，对进入市联合审批的项目逐一梳理，现场协调解决项目开工难题。坚持执行规定与创新服务相结合，改变服务方式，以高效服务破解企业审批难题。

为进一步规范行政复议行为，保证行政复议案件正确处理，坚持实行"三个搞清"和"三项制度"。"三个搞清"即搞清事实真相，搞清申请人真正诉求，搞清行政行为过程；"三项制度"即裁前告知制度、重大或复杂案件会审制度、约谈制度。通过完善工作机制，2012年天津市城乡建设和交通委员会作为被申请人的行政复议案件39件，复议结果全部为维持。(王东晟)

【燃气供应】 2012年，天津市共有燃气经营企业132家，其中管道天然气经营企业34家、汽车加气站经营企业12家、小区管道供气企业7家、液化石油气经营企业82家。

审批燃气经营许可事项18项，燃气准销证13项，燃气工程新建扩建及燃气设施改动审批35项，燃气器具品牌备案139项，燃气器具销售备案25项，企业变更、撤销18项，燃气经营企业注销3项。

天然气年供气量25.7亿立方米，其中向滨海新区供气量占全市供气量的50.94%，增长4.82个百分点。液化气全年供气量6.91万吨。全市天然气用户295.07万户，其中民用户293.68万户；液化气用户17.34万户，其中民用户16.92万户。新增管道922公里，全市天然气管道长度达到1.37万公里，天然气储配站41座，调压设施3929个。天然气储气能力115.74万立方米。

开展供气服务评价工作，对21家管道气经营企业、9家汽车加气站经营企业及10家液化石油气经营企业共40家燃气经营企业开展供气服务评价工作，推动服务水平的提高。对10家管道气经营企业及2家液化石油气经营企业开展设施评价工作，加强对燃气设施的运行监管力度。

继续保持对倒灌液化石油气等违法行为的高压态势，严格执行"三步式"执法。全年共开展执法40余次，立案2起，罚款2500元，罚没非法倒气工具6支，取得了较好的市场治理效果。

组织天津市首届"燃气安全宣传周"活动。与各区县政府、燃气企业签订燃气安全责任书。协同各区县政府，组织燃气企业开展多种形式的安全宣传活动。开展燃气居民用户户内安全隐患专项治理工作。

2012年是燃气户内灶具连接管改造工程的启动年，完成了25.4万户灶具连接管改造。实施了《天津市住宅燃气应用技术规程》。(卢文)

【供热管理】 截至2012年底，天津市集中供热面积已达到3.16亿平方米，居民住宅集中供热面积2.44亿平方米。全市集中供热普及率88.8%，中心城区住宅集中供热普及率97%。热电联产供热面积8082万平方米，燃煤锅炉房供热面积2.11亿平方米，燃气、地热供热面积2374万平方米。全市共有供热企业261家，其中国有企业136家，民营企业125家，全行业职工共计2万多人。

2012年，天津市完成五大道地区25万平方米老住宅供热补建工程。结合全市300片旧楼区功能提升改造工程，圆满完成分担的供热单户分环改造、既有居住建筑节能与供热计量改造、户外管线整理等任务，保证了旧楼区综合提升改造的整体效果，完成的100公里供热旧管网改造任务，进一步提高供热保障能力。2012年，全市供热计量收费试验面积达到6948万平方米，继续保持全国领先地位。

按照天津市政府关于淘汰中心城区和滨海新区核心区燃煤供热锅炉房的决策部署，完成18座燃煤锅炉房改燃工程，增加燃气供热面积600万平方米，完成2座燃煤锅炉房并网，增加热电供热面积64万平方米，有力地推动了供热结构调整进程，和平区已经率先成为首个无燃煤供热区。

通过在全市范围内大力宣传贯彻《天津市公共服务标准——供热服务标准》，开展了对供热单位的许可证管理工作，不断强化管理和队伍建设，不断完善硬件和软件条件，供热政策保障体系日趋完善。（吕绍文）

【高速公路建设】 2012年，天津市建设10条高速公路，包括2个续建项目和8个新开工项目。2个续建项目唐津高速改扩建施工，国道112线高速公路东具备通车条件，西延段施工，3个新建项目中津宁高速快速段志成道延长线、塘承高速二期已进场施工；5个新项目中唐廊高速与地方对接拆迁征地工作，蓟汕联络线《蓟汕高速公路实施方案的报告》上报城投集团，津围快速路、南仓道快速路延长线、外环线东北部调线处于工可研等前期阶段。

国道112线工程东段具备通车条件，进行收尾工作。西延段路路基填方完成46%，桥梁主体全部完成，进行桥面系施工。

唐津高速改扩建工程清理现场完成65%、软基处理完成43%，路基填筑完成本年计划的78%，桥梁下部结构59%、上部结构28%。志成道延长线个别点位已进场施工，旋喷桩完成22%，桥梁灌注桩完成43%，墩柱完成36%。塘承二期高速路基填筑8%，桥梁下部结构33%。（牛建为）

【城市路网建设】 2012年，共安排开发配套项目、道路改造项目、世行项目、泵站等118项，其中结转项目49项，包括开发配套项目42项、道路改造2项、世行项目2项、泵站2座及外环辅道完善项目；新开工项目69项，包括开发配套项目57项、道路改造5条、世行项目1项、泵站6座。

全年投资约25.54亿元，结转项目8.72亿元、新开工项目16.82亿元。其中开发配套工程项目19.76亿元，道路改造3.17亿元，世行项目1.11亿元，泵站0.60亿元，外环辅道完善0.90亿元。

2012年完工项目40项，包括开发配套道路33项、道路改造3项、泵站2项。在施项目22项，包括复工项目8项，其中开发配套道路7项、世行项目1项；新开项目14项，其中开发配套道路12项、道路改造2项。（牛建为）

【再生水厂建设】 2012年，天津市再生水厂建设工程包括津沽污水处理厂、津沽再生水厂、污泥处置厂及配套管网建设。

污水处理厂初沉池、生物池、二沉池主体结构全部完成；粗格栅间及进水泵房完成支撑及土方开挖施工；曝气沉砂池完成底板施工；鼓风机房、水解污泥泵房完成基础施工；高效沉淀池完成底板施工；综合楼完成一层框架结构施工。

再生水厂清水池、臭氧接触池、送水泵房完成主体结构施工；膜车间及膜池完成基础施工。厂区工程桩基1.8万棵，挖土35万方全部完成，混凝土浇筑13.6万方，占总量的80%。

完成厂外配套再生水管网顶坑61座，在施5座，占总量的89.2%；顶管部分完成3122米，占总量的18.5%；明开管道完成6261米，占总量的39.13%。再生水明开管道完成3994米，占总量的8.63%。共计完成投资5.9亿元，占总投资60.14%。（牛建为）

【民心工程】 2012年，天津市城乡建设和交通委员会承担的20项民心工程共涉及改善住房条件、实施文化惠民、综合治理交通、发展公共交通、综合整治社区、继续整治市容、改善环境质量、改造水热管网和完善燃气管网9各大项，15个子项。

改善住房条件。完成500万平方米住房改造，包括外围护结构节能改造、供热计量改造、管网及热源改造等。

实施文化惠民。进行文化中心场馆及配套设施的建设，2012年5月竣工并投入使用，极大地改善了群众文化生活匮乏的情况。

综合交通治理。为了方便群众的出行，缓解交通拥堵状况，拓宽改造13处道路拥堵点；为方便行人安全横过交通路口，在城市中心区主干道繁华路口增设交通安全岛，今年共增设人行安全岛30处。全年共完成过街设施20处。

发展公共交通。为提高天津市公共交通运输能力，方便群众乘坐公共交通工具，全年新建改造8处公交首末站。

综合整治社区。为完善新建居民区公共服务设施，提高社区服务水平，全年配建社区文化场所10处。

继续整治市容。完成广开四马路等3处积水点排水设施建设，提高了市容形象，并且确保了汛期群众的生命安全。

改善环境质量。完成燃煤供热向热电联产和天然气供热转换工程10处，完成13座燃煤锅炉拆除工作，铺设燃气管网南干线11.25公里；北干线9.24公里，为天津市环境质量的改善作出了重大的贡献。

改造水热管网。完成10.5万户居民户内自来水旧管道改造，100公里供热管网改造，120处高层建筑二次供水提升改造。

完善燃气管网。完成238公里燃气旧管网改造，25.4万户燃气民用灶具连接管安全改造。为满足各区县对绿色能源的需求，全年完成新建天然气输气管网100公里。（牛建为）

【风景名胜区建设管理】
1）盘山风景名胜区管理。

2012年，天津盘山景区共接待游客116.7万人，实现旅游收入7729万元，同比分别增长了28.24%和15.01%。2012年9月16日，盘山风景名胜区顺利通过住房城乡建设部执法检查组对景区保护管理工作的检查验收，获得良好等级评价。

完善《景区保护管理制度》、《工程管理制度》、《卫生制度》等涉及资源保护、安全管理、服务质量、项目建设方面30多项规章制度。开通国家级风景名胜区监管信息系统网络平台，投资1000多万元，实施景区数字化管理应用项目。建立了数字监控指挥中心，提高了景区安全保障系数。游客中心安装了液晶大屏幕、电子触摸屏等电子设备，为游客展示提供各种信息。景区各售票窗口和检票站点安装了售票和门禁系统，提高了景区工作效率。与12319城建服务热线合作，开通了盘山旅游服务热线，景区服务功能得到进一步完善。成立了由16人组成的景区执法队，严格查处破坏景区资源的违法违规行为，风景名胜区资源得到了有效保护。对景区卫生实行物业式管理；建设了污水处理系统，实现了水资源循环利用，有效解决了景区的水污染问题。制定和完善了《森林防火工作预案》、《地质灾害防治预案》等各种应急预案。统一制作国家级风景名胜区的标志牌、引导牌、警示牌、区域导览牌和景物说明牌等各种标牌500余块，为游客提供了极大的方便。依据《盘山风景名胜区总体规划》，在景区核心区界线上设立了界碑、界桩320块，使景区核心区域范围更加明确。

2）黄崖关长城风景游览区管理

2012年9月22日，天津市政府批准黄崖关长城风景游览区为市级风景名胜区。

世界文化遗产黄崖关长城旅游基础设施建设项目总投资2880万元，其中国家发改委拨付专项资金600万元，自筹资金2280万元，于2012年10月开工。包括八卦关城停车场扩建、八卦城水窖工程、八卦城游步道、太平寨瓮城段游步道、水路管网改造、博物馆、百松园和太平寨卫生间改造和供电线路改造等多个子项目。

黄崖关长城抢救性维修工程2012年10月开工。总投资3000万元，其中市发改委、市财政局、市旅游局三家共同拨款2000万元，自筹资金1000万元。东、西、南、北4座城楼的修缮改造工程已完成投资800万元。

成功举办了第十三届中国·天津黄崖关长城国际马拉松旅游活动、市级风景名胜区授牌暨首届户外探险黄崖关长城越野跑活动、天津市尊老敬老基地授牌仪式、黄崖关长城红叶节等多项专题旅游活动。启动《黄崖关长城志》编纂工作，不断提升黄崖关长城的文化品位，扩大黄崖关长城的文化影响。（卢文）

【村镇建设】 截至2012年底，天津市辖涉农区县10个，土地面积1.16万平方公里，共134个建制镇（乡），3689个村，建制镇和村庄人口320万。村镇建设完成投资780亿元，其中建制镇626亿元，示范工业园154亿元。总投资中，农民自建房5.7亿元，市政基础设施66.5亿元。

在施总建筑面积1405万平方米，其中建制镇1330万平方米，示范工业园75万平方米。全年开工建筑面积1820万平方米，其中建制镇1626万平方米，示范工业园194万平方米。全年竣工建筑面积1331万平方米，其中建制镇1193万平方米，示范工业园138万平方米。修建乡村公路160公里，改造镇村内道路161万平方米；建设供水管道1490公里、排水管道116公里、燃气管道77公里、供热管道78公里；建设污水处理厂4座、污水处理站3座、垃圾中转站4座；建设桥梁249座；建设泵站44座。

【"绿色农民住房"示范工程】 天津市蓟县和宝坻实施两处"绿色农民住房"示范工程。其中，蓟县郭家沟村示范房竣工完成，宝坻尹家铺村1200平方米示范房主体竣工，绿色农民住房建设起到示范作用。

作为示范镇，大邱庄镇各项建设进展良好，获得中央支持资金160万元；河西务镇18万平方米可再生能源示范建设基本完工，获得中央800万元资金支持。

在绿色农民住房试点、市政公用基础设施建设和农民自建房3个方面选择一批示范工程，支持专项资金1000万元，其中，村庄生活污水处理设施是示范工程的重点。武清区小雷庄村、静海县幸福村、蓟县郭家沟村已竣工。

积极拓宽村镇建设资金的筹集渠道，全年共筹集资金1.12亿元，是年初预定筹资目标4850万元的2.3倍。（刘子鹏）

（三）房地产业与住房保障

1. 房地产业

2012年，天津市房地产累计完成投资1260亿元，同比增长16.7%。累计施工面积9020万平方米，同比增长6.1%。房地产新开工面积2623万平方米，同比下降25.5%。房地产竣工面积2551万平方米，同比增长21.2%。房地产开发建设用地累计成交1912.1万平方米，同比下降27.2%。天津市房地产市场实现持续健康发展。

【房地产开发投资稳定增长】 保障性住房建设继续加快。全年保障性住房完成投资394.5亿元，同比增长20.2%；在施面积3448万平方米，同比增长7.5%。商业地产项目开发建设继续加快。各类公建项目累计实现投资478.8亿元，同比增长35.7%；在施面积3423万平方米，同比增长13.8%。商品住房建设实现稳定增长。商品住房建设实现投资386.7亿元，在施面积2149万平方米，与上年基本持平。

【房地产市场保持基本稳定】 认真贯彻落实国家和天津市各项房地产调控政策措施，在加快推进保障性住房、示范镇和公建项目开发建设的同时，综合运用计划、规划、税收、信贷等手段，支持企业开发建设中低价位、中小套型普通商品住房项目，满足住房刚性需求。随着各项措施逐步落实，加上开发企业主动降价促销，天津市商品房销售面积和销售价格均保持基本稳定。新增上市供应住房1877万平方米；全年新建商品房累计成交1662万平方米，与上年基本持平；全市商品房平均销售价格涨幅比上年回落17.7个百分点。

【住宅建设品质稳步提升】 通过完善制度、政策引导、强化管理等措施，在住宅建设和房地产开发中积极推广应用节能环保新技术、新材料、新能源，住宅建设品质得到进一步提升。大力推进绿色建筑发展，积极推动绿色建筑试点，中新生态城、静海团泊新城、蓟县翠屏新城、于家堡金融区、解放南路区域开发等规模化绿色建筑开工量达到400万平方米。大力推进可再生能源建筑应用。新增可再生能源建筑应用面积500万平方米，静海县大邱庄、武清区河西务2个绿色低碳示范镇建设取得阶段性成效。开展住宅性能认定试点。梅江川水园、万华里、昆俞家园3个住宅项目首次参加国家住宅性能认定，全部通过2A级以上性能认定终审或预审，其中，昆俞家园项目获得2011~2012年度全国"广厦奖"。

【房地产开发建设秩序进一步规范】 通过采取专项治理、日常监管等多种方式，强化对房地产开发建设行为的监管。落实《天津市房地产开发企业规定》，对4家未取得资质进行房地产开发的企业依法进行处罚。对不办理相关手续违法建设、违规入住等问题进行专项治理。对558个开发项目进行隐患排查，协调解决一批群众反映强烈的问题，维护了购房人的合法权益。（刘鹏）

【房地产开发企业管理】 截至2012年底，天津市具有房地产开发资质的企业1499家，比上年底减少2.47%。按资质等级分：一级企业20家，占1.33%；二级企业114家，占7.61%；三级企业141家，占9.41%；四级企业876家，占58.44%；暂定资质企业348家，占23.22%。按企业性质分：国有企业46家，占3.07%；集体企业10家，占0.67%；有限责任公司1316家，占87.79%；外资企业113家，占7.54%；股份制企业14家，占0.93%。

房地产开发企业户均注册资金24753.77万元，同比提高23.18%。全年进津外地企业414家，注册资金700.97亿元，注册资金总量比上年增长12.6%。（刘鹏）

【房地产宏观调控】 2012年，天津市严格落实国家房地产调控政策，坚持房地产市场调控不放松，确保房地产市场健康稳定发展。增加住房有效供给，完善住房供应结构，加大保障性住房和示范小城镇建设力度。调整完善相关税收政策，加强税收征管，对新建商品房按销售价格的不同，按照2％、3％、5％的预征率征收开发企业土地增值税；对个人购买住房不足5年转手交易的，统一按其销售收入全额征税。强化差别化住房信贷政策，对贷款购买第二套住房的家庭，首付比例不低于60％，贷款利率不低于基准利率的1.1倍。继续落实国家限购政策。加大用地供应力度，尤其是保障性住房建设用地。
（刘鹏）

【保障性住房建设】 保障性住房建设作为20项民心工程之首，得到天津市委、市政府的高度重视和大力支持。2012年，天津市保障房开工10.7万套，新增发放"三种补贴"（廉租住房实物配租补贴、廉租住房租房补贴和经济租赁房租房补贴）1万户，竣工保障房7万套，提前完成与国家签订的责任目标。其中，限价商品房新开工1.1万套、经济适用住房新开工7.8万套、公共租赁租房新开工1.8万套。

【保障性住房建设管理】 天津市重点从五方面加强对保障性住房建设的管理。1）完善法规制度。2012年10月实施《天津市基本住房保障管理办法》，对保障性住房的规划建设、运营管理、申请准入与退出、监督管理等方面做出规定。2）落实2012年住房保障工作责任目标实施意见。分解责任目标，将2012年"三种补贴"工作目标分解到区县、明确2012年保障性住房开工建设的责任单位。3）落实各项支持政策。确保保障性住房用地供应。依据天津市保障规划和保障安居工程年度建设任务，科学编制土地供应计划，涉及新增建设用地的要在年度土地利用计划中优先安排、单列指标，做到应保尽保。落实税费减免政策，对保障性住房落实现行建设、买卖、经营等环节税费优惠政策。4）严抓配套建设。充分考虑中低收入居民就业、就医、就学、出行需要，加快完善公共交通系统，同步配套建设生活服务设施，围绕保障性住房市政基础设施和非经营性公建配套工程，组织专项工作小组，建立全过程的监管协调机制，确保保障性住房配套同步建设。5）强化质量监管。规范五方责任主体行为，严格按照国家法律法规和强制性规定实行勘察、设计、施工、监理和验收，实行项目负责人责任终身制，强化施工全过程现场监管，开展工程重点部位专项整治检查，加大对工程质量的监督检查力度，确保将保障性住房建成优质工程、暖心工程。（刘鹏）

2. 住房保障制度

【概况】 2012年，天津市开工建设保障性住房10.5万套、竣工保障性住房7万套、新增租房补贴1万户。截至2012年末，天津市累计建设保障性住房58万套，发放租房补贴9.5万户。

【推动住房保障立法】 天津市国土房管局会同市政府法制办共同拟定《天津市基本住房保障管理办法》，2012年8月7日经市政府第92次常务会议通过，以市政府规章形式颁布，自2012年10月1日起施行。这标志着天津市住房保障工作在法制化进程上迈出重要一步，在住房保障立法方面走在全国前列。

【提升信息化管理水平】 升级、整合"天津市住房保障信息化管理系统"，于2012年8月28日正式上线运行，通过与多个部门及银行间的数据联网，基本实现户籍、房屋、工商注册、车辆、公积金、社保、税收等数据的跨部门、跨行业信息共享；通过专网连接支撑全市969台用户终端、200多个银行网点，实现申请、审批、补贴发放、保障房分配、管理联网操作运行；通过将政策法规融入系统，对全市保障对象和保障房源的关键节点进行全过程监管。

【扩大"三种补贴"受益范围】 自2012年3月1日起，扩大"三种补贴"受益面，将廉租住房实物配租补贴住房面积准入条件由人均低于7.5平方米放宽到9平方米；将廉租住房租房补贴收入准入条件由人均月收入低于960元放宽到1060元，补贴标准由每月每平方米30元提高到36元；将经济租赁房租房补贴收入准入条件由上年人均年收入2万元提高到年收入2.4万元，补贴标准由每月每平方米16元上调至19元。在各区县局共同努力下，全年新增"三种补贴"家庭10700户，完成年度1万户指标的107％。

【规范公租房政策执行管理】 全年配租公共租赁住房5800套，累计配租登记1.1万套。天津市住房保障办公室会同市房产总公司考核项目经营、物业及修缮管理情况，年内核拨住房公积金贷款建设的5个项目运营管理费106万元，累计核拨307万元。

【强化住房保障监管】 1）完善家庭财产审核机制。天津市政府办公厅转发由市国土房管局、市民政局拟定的《关于做好住房保障家庭财产核查工作的意见》（津政办发〔2012〕119号），将户籍人口、工商注册资本金和自有车辆信息等纳入核查范围，明确申请各类住房保障家庭的财产限定标准、认定方法，更加全面、准确地掌握申请家庭的经济状况，使优惠政策落实到困难家庭上，促进住房保障公平分配。

2) 实施经济租赁房补贴年度申报制度。市国土房管局会同市民政局下发《关于落实经济租赁房租房补贴年度申报工作的通知》(津国土房保〔2012〕119号),开展政策培训,自3月起有序组织各区房管局开展首次年度申报的复核工作。

3) 继续开展季度核查和违规清退工作。全年对新增1.6万户申请家庭进行系统核查,对核查出的近千户疑似违规家庭,逐一排查,查处违规家庭59户,追缴资金54万元。规范指导各区县对违规享受住房保障家庭申请非诉执行工作,建立每月进度通报制度,落实工作责任。全年受理群众举报案14件,已全部办结,累计查处违规家庭1046户,追回资金1485万元。

【及时公开信息】 按照住房和城乡建设部《关于做好2012年住房保障信息公开工作的通知》(建办保〔2012〕20号)要求,于6月28日在各级住房保障管理部门政务网站和市级媒体一次性公开住房保障申请家庭信息、保障性住房建设情况、保障性住房待分配房源情况、批次分配房源信息、分配程序、分配过程及退出情况信息等情况。为建立健全住房保障信息公开长效管理机制,天津市国土房管局会同市发改委、市建交委联合下发《关于做好天津市住房保障和国有土地上房屋征收与补偿信息公开工作的通知》,并明确市国土房管局局系统各有关部门责任分工。全年通过政务网专题公开住房保障相关信息1万余条,将保障房从计划、建设到分配、退出全过程置于社会监督之下,做到信息及时更新、公开透明,得到住房和城乡建设部保障性安居工程建设巡查组的肯定。

2012年8月31日,国务院总理温家宝视察北辰区双青新家园建设工地和秋怡家园公租房小区,对天津市住房保障工作取得的成绩予以肯定。李克强副总理在新华社国内动态清样《天津建立住房保障体系让困难家庭住有所居》上批示"注意总结地方的经验性做法"。天津市委书记张高丽、市长黄兴国、副市长熊建平多次视察保障性住房项目,先后做出26次重要批示,提出明确要求。全国人大、市人大、市政协分别视察保障性住房项目、听取住房保障工作汇报,对住房保障工作取得的成绩予以高度评价。住房城乡建设部保障性安居工程专项巡查组全年9次巡查天津市保障房开竣工情况,认为天津市保障性住房建设符合住房城乡建设部要求。中央和天津市媒体全年刊播反映天津市住房保障工作成就的新闻稿件360余篇(条),通过"民生问与答"、"国土房管直通车"、"公仆走进直播间"等节目,深入解读政策,解答群众咨询,受到群众欢迎。

(天津市国土房管局住房保障处)

3. 房地权籍管理

【概况】 2012年,天津市办理各类房地登记63.51万件,涉及房屋建筑面积2.39亿平方米,土地面积701.59平方公里,收取契税、营业税、所得税、土地出让金、维修基金等各项税费188.28亿元。

全年新发生行政诉讼案件15件,较2011年减少了46.4%,创历史新低,连续两年实现零败诉。全市涉及房地登记信访由2011年166件下降到130件,下降了21.7%。全年抽查房、地登记档案9746件,合格率分别达到99.97%和99.33%。加大对历史上核发红、黄两证登记档案进行清理,完成17000余件登记档案的清理工作,400余条信息补录。

【规范房地产登记管理】 出台《关于进一步规范房地登记程序有关问题的规定》等6个规范性文件。完成《土地登记技术规范》等8个规范性文件修订重发工作。开展各区县房、地登记机构之间的互查互学工作,就档案管理、转送《联系单》、信息补录等情况进行观摩交流、取长补短,提升规范化管理意识,丰富管理招法。

【资格培训】 全年开展房屋登记官资格培训、土地登记员持证上岗资格培训、全市房地权籍管理人员政策培训等培训,累计达1000余人次。全市累计共有656人取得房屋登记官资格,是全国首个基本实现了登记的受理、审核、审批岗位各环节均为房屋登记官的城市。

【出台《关于进一步提高房地产登记质量 提升房地产登记服务水平的意见》】 科学制订各房地产登记机构的人均办件数、明确登记人员的数量、登记场所规范化设置的标准、登记人员的学历和素质要求等内容。同时,全市房地产登记机构均建立了登记评价系统,通过建立登记评价系统,能够保证登记质量,增强内部约束力,使服务贯穿整个登记过程,有效保障各项工作得到落实,为房地登记工作始终在制度化、规范化的轨道上运行奠定基础。组织和指导河西区、东丽区房管局做好住房城乡建设部房屋交易与权属登记规范化管理先进单位申报和迎检工作。其中,河西区房管局当选全国规范化管理先进单位。

【集体土地使用权及其地上房屋确权登记发证工作取得突破进展】 全国加快推进农村集体土地确权

登记发证工作领导小组第三次会议在天津召开，国土部将天津市作为全国首个检查评估单位，并在全国"农村集体土地确权登记发证电视电话会议"上做典型发言，截至年末，天津市集体土地所有权登记覆盖率已达到98.2%。上报市政府下发《关于印发天津市农村集体土地使用权及其地上房屋确权登记发证工作实施方案的通知》（津政办发〔2012〕66号），成立了市、区县农村集体土地使用权及其地上房屋确权登记发证工作领导小组，11个区、县的工作方案已经区县政府批准下发；出台了《天津市农村集体土地使用权及其地上房屋确权登记发证试点工作程序》（津国土房地权〔2012〕311号），对试点原则、工作程序等进行统一规范。目前，静海、北辰、西青、武清、蓟县、汉沽等区县已完成9个村3148宗地，11.05平方公里集体土地使用权权属调查、地籍测绘等工作，宁河县国土分局主动要求开展试点工作。

【启动宗地编码工作】 确定"全市域覆盖、全方位应用"、"系统自动生成与人工检验相结合"、"双码运行、平稳过渡"的工作原则。下发《关于转发国土部〈宗地代码编制规则（试行）〉的通知》，结合天津市实际情况提出具体的落实意见。完成全市16个区县，222个地籍区，2038个地籍子区的划分及编号工作，系统自动生成编码的软件已初步完成，目前正在修改完善。（天津市国土房管局权籍处）

4. 房屋征收安置

【概况】 2012年，天津市作出征收决定12个，涉及房屋23.4万平方米、0.47万户；累计征收（拆迁）各类房屋185.3万平方米、1.36万户；开工建设定向安置经济适用房开工建设公租房1万套、定向安置经济适用房1万套，在推动城市建设、改善民计民生等方面发挥了重要作用。

【公租房建设】 落实天津市双青新家园公租房二期地块为公租房地块，收购河东区雅丽园、东和家园以及西青区龙顺园部分经济适用房转作公租房，完成全年开工建设1万套的责任目标。按照公租房开工建设时间节点倒排工期，关死后门，详细梳理规划、土地、建设等各项手续，协调市、区有关部门简化流程，确保按期办结开工建设手续。定期深入施工现场，加大对在建工程的巡查力度，组织受托开发单位和施工单位科学制定施工方案，合理安排工期，加快建设进度；严格执行工程质量管理规定，落实质量管理责任，建立健全工程质量保证体系，按设计方案规范施工，严把验收关口，确保工程质量；建立健全安全生产责任制度，加强施工安全的规范化、标准化和科学化管理，确保施工安全。

【多渠道筹集资金】 全年累计融资到位200.9亿元，为公租房建设、城中村改造和市区危陋房屋拆迁改造提供充足的资金保障。其中：公租房项目169亿元，积极与中国保监会、太平洋资产管理公司、平安资产管理公司等沟通，成功引入100亿元保险资金，期限10年、年利率6.84%，是保险资金支持保障性住房建设全国单笔额度最大的一单，也是天津市首次引入保险资金用于保障性住房建设，且其发行成本也远低于其他省市的类似项目；协调国家开发银行、天津银行、渤海银行发放贷款59亿元；积极与建设银行天津市分行、浦发银行天津市分行沟通，分别成功发行理财产品4亿元和信托贷款6亿元。城中村改造项目8亿元，全部为国家开发银行贷款。市区危陋房屋拆迁改造项目23.9亿元，协调建设银行天津市分行发放贷款2.9亿元、发行理财产品6亿元，平安银行发放信托贷款15亿元。

【城中村改造】 全年拆迁城中村房屋150万平方米、开工建设定向安置经济适用房1万套。年初组织环城四区制定城中村改造计划，将拆迁、安置房建设任务细化到季度，落实到街（镇）、村。会同发展改革、建设、规划、国土、环保、人防、消防、电力等部门协调解决安置房项目规划、用地、路网、配套等问题，加快办理安置房开工、竣工手续，确保安置房顺利建设。深入城中村改造现场，协调推动各区采取有效措施，加大安置房地块等重点地区的拆迁力度，加快安置房建设进度。督促各投资单位按照城中村改造计划安排，制定投资计划，加大融资力度。保障房公司积极与国家开发银行天津市分行沟通落实资金，为承担的14个城中村改造提供资金保障；城投集团通过发行企业债、中期票据、短期融资券等方式筹集改造资金，为北辰区天穆村和王庄村改造提供资金支持。

【房屋征收（拆迁）管理】 制定《关于国有土地上房屋征收有关事项的会议纪要》、《关于规范房屋征收评估有关事项的通知》，规范房屋征收（拆迁）涉及的定向安置经济适用住房安置使用和未经登记建筑的认定、处理问题，从评估委托、被征收房屋资料提供、评估修正体系、初步评估结果公示、统一使用估价系统等方面，进一步规范房屋征收评估工作，并组织各区县房屋征收等有关部门进行了培训。定期深入房屋征收（拆迁）现场，加强拆房扬尘和渣土运输撒漏监督检查，落实相关治理措施，维护市容环境。

【建立房屋征收系统】 1)编制房屋征收系统需求。组织相关单位反复研讨,编制系统设计方案,达到房屋征收项目从被征收房屋权属信息提取到签订征收补偿协议的网上全过程管理,提高管理水平。2)完成房屋征收系统初步设计。完成系统总体架构设计、建模编程,初步实现在一张图上调取数据、网上打印补偿协议等功能。3)调试完善房屋征收系统。对各功能模块进行了多次测试,包括系统的各项功能、数据的逻辑关系、系统的整体稳定性等,并结合各区县房屋征收工作实际,对系统进行完善。

【服务重点工程】 1)制定尖山八大里补偿安置方案,协调有关部门加快办理微山路定向安置经济适用房规划、土地、计划等前期手续,确保按期开工建设。按照市政府启动尖山八大里二期房屋征收的要求,配合河西区政府,规范房屋征收评估、入户调查、制定补偿安置方案等程序,为年底前启动尖山八大里二期房屋征收奠定了基础。2)多次深入地铁五、六号线场站建设现场服务,协调解决非住宅房屋停产停业损失补偿问题;贯彻最高法《关于办理申请人民法院强制执行国有土地上房屋征收补偿决定案件若干问题的规定》,完善天津市强制执行程序,加快推动地铁五、六号线场站建设房屋征收。

(天津市城市房屋征收管理办公室)

5. 物业管理

【概况】 2012年,天津市新增物业管理面积3175.44万建筑平方米。截至年底,全市实施物业管理面积累计达到31264.51万建筑平方米,其中,住宅25638.89万建筑平方米,非住宅5625.62万建筑平方米。物业服务企业1186家,物业管理行业从业人员近15万人。全市累计新增物业服务企业134家,注销企业资质45家。截至2012年底,全市物业服务企业累计1186家。其中一级资质企业17家,二级资质企业81家,三级资质企业845家,三级暂定资质企业243家。另外,累计有163家外埠物业服务企业在天津市进行了备案。

探索建立旧楼区管理新模式。下发《关于进一步加强天津市旧楼区提升改造后长效管理的意见》(津政办发〔2012〕97号),对实施管理的范围和原则、管理模式、接管标准、经费来源、扶植政策和工作要求等方面进行明确。印发《天津市旧楼区提升改造后管理服务指导标准》(津国土房物〔2012〕335号)和《2012年中心城区旧楼区居住功能综合提升改造试点小区接管实施方案》等政策措施,为建立完善长效管理机制提供了法制保障。利用各种渠道,广泛听取居民意见,采取了专业化管理与社区管理相结合的模式确定管理服务单位。制定《市旧楼区提升改造指挥部关于建立旧楼区提升改造后长效管理四级监督考核机制的通知》,建立市、区、街道办事处(乡镇人民政府)、居委会四级监督机制,确保长效管理工作落实到位。

【建立物业服务企业资质动态监管机制】 制定《关于开展物业服务企业资质等级情况复核工作方案》,采取市区县联动、区县密切协作方式,启动对取得二级和三级资质等级的物业服务企业资质等级条件、物业项目备案、物业项目服务情况和人员持证等情况专项复核工作,进一步促进物业服务企业提升综合管理和服务水平。

【建立新入市物业服务企业培训制度】 对新取得物业服务企业资质的企业主要负责人进行物业管理政策法规和合同签订等有关内容的系统培训,为企业依法依约服务,树立良好的服务理念,奠定了基础。

【规范物业管理项目前期管理】 为规范建设、销售和管理服务行为,明确开发企业、物业服务企业和购房人三方的权利、义务,更好地维护当事人的合法权益,减少物业管理纠纷,2012年继续严格坚持前期物业管理备案制度,把住项目入市关。全年办理前期物业管理备案343件,共计2471.08万建筑平方米。自2002年12月开始,累计办理前期物业管理备案2998件,17574.04万建筑平方米。

【开展物业项目服务情况专项检查】 下发《关于在全市开展物业管理小区服务情况专项检查工作方案》,对物业项目中落实各项法定制度和物业服务情况等11项内容进行全面检查。共检查1735个物业管理小区,当场纠正225个小区服务不规范行为600余处,要求企业整改的961个小区,对东丽区东园花园等5个不能按时整改的小区进行通报。通过专项检查,物业服务违规、违约行为得到纠正,服务意识和责任意识得到提升。

【开展创优达标评比活动】 根据全市物业管理项目达标、创优工作安排,市物业办和市物业管理协会组织由行政主管部门有关人员、部分行业专家及有关人员组成的考评验收组,分别对区县申报的32个市优项目,按照《天津市物业管理优秀项目标准》进行严格验收,其中,天津市红桥区北开花园、南开区宁泰广场等24个项目被评为"天津市物业管理优秀项目"。同时,各区县对辖区内申报的达标物业项目进行考评验收,东丽区翠海佳园等106个项目被评为"天津市物业管理达标项目"。按照"全国物业管理示范住宅小区（大厦、工业区）标准"，经过市物业办初审、建设部验收小组的严格评审，海景雅苑、瑞湾花园等4个项目被评为"全国物业管理示范项目"。（天津市国土房管局物业处）

6. 房地产市场管理

【概况】 2012年，天津市成交各类房屋2366.9万平方米、2046.3亿元，同比增长10.7%、11.2%。其中，商品房成交1696万平方米、1518.2亿元，同比增长9%、8%（新建商品住宅1497.3万平方米、1236.2亿元，同比增长13.9%、13.7%）；二手房成交670.9万平方米、528.1亿元，同比增长15.4%、21.7%（二手住宅484万平方米、426.4亿元，同比增长20.6%、32.3%）。全市商品住宅平均价格8256元/平方米，同比下降0.2%；二手住宅平均价格8810元/平方米，同比上涨9.7%。

【制定并发布《天津市房地产市场监管工作规范》】 为加强房地产市场监管，规范执法行为，全市成立了由169名人员组成的监管队伍，并制发《天津市房地产市场监管工作规范》，对天津市开展新建商品住宅、销售人员、经纪机构等监管工作，分别明确检查内容、检查标准、检查依据以及相关程序等，建立月报制度、档案管理制度、案件转办制度等，对各项工作制定了具体的监管要求、监管程序，并针对每项工作提出详细的考核制度，做到"标准、依据、监管、考核"有机结合。2012年天津市、区两级监管部门共巡查5908次、发现249个项目公示材料不规范，当场责令改正并全部整改完毕。通过检查，房地产开发企业基本能严格执行相关政策，未发现销售违规行为，保证了群众的合法权益。

【依法实施商品房销售管理】 根据《中华人民共和国行政许可法》、《天津市商品房管理条例》、《天津市房地产交易管理条例》、《天津市行政审批管理规定》等相关规定，依法对商品房销售实行许可证制度。2012年共审批发放商品房销售许可证1054件，2067.67万平方米，上市量比去年同期减少16%。其中住宅类789件，1560.69万平方米，同比下降16.5%；非住宅类商品房265件，506.98万平方米，同比下降13%。同时全年办理网上数据恢复5383套、75.5万平方米，比上年同期的5756套、77.8万平方米减少6.4%；办理网上数据修改1213件，比上年同期的377件增加222%。

【落实价格备案工作】 严格执行商品住宅销售单价上限备案制度，新申请销售许可证的住宅类项目必须按套申报销售单价，对开发企业申报的价格确定相应的审查原则。新申请销售许可的项目，通过现场查勘并开展相应的调查，了解企业销售策略，以企业申报价格与周边项目近期成交价格进行对比，审核确定后予以备案；再次申请的项目，通过与同品质同类型房屋近三个月内实际成交价格进行对比，结合当前市场交易情况及企业自身营销策略审核确定后予以备案。根据房地产市场变化情况，通过房地产市场监测系统对已备案项目的成交价格情况进行全天候监测，对在售项目成交价格持续低于备案价格15%以上的，及时予以调整备案，以此确保对市场信息全面、准确，更新及时，市场交易有序、稳定。通过开展价格备案既有效引导开发企业合理制定销售价格，也进一步增加了市场信息的透明度，为交易双方提供了更为公开、透明、有序的交易环境，也为满足广大中低收入家庭的住房需求发挥了积极作用。

【不断完善销售方案严把预售审批关】 为落实国务院1号文件精神，严把商品房预售关，2012年在原房地产开发企业报送的商品房预售方案基础上，根据住房城乡建设部有关要求进行不断的补充和完善，全年共对商品房预售方案进行9次调整，并在天津市局政务网上予以公示。在落实住房城乡建设部相关要求的同时，2012年在商品房预售方案中增加预售房屋户型图以及建设项目成本构成项目等内容，通过开发企业填报数据对项目成本构成情况进行摸底，进一步夯实管理基础。通过对销售方案内容的不断调整，较全面地掌握了申报项目的各类数据，为有关分析工作积累资料，逐步摆脱事事向相关企业索求的被动局面，在严格规范商品房预售行为的同时，真正提升办事、研究事的能力和水平。

【加强房地产中介机构管理】 2012年，办理房地产经纪备案168件，其中初始备案111件、变更备案32件、注销备案23件、遗失补证2件。办理经纪人员注册695人次。天津市共有备案房地产经纪机构575家，注册房地产经纪人员3346人。

2012年，共核准房地产估价机构38件，其中，资质延续19件，变更12件、升级5件、一级房地产估价分支机构备案2件。办理房地产估价师注册核准237人。截至目前，全市共有房地产估价机构57家。其中，一级机构18家，二级机构24家，三级机构10家，一级分支机构5家，共有房地产估价师648人。

【运用科技手段提升房地产分析水平】 为了确保房地产市场监测系统能动态反映和实时监测天津市房地产市场运行情况，在市场监测、分析各项工作中发挥巨大作用。一是对天津市商品房销售、上市和未售以及二手房交易等市场基本信息实现每日、月度和年度统计，二是监测外地人购房等特殊指标，三是对商品房取得销售许可证后续销售实现跟踪，四是警示商品住宅项目价格异常。通过运用监测分析系统实现了对市场从宏观到微观的立体监测，将房地产市场调控的精准度提高到国内领先水平，并成为2012年天津市国土房管局唯一向住房和城乡建设部申请立项的科技示范项目。各项监测分析成果在报送建设部、市政府上级等部门的报告内容同时，也成为指导各区县开展房地产市场调控工作的重要决策依据。

【升级改造区县房地产市场分析系统并广泛应用】 天津市区县房地产市场分析系统是自主研发的监测辅助系统，方便各区县房管局及时了解本辖区房屋交易、上市、未售以及二手房买卖的综合信息和交易的明细信息，并能在线生成各类报表。为使区县房地产市场调控更具有针对性，便于区县局对重点房地产企业加强监控、增加市场分析深度，2012年经过反复模拟使用并与区县局多次电话、现场沟通，最终确定系统升级方案，完成了访问历史上市、未售明细数据库等功能的编程工作，通过升级改造有效的提升各区县房管局开展房地产市场调控工作的针对性和时效性。

【房地产市场实现网络化监管】 近年来，天津市房地产市场房屋价格平稳，房屋交易价格呈下降趋势，主要源于在不断健全管理制度的同时，创新管理手段，提升监管水平，运用科技手段建设了房地产动态监测系统、商品房销售管理系统、房地产估价管理系统、开发企业销售人员管理系统及天津市国土资源和房产信息网五大监管系统，实现房地产市场网络化全过程无缝实时监管。

【经营性房地产开发用地证后监管】 截止到2012年底，对全市经营性建设用地取得土地证后监管地块共计911宗，土地面积8734公顷（规划建筑面积1.4亿平方米），已开工土地面积7617公顷（规划建筑面积1.2亿平方米），开工率达到94.61%。截止到2012年底，全市超期1年以内、超期1～2年及超期2年以上开工地块面积分别比监管初期下降了53.9%、78.3%和51%。

【示范小城镇安置房管理】 修改完善《天津市示范小城镇安置房管理办法》。2012年5月11日，根据市政府法制办关于规范性文件法律审核备案的要求及市发改委《关于规范天津市示范小城镇农民安置住房发放产权证有关问题的意见》中的相关规定，结合天津市实际情况，对原《天津市示范小城镇安置房管理办法》（津国土房市〔2011〕325号）中物业管理、房屋维修资金缴存等内容进行了修改，重新印发了《天津市示范小城镇安置房管理办法》（津国土房市〔2012〕155号）。推动取得明显成效，现场为被安置村民核发房地产权证。通过推动，全市示范小城镇安置房项目已办理完成物业备案460万平方米，已办理完成销售许可证167万平方米，已办理完成初始登记146万平方米。已打印示范小城镇安置房协议563套。已办理完成转移登记243套、2.14万平方米。2012年9月14日，在召开的全市示范小城镇安置房管理工作推动会上，现场为首批津南区辛庄镇村民代表发放了243套示范小城镇安置房的房地产权证。（天津市房地产市场管理中心 天津市国土房管局房地产市场处）

7. 既有房屋管理

【概况】 2012年，天津市城镇范围内现有既有房屋21.4万幢、3.55亿平方米，按照完损等级标准分类，其中完好房屋8.8万幢、2.05亿平方米，基本完好房屋11.5万幢、1.37亿平方米，一般损坏房屋0.95万幢、1193.6万平方米，严重损坏房屋1085幢、63.3万平方米，危险房屋105幢（片）、5.1万平方米。

【完成既有房屋安全度汛工作】 2012年汛期降雨量明显高于往年，为确保房屋安全度汛，全市建立大雨预警和雨中联络制度，制订防汛预案，16个区县房管局、7个房屋抢修中心、54个基层房管站，抢修人员、物资、车辆全部到位。市房屋安全鉴定中心和18个区县鉴定中心制订汛期抢险鉴定预案。

【完善既有房屋管理监控体系，提高房屋安全预警能力】 完善既有房屋管理基础信息档案，加强危险房屋、无人管理房屋、地铁沿线和深基坑工程相邻房屋的安全监管和预警。组织市内六区房管局对地铁沿线和深基坑周边300万平方米房屋进行摸底调查，建立了地铁沿线和深基坑高层建筑安全信息库，实现动态监控，提升既有房屋安全管理预警能力。

【完成年度既有房屋统计汇总工作】 按照住房城乡建设部和市国土房管局年报要求，组织各区县房管局做好年度既有房屋统计报表的汇总、上报，编制房屋管理情况统计汇编。截至2012年底，全市共有房屋3.55亿平方米，其中住宅2.13亿平方米，非住宅1.42亿平方米。其中：直管公产3283万建筑平方米，单位产12472.7万建筑平方米，私产19730.7万建筑平方米。

【建立完善房屋安全鉴定体系，提高技术水平和应急反应能力】 天津市建立19个具有独立法人资格的房屋安全鉴定机构，使每个行政区都有合法、合格的"房屋医院"。全年市区两级鉴定机构累计完成鉴定任务19168件，1614.5万平方米，为履行既有房屋安全管理职责，提供技术保障。各级鉴定机构鉴定技术水平和应急反应能力不断提高，河西区宾水南里、河东区黄岩里煤气爆炸，蓟县630火灾事故发生后，在区鉴定中心配合下，市鉴定中心立即组织对受损房屋进行应急安全鉴定，为妥善处理事故，稳控群众情绪，维护社会稳定发挥了积极作用。

【完成公有非住宅房屋提租、换发合同】 积极与天津市物价局、市财政局沟通，做好公有非住宅房屋提租测算，制定印发《关于做好2012年公有非住宅房屋租金调整工作的通知》，重新修订、印制《天津市公有非住宅房屋租赁合同》，组织有关区县房管局、公有非住宅经营管理单位进行培训，完成全市362万平方米执行政府定价租金标准的公有非住宅房屋调租换发合同工作。

【单位产房屋修缮工作成效明显】 组织推动各区县房管局指导单位产房屋经营管理单位落实修缮计划、项目、资金，培训技术人员，确保单位产房屋维修质量和水平。重点抓好屋面防水、老化电线、上下水管道等改造、维修项目，高标准、高质量完成单位产房屋修缮任务205万平方米，使2.6万户居民受益。河北工业大学后勤处、房信房产公司、建厦建材置业公司、河北区建设开发公司、洪强房屋信托、天津铁厂、天钢集团、中环房地产、天纺房产公司等单位管理规范，人员齐备，房屋修缮及时、到位，得到了群众普遍赞誉。

【加强公有房屋租赁经营单位备案管理】 结合单位产房屋管理系统推广使用和公有住房租金标准调整换发公有住房租赁合同，组织各区县房管局继续做好全市单位产住房经营管理单位的备案管理和续期换证工作，共有20余家企业进行备案，106家企业续期换证。办理27件、42万平方米房屋接管认定和国有企业改制房改售房更名认定，共计8500户群众受益。

【做好平改坡工程后续管理和维护】 组织相关责任单位落实修缮任务，加强日常管理，逐个排查奋战900天成果涉及的1416幢平改坡楼房，重点对平改坡楼房的防水、老虎窗、屋面瓦及烟道破损等问题进行维修，巩固了奋战900天的成果，取得良好的社会效益。（天津市国土房管局房管处）

8. 历史风貌建筑保护

【概况】 2012年，天津市坚持开展历史风貌建筑日常巡查，做到全市746幢历史风貌建筑每月巡查一次，重点地区、繁华地段每周巡查一次，全年共巡查历史风貌建筑12000多幢次。巡查中，发现各类违法行为坚决予以查处，并限期改正。截至年底，查处各类违法案件49起，实现了日常巡查率和案件查处率100%。

【实施整修项目的动态管理和全程监控】 严格开展历史风貌建筑修缮和装饰装修设计、施工方案的审批，全年完成历史风貌建筑装饰装修设计、施工方案审批28件，并依据《天津市历史风貌建筑保护条例》的有关规定召开专家评审会6次。审批后跟进巡查监管，做到重点项目随时跟踪，一般修缮项目每月巡查2次。

【建设网络监管体系】 与天津市局信息中心紧密配合，继续推进历史风貌建筑"一张图"工程建设。积极梳理历史风貌建筑基础数据、技术图片、地形图等资料，搭建起历史风貌建筑"一张图"工程的基本框架，为市区两级保护管理部门的联网运行和实时监控奠定坚实基础。

【强化预控管理】 继续编制201幢细化到建筑重点保护部位的历史风貌建筑修缮、使用要求，并发送给相关历史风貌建筑产权、经营管理和使用单位，进一步明确其保护义务和责任。截至年底，累计完成401幢建筑保护要求的编写。

【开展全市历史风貌建筑消防安全查勘】 2012年3～6月，天津市国土房管局与市公安消防局联合对656幢历史风貌建筑的结构形式、层数、使用功能、防火间距、外窗、电梯、消防车道、疏散通道的数量和宽度、建筑构件的耐火等级、消防设施设备的配置，以及采暖方式、电气设施、生活用火等进行全面深入地消防安全查勘，摸清全市历史风貌建筑的消防安全底数，初步建立历史风貌建筑消防安全档案。

【建立历史风貌建筑社会监督机制】 2012年6月9日，召开历史风貌建筑社会监督员座谈会，天津市人大法工委、市政府法制办相关领导出席会议，向受聘的21名社会监督员颁发聘书。受聘的社会监督员先后发言，对保护工作提出一系列具有参考价值的意见和建议。积极邀请社会监督员参加《天津市历史风貌建筑保护条例》颁布7周年、静园开园5周年纪念和历史风貌建筑的保护与传承大型科普活动，让监督员进一步了解历史风貌建筑保护工作，为其履行监督职能奠定基础。

【推动历史风貌建筑保护维修】 按照2012年市容环境综合整治工作部署，组织实施对整修范围内11幢历史风貌建筑的外檐整修工程，使整修后的历史风貌建筑很好地恢复了历史原貌，呈显现独特的城市景观，得到社会各界的高度评价。召开严重受损历史风貌建筑推修工作会，为综合维修工作的全面铺开奠定了坚实基础。维修过程中，指派专人深入现场进行技术指导和进度检查，及时解决施工过程中的疑难问题。全年共推动相关责任维修单位完成了30幢建筑的维修工程，使市卫生局幼儿园、天津外国语大学办公楼等一批历史风貌建筑的基础、墙体、楼面和屋架等得到了有效加固，同时恢复了建筑历史原貌，更新、改造了建筑配套设施，有效提升了建筑的安全性能和使用功能。

【提升历史风貌建筑科研技术水平】 在圆满完成"十一五"国家科技支撑计划课题子课题的基础上，承担住房和城乡建设部"十二五"国家科技支撑计划课题子课题"华北地区办公建筑绿色化改造技术研究与工程示范"的研究任务。市国土房管局负责子课题中历史风貌建筑绿色化改造的内容。该课题将为天津历史风貌建筑的绿色化改造奠定坚实基础。10月30日，召开了子课题启动会，全面展开各项研究任务。完成了历史风貌建筑传统工艺资料片的拍摄，同时整理现有适用的历史风貌建筑修缮新技术、新材料，使之与传统工艺技术相结合，编制了《历史风貌建筑修缮工艺技术手册》，初步建立起天津市历史风貌建筑保护修缮专有技术体系。（天津市保护风貌建筑办公室）

（四）建筑业与工程建设

【建筑业概况】 2012年，天津市建筑业企业规模进一步壮大，新注册企业343家，资质等级升级185家。全市注册企业总数达到3199家。其中，一级以上施工总承包和专业企业达到285家，比上年增11.3%。全年实现建筑业总产值3259亿元，同比增长8.5%；实现增加值540.8亿元，同比增长8.6%。实现外埠建筑业产值941.2亿元，同比减少1.9%。天津建工集团、城建集团等5家企业产值超过百亿元。建造能力大幅提升，承建高、大、难、深项目15个，盾构等大型机械设备拥有量达到50余台；创造新工法100余项，新技术、新设备应用率达到95%；7项工程获得鲁班奖，10项工程获得国家优质工程奖；60个项目获得海河杯金奖、181项工程获得海河杯奖。建筑业从业人员三级培训扎实推进，培训一线管理人员8.5万人；培训一、二级建造师1.3万人。推行了项目班子实名制管理制度，全市有672个项目按标准配置项目管理部，提升了项目管理保障水平。制定《天津市建筑施工机械管理办法》，落实建筑机械监管责任，发布两批次天津市建筑机械明令淘汰或禁止使用目录。（黄学军）

【建筑业农民工管理】 以落实建筑业农民工实名制管理等3项制度为重点，不断深化劳务用工管理。制定《天津市建筑业劳务用工管理规范》，建立天津市建筑劳务用工交流服务平台，促进劳务人员合理有序流动。发挥三级培训体系的作用，开展一线操作工人和管理人员培训，全年培训建筑业农民工7.4万人，民管员5104人，劳务队长916人。举办天津市第四届建筑业农民工职业技能大赛，全市300多个总包企业的8万余名一线操作工人参加岗位练兵，18名选手获得市级奖励。全年共受理建筑业农民工上访投诉案件322件，解决265件，解决率82%以上，同比提高9个百分点，维护了建筑业农民工合法权益。不断完善应急处置机制，各企业解决拖欠农民工工资问题取得显著成效，突发事件明显下降。（黄学军）

【建筑市场监管】 坚持建筑市场三部位执法检查制度，建立全市项目执法监察档案，夯实了执法监察基础管理工作，保证了建设项目依法依规实施。组织开展市、区（县）执法监察，全市查处各类违法、违规行为202件，处罚金额1410万元，有效打击了各类市场违法违规行为，维护了全市建筑市场正常秩序。开展了查处违法建设工作，共查处17个项目，对6个违法建设项目的相关单位和责任人给予了经济处罚及行政处罚。（黄学军）

【招标投标监管】 2012年，在招标投标监管方面，全市完成招标投标备案的建设工程项目8166项，中标金额2043.06亿元。其中，市管建设工程项目3399项，占41.7%，区管建设工程项目4767项，占58.3%。公开招标项目4754项，占58.2%，中标金额1323.23亿元，占64.7%；邀请招标项目1599项，占19.6%，中标金额663.49亿元，占32.5%；直接备案项目1813项，占22.2%，中标金额56.34亿元，占2.8%。（王琰钊）

【合同管理】 完成各类建设工程合同备案7895项，比上年同期增加24%，合同价款1847.02亿元，比上年同期增加2.4%；完成工程施工合同结算711项，比上年同期增加76%，结算额393.46亿元，比上年同期增加125%；完成各类工程担保1107项，比上年同期减少26.44%，担保额173.71亿元，比上年同期增加85.1%。

在行政许可和受理投诉方面，共受理免标和邀标申请35项，批准24项；纠正招投标违法、违规行为51项，受理投诉举报案件20项。（王琰钊）

在重点工程服务方面，深入项目现场服务19次，组织召开大型项目服务会4次，服务范围涉及科、教、文、卫及保障住房、民计民生等项目。（王琰钊）

【工程建设项目招标投标监管创新】 升级改造工程交易监控平台，实现"场控"向"网控"转化的监管全覆盖；对各区县招投标监管工作进行考核；理顺公路和港口项目的招投标监管责任；创新评标制度，充分发挥诚信体系建设作用；开发"工程建设项目招标代理机构评价系统"，对招标代理机构行为进行评价；加强非国有资金建设工程造价监督管理；修订《天津市建设工程施工合同管理办法》。（王琰钊）

【工程咨询服务】 天津市工程建设领域中介机构主要包括工程招标代理、工程造价咨询、工程监理、工程项目管理四类。2012年，全市工程中介机构312家，完成营业收入64亿元。招标代理机构122家，占38.3%，甲级资格的50家，乙级42家，暂定级30家；实现营业收入18.3亿元。工程监理企业83家，占28.4%，综合甲级资格的3家，专业甲级资格的42家，乙级38家，暂定级33家，实现营业收入25.6亿元。工程造价咨询机构97家，占33.2%，甲级资格的34家，乙级46家，暂定级17家；实现营业收入20.1亿元。

完善对工程招标代理、工程造价咨询、建设工程监理机构的动态考核，进一步发挥建筑市场信用体系建设作用，加大中介机构的信用信息归集并定期发布，进一步营造了优秀企业发展的良好市场环境。与市场准入、清出管理挂钩，极大地增强了市场各方主体依法诚信经营的意识，诚信受益、失信受损的市场氛围进一步浓厚。（黄学军）

【地铁工程建设】 2012年，天津市地铁二、三、九号线和天津站轨道换乘中心按计划投入试运营，与地铁一号线构成"米"字形放射骨架线网。截至年底，轨道交通通车里程达到130公里，实现网络化运营，运营安全平稳，日均客流60万人次。

地铁五、六号线各项前期手续全部到位，一期征收涉及的76座场站，完成70座，二期征收涉及的4座场站，正在公示征收补偿方案。地铁二号线天建区间修复工程左线盾构顺利贯通。

地铁一号线东延国家会展中心工程项目可研报告上报国家发改委，相关支撑文件正陆续报国家有关部委审批；地铁二号线机场延伸线工程完成中间风井土方开挖，进行主体结构施工。（张曙光）

【重点工程完成情况】 2012年天津市政府确定的市重点建设项目共70项，总投资额7253亿元，当年投资1311亿元。其中，工业项目26项、能源交通项目15项、基础设施和环保项目11项、农林水利和小城镇建设项目3项、社会事业项目9项、商贸旅游及其他项目6项。

截至2012年底，62项进入实施阶段，施工面积1335万平方米，竣工面积471万平方米。其中，钢管集团焊管基地项目等14项工程竣工使用，海上多功能起吊安装平台（船）制造项目等22项工程进入装修或设备安装阶段，天津机场二期扩建等20项工程主体施工，天津新港北铁路集装箱中心站和进港三线等6项工程基础施工，中俄东方石化1300万吨/年炼油项目等8项处于前期准备阶段。（张曙光）

【勘察设计】 2012年，天津市工程勘察、工程设计行业规模进一步扩大，技术力量不断提高。全市共有勘察设计企业306家，其中中央驻津企业30家，具备甲级资质的企业151家，占总数的49%。按资质类型划分，勘察企业27家，设计企业155家，专项设计企业124家。全行业从业人员约4万人，其中勘察设计类注册人员3599人。完成施工图设计总量5950万平方米，其中由天津市单位完成4160万平方米，占总量的70%；在"高、大、难、深"工程方面，天津市单位承担的设计规模不断增加，超过100米以上的高层承担率为90%，市政工程和轨道交通的承担率为88%。天津市勘察设计单位在海洋工程勘察、化工、水运、港口工程、铁道、建材等领域具有较高技术水平，在工程勘察和建筑设计方面也涌现出一批优秀成果，全年180项勘察设计项目获得行业优秀奖。全行业营业收入约为390亿元，合同额过亿的勘察设计单位共有20家，人均产值处于全国较高水平，工程总承包和技术服务比重逐年提高。

【天津市工程勘察设计大师评选】 为积极营造"尊重劳动、尊重知识、尊重人才、尊重创造"的良好氛围，在天津市工程勘察设计领域选拔一批具有国内领先水平的拔尖人才，按照《天津市工程勘察设计大师评选办法》，经市人才办批准，开展天津市第一批工程勘察设计大师评选工作，评选出丁永君、杜雷功等28名天津市工程勘察设计大师。此次评选工作扩大了这些优秀人才在专业技术领域的影响，引导和激励广大勘察设计从业人员精心钻研专业知识、提高

业务水平，推动勘察设计行业技术进步。（崔众鑫）

（五）建筑节能与科技

【建筑节能减排】 严格执行住宅三步节能标准。建成三步节能住宅1800万平方米，已累计建成三步节能住宅1.06万平方米，占节能住宅的63%。初步测算，累计节约标煤316万吨。率先实施居住建筑四步节能试点。在全国率先开展居住建筑四步节能标准研究工作，已经过专家评审，并报住房城乡建设部备案，在中新天津生态城、梅江川水园两个项目选取了6.6万平方米进行试点。

积极推进既有建筑节能改造。完成既有居住建筑供热计量及节能改造1350万平方米。

推进可再生能源建筑应用。推进天津市滨海新区、宁河县、静海县、蓟县等三区一县304万平方米可再生能源建筑应用，推广光热、光电和浅层地热能可再生能源技术应用。截至2012年底可再生能源建筑应用面积达到1600万平方米。

加强供热计量收费工作。截至2012年累计实行热计量达到6948万平方米，实施供热计量建筑平均节能率为7%～15%，用户退费率在60%以上，退费额在8%～15%之间。

推进民用建筑能效交易。开展交易方法学研究，完成医院建筑、商场建筑、办公建筑、热源及一次网等能效交易方法学研究，为发展民用建筑能效市场奠定基础，拟定了安定医院、远东百货、汉沽新开北路供热站等12个项目作为第二批民用建筑能效交易试点，节能量折算成二氧化碳预计8万吨，现已具备了交易的条件。同时积极申报国家自愿减排碳交易方法学。

发布实施禁止使用目录。发布《天津市建筑节能技术和产品推广、限制、禁止使用目录》。

【大力发展绿色建筑】 以政策法规为先导，以技术标准为支撑，重点推动中新天津生态城、静海团泊新城、蓟县翠屏新城、于家堡金融区、解放南路片区等"三城两区"规模化绿色建筑发展。截至2012年绿色建筑累计竣工和开工面积达到850万平方米，已获得国家绿色建筑设计标识29项。

【启动公共建筑节能改造】 启动公共建筑节能改造260万平方米，完成150万平方米。（姚晓光）

【建设科技发展】 2012年，组织建筑、施工、交通、市政、环保等领域的关键技术科研项目鉴定和验收30项，其中10项获得国家级奖励。建设科技发展不断创新。

【建立地下工程数据库】 经对天津市近年来约500项深基坑工程评审资料的汇总、分析和研究，初步建立地下工程数据库，为地下工程建设提供了丰富的工程实践资料和科学决策依据。

【建筑节能科研工作取得较大进展】 为提高外墙保温材料使用寿命，针对外墙外保温技术存在的问题，组织相关的设计、科研、检测以及施工等单位开展8个方面的技术攻关，在国内率先编制了居住建筑四步节能设计标准，开展了试点工程。

【桥梁工程施工技术不断创新】 《斜塔斜拉梁拱组合桥施工技术研究》依托上饶丰溪大桥工程，采取先索后拱、三次体系转换等施工技术，总结形成一套科学合理的施工工艺，保证了工程质量，取得明显的社会效益和经济效益。

【可再生能源建筑技术应用效果显著】 天津文化中心区域能源站项目列入天津市科委重点研究课题项目，并获得住房和城乡建设部专项资金支持。充分利用自然资源与景观有机结合，为近100万平方米的建筑提供绿色清洁能源。每年节约标准煤8873吨，减少二氧化碳排放2.32万吨、减少二氧化硫排放213吨、减少NO_X排放81吨，节水11.23万吨，节能率为36.02%。（师生）

（六）市容环境与园林绿化

【城市管理法制建设】 2012年，天津市市容园林法制建设扎实推进。《天津市城市照明管理规定》经市人民政府第99次常务会议审议通过；《天津市户外广告设置管理规定（修订草案）》按程序提交市政府常务会议审议；《天津市城市绿化条例（修订）》完成立法调研并形成报告。建立法律审核制度，制订印发《天津市市容园林委法律审核暂行办法》，对规范性文件、具体行政行为和对外签订合同进行法律审核，确保行政行为或经营行为的合法性。启动行政许可实施办法修订工作，研究制定《天津市迁移、砍伐城市树木行政许可实施办法》、《天津市改变绿化规划、绿化用地使用性质或占用绿化用地行政许可实施办法》等与行政许可事项相配套的实施办法，进一步规范行政许可程序和流程。建立具体行政行为专业统计制度，以案说法，进一步规范具体行政行为。组织完成全系统6个执法类别402名执法人员培训、考试和授件工作；组织机关和直属单位141名行政执法人员参加公共法培训考试，更换新执法证件。落实"六五"普法规划，组织100多名处级以上领导干部参加学法用法考核，提高领导干部学法用法能力和水平。

【市容环境综合整治】 2012年，天津市委、市政府决定，继续推进市容环境综合整治，切实把奋战900天的成果完善好、发展好、保护好，以更加清新靓丽的城市环境迎接党的十八大和市第十次党代会召开。2月22日，全市召开巩固发展奋战900天市容环境综合整治成果动员大会，市委副书记、市长黄兴国作部署，市委书记张高丽出席会议并讲话。5月10日中心城区主要道路和重点地区环境整治基本完成，巩固发展900天工作取得阶段性成果；第十次党代会期间，全体党代表集体视察市容市貌，对巩固发展900天工作给予充分肯定。

重点区域完善提升。提升重点道路区域环境，维修维护友谊路等63条主干道路，维护补充海河沿线等50公里夜景灯光设施；完善新建项目周边环境，搞好文化中心、33处地铁出站口等区域的综合整治，规范400个施工工地；整治城际铁路沿线环境，提升武清至天津站35公里铁路两侧环境和站区周边环境。

生活环境持续改善。提升居民社区环境，对300个社区实施环境提升，改造里巷道路30片，建成57个老年日间照料服务中心；增建一批环卫设施，新建改造公厕39座、垃圾转运站和环卫班点14处；拓展城市绿色空间，新建提升绿化节点20处；优化滨海新区环境，综合整治30条道路、66个社区；推进郊区县环境改善，整治道路234条，整治社区176个，清除卫生死角，建设文明生态乡村。

健全制度依法管理。完善城市管理体制，建立联席会议制度，协调解决跨区域、跨部门管理问题；加快城市管理立法，修订《城市照明管理规定》、《户外广告设置管理规定》，完善市容市貌、环境卫生、园林绿化、城市照明等标准体系；推进智能化、精细化管理，完善16个区县和9个管理部门数字化城管平台，落实网格化管理要求；强化执法检查，健全综合执法巡控体系。

【城市管理概况】 2012年，天津市城市管理工作以加快建设独具特色的国际性、现代化宜居城市为目标，加快实现从"治脏、治乱、治差"向"做细、做优、做靓"的转变，在巩固发展900天成果、推进精细化管理、推进市容园林和爱国卫生事业发展等方面实现新突破，城乡面貌发生更大变化，为人民群众创建了良好的生活环境，展示更加清新靓丽的城市形象。

【城市精细化管理水平整体提升】 坚持"两级政府、三级管理、四级网络"的管理体制，强化属地管理责任，推行精细化管理，推进依法规范管理，着力夯实城市管理基础。制定《天津市城市管理联席会议制度》和《天津市城市管理考核工作细则》，健全城市管理高位协调机制，解决一批管理中的难点问题。完成《天津市户外广告管理规定》和《天津市城市照明管理规定》，城市管理法律体系更加完备。完成市容市貌、环境卫生、园林绿化、户外广告等专业标准的修订，城市管理标准系统更加科学。完善"以奖代补"政策，强化监督考核的科学性、公正性，持续推进考评的制度科学化、内容法制化，监督考核的激励作用更加明显。完善市区两级和管理部门间数字化城管平台建设，对1247个万米单元网格全部落实卫生保洁员、设施管理员、综合执法员、巡查督导员、考核监督员，基本实现数字化管控、网格化管理，城市管理在不断创新中更加科学规范。

【奋战900天成果得到进一步巩固发展】 在连续四年奋战900天的基础上，按照维修维护为主、注重便民惠民、提升环境水平的原则，系统维修维护友谊路等63条主干道路整体环境，综合维修建筑1797栋，修缮破损屋顶874栋，油饰更换空调机罩10.7万个，补修路面92万平方米，城市环境要素在巩固中进一步提升。全面维护补充海河沿线等50公里夜景灯光设施，更换补充各类灯具3300万盏，点、线、面结合的夜景灯光体系更加完备，海河两岸夜景更加秀美璀璨。综合整治文化中心周边环境，加强"五大院"周边环境治理，打造展示天津城市特色的窗口。新建提升绿地1700万平方米，新建改造公园4座，提升20处绿化节点，清洗更换白色围栏7万延米，积极拓展了城市绿色空间。高标准整治提升城际铁路沿线环境，整修沿线建筑360栋，新建提升绿化124万平方米，生态绿色交通廊道基本形成。完成地铁出站口周边环境整治，加快推进300个社区环境整治，改造里巷道路30片20万平方米，新建改造公厕39座，开工建设社区老年日间照料服务中心57个，实现环境整治与民生改善的紧密结合。滨海新区和其他区县坚持城区与村镇综合整治同步推进，绿化美化净化水平明显提升，城乡环境水平发生更大变化。

【市容园林常态管理水平显著提升】 不断加大环卫专业管理力度，深入开展环境卫生大清整，全面推行"夜间机扫水洗，白天快速捡脏"环卫作业模式，大力推进城市清洗保洁装备现代化，全市道路机扫率达到60%，城市环境卫生质量明显改善。大力推进生活垃圾的减量化、资源化、无害化，积极推进生活垃圾分类收集和资源化回收利用，全市城市生活垃圾进场无害化处理率达到93%以上。建立健全城市绿化管养机制，全面推进绿化分级分类管理，全面实施公园养护管理星级达标，公园绿地管理等到明显增强。对全市道路、居民区、厂区路灯设施进行拉网式的检查梳理，明确管理主体和责任，路灯设施综合完好率达到98%以上，路灯管理水平明显提升。

【国家卫生区创建工作持续推进】 推动西青区完成国家卫生区推荐申报，河西区、滨海新区塘沽和大港通过国家卫生区成果复审。继续开展城乡环境卫生整洁行动，对600个行政村进行环境卫生整治。深入开展病媒生物防治工作，使天津市病媒生物密度达到国家制定的控制标准。

【综合执法效率和质量全面提升】 坚持依法严管，上限处理毁绿占绿行为，拆除违法设置的户外广告和私改牌匾，及时清除非法摊贩聚集点，取得良好效果。推行区域差别化执法管理模式，采取差别化、精细化的执法勤务模式和工作措施，有效提升执法效率和质量。大力推进联动执法机制，健全市、区两级城管综合执法联席会议制度，提高城市管理执法的有效性，确保城市的正常、有序运行。

【园林绿化建设】 2012年，全市新建提升改造绿化1700万平方米，植树26万余株。其中，仅市内六区共栽植乔木1万余株，花灌木2.16万株，常绿树0.39万株，藤本植物0.78万株，栽植花卉174.6万株，铺设草坪30.6万平方米。新建提升改造河东区的体育休闲公园、河北区南普公园、曹家花园和笑石园4座公园，重点提升土山公园、公安医院前绿地、海光寺绿地、奥体中心绿地、东站前广场、北斗街景绿地、勤俭桥绿地和思源广场8处重要绿化节点；实施道路绿化整治69条。结合市容环境综合整治工作的特点和要求，制定具有针对性的园林绿化整治项目的质量标准和技术规范。编制完成《2012年绿化巩固完善验收标准》和《城际铁路沿线绿化带苗木栽植技术要求》。圆满完成2012年市容环境综合整治绿化建设任务。

【废弃物管理】 2012年，天津市严格控制城市生活垃圾污染，生活垃圾收集运输基本做到密闭化，实现城市生活垃圾无害化处理率达到93%以上的目标，继续推进餐饮废弃物无害化处理试运行工作。全市垃圾运输车785部，生活垃圾收集站210座，中转站4座；全年收集运输城市生活垃圾213.19万吨，无害化处理量202.96万吨，无害化处理率95.20%，餐饮废弃物处理量4.68万吨，粪便无害化处理量13.23万吨。城市生活垃圾基本做到日产日清，基本实现生活垃圾密闭运输，有效防止收集、运输过程污染。

2012年全市已建成并投入运营的生活垃圾处理设施共11座，设计处理总能力10000吨/日。双港垃圾焚烧厂、青光垃圾焚烧厂、双口生活垃圾卫生填埋场和大韩庄生活垃圾卫生填埋场；大港生活垃圾卫生填埋场、汉沽生活垃圾卫生填埋场和汉沽垃圾焚烧厂；另外还有蓟县生活垃圾卫生填埋场、武清区生活垃圾处理场、宝坻区生活垃圾卫生填埋场、静海县紫兆垃圾处理厂。正在筹建的生活垃圾处理设施2座分别是贯庄垃圾焚烧厂和天津滨海新区大港垃圾焚烧发电厂。

【夜景灯光设施建设】 2012年，天津市设置夜景景点31处，灯光隧道8条，灯杆装饰道路11条，开启景观灯25万盏。以内环线、中环线、68条迎宾线等主干道路和重点繁华地区为重点，以国旗、彩旗等方式进行装点，完成"五一"、"十一"、元旦期间节日气氛布置任务。在中环线、快速路、卫国道等主干道路插挂国旗19000余面，设置宣传条幅6500面，设置彩灯、灯箱、艺术类灯具1200个，推进在建项目景观照明建设工程33栋，策划和实施森淼公寓等处的"远程引电"工作，以及长征医院、红桥清真大寺、天津市清真大寺和富力城住宅区的"集中供电"工作。对近10年景观照明实时监控系统的维护维修，进行全面的整理和梳理，形成一套完整的技术资料；明显提升开灯率；2012年共组织夜景照明重大活动保障累计达到500余次，共出动近3000人次，保障了达沃斯论坛等活动的灯光开启工作。

【市容市貌】 2012年天津市市容管理工作以高标准治理，高水平管理，全面巩固市容环境综合整治成果为目标，实现以治理促进管理，以管理推动治理，各项工作取得显著成效，全面提升市容管理整体水平。结合巩固900天市容环境综合整治任务，组织拆除整治道路范围内各类违法户外广告设施。全市共拆除违法户外广告设施2423块（处），其中，楼顶广告24块、楼体广告331块、楼顶单体字158处、占地小广告牌600处、围挡广告67块、刀牌78块、牌匾790块、LED显示牌127块、布标66处、建筑外檐装修1处、其他违法户外广告设施181块。同时，清洗油饰报刊亭192个，更新施工工地围挡画面608处。高标准完成了"春节""国庆节"等节日气氛布置及保障工作。以突出"展示科学发展、建设和谐天津"为主题，以"国旗、彩旗、中国结、灯笼、灯箱""白天看绿化、夜晚看亮化"等为主题元素，按照昼间与夜间结合，静态与动态结合，政府主导与责任单位实施相结合的原则，对中心城区主干道路和重点地区进行设计装点，完成春节期间节日气氛的布置工作。

（天津市市容和园林管理委员会）

河 北 省

1. 概况

【住房和城乡建设工作地方法规、政策细则、文件】《河北省国有土地上房屋征收和补偿实施办法》、《河北省燃气管理办法》和《河北省餐厨废弃物管理办法》颁布实施。《河北省历史文化名城名镇名村保护办法》立法工作顺利启动。办理立法协调件55件，提出修改建议、意见146条，参加省政府法制办组织的立法协调会27次。对《河北省城市照明管理规定》、《河北省城市红线管理规定》、《河北省城市绿线管理规定》、《河北省城市紫线管理规定》、《河北省城市黄线管理规定》、《河北省城市蓝线管理规定》等11个规范性文件进行了合法性审查。

2. 房地产业

【概况】 2012年，河北省房地产开发投资完成3086.5亿元，同比增长1%；商品房新开工面积7641.8万平方米，同比减少31.7%；商品房竣工面积4894.6万平方米，同比减少5.5%；商品房销售额2303.9亿元，同比减少1.8%。认真执行国家限购和差别化税收信贷等房地产调控政策，投机投资性住房需求得到有效抑制。各地加快普通商品住房建设，强化市场监测和信息发布，稳定了市场预期。开展商品房预（销）售专项检查，查处违规项目396个、企业353家，整顿了市场秩序，维护了消费者权益。积极开展城镇房屋拆迁工作问题专项工作，解决了一批积案重案和疑难案件。14个县级市房地产交易与权属登记规范化管理工作达标。全省房地产市场供给相对充足、房价基本稳定，得到国务院督导组的高度评价。

【房地产市场调控】 认真分析国家调控政策与房地产市场变化情况，着力做好政策贯彻和相关配套政策的落实，促进全省房地产市场稳定健康发展。一是坚持房地产市场调控政策不动摇，强化住房限购和差别化的住房税收信贷政策，严格限制投资投机性购房，引导合理住房需求。按照住房城乡建设部要求，及时纠正了个别城市出现的放松调控的政策倾向。二是按照《国务院办公厅关于对部分地区落实房地产市场调控政策措施情况进行督促检查的通知》和省政府领导批示要求，接待了国务院督查组对河北省的检查，督查组对河北省房地产市场调控工作给予了充分肯定。三是组织召开了全省房地产市场调控工作座谈会，传达了国务院督查组对河北省落实房地产市场调控政策措施进行督促检查情况和全国房地产市场调控工作座谈会会议精神，对下一步工作进行了安排部署。四是加强房地产市场动态监测分析。会同省统计局每月对房地产市场形势进行分析并上报省政府，及时发布市场调控政策和相关统计信息，稳定市场预期。按照省政府主要领导的批示，对香河县部分楼盘因降价引发的"退房"纠纷及时进行了协调和妥善处理。五是完成了《河北省城镇住房发展规划（2011—2015年）》编制工作，组织各设区市规划编制牵头部门参加住房城乡建设部举办的"城市住房建设规划编制培训班"，召开会议部署各设区市城镇住房发展规划编制工作。

【房地产市场监管】 以打击房地产销售环节违法违规行为为重点，在全省范围内开展了商品房预（销）售专项检查。一是开展全面检查。按照《关于开展全省商品房预（销）售专项检查的通知》（冀建房〔2012〕252号）要求，于5月1日起在全省开展为期5个月的专项治理，以打击擅自违法销售、销售现场违规、虚假宣传、合同欺诈等违法违规行为为重点，各地对所辖区域内（含县、市）的房地产开发项目进行了全面清理，对有投诉举报的项目进行重点检查。二是加强工作指导。全面检查结束后，按照《关于对全省商品房预（销）售专项检查工作进行督查的通知》（冀建房〔2012〕655号）要求，会同厅监察室、厅监察办对各地专项检查情况进行了全面督查验收，采取听取汇报、查阅资料、座谈交流、随机抽查并实地查看项目等方式，对各地检查工作进行了督查，督查项目涵盖设区市、县级市和县城，督查情况以通报形式下发各设区市。三是严肃查处违法违规行为。专项检查活动中，全省共检查房地产开发项目2373个、房地产企业2257家，其中，涉及违法违规的房地产开发项目396个、涉及违法违规的房地产开发企业353家。目前，共处理房地产开发企业162家，将情节严重的70家企业的违法违规行为记入信用档案，对21家房地产开发企业作为典型在新闻媒体上予以曝光。

【房屋征收拆迁】 围绕《河北省国有土地上房屋征收与补偿实施办法》的出台，继续做好新旧条例的衔接工作。一是组织开展城镇房屋拆迁问题专项工作。按照全省信访工作会议要求和省委、省政府关于处理信访突出问题及群体性事件工作的一系列决策和部署，认真组织开展了全省城镇房屋拆迁问题专项治理工作。健全完善了省城镇房屋拆迁问题专项工作机构，制定《河北省城镇房屋拆迁问题专项工作实施方案》并报省联席办，印发《河北省住房和城乡建设厅关于切实做好城镇房屋拆迁问题专项工作的通知》，组织召开了全省城镇房屋拆迁问题专项工作会议，对各市拆迁问题专项工作动员部署、排查摸底、清理重案积案工作进行了检查，对遗留积案重案和疑难案件较多的城市进行了重点督导。全省共排查城镇房屋拆迁信访事项103件、城镇房屋拆迁信访问题59件，目前已基本得到解决。二是不断健全国有土地上房屋征收与补偿制度。会同厅法规处，配合省法制办在多次调研论证、修改完善的基础上，出台了《河北省国有土地上房屋征收与补偿实施办法》(省政府令〔2012〕第2号)。制定房地产价格评估专家评定办法，开展了房地产价格评估专家的评定工作。对未组建房屋征收部门的秦皇岛、张家口、保定、衡水等城市进行了督导。三是做好新老条例衔接，确保征收工作顺利进行。根据《国土资源部、住房城乡建设部、监察部、农业部关于开展征地拆迁专项检查的通知》，按省政府领导要求，会同省国土资源厅等部门开展了全省征地拆迁专项检查，代省政府起草《河北省人民政府关于征地拆迁专项检查工作方案》和《河北省人民政府关于征地拆迁专项检查情况的报告》。2012年，河北省未发生房屋使用安全事故，国有土地上房屋拆迁和拆除未发生安全事故。四是积极推进国有土地上房屋征收与补偿信息公开工作。印发《河北省国有土地上房屋征收与补偿信息公开实施方案》，在河北建设网上开设"国有土地上房屋征收与补偿"专栏，公开征收与补偿相关法规规定和有关工作开展情况。及时对各市、县做好国有土地上房屋征收补偿信息公开工作进行了指导。会同住房保障处接待了国务院办公厅和住房城乡建设部对河北省国有土地上房屋征收补偿信息公开工作的督查调研，督查组对河北省工作予以充分肯定。

【物业管理】 继续培育规范物业管理市场，规范物业服务企业行为，促进物业服务质量和水平的进一步提高。一是不断提高物业服务市场化程度和服务水平。印发《河北省住房和城乡建设厅关于加强物业管理工作的通知》，会同住房保障处起草了《河北省廉租住房和公共租赁住房物业管理试行办法(草案)》，配合省物价局开展了物业服务收费情况的调研。二是进一步加强全省住宅专项维修资金管理工作。召开全省住宅专项维修资金工作座谈会议，研究当前存在的主要问题。积极推进《河北省住宅专项维修资金管理实施细则》的落实，针对媒体报道的石家庄市住宅专项维修资金管理方面存在的问题进行了调查处理。三是开展物业服务创优活动。组织全国物业管理示范住宅小区(大厦)项目初评工作并配合住房城乡建设部完成考评验收工作；完成全省物业管理优秀住宅小区(大厦、工业区)的评验工作。

【房屋交易与登记】 印发《河北省房地产交易与登记规范化管理考核细则》和《关于推进全省县级市房地产交易与登记规范化管理工作的通知》，部署22个县级市的房地产交易与登记年内达到省规范化管理水平。12月，在各设区市自查的基础上，对22个县级市房地产交易与登记规范化管理工作进行验收。继续加快推进个人住房信息系统建设，石家庄市已建立覆盖全市辖区的基础数据库，通过住房城乡建设部验收并实现联网；贯彻《房地产登记技术规程》，进一步促进房地产登记标准化。

3. 住房保障

【概述】 全省开工保障性住房和棚户区改造住房项目961个、29.4万套，占全省责任目标的102.7%；已竣工项目496个、15.5万套，占全省责任目标的103.2%；已分配入住项目390个、11.8万套。各设区市均已超额完成年度目标任务，同时河北省也按照要求完成了国家任务。全省累计解决城镇居民住房困难165.7万户，住房保障覆盖率达到16.9%。

【保障性住房工程建设】 规范项目选址。坚持分散配建和集中建设相结合，项目优先安排在交通便利、设施齐全、配套完备的区域，方便群众居住。

优化户型设计。制定保障性住房建设标准和设计、验收、装修技术导则，印发优秀户型设计图集，指导各地项目建设。严格质量监管。以质量终身负责制为基础，落实"十项制度"，实行设计、施工、监理全过程监管，严把建设队伍关、材料进场关、现场质量控制关、竣工验收关，过程总体可控，保障房工程质量均达到合格以上标准。四是坚持示范引领。开展示范项目评比活动，按照省地节能环保质优的标准评选一批示范项目，以发挥示范引领作用。

【保障性住房分配管理】 严格履行"三级审核、两级公示"程序，实行联审联查，对申请人收入、财产和家庭成员等情况进行审查，按照"全过程公开，全方位监督"要求，加大信息公开力度，确保公平、公正、公开。2008年以来，全省已累计审核确认25万户，清退2833户。同时，进一步完善了后期管理措施，规范运营服务，实行动态监管，强化退出管理，推动保障性住房正规化和人性化管理。

【住房保障长效机制】 建立"双配建"制度。公开出让的商品住房用地项目强制配建10%的廉租房和公租房，集中建设的保障房小区配建不低于10%的商业和综合服务设施。全省已累计配建保障性住房3.8万套，配建商业用房70余万平方米。

推进信息化建设。建成数字住房保障系统，建设项目、保障房源、保障对象全部实行信息化管理；创新保障模式。按照"统筹建设、租补分离、梯度保障、统一管理"原则，选择石家庄、廊坊、邯郸市作为试点，先行先试，积累经验，探索保障房并轨新模式；探索建管新思路。组织各设区市赴湖北、江西等省进行考察，积极学习先进的建设管理经验。

4. 住房公积金管理

在2011年工作的基础上，组织召开"河北省住房公积金业务管理信息系统需求分析讨论工作会"，对住房公积金业务管理信息系统需求编写初稿进行分析讨论，提出修改意见。组织各市各单位召开了全省住房公积金业务管理信息系统功能演示会，介绍项目进展总体情况，对归集、提取、贷款、财务及资金管理、报表和档案管理等流程进行演示。

按照《河北省住房和城乡建设厅2012年重点稽查执法工作实施方案》的安排，对全省住房公积金稽查执法工作等工作进行检查，发现各地住房公积金管理中心在行政执法意识、机构和人员建设、稽查执法工作机制等方面存在的问题。起草《关于加强住房公积金稽查执法工作的意见》。规范住房公积金执法程序，统一了执法文书格式，提出各市要建立住房公积金管理中心行政执法专门机构，加强队伍建设，落实行政执法责任追究制。

5. 城乡规划

【区域规划】 启动省域城镇体系规划修编工作。编制完成省域城镇体系规划实施评估报告。按照两群一带的城镇化发展格局，组织编制环首都绿色经济圈、冀中南区域空间布局及河北省沿海地区总体规划。加强与京津规划的合作对接。组织开展首都经济圈城镇发展定位及空间布局研究，并形成初步成果。

【规划体系】 提高规划的前瞻性和科学性。指导各市、县按照加快新型城镇化的要求，对城市总体规划进行评估，并启动规划期限到2030年的总体规划修编。推进城乡一体化。指导各市深化完善中心城市空间发展战略规划，石家庄、秦皇岛和唐山完成城乡统筹规划。开展县(市)域城乡总体规划试点，迁安、三河、霸州、高碑店、武安等5个县级市已完成规划成果。开展重点课题研究，完成《河北省城市规划管理技术规定》、《河北省城市停车设施配置技术规定》、《河北省城市公共设施配置专题研究》、《河北省城市地下空间开发利用专题研究》等标准导则，印发《河北省城市风貌特色控制导引》。

【"两化"建设】 部署城乡规划行业标准化建设工作。年初印发《关于推进城乡规划部门ISO质量管理体系建设有关问题的通知》，在全省城乡规划系统推行标准化工作，将石家庄、唐山、廊坊、保定四市作为试点重点推进。深化数字规划应用。于年初印发《2012年数字规划建设重点工作安排》，会同信息中心制定了《城市风貌特色近期建设规划空间数据技术要求》和《历史建筑空间数据技术要求》2项数据标准，完成《地下管线建库标准》、《地下管线综合信息系统建设技术导则》、《城乡规划统计评价基础信息采集指标》3项标准规范。起草《河北省城乡规划统计分析评价系统建设实施方案》，谋划全省城乡空间信息资源统计、分析和使用管理工作。

【规划执行】 围绕贯彻实施《河北省城乡规划条例》，制定了城市五线管理办法、《河北省历史文化名城名镇名村保护管理办法》等配套制度文件，转发住房城乡建设部《建设用地容积率管理办法》、《关于规范城乡规划行政裁量权的指导意见》、《城乡规划管理廉政风险防控手册》，加强城乡规划实施监管。深入开展违规调整规划、变更容积率、城市绿线等工作督导。围绕着力改善发展环境和生态环境，起草《全省城乡规划系统着力改善发展环境实施方案》。

6. 城市建设

【概况】 各地在完善配套设施、提升城市功能、聚集优质产业、强化精细管理上下功夫，城镇改造步伐进一步加快，城市建设取得明显成效。

【城市功能】 全省城市基础设施投资完成3303.4亿元，其中市政基础设施投资完成1003.7亿元，110项重点工程竣工38项，石家庄新客站、沧州体育场等功能性设施相继建成。旧城更新稳步推进，重点实施了一批路网升级、管网改造、街巷整治等惠民工程，城中村改造引进的商贸综合体、总部大厦等项目陆续开花结果。三项保护工程扎实推进，完成资源普查、规划编制和数字系统建设，启动了一批历史建筑修缮、基础设施改造和环境综合整治项目。污水垃圾运营管理得到加强，新建污水处理项目17个，新增污水管网1100公里，开展污水处理设施运营管理年活动，完成18个生活垃圾填埋场等级评定工作。全省城市污水处理厂集中处理率和垃圾无害化处理率均达到87%，分别提高1个和7个百分点。

【城市管理】 开展违规调整规划、变更容积率、规划执法等督导调研，发挥规划督察员作用，规划实施刚性增强，邢台"城乡规划服务大厅"做法得到省领导肯定。城市容貌环境"脏乱"整治行动成效明显，垃圾、牌匾、摊点、工地等得到有效治理和规范，市容市貌大为改观。数字城管建设继续延伸，24个县（市）平台建成。数字规划功能不断完善，被住建部评为"科学技术计划项目示范工程"。

【园林绿化】 以园林城创建提升为载体，以城区增绿为重点，加强绿地系统规划和园林绿化项目建设。全省城镇累计植树1120万株，新增园林绿地5300公顷，新建公园游园505个，绿道绿廊377公里，创建省级园林城18个，城市建成区绿地率、绿化覆盖率和人均公园绿地面积分别达到33.8%、38.4%和12平方米。石家庄成功举办河北省首届园博会，社会反响良好。

【城市特色】 挖掘城市文化内涵，培塑城市风貌特色。印发了《河北省城市风貌特色近期建设规划指导意见》，督导各市完成了《城市风貌特色近期建设规划》，并建立了2012年城市风貌特色建设项目库。

【生态城建设】 完成北戴河新区、唐山湾生态城、黄骅新城、正定新区和涿州生态宜居示范基地等"4+1"生态示范城市规划编制工作，初步建立各具特色的生态规划指标体系。组织示范城市开展重要专项规划和近期建设地段控制性详细规划编制工作，并多次进行实地督导。制定发布《关于做好生态示范城市规划编制工作的通知》《关于推进涿州生态宜居示范基地规划建设工作的函》《关于涿州生态宜居示范基地规划实施的指导意见》和《关于推进北戴河新区规划建设工作的函》，代省政府起草了《关于推进全省生态示范城市建设的意见》。

7. 建筑业与工程建设

【概况】 在经济增速放缓、下行压力加大情况下，全省建筑业总产值预计完成4550亿元，增长21%，预计增加值1550亿元，增长23%。产业集中度进一步提升，特一级企业达到364家，产值占到建筑业总产值的60%以上。创新并规范农民工工资保证金缴纳、投标保证金收取、工程质量保证金预留使用管理等政策，每年可为企业减负超百亿元。深入实施"走出去"战略，积极培育拓展西北、西南和东南市场，施工企业省外产值突破千亿元大关。

【建筑市场监管】 市场整顿持续深入，实行建筑业、勘察设计业、招标代理机构资质资格动态核查，责令1000多家问题企业限期整改。开展虚假招投标和转包违法分包专项治理、监理企业专项整顿，查处了一批不达标企业和违法违规企业。开展预拌商品混凝土生产企业专项整治，要求267家限期整改、58家停产整顿，71家被收回或吊销资质，有效净化了市场环境。加强诚信体系建设，建成建筑业企业信用综合评价平台，评价结果与企业业绩、科技创新、社会贡献、质量安全等挂钩，初步实现市场与现场联动。继续推行建筑劳务实名制"一卡通"，新发卡50万张。

【质量安全】 质量安全工作成效突出。实行施工现场质保体系量化考核评价制度，启用建设工程质量监督、检测管理信息系统，开展质量巡查暗访和工程结构创优活动，促进了各方主体质量责任落实，全省工程质量稳中有升，建成结构优质工程220项、省优工程240项。坚持以标准化、信息化完善安全防控体系，开展安全生产文明施工标准化工地创建活动，加强施工现场特种作业人员管理，严厉打击非法违法建筑施工行为，全省建筑安全生产形势稳定好转，实现事故起数、死亡人数双下降。河北省建筑市场和质量安全监督管理工作走在全国前列，在全国会上作了典型发言。

【勘察设计】 以夯实工程质量基础为目的，持续开展工程勘察行业专项治理，印发《河北省开展工程勘察专项监督检查实施方案》，根据《关于加强工程勘察管理工作的通知》的要求，对扎实做好工程勘察监督检查进行了安排。在各市检查的基础上，印发《关于开展2012年全省工程勘察和施工图审查机构集中检查工作的通知》（冀建质〔2012〕684

号），对全省198家工程勘察企业进行了检查，其中4家主动交回资质，对人员、设备不到位的企业限期整改。根据《河北省优秀工程勘察设计奖评选办法》，评选出2011年度河北省优秀工程勘察设计项目一等奖27项、二等奖87项、三等奖125项。申报数量和获奖项目均较2010年有较大幅度增加，进一步繁荣了设计创作，推动了勘察设计行业的进步。

【建筑材料】 积极推广应用新型建材设备，对唐山北极熊建材有限公司生产的超轻发泡水泥保温板、华北金龙新型材料有限公司生产的CO_2基复合阻燃保温板等30项新型建材产品组织了专家论证，一批新型节能材料得到应用，保证了节能示范小区、绿色建筑的建设需要。对重点企业在技术更新和产品推广等方面给予大力支持。

8. 村镇建设

【基层建设年】 圆满完成加强基层建设年活动帮扶村规划编制、危房改造、垃圾处理工作。组织编制村庄环境综合整治规划5010个、新编修编村庄规划1920个，完成帮扶危房改造3.08万户，督导帮扶村加强垃圾清运处理工作，基本实现日产日清，村庄面貌明显改善。

【农房恢复重建】 强力推进"7.21"洪涝重灾区农房恢复重建工作。第一时间从省市县抽调200余名业务骨干，夜以继日、负责高效地完成了2.5万余户灾毁农房调查鉴定工作。及时提请省政府印发实施方案，发动11家甲级单位编制重建规划，确保了快节奏、高水平。深入重灾区全程指导恢复重建工作，发放指导图集、政策汇编等2000多册，受到当地群众欢迎。积极向住建部争取到2万户农村危房改造指标，专门用于支持灾毁农房恢复重建。目前，原地恢复重建和维修的9031户已竣工，异地迁建的937户全部开工。

【村镇规划和危房改造】 村镇规划建设改造全面加强。编制幸福乡村示范点村庄规划2240个，开工镇污水处理项目67个、建成17个，推动25个县（市）建立了城乡垃圾一体化处理模式。加大农村危房改造力度，争取中央资金9.2亿元，安排省补资金4.09亿元，在确保总体质量前提下改造完成12万户，实现国家下达的责任目标。

9. 建设节能与科技

【建设节能】 全面推进建筑节能"五位一体"工作抓手，新建建筑节能强制性标准执行率100%，总量达到3.45亿平方米，占既有建筑总量的30.3%；完成既有居住建筑热计量及节能改造1376.8万平方米，新增供热计量收费面积2478万平方米、可再生能源建筑应用1258.3万平方米；绿色建筑发展提速，全省绿色建筑评价标识达到37个，省部签署了共建北戴河新区国家级绿色节能建筑示范区框架协议；国家机关办公建筑和大型公建节能检测监管工作进一步加强。"4+1"生态示范城建设开局良好，一批基础设施项目和绿色示范工程开工建设。

【建设科技】 推荐申报2012年省科技进步奖20项、住建部华夏科技进步奖3项，有6项被评为2012年度省科技进步奖。印发了《河北省建筑节能与结构一体化技术认定条件》，相关认定工作正在组织开展，CL结构体系应用规模继续扩大，竣工各类建筑面积累计达5000万平方米。开展了推广高强钢筋工作。石家庄、唐山两市确定为全国推广应用高强钢筋示范城市。河北省工作得到住建部、工信部的肯定，我厅在全国推广应用高强钢筋工作会议上做了经验介绍。河北建工集团评为国家级工程技术中心，成为全省住房和城乡建设系统第一个国家级工程技术中心。省建研院承担的武当山门整体顶升创世界高度之最。

10. 建设教育

举办全省新型城镇化建设领导干部专题研讨班，对全省2011年地方换届以来县（市、区）政府新任分管城建工作122名领导干部进行培训。邀请国内12位知名专家教授，讲授推进新型城镇化建设方面的12个专题，通过精心组织，确保培训质量，收到良好效果。

11. 大事记

1月

11日 住房和城乡建设部、河北省政府有关领导在北京联合审议并原则通过北戴河生态示范新区、涿州生态宜居示范基地规划方案。住房和城乡建设部副部长仇保兴、河北省政府副省长宋恩华出席会议并讲话。会议由河北省住房和城乡建设厅厅长朱正举主持，副厅长苏蕴山参加会议。

12日 省住房和城乡建设厅公布2011年度十佳绿色建筑、十佳绿色小区、十佳公园、十佳公共建筑、十佳景观大道、十佳风貌街区评选结果。决定命名唐山市"央企生活服务基地一期项目示范区住宅工程1-8#楼"等为2011年度河北省十佳绿色建筑，秦皇岛市"在水一方住宅小区A区"等为2011年度河北省十佳绿色小区，石家庄市世纪公园等为

2011年度河北省十佳公园，河北省图书馆等为2011年度河北省十佳公共建筑，廊坊市和平路等为2011年度河北省十佳景观大道，唐山市运河唐人街等为2011年度河北省十佳风貌街区。

13日　河北省住房和城乡建设工作会议在石家庄召开。会议全面总结2011年全省住房城乡建设工作，对2012年工作进行部署。

全省城乡规划暨历史文化名城名镇名村抢救保护工作座谈会在石家庄召开。

2月

3日　省住房和城乡建设厅召开驻村工作座谈会，传达贯彻省委关于开展加强"基础建设年"活动的精神要求，对选派的驻村干部进行集体动员谈话，对厅驻村帮扶工作进行安排部署。

5日　省住房和城乡建设厅厅长朱正举、省文物局局长张立方会同国家级文物保护和规划专家到正定调研古城保护工作。调研组先后到正定南城门、广惠寺、临济寺、开元寺等文物保护单位进行实地考察，随后召开座谈会就正定古城保护进行深入探讨。

13日　省住房和城乡建设厅印发《河北省住房和城乡建设事业发展第十二个五年规划纲要》（冀建〔2012〕73号）。纲要主要阐明"十二五"期间全省住房和城乡建设事业发展的总体思路、发展目标、战略任务和工作重点，是统领全省住房和城乡建设事业改革与发展的重要依据。

14日　河北省人民政府办公厅印发《河北省沿海地区总体规划》（冀政办函〔2012〕14号），确定河北省沿海地区的发展战略，以及港口、产业、城镇、综合交通与基础设施、对外开放等方面的发展规划。

27日　河北省人民政府印发《关于进一步加强城市园林绿化工作的意见》（冀政〔2012〕18号），对城市园林绿化工作提出指导性思想和目标任务。

河北省人民政府办公厅印发《河北省历史文化名城名镇名村保护工程实施方案》《河北省城镇古树名木保护工程实施方案》和《河北省风景名胜资源保护工程实施方案》（办字〔2012〕24号），对实施目标、工作任务、时间安排、保障措施等提出总体要求。

3月

2日　全省住房和城乡建设系统安全生产电视电话会议在石家庄召开。副厅长梁军出席会议并总结2011年建筑安全生产工作。

15日　省住房和城乡建设厅厅长朱正举，总规划师桑卫京来到"基层建设年"活动定点帮扶村——沽源县小厂镇小厂村、九连城镇大其梁村考察调研。

26日　省住房和城乡建设厅厅长朱正举视察省第一届园林博览会园区，并对工程建设进行调度。

4月

1日　河北省住房和城乡建设厅在石家庄召开全省城市建设百项重点工程及市政基础设施投资调度会，传达开展城市建设百项重点工程工作的有关精神，并对下一步工作进行安排部署。

6日　副省长宋恩华在厅长朱正举陪同下，前往住房和城乡建设部就涿州生态示范基地建设拜访仇保兴等部领导，副省长宋恩华对住建部长期以来对河北省城乡建设工作关心和支持表示感谢，并提出基地建设是省部合作协议的重要内容，要把此项工作作为落实科学发展观，加快城乡建设方式转型和创新发展的重要抓手，整体推进基地建设。

11日　省住房和城乡建设厅印发《关于成立预拌商品混凝土企业专项整治工作领导小组及办公室的通知》（冀建人〔2012〕230号），成立由梁军副厅长为组长，相关业务处室负责人为成员的厅预拌商品混凝土企业专项整治工作领导小组，领导小组办公室设在建设材料装备处，加强对省预拌商品混凝土企业专项整治工作的协调和领导，健全推动工作机制。

12日　全省保障性安居工程工作调度会在石家庄召开。省委书记、省人大常委会主任张庆黎对保障性安居工程建设工作作出重要批示："这几年河北省保障性安居工程做得扎实有效，今年的任务规模大、要求高，任务光荣而又艰巨，希望全省各级各部门一定认真总结经验，乘势而上，尤其在开工率、竣工率、入住率和确保进度、确保质量、确保公平分配上下功夫，真正把这项民生工程办成放心工程，切实把好事办好。"副省长宋恩华出席会议并讲话。省住房和城乡建设厅厅长朱正举通报全省保障性安居工程进展情况。

20日　副省长宋恩华带领省住房和城乡建设厅和保定市政府负责同志，到定州市就城市建设特别是历史文化名城保护工作进行调研。省政府副秘书长曹汝涛、省住房和城乡建设厅厅长朱正举、保定市政府副市长赵常福陪同调研。

28日　河北省第一届园林博览会在位于正定新区的省园博园开幕。省委常委、石家庄市委书记孙瑞彬宣布园博会开幕。

5月

7日　常务副省长杨崇勇在保定召开了环首都绿色经济圈建设以及与央企合作项目调度会议。省住房和城乡建设厅苏蕴山副厅长参加。

11日　省住房和城乡建设厅在北京召开河北省推进新型城镇化专家研讨会，就河北省推进新型城镇化征求专家意见。

19日　全省风景名胜区工作座谈会在保定涞源召开。省城镇建设三年上水平工作领导小组办公室副主任李贤明出席会议并讲话。

21日　省住房和城乡建设厅印发关于《推进新建住房全装修工作的意见》（冀建质〔2012〕330号），对加快推进全省新建住房全装修工作，进一步提高河北省各类住房建设质量提出意见。

6月

4日　省住房和城乡建设厅印发《河北省"十二五"城市绿色照明规划纲要》（冀建城〔2012〕362号）。

全省建设系统安全生产工作电视电话会议召开，通报2012年1～5月全省建设系统生产安全事故情况。省住房和城乡建设厅副厅长梁军要求各地严格落实企业安全生产主体责任，严格排查隐患，确保生产形势持续稳定好转；深入开展施工现场"脏乱"专项整治，提升施工现场标准化水平。

5日　全省保障性安居工程建设调度会在保定召开。省住房和城乡建设厅厅长朱正举安排部署下一步工作，副厅长曲俊义通报全省保障性安居工程进展情况。秦皇岛、廊坊、保定、邯郸四市在会上作重点发言，其他各设区市汇报工作进展情况。

8日　省住房和城乡建设厅印发《关于加强建设工程安全生产文明施工费计取和管理的指导意见》（冀建市〔2012〕386号），意见对加强建设工程安全生产、文明施工费计取和管理，保障安全生产、文明施工资金投入，维护企业、职工以及社会公共利益提出相关规定。

27日　为对加强城市照明管理，完善城市照明的公共服务功能，促进能源节约，改善城市照明环境，确保城市照明安全，省住房和城乡建设厅印发《河北省城市照明管理规定》（冀建法〔2012〕423号），就各部门职责、城市照明规划和建设、管理和维护、节约能源等内容进行明确。

7月

8日　河北省住房和城乡建设厅基层建设年活动督导组，召开督导活动汇报会。11个督导组组长汇报了，各市基层建设年工作情况，厅长朱正举、总规划师桑卫京出席会议。

11日　全省预拌商品混凝土市场专项整治工作现场推进会在秦皇岛市召开。省住房和城乡建设厅副厅长梁军出席会议并讲话。

24～27日　由住房和城乡建设部副部长齐骥率领的国务院房地产市场调控督察组，先后到石家庄市、沧州市、廊坊市，对河北省贯彻国务院房地产市场调控政策措施落实情况进行专项督查。副省长宋恩华，省住房和城乡建设厅厅长朱正举、副厅长曲俊义以及省税务、金融等相关部门人员参加河北省贯彻落实房地产市场调控政策措施汇报会和交流会。

26～27日　全省推进"禁实"工作汇报交流会在承德市召开。省住房和城乡建设厅副厅长梁军出席会议并讲话。

30日　省住房和城乡建设厅组织全省11设区市主管部门召开全省保障性安居工程质量和建筑安全生产工作电视电话会议。省住房和城乡建设厅厅长朱正举、副厅长梁军出席会议并讲话。

8月

1日　省政府副省长、省"7·21"洪水灾后重建指挥部指挥长宋恩华听取省住房和城乡建设厅关于水毁房屋鉴定、灾区村庄规划编制和农民住房恢复重建工作的进展情况，并提出工作要求。厅长朱正举陪同调度。

省住房和城乡建设厅在保定召开会议，专题部署"7.21"洪灾房屋损坏情况调查鉴定工作。总规划师桑卫京出席会议。

3日～4日　副省长宋恩华带领省直有关部门负责同志到保定3个重灾县，就落实省委、省政府决策部署，做好灾后重建规划工作进行调度。省住房和城乡建设厅厅长朱正举陪同调研。

15日　省住房和城乡建设厅印发《关于河北省驻陕西建筑队伍管理办公室开展工作的通知》（冀建市〔2012〕547号）。河北驻陕办归口管理河北省入陕建设类企业，协助陕西省各级建设主管部门指导河北入陕企业严格遵守国家及陕西省建筑市场和施工现场的管理规定，协助搭建冀陕两省建筑业交流合作平台。

16日　省住房和城乡建设厅联合省财政厅、省人力资源和社会保障厅、省公安厅、省总工会，印发《关于印发〔关于提高环卫职工待遇促进环卫行业健康发展的意见〕的通知》（冀建城〔2012〕553号）。

21日　省住房和城乡建设厅召开会议，传达贯彻抗洪救灾恢复重建动员会精神，专题部署洪涝重灾区农民住房恢复重建工作。省政府副秘书长曹汝涛主持会议并传达全省"7.21"抗洪救灾恢复重建动员会精神。省住房和城乡建设厅厅长朱正举对下一步工作进行部署，总规划师桑卫京对《河北省"7.21"洪涝重灾区因灾倒损住房恢复重建实施方案》进行说明。

全省城市管理环境容貌整治工作现场会在承德市召开。省城镇建设三年上水平工作领导小组办公室副主任李贤明出席会议并讲话。

24日　河北省人民政府印发《关于加强保障性安居工程建设和管理的意见》（冀政〔2012〕70号）。意见要求，各级政府用于保障性住房的投资及其增值收益要转化为政府持有产权的保障性住房，到2015年，每年新增政府持有产权的保障性住房力争达到当年新增保障性住房总量的1/3。到"十二五"末，逐步建立以公共租赁住房为主的多层次城镇住房保障体系，全省住房保障覆盖面基本达到20％。

27日　全省生态示范城市建设暨与央企合作对接座谈会在黄骅市召开，有关设区市、"4+1"示范城市与中国建筑、华润集团、国电集团、华电集团、中国建材等14家央企、知名企业进行工作对接和项目接洽、签约。省政府副省长宋恩华出席签约仪式，省住房和城乡建设厅厅长朱正举、副厅长苏蕴山参加签约仪式。副厅长梁军主持签约仪式。

30日　全省保障性安居工程工作会议在石家庄召开，副省长宋恩华出席会议并讲话，省政府副秘书长曹汝涛主持，省住房和城乡建设厅厅长朱正举通报全省保障房进展情况，副巡视员吴铁出席会议。

9月

1日　"7.21"洪涝重灾区农民住房恢复重建工作调度会在保定召开。省住房和城乡建设厅厅长朱正举出席会议并讲话，总规划师桑卫京主持会议。

12日　河北省与加拿大新布伦瑞克省在石家庄签署《加拿大新布伦瑞克省中国河北省木结构建筑技术合作框架协议》。副省长宋恩华会见大卫·奥瓦德一行并出席签约仪式。省住房和城乡建设厅厅长朱正举与新布伦瑞克省经济发展部执行董事乔尔·瑞查森代表中加双方签署协议。副厅长梁军主持签约仪式。

13日　全省农村危房改造工作电视电话会议在石家庄召开。副省长宋恩华出席会议并强调，要强力推进农村危房改造工作，切实把改造任务完成好。省住房和城乡建设厅厅长朱正举主持会议。

29日　住房和城乡建设部与河北省政府在北京签署《关于共建北戴河新区国家级绿色节能建筑示范区合作框架协议》。住建部副部长仇保兴、副省长宋恩华出席签约仪式，并代表双方在框架协议上签字。住建部城乡规划司司长孙安军、省政府副秘书长曹汝涛、省住房和城乡建设厅厅长朱正举、副厅长梁军参加签约仪式。住建部建筑节能与科技司司长陈宜明主持签约仪式。

10月

12日　贯彻落实省委书记张庆黎9月27日在保定市调研灾后重建工作时提出的"努力奋战100天，确保群众过好年"的要求，圆满完成农民住房恢复重建年度目标任务，省住房和城乡建设厅在保定市召开会议，对四个受灾县农民住房恢复重建工作进行部署。总规划师桑卫京出席会议并讲话。四个重灾县政府及建设主管部门负责同志参加会议。

15日　省住房和城乡建设厅召开进一步提升机关标准化管理水平工作会议。厅长朱正举作重要讲话。副厅长梁军在会上宣读了《河北省住房和城乡建设厅关于进一步提升标准化管理水平的意见》。副厅长苏蕴山、省城镇建设三年上水平工作领导小组办公室副主任李贤明、副巡视员王毅忠在主席台就座。副厅长曲俊义主持会议。

30日　全省燃气管理工作会议召开，解读《河北省燃气管理办法》，部署下阶段工作。省城镇建设三年上水平工作领导小组办公室副主任李贤明出席会议并讲话。

31日　2012年第四季度全省保障性安居工程工作调度会在石家庄召开，省住房和城乡建设厅厅长朱正举出席会议并讲话，会议由副厅长曲俊义主持，副巡视员吴铁通报河北省保障性安居工程建设进展情况。

11月

6日　全省城乡规划系统着力改善发展环境邢台现场会召开，研究部署全省城乡规划系统着力改善发展环境工作，推广邢台市城乡规划系统经验做法。省住房和城乡建设厅副厅长苏蕴山出席会议并讲话。

9日　河北省建筑设计研究院建院60周年建筑学术论坛暨"从北京到伦敦——当代中国建筑展"中国巡回首展在石家庄开幕。省住房和城乡建设厅厅长朱正举出席开幕式。

15日　中国二十二冶集团有限公司国家住宅产业化基地论证会在唐山市召开。中国二十二冶集团有限公司申请建立国家住宅产业化基地的条件符合《国家住宅产业化基地试行办法》的要求，列入国家住宅产业化基地实施项目。住房和城乡建设部科技与产业化发展中心副主任文林峰、省住房和城乡建设厅副厅长曲俊义出席论证会。

16日　按照省政府要求，省住房和城乡建设厅邀请有关专家对各地申报的省级风景名胜区进行评审论证。省城镇建设三年上水平工作领导小组办公室副主任李贤明出席会议。

23日　省住房和城乡建设厅厅长朱正举在省十一届人大常委会第三十三次会议上作出关于《河北

省城镇体系规划实施评估报告》的报告。报告指出，自《河北省城镇体系规划（2006—2020年）》实施以来，全省在城镇建设、城镇化进程、区域协调发展、资源保护和利用、重大基础设施和公共设施建设等方面取得阶段性成效。

24日　省住房和城乡建设厅印发《河北省历史文化街区、名镇、名村基础设施完善及环境整治技术导则（试行）》（冀建村〔2012〕782号），对全省历史文化街区、名镇（村）道路交通、给水、排水、电力电信、供热燃气和环境整治工程等提出了具体指导：在核心保护范围内，不宜增设大型社会停车场，不应新建枢纽变电站，不应设置集中供热热源。

29日　省长张庆伟到河北省建筑科技研发中心调研。张庆伟在调研时强调，建筑科技研发必须向国际先进水平看齐，坚持高起点规划、高标准设计、高质量施工，确保建成彰显文化特色、符合节能环保要求、经得起历史检验的优质工程、放心工程。副省长宋恩华，省长助理、省政府秘书长尹亚力，省政府副秘书长曹汝涛参加调研，省住房和城乡建设厅厅长朱正举，副厅长曲俊义、梁军陪同调研。

30日　全省城市容貌"脏乱"整治工作现场会在大厂县召开。省城镇建设三年上水平工作领导小组办公室副主任李贤明出席会议并讲话。

12月

5日　省纪委副书记吕忠国一行五人来我厅调研全省住建系统反腐倡廉建设情况。厅党组副书记、副厅长曲俊义，纪检组长、监察专员冯玉库向调研组介绍河北省住建系统反腐倡廉工作创新性做法和成效，以及开展反腐倡廉教育和加强廉政文化建设相关情况。

8日　省住房和城乡建设厅机关处室和厅属单位全体在职干部500余人参加了2012年度全省干部法律知识考试。此次考试，是河北省组织的第七次干部法律知识考试，旨在深入贯彻党的十八大精神，以考促学，进一步增强各级干部法律素质，提高依法决策、依法行政、依法管理的能力和水平。

10日　省住房和城乡建设厅召开电视电话会议，就全省住房城乡建设系统安全生产工作进行部署。副厅长梁军出席会议并讲话，省城镇建设三年上水平工作领导小组办公室副主任李贤明主持会议。

18日　省住房和城乡建设厅召开加强基层建设年活动驻村帮扶工作汇报座谈会。厅长朱正举出席会议并讲话。副厅长曲俊义主持会议。纪检组长、监察专员冯玉库，总规划师桑卫京参加会议。

全省建设工程造价管理工作座谈会议在石家庄市召开。省住房和城乡建设厅副巡视员王毅忠出席会议并讲话。

全省市政基础设施投资和百项重点工程建设调度会在石家庄召开。会议通报，截至目前，全省共完成市政基础设施投资1003.7亿元，完成年度计划的104%。110项重点项目，已竣工38个，完成年度投资任务361.82亿元，占总投资的38.57%，另有72个项目由于建设周期问题需跨年度结转。

24日　省住房和城乡建设厅印发《河北省设区市城市环境容貌"脏乱"整治工作评估细则（试行）》（冀建城〔2012〕845号），评估采取听取汇报、查验资料、现场检查的方式进行，内容分为资料查阅、现场检查、省工作通报、加分项四个部分。

27日　省住房和城乡建设厅组织召开全省供热保障工作座谈会。会议分析了11个设区市今冬供暖运行情况和供热计量推进情况，厅长朱正举出席会议并讲话，省城镇建设三年上水平工作领导小组办公室副主任李贤明做工作部署。

（河北省住房和城乡建设厅）

山 西 省

1. 概况

2012年山西省住房城乡建设系统按照"三、十、五"总体工作部署，以转型综改试验为统揽，以城镇化、住房保障、重点工程三项工作为重点，以实施规划转型、新区示范、旧区提质、城乡清洁、宜居创建、数字城管、"四名"保护（历史文化名城、名镇、名村，风景名胜区）、"六水联动"（城镇供水、排水、污水、中水、节水、雨水)、百镇建设、"四改四变"(房改、户改、地改、社改,农民变市民、村委变居委、村民变股民、农保变城保)"十大工程"为抓手,以创新建立健全上下统筹联动、政策法规推动、试点示范引领、对标赶超管理、考核评价激励"五个工作机制"为动力,对标一流确定目标,一事一表细化责任,调度推进狠抓落实,定量考核排名通报,圆满完成各项目标任务。山西省城镇化率达51.26%,总体步入城市型社会;保障性住房开工建设42.48万套,历年累计建成127万套,圆了300多万城乡困难群众的住房梦,重点项目落地和重点工程建设实现"双超万亿"目标,房地产呈现"三增一稳"良好态势,建筑业持续健康发展,建筑节能和城镇生活减排等约束性指标圆满完成,建筑工程质量、安全生产和信访维稳形势总体平稳,全省住房城乡建设工作取得了显著成就,受到省委、省政府的充分肯定和社会各界的好评。

2. 住房城乡建设法制建设

【建设立法】 积极开展和推进《山西省国有土地上房屋征收与补偿条例》和《山西省抗震设防条例》立法工作。山西省2013～2015年住房城乡建设立法建议项目有:《山西省住房保障条例》(2013年)、《太原都市圈规划实施条例》(2014年)、《山西省民用建筑节能条例》(2014年)、《山西省历史文化名城名镇名村保护条例》(2015年)、《山西省住房公积金管理条例》(2015年)、《山西省建设工程造价管理条例》(2016年)、《山西省建筑市场管理条例》(2017年)7部地方性法规和《山西省城市供热管理办法》(2013年)、《山西省城市生活垃圾处理管理办法(2014年)、山西省城镇排水与污水处理管理办法》(2015年)3部省政府规章。

【规范性文件报备、审查】 依据《行政许可法》、《山西省规范性文件制定与备案规定》,山西省住房和城乡建设厅将《山西省住房和城乡建设厅工程勘察设计行业现场作业人员管理办法(试行)》、《山西省住房和城乡建设厅城镇燃气经营许可管理办法》等6件规范性文件向山西省人民政府法制办公室报送备案、审查,切实保证厅发规范性文件的合法有效。

3. 房地产业

【房地产市场调控】 2012年,山西省房地产市场呈现"三增一稳"的良好发展态势,即:房地产开发投资较快增长,商品房建设面积稳步增长,商品房销售面积平稳增长,商品住房销售价格基本稳定。完成房地产开发投资1010.5亿元,同比增长27.9%,高于全国平均水平(16.2%)11.7个百分点。商品房施工面积为11714.3万平方米,同比增长25.9%,比全国平均水平高12.7个百分点;其中,新开工面积为4166.3万平方米,同比增长46.2%,比全国平均水平高53.5个百分点。商品房销售面积为1497.9万平方米,同比增长16.6%,比全国平均水平高14.8个百分点。据山西省各市商品住房交易网签(备案)数据显示,2012年,11个设区城市新建商品住房平均销售价格"四降七稳",朔州、太原、临汾、吕梁4市房价低于2011年价格,长治、忻州、运城、晋城、大同、阳泉、晋中7市房价略高于2011年价格。2012年,太原市新建商品住房平均销售价格为5988元/平方米,比2011年下降1.2%。据国家统计局公布的数据,2012年太原市每月新建住宅价格同比、环比指数涨跌幅度均控制在1%以内,保持基本稳定。

【房地产业发展】 山西省住房和城乡建设厅下发《关于加快房屋权属登记促进房地产市场健康发展的意见》,提出加快和规范房屋权属登记的具体办法和措施。积极创建示范项目,6个项目被列入国家康居示范工程,10个项目获得国家物业管理示范项目称号,44个项目获得省级物业管理示范项目称号。加强对示范项目的动态管理,对2008年以前获得国家和省级物业管理示范项目的122个住宅小区、大厦、工业区进行复验,其中不达标的34个示范项目称号被取消。

【房地产企业资质审批权下放】 山西省住房和城乡建设厅将行使的四级房地产开发企业资质核定及延续的行政审批权下放至设区市、扩权强县试点县(市),将房地产开发企业暂定资质的行政审批权下放至各市、县(市),简化审批程序,提高行政效能。实行企业资质网上审批,优化审批流程,房地产企业资质审批时间由两个月缩短至33天,进一步创新优化发展环境。

【房地产市场监管】 对全省商品房预(销)售许可等5类市场监管行为和房地产开发等6类27种经营行为进行拉网式排查,共检查项目2202个,查处203项房地产市场违法违规行为,进一步规范监管主体和市场主体行为。太原市完成个人住房信息系统建设,并实现与住房和城乡建设部联网。其他各市基本完成个人住房信息系统建设和纸质档案数字化工作。各县启动个人住房信息系统建设工作。大同等10个城市出台商品房预售资金监管办法;太原市也采取措施,将商品房预售资金纳入监管范围。建立房地产中介机构和物业服务企业房屋出租信息申报、房屋租赁信息采集、城中村房屋租赁备案制度,强化房屋租赁管理。

4. 住房保障

【建设情况】 2012年,山西省新开工建设城镇保障性住房36.48万套,为国家下达任务(34.23万套)的129.3%;竣工13.07万套,为国家下达任务(7.11万套)的183.9%;改造农村危房6万套,为国家下达任务的100%;完成投资448.4亿元,为年度计划的112%。山西省保障性住房建设继续走在全国第一方阵,促民生和稳增长的双重作用日趋彰显。

【制度建设】 在全国率先创新出台保障性住房建设管理等6个办法和廉政风险防控意见("6+1"制度),"6"是指由山西省人民政府印发的保障房建设管理办法、保障性住房运营管理办法、廉租住房配租与退出管理办法、公共租赁住房配租与退出管理办法、经济适用住房供应与退出管理办法、限价商品住房供应管理办法等6个办法。"1"是指由山西省监察厅和山西省住建厅联合印发的保障性住房建设管理工作廉政风险防控意见。6+1制度科学、系统地规范了保障性住房建设、分配、运营、管理、退出等各个环节运行程序,进一步强化对住房保障权力运行监管制约,基本形成涵盖六大类保障房、覆盖城乡中低收入住房困难家庭和城镇新就业人员、外来务工人员的多层次、全方位住房保障政策体系。

【机制创新】 在确保资金、土地等要素供给的同时,山西积极推进保障性住房建设和管理机制创新。创新项目审批机制,设立由发改、国土、环保、建设等相关部门组成的省重点工程行政审批中心,进一步简化审批程序;成立5个协调小组,对涉及棚户区改造项目的建设用地、环评、立项审批手续实行统一受理、集中办公、限时办结、统筹协调,大大提高了办事效率。创新补偿安置机制,将棚户区改造与廉租住房保障相结合。按照棚户区改造范围内廉租住房保障对象,以实物配租方式实现应保尽保的目标,配建廉租住房。采取产权调换和货币补偿相结合的方式进行,对需要异地安置的,先建安置住房,后拆迁改造;对经济困难家庭,采取实物配租或先购买部分产权、租赁部分产权,待具备购买能力后,再自愿购买其余产权的方式,予以安置。创新工作推进机制,通过召开调度会、协调会、现场推进会,及时掌握情况,研究解决问题,总结推广经验,加快建设进度。

5. 公积金管理

山西省新增住房公积金缴存额199.56亿元,同比增长21.74%;为职工离、退休和购、建、大修住房等共提取住房公积金65.16亿元;发放住房公积金个人贷款54.13亿元,同比增长31.93%。住房公积金缴存总额为991.86亿元,缴存余额达707.57亿元;累计提取住房公积金284.29亿元,提取率为28.66%;累计发放住房公积金个人贷款222.26亿元,个贷率为18.95%。实现增值收益11.05亿元,增值收益率为1.523%,同比增长0.865个百分点。历史遗留的逾期项目贷款全部清理回收共清理回收资本金1.69亿元。山西省太原、晋中、朔州三市被确定为第二批利用住房公积金贷款支持保障性住房建设试点城市,涉及8个项目,贷款额度为25.87亿元,占项目总投资30.58%。

6. 城乡规划

【推进城镇化】 为推进城镇化持续快速健康发展,山西省科学确定规划转型工程、新区示范工程、旧区提质工程、城镇"六水联动"工程、百镇建设工程、城乡清洁工程、宜居创建工程、数字城管工程、"四名"保护工程、"四改四变"工程"十大工程",实施城镇扩容提质的工作思路,得到了省委书记袁纯清,省长王君的亲笔批示和充分肯定。

严格标准,精心选定项目,实行项目化管理,在各市申报基础上,省城镇化办选定首批百项标杆项目。按照各市列入省标杆项目名录的数量、规模、实施进度和示范效果等进行量化考核,并纳入省考核办对各市的"三合一"考核体系之中。对标杆项目实行动态考核。对未按要求推进的项目,取消其标杆名录,并在考核中予以减分处理,对于推进好的项目要予以表彰和加分。2012年,山西省城镇化率达51.26%,总体步入城市型社会。各市年度目标任务完成情况普遍较好,项目数量、建设规模、建设进度和完成投资,均创历史最高。

【城镇群建设】 山西根据"一核一圈三群"的城镇化发展战略,积极推进统筹城镇格局、统筹规划指导、统筹设施建设、统筹园区产业、统筹户籍社保、统筹公共服务、统筹土地管理、统筹资金投入、统筹社会管理、统筹区域协作"十个统筹",加快全省城镇组群发展。太原汾东商务区、大同御东新区等城镇新区建设取得实质性进展。以山西高校新校区为依托的晋中北部新城全面拉开框架,其中高校新校区10所高校开工面积270多万平方米，累计完成投资60亿元。长治市上党城镇群以城际快速路建设为抓手，打造中心城区和周边6个县(市)20分钟交通圈，出台《上党城镇群行动计划》，取得显著成效；全市园林城市(县城)基本实现全覆盖，形成了全省最大规模的园林城市群。大同市统筹推进古城保护和新区建设，城市框架不断拉大，新旧两利、古今兼顾的特色城市逐步建成。

【规划编制和管理】 结合山西省综改试验区建设方案，山西省住房和城乡建设厅与规划编制单位对规划纲要进行了深化完善，形成了"一核一圈三群"规划成果。指导太原、晋中、大同、朔州、忻州、阳泉、运城、长治等市编制太原晋中共建区、太榆科技创新城、大同都市区、朔州四化一体东部新区、忻定原城镇群，阳泉市、运城市、长治市、高平市、洪洞县城市总体规划，太原市汾东商务区、忻州市云中新区及城中村、城镇旧区改造等100余项规划编制工作，超额完成山西省考核办下达的33项编制任务。对晋中开发区升级为国家级开发区，朔州经济开发区、晋城经济开发区易地扩区，运城空港新区设立为省级开发区进行规划审核，出具规划意见；为太原市轨道交通2号线一期工程等150余项建设项目办理了选址审批手续。对参加第七届中部博览会、世界首届晋商大会、第四届能博会的10批次3000余项招商项目完成规划审核。

【历史文化名城保护】 指导太原市、孝义市、介休市、翼城县、新绛县完成明代太原县城、南华门历史文化街区、孝义古城、翼城县南十字街历史文化街区、新绛县常家胡同保护规划编制工作；指导太原市、孝义市、太谷县、祁县、平遥县、新绛县开展明代太原县城历史文化街区、孝义市旧城、太谷县历史文化街区、祁县历史文化名城、平遥古城米粮市街历史文化街区、新绛县常家胡同历史建筑修缮工程。会同省财政厅对左云县、浑源县历史文化名城，太谷县、繁峙县、偏关县历史文化街区保护规划编制，太原市、代县历史文化名城保护管理信息系统建设以及介休市顺城街历史文化街区保护更新等14项项目下达1000万元的历史文化名城(街区)保护资金。

7. 城市建设与市政公用事业

【宜居城市创建】 2012年，山西省完成城市(含县城)市政公用设施投资374.5亿元。孝义市和侯马市被省政府命名为山西省首批宜居城市。大同市智家堡垃圾场生态恢复工程、大同市电厂余热回收利用、晋中市污水处理厂水资源综合利用、侯马市可再生能源综合利用、孝义市孝河生态环境综合治理、黎城县生活垃圾卫生填埋场6个项目被评为山西省人居环境范例奖，其中晋中市污水处理厂水资源综合利用、侯马市可再生能源综合利用2个项目获得2012年中国人居环境范例奖。临汾市城市公厕项目参加了联合国迪拜改善人居环境最佳范例奖的评选。

【城市园林绿化】 完成城市绿化投资54.26亿元，新增绿地面积2814.14公顷，城市建成区绿地率、绿化覆盖率、人均公园绿地面积分别达到33.28%、37.60%、10.50平方米。创建成省级园林单位75个、园林小区47个、园林道路54条和星级公园42个。大同、朔州申报国家园林城市，长子、黎城、洪洞、阳城、古县、灵石6县申报国家园林县城。高平、古交、沁源、昔阳4个市县通过省级园林城市(县城)的考核验收；汾阳、寿阳、沁县、长治、和顺、娄烦6市县通过省级园林城市(县城)的初审考核；临汾、运城、吕梁、永济、盂县、清徐6市县启动省级园林城市(县城)创建工作，提高了城市园林绿化水平。

【城镇供热】 山西省城镇集中供热面积达到45238万平方米，2012年新增5898万平方米；11个设区城市市区集中供热面积达29891万平方米，其中热电联产集中供热面积17972万平方米，占集中供热面积的68%。开展省城镇供热企业运营考核工作，136个供热企业参加考核，对考核中发现的问题组织进行整改，市本级企业达到良好水平。大力推进供热计量改革工作，会同省物价局出台《关于进一步做好按用热量计价收费工作的通知》(晋价商字〔2012〕280号)，安装供热计量装置及温控装置面积达2629.01万平方米，符合供热计量收费条件的全部实行供热计量收费。

【城市燃气】 制定《山西省住房和城乡建设厅城镇燃气经营许可管理办法》，组织城镇燃气行业安全管理和技术人员培训，参加培训人员4337名。对82个燃气企业进行运营考核，经过考核、整改，市本级企业均达到良好等级，推动了燃气企业运营管理水平的提高。

【城市供水和节水】 建立完善供水企业运营考核制度，在109个公共供水企业中开展了运营考核工作，制定《全省城市供水水质提升工程实施方案》和《城市供水企业水质监测能力建设导则(试行)》，对供水设施、检测能力、水质管理、应急处置等方面提出明确要求和具体措施。孝义市创建成为省级节水型城市；太钢集团、临汾师大等7个项目被命名为省级节水型企业（单位、校园、小区），太原市节水覆盖率达到51.38%。组织开展太原市星河湾、临汾市古城公园、侯马市世纪佳苑小区3个省级雨水收集利用试点项目。推荐太原市排水监测站进入国家排水监测网，太原市非居民排水许可覆盖率达到40.2%。

【城市污水和垃圾处理】 建成10座城镇生活垃圾无害化处理场，新敷设污水配套管网约560公里。共处理污水74480.26万立方米，同比提高5.72%。组织对山西省128座污水处理厂进行运营考核，会同山西省财政下达年度"以奖代补"资金1702.8万元。对山西省污水处理关键岗位人员进行培训，并实行持证上岗制度，持证上岗率达到92.17%。对山西省已投运的40座城镇生活垃圾无害化处理场，开展年度运营考核工作，对新投运的进行等级评定。2012年山西省生活垃圾无害化处理402.97万吨，较2011年提高8.95%。

【城乡清洁工程】 太原、阳泉、长治、晋城、运城和22个扩权强县试点县先行开展城乡清洁工程，太原市投资20亿元，全面建立"村收集、乡镇转运、县市处理"的垃圾处理体系，引入可视化、精细化管理，环卫保障机制由城镇向农村延伸，实现了城乡面貌大变样。建立城乡清洁工程月报制度，制定城乡清洁示范县、镇、村和保洁示范街道、容貌示范街道、星级城市公厕的考核办法与评价标准。会同山西省总工会对推进城乡清洁工程、创建示范项目表现突出的16个先进集体命名表彰，对62名先进个人予以记功表彰；开展"山西省首届十佳城市美容师"评选活动，全面推动城乡清洁工程工作深入开展。各市在开展城乡清洁工程中，精心组织，加大投入，积极推进，共配备农村保洁员49452名，垃圾收运车辆14949台，补助资金19255万元，覆盖农村1.67万个，清运垃圾670万吨，涌现出城乡清洁示范县(市、区)11个、示范镇(乡)11个，创建了保洁示范街道37条、容貌示范街道31条、星级城市公厕76座，城乡环卫工作明显加强。

【数字城管工程】 太原市数字城管覆盖面积扩大到438平方公里，开展数字化城管与"12319"城建服务热线资源整合，完成159家国有土地施工工地现场视频监控系统建设，并向县(市)延伸，古交市数字化城管平台建设投入试运行。同时，将数字城管由地上向地下延伸，开展地眼工程建设试点工作，编制《太原城乡管理物联网标准体系（第一部分）总则》，在核心区启动3.2平方公里的试点建设。大同、晋城两市的数字城管工程分别投入运营，覆盖面积分别达到46和40平方公里。长治、忻州两市成立管理机构，年内基本完成硬件建设。朔州、吕梁、临汾、阳泉、晋中、运城6市完成数字城管项目可行性研究，并已通过专家评审。

【风景名胜区管理】 召开山西省风景名胜区专项治理与规划发展工作会议，启动12处省级风景名胜区的总体规划编制工作。指导开展风景名胜资源调查，积极组织风景名胜区申报工作，大同县火山群等6个省级景区通过专家审查和部门审核，碛口被国务院公布为国家级风景名胜区。开发山西省风景名胜网和风景名胜区监管信息系统，并于10月投入试运行。组织编制完成《五台山风景名胜区数字化景区建设规划大纲》，召开《五台山旅游服务基地修建性详细规划》修编和《五台山风景名胜区总体规划》修改工作协调会，指导五台山风景名胜区完成了景区内清水河流域河道治理、景区生态修复等工作。会同忻州市政府共同开展五台山风景名胜区建设工程联合执法检查工作。

8. 村镇规划建设

【百镇建设工程】 根据山西省村镇资源禀赋、发展特色，初步形成以沁河流域小城镇群为代表的集群发展模式、以孝义市梧桐镇为代表的新区建设模式、以阳城县北留镇为代表的旧区提质模式、以汾阳市杏花村镇为代表的园区拉动模式、以临县碛口镇为代表的文化旅游模式五种小城镇发展模式。新农村建设初步形成以阳城县泊水新城为代表的中心村集聚型、以榆次区石羊坂村为代表的易地搬迁型、以岢岚县吴家庄村为代表的以企带村型、以泽州县洞头村为代表的旧村整治型、以阳城县皇城村为代表的乡村旅游型五种类型，引领带动山西省小城镇和新农村建设。截至2012年11月底，山西省百镇建设开工项目663项、完成投资86.37亿元。其中，基础设施项目230项、完成投资20.09亿元，居住社区项目101项、完成投资35.48亿元，其他项目332项、完成投资30.80亿元。

【规划转型工程】 以规划理念转型引领百镇转型，指导洪洞县广胜寺镇修编总体规划，首次构建山西省绿色小城镇指标体系，并从发展理念、产业、生态等八方面提出绿色小城镇建设路径。引入中国城市规划设计研究院等国内一流规划编制单位修编县域村镇体系规划，全年累计完成县域体系规划、小城镇总体规划和近期建设规划，历史文化名镇名村保护规划共56项，完成全年目标任务。

【古村镇保护工程】 编制完成《沁河流域古村

镇保护与发展规划》，从组群角度提出沁河流域30个古村镇全面保护、整体协调的方法，构建以古堡为特色的旅游发展策略。组织300余人对山西省959个传统村落实地调查走访，形成《山西古村落调查报告》，并择优向国家推荐。指导灵石县董家岭村等古村镇编制完成保护规划，编制《中国历史文化名镇名村保护设施项目库》。指导临县碛口镇等开展古村镇传统民居修复试点，介休市张壁村推动历史、文化、旅游、影视四位一体融合发展；阳城县上庄村在保护开发中注重保留村落的原始生活气息，国庆期间首次接待游客2.9万人次，门票收入25万元。

9. 工程建设标准定额

【标准化工作】 制定印发《2012年山西省工程建设地方标准规范制订、修订计划（第一批）》，审定通过并批准发布了《居住建筑节能设计标准》等6项山西省工程建设地方标准。及时转发住房和城乡建设部发布的国家标准、行业标准等累计214项标准。下发《关于全省民用建筑节能设计强制性标准执行情况检查工作的通报》（晋建标函〔2012〕108号），并对102项存在问题的设计项目下发执法建议书。

【造价管理工作】 下发《关于进一步规范工程造价咨询企业资质申报工作的通知》（晋建标字〔2012〕237号），完成110家工程造价咨询企业资质转正、延续、升级申请的审查工作。制定出台《关于规范工程造价咨询服务收费标准及有关事项的通知》，规范山西省工程造价咨询服务收费行为，维护工程造价咨询企业利益。制定《山西省工程造价咨询企业动态考核信用评价管理办法》和《关于加强注册造价工程师管理的通知》。另外，还制定了高强钢筋推广应用"十二五"工作目标，对钢筋生产企业、建设、设计、施工等单位都提出明确的工作责任和保障措施。

10. 工程质量安全监督

【建筑工程质量监管】 编制印发《山西省保障性住房建设技术导则》。组织开展"我的住房我参与"为主题的保障性住房规划设计方案竞赛活动，完成《山西省保障性住房优秀规划设计方案汇编》。开展全省保障性住房建设争创"汾水杯"质量奖竞赛活动，对获奖企业（个人）和成效显著的主管部门（个人）予以表彰，对成绩突出的推荐申请省劳动竞赛委员会给予记功或授予"五一劳动奖章"。印发《山西省住房和城乡建设厅保障性住房质量监督检查办法》（晋建质函〔2012〕94号），规定项目部、施工企业和省、市、县各级住房城乡建设部门对保障性住房检查的频次和内容，规范保障性住房监督执法检查工作，加大保障性住房质量监督执法力度，共抽查保障性住房项目616项。2012年，8个专业类别共3251人参加建设工程质量检测试验员培训，2732人通过了考试，通过率为84.04%。严格落实"准入清出"制度，2011年度检测机构动态考核中，对49家检测机构责令限期整改，2家检测机构注销了资质，规范了市场秩序。

【施工图审查】 起草《施工图审查机构考核办法》，并通过山西省政府法制办审查。开展2012年施工图审查机构动态考核，3家施工图审查机构限期整改，1家机构被撤销资格。继续加大施工图审查力度，2012年，山西省图审机构共审查房屋建筑和市政基础设施工程6671项，建筑面积6320.32万平方米，总投资992.1亿元；纠正违反强制性条文16806条次，消除严重安全隐患3817处。

【建筑安全生产管理】 截至2012年底，山西省房屋建筑和市政工程生产安全事故4起，死亡10人，同比事故起数减少3起，死亡人数与上年持平，死亡人数占全年控制指标的91%。印发《山西省住房和城乡建设厅建筑安全生产考核办法》，加强对各市住房城乡建设部门、重点企业的建筑安全生产考核。全年累计对24079名建筑施工企业"三类人员"和7425名特种作业人员进行安全培训。加快建筑工地远程视频监控系统建设。开展建筑安全生产专项整治，建筑施工企业累计排查一般隐患7908项，重大隐患433项，整改率100%，落实治理资金598万元，其中，重大隐患按照属地挂牌督办的规定进行督办。各级住房城乡建设部门累计组织检查组3182个，出动检查人员33824人次，共打击非法违法、治理纠正违规违章行为7918起；抽查企业10025个（次），其中，责令停工整顿的77家，罚款1409万元。先后两次对各市百日安全生产活动开展情况进行了督导，共检查建筑工地72个，下达整改通知书12份，执法建议书7份。

【抗震防灾】 积极参与省政府法制办牵头的《山西省抗震设防条例》起草工作，做好立法前期准备工作。修编完成《山西省住房和城乡建设系统破坏性地震应急预案》，组建山西省超限高层建筑工程抗震设防专家队伍，成立山西省超限高层建筑工程审查委员会。邀请国家工程设计大师傅学怡举办超限高层建筑工程培训讲座，开展以"汲取教训、科学应对、积极防御、共建辉煌"为主题的"7.28"

抗震宣传周活动。专项审查"太原市华宇绿洲三期公建写字楼"等14栋超限高层建筑工程抗震设防。

11. 建筑市场

【建筑业发展】 2012年山西省完成建筑业产值2622.2亿元，同比增长12.8%；实现建筑业增加值706.36亿元，同比增长4.6%，占GDP的比重达到5.8%，继续发挥建筑业的支柱产业作用。截至2012年底，山西省共有建筑业资质企业3415家，其中总承包企业1245家，专业承包企业1933家，劳务分包企业237家，工程勘察设计企业551家，工程监理企业227家，工程招标代理机构178家，设计施工一体化企业66家，项目管理企业36家。企业总数基本与2011年持平，高资质等级队伍有所提升，逐步建立起以总承包企业为龙头，以专业承包企业为骨干，以劳务分包企业为辅助，大中小企业、综合型与专业型企业相互依存、结构合理、竞争有序、协调发展的行业组织结构。

【建筑市场监管】 出台《关于支持山西省骨干建筑业企业做大做强的实施意见》和《关于加强省外入晋建筑业企业服务与监管工作的意见》。印发《山西省房屋建筑和市政公用工程项目建设中挂靠借用资质投标违规出借资质问题专项清理实施方案》和《2012年全省建筑市场监督执法督查方案》，《山西省住房和城乡建设厅关于2012年全省建筑市场监督执法专项检查情况的通报》。培育一级（甲级）资质企业66家，二级（乙级）资质企业245家，支持6家企业取得对外承包工程资格。新增资质类别覆盖房屋建筑、公路、铁路、矿山、电力、建筑装饰装修、消防、环保、机电设备安装等20余个专业，企业发展呈多元、均衡发展的良好态势。完成2011年度企业资质动态考核，分六个批次对参加2011年度动态考核的954家省内企业和487家省外企业核定了动态考核结论，对不符合资质要求的63家企业停业整顿，注销39家企业资质。组织开展2012年度建筑业等5类企业的动态考核评价工作，对考核评价合格的653家企业出具第一批动态考核结论。

【建筑市场监管信息系统和诚信体系建设】 完成山西省建筑市场监管信息系统，在晋中市试点运行，通过构建省、市、县三级监管平台，实现网上审批、市场监管、信息公开、诚信评价一体的现代信息化管理。在厅门户网站上开设"山西省住房和城乡建设厅工程建设领域项目信息公开专栏"，建立了建筑业等六类企业基础信息数据库，截至2012年底共公布公开各类信息20535条。印发《山西省住房和城乡建设厅关于印发〈建设类企业资质动态考核及诚信评价办法〉的通知》（晋建市字〔2012〕282号），开展2012年度动态考核评价工作，将动态考核与诚信评价结合起来，通过量化评分综合评定考核诚信等级，引导企业自觉按照监管要求规范市场行为。

12. 建筑节能与科技

【既有居住建筑节能改造】 经省政府批准，按照与中央奖励资金进行1∶1配套，"十二五"9亿元的省级配套资金来源渠道已经明确，2012年落实近3亿元。获得国家"既改"补助资金14765万元。以省政府办公厅名义印发《关于进一步做好"十二五"既有居住建筑节能改造工作的通知》，明确建筑节能改造的目标任务、改造原则和保障措施。国家下达山西省2012年节能改造任务为750万平方米，山西省共开工759.45万平方米，完工430.15万平方米。在太原实验中学开展中德技术合作既有公共建筑节能改造示范。

【新建建筑节能】 印发《关于严格执行民用建筑类固定资产投资项目节能评估审查预审制度的通知》、《关于认真整改执行建筑节能标准中突出问题的通知》。严格执行规划阶段节能审查制度、建筑节能设计专用章制度、建筑节能设计认定制度、建筑节能技术（产品）认定制度、信息公示制度、专项验收制度、建筑能效评定制度和建筑项目节能评估审查预审制度八项监管制度，重点加强规划阶段节能审查工作的执行力度。从2012年6月1日起全省全面执行65%地方居住建筑节能标准，并于6月中旬组织全省技术骨干人员共500余人的培训工作。

【可再生能源建筑】 2012年山西省共获得中央补助可再生能源资金9447万元。山西省新建可再生能源建筑达951万平方米，应用比例达到32.4%。大同市被列为国家可再生能源应用示范城市，介休市、闻喜县被列为国家可再生能源建筑应用示范县，获得国家补助资金6000万元。应县公用事业局屋顶太阳能光伏电站等3个项目被批准为2012年国家光电建筑一体化示范项目，总装机容量1512.76kWp。

【绿色建筑】 开展绿色建筑试点示范项目的培育、申报与审查工作。确定全省绿色建筑培育项目44项、申报面积约232万平方米。通过评审的15项、121.06万平方米，其中二星级10项、一星级5项，规模达到10万平方米以上的4项。报请国家评审的三星级项目3项、29.95万平方米，圆满完了2012年确定的设区城市绿色建筑零突破、三星绿色建筑零突破、绿色建筑示范小区零突破"三个零突破"的目标任务。印发《关于组织申报山西省绿色建筑专业评价机构和绿色建筑评价专员的通知》,初步确定绿色建筑专业评价机构5家,评价专员89名。编制完成山西绿色建筑评价地方标准大纲。

【公共建筑节能】 山西省建筑能耗监测平台列为国家2012年度公共建筑能耗监测平台建设示范项目,获得国家补助资金1000万元。升级省级监管平台的管理系统,山西省直机关办公建筑试点能耗监测工作基本完成。完成山西省机关事务管理局、太原、长治、忻州4个试点单位国家机关办公建筑和大型公共建筑能耗统计、能源审计工作。太原理工大学和山西大学通过住房城乡建设部组织的验收,中北大学已向住房城乡建设部提出验收申请,山西农大和山西财大进入政府采购程序,另有山西医科大学、山西师范大学、太原工业学院2012年也被列为国家示范,获得补助资金1720万。太原理工大学公共建筑节能改造开始启动,国家批准改造20万平方米,获得国家补助资金400万元。

【建筑科技】 组织人员编写《山西省建筑节能"十二五"规划》、《山西省"十二五"建设科技发展规划》、《山西省可再生能源"十二五"规划》,提出"十二五"期间山西省建筑节能与科技工作的指导思想、发展目标、主要任务和保障措施。

13. 建设人事教育

【干部选拔任用】 2012年,共组织完成24名处级干部的提拔和调整安置工作,其中:提拔10名,平调10名,军转安置4名,进一步优化厅机关干部队伍的年龄结构和知识结构。积极配合山西省委组织部完成厅机关1名副厅级领导和2名副厅级非领导职务人选的推荐、考察工作。成功招录7名高素质的公务员,为厅机关干部队伍输入新的生血液。完成厅属事业单位省勘察设计研究院、省城乡建设学校、省城镇规划中心共13个岗位工作人员的招录。

【干部教育培训】 2012年5月,与山西省委组织部联合在广东省委党校举办为期一周的山西省城乡规划与百镇建设专题培训班,各市、县分管领导以及厅相关处室业务骨干约180余人参加了学习培训。组织20名领导干部分别参加山西省委组织部9月份在哈尔滨工业大学、浙江大学、武汉大学统筹举办的四期提升干部能力素质培训班,20名省管领导干部参加山西省委组织部组织的学习贯彻十八大精神集中轮训班等。山西省住房和城乡建设厅公务员和厅属省管干部共119人参加"山西干部在线"学习。7月组织完成新疆生产建设兵团农六师五家渠市城市规划与建设专题研讨班的培训任务,对21名农六师城市规划建设业务骨干、54名厅机关和直属单位领导干部进行了培训。还组织完成2012年新招录公务员、2011年军转干部和2012年新竞选处级干部共17人进行了为期2天的岗前培训。

2012年,山西省共完成生产操作人员技能培训与鉴定10944人次,增加考评员20人;完成专业技术管理人员职业培训发证27367人次。

【职称评审】 237人取得高级工程师的任职资格,通过率为83.2%,圆满完成2012年山西省建设行业高级专业技术职务评审工作。对厅属单位、省属相关单位建设工程类2012年中、初级专业技术人员申报材料进行认真审查,并在年底前集中完成了中、初级专业技术职务评审工作。共有98人获得工程师任职资格,2人获得助理工程师任职资格。

根据行业发展需求,2012年6月组织省级监理工程师的考试。共有报名人员2808人,参加考试人员2613人,通过人员911人,通过率为34.86%。

14. "四位一体"机关建设

面对山西省住房城乡建设事业发展的新形势、新任务、新要求,为推动工作落实,保障目标完成,山西省住房和城乡建设厅开展以提高行政效能为目的、以加强绩效考评为手段、以电子政务建设为平台、以机关文化建设为灵魂的"四位一体"机关建设,成效明显。将24项行政许可项目压缩为13项,减幅近50%,审批时限缩短1/3以上;对机关处室、直属单位及工作人员实行绩效考评,导入ISO9001质量管理体系认证,机关工作标准化、精细化、科学化水平进一步提高;加快建设全省视频会议、建筑市场管理、住房保障管理和厅机关办公OA等四大信息系统,着力提升机关信息化水平;凝炼出"崇实尚新,守正至善"的机关精神,为推动工作提供了精神支撑。

15. 大事记

1月

4日 山西省委常委、副省长高建民副省长到长治调研城镇化推进工作。

7日 省年度目标责任制考核组到山西省住房和城乡建设厅考核。

9日 山西省住房和城乡建设厅召开政风行风评议工作考核大会。山西省建筑工程质量安全工作座谈会在太原召开。

17日 山西省住房和城乡建设厅举办老干部团拜会。省"建设杯"建筑安全文艺调演颁奖晚会举行，山西省委常委、副省长高建民出席并颁奖。

2月

13~16日 国务院督查组保障性住房分配及质量管理对山西省进行督查。

22日 山西省住房和城乡建设厅党组成员、纪检组长郝耀平就太原市保障房分配管理工作进行调研。

27日 山西省住建系统召开"扩权强县"行政审批业务培训会。

28日 山西省住房城乡建设暨党风廉政精神文明建设工作会议在太原召开。山西省住房和城乡建设厅召开开展保持党的纯洁性学习教育活动动员大会。

3月

7日 山西省住房城乡建设厅召开扩权强县工作对接会。

13日 山西省住房和城乡建设厅召开厅党组扩大会议研究目标责任制细化方案。

14日 山西省住房和城乡建设厅召开厅党组扩大会议，听取"十大工程"项目化管理方案汇报。

15日 省委组织部部务委员、省考核办副主任陈学东一行就年度目标责任考核工作到山西省住房和城乡建设厅调研。山西省住房城乡建设厅召开"四位一体"机关建设工作座谈会并组织厅机关全体党员参观光辉的历程—山西省档案馆馆藏革命历史档案珍品展。山西省城市园林绿化工作座谈会在晋中召开。

16日 山西省住房和城乡建设厅传达学习全国两会精神。召开厅机关"四位一体"建设研讨会以及建筑节能强制性标准检查工作会议。

17日 山西省住房和城乡建设厅召开实施"十大工程"加快推进特色新型城镇化研讨会。

21日 山西省住房和城乡建设厅召开定点扶贫工作会议。山西省委常委、常务副省长李小鹏主持召开重点工程第三次调度会。

22日 省政府效能办检查指导山西省住房和城乡建设厅行政审批效能等工作。省城规划委员会办公室会议在太原召开。

21~23日 山西省住房和城乡建设厅党组书记、厅长李俊明陪同省委书记袁纯清在临汾调研。

26日 太原市召开数字化城乡管理工作会议。晋城、长治、吕梁、朔州"百镇建设"标杆项目对接会在太原召开。

27日 山西省委常委、副省长高建民就保障性住房建设与管理工作在晋中调研。临汾、晋中、忻州"百镇建设"标杆项目对接会在太原召开。

28日 山西省住房和城乡建设厅召开全省村镇建设工作座谈会。

29日 山西省委常委、常务副省长李小鹏主持召开项目落地年启动仪式暨开工项目审定会议。山西省住房和城乡建设厅召开住房公积金管理条例修订座谈会。

30日 山西省住房和城乡建设厅组织召开保持党的纯洁性学习教育活动先进事迹报告会以及青年干部座谈会。

31日 山西省住房和城乡建设厅党组成员、副厅长郭燕平调研太原市房地产市场管理工作。

4月

5日 山西省住房和城乡建设厅召开厅安全生产管理委员会第二次例会。

8日 山西省住房和城乡建设厅党组书记、厅长李俊明赴河曲县文笔镇唐家会村开展领导干部下乡住村包村增收活动。

11日 山西省人大城建环保工委与省住房城乡建设厅联合召开工作座谈会。

12日 山西省住房保障工作推进会在太原召开。

13日 山西省委常委、常务副省长李小鹏主持召开2012年重点工程新项目开工情况汇报会。2011年度山西省住房公积金管理工作考核暨2012年全省住房公积金管理工作会议在忻州召开。山西省住房和城乡建设厅组织学习《人民日报》评论员文章。

16日 山西省项目落地年启动，省委书记袁纯清、省长王君为活动启航。

17日 山西省住房和城乡建设厅召开4月份扶贫和干部下乡住村工作座谈会。

20日 山西省纪委监察厅派驻机构第三联组正式挂牌成立。山西省住房和城乡建设厅召开汾阳市总体规划实施评估会。

16~20日 山西省住房和城乡建设厅党组书记、厅长李俊明陪同省委书记袁纯清在广东、湖北学习考察。

23~26日 国家检查组来晋开展住房公积金涉险资金专项检查暨《住房公积金管理条例》修订调研。

25日 山西省委常委、组织部长汤涛到山西省住房和城乡建设厅调研。

26日 山西省城镇化推进工作领导组召开工作

会议。

28日 山西省委常委、组织部长汤涛赴高校新校区、晋中学院视察。

5月

3~4日 山西省委常委、常务副省长高建民在朔州、大同调研住房城乡建设工作。

9日 山西省举办转型综改城镇化发展领导干部培训讲座。

10日 山西省住房和城乡建设厅等四部门联合部署全省传统村落调查工作。

11日 山西省住房和城乡建设厅召开全省建筑工程质量安全督查情况汇报会、历史文化名城街区暨城镇化标杆项目申报工作座谈会以及全省传统村落调查人员培训会。

16日 山西省住房城乡建设厅召开整治"吃拿卡要"问题创优发展环境动员部署大会。

17日 山西省委常委、常务副省长李小鹏主持召开2012年全省重点工程第五次调度会。山西省住房和城乡建设厅党组成员、纪检组长郝耀平到省建筑职业技术学院新校区调研指导。

18日 山西省住房和城乡建设厅召开城镇保障性住房年度目标任务落实情况分析座谈会。

22日 山西省政府召开全省"项目落地年"活动情况第一次督查工作安排部署大会。山西省住房和城乡建设厅召开全省城乡清洁工程调度会。

29日 山西省住房和城乡建设厅党组中心组召开保持党的纯洁性学习教育活动学习心得交流会和"六查六看"专题民主生活会。

31日 山西省委常委、组织部长汤涛在省重点办调研。山西省住房和城乡建设厅举行"四位一体"机关建设、ISO9001质量管理体系认证签约仪式。

6月

2~6日 全国保障性住房质量监督执法检查组一行莅临山西省督查指导。

4日 山西省委常委、副省长高建民出席全省城镇化推进会。

5日 山西省委常委、副省长高建民到省住房和城乡建设厅调研。

6日 山西省住房和城乡建设厅召开全省住建系统保稳促增长工作会议筹备会议。

6~7日 山西省住房和城乡建设厅党组书记、厅长李俊明陪同省长王君赴忻州调研。

8日 省纪委监察厅派驻机构第三联组到山西省住房和城乡建设厅督查"吃拿卡要"专项整治。

10日 山西省住房和城乡建设厅举办全省建筑安全生产管理人员培训班。

13日 山西省重点工程建设"双过半、超万亿"动员大会暨重点工程第六次调度会以及山西省住房城乡建设行业保持经济平稳较快增长动员部署会议在太原召开。

18日 山西省委常委、常务副省长李小鹏赴晋中、铁路南站调研大西铁路建设情况。

19日 山西省政府召开同煤棚户区移交大同市政府有关事项协调会。

20日 省委组织部提高选人用人公信度工作落实情况检查组到山西省住房和城乡建设厅检查指导。

7月

3日 山西省委常委、副省长高建民在太原调研建筑业企业。

10日 山西省住房和城乡建设系统《行政强制法》宣贯培训班在太原开班。

11日 山西省住建系统政研会通联工作会议在晋城召开。新建铁路南站太原液压件厂宿舍拆迁协调会在太原召开。

11~12日 山西省风景名胜区专项治理与规划发展工作会议在北武当山召开。

12日 山西省住房和城乡建设厅召开住房保障工作专题会议。

13日 山西省委常委、常务副省长李小鹏主持召开重点工程调度会。

17日 省委保持党的纯洁性学习教育活动监督检查组来山西省住房和城乡建设厅检查指导。住房城乡建设部领导对申请利用公积金贷款支持保障性住房建设试点城市进行抽查。

20~22日 天津滨海新区塘沽管委会调研组一行赴太原、晋中、忻州参观学习。

23日 山西对口支援新疆建设兵团农六师五家渠市城市规划与建设专题培训班在太原开班。

26日 省高校新校区建设推进领导组2012年第3次调度会在晋中召开。

29日 山西省委常委、副省长高建民主持召开全省保障性住房建设推进会。

31日 山西省住房和城乡建设厅召开干部大会，总结上半年工作，分析存在问题，就做好下半年工作做出安排部署。

8月

3日 住房城乡建设部办公厅到晋巡查保障性住房建设情况，并召开工作座谈会。

5日 山西省城镇化领导组办公室主任会议在太原召开。

6日　山西省住房和城乡建设厅召开厅党组扩大会议，传达学习全省纪检监察机关查办案件工作会议精神。

7日　山西省住房和城乡建设厅召开专题会议，研究落实省委常委、常务副省长李小鹏在"全面改善省城环境质量协调领导小组会议"精神，协调太化集团水厂移交和提升改造事宜。

8日　山西省住房和城乡建设厅党组书记、厅长李俊明陪同袁纯清赴太原三个项目和晋中高校新区调研。山西省委常委、副省长高建民主持召开保障性住房专项工作小组汇报会。

9日　山西省住房和城乡建设厅机关举办省住房和城乡建设厅竞争性选拔副处级领导干部笔试。

10日　山西省委常委、常务副省长李小鹏主持召开2012年省重点工程第八次调度会。召开保障性住房六个办法有关部门协调会以及"一核一圈三群"六项规划修改论证会。

13日　山西省委常委、常务副省长李小鹏在太原调研社区建设工作，并与人大代表座谈。

14日　山西省委常委、副省长高建民主持召开全省保障性安居工程建设专项监督检查暨落实房地产市场调控政策专项督查动员培训会。山西省住房和城乡建设厅党组书记、厅长李俊明陪同省长王君调研气象灾害应急预警信息发布工作。山西省数字化城管工程推进会在太原召开。

15~20日　山西省保障性安居工程建设专项监督检查暨落实房地产市场调控政策专项督查座谈会在太原召开。

18日　山西省住房和城乡建设厅召开全省各市规划局长座谈会。

21~23日　山西省人大常委一行赴长治、晋城对保障性住房工作进行调研。山西省造林绿化现场会在大同召开。

23日　山西省住房和城乡建设厅党组书记、厅长李俊明陪同王君在大同市调研。

24日　山西省住房和城乡建设厅举办全省超限高层建筑工程抗震设防审查专家委员会成立大会暨专题讲座。

27日　山西省住房和城乡建设厅党组书记、厅长李俊明在厅机关召开厅长办公会议，学习传达8月21日全省造林绿化大同现场会议精神。

28日　山西省召开省高校新校区建设推进领导组第四次调度会。

29日　山西省住房和城乡建设厅召开"厅直单位领导办公会议管理办法"贯彻落实会议。

9月

4日　山西省住房和城乡建设厅召开专题会议，安排部署全省保障性安居工程建设和落实房地产市场调控政策有关工作。

6日　山西省住房和城乡建设厅与山西联通签署战略合作协议。

10日　山西省住房和城乡建设厅召开第二届"依法行政山西行"媒体集中采访报道团座谈会。

12日　山西省住房公积金协会成立。

12~14日　山西省"百日安全大检查"工作座谈会在太原召开。

13日　山西省委常委、常务副省长李小鹏主持召开2012年全省重点工程第九次调度会。

14日　山西省住房和城乡建设厅党组书记、厅长李俊明厅长在厅机关会见埃森哲全球董事长威廉·格林一行。

15日　山西省住房和城乡建设厅党组书记、厅长李俊明厅长在厅机关召开厅长办公会议，研究讨论《山西省国家资源型经济转型综合配套改革试验总体方案》、拟表彰全省环卫行业先进单位与个人名单、2012年度污水和垃圾处理费安排意见、《山西省既有居住建筑供热计量及节能改造省级奖励资金管理办法》、五年立法规划和2013立法计划建议项目等。

15~18日　山西省住房和城乡建设厅对口接待第四届中国（太原）国际能源产业博览会江苏代表团一行。

17日　山西省住房和城乡建设厅传达贯彻全省维护稳定工作领导小组全体会议精神。

18日　山西省住房城乡建设厅与德国北威州政府就生态城市建设进行座谈。

20日　山西省住房城乡建设厅召开全省住房和城乡建设稽查执法工作座谈会。

25日　山西省住房和城乡建设厅召开"百日安全大检查"工作汇报会。

26日　山西省住房和城乡建设厅召开专题会议，研究"四位一体"机关文化建设工作。

28日　山西省委常委、副省长高建民主持召开保障性住房建设推进会。

29日　山西省安全生产工作电视电话会议召开。

10月

8日　山西省住房和城乡建设厅召开安全生产专题会。

10日　山西省住房和城乡建设厅召开万村千乡建设研讨会。

10~11日　山西省住房和城乡建设系统纪检监察工作座谈会在阳泉召开。

13日　山西省委常委、副省长高建民出席全省城乡住房调查电视电话会议。

14日　山西省住房和城乡建设厅召开厅机关精神研讨会，就厅机关文化调研现状及机关精神内涵的阐释进行研究讨论。

15~16日　住房城乡建设部调研组在太原调研住房城乡建设工作。

16日　全省城乡住房调查培训班在省邮电学校开班。

19日　山西省委常委、常务副省长李小鹏主持召开2012年省重点工程领导组第10次调度会。山西省住房和城乡建设厅召开全省保障性安居工程建设专项监督检查"回头看"暨建筑施工与市政运营安全生产大检查动员。以及安委会扩大会议，传达10月18日下午省政府安委会扩大会议精神，并对下一步工作提出要求。

20日　全国住房公积金业务规范编制和财务管理办法研讨会在太原召开。

25日　山西省委常委、副省长高建民出席第十六个环卫工人节座谈会。

26日　山西省住房和城乡建设厅召开经济形势分析会。

30日　山西省召开高校新校区建设推进领导组调度会。省住房和城乡建设厅召开省级2012年城镇保障性安居工程跟踪审计进点会。

11月

1日　山西省委常委、副省长高建民赴阳泉、晋中调研保障性住房建设、分配和管理及开发区工作。

5日　山西省城镇化工作座谈会召开。

8~13日　住房城乡建设部公积金专项检查组在太原、晋城、长治、阳泉、大同进行专项检查。

9~10日　山西省委常委、副省长高建民到运城、大同调研保障性住房建设、开发区工作。柳林县试点扩权强县推进绿色发展重大战略实施方案成果论证会在太原召开。

13日　山西省委常委、副省长高建民到省建筑职业技术学院调研。

15日　全国扩大农村危房改造试点任务落实情况检查组到山西省检查。山西省委常委、副省长高建民主持召开省城乡规划委员会全委会。

18日　山西建筑职业技术学院庆祝建校60周年。

19日　山西省委常委、常务副省长李小鹏主持召开2012年全省重点工程第十一次调度会。

21日　全省建筑施工安全技能大赛闭幕式在太原举行。

24日　山西省住房和城乡建设厅党组书记、厅长李俊明到忻州调研城乡住房调查工作。

26日　山西副省长张建欣主持召开寿阳县火锅店燃烧爆炸事故分析会。

27日　山西省召开住房保障、重点工程、城镇化工作专题汇报会以及安全隐患专项整治工作电视电话会。

28日　山西省委常委、常务副省长李小鹏主持召开2012年重点工程和基础设施建设工作座谈会。

12月

1日　山西省住房和城乡建设厅召开全省燃气安全隐患专项整治第一次联席会议暨全省城镇燃气安全隐患专项整治工作会议并组织收听收看中央宣讲团党的十八大精神报告会。

2日　山西省中小城镇发展研讨会召开。

3日　山西省《住宅物业服务标准》宣传贯彻会议召开。

4日　山西省委常委、常务副省长李小鹏在长风商务区调研建筑投入使用、移交工作。山西省住房和城乡建设厅开展以"弘扬宪法精神，服务科学发展"为主题的"12·4"法制宣传日活动。

5日　山西省百日安全生产活动总结暨动员部署电视电话会召开。

6日　《住房保障条例》立法准备情况汇报会在太原召开。

7日　"两北"地区村镇建设交流研讨会在太原召开。

10~11日　山西省13项绿色建筑通过专家评审。

11日　山西省委常委、常务副省长李小鹏主持召开2012年全省重点工程第12次调度会。

12日　山西省委常委、副省长高建民在忻州市调研保障性住房工作。

13日　山西省召开全省保障性住房工作座谈会。

14日　山西省住房和城乡建设厅召开太原市申报国家智慧城市有关事宜协调会。

14~17日　全国建设领域节能减排监督检查组到山西省督查。

17日　山西省政府安委办年度安全生产考核组到山西省住房和城乡建设厅检查指导。

17~21日　山西省召开燃气安全隐患专项整治督查会议。

24～25日　山西省住房和城乡建设厅召开ISO9001质量认证终审会议。

27日　山西省住房和城乡建设厅召开省住房城乡建设厅2012年度目标责任考核大会。

31日　山西省住房和城乡建设厅召开厅党组（扩大）会议，传达学习了全国住房城乡建设工作会、省委十届四次全体工作会议等有关精神。

（山西省住房和城乡建设厅）

内蒙古自治区

1. 概况

2012年，内蒙古自治区住房和城乡建设工作以贯彻落实科学发展观为主题，以转变发展方式为主线，抓改革谋创新，出实招求实效，内蒙古自治区城镇化率达到57.7%，既有建筑节能改造完成1844万平方米，保障性住房建设新开工29.3万套，内蒙古自治区农村危房改造实际改造完成16.75万户。

2. 住房保障体系建设

【保障性住房建设情况】　2012年国家下达自治区建设任务为新开工27.77万套，基本建成13万套。自治区实际新开工29.3万套，基本建成13.8万套，均超额完成国家任务。累计完成投资480亿元，其中争取国家补助资金71.4亿元，自治区本级财政投入资金17.54亿元。

【支持保障房建设的政策措施】　加强对保障性住房建设的组织领导，各级政府层层签订责任状，落实建设任务。加强保障性安居工程项目调度，坚持保障性安居工程建设工作按月统计通报，召开内蒙古自治区保障性安居工程建设中期推进会议，保证了建设进度。认真落实保障性住房用地供应优惠政策，加大了资金投入，2012年建设任务尽管比上年有所减少，但自治区本级投入的资金仍不低于上年总额。督促有关市县做好审计中发现问题的整改工作，及时纠正部分旗县实施廉租住房保障过程中出现的偏差和问题。组织开展内蒙古自治区保障性住房建设巡查工作，实地检查保障性住房项目753个。进一步加强保障性住房工程质量安全管理，强化对保障性住房准入、退出及后期管理，加大规划、建设、分配、管理等各环节的信息公开力度，促进了住房保障工作的公开透明。

【住房公积金监管】　住房公积金制度覆盖面进一步扩大。各地历史遗留的违规挪用资金和财政欠补资金基本清理完毕，职工满意度普遍提高。住房公积金缴存比例和贷款逾期率严格控制在国家规定范围内，资金运行安全。根据市场变化提高了个人住房贷款额度。截至2011年底，内蒙古自治区住房公积金缴存职工达167万人，归集总额864.99亿元；已累计为57.7万职工提供了个人住房贷款，贷款总额583.85亿元；累计为职工提取住房公积金总额262.78亿元。住房公积金支持保障性住房建设试点不断扩大，继包头之后又有呼和浩特市、呼伦贝尔市被列为国家试点城市，全年共向保障性住房建设提供贷款6亿元。

3. 房地产市场及调控

【房地产市场情况】　2012年，内蒙古自治区商品住宅平均售价3656元/平方米，同比增长9.95%。2011年3月以来，自治区房地产开发投资一直处于负增长，上半年下滑速度在加快，但以7月为转折点，下半年下滑速度逐步减缓，全年完成房地产开发投资1291.44亿元，同比增长－21.7%；商品房销售面积从4月进入负增长。从6月开始，同比增长几乎一直处于－30%以上，全年增长－30.3%。自治区住房和城乡建设厅加大对内蒙古自治区房地产市场的调研和监测分析，及时向自治区党委、政府报告市场形势。

【落实调控政策】　认真贯彻落实国家房地产市场宏观调控政策，严格执行差别化信贷、税收和住房限购等调控措施，着力促使房价稳定。为了防止房地产市场出现过大的波动，自治区住房和城乡建设厅提出促进销售、加快复工和新开工建设的10项措施，于7月18日召开内蒙古自治区房地产市场座谈会，指导督促各地举办房展会、提高行政审批效率、落实信贷政策，对于鼓励自住需求、稳定市场

【提高住宅品质和规范房地产秩序】 大力推广绿色建筑及CL体系、EPS体系等符合"四节一环保"要求的新技术、新材料、新产品、新工艺，逐步提高住宅全装修率，住宅产业化水平进一步提高。规范房地产测绘工作，建立商品住宅选购指南制度，完成对内蒙古自治区住宅专项维修资金审计检查。开展危旧房屋安全检查，结合既有居住建筑节能改造推进旧住宅小区整治改造，对集中连片的旧住宅区域进行建筑节能改造、地下管网改造和地上环境整治。开展"物业管理年活动"，促进物业服务行业健康有序发展。研究制定《新建商品住宅交付使用管理办法》，着手实施新建商品住宅交付使用管理。进一步完善房地产市场信息系统，实现商品房预售合同网上签约、房地产开发在线即时统计、产权信息查询等功能，提高了房地产市场监管信息化水平。

【房屋征收管理】 加大房屋征收管理制度建设力度，着手起草自治区房屋征收条例，落实两个最低保障制度和"征一还一"制度，建立定期统计报表和联络员制度。

4. 城乡规划建设管理

【城镇规划】 加快城乡规划立法进度，自治区人大常委会已对《内蒙古自治区城乡规划条例》进行第一次审议。开展内蒙古自治区城镇体系规划修编的前期工作，指导各盟市根据经济社会发展需要及时开展城镇总体规划修编工作，加快城镇控制性详细规划编制进度，内蒙古自治区城镇控制性详细规划覆盖率达到75%以上。开展设市城市及旗县政府所在地镇新区的核心区和重要节点、重点地段城市设计工作。组织实施《呼包鄂城市群规划》、《乌海及周边地区城镇规划》，指导自治区西部加快推进城镇化进程，提升区域竞争力。发挥城市规划的引导调控作用，对13个拟设立的自治区级工业园区、物流园区进行规划审查，对300多个建设项目提出选址意见。加强对规划实施的监管，联合有关部门对内蒙古自治区20个设市城市及部分旗县、开发区（工业园区）、边境口岸总体规划执行情况进行督查，并向自治区政府报告情况。

【城市建设管理年活动】 启动为期三年的"城市建设管理年"活动。2012年通过重点实施"生命线工程"、"民心工程"和"宜居工程"等三大工程，累计完成投资1000亿元，城镇化率达到57.7%。

【污水处理】 加快污水处理设施建设和运行监管。内蒙古自治区共建成污水处理厂106个，形成污水设计处理能力270.98万吨/日，基本实现旗县所在地镇以上城镇全覆盖。加强城镇污水处理设施建设运行的督察，进一步提高设施运行效率，全年处理污水6.9亿吨，处理率达83.6%。大力加强生活垃圾处理工作，报请自治区政府出台《关于加强城镇生活垃圾处理工作的实施意见》。

【生活垃圾无害化处理】 推进生活垃圾无害化处理设施建设，内蒙古自治区现有处理场79座，日处理能力达到11927吨，2012年内蒙古自治区生活垃圾无害化处理率达到81.5%。鄂尔多斯市、呼和浩特市被确定为国家餐厨废弃物资源化利用和无害化处理试点城市。高度重视城镇供水水质监管工作，加大项目库和检测设施建设力度，保障城镇供水安全。

【园林绿化】 大力推进园林绿化工作，组织开展自治区园林城市、园林县城创建活动，乌兰察布等五市三旗创建为自治区园林城市（县城）。开展自治区重点公园创建和评选活动，制定评选办法。在乌兰察布市召开了内蒙古自治区城市园林绿化工作现场会。开展自治区节水型城市、自治区人居环境奖、自治区人居环境范例奖等评选活动，评选出乌海市乌达区煤矿棚户区搬迁改造等4个项目为自治区人居环境范例奖。

【城市管理执法】 加强城市管理执法工作，7月在包头市召开内蒙古自治区首届城市管理执法工作研讨会。内蒙古自治区改造完成"城中村"24个，惠及人口4万多人。

【农村危房改造】 2012年，经积极争取国家共下达内蒙古自治区的改造任务为13.4万户。各地结合实际大胆探索，创造性地将危房改造工作与整村搬迁、开发扶贫、生态移民、残疾人危房改造等政策打捆使用，改造工作取得较大进展，内蒙古自治区实际改造完成16.75万户，其中科尔沁左翼中旗等6个第一批试点旗县完成5.12万户，阿荣旗等4个第二批试点旗县完成2.5万户，帮扶兴安盟1.1万户，其他旗县8.03万户。争取国家补助资金17.15亿元，自治区本级投资16.9亿元，完成总投资达81亿元。

【村镇规划建设】 进一步加大村镇规划资金投入，开展县域村镇体系规划、小城镇总体规划及村庄规划的编制和修编工作。加大小城镇建设力度，以自治区政府名义召开内蒙古自治区小城镇建设现场会，推进小城镇建设的进度。继续采取以奖代补的方式，对和林格尔县北出口道路改造工程等37个项目给予自治区小城镇建设奖励，村镇基础设施水平不断提高。加强对中国历史文化名镇（村）和全国特色景观旅游名镇（村）的建设、管理工作。

5. 建筑市场监管体系建设

【勘察设计】积极推进勘察设计行业科技创新，内蒙古自治区勘察设计企业共完成施工图建筑面积6596万平方米。完善施工图审查程序，规范施工图审查行为，制定施工图设计文件审查机构考核管理办法及考核标准。加强地方性标准的制定工作，把成熟先进的建筑结构体系和技术产品纳入工程技术标准和标准设计图集，组织相关设计单位技术人员编制了《CL建筑体系技术规程》、《CL建筑体系构造图集》和《EPS模块外保温工程技术规程》系列标准，修订《居住建筑节能设计标准》和《公共建筑节能标准》等地方标准。强化抗震防灾工作，建立内蒙古自治区破坏性地震应急机制，对《内蒙古超限高层建筑工程界定标准》进行修订。

【建筑业发展】积极鼓励和扶持建筑企业加快发展，支持具备资质升级增项条件的企业提高资质等级，引导区内建筑业企业适应市场需求进行资质合并或分立，提高市场竞争力和占有率。企业数量大幅增加，2012年内蒙古自治区新增建筑业企业370家，建筑业企业总数已达2390家，其中一级企业90家，二级企业423家，三级以及不分等级的企业1356家，劳务分包企业521家。建筑业专业类别渐趋合理，公路、水利、钢结构等专业企业数量和资质等级均有了一定发展。产业集中度进一步提高，产值过5亿元企业59家，其中过10亿元企业22家，有3家企业总产值突破50亿元。2012年内蒙古自治区建筑业总产值可完成1434亿元左右，同比增长4.1%；实现增加值1066亿元，现价比增长17%，对自治区经济稳定增长作用明显。大力加强建设社保费筹集管理工作，配合中央、自治区审计部门完成审计工作，针对存在的问题及时制订和完善相关政策措施，全年预计收缴建设工程社保费18亿元。

【建筑市场秩序】加强建设工程招投标管理，完成电子招投标方案比选，建立15个评标专家库。不断拓展招标投标服务领域，铁路建设等项目进场交易，2012年内蒙古自治区进场交易工程5639个，应公开招标项目公开招标率100%。加强工程造价管理，报请自治区政府出台《建设工程造价管理办法》，进一步完善工程造价计价体系；组织拟制《内蒙古自治区建设工程工程量清单计价实施细则》，广泛征求意见。加大执法检查力度，积极推进工程建设领域项目信息公开和诚信体系建设，采取有力措施预防和清理拖欠工程款，整顿和规范了建筑市场秩序。组建自治区本级政府投资非经营性项目代建管理局，民主党派办公楼等5个代建项目进展顺利。

【工程质量监督】开展专项执法检查，加强预拌混凝土质量监管，试点推行施工现场信息化远程监控，提高工程质量监管水平。组织开展内蒙古自治区保障性安居工程质量监督执法检查，共检查各类保障性安居工程247项，建筑面积873.98万平方米。开展创建优质工程活动，评选出"草原杯"工程质量奖22项，自治区优质样板工程奖72项。内蒙古兴泰建筑有限责任公司、中国二冶集团有限公司荣获自治区主席质量奖，鄂尔多斯体育场和图书馆荣获鲁班奖。

【建筑安全生产】开展建筑安全生产事故防控工作。通过全力推进建筑安全生产标准化工作，128个施工项目被评为自治区建筑安全标准化示范工地。健全完善安全生产规章制度，切实加强建筑起重机械安全监督管理，加大安全隐患排查治理整顿力度，从严追究和处罚安全事故责任主体，使建筑安全生产事故呈现出稳中有降态势。2012年共发生建筑安全死亡事故12起，比上年减少5起；死亡15人，比上年减少20人。

6. 建筑节能

新建建筑执行节能设计标准的比例稳步提高，设计阶段、施工阶段强制性标准执行率均达到100%。既有居住建筑节能改造取得显著进展，2012年安排改造1844万平方米，超额完成1000万平方米的计划改造任务。争取到国家奖励补助资金8.5亿元，落实自治区配套资金10.1亿元。可再生能源建筑应用示范不断扩大，内蒙古自治区23个国家示范项目和赤峰市等4市14县1镇示范工作进展顺利，累计获得国家补助资金7.8亿元。积极推进绿色建筑快速发展，采取签订责任状、减免收费等措施，内蒙古自治区已开工建设绿色建筑159万平方米。积极开展国家机关办公建筑和大型公共建筑节能监管体系建设，建筑节能新材料新技术推广应用不断加强。高等院校节约型校园建设工作取得进展，内蒙古工业大学等8所大学被列为国家节约型校园示范院校。

7. 大事记

1月

13日 自治区住房和城乡建设厅批复内蒙古中医医院新建住院医技综合楼项目选址。

18日 自治区住房和城乡建设厅批准内蒙古亿德水务有限责任公司等96家建筑施工企业安全生产许可。

2月

2日 自治区住房和城乡建设厅向自治区人民政府提请包头市近期建设规划(2011—2015)备案。

3日 自治区住房和城乡建设厅印发关于贯彻落实内蒙古自治区人民政府办公厅《关于进一步加强墙体材料革新工作的通知》的实施意见。

8日 自治区人民政府召开内蒙古自治区住房和城乡建设工作会议。会议贯彻落实全国住房和城乡建设工作会议暨党风廉政建设、精神文明建设工作会议和内蒙古自治区经济建设工作,研究部署2012年工作。自治区各盟市及自治区有关单位负责人参加会议。自治区领导王波副主席做重要讲话。

10日 自治区住房和城乡建设厅对住宅产业化工作中取得优异成绩的王澜等12名先进个人予以表彰。

24日 自治区住房和城乡建设厅向自治区人民政府报送《呼和浩特市城市总体规划(2010—2020)》。

27日 自治区住房和城乡建设厅印发《关于进一步好自治区各类开发区工业园区、物流园区、产业基地规划管理工作的通知》要求,各园区要按照国家有关规定编制园区总体规划,并履行相关报批程序。

3月

2日 自治区住房和城乡建设厅印发关于进一步加强预防和清理房屋建筑及市政工程拖欠工程款工作的通知。

6日 自治区住房和城乡建设厅开展内蒙古自治区城乡规划编制单位资质规划编制检查工作。检查范围:凡在内蒙古自治区工商部门注册,2011年年底以前持有《城乡规划编制资质证书》甲级、乙级、丙级资质的规划编制单位。

8日 自治区住房和城乡建设厅向自治区党委办公厅报送《自治区住房和城乡建设厅2011年工作总结和2012年工作安排》。

20日 自治区住房和城乡建设厅向住房和城乡建设部住房保障司报送内蒙古自治区住房保障管理状况调查分析报告。

23日 自治区住房和城乡建设厅开展2011年度房地产估价机构资质年检工作,定于2012年4~7月对内蒙古自治区房地产估价机构进行资质年检。

23日 自治区住房和城乡建设厅开展2011年度物业服务企业、房地产开发企业资质年检工作。定于2012年4~7月对内蒙古自治区各级别物业服务企业、房地产开发企业进行资质年检。

26日 自治区住房和城乡建设厅印发关于规范内蒙古自治区注册房地产估价师执业注册有关工作的通知。

27日 自治区住房和城乡建设厅印发住房和城乡建设厅2012年工作要点及分工方案的通知

4月

9日 自治区住房和城乡建设厅批复内蒙古自治区人大常委会办公楼工程项目选址。

10日 自治区住房和城乡建设厅转发住房和城乡建设部关于做好2012年城镇保障性安居工程工作的通知,要求各地抓紧做好2012年新开工保障性住房建设项目的审核备案工作。

15日 自治区住房和城乡建设厅、自治区财政厅联合下达2012年内蒙古自治区既有居住建筑供热计量及节能改造任务。

18日 自治区人民政府召开内蒙古自治区城镇建设投资和房地产市场健康发展工作座谈会,自治区各盟市及自治区有关单位驻呼金融机构负责人参加会议。

28日 自治区住房和城乡建设厅印发《内蒙古住房和城乡建设厅教育培训管理规定》。

5月

3日 自治区住房和城乡建设厅批复内蒙古自治区监狱管理局新建办公场所项目选址位置。

11日 自治区住房和城乡建设厅同意呼和浩特清水河工业园区乌拉特前旗工业园区、五原工业园区升格为自治区级开发区。

15日 自治区住房和城乡建设厅批复包头金属深加工园区总体规划。

18日 自治区住房和城乡建设厅批复内蒙古自治区涉密载体销毁中心项目选址。

21日 自治区住房和城乡建设厅和自治区财政厅联合印发关于调整住房公积金缴存比例和规范缴存基数的通知。自2012年7月1日起,自治区直属机关事业单位住房公积金个人缴存比例由现行的8%提高到12%。

29日 自治区住房和城乡建设厅批复内蒙古政

协信息中心项目选址。

31日 自治区住房和城乡建设厅转发住房和城乡建设部进一步加强房屋建筑及市政工程项目招标投标监督管理工作指导意见。

6月

7日 自治区住房和城乡建设厅印发内蒙古自治区超限高层建筑工程抗震设防管理规定实施意见。

12日 自治区住房和城乡建设厅、发改委、财政厅联合向住房和城乡建设部、国家发改委、财政部报送2013~2015年城镇保障性安居工程年度建设计划。

25日 自治区住房和城乡建设厅印发内蒙古自治区重点公园评审管理办法。

28日 自治区住房和城乡建设厅印发内蒙古自治区住房城乡建设事业"十二五"规划。

7月

2日 自治区住房和城乡建设厅批复乌兰察布民用机场项目选址。

2日 自治区住房和城乡建设厅转发住房和城乡建设部开展房屋建筑和市政工程建设中挂靠借用资质投标违规出借资质问题专项清理工作的通知。

11日 自治区住房和城乡建设厅印发内蒙古自治区超限高层建筑工程界定规定的通知。

11日 自治区住房和城乡建设厅公布内蒙古自治区2011年度勘察设计资质复核结果。

12日 自治区住房和城乡建设厅公布2012年公共租赁住房、经济适用住房、限价商品住房备案项目和2012年城市棚户区改造项目的批复。

25日 自治区住房和城乡建设厅同意包头市原材料物流园区升级为自治区级物流园区。

8月

2日 自治区住房和城乡建设厅向呼伦贝尔市人民政府复函同意修改额尔古纳市城市总体规划。

6日 自治区住房和城乡建设厅转发住房和城乡建设部《关于建设用地容积率管理办法的通知》。

7日 自治区住房和城乡建设厅印发2012年内蒙古自治区建筑市场监督执法专项检查工作方案。

22日 自治区住房和城乡建设厅批复内蒙古大学创业学院新址选址。

24日 自治区住房和城乡建设厅、自治区财政厅上报内蒙古自治区"十二五"中央财政专项资金集中支持城镇污水处理设施配套管网建设任务量细化报告。

9月

7日 自治区住房和城乡建设厅公布通辽市家园城乡规划有限责任公司等2家城乡规划编制单位乙级资质。

10日 自治区住房和城乡建设厅印发进一步鼓励和引导民间资本进入市政公用事业和政策性住房建设领域的实施意见。

11日 自治区住房和城乡建设厅公布通辽阳光建筑设计有限责任公司等6家企业勘察设计资质延续审查结果。

18日 自治区人民政府召开内蒙古自治区旗县（市）政府所在地镇建设现场会。

27日 自治区住房和城乡建设厅、发改委、财政厅、国土厅、人民银行呼和浩特市中心支行、国税局、银监局联合转发关于鼓励民间资本参与保障性安居工程建设有关问题的通知。

28日 自治区住房和城乡建设厅任命乌兰察布市为自治区园林城市。

30日 自治区住房和城乡建设厅命名乌审旗、伊金霍洛旗、鄂托克旗为2012年自治区园林县城。

10月

16日 自治区住房和城乡建设厅批复内蒙古自治区自然历史博物馆项目选址。

22日 自治区住房和城乡建设厅印发《关于进一步加强施工图审查工作的通知》。

11月

1日 自治区住房和城乡建设厅印发《关于进一步加强新建商品住宅建筑装修设计工作的通知》；印发《关于内蒙古自治区建立商品住宅选购指南制度的通知》。

12月

4日 自治区住房和城乡建设厅注销2011年未按时核定资质等级的内蒙古雄泰房地产开发有限责任公司等16家房地产开发企业资质证书；印发《关于在内蒙古自治区使用统一的房地产测绘软件的通知》。

27日 自治区建设厅印发《内蒙古自治区"十二五"绿色建筑发展规划》；印发《内蒙古自治区"十二五"住宅与房地产业发展规划》。

28日 自治区住房和城乡建设厅批复阿拉善盟、巴彦淖尔市、兴安盟、赤峰市、乌海市、通辽市、鄂尔多斯市、锡林郭勒盟2012年保障性住房项目备案。

（内蒙古自治区住房和城乡建设厅）

辽 宁 省

【房地产业】 2012年，辽宁省认真贯彻落实国家房地产调控政策，坚决抑制房价过快上涨势头，房价基本保持稳定，没有大起大落。国务院督查组两次到辽宁省检查，都给予充分肯定：态度积极、措施得力、效果明显、群众满意。辽宁省房地产市场始终保持平稳健康发展。

【保障性安居工程】 截至2012年底，辽宁省累计改善171万户城镇居民住房条件，保障覆盖面超过15%。其中，2012年完成25.9万套，超额完成国家下达辽宁省21.89万套的任务。在保障性安居工程建设、分配和管理上都创造了辽宁经验，辽宁省保障性安居工程已经走上了良性发展的轨道。继2011年辽宁省创造了"三高一超"的亮点之后，2012年，在超额完成国家任务的同时，辽宁省牢牢抓住公平分配这条保障性安居工程的生命线，提出"六公开一监督"，即分配政策公开、分配程序公开、分配房源公开、分配对象公开、分配过程公开、分配结果公开和全过程监督。

【建筑业】 2012年，辽宁省建筑业总产值7507.9亿，同比增长20.7%，实现增加值1626亿，占全省GDP比重6.6%，排位从2008年的全国第十跃居第三，建筑业在"量"上实现了飞跃，成为全省支柱产业之一。

企业总量和队伍规模持续壮大。2012年全省建筑业企业9300家，各级建造师50000人。建筑市场秩序进一步规范，建立建筑工程施工许可网上审批与监管平台，创建了建筑市场监管新模式。装饰装修行业异军突起，2012年的产值为500亿元。

【县城建设】 辽宁省城镇化率2012年底达到65.6%，五年增长5.5个百分点。共完成城中村改造45.2万户，占"十二五"总任务的61%，完成城边村改造27万户，占"十二五"总任务的42%。规划体系不断完善。县城总体规划已基本完成修编和审批。编制了"十二五"县城建设规划。县城建设全面启动，建设投资不断增大，以自来水、垃圾处理、污水处理、集中供热、公园绿地、体育文化场馆建设为主的"六个一"工程全面完成。三是通过开展"绿叶杯"和"四化"竞赛活动，全省县城面貌明显改观。

【城市建设】 2012年，辽宁省自来水普及率达到98.06%、燃气普及率达到95.31%、城市绿化覆盖率达到40.39%；城乡生活垃圾收集运输处理体系初步建立，全省共建成垃圾处理场点166座，生活垃圾无害化处理率达到85%；城市集中供热全面推进，拆除10吨以下小锅炉1205台，全省集中供热率达到90.7%。本溪县等17个县城基本实现一县一热源；解决城市热点难点问题列入重要日程，城市地下管网改造建设、城市供水水质提升、汛期排涝、交通拥堵和马路拉链等问题都在深入研究解决方案并初步实施。城市地下管网普查完成总量的52%，全省改造和建设供水管网770公里、排水管网312公里、供气管网385公里、供热管网1758公里、建设地下综合管廊16公里。

【城市面貌】 2012年，辽宁省继续提高规划设计水平，改善城市环境，加强城市管理，城市特色显著增强，城市形象有力提升。全省划定23个城市规划建设重点区域。各地城市色彩明显强化，建筑设计亮点不断，城市水系、绿化、公园、房屋建设精品频出，城市风貌焕然一新。城市"绿化、美化、净化、亮化"竞赛活动开展，全省14个市、100个县区积极参与，增加城市绿量、增强城市活力、增添城市美感、丰富城市内涵、净化市容卫生、营造宜居环境、提升亮化档次、扮靓城市夜景。大力推行城市管理数字化试点，城市管理效能进一步提升。

【城乡规划】 开展全省城市地下管线普查工作。2012年，辽宁省下发《关于开展全省城市地下管线普查工作的函》和《全省城市地下管线普查工作方案》；编制《辽宁省城市地下管线普查技术规定》、《辽宁省城市地下管线普查检查与验收技术规定》、《辽宁省地下管线普查数据标准》、《辽宁省城市地下管线普查工作实施导则》4个规范性文件。

划定各市城市规划建设重点区域。辽宁省第一批共划定重点区域23个，在重点区域将实行控制性详细规划和城市设计备案制度。

【新建建筑节能】 2012年，辽宁省认真贯彻落实建筑节能标准，节能标准执行率施工阶段达到

99%以上。加强建筑节能监督管理。开展全省建筑节能专项检查。配合省发改委开展全省节能减排检查。积极开展建筑节能宣传工作。

【既有建筑改造】 2012年，辽宁省完成下达改造任务，落实改造责任。2012年国家下达给辽宁省的任务是1850万平方米，辽宁省完成1949万平方米，超额完成国家下达的任务。加强协调、调度和检查。召开全省既改座谈会，实行周调制度，对重点市县开展监督检查。

【科技推广】 2012年，辽宁省组织编制《辽宁省村镇宜居型住宅技术推广目录》、《辽宁省既有建筑节能改造技术推广目录》。开展科技推广工作。向全省推广建筑节能技术产品193项。开展高强钢筋的推广应用工作。印发《关于大力推广应用高强钢筋的通知》等3个文件。联合省经信委组织开展全省高强钢筋推广应用情况检查。

【质量检测】 2012年，辽宁省组织开展全省建设工程质量检测工作检查，印发了检查通报。组织开展多期各专业检测技术培训。完善建筑节能检测工作，印发了《关于开展建筑能效测评与标识工作的通知》和《关于开展建筑节能工程现场检验的通知》。

【做好公积金贷款支持保障性住房建设试点工作】 2012年6月向各市转发住房城乡建设部等部委《关于扩大利用住房公积金贷款支持保障性住房建设试点范围的通知》。9月，住房城乡建设部等部委研究批复丹东和朝阳市成为试点城市，大连市作为已开展试点的城市，申请扩大贷款规模。

【配合住房城乡建设部做好两次涉险资金专项检查】 2012年3月，全国加强住房公积金管理专项治理检查小组在沈阳召开全省汇报会议，辽宁省财政厅等部门参加，检查组到省直中心、抚顺中心和辽河油田分中心实地听取汇报并现场检查。5月，住房城乡建设部检查组再次到辽宁省对涉险资金清收工作进行督办，并到抚顺市对历史遗留的1.19亿元项目贷款向抚顺市政府提出解决方案。

【工程质量和安全】 2012年，辽宁省工程质量和安全生产监管进一步加强，全年未发生较大以上质量事故，工程质量通病得到较好治理。通过严格监管，建设系统安全生产形势平稳向好，杜绝了较大以上生产安全事故，有效防范和控制了一般事故。2012年，全省房屋和市政工程施工发生安全生产死亡事故14起，死亡17人，同比下降48.1%和70%。

【立法工作】 2012年共有3部政府规章和1部地方性法规列入年度立法计划。其中《辽宁省城市供热管理条例》（论证项目）列入省人大立法计划，《辽宁省保障性安居工程管理办法》、《辽宁省建设项目选址规划管理办法》及《辽宁省城市地下管线管理办法》（论证项目）列入省政府立法计划，取得到省人大、省政府法制办的充分认可。

【依法行政工作】 2012年，辽宁省一是开展建设行业层级监督，规范执法行为。从2012年3月份开始采用随机抽查、集中互查的方式分5次对全省28个住房城乡建设主管部门及12个市、县行政执法部门进行检查，随机调取案卷280余份。二是积极推进案例执法监督指导。在执法案卷评查工作的基础上，组织编写《辽宁省住房城乡建设系统行政处罚典型案例评析》一书，受到建设部和省政府法制办的一致好评。三是从9月开始，围绕"深入推进依法行政，进一步化解执法难题"，对全省住房城乡建设系统执法情况进行调研，目前已形成调研报告初稿。

【援建青海玉树灾区】 辽宁援建玉树巴塘乡工程共6大类51项，建设项目结算额为4.922亿元。从2010年7月中旬开工到2012年8月末，援建工程全部完工，实现了辽宁省委省政府提出的"三年任务两年基本完成"工作目标。

（辽宁省住房和城乡建设厅）

吉 林 省

1. 概况

吉林省住房城乡建设系统紧紧围绕年初确定的中心工作，着力打造、全面完成各项任务。

【"暖房子"工程】 坚持区域性整体改造原则，突出热源能力建设，全面推进供热计量改革，实施全过程管理。全省新增供热能力7100万平方米，完成计划的118%；开工建设45座区域锅炉房和22座调峰锅炉房，完成计划的110%；撤并改造小锅炉房1119座，完成计划的112%；改造陈旧供热管网2328.59公里，完成计划的233%；实施既有居住建筑供热计量及节能改造5120.38万平方米，完成计划的256%；实施老旧小区环境综合整治2141.64万平方米，完成计划的214%。长春、吉林、通化3个城市开展多热源联网工程试点。县以上城市全部出台了供热计量收费政策，全省实施供热计量收费面积7831万平方米，占已安装供热计量装置面积的75.5%，占全省集中供热面积的20.2%，供热计量改革实现了历史性突破。

【保障性安居工程】 不断创新思路、努力攻坚克难、注重公平分配、强化建后管理，建立覆盖建设管理全过程的政策保障体系。全年开工建设41.48万套，开工率117.2%；竣工29.65万套，竣工率129.2%。提前两个月完成国家下达的开工建设任务，处于全国前列。全省保障性安居工程初步走上了科学、规范、可持续的发展轨道。

【农村危房改造】 农村危房改造全面启动。制定完善农村危房改造原则、建设标准和政策措施。加强监督检查和工作指导。仅用不足两个月时间完成了10万家全省危房改造建设任务，完成国家考核任务。

【统筹推进特色城镇化工作】 统筹推进吉林特色城镇化工作取得积极进展。《吉林省城镇体系规划》获得国务院有关部门正式批复。研究深化长吉图发展战略和长吉一体化发展战略，提出生态城镇化的发展思路。开展推进城镇化发展的相关指标测算和城市给排水、供热、燃气、道路等专项规划编制工作。完成全省重大建设项目规划选址和部分城市总体规划审查报批工作。

【市政基础设施建设】 全省共完成市政基础设施投资394亿元。改造建设城市污水管网570公里，新增污水日处理能力12.1万立方米；改造建设城市供水管网208公里，新增城市日供水能力45万立方米；改造建设城市道路748万平方米；新增城市绿地826公顷。城市综合承载能力进一步提高，居民生活环境不断改善。

【建筑节能】 认真开展住宅产业化、可再生能源建筑应用示范、建筑废弃物资源化再利用、绿色建筑产品认定工作。提高新建建筑节能标准的执行率。积极推广太阳能光热建筑一体化工作。建立省级示范项目补助机制，启动大型公建节能监管体系平台建设。大安、敦化和珲春市被评为国家可再生能源建筑应用示范城市。

【污水处理与生活垃圾无害化处理】 28个城市和18个县城污水处理厂全部建成并通水运行，实现了污水处理厂城市全覆盖，污水处理率达到80%。建成10座城市生活垃圾处理场，生活垃圾无害化处理率达到70%。启动重点镇污水处理厂及配套管网建设。深入推进城市生活垃圾分类和餐厨垃圾无害化处理试点工作。

【房地产市场】 认真贯彻落实国家房地产宏观调控政策，实现了房地产市场的平稳运行。出台支持企业发展、减轻企业负担的若干规定。大力推进中低价位、中小家型普通商品房建设。积极活跃二手房市场，在全国率先以省政府文件形式出台解决历史遗留无籍房问题的意见。建立健全房屋征收政策体系，强化机构建设，加快征收进度，出台房屋征收与补偿工作程序、相关法律文书示范文本。2012年，吉林省房地产开发完成投资1565亿元，同比增长30%；商品房销售2000万平方米，同比增长10%。住房公积金覆盖面进一步扩大，效益更加显现。

【建筑业】 加大全省建筑业骨干企业发展的扶持力度，积极支持企业"走出去"。鼓励外埠企业本地化发展，设立本地化子公司157家。进一步加强招投标监管。强化工程质量管理，各类工程质量总体处于受控状态。加强安全生产，全省无重大生产安全事故，事故起数和死亡人数实现双下降。工程造价、抗震设防、建设科技、建筑标准化管理和城建档案管理等工作也取得了新进展。2011年，全省建筑业完成总产值1958亿元，同比增长20%以上。外埠建筑业企业完成产值400亿元。勘察设计咨询业营业收入109亿元，同比增长20%。

【依法行政工作】 全面落实行政执法责任制，建立行政执法人员信息管理系统，强化执法人员培训教育。在长春、吉林、白城和白山市开展行政处罚裁量权示范工作。加强建设稽查工作，进一步深化行政审批制度改革，深入推进政务公开和信息公开。

精神文明建设，扎实开展创先争优活动，全系统有9个集体、19人（次）受到国家部委表彰。深入开展各类培训工作，干部职工队伍素质加强。

2. 法制建设

【印发《2012年全省住房和城乡建设系统依法行政工作要点》】 按照全省住房城乡建设工作会议的

工作部署，围绕全省住房城乡建设工作大局，以"暖房子"工程、"八路安居"、城乡规划、市政基础设施建设和节能减排为重点，着力提升依法行政水平，为住房城乡建设发展提供法制保障。

【完成省住房城乡建设厅行政处罚自由裁量基准制定工作】 行政处罚自由裁量基准划分为城乡规划、城乡建设、工程建设与建筑业和房地产业，进一步规范行政处罚自由裁量权的行使。并将四个地区的部门列为行政处罚裁量基准市级示范单位。

3. 房地产业

【开展在建房地产项目普查】 对已经普查出的项目全部建立项目档案，安排专人跟踪项目进展填报情况，积极配合统计部门做好房地产企业和项目入库工作，对于漏报项目及时核对，纳入统计范围。

【房地产开发】 2012年，吉林省房地产开发完成投资1565亿元，同比增长30%；商品房销售2000万平方米，同比增长10%。

4. 住房保障

【保障性安居工程建设】 截至12月30日，全省保障性安居工程开工建设41.48万套，开工率达到117.2%；实际竣工29.65万套，竣工率达129.2%。完成投资451亿元。发放廉租住房租赁补贴30万家，新增3.22万家，完成计划的161%。其中：城市棚家区改造开工建设12.69万套，开工率105.7%；竣工7.3万套，竣工率103.2%；完成投资247.39亿元。煤矿棚家区改造开工4.65万套，开工率100%；竣工1.62万套，竣工率100%；完成投资31.83亿元。林业棚家区改造开工4.22万套，开工率101.3%；竣工4.4万套，竣工率137.8%；完成投资18.11亿元。国有工矿棚家区改造开工3.26万套，开工率101.6%；竣工1.26万套，竣工率116.7%；完成投资42.72亿元。廉租住房开工建设4.01万套，开工率100.3%；竣工3.02万套，竣工率111.8%，完成投资41.68亿元。公共租赁住房开工1.32万套，开工率110.1%；竣工0.72万套，竣工率64.4%；完成投资18.45亿元。国有垦区危房改造开工建设1.33万套，开工率113%；竣工1.33万套，竣工率113.5%；完成投资5.16亿元。农村危房改造开工10万套，开工率100%，竣工10万套，竣工率100%，完成投资45.87亿元。提前2个月完成国家下达的开工建设任务，超额完成国家下达的全部任务。

【健全征收工作政策体系】 进一步建立健全征收工作政策体系，完善安置补偿制度，提高补偿标准，最大限度地让利于民。7月，省政府在辽源市召开全省房屋征收工作现场会，进一步统一思想，在维护社会稳定的前提下，全力推进国有土地上房屋征收工作。

制定出台《吉林省保障性住房实物配租与租赁补贴分配管理暂行办法》、《保障性住房设计标准》及工程勘察设计、招标投标、质量安全监管等一系列政策文件，对保障性住房的准入、分配、退出、监管等方面进一步做出明确规定，完善审查公示、年度核查、信息公开三项制度，加强全过程管理。

【保障性安居工程质量"零容忍"】 落实工程质量责任制，建立旁站监理、群众监督、定期检查、阶段验收"四位一体"的质量监管体系，对出现的问题及时进行整改，发现一起，查处一片，从重从快处罚。

【科学制定保障对象准入标准】 明确提出廉租住房保障对象的收入标准不低于城镇居民月人均可支配收入的35%，住房困难标准不低于人均住房面积的40%，并要求各地适时调整，每年向社会公布一次。为给符合条件的申请家庭提供保障机会，提出申请家庭经过3次抽签（摇号）或历经3年仍未获得实物配租的，可以直接享受实物配租保障。

5. 住房公积金管理

【基本情况】 全省累计住房公积金归集总额936.44亿元，归集余额558.24亿元，贷款总额480.54亿元，贷款余额320.35亿元；累计提取廉租住房补充资金5.01亿元，上交廉租住房建设补充资金3亿元，实缴职工人数190万人；累计贷款职工33万人。

2012年度，归集住房公积金175.05亿元，同比增长16%；全年贷款发放107.06亿元，同比增长15%；职工贷款人数4.8万人，同比增长6.7%；全年住房公积金增值收益8.44亿元，提取廉租住房补充资金1.84亿元，为保障性住房试点城市建设提供贷款11亿元。

【《关于加强和改进住房公积金服务管理工作的通知》发布】 1月7日，省住房城乡建设厅和省财政厅联合下发《关于加强和改进住房公积金服务管理工作的通知》，从11个方面规范了住房公积金管理，撤销贷款公证、保险、评估三项程序及收费，为职工购房贷款减免费用人均4500元以上，全省贷款职工节约资金约1.9亿元，提升了创文明行业水平并促进了住房消费增长。住房城乡建设部以"通报"印发各省，介绍吉林经验。

【监管系统升级改造】 9月30日，为确保住房公积金贷款支持保障性住房建设试点城市贷款资金运作合规，省住房公积金管理办公室按照部、省两级试点城市贷款业务监管系统的部署，完成了吉林、长春、通化、白山等地区管理中心与部、省监管系统的线路联通工作。部对省级运行监管系统进行了升级改造，增加省级审核功能，省住房公积金管理办公室完成了新老系统的切换工作，将通过新升级的运行监管系统对所连试点城市项目贷款业务进行合规性审查。通化市通过部省两级审核发放2.93亿元贷款，标志着监管系统升级改造完成并吉林省第二批利用住房公积金贷款支持保障性住房建设试点城市贷款业务正式启动。

【住房公积金涉险资金清收】 12月30日，按照住房城乡建设部的统一部署，配合国家住房公积金涉险资金清收工作督查组，对涉险资金的长春、吉林、四平、辽源、通化、白山、延边等地区进行现场督查，全面推进历史遗留的住房公积金涉险资金清收工作。在国家强力推动和各地方政府高度重视以及各地住房公积金管理中心的积极努力下，清收工作取得良好成效。全省共收回涉险国债5041万元，逾期贷款2693.75万元。对尚未收回的涉险资金，各相关城市政府都做出了还款计划和承诺。吉林市通过采取政府统一回购方式已全部完成涉险资金6400万元的清收工作，为全省各市州全面落实清收工作起到示范作用。

6. 城乡规划

【12城市和莲花山生态旅游度假区总体规划成果获得批复】 2月16日，省住房城乡建设厅代省政府审查完成通化、辽源、舒兰、公主岭、磐石、大安、九台、临江、洮南、延吉、蛟河、和龙12个城市和莲花山生态旅游度假区总体规划成果，全部获得省政府批复。

【国务院批复吉林省城镇体系规划】 5月21日，国务院批复了吉林省城镇体系规划。吉林省长王儒林批示："要按国务院批复函件要求进一步深化、细化规划内容，制定具体实施办法，认真搞好落实。"

【吉林省省域城镇体系规划动态监测系统初步建立】 11月30日，省住房城乡建设厅会同省规划院和规划管理研究中心初步建立省域城镇体系规划动态监测系统，完成对各地上报的城市总体规划成果电子文档和航拍地形图的录入工作。

7. 城市建设与市政公用事业

【城市市政建设】 全省城市道路长度8055.84公里，城市道路面积14362.05万平方米，其中人行道2888.87万平方米；城市桥梁699座。其中，大桥及特大桥85座，立交桥142座；城市道路照明灯60.45万盏，安装城市道路照明灯道路长度5357公里，城市照明总用电量23514万千瓦时，城市照明装灯总功率72815.83千瓦；城市防洪堤长度750公里。其中，百年一遇标准175公里；五十年一遇标准120公里。

人均城市道路面积12.61平方米。

【城市轨道交通】 城市轨道线路4条。其中，城市地铁1条，城市轻轨3条；城市轻轨线路长度66.40公里。其中，地面长19.43公里，地下长23.01公里，高架线长23.96公里；车站数量45个。其中，地面站20个，地下站3个，高架站22个。换乘站数2个。配置车辆数58辆。已完成投资额683974万元。

【城市供水】 城市供水日综合生产能力747.49万立方米，其中地下水92.24万立方米。供水管道长度9599.83公里。年供水总量106530.36万立方米。售水量79268.42万立方米。其中，生产运营用水33603.19万立方米；公共服务用水15324.83万立方米；居民家庭用水27262.04万立方米；其他3078.36万立方米。免费供水量1437.26万立方米，其中免费生活用水265.36万立方米。用水人口1051.98万人。供水漏损水量25824.68万立方米。城市供水人均日生活用水量111.60升；用水普及率92.38%。城市建成区供水管道密度7.42公里/平方公里。

城市节约用水计划用水家7378家，其中自备691家；实际计划用水量154119万立方米，其中工业用水量132664万立方米；新水取用量50837万立方米，其中工业用水量30859万立方米；重复利用水量103282万立方米，其中工业用水量101805万立方米；节约用水量13388万立方米，其中工业用水量12048万立方米；节约用水重复利用率67.01%，其中工业节约用水重复利用率76.74%。

【城市燃气】 城市人工煤制气日生产能力80万立方米；形成储气能力28.60万立方米；煤气供气管道长度1813.63公里；煤气年自制气量27960.80万立方米，煤气年供气总量17086.39万立方米；销售气量15775.48万立方米，其中居民家庭销量9173.67万立方米；煤气损失量1310.91；用气人口

188.49万人。

城市天然气储气能力119.11万立方米；供气管道长度5169.72公里；天然气供气总量69696.86万立方米；年销售天然气67252万立方米，其中居民家庭用气19276.29万立方米。天然气损失量2444.85万立方米。居民家庭用气家数124.04万家，用气人口378.18万人。

城市液化石油气储气能力1.94万吨，供气管道长度107.94公里。液化石油气供气总量22.09万吨，年销售气量21.95万吨，其中居民家庭销售气量10.71万吨。液化石油气损耗量0.14万吨。居民家庭用气家数110.31万家，用气人口443.12万人。

城市居民燃气普及率89.46%。

【城市集中供热】 城市集中供热蒸汽供热能力1537.00吨/小时。其中，热电厂供热能力1382.00吨/小时；锅炉房供热能力155.00吨/小时。年蒸汽供热总量420.00万吉焦。其中，热电厂315.40万吉焦；锅炉房104.60万吉焦。蒸汽供热管道长度208.44公里。集中供热热水供热能力36536.32兆瓦。其中，热电厂供热能力15983.50兆瓦；锅炉房供热能力20552.82兆瓦。年热水供热总量20189.34万吉焦。其中，热电厂9883.11万吉焦；锅炉房10306.23万吉焦。热水供热管道长度15787.60公里。

城市集中供热面积38296.47万平方米，其中住宅29095.30万平方米。

【城市排水和污水处理】 城市排水管道长度8960.59公里。其中，污水管道长度3238.00公里，雨水管道长度3439.29公里，雨污合流管道长度2283.30公里。污水排放量81629.40万立方米。城市建成区排水管道密度6.93公里/平方公里。

城市污水处理厂36座，其中二、三级处理厂21座；污水处理厂日处理能力243.3万立方米，其中二、三级处理厂处理能力202.2万立方米；污水处理厂年处理污水总量66643万立方米，其中二、三级处理厂处理量57827万立方米；干污泥生产量105924吨，干污泥处置量98003吨。年运行费用46470万元。COD削减设计能力278719.95吨/年，全年COD削减量201897.64吨。NH3-N削减设计能力24557.8400吨/年，全年NH3-N削减量11880.1400吨。

污水处理厂再生水日生产能力20.01万立方米，利用量775.96万立方米，管线长度23.6公里。

城市污水处理率82.35%，污水处理厂集中处理率81.64%。

【城市园林绿化】 城市绿化覆盖面积45108公顷，其中建成区43906公顷。园林绿地面积38781公顷，其中建成区38170公顷；公园绿地面积12486公顷，公园个数161个，面积5093公顷。

城市建成区绿化覆盖率33.94%；建成区绿地率29.50%；人均公园绿地面积10.96平方米。

【城市市容环境卫生】 城市道路清扫保洁面积13304万平方米，其中机械化清扫保洁面积4179万平方米；生活垃圾年清运量374万吨，其中密闭车(箱)清运量374万吨；生活垃圾处理量474万吨，生活垃圾无害化日处理能力9695吨。其中，卫生填埋6855吨，焚烧2840吨；生活垃圾无害化年处理量268万吨。其中，卫生填埋212万吨，焚烧56万吨；生活垃圾处理场(厂)年运行费用25777万元。生活垃圾无害化处理率52.59%；餐厨垃圾清运量1万吨，日处理能力326吨；粪便清运量89万吨，年处理量58万吨，年运行费用466万元。

城市生活垃圾转运站464座；公共厕所4189座。城市市容环卫专用车辆设备总数4760辆。

【国家风景名胜区】 国家级风景名胜区长春净月潭—八大部、吉林松花湖、珲春市防川、和龙市仙景台景区面积828平方公里，其中可供游览面积168平方公里；游人量524.10万人次，其中境外游人7.3万人次；景区资金收入8209万元，其中经营收入8209万元(含门票收入685万元)；景区资金支出2940万元。其中，固定资产投资2530万元，经营支出282万元。

【省级风景名胜区】 通化市白鸡峰、梅河口景区、敦化风景区面积94平方公里，其中可供游览面积23平方公里。游人量88.9万人次，其中境外游人4.0万人次。建设项目占地总面积97000平方米，建设项目总建筑面积42750平方米，当年施工面积450平方米。景区资金收入8176万元。其中：国家预算内拨款195万元；经营性收入5913万元(包括门票收入2082万元)。景区资金支出22081万元。其中：固定资产支出19900万元，经营性支出2146万元。

【市政公用设施建设投资】 城市市政公用设施建设完成固定资产投资2728689万元。其中：供水100458万元；燃气80208万元；集中供热201860万元；轨道交通175077万元；道路桥梁1928225万元；排水50882万元，其中污水处理17104万元；园林绿化148830万元；市容环境卫生36949万元，其中垃圾处理17104万元；其他6200万元。本年新增固定资产2136547万元。

【市政公用设施新增生产能力】 新增城市供水

综合生产能力33.5万立方米/日，供水管道长度121.67公里；人工煤气供气管道长度51.95公里；天然气储气能力1.57万立方米，天然气供气管道长度339.28公里；集中供热蒸汽供热能力3吨/小时，蒸汽供热管道长度35公里；集中供热热水供热能力1376兆瓦，热水供热管道长度571公里；桥梁29座；道路新建、扩建长度330.09公里，道路新建、扩建面积571.06万平方米；排水管道长度514.41公里；污水处理厂处理能力7.7万立方米/日；绿地面积785公顷；生活垃圾500吨/日。

【城建档案管理】 全省各市县积极贯彻落实《城市地下管线工程档案管理办法》（建设部136号令）和《吉林省实施〈城市地下管理工程档案管理办法〉细则》。在9个地级市州中，通化市完成地下管线普查，综合管理信息系统进入后期正常运行，动态管理也及时跟进；延吉市、四平市、松原市相继完成城市地下管线普查；长春市政府印发《关于加强地下管线工程施工许可管理的通知》，把地下管线施工纳入基本建设程序和工作流程，制定了全市地下管线工程开工许可办法和工作流程，规划局、建委等十一个相关部门建立了工作联动机制；吉林市出台《吉林市地下管线管理办法》。

敦化、辉南、集安、梅河口、镇赉等地下管线工程普查工作基本完成。镇赉、辉南等县（市）还建立了地下管线综合管理信息系统，初步形成地下管线工程档案动态管理机制。

【县城市政设施建设】 全省县城城市道路长度1184.04公里；城市道路面积1666.01万平方米，其中人行道447.57万平方米。桥梁103座，其中立交桥2座。道路照明灯97974盏，安装路灯的道路长度727.90公里，城市道路照明灯总用电量5098万千瓦时，城市照明装灯总功率16180.39千瓦。防洪堤长179公里。其中，百年一遇标准36公里；五十年一遇标准133公里。

全省县城人均城市道路面积8.50平方米。

【县城供水】 全省县城日供水综合生产能力60.71万立方米，其中地下水20.20万立方米。供水管道长度2349.49公里。年供水总量11795.90万立方米，年售水量9247.29万立方米。其中，生产运营用水2375.03万立方米，公共服务用水1226.00万立方米，居民家庭用水5205.28万立方米，其他用水440.98万立方米。免费供水量270.76万立方米，其中生活用水12.30万立方米。漏损水量2277.85万立方米。用水人口148.59万人。

全省县城人均日生活用水量118.81升；用水普及率75.83%；建成区供水管道密度10.79公里/平方公里。

【县城燃气】 县城燃气天然气储气能力24.00万立方米。供气管道长度448.28公里。年供气总量3170.22万立方米；销售天然气量3141.77万立方米，其中居民家庭1831.99万立方米。用气家庭家数70291家，用气人口21.69万人。

液化石油气储气能力4417.96吨。供气管道长度46.00公里。年供气总量71951.10吨；销售液化石油气量71901.00吨，其中售居民家庭69045.00吨。气量损失50.10吨。用气家庭家数242394家，用气人口109.89万人。

县城燃气普及率67.15%。

【县城集中供热】 热水供热锅炉房供热能力4827.32兆瓦。热水供热锅炉房供热总量3020.80万吉焦。供热管道长度1888.98公里。供热面积5015.48万平方米，其中住宅3852.79万平方米。

【县城排水和污水处理】 县城排水管道长度1245.96公里。其中，污水管道424.05公里；雨水管道200.06公里；雨污合流管道621.85公里。年污水排放量9990.42万立方米。建成区排水管道密度5.72公里/平方公里。

县城污水处理厂18座，其中二、三级处理厂8座。污水处理能力31.0万立方米，其中二、三级处理厂14.7万立方米。污水处理量6388万立方米，其中二、三级处理厂3152万立方米。污水处理厂集中处理率59.29%。污水处理后干污泥产生量6388吨，干污泥处置量5400吨。本年运行费用4439万元。

污水处理COD削减设计能力39948.26吨/年，全年COD削减量14763.66吨。NH_3-N设计削减能力6217.3300吨/年，全年NH_3-N削减量1144.8600吨。

【省级风景名胜区】 辉南县龙湾群国家森林公园面积8102平方公里，可游览面积360平方公里。游人量35.00万人次，其中境外游人15.00万人。景区资金收入1600万元，其中经营性收入和门票收入1600万元。景区资金支出1600万元，其中固定资产支出1600万元。

【县城园林绿化】 县城绿化覆盖面积6016公顷，其中建成区5283公顷。园林绿地面积5191公顷，其中建成区4601公顷。公园绿地面积1523公顷。公园个数35个，公园面积963公顷。

县城建成区绿化覆盖率24.27%，建成区绿地率21.14%，人均公园绿地面积7.77平方米。

【县城市容环境卫生】 县城道路清扫保洁面积

2712万平方米，其中机械化清扫494万平方米。生活垃圾清运量125.56万吨，其中密闭车（箱）清运量98.48万吨。生活垃圾无害化处理厂（场）5座，其中卫生填埋5座。生活垃圾无害化日处理能力885吨，其中卫生填埋处理885吨。无害化年处理量22.48万吨，其中卫生填埋量22.48万吨。生活垃圾处理厂（场）本年运行费用3196万元。生活垃圾转运站54座。公共厕所851座，其中三类以上93座。市容环卫专用车辆设备总数494辆。餐厨垃圾日处理能力478吨。粪便清运量19.68万吨，处理量11.58万吨。

县城生活垃圾无害化处理率17.90%。

【县城市政公用建设投资】 全省县城市政公用设施建设固定资产投资额206781万元。其中，供水18055万元；燃气21297万元；集中供热30347万元；道路桥梁101074万元；排水19525万元，其中污水处理14465万元；园林绿化7019万元；市容环境卫生8859万元，其中垃圾处理8056万元；其他投资605万元。本年新增固定资产投资198639万元。

【县城建设新增生产能力】 全省县城新增供水综合生产能力11.50万立方米/日，供水管道长度86.00公里；天然气储气能力4.40万立方米，天然气供气管道长度56.30公里；集中供热热水供热能力265兆瓦，供热热水管道长度79公里；桥梁3座；道路新建、扩建长度57.65公里，道路新建、扩建面积177.43万平方米；排水管道长度56.21公里；污水处理厂处理能力4.0万立方米/日；绿地面积41公顷；生活垃圾无害化处理能力530吨/日。

8. 村镇规划建设

【村镇规划】 截至12月底，全省编制、修编44个建制镇总体规划，10个乡规划，289个村庄规划；累计已有292个建制镇编制了总体规划，占全部镇的75%；累计82个乡编制完成总体规划，占全部乡的49%；2567个村完成村庄规划，占全部村庄的29%。"千村示范、万村提升"工程中省政府确定的1000个示范村的规划编制完成。

【村镇建设】 各级政府继续加大对村镇基础设施建设的投入力度。省财政安排小城镇发展专项资金1600万元，对26个小城镇建设项目给予补助，平均每个项目扶持资金61.5万元，地方自筹资金5328.1万元。全省村镇基础设施建设投入资金36.95亿元。建制镇、乡、村庄新建、扩建、改造道路完成投资17.75亿元，新建道路长度1439.37公里；建制镇、乡、村庄人均水泥、沥青混凝土道路面积分别达10.38平方米、13.61平方米、13.15平方米。新增供水管道长度1735.84公里，新增排水管线557.18公里，年清运生活垃圾79.27万吨。

吉林省争取国家农村危房改造计划15万家，国家补助资金12.68亿元。其中，边境地区8000家，节能示范家49000家。国家计划到位后下达全省危房改造计划10万家。其中：边境地区8000家；节能示范家15000家。省财政落实到位省级配套资金6.6亿元，引导农民投资40亿元。全省开工建设126848家，竣工116301家，完成投资53.35亿元，录入档案管理系统102249家。按照国家考核目标，吉林省农村危房改造开工率126.8%；竣工率116.3%，档案录入率102.2%。

【村镇建设管理】 3月21日，省住房城乡建设厅以省政府名义在梅河口市召开了全省农村危房改造暨村镇建设工作会议，对全省农村危房改造工作进行部署、推进村镇建设工作。王祖继副省长作重要讲话。现场参观柳河县安口镇烧锅村新村建设情况。

9月19日，根据住房城乡建设部、文化部、国家文物局、财政部《关于开展传统村落调查的通知》（建村〔2012〕58号）要求，结合吉林省的实际情况，省住房城乡建设厅联合文化厅、文物局、财政厅制定了核查工作实施方案，明确了传统村落调查的范围，同时，还印发了《吉林省传统村落评价标准》，进一步明确传统村落评价标准。

省住房城乡建设厅与旅游局联合公布第二批10个获得全省特色景观旅游名镇名单。在组织专家初评的基础上，向国家推荐了13个镇申报国家特色景观旅游名镇（村）。印发《关于开展第三批全省特色景观旅游名镇（村）申报工作的通知》，开展第三批特色景观旅游名镇创建工作。与省文物局联合印发《关于开展全省历史文化名镇名村申报工作通知》，部署创建全省历史文化名镇名村工作。

9. 工程建设标准定额

3月，省建设工程造价站组织专家通过培训、讲座的形式，在全省各地区以及大型建设、施工、咨询等单位召开《吉林省建设工程造价管理办法》宣传贯彻会议，8次宣贯会培训人员2000人次；4月，通过印发《2012年吉林省建设工程资料汇编及定额解释》5000册，组织全省造价从业人员学习和熟悉掌握省建设工程造价管理办法的实质和专业内容；5月，将宣贯资料做成课件，在吉林工程造价信息网站面向全省造价员进行教育考前辅导，使广大造价人员再一次通过网络学习省建设工程造价管理办法；9月，举办吉林省《建设工程造价咨询成果文件质量标准》宣贯大会，结合省建设工程造价管理办法对《建设工程造价咨询成果文件质量标准》、《建设项目投资估算编审规程》、《建设项目工程结算编审规程》、《建设工程招标控制价编审规程》进行讲解，全省各市州、县（市）建设工程造价管理机构负责人及建设工程造价咨询公司代表500人参加宣贯会议。

3月1日，发布《吉林省城市轨道交通工程计价定额勘误及补充项目》为长春市地铁建设项目工程计价提供依据和标准，保证了长春市地铁建设项目的顺利实施。

10. 工程质量安全监督

【建筑工程质量监管】 3月2日，下发《关于开展"暖房子"工程质量"回头看"活动的通知》（吉建质〔2012〕6号）文件，4月初组成督导组，对全省各地进行督导，确保"回头看"活动落实到实处。通过"回头看"活动，全省"暖房子"工程合格率达到100%。8月上旬、9月中旬组织"暖房子"工程质量专项检查两次，确保"回头看"活动成果的延续。

6月7日，由住房和城乡建设部带队的全国保障性安居工程质量监督执法检查组莅临吉林省，对保障性安居工程质量情况进行监督执法检查。抽查11项工程。检查组客观评价了吉林省建设工程质量的状况，充分肯定吉林省在保障性安居工程质量管理方面取得的成效。

6月28日，根据有关规定以及《吉林省建设工程质量管理办法》要求，3~6月，省住房城乡建设厅组织相关专家对全省工程质量监督人员及工程技术管理人员进行法律、法规及相关标准、规范的培训。参加培训人员共计5100人。

7月26日，根据住房城乡建设部有关要求，结合吉林省实际情况，建立建设工程质量监督管理系统。为进一步加强全省建设工程质量监督管理，提高监督工作整体水平，确保监督信息化工作有序开展。利用计算机软件及网络技术，建立省、市、县（区）工程质量监督管理系统，统一全省建设工程质量监督管理程序及规范标准，系统纳入全省建筑市场诚信管理平台统一管理，与诚信管理平台进行数据交换，实现全省建设工程质量监督管理信息化全面覆盖。

8月28日，省住房城乡建设厅制定《关于进一步加强我省保障性安居工程质量管理的通知》（吉建质〔2012〕2号），强化质量监督管理的同时，加强保障性安居工程质量监督检查力度，分别于5月、7月、8月组成检查组，对全省保障性安居工程质量进行监督执法检查工作。共抽查在建保障性安居工程96项，检查面积108.4万平方米，下发执法建议书76份，提出整改意见463条。对存在质量问题的项目，对该项目责任单位及责任人员按照国家、省有关法律法规进行严肃处理。

9月16日为加强"暖房子"工程质量管理，先后下发《关于进一步加强"暖房子"工程检测及验收工作的通知》（吉建质〔2012〕9号）、《关于加快推进"暖房子"工程竣工验收工作的通知》（吉建质〔2012〕10号）等规范性文件。结合全省实际情况，依据相关法律法规，对《吉林省暖房子工程技术导则》进行适当修改。

10月22日，省住房城乡建设厅制定下发《吉林省可再生能源建筑应用工程质量验收办法（试行）》（吉建质〔2012〕19号），规范吉林省可再生能源建筑应用工程质量的验收管理。利用工程监理、检测行业管理平台，开展吉林省可再生能源建筑应用示范项目工程建设监理工作。继续做好监理企业信息化管理及诚信评价、检测企业力学设备检测数据上传工作、完善检测企业信息化管理及诚信评价、检测企业力学设备检测数据上传工作，完善监督检测信息监管平台。

为进一步加强全省在建工程建筑节能工程施工质量，在各地自查的基础上，省住房城乡建设厅于10月10~20日组成4个检查组，对全省在建工程建筑节能进行专项监督执法检查。此次检查共抽查56项工程，建筑面积46.6万平方米，下发执法建议书34份，提出整改意见104条。对存在质量问题要求按照有关法律法规，强制性标准限期整改，检查结果在全省进行通报。

【抗震防灾建设管理】 2月1日，《吉林省住房和城乡建设系统抗震防灾工作要点》发布，坚持以人为本，把人民群众的生命财产安全放在首位；坚持预防为主、防御与救助相结合的方针。依法全面提高城市抗震防灾能力，加强村镇防灾的抗震工作管理水平。最大限度地减轻地震灾害的影响，为吉林省政治、经济发展提供有力保障。

3月22日，省住房城乡建设厅加强与大专院校和科研院所的交流合作，在吉林建筑工程学院成立吉林省建筑抗震研究与教学示范中心。

5月6日，吉林省工程建设地方标准《建设工程抗震超限界定标准》DB22/T 480—2012经省住房城乡建设厅和省技术监督局批准,向社会公布实施。

7月8日,省住房城乡建设厅组织召开《吉林省防震减灾条例(修订草案)》专家论证会,省人大及省政府有关部门的领导和省内相关行业技术专家参加会议,专家涵盖全省建筑、石化、电力、公路、水利、燃气及轨道交通等多个行业,重点对吉林省地震安全性评价所应覆盖的范围进行了科学论证,形成论证意见明确应依法设定地震安全性评价范围。

【建筑安全管理】 1月15日,建立安全生产培训师资库,为培训工作储备师资力量。在全省范围内建立省建筑施工安全技术专家库。对危险性较大的分部分项工程组织专家进行论证,提高建筑施工安全技术水平。组织编写"三类人员"继续教育及推土机、挖掘机、装载机培训教材。全年组织共24期"三类人员"培训班,累计培训考核"三类人员"10183人,监理安全员680人,培训考核特种作业人员14235人。首次在全省统一举办二级以上建筑施工总承包企业主要负责人继续教育培训班,累计培训2000多人。对全省起重设备检查检验机构人员进行培训教育,对检测机构办公设备等设施进行检查验收。各市州特种作业人员培训基地不断完善。

为进一步落实建筑施工现场安全生产各方主体责任,加强施工现场的安全生产管理,提高建筑安全监管水平,省各级住房城乡建设部门累计组织检查497次,组织检查人员2980人次,受检企业1694家。重点对九个市州和长春地铁工程进行安全生产大检查、一次建筑施工升降机专项检查和一次暗访检查,对发现的隐患和问题及时下达了通报,企业整改得到全部落实。

7月5日,省住房城乡建设厅组织开展"AA级安全文明标准化诚信工地"评选活动,共评选48个,在此基础上向住房城乡建设部推荐11个"AAA级安全文明标准化诚信工地",并成功获选。通过"AA"和"AAA"的评选,提高了建筑施工现场的管理水平。开展建筑标准化示范单位活动,向中国标准化协会安全生产委员会推荐26个示范先进单位及26个先进个人。出台《吉林省建筑施工现场安全管理标准图释》,确保施工现场安全管理规范化、标准化。

8月29~31日,住房城乡建设部对吉林省建筑施工领域"打非治违"专项行动和建筑安全专项整治工作进行督查。专家组听取省住房城乡建设厅关于吉林省建筑施工领域"打非治违"专项行动和建筑安全专项整治工作汇报和长春市建筑施工安全生产情况。检查净月万科城、梧桐公馆、保障房工程三个施工现场。专家组对施工现场隐患整改提出指导意见。

12月12日,省住房城乡建设厅进一步落实省安委会《关于集中开展重点行业安全生产督查的通知》精神,根据《关于集中开展燃气安全生产督查方案的通知》(吉建明电〔2012〕28号)部署,对长春市天然气有限责任公司洋浦站、长春市燃气股份有限公司东郊煤气厂、长春市鼎庆液化气公司的安全生产、制度建设、责任落实、应急管理和预案演练及燃气生产、运营网络即时监管系统、燃气泄漏探测车和应急抢修车等设备进行检查和验证。通过检查整改,有效地强化了燃气生产安全规范。

11. 建筑市场

【建筑业基本情况】 全省完成施工产值1958.6亿元,同比增长20%,增速高于固定资产投资增速,产业规模持续扩大;实现增加值792.0亿元,占地区生产总值(GDP)7%,高于全国平均水平;建筑业税收103.6亿,占全省地税收入15%,产业贡献居全省第三位;从业人员105万,建筑业已成为农民工主要就业渠道。

建筑业企业2805家,其中一级以上企业183家,二级以上企业757家,合计占企业总数的33.5%,较上年提高了两个近百分点。前30家企业产值占比46%,同比增长了2.2个百分点。本省企业竞争力显著增强、市场占有率接近八成。

外埠企业本地化经营成效显现。已有23个省市区的157家建筑业企业在吉林省设立了子公司,其中特级企业35家。

全省建造师队伍快速发展。截至年末,取得建造师执业资格人员已超过25000人,注册建造师2万人,同比增加16.7%;县级二级建造师增长较上年提高了7个百分点。建造师队伍总量已基本与市场实际需求相适应。

【建筑市场管理】 5月31日,建立覆盖全省的高效、公开、透明的建筑业诚信体系管理平台,企业、人员和工程项目三大数据库已完备,实行企业信用记录公示制度,诚信评价有序推进。坚持"两场联动",以使用国有资金项目、保障性安居工程和"暖房子工程"等重点民生项目为重点,加强市场监管。在执法检查中对违规企业给予行政处罚并通过公共媒体向社会发布,规范建筑市场秩序。

11月29日,通过实施建筑业发展计划,严格市场准入清出制度,总量较少的公路、水利、电力和通信行业总承包企业得到发展,房地产和市政企业总量得到控制,民营企业得到扶持。在国家级工法和争创鲁班奖等方面有所突破,形成一批依靠技术优势开拓省外、境外市场的企业,建筑业呈现多元化经营发展趋势。

【建设勘察设计基本情况】 全省勘察设计企业590家。其中甲级112家,乙级214家,丙级及以下264家。从业人员2.5万人,其中各类注册师0.24万人。全年完成营业收入109亿元,比上年增长20%。

【建设勘察设计管理】 1月5日,省住房城乡建设厅制定出台《吉林省岩土工程勘察文件集中审查试行办法》。

3月20日,编制地基抗震和城市综合管廊研究报告,填补基础性研究技术空白。吉林省作法得到国家住房城乡设建部肯定,在全国勘察设计工作会议上做经验介绍。

8月15日,省住房城乡建设厅制定《保障房设计规范和标准图集》并组织召开保障房设计规范和标准图集审查会,广泛征求专家大师意见。经修改完善,于9月1日出台,印发全省。

根据"暖房子"工程进展和农村危房改造设计的需要,省住房城乡建设厅制定出台"'暖房子'工程景观设计指导意见"、"农村危房改造设计方案"。

6月14日到8月22日期间,建立勘察设计企业和人员数据库,完善信用评价体系。健全行政许可网上审批。建立质量专项检查长效机制。跟踪监督特殊工程、特殊领域,对保障房质量问题实行"零容忍"处罚,不定期开展对进入吉林外埠企业施工图抽查,勘察设计质量得到有效保证。

强化勘察设计行业监管。完善审图机构管理模式,建立末位淘汰机制。实施勘察集中审图和勘察监理见证制度。试行大项目集中复审和重点工程审图推荐制度。强化资质资格动态监管,加大市场清出力度,依法处罚52家企业资质、93名设计人员从业资格。

开展首批可再生能源设计资质认定,树立绿色低碳设计理念。加快信息化建设,推广三维设计技术革新,申报国家和省专利、专有技术343项,新技术应用取得成果。

【建设勘察设计法规】 11月21日,《吉林省建设工程勘察设计管理条例》(修订草案)经吉林省第十一届人民代表大会常务委员会第三十五次会议通过并公布,自2013年3月1日起施行。

【建设工程优秀设计评选】 9月27日,省住房城乡建设厅组织开展2012年度吉林省建设工程优秀设计评选活动。7月2日开始进行专家评审,经评定,评选出优秀项目35项,其中一等奖9项,二等奖13项,三等奖13项。

12. 建筑节能与科技

【建筑节能科技】 印发《吉林省"十二五"可再生能源建筑应用规划》、《关于加快太阳能热水系统与建筑一体化推广应用工作的指导意见》、《关于加强可再生能源建筑应用示范项目管理的通知》等;严格按照基本建设程序组织示范项目实施,对可再生能源从业单位资格实行特许管理,加强对示范项目的事前审核、事中监管和事后验收,验收结果同资金结算挂钩;加强对示范项目招投标、工程建设监理的规范管理;制定了《可再生能源示范项目设计资质认定管理办法》等。

2012年起,省政府设立可再生能源建筑应用专项资金,用于省级示范项目补助。安排专项资金2000万元、补助资金4000万元的项目计划。进一步完善技术规程和标准图集。制订《地源与低温余热水源热泵系统工程技术规程》、《民用建筑太阳能热水系统应用技术规程》和《太阳能热水系统安装与建筑构造》等。全省共列入国家级可再生能源建筑应用示范项目8个,示范面积55.5万平方米,获得国家补助资金2193万元。松原市等9个城市列入国家可再生能源建筑应用示范城市,示范项目面积1000万平方米,获得国家奖励资金2.42亿元。在国家示范项目和示范城市的带动下,全省可再生能源建筑应用技术不断升级,规模不断扩大。全省采用地源热泵技术供暖、制冷建筑面积达420万平方米,太阳能热水系统应用建筑面积达1400万平方米,每年可节能3.0万吨标煤以上,减少温室气体排放7.86万吨。

继续推进公共建筑节能监管体系建设。制定《吉林省公共建筑节能监管体系建设工作方案》,成立公共建筑节能监管体系建设工作推进组,开展全省大型公共建筑能耗统计工作,已统计国家机关办公建筑和公共建筑1560栋。

【建设科技】 2月1日,省住房城乡建设厅成立绿色建筑专业委员会、绿色建筑常务管理办公室、绿色建筑专家委员会等绿色建筑组织机构。

2月26日,根据住房城乡建设部、财政部《关于加快推进我国绿色建筑发展的实施意见》(财建〔167〕号)的精神,为加快推动绿色建筑发展,结合吉林省实际,制定《关于加快推动吉林省绿色建筑发展的实施意见》。

5月，省住房城乡建设厅依据国家《绿色建筑评价标准》，结合吉林省实际，组织编写《吉林省绿色建筑评价标准》、《吉林省绿色建筑工程定额》及《吉林省绿色建筑能耗标准》。独立开展绿色建筑评价标识工作，召开长春万科集团"吉林万科城一期、二期"项目绿色建筑设计标识评审会。

13. 大事记

1月

5日 吉林省住房和城乡建设厅制定出台《吉林省岩土工程勘察文件集中审查试行办法》。

7日 省住房城乡建设厅和省财政厅联合下发《关于加强和改进住房公积金服务管理工作的通知》，从十一个方面规范了住房公积金管理，撤销了贷款公证、保险、评估三项程序及收费。

15日 建立安全生产培训师资库，为培训工作储备师资力量。在全省范围内建立省建筑施工安全技术专家库。对危险性较大的分部分项工程组织专家进行论证，提高建筑施工安全技术水平。

2月

1日 《吉林省住房和城乡建设系统抗震防灾工作要点》发布。

省住房城乡建设厅成立绿色建筑专业委员会、绿色建筑常务管理办公室、绿色建筑专家委员会等绿色建筑组织机构。

13日 省住房城乡建设厅发布《吉林省国有土地上房屋征收与补偿程序及相关文书（试行）》。

3月

2日 印发《2012年全省住房和城乡建设系统依法行政工作要点》。

下发《关于开展"暖房子"工程质量"回头看"活动的通知》（吉建质〔2012〕6号）文件。

12日 省建设工程造价站召开《吉林省建设工程造价管理办法》宣传贯彻会议，8次宣贯会培训人员2000人次。

18日 发布《吉林省城市轨道交通工程计价定额勘误及补充项目》，为长春市地铁建设项目工程计价提供了依据和标准。

20日 编制地基抗震和城市综合管廊研究报告，填补基础性研究技术空白。

22日 省住房城乡建设厅加强与大专院校和科研院所的交流合作，在吉林建筑工程学院成立吉林省建筑抗震研究与教学示范中心。

28日 省政府召开全省保障性安居工程建设总结推进大会，与各市州政府签订了工作目标责任状。

4月

26日 省住房城乡建设厅依据国家《绿色建筑评价标准》，结合吉林省实际，组织编写《吉林省绿色建筑评价标准》、《吉林省绿色建筑工程定额》及《吉林省绿色建筑能耗标准》。

30日 建筑业全面实行电子政务网络化办公。建立覆盖全省的高效公开、透明的建筑业诚信体系管理平台。

5月

6日 吉林省抗震办公室组织有关专家修编吉林省工程建设地方标准《建设工程抗震超限界定标准》DB22/T 480—2012，经省住房城乡建设厅和省技术监督局批准，向社会公布实施。

7～11日 吉林省防灾减灾宣传周。宣传主题是"弘扬防灾减灾文化，提高防灾减灾意识"。

17日 省住房城乡建设厅与旅游局联合公布第二批10个获得全省特色景观旅游名镇名单。在组织专家初评的基础上，向国家推荐13个镇申报国家特色景观旅游名镇（村）。

21日 国务院批复吉林省城镇体系规划。

22日 针对支持改善性住房需求、解决历史遗留问题、减轻房地产企业负担三方面，省住房城乡建设厅向省政府上报《关于促进全省房地产市场健康发展若干意见的报告》（吉建文〔2012〕49号），省领导对报告做出重要批示，对有关意见予以高度认可。

24日 省住房城乡建设厅组织研发"吉林省房屋征收监管系统"，通过省、市、县三级联网，实时掌握全省国有土地上房屋征收进展情况、传达国有土地上房屋征收与补偿工作的重要信息。关键法律文书、表报契约可在监管系统上实时填报。

6月

1日 省住房城乡建设厅主持第一次岩土工程勘察文件集中审查会。

4日 省住房城乡建设厅印发《关于深入做好国有土地上房屋征收工作维护社会稳定的通知》、《关于开展全省住房城乡建设系统信访维稳督导调研工作方案》，部署各地对可能引发群体性事件的隐患和苗头、对存在风险隐患的项目，进行一次全面排查，形成书面报告，于6月18日前上报省住房城乡建设厅。

7日 由住房和城乡建设部带队的全国保障性安居工程质量监督执法检查组莅临吉林省，对保障性安居工程质量情况进行监督执法检查。抽查11项工程。

11日　吉林省政府召开全省规范国有土地上房屋征收与补偿工作电视电话会议。省住房城乡建设厅通报2012年上半年全省国有土地上房屋征收工作情况。

7月

4日　按照住房城乡建设部要求，组织开展工程造价咨询企业资质和咨询成果文件质量检查，对全省105家工程造价咨询企业进行了检查，对达不到资质标准要求的企业，给出相应处理意见清除市场。

5日　省住房城乡建设厅组织开展"AA级安全文明标准化诚信工地"选活动，共评选48个，在此基础上向住房城乡建设部推荐11个"AAA级安全文明标准化诚信工地"，并成功获选。

8日　省住房城乡建设厅组织召开《吉林省防震减灾条例（修订草案）》专家论证会，省人大及省政府有关部门的领导和省内相关行业技术专家参加会议，专家涵盖全省建筑、石化、电力、公路、水利、燃气及轨道交通等多个行业，重点对吉林省地震安全性评价所应覆盖的范围进行了科学论证，形成论证意见，明确应依法设定地震安全性评价范围。

8月

15日　省住房城乡建设厅制定《保障房设计规范和标准图集》并组织召开保障房设计规范和标准图集审查会，广泛征求专家大师意见。经修改完善，于9月1日出台，印发全省。

18日　开展首批可再生能源设计资质认定，树立绿色低碳设计理念。加快信息化建设，推广三维设计技术革新，申报国家和省专利、专有技术343项，新技术应用取得成果。

20日　完成对抚松县城总体规划修改认定工作。

23日　下发《关于开展2012年全省抗震设计质量专项检查的通知》，将2012年新建的保障性安居工程，2011～2012年新建和加固的中小学校舍安全工程、超限高层建筑工程，2012年大型公建等设计项目作为重点检查内容。

28日　省住房城乡建设厅制定《关于进一步加强我省保障性安居工程质量管理的通知》（吉建质〔2012〕2号），强化质量监督管理的同时，加强保障性安居工程质量监督检查力度。

29日　省住房城乡建设厅组织专家对松原市总体规划纲要和《吉林岔路河中新食品区控制性详细规划》进行论证。完成对梅河口、榆树等地城市总体规划修改认定工作。

29日　住房城乡建设部质量安全司对吉林省建筑施工领域"打非治违"专项行动和建筑安全专项整治工作进行督查。

9月

19日　根据住房城乡建设部、文化部、国家文物局、财政部《关于开展传统村落调查的通知》（建村〔2012〕58号）要求，结合吉林省的实际情况，省住房城乡建设厅联合文化厅、文物局、财政厅制定了核查工作实施方案，明确了传统村落调查的范围，同时，还印发了《吉林省传统村落评价标准》，进一步明确传统村落评价标准。

27日　省住房城乡建设厅组织开展2012年度吉林省建设工程优秀设计评选活动。

10月

22日　省住房城乡建设厅制定下发《吉林省可再生能源建筑应用工程质量验收办法（试行）》（吉建质〔2012〕19号），规范吉林省可再生能源建筑应用工程质量的验收管理。

11月

21日　《吉林省建设工程勘察设计管理条例》（修订草案），通过并公布，自2013年3月1日起施行。

22日　下发《关于开展公共建筑能耗动态监测试点工作的通知》，长春、吉林两市列为公共建筑能耗动态监测试点城市，再选择10栋建筑，安装分项计量装置，对其用电、用水、用热等情况进行动态监测。印发《吉林省公共建筑能源审计导则（试行）》和《吉林省公共建筑能耗限额标准（试行）》，为建立全省统一的公共建筑节能监管体系奠定了技术基础。

30日　省住房城乡建设厅会同省规划院和规划管理研究中心初步建立起省域城镇体系规划动态监测系统，完成对各地上报的城市总体规划成果电子文档和航拍地形图的录入工作。

12月

18日　省住房城乡建设厅组织召开全省规划局（处）长工作座谈会，对2013年3月1日生效施行的《吉林省城乡规划条例》宣传贯彻工作进行全面动员部署。

18日　省住房城乡建设厅根据《关于全省物业管理小区（大厦）达标创优工作的通知》（吉建房〔2012〕17号），省示范、优秀物业管理项目的考评工作结束，经网上公示，决定对20个省物业管理示范小区、22个物业管理优秀小区、2个省物业管理示范大厦（园区）和1个省物业管理优秀大厦授予2012年度全省物业管理示范、优秀项目称号。

（吉林省住房和城乡建设厅　撰稿：杨福）

黑 龙 江 省

【概况】 2012年,在黑龙江省委省政府的坚强领导下,全省住建系统广大干部职以积极进取、昂扬向上的精神状态,求真务实、扎实苦干的工作作风,深入贯彻落实"八大经济区"、"十大工程"总体战略,集中精力,攻坚克难,创新举措,团结奋战,圆满完成了各项目标任务,为加快建设富强文明和谐大美幸福龙江做出了积极贡献。

【保障性安居工程超额完成任务】 全省完成投资811.9亿元,开工建设保障性安居工程52.9万套,竣工48万套,开竣工总量位居全国前列。全省上下积极破解资金、征地拆迁两大难题,积极对上争取,多方筹措资金,协调落实贷款,狠抓规划和建筑设计,抢抓工程进度,强化质量安全,建立永久性标牌制度,开展棚改示范项目评选,高标准高质量完成了保障房建设任务。全省评出27个棚改示范项目,19个保障房项目被评为国家A级住宅,受检工程综合符合率列全国第三位,工程实体质量符合率列全国第四位。积极推进住房公积金贷款支持保障房建设试点工作,完成了矿区公积金机构归并,收回历史遗留贷款6491万元,继哈尔滨市后,齐齐哈尔、牡丹江、佳木斯被国家纳入试点范围,促进了保障房建设。

【农村泥草房、农危房改造实现新突破】 抢抓国家加大对农村危房改造投入机遇,坚持与城镇化、新农村建设相结合,整村推进、沿线辐射、农村社区建设和节能改造并举,将改造重点放在绥化、齐齐哈尔、哈尔滨、大庆、乌苏里江四县(市)、响水区域等地和公路铁路沿线、景区景点周边和无房五保户、低保户、残疾人、单亲母亲家庭、优抚军属等的特困群体,大力推广太阳能、EPS模块、新型节能墙板等多种形式的节能住房建设,加快整屯、整村、整镇改造步伐。全省完成投资196亿元,改造农村泥草房26万户,超出年初计划4万户,其中19万户农危房改造顺利通过国检。200个整村改造试点和20个特色村庄建设取得良好效果,农房建设风格、造型、式样呈现新亮点。新建节能住房24.18万户,节能房比重达到93%,农危房建筑节能改造位列全国第一,在全国农村危房改造会议上介绍了经验做法。

【城镇化试点工程取得积极进展】 全省完成村镇建设投资460亿元,撤并自然屯800个,近38万农民转移到中心村、新型农村社区、小城镇和城市居住。重点旅游名镇建设完成投资46.57亿元,开复工项目155个,一大批基础设施、商业设施和旅游服务设施相继建成并投入使用。百镇试点镇完成投资176亿元,开复工项目1208个,沿301国道和区域重点示范镇完成投资25.3亿元,开复工项目169个,绥阳、通北、横道河子等重点镇和20个绿色低碳小城镇建设初见成效,鹤岗新华镇、宁安渤海镇、虎林虎头镇被纳入国家绿色低碳小城镇备选名单。区域、行业一体化试点深入推进,整乡(镇)推进城镇化起步良好,场镇、局县共建取得新成果。农垦、森工城镇化走在全省前列,为全省城镇化提供了样板。沿乌苏里江四县(市)城镇化建设开局良好,完成投资10亿元,开发建设项目47个,承载吸纳能力进一步提升。全省城镇化建设实现了由典型引领向整乡(镇)、整区域、整系统推进方向发展。

【"三优"文明城市创建工程持续深入】 全省县级以上城市治理裸土400万平方米,清理绿化超高土90万平方米、各类积存垃圾35万吨,文明工地达标率达到92%;新建改建扩建市政道路950条、桥梁47座,城市建成区新增绿地5883公顷、公园30个,落实城郊片林116片,植树造林5168公顷,建设和评选出省级"十大公园",城市建成区绿化覆盖率、绿地率分别达到37.7%和34.7%;滨水项目开复工110个,完成投资200亿元,建成了双鸭山安邦河、鸡西穆棱河等一批具有示范意义的滨水项目;统筹推进城市主街路、沿江(河)景观、区域景观和主要商业区亮化工程,形成了城市亮化体系。加大城市供热和清雪投入。全省改造老旧供热管网997公里,撤并小锅炉968台;投入8.1亿元,购置清雪清扫机械2681台(套),地级以上城市清雪机械化率达到61.3%,成功应对了降雪量大和极端严寒天气,保证了群众冬季供暖和出行安全。

【城镇市政基础设施建设快速推进】 大力实施以城镇供热、供水、供气设施和垃圾、污水治理为主要内容的"三供两治"项目工程建设,全省开复工"三供两治"项目406项,完成投资199.6亿元。截至2012年底,全省开工建设污水处理厂115座,竣工84座,在建31座;开工建设垃圾处理场89座,竣工31座,在建58座。全省正式运行的污水处理厂45座、垃圾处理场7座。自2009年项目工程实施以来,全省新增污水日处理能力250.4万吨、垃圾日处理能力7608吨;新增集中供热面积2.9亿平方米、城市供气用户190万户、日供水能力225万吨,城市功能不断完善,承载能力大幅提高。

【城乡规划和建筑设计管理更加严格】 严把规划和建筑设计市场准入关口,强化对主要技术指标的审核和批后执法检查,规划实施和设计管理进一步规范。推进了第四轮城市总体规划修编,强化了对哈尔滨、大庆现代化国际化大城市建设规划指导,城乡规划和建设设计质量水平不断提升。全省编制完成《县(市)域村镇体系规划》25个、《小城镇总体规划》783个、行政村建设规划4349个、《县(市)域镇村居民点空间布局规划》64个,为全省统筹推进城镇化提供了有力指导。开展了不同层次的规划和建筑设计培训,各级领导干部的规划意识有所增强,专业人员素质有所提高,规划和建筑设计理念有所转变。全省有4个规划设计项目获得全国优秀城乡规划设计奖,22人被评为省级工程勘察设计大师。

【建筑节能和主街路综合改造深受欢迎】 全省新建建筑节能执行标准设计阶段达到100%,施工阶段达到98.5%。完成既有居住建筑供热计量及节能改造2200万平方米,超出省下达目标任务700万平方米。可再生能源和绿色建筑取得新突破,牡丹江、萝北、林甸被评为国家可再生能源建筑应用示范市、县。哈尔滨市辰能溪树庭院、哈西万达购物广场、黑龙江滨才城3个项目获得国家绿色建筑标识。新型节能防火保温材料完成工程实验,全省新型墙体材料生产和应用比例分别达到56.6%和58.6%。大力实施主街路综合改造,加大投入力度,精心设计、精细施工、严格验收,全省综合改造主街路1023万平方米、楼体3112栋,同步改造牌匾广告,推进绿化硬化,城市面貌发生了巨大变化,城市特点正在逐步显现出来。

【房地产、建筑业平稳健康发展】 严格落实国家调控政策,科学引导投资和消费,全省房地产开发完成投资1535.8亿元,同比增长26%,商品房销售额1548.3亿元,同比增长14.1%。全省房地产施工面积13484万平方米,竣工面积3245万平方米,城市人均住房建筑面积29平方米,三年人均提高4.4平方米。大庆、四煤城等有条件的地区开展了旧住宅小区改造,哈尔滨等地探索实施业主自治、设立社区物业服务站等老旧住宅小区物业管理模式,物业管理工作不断加强。住宅产业化取得新进展,31个项目被评为国家A级住宅,7个项目被评为国家康居示范工程,1个企业集团被评为国家住宅产业化基地,住宅节能、性能、新产品应用比例大幅提升,黑龙江省被评为全国工作成效最好的五个省市之一。规范建筑市场管理,加强诚信体系建设,深化工程建设领域突出问题专项治理,健全完善工程造价管理机制,加强招投标监管和行政执法检查,建筑业保持了良好发展态势。全省建筑业总产值实现2150亿元,增加值750亿。黑龙江省在全国建筑市场大检查中排名第三。

【法制建设和工程质量安全监管得到加强】 积极推进行政立法,完成《黑龙江省城乡规划条例》、《黑龙江省建设工程招标投标管理办法》草案起草、调研、征求意见等工作,出台各类规范性文件21件。加大建设行政执法监察和案件查办力度,受理各类案件1707件,立案961件,行政处罚768件。受理审查行政复议案件64件,其中维持19件,撤销1件,驳回1件,调解和解终止43件。继续推进"六五"普法,系统法制观念和执法水平有所提高。以保障性安居工程和政府投资的重点项目为重点,加强工程质量安全检查,全年开展各类质量安全抽查、检查、巡查14次,工程质量监督覆盖率、通过竣工验收工程合格率均达到100%,安全生产继续保持良好态势。

【队伍建设和党风廉政建设同步推进】 全面开展"创业、创新、创优"活动,深入学习践行系统核心价值观,继续推进"五型"机关创建和学习型党组织建设,积极推进惩防体系建设。加大系统干部职工及行业从业人员的教育培训力度,系统教育培训实现了"五统一",教育培训由散、乱状态向制度化、规范化迈进,促进队伍素质的提升。以信息化建设为载体,规范行政管理,完善工作流程,推动政务公开,行政效能和服务管理水平进一步提高。全系统有8个单位荣获全国住建系统先进集体、32人被评为先进工作者和劳动模范;有100个单位被评为全省住建系统先进集体、261人被评为劳动模范和先进工作者。黑龙江省住房城乡建设厅连续6年被评为全省"关注民生、服务发展"群众满意单位，31个单位被评为系统群众满意单位。厅机关党委被省委授予全省"创业创新创优"先进基层党组织。

（黑龙江省住房和城乡建设厅）

上 海 市

（一）城乡建设

1. 概况

【基础设施建设投资】 2012年，上海完成城市基础设施建设投资人民币1038.61亿元，比上年下降9.8%。其中电力建设投资110.05亿元，交通运输投资473.43亿元，邮电通信投资96.94亿元，市政建设投资301.74亿元，公用事业投资56.45亿元。与上年相比，分别增长-6.8%、-20.5%、34.2%、-4.0%和9.4%。全年安排产业结构优化、生态环保节能、重大社会事业、交通基础设施和郊区及新农村建设等五大类市重大工程项目104个，建成中华艺术宫、临港燃气电厂一期工程等17个项目，新开工上海当代艺术博物馆、第二轮大型居住社区外围市政配套工程、轨道交通13号线二期等34个项目，加快推进城乡一体化规划建设的郊区新城骨干道路建设项目。援疆建设项目的受援县保障房建设、重大项目代建等取得成效。

【城市基础设施运行】 年内，上海城市基础设施运行安全正常。轨道交通运营引入第三方评估机构，完成网络运营安全评估报告，针对38项重大问题隐患提出整改对策，推进落实。开展城市高架道路防噪屏检测和强越江桥隧、区县桥梁监测，实施基础设施安全隐患排查，完成各类危桥的抢修加固。实施338公里燃气隐患管网三年改造计划，开展非法经营液化石油气行为整治，加强燃气运营安全管理。健全工程建设监理报告制度，强化工程分包合同备案管理和项目现场监管，严格处理挂靠借用资质招标、串通投标、围标等行为，完善招投标监管流程，维护建筑市场秩序。

【优化城市环境整治活动】 完成18项重点整治任务，全年拆除违法建筑452万平方米。协调推进工程渣土出土和资源化利用，开展滩涂促淤工程消纳工程渣土试点。启动新一轮交通发展白皮书修编和第一轮上海交通白皮书后评估，完成20个专题研究和5个专项调查。节假日高速公路小客车免费通行工作平稳有序，未发生重大安全责任事故。完善推进城市网格化管理，全市网格化管理新拓展区域200平方公里，基本实现城市化地区全覆盖。智慧城市建设三年行动计划有序推进。

【推进事关民生的实事项目】 全年新开工建设和筹措保障性住房16.7万套1300万平方米。推进大型居住区外围市政设施配套工程，年内开工建设57个项目，基本建成6项，市财政补拨付贴资金83亿元。推进旧城区改造，年内市中心城区拆除二级旧里以下房屋71万平方米，受益居民2.53万户，41块在拆基地收尾，完成旧区改造年度目标。启动金山朱泾镇新汇街、浦东三林镇杨思老街改造，推进徐汇、普陀、浦东、闵行等区"城中村"改造。开展新一轮农村低收入户危旧房改造。大力推进公交优先，方便市民出行。全市轨道交通运营线路长度增加到468公里，全年优化调整公交线路200条，公共交通日均客运量1700万乘次，享受换乘优惠人次250余万，轨道交通占公共交通比重上升至36.5%，公共交通卡日均使用920万人次。完成20条区域对接道路建设。市域高速公路网ETC车道数增加至184条，站点覆盖率75%，实现泛长三角区域ETC系统互联互通。

【市容绿化、公用事业、环境保护、海洋和水务、国土资源等工作有序开展】 年内，上海撤销原市市政管理处、市公路处和市道路管线监察办，新成立上海市路政局。全年环境保护资金投入570.49亿元，占全市国民生产总值的2.8%，全年环境空气质量优良率（API）93.7%，比上年提高1.4个百分点。全市污水处理能力701.05万立方米/日。全年处置生活垃圾716.42万吨，生活垃圾无害化处理率91.4%，比上年提高3.8个百分点。全年新建绿地1037.9公顷。其中公共绿地513.35公顷。建成区绿化覆盖率38.3%。全年造林面积1168公顷，森林覆盖率12.58%。全市自来水日供水能力1145万立方米，比上年下降0.5%。至年末，全市家庭人工煤气用户75.7万户，家庭液化气用户328.2万户，家庭天然气用户502.8万户。（陈灵生）

2. 市政基础设施

【概况】 2012年，上海市政基础设施建设和运行维护管理，在上年基础上，继续呈增量（在建、竣工项目）减少、存量维护量（大中修、日常维护）增加趋势。全年完成建设投资301.74亿元，比上年下降4.0%。其中用于城市道路立交及越江通道建设535883万元，用于道路建设1604019万元，涉及主要公路项目977850万元、城市道路626169万元。主要公路建设项目竣工3项、在建15项；在建城市道路立交及越江通道3项。年内完成为期三年的城市道路抽样检测计划，检测范围包括12个市区管辖的3347个路段1019公里、2498.27万平方米的各等级道路，6个郊区管辖的680个路段308.87公里、750.39万平方米的各等级道路。年度检测全市道路平均达到优级水平，与上年相比有所提高。完成1756座城市桥梁技术状况分析评价和定级，系统评价桥梁总数比上年增加25座，城市桥梁平均评价93分，平均技术状况保持A级，与上年度持平。全市管养公路路面总体等级较好，高等级路面比例为99.95%。管养公路桥梁技术状况在全部3857座桥梁中，一类、二类桥梁占96.91%，三类桥梁占2.77%，四类桥梁（共12座）占0.31%。（陈灵生）

【江宁路桥改建工程竣工通车】 12月22日，经过为期1年改建施工的江宁路桥正式竣工通车。改建后的江宁路新桥，北起光复西路（上海造币厂保护性建筑处），南至江宁路澳门路路口，全长588米，其中桥梁部分长318米，主桥宽22米，设来去车道加中间可变车道共3条车道。改建工程于上年12月2日开工。（陈灵生）

【吴淞大桥抢修加固工程完成】 9月20日，吴淞大桥抢修加固工程竣工。大桥位于上海宝山区逸仙路，南接逸仙高架路，北连同济路，为宝山区通往市区的主要道路桥梁。此次工程侧重大桥主桥与引桥部分大修加固，桥面铺装、箱梁加固、粘贴碳纤维、钢板、裂缝处理等，于上年11月启动，先对桥面、桥身内部进行不影响交通的修缮。年内3月3日后，分三个阶段实施半封闭抢修加固施工，15吨以上运输车辆全天禁行，公交、私家车等社会车辆限道通行，交通组织难度极大。（陈欣炜）

【完成沪嘉高速公路取消收费后首次大修】 4月底，上海沪嘉高速公路完成取消收费后的首次大修交付使用。沪嘉高速公路是中国大陆上第一条按高速公路标准施工，带有试验性质的高速公路。于1984年12月12日开工建设，1988年10月31日通车。2012年1月1日，运行20余年的沪嘉高速公路取消收费，调整为城市快速路，并实施嘉定城区等收费站迁（改）建为G1501上海绕城高速公路收费站等工程，按城市快速路标准实施必要的道路设施改造和大修。沪嘉高速公路的建成通车和取消收费全面开放，在中国高速公路建设史上，留下了重要的印记。（陈欣炜）

【中环线噪声治理工程通过验收】 11月，上海城市中环线（浦西段地面快速路）噪声治理工程，经过为期半年施工顺利交付使用并通过验收。中环线快速道路开通后，因交通流量增大，交通噪声日益严重。噪声治理工程的完成，有效缓解中环线沿线33处敏感点的噪声困扰。经现场检测，安装后隔声量近30分贝，得到沿线小区居民和单位的认可。（陈欣炜）

【上海长江隧道工程获国际大奖】 2012年12月，国际隧道与地下空间协会举办的"2012年度国际隧道奖"评选中，上海长江隧道工程获得国际隧道大奖。此是中国隧道工程首次获的最高国际奖项。评审组认为，长江隧道工程开创了未来城市地下工程施工项目的全球标准。上海长江隧道全长25.5公里，为上海长江隧桥工程的隧道部分，起于上海浦东五号沟，下穿长江南岔抵长兴岛，隧道主体长8.95公里。国际隧道与地下空间协会为专业领域的学术性组织，总部设在法国布郎，会员分布在68个国家和地区。

3. 重大工程建设

【概况】 2011年，上海全市安排重大公共设施项目104个，其中社会事业项目20个、产业结构优化项目40个、生态环保节能项目20个、交通基础设施项目16个、郊区及新农村项目8个，相应投资分别为人民币521.6亿元、329.6亿元、75.2亿元、224.6亿元和61.3亿元，完成总投资1212.3亿元，占全市社会固定资产投资总额的23.1%。项目布局体现向郊区新城建设倾斜和聚焦重点发展区域。建成中科院上海佘山天文台65米射电望远镜项目、上海当代艺术博物馆、临港燃气电厂一期工程、华锐风电科技上海临港基地、郊区三级医院建设项目等17个项目；新开工建设第二轮大型居住社区外围市政配套项目、崇明原水输水系统一期工程、中航商用航空发动机产业基地、徐工集团临港奉贤基地、上海体育学院中国乒乓球学院、全市燃煤电厂脱硝改造等34个项目；稳步推进在建的科技创新和产业结构调整、国际文化大都市项目、社会民生事业项目和生态环保节能减排项目。总体态势平稳有序，工程安全、质量和进度全面受控。（陈欣炜）

【中华艺术宫改建工程竣工】 9月，位于上海世博园区的中华艺术宫改建工程竣工。改建工程选址上海世博会中国馆，在尽可能利用现有中国馆基础设施和空间形态前提下，按照建筑格局分布为两大板块，原中国国家馆用于长期陈列上海近现代美术史上珍品，零米层及原省区市联合馆用于陈列和展示海内外名家名作。保留中国馆60米层，改造为面向社会提供各类服务的活动场所。适当改造原国家馆49米层中央影视大厅为阳光展厅，保留多媒体版《清明上河图》展项。中华艺术宫于10月1日起对外开放试展。（陈欣炜）

【上海当代艺术博物馆完成改建工程】 上海当代艺术博物馆改建工程，于年内9月竣工交付使用。改建工程选址位于浦西，与中国馆一水之隔的上海世博会城市未来馆，其前身为始建于1897年的南市发电厂主厂房，主体建筑长128米、宽70米、高50米，建筑面积31088平方米。其高耸的钢筋混凝土烟囱高165米，标志性地见证了上海近代工业发展历程。城市未来馆内部空间延续了工业建筑的空间特点，南区一二层留有高度分别为16米和24米的两组高大空间，西北侧二层留有高36米的超高空间，为改造成上海当代艺术博物馆提供了良好空间条件。此次改建以巧妙的部分空间功能转换代替大的改动，利用屋顶光线的引入使整个展示空间功能趋于完整。整合城市未来馆内部原有用房和设施，在超高空间内部加建展厅，增加设备用房和货运电梯，保留大烟囱，充分尊重工业遗存的精神风貌。改建后的展馆建筑面积增加至41200平方米，展览陈设面积增加到15000平方米。上海当代艺术博物馆于10月1日起试展。（陈欣炜）

【苏州河底泥疏浚工程完工】 上海苏州河下游底泥疏浚工程，于上年1月6日开工，年内3月完工。工程范围西起苏州河真北路桥，东至苏州河口段，全长16公里，共疏浚黑臭底泥及各类垃圾130万立方米。底泥疏浚是苏州河环境综合整治三期工程的重要内容，总投资5亿元人民币。此次底泥疏浚工程竣工，苏州河环境综合整治工程基本告竣。（陈欣炜）

【文化广场绿地正式开放】 1月19日，上海文化广场绿地正式向公众开放。文化广场绿地具有深厚艺术沉积和历史象征意义。广场配套绿地面积3万平方米，绿地率超过55%。复兴中路正门的五彩喷泉、120米迎宾大道，以及以大道为中轴左右对称的法式园林，勾勒出广场绿地的轮廓。香樟、银杏、广玉兰、日本红枫、桂树、宝纳桥、大茶花、悬铃木（法国梧桐）等组成茂盛的树林灌丛，疏密有致的草坪地被，错落的各色季节花卉赏心悦目。剧院正门前的大片草地规划举办各种艺术活动及展览。永嘉路一侧、广场剧院背面，设370平方米的户外露天舞台，正上方巧妙运用剧院白色拱顶屋檐作遮挡，面对1000多平方米的草地看台，可容纳1000名观众，主要举办户外公益性艺术演出。（廖天）

【佘山天文台65米射电望远镜项目建成】 10月28日，中科院上海佘山天文台65米射电望远镜系统项目正式建成。此一中国科学院和上海市人民政府的重大合作项目，于2008年10月底立项建设。项目位于上海市松江区佘山镇，由A、B两块相距2.5公里的地块组成。（陈欣炜）

4. 建筑业

【概况】 2012年，上海全市实现建筑业总产值4564.13亿元，开工和在建房屋建筑施工面积27059.48万平方米，竣工房屋建筑面积5196.12万平方米，分别比上年增长6.4%、12.7%和-7%。建筑企业按总产值计算的全员劳动生产率人均39.97万元，比上年提高13%。对外承包建设工程签订合同金额103.11亿美元，实际完成营业额68.12亿美元，派出人员3477人次，分别比上年下降16.5%、增长14.7%和下降37.5%。全市建筑业管理在上年建筑市场专项整治的基础上，积极健全长效管理机制，稳妥推进重点工作。初步建立分级分类的行业监管体制，明确市、区（县）建设管理部门和交通、水务、绿化、住宅、民防等专业工程建设管理部门职责。加强市对区（县）的监管指导，实施共性问题专项业务培训，区（县）质量安全监督机构考核，发挥区（县）在小型工程管理上作用。研究并出台《上海市建设工程报建管理办法》、《进一步加强上海市建设工程质量安全监督机构及队伍建设的意见》、《监督工作若干规定》和《监督机构和人员考核管理规定》，修订完善《上海市建筑市场条例》（修正稿），制定《上海市建设工程施工分包管理办法》、《上海市建设工程合同备案管理办法》、《上海市建设工程检测管理办法》的6个配套文件和《上海市建筑幕墙管理办法》的2个配套文件。推进建设市场信息平台，形成平台基本框架并编制完成《上海市建设市场管理信息平台项目建议书》。开发建设工程施工监理信息上报系统，完善工程企业资质和诚信手册系统，改进行政处罚系统。加快工地现场监管系统建设应用，开展施工作业人员实名制管理试点。稳步推进建筑节能和资源综合利用工作，完成200多栋楼宇能耗数据上传和调试，国家机关办公建筑和大型公共建筑能耗监测平台通过住房城乡建设部验收。年内建筑节能项目专项扶持办法新增加绿色建筑、既有民用建筑外窗或外遮阳节能改造、整体装配式住宅、立体绿化等示范内容。继续开展新建建筑节能、可再生能源与建筑一体化等示范项目创建。全年推进既有公共建筑、居住建筑节能改造面积各200万平方米，开展可再生能源与建筑一体化建筑面积150万平方米，推广装配整体式住宅100万平方米。组织对全市6952个在建项目进行检查，立案查处各类案件1098件，1218家企业被清出建筑市场。（陈欣炜）

【《上海市建设工程报建管理办法》施行】 2012年3月1日起，《上海市建设工程报建管理办法》正式实施，有效期5年。建设工程的报建及其审核，是建筑业管理的重要环节，直接指向建设工程质量、安全和建设市场企业行为。《报建管理办法》全文分16条，分别为目的和依据、定义、适用范围、管理部门和分工、建设单位要求、法律法规规定的其他条件、立项文件要求、办理程序、提供材料、告知信息、信息变更、报建后的监管、监督管理、限额以下建设工程的报建管理、农民自建低层住房及私人住宅装修、抢险救灾工程、实施日期及有效期。其中适用范围专门规定，行政区域内投资额100万元及以上的新建、扩建、改建工程，装饰装修工程，城市基础设施维修工程，投资额30万元及以上的房屋修缮工程，纳入报建范围；农民自建低层住房及私人住宅装修不纳入报建管理。对建设单位的报建，办法规定在建设工程获立项或批准文件后，在批准文件有效期内、工程发包前办理报建手续。包括国家部委、市、区（县）发展改革委、经济信息化委审批、核准、备案的建设工程立项文件；各行业主管部门、相关单位批准的装饰装修、房屋修缮工程批准文件；市、区（县）建设交通委、各行业主管部门核准、备案的城市基础设施维修工程批准文件。办法还对工程分级报建后的分类管理作出规定。（陆佰山）

【下放管理事权实施分级分类管理】 3月1日，上海市建设行政主管部门明确，按《上海市建设工程报建管理办法》的要求，将建设工程报建管理事权下放一半以上，实施分级分类管理。市、区（县）建设行政部门和专业管理部门，按建设工程项目立项权限，对建设工程实施分级管理；建设、水务、房管、交通港口、绿化市容等专业行政管理部门，按职责分工并根据专业工程特点，对房屋建筑、市政工程、公路工程、水利工程、绿化市容、港口运输和房屋修缮等项目，实施专业分类管理，明确各相关管理部门工作职责。下放的事权包括招投标管理、合同备案管理、设计文件审查、质量安全监督和竣工备案管理，避免项目立项后的审批、报建等事项，分属市、区及各相关部门的"政出多门"现象。按照项目全覆盖原则，对行政区域内投资额100万元及以上的建设工程全部纳入报建范围，区县、各专业部门可结合实际将投资额100万元以下的项目纳入报建范围内。分类管理规定细分项目类别，包括新建、扩建、改建工程，装饰装修工程，城市基础设施维修工程。（陆佰山）

【上海建设工程开始实施施工工期定额】 3月下旬，由上海市建筑建材业市场管理总站组织编制的《上海市建设工程施工工期定额（2011）》开始实施。市建设行政主管部门明确规定，建设工程项目的招标工期要求，与《施工工期定额》的压缩幅度不得超过15%（含），以加强合同工期的源头管理，保障工程施工的合理工期。工程招标投标时，合理施工工期安排必须作为招标文件的实质性要求和条件，任何单位和个人不得任意压缩合理施工工期。（陆佰山）

【正式施行建筑玻璃幕墙管理办法】 《上海市建筑玻璃幕墙管理办法》2月1日起正式施行。明确规定两类禁止：禁止在T形路口正对直线路段的建筑物上采用玻璃幕墙；禁止住宅、医院门诊急诊楼和病房楼、中小学校教学楼、托儿所、幼儿园、养老院的二层以上建筑物上采用玻璃幕墙。对可以采用玻璃幕墙的建筑物，对材质和空间布局提出3个限制：人流密集、流动性大的区域内建筑物；临街建筑；发生幕墙玻璃坠落易造成人身伤害、财产损坏的其他建筑物，需要在二层以上安装玻璃幕墙的，应当采用安全夹层玻璃或其他具有防坠落性能的玻璃。《管理办法》明确既有玻璃幕墙建筑物所有人（业主）为使用与维护的责任主体，应当履行玻璃幕墙日常维护保养、定期检查、安全性鉴定等排查安全隐患的法定义务；发现安全隐患业主应当维修；拒不履行安全性鉴定或维修义务，可能造成玻璃幕墙坠落，已经或可能危害安全的，建设管理部门可委托相关单位进行安全性鉴定或者维修；采用钢化玻璃等存在爆裂、坠落伤害事故风险的玻璃幕墙，业主应根据不同情况采取粘贴安全膜、设置挑檐、

顶棚等防护措施。（陆佰山）

【上海出台"十二五"建筑节能规划】 5月，《上海市"十二五"建筑节能规划》正式出台。建筑节能规划明确，重点抓好新建建筑节能和既有建筑节能改造，加强大型公共建筑用能监管，进一步推广"绿色建筑"，开展低碳城区试点。提出至2015年末，全市实现建筑总能耗增幅小于33%的节能目标。（陆佰山）

【修订实施建筑节能项目专项扶持新办法】 9月15日起，新修订的《上海市建筑节能项目专项扶持办法》正式实施。新办法增加针对绿色建筑示范项目的资金扶持政策，对获得二、三星级绿色建筑标识的示范项目，每平方米可补贴60元，其中整体装配式住宅示范项目预制装配率25%及以上的，每平方米可补贴100元，示范项目单项最高可补贴600万元，上海市政府确定的保障性住房和大型居住社区中可再生能源与建筑一体化应用示范项目及整体装配式住宅示范项目，单个项目最高可补贴1000万元。立体绿化示范项目首次纳入专项扶持范围，单个示范项目最高补贴可达600万元。（陆佰山）

【组织开展建设工程质量月活动】 2012年，上海市组织开展建设工程质量月活动，取得较好成效。质量月活动围绕质量主题，宣传贯彻《质量发展纲要》，提高企业和个人的质量意识。组织开展各类专项质量检查，强化质量监督。加大保障性住房工程、深基坑工程和施工建材现场监管力度，对违规设计企业进行集体约谈，开展全市住宅工程质量观摩活动。加强交流合作，组织召开多层次、多形式质量专题会议。强化科技创新，制定技术规程。开展质量培训教育，提升企业技术管理水平，强化质量管理意识。委托上海市建筑施工行业协会评选并表彰了一批为上海市工程质量提高做出显著贡献的质量先进单位和质量先进工作者。（陆佰山）

【组织保障性住宅常见质量通病控制培训】 年内，上海建筑业管理部门组织开展"保障性住宅常见质量通病控制"培训。全年举办施工、勘察、设计、建设、监理各专业培训班32期，参加培训单位436家，学员4831人次。通过培训，参建各方对保障性住宅质量相关法律法规、质量通病防治技术得到提高。主管部门对参加培训人数排名前10名的单位和培训考试成绩排名前三名的单位给予全市通报表扬，并将单位及个人信息录入市保障性住宅质量诚信考核信息平台，作为保障性住宅工程建设现场准入条件之一。（陆佰山）

【出台施工企业外来从业人员参保新规】 3月22日，上海下发施工企业外来从业人员参加城镇职工基本社会保险若干问题的通知。明确依据《社会保险法》，实施在沪施工企业外来从业人员参保新规定。其中外省市城镇户籍外来从业人员，应同时参加基本养老保险、基本医疗保险、工伤保险、生育保险和失业保险；外省市非城镇户籍外来从业人员，应同时参加基本养老保险、基本医疗保险、工伤保险。原则上在用人单位注册地参加城镇职工基本社会保险。用人单位和个人缴费基数和比例及参保外来从业人员享有的待遇，按上海市有关规定执行。通知明确，市建筑建材业受理服务部门协同做好参保企业基础信息比对，在建设工程招投标中对相关企业参保情况进行核对。新规定自4月1日起执行。（陆佰山）

【规范建设工程招标投标行为】 2月16日、9月13日，上海建设行政主管部门先后两次就落实《中华人民共和国招标投标法实施条例》有关事项下发通知，对规范建设工程招投标行为提出要求。2月16日通知明确，依法必须进行招标的项目资格预审公告和招标公告应按规定在网上发布；提交资格预审申请文件的时间不得少于5日；通过资格预审的申请人少于3个的应重新招标；投标保证金有效期应与投标有效期一致；超过三分之一的评标委员会成员认为评标时间不够的，招标人应适当延长；评标过程评标委员会成员有回避事由、擅离职守或者因健康等原因不能继续评标的，应及时更换；中标候选人的经营、财务状况发生较大变化或存在违法行为，招标人认为可能影响其履约能力的，应在发出中标通知书前由原评标委员会按招标文件规定的标准和方法审查确认。9月13日通知明确，招标文件要求投标人提交投标保证金的，保证金不得超过招标项目估算价的2%；招标人或招标代理机构应使用国家或上海制定的标准文本编制资格预审文件或招标文件；评标专家的确定按保密要求在评标开始前24小时内，通过市建设工程评标专家语音通知系统随机抽取；评标现场评委评议和打分时，无关人员不得进入现场，确保评委独立评审；评标过程暂停与外界联系。（陆佰山）

【试行桥梁工程施工图设计文件审查】 6月1日起，上海市试行桥梁工程（结构专业）施工图设计文件审查。规定行政区域内建设的桥梁工程（新建、改建、扩建的城市道路、公路、轨道交通的桥梁和人行天桥），建设单位必须委托符合条件的审查机构进行施工图设计文件审查。未经审查合格的，建设及施工单位不得使用，行政管理部门不发施工许可证。

审查机构对施工图设计文件的技术深度要求、工程建设强制性标准、桥梁结构安全性复核、执业人员及相关人员按规定在施工图上加盖相应图章和签字、相关部门提出的审批意见落实情况等进行审查。审查合格出具审查合格书并留存备案。（陆佰山）

【组织施工图设计文件审查年度检查】 11月15至12月25日，上海组织2012年度施工图设计文件审查年终。对全市18家房屋建筑审查机构审查的72个项目档案和35个项目合同进行检查。抽查2012年通过施工图设计文件审查的97个项目，其中公建项目63个、商品住宅项目16个、大型居住社区保障性住房项目18个，涉及36家设计单位、18家审查机构。检查专业包括建筑、暖通、电气等。检查结果表明，审查机构按规定履行审查职责，内部管理制度较健全，审查档案等资料较规范，未发现代审代签、无图纸出具审查合格书等现象。但审查机构及审查质量方面仍存在一定问题。其中节能设计文件编制不规范问题较普遍，共76个，占项目总数78.4%。对检查中存在问题较严重的5家审查机构通报批评，责令整改。其中3家机构暂停承接业务15天，对违反相关规定的审查人员进行不良行为记录；对7家设计单位及设计人员予以通报批评。（陆佰山）

【1218家企业被清出建筑市场】 2月，上海对2011年度进行的建筑市场整治中查处的565家"问题"企业，作出清出决定，被清出企业数量占全市建设工程企业的6.4%。上年度启动的覆盖全市所有8820家建设工程企业的资质动态核查，通过信息系统对所有企业的人员、业绩等信息进行全面筛查，市、区（县）两级建设管理部门重点对存在人员不达标、有投诉举报、发生质量安全事故等不良行为的1915家企业作进一步核查，发现777家企业不能满足资质标准要求，其中565家企业的资质被注销、降级或撤回，不得再承接相应工程；212家企业限期整改。建筑市场整治还对全市所有5373个在建工程进行普查，摸清在建工程项目底数，找准建筑市场主要问题，及时整改，消除隐患。在此基础上，2012年继续组织对全市6952个在建项目进行检查，立案查处各类案件1098件，对问题严重的企业作出清出，全年1218家企业被清出建筑市场。（陆佰山）

5. 法制建设

【2012年发布的地方性法规、规章及规范性文件目录】

上海市2012年发布的城乡建设地方性法规、规章及规范性文件目录见表1。

2012年发布的地方性法规、规章及规范性文件目录

文件名称	施行日期
上海市建筑玻璃幕墙管理办法［上海市人民政府令第77号］	2012-02-01
市政府关于修改《上海市建筑物使用安装安全玻璃规定》决定［上海市人民政府令第78号］	2012-02-01
上海市建筑消防设施管理规定［上海市人民政府令第80号］	2012-03-01
上海市设备监理管理办法［上海市人民政府令第76号］	2012-03-01
关于公布《上海市建筑和装饰工程预算定额(2000)》装配整体式混凝土住宅体系补充定额（暂行规定）的通知［沪建市管〔2011〕123号］	2012-01-01
关于发布《上海市建设工程施工工期定额(2011)》（建筑、市政和轨道交通工程）的通知［沪建交〔2011〕1255号］	2012-01-01
上海市城乡建设和交通委员会关于加强上海市建设工程施工工期管理的意见［沪建交〔2011〕1032号］	2012-01-01
关于启用"建设工程施工监理报告信息系统"的通知［沪建建管〔2012〕4号］	2012-01-01
关于废止《关于在建设工程中使用幕墙玻璃有关规定的通知》的通知［沪建交〔2012〕81号］	2012-01-20
关于实施建筑玻璃幕墙结构安全性论证的通知［沪建交〔2012〕100号］	2012-02-03
关于印发《上海市建筑遮阳推广技术目录（第一批）》的通知	2012-02-10
关于落实《中华人民共和国招标投标法实施条例》有关事项的通知（一）［沪建市管〔2012〕28号］	2012-02-16
关于上海市建设工程安全质量监督总站部分文件废止的通知［沪建安质监〔2012〕17号］	2012-02-24
关于贯彻实施《上海市城乡建设和交通委员会关于加强上海市建设工程施工工期管理的意见》的通知［沪建市管〔2012〕33号］	2012-02-29
上海市城乡建设和交通委员会关于发布《上海市建设工程报建管理办法》的通知［沪建交〔2011〕1034号］	2012-03-01

上 海 市

续表

文件名称	施行日期
关于进一步规范上海市建设工程工程量清单招标回标分析工作的通知［沪建建管〔2012〕5号］	2012-03-01
关于印发《上海市文明工地(土建装饰安装工程)管理块初评实施细则》(2012版)的通知［沪建安质监〔2012〕11号］	2012-04-01
关于在沪施工企业外来从业人员参加上海市城镇职工基本社会保险若干问题的通知	2012-04-01
关于加强上海市建筑业新技术推广应用的通知［沪建建管〔2012〕11号］	2012-04-11
关于印发《上海市"十二五"建筑节能专项规划》的通知［沪建交〔2012〕390号］	2012-04-18
关于使用财政性资金的建设工程管理的若干意见［沪建交联〔2012〕350号］	2012-05-01
关于加快推进上海市国家机关办公建筑和大型公共建筑能耗监测系统建设实施意见的通知	2012-05-11
关于进一步加强预拌砂浆质量监督管理的通知［沪建安质监〔2012〕43号］	2012-05-15
关于开展2012年上海市建设工程"安全生产月"活动的通知［沪建交〔2012〕544号］	2012-05-28
关于印发《上海市建设工程监理工作守则》的通知［沪建交〔2012〕591号］	2012-06-05
关于印发《上海市区县及委托管理单位建设工程招投标监管工作考核办法》的通知［沪建市管〔2012〕72号］	2012-06-11
关于进一步加强上海市基坑和桩基工程质量安全管理的通知［沪建交〔2012〕645号］	2012-06-14
关于印发《上海市建设工程施工图设计文件审查机构抽取选定管理规定》的通知［沪建交〔2012〕652号］	2012-06-14
关于规范上海市建设工程一体化招投标监管工作规则的通知［沪建市管〔2012〕68号］	2012-06-15
关于2012年各区县及相关委托管理单位建筑节能工作任务分解目标意见的通知［沪府办〔2012〕65号］	2012-06-18
关于上海市建设工程钢筋混凝土结构楼梯间抗震设计的指导意见［沪建建管〔2012〕16号］	2012-07-01
关于进一步加强防汛防台期间玻璃幕墙建筑安全防范工作的通知［沪建交联〔2012〕729号］	2012-07-10
关于发布《上海市公路基本建设工程投资估算编制补充规定(试行)》的通知［沪建交〔2012〕772号］	2012-07-11
关于对上海市建设工程施工招投标中社会保障费报价及评审方法的监管工作规则［沪建市管〔2012〕82号］	2012-07-15
关于印发2012版《投标保证金提交与退还操作须知》的通知	2012-07-15
关于进一步贯彻落实建设工程生产安全重大隐患排查治理挂牌督办制度的通知［沪建交〔2012〕849号］	2012-07-25
上海市建设工程安全质量监督总站关于公布第二批文件废止的通知［沪建安质监〔2012〕69号］	2012-07-31
关于配合开展建设工地食堂食品安全专项检查的通知［沪建建管〔2012〕30号］	2012-07-31
关于组织开展上海市建筑废弃物资源化利用试点示范工作的通知［沪建市管〔2012〕92号］	2012-07-31
关于转发交通运输部《关于进一步加强在建公路特大桥梁和特长隧道工程质量安全监管工作的通知》的通知［沪建建管〔2012〕33号］	2012-08-13
关于发布《上海市生态公益林养护预算定额(试行)》、《上海市生态公益林养护概算定额(试行)》的通知［沪建交〔2012〕976号］	2012-08-28
关于推进上海市建筑工地污染防治实时监控试点工作的通知［沪建交联〔2012〕985号］	2012-08-31
关于印发《关于贯彻实施〈上海市新型墙体材料专项基金征收使用管理实施办法〉的若干规定》的通知［沪建交联〔2012〕691号］	2012-09-01
关于印发《可直接发包产业项目的直接发包手续与建设工程合同备案手续合并办理的办事指南》的通知［沪建交〔2012〕929号］	2012-09-01
关于印发《上海市建筑节能项目专项扶持办法》的通知［沪发改环资〔2012〕088号］	2012-09-15
关于开展上海市新型墙体材料认定工作的通知［沪建市管〔2012〕103号］	2012-09-20
关于落实《中华人民共和国招标投标法实施条例》有关事项的通知(二)	2012-10-01
上海市城乡建设和交通委员会关于印发《上海市建设工程施工分包管理办法》的通知［沪建交〔2012〕948号］	2012-10-01

续表

文件名称	施行日期
上海市城乡建设和交通委员会关于印发《上海市建设工程合同备案管理规定》的通知〔沪建交〔2012〕947号〕	2012-10-01
关于发布《上海市保障性住房绿色建筑(一星级、二星级)技术推荐目录》的通知〔沪建市管〔2012〕127号〕	2012-10-23
关于印发《上海市民用建筑能效测评机构管理实施细则》的通知	2012-10-24
关于转发住房城乡建设部《关于印发〈民用建筑能耗和节能信息统计暂行办法〉的通知》的通知〔沪建建管〔2012〕49号〕	2012-11-15
关于进一步加强预拌砂浆生产企业产品质量管理基础工作的通知〔沪建市管〔2012〕144号〕	2012-11-20
关于执行《上海市民用建筑工程施工图节能设计文件编制深度规定》的通知	2012-11-28
《上海市建筑节能窗技术推荐目录(2012版)》的通知〔沪建市管〔2012〕147号〕	2012-11-29
关于印发《上海市建筑节能窗技术推荐目录(2012版)》的通知〔沪建市管〔2012〕147号〕	2012-11-29
关于建设工程总监理工程师任职兼项、变更、核销的操作意见〔沪建建管〔2012〕50号〕	2012-12-10
关于上海市2012年建设工程招标投标活动专项检查基本情况的通报〔沪建市管〔2012〕151号〕	2012-12-13
关于上海市建设工程部分建议项目总体设计文件阶段主要行政审批告知承诺工作有关事项的通知	2012-12-20
关于印发《上海市施工特种专业工程专业承包企业资质标准》的通知〔沪建交〔2012〕1436号〕	2012-12-26
上海市城乡建设和交通委员会关于印发《上海市建设工程施工图设计文件审查机构认定标准》的通知〔沪建交〔2012〕1431号〕	2012-12-30

【2012年废止的地方性法规、规章及规范性文件目录】 上海市2012年废止的城乡建设地方性法规、规章及规范性文件目录见表2。

2012年废止的地方性法规、规章及规范性文件目录　　　　　　　　　　表2

序号	文件名称	文号
1	关于按月上报建设工程重大危险源工地名单的通知	沪建安质监(2006)第057号
2	关于印发《上海市施工图设计文件建筑节能审查要点(试行)》的通知	沪建安质监(2006)第068号
3	关于进行安全生产许可证动态考核信息录入的通知	沪建安质监(2006)第078号
4	关于实行上海市建设工程安全质量标准化达标工地网上申报等有关事项通知	沪建安质监(2006)第080号
5	关于在工程项目中开展"工资卡"工作的通知	沪建安质监(2006)第082号
6	关于印发《区、县、专业安监站安全监督业绩考核办法(试行)》的通知	沪建安质监(2006)第084号
7	上海市创建节约型工地指导意见(试行)	沪建安质监(2006)第093号
8	关于进一步加强建设工程施工图设计文件审查的通知	沪建安质监(2006)第103号
9	上海市建设工程施工图设计文件审查人员管理与考核办法	沪建安质监(2006)第104号
10	关于印发《上海市建筑施工企业创建节约型工地考核办法(试行)》的通知	沪建安质监(2006)第124号
11	关于规范建设工程建筑垃圾装运工作的实施办法	沪建安质监(2006)第165号
12	关于印发"上海市建设工程施工图设计文件审查机构考核管理办法"的通知	沪建安质监(2006)第168号
13	关于加强建设工程冬季防火安全工作的通知	沪建安质监(2006)172号
14	关于实施建筑业企业能源消耗重点监控的通知	沪建安质监(2006)第173号
15	关于进一步加强上海市禁止和限制使用烧结砖监督的通知	沪建安质监(2006)第185号
16	关于加强市管项目安全生产工作的通知	沪建安质监(2007)第055号
17	关于进一步深化建筑施工安全质量标准化工作的通知	沪建安质监(2007)第068号
18	关于监理企业和安全监理人员安全监理动态考核记分的实施细则	沪建安质监(2007)第085号
19	关于加强市政公路基础设施工程施工现场安全管理的通知	沪市政安监(2007)7号

续表

序号	文件名称	文号
20	关于在市安质监总站监管的特大型工程中开展工程安全质量网格化监管工作的指导意见	沪建安质监(2008)第067号
21	关于进一步加强上海市建设工程现场建材质量监督抽查的通知	沪建安质监(2008)第094号
22	关于进一步加强总站直管项目安全生产工作的若干要求	沪建安质监(2009)第036号
23	关于贯彻《绿色施工导则》深化节约型工地创建工作的补充意见(试行)	沪建安质监(2009)第053号
24	关于颁发〈市政基础设施建设工程竣工验收备案办理工作细则(试行)〉的通知	沪市政公路质安监发(2008)7号
25	关于印发《市政(公用)工程质量监督检查工作细则(试行)》、《公路工程质量监督检查工作细则(试行)》、《市政、公用、公路工程安全监督检查工作细则(试行)》的通知	沪市政公路质安监发(2008)8号
26	关于转发住房和城乡建设部《建筑施工企业安全生产管理机构设置及专职安全生产管理人员配备办法》的通知	沪市政公路质安监发(2008)11号
27	关于严禁使用氯离子含量不合格砂生产混凝土的紧急通知	沪市政公路质安监发(2009)18号
28	关于实施《深基坑开挖施工动态过程控制检查表》的通知	沪市政安监(2002)1号
29	关于实施市政、公路工程施工现场危险作业"告知牌"的通知	沪市政安监(2004)3号
30	关于调整《上海市文明工地土建装饰安装专业工程管理块初评实施细则》部分内容的通知	沪建安质监(2006)第090号
31	关于印发建设工程建筑垃圾装运工作具体要求的通知	沪建安质监(2007)第016号
32	关于加强市政、公路工程施工用电管理的通知	沪市政安监(2008)9号
33	关于加强上海市建设工程文明工地管理的通知	沪建安质监(2008)第012号
34	关于进一步深化文明施工工作的具体要求	沪建安质监(2008)第015号
35	关于印发《上海市文明工地(重大工程、建装饰安装专业)管理块初评实施细则》(2008版)的通知	沪建安质监(2008)第050号
36	关于印发《上海市市政公路工程节约型工地考核办法(试行)》的通知	沪市政公路质安监发(2009)6号
37	关于加强建设工程用钢管、扣件周转材料质量监督管理的通知	沪建安质监(2009)第026号
37	关于调整补充上海市文明工地若干管理规定的通知	沪建安质监(2009)第045号
39	关于上海市建设工程创建环保便民工地有关要求的通知	沪建安质监(2009)第056号
40	关于将建设工地党建联建工作纳入上海市文明工地评选内容的通知	沪建安质监(2009)第062号
41	关于重申上海市文明工地推荐查评条件的通知	沪建安质监(2009)第142号

【上海建筑施工企业实力排名】
(依据2011年度业绩,2012年公布)
2011年度上海市建筑(集团)企业经营实力排名结果:
1. 上海建工集团股份有限公司
2. 中国建筑第八工程局有限公司
3. 上海城建(集团)公司
4. 中交第三航务工程局有限公司
5. 中国二十冶集团有限公司
6. 上海宝冶集团有限公司
7. 中铁二十四局集团有限公司

(上海市城乡建设和交通委员会)

(二) 规划和国土资源管理

1. 概况

2012年,上海市规划和国土资源管理局以全面贯彻实施《上海市城乡规划条例》为主线,按照"决策、执行、监督"三分离和规划"编制、审批、执行"三分开的原则,加强总体规划的战略引领作用,完善控详规划的实施操作机制,加大规划管理机制的创新力度。一是聚焦转型发展,从推动城市功能转型、结构调整、布局优化着眼,结合实施上海市经济社会发展"十二五"规划,加大城乡规划编制和实施力度,充分发挥规划的引领和导向作用。二是聚焦民生保障,从加强公租房、大型居住社区和交通设施规划着手,结合住房保障体系建设,大力推进各类民生设施的规划。三是聚焦管理创新,从完善规划管理机制着力,结合信息化建设和行政审批制度改革,加快建设科学编制、广泛参与、民主决策、依法实施的工作机制。

【总体规划实施评估全面展开】 针对上海城市发展所处的阶段特征,对总体规划实施情况和重大规划政策作了全面梳理,提出促进上海城市健康发展的评估建议。同时,突出专项发展特点和具体策略支撑,开展11个专项评估,包括城市总体发展目标、人口规模与发展资源、城镇体系与城市空间格局、综合交通体系等内容。

【基本生态网络规划实施取得进展】 按照"聚焦自然资源较好且具有一定规模的地区,聚焦对生态功能有影响的重要节点地区,优先选择毗邻新城和大型居住区的地区,优先选择交通条件较好的地区"的选址原则,形成《上海市郊野公园概念规划》。

【重点地区规划编制进展明显】 围绕重点地区建设,加快规划落地,世博A片区、浦东前滩地区和徐汇滨江商务区等规划获市政府批准。在黄浦江沿岸地区、国际旅游度假区深化城市设计、控详附加图则等研究,部分地区探索实施土地"带方案"出让。

【建设工程设计方案三维审批的准备工作全面完成】 完成三维审批规程的机制设计、三维审批平台的搭建、三维模型数据库的建设,并制定三维审批规划管理的试行意见等有关技术文件。在机制设计上,将三维审批纳入现行"一书两证"方案审批环节。在平台搭建上,与现行"一书两证"子系统衔接。在数据库建设上,完成外环以内地区的现状三维基础建模工作。

【地下管线建设工程规划核查管理稳步推行】 在跟踪测量、规划验收、档案移交等环节对建设单位承诺内容进行核查管理,并加快地下管线数据收集入库。一年来,管线归档数据长度近3000km,并在延安路高架、世博园区、浦东机场、临港新城、虹桥枢纽等地区,试点建立较为精准的地下管线数据检索和应用平台。

2. 规划获批

【市政府批准区(县)、镇(乡)级土地利用总体规划】 区(县)、镇(乡)级土地利用总体规划是各类建设项目土地审批和土地执法督察的直接依据。2010年11月起,在国务院批准的《上海市土地利用总体规划(2006—2020年)》的基础上,市规划和国土资源管理局会同相关区县人民政府,积极推进区(县)、镇(乡)级土地利用总体规划编制工作。按照"两规合一、区镇同步"的原则,采取"以区为主、三级协同"的办法,加快将市级土地利用总体规划成果深化落实到区(县)和镇(乡),形成市—区(县)—镇(乡)三级规划成果体系。2012年,市政府批准全市9个区(县)和82个镇(乡)的土地利用总体规划。

【市政府批准世博会地区相关规划】 2012年8月,市政府批准世博会地区《会展及其商务区控制性详细规划》。世博会地区包括世博会红线及协调区范围,用地总面积约6.68平方公里。其中,世博会红线范围5.28平方公里。规划形成"五区一带"的结构布局,即文化博览区、城市最佳实践区、政务办公社区、会展及其商务区、后滩拓展区与滨江生态休闲景观带。会展及其商务区的规划方案强调"以绿为核、三带环绕"的功能布局结构。通过生态"绿谷"的空间布局和景观变化,凸显中国馆的标志性地位;将建设成为国际知名企业总部集聚区和具有国际影响力的世界级工作社区。

【市政府批准虹桥商务区地区相关规划】 2012年2月,市政府批准《虹桥商务区核心区南北片控制性详细规划及城市设计》。在充分吸收和借鉴核心区一期规划建设经验的基础上,优化商务功能,合理融入居住功能。规划总用地面积约2.3平方公里,规划建筑总量约166.7万平方米,商业及商务办公总量约为138.1万平方米。其中,北片区用地面积约1.44平方公里,功能定位是以企业总部办公、商务贸易办公、现代商务服务、高端居住等为主体功能,打造高端商务休闲生活社区。南片区用地面积约0.8平方公里,功能定位是以企业总部办公、现代商务服务等功能为主,滨河创意休闲功能为辅,形成高端总部商务办公区。

【市政府批准黄浦江两岸地区相关规划】 2012年8月,市政府批准《黄浦江南延伸段前滩地区(Z000801单元)控制性详细规划》。前滩地区是世博会及黄浦江南部滨江地区的重要组成部分,充分发挥东方体育中心和滨江生态空间的作用,构建生态型、综合性城市社区。重点发展三大核心功能,即总部商务、文化传媒、体育休闲。围绕核心功能,大力发展商业、居住、酒店等辅助功能,以及休闲娱乐、教育培训、社区服务等配套功能,形成宜居宜业的综合功能城市社区。贯彻以人为本的思想，依托独特的资源优势，突出自然健康、多样活力、集约高效的规划理念，倡导工作与生活、城市与自然、出行与休闲紧密结合，提供多样性城市功能和空间体验。规划理念包括：绿色社区、复合社区、立体社区。绿色即创造健康、低碳的城市生活；复合即创造丰富、多样的城市生活；立体即创造高效、便捷的城市生活。

【积极推进城市雕塑规划建设工作】 2012年，上海市城市雕塑办公室积极推进上海重点城雕项目的建设实施，完成新建城雕项目69座（组）。努力办好雕塑艺术流动展示平台，与黄浦区政府、乌鲁木齐市政府举办"上海第十二届南京路雕塑邀请展暨新疆雕塑艺术展"；与静安区政府举办"2012中国·静安国际雕塑展"。充分发挥上海城雕艺术中心作用，成功举办"中国姿态·第二届中国雕塑大展上海展"、"对话与共振·全国九省市艺术联展"、"2012转媒体时尚艺术展"和"朝向未来的回归·上海画廊联盟展"。积极参与住房城乡建设部全国城市雕塑委员会"2011年度全国优秀城市雕塑建设项目"评选工作，上海市城雕办荣获"2011年度全国优秀城市雕塑建设项目"优秀组织奖；普陀《长风商务绿地青年雕塑区系列项目》等6个新建城雕项目，荣获"2011年度全国优秀城市雕塑建设项目"年度大奖和年度优秀奖。

【地名管理工作有序开展】 2012年，上海市地名办共审批各类地名543个，其中海岛等自然地理实体42个，居住区和建筑物296个，道路124条，轨道交通车站76个，汽车客运站2个及公共绿地3个；配合控详规划编制审核地名规划方案65个，审批地名专项规划31个。全面完成第二次全国地名普查试点工作，浦东新区、宝山区、金山区、奉贤区及崇明县5个试点区县，共普查地名35180条，普查成果顺利通过国家验收。大力推进《上海市地名总体规划》和控详规划中地名专项规划编制工作，积极探索地名与城乡专项规划同步机制，研究制定《上海市地名专项规划编制和审批管理办法》。

【加强城乡规划和国土资源法规建设】 2012年，市规划和国土资源管理局起草了《上海市地面沉降防治管理条例（草案）》，并完成市人大二审程序；配合市政府完成发布《上海市地质资料管理办法》（市人民政府令第90号）和《上海市土地调查实施办法》（沪府发〔2012〕56号）；报请市政府办公厅转发了《关于加快推进上海市农村土地确权登记发证工作的实施意见》，并发布了《上海市农村集体土地所有权总登记实施细则》、《关于涉及玻璃幕墙建设项目规划审批工作的意见》、《上海市征收集体土地房屋补偿评估管理暂行规定》、《上海市市级土地整治项目和资金管理暂行办法》等一系列标准、程序。

【科技工作取得进展】 2012年，市规划和国土资源管理局完成《地源热泵系统工程技术规程》、《上海市区（县）、镇（乡）土地利用总体规划编制标准》、《农村集体土地所有权调查技术规范》等规范标准的编制。在科技成果应用方面，上海市地矿工程勘察院完成的"用于地源热泵系统的地下温度场监测系统"、"群孔热响应测试系统"、"用于温度传感器的双层防水封装结构"等获国家实用新型专利。上海市地质调查研究院完成的"地面沉降监测系统"获国家发明专利。在科研成果获奖方面，获得国土资源部科学技术奖一等奖1项，国土资源部第二轮矿产资源规划优秀成果一等奖1项，上海市科技进步三等奖1项，华夏建设科学技术奖二等奖1项、三等奖3项。

（上海市规划和国土资源管理局）

（三）住房保障和房屋管理

1. 概况

【新建住宅节能省地和住宅产业现代化工作】 2012年，上海市以"节能、节地、节水、节材和环保"为目标，各项工作有序推进，着力落实《关于"十二五"期间上海市加快推进产业现代化发展节能省地型住宅的指导意见》。继续利用"建筑节能项目专项扶持资金"鼓励政策，建筑节能项目新增6个、约62万平方米新建住宅项目列入市建筑节能专项扶持公示范围。

2012年，颁布出台《关于加强上海市全装修住宅装修工程设计管理的通知》，进一步完善上海市全装修住宅工程设计管理。下发《关于上海市全装修住宅建设管理有关操作事项的通知》，规范全装修住宅销售方案及预售合同的装修内容。全年上海市全装修住宅竣工292万平方米，在建568万平方米；细化《关于上海市鼓励装配整体式住宅项目建设的暂行办法》中有关规划面积和扶持资金的配套政策，明确预制外墙不计入规划建筑面积的操作口径，浦东万科地杰B作为全市第一个享受此政策的商品住宅项目，规划方案获审批通过。印发申报指南，明确对装配式住宅示范项目的专项资金支持办法，首批8个项目，共47万平方米列入2012年上海市装配整体式住宅示范项目公示范围，其中5个项目获得首笔市级扶持资金；同时，《上海市促进住宅产业化管理办法》列入市政府规章立法调研计划，并启动相关立法工作。争取科研投入，推进相关规范、图集的编制工作，上海市装配整体式住宅施工及质量验收规程以及构造节点图集完成征求意见稿。

【"四高"优秀小区创建和住宅性能认定情况】2012年，修改并实施新的《上海市创建节能省地型"四高"优秀小区年度考核评分表》（2012年版），大力推进装配式住宅和全装修住宅的发展。全年完成上海市节能省地型"四高"优秀小区创建45个项目，共计785万平方米；完成住房城乡建设部住宅性能认定预审15个项目，终审18个项目，其中，10个终审项目为保障性住房项目。作为保障性住房性能认定试点城市，上海市保障性住房三林基地1至7号地块项目全部通过住房城乡建设部住宅性能认定1A级终审，成为全国第一个通过住宅性能认定的大型居住社区保障性住房基地。

【新建住宅交付使用许可和质量管理】2012年，上海市累计审核发放新建住宅交付使用许可证450件、2268万平方米。其中，市住房保障房屋管理局发证14件、62万平方米；区（县）局发证436件、2206万平方米。完善预警机制，建立动态台账制度。将各区年内计划交付的保障性住房、大型居住社区项目的梳理和排查工作制度化，及时跟踪管理，更新数据。深化管理，对新建公共租赁住房交付使用、全装修住宅交付使用以及新建住宅相关地下部分建筑面积的操作口径进行明确。完成新建住宅交付使用许可审批业务手册编制。完成新版《新建住宅质量保证书》和《新建住宅使用说明书》的修订工作，于2013年全面推行。同时，继续抓好新建住宅建设过程的质量管理，严格规范项目竣工后的分户验收工作。

【保障性住房建设】2012年，上海市确立保障性住房建设的总体目标为新开工和筹措16.58万套、竣工9万套、可供应11.4万套的计划任务。至2012年底，全面完成年初制定的新开工筹措、竣工和可供应目标任务，新开工和筹措保障性住房16.7万套、约1292万平方米，竣工9.75万套、约687万平方米，新增可供应11.5万套、约865万平方米。

上海市住房保障和房屋管理局按照"同步规划、同步设计、同步建设、同步交付"的要求，切实推进保障性住房基地公共基础设施和社会事业设施的建设。特别是针对2012年集中入住的基地，加快市政道路和公共交通的建设，引进优质教育和卫生资源，完善银行、邮政、文体、商业等必备生活业态，努力满足入住居民的基本生活需要，2012年全年累计完成中小学、幼儿园、市政道路、河道、社区行政设施、菜场、公交起讫站、环卫设施等各类市政公建配套项目开工任务147项，竣工任务69项。

【推进各类旧住房修缮改造工程】2012年，根据上海市住房发展"十二五"规划中明确的任务目标，规范、有序地推进直管公房全项目修缮、平改坡综合改造、高层多层综合整治等各类型旧住房修缮改造工程。同时，各区县创新各类旧住房修缮改造形式，开展六小工程、清洁家园、改水、电线改造等工程。制定加强"十二五"住宅修缮工程市级补贴资金管理相关措施，出台市级补贴资金的管理办法；针对各区上报申请市级补贴资金的工程项目资料、手续、开工等情况进行审核，全年度共下达4个批次的旧住房修缮改造市级项目计划，全年实施各类旧住房修缮改造工程约1800万平方米，同时拓展旧住房综合改造内涵，组织市相关部门开展多层住宅加装电梯的试点工作以及对拆除重建进行专项课题研究和试点等工作。

【严格落实安全质量政府监管责任】2012年，继续加强对旧住房修缮改造项目的工程监管，上海市住房保障和房屋管理局针对区县修缮管理部门的工作开展情况和修缮改造项目的规范运作、安全生产、工程质量等情况，全年结合防台防汛、打非治违、直管公房修缮检查等专项行动共开展八批次的住宅修缮工程检查；各区县修缮管理部门按照要求对辖区内各类住宅修缮工程项目开展全覆盖的安全质量检查；针对住宅修缮工程主要材料技术要求和材料抽检工作明确要求，并从市、区各层面开展材料抽检工作。2012全年度，全市各类旧住房修缮改造工程基本都能做到规范运作，无重大安全生产、质量事故发生。

2. 房地产市场管理

【房地产市场调控】2012年，上海市住房保障和房屋管理局继续坚持以居住为主、以市民消费为主、以普通商品住房为主的原则，坚决贯彻国家和上海市房地产市场调控的各项政策措施，严格执行差别化住房信贷、税收政策和住房限售措施，坚决抑制投机投资性购房，商品住房供求关系改善，价格总体平稳，调控取得初步成效。

2月27日，上海市出台《关于进一步严格执行房地产市场调控政策完善上海市住房保障体系的通知》(沪府办发〔2012〕7号),要求严格执行住房限售措施,并明确相关操作口径。7月26日,市政府办公厅下发《关于进一步严格执行房地产市场各项调控政策的通知》(沪府办发〔2012〕49号),强调严格执行差别化住房信贷、税收和住房限售措施,严格按照房屋用途加强交易管理,并在全市组织开展房地产市场调控政策执行情况检查。3月1日,上海市调整普通住房标准,支持合理住房需求,享受税收优惠的范围进一步扩大。

按照国务院统一部署,7月30日至8月2日,由人民银行总部、国务院办公厅、国务院法制办、住房城乡建设部、国土资源部、财政部、税务总局等多部门组成的国务院第六督查组,对上海市2011年以来贯彻落实国家各项房地产市场调控政策措施情况进行了督促检查。对上海贯彻落实国家各项房地产市场调控政策所取得的积极成效,给予了充分肯定。

【房地产开发投资情况】 据上海市统计局统计,2012年1～12月,全市完成房地产开发投资2381亿元,同比增长9.7%,其中住房投资1452亿元,同比增长3.8%。房地产开发投资占全社会固定资产投资比例为45%。房地产行业保持平稳健康发展,对上海市经济社会发展发挥了重要支撑作用。

2012年1～12月全市新建住房新开工面积1563万平方米,同比减少36.8%;竣工面积1609万平方米,同比增加3.8%。

【商品房成交】 据上海市统计局统计,2012年1～12月新建商品房销售面积1898万平方米,同比增加7.2%;其中新建商品住房销售面积1593万平方米,同比增加8.1%。二手存量房买卖登记面积1447万平方米,同比增加3.4%。

【商品住房价格】 商品住房价格总体平稳。据国家统计局统计,2012年上海市新建住房和二手存量住房价格指数全年累积环比上涨0.2%和0.6%,涨幅比2011年分别下降1.6和1.1个百分点。

【房地产市场监测监管】 2012年,继续做好房地产市场监测分析,每月会同相关部门对上海市房地产市场运行情况进行分析,对当前调控政策的贯彻执行、市场走势以及需要关注的问题进行研判,提出对策建议报市委、市政府领导决策参考。继续严格执行住房限售政策,逐步完善操作口径,不断加强审核把关。9月6日,上海市住房保障房屋管理局印发《关于开展住房限售政策等执行情况检查的通知》(沪房管市〔2012〕309号),开展住房限售政策等执行情况检查。同时,加大违法违规行为查处力度,7月,在日常检查中发现某知名楼盘销售中涉嫌违反住房限售政策规定,经查实,部分购房人提供伪造的社保证明,骗取购房资格,房管部门按规定对涉案人所购商品住房不予办理房地产登记。对造假行为(涉及中介公司及其工作人员)移请公安部门作进一步调查处理。

【房屋租赁管理】 2012年,继续贯彻落实《上海市居住房屋租赁管理办法》,继续加强居住房屋租赁管理。进一步加大对区县工作的指导力度,下发《关于进一步加强上海市居住房屋租赁管理的意见》(沪房管市〔2012〕179号),明确违规租赁行为的相关认定口径。会同市民政,指导各社区事务受理服务中心,稳步推进居住房屋租赁合同登记备案工作,全年累计办理居住房屋租赁合同登记备案10.14万件。

【房地产估价管理】 2012年3月,颁布施行《上海市国有土地上房屋征收评估管理规定》,以规范上海市国有土地上房屋征收评估活动;2012年6月,印发《关于贯彻上海市国有土地上房屋征收评估管理规定有关问题的通知》,进一步规范房屋征收评估项目发布等。同时,开展《上海市国有土地上房屋征收评估技术规范》的修订,完成《上海市国有土地上房屋征收评估技术规范(征求意见稿)》;组织开展"营业税改征增值税"对上海市房地产估价行业影响的调研,完成并上报《关于营业税改征增值税对上海市房地产估价行业的影响和建议》;完成《上海市房地产估价机构资质核准业务手册》的编制,已通过局初评;开展上海市房屋征收评估和专家鉴定收费标准调整的调研,完成收费标准调整的建议和收费标准调整方案(初稿);完成2011年上海市房地产估价机构检查总结工作,开展2012年上海市房地产估价机构检查工作,已按要求完成检查动员、估价机构自查和实地检查,及报告质量评审等工作。截至2012年底,上海市共有房地产估价机构76家,其中一级31家、二级14家、三级21家、暂定三级4家、分支机构6家;注册房地产估价师1012名。

3. 房屋征收(拆迁)管理

【完善房屋征收补偿相关配套政策】 2012年,《上海市国有土地上房屋征收与补偿实施细则》(以下简称《细则》)正式实施后,上海市住房保障和房屋管理局着力完善相关配套政策体系。制定《关于贯彻执行〈上海市国有土地上房屋征收与补偿实施细则〉的若干意见》(沪府办发〔2012〕24号),由市政府办公厅转发实施;针对具体性问题,制定出台《关于贯彻执行〈上海市国有土地上房屋征收与补偿实施细则〉若干具体问题的意见》(沪房管规范征〔2012〕9号);为加强事务所和人员管理,制定出台《关于做好组建房屋征收事务所相关工作的通知》(沪房管拆〔2012〕2号)、《上海市房屋征收事务所及房屋征收工作人员管理办法》(沪房管规范征〔2012〕31号)和《〈上海市房屋征收工作证〉管理办法》(沪房管征〔2012〕286号);为指导各区县做好补偿决定,报市政府批转发布《上海市房屋征收补偿决定若干规定》(沪府发〔2012〕73号),为规范评估行为,制定出台《上海市国有土地上房屋征收评估管理规定》(沪房管规范市〔2012〕5号)。同时,制定房屋征收决定、社会稳定风险评估、强制执行申请、强制执行预案、报请补偿决定报告、补偿决定书、评估委托合同等一系列格式文本,供区县在实际操作中执行。

【逐步理顺房屋征收补偿体制】 2012年,为建立健全房屋征收补偿体制,上海市住房保障和房屋管理局协调市编办,在区县房管局设立房屋征收事务中心,承担具体事务性工作;协调工商部门,在归并整合房屋拆迁公司的基础上,规范组建房屋征收事务所,接受房屋征收部门委托开始房屋征收补偿工作。

全市各区县通过将现有机构更名或增挂牌子、成立直属单位等方式,已全部在房管部门下设房屋征收事务中心;房屋征收事务所的备案工作也按照要求开展,全市35家房屋征收事务所已完成了备案工作。

【全力推进房屋拆迁基地收尾工作】 2012年,在推进房屋征收工作同时,加强对已发拆迁许可证基地的行政管理,加大遗留矛盾化解力度,加快基地收尾工作。对于拆迁、裁决过程中的疑难问题,寻找对策,统一共识,加强推进;针对市政建设项目"先拆迁腾地,后处理纠纷"裁决后的遗留矛盾,进行了全面梳理,切实加快遗留矛盾化解完成进度,力争2013年3月份完成腾地裁决的遗留矛盾处理工作;对停顿和未启动基地,加强督促管理,进行分类指导。通过不断努力,房屋拆迁基地收尾工作取得明显成效,2012年,共拆平此类地块174块。

4. 物业管理

【调整公有住宅售后物业服务收费标准】 2012年,上海市住房保障和房屋管理局联合市物价局颁布《关于调整公有住宅售后物业服务费收费标准的通知》(沪房管规范物〔2012〕29号),《关于在公有住宅售后维修资金中列支水箱清洗费、绿化养护费等收费标准的通知》(沪房管规范物〔2012〕30号),对售后房物业服务费收费标准进行调整。调整的总体思路是在保持现行的住宅物业服务收费价格体制基本不变的前提下,用3年时间,通过逐年调整售后房物业服务收费标准,并解决"同一小区、不同收费"的历史遗留问题,逐步使售后房物业服务收费标准与物业服务实际运营成本接轨。同时,上海市住房保障和房屋管理局和市物价局制定颁布《上海市公有住宅售后小区物业服务标准》,明确管理服务,保洁服务,保安服务,绿化养护,共用部位、共用设备设施日常运行、保养、维修服务5个方面52个具体物业服务项目的服务标准,在全市所有公有住宅售后小区施行,确保售后公房物业服务标准与收费标准同步提升。

【加强物业管理项目的招投标制度建设和运行管理】 2012年9月,上海市住房保障和房屋管理局印发《上海市物业管理招投标管理办法》(沪房管规范物〔2012〕27号)、《上海市物业管理招标代理机构管理规则》(沪房管规范物〔2012〕28号)、《上海市物业管理招投标评审专家管理规则》、《上海市物业管理项目评标规则》等一系列规范性文件,细化招投标平台的业务流程和工作程序,全方位规范上海市物业管理项目的招投标工作。据统计,2012年度共有302个物业管理项目通过全市统一的物业管理招投标平台选聘了物业服务企业,其中:建设单位公开招标选聘物业的有228个项目(总建筑面积3174万平方米),协议方式选聘物业的有69个项目(总建筑面积351万平方米),业主大会公开招标物业的小区有35个(总建筑面积386万平方米)。

【建立新建住宅保修金制度】 2012年,继续贯彻落实《上海市住宅物业管理规定》和《上海市住宅物业保修金管理暂行办法》的有关规定,上海市住房保障和房屋管理局印发《关于实施〈上海市住宅物业保修金管理暂行办法〉有关问题的通知》(沪房管规范物〔2012〕10号),明确区县房管部门管理职责、免予交纳保修金的条件、保修金专用存款账户管理等方面的工作要求,将全市新建住宅物业管理区域内还未办理房产初始登记的建筑物纳入住宅物业保修金交纳范围。截至2012年底,全市新建住宅小区建设单位交纳住宅物业保修金813178540.18元(其中预缴资金351371024.47万元),建筑面积达

119.08万平方米。

【建立住宅物业项目经理制度】 2012年，根据《上海市住宅物业管理规定》的相关规定，上海市住房保障和房屋管理局相继印发了《关于在上海市物业管理行业开展助理物业管理师职业技能鉴定的通知》（沪房管〔2011〕376号）、《上海市住宅小区物业服务项目经理管理办法》（沪房管规范物〔2012〕24号）等相关文件，对物业服务项目经理的考试、注册、执业和监督管理作出明确规定，上海市已初步建立住宅物业项目经理制度。2012年度，共有3170名学员（小区经理）参加助理物业管理师职业技能鉴定培训，合格率为85%。

【物业行业开展"三百活动"】 2012年"夏令热线"期间，上海市住房保障和房屋管理局组织全市物业行业深入开展"走百家门、知百家情、解百家忧"主题活动（以下简称"三百活动"），主动了解业主合理诉求，积极听取意见、建议，解决市民群众"最直接、最密切、最关心"的物业服务诉求和居住生活"急、难、愁"问题。在市建交委、新民晚报开展的"夏令热线"活动中，经第三方测评机构市民满意度测评显示，物业服务行业在第三方测评中，连续3年被评为"市民满意行业"。从市文明开展的2012年41个窗口行业社会公众满意的评价情况来看，居住物业管理得分为82.45分，位于第29位。

5. 住房保障

【廉租住房工作】 2012年，上海市继续完善廉租住房制度。进一步提高廉租住房保障水平，对符合条件的申请家庭，按规定及时实施配租。全年共新增廉租住房受益家庭0.5万户，累计受益家庭达9.2余万户。将租金配租的租赁补贴标准上调40%，提高廉租住房保障水平，新补贴标准从2013年1月1日起执行。

放宽实物配租申请条件，努力扩大实物配租保障范围。将实物配租申请范围扩大到2人以上（含2人）、人均住房居住面积5平方米以下（含5平方米）的家庭。截至12月底，实物配租新政策集中受理的3246户家庭，累计完成户籍核查3246户，委托经济核对3225户，其中2810户已出具经济核对报告，已有1287户申请家庭参加了摇号排序，292户申请家庭选定了住房。

探索廉租住房实物配租和共有产权保障住房有机衔接机制。对在大型居住社区内筹措的、面向中心城区实物配租家庭供应的廉租房源，允许廉租实物配租家庭在租住满一定年限、支付能力有所提高后，按照共有产权保障住房的申请条件和要求，直接购买所租住住房。

进一步加强和完善制度建设。对申请审核、配租管理等机制进行优化调整；结合社会诚信体系建设，创新廉租家庭资格复核机制，将复核年限从1年调整为3年，同时推行重大情况变更年度申报制度，既防止公共资源不当流失，又保障廉租家庭合法权益。继续加大房源筹措力度。年安排调配5112套市级廉租房源供各区收购使用，已拨付市级补助资金6.75亿元。

【共有产权保障住房（经济适用住房）】 2012年，上海市进一步放宽共有产权保障住房（经济适用住房）申请准入标准，3人家庭人均月可支配收入线放宽到5000元，人均财产线放宽到15万元；上海市城镇户籍年限放宽到3年；单身申请人士年龄放宽到男性年满30周岁、女性年满28周岁。上海市住房困难的中等收入家庭，包括落户的引进人才、青年职工等已纳入政策覆盖范围，更多地住房困难群体享受到了住房保障的优惠政策。同时，合理放宽了共有产权保障住房供应标准，对原规定只能购买一居室的2人申请家庭，允许购买二居室住房，进一步完善了住房保障供应分配政策。截至2012年底，全年共完成共有产权保障住房申请家庭购房签约1.96万户，历年累计完成购房签约的家庭已达近4万户。制订并发布了10余个政策文件，进一步健全上海市共有产权保障住房政策体系。同时，在全面总结近年来共有产权保障住房工作经验的基础上，启动开展共有产权保障住房政府规章的制订工作，重点对法律责任、售后管理与违规行为处理等内容进行研究修订。至2012年底，已初步完成规章框架的拟订工作。为推进和完善共有产权保障住房供后管理工作，着手起草共有产权保障住房售后管理的具体实施办法，并启动供后管理的试点工作。待试点取得经验后，将及时在全市面上推广。

【公共租赁住房工作】 2012年，进一步制订完善公共租赁住房配套政策。上海市政府办公厅颁布《关于积极推进利用农村集体建设用地建设租赁住房的若干意见》（沪府办〔2012〕88号）、《关于上海市保障性住房配建的实施意见》（沪府办发〔2012〕61号）、《关于上海市公共租赁住房划拨用地抵押的意见》（沪府办发〔2012〕72号）等公共租赁住房配套政策文件，市住房保障房屋管理局出台《上海市公共租赁住房租赁合同示范文本（单位试行版和个人试行版)》等文件,公共租赁住房制度和相关政策已基本形成体系。全市建设筹措公共租赁住房4万套、200万平方米,竣工2万套、100万平方米,完成公共租赁住房建设筹措任务。

【继续加大财政资金投入力度】 2012年,市级财政向各区(县)下达公共租赁住房资本金补助7.5亿元、中央公共租赁住房专项补助资金约5.4亿元。各区县公共租赁住房运营机构净资产合计约93亿元。继续会同银监部门对公共租赁住房建设项目实行"名单制管理",优先安排信贷资金;支持市公积金管理中心使用增值收益约11亿余元收购城开集团建设的"上海晶城·晶华坊"保障房项目1680套、约12万平方米作为公共租赁住房使用,以及使用结余资金向公共租赁住房项目投放公积金贷款约54亿元;支持长江养老保险公司使用企业年金6亿元投资公共租赁住房债权计划;支持地产集团等公共租赁住房建设单位申报发行企业债券,部分用于公共租赁住房建设,多方位拓展融资渠道。

【公共租赁住房试点项目】 2012年初,华泾馨宁公寓和新江湾尚景园两处市筹公共租赁住房试点项目面向社会供应;闸北、普陀、嘉定、徐汇、长宁、黄浦等区也已启动区统筹公共租赁住房面向社会供应工作。截至年底,两处市筹项目合计受理申请及安排供应0.4万户,已入住约0.2万户;全市公共租赁住房(含单位租赁房)累计供应约3.6万套。在临港地区建设供应"先租后售"公共租赁住房,解决临港产业区职工安居问题。至2012年底,项目一期20万平方米全部实现结构封顶,二期20万平方米已经开工建设。同时,启动园区企事业单位参与公共租赁住房建设投资工作。

【住房制度改革】 2012年,上海市住房保障和房屋管理局会同相关部门继续推进上海市公有住房出售工作。据统计,全年共出售公有住房1.61万套,建筑面积83.66万平方米,回收购房款2.7亿元,扣除维修基金后净归集额1.7亿元。全市自公有住房出售政策实施以来,已累计出售公有住房186.54万套,建筑面积10054万平方米。

按《关于进一步深化上海市城镇住房制度改革的若干意见》(沪府发〔1999〕38号)的要求,推进企事业单位的住房分配制度改革;配合市政府机管局等部门深化、完善上海市公务员住房解困的有关思路。支持配合外省市住房分配制度改革。配合外省市住房分配制度改革和经济适用住房、动拆迁货币安置等工作的开展,做好外地职工或其配偶申报在沪住房情况的确认工作,2012年共确认321户,自2003年此项工作开展以来,累计确认3915户。

2012年,根据《关于进一步推进上海市公有住房出售若干规定的通知》(沪府发〔1999〕44号)的精神,继续对投资单位未申领房地产权证的住房进行梳理,将符合出售条件的住房出售给承租的职工家庭。2012年各区(县)房改部门出售的这类住房共814套,建筑面积4.42万平方米;已累计代售47998套,建筑面积约285万平方米。解决各区(县)有限产权接轨工作的疑难问题。市和区(县)房改部门经过调研和协调,研究解决各类疑难问题,推动有限产权住房接轨工作顺利推进,全年有限产权住房接轨1963套,累计接轨66556套。

(上海市住房保障和房屋管理局)

(四)市容管理与城市绿化

1. 行政执法

【重点区域城管执法】 上海市黄浦、浦东、静安、徐汇、虹口等区城管执法部门,重点加大外滩、人民广场、陆家嘴、静安寺、徐家汇、四川北路等景观区域、商业街区的执法巡查频率和力度,依法及时查处流动设摊、跨门营业、违规设置户外广告等违章现象。闸北、徐汇、长宁、浦东等区,以及机场执法支队,强化火车站、长途汽车站、虹桥机场和浦东机场等重要交通枢纽的执法管控力度,及时有效查处非法小广告、兜售假冒侵权商品等违法行为。上海市城市管理行政执法局执法总队会同黄浦、闸北、虹口、杨浦等区城管执法部门,开展地铁出入口"畅通行动",有效整治地铁站点周边百货摊、烧烤摊、兜售盗版书籍和音像制品等乱象。市市容环境卫生水上管理处会同金山、青浦、嘉定、宝山等区城管执法部门,依法从严查处违规向水域倾倒垃圾、偷排泥浆、码头作业扬尘污染等案件。

【无序设摊治理】 在主要干道、景观区域、商业街区、交通枢纽、医院学校五类重点区域,各级城管执法部门加强日常执勤巡查,全年共依法查处乱设摊案件7.3万余起。黄浦、长宁、杨浦、普陀、闵行等区城管执法部门依法取缔严重影响食品安全和市民生活的夜排档、烧烤摊6150处;浦东、徐汇、静安、宝山、虹口等区城管执法部门依法取缔严重影响市容环境和交通出行的马路菜场、弄堂集市936处。黄浦、杨浦、闸北、浦东、闵行、长宁、松江、嘉定、奉贤等区城管执法部门，主动协调街镇等相关部门，利用社区广场、中小道路、待建工地等资源，合理设置一批便民设摊疏导点，对摊贩实行"定人、定时、定点、定项目、定制度"管理；虹口、青浦、松江、宝山、浦东、金山、奉贤、嘉定、崇明等区县城管执法部门针对夏季瓜果集中上市的特点，主动会同相关部门在农贸市场、社区道路、停车场等开辟"临时瓜果市场"，实行定点限时销售，并加强卫生保洁和日常管理。

【违法建筑治理】 上海市城市管理行政执法局会同相关部门，制定下发《关于进一步规范拆除违法建筑工作的指导意见》，修改完善拆除违法建筑的法律文书，严格规范行政强制程序和执法行为。全市共拆除违法建筑452万平方米，其中拆除新建违法建筑109万平方米，拆除历史存量违法建筑343万平方米。

【"地沟油"治理】 在全市城管执法系统开展"利剑行动"，坚持从严执法、从重惩处违规处置餐厨垃圾及"地沟油"行为。闵行、松江、奉贤、嘉定、青浦等区城管执法部门，以及上海市城市管理行政执法局执法总队等单位，加强与食药监、公安的联动执法，依法取缔闵行纪西村等56个"地沟油"加工窝点，查扣"地沟油"117吨；黄浦、徐汇、静安、杨浦、宝山、奉贤等区城管执法部门加强对美食街、餐饮企业的执法检查，并采取夜间巡查、蹲点守候等方式提高执法效率，全年共查处非法收集和运输餐厨垃圾案件430起，暂扣运输车辆340辆。

【非法小广告治理】 在全市城管执法系统推进"商业街区乱散发、公交站牌乱张贴、城市家具乱涂写、交通干道乱悬挂"专项整治工作，全市共依法停机4139起，行政处罚1548起，收缴非法小广告51万余张。

2. 市容环境卫生整治

【加强市容环境创建工作】 2012年，共对20个新申报"市容环境责任区管理达标街镇"的工作机制进行初评，完善综合协调、日常巡查、监督考核等机制。依托"卫生街镇"、"文明街镇"等评比活动，继续提升136个"市容环境卫生责任区管理达标街镇"街(镇)容街(镇)貌，并重点对市民满意度测评最后20名的街镇进行责任区管理达标复查。以"市容环境综合管理示范街镇"的创建为工作抓手，通过实地暗访、随机巡查等形式，督促全市47个示范街镇加大建设和管理力度，确保70%以上区域完全达到示范区域。

【开展公众满意度测评工作】 2012年上、下半年，分别开展上海市17个区(县)的市容环境市民满意度测评，其中属于市区范围的有118个街道(镇)，属于郊区范围的有93个街道(镇、乡、工业区)，测评内容主要为"道路环境、建构筑物环境、居住环境、绿地环境、工地环境、集市菜场环境、交通集散地环境、公厕管理、水域环境、车容车貌、服务规范"等11个方面，并将测评结果通过媒体予以公布，借助社会效应促进环境效应的提升。

【加大城市管理难点问题整治力度】 针对各区县实际情况，制定无序设摊、跨门营业控制性指标，召开"无序设摊管理工作推进会"，进一步明确"堵疏结合、因势利导"的工作原则以及差别化治理的工作方法。开展无序设摊早晨专项巡查以及夜排档晚间专项巡查，汇总梳理出77条问题道路、20余处设摊集聚点，并制定针对性的整治方案，做到一点一策，确保无序设摊总体面上受控。陆续启动了"四乱"（即乱招贴、乱涂写、乱刻画、乱悬挂）清除以及"机动车辆清洗保洁"工作，进一步加大对"四乱"和"机动车辆清洗"等难点问题的管理力度。

【开展春夏季节市容环境整治活动】 针对春夏季节市容环境难点问题多发、频发特点，4月，组织开展为期半年的"春夏季节市容环境整治活动"，以"治脏、治乱"为重点整治内容，以重点区、居住老城区、结合部区、集市交通枢纽区、施工工地区、出入通道区等六大类区域为重点整治区域，上海市绿化和市容管理局共检查道路229条(段)，发现问题1700多个(处)，以及严重问题道路77条，均及时给予通报，督促整改。

【"迎新春、惠民生"城市环境集中整治】 积极推进"迎新春、惠民生"市容环境检查整改行动。通过细化方案、明确标准、加强指导和强化考核，确保活动的有效开展。1～3月，全市共检查5200多个居住小区、800多个集贸市场、近300个交通枢纽，整改各类问题5000多个，营造出整洁有序的新春环境。

【规范户外广告设施设置和管理】 全市户外广告实施方案完成编制并批准发布达90%以上，高速公路沿线户外广告实施方案编制工作实质性推进。市、区两级绿化市容、工商、规划等部门积极推进户外广告实施方案落实工作，中心城区户外广告设施规范设置率基本达到90%。积极开展户外广告网上审批工作，组织户外广告网上审批培训，市局审批的项目实现网上受理、网上审批、批后监管，区县户外广告网上审批工作逐步推进。

【加强户外广告日常监管】 继续加大对违规户外广告整治力度，2012年共拆除违规固定户外广告380余块，整治临时广告2400余处。开展虹桥交通枢纽及周边区域、浦东国际机场主要出入道路沿线违规户外广告整治工作，截止到12月底，虹桥交通枢纽周边违规广告拆除24块，浦东机场主要出入道路沿线违规广告拆除6块。沪宁高速公路沿线违规户外广告整治拆除跨街广告3块，收费站广告2块。同时，基本完成户外广告监察系统建设，建立户外广告设施监管信息平台，实现规划、审批、巡查、处置封闭循环的全过程管理，提高日常监管效率。

【景观灯光增加新亮点】 完成南京西路、世纪大道、衡山路等道路景观灯光建设工作；黄浦江沿线灯光进一步完善，浦东新区滨江核心段灯光实现连贯，黄浦区外滩花墙灯光完成改建，杨浦区定海桥灯光、上海国际时尚中心灯光完成新建，宝山区的滨江段灯光完成一期建设任务；苏州河长宁区沿线灯光实现连贯；重点地区灯光出亮点，长宁区的中山公园地区、闸北区广中路、黄浦区一大会址等地区灯光景观效果进一步提升。

【举办优秀灯光作品展示活动】 10月15日到11月3日，上海市绿化和市容管理局与闸北区政府联合举办主题为"艺术、创新、绿色、生活"的优秀灯光作品展示活动。通过社会征集，共收到32个景观灯光设计。以及制作单位报送的设计方案41件，经过创意性、环保性、艺术性、整体性等方面审核，最终确定26件展示作品。活动期间共接待参观游客8万余人次，收到游客对作品评选投票1.2万余张，为评选最终的获奖作品提供了广泛的群众基础。

【完成生活垃圾分类减量实事项目目标】 按照"巩固2011年1080个居住区推进实效、拓展1050个新分类试点场所和人均垃圾处理量减少5%"的工作目标，市、区两级环卫管理部门积极推进分类减量试点，在全年新增居住区、政府机关、企事业单位、学校、集贸市场和公园等2898个试点场所的情况下，完成人均垃圾处理量比2011年减少5%的既定目标。同时，市级联席会议办公室实现实体运转，17个区县均建立由分管区长牵头的区级联席会议，会议协调、信息简报、督促检查等制度相继建立。

【加强建筑渣土运输管理】 组织开展建筑渣土规范安全运输评比和交通安全资信评定活动，共评出6家建筑渣土规范安全运输企业和25家一星级交通安全资信企业，并将评定结果纳入上海市下一轮区域建筑渣土运输单位招投标工作，以促进规范安全运输里面全面推广。同时，启动新一轮渣土运输单位招标工作，进一步规范招标程序，完成渣土运输许可业务手册和办事指南的修订、制订工作。针对建筑渣土偷倒乱倒、土方车超载、滴漏等管理难题，各级城管执法部门全年共查处违规处置建筑渣土案件2800余起，暂扣土方车670余辆。

【开展公厕文明行业创建工作】 从完善设施设备、深化便民服务、树立服务明星等方面开展行业创建，组织文明公厕专业考评验收。2012年，上海市中心城区90%、郊区城镇80%的公厕，共2141座参加了文明公厕的专业考评。

【开展道路洁净工程建设】 积极贯彻落实《上海市道路和公共广场清扫保洁服务管理办法》若干意见，在各区（县）绿化市容门户网站上公布核定的道路保洁等级，接受市民和社会的监督，促进保洁质量的进一步提高，2012年道路整洁优良率达到90%以上。完成环卫作业养护预算定额编制工作，为建立和完善环卫作业服务采购机制，建立有序合理的市场价格机制奠定基础。开展道路保洁、公厕服务定额执行情况专项调研，2012年中心城区10个区（不含浦东）总投入为11.87亿元，平均定额执行率为60.1%；黄浦区、静安区、长宁区执行率较高，闸北区、虹口区、杨浦区执行率在平均水平以上。

【完成迎十八大等城市环境保障任务】 在第十次党代会、夏令季节、中秋国庆、党的十八大等重要时间节点，聚焦主要干道、景观区域、商业街区等重点保障区域，探索建立"差别化、精细化、科学化"管理执法机制，圆满完成了迎十八大等市容环境治理任务。全市共依法拆除违规户外广告2626块，拆除违规道路指示牌2712块，清除违规标语横幅11.5万余条，取缔乱设摊集聚点560余处，纠正跨门营业1.1万余处，取缔无证占道洗车摊点412处，取缔占道堆物5600余处，查处夜间施工扰民案件231起，解决区际结合部市容环境脏乱问题350个，重点区域环境得到明显优化，一般区域环境得到明显改善。

【推进区县城管执法大队"三定"工作】 3月中旬，上海市城市管理行政执法局会同市机构编制委员会办公室制定下发《关于区（县）城市管理行政执法局执法大队"三定"工作的意见》，明确区县城管执法大队的机构设置、人员编制和领导职数。截至12月底，全市17个区（县）城管执法大队的"三定"

方案全部获批，各区（县）城管执法大队加强大队、中队领导班子建设，调整优化大队职能科室和基层中队，配齐配强一线执法队员。

【强化上海市、区两级城管执法督察工作】 2012年，市、区两级督察共发现和纠正违反行为规范队员1428人次，督促解决马路菜场、夜排档、跨门营业、占道堆物等街面执法实效问题38160个，整改违章行驶、违规停放执法车36台次。浦东、虹口、徐汇等区城管执法部门对极个别严重违纪队员，已依法给予开除、调离执法岗位、行政记大过等行政处分。

3. 重大环境工程建设

【继续推进生活垃圾末端处置设施建设】 年内，老港综合填埋场建成，老港再生能源中心、内河工程主体工程完工，渗沥液外排管开工建设。区县生活垃圾末端处置设施项目有序推进，金山区永久生活垃圾综合处理厂已点火试运行；积极推进松江（青浦）、奉贤、崇明、嘉定区县的末端处置设施项目前期工作，闸北环卫基地已开工，闵行区闵吴码头改造工程和餐厨垃圾试点项目筹备开工。

4. 城市生态建设

【加强绿地林地建设】 2012年，上海市共新建绿地约1060公顷，其中公共绿地500公顷（包括外环生态专项105公顷），新增林地约666.67公顷，建城区绿化覆盖率达38.3%，人均公共（园）绿地达13.2平方米，森林覆盖率约13%，实现绿化林业建设计划目标和林业三年计划目标。重点推进宝山顾村公园二期、闵行七宝文化公园、浦东滨江二期、外环补天窗等外环生态专项项目，协调推进彭越浦、宝山南大、浦东周康航、浦江鲁汇等结构性绿地和郊区新城绿地建设，积极推进公益林、经济果林、"四旁林"和农田林网建设，加快构建城郊互补、互通、互连的生态廊道。

【改造老公园，提高公园服务水平】 完成醉白池、长寿、张堰、川北、岭南、永清苑等老公园改造，提升园容园貌和服务功能。成功举办第26届中国荷花展、优秀灯光作品展、上海花展、顾村公园樱花节、七彩蝴蝶展、辰山秋韵、国际雕塑展等主题游园活动，全国创新的笼舍安全技防系统在上海动物园投入使用，各大公园管理水平和游园秩序有新的提高，2012年全市公园游客量约2.06亿人次。提升行业文明程度，开展绿化文明行业复评，全市51.4%的公园处于优秀水平。

【创建50条示范性林荫道】 完成53条林荫道命名工作。做好2012年林荫道示范点项目推进和指导服务工作。完成《林荫道三年实施规划》和《林荫道建设导则》，征求区县、相关部门和专家意见，修改定稿下发。组织开展林荫道摄影征文比赛，共有64人参与投稿，收到669幅照片，涉及林荫道65条。全年新种补种行道树9000株。

【推进"十二五"规划实施】 落实生态环境建设任务，推进公共绿地景观提升与公园改造，完成年度老公园改造、绿地调整改造近100公顷、53条林荫道命名工作。迎国庆、十八大布置花坛花境20万平方米、组合容器与灯杆花卉1.6万组以上、主题绿化景点50余组。示范植物群落结构调整与功能提升项目，开展群落调整改造、节约型园林、土壤改良修复等关键技术研究。

【规范管理，强化服务】 进行公园管理专题研究，形成《上海市公园分类分级标准（征求意见稿）》。起草《上海创建国家重点公园办法》。完成本年度星级公园的创建工作、文明公园评定工作、和老公园改造任务，并结合老公园改造，完善更新植物铭牌；指导专类植物园开展科普展示活动；推动公园绿地认建认养。成功举办上海花展、荷花展、热带兰展等一系列公园主题活动。

【加强公园安全管理】 加强对公园各类人员的安全教育和培训，明确管理部门、营运单位安全工作责任，落实公园安全管理各项规章制度，完善应急预案。针对节假日游客相对集中，寒暑期学生游客增多，高温、台风、暴雨等情况的特点，开展针对性安全检查，确保公园安全有序。全力做好防汛防台工作，风前加固、绑扎、疏枝16万株，灾后倒伏树木及时得到扶正抢救，全年成功应对"海葵"等5次台风的侵袭。

【实施爱绿护绿行动】 2012年，共推出绿化认建认养点117个，包含183万平方米绿地、8.99万株树木、258株古树名木；引导企业实施古树名木公益保险；在各区县开展绿化服务"六进"（进社区、进小区、进军营、进园区、进楼宇、进村宅）和盆花送家庭活动，组织绿化"六进"活动1100余场，送出盆花11.39万余盆；联合新民晚报报社开展百座公园、百万读者365爱绿护绿活动；会同上海市精神文明建设委员会办公室举办"关爱自然，义务植树"志愿者爱绿护绿行动，首个志愿者林在共青森林公园落成。

【立体绿化进展取得突破】 立体绿化示范项目纳入上海市建筑节能减排专项资金扶持政策，明确补贴标准和准入范围。各区县落实扶持资金申报，制定操作指南和合同样本，明确相关奖补资金计划实施程序和审核要求。已下拨2012年度奖补资金执行情况良好。组织制定《上海市屋顶绿化面积折算办法》，立体绿化发展任务纳入上海市"第五轮三年环保行动计划"，2012年共完成30万平方米的立体绿化建设。

5. 环境（行业）管理

【推进绿地长效管理】 坚持市、区两级绿化部门定期社会绿地巡查考核制度，推动各区县完善投诉托底机制。推进《高校绿化导则》和《道路绿化导则》修订完善。会同上海市公路、铁路、水务、地铁、教委等部门开展多次联合检查，督办有关媒体曝光和市民投诉的社会绿地失管失养案件，配合相关部门组织群众绿化和部门绿化有害生物核查防控工作。开展单位绿化指导服务，提高单位绿化建设和管理水平，2012年共有64家单位被评为上海市花园单位。

【加强居住区绿化管理】 上海市绿化委员会办公室会同市房管部门和物业管理协会，完成居住区绿化课程教案编写，包括1500多人次物业经理在内，共2300多人次参加培训，统一市区两级绿化部门对居住区绿化的指导服务内容。修订颁布《上海市居住区绿化调整技术规范》，于2012年10月1日起实施。探索通过居住区绿化内部布局调整、补偿立体绿化等措施，缓解居住区绿化与停车位之间的矛盾。会同办公室联合市房管部门，抽查52家获评满5年的市级园林式居住区，促进居住区绿化长效管理。

【规范行业装备管理】 编制完成《环卫车辆技术与配置要求》，并向上海市质量技术监督局报批。4月18~20日，举办"第六届上海国际固体废弃物、清洁专用设备与技术展览会暨2012上海园林机械装备与技术展览会"，以及"2012环卫、园林装备技术与管理论坛"，共40余家企业参展，展会面积达1万平方米，征集论文60余篇，8人参加论坛演讲。

【推进行业标准制定、修订】 指导行业相关单位开展"动物园管理规范"、"城市公共厕所设计标准CJJ14—2005（修订）"等9项国家工程建设标准和行业标准制修订项目。完成农业部《香石竹鲜切花设施栽培技术规程》征求意见稿。完成《上海市户外广告设置技术规范》送审稿。完成《绿化废弃物处置和应用技术规范》、《上海市公益林养护概算定额（2012）》、《固体废弃物水上集装化运输通用要求》等10项行业和地方标准的报批工作。

【加强行业标准贯彻落实】 完成"辰山植物园公共信息和服务导向标志设置标准化示范"项目总结推广工作。配合上海市质量技术监督局开展"绿化废弃物资源化循环利用标准化示范"、"浦东机场市容环卫服务标准化示范"等6个示范项目检查工作。启动实施"屋顶绿化技术标准化应用示范试点（漕河泾）"、"原位隔离关键技术在滨海盐碱土绿化中的应用与示范（白龙港）"等6个市级标准化示范项目。

【落实基本生态网络空间规划】 《上海市基本生态网络空间规划》已报市委、市政府批复同意，各区县结合土地利用总体规划编制，落实基本生态网络空间规划所确定的生态空间控制要求，开展生态控制线划示试点，并会同市规划和土地管理局启动生态网络规划实施相关政策研究，以及郊野公园规划研究。

【加强专项规划编制和审查工作】 完成对口支援新疆援建四县的绿地系统规划和环卫专项规划编制，推进新一轮大型居住区社区环卫专项规划编制和审查，启动上海国际度假区绿地系统规划和环卫专项规划编制，配合开展世博地区后续利用规划编制。

【夯实行业管理基础】 出台《市绿化市容行业城市维护项目目录》、《上海市绿化市容行业市级城市维护项目管理暂行办法》等规范性文件，组织开展管理培训，规范城维项目管理，提高项目质量和效益。颁布《关于进一步明确上海市绿化市容建设工程管理体制和分工的试行意见》，加强建设工程质量安全管理。修订绿化市容统计报表制度，建立统计管理信息系统，组织行业统计业务培训，起草行业综合统计考核办法，完成2011年上海市绿化市容年报编制和发布工作。

【参与完成上海市第一部执法规范性法规制定和颁布】 配合上海市人大通过并颁布实施了《上海市城市管理行政执法条例》，并完成《上海市城市管理行政执法程序规定》、《上海市城管执法暂扣物品保管和处置管理办法》等配套文件的制定和报备。配合市人大法工委完成《上海市城市管理行政执法条例释义》编写。

【加快垃圾管理立法步伐】 针对垃圾管理中的难点问题，配合上海市政府法制办公室出台《上海市道路和公共场所清扫保洁管理办法》。起草《上海市餐厨废弃食油脂处理管理办法》草案及其编制说明，配合市政府法制办公室出台实施，同步完成《上海市餐厨垃圾管理办法》修改工作。

【推动规范性文件制定和管理工作】 制定有关

公园游乐设施管理若干规定、公园改扩建工程设计方案公示暂行规定、公园分类分级管理标准、生活垃圾处理设施监管、临时户外广告设施设置管理办法、户外招牌管理办法等规范性文件，做好与上海市政府法制办公室沟通协调工作。参与制定"绿化市容建设工程管理分工指导意见"。初步梳理完成对绿化建设工程违法行为进行行政处罚的依据和事项。完成林业类规范性文件的清理，清理成效得到国家林业局政策法规司的认可。

【完成上海市行政审批标准化试点单位创建工作】 完成33类、52项行政审批业务手册和办事指南编制，实现业务须知、岗位职责、审核要求三"明确"。完成我市首批市行政审批标准化示范试点创建工作，被授予第一批"上海市行政审批标准化示范单位"标牌。

【推行网上审批，提高审批效率】 正式启动城市建筑垃圾和渣土处置网上行政审批系统，授权事业单位试点运行网上审批，市、区两级绿化市容部门以及委托实施机构行政审批试行使用电子印章。在对部分审批事项采取行政审批"告知承诺"方式、实行网上预审当场受理、网上预审当场发证的基础上，继续对区县下放审批权限，完成委托上海市综合保税区实施行政审批相关手续。

【调解行政争议】 建立复杂案件审理复议专家审查机制，组织召开专家案审会。加强与上级复议机关，以及与复议申请人的沟通协调，促使申请人撤回复议申请，确保行政复议案件做到"案结事了"。

2012年，共处理行政复议案件8件（其中受理行政复议案件7件，作为被申请人参与复议案件1件）。受理7件案件（5件为不服政府信息公开答复，2件为不服行政处罚决定），审结5件（其中2件经调解撤回，3件维持原行政行为）。

【抓好科研项目启动与验收】 做好2012年"上海市生活垃圾分类质量监管系统研究"、"大型公园绿地野生动物多样性提升关键技术的研究"等32项局级科研项目启动工作，协助辰山植物园完成2012年科研项目启动。

6. 信息化建设

【部署公园绿地无线局域网覆盖工作】 开展上海市公园绿地无线局域网建设覆盖运营商招标工作，并结合公园历史和现状，在10座公园内完成无线局域网覆盖建设试点。9月初召开现场推进会，统一部署全市公园绿地无线局域网覆盖建设工作，全年完成70座公园无线局域网覆盖。

（上海市绿化和市容管理局）

江 苏 省

1. 概况

江苏省按照统筹城乡建设的思路，扎实开展"美好城乡建设行动"，推进城乡发展一体化和节约型城乡建设。2012年底江苏省城市化率达到63%，比上年提高1.1个百分点。在全国率先实现城乡规划全覆盖，建立并完善了覆盖江苏省的从区域到城市、从小城镇到农村、从总体到专项、从建设性规划到保护性规划的层次分明、互相衔接、完善配套的城乡规划体系。城市人居环境不断改善，江苏省城市污水处理率达89%，城市生活垃圾无害化处理率达92.5%，城市建成区绿地率达41.65%，人均公园绿地面积达12.8平方米。至2012年底，江苏省共有4个城市获"联合国人居奖"，9个项目获"迪拜国际改善居住环境最佳范例奖"，9个城市获"中国人居环境奖"，37个项目获中国人居环境范例奖，是获联合国人居奖和中国人居奖项目最多的省份。江苏省共有6个国家生态园林试点城市、22个国家园林城市、6个国家园林县城、4个国家园林小城镇，总数位居全国前列。村庄环境整治行动全面实施，江苏省共完成6.4万个自然村整治任务，占自然村总数的32%，开展了180个村庄建设与环境整治试点项目建设，惠及6.2万农户。整治村庄环境面貌明显改善，公共服务水平稳步提升，长效管理机制正逐步建立。具有江苏特色的住房保障制度体系初步建立，截至2012年底，江苏省共开工各类保障性住房32.8万套、竣工15.3万套（户）、发放廉租住房租赁补贴5.6万户，累计江苏省共开工建设各类保障性住房155.4万套（户），发放廉租住房租赁补贴5.6万户，在全国率先实现城镇低收入住房困难家庭住房保障全覆盖。

2. 房地产业

【概况】 2012年，围绕经济社会发展稳中求进的总基调，江苏省上下坚持房地产调控政策不动摇，致力于研究采取综合措施，切实做好稳定市场、控制房价、规范秩序等各项工作，确保江苏省房地产市场平稳健康发展。2012年，江苏省房地产市场呈现回暖态势，商品住宅销售面积同比增长26.48%，成交均价同比增长6.99%，房价增幅低于地区生产总值的增幅和城镇居民人均可支配收入的增长水平。在江苏省各地各部门认真贯彻落实国家和省房地产市场调控政策措施的前提下，房价并未伴随销售回升出现明显上涨，江苏省房地产市场调控工作取得积极成效。

2012年，江苏省共实现房地产业增加值2936.78亿元，占江苏省地区生产总值的5.43%；完成房地产开发投资完成额为6206.10亿元，同比增长11.5%，占江苏省城镇固定资产投资的19.57%；江苏省房地产业地税收入完成1331.70亿元，同比增长18.51%，占地税收入总量的比重为32.17%，较上年的31.47%提高0.7个百分点。至2012年底，江苏省城镇人均住房建筑面积为35.2平方米。房地产业的发展，对江苏省拉动经济增长、推进城市化进程、改善人民居住环境继续发挥了十分重要的作用。

【房屋概况】 截至2012年底，江苏省城市实有房屋建筑面积为30.95亿平方米，其中：实有住宅建筑面积为16.63亿平方米，在住宅中，私有（自有）住宅的建筑面积为14.88亿平方米，住宅私有化率达89.49%；成套住宅套数1470万套，住宅成套率为91.31%，成套宅建筑面积15.18亿平方米，套均面积103平方米。本年房屋减少面积为2314.69万平方米，其中住宅减少面积为1649.75万平方米。

【房地产开发投资】 2012年，江苏省房地产开发投资全年保持平稳增长，共完成投资6206.10亿元，同比增长11.5%，占全国总量的8.6%，规模仍居全国首位。占城镇固定资产投资的19.57%，比2011年占比下降了1.53个百分点；投资增幅较城镇固定资产投资增幅低9个百分点。其中商品住宅投资4354.63亿元，同比增长6.4%，占全国比重达8.8%。

【商品房新开工、施工和竣工面积】 2012年，江苏省商品房新开工面积为13908.44万平方米，其中商品住宅为10285.49万平方米，同比分别下降5.5%和7.3%。商品房施工面积为45097.54万平方米，其中商品住宅为33412.17万平方米，同比分别增长11.4%和10.4%。江苏省商品房竣工面积为9848.40万平方米，其中商品住宅7687.13万平方米，同比分别增长16.6%和18.7%。

【商品房供应】 ❶2012年，江苏省商品房和商品住宅累计批准预售面积分别为10876.42万平方米和8200.04万平方米，同比分别下降10.56%和12.63%。分区域看，2012年，苏南地区商品房和商品住宅批准预售面积分别为5772.73万平方米和4248.97万平方米，同比分别下降6.73%和10.93%；苏中地区分别为2133.49万平方米和1741.52万平方米，同比分别下降1.57%和1.58%；苏北地区分别为2970.20万平方米和2209.55万平方米，同比分别下降21.92%和22.34%。三大区域中的苏北地区商品房和商品住宅新增供应降幅较大。

2012年，江苏省省辖市市区商品房和商品住宅累计批准预售面积分别为6542.49万平方米和4832.84万平方米，同比分别下降7.55%和10.09%。分区域看，2012年，苏南省辖市市区商品房和商品住宅批准预售面积分别为3873.54万平方米和2778.60万平方米，同比分别增长3.46%、下降1.25%；苏中省辖市市区分别为1142.95万平方米和918.60万平方米，同比分别下降8.62%和10.25%；苏北省辖市市区分别为1526.00万平方米和1135.65万平方米，同比分别下降26.71%和26.16%。三大区域中的苏北地区商品房和商品住宅新增供应降幅较大。

【商品房销售】 2012年，江苏省商品房和商品住宅累计登记销售面积分别为8966.95万平方米和7505.68万平方米，同比分别增长21.82%和26.48%。分区域看，2012年，苏南地区商品房和商品住宅登记销售面积分别为4890.85万平方米和4082.00万平方米，同比分别增长31.64%和37.60%；苏中地区分别为1363.72万平方米和1176.38万平方米，同比分别增长1.77%和3.22%；苏北地区分别为2712.38万平方米和2247.29万平方米，同比分别增长17.65%和22.92%，苏南和苏北增幅较为明显。

2012年，江苏省省辖市市区商品房和商品住宅累计登记销售面积分别为5240.60万平方米和4421.91万平方米，同比分别增长30.38%和36.35%。分区域看，2012年，苏南省辖市市区商品

---

❶ 商品房供应、销售、供销结构、成交均价数据均来源于江苏省商品房交易合同网上备案系统。

房和商品住宅登记销售面积分别为3196.04万平方米和2702.61万平方米，同比分别增长48.23%和56.13%；苏中省辖市市区分别为722.82万平方米和614.58万平方米，同比分别增长0.12%、下降0.53%；苏北省辖市市区分别为1321.75万平方米和1104.72万平方米，同比分别增长15.81%和23.56%，苏南省辖市市区销售大幅回升。

【商品住房供销结构】 2012年，从市场新增供应结构看，江苏省90平方米以下、90～120平方米、120～144平方米户型商品住宅分别占全部住宅供应量的16.59%、31.51%、31.17%，占比分别较上年提高1.07个、0.5个、0.44个百分点；144平方米以上户型占比为20.73%，较上年下降2.01个百分点。从市场销售结构看，江苏省90平方米以下、90～120平方米、144平方米以上户型商品住宅分别占全部住宅销售量的17.88%、33.27%、16.91%，占比分别较上年下降0.07个、1.08个、0.91个百分点；120～144平方米户型占比31.94%，较上年提高2.06个百分点。江苏省商品住宅累计供销比为1.09，较上年下降0.71个百分点。从不同面积段的供销比看，90平方米以下、90～120平方米、120～144平方米、144平方米以上户型的供销比分别为1.01、1.03、1.07、1.34。

【商品房成交价格】 2012年，江苏省商品房和商品住宅成交均价分别为7040元/平方米和6587元/平方米，同比分别增长5.08%和6.99%；江苏省省辖市市区商品房和商品住宅成交均价分别为7846.81元/平方米和7385.25元/平方米，同比分别增长3.68%和6.34%。从月度变化走势看，2012年江苏省房价总体保持稳定，2、3月份房价快速上升，4月份之后价格波动较为平稳。房价变动主要受市场销售的结构性影响，房价相对较高的苏南地区销售占比提高，推动了江苏省均价有所增长。

【二手房市场】 ❶2012年，江苏省省辖市市区二手房和二手住宅累计成交面积分别为1783.6万平方米和1428.52万平方米，同比分别增长18.73%和27.46%。二手房和二手住宅累计成交均价分别为7108元/平方米7295元/平方米，同比分别增长7.91%和5.85%。

【房地产贷款】 2012年12月末，江苏省房地产贷款余额为12135.32亿元，同比增长12.95%，占人民币各项贷款余额比重为21.0%；贷款余额比年初增加1391.16亿元，其中：地产开发贷款余额为916.89亿元，比年初增加169.37亿元，同比多增259.76亿元，余额增速为22.66%；房产开发贷款余额为2842.74亿元，较年初增加221.11亿元，同比少增206.04亿元，余额增速为8.43%；个人住房贷款余额为7512.64亿元，比年初增加907.14亿元，同比多增215.44亿元，余额增速为13.73%。1～12月，江苏省向18.95万户职工家庭发放住房公积金贷款567.64亿元，同比增长87.18%。12月末个贷比率为84.51%。江苏省住房公积金资金结余为391亿元。

【房屋征收(拆迁)】 2012年，房屋征收与拆迁，共完成项目422个，涉及房屋面积1145.7万平方米、户数66321户，与2011年度同期相比，分别减少20%、增加4.5%、5.5%。其中，住宅房屋758.9万平方米、58102户，分别较上年减少5.6%和增加6.8%。江苏省共受理征收补偿决定和拆迁行政裁决案件1898件，较往年减少5.5%；共作出征收补偿决定、行政裁决案件1258件；下达强制搬迁决定63件；其中实施司法强制56件。江苏省有5142户被拆迁住房困难户的住房条件，通过拆迁得到明显改善，其中4113户为低收入住房困难家庭。

其中：2012年度，江苏省共作出房屋征收决定302个，决定征收房屋面积889.78万平方米，涉及户数53063户；同比分别增加196%、183%、212%。其中：住宅房屋面积638.54万平方米、户数49967户；同比增加152%、214%。实际完成征收项目185个、征收房屋面积718.97万平方米、户数44425户；同比分别增加243%、198%、248%。其中：住宅房屋524.19万平方米、42189户；同比分别增加148%、250%。共受理补偿决定案件79件，作出补偿决定42份，下达强制搬迁决定0件；增幅明显。

2012年度，江苏省共有2011年结转拆迁项目826个，涉及房屋面积1297.77万平方米，户数达108744户。通过努力，共完成拆迁项目237个、拆迁房屋面积426.50万平方米、拆迁户数21896户；分别占遗留项目的28.7%、32.9%、20.1%。其中：完成住宅房屋拆迁234.7万平方米、拆迁户数19860户。共受理拆迁裁决案件1819件，作出裁决决定1216份；申请人民法院做出司法强制搬迁决定63件，实际实施司法强制搬迁56件。

3. 住房保障

【保障性安居工程建设】 2012年，江苏省共开工各类保障性住房32.8万套、竣工15.3万套(户)、

---

❶ 二手房数据为快报数据。

发放廉租住房租赁补贴5.6万户，完成省委省政府确定的年度目标104.13%、117.69%、124.44%。截至2012年底，江苏省共开工建设各类保障性住房155.4万套（户）。

【住房保障体系建设】 江苏省加快推进住房保障体系建设，按照"系统化设计、制度化安排、规范化建设、长效化推进"的要求，进一步完善住房保障制度，健全公共服务网络，组织各地开展住房保障体系建设试点示范工作，积极构建可持续的保障性住房投资建设和运营管理机制，具有江苏特点的住房保障体系初步建成。2008年以来，按照多渠道、分层次解决群众住房困难的思路，江苏省先后出台《廉租住房保障办法》、《经济适用住房管理办法》、《公共租赁住房管理办法》3个政府令和一系列的规范性文件。2012年，全面贯彻省政府颁布的3个省政府令和加强住房保障体系建设的实施意见，按照应保尽保、相互衔接的要求，结合实际抓紧制定完善相关实施细则，进一步明确各项制度的保障对象和标准，并有针对性地抓好配套政策措施的制定完善。江苏省所有市县均完善了廉租住房保障办法和经济适用住房管理办法；13个省辖市和53个县（市）出台了公共租赁住房管理办法。

【棚户区改造】 2012年，江苏省实施棚户区危旧房改造安置住房新开工9.82万套，竣工4.03万套。

【农村危房改造】 2012年，江苏省首次被纳入全国农村危房改造试点范围，国家下达5万户农村危房改造任务。在江苏省开展摸底调查的基础上，优先安排纳入2012年环境整治范围的村庄开展试点，并向苏中苏北经济欠发达地区适度倾斜，确定在38个县（市、区）实施农村危房改造试点，并优选7个村庄进行危房改造试点示范创建。在中央下达3.75亿补助资金的基础上，积极争取省级财政配套资金1.2亿元，专项用于农村危房改造的农户补助。随机抽取部分改造农户进行现场踏勘，进一步明确试点的相关技术标准，重点对系统录入、资金管理、项目进展等开展技术指导督查。江苏省危房改造开工率达100%，绝大多数农房基本具备入住条件，并通过住房城乡建设部考核组验收，在全国29个省份中排名第七。

4. 住房公积金管理

2012年，江苏省归集住房公积金737.4亿元，累计归集住房公积金3878.71亿元；当年提取住房公积金393.42亿元，累计提取住房公积金1983.74亿元；当年发放住房公积金贷款567.64亿元，累计发放住房公积金贷款2880.44亿元；当年放贷户数为18.95万户，累计放贷户数为157.67万户。

5. 城乡规划

【城乡统筹规划】 2010年，江苏省政府办公厅印发《关于加强城乡统筹规划工作的通知》，要求各地高度重视城乡统筹规划，明确规划的总体要求和基本原则，严格规范规划编制和审批工作，切实提高规划编制质量和水平，建立完善城乡统筹规划的实施保障机制。江苏省住房和城乡建设厅配套印发《江苏省城乡统筹规划编制要点》，明确城乡统筹规划是城镇总体规划的重要组成部分，提出统筹城乡建设、促进城乡产业提升、优化城乡空间布局、构建城乡综合交通体系、统筹城乡公共服务设施和基础设施等规划编制技术要求。2011年省委办公厅、省政府办公厅印发《江苏省美好城乡建设行动实施方案》，要求单独编制城乡统筹规划的市、县（市）2012年完成规划编制工作，各市、县（市）2015年完成城乡统筹规划编制和报审工作。截至2012年底，单独编制城乡统筹规划的27个市、县（市）正在推进，部分已经完成规划成果，提交审查；其他市、县（市）城乡统筹规划纳入城市总体规划一并修编。

【江苏省城镇体系规划】 2012年，《江苏省城镇体系规划（2012～2030）》通过住房和城乡建设部组织的技术审查，报经省长办公会和省人大常委会审议通过，上报国务院审批。规划明确提出"协调推进城市化、区域发展差别化、建设模式集约化、城乡发展一体化"的新型城市化发展思路。

【苏南地区城镇体系规划】 2012年，苏南地区城镇体系规划编制工作正式启动，形成初步成果。规划将对引领苏南城市群优化提升发展、促进苏南地区构建世界级城市群核心和国家创新发展示范区等起到重要的作用。

【环太湖风景路规划】 2012年，继续推进环太湖风景路规划编制与实施建设，编制完成环太湖江苏段5个城市风景路详细规划。3月26日，江、浙两省举行环太湖风景路建设启动仪式。《环太湖风景路规划》涉及苏浙两省沿湖7个市、县，包括江苏省苏州、无锡、常州、宜兴、吴江市和浙江省湖州市、长兴县，通过修复生态基底、串联景观资源、完善游憩设施，形成联通太湖沿岸地区并具有一定纵深的慢行系统，临湖线全长316.6千米，其中江苏段全长257.5千米，浙江段全长59.1千米，是国内首个跨省联合打造的区域性风景路系统。规划以慢行道路为主，以1条环线、1条纵深线格局，连接无锡蠡湖、梅梁湖、锡惠，苏州同里、西山、木渎，常州马山和湖州南郊等13个风景区和2个独立景点，共包括197个自然景观和849个人文景观。

【历史文化名城（镇、村）保护规划】 截至2012年，江苏省有国家历史文化名城11座，省级历史文化名城6座；中国历史文化名镇19个，省级历史文化名镇5个；中国历史文化名村3个，省级历史文化名村2个。2012年，江苏省所有历史文化名城、名镇、名村保护规划基本编制完成，历史文化街区保护与整治工作有序推进。

【风景名胜区规划】 2012年，《云台山风景名胜区总体规划》和《太湖风景名胜区总体规划》通过住房和城乡建设部组织的部际审查，《艾山风景名胜区总体规划》基本编制完成，《云台山、三山风景名胜区详细规划》启动编制工作。

6. 城市建设与市政公用事业

【供水】 2012年，江苏省新增供水能力117万立方米/日，总供水能力达到2319万立方米/日；新增区域供水通水乡镇65个，江苏省城乡统筹区域供水乡镇覆盖率达79%；新增自来水深度处理能力138万立方米/日，江苏省深度处理总能力达526.5万立方米/日；新增75毫米以上城乡供水管道5100公里（其中区域供水管道2205公里），管网总长度达70861公里；50个城市已建成第二水源、应急备用水源或实现水源互备；47家县以上供水企业水质检测实验室通过相应等级能力建设的现场评定和认定。

江苏省住房和城乡建设厅提请省政府办公厅印发《关于加快推进城乡统筹区域供水规划实施工作意见的通知》；会同省发改委编制《江苏省城镇供水设施改造与建设"十二五"规划及2020年远景目标》；印发《江苏省城市公共供水行业反恐怖防范标准》；省住房城乡建设厅开发的《太湖流域城市供水安全动态监控系统》通过住房城乡建设部验收。

【城市节水】 开发江苏省城市节水统计软件系统，印发《江苏省城市生活与公共用水定额（2012年修订）》和《江苏省省级机关节水型单位创建工作方案》、《江苏省省级机关节水型单位考核办法》、《江苏省省级机关节水型单位考核标准》；宜兴市创建国家节水型城市通过了国家组织的现场考核，并进行了命名前的公示。常州、金坛、高淳3个城市通过省级节水型城市现场考核和命名前公示。截至2012年底，共有14家城市获得省级以上节水型城市称号。

【燃气】 推进城市燃气工程建设，高邮、泰兴市天然气利用主体工程和南京、常州、无锡天然气应急调峰站建成投产。江苏省新建燃气管道8000公里以上，天然气供应量70亿立方米以上，新增用气人口144万人。加强燃气安全管理，各地按照《江苏省城镇燃气安全检查标准》规定的检查内容、频率开展燃气安全检查和整治工作。据不完全统计，江苏省共整治安全隐患6185处，拆除违法建（构）筑物790处，取缔非法和不规范站995个，没收不合格钢瓶4797只，改造管线238公里，消除了一批安全隐患。

【污水处理】 2012年，江苏省新增城镇污水处理能力83万立方米/日，建成城镇污水收集主干管道超过2600千米。至年底，江苏省城镇污水处理能力达1330万立方米/日，累计建成城镇污水收集主干管道39100千米。江苏省城市（县城）污水处理率达89%（初定，待年报数据确定），污水处理厂集中处理率达74.9%（初定，待年报数据确定）。江苏省新增建制镇污水处理设施116座，新增污水处理能力31.38万立方米/日，新覆盖121个建制镇，江苏省建制镇污水处理设施覆盖率达到65%。江苏省城镇污水处理厂全年实际处理污水量34.6亿立方米，削减COD84.6万吨，氨氮7.5万吨。编制《江苏省"十二五"城镇污水处理及再生利用设施建设规划》和《江苏省沿江城镇生活污水处理规划（2011～2020）》，完成江苏省城镇污水处理厂污泥处理处置技术攻关示范项目研究工作，省政府印发《关于进一步加强建制镇污水处理设施建设的意见》。组织专家对江苏省247座城镇污水处理厂2011年度运行管理工作逐个进行现场考核，并下发通报。举办城镇污水处理厂技术管理人员、污水处理操作工、水质分析人员等关键岗位技术培训班12期，培训人员达986人。2012年江苏省城镇污水处理设施累计完成投资89.5亿元，中央及省级公共财政下达城镇污水处理设施建设补助资金分别为9.4亿元和4.9亿元。

【垃圾处理】 江苏省新增生活垃圾无害化处理能力2480吨/日，无害化处理总能力达到4.6万吨/日，江苏省城市（县城）生活垃圾无害化处理率达到92.5%。省住房城乡建设厅、省发展改革委、省环保厅、省财政厅联合印发《江苏省餐厨废弃物处理规划（2012～2020）》，是国内第一部省级餐厨废弃物处理专项规划，规划提出：到2015年，江苏省餐厨废弃物集中处理率达70%，县以上城市处理设施基本覆盖。常州市被确定为国家第二批餐厨废弃物无害化处理和资源化利用试点城市。

【数字化城管】 2012年,徐州市以及高淳、宜兴、常熟、吴江、海安、如皋、扬中等县(市)的数字化城管系统通过省住房城乡建设厅验收,江苏省建成运行或试运行数字化城管系统的城市(含南通市通州区、苏州市吴江区、泰州市姜堰区)达到38个;建成数量和运行质量国内领先。省住房城乡建设厅启动建设"江苏省市容环卫信息监管平台",并向住房城乡建设部申报信息化科技示范项目。

【市容环卫】 2012年,江苏省新增"江苏省市容管理示范路"23条,分别是:邳州市解放西路、如皋市中山路、无锡市锡义中路、常州市延政中大道、南通市通州区世纪大道、徐州市中山北路、常州市天目山路、连云港市幸福北路、常州市怀德北路、如东县青园南路、张家港市金塘中路、南通市工农南路、丹阳市东门外大街、宜兴市解放西路、苏州市干将路、江阴市紫金路、徐州市民主路、连云港市海棠北路、扬中市江洲西路、洪泽县东风路、泗阳县人民中路、海安县长江中路、常州市和平北路。截至2012年底,江苏省共有"江苏省市容管理示范路"102条。省住房城乡建设厅组织开展环卫机械化作业专项课题研究,组织编制《城市道路环卫机械化作业质量标准》(初稿)。省住房城乡建设厅会同省人力资源和社会保障厅等七部门出台《关于进一步保障江苏省环卫行业职工合法权益的实施意见》,明确提出:一线环卫职工月工资收入不得低于当地最低工资标准的110%。同时省住房城乡建设厅与省疾控中心职业病防治所合作开展有关环卫工人职业病防治的课题研究,切实关注环卫职工职业健康,保护环卫职工合法权益。

【城市轨道交通建设】 2012年,江苏省城市轨道交通快速发展,建设步伐持续加快。江苏省完成城市轨道交通建设投资250亿元以上,南京、无锡、苏州、昆山等4个城市在建轨道交通9条线路、长约220千米。常州市城市轨道交通建设规划通过国务院批准;徐州市城市轨道交通建设规划通过国家、省组织的专家评审,上报国务院审批;南通、扬州、镇江等城市积极组织筹备建设城市轨道交通。

【城市园林绿化】 2012年,江苏省新增城市绿地0.8万公顷,城市建成区绿化覆盖率达41.65%,绿地率达38.29%,城市人均公园绿地面积为12.80平方米。

【风景名胜区保护】 江苏风景名胜以"青山衬秀水、名园依古城"而驰名中外,自然景观具有"山水组合、以水见长"的鲜明水乡特色。自然景观和人文历史的相互依托与结缘,形成了江苏风景名胜所独有的艺术魅力。其悠久历史可上溯6000余年,2500年前太湖之滨诞生了为吴王夫差与西施游乐而修建的离宫别苑。享有"东方威尼斯"之美称的苏州,完好地保存着数量众多、艺术品位极高的古典园林。

至2012年底,江苏拥有国家级风景名胜区5处,分别是:太湖、南京钟山、扬州蜀冈—瘦西湖、连云港云台山和镇江三山(金山、焦山、北固山)风景名胜区。拥有省级风景名胜区18处,分别是:南京雨花台和夫子庙—秦淮风光带、苏州虎丘山和枫桥、常熟虞山、镇江南山、句容和金坛交界的茅山、句容九龙山、南通濠河和狼山、姜堰溱湖、徐州云龙湖、邳州艾山、新沂马陵山、盱眙第一山、建湖九龙口、宿迁骆马湖—三台山和古黄河—运河风光带风景名胜区。风景名胜区总面积1862.96平方千米,占江苏省面积的1.77%。

【园林城市创建】 2012年,江苏省住房城乡建设厅对提出开展创建国家园林城市和江苏省园林城市活动的8个城市进行调研和指导。2012年,新增大丰、东台、赣榆、泗阳、靖江为省级园林城市。连云港市、如皋市、江都市通过住房和城乡建设部考核,被命名为国家园林城市。至2012年底,江苏省拥有国家园林城市22个,国家园林县城6个,国家生态园林城市试点城市6个,国家重点公园18个,国家城市湿地公园6个,省级园林城市14个。

【人居环境奖】 人居环境奖评选是联合国人居署、住房和城乡建设部和江苏省政府组织开展的一项长期性工作,每年组织评选与推荐,主要目的是鼓励推进人居环境改善,提升城乡空间品质,引导城市健康持续发展。江苏省自2001年设立人居环境奖以来,江苏省有13个城市、89个项目被授予"江苏人居环境奖"、"江苏人居环境范例奖"。其中经推荐申报,有9个城市、37个项目获得"中国人居环境奖"、"中国人居环境范例奖"称号,有4个城市、9个项目获得"联合国人居奖"、"迪拜改善人居环境最佳范例奖"称号。2012年,"江苏省可再生能源在建筑上的推广应用"、"苏州市同里古镇保护工程"2个项目获"迪拜国际改善居住环境最佳范例奖"。太仓市获"中国人居环境奖"称号,"江苏省城乡统筹区域供水规划及实施"、"金坛市宜居工程建设"、"昆山市巴城镇生态宜居工程建设"、"宜兴市周铁镇小城镇建设"4个项目获"中国人居环境范例奖"称号。常州、镇江、金坛3个城市被省政府授予"江苏人居环境奖"称号,"江阴市云亭街道绿化建设和生态保护"、"宿迁市滨湖公园园林绿化建设"、"赣榆县新城湿地生态保护环境建设"、"宿迁市幸福新城危旧房改造"、"东海县温泉镇特色小城镇建设"、"昆山市陆家镇人居环境建设"、"常熟市碧溪新区城乡统筹环境基础设施建设"7个项目被授予"江苏人居环境范例奖"称号。

7. 村镇规划建设

【概况】 2012年,江苏省有建制镇775个(不包括县城关镇和划入城市统计范围的镇,下同),乡集镇84个,行政村14837个,村庄141348个。村镇总人口5201.53万人,其中暂住人口552.46万人。建制镇建成区面积2684.03平方千米,平均每个建制镇3.46平方千米;集镇建成区面积101.72平方千米,平均每个集镇建成区面积1.21平方千米。江苏省村镇市政公用设施建设投资328.08亿元。

【村镇规划】 统筹推进村镇规划编制及实施。推进重点中心镇详细规划编制,选择11个省级重点中心镇和城镇主要发展轴(带)地区节点镇的控制性详细规划纳入省级试点,经过技术指导、进度督查,对规划成果分期、分批组织专家研讨咨询,11个规划编制任务按时完成。强化村庄建设整治规划引导,结合江苏省村庄环境整治计划实施以及村庄建设与环境整治等试点工作,进一步充实完善村庄规划。结合村庄环境整治计划实施,指导各地编制"康居乡村"环境整治规划,组织各市编制了省内22条主要高速公路沿线村庄环境整治规划。加强对镇村布局规划调整情况跟踪指导,指导各地统筹考虑城市化进程和农业机械化、农业现代化发展趋势,科学确定布点村庄的选址、数量和规模,统筹安排镇村基础设施和公共服务设施布局。

【农村房屋建设】 2012年,江苏省村镇住宅竣工面积4225.32万平方米,实有住宅总建筑面积20.04亿平方米,村镇人均住宅建筑面积38.53平方米(含暂住人口,下同)。村镇公共建筑竣工面积889.94万平方米,其中混合结构建筑面积864.60万平方米,占新建公共建筑总面积的97.15%。村镇生产性建筑竣工面积达到3758.90万平方米,其中混合结构建筑面积3581.82万平方米,占新建生产建筑总面积的95.29%。

【村镇供水】 乡镇年供水总量14.37亿立方米,自来水受益人口1509.33万人,村庄用水普及率93.47%;乡镇排水管道长度1.96万千米,年污水处理总量5.55亿立方米。

【村镇道路】 至年末,江苏省乡镇实有铺装道路3.96万千米,小城镇镇区主街道基本达到硬化。

【农村污水处理】 以太湖流域为重点,在全国率先实施村庄生活污水治理,形成了接入城镇污水管网统一处理优先、建设小型设施相对集中处理和分散处理相结合的建设模式。2012年度太湖流域完成600多个规划布点村庄生活污水治理任务。

【村镇垃圾处理】 加快构建"组保洁、村收集、镇转运、县(市)集中处理"的城乡统筹生活垃圾收运处理体系,村镇生活垃圾收运覆盖面不断扩大。2012年支持苏中苏北地区完成200座乡镇压缩式垃圾中转站建设,初步达成建制镇垃圾中转站基本全覆盖。积极争取省发改委和太湖办等相关部门的支持,在高淳、溧水和丹徒选择了部分乡镇创新开展"农村生活垃圾分类收集处理与资源化利用"课题研究和试点工程建设,垃圾就地减量和资源化利用率达到30%以上。

【村镇园林绿化】 江苏省建制镇绿地面积4.86万公顷,其中公园绿地面积8261.26公顷,人均公园绿地面积5.48平方米,绿化覆盖率为26.03%;集镇绿地面积1498.62公顷,其中公园绿地面积224.61公顷,绿化覆盖率为23.72%,人均公园绿地面积4.00平方米。

【村庄环境整治】 2011年底,省委省政府启动实施村庄环境整治,整治范围为江苏省城镇规划建成区以外的所有自然村,并在"江苏基本实现现代化指标体系"中规定"村庄环境整治达标率"须达95%以上。2012年,江苏省共完成6.4万个自然村整治任务,完成年度目标任务109.8%。完成整治任务的村庄占江苏省自然村总数的32%,苏南地区和苏中苏北地区分别完成自然村总数的55%和25%。建成一大批"布局合理、道路通畅、设施配套、环境宜居、特色鲜明"的"康居乡村",其中398个村庄通过省级三星级"康居乡村"验收。所有整治村庄环境面貌明显改善,规划布点村庄公共服务水平稳步提升,长效管理机制逐步建立,其综合持续的环境效应、经济效应、社会效应和文化效应逐步凸显。

8. 工程建设标准定额

【江苏省工程建设标准】(14项)
建筑物沉降、垂直度检测技术规程 DGJ 32/TJ 18—2012(修订替代 DGJ 32/J 18—2006)
江苏省建筑施工安全生产条件评价规范 DGJ 32/TJ 55—2012(修订替代 DGJ 32/TJ 55—2006)
常开防火门控制装置应用技术规程 DGJ32/TJ 134—2012

民用建筑能效测评标识标准 DGJ32/TJ 135—2012

既有建筑结构加固工程现场检测技术规程 DGJ32/TJ 136—2012

预应力混凝土 U 型梁施工与验收规程 DGJ 32/TJ 137—2012

公共建筑能源审计标准 DGJ32/TJ 138—2012

太阳能热水系统运行管理规程 DGJ32/TJ 139—2012

民用建筑室内装修工程环境质量验收规程 DGJ32/J 140—2012

地源热泵系统运行管理规程 DGJ32/TJ 141—2012

建筑地基基础检测规程 DGJ32/TJ 142—2012

房屋建筑和市政基础设施工程档案资料管理规范 DGJ32/TJ 143—2012

超声回弹综合法检测混凝土抗压强度技术规程 DGJ32/TJ 144—2012

回弹法检测混凝土抗压强度技术规程 DGJ 32/TJ 145—2012

【江苏省工程建设推荐性技术规程（6项）】

插接式可移动塔机基础技术规程苏 JG/T 049—2012

HX隔离式防火保温板外墙外保温系统应用技术规程苏 JG/T 050—2012

柔性饰面砖外墙饰面系统应用技术规程苏 JG/T 051—2012

水泥基防水涂料应用技术规程苏 JG/T 052—2012

热处理带肋高强钢筋混凝土结构技术规程苏 JG/T 054—2012

蒸压轻质加气混凝土（NALC）保温系统应用技术规程苏 JG/T 056—2012

【江苏省工程建设标准设计（共12项）】

建筑外保温构造图集（九）UV 涂装纤维水泥压力保温装饰复合板系统苏 J/T 16—2012（九）

建筑防水构造图集（九）LOCA、DTM、WMP、ZPV 和 HPM 防水卷材苏 J/T 18—2012（九）

建筑防水构造图集（十）水泥基防水涂料系列苏 J/T 18—2012（十）

建筑防水构造图集（十一）硅质刚性防水应用设计苏 J/T 18—2012（十一）

建筑防水构造图集（十二）硅立方系列防水材料苏 J/T 18—2012（十二）

建筑自保温系统构造（二）膨胀玻化微珠砌块非承重自保温系统苏 J/T 45—2012（二）

石膏砌块内隔墙应用设计苏 J/T 46—2012

预应力混凝土管桩苏 G03—2012（修订替代苏 G03—2002）

先张法预应力离心混凝土空心方桩苏 G/T 17—2012（修订替代苏 G/T 17—2008）

机械连接预应力混凝土竹节桩苏 G19—2012（修订替代 G19—2009）

先张法部分预应力方桩苏 G/T 22—2012

给水排水图集苏 S 01—2012（修订替代《05 系列—给水排水图集》苏 S 01—2004）

9. 工程质量安全监督

【建筑质量】 全年累计监督工程107744项，建筑面积8.32亿平方米，其中新开工工程16646项，建筑面积2.62亿平方米。保障性住房全面纳入专项巡查范围，查检合格率92.95%。切实加强对施工现场的动态监管，江苏省新开工项目均采用 LBS 无线定位系统实施动态考核；坚持以文明工地创建为抓手，共创建省级文明工地1846个，评选省优质工程"扬子杯"奖270项；江苏省累计获鲁班奖工程14项、国优奖工程25项，23项工程获全国"安装之星"奖。

【建筑安全】 坚持"三个突出"（突出预防为主，突出加强监管，突出落实责任）和"三个加强"（加强宣传教育和队伍建设，加强安全基础工作，加强组织协作）。深入开展建筑领域生产安全事故高发种类和高发地区安全隐患专项整治，加强安全形势分析会，强化安全责任意识，提出防范措施。2012年，江苏省建筑安全生产形势总体好转，工程安全生产事故起数下降48%，死亡人数下降31%。

10. 建筑市场

【概况】 2012年，江苏省共完成建筑业总产值19173.35亿元，同比增长19.82%，其中，省内完成的建筑业产值首次突破万亿元，达到11541.21亿元；工程结算收入16829.43亿元，同比增长21.96%；企业营业额突破两万亿大关，达到20833.48亿元，同比增长13.14%。江苏省建筑业多项经济指标继续在全国同行中排名第一。

【建筑业发展】 江苏建筑业以占全国13.6%的产值总量，继续在全国同行中排名第一。建筑业对经济社会发展贡献率不断增强，全行业利税总额仍保持两位数增长，达到1429.91亿元，同比增长21.96%，其中，上缴税金632.39亿元，同比增长22.89%；产值利润率4.16%，增长1.21%，产值利税率7.46%，增长1.74%；建筑业增加值3247.30亿元，占江苏省GDP总量的6%以上。从业人员年均劳动报酬46219.54元/人，同比增长8.71%，高于江苏省人均劳动收入。农民从建筑业获得的收入约占江苏省农民纯收入的26%，苏北地区在30%以上，苏中部分地区达到35%以上。建筑业对江苏省经济发展、社会稳定、城镇化建设、扩大城乡就业做出重大贡献。新签合同额再创新高，江苏省建筑企业新签合同额达17663.60亿元，同比增长8.33%；境外新签合同额65亿美元，同比增长8.33%。

【建筑市场】 在巩固传统市场的基础上，一些优势企业致力于将市场开拓的触角伸向新兴地区、新兴领域。为加强江苏省与南方诸省建设主管部门的合作，服务、协调和管理江苏省进南方地区施工企业，3月，成立省厅驻南方办事处，为江苏省建筑企业在南方地区拓展市场搭建了一个良好的平台。9月，江苏省政府在海南成功召开江苏建设领域南方（博鳌）合作推进会，先后与海南、广东、福建等三省签订合作框架协议。上海、山东、华北、东北、西南等市场继续保持较为稳定的增长势头，其中，河北省、内蒙古自治区和西南地区等市场产值同比增长20%；安徽省、山东省和东北地区等市场增长超过18%。2012年，省外完成产值7632.14亿元（上年同期为6361.09亿元），较上年同期增长19.98%。克服欧债危机的影响，继续保持非洲、南美、东南亚等成熟市场份额，进一步拓展东北亚和西亚等市场，先后在伊拉克战后重建、伊朗、土耳其、突尼斯、沙特等国家和地区基础设施建设中取得信任，合作的空间不断扩大。苏州金螳螂建筑装饰股份有限公司以打造国际化装饰企业为驱动，成功收购世界最大的酒店室内设计公司——美国HBA国际设计公司，实现从"中国顶级"向"世界领先"的跨越。江苏省完成境外施工产值62.6亿美元，境外市场的拓展能力不断增强。

【建筑业结构】 2012年江苏省建筑业转型升级座谈会在扬州高邮成功召开，会议发出加快建筑业转型升级的动员令。各地各有关部门根据新形势新任务的要求，认真贯彻落实省政府《关于加快推进建筑业发展，率先建成建筑强省的意见》和高邮会议的精神，把加快转变发展方式摆上建筑业发展的突出位置，把推动转型升级贯穿建筑业发展的全过程，统筹协调和工作推进力度明显加大。各地按照扶优扶强、扶专扶精、提高产业集中度的原则，大力调整优化产业结构，扶持一大批高等级资质企业、专业企业发展。江苏省一级总承包类企业达到644家，一级专业企业达到665家，总量在全国第一。一批技术装备先进、市场急需的水利、交通、隧道、铁路、港口等基础设施企业迅速成长。工程总承包和项目管理总承包逐步推行，投资与建设一体化、设计与施工一体化深入开展，经营方式逐渐由建造建筑产品向经营建筑商品的转变。信息化管理技术在建筑企业得到大力推广，特级企业信息化建设取得了初步成效，一级企业信息化管理日益普及。施工方式变革加快，低碳建造工艺、技术和材料不断研发，绿色施工大力推行。能够整合设计、生产、施工等整个产业链的建筑工业化进程明显加快，以中南集团、大地建设、省建集团、南京旭建为代表的10多家企业在推进建筑工业化进程中起到了较好的引领作用。全行业资本运作水平显著提高，银企合作明显加强，银行授信成倍增长。中泰钢构成功在国内股票市场上市。

【区域建筑经济】 市县建筑业争先进位。南通市产值突破4000亿元，达到4274.95亿元，同比增长21.66%，继续保持江苏省领先；南京、扬州二市产值突破2000亿元，分别达到2412.94亿元、2113.57亿元，再创新高；泰州、常州同比增长15%以上，徐州、盐城二市产值首次突破千亿元，分别达到1115.25亿元、1057.95亿元，同比分别增长24.21%、19.11%。区域建筑经济呈现出你追我赶、竞相发展的良好格局。

区域特色越发明显。苏中地区产值规模继续增加，工程总承包能力明显增强，苏中三市共完成建筑业总产值8239.53亿元，占到江苏省产值总量的42.97%；苏南地区整合发展步伐加快，共完成建筑业总产值6782.25亿元，占到江苏省产值总量的35.37%，利润总额的43.46%；苏北地区跨越发展的内生动力不断增强，发展步伐进一步加快，主要指标增速继续高于江苏省平均水平，苏北5市完成的建筑业总产值4151.55亿元，占江苏省产值总量的21.66%，较上年增长1个百分点。

县域建筑经济跃上新台阶。江苏省建筑业营业额超过100亿元的县（市、区）有40个，超200亿元的由2011年的20个增加到26个，超过500亿元的达到8个，分别是海门、通州、江都、海安、如皋、启东、江宁、高邮，其中海门、通州超1000亿元。江苏省列入统计的67个县（市、区）建筑业利税总额均超亿元，其中超5亿元的50个，超10亿元的29个，超20亿元的18个，超30亿元的5个，其中通州63.9亿元，海门59.84亿元，分列江苏省第一、二名。

【建筑业科技】 各地坚持把人才作为行业发展的第一资源，把加强人才队伍建设作为竞争之本、转型之需。组织实施建筑业创新创业人才工程，打造创新创业载体，推动高层次人才向企业集聚。进一步强化教育培训，不断优化人才队伍素质，缓解人才供需矛盾突出的问题。加快企业领军人物、企业经营管理人员、专业技术人员和一线操作人员队伍建设，努力构建适应江苏建筑业发展需要的人才体系。以企业为主体、产学研结合的科技创新体系加快建立，科技进步水平和创新能力逐步提高，对行业发展的推动作用明显增强。江苏省共有14个项目获得省委组织部、人力资源和社会保障厅、省财政厅专项资助。江苏省共获得国家级工法56项，创造发明专利、施工工法和行业标准同比增长200%以上；223项工程被授予"江苏省建筑业新技术应用示范工程"称号。

【建筑业人才】 2012年，江苏省建筑业技术经济管理人员突破百万人，达到128.41万人，同比增长10.42%。江苏省注册建造师总数突破10万人，达到137942人，其中，一级建造师33473人，二级建造师104477人，小型项目管理师78231人，江苏省施工员、机械员、资料员、安全员等各类岗位技术人员总数突破95万人。技经人员比例由2011年的18.77%提高到21.41%，增长2.6个百分点。

【建筑业管理】 积极开展建筑市场信用管理体系的探索与实践，努力构建以"诚信激励、失信惩戒"为核心的建筑市场长效监管机制。全年对2059家核查不符合要求的企业进行通报，注销2044家企业资质，市场秩序进一步规范。

【建筑工程招投标】 加强招标投标监管力度，全年发包登记项目18968个，投资总额13828.7亿元；招标发包标段16858个，中标额4932.5亿元。其中公开招标2490.9亿元，邀请招标2441.6亿元。通过招投标节省投资399.2亿元，平均节省率为7.49%。

【建筑工程造价】 加强工程计价管理工作，制定出台建设工程人工工资单价动态管理办法，开展省属项目的招标控制价备案试点。对457名注册单位与执业单位不一致的造价从业人员进行公示，注销83名造价员资格；对20家不符合资质条件的咨询企业进行整改，撤回2家企业资质。

【建筑工程监理】 制定出台《项目监理机构评价标准》，规范监理企业组织机构与人员配备、监理服务情况、工作质量、工作绩效等内容，强化对监理企业考评机制，进一步提升江苏省监理规范化管理的工作水平。共有92家监理企业接受资质动态核查。其中：66家企业通过核查，14家企业申请资质注销，12家企业在规定时间内整改。

【建筑企业发展】 借助特级资质企业就位这一机遇，大型骨干企业不断拓展企业功能，逐步发展成集设计、咨询、施工管理于一体的综合性企业集团。江苏省共有43家企业收购了设计院，或具备设计能力。中南集团通过行业甲级设计能力考评，为横跨5大行业开展工程总承包打下坚实基础。龙头骨干企业群体得到进一步壮大，形成一批建筑业知名企业、品牌企业。江苏省建筑业产值超10亿元企业323家，其中超100亿元企业20家。一级以上建筑企业完成产值突破12117.36亿元，占比提高到63.21%，产业集中度不断增强。江苏省有20家建筑企业入选"江苏民营百强企业"，较上年增加3家。"中国承包商和工程设计企业双60强"排名中，江苏建筑企业占比达到12%。

【建筑企业文化建设】 坚持以科学发展观为指导，全面加强企业文化建设，不断加大文化投入，着力营造文化氛围，江苏省建筑业企业文化建设呈现出欣欣向荣的景象。各地按照厅党组下发《关于进一步加强江苏省建筑业企业文化建设的意见》和《关于开展江苏省建筑业企业文化建设年活动的通知》要求，紧紧围绕市场开拓、质量安全、诚信经营和"文明工地"、"平安工地"等内容，广泛开展丰富多彩的企业文化创建活动，努力营造浓厚的企业文化氛围，不断提升企业品牌软实力和企业核心竞争力。一大批富有江苏建筑企业特色的企业文化正在兴起。

11. 建筑节能与科技

【建筑节能概况】 2012年，江苏省新增节能建筑15118万平方米，其中居住建筑11280万平方米，公共建筑3838万平方米，共实现新增节能量143万吨标准煤，减少二氧化碳排放322万吨。国家和省级财政共投入建筑节能资金85127万元，其中国家资金53617万元，省级资金31510万元。截至2012年末，江苏省节能建筑总量达到93695万平方米，占城镇建筑总量的41%，比2011年末上升4个百分点。

【新建建筑节能】 印发《关于建筑节能分部工程质量验收中开展能效测评的通知》和《江苏省民用建筑能效测评标识标准》，江苏省全年共有229个项目通过建筑能效测评，其中202个项目取得能效测评标识。

【既有建筑节能改造】 2012年，江苏省实施既有建筑节能改造459万平方米，其中既有居住建筑节能改造222万平方米，公共建筑节能改造237万平方米。落实国家夏热冬冷地区既有建筑节能改造，确立"十二五"期间完成既有居住建筑节能改造980万平方米的目标任务，承担夏热冬冷地区近1/5的份额。印发《关于推进江苏省居住建筑节能改造的通知》，在省级建筑节能专项引导资金中增加居住建筑节能改造项目类型，提高节能改造项目所占资金份额。加快实施省级公共建筑节能改造示范，江苏省全年创建11项节能改造示范项目，示范面积达33万平方米。

【可再生能源建筑应用】 2012年，江苏省新增可再生能源建筑应用面积5205万平方米，应用比例达到34.4%。2012年，江苏省获得"太阳能综合利用示范省"称号，"江苏可再生能源在建筑上的推广应用项目"获"2012年迪拜国际改善居住环境最佳范例奖"。新增苏北片区为"国家可再生能源建筑应用集中连片推广区"；新增连云港、张家港2市为"可再生能源建筑应用示范城市（县、镇）"，江苏省示范城市（县、镇）累计达7个；新增7项"太阳能光电建筑应用项目"，18个项目获批"国家太阳能光电建筑应用示范"，如东县获批"太阳能光电建筑应用集中示范区"称号。

【建筑节能管理】 2012年，印发《关于进一步推进江苏省国家机关办公建筑和大型公共建筑节能监管平台建设的通知》，省级建筑能耗数据中心和南京、常州、无锡、苏州4市分中心通过住房城乡建设部组织的建筑节能监管体系建设验收。镇江、南通、扬州、淮安4市通过数据中心建设方案审查，徐州、盐城、连云港、宿迁等市启动建筑能耗数据中心建设，基本实现建筑节能监管体系江苏省覆盖。2012年，江苏省共有462个建筑分项能耗实时传送的项目连续稳定上传数据（省属单位和高校共269项，各市共193项），比2011年增长73%。

【绿色建筑】 2012年，江苏省新增绿色建筑标识项目95项，累计有187个项目获得绿色建筑评价标识，项目面积超过2000万平方米。省财政厅、住房城乡建设厅联合出台《关于推动绿色建筑发展的意见》，确立新建保障性住房、示范区新建项目、政府投资的公益性建筑全面按绿色建筑标准建设的要求，明确绿色建筑财政奖励政策。重点在保障性住房、示范区内推广绿色建筑，绿色建筑在全国保持领先地位。

【绿色生态城区建设】 2012年，江苏省新批准设立14个建筑节能与绿色建筑省级示范区，累计设立33个省级示范区，预计建成绿色建筑3917万平方米。省住房城乡建设厅和南京市政府签署的《共建河西绿色生态示范城合作框架协议》，共同筹建"江苏省绿色建筑与生态智慧城区展示中心"，成为全国首家"住房城乡建设部绿色建筑与生态智慧城区展示教育基地"。常州武进获批为全国惟一的"绿色建筑产业集聚示范区"，无锡市太湖新区获批财政部、住房城乡建设部2012年绿色生态城区示范。

12. 建设人事教育工作

大力推进创新型、高层次人才的教育培训，加大关键岗位行政管理人才交流力度，组织开展市县乡镇党政领导干部低碳、生态型城乡规划建设专题培训、住房城乡建设系统领导干部培训和现代企业经营管理人才培训。扩大建设领域岗位培训和职业教育规模，全年江苏省20万技术工人得到各种形式的培训和学习，共有1243名专业技术人员通过专业技术资格评审，其中高级工程（建筑、城市规划）师1128名，研究员级高级工程（建筑、城市规划）师115名。加快开发建设系统远程教育培训平台和计算机无纸化考试系统，开展网络培训和计算机考试试点，推进建设教育培训信息一站式服务。

13. 大事记

1月

5日 江苏省住房和城乡建设厅在南京召开江苏省"扬子杯"优质工程奖审定工作会议，会议审定243项工程为2011年度"扬子杯"优质工程。

6日 江苏省住房和城乡建设厅召开《江苏省建筑市场信用体系建设课题》专家鉴定会，该课题在建筑市场信用体系框架设计、信用体系标准和信用评价模型建立等方面取得了突破性进展，研究成果达到国内领先水平。根据研究成果，江苏省住房和城乡建设厅在全国率先建设江苏省统一的建筑市场信用信息平台，推动区域性信用信息互联互通。

11日 江苏省住房和城乡建设厅联合公安、环保、交通三部门发布《关于进一步加强建筑垃圾和工程渣土运输处置管理工作的意见》，规范建筑渣土处置场规划建设和建筑渣土运输处置秩序。

12日 "江苏省决策咨询研究基地（城乡统筹规划）"揭牌仪式在省城市规划设计研究院举行，江苏省共有50所重点高校、党校和社科院（所）参与研究基地申报，30多个省级机关单位参加联合申报，中直机关和北京高校专家40余人应聘担任首席专家。

14日 住房城乡建设部在常州召开《园林行业职业技能标准》专家审查会，该标准由江苏省常州建设高等职业技术学校主编，成果顺利通过专家委员会审查。

16日 省政府召开江苏省住房保障工作电视电话会议。2011年，江苏省完成保障性安居工程建设年度任务45.3万套(户)，超额完成国家和省目标任务；2012年，江苏省计划完成保障性安居工程任务36万套(户)。

16~17日 省村庄环境整治推进工作领导小组办公室在南京举办第一期村庄环境整治培训班，13个省辖市和部分县(市、区)村庄环境整治推进工作领导小组办公室骨干成员约60人参加培训。

18日 2012年元旦、春节期间，江苏省共受理拖欠农民工工资投诉2140件，涉及金额8.88亿元；结案1566件，解决拖欠工资5.87亿元。

19日 江苏省住房和城乡建设厅组织召开环太湖风景路详细规划讨论会，无锡、常州、苏州、宜兴、吴江5市作本市范围内环太湖风景路详细规划方案介绍。

2月

2日 江苏省住房和城乡建设厅召开驻外办事处主任工作会议。2012年，江苏省住房和城乡建设厅共设有北京、上海、天津、山东、湖北、新疆、西南、西北和东北9个驻外办事处，2011年省外建筑市场完成产值6千多亿元，占江苏省建筑业产值总量的1/3。

7日 江苏省住房和城乡建设厅和南京市政府举行共建河西绿色生态示范城合作协议签字仪式，标志着省、市共建河西绿色生态示范城正式进入实施阶段。

10日 江苏省住房和城乡建设厅印发《关于进一步加强江苏省城市轨道交通工程安全质量管理的意见》，推动城市轨道交通工程质量安全管理规范化、实效化。

13日 江苏省住房和城乡建设厅在南京召开江苏省建设工程质量安全工作会议。

16日 江苏省建筑市场信用管理平台暨常州市建设工程"三合一"评标系统启动仪式在常州举行，标志着江苏省建筑市场诚信体系建设工作正式全面推进。

16日 江苏省住房和城乡建设厅在苏州召开江苏省餐厨垃圾处理工作座谈会。

16~23日 省村庄环境整治推进工作领导小组办公室分别在常州溧阳市、泰州高港区和宿迁市举办三期村庄环境整治专题培训班，江苏省近千人次参加了村庄环境整治专题培训。

20日 省村庄环境整治推进工作领导小组办公室在南京召开各省辖市村庄环境整治办公室负责人会议。

22日 江苏省住房和城乡建设厅在南京召开江苏省住房城乡建设系统信息化工作会议。

22日 江苏省住房和城乡建设厅在南京召开江苏省建设工程安全监督工作会议。

23日 2012年度江苏省工程建设标准发行工作会议在南京召开。2011年，江苏省共发行江苏省工程建设标准近160余种、11余万册，发行质量和数量均居全国前列。

24日 江苏省住房和城乡建设厅厅长周岚、书记周乃翔特邀首批6位"江苏省设计大师"，赴泗阳县调研指导村庄环境综合整治工作。

27日 省村庄环境整治推进工作领导小组办公室召开省整治办主任工作会议。省委农工办、省财政厅、省环保厅、省农委、省林业局以及省交通运输厅、省卫生厅、省水利厅等相关部门负责同志参加会议。

27日 江苏省住房和城乡建设厅召开江苏省住房和城乡建设系统党风廉政建设暨精神文明建设工作电视电话会议。

27~28日 江苏省住房和城乡建设厅在苏州召开江苏省建筑节能、勘察设计工作会议。

28日 江苏省住房和城乡建设厅在无锡召开江苏省建设工程质量监督暨检测工作会议。

3月

1日 江苏省住房和城乡建设厅召开"2012年度重点课题计划—江苏乡村现状调查和人居环境改善研究"课题启动会，该项目由13个课题组共同承担，每个课题组对1个省辖市进行系统调查研究，了解村庄经济社会发展、人居环境现状以及农民愿景。

2日 江苏省住房和城乡建设厅在北京举行苏南地区城镇体系规划专家咨询会，工程院院士周干峙、邹德慈，国务院参事王静霞等专家应邀参加会议并积极建议。

7~8日 江苏省住房和城乡建设厅在徐州召开江苏省风景园林和城市绿化工作座谈会。

9日 江苏省常州建设高等职业技术学校新校区开工仪式在常州市举行。该新校区建成后为国内建筑规模最大的绿色校园，共运用10余项绿色建筑设计技术和10余项建筑节能技术系统。

14日 江苏省住房和城乡建设厅在南京召开江苏省住房城乡建设系统工会工作会议暨住房保障和保障性安居工程建设劳动竞赛表彰会议。

19日　江苏省住房和城乡建设厅印发《江苏省住房城乡建设信息化"十二五"规划》，加快构建决策支持、行业管理和社会服务三大基础平台，提升行政效能和服务民生水平。

21日　住房城乡建设部召开《江苏省城镇体系规划(2011~2030)》专家审查会，规划成果得到与会专家高度评价。

25日　江苏省住房和城乡建设厅组织召开环太湖风景路规划建设新闻通报会，该规划由江浙两省共同编制，以慢行交通连通江浙两省环太湖7个市县，是全国第一个跨省域的风景路规划。

26日　江苏省人民政府和浙江省人民政府在江苏吴江共同举行环太湖风景路建设启动仪式。环太湖风景路是国内首个跨省联合打造的区域性风景路系统，有利于进一步改善环湖人居环境和旅游业发展条件，以低碳生态的方式发挥环湖旅游资源的规模效应、集聚效应。

30日　江苏省住房和城乡建设厅在盐城召开江苏省城市建设工作座谈会。

31日　江苏省住房和城乡建设厅在南京召开江苏省住房公积金管理中心主任会议。

4月

4日　江苏省住房和城乡建设厅制定出台《关于规范城市园林绿化企业管理有关事项的意见》，对规范城市园林绿化企业资质管理和诚信管理提出具体实施意见。

6日　江苏省住房和城乡建设厅在南京召开江苏省村镇规划建设管理工作座谈会。

6日　江苏省住房和城乡建设厅在徐州举行江苏电子化招标投标系统开通暨建设工程交易中心授牌仪式，标志着江苏建设工程电子化招标投标系统已基本建成并全面投入试运行。

10日　江苏省住房和城乡建设厅制订出台《江苏省房产面积测量单位考核及评分标准》（苏建规字〔2012〕3号），明确了房产测量单位考核、评定的标准，提高房产测量质量和管理水平，促进房产测量单位的规范化和制度化建设。

13日　江苏省住房和城乡建设厅印发《关于深入推进江苏省住房和城乡建设系统行政执法队伍规范建设工作的意见》。

23日　江苏省住房和城乡建设厅在泗阳召开江苏省城市管理工作座谈会。

24日　江苏省住房和城乡建设厅在高邮召开江苏省建筑业转型升级座谈会，会上，14家企业签订建筑业企业战略合作协议。

5月

3日　江苏省住房和城乡建设厅联合省人力资源和社会保障厅在南京举行江苏省第八批"六大人才高峰"（建筑类）项目签约仪式。此批项目中，江苏省住房城乡建设系统共有14个项目得到资助，资助金额为64万元。

4日　江苏省住房和城乡建设厅在徐州召开江苏省文明工地观摩会暨施工现场管理人员定位系统使用推进会。该系统的应用可实现对现场安全管理人员到岗情况、重点部位安全措施落实情况、监管机构日常监督检查情况的远程即时监控。

4~5日　省政府在苏州召开江苏省村庄环境整治现场推进会，周岚厅长参加会议并作江苏省村庄环境整治工作情况通报。会议同时公布首批创建村庄环境整治示范县（市、区）名单，命名首批通过考核验收的"三星级康居乡村"。会议期间，与会代表实地考察了南京等苏南五市村庄环境整治工作。

10日　第八届中国(重庆)国际园林博览会闭幕，江苏省在本届园博会上获多项殊荣，获奖数量居全国前列。住房城乡建设部授予江苏省住房和城乡建设厅特别组织奖，江苏省8个城市获优秀组织奖。

14日　江苏省住房和城乡建设厅召开江苏省城市饮用水安全度夏保障工作会议。

17~18日　江苏省住房和城乡建设厅在南京召开江苏省商品房预销售管理工作交流会。

28日　江苏省住房和城乡建设厅在南京召开江苏省住房和城乡建设系统第七次法制工作会议暨行政执法队伍规范化建设工作会议。

6月

1日　江苏省住房和城乡建设厅与省环保厅在扬州联合召开城镇污水处理厂减排工作会议。

4~5日　江苏省住房和城乡建设厅组织检查组分赴苏州、淮安、泰州等6个城市现场检查城市防汛排涝工作。

8日　江苏省住房和城乡建设厅在南京召开江苏省城市建设投融资工作研讨会。

12日　江苏省住房和城乡建设厅在宜兴召开江苏省建筑工业化技术交流会。

15日　第九届中国国际园林博览会组委会和江苏省政府在北京隆重举行园博会江苏园开工典礼。

18日　江苏省住房和城乡建设厅在南京召开江苏省餐厨垃圾区域统筹处理工作座谈会。

21日　江苏省住房和城乡建设厅在南京召开江苏省2012年民主评议城市供水行业政风行风电视电话会议。

28~30日　住房城乡建设部组织太湖流域水环境综合治理新闻采访团赴江苏省无锡采访太湖水环境综合治理工作，王翔副厅长作情况通报。

7月

3日　江苏省住房和城乡建设厅在宜兴召开2011年度江苏省建筑业百强企业表彰大会暨经济发展形势报告会。

4日　江苏省住房和城乡建设厅印发《江苏省城乡建设防灾减灾"十二五"规划》，统筹安排江苏省城乡建设防灾减灾工作。

5日　江苏省住房和城乡建设厅在苏州召开2012年度上半年江苏省建筑安全生产形势分析会。

7日　温家宝总理赴常州调研住房保障工作，周岚厅长参加座谈会并作江苏省住房保障与房地产市场运行情况汇报。

11日　江苏省住房和城乡建设厅在南京召开江苏省住房城乡建设系统全国文明单位道德建设座谈会。

12日　住房城乡建设部检查组赴江苏省检查验收国家机关办公建筑和大型公共建筑能耗监管平台。

13日　江苏省住房和城乡建设厅在淮安召开江苏省建制镇污水处理设施建设暨城乡统筹区域供水推进会，王翔副厅长出席会议并讲话。

17日　国务院在北京召开全国就业创业工作表彰大会，江苏省住房和城乡建设厅人事教育处因工作成绩突出，被国务院表彰为"全国就业工作先进单位"。

19日　省政府在南京召开江苏省住房保障工作电视电话会议。

25日，住房城乡建设部与江苏省政府在南京签署《关于共同推进江苏美好城乡建设战略合作框架协议》。根据协议，住房城乡建设部将在村庄环境整治、加强城乡建设转型发展的规划引领、提升城镇功能品质、推动低碳生态城镇建设、推动建筑节能与绿色建筑发展、加强住房保障体系建设、加快建筑工业化和住宅产业化进程、住房城乡建设系统信息化建设等8个方面对江苏省进行支持和指导。

26日，江苏省住房和城乡建设厅印发《江苏省省级建筑市场信用系统数据标准》，加大对各地建筑市场信用体系建设工作的指导。

8月

1日　江苏省住房和城乡建设厅印发《江苏省住房保障信息公开实施意见》。

3日　江苏省住房和城乡建设厅在徐州召开江苏省房地产市场调控工作座谈会。

8~9日　省政协主席张连珍带队赴宿迁专题调研农村饮用水安全工作，王翔副厅长陪同调研。2012年省政协连续第4年将"提高农村饮水安全保障能力"列为重点督办件，江苏省住房和城乡建设厅以提案办理为契机，进一步加大苏中苏北城乡统筹供水工作力度。

16日　江苏省住房和城乡建设厅在常州召开江苏省住房保障体系建设推进会。

27日　江苏省第一届江苏技能状元大赛砌筑工决赛在苏州举行，江苏省共有67名选手参加比赛。

9月

1日　江苏省住房和城乡建设厅主办的"江苏省居住空间创意设计展"在南京开幕。此次展览以住宅设计"小空间、大创意、低成本、高品位"为主题，集中展示一批适用性强、构思新颖的90平方米以下普通商品房和保障性住房设计方案和实例。展览同时组织开展"我秀我家"优秀案例征集活动，增强社会的参与性和互动体验。

6~7日　江苏省住房和城乡建设厅在溧阳召开江苏省"建筑之乡"发展研究会，徐学军副厅长出席会议并讲话。会议明确以建筑企业信息化、建筑工业化和员工职业化为重点，促进江苏省建筑业发展综合实力提升。

10日　江苏省住房和城乡建设厅印发《关于开展"城管服务社会、市民走进城管"系列活动的意见》，进一步深化江苏省城管系统文化建设年活动，着力打造"百姓城管"，提升城市管理的群众满意度和社会理解度。

11~12日　江苏省村庄环境整治现场观摩会在宿迁召开。何权副省长出席会议并讲话，周岚厅长做情况通报，13个省辖市作情况交流。与会代表现场考察了扬州、泰州、淮安、宿迁市村庄环境整治示范项目庄。至6月底，江苏省已有3.5万个村庄完成整治任务。

13日　全国农村危房改造工作电视电话会议召开，2012年江苏省首次被纳入全国农村危房改造试点工作范围，并承担5万户贫困农户改造危房年度任务。

13日　江苏省住房和城乡建设厅在南京召开江苏省建设系统维稳工作会议。

15~16日　江苏省进行2012年度全国勘察设计注册工程师执业资格考试。勘察设计工程师考试共6大类、16个专业、90个科目，2012年江苏省考生人数达19940人，较上年增加5530人。

19日　江苏省政府在海南省琼海市举行江苏省

建设领域南方（博鳌）合作推进会。会上，江苏省住房和城乡建设厅与海南、广东、福建三省住房城乡建设部门分别签订了战略合作框架协议，标志着江苏省与南方三省建设领域合作步入新阶段。

21日　江苏省住房和城乡建设厅在南京召开《江苏省太湖流域水环境综合治理实施方案》修编工作会议。

28日　省政府在南京召开江苏省污染减排与大气治理工作会议。

28日　江苏省住房和城乡建设厅在南京召开装配式工业化住宅现场观摩会。"十二五"期间，江苏省计划形成20家以上有实力的、成规模的建筑工业化企业集团，江苏省特级资质施工企业全部建立研发中心，新建一批建筑工业化研发中心和生产基地。

10月

15~30日　住房城乡建设部分别对派驻江苏省徐州、苏州、镇江、泰州4市城乡规划督察员进行调整。2010年起，江苏省9个需国务院审批城市总体规划的省辖市全部派驻部城乡规划督察员。

24日　周岚厅长、王翔副厅长带队赴扬中视察第八届江苏省园艺博览会筹备工作。

11月

3日　江苏省住房和城乡建设厅在苏州召开"江苏太湖水源饮用水安全保障技术集成与综合示范"课题启动会。该课题为国家"水体污染控制与治理"科技重大专项课题，研究成果对提高江苏太湖地区乃至全国饮用水安全保障工作均有重要作用。

5日　江苏省住房和城乡建设厅会同省人力资源和社会保障厅等七部门制定出台《关于进一步保障江苏省环卫行业职工合法权益的实施意见》，明确提出规范劳动人事管理、提高薪资福利待遇、改善环卫作业条件等要求，进一步维护和保障环卫工人合法权益。

8日　江苏省住房和城乡建设厅在南京召开江苏省建筑节能与绿色建筑示范区工作汇报会。2010~2011年度，江苏省共建成18个省级建筑节能与绿色建筑示范区，对推动江苏省节约型城乡建设工作发挥了重要示范引导作用。

12日　江苏省住房和城乡建设厅印发《江苏省城市生活与公共用水定额（2012年修订）》，规定城市居民生活、公共建筑、服务行业、市政用水定额指标，为江苏省开展涉水规划的编制、取水许可管理、建设项目水资源论证、工程项目设计、下达取（用）水计划指标、用水及节水管理等工作提供了依据。

12日　江苏省住房和城乡建设厅印发《江苏省示范监理项目创建管理办法》，进一步增强监理企业争先创优意识，规范"省示范监理项目"创建活动。

13~16日　住房城乡建设部在徐州、无锡分别召开城市轨道交通建设规划审查会。两市城市轨道交通建设规划顺利通过审查。

15~16日　江苏省住房和城乡建设厅在扬州召开江苏省保障性住房工作座谈会。会议公布了住房保障体系建设省级试点项目、实施单位名单，对2013年保障性安居工程计划安排作部署。

19~20日　江苏省住房和城乡建设厅在宿迁召开江苏省建筑业企业文化成果展示会议，同时宣读了人力资源社会保障部、住房城乡建设部关于周江疆舍身救人英勇事迹的表彰决定。

20日　江苏省住房和城乡建设厅在宿迁召开江苏省文明工地观摩会及建设工程项目现场监管系统推广会。

22日　江苏省住房和城乡建设厅在金坛召开江苏省建设执业资格管理工作座谈会。

23~25日　淮海经济区城管联谊会第九次全体会议在盐城举行。来自淮海经济区豫鲁苏皖23个地级市近200个县（市、区）城管部门的负责同志参加活动。多年来，4省城管部门以联谊会为平台，密切工作交流，共同推动解决城管工作热点难点问题。

27日　江苏省住房和城乡建设厅在南京召开江苏省建设工程企业资质申报业绩核查工作会议，对江苏省建设工程企业资质核查工作作详细部署，进一步规范江苏省建设工程企业资质审批工作，严格建筑市场准入管理。

29日　江苏省住房和城乡建设厅在南京召开江苏省住宅产业化工作座谈会。

30日　住房城乡建设部在苏州召开《城市轨道交通工程质量验收制度研究》课题验收会。该课题由江苏省住房和城乡建设厅牵头承担，首次提出轨道交通工程质量"四阶段"层次化验收法，研究成果填补了我国城市轨道交通工程质量验收制度的空白。

12月

3~5日　江苏省住房和城乡建设厅在无锡召开江苏省城管系统纪检监察工作座谈会。

4日　江苏省住房和城乡建设厅召开2013年住房城乡建设系统省级专项资金预算绩效目标自评审会议，省评审组对江苏省住房和城乡建设厅工作予以充分肯定。

12日　江苏省住房和城乡建设厅在盐城召开江

苏省建筑市场信用体系建设推进会，加快推进建筑市场信用信息平台建设。会上，盐城、常州、镇江3个试点城市分别作本市信用平台系统演示，其余10个省辖市作系统建设情况汇报；厅信息中心作省级建筑市场信用平台系统演示，并就各市与省级平台数据对接作具体说明。

12日　江苏省住房和城乡建设厅在阜宁召开苏北建筑业发展经验交流会。

13～16日　住房城乡建设部检查组赴江苏省检查验收2012年农村危房改造试点工作。截至11月底，江苏省农村危房改造已开工建设4.1万户，占计划任务总数的82%，绝大多数农房基本具备入住条件。检查组对江苏省农村危房改造试点工作给予充分肯定。

17日　江苏省住房和城乡建设厅召开驻外办事处专题视频会议，对近期省外建筑市场相关工作作详细部署。

17～18日　江苏省住房和城乡建设厅在昆山召开部分建筑企业文化建设座谈会。

18日　江苏省住房和城乡建设厅在南京召开"江苏省绿色建筑与生态智慧城区展示馆技术征集会议"。江苏省绿色建筑与生态智慧城区展示中心由江苏省住房和城乡建设厅与南京河西新城区开发建设指挥部共同建设，为推动绿色建筑、生态智慧城市建设和住宅产业化发展的重要平台。

20日　江苏省住房和城乡建设厅在盐城召开表彰大会，为盐城市建安建设工程劳务有限公司"北京7·21抢险英雄团队"记集体二等功一次。会议对"7·21英雄团队"进行授牌。

20～21日　江苏省住房和城乡建设厅在无锡召开江苏省示范监理项目创建和工程项目管理工作推进会。

20～24日　全国建设领域节能减排专项监督检查组赴江苏省考核节能减排工作。检查组实地抽查南京、扬州、海安等地工作情况，对江苏省建设领域节能减排工作予以高度评价。

22日　江苏省住房和城乡建设厅在南京召开江苏省住房公积金工作座谈会。

27日　江苏省住房和城乡建设厅在南京牵头召开江苏省建筑施工安全生产专项整治联席会议，对下一阶段建筑施工安全生产工作作研究部署。

28日　江苏省住房和城乡建设厅在镇江召开2012年度江苏省建筑安全生产形势分析会议。

30日　江苏省住房和城乡建设厅在南京召开《江苏省城镇污水处理厂污泥处理处置技术指南》研究成果鉴定会。课题成果达国内领先水平，可为江苏省科学实施城镇污水处理厂污泥处理处置工作提供决策引导和技术支撑。

30～31日　江苏省住房和城乡建设厅在南京召开《江苏太湖水源饮用水安全保障技术集成与综合示范》课题开题报告论证会。无锡、宜兴、苏州、吴江4市以及同济大学课题负责人作情况汇报。专家组就充分借鉴"十一五"研究成果，加强示范工程与技术研究等提出意见和建议。

31日　江苏省城乡生活垃圾处理工作联席会议在南京召开，2012年由江苏省住房和城乡建设厅牵头建立江苏省城乡生活垃圾处理工作联席会议制度，联合各相关部门合力推进江苏省城乡生活垃圾处理工作，提高城乡垃圾统筹处理水平。

31日　江苏省住房和城乡建设厅印发《关于切实加强江苏省城市轨道交通工程质量安全管理工作的通知》，指导各地切实加强城市轨道交通工程风险管控，严格工程质量通病防治，保障城市轨道交通建设的顺利进行。

（江苏省住房和城乡建设厅）

浙 江 省

1. 概况

2012年，在浙江省委、省政府和住房和城乡建设部的坚强领导下，全省住房城乡建设系统以科学发展观为统领，深入贯彻实施"八八战略"和"两创"总战略，全面加快城乡统筹建设发展，各项工作都取得了新的进展。截至2012年12月，全省城市建成区面积达到2804.46平方公里，较上年增加47.1平方公里。全省城市化率达到63.2%左右，高出全国平均水平约11个百分点，城市群、都市区、大中小城市、小城镇和新农村建设不断加快，城市化综合效应日益凸显。

2. 政策规章

认真做好法规规章制定、法规文件清理、复议应诉案件办理等工作，完成《浙江省历史文化名城名镇名村保护条例》制定，全年完成116件行政复议案处理。根据扩权强县和强镇扩权改革的要求，进一步减少审批事项，下放审批权限，继对舟山、义乌下放审批事项20项，又对其他设区市下放审批事项19项，给予重点服务支持。积极做好人大代表建议和政协委员提案办理工作，完成主办件53件，会办件73件，办结率和基本满意率分别达到100%，解决率逐年提高。

3. 房地产业

认真贯彻中央和省政府加强房地产市场宏观调控的一系列政策部署，积极配合做好国务院、省政府多项房地产市场调控专项督查工作。全省房地产供求关系较好，投机投资性购房得到抑制，房地产投资保持较快增长，房价逐步合理回归。全年完成房地产投资5200亿元左右，同比增长约15%；销售商品房约4300万平方米，其中住宅3600万平方米，同比分别增长12%和20%左右。主要城市房价稳中有降。深化房地产监管分析平台建设，基本实现省级平台与11个设区市平台的联网，部分城市实现数据动态共享。

4. 住房保障

2012年，全省新开工保障性安居工程住房17万套，其中新增廉租住房货币补贴8645户，完成国家下达目标任务的117%，连续三年提前超额完成国家下达的任务。全面实现城镇低保标准两倍以下住房困难家庭廉租住房"应保尽保"，基本满足城镇人均可支配收入60%以下住房困难家庭购租经济适用住房需要。加快公共租赁住房建设（包括人才公寓和农民工公寓），实施城市旧住宅区等各类危旧房改造，改善了一大批城市中低收入和外来务工人员的居住条件。

5. 公积金管理

浙江省政府召开全省公积金扩面工作推进会，制定下发《关于进一步加强全省住房公积金监管工作的通知》。积极争取杭州、宁波、温州、湖州、绍兴5市纳入公积金支持保障房建设试点城市。截至2012年12月，全省住房公积金缴存职工预计达到434万人，累计缴存额3431亿元，累计提取住房消费1798亿元，累计发放个人住房贷款100万笔、2133亿元，累计发放试点项目贷款11.12亿元，资金使用率为86%，贷款逾期率为万分之零点贰。

6. 城乡规划

一是深入实施新型城市化战略。召开全省新型城市化工作会议，制定出台《浙江省"十二五"新型城市化发展规划》、《浙江省深入推进新型城市化发展纲要》，着力构建城乡发展一体化的"八项机制"，提升城市化发展质量。二是加快完善城乡规划体系。全面实施《浙中城市群规划》，编制了《台州城市群规划》和《三门湾规划》，开展了县（市）总体规划实施评估，完成了全省铁路网、天然气管网和省级绿道网等专项规划编制工作。三是加强风景名胜资源保护。加强历史文化名城名镇名村保护规划编制工作，完成第四批共45个省历史文化街区、名镇、名村申报工作。完善风景名胜区总体规划、详细规划，开展国家级、省级风景名胜区综合整治，武义大红岩景区被国务院批准为第8批国家级风景名胜区。

7. 城市建设与市政公用事业

一是加快市政公用基础设施建设。加快城市轨道交通建设，杭州地铁1号线建成通车，杭州地铁2号线、宁波1号线、温州S1线正在加快推进。加快城市地下空间开发利用，全省11个设区市均开展了城市地下空间开发利用规划编制。二是加快提升城市管理水平。截至2012年12月，基本实现县以上城市"数字城管"全覆盖，并实现"数字城管"和"12319"并轨。积极运用现代技术，整合管理资源，创新扁平化模式，城市日常管理和应急处置水平得到提高。三是积极推进污染减排。全省累计完成587个镇污水处理设施建设，新增城镇污水配套管网6917公里；实际运行的生活垃圾处理设施93座，日处理能力达到4.53万吨，杭州、湖州、宁波、义乌等市积极推进生活垃圾分类收集处置。安吉县荣获联合国人居署颁布的"2012年联合国人居环境奖"。浙江省政府命名淳安县等5个县（市）为省级园林城市。省建设厅命名杭州市江干区丁桥镇等9个镇为省级园林镇。

8. 村镇规划建设

加快推进农房改造示范村建设，制定下发《关于实施农房改造建设示范村工程的意见》，全省确定启动120个农房改造建设示范村。完成农村住房改造建设36.31万户，完成投资975.5亿元；完成农村困难家庭危房改造4.9万户，完成投资24.41亿元，实现农村低保收入标准150%以下的困难家庭危房改造任务。

9. 工程建设标准定额

加强标准管理，完成省标准设计站与省建设科技推广中心合署办公，完成筹建建筑节能评估机构，当年签订节能评估合同19项，编制完成省建筑标准设计图集7项、省地方工程建设标准3项。推进定额实施工作，编制完成《浙江省建筑工程加固预算定额》，牵头开展全系统《房屋建筑与装饰工程消耗量标准》编制工作，主编完成国家规范《市政工程工程量清单计量规范》。加强造价管理，颁布实施《浙江省建设工程造价管理办法》，全省60%地区开展招标控制价备案。

10. 工程质量安全监督

大力推进建筑施工安全标准化管理，强化安全生产目标责任考核，开展工程质量安全生产隐患排查治理、安全生产专项整治、"打非治违"、"树标杆，学标杆"等专项行动，行业质量安全管理基础得到进一步巩固。2012年，全省发生房屋建筑和市政工程施工安全事故49起、死亡57人，各项指标都控制在省政府下达的责任目标内。

11. 建筑市场

围绕推进"建筑强省"战略实施，坚持调结构促转型求发展，坚持抓安全重民生促和谐，有力推进建筑业平稳较快发展。全年实现建筑业总产值16500亿元，其中出省施工产值预计达到8500亿元，同比增长15.5%，外向度达到50%左右，超百亿元区域市场达到23个，主要经济技术指标继续保持全国前列。

12. 建筑节能与科技

大力推动绿色建筑发展，召开全省推进绿色建筑现场会，开展建筑节能示范项目建设，截至2012年12月，全省完成建筑节能评估项目1326项、面积7857万平方米，完成既有建筑节能改造示范工程105项，实施绿色建筑示范工程151项，实施国家太阳能光电建筑应用示范项目42项，装机容量48兆瓦，实施可再生能源建筑应用面积6325万平方米。加快勘察设计行业发展，进一步完善勘察岗位培训上岗、勘察文件审查等制度，全年勘察设计咨询业营业收入达到196亿元。

13. 建设人事教育工作

召开全省建设系统深入推行作风建设、强化有效投资电视电话会议，大力推进机关作风建设。全系统有8家单位被评为全国文明单位，5家单位被评为全国精神文明工作先进单位，4家单位被评为全国住房城乡建设精神文明先进单位，11家单位被评为全国青年文明号，其中湖州市住房公积金中心被评为首批住房公积金行业的全国文明单位。全力配合做好省委第一巡视组对省建设厅的巡视工作，配合省委考察组做好厅领导班子届末考察工作。杭州市数字城管信息处置中心等8家单位被评为"全国住房城乡建设系统先进集体"，祝时伟等27人被评为"全国住房城乡建设系统先进工作者"，芦俊等19人被评为"全国住房城乡建设系统劳动模范"。首次评选颁布浙江省建设科学技术奖。

14. 大事记

1月

6日　浙江省代省长夏宝龙听取《舟山群岛新区发展规划（征求意见稿）》编制情况汇报，厅长谈月明参加。

9日　浙江建设职业技术学院召开院党委第一次代表大会，浙江省住房和城乡建设厅厅长谈月明、副厅长赵克等参加。

10日　住房和城乡建设部在杭州召开省地节能环保型国家康居示范工程——杭州市萧山区浦阳镇桃北新村农民公寓达标验收会议。

12日　在北京召开《浙江省铁路网规划（2011～2030）》咨询论证会，厅总规划师周日良等参加。

18日　副省长陈加元与社保口厅长座谈，谈月明参加。

2月

7日　谈月明、周日良带队赴湖州长兴县，与江苏省政府、省建设厅有关领导实地考察环太湖绿道建设有关情况。

10日　省委书记赵洪祝主持召开省第十三次党代会调研组课题成果汇报电视电话会议，谈月明参加。

13日　省长夏宝龙、陈加元赴杭州专题调研住房与城乡建设工作，谈月明、副厅长应柏平等参加。

13日　山东省副省长夏耕一行到浙江考察养老服务体系建设和推进新型城镇化工作，厅长谈月明、副厅长赵克等参加。

13日　宁夏回族自治区建设厅副厅长马占林一

行14人来我省考察建筑业。

16日　省长夏宝龙听取《舟山群岛新区发展规划（征求意见稿）》编制情况汇报，厅长谈月明参加。

16日　全省住房和城乡建设系统第三届"建设之光"文艺汇演在省人民大会堂举行，省人大常委会副主任冯明、副省长陈加元、省政协副主席黄旭明、省政府副秘书长施利民，厅长谈月明等厅领导和厅机关全体同志观看演出。

17日　全省住房城乡建设工作会议在杭州召开，副省长陈加元出席会议并讲话，省政府副秘书长施利民宣读表彰文件，厅长谈月明作工作报告并与各市签订2012年工作目标责任书，厅机关全体同志参加。

28日　浙江省进沪施工总结表彰大会在上海召开，副厅长樊剑平、省建管局局长张奕参加。

3月

8日　副省委陈加元赴金华调研浙中城市群实施工作，厅长谈月明、副厅长赵克、总规划师周日良等参加。

8日　住房和城乡建设部房地产市场监管司副司长张小宏一行到浙江省调研，副厅长应柏平等参加。

9日　省委副书记李强召开特色文化村保护与发展有关问题协调会，副厅长吴雪桦参加。

9日　全省建筑施工质量安全工作会议在杭州市萧山区召开，建设部工程质量安全监管司副司长曲琦，厅长谈月明、副厅长樊剑平、省建管局局长张奕等参加。

12日　副省长陈加元赴江西学习考察，厅长谈月明、副厅长樊剑平参加。

26日　浙江、江苏两省在湖州、吴江交界处举行环太湖风景路建设启动仪式，浙江省副省长陈加元、江苏省副省长何权、建设部总规划师陈重出席仪式并讲话，厅长谈月明、副厅长吴雪桦、总规划师周日良等参加。

30日　全省城乡规划工作会议召开，厅长谈月明、总规划师周日良等参加。

31日　全省住房保障阳光工程建设会议召开，厅长谈月明、副厅长应柏平、纪检组长杨荣伟等参加。

4月

1日　副省长陈加元专题研究协调房地产市场有关政策措施，厅长谈月明、副厅长应柏平等参加。

9日　召开《浙江省深入推进新型城市化纲要》省级部门和专家意见征求会，厅长谈月明等参加。

11日　广东省建设厅考察团到浙江省考察建筑业发展情况。

12日　全国建筑钢结构行业大会在绍兴召开，副厅长樊剑平等参加。

17日　住房城乡建设部副部长陈大卫、住房公积金监管司司长张其光、法规司司长曹金彪一行6人赴东阳市调研，副厅长应柏平等参加。

20日　省委第一巡视组召开省建设厅巡视工作动员会，开展为期40天左右的巡视工作，厅长谈月明作表态发言并汇报近五年工作。

24日　联合省委组织部、省委党校举办"推进新型城市化战略"专题研讨班（县市区长参加），厅长谈月明作了"新型城市化实践与思考"的专题报告。

27日　省长夏宝龙主持召开省政府第92次常务会议，审议《浙江省深入推进新型城市化纲要》，厅长谈月明参加。

5月

9日　省委书记赵洪祝会赴湖州调研统筹城乡发展，厅长谈月明参加。

11日　省政府召开"浙江省新型城市化高峰论坛"，夏宝龙、陈大卫、同济大学副校长吴志强、国家发改委宏观经济研究院院长王一鸣等参加，副省长陈加元主持论坛。

11日　省政府召开全省新型城市化工作会议，赵洪祝、夏宝龙出席会议并讲话，省委副书记李强、省人大常委会副主任冯明、省政协副主席盛昌黎出席会议，陈加元主持会议，谈月明等参加。

14日　江苏省建设厅组织到浙江省学习考察建筑业发展情况，省建管局陪同。

19日　浙江省城市化发展研究中心举行揭牌仪式，谈月明等参加。

23日　住房和城乡建设部在杭州召开引导鼓励民间资本进入市政公用事业座谈会，副厅长吴雪桦等参加。

25日　夏宝龙调研城市地下空间开发利用工作，谈月明等参加。

29日　省政府召开全省现代物业服务业发展现场会，陈加元出席会议并讲话，谈月明、应柏平等参加。

30日　新疆维吾尔自治区建设厅副厅长卫明一行到浙江省学习考察住房公积金监督管理工作，应柏平、副巡视员卓春雷等陪同。

6月

5日　重庆市城乡建委现代化小城镇建设考察团到浙江省调研考察，副厅长赵克等参加。

6日　省委召开中国共产党浙江省第十三次代表大会，谈月明参加。

19日　省政府在宁波市召开全省地下空间开发

利用现场会，陈加元出席会议并讲话，省政府副秘书长施利民主持会议，谈月明在会上发言。

25日　香港测量师学会考察团到浙江省住房城乡建设厅座谈，副厅长樊剑平等参加。

25日　江西省政协、省建设厅考察团到浙江省考察建筑产业发展情况，省建管局陪同。

30日　浙江生态省建设工作领导小组在杭州西溪国家湿地公园举行"浙江生态日"现场活动，谈月明参加。

7月

5日　全省城市绿道网建设现场会在嘉兴市召开，谈月明、纪检组长杨荣伟、副厅长吴雪桦、总规划师周日良、厅长助理魏玉瑞等参加。

6日　住房和城乡建设部住房公积金支持保障性住房建设扩大试点范围检查组赴浙江检查，应柏平、副巡视员卓春雷等参加。

10日　陈加元调研海洋经济工作，谈月明参加。

20日　召开全省建设系统深入推进行风建设强化有效投资电视电话会议，全省各建设行政主管部门及下属单位领导干部职工7000余人参加会议，谈月明作工作部署。

23日　举行2012年厅理论学习读书班，谈月明作动员，厅机关全体在职在编人员参加了读书班。

24日　全国住房发展规划编制工作会议在杭州召开，住房和城乡建设部住房改革与发展司司长倪虹参加会议并讲话，应柏平等参加。

25日　省十一届人大委员会第三十四次会议审议《浙江省历史文化名城名镇名村保护条例（草案）》，谈月明、杨荣伟、周日良、厅长助理魏玉瑞等参加。

29日　省政府党政代表团赴新疆考察，谈月明参加。

8月

2日　中国丹霞世界自然遗产专业保护委员会在江郎山召开"中国丹霞世界自然遗产专业保护委员会工作两周年纪念活动"，周日良等参加。

3日　省政府召开全省住房公积金扩面和鼓励支持社会力量投资建设公共租赁住房工作推进会，陈加元、住房和城乡建设部总规划师陈重出席会议并讲话，会上启动了全省住房公积金服务热线，谈月明在会上发言。

14日　举行省建设厅与义乌市政府"共同推进义乌国际贸易综合改革试点十项合作协议"签字仪式，谈月明、樊剑平、应柏平、赵克、周日良等参加。

15日　陈加元赴义乌等地考察调研农房改造建设管理工作，谈月明、吴雪桦等参加。

15日　西藏自治区建设厅考察团到浙江省考察，樊剑平、党组成员朱永斌等参加。

22日　省委、省政府在义乌市召开全省农村住房改造建设工作现场会，李强、陈加元出席会议并讲话，省政府副秘书长施利民主持会议。

23日　省纪委召开全省保障性住房"阳光工程"建设工作座谈会，谈月明、应柏平、杨荣伟等参加。

27日　谈月明赴杭州对全省推进新型城市化战略实施情况进行专项督查。

27日　省建设厅与浙江大学联合举办全省住房公积金行业领导干部高级研修班，卓春雷等参加。

9月

1日　省委党政代表团赴宁夏、青海、贵州学习考察，谈月明参加。

20日　召开2012年度浙江省建设工程"钱江杯"颁奖大会。

25日　夏宝龙调研"千里海岸线—海洋经济发展"，谈月明参加。

10月

10日　省委召开全省"深化千万工程，建设美丽乡村"现场会，谈月明参加。

16日　夏宝龙赴广交会考察，谈月明参加。

16日　陈加元赴嘉兴市调研小城市培育试点和中心镇发展改革工作，吴雪桦等参加。

18日　赵洪祝主持召开经济工作座谈会，谈月明参加。

19日　省第19届房博会分别在杭州和平会展中心、世贸会展中心开幕，陈加元、省政府副秘书长冯波声、谈月明参观了房博会。

23日　省委第一巡视组召开巡视工作情况反馈会，全体厅领导及有关处室参加。

25日　在金华市举行浙江省第16个环卫工人节庆祝表彰大会，陈加元、省政府副秘书长冯波声、谈月明、吴雪桦等参加。

25日　2012年度华东六省一市住房和城乡建设厅厅长、建委主任、纪检组长座谈会在黄山市召开，谈月明、杨荣伟参加。

11月

1日　国务院以国函〔2012〕180号公布第八批国家级风景名胜区名单，武义大红岩入选国家级风景名胜区。

2日　省建筑设计院举行建院60周年大会，谈月明等参加。

6日　全省推进绿色建筑发展现场会在杭州召开，陈加元出席会议并讲话，谈月明在会议发言。

8日　谈月明率队赴天津市考察调研新型城市化

和城市规划管理工作。

20日 夏宝龙听取省级重点文化设施建设情况的汇报，谈月明参加。

24日 举行杭州地铁一号线开通暨全省治理城市交通拥堵工程启动仪式，夏宝龙宣布地铁正式开通，副省长王建满在仪式上致辞，谈月明参加。

28日 召开厅学习党的十八大精神及明年工作思路务虚会，十八大代表、省建设投资集团董事长刘国红到会传达十八大精神，全体厅领导及各处室负责人参加。

29日 第七届中国城镇水务发展国际研讨会与新技术设备博览会在宁波召开，谈月明、吴雪桦等参加。

12月

2日 在绍兴市召开第十届中国建筑企业高峰论坛，樊剑平、张奕参加。

6日 全省各市、义乌市建设局长（建委主任）座谈会在上海召开，学习上海市城市建设管理经验，研究2013年城乡建设工作。

11日 夏宝龙听取省级重点文化设施建设情况的汇报，谈月明参加。

13日 省政府举行第二届城市学高层论坛，谈月明参加。

13日 全省推进新型建筑工业化现场会在绍兴召开，谈月明、樊剑平、应柏平、张奕等参加。

26日 省建设厅实施的"浙江省农村住房改造工程"获"浙江省2012年度十佳民生工程"，谈月明等参加浙江电视台举行的颁奖典礼。

（浙江省住房和城乡建设厅）

安 徽 省

1. 概况

2012年，安徽省住房城乡建设系统以科学发展观为统领，认真执行省委、省政府决策部署，围绕新型城镇化、保障性安居工程、美好乡村、节能减排等重点工作，真抓实干、改革创新、顽强拼搏、争先进位，各项工作扎实推进，较好完成了省委、省政府交给的任务。全省城镇化率达到46.5%，比上年提高1.7个百分点；新开工各类保障性住房43.8万套，位居中部第一、全国第三，基本建成34.4万套，超额完成国家下达任务；开展2300个村庄整治试点，完成20万户农村危房改造，实施245个乡镇农村清洁工程；全省建筑节能标准执行率达到99%，新增节能建筑5900万平方米；新增城市污水管网1360公里、新增城市生活垃圾无害化日处理能力4600吨，超额完成省政府年度目标任务；争取住房城乡建设领域中央各类专项资金179.2亿元，同比增长94.2%，创历史新高；累计完成房地产开发、保障性住房建设、城市建设、小城镇建设投资超出5000亿元，约占全省固定资产投资30%以上；实现建筑业总产值近5000亿元，增长20%以上，房地产和建筑业企业上缴税款441.6亿元，约占全省地税收入的43.8%。全省住房城乡建设事业呈现出稳中有进、全面提升的良好态势。

2. 政策规章

【概况】 2012年，安徽省住房和城乡建设厅认真贯彻落实国务院《全面推进依法行政实施纲要》，围绕住房城乡建设事业的中心工作，推进科学立法、严格执法，以推动制度建设、保障机关行政行为合法性、推进全系统依法行政为重点，不断开创安徽省住房和城乡建设系统依法行政工作新局面。

【组织领导】 安徽省住房和城乡建设厅认真谋划和部署年度实施依法行政工作，印发《2012年全省住房城乡建设系统法制工作要点》、《2012年依法行政学习宣传工作计划》和《2012年度依法行政考核方案》，对本年度依法行政考核工作做了安排。安徽省住房和城乡建设厅党组高度重视法制工作机构建设，特别调增了行政复议办案经费，保证法制工作机构的业务需要；及时根据人员变动情况调整由厅长担任组长的厅依法行政工作领导小组的人员组成；将依法行政工作列入厅重点工作范畴，要求厅法制工作机构定期汇报厅依法行政工作；将法制工作机构负责人列席厅长办公会议作为基本工作制度；与法律顾问续签法律服务合同，由法律顾问为机关提供各项法律服务。

【创建示范单位】 根据安徽省政府办公厅的部署，安徽省住房和城乡建设厅党组决定在厅机关积极创建依法行政示范单位,成立依法行政示范单位创建工作领导小组、印发实施方案、召开机关干部大会,通过加强组织领导、提升制度建设质量、规范行政执法行为、提高依法行政的意识和能力等方法,把机关依法行政工作引向深入,以实际行动保障依法行政示范单位的创建活动取得成果。

【立法】 安徽省住房和城乡建设厅认真开展立法工作,《安徽省城镇供水条例》于2012年4月24日经省十一届人大常委第三十三次会议通过,7月1日起施行;《安徽省民用建筑节能管理办法》已通过省政府常委会议审议,2013年1月1日起施行;编制并提请省政府办公厅印发了《安徽省美好乡村建设标准(试行)》。安徽省住房和城乡建设厅印发《关于加强厅发规范性文件制定和管理工作的通知》,从制定、备案、清理、发布等四个方面着手,把厅发规范性文件纳入制度化管理;全年厅发规范性文件草案报备率达到100%。由于历年的工作表现突出,安徽省住房和城乡建设厅获得了安徽省政府法制办颁发的"2011年度规范性文件备案工作先进单位"称号。

【科学决策】 安徽省住房和城乡建设厅重视依法科学民主决策,全面推行法制机构列席重大决策会议制度、合法性审查制度和重大决策论证评估工作。机关制定规范性文件和涉法政策文件、作出行政处罚决定、签署法律文书等行政行为,均要求送法制机构进行合法性审查。在《前期物业服务合同示范文本》起草过程中时,除召开论证会、征求各地建设行政主管部门、业内专家意见外,还在门户网站上公开征求意见,并根据群众意见对文稿进行了完善。组织有关人员赴宣城、安庆、滁州、蚌埠四市就省派乡乡规划督察员工作开展情况进行调研,听取有关意见和建议。

【规范执法】 安徽省住房和城乡建设厅规范执法活动流程设计,印发《行政处罚工作程序若干规定》、《安徽省建设稽查工作规定》等程序文件。配合安徽省有关部门开展的行政职权清理工作效果显著,所有职权目录和流程图均在厅门户网站上公开,供群众监督。开展行政审批委托后监管活动,确保行政审批事项委托之后的审批质量。开展保障性住房建设情况监督检查、工程建设领域突出问题专项治理检查、全省建设领域"打非治违"专项督查等专项执法检查活动。组织对机关近年来的所有行政处罚案件办理和案卷收集归档情况进行评查。开展2011年度全省住房和城乡建设系统依法行政考核活动。组织开展全省建设行政执法人员执法资格认证工作,全省住房城乡建设系统约3000人参加了认证考试,考试合格率达到90%。

【行政复议】 安徽省住房和城乡建设厅2012年共收到行政复议申请132件,依法受理86件、不予受理11件,告知不属于受理范围13件。收到和办理的案件中,经调解受理前申请人收回申请和受理后当事人和解案件共计51件。按照安徽省住房和城乡建设厅《关于加强行政复议和应诉工作的意见》的要求,严格规范行政复议申请、受理、审查、决定等内部工作程序。在办理复议案件中,加大调解力度,真正做到案结事了。建立疑难案件咨询机制,提高案件办理质量。

【社会监督】 安徽省住房和城乡建设厅落实依法行政工作报告制度,向省政府和省推进依法行政领导小组办公室报送安徽省住房和城乡建设厅2011年度依法行政工作报告和考核自查报告。主动接受监督,在规定时间内办理完毕安徽省人大代表建议51件、政协委员提案50件,答复率和面商率均达到100%,并荣获2010～2012年度安徽省政协提案先进承办单位称号。全年共处理群众来信316件,接待群众来访47批128人次,全系统未发生重大群体性事件和恶性信访案件。办理行政应诉案件3件,被复议案件1件,经机关法制工作部门积极应诉和认真答辩,3起诉讼案件均胜诉,住房和城乡建设部也依法驳回了当事人的复议申请。

【学法普法】 安徽省住房和城乡建设厅党组理论中心组将法制内容列入学习计划,要求各级领导干部带头学法;还通过专门会议、讲座、培训,推动全系统学法用法。面向机关和全系统,组织一场依法行政法制讲座;召开全系统典型执法案例评析会;专题宣贯《安徽省城镇供水条例》、《安徽省民用建筑节能办法》等新法规;会同安徽省委组织部举办安徽省城镇化知识第七、第八、第九期专题培训班;组织村镇规划员、建设稽查执法人员等专题培训活动。(齐悦)

3. 房地产业

【概况】 2012年,安徽省房地产行业坚持科学发展,认真落实房地产市场调控政策,着力增加普通商品住房有效供应,稳定市场预期,引导合理住房消费,规范房地产市场秩序,促进了房地产市场平稳发展。

【住房建设与房地产开发】 2012年全年完成房地产开发投资3151.6亿元,同比增长20.7%,总量位居全国第八、中部地区第一,占安徽省固定资产投资的 20.9%；销售商品房面积 4828.8 万平方米、商品住房面积 4275.4 万平方米，同比增长 4.8%、7.1%；竣工商品住房 3123.2 万平方米，同比增长 8.2%；商品住房价格回落明显，全省年均涨幅为 2.8%，低于全国平均水平 5.9 个百分点，房地产市场运行总体平稳。

【房地产市场监管】 严格执行差别化住房消费信贷、税收政策，在遏抑投机投资行为的同时，细化落实首套房信贷政策措施，促进首套普通商品住房贷款利率回归基准利率，支持居民家庭首次普通自住房合理消费。加大房地产市场监测、分析，强化和完善商品房预售和预售资金监管制度，组织开展房地产评估、房地产市场中介代理市场专项治理。加快个人住房信息系统建设，实现省市个人住房信息系统联网。

【住宅产业现代化】 印发《安徽省住房城乡建设厅关于加力推进省地节能环保型建筑建设试点工作的通知》（建房〔2012〕136 号），明确试点项目全装修比例达到 30% 以上，对于被列为试点的项目，纳入绿色建筑建设项目库，优先推荐开展绿色建筑评价标识。新增"省地节能环保型"住宅和公共建筑建设试点项目 24 个，对"芜湖市鸠江区产业新城 5 号地块安置房"等 7 个符合标准的项目给予专项资金补助。成功申报合肥鹏远住宅工业有限公司为国家住宅产业化基地。

【房地产权属登记】 深入开展全省房地产交易与登记规范化管理创建工作，不断提升房地产登记窗口服务水平，有 3 个市房地产交易与登记部门被住房城乡建设部评定为规范化管理先进单位。稳步推进农房登记发证工作，加强宣城、铜陵农房登记与流转试点工作的指导，截止到 2012 年 12 月，安徽全省累计完成农房登记发证面积 5000 万平方米以上。

【物业管理】 争取安徽省人民政府将物业服务业发展纳入对市县政府服务业加快发展目标考核内容，并经省政府同意，安徽省住房和城乡建设厅会同安徽省发改委、安徽省财政厅、安徽省人力资源社会保障厅、安徽省地税局、安徽省物价局、安徽省国税局等七部门联合印发《关于印发支持物业服务业加快发展若干政策的通知》（建房〔2012〕131 号），就加快安徽省物业服务业的发展，明确了"十二条"相应的扶持政策。按照"条块结合、以块为主"的原则，积极总结推广了六安、合肥等市物业管理监管重点下移，建立"市、区（县）、街道、社区居委"四级物业管理监督工作机制经验做法。公布了《安徽省前期物业服务合同示范文本》，深入组织开展物业服务企业"志愿者"活动，不断促进物业服务水平和行业形象的提升，有 4 个项目荣获住房城乡建设部"2012 年度全国物业管理示范住宅小区（大厦）"称号。圆满完成"安徽省白蚁防治氯丹灭蚁灵示范项目"实施任务，组织开展第四批文物古建筑蚁害治理试点工作。截至 2012 年 12 月，全省物业服务企业已发展到 2850 多家，从业人员近 35 万人，服务对象涉及 2300 多万人，全行业年营业额近 100 亿元，2 万平方米以上的住宅小区物业管理覆盖面达 90% 以上，新建住宅小区物业管理覆盖面达 98%，社会化、专业化、市场化物业管理体制初步建立。

【国有土地上房屋征收】 认真贯彻实施国务院《国有土地上房屋征收与补偿条例》，加强房屋征收工作指导；会同安徽省法制办修改完善《安徽省国有土地上房屋征收与补偿条例实施办法（送审稿）》，制定下发《关于进一步加强国有土地上房屋征收管理工作的通知》，明确细化了房屋征收与补偿要求，加大城市拆迁遗留问题的处理，开展房屋征收矛盾纠纷排查化解。按照省综治委统一部署，到安庆、六安和淮北三市开展了国有土地上房屋征收中影响社会稳定突出问题及对策专题调研。完成征收项目 191 个，面积 540 万平方米，住户 39120 户。同时，为提高全省征收主管部门工作人员的政策水平和业务能力，先后组织 150 多人参加由住房和城乡建设部举办的征收补偿工作培训班。

4. 住房保障

【概况】 2012 年，安徽省认真贯彻落实党中央、国务院关于加快保障性安居工程建设的决策部署，把加快保障性安居工程建设作为推动民生改善、转变发展方式、调整经济结构、稳定住房价格的重要举措，坚持政府主导、政策支持、群众参与、市场运作，精心组织，完善措施，扎实推进，着力构建住房保障体系，加快解决城镇居民住房困难问题，住房保障工作进展顺利。

【目标任务超额完成】 2012 年，全省新开工各类保障性住房和棚户区改造住房 43.8 万套，占年度目标任务的 109.2%；基本建成 34.4 万套，完成率 133.7%，其中竣工 20 万套；新增廉租住房租赁补贴 1.23 万户，完成率 129.6%。各项指标全面超额完成国家下达的目标任务，开工量、基本建成量分别约占全国的 6%、6.4%，其中开工量居全国第三。

【保障水平显著提高】 建立由廉租房、公租房等各类保障房、各类棚户区改造安置房及廉租住房租赁补贴组成的住房保障体系，保障对象稳步由城镇低保家庭向低收入家庭、中等偏下收入家庭和外来务工人员、新就业人员扩展。2012年，全省有33.42万户城镇住房困难家庭，通过配租、配售保障房、享受租赁住房补贴等方式改善了居住条件。截至2012年底，累计开工建设各类保障性住房136.8万套，110万户城镇中低收入家庭住房困难问题得到解决，全省保障房覆盖面由"十一五"末的5.6%提高到14.8%。

【加大工作推进力度】 省委、省政府高度重视保障性住房工作，作为民生工程重中之重，纳入省委常委会、省政府年度重点工作，实行目标责任管理，强化督办考核。2012年，省政府先后召开全省住房保障工作会议、全省创建保障性住房示范项目暨加强分配管理现场会、全省保障性住房建设现场会、全省保障性住房工作调度会，始终紧抓不放，推动各项任务落到实处。各级党委、政府将住房保障工作摆在重要位置，并将其与城市大建设、棚户区改造、新区建设以及产业园区发展等紧密结合，保障房建设整体快速推进。

【强化资金、用地等要素保障】 2012年，安徽省共争取中央专项补助资金120.4亿元，较上年增长63.2%。省财政安排配套资金14.8亿元，较上年增长28.6%。各地在按规定渠道落实资金的同时，采取发行企业债券、争取信贷支持等措施，多渠道落实建设资金，全省2012年完成保障性安居工程建设投资达490亿元。继续按1.4容积率并加15%商业配套单列下达保障房新增建设用地指标1.7万亩，城市和国有工矿棚户区改造项目在完成改造任务后，按照改造面积的1/4给予土地指标奖励。在用地审批上，纳入重大项目用地报批程序，建立"绿色通道"，实行限时办结，加快供地节奏，有效促进了项目早日开工和建成。

【加强工程质量和安全监管】 深入实施《安徽省保障性住房建设标准》，严格执行《安徽省保障性住房工程建设质量管理规定》，明确保障房项目从规划布局到竣工验收各相关环节的质量规定和要求，落实各方主体责任，遵循基本建设程序，严格执行施工许可、质量安全管理、施工图设计审查、材料进场验收等制度，强化从开工到交付各环节监管，并邀请保障对象参与验收，健全监管体系。优选推广保障房优秀设计户型，开展保障房示范项目创建活动。全面推行工程质量责任主体信息公示牌及永久性标牌制度，落实工程质量终身责任制。从全省范围看，保障房建设工程质量和施工安全总体可控。

【高度重视分配管理】 省政府办公厅下发《关于加强保障性住房分配与管理工作的通知》，指导各地进一步做好分配和运营管理工作。各地严格落实"三审两公示"制度，进一步规范保障房申请、审核、轮候、配租配售和公示等流程，切实做到公开透明。建立了全省住房保障管理信息系统，为保障房公平分配提供技术支撑。芜湖、淮南、安庆、滁州等地探索建立家庭住房和经济状况信息对比机制。合肥、宿州等市实行公开监督、有奖举报，确保保障房分配的公开公平。各地根据保障房特点，将配建的保障房纳入小区统一物业管理，利用配建的商业设施收益补贴物业服务支出；政府对物业服务企业给予政策扶持或者通过购买物业服务等市场化方式，加强后期管理。

【不断创新建管机制】 各地把保障房和城市新区、产业园区规划建设紧密结合，统筹考虑产业集聚和城镇发展，合理确定保障房的位置、供给对象和数量，促进了产城融合，有序实施和推进保障房建设，以公租房为主的保障模式逐步形成。各地普遍推广在新建普通商品房中配建保障房的措施，避免形成城市空间上的隔离和阶层上的分化。铜陵、芜湖等地积极实践"政府主导、市场运作，公租为主、并轨统筹，租补分离、分档补贴"运行模式，得到住房和城乡建设部充分肯定。

5. 住房公积金管理

【概况】 2012年，安徽省住房公积金工作以科学发展观为统领，认真贯彻落实省委、省政府和住房城乡建设部的决策部署，积极拓展住房公积金制度覆盖面，积极发展业务，加强住房保障，支持职工家庭解决基本住房需求，加强资金风险控制，加强效能建设，努力提升管理和服务水平，资金安全有效运作，住房公积金事业健康发展。

【业务发展】 2012年，住房公积金各项业务继续保持良好发展。全年缴存住房公积金361.7亿元，同比增长20.9%；职工提取使用201.1亿元，同比增长27.6%；个人住房贷款业务平稳发展，全年发放个人住房贷款193.2亿元，同比增长42.7%，新增贷款户数8.2万户，同比增长22.1%；住房贷款逾期率控制在0.1‰以下，贷款资产质量保持良好状态。截至2012年底，全省累计归集住房公积金达1704.7亿元，归集余额844亿元，职工累计提取使用860.7亿元，累计向59.67万户职工发放个人住房贷款总额869.5亿元，贷款余额572.4亿元，住房公积金使用率、运用率、个贷率分别为84.2%、68.2%、67.8%。累计提取廉租房建设补充资金12.6亿元，支持保障性住房建设，发挥了住房公积金制度住房保障作用。

【制度扩面】 2012年，安徽省把扩大住房公积金制度覆盖面作为一项重点工作来抓，采取有效措施，积极拓展制度覆盖面工作。各地广泛宣传住房公积金缴存政策法规，针对不同性质单位，采取先易后难、循序渐进、以点带面、逐步推开的方式，提高公有制单位公积金制度覆盖面，引导非公有制单位逐步建立住房公积金制度，确保扩大覆盖面工作推得动、铺得开，全年扩面工作，取得了新成效。到年末，全省有371.6万人建立了住房公积金账户，实缴职工人数达到308.1万元，全年新增加缴存职工18万人，比上年增长3.8%。一批非公企业和企事业单位聘用人员新建住房公积金制度，维护了职工合法权益。

【支持保障性住房建设试点】 住房公积金贷款支持保障性住房建设试点工作顺利推进，有力发挥住房保障功能。首批试点淮南市及时完善相关制度，规范贷款审批程序，精心选择项目，加强贷前调查，严格贷中审查，加强贷后管理，积极推进试点项目贷款发放，加强本息回收和资金风险管理，确保试点工作有序进行。截止到年底，签订借款合同21.34亿元，占贷款额的97%，发放贷款19.71亿元，支持保障性住房建设，取得较好的效果和试点的示范作用。

【完善政策和使用】 认真贯彻住房城乡建设部等四部委规范住房公积金贷款政策通知精神，实施不同的贷款首付比例和差别化利率政策，支持缴存职工使用住房公积金个人住房贷款，购买首套普通自住房。省政府《关于促进经济平稳较快发展的若干意见》（皖政〔2012〕50号）印发后，进一步督促、指导各地住房公积金管理部门结合地方实际，完善住房公积金使用政策，注重政策的灵活性，根据个人住房贷款运行情况，以及整体走势的变化，适时适度调整政策，加大对中低收入家庭购买普通自住房政策倾斜力度，一些地方结合实际需求，调高贷款额度，延长贷款年限，放宽提取条件。合肥、马鞍山等市住房公积金个人住房贷款额度放宽至45万元，芜湖、淮南、安庆等市放宽到40万元，黄山和宿州等市也放宽至35万元，较好地支持职工住房消费，促进各地经济平稳较快发展。

【廉政风险防控】 继续贯彻落实住房和城乡建设部等七部门和省政府加强廉政风险防控工作要求，全面加强住房公积金廉政风险防控工作。召开全省住房公积金会议进行动员部署，推进全省住房公积金系统廉政风险防控工作的开展；会同省财政厅、监察厅等七部门拟订住房公积金廉政风险防控工作检查方案，下发检查通知，指导各地严格自查，认真查找廉政风险点，制定防控措施，健全长效机制；召开全省住房公积金廉政风险防控管理工作座谈会，通报住房公积金违法案件，交流廉政风险防控工作经验；组织省住房公积金行政监督联席会议七部门，抽调人员组成8个联合检查组，对各市中心、分中心及有关县级管理部廉政风险防控工作落实情况进行检查，在全省通报检查情况。通过强化廉政风险防控，督促各地完善内控制度和监督机制，有效化解了管理运行中潜在的风险，促进了风险防控长效机制的建立，确保资金安全和有效使用。

【优化服务】 2012年，住房公积金管理部门贯彻落实住房城乡建设部等四部门《关于加强和改进住房公积金服务工作的通知》，进一步优化提升服务。各地制订服务管理办法，修订服务指南，完善业务操作流程，加强服务管理，向社会作出承诺，规范服务行为，改变工作作风，提升服务形象。通过创新服务方式，健全服务制度，优化业务流程，提升服务水平。2012年，合肥市管理中心窗口被省文明委评为"省文明窗口"单位。芜湖市管理中心信贷科被推荐申报全国"青年文明号"。铜陵市管理中心被授予"全国住房城乡建设系统先进集体"。淮北、滁州、铜陵、黄山市管理中心被确认第二批"全省住房城乡建设系统优质服务窗口"。

【信息化建设】 全省加快住房公积金管理信息化建设，创新服务方式。召开全省住房公积金信息化工作座谈会，了解掌握信息系统运用中存在的薄弱环节，指导各地加强住房公积金业务信息系统建设，不断完善系统功能，适应业务发展和管理需求。各管理中心建立了住房公积金业务服务网站，开展网上政策咨询、个人查询和投诉举报等业务。部分城市完善业务管理信息系统，实现了归集、贷款、财务、担保、统计查询等业务为一体的业务管理信息系统，做到部分业务即时办结，提取资金即时到账。全省贯彻落实国家的部署要求，开通12329统一服务热线，把12329住房公积金热线作为全省提高住房公积金管理效率和服务水平的重要手段。

6. 城乡规划

【新型城镇化形成旗帜效应】 2012年，安徽省新型城镇化工作得到全面深入开展，在推进重大前瞻性、基础性、牵动性问题研究的基础上，先后出台《"十二五"时期新型城镇化"11221"工程实施方案》、《关于加快新型城镇化进程的意见〉重点工作分工方案》和《安徽省新型城镇化考核评价方案（试行）》，由省政府组织召开全省首次新型城镇化工作会议。全省城镇化保持了良好发展态势，城镇化率提升1.7个百分点，达到46.5%，增幅高于全国0.4个百分点。

【《安徽省城镇体系规划（2012~2030年）》上报国务院待批】 该规划提出由"一圈一带一群"到"两圈两带一群"的空间结构演进方式和途径，明确安徽省新型城镇化的空间格局，强调以合肥、芜湖为核心，构建城镇空间"双核"结构，规划落实了安徽省委省政府东向发展战略，积极对接长三角。为突出中心城市带动，深化区域合作，改变粗放开发，各自为政的局面，规划根据全省三大区域、五大板块的特殊地貌及资源、经济、区位、文化等发展背景，将全省分为皖北、皖中、沿江、皖西、皖南五个区域，进行分区指导。

【芜马同城化跨江联动发展取得实质性进展】 为了积极探索区域性的规划合作机制，2012年，安徽省住房城乡建设厅会同芜湖、马鞍山两市及江北产业集中区建立规划会商工作机制，就区域统筹协调发展、城乡规划调控、城市有序发展等方面开展规划协商工作，促进以芜马滨江城市组群建设，实现跨江联动发展。

【新一轮城市总体规划全面推进】 至2012年底，全省16个省辖市中，淮北、淮南两市到2020年的城市总体规划获国务院批准，合肥市城市总体规划通过部际联席会审议，马鞍山市城市总体规划（修改）方案已经省政府批准；其他12个省辖市全面开展了到2030年的城市总体规划修编工作，六安、黄山、亳州、安庆四市城市总体规划已经省政府批复实施，宿州、铜陵两市城市总体规划通过省规委会审查，芜湖、池州两市城市总体规划通过专家审查，滁州、阜阳、蚌埠完成规模核定，宣城完成了现行总体规划的实施评估。另外，近三分之二的县城开展了到2030年的总体规划规划的修编工作。

7. 城市建设与市政公用事业

【概况】 2012年，安徽省城建行业紧紧围绕城镇化发展要求，加大城市基础设施和人居环境设施建设投入，以绿道建设和治污减排、提升人居环境质量为主线，以完善城市功能、改善人居环境、提高城市基础设施安全运行能力、增强城市综合承载力为目标，全面推进城市建设管理及风景名胜区工作。

据统计，2012年安徽省设市城市累计完成城市基础设施投资634亿元，城镇污水处理设施、生活垃圾处理设施、城镇供排水、风景名胜区争取中央预算内投资和中央财政专项资金33.255亿元，比2011年增长87.7%，为历年来最高。全省设市城市人均道路面积18.47平方米，燃气普及率94.6%，用水普及率约98.02%，城市污水处理率94.53%，污水处理厂集中处理率86.39%，生活垃圾处理率95.28%，生活垃圾无害化处理率91%，城市建成区绿地率34.72%，建成区绿化覆盖率38.8%，人均公园绿地面积11.92平方米。

【加快城市道路建设】 2012年全省设市城市道路、桥梁建设累计完成投资412亿元，占城市基础设施投资总量的65%，人均道路面积达到18.47平方米，城市道路里程17646公里。一大批新建、改扩建城市道路、桥梁工程建成并投入使用，在一定程度上改善了路网密度小、原有道路破损、配套设施不完备等因素造成的城市道路交通隐患，使新、老城区得到了有效地衔接，城市综合交通体系日趋完善，缓解了城市交通压力，提高了城市综合承载能力，推动了社会经济发展。

【强化全省污水垃圾处理设施建设和运行】 2012年，全省新增城镇污水管网1360公里，超额36%完成省政府下达的年度新增的目标任务；103座城镇污水处理厂投入运营，处理能力达452.54万吨/日。全年处理污水总量14.75亿吨，削减COD排放量28.12万吨，削减氨氮排放量3.45万吨。全年城镇污水处理厂年平均运行负荷率达到90.07%，与上年相比提高了5.8个百分点。根据环保部门统计，2012年安徽省累计减排COD8.17万吨。

2012年，全省新增城市生活垃圾无害化处理能力4903.1吨/日，超额22.5%完成省政府下达的年度新增城市生活垃圾无害化处理能力的目标任务。

【积极开展园林城市、人居环境（范例）奖创建工作】 积极支持滁州市、宣城市创建国家园林城市。特别是落实厅、市战略合作协议的要求，邀请住房和城乡建设部组织专家组专门对宣城市创建国家园林城市工作提前进行指导。组织省级园林城市、园林县城评选工作。2012年，安徽省住房城乡建设厅联合省林业厅命名天长市为"安徽省园林城市"；安徽省住房城乡建设厅命名芜湖、广德、全椒、利辛、绩溪、灵璧、定远县为"安徽省园林县城"。组织开展安徽人居环境（范例）奖评选工作。2012年，全省共有歙县徽州府衙历史街区遗产保护利用与环境综合治理等9个项目获得"安徽人居环境范例奖"。

【强化风景名胜区规划建设管理工作】 积极指导、帮助池州市、绩溪县开展齐山～平天湖风景区、龙川风景区申报国家级风景名胜区工作。组织编制、审查黄山玉屏、云谷景区、天柱山九井河景区详规、玉屏索道改造方案、齐云山月华街综合整治方案、九华山佛教文化园二期详细规划等,争取住房城乡建设部批准了黄山玉屏景区详细规划、玉屏索道改造项目。审查敬亭山、浮山风景名胜区总体规划修编方案,并上省政府批准实施。

黄山风景名胜区荣获2012年国家级风景名胜区保护管理执法检查综合评分第一名。

【全面启动安徽绿道建设】 安徽省住房城乡建设厅起草并以省政府办公厅名义于11月19日出台《安徽省人民政府办公厅关于实施绿道建设的意见》,明确绿道建设的指导思想、基本原则、目标任务和保障措施。

【促进市政公用事业健康发展】 8月上旬,会同省发改委联合召开了城市市政给排水项目研究对接会,要求各地储备给排水设施项目库,积极申报项目。9月,争取市政项目中央预算资金12.342亿元。

4月24日,安徽住房城乡建设厅配合省人大常委会出台《安徽省城镇供水条例》。

在广泛征求各地意见和充分调查的基础上,省住房城乡建设厅研究制定了《安徽省城市污水处理厂污泥处置指导意见》、《安徽省城市排水设施建设管理指导意见》和《安徽省园林绿化建设管理技术指导意见》,明确全省近期污水处理设施、排水设施和园林绿化设施建设的指导思想、目标任务和技术路径,对推动全省公用设施建设具有一定的指导意义。

【强化市政公用事业安全管理】 不断开展城市市政公用设施安全检查,制定和完善公用事业应急预案,确保市政公用设施安全生产。全面贯彻《生活饮用水卫生标准》,加强原水水质预警和监测,确保城市饮用水安全。全省达到106项水质标准的供水量占全省公共供水的53.77%。

科学调度城市排水工程,通过工程和非工程措施,努力减少城市内涝,保证城市公共设施安全和公众安全出行。

积极开展燃气经营市场秩序整顿和经营许可证换发工作,保障燃气供应安全。根据住房城乡建设部统一制定格式的燃气经营许可证中有关编号、发放的具体要求,在征求各地行政主管部门意见的基础上,组织开展全省燃气经营许可证换发工作,各地累计领用证书6000余套。

根据住房城乡建设部工作安排,开展城市生活垃圾填埋场等级评定和节能减排专项督查工作,全省城市生活垃圾填埋场管理工作得到住房城乡建设部专家充分肯定。

【提高市政公用行业服务质量和效能】 推进城市供水、燃气服务行业质量提升活动,规范服务行为,提高服务标准,满足用户需求。先后推出"做用户的贴心小棉袄"(合肥供水集团)、"以客为尊"(港华燃气)的服务理念,树立"徐辉假日小分队"(合肥燃气集团)为服务典型,启动提升质量活动,规范服务行为,全力保障城市公用设施安全、稳定运行。

8. 村镇规划建设

【概况】 截至2012年底,安徽省完成20.2万户农村危房改造工作,在245个乡镇实施农村清洁工程。对2300个村庄进行集中整治,完善基础设施和公共服务配套,受益群众50多万。召开全省美好乡村建设动员大会,在全省全面启动美好乡村建设。小城镇总体规划编制完成率达98%,小城镇人均道路面积13.2平方米,自来水普及率86%,垃圾处理率92%,绿地率14%,全年小城镇完成投入800亿元。

【农村危房改造】 2012年,国家下达安徽省20万户农村危房改造任务,实际改造20.2万户,农户信息档案系统录入率100%;完成投入76亿元,其中:中央补助资金15亿元、省财政补助4.969亿元。

安徽省农村危房改造,在中央、省补助及农户自筹资金的基础上,采取修缮加固、原址重建或根据农户意愿迁建等方式,其中重建的比例约占82.5%。改造方式以农户自建为主,自建率在87%以上;统建户主要是五保户、贫困残疾人家庭等自建确有困难的农户,根据农户的要求,由当地政府统一组织进行改造。

在农村危房改造中,安徽省认真贯彻"三最"要求,严格实行户申请、村评议、乡镇审核、县审批的农村危房改造对象确定程序和公示制度,切实把那些经济最困难、住房最危险的农户纳入危房改造范围。

安徽省农村危房改造优先支持贫困农户、并向财政困难地区倾斜。国家扶贫开发县和比照西部政策县(市、区),省财政按每户3000元标准进行补助;一般县(市、区),省财政按每户2000元标准进行补助。五保户、农村低保户和贫困残疾人家庭、重建房屋户均2万元;修缮加固户均0.6万元。其他贫困户重建房屋户均1万元；修缮加固户均0.4万元。中央及省补助不足部分由市、县(区)承担。

安徽省农村危房的改造范围、补助对象、改造方式、建筑面积、质量管理、竣工验收和农户档案信息都严格按照文件规定的标准执行。安徽省农村危房改造户均投入3.8万元，户均面积58平方米左右，既能满足群众基本居住需求，又为农村困难群众所承受。

【农村清洁工程】 2012年，在245个乡镇实施农村清洁工程，共完成投入3.22亿元，建设垃圾转运站207座，焚烧炉38座，购置垃圾运输车350辆，小型清运车8000余辆，配备保洁人员6624人，购置垃圾桶5.92万个，形成了比较完善的垃圾收集、转运(处理)体系，全省农村日处理生活垃圾达2500吨。

开展了"一书两图"编制，即所有实施农村清洁工程的乡镇，必须按要求编制农村清洁工程实施意见书和乡镇环卫设施现状图、规划图，并报安徽省住房和城乡建设厅审批后，抓好具体的实施工作。

【美好乡村建设】 对2300个村庄进行集中整治，完善了基础设施和公共服务配套，受益群众50多万。

【村镇规划】 组织中规院、中建院与安徽省规划设计单位联合完成金寨、岳西县及小岗村规划编制工作，指导合肥规划设计院完成塘西村规划，探索安徽省美好乡村规划的有效路径、方法和经验。

印发《安徽省村庄布点规划导则(试行)》，明确村庄布点规划的基本任务、主要内容、规划要件及深度要求，用于指导各地编制布点规划。

对全省200多家规划编制单位、勘察设计单位，各市建委及规划局负责同志以及部分注册规划师进行美好乡村规划专题培训，重点对村庄布点规划、美好乡村建设标准等进行技术交底。

【传统村落保护】 2012年，安徽省安庆市太湖县汤泉乡金鹰村蔡畈古民居等25个村庄被三部委认定为中国传统村落，为传统村落的保护和发展提供了良好的示范作用。

9. 工程建设标准定额

【概况】 2012年，在组织专家审查和公示的基础上，安徽省新制定41项工程建设标准及图集计划，其中涉及保障性住房建设、建筑节能、工程质量安全的相关标准21项，占51%。2012年批准发布13项标准和图集，其中标准6项，图集7项。

【发布安徽省保障性住房建设标准配套图集】 2012年12月3日，批准发布《安徽省保障性住房建设标准配套套型图集(一)》，自2013年1月1日起实施。该标准设计紧密契合《安徽省保障性住房建设标准》结合本省实际并参考全国保障性住房优秀设计方案，针对廉租住房设计了8个套型、公共租赁住房设计了11个套型、宿舍类公共租赁住房设计了9个套型、经济适用住房设计了8个套型，共36个套型。

【积极推进建筑节能、住宅产业化等重要标准的编制工作】 发布《安徽省民用建筑节能工程现场检测技术规程》、《建筑节能门窗应用技术规程》等建筑节能地方标准；协调住房城乡建设部，批准发布强制性标准《住宅工程质量通病防治技术规程》；高度重视住宅产业化标准编制工作，指导《高层钢结构住宅设计规范》编制；组织召开《装配整体式剪力墙结构技术规程》编制工作协调会，支持合肥市发展住宅产业化、打造千亿元产业基地工作；深入基层，赴合肥市调研回弹法检测泵送混凝土抗压强度技术，指导标准编制。

【首次全面开展安徽省工程建设地方标准复审工作】 安徽省现行的163项工程建设地方标准和标准设计图集中，实施5年以上需要复审的标准和标准设计图集达100项。为加强标准管理，提高安徽省工程建设地方标准的质量和技术水平，该省全面开展安徽省工程建设地方标准复审工作，确认继续有效的3项，占复审总数的3%，废止的66项，占复审总数的66%，予以修订的31项，占复审总数的31%。截止到2012年底，安徽省现行工程建设地方标准59项，工程建设标准设计图集38项。

【开展《安徽省保障性住房建设标准》实施监督工作】 《安徽省保障性住房建设标准》于2012年1月1日起开始实施。为把标准落到实处，切实发挥标准的基础性和强制性作用，2012年9月，部署开展《安徽省保障性住房建设标准》实施情况专项监督检查工作，12月结合保障性住房考核，开展实地检查。检查安徽省16个市63个项目，每个项目重点检查标准强制性条文和涉及保障性住房建设基本功能、基本指标以及结构安全的条文执行情况。检查结果表明，安徽省保障性住房建设执行标准情况总体较好，全省保障性住房建设步入有标准可依的推进阶段。

【开展重点工程建设标准宣贯培训】 组织开展《居住建筑节能设计标准》、《公共建筑节能设计标准》、《住宅装饰装修验收标准》、《城镇检查井盖技术规范》等工程建设地方标准的宣贯培训，全省约有1500人次参加了培训会。

【开展建筑、安装、市政、装饰、仿古园林等5

类定额修编】 为适应建设工程新技术、新工艺、新设备、新材料的发展,组织开展建筑、安装、市政、装饰、仿古园林等五类定额修编。

【全面推动高强钢筋推广应用工作】 安徽省住房城乡建设厅会同省经济和信息化委员成立高强钢筋推广应用协调小组,明确协调小组工作职责,确定安徽省高强钢筋推广应用总体工作方案。组织全省各市住房城乡建设主管部门及相关技术人员参加住房城乡建设部在重庆、江苏、新疆、辽宁举办的四期高强钢筋推广应用技术培训班,共有近300人参加培训。会同省经信委组成检查组分别对合肥、蚌埠、芜湖、马鞍山四市高强钢筋推广应用情况进行调研和检查,形成调研报告,印发检查通报,并编写推广应用工作简报报送住房城乡建设部,有力地推动了高强钢筋推广应用工作的开展。

10. 工程质量安全监督

【概况】 全省监督工程57753项,建筑面积48257万平方米,工程造价5267亿元,与上年相比,分别增长14.9%、16.1%和24.8%;竣工验收工程9500项,面积5425万平方米,同比分别上升12.3%、5.6%。全省共发生建筑安全事故24起,死亡28人,与上年相比,分别下降7.7%、6.7%,死亡人数和较大事故起数控制在国家下达的指标内。

【制定制度】 出台《安徽省保障性住房工程建设质量管理规定》、《安徽省建筑施工、监理企业负责人以及项目负责人、项目总监施工现场带班制度实施细则》和《安徽省建筑起重机械安全检查技术要点》,实行安全生产"零报告"制度。进行安全生产警示教育,举办《建筑施工安全检查标准》宣贯培训。

【依靠科技创新加强信息化建设】 全面推行建筑施工现场重大危险源信息监控平台建设,研发建筑施工现场关键岗位人员广域网络考勤系统,已在500多个项目上运行。修改完善重要原材料检测监控系统,研究全省工程项目建设监管与诚信系统。

【推动全省建筑施工质量、安全管理标准化】 召开全省县域建筑安全监管工作现场会和建筑施工现场重大危险源信息监控平台全省推广应用工作会议,推动建筑施工安全质量标准化工作。全年共创建省级建筑施工安全质量标准化示范工地558个,示范小区87个,国家"AAA"级安全文明标准化工地28个;有910多个项目、1000多个重大危险源纳入到监控范围,有效控制较大以上事故的发生。

【开展质量安全检查】 开展冬季暨节后复工安全生产督查,"打非治违"、建筑起重设备、市政在建工程专项安全检查,"两会"及中秋、国庆暗访督查、钢筋专项质量检查等质量安全检查行动,消除质量安全隐患。全省保障性安居工程质量总体水平在全国位于第14位。

【加强施工图审查、抗震防灾和检测机构建设工作】 抗震规划编制工作进度位居全国前列;完成超限高层建筑工程抗震设防专项审查15项,加强房屋建筑和市政工程抗震设防审查工作;与有关培训机构联合举办"安徽省施工图审查人员培训会";对全省施工图设计文件审查质量进行调审,抽取省内7家审图机构的13个项目。(丁金颖)

11. 建筑市场

【概况】 2012年,安徽省建筑行业紧扣深入贯彻落实科学发展观和加快转变经济发展方式的主题主线,大力推进建筑业产业结构调整、升级转型和健康发展,继续保持了又好又快的良好发展态势。据行业快报,1~12月份,全省等级以上建筑业企业累计完成建筑业总产值4624.8亿元,同比增长23.72%;上交地税179.6亿元,同比增长22.6%,占全省地税收入的17.8%。

【开展政策研究】 安徽省住房城乡建设厅拟定《关于促进建筑业转型升级加快发展的指导意见》(以下简称《意见》)。组织对省内部分市和大型建筑业企业发展情况进行调研,会同省委政研室专题赴江苏、浙江进行调研,撰写有关调研报告。结合安徽省各地的建议和行业实际,借鉴江浙两省的经验,起草《意见》,提出下一步发展目标和政策措施。《意见》于2012年12月18日省政府常务会议审议通过。

印发《设立省内工程设计分院框架意见》,支持设计力量薄弱地区的发展;发布《关于2011年度全省建筑业行业发展研究资料信息情况的内部通报》,完成《安徽省建筑业现状及纳入营业税改征增值税试点改革后的影响及建议》、《安徽省勘察设计行业现状及纳入营业税改增值税试点改革后的影响及建议》和《安徽省工程监理行业现状及纳入营业税改征增值税试点改革后的影响及建议》等课题研究。

【坚持扶优扶强】 至2012年底,全省共审批建筑业企业资质552家;报部审批建筑业企业资质47家,公示同意的有19家,待审查的有24家。全省共审批监理企业资质40家(58项);报部审批监理企业资质15家(23项),公示同意的有6家(9项),待审查的有9家。全省共审批注册建造师11011人次;受理监理工程师注册1450件，初审上报注册监理工程师1255人次。共受理勘察设计单位和设计施工一体化单位资质申请752项，省级批准601项，上报建设部共48项。共受理勘察设计类人员注册申请1156件，其中注册建筑师496件，勘察设计注册工程师660件。指导和保证了安徽建工集团有限公司、中煤矿山建设集团有限公司、中铁四局集团有限公司3家特级资质企业成功就位。

安徽建工集团、中煤矿山建设集团和安徽外经建设集团3家企业入围全国建筑业最具竞争力百强，中城建六局、安徽三建、安徽华力、安徽水利、安徽电建二公司、安徽湖滨、安徽水安、中铁四局建筑公司和安徽鲁班等9家企业入围全国建筑业最具成长性百强。

【坚持实施"走出去"战略】 支持省内建筑业企业积极开拓省外市场。跟踪落实皖疆建筑业战略合作协议，大力开拓陕西、甘肃等西北地区建筑市场。8月7~8日，安徽省住房城乡建设厅在甘肃兰州举办"皖甘建筑业发展战略合作会议"，推介省内优秀建筑业企业在甘肃省开拓市场，并与甘肃省住房和城乡建设厅签署《关于加强两省建筑业合作协议》。

【加强市场监管】 组织开展建筑市场监督执法专项检查。根据住房城乡建设部《关于开展2012年全国建筑市场监督执法专项检查的通知》，部署开展全省建筑市场监督执法专项检查。重点遏制和打击围标串标、转包、挂靠和低于成本价报价等违法违规行为，引导企业良性竞争。

组织开展全省勘察设计企业资质动态核查。安徽省住房城乡建设厅印发《关于开展2012年度全省工程勘察设计单位动态核查的通知》，布置开展全省勘察设计及设计施工一体化企业资质动态核查工作。对不符合资质标准要求的10家勘察设计和设计与施工一体化企业进行通报，并要求限期整改。

组织开展建筑业企业资质动态核查。安徽省住房城乡建设厅印发《关于开展全省部分建筑业企业资质动态核查工作的通知》，对近三年来发生过质量和安全事故以及因拖欠农民工工资发生过群体性事件或造成恶劣社会影响的本省二级及以下建筑业企业（不含劳务分包企业）资质进行动态核查。

加强对省外进皖企业监管。2012年以来，安徽省住房城乡建设厅为合肥、芜湖、马鞍山、淮北、亳州、宣城、六安7市办理外省进皖企业备案手续，办理进皖建筑业企业业绩信用登记102家、注册建造师信用登记手册220人；办理进皖工程监理企业业绩信用登记20家、监理专业技术人员业绩信用登记59人；办理进皖勘察设计单位定期备案18家。

【加强人才队伍建设】 组织开展注册建造师继续教育工作。安徽省住房城乡建设厅会同省交通运输厅、省水利厅、省消防总队和省通信管理局等有关部门召开注册建造师继续教育工作会议，布置一级建造师继续教育工作。委托行业协会开展安徽省一级注册建造师继续教育培训，完成2000多名注册建造师必修课程的继续教育培训。

【开展评比表彰工作】 组织开展第三批全省工程勘察设计大师评选活动，20名勘察设计人员荣获安徽省工程勘察设计大师称号。表彰一批优秀项目经理和优秀项目总监，表彰住房城乡建设领域农民工维权工作先进集体54家、先进个人108名。

【加强信息化建设】 按照住房城乡建设部《全国建筑市场监管信息系统基础数据库（企业、注册人员）数据标准》（试行），基本完成建筑业企业库、人员库"两库"信息系统方案设计和任务书编制工作，进一步完善施工许可证发放与监管信息系统，为《全省工程项目建设监管与诚信信息管理系统》建设提供技术支撑。

开展行政许可网上申报审批申报试点。自6月1日开始，对马鞍山、铜陵市建筑业企业资质、房地产开发企业资质试行网上申报、网上审批试点，积累经验，稳妥推进，深化行政审批制度改革，提升行政审批服务效能，促进行政权力公开透明运行。

完善企业和注册人员信息备案系统。进一步完善勘察设计单位数据备案工作。积极组织落实住房城乡建设部增加全国一级注册建筑师、勘察设计注册工程师执业人员照片和手写签名图片信息工作，并于6月底提前完成。开展省外进皖勘察设计企业备案管理信息系统建设研究，进一步加强对省外进皖勘察设计企业的管理，规范其市场行为，维护安徽勘察设计市场秩序。

【强化建筑农民工维权和维稳工作】 安徽省住房城乡建设厅高度重视农民工工资权益保障工作。先后印发《关于进一步做好"两会"期间农民工维权工作的通知》、《关于开展建设领域拖欠工程款以及农民工工资支付情况排查的紧急通知》；转发省政府办公厅《关于进一步做好安徽省在境外投资项目和人员安全稳定工作的通知》。

12. 建筑节能与科技

【概况】 截至2012年底，安徽省城镇新增建筑面积达5902.2万平方米，其中新增居住建筑4619.7

万平方米，新增公共建筑 1282.5 万平方米。安徽省建筑总能耗 2777.8 万吨标准煤，约占社会总能耗的 23.08%。全省节能标准设计执行率达到 100%，施工执行率达到 99%，共计形成节能能力 180.9 万吨标准煤，其中居住建筑形成节能能力 77.8 万吨标准煤，公共建筑形成节能能力 53.4 万吨标准煤，可再生能源应用形成节能能力 49.7 万吨标准煤。在住房和城乡建设部下发《2012 年全国建设领域节能减排专项监督检查建筑节能检查情况通报》中，对安徽省、合肥市予以通报表扬。

【新建建筑节能】 根据确定的 2012 年省政府目标责任工作任务，印发建筑节能工作要点和任务分解表。配合省建设稽查局出台《关于 2011 年全省建筑节能专项检查违法违规案件办理情况的通报》。严格监管规划、设计、图审、施工、监理等各环节的建筑节能标准落实情况，明确 2012 重点备查城市，并对滁州等重点备查城市开展专项督查。组织开展全省建筑节能专项检查，共抽查工程项目 136 个，对 15 个严重违反建筑节能强制性标准的项目下发了执法告知书，强化执法和整改工作，有效提升了建筑节能工程的质量和安全，实现了建筑节能标准实施全过程闭合管理。

出台《安徽省民用建筑节能办法》（安徽省人民政府第 243 号令），并于 2013 年 1 月 1 日起正式施行。《办法》的出台进一步完善了该省建筑节能法规体系，为全省建筑节能工作依法行政提供有力地政策依托。

2012 年，《安徽省民用建筑节能施工图设计文件审查标准（2012 版）》等 3 项节能地方标准和《泡沫混凝土保温构造图集》等 7 项节能设计标准先后立项；《安徽省民用建筑节能工程现场检测技术规程》等 5 项节能地方标准正式发布；《公共机构能耗监测系统技术规范》等 2 项建筑节能地方标准完成审查；据统计，全省现行建筑节能 10 项地方标准、12 项设计标准，这些标准与国家标准相配套，形成较为完善的建筑节能技术标准体系，为节能设计、施工和工程验收提供了有效依据。

【绿色建筑】 印发《安徽省绿色建筑评价标识实施细则（试行）》，开展《安徽省绿色建筑评价标准》、《基于区域特色资源的可再生能源建筑应用及绿色建筑发展研究》的编制工作。省住房城乡建设厅会同省发改委、省财政厅制定《关于加快推进绿色建筑发展的实施意见》，提出到 2015 年，推动政府投资的公益性建筑全面执行绿色建筑标准，新增绿色建筑面积 1000 万平方米以上，创建 100 项绿色建筑示范项目和 10 个绿色生态示范城（区），绿色建筑占新增民用建筑面积比例达到 20% 以上的目标任务。

2012 年，全省 4 个项目获得绿色建筑设计评价标识，3 个项目列入住房城乡建设部绿色建筑和低能耗建筑示范工程，池州天堂湖新区被住房和城乡建设部批准为"国家绿色生态示范城区"，成为继天津中新生态城、河北曹妃甸、无锡中瑞生态城后又一国家级绿色生态城区。充分发挥可再生能源新技术示范工程的引领作用，促进示范项目向绿色建筑示范拓展，以此推动绿色建筑试点示范工作。会同省财政厅印发《安徽省绿色建筑专项资金管理办法》，设立专项资金 2000 万元，评选了 20 个项目和 4 个生态城区列入 2012 年度省级绿色建筑示范。

【可再生能源建筑应用】 滁州、泾县、博望镇等 1 市 8 县 3 镇入选国家可再生能源建筑应用示范城市（县、镇）。"马鞍山晶威电子科技有限公司太阳能光电建筑一体化应用示范项目"等 13 个项目入选国家太阳能光电建筑应用示范项目。累计争取国家资金支持近 2.2 亿元。会同省发展改革委、省经信委评定了 24 个省级"省地节能环保型"试点项目。据统计，全省累计太阳能光热建筑应用面积达 14843 万平方米，浅层地能建筑应用面积达 1155.6 万平方米，太阳能光电建筑应用装机容量达 99.74 兆瓦。通过示范引领，以点带面，进一步扩大了该省可再生能源建筑应用范围，基本实现地市示范全覆盖。

【公共建筑节能】 开展能耗监测平台建设，进行数据传输、收集和试运行工作，为相关政府部门的能源审计、监管与执法提供了能耗数据及决策依据。"安徽省建筑能耗监管平台建设项目"已完成技术开发并投入应用。

安徽大学、安徽工程大学成功列入"高等学校节能监管平台建设示范项目"，合肥工业大学继被列为"高等学校节能监管平台建设示范项目"之后，又被评为"高等学校建筑节能改造示范项目"，三所高校共获得中央专项资金补助 840 万元。加强公共建筑特别是大型公共建筑的节能监管体系建设，顺利完成国家对安徽省能耗降低目标任务的要求。

【既有建筑节能改造】 组织有关专家对全省相关城市既有建筑节能改造工作开展调研，要求各市做好辖区内既有居住建筑现状的调查梳理工作，尽快建立既有居住建筑信息数据库，提出节能改造目标和保障措施，并落实改造项目。省住房城乡建设厅会同省财政厅联合制定《安徽省"十二五"既有居住建筑节能改造规划》、《安徽省"十二五"既有居住建筑节能改造实施方案》，确定"十二五"期间，完成既有居住建筑节能改造面积800万平方米以上的目标，结合安徽省气候条件、产业结构、经济条件，明确门窗改造作为既有建筑节能改造的重点，争取中央第一批改造补贴资金，铜陵、池州、合肥等市已组织开展实施。

【科技进步】 省住房城乡建设厅与省科技厅签订并启动了《安徽省建设行业科技创新联合行动计划》，围绕城镇化、城市建设、村镇建设、工程建设、保障性住房建设、绿色建筑、建筑节能减排、信息化管理8大领域，大力实施产学研联合攻关、科技成果示范推广、重大工程技术提升、创新平台建设、科技人才培养5大工程。初步建立节能技术体系框架。在安徽建工学院建立"建筑节能研究中心"，安徽省建筑设计研究院设立"建筑节能研究及服务中心"，安徽省建科院成立"建筑节能检测中心"，安徽省产品质量监督检验研究院设立了"建筑节能能效测评中心"。

32个项目列入2012年省级建设科学技术计划目录；20个项目列入住房和城乡建设部2012年科学技术计划项目。由省住房和城乡建设厅组织申报的"城市中小河流底泥生态清淤关键技术研究及应用"获得安徽省科学技术进步二等奖，"合肥市现代测绘基准体系"、"围海造地工程中子母式充泥管袋封堵海堤深槽技术研究与应用"获得省科学技术进步三等奖。组织开展《安徽省可再生能源建筑应用技术推广目录》编制，发布了安徽省建设领域新技术新产品推广项目认定条件，普及可再生能源利用技术与有关知识，加快可再生能源在建筑中应用。

【建筑业重点用能管理】 选定百家建设系统重点用能单位，启动建设领域重点用能单位能源统计工作，全面推动建筑业节能降耗。组织召开"建筑业节能降耗及重点用能单位能源统计工作会议"，印发《关于做好全省住房城乡建设系统重点用能单位能源统计工作的通知》，明确"十二五"全省建筑业单位增加值能耗降低10%的目标，要求各单位及时、完整、准确的完成在线数据上报。截止到2012年底，98%的重点用能单位完成网上数据报送。

13. 大事记

1月

3日 省政府办公厅印发《安徽省住房保障工作考核约谈问责暂行办法》。

4~5日 省政府在合肥召开全省住房保障暨城乡建设工作会议，传达贯彻全国住房保障工作座谈会和全国住房城乡建设工作会议精神，总结交流经验，安排部署2012年工作。

2月

6日 省政府与国家开发银行在合肥签署《共同推进安徽省"五大领域"重点项目建设合作备忘录》仪式，省住房和城乡建设厅长李明参加签字仪式。

22日 安徽省长李斌在《国务院督查组对安徽省保障性住房分配及质量管理工作的督查情况》（安徽信息·要情专报第130期）上作出批示："保障性住房建设是民生工程的重要任务。要继续抓紧抓好。确保完成今年任务，并建立完善后续分配、养护、退出等机制，做到公平公正。"

24~25日 安徽省住房城乡建设厅会同芜湖、马鞍山两市政府及江北产业集中区管委会于在芜湖市召开"芜马城市组群规划联席会筹备会"。

27日 副省长倪发科主持召开省城乡规划委员会会议，原则通过《安徽省城镇体系规划（2012~2030年）》。

3月

1日 全省建筑业暨建筑节能工作会议在合肥召开。

25~26日 李明携副厅长吴晓勤、副总工高冰松副总工以及厅办公室、住房改革与发展处、城市规划处、城建处、省规划院等单位负责同志，赴广东省开展城镇化专题调研。

27日 省住房城乡建设厅召开2011年度推进惩防腐败体系建设检查暨落实党风廉政建设责任制和省管干部考核述职述廉大会。

28日 全国可再生能源建筑应用示范工作座谈会上，住房城乡建设部、财政部对安徽省合肥市、铜陵市和南陵县的示范工作实施情况给予了通报表扬。

4月

6日 省政府在合肥召开全省新型城镇化工作会议，李斌出席会议并讲话。

10~15日 李明参加省委书记张宝顺、省长李斌率领的安徽省党政代表团赴浙江省、湖北省学习考察。

19日 住房和城乡建设部副部长仇保兴应邀来皖给参加"美好安徽建设"战略发展专题培训班的各省辖市市委书记、市长、省直单位以及省属高校、省属企业主要负责同志讲课。李明、吴晓勤陪同。

24日 《安徽省城镇供水条例》经省十一届人大常委第三十三次会议通过，并将于2012年7月1日起施行。

24日　李斌主持召开省政府第97次常务会，审议通过《安徽省城镇体系规划(2012～2030年)》，规划编制工作取得重要进展。

26日　省政府在蚌埠市召开全省创建保障性住房示范项目暨加强分配管理现场会，实地参观考察蚌埠市创建保障性住房示范项目建设现场，总结交流经验，部署加强保障性住房建设分配管理工作。

5月

3日　安徽省住房城乡建设厅与省科技厅在合肥签订并启动《安徽省建设行业科技创新联合行动计划》。

9日　经省政府同意，安徽省住房城乡建设厅批复同意阜阳市开展新一轮总体规划修编，规划目标年为2030年。

16日　安徽省城乡规划建设大厦启动仪式在合肥市滨湖新区举行。

16日　安徽省住房城乡建设厅会同芜湖、马鞍山市在马鞍山举行《芜马城市组群城镇体系规划》编制签字仪式，标志着该项规划的组织编制工作正式启动。

21日　李斌批示：美好乡村建设是美好安徽建设重要内容，抓好规划工作至关重要。

22日　经省政府同意，安徽省人民政府办公厅印发《安徽省新型城镇化"11221"工程实施方案》。

6月

12日　倪发科、省政府副秘书长余焰炉出席淮南市保障性住房重点项目开工仪式，李明、副厅长仲亚平参加。

18日　经省政府同意，安徽省住房城乡建设厅印发《关于开展县级中等城市申报工作的通知》，正式开展县级中等城市申报工作。

18日　经省政府同意，安徽省住房城乡建设厅会同省发改委、财政厅、人社厅、地税局、国税局、物价局印发《关于印发支持物业服务业加快发展若干政策的通知》，出台12项政策措施支持安徽省物业服务业的发展。

28日　《芜马城市组群城乡规划会商工作协议书》签约仪式在芜湖市举行。

7月

3日　安徽省住房城乡建设厅会同省财政厅出台《安徽省绿色建筑专项资金管理暂行办法》。

5日　安徽省住房城乡建设厅会同省财政厅出台《可再生能源建筑应用省级配套能力建设专项资金管理办法》。

6日　省政府办公厅公布《安徽省加快新型城镇化进程考核评价方案(试行)》，方案明确规定，根据城镇化基础条件、发展阶段和功能定位，对全省16个市分为四类进行考核，设置不同的指标权重。

18日　经住房城乡建设部、财政部评审，安徽省共有10个项目入选2012年国家太阳能光电建筑应用示范，装机容量12.5MW，获得国家补助资金6884万元。

19日　《安徽省城镇体系规划(2012～2030年)》(送审稿)经省政府主要领导审定同意提交省人大审议，省域城镇体系规划编制取得进一步进展。

26日　省政府办公厅印发《安徽省人民政府办公厅关于加强保障性住房分配和管理工作的通知》。

26日　省政府与住房和城乡建设部在合肥签署共同推进安徽省美好乡村建设合作协议。

31日　安徽省政府在铜陵市召开全省保障性住房现场会。

8月

2日　李斌主持召开"安徽省城市绿道建设专题会"，倪发科出席会议，省直有关部门负责人参加会议。会议听取李明关于《安徽省城市绿道建设规划纲要》、《安徽省绿道规划建设技术导则》编制和全省绿道建设有关情况的汇报。

8日　安徽省、甘肃省建筑业战略合作会议在兰州市召开。

15日　安徽省建筑施工现场关键岗位人员广域网络考勤系统(人脸打卡系统)试点工作启动仪式在马鞍山市举行。

17日　倪发科主持召开省城乡规划委会议，审查通过宿州、铜陵市新一轮城市总体规划，规划经修改完善后，报省政府常务会议审议。

27日　安徽省第六届"徽匠"建筑技能大赛开幕。

9月

5日　省住房和城乡建设厅在全省各地统一举行供水、燃气行业"服务质量提升行动"启动仪式，省住房城乡建设厅暨合肥市城乡建设委在合肥市供水集团六水厂设立启动仪式主会场。

18日　全省住房城乡建设系统"徽匠"技能大赛闭幕式及颁奖典礼在安徽大剧院隆重举行。

21日　安徽省住房城乡建设厅与宣城市政府在宣城签署《共同推进宣城市住房城乡建设事业发展合作协议》。

21日　安徽省住房城乡建设厅在省政务窗口专门设立并正式开通政务热线电话：0551～2999880。

21～28日　中共安徽省委组织部与省住房和城

乡建设厅共同举办、全国市长研修学院承办的第四次以扩权强镇试点镇党委书记或镇长为培训对象的全省城镇化知识第九期专题培训班在北京举办。

25~26日 由安徽省住房城乡建设厅承办的全国建设行业职业技能竞赛暨第42届世界技能大赛砌筑工选拔赛在合肥市成功举行。来自全国21个省（区、市）、2个中央建筑企业和2所院校共25支代表队参赛。

10月

2~7日 省住房城乡建设厅质安处在节日期间组织4个巡查组，对全省16个市"双节"期间建筑施工安全进行巡查。主要是对住房城乡建设主管部门、施工企业以及项目负责人、项目总监现场带班制度的落实进行督促检查，共随机抽查了34个在建项目。

10日 安徽省住房城乡建设厅会同省财政厅、省发改委联合出台《关于加快推进绿色建筑发展的实施意见》（建科〔2012〕218号）。

16日 省政府召开第107次常务会议，会议审议并原则通过《安徽省民用建筑节能办法》。

16~17日 省十一届人大常委会第三十六次会议召开，审议通过《安徽省城镇体系规划（2012~2030年）》。

19日 全省个人住房信息系统通过由住房城乡建设部房地产市场监管司，省财政厅、省经信委、省经济信息中心等有关部门专家组成的验收组验收。安徽省个人住房信息系统建成并投入实际应用。

11月

13日 全省保障性住房工作调度会在合肥召开，倪发科出席会议并作重要讲话。

19日 安徽省人民政府出台《安徽省民用建筑节能办法》（安徽省人民政府第243号令），于2013年1月1日起施行。

19日 安徽省人民政府办公厅印发《关于实施绿道建设的意见》（皖政办秘〔2012〕184号）。

22日 安徽省住房城乡建设厅在合肥组织召开环巢湖、皖南"金项链"（区域景观绿道）规划编制工作启动会，启动《环巢湖、皖南"金项链"（区域景观绿道）规划》编制工作。

23日 安徽省第二期"村镇规划员"培训班在安徽建筑工业学院举行结业典礼，李明出席并讲话。

27日 省政府决定在全省启动绿道建设，安徽省住房城乡建设厅召开省绿道建设新闻发布会。

12月

5日 倪发科主持省城乡规划委员会召开会议，会议原则通过《芜湖市城市总体规划（2012~2030年）》、《苏滁现代产业园总体规划（2012~2030年）》。

10日 全省住房城乡建设系统先进事迹报告会在肥举行。

17日 安徽省人大代表建议办理工作先进单位表彰会在合肥召开，安徽省住房城乡建设厅被省委、省人大、省政府办公厅授予"全省人大代表建议办理工作先进单位称号"。

18日 省政府第110次常务会议，会议原则通过《安徽省人民政府关于促进建筑业转型升级加快发展的指导意见（送审稿）》。

28日 安徽省住房城乡建设厅会同省政府法制办召开《安徽省民用建筑节能办法》新闻发布会。

31日 中共安徽省住房和城乡建设厅直属机关委员会第一次代表大会在合肥召开。

（安徽省住房和城乡建设厅）

福 建 省

1. 概况

2012年，福建省住房和城乡建设系统各项工作取得明显成效。保障性安居工程建设任务提前超额完成，房地产市场保持持续平稳发展，住房公积金扩大覆盖面工作有效实施；全面实施海峡西岸城市群发展规划，制定新一轮城镇体系规划，推进城镇化发展；继续打好"城市建设战役"，并与实施城乡环境综合整治"点、线、面"攻坚试点结合推进，深化拓展城建战役领域和内涵，城镇生活污水垃圾综合治理和园林绿化成效显现，小城镇综合改革建设试点带动村镇建设，城乡环境面貌得到进一步改善；建筑业持续快速发展，工程质量安全总体趋势平稳，建筑节能向面上推进，行业技术创新与科技攻关、工程勘察设计创新能力提升；依法行政迈出新步伐，党风廉政和精神文明建设深入开展。

【住房保障绩效凸显】 2012年初，福建省政府召开全省保障性安居工程工作会议，将全年任务分解落实到各设区市、平潭综合实验区和省政府机关事务管理局。省政府出台加快配租配售等一系列政策文件，在全国率先出台《福建省保障性住房配租配售流程图》，建立多部门准入联合审查和廉租房、公租房并轨运行机制，全省配租配售率达90.3%；出台保障房建设标准、"和谐人居"建设导则，开展"和谐人居"建设试点，全省有14个保障房项目获年度优秀勘察设计奖，18个优秀户型设计方案印发各地参照使用。厦门市在保障房中推行绿色建筑，福州、长乐启动实施优先解决环卫、公交和市政维护等城市运行急需职工的住房困难。保障性安居工程建设提前超额完成年度目标，截至12月底，全省保障性安居工程开工套数20.4万套，开工率128.6%，基本建成14.7万套，基本建成率129.5%。住房城乡建设部通过简报推广福建经验。

【房地产市场调控】 房地产市场贯彻落实国家调控政策，按照"保投资，促销售，稳房价"要求，及时提出应对市场变化的政策措施，得到国务院督查组肯定。全年完成投资2824亿元，同同比增长长17.4%，占固定投资的22.8%；商品房销售3288万平方米，同比增长20%；二手房交易1404万平方米，同比增长9.7%；地税收入453.2亿元，同比增长23.4%。全面推行商品房交易网上签约备案，持续提升房屋状况查询、房屋抵押登记服务，开展住宅小区物业管理专项行动。新增全国房屋登记规范化管理单位6家、全省房屋登记规范化管理单位6家和全国物业管理体制示范项目10个、全省物业管理体制示范项目48个。

【住房公积金扩面】 实施住房公积金扩大覆盖面工作，重点扩大非公企业职工住房公积金缴纳，全年净增实缴职工37.8万人，新增缴存额268亿元，同比增长23.5%。累计实缴职工人数达277万，缴存总额1458亿元，支持53.5万户居民购买住房。漳州、龙岩列入全国第二批利用公积金贷款支持保障房建设试点城市，福州、厦门利用公积金发放保障性住房建设贷款8.34亿元。出台《住房公积金提取管理暂行规定》和《福建省住房公积金贷款管理暂行规定》，建成省住房公积金数据备份与应用中心，有效保障数据安全。

【城乡规划体系逐步完善】 省委、省政府出台《关于积极推进城镇化的十二条措施》，城镇化水平达59.6%。海西城市群发展规划全面实施，新一轮城镇体系规划上报国务院审批，平潭综合实验区、武夷新区、宁德市城市总体规划获省政府批准实施。城市联盟机制不断完善，区域城市联动发展和同城化效应初显。9个设区市基本完成抗震防灾规划编制；43个综合改革试点镇完成总体规划、专项规划和控制性规划编制；4178个村庄提前于11月底完成规划编制，实现全省村庄规划全覆盖；宁德东侨等11个工业区完成省级或国家级开发区规划审查；福州地铁2号线等18个重大项目核发选址意见书。在规划管理上，落实全省城乡规划工作电话会议精神，会同省委组织部举办4期县（市）政府分管领导和规划部门主要负责人参加的城乡规划管理专题研修班，邀请名家大师参与规划研讨，提升规划理念和编制水平。下发推行建设项目"菜单式"审批服务意见，建立城乡规划管理"一张图"运行机制。出台《城市规划管理技术规定》、《城市控制性详细规划编制导则》、《城市绿道规划建设导则》等一批标准规定，强化规划技术支撑。各设区市和平潭综合实验区全面实施城市规划督查员制度。

【城市建设内涵拓展】 福建省政府在武夷山、漳州分别召开全省"城建战役"、城乡环境综合整治"点线面"（"点"即城乡社区规划、整治和建设，打造完整社区；"线"包括快线和慢线，快线即高速公路、过境公路和铁路沿线两侧绿化和整治，慢线即自行车和步行道系统建设，打造人居环境走廊；"面"指各地小流域治理，打造青山绿水田园风光）攻坚现场会。全年安排城建战役项目3086个，年计划投资1720亿元，实际完成投资3200亿元；安排"点线面"攻坚试点项目428个，其中城市社区77个，农村社区127个，公路铁路沿线101个，绿道建设90个，小流域33个，计划完成投资112亿元，实际完成投资136亿元。涌现出一批如福州军门社区、泉州见龙亭社区、长泰县上蔡村、福清市溪头村、三明市福银高速路、厦门市沈海高速、莆田市绶溪公园绿道、漳州市九龙江流域等整治示范典型，改善了城市面貌。同时加快城市基础设施建设，福州市地铁1号线全面开工，厦门市地铁1号线建设启动；全省新建扩建改建城市道路606条，新建公路停车场46处；设区市城市桥梁信息系统全部验收投用，主次干道缆线全部下地。福州、三明、龙岩以及上杭等地建成数字城管系统，厦门、南平、宁德推行液化气钢瓶电子标签，莆田建立完善地下管线信息化管理系统。晋江率先运"数字城管"和县级城市桥梁信息系统。省政府出台进一步加强城市防涝工作意见;会同省发展改革委制定贯彻全国城镇供水设施改造与建设规划实施意见。福州东南区水厂完成深度处理技改工程,莆田积极推进城乡供水一体化。

【试点镇改革带动村镇建设】 省政府在莆田召开小城镇战役现场会,各试点镇根据规划推进一批产业发展、旧城改造、基础设施和社会事业等项目建设,其中城建项目814个,年计划投资160亿元,实际完成投资369亿元,城镇面貌明显改善改观,示范带动效应进一步显现,成为全省村镇建设排头兵。科学指导农村建房,编印《村镇建筑地域特色》、《村庄环境整治技术指南》、《农村村民住宅建设管理办法》宣传册和农民建房通用图集等;组织11家甲级建筑设计院挂钩服务设区市村庄环境整治;创建省级"绿色乡镇"37个;新增省级村镇住宅小区试点19个;制定历史文化名镇名村保护与发展规划,扶持武夷山市五夫镇等12个重点名镇名村保护建设,清流县赖坊乡赖安村等48个村庄列入国家第一批传统村落名录;争取国家农村危房改造补助资金3.75亿元,实施年度改造任务5万户。

【污水垃圾治理和园林绿化】 全省累计建成城镇生活污水处理厂104座,垃圾无害化处理场68座(其中焚烧发电厂15座,焚烧处理比例达49%),市县污水处理率达83.9%,垃圾无害化处理率达92%。建成乡镇垃圾转运站82座,重点镇污水管网223千米,完成2551个建制村生活垃圾治理任务,实现乡镇、建制村垃圾治理全覆盖。举办第六届花博会,筹建第九届北京园博会福建展园,新增国家园林城市(县城)3个、省级6个,国家级风景名胜区2处,县县建成一座以上综合公园,完成城市花化彩化项目124项,城市和县城绿化覆盖率分别达41.4%和37.6%。

【建筑业与工程建设管理】 建筑业全年完成产值4400亿元,同比增长19.2%,其中省外产值占38.4%,外向度居全国前列。建筑业增加值保持占全省GDP8%以上,上缴地税189亿元,同比增长21.4%,占地税总收入的14.7%。8个"建筑之乡"完成产值1140亿元,其中惠安和上杭占42.6%。下发企业农民工工资保证金制度配套文件,推动省地税局下发建筑业税收征管若干问题的意见政策的落实,列入全国惟一开展房建施工总承包一级企业扩大业务范围试点省份,出台台湾建筑业企业进驻平潭综合实验区开展建筑活动管理办法,被誉为国内建筑市场面向境外经济体最为开放的政策。工程质量安全形势总体受控。健全"业主监督、社会监督、政府监督"的质量安全监督体系,落实工程质量终身责任制。完善质量安全动态管理,重大危险源远程监控和检测管理等"三网"系统,推进安全生产管理"三化"建设,促进责任主体履行职责。以保障房为重点,强化检查执法,持续开展建筑施工模板、外脚手架和建筑起重机械、预拌砼和现浇砼结构工程等3个专项整治、建筑施工"打非治违"等专项行动;部署建设系统道路交通安全综合整治行动,建立渣土车台账并组织专项督查。全年工程质量安全总体受控,实现省政府年度安全生产责任目标。3个工程项目通过鲁班奖评审,122个工程通过"闽江杯"优质工程奖评审。

【建筑节能与科技】 省部联办第六届"6·18绿博会",推进福建建筑节能工作。新建建筑全面执行节能强制性标准,可再生能源建筑示范应用由单个工程项目向城市(县)整体示范和新区集中连片示范发展,武平、永安超额完成示范任务。全年共争取中央建筑节能财政补助资金1.1亿元,新增国家可再生能源应用示范城市(片区、县)3个,节约型示范高校4所,星级绿色建筑17个,国家康居示范工程1个,广厦奖项目1个。行业科技与设计水平提高。修订福建建设科技奖励办法,印发加快工程勘察设计行业发展意见,出台设计大师领衔设计激励政策,开展建筑业企业总工程师岗位培训,组织福建省工程勘察设计大师评选,推动行业转型升级。全年下达科技计划93项,推广建设科技成果179项。建设系统共有6个项目获省部级科技奖,6项成果获福建建设科技奖,18个勘察设计项目获住房城乡建设部行业优秀奖。

【依法行政】 出台加快审批提速若干意见,进一步打造审批服务优质软环境;统一全省施工许可证审批和竣工验收备案和时限,审批效能进一步提高。出台进一步做好国有土地上房屋征收与补偿工作的实施意见,推广和谐征迁工作法,全省8个项目创"和谐征迁示范项目"。审定发布地方标准15部,主编国家标准1部,推进行业标准化管理。加强专案稽查工作,实施违法建房专项整治,全年查处违法违规案件1129件。开展加强城市管理执法队伍建设,创建规范化示范单位24个。严格执行信访路线图,实行领导干部带案下访,化解信访积案,来省住房城乡建设厅上访批次同比下降64%,人数下降58%。

【廉政和精神文明建设】 以干部队伍纯洁性教

育为重点，贯彻落实廉政建设责任制。全系统上下合力推进廉政风险防控工作，重点完善工程招投标、城乡规划管理、工程质量安全、行政执法等行业监管制度，抓好供水、保障房、拆迁等行业重点工作专项治理。实施"下基层、解民忧、办实事、促发展"活动，建立健全挂钩联系、驻村帮扶、挂职锻炼、课题调研、督查落实等制度。深入开展省第七届文明行业创建活动，发挥创文明单位、党建先进单位、青年文明号、文明示范窗口单位带动作用，提升自来水、管道燃气、环境卫生、住房公积金等行业服务水平。全系统涌现出一批先进集体和先进个人，受省部级以上表彰的集体36个，个人81名，受省住房城乡建设厅表彰的集体158个，个人207名。

2. 政策规章

【行业立法进程】 《福建省实施〈国有土地上房屋征收与补偿条例〉办法》列入省政府立法计划中的规章制定项目，并展开立法起草、调研工作；组织起草并完成《福建省城镇控制性详细规划管理办法》初稿；组织赴河北、山东等地开展城乡规划"菜单式"审批课题调研，出台《创新规划审批机制推行建设项目"菜单式"审批服务的若干意见》，实现标准化服务。

【规范行业执法行为】 收集整理完成2011年以来行政复议、处罚、应诉等行业内典型案例，9月份召开全系统典型案例评析工作会议；6月份部署开展全系统行政执法人员法律知识轮训工作，完成六期培训，参加培训执法人员1056名。

【"六五"普法】 组织实施《福建省住房城乡建设系统法制宣传教育第六个五年规划》，围绕海峡西岸建设和全省住房城乡建设工作重点，邀请住房城乡建设部领导和行业专家学者来福建省住房城乡建设厅讲授住房和城乡规划建设政策法规，确保各项工作依法依规开展；结合行业典型案例评析，以点带面，以案说法，增强干部职工对现有建设法律、法规的理解与掌握，提高用法水平；坚持普法工作与行业依法行政相结合。通过加强行业监督检查，加大执法力度，整顿规范建筑市场、房地产市场秩序工作，在遏制违法违规的同时，宣传行业法规，促进形成依法经营、诚实守信的良好市场风气。3月份在福州召开两期《招标投标法实施条例》学习培训，做好新法律法规学习培训工作；6月份，出版《福建省建设法规政策汇编（2011）》，作为普法工具书。

3. 住房保障

【提前超额完成年度目标】 年初，省政府召开全省保障性安居工程工作会议，将2012年任务分解落实到各设区市、平潭综合实验区和省政府机关事务管理局。4月，在厦门市召开全省保障性住房建设与管理现场会，总结推广厦门经验，深入研究住房保障政策机制。出台加快配租配售等一系列政策文件。厦门市在保障房中推行绿色建筑，福州、长乐启动实施优先解决环卫、公交和市政维护等城市运行急需职工的住房困难。至12月底，全省保障性安居工程开工套数20.4万套，开工率128.6%，基本建成14.7万套，基本建成率129.5%。

【继续实行项目清单和巡查制度】 编印全省保障性安居工程项目清单手册，向设区市和平潭综合实验区派出保障性安居工程巡查小组，先后开展责任目标分解与项目落地情况、项目开工情况、配租配售和基本建成情况巡查，建立巡查台账，对发现问题及时督促整改，并建立月通报、季分析、年度考评和约谈制度，会商、约谈市、县政府领导督促整改，对进度滞后的50个项目下发整改通知书。

【地方标准编制】 组织编制《福建省保障性住房建设标准》，对保障性住房规划设计等方面提出明确要求。在全国率先出台《福建省保障性住房"和谐人居"建设导则》，推行"格局开放，设计精细，设施共享，环境友好，管理互助"的社区建设模式，选择9个保障性住宅小区，开展试点示范，探索保障房建设和社区设计新模式。住房城乡建设部第31期《建设工作简报》刊发《福建省大力提升保障性安居工程建设水平》一文予以推广。

【评优活动】 在保障性安居工程建设管理中开展评优活动。下发《关于开展保障性安居工程建设与管理评比表彰工作的通知》（闽建住〔2012〕27号），评选出保障性安居工程年度优秀勘察设计奖14项，同时还评出优质工程奖 项，示范工地 个，优秀勘察设计施工监理企业 个，管理先进单位 个，先进个人 名。此外，还开展公共租赁住房户型设计方案征集和评优工作，评出18个优秀户型设计方案，编印《福建省公共租赁住房优秀户型设计图集》，并免费印发各地参照使用。

【分配管理】 建立多部门联合审核机制和退出机制，完善保障性住房配租配售和使用管理，退出机制的指导意见。与省政府纠风办等部门联合开展保障性住房建设情况监督检查以及分配、使用管理和退出情况纠风专项治理工作；在全国率先出台

《福建省保障性住房配租配售流程图》，明确配租配售工作流程和时限，规范保障房分配行为。起草并由省政府下发《关于进一步完善保障性住房分配政策加快配租配售步伐的通知》（闽政办〔2012〕196号）。全省配租配售率达90.3%。

4. 房地产业

【引导住房消费】 指导调整普通住房价格标准，放宽购买普通自住房公积金贷款条件，协调各商业银行落实普通商品住房贷款利率优惠政策。强化商品房预售方案管理，引导开发企业理性定价，合理控制不同价位商品住房项目入市节奏。同时，深入基层、企业，引导企业认清形势，增强信心，调整思路，合理定价，促进销售，使市场持续平稳发展。全年完成投资2824亿元，同比增长17.4%，占同期全省城镇固定投资22.8%；商品房新批准预售4194.7万平方米，同比增长13.5%，销售3288万平方米，同比增长20%；二手房交易1404万平方米，同比增长9.7%；房地产业地税总收入453.2亿元，同比增长23.4%。市场运行总体平稳，投资增长，供应增加，成交量回升。7月，国务院督查组对福建省贯彻落实房地产市场调控政策措施情况予以肯定。

【普通商品住房供给】 协调国土部门督促各地落实土地供应年度计划，督促指导各地加快出让经营性房地产开发用地，优先保证中小套型普通商品住房用地供应。梳理编制房地产开发项目在建、待建项目清单，采取针对性措施，着力增加市场后续供应。开展专项督查，推动项目加快建设进度，尽快形成市场有效供给，并实施项目跟踪服务，及时协调解决开发建设中实际困难。

【市场监测】 注重运用信息化手段，提高市场监测水平。贯彻执行《房地产市场信息系统技术规范》和《房地产市场基础信息数据标准》，完善全省房地产市场信息系统，建立全省房地产市场交易网报系统，提高基础数据采集、分析效率。加强市场动态监测，针对房价上涨压力较大的福州、厦门，实行房地产市场分析旬报制度，加强数据分析平差。深入市场调研，建立完善典型楼盘跟踪调查机制，密切关注市场变化，及时掌握市场运行新情况、新问题，做好政策储备及应对预案。省委、省政府把房地产运行情况列为季度、月份经济形势分析会的重要内容之一。

【个人住房信息系统建设】 推进全省个人住房信息系统建设，召开全省个人住房信息系统建设推进会，加强对各地指导、督促，列入全国40个重点城市的福州、厦门与住房城乡建设部系统实现联网，其他设区市加快建设，推进数据采集、纸质历史档案数字化、补充建立房屋登记簿等工作。

【推广"和谐征迁"工作法】 起草《福建省实施〈国有土地上房屋征收与补偿条例〉办法》，完善配套政策，会同有关部门出台《关于进一步做好国有土地上房屋征收与补偿工作的实施意见》，进一步完善国有土地上房屋征收与补偿流程，明确评估机构选定，征收补偿程序，规范征收行为。以省政府办公厅名义印发《关于进一步加强和谐征迁工作的通知》，组织创建"和谐征迁"示范项目活动，全省共有11个项目"创建和谐征迁示范项目"。召开"和谐征迁"经验交流会，促进和谐征迁，减少信访问题产生，到厅来访批次和人数分别下降71.6%和74.2%。

5. 住房公积金监管

【概况】 2012年，福建省住房公积金净增实缴职工37.8万人，完成年度目标任务的150%；新增住房公积金268亿元；新增提取151亿元；发放个人贷款5.1万户、176亿元。截至12月底，全省住房公积金实缴人数277万人，缴存总额1458亿元，余额713亿元；累计提取额744亿元；发放住房公积金个人贷款55.5万户、881亿元，利用住房公积金支持保障性住房建设贷款8.34亿元。

【扩面工作】 分解下达实缴人数净增25.2万人的年度扩大住房公积金制度覆盖面任务；组织开展全省统一的2012年住房公积金宣传月启动仪式，督促建立宣传工作长效机制；联合省监察厅、纠风办、财政厅、人力资源和社会保障厅对各地贯彻落实省政府办公厅《关于扩大住房公积金制度覆盖面的意见》和《福建省住房公积金行政执法暂行规定》情况开展督查，与相关部门、企业职工代表、承办银行进行座谈，通报全省扩面督查情况；贯彻落实《福建省住房公积金行政执法暂行规定》，督促各地出台行政执法操作程序、实施细则，在宁德市举办全省首次住房公积金行政执法工作座谈会，以会代训，督促各地加大执法工作力度；部署各地因地制宜设立市级扩面试点市（区），开展非公企业扩面试点工作。开展协同合作，推进银企合作和住房公积金制度扩面工作。

【规范监督管理】 加强住房公积金监管，督促开展廉政风险隐患排查，制定防范措施，落实整改；完成对各管理中心2011年度业务管理工作现场考评工作，评选年度考核先进单位、扩面优秀单位和十佳管理部；落实各地出台细化对受托银行年度考评指标，督促管理中心开展受托银行年度考评工作；加强政策研究，组织完成住房公积金提取、贷款业务管理暂行规定的起草、制定和下发工作。

【支持保障房建设】 做好利用住房公积金贷款支持保障性住房建设扩大试点的申报工作。协助省政府组织地市申报住房公积金项目贷款试点，会同有关部门审核漳州、龙岩两个新增试点城市的实施方案和6个新增试点项目。9月4日，住房城乡建设部、财政部和人民银行正式批准福建省漳州、龙岩两市为新增试点城市，厦门、漳州、龙岩三市6个项目为新增试点项目，贷款规模8亿元。部署新增试点城市做好住房公积金支持保障性住房建设贷款运行监管系统建设工作。配合住房公积金督察员做好试点城市住房公积金管理和试点项目贷款巡查工作。

【信息化建设】 制定信息化工作年度计划，分解落实工作责任和完成时限；完善住房公积金业务处理信息系统功能，实现住房公积金缴存分类统计功能，定期委托还贷功能在三明市管理中心试运行；推进兴业银行、省农信社新增承办金融机构系统接入工作，协调相关受托银行新增网点接入、测试事宜；制定出台《福建省住房公积金业务处理信息系统硬件配备标准》，统一全省业务系统硬件配置标准；筹建住房公积金支持保障性住房建设贷款运行省级监管系统；会同信息中心、省建行研究制定住房公积金灾备中心管理办法、业务系统故障处理办法。

【窗口服务】 督促各地规范窗口服务，改善服务环境；深入开展明察暗访抓落实，对福州、宁德、泉州、南平、三明等管理中心及所辖管理部以及省直、铁路、能源住房公积金管理机构进行暗访，并结合2011年度考核工作，电话随访全省120名办理过提取、贷款业务的职工，听取对管理中心服务态度、工作效率以及服务总体质量的评价；开展住房公积金服务检查工作，对各管理中心服务制度建设、现场服务、信息化建设进行实地考评，并通报督促整改；按照国家部署，筹备开通12329住房公积金服务热线相关工作；配合厅机关党委在厦门、泉州、莆田市管理中心以及三明市管理中心宁化管理部、南平市管理中心武夷山管理中心设立"福建省第七届文明行业创建工作示范点"。

6. 城乡规划

【规划编制实施】 总体规划编制。平潭综合实验区、武夷新区、宁德市、龙岩市城市总体规划获省政府批准实施。石狮市城市总体规划成果，福安、福清市总体规划纲要成果，龙海、南安、福鼎市总体规划修编实施评估通过审查。控制性规划编制。制定《福建省控制性详细规划编制导则》、《福建省城市规划管理技术规定》、《福建省控制性详细规划管理办法》等相关配套制度。严格规划实施监管。向福州、厦门派驻规划联络员，向全省其他各设区市和平潭综合实验区派驻城市规划督察员。印发《城市规划督察员管理暂行办法》和《城市规划督察工作规程》，进一步规范城市规划督察工作，加强督察员管理。召开全省提高城乡规划审批效能工作现场会，总结推广厦门提高规划审批效能经验。下发《关于创新规划审批机制推行建设项目"菜单式"审批服务的若干意见（试行）》，优化审批流程，简化审批环节，加强规划审批服务。城乡规划督察员工作获住房城乡建设部稽查办肯定，并在《建设纪检监察》刊发推广厦门规划审批工作经验做法。

【老城保护和新区建设】 推进城市老城保护和新区建设"双轮驱动"，老城区注重保护历史风貌，完善提升功能；新城区注重拉开城市框架，做好组团建设。下发通知要求各地在城市新区建设中适当提高规划建设标准，做好市政设施、公共服务设施、公共建筑的建设，完善新区城市功能配套；老城区更新改造，要坚持多拆少建，降低旧城改造开发密度和强度，完善基础设施和公共服务，改善老城区人居环境。指导福州马尾新城规划编制，谋划福州未来功能提升和空间拓展的战略举措，达到疏解老城压力，调整老城用地结构，优化完善老城功能，改善提升老城人居环境的目的。马尾新城规划报送省政府研究，待省政府研究同意后，由福州市政府审批。

【指导开展城乡统筹规划建设管理试点】 以加快县域经济发展为契机，研究建立城乡一体化规划建设的体制机制，支持莆田等地开展城乡一体化综合改革试点，在晋江、福鼎、屏南等市县开展城乡统筹规划建设管理试点，通过实施"大县城"、"大城关"战略，推进城乡规划、基础设施、公共服务等一体化。这三个市县正抓紧城市规划纲要方案编制。

【推进城镇化】 会同省发展改革委等省直相关部门，研究制定《关于推进我省城镇化发展的十二条措施》，并由两办印发实施。成立工作机构，省住房城乡建设厅成立推进城镇化工作领导小组，广泛收集中央和兄弟省份推进城镇化工作的相关资料。

组织晋江、石狮、邵武、永安四市分管领导和规划建设局长赴江苏昆山和山东临沂开展城镇化调研，形成调研报告上报省政府。

【大都市区建设】 根据国家各部委和浙江、广东、江西等邻省对福建省域城镇体系规划的修改意见，规划最终修改成果上报住房城乡建设部；指导厦门、漳州、泉州和福州两大都市区总体规划编制，推动厦漳泉同城化建设和福州、莆田、宁德连片发展，规划初稿基本完成；支持福州"东扩南进、沿江向海"发展。马尾新城规划上报省政府审批。

【村庄规划编制】 采取召开专题会、签订工作目标责任书、协调落实补助经费、建立月报、通报和约谈制度、加强技术指导服务等措施，督促各地加快规划编制进度，截至11月底，4178个村庄规划全部编制，提前完成为民办实事任务，实现村庄规划全覆盖。

【深化城市联盟】 依托厦泉漳龙（即厦门、泉州、漳州和龙岩市）城市联盟、福州宁德城市联盟，开展厦泉漳城际轨道交通线网研究、城市雕塑、城市绿道网建设，召开两大都市区战略规划研讨会。继续推动泉州湾、三明—永安—沙县城市联盟。

【历史文化名城街区保护】 配合省财政厅组织福州、长汀和漳州的7个项目申报国家级历史文化名城保护资金；组织开展福州、漳州、建瓯、邵武历史文化名城保护规划技术审查；指导福州市"三坊七巷"历史文化街区保护修复，并开展保护规划修编；与省文化厅联合开展文化遗产日历史文化名城宣传。

7. 城市建设和市政公用事业

【城市建设战役】 深化拓展城市建设战役领域和内涵，全面推进市容市貌整治、综合交通改善、园林绿化、污水垃圾处理、基础设施完善等。2012年全省城建战役共安排项目3086个，计划完成投资1723亿元。至12月底，全省完工项目1256个，在建项目1508个，累计完成投资3200亿元，完成年计划投资的186%。提前超额完成年度投资任务，完成投资比例位居全省"五大战役"之首。

【老城区中心城区景观综合整治】 全面推进老城区、中心城区景观整治，实施沿街立面景观提升改造。福州、厦门、泉州、漳州等市完成5条以上、其余设区市完成3条以上、各县级市完成2条以上、各县完成1条以上的街道景观整治。至年底，各地全面完成老城区、中心城区景观综合整治任务，全省共完成211条街道景观综合整治，实施建筑立面改造5634栋，改造立面面积302万平方米；清理"两违"近1万处、104.5万平方米；拆除各类户外广告牌3.8万面。

【"四绿"工程城市绿化】 福建省委、省政府提出并下达绿色城市、绿色乡镇、绿色通道和绿色屏障等"四绿"工程城市绿化目标任务后，全省加强城市园林绿化建设，全省城市（含县城）园林绿化完成投资约59.5亿元。新增建成区绿化覆盖面积约4080公顷，新增建成区绿地面积约3570公顷，公园绿地面积约1000公顷。新增中心绿地175处，面积约375公顷；新增公园76个，面积约772公顷；到2012年底，全省城市、县城建成区绿地率分别是38.18%、35.54%，绿化覆盖率分别达42.03%、38.98%，人均公园绿地面积分别达12.1平方米和12.01平方米。

【园林城市创建】 为加大创建园林城市（县城）力度，组织专家赴宁德等12个市、县进行调研和指导。长泰、泰宁创建国家园林县城通过住房城乡建设部专家实地考核。宁德、晋江等市创建国家园林城市上报住房城乡建设部，省住房城乡建设厅命名福安、建阳市为"省级园林城市"，清流、将乐、德化、武平县为"省级园林县城"。截至2012年底，全省共有11个国家园林城市（县城）、21个省级园林城市（县城）。同时，完成第四批省级园林小区和省级园林单位评选工作，命名武警福州市支队第四大队等94个单位为省级园林单位，福州天元美术馆B区等40个小区为省级园林小区。截至2012年底，全省共有省级园林单位421个，省级园林小区212个。

【城市花化彩化】 福建省各设区市政府加大对城市花化彩化工作的投入，全省城市花化彩化工作取得阶段性成效。截至12月底，全省各设区市及平潭综合实验区共完成花化彩化项目124项，完成投资24.9亿元。在建项目19项，完成投资8.7亿元。完成项目及投资均超过年计划。福州市主要实施三环路绿化景观提升、二环南路沿线绿化整治建设和拆墙透绿工程，以及湖滨路、五一路、五四路、古田路等市区主干道和市区重点人行天桥、立交桥的花化建设，完成46处拆墙透绿工程。厦门市组织专家编印《厦门城市绿化常用植物参考图集》，邀请色彩学专家对城市花化彩化工作进行把关，甄选几十种适应性强、开花季节和花色不同的乔木、灌木、色叶植物。泉州市主要实施市行政中心二期中轴线景观工程、桥南立交景观提升、津淮街（刺桐路-坪山路段）绿化景观提升等16个花化彩化项目建设。

【园林绿化科研】 开展园林绿化标准制定和课

题研究,分别开展"推进生态文明建设研究"和"关于加快旅游产业发展研究"子课题《提升城乡人居环境 推进生态文明建设》和《发挥风景名胜区和名镇名村优势 促进旅游产业快速健康发展》的研究工作;完成《省级园林城市(县城)标准》、《省级风景名胜区评审标准》、《平潭绿化建设导则》制订等编制或修订,完成《城市园林绿地养护质量标准》、《园林植物保护技术规程》等地方标准编制工作。此外,在全省设区城市中开展主要绿化树种研究和选择工作,组织专家对福州市筛选的绿化树种进行论证。

【风景名胜区大省初步形成】 2012年11月,平和灵通山、莆田湄洲岛由国务院公布列入国家级风景名胜区,结束了漳州、莆田市没有国家级风景名胜区的历史。至此,福建省拥有18处国家级风景名胜区,33处省级风景名胜区,国家级风景名胜区数量居全国第三位,建立了十大类型的风景名胜区体系。

【景区基础设施建设】 重点抓好国家级风景名胜区游客中心及基础设施建设。福州鼓山建成4千米长鼓宦公路及停车场,并修复鼓岭景区老景点。永安桃源洞初步建成游客中心。泰宁建成长兴服务区,上清溪景区实行封闭式管理。白云山拓宽改造进入景区的道路。福州地铁鼓山站和福州至平潭铁路经过鼓山风景名胜区选址方案经住房城乡建设部核准后实施。

【景区保护管理】 2012年底住房城乡建设部组织开展国家级风景名胜区保护管理执法检查,将全国48个国家级风景名胜区进行抽查的结果通报,福建省武夷山、桃源洞-鳞隐石林和鼓浪屿-万石山3处风景名胜区接受抽查,其中武夷山和桃源洞-鳞隐石林2个风景名胜区名列优秀等级前列。

【完善城区道路交通基础设施】 继续推进福州、厦门市轨道交通等建设,福州轨道交通1号线全面开工,累计完成投资89亿元;厦门轨道交通1号线动工兴建。加大路网建设力度,全省新建、扩建、改建城市道路606条、1131.3千米、3894.5万平方米,其中完成"白改黑"134条、238千米。继续修复主城区道路路面,铺装修复人行道362万平方米,新建完善行人过街天桥(地道)设施32处,结合立体绿化对城市隧道内部实施亮化装饰和人行天桥、高架桥表面装修美化。出台《福建省城市道路雨水设计标准》,指导各地提高路面排水和城市防涝能力。开展停车场规划建设情况调研,召开全省停车场规划建设管理工作现场会。全省新建公共停车场46处、1.2万个停车位。9个设区市城市桥梁信息系统全部验收投用。福州、厦门、龙岩市市管桥梁全部入库,南平市启动信息系统二期建设,晋江市建立县级城市桥梁信息。

【继续实施架空缆线改造】 设区市主次干道、县(市)主干道缆线全部下地,全省完成缆线下地662条,共531.7千米。召开全省地下管线信息化管理现场会,莆田市住房城乡建设局信息中心建成投用地下管线信息系统,平潭综合实验区加快推进环岛路和纵贯线建设,并配套建设地下综合管廊。

【宜居城市综合体建设】 引导城市公共建筑集中建设,打造中央商务区,全省建设集居住、办公、商贸、餐饮、文体娱乐等功能于一体的城市综合体项目201个,共7562万平方米,完成投资1511亿元。福州建设海峡金融商务区、闽江北岸中央商务中心片区、仓山万达广场等;厦门建设集美新城百亿工程综合体、五缘湾片区综合体等。

【数字城管系统建设】 全省完成数字城管建设投资3.3亿元。福州市数字城管建设项目可行性报告暨初步设计方案通过评审,龙岩市成立数字城管监督指挥中心,厦门市完善提升数字城管系统平台。加快燃气市场整合和项目建设,继续推动天然气汽车加气,全省建成投用汽车加气站20座,在建汽车加气站13座;投放天然气出租车4350辆,天然气公交车1300辆。厦门、南平、宁德等市实行液化石油气钢瓶电子标签。

【城镇供水管网技改与建设】 联合省发展改革委出台贯彻全国城镇供水设施改造与建设"十二五"规划及2020年远景目标实施意见,明确加快供水厂和管网改造与建设、提高供水检测能力等方面要求;省政府出台由省住房城乡建设厅代拟的《关于进一步加强城市防涝工作的意见》,指导各地加强城市防涝排涝规划建设;指导福州等市推进内河整治,福州安泰河、白马河等多条主要内河截污工程基本完成,建成沿河休闲步行道逾20千米;组织开展城市生活垃圾填埋场和焚烧厂等级评定,举办城市生活污水处理厂关键岗位人员和供水水质检测工职业培训和考核。

8. 村镇建设

【小城镇综合改革建设试点】 组织新增加的长汀县河田镇总体规划评审;召开全省小城镇改革发展战役动员会,办培训班,召开莆田现场会;开展小城镇战役督查,指导督促试点镇完善规划,提高建设设计水平,推进规划建设管理工作。两批43个省级试点镇全部完成总体规划编制，正在全面实施；基本完成专项规划、近期建设用地控制性规划编制，开展城市设计和修规编制，建成规划展示厅。

【试点镇市政公用基础设施建设】 督促指导试点燃镇加快推进道路交通、给水排水、燃气、环卫、园林绿化等市政公用事业和房地产开发等项目建设，43个省级试点镇实施各类城建项目813个，总投资1248.7亿元，完成投资369亿元，完成年度计划的230.7%。

【试点镇环境景观综合整治】 43个省级试点镇完成或正在开展1条以上主要街道景观综合整治，深化"绿色乡镇"创建，推进绿化建设和景观整治，加快公园、街头绿地和庭院绿化，建设绿道系统。试点镇人均公园绿地面积达7平方米以上。经过年终考核验收，各试点镇全面完成建设任务，43个试点镇城建设施和环境面貌得到提升。

【农村危房改造试点】 会同省发展改革委、省财政厅组织申报农村危房改造任务，争取中央财政补助资金3.75亿元，试点范围从原中央苏区县、革命老区县扩大到全省所有县（市、区）；免费向各行政村印发《福建省农村村民住宅建设管理办法》宣传册3万份，督促各地贯彻落实省政府将村民住宅建设列入为民造福工程。

【村镇住宅小区建设试点】 扩大村镇住宅小区建设试点，新确定省级第十四批共19个村镇住宅小区建设试点，并指导完善规划设计，督促加快建设。编印《福建村镇建筑地域特色》，免费分发到市、县、乡镇，推广使用。

【历史文化名镇名村规划建设】 编制完成《福建省历史文化名镇名村保护与发展规划》，并组织论证，待评审后报省政府批准实施。重点扶持武夷山市五夫镇、连城县宣和乡培田村等12个名镇名村，组织申报建设项目，下达省级"以奖代补"资金，指导推动保护设施建设。指导设区市对上杭县古田镇、武夷山市五夫镇、泰宁县大源村保护规划进行审查。

【"绿色乡镇"创建】 推进"绿色乡镇"创建工作，继续创建"绿色乡镇"37个，超额完成年度创建目标任务。

9. 建筑业

【概况】 2012年，全省建筑业以优化产业结构，提高竞争力为主线，以深化建筑业企业改革，转变发展方式为重点，实施"走出去"和诚信品牌战略，加快建筑人才和企业文化建设，进一步规范建筑市场秩序，强化招投标监管，完善"防欠"（预防工程款拖欠现象）长效机制，建筑业持续健康发展。全省完成建筑行业产值5266.09亿元，同比增长23.6%。其中，总承包和专业承包企业完成建筑施工产值4424.54亿元，同比增长19.8%。全省实现全社会建筑增加值1646.9亿元，同比增长17.4%（按不变价计），占全省GDP的8.3%。全省建筑业税收总收入189.5亿元，同比增长21.4%，占全省地方税收总收入的14.71%，其中营业税115亿元，占全省营业税的23.5%；企业所得税39亿元（不含国税部门征收的10.3亿元），占全省企业所得税的21.1%。全省房屋建筑施工面积41821.78万平方米，同比增长17.2%，其中新开工面积16476.39万平方米，同比增长-0.9%。全年新签工程施工合同额4675.60亿元，同比增长7.7%；施工合同额合计量8080.99亿元，同比增长16.4%。

【服务行业发展】 5月，福建省住房城乡建设厅和省地方税务局联合召开第一次厅际联席会议，就促进全省建筑业发展增加地方税源问题交换意见并形成工作方案。6月份省住房城乡建设厅出台《台湾建筑业企业进驻平潭综合实验区从事建筑活动管理办法（试行）》，加强两岸合作交流。荣工工程股份有限公司、工信工程股份有限公司、中兴工程顾问股份有限公司等3家台湾建筑业企业按该试行办法规定，在平潭综合实验区备案。9月，省住房城乡建设厅征得住房城乡建设部同意，开展福建省房建工程施工总承包一级企业扩大承包范围试点工作，通过积累工程建设经验，促进全省建筑业做大做强。中建海峡建设发展有限公司申报的"融侨锦江悦府花园8号—10号楼"项目作为首家被核准参加房建工程施工总承包一级企业扩大承包范围试点项目。11月，在福州召开全省建筑业企业信息化推进会，进一步推进信息化建设步伐，提高企业经营管理水平，提升建筑业发展质量。通报表彰泉州市住房城乡建设局、福州市城乡建设委员会、龙岩市住房城乡建设局、厦门市建设与管理局和惠安县公用事业与建筑管理局、上杭县城乡规划建设局6家为"2011年度落实建筑业发展目标管理责任状先进单位"。打造建筑业企业品牌，会同省统计局修订《福建省建筑业企业综合实力评比（暂行）办法》，并评比公布2011年全省建筑业企业综合实力总承包30强、专业承包20强、装饰装修10强企业。省建筑业协会组织开展2011年度福建省建筑业先进企业、优秀经理和优秀项目经理评选活动，表彰先进企业164家、优秀经理116人、优秀项目经理185人。

【建筑业企业结构情况】 2012年新增总承包企业403家,其中,一级企业增加5家,二级企业增加58家,三级企业增加340家;专业承包企业54家,其中一级增加6家,二级减少38家,三级增加99家。不分等级减少13家;设计施工一体化企业347家,其中一级增加4家,二级增加324家,三级增加19家;劳务分包企业27家。全省建筑业企业现有4487家,二级及以上企业比重52.2%;其中总承包企业1786家,占39.8%;专业承包企业1402家,占31.2%,劳务分包企业615家,占13.7%;设计施工一体化企业684家,占15.2%。另有招标代理机构101家,工程造价咨询单位118家,工程检测单位143家。福建省各序列、等级资质建筑业企业数量分布见表1。

福建省各序列、等级资质建筑业企业数量分布　　表1

专业	企业数量(家)	特级		一级		二级		三级		不分等级	
		主项	增项	主项	增项	主项	增项	主项	增项	主项	增项
总承包企业	1786	3	0	174	64	614	344	995	1154	0	0
专业承包企业	1402			159	278	433	1089	791	4296	19	11
劳务分包企业	615					306	564	191	635	118	752
设计施工一体化	684			31	6	590	105	63	3	—	—
小计	4487	3	0	670	912	1828	2173	1849	5453	137	763

2012年,福建全省有工程管理技术人员约33万人,其中高级职称人员1万人,中级职称人员6.4万人。全省有100966人取得建造师执业资格证书(一级7981人,二级52518人),25877人取得建造师临时执业证书(一级2096人,二级23781人)。一级建造师占建造师总数的11.6%,临时建造师占建造师总数的29.97%。全省建筑业从业人员249.64万人。

【拓展省外境外建筑市场】 2012年,福建省住房城乡建设厅改革驻外服务机构,9月,省建筑业协会设立外向型企业服务中心作为服务全省外向型企业统一平台,并先后在北京和深圳设立分中心,实行区域服务,实施"走出去"发展战略,拓展省外境外建筑市场。出省施工的企业达到790家,共完成省外产值1705.53亿元,同比增长13.4%;外向度38.4%。从地域分布看,在广东完成339.61亿元,占全省省外产值19.9%,在广西、山东完成超百亿元,形成以广东、广西、山东、江苏、江西、安徽为重点的区域市场。拓展境外工程承包市场。2月,省住房城乡建设厅召开建筑业拓展境外承包工程座谈会,有17家单位参加,省外经贸厅和省建工集团介绍境外承包工程政策和经验做法。全省具有对外工程承包资格企业在境外共完成营业额6.4亿美元,新签合同35项,合同额4.9亿美元。

【"建筑之乡"完成建筑业总产值情况】 全省8个"建筑之乡"完成建筑业总产值1138.29亿元,同比增长20.2%,占全省产值25.7%。其中,惠安县297.83亿元,上杭县192.82亿元,永泰县135.20亿元,龙海市110.79亿元,连江县108.09亿元,福清市105.71亿元,平潭县103.48亿元,闽清县84.38亿元。完成省外产值702.65亿元,同比增长18.0%,占全省省外产值41.2%。其中,惠安县162.57亿元,上杭县143.81亿元,永泰县90.27亿元,平潭县83.38亿元,连江县66.40亿元,闽清县61.20亿元,福清市56.23亿元,龙海市38.79亿元。

【重点骨干企业发展情况】 产值排名前列的239家企业(取有工作量企业数的10%)完成产值3068.32亿元,占全省产值69.3%;每家平均产值12.84亿元,较上年增加1.26亿元。产值1亿元以上企业722家,增加103家,完成产值3936.66亿元,占全省产值的89.0%。161家特级、一级总承包企业,完成产值2415.00亿元,同比增长19.0%,占54.6%。福建省各等级总承包和专业承包企业产值分布情况见表2。

福建省各等级总承包和专业承包企业产值分布　表2

企业序列	资质等级	2012年		
		数量(家)	产值(亿元)	产值比例
总承包企业	特、一级	161	2415.00	54.6
	二级	526	1122.31	25.4
	三级及以下	733	443.36	10.0
专业承包企业	一级	138	211.62	4.8
	二级	420	118.43	2.7
	三级及以下	513	113.82	2.5

全省产值10亿元以上的企业有103家,比上年增加12家,产值合计2309.06亿元,占全省产值52.2%,其中20亿~30亿元的企业26家,30亿~

50亿元的企业16家，50亿元以上的企业5家。重点骨干企业在拓展省外市场也取得良好成绩。全省完成省外产值超过5亿元的企业89家，较上年增加10家，完成省外产值1120.82亿元，占全省省外产值65.7%，其中10亿～20亿元的30家，20亿～30亿元的10家，30亿元以上的5家。中建七局三公司完成建筑业年产值超百亿元。8月，以中建七局三公司为主体，由中建股份、中建七局、中建三局、中建四局、中建东北设计院、中建上海设计院等共同注资，合力打造的中建海峡建设发展有限公司在福州成立。

【建筑市场监管】 4月，福建省住房城乡建设厅开展全省工程建设项目招标代理和工程造价咨询专项检查工作。5月。省住房城乡建设厅部署专项治理工作。6月，组织开展2012年建筑业企业资质检查，按红、黄、绿三类实行差异化监管，省地两级组织实施检查。公布2011年度工程建设项目招标代理机构信用等级评价结果，7家AAA级、6家AA级。公布2011年全省建筑业企业信用等级评价结果，35家AAA级、28家AA级、14家A级。公布2012年度福建省工程造价咨询企业信用等级评价结果，11家AAA级、6家AA级、1家A级、1家B级。11月，开始在全省房屋建筑和市政基础设施工程中推行选用建机一体化企业。

【招投标监管】 2月，福建省住房城乡建设厅出台规范工程建设项目投标保证金管理通知，严防巨额投标保证金被个人卷逃，侵害投标人利益，引发群体性事件发生。5月，转发住房城乡建设部《关于进一步加强房屋建筑和市政工程项目招标投标监督管理工作的指导意见》，11月，启动在省管房建和市政工程施工招标中实施电子化招标投标。全省房建和市政工程施工招标项目2750项，中标价合计715亿元，较预算价下降8.84%；货物招标项目74项，中标价合计2.75亿元，较最高控制价下降9.67%。全省共有1982个项目采用合理造价区间随机抽取中标人办法，占施工招投标项目总数的72%，全省1303个项目实施预选承包商办法，1011个项目实施招标代理机构比选办法。备案审查招标文件4154项，依法依规处理招投标投诉45起。厦门、福州、漳州等地实施年度投标保证金制度。

【"防欠"、"清欠"工作】 继续推行建筑劳务分包和工程担保制度。全省1216个新开工项目实施劳务分包，1699个项目实施业主工程款支付担保和承包商履行担保。元旦、春节"两节"前夕，重点部署建设领域预防和解决拖欠工程款和农民工工资工作，维护社会安全稳定。3月，省住房城乡建设厅组织到山东省青岛市、陕西省西安市考察调研建筑劳务分包管理工作。6月，印发房建和市政工程领域企业工资保证金制度有关事项的通知，无欠薪房建和市政企业可免交工资保证金。全年共妥善处理拖欠农民工工资投诉约239起，涉及金额约1.27亿元；拖欠工程款投诉68起，涉及金额1.66亿元。全省施工企业缴纳农民工工资担保金约12亿元，全年共启用工资保证金24件，保证金金额1320万元。

【完善计价依据和计价办法】 2月，对全省建筑安装工程税率进行调整。修订《福建省安装工程消耗量定额》，编制《福建省抗震加固工程消耗量定额》，编制发布73项建筑、市政工程消耗量定额补充项目。4月，开始运行全省施工合同备案管理系统，受理1300个项目备案。改进人工材料价格管理系统和工程造价动态分析系统，评审通过6家计价软件，初步实现建筑市场价格信息网上申报、自动汇总分析。6月，首次组织工程造价专业在校生进行建筑工程造价员资格考试，全省1432名学生参加，887人通过考试取得造价员资格证书。11月，组织建筑、市政、园林工程专业造价员资格考试，全省共10706人参加，1663人考试合格。同时，开始编写每月《福建省建设工程造价动态分析报告》；试运行工程造价咨询成果网上备案系统，推动和强化对工程造价咨询成果质量及执业行为的监管。此外，改革劳保取费类别核定办法，将2011年劳保核定卡有效期自动延续一年，并核定2012年企业劳保取费类别6批671家。共发布近3万条材料价格信息，升级改版造价信息网。

10. 建筑节能与科技工作

【举办第六届"绿博会"】 由福建省、住房城乡建设部联合主办、福建省住房城乡建设厅承办的第六届海峡绿色建筑与建筑节能博览会，6月18～22日在福州海峡国际会展中心举办。有181家参展单位，参展项目329个，参观人数29万人资，对接项目92项，总投资10亿元。台湾省、澳门特区、澳大利亚等境外企业组团参展。同期举办绿色建筑与建筑节能学术研讨会。这届展会内容丰富，产品先进，场面热烈，受到省部领导和社会各界好评。

【标准建设】 加强技术、管理和服务等方面标准建设，主编住房城乡建设部行业标准《稳定型橡胶改性沥青路面施工技术规范》；组织审定《城市道路占用与挖掘技术标准》等15部行业急需工程建设地方标准，下达《城市隧道工程施工技术文件管理规程》等年度标准编制计划45部，涵盖城乡规划、市政公用、园林、住房保障等方面，切实发挥标准技术支撑，服务行业和提升管理水平的作用。

【建筑节能发展情况】 持续推进建筑节能工作，完善政策机制。出台《关于进一步加强全省建筑节能工作的通知》，加强全省建筑节能设计、施工、检测和验收管理，持续推进建筑节能发展。厦门、平潭、将乐列入国家可再生能源示范城市、片区和县，华侨大学、集美大学、福建工程学院和福建农林大学列入国家节能示范高校，争取中央财政资金1.1亿元。

【科技工作】 制定《建筑业企业总工程师培训方案》，开展企业总工程师岗位培训；建立省级科技示范工程项目30个，召开推进全省建筑业10项新技术应用示范现场会，进一步总结经验，宣传典型，促进新技术的应用推广，达到预期效果；下达18项行业研究开发项目。

11. 建设人事教育

【深化干部人事制度改革】 执行福建省贯彻《2010-2020年深化干部人事制度改革规划纲要》的实施意见，加大干部培养力度，选拔任用处级干部7名，科级干部22名，组织实干岗位轮换39名，选派干部赴基层挂职锻炼6名，遴选安排9名基层干部到厅机关挂职。继续推进干部人事制度改革，做好厅直属单位（省建设监察总队和省建设工程造价管理总站）副处级职位竞争上岗，通过竞岗选拔2名干部晋升任职，推进直属单位专业技术人员公开招考，组织公开招聘直属单位专业技术人员2名（省建设工程质量安全监督总站和省建筑工程施工图审查中心各1名）。引进紧缺人才。

【行业人才队伍建设】 组织承办全国住房城乡建设系统人教处长座谈会，并在会上交流行业人才教育培训工作经验。组织职称评审工作，通过高级工程师评定650人，通过工程师和助理工程师评定98人和2人。部署行业九类执业资格考试报名相关工作，组织实施20场共115874名人员资格考试工作，参考人员较上年增加23927人次，增长率26.02%。会同省公务员局举办全省建设行业人才招聘大会，组织390多家企事业单位近万名大中专毕业生和各类人才参加，提供6870多个需求岗位，到场求职应聘毕业生和各类人才9000人次，形成人才服务品牌效应。牵头组织开展全国住房城乡建设系统先进集体、先进工作者和劳动模范评选推荐工作，全省共有6个单位被评为先进单位，16名个人被评为先进工作者，14名个人被评为劳模。

【专题研修和机构调整】 会同省委组织部举办3期全省城乡规划专题研修班，县(市)政府分管领导和规划建设行政主管部门领导共129名参加研修，基本实现规划管理领导干部培训全覆盖。协调省委编办，做好省住房城乡建设厅驻外机办事机构、职责调整工作。协调做好厅机关内设机构调整完善工作，成立行政许可管理处。

【组织考察和引智培训工作】 做好出访考察外事服务工作，规范出国出境管理，组织实施因公出国出境培训考察8批次。继续深化住房城乡建设系统闽台交流，组织人员赴台湾考察学习交流3批次。

12. 大事记

1月

6日，福建省住房城乡建设厅印发《关于加快推进全省村庄规划编制工作的通知》，要求各地加快4178个村庄规划编制。

30日，福建省发展改革委、住房城乡建设厅、国土资源厅印发《2012年小城镇改革发展战役实施方案》。

2月

2日，福建省物价局、住房城乡建设厅、财政厅联合下发《公共租赁住房租金管理办法》(3月1日正式实施)，成为全国率先出台公租房租金政策的省份之一。

10日，全省住房保障工作会议暨全省住房和城乡建设工作会议在福州召开。

12日，福建省政府在福州市召开全省小城镇综合改革发展战役动员会暨培训班。

17日，福建省住房城乡建设厅印发《关于做好＜福建省农村村民住宅建设管理办法＞宣传工作的通知》，要求各地采取多种宣传方式宣传《福建省农村村民住宅建设管理办法》。

29日，福建省委、省政府在北京举行平潭综合实验区规划研讨会，省委书记孙春兰、省长苏树林出席并讲话。院士吴良镛、周干峙、叶嘉安、李文华等共16位专家应邀出席会议。省政府向吴良镛、周干峙、赵宝江等10位规划专家颁发平潭综合实验区规划专家顾问团聘书。

3月

15日，福建省住房城乡建设厅下发《福建省住房公积金业务处理信息系统硬件配备标准》，按照公积金中心资金规模和缴存人数设置三种配置方案，要求建立专用机房，配备相关软硬件专业技术人员，实现软硬件自我管理和维护，确保数据信息安全，实现全省住房公积金数据异地存储和资源共享。

19日，中共福建省委办公厅、省人民政府办公厅印发《关于开展村庄环境整治工作的意见》。

同日，福建省住房城乡建设厅在福州市召开施工现场观摩会，部署建筑业10项新技术应用示范工程工作。

21日，福建省住房城乡建设厅在宁德市召开全省住房公积金行政执法工作座谈会。以会代训，对全省住房公积金行政执法工作进行动员部署，培训行政执法相关法律知识，讲解《福建省住房公积金行政执法暂行规定》，提高公积金从业人员对行政执法工作的认识，增强行政执法能力、水平和信心。

22日，福建省人民政府印发《关于开展城乡环境综合整治"点线面"攻坚计划的指导意见》，对村庄整治提出村庄规划好、建筑风貌好、环境卫生好、配套设施好、绿化美化好、自然生态好、管理机制好等"七好"要求。

4月

7日，福建省住房城乡建设厅在福州市行政服务中心举行"住房公积金 圆您住房梦"——福建省住房公积金宣传月活动启动仪式。福州住房公积金管理中心、省直、铁路、能源集团住房公积金管理机构负责人、部分在榕住房公积金业务委托承办银行以及部分在榕缴存单位代表出席启动仪式，厦门、泉州等7个设区市设立启动仪式分会场。启动仪式后，各地住房公积金管理部门还举行住房公积金政策现场咨询和群众互动，就此拉开2012年全省为期一个月的住房公积金宣传月活动。

15日，福建省住房城乡建设厅对设区市住房公积金中心2011年度业务与管理工作进行现场考评，复核认定各管理中心自评结果，并结合日常监督情况进行综合考核。根据评定结果，授予厦门、省直、泉州、莆田、三明、福州等市管理中心"2011年度住房公积金管理中心业务与管理工作考核先进单位"；授予厦门、福州、泉州等市管理中心"2011年度住房公积金缴存扩面工作优秀单位"；授予福州闽清管理部、厦门同安管理部、漳州龙海管理部、泉州市区管理部、三明沙县管理部、莆田市中心直属管理部、南平市中心营业部、龙岩上杭管理部和武平管理部、宁德市中心直属营业部等管理部"2011年度福建省住房公积金十佳管理部"。

22日，福建省政府出台《关于开展城乡环境综合整治"点线面"攻坚计划的指导意见》（闽政文〔2012〕106号）。《意见》明确"点"是抓好城乡社区的规划、整治和建设，打造完整社区；"线"包括快线和慢线，快线是抓好高速公路、过境公路和铁路沿线两侧的绿化和整治，慢线是抓好自行车和步行道系统的建设，打造人居环境走廊；"面"是加强各地的小流域治理，打造青山绿水的田园风光。《意见》要求开展社区规划整治建设，城市完整社区要做到"六有、五达标、三完善"，农村社区要做到"七好"；开展公路铁路沿线规划整治建设，重点抓好"三整治二构建一建立"；开展慢线系统建设，组织开展绿道规划编制，福厦泉要建成15千米以上，其余设区市建成6千米以上，其他县市建成3千米以上绿色步行道和自行车休闲观光道；开展小流域综合整治，要以"四个到位"为抓手，以生态环境恢复和增强水体自净能力为重点开展综合整治行为。

26日，福建省住房城乡建设厅在全国首次发布《福建省保障性住房"和谐人居"建设导则》（试行），以及《福建省保障性住房配租配售流程图》。

28日，住房城乡建设部授予厦门市、福州市"第八届中国国际园林博览会优秀组织奖"，同时分别授予福州市园林局、厦门市市政园林局优秀建设奖和先进集体称号。

30日，中国第八届（重庆）国际园林博览会室外展厦门园荣金奖、设计大奖、施工优秀奖和植物配置大奖；福州园获建筑小品大奖。

5月

2日，福建省住房城乡建设厅印发《关于开展村庄规划编制质量检查的通知》，部署开展4178个村庄规划质量检查工作。

10日，福建省住房城乡建设厅确定厦门洋唐居住区等9个项目为保障性住房"和谐人居"示范试点小区。

18日，福建省住房城乡建设厅、文化厅、文物局、财政厅转发《住房城乡建设部 文化部 财政部关于开展传统村落调查的通知》，印发《福建省传统村落调查实施工作方案》，部署开展福建省传统村落调查工作。

23日，住房城乡建设部保障性安居工程巡查组入驻福建省开展巡查。

26日，福建省住房城乡建设厅会同财政厅、人民银行福州中心支行出台《关于提高中央驻闽单位住房公积金缴存比例上限的通知》，允许中央驻闽单位及其在职职工按照不超过15%的比例缴存住房公积金，并从2012年7月1日起实行。

31日，《宁德市城市总体规划（2011—2030）》获省政府批准实施。规划确定宁德是海峡西岸经济区东北翼中心城市，沿海重要枢纽港口，新兴能源和临港产业基地，生态宜居的海湾型城市。到2030年，中心城区规划人口规模达到100万人，建设用地控制在190平方千米内。

6月

18~22日，举办第六届"绿博会"，参展单位181家，参展项目329个；参观人数29万人次；对接项目92项，总投资10亿元；台湾省、香港和澳门特区、澳大利亚等境外企业组团参展。

26日，《武夷新区城市总体规划（2010~2030）》获省政府批准实施。规划确定武夷新区将建设成国际知名的"世界遗产地，绿色生态城"。到2030年，城区规划人口规模70万人左右，建设用地规模控制在90平方千米以内，现有武夷山市区和建阳市区基本连成一体，成为闽浙赣交界区域重要中心城市。

7月

2日，自上月12日福建省住房城乡建设厅出台《台湾建筑业企业进驻平潭综合实验区从事建筑活动管理办法（试行）》后，首家台湾企业——台湾中兴工程顾问股份有限公司向平潭行政服务中心递交有关材料，办理进驻平潭设立平潭分公司备案手续。

3日，住房城乡建设部、国家发展改革委、财政部下发《关于做好2012年扩大农村危房改造试点工作的通知》，将福建省列入中央扩大农村危房改造试点省份。

10日，福建省住房城乡建设厅印发《福建省城市规划管理技术规定（试行）》。该规定是福建省城市规划管理重要技术支撑，是城乡规划主管部门依法管理重要依据。技术规定内容包括城市土地使用、建筑与城市景观塑造、道路交通及公用设施建设、城市防灾、城市空域保护与地下空间开发、建设工程竣工规划条件核实等，重点突出建筑间距、建筑退让、城市绿化、停车配建等规划审批许可核心内容，对城市防灾、地下空间、城市空域保护、公共服务设施配置等内容提出控制要求。

8月

9日 福建省住房城乡建设厅在福州组织福建省数据备份与应用中心（一期）项目初步验收。

11日 福建省政府在莆田市荔城区西天尾镇召开全省小城镇综合改革建设试点工作现场会。

18日 以中建七局三公司为主体，集中优势资源，打造一个集设计、开发、房建和基础设施建设等业务于一体的全产业链建设企业——中建海峡建设发展有限公司正式在福州成立。福建省政府省长苏树林、福州市委书记杨岳分别为其揭牌、授牌。

31日 住房城乡建设部批准在福建开展房屋建筑工程施工总承包一级企业扩大承包范围试点，中建海峡建设发展有限公司"融侨锦江悦府花园8号-10号楼"项目首家获准。

9月

8日 福建省住房城乡建设厅转发《住房和城乡建设部 财政部 中国人民银行关于做好扩大利用住房公积金贷款支持保障性住房建设试点范围的通知》，确定漳州、龙岩两个城市为新增试点城市；确定厦门后溪花园等6个新增利用住房公积金贷款支持保障性住房建设试点项目，并对试点项目贷款实行全业务办理和实时监管，封闭管理资金，以保贷款资金安全。

27日 《平潭综合实验区总体规划（2011—2030）》获省政府批准实施。规划确定平潭综合实验区将建成两岸合作先行区、体制机制改革创新示范区、两岸同胞共同生活宜居区和海峡西岸科学发展先导区。

同日，福建省住房城乡建设厅、发展改革委、财政厅印发《福建省农村危房改造试点工作实施方案》。

29日 为发挥城镇化多重效应，走出具有福建特色的城镇化道路，福建省委办公厅、省政府办公厅印发《关于积极推进城镇化发展的十二条措施》（闽委办发〔2012〕8号）。

同日，第六届福建省花卉盆景博览会在福州市西湖公园开幕。博览会荟萃八闽大地盆景500多盆、名贵花卉300多盆。经专家评选，评出盆景金奖18盆、银奖57盆、铜奖112盆；花卉金奖8盆、银奖21盆、铜奖43盆。

10月

15日 福建省住房城乡建设厅联合财政厅、人力资源和保障厅等部署开展全省扩大住房公积金制度覆盖面督查工作，并组成联合督查组，对泉州、漳州、莆田、宁德等地住房公积金扩面工作和服务质量进行抽查，与相关部门、企业职工代表、承办银行座谈，并将抽查结果在全省通报。

22日 福建省住房城乡建设厅转发《住房城乡建设部关于开通12329住房公积金热线的通知》，要求全省开通12329住房公积金热线。

11月

16日 福建省政府办公厅出台《关于进一步完善保障性住房分配政策 加快配租配售步伐的通知》。

18日 《福建省绿道网总体规划纲要（2012~2020）》获省政府批准实施。规划至2020年，福建省将建成省级绿道3119千米,其中6条省级绿道主线2717千米、2条绿道支线189千米、2条绿道连接线213千米。绿道网涉及20处交界面,90个一级驿站。

20日 全省建筑业企业信息化推进会在福州召开,进一步推进企业信息化建设,提高企业经营管理水平,提升建筑业发展质量。

28日 经福建省政府同意,省住房城乡建设厅、财政厅印发《福建省实施"点线面"攻坚计划和村庄环境综合整治2012年验收考核办法》。

12月

6日 福建省住房城乡建设厅下发《福建省住房公积金提取管理暂行规定》,对住房公积金提取的主体、范围、程序、审批、监督等方面作出相应规定,规范全省住房公积金提取行为,维护住房公积金缴存职工合法权益。

9日 《龙岩市城市总体规划(2011~2030)》获省政府批准实施。规划确定龙岩市将建设成为海峡西岸经济区西部中心城市、先进制造业基地、全国重要红色、客家文化生态城市。规划至2030年,中心城区规划人口规模110万人左右,建设用地120平方千米以内。

12日 福建省住房城乡建设厅下发《福建省住房公积金数据备份与应用中心管理暂行办法》,组织实施、管好和用好全省住房公积金数据备份与应用。委托福建省建设信息中心负责备份公积金中心的机房、网络、设备和数据库日常管理和维护,以保备份中心整体安全及数据同步复制正常运行。

17日 住房城乡建设部、文化部、财政部公布福建屏南县长桥镇柏源村、尤溪县台溪乡盖竹村、长汀县馆前镇坪埔村等48个村庄为第一批中国传统村落。

19日 福建省住房城乡建设厅会同财政厅、人民银行福州中心支行出台《福建省个人住房公积金贷款管理暂行规定》,对个人住房公积金贷款对象和条件,贷款额度、期限和利率,贷款程序、时限和申报材料等方面作出相应规定,并对各设区市住房公积金贷前贷后进行规范,提高个人住房公积金贷款办理效率。

(福建省住房和城乡建设厅 撰稿:施德善)

江 西 省

1. 概况

2012年,在江西省委、省政府的正确领导和住房城乡建设部的精心指导下,全省住房和城乡建设系统以科学发展观为统领,紧紧围绕全省工作大局,求真务实,奋力拼搏,各项工作都取得了新的成绩,全省住房城乡建设事业实现了又好又快发展。

【城镇化保持较快发展】 城镇化步伐明显加快,2012年全省城镇化率达到47.51%,较上年提高1.81个百分点。全省50万~100万人的大城市达到8个,比上年增加5个;20万~50万人口的中等城市达到12个;全省92个市县建成区面积达1996平方公里,比上年增加120平方公里,新增城镇人口80万。

【保障性安居工程建设成效显著】 加大保障性安居工程建设力度,实行保障性住房建设目标责任管理,形成了较为健全的工作机制。江西省在全国率先推行"三房合一,租售并举",实行廉租住房、经济适用住房、公共租赁住房统筹建设,并轨运行。加强工程质量安全监管,确保公平分配。强化督促检查,确保任务落实。2012年全省完成保障性住房建设投资350亿元,开工建设30.38万套,基本建成30.9万套,超额完成国家下达的保障性住房建设任务。全省已累计投资1200亿元,解决了95万余户城镇低收入家庭住房困难。争取农村危房改造中央补助资金13.1亿元,完成农村困难家庭危房(土坯房)改造17.5万户,累计30.3万户农村困难群众的住房条件得到明显改善。

【城乡人居环境继续改善】 全省共实施5000万元以上城建重点项目1160个,总投资3592.7亿元,一大批基础型、功能型、生态型城镇设施相继建成,城市综合承载力不断提高,功能不断完善,人居环境不断改善。新增九江、上饶两市为国家级园林城市,11个设区市有9个进入国家级园林城市行列;新增修水县为国家级园林县城，总数达到 3 个。樟树、分宜、德安、遂川、万载、资溪 6 个县（市）进入江西省园林城市行列，总数达到 45 个。28 个省级示范镇发展加快，实力明显增强，示范作用初步显现。修水县山口镇等 17 个镇村列为省级历史文化名镇名村，总数达到 84 个。12 个国家级历史文化名镇名村进入国家"十二五"文化和自然遗产保护设施建设规划项目储备库；33 个村落入选首批国家级传统村落名单。风景名胜区规划编制和保护管理工作稳步推进。新增万年神农源、德兴大茅山 2 处国家级风景名胜区，全省国家级风景名胜区达 14 处，列全国第三。

【建筑产业实现加速发展】 省政府首次召开全省建筑产业发展大会，出台《关于加快建筑产业发展的若干意见》，提出"三个翻番、三个突破"的发展目标，明确了支持建筑业发展的主要政策措施。进一步优化建筑业发展环境，鼓励支持骨干建筑企业做大做强，促进建筑业重点市县加快发展。进一步加强建筑质量安全监管，全省建筑领域安全生产形势运行平稳。截至 2012 年底，全省各类建筑企业 3937 家，其中一级以上资质企业 216 家，新增 8 家。全年建筑业总产值 2729.89 亿元，同比增长 30.3%。建筑业对外拓展能力进一步提高，省外完成建筑业总产值 869.17 亿元，同比增长 50.0%，高于全省总产值增速约 20 个百分点，外省完成产值占总产值 31.84%。全省对外承包工程实现营业额 18.4 亿美元，同比增长 16%。产业化程度进一步提高，全省 216 家一级以上资质建筑业企业完成建筑业总产值 1456.01 亿元，同比增长 29.1%，占全省建筑业总产值的 53.3%。全省有 2 项工程通过了国家鲁班奖评审，有 14 项工程获得全国建筑工程装饰奖；南昌县城乡规划建设局、广丰县建设局获得"全省建筑产业发展突出贡献奖"。全省建筑业税收额占全省地方税收总额的四分之一，建筑业成为江西省吸纳农村劳动力转移的第二大产业。

【房地产市场运行总体平稳】 全省认真贯彻落实中央关于房地产市场的调控政策，抑制房地产投机性消费，加强房地产市场监管和企业动态监督检查。加强房地产市场监测分析，建立全省房地产市场情况分析联席会议制度和月报制度。加快房地产市场信息系统建设，全面建成新建商品房网上备案系统，进一步规范市场秩序，促进全省房地产市场平稳健康发展。2012 年，全省房地产开发投资稳中有升，完成投资 969.62 亿元，同比增长 11.8%；商品房竣工面积 1747 万平方米，销售面积 2397 万平方米。编制《江西省城镇住房发展规划（2011～2015）》。引进全国大型知名房地产开发企业来赣投资，共签约项目 32 个，项目总投资 1190 亿元，有 18 个项目签订土地出让合同，11 个项目开工建设。

【建筑节能和城镇减排稳步推进】 全省党政机关办公建筑和大型公共建筑能耗公示、监测和节约型校园建设工作顺利推进。实施一批国家太阳能光电建筑、可再生能源建筑、高校节能综合改造、公共建筑节能改造等示范项目，争取国家专项补助资金 1.52 亿元。积极开展一、二星级绿色建筑标识评定工作，全省绿色建筑项目达到 11 个，面积近 200 万平方米。在建筑科技应用领域新增和推广 23 项建筑节能和太阳能新技术、新产品。2012 年，全省投资 21.9 亿元，建成排水管网约 1260 公里，城镇污水处理厂负荷率达到 71.21%。全省城镇生活垃圾无害化处理量 335.2 万吨，处理率达到 58.3%，新增 200 个集镇实施垃圾无害化处理。

【住房公积金归集管理得到加强】 全省住房公积金运行总体平稳，全年归集住房公积金 146.08 亿元，同比增长 25.29%；提取公积金 53.92 亿元，同比增长 41.66%，发放个人住房公积金贷款 75.85 亿元，同比增长 30.30%，共支持 3.13 多万户职工家庭利用住房公积金贷款购买住房，公积金贷款逾期率为 0.21‰，贷款质量进一步提高。截至年底，全省累计归集住房公积金 679.09 亿元，归集余额 464.62 亿元，累计为 35.02 万余户职工家庭发放个人住房贷款 434.92 亿元，贷款余额 240.19 亿元，为广大职工群众改善住房条件发挥了积极作用。

【党风廉政和精神文明建设取得新成效】 全省住房城乡建设系统党风廉政建设、队伍建设和精神文明建设进一步加强。深入推进党风廉政建设和反腐败斗争。严格实行党风廉政建设和业务工作"两同时"、领导干部"一岗双责"制度。建立和完善公共资源网上交易和监管平台，继续深入开展工程建设领域突出问题专项治理。大力开展集中整治影响发展环境的干部作风突出问题活动，取得了明显成效。成功举办第一届全省住房城乡建设系统运动会。全面开展服务大局、服务群众、服务企业、服务基层"四服务活动"，以及文明行业示范点创先争优活动，全省住房城乡建设系统涌现出一大批先进集体和先进个人。

【法制工作进一步加强】 《江西省物业管理条例》、《井冈山风景名胜区条例》两个地方法规和《江西省工程建设工法管理办法》、《江西省公共租赁住房配租管理暂行办法》、《江西省保障性住房建设标准(试行)》、《江西省城镇燃气经营许可证管理办法》等 11 个规范性文件颁布实施。行政审批、科技教育、勘察设计、标准定额、市场稽查、信访维稳、信息化建设等各项工作都取得新的成绩。

2. 法制建设

【突出重点，进一步加强立法工作】 《江西省物业管理条例》于 2012 年 10 月 1 日正式颁布实施；《江西省井冈山风景名胜区条例》、《江西省城市房屋权属登记条例(修订)》已提请省人大常委会审议修订；《江西省风景名胜区条例》、《江西省民用建筑节能管理条例》已列入调研论证项目；《江西省风景名胜区条例》、《江西省民用建筑节能管理条例》、《江西省城镇燃气管理办法》、《江西省国有土地上房屋征收与补偿实施办法》已报省政府法制办审查修改。江西省住房和城乡建设厅积极向省人大、省政府争取立法项目，向省人大、省政府法制办报送了地方性法规和省政府规章共计 10 项，已列入省政府立法项目库建议项目。加强立法协调和文件把关。完成法律法规协调件 30 多件，参加征求意见座谈会 20 余次，审查《江西省房屋建筑工程设计招标投标管理暂行办法》等规范性文件 10 余件，会签各业务处(室)文件 20 多件。

【承前启后，"六五普法"开局良好】 2012 年是落实"六五"普法规划的承前启后之年。制定《关于在全省住房城乡建设系统开展法制宣传教育的第六个五年规划(2011～2015 年)》，使普法工作扎实、有效地开展。

【强化措施，规范实施非行政许可审批项目】 认真落实《江西省人民政府关于精简省级非行政许可项目的决定》，印发《关于进一步做好我厅精简省级非行政许可审批项目有关工作的通知》。对规范实施保留的 10 项省级非行政许可审批项目作出部署，对外公开项目名称、设定依据、办理条件、申报材料、办理程序、办理时限以及收费等内容；进一步规范审批流程，绘制流程图，并纳入全省网上审批和电子监察系统统一运行。按照省监察厅、省政府法制办要求，保质保量地完成了项目流程再造信息表的整理报送工作。同时对各项保留项目的办理流程等事项进行规范，并在厅门户网站上予以公开。

【调解优先，依法做好行政复议工作】 2012 年共收到行政复议申请 3 件，主要涉及房屋征收和信息公开，受理 3 件，办结 3 件。其中，调解后撤回申请 1 件，作出维持决定 2 件。同时，积极参与有关信访投诉案件的处理，从法律法规角度提出合理意见，供领导决策参考。

【加强指导，提高全系统依法行政水平】 加强履职监督工作。在全省系统范围内开展行政执法检查，通过检查评比，总结经验、发现不足、推广典型，提高广大一线人员的行政执法水平。开展政策法规研究。对行业新出台的法律法规政策开展有针对性的研究。在全系统转发了《对关于违反规划许可、工程建设强制性标准建设、设计违法行为追诉时效有关问题的意见》。做好政策法规咨询解答。全年共接到群众、各设区市、县(区)住房和城乡建设主管部门来电、来信咨询 20 余件(次)，基本做到件件有回音。

3. 建筑业与工程建设

【概况】 截至 2012 年底，全省各类建筑业企业 3937 家，比上年增加 508 家，共完成建筑业总产值 2729.89 亿元，同比增长 30.3%，增速位居全国第一，建筑业总产值全国排名进一步前移；全社会建筑业增加值 1112.9 亿元，占全省生产总值的 8.6%；按建筑业总产值计算的劳动生产率 27.40 万元/人，同比增长 8.7%；企业在省外完成的建筑业总产值 869.17 亿元，同比增长 50.0%；全省房屋建筑施工面积达 19109.10 万平方米，同比增长 23.2%，高于全国平均增长速度 3.5 个百分点；其中房屋竣工面积 9880.07 万平方米，同比增长 26.5%，房屋建筑面积竣工率达 51.7%，高于全国平均竣工率 30.8%。

【全力扶持建筑行业加快发展】 省政府首次出台支持建筑产业加快发展系列政策措施，确定了发展目标，形成了促进全省建筑产业加快振兴和发展的良好氛围。开展评优工作，授予南昌县城乡规划建设局、广丰县建设局"全省建筑产业发展突出贡献奖"。开展江西省先进建筑业企业和优秀建造师评选工作，共 98 家建筑业企业被评为全省先进建筑业企业，192 名建造师为全省优秀建造师。

【支持企业创新，提升行业科技水平】 为加强江西省工程建设工法管理，修订《江西省工程建设工法管理办法》，规范省级工法评审专家的管理，成立江西省工程建设工法评审会，细化省级工法评审的程序和原则。2012 年，经专家组初审和省工程建设工法评审委员评审，共 78 项工法通过评审并已公告。开展 2012 年度建筑业省级新技术应用示范工程申报工作，确定 20 项工程为江西省创建省级建筑业新技术应用示范工程项目。共推荐 3 项工程参加国家建筑工程最高奖鲁班奖的评选，其中南昌师范高等专科学校新校园主教学楼和中国井冈山干部学院添建项目等2项工程获奖。

【加强市场监管,确保行业运行稳定】 组织开展全省建筑市场监督执法检查,全省各级建设行政主管部门对2011年以来新开工、投资500万元以上的政府投资和使用国有资金的在建房屋建筑和市政工程进行全面自查,并对保障性安居工作逐一检查,全省共抽查653个在建工程,下发整改通知书216份。开展全省建筑业企业资质动态核查,核查对象为2010年底前取得建筑业企业资质证书的企业,共检查1086家建筑业企业,核查结论为合格的709家,基本合格的91家,问题比较突出的212家,拟撤回资质的74家。

【做好清欠工作,维护农民工权益】 继续加强清理建设领域拖欠工程款和农民工工资工作,维护企业和农民工的合法权益。2012年共受理拖欠工程款和农民工工资案件129件,接待民工280余人次,解决拖欠工程款1550万元,解决拖欠农民工工资140余万元。

4. 城乡规划

【概况】 2012年,全省11个设区市均成立了城市规划委员会,由市委书记或市长亲自担任主任,具体研究解决城市规划发展和建设的重大问题。各地普遍实行城市规划专家技术审查制度,对事关城市规划、建设和发展的重大问题,注意广泛听取专家和社会各界的意见,科学决策、民主决策的意识进一步加强。南昌、景德镇、鹰潭、萍乡、上饶、新余、抚州、井冈山、贵溪、乐平、德兴、瑞昌12个市设立一级规划局;赣州、宜春、吉安、九江、丰城、樟树、高安、瑞金、南康9个市设立一级规划建设局;九江市设立二级规划局;吉安设立规划管理处;宜春市设立规划管理办;寻乌、修水、武宁、都昌、德安、上饶县、玉山、广丰、鄱阳、婺源、万年、余干、横峰、铅山、弋阳、上栗、上高、奉新、东乡19个县设立规划局;南昌县、新建、进贤、安义、湖口、全南、定南、于都、吉安县、新干、吉水、永丰、泰和13个县设立规划建设局,全省规划管理人员超过千人。全省现有南昌、景德镇、赣州市3个国家历史文化名城,吉安、井冈山、瑞金、九江市4个省级历史文化名城。

【全力推进全省城镇化工作】 加强督查,推进考核,重点考核11个设区市中心城区,对各设区市推荐省政府表彰的1个先进县(市)进行核查。完善对各设区市加速推进城镇化发展的情况考核评价指标。强化政策研究,经省政府第64次常务会议审议并原则通过,6月4日,省政府正式印发《关于进一步推进城镇化发展的实施意见》。加大宣传力度,组织召开新闻发布会,通报全省城镇化推进工作情况。9月和11月,省十一届人大常委会分别召开会议,听取和审议全省加速城镇化发展情况的报告。11月,副省长朱虹出席全省推进城镇化加强城市管理工作会议并作重要讲话。

【稳步推进全省城镇体系规划编制工作】 都市区规划编制工作取得突破。3月,省长鹿心社专门听取关于城镇化建设和《江西省城镇体系规划》编制工作情况的汇报,并对推进城镇化、城镇体系规划编制工作进行全面部署。组织省内专家对《江西省城镇体系规划》(初稿)进行了完善。8月,该规划成果通过了住房和城乡建设部的技术审查,拟正式上报省政府审议。经省政府第64次常务会议审议确定了全省"一群两带三区"的城镇体系规划空间布局结构方案。多个省级层面的区域规划启动编制。召开《赣州都市核心区总体规划纲要》论证会,审议并原则通过了该规划纲要。组织对九江都市区规划纲要进行了技术指导和帮扶,加快规划编制进程。组织开展《南昌大都市区规划》编制工作。至此,全省三大都市区规划编制工作全面启动。

【健全城乡规划管理制度体系】 制定出台《关于进一步规范城市和镇总体规划修改工作的通知》、《关于建立省级派驻城乡规划督察员制度的意见(送审稿)》、《江西省城市规划行政审批规程(修订版)》、《关于加强市县规划展示馆建设和管理工作的通知》,启动《江西省城市规划管理技术导则(修订版)》修订工作。进一步规范全省城乡总体规划的修改工作程序和内容,加强对总体规划修编的技术指导和管理,维护总体规划的严肃性和法定性,保障全省城镇化快速健康发展。

【城市和县城总体规划审查和报批工作取得新的成绩】 2月,原则通过《丰城市城市总体规划(2010—2030)》和《乐平市城市总体规划(2009～2030)》。5月,原则通过《高安市城市总体规划(2010～2030)》。至此,全省22个设市城市全面完成城市总体规划编制工作(仅新设立的共青城市城市总体规划还在编制中)。景德镇市、瑞金市、瑞昌市等城市开展新一轮总体规划的修编工作。积极做好城市总体规划的论证审查工作。完成景德镇市、莲花县等10个县市城市总体规划实施评估报告和共青城市、井冈山市、乐安县、万载县等12个市县城市总体规划纲要论证,组织专家完成井冈山市、永新县等11个市县城市总体规划成果评审。对报请省政府审议的丰城市、乐平市、高安市等3个城市总体规划提出审查意见。全力做好城乡规划技术帮扶工作。组织工作组深入6个重点示范村和有关乡镇进行实地调研，完成《井冈山市城乡规划编制工作实施方案》和井冈山市城市总体规划纲要论证、成果评审。

【积极做好重大建设项目规划选址工作】 2012年，共完成江西成品油管道二期工程、九江绕城高速公路工程等60个重大建设项目《建设项目选址意见书》的核发工作，其中涉及道路工程22个、水利工程3个、旅游项目3个、石油天然气管道工程3个、电力工程17个以及码头、货运、交通枢纽和棚户区改造工程等。认真组织选址论证，为项目规划选址提供科学依据。共组织召开西气东输三线江西段建设项目、九江县杭瑞高速狮子互通连接线一级公路等31次建设项目规划选址专家论证会。按照建设项目的不同情况一次性提供所需要的材料清单，做到所有建设项目规划选址许可及时办理、按时办结。

【开展全省城乡规划工作巡查】 组织对九江市、萍乡市、宜春市、新余市、赣州市、吉安市、上饶市7个设区市中心城区进行城乡规划工作巡查。通过听汇报、查资料、看现场、座谈讨论交流等形式，重点检查各地城市规划展示馆，建设工地的规划公示牌、公示栏，同时查阅建设项目的规划许可和批后监管资料以及相关规划管理制度和许可文书，交流各地城乡规划编制、管理的经验和做法，有效提升了全省城乡规划管理水平，促进规划展示馆的建设和规划的公开公示。

【积极开展优秀近现代建筑评定和保护工作】 为切实加强对优秀近现代建筑的保护，促进全省城市建设与城市历史文化遗产保护协调发展，会同省文化厅在全省组织开展评定和保护优秀近现代建筑工作。各地按照要求进行了初审与评选，批准全省各地156处建筑为优秀近现代建筑。

5. 勘察设计与建设节能

【概况】 2012年，全省工程勘察设计单位共396家。其中，甲级企业79家；从业人员29219人，其中技术人员20395人（高级职称人员5074人，中级职称人员8396人，初级职称人员6304人）；注册执业人员3752人，其中注册建筑师693人（一级251人，二级442人），注册结构工程师597人（一级392人，二级205人），注册土木工程师（岩土）140人，其他注册工程师2322人。2012年全省勘察设计营业收入总额158.14亿元，同比增长17.6%，其中，工程勘察收入102723万元，同比增长28.92%，完成工程设计收入300101万元，同比增长9.98%，营业税金及附加52788.83万元，同比增长25.41%。

2012年，江西省加大对建设科技创新和项目推广力度。依据《推广应用新技术管理实施细则（试行）》，积极组织技术成熟、可靠的建筑节能新产品、新技术在全省推广应用，收到明显的节能效果。推广28项节能新技术、新产品，内容涵盖防水材料、墙体材料、节能环保材料等多方面。成功发行4期《建设科技》杂志，为建设企业搭建了科技交流平台，取得良好社会效应。

【加大勘察设计行业的质量和市场监管力度】 提高勘察设计质量监管，组织专家对各设区市进行房屋建筑工程勘察设计质量检查，积极做好施工图设计文件审查备案工作，全年共完成55个单位工程的施工图设计文件审查备案工作，严把施工图设计审查质量关，对不符合规范要求的设计文件及时提出整改意见，并督促其整改后予以备案。进一步规范全省勘察设计市场，注重提升勘察设计市场监管服务意识和管理水平，年度内对外省进赣勘察设计单位的市场经营活动进行全面检查。

【加大工程建设标准的编制和推广力度】 做好标准定额工作。组织工程建设地方标准及设计的编制、审定和推广；下达两批江西省建筑标准设计编制项目计划；批准建筑标准设计专用图集5套；发布江西省工程建设地方标准5件，并向住房城乡建设部备案。发布江西省主编的国家标准一件，另有两个已立项。组织5次对申报国家建设工程"鲁班奖"的项目设计评优工作。组织开展对全省创建无障碍建设先进县市区的推选工作，并抽查了相关县市区。

【推进太阳能光电建筑应用】 全省共组织申报国家太阳能光电建筑一体化示范项目10项，获批5项，总装机容量达11兆瓦。组织申报国家可再生能源建筑应用示范城市（县），鹰潭市获批为示范城市；江西师范大学和江西科技学院获批为国家节约型示范校园，并获得相应财政补助和省级推广补助资金。国家资金补助为可再生能源建筑的应用提供了强力支持，促进了全省建筑节能技术实现多层次、全方位的发展。

【加快绿色建筑发展】 根据《关于加快推动我国绿色建筑发展的实施意见》，组织各设区市主管部门编制绿色建筑发展规划和管理办法，参加国家级绿色建筑标识评价学习培训，加强技术指导和调查统计。组织完成九江满庭春摩玛和新余万商红商贸物流中心（一期）等项目的绿色建筑设计评价标识专家评审，取得较好的示范效果；南昌万达广场、万科润园、万科金域蓝湾、萍乡市人民医院、南昌高新区绿地·新都会、南昌绿地香颂、格特拉克（江西）传动系统有限公司总部办公楼和南昌满庭春摩玛项目获得绿色建筑设计标识，全省绿色建筑项目达到11个，面积近200万平方米，位居中部第二名。

6. 村镇建设

【概况】 2012年，全省乡镇域总面积15.95万平方公里，建成区面积156345公顷，村庄用地面积478315公顷。有建制镇683个，乡594个，农场27个（不含城关镇和纳入城市统计范围的乡镇），行政村16765个，自然村163546个。全省村镇总人口3733.46万人，其中小城镇镇区人口746.58万人，村庄人口2986.78万人。全省建立镇（乡）级村镇规划建设管理机构1197个，配备工作人员4961人，其中专职人员2586人。2012年，全省村镇建设总投资435.9亿元，农村建房235637户，村镇住宅竣工建筑面积4017.9万平方米，人均住宅建筑面积38.57平方米。同时，村镇公用设施逐步完善，共有604个建制镇、458个集镇、21个农场建有集中供水设施，日供水208.64万吨，覆盖用水人口486.63万人，普及率达65.18%。建制镇绿化覆盖率达9.44%，乡绿化覆盖率达9.55%。乡镇镇区共有公共厕所11037座，环卫车辆2282辆。

【村镇规划建设管理更加深入】 完成《江西省村镇规划建设管理情况专题调研报告》、《关于切实加强农民自建住宅工程质量安全工作的意见（代拟稿）》、《关于加强村镇规划编制与实施管理的意见（代拟稿）》等。下发《关于开展全省村镇规划编制调查工作的通知》和《关于切实加强村镇规划编制工作的通知》，全面了解全省集镇、村庄规划编制情况，提出规划修编的具体意见。召开全省城乡规划工作会议，部署新一轮村镇规划修编工作，确定后两年村镇规划编制目标和任务。重点指导省级示范镇规划编制，28个省级示范镇总体规划和重点地段控制性详细规划全部编制完成。举办全省村镇规划建设管理干部培训班，培训干部近600人。截至年底，全省共有1196个乡镇编制了总体规划，14474个行政村编制了村庄建设规划，乡镇总体规划和行政村建设规划覆盖率分别达91.7%和53.35%。

【示范镇建设】 组织28个示范镇全面完成总体规划、控制性详细规划和三年建设项目计划的编制工作，做到高起点规划、高标准建设。省财政安排2800万元示范镇基础设施建设补助资金，省国土资源厅切块下达示范镇新增建设用地计划指标5600亩。先后召开全省示范镇建设工作座谈会议、全省示范镇建设现场会，部署示范镇建设工作，总结交流示范镇建设经验。据统计，2012年28个示范镇共完成国内生产总值413.5亿元，比2009年增长202%，实现财政收入34.6亿元，比2009年增长280%；示范镇承载能力明显增强，2010～2012年28个示范镇实现固定资产投资680.2亿元，镇建成区面积扩大了50.7平方公里，镇区人口增加20.4万人，小城镇建设的示范效应逐步显现。

【特色村镇保护创建工作成效突出】 印发《关于加强全省历史文化名镇名村保护规划编制工作的通知》，调度有关县（市、区）加快完成省级历史文化名镇名村保护规划编制和审批工作，并对保护规划编制进度滞后的镇（村）进行现场督导。2012年，省政府公布修水县山口镇等17个镇（村）为第四批省级历史文化名镇名村。贵溪市上清镇、婺源县江湾镇汪口村等12个国家级历史文化名镇名村进入国家"十二五"文化和自然遗产保护设施建设规划项目储备库。全省国家级历史文化名镇名村总数达21个，省级历史文化名镇名村84个，处于全国领先水平。2012年，全省8个全国特色景观旅游名镇名村累计接待游客1200多万人次，实现旅游收入约20亿元，带动相关旅游从业人员13100多人，住宿服务企业425个，餐饮服务企业424个，乡村旅游成为名副其实的富民产业。编撰并出版"江西风景独好·旅游文化系列丛书"《美丽城镇》的"名镇、名村"。省住房城乡建设厅会同省文化厅、省财政厅组织实施全省传统村落调查、审核、申报工作，全省576个申报村落中有437个被推荐为传统村落，33个村落入选第一批中国传统村落名录。

【农村危房改造扩大成果】 2012年，国家安排江西省17.5万户农村危房改造任务和13.125亿元中央补助资金，省县两级财政共配套补助资金8.75亿元，超过去三年任务和资金总和。制定下发《农村危险房屋鉴定技术要点》、《关于确定农村危房改造补助对象的若干规定》；组织协调省直有关部门开展省级督查工作，并组织各地开展农村危房改造质量安全检查工作；加大技术指导力度，编印《江西省和谐秀美乡村特色农民设计图集》及挂图，免费发放到全省各乡镇。重点支持赣南等原中央苏区完成106798户农村危旧土坯房改造任务。印发《赣南等原中央苏区农村危旧土坯房改造"十二五"规划》，规划到2016年支持赣南等原中央苏区完成106万户农村危旧土坯房改造任务。制定《关于农村重点污染和采煤塌陷区危房改造的实施方案》，全部完成贵溪等8个县（市、区）562户农村危房改造任务。

【基础设施及环保投入进一步加大】 省财政安排5000万元乡镇垃圾处理设施建设补助资金，下拨至200多个乡镇，加大工作推进力度。组织各地开展第二批中央财政集中支持重点流域重点镇污水处理设施配套管网建设项目库的申报工作，继首批27个建制镇列入项目库后，又有25个建制镇列入项目库，"十二五"期间共52个重点镇涉及790公里污水管网建设项目有望获得中央财政集中支持，可争取补助资金3.16亿元。向100多个乡镇下拨500万元自来水改造经费，帮助完成供水设施建设。积极指导各地深入开展"五整治、三建设"活动，加大村镇人居环境治理力度，村镇基础设施和公共服务设施逐步完善。

7. 房地产业

【概况】 全省房地产业呈现出持续、稳定、健康发展态势。2012年全省房地产开发完成投资969.62亿元，同比增长11.8%，其中，第四季度全省房地产开发完成投资267.89亿元，环比下降1.02%，比上年同期增长13.94%。房地产开发投资增速保持平稳增长态势。商品房开发同比小幅下降，但四季度环比出现较快增长。2012年全省商品房新开工面积3261.03万平方米，同比下降6.5%；商品房施工面积9465.63万平方米，同比增长11.9%；商品房竣工面积1747.48万平方米，同比下降8.3%。其中，第四季度全省商品房新开工面积788.08万平方米，环比增长62.01%，比上年同期下降6.56%；商品房竣工面积680.79万平方米，环比增长148.05%，同比下降6.65%。商品房销售面积小幅下降，但下半年明显升温。2012年，全省商品房销售面积2397.10万平方米，同比下降0.8%。其中：商品住宅销售面积2125.90万平方米，同比下降1.4%。其中第四季度，全省商品房销售面积1015.1万平方米，环比增长70.18%，同比增长33.65%。2012年，随着调控政策持续，房地产市场销售整体有所下降，但下半年以后开始回升。房地产税收增幅回落。2012年全省房地产业地方税收162.5亿元（不含耕地占用税和契税），同比增长19.5%，比上年同期增幅回落15.1个百分点，占全省地税收入21.7%。契税收入95.04亿元，同比增长21.8%。

【积极引进全国大型知名房地产开发企业来赣投资】 先后举办江西省城市建设项目招商推介会、江西省城市建设招商项目签约仪式。签约项目32个，总投资1190亿元，涉及城市基础设施、城市综合体建设、小城镇建设、房地产开发等领域。其中，18个项目签订土地出让合同，11个项目开工建设。

【《江西省物业管理条例》出台】 《江西省物业管理条例》于2012年5月25日经江西省第十一届人民代表大会常务委员会第三十一次会议通过，2012年10月1日实施。

【加强商品房预售资金监管】 下发《关于进一步加强商品房预售资金监管的通知》，要求各地建立和完善预售资金监管制度，健全商品房预售方案审核制度，加大对违规使用预售资金的房地产企业查处力度，并实行商品房预售资金监管"一票否决"，对申报全省和全国房地产交易与权属登记规范化管理先进单位的市县，凡未建立商品房预售资金监管制度、未实行商品房预售资金监管的，实行"一票否决"制。

【创先争优工作成效显著】 南昌市恒茂国际都会、赣州市天际华庭、丰城市金马丰邑中央小区被住房和城乡建设部评为"全国物业管理示范住宅小区"；宜春市市政大楼、赣州市历史文化与城市建设博物馆被住房和城乡建设部评为"全国物业管理示范大厦"；九江市房屋产权交易管理处被住房和城乡建设部授予"2011年度全国房地产交易与规范化管理先进单位"称号。南昌市保集半岛住宅小区项目通过住建部验收，成为江西省首个国家康居示范工程。

【城市棚户区改造进展顺利】 2012年，国家下达城市棚户区任务38500户，江西省确定改造任务46011户，实际开工改造49089户，实际开工率128%。国有工矿棚户区改造国家下达任务4366户，实际开工5579户，完成国家下达任务开工率128%。

8. 建设教育

【概况】 全省建设系统共有22个培训中心，30个培训院校，建设主管部门、相关企业、院校组成教育培训网络覆盖全省，全年累计开展各类培训班90余期，培训8万余人，发放各类岗位证书7万余人次，为全省住房和城乡建设事业的发展提供了强有力的人才支撑和智力支持。

【领导干部教育培训】 加快推进全省新型城镇化建设，配合省委组织部举办全省设区市委书记、市长、分管城建工作的副市长以及县（市、区）委书记、县(市、区)长参加的全省领导干部推进新型城镇化专题培训班。在北京举办一期领导干部研究班,全省56名分管城建工作的县(市、区)长参加了研究班的学习。在省委党校举办一期全省住房城乡建设领导干部专题培训班,各设区市、县(市、区)建设主管部门主要领导和分管领导参加了培训班。江西省住房和城乡建设厅组织各设区市建设(规划)主管部门领导和相关专业技术人员24人赴美国进行城镇规划建设管理与建筑节能技术开发培训。省委农工部(省新村办)与省住房和城乡建设厅在省委党校联合举办三期全省村镇规划建设管理干部培训班,各市、县(市、区)城乡规划建设主管部门、新农村建设办公室、乡镇、农场分管小城镇及新农村建设的领导共530人参加学习。

【援疆教育培训任务】 根据江西省委组织部《关于2012年阿克陶县干部人才"551"培训计划的实施方案》要求,江西省住房和城乡建设厅对新疆克州18名规划设计人员进行了为期30天的业务培训,共完成了10个专题的教学计划,圆满完成了省委省政府统一部署的第三期援疆培训任务。

【"两院校"建设】 江西建设职业技术学院建筑工程专业技能实训中心评定为省级实训中心;申报获批市政工程技术、城市轨道交通运营管理、城市轨道交通工程技术3个新增专业。在2012年全国大学生数学建模竞赛中,江西建职院获得全国二等奖2项,江西省一等奖4项、二等奖3项、三等奖2项,在全省高职院校中名列前茅。

【城乡建设培训信息管理系统建成】 省城乡建设培训中心投资70余万元全面启动了"江西省城乡建设培训信息管理系统"的建设并投入使用。

9. 住房保障

【概况】 2012年是实施"十二五"住房保障规划承上启下的重要一年。江西省委、省政府高度重视保障性安居工程建设,将其列为全省两大民生工程之一。全省开工建设30.38万套,开工率100.7%;基本建成30.9万套,建成率100.1%,提前超额完成国家下达的目标任务,基本完成省目标任务。全省实现城镇人均住房建筑面积10平方米以下低收入家庭应保尽保,保障性住房建设在促进经济发展、保障民生、构建和谐社会方面发挥积极作用。

【加大城市棚户区改造力度】 建立目标责任考核机制,省与市、市与县签订目标责任状,完善了调度督导机制,实行"周报告、月调度、季督查、年终考评"的督查制度。通过城市棚户区改造,完善城市功能,改善城市棚户区群众的居住条件

【制度创新有了新突破】 江西省率先在全国推行保障性住房"三房合一、租售并举"新制度,实行廉租住房、经济适用住房、公共租赁住房统筹建设、并轨运行,较好地解决了"统一规划、统一建设、统一分配、统一管理",以及土地、资金、房源等资源合理配置等问题,促进了住房保障可持续发展。

【建设资金投入进一步加大】 全年中央共安排江西省保障性安居工程补助资金76.5亿元,比上年增加17.5亿元。省财政安排省级配套补助资金18.1亿元,比上年增加了3.6亿元;安排8000万元奖励资金对任务完成好的市、县予以奖励。

【住房保障建设标准更加规范】 制定实施《江西省保障性住房建设标准(试行)》,全面规范了保障性住房小区选址、配套、设计、安装、装修、施工等方面技术标准,对提高全省保障性住房建设水平,规范指导保障性住房小区管理。

10. 城市建设

【城镇供水】 全省城镇供水日综合生产能力716.19万立方米,供水总量14.66亿立方米;设市城市用水普及率97.67%,县城用水普及率93.27%;设市城市人均日生活用水量175.69升,县城人均日用水量115.51升。

【城镇燃气】 全省燃气用户359.45万户,用气人口1505.08万;液化石油气供气总量41.12万吨,用气人口1052.23万人;人工煤气供气总量4.85亿立方米,用气人口80.3万人,天然气供气总量4.93亿立方米,用气人口372.55万人;设市城市燃气普及率94.40%,县城燃气普及率80.81%。

【市政工程】 全省城镇道路13233.25公里,面积2.58亿平方米,排水管道17063.90公里,城镇路灯83.88万盏;设市城市人均道路面积14.99平方米,县城人均道路面积15.22平方米。

【园林绿化】 全省城镇绿化覆盖面积86754公顷,园林绿地面积79531公顷,公园绿地面积23575公顷,公园668个;设市城市建成区绿化覆盖率45.95%,绿地率42.74%,人均公园绿地面积14.1平方米;县城建成区绿化覆盖率40.55%,绿地率36.46%,人均公园绿地面积13.44平方米。

【城建管理执法队伍】 全省各市、县均组建城建监察(城管执法)支(大)队。11个设区市,除景德镇市未设立城市管理局外;南昌市设立了城市管理

委员会(保留城市管理行政执法局的牌子);宜春、吉安、上饶、鹰潭等4个城市设立了城市管理局;赣州、九江、新余、抚州、萍乡等5个城市设立了城市管理行政执法局,其中赣州、新余、抚州、萍乡市增挂城市管理局的牌子。80个县(市)中,有53个设有城市管理局,没有设城市管理局的县(市)在建设局下设城建监察(城管监察)大队,部分经济开发区设有城市管理局。全省有城建监察队员5800人,监察车辆2200辆(含摩托车等)。市容环卫:全省城镇环卫行业清扫保洁面积21101万平方米,年清运垃圾664.84万吨,无害化垃圾填埋场21座,建有公共厕所3382座,其中三级以上公厕2257座;设市城市生活垃圾无害化处理率89.05%,县城生活垃圾无害化处理率26.08%。污水处理:全省11个设区市15座污水处理厂运行正常,85座县(市)污水处理厂相继投入试运行。设市城市污水处理率84.25%,污水集中处理率83.15%,县城污水处理率65.62%,污水集中处理率65.62%。

【全力推进排水管网建设】 完成全省县(市)"十二五"污水管网建设项目调整和排水专项规划及批复汇总工作,完成对各县(市)上年度建设任务情况的汇总摸底和审核工作;下达2012年度分配全省城镇污水处理设施配套管网"集中支持"和"整体推进"的专项资金2.388亿元。完成县(市)沿江、沿河、沿湖排污口的污水归集并网任务,基本完成城区内排污渠清污分流的任务,完成县(市)污水管网建设规划年度建设任务。在靖安县召开了省县(市)排水管网建设工作现场推进会,组织开展污水处理设施建设运行情况督查,编印全省污水处理文件汇编。

【推进全省城市绿化和人居环境建设】 九江市、上饶市被住房和城乡建设部命名为国家园林城市,修水县被命名为国家园林县城;省政府命名樟树市、分宜县、遂川县、资溪县、德安县、万载县为省级园林城市(县城)。全省有9个设区市被命名国家园林城市,45个城市(县城)为省级园林城市(其中设市城市16个,县城29个)。完成对抚州市、鹰潭市和新干县申报国家园林城市、县城的帮扶、指导和初审工作。深入开展省级生态园林城市创建。组织开展2012年江西人居环境奖评选活动,召开"江西人居环境奖评选启动新闻发布会"。参与举办2012江西省井冈山杯杜鹃花与花卉盆景展览、江西省第三届花卉园艺博览交易会。组织开展林荫路、文明公园、园林小区、园林化单位、园林绿化优质工程评选活动,共评选出10个文明公园、19个园林小区、40家园林化单位、8条林荫路和32个园林优质工程项目。

【提升全省城市管理水平】 在新余召开全省推进城镇化加强城市管理工作会议。组织开展城管队伍作风整治活动,印发《江西省城管执法队伍开展"治理庸蛮散,提效转作风"活动实施方案》。积极推进数字化城管工作,确定德兴市等五个县(市)为第一批试点县(市),并在杭州举办了数字化城管系统建设的培训班。南昌、新余、景德镇等三市完成数字城管平台建设,上饶市、赣州市数字城管正在实施。开展城市管理工作调研和全省11个设区市的城市管理工作暗访,下发《关于全省设区市中心城区城市建设和管理暗访情况的通报》,并把存在的问题制作成光碟下发到各设区市政府,要求限期整改。

【加强市政公用基础设施建设与监管】 确定全省城建重点项目计划共1160项,总投资3592.7亿元,下发《关于下达2012年全省城建重点项目计划的通知》和《关于加强城建重点项目调度与管理工作的通知》;对各地列入2012年全省重点城建项目计划5亿元以上的市政公用、社会事业和建筑节能等三个方面19个项目进行重点调度,并下发《关于2012年城建重点项目建设进度调度情况的通报》。做好垃圾处理和保障环卫工人权益工作。完成环卫定额修编工作。指导各地加强垃圾收集和管理,召开全省垃圾处理工作座谈会,参观学习新建县望城新区垃圾收集管理经验;下发《江西省燃气经营许可证管理办法》,保障燃气行业安全运行。加强对供水企业的运营监管。下发《关于加强城市排涝有关工作的通知》,及时部署城市排涝工作。

11. 住房公积金管理

【概况】 截至2012年底,江西省拥有住房公积金管理中心11个,分别为直属各设区市人民政府的副县级事业单位;直属于各设区市住房公积金管理中心的办事处(管理部)共90个,省直、铁路中心2个,在编人员702人,实际从业人员831人。全省有11个住房公积金管理委员会,履行当地住房公积金的决策职能,管委会成员266名,来自于建设、财政、人民银行、有关专家、工会、缴存单位及部分职工代表,管委会主任均由市政府分管领导担任。

全省住房公积金运行总体平稳,全年归集住房公积金146.08亿元,同比增长25.29%;提取公积金53.92亿元,同比增长41.66%,发放个人住房公积金贷款75.85亿元,同比增长30.30%,共支持3.13万余户职工家庭利用住房公积金贷款购买住房,公积金贷款逾期率为 0.21‰,贷款质量进一步提高。截至年底,全省累计归集住房公积金 679.09 亿元,归集余额 464.62 亿元,累计为 35.02 万余户职工家庭发放个人住房贷款 434.92 亿元,贷款余额 240.19 亿元。

【开展项目贷款试点】 9月,住房城乡建设部等部委批准同意上饶市、九江市作为利用住房公积金贷款支持保障性住房建设试点城市,两地试点项目均为公共租赁房,投资规模 13.68 亿元,公积金贷款额度 7.36 亿元,建设规模达 55.77 万平方米。至年底,九江和上饶两地与住房城乡建设部信息中心联通,开通贷款运行监管系统。省住房城乡建设厅监管系统安装完设备,调试结束后即可运行。

【推进监管制度建设】 住房城乡建设部出台《关于进一步加强住房公积金监管工作的通知》,省住房城乡建设厅积极贯彻落实。加强对管委会决策监督,先后参加了南昌、景德镇等市管委会会议。建立完善内审制度,建立轮岗和离岗审计制度,建立重大事项备案制度,建立年度审计制度和建立信息公开制度等。

【落实信息告知工作】 下发《关于做好住房公积金个人账户信息告知工作的通知》,要求全省住房公积金中心将个人账户的相关信息,于每年7月底以对账单或短信形式无偿告知缴存职工。7月底各住房公积金管理中心及各县(区)办事处共向缴存职工免费发放住房公积金对账单 154 余万份,免费发送告知短信 13 余万人次,网络、联名卡等查询 27 万余人次。

【开展业务现场督查】 为维护住房公积金资金安全,规范住房公积金管理,组织督查组对全省 13 家住房公积金管理中心及部分县(市)住房公积金办事处开展现场督查,督查内容分"资金安全情况"、"业务管理情况"和"政策执行情况"三大项。督查中发现的问题将全省通报,并责成有关公积金中心整改到位,切实维护资金安全。

【巩固优质服务水平】 服务大厅建设取得新成果。以打造一流服务大厅为载体,指导中心加强和改进服务工作,借鉴先进经验,打造几个有代表性的住房公积金服务大厅。争创一流服务水平。以创建文明行业促服务水平的提升。全省住房公积金管理部门推行首问负责制和一次性告知制,通过"一站式"、"一条龙"服务,预约上门服务,开通服务热线,优化业务流程等,优化服务环境。景德镇市住房公积金管理中心、新余市住房公积金管理中心服务大厅、吉安市住房公积金管理中心万安办事处荣获省级青年文明号称号。推行全国住房公积金 12329 服务热线建设,条件成熟的公积金中心力争年内开通运行服务热线。

【规范行业统计】 按照住房城乡建设部《关于进一步加强住房公积金统计工作的通知》要求,召开专门会议部署。明确各管理中心主要负责人为统计工作的第一责任人,对统计数据的准确性、及时性、真实性和完整性负责;要求各地确定专人报送,如有人员变动,当月书面上报统计人员变更信息,并做好工作交接;把各地的统计工作列入全省住房公积金年度考核内容;对上报的数据进行认真核对与分析。

12. 大事记

1月

13日 省住房和城乡建设厅主办的"首届江西十佳建筑"评选颁奖典礼在江西电视台演播厅隆重举行。江西省副省长朱虹出席颁奖典礼并为获奖项目颁奖。

14日 全省住房和城乡建设工作会议在南昌召开。朱虹出席会议并作重要讲话,省政府副秘书长蔡玉峰主持会议,张勇厅长代表省政府与各设区市政府签订 2012 年保障性安居工程建设目标责任书,并作工作报告。

16日 江西省 2012 年首个保障性住房建设项目——九江市中心城区八里湖公共租赁房项目举行开工仪式。朱虹出席并宣布开工令。

2月

6日 省政府召开第 60 次常务会议,研究通过由住房和城乡建设厅代省政府起草的《关于保障性安居工程建设和管理的实施意见》。27日,省政府办公厅印发《实施意见》(赣府厅发〔2012〕10号),在全省推行"三房合一、租售并举"的新举措。

10日 省长鹿心社率团出席江西、湖南、湖北三省人民政府在武汉召开的长江中游城市集群三省会商会议,省住房城乡建设厅厅长张勇、副巡视员曾绍平随团参加会议。

13~16日 国务院保障性住房分配及质量管理工作第一督查组在国家发改委党组成员、纪检组长刘晓滨的带领下,对江西省保障性住房分配及质量管理工作进行督查指导。朱虹汇报了江西省保障性住房分配及质量管理工作的情况,并陪同督查。

3月

19日 省委副书记、省纪委书记尚勇专程考察了全国青少年井冈山革命传统教育基地建设,充分肯定住房和城乡建设厅在基地建设中取得的良好成绩。

住房和城乡建设部《关于2011年扩大农村危房改造试点任务落实检查情况的通报》中公布了对全国各省、市25项考核指标进行逐项复核和审查的结果，江西列入全国5个考核成绩较好省份之一。

31日　鹿心社主持召开第62次省政府常务会议，审议通过《江西省井冈山风景名胜区条例》（草案）。

4月

25日　朱虹出席住房和城乡建设厅在南昌主办的"江西省城市建设项目招商推介会"并致辞。

18日　据江西省人力资源和社会保障厅、江西省对口援建先进集体和先进个人评选工作办公室网上公示，省城规院被评为对口支援四川小金县灾后恢复重建先进集体。

5月

3日和6日，苏荣分别考察了九江市和萍乡市的保障性住房和城市规划建设工作．张勇陪同考察。

9～12日，鹿心社率省政府代表团赴新疆克州阿克陶县考察江西省援疆项目实施情况。张勇陪同考察。

24日　团中央书记处书记周长奎，省委副书记、省纪委书记尚勇视察了全国青少年井冈山革命传统教育基地工程建设，并在基地现场召开会议。

27日　江西省十一届人大常委会第三十一次会议通过《江西省物业管理条例》，该条例将于2012年10月1日起正式实施。

27日　江西省十一届人大常委会第三十一次会议通过《江西省物业管理条例》，该条例于2012年10月1日起正式实施。

住房城乡建设部和国家旅游局联合授予江西省婺源县江湾镇、浮梁县瑶里镇、横峰县葛源镇、铜鼓县大塅镇、高安市新街镇贾家村、吉水县金滩镇燕坊村、吉安市青原区文陂乡渼陂村、九江市庐山区海会镇等8个镇村为全国特色景观旅游名镇、名村，江西省入选数量列全国第十位。

29日　住房城乡建设部副部长仇保兴为住房和城乡建设厅与省委组织部联合在北京举办省城镇化与城乡规划建设管理专题研究班学员授课。

6月

4日　省政府正式印发由住房和城乡建设厅代拟的《关于进一步推进城镇化发展的实施意见》，标志着全省城镇化加速发展进入一个新的阶段。

8日　中央政治局常委、国务院副总理李克强对江西省萍乡煤矿棚户区改造工作做出批示，肯定萍乡经验。

15日　省政府在南昌召开全省建筑产业发展大会。朱虹出席并作重要讲话，住房城乡建设部总工程师陈重到会指导。

7月

20日　苏荣在上饶市调研保障性安居工程建设并主持召开了保障性住房建设工作座谈会。朱虹介绍全省保障性安居工程进展情况。

26日　江西省第十一届人大常委会第三十二次会议通过《江西省井冈山风景名胜区条例》，该条例将于2012年10月1日起正式实施。

省政府出台《关于加快建筑产业发展的若干意见》，明确了加快建筑产业发展的总体要求和发展思路，提出了加快建筑产业发展的一系列政策措施。

8月

3日　尚勇出席住房和城乡建设厅与省委农工部联合在省委党校举办首期为期10天的全省村镇规划建设管理干部培训班开班式并作重要讲话。

10日，住房和城乡建设部转发国务院批复，批准实施新修编的《庐山风景名胜区总体规划》。

28～29日，朱虹出席《江西省城镇体系规划2012～2030年》成果技术审查会并致辞。

9月

5日　中央政治局委员、书记处书记、中组部部长李源潮专程到全国青少年井冈山革命传统教育基地，视察基地工程建设和教学培训工作，并慰问基地工程建设者和管理中心干部职工。

5日　住房和城乡建设部、财政部和中国人民银行批准江西省九江市、上饶市为首批开展住房公积金贷款支持保障性住房建设试点城市。

19日　省政府在南昌召开全省农村危房改造工作会议。朱虹出席会议并作重要讲话。

10月

11～12日　鹿心社深入萍乡市、吉安市的有关县（区）专题调研推进城镇化和工业化工作。

26～27日　副部长仇保兴来赣为全省领导干部推进新型城镇化专题培训班授课，并调研住房城乡建设工作。

29日　省政府第72次常务会原则通过《江西省房屋登记条例（修订草案）》，提请省人大常委会审议。

31日　国务院发布第八批国家级风景名胜区。江西省万年县神农源、德兴大茅山2处风景名胜区名列其中。至此，全省共有国家级风景名胜区14处，位居全国前列。

11月

2日 全省推进城镇化加强城市管理工作会议在新余市召开。朱虹出席会议并作重要讲话。

省人大常委会授予住房和城乡建设厅为省十一届人大代表建议办理工作先进单位,省委老干部局授予住房和城乡建设厅为"2012年度全省老干部宣传思想工作先进单位"。

12月

5日 鹿心社、朱虹专门听取住房和城乡建设厅关于2013年至2015年全省住房保障规划中期评估情况和推进全省保障性住房"三房合一,租售并举"工作的汇报。

11日 朱虹出席全省骨干建筑企业座谈会并作重要讲话。

17日 住房城乡建设部、文化部、财政部联合印发《关于公布第一批列入中国传统村落名录村落名单的通知》(建村〔2012〕189号),646个村落列入第一批中国传统村落名录。江西省有33个村落入选,列全国第八位。

(江西省住房和城乡建设厅 撰稿:夏萍)

山 东 省

1. 建设法制建设

【建设立法】 制定科学的立法计划,列入地方立法计划的建设类立法。山东省人大常委会和省政府办公厅分别确定了2012年住房城乡建设方面的地方性法规《山东省城乡规划条例》、政府规章《山东省工程造价管理办法》等共计11项,采纳率100%。

保质保量保期立法,出台实施的建设类地方性法规、政府规章数量多。根据2012年住房城乡建设立法工作计划,严格落实"三定一保"立法责任制,按照"倒排工期"原则,制定详细的立法工作方案和工作日程表,有力推动了立法进程。年内,出台实施《山东省房屋建筑和市政工程招标投标办法》和《山东省建设工程造价管理办法》2部政府规章;《山东省城乡规划条例》和《山东省民用建筑节能条例》2部地方性法规。

落实规范性文件"三统一"制度,出台实施的部门规范性文件内容和形式更加规范。全年共审核《山东省建设工程勘察设计市场动态监管办法》《关于印发〈山东省城市餐厨废弃物经营性收集运输和处置企业服务许可标准(试行)〉的通知》等部门规范性文件26件,并督促相关处室落实好《山东省行政程序规定》规定的规范性文件统一登记、统一编号、统一公布"三统一"制度。四是及时组织办理有关部门法规性文件的征求意见、会签工作。全年共办理住房城乡建设部、省人大、省政府法制办和省直相关部门各类法规性文件的征求意见、会签65件,同比增长57%。

【执法监督】 规范行政许可审批行为。对23项行政许可和非行政许可审批项目进行统一规范,制作行政许可和非行政许可审批事项行政许可事项运行流程表。同时,制作事项办事指南,进一步严格行政许可程序,规范行政许可行为,强化行政许可备案归档管理。

规范建设系统省级行政处罚事项运行流程。对涉厅行政处罚事项进行梳理,对160项处罚事项进行规范,制作《山东省住房和城乡建设厅行政处罚梳理表》《山东省住房和城乡建设厅行政处罚自由裁量权规范标准》《山东省住房和城乡建设厅行政处罚工作流程图》《流程环节信息表》等,对省级行政处罚事项流程进行规范和细化。

加强建设行政执法资格管理工作。对山东省住房和城乡建设厅有效期为2012年6月30日的行政执法证件办理年审手续、对行政执法证件进行清理。

依法办理行政复议应诉。全年共收到行政复议申请31件,其中不予受理的4件。在受理审查的案件中,驳回复议申请的1件,维持原具体行政行为的19件(包括上年度转来5件),所有行政复议案件按照《山东省建设行政复议办法》规定办理,全部在法定期限内做出行政复议决定。出庭应诉行政诉讼案件2件,均胜诉。

【普法教育】 会同山东省委宣传部、省司法厅联合下发关于学习贯彻《山东省房屋建筑和市政工程招标投标办法》、《山东省工程造价管理办法》和《山东省城乡规划条例》的通知。召开新法宣贯座谈会,并利用各类媒体报道,组织新法知识竞赛和培训班等形式集中开展一系列宣贯活动。组织省住房城乡建设主管部门相关人员参加住房城乡建设部《国有土地上征收与补偿条例》宣贯培训班、政府信息公开培训班、住房城乡建设系统行政处罚与行政强制工作培训班等。按照相关要求，积极组织做好"创先争优活动风采录"组稿工作，共组稿14篇。通过办理有关来人、来电、来文法律问题咨询的答复工作进行普法。

2. 房地产业、住房保障和住房公积金监管

【全省房地产市场平稳运行】 2012年，山东省房地产市场运行相对比较平稳，投资保持一定增长，房价稳中有降。受国家严格的房地产调控政策影响，投资增速回落，新开工下降，供应和销售双双下滑，房地产业增长势头有所放缓。全省完成房地产开发投资4708亿元，同比增长14.6%，增速同比回落11.8个百分点；商品房施工面积4.29亿平方米，同比增长18.2%，增速同比回落11个百分点；商品房供应量减少，全省批准预售商品住房4670万平方米，同比下降11%；商品房销售量下降，销售商品房8633万平方米、4112亿元，同比分别下降10%、3.5%；销售商品住宅7746万平方米、3530亿元，同比分别下降11%、6%，二手住房成交面积939万平方米，同比下降6.5%；商品房价格稳中有降，全省商品房平均销售价格4763元/平方米，同比上涨7%，但较年初1~2月下降8.2%，比全国平均价格低1028元/平方米；房地产资金来源增速回落，全省房地产开发企业资金来源5755亿元，同比增长5.9%，增速比上年同期下降13个百分点，落后于房地产开发投资增速9个百分点，其中国内贷款678亿元，同比下降17%，利用外资16亿元，同比下降36%。

【保障性住房建设】 2012年，国家下达山东省的年度任务是，新开工各类保障性安居工程29.51万套，竣工11.8万套；新增廉租住房租赁补贴1万户。截至9月底，全省开工各类保障性安居工程32.62万套，开工率110.5%，竣工11.94万套，竣工率101.2%，提前3个月完成国家下达的保障性安居工程年度建设任务。年内，全年开工保障性安居工程34.25万套，开工率116.1%，连同往年结转项目竣工20.53万套，竣工率173.9%，超额完成国家下达的建设任务。其中，新开工廉租住房0.69万套，完成年度任务的140.9%，竣工1.06万套；新开工公共租赁住房10.05万套，完成年度任务的112.8%，竣工4.78万套；新开工经济适用住房5.17万套，完成年度任务的118.2%，竣工3.49万套；新开工限价商品住房2.45万套，完成年度任务的112.7%，竣工1.23万套；各类棚户区改造安置房开工和货币补偿15.89万户，完成117.1%。

【保障性住房工程质量监管】 始终不懈地抓好保障房质量管理，坚持质量第一，工期服从质量，把好规划选址、勘察设计、材料进场、施工质量、竣工验收等关键关口，全面落实建设、勘察、设计、施工等单位的永久性标牌制度和工程质量责任终身制，全面推行分户验收制度，深入开展保障性安居工程质量通病专项治理，强化保障性安居工程质量监督检查机制和质量投诉举报制度，确保质量过硬、安全可靠。严格执行工程质量管理的法律法规、工程建设强制性标准和基本建设程序，坚决制止超面积、超标准建设。对建设手续不全、违反法律法规和强制性标准、基础设施不配套、未进行分户验收或分户验收不达标的，不得组织验收，不准交付使用。

【住房公积金】 至2012年底，全省住房公积金实际缴存职工人数692.8万人，较上年度增加44.2万人；住房公积金累计缴存总额2760.8亿元，新增528.5亿元，缴存余额1600.2亿元，分别比上年增长23.7%、23.0%、22.3%；本年度发放个人住房公积金贷款314.8亿元，个人住房公积金贷款余额占缴存余额的比例为61.3%，比上年提高1.4个百分点；住房公积金使用率为77.6%，住房公积金运用率为61.4%，分别比上年提高1.0个百分点、1.2个百分点。

【住房公积金支持保障性住房建设】 按照国家扩大利用住房公积金贷款支持保障性住房建设试点范围的工作要求，经多方积极争取，淄博、潍坊、泰安三市被国家批准为新增试点城市，济南市被批准为新增贷款额度城市，全省新增试点项目18个，利用住房公积金贷款额度21.24亿元。全省试点城市总数达到5个，是全国试点城市最多的省份之一，试点项目总数21个，利用住房公积金贷款额度35.84亿元。启动省级项目贷款业务初审工作，向省财政申请专项工作经费，租赁办公场所，采购办公设备，抽调淄博、潍坊、泰安3个城市的业务骨干参与审查工作。

3. 城乡规划

【规划法规体系建设】 8月1日，《山东省城乡规划条例》顺利通过省人大审议，12月1日开始施行。《条例》共六章七十八条，在内容上深化"阳光

规划"制度和城乡规划委员会制度，创设县城规划的概念，严格对规划修改、规划许可变更的受理条件和审查程序，确定开工规划验线、竣工规划核实的程序，明确了规划技术服务单位的作用；建立城乡规划督察员制度，加大对违法建设的查处力度。《条例》的颁布实施，对于加强城乡规划管理，改善人居环境，推进全省城镇化进程，促进城乡经济社会全面协调可持续发展具有重大而深远的意义。《山东省城乡规划条例》同山东省近年来出台的《山东省城市国有土地使用权出让转让规划管理办法》、《山东省历史文化名城保护条例》两项地方性法规和《山东省城镇控制性详细规划管理办法》、《山东省开发区规划管理办法》、《山东省城镇临时建设、临时用地规划管理办法》三项省政府规章，共同构建了日趋完善的城市规划法规体系。济南、青岛近年制定了本市的城乡规划条例，由省人大批准实施；烟台、莱芜等城市配套制定了规划管理技术规定等相关制度。

【区域性与战略性规划编制】 2012年先后完成蓝黄"两区"建设年度绩效评价、黄河三角洲高效生态经济区发展规划实施中期评估以及《山东省城镇体系规划纲要（2012～2030年）》初稿，邀请多名专家学者召开《山东省城镇体系规划纲要》专家咨询会，进一步健全省域城镇体系发展的宏观调控和引导机制，为促进全省经济社会协调健康发展打下了良好基础。与济宁市政府联合组织召开"济宁都市区规划与发展论坛"，两院院士、原建设部副部长周干峙和住房城乡建设部总规划师唐凯等知名专家学者参加论坛。各市（县）在省域城镇体系规划的基础上，按照"一群一圈一区一带"的城镇大框架要求，积极编制和实施区域性、战略性规划，济宁都市区深入融合发展，德州陵县一体化发展更加紧密等，都有力地推动了全省城镇体系的优化整合和城镇化的健康发展，初步形成大中小城市和小城镇层级有序、协调发展的城镇体系。

【城市总体规划编制】 城市总体规划审批、备案取得阶段性成果。国务院审批的11个城市中：泰安市城市总体规划已获批复；济南、淄博、烟台、临沂、东营市城市总体规划已通过部际联席会议上报国务院待批；枣庄、潍坊市按照部际联席会议意见对总体规划进行修改；德州、威海市总体规划按照住房城乡建设部意见进行修改。省政府审批的37个城市中36个获得批复。60个县全部获得市政府批复。制定《山东省城市和县城总体规划实施评估办法》，印发《关于做好城市和县城总体规划批复后备案工作的通知》，对总体规划实施评估和备案工作进行规范。组织专家对莱芜、菏泽市城市总体规划实施评估报告进行审查论证。

【历史文化遗产保护】 省政府批复实施《济宁市历史文化名城保护规划》。会同省文物局组织专家，对烟台市、青州市申报国家历史文化名城项目进行了审查，由省政府向国务院呈报申请将两市列为国家历史文化名城的请示。陪同住房城乡建设部、国家文物局和全国知名专家，对烟台市、青州市申报国家历史文化名城进行审查。组织召开烟台市朝阳街、奇山所城历史街区保护整治规划方案评审会。

【城乡规划管理】 机构建设不断完善，规划投入不断增加。各级领导高度重视，大部分市（县）都成立了专设规划机构，特别是菏泽市实施"规划机构一票否决"考核制度，所有县都成立规划局，真正实现规划统一管理。同时，对规划编制的重视不断提升，规划经费投入平均水平有了大幅提高，烟台三年投入3亿元修编110项规划，菏泽每年都保持3000万元以上的城市规划编制经费投入，有效地保证了规划的编制质量。为全市城镇化发展打下了良好基础。规划管理机制不断完善。认真推行"阳光规划"等公众参与制度以及规划督察员制度，并根据现行规划管理规章，不断完善制度，配套出台相关办法，促进提升管理效能。济南市通过合理划分职责、规范审批程序，进一步提高服务群众、服务项目的效能；淄博市规划局在广泛调研论证的基础上，研究制定了改进管理的五项制度等等，为推动全市规划系统各项工作进一步规范化、制度化，提高工作效率和质量提供了重要保障。依法规划局面已然形成。以开展党风廉政建设和惩防体系建设为契机，全面推进《山东省城市建设用地性质和容积率调整规划管理办法》等一系列管理制度的实施，规范和约束管理行为，减少了管理中的自由裁量，提高规划管理的严肃性和可操作性，消除违规行为和腐败案件发生的土壤。

【重大建设项目规划选址和开发区规划管理】 积极落实国家和山东省扩内需、调结构、促增长、惠民生政策，按照统筹兼顾、超前研究、依法许可的原则，严格依据法定城乡规划和省厅《关于加强建设项目选址规划管理的通知》要求，规范建设项目规划选址工作，核发国电泰安2×350MW热电联产机组工程等40余个建设项目的选址意见书。为保证科学选址，组织召开山东钢铁集团日照钢铁精品基地等项目的规划选址专家论证会。加强对开发区的规划管理，组织省直有关部门和专家审查《东营港经济开发区总体规划》；对山东聊城经济开发区、山东滨州经济开发区、山东胶州经济开发区申报国家级经济开发区出具规划管理情况证明。

4. 城市建设与管理

【市政公用基础设施建设】 2012年，全省设市和县城城建维护资金（财政资金）总收入1251.3亿元，同比下降5.4%。城建资金总支出990.93亿元，同比增长24.6%，其中，固定资产投资支出737.37亿元，同比增长31.6%；维护支出152.21亿元，同比增长22.1%；其他支出101.36亿元，同比下降8.2%。新建、扩建城市道路长度2753.74公里、面积7010.11万平方米，实有道路长度46284.84公里、面积91459.51万平方米，人均城市道路面积23.77平方米；新建桥梁328座，桥梁总数达到6191座，其中立交桥325座；路灯总数为205.70万盏，在建轨道交通线路1条。新增供水能力72.08万立方米/日、供水管道长度3574.59公里，公共供水生产能力达到1452.61万立方米/日，城区人口用水普及率为98.93%，人均日生活用水量为129.26升。全省有99个城市和县城有集中供热设施，供热面积76224.2万平方米；所有城市和县城都有管道燃气，城区用气人口3711.28万人，燃气普及率达到96.45%。人居环境建设取得新成就，泰安市获得2012年度中国人居环境奖，山东省农村住房建设与危房改造工程等4个项目获得2012年度中国人居环境范例奖，肥城市获得2012年度山东人居环境奖，济南市保障房人居环境建设项目等14个项目获得山东省人居环境范例奖。

【市政工程质量安全】 全省各级市政工程主管部门和市政施工企业不断强化创精品工程意识，工程质量稳步提高，涌现出潍坊北海路、青岛海底隧道、济南张庄路等一批精品工程，全省有8项工程获得"2012年度中国市政金杯示范工程"称号，58项工程获得2012年"山东省市政金杯示范工程"称号，2012年度山东省市政金杯示范工程首次改由省住房城乡建设厅颁发奖杯证书，提升了奖项的档次。拟制、出台《关于加强我省市政基础设施工程安全文明施工管理的通知》（鲁建发〔2012〕2号），将市政工程安全文明施工的法规、政策、标准要求进行具体化、制度化。以此为依据，组织开展全省市政工程安全文明工地创建活动，共有59个申报项目考评合格，荣获山东省首届"市政工程安全文明工地"称号。进一步加强对市政企业安全三类人员的培训考核与企业安全许可证的管理，年内组织开展两轮培训考核与已持证人员继续教育，为5450名考核合格人员颁发安全生产考核合格证书，完成继续教育5859人，为73家企业办理安全生产许可证，为174家企业办理安全生产许可证延期。2012年全省市政施工未发生一般以上安全事故，实现"零死亡"。

【城市园林绿化与风景名胜区管理】 2012年，全省城市和县城完成园林绿化投资217.81亿元，同比增长11.9%，新增园林绿地面积18493公顷，园林绿地总面积达到22.9万公顷，其中，建成区19.29万公顷、绿地率36.25%，公园绿地面积6.06万公顷、人均15.76平方米，绿化覆盖面积27.24万公顷、绿化覆盖率41.11%。举行山东省暨济南市城市绿荫行动推进仪式，召开全省城市园林绿化工作会议，成功举办第四届山东省城市园林绿化博览会，确定东营市为2014年第五届省园博会主办城市。组织开展2012年度省级花园式单位和花园式小区、园林优质工程考评，112个单位被评为"花园式单位"、"花园式小区"，144个项目被评为山东省园林绿化优质工程。组织编写的《山东近代园林》正式出版，"齐风鲁韵，大气宜人"的山东园林新形象得到弘扬。对国家和省级风景名胜区开展年度考核工作，泰山风景名胜区被评为全国优秀景区。组织专家对胶东半岛风景名胜区成山头和省级临朐、沂山、东营清风湖等景区总体规划进行评审，对胶东半岛海滨风景名胜区总体规划编制工作进行部署。

【城乡环境卫生】 2012年，全省城市和县城完成市容环境卫生投资25.86亿元，同比下降3.3%，新增垃圾无害化处理能力1999吨/日。城市和县城实际清扫面积7.34亿平方米，全年清运生活垃圾1387.9万吨；有生活垃圾无害化处理场106座，日处理能力45489吨，年生活垃圾无害化处理量1356.62万吨，无害化处理率97.75%，比上年提高11.18个百分点；粪便清运量161.51万吨，处理量103.56万吨；有公共厕所7282座，其中三类以上5795座。省住房城乡建设厅出台《关于做好城市生活垃圾分类减量试点工作的意见》，确定济南历下区、烟台市、泰安市为首批省级试点城市（区）；出台城市餐厨废弃物处理经营性企业市场准入管理办法，将餐厨废弃物处理试点城市纳入全省城市污水垃圾工程建设运行进展督查范围，泰安市被列为全国第二批餐厨废弃物处理试点城市；组织专家对省内新建的27座垃圾填埋场、5座焚烧厂进行等级评定，住房城乡建设部抽查评定12个垃圾填埋场，10个被评定为Ⅰ级，2个为Ⅱ级。

【数字化城市管理】 把数字城管纳入和谐城乡

建设年度考核指标体系，作为省级园林城市、人居环境奖评选的"一票否决"指标。在做好设区城市数字化城管系统建设工作的同时，着力推进县（市）数字城管系统建设。11月，对数字城管系统建设进度缓慢的设区市牵头部门进行了集中约谈，明确建设时限。12月，在济南举办数字化城管高层论坛。烟台市政府印发《烟台市县市数字化城市管理模式建设方案》，确定到2015年底实现全市数字化城管全覆盖；潍坊市整体推进县（市）系统平台建设管理；莱芜市将数字化城管向镇（街道办事处）、社区、大型企业延伸，实现了市、区、镇（街办）三级数字化城市管理平台联网运行；菏泽市数字化城市管理建设项目荣获"2012年度山东人居环境范例奖"。截至12月底，济南、青岛等13个设区城市和寿光、高密等30多个县（市）已建成并运行数字化城管系统，有力地促进了城市管理水平的提高。

【城市污水处理】 全省累计投资200亿元，建成城市污水处理厂225座，形成污水处理能力1090万立方米/日。其中，2012年新建成污水处理厂25座，新增污水处理能力56.5万立方米/日；建成运行的212座城市污水处理厂中，有186座负荷运转率达到75%以上，占建成运行总数的88%；有17座负荷运转率达到60%～75%；有9座污水处理厂负荷运转率达到50%～60%。全省107个市（县）城区污水集中处理率全部达到80%以上。1～12月，全省共处理城市污水34.36亿吨，削减COD111.59万吨，分别同比增长6.58%和7.47%。全年城市和县城污水集中处理率达到92.48%，比上年提高2个百分点，居全国各省前列。年内，全省所有设区城市和县（市）都已将污水处理费提高到省政府规定的0.8元/立方米的最低限价水平，17个设区城市已将污水处理费提高到平均1元/立方米的保本微利水平。有120座污水处理厂采用BOT、TOT及合资合作方式进行运作，占到项目总量的50%。

【城市垃圾无害化处理】 全省累计完成投资80多亿元，建成生活垃圾无害化处理场107座，处理能力达到4.3万吨/日。其中，2012年新增垃圾焚烧发电厂1座，新增垃圾处理能力1200吨/日。全省城市和县城生活垃圾清运量达到1387.88万吨，处理垃圾1356.62万吨，城市生活垃圾无害化处理率达到97.75%，比上年提高11.18个百分点。全省有青岛、淄博、枣庄、烟台、潍坊、济宁、泰安、日照、莱芜、临沂、德州、聊城、滨州、菏泽等70个城市和县城已经开征垃圾处理费，收费标准一般为家庭按每月每户5～10元收取，单位生活垃圾处理费按每人每月2～4元收取。有23座垃圾处理场采用BOT、合资合作方式进行运作。

5. 工程建设管理

【工程质量管理】 对保障房质量实行全面监控。指导各市在加强日常监管的基础上，落实专人负责、分户验收和永久标牌制度，对在建的32万套保障房进行全面监控，2012年已开工建设的保障房没有发生任何质量安全事故。持续加强住宅工程质量通病治理。在住宅工程主体结构质量总体受控的基础上，继续对影响住宅工程主要使用功能的渗漏、裂缝、电气、水暖4大类12项常见通病进行了专项治理，治理率达到85%以上，全省共有92项工程经复查验收被评定为全省通病治理示范项目。分户验收制度得到全面实行。全面推行住宅工程分户验收制度，全省住宅工程分户验收率达到98%以上，居民对住宅工程质量的满意度得到显著提升。质量监督力量进一步充实。会同省质监总站，在上年考核认定市级质量监督机构的基础上，对全省所有县市区质监机构进行考核认定。

2012年，全省建筑工程共荣获鲁班奖4项、国优工程奖17项、国家装饰奖40项、市政金杯奖8项，创省"泰山杯"149项、装饰"泰山杯"69项、优质结构杯401项、市政金杯示范工程58项。

【工程安全管理】 认真组织四次安全生产集中检查。针对春夏秋冬不同季节特点，对每次集中行动都作出具体部署安排，制定不同的工作方案和防范措施，做到有目标、有措施、有检查、有考核，取得明显成效。全面组织开展安全月活动。6月，以"科学发展、安全发展"为主题，在全省组织开展安全月活动，营造全行业人人"关注安全、关爱生命"的浓厚氛围。不间断地组织明察暗访。在指导各市开展安全生产明察暗访的基础上，在春、冬季节持续组织全省性的暗访活动，累计抽查工程项目159个，查出事故隐患和安全问题311项次。持续开展安全专项整治活动。深入开展以深基坑、起重机械、脚手架、模板支撑等危险性较大分部分项工程施工为重点的建筑安全生产专项整治，有效杜绝了群死群伤事故的发生。

安全文明工地创建活动成效显著。年内，全省共评定安全文明示范工地63个、优良工地154个、住宅小区17个。全年共发生建筑施工安全事故10起，同比下降44%；死亡16人，同比下降33%；11个设区市实现了安全生产"零死亡"；建筑业百亿元增加值死亡率降至0.51，远低于全国3.28的平均水平。

【工程建设监理】 把工作重点放在为监理行业发展创造良好环境和条件上，积极引导和鼓励监理企业做强做大，努力打造"鲁"字号监理品牌。至年底，全省已发展建设监理企业505家，其中综合资质企业9家、甲级企业149家；监理从业人员达到4.9万余人，其中国家注册监理工程师9255人，项目总监5003人。山东省监理队伍规模持续壮大，队伍结构日趋合理，建设监理市场秩序不断规范，监理工作质量有了较大幅度提升。年内，全省累计有105家监理企业分赴国内25个省份开展监理业务，进一步开拓监理市场，充分展示了山东监理的实力和良好形象。

【建筑市场】 指导各市对2011年以来新开工、投资额在500万元以上的政府投资和使用国有资金的在建房屋建筑和市政工程进行全面自查，共检查项目2689个，其中房屋建筑1543个、市政工程1146个，涉及企业6992个，共下发整改通知书1675份，提出整改意见6253条。组织对淄博、枣庄、东营、潍坊、济宁、泰安、莱芜、德州8个市的建筑市场进行省级抽查，共抽查24个项目，发现质量安全隐患及违法违规问题59项，下达整改通知书12份。山东省建筑市场环境得到进一步净化，法规制度更加健全，招投标行为更加公开透明，建筑劳务用工更加规范，诚信体系不断完善。

【勘察设计咨询】 全省勘察设计企业达1375家，从业人员90928人，其中注册执业人员12553人；营业收入607.0亿元，比上年增加了23%；实现利润37.3亿元，上交所得税8.2亿元。

勘察设计咨询业进一步壮大。全省勘察设计企业达1375家，从业人员90928人，注册执业人员12553人，具有技术职称的人员61654人，分别比上年增长4.1%、5.8%、4.3%。全省勘察设计国有企业占总数的19.0%，比上年下降0.9个百分点，公司制企业占总数的65.7%，比上年提高2.2个百分点。以电力、冶金、公路行业为龙头的全省工程承包收入连续两年增长近30%，年内总收入占全行业总收入的67.5%，工程设计、工程承包收入之和占全行业总收入的83%。全行业稳步快速发展，进一步坚定了"设计＋总承包"的行业发展目标。装饰、幕墙、智能化、消防等设计施工一体化企业不断扩大规模，一体化企业营业收入总量占全省勘察设计行业营业收入总量的比例已经从2009年的6.62%增长为16.3%。全行业初步形成层次合理的工程勘察设计咨询业队伍。

6. 村镇建设

【概况】 2012年，全省村镇建设完成投资1547.6亿元，其中小城镇建设完成投资694亿元；新增住宅6703.77万平方米，公共建筑1564.98万平方米，生产建筑4382.87万平方米；村镇自来水普及率达到86.99%，其中小城镇达到87.45%。全年新编小城镇总体规划75个，村庄建设规划3817个，基本完成乡镇总体规划和中心村建设规划修编，村庄建设规划编制率达72.34%。农房建设新启动整村改造建设在建和完工60万户，危房改造完成12.6万户。

【百镇建设示范行动】 2012年，全省选择100个镇开展"百镇建设示范行动"。从2012年起，省政府每年安排10亿元的示范镇建设专项资金和安排不少于5000亩（333.33公顷）的新增建设用地计划指标，用于支持示范镇建设。同时，在扩权强镇、扩大财权、培养引进人才、优化机构设置方面予以政策支持。6月，省政府印发《关于开展"百镇建设示范行动"加快推进小城镇建设和发展的意见》，召开全省农村住房建设总结表彰暨小城镇建设工作电视会议，对小城镇建设发展作了全面部署。8月，省政府公布全省100个示范镇名单，并向示范镇拨付专项资金。9月，省政府公布山东省小城镇和农村住房建设工作领导小组名单，省长姜大明担任组长，领导小组办公室设在省住房城乡建设厅。11月，组织全省各级住房城乡建设部门和示范镇相关人员开展了示范镇检查，并核实示范镇上报的相关基础数据，为开展下一步工作奠定了基础。

【农村危房改造】 2012年，山东省首次纳入中央扩大农村危房改造试点范围，中央安排山东第一批农村危房改造任务7万户，并下拨补助资金5.25亿元。9月，省住房城乡建设厅组织召开全省农村危房改造工作电视会议，全面部署全省农村危房改造工作，并建立"省市总体协调、县级总体负责、乡镇直接负责、村级具体负责"的责任体系。同时，制定下发《山东省2012年农村危房改造试点工作实施方案》、《山东省农村危房改造补助资金管理暂行办法》、《山东省农村危房改造检查与考核暂行办法》等一系列政策文件，合理确定补助对象，规范程序运作，严格落实"三最"原则，严控建设标准。到2012年底，全省中央试点范围内危房改造项目开工率100%，竣工率97%。全省共完成危房改造12.6万户。

【小城镇垃圾污水处理设施建设】 会同省发改、

财政、环保等部门下发《关于开展全省乡镇污水垃圾处理设施建设调研工作的通知》，对全省1079个建制镇垃圾污水处理设施建设情况开展调研，组织编制《全省"十二五"乡镇污水和垃圾处理设施建设规划》。积极争取中央财政资金支持，上报重点流域重点镇112个，作为中央财政污水处理配套管网专项资金集中支持项目。中央分两批次拨付其中59个镇污水处理配套管网专项资金19058万元。积极调度小清河流域、南水北调流域的污水处理厂、污水管网等工程的建设情况。全省有418个建制镇镇区生活污水进行了处理，建有污水处理厂357个，处理能力为256万立方米/日；另建有1286个污水处理装置，处理能力为146万立方米/日，全省建制镇污水处理率达到32.4%。

【村容村貌综合整治】 继续推进村容村貌综合整治。省财政拿出4000万元用于村容村貌综合整治，到年底，共有一万多个村庄进行了村庄整治。做好村容村貌综合整治工作的技术支持。结合省政府对村容村貌综合整治工作的新要求，印发《村容村貌整治技术导则（修改稿）》，对整治村庄进行分类，量化整治标准。在全省推广"户集、村收、镇运、县处理"的生活垃圾城乡统筹处理体系。行政村配备保洁人员，负责街道保洁和垃圾集中收集。按照市场化运作模式，公开招标确定镇清运公司，镇清运公司负责将各村的垃圾运至垃圾处理场处理。至年底，全省范围内的户集、村收、镇运、县处理的农村垃圾处理体系基本形成。全省有3.7万个村庄设置垃圾收集点，建成乡镇垃圾中转站1430个，集中收集点1194个，30多个县市区已实现城乡垃圾处理一体化。全省小城镇已建成污水处理厂272个，处理装置1038个，污水处理率达25%，6607个村庄的生活污水得到处理。

【传统村落保护】 根据全国传统村落调查电视电话会议和相关文件精神，省厅组织召开山东传统村落调查工作会议，部署全省调查工作。在调查过程中，联系省内部分媒体，就传统村落的认定及保护工作专门制作节目，发动广大人民群众参与，尽可能地把全省现存的传统村落都挖掘出来，把已知的都保护起来。全省17市共上报传统村落388个，非物质文化遗产177处。按照《历史文化名城、名镇、名村保护条例》的要求，对国家级历史文化名村威海市东楮岛村的保护规划进行评审，并报省政府审批通过。协助东楮岛村申请120万元的中央财政资金，用于该村保护性建设开发。

7. 建筑节能

【墙材革新】 进一步完善"禁实"长效机制。全省县城以上城市规划区提前全部实现"禁实"，并扩展到大多数建制镇规划区，50多个市、县已淘汰含黏土制品。印发《山东省"十二五"城市、县城限制使用黏土制品工作方案》，9个设区市、16个县级市和23个县列入省第一批"限粘"名单，走在了全国前列。大力发展节能、环保、利废的新型墙材，加强新型墙材专项基金征管，全省征缴入库新型墙材专项基金8亿元，并从省专项基金中列支5000万元，支持建筑节能科研项目及省级节能示范工程建设。

【新建建筑节能】 对2006年颁布的《山东省居住建筑节能设计标准》进行修编，并顺利通过住房城乡建设部审查备案，于5月1日起正式实施，实现了与国家标准的接轨。严格执行节能设计标准，全面推行节能设计审查备案、节能信息公示、节能工程专项验收、外保温工程施工专项资质、关键岗位人员持证上岗制度，进一步健全贯穿规划审批、施工图审查、施工许可、监理、质量监督、预售许可、竣工验收备案等各环节层层把关的闭合式监管体系，有力保证了节能工程质量和标准执行率。全省县城以上城市规划区新竣工节能建筑4140万平方米，施工阶段标准执行率同比提高0.4个百分点。

【既有居住建筑节能改造】 会同省财政厅向各市分解下达改造任务1742万平方米；9月又申请追加改造指标1360万平方米，并及时进行分解。全年改造任务规模达到3102万平方米，共争取中央财政专项补助资金7.41亿元、省级财政奖励补贴资金2亿元。会同省供热计量改革与既有建筑节能改造领导小组成员单位开展专项检查，对全省2011年供热计量收费、节能改造完成情况进行核查，对2012年节能改造项目落实情况进行督查。会同省财政厅，对2011年改造项目进行了省级验收。实施供热计量改革与既有居住建筑节能改造月调度、月通报制度，先后3次召开全省现场会或座谈会，两次开展专项检查，确保改造工作顺利实施。全省既有居住建筑供热计量及节能改造完成省政府下达年度任务的182.8%，提前一年完成省政府与住房城乡建设部签订的既有建筑居住改造目标责任书确定的2011～2013年改造任务。

【公共建筑节能管理】 印发《关于做好2012年公共建筑节能工作的意见》等文件，建立实施公共建筑节能月调度、月通报制度。会同省有关部门，先后召开全省公共建筑节能改造研讨会、高等学校节约型校园建设现场会，研讨部署公共建筑节能改造及高等学校节能监管平台建设工作，开展省直机关"十大节能示范工程"评选活动，组织实施全省第二批26个项目、141万平方米的公共建筑节能改造试点。全省完成2300栋机关办公建筑和大型公共建筑能耗统计，对620万平方米建筑实行能源审计，在264栋公共建筑安装节能监测系统，省及9个设区市建立公共建筑能耗动态监测平台，5所高校被评为全国节约型校园试点示范单位，获中央财政补助资金1305万元，4所高校被评为首批省级节约型校园建设示范高校。

【可再生能源建筑应用】 烟台、威海列入国家首批集中连片推广重点区，临沂、菏泽2市及平度、临朐、汶上、莒县、夏津、阳信6县（市）获批示范市、县，32个项目获批光电建筑应用示范、科技产业化项目，连同国家下达的省级推广资金，共获得中央财政补助资金9.22亿元，资金额度和建设规模居全国首位，其中光电建筑应用示范项目装机容量达到以往年份总和的147.2%。先后三次开展可再生能源建筑应用专项督查，指导督促示范市、县加快建设进度，完成对2011年度10个光电建筑应用示范项目验收。会同省政府节能办，分解下达太阳能光热建筑一体化应用任务，加强规划、图审、施工许可、竣工验收备案等环节监管，实施月调度、月通报制度，确保县城以上城市规划区新建、改建、扩建的12层及以下居住建筑、集中供应热水的公共建筑全部实现太阳能光热建筑一体化，鼓励和指导有条件的地区开展高层建筑太阳能光热建筑一体化应用。太阳能光热建筑一体化应用面积完成全年任务的137.3%。（于秀敏）

8. 大事记

1月

5日 省长姜大明以山东省人民政府令第249号公布《山东省房屋建筑和市政工程招标投标办法》，2012年3月1日起施行。《办法》对房屋建筑和市政工程招标投标活动做出规范。

3月

30日 省住房和城乡建设厅发布《居住建筑节能设计标准》（DBJ 14—037—2012），自2012年5月1日起实施，原山东省工程建设标准《居住建筑节能设计标准》DBJ 14—037—2006同时废止。

5月

10日 省长姜大明以省政府第252号令公布《山东省建设工程造价管理办法》，自2012年7月1日起施行。《办法》对建设工程造价管理，建设工程造价、计价，保证工程质量和安全，维护工程建设各方的合法权益，做出规范。

6月

6日 省政府以鲁政发〔2012〕21号文发布《关于继续推进农村住房建设与危房改造的意见》。提出：2012年起，每年集中新建农房50万户，争取到2015年年底使全省近半数农户住进新房。2012~2013年，每年改造农村危房10万户，用2年时间将剩余19万户危房改造完毕。2014~2015年，将按国家新标准新增的30多万户农村危房基本改造完毕。

6日 省政府办公厅以鲁政办发〔2012〕35号文发布《关于贯彻国办发〔2011〕45号文件进一步加强保障性安居工程建设和管理的意见》，提出：到"十二五"期末，全省保障性住房覆盖面达到20%左右，基本建立起符合山东省实际的住房保障体系，使城镇中等偏下和低收入家庭住房困难问题得到基本解决，新就业职工住房困难问题得到有效缓解，外来务工人员居住条件得到明显改善。

14日 省政府以鲁政发〔2012〕22号文发布《关于开展"百镇建设示范行动"加快推进小城镇建设和发展的意见》。提出在全省开展"百镇建设示范行动"，要求"十二五"期间，全省100个示范镇地区生产总值年均增长20%以上，地方财政收入年均增长25%以上，农民人均纯收入年均增长20%以上。

25日 全省农村住房建设总结表彰暨小城镇建设工作电视会议在济南召开。省委副书记、省长姜大明出席会议并讲话，省委副书记、副省长王军民，副省长夏耕、贾万志，省政府特邀咨询郭兆信，省长助理徐珠宝，省政府秘书长蒿峰出席会议。

8月

1日 省十一届人大常务委员会第三十二次会议通过《山东省城乡规划条例》，2012年12月1日起施行。1991年8月31日省七届人大常务委员会第二十三次会议通过的《山东省实施〈中华人民共和国城市规划法〉办法》同时废止。《条例》对全省城镇体系规划、城市规划、县城规划、镇规划、乡规划、村庄规划的编制和管理做出规范。

10日 省政府办公厅以鲁政办字〔2012〕120号文发出《关于公布全省"百镇建设示范行动"示范镇名单的通知》，公布济南市章丘市刁镇、青岛市胶州市李哥庄镇、淄博市桓台县马桥镇等100个镇为全省"百镇建设示范行动"示范镇。

9月

7日 省政府以鲁政发〔2012〕30号文发布《关于贯彻国务院〈质量发展纲要(2011~2020年)〉实施质量强省战略的意见》。《意见》提出的建设工程质量目标为：到2020年，工程质量水平全面提升，重点工程质量达到国际先进水平，大中型建设工程项目一次验收合格率稳定在100%，其他工程一次验收合格率达到99%以上，人民群众对工程质量满意度显著提高。

11月

3日 省政府以鲁政字〔2012〕244号文发出《关于实施省派驻城乡规划督察员制度的通知》，要求在全省认真开展城乡规划督察工作，并推行派驻城乡规划督察员制度。

29日 省第十一届人大常务委员会第三十四次会议通过《山东省民用建筑节能条例》，2013年3月1日起施行。《条例》对民用建筑节能及相关监督管理做出规范。

12月

5~7日 全省城镇化工作会议召开。会议总结交流了全省城镇化工作进展情况。提出要积极推动全省城镇化，转变发展方式、提高发展质量，努力走出一条具有山东特色的城镇化发展路子。省委书记、省人大常委会主任姜异康就深入学习贯彻党的十八大精神、推进全省城镇化提出要求，省委副书记、省长姜大明出席会议并讲话，省委常委、常务副省长孙伟主持会议。

12月 省住房和城乡建设厅组织编写的大型综合性图书《十年建设铸辉煌》，由山东人民出版社出版。该书总结了2002年党的十六大和省委省政府在青岛召开的全省城市规划建设管理工作会议以来，全省住房城乡建设事业科学发展的重大战略、重大决策、重点工作和发展成就等。省长姜大明为该书作序，并高度评价了十年来山东建设工作取得的辉煌成就和该书出版的重要意义。省住房城乡建设厅厅长杨焕彩任该书主编，并为该书撰写了《十年感言》。

（山东省住房和城乡建设厅）

河 南 省

1. 概况

【住房和城乡建设概况】 2012年，在河南省委、省政府的正确领导下，住房城乡建设系统广大干部职工奋力拼搏，克难攻坚，圆满完成各项工作任务，全省住房城乡建设事业呈现增长较快、质量提升、稳定和谐的良好态势。

新型城镇化取得新进展。至2012年底，全省城镇化率达到42.43%，比上年提高1.86个百分点。超额完成保障性住房建设任务。全省开工建设保障性安居工程43万套，完成责任目标的107%，基本建成26.7万套，完成投资356亿元。河南住房城乡建设厅城乡建设管理全面加强。2012年是城乡建设三年大提升行动计划的收官之年，各地掀起了新一轮城乡建设高潮，共完成城镇基础设施建设投资1500亿元，同比增长11%，完成村镇基础设施投资117.82亿元，完成农村建房投资522.67亿元。城区改造大规模推进。各省辖市新开工城中村改造项目2513.81万平方米，累计完成投资679.38亿元。城中村改造占房地产投资比重超过30%。棚户区改造累计完成投资105.53亿元，基本建成6.52万套、646.59万平方米。房地产市场平稳较快发展。全年完成开发投资3035.29亿元，居全国第10位、中部地区第2位，同比增长15.6%。商品住房竣工4888.17万平方米，同比增长1.7%。房价基本稳定，市场秩序趋于规范，从严查处房地产开发、交易、中介服务和物业管理中的各种违法违规行为，较好地维护了消费者合法权益。建筑业发展水平持续提升。全省完成建筑业总产值6009.08亿元，同比增长13.8%，产业规模创历史新高。市场秩序进一步规范。建筑节能和新型墙材工作稳步推进。全年新增节能建筑4570万平方米；实施既有居住建筑供热计量及节能改造面积404万平方米。

【河南省政府与住房和城乡建设部签署合作框架协议共同推进中原经济区建设】 2012年5月10日，河南省人民政府与住房和城乡建设部在北京签署《共同推进中原经济区建设合作框架协议》，省委副书记、省长郭庚茂，住房和城乡建设部部长姜伟新出席签字仪式，并代表双方签署协议。住房城乡建设部副部长仇保兴、齐骥，河南省副省长赵建才、河南住房城乡建设厅厅长刘洪涛出席仪式。根据《协议》，双方将从推进河南现代城镇体系建设，推进河南省住房公积金支持保障性住房建设，推进河南省城镇污水和垃圾处理设施建设，推进河南省村镇规划建设，推进河南省建筑节能工作，推进河南省生态示范城市（区）建设，推进河南省自然和历史文化资源保护改善人居环境七个方面加强合作。

【建设系统法制建设】 2012年，全省积极推进住房城乡建设系统法制建设，较好地完成各项工作任务。立法进度进一步加快。积极做好列入立法计划项目的调研论证等工作，《河南省建设工程造价管理办法》在前期调研论证基础上，2012年又进行三次修改完善。《河南省城建监察规定（修订）》、《河南省村庄和集镇规划建设管理条例（修订）》，已会同省政府法制办多次召开座谈会，通过网络媒体等形式广泛征求意见。《河南省房屋租赁管理办法》草案已提交省政府法制办。《河南省风景名胜区管理办法》、《河南省城市建设管理条例》已开展前期调研论证工作。

执法行为进一步规范。做好行政处罚裁量标准修订和实施工作。根据省政府要求，组织人员对原行政处罚裁量标准及相关制度进行修订并对新颁法律法规规章制订裁量标准，实现了行政处罚裁量标准全覆盖。新裁量标准涉及98部法律法规规章的500多个条款，共40多万字。同时，分两期对全系统行政执法骨干进行了新裁量标准培训，为新裁量标准及相关制度的顺利实施夯实了基础。加强对省直管县工作的指导。召开省直管县（市）住房城乡建设法制和执法工作座谈会。提高全系统行政执法案卷制作水平。举办行政处罚案卷评查活动，对94个省辖市、省直管县（市）住房城乡建设主管部门的379份行政处罚案卷进行互评互查，收到较好效果。四是注重提升执法人员的素质和能力。队伍建设进一步加强。在全系统组织开展行政执法队伍"服务提升年"活动。采取日常跟踪指导、中期督导检查、年底考核验收等措施，推进行政执法队伍规范化建设。认真做好法律法规规章征求意见、规范性文件审查备案、行政处罚案件法制审核等工作。全年，共办理住房城乡建设部、省人大、省政府法制办等部门转来的法律、法规、规章草案征求意见稿48件，结合河南住房城乡建设厅业务工作，提出修改意见150多条。对河南住房城乡建设厅机关有关处室办理的近20件行政处罚案件进行法制审核，提出相关意见建议。河南住房城乡建设厅共有43个规范性文件经过法规处法制审核并通过省政府法制办备案审查。

【建设综合执法】 2012年，全省建设综合执法工作成效显著。5月，由河南省住房和城乡建设执法监察总队牵头，并会同河南住房城乡建设厅有关业务处室，组织开展全省住房城乡建设综合执法大检查。河南住房城乡建设厅印发《关于开展全省住房和城乡建设综合执法检查的通知》，制定《综合执法检查实施大纲》，要求做到分工到位、协调到位、联系到位。检查主要采取查资料、问情况、现场查看、仪器抽检等形式，对工程建设中的重要程序、关键部位进行了地毯式排查。对此次执法检查中的17家违法单位处以218.375万元行政处罚。

畅通渠道，认真做好投诉举报受理工作。总队全年共受理来信来访、电话投诉及上级交办等案件及案件线索146件，其中来信来访案件62件，共接待群众来访126人次，电话投诉案件84件；上级交办案件29件，下达案件督办函62件，下达案件转办函2件，以上案件均全部办结。认真办好上级督办、转办案件。河南住房城乡建设厅全年共接到住房城乡建设部督办、转办案件29件，其中督办案件15件，总队均作为重大案件直接查办，分管副总队长或处长亲自带队，深入现场调查取证，查清违法事实。全部15件督办案件均按期办结并向住房城乡建设部报送处理结果；转办案件14件，已办理完毕。

2. 城乡规划与建设

【强化城乡规划】 7月，《河南省城镇体系规划》经国务院同意，由住房和城乡建设部批准实施，为河南省构建现代城镇体系、推进新型城镇化进程、加快中原经济区建设提供政策支撑。

【城市总体规划修编和审批】 国务院审批城市总体规划的城市中，洛阳市城市总体规划获国务院批准，开封、新乡、安阳、南阳、焦作城市总体规划顺利通过部际联席会审查。许昌、漯河、三门峡、驻马店开展新一轮城市总体规划修编工作。

【市县城乡总体规划编制试点】 积极开展以统筹城乡发展为主要内容的、覆盖全市（县）域的城乡总体规划试点。济源、荥阳、滑县、鹿邑等市县城乡总体规划编制试点工作进展顺利,济源市城乡总体规划通过评审并上报至河南省政府。

【开展中心城市组团式发展规划编制】 以中心城市组团式发展为重要理念的郑州都市区空间规划完成,平顶山、焦作、安阳、驻马店、周口等市的中心城市组团式发展总体规划成果基本完成,驻马店市中心城市组团式发展规划成果已通过专家评审。

【推进近期建设规划和专项规划编制】 河南各市、县依据当地"十二五"国民经济和社会发展规划、城市总体规划,编制完成城市"十二五"近期建设规划,并着手开展城市综合交通体系等9项专项规划的编制。

【着力提高城市控制性详细规划的覆盖率】 至2012年底,郑州、平顶山、许昌、鹤壁、焦作实现控规全覆盖,其余各省辖市建设用地控制性详细规划编制率达到80%以上,全省各县(市)建设用地控制性详细规划编制率平均达到50%。

【历史文化名城保护】 积极向财政部、住房城乡建设部申请商丘市国家历史文化名城保护专项资金70万元,用于历史文化名城基础设施项目建设。积极开展文化遗产日宣传活动。各省辖市住房城乡建设、城乡规划主管部门协同做好本辖区历史文化名城保护宣传,通过精心筹划,创新形式,组织开展了形式多样的宣传、展示活动,增强了群众对历史文化名城保护重要性的认识,营造全社会保护名城的氛围。

【加强风景名胜区规划建设管理】 组织开展风景名胜区保护管理执法检查。7~8月,组织两个检查组,对全国11个国家级和23个省级风景名胜区逐一进行检查,并配合住房和城乡建设部对云台山、王屋山和嵩山三个国家级风景名胜区进行检查。对王屋山、五龙口风景名胜区违规出让景区经营权问题进行调查,济源市政府已积极协调处理收回经营权等问题。推进风景名胜区规划编制审批。对新编制的黄河、亚武山、浮戏山—雪花洞风景名胜区总体规划进行技术审查,并积极组织有关风景区按法定程序上报国务院和河南省政府。加强风景区规划建设的监管。加强风景区监管信息平台建设,组织全省国家级风景名胜区参加了2012年国家级风景名胜区监管信息系统网络平台培训班。至2012年底,各风景区都建立监管信息系统网络平台,并确定信息专员。

3. 城市建设和市政公用基础设施建设

【城市建设与管理】 2012年,河南省各城市高度重视城市建设与管理,通过加强组织领导,健全项目推进机制,规范项目实施程序,持续开展创建活动,强化城市精细化管理等措施。坚持规划先行。各城市加快城乡规划编制,完成了城乡总体规划、市域总体规划、中心城区控制性详细规划、产业集聚区控制性详细规划和各专项规划编制,全面推进基础设施、公共服务设施和功能性项目建设。

着力破解土地、融资、拆迁等难题。各地通过搞好规划、城乡建设用地增减挂钩等措施,破解土地难题;坚持科学运作,拓宽融资渠道,努力破解融资难题;科学制定方案,超前谋划好拆迁补偿安置、资金筹措等各个环节的工作,破解房屋征收难题。

城市基础设施建设项目改造提升与新建并重。各地在建设中一改注重新区建设、忽视老城区提升改造,以谋政绩、创形象为出发点的旧思维模式,实现改造提升与新建项目并重。

采取推进专项规划编制、加大市政公用行业市场开放力度、创新融资方式、举行建设项目招商会、努力推进重点项目等多种措施,加快实施一批城市基础设施项目,大力推进全省城市基础设施建设,全省城市基础设施功能更趋完善,城市综合承载力和吸引力显著提高。至2012年底,全省设市城市人均道路面积达到11.08平方米,人均公园绿地面积达到9.23平方米,建成区绿化覆盖率达到36.88%,用水普及率达到91.76%,燃气普及率达到77.94%,生活垃圾无害化处理率为86.4%。城市公共供水能力达到981.05万立方米/日,全省正式投入运营的城市污水处理厂155座,建成规模698.75万吨/日,建成排水管网27017.82公里(其中污水管网9423.09公里)。设市城市生活污水处理率达到87.47%,县城生活污水处理率达到78.83%。全年,全省污水处理厂累计处理水量21.73亿立方米,累计COD削减量58.44万吨;全省生活垃圾处理场共处理生活垃圾956.91万吨。

【市政工程质量管理】 2012年,全省继续严格把好市政工程质量安全管理关。严格安全生产许可证申办与管理。依据标准共对全省37家安全生产许可证新申请和50家安全生产许可证延期施工企业进行审查、发证和管理工作。加强培训教育,全面提升市政行业整体水平。根据住房和城乡建设部文件精神,组织修编培训教材,对市政工程施工员、试验员、材料员、统计员、测量员进行培训，全省有1006人参加学习，并取得培训合格证和复检合格证。对市政施工企业主要负责人、项目负责人和专职安全员共计2391人进行有关安全生产政策法律法规、安全生产管理、安全生产技术继续教育培训。开展质量安全检查，促进全省市政行业争创优良工程活动的深入开展。以创建"市政工程金杯奖"和优良工程活动为载体，加强对市政公用工程的检查指导，各省辖市共检查在建和已竣工市政公用工程1101项，河南住房城乡建设厅组织检查组对131项工程进行抽检，所抽检工程质量合格率达100%。有80项工程被评为河南省市政公用优良工程，其中27项被评为"河南市政工程金杯奖"工程。"郑州市科学大道西三环互通式立交一期工程"荣获全国市政工程质量最高荣誉—中国"市政金杯示范工程奖"。

4. 村镇规划与建设

【村镇建设概况】 2012年，全省村镇建设成效显著。至2012年底，全省共有建制镇828个，乡870个，镇乡级特殊区域5个，行政村43547个，自然村189499个，镇（乡）域面积14035031.34公顷，镇（乡）域常住人口82097200人，村庄常住人口66039000人。全年全省村镇建设投资合计5556784万元，其中住宅建设投资3378622万元，公共建筑投资649616万元，生产性建筑投资712291万元，市政公用设施投资1023219万元；全省乡镇建成区公共供水设施2622个，供水管道长度20225.24公里，其中2012年新增1495.71公里；集中供热面积215.85万平方米；道路长度23452.90公里，道路面积18336.27万平方米，2012年新增1051.92万平方米；道路照明灯308327盏，2012年新增18335盏；桥梁6475座；污水处理厂36个，年污水处理总量2743.85万立方米，排水管道长度7821.45公里；绿化覆盖面积63004.91公顷；年生活垃圾清运量378.28万吨，年生活垃圾处理量292.05万吨；生活垃圾中转站2253座，公共厕所6774座。全省村庄集中供水行政村19728个，供水管道长度42386.83公里，2012年新增1863.25公里；年生活用水量97680.68万立方米；集中供热面积10543.15平方米；村庄内道路长度103611.61公里，2012年新增2383.38公里，道路面积1566724.2万平方米；排水管道沟渠长度19470.39公里；对生活污水进行处理的行政村832个，对生活垃圾进行处理的行政村5562个，有生活垃圾收集点的行政村13648个，年生活垃圾清运量2697078.53吨。

【村镇规划和建设】 2012年，全省村镇建设突出抓农村危房改造、村镇规划、新型农村社区建设、农村环境综合整治、扶贫开发、特色乡村建设及创建等。强化村镇规划编制和实施。村镇规划编制进展顺利，至2012年底，新型农村社区布局规划启动104个，编制完成59个，已通过评审17个，新型农村社区详细规划完成605个。中心镇主要街区控制性详细规划完成88个。

积极开展农村危房改造。农村危房改造工作推进迅速，至2012年底，全省农村危房改造已竣工29.7824万户。在农村危房改造中着重做好与新型农村社区建设、黄淮滩区移民迁建、南水北调沿线村庄迁建及库区搬迁、扶贫开发工程等相结合。努力实现确保对象符合"两最"条件，确保农房建设符合质量要求，确保经费按标准足额用在房屋建设上，确保房屋建筑面积不超标，确保按要求及时录入危改电子档案信息，确保按时间节点完成危改任务。同时，在危房改造中，积极总结推广商丘市创新资金筹集机制、项目整合机制、帮扶机制和奖励机制，新县因地制宜探索贫困山区农村危房改造的新路子。

加强农村环境综合整治。乡镇环境综合整治取得新进展，申报第一批国家"十二五"重点流域污水处理设施配套管网建设项目12个，争取中央资金3.57亿元。积极贯彻落实城乡建设三年大提升行动计划，以"三改造两整治一加强"为抓手，开展"五改三清四化"为主要内容的环境综合整治，着力提升农村人居环境的改善。开展全省建制乡镇生活垃圾集运系统运行情况检查，下发通报。总结推广开封市、长葛市、新密市等地好的做法和典型经验。为进一步规范全省运营秩序。

稳步推进新型农村社区建设试点。新型农村社区建设稳妥推进，至2012年底，全省启动新型农村社区建设试点2300个，初步建成500个，社区基础设施建设和公共服务设施投资累计完成205亿元，拉动农民建房消费625亿元。

【评选河南省第五批历史文化名镇（村）】 2012年，开展第五批河南省历史文化名镇名村评选。经过评审，1月，河南省人民政府公布登封市君召乡等5个镇（乡）为河南省第五批历史文化名镇（乡）。汝阳县蔡店乡杜康村等9个村为河南省第五批历史文化名村。

5. 住宅与房地产业

【房地产开发】 2012年，河南全省房地产开发投资在波动中增长，全年全省完成房地产开发投资3035.29亿元，同比增长15.6%，总量位居全国第10位、中部地区第2位；施工面积29559万平方米，同比增长16.6%，其中新开工面积10515万平方米，同比增长6.3%；竣工面积5871万平方米，同比增长6.2%。

【房地产开发投资】 在波动中增长，非住宅类投资保持高速增长。全年全省房地产开发企业完成投资3035.29亿元，同比增长15.6%，增速同比回落8.6个百分点。从房屋用途看，全省住宅投资2203.06亿元，增长9.0%，增速低于房地产开发投资增速6.6个百分点。非住宅类投资832.23亿元，增长37.5%，高于房地产开发投资增速21.9个百分点。在非住宅类投资中，办公楼投资136.35亿元，增长18.1%；商业营业用房投资319.39亿元，增长33.4%；其他投资376.49亿元，增长50.3%。

【开发企业资金来源】 自筹资金依然是主渠道。全省房地产开发企业本年资金来源3455.04亿元，同比增长19.5%，增速比上年同期加快2.4个百分点。下半年以来，企业资金来源增速高于房地产开发投资增速，并在波动中呈现回升态势。在房地产开发企业资金来源中，自筹资金1920.72亿元，同比增长15.8%，所占比重由上年同期的57.4%下降至55.6%，企业自筹资金的能力有所减弱，但依然是企业资金来源的主渠道；国内贷款321.09亿元，增长15.2%，占比9.3%；其他资金来源1212.10亿元，增长28.1%，占比35.1%。

【房屋施工、新开工面积】 房屋施工、新开工面积增速回稳，房屋竣工面积增速大幅回落。全省房屋施工面积增速呈现出一季度回落、二季度和三季度在波动中回落、四季度回稳趋升的态势。全年房屋施工面积29559.36万平方米，比上年同期增长16.6%。其中，住宅施工面积23466.99万平方米，增长13.8%，占房屋施工面积的比重为79.4%，同比降低2.0个百分点。全省房屋新开工面积10515.11万平方米，比上年同期增长6.3%。其中，住宅新开工面积8424.45万平方米，同比增长2.7%，住宅新开工面积增速低于房屋新开工面积增速3.6个百分点，占房屋新开工面积的比重为80.1%，同比降低2.8个百分点。全年房屋新开工面积增速呈现一季度大幅回落、二季度和三季度波动中回落、四季度波动中回稳的态势。全省房屋竣工面积增速持续大幅回落。全年房屋竣工面积5870.54万平方米，比上年同期增长6.2%。其中，住宅竣工面积4888.17万平方米，增长1.7%。住宅竣工面积增速低于房屋竣工面积增速4.5个百分点，占房屋竣工面积的比重为83.3%，同比降低3.7个百分点。

【商品房销售面积持续下降】 降幅在波动中逐步收窄。全省商品房销售面积持续下降，但下半年以来降幅在波动中逐步收窄。全年全省商品房销售面积为5968.49万平方米，比上年同期下降4.9%。其中，商品住宅销售面积为5455.50万平方米，同比下降4.7%；非住宅类商品房销售面积为512.99万平方米，同比下降6.7%。其中，办公楼126.49万平方米，下降15.2%，商业营业用房297.96万平方米，下降8.7%，其他房屋88.54万平方米，增长19.0%。全省商品房销售额2286.67亿元，同比增长4.1%。其中，商品住宅销售额1915.57亿元，增长7.1%；非住宅类商品房销售额为371.10亿元，同比下降9.2%。其中，办公楼111.57亿元，下降19.6%，商业营业用房228.15亿元，下降7.1%，其他房屋31.38亿元，增长29.0%。

【全年土地购置面积增速加快】 待开发土地面积增加。全省房地产开发企业本年土地购置面积1742.63万平方米，同比增长11.3%。至2012年底，全省房地产开发企业待开发土地面积1318.72万平方米，比上年底增加354.42万平方米。

【房地产市场管理】 2012年，进一步规范房地产交易市场秩序，加强房地产市场主体行为的监管，认真贯彻落实国家房地产市场调控有关政策，房地产市场运行总体平稳健康发展。全省从严查处房地产开发、交易、中介服务和物业管理中的各种违法违规行为，较好地维护了消费者的合法权益，市场秩序趋于规范。

【发展住房二级市场和房屋租赁市场】 为活跃住房二级市场和房屋租赁市场，全省进一步优化资源配置，盘活住房存量，逐步实现新商品房、二手房与租赁三者的良性协调发展，住房二级市场和房屋租赁市场日趋活跃。为满足城乡居民不断增长的多层次的住房需求，促进住房消费，向河南省政府提出了"完善配套政策，减轻房地产交易当事人负担；加大信贷支持力度，拓宽融资渠道；大力发展房屋租赁市场，改善住房供应结构；规范发展房地产中介服务，促进住房市场流通；完善服务，推进住房二级市场和房屋租赁市场快速发展"等方面的建议，完成《河南省房屋租赁管理办法》立法调研计划。

【加强房地产估价市场管理】 积极应对房地产估价行业市场形势变化。严格行政许可，在房地产估价资质审批及估价师注册管理方面规范审批程序、规范申报资料、发挥专家作用；加强估价报告质量管理，河南住房城乡建设厅印发了《关于加强房地产估价报告质量管理的通知》；加强行业高端人才建设，在全国房地产估价机构中首先建立了房地产估价总监制度，并与中国房地产估价师与房地产经纪人学会等联合开展两期房地产估价总监培训考核，72名房地产估价师取得了房地产估价总监资格；提高行业学术水平，选定"市场法计算公式改进探讨"等8个课题为2012年房地产估价经纪研究课题并按期提交课题成果。

【物业管理】 2012年，全省物业管理水平进一步提升。截至2012年底，全省共有物业服务企业近3000家，其中一级物业服务企业22家，二级物业服务企业142家。全省取得物业管理师资格的人数共有2237人，其中2012年通过797人。通过推广郑州、平顶山等市物业管理先进经验带动了全省物业管理水平的提高，2012年有4个物业管理项目被评定为国家物业管理示范项目，12个住宅小区被评为省级物业管理示范小区，24个小区被评为省级物业管理优秀小区，3个大厦被评为省级物业管理优秀大厦。

6. 住房保障和保障性安居工程

【保障性住房建设】 2012年，河南省将保障性住房建设与提升城镇承接产业转移能力、加快产业集聚发展和城镇化进程紧密结合，全年开工保障性住房43万套，完成国家确定的40万套责任目标的107%，基本建成保障性住房26.7万套，完成国家确定的16万套责任目标的167%。竣工保障性住房11.65万套，分配入住8.99万套，入住率77.2%，发放廉租住房租赁补贴23.9万户，基本解决了35万户保障对象的居住条件。全年发放廉租住房租赁补贴资金4.15亿元，完成建设投资356亿元。

【启动"保障性安居工程质量管理年"活动】 全年先后组织住房和城乡建设行政主管部门领导及保障性安居工程各参建单位人员专业培训2500余人次，各地聘请近3000名社会义务监督员参与保障性安居工程质量监督。省政府办公厅印发《关于加强保障性安居工程质量安全管理工作的意见》、《关于进一步规范建筑市场加强建设工程质量安全管理的意见》等规范性规章，进一步规范保障性安居工程质量监管行为。省住房和城乡建设厅坚持每季度组织一次质量安全全面巡查，巡查发现问题2991条次，下发整改通知书787份，不良记录告知书171份，停工整改通知书31份，行政处罚通知书8份。

【资金安排】 中央财政共安排河南省保障性安居工程建设补助资金101.2亿元。省财政安排补助资金22.27亿元，公租房套均补助0.67万元，廉租房套均补助0.65万元，棚户区改造套均补助0.92万元。市、县一般预算安排保障房建设资金5.2亿元，土地出让收入按宗提取3%落实资金15.77亿元。省级融资平台已经审核批准2012年保障房贷款项目152个，拟对财政投资公租房、廉租房项目实际发放统贷统还贷款76亿元。省中行已审批核定76个项目符合中行要求手续，融资40亿元。

【保障性住房分配】 省政府办公厅印发《关于加强廉租住房和公共租赁住房入住管理的指导意见》，要求各地降低门槛、简化程序，尽快把保障性住房投入市场，加快供应。同时，建立保障性住房预分配制度，将分配程序前置，逐步取消公租房保障的收入限制，优化审查程序，限定审查时限，确保及时分配。加快完善保障房配套基础设施和公共服务设施，确保同步规划、同步建设、同步交付使用，加快房源供给。各级住房和城乡建设部门严格实行省辖市"三审两公示"和县（市）"两审两公示"制度，自觉接受群众监督，实现保障房分配过程阳光透明，确保公开、公平、公正。

【住房公积金监督管理】 截至2012年底，河南全省累计539.22万名职工参加住房公积金制度；累计归集总额1528.02亿元，归集余额998.96亿元；累计提取530.76亿元，为48.39万户中低收入职工家庭发放个人住房贷款712.74亿元，支持购房建筑面积6196.38万平方米，带动购房消费金额1239.90亿元；住房公积金个贷金额逾期率为0.281‰，低于住房和城乡建设部颁标准1.5‰。全年全省归集住房公积金306.25亿元，增长20.31%；增加缴存职工43.28万人，增长8.72%；提取128.51亿元，增长29.56%；发放住房公积金个人贷款167.10亿元，增长36.48%；实现增值收益14.02亿元，增长116.69%。

公积金管理工作取得实效。制度覆盖面不断扩大。全省政府机关、国有企事业单位基本实现制度全覆盖，为住房公积金业务快速发展奠定基础。至2012年底，全省住房公积金个贷余额496.39亿元，同比增长31.72%。全省公积金个人贷款额占商品住宅销售额的比例逐步上升，公积金个人贷款在满足居民住房刚性需求方面发挥着较大作用。进一步加强行业监管。按照《住房公积金条例》、《住房公积金行政监督办法》等政策规定，保障资金安全，维护缴存职工的合法权益。纠正违规现象。对2011年全省服务和管理工作督查中发现的有关单位违规违法现象进行坚决纠正，采取限期整改、约谈、现场调查等一系列措施，追回违规存放的住房公积金共12.39亿元。清收涉险资金。配合全国加强住房公积金管理专项治理工作领导小组对河南省涉险资金进行检查和清收，共清收有关城市历史遗留逾期项目贷款1811.19万元，占全省涉险资金总量的98.66%，得到了全国专项治理工作领导小组的高度评价。提取上交廉租住房补充资金。全省加强住房公积金资金的管理和运作，全年实现增值收益6.39亿元，上缴财政用于城市廉租住房建设1.66亿元，历年累计上缴各级财政用于支持城市廉租住房建设9.46亿元。做好试点项目贷款。作为全国首批利用住房公积金贷款支持保障性住房建设试点城市，洛阳中心在住房和城乡建设部、河南省的指导下，精挑项目、严格审批、用足额度、稳妥推进，及时安全地回收贷款资金，总结探索出了试点工作的一条新路子。至2012年底，已为5个保障房项目累计发放贷款4.4亿元，支持建设保障性住房1.3万套。积极扩大试点范围。郑州、安阳、平顶山三个城市被住房和城乡建设部确定为全国第二批试点城市，同时认真做好试点项目筛选工作，争取贷款资金规模。洛阳等4个城市共获批13个保障房建设试点项目，项目投资总额51.45亿元，获批住房公积金贷款额度19.4亿元。

7. 工程建设与建筑业

【建筑业发展概况】 2012年，河南省全年全社会建筑业增加值达到1662.84亿元，比上年增长11%，占全省GDP的比例持续保持在5.6%，全部从业人员达到650万人，成为国民经济的重要支柱产业、优势产业和富民产业。

【建筑业总产值稳步提高】 全省具有资质等级的总承包和专业承包建筑业企业（在统计范围内，下同）4738个，从业人员227.12万人，完成建筑业总产值6009.08亿元，比上年同期增长13.8%，其中：建筑工程产值5269.33亿元，安装工程产值567.81亿元，其他产值171.94亿元，分别比上年同期增长13.6%和19.6%和4.0%。全年建筑业企业完成竣工产值3419.21亿元，比上年同期增长18.3%。全省具有资质等级的建筑企业利润总额230.43亿元，增长15.2%；税金总额208.81亿元，增长12.6%。产业规模持续扩大，完成一大批关系国计民生的重大项目，为河南的经济发展注入了生机和活力。一批资质高、有实力的知名企业为全省的经济发展作出了突出贡献。2012年具有特级资质等级企业达到17家，完成产值占到全省的21.7%，均值达到76.62亿元，企业个数占到0.4%。全年完成产值超过亿元的企业有1031家，比上年增加105家，完成产值超过10亿元的企业有77家，增加8家，完成产值超过50亿元的企业有9家，增加3家，完成产值超过100亿元的企业有4家，增加2家。建筑业企业平均产值由2011年的1.17亿元，提高到2012年的1.27亿元，提高8.5%。

【签订合同额增长，生产规模不断扩大】 河南固定资产投资完成21761.54亿元，比上年同期增长22.5%，由于投资总额的不断增长，带动了建筑业企业施工任务的增加，保证了生产规模持续扩大。全省建筑业签订的合同额为9789.18亿元，比上年同期增长16.6%，新签合同额6186.39亿元，同比增长13.8%。

【在外省市完成产值增长】 全年在外省完成产值1510.86亿元，比上年同期增长16.0%，占总产值的比重为25.1%，比上年同期的24.7%提高0.4个百分点。

【房屋建筑竣工面积增长25.6%】 2012年在施房屋建筑施工面积为38328.73万平方米，本年新开工面积为20499.21万平方米，分别比上年同期增长15.2%和2.3%。全年房屋建筑竣工面积为16397.59万平方米，比上年同期增长8.3%，其中，住宅竣工面积11212.78万平方米，同比增长11.3%。

【建筑业企业劳动生产率和技术装备率、动力装备率稳步提高】 全省建筑业企业施工生产规模在不断扩大的同时，技术装备和动力装备能力也在稳步提高，从而带动建筑业企业劳动效率在不断提高。全年按建筑业总产值计算的劳动生产率人均28.77万元，比上年同期增长28.4%。分资质等级看，特级资质建筑业企业的劳动生产率人均47.04万元，一级资质建筑业企业的劳动生产率人均34.69万元，二级人均21.16万元，三级人均21.37万元，特级和一级企业的劳动生产率均高于全省平均水平，说明这些企业在全省建筑业企业发展的过程中起到了骨干、带头和桥梁作用。全年技术装备率和动力装备率为11766元/人和7.31千瓦/人，分别比上年提高

2.0%和19.1%。分资质等级看，特级资质建筑业企业的技术装备率人均2.88万元，一级资质建筑业企业人均1.39万元，二级人均0.83万元，三级人均0.70万元。特级资质建筑业企业的动力装备率人均15.90千瓦，一级资质建筑业企业人均10.32千瓦，二级人均4.93千瓦，三级人均3.63千瓦，特级、一级的企业的技术装备率和动力装备率远远高于二级和三级企业，故而企业的劳动效率和承接特大型、大型施工项目的能力也远远高于二、三级企业。

【企业经营效益提高，实现利润和税金稳定增长】 全省建筑业企业实现营业收入5886.76亿元，实现工程结算收入5841.65亿元，分别比上年增长13.6%和13.5%；资产达到4159.13亿元，增长16.7%，均值为0.88亿元，提高11.1%；其中17家特级企业资产为225.05亿元，均值为13.24亿元，分别比上年提高59.8%和59.9%。全省建筑业企业实现利润232.86亿元，实现利税437.75亿元，分别比上年增长16.4%和13.5%。

【对外承包工程和劳务合作不断扩大】 全年对外承包工程、劳务合作和设计咨询业务新签合同额34.71亿美元，比上年增长18.3%；营业额37.09亿美元，增长15.9%。

【建筑市场管理】 2012年，全省建筑市场管理健康有序发展。建筑业门类齐全，建筑业集中度进一步提高。全省建筑业大力推进企业制度创新、技术创新、管理创新和文化创新，实现经营机制和经济增长方式的根本性转变，形成围绕工程建设活动的勘察设计、招标代理、建筑施工、工程监理、造价咨询等完整的建筑业体系，确保行业持续、快速、健康发展。建筑施工企业已形成房建、公路、水利、电力、矿山、装饰、古建园林等几十个专业配套、门类齐全的企业资质结构，基本满足了河南经济社会发展的需要。至2012年底，全省有资质建筑企业共9136家，其中，施工总承包企业3096家，专业承包企业3694家，劳务分包企业2346家。

工程服务业发展迅速。工程建设项目招标代理机构进一步发展，至2012年底，全省共有工程建设项目招标代理机构272家，其中甲级46家，占企业总数的16.9%，乙级159家，占企业总数的58.5%，从业人员达1.5万人，全年共实现招标代理营业收入6.2亿元，比上年增长27%。2012年，继续在全省范围内开展工程建设领域突出问题专项治理工作，加强联动执法，深入整顿市场秩序，大力规范招标代理机构行为，积极维护招投标市场的公平公正。

建筑市场监管力度不断加大。深入开展打击挂靠借用资质专项治理和打非治违专项活动，重点集中打击和整治建设单位规避招标、将工程发包给不具备相应资质的施工单位等八种违法违规行为。认真做好"清欠"工作，共受理各类投诉案件230余起，涉及金额约1.9亿元。特级企业资质就位工作圆满成功。3月，河南省原有的11家特级企业，全部按照新资质标准被重新核准为特级资质，取得了特级企业新的资质证书，通过率100%。建设领域突出问题专项治理活动成效明显。治理的重点是借用资质投标、收取费用出借资质问题。河南住房城乡建设厅市场准入清出管理更加规范。对8700余家建筑类企业、600余家工程监理和招标代理企业实施动态考核，建筑市场准入清出机制更加完善。

【工程建设监理】 截至2012年底，全省共有工程监理企325家，工程监理从业人员超过4万人，其中注册监理工程师已达6200余人。部分骨干工程监理企业在立足省内市场的同时，又到海南、广西、安徽、新疆、内蒙古、青海等地设立分公司，积极拓展省外市场。全年全省工程监理企业共签订合同额207亿元，其中监理业务合同额38亿元，同比增加20%；营业收入138亿元，其中实现工程监理业务收入29亿元，同比增长24%。

工程监理体系制度进一步完善。省政府办公厅出台《关于进一步规范建筑市场加强建设工程质量安全管理的意见》，河南住房城乡建设厅印发《关于进一步加强全省建设工程监理管理的若干意见》，进一步完善和明确工程监理招标投标、质量安全、合同管理、收费标准执行等管理制度和措施。

行业转型升级进一步推动。从资质结构看，325家工程监理企业中，综合资质企业4家，甲级企业101家，占企业总数的31%，乙级企业89家，占企业总数的27%，资质层次逐步趋于合理。从业务结构看，部分企业已开展了代建制、项目管理、工程咨询等服务，业务结构向多样性发展，部分企业开始涉足其他相关业务，从统计情况看，325家工程监理企业有74家工程监理企业具有招标代理资质，38家具有工程造价资质，24家具有工程设计资质，32家具有工程咨询资质；从实现营业收入情况看，全年实现营业收入超亿元的工程监理企业有9家，超5000万元以上的有20家，超3000万元以上的有35家。营业收入超3000万元的35家企业完成合同额占总合同额的61%。其中营业收入最高的工程监理企业郑州中兴工程监理有限公司，承揽合同额近4.9

亿元，实现营业收入2.3亿元，其中实现工程监理业务收入1.9亿元。进一步完善和加强市场信用体系建设，对检查及日常监管中发现的违法违规行为坚决记入不良记录，全年共有省内37家、外省进豫29家工程监理企业被记不良记录。严格资质审批，认真开展动态考核，加大清出力度，认真维护市场的公平竞争机制。全年通过动态考核取消12家工程监理企业资质。

【工程建设标准定额和工程造价管理】 2012年共转发国家标准和行业标准146项。这些标准的转发传达，为全省各级建筑相关企业和从业人员提供了经济和技术依据。同时完成多项住房和城乡建设部新编标准征求意见，及时反馈相关意见，为国标编制提供参考。制定发布《混凝土保温幕墙工程技术规程》、《复合保温钢筋焊接网架混凝土墙（CL建筑体系）技术规程》等8项河南省地方标准，同时积极做好向住建部备案审查；这些标准的颁布和实施不仅完善了全省工程建设标准体系，对促进全省建筑节能工作具有重要意义。

9月，组织检查组对全省高强钢筋执行情况进行拉网式检查，通过检查促进了全省高强钢筋推广应用的进一步发展。11月，国家组织检查验收组对河南省进行检查验收，抽查济源市和郑州市，对河南高强钢筋的推广应用给予了高度评价和赞扬。完成《河南省建设工程造价管理办法》的审查和上报。编制完成《河南省建设工程工程量清单综合单价解释和补充定额汇编》。河南住房城乡建设厅制定发布《关于调整〈河南省建设工程安全文明措施费计价管理办法〉中费用的通知》和《关于加强建设工程费用计价项目中社会保障费管理的意见》。

【建设工程质量监督管理】 2012年，全省整体工程质量水平较为稳定。截至2012年底，全省新开工工程6276项，建筑面积8908.5万平方米；在建工程25818项，建筑面积28764.51万平方米；竣工工程3447项，建筑面积3798.56万平方米。竣工验收合格率100%，主体结构合格率100%。

河南住房城乡建设厅印发《河南省房屋建筑和市政基础设施工程质量监督管理实施办法》。完善保障性住房质量监管考核制度，河南住房城乡建设厅印发《关于进一步做好河南省保障性住房"安居奖"评审工作的通知》。河南住房城乡建设厅印发《关于印发建设工程质量工作考核有关文件的通知》，分别对保障性住房质量管理年活动以及保障性住房质量监督考核提出具体要求。组织修订《河南省住宅工程质量通病防治技术规程》，完成《规程》（送审稿）。

以落实"质量兴省"活动为主线，创新监管方式，提高监管效能。在大力加强对保障性安居工程进行质量监管的同时，注重加强对全省房屋建筑工程特别是大型公共建筑、商品住宅工程质量的监管力度。8月至10月，组成2个巡查组，对全省18个省辖市外省进豫及中央驻豫施工企业在建工程项目进行专项巡查。

全年新办理省直管工程项目监督登记3项，建筑面积15.087万平方米，造价3.36亿元；受监在建工程55项，建筑面积约168.81万平方米，工程造价约41.2亿元。已竣工工程161项，建筑面积350.84万平方米，工程造价62.48亿元。着力加强重点领域关键环节工程质量监管，保证工程质量。坚持突出重点领域和关键环节，不断完善监管措施，加大监管力度，取得明显成效。认真落实保障性住房工程质量监督制度。河南住房城乡建设厅大力加强工程质量检测管理。先后开展了2个批次的市政（城市桥梁）工程检测机构专项资质的初审和现场评审。至2012年底，全省取得市政工程质量检测专项资质的机构共25家，单项资质28项，其中市政道路检测23项，城市桥梁检测5项。根据河南住房城乡建设厅印发的《关于对全省建设工程质量检测机构和预拌商品混凝土质量专项检查的通知》要求，对全省的预拌商品混凝土质量和检测机构进行检查，共检查检测机构80家，商混企业125家，共下发整改通知书183份，不良行为告知书5份。

【建筑施工安全生产管理】 2012年，全省建筑安全生产形势稳定好转。印发《2012年全省建设安全工作要点》和《继续深入扎实开展"安全生产年"活动实施意见》，多次召开全省建设行业安全生产领导小组会议，专题研究安全生产。认真开展安全河南创建活动。河南省政府办公厅印发《关于进一步规范建筑市场加强建设工程质量安全管理的意见》，就整顿规范建筑市场、强化过程责任落实、加大行政监管力度、依法严格责任追究等提出要求，进一步明确了建设工程安全监管原则和权限，确保安全监督工作的有效开展。先后组织开展3次建筑施工安全大检查以及建筑起重设备、保障性安居工程质量安全、装修装饰质量安全、建设工程综合执法、建筑市场监督执法、村镇住房安全等专项督查。

全年，各地共检查工程项目24270项/次，排查一般隐患和问题54744项/条，整改54318项/条，整改率为99.22%；排查重大隐患697项/条，已整改697项/条，整改率为100%，落实治理资金580余万元。

【强化装修装饰业管理】 2012年，全省进一步优化装修装饰业的发展，突出内部基础管理，强化工程质量安全监管，积极推动科技进步，保持了全省装修装饰业持续健康发展。全省装修装饰企业2011家，从业人员近80万人，完成产值约1100多亿元，同比增长10%左右。

【勘察设计行业管理】 2012年，全省勘察设计企业总数达707家，其中甲级133家、乙级354家、丙级211家、丁级和劳务类9家。为适应建设工作的需要，全省环境工程、轻型钢结构、风景园林3类专项和农业工程专业设计企业发展较快、全年共新核准了16家。全省勘察设计从业人员达4.9万人，专业技术人员占总量的80%以上，各类注册人员已达14个专业6620人，可满足各个行业科研和设计需要。并有4家单位跨入全国勘察设计综合实力百强行业。全行业拥有20位国家勘察设计大师、24位省级勘察设计大师，是全省建设战线上一支科技生力军。

【勘察设计质量管理】 2012年，全省勘察设计质量管理成效显著。开展全省工程勘察质量监督执法专项检查。采取各省辖市、直管县自查、河南住房城乡建设厅抽查的方式，对123家勘察企业2011年的163个勘察项目进行检查，对其中11家企业下发整改通知书，135个项目负责人或技术负责人下发了《不良行为告知书》。在全省开展施工图设计文件审查质量检查，河南住房城乡建设厅以施工图审查为抓手，在建筑节能强制性标准执行方面加强专项审查，各专项审查不合格项目一律不准发放施工图审查合格书。施工图节能审查合格率达到100%，公共建筑节能达到50%、居住建筑达到65%的节能标准，保证了节能标准在设计阶段的有效落实。全省共检查高强钢筋推广应用项目4390个，40兆帕级高强钢筋在全省得到广泛应用，执行高强钢筋工程建设标准合格率达95%。开展全省工程勘察质量监督执法专项检查。检查18个省辖市、10个直管县以及省外进豫承接项目勘察单位的共123家勘察单位，抽查324个项目。采取组织专家集中检查的方式对113家企业抽查项目逐一检查，符合项及基本符合项共227个，不符合项97个，专家提出反馈意见744条，对136个违反强条和存在质量安全隐患的项目下发告知书。

【建筑工程抗震管理】 2012年，严格执行国家新颁布的《建筑抗震设计规范》（GB 50011—2010）和工程建设强制性标准条文，加强市政基础设施和各类建筑工程的抗震设防监督管理，加强对在建项目的检查及现场抽查工作，形成了从勘察设计、施工、监理、工程竣工验收的全过程管理，确保抗震设计措施在工程建设中得到落实。全省施工图审查机构共审查建筑工程项目10257项、市政基础设施240项。为加强对全省建筑工程勘察设计市场的监督管理，提高勘察设计质量与水平，9月对河南省18个省辖市开展建筑工程勘察设计市场质量检查工作，并将建筑工程抗震设计质量作为一项重要内容。

【建设科技和建筑节能】 2012年，全省建设科技及建筑节能管理取得了明显成效。新建建筑节能标准执行率持续上升。全省新建建筑在施工图设计阶段执行节能强制性标准比例已连续五年达到100%；全年全省竣工民用建筑面积4598万平方米，节能建筑面积4570万平方米，全省新建建筑节能标准实施率99.4%，比上年同期提高了0.2个百分点，郑州、鹤壁等城市，市、县两级节能标准实施率全部达到100%。全省累计建成节能建筑已达2亿多平方米。

可再生能源建筑应用成效显著。全省2012年列入财政部、住房和城乡建设部可再生能源建筑应用相关示范17项，争取太阳能光电建筑应用项目11个，核定补贴光电装机容量26.75MW，中央财政专项支持资金1.47亿元；全年获国家财政相关示范奖励(补贴)资金4.6亿元；全省共获批国家可再生能源建筑应用示范市5个、示范县15个、示范镇1个，节约型校园4个，光电建筑应用示范34个，累计争取国家各类相关示范补助资金超过13亿元。通过国家带动，地方推动，全省规模化、规范化可再生能源建筑应用取得了重大突破，累计超过5000万平方米。

绿色建筑发展初见成效。制定《河南省保障性住房绿色建筑评价标准》及《关于优先发展保障性安居工程绿色建筑的实施意见》（试行）；组织开展绿色建筑一二星级评价标识。至2012年底，全省共有郑州、洛阳、安阳、鹤壁、焦作、商丘、驻马店、济源8个省辖市共申报27个项目，有8个项目通过二星级绿色建筑评价标识，报住房城乡建设部备案、公示后，全部顺利通过。组织开展《绿色建筑在行动》大型活动主题专场。推进建筑垃圾资源化利用。开展建筑垃圾资源化利用技术集成与示范，加快建筑垃圾资源化利用技术、装备研发推广，编制建筑垃圾综合利用技术导则等。既有居住建筑供热计量和节能改造基本完成。全省确定实施既改任务400万平方米。全年完工的项目面积为404万平方米，占年度全省既改任务总量的101%。

建设科技工作得到有效提升。智慧城市建设成效突出。河南住房城乡建设厅郑州、鹤壁、漯河、济源、新郑、洛阳新区6个单位入选国家智慧城市第一批试点。企业技术中心进展顺利。优选7家建设类企业技术中心列入培育计划。全年推广科技成果100余项，评选科技进步奖50余项，同时获得住房城乡建设部华夏科技奖3项、省科学技术奖7项（其中二等奖4项，三等奖3项），获批国家水专项示范资金1600万元。全省建设领域节能降耗工作实现节约标准煤102万吨，超额完成年初制定的工作目标。

8. 大事记

1月

17日 郑州市出台《郑州市房屋专项维修基金使用管理实施细则》，这是河南省首个地方制定的房屋专项维修基金使用管理实施细则，增加了若干操作细则。

29日 根据《河南省工程建设工法管理实施细则》的规定，河南住房城乡建设厅组织有关专家对申报的工法进行评审，滑轮吊装焦炉烟道弯管施工工法等43项工法通过审定，批准为2011年度河南省第二批省级工法。

29日 河南住房城乡建设厅发布由河南省公安消防总队主编的《消防控制室管理技术规程》（DBJ41/T 111—2011）已通过评审，批准为河南省工程建设地方标准，自2012年3月1日起在全省施行。

2月

8日 河南住房城乡建设厅印发《河南省住房和城乡建设执法监察总队主要工作职责》，《职责》明确总队九项工作职责。

17日 河南省南水北调配套工程调度中心正式开工建设。配套工程是南水北调中线工程建设的重要组成部分，工程全长962公里。

23日 郑州市轨道交通调度中心开工建设。该中心含10条线线路控制中心、应急指挥中心、清分清算中心、数据档案中心、信息编播中心以及相应的配套设施，位于郑州市郑东新区新郑州站附近，商鼎路以南，由榆林南路、和谐路、康宁路和站南路围合的地块。

29日 省住房和城乡建设厅印发《河南省住房和城乡建设厅行政执法案件查处办理制度》，共14条，自2012年2月29日起执行。

3月

7日 河南住房城乡建设厅印发《河南省建设工程担保备案管理办法》，共6章41条，自2012年3月7日起施行。

15日 河南住房城乡建设厅印发《河南省房屋建筑和市政基础设施工程质量监督管理实施办法》，《办法》共5章28条，自2012年3月15日起施行。

19~25日 根据《河南省建筑安全巡检办法》，河南住房城乡建设厅组织3个检查组，此次共抽查巡检三门峡、洛阳、济源、焦作、信阳、南阳等6个省辖市，每个市重点抽2家建筑施工企业、4个在建工程施工现场。

27日 河南住房城乡建设厅发布由河南省第一建筑工程集团有限责任公司、河南锦源建设有限公司主编的《混凝土保温幕墙工程技术规程》（DBJ 41/T112—2012），经评审，批准为河南省工程建设地方标准，自2012年6月1日起在全省施行。

4月

16日 河南住房城乡建设厅印发《关于进一步加强全省建设工程监理管理的若干意见》。

16~28日 河南住房城乡建设厅组织6个督查组，对18个省辖市和10个省直管县的保障性安居工程进行了工程质量监督执法督查。

17日 河南住房城乡建设厅、省财政厅印发《河南省住宅专项维修资金管理实施细则》，《细则》共5章39条，自2012年4月17日起施行。

25日 河南住房城乡建设厅印发《河南省保障性住房建设导则（试行）》，《导则》共6章43条，自2012年4月25日起施行。

26日 郑州地铁1号线一期工程的供电、通信及综合监控系统在七里河站开工建设，总投资5.16亿元，标志着郑州市的地铁建设已由站前施工转入站后施工。

27日 河南住房城乡建设厅印发《河南省工程担保合同示范文本》。

5月

13日 哈密南—郑州±800千伏特高压直流输电工程开工建设，标志着"疆电外送"工程建设的全面展开，是河南省第二个具有世界电网技术最高成就的特高压输电工程。

22日 郑州北三环东延隧道正式开工建设，东延隧道是郑州北三环东延工程的重要组成部分。建成后成为河南省最长的城市隧道。

31日 河南住房城乡建设厅印发《河南省建筑

装修装饰管理办法实施细则》，共8章35条，自2012年5月31日起施行。

6月

15日 濮阳市引黄灌溉调节水库开工建设。

15日 根据《河南省建设科技示范工程管理办法》，河南住房城乡建设厅命名由河南省第一建筑工程集团有限责任公司承建的河南省体育中心游泳跳水馆工程、河南省科技信息大厦工程，江苏省第一建筑安装有限公司承建的武警河南省总队指挥中心工程，河南六建建筑集团有限公司承的洛阳市名优雅筑3号、5号、6号楼工程为河南省建设科技示范工程。

26日 河南住房城乡建设厅印发《河南省住房和城乡建设厅政府信息公开制度》，共3章25条，自2012年6月26日起施行。

28日 河南住房城乡建设厅发布由郑州大学综合设计研究院主编的《CXP复合保温倒置式屋面建筑构造》(12YTJ202，DBJT 19—02—2012)图集，经专家审查通过，批准为河南省工程建设标准设计图集，自2012年8月1日起在全省施行。

28日 河南省建筑设计研究院有限公司、郑州大学综合设计院、郑州市建筑设计院、洛阳规划建筑设计有限公司、新乡市建筑设计研究院有限公司联合新编、修编的《2011系列结构标准设计图集》(DBJT 19—01—2012)，经专家审查通过，批准为河南省工程建设标准设计，自2012年8月1日起在全省施行。

7月

12日 河南住房城乡建设厅发布由河南省建筑科学研究院有限公司主编的《复合保温钢筋焊接网架混凝土墙(CL建筑体系)技术规程》(DBJ41/T 080—2012)，经过评审，批准为河南省工程建设地方标准，自2012年10月1日起在全省施行。原《CL结构设计规程》(DBJ41/T 080—2008)同时废止。

17日 河南省治理工程建设领域突出问题工作领导小组办公室印发由省住房和城乡建设厅和省监察厅制定的《河南省工程建设中借用资质投标违规出借资质行为认定和处理暂行规定》，《规定》共15条，自2012年7月17日起施行。

25日 河南住房城乡建设厅印发《河南省开展城市精细化管理考核评比办法》和《河南省城市精细化管理考核项目及评分标准》。

27日 河南省第十一届人大常委会第28次会议批准《郑州市城市园林绿化条例》，《条例》共5章52条，自2012年10月1日起施行。

28日 全国首座重载铁路桥—山西中南部铁路河南台前县将军渡黄河桥主桥全部架设完成，较计划工期提前4个月。该桥全长9928.66米，2010年10月28日开工建设，计划2013年4月底竣工，其中主桥计划2012年11月底完工。

29日 南阳市光武大桥建成通车，该大桥由主城区通往南阳机场，为南阳开辟了一条物流大通道。

8月

6日 邓州市至南水北调中线渠首高速快速通到正式通车，全长10.252公里。

8日 郑州至新郑机场城际铁路正式开工建设，该项目规划正线全长为43.02公里，预计2015年底完工。

20日 河南省政府在郑州召开全省城乡建设银企对接会，15家金融机构与224家企业的251个项目签订贷款合同和协议，总计签约613.54亿元，将重点投向保障性住房建设、城中村和旧城区改造项目、城市基础设施项目，以及新型农村社区建设等民生项目。

23日 河南住房城乡建设厅发布由河南省建筑科学研究院有限公司、河南锦源建设有限公司主编的《民用建筑工程室内装饰材料污染物限量技术规程》(DBJ41/T 113—2012)，经评审批准为河南省工程建设地方标准，自2012年11月1日在全省施行。

29日 郑州新郑国际机场至周口西华高速公路正式开工建设。全长144公里。

9月

12日 郑州市科学大道西延工程高新区段全线通车。

17~25日 河南住房城乡建设厅组织4个巡检组对郑州、开封、许昌、平顶山、驻马店、周口、新乡、商丘8个省辖市和永城、巩义、新蔡、汝州4个省直管县(市)建设行政主管部门及施工企业和在建工程项目生产安全方面的工作进行抽查巡检。

19日 河南住房城乡建设厅印发《河南省住宅装修装饰企业资质管理办法》，共4章21条，自2012年9月19日起施行。

19日 河南住房城乡建设厅印发《河南省绿色装修装饰材料及部品达标管理办法》，共20条，自2012年9月19日起施行。

28日 河南省人民政府办公厅印发《关于进一步规范建筑市场加强建设工程质量安全管理的意见》，《意见》就整顿规范建筑市场，强化源头风险控制。明确各方主体责任，强化过程责任落实。加大行政监管力度，全面提高监管水平。加大行政执法力度，依法严格责任追究。完善各项管理制度，建立长效工作机制。加强领导，确保各项措施落实等方面提出具体措施。

10月

16日 濮滨至息县、淮滨至固始高速公路同时建成通车。

23日 南水北调平顶山市配套工程正式开工建设。

26日 濮阳市南水北调配套工程开工建设。

29日 漯河市南水北调配套工程开工建设。

11月

6日 河南省重点建设项目，洛阳北航科技园开工建设，该项目将重点发展航空航天及新能源产业，以信息服务、软件开发、检验测试为主的信息技术产业，以工业设计咨询为主的现代服务业等，总投资15亿元，于2015年底建成投用。

13日 南阳市南水北调供水配套工程在邓州市开工建设。

15日 焦作市南水北调供水配套工程在焦作市新区开工建设。

19日 河南省住房城乡建设厅印发《河南省建设工程质量分析报告制度管理暂行办法》，共4章19条，自2012年11月19日起施行。

20日 河南住房城乡建设厅印发《人防工程专业承包企业资质等级标准》（试行）。

22日 中国建筑施工行业唯一一个企业国家重点实验室——中铁隧道盾构及掘进技术国家重点实验室在郑州顺利通过科技部验收。

26~30日 河南住房城乡建设厅组织4个检查组，对郑州、焦作、周口、商丘、驻马店、南阳、许昌、濮阳8个省辖市以及巩义、汝州、鹿邑、永城、邓州、新蔡、滑县、兰考8个省管县进行集中检查。对受检单位新建建筑节能、既有建筑节能改造、推进绿色建筑、可再生能源建筑应用、公共建筑节能监管体系建设等进行重点检查，共检查在建工程48个，提出整改意见的工程12个。

27日 南水北调安阳市配套工程在汤阴县开工建设。

28日 洛阳单晶硅有限责任公司半导体产业园项目开工建设。

30日 河南住房城乡建设厅发布由河南省公安消防总队主编的《电气火灾监控系统设计、施工及验收规范》（DBJ41/T 114—2012），通过评审批准为河南省工程建设地方标准，自2013年2月1日起在全省施行。

12月

12日 济宁至祁门高速公路永城段一期工程建成通车。

12日 郑州至卢氏高速公路洛宁至卢氏段控制性工程大铁钩特大桥、小铁钩特大桥顺利实现合龙，至此，郑卢高速洛宁至卢氏段全线贯通。

18日 焦作至桐柏高速公路巩义至登封段建成通车。

19日 郑州新郑国际机场二期工程正式开工建设。

26日 郑州至徐州铁路客运专线开工建设。

28日 平顶山市宝（丰）石（龙区）快速通道，平顶山化工产业集聚区至平顶山市区快速通道开工建设。

28日 中原特钢高洁净重型机械装备改造项目在济源市开工建设。

28日 济（源）阳（城）高速公路济源段项目开工建设，标志着河南省又将开辟一条新的出省快速通道。

30日 南水北调中线穿黄主体工程完工。

31日 根据《河南省城市精细化管理考核评比办法》和《河南省城市精细化管理考核项目及评分标准》，河南住房城乡建设厅决定授予洛阳市、安阳市、焦阳市、永城市"河南省精细化管理优秀城市"称号，授予郑州市、平顶山市、鹤壁市、三门峡市、驻马店市、汝州市、长垣县"河南省精细化管理先进城市"称号。

（河南省住房和城乡建设厅
撰稿：刘江明　秦华　王放）

湖 北 省

1. 概况

2012年，湖北省住房城乡建设系统围绕湖北省委、省政府确定的工作目标，按照年初全省住房保障和城乡建设工作会议的安排部署，突出重点，创新思路，强化措施，狠抓落实，各项工作取得显著成效。

【城乡规划编制和管理工作】 历时两年研究编制的《湖北省城镇化与城镇发展战略规划》由省政府发布实施，为全面推进"一元多层次"战略体系提供重要支撑。组织开展区域性规划编制研究，加强城市总体规划修编工作的指导审查，初步形成全域城镇规划体系。加强"一书两证"管理，为近400项重大建设项目核发了选址意见书，完成近30个城市新区和各类开发区的规划审核。举办全省优秀规划成果评比展示，较好地发挥了规划的管控作用，促进城镇化发展。2012年，全省城镇化率达到53.5%，领先中部，高于全国平均水平。

【住房保障】 2012年，全省新开工各类保障性住房33.43万套、竣工20.66万套、发放廉租住房租赁补贴3.85万户，分别超中央下达计划的10.94%、37.73%和13.1%；完成农村危房改造14.6万户，比上年增加45.42%。进一步加强工程质量，开展拉网式检查，保障房质量总体可控；加强竣工和公平分配管理以及长效机制建设，促进保障性住房的可持续发展。房地产市场调控取得初步成效，保持平稳健康发展，7个项目获"广厦奖"。全省当年新增住房公积金归集额228亿元，全面超额完成目标任务。襄阳、宜昌、黄石继武汉之后，列入全国住房公积金贷款支持保障房建设试点城市。住房公积金监管信息平台实现部、省、市三级联网。

【城镇功能】 完成城市市政基础设施建设投资627亿元，创历史新高。谋划推出100项功能性、基础性重大项目，武汉地铁2号线等一批工程相继开工建成投入使用。加大对城市供水、排水、燃气等专项规划和城市综合交通体系规划等的编制实施力度。市政设施水平不断提升，城市用水普及率、燃气普及率、建成区绿化覆盖率、污水垃圾处理率均全面完成年度目标，较同期大幅增长。同时，加强城市排渍防涝工作，组织开展专项隐患排查整治，全省城市整体上保持安全运行。同时，积极开展试点示范，加大支持100个重点中心镇、100个特色镇示范建设力度，加大以污水垃圾处理设施为主的市政基础设施建设。

【城市管理】 在深入抓好六个突出问题专项整治的基础上，推动专项整治向背街小巷、城乡结合部、立面空间、内江内河、公（铁）路沿线、乡镇等六个方面延伸。大力实施路面改造、管线入地、立面美化等工程，开展"市容环境美好示范路"创建，打造城市精品、亮点。建立了第三方暗访和量化考核的考评机制，促进城市管理工作常态化。武汉、宜昌、襄阳、黄石、荆门、黄冈6个城市的数字化城管系统建成投入使用，城市管理效能和精细化管理水平显著提升。开展"十佳城管人"评选和"文明执法示范岗"等活动，城管执法队伍素质、形象有了新的提升。

【建筑节能】 新建建筑节能标准执行率稳步提升，县以上城市城区设计、施工阶段节能标准执行率分别达到100%、98%。可再生能源建筑应用呈规模化发展，6个市县被批准为2012年国家可再生能源建筑应用示范区。绿色建筑加快发展，全省共有12个项目获得国家绿色建筑评价标识。建筑节能监管体系建设稳步推进，既有建筑节能改造积极试点，新型墙材应用推广水平明显提升。全年累计形成节能119万吨标准煤的能力，为年度目标任务的106.25%。建筑节能工作顺利通过住房城乡建设部检查并连续6年受到表彰。

【建筑业】 全省建筑业总产值达到6865亿元，增幅23%，由2011年全国第7位上升到第5位，稳居中部第一。瞄准"打造万亿产业"目标，实施品牌带动，评选出建筑业20强、装饰装修企业10强、勘察设计企业10强，以及武汉桥建、钢构集群、凌云幕墙等10大品牌。延伸产业链条，推动企业走设计、施工、建材生产一体化的联合发展路子。转变发展方式，鼓励跨行业发展、多领域进入，推行总包、BT等建造和经营模式创新，打造一批千亿元、百亿元建筑企业群。行业竞争能力明显增强，质量安全形势平稳。同时，勘察设计业快速发展，实现营业收入710亿元，居中部第一、全国第五。房地产业保持平稳健康发展，全年房地产开发投资达到2539亿元。

2. 建设法规

【行业立法】 按照湖北省政府下达的年度立法项目计划，厅机关申报的《湖北省促进散装水泥发展和应用管理办法（修订）》被列入立法计划项目，《湖北省国有土地上房屋征收与补偿实施办法》被列入立法预备项目。《湖北省散装水泥发展和应用管理办法（修订）》草案完成政府常务会议审议前的各项组织协调工作，《湖北省国有土地上房屋征收与补偿实施办法》草案起草工作基本完成。认真编制五年立法规划，申报2013年度立法项目1项，2014年至2017年度立法项目6项，分别为：《湖北省城市供水条例》、《湖北省城乡环境综合治理条例》、《湖北省住房公积金管理条例》、《湖北省城镇燃气管理条例》、《湖北省排水和污水处理条例》、《湖北省风景名胜区条例》、《湖北省城市综合管理条例》；申报省政府立法项目3项，分别为：《湖北省城镇基本住房保障办法》、《湖北省国有土地上房屋征收与补偿实施办法》、《湖北省住房公积金管理办法》。

【普法宣传教育】 广泛宣传教育。坚持党委（中心组）学法制度，全年组织法律知识专题学习3次，举办领导干部依法行政为主要内容的研讨班4期。全年普法重点对象宣传教育覆盖面达93%，年度法律法规知识考核参考率98%，优秀率95%。注重教育培训。采取以会代训的形式组织召开全省住建系统法制工作会议，19个单位在大会上作交流，法律专家作专题辅导。严密组织"12.4"全国法制宣传日活动。全省住建系统共布置法制宣传展台385个，张贴普法宣传图片3000余张，发放法律宣传资料5万余份，设置法制咨询服务点76个，接受咨询5000多人次。机关和直属单位组织法制知识讲座25场，参加听课2000多人次，组织法规知识考试800多人次。扎实开展法治单位创建活动。及时制定全省住建系统法治单位创建活动工作方案，召开全省住建系统法治单位创建工作推进会，74个单位上报了创建工作经验材料。组织竞赛活动。组织厅机关干部职工参加2012年湖北"促进民族地区发展法制宣传鄂西行"民族法制竞赛，全体机关干部集中参加相关法律法规学习，并进行了网上答题。积极做好法制新闻宣传。全年共有100多篇稿件在新华社、《人民日报》、《中国建设报》、《湖北日报》等主要报刊以及湖北省《法治湖北》、《法治政府》等专业期刊发表，95条法制宣传信息在《湖北法治网》、《省政府法制信息网》、《荆楚网》等网站刊登。

【行政执法监督】 做好行政执法案件审查工作。共对10余单位的违法行为进行了行政处罚，未发生一起对法定职责不作为或滥用执法权力乱作为的错案，也没有发生一起因行政处罚引起的诉讼案和行政复议案件。组织行政权力和服务事项清理。对厅机关行政权力及服务事项再次进行了全面清理，认真编制职权目录和流程图，进一步规范了依法行政工作，共累计清理各类行政权力310项。健全决策监督工作机制。进一步完善重大决策的程序和规则，建立公众参与、专家咨询和风险评估、合法性审查和集体讨论决定相结合的领导决策制度，对涉及经济社会发展全局的重大事项，做到广泛征询意见，充分进行协商；对与群众利益密切相关的重大事项，依法实行公示、听证，规范了行政决策和责任追究的法律制度。

【行政复议、诉讼】 全年共收到行政复议案件30起，受理后审结25起。在受理的25起复议案件中，房屋拆迁引起的复议案件13起，占到了受理案件总数的52%。接待和答复各级行政复议机关咨询、请示60余件（次），接待群众来信来访100余人次，接受案件咨询150多件。在做好厅本级行政复议工作的同时，加强对全省行政复议应诉工作的监督和指导。

3. 房地产业

【房地产市场调控】 2012年，湖北省房地产市场呈现"量增价稳"、平稳发展态势。全省房地产开发投资2539.46亿元，同比增长22.9%；12个设区城市城区商品住房销售2171万平方米，同比增长12.93%；销售均价5289元/平方米，同比增长4.4%。认真落实年度新建住房价格控制目标，全省36个城市房价涨幅均低于当地人均可支配收入增幅或GDP增幅，其中，武汉、宜昌、咸宁等市房价同比下降。商品房预售管理制度逐步完善，防范市场风险能力增强。武汉、襄阳、荆州、宜昌、十堰、鄂州、恩施制定并实施商品房预售资金监管制度。房地产市场预警预报工作进一步加强，建设并完善了"湖北省城市房地产市场监测系统"，全省36个城市实现房地产市场运行数据和分析网上直报。4月，印发《关于加强房地产管理信息化工作的通知》（鄂建〔2012〕19号），完善《湖北省住房信息系统工作方案》，并召开全省房地产市场信息系统建设座谈会，部署信息化建设工作。

【住房建设品质提升】 随着调控政策的有效实施，房地产开发企业积极应对市场变化，以提升建设品质来赢得市场，着力在"四节一环保"和提高住宅性价比上下功夫。2012年，湖北省的阳光·蓝山郡、上海城、百瑞景中央生活区一期、万科魅力之城北区、襄阳万达广场、宜昌万达广场、华中曙光软件园二期7个商品房项目获得"广厦奖"，获奖数量在全国各省市中排名第一。全省房地产市场遵循"统一规划、合理布局、综合开发、配套建设"的方针，不仅改善了居民的住房条件，而且为城市配套建设了大量的道路、绿化、学校等市政基础设施和公用设施，完善了城市功能。

【房屋征收拆迁】 认真贯彻落实《国有土地上房屋征收与补偿条例》，督促各地建立工作机制，落实本地区房屋征收和补偿工作。2012年来省和到部上访人数同比下降30%和40%，未发生因国有土地上房屋征收问题引起的恶性案件和大规模群体事件。稳妥做好新启动房屋征收项目和老拆迁项目工作，全省发放征收决定书的项目共143个,246万平方米,17417户。老的拆迁项目未完成的有373个,664万平方米,57812户,仍在有序推进,预计将持续2~3年。着力化解矛盾纠纷,各地认真落实征收(拆迁)信访工作责任制,建立了定期上报征收(拆迁)信访形势分析研判制度,不断完善征收(拆迁)纠纷矛盾排查化解机制。

【房地产交易与登记管理】 加快推进房地产交易与登记规范化管理工作。2012年有50个单位进行了申报,其中:新申报达标单位25个、先进单位3个、复检单位22个。截至年底,全省101个登记机构中,已申报规范化达标单位70个,占比69.3%,其中先进单位8个,占比7.9%;未申报达标的31个单位计划在2013年全部通过规范化管理考核。不断提升房产系统从业人员服务水平。4月,组织召开了全省规范化管理工作经验交流会。9月,举办房地产登记审核人员的培训和考试。在全国房地产登记审核人员考试中,湖北省通过率达到35%,进入全国前五名。进一步规范房地产中介经纪市场,研究起草《湖北省房地产经纪管理实施办法》、《湖北省房地产经纪人协理执业资格认定考试办法》。9月,开展房地产注册估价师继续教育的和《房屋登记技术规程》骨干培训工作。

【物业服务】 大力推广武汉市老旧小区物业管理从全覆盖到提档升级的经验,多渠道筹集资金,大力推进老旧住宅小区的物业服务覆盖率。积极推进物业管理重心下移,构建市区街道三级联动的物业管理新格局,及时将群众诉求和矛盾纠纷化解在基层。武汉、宜昌、孝感等市将物业管理与社区网格化管理有机结合,取得了良好的社会效益。

4. 住房保障

【目标任务圆满完成】 截至12月31日,开工建设各类保障房33.4265万套,占国家目标任务的110.94%;竣工206552套,竣工率113.3%。发放廉租住房租赁补贴38454户,占国家目标任务的113.1%。

【加强组织调度】 筹备两次省级住房保障工作会议。2月16日,省政府召开全省住房保障和城乡建设工作会议,对全年保障性安居工程建设进行安排部署,省政府分管领导与各市州政府主要领导签订了目标责任书。5月30日,省政府召开全省保障性住房工作座谈会,对前五个月的工作进行了总结交流,对下一步工作提出了要求。组织召开四次市州房产局长会议。为贯彻落实国家和省里关于住房保障工作的相关精神,分别于2月17日、5月31日、7月12日、11月19日召开各市州房产局长座谈会,针对任务分解落实、资金筹集、建设进展、信息化建设及2013年目标任务确认等问题进行座谈,听取各地工作中存在的问题及相关工作建议。

【加大资金投入】 2012年全省各地积极通过争取中央补助资金、加大财政投入、吸引社会资金参与、金融机构支持等方式多渠道筹集保障性安居工程建设资金。截至2012年底,全省共筹集建设资金518.38亿元。其中:争取中央补助86.3825亿元;安排中央代地方发行债券40亿元;省级财政投入5亿元;地方筹集33亿(地方财政预算安排15亿元,土地出让收益安排15亿元,住房公积金增值收益安排3亿元);吸引社会资金和金融机构贷款资金354亿元。为提高财政资金使用效率,省财政厅、住房城乡建设厅于5月28日印发《关于保障性住房建设资金管理工作的通知》,将中央和省级各类保障性住房补助资金一次性划拨至住房保障主管部门的专户,由其管理使用,探索加强资金管理和提高资金使用效率的措施及办法。

【优先供应土地】 对保障性住房建设用地采取提前编制供地计划、单列新增用地指标、单独组卷报批、对市县用地落实情况实行月通报等措施,全省2011年共落实建设用地22050亩,没有出现因土地问题影响项目开工建设。

【强化质量管理】 按照省政府要求,2012年初,省住房城乡建设厅组织相关工程技术人员和专家分成6个检查组,对全省部分在建及2009年以后竣工的保障性安居工程进行了拉网式摸底排查,对发现的有关问题督促各地立即整改,加强跟踪督办,对出现质量安全问题的16家企业依法进行了严厉处罚。8月,省住房城乡建设厅在宜昌召开全省质量安全现场会,有力地促进了保障性住房工程质量。武汉、黄石、鄂州等地采取电视问题、现场观摩、劳动竞赛等方式狠抓质量管理。结果表明,湖北省受检保障性住房工程质量处于可控状态。

【公开透明管理】 加大信息公开力度,严格执行对年度建设计划、完成情况、分配政策、分配对象、分配房源、分配程序、分配过程、分配结果和退出信息进行公开。对信息系统进行升级,对房源、保障对象和在建项目进行全过程管理。建立统计月报表制度,每月对全省17个市州8类保障性安居工程的开、竣工及租赁补贴发放情况进行统计分析,对全省保障性住房专户资金情况统计分析。

【加大督查力度】 做好相关督查的配合工作。2

月、6月，国务院督查组、中央转变经济发展方式检查小组对湖北省保障性安居工程建设管理情况进行检查；国家巡查组对全省保障性安居工程建设情况进行为期4个月的驻点巡查；8月，住房城乡建设部住房保障司冯俊司长一行来湖北省调研住房保障工作；5月和11月，省政府督查室组织省监察厅、省发改委等部门组成督察组，对全省17个市（州、林区）保障性住房建设情况进行了督查；3～4月，省建管局、质安总站分两批对全省保障性安居工程质量安全进行拉网式检查。针对开工、竣工相对滞后的武汉、荆州、荆门、孝感等城市，进行专项督查；10月会同华中电监局，对武汉、潜江、荆门、孝感、咸宁等地供电报装情况进行调研督办，现场解决部分项目供电问题。加大督办整改力度。针对国家审计署4月27日审计报告（审社报〔2012〕48号）指出的武汉市、公安县、罗田县、宜都市2011年保障性住房工作存在目标任务完成、保障资金管理、项目建设管理、保障资格后期管理4个方面存在的问题，以及省审计厅对2011年有关市州县审计指出的问题，督促所涉问题市、县住房保障管理部门严肃认真进行整改，并举一反三。针对武汉市保障性安居工程紫润民园项目相关质量问题及部分项目的贴牌问题，督促尽快整改到位。

【加强政策指导】 加强调研与经验学习。6月中旬，省政府分管领导赴随州等地调研；4月下旬到5月上旬，省住房城乡建设厅党组成员带领6个调研组对全省住房保障工作进行了调研；7月上旬，为制定《湖北省基本住房保障管理办法》，副厅长占世良带队，由省法制办、厅法规处、保障处、房改办及宜昌、襄阳房产局相关人员赴河北、吉林考察调研。制定出台《湖北省廉租住房和公共租赁住房省级融资平台贷款实施暂行办法》（鄂政办涵〔2012〕57号）、《关于印发〈湖北省廉租住房和公共租赁住房项目省级融资平台贷款实施细则（试行）〉的通知》（鄂建〔2012〕55号）、《关于保障性住房建设资金管理工作的通知》（鄂财库发〔2012〕8号）、《湖北省保障性住房资金账户专项资金使用暂行办法》。

【推进试点工作】 指导各地因地制宜，创新保障性安居工程建设管理思路，武汉市制定《关于利用"城中村"改造多余安置房源筹集公共租赁住房的实施意见（试行）》，由洪山区政府与南湖村和马湖村集体经济组织签订意向性包租协议，包租城中村中968套多余的安置房作为公共租赁住房。黄石市通过"建、改、配、购、转、并"等六大措施多渠道筹集房源，充分结合棚户区、危旧房和"城中村"改造，配套建设共有产权公租房。孝感将廉租住房、经济适用住房和公共租赁住房三种保障性住房统一纳入公共租赁住房范畴，实行"统一租金、分类补贴、租补分离"的保障方式。

5. 公积金管理

【住房公积金归集】 截至年底，全省历年累计归集住房公积金总额达1568.47亿元，归集余额为993亿元；累计发放个人住房公积金贷款总额为882.94亿元，个人贷款余额为550.55亿元；累计提取廉租住房建设补充资金21亿元。

【住房公积金制度覆盖面扩大】 各地主动作为，加大宣传力度；部门联动，建立合作机制；争取政府支持，出台相关文件；创新方式方法，出台归集细则。全省住房公积金归集覆盖率达到73.33%。

【住房公积金个人贷款】 各地采取一系列措施，加大对中低收入职工住房消费的支持力度。不断修改完善个贷政策，规范贷款操作程序，优化业务流程，提高服务质量，有效防控风险。2012年新增个人住房公积金贷款128亿元；全省住房公积金个贷率达到55%，连续6年稳步提高。

【住房公积金增值收益】 全省住房公积金资金使用效率大幅提高，全年共实现增值收益8.4亿元。同时，加大对廉租住房的补助，全年从住房公积金增值收益中提取廉租房资金4亿元。

【住房公积金贷款支持保障房建设试点】 全国首批试点城市武汉市已累计发放贷款2亿元，支持建设保障性住房1740套，至年底及时安全地回收贷款资金。同时，在总结经验的基础上，积极扩大试点城市范围，9月，黄石、襄阳、宜昌3个城市被住房城乡建设部、财政部、人民银行批准成为第二批利用住房公积金贷款支持保障性住房建设试点城市，共计5个项目，保障性住房投资规模11.44亿元，建设规模43.76万平方米，贷款额度6.8亿元。

【住房公积金信息系统建设】 2012年11月，22个住房公积金管理中心、分中心数据全部上线，实现监管数据实时抓取；2013年3月21日，监管系统开始全面试运行。监管及在线服务系统具有在线服务、决策分析、实时预警、视频监控等功能，基本能够满足实时非现场监管需要。

【住房公积金管理】 全省住房公积金管理体系全面建立，基本实现住房公积金规范管理。不断强化考评、通报等制度措施，严格落实重大事项备案报告制度，加强数据统计分析工作，确保各项管理工作高效规范。会同财政、人行武汉分行、银监局、审计等部门，对全省住房公积金的缴存、使用、管理和效益情况进行检查审计，对发现的问题督促限期整改。同时，大部分住房公积金管理中心对各办事处实施内审监督，风险得到有效防控。绝大多数中心开通了门户网站，开展网上业务办理、政策宣传和咨询等服务，利用先进的信息技术平台，积极推行一站式服务。

【提高服务水平】 2012年，全省上下狠抓服务水平和人员素质提升工作。减少审批环节，缩短办理时限；开展"一站式"集中办贷，实现服务高效便捷。武汉、黄石、襄阳、荆州、黄冈等地中心开通12329住房公积金热线，管理效率和服务水平进一步提升。7月9日，省住房城乡建设厅在《湖北日报》和厅门户网站就住房公积金业务办理流程和时限公开对社会承诺，并公布举报和投诉电话，接受群众监督。7月14日，在全省统一组织开展以"有了住房公积金，住有所居更温馨"为主题的住房公积金政策宣传日活动，让广大缴存单位及职工更好地了解住房公积金政策。12月，人力资源和社会保障部、住房城乡建设部《关于表彰全国住房城乡建设系统先进集体和劳动模范的决定》（人社部发〔2012〕93号）授予一些单位和个人先进集体、先进个人称号，其中湖北省荆州住房公积金管理中心荣获先进集体称号，宜昌住房公积金管理中心江永、武汉住房公积金管理中心刘忠、孝感住房公积金管理中心刘莉梅荣获先进工作者称号。

6. 城乡规划

【《湖北省城镇化与城镇发展战略规划（2012～2030)》颁布实施】 9月27日，省政府正式发文颁布《湖北省城镇化与城镇发展战略规划》。这部全省域规划，在国内具有创新性和领先地位。

【"湖北优秀城市规划设计展"成功举办】 9月，成功举办"湖北优秀城市规划设计展"。这是第一次举办全省性城市规划设计展，展览全方位展现了近年来城市规划工作的巨大成就。全省城市工作会议代表和各市、县的建设、规划、房管、园林及市民2000多人次参观了展览，省长王国生、常务副省长王晓东、副省长张通对展览效果给予高度评价。

【小池滨江新区系列规划】 省委省政府提出把小池建设成为湖北长江经济带滨江城镇开放开发的示范区、九江江北新型功能区、中部现代商贸物流区和滨江生态文明建设展示区，推进长江中游城市集群建设的"桥头堡"。为推进这一省级战略，省住房城乡建设厅组织开展了小池滨江新区系列规划编制研究工作。完成小池镇发展战略（含空间布局）方案和"1+6+1"共8项规划编制任务，包括湖北小池滨江新区总体规划、港口产业园控制性详细规划、综合交通专项规划、镇村体系专项研究、商业设施专项研究、旅游专项研究、生态景观专项规划、滨江新区起步区城市设计。11月27日，《小池滨江新区总体规划》获省政府批复实施。12月13～14日，6个专项规划和起步区城市设计通过专家审查。

【城市总体规划修改】 支持襄阳省域副中心城市建设，积极为其提供高层次专家技术支撑，协助其做好《襄阳市城市总体规划（2010—2020)》优化调整工作。10月11日，召开调整后的《襄阳市城市总体规划（2010—2020)》审议会，该规划已由住房城乡建设部报国务院待批。支持宜昌市跨越式发展，大力推动宜昌总体规划修改工作。8月17日，省委书记李鸿忠、省长王国生召开专题办公会，听取宜昌市城市总体规划修编工作情况汇报。10月15日，召开《宜昌市城市总体规划（2011—2030)》评审会。宜昌市人民政府已将该规划上报省政府。支持武汉城市圈副中心城市、资源枯竭城市转型试点城市黄石市的建设发展，帮助黄石市人民政府做好城市总体规划修改的前期工作，5月17日，住房城乡建设部发函正式批复同意黄石开展总规修改工作。同时，完成武穴城市总体规划修改专家论证，黄冈、汉川、麻城、老河口、洪湖等城市总体规划纲要审查，钟祥、老河口、黄冈、麻城等城市总体规划成果审查，十堰、赤壁等城市总体规划成果报批工作以及通山、通城、团风等县城规模论证。

【城乡总体规划编制试点】 根据《湖北省城乡规划条例》有关规定，全省城乡总体规划编制试点工作有序推进。在总结鄂州、仙桃市编制城乡总体规划经验的基础上，开展老河口、宜都市的城乡总体规划编制试点工作，重点在城乡人口分布预测及居民点体系布局、城乡建设用地统筹及新农村社区建设、全域建设单元控制及"三规"协调的空间管制、市域及城区规划实施措施等方面进行探索。

【区域重大基础设施和区域性重大项目建设规划选址和论证】 加强省级规划行政主管部门对区域重大基础设施和区域性重大项目的选址管理，特别是对环境影响较大的项目的选址均建立在严格的选址论证的基础上，对无规划依据的项目或与规划用地不一致的项目均要求项目业主单位取得所在地规划主管部门的认可，并纳入当地城乡规划，以保障区域重大基础设施和区域性重大项目的顺利开展。及时为全省306项重大建设项目核发选址意见书。

【重要城市空间拓展优化】 加强对各类开发区、园区、试验区、城市新区（新城）的规划引导，依据城市总体规划，核面积、定坐标、查管理，认真审核荆门市设立屈家岭开发区、漳河新区，五峰民族工业园升级省级开发区、黄冈经济开发区升级为国家经济技术开发区等20余个开发区、园区、试验区、城市新区（新城）的规划，及时与省发改委、省国土厅、省环保厅等省直部门以及地方规划部门沟通协调，提出系列建设性的支持意见，为落实省委省政府战略决策提供有力支撑。

【提升县城规划管理水平】 拟定推进全省县城规划工作计划，赴罗田、京山、大悟、孝昌等地调研当地规划工作情况，考察当地重点规划建设项目和县城风貌。编印《湖北县城规划概览》，在《中华建设》杂志选登县城规划工作经验。12月18日，在京山召开全省第一次县城规划工作会。

【城乡规划编制市场进一步规范】 结合网上资质审批和政务公开工作制定《省外城乡规划编制单位进鄂备案须知》，于4月底在省城市规划在线网站上公布实施。6月28日召集各市州分管局长专题研究城乡规划编制单位资质及编制市场管理问题，要求各地切实做好省外甲、乙级城乡规划编制单位入鄂承担城乡规划编制任务备案管理工作和相应制度建设，明确每年的6月底、12月底前将城乡规划编制单位备案管理情况函报厅城乡规划处、审批办并作为一项制度。同时，开展全省丙级城乡规划编制单位成果质量检查工作。

7. 城市建设与市政公用事业

【污水处理】 2012年，全省新（改、扩）建城市排水管道550公里，累计建成城镇生活污水处理厂132座，总设计能力599.86万吨/日。全省城市生活污水处理率达82.4%，其中设市城市污水处理率84.5%。积极推进污水处理设施及配套管网项目库的建立，完成"十二五"省、市、县三级项目库建库工作。积极争取国家资金支持，全年共配合发改委组织申报2013年中央预算内项目44项，总投资36.6亿元。会同省财政厅，对全省纳入国家"集中支持"的72个县（市、区）管网建设情况进行全面核查，对进展相对滞后的6个县（市、区）集中进行约谈，并将核查结果与后续资金拨付挂钩。加大督办检查力度，对部分运行负荷持续偏低的污水处理厂进行了实地督导。据统计，1~11月，全省城市污水处理厂累计处理水量15.8亿吨，实现COD削减总量23.6万吨，平均运行负荷79.89%，同比增加9.7%、4.9%、4.8个百分点。同时，积极推进污泥处理处置设施配套建设。全省30%以上的城市积极与投资商或污泥处理企业洽谈污泥设施项目建设，部分项目已经启动。2012年，我国首条污泥碳化处理线通过湖北省环保厅验收，在武汉汤逊湖污水处理厂正式投入使用，对污泥就地进行碳化处理，每天可处理10吨污泥，能制成1吨污泥碳化物。

【城市供水】 全年新（改、扩）建供水管道387公里，用水普及率达96.2%，城市供水水质监督管理进一步加强，水质检测制度进一步完善。会同省发改委上报《关于湖北省"十二五"城镇供水设施改造与建设规模的报告》，2012年全省城市供排水共争取中央预算内投资12.4亿元。全省水质监管工作力度继续增强，全年在公众媒体上发布《湖北省主要城市供水水质公报》4期，接受社会监督。全省省级监测站达到16个，省辖市实现全覆盖。推进城市节水，开展了节水周（第21个）宣传活动，在黄石召开国家节水型城市新《标准》宣贯培训会，交流推广武汉、黄石等丰水城市创建节水型城市的经验，邀请专家对新《标准》进行了辅导讲座。

【城市供气】 全省新（改、扩）建燃气管道380公里，新增天然气用户48万户，天然气用气量约27.3亿立方米。组织专家对《湖北省城镇燃气发展"十二五"规划》进行评审，并于2月公开发布。全省70%的市、州、县（市）已完成燃气规划编制修订工作。加快了黄冈-大治、武汉-赤壁-通城、黄陂-麻城等7条天然气支干线建设步伐。截至年底，黄冈-大治的天然气管线已基本完工。十堰市在11月底通上了管道天然气。5月，省住房城乡建设厅研究制定《湖北省城镇燃气行业安全与管理工作考核评价办法（试行）》。7月，对全省城镇燃气行业安全与管理工作进行了检查考评。在加强燃气行业安全与管理上，从源头上杜绝无证经营的问题，统一印发防伪《燃气经营许可证》；加强对燃气设施的保护，防止占压管线、野蛮施工等违法行为；对无证经营的"黑气点"、"气贩子"进行清理，对燃气设施组织安全大检查，及时发现并排除安全隐患；各地各企业先后组织燃气事故应急预案演练；部分市、州组织燃气行业从业人员进行岗位技能培训；各地燃气企业积极改善服务设施、条件，改进工作作风，服务质量显著提高。

【市政设施】 全年新（改、扩）建城市道路650公里，全省城市人均道路面积达14.4平方米。贯彻落实住房城乡建设部《城市绿色照明规划纲要》，省住房城乡建设厅下发《贯彻落实〈纲要〉的指导意见》。各地在编制城市绿色照明规划的同时，积极推广LED节能灯具，大力发展城市低碳照明、绿色照明。为推进城市综合交通体系建设，省住房城乡建设厅印发《关于加快城市综合交通体系规划编制工作的意见》，6个大城市基本完成城市综合交通体系规划的编制。积极支持武汉市地铁、东湖通道等重大城市交通设施项目的实施和建设。武汉市轨道交通1号线二期、2号线一期相继建成通车，总里程28.68公里。武汉东湖通道项目选址方案已通过住房城乡建设部审批，进入项目立项阶段。加强城市桥梁检测与养护管理工作，5月，省住房城乡建设厅印发《城市桥梁养护管理工作考核评价办法(试行)》，11月上旬组织桥梁专家对全省城市桥梁安全运行及养护管理工作进行抽查，发现问题，及时整改。深入开展城市地下管线普查，省住房城乡建设厅转发住房城乡建设部《关于深入开展城市地下管线普查的通知》，要求各市、州切实摸清城市地下管线底数。同时，对武汉、宜昌市地下管线管理现状进行调研。大力推进城市排渍防涝，省住房城乡建设厅于汛前和汛中先后两次下发《通知》，要求各地加强城市排渍防涝工作，确保城市安全度汛，并组织开展专项隐患排查整治。

【园林绿化】 全年新增城市绿地740公顷，城市(县城)绿地率、建成区绿化覆盖率和人均公园绿地面积分别达32%、35.95%和9.6平方米。截至年底，全省共有12个城市获"国家园林城市(县城)"称号，31个城市获"省级园林城市(县城)"称号，12个项目获"中国人居环境范例奖"，武汉、黄石荣获国家节水型城市称号，宜昌等4个城市获全国无障碍城市称号，10个省辖市和33个县(市)荣获"楚天杯"奖。组织召开全省园林城市创建工作推进会，下发《关于对省级园林城市(县城)进行〈城市园林绿化评价标准〉达标考核的通知》，督促23个城市(县城)完成自查，组织召开了2013年园林城市预申报城市技术培训指导会，对预申报2013年国家和省级园林城市的25个城市进行实地初步评估和指导，并初步确定推荐7个城市(县城)申报2013年国家园林城市(县城)。大力推进城市绿道、林荫道、综合性公园、街头小绿地和绿荫停车场等设施建设，着力提升全省城市绿量和绿化品质。4月，组织全省各地园林绿化部门主要负责人赴广东考察城市绿道建设，9月举办绿荫停车场交流会，10月召开综合性公园建设现场会。积极组织开展园林式单位创建活动和园林绿化优质工程评选活动，全省共有151家单位和小区获奖。成功指导和帮助武汉市获得第十届中国国际园林博览会主办资格，10月，省住房城乡建设厅与荆门市政府联合举办了湖北省首届精品菊花展，推动了全省城市园林绿化提档升级。

【风景名胜】 全年先后完成三峡、桐柏山太白顶、神农峡、五祖寺-挪步园、梨花湖、东坡赤壁等风景名胜区总体规划、隆中风景名胜区入口详规等的专家评审工作；先后组织专家对华彬集团投资建设的东湖风景区项目选址、东湖海洋世界扩建、梨花湖风景名胜区面积调整、随州市烈山风景名胜区更名、神农溪风景名胜区河道治理、保康-神农架高速公路建设、雅安-皖南1000kV交流特高压输变电工程选址、"北煤南运"通道穿越隆中风景区等项目进行了可行性论证。8月、9月，省住房城乡建设厅组织风景名胜区保护管理执法检查，经过认真细致的实地考察和讨论评审，武当山等14个风景名胜区被评为优秀等级，陆水湖等16个风景名胜区被评为达标等级，九宫山等7处风景名胜区保护管理不达标，责成限期整改。

【"楚天杯"创建】 2012年是第六届"楚天杯"创建工作首年，根据党的十八大和省十次党代会、全省城市工作会议和经济工作会议精神，拟定《全省城镇规划建设管理"楚天杯"创建考核办法修订方案》，组织厅机关各有关处室和厅直属有关单位对《办法》和《标准》进行修订，完善创建工作季报、通报制度。按照推进新型城镇化和建设两型社会的要求，以加强市政基础设施建设为突破口，强化分类指导，加快推进城市市政基础设施建设，完善城市功能，努力提升城市品位，促进全省城镇规划建设管理"楚天杯"新一轮创建活动向纵深推进。

8. 城市管理

【城市管理体制】 按照省委、省政府关于加强和创新城市管理工作要求，各地进一步完善城市管理的顶层设计，理顺城市管理体制，成立以市长任主任，职能部门为成员的城市综合管理委员会，将城市管理工作纳入党委、政府重要议事日程，定期召开高规格会议，制定工作方案，明确工作重点，深入推进"城管革命"、"城管会战"，大中城市"大城管"格局基本形成。

【城管考评体系】 全省基本形成省对市(州)、市(州)对县(市、区)的城市管理检查考评体系。根据省委、省政府一年两检的要求，省住房城乡建设厅委托第三方社会调查机构，采取明察暗访的方式对全省进行城管检查。上半年，顺利完成45个市(州)、县(市、区)、镇的城管检查，并在9月"全省城市工作会议"上通报了检查情况。12月,省住房城乡建设厅联合省公安厅组成两个考评组,对全省17个市州城市进行下半年城管检查。市(州)考评体系全面建立。各市州城市制定检查标准和检查方案,设立专项奖励资金,将城市管理检查考评工作向所辖县(市、区)延伸。

【城市管理市场化改革】 2012年,全省大力推行城市管理作业市场化运作机制,环卫保洁、市政园林养护、渣土运输、"牛皮癣"治理等领域的市场化运作模式在全省各地得到逐步推广和运用,城市管理精细化水平和市政设施养护水平明显提升。

【城市环境整治】 全省各地大力开展"道路拥堵、垃圾围城、广告杂乱、立面破旧、沿街为市、绿化缺失"六个专项整治,扎实推进基础设施建设,推动城市管理工作向县城、背街小巷、城乡结合部、内江内河、公路沿线、城市空间立面等六个方面延伸,城市管理基本实现全覆盖,城市"脏乱差"的现象得到有效遏制,城市面貌发生根本性变化。省住房城乡建设厅联合省公安厅出台《关于开展湖北省"市容环境美好示范路"创建活动的通知》(鄂建〔2012〕20号)开展示范路创建活动,全省共申报省级示范路59条,共有26条城市道路被评为湖北省首批"省级市容环境美好示范路"。

【数字化城管】 制定了全省数字化城管建设规范、管理办法和检查验收标准。按照全省数字化城管建设推进计划,2012年除宜昌市、襄阳市、黄石市三个试点城市建成外,武汉市、荆门市、黄冈市的数字化城管系统也建成投入使用;荆州市、鄂州市、仙桃市、天门市、潜江市和老河口市、浠水县的数字化城管建设方案通过专家评审;其他市州城市均已落实资金,安排人员,启动数字化城管建设方案。10月,在荆门市召开全省数字化城市管理工作推进会,大力推广荆门市将数字城管与社会管理协调推进,资源共享的先进经验。

【城管队伍】 全省城管执法人员着装基本统一,执法人员着装形象得到根本提升;开展"十佳城管人"评选活动。2月,省住房城乡建设厅联合《中华建设》杂志和《楚天都市报》等媒体,以报纸投票和网络投票的方式,开展首届湖北"十佳城管人"评选活动,累计收到网络投票、纸质投票963万余张。最终评选产生了首届"湖北十佳城管人"。省住房城乡建设厅印发《关于开展向首届"湖北十佳城管人"学习活动的决定》(鄂建【2012】17号)。强化城管执法队伍教育管理,全年未发生一起因不文明执法引发的群体性事件。大力开展政风行风评议活动,13个市州城管局纳入该市行评单位,宜昌、荆门、咸宁、潜江、襄阳和神农架林区城管局在行风评议中获得第一名,荆州和随州市城管局获得第二名,均获得历史最好成绩。

【垃圾处理】 省政府将垃圾处理工作列入《2012年市(州)党政领导班子和领导干部考核指标百分制计分办法》。全省18个城市生活垃圾处理项目获中央预算内投资共计2.23亿元;全省累计建成垃圾处理设施(含2个城市收转运系统)56个,设计规模853.6万吨/年,完成投资61.5亿元。其中,当年新建成9个垃圾处理设施(含2个城市收转运系统),新增处理能力119.3万吨/年,新增转运能力9.1万吨/年。在建项目33个,设计规模263.5万吨/年,计划投资22.6亿元。预计全省城市生活垃圾无害化处理率由2011年的71.8%提升到78.4%,其中设市城市由79.6%提升到88.1%,县由41.7%提升到42.5%。积极推动城乡生活垃圾统筹处理工作。鄂州市、武汉市江夏区、襄阳市襄城区等市(区)城乡生活垃圾处理一体化工作得到实质推进。

【餐厨垃圾试点】 武汉市、宜昌市先后被批准为全国一、二批餐厨垃圾资源化利用及无害化处理试点城市。武汉市成立由分管副市长担任组长,市发改委等15个单位相关负责人为成员的餐厨废弃物管理工作领导小组。拟规划建设5座餐厨废弃物集中处理厂,采用预处理+厌氧发酵+生物质气体能源化利用的方式,实现餐厨废弃物的"无害化、减量化、资源化"处理,已出台专门的管理办法和实施细则,完成特许经营权的招标工作。宜昌市成立以分管副市长为组长,发改、城管、环保等相关工作部门负责人为成员的餐厨垃圾管理工作领导小组。基本完成项目的立项、可研、环评等前期工作,按时上报实施方案和承诺书,出台相关保障政策,拟采用BOT方式建设,由市城市管理局负责实施。

【稽查执法】 制定下发《湖北省2012年稽查执法工作要点》和《湖北省2012年重点稽查执法工作方案》。严肃查处违法违规案件,全年共受理并组织调查违法违规举报19件,已结案19件,结案率100%。积极配合部派城乡规划督察员开展工作。住房和城乡建设部共向省内武汉、黄石、襄阳、荆州4个城市派驻了城乡规划督察员,开展了一系列富有成效的工作。

9. 村镇规划建设

【落实城镇化建设相关支持政策】 2012年,省住房城乡建设厅配合省物价局、财政厅赴全省17个市州逐个进行调研，实地了解小城镇建设需求与发展状况，科学确定建制镇城市基础设施配套费征收标准。截至年底，已争取省物价局先后批复了宜昌、武汉、荆门、潜江、黄冈、荆州、仙桃、随州、天门9个地级市的建制镇城市基础设施配套费征收标准。同时，会同省物价、财政、环保等三部门联合行文，在全省建制镇开征污水处理费，明确了0.6元/吨的收费标准及相关工作要求。

【宜居村庄建设】 年初，省新型城镇化领导小组办公室命名了全省第一批"宜居村庄"名单，新启动400个"宜居村庄"示范项目建设。各地按照《湖北省"宜居村庄"示范项目建设实施方案》的要求，因地制宜，突出特色，试点示范，涌现一大批规划科学合理、产业发展迅速、基础设施配套、管理科学民主、环境整洁优美、群众舒适满意、示范作用明显的"宜居村庄"。

【农村危房改造】 2012年，住房城乡建设部先后两次共下达湖北省农村危房改造计划14.6万户，补助资金10.95亿元，补助标准由每户平均6000元提高到7500元。省住房城乡建设厅组织对全省农村危房改造信息系统数据录入人员的业务培训，对现有农村危房改造农户档案和管理信息系统作了进一步完善。截至年底，农村危房改造户已全部竣工入住。

【小城镇基础设施建设】 全省以"污水"、"垃圾"处理设施项目建设为重点，着力提升小城镇综合承载能力。列入"十二五"污水、垃圾处理设施建设规划的项目已全面启动前期工作。全省3万人以上的镇污水项目前期工作基本完成，12个区域性垃圾处理项目前期工作完成2个。启动16个镇的污水处理设施建设，其中有10个为镇区管网不配套，另外选择6个未建污水处理厂的镇，作为"管网先行"的试点。组织专班对全省10个城市(县)的15个重点镇2012年中央资金支持污水管网项目建设情况进行了检查。结果表明，开工率为70%，建成污水管网长度45.05公里，完成投资1.3亿元。

【大别山片区扶贫】 按照省委、省政府关于大别山片区区域发展与扶贫攻坚工作的责任分工，省住房城乡建设厅切实履行牵头单位职责，积极做好与省直相关单位的协调与联络，主动同住房城乡建设部对接，配合住房城乡建设部开展8次现场调研，邀请和召集省直部门和片区8县市相关部门负责同志召开4次座谈会。住房城乡建设部于11月出台《关于支持大别山片区住房和城乡建设发展的意见》，明确对湖北省大别山片区城镇规划编制、住房保障、污水处理、垃圾处理、供水管网改造等12个方面的支持措施。

【推荐中国传统村落】 2012年，住房和城乡建设部、文化部、财政部等部门组织开展全国第一次传统村落摸底调查，经过各地评价和推荐，报传统村落保护和发展专家委员会评审认定并公示，湖北省有28个村落列入中国传统村落名录。

10. 工程建设

【建筑业】 2012年，全省建筑业总产值达到6865亿元，在全国排位由上年的第7位升至第5位。坚持开展全省建筑业企业综合实力20强、装修装饰10强评选表彰活动。加速壮大百亿元建筑企业群，百亿元以上产值企业数量由上年的10家增加到12家；产值过10亿元的企业近百家，完成产值占比六成以上；11家特级企业资质重新就位工作圆满完成。支持在鄂央企省内投资建设，2家企业突破300亿元投资额。"走出去"步伐进一步加快，评选表彰38家"走出去"发展势头好的企业，华北、东北、西北、西南等省外优势板块区域继续巩固壮大，90多家企业在全球60多个国家和地区承揽项目，外向度排名全国前5位，外施产值占总产值1/3。

【勘察设计咨询业】 全年营业收入732.96亿元，比上年增长16.69%，人均营业收入81.32万元，比上年增长4.73%，境外收入43.92亿元。全年营业税金及附加115.65亿元。全年实现利润总额为522.94亿元。全省勘察设计营业收入等10项指标在中部地区仍然处于领先地位。省人民政府决定授予中南建筑设计院股份有限公司等10家企业湖北省勘察设计企业综合实力10强企业称号。积极支持武汉市打造"工程设计之都"战略，组建建立工程设计产业园和设计产业联盟。全年共通过房屋建筑工程施工图审查项目数14099个，总面积13071万平方米平方米，纠正违反强制性条款20729条，消除重大勘察设计安全隐患3474处。开展省勘察设计"优秀工程勘察设计奖"的评选，全省共有168个项目分获2012年度湖北省优秀工程勘察设计一、二、三等奖。

【标准管理】 2012年，全省共有8项工程建设地方标准批准立项，加上上年计划延续的9项，共有17项地方标准需制(修)订。截至12月底，已有5项地方标准出版发行，6项标准已召开评审会并进入报批程序，6项地方标准正在编制中。为保证高强钢筋在建设工程中推广应用的持续性，拟定《湖北省高强钢筋应用施工图审查导则》。先后举办国家标准

《钢结构工程施工规范》、《建筑抗震设计规范》和行业标准《高层建筑混凝土结构技术规程》培训班,有关管理部门、质量监督及图审机构、施工、设计、监理企业共300余人参加。

【计价依据更新】 年初启动计价定额修编工作,组织成立建筑、装饰、安装、费用、机械台班定额编制工作小组。认真制定定额修编方案,先后8次召开由造价管理部门、建设单位、施工企业、设计单位、大专院校、造价咨询等专家参加的调研会,35次深入施工现场开展测算及调研,完成《湖北省建筑工程消耗量定额及统一基价表》、《湖北省装饰装修工程消耗量定额及统一基价表》、《湖北省安装工程消耗量定额及单位估价表》、《湖北省建筑安装工程费用定额》、《湖北省施工机械台班费用定额》的修编,共19册,修编定额子目6930个。先后进行送预应力混凝土管桩等7个补充定额的编制工作,完成补充定额11项,编制补充定额子目43个。

【市场监管】 细化和严格规范了市场行为检查办法,组建全省建筑市场检查专家库,开展了执法巡讲活动。按照中纪委、住房城乡建设部和省纪委统一部署,扎实开展了挂靠借用资质投标违规出借资质问题专项清理,排查项目1496个,对11个项目63起违规行为进行了立案查处。研究出台了《湖北省建筑市场违规出借和借用资质行为认定和处理暂行办法》。集中开展了全省建筑市场主体和招标代理分支机构两个专项检查,立案查处70起违规行为,9个项目受到全省通报批评、2家本地违规企业被降级、12家省外企业被清出湖北市场。严格市场准入清出,制定颁布三类建筑业企业特种资质标准;开展企业资质监督检查,降低或取消546家不合格企业资质。积极推进诚信体系建设,总结推广试点经验,研究起草评价办法。高度重视工程款和农民工工资拖欠的隐患排查工作,全省共受理投诉456件,解决450件,结案率98.65%,追回工程款6.4亿元,追回农民工工资1.37亿元,惠及10166名农民工,维护了行业和谐稳定。

【工程质量】 全省共监督工程20988项,受监工程面积21624.56万平方米,监督覆盖率99.9%;竣工工程4831项,面积4226.82万平方米,工程竣工验收合格率100%;竣工备案工程4489项,面积3974.38万平方米。坚持举办楚天工程质量论坛,组织"湖北省建筑工程质量专家巡讲团"开展了12次专家巡讲活动。扎实开展保障性安居工程拉网式大检查,通过拉网式检查和下半年组织的"回头看",严肃处理了相关责任主体,及时消除了一批质量隐患,确保了全省保障性安居工程质量总体可控。强化高层建筑质量管理,集中开展在建高层建筑质量专项检查。积极推进工程质量创优工作,全年创省级结构优质工程301项,省级优质工程156项,核准22项为新技术应用示范工程,批准198项工法为省级工法。

【安全生产】 大力实施安全生产目标管理和开展"安全生产年"活动,集中开展了建筑施工领域"打非治违"(集中开展建筑施工领域打击非法违法生产经营建设、治理纠正违规违章行为)专项行动。各地开展综合性检查47类次,下发整改通知书1198份、消除隐患15325处、处罚企业367家。狠抓安全质量标准化工作,分别在宜昌和襄阳组织了两次省级大型质量安全文明施工现场观摩会,在荆州开展了区域性观摩活动。部署实施了塔式起重机专项检查;"9.13"事故之后,按照"三严"(严肃态度、严格标准、严厉措施)和"三不"(拉网排查不留死角、彻底整治不留隐患、严厉处罚不留情面)要求扎实开展了安全生产"百日整治行动"。连续多年完成了省政府下达的安全生产责任目标。

【技能大赛】 2012年全省建筑业职业技能大赛于9月27日至28日在荆州市成功举办。本次大赛由省住房城乡建设厅、省人力资源社会保障厅以及省总工会联合主办,省建管局承办。副省长张通在大赛开幕式上作了书面讲话。本次大赛分为砌筑工、钢筋工、镶贴工、抹灰工、精细木工等5个工种,分为预赛和决赛两个阶段,各市州住建委以及在鄂央企、省直企业代表分别组队共19家队伍参赛,参赛企业200多家,涉及参赛人员2000多人。这次大赛由理论考试和实操考试综合考评,共产生了一等奖5名,二等奖11名,三等奖27名。19家单位获得"优秀组织奖"、2个单位获得了"特别贡献奖"。

11. 建筑节能与科技

【建筑节能】 目标任务全面完成,新增太阳能光电建筑应用示范项目13项,装机容量29.15兆瓦,完成可再生能源建筑应用示范项目643个,建筑应用面积1415.76万平方米,其中光热建筑应用面积1044.14万平方米,浅层地能应用面积371.62万平方米;23个项目获得国家绿色建筑星级标识,建筑面积195.5万平方米;全年新建节能建筑4694.85万平方米,新增建筑节能能力65.93万吨标煤,超额完成了2012年度58.38万吨标煤的年度工作目标任务,为湖北湖北省节能减排和"两型"社会建设做出了积极贡献。年底湖北湖北省接受住房城乡建设部建设领域节能减排专项监督检查，受到通报表扬。

【明确责任目标】 3月，省政府组织召开省建筑节能领导小组会，审查通过《湖北省"十二五"建筑节能规划》，研究调整了"十二五"建筑节能工作目标。将新修订的"十二五"建筑节能与墙材革新工作目标及各地的任务指标分解落实到各市、州、直管市、神农架林区。

【健全监管制度】 制定《关于进一步加强建筑节能监督管理工作的通知》（鄂建〔2012〕37号），进一步加强新建建筑节能标准实施的监督。全省城镇新建建筑设计阶段节能标准执行率保持100%，竣工验收阶段节能标准执行率98%，较上年提高1个百分点，全省新增节能建筑4694.85万平方米。低能耗居住建筑节能设计标准在武汉市中心城区全面强制实施，宜昌市、孝感市积极开展项目试点，全省低能耗居住建筑节能标准实施面积达956.03万平方米。

【可再生能源建筑应用】 2012年全省各地确定的可再生能源建筑应用项目751个，总建筑面积1795.26万平方米，其中：基本达到完成进度的项目643个（指已竣工、设备正在安装项目），总建筑面积1415.76万平方米（浅层地能应用面积371.62万平方米，太阳能光热应用面积1044.14万平方米）。列入国家示范的市县，进一步加快示范项目建设，钟祥市按时完成了示范任务，武汉、襄阳、天门市基本完成示范任务，13个示范市县，共完成示范面积953.49万平方米，占全省完成量的67.32%。特别是未列入国家示范的黄石、孝感市推广应用成效明显，全省可再生能源建筑应用呈加快发展之势，建筑应用规模、技术应用类型及水平都大幅提高。

【绿色建筑】 各地积极组织开展绿色建筑创建，确定创建项目42个，建筑面积269.02万平方米，其中，23个项目获得国家绿色建筑星级标识，建筑面积195.5万平方米（设计标识21个，166.76万平方米；运行标识2个，28.76万平方米），2012年湖北省取得绿色建筑标识项目数居全国第五。全省绿色建筑在地域、数量、星级、类型等方面都取得新的突破，获得星级标识的绿色建筑项目已由武汉扩展到黄石、荆州、仙桃以及宜昌当阳、黄冈蕲春等市县，数量超过了前几年的总和。三星级项目5个，占总数的21.74%，武汉菱角湖万达广场项目成为湖北省首个获得绿色建筑运行标识项目，武汉市建设大厦成为国内首个按照绿色建筑标准实施节能改造，并获得绿色三星标识项目。

【争取国家政策支持】 2012年，国家批准湖北省光电建筑应用示范工程13项，总装机容量29.15MW，湖北省和华中农业大学、华中师范大学、湖北经济学院被国家列入省级公共建筑能耗动态监测平台和节约型校园节能监管平台建设示范，荆州市、荆门市、仙桃市、五峰县被批准为国家可再生能源建筑应用示范城市、示范县，武汉市花山生态新城启动区成为获批国家首批三个可再生能源建筑应用集中连片示范区，钟祥市被批准追加推广面积30万平方米，成为全国16个追加示范任务的市县之一。以上各项示范，加上国家安排湖北省的省级推广补助资金2434万元，共获中央财政补助资金3.68亿元。

【墙革与"禁实"】 全省县（市）以上城区"禁实"达标率达到100%，"禁实"工作已向乡镇延伸，全年共完成11个重点镇的"禁实"达标验收，累计实现"禁实"的乡镇达到53个。省财政厅、住房城乡建设厅印发《关于进一步规范新型墙体材料专项基金退付工作的通知》（鄂财综规〔2012〕17号），将墙体材料按节能利废综合性能高低分为A、B、C三级，分别给予不同的退付比例，引导墙材生产企业，实施规模化生产，提高产品质量，促进墙材产品的提档升级。全省现有新型墙材生产企业1170家，年产能410亿标砖，年产量248亿标砖，新型墙材应用率达到88%。

【混凝土"禁现"】 启动第237号政府令的修订工作，加强混凝土"禁现"监督检查。混凝土"禁现"工作的重点是县级城区，各级散办加大力度推进县城城区禁止现场搅拌混凝土。强化检查督办力度和措施，从建筑工程设计、施工、监理、质量检查、项目申报验收等各环节入手，全面加强监督检查，将有关"禁现"的法规和政策落到实处，对不按规定进行现场搅拌的施工单位进行查处。扩大了城市"禁现"范围，向城乡结合部，周边具备条件的大乡镇、集镇、村拓展。全年预拌混凝土年生产能力可达8500万立方米，实际供应量达到3700万立方米。

【砂浆"禁现"】 协助制定政策文件，为禁止砂浆现场搅拌提供政策保证。3个城市已出台预拌砂浆管理的政府规范性文件和通告，4个城市出台禁止现场搅拌砂浆的政府部门文件。积极抓好禁止现场搅拌砂浆的宣传和培训工作。全省各地广泛宣传，召开现场会，采取以会代训，发放宣传材料，发布预拌砂浆生产企业信息，组织相关人员进行学习考察培训，积极开展试点工作。按照"积极推进、分步实施、总量控制、合理布局"的砂浆禁现工作思路，各地搞好干混砂浆企业发展的规划和布局。全省预计新增1~2家干混砂浆，生产能力达到120万吨。

【建设科技】 围绕新型城镇化、节能减排、提升建筑节能技术水平，开展适用技术、相关政策措施研究，"高温供热用空气源热泵系列产品的研发"等15个项目列入住房城乡建设部2012年科技项目计划。"绿色生态建筑与可持续发展的研究"等54个项目列入2012年湖北省建设科技计划项目，"湖北省仙桃满庭春"等24个项目列为2012年度湖北省建筑节能示范工程。全年共受理新技术、新工艺、新材料、新产品鉴定53项，发布第七批共58项建筑节能与新型墙材推广应用目录。组织编印《湖北省新型墙材技术指南》、《墙材产品标准与检验标准汇编》、《墙体材料应用技术规范汇编》。

【科技研发】 全年共有包括"基于振动传感的光栅光纤智能报警的算法研究"在内的54项科技项目被列为2012年度湖北省建设科技计划项目，"湖北省仙桃满庭春1期项目"等24个项目列为2012年度湖北省建筑节能示范工程。相较于2011年，科技项目与示范工程的质量和水平均有显著提升。有"经济转型期的黄石工业遗产保护与再利用"等15个项目列入住房城乡建设部科技推广计划。

【新技术新材料新产品的推广】 全年共受理科技推广项目73项，其中：保温隔热产品36项、节能门窗10项、太阳能技术15项、节能材料10项、其他2项。此外还进行了第六批（32项）、第七批（25项）共58项新型墙材的认定、公示和发布。组织编印《湖北省新型墙材技术指南》、《墙材产品标准与检验标准汇编》、《墙体材料应用技术规范汇编》，并组织全省建筑节能工作管理人员和从业人员进行技术培训，通过工程实例应用，归纳总结适宜本省气候特点的建筑节能新技术、新设备、新材料和新产品集中加以推广。

【设计方案评审及技术咨询服务】 全年共审查59项深基坑支护设计方案，对50项工法、产品及项目设计进行了咨询，新产品论证4项，施工工法关键技术评审22项，科技成果鉴定18项，新产品鉴定35项。

【科技宣传培训】 在湖北省委党校举行建筑节能、绿色建筑及相关政策法规专题讲座，特邀部科技司专家讲课，各级政府领导和住建系统机关干部200余人参加。选派专家到市县举办绿色建筑、可再生能源应用、墙体自保温体系等技术标准培训10余期，2000余人参加了培训。利用各种媒体开展建筑节能宣传，出版《湖北太阳能热水系统一体化设计方案竞赛获奖作品选集》，免费发给全省有关管理和技术人员。编印《2012年湖北省建设科技成果推广项目简介汇编》和《湖北省建筑节能产品、技术和新型墙体材料推广应用目录》（第五、六、七、八批），将2012推广的新材料新产品集中进行宣传、发布。

【无障碍建设创建】 2012年，住房城乡建设部、民政部、中残联、全国老龄办等四部委联合印发《关于表彰"十一五"全国无障碍建设先进城市的决定》，武汉市、宜昌市被评为"十一五"全国无障碍建设先进城市，襄阳市、黄石市被授予"十一五"全国无障碍建设创建城市称号。

【工程抗震设防与管理】 推动重点城市编制抗震防灾专项规划。在完成武汉、宜昌、十堰、孝感、黄石、咸宁、荆州7个市的城市抗震防灾专项规划编制工作的基础上，加强了对襄阳市、黄冈市城市抗震防灾专项规划编制工作的指导，并将荆门市、鄂州市、恩施州列入城市抗震防灾专项规划年度编制计划，对鄂州市、恩施州共下拨了10万元抗震防灾专项规划编制经费。严格建设工程抗震设防管理。强化了勘察、设计、施工、监理、验收等工程建设各个环节的抗震防灾管理。全省范围已经全面将工程抗震设防纳入施工图设计文件审查，严格重点监视防御区审查。抓好超限高层建筑工程的抗震专项审查，全年共受理超限高层建筑工程24项，总建筑面积400.55万平方米。

12. 建设人事教育

【干部培训】 7月上旬，举办全省规划局长业务培训班，共有161名规划局长参加培训。7月底，举办全省市县统筹城乡发展专题研讨班，全省122名市县长参加培训。全年共有8名厅级干部、11名处级干部分别到省委党校、华师行政管理学院、省直工委党校培训学习，选派6名干部到基础挂职锻炼。进一步抓好干部网上学习、干部讲堂等学习培训，11~12月，组织了15名处级干部参加住房城乡建设部开办的城乡规划网上学习班，4名同志顺利结业。

【干部队伍建设】 进一步完善党组讨论干部工作议事规则和干部工作配套制度。拟定《湖北省住房和城乡建设厅选人用人实施办法》、《领导干部谈话制度》、《关于建立处级后备干部制度的意见》，将提交厅党组审议。加强干部选配，全年共选配处级以上领导干部31人，交流轮岗处级干部8人，提拔科级干部5人，招录公务员3名，从市县遴选副处长

1名。指导省规划院、质监站、节能办、城建职院等直属单位招聘工作人员21人，进一步优化了干部队伍结构。

【职业教育】 3~4月，组织三个专家组，对全省55家承担建设类培训业务的培训机构开展了一次全面检查评估活动，下发了关于《进一步加强我省建设行业培训管理工作的通知》，全年举办3次五大员统考，办理岗位证书105004人。完成五大员继续教育培训33938人，复检35925人。完成城建档案培训合格证1293人，项目经理培训合格证19165人。加强建设劳务技能鉴定工作，全年共完成各类培训和鉴定33455人。配合省人社厅考试院组织开展了一、二级建造师考试报名资格审查工作，办理一级建造师初始注册、变更、增项注册等共计2964人；办理二级建造师初始注册、变更、增项注册等共计7440人。

(湖北省住房和城乡建设厅)

湖 南 省

1. 政策法规

2012年，在湖南省住房和城乡建设厅党组的正确领导下，在各处室、直属单位的共同努力下，湖南省住房和城乡建设厅依法行政工作圆满完成各项工作任务，成效明显。

【坚持科学、依法、公开，有序推进立法工作】立法方面，根据2012年立法计划安排，湖南省住房和城乡建设厅有《湖南省韶山风景名胜区条例》、《湖南省实施〈物业管理条例〉办法》、《湖南省实施〈国有土地上房屋征收和补偿条例〉办法》3个出台项目以及《湖南省建设工程勘察设计管理条例》、《湖南省燃气条例》2个修正项目和《湖南省城市管理条例》1个论证项目，立法任务较重。在法规处和相关处室的共同努力下，圆满完成立法任务。

【突出合法、公正、便民，认真办理复议应诉案件】 在行政复议案件方面，共受理行政复议案件40件(其中长沙11件，湘潭、郴州和张家界各6件，株洲5件，常德3件，怀化2件，岳阳1件)，截止2012年底办结33件(其中维持12件、撤销5件、终止审理2件、不予受理1件、告知13件)。作为被申请人由省政府复议1件，涉及对招标投诉处理意见不服，招标办会同相关处室与招标当事人多次沟通协调，最终达成调解意向，申请人主动撤回复议申请；由住房城乡建设部复议案件2件，涉及厅信息公开，部里均予以维持。行政诉讼案件方面，共办理以厅为被告的行政诉讼案件10起。法规处会同规划、建管、质监站等相关处室积极组织答辩并出庭应诉，全部胜诉，其中8件经长沙市中级人民法院二审，均判决驳回上诉、维持原判。

【兼顾合法、合规、合理，切实履行审查职责】共对相关处室起草的16件厅规范性文件进行审查，提出修改完善意见60多条，并按要求报省政府法制办办理"三统一"，全部通过登记审查并核发了登记号。同时，还对其他300多个涉法文件(包括行政处罚、行政许可、信访文书等)进行合法性审查，确保合法合规。(周志红)

2. 重点工程建设

【概况】 2012年湖南省组织建设重点项目142个，计划投资1500亿元，实际完成投资1584.9亿元，同比增长1.6%，为年度计划的105.6%；完成投资占同期湖南省固定资产投资的比例为10.9%，稳增长支撑作用明显。

【产业发展进一步夯实】 新型工业化项目：巴陵石化、中石化云溪基地等石化项目竣工投产，广汽菲亚特、比亚迪等汽车项目顺利实现下线量产，传统优势产业提质扩容步伐加快。湘投金天钛业、共创光伏等一批新能源、新材料项目建成投产。现代服务业项目：金霞粮食物流园投产，广联生猪交易市场冷库实现主体封顶，恩瑞物流铁路专线开建，湖南工程机械物流等现代物流项目继续推进，为改善流通条件、释放消费潜力、扩大内需提供了良好支撑。"数字湖南"建设项目：国家超级计算长沙中心主体封顶。湖南移动、电信、联通等信息项目继续实施，"三网融合"进程加快。湖南电信开发了国内首个物联网农村应用信息项目。省内首座户内式220千伏智能化变电站——月塘变电站正式投产，智能电网建设全面启动。能源产业项目：湘祁水电站、宝庆电厂等项目投产发电，全年新增装机容量80万千瓦，推动湖南省能源供应继续朝安全、稳定、经济、清洁迈进。

【基础设施进度加快】 全年基础设施项目建设完成投资1010.9亿元，为年计划的110.8%。高速公路建设实现历史性大跨越。衡桂、大浏等16条高速公路建成通车，湖南省"2纵5横"高速圈基本形成。全年新增通车里程1320公里，通车总里程达3969公里；新增出省通道7个，新增通高速县市区18个。铁路建设全力推进。"一线两站"建成投产——湘桂复线建成通车，湘黔线湘潭站、湘乡站改造完成投入使用。衡茶吉铁路进入铺轨扫尾。荆岳铁路举行开工动员大会，"北煤南运"战略运输通道步入全面建设实施阶段。石长二线、娄邵铁路等项目继续推进。能源通道建设提速。主电网完成52个变电站建设，改造线路1048.2公里。湘娄邵天然气管道工程全线建成，"气化湖南"深入推进。水利设施和水运工程建设加快。

【新农村、社会发展项目深入推进】 农村公路全年完成建设7182公里，建制村通畅率达90%。农村饮水安全工程解决了330万人饮水不安全问题。农村通信扶贫工程实现1100个自然村通信信号和500个行政村宽带覆盖。农网新建、改造线路37551公里；改造户表30万户。新增粮食产能工程全年完成投资2.5亿元，助推湖南省粮食生产实现九连增。着力提升城市居住品质。湖南省廉租房建设新开工76544套、376.2万平方米，基本建成77883套、381.8万平方米。城镇生活垃圾无害化处理已有99个项目基本建成或进入扫尾，基本实现县以上城镇全覆盖。稳步推进医疗基础设施建设。湘雅二医院内科楼主体已封顶，医疗卫生体系建设项目中有11个县级医院基本建成，推动医疗卫生资源和医疗服务供给向基层延伸。

【重点建设项目管理】 2012年，加强重点工程项目管理。抓创新驱动。积极支持项目单位按照创新湖南建设要求，加大科技创新和应用力度。春光九汇中药超微粉体关键技术的研究及产业化获国家科技进步二等奖。省电力公司创新"电网冰灾防治关键技术及装备研制应用"科技成果，显著提升了电网抵御雨雪冰冻灾害的能力，获湖南科技进步一等奖。浏醴高速采用沥青路面双层摊铺技术，填补了省内此项技术的空白。湘祁水电站利用厂房屋顶建设光伏发电系统，路灯照明采用风力发电，成为集水能、风能、太阳能等清洁能源于一体的绿色环保型水电站。抓质量安全。湖南省重点建设推行标准化、精细化管理，质量安全形势良好。沪昆客专湖南段以工厂化、机械化、专业化、信息化为支撑手段，质量安全全面受控。主电网建设工程按照动态识别、科学评估、分级控制的原则，对工程施工安全风险进行管理，保证了电网工程施工始终处于可控、在控、能控状态。安江水电站贯彻精细化、专业化、标准化、数字化的要求，有效提升工程建设和机组投产水平。抓和谐建设。项目单位按照和谐建设要求，积极推动项目建设与当地经济社会、生态环境和谐互进。湖南移动大力推进农村通信网、信息网、营销网"三网"建设，通过"三网惠三农"，助建新农村。衡桂高速切实解决大多数沿线群众的实际需要和困难，为沿线村民接沟接线、修建村道、爱心捐款，赢得沿线政府和村民的大力支持。抓劳动竞赛。围绕推动重点建设项目优质如期完成，大力开展以"六比四创"和"六比六赛"为主要内容的劳动竞赛活动，有效推进了项目建设。抓重点区域。长沙福元路湘江大桥、株洲云龙大道竣工通车，长沙地铁2号线完成铺轨，长株潭城际铁路建设继续推进，衡云快速干道等环长株潭城市群市政基础设施项目逐步实施，长株潭"两型"试验区扩容提质步伐加快，经济首位度和辐射带动能力进一步增强。

【长沙市福元路大桥建成通车】 2012年11月20日，长沙福元路湘江大桥正式建成通车。长沙福元路湘江大桥工程线路全长约3.5公里，其中跨越湘江段约1.4公里。大桥的主桥采用3×210米提篮式结合梁-钢拱组合结构，六车道设计并设有双向人行道。工程总投资13.85亿元，工期约26个月。（吴叶群）

3. 住房保障

【概况】 2012年，湖南省加大保障性安居工程建设力度，进一步建立健全制度，加强保障性住房后续维护管理，多渠道解决城市低收入家庭住房困难，住房保障工作取得较好成效。

【完成目标任务】 2012年，湖南省保障性住房和各类棚户区改造目标开工建设38.78万套，实际开工43.95万套，完成年度计划113.33%，基本建成51.52万套，竣工40.21万套。其中：廉租住房开工8.01万套，完成年度计划107.68%，基本建成10.74万套；经济适用住房开工0.7万套，完成年度计划154.01%，基本建成0.97万套。公共租赁住房开工10.02万套完成年度计划106.61%，基本建成7.09万套。城市棚户区改造开工13.67万套（户），完成年度计划115.73%，基本建成16.08万套。国有工矿棚户区开工0.69万套,完成年度计划104.72%,基本建成2.58万套。林业棚户区(危旧房)改造开工1.5万套,完成年度计划100%,基本建成3.59万套。国有垦区危房改造开工6.36万套,完成年度计划143.97%,基本建成6.63万套。中央下放地方煤矿棚户区开工29.9万套,完成年度计划96.71%,基本建成3.82万套。

【加大资金筹措力度】 2012年,湖南省共争取中央城镇保障性安居工程补助资金109.11亿元,较2011年增加30.47亿元;省财政安排保障性安居工程18.05亿元,较2011年增加2.45亿元;市、县配套安排39.30亿元,通过贷款162.12亿元(其中通过省保障性安居工程投资公司融资放贷支持52.84亿元、省公积金支持保障性住房建设发放贷款3.56亿元)。

【加强保障性住房质量安全监管】 严格工程建设基本程序,加强工作指导。下发《关于加强保障性住房建设的指导意见》,从保障性住房规划选址、勘察设计、装修标准、建筑节能及绿色建筑等方面提出指导意见,督促各地严格按照工程建设基本程序和标准规范组织建设。实行"三化"监管,落实质量安全责任。按照"安全质量标准化、监督规范化、监管信息化"的要求,将所有保障性安居工程建设项目纳入湖南省工程建设质量安全监管信息平台,并作为监管的重点,加大监管力度,增加监管频次,督促各责任主体单位落实责任。同时,严格分户验收制度,凡未经竣工验收的,一律不得分配入住。

【保障初见成效】 截至2012年底,湖南省城镇保障性安居工程累计保障家庭总人数363.99万人,占城镇总人口的11.91%。廉租住房制度累计保障家庭60.39万户,占累计登记申请家庭户数的80.2%;公共租赁住房、经济适用住房制度分别累计保障家庭7.04万户、7.98万户,占累计登记申请家庭户数的比例分别达到48.77%、66.91%;通过棚户区改造累计解决住房困难家庭51.89万户,占棚户区住房困难家庭户数的67.77%。(尹清源)

4. 城乡规划

【概况】 2012年底,湖南省城镇化水平为46.65%,比上年提高1.55个百分点。湖南省有100万以上的特大城市4个,50万~100万人的大城市8个,20万~50万人的中等城市13个,20万以下的小城市4个;共有小城镇1050个,其中县城71个,县以下建制镇979个。

【推进新型城镇化】 出台新型城镇化文件。代湖南省省委省政府起草《关于加快新型城镇化推进城乡一体化的意见》,省委省政府于2012年2月印发实施(湘发〔2012〕6号)。代政府起草《湖南省推进新型城镇化实施纲要(2012—2020年)》,同年10月,省政府印发实施(湘政发〔2012〕37号)。

8月14~15日,湖南省委省政府在株洲市组织召开湖南省加快推进新型城镇化工作会议,总结、交流各地推进新型城镇化的做法和经验,研究部署下阶段工作,湖南省委书记周强、省长徐守盛、省委副书记梅克保在会上作了重要讲话。湖南省各地均掀起城镇化建设的热潮,郴州、株洲、长沙、岳阳、怀化、娄底等地对扩大城市规模、提高城市品位、拓宽投融资方式均采取新的举措。

【城乡规划编制】 督促指导各地规划编制。指导环长株潭城市群8市城市总体规划评估及修改工作。长沙市城市总体规划修改成果已通过部际联席会议审查,上报国务院待批;衡阳市城市总体规划修改论证已通过部际联席会议审查;株洲市城市总体规划修改成果已拿出初稿;娄底市城市总体规划成果已获省政府批准;益阳市城市总体规划修改成果已报省政府待批。同时上报省政府还批准了韶山市、资兴市等12个城市总体规划修改论证及成果,并对洞口县等8个县城人口和用地规模进行了论证审查。

下发《关于扩大县城区域加强县城规划工作的意见》(湘建规〔2012〕122号)。该《意见》对湖南省87个县市城区在"十二五"末的发展目标和工作措施提出了要求。积极申报绿色生态示范城区。推荐长沙市梅溪湖、株洲市云龙新城、常德北部新城申报住房和城乡建设部绿色生态示范城区,探索生态环境保护与经济社会发展相协调的新思路。长沙市梅溪湖正式获全国首批五个示范城区之一。抓好城镇产业建设,支持做好开发区认定、升级和扩区调区工作。支持符合条件但没有设立省级开发区的县(市)积极申报省级工业集中区,对申报的27个省级工业集中区出具了审核意见。积极支持洞庭湖生态经济区申报进入国家战略,组织编制《洞庭湖生态经济区城镇发展规划》。启动长株潭绿道网建设。开展长株潭绿道网前期工作,组织编制《长株潭城市群绿道网总体规划》。指导长沙市编制绿道网规划,并在圭塘河开展绿道建设试点。株洲云龙新城、吉首市、嘉禾县等地均建设了规模不等的绿道。

【小城镇建设】 出台有关文件。为加强村镇规划管理,代湖南省政府办公厅草拟《湖南省村镇规划管理暂行办法》，2012年8月，省政府办公厅正式印发（湘政办发〔2012〕80号），明确了村镇规划的制定与修改、村镇规划的编制内容与实施等。代省政府办公厅草拟《湖南省人民政府办公厅关于开展镇（乡）域村镇布局规划制定工作的通知》（湘政办发〔2012〕30号），要求各地在2013年底前完成村镇布局规划的制定工作。为贯彻落实省人民政府办公厅《关于开展镇（乡）域村镇布局规划制定工作的通知》（湘政办发〔2012〕30号）精神，编制《湖南省镇（乡）域村镇布局规划编制导则（试行）》（湘建规〔2012〕300号），对规划编制的原则、期限、内容、规划成果要求等内容做了详细的说明。代省政府办公厅草拟的《关于开展第三轮示范镇建设工作的通知》，（湘政办发〔2012〕32号），提出第三轮示范镇评价指标和对口联系方案。组织各地申报并征求各地意见后，筛选100个中心镇和151个特色镇，以小城镇办公室的名义下发《关于公布省级中心镇、特色镇名单的通知》（小城镇办发〔2012〕2号）。

加强示范镇、中心镇、特色镇建设。年初在望城区召开第三轮示范镇建设工作会议，对第三轮示范镇建设工作进行了具体部署。年中年尾先后两次对湖南省示范镇、中心镇、特色镇工作进行督促检查，普遍反映本轮示范镇建设力度好于往年，工作抓得实、抓得到位，湖南省发改委、国土资源厅、人社厅、教育厅等10省直面上支持单位落实政策比较扎实，湖南省核工业地质局、食品药品监督管理局、工商管理局、民政厅、国税局等对口支持的省直部门及省出版投资控股集团、中联重科、省建工集团等对口帮扶企业均对示范镇进行大力支持。湖南省住房和城乡建设厅对每个示范镇均支持30万元资金，这是历年来支持力度最大的一次。

积极推进小城镇污水处理设施建设。按照住房城乡建设部和财政部抓紧落实"十二五"中央财政专项资金集中支持城镇污水处理设施配套管网建设任务的要求，湖南省住房和城乡建设厅积极组织申报，共有101个镇1877公里进入国家笼子，排全国第三位。第一批建设资金3849万已拨付是着力抓好农村危房改造工作。2012年，国家共分三批下达湖南省农村危房改造任务33万户，比上年的11.1万户增加了21.9万户，占全国560万户的5.9%，排全国第四位；共获国家补助资金24.75亿元，比上年的6.66亿元增加18.09亿元；省财政安排配套资金2.6亿元。湖南省农村危房竣工率排全国第一、开工率排全国第二。积极开展绿色低碳重点小城镇试点工作。湖南省已有韶山市清溪镇纳入住房城乡建设部绿色低碳重点小城镇试点。

【历史文化资源保护】 开展历史文化名镇名村申报评定工作。会同省文物局开展湖南省第四批历史文化名镇名村申报工作，努力将具有较高历史、文化、艺术和科学价值的古村镇纳入省级保护体系。

配合省人大环资委就《湖南省历史文化名镇名村及古民居保护条例》的落实情况，赴张家界和湘西自治州开展调研。组织对永州市、岳阳市历史文化名城保护规划实施评估进行审查，对会同县高椅村等16个历史文化名城名镇名村及历史文化街区保护规划进行审查。（任娇）

5. 房地产业

2012年，湖南省房地产业坚持以科学发展观为指导，以"四化两型"社会建设为契机，结合湖南实际，积极谋划，主动作为，圆满完成各项工作目标。

【房地产市场平稳健康发展】 2012年，湖南省房地产市场总体保持平稳，房地产开发投资、商品房销售、房地产用地等主要指标增幅前低后高，房价基本稳定。房地产开发投资增速回稳。湖南省共完成房地产开发投资2210.5亿元，同比增长13.7%，增速比上年同期回落15.4个百分点，占湖南省固定资产投资比重的15.2%。房地产用地供应降幅收窄，出让价格有所上涨。全年供应房地产用地5556.7公顷，同比减少15.4%，增速比上年同期回落22.3个百分点，占湖南省供地总量的23.5%。房地产信贷增速保持稳定，新增房地产贷款实现正增长。截至12月底，湖南省金融机构房地产贷款余额3251.9亿元，同比增长20.9%，增速比上年同期回落5个百分点。

商品房施工面积稳中有升，新开工面积持续下降。湖南省完成商品房施工面积21356.9万平方米，同比增长5%，增速比上年同期回落18.3个百分点。商品房销售先抑后扬，创下新高。湖南省商品房累计销售面积为5150.5万平方米，同比增长5.1%，增速比上年同期回落4个百分点。住房价格总体保持稳定，待售面积增速回落。2012年，湖南省商品住宅均价为3670元/平方米，同比上涨0.2%，其中90平方米以下新建商品住宅销售价格下降2%，90-144平方米的上涨3%，144平方米以上的下降4.1%。房地产税收平稳增长。全年房地产税收完成429.9亿元，同比增长24.2%，比湖南省财政总收入增速高5.1个百分点，增速比上年同期提高2个百分点。

【市场监管成效明显】 2012年是湖南省房地产市场"防范年"。针对市场出现的房地产企业资金链断裂、违规预售、欺诈业主等问题，强化了市场监管。严查问题企业。对湖南省5293家开发企业违规情况进行了全面摸底调查，调查发现湖南省共有25个楼盘（24家企业）存在违规开发等情况，涉案总额将近10亿元，个案最高达2.1亿元。对存在问题的房地产开发企业，会同各地有关部门从供地、办理规划、施工许可证以及预售许可和预售资金监管等方面采取更为严格审批措施，同时责成其停止新项目的开发。

严格资质审查。出台《湖南省房地产开发企业资质管理实施细则》，并按照要求对湖南省200多家房地产开发企业资质进行了核查，共降级40家，注销30家。严查典型案例。全年查处房地产开发案件34起，重点查处长"沙麓山里佳园"项目、张家界"大成山水"项目、长沙"湘江700"项目、长沙"阳光一品"项目、"城市山水豪园"项目违规开发行为，维护房地产市场秩序和社会稳定。严肃认真处理信访投诉。全年受理各类信访投诉和厅长信箱87件，审查终结130余件国有土地房屋征收案件。据回访了解，处理满意率达97%。

【征收工作稳步推进】 强化省级征收管理职能，积极争取省政府支持，进一步明确职能，增加编制。抓紧制定征收地方配套法规，完成《湖南省实施〈国有土地上房屋征收与补偿条例〉办法》公开征求意见工作。加强培训交流工作，配合省政府组织召开湖南省国有土地上房屋征收补偿工作培训会议，完成经验交流材料汇编。切实开展调查研究。围绕如何破解征收难题，重点对长沙市黄兴北路项目和怀化市红星南路项目调研，完成了较高质量的调查报告。圆满完成住房城乡建设部国有土地上房屋征收社会稳定风险评估课题研究任务。五是加大督查力度。开展湖南省国有土地上房屋征收检查，切实规范房屋征收行为。（袁碧蓉）

6. 住房公积金管理

【概况】 2012年湖南省住房公积金新增缴存职工40.98万人，缴存户数达400万人，覆盖率达89.7%；归集住房公积金238.21亿元，同比增长21.68%；提取住房公积金101.04亿元，发放个人住房贷款158.33亿元，同比分别增长24.04%、10.41%；湖南省实现增值收益13.27亿元，同比增长63.56%。湖南省归集总额和余额分别达1212.87亿元和738.35亿元，个人住房贷款总额和余额分别达到792.87亿元和514.42亿元，为湖南省稳增长、调结构、惠民生作出积极贡献。

【抓好扩大试点工作】 按照住房城乡建设部等七部门关于扩大利用住房公积金贷款支持保障性住房建设试点的工作要求，会同湖南省财政厅、监察厅、审计厅、银监局、人民银行等部门审查申报试点城市资格，组织相关单位到大连等地学习试点工作经验。组织申报试点城市召开专题会议，指导试点城市拟订实施方案，会同省财政厅对试点城市项目进行预检。湘潭、岳阳和衡阳三市获批成为扩大试点城市。此3市加上第一批获批的试点城市长沙，2012年湖南省获批住房公积金支持保障性贷款额度共26.59亿元。截至2012年12月底，湖南省发放住房公积金支持保障性住房建设资金贷款7.64亿元。

【大力加强住房公积金监管】 加强住房公积金监管，转发住房城乡建设部《关于进一步加强住房公积金监管工作的通知》，从加强监管的重要性、完善决策监督机制、建立重大事项备案制度、提高管理透明度等方面提出了监管意见。为提高监管水平，开发住房公积金监管审计软件已投入使用，实现对资金账户、资金流向、业务合规的实时监管。

【着力提高行业服务水平】 根据住房城乡建设部、财政部等四部门联合下发的《关于加强和改进住房公积金服务工作的通知》精神要求，进一步提高行业人员素质及服务水平。组织召开住房公积金综合工作人员研讨会，提高综合文字工作人员的文字功底，加强服务意识。积极督促各市州住房公积金管理中心实现由"管理型"中心向"服务型"中心转变，优化业务流程，健全服务制度，完善服务设施，改善服务环境，加快信息化建设，创新服务方式，提升服务质量。通过组织召开湖南省12329住房公积金热线工作会议，传达全国12329住房公积金热线现场会有关精神，布置推进湖南省12329住房公积金热线建设工作有关事宜，搭建住房公积金热线服务平台，畅通住房公积金政策咨询和投诉渠道。（周文静）

7. 建筑业

【概况】 2012年，湖南省建筑施工安全生产形势稳定好转、建筑业平稳较快发展、行业和谐稳定。全年完成建筑业总产值4460亿元，同比增长14%，实现增加值1350亿元，同比增长11%，占湖南省GDP比重达6.1%；完成竣工产值3058亿元，同比增长27%；房屋建筑施工面积38258万平方米，同比增长17%；湖南省总承包和专业承包建筑企业签订合同额9170亿元，其中本年新签合同额4995亿元，同比增长均为14%。湖南省建筑业实现利税总额300亿元，同比增长16%。6项工程获鲁班奖（其中省内工程3项，湖南省企业在外省工程3项）；51项工程获省芙蓉奖，197项工程获省优质工程奖；工程质量一次竣工验收合格率达99.2%。累计有103家企业通过省级安全认证，全年创示范工程430个、示范工地1076项（次）。

【质量安全监管】 2012年，全年发生建筑施工安全生产事故16起、死亡20人，死亡人数仅占湖南省安全生产委员会下达的年度人数控制指标的62.5%，建筑业百亿元产值死亡率为0.5人，娄底、邵阳、郴州、张家界和自治州5个市州为零死亡事故。湖南省住房城乡建设厅连续三年被评为湖南省安全生产工作先进单位。湖南省住房城乡建设厅与14个市州住房城乡建设主管部门、永州市房产局以及省质安总站签订《安全生产责任状》，制定下发《关于2012年湖南省建筑工程安全生产目标管理考核工作的通知》，严格落实安全生产主要领导负责制、"一岗双责"制和"一票否决"制度。

整体推进"三化"工作。抓施工现场关键岗人员配备、抓项目安全生产投入、抓施工现场达标验收、抓企业强制安全认证，推进安全质量标准化；继续贯彻《关于进一步推进湖南省建设工程质量安全监督规范化工作的通知》、《关于开展建设工程质量安全监督工作规范化实施情况考核的通知》要求，落实监督与考核，推进监督工作规范化；抓信息平台建设、抓监管信息录入、抓信息应用，落实"两场"联动，推进监管信息化。

扎实开展监督检查，消除安全生产隐患。全年开展四次集中督查，抽查在建工程项目137个，发现并整改安全生产隐患900余条，记录36家相关责任主体和33名相关责任人的不良行为；同时，开展"打非治违"，制定下发了湖南省建筑施工"打非治违"专项行动工作方案，2012年湖南省"打非治违"专项行动共检查在建项目5254个，发现非法违法施工行为项目410个，责令停工项目350个，实施行政处罚项目173个。

严格监督执法。全年暂扣14家施工单位安全生产许可证，收回13名责任人安全生产考核证书，记录并公示259家企业和198名责任人的不良行为记录，对3个发生生产安全事故但没有施工责任主体单位的违法建设项目，依法对项目建设单位予以行政处罚；全年共核发省直管工程项目施工许可证67份，合同价款达33.16亿元，建筑面积194.33万平方，对未取得施工许可证擅自开工建设和未按规定竣工验收备案交付使用的15个项目进行行政处罚。

提高监管效能。出台《湖南省工程建设项目质量和安全生产重大隐患挂牌督办实施办法》；有29家建筑施工企业纳入差别化管理单位，进行重点监管；2012年，受理举报15起，并全部进行了核查；制定下发《关于湖南省入湘建筑业企业续登记有关问题的通知》和《关于印发湖南省入湘工程建设中介服务企业监督管理办法的通知》，对所有入湘建筑企业诚信情况进行考核并予以通报，对考核不合格或有严重不良行为记录入湘建筑业企业，注销其登记证，整改规范后重新进行登记。

【招投标监管】 2012年，共办理省市两级项目报建2600个，涉及金额约820亿元，完成2600个项目招标文件的审查备案；其中，开展招标代理机构比选861个，发现和纠正问题500余个，省市两级监管机构对2600个项目开标、评标现场进行监督。法律法规贯彻宣传有效落实。全年举办两期培训班，培训人数达1000余人，对《中华人民共和国招标投标实施条例》和"两个规定五个办法"进行宣贯和学习。监督管理责任增强。在招投标活动进行全过程监管、招投标资料审查、招投标各方主体行为规范、标后监管和稽查；引入"社会监委库"社会监督机制。电子化招投标工作有序推进。出台电子化招投标数据接口标准，湖南省实现招投标项目网上发布公告、网上报名、网上下载招标文件和资格审查文件并网上公示结果，部分市州已实现网上递交投标文件、网上开标等电子化招投标工作。投诉处理力度大幅提升。全年共处理省市两级投诉60余起，对围标串标、资质挂靠、招标代理机构市场行为不规范等问题进行了查处，规范了招投标各方主体市场行为，湖南省有四个市州无一例招投标监管工作投诉事件。代理机构和交易中心全面改进。湖南省各招标代理机构在承接业务、代理行为、人员培训、持证上岗等方面进行集中检查和清理整顿，规范招标代理机构的代理行为；对交易中心的建设和服务标准提出明确要求，引导各市州交易中心加强软硬件建设，完善内部管理，加大业务培训，提升服务水平。

【工程造价与劳保统筹管理】 工程造价管理方面：2012年修编《湖南省建设工程工程量清单计价办法》和《湖南省建设工程消耗量标准》。发布以新材料、新工艺为主的补充定额编制和造价指数。起草《湖南省政府投资项目实施阶段全过程管理实施意见》。完成招标控制价审查项目101个，办理施工合同备案53个项目，监理合同备案37个项目，安全文明措施费审核项目53个，办理农民工工资核准53个项目。完成投诉处理3起，查处恶意压低工程造价行为1起。抓好两项行政许可，提升行政效能，完成晋升甲级资质咨询企业9家，完成甲级企业资质延续资料初审19家；完成乙级企业资质延续18家、资质核定8家、资质定级9家、企业变更75家；完成全国造价师初始注册160名、延续注册126名，办理全国造价师注册变更449人、暂停执业1名，注销执业6名。颁布《湖南省〈全国建设工程造价员管理办法〉实施细则》和《湖南省工程造价咨询企业执业操作规程》，建立造价员考试题库，完成6600名造价师、造价员继续教育培训。抽查造价成果文件，对4名造价师不良行为进行记录。开展通过造价管理平台收集、审核、发布典型工程造价指标工作，实现建设工程的造价数据共享。全年共收集典型工程造价指标363个，审核通过155个，在网站前台发布114个。被湖南省直工委授予"2012届省直机关文明（标兵）单位"荣誉称号。发表于《新远见》2012年第07期的《用哲学的观点分析如何预防腐败问题》，获"2011～2012年度中国社会主义经济发展"优秀成果特等奖。

劳保基金统筹管理方面：湖南省劳保基金收取额超过18亿元，完成年度目标任务的132%，收取额过亿元的市州有7家，均创历史新高。省本级劳保基金收缴金额1.96亿元，增加5920万元，同比增长43%。制定下发《关于进一步规范建筑行业劳保统筹管理工作的通知》。湖南省追收以往拖欠资金2.31亿元，占湖南省总收入的12.78%，省本级追收6460万元，占省本级的33%。全年拨付及调剂补助建筑企业劳保基金13.18亿元，同比增长16.31%。湖南省参加社会基本养老保险企业达1682家，36万多建筑从业人员参加城镇职工基本养老保险，并建立个人养老保险账户，其中农民工参保人数达61549人。全年共调剂补助246家困难企业2.62亿元，使12万多建筑职工受益。（钟明键）

8. 城市建设

【概况】 2012年，湖南省有设市城市29个（地级市13个，县级市16个），县城（区）75个（县级区：南岳区、洪江区、大通湖区）。市县城区人口2040.8万人，暂住人口231.8万人；城区面积6813.7平方公里，其中建成区面积2400.3平方公里；全年共完成市政公用基础设施固定资产投资836.3亿元，同比增长11.4%。

【市政工程】 2012年，湖南省完成城市道路桥梁投入426.5亿元。城区道路总长达16628.3公里，道路面积29421.8万平方米，人均道路面积13平方米，桥梁1207座，路灯84万盏。积极实施城市绿色照明改造工程，2012年8月以省政府办公厅名义印发《湖南省市政绿色照明改造工程实施方案》，计划用6年时间，投资26亿元，完成湖南省100万盏照明灯改造。

【城市园林绿化】 2012年，湖南省完成园林绿化投入57亿元。建成区绿化覆盖面积8.03万公顷、园林绿地面积7.2万公顷，建成区绿化覆盖率和绿地率分别为33.45%和29.93%，人均公园绿地面积8.19平方米。深入创园工作，先后指导郴州市、衡阳市、汨罗市、汝城、攸县、永兴、桂东、湘阴、泸溪、江华等市县创园，衡阳市、汨罗市、汝城县获评为省级园林城市（县城）。加强人居环境奖申报和园博会指导，组织对株洲市"城市公共自行车租赁系统"等19个中国人居环境建设项目进行审查，对其条件更为成熟的4个项目正式申报2012年中国人居环境范例奖。指导重庆园博会和第九届中国（北京）国际园林博览会湖南省参展工作。湖南省新植树近6400万株，种木本花近1950万株，新建公园33个、小游园79个，新建绿地814公顷，建大环境绿地2.2万公顷。园林绿化企业队伍进一步壮大，2012年新增一级资质企业7家，二级资质企业17家。出台《湖南省城市道路绿化景观建设导则》、《湖南省屋顶绿化技术导则》，园林绿化规范性指导文件进一步完善。

【市容环境卫生】 2012年，湖南省市容环境卫生完成投入36.8亿元。湖南省城区道路清扫面积25298万平方米，生活垃圾年清运量985.1万吨，生活垃圾无害化处理能力27007吨/日，市容环卫专用车辆4178台，公共厕所4949座。城镇生活垃圾无害化处理设施建设专项行动规划新建的102个项目累计完成投资83亿元，99个项目基本建成，新增日处理能力2.33万吨、日分选能力1000吨、日转运能力810吨，湖南省基本实现县以上城镇生活垃圾无害化处理设施全覆盖。到2012年底，湖南省投入正式运营的112座生活垃圾处理场全年处理生活垃圾763.32万吨，县以上城镇生活垃圾无害化处理率达到83.2%，比上年提高20个百分点。餐厨垃圾处理和老垃圾场存量治理试点工作进展顺利，长沙市率先建成日处理能力300吨的餐厨垃圾处理试点工程，永州市、衡阳市、常宁市等8个市县成为第一批老垃圾场存量治理试点项目。

【城市管理】 2012年2月下旬，为在湖南省推荐株洲市城市管理和攸县城乡环境同治经验，韩永文副省长率省政府办公厅、省住房城乡建设厅、省环保厅、省发改委、省财政厅、省国土厅等相关单位负责人实地考察了两地工作。2012年5月，省委省政府决定在株洲召开湖南省推进新型城镇化工作会议，推广株洲市、攸县在新型城镇化、城市管理、城乡环境综合治理的经验，各市州、相关县市党政一把手亲自参加，株洲市成为新型城镇化的先进典型。与此同时，为加强湖南省城市管理工作指导，省人民政府办公厅印发《关于加强和创新城市管理工作的意见》，计划在湖南省开展城市管理提质三年行动，突出开展市容环境、交通秩序、城镇绿化、生活垃圾处理等专项治理，集中整治脏乱差，着力解决垃圾乱扔、广告乱贴、摊位乱摆、车辆乱停、工地乱象等突出问题。并会同省人大、省财政、省环保等部门，赴新疆、湖北等地调研城管立法和考评工作，完成《湖南省城市管理条例》起草工作。
（张艳）

9. 村镇建设

【概况】 2012年底，湖南省共有979个建制镇，999个乡，镇乡级特殊区域29个，行政村3.98万个，村庄15.7万个，总人口6137万人，其中城镇人口1055万人，县以下地区城镇化率为17.2%。

【积极开展省级小城镇建设示范试点】 2012年，加大试点工作推进力度，促进小城镇示范试点工作不断取得新进展、积累新经验，为湖南省村镇建设发挥示范导向作用。开展了第三轮省级示范镇建设工作。省政府于2012年开展第三轮示范镇建设工作，共批准34个示范镇。同时，印发《关于开展第三轮示范镇建设工作的通知》（湘政办发〔2012〕32号）。该《通知》提出第三轮示范镇建设的指导思想、目标任务和推进措施。通过近一年的努力，示范镇全面快速协调发展，示范作用日趋明显。截止到2012年底，省直有关单位已直接支持示范镇超过8亿元，拉动投资近30亿元，引导1万多人农村居民进镇居住生活，镇区城镇人口和镇域农村人口人均纯收入增长率高出所在县市区平均值分别为1和1.2个百分点。

开展城乡统筹示范工程。湖南省政府于2012年，遴选22个镇，60个村庄开展环长株潭城市群城乡统筹示范工程，为探索以工促农、以镇带村、镇村同治的措施和途径积累经验。

加强中心镇、特色镇建设。在全面调查研究的基础上，提出湖南省"十二五"期间重点发展100个中心镇（含34个示范镇）、151个特色镇，下发《关于公布省级中心镇特色镇名单的通知》（小城镇办〔2012〕2号），年中年尾先后两次对湖南省示范镇、中心镇、特色镇工作进行督促检查。

【加强基础设施和公共服务设施建设】 积极推进小城镇污水处理设施建设。按照住房城乡建设部和财政部抓紧落实"十二五"中央财政专项资金集中支持城镇污水处理设施配套管网建设任务的要求，湖南省共有101个镇1877公里进入国家计划，排全国第三位。预计总投资22.85亿元，其中中央专项资金13.98亿元。建成污水管网490.4公里，争取国家资金0.92亿元，完成投资5.7亿元，占"十二五"期间任务总量的25%。其中，有部分建制镇将污水管网铺设到镇区周边农村，解决了镇区周边农村的环境污染问题；在村庄推行人工湿地等低投入低成本的处理工艺，提高农村污水处理率。2012年有15个镇获得第一批国家专项资金，总金额3849万元。

积极推动供水提质改造工程。根据湖南省"十二五"供水和排水规划，"十二五"期间，湖南省拟新建镇（乡）供水厂总规模345.8万吨，供水管网10203公里，预计总投资136亿元，总供水规模比2010年增长84%。计划将供水管网铺设到镇区周边农村，解决周边农村居民饮水安全问题。

与地方签订《湖南省城镇污水垃圾处理及供水设施建设专项行动目标责任书》。2012年，组织各市州开展"十二五"城镇污水垃圾处理及供水设施建设专项行动建设任务，省政府与市州签订《湖南省城镇污水垃圾处理及供水设施建设专项行动目标责任书》。按照示范镇、中心镇优先原则进行审核，明确"十二五"期间，新建100个镇乡供水厂，总规模65.9万吨，改造65个镇乡水厂，总规模47万吨，新建供水管网855.71公里，改造758.8公里，预计总投资31亿元；镇乡污水处理设施建设任务则按建设部核定的重点镇任务。

【大力开展农村危房改造工作】 2012年，国家共分三批下达湖南省农村危房改造任务33万户，比上年的11.1万户增加21.9万户，占全国560万户的5.9%，排全国第四位；共获国家补助资金24.75亿元，比上年的6.66亿元增加18.09亿元；省财政安排配套资金2.6亿元。截止到2013年3月底，湖南省农村危房改造累计完成投资236.4亿元，实际完成51.42万户农户危房改造，还剩120万户需要进行改造。（刘婷赋禹）

10. 勘察设计

【概况】 2012年，湖南省全年完成初步设计投资额1869.5亿元、建筑面积7554.6万平方米，同比分别增长19%、14%；完成施工图投资额2460.5亿元、建筑面积12686.3万平方米，同比分别增长16%、20%；完成工程勘察设计合同额91.1亿元，同比增长23.4%；完成工程技术管理和总承包合同额124.1亿元，同比增长11.9%；完成境外营业收入7.6亿元，与去年基本持平；实现营业收入227.3亿元，同比增长2.8%。

【行业发展】 推动出台《湖南省物价局关于进一步规范施工图审查服务收费的通知》。随着湖南省"四化两型"建设的推进，审图机构新增节能审查、勘察现场见证审查等内容。为进一步规范施工图审查服务收费，杜绝降低服务质量收费、压价恶性竞争及价格歧视等行为，适应新型城镇化建设发展的要求，及时调整相关收费标准，理顺勘察设计质量监督、服务和收费的关系，维护施工图审查市场的正常秩序，保护广大审图机构和审图人员的积极性，并强化责任意识。从资质管理上支持、引导勘察设计企业转型升级。大力支持企业开拓节能、环保、市政以及新能源等新兴领域业务，积极服务于稳增长、调结构、惠民生大局。

【质量安全】 创建监管平台，不断完善质量监管链。开发启动"湖南省勘察设计项目信息监管平台"，组织湖南省各市州建设主管部门、勘察设计企业、施工图审查机构进行宣贯，并加强督促和指导。登记勘察设计项目信息474个，招投标项目信息登记159个，施工图审查信息登记862个，逐步实现对各勘察设计项目直观、实时动态监管，极大改善了湖南省勘察设计行业监管现状，初步解决施工阶段擅自变更经审查合格的施工图这一顽疾。

创新监管模式，强化招标投标监管。以制度为依托，营造良好市场环境。根据招标投标法和部里有关法律法规要求，进一步完善评标全过程监督、开标前1小时抽取评标专家以及中标备案等制度。以服务为宗旨，促进投标质量提升。从工程项目立项开始，逐项跟踪指导业主和招投标代理机构编制招标公告、招标文件，使得整个招标条件设置更加科学，程序安排更加严谨，提高标书响应程度，减少争议，促进优秀项目脱颖而出。充分发挥勘察设计招投标引导激励机制。在招投标文件中，明确获奖项目加分标准；明确未中标单位合理补偿标准；明确投标报价不得偏离所有投标人平均报价±20%且违反国家收费标准。激励招标人将主要精力放在招标方案技术优劣上，确保优秀方案中标，促进勘察设计整体质量水平提升。

深化初步设计审查，实现全方位把关作用。大力提高行业对初步设计审查环节重要性的认识，加强对深层次质量要求和创作水平的重视，除了政策性审查把关外，着重加强了对质量管理程序、设计水平、"四新"、"四节一环保"等方面的审查，使初步设计逐步成为全面审查、评价、完善、完整设计成果的重要环节。

切实抓好超限高层审查，把好抗震设防安全关。针对一些大型复杂项目，为确保超限高层建筑抗震设防专项审查质量，在组织专家正式审查之前，增设专家预审环节。在对长沙国际金融中心项目（总建筑面积101万平方米，塔楼95层，高452米，建成后将成为湖南省最高建筑）进行超限高层建筑抗震设防专项审查过程中，根据住房城乡建设部有关规定，邀请了4位全国超限高层建筑抗震设防专项审查委员会专家参与审查。

准确定位审图机构，发挥质量监督站作用。为提高各审图机构审查质量，对湖南省28家审图机构的施工图审查工作情况进行检查，对已经审查通过的施工图进行随机抽取和审查复核，对于存在问题较多的审图机构下达限期整改通知单。截至三季度末，各施工图审查机构共审查912家次勘察设计企业承担的5575项房屋建筑和市政基础设计工程施工图设计文件，总建筑面积6022.4万平方米，工程总投资1305.51亿元。其中，第一次审查合格项目3773个，一次审查合格率为67.82%。对于一次审查合格率低于50%且存在违反工程建设强制性条文的42家勘察设计企业进行湖南省通报，对问题突出的企业负责人进行约谈。全年完成省管项目施工图审查备案42项。

针对薄弱环节，组织专项检查。根据湖南省住房和城乡建设厅《关于开展工程勘察专项检查的通知》要求，组织开展湖南省工程勘察专项检查，重点检查工程勘察企业技术力量、技术装备及应用水平、企业业绩及业务成果、人员培训、工程勘察质量、工程勘察收费、管理水平等。各市州根据职责分工，在10月初至11月底，对辖区范围内勘察单位进行专项检查，并提交有关检查报告，为勘察单位资质换证就位和勘察市场监管有关管理制度出台奠定基础。

【行政审批】 最大限度限制自由裁量权。对权责较大的5项工作：勘察设计资质行政许可、注册建筑师和勘察设计注册工程师注册执业管理审批、勘察设计招投标监管、省管工程项目初步设计审批、施工图审查备案，进一步细化各审查审批环节具体内容，明确每一个环节工作职责和责任，制定程序化审批表格，各审批阶段责任人逐项、逐阶段审核签名，只对特殊情况另行作出文字说明。对存在廉政风险点的事项，增加了廉政风险防范措施。

狠抓行政许可和行政审批效能工作。以启动网上政务服务和电子监察系统为契机，严格规范勘察设计资质行政许可、省管项目初步设计审批、超限高层建筑抗震设防专项审查以及注册建筑师和勘察设计注册工程师注册执业管理审批，将受理事项总工作时间进行分解和倒排，及时办理。对于省重点工程项目，优化审批程序、合理安排审批环节，力争提前办结。在行政许可和行政审批过程中，严格执行"首问负责"和"一次性告知"制，对不予许可事项耐心向服务对象解释，赢得了社会好评。

坚持审批事项集体审批制。在勘察设计资质行政许可过程中，除进行专家审查和经办人复核外，增设置会审环节，由省住房和城乡建设厅政务中心、监察室相关工作人员和设计处领导组成会审小组，听取经办人复核工作情况报告、查阅申报材料，对申报事项进行会审并集体表决是否通过，将行政许可权力置于阳光监督之下，有效杜绝了暗箱操作。2012年共监管省管项目勘察设计招标投标50项，超限高层审查9项，初步设计审批69项（含限额以下项目18项）。审查勘察及设计施工一体化设计资质105项，核准资质60项，其中新审核通过企业25家，增项19项，升级2项，延续14家。

【绿色节能设计】 湖南省勘察设计行业积极树立科学发展理念，将绿色、节能理念贯穿于勘察设计全过程。在招投标阶段，要求明确绿色、节能为总的指导思想，大力推进绿色、节能评分标准；在初步设计审批中，进一步强化"四节一环保"以及"四新"为核心的全面审查；在施工图审查中，添置专门的节能审查软件，严格进行节能审查把关。全行业积极推进绿色建筑和节能设计标准，在湖南省质量安全大检查和建筑节能专项检查中，重点指导、督查绿色、节能设计执行情况，湖南省节能设计率达到100%，建成授牌的绿色建筑有12个。科学发展理念促进了湖南省勘察设计行业又好又快发展，同时更好地服务于湖南省稳增长、调结构和惠民生大局，将科学发展观落到实处。

【勘察设计评优】 借鉴国家及其他省份勘察设计大师评选的成功经验，制定符合湖南省实际的《湖南省工程勘察设计大师评选办法》，启动湖南省首批工程勘察设计大师评选工作。与省人力资源和社会保障厅联合开展第四届优秀勘察设计院院长（经理）和优秀勘察设计工程师评选活动，共评选出优秀院长（经理）15名，优秀勘察设计工程师40名。修订《湖南省优秀工程勘察设计奖评选办法》，项目评优每年开展一次。本年度共评选出优秀工程勘察设计获奖项目101个，其中一等奖18个、二等奖36个、三等奖47个。（胡军锋）

11. 世界遗产和风景名胜

【风景名胜立法】 2012年9月，《湖南省韶山风景名胜区条例》经湖南省第十一届人民代表大会常务委员会第三十一次会议通过并予以公布。组织开展福寿山—汨罗江、栖凤湖、炎帝陵等风景名胜区立法前期调研工作。

制定规范性文件：制定下发并结合相关会议组织湖南省学习《湖南省风景名胜区总体规划编制报批暂行管理规定》和《湖南省风景名胜区详细规划编制报批暂行管理规定》。

规划编制：完成《湖南省世界遗产和风景名胜区体系规划》和《湖南省风景名胜区事业发展报告》的综合编制工作。2012年，共完成9个总体规划和4个核心景区详细规划。南山风景名胜区总体规划获国务院批准；东江湖、虎形山—花瑶、万佛山—侗寨、苏仙岭—万华岩风景名胜区的总体规划成果已完成省级审查，并上报国务院。湖南省国家级风景名胜区总体规划覆盖率100%，省级达80%。武陵源风景名胜区张家界森林公园景区和岳麓山风景名胜区桃花岭景区详细规划获住房和城乡建设部审批，岳阳楼—洞庭湖风景名胜区岳阳楼景区详细规划完成省级审查，并呈报住房和城乡建设部审批。南岳衡山风景名胜区南岳古镇景区详细规划完成省级审查。《天门山—茅岩河风景名胜区总体规划》在"2011年度全国优秀城乡规划设计奖——风景名胜区类"评选活动中，荣获二等奖。

【新增4处国家级风景名胜区】 10月底，国务院批准公布第八批国家级风景名胜区，湖南省风景名胜区沩山、炎帝陵、凤凰、白水洞4处国家级风景名胜区，国家级风景名胜区总数从全国第三跃居全国首位。湖南省人民政府12月以"湘政办函〔2012〕190号"公布第十三批省级风景名胜区名单，湖南省新增5处风景名胜区。

【执法监管】 2012年4～5月，组织对大围山、钟坡等8个风景区整改验收评定工作，并对验收结果再次下发通报。10月中旬，会同住房城乡建设部稽查办、城建司对岳麓山、衡山两处国家级风景名胜区进行保护管理执法检查。其中，岳麓山在全国抽检的48个国家级风景名胜区中，综合评分达优秀等级，获部通报表扬。

【"宣传年"活动】 2012年，风景办组织开展"锦绣潇湘——2012年湖南省世界遗产和风景名胜宣传年"活动，全面回顾、总结和展示湖南省世界遗产与风景名胜区事业的发展历程和工作成果。（张欢）

12. 建筑节能与科技及标准化

【概况】 2012年，湖南省加强政策引导、制度建设、技术支撑和项目监管，积极推动新（改、扩）建筑贯彻执行节能强制性标准、绿色建筑示范和推广、可再生能源建筑应用示范和推广、建筑能耗统计和监管、既有建筑节能改造以及建设科技与标准化等各项工作又好又快发展。

【加强建筑节能政策引导】 经报省政府同意，制定并印发《湖南省"十二五"建筑节能发展规划》，回顾十一五建筑节能工作取得的成绩，分析存在的主要问题，提出"十二五"建筑节能发展的总体思路，以及新（改、扩）建筑节能贯标、绿色建筑推广、可再生能源建筑应用推广、既有建筑节能改造、建筑能耗监管、建筑节能技术推广等各项工作的目标、途径和保障措施，明确了建筑节能"十二五"期间的工作路线。

【认真组织贯彻落实新建建筑节能强制性标准】 为加强新建建筑节能的监督管理，组织了工程建设强制性地方标准《湖南省公共建筑设计标准》的技术培训，7月份和11月份开展两次建筑节能专项检查。据统计，湖南省各市州加强城镇新建建筑执行节能强制性标准的监督，设计阶段（除个别县级市外）达到100%，各设区城市施工阶段达到97%以上，长沙、株洲、湘潭所辖县市城区施工阶段达到95%以上。年底住房城乡建设部对省本级和长沙市、娄底市、长沙县建筑节能工作开展情况进行检查，对新建建筑节能贯标有关法规制度建设、能力建设、宣传教育、技术支撑等方面予以充分肯定。

【加强绿色建筑的示范和推广】 制定并实施具有湖南省特点的《湖南省绿色建筑评价技术细则》、《湖南省绿色建筑设计导则》，开展《湖南省绿色建筑适宜技术应用手册》的编写工作。代省政府起草《湖南省人民政府关于进一步推进绿色建筑发展的意见》，会同省两型社会建设办公室制定了《绿色建筑技术推广实施方案》并纳入省政府发布的《关于在长株潭试验区推广清洁低碳技术的实施意见》。新增绿色建筑创建计划项目7个，项目数量和面积均比上年增长一倍，湖南省累计组织省级绿色建筑创建计划项目14个，示范面积达到500万平方米。湖南省获得绿色建筑评价标识的项目共计10个（另有2个项目通过专家评审，在住房和城乡建设部履行备案程序）。2012年申报全国绿色建筑创新奖项目3个，列入住房城乡建设部绿色建筑示范工程项目5个。长沙市"先导区梅西湖片区"获批全国首批绿色生态示范城区，预计两年内绿色建筑创建面积约258万平方米，获批补助资金5000万元。长沙市、株洲市、湘潭市、常德市、岳阳市5个城市的6个新区，参照绿色生态城区的要求，开展绿色建筑推广工作。

【组织可再生能源建筑应用项目示范】 制定并下发《关于开展可再生能源示范地区地源热泵建筑应用项目技术论证工作的通知》，贯彻实施《湖南省国家可再生能源建筑应用示范地区管理办法》、《湖南省可再生能源建筑应用示范项目关键技术产品目录暂行管理办法》和《湖南省地源热泵建筑应用项目勘察设计及施工安装企业目录暂行管理办法》，组织两批企业和关键技术产品目录的申报。积极争取国家财政补助资金。根据《关于组织2012年度可再生能源建筑应用相关示范工作的通知》（财办建〔2011〕167号）文件，组织推荐的2市（娄底市、岳阳市）、5县（临澧县、东安县、浏阳市、宁乡县、安乡县）被列为财政部、住房城乡建设部可再生能源示范市县，示范面积685.5万平方米，共获批补助资金1.5亿元，占全国补助资金17.4亿元的8.6%。根据《关于组织实施2012年度太阳能光电建筑应用示范的通知》，组织推荐的湖南省青少年活动中心等7个太阳能光电建筑一体化应用示范项目（装机容量共9652kWp）通过财政部、住房城乡建设部组织的专家评审，共争取财政补助资金5485万元，占全国补助资金12.87亿元的4.26%。以上两项共新增国家财政资金2.05亿元。截至2012年12月，湖南省国家可再生能源示范已获批7市13县1镇23项工程，累计获批资金6.95亿元。加大对往年获批可再生能源示范市县镇的推进力度。2012年1月以来，先后召开了长沙地区和湖南省可再生能源建筑应用工作座谈会，对2012年之前获批的国家级可再生能源示范市县镇推进可再生能源建筑应用建设进度进行调度。会同省财政厅印发有关加强预算执行管理的通知，建立季度调度例会制度、情况通报制度、约谈制度、联动惩处制度、技术论证制度，加强示范项目补助资金和工程质量管理，加强监督检查。

【积极推动既有建筑节能改造】 推动公共建筑节能改造。根据《财政部住房城乡建设部关于进一步推进公共建筑节能工作的通知》（财建〔2011〕207号），中南林业科技大学获批进行20万平方米的改造示范，按每平方米补助经费20元标准，获批400万元，占全国资金5600万元的7.1%。

推动既有居住建筑节能改造。根据《国务院关于印发"十二五"节能减排综合性工作方案的通知》（国发〔2011〕26号）、《住房城乡建设部财政部关于推进夏热冬冷地区既有居住建筑节能改造的实施意见》（建科〔2012〕55号）、财政部制定的《夏热冬冷地区既有居住建筑节能改造补助资金管理暂行办法》，组织开展各市州既有居住建筑现状及相关情况调查，委托湖南大学组织编制《湖南省"十二五"既有居住建筑节能改造规划》及实施方案，拟定湖南省"十二五"期间完成250万平方米的改造目标，力争"十二五"期末每年节电1亿千瓦时。获批国家财政补助资金510万元。

【提升技术支撑能力】 组织建设科技各类项目申报。组织受理厅本级建设科技八类计划项目申报245项，委托技术支撑单位并组织专家进行项目审查，确定项目197项，其中产学研结合创新（科研）计划项目18项、工程建设地方标准制修订计划6项、工法编制计划107项、建筑业新技术应用示范工程创建计划27项、绿色建筑创建计划7项、建筑节能示范工程创建计划7项、建筑业企业技术中心创建计划4项、市政公用科技示范工程创建项目2项。组织申报并成功获批住房和城乡建设部科技计划项目23项，其中软科学研究3项、研究开发7项、科技示范工程12项、国际科技合作项目1项。

加大产学研平台支持力度。根据工作需要，组织国家机关办公建筑和大型公共建筑节能监管产学研平台，以及既有建筑节能改造产学研平台的创建。安排专项补助资金对在建的6个产学研平台予以支持，并委托平台创建牵头单位对建设科技计划项目进行项目实施跟踪和验收管理。产学研平台的创建为建筑节能技术的研发、转化和推广应用提供强有力的技术支撑。（熊浩）

13. 建设教育

【概况】 2012年，湖南省建设教育培训工作以"提升领导干部能力，提高从业人员素质，加强人才队伍建设，推动行业持续健康发展"为总体目标，紧紧围绕厅中心工作和住房城乡建设行业发展，创新教育培训形式，完善工作机制，加大教育培训力度，较好地完成了全年教育培训工作任务。

【拓宽干部教育培训渠道】 探索建立干部自主选学机制，组织机关干部参加省委组织部委托中南大学、湖南大学等院校主办的省直单位干部自主选学培训，参加省干部教育培训网络学院在线学习。根据工作需要，组织住房城乡建设行业干部、专业技术人员分别赴澳大利亚、德国、美国、日本学习培训，提升决策管理能力和开拓创新能力。重新制定《湖南省住房和城乡建设厅培训办班管理办法》，进一步加强了对湖南省住房和城乡建设厅各类培训办班的程序化、规范化管理。2012年，湖南省住房和城乡建设厅被省直机关工委、省直机关干部教育领导小组评为干部调训工作先进单位。

【创新岗位资格管理考核方式】 湖南省在全国率先实行建筑业企业专业技术管理人员岗位资格远程网络考试。通过加强网络考试系统和视频监控系统建设、认真确定考试考点、严格考务要求、精心组织验收和测试、加强指导督查，规范岗位资格考试管理，全年共组织52043人参加岗位资格远程网络考试，28668人次考试合格。网络考试便捷公正，受到广大考生和社会的一致好评。从网上报名、身份验证、在线考试、成绩管理、证书生成，到证书发放、查询，全部实施信息化管理。并通过继续教育、复检换证和证书防伪辨别识及管理，有效遏制了建筑业企业专业技术管理人员岗位资格证书造假和"人证不符"现象。

【优化专业技术人员考核评价机制】 2012年湖南省土建工程专业初中级职称考试以"保密管理"为重点，抓好职称考试管理各项工作。重新修订《考务工作手册》，从命题制卷、考务组织、运送保管、试卷评阅、信息整理等方面建立健全规章制度。2012年19138人参加土建工程专业初中级职称考试，5906人通过考试；考务管理规范，秩序良好。同时，从组织考试、调整评委库、核收资料、规范评审等各个节点抓好高级职称考评工作；顺利完成2011年度湖南省土建工程专业高级职称任职资格评审工作，717人参评，343人通过评审；2012年1462人参加土建工程专业高级职称考试，828人通过考试。

【推进建筑业农民工学校创建】 组织参加湖南省就业和农民工工作推优评选活动，长沙市住房和城乡建设委员会宣传教育处被省政府评为省农民工工作先进单位，湖南省建工集团第四工程有限公司颜汉全被省政府评为省优秀农民工。组织评选和表彰湖南省第二届建筑工地"十佳农民工学校"和

"优秀农民工学校"。全年新建农民工学校926所。6月15日，8月31日、9月28日的《中国建设报》分别对湖南省优秀农民工学校典型进行了专题报道。在7月8日住房城乡建设部组织召开的全国建筑工地农民工业余学校工作经验交流会上，湖南省作为三个省级代表之一作了典型发言。

【加强职业技能鉴定】 年初下达4万人的湖南省建设职业技能鉴定目标任务，并建立农民教育培训季度报表制度。截至2012年底，湖南省完成建设职业技能鉴定50390人，为年度目标任务的126%；培训施工作业队长、班组长20742人；培训考核起重机械特种作业人员7487人。（陈艳华）

14. 大事记

1月

16日 湖南省住房和城乡建设厅联合省发改委、省财政厅、省环保厅召开《湖南省城镇生活垃圾处理设施建设"十二五"规划》、《湖南省城镇污水处理及再生利用设施建设"十二五"规划》、《湘江流域简易垃圾填埋场污染治理规划》评审会。易继红同志参加。

18日 湖南省住房和城乡建设厅组织召开2012年度可再生能源建筑应用示范市州、县市、镇及项目的推荐审查会。

2月

6日 湖南省政府召开省重点建设领导小组会议，总结2011年全省重点建设工作，研究部署2012年重点建设工作。常务副省长于来山，副省长韩永文出席。

14日 湖南省政府召开全省保障性安居工程工作会议。会议传达全国保障性安居工程工作会议精神，总结2011年全省保障性安居工程和房地产市场调控工作，部署2012年全省保障性安居工程和房地产市场调控工作，并与各市州、县市签订2012年保障性安居工程目标责任书。

15日 省住房和城乡建设厅召开全省城乡规划暨村镇建设工作会议。各市州、县（市、区）住建局局长、城乡规划局局长、规划设计单位负责人参加。

20日 省政府召开全省重点建设工作会议。会议明确2012年的工作重心，即抓好保障性住房、农村公路、农村饮水安全等民生项目建设及继续推进在建铁路、高速公路、机场和水利项目建设。

23日 省住房和城乡建设厅召开全省建筑市场和质量安全管理工作会议，分析建筑市场和质量安全管理形势，安排部署下阶段建筑市场和质量安全监管工作任务。

3月

2日 省住房和城乡建设厅召开全省住房和城乡建设系统党风廉政建设精神文明建设工作会议。会议总结2011年全省住房城乡建设系统党风廉政建设工作，分析反腐倡廉形势，研究部署2012年工作任务。

5日 省住房和城乡建设厅在长沙召开湖南省世界遗产和风景名胜宣传工作座谈会。会议研讨贯彻落实党中央"文化大发展大繁荣"决议精神，加强我省世界遗产和风景名胜文化宣传工作有关问题。

5日 省住房和城乡建设厅组织召开全省城镇供排水工作会议。会议部署全省城镇供排水规划编制、城镇污水处理厂污泥试点等工作，通报2011年度城镇污水处理厂运行情况。

13日 省住房和城乡建设厅组织召开全省住房公积金管理工作会议。会议总结全省2011年住房公积金管理工作，安排部署2012年工作任务，通报2011年度考核情况。

23日 湖南省委书记、省人大常委会主任周强主持召开省委常委会议，讨论《绿色湖南建设纲要》，研究部署推进绿色湖南建设工作。

4月

5日 湖南省人大环资委召开主任委员办公会议。会议听取省住房和城乡建设厅关于全省保障性安居工程建设有关情况和历史文化名城名镇名村及古民居保护工作情况的汇报。

11日 省住房和城乡建设厅召开2012年全省建设教育培训工作座谈会暨职业标准实施宣贯工作会议。会议总结2011年建设教育培训工作，安排部署2012年工作；研究部署《建筑与市政工程施工现场专业人员职业标准》宣贯工作。王智光、张建新同志出席会议并讲话。

19～20日 省住房和城乡建设厅与住房和城乡建设部科技发展促进中心在长沙联合举办湖南省绿色建筑评价标识评审专家培训会暨专业评估会。

5月

7日 湖南省住房和城乡建设厅召开推进湖南省绿色建筑发展座谈会，动员全省进行既有居住建筑节能改造，部署相关调研工作。

8日 全省房地产工作会议在长沙召开，分析研究房地产发展形势，安排部署房地产市场监管工作。

11日 省人大环资委召开会议，审议《湖南省韶山风景名胜区条例（草案）》、《湖南省人民政府关于省十一届人大常委会第十八次会议对〈全省城镇污水和生活垃圾无害化处理设施建设情况的报告》审议意见办理情况的报告》、《湖南省人民政府关于〈全省城镇保障性安居工程建设的报告〉审议意见办理情况的报告》。

12日 湖南省副省长韩永文主持召开会议，研究保障性安居工程补助标准和省保障性安居工程投资公司运行有关问题。

28~31日 省十一届人民代表大会常务委员会第二十九次会议在长沙市召开。高克勤受省政府委托，就《湖南省韶山风景名胜区条例（草案）》做了说明。

6月

11~18日 住房和城乡建设部副部长齐骥率中央转变经济发展方式检查组第六组来湘检查我省长沙、常德、益阳三市的保障性安居工程。

19日 省住房和城乡建设厅召开全省征收拆迁宣传工作会议。高东山、廖援村同志出席会议并讲话。各市州重点办主任、征收办主任，厅房产处负责人参加。

19日 省住房和城乡建设厅组织召开全省建设工程质量安全监督系统文明行业创建动员大会。会议总结2012年上半年全省建筑市场管理及质量安全监管工作情况，动员部署全省建设工程质量安全监督系统创文明行业活动。

7月

1日 省建筑设计院举办六十周年庆典。

4日 省住房和城乡建设厅风景办召开《岳麓山风景名胜区桃花岭景区详细规划》专家审查会。

5日 省住房和城乡建设厅召开《湖南省世界遗产与风景名胜区体系规划纲要》、《湖南省世界遗产与风景名胜区发展蓝皮书提纲》评审会。

17~18日 省住房和城乡建设厅组织召开《长沙市城市轨道交通近期建设规划（2012—2018年）》审查会。

19日 湖南省政府召开全省保障性安居工程工作会议。会议总结2012年上半年工作情况，部署下一步工作。副省长韩永文出席会议并讲话。

8月

4日 省委召开湘南承接产业转移示范区首批重大项目建设推进大会和建设工作座谈会。

5日 涔天河水库扩建工程开工仪式在永州市江华瑶族自治县举行。省委书记、省人大常委会主任周强出席并宣布开工。

14日 全省加快推进新型城镇化工作会议在株洲市召开。

9月

14日上午副省长韩永文主持召开会议，专题研究张家界荷花机场扩建有关问题。

20日 省住房和城乡建设厅召开会议，听取省城市规划研究设计院、省建筑科学研究院关于《湖南省世界遗产和风景名胜区体系规划》、《万佛山—侗寨风景名胜区总体规划（2011~2030）》和《月岩—周敦颐故里风景名胜区总体规划（2011~2030）》编制工作情况介绍。袁湘江同志出席会议。怀化市住房和城乡建设局、永州市住房和城乡规划建设局及通道县、道县县政府有关负责人参加。

27日 省政府召开会议，研究长株潭湘江库区污染综合防治有关问题。城建处负责人参加。

28日 省住房和城乡建设厅召开《东江湖风景名胜区总体规划（2011—2030）》省级部门审查会。

10月

12~19日 湖南日报、红网等媒体公示省住房和城乡建设厅"风景论坛——湖南省风景名胜管理学习载体"获评湖南学习型党组织建设"五创四评"活动"十佳"优秀学习载体。

15~21日 省住房和城乡建设厅会同省财政厅督查全省14个市州城镇污水处理设施配套管网专项资金落实情况、污水处理设施运营情况及部分供水厂整改情况。

22~24日 国家级风景名胜区保护管理执法检查工作组对我省岳麓山、衡山国家级风景名胜区保护管理工作进行执法检查。袁湘江同志及风景办负责人参加。

11月

7日和20日 省住房和建设厅召开《燃气经营安全评价认证工作实施方案（征求意见稿）》和《湖南省城镇燃气中长期发展规划（征求意见稿）》研讨会。

9日 省住房和城乡建设厅会同省新闻办举办《湖南省推进新型城镇化实施纲要（2012—2020年）》新闻发布会。袁湘江发布新闻。厅机关各处室（单位）负责人参加。

14~16日 住房和城乡建设部、监察部、全国总工会等部门组成联合检查组到湖南省开展住房公积金管理机构调整情况专项检查。

29~30日 省住房和城乡建设厅会同民政厅组织对常德市澧县、安乡县，张家界市永定区，湘西自治州永顺县、龙山县农村危房改造工作进行专项督察。

30日 省住房和城乡建设厅召开《湖南省世界遗产和风景名胜区体系规划》和《湖南省世界遗产

和风景名胜区发展蓝皮书》专家咨询会。省世界遗产和风景名胜专家委员会和全省各市州风景名胜区主管部门有关负责人参加。

12月

4~8日 住房和城乡建设部村镇司、国家旅游局负责人赴湖南省湘西州、张家界市检查特色景观旅游名镇名村示范工作。

7日 湖南省政府召开全省十大清洁低碳技术推广工作会议。省长徐守盛出席会议并讲话。

7日 省住房和城乡建设厅召开全省房地产市场形势分析工作座谈会。省直相关部门负责人、部分房地产开发企业负责人参加。

12~16日 住房城乡建设部检查组对湖南省城镇污水处理、生活垃圾处理、路灯照明及建筑节能等方面节能减排工作进行专项监督检查。

19日下午省住房和城乡建设厅召开《韶山风景名胜区保护条例》宣贯方案暨润泽东方文化城项目研讨会。韶山市委、市政府及有关单位负责人作相关情况汇报。

28日 全省物业管理工作会议暨省房地产业协会物业管理专业委员会2012年年会在长沙市召开。

（湖南省住房和城乡建设厅）

广 东 省

1. 概况

2012年，广东省住房和城乡建设系统深入贯彻落实科学发展观，紧紧围绕"加快转型升级、建设幸福广东"这一核心任务，以城乡转型升级和改善发展民生为主线，以提高城市化发展水平为统领，以开展宜居城乡创建活动为手段，扎实推进住有所居，改善人居环境，完善公共服务，为实现全省城乡全面、协调和可持续发展做出贡献。

【**珠三角绿道网建设"成熟完善"**】 为实现珠三角绿道网"成熟完善"并向粤东西北地区延伸的目标，广东省住房和城乡建设厅报请广东省人民政府印发《广东省绿道网建设2012年工作要点》和《广东省绿道网建设总体规划（2011~2015年）》，进一步确定全省绿道网的总体布局。召开全省绿道网建设工作现场会，副省长许瑞生出席会议并作工作部署。多形式宣传推广广东绿道，在北京举办"广东绿道讲坛"，制作《绿道交响曲》专题片。至2012年底，珠三角地区已建成2372公里省立绿道和3965公里城市绿道，基本构建省立~城市绿道有机衔接的绿道网络。绿道游已逐渐成为人民群众喜闻乐见的一种休闲、健身、科普、亲近自然的方式。珠三角绿道网获2012年迪拜国际改善居住环境最佳范例奖。粤东西北地区也因地制宜、量力而行推进绿道建设，已建成381公里，沿线新增绿化364公里。绿道网的经济、社会和生态效益得到充分发挥，成为广东省落实科学发展观、建设宜居城乡、惠及广大百姓的标志性工程。

【**提高城市化发展水平**】 把提高城市化发展水平作为新时期增强广东省综合竞争力的着力点，广东省住房和城乡建设厅报请广东省委办公厅、省政府办公厅印发《关于提高我省城市化发展水平的意见》的重点工作部门分工方案和重点建设任务地区分解方案，《广东省宜居城市建设评估指标体系》和《广东省提高城市化发展水平考核办法》等，为提高广东省城市化发展水平工作提供重要抓手和量化标准。制定《广东省城镇化发展"十二五"规划》。2012年广东省城镇化率超过67%，其中珠江三角洲地区的城镇化率超过83%，相当于中等发达国家水平，已进入城镇化发展的成熟阶段。与港澳合作共建更具综合竞争力的世界级城市群。编制全国第一个以提升区域生活质量为主题的策略性专项规划《共建优质生活圈专项规划》，于2012年6月25日由粤港澳三地共同公布。编制的《环珠江口宜居湾区建设重点行动计划》完成第一轮公众咨询，并经粤港、粤澳城市发展专责小组原则通过。编制《澳珠协同发展规划》，完成初步成果。大力推行TOD（大运量公交导向型）开发模式，推进珠三角城际轨道站场周边土地综合开发，沿城际轨道走廊的区域土地开发分工协作得到加强，承载城市化的新型城市空间载体进一步完善。制定《促进粤东西北地级市城区扩容提质五年行动计划》，支持粤东西北地级市扩容提质，探索区域协调发展新路径。

【**宜居城乡创建工作**】 2012年，广东省各地加快宜居城乡建设步伐,"广州黄埔古村历史文化遗产保护项目"等13个项目获"广东省宜居环境范例奖",广州市番禺区石楼镇等78个镇获"广东省宜居示范城镇"称号,广州市番禺区大龙街新水坑村等218个村庄获"广东省宜居示范村庄"称号。深圳市申报国家生态园林城市通过住房城乡建设部考评组的评审,汕尾、揭阳、云浮市创建广东省园林城市;东莞市凤岗、黄江和道滘镇创建广东省园林城镇。广州市通过住房和城乡建设部"全国数字化城市管理试点城市"验收。

【狠抓住房保障和市场调控】 广东省出台《广东省住房保障制度改革创新实施方案》,并指导各地根据实际情况制定并出台本地住房保障制度改革创新实施方案。创新保障房建设模式,多渠道筹集房源。形成以公租房为主要保障方式的住房保障制度,2012年,除已批准立项的项目外,暂停新建经济适用房,将其供应对象纳入公租房供应范围,新开工建设的保障性住房中公租房占74%。截至年底,全省共新开工建设保障性安居工程15.43万套,完成年度目标任务的107.3%,发放租赁补贴9961户,建成保障性安居工程5.99万套,完成年度目标任务的181.8%。认真贯彻落实国家对房地产市场的宏观调控政策,强化省对市的考核监督,建立稳定房价工作约谈问责机制。指导部分房价较高、涨幅较快的城市适时出台住房限购、限价政策。全省商品住房均价7715元/平方米,涨幅比去年同期收窄6个百分点,房地产市场调控初现成效,全省商品住房价格趋于平稳,得到国务院检查组的肯定。

【提升建筑业发展整体水平】 组织开展"岭南特色规划与建筑设计评优活动",共评选出广东省岭南特色建筑设计奖19项,岭南特色园林设计奖18项,岭南特色规划设计奖15项,岭南特色街区奖9项,岭南特色乡村民居奖8项。组织编纂"岭南近现代建筑"资料册,编辑整理全省现存的1840年至1949年岭南建筑,引导各地加强对岭南特色建筑的保护,挖掘城镇文化底蕴,传承城乡历史文脉。加强建筑节能工作,强化规划、设计、施工和验收等各个环节对建筑节能的审查把关,有效提高新建筑的节能标准执行率。2012年,共评出100项省建筑业新技术应用示范工程,评出150项省级工法,以新技术、新工艺促进企业发展,推动建筑业的转型升级。严厉查处建筑市场违法违规行为,动态核查企业资质情况,实行省外建设工程企业和人员进粤信息备案制度,规范建筑及勘察设计市场监管。推进建设工程领域的粤港澳合作,争取住房和城乡建设部支持香港、澳门部分领域的专业人士在广东省注册执业和认定。有针对性地组织开展建筑施工安全生产大检查和专项检查,组织对深基坑、高支模、建筑起重机械等方面进行安全生产专项整治。开展"安全生产月"、"质量月"活动,创新教育方式,通过举办现场观摩会、文艺晚会等多形式进行宣传。

【建设法治化国际化营商环境】 按照广东省人民政府的统一部署,广东省住房和城乡建设厅按照"减量、增效、便民"的原则,不断精简行政审批事项,推进行政审批制度改革。2012年,根据广东省人民政府新一轮行政审批制度精神和2012年第一、二批行政审批制度改革事项目录,取消4项,转移8项,下放8项。建设网上办事大厅,进一步完善住房城乡建设"三库一平台"信息管理系统,提高便民利民服务水平。在打击欺行霸市、打击制假售假、打击商业贿赂方面查办一批违法违规案件,惩处一批违法犯罪分子,整治一批长期难以解决的建设行业"痼疾",促进行业管理的进一步加强。以建材使用、工程招标投标、房屋征收等方面为重点,推动住房城乡建设领域市场监管体系建设;以行业诚信为重点,推动住房城乡建设领域社会信用体系建设。

(魏哲茹)

2. 政策规章

【颁布广东省城乡规划条例】 《广东省城乡规划条例》于2012年11月29日经广东省第十一届人民代表大会常务委员会第三十八次会议审议通过并公布,自2013年5月1日起施行。《广东省城乡规划条例》进一步细化《中华人民共和国城乡规划法》,并结合广东省城乡规划体系的创新成果补充和完善城乡规划管理的相关制度,如特定地区规划和城镇群协调发展规划的编制、城乡规划委员会审议制度、城乡规划督察员制度等。同时,设置"历史文化和自然风貌保护"章节,明确广东省历史文化遗产保护的基本原则和理念、主要内容和要求,完善保护规划和建设的相关管理规定,强调建立保护名录制度。

(黎志成)

3. 房地产业

【概况】 2012年,广东省房地产开发投资5353亿元,同比增长11.29%,占全社会固定资产投资比重27.72%,房地产开发投资增量占全社会规定资产投资增量的20.96%。商品房销售面积7899万平方米,同比增长6.34%,销售面积创历年新高。房地产税收收入1273亿元，同比增长17.7%，占全省地税收入的27.4%。房地产贷款余额17096亿元，占本外币贷款余额的25.49%。全省商品住房均价7715元/平方米，涨幅比去年同期收窄6个百分点。

【房地产市场调控】 6月19~22日，广东省住房和城乡建设厅赴广州、珠海等城市调研房地产市场运行情况，并召集珠三角主要城市共商市场调控措施，督促各城市继续执行住房限购等调控政策，杜绝规避住房限购政策行为。同月，会同广东省发改委提出《广东省房地产市场调控情况和政策建议》，从信贷优惠、财税减免、住房用地供应、鼓励销售、推进公租房建设等五个方面提出微调政策，以实现保增长的目标。7月18日，广东省住房和城乡建设厅转发《住房城乡建设部关于印发城市住房建设规划编制导则的通知》，要求各城市做好2012~2015年住房建设规划编制工作。7月19日，广东省人民政府召开房地产市场调控和住房保障工作会议，要求各市务必不折不扣地执行好、落实好国家房地产市场调控政策。7月20日，广东省人民政府办公厅下发《关于进一步做好房地产市场调控和住房保障工作的通知》，要求各城市、各部门要严守房地产市场调控红线、加大对居民购置首套房的信贷支持、切实增加普通商品住房供应、加大对商品住房价格走势监测力度。9月，广东省住房和城乡建设厅印发《关于落实国务院督查组督查我省房地产市场调控工作意见的通知》，要求各市坚持房地产市场调控政策不动摇，严格房地产市场调控政策相关操作规定，加强房地产市场跟踪分析、研究房地产市场长效机制，加强正面宣传、稳定市场预期。

【个人住房信息系统建设】 2012年，广东省住房和城乡建设厅指导督促各市开展房地产信息系统建设。至2012年底，全省21个地级以上市基本完成与省房地产数据中心联网准备工作，其中广州、佛山、珠海等11城市数据已同步到省房地产数据中心；河源、云浮、阳江、茂名等8市启动或基本完成系统改造完善工作；省级数据中心和应用服务平台初步成型，具备房地产登记数据抽取、统计、分析等功能。

【物业管理】 广州市开展"幸福物业小区"的评选工作。通过以评促建、以点带面，引导广大居民、物业服务企业共同建设邻里和睦、守望相助、物业服务争先创优的幸福物业小区。这是广东省物业管理行业中的一个创举，为加强社会管理创新、建设幸福广东提供新的思路。深圳市在住宅小区中建立"业主表决电子投票系统"，鼓励业主通过网络、手机短信等现代科技手段对小区公共事务投票表决，有效解决召开业主大会难、表决难、表决结果公正和公开难的问题，方便业主参与物业管理区域内公共事务的决策，此举是全国首创。广州市修改《广州市物业管理条例》，将电子投票系统纳入法规。

【推动粤港澳合作】 广东省住房和城乡建设厅印发《关于推动港澳房地产开发及物业服务企业来粤开展业务的通知》，在企业资质核定中承认港澳企业在当地取得的业绩和专业人员资格，鼓励两地房地产开发、物业服务企业及专业人士来广东省开展相关业务。广东省物业管理行业协会会同福建省物业管理协会、香港物业管理公司协会、澳门物业管理业商会、台湾物业管理经理人协会，在厦门共同签署《闽粤港澳台物业管理行业交流合作框架协议》，密切闽粤港澳台"两岸五地"物业管理行业交流合作，搭建长期合作协作交流沟通平台。（张志军）

4. 住房保障

【概况】 2012年2月底，《广东省住房保障制度改革创新方案》颁布实施。广东省各地级以上市人民政府均制定本地住房保障制度改革实施方案，并围绕重点发展公租房，完善制度，加快推进实施。至2012年底，全省累计实施住房保障44.2万户，其中实物配租35.81万套；完成各类保障性住房建设和棚户区改造39.2万套；全省保障性安居工程新开工各类住房17.1万套，其中：全年新增开工建设经济适用住房0.6万套、公共租赁住房12.2万套、限价商品房1.2万套；新开工林区棚户区危房改造1171套、华侨农场危房改造1万套、城市棚户区14657套、国有工矿棚户区5670套；新竣工各类保障性住房和棚户区区改造8.5万套；各项指标均超额并提前两个月完成。全年共完成保障性安居工程投资279亿元。

【创新住房保障制度】 根据《广东省住房保障制度改革创新方案》，广东省各地按照问需于民、以需定建、分步实施、轮候解决的思路，以体制机制创新为动力，以房源筹集、投融资创新、规划、土地等配套政策支持为支撑，相继制定出台具体的实施方案。各市分别制订出台《公共租赁住房管理办法》、《公租房租金和物业服务定价方案》、《住房保障准入标准及轮候规则》、《社会力量投资建设的公租房管理暂行规定》及《保障性住房建设投（融）资管理办法》等一批配套政策文件，为规范化管理提供政策保障，推动住房保障制度改革创新工作。自2012年起，除已批准立项的项目外，暂停新建经济适用住房，其供应对象纳入公租房供应范围。全省各地以住房保障制度改革创新为突破口，探索建立多渠道、多层次、可持续、能循环的新型住房保障制度，创新住房保障建设模式，多渠道筹集房源。采取政府直接投资新建（改建）、购买、长期租赁，政府与企业合作建设，开发项目配建，企事业单位自筹建设，企业与农村集体组织合作建设，利用农村集体建设用地建设，BT建设等多种模式，加快解决中低收入群体的住房难问题。

【住房保障督查机制】 2012年，广东省进一步强化住房保障目标责任制，通过完善并落实住房保障督查机制，确保住房保障目标责任的全面完成，确保保障性安居工程质量安全可控，促进住房保障工作后续管理的进一步规范，形成有效住房保障廉政风险防范体系。2012年1月，经广东省人民政府同意，广东省住房和城乡建设厅印发《广东省住房保障工作目标责任量化考核评分细则》。2月，广东省人民政府与各市政府签订2012年度住房保障目标责任书，各市政府按照省下达的任务目标，层层分解到所辖县区，并分别签订目标责任书。6月，经广东省人民政府同意，广东省住房和城乡建设厅向全省通报考核结果，促进各地目标责任的落实，提升保障性住房质量和分配管理水平。全年共组织开展8次专项督查和重点检查，涉及366个保障性住房项目，发现并提出问题266个，经督促整改，整改率达到100%。落实全省各地完成住房保障工作目标任务情况月通报机制，对各地完成目标任务情况进行排位，促使各地加快工作进度。加强信息公开工作，明确要求各市、县、区在政府网站上公开保障性住房基本信息，接受社会的监督。为提高保障性住房建设监管工作的实效性，广东省住房和城乡建设厅组织研究开发住房保障项目动态管理信息系统，实时监控全省在建1300多个保障性安居工程建设情况，并实现全省保障性住房建设有关数据的实时上传统计，促进全省住房保障工作进一步公开透明。

【住房保障支持政策】 2012年，广东省争取到中央补助公共租赁住房、城市棚户区改造、国有工矿棚户区改造专项资金32.08亿元，省级财政补助资金5.5亿元。广东省住房和城乡建设厅会同省财政厅、发展改革委等部门，制定分配方案，及时下拨补助资金。同时，督促各地按照住房保障制度改革创新方案的要求，充分调动社会力量，共吸引社会资金投入100多亿元，以多种方式参与保障房建设。广州、深圳等7市积极筹备成立保障性住房建设投融资平台，形成社会力量广泛参与的多渠道筹集保障房建设资金新格局。全省共完成保障性安居工程建设投资279亿元。广东省住房和城乡建设厅会同省国土厅等部门，落实优惠政策，编制保障性住房建设用地计划，实行新增用地计划指标单列，并由国土资源部直接核销，确保保障性安居工程的用地需要。各地采取多种途径解决用地来源，2012年，全省共落实保障性安居工程建设用地453.56公顷。多数城市建立保障性安居工程土地储备制度，储备一批优质地块，为"十二五"推进保障性安居工程建设奠定基础。

【保障性住房工程质量监管】 广东省住房和城乡建设厅编制《广东省房屋建筑工程质量样板引路工作指引》，现场制作实物质量样板，用于指导施工作业和作为质量验收标准。全省全面推行住宅工程质量分户验收制度，保障性住房工程100%实行质量分户验收。严把质量验收关，强化保障性住房竣工验收管理，凡未实行分户验收或分户验收不合格的，不得进行住宅工程整体竣工验收，不予办理工程竣工验收备案。严格基本建设程序，建立健全从规划、设计、招标投标、施工、监理、竣工验收到交付使用的全过程质量管理体系，严格执行施工公示牌制度和永久性标牌制度，加大对工程质量和施工安全的监督检查力度。全省保障性住房质量总体可控。

【保障性住房后续管理监管】 广东省住房和城乡建设厅起草《广东省城镇住房保障办法》并报广东省人民政府审议，各地也制定出台一批行之有效的法规、规章和政策文件，促进保障性住房分配管理制度的法制化和规范化。各地在每次分配保障性住房前，都通过新闻媒体、网站向社会公布房源情况、配租配售对象范围、分配的时间和分配程序，同时定向向轮候家庭发送详细信息，并主动邀请人大代表、政协委员、各大媒体和租、购住房代表全程参与、见证并监督。在审核过程中全省各地普遍实施审核、公示制度，加强群众和舆论监督，确保分配公平。全省各地对具备实行专业化物业管理的保障性住房小区，委托具有物业管理资质的公司，实行统一物业服务。通过加强监督检查，查处保障房出租、出借、转让、空置等违规行为，严格退出管理。（卓云峰）

5. 公积金管理

【概况】 广东省公积金应缴职工人数2342.06万人，实际缴存职工人数为1057.49万人，住房公积金覆盖率(期末实缴职工人数/期末应缴职工人数)为45.15%。全省2012年新增缴存额1084.61亿元,同比增长17.15%;新增缴存余额486.6亿元。提取额598亿元,同比增长24.47%,占全年缴存额55.14%。发放个人贷款369.34亿元,12.63万笔,占全年缴存额34.05%,同比增幅为23.99%和26.43%。个人贷款逾期率为0.00215‰,比上年下降了0.00052‰。总增值收益26.32亿元。其中提取风险准备金4.94亿元,划转廉租房补充资金17.29亿元。

【住房公积金管理中心管理工作业务考核】 2012年,广东省住房和城乡建设厅会同省财政厅继续按照住房和城乡建设部、财政部出台的《住房公积金管理中心业务管理工作考核办法(试行)》对全省2011年度地级以上市管理中心的管理工作进行考核。6月,部署要求各地级以上市管理中心开展自评工作。8月至9月上旬,组成六个考核小组,到各地级以上市住房公积金管理中心以及其下辖1~2个县级管理部进行实地考核,查阅管理制度,个人业务办理原始凭证,模拟业务办理流程,并到业务办理窗口检查业务办理现场情况。考核结束后,省住房城乡建设厅下发《关于对全省住房公积金管理中心2011年度管理工作考核情况的通报》,根据考核分数对20个城市(由于深圳市业务尚未完全开展,故不参与评分)的工作绩效进行排名,其中前五名广州、佛山、惠州、东莞和珠海市获优秀。(张文宇)

6. 城乡规划

【开展城乡规划领域专题研究】 广东省住房和城乡建设厅开展《广东省提高城镇化发展水平的理想城市规划建设指南》、《理想城市视角下建设高效、集约、绿色宜居城市研究》、《广东省城镇化发展水平指标体系研究》、《广东省城乡规划编制、实施和管理检讨与优化研究》、《〈大珠三角地区建设世界级城市群行动纲领〉课题研究》、《转型与重构背景下广东省"十二五"理想城市建设思考与建议》、《文明宜居、承载"五化"的理想城市建设研究》等"理想城市"系列研究的编制和修改工作。开展《广东省城市非机动交通规划设计指引》、《广东省城市滨水地区休闲游憩系统规划建设指引》、《广东省城市、镇控制性详细规划编制指引》、《关于在广东省城乡规划管理中落实低碳生态要求的工作规程》、《广东省城市设计指引》、《广东省岭南特色历史街区复兴规划建设指引》等技术文件的制定工作。

【城乡规划编制和审查】 《广东省城镇体系规划(2012—2020年)》于2012年4月25日获得国务院批复。广东省住房和城乡建设厅编制完成《广东省应急避护场所建设规划纲要(2011—2020)》,通过广东省人民政府应急办组织的专家审查。2012年,省住房城乡建设厅先后完成《湛江市城市总体规划纲要(2012—2020)》、《中山翠亨新区总体规划(2012—2030)》、《化州市城市总体规划(2011—2020)》、《兴宁市城市总体规划(2010—2020)纲要》、《高州市城市总体规划(2010—2020)纲要》和广州、佛山、韶关、云浮、河源等市"十二五"近期建设规划成果以及《梅州市城市总体规划(1993—2015)》规划评估成果的审查工作。

【推行珠三角城际轨道TOD开发模式】 广东省住房和城乡建设厅组织开展珠三角城际轨道站场TOD综合开发规划编制工作。3月19日,第一批站场TOD规划经广东省人民政府批复。制定《珠三角城际轨道站场TOD综合开发规划基础调查技术要求》和《珠三角城际轨道站场TOD综合开发规划编制技术指引(试行)》,规范和指导珠三角城际轨道站场TOD综合开发规划编制的内容和深度。指导地方控制性详细规划与TOD规划衔接。

【发挥城乡规划先导统筹作用】 广东省住房和城乡建设厅印发《关于进一步加快完善历史用地手续规划审查工作的通知》,强调严把规划审查关,全年共出具95个规划审查意见,对135宗"三旧"改造项目进行规划审查。加强对产业转移园规划编制的指导工作,2012年完成14个省级产业转移工业园申报认定或规划调整的规划审核。开展重大建设项目的选址意见书的核发工作,2012年共依法核发69个建设项目规划选址意见书。

【组织制定西藏林芝地区鲁朗国际旅游小镇规划】 广东省住房和城乡建设厅开展鲁朗国际旅游小镇总体规划、控制性详细规划和市政设施规划的编制工作。至2012年底,编制完成总体规划成果,并对北京大学的城市设计方案进行修正和完善,为打造广东援藏精品工程奠定良好的基础。

【深化粤港澳规划合作】 广东省住房和城乡建设厅联合港澳有关部门编制全国第一个以提升区域生活质量为主题的策略性专项规划《共建优质生活圈专项规划》,于2012年6月25日由粤港澳三地共同公布,促进粤港澳共同建设可持续发展优质生活圈的进程;完成《环珠江口宜居湾区建设重点行动计划》第一轮公众咨询,并经粤港、粤澳城市发展专责小组原则通过;编制《澳珠协同发展规划》,完成初步成果。2012年11月,与澳门运输工务司正式

签署《〈澳门与珠江口西岸地区发展规划〉合作协议书》，启动该规划的编制工作。（唐卉）

7. 城市建设与市政公用事业

【城市建设取得新进展】 2012年，广东省城市建设完成固定资产投资658.61亿元。城市燃气普及率94.93%，自来水普及率97.62%，污水集中处理率88.09%，市县城区生活垃圾无害化处理率79.11%，人均公共道路面积13.42平方米，全省城市人均公园绿地面积14.5平方米，建成区绿地率37.5%，绿化覆盖率41.5%。

【城市轨道交通】 至2012年底，广东省开通城市轨道交通14条，总长398.5公里。其中，广州市开通8条，总长222公里；深圳市开通5条，总长162公里；广佛线（佛山段）开通14.8公里。

【步行和自行车交通】 深圳市被列为国家住房城乡建设部第二批"城市步行和自行车交通示范项目"试点城市，完成3项重点工作：编制《深圳市步行和自行车交通发展规划》和《深圳步行和自行车交通规划设计导则》；制定《公共自行车运营管理办法》和《公共自行车系统发展的政策措施研究》；建设南山商业文化中心区西片区步行交通系统和深圳湾滨海休闲带、南山蛇口片区、盐田沙头角片区、宝安新安南片区、轨道3号线大运新城站自行车系统等6个示范工程。

【燃气检查】 2012年3月6~9日，广东省住房和城乡建设厅组织7个检查组对全省21个地级以上市贯彻执行《广东省燃气管理条例》的情况进行检查。检查组通过听取汇报、查看相关资料和现场检查等方式检查市、县（区）燃气行政主管部门42个，燃气企业38家，发出燃气安全生产检查意见书16份。

【城市地下管线综合管廊】 经广东省人民政府同意，广东省住房和城乡建设厅印发《关于加强我省城市地下管线综合管廊建设的指导意见》，提出"政府主导规划建设、管线产权单位有偿使用、运营管理单位专业维护"的综合管廊建设模式，确定到"十二五"期末全省共建成30个以上的示范项目，总长度320公里的发展目标。其中，广州、深圳各建成30公里，珠三角地区其他7个城市各建成20公里，东西北地区12个城市各建成10公里。

【垃圾处理】 广东省人民政府办公厅印发《关于进一步加强我省城乡生活垃圾处理工作实施意见的通知》、《全面推进农村生活垃圾管理工作行动计划的通知》、《关于印发广东省生活垃圾无害化处理设施建设"十二五"规划的通知》、《关于开展"大清洁，乡村美"农村清洁工程专项活动的通知》等文件，指导全省垃圾处理工作。广东省住房和城乡建设厅编制《广东省农村生活垃圾收运处理技术指引》、《广东省生活垃圾渗沥液处理技术指引》，为生活垃圾处理提供技术指引。2012年7月，全省城乡生活垃圾处理工作会议召开，省政府与各市政府签订《城乡生活垃圾治理责任书》。全省开展"大清洁，乡村美"农村清洁工程专项活动，累计投入劳动力610万人次，共清理路边、河边、池边及公共区域积存垃圾42.5万吨。省财政设立全省农村生活垃圾处理设施建设专项资金，一揽子解决农村生活垃圾处理设施建设问题，预算补助8.4亿元，已拨付4.2亿元，补助33个垃圾场（厂）项目、951个镇转运站项目、15658个村收集点项目。

【污水处理】 广东省67个县城全部建成污水处理设施，实现"一县一厂"的建设目标，污水处理能力显著增长。截至2012年底，全省共建成污水处理设施396座，日处理能力2093.3万吨，城镇污水处理率达80%，分别比2011年新增48座、105.1万吨，提高1.7个百分点。

【鼓励民间投资】 2012年8月31日，广东省人民政府在广州白云国际会议中心召开面向民间投资公开招标重大项目推介会，推出项目共182个，总投资5038亿元，涵盖轨道交通、高速公路、港口码头、发电、城市建设、教育医疗、文化体育、产业园区、休闲旅游、水利及特许经营权转让等领域。其中污水及垃圾处理、城市道路建设、城市供水、保障房建设等67个城建项目投资达706亿元，占项目总投资的14%。（宋健）

8. 村镇规划建设

【概况】 2012年，广东省住房和城乡建设厅通过开展全省名镇名村示范村规划建设情况大检查、举办"寻访广东名镇名村——探索广东农村宜居建设之路"成果展览和学术论坛、评选第二批省宜居示范城镇和村庄、举办中心镇镇长（书记）村镇建设专题研讨班等，促进全省村镇规划建设管理工作。至2012年底，建制镇总体规划覆盖率达90%以上，村庄规划覆盖率达50%以上。

【名镇名村示范村规划编制和名镇建设】 2012年9月，广东省住房和城乡建设厅联合省财政厅、农业厅，抽调广州市城乡建设委员会等9个市的规划建设部门人员和广东省城乡规划设计研究院等13家甲级规划设计单位的专业技术人员组成10个督导检查小组，对全省20个地级以上市（除深圳外）的36个县、80个镇、160多个名村、示范村的建设规划编制和名镇建设工作情况进行实地督导检查。全省名镇建设已完工项目442个，已开工项目556个，利用中央、省、市、县四级财政资金分别为2513万元、5.03亿元、7.54亿元、38.03亿元，镇级自筹资金138.53亿元。2012年12月28日至2013年1月3日，广东省住房和城乡建设厅联合省委农办在广州二沙岛的岭南会展中心和广东美术馆举办"寻访广东名镇名村——探索农村宜居建设之路"大型展览和高峰论坛。展览共收集展览全省40多个名镇建设成就，展出摄影作品200张、中国画作品100张、书法作品50张、西洋画作品50张等，以摄影、书法、绘画等多种艺术形式展示广东省名镇名村的新风貌。2012年6月，广东省住房和城乡建设厅在各地推荐的基础上，确定广州增城市派潭镇等21个省名镇建设示范点，重点加强指导，树立标杆，示范带动各地名镇建设。

【历史文化遗产保护】 2012年，经广东省人民政府同意，广东省住房和城乡建设厅联合省文化厅开展第三批广东省历史文化名镇名村评选工作，珠海市斗门镇等9个镇、佛山市南海区西樵镇简村等36个村为第三批广东省历史文化名镇和名村。

【传统村落工作】 2012年，按照住房和城乡建设部等四部委要求，广东省住房和城乡建设厅联合省文化厅、文物局、财政厅、农业厅，经审核，推荐广州市海珠区黄埔村等197个传统村落参评国家级传统村落。经住房和城乡建设部、文化部、财政部的评选，全省共有40个传统村落被列入第一批中国传统村落名录，在全国（共646个）位居前列。

【中心镇规划建设培训】 2012年6月，广东省住房和城乡建设厅会同省委组织部在省委党校连续举办4期中心镇镇长（书记）村镇建设专题研讨班，完成对全省278个中心镇镇长（书记）的专题培训任务。（李玉泉）

9. 工程建设标准定额

【建设工程标准】 2012年，广东省住房和城乡建设厅共发布《〈民用建筑能耗和节能信息统计报表〉广东省实施细则》、《〈国家机关办公建筑和大型公共建筑能源审计导则〉广东省实施细则》、《既有民用建筑节能改造技术规程》3项广东省工程建设地方标准，为建筑设计、施工和验收等各项工作提供技术支撑；下达《广东省绿色建筑设计导则》、《公共建筑能耗定额编制方法》、《屈曲约束支撑结构技术规程》、《地基基础检测与监测远程监控技术规程》、《薄浆干砌自保温系统应用技术规程》、《建筑玻璃防护技术规程》、《广东省建设工程交易规范》、《陶瓷薄板幕墙工程技术规程》、《广东省绿色校园建筑评价标准》、《建筑防水工程质量验收规范》、《建筑地基基础检测规范》11项工程建设地方标准的编制（修订）任务，进一步健全全省的工程建设地方标准体系。

【工程计价依据体系建设】 2012年，广东省建设工程造价管理总站编制《广东省房屋建筑和市政修缮工程综合定额》，经广东省住房和城乡建设厅批准颁布，于2012年10月1日开始施行。

【完善工期管理制度】 2012年9月，广东省住房和城乡建设厅出台《广东省住房和城乡建设厅关于建设工程施工工期的管理办法》，加强对建设工程施工工期管理，规范工期确定行为，保障合理施工工期，要求招标人应在招标文件中明确招标要求的施工工期和标准工期。施工标准工期依据《广东省建设工程施工标准工期定额》计算确定。招标工期短于施工标准工期的，应在招标工程量清单中单独开列赶工措施项目和在招标控制价中单独计算赶工措施费，赶工措施费且不得作为让利因素。该办法于2012年11月1日施行。

【开展规划用地用电指标限额试点工作】 根据2011年发布的《关于认真落实建设用地用电指标有关问题的通知》，广东省住房和城乡建设厅确定珠海、惠州、东莞、梅州市为规划用地用电指标试点，开展建设用地用电指标试点研究与建设工作。梅州市已经颁布规划用地用电指标标准并启动实施工作。（张中 刘映）

10. 工程质量安全监督

【建设工程质量】 2012年，广东省纳入质量安全监督的房屋建筑和市政基础设施工程40083项，其中建筑工程总建筑面积46094.8万平方米，市政工程总长度2460033延米；新注册工程15341项，竣工验收合格工程14659项，一次验收不合格，重新组织验收合格工程项数共2项，一次通过验收合格率为99.99%，已办理竣工验收备案工程10196项，全省质量监督机构发出整改通知书21967份，局部停工令704份，因质量原因实施行政处罚79宗，全省纳入质量安全监督的房屋建筑和市政基础设施工程未发生质量事故。2012年6月14日，广东省住房和城乡建设厅召开全省住房城乡建设系统贯彻全省质量强省工作会议精神电视电话会议，贯彻落实省政府5月29日召开的全省质量强省工作会议精神，总结住房城乡建设系统前一阶段开展的质量强省活动工作，部署下一阶段工作任务。9月，省住房城乡建设厅组织全省住房城乡建设系统开展"质量月"相关活动，召开广东省建筑工程质量现场观摩会和部分地区建筑工程质量监督管理工作研讨会。

【施工安全生产】 2012年，广东省住房城乡建设系统发生建筑施工生产安全责任事故19起，死亡24人，其中较大事故1起，死亡3人，全省房屋市政工程施工生产安全责任事故死亡人数占省政府下达的安全生产控制指标的53.3%。广东省住房和城乡建设厅加强建筑施工安全生产监督检查，共组织开展6次安全生产大检查或安全专项检查，4次季度巡查和4次专项整治督查。在此期间，全省各地共检查在建工程16325项，建筑起重机械9067台，发出限期整改通知书9164份，局部停工通知书587份。组织开展全省既有玻璃幕墙安全排查，据统计，全省各级住房城乡建设行政主管部门共排查1732项既有玻璃幕墙项目，对排查发现的问题，限期进行整改，及时消除安全隐患。

【保障性安居工程质量监督执法检查】 根据住房和城乡建设部办公厅《关于组织开展全国保障性安居工程质量监督执法检查的通知》要求，广东省住房和城乡建设厅对全省开展保障性安居工程质量监督执法检查工作进行布置，于2012年4月23～27日派出4个督查组，对广州、深圳、惠州、江门、汕头、揭阳、湛江、云浮8个地级以上市进行督查，共抽查保障性安居工程24项（市属16项，县、区8项），对检查发现的154项质量问题提出整改要求并落实整改。

【珠三角地区工程质量检测信息化管理】 2012年7月，珠三角地区工程质量检测监管信息系统正式运行，实现珠三角地区工程质量检测数据实时上传。至2012年底，珠三角地区工程质量检测信息化监管平台和网络已联网运行。

【安全生产许可证管理】 2012年，广东省2057家建筑施工企业新申领安全生产许可证或申请办理安全生产许可证延期，通过审核1339家（新申请666家，延期673家），不予许可718家，通过率65.1%；对5家在申办安全生产许可证过程中提供虚假材料的建筑施工企业依法作出警告和一年内不得申请安全生产许可证的行政处罚。加强对取得安全生产许可证的建筑施工企业的监管，对2012年发生生产安全责任事故的16家本省建筑施工企业依法作出暂扣安全生产许可证30至60天的行政处罚；收回27名项目负责人、专职安全员安全生产考核合格证；对发生生产安全事故的5家省外建筑施工企业，提请其发证机关依法暂扣安全生产许可证；提请住房和城乡建设部对2011年广东省发生一起较大事故负有直接责任的1名注册监理工程师、1名项目负责人作出吊销注册执业资格的行政处罚。

【建筑工程安全生产动态管理】 2012年，广东省各级建设行政主管部门严格执行《广东省住房和城乡建设厅建筑工程安全生产动态管理办法》。至2012年底，全省各市在监督检查过程中共作出动态扣分记录共15668条，42名项目负责人、专职安全员因扣满分而被收回安全生产考核合格证或暂停上岗执业3个月，17名注册监理工程师因扣满分而被暂停上岗执业3个月。

【"安全生产月"活动】 2012年6月，广东省住房和城乡建设厅组织全省住房城乡建设系统深入开展以"科学发展，安全发展"为主题的各项"安全生产月"活动。6月10日，参加全省"安全生产宣传服务咨询日暨南粤行启动仪式"大型宣传活动；6月14、15日，省住房城乡建设厅组织策划、省建筑安全协会承办的首届全省建筑安全生产文明施工作业竞赛在广州市番禺区一在建工地现场举办，全省40多家大中型建筑施工企业派出300名一线施工作业人员，组成59支代表队参加了建筑电工、焊工、架子工以及应急救援等4项作业竞赛；6月20日至21日，在江门开平市举办一期预防建筑施工生产安全事故培训班，2010年下半年以来在广东省发生过事故的建筑施工企业法定代表人、分管安全生产的企业负责人和事故工程的项目负责人共120人参加培训；6月25、26日，邀请新修订国家标准《建筑施工安全检查标准》的主要起草人在广州市举办两期宣讲学习班，参加人数超过400人；6月28日，举办以"科学发展，安全发展"为主体的"安全生产月"文艺晚会。（赵航）

11. 建筑市场

【概况】 2012年，广东省建筑业企业近5000家。其中，特级资质企业7家，一级资质企业526家。全省完成建筑安装总产值6343亿元，比上年增长9.85%；实现利税470亿元。2012年，广东省有8项工程获国家最高工程质量奖"鲁班奖"，49项工程获"国家建筑装饰奖"，21个工地获国家建设工程项目"AAA"级安全文明标准化诚信工地，105项工程获"省建设工程优质奖"，61项工程获"省建设工程金匠奖"，185项工程获"省优秀建筑装饰工奖"。全省工程建设监理企业有429家，其中综合资质企业12家，甲级资质企业216家，乙级资质企业131家；执业注册监理工程师9446名。全省建设行业注册执业人数104514人，其中一级建造师24291人，二级建造师43415人；一级建筑师1743人，二级建筑师2399人；一级结构工程师2695人，二级结构工程师872人；监理工程师11467人；造价工程师10013人。全年全省受理执业资格注册申请50495人次，较上年增加9409人次，增长23%。其中初始注册11447人次，变更注册15816人次，延续注册18003人次(上述一、二级建筑师、结构工程师数据均不含深圳市)。

【项目信息公开和诚信体系建设】 至2012年底，广东省住房和城乡建设厅工程建设领域项目信息公开专栏共收录60多万条信息，信息发布量排省级相关部门的首位。其中从业单位信用信息4000多条，从业人员信用信息34万多条，企业行政处罚和被通报信息500多条，人员行政处罚信息400多条，企业获奖信息11000多条，三类人员证书信息78000多条，特种作业人员信息100000多条，造价员信息54000多条，初步设计方案批复结果100多条，规划选址意见批复结果40多条，项目建设管理公开60多条，超限高层审查100多条，施工图审查认定机构80多条。2012年12月，广东省工程建设领域项目信息和信用信息公开共享专栏在由中国软件评测中心、人民网、新浪网共同举办的第十一届中国政府网站绩效评估中蝉联第一，获全国三连冠。

【建筑市场动态监管】 2012年广东省住房和城乡建设厅根据《建筑业企业(单位)资质许可后核查工作实施方案》，开展7批企业资质动态核查，分别对全省部分工程勘察设计、造价咨询企业、监理、设计与施工一体化、施工企业进行资质动态核查，共核查企业242家，发出整改通知书80份，注销8家监理企业、5家招标代理企业、6家勘察设计企业的资质。

【构建全省工程项目中心数据库】 2012年，广东省住房和城乡建设厅印发《关于开展全省工程项目中心数据库基础数据同步归集工作的通知》，要求实现全省范围内工程项目数据共享，工程建设企业和人员业绩动态采集。至2012年底，广东省数据中心累计接收上传数据159万多次，75万余条数据记录，并同步归集广州、深圳、东莞三市招投标和工程项目管理系统的数据至省数据中心。

【强化省外进粤建筑企业监管】 2012年2月27日，广东省住房和城乡建设厅出台《广东省住房和城乡建设厅关于省外建设工程企业和人员进粤信息备案管理办法(试行)》，对省外进入广东省行政区域从事城乡规划编制、房屋建筑和市政基础设施建设活动的建设工程企业和人员实施信息备案制度。省外建设工程企业进粤从事城乡规划编制、房屋建筑和市政基础设施建设活动(包括承揽业务、参与招投标、办理施工许可证等)前，在广东建设信息网如实登记企业注册基本情况、企业资质情况、驻粤机构情况，以及企业派驻到广东承揽业务的人员信息。为实现各级住房城乡建设行政主管部门对进粤企业和人员备案信息的共享，广东省住房和城乡建设厅将备案管理平台数据接口标准发至各市，要求各市做好数据对接工作，让备案信息能直接在各市的招投标、项目管理系统上使用。该管理办法自施行以来，至2012年底，已备案企业1400多家，人员27000多人。

【建筑业新技术进一步发展】 2012年4月17日，广东省住房和城乡建设厅委托广东省建筑业协会组织专家评审和评审委员会审议，评出澳门大学新校区文化及交流中心等100项为省"2011年度广东省建筑业新技术应用示范工程"。4月23日至28日、11月12日至15日，省住房城乡建设厅组成三个专家组对广州、深圳、珠海、东莞、佛山、中山、汕头、梅州等35项新技术应用示范工程进行专项验收，该35项新技术应用示范工程均通过专项验收评审。

【推进粤港澳合作】 2012年4月，广东省住房和城乡建设厅出台《关于广东建设工程设计企业聘用香港专业人士申请资质暂行管理办法》，突破住房和城乡建设部关于对取得内地互认资格的香港专业人士仅能注册执业，不能充当企业资质申请所需注册人员的规定，便于香港专业人士进入内地设立企业承揽业务。至2012年底，已有8名香港建筑师在本省注册执业。10月15日，广东省住房和城乡建设厅争取住房和城乡建设部的同意，让取得内地注册监理工程师、建筑师资格的香港、澳门专业人士在粤注册执业，并可以作为广东省内企业申报企业资质所要求的注册执业人员予以认定。同时，同意让通过考试取得内地注册结构工程师等5项资格的香港、澳门专业人士在粤注册执业，并可以作为广东省内企业申报企业资质所要求的注册执业人员予以认定。(林伟明　何志坚)

12. 建筑节能与科技

【概况】 2012年，广东省全年新增节能建筑面积约9800万平方米，形成92.4万吨标准煤的节能能力；完成既有建筑节能改造300万平方米，形成6.96万吨标准煤节能能力；全年新增绿色建筑标识项目73项，面积902万平方米，超额完成年初确定的600万平方米的重点工作计划；新增城镇太阳能光热应用面积1397.89万平方米，新增浅层地能应用面积56.71万平方米，新增光电建筑装机容量达71.12兆瓦，形成节能191万吨标准煤；新型墙材应用总量达到136亿块标准砖，占全省墙材应用总量的96.9%，实现节约能源84.32万吨标准煤。预计全年节约能源约376.68万吨标准煤，减排二氧化碳979.37万吨。

【建筑节能】 广东省住房和城乡建设厅组织研究开发《广东省建筑节能管理信息系统》并在广东省投入试运行。2012年3月26日，广东省住房和城乡建设厅联合省科技厅、财政厅出台《关于印发〈科技促进建筑节能减排实施方案〉的通知》，明确开展建筑节能减排的技术集成示范的任务，制定七项保障措施。同月，省科技厅出台《2012年广东省低碳技术创新与示范重大科技专项申报指南》，从"低碳技术创新与示范"省重大科技专项资金中安排1亿元重点开展建筑节能减排创新与应用，完成专题申报的评审和资金拨付。2012年10月22日至11月9日，广东省住房城乡建设领域开展节能专项监督检查工作，随机抽查105个工程建设项目的建筑节能施工图设计文件及施工现场，绝大部分项目能按照建筑节能标准进行设计和施工。加快绿色建筑评价标识工作，2012年，全省共123个项目获得国家、广东省或深圳市绿色建筑评价标识，建筑面积1241.87万平方米。全省共完成国家机关办公建筑和大型公共建筑能耗统计20541栋(深圳市18458栋)，能源审计918栋，能耗公示1272栋建筑，对559余栋(深圳市500栋)建筑进行能耗动态监测。广州、深圳、珠海、佛山、东莞等市建立能耗动态监测平台，广东工业大学等6所高校建立节约型校园监管平台。省住房城乡建设厅组织梅州市、揭西县申报财政部、住房和城乡建设部可再生能源建筑应用示范市、县并得到批准；联合省财政厅向财政部、住房和城乡建设部推荐15个太阳能光电建筑应用示范项目(含1个示范区)，11个项目获得批准，共获得财政补助10264万元，带动全省可再生能源在建筑中的应用。采取政府发动、社会参与等多种方式推进既有建筑节能改造，全省共计约完成既有建筑节能改造面积300万平方米，深圳市被批准成为全国首批三个公共建筑节能改造重点城市之一。

【完善广东省建筑节能标准体系】 2012年，广东省住房和城乡建设厅发布《国家机关办公建筑和大型公共建筑能源审计导则广东省实施细则》、《民用建筑能耗和节能信息统计报表制度广东省实施细则》等标准，开展《广东省绿色建筑设计标准》、《公共建筑能耗定额编制办法》、《广东省绿色校园建筑评价标准》等3部地方建筑节能标准及《太阳能光伏建筑一体化构造图集》的编制工作。发布五批《广东省建筑节能技术产品推荐目录》共45项产品，引导市场选用质优高效的节能产品和先进节能技术。与广东省科技厅共同发布第一批《广东省绿色低碳建筑技术与产品目录》共51项产品，推进绿色低碳新产品、新技术的广泛应用。

【建设科技】 2012年，广东省住房和城乡建设厅组织完成各类建设科技成果鉴定288项，其中，"超高密肋箱型钢管柱混凝土浇注施工关键技术"和"深水逆作法钢板桩围堰综合成套技术"2项均达到国际领先水平，达到国际先进水平的项目17项，达到国内领先水平的项目162项，达到国内先进水平的项目90项，达省内领先水平的项目12项，达省内先进水平的项目5项。完成住房和城乡建设部科技项目验收4项。完成一批省部科技立项，其中包括住房和城乡建设部科技立项56个项，省科技产业技术与研究开发入库项目2项，省重大科技专项6项。审核推荐住建部科技计划项目83项。审核推荐省专利奖8项，广东省科学技术奖项目13项，共有6项获奖(其中二等奖1项、三等奖5项)，获奖比例达46%。审核推荐华夏科技奖项目42项，全省共有13项获奖。（刘映）

13. 建设人事教育工作

【建设教育培训工作】 8月6～10日，广东省住房和城乡建设厅联合省委组织部、省国土资源厅和省环境保护厅在深圳举办全省第十四期市长(书记)城建专题研究班。这是继前两年分别在上海浦东干部学院和北京大学"走出去"的形式成功办班后，以"请进来"的又一种形式邀请香港中文大学等境外专家来省内授课的一次研究班，参加培训的学员有各地级以上市和部分县级市市长(书记)、部分地级以上市辖区区长(书记)共48人。研究班以"城市发展转型与新型城市化道路"为主题设置6个专题，特邀香港中文大学邹经宇教授等6位专家、领导从新型城市化道路发展过程、现状问题以及未来展望等方面进行讲解。

【专业技术人员继续教育】 针对广东省各地市

建筑专业技术人员分布不均的现实，广东省住房和城乡建设厅在广州、惠州、湛江和汕头4个片区举办12期高新技术研修班，共培训5043人。

【职业技能培训与鉴定】 广东省住房和城乡建设厅组织开展一线生产操作人员职业技能培训鉴定工作，全年通过培训取得《职业资格证书》的人员达24705人次，其中初级工10074人，中级工9030人，高级工5610人。（刘映）

14. 大事记

1月

13日 广东省代省长朱小丹在省十一届人大五次会议上作政府工作报告，将加强保障性住房建设列入十件民生实事之一。明确2012年开工建设保障性住房、棚户区改造住房14.39万套（户），新增发放廉租住房租赁补贴7600户。

经广东省人民政府同意，广东省住房和城乡建设厅印发《广东省住房保障工作目标责任量化考核评分细则》。

18日 应北京市人民政府邀请，广东省人民政府同意参加第九届中国（北京）国际园林博览会，组织集中建设一处完整包含各种造园要素的岭南园林，由广东省住房和城乡建设厅统筹协调，珠三角9市人民政府具体承办。

20日 广东省住房和城乡建设厅印发《关于2011年新建住房价格控制目标任务完成情况的通报》，指出2011年各市贯彻落实国家各项房地产市场调控政策，采取有效措施控制新建住房价格过快上涨，取得显著成效。广州、深圳、佛山、珠海等城市执行住房限购政策，韶关、湛江、珠海、中山等城市出台住房限价政策，2011年全省21个地级以上城市市区新建住房价格涨幅均未突破年度新建住房价格控制目标，全部完成目标任务。

2月

4～8日，根据广东省人民政府的要求，省保障性安居工程工作联席会议成员单位组成省保障性住房分配和质量管理督查组对广州、深圳等9个市进行督查。

8日 广东省人民政府印发《广东省绿道网建设2012年工作要点》，要求各地、各有关部门制定具体实施方案，扎实推进绿道网建设工作。

住房和城乡建设部命名东莞市长安镇为"国家园林城镇"。

11～15日 国务院保障性住房分配和质量管理督查小组一行，在财政部部长助理王保安带领下，对广东省保障性住房分配和质量管理进行督查。督查组对广东省保障性住房分配和质量管理工作给予高度评价，认为广东省工作"认识到位、责任明确、措施有力、工作扎实、锐意创新、成效显著"。

13日 全省住房和城乡建设工作会议在广州召开。广东省副省长林木声对广东省住房城乡建设工作作出部署，并代表省人民政府与各地级以上市和佛山顺德区人民政府签订2012年度住房保障目标责任书。广东省住房和城乡建设厅房庆方厅长与各地级以上市住房和城乡建设局局长签订《广东省建筑施工安全生产管理目标责任书》。

28日 广东省人民政府办公厅印发《广东省住房保障制度改革创新方案》。

3月

16日 中共广东省委组织部粤组干〔2012〕234号文通知，省委批准：王芃同志任广东省住房和城乡建设厅党组书记；房庆方同志任广东省住房和城乡建设厅党组副书记，免去其广东省住房城乡建设厅党组书记职务。

19日 广东省人民政府批复同意《珠三角城际轨道站场TOD综合开发规划（第一批）》。

20～24日、9月17～21日 由全国住房公积金管理专项治理工作领导小组组织住房城乡建设部等6部委督查组两次到广东省汕头、河源、肇庆和云浮等4个地级市开展住房公积金涉险资金清还的督查工作。广东省住房和城乡建设厅党组成员、巡视员刘锦红陪同，并召集当地政府主要领导研究还款办法和承诺还款时间。至2012年10月末，全省逾期项目贷款已全部清收完毕。广东省是全国第一个彻底完成涉险资金清收工作的省份。

24～29日 由住房和城乡建设部、财政部有关人员及专家组成的国家绿色低碳重点小城镇考评组先后前往清远市英德市浛洸镇、河源市东源县仙塘镇、梅州市大埔县百侯镇和五华县安流镇、湛江市遂溪县北坡镇进行现场考评。

31日 广东省省长朱小丹主持召开对口援藏重点做好鲁朗国际旅游小镇建设工作会议。省住房和城乡建设厅迅速组建垃圾处理设施工作小组和专家组以及鲁朗国际旅游小镇规划编制工作小组。

4月

6日 第九期省委常委集中学习讨论会专题学习研究广东房地产发展问题，广东省委书记汪洋认为房地产业是城市居住生活、经济建设与发展的重要物质基础，关联度高、带动力强。促进房地产市场平稳健康发展，可以提高居民住房水平、促进消费、拉动投资增长、扩大就业、维护社会稳定，对于加快推进社会主义现代化建设，具有重要的意义。汪洋要求抓紧研究建立保障房地产市场平稳健康发展的长效机制，这一要求写进省委第十一次党代会的工作报告。

15日　澳门房屋局局长谭光民一行到广东省考察物业管理及住房保障工作，两地就共同关心的问题进行交流。

25日　《广东省城镇体系规划（2012～2020年）》获国务院批复实施。

27日　在住房城乡建设部的指导下，围绕"绿道功能综合开发"的主题，广东省住房和城乡建设厅在北京组织举办第一期"广东绿道讲坛"，讲坛邀请全国相关省市规划建设主管部门领导及国内外城乡规划和风景园林专家200余人参加，来自国内外的专家、学者为广东绿道工作建言献策。

5月

4～18日　住房和城乡建设部全国保障性安居工程质量监督检查组在广东省进行检查。

7日　广东省人民政府正式批复实施《广东省绿道网建设总体规划（2011～2015年）》，提出推动珠江三角洲绿道网向东西北地区延伸，规划建设全省绿道网，确保到2015年全省建成总长8770公里的省立绿道（含珠三角已建的2372公里省立绿道），构建全省互联互通、配套成熟完善的绿道网。

8日　启动广东省委书记汪洋领衔督办"促进我省保障房建设均衡发展"政协提案的办理工作。由省委办公厅牵头，所有参与办理单位配合，提案办理协调小组经过调研，历时半年多，形成答复初稿，在汪洋书记指导下，形成正式答复稿。

14～18日，广东省住房和城乡建设厅配合住房和城乡建设部督查组对广州、深圳两市保障性安居工程质量监督执法检查工作进行督查，督查组共抽查6项保障性安居工程。

15日　住房和城乡建设部巡查员正式开展在广东省的保障性安居工程全面巡查工作。

30日　广东省人民政府在肇庆市召开全省绿道网建设工作现场会，总结珠三角绿道网建设的进展情况和各市的做法经验，研究部署全省绿道网建设工作。副省长许瑞生出席会议并讲话。

6月

7日　为进一步加强对广东省城市化工作的组织领导，全面提升广东省城市化发展水平，广东省人民政府决定成立广东省城市化工作领导小组。领导小组办公室设在广东省住房和城乡建设厅，具体承担领导小组日常工作，办公室主任由该厅厅长房庆方兼任。

19日　广东省省长朱小丹主持省十件民生实事落实情况的会议，听取省十件民生实事进展情况汇报，研究分析存在困难和问题，就做好下一步工作确保十件民生实事落实到位进行部署。

广东省住房和城乡建设厅就绿道建设使用完善工作向广东省委书记汪洋作专题汇报，会上汪洋就打造绿道"公共目的地"，形成制度化的活动，加强制度建设，因地制宜推进粤东西北地区绿道建设等作出指示。

20日　广东省住房和城乡建设厅会同广东省发展改革委员会提出《广东省房地产市场调控情况和政策建议》，常务副省长徐少华召集省住房城乡建设厅和省发改委、财政厅、国土资源厅、地税局、金融办和人行广州分行专题研究，报经朱小丹省长同意传达各市执行。从信贷优惠、财税减免、住房用地供应、鼓励销售、推进公租房建设等五个方面采取微调政策，实现保增长的目标。

20～30日　中央加快转变经济发展方式监督检查工作领导小组第七检查组对广东省进行检查。其中对广东省保障性安居工程建设政策措施贯彻落实情况进行检查，检查组肯定广东省保障性安居工程所取得的成绩。

25日　经粤港澳三地政府按各自程序审议，广东省住房和城乡建设厅、香港特区政府环境局、澳门特区政府运输工务司共同发布《共建优质生活圈专项规划》。

7月

10日　广东省住房和城乡建设厅援藏建设工作小组赴西藏，与西藏自治区鲁朗小镇建设前方工作组及当地有关职能部门进行座谈，听取其对鲁朗小镇规划编制的意见建议。

11日　广东省省长朱小丹主持召开加快推进珠三角城际轨道交通沿线土地综合开发工作会议，听取省发展改革委、住房城乡建设厅，省铁路建设投资集团有限公司，佛山市和清远市政府关于珠三角城际轨道交通沿线土地综合开发情况、TOD规划编制情况等相关工作汇报，并指示尽快推进第二批珠三角城际轨道站场TOD综合开发规划工作。

17日　广东省人民政府首次召开全省城乡生活垃圾处理工作会议。副省长许瑞生代表省人民政府与各地级以上市和顺德区人民政府签订《城乡生活垃圾治理责任书》。

19日 广东省人民政府在广州市召开全省房地产市场调控和住房保障工作座谈会，贯彻落实国家及省关于房地产市场调控和住房保障工作的最新部署。随后，根据许瑞生副省长在全省房地产市场调控和住房保障工作座谈会上关于"审计牵头，会同住建厅、纪检监察、财政厅等部门研究，提早介入，跟踪审计"的讲话精神，省审计厅会同省住房和城乡建设厅启动保障性住房审计调查。

20日 广东省人民政府办公厅下发《关于进一步做好房地产市场调控和住房保障工作的通知》，要求各城市、各部门要严守房地产市场调控红线、加大对居民购置首套房的信贷支持、切实增加普通商品住房供应、加大对商品住房价格走势监测力度。

27~29日 广东省住房和城乡建设厅、澳门运输工务司联合举办主题为"绿色交通、低碳发展"第五期粤澳城市规划研习班，四十多名来自粤港澳政府相关部门及关注城市规划工作的人士参加此次研习班。

29日至8月3日 国务院第八督查组到广东省督查落实国家房地产市场调控工作情况，认为广东省委、省政府高度重视房地产市场调控工作，执行国家各项房地产市场调控措施，工作扎实、锐意创新、成效显著。

31日 第九届中国（北京）国际园林博览会广东岭南园开工仪式在北京举行。广东省人民政府副秘书长罗欧、住房城乡建设部城市建设司副司长陈蓁蓁、省直有关单位、珠三角9市政府代表和园林绿化主管部门代表约70人参加开工仪式现场。

8月

6~10日 广东省委组织部、广东省住房和城乡建设厅、广东省国土资源厅、广东省环境保护厅四部门在深圳联合举办第十四期市长（书记）城建专题研究班，主题是"城市发展转型与新型城市化道路"。

10日 广东省人民政府在深圳市召开珠三角绿道网"成熟完善"工作座谈会。会议传达广东省委书记汪洋在听取绿道建设使用完善保护等工作情况汇报时的讲话精神，进一步交流和研究部署珠三角绿道网实现"成熟完善"工作，副省长许瑞生出席会议并作总结讲话。

9月

4日 住房和城乡建设部、财政部和中国人民银行正式批复广东省佛山、江门两市成为全国扩大利用住房公积金贷款支持保障性住房建设的试点城市。

22日 根据《取得内地一级注册建筑师互认资格的香港建筑师在广东省注册执业管理办法》和《取得内地一级注册结构工程师互认资格的香港结构工程师在广东省注册执业管理办法》的规定，广东省住房和城乡建设厅、广东省注册建筑师与工程师管理委员会在广州举办2012年度面向香港建筑师、结构工程师的法规测试，共有105名香港建筑师、结构工程师通过本次测试。11月24日，省住房和城乡建设厅副厅长杜挺带队出席在香港举行的法规测试合格证书颁发仪式。

10月

19日 广东省长朱小丹调研广州市住房保障工作，充分肯定广州市取得的成效，"六好"，一是选址好、规划好、配套好、管理好、机制好、改革好。并提出要确保完成全年目标任务，抓好保障房的阳光分配，完善社区管理服务，继续深化改革的要求。

11月

9日 广东省住房和城乡建设厅、澳门运输工务司签署《澳门与珠江口西岸地区发展规划》合作协议书，正式启动规划编制工作。

27日 广东省住房和城乡厅转发住房和城乡建设部关于落实内地与香港、澳门《〈关于建立更紧密经贸关系的安排〉补充协议九》有关事项的通知，实现CEPA补充协议九中"建筑服务"方面的承诺。

29日 《广东省城乡规划条例》经广东省十一届人大常委会第三十八次会议审议通过并公布，自2013年5月1日起施行。

12月

14日 广东省副省长许瑞生代表广东省人民政府与国家保障性安居工程协调小组签订住房保障目标责任书，广东省2013年住房保障目标责任确定。

27日 广东省人民政府在中山市召开全省住房保障制度改革创新工作经验交流座谈会，总结、交流各地住房保障制度改革创新的好做法、好经验，通报2012年度全省住房保障工作进展情况，研究部署下一步住房保障改革创新工作及明年保障性安居工程建设工作。副省长许瑞生出席会议并讲话。

（广东省住房和城乡建设厅）

广西壮族自治区

1. 概况

2012年，广西住房城乡建设系统以科学发展观为指导，认真贯彻落实中央和自治区的决策部署，强化城乡规划建设管理，加强住房保障和改善民生，大力发展建设经济，创新思路，狠抓落实，住房城乡建设工作呈现诸多亮点。

【城镇化加速发展】 全区城镇化率达到43.6%，比上年增加1.8个百分点(不含年底撤乡改镇新增城镇人口约15万人)。产业园区与城市新区建设互动共进，城镇基础设施和公共服务设施配套建设加快，城镇综合竞争力明显提升，城镇化已成为广西经济增长的核心力量和引擎。

【住房保障成效显著】 全区城镇保障性安居工程开工建设25.99万套(含新增租赁补贴3.15万户)，竣工13.96万套，超额完成国家下达的年度目标任务；60多万城镇中低收入住房困难群众居住问题得到解决。

【农村茅草树皮房全面消除】 实施消除农村茅草树皮房攻坚战，全区尚存的2.44万户农村茅草树皮房改造任务全面完成，结束了广西部分贫困群众居住在茅草房的历史，李克强副总理对此给予充分肯定。20万户农村危房改造任务全面竣工，近90万农村困难群众喜迁新居。

【建设经济快速增长】 2012年，全区房地产业、市政公用设施建设全年完成投资3118.2亿元，首次突破3000亿元大关，超额完成年度投资任务3080亿元，约占全区全社会固定资产投资的25%。房地产市场总体运行平稳，全区完成房地产投资1800.91亿元，完成自治区人民政府下达的1650亿元年度投资任务。完成建筑业总产值968.17亿元，同比增长6.6%；建筑业增加值达940亿元，同比增长11.4%。

【第二届广西园林园艺博览会成功举办】 以"山水园林、秀甲天下"为主题，荟萃全区14个设区市最具代表性的造园艺术精品的第二届广西园博会，于2012年9月在桂林市开幕，充分展示了广西城市园林绿化水平，赢得各级领导、专家、社会各届及区内外游客的高度称赞和广泛好评。

【生态文明建设取得新进展】 新开工污水垃圾处理项目163项，新增垃圾转运站91座，生活污水、垃圾处理量同比分别增长18.5%，累计消减COD10.79万吨；全区城镇污水处理率和城镇生活垃圾无害化处理率双双突破70%，均比上年提高5个百分点以上。阻击龙江镉污染取得全面胜利。新建建筑节能施工阶段强制性标准执行率达97.5%，超国家要求95%的标准；新型墙材应用率达55%。

2. 政策规章

【法制建设】 《广西壮族自治区物业管理条例》完成修订并在2013年1月1日正式施行。《广西建设工程勘察设计管理条例》的修订调研起草工作通过评审，完成《广西建设工程造价管理条例》、《广西保障性住房管理办法》等法规的起草工作，有望列入2013年立法计划。依法行政工作进一步深化，行政审批改革、重大行政决策、规范性文件制定等机制不断完善。制定《质量管理体系文件》，进一步规范行政管理的内部流程。完善行政处罚、行政复议、行政应诉等工作机制，深入开展行政执法个案监督工作，积极申报创建依法行政示范点。住房城乡建设行政执法与司法审判的协调配合机制不断深化，参与共建法院执行查询系统。

【政务服务水平进一步提高】 行政审批制度改革继续深化，管理模式不断创新，切实规范受理、联合审批等环节，在资质审批、人员注册、外省入桂企业备案、项目选址、规划许可、初步设计、施工图审查、工程质量监管等方面提供优质服务。全区住房城乡建设系统扩权强县工作全面完成，行政效能得到大幅提高。加强电子政务服务平台建设，以行政审批信息数据库建设为重点，大力推进并完善各行业行政审批系统。机关无纸化办公全面实行，厅本级与各市县住房城乡建设部门的公文网上传输系统进入后期调试阶段。广西住房和城乡建设厅网站在全区政务网站评比中，荣获"一服务两公开"优秀网站、先进网站、领先奖和特色奖等四大奖项。以建筑业、房地产开发企业资质申请为重点，在柳州、桂林、玉林3个市开展行政审批扁平化试点；政务服务政务公开政府信息公开示范点建设成效显著；以集中审批、阳光审批为重点，推进全系统行政审批制度改革，营造便民、规范、高效、廉洁的政务服务环境。此外，南宁市制定服务重点项目缺项受理管理办法，并配套"绿色通道项目卡"制度。

【项目资金保障和管理机制进一步完善】 加大资金筹措力度，提高资金保障能力。积极做好申报中央投资计划工作，全年落实保障性住房建设、农村危房改造、污水处理配套管网、可再生能源建筑应用示范等项目中央资金75.72亿元，同比增长26%；争取自治区本级财政专项资金46.21亿元，同比增长38%。建立健全资金分配制度，进一步规范资金分配管理；加强资金计划编制和使用的跟踪检查，促进项目资金的安全、规范、高效使用。

【重点工程建设协调管理加强】 加强对自治区统筹推进重点工程的协调、服务和管理，深入能源、交通、工业、污水垃圾处理、保障性住房、城市基础设施、公益性等重点工程建设工地，加强监督检查和技术指导，及时有效地解决工程施工中的质量、安全、技术、进度等问题，在重点工程选址、规划许可、工程质量管理等方面提供优质服务，一批重点工程项目借此如期开、竣工。

3. 房地产业

【房地产调控】 坚决贯彻落实国家房地产调控政策，严格执行差别化信贷和税收政策，房地产开发投资保持较快增长，商品住房平均价格没有大起大落，有效抑制了投资投机性需求，房地产市场总体运行平稳。广西把加强房地产市场调控作为工作重点，分解房地产投资任务，加强市场监测分析，定期报告市场趋势，大力推进个人住房信息系统建设。严厉查处房地产市场违法违规行为。

【加强对物业服务市场、房地产中介机构的监管】 全区有3个物业项目通过国优初审，26个项目获自治区优秀物业称号；南宁、柳州白蚁防治单位通过国家一级认证；南宁市、桂林市、鹿寨县房屋登记机构申报全国房地产交易与登记规范化管理先进单位并已通过部里初审。各地积极做好国有土地上房屋征收与补偿工作，为项目落地提供有效保障。

【住房保障】 保障性住房建设加快推进。自治区人民政府与各市签订2012年保障性住房建设目标责任书。自治区层面建立了自治区领导牵头督查、部门联合督查和专项巡查的"三督查"制度和问责机制，按月公布各地进度，加强质量安全监管。表彰并大力宣传在全国保障性安居工程劳动竞赛获奖的先进单位和个人。积极筹划建立保障性安居工程融资平台，推进发行企业债券支持保障性住房建设。南宁、柳州、防城港等市相继出台《南宁市公共租赁住房管理暂行办法》、《柳州市公共租赁住房摇号配租方案》、《防城港市公共租赁住房建设和管理暂行办法》等文件，着力规范住房保障后续管理。全区住房制度改革继续深化，危旧房改住房改造工作稳步推进，全区累计启动危旧房改住房改造项目320个，全年新开工建设1.69万套，竣工2850套。

【住房公积金管理】 深入实施《广西住房公积金业务管理规范》，加大监督检查、工作考核和审计检查，督促各地完善管理制度。严格执行"控高保低"政策，逐步扩大住房公积金制度覆盖面。积极开展利用住房公积金贷款支持保障性住房建设试点，南宁、柳州、百色三市5个项目4.42亿元列入试点范围。创新服务方式，加强和改进住房公积金服务。全年住房公积金安全运行，业务稳步增长。全区住房公积金制度职工覆盖率超过95%，归集住房公积金近180亿元，累计归集总额突破1000亿元大关，发放个人住房贷款近70亿元，回拨使用近100亿元，有力地支持了职工解决住房困难问题。

4. 城乡规划

【广西城镇体系规划深入实施】 西江干流城镇带、桂贺旅游城镇带和桂中城镇群规划加快编制。钦州、贵港、凭祥等市城市总体规划完成并获自治区人民政府批复实施。中马钦州产业园区、防城港钢铁基地等一批重大项目依托城市规划如期落地开工建设。南宁《五象新区概念性总体规划》、《北海千亿元新材料产业园控制性详细规划》等编制完成。控制性详细规划覆盖率稳步提高，柳州市、贺州市城区控规覆盖率达到100%。贵港市完善中心城区六大片区规划，编制金田起义遗址等18个项目规划。县城以上城市市政专项规划编制启动。

【城乡规划管理】 南宁市坚持规划批前批后公示制度，完善规划公示及方案展示、建设项目批前公示的方式方法；南宁、柳州、桂林等市成立新区规划建设管理机构；防城港市加大对违法建设行为的查处力度。

5. 城市建设与市政公用事业

【实施中心城市带动战略，城市新区建设初具规模】 突出发展南宁、柳州超大城市和桂林特大城市，加快产业园区与城市新区互动发展，南宁市五象新区建设推进文体带动、创意产业拉动,积极培育总部经济、现代物流,进一步完善文化、体育、卫生等基础设施,广西文化产业城、体育产业城、健康产业城、"七馆三街"等项目加快推进。广西美术馆基本建成,广西龙象谷湿地公园、自然博物馆、水世界、天文馆项目启动,新区路网基本成形。柳州汽车城上汽通用五菱乘用车基地建成投产,东风柳汽商用车基地等汽车产业项目及配套路网等基础设施项目建设加快推进,柳东新区建设初具规模。桂林世界旅游城规划建设全面铺开,临桂新区基础设施及其他重点项目建设进展迅速,交通网络初步形成,水系建设初具规模。其他中心城市以产业发展、城市空间拓展为重点,推进城市基础设施和产业园区联动建设。梧州市"一馆两中心"主体工程完工,沧海片区基本实现"成湖成景";玉林市着力建设玉北容产业走廊;钦州市滨海新城框架逐渐拉开;百色市围绕打造"红色福地、绿色家园",扎实推进设市十周年标志性项目建设,城市新区主骨架路网基本形成;贺州市"一江两岸三新区"、"贺八平钟一体化"建设加快推进;崇左市继续推进城市建设三年大会战,35个重点项目推进顺利。

【县城和重点镇建设】 自治区本级筹集5亿元资金,专项用于城镇污水垃圾处理设施建设。在50个县开展生活垃圾"村收镇运县处理"集运处理设施建设;对91个镇实施基础设施建设"五个一"工程;对城市建成区内的160个村屯,推进城镇基础设施和公共服务设施向村屯延伸。启动22个扩权强镇试点工作。浦北、平乐、融水、三江等一批县城新区和基础设施建设迅速推进。

【城镇化各专项工作全面完成】 扩权强县工作扎实推进,全面完成厅本级27项管理权限向市、县级住房城乡建设部门下放,各市县住房城乡建设部门全面完成了与厅本级或市级放权的接收工作。户籍管理制度改革工作稳步推进,组织起草《关于积极稳妥推进统筹城乡户籍制度改革的指导意见》及6个配套文件。自治区制定出台《广西壮族自治区流动人口服务管理办法》,在南宁、柳州、凭祥市推行流动人口居住证制度试点,并逐步在全区铺开推行;柳州、梧州、北海、防城港、玉林、贵港、河池、来宾、贺州、崇左等10个设区市,相继出台深化户籍制度改革实施意见。积极稳妥完成对都安县地苏乡等14个乡的撤乡改镇工作。百家博物馆建设继续推进,柳州云波摩尔石艺术馆、梧州新博物馆、浦北博物馆一期工程等13家博物馆已建成并对外开放,桂林博物馆新馆主体完工,一批博物馆新开工。

【城镇污水垃圾处理设施建设】 积极筹措建设资金,落实中央城镇污水处理配套管网补助资金5.83亿元,自治区本级配套资金5.86亿元。全区累计建成并投入运行污水处理项目112项,年内新增配套污水管网1146公里,累计达4309公里,生活污水处理能力达372.3万立方米/日;建成生活垃圾处理场共75个,实际投入运营68个,总处理能力达1.38万吨/日。村镇污水垃圾处理设施建设加快,在生活垃圾"村收镇运县处理"集运设施建设中,武宣、平果、扶绥、天等、平乐等县,将乡镇垃圾中转站项目捆绑打包获得国家专项资金支持;年内有25个县78个乡镇中转站完成建设。

【城乡清洁工程】 围绕建立城乡清洁工程长效机制,起草《关于贯彻落实广西深化完善城乡清洁工程长效管理机制实施方案的指导意见》;组织督促检查,并按季度公布督查排名情况。把"城乡清洁工程"列入绩效考核和"南珠杯"考核内容,开展专项整治活动,促进各地市政基础设施和市容环境较大改观;"和谐城管"创建活动取得阶段性成果,有效提升了城市管理水平。南宁市创建精品管理示范街;桂林市率先建立环卫工人工资增长机制;梧州市实行市、城区、街道、社区四级联动机制,形成多层级综合化"网格"管理;北海市大力推进"城市建设管理年"项目建设;钦州市实行素质提升、数字城管、管理精细化等五大工程。

【城乡风貌改造】 城乡风貌改造四期工程共改造外立面4万多户,超额完成计划任务;开展29类2767个基础设施和公共服务设施项目建设,对118个村屯实施综合整治,推进50个特色名镇名村建设,完成投资15亿元。组织在南宁、柳州、桂林、北海等市开展城中村改造、农房建设建新拆旧和风貌改造长效管理机制等试点,取得了阶段性成果。各具特色的城乡风貌进一步凸显。南宁市开展壮族民居建设试点,同时强力推进水街历史文化街区等旧城改造。桂林市进一步挖掘桂北民居设计元素,并安排专家与县镇进行"一对一"的指导;梧州、贵港在风貌改造区域打造简约素雅的岭南风格。来宾市对旧城区老汽车站片区等7个重点区域进行旧城综合整治改造。防城港市、玉林市实施夜景亮化工程。贺州市在城区风貌改造中着力塑造客家建筑风格,成为全区首个实现城乡风貌改造工程覆盖所有城区和县城的设区市;崇左市选择7个镇实施"书记工程",有效改善小城镇基础设施和城镇风貌。

【城镇园林绿化】 加强城市园林绿化建设和风景名胜区管理,深入实施"绿满八桂"城镇绿化工程，全年开展城镇园林绿化项目180多个，建设一批公园、景观大道、街头绿地和小游园绿地项目，完成投资60多亿元。组织南宁市申报"国家生态园林城市"，梧州、北流市申报"国家园林城市"，鹿寨县申报"国家园林县城"；防城港市、南丹县等12个市县申报"广西园林城市"。14个市县开展城市绿地系统规划编制工作。此外，南宁市以金花茶公园、人民公园、动物园为试点，开展智慧公园建设；柳州市着力建设"生态花园，五彩画廊"的花园城市；桂林市积极推进社区拆墙透绿和城市道路节点的绿化花化建设；钦州市实施"园林生活十年计划"。

【道路交通建设】 截至2012年底，广西城市（含县城）道路总长共11501.23千米，面积21035万平方米，与2011年相比，新增道路总长度893.68千米，新增道路面积1664.13。2012年，广西14个地市均有新的城市道路投入使用；到2012年底，城市（含县城）桥梁共1370座，其中立交桥110座。与2011年相比，新增城市桥梁25座，其中南宁市、柳州市、桂林市、梧州市、钦州市、贵港市、百色市、贺州市、来宾市、崇左市有新建成桥梁投入使用。2012年，广西只有南宁市在规划建设城市轨道交通，2012年，南宁市城市轨道交通固定资产投资105306万元，城市轨道交通在建线路32.12千米，其中地面0.3千米、地下26.0千米、高架5.82千米；城市轨道交通车站数25个，其中地下站21个、高架站4个；在建换乘站7个。

【基础设施建设】 2012年，广西市县有环卫专用车辆2852辆，生活垃圾转运站469座，道路清扫保洁面积16339万平方米（其中机械清扫面积4858万平方米），清运生活垃圾量437.07万吨（其中密闭车清运量374.62万吨）。有生活垃圾无害化处理场67座（其中填埋场59座、焚烧厂7座、堆肥厂1座），生活垃圾无害化处理能力12983吨/日（其中填埋处理能力11323吨/日、焚烧处理能力1260吨/日、堆肥处理能力400吨/日），生活垃圾无害化处理量387.87万吨（其中填埋处理量352.42万吨、焚烧处理量26.85万吨、堆肥处理量8.6万吨），生活垃圾无害化处理率达到88.74%，生活垃圾处理场（厂）本年运行费用20784万元。有公共厕所2771座（其中三类以上公厕1835座），粪便处理厂2座，粪便清运量20.81万吨，粪便处理量135.68万吨，粪便处理场（厂）本年运行费用310万元。各市县财政本年收入生活垃圾处理费共计25126万元，各市县财政本年投入市容环境卫生经费共计101889万元（其中投入垃圾处理35088万元）。

2012年，广西城镇建设燃气管道643.7千米，其中天然气管道增加610.3千米，液化石油气管道增加33.4公里。广西城市燃气普及率为85.06%。天然气、液化石油气、人工煤气供应量分别占总供应量的21.1%、76.5%、2.3%（按热值折算为天然气），液化石油气的供应量、用气人口在燃气市场仍然占据主导地位，但其所占比重因天然气的发展较2011年降低1.6%。与"十一五"末相比，广西燃气普及率提升了6.8%，液化石油气供应量增长5.4%，人工煤气供应量降低2.1%，天然气供应量增长61.4%。

2012年广西天然气供气总量16698.2万立方米，居民家庭气量7279.35万立方米。用气用户551943户，其中家庭用户531535户。与2011年度相比，全区天然气供气总量增长22.3%，居民家庭供气量增长20.7%，工商业用户供气量增长23.3%；天然气用户总数增加13.5%，其中家庭用户增长13.8%，工商业用户增长6.2%；居民平均月用气量增长6.0%。

2012年度，广西14个地级市、7个县级市和68个县均供应液化石油气。储气能力为117763.33吨，供气管道长度162.45千米，供气总量466971.5吨，销售气量463903.22吨，居民家庭用气量390884.5吨。用户总数2943146户，其中居民用户2734199户。用气人口1056.06万人。居民家庭用气量占销售气量的84.3%，家庭用户数占用户总数的92.9%。与2011年度相比，广西液化石油气储气能力增长56.4%，液化石油气供气总量增长9.2%，居民家庭用气量增长6.8%，工商业用户用气量增长18.9%；用气用户数增长5.2%，其中家庭用户数增长4.8%，工商业用户数增长10.9%。

6. 村镇规划建设

【村镇规划编制】 2012年，投入2.8亿元，完成155个乡镇总体规划、64个乡镇控制性详细规划、1.3万个村屯规划的编制。

【农村危房改造】 2012年，国家安排广西农村危房改造任务28万户（其中8万户列入2013年计划），中央补助资金21.3亿元，各级财政补助资金合计达52亿元，户均补助1.86万元，完成危房改造20.7万户，占任务的103.5%；完成投资100.2亿元，在改造量、完成量、完成投资和补助资金标准上创历史新高。

【消除农村茅草树皮房】 2012年初，自治区党委、政府组织实施消除农村茅草树皮房攻坚战，涉及全区7个设区市42个县（区）2.44万户，各级财政共筹集补助资金6.22亿元，户均补助2.55万元。攻坚战涉及地方按照自治区的总体部署，真抓实干、克难攻坚，累计完成投资8.9亿元，全面完成了攻坚战目标任务。凌云、隆林县面对特大干旱，组织乡村干部用马驮水上山；上思县组织汽车、马车接力转运建筑材料；凤山、永福县帮助改造户支撑雨布遮挡施工工地等。7月25日，李克强副总理就此作出重要批示，充分肯定广西消除茅草房攻坚战取得的成绩。在9月召开的全国农村危房改造工作电视电话会议上，那坡县代表广西作了经验交流发言。

7. 建筑业与工程建设

【工程建设标准定额】 组织编制地方标准定额23项，建设工程标准定额体系进一步完善，标准定额的技术保障作用进一步发挥。建筑工程中全面推广应用高强钢筋，全区建筑工程高强钢筋使用量已占钢筋用量的68%，提前三年、超过三个百分点达到国家对高强钢筋使用量占建筑工程钢筋用量比重的目标。加强建设工程造价咨询市场的管理，规范企业乱收费行为。组织开展创建"十二五"全国无障碍建设市（县）活动，全区无障碍建设水平进一步提升。

【工程质量安全监督】 积极开展创优活动，共获得国家优质工程奖2个，全国建筑工程装饰奖10个，自治区优质工程奖109个，创建"全国3A级安全文明标准化诚信工地"15个、自治区建筑施工安全文明标准化工地108个。加强建筑工程质量安全监管，加强对保障性安居工程项目的质量安全层级监督检查。扎实开展"安全生产年"活动，组织开展建筑施工领域"打非治违"专项行动，全区共抽查3358个工程项目，下发质量安全隐患整改通知书829份、停工通知书85份。组织开展建筑起重机械安全专项检查，共检查建筑起重机械1650台，下发停工整改通知书4份、隐患整改通知书108份。全区建筑施工安全生产总体平稳，安全生产责任目标顺利实现。

【建筑市场】 努力提高企业资质等级，扶持建筑业企业做大做强。全区共有28家建筑业企业实现主项资质升级，3家乙级监理企业晋升甲级。其中，7家二级总承包企业、专业承包企业晋升一级资质，21家三级企业晋升总承包二级。全区建筑施工企业达到2512家，其中，总承包特级2家、一级总承包企业63家；从业人员近百万人，建筑业千亿元产业地位凸显。《广西壮族自治区建筑安装工程劳动保险费管理办法》颁布实施，建安劳保费管理进一步强化，全年收缴建安劳保费13.95亿元，调剂上年度建安劳保费3.75亿元，惠及企业300家，有力地提升了广西建筑企业的竞争能力。开展建筑业企业资质核查。2012年共对资质条件达不到要求的578家建筑企业实行限期整改，撤回不符合资质等级标准的303家建筑企业资质（资格）。严格房屋建筑和市政工程勘察市场准入，组织对房屋建筑和市政工程建设中挂靠借用资质投标、违规出借资质问题进行专项清理，查处涉嫌挂靠项目31个；完善区外勘察设计单位入桂备案管理，查处存在资质挂靠行为单位52家，有效遏制了通过挂靠资质承接任务的违法违规行为。房屋建筑、市政工程和勘察设计市场秩序进一步规范。

【建筑节能与科技】 广西加强新建建筑在规划、设计、施工、验收等关键环节的管理，严格执行节能50%的强制性标准。各市监管体系建设逐步展开。在南宁、柳州、桂林、钦州、恭城、岑溪、灵川、柳城的基础上，年内又新增梧州、北海、防城港、资源、柳江、田东、永福、象州、上思等9市县为国家可再生能源建筑应用示范市县，获国家扶持资金1.93亿元。南宁五象新区三馆光电建筑示范等6个项目列入国家2012年光电建筑应用示范项目，共获国家扶持资金7610万元。全区绿色建筑快速发展，《广西绿色建筑"十二五"规划》颁布实施，5个建筑项目通过一、二星级绿色建筑设计评价标识。国家机关办公建筑和大型公建节能监管体系建设取得阶段性成果，年内完成81栋建筑的能源审计、35栋建筑的能效公示、22栋建筑的分项计量图纸设计工作，3个建筑节能监管数据中心基本建成。此外，崇左市、梧州市还开展了十项建筑节能技术推广工作并收到良好效果。完善墙材市场准入制度，调整新型墙材登记备案制度，开展淘汰落后砖瓦产能，加快墙材产业转型升级和县城"禁实"工作，强化新型墙体材料质量和墙改基金监管。全区经认定的新型墙体材料企业突破1000家，利用工业废渣200万吨以上，比国家要求提前一年完成了隆安、马山县等19个县城禁用实心黏土砖目标任务，其新型墙体材料使用比例超过70%。"禁实"工作向农村推进，开展10个乡镇农村公建示范项目，新墙材推广应用领域进一步拓宽。

【建设人事教育工作】 深化干部人事制度改革，提高组织工作满意度；加强人才的培养、引进、使用和管理；强化绩效管理工作；抓好系统领导干部和专业技术人员专题培训、岗位培训和继续教育，建筑业农民工和村镇建筑工匠职业技能培训和鉴定等工作，全年共培训系统内干部职工15万多人次，创建农民工业余学校120多所；加大对住房城乡建设行业院校的指导和建设力度。

8. 大事记

1月

6日 第二届广西园博会在桂林市雁山区园博园项目现场举行开工仪式。

13日 2011年度全区住房城乡建设领域固定资产投资形势分析会议在南宁召开。会议听取各市2011年度房地产业投资、市政公用设施建设投资工作目标任务完成情况的汇报，总结了2011年取得的成绩，分析存在的问题，预测和判断2012年经济运行趋势，提出2012年的初步计划目标。

2月

7日 国家机关办公建筑和大型公共建筑能耗监测平台建设工作会议在南宁召开。会上，建设单位广西建筑科学研究设计院汇报了广西国家机关办公建筑和大型公共建筑节能监测平台建设情况，并现场演示广西建筑能耗监测系统。

8日 住房和城乡建设部发布《关于命名2011年国家园林城市、县城和城镇的通报》，广西百色市被命名为国家园林城市，凌云县被命名为国家园林县城。

16~18日 由财政部党组成员、副部长王保安带队的国务院住房保障督查组一行9人，深入南宁市、钦州市开展实地督查，对广西住房保障工作给予肯定。

20日 广西南宁、桂林、北海三个城市，被住房和城乡建设部、民政部、中国残联、全国老龄办联合评为"十一五"全国无障碍建设先进城市。

28日 2012年全区住房公积金管理工作会议召开。会议全面回顾总结了2011年全区住房公积金管理工作，研究部署2012年的工作任务。

3月

8日 第一批广西重点公园名单出炉，分别是南宁市南湖公园、南宁市人民公园、南宁市动物园艺、南宁市金花茶公园、桂林市园林植物园、百色市百色起义纪念公园、梧州市中山公园、北海市中山公园、河池市金城江公园等9个重点公园。

22日 南宁市政府在金湖广场举行创建"国家节水型城市"动员大会暨2012年世界水日、中国水周节水宣传系列活动，标志着南宁市创建国家节水型城市工作正式启动。

30日 2012年全区住房城乡建设系统法制工作会议在南宁召开。会议传达全国住房城乡建设系统"六五"普法工作、全国住房城乡建设系统法规处长工作座谈会议精神以及稽查执法工作会议精神，表彰了广西住房城乡建设系统"五五"普法工作先进单位、先进个人，总结了2011年法制工作情况，部署了2012年的工作，听取了各地对广西住房城乡建设系统法制工作的意见和建议。

30日 全区标准定额管理工作会议在南宁召开。会议传达2012年全国、全区住房和城乡建设工作会议精神，总结交流2011年广西工程建设标准定额管理工作经验，研究和部署2012年全区工程建设标准定额工作任务。

4月

9日 自治区城乡风貌改造三期工程总结暨四期工程启动会在桂林举行。

9日 自治区党委副书记、自治区城乡风貌改造工作领导小组组长危朝安，自治区副主席、自治区城乡风貌改造工作领导小组组长高雄分别带领全区城乡风貌改造三期工程总结暨四期工程启动会的代表考察桂林市城乡风貌改造工作，先后到阳朔县兴坪镇、桂阳公路沿线和桂林市秀峰区鲁家村进行参观考察。

10日 住房城乡建设部副部长陈大卫一行3人到南宁市，就《住房公积金管理条例》修订工作进行调研。

25日 2012年全区住房和城乡建设系统精神文明建设工作会议在南宁召开。会议传达了全国住房城乡建设系统精神文明建设工作等会议精神，总结了2011年的工作，部署2012年的工作任务。

5月

1日 新出台的《南宁住房公积金管理办法》开始施行。这是广西公积金管理方面的首部规章，该办法对公积金的缴存、提取、使用、管理和监督等均作出明确规定。

2日 第二届广西园博会总体方案及各展园建设方案基本确定。

7日 2012年全区城镇化任务分解专题会议在南宁召开，自治区副主席高雄代表自治区政府与14个设区市签订2012年城镇化工作目标责任状。2012年全区城镇化率力争比上年增加约2个百分点，新增城镇人口约100万人。

16日 自治区住房和城乡建设厅团委召开庆祝中国共青团成立90周年暨"五四"表彰大会。厅长、党组书记严世明到会作重要讲话；厅副巡视员、机关党委书记王小波传达有关会议精神；自治区直属机关团工委副书记李朝霞、厅人教处处长林华等参加会议。

17~18日　广西公共资源招标投标服务中心、北海市建设工程招标中心采用区市两级联网远程异地评标方式，对北海市银滩大道（铁山港大道—广东路段）改建工程A、B、C标段分别进行电子开标评标，获得圆满成功。这是广西全程电子招投标系统首次实现远程异地评标，是招投标监管机制改革、从源头上防治腐败的又一成果。

28日　广西申报第二批"中国南方喀斯特"世界自然遗产论证会在南宁召开。

30日　广西推广高强钢筋工作会议在防城港市举行，会议传达了4月12日召开的全国推广应用高强钢筋工作会议精神，贯彻落实《住房和城乡建设部、工业和信息化部《关于加快高强钢筋的指导意见》，对广西高强钢筋推广应用工作进行动员和部署。

6月

1日　广西首个儿童主题公园——南宁市凤岭儿童公园正式开园迎客。

12日　2012城市发展与规划大会在桂林隆重开幕，来自国内外的组织机构代表、专家学者1500余人出席，围绕主题"宜居、低碳与可持续"进行为期2天的学术研讨。

28日　广西市政市容工作会议在南宁召开。会议总结了2011年全区市政市容工作情况，并就创新"南珠杯"竞赛方式、完善市政管理政策、加大市政工作宣传力度、加强特许经营权管理等提出了要求。

28日　自治区住房和城乡建设厅召开庆祝建党91周年暨表彰先进大会。

7月

17日　全区墙改工作会议在南宁召开，总结2011年墙改工作，宣贯落实有关墙改法规政策，研究部署2012年工作。

18日　广西第五批绿色建筑设计标识授牌仪式在南宁举行。自治区住房和城乡建设厅向获得绿色建筑设计评价标识证书的华润幸福里、广西美术馆、南宁市科技馆和建科苑颁发了证书。

8月

3日　根据广西园林园艺博览会组委会成员第三届广西园博会举办地评选结果，经自治区政府审定，南宁市获第三届广西园林园艺博览会承办权。

20日　自治区住房和城乡建设厅发布《广西壮族自治区无障碍建设"十二五"实施方案》（以下简称《方案》）表示，广西将无障碍建设纳入社会主义新农村和城镇化建设内容，与小城镇、公共服务设施同时规划、同时设计、同时施工、同时验收。

21日　全区农村茅草树皮房改造工作总结会在大化县召开。自治区副主席高雄在会上指出，要认真贯彻落实李克强副总理和自治区领导的重要批示，以及自治区党委第30次常委会精神，再接再厉，采取有效措施，全面完成消除农村茅草树皮房攻坚战的各项后续工作任务。

9月

11日　第12届全国"村长"论坛会组委会宣布，新一批"中国特色村"评选活动揭晓，宜州市刘三姐乡流河社区马山塘屯以其独特的文化旅游，在千余个参评村庄中脱颖而出，跻身于全国28个"中国特色村"之列。

13日　自治区副主席高雄在南宁传达学习李克强副总理近日在省部级领导干部"推进城镇化建设"研讨班上的重要讲话精神。

13日　广西住房和城乡建设厅发布《关于加快编制市政公用设施专项规划的通知》要求，全区各市加快完善市政公用设施专项规划编制速度，各地市政公用设施专项规划开展和完成情况，将作为第9届南珠杯竞赛考评和年度工作绩效考核的内容指标。

21~22日　由国家教育部和自治区政府共同主办、自治区教育厅承办的2012中国—东盟职业教育联展暨论坛在广西民族博物馆举行。广西建设职业技术学院荣获2012中国—东盟职业教育联展暨论坛组织工作成绩突出奖。

28日　第二届广西园林园艺博览会在桂林市开幕。

10月

16日　广西南宁、柳州、百色三市获住房和城乡建设部、财政部、中国人民银行等三部委批准，成为广西利用住房公积金贷款支持保障性住房建设的试点城市。这也是广西首批试点利用住房公积金贷款支持保障性住房建设的城市。

17日　广西防城港市、梧州市、北海市、柳江县、田东县、资源县获批成为第四批国家可再生能源建筑应用示范市县。同时，南宁市五象新区三馆等5个项目也获批成为国家太阳能建筑应用示范项目。至此，广西14个地级城市中已有一半成为国家可再生能源建筑应用示范城市，广西也成为全国示范城市最多的省（区）之一。广西的国家太阳能建筑应用示范项目达到9个。

23日　地域建筑文化与传统民居保护研究的最

高学术峰会——第十九届中国民居学术会议在南宁举办。本届会议以"传承与创新"为主题。会上，来自内地及港澳台地区的建筑、规划领域专家学者以及全国各地高校学生代表就"城市更新中的历史文化街区保护与利用"、"传统民居元素在地域性现代建筑设计中的应用"、"民居生态技术在绿色建筑设计中的应用"、"传统民居与地域文化"等四个分议题进行了交流与探讨。

23日 住房和城乡建设部住房改革和发展司司长倪虹带队的住房和城乡建设部调研组一行6人来到广西，调研住房和城乡建设工作情况。

23日 第三届广西园林园艺博览会园博园总体规划方案评审会在南宁召开。

27日 中国城市规划管理专业委员会三届四次年会暨大城市规划局长座谈会在南宁召开，国内100名规划界专家和代表围绕"提升城市活力，创新规划管理"主题，就旧城改造、新区规划等前沿问题进行深入探讨。

11月

1日 已取得商品房预售许可证的南宁市首个限价房项目龙凤首缘开始接受申请。这也是广西首个面向社会公开销售的最大的限价房项目。

12日 自治区政府在融水召开全区少数民族村寨防火改造工程总结暨全区农村危房改造工作推进会。自治区副主席高雄强调，要健全村寨防火改造长效管理机制，巩固防火改造成效，抓好三江县村寨防火改造二期工程；全力推进农村危房改造，确保第二批17.56万户的危改任务在11月底前全面竣工。

13日 第二届广西园林园艺博览会总结表彰大会暨会旗交接仪式在桂林举行，会议为受表彰的桂林市园林局等40个"第二届广西园林园艺博览会先进集体"和140位"第二届广西园林园艺博览会先进个人"进行了颁奖，并举行第二届广西园博会承办城市桂林市向第三届广西园博会承办城市南宁市的园博会会旗交接仪式。

19日 自治区住房和城乡建设厅召开学习传达贯彻落实党的十八大精神大会。

12月

12日 2012年全国住房城乡建设领域节能减排专项监督检查（广西·南宁）汇报会在南宁召开。会上，检查组先后听取了广西区本级、南宁市、钦州市和东兴市关于住房城乡建设领域节能减排工作情况的汇报。

17日 住房和城乡建设部节能减排专项监督检查组在南宁召开反馈会，就检查的情况进行反馈。

18日 第四届和第五届广西园博会举办地评选会在南宁召开。经过评选组的评选和打分，北海市、百色市分别获得第四届和第五届广西园博会的承办权。

19日 以内蒙古住房城乡建设厅村镇处处长温骏骅为组长的住房城乡建设部农村危房改造检查组一行6人到广西，就开展2012年扩大农村危房改造试点任务落实情况进行检查，对广西的工作给予了肯定。

31日 南宁市江南区江西镇扬美村等广西39个村落入选首批中国传统村落名录。

（广西壮族自治区住房和城乡建设厅）

海 南 省

1. 概况

2012年海南省以"科学规划年"服务"项目建设年"为抓手，克服重重困难，全省住房城乡建设各项工作迈上新台阶。

【房地产业保持平稳健康发展】 一方面，坚决贯彻执行国家的调控政策，抑制房价过快增长。另一方面，积极探索房地产持续快速发展的出路。及时调整开发结构，促进转型升级。降低交易税费，刺激一、二级市场交易、调整住房公积金贷款政策，鼓励住房消费，并从项目规划、施工报建等环节入手，加快审批进度，狠抓项目落地，促进开发投资。同时，通过政府搭台、企业唱戏的方式，开展多项房地产促销活动。通过全省上下的共同努力，全省房地产业在未触及国家调控政策"红线"的情况下，仍然保持平稳健康发展，房地产开发投资完成

886.64亿元，商品房销售完成931.84万平方米，实现省政府提出的"稳中有升"目标。在实际工作中，各市县做了大量卓有成效的工作。海口市通过加强基础设施和服务设施配套建设，努力打造"四宜"城市，实现了投资和销售两旺的目标。万宁市创新促销方式，加大地方生态、人文特色和城市形象宣传推介力度，在重庆房展会期间，现场成交284套，为全省房地产创新销售模式塑造了成功典范。

【**规范市场秩序，促进建筑业快速发展**】 为提高建筑业对全省经济的贡献率，海南认真实施《海南省建筑业中长期发展规划（2011～2020）》，积极引导本省建筑企业创新经营方式，不断提高竞争、生存和发展能力，企业产值不断提升，全省建筑业总产值全年完成271.76亿元。为营造公平竞争的市场环境，组织编制并发布实施《海南省建筑工程竣工验收资料（2012年版）》，全面整顿建筑市场秩序，继续实施建设工程量清单招标投标评标办法、住宅工程质量分户验收管理办法、建设工程检查评分表等系列规章，开展省外建筑业企业监督检查，省住房城乡建设厅联合省监察厅、省检察院发布两批建筑市场严重违规违法企业"黑名单"。为强化工程质量安全监管，一方面加快推进海南省房屋建筑工程全过程监管信息平台建设，使之建成全国优秀试点项目。另一方面以保障性安居工程为重点，将工程质量与企业诚信、资质管理及招投标挂钩，强化施工现场与建筑市场联动，并从工程的基建程序和各参建单位质量行为等方面，狠抓建设工程质量安全监管，省工程质量安监局每月均有4个小组在全省范围内开展质量安全巡察，市县各级工程质量安全监管部门也认真履职，强化监督。一年中，全省没有发生较大的建设工程安全事故，建设工程质量和安全生产总体受控。

【**保障性安居工程建设**】 海南省将保障性安居工程建设列为全省的一号民生工程，认真总结和反思前几年的经验教训，最大限度地用好用足用活国家政策。加大结构调整力度，想方设法争取到15.19亿元中央专项资金，大大减轻省市资金配套压力，并将廉租住房和公共租赁住房的比例从10.5%调升至21.7%。积极推行住房公积金贷款支持保障房建设试点，在儋州市试点取得成效的基础上，又新增文昌市试点项目，两市试点项目的建设规模达到75.53万平方米、8378套。特别是在城镇保障性住房开工率在全国排名一度靠后的情况下，省政府及时召开督导会，并及时派出3个督导组到市县检查督导。全省保障性安居工程建设按时完成中央和省里的任务目标。同时，农村危房改造的开工率、竣工率和信息录入率均排名全国前列。在保障性安居工程建设过程中，海口、三亚、儋州、五指山、昌江、屯昌、琼中等市县积极创新工作方式方法，较好地完成了任务目标。

【**绿色崛起，科学统筹城乡建设发展**】 以科学规划服务项目建设。编制完成三亚、儋州、昌江、文昌、东方等市县城市总体规划和洋浦经济开发区、老城经济开发区、东方工业园区、海口美安科技新城、万泉乐城旅游区、屯昌木色湖风景名胜区等产业园区及旅游区总体规划，并加快推动编制五指山、琼中、临高、保亭、屯昌等市县城市总体规划。同时，根据省委、省政府的工作部署，启动编制《海南省新型城镇化发展战略规划》。抓好垃圾处理设施和公厕建设。全年建设完成并投入运营垃圾填埋场15座、垃圾焚烧发电厂3座以及一批垃圾转运站项目，实现了全省县城以上生活垃圾处理设施的全覆盖，新增垃圾无害化处理能力3514吨/日。全省城区和乡镇新建、改建公厕1192座，竣工投入使用1159座，实现了设施配套完善、运行管理到位的目标。大力开展环境综合治理，为国际国内会议、赛事和活动提供良好的城乡环境。大力推进建筑节能。全年太阳能热水系统建筑规模化应用完成报建量700万平方米。获得4个国家可再生能源建筑应用示范市（县）、11个国家太阳能光热和光电建筑应用示范项目，2个项目获国家三星级绿色建筑设计标识。全面启动村镇规划建设管理。努力将村镇建设培育成为国际旅游岛的新亮点和经济增长点，加快编制村镇规划，全省乡镇总体规划修编完成63%，乡镇控制性详细规划编制完成70%，村庄建设规划编制完成52%，全省18个市县（除三沙市外）的乡镇规划建设管理所均已挂牌设立。同时，集中财力，把有限的资金集中到一些基础条件较好、领导班子热情高的乡镇，全力以赴抓好文昌潭牛镇、白沙邦溪镇、屯昌枫木镇等8个特色风情小镇，并取得较好的成效。此外，在屯昌县成功联合承办首届中国（海南）美丽乡村建设论坛暨投资洽谈会，白沙县美丽乡村建设开局良好。

加强党风廉政建设和精神文明建设。涌现出一批先进集体和个人，其中省住房城乡建设厅行政审批办公室、省建筑设计院、海口市建设工程质量安全监督站、三亚市住房和城乡建设局等4家单位，苏金明、林丽霞、唐义海、刘桂妹等4名同志分别被评为全国住房城乡建设系统先进集体和先进个人，陈和、欧善华等2名同志被评为全国住房城乡建

系统劳动模范。(史贵友 谢曦)

2. 城镇规划建设

【城乡规划编制】 2012年,是海南省委、省政府确定的"科学规划年"和"项目建设年"。按照全省整体和"一盘棋"的原则,抓好重要基础设施、重大项目在全省的合理规划布局,加快形成具有国际旅游岛特色、布局合理的功能分区。在省域规划、市县城市总体规划、旅游区和开发区规划编制和实施管理等方面取得进展。按照海南省政府的部署,委托中国城市科学研究会和海南省建筑设计院共同编制《海南省新型城镇化发展战略规划》,推进海南新型城镇化工作。结合海南国际旅游岛建设和"十二五"规划要求,推进全省第三轮市县城市总体规划修编工作,《昌江黎族自治县城乡总体规划(2010~2030)》经海南省政府批准实施,儋州市、文昌市、东方市城市总体规划经海南省城乡规划委员会审查通过;五指山、临高、琼中、保亭、定安、乐东等市县城市总体规划修编工作顺利推进。推进三沙市相关规划的编制工作,初步完成三沙市驻地(永兴岛)规划纲要的编制工作。《洋浦经济开发区总体规划(2011~2030)》经海南省政府批准实施,洋浦四至区划调整经国务院批准同意。《东方工业园区总体规划》和《海口市美安科技新城总体规划》经海南省城乡规划委员会审议通过,澄迈县老城片区总体规划修编经专家评审会评审通过。编制完成全省各市县近期建设规划,在空间上落实"十二五"重要产业、重大基础设施和公共服务设施布局,满足各行业、各部门重大项目建设的需求,使各类规划在近期建设层面实现紧密对接。批准实施海南万泉乐城总体规划、陵水分界洲岛控制性详细规划、木兰头国际体育休闲园控制性详细规划、南丽湖风景名胜区(北区)控制性详细规划、陵水清水湾旅游度假区C区二期项目局部调整控制性详细规划、陵水黎族自治县香水湾B区控制性详细规划(局部调整)、清水湾旅游度假区C区二期项目修建性详细规划、陵水风车国际休闲度假村钻石海岸修建性详细规划、海南国际信息产业园E01地块修建性详细规划等近20个规划。评审通过陵水南湾猴岛生态旅游区控制性详细规划、香水湾富力旅游度假区D2地块修建性详细规划、风车国际休闲度假村钻石海岸修建性详细规划、双大·保亭七仙岭雨林度假区修建性详细规划、保亭金橡树温泉度假大酒店修建性详细规划、海南国际信息产业园E01地块修建性详细规划等一大批规划。

【城乡规划管理】 2012年12月25日,海南省省长蒋定之主持召开省城乡规划委员会第十四次会议,审议通过《东方市城市总体规划(2011~2030)》、《东方工业园区总体规划(2010~2030)》、《文昌市城乡总体规划(2011~2030)》和《屯昌县木色湖风景名胜区总体规划(2012~2030)》;听取《海口市近期建设规划(2011~2015)》、《三亚市近期建设规划(2011~2015)》和《海口市美安科技新城总体规划(2012~2030)》汇报。继续做好西环铁路、机场、高速公路等重大基础设施和惠普产业园、美安科技新城等重大项目建设跟踪服务工作,推进项目建设。核发海南炼化100万吨/年乙烯及炼油改扩建工程、定海大桥、海南琼海博鳌机场、文昌"两桥一路"(二期)工程滨海旅游公路(昌洒至翁田段)、海口颜春岭垃圾处理场渗滤液处理厂改扩建工程、万宁至儋州至洋浦高速公路建设项目、文昌至琼海高速公路建设项目、琼中至五指山至乐东至三亚高速公路建设项目、海南省红岭灌区工程、海口美兰国际机场二期扩建工程、海南环岛高速福山互通至马袅公路、五指山市新建行政中心、琼海维权执法基地维修改造项目、洋浦—马村成品油管道工程、国电海南西南部电厂新建工程、南海深海科学与工程技术综合实验研究平台、中石化(香港)洋浦成品油保税库项目配套码头工程等重大基础设施项目和重点项目的规划选址意见书,确保项目前期工作顺利推进。初步完成《海南省城镇建设项目停车场(库)配建标准》、《海南省酒店式公寓建筑设计标准》、《海南省建设项目容积率指标计算暂行规定》和《海南省城乡规划专家评审办法》等法规和标准规范的起草工作。围绕规划信息管理、规划实施动态监测、网上办公、方案模拟和社会公开公示等主要功能,筹建全省联网的城乡规划数字化管理系统,探索建立规划实施的动态监测体系,及时发现和查处违法行政和违法建设行为,争取到2015年实现城乡规划数字化管理系统全省覆盖。

【规划展览馆】 2012年1月,海南省科学技术协会授予海南省规划展览馆"海南省科普教育基地"称号。4月11日,海南省规划展览馆网站正式挂网运行,网站域名"www.hainwin.com"。

【规划获奖】 "2011年度全国优秀城乡规划设计奖"共评选出获奖项目241项,其中一等奖20项,二等奖57项,三等奖106项,表扬奖58项。《海南省城乡经济社会发展一体化总体规划》获得二等奖,《海南国际旅游岛风貌规划导则》获得表扬奖。

【《洋浦经济开发区总体规划》批准实施】 2012

年2月，海南省人民政府批准实施《洋浦经济开发区总体规划（2011～2030）》，《洋浦经济开发区总体规划（2011～2030）》是以上版总体规划69平方公里范围为基础，新增洋浦新英湾沿岸居民安置区2.6平方公里和围填海区域26平方公里，同时控制石化功能区与东部生活服务区之间的22平方公里土地作为洋浦以后发展的预留用地，共计约120平方公里，其中建设用地115平方公里。按照规划，洋浦经济开发区将发展成为立足环北部湾经济圈、背靠华南腹地、面向东南亚的新型临港工业基地，区域性航运枢纽和物流中心。在产业发展方面，以油气储备、石油化工、制浆造纸和港口物流为主导产业，以海洋装备制造、配套加工和综合服务业为辅助产业。概括为"一港三基地"的产业发展目标，即具有国际航运和物流中心承载能力的枢纽港、石油及天然气储备中转基地、石油化工产业基地、制浆造纸及纸制品一体化加工产业基地。规划的空间结构概括为"四带两廊、一心多园"。其中，"四带"分别为港航物流产业发展带，临港石化、浆纸及下游产业发展带，现代加工制造配套产业和保税仓储物流发展带，居住和配套公共服务发展带等开发区内四条南北向主要功能发展带；"两廊"是指洋浦大道市政防护绿化走廊和开源大道环境绿化走廊；"一心"是指开发区的公共服务中心；"多园"是指包括港口物流园区（南北两组团）、石油化工产业园区（南北两组团）、石油天然气储备中转园区、修造船及海洋装备制造园区、浆纸一体化产业园区、保税港区及配套加工产业园区和居住综合服务区等在内的多个功能园区。（陈天平）

【村镇规划建设管理】 2012年，海南省18个市县204个乡镇挂牌成立乡镇规划建设管理所，并建立起相应的乡镇规划建设管理制度和工作流程，配置相应的办公设备，共招录乡镇规划建设管理所业务人员近400人，培训后陆续到岗。

【村庄建设和保护】 2012年海南省借屯昌欢乐节平台，成功举办中国（海南）美丽乡村建设论坛与投资洽谈会，签约项目55个总金额达600多亿元；同时举办村镇规划建设成就展，集中展示近年来海南省村镇建设取得的成就。完成传统村落的调查登记工作，经统计，海南省在国家登记的传统村落有138个，其中文昌十八行村、海口市东潭村等7个村庄入选第一批国家级传统村落。

【村镇规划编制】 根据《海南省人民政府关于加强村镇规划建设管理工作的意见》和《海南省村镇规划编制工作方案（2012～2013）》要求，海南省于2012开始全面启动村镇规划编制工作，截至2012年底，完成全省所有乡镇总体规划修编的84%，控制性详细规划的73%，村庄建设规划的60%。新编制的村镇规划对规范村镇科学有序建设、推动村镇人居环境改善、引导产业项目起到积极的推动作用，镇、村可持续发展、科学发展能力不断增强。（苏乾）

3. 城市建设管理

【垃圾处理】 2012年，海南省投入约4.32亿元用于生活垃圾处理设施施工建设及运营管理各项工作，全年共处理生活垃圾约138万吨，生活垃圾渗滤液约51.26万吨，城镇生活垃圾无害化处理率约88%，计划建设的8个垃圾处理设施（包括生活垃圾填埋场、生活垃圾焚烧发电厂、餐厨垃圾处理项目、渗滤液处理站升级改造项目）全部投入前期工作，计划建设的104座生活垃圾转运站，17座完工，35座正在施工建设，52座处于前期工作阶段。4月及7月分别对全省在"十一五"期间投入试运行的14个垃圾填埋场和3个垃圾焚烧厂开展首次无害化等级省级评定工作，并于9月底和11月底分别接受住房和城乡建设部组织对三亚、儋州、万宁、五指山、东方5个设市城市生活垃圾填埋场和海口、琼海2个设市城市生活垃圾焚烧厂的部级复核检查，初步评价情况高于省级评定的等级。编制出台《海南省农村生活垃圾收运处理试点项目规划》及《海南省农村垃圾无害化处理试点项目和资金管理暂行办法》，选取试点推动农村生活垃圾无害化处理工作，逐步改善农村环境卫生。根据国务院办公厅《关于印发"十二五"全国城镇生活垃圾无害化处理设施建设规划的通知》（国办发〔2012〕23号）部署要求，迅速向全省所有市县转发并提出了具体指导意见，明确全省在"十二五"期间必须完成垃圾处理设施、垃圾转运体系、存量垃圾治理、餐厨垃圾试点、垃圾分类试点、垃圾处理设施实时监控系统6个方面17项建设任务，将具体目标任务分解细化到各市县。《海南省生活垃圾卫生填埋场运行监管标准》（DBJ 19—2011）、《生活垃圾收集转运设施运行监管标准》（DBJ 21—2012）、《生活垃圾焚烧厂运行监管标准》（DBJ 22—2012）全部以海南省工程建设地方标准发布实施，为全省生活垃圾处理设施项目规范稳定运行提供有力保障。（朱益锋）

【园林绿化】 2012年，海南省新增城镇绿地面积917万平方米。至年底，全省城市（县城）建成区绿地率达到34.36%，绿化覆盖率达到39.41%，人均公园绿地面积达到10.93平方米。根据省委、省政府"绿化宝岛"行动的总体部署，省住房和城乡建设厅组织编制了《海南省"绿化宝岛"行动城乡园林绿化规划（2012～2015）》。为推进"绿化宝岛"行动的深入开展，更好地发挥住宅小区和单位庭院绿化的功能，改善人居环境，提高人民生活质量，省住房和城乡建设厅于4月部署开展全省居住小区和单位庭院绿化检查、创建和评选工作，推动花园式居住小区、花园式单位庭院建设。儋州市进行街头绿地、道路整治、节点改造等建设，共投入资金9560万元，共栽植树木18.5万株，花灌木、草坪227万平方米；与深圳铁汉生态景观股份有限公司签署框架协议建设海南国际热带苗木花卉交易中心项目，总规划面积15247亩，建成后将成为我国南方重要的花卉交易基地。保亭县完成七仙广场二期绿化修复、斜坡绿化改造及补植工程，完成月亮广场景观绿化及对面绿地修复工程，完成南环路、西环路、保兴路主干道行道树及滨河路斜坡绿化等工程，投资1078.58万元，新增绿化面积1.6万平方米。至年底，保亭县建成区绿地率达到43.48%，绿化覆盖率达到48.04%，人均公园绿地面积达到15平方米。

【省树省花评选】 为充分体现海南景观风貌特色，引导社会各界更多种植海南省本地树种，推进海南四季花园建设，经省政府同意，成立由省绿化委员会、省住房和城乡建设厅、省林业厅、省文明办、省政协人口资源委员会和省风景园林协会组成的省树省花评选活动组委会，并积极开展海南省省树、省花评选活动，经过宣传发动、推荐提名、公众评选、专家评审、省政府审核后，经四届人大常委会第三十七次会议通过，正式确定海南省省树为椰子树（可可椰子）、黄花梨（降香黄檀、降香），省花为三角梅（九重葛、宝巾）。（王蕊）

【公共照明】 2012年，全省城市新（改）建路灯1.64万杆，合2.08万盏，景观照明灯7.16万盏，新增总功率5455千瓦。2012年是海南省绿色照明示范省的公共照明节能改造的验收年，全省各市县的城市、乡镇及农场完成公共照明节能改造工作，共改造路灯9.2万余盏，其中城市路灯6.2万余盏，乡镇路灯1.7万余盏，农场路灯1.3万余盏。经改造后可每年节省3570万千瓦时电量，折算为1.5万吨标准煤。为保证新增道路照明设施能够符合绿色照明的要求，省住房和城乡建设厅制定《海南省城市道路照明方式设计导则》，以方便新（改）建路灯的图纸审查和新增公共照明的电费核查。根据海南省绿色照明示范省的要求，以提高海南省的道路照明设施管理工作的水平，全省统一的道路照明智能监控系统及能耗实时监测平台的立项工作已经开展。待该系统建成之日，海南省的道路照明的管理水平将大大提升，向管理要节能效果将成为现实，并能够为道路照明的能耗监测提供可靠的数据。（吴海）

【公共厕所】 2012年是海南省政府下达三年公厕任务建设的最后一年，三年新（改）建公厕任务量为1162座。截止到2012年底，全省共计新（改）建公厕1192座，其中竣工1159座，竣工率达99.74%。8月，开展全省公共厕所检查。11～12月，开展全省公共厕所专项整治活动，明确时间节点，要求市县全面排查问题，认真组织整改并上报情况。（蔡蕊）

【燃气建设】 至2012年底，全省城镇燃气普及率90.89%。全省有管道燃气用户约38万标准户，年供气量约1.67亿立方米，日均供气量约45.82万立方米，其中居民用户用气量占17%，工商用户用气量占83%。全省液化石油气供应量约18万吨，汽车加气供气量约1.23亿立方米。全年新建城市天然气管道157.51公里，累计建设天然气管道2004.85公里，其中，累计干、支线管道935.42公里，庭院管道1069.47公里。全年新建燃气项目投资8052.94万元，改造项目投资约750.41万元。为进一步健全行业常态化管理机制，省住房和城乡建设厅组织燃气行业协会制定印发《海南省燃气经营许可年度评定标准》，指导行业开展规范化、标准化运营。（客羚）

4. 村镇建设

【农村（水库）移民危房改造】 2012年农村危房改造任务为25000户，开工2960户，开工率116%，竣工25330户，竣工率101%，超额完成中央下达的任务，中央追加的13500户农村危房改造任务全部开工，计划2013年全部竣工；截止到2012年底，海南省约完成1.6万户大中型水库移民危房改造，其中东方市包括报白村在内的24个村庄采取"整村推进"的方式进行改造，统一规划、统一设计、统一建设，改造效果明显，得到贺国强、贾庆林等中央领导肯定。

【小城镇建设】 近年来海南省小城镇建设在省本级小城镇建设补助资金带动下，拉动市县政府配套和社会投入，通过集中投入，重点建设，一批特色风情小镇初具规模。2012年，省小城镇建设资金重点投入到文昌潭牛、白沙邦溪、三亚育才、海口市三门坡、万宁兴隆农场等8个小城镇，建设效果显著。其中文昌市潭牛镇在省级补助的支持下，一共筹集1200万元投入镇区过境道路两侧建筑立面和过境道路人行道改造项目，有效地改善了人居环境，体现特色风貌，得到广大群众的认可和好评，真正起到以点带面的示范作用；白沙邦溪镇创新融资方式，通过实施市政人行道、道路樱花、绿化工程项目建设，邦溪镇面貌焕然一新，成为海南省西部快速崛起的一个黎族特色的风情小镇。（苏乾）

5. 房地产业

【商品房建设】 2012年，海南全省房地产开发投资完成886.64亿元，同比增长33.7%。其中，住宅投资725.32亿元，同比增长26.3%，占房地产开发投资的81.8%；办公楼投资5.65亿元，占0.6%；商业营业用房投资50.6亿元，占5.7%；其他房地产投资105.07亿元，占11.8%。商品房施工面积5109.49万平方米，同比增长39.6%，其中新开工面积1661.29万平方米，同比增长0.7%。2012年全省商品房施工面积5109.49万平方米，同比增长39.6%，比上年同期提高4个百分点。其中，新开工面积1661.29万平方米，增长0.7%，比上年同期下降43.8个百分点。

【商品房销售】 海南省委、省政府加强对国际旅游岛整体形象进行整体宣传推介，重点宣传宜居、宜游、健康养生等置业信息，促进房地产销售，取得良好的效果。6～7月，省住房和城乡建设厅与省房地产业协会共同组织房地产企业参加由省旅游委牵头组织的"2012海南国际旅游岛旅游、房地产、农产品全国巡回推广活动"，并在北京、成都、兰州、南京、哈尔滨5个城市举办房地产专场展销会。9～11月，按省长蒋定之的指示精神，省住房和城乡建设厅在北京、重庆举办两场以"海南·绿色崛起 拥抱世界"为主题的房地产交易会。9月22～23日，省住房和城乡建设厅组织省内百余家企业参加"2012北京秋季房地产展示交易会"。11月23～26日，组织省内多家房地产企业参加"2012重庆秋季房地产展示交易会"。此外，省住房和城乡建设厅还与省房地产业协会协助文昌、万宁、陵水、屯昌、澄迈等市县在哈尔滨、呼和浩特、南昌、长春、上海、杭州等城市开展房地产促销活动，并取得较好的成绩。2012年，全省商品房销售面积931.84万平方米，同比增长4.9%，其中住宅销售面积898.35万平方米，同比增长6.8%。商品房销售额735.57亿元，同比下降6.9%，其中住宅销售额701.72亿元，同比下降7.6%。（黎燕礼）

【房地产市场管理】 加强制度建设。2012年，海南省住房城乡建设厅编制《住房保障和房地产业协调发展总体实施方案（2012～2016）》，认真、系统地研究和分析全省房地产市场的发展历程、现状、特征、存在问题和发展前景，明确今后五年全省房地产业总体发展思路、目标、工作重点和推进步骤，加快推动全省房地产业转型升级；2012年6月出台《关于加强房地产市场监管规范市场秩序的通知》（琼建房〔2012〕103号，省法制办备案号QSF～2012～370009），进一步完善规划建设、商品房预售、交付使用、质量管理、预售资金监管等制度，规范规划、建设、销售、商品房交付、房屋登记、物业管理等环节的市场行为，营造良好的市场环境，刺激商品住房消费，并有力指导市县房地产市场监管工作，进一步规范全省房地产市场秩序；开展房地产估价行业检查，检查房地产评估机构37家，对存在问题提出整改要求，促进估价行业行为规范化。开展房地产经纪行业检查，以海口市为重点，共检查24家机构，责令18家机构限期整改。对钢运房地产有限公司门店店长诈骗购房款事件进行立案调查处理，处以罚款人民币5000元，并在网上曝光，记入诚信档案；加强市场监测，利用房地产市场信息系统，加强与统计、税务等部门的交流和沟通，科学监测分析市场，每月上报市场简报、每季度市场分析报告，半年形成综合报告，全年形成市场调研总结报告，准确、及时、全面呈报房地产市场信息，为政府和企业决策提供依据；加快推进全省个人住房信息系统和房地产市场信息管理系统建设。2012年，按照《海南省个人住房信息系统项目可行性研究报告》要求，着手开展全省个人住房信息系统建设监理单位招标、软硬件的招标采购、系统开发招标以及监督系统开发等相关工作。截止2012年底，全省个人住房信息系统和大集中式房产管理系统已开发完成并组织测试。全省房地产信息系统建设取得新的进展，截至2012年底，全省绝大部门市、县已开通系统，并逐步实施商品房买卖网上签约。

【房屋登记管理】 2012年3～4月，海南省住房城乡建设厅组织全省各市县房产管理部门负责房屋权属登记的工作人员，分别赴北京、安徽和广西参加由住房和城乡建设部举办的《房地产登记技术规程》骨干培训班学习。6月下发《关于贯彻实施〈房地产登记技术规程〉有关问题的通知》要求各市县认真做好《规程》的贯彻执行和培训工作。11月17～18日，举办房屋登记审核人员考核考前培训班，11月24日，开展2012年度全省房屋登记审核人员培训考核工作。（符策栋）

【国有土地上房屋征收管理】 完善房屋征收相关制度规定，修改完善《海南省国有土地上房屋征收评估机构选定办法》；借鉴山东经验做法，制定《关于推进国有土地上房屋征收与补偿信息公开工作的实施意见》要求各市县认真贯彻落实；开展房屋征收专项检查工作，下发《关于开展国有土地上房屋征收与补偿工作专项检查的通知》，对房屋征收过程中的各个环节进行细化要求，督促各市县政府加强依法办事的意识，规范政府行为。9月，省住房城乡建设厅、省国土环境资源厅、省监察厅、省农业厅等部门，开展全省征地拆迁专项检查，认真查找市县工作存在的问题和薄弱环节，并形成专项检查报告，上报住房和城乡建设部。（聂荣波）

【物业管理】 完善物业管理政策措施。完成《海南省物业管理招标投标管理办法》、《海南省业主大会和业主委员会指导规则》、《海南省住宅专项维修资金管理办法》的草案修改工作，并起草《管理规约》、《海南省业主大会议事规则》、《物业服务合同》、《海南省住宅物业装饰装修承诺》；继续推动供水、供电抄表到户工作，加强规范住宅小区供配电设施建设和管理；积极开展物业管理"示范"、"优秀"小区达标考评工作，经核验，"清水湾金色果岭"住宅项目被评为"2012年度全国物业管理示范住宅小区"；"清水湾·蔚蓝海岸"、"三亚蓝海·美丽海岸"、"海口荣域小区"、"海口市政府第二办公区"四个住宅（大厦）项目被评为"2012年度海南省物业管理优秀住宅小区"，通过开展"优秀"住宅小区达标考评活动，在物业服务行业起到以点带面的作用，促进了行业服务质量及和谐社区建设。（毕华）

【保障性住房建设】 2012年，海南省委、省政府继续把保障性安居工程作为建设海南人民幸福家园的重要举措，列为重要民生工程。各级党委、政府和相关部门加强领导、咬定目标、精心组织、密切配合，狠抓开工率、竣工率、入住率、配套率，开创了良好局面。全年全省计划建设保障性安居工程10.69万套（户），其中城镇保障性住房7.55万套，竣工5.33万套；普通农村危房改造2.5万户；水库移民危房改造0.63万户。至年底，全省开工建设保障性安居工程12.03万套（户），为计划的112.5%，其中城镇保障性住房8.41万套，竣工7.17万套，普通农村危房改造3.04万，水库移民危房改造0.65万户，分别为计划的111.4%、134.5%、121.8%、90.3%。城镇保障房新增分配入住7.23万户，占全省城镇保障房累计分配入住21.5万户的33.6%，分配入住率达到92.3%，比2011年（89.3%）增加3个百分点。

【保障性住房建设措施】 为推进保障性住房建设，省委、省政府高度重视，采取一系列措施。落实项目加快进度，确保实现责任目标。各地、各部门密切配合，在落实土地、资金到位及规划设计、招投标等方面加大工作力度，实现了省政府要求8月底前50%以上开工、11月底前100%开工的责任目标。总体而言，全省项目建设总规模与计划任务量匹配，建设项目已落实到具体地块，建设内容与申报内容一致。

加强质量安全管理，确保工程质量安全。省住房城乡建设厅继续组织专业技术人员，对全省保障性安居工程建设项目工程质量安全定期进行巡查，对发现的问题及时进行通报并督促整改。2012年共开展4次检查，检查保障性安居工程在建项目共287个，2226栋11.5万套，建筑面积共计1034万平方米，下发建设工程质量安全整改告知书131份，提出整改意见970条。从巡查结果看，全省保障性安居工程质量处受控状态，安全生产基本稳定。

加强分配入住管理，确保公平公正。省住房城乡建设厅加强分配入住工作的指导监督，加强住房保障资格审查和住房使用情况检查，对不符合住房保障条件家庭做到坚决及时清退。如儋州市有26人因享受过政策性住房而被取消怡心花园经济适用住房的申请资格。各地加快基本建成项目水、电、路等设施的配套，提高入住率。2012年新增入住4.36万户，全省城镇保障房累计分配入住21.5万户，占竣工套数的92.4%。

采取有效措施，大力推进信息公开。按照住房和城乡建设部《关于公开城镇保障性安居工程建设信息情况的通知》精神，省住房城乡建设厅就做好住房保障信息公开工作提出相关要求，督促各市县采取有效措施扎实推进住房保障信息公开工作。省住房城乡建设厅下文要求统一规格、统一内容。各市县均按要求在当地政府网站、项目建设地点公开各类保障性安居工程年度建设计划任务量和具体建设项目信息。全省基本建立类别齐全、结构合理、比例协调的保障房供应体系，初步形成指导性、针对性、可操作性强、具有海南特色的住房保障政策体系，构建确保任务完成、质量受控、分配公平的建设和管理机制，使全省住房条件整体上发生根本性变化。按125万户城镇人口测算，至2012年底全省城镇保障性住房覆盖面达28%（2012年底全国城镇保障性住房覆盖面约为13%）。（卜凡中）

【住房公积金运营管理】 2012年，全省住房公积金取得跨越式发展，主要运营指标均超预期目标。归集业务稳步增长，贷款发放大幅增加，增值收益实现翻番。全省当年归集住房公积金59.70亿元，同比增加9.27亿元，增长18.39%；缴存人数67.91万人，同比增加6.16万人，增长9.98%；覆盖率82%，同比提高4.35个百分点，达到全国平均水平。当年10.95万人提取住房公积金25.41亿元，同比增加10.49亿，增长70.32%；当年发放个人贷款18292笔37.55亿元，同比增加8431笔20.06亿元，分别增长85.6%和114.66%；发放儋州试点项目贷款2000万元。

截至2012年底，全省住房公积金累计缴存额247.42亿元，提取总额91.52亿元，缴存余额155.9亿元；个人贷款累计发放55327笔，发放金额90.82亿元，个人贷款余额74.32亿元。使用率67.03%，个贷率47.68%，同比分别提高8和13个百分点。利用住房公积金贷款支持保障性住房建设试点项目贷款累计发放2.19亿元。全年住房公积金实现增值收益19987.67万元，同比增加10645.96万元，增长113.96%。（苏洁珠）

6. 建筑业

【建筑业产值增长】 2012年海南省共完成建筑业总产值283.11亿元，同比增长10.8%；建筑业增加值282.52亿元，同比增长15.1%。

【建筑市场管理】 开展进琼省外建筑业企业市场行为和分支机构登记备案情况监督检查，共抽查11个市县，对随机抽取的150家省外建筑业企业、49个在建项目进行检查。其中对70家省外建筑业企业的分支机构备案情况进行实地核查，对54家省外建筑业企业承建的在建项目进行监督检查，并重点督查26家近三年在海南省发生过质量安全事故或有不良行为记录的省外建筑业企业，检查期间共提出整改意见205条。省住房城乡建设厅对监督检查情况进行全省通报，《海南日报》、《中国建设报》、《中新网》、《南海网》等多家主流舆论媒体对检查通报情况进行刊登报道。为规范建筑市场秩序，制定《建筑业企业业绩管理手册（试行）》，并将其作为建筑业企业资质动态管理、安全生产许可证管理、延期或暂扣进琼备案证、工程招标投标、企业诚信管理及评价等的重要依据。

【工程建设领域突出问题专项治理】 为严厉打击工程建设中挂靠借用资质投标违规出借资质的违法违规行为，转发省治理工程建设领域突出问题工作领导小组办公室《关于对工程建设中挂靠借用资质投标违规出借资质问题进行清理的实施方案》的通知（琼建管〔2012〕104号），召开专项工作会议，对检查工作进行部署，成立专项清理工作监督检查小组，对由省直机关作为业主的6个政府投资项目进行排查，并指导各市县住房城乡建设主管部门的清理工作，完成由省直机关作为业主的6个政府投资项目的排查，排查企业18家。开展集中开展建筑施工领域"打非治违"专项行动，重点检查建设工程项目不办理施工许可或质量安全监督等法定建设手续擅自开工、施工企业无相关资质或超越资质范围承揽工程以及违法分包和转包工程、从业人员无法定资格证书从事工程建设活动的等违法违规行为。各市县在此次专项行动中，下发整改通知单225份，停工通知单17份，发现未办理施工许可证擅自开工的工程项目11宗。

【房屋建筑工程监管信息平台建设】 下发《海南省住房和城乡建设厅关于开展全省房屋建筑和市政工程在建项目信息采集工作的通知》，并组织各市县住房城乡建设局分管建设工程项目的局领导和具体承办项目统计的工作人员进行培训，主要就如何规范填报《各市县房屋建筑和市政工程在建项目一览表》进行讲解，并宣传贯彻落实推进海南省房屋建筑工程全过程监管平台建设，加快全省建筑市场建设工程项目数据库建立。通过建立全省房屋建筑和市政工程在建项目和竣工项目月报制度，收集各市县住建局每月上报在建项目和施工项目统计数据，逐步建立工程项目数据库，并做好建筑市场统计分析工作。

【建筑企业引导和扶持】 继续做好海建股份"升特"的扶持工作，积极向住房和城乡建设部汇报工作进展，争取在资质审批中给予扶持。组织召开本省施工企业管理推进会，本省200多家施工企业的负责人、业务骨干近300人参加会议，会上对施工企业资质换证方案、企业数据信息录入工作进行宣贯和说明。组织召开《建设工程监理合同（示范文本）》宣贯会，做好海南省新版监理合同的推广使用，规范海南省建设工程监理活动和监理行为。（周隽）

【工程质量管理】 2012年全省建筑工程竣工验收合格率100%。相继出台《关于加强建筑边坡与深基坑工程质量安全管理的通知》、《海南省建设系统安全生产工作责任目标考核办法》、《海南省建筑业新技术应用示范工程管理办法》、《房屋市政工程中限制使用人工挖孔灌注桩的有关要求》等工程质量安全管理规范性文件及标准，逐步把工程质量与企业诚信、资质管理及招投标挂钩，进一步加强施工现场与建筑市场联动。全年共组织5次全省保障性住房质量安全巡查，重点检查廉租住房、公租住房及利用财政资金建设的保障性安居工程。检查在建项目361个，建筑面积共计1361万平方米，发出《建设工程质量安全检查告知书》192份。提出整改意见1557条。下发全省性的通报3份，表扬施工单位87家、监理单位8家，批评施工单位13家、监理单位8家，并对2家施工和监理单位进行了约谈。继续打造精品工程，三亚凤凰岛国际养生度假中心5号楼、广州林和西横路酒店2个项目获国家建设工程质量最高奖项"鲁班奖"，有33项建设工程获得省级工程质量奖"绿岛杯奖"。

【施工安全】 2012年，全省建筑施工安全生产总体态势平稳。全年发生8起一般建筑施工生产安全事故，死亡8人，事故起数及死亡人数均比上年同期下降20%，建筑业百亿元增加值死亡率逐年下降。不断强化应急救援能力建设，于5月召开救援演练暨建筑施工高处坠落应急救援演练观摩会活动。组织海南省建设集团编写《图解建设工程施工安全文明标准化》，深入推进海南省建筑施工标准化工作，分别于6月、11月召开全省建筑施工质量安全标准化现场观摩会。组织开展全省建筑施工安全生产大检查，共抽查项目87个，总建筑面积约452.5万平方米，检查塔式起重机67台，施工升降机46台，物料提升机70台，下发整改通知书42份，提出整改意见247条。加大对施工企业安全生产许可证动态监管，对2012年发生的8起建筑施工生产安全事故作出相应处罚。

【工法评选】 2012年，根据《海南省工程建设工法评选办法》，省住房和城乡建设厅委托省建筑业协会组织专家对申报2012年省级工法进行评审，其中3项工程建设工法通过国家级工法评审，30项工程建设工法通过省级工法评审。

【勘察设计质量管理】 2012年，继续加强勘察设计质量管理，开展工程勘察设计质量检查。抽检勘察设计项目96项，其中勘察项目21项，建筑工程项目75项，涉及省内勘察设计单位44家，省外驻琼勘察设计单位52家。此次检查中，对存在设计质量问题比较多的8家设计单位进行约谈，其中通报批评2家设计单位、3家图审机构，处罚3家设计单位。

【工程抗震】 2012年，继续严格执行超限高层建筑工程抗震设防专项审查制度，保证超限高层建筑抗震能力。2012年共组织完成"海口国际金融中心"等17个项目的超限工程抗震设防专项审查。通过专项审查，进一步优化设计，提高工程抗震的可靠性和安全性。全力配合省校安办做好中小学校舍安全工程实施工作，为校舍安全工程提供有力的技术保障。（柯维洁）

7. 建设科技

【建筑节能与绿色建筑】 2012年，组织完成70多个大型民用建筑项目规划报建阶段的节能评估审查工作。开展2012年度建筑节能设计施工图和施工现场专项检查，共抽查58个项目（其中公共建筑37个，居住建筑21个）的施工图设计文件审查情况，61个在建项目（其中公共建筑24个，居住建筑37个），抽查61份建筑节能工程质量监督内档，查阅200余份制度文件，发出执法建议书14份，同时对2011年检查下发执法建议书的16个项目现场进行复查，检查结束后印发《海南省住房和城乡建设厅关于2012年建筑节能和太阳能热水系统建筑应用专项监督检查情况的通报》。配合做好2012年全国住房城乡建设领域节能减排监督检查组对海南的检查工作，对省本级和海口市、三亚市、万宁市15个在建项目的施工图设计文件和15个在建项目施工现场，15个城市公共照明项目，以及3个垃圾处理项目和8个污水处理项目的建设运行情况进行检查，检查结束后省住房城乡建设厅联合省水务厅及时将检查情况书面上报省政府。根据住房城乡建设部的统一部署，开展2011年度的能耗统计和能源审计等工作，共完了1277栋民用建筑能耗统计和70栋建筑能源审计，截至2012年底，海南省共完成2007～2011年度的民用建筑能耗统计5518栋，能源审计326栋，能耗公示326栋建筑。组织编制的《海南省公共建筑能耗监测体系建设可行性研究报告》通过省工信厅的评审，同意建设省级公共建筑能耗监测平台。邀请国家级测评机构对海南省的3家省级测评机构分别在三亚和文昌的太阳能热水系统建筑应用示范项目现场进行现场指导。印发《海南省住房和城乡建设厅关于印发海南省建筑节能专家名单的通知》，明确由建筑等16个专业组成的建筑节能专家名单。印发《海南省绿色建筑评价标准》、《海南省绿色建筑评价标识实施细则》、《海南省一二星级绿色建筑评价申报指南》等绿色建筑规范性文件及技术标准规范。获得住房城乡建设部批准开展一、二星级绿色建筑评价标识资格。前往天津等城市开展绿色建筑调研。分别召开《海南省绿色建筑评价标准》宣贯会、海南省发展绿色建筑推进会，共计500多人参加会议。分两批组织省专家参加昆明、天津绿色建筑评价标识专家培训班。

【可再生能源建筑应用】 出台《海南省住房和

城乡建设厅关于印发2012年海南省太阳能热水系统建筑应用面积分配任务的通知》，对2012年各市县太阳能热水系统建筑应用任务进行分解，要求各市县落实执行。联合省财政厅修订印发《海南省太阳能热水系统建筑应用财政补助资金管理办法》、《海南省可再生能源建筑应用专项资金管理暂行办法》、《海南省可再生能源建筑应用示范项目评审办法》等管理办法，根据属地管理原则将1500多万元省级补助资金直接下达市县财政，由市县住房城乡建设、财政主管部门具体组织实施示范。组织完成省旅游学校太阳能热水系统建筑应用示范项目和海南中航特玻工业园、海南生态软件园、大唐海南英利3个国家太阳能光电建筑应用示范项目的验收评估工作，组织申报并获批了海南汉能光伏基地厂房、海口经济学院、汉能海南省技师学校3个2012年度国家太阳能光电建筑应用示范项目，太阳能光电装机容量8兆瓦，获国家补助资金4850万元（财政部已按70%的补助标准下达3395万元，剩余补助待验收评估后核准）。同时，调研督导三亚、儋州、文昌、陵水4个国家可再生能源建筑应用示范市县任务完成推进工作。

【建设科技推广】 发布《海南省建设科技成果2012年推广目录》和《海南省建筑节能材料和产品2012年认定目录》，推广科技成果5项，认定节能材料和产品16项。在海口组织召开在线低辐射（Low-E）超白超厚节能玻璃技术与应用研讨会，建设系统共计300余人参会。组织评审确定"高烈度地区超高层钢管混凝土加消能构件结构的抗震性能分析"等15个建设领域的科研课题，涉及课题经费150万元。组织专家评审通过《冲击结合回转成孔灌注桩施工工法技术研究》等10余项省级建设工法的新技术鉴定、玻璃隔热涂料——绿光玻璃等5项建筑节能与科技产品的推广应用，颁发相关证书。

2012年8月24日，"海南省国家太阳能光电建筑应用示范项目验收评估会"在海口召开。（林崇钦）

8. 建设政策法规

【立法工作】 2012年省住房和城乡建设厅开展海南省违法建筑情况的调研，参与提交《海南省违法建筑调研报告》，协助省人大法工委开展全省查处违法建筑立法调研，在总结近年来拆违工作经验的基础上，草拟《海南省查处违法建筑若干规定》，由海南省第四届人民代表大会常务委员会第三十五次会议于2012年11月27日通过，现已公布，自2013年1月1日起施行。《规定》对违法建筑的范围、强拆程序、查处时限、查处职责等都做了明确界定。《海南省查处违法建筑若干规定》施行标志着海南省拆除违法建筑工作有了更加明确与严格的法律规范。

【规范性文件备案审查】 2012年，省住房和城乡建设厅发布《关于加强房地产市场监管规范市场秩序的通知》等14件规范性文件，均严格依照法定程序向省政府申请规范性文件备案登记，获得备案号后印发实施。

【行政复议、诉讼工作】 省住房和城乡建设厅按照《中华人民共和国行政复议法》和《中华人民共和国行政复议法实施条例》的规定，进一步加强行政复议工作，坚持以事实为依据，以法律为准绳，依法办理行政复议案件。2012年收到行政复议申请6件，受理复议申请4件，审结3起，已审结案件无一起引发行政诉讼、上访或群体性事件，未发生复议后应诉案件，有效发挥了行政复议制度在解决行政争议、建设法治政府、构建社会主义和谐社会中的作用。2012年省住房和城乡建设厅以做好管理相对人的说服和疏导工作为优先环节，有8起可能引发行政复议的案件被提前化解或引导当事人选择了其他有效救济方式。2012年省住房和城乡建设厅参与民事诉讼1件。

【住建普法工作】 2012年，省普法依法治理领导小组《"推进依法行政、建设法治海南"大学习大讨论活动实施方案》的要求，结合省住房和城乡建设厅实际，制定并组织实施《海南省住房和城乡建设厅"推进依法行政、建设法治海南"大学习大讨论活动实施方案》，并向海南省普法依法治理领导小组报送《海南省住房和城乡建设厅2012年普法依法治理工作总结》，顺利完成2012年普法依法治理工作的各项任务。（金淑丽）

9. 建设执法稽查

【打击违法建筑工作】 2012年4月，省住房和城乡建设厅配合省人大法工委开展全省查处违法建筑立法调研，提交《海南省违法建筑情况与立法建议报告》。2012年11月，《海南省查处违法建筑若干规定》经省人大常委会第三十四次会议审议通过，自2013年1月1日起施行。2012年7月，省住房和城乡建设厅组织全省违法建筑情况调研，形成《海南省违法建筑情况调研报告》，深入分析全省违法建筑的现状、成因、危害以及打击违法建筑工作取得的成效和存在的问题，有针对性地提出打击违法建筑的措施和对策。在推进打击违法建筑工作中，各市县政府精心部署、严格执法，取得较好成效，

2012年度全省共拆除违法建筑2578宗，125.67万平方米。

【查处违法违规案件】 2012年，省住房和城乡建设厅进一步落实案件查办、转办、督办机制，认真做好案件稽查工作。全年共组织17次案件稽查，涉及住房保障、城乡规划、房地产市场、建筑市场、工程质量安全等多领域。在案件稽查过程中，省住房和城乡建设厅初步建立厅内集体研判制度，做到定性准确、适用法律正确、程序合法、过罚相当。同时建立了厅内处室横向联动、厅与市县上下联动的协同联动机制，形成案件查办合力，提高办案效率。

【体制机制建设】 2012年，省住房和城乡建设厅加强稽查执法制度建设，拟定《海南省住房和城乡建设稽查执法工作管理办法》、《专案稽查执法工作规程》等一系列指导全省工作的政策文件和加强内部管理的规章制度，推进稽查执法工作制度化、规范化。7月，开展了全省住建系统稽查执法组织机构和体制机制建设情况专题调研，形成调研报告，针对市县住建系统稽查执法机构和队伍建设滞后、体制机制不健全等问题，提出解决方案，为下一步完善体制机制明确工作方向、办法和措施。

【重点稽查执法工作】 2012年，省住房和城乡建设厅制定下发《2012年重点稽查执法工作实施方案》，继续深入开展各项重点稽查执法工作。对保障性住房建设、住房公积金、建筑市场、房地产市场、建筑节能、工程质量安全等方面开展27次专项执法检查，确保国家和海南省重大政策部署落实，及时发现和纠正违法违规行为，维护建筑市场秩序，促进住房和城乡建设事业科学健康发展。

【城乡规划督察工作】 2012年，省住房和城乡建设厅启动城乡规划督察员换届选聘工作，确定4名专家为第二届省城乡规划督察员人选。拟定《海南省城乡规划督察员工作规程》，进一步完善城乡规划督察管理制度，规范工作程序，加强日常管理。（孙淑华）

10. 建设系统教育培训

【智力扶持中西部市县】 2012年，继续实施《海南省建设规划人才智力扶持中西部市县实施方案》，联合省委组织部、省人力社会保障厅启动第二期扶持计划，从厅机关和海口、三亚选派20名建设行政管理干部和专业技术骨干到中西部市县建设行政主管部门服务锻炼，其中11名挂职任副局长，9名进行定点服务指导；相应从中西部市县选派11名建设行政管理干部和专业技术骨干到厅机关和海口、三亚建设行政主管部门跟班学习锻炼。

【干部培训】 制定《干部教育培训工作计划》，通过以会代训或专题学习的形式，组织干部深入学习贯彻党的十八大和省六次党代会等重要会议及文件精神，以"书记讲党课"、专家讲案例、组织观看教育片、参观廉政教育基地等形式开展多种多样的党风廉政教育。抓好机关公务员及党政紧缺人才的业务培训，采取由专家授课、参加行业组织的讲座、评审会等多种形式开展业务提升。2012年，进行思想政治教育及举办业务培训共11班次，参加1038人次。加强公务员在线学习和处级干部选学工作，共组织厅机关公务员和直属单位参公人员160余人参加在线学习，注册率和参训率均在90%以上，组织处级干部参加省委党校、海南大学等院校面授选学188人次。加强基层干部队伍培训，先后举办保障性安居工程建设的政策解读、农村危房改造、村镇规划编制、建设工程监理合同示范文本宣贯、太阳能热水系统建筑应用政策等多项业务培训，共20期、2400人次，投入资金78.6万元，特别是针对村镇建设规划的业务培训，全年多达7期，对加强基层干部履职能力，提高执政水平起到了一定的作用。

【专业技术人才培养】 在海南省首次开展建设工程系列正高级专业技术资格评审工作，为长期从事本专业工作、贡献较大、业绩突出的优秀人才提供晋升的机会，促进专业技术水平的提高。2012年，有8人晋升正高级专业技术资格。全省共有34人取得建设工程系列正高级专业技术资格。组织初、中、高级专业技术资格评审工作，有1100人得到晋升，进一步充实专业技术人才队伍。开展2012年建设行业省优、特殊津贴专家评选申报工作，对省政府政务服务中心的182名评标专家职称情况进行审核。

【建设行业学历教育】 与省教育厅合作举办了建筑工程类专业中等职业学历教育实验班，依托省机电工程学校、省交通学校和省三亚高级技工学校，面向社会招收应届初、高中毕业生和同等学力的社会青年1000多名，目的在于培养一批懂建筑工程基本理论和知识，具备施工技术和工程管理能力的中职人才。三所学校共有2135人在读。经多次和住房和城乡建设部协调，在海口经济职业技术学院设立建筑智能化、工程预算、工程监理三个专业，每年招收150人左右的大学生，较好地解决了专业人员紧缺问题。支持哈尔滨工程大学海南函授站招收海南省各类在职人员进行学历教育，在校学生728人，450人取得大专或本科学历。

【继续教育和岗位培训】 举办专业人员继续教

育培训班25期9520人次。举办施工企业主要负责人、项目负责人、专职安全生产管理人员安全生产业务培训班10期,有6315人取得合格证书。组织各类施工现场专业人员培训班81期19000人次。

【技能人才队伍建设】 2012年,开展职业技能鉴定38期,鉴定1436人。通过开展职业技能鉴定工作,一线生产操作人员的素质进一步提高,安全生产意识不断加强。

【联村进企工作】 参加省委组织部开展的"联村进企行动第四期工作",派出组织人事处处长、纪检组副组长王积孝到临高县南宝镇松明村委会担任第一书记、农村工作指导员,进行驻点帮扶,截止到2012年9月,"联村进企行动"顺利完成。

【反腐倡廉工作】 1月,召开全省住建系统党风廉政和精神建设工作会议,厅党组书记、厅长王志宏等有关领导同志出席会议并作重要讲话,会议对2011年党风廉政、精神文明建设工作进行了总结,并要求各单位在新的一年里紧密联系海南省住房城乡建设系统实际,围绕中心、服务大局,抓住重点、系统推进,认真解决损害群众利益的突出问题和反腐倡廉建设中群众反映强烈的突出问题。(曾彪)

11. 建设系统行政审批

【审批概况】 2012年,省住房城乡建设厅行政审批办共受理行政许可审批4322件,办结4175件,平均承诺天数15天,实际平均办结天数7.5天,办结提速55%,提前办结率99%,收到锦旗14面,感谢信5封。此外,在5月份开展的由海南日报社主办,省政务中心、南海网等多家单位协办的"万人评议省政务中心暨十佳审批服务窗口"活动中,省住房城乡建设厅行政审批办被评为"十佳审批服务窗口",排名第二。2012年12月,省住房城乡建设厅行政审批办被评为全国住房和城乡建设系统先进集体。

【开展网上审批】 省住房城乡建设厅行政审批办为做好网上审批工作,制定每个审批项目的流程图、每个环节(初审、审核、审批)对应的审批要素说明、项目审批单。将所有的150项行政审批子项全部实现网上受理、初审、核准。同时,为尽快熟练掌握网上审批受理业务,省住房城乡建设厅行政审批办组织所有工作人员进行新审批系统的操作培训,提高办件效率。

【编制行政审批事项目录】 省住房城乡建设厅行政审批办根据法律和规章制度,对行政审批事项的名称、设定依据、申请条件、申请材料、审批时限等内容再次进行认真核对,查缺补漏,并在修改过程中及时和省政务中心沟通协商,最终归纳分类出31个行政审批大项,150个行政审批子项。

【录入企业库数据】 2012年4月,省住房城乡建设厅行政审批办共录入电子化纸质资料4514件,其中房地产类档案2396件,其他各类档案(勘察、设计、施工、监理、造价咨询、招投标代理、混凝土检测、设计施工一体化等)2118件,完成企业库数据录入工作。同时,对2008年7月1日之前取得建筑业施工资质的企业,按有关要求进行信息录入和换发新证。截至2012年12月31日,完成建筑业施工企业换证83家。

【指导市县行政审批】 2012年5月和8月,省住房城乡建设厅行政审批办派员前往琼海市政务中心规划建设局审批办和文昌市政务中心对口单位进行调研,听取当地建设局审批办工作情况介绍,开展业务交流指导工作。同时,做好指导五指山市政务服务中心对口窗口单位工作人员分期分批跟班学习工作。(李华忠)

(海南省住房城乡建设厅 统稿:谢曦)

重 庆 市

(一) 城 乡 规 划

【国家中心城市战略规划深化】 重庆市规划局进一步理清重庆构建国家中心城市的策略、路径和措施,研究完善符合重庆直辖市实际的城乡规划编制体系。深化《重庆构建国家中心城市研究》,从国家中心城市的本质特征入手,深入剖析重庆建设国家中心城市的优势，提出六大发展战略。

【主城九区分区规划和近期建设规划】 深化实施城乡总体规划，通过对人口、用地、道路交通、基础设施、公共服务设施等核心内容的深入研究，在行政区的基础上分组团和功能分区层面合理确定其各自功能结构、发展重点和时序、土地利用及控制要求，建立起宏观层面总体规划与控制性详细规划之间的有效衔接机制，从而把总体规划确定的主城规模和功能分解细化到主城各区，形成居住和商业等功能建筑总体规划和分步实施思路。

【市域城镇体系布局和城镇化布局规划】 全面梳理市域城镇化现状和问题，提出培育八大城镇集群与"三纵三横"六条城镇发展廊带、增强主城区和区域性中心城市的集聚带动作用、推动区县城镇差异化发展、重点发展区县城等规划思路。

【重要片区规划】 深化两江新区规划，明确塑造全球创新高地、山水园林新区的城市定位，提出重点聚合先进制造、科技教育、文化创意、商业贸易、枢纽物流5大重点功能。优化两路寸滩保税港区、西永综合保税区和国家级市级开发区、特色工业园区等重点地区规划，进一步提高规划服务水平和效率。创新和完善规划项目前期研究机制，做好主城区朝天门、化龙桥、九龙半岛、西永、龙洲湾、龙兴复盛、礼嘉、悦来会展中心和中央公园、钓鱼嘴半岛和老重钢十大片区城市设计、控制性详细规划、规划条件细化优化以及建筑设计，重点突出现代商务、高端产业、总部金融等服务功能。优化二环大型聚居区规划。科学引导人口和产业向内环以外疏散和集聚，保障城市人口、经济、社会的协调可持续发展。启动云计算产业园等重要产业区规划编制。

【统筹城乡规划】 开展区县规模论证工作，综合评估各区县发展条件、动力及建设情况，从总量上对区县规划进行科学引导和控制，促进城市长远可持续发展。进一步优化区县城乡总体规划编制内容、修改条件、审查审批程序等技术，统筹长远适应性和近期有效性，做好近期建设规划与经济社会发展规划和用地计划的协调。指导黔江、綦江、大足等区县开展总体规划修改工作，万州、涪陵总体规划获市政府批复。

【村镇规划】 开展小城镇发展规划思路研究。全面采集全市500余个建制镇的人口、经济、用地、规划编制情况等基本信息，将100个重点中心镇功能、规模等级、类型和特点，分为七种类型进行分区优化、分类指导政策。推进450个村规划编制，推出一批农民新村规划实施成果，开展《乡村建设规划管理暂行办法》、《乡村建设规划制定与修改工作规则》制定工作，进一步规范村规划编制审批程序以及成果内容。

【提升区县规划水平】 深入调研并形成《关于进一步加强城乡规划工作的通知》，推动重庆市政府以渝府发〔2012〕105号文发布实施。从七个方面明确加强区县规划管理新的任务要求：区县总体规划，32个开发区和市级特色工业园区规划，商务集聚区等重要地区规划，新发展片区规划，铁路、大桥等影响城市发展的重大基础设施项目规划，重要公共建筑项目规划，100个重点中心镇规划。

完善规划督察员制度。发挥区县首席规划师作用，对630余个区县重要项目开展咨询和指导。开展重庆大学规划专业培训班等多层次培训教育活动，帮助提升区县规划管理水平。

【综合交通规划优化】 完成近期建设的成渝客专、渝黔新线、成渝城际、兰渝铁路、渝利铁路五条铁路在主城范围内的规划控制方案，总长230余公里。推进轨道交通一、三、六号线及轨道交通环线规划有序实施。做好沙坪坝铁路枢纽改造、白市驿机场搬迁，积极服务重大基础设施规划落地。优化成渝客专沙坪坝站、菜园坝站上盖物业及轨道上盖物业的交通组织。科学规划交通设施尺度，大力推进道路网络化规划和道路详细规划，提升路网联通性和可靠性，努力实现用地节约和绿色生态，探索山地城市可持续发展路径。

【城市特色风貌塑造】 深化国家历史文化名城规划，梳理历史文化名城资源，加强历史文化名镇保护规划指导，推动5处统战遗址、120处抗战遗址和革命遗址项目规划实施。完成渝中区步行、北部新区步行和自行车交通系统示范项目，获2012年度中国人居环境（范例）奖。强化标准体系研究，落实市政府加快实施技术标准战略打造内陆技术标准高地的工作要求，深入推进山地城乡规划标准体系研究，编制完成公共服务设施规划标准、城乡建设用地适应性评价技术规程。积极引入国际大师和生态城市前沿理念，完成悦来生态城总体规划，提炼生态城特色和生态指标体系，初步构建起实施机制框架。悦来生态城经住房城乡建设部批复悦来生态城为全国绿色生态示范城区。高水平承办中国科协主办的山地城镇可持续发展论坛和住房城乡建设部主办的内地与香港建筑业论坛，为重庆市城乡规划和城镇化健康可持续发展建言献策。

【规划科学决策】 制定修改控规一般技术性内容暂行办法,进一步规范控规修改自由裁量权。提请重庆市政府出台《临时建设工程规划管理办法》,减少临时建设的影响及其所带来的社会问题。规范行政执法行为,增加催告环节。修订完善行政强制执法文书,严格执行规划行政处罚裁量基准,得到全市规范行政处罚裁量权工作专项监督检查组高度评价。建成主城区综合交通信息平台试点工程,推进三维仿真系统辅助建筑规划管理,实行一次性告知、一次性指标核算等办法,提高行政效能。

【规划监督执法】 完善规划批后管理机制,在主城区154个镇街、1579个村社、社区,设立由2253名基层联络员组成的动态监管队伍,初步建立起主城区违法建筑整治基层监管网。完成主城区存量违法建筑清理工作,有序推进分类处置。全年立案查处违法建筑510件,拆除违法建筑242万平方米,严肃查处双碑休闲风情街、巴南区花溪街道民主村安置房项目等一批违法建设行为。创建无违法建筑示范小区、小区104个。加大"四山"森林资源保护力度。

【优化规划管理服务】 完善两江新区、经开区、高新区等新区产业用地和大型聚居区等控制性详细规划,共推进30项、200平方公里的控制性详细规划编制,保障项目建设落地。促进控制性详细规划已覆盖区域的优化,着重引导绿地集中、道路优化和功能提升。规划高效服务城市开发建设,2012年主城区核发用地规划许可面积6569公顷;核发工程规划许可总建筑面积7095万平方米;核发规划竣工确认书总建筑面积4487万平方米。

【推行阳光规划】 完善政务信息公开制度,及时面向公众解读规划编制、行政许可、规划监察政策法规。完成市规划展览馆更新,建立完善规划科普宣传,以及规划设计方案公开公示制度,多渠道对120余项规划设计方案主动公示,依法办理来信来访和公开咨询,有效拓宽了群众了解规划、参与规划、监督规划的渠道。

【数字城市】 稳步推进数字城市地理空间框架建设,历时12年的"数字重庆地理信息平台"建设顺利通过国家测绘地理信息局组织的专家验收。全市区级行政单位全部纳入"数字城市地理空间框架建设"试点和推广计划,主城九区统筹纳入重庆市地理信息公共服务平台,统一构建主城区数字城市地理空间框架。"数字永川"、"数字长寿"顺利建成并启动二期工程。积极建设"数字黔江"地理空间框架,"数字万州"、"数字涪陵"、"数字潼南"顺利推进,"数字大足"、"数字开县"、"数字綦江"开展前期工作。

(重庆市规划局)

(二)城乡建设

【城乡建设工作综述】 2012年,重庆全市房地产开发投资2508.35亿元,城市基础设施投资892.44亿元,共完成3400.79亿元,同比增长19.6%(2011年同期18.2%),比2011年同期提高1.4个百分点,占全社会固定资产投资9380亿元的36.3%(2011年同期37.3%),比2011年同期回落1.0个百分点。

全市实现房地产开发增加值575.17亿元,建筑业增加值991.32亿元,共计1566.49亿元,同比增长25.5%(2011年同期40.0%),比2011年下降14.5个百分点,占地区生产总值(GDP)11459亿元的比重为13.7%(2011年同期12.5%),比2011年同期提高1.2个百分点。

全市配套费征收金额171.74亿元,同比增长10.3%,其中:主城区配套费征收金额120.16亿元,远郊区县配套费征收金额51.58亿元;全市配套费征收面积8624.30万平方米,其中:主城区配套费征收面积4985.02万平方米,远郊区县配套费征收面积3639.28万平方米。

【房地产业】 2012年,全市房地产开发投资2508.35亿元(全国为71804亿元),同比增长24.5%(全国为16.2%),比前三季度回落2.3个百分点(全国提高0.8个百分点),比2011年同期提高0.1个百分点(全国回落11.7个百分点)。1~12月全市房地产业完成投资排名前十位区县(见表1)。

2012年全市房地产业完成投资排名前十位区县(单位:亿元) 表1

序号	1	2	3	4	5	6	7	8	9	10
区县	渝北区	江北区	南岸区	九龙坡区	沙坪坝区	巴南区	渝中区	北碚区	合川区	大渡口区
投资额	296.15	280.74	236.88	190.13	185.05	172.83	152.44	129.37	62.97	62.83

房地产开发投资2508.35亿元,为年度目标任务1700亿元的147.6%,占固定资产投资9380亿元(全国为364835亿元)的26.7%(全国为19.7%),比2011年同期提高0.3个百分点(全国下降0.7个百分

点）。全市房地产完成开发投资与全社会固定资产投资比较（见图1）。

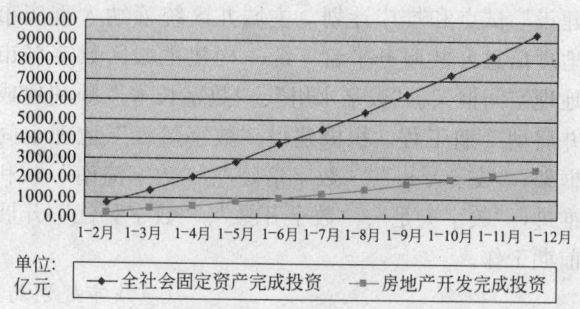

图1 1～12月房地产完成开发投资与全社会固定资产投资比较

全市房地产业实现增加值575.17亿元，同比增长6.1%，比前三季度提高0.2个百分点，比2011年同期提高0.6个百分点。

全市房地产业实现增加值575.17亿元占地区生产总值（GDP）11459亿元的比重为5.0%，比2011年同期提高1.0个百分点。

全市商品房施工面积22009.03万平方米，同比增长7.9%；商品房竣工面积3990.63万平方米，同比增长16.5%，2012年与2011年同期商品房竣工面积比较（见图2）。商品房新开工面积5813.48万平方米，同比下降14.8%。2012年与2011年同期商品房新开工面积比较（见表2）。

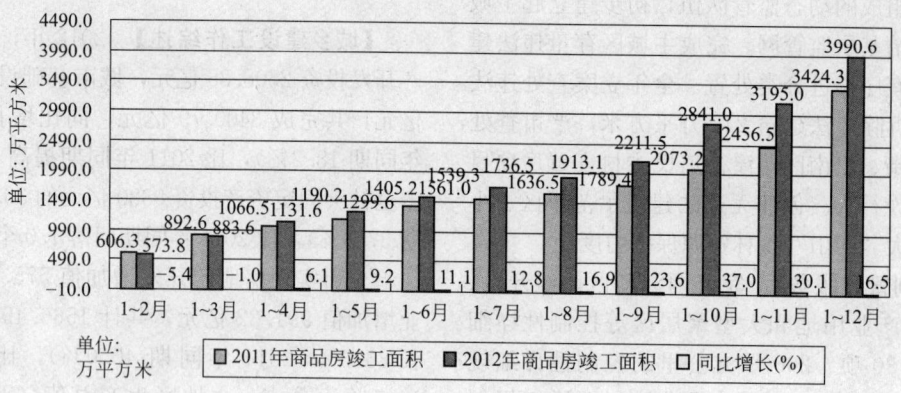

图2 2012年与2011年同期商品房新开工面积比较

2012年与2011年同期商品房新开工面积比较（单位：万平方米） 表2

指标\时间	1～2月	1～3月	1～4月	1～5月	1～6月	1～7月	1～8月	1～9月	1～10月	1～11月	1～12月
2011年	1477.44	2094.39	2343.04	2731.71	3665.33	4131.26	4496.70	5055.04	5519.51	6052.79	6824.36
2012年	628.93	1399.29	1892.91	2414.92	2823.97	3225.41	3901.65	4311.31	4713.91	5319.79	5813.48
2011同比增长(%)	77.2	84.2	54.2	39.5	28.5	30.1	21.3	19.1	15.2	13.1	8.1
2012同比增长(%)	-57.4	-33.2	-19.2	-11.6	-23.0	-21.9	-13.2	-14.7	-14.6	-12.1	-14.8

全市商品房销售面积4522.4万平方米，同比下降0.2%，实现销售额2297.35亿元，同比增长7%。其中住宅销售面积4105.11万平方米，同增长1%。

房地产开发企业新成立415家，截至12月底，全市房地产企业共3187家。市外来渝房地产开发企业378家，占企业总数的11.86%。中国500强企业在渝设立23家房地产开发企业，世界500强企业在渝设立3家房地产开发企业。

重庆"五十强"房地产开发企业完成投资494.14亿元，占全市的19.7%；竣工面积542.73万平方米，占全市的13.6%；新开工面积592.97万平方米，占全市的10.2%，销售面积732.63万平方米，占全市的16.2%。

以上数据表明，重庆市房地产业进入稳步发展阶段，房地产开发投资、增加值保持稳定增长，商品房新开工面积小幅下降，商品房销售面积略有下降，商品房施工面积、商品房竣工面积平稳增长。

【建筑业】 2012年，全市建筑业总产值3934.14亿元（全国为135303.34亿元），同比增长18.2%（全国为16.2%），与前三季度持平（全国回落2.3个百分点），比2011年同期回落12.8个百分点（全国回落6.4个百分点）。1～12月全市完成建筑业总产值排名前十位区县（见表3）。

重 庆 市

1～12月全市完成建筑业总产值排名前十位区县（单位：亿元）　　　　表3

排名	1	2	3	4	5	6	7	8	9	10
区县	渝北区	万州区	九龙坡区	涪陵区	渝中区	沙坪坝区	南岸区	江北区	开县	巴南区
总产值	611.70	353.53	305.27	266.94	260.56	183.40	158.62	151.52	137.84	137.52

全市建筑业总产值3934.14亿元为全年目标任务3500亿元的112.4%。

全市实现建筑业增加值991.32亿元，同比增长13.9%，与前三季度持平，比2011年同期回落5.7个百分点。

全市建筑业增加值991.32亿元占地区生产总值(GDP)11459亿元的比重为8.7%，比2011年同期提高0.2个百分点。

"一小时经济圈"共完成建筑业总产值2962.54亿元，同比增长14.4%，占全市建筑业总产值的75.3%；"渝东北翼"完成建筑业总产值894.92亿元，同比增长35.2%，增速高于全市平均水平17个百分点；"渝东南翼"完成建筑业总产值76.69亿元，同比下降0.7%。

全市发包房屋建筑和市政工程4418个、同比下降11.07%，工程造价1509亿元、同比增长5.65%。其中，公开招标工程2290个，工程造价575.60亿元，占比分别为51.83%和38.15%；邀请招标609个，工程造价275.73亿元，占比分别为13.79%和18.27%；直接发包1519个，工程造价657.68亿元，分别占比34.38%和43.58%。国有资金工程2836个、同比下降14.19%，工程造价859.15亿元、同比增长9.58%；非国有资金工程1582个、同比下降4.87%，工程造价649.85亿元、同比增长0.87%。市管工程项目215个（公开招标工程127个，邀请招标工程27个，直接发包工程61个），工程造价149.04亿元。

市工程建设招标投标交易中心工程建设项目交易总数3009个、同比增长40.4%，交易金额1136.77亿、同比增长1.9%。其中，施工类房屋与市政工程1604个，交易金额931.44亿元、占比81.8%；施工类专业工程577个，交易金额141.47亿元、占比12.4%；勘察设计、监理、采购、建设管理代理项目828个，交易金额63.86亿元、占比5.8%。

全市新开工项目3860个、同比增长2.63%，新开工面积9168万平方米、同比下降0.06%；新竣工项目3467个、同比增长21.47%，竣工面积7000万平方米、同比增长42.16%。

全市建筑施工企业6772家，其中，施工总承包企业1866家，专业承包企业2866家，劳务分包企业2040家；783家外地建筑施工企业入渝备案。全市工程监理企业93家，其中，综合类2家，甲级48家，乙级22家，丙级21家；46家外地监理企业入渝备案。全市工程造价咨询企业173家，其中，甲级82家，专业部委甲级5家，乙级71家，乙级暂定级15家；29家外地造价咨询企业入渝备案。全市招标代理机构122家，其中，甲级25家，乙级62家，暂定级35家。全市工程质量检测机构95家，其中，专项与建材类资质81家，建材类资质3家，专项类资质11家。

全市共1393家(次)企业出渝参与投标，中标工程729个，总造价293亿元，总建筑面积2204万平方米。全年向建筑业输出农村富余劳动力152万人，其中，本市91万人，市外61万人。全市从事建筑劳务人员137万人，其中，本市农民工91万人、本市非农民工34万人、市外入渝农民工12万人。全市净输出农民工49万人。

以上数据表明，建筑业总产值、增加值保持平稳增长势头，"一小时经济圈"稳定增长，"渝东南翼"略有下降，"渝东北翼"增速高于全市17个百分点；市工程建设招标投标交易中心工程项目入场交易个数与2011年同期相比增长40.4%，交易金额同比增长1.9%；房屋建筑和市政基础设施建设工程质量总体处于受控状态、安全生产形势基本稳定。全年重庆市建筑行业健康发展，与投资保持协调增长、平稳发展势头。

【勘察设计业】 2012年，全市勘察设计单位预计完成营业收入281亿元，同比增长14%，占年度目标260亿元的108.1%。

全市共有工程勘察设计企业439家，其中具有勘察资质的企业120家（甲级25家，乙级44家，丙级40家，劳务类11家），具有设计资质的企业369家（甲级96家，乙级166家，丙级107家），具有设计与施工一体化资质的企业22家（壹级7家，贰级12家，叁级3家）。全市勘察设计注册师人数首次超过3000人，达到3240人，同比增长9.2%。1～12月，审核通过入渝备案的市外勘察设计企业223家，同比下降16%。

2012年，全市共完成建设工程初步设计审批

2423项(其中,重庆市城乡建设委员会审批354项,占15%),同比增长5.5%,投资概算2781.1亿元(其中,重庆市城乡建设委员会审批项目概算1328.6亿元,占48%),同比下降1.6%。按项目所在区域分,主城区项目731项,同比下降20%,投资概算1721.6亿元,同比下降15.1%;区县项目1692项,同比增长22.2%,投资概算1059.5亿元,同比增长32.7%。按项目类别分,房屋建筑工程2117项,同比增长6.7%,总建筑面积9800万平方米,同比下降7.8%,投资概算2441.4亿元,同比下降1%;市政工程306项,投资概算339.7亿元,同比分别下降2.2%和12.2%。

全市施工图审查备案共计3441项、同比增长35.3%,总投资5124.0亿元、同比增长107.1%。建筑工程施工图审查2988项、同比增长32.9%,总建筑面积10933.0万平方米、同比增长20.2%;市政工程施工图审查453项、同比增长53.6%,投资565亿元、同比增长95.6%。主城区审查项目1071项、同比增加0.19%,投资额2796.6亿元、同比增长84.3%;主城区外项目2370项、同比增长60.8%,投资2327.4亿元、同比增长143.4%。

以上数据表明,重庆市勘察设计行业发展较好,全行业营业收入保持稳定增长;初设审批项目个数较2011年同期略有增加,投资概算较2011年同期稍有回落;施工图审查项目个数、总投资较2011年同期增长较快。

【城市建设与市政公用事业】 2012年,全市完成城市基础设施建设投资892.44亿元,同比增长7.8%,比前三季度下降6.3个百分点,占固定资产投资9380.00亿元的9.51%,比前三季度下降0.9个百分点,比2011年同期下降1.3个百分点。全市城市基础设施完成投资排名前十位区县(见表4)。

1～12月全市城市基础设施完成投资排名前十位区县(单位:亿元)　表4

排名	1	2	3	4	5	6	7	8	9	10
区县	璧山县	沙坪坝区	渝北区	南岸区	北碚区	永川区	万州区	渝中区	铜梁县	大渡口区
完成投资	49.10	43.84	43.11	42.95	40.21	34.25	30.14	29.65	29.54	26.35

市政设施完成投资384.76亿元,同比下降14.42%,占已完成投资额度的43.11%;园林绿化完成投资189.76亿元,同比增长86.25%,占已完成投资总额的21.26%;污水处理完成投资24.29亿元,同比增长5.07%;市容环卫完成投资86.02亿元,同比增长219.07%;自来水的生产和供应完成投资31.87亿元,同比增长30.18%;热力燃气生产和供应完成投资35.80亿元,同比增长54.37%。1～12月重庆市城市基础设施完成投资行业分布情况(见图3)。

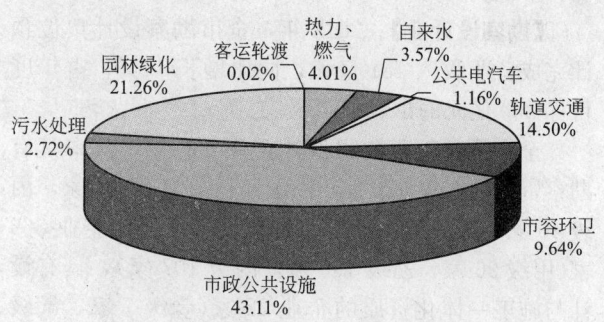

图3　1～12月重庆市城市基础设施
完成投资行业分布图

"一小时经济圈"完成投资534.96亿元,同比增长9.0%,占已完成投资总额的59.9%;"渝东北翼"完成投资141.09亿元,同比增长38.4%;"渝东南翼"完成投资84.50亿元,同比增长24.4%;跨区投资131.89亿元,同比下降21.1%。

到位资金为831.58亿元,同比增长0.4%。自筹资金到位432.62亿元,同比增长16.6%,占比为52.0%;国内贷款到位169.44亿元,同比下降10.0%,占比为20.4%;国家预算内资金78.57亿元,同比下降36.5%,占比为9.4%;其他资金为149.16亿元,同比增长39.8%,占比为17.9%。

以上数据表明,城市基础设施建设完成投资量平稳增长。"一小时经济圈"作为全市城市基础设施投资的"火车头",拉动作用显著。"两翼地区"城市基础设施投资快速增长。

【工程质量安全监督】 2012年,重庆市工程质量监督总站增加新受监工程194项,其中,房建工程146项,建筑面积382.13万m^2,市政工程48项,工程造价59.4亿元。

2012年全年新竣工工程124项,其中,房建工程98项,建筑面积484.66万m^2,市政工程26项,工程造价11.88亿元;竣工验收备案工程153项,其中,房建工程133项,建筑面积543.59万m^2,市政工程20个,工程造价18.76亿元。截至2012年12月31日,总计在监工程636个,建筑面积1353.36

万 m^2。

2012年，重庆市工程质量监督总站接受企业资质、人员资格、竣工验收备案申请材料2910件，均完成了相应资料的形式审查。

全市共自查在建市政桥梁隧道工程65项，发现质量问题562项，发出整改通知书15份，对3个项目监理部和1家搅拌站进行了复查；抽查30项工程，发现质量问题156项，较大质量隐患6项，发整改通知书12份；

在建商品住宅工程质量专项检查共检查1224个工程，28051项，检查工程合格率96.68%；检查项目基本符合33.8%，不符合4.5%；下发执法建议书25份，其中：重大质量隐患18个，一般质量隐患651个，停工整改14个，限期整改22个。

【重点工程建设】 2012年，市级重点建设完成投资2620亿元（2011年同期完成2167亿元），占年度投资计划的100.8%，总体进展顺利。其中，政府资本类项目完成投资1748.8亿元，占年度投资计划的101.7%；社会资本类项目完成投资871.2亿元，占年度投资计划的99.0%。

余松路立交、重庆市巾帼园、公租房北部新区民心佳园及长安福特马自达汽车二工厂等73个项目完工或基本完工，渝北悦来水厂二期、南川金佛山水库及武警重庆总队"121"项目等78个项目新开工，实现了全年目标。

【村镇规划建设】 截至12月底，远郊区县利用社会事业发展专项资金43.4亿元，共实施项目205个，总投资155.6亿元，累计完成投资143.6亿元，占总投资的92.7%；完工项目171个，占项目总数的83.4%。2012年实施项目76个，完成投资15.89亿元。

2012年，远郊区县城计划整治旧居住小区60个。（根据市政府安排，未开工的小区整治项目暂停实施）。万州区、璧山县、城口县、垫江县、奉节县5个区县的7个已开工小区整治项目，共涉及2765户、9600余人，计划投资6622.5万元，占地9.74万平方米，建筑面积24.35万平方米，已全部整治完工。

2012年，全市共开工建设农民新村804个、建设巴渝新居72794户、改造农村危房130295户（D级危房45903户），分别占年度计划的160.80%、145.59%、129.65%（122.38%）；竣工农民新村539个、巴渝新居60206户、改造农村危房124715户，分别占年度计划的107.80%、120.41%、124.09%。

【主城区市级城市道路建设】 主城区市级城市道路建设计划项目共98项，涉及跨江大桥5座、穿山隧道3座，新改扩建道路总长301.21公里，立交20座，项目总投资627.09亿元，计划年度完成投资约165亿元。全年实际完成投资约173亿元，占年度计划的104.8%。

【轨道交通建设】 2012年全年完成投资128亿元，建成四段68公里线路，即：轨道交通一号线沙坪坝至大学城段、三号线二塘至鱼洞段、六号线五里店至礼嘉段、六号线会展支线礼嘉至会展中心段。

【住房保障】 从2010年公租房建设工作启动至2012年12月底，全市公租房开工建设总量约为4495万平方米、71万套，其中已竣工总量约为1315万平方米、21万套，在建总量约为3180万平方米、50万套。

2012年重庆市公租房计划开工总量为1320万平方米。顺利实现开工的公租房项目17个、约1552万平方米的任务，完成计划任务的117.6%。到2012年12月底，实现竣工或基本竣工800万平方米、12万套。

从2010年主城区公租房建设工作开始至2012年12月底，累计完成投资额500.26亿元，其中2012年1～12月完成投资244.04亿元，比2011年同期完成投资增加36.06亿元。随着2011年已开工项目建设工作的推进以及2012年新开工项目相关建设工作的陆续展开，2013年重庆市公租房的开工建设量及竣工量大幅增加，投资数额将进一步加大。

【建筑节能】 建筑节能初步设计审查。全市建筑节能初步设计审查通过1626个项目，建筑面积6780.46万平方米。

建筑能效测评标识。全市能效测评项目共4421栋，建筑面积3886.89万平方米。

绿色建筑评审。完成绿色建筑设计、竣工评价标识项目评审9个，建筑面积177.80万平方米。完成绿色生态住宅小区预评审项目18个，建筑面积468.51万平方米，完成绿色生态住宅小区终审项目9个，建筑面积190.21万平方米。

建筑节能材料推广。完成节能备案管理219项，共对7项建筑节能技术（产品）进行认证，共对7个项目进行了绿色建材认定。

可再生能源建筑应用。全市正在组织实施可再生能源建筑应用国家级和城市级示范项目34个，示范面积397.95万平方米。

【科技教育】 教育培训。研究制定并组织实施《关于加强建设行业职业技术教育的实施意见》；累计完成一线建筑工人培训与鉴定151663人，其中，

2012年建筑行业惠农转移培训工程22046人；培训专业技术管理人员87026人次。制订《重庆市房屋建筑与市政基础设施工程现场施工从业人员配备标准》。完善"重庆市城乡建设行业施工现场证书备案管理系统"，系统人员信息量达到54万余人次。

科技创新。创新科技管理，注重关键行业技术的集成创新和协同创新。主编的国家标准发布1项，2项通过专家审查，4项新列入国家工程建设标准立项计划。积极推进近100项工程建设地方标准的编制工作，批准发布23项工程建设地方标准。完成建设科技成果88项，其中1项荣获市科技进步二等奖，开展第二届建设创新奖评审；推广400兆帕级以上高强钢筋，重庆市被住房城乡建设部、工业和信息化部列为全国高强钢筋推广应用示范城市。行业信息化工作取得新进展，基础数据库进一步充实。

建筑产业化。成立建筑产业化创新与促进联盟，支持和引导企业开展产业化基地和示范工程建设；编制重庆市2012年成品住宅发展报告；新开工建设成品住宅商品房227万平方米。

（重庆市城乡建设委员会　撰稿：邹隆军）

（三）房地产市场与保障性住房建设

1. 房地产市场

【概况】　2012年，面对全国复杂的房地产形势，重庆市认真落实国家房地产调控政策，执行差别化信贷政策，推进房产税改革试点，支持购房刚性需求，把握供需、地价、税收、金融四个关键环节，实现房地产市场平稳健康，房价同比指数位居全国70个大中城市中低位。

【房地产投资建设保持合理区间】　全市完成房地产投资2508.35亿元，同比增长24.50%，增速较2011年同期下降0.1%；房屋新开工5813.48万平方米，同比下降14.80%，增速较2011年同期下降33.80%。房屋施工22009.03万平方米，同比增长7.90%，增速较2011年同期下降11.10%。从总体看，虽然建设速度放缓，但房地产投资仍保持合理区间，增速高于全国增速8.30%，总量占全市固定资产投资比重仍达24.80%。从趋势看，增速前低后高，至9月开始，房地产投资建设出现明显升势。从区域看，区县房地产投资强度减弱，仅增长20.10%，较全市低4.40%，较主城区低6.60%，区县占全市房地产投资总量的32%，比2011年低1.10%，房地产投资结构更加优化。

【新建商品住房交易合理回落】　在房地产调控各项政策的综合作用下，2012年重庆市商品住房市场延续2011年四季度的基本走势，呈现出交易持续活跃、价格企稳回升、市场信心得到恢复的交易特点。全市批准上市商品住房3051.4万平方米，同比下降4.73%，成交商品住房3064.28万平方米，同比增长30.56%，成交建筑面积均价5519元/平方米，同比增长6.90%。其中：主城区批准上市商品住房1759.76万平方米，同比下降1.55%；成交商品住房1916.75万平方米，同比增长51.81%；成交均价6389元/平方米，同比下降0.01%。

【二手住房交易保持活跃】　全年全市二手住房成交面积为1322.02万平方米，同比上涨19.73%，其中：主城区二手住房成交面积为548.29万平方米，同比上涨62.20%；远郊区县二手住房成交面积为773.72万平方米，同比上涨0.99%。

2. 保障性住房建设与改革

【公租房建设】　由重庆市国土资源和房屋管理局牵头起草并由市政府颁布实施《关于进一步加强公租房管理的意见》（渝府发〔2012〕120号）、《关于加快公租房配套商业发展的指导意见》（渝府发〔2012〕119号），搭建起加强公租房管理、统筹运营的制度平台。督促建设业主和相关区政府按照"三同步、四配套"和"三年开工、五年建成、七年配套完善"要求，稳步推进公租房建设。全年全市开工建设公租房1586.46万平方米，竣工800万平方米，摇号配租10.13万套。全年组织主城区6个公租房小区开展集中签约19次、160天，签约入住5万余户、约13万人，累计入住6.40万户、约16万人。

【廉租住房保障】　切实贯彻落实《关于将城市廉租住房保障范围扩大到城市低收入住房困难家庭的通知》（渝办发〔2009〕135号）文件精神，人均收入低于当地低保标准1.7倍的城镇低收入住房困难家庭基本实现应保尽保，廉租住房累计保障户数达到16.51万户；顺利完成国家下达新建1.2万套廉租住房的年度目标任务，巫山、铜梁等区县（自治县）共新开工廉租住房1.23万套、建筑面积58.95万平方米，竣工廉租住房0.85万套、建筑面积40.33万平方米，完成年度投资74.45亿元。

3. 住房制度改革

【公有住房出售】　全年批准出售公有住房680套、建筑面积4万平方米，归集单位售房款1379万元、公共维修基金348万元；为华西包装（集团）有限责任公司、四川石油管理局川东天然气净化总厂、西南铝业（集团）有限责任公司等6家单位完善集资合作建房房屋产权1242套、建筑面积11.86万平方米，为重庆望江工业有限公司、重庆水利电力物资公司办理了集资建房登记延期手续；根据《重庆市物业专项维修资金管理办法》（市人民政府令244号）文件精神，印发了《关于进一步强化房改住房公共维修基金按户建账工作的通知》（渝住改办发〔2012〕31号），加强了房改房公共维修基金使用管理工作，当年批准渝开发有限公司等4家单位使用房改房维修基金60.64万元。

【住房货币化分配】 根据《重庆市住房货币化分配实施方案》（渝府发〔2005〕92号）、《重庆市市级机关事业单位住房补贴办法》（渝府发〔2005〕93号），稳步推进住房补贴工作，全年新审批机关事业单位20个、涉及1124人，发放一次性住房补贴1841万元；办理按月补贴机关事业单位12个、涉及352人，发放住房补贴376万元。同时，加强对自筹资金单位住房补贴工作的指导、宣传，帮助单位及时启动住房补贴工作，全年办理5个单位、涉及124人，发放住房补贴226.5万元。

【经济适用住房建设】 加强经济适用住房（安置房）项目监管，规范项目建设行为。全年各区县（自治县）共新开工经济适用住房（安置房）6.09万套，完成年度计划的102%；基本建成经济适用住房（安置房）4.3万套，完成年度计划的107%；完成工程投资112亿元，占年度计划的140%。

4. 房地产管理

【公积金管理】 重庆市公积金制度持续健康发展。制度覆盖面稳步增长。通过采取多种形式强化政策宣传，不断扩大公积金制度覆盖面。全市2.68万家单位、224.22万名职工缴存公积金186.65亿元，累计缴存额达到750.06亿元，制度覆盖率达76.76%，公积金归集扩面取得成效。

资金使用率大幅提高。全年办理职工提取和发放个贷272.86亿元，资金使用率达到146.19%，为历史最好水平。全市累计使用825.80亿元，使用率达到110%。促进房地产市场健康发展。认真贯彻中央要求，全力支持中低收入职工自住购房的刚性需求。实行差别化的住房信贷政策，全力支持住房消费。全年发放个贷191.59亿元，占归集额的102%；个贷余额净增169亿元，占全市房地产个贷余额净增的35%。全力保证购房提取。全年提取使用81.27亿元，其中，购建住房及偿还住房贷款占81%。积极促进房地产市场发展。全年公积金个贷支持5.92万户职工家庭购房662万平方米，有效撬动房地产市场实现销售额达300亿元，促进房地产销售实现营业税、契税等财政收入约18亿元，节约职工购房利息成本约54亿元。

资产质量控制良好。不断加强内控管理和风险防范，对全市资金实行统筹调配和安全监控，个贷逾期率0.03‰，远小于1.5‰的国家控制标准，无呆坏账，资金和资产质量良好。增值收益不断提高。在保证提取、个款发放下，科学运作资金，确保增值收益最大化。2012年实现收益8.28亿元，建立贷款风险准备金2.3亿元、提供廉租住房建设补充资金3.76亿元，充分发挥了公积金的住房保障作用。

【房地产中介评估】 房地产评估机构、估价师注册情况：截至2012年底，重庆市有房地产评估机构103家（其中：一级7家、二级65家、三级23家、暂定资质2家、驻渝分支机构6家）注册房地产估价师917人。房地产经纪机构、经纪人注册情况：截至2012年底，年检合格房地产经纪机构504家（其中：A级52家、B级77家、C级375家、分支机构936家），新申办房地产中介服务资质109家，新申办房地产经纪分支机构执业资质207家。注册房地产经纪执（从）业人员3030人。

【房地产权属登记管理】 2012年，重庆市权籍管理以服务民生为导向，以"窗口建设标准化、权属登记规范化、权籍管理信息化"为抓手，积极开展土地房屋权属登记便捷化服务工作。按照市人大、市政府立法计划，完成《重庆市土地房屋权属登记条例》的修订工作。5月24日，市三届人大会常务委员会第31次会议审议通过，10月1日起施行。强化窗口建设，提高工作效率，全年核发国有地上房地产权证80余万本，办理其他各类登记140余万件。

【物业管理】 制定完善《重庆市物业管理条例》的配套政策，制定《重庆市业主大会和业主委员会活动规则（试行）》，由市人民政府办公厅予以转发。加强物业资质管理，全市资质物业管理服务企业2056家，其中国家一级资质企业51家，二级资质企业241家。完善物业行业市场的运行机制。强化新建住宅项目物业招投标的规范管理，全市有674个项目19698.50万平方米通过招投标方式选聘物业服务企业，其中2012年有153个项目，达2750万平方米。全年各区县物业行政主管部门累计归集商品房物业专项维修资金逾160亿元。全市主城区住宅物业管理覆盖率达87.06%。加强行业建设。指导市物业管理协会对会员企业提供培训，加强物业服务企业从业人员对政策法规的学习和理解。全年培训物业行业从业人员3 000余人次。组织近300名从业人员赴昆明、拉萨、海南等地学习考察,并参加"西南联谊会"、"西部论坛"、"全国物业管理工作联席会"等行业会议。

5. 春秋两季房地产交易会

【春季房地产交易会】 4月19～22日在南坪国际会展中心举行。此次春交会4天累计成交各类房屋2988套,比2011年秋交会增加11.40%;成交建筑面积28.43万平方米,增13.50%;成交金额17.79亿元,增加4.20%。其中:商品住房成交2020套,比2011年秋交会增加15.30%,建筑面积20.66万平方米,增11.54%;成交金额13.64亿元,增11.45%。累计成交建面均价6603元/平方米,下降0.08%。在商品住房中,高层商品住房累计成交1829套,建筑面积17.55万平方米,建筑面积均价6136元/平方米;高档低密度住宅成交43套,建筑面积1.12万平方米,均价12134元/平方米;多层花园洋房成交113套,建筑面积1.64万平方米,均价7337元/平方米;装修房成交35套,建筑面积0.35万平方米,均价8821元/平方米。二手住宅成交683套,建筑面积5.64万平方米,均价4291元/平方米,金额2.42亿元。

【秋季房地产交易会】 秋季房交会于11月23～26日在南坪国际会展中心举行。此次秋交会4天主城区累计成交各类房屋3313套,比春交会增加10.87%;成交建筑面积29.67万平方米,增4.36%;成交金额19.9亿元,增加11.86%。其中:商品住房成交1929套,比春交会减少4.50%;建筑面积19.24万平方米,减少6.89%;成交金额13.60亿元,减少0.14%;累计成交建筑面积均价7063元/平方米,增加6.96%。在商品住房中,高层商品住房累计成交1604套,建筑面积14.39万平方米,均价6452元/平方米;高档低密度住宅成交66套,建筑面积1.52万平方米,均价10725元/平方米;多层花园洋房成交200套,建筑面积2.79万平方米,均价7710元/平方米;装修房成交59套,建筑面积0.54万平方米,均价9681元/平方米。二手住宅成交700套,建筑面积6.07万平方米,均价4778元/平方米,金额2.90亿元。

(重庆市国土资源和房屋管理局 撰稿:陈克勋)

四 川 省

1. 概况

2012年,在四川省委、省政府的领导下,住房城乡建设系统紧紧围绕全省工作大局,深入实施"两化"互动、统筹城乡发展总体战略,大力推进新型城镇化,全省城镇化率预计提高1.7个百分点,城乡房屋和市政公用基础设施建设预计完成投资4700多亿元,占全省固定资产总投资的26.2%,建筑业总产值突破6300亿元,为推进全省经济社会发展做出新的贡献。

【城乡规划进一步加强】 按照多规衔接、城乡统筹和产城一体要求,科学编制城乡规划。启动《四川省省域城镇体系规划》修编,组织完成泸州、眉山等15个城市和316个建制镇总体规划的修编、审查和审批。完成天府新区各分区规划、控制性详细规划和8个专项规划编制。各地城市新区控制性详细规划、专项规划基本编制完成。全省176个县域新村建设总体规划和"50+10"新村建设成片推进示范片规划全面编制完成。严格城乡规划管理,规划意识大大提高,规划权威性不断增强,有力地推进了城乡建设。

【城市建设加快发展】 以城市新区建设为抓手,加快做大城市。全省城市建成区面积新增210平方公里,新增城市人口130万人。在新区建设中坚持地下基础设施、重要公共服务设施和生态建设优先的原则,启动了一大批重大支撑性的市政基础设施项目建设。各地加大投入,新区建设加快推进,仅天府新区基础设施建设就完成投资319亿元。全省城镇基础设施不断完善,城镇功能大幅提升。2012年预计全省完成城市市政基础设施投资575亿元,设市城市生活污水处理率、生活垃圾无害化处理率分别达到81%和91%,同比分别提高2.7和2.6个百分点。

【城镇居民住房保障水平进一步提高】 继续加

大保障性安居工程建设，进一步优化住房供应结构，加大普通商品房供应力度。全省保障性住房建设和棚户区改造开工约30万套，提前三个月完成国家下达的任务，基本建成20万套，超额25%，完成投资380亿元，同比增长23%。保障性住房质量安全和公平分配得到有效保障，后期管理服务取得创新发展。成都、攀枝花等4个城市利用住房公积金贷款支持保障性住房建设试点成效明显。全省新增住房公积金缴存390亿元，同比增长23.8%，近100万人次提取或贷款公积金改善了住房条件。贯彻落实房地产市场调控政策，遏制投机投资性购房需求，全省房地产市场保持平稳健康发展，预计完成房地产开发投资3100亿元，同比增长10%，新建商品住宅32.5万套、3412万平方米。城市居民的住房条件得到进一步改善，预计城市人均住宅建筑面积达到35平方米。

【农民居住条件进一步改善】 以新村建设为重点，坚持整体规划、分步实施、成片推进，全省农村房屋建设预计完成投资460亿元，建成新村聚居点8280个、新农村综合体205个。完成渠江流域855个灾后重建新村聚居点规划、农房重建3.14万户，完成296个彝家新寨、2.5万户彝家农房建设。农村危房改造开工31万户，完工28万户，超额完成国家下达的目标任务。加强小城镇和新村基础设施、公共服务设施建设，完成投资214亿元，同比增长16%。强化传统村落保护和传承，2012年四川省有20个村落被列为第一批中国传统村落名录。农民居住环境和条件进一步改善。

【城乡环境不断优化】 以"三线"治理为重点，持续推进"五乱"治理，大力实施"五十百千"示范工程，加强城乡风貌塑造、生活垃圾、污水处理设施、园林绿化等建设。农村垃圾收运和处理工作取得突破，全省80%的村庄实行垃圾集中收集，97%的乡镇、80%的村庄配备保洁员。历史文化名城名镇、世界遗产地、风景名胜区的规划建设和保护管理工作进一步加强，全省有9个市县申报创建国家和省级园林城市。16个地级市启动了数字化城市管理平台建设，10个城市已开始试运行。通过深入开展城乡环境综合治理，全省城乡人居环境进一步优化。

【建筑业健康发展】 四川省建筑业企业达到1.36万家，从业人员约400万人，建筑特级企业9家，勘察设计综合资质甲级单位5家；建筑业总产值上100亿元的建筑企业8家，超过600亿元的1家；营业收入上10亿元的勘察设计单位14家，超过50亿元的2家。企业的科技创新、安全生产、内部管理水平明显提高。全省房屋建筑和市政工程质量稳定可控，无重大质量事故，安全生产形势平稳，生产安全事故同比下降23%。全省有4项工程通过鲁班奖评审，19项工程被评为国家优质工程。加强人才队伍建设，通过大专院校、职业院校和各级培训基地培训从业人员50万人次、农民工15万人。成建制输出建筑劳务101万人，实现建筑劳务收入118亿元。2012年全省预计完成建筑业总产值6300亿元，实现建筑业增加值1840亿元，同比分别增长19%和18%。

2. 城乡规划

【城镇体系规划】 四川省城镇体系规划实施8年，全省经济社会发生重大变化，原规划的部分目标提前实现，"5.12"地震后四川省城镇体系结构发生重要变化，四川省十二五时期新型城镇化的发展也迫切要求对省域城镇体系规划进行修改调整。在住房城乡住房城乡建设部的指导下，修改完善省域城镇体系规划实施评估报告。

【天府新区规划体系】 2012年以来，按照四川省政府办公厅天府新区推进工作方案要求，继续指导地方政府开展天府新区分区规划修改完善工作和控制性详细规划编制工作，积极配合省级部门开展天府新区专项规划编制工作，为四川省天府新区项目实施提供规划依据。天府新区"一城六区"的全部控制性详细规划和专项规划已经报送天府新区规划建设委员会进行审查，天府新区完整的规划体系已经形成。在大力推进规划编制、审查的同时，针对天府新区的重大项目，省住房城乡建设厅还积极开展省级行政、文化中心和会展博览城等重大项目的规划选址工作。

【规划审查】 在城市总体规划的审查审批工作中，按照"两化"互动、产城融合的要求，加快推进区域性中心城市和县城的总体规划编制、审批工作，以科学规划引导四川省城镇化的健康发展。在规划的引导下，注重产业、交通、市政、文化、保障性住房等重要的基础设施和公共服务设施的建设，在推进城镇化进程中，不断提升城镇质量。

针对2012年规划工作确定的完成7个城市或县城总体规划审查的目标任务，完成泸州市、达州市、眉山市、资中县、阿坝县、长宁县、越西县、渠县城市总体规划和绵阳市历史文化名城保护规划的审批工作，完成甘孜州城镇体系规划和乐山市、宜宾市、若尔盖县、丹巴县等市县城市总体规划以及内江、广安、邛崃、彭州等市城市总体规划纲要评审工作,超额完成目标任务。

【项目规划选址】 为贯彻落实《四川省城乡规划条例》和省委省政府新型城镇化工作精神,报请省政府办公厅印发《关于加强和改进城乡规划工作的意见》。在国家和省级重大项目建设上,按照《四川省城乡规划条例》的规定,严把项目规划选址关,加强重大项目的规划选址论证工作,有力推进了全省重大项目建设,2012年,办理包括公路、电力线路、铁路、供水、医院、桥梁、水库、文化等360个重大项目的规划选址意见书。

【历史文化名城保护】 按照住房城乡建设部的总体部署,在"文化遗产日",组织四川省各国家级名城开展历史文化名城保护工作宣传活动,营造良好的历史文化保护舆论宣传氛围。报请省政府批复绵阳市历史文化名城保护规划,并组织审查平武县申报省级历史文化名城的申报材料,有力推动了平武县历史文化名城保护工作。

3. 城市建设

【市政基础设施建设概况】 2012年,四川省累计完成城市市政基础设施完成投资400亿元,超额完成省政府下达的全年380亿元的投资任务,城镇供水排水、污水和垃圾处理等市政公用基础设施建设水平不断提高。

【城市道路桥梁设施建设】 以20亿元省级财政城市新区建设专项资金为引导,加快全省城市新区道路桥梁等基础设施项目建设,带动140亿元资金投入,设市城市人均道路面积较上年增加0.5平方米。支持成都市发展城市轨道交通,组织审查成都市第二轮轨道交通建设规划,推动成都市在建的4条轨道交通建设项目。

【城镇污水处理设施建设】 周密组织,制定落实《"十二五"全国城镇污水处理及再生利用设施建设规划》措施,全省123个县的规划完成编制并通过评审。按照统一安排,会同财政和发改等省直部门,加快中央资金支持的城镇污水处理设施及其配套管网建设。大力推进污水处理设施建设。截至年底,全省已建成县级城镇生活污水处理厂146座(另有98座乡镇生活污水处理厂已建成投运),除阿坝、甘孜、凉山三个少数民族地区外,全省基本实现县级及以上城市都建有城市污水处理厂的目标;生活污水处理能力达512.3万吨/日;污水处理厂运行负荷率85.9%。到2012年底,城市生活污水处理率预计可达81%;较2011年提高2个百分点。积极推进未建成投运城镇污水处理厂的市(县)设施建设进展,除三州外,四川省市(县)污水处理厂已建成投入使用。

【城镇生活垃圾设施建设】 认真贯彻落实国务院相关文件和省委办公厅、省政府办公厅《关于进一步加强城乡生活垃圾处理工作的实施意见》精神,认真研究并落实城乡生活垃圾处理设施建设的规划和建设工作。2012年,全省建成并投入使用的生活垃圾无害化处理场143座,处理能力约为2.6万吨/日,其中生活垃圾填埋场135座,处理能力约2.0万吨/日,垃圾焚烧厂8座,处理能力约0.6万吨/日;设市城市生活垃圾无害化处理率预计达到91%,较2011年提高2个百分点。稳步推进餐厨废弃物资源化利用和无害化处理试点和推广工作。

【公用行业运行监管】 认真贯彻落实国家和省相关法律法规,不断加强市政公用设施安全运行管理,特别是坚持节假日及重大活动集中整治与日常监管相结合,抓好城市供排水、城镇燃气、城市道路桥梁安全运行和应急管理。

【公用行业法规体系】 配合并积极参与省人大、省政府对《四川省城市供水条例释义》的起草和修改,专题就城市供水应急预案制定、建立完整的应急预案体系等作出全面释义和要求;配合省人大、省法制办开展了《四川省燃气管理条例》调研等前期准备工作。组织印发了《四川省供水行业反恐防范工作标准》、《四川省燃气行业反恐防范工作标准》,并将各地贯彻落实《标准》情况纳入安全检查和考核。

【燃气行业管理】 出台《关于实施燃气经营许可的通知》等文件,在全省组织开展燃气经营许可的申报审查工作。会同公安厅、省工商局、省质监局、省安监局组织2次全省液化石油气安全专项检查,排除安全隐患。报请省政府转发《关于加强液化石油气行业安全监督管理工作的意见》,建立部门联动机制,提升安全运行水平。

【城市管理信息化】 指导各地按照《四川省数字化城市管理信息系统建设导则》及相关规范要求,大力开展数字化城市管理平台建设工作。2012年,协调省级财政在城乡环境综合治理专项资金中安排1800万元,用于各市级数字化城市管理信息系统平台建设。到年底,成都、攀枝花、宜宾、资阳已基本建成,泸州、雅安等6市数字化城市管理平台正抓紧实施投入试运行,其余设区城市将于2013年底完成监管平台建设。按照省政府要求,迅速启动省级监管平台建设前期工作。省级平台建设的可行性研究报告和投资估算报告，通过省发改委和省财政投资评审中心组织的评审。2012年12月，省政府第117次常务会审议同意该项目立项，建设资金预算为2882万元，在省级财政城乡环境综合治理专项资金中列支。

【市政公用行业应急预案】 指导各地修改完善地方市政公用行业应急预案，并定期组织演练。先后组织"排水电气应急演练技能比武"、"供水管道应急演练技能比武"等演练，提高行业突发事件应对水平。根据有关气象预报，在灾害性天气到来前，指导各地储备必要的应急物资，做好应对准备。指导各地加强信息报告工作，对因灾害性天气造成的损失和事故，要立即启动受灾情况和恢复重建的日报制度，加强应急值守，保障通信通畅，及时妥善处理次生和衍生灾害。

【城市园林绿化】 2012年，四川省住房城乡建设厅在省级财政城镇化新区基础设施专项资金中安排3亿元，用于支持14个城市新区27个重大园林绿化项目建设，带动地方园林绿化配套投入10多亿元，有力地促进了城市新区人居和发展环境的改善。加大对各地城市园林绿化工作的指导力度，促进城乡环境综合治理成果的巩固和深化，园林绿化成为城乡环境综合治理和城市"两化"互动发展的亮点。

【园林城市（县城、城镇、村庄）创建】 按照建设生态城市的理念，以创建园林城市为抓手，把"宜居、宜业、宜商"作为园林绿化工作取向，大力实施生态城市发展战略。2012年，积极开展园林城市（县城、城镇）创建指导和考核工作，认定公布22个省级园林新村、17个省级园林居住小区、65个省级园林单位。

【城市园林绿地系统专项规划】 各级政府高度重视绿地系统规划，将绿化系统规划作为强制性内容纳入城市总体规划重要篇章。2012年，眉山、自贡、泸州、德阳、内江、阆中、西昌、北川等市县，完成绿地系统规划和生物多样性保护规划及防灾避险绿地系统规划修编，并组织专家进行评审。全省有30多个市县先后完成绿地系统、生物多样性保护和防灾避险绿地系统专项规划编制工作，创园城市绿地系统规划全覆盖。严格划定并实施城市绿线管制制度，有效地指导城市园林绿化工作的开展。

【风景名胜区重大基础设施建设】 先后完成彭山县彭祖山风景区内龚家堰水库扩建工程、邛海—螺髻山风景区清水沟客运索道技术改造、省道212线改造项目穿越邛海—螺髻山风景区、南充市西河南路接黄莲湾路隧桥工程穿越西山风景区、甘孜州猫磨公路改建穿越贡嘎山风景区、峨眉山风景区雷洞坪森林防火通道建设、国道321线改建工程穿越玉蟾风景区、两条输电线路穿越蒙顶山风景区、西成客专铁路穿越剑门蜀道和成兰铁路穿越黄龙寺景区、川藏铁路穿越朝阳湖景区、成洛大道穿越花果山景区等一批重大交通和基础设施建设项目论证和审批，并组织对峨眉山风景区龙洞村新农村综合体方案、邛海卢山风景区"宁海听涛"项目设计方案、九寨中查沟项目概念设计方案、黑竹沟风景区酒店设计方案等风景区内重大建设项目的审查工作，在保护好核心景区的前提下，推动各类重点建设项目的顺利实施。

【风景名胜区规划编制】 全年组织编制西岭雪山国家风景名胜区总体规划成果和蜀南竹海、剑门蜀道两处国家级风景名胜区总体规划大纲，组织编制并审查彭祖山、九鼎沟—文镇沟大峡谷、彝海等省级风景名胜区总体规划以及峨眉山、邛海、佛宝、大渡河—美女峰、都江堰、兴文石海等风景名胜区重点地区的详细规划。通过不断编制完善规划体系，为风景名胜区保护、建设和发展提供依据，促进风景名胜资源的有效保护、科学开发和永续利用。

【国家级风景名胜区保护管理执法检查】 为深入贯彻落实国务院《风景名胜区条例》和《四川省风景名胜区条例》，进一步提高风景名胜区保护管理水平，2012年开展对全省15处国家级风景名胜区保护管理执法检查，在自查的基础上组织市州景区主管部门和风景名胜区管理机构进行交叉执法检查，九寨沟-黄龙寺景区和峨眉山-乐山大佛景区先后被住房城乡建设部授予优秀景区和先进集体称号。从检查的情况来看，全省国家级风景名胜区虽然在汶川特大地震中受损严重，但在灾后重建规划的科学指导下，各景区加大保护管理工作力度，景区基础设施水平有较大提升，景区环境在2007年综合整治成果的基础上稳步推进，有力地推动了全省旅游业快速发展。

【世界遗产管理】 联合国教科文组织第34届世界遗产委员会大会决定正式启动亚太地区世界遗产地第二轮定期报告工作并提出时间表。全省的5处世界遗产地分别都需要提交定期报告和相关信息。组织相关专家对全省5处世界遗产地的第二轮定期报告工作进行了集中培训，并带领专家深入到5处世界遗产地调研，现场辅导。按照进度要求，完成5处世界遗产地突出普遍价值和定期报告调查表Ⅱ的报送以及九寨沟、黄龙和峨眉山-乐山大佛地图信息提交的阶段性工作。

【世界遗产管理信息系统前期研究】 为加强对遗产地保护状况的定期跟踪监测，实现持续动态管理，促进遗产地保护管理与地方经济社会协调发展，与中科院成都分院等单位合作，开展遗产地生态系统、生物多样性、文物本体、环境保护、游客影响等基础数据的收集整理和前期调研工作。与联合国教科文组织北京办事处合作完成《四川大熊猫栖息地世界自然遗产雅安片区的社会经济本底调查报告》和《四川大熊猫栖息地世界自然遗产雅安片区现状评估及保护恢复策略研究报告》。建立5处世界遗产地部分基础数据库。

【世界遗产地保护规划编制或修编】 按照第30届、34届世界遗产委员会建议和省世界遗产管理委员会要求，指导和督促九寨沟、黄龙、峨眉山-乐山大佛、青城山-都江堰4处世界遗产地编制世界遗产保护规划。与中科院成都山地所合作，对四川大熊猫栖息地世界自然遗产保护规划进行修编。

【世界遗产地保护管理和科学利用】 按照相关法律法规，评估和审查涉及遗产地范围（含外围保护区）的建设项目对遗产地影响，建立和完善世界遗产定期评估制度。组织有关部门和专家对全省各遗产地的保护状况和重点建设项目进行评估。在确保世界遗产地真实性和完整性的前提下，科学合理调整遗产地的利用强度，处理好大型水利水电工程建设、矿产资源开发、铁路公路建设、城市发展、新农村建设等与遗产地保护的关系。截至10月底共审查涉及遗产地建设项目23项，其中对于涉及遗产地保护区和核心区，对世界遗产地生态环境影响较大的6个建设项目建议取消或重新选址（选线），确保遗产地利用的规范化和影响最小化。

【世界遗产保护管理相关研究及人才培训】 与中科院成都分院等国内相关科研机构、规划编制单位合作，开展《四川省世界遗产保护规划编制规范》前期研究工作，争取尽快出台四川省地方标准，逐步规范四川省世界级、国家级、省级遗产地的保护规划编制，建立完善全省世界遗产、国家遗产和省级遗产保护规划体系。开展《建设项目对世界遗产地影响评估规范》、《四川省世界遗产地建设管理办法》的调研工作，进一步规范全省世界遗产的保护管理和开发利用。

与四川省自然资源研究所联合对全省世界遗产地管理机构从业人员进行了专业管理培训。

【世界遗产资源挖掘】 进一步加大对全省世界遗产资源的挖掘和调查力度，完善四川省遗产名录评定和分类管理标准，规范国家遗产、省级遗产申报程序和制度。对省级遗产资源价值高、保护状况优的项目，逐步推荐申报国家遗产乃至世界遗产，不断壮大四川省世界遗产资源品牌，促进四川省由资源大省向经济强省跨越。

【四川省世界遗产专家委员会】 按照省政府指示精神，在征求相关部门意见的基础上，修改完善《四川省世界遗产专家管理办法》。根据各遗产地和相关部门的推荐，筛选出第一批世界遗产专家组成员名单。联合省文物局正式成立四川省世界遗产专家委员会，建立四川省世界遗产专家库。

【世界遗产宣传、交流与合作】 加强世界遗产的宣传工作。利用《保护世界文化和自然遗产公约》40周年时机，联合中央电视台、四川日报等媒体，开展了世界遗产的宣传活动，加强与国际国内遗产地之间的交流与合作，全年共接待国际保护组织考察团5次，其他省市世界遗产保护管理考察调研团9次，共同交流世界遗产保护管理的经验。

4. 村镇建设

【基本情况】 2012年，村镇建设工作紧紧围绕"两化"互动、统筹城乡发展战略部署，把新村规划建设放在更加突出的位置大力推进，统筹开展农村危房改造、牧民定居行动、彝家新寨建设、渠江流域灾后重建等重点民生工程，全面带动了村镇建设工作的全面提升和重点突破。

【新村规划】 着力从两个层面推进：一是着力推进县域新村建设总体规划。各地认真按照"全域、全程、全面小康"的要求，坚持全域规划的理念，从县域全面统筹安排新村建设，通过近两年的努力全面完成了176个县（市、区）的县域新村建设总体规划，其中2012年完成了100个。二是在县域新村建设总体规划指导下，着力推进新村（聚居点）建设规划。全年各地按照"三打破、三提高"的要求，积极组织技术力量，抓紧开展了新村（聚居点）规划编制，全省以镇乡为单位的新村（聚居点）建设规划基本完成，累计编制完成8.5万个。规划水平得到质的提升，构建了全省新村规划体系。

【新村建设】 根据全省新村建设整体性安排，到"十二五"末，全省要建成新村（聚居点）3.5万个。各地在规划的引领下，坚持"产村相融"的理念，充分尊重农民群众的意愿，因地制宜采取统规统建、统规代建、统规联建、统规自建等多种建设方式，整合连片扶贫开发、移民搬迁、灾后重建、农村危房改造、土地整理等项目加大投入，极大地推动了新村建设的进程。2012年，全省开工新村（聚居点)建设15051个，涉及农户75万户，其中建成8280个，在建6771个。各地住房城乡建设部门认真履行职责，切实加强质量安全监管。省住房城乡建设厅坚持深入基层开展督促指导和调研工作，组织开展"新村农房设计方案征集评优活动"和"新村建设优秀规划方案征集活动"，将获奖优秀方案汇编成集下发；开展《新村建设农房设计技术导则》的研究制定工作；会同省委农工委编印下发《四川省新村建设指南》。

【新农村综合体建设】 积极探索，制定《四川省新农村综合体建设规划编制办法(试行)》和《四川省新农村综合体建设规划编制技术导则(试行)》，为全省新农村综合体建设规划编制提供依据。配合省委农工委开展新农村综合体专题培训。试点带动、有序推进，从规划建设方面指导各地试点，涌现出清平乡、春风村等一批具有示范意义的新农村综合体。2012年全省共建成新农村综合体205个。

【新村基础设施配套建设】 2012年，全省完成村庄基础设施建设投资109亿。为强化新村基础设施建设管理，省住房城乡建设厅制定下发《新村建设工程质量检查验收办法》，各地认真按照办法组织实施，努力做到"三注重"，即：注重规划引领，注重配套建设，注重先地下、后地上，提高了建设效益。

【民生工程】 紧紧围绕抓好农村危房改造、牧民定居行动、彝家新寨建设、渠江流域灾后重建等重要民生工作，带动全省村镇房屋建设完成投资460亿，改善农村群众的生活条件。

【农村危房改造】 2012年是全省农村危房改造任务空前繁重的一年，国家给四川省下达的基本目标任务是27.5万户，考虑到四川工作的积极性和工作成效又追加了10万户作为2013年的考核任务，2011年的任务就高于前三年任务之和5.5万户。为确保任务的完成，各地高度重视，按照国家和省下达的目标任务，积极采取措施加快建设进度、强化质量监管，为完成目标任务夯实了基础。在组织实施过程中，住房城乡建设厅适时组织召开了农村危房改造工作全省电视电话会议和工作座谈会，研究解决实施中存在的问题，交流工作经验；分片区组织开展了全省农村危房改造交叉检查工作，督促工作进度和目标任务落实。通过全省上下共同努力，农村危房改造开工31万户，完工28万户，超额完成了国家和省政府下达的目标任务。

【牧民定居行动】 2012年是实施牧民定居行动计划的收尾年。抓紧完成牧民定居点收尾建设工作，通过四年努力，圆满完成1243个牧民定居点建设、100574户牧民住房建设。研究制定《四川省高原高寒地区牧民定居点室内上下水、厕所防冻技术导则》，督促指导地方开展改造工作。会同省城乡环境治理办，安排3739万元经费，实施630个牧民定居点垃圾收集处理设施配套建设。会同相关部门对牧民定居点建设进行检查验收。

【彝家新寨建设】 坚持把彝家新寨建设作为大小凉山综合扶贫开发的重要工作来抓，凉山州、乐山市住房城乡建设部门通力协作，不断优化设计，突出民族文化特色，强化质量安全监管，有力推进了彝家新寨建设，完成296个彝家新寨、2.5万户彝家农房建设的目标任务。

【渠江流域灾后重建新村】 在灾后重建中，坚持科学规划，把创建非地震灾区灾后重建示范区作为目标，与5市19县(市、区)通力协作，扎实推进各项工作。组织30多家规划设计单位，开展规划"大会战"。加强督促指导，实行厅领导分片包干负责推进重建工作。通过共同努力，完成855个灾后重建新村(聚居点)规划建设，重建农房16.8万户(含因灾倒塌3.14万户)，基本实现创建非地震灾区灾后重建示范区的目标，得到了省委、省政府的肯定。

【小城镇建设】 开展全国绿色低碳重点小城镇试点示范镇申报工作。会同省财政厅、省发展改革委研究下发《关于开展绿色低碳重点小城镇试点示范工作的具体实施意见》，经逐级筛选确定3个镇申报全国绿色低碳重点小城镇。开展重点流域重点镇污水处理实施配套管网建设项目申报工作。"十二五"期间，中央财政拟安排专项资金集中支持城镇污水处理设施配套管网建设，会同省财政厅认真抓好项目申报，国家核定四川省53个镇、844.36公里的污水管网建设任务。开展在新型城镇化进程中加强小城镇建设的专项课题研究，为省政府制定小城镇建设发展政策提出建议。2012年，全省完成小城镇规划编制和修编316个，完成基础设施建设105亿，吸纳农村人口约45万。

【历史文化名镇名村保护】 开展传统村落保护调查工作，省住房城乡建设厅会同相关部门联合开展全省传统村落调查工作，有20个村落被列为第一批中国传统村落名录。加强历史文化名镇名村保护，完成了4个国家级和省级历史文化名镇保护规划的编制。

【镇乡村镇建设管理机构队伍建设和教育培训】 各地按照《关于加强乡镇规划建设管理工作

有关问题的通知》和《关于在建制村设置新村建设公共服务管理岗位的通知》要求，切实加强镇乡村镇建设管理机构队伍建设和建制村管理人员配置。在加强镇乡村镇建设管理机构队伍建设方面，通过公开招聘、调整岗位设置、优化人员结构、交流任职等方式，加强镇乡规划建设管理力量，落实人员工资和工作经费，全省已配备镇乡规划建设管理人员6938人，其中专职人员3800人，兼职人员3138人；在建制村管理人员配置方面，已建成的新村和在建的新村，按要求逐步落实建设公共服务管理岗位的设置，具体承担农村公共服务、新村规划建设管理、基础设施建设和管理等日常工作。

5. 勘察设计与建设科技

【节能减排】 2012年10月下旬，组织全省部分市州督查，设计标准执行率达100%，施工标准执行率达90%，实施率达96%，完成住房城乡建设部建筑节能标准实施率95%以上的目标任务。

【科技成果】 全年全行业共有22个项目申报科技进步奖，获得一等奖1个，二等奖1个，三等奖5个。科技成果应用技术有211个备案推广，并成功召开2012年住房和城乡建设科技博览会。参展面积7000平方米、展位402个，有162家中外企业参展，展示建设科技成果。

【可再生能源建筑应用示范项目申报】 全年共组织示范项目申报5个，申报成功3个，遂宁市示范面积为200万平方米，获中央拨款3000万元。米易县和大竹县示范面积均为25万平方米，各获中央拨款1000万元。

【建设领域信息化建设】 编制四川省工程建设从业企业资源信息、从业人员资源信息和项目管理资源信息3部基础数据标准。建成由116个子系统组成的全省统一的电子政务平台。开发建设的"四川省工程领域项目信息公开和诚信体系平台"被住房城乡建设部评为优秀软件，列为行业信息化示范项目，排名居各省市区住房城乡建设行政主管部门网站之首。

6. 建筑业

【基本情况】 2012年，四川省建筑施工企业10742家，其中：特级9家，总承包一级283家；省外入川建筑施工企业1876家；全省建筑业产业规模持续增长，完成建筑业总产值6300亿元，同比增长18.7%；实现建筑业增加值1840亿元，同比增长19.6%。

【结构调整和转型发展】 加快产业结构调整。支持鼓励以大企业、优势企业为核心的企业兼并、重组、联合，整合行业资源，提高产业集中度，培育一批具有较强市场开拓能力、实力强的骨干企业。进一步提升专业企业在全行业中的比重，引导推动一批中小企业走专业化道路，支持专业承包企业向环保、消防、安装、钢结构等高附加值领域发展，做专做精。规范劳务企业发展，加强劳务基地建设，促进劳务企业与大型总承包企业建立相对稳定的合作关系，为一线提供高素质的成建制建筑劳务人员。

大力发展非公有制建筑经济。认真贯彻《四川省人民政府关于进一步鼓励和引导民间投资健康发展的实施意见》，积极引导非公企业加强企业文化建设、制度建设、能力建设、人才队伍建设。鼓励非公有制建筑企业与房地产、设计、规划、监理企业进行强强联合，探索建立基础设施建设与投资一体化，设计、施工、管理一体化，房地产投资与开发一体化运行模式。扩大投资在经营中的比重，逐步实现由建造建筑产品向经营建筑商品的转变，走产业资本与金融资本互动、生产经营与资产经营一体化的创新发展之路。

【企业动态核查】 依据省住房城乡建设厅《关于加强建筑市场动态监管严格企业和人员准入清出的实施意见》和《四川省建筑施工企业动态核查办法》，在全省组织开展2012年度建筑施工企业动态核查工作。全省21个市、州共计核查312家企业，合格190家，占60.9%，基本合格62家，占19.9%，不合格60家，占19.2%。在各地开展核查的基础上，8月13日至24日，省住房城乡建设厅组成5个检查组，对成都、雅安、眉山、资阳、乐山、广元、巴中市进行了检查，并抽查了省属企业、市、县属企业和省外入川企业共64家，对其资质条件和市场行为进行核查。其中：合格42家，占65.6%，基本合格10家，占15.6%，不合格12家，占18.8%。省住房城乡建设厅对检查情况进行了通报，对有问题的企业提出整改要求，受检企业正按照《四川省住房和城乡建设厅关于2012年度全省建筑施工企业动态核查情况的通报》要求，进行整改。

【企业重点监督复查】 为进一步规范建筑市场秩序，强化建筑市场监管，根据《建筑业企业资质管理规定》和《四川省建筑业企业重点监督管理暂行办法》规定，2012年，分两批共对473家资质条件严重不达标和有不良行为的企业进行重点监督，市、州和省住房城乡建设行政主管部门正组织复查。

【安全生产许可证管理】 根据国务院《安全生产许可证条例》的规定，为严格建筑市场准入和清出，保障建筑安全，省住房城乡建设厅对227家未办理《安全生产许可证》和415家《安全生产许可证》已失效的建筑业企业名单予以公示，经整改，仍有45家无安全生产许可证和146家安全生产许可证已失效，依据有关规定，决定撤回这191家企业的资质证书。全年共撤回631家企业资质证书。

【农民工合法权益维护】 高度重视对农民工工资支付保障工作的组织领导，认真贯彻落实预防拖欠的各项长效机制，切实维护广大农民工的合法权益。同时，认真受理和解决农民工工资拖欠问题、举报、投诉。全年，全省住房城乡建设系统共受理农民工工资投诉2408件，涉及农民工80419人，解决拖欠农民工工资65716万元。

【灾后重建项目工程款拖欠清理】 按照省委办公厅、省政府办公厅《关于印发〈化解当前"5.12"汶川特大地震涉灾信访问题分工方案〉的通知》要求，对成都、德阳、绵阳、广元、雅安、阿坝州等6个地震灾区重建项目拖欠工程款进行清理，及时处理、解决灾后重建项目拖欠工程款举报投诉及信访反映问题，确保灾区社会和谐和全省稳定大局。灾后重建项目存在工程款拖欠的有284个，拖欠金额84252.85万元，其中政府投资项目222个，房地产及社会投资项目62个，涉及拖欠企业247个。通过协调，雅安和广元市拖欠款全部解决，解决拖欠项目254个，解决拖欠金额58694.07万元。

【建筑人才队伍建设】 2012年，全省一级建造师13524人，二级建造师79716人。建造员32346人。

【注册建造师继续教育】 按照住房城乡建设部的统一安排，从2012年起正式启动二级注册建造师（建造员）继续教育培训工作，制定下发《关于开展二级注册建造师（建造员）继续教育培训工作的通知》、《四川省二级注册建造师继续教育培训单位管理办法》，成立了四川省注册建造师管委会及办公室，制定下发《四川省二级注册建造师继续教育工作方案》，推荐确定四川大学等21个单位为二级注册建造师（建造员）继续教育定点培训单位，完成对全省二级注册建造师继续教育师资的培训。全年完成建筑工程专业、机电工程专业共114期培训班，培训21547人，全面完成了全年的培训计划。

【工程建设领域突出问题专项治理】 按照中纪委十七届七次全会和国务院第五次廉政工作会议精神和中央、省关于开展工程治理的总体部署，制定下发《2012年四川省住房城乡建设系统工程建设领域突出问题专项治理工作要点》，提出以宣传贯彻《招标投标法实施条例》为契机，以规范招标投标活动为主线，加快建立健全长效机制，努力取得工程治理工作新成效的工作思路。

省住房城乡建设厅制定下发《关于在全省开展房屋建筑和市政工程建设中挂靠借用资质投标违规出借资质问题专项清理工作方案》，在全省组织开展房屋建筑和市政工程建设中挂靠借用资质投标违规出借资质问题专项清理工作。各市州县住房城乡建设行政部门高度重视，精心安排，领导带队，认真落实，全面开展项目自查。各市州县共检查了4784个项目、5736家企业，发现挂靠借用资质投标、违规出借资质问题的项目14个，发现挂靠借用资质投标、违规出借资质问题的企业12家，罚款金额37.1万元，限制市场准入企业1家，取消中标合同项目1个，停业整顿项目38个。

【项目信息公开和诚信体系建设】 2012年初，下发《深入开展工程建设领域项目信息公开和诚信体系建设工作的意见》，要求进一步完善全省建设类企业和从业人员基础信息，实现企业、从业人员、工程项目、质量安全事故数据库之间的动态联动和数据库信息同步共享；进一步完善工程项目数据库，实现新开工房屋建筑和市政工程项目的报建、招标投标、合同备案、施工图审查、施工许可、质量安全监督、竣工验收备案各主要环节的网上监管。同时，明确职责与分工，细化了工作流程。全省项目信息公开和诚信体系建设工作正有序开展。截至年底，已录入24万多个建筑业和房地产企业、172万执业人员的基本信息，公开项目信息25628余条，记录不良行为记录68条。

【建筑业技术进步与科技创新】 坚持示范引路，建立国家、省、市和企业多层次示范工程，带动全行业整体技术水平的提升，积极引导企业通过示范工程带动本单位项目管理、施工技术、工程质量和经济效益的提高，扩大企业知名度。将企业技术进步状况作为行业管理的重要内容。全年，有26项工程列为省级建筑业新技术应用示范工程，有4项工程通过专家验收；全年申报省级工法227项，评为省级施工工法195项；荣获2011~2012年度中国建设工程鲁班奖4项；荣获国家优质工程奖19项，进一步促进了企业自主创新能力和工程技术含量的提高。

【建筑劳务】 全年全省成建制输出建筑劳务101万人，实现劳务收入118亿元，分别实现全年目标任务(90万人、100亿元)的131.11%和118%。

【建设工程招投标管理】

(1)《招标投标法实施条例》宣传培训

《招标投标法实施条例》于2012年2月1日起正式实施以来，招投标总站一直把学习宣传《条例》作为2012年重点工作之一，采取多种途径广泛宣传《条例》的立法宗旨及主要内容，为《条例》的贯彻实施营造良好的舆论氛围和社会环境。

(2)建设工程招投标监督管理

深入开展依法行政专题教育活动。组织职工参加依法行政专题教育、学习会议。省住房城乡建设厅分管领导毕志彪到会指导，并对四川省建设工程招投标总站依法行政工作提出了明确要求。通过开展此次专题教育活动，全站职工的履职尽责意识和廉政风险防范意识得到明显提高。

招标监督工作进展顺利。截至年底，共完成招标文件备案项目标段数662个，并已开发完成招标备案管理系统，为全省实现远程、无纸化招标备案管理提供了一个良好平台。

强化招投标市场稽查，认真受理投诉举报，及时查处招投标违法违规行为。截至年底，共受理和处理投诉案件25起。

(3)招标代理机构及从业人员管理

继续开展招标从业人员和评标专家的资格培训和继续教育工作。2012年先后举办5期招标从业人员学习培训班，参加学习培训的从业人员累计达到2000余人，有1285人取得招标从业人员资格证书。同时，还举办1期共计400余人的建设行业评标专家培训班，其中235人通过考试取得建设行业评标专家资格证书。

认真开展省外招标代理机构入川备案工作，确保在资质审查、上报等各个环节切实做到标准统一、程序合法、公平公正。全年共办理入川备案招标代理企业30家。

认真贯彻落实住房城乡建设部《关于加强建筑市场资质资格动态监管完善企业和人员准入清出制度的指导意见》，加强对招标代理资质的动态监管，加大清出力度。

【工程建设监理】 继续推行"项目监理工作质量考评"工作，2012年，四川省制定《2012年度四川省建设工程项目监理工作质量督查方案》，开展了对德阳、绵阳、广元、攀枝花、自贡、阿坝等18个市州项目监理工作情况督察，重点抽查各地的有代表性的保障房以及重要的公共建筑项目。2012年9月，对所有省外入川监理企业的监理项目进行了一次拉网式检查。共抽查企业45家(其中省外入川企业33家，省内企业12家)，涉及项目63个，下发停工通知书5份，质量安全隐患整改通知书49份，项目监理工作质量整改通知书53份。认真开展全省建设工程监理行业统计工作。对省内281家监理企业上报的资料进行了统计，从企业基本情况、企业业务情况、企业营业收入三方面全方位了解2011年监理企业及市场基本情况，对安排进一步的工作提供了良好的理论基础。严格实施监理企业动态管理，规范监理市场秩序。全省工程监理企业达304家。

【监理从业人员管理】 积极推行监理人员信息化管理，促进监管手段更加科学。全省所有监理从业人员数据库已基本完成复查及纠错工作。全面向企业及各市州主管部门开放了监理从业人员信息化管理平台。这对全省监理市场的诚信体系建设带来了积极影响；严格监理从业人员日常管理，确保基础数据的准确。按照《注册监理工程师管理规定》和《注册监理工程师管理工作规程》开展注册监理工程师初始注册、变更注册和注册执业证书、执业印章遗失破损补办等工作。

7. 建设工程质量安全监督管理

2012年四川省建设监理工程20676个，面积28653.85万平方米。其中住宅工程9821个，面积20460.36万平方米；公共建筑8146个，面积6562.94万平方米；市政工程2065个，其他工程(工业建筑、统筹自建等项目)644个，面积1630.55万平方米。竣工工程10053个，面积11224.12万平方米；工程竣工验收备案9416个，面积9823.74万平方米。全省建筑工程报建项目质量监督到位率和工程质量合格率均100%，无重大质量责任事故发生；2012年全省共发生房屋建筑和市政工程生产安全事故14起，死亡15人，同比上年分别下降22%和32%。未发生较大及以上施工生产安全事故，全省安全生产形势稳定好转。

【工程质量监督】 根据住房和城乡住房城乡建设部《房屋建筑和市政基础设施工程质量监督管理规定》(部令2011年第5号)有关条款规定，出台《四川省房屋建筑和市政基础设施工程质量监督管理实施办法》；正确引导、加大宣传，以优质工程带动全省工程质量水平的稳步提高，截至年底，全省有174个项目申报"四川省结构优质工程"，2012年9月4日通过评审会评审获得"四川省结构优质工程"77个，评审办公室组织专家组对2012年9月以后申报的符合复查条件的工程95个进行复查；开展四川省天府杯(省优质工程)的申报和评审工作，2012年共申报工程项目204个，经初审194个工程项目符合文件要求。全年全省共有3个工程项目获"鲁班奖"（国家优质工程）、6个工程获"国家优质工程奖"。

【保障性安居工程质量监督管理】 为切实做好全省的建设工程质量监督信息报送工作，及时掌握工程质量信息情况，为政府决策和社会经济发展提供依据，全省质量监督站在报2012年监督统计报表时，增加《四川省2012年保障房和市政工程质量监督统计年报表》。

全面加强保障性安居工程质量监督管理工作，参加由省政府组织的对全省保障房工程检查。检查地区为全省21个市州，所查地区保障性住房工程基本能按照节点要求开工、进度基本满足工程竣工时间要求、资金基本到位；参加由住房和城乡住房城乡建设部组织保障性安居工程质量的督察。

【港澳援建工程后续工程监督管理】 完成全省296个港澳援建工程全面督察工作，确保港澳援建工程质量安全。积极参与、认真组织中小学校舍质量安全系统工程工作。根据省政府要求，会同省教育厅联合下发《关于组织开展全省中小学校舍安全工程"回头看"活动的通知》，并及时为施工企业资质就位和出川备案出具《质量证明》541份，完成审计署中小学校舍安全工程审计报告中工程质量相关问题的处理。

【工程质量事故鉴定和质量投诉】 建设工程质量投诉信件共4起，处置率100%。处理建设工程质量投诉6起，处理率100%。交由各市、州建设工程质量监督站处理的建设工程质量投诉5起，处理并回复4起，市、州处理回复率80%，及时地解决工程质量纠纷。

【工程质量检测监管】 按照住房和城乡住房城乡建设部的统一部署，组织完成全省既有建筑玻璃幕墙安全隐患排查。

对21家检测机构进行了监督检查，暂停了1家检测工作，暂停了1家的部分检测项目，责令10家限期整改。

完成25家检测机构资质增项、延期现场技术能力考核工作。通过严把技术能力准入关，杜绝技术能力不符合要求、管理不规范的检测机构进入检测行业，确保检测工作质量。

全面推行建设单位委托、合同备案、检测报告确认和检测数据实时在线上传等四项制度，有效遏制了检测工作中低价、无序、恶性竞争的现象，市场秩序逐步规范，维护了检测机构的合法权益，提升检测行业形象、职业尊严和公信力。

8. 标准定额和工程造价管理

【标准制订修订】 起草《四川省工程建设地方标准管理办法》，进一步加大全省工程建设地方标准的制订、修订力度。全年共发布地方标准12项，其中地方标准DBJ51/004—2012《四川省住宅建筑通信配套光纤入户工程技术规范》是全国首个涉及住宅通信光纤入户的工程建设强制性地方标准，将缓解四川省信息化高速发展对住宅建筑基础配套设施的需求压力，在加快推动智能住宅建设的同时，避免重复投资和重复建设，实现绿色节能和降低社会成本的目的。

【高强钢筋推广应用】 根据住房和城乡住房城乡建设部和工业和信息化部《关于加快应用高强钢筋的指导意见》要求，与四川省经信委沟通，成立四川省高强钢筋推广应用协调组和技术指导组，具体负责全省高强钢筋推广应用过程中的协调和技术指导服务。制定四川省高强钢筋推广的相关扶持、配套政策，与省经信委联合出台《关于加快应用高强钢筋的实施意见》，要求以建筑钢筋使用减量化、提高资源利用效率为目标，积极推广应用高强钢筋。开展全省高强钢筋推广应用培训和自查、抽查工作，全省高强钢筋推广应用工作取得实质性进展。

【计价依据编制、修订】 完成住房和城乡住房城乡建设部下达的国家规范《建设工程工程量清单计价规范》的修编和《建筑安装工程费用项目组成》修订工作，《全国统一安装工程预算定额》第八册"给排水、采暖、燃气工程"修编工作正按计划进行。

编制完成《四川省城市轨道交通工程工程量清单计价定额》和《〈四川省建设工程工程量清单计价定额〉补充定额及定额解释》，并分别批准颁发执行。

【工程造价管理服务】 为使建设工程造价数据的收集渠道、方法和发布更加规范化、科学化、制度化，提高工程造价信息的准确性和及时性，更高标准地实现工程造价信息为政府有关部门和社会提供公共服务，为建筑市场各方主体提供工程造价信息的专业服务目标，2012年12月制定并发布《四川省建设工程造价数据积累管理办法》。

及时准确发布工程造价信息，为政府有关部门和社会提供公共服务，为建筑市场各方主体提供工程造价信息的专业服务。全年出版发行《四川工程造价信息》12期，共计15.96万册。发布各类材料价格信息48.74万条；人工成本信息3600条；实物工程量人工成本信息1.5万余条；机械台班租赁价格信息1400余条；周转材料租赁价格信息800余条；测算和发布了两次全省建设工程人工费调整系数，发布补充定额551项；定额解释54条；21个市、州建筑工程和市政工程造价指数2次。

9. 房地产市场

【宏观调控政策】 严把限购关，坚决抑制投机投资性购房需求。四川省成都市按照规定及时制定并执行住房限购政策，成都市房管局等相关部门出台限购实施细则，对住房限购时间、范围、对象、办理程序和开具纳税、社保缴纳证明等有关问题做出明确规定。房屋登记机构严格执行住房限购审核标准和流程，通过系统自动查询购房人家庭成员状况及家庭已拥有住房套数，确保购房人符合相关政策规定。截至2012年6月30日，成都市申报新购商品住房和二手房20.03万件，未通过2.71万件，未通过率为13.55%；查处违反限购政策行为29件，对10余家开发企业予以通报批评，并处以暂停网签资格处理。

【房地产市场监测】 针对全年房地产市场变化较快的情况，坚持跟踪监测分析市场运行情况，实行月月有简报、季季有分析，及时做出应对之策。2012年6月4日，省住房城乡建设厅专门召开部分城市房地产市场调控工作座谈会，听取了市州房地产主管部门和部分开发企业、经纪机构的意见，了解各地新情况，及时部署调控工作。

【个人住房信息系统建设】 按照住房城乡建设部的统一部署，全面启动个人住房信息系统建设，各项工作正紧张有序推进。成都市作为第一批与住房城乡建设部联网的40个重点城市，实现房屋登记系统和市场信息系统数据的物理集中，与住房城乡建设部成功联网。泸州、南充作为第二批城市，进行数据采集实施等前期准备工作。其余市州正加快推进数据整合和纸质档案电子化管理。

【全省房地产市场调控取得明显成效】 房地产市场运行总体平稳。2012年1~10月，全省房地产开发完成投资2644.55亿元，同比增长16.5%，提前两个月完成2012年2500亿元的投资目标；房屋施工总面积2.81亿平方米，同比增长13.2%；商品房销售面积4645.34万平方米，同比下降1.7%。据房地产交易系统统计，10月，全省新建商品住宅成交均价3890元/平方米，同比上涨3.3%。全省房地产市场调控工作受到国务院督查组的充分肯定。

【动态监管机制】 加强房地产销售市场监管。大力加强商品房项目预售行为监管，完善商品房销售现场信息公示制度，建立健全商品房预售资金监管制度，防止市场剧烈波动下发生"楼盘烂尾"等损害购房者利益的行为。成都、南充、资阳、绵阳等城市建立商品房预售资金监管制度，其他城市正在积极推行这项制度。同时，加强中介市场监管，建立和完善房地产交易结算资金管理制度，规范交易结算资金专用存款账户开设和资金划转，维护交易当事人合法权益。

加强房地产市场信用管理。为切实维护好房地产市场秩序，保护消费者合法权益，积极建立和完善房地产信用管理体系，拓展房地产信用档案功能和覆盖面，充分发挥信用档案作用，将销售行为、住房质量、交付使用、信息公开等方面纳入信用体系。对违法违规建设、销售、存在严重质量问题、将不符合交付条件的住房交付使用、信息公开不及时不准确等行为，计入房地产开发企业信用档案，并公开向社会曝光。

积极开展房地产市场领域矛盾纠纷化解专项行动。为贯彻落实省委、省政府维稳工作部署，进一步规范全省房地产市场秩序，依法查处房地产开发建设、交易、中介等环节的违法违规行为，及时化解矛盾纠纷，维护社会和谐稳定，省住房城乡建设厅在全省开展房地产市场领域矛盾纠纷化解专项工作。从加强商品房预销售管理、加强预售资金监管等七个方面提出具体要求。

【交易与权属登记管理】 认真贯彻《房地产登记技术规程》。《规程》是我国房地产登记的首个行业标准，《规程》出台后，省住房城乡建设厅及时下发《关于贯彻落实〈房地产登记技术规程〉的通知》。对规程的培训、登记审核人员的考核、信息系统建设等提出具体要求。2012年5月，组织各地登记机构负责人60余人参加住房城乡建设部组织的登记技术规程培训班。7月，在全省举办了三期《规程》培训班，邀请《规程》参编人员进行授课，参加培训的人员超过1500余人。

做好房屋登记审核人员培训考核工作。为加强对房屋登记审核人员的培训考核，规范房屋登记行为，2012年6月16日、17日，全省举行2012年第一批登记审核人员考试。全省共1669人报名并通过资格审查，1460人参加考试，参考率为87%。

【物业管理行业发展】 《四川省物业管理条例》于2012年3月29日经四川省第十一届人民代表大会常务委员会第二十九次会议正式通过，并于2012年7月1日起施行。为保证《四川省物业管理条例》能够有效贯彻落实，制定《前期物业服务合同》、《房屋使用说明书》、《临时管理规约》等多个配套政策、操作规范和示范文本，使四川省物业管理工作更加有章可循、更加规范有序。

【《国有土地上房屋征收与补偿条例》贯彻落实】 加强监督检查。为更好地贯彻落实《条例》，加强对各地开展房屋征收工作的监督检查力度，坚决查处征收过程中的违法违规行为。重点查处房屋征收中程序不合法、行为不规范、补偿不合理、保障不落实等突出问题。对采取中断供水、供热、供气、供电等手段违法强制搬迁甚至暴力拆迁的行为，各地征收部门及时会同相关部门快查严办，及时回应社会关切。同时，认真受理群众反映投诉，全年共受理房屋拆迁信访65件，重要信访2件，均认真调查妥善解决。全省尚未发现以非法手段强制征收、违反补偿安置政策和标准，贪污、挪用征收补偿款，以及征收中房商勾结、权钱交易等情况。

10. 住房公积金管理

【基本情况】 2012年，四川省住房公积金实际缴存人数482.37万人，新增48.06万人，同比增长11%。覆盖率82%，同比提高2个百分点。新增缴存额427.77亿元，同比增长27%。全省缴存总额达到2021.13亿元，缴存余额1133.27亿元，跨上千亿元新台阶。公积金个人提取205.07亿元，同比增长23%，占当年新增归集额的48%。全年发放公积金个人住房贷款221.44亿元，同比增长53%，占当年新增归集额的52%。公积金个贷率59%，同比提高近3个百分点，资金使用率77%，同比提高1.5个百分点。全省公积金运行稳定，超额完成目标任务，多项业务指标创历史新高。

【管理效益】 全面落实中央宏观调控政策措施，支持职工的基本住房消费。全年191.22万余名职工提取公积金、9.53万余户家庭使用公积金个人住房贷款改善住房条件，其中2992户家庭使用公积金个贷5.1亿元购买保障性住房，6308套第二套住房贷款上浮利率，第三套住房贷款杜绝发放。全省住房公积金贷款市场份额增加，年度公积金个贷额占全省住宅销售总额的8%，同比增加2.5个百分点，相当于全省商业银行按揭贷款额的27%，同比增加9个百分点。增值收益大幅增长，管理效益明显提高。年度全省公积金实现增值收益19.65亿元，同比增长135%，增值收益率1.93%，同比提高近1个百分点。

【公积金贷款支持保障房建设】 2012年度从公积金增值收益中提取廉租住房建设补充资金10.21亿元，支持廉租住房建设。向保障性住房建设项目发放公积金项目贷款2.54亿元，已累计向17个保障性住房建设项目发放公积金项目贷款9.66亿元，支持建设保障性住房9382套。

11. 建设行政审批

2012年，共受理行政审批事项和公共服务项目12809件。其中：行政许可事项11795件，办理省外城市园林绿化企业入川投标介绍信1014件。按时办结率、现场办结率、群众评议满意率均达到100%，提速率保持在75%左右，有效投诉为零。在入驻省政府政务服务中心的58个省级部门中，省住房城乡建设厅年终综合考核被评为"一等奖"。共收到锦旗45面，感谢信25封。

12. 大事记

1月

10日 四川省工程监理企业2011年评优表彰会暨2012年新春联谊会在成都市举行。

2月

7日 全省住房城乡建设工作会议在成都市召开。会议全面总结2011年的工作，安排部署2012年全省住房城乡建设、党风廉政建设和精神文明建设工作。副省长黄彦蓉作重要讲话。

7日 全省住房保障工作会议在成都市召开。省委副书记、省长蒋巨峰出席会议并作重要讲话，副省长黄彦蓉主持会议，并代表省政府与各市州政府签订保障房建设目标责任书。

23日 四川省燃气用管道工程技术规程评审会在成都市召开。住房城乡建设厅总工程师殷时奎出席会议并讲话。

3月

8日 2012年全省散装水泥工作会议在成都市举行。住房城乡建设厅副厅长李又出席会议并讲话。

9日 全省建设教育工作会在成都市召开。住房城乡建设厅副厅长谭新亚出席会议并讲话。

9日 全省建设监察执法工作会议在成都市召开。省人大常委会副主任张东升、省政府副秘书长陈保明、住房城乡建设部稽查办副主任谢晓帆、省政府法制办主任张渝田出席会议并讲话。

13~14日 全省村镇建设工作会在德阳市举行。住房城乡建设厅副厅长田文出席会议并讲话。

19~23日 全国加强住房公积金管理专项治理工作领导小组来川检查工作。检查组一行先后到雅安、内江、宜宾市检查住房公积金管理工作。

28日 全省住房公积金省级部门联席会议在成都市召开。住房城乡建设厅副厅长于桂出席会议并讲话。

4月

6日 全省城乡环境综合治理工作会议在成都市召开。副省长黄彦蓉主持会议，住房城乡建设厅厅长、省城乡环境综合治理工作办公室主任杨洪波做工作报告。

9日 《住宅建筑工业化预制混凝土构件制作、安装及质量验收规程》审查会在成都市召开。

12日 欧盟亚洲转型项目"促进中国城市可持续建筑发展"启动会在成都市召开。

13日 为期三天的2012年中国·四川住房城乡建设博览会在成都市世纪城新国际会展中心隆重开幕。副省长黄彦蓉致辞并宣布博览会开幕，住房城乡建设厅厅长杨洪波讲话。

18日 在校学生万人以上高校节约型校园建设工作现场会在电子科技大学清水河校区召开。

24日 全省城市建设和管理工作会议在成都市召开。住房城乡建设厅副厅长李又出席会议并讲话，城市建设处处长郑友才主持会议。20日，达州市房产管理局个人住房信息系统建设方案评审会在成都市召开。住房城乡建设厅副厅长田文出席会议并讲话。田文介绍了全省个人住房信息系统建设的进展情况，对达州市加快个人住房信息系统建设给予充分肯定，并对建设方案提出了具体要求。到会专家听取了达州市个人住房信息系统建设情况的汇报并进行了评审。住房城乡建设厅房地产市场监管处、信息中心，达州市住房和城乡规划建设局负责同志与专家参加了评审会。

26日 《四川省住宅建筑通信配套光纤入户工程技术规范》在成都市发布。

27日 四川省住房和城乡建设厅在成都市举行四川省物业管理工作暨《四川省物业管理条例》宣贯大会。

5月

3日 全省住房城乡建设系统计划财务统计工作会议在乐山市召开。

10~14日 住房城乡建设部全国保障性安居工程质量监督执法第六检查组来川检查。

14日 《宜宾城市总体规划》编修工作汇报会在省住房城乡建设厅召开。

15日 2012年中国施工装备展览洽商会在成都市隆重开幕。

15日 四川省住房公积金工作会议在遂宁市召开。

24日，在成都市举行的香港特区支持四川地震灾后重建集体项目竣工典礼暨川港合作协议签署仪式上，四川省住房和城乡建设厅厅长杨洪波与香港发展局常任秘书长韦志成签署《川港建筑领域合作意向协议》，进一步推进川港在建设工程管理、城市规划、历史文化建筑保护、建筑及工程技术、专业人员培训等方面的交流与合作。

6月

6日 四川省绿色建筑评价标识工作推进会在德阳市召开。

26日 《四川省物业管理条例》新闻发布会在成都市召开。

7月

2日 全省开展公路铁路河道沿线环境综合治理专项行动工作会议在成都市召开。

17日 住房城乡建设厅召开全省城镇污水处理设施配套管网建设项目资金管理工作会议。

26日 全省保障性安居工程工作情况新闻发布会在成都市召开。

30日 全省保障性安居工程质量和建筑安全生产工作电视电话会议在成都市召开。

8月

2~6日，财政部副部长王保安率财政部、国务院办公厅督查室、国家发展改革委、住房和城乡建设部、人民银行、国家税务总局等6部委组成的国务院督查组来川开展督查工作。

16日 《四川省保障性住房建设技术导则》论证会在成都召开。

23日 全省住宅专项维修资金管理工作座谈会在南充市召开。

27日 全省住房城乡建设系统维稳信访工作会议在成都市召开。住房城乡建设厅副厅长王卫南出席会议并讲话，住房城乡建设厅办公室主任刘恒主持会议。

30日 住房城乡建设厅召开省散装水泥管理信息系统和省新农村规划建设和农村危房改造管理信息系统评审会。

9月

3日，省代建办在成都市召开天府新区省级文化中心建设项目方案设计工作会议。

11日 四川省住房和城乡建设厅、四川省经济和信息化委员会在成都市召开高强钢筋推广应用协调组、技术指导组成员会议，通报全省高强钢筋推广应用情况，研究部署全省加快推广应用高强钢筋工作。

14日 四川省贯彻全国农村危房改造工作电视电话会议在成都市召开。

22日 2012四川智慧城市与节能减排报告会在成都市隆重举行。全国人大内务司法委员会副主任委员辜胜阻，省政协副主席解洪，住房城乡建设厅厅长、省市长协会常务副会长杨洪波作智慧城市主旨报告，中国智慧城市论坛副主席兼秘书长陈如明致开幕辞。

10月

12日 欧盟促进中国可持续建筑发展四川省示范项目签约仪式在成都市举行。

17日　住房城乡建设厅在成都市召开全省农村危房改造工作座谈会。

19日　全省白蚁防治工作座谈会在宜宾市召开。

23日　省人大常委会副主任郭永祥、副省长黄彦蓉视察天府新区省级文化中心项目。

23日　2012年中国城市规划信息化年会在泸州市召开。

24~25日　2012全国城市通卡发展年会暨第十一届住房和城乡建设领域物联网应用发展论坛在成都市召开。

29日　省委副书记、省长蒋巨峰，省人大常委会副主任郭永祥、成都市副市长孙平视察天府新区省级文化中心项目。

11月

2日　四川省委组织部召开住房城乡建设厅干部大会，省政府副省长黄彦蓉出席会议并作重要讲话。副部长刘中伯主持会议，并宣读省委、省人大关于何健同志任省住房城乡建设厅厅长、党组书记的通知。

6~10日　省住房城乡建设厅副厅长、省牧民定居行动计划核查验收组组长田文一行，在甘孜州核查验收2009年以来实施的牧民定居行动相关工作。

7日　中国安装行业大型机械设备制造、安装技术交流会在成都市召开。

7~12日　由住房城乡建设部牵头组织的住房公积金管理机构调整工作联合检查组来川检查公积金机构调整情况。

28日　全省高强钢筋推广应用培训会在成都市召开。

29日　《建筑施工企业信息化评价标准》宣贯培训班在成都市举办。

12月

3~6日　住房城乡建设厅副厅长田文在渠县、达县、大竹县和宣汉县，督查渠江流域"9.18"洪灾农房重建工作。

4日　四川进渝建筑企业负责人工作会议在重庆市召开。

5日　成都市人民政府与中国建筑股份有限公司在成都市签订《成都市人民政府与中国建筑股份有限公司战略合作框架协议》、《成都市温江光华新城综合开发项目合作框架协议》以及《天府新区创新研发产业功能区城市综合开发项目合作框架协议》。在协议签订仪式上，成都市委书记黄新初、中国建筑股份有限公司董事长易军为中国建筑西南区域总部揭牌。

5~7日　省住房城乡建设厅、省工商联联合举办免费建筑施工企业管理与制度创新高级研修班。

13日　省委宣讲团党的十八大精神报告会在省住建厅举行，省委宣讲团第六分团成员、省直机关工委副书记许家勇作宣讲报告。

14~15日　全省住房城乡建设系统纪检监察干部业务培训会在成都市举行。

21日　四川省二级注册建造师、建造员（建筑工程专业）继续教育考试在成都市举行。

21日　全国白蚁防治工作会议暨全国白蚁防治标准化技术委员会年会在成都市召开。

26日　全省住房保障工作会议在成都市召开。副省长黄彦蓉作重要讲话，省政府副秘书长王七章主持会议。住房城乡建设厅厅长何健通报2012年全省住房保障工作情况。

27日　全省住房城乡建设工作会议在成都市召开。会议的主要任务是学习贯彻党的十八大、中央经济工作会议和全国住房城乡建设工作会议精神，回顾总结2012年工作，安排部署2013年工作任务。

28日　四川省城乡建设信息学会2012年年会在成都市召开。

（四川省住房和城乡建设厅）

贵 州 省

1. 城乡规划与城镇化

【概况】　《贵州省城镇体系规划》修改经住房城乡建设部组织专家评审通过，《黔中经济区核心区空间发展战略规划》实施。《贵安新区总体规划》编制有序推进，核心区和省直管区选址方案确定，路网规划方案经过综合论证，"三横两纵"骨干路网全面开工。2012年，全省城镇化率提高1.5个百分点。

【城乡规划有序推进】 完成7个县城总体规划报批，完成35个市县总体规划修改，完成6个市县总体规划修改认定。37个城市（县城）近期建设规划、50个城市（县城）近期建设地区控制性详细规划编制有序推进。250个乡镇、900个村庄规划编制完成，10个历史文化名村保护规划评审通过。完成省级经济技术开发区选址批复25个，核发贵阳轨道交通一号线等项目选址意见书16个。城乡规划专项调查、专项检查、专案调查和驻点督察等工作积极开展。

【"城镇化"进程提速】 100个城市综合体建设前期工作深入推进，先期启动的22个项目根据专家审查意见进行规划设计调整。重点打造100个示范小城镇，下达30个省级示范小城镇补助资金1亿元，命名6个省级绿色小城镇，各地新增重点建设120个本地小城镇。与国开行贵州省分行、省农信社签署金融支持小城镇合作备忘录，国开行贵州省分行"十二五"期间、省农信社五年内将共计投放贷款460亿元。以"两个100"为重要抓手，2012年全省城镇化率达到36.5%。

2. 城镇建设与市政公用事业

【概况】 贵州省政府与住房城乡建设部签订《共同推进贵州住房城乡建设事业又好又快发展合作协议》，住房城乡建设部从7个方面支持贵州住房城乡建设事业发展。出台贯彻"国发2号文件"实施意见，并分解落实。"城中村"改造纳入中央城市棚户区改造补助范围，贵阳、六盘水列入利用住房公积金贷款支持保障性安居工程建设国家试点城市，遵义列入餐厨废弃物资源化和无害化处理国家试点城市，贵阳未来方舟列入国家绿色生态城区，红枫湖百花湖列入国家城市湿地公园，90个村落列入第一批中国传统村落名录，数量居全国之首，一、二星级国家绿色建筑评价标志获准在贵州认定，住房城乡建设部确定贵州为"中国南方喀斯特"第二期世界自然遗产申报牵头单位。

【城镇基础设施建设】 贵州省政府批转《关于进一步加强城市生活垃圾处理工作实施意见》，会同有关部门印发"十二五"城镇污水处理及再生利用设施建设规划、城镇生活垃圾无害化处理设施建设规划、城镇供水设施发展规划、城镇燃气设施发展规划、产业园区污水集中处理设施五年建设规划，制定了城镇污水和垃圾处理设施建设专项资金管理办法、园区污水处理项目贷款省级财政贴息资金管理办法，工作推进机制不断完善。

【城镇综合承载能力增强】 贴息支持道路建设，新增城镇道路387.3公里、城镇污水配套管网480公里，新增县城垃圾无害化处理设施28个。城市供水普及率达到87%，城市污水处理率达到82.5%，城市生活垃圾无害化处理率达到51%，城市燃气普及率达到58%，城建投资完成1064.15亿元，比上年增长97.84%。在全国率先启动省级数字化城市综合监管平台建设，完成短信平台建设。推行数字化城市管理系统建设"以奖代补"，支持铜仁市、六盘水市、贵阳市乌当区开展国家智慧城市试点申报，结合信息化建设，城市服务功能得到强化。

3. 房地产业和住房保障

【概况】 贵阳实施"一环"以内限购措施，贵州省房地产市场运行态势总体平稳。房地产开发投资完成1467.6亿元，比上年增长68%。中央下达贵州城镇保障性安居工程建设任务10.04万套，竣工任务7.83万套。2012年，贵州省城镇保障性安居工程竣工10.21万套。国家有关部委批准贵阳翁岩等5个住房公积金贷款支持保障性住房建设试点项目资金14.32亿元。

【房地产市场监管加强】 《房地产开发项目手册》等制度持续完善，商品房开发、交付等行为不断规范。建立住房信息系统网络和基础数据库，实现个人住房信息共享和查询。国有土地上房屋征收与补偿信息公开不断推进，"先补偿、后征收"原则落实。金阳新世界水临境项目达物业管理国家级示范小区标准，云岩保利云山国际一期等三个项目达省级示范小区标准。

【城镇保障性安居工程强力推进】 会同贵州省政府督查室等单位开展5次拉网式、全覆盖实地督查，辅以排名通报、媒体曝光等方式，城镇保障性安居工程8月底全面开工，比国家要求提前4个月。创新推进"奖补并行"，从省级配套资金中单列1.5亿元进行奖励，另行下达省级配套资金3.26亿元，廉租住房出售回笼资金5.85亿元，中天城投等社会力量积极参与，城镇保障性安居工程建设资金筹集力度不断加大。推进"居有所乐"，建设城镇保障性安居工程社区全民健身路径工程20套、社区文化活动中心和社区书屋18个。城镇保障性安居工程信息管理系统持续完善，"三级审核、二次公示"和年度复核等机制进一步健全，公平分配深入推进。4个项目获样板工地称号，工程质量得到切实保证。通过配建营业性用房等方式筹措运营资金，积极推行物业管理，后续运营逐步规范。

【住房公积金监管不断强化】 全面开展风险排

查,通过完善防范措施、列席管委会议进行现场监督等方式,住房公积金监管进一步强化。指导黔南、铜仁等地区推进非公有制经济建立住房公积金制度,覆盖范围不断拓展。贵州省住房公积金实际缴存职工人数168.88万人,覆盖率达到70.06%;累计归集544.57亿元,较上年同期增长29.95%;累计提取14.93亿元,占归集总额的27.42%;归集余额349.64亿元,较上年同期增长27.92%;累计向27.38万户职工家庭发放住房公积金个人住房贷款378.04亿元,较上年同期增长32.11%;个人住房贷款余额269.78亿元,贷款余额占归集余额的比重(个贷率)达到77.16%;逾期贷款额为211.66万元,逾期率为0.078‰。

4. 农村危房改造与村庄整治

【概况】 中央下达贵州农村危房改造任务48万户,要求年内改造完成35万户。印发2012年度实施方案,2012年竣工35万户。下达农村危房改造与扶贫生态移民相结合补助资金1.1亿元,通过相对集中重建、异地搬迁、五保户集中供养等方式,推进农村危房改造与集中连片特困地区扶贫、扶贫生态移民相结合。补助1500万元支持30个村庄整治试点,各地依托农村危房改造推进村庄整治,农村面貌不断改观。

5. 建筑业与建设节能

【概况】 印发《关于加强全省建筑市场管理有关问题的通知》、《关于加强勘察设计企业质量管理监督的通知》,结合挂靠借用资质投标和违规出借资质、监理企业履责情况等监督检查,查处违法违规以及失信行为,通过信息平台记录、通报和公示,严格企业资质和人员资格动态准入清出。省级完成省高级人民法院审判庭等5个项目代建。

【建设节能和标准工作取得进展】 出台"十二五"建筑节能规划,夏热冬冷地区既有居住建筑节能第一批70万平方米改造任务下达。贵州建工集团参与主编的《白蚁防治标准术语规范》国家标准通过审批,颁布实施全国第一个绿色小城镇建设评价地方标准,修订《复合自保温粉煤灰混凝土小型空心砌块墙体建筑构造》等标准设计图集,制订《建筑工程应用HRB500热轧带肋钢筋技术导则(试行)》,推广新技术16项,完成55个节能技术产品备案。国家机关办公建筑和大型公共建筑能耗监测平台分项计量装置安装43栋,9个省级可再生能源建筑应用申报项目通过评审。

【墙体材料革新加速推进】 制定加快推广应用新型墙材促进墙材工业转型升级的意见,首期节能墙体材料目录公布,大力发展复合自保温等节能墙材。评审认定75种新型墙材产品,新增产能12亿标块,消纳固体废弃物1000万吨,新型墙材占墙材总量比例同比增长5%。

6. 工程质量与安全

【概况】 以保障性安居工程、产业园区、起重机械、脚手架、深基坑、玻璃幕墙等为重点开展隐患排查和专项整治,全省房屋和市政建设工程质量可控,安全生产实现"双降"。2012年贵州省房屋建设和市政工程发生安全事故19起,死亡24人,其中较大事故1起。未发生重大、特别重大安全事故,未超过省安委会下达的控制考核指标。与上年同期相比,事故起数减少10起,下降34.5%;死亡人数减少11人,下降31.4%。

【工程质量监管】 开展全省建筑工程质量行为检查,进一步落实工程监理、建筑施工企业质量主体责任。开展监理企业履职情况、保障性住房工程质量专项检查,加大对保障性安居工程实体质量的监管力度,确保工程质量。重点核查检测机构、监理企业和商品混凝土生产企业的资质条件变化情况,督促企业完善资质条件,确保检测、监理工作水平和商品混凝土生产质量。组织开展检测机构、监理企业和商品混凝土生产企业见证取样员、试验员、试验管理人员培训。

【安全生产监管】 严格建筑施工安全许可准入,对符合条件的127家企业核发安全生产许可证,对符合条件的169家企业办理安全生产许可证延期手续。修订出台《贵州省入黔省外企业从业资质核验管理规定》,对846家施工企业、117家监理企业安全管理人员配备情况等进行审查。加大违法违规行为查处力度,查处违法违规建筑施工企业27家;其中,对2家企业作暂扣安全生产许可证处理,对24家企业作通报批评处理,对1家企业作不良行为记录。查处工程监理企业15家:对14家作通报批评处理,对1家作不良行为记录处理。加强事故企业核查,对25家事故企业进行安全生产条件核查,核查期间,暂停企业和人员的资质升级、增项、资格认定和注册等申请事项,对1家企业予以立案调查,对2家企业安全生产许可证予以暂扣30天;对23名发生安全事故的"三类人员"进行了安全生产能力重新考核,对39名从业人员作不良行为记录处理。加大安全执法检查力度,组织开展4次建筑工程安全生产督查和执法行动，抽查在建工程56个，查出隐患290余条，下发整改通知45份，责令2个工程停工整改。

【建筑安全文明施工样板工地】 房建部分：贵州财经大学花溪新校区B2图书馆，贵阳银行毕节分行综合楼项目，贵阳万科一期11号楼，安顺"龙凤呈祥"一期1号、2号楼工程，安顺百灵希尔顿（虹山）大酒店，仁怀市国酒新城北区安置房三组团四标段，地矿新庄（B区）工程，地矿新庄A区（4—11号）楼工程，龙腾苑小区2、3号楼，铜仁医院（新院）门诊医技大楼，铜仁天都锦绣天地20号、21号楼，万科玲珑湾项目低层住宅区（A—D、E—H、J—N、P—T）工程，中天会展城B3组团，兴义商城4号、6号楼，贵州省总工会综合楼工程，贵阳市红岩（B地块）廉租住房8号、9号楼建设工程，息烽开磷城A1、A2栋，国家酒类及食品加工质量监督检验中心仁怀分中心，遵义市国投综合楼工程，铜仁锦江大酒店，黔西南州民族文化中心建设项目，杨柳湾住宅小区18、19、20栋楼住宅工程，贵阳市云岩区茶园保障性住建工程第一标段，贵阳市妇幼保健院综合房大楼项目，仁怀景宏·香樹花都5号、6号、7号楼，西南矿产资源与生态环境综合研究平台（一期），贵州电网公司培训与评价中心（学院）红枫校区实训综合楼；市政部分：遵义市子尹路南延线隧道工程，贵阳市桐荫路第7合同段，共29个工地被评为"2012年度贵州省建筑安全文明施工样板工地"。对安全文明施工做得较好的宇虹·罗马假日住宅项目工程，（荔波）蓝波湾一期工程11号、13号、14号楼，银海元隆广场3号、4号、5号、6号、7号工程，修文县人民医院住院综合楼，六盘水时代·蝴蝶湾闪蝶1号楼5个工地通报表扬。

【"黄果树杯"优质施工工程】 房屋建筑工程：遵义医学院附属医院门诊综合大楼工程，六盘水市医疗集团人民医院综合住院楼，贵州特色资源高新技术开发项目3号厂房，贵阳中医学院第一附属医院门急诊综合楼工程，武警贵州省总队金阳新营区，兴义富康国际（酒店），保利温泉新城温泉酒店，黔南州中医院住院综合大楼，金阳新世界西区商业B栋，六盘水市师范学院行政办公楼，印江县信用联社综合大楼，万科劲嘉金域华府花园洋房工程，思南县人民医院住院综合楼，黔西县城市建设投资发展房办公综合楼；专业工程：镇宁至胜境关高速公路北盘江大桥，金工路改造及金工立交道路工程C标段，德江县城南新区域南大道工程B标段，凯里经济开发区8号路口至下司段主干道工程一标段工程，德江城南新区域南大道工程A标等19项工程被评为2012年贵州省"黄果树杯"优质施工工程。

7. 风景名胜区建设和世界自然遗产申报管理

【概况】 《贵州省风景名胜区体系规划》修编有序推进，组织编制并评审平塘等国家级风景名胜区总体规划2项、荔波樟江大七孔景区东入口片区等国家级风景名胜区详细规划11项；组织编制并评审贵阳相思河等省级风景名胜区总体规划5项，完成贵阳至瓮安高速公路选线等项目建设对风景名胜区影响专题研究报告13项，办理关岭花江大峡谷二级水电站等风景名胜区建设项目选址手续6项。第九届中国（北京）国际园林博览会贵阳展园基本建成，支持安顺等开展园林遥感监测。

【世界自然遗产申报牵头作用发挥】 "世界遗产管理与可持续发展"国际论坛、"中国南方喀斯特"第二期申报世界自然遗产座谈会在贵州召开。"中国南方喀斯特"第二期世界自然遗产申报文本经住房城乡建设部审查通过。

8. 依法行政与人才工作

【概况】 出台重大决策程序规定，决策听证、风险评估、跟踪反馈等机制建立。《贵州省发展新型墙体材料条例》、《贵州省民用建筑节能条例》等地方性法规起草扎实开展，《关于加快开放型经济发展的实施意见》出台，废止规范性文件13项。制定了分阶段推进依法行政实施方案、考核指标体系和评分标准，建成依法行政示范点51个。编制行政职权目录通过门户网站进行公告，公布实施权力运行流程图和行政处罚自由裁量基准，执法评议考核、行政复议等工作不断规范。建立了案件处理集体合议制度，随机稽查在建项目31个，直接处理案件15起；全省行政处罚案件130起，处罚金额706万元。

【人才队伍建设有序推进】 组建政策研究室，重大课题研究积极开展。组织"装配式钢网格多层大跨度公共与工业建筑"宣讲，举办行政执法培训班6期，委托同济大学开展了城市规划管理人员培训，完成建筑工程类中、初级专业技术职务"以考代评"，执业资格注册和技能鉴定分别完成6000余人次。制定了建设领域专业人员岗位培训工作实施意见，完成职称类专业技术人员和岗位人员继续教育1.4万余人次。

（贵州省住房和城乡建设厅）

云 南 省

1. 概况

2012年，云南省住房城乡建设系统认真贯彻落实科学发展观，坚决执行党中央、国务院和省委、省政府各项决策部署，在省委、省政府的坚强领导下，在住房和城乡建设部的指导支持下，按照"稳增长、冲万亿、促跨越"的总体目标，全力推进云南省住房城乡建设工作，圆满完成各项工作任务。

【省部战略合作成果】 按照省部战略合作协议，云南省住房城乡建设厅会同省级有关部门积极向中央有关部委汇报，争取项目补助资金196.2亿元。同时，获得住房城乡建设部在政策、项目、指标方面的大力支持。

【城乡规划管理工作】 《云南省城镇体系规划》按法定程序上报国务院审批。滇中城市群、滇西城镇群、滇东北城镇群和云南省历史文化名城（镇、村、街）保护体系规划经省人民政府批准实施。滇东南城镇群和滇西南城镇群规划经省级有关部门和专家审查。全面完成城镇近期建设规划调整完善，坝区内"退规划建设用地还耕地"近30万亩。组织编制完成了云南省210个特色小镇规划。圆满完成13.15万个村庄规划编制任务。62个村庄被国家首批确定为国家级传统村落。

【保障性安居工程】 出台《云南省公共租赁住房管理暂行办法》、《关于做好保障性住房先租后售工作的意见》和《云南省保障性住房规划与设计导则》等文件。2012年，云南省城镇保障性安居工程新开工建设31.84万套，基本建成城镇保障性住房22.52万套，提前两个月完成省政府下达的目标任务。云南省实施农村危房改造及地震安居工程53.3万户，春节前基本实现主体工程全部竣工。

【城镇基础设施建设】 云南省县城以上污水生活垃圾处理设施基本实现全覆盖，污水处理能力和生活垃圾无害化处理能力均达到80%以上；燃气普及率达63.29%，供水普及率达93.17%；建成区绿地率达28.15%，绿化覆盖率达33.06%，人均公园绿地面积达8.66平方米；城市建成区面积达1457平方公里，建成城市道路8262公里。编制上报《特色小镇和重点工业园区供水、污水和生活垃圾处理设施建设项目专项规划》，启动16个重点流域重点镇的污水管网项目建设。城镇综合承载能力稳步提升，城镇化水平提高2个百分点，城镇化率达到38.8%。

【建筑业和房地产业】 出台《关于促进建筑建材房地产业持续健康发展的意见》，积极推进建筑业在地行业统计试点工作。2012年，实现勘察设计咨询业营业收入突破160亿元以上，实现建筑业产值突破2370亿元以上。坚决贯彻落实房地产宏观调控政策，大力推动房地产市场监管体系建设，实现房地产开发投资突破1570亿元以上。严格落实工程质量安全责任制，积极推进建筑安全标准化工地，依法加强监督管理，认真开展保障性安居工程等专项工程质量安全监督检查，确保云南省建筑质量可控、生产安全形势稳定。

【住房公积金监督管理】 加强住房公积金监督管理，各项制度日趋完善，公积金规模不断扩大，云南省住房公积金运行情况总体良好。2012年云南省住房公积金归集总额达到1230亿元，较上年增长23%；增值收益达10.39亿元，较上年增长5.39亿元；上缴支持保障性住房建设资金5.8亿元，较上年增长4.4亿元。累计清收逾期单位项目贷款4660.52万元，历史存留逾期单位项目贷款全部清收完毕。

【建筑节能】 出台《云南省民用建筑节能设计标准》、《云南省一二星级绿色建筑评价标识管理实施细则》等文件。云南省有4个项目获国家绿色建筑评价标识，昆明呈贡新区列入国家绿色生态示范城区。有5市4县10个示范区项目列入国家可再生能源建筑应用示范市县和示范项目。太阳能热水器建筑应用率达15.6%，高于全国平均水平。

【防震减灾】 圆满完成宁蒗、彝良地震灾区抗震救灾应急抢险工作，累计完成79万多平方米震损民房、72万多平方米公共建筑和173个市政单体工程的应急评估，及时有效地完成供水保通、灾民过渡安置等急难险重任务。盈江地震灾区第一阶段恢复重建任务基本完成，宁蒗、彝良地震灾区民房恢复重建工作全面展开。编制完成减隔震技术地方标

【风景名胜区和世界自然遗产管理工作】 "澄江化石地"在第36届世界遗产委员会会议上列为世界自然遗产、《"三江并流"世界遗产地保护状况报告》通过审议；《三江并流国家级风景名胜区总体规划》、《丘北普者黑国家级风景名胜区总体规划》经国务院同意批准实施；《石林风景名胜区旅游服务中心区详细规划》、《丽江老君山景区详细规划》和《玉龙雪山景区泸沽湖景区详细规划》经住房和城乡建设部批准实施。

【法规建设和稽查执法】 2012年办理办结全国和省人大、政协建议和提案90件，办结率100%。加快地方性法规的立法工作，新修订的《云南省城乡规划条例》颁布实施。出台《云南省镇乡规划编制和实施办法》等规范性文件。积极开展城乡建设稽查执法工作，对36起违法建设行为作出行政处罚。

2. 房地产业

【概况】 2012年，在云南省委、省政府的高度重视和坚强领导下，在有关部门和各地的有力支持与密切配合下，云南省继续认真贯彻国家对房地产调控的政策和要求，促进云南省房地产业实现跨越式发展。截至2012年底，云南省房地产开发企业达到2069家，从业人员近10万人；物业管理企业1240多家，从业人员14万余人；房地产估价机构128家，从业人员3000余人。

【宏观调控】 建立会议分析制度，定期召开房地产市场监测分析领导小组会议和房地产经济运行分析联席会议。及时加强市场调控，印发《云南省住房和城乡建设厅关于进一步加强房地产市场监管保持商品房价格稳定的通知》（云住建发明电〔2012〕42号）。进一步健全监管制度，完善监管手段，提高监管水平。制定下发《云南省住房和城乡建设厅关于进一步完善商品房预售制度加强商品房预售资金监管的通知》（云建房〔2012〕471号），对商品房预售许可管理、预售价格监管、交易行为监管及预售资金监管提出政策措施。

【房地产开发】 2012年，云南省完成房地产开发投资1782.14亿元，同比增长39.2%。增速较上年回落2.1个百分点。其中，商品住宅开发投资完成1152.5亿元，同比增长31.9%，占房地产开发投资的比重为64.7%，较上年同期下降4个百分点。非商品住宅开发投资呈现高速增长的态势，占比提高。办公楼开发投资完成86.41亿元，同比增长95.3%；商业营业用房开发投资完成256.29亿元，同比增长56%；其他类房地产开发投资完成286.93亿元，同比增长50.8%。2012年云南省房地产开发投资对拉动云南省城镇固定资产投资增长做出重要贡献，房地产开发投资占云南省规模以上固定资产投资（7753.05亿元）的比重达到24%。其增速高于规模以上固定资产投资增速（27.3%）12.7个百分点；高于全国房地产开发投资增速23.8个百分点。云南省全年共完成房地产税收308.12亿元，同比增长21.14%，占省地税部门组织地方税收收入989.58亿元的31.13%。

【商品住房价格】 根据国家统计局发布的全国70个大中城市住宅销售价格变动情况显示，至2012年12月昆明市新建住宅价格环比涨幅0.6，涨幅较上月微涨0.1，涨幅排位在全国70个大中城市第10位；同比上涨1.3%，涨幅较上月上涨0.5，涨幅排位在全国70个大中城市第10位。大理市新建住宅价格环比上涨0.2，涨幅较上月上涨0.3，涨幅排位在全国70个大中城市第41位；同比下降0.2%，涨幅较上月上涨0.2，涨幅排位在全国70个大中城市第51位。2012年，云南省商品房施工面积14362.1万平方米，同比增长30.4%。新开工面积6037.54万平方米，同比增长23%。竣工面积1851.57万平方米，同比增长17.8%，持续增长。

【人才队伍】 2012年，云南省对云南省房屋登记机构相关人员组织进行《房地产登记技术规程》培训，600余人参加国家级房屋登记官考核，146人次通过考核，通过率为25%，较上年通过率提高了11个百分点；672人参加全国房地产估价师执业资格考试，42人通过考试；2546人参加云南省房地产经纪人协理执业资格考试，1444人通过考试；620名房地产估价师参加继续教育培训；分批次对物业服务从业人员进行岗位培训。

【规范化管理单位】 2012年，景洪市房产管理处通过云南省"房地产交易与登记规范化管理单位"验收，这是继曲靖市房管局、丽江市古城区房管所后第三家获得云南省"房地产交易与登记规范化管理单位"荣誉称号的单位。

【房地产档案管理】 由云南省房地产业协会、云南省城镇档案办公室主编，昆明、玉溪、曲靖、丽江住房和城乡建设局，昆明、大理、曲靖、红河、玉溪等州市城镇档案办公室参与，完成《云南省房地产档案管理规程》的编纂工作，该规程于2013年下半年发布实施。《云南省房地产档案管理规程》的发布在全国填补了房地产档案管理技术法规的空白。

【房屋征收相关规定】 启动《云南省国有土地上房屋征收管理规定》的起草工作,印发《国有土地上房屋征收评估办法》,组建了房地产评估专家委员会,出台《评估专家委员会工作规程》等一系列规章,建立房屋征收管理机制及监督机制;同时,根据《云南省住房和城乡建设厅关于贯彻住房和城乡建设部印发国有土地上房屋征收评估办法的通知》要求,评审通过63家房地产估价机构入围2013年云南省国有土地上房屋征收评估机构备选库。

【物业服务】 "云南华能澜沧江水电有限公司小湾水电厂区"被住房和城乡建设部评选为"全国物业管理示范工业区","银海畅园"、"天华苑"、"中环金界"、"普洱电信花园"、"纳思花园"、"花韵蓝湾"、"昆明市烟草专卖局办公大楼"等7个项目被云南省住房和城乡建设厅评为"云南省物业管理示范住宅小区(大厦)"。

3. 保障性住房建设

【概况】 2012年,云南省各地按照省政府下达的任务,采取非常措施,限时办结审批事项,保质保量完成年度工作目标。2012年,云南省城镇保障性安居工程开工303815套,完成国家下达任务数的100.21%,基本建成保障性住房198643套,完成国家下达数的101.17%,竣工103555套,入住76558套,完成投资322.5亿元,超额完成国家下达的年度工作目标任务。2012年,云南省共争取到中央补助资金103.9439亿元、省级补助资金15.0359亿元。

【城镇保障性安居工程】 2012年2月3日,云南省人民政府与各州(市)政府签订了保障性安居工程建设年度目标责任书,分解下达与国家签订的30.32万套年度建设任务。2012年5月23日,云南省住房和城乡建设厅下成立8个专项巡查小组,对各州(市)城镇保障性安居工程建设项目进行专项巡查。2012年7月3日,召开云南省城镇保障性安居工程建设推进会。2012年7月9日,云南省保障性住房建设工作领导小组成立8个保障性安居工程建设专项督导组,每组负责两个州(市),对云南省城镇保障性安居工程建设项目开展专项督导工作。2012年7月25日召开云南省城镇保障性安居工程座谈会暨质量安全现场会。

【公共租赁住房分配管理制度】 2012年3月5日,《云南省公共租赁住房管理暂行办法》正式印发实施,对云南省公共租赁住房的建设、分配、租赁、退出和监督管理等活动作出具体规定。云南省住房和城乡建设厅于2012年11月29日印发《云南省流动人口申请城镇保障性住房实施细则》,进一步规范和加强对流动人口(外来务工人员)申请保障性住房的服务管理。昆明市官渡区吴井街道办事处作为云南省流动人口申请保障性住房工作试点单位。云南省住房和城乡建设厅制定下发《关于统一使用云南省公共租赁住房申请书和合同书的通知》(云建保〔2012〕153号)。云南省保障性住房建设工作领导小组办公室下发《关于进一步做好城镇保障性住房分配管理的通知》(云保办〔2012〕6号),要求各地严格准入审核。

【住房保障信息公开工作】 云南省保障性住房建设工作领导小组办公室下发《关于进一步加强住房保障信息公开工作的通知》(云保办〔2012〕5号),转发住房城乡建设部《关于做好2012年住房保障信息公开工作的通知》(云建保〔2012〕388号)。把住房保障信息公开工作作为政府年度检查考核的重要内容。各地认真落实国办发〔2012〕26号文件要求,确保分配工作公开透明。

【城镇保障性住房分配管理培训】 2012年10月底,云南省住房和城乡建设厅组织云南省16个各州(市)住房城乡建设局副局长、住房保障科科长以及各县(市、区)住房城乡建设局副局长和住房保障股股长共150余人参加专题培训。

4. 住房公积金监管

【概况】 2012年,云南省住房公积金不断强化监管工作,扩大住房公积金试点城市范围,信息化建设向前推进,完成了逾期项目贷款清收工作,业务指标迅速增长。2012年,云南省住房公积金归集总额达到1229.78亿元。

【公积金监管】 印发《云南省住房和城乡建设厅关于加强住房公积金管理的若干指导意见》、《云南省住房和城乡建设厅 云南省财政厅关于纠正云南省部分州市超限缴存住房公积金问题的紧急通知》、《云南省住房和城乡建设厅 云南省财政厅关于尽快回收住房公积金单位项目贷款的紧急通知》;转发《住房和城乡建设部关于进一步加强住房公积金监管工作文件的通知》、《云南省住房和城乡建设厅等七部门关于加强住房公积金大额资金使用管理的通知》;以省政府名义印发《关于加强住房公积金管理和整改工作若干问题的通知》;云南省住房和城乡建设厅牵头召集省级住房公积金监管部门,建立了省级住房公积金监管协调会议制度;完成昆明市住房公积金管理中心省直机关分中心整体移交工作;组织省级监督部门对昭通、曲靖、西双版纳、普洱四个州市的住房公积金管理工作进行督促检查。

【业务指标】 2012年，云南省住房公积金归集总额达到1229.78亿元，较2011年增长22.5%；归集余额665.3亿元，增长15.6%；累计发放住房公积金贷款747.1亿元，增长19.57%；个贷余额402.1亿元，个贷率达到53.8%，个贷逾期率降至0.02%；实现增值收益10.4亿元，较2011年增长121.3%；提取保障房补充资金5.6亿元，是2011年的2.95倍，公积金支持保障性住房建设贷款4.46亿元。

【信息化建设】 2012年10月，组织云南省16个州市中心的主要领导前往福建省福州市、河北省石家庄市及深圳市、大连市，就信息化建设、管理等工作进行学习考察。提出"以省为主，中心协同，软件统一，硬件兼容"的省级监管信息系统建设思路。昆明、曲靖、红河、保山等州市中心升级完善住房公积金业务管理信息系统，提高自动化办公水平。2012年底，按照住房和城乡建设部的统一部署，与省通信管理局沟通，加快开通12329住房公积金服务热线工作。

【住房公积金试点城市范围】 配合住房和城乡建设部先后对临沧、玉溪、曲靖申报成为利用住房公积金支持保障房建设试点城市工作进行检查指导。2012年，通过住房和城乡建设部、财政部、人民银行审批，玉溪市成为继昆明市之后，云南省利用住房公积金支持保障性住房建设新增试点城市，贷款规模3亿元。

【逾期项目贷款清收工作】 2012年，按照住房和城乡建设部的要求，制发《云南省住房和城乡建设厅 云南省财政厅关于尽快回收住房公积金单位项目贷款的紧急通知》，配合住房和城乡建设部对昆明、丽江、版纳、的清收工作进行了督办落实。截至2012年6月底，逾期单位项目贷款全部清收完毕，累计清收逾期项目贷款3.8亿元，2012年当年清收项目贷款4660.52万元，其中昆明市3294.27万元，版纳州939.95万元，临沧市308.6万元，怒江州117.7万元。11月，住房和城乡建设部在南京召开全国清收逾期项目贷款工作会议，昆明市住房公积金管理中心在会上进行经验交流。

【住房公积金从业人员培训】 2012年7月至10月，成立伊始的住房改革和公积金研究会与云南大学合作成功组织云南省住房公积金廉政教育和爱岗敬业教育为主要内容的职工素质培训工作，培训职工达300多名。

【城镇住房制度改革】 2012年，与省财政厅、省政府机关事务管理局联合下发《关于做好省级单位职工住房补贴阶段性收尾工作有关事项的通知》，在房改部门对职工参加房改住房有关情况进行审核的基础上，对省级单位2005年12月31日前参加工作且符合住房补贴条件的职工住房补贴发放工作进行阶段性收尾，共下达省级补贴预算资金近11亿元。

5. 城乡规划

【概况】 2012年，坚持以科学发展、和谐发展、跨越发展为目标，审议通过《云南省城乡规划条例》，着力强化城乡规划宏观指导和调控作用，不断提高城乡规划工作的质量和水平。

【区域规划】 2012年底完成《云南省城镇体系规划(2012～2030年)》编制工作，规划成果已由省人民政府上报国务院审批。全年陆续开展滇东北、滇西、滇东南、滇西南和滇西北五个城镇群规划的编制工作。其中，滇东北、滇西两个城镇群规划已由省人民政府于2012年9月26日批准实施；滇东南、滇西南两个城镇群规划编制完成已上报省政府审批；滇西北城镇群规划已开展前期研究。

【规划立法】 《云南省城乡规划条例》经2012年9月28日省十一届人大常委会第三十四次会议审议通过，自2013年1月1日起施行，为云南省城乡规划管理工作提供法律保障。

【规划审查】 按照规定和要求开展好城乡规划审查报批工作。办理和完成文山州城镇体系规划，昭通市、玉溪市、大理市、香格里拉县城市总体规划的成果审查报批和12个县城总体规划纲要及发展规模的审查工作。

【历史文化名城(镇、村、街)保护】 编制完成《云南省历史文化名城(镇、村、街)保护体系规划》，成果已经省人民政府批准实施。云南省历史文化名城名镇名村名街数量达74个，云南省近60%的历史文化名城名镇名村名街保护规划和近20%的保护详细规划编制工作已完成。

【特色城镇化】 截至2012年底，云南省城镇化率达到39.3%，共有286万农业转移人口转为城镇居民。基本形成以昆明特大城市为依托，以曲靖、玉溪、大理、红河区域中心城市，州(市)政府所在地和设市城市、县城、中心集镇、边境口岸城镇为基础的城镇化发展格局，城镇功能逐步完善，城镇面貌有了很大改观，人居环境、发展环境不断改善。

【注册规划师培训】 2012年10月13～15日，云南省住房和城乡建设厅城乡规划处、云南省城乡规划协会共同举办2012年度云南省注册规划师继续教育培训班。

【山地城镇规划建设和研究】 完成城镇近期建设规划调整和"城镇近期建设规划、土地利用总体规划和林地保护规划'三规'衔接"审查工作。进一步明确城镇近期建设规划中新增建设用地的规模及在坝区、山区的占比指标，各地（县城及以上）坝区内"退建设还耕地"达1.8万多公顷。指导云南山地城镇研究所积极开展山地技术研发工作，为住房和城乡建设部《山地城乡规划标准体系研究》课题组提出了符合云南实际的山地建设标准化建议。2012年4月与重庆市规划局《山地城乡规划标准体系研究》课题组进行山地城乡规划标准体系建设座谈。

【山地城镇规划培训】 在云南省建设系统山地城镇规划设计动员培训大会的基础上，9月11～12日，与省人力资源和社会保障厅共同举办云南省城乡规划建设管理干部培训班，邀请省内外专家学者来云南讲授山地城镇规划建设理论、技术和经验。同时派出相关人员开展山地城市建设考察，学习借鉴国内外主要山地城市的建设经验。

【城乡规划学术活动】 积极承办昆明2012年中国城市规划年会，该年会由中国城市规划学会、昆明市人民政府主办，云南省住房城乡建设厅协办，昆明市规划局承办。年会以"多元与包容"为主题，共设37个平行会议，包括15个专题会议、9个自由论坛、6个特别论坛、4个高端论坛和3个工作会议。全国规划方面的相关人士3800余人参加会议。

6. 城市建设与市政公用事业

【概况】 2012年，云南省城市建设坚持以党的十八大精神和科学发展观为指导，以实施西部大开发和建设"两强一堡"战略为契机，重点开展云南省城市污水生活垃圾处理、城市供水管网改造、大中小型城市管道天然气设施以及昆明市掌鸠河引水供水、昆明市轨道交通等一系列重点工程建设，并积极推进省级、国家级园林城市（县城）创建和昆明市申报中国人居环境奖等项工作。

【城市治污设施建设】 截至2012年12月31日，云南省建成投产运行治污项目239个，占规划总数的97.1%，累计完成投资179.5亿元。云南省城镇污水处理设施由规划实施前的34个县（市、区）、37座污水处理厂增加到127个县（市、区）、142座污水处理厂，污水处理能力由127.05万吨/日增加到341万吨/日，提高168%，任务完成率106.6%；云南省城镇生活垃圾无害化处理设施由规划实施前的29个县（市、区）、27座垃圾处理场增加到127个县（市、区）、127座垃圾处理场，生活垃圾无害化处理能力由5993吨/日增加到18664吨/日，提高211%，任务完成率100.8%。2012年云南省城镇污水处理率和生活垃圾无害化处理率均达到80%以上。省人民政府对150个先进集体、349名先进个人给予通报表彰。

【生活垃圾处理场无害化等级评定】 下发《关于开展城市生活垃圾填埋场和焚烧厂等级评定工作的通知》（云住建发〔2012〕10号），严格按照《生活垃圾填埋场等级评定》标准中"工程建设"、"运行管理"两个大项22个子项内容，举办县级城市生活垃圾填埋场等级评定培训，统一评定标准和量化分值，采取自我评定、州（市）初评、省级专家综合考评的方法，对云南省9个设市城市11座生活垃圾处理场和64个县城生活垃圾填埋场进行无害化等级评定申报，迎接配合住房城乡建设部专家组完成对设市城市11座生活垃圾无害化处理场进行复查。

【城镇园林绿化】 完成云南绿盛美绿化工程公司、云南山川绿化公司一级资质申报并顺利晋升一级资质。云南省建成区绿地率达28.15%，绿化覆盖率达33.06%，分别比2001年增加14、16个百分点。云南省人均公园绿地面积达8.66平方米，累计创建省级园林城市（县城）29个、国家级园林城市（县城）6个、国家级园林城镇2个、省级园林小区（单位）1485个，国家节水型城市1个。云南省25个市（县）绿地系统规划编制（修编）通过技术审核。完成昆明市人居环境奖的申报和迎接住房城乡建设部专家组现场评审工作，组织专家组对文山市、瑞丽市、宣威市、镇康县、景谷县、勐腊县等16个城市和县城开展省级园林城市考评，报请省人民政府审定命名第六批省级园林城市和县城。同时，按照住房和城乡建设部要求，经省住房和城乡建设厅初审推荐普洱市、开远市、芒市和大理市申报2013年国家园林城市；罗平县、易门县、华宁县等申报国家园林县城。昆明市在充分发挥模范带头作用，率先推动公交优先，科学、高效解决城市居民出行问题。云南省16个州（市）除昭通、迪庆、怒江外，13个州（市）均扎实有效的开展了园林城市创建工作并取得良好效果和成绩。

【市政公用事业】 云南省城市市政公用设施完成固定资产投资达351亿元，比2001年约增6倍。城市建成区面积达1457平方公里，建成城市道路8262公里，分别比2001年增加76%、99%。云南省城市道路总长度达8262.34公里，道路面积达

15584.41万平方米，人均道路面积达11.48平方米，供水管网长度14932.35公里，燃气管道长度为3967.46公里，增长了24.13%，排水及雨水管道长9724.4公里，建成区管网密度达6.67公里/平方公里，云南省燃气普及率达63.29%，供水普及率达93.17%，城镇化水平由"十五"末的29.5%提高到36.8%，涌现出一批特征鲜明、内涵丰富的大中小城市和特色城镇。

【供水节水管理】 指导各地加快城市供水设施改造，完善城镇应急供水机制和能力建设，加强城市供水水质安全督察，认真贯彻落实《生活饮用水卫生标准》(GB 5749—2006)实施办法，建立城镇供水水质通报制度，完善供水水质监督机制，开展云南省城市供水企业经营许可证年审和从业人员上岗培训工作，以《云南省节水管理条例》颁布实施为契机，全面加强城市节水管理工作，修订了省级节水型城市评定标准，并逐步在云南省范围内推开。截至2012年底，云南省129个县(市、区)共计建成投运自来水厂230座，设计供水能力446万吨/日，已建成投运设施供水能力398万吨/日，建成供水管网约1.34万公里，供水人口约1200万人，县以上城市供水规模达到475.3万吨/日，人均日生活用水量达到128.56升，设市城市供水普及率93.5%，县城87.1%。

【"绿色照明"工程】 积极参与住房和城乡建设部《城市照明"十二五"规划纲要》的编制，组织昆明市城市管理综合执法局等部门对《纲要》进行讨论，组织省市政工程质量检测站组织编制了云南省地方标准《云南省城市照明安全运行规程》。组织云南省城市照明管理部门学习新修订《城市照明管理规定》，联合省发改委转发《进一步加强城市照明管理工作的意见》。大力支持昆明风向标会展有限公司在昆明国际会展中心举办涉及城市道路照明、城市给排水、水处理、市政工程及设施等的"2011第二届云南市政技术与设施展览会"。积极推进市政公用节能、技术研发工作。广泛开展对公共建筑、道路、景观照明的节能改造，推广应用高效照明电器产品和节能控制技术，提高电能利用效率，实现"绿色照明"。截至2012年12月底，云南省城市照明路灯共计近50万盏。

【城市管理工作】 各县(市、区)相继成立城市管理综合行政执法局，确保云南省城市综合管理水平和城市综合服务功能有了进一步的提高。在昆明市、安宁、个旧实施数字化城市管理的基础上，与云南省电信分公司多次协调对接，编制《云南省数字化城市管理实施方案》、《云南省数字化城市管理可研报告》和《云南省数字化城市管理资金投入预算》。

【云南省城市建设现场会议】 2012年9月17日，云南省人民政府在普洱召开"云南省城市建设现场会"，省长李纪恒出席会议并作了《把握趋势，突出重点，破解难题，奋力推动云南城镇化发展迈上新台阶》的重要讲话，对加强城市规划、建设、管理工作提出了明确要求。省人大常委会副主任杨应楠出席会议，副省长刘平、省政府秘书长卯稳国等领导出席会议。与会人员参观考察普洱市的城市建设情况。普洱市、丽江市古城区、红河州弥勒县作了会议交流发言。

【云南省城乡人居环境提升行动方案】 云南省住房和城乡建设厅10月上旬形成《行动方案》起草提纲，11月上旬完成《云南省城乡人居环境提升行动方案》和《云南省城乡人居环境提升行动任务分工》、《云南省人民政府城乡人居环境提升行动考核评价办法》、《云南省城乡人居环境提升行动考核评价指标体系(城市、县城部分)》、《云南省城乡人居环境提升行动考核评价指标体系(乡、镇部分)》、《云南省城乡人居环境提升行动考核评价指标体系(村庄部分)》5个附件的初稿，发函征求37个省级部门、16个州(市)人民政府的53条意见建议(采纳50条)，通过再次修改完善后基本成熟可行，报经第37次厅务会议审定，于12月中旬形成送审稿报请省人民政府审定，李纪恒、副省长刘平、副省长丁绍祥分别作出重要批示。

【住房城乡建设执法稽查】 在云南省建设行政执法部门开展"以人为本，强化服务，规范执法"为主题的实践活动。起草下发《云南省住房和城乡建设厅关于进一步规范行政执法案卷工作的通知》等文件。举办2期建设行政执法专题培训班。2012年，直接立案查处违法违规案件共30件，对30件做出了行政处罚。住房和城乡建设部稽查办公室试行省级住房城乡建设稽查执法工作评价结果：云南省住房和城乡建设厅分值在90～95分(含90分)之间，属二类。

【云南省风景名胜区】 2012年，云南省建立类型多样的风景名胜区与遗产地。云南省有世界自然、文化遗产4个，有国家级风景名胜区12个，有省级风景名胜区54个。风景名胜区与自然遗产地总面积约3万平方公里，约占国土面积的7.8%。基本覆盖了云南省绝大多数重要的自然与文化遗产资源。

【风景名胜区法规宣传】 2012年1月，云南省住房和城乡建设厅在腾冲县组织开展《云南省风景名胜区条例》宣传工作；2012年2月，在石林县组织开展《云南省风景名胜区条例》宣传工作；2012年3月，在西双版纳州组织开展《云南省风景名胜区条例》宣传工作；2012年11月，由褚中志副厅长带队，在大理州组织开展《云南省风景名胜区条例》宣传工作。

【风景名胜区执法检查】 2012年7月，云南省住房和城乡建设厅召开贯彻落实《云南省风景名胜区条例》暨执法检查工作会议；2012年8月，配合住房和城乡建设部，圆满完成对云南省国家级风景名胜区执法检查的执法检查工作，石林风景名胜区被评为优秀风景名胜区。

【风景名胜区世界遗产和总体规划】 2012年7月1日，澄江化石地列入《世界遗产名录》工作圆满完成。2012年6月19日，国务院批准《三江并流国家级风景名胜区总体规划》；2012年2月10日，国务院批准《丘北普者黑国家级风景名胜区总体规划》经国务院同意批准；2012年5月，上报《建水国家级风景名胜区总体规划》；2012年11月，云南省住房和城乡建设厅组织召开《个旧曼耗风景名胜区总体规划》、《大关黄连河风景名胜区总体规划》厅际联席审查会议。

【风景名胜区详细规划】 2012年5月9日，住房和城乡建设部批准《石林风景名胜区旅游服务中心区详细规划》；2012年8月15日，住房和城乡建设部批准《三江并流风景名胜区梅里雪山景区详细规划》；2012年10月9日，住房和城乡建设部批准《三江并流风景名胜区丽江老君山景区详细规划》；2012年10月9日，住房和城乡建设部批准《玉龙雪山风景名胜区泸沽湖景区详细规划》。

【风景名胜区项目选址核准】 2012年2月，完成成昆铁路复线选址核准工作；2012年4月，完成芒市—瑞丽公路建设选址核准工作；2012年6月，完成乌东德电站、嘎洒江电站选址核准工作；截至2012年12月，完成三江并流、大理、腾冲地热火山、玉龙雪山、石林、瑞丽江—大盈江国家级风景名胜区旅游发展建设项目等一批建设项目选址核准工作。

【风景名胜区协调研究】 2012年5月，开展滇中引水协调研究工作；2012年6月，开展金沙江水电建设的协调研究工作；2012年8月，开展设立梁王山省级风景名胜区的研究和协调工作。

7. 村镇建设和抗震防震工作

【概况】 2012年，在云南省委、省政府的高度重视、安排部署下，在各级部门领导的关心支持下，云南省村镇规划建设管理工作按照"抓基础、攻重点，抓特色、治难点，抓规范、上水平，集小胜为大成，以量变求质变"的工作思路，全力推进云南省村庄规划、农村危房改造、特色小镇建设、镇（乡）市政基础设施建设等项重点工作。

【村庄规划】 云南省2012年村庄规划编制任务量为56077个，其中行政村4522个、自然村51555个。2010至2012年3年间共投入财政资金42934.1万元，130家省内外规划编制机构，以及具体设计人员10万余人，完成131533个村庄的规划图纸累计近50万张，于2012年圆满完成131533个村庄规划编制，登记发放《乡村建设规划许可证》和《云南省村镇房屋建设准建证》共34050份。2012年建立了村庄规划信息录入平台。云南省向国家登记上报了1371个传统村落，数量位居全国之首，62个传统村落已被列为第一批中国传统村落，占第一批全国总数的10%。

【农村危房改造及地震安居工程】 2012年，先后下达云南省农村危房改造及地震安居工程计划任务48.3万户，其中拆除重建40.3万户，州（市）筹集1.6亿元，每户补助2000元，完成8万户C级局部危房修缮加固，安排中央及省级补助资金46.75亿元，其中，中央补助资金31.6亿元，省级配套补助资金15.15亿元。2012年12月，预拨2013年云南省农村危房改造及地震安居工程计划任务20万户，中央补助资金10.518亿元。改造建筑面积29064703.5平方米，带动投资183亿元。2012年8月2日，省人民政府在富源县组织召开了云南省农村危房改造现场推进会，9月4日，云南省人民政府办公厅印发了《关于成立云南省农村危房改造工作协调领导小组的通知》（云政办发〔2012〕164号），以孔垂柱副省长为组长的云南省农村危房改造工作协调领导小组正式成立，并下设办公室在云南省住房和城乡建设厅。2012年云南省农村危房改造及地震安居工程建设在领导小组的统一部署下，创新工作举措，首次实行省级分类分级补助，加强宣传力度，开展农村技术工匠、农村危房改造及地震安居工程建设管理人员培训15000余人次，印发《云南省农村危房改造工作文件选编》、《农村建筑工匠培训示范教材》、《云南省农村危房改造简明知识读本》、宣传光盘等培训和宣传资料共计20000余册，同时，省级财政安排1247万元专项经费为云南省基层乡镇配置计算机、数码相机等工作设备，确保农村危房改造信息及时、完整录入"全国农村危房改造电子档案信息系统"。2012年以彝族等绿色乡土民居实践与推广方案为试点，编制了《云南彝族民居建筑与实践》。结合农村危房改造及地震安居工程建设，云南省各县(市、区)农村民居通用图设计与推广覆盖率达80%。

【编制特色小镇规划】 截至2012年12月底，基本完成210个特色小镇省级审查，其中：85个乡镇通过审查、118个乡镇原则通过审查，其余7个乡镇因各种原因未编制特色小镇规划(昆明市安宁市温泉镇、迪庆州香格里拉县建塘镇独克宗古城已纳入城市规划区范围，怒江州贡山县丙中洛乡涉及县城搬迁，曲靖市宣威市杨柳乡可渡村规划2010年已通过省政府审批，宜良县北古城镇、狗街镇和禄劝县中屏镇缺乏建设用地指标)。

【小城镇基础设施建设】 截至2012年末，云南省小城镇建成区用水普及率达89%，用气普及率达16%，人均道路面积10.10平方米，污水处理厂16个，污水处理装置55个，年污水处理总量2291.20万立方米，年生活垃圾清运量125.36万吨，年生活垃圾处理量72.98万吨，绿化覆盖面积5313.33公顷，绿地面积3157.61公顷，公园绿地面积374.41平方米。2012年末，云南省64%的行政村有集中供水，供水普及率达69%，用气普及率达3.5%，4.3%的行政村对生活污水进行了处理，28%的行政村有生活垃圾收集点，14%的行政村对生活垃圾进行了处理，年生活垃圾清运量达104.20万吨。2012年，编制《云南省特色小镇及重点工业园区供水、污水和生活垃圾处理设施项目专项规划(2013～2017年)》，明确788个供水、污水和生活垃圾处理设施建设项目的建设规模、资金渠道和开工期限；开展《云南省乡镇供水、污水和生活垃圾处理技术导则》、《云南省集镇基础设施配套费收费标准及使用规定》的编制；建立"云南省重点镇供水、污水和生活垃圾基础设施项目动态信息管理系统"，实行项目规划、设计、建设、验收、运营全过程动态管理；31个乡(镇)纳入云南省"十二五"重点流域重点镇污水管网建设项目库，并启动前期工作，新开工36个乡镇供水工程和2个垃圾填埋场工程。

【盈江"3·10"地震恢复重建】 2010年3月10日，德宏州盈江县发生5.8级地震，国家和省级补助恢复重建第一阶段资金160000万元。第一阶段恢复重建工作于2012年12月基本完成。

【宁蒗"6·24"地震】 2012年6月24日，丽江市宁蒗县发生里氏5.7级地震，地震发生后，立即启动云南省住房城乡建设系统破坏性地震应急预案，迅速召开应急抢险工作会议，对住房城乡建设系统抗震救灾工作进行了具体安排，及时成立省、市、县三级住房城乡建设系统抗震救灾工作领导小组，安排救援资金及物资，组织54名专家和工程技术人员分5个工作组，在第一时间深入灾区一线开展抢险救灾、排危除险工作。经过近10天的艰苦奋战，累计完成71万多平方米震损民房和7万多平方米公共建筑的应急评估工作，灾区供水、市政照明等恢复到震前水平，圆满完成省委、省政府安排的应急抢险阶段各项工作任务。灾后恢复重建任务为八大工程100个子项目，概算总投资80000万元。其中，民房恢复重建工程的任务总数为8050户(重建6768户，修复1282户)。计划民房恢复重建在2013年春节前基本完成，教育、卫生项目在2013年9月前完成，其他项目用2年时间逐步完成。

【彝良"9·7"地震】 2012年9月7日，昭通市彝良县发生里氏5.7、5.6级地震，地震发生后，迅速启动应急预案，云南省住房和城乡建设厅厅长罗应光、副厅长周鸿带领抗震防震处(抗办)第一时间赶赴灾区一线组织指挥住房城乡建设系统抗震救灾工作，并根据灾情迅速调动省、市、县三级住建系统共100余人分成8个组开展震损房屋应急评估鉴定和供水管网抢险救援工作。震损房屋应急评估鉴定专家队累计完成591幢65万平方米公共建筑的应急评估工作；抽样评估重灾区洛泽河镇254户约8万平方米民房；累计完成173个市政单体工程的应急评估。市政设施应急抢险救援队及时完成供水主管道断裂抢通任务，并完成城市供水管道12个破损点和城区56个漏水点的修复工作，得到省领导和灾区群众的肯定。灾后恢复重建任务为八大工程323个子项目，概算总投资560200万元。其中：民房恢复重建的任务总数为68140户(修复36365户，重建31775户)。计划民房恢复重建在2013年春节前基本完成，教育、卫生项目在2013年9月前完成，其他项目用2年时间逐步完成。

【云南省减隔震技术推广应用工作会议】 2012年5月12日，云南省减隔震技术推广应用工作会议在昆明召开，旨在充分认识减隔震技术推广应用在防震减灾工作中的重要作用，明确减隔震技术推广应用的政策措施，全面推进该项技术的推广应用。会议由罗应光主持，中国工程院周福霖院士，住房城乡建设部、中国地震局相关司(局)领导到会指导，并分别作了专题报告和讲话。省委常委、省委秘书长、副省长曹建方出席会议并作重要讲话。参加会议的还有省减灾委成员单位领导，各州、市分管领

【减隔震技术推广应用】 省住房城乡建设厅协调省发改委、省财政厅、省工信委、省地震局、省教育厅、省科技厅、省卫生厅、省地税局等九部门联合下发《关于进一步加快推进云南省减隔震技术发展与应用工作的通知》。同时，组织部分设计院所、大专院校和生产企业着手编制《云南省建筑工程叠层橡胶隔震支座性能要求和检验规范》、《云南省建筑工程叠层橡胶隔震支座施工及验收规范》。两个地方标准经专家评审批准通过，于2013年6月1日施行。开展自动喷涂生产线研发、高阻尼橡胶隔震支座研发、高层建筑隔震技术研究等7个专项的减隔震技术研发工作。研发课题任务已经下达，并计划于2013年10月前全面完成。

【抗震设防专项审查】 2012年依据《国务院对确需保留的行政审批项目设定行政许可的决定》（国务院令第412号）、《超限高层建筑工程抗震设防管理规定》（建设部令第111号）、《云南省建设工程抗震设防管理条例》，共对256项建筑工程进行抗震设防审查，其中：办理初审118项，审批138项。服务承诺首问首办率100%，现实办结率100%，受理投诉数为0。通过抗震设防专项审查工作提高了重要建筑工程的抗震可靠度，纠正、制止不符合抗震设计原则的设计方案，消除项目设计中存在的安全隐患，有效保障云南省新建、改扩建建筑工程抗震设防质量。

【中小学校舍安全工程】 云南省住房和城乡建设厅负责对楚雄州、临沧市的中小学校舍安全工程分片包干，5月7~19日组织人员对楚雄州武定县和临沧市双江，耿马，镇康，临翔5个县(区)未按期竣工的校安工程项目开展督查，针对检查出的问题，及时进行现场反馈，并督促相关责任单位限时整改。8月汇同省校安办、省教育厅派出8个工作组对云南省16个州市31个县(市区)中小学校舍安全工程进行全面执法检查。

8. 工程质量安全监督

【概况】 认真贯彻执行国务院、省政府关于工程质量和安全生产的工作要求，加强工作部署，积极完善法规制度，强化工程质量安全监督执法检查，突出保障性安居工程质量安全监管，认真做好事故查处督办工作，建立完善事故通报制度，不断推进安全质量标准化建设。

【建筑工程质量】 2012年，云南省监督工程项目10581个，建筑面积1.823亿平方米（较2011年增长22.3%)，全年没有发生较大及以上工程质量事故，5个工程获国家优质工程银奖；共发生27起建筑安全生产死亡事故（其中一次死亡2人事故2起)，死亡29人，未发生较大及以上事故，死亡人数同比下降3.3%，与省安委会下达的安全生产控制考核指标持平，省政府对住房城乡建设厅安全生产责任状考核为优秀；云南省12个工程获国家3A级安全文明标准化诚信工地称号，86个工程获省级安全质量标准化工地称号。

【法规制度】 制定《云南省建筑安全质量标准化图集》、《云南省建筑施工企业安全生产标准化实施方案》、《保障性安居工程施工现场设置标示牌管理办法》、《已竣工保障性安居工程设置永久性标牌管理办法》、《保障性安居工程质量评选方案》和《云南省建筑工程档案管理规程》，起草《云南省建筑工程结构实体检测规程》、《云南省建筑工程质量安全评价标准》、《云南省建设工程质量检测信息监管系统技术规程》等技术标准规范。昆明市结合本地实际，制定《昆明市保障性安居工程建设项目质量安全管理规定》等23项制度。

【工程质量安全监督执法检查】 组织开展以保障性安居工程为重点的质量安全监督执法检查，成立8个巡查组每季度对16个州(市)保障性安居工程进行检查，并在《云南日报》、《都市时报》、《春城晚报》公布云南省城镇保障性安居工程质量安全有奖举报投诉电话，详细列出联系人、电话、电子邮箱，主动接受社会监督。狠抓"打非治违"和建筑安全专项整治。重点加强对深基坑、高支模、脚手架、建筑起重机械等危险性较大的分部分项工程的监管，杜绝较大及以上安全生产事故。云南省共排查在建工程10581个，发现安全隐患3万余条，整改率99.2%，发出隐患整改通知书478份，行政执法建议书22份，执法检查告知书21份；4月派出4个检查组对昆明市轨道交通工程进行了质量安全综合大检查，检查了16个标段、20家施工及监理企业。

【事故查处督办及通报】 及时转发住房和城乡建设部《房屋市政工程生产安全事故报告和查处工作规程》。对大理州2起较大安全生产事故，派人赴现场调查处理。对其他工程质量和生产安全事故进行调查处理或督促地方进行调查处理。2012年共受理工程质量投诉18起，生产安全投诉3起，均及时批转相关州(市)住房和城乡建设主管部门调查处理，并要求及时将处理结果报省住房和城乡建设厅；共实施行政处罚18起，查处违反强制性标准行为6起。对督查中发现存在重大问题或隐患的4家施工企业提出处罚意见；对发生建筑安全生产事故的18家企业暂扣安全生产许可证。认真做好房屋市政工程质量和生产安全事故相关情况分析通报工作，对每起事故及时发出警示告诫书，并在网上公示。

【安全质量标准化建设】 继续将标准化工作纳入《安全生产责任状》考核内容，将保障性安居工程创优列为标准化工作体系，向各地下达了创建指标。6月和8月分别在昆明、楚雄召开建筑工程质量安全标准化建设现场推进会，现场观摩，交流经验，为创建工程安全质量标准化工地打下坚实的基础。

9. 建筑业与工程建设

【概况】 2012年，云南省建筑业总产值突破2386亿元大关，增速达27.7%，为云南省GDP增长贡献9.4个百分点。截至2012年底，云南省建筑业企业共有3231家，其中一级资质企业179家，二级资质企业1059家。

【建筑业发展扶持力度】 云南省住房和城乡建设厅根据《云南省财政厅云南省住房和城乡建设厅关于印发〈云南省促进建筑业发展奖励扶持暂行办法〉的通知》（云财建〔2010〕51号）精神，积极落实2011年度云南省促进建筑业发展奖励扶持资金的有关工作。2012年是执行省政府《云南省促进建筑业发展奖励扶持暂行办法》（云财建〔2010〕51号）开展奖励扶持的最后一年，云南省住房和城乡建设厅积极加强与有关部门的沟通、协调，争取在云南省延续建筑业奖励扶持政策。

【建筑业人才队伍建设】 截至2012年12月31日，云南省共有一级建造师4011人，较2011年增加654人，二级建造师28914人，较2011年增加2277人，其他建筑从业人员420264人。为了促进建筑业健康稳定持续发展，加强和规范中小型工程项目施工管理，确保工程质量安全。根据《建筑法》、《注册建造师执业管理办法的通知》（建市〔2008〕48号），结合云南省实际，制定《云南省小型工程施工项目负责人管理办法》（41号公告）。

【建筑市场监管力度】 云南省住房和城乡建设厅在云南省进一步加强建筑市场资质资格监管工作，完善企业和人员准入清出制度，建立对取得资质后企业动态监管的长效机制，认真做好企业资质动态考核工作，对无动态考核结论或动态考核结论为基本合格的企业，不受理其资质升级、增项申请。根据《云南省住房和城乡建设厅关于对云南省商品混凝土和混凝土预制构件市场进行专项检查的通知》（云建建〔2012〕58号）文件要求，云南省住房和城乡建设厅对云南省商品混凝土和混凝土预制构件生产企业开展市场专项检查。组织开展云南省房屋建筑和市政工程建设中挂靠借用资质投标违规出借资质问题的专项清理工作。同时，派出4个工作组对8个地州的在建项目进行抽查，对现场检查中发现的其他问题责成当地建设行政主管部门进行处理，并监督落实整改。

【工程建设标准化】 完成《建筑工程叠层橡胶隔震支座施工及验收规范》、《建筑工程叠层橡胶隔震支座性能要求和检验方法》等6项工程建设地方标准的审查和发布工作，其中《建筑工程叠层橡胶隔震支座施工及验收规范》、《建筑工程叠层橡胶隔震支座性能要求和检验方法》为全国第一个减隔震方面的工程建设地方标准。组织云南建工水利水电建设有限公司、云南建工第四建设有限公司主编行业标准《现浇塑性混凝土防渗芯墙施工技术规程》，并已发布实施。开展《云南省城镇污水处理厂运行维护及安全技术规程》等4部地方标准宣贯培训工作。

【高强钢筋推广应用】 2012年5月，承办第一次全国推广应用高强钢筋工作会议。云南省被列为全国五个推广应用高强钢筋示范省份之一。截至2012年12月，云南省各州市所在地应用高强钢筋的建设项目达到65%，提前3年完成全国高强钢筋应用比例达到60%的目标。

【建设工程计价依据】 发布实施《云南省城市轨道交通工程造价计价依据》和《云南省城镇燃气建设工程计价依据》，为云南省城市轨道交通建设和城镇燃气建设提供投资控制、政策监管和技术指导依据。

【咨询企业】 完成8家工程造价咨询企业晋升甲级的资质升级工作，为历年之最。截至2012年12月，云南省共有工程造价咨询企业197家，其中，甲级造价资咨询企业44家，完成工程造价咨询营业收入7亿元，人均年产值近30万元。

【工程造价行业管理】 发布实施《云南省建设工程造价咨询服务收费管理办法及收费标准》。同时，开展云南省建设工程造价咨询企业及专业人员执、从业情况检查工作。

【勘察设计行业】 2012年，云南省勘察设计单位不断做大做强，小、散、差单位重组合并。云南省勘察设计单位数量从630多家减少到614家，地、市级以上区域基本取消丁级单位，云南省拥有甲级资质的单位数量增加到了72家。乙级资质为246家，丙级376家。云南省勘察设计行业从业人员35097

人，其中专业技术人员 26522 人，注册执业人员 4589 人。2012 年，全行业完成工程勘察合同额 214721 万元，完成工程设计合同额 649692 万元，施工图设计完成投资额 28544900 万元，施工图设计完成建筑面积 6736 万平方米，营业收入 1521736 万元。

【勘察设计制度建设】 云南省陆续出台《建筑工程方案设计招标投标管理办法》配套规定、《云南省建筑和市政工程勘察招标投标管理办法》、《云南省建筑智能化工程招标投标管理办法》、《云南省市政工程设计招标投标管理办法》等，为勘察设计招投标管理提供法律保障，改进勘察设计方案的竞争环境，基本扭转大型工程勘察设计招投标重报价轻方案的习惯，形成推动优秀方案、特色建筑创作的机制。

【勘察设计人才培养】 2012 年共组织完成云南省 6025 名注册建筑师及各类工程师执业资格考试考务工作，16790 考次（比 2011 年 12322 考次增长 36%）。2012 年云南省通过全国勘察设计注册师 203 人，其中注册建筑师 61 人，勘察设计注册工程师专业考试 142 人。

【勘察设计质量监管】 2012 年，云南省住房和城乡建设厅直接开展各类大中型建设工程项目初步设计审查共计 76 项，施工图审查项目 9888 项（其中勘察项目 4881 个，设计项目 5007 个），发现并纠正违反强制性条文数 515 条，严把了勘察设计质量关。根据《国家发展改革委关于降低部分建设项目收费标准规范收费行为等有关问题的通知》（发改价格〔2011〕534 号），从 2011 年 5 月开始，省物价部门调降施工图审查收费标准。试行一年后，以《云南省物价局关于调整施工图设计文件审查收费标准有关问题的通知》（云价综合（2012）52 号）进一步明确云南省施工图审查收费正式标准。云南省住房和城乡建设厅出台一系列措施，包括要求严格执行审查收费标准、严格按规定时限完成施工图审查、公示审图管理规定及工作流程、提高施工图审查服务能力等。

【勘察设计技术支持】 在保障性住房和工程质量安全方面，制定《云南省住房和城乡建设厅关于进一步落实责任确保保障性安居工程勘察设计质量的通知》（云建设〔2012〕454 号）、《云南省住房和城乡建设厅关于执法检查中有关勘察设计质量问题的通报》，组织编写了《云南省保障性住房规划与建筑设计导则(试行)》，进一步确保云南省保障性住房和工程质量安全相关工作任务的顺利完成。2012 年《云南省民用建筑节能设计标准》的施行收到良好的效果，按照建设"资源节约型、环境友好型"社会的要求，围绕节能减排这个重点课题开展工作，在工程设计中始终将节能、节地、节水、节材和环保放在突出位置，严格执行国家和省颁布的节能设计标准，严格施工图审查。积极选用节能成套技术和高性能、低材耗、可再生循环利用的建筑材料，结合云南实际，充分利用云南省太阳能、风能等再生资源和气候优势，大力发展生态和绿色建筑。2012 年 5 月 24 日组织召开《云南省民用建筑节能设计标准》的宣传贯彻会议，参会学习代表共 320 余人。印发了《云南省住房和城乡建设厅关于启用〈云南省民用建筑节能设计专项汇总表〉的通知》（云建设〔2012〕434），要求云南省内新建、改扩建的民用建筑工程，设计单位均应按要求填写《云南省民用建筑节能设计专项汇总表》，并将其作为施工图设计文件上报审查的必备内容。2012 年，启动云南省"建筑节能"系列图集的编制工作。启动《云南省"山地建设工程"系列技术设计导则》编制工作，并计划在 2013 年内颁布实施。

【勘察设计奖励扶持】 2012 年完成云南省政府扶持建筑业发展奖励勘察设计部分的组织和申报工作。涉及勘察设计企业 67 家、71 个勘察设计注册人员和 80 个勘察设计项目，奖励资金 328 万元。组织完成 2011 年度云南省优秀工程勘察设计奖评选工作，评选工作经过单位推荐、专家组分组评选和领导小组投票审定，最后共评选出优秀勘察设计 95 项，其中一等奖 16 项、二等奖 30 项、三等奖 32 项、表扬奖 17 项。

【招标投标市场】 认真宣传贯彻《中华人民共和国招标投标法实施条例》，强化招投标市场监督管理。认真履行招投标监管职责，加强对政府投资和国有投资工程招投标活动的监管工作，重点做好招标文件备案、资格预审活动、开标评标活动的监管，实现了招标的"五公开"和"六统一"。与相关监管部门相互配合，强化对串通招投标行为和合同的监督管理，严肃查处招投标活动和合同履行中的违法、违规行为。2012 年，云南省共审查发放施工许可证 7703 个，合同价款 11647802.57 万元；办理招标备案 38515 件，累计中标金额 1397736308 万元；到年末共有招标代理机构 189 家，从业人员 2546 人。

10. 建筑节能与科技

【概况】 2012 年，按照国家建筑节能强制性标准，严格执行《云南省建筑节能设计标准》，大力推进建筑节能和建筑科技工作，有力推动云南省节能减排任务的完成。

【建筑节能】 2012年,云南省建筑能耗总量为1900万吨标煤,占该地区全社会总能耗比例的18.00%。云南省住房和城乡建设厅对云南省846国家机关办公楼进行统计,建筑面积654.4万平方米,对其中单体面积1万平方米以上的大型公共建筑167栋进行统计,统计结果显示:云南省国家机关办公建筑平均能耗为31.29千瓦时/(平方米·天),大型公共建筑平均能耗为55.84千瓦时/(平方米·天)。截至2012年底,云南省新开工房屋建筑工程按照国家建筑节能强制性标准完成建筑节能设计和建筑节能施工图审查执行率为100%,竣工验收阶段执行建筑节能设计标准比例达到96%。

【可再生能源建筑应用】 截至2012年底,云南省太阳能光热应用建筑面积为29300万平方米,集热面积为890万平方米,太阳能光电建筑应用装机容量11.42兆瓦,可利用浅层地能资源有地下水、地表水和土壤,浅层地能应用面积8万平方米。

【可再生能源建筑应用示范项目】 2012年,云南省曲靖市、芒市、砚山县被国家评为可再生能源建筑应用示范,获得国家补助资金7400万元。2012年9月,云南省又被国家列入示范省,安排云南省2007万元补助资金,云南省住房和城乡建设厅组织专家审查确定50个示范项目。截至2012年底,云南省太阳能热水器建筑应用率为15.6%,人均太阳能集热器面积为0.18平方米。2012年,云南省住房和城乡建设厅编制出台《太阳能热水系统与建筑一体化设计施工技术规程》。

【太阳能光电建筑应用示范项目】 2012年,云南省被列为国家太阳能光电建筑应用示范项目的有:云南省博物馆新馆 太阳能光电建筑一体化示范项目、云南大理技师学院2MWp光电建筑一体化、玉溪市太标太阳能设备有限公司办公楼277KWp太阳能光电建筑应用示范项目,共获得国家补助资金1432.8万元。

【绿色建筑】 2012年9月24日,住房和城乡建设部批复同意云南省住房和城乡建设厅在云南省开展一、二星绿色建筑评价标识工作。截至2012年底,云南省组织专家对昆明万启房地产开发有限公司"金色领域小区"一、二期项目进行绿色建筑评价标识评审,建筑面积27.76万平方米,该项目通过二星绿色建筑评价。

【既有建筑节能改造】 2012年,云南省建成国家机关办公建筑和大型公共建筑能耗监测平台,并已组织实施试点进行建筑能耗监测数据上传。5月,根据《财政部 住房城乡建设部关于组织2012年度公共建筑节能相关示范的通知》(财办建[2012]28号)要求,结合云南省实际,及时上报《云南省公共建筑能耗监测平台建设实施方案》和7所高校节能监测平台建设实施方案,经财政部、住房和城乡建设部审批,云南省云南财经大学、曲靖师范学院、云南师范大学3所高校被列为国家节能监测平台建设示范,获得国家补助资金660万元。

11. 建设人事教育工作

【编制管理】 2012年,圆满完成云南省省级住房公积金管理中心更名为云南省省级职工住房资金管理中心,加挂昆明市住房公积金管理中心省直机关分中心牌子工作;协调有关部门,按照省人民政府的要求,圆满完成昆明市住房公积金管理中心省直机关分中心管理体制调整划转移交工作;圆满完成了事业单位清理规范工作,保留事业单位19家(不含云南省建设工会),事业编制由530名调整为514名;结合实际工作需要,报经省委编办批准增加省住房保障管理局副局长1名。

【岗位设置】 遵循"按需设岗、精简高效,合理设置、科学管理,兼顾现状、注重发展"的岗位设置原则,切实做好岗位设置管理工作,依据人员变动、职务晋升情况,督促指导厅属事业单位适时做好岗位设置变更、审核、申报、核准、认定及聘用工作。

【干部任用】 年内配合省委组织部完成省委"两委"委员和1名副巡视员的推荐考察;完成了考察选调1名民主党派正处级干部到州市任职相关工作;加大竞争性选拔任用干部工作力度,实行公开竞争上岗,选拔任用厅机关正处级领导干部2名,副处级领导干部3名;在全厅干部中民主推荐选拔3名调研员;选强配齐厅属领导班子,先后通过公开选拔、民主推荐了4名正处级领导干部和7名副处级领导干部。

【干部培养】 制定下发《中共云南省住房和城乡建设厅党组关于选派人员到住房和城乡建设部挂职锻炼的实施意见》(云建党组〔2013〕1号),采取选派新农村指导员、下派干部挂职锻炼、上派干部挂职培养等方式,强化干部教育培养。2012年,共选派新农村指导员8名,其中:总队长1名,工作队长3名,指导员4名;下派挂职副县长2名;上派住房和城乡建设部挂职副处级领导干部2名。

【干部考核】 制定下发了《云南省住房和城乡建设厅公务员考核实施细则》,坚持平时考核与年度考核有机结合,切实加强公务员、参公管理人员、事业单位工作人员的教育管理。全年共考核公务员172名,其中:考核为优秀等次26名,称职等次129名;共考核事业单位工作488名,其中,考核为优秀等次61名,合格等次427名。并按要求兑现了奖励性工资。

【工资福利】 认真落实工资福利政策,完成了厅属21个单位604人正常晋升级别工资和薪级工资工作;根据云南省人民政府《关于提高省直津贴补贴水平的通知》(云政发〔2012〕150号)文件精神,按时完成了厅机关及所属22个事业单位、9个勘察设计转制企业共3242人调整生活性补贴标准工作;办理接收军队转业干部及退役士兵9人、新录用(招聘)19人、职务变动42人的工资确定;完成退休5人、病故2人的退休费及一次性丧葬抚恤金的核定、审批和兑现工作。

【年审年检】 按时组织完成厅属43个企事业用人单位2012年度劳动执法年审工作和厅属18个事业单位2011年度省级事业单位法人年检工作。规范厅属企事业单位的劳动用工,确保了厅属企事业单位工作的开展。

【军转干部】 认真落实云南省军队转业干部工作领导小组2012年军队转业干部安置计划,讲政治,顾大局,圆满完成了军队转业干部安置任务,接收安置军队转业干部、退役士兵11名。

【公开招录】 公开招录8名公务员,分别充实抗震防震、计划财务处、城乡规划、房地产市场监管、住房保障建设计划、住房保障政策指导、村镇建设、省"三江并流"国家重点风景名胜区管理办公室等单位。

【职称评审】 2012年共组织职称评审5次,其中:高级职称1次、中级职称1次、初级职称3次。共评审通过7738人,其中:高级职称1367人、中级职称2571人、初级职称3800人。与2011年相比较,评审人数翻了一番。

【教育培训】 认真贯彻《干部教育培训工作条例》和《云南省住房和城乡建设厅建设行业教育培训暂行办法》要求,先后组织248名干部到省委党校、行政学院、四川大学、上海交通大学、中国人民大学、同济大学、上海建交委党校等院校进行培训学习;组织10名干部到住房和城乡建设部进行专业技术培训;组织110名干部参加云南省干部在线学习;组织1192名干部参加云南省人力资源和社会保障厅的人才培训;组织6.2万人次专业技术人员职业技能和持证上岗培训。

【学校建设】 结合开展示范校建设需要,批准学校调整内设机构,对原有机构进行整合并新增4个教学部、信息中心和教育教学研究督导室,目前学校的内设管理部门已增到13个,有效地加强了学校的管理。国家示范校建设工程有序推进,2012年6月,示范校建设方案及任务书通过评审复核,项目的建设工作已全面启动。截至2012年底,云南建设学校在校生规模已经超过6000多人,其中普通中专日制生达3923人,成人中专和大专在册生2164人,在校生规模超过了省委、省政府规定的"国家级重点中专办学规模达到3500人以上"的目标要求。

12. 大事记

2月

3日 云南省住房和城乡建设工作会议在昆明召开,省委副书记、代省长李纪恒出席会议并讲话。省人大常委会副主任程映萱出席会议,副省长刘平出席会议并作工作部署,省政协副主席王学智出席会议,省政府秘书长丁绍祥主持会议。省直有关部门、各州(市)人民政府主要领导和分管领导,县(市、区)人民政府主要领导,州(市)住房城乡建设局、规划局、水务局和县(市、区)住房城乡建设局局长,中央驻滇单位和企业负责人参加了会议。

29日 云南省2012年度建筑市场监管工作会议在昆明召开,会议总结2011年度云南省建筑市场监管工作,分析存在的问题,明确2012年工作思路和目标任务。

4月

6日 云南省房地产工作会议在昆明召开,会议总结2011年度房地产工作情况,表彰云南省生态小区、房地产开发投资、房地产权属登记规范化管理单位;交流云南省房地产管理工作经验,研究部署2012年房地产各项工作,落实年度房地产开发投资目标任务,推动云南省房地产业持续健康稳步发展。

5月

8日 云南省住房公积金管理工作会议在怒江州召开。会议的主要内容是总结2011年云南省住房公积金管理工作,交流经验,研究部署2012年及以后云南省住房公积金管理工作和党风廉政建设工作。云南省各州(市)住房公积金管理中心主任、副主任,各县(市)住房公积金管理部主任,州市中心部分科室负责人,省级相关部门领导,怒江州政府及相关部门领导,共200多人参加会议。

7月

3日 省人民政府在昆明召开云南省保障性安居

工程建设推进会。省住房城乡建设厅传达全国保障性安居工程座谈会精神并通报云南省保障性安居工程建设情况，昆明市、昭通市和楚雄州政府汇报保障性安居工程建设情况。

8月

2日 云南省政府在曲靖市富源县召开"云南省农村危房改造现场推进会议"。副省长孔垂柱、省政府副秘书长李琳玻、省级相关部门领导，云南省16个州（市）政府分管领导和相关部门负责人和受表彰的县（市、区）政府分管领导近200人出席会议，会议由省住房和城乡建设厅罗应光厅长主持。此次会议全面总结云南省实施农村危房改造取得的成效，深入分析存在的困难和问题，部署工作，确保圆满完成2012年云南省农村危房改造工作目标任务。

9月

17日 云南省政府在普洱市召开云南省城市建设现场会，总结交流云南省城市规划、建设、管理经验，进一步把握趋势、突出重点、破解难题，奋力推动云南城镇化发展迈上新台阶。省委副书记、省长李纪恒出席会议并讲话，省人大常委会副主任杨应楠出席会议，副省长刘平主持会议，省政府秘书长卯稳国出席会议。

（云南省住房和城乡建设厅）

西藏自治区

1. 概况

在西藏自治区党委、政府的坚强领导和住房城乡建设部的有力指导下，2012年，西藏住房和城乡建设厅深入贯彻落实科学发展观，以中央第五次西藏工作座谈会、自治区第八次党代会精神为指导，紧紧围绕区党委、政府的工作部署和全区住房城乡建设工作会议确定的重点工作，切实狠抓落实、开拓创新，较好完成各项目标任务，为西藏经济社会发展作出了应有贡献。

2. 保障性住房建设

【完成保障性住房建设任务】 督促各地市将保障性住房建设作为保障改善民生的一个重要突破口，早部署、抢时机、促开工、抓进度、强监管，按照"同级审批，特事特办"的原则，将1000万元以下投资项目下放地市审批，开通绿色通道，加快审批进度，全面完成保障性住房建设任务。2011年1.55万套续建项目全部完工交付使用，完成投资超过13亿元；2012年1.25万套保障房项目全部开工建设，主体工程基本建成，完成投资11.05亿元。根据西藏经济社会发展实际，合理调整保障房入住条件，将廉租房保障对象收入标准从原来人均月收入不超过650元调整到当地城镇最低工资标准（1200元左右）。加快廉租住房审核入住工作，在提高廉租住房入住率上下功夫，全区已建成廉租住房入住率超过92%，拉萨市首期廉租住房入住率达到93%。

落实了干部职工按月住房补贴制度，形成长效机制。在全区住房公积金行业组织开展"创先争优创建文明窗口单位"活动，建立住房公积金廉政防范机制，与中国建设银行西藏分行联合发行"公积金龙卡暨金融IC卡"，为广大客户的公积金管理提供极为便捷且十分周全的服务，全力改进和提高全区住房公积金服务管理水平。

【完善住房保障体系】 全区以"四房两改"为重点、以"两补一金"为基础、覆盖城乡的住房保障体系（四房即廉租住房、周转房、公租房和经济适用住房；两改即指棚户区改造和农村危房改造；两补即是指干部职工住房补贴和廉租住房租赁住房补贴；一金即住房公积金）不断得到完善。

3. 城乡规划建设管理

【"十二五"规划编制工作进展有序】 《西藏自治区城乡规划条例》经西藏自治区人大审议通过并颁布，于6月1日正式实施；认真做好"十二五"专项规划编制工作，完成《西藏自治区"十二五"时期住房城乡建设发展规划》、《西藏自治区"十二五"时期城乡建设防灾减灾规划》、《西藏自治区"十二五"城镇基础设施建设规划》、《西藏自治区"十二五"时期城镇垃圾处理建设规划》、《西藏自治区"十二五"时期保障性住房建设规划》等专项规划编制工作，《鲁朗国际旅游小镇总体规划（2012～2020）》通过评审。八宿、萨嘎、比如、仲巴、浪卡子等20多个县城总体规划通过自治区城镇规划评审委员会的技术审查，着力推进西藏各县城第二轮总体规划修编。八一镇、泽当镇总体规划修编有序推进。

4. 基础设施建设扎实推进

积极服务重大项目建设，协调国家住房城乡建设建设部组成专家咨询组对拉萨供暖工程进行实地考察调研，形成《拉萨供暖工程的指导性意见》，拉萨市全力推进、各有关部门协同配合，实现了冬季拉萨城区40%供暖的目标。简化、规范建设项目选址意见书的核发程序，基本完成85%的"十二五"规划项目前置审批工作，确保了项目及时实施，纠正一些项目选址不当的问题。

2012年启动的102项城乡基础设施建设项目中，已建成2个；在建20个；开展前期工作的建设项目86个。由住房城乡建设部门承担前期工作的建设项目126个，已有117个按规定完成前期工作，占91%。上报国家发改委审批的《西藏自治区2013年中央预算内基本建设项目投资计划》87个项目，全部完成前置性审批手续，完成率100%。开展了17个重点乡镇基础设施建设项目的前期工作。

5. 加强风景名胜区和历史文化名城名镇建设

完成唐古拉山-怒江源、念青唐古拉山-纳木错国家级风景名胜区总体规划编制规划评审工作。完成雅砻河风景名胜区基础设施建设项目前期工作，进入项目开工前的各项准备阶段；昌珠镇历史文化名镇的基础设施改造项目的前期工作全部完成，上报国家发改委审批。古格-土林被列入第八批国家级风景名胜区名录，全区国家级风景名胜区达4处。对13处自治区级风景名胜区工作的开展情况进行了摸底调查，形成了总体规划编工作方案，指导部分县启动总体规划的编制工作。

6. 积极服务农牧区发展

在日喀则市举办"9.18"灾后恢复重建技术培训班，印发《"9.18"灾后恢复重建技术导则》、《"9.18"居住建筑加固技术导则》、《"9.18"灾后恢复重建工程质量监督员制度》，进一步加强对灾后恢复重建工作的指导。委托设计院完成13个自然村规划、35个民房方案、60项施工图编制，有力指导灾后重建。会同区财政厅、发改委通过积极努力，落实农村危房改造计划10.05万户、投资8.12亿元，为安居工程建设和灾区恢复重建提供了有力的资金支撑。

7. 建筑市场管理

【做好企业资质受理和网络备案工作，加强对企业的规范化管理】 依托"西藏建筑市场综合管理服务平台"的网络信息化管理功能，加强建筑市场动态监管，集中清理一批在资质申报中弄虚作假的企业。建立全区建设工程企业、工程技术人员和工程项目数据库。共审批新增施工企业24家、建筑勘察企业2家、质量检测机构2家、施工图审查机构7家。进一步优化完善了"西藏自治区建筑市场综合管理服务平台"，企业、人员、项目信息三大数据库进一步充实。2012年，共有959家通过综合管理服务平台完成企业备案。对19家施工企业、1名人员进行了不良行为记录与公示。

【创新模式，为建筑市场各方主体提供高效服务】 拟订《西藏自治区建筑业"十二五发展规划"》，制定《西藏自治区建设工程企业流动人口管理办法》。完成全区建设工程企业的分类建档工作，为提升建设工程企业管理和服务提供了便利。全年建筑业增加值达186.54亿元。

【加强招投标市场监管，维护招投标市场秩序】 切实规范建筑市场秩序。各地市进一步完善招投标专家库，规范专家管理，招投标信息化建设步伐加快，电子评标及监控系统等技术措施得到应用。截止到2012年底，全区评标专家共412名，共有1308个项目在各级建筑工程交易中心进行了招投标，全区总计交易量与上年相比增长了23.86%，其中在自治区建设工程交易中心完成206项。

【做好"双清欠"工作，积极维护民工合法权益】 积极抓好双清欠工作，妥善化解矛盾纠纷，努力做到第一时间热情接待、第一时间协调处理、第一时间妥善化解矛盾，将问题解决在萌芽状态，努力营造和谐有序的良好氛围。区清欠办全年共接待民工上访41批次，涉及拖欠工资总额共计839.76万元，涉及人员283人，已妥善解决731.54万元。

8. 强化建筑质量安全监管

【安全生产专项检查】 落实安全生产责任，抓好安全生产监督检查工作，按照日常监管和重点排查相结合的原则，积极开展安全生产专项检查工作，及时排查各类安全隐患。共开展各类安全检查10次，检查施工现场500余个，提出各类改进建议

2700余条,现场整改率达到90%以上。西藏建筑工程质量监督总站对100个项目进行工程质量安全监督,监督总面积96.25万平方米。制定下发《西藏自治区建筑工程安全生产、文明施工措施费使用管理办法》。积极引导各地市定期不定期开展建筑质量安全生产专项检查工作,严格落实各项安全措施和定期安全隐患排查制度,建立安全生产信息上报机制。全区2012年竣工的1300余个工程项目一次性验收合格率达到98%。全区建筑施工安全生产事故和死亡人数分别比上年下降85%和69%,确保"双下降"目标完成。

9. 房地产业

2012年,西藏共有房地产相关企业155家,其中,物业服务企业46家,服务面积达369.01万平方米,从业人员700余人。全区房地产业完成开发投资额6.87亿元。强化了房地产业的管理和服务,提升水平,建立房地产数据申报机制,指导区房地产业协会成功举办2012年度春季房展,世邦投资有限公司"世邦城市花园"项目被中国房地产协会授予"广厦奖"。积极探索保障房建设与房地产市场有机结合新机制,支持和鼓励有资信的房地产企业做大做强。推进个人住房信息系统建设,全面落实"以牌(证)管房、以房管人"各项措施,完成首批房屋登记官培训考核工作,49人通过考核并取得房屋登记官资格。

10. 完成公有房屋普查统计,着力推进区直机关周转房建设

完成全区公有房屋调查统计工作,首次建立全区公有房屋数据库,建立年报制度,推进公有房屋规范化管理。积极部署做好在全区开展清理违规占用周转房工作,努力加快区直机关周转房建设,加快协调,完成了区直单位第三期周转房项目建设的前期相关工作。

11. 深入开展强基惠民活动,着力加强基层基础

按照自治区党委的决策部署和自治区创先争优强基惠民活动办公室的统一要求,西藏住房城乡建设厅五个驻村工作队紧紧围绕"一个目标、五大任务",在做好规定动作的基础上,创新自选动作,厅领导与各驻村工作队和驻村点建立对口联系点、厅机关15个支部与困难群众建立结对帮扶对子75对,驻吞达村工作队还实现"五个第一"(即编制西藏自治区第一个村庄规划—《尼木县吞巴乡吞达村村庄规划》、建立第一个村级网站等),共落实涉及交通、水利、种植养殖、农产品加工、村级组织建设、村容村貌整治、文化卫生等项目117个,涉及项目资金3078多万元。

(西藏自治区住房和城乡建设厅)

陕 西 省

2012年,陕西省住房和城乡建设厅继续抓好保障性安居工程建设,加快建设西安国际化大都市和关中城镇群,做大做强建筑业,推进勘察设计行业科技创新,深入开展园林城市创建,全面完成住房和城乡建设部下达的危房改造任务,被省委、省政府评为2012年度目标责任考核先进单位,被省政府评为保障房建设先进单位,被省人大评为2008~2012年度立法工作先进单位。是年,陕西省住房城乡建设厅有22项具体工作分别受到国家有关部委和省政府有关部门通报表彰。

1. 建设法制

【行业立法】 2012年,《陕西省城市地下管线管理条例》、《陕西省城市公共空间管理条例》、《陕西省建筑保护条例》3部建设法规起草完毕。在起草过程中,就立法思路、主体内容、框架结构等进行研讨,在理清思路、明确基本框架后,成立3个起草组。起草组贯彻科学立法、民主立法的原则,先后几次赴省内外实地调研,形成翔实的调研报告,多次组织召开专家论证会和征求意见会,发出书面征求意见函100件次,听取专家学者、实务工作者、社会公众的意见建议,从初稿到报审反复修改10余次。《陕西省城市地下管线管理条例》于4月底报送省法制办审核,8月13日经省政府常务会讨论通过,11月27日进入省人大二审;《陕西省城市公共空间管理条例》和《陕西省建筑保护条例》于6月底报

送省法制办,10月29日省政府常务会审议通过,提交省人大一审。西安市制定的《西安市建筑垃圾管理条例》已经颁布实施。在推进立法的同时,加强对规范性文件的管理,废止《陕西省征收城市排水设施使用费暂行规定》等32个规范性文件。

【陕西省城市地下管线管理条例】 该《条例》明确主管部门,规定省住房和城乡建设行政主管部门负责全省城市地下管线管理的指导和监督管理;城市规划、建设、市政等行政主管部门依据各自职责做好相应工作;新建、改建、扩建的道路交付后五年内,大修的道路竣工后三年内不得开挖敷设管网,因特殊情况需要开挖的,须报该城市人民政府批准,并向社会公告。《条例》将按立法程序经省人大常委会审议后颁布实施。

【陕西省城市公共空间管理条例】 该《条例》着眼于解决城市公共空间规划不到位,改变相关规划用地,擅自占用公园、绿地等搞商业活动的问题,明确了主管部门和相关的管理措施。《条例》规定:省住房和城乡建设行政主管部门负责全省公共空间的监督管理工作,环保、国土、公安、人防等部门按照各自职能分工,负责公共空间的有关监督管理工作;有条件的城市应当编制城市公共空间专项规划,经城市人民政府批准后实施。《条例》对城市的生态环境、街道景观、设施布局、步行通道、轨道交通、人防工程等提出了明确的建设要求。《条例》将按立法程序经省人大常委会审议后颁布实施。

【陕西省建筑保护条例】 该《条例》目的在于保护全省各类建筑,传承优秀历史文化,节约社会资源,促进经济社会协调发展。《条例》规定:建筑保护的范围包括历史建筑、优秀现当代建筑和普通建筑;省住房和城乡建设行政主管部门负责全省行政区域内建筑保护的指导监督管理工作,设区的市、县(市、区)人民政府规划行政主管部门对本行政区域内的建筑保护实施监督管理;任何单位和个人都有保护建筑的义务,有权检举、控告破坏、损害建筑的行为。《条例》将按立法程序经省人大常委会审议后颁布实施。

【西安市建筑垃圾管理条例】 该《条例》适用于西安市行政区域内建筑垃圾的排放、运输、消纳、综合利用等处置活动,明确规定西安市市容环境卫生行政管理部门是本市建筑垃圾管理的行政主管部门,区、县市容环境卫生行政管理部门按照职责负责辖区内的建筑垃圾管理工作,建筑垃圾处置实行减量化、无害化、再利用、资源化和产生者承担处置责任的原则。该《条例》于6月27日经西安市第十五届人民代表大会常务委员会第二次会议通过,7月12日经陕西省第十一届人民代表大会常务委员会第三十次会议批准予以公布,自2012年9月1日起施行。

【依法行政】 组织以《行政强制法》、《行政处罚法》等为主题的普法培训,积极参与创建依法行政工作示范单位,并依据创建标准将每一项工作任务分解到机关各处室,明确责任处室和责任人,提高了创建积极性。印发实施《陕西省建设行政处罚自由裁量权适用规则》和《陕西省建设工程质量安全行政处罚裁量基准》,严格规范性文件的审核工作,制定并出台《陕西省住房和城乡建设系统行政执法人员执法行为规范》、《陕西省国有土地上房屋征收住房保障办法》、《陕西省国有土地上房屋征收房地产价格评估机构选定办法》、《陕西省国有土地上房屋征收停产停业损失补偿办法》等规范性文件。为进一步推进依法行政,根据《陕西省规范性文件监督管理办法》,公布了省住房和城乡建设厅废止或者失效的规范性文件目录(陕建发〔2012〕335号)。

【规范执法】 全年共办理行政复议案件48件,比上年增加近3倍,其中不服规划许可的16件,涉及政府信息公开和不服行政不作为的各11件,不服拆迁许可或裁决8件,不服行政处罚2件。这些案件大多案情复杂,一人多案现象较为突出,申请人或潜在申请人众多,省住房城乡建设厅主管部门加强与法院、法制办等部门的联系,强化调解,对每个案件采取层层剥茧、条分缕析的方法慎重处理,使48件复议案全部结案。

2. 房地产业

【概况】 2012年,审批办理各类房地产企业资质4121家,其中房地产开发企业3955家,物业管理企业120家,房地产评估机构46家。全省累计完成房地产开发投资2005亿元,同比增长23.5%。其中政府投资建设的廉租住房、公共租赁住房完成投资206.3亿元,商品房(含经济适用住房、限价商品房、各类棚户区改造)完成投资1978.6亿元;商品房销售面积2499.3万平方米,同比下降7.7%。全省商品房销售价格保持基本平稳,其中西安市商品住房销售均价6834元/平方米,同比增长0.28%。房地产市场呈现投资持续增长、销量降幅缩小、房价基本稳定的运行态势。

【市场监管】 下发《关于进一步加强房地产中介服务管理的通知》和《关于开展房屋登记审核人员培训考核工作的通知》,落实房屋登记审核人员持证上岗制度，554人参加培训考核。下发《关于加强商品房价格成本测算，进一步促进我省房地产市场平稳健康发展的通知》，要求各地分区域测算住房项目成本并公布住房销售价格区间，鼓励和引导房地产开发企业现房销售，满足自住型和改善型住房需求。

【安居工程质量监管】 坚持每月对保障性安居工程进行一次巡查，将巡查结果向全省通报并报省政府。巡查面覆盖了全省所有县（区），全年巡查工程项目211个、单位工程256个，建筑面积318万平方米，共下发全省通报11份，对存在问题较多的13个项目进行批评，对现场管理规范的项目予以表扬。各市建设行政主管部门累计检查工程项目3143个、单位工程8692个，建筑面积12.6亿平方米。省、市两级建设行政主管部门及监督机构共下发《执法建议书》33份、《纠正违法行为通知书》460份，执行行政处罚22起，查处向旬邑县保障房项目提供冒牌钢筋的供应商。6月3～7日，住房城乡建设部对陕西保障性安居工程进行了质量监督执法检查，听取工作汇报，实地检查西安市、咸阳市6个工程项目，对陕西保障性安居工程质量监管工作给予充分肯定。

【贯彻落实《国有土地上房屋征收条例》】 为贯彻落实国务院新颁布的《国有土地上房屋征收条例》，防止因新旧条例补偿安置标准不同而引发新的矛盾纠纷，出台《陕西省国有土地上房屋征收住房保障办法》、《陕西省国有土地上房屋征收房地产价格评估机构选定办法》和《陕西省国有土地上房屋征收停产停业损失补偿办法》3个配套文件，指导各地处理城镇房屋征收工作的答复和调解，把矛盾和问题解决在萌芽状态。

【供热计量改革】 严把施工图审查关，将分户控制、分户计量、分室调温列入审查内容，对未采用分户控制、分户计量、分室调温的施工图均不予通过、不予审批。对未按设计要求安装供热计量装置的，建筑节能专项验收不予通过，不予办理竣工验收备案手续。对设计接入城市集中供热的建筑，工程竣工验收时供热主管部门、供热企业参与对供热计量装置的验收，验收合格予以入网供热，对未安装分户计量装置或计量装置不符合要求的建筑，供热企业一律不予供热。严格执行"分户控制、分户计量"标准，对违反建筑节能标准和国家供热计量强制标准的设计、施工图审查、施工、监理等企业，责令整改并进行相应处罚，保障新建建筑、供热计量改造的既有建筑安装供热计量装置和温度调控装置。

【物业管理】 修订《陕西省物业服务收费管理办法》，进一步规范物业服务收费行为，维护业主和物业服务企业的合法权益。制定《陕西省驻军物业管理社会化管理办法（试行）》，把陕西省驻军物业管理纳入社会化轨道。开展了物业管理示范住宅小区（大厦、工业区）评选活动，西安天地源、兰亭坊小区等6个项目被评为2012年度全国物业管理示范住宅小区，西安公安交通指挥中心大楼被评为全国物业管理示范大厦，枫林意树小区等22个项目被评为2012年度省物业管理示范住宅小区，西安市人民政府办公大楼等3个项目被评为示范大厦，西安龙旗科技园林等2个项目被评为示范产业园。

【注销361家房地产开发企业资质】 对房地产开发企业实行动态管理，加大房地产市场监管力度，根据《房地产开发企业资质管理规定》和《行政许可法》的有关规定，清理房地产开发企业资质，注销了陕西博融房地产开发有限公司等361家无新开发项目、不符合资质条件、名存实亡的房地产开发企业资质。

3. 保障性住房建设

【概况】 2012年，国家下达陕西保障性安居工程建设任务量居全国第二位。全年实际开工建设40.99万套，数量为目标任务的101.2%；竣工30.01万套，数量为竣工任务的100%；新增租赁补贴发放3.23万户，数量为目标任务的104.19%。陕西保障性安居工程建设得到国务院领导和住房城乡建设部的充分肯定，在国务院两次召开的全国住房保障工作会议上，都作了经验交流，多个省市专程来陕西学习取经。9月，在全国率先建成全省住房保障信息平台，公布五年轮候次序，把住房保障工作整理为29个业务流程，研发了129个功能模块，涵盖项目建设、申请审核、房屋分配、运营和监督等全过程，使各级管理部门的各项业务全部在平台上完成，实现省、市、县、街道、社区五级部门联网工作，实时监督。中央电视台、人民日报等中央媒体进行了专题报道，住房城乡建设部在全国宣传推广陕西的做法。

【签订目标责任书】 1月，陕西省委省政府召开全省保障性住房表彰大会，陕西省委书记赵乐际、省长赵正永、住房城乡建设部部长姜伟新到会讲话，省政府拨款3.3亿元对2011年工作优秀的市县进行奖励，安排部署2012年住房保障工作，与各市签订2012年住房保障工作目标责任书。会后各市政府迅速行动，通过表彰会、工作会、座谈会等形式将目标任务落实到县、区。

【下达用地指标】 按照"特事特办、加快审批"的原则，开通保障性安居工程用地审批"绿色通道"，提前介入，专人负责，简化程序，3月，一次性下达各城市保障性住房用地指标29048.2亩，确保6月保障性住房工程全面开工。

【成立省住房保障管理中心】 为管好用好保障房，陕西省成立副厅级建制的保障性住房管理中心。该中心专门指导市县政府做好保障性住房的分配和后续管理工作，各市县也逐步建立相应的机构，配备了必要的人员。

【工程监管】 住建厅领导对口联系各城市保障性住房建设工作，并配备2名巡查员，对项目开工、进度、竣工等情况逐项核查，每月25日提交巡查报告。每月对各市保障性安居工程建设进展情况进行考核排名，把月排名结果通报各市主管领导，把季度排名通过省内主要媒体向社会公布，年底全面考核。每季度召开点评会，点评各市进展情况，分析存在问题，研究解决措施，将保障性安居工程建设作为地方工作业绩的重要内容，完不成任务的，实行"一票否决"。每月组织3～4个督查组，对全省12个市(区)、94个县的保障性安居工程进行督查。全年共开展10次督查工作，督查了193个项目、223个单位工程，总建筑面积287.96万平方米，下发执法建议书32份，纠正违法行为通知书139份，进行行政处罚4起，及时整改工程质量问题，及时消除安全隐患。

【公布五年轮候次序】 开展中低收入困难家庭住房调查工作，建立210.13万户保障对象的住房状况档案，实现"静态准确统计"。对调查数据进行审核筛选，根据申请家庭的收入、住房困难程度、申请保障房类别等因素确定172.5万户保障对象，一次性确定他们的五年轮候次序。轮候名单在市级以上主要媒体进行公示，全省各市县累计公示版面2800个，使保障对象心中有数，明确自己在哪一年住上保障房。同时建立分配结果省级备案制度，开展市县住房保障部门、街办、社区参与资格审核的人员培训工作，使配租配售行为更趋规范。《人民日报》、中央电视台对陕西保障性住房的调查轮候以及信息系统建设等进行报道。

【信息系统建设】 建立住房保障信息工作平台，以建设项目、房源、保障对象为核心，省、市、县、街办和社区五级联网，全省所有的项目管理、申请、审核、配租配售、后续管理都在同一平台进行，与公安、民政、税务、银行、房产等部门实行联网数据比对，提高保障对象资格审核的准确率和时效性，整个过程公开透明，阳光高效。加强退出管理，每年年底对已经享受住房的保障对象进行资格复审，及时核查户籍、家庭人口、收入、财产、住房等情况有无变化，对不再符合条件的家庭予以退出。定期检查保障性住房的使用情况，对违规出售、出租、出借或者擅自改变住房用途的行为及时予以纠正。

【重奖先进】 省保障性安居工程领导小组斥资3.56亿元对2012年度全省保障性住房建设工作先进单位和个人进行表彰奖励。2012年，全省13个市(区)均圆满完成保障性住房建设目标任务。经综合考核，西安市和安康市被评为一等奖，各奖励5000万元；咸阳市、商洛市、西咸新区、榆林市被评为二等奖，各奖励3000万元；铜川市、汉中市、渭南市、杨凌示范区、宝鸡市、延安市、韩城市被评为三等奖，各奖励1000万元。同时，授予陕西省发展改革委、省财政厅、省住房和城乡建设厅、省林业厅、陕西保障性住房建设工程有限公司5个单位为2012年全省保障性住房建设工作先进单位。授予西安市高新技术产业开发区等11个县(区)为2012年全省保障性住房建设工作"十佳县"，各奖励600万元。授予扈广杰等45名同志为保障性住房建设工作先进个人。

【编写《城镇住房保障学》】 总结保障性住房建设的做法和经验，形成了具有陕西特色的保障性住房的政策、土地、资金、质量、分配、管理六大模块，在"六大模块"理论基础上，以社会学、经济学、生态学的视野对保障性住房进行系统研究，编写《城镇住房保障学》，统筹指导保障性住房实践。该书已正式出版发行。

4. 住房公积金管理

【概况】 2012年，全省住房公积金缴存总额累计达到1116.4亿元，缴存余额达到671.8亿元。当年归集住房公积金238.2亿元，同比增长28.3%；缴存单位及职工累计分别达到3.9万个、343万人，覆盖率达到95.04%。职工累计提取住房公积金444.4亿元，累计为30.5万名职工发放住房贷款377.5亿元，个贷余额255.4亿元，其中当年发放个人住房贷款86.8亿元，同比增长29.2%，全省个贷率达到39.7%，较上年提高2个百分点，全省住房公积金使用率为64.6%。全年住房公积金增值收益8.33亿元。

【扩大覆盖面】 以住房公积金制度建立20周年为契机，宣传住房公积金政策，编发宣传材料，以非公有制单位为重点，扩大住房公积金制度覆盖面。西安市公积金中心会同有关部门加大催建催缴工作力度，全市30%的非公有制单位职工建立了住房公积金；咸阳市政府在全市强力推进非公单位缴存扩面工作，各区县均制定了实施方案，计划在三年内将辖区规模以上非公单位全部纳入住房公积金制度覆盖范围；榆林市宣传推广榆阳区管理部公积金制度向非公有制企业扩面的经验做法，进一步加大在非公有制企业建立住房公积金工作力度。全省全年新增住房公积金缴存单位2120个，净增加缴存职工18.2万人，增幅为4%，其中非公有制企业职工8000余人。

【支持保障性住房建设】 依据利用住房公积金贷款支持保障性住房建设试点城市的有关条件及试点工作在关中、陕北、陕南平衡开展的思路，结合对部分城市住房公积金资金结余量、保障性住房建设任务、试点准备工作的调研考核。9月，咸阳市、延安市、汉中市被住房城乡建设部等六部委确定为利用住房公积金贷款支持保障性住房扩大试点第二批试点城市，原试点城市西安市亦获批增加贷款额度。至此，陕西共增加保障性住房试点项目20个，其中公共租赁住房项目14个、棚户区改造项目2个、经适房项目4个，贷款额度78.2亿元，列北京、上海后全国第三位。加上西安市第一批试点贷款额度35.3亿元，全省利用住房公积金贷款支持保障房建设试点总贷款额度达到113.5亿元。已累计发放贷款22.3亿元，回收资金6.5亿元，收取利息8925万元。

【监督管理】 把住房公积金风险防控作为加强监管的主要内容，转发住房城乡建设部等七部委《关于加强住房公积金廉政风险防控工作的通知》。3月，会同省监察厅、审计厅对西安、宝鸡、咸阳三市住房公积金中心进行联合检查，发现并指出住房公积金管理中存在的突出问题，下发限期整改督查函。6月，开展全省住房公积金服务和廉政风险防控专项检查。为确保资金安全，防控大额资金调拨中的风险，建立住房公积金中心大额资金调拨备案制度，规定西安市3000万元以上、其他地市2000万元以上跨行资金调拨，必须在上级住房公积金监管处备案。为提升非现场监管手段，实现住房公积金业务数据实时监管，制定全省住房公积金监管平台建设方案，对全省住房公积金监管信息系统进行改造升级。

【清收涉险资金】 根据2007年国家审计署审计决定，逐笔对全省住房公积金涉险资金进行清理，加大回收力度，彻底清收宝鸡、铜川、汉中三市涉险资金880万元，其中宝鸡市陈仓区收回涉险国债380万元、铜川市收回项目贷款300万元、西安市收回涉险国债200万元，核销省直分中心和安康市涉险资金3112.21万元。年末，全省存在的涉险资金仅剩西安市的394万元。

5. 城市规划

【概况】 2012年，按照"建好西安、做美城市、做强县城、做大集镇、做好社区"的总体思路，完成省域城镇体系规划评估，加快关天经济区核心区建设，全面启动《西安国际化大都市总体规划》编制工作，推进西咸新区现代田园城市建设，引领西部城镇化发展的增长极初步形成。加快区域中心城市建设，推进以43个重点县城、31个重点示范镇为核心的小城镇建设，促进大中小城市和小城镇协调发展。《关于加快推进城镇化的决定》经省政府第20次常务会议研究通过，《陕西省城市地下管线管理条例》经省人大二审，《陕西省城市公共空间管理条例》经省政府常务会审议，提请省人大一审。延安市、西安高新区、莲湖区、未央区等市区的数字城管系统投入试运行，莲湖区市容环卫标准化管理经验在全省推广，并获得2012年度中国人居环境范例奖。确定分级包抓43个重点县城建设方案，争取到中央补助资金10.1亿元，全省县城市政基础设施完成投资215.96亿元，同比增长35%以上，县城建成区面积增加37.28平方公里，人口增加12万人，县城综合承载能力不断增强。

【城镇体系规划评估】 完成省域城镇体系规划评估，指导咸阳、延安加快新一轮城市总体规划修编，延安市已完成总体规划纲要。加强县城总体规划、城乡一体化建设规划技术审查，完成全省25个县的城乡一体化建设规划、20个县城新一轮总体规划的技术审查，完成《陕西省31个重点示范镇镇域农村社区布局规划及典型社区规划设计汇编》，全面指导镇域新型农村社区建设。指导西安、铜川、榆林等城市对总体规划的实施情况进行评估，对规划实施中存在的偏差和问题进行专题研究，提出完善规划实施机制与政策保障措施。

【沿渭河城市段规划建设】 对西安、宝鸡、渭南、咸阳、杨凌示范区等沿渭河城市的规划编制、审批情况进行摸底，实地调研西安、咸阳、西咸新区、宝鸡、渭南城市段、潼关段和华阴市南山支流段规划情况，组建专家库，制定规划技术审查评审要点，加强沿渭河城镇段规划审查工作。

【城镇污水和垃圾处理设施建设"十二五"规划】 编制完成陕西"十二五"城镇污水和垃圾处理设施建设规划。"十二五"污水处理计划投资211.86亿元，新建项目投资198.53亿元（占总投资的93.7%）；设施建设续建项目投资13.33亿元（占总投资的6.3%）。垃圾处理设施建设计划投资92.4亿元，新增生活垃圾无害化处理能力19318吨/日。

【重点县城规划建设图册】 对43个重点县城的建设现状、发展方向、城市性质、城市规模、空间结构以及"十二五"规划建设指标进行调研分析，编制完成《全省43个重点县城规划建设汇编》，确定分级包抓重点县建设方案，省级主要抓"十二五"末县城城镇人口达到20万人以上的10个县城，市级包抓33个。

【陕甘宁革命老区振兴规划】 3月18日，全国第一部专门针对革命老区"量身定做"的有关社会、经济、生态建设等八方面可持续协调发展的规划《陕甘宁革命老区振兴规划》正式出台。该规划涉及陕西、甘肃、宁夏三省（区）的延安、榆林、铜川、庆阳、平凉、固原、中卫等8个地级市，及陕西富平、旬邑、甘肃会宁、宁夏灵武等9个县（市），总面积19.2万平方公里，人口1700多万人，规划期2012年至2020年。

6. 城市建设与市政公用事业

【重大建设项目选址】 审查引汉济渭工程、三星电子12英寸闪存项目、改建铁路阳安二线安康段等115个项目，核发选址意见书93份，涉及煤炭、电力、化工、铁路、高速公路、管线、冶金、清洁能源等行业。

【园林城市建设】 全年创建省级园林城市（县城、城镇）18个，太白县、宁强县被住房城乡建设部命名为国家园林县城，咸阳市、安康市和汉阴、石泉等8个县创建国家园林城市（县城）完成省级初审。全省累计建成国家园林城市2个、国家园林县城7个、省级园林城市9个、省级园林县城48个。设市城市绿地率达到38.68%，人均公园绿地面积达到11.41平方米，省级园林县城覆盖面达到64%以上，宝鸡、安康、商洛实现园林县城全覆盖。

【城市供水】 制定印发《陕西省城市饮用水卫生安全保障规划（2011~2020年）》，编制完成《陕西省城镇供水设施改造与建设"十二五"规划及2020年远景目标》，开展城市用水器材的确认登记工作，对十个城市的用水器材进行检查验收，各个城市对进场的各类用水器材进行核验清理，淘汰不符合节水标准的用水器材和伪劣产品，开展全省城市供水水质检测工作，入网建站的西安、宝鸡、咸阳、渭南、铜川、汉中、安康、延安、榆林等九城市进行了水质互检，对未建立城市供水水质监测站的兴平、华阴、韩城三市进行统一抽检，对在2011年水质检查中发现突出问题的渭南市进行整顿验收。

【城市照明】 编制城市照明规划，按照功能区分和标准规范，对不同区域的照明指标提出不同的规划要求。完善工程建设监管机制，从源头上抓好照明节能工作，对照明亮度超标准、超能耗的行为坚决予以制止。在西安市、宝鸡市、杨凌示范区等地，建设一批太阳能及LED灯照明试点示范工程，推广节能照明技术。全省所用灯具全部是达到国标的第三代高压钠灯、LED灯、节能灯、太阳光伏能等，景观照明节能产品的使用率达到90%以上，新产品、新技术的使用率达到40%。

【城市燃气】 编制《陕西省城镇燃气安全管理办法》，指导燃气企业和城镇居民安全用气，检查全省已点火通气的11个城市、61个县城燃气企业的安全运行情况，给40家企业下发安全检查记录，组织有关企业进行抢险演练，完善救援预案。对65家持有燃气经营许可证的单位进行动态检查，实施安全记录，为其更换《陕西省燃气企业经营许可证》。审查13家新申办燃气经营许可证的企业，给符合条件的12家颁发了许可证。加强燃气器具市场管理，坚持对天然气企业的通气验收制度，对提供不符合安全规定器具的用户，一律不予通气。做好燃气器具注册登记工作，全年共注册登记638个型号，评选出其中11个型号为老百姓喜爱的燃气器具，给14家企业颁发《燃气器具安装维修许可证》。

【城镇污水处理】 全省城镇污水处理率达到76.8%，城镇生活垃圾无害化处理率达到79.2%，均超额完成目标任务，其中城镇污水处理率全国排名第6位。全省已建成城镇污水处理厂111座，处理能力327.05万立方米/日；建成垃圾无害化处理场85座，垃圾无害化处理能力1.736万吨/日。编制完成83个县城排水专项规划，建立"十二五"污水处理设施配套管网项目库，争取到中央补助资金10.1亿元，完成污水配套管网574.67公里。全省11市（区）和83个县中，黄龙、旬阳、佳县（项目被洪水冲毁）等6县的污水处理设施正在建设，其他市县均已建成；安康市、杨凌示范区、蓝田、户县、靖边、石泉、镇巴、紫阳、旬阳、白河、岚皋、佳县（项目被洪水冲毁）等12市县的垃圾处理设施在建，其他市县均已建成。

【地铁建设】 西安地铁一号线提前一个月于5月6日顺利实现洞通目标。地铁一号线西起后围寨，东至纺织城，全长25.36公里，为轨道交通线网中的骨干线，与已开通的地铁二号线在北大街站实现换乘。地铁三号线试验段于2011年5月开工建设。

【中国人居环境范例奖】 经中国人居环境奖工作领导小组研究批准，西安市莲湖区市容环境标准化管理项目获2012年度中国人居环境范例奖。这是陕西省获此殊荣的第五个项目。莲湖区机械化清扫率达到45%，门前"三包"责任书签订率、废弃物收集箱完好率、垃圾密闭化收集和清运率、公厕开放率、建筑工地出入口标准化普及率均达到100%。莲湖区用三年时间对58条道路街景进行整治，改造提升街景263.3万平方米，整治门头牌匾8057块，建设绿地广场31个，新增绿地114.93万平方米，绿化覆盖率高达42.2%。住房城乡建设部将莲湖区市容环卫标准化管理列入研究课题，在西安市莲湖区建立科研基地，开展城市综合管理相关研究和试点工作。

【全国市政金杯示范工程】 在中国市政工程协会关于表彰2012年度"全国市政金杯示范工程"的决定中，西安市东月路道路排水工程C标段雨水干管工程、西安西禹高速出入口城市段改造工程、西安市三环路连接线大庆路西段3项工程榜上有名。中国市政工程协会对获奖工程的建设、施工、监理单位予以表彰，并为其颁发奖杯和证书。

【全国优秀环卫工人】 在住房城乡建设部召开的全国城市环卫工作座谈会暨优秀环卫工人表扬会上，陕西的穆水桃、潘卫华、任喜云、孟建文、马建刚、蔺乃元、韩宁、汪金艳、戴建钊、李瑞防、杨丽红11人受到表扬。优秀环卫工人所在地市对他们分别进行了表彰。

7. 村镇规划和建设

【概况】 2012年，重点工作是31个重点示范镇建设、农村危房改造、关中地区村庄道路建设、农村新型社区建设。31个重点镇累计开工建设534个项目，其中居民住宅80万平方米，累计完成投资106.7亿元。每月赴重点示范镇督促检查，针对各镇建设中存在的突出问题，分类指导，帮助其制定有针对性的推进措施。6月5日、8月29日、10月23日三次召开全省农村危房改造工作会议，传达全国农村危房改造政策及工作部署，通报本省进展情况，推动全省农村危房改造工作。制定下发《关于推进城乡统筹发展加快关中乡村建设的实施意见》、《关于做大集镇推进城镇化的实施意见》、《关于推进新型农村社区建设的实施意见》，把新农村建设和新型城镇化建设结合起来。编制2012年关中农村村庄道路建设项目计划，安排村庄道路建设项目338个，建设规模340公里，省级补助资金1700万元。年底，所有项目全部竣工。

【重点示范镇建设】 召开3次全省重点示范镇建设会议，杨陵区五泉镇、汉中市大河坎镇、南郑县交流了做法和经验，向31个镇颁发"陕西省重点示范镇"标志牌，表彰黄陵县店头镇等10个镇为2011年度全省重点示范镇建设先进镇，各奖励50万元。制定下发《全省重点示范镇领导干部考核实施意见》，完善重点示范镇目标责任考核办法，实行"月通报、季讲评、半年观摩、年终考核奖励"的工作推进机制，组织有关人员赴四川、江苏学习两省村镇建设经验，策划包装198个重点示范镇招商引资项目，总投资312.01亿元。拍摄各个重点示范镇新区规划模块建设鸟瞰图，并汇编成册。加大资金支持，给每个镇下达2012年1000万元财政专项补助资金，指导全省重点示范镇利用省政府给予1000亩城乡建设用地增减挂钩政策，盘活土地资源，筹措建设资金。在此基础上，西安市给予每个重点示范镇每年2000万元专项补助资金，所在县（区）每年再给2000万元专项补助资金；咸阳市给予每个重点示范镇连续三年每年500万元的专项补助资金；全年重点示范镇开工建设项目534个，建成居民住宅80万平方米，学校、医院、幼儿园、垃圾污水处理等公共服务设施同步建设，完成投资106.7亿元。

【危房改造】 全省共实施农村危房改造18万户，争取到中央补助资金14.25亿元，较2011年分别增加了5.3万户和6.45亿元，协调省级配套资金3.42亿元。安排陕南地区9.26万户，中省补助资金8.73亿元，比省政府确定的5.2亿元资金任务增加了3.52亿元；安排陕北地区2.52万户，中省补助资金2.57亿元，比省政府确定的1.26亿元资金任务增加了1.31亿元，使居住在农村危房中的五保户、低保户、贫困残疾人家庭和一般贫困户的居住条件得到明显改善。11月6日，住房城乡建设部在陕西召开农村危房改造现场会，与会代表参观了乾县杨洪镇上旦村危房改造工程，给予高度评价和充分肯定。

【新型农村社区建设】 制定出台《陕西省新型农村社区建设标准（试行）》和《陕西省31个重点示范镇镇域农村社区布局规划及典型社区规划设计汇编》，主要包括道路、电力电信、给水排水等市政设施，幼儿园、阅览室、活动室等公共服务设施，以及农村住房建设等。在全省选择确定21个省级新型农村社区(每个设区市2个、杨凌示范区1个),先行先试,重点建设,主要以中心村和条件较好的自然村为基础,整合现有村庄,统筹安排居住区、公共服务区、产业发展区,配套完善公共服务设施,使之成为规模适度、设施完善、特色鲜明、管理有序的标准化新型农村社区,示范引领全省农村社区建设。力争到2015年,在全省建成1000个左右新型农村社区,使全省20%的农村达到社区化标准,居住人口占到农村人口的25%以上,实现农村基础设施城镇化、生活服务社区化、生活方式市民化。

【名镇名村评选】 制定《陕西省历史文化名镇名村评选办法(试行)》,开展全省首批历史文化名镇名村的评选工作。推进文化旅游古镇建设,制定《陕西省文化旅游古镇建设规划编制技术导则》,完成30个旅游古镇规划审查,编制《文化旅游古镇建设规划图册》。在住房城乡建设部、文化部、财政部12月17日公布的第一批(646个)中国传统村落名录中,陕西铜川市耀州区孙塬镇孙塬村、渭南市韩城市西庄镇党家村、榆林市绥德县白家硷乡贺一村、榆林市佳县佳芦镇神泉村、榆林市米脂县杨家沟镇杨家沟村5个村落名列其中。

8. 勘察设计

【概况】 全省勘察设计业实现总产值410.3亿元,同比增长7%。勘察设计企业总数达到710家,其中甲级234家。4家勘察设计企业取得全行业综合甲级资质,5家进入全国百强序列。全行业有工程院院士2人、全国勘察设计大师19人、省级优秀勘察设计师90名。在高速铁路、高等级公路、高原冻土、湿陷性黄土、超高压变电、新能源、汉唐风格建筑等领域的勘察设计技术处于国际领先水平。

【资质资格】 严格资质管理标准和规定,做好资质审批工作,规范市场秩序,引导勘察设计市场健康发展。引导企业向市政、园林、环保、交通、水利、新能源等领域发展,为城镇化建设和节水、节地、节能、环保提供技术支持。加强与外省行业管理部门沟通和协调,为企业走出去提供服务,协助勘察设计单位办理出省业务323项,合同额62.3亿元。强化对外省企业进陕的管理,严把市场准入关,对外省分支机构进行了现场检查,针对存在问题提出了整改意见。

【编制标准设计图集】 完成《波形沥青瓦、波形沥青防水板建筑构造》《STP超薄绝热板外墙保温系统》等10项推广应用标准设计图集。复审清理了部分使用5年以上的标准设计图。

【编制地方标准】 制定《陕南地区移民搬迁公共设施建设标准》等8部地方标准,完成"高强混凝土抗压强度试件尺寸换算标准"等3项标准的立项及调研工作。

【表彰优秀成果】 开展第十六次优秀工程设计(工业类)和第十一届工程建设优秀标准设计及工程勘察设计计算机优秀软件的申报和评选活动,共评选出优秀工程设计(工业类)一等奖37项,二等奖42项,三等奖35项,表扬奖21项;优秀标准设计二等奖2项,三等奖1项,表扬奖2项;计算机优秀软件一等奖6项,二等奖8项,三等奖6项。举办2012年度工程建设(勘察设计)QC小组成果发表评审会,评选出年度工程建设(勘察设计)优秀QC小组成果一等奖18项,二等奖24项,三等奖18项。全年完成科技成果交易合同4716份,成交总额130亿元。在中国勘察设计协会举办的全国保障性住房优秀设计专项奖评选中,西安市建筑设计研究院设计的西宁市梨园小区公共租赁住房项目、中国建筑西北设计研究院有限公司设计的西安经济开发区新北居项目均获得三等奖。

9. 工程质量安全监督

【概况】 2012年,全省完成建筑业总产值4106亿元,实现增加值1330亿元,占全省GDP的9%左右。全省特级建筑企业5家,总承包资质企业2615家,专业承包资质企业3037家。建筑业从业总人数达到197万人,农民工从建筑业获得的收入约占全省农民纯收入的25%。20个建筑业试点强县完成总产值312亿元,实现增加值98.5亿元,同比增长11%,实现利税占当地财政收入的18.5%。中国延安干部学院添建项目等4项工程获得国家优质工程"鲁班奖",获奖数量继续保持西部第一,延长(洛川)750千伏变电站等8项工程获国家优质工程,大唐西市博物馆等45项工程获省优"长安杯",234项工程被命名为省级文明工地,通过省级工法87项,全省建筑施工质量和安全生产形势总体稳定良好。

【工程质量监管】 4月,下发《关于开展建筑市场和施工质量安全监督执法大检查的通知》,在全省开展工程质量安全大检查,分为企业自查、市级主管部门排查、省厅督查三个阶段。5月10~25日,组成3个组分赴全省十一个市(区)开展工作,共检查在建房屋建筑项目70个、地铁项目1个、市政道路工程3个,建筑面积共计234万平方米,下发纠正违法行为通知书47份、执法建议书11份、停工通知书1份。开展下半年在建工程质量安全巡查活动，采取现场抽查工程实体、抽检工程控制资料等方式进行，其中质量方面巡查69个在建项目，下发纠正违法行为通知书31份；安全方面巡查20个在建项目，查处安全隐患212个。各市（区）建设行政主管部门全年总计检查工程项目357个、单位工程1077个，建筑面积1660.77万平方米，下发纠正违法行为通知书25份，行政处罚11起。

【建筑施工专项整治】 在全省开展了以脚手架、深基坑、起重机械为重点的建筑安全专项整治活动，分为部署启动、自查自纠、检查督导三个阶段，贯穿全年工作始终。8月，按照省安委会扩大会议精神，再次下发《关于立即开展全省建筑施工领域安全生产专项整治的紧急通知》，在全省范围内开展为期60天的以严厉打击违法施工和以预防坍塌事故为重点的建筑施工领域安全生产专项整治活动，共排查单位2145家，排查出一般安全隐患4387项，其中已整改4255项，整改率97%；排查出重大安全隐患32项，整改32项，整改率100%。

【国家优质工程】 在《人民日报》2012年12月14日公布的2011~2012年度国家优质工程获奖名单中，陕西8项工程名列其中，分别是：陕西省送变电工程公司施工总承包的延长（洛川）750千伏变电站工程、中铁二十三局集团有限公司施工总承包的郑西铁路客运专线渭河特大桥工程、陕西交通建设集团公司子清建设管理处施工总承包的国道主干线子洲至靖边高速公路建设项目、江苏省建工集团有限公司施工总承包的西飞国际605号复合材料厂房一期工程、榆林神通集团建筑工程有限责任公司施工总承包的神木县天峰国际酒店工程、中国核工业华兴建设有限公司施工总承包的西安航空信息产业集地1号通用厂房工程、陕西建工集团第八建筑工程有限公司施工总承包的北山门勘测科研综合楼二期工程、中国海外工程有限责任公司和陕西建工集团总公司施工总承包的博茨瓦纳莫荷迪查尼高级中学项目（境外工程）。另外，陕西建工集团机械施工有限公司承建的东航西安维修基地新机库项目和西宁曹家堡机场二期航站楼两项工程获得"中国钢结构金奖"。

【新技术示范工程】 在陕西省建设新技术示范工程评选中，省内50项工程获此殊荣。其中西安咸阳国际机场二期扩建工程T3A航站楼，大唐西市一期2、3、5、6、8、9格工程，陕西省科技资源中心工程3项达到"省内领先"标准，城市理想2-5号楼及地下车库等9项达到"省内先进"标准，翠屏湾住宅小区2号楼B座等38项工程获得"通过评审"。

10. 建筑市场

【招投标监管】 制定《陕西省建筑工程电子化招投标管理办法》、《陕西省建筑工程招标投标有形市场管理办法》、《陕西省房屋建筑和市政基础设施工程施工招标投标管理办法》等规范性文件，进行建筑工程网上招标投标系统操作实务培训，实现西安、咸阳、延安、商洛四个信息化试点城市的联网测试。开展建设工程招标投标规范化管理和服务竞赛活动，对全省建设工程评标专家进行两年一度的业务培训和廉政教育，给符合条件、通过评审的续聘和新聘评标专家颁发《陕西省建设工程评标专家聘书》，发放《陕西省建设工程评标专家信用手册》。对全国各省建设工程有形市场进行调研，形成《关于加快陕西省统一规范的工程建设有形市场建设的报告》，参加西北五省（区）招标办、交易中心主任联席会议，向大会提交1份经验材料和40篇论文，论文数量占大会收到论文总数的60%。

【建设监理】 全省共有监理企业317家，从业人员2万余人。举办6期省级监理工程师继续教育培训班，参加人员2169人；举办了两批省级监理工程师资格认证培训考试，历年考试合格者累计达7000余人，其中获得全国注册监理工程师资格者2528人。陕西兵器建设监理咨询有限公司等7家企业被评为全国先进监理企业，肖红英等7人被评为全国优秀总监，孟远林等5人被评为全国优秀监理工程师，商科被评为全国协会工作先进个人。

【建筑装饰】 2012年，建筑装饰企业完成总产值1228.5亿元，实现增加值148.5亿元，部分企业年产值增长达30%以上，完成产值过亿企业20家。调整了省建筑装饰行业专家库成员，陈金安等21名同志入选。在西安举办建筑装饰精品工程研讨班，装饰企业的管理人员、工程负责人、项目经理、监理人员计87人参加。筹备召开"2012中国国际装饰建材及家居博览会"等影响力较大的展会，组织有关人员赴香港参加第七届香港国际建筑装饰材料及金属展。

【"安全生产月"活动】 6月，开展以"科学发展，安全发展"为主题的全省建设系统"安全生产月"宣传活动。6月10日，在大雁塔北广场开展了安全生产咨询日活动，突出宣传"科学发展、安全发展、安全生产、平安生活"的理念，宣传"十二五"安全发展规划。全年安全生产形势比较平稳，全省共发生建筑施工安全事故6起，死亡8人，比上年度事故起数减少1起，死亡人数减少1人，分别下降14.3%和11.1%。

【"三类人员"培训】 企业法人、项目负责人、专职安全生产管理人员这"三类人员"是施工企业安全生产的主要责任者。2012年，继续加强对这"三类人员"的安全生产专业知识培训，一方面把新从业人员作为培训考核重点，另一方面督促原有从业人员参加继续教育，全年共培训"三类人员"18061人次，"三类人员"延期继续教育9357人次，为14613人颁发了《安全生产合格证》，为8324人颁发了《继续教育合格证》，受理"三类人员"证书变更2589人次，延期受理8266人次。

【文明工地建设】 继续开展文明工地创建活动，依靠科技创新，丰富创建内涵，提高创建水平，全年共创建省级文明工地234个，超出计划30%。文明工地创建活动与安居工程建设结合起来，鼓励和支持在保障性安居工程建设中开展争优创优活动，本着"申报条件放宽，验评标准不降"的原则，建设规模达到申报标准60%的保障房项目，即可申报省级文明工地，在全年命名的234个省级文明工地中，有13项是保障性安居工程。11月7日，召开全省保障性安居工程质量管理暨2012年建设工程文明施工现场会（这是全省第16次创建文明工地现场会），观摩7个施工现场，分析安居工程质量形势，总结文明工地创建经验，安排下一阶段的工作。全省建设行政主管部门、质量安全监督机构以及相关企业近500人参加会议。

【造价员培训考试】 委托西安建筑科技大学、长安大学对陕西省建筑工程造价员培训教材进行修编，修编完成后的教材由1套9本变为1套4本，重点突出，实例典型，具有较强的理论性和实用性。全年组织两次造价员培训考试，参加人数共计3987人，变更注册696人，为86名遗失证章（件）的造价人员补办证件。

【劳保统筹】 加强收费网点建设，确定西咸新区作为全省第12个市级行业统筹部门，批准成立西咸新区劳保费统筹管理中心，并将其纳入全省建筑行业劳保费统筹目标任务考核体系，并且增加5个收费站，实现劳保费收缴网点的广覆盖。劳保费实行收支两条线管理，各市、区及县站收取的劳保费逐级全额上缴省级财政，实行省级统管，而各地市按收支两条线的要求设置账户、管理资金。全省全年收缴劳保费8.85亿元，比上一年度增长13%；拨付6.57亿元，比上一年度增加12%。省市两级统筹机构在对一些特困企业调查摸底、实地走访的基础上，给予省建二公司、省建十一公司等多家国有建筑企业政策扶持和资金支持，解决这些企业的人员安置和养老保险金历史拖欠等问题，帮助企业减轻了负担。

【咸阳国际机场扩建工程投入运营】 3月24日，陕西省和国家民航总局"十一五"重点建设项目—西安咸阳国际机场二期扩建工程全面竣工。扩建工程包括新建长3800米、宽60米的跑道，4F等级飞行区，3号航站楼，综合交通枢纽以及供电、供水、供油、消防等配套设施。工程投运后，咸阳机场航站楼总面积达到45万平方米，停机位达到123个、2条跑道，可保证跨洋洲际飞行，供全球最大的空客A380飞机起降，能够满足年旅客吞吐量5000万人次保障需求。扩建工程历时三年多、投资近百亿，成为西部率先完成的大型机场建设项目。5月3日，西安咸阳国际机场二期扩建工程正式投入运营。

11. 建筑节能与科技

【概况】 2012年，建设科技工作以节约能源资源、转变城乡发展模式为目标，围绕供热计量改造、生活垃圾处理、城市照明、城市污水处理等工作推进建筑节能。全年取得绿色建筑评价标识项目12个，总面积92.68万平方米。建成垃圾无害化处理场75座，关中和陕北地区的市县，陕南地区2市、15县已全部有了垃圾处理场。全省生活垃圾无害化处理率达到80%，垃圾无害化处理设计规模达到1.66万吨/日。已建成城镇污水处理厂107座，处理能力达354.75万立方米/日，污水处理率及达标率分别为77.02%和92.51%，景观照明节能产品使用率达到99%。

【绿色建筑】 7月，下发《关于加快推进我省绿色建筑工作的通知》，对按照绿色建筑标准进行建设的项目，达到一、二、三星级绿色建筑标准的，分别按照每平方米10元、15元、20元的标准给予配套奖励。指导西安市、西咸新区作为陕西绿色建筑的重点实施区域，分别出台具体实施意见与办法。全年共有12个项目获得绿色建筑评价标识，总面积92.68万平方米。其中，一个项目获评建设部三星级绿色建筑设计标识，2个项目获评建设部二星级绿色建筑设计标识，7个项目获评一星级绿色建筑设计标识。西安市在《商品房买卖合同》中增加了绿色建筑补助奖励条款，获得绿色建筑标识的建设项目每平方米的补助标准为：一星级5元，二星级10元，三星级20元，并要求把补助金的70%兑付给购房者。

【节能宣传】 开展《陕西省新型墙体材料发展应用条例》宣传月活动，编印《陕西建筑节能》宣传图册，通过对各地建筑节能成果与经验以及省内有代表性建筑节能示范项目的展示，引导和推动全省建筑节能工作。开展以"发展绿色建筑、建设绿色家园"为主题的宣传活动，向社会公众发放《陕西省建筑节能条例》、《陕西省新型墙体材料发展应用条例》等宣传册，在陕西日报组织两期专栏，展示绿色生态建筑技术及产品，宣传绿色建筑理念和低碳生活方式，倡导和推行低碳生活。举办培训班6期，对1022名设计、施工、监理、质检等从业人员进行了绿色建筑、标准规范、政策法规的培训学习。

【建筑节能】 把建筑节能纳入建设项目规划、设计、施工、监理、运行管理等环节，强化全过程监管，构建省市县三位一体的监管机制，下发《关于进一步加强保障性住房建设节能管理工作的通知》等文件，强化建筑节能工程施工质量管理，重点严把材料进场关、建筑节能专项验收关和备案关。加强对建筑外墙保温的管理，限制挤塑聚苯乙烯泡沫板在建筑保温工程上使用，禁止浆体材料在严寒、寒冷地区建筑保温工程中使用。开展建筑节能专项检查，共检查工程项目74个、173.4万平方米。从检查情况看，各设区市、杨凌示范区新建建筑设计、施工阶段执行建筑节能设计标准情况较好，建筑节能设计阶段执行率达到了100%、施工阶段执行率98%左右；县（区）施工阶段执行率在85%左右。扩内需光电建筑省财政安排建筑节能专项资金4097万元，组织建设省级光电建筑一体化应用示范项目10.34兆瓦；对2011年度完成的120.98万平方米既有居住建筑供热计量、节能改造和16.38万平方米省级既有建筑节能改造项目进行了奖励引导，在墙改基金中安排288.75万元，用于农村节能建筑示范项目补助。

【公共建筑节能】 下发《关于做好2012年民用建筑能耗和节能信息统计报送工作的通知》，指导各城市做好民用建筑能耗和节能信息统计工作。西安市、咸阳市、宝鸡市为居住建筑和中小型公共建筑能耗统计实施城市，累计完成702栋1137.05万平方米机关办公、学校公建、宾馆饭店、商场超市等公共建筑的能耗统计工作。西安建筑科技大学作为国家节约型校园建设的示范学校，建立了能源分类计量系统，能耗监测平台投入运行。西北大学、西安工业大学被列入2012年国家级高等学校节能监管平台建设示范。开展国家机关办公建筑和大型公共建筑的能耗统计、能源审计与公示工作，累计完成294栋619.46万平方米建筑的能源审计工作。

【供热计量与节能改造】 下发《关于做好2012年既有居住建筑供热计量及节能改造工作的通知》，明确全省采暖区各市年度目标任务，提出落实改造项目、前期准备工作、项目质量管理和验收等具体要求。3月13日召开了全省既有居住建筑供热计量及节能改造工作座谈会，10月9日，召开全省既有居住建筑供热计量及节能改造项目推进会。年度计划实施居住建筑供热计量及节能改造面积218.3万平方米，实际组织实施改造面积264.87万平方米，占年度计划的121.33%。改造的方式，以供热企业为主体实施改造的，改造费用由供热企业、业主及财政资金共同负担；以业主为主体实施改造的，费用由业主、物业管理（或单位）及财政资金共同负担。把《西安市既有公共建筑节能改造技术规范》作为陕西省的标准，对既有公共建筑节能改造的范围、原则、节能诊断及判定、改造技术、验收评估等作出明确规定。

【可再生能源应用】 加强可再生能源建筑应用示范项目的建设管理，16项工程被列入国家光电建筑应用示范项目，装机容量18.8兆瓦。推进可再生能源规模化应用，彬县、合阳入选新增地区可再生能源建筑应用示范县，镇安县被追加了推广应用示范面积，陕西省亦被列入国家首批可再生能源建筑应用推广省份。加快太阳能光电建筑建设步伐，建设省级太阳能光电建筑一体化示范项目18个，总装机容量10.34兆瓦。

【推广新型墙体材料】 制定《陕西省墙体材料革新"十二五"规划》，印发了《陕西省新型墙体材料建筑节能产品认定指南》，组织了11次节能产品专家认定论证会，151个产品获得产品认定证书。确定15个项目为2012年省级新墙体生产示范项目，给这15个项目下拨补助资金138万元；确定3个项目为2012年省级农村推广应用新墙体示范项目，共计509户、208758.81平方米，为其下拨补助资金127.25万元。全省城镇生产新型墙体材料约68亿块标准砖，新墙体材料生产比例达60%；城镇新墙体材料建筑竣工面积1595万平方米，推广应用比例达98%，节约标准煤85万吨，节约土地2万亩，减少二氧化碳排放74万吨，综合利用工业废弃物247万吨。

【科技项目申报】 开展2012年住房和城乡建设部科学技术计划项目的申报工作，"建设项目绿色施工综合效果评价研究"等13个项目被列入住房和城乡建设部科学技术计划；开展陕西省住房和城乡建设厅2012年度科学技术项目计划申报工作，"市政道路环境友好型沥青路面使用性能研究"等5个项目被列入计划。"建筑场地墓坑探查与处理技术规程"项目获得省科学技术三等奖。

【科技创新先进集体和个人】 在省国资委、省科技厅《关于表彰国资委监管企业科技创新先进集体和先进个人的决定》中，陕西建工集团总公司技术中心被评为科技创新先进集体，陕西建工集团西部建筑抗震勘察设计研究院院长张耀被评为科技创新标兵，陕西建工集团第一建筑工程有限公司总工程师程华安、陕西建工集团设备安装工程有限公司副总工程师史均社、陕西建工集团工程六部总经理薛东智、陕西建工集团建筑科学研究院总工程师朱武卫、陕西建工集团机械施工有限公司主任工程师张一萍等5人被评为科技创新先进工作者，陕西建工集团工程四部总工程师任亮、陕西建工集团设备安装工程有限公司第三分公司职工王华、陕西建工集团建设技师学院高级讲师辛居敏、陕西建工集团第五建筑工程有限公司技术管理处处长张福胜等4人获科技创新技术革新奖。

12. 建设人事教育

【概况】 2012年，全省建设教育培训工作结合住房城乡建设工作实际，突出保障性住房建设、推进城镇化等民生问题，以切实解决人民群众最为关心的城乡人居环境改善和住房需求为重点，发挥了应有的作用。全省共有各类培训机构52个，其中建筑施工"八大员"（测量员、质量员、材料员、资料员、安全员、监理员、施工员、实验员）培训机构25个，职业技能鉴定培训基地24个，鉴定机构3个，考评员957人。

【顶层设计培训】 8月13~19日，举办有260人参加的市、县领导干部生态城市建设专题培训班。培训内容主要着眼于对城镇化现实问题的理论思考，以及对所学理论的具体运用，探索"十二五"陕西城镇化新的发展和要求。

【干部培训与交流】 制定《陕西省建设系统2012年度干部培训计划》，更新干部培训信息管理数据库。2名厅级干部分别参加省委党校、浦东干部学院学习，2名处级干部参加省直机关工委组织的关键岗位培训，3名同志参加"转变经济发展方式"等高级研修班，20人参加省委组织部、省行政学院、高校基地教育培训，4批共58名干部赴台湾考察学习。

【智力援藏】 3月20日至4月20日，西藏阿里地区住房城乡建设系统7名干部在陕西省住房城乡建设厅接受为期一个月的学习培训。陕西省住房城乡建设厅针对阿里地区城乡建设发展需要，安排7名学员分别在村镇建设处、城乡规划处、城市建设处、注册中心、规划院、质监站、资金中心对岗跟班学习，组织他们赴杨凌区五泉镇参观重点示范镇建设。

【岗位培训与考核】 受理职称评审686人，其中高级91人、中级259人、初级336人，推荐上报14名同志参加正高级工程师评审。西北综合勘察设计研究院燕建龙被评为2012年度顶尖人才。进一步规范建设行业专业技术人员岗位资格考试工作，"八大员"实现统一管理，考培分离，共培训考试59926人，通过率由80%降为60%左右，基本实现网上报名，各环节独立运行。

【职业技能培训与鉴定】 建立职业技能培训基地24个、鉴定结构3个。组织职业技能培训36432人，其中普工21500人、初级工6340人、中级工4970人、高级工3492人、高级技师130人。组织职业技能鉴定9790人，其中初级工4900人、中级工3832人、高级工973人、高级技师85人。

【职业技能大赛】 西安市建筑行业农民工技能大赛选择农民工较为集中的工种和岗位进行，设有砌筑工、抹灰工、瓷砖铺贴工、管工4个工种，分为理论知识考核和实际操作比赛两部分。理论考试成绩占20%，实作考试成绩占80%。理论考试于9月9日进行，1166名选手参加预赛。

（刘韧苍 李敏）

13. 大事记

1月

10日 省保障性住房工作表彰大会暨2012年住房城乡建设工作会议召开，省委书记赵乐际出席，国家住房和城乡建设部部长姜伟新、省长赵正永讲话，省委常委、副省长江泽林主持会议。

11日 渭河流域规模最大的水面景观工程——渭河杨凌段生态景观工程正式启动，总投资6.3亿元。

19日 省委书记赵乐际在西安检查节日时看望慰问环卫工人和公安交警。

2月

1日 春节长假后上班第二天，省政府首批邀请33名来自基层的人大代表和政协委员首站到访省住房和城乡建设厅。

8日 西安市地铁公司相继启动地铁三号线各站点的管线改迁等项目前期工作，标志着西安地铁三号线一期工程前期项目正式全面启动。地铁三号线试验段于2011年5月开工建设。

9日 由省住房和城乡建设厅出台《国有土地上房屋征收与补偿条例》的配套政策《陕西省国有土地上房屋征收住房保障办法》、《陕西省国有土地上房屋征收房地产价格评估机构选定办法》、《陕西省国有土地上房屋征收停产停业损失补偿办法》经省政府同意下发执行，为全省国有土地上房屋征收补偿有序开展提供政策保障。

15日 全省66个保障性安居工程建设项目集中开工仪式在咸阳市渭滨花苑隆重举行。省长赵正永宣布开工令并为项目开工奠基培土，省委常委、副省长江泽林出席开工仪式。

3月

16日 黑龙江省住房和城乡建设厅立法调研组一行9人来陕共话城乡规划立法调研工作。省住房和城乡建设厅召集城乡规划处、政策法规处、村镇建设处、西安市、宝鸡市、咸阳市规划局等部门与黑龙江调研组一行在西安市召开座谈会，省住房城乡建设厅副厅长张文亮出席座谈会并讲话。

18日 我国第一部专门针对革命老区"量身定做"的有关社会、经济、生态建设等八方面可持续协调发展的规划《陕甘宁革命老区振兴规划》正式出台。该规划涉及陕西、甘肃、宁夏回族自治区三省（区）的延安、榆林、铜川、庆阳、平凉、吴忠、固原、中卫等8个地级市，及陕西富平、旬邑，甘肃会宁，宁夏灵武等9个县（市），总面积19.2万平方公里，人口1700多万人，规划期2012年至2020年。

21日 省住房和城乡建设厅召开《陕西省城市地下管网管理条例》立法广纳谏言座谈会。

24日 陕西省和国家民航局"十一五"重点建设项目—西安咸阳国际机场二期扩建工程隆重举行竣工仪式。扩建后的西安咸阳国际机场，新建长3800米、宽60米的跑道，4F等级飞行区、3号航站楼、综合交通枢纽以及供电、供水、供油、消防等各类配套设施。

4月

1日 省住房和城乡建设厅召开"全省农村危房改造工作会议"，延安市吴起县就自身农村危房改造的经验在会议上交流。

19日 为全面贯彻落实国务院《城镇燃气管理条例》，进一步规范全省燃气行业市场秩序，防止和减少燃气安全事故发生。省住房和城乡建设厅开展宣贯《城镇燃气管理条例》活动，蓄力打造燃气行业管理"防护网"，推行燃气行业规范化管理工作，促进全省燃气行业良性发展。

29日 西安最长的绿化景观长廊—渭河生态景观区开园，免费向公众开放。

5月

4日 陕西省住房和城乡建设厅、省文物局联合印发《陕西省历史文化名镇名村评选办法》（试行），从村镇的历史价值与风貌特色、原貌保存度、保存现状规模和是否有市（县）以上文物保护单位等内容进行规定。

6日 西安地铁一号线提前一个月顺利实现洞通目标。地铁一号线西起后围寨，东至纺织城。全长25.36公里，为轨道交通线网中的骨干线，与已经开通的地铁二号线在北大街站实现换乘。

9日 经过近29个月的艰苦奋战，陕西省在建最长的铁路隧道、全长11.271公里的西康二线铁路秦岭翠华山隧道顺利贯通，标志着西康二线建设进入全面攻坚阶段。

28日 陕西省住房保障信息系统正式运行，实现了陕西省保障性住房决策分析数字化、日常管理规范化、信息公开透明化。这个信息系统的建成，加上之前全省保障房五年轮候名单的公布，标志着陕西在全国率先建成保障房建设长效机制。

30日 全省启动建设施工领域"打非治违"专项行动。省住房和城乡建设厅与全省多个部门联合发起建设施工领域"打非治违"专项行动于5月底拉开序幕，并持续到10月底。

6月

12日 陕西省住房和城乡建设厅公布2011年申报的27个物业管理示范住宅小区（大厦）考评验收结果。西安兰亭坊小区等17个物业管理项目被评为2011年度陕西省物业管理示范住宅小区。

18日 陕西出台《城市总体规划审查办法》，全省行政区域内城市总体规划的修改、报批、审查和批准按该办法执行。

26日 为规范陕西房地产市场秩序，省住房和城乡建设厅根据《行政许可法》和《房地产开发企业资质管理规定》等相关规定，对全省房地产开发企业资质管理情况进行检查清理。对不符合资质标准要求的361家房地产开发企业资质证书予以注销，并向社会公布名单。其中二级资质2家，三级资质65家、四级资质133家，暂定资质161家。

27日 省住房和城乡建设厅下发《关于进一步做好今年农村危房改造工作的通知》，针对补助对象、施工监督、资金使用、农户档案、工程质量等提出"六举措"要求和意见，加大工作力度，推进

2012年全省农村危房改造工作，实现贫困农民住有所居的重要民生工程。

28日　2012年陕西省重点项目集中开工暨陕西省高功率半导体激光器产业园项目奠基仪式在西安举行。

7月

1日　省住房和城乡建设厅、省财政厅等单位联合组成检查组，对全省各市贯彻执行《新型墙体材料专项基金征收使用管理实施细则》（陕政办发〔2008〕94号）情况进行专项检查。

2日　中央电视台《新闻联播》节目报道陕西省通过媒体向社会一次性公示五年住房保障对象轮候计划，让保障房分配管理在社会监督下运行。

5日　陕西省煤层气开发利用公司成立揭牌仪式在西安举行，标志着陕煤化集团在煤层气开发利用方面正式进入实施阶段。这是陕西省第一个省属煤层气开发公司。

12日　省住房和城乡建设厅研究决定授予曲江•紫汀苑4号、5号楼等90个工地"2012年度第一批省级文明工地"称号，并对创建文明工地的建筑施工企业颁发荣誉证书。

13日　陕西启用新升级并增加防伪措施的房屋权属证书，以进一步提高全省房屋权属证书、登记证明的防伪性能。

27日　省住房和城乡建设厅、人力资源和社会保障厅联合印发《关于在全省开展房地产经纪人协理考试有关工作的通知》，明确全省房地产交易经纪领域将实行房地产经纪人协理从业资格制度，全省将组织开展房地产经纪人协理从业资格考试工作。

8月

9~10日　陕西省加快推进城镇化和城镇建设管理工作会议在汉中召开，省长赵正永出席会议并讲话。

16日　中国工程院院士、中国工程建筑设计大师、中国建筑西北设计院总建筑师张锦秋与省市、县领导干部生态城市建设专题培训班数百名学员齐聚一堂，共同分享绿色建筑与生态城市发展理念。

23日　根据住房城乡建设部《关于做好"十二五"重点流域重点镇污水处理设施配套管网建设项目信息录入工作的通知》精神，省住房和城乡建设厅正式启动全省"十二五"重点流域重点镇污水处理设施配套管网建设项目信息录入工作。

27日　国务院正式批准榆林高新技术产业园区升级为国家级高新技术产业开发区。

31日　全省住房公积金管理工作座谈会在西安召开。省住房和城乡建设厅副巡视员潘正成、公积金监管处处长朱耀豹等出席会议。来自全省11个地市的住房公积金管理中心主要负责人参加会议。

9月

10日　为加强全省建筑施工企业安全生产许可证及三类人员信息化管理工作，省住房和城乡建设厅启用建筑施工企业安全生产许可证、三类人员信息管理平台。9月30日前为试运行阶段，10月1日起平台正式运行。

12日　住房和城乡建设部公布2012年全国保障性安居工程质量监督执法检查情况通报，检查组共对全国30个省份的180个在建保障性安居工程进行实地检查。陕西省的项目符合率和基本符合率为98.6%，排名在山东、河北、天津、北京、江苏之后，位居全国第六。此次检查共对29个省份的33个项目下发《建设工程质量监督执法建议书》，陕西省是惟一一个未被下发执法建议书的省份。

19日　西安市出台《西安市既有公共建筑节能改造技术规范》，作为陕西省既有公共建筑节能改造技术工程建设标准，将会对既有公共建筑节能改造的范围、原则、节能诊断及判定、改造技术、验收评估等问题进行详细解答。

10月

10日　省长赵正永在省住房和城乡建设厅检查全省住房保障工作及信息平台建设。他强调，要把保障性住房建设作为政府的基本责任和常态化工作予以推进，切实解决好人民群众特别是低收入群众的住房问题。省委常委、副省长江泽林一同检查。

16日　省住房和城乡建设系统职工喜迎十八大摄影大赛圆满落下帷幕。

11月

1日　《人民日报》刊登《陕西建成全国首个保障房信息平台》一文，详细报道陕西省率先在全国建成首个省级住房保障工作信息平台并正式上线试运行的新闻。

3日　中央电视台《新闻联播》节目播出题为《陕西：全覆盖一网通，住房保障全透明》的新闻报道，通过对住房保障对象的采访，详细介绍陕西省住房保障信息平台在保障房建设、管理、分配等具体工作环节所起的科学高效作用。

9日　商南、黄龙、佛坪三县分别在创建国家园林省级初审会上，接受由省住房和城乡建设厅副厅长张文亮带队的省级专家组的初步审查。经逐项考核与审查，专家组一致认为，商南、黄龙、佛坪创建国家园林县城工作通过省级专家组初审。

15日　省住房和城乡建设厅公布第二批省级文明工地名单，曲江·观山悦住宅小区二期1~3号楼、西安楼观中国道文化展示区管理服务基地、首创国际城五期项目等144个工地被授予2012年度第二批省级文明工地称号。7月1日省住房和城乡建设厅曾授予曲江·紫汀苑4号、5号楼等90个工地为"2012年度第一批省级文明工地"称号，至此，全省共命名省级文明工地234个，有23个工地获得全国AAA级安全文明标准化诚信工地。

20日　杨凌石头河供水签约暨通水庆典仪式在杨凌示范区举行，杨凌城区居民可使用石头河优质地表饮用水，从此告别饮用地下水的历史。

28日　为做好《无障碍环境建设条例》的贯彻落实工作，省住房和城乡建设厅转发国家住房和城乡建设部《关于贯彻落实无障碍环境建设条例，进一步加强无障碍环境建设的通知》（建标〔2012〕154号文），落实人员、完善制度、健全机制，积极组织《无障碍环境建设条例》的宣贯及培训工作，使无障碍环境建设监管工作落到实处。

同日　西安国家数字出版基地示范区在西安高新区举行开工奠基仪式。

同日　我国首个全媒文化产业园区—西安曲江·雁翔路国家级文化产业聚集区首批重大项目集中奠基开工。

12月

5日　陕南最大的博物馆——安康博物馆在安康江北新区奠基开工。安康博物馆是国家确定的"十二五"重点项目，也是安康市重大民生工程，由建筑大师张锦秋领衔的中国建筑西北设计院华夏设计所设计。

25日　全国住房城乡建设工作会在北京召开，会上对全国住房城乡建设系统先进集体、先进工作者和劳动模范进行表彰并现场颁奖，西安市城中村改造办公室建设工程质量安全监督站等6个单位荣获"全国住房城乡建设系统先进集体"称号，西安市规划局政务中心首席代表董埃孝等11人荣获"全国住房城乡建设系统先进工作者"称号，陕西建工集团第八建筑工程有限公司项目经理帖华等8人荣获"全国住房城乡建设系统劳动模范"称号。

26日　全省物业管理工作座谈会在西安召开。会议现场观摩了紫薇田园都市业主大会制度。通过交流研讨物业管理行业的热点、难点等问题，借鉴学习城市之间和先进企业的典型作法，对全省物业管理下一步工作做出部署，规范物业服务企业行为，提高全省物业服务质量和管理水平。

31日　省政府出台《陕西省人民政府关于加快推进城镇化的决定》，明确提出到2015年，全省建制镇建成区面积扩大15%，人口增加47%，建成1000个左右标准化新型农村社区。全省城镇化水平达到57%以上，2020年达到65%以上，保持高于全国平均水平的城镇化增长速度。

（陕西省住房和城乡建设厅）

甘 肃 省

1. 住房保障

【保障性安居工程建设】　2012年，甘肃省与国家保障性安居工程协调小组签订住房保障工作目标责任书，计划新开工建设保障性住房、棚户区改造住房11.845万套，竣工17.44万套。截至年底，全省新开工建设保障性住房12.5391万套，开工率占省政府下达计划11.963万套的105%、占国家下达计划11.845万套的106%；主体竣工10.5749万套，竣工率为88%，超过省政府年初制定的70%主体竣工任务18%；竣工20.3014万套，占国家下达竣工计划任务17.44万套的116%，超额完成16%。2012年，省政府计划对10万户城市住房困难家庭按照人均每月6.5元/平方米标准发放廉租住房租赁补贴，实际发放13.7453万户、43.9万人，发放补贴资金3.16亿元。争取中央保障性安居工程建设补助资金41.52亿元，比2011年26.51亿元增加15.01亿元，增幅比例达到56.6%；落实省级配套资金9.78亿元。甘肃省保障性安居工程建设投资有限公司正式开展保障性住房融资代建工作，分别与白银市、武威市、酒泉市签订融资代建项目，融资代建保障性住房9713套，完成投资12亿元。

【保障性安居工程组织实施】　起草、制定并提请省政府印发《甘肃省2012年保障性安居工程建设目标任务分解计划》(甘政办发〔2012〕29号)、《2012年全省保障性安居工程建设和对城市住房困难家庭发放廉租住房租赁补贴实施方案》(甘政办发〔2012〕54号)、《甘肃省2012年保障性住房建设任务考核实施办法》(甘政办发〔2012〕145号)、《甘肃省人民政府关于保障性安居工程建设和分配管理的实施意见》(甘政发〔2012〕106号)、《关于转发住房和城乡建设部等七部门〈关于鼓励和引导民间资本参与保障性安居工程建设有关问题的通知〉的通知》(甘建保〔2012〕507号)、《关于进一步加强保障性住房信息公开的指导意见》(甘建保〔2012〕374号)等政策性文件,进一步完善全省住房保障制度。召开全省住房保障工作会议、全省房地产市场调控和保障性安居工程领导小组扩大会议、全省保障性住房建设(片区)座谈会和全省保障性安居工程建设工作现场会议。整理编印《全省住房保障工作座谈会材料汇编》、《全省住房保障工作座谈会学习材料汇编》、《省房地产市场调控和保障性安居工程领导小组扩大会议材料汇编》和《全省保障性安居工程建设工作现场会议材料汇编》。

【保障性安居工程监督管理检查】 为督促市州确保按时间节点推进保障性住房建设工作,2月中旬至5月底,对全省14个市州新建保障性住房建设工作进展情况进行检查调研。6月5～10日,会同省监察厅组成联合督查组,对定西市、天水市、陇南市、白银市、甘南州和临夏州24个县区的68个2012年新建保障性住房项目进行专项督查。8月底至9月初,联合省发改委、财政厅、国土厅、监察厅、审计厅、林业厅、农垦总公司、省保障性安居工程建设投资公司组成5个考核组,对全省2012年住房保障目标管理责任书的执行情况进行考核,重点对2008～2012年保障性住房项目建设进度、工程质量与分配管理、项目建设程序和工程实体质量管理、资金拨付使用等情况进行了检查。11月1日,省政府印发《关于全省2012年前9个月住房保障责任书执行情况的通报》(甘政办发〔2012〕242号),通报保障性住房建设进展情况,指出存在的问题,对下一步重点工作做安排部署。根据甘肃省常务副省长刘永富在《全省2012年住房保障责任书执行情况考核报告》上的批示精神,针对半年考核中发现的问题,与省审计厅组成联合检查组,重点对兰州市、天水市、定西市、陇南市等地31个建设进度较慢的保障性住房项目进行专项审计检查。12月18～25日,省政府组成5个考核组,对全省146个2012年新建项目、96个历年续建及分配入住项目进行了检查考核,对各市州2012年度保障性住房建设工作进行综合评分。根据住房保障工作考核问责暂行办法以及2012年保障性住房建设任务考核实施办法有关规定,提请省政府对全省14个市州政府给予一、二、三等奖表彰奖励,对14个住房保障先进单位予以通报表彰。

2月8～11日,由住房和城乡建设部副部长齐骥任组长的国务院保障性住房分配及质量管理工作第五督查组,对甘肃省保障性住房分配及质量管理工作进行专项督查,对兰州市、白银市住房保障工作进行重点督查。5月下旬至11月底,住房和城乡建设部派驻甘肃省的3名巡查员共巡查2012年新建保障性住房新开工项目339个、10.16万套,竣工项目377个、11.09万套。从2011年11月1日至2012年2月20日,国家审计署派出审计组重点对兰州市、天水市秦县、定西市陇西县和通渭县等1市3县保障性安居工程进行专项审计。

【住房保障工作调查研究】 按照全省房地产市场调控和保障性安居工程领导小组会议精神,1月和10月,围绕住房保障管理制度建设、工作机构建设、管理任务,对14个市州、17个市辖区、69个县级城市、124个街道办事处、464个建制镇进行调查。按照住房和城乡建设部、国家发展和改革委员会、财政部《关于对国有工矿棚户区情况进行调查的通知》(建保〔2011〕199号)和省政府要求,从2011年12月至2012年3月、2012年11月7～13日,分别组织市州建设房管部门对本地区国有工矿棚户区、中央在甘企业和省属企业棚户区改造情况进行调查摸底,提出2013～2015年需要改造的国有工矿棚户区、中央在甘企业和省属企业棚户区规模及年度计划。按照住房和城乡建设部有关精神,对全省"城中村"改造情况进行调查摸底,建议当地政府将城中村改造纳入今后城市棚户区改造计划,政府组织统一实施。4月23～26日,配合省人大常委会调研组对兰州、定西、天水、白银、武威、临夏等市州保障性住房建设情况进行调研,代省政府起草《关于全省城镇保障性住房建设情况的报告》,并对省人大保障性住房建设情况预审中提出的问题进行书面答复。

【住房公积金管理】 截至2012年底,全省住房公积金缴存总额680.85亿元,同比增加137.26亿元,增长25.25%;缴存余额458.22亿元,同比增加91.05亿元,增长24.80%;新增归集额137.26亿元,提取住房公积金46.21亿元;全省实缴163.84万人,占应缴职工人数188.16万人的

87.07%；个人贷款余额159.21亿元，同比增加27.10亿元，增长20.51%，个贷率为34.75%；新增个人住房贷款56.50亿元，累计向37.58万户职工发放了291.50亿元个人贷款；累计补充廉租住房建设资金6.08亿元；争取利用住房公积金支持保障性住房建设试点项目贷款17.75亿元，已发放贷款6.3亿元，回收贷款0.9亿元。

及时向住房和城乡建设部、财政部申报利用住房公积金贷款支持保障性住房建设试点城市实施方案、试点项目和贷款额度，接受了住房和城乡建设部、财政部、中国人民银行、中国银监会对申报项目现场的检查、核实。9月，住房和城乡建设部、财政部、中国人民银行批准确定天水市、白银市、金昌市为新增试点城市，兰州市为新增贷款额度城市；确定总投资57.35亿元、建筑面积219.51万平方米的12个保障性住房建设项目为新增利用住房公积金贷款支持保障性住房建设试点项目，批准住房公积金贷款12.75亿元，其中兰州市4.5亿元、天水市4.05亿元、白银市1.2亿元、金昌市3亿元。建成住房公积金项目贷款运行监管系统，实现通过贷款运行监管系统对试点项目贷款业务的全程监管，以保证试点工作有序进行和贷款资金在网上审查、审批、放贷、回收、账户的封闭管理以及资金安全的动态实时监管。2012年，住房和城乡建设部、甘肃省住房和城乡建设厅住房公积金监管处和兰州市、天水市、白银市、金昌市住房公积金管理中心三级项目贷款资金监管网络实现连通运行。在兰州市率先推行了住房公积金归集扩面目标管理责任制，加大对股份制企业和私营企业的催建力度，2012年发展新缴存单位551家、新增缴存职工11810人。按照国家七部委检查组要求，对全省住房公积金涉险资金进行清收，当年清收涉险资金600多万元。根据住房和城乡建设部等七部委《关于加强住房公积金廉政风险防控工作的通知》要求，全省各住房公积金管理中心和分中心结合实际制定《住房公积金廉政风险防控工作实施方案》和风险防范措施。由国家相关部委组成的联合工作组先后8次对甘肃省住房公积金管理使用情况和兰州市试点项目贷款和回收情况、涉险资金清收情况、扩大利用住房公积金贷款支持保障性住房建设试点项目落实情况、住房公积金管理机构调整情况等进行检查。由省相关厅局组成的联合工作组先后2次对全省住房公积金目标责任制的完成情况、审计问题的整改情况和开展廉政风险防控工作进行了全面检查，并对检查情况进行通报，限期整改到位。推行住房公积金决策和管理重要事项备案制度，建立廉政风险防控制度和落实方案，强化廉政风险防控工作，确保资金安全使用并充分发挥效益。举办全省住房公积金管理专题培训，召开全省住房公积金管理使用业务工作会，安排部署全省12329住房公积金热线建设和开通工作及住房公积金支持保障性住房建设试点贷款发放和回收工作。

2. 房地产业

2012年，全省完成房地产开发投资561.02亿元，同比增长54.60%。其中商品住宅投资412.51亿元，同比增长59.85%；房地产开发施工面积5634.95万平方米，同比增长47.89%，其中住宅施工面积4431.21万平方米，同比增长41.06%；房地产开发新开工面积2404.51万平方米，同比增长55.47%，其中住宅新开工面积1933.52万平方米，同比增长49.88%；房地产开发竣工面积844.50万平方米，同比增长28.73%，其中住宅竣工面积710.03万平方米，同比增长28.12%；商品房销售面积978.44万平方米，同比增长19.92%，其中住宅销售893.36万平方米，同比增长61.21%。

【市场监管】 建立房地产行业统计制度，每月完成全省《房地产开发完成情况统计表》、《新建商品住房价格统计表》、《存量房统计表》统计。按照住房和城乡建设部要求，完成并按时上报《房屋概况》、《房屋登记情况》、《国有土地上房屋征收》统计。根据住房和城乡建设部《房屋登记办法》和《房屋登记簿管理试行办法》，结合实际研究提出了甘肃省的贯彻意见；配合住房和城乡建设部完成各市州、县房屋产权发证机构的变更核定工作；按照住房和城乡建设部《房屋登记办法》和《关于作好房屋登记审核人员培训考核工作(试行)的通知》要求，完成了全省房屋登记官培训考核工作。按照住房和城乡建设部《关于修订〈房地产交易与权属登记规范化管理考核标准〉的通知》(建房〔2009〕2号)要求，完成武威市、天水市房地产交易与权属登记规范化管理先进单位复检工作，完成嘉峪关市产权产籍管理所申报住房和城乡建设部房地产交易与权属登记规范化管理先进单位的考核上报工作，完成张掖市房屋产权交易中心、庆阳市房地产交易与权属登记管理中心房地产交易与权属登记规范化管理单位的考核认定工作。完成房地产市场信息系统建设前期准备工作。

【国有土地上房屋征收与补偿】 学习宣传《国有土地上房屋征收与补偿条例》和《甘肃省实施

《国有土地上房屋征收与补偿条例》若干规定》。制定下发《甘肃省住房城乡建设厅关于推进国有土地上房屋征收与补偿信息公开工作的指导意见》，明确房屋征收信息公开工作的公开主体、内容、范围、时限、方式和渠道，确保被征收人的知情权。全年完成征收面积146.38万平方米，其中完成新征收项目103个，面积83万平方米。

【物业管理】 截至年底，甘肃省物业企业共1295家，其中兰州市554家，占42.78%；全省物业管理面积共12255.51万平方米，其中兰州市5898.6万平方米，占48%；全省物业从业人员共42720万人，其中兰州市28024人，占66%。

3. 城市规划

【灾后重建】

（1）舟曲灾后重建规划统筹实施工作。按照省政府赋予的工作职责，组织专家会同相关部门对峰迭新区规划实施情况进行了监督检查，开展专家现场咨询和服务。对居民住宅设计变更方案重新论证、核定。组织审查《舟曲县峰迭乡小蒜坝片区详细规划》、《舟曲老城区重点街区风貌改造规划》，印发《关于进一步做好舟曲县峰迭新区灾后重建项目规划竣工验收工作的通知》，明确峰迭新区建设项目规划竣工验收程序及方式和内容。通过住房和城乡建设部舟曲规划实施情况阶段性评估，组织召开舟曲灾后重建规划统筹实施现场观摩会。

（2）东乡灾后重建前期工作。按照东乡县城灾后重建城镇规划实施协调领导小组的工作计划，多次组织召开建设项目建筑设计方案评审会。截至年底，除国道213东乡县城段改扩建工程因项目延期未上报设计方案外，其余项目均已制发建筑方案核定通知书。组织编印《东乡县城恢复重建城镇规划建筑方案汇编》，组织召开东乡县城灾后重建项目方案核定效果与施工图对接及设计细节协调会，对东乡县灾后重建项目方案核定效果与施工图落实情况以及建筑构件、花饰、色彩、材料等设计细节进行了充分研究，印发《东乡县重建新区建筑风貌统筹标准及建筑做法示例图集》。

【规划编制】 为进一步合理配置省域空间资源，优化城乡空间结构，引导全省特色城镇化发展，根据住房和城乡建设部《省域城镇体系规划编制审批办法》和《全国城镇体系规划》的要求，向省政府报送《关于启动〈甘肃省省域城镇体系规划（2013～2030）〉的请示》，启动编制工作。截至年底，《酒嘉一体化城市总体规划纲要》、《临夏市总体规划》、《酒泉市总体规划》、《陇南市总体规划》获省政府批准，《兰州市总体规划》、《甘南州城镇体系规划》上报省政府待批，《张掖市总体规划纲要》、《嘉峪关市总体规划》通过省城乡规划建设委员会审查。根据省委、省政府主要领导对兰州新区规划优化完善的有关批示精神，9月14日和26日，分别在兰州新区组织召开兰州新区总体规划优化调整专题会议；11月2日，兰州市政府向省政府报送兰州新区总体规划优化方案的请示及成果文本；11月19日，组织省城乡规划建设委员会成员单位、兰州市人民政府、兰州新区管委会和有关专家召开兰州新区总体规划优化调整成果评审会；11月20日，兰州新区总体规划优化调整方案成果提交省人民政府常务会议审批；11月26日，兰州市政府将落实省政府常务会议要求完善后的兰州新区总体规划呈报省政府审批；11月30日，省政府批复兰州新区总体规划优化完善成果。至此，兰州新区总体规划优化完善指导任务圆满完成。

【规划管理】 根据省政府《关于分解落实2012年全省经济社会发展主要目标任务的通知》精神，制定《2012年全省城市规划工作要点》和《甘肃省城市规划管理"十二五"规划》，起草《全省城市规划管理工作关于贯彻落实省十二次党代会精神的实施意见》。为进一步理顺和完善规划管理工作机制，提高全省城市规划管理工作的服务水平和工作效率，组织编制城市规划管理法规汇编。配合酒泉市人民政府、张掖市人民政府就酒泉工业园区、张掖工业园区升级为国家级经济技术开发区有关城乡规划管理情况上报住房和城乡建设部。为进一步提高全省城乡规划建设水平，10月26日至11月3日，组织各市州、县（市、区）城乡规划主管部门负责人和业务骨干在成都举办"甘肃省城市规划专题培训班"，邀请四川省有关专家进行集中授课讲解，对四川省城乡规划管理、城乡一体化、城镇化、历史文化名城保护以及汶川、北川灾后重建等方面进行学习和实地考察。为进一步规范建设项目规划选址的分级管理制度，提高重大项目规划布局的科学性和规范性，制定下发《甘肃省建设项目选址规划管理办法》。全年共核发重大项目规划选址意见书46项（其中电力工程27项、水利工程9项、道路工程3项、天然气工程2项、钢铁和集中供热工程各1项、其他项目4项）。根据刘伟平省长对甘肃奥林匹克体育中心项目建设选址工作的指示及会议精神，会同省发改委、省体育局及兰州市政府多次进行现场踏勘，并委托甘肃省城乡规划设计研究院对场址情况进行了比选评估，形成《甘肃奥林匹克体育中心项目建设选址建议》并上报省政府。

【历史文化名城、名镇保护管理工作】 按照省委、省政府的安排部署和省委书记王三运、省长刘伟平在全省新建项目观摩点评时提出的工作要求，加强对全省历史文化名城和特色城镇风貌规划、保护与建设的研究，代省政府起草《关于加强历史文化遗产和风景名胜区保护与建设的若干意见》，出台《甘肃省住房和城乡建设厅关于加强城市风貌特色规划统筹发展的若干意见》，组织编制《甘肃省城镇风貌规划(初稿)》，下发《甘肃省住房和城乡建设厅关于加强全省城市雕塑建设管理的通知》。根据省委宣传部《关于认真组织制定华夏文明示范区"十五板块"建设任务工作方案的通知》要求，组织编制《历史文化名城名镇保护建设板块工作方案》和《历史文化名城名镇保护传承和创新发展规划》。根据省政府关于在张掖市开展历史文化遗产和风景名胜区保护与建设试点工作的具体要求，10月14日，组织召开张掖历史文化名城保护规划成果评审会议，11月20日，《关于审批〈张掖历史文化名城保护规划〉的请示》及规划成果文本上报省政府审批。进一步细化历史文化名城名镇名村的申报程序，指导庆城县、华池县南梁乡、古浪土门镇、通渭县榜罗镇申报历史文化名城名镇工作，会同省文物局组织专家对榆中县金崖镇黄家庄村申报省级历史文化名村进行了现场指导。对甘肃省现有国家级历史文化名城、风景名胜区申报财政部、住房和城乡建设部专项资金项目进行初审。

4. 建筑业

【建筑业管理与发展】 根据《甘肃省人民政府落实2012年全省经济社会发展主要目标任务的通知》精神，加强建筑业统计管理工作。截至年底，全省工程交易中心共招标6263项工程项目，工程造价659.8亿元；全省在建工程项目7798项，建筑工程总建筑面积17172万平方米，市政工程总长度970653延长米；省内建筑企业产值1878亿元，全省建筑业总产值3200亿元，比2011年增长27.49%；建筑业增加值526.35亿元，比2011年增长16.02%；完成建筑业税收73.4亿元，占全省地税收入的21.62%，同比增加31.1%；建筑业营业税51.8亿元，增长44.52%。

【建筑市场管理】 为贯彻落实工程建设领域突出问题专项治理工作要求，整顿规范建筑市场秩序，保证工程项目安全质量，9月起，对全省建筑市场进行综合执法检查，共检查各类建设项目132项、建筑面积348.07万平方米。借助建筑市场监管平台提升行政审批效率，建筑业企业资质审批时限由40个工作日压缩到30天。全年审批资质172家，办理三级企业备案公示211家，办理企业资质变更手续173家。在资质审批中加强部门联动，全年有4家企业因发生质量安全事故被限制资质升级或增项。认真研究"市场和现场"联动工作机制，发挥监管合力，形成以工程质量安全及企业资质为核心的建筑市场监管机制。加快整合建筑市场信息资源，建立统一信息平台，实现信息公开，接受社会监督。加快企业、注册人员和工程项目三大基础数据库建设，充分利用信息手段强化建筑市场动态监管。加强诚信体系建设，严格按照标准将各种违法违规行为上报全国诚信信息平台，依法对守信行为给予激励和支持，对失信行为给予惩戒，逐步健全有效的诚信奖惩机制。截至年底，有2835家企业进入信息平台。

【工程招标投标管理】 2012年，进入省有形建筑市场招标工程718个，工程中标总价131.75亿元，其中依法公开招标工程645个，工程总造价112.8亿元；依法邀请招标工程73个，工程总造价18.95亿元。完成合同备案652份。

印发《关于印发〈贯彻落实招标投标法实施条例进一步规范房屋建筑和市政工程招标投标活动的实施意见〉的通知》、《关于〈甘肃省建设工程计算机辅助评标系统〉、〈电子标书生成器〉通过评审鉴定的通知》、《关于推行工程量清单计价招标投标和计算机辅助评标的通知》、《关于加强工程建设项目招标代理机构管理的通知》、《关于转发住房和城乡建设部〈关于进一步加强房屋建筑和市政工程项目招标投标监督管理工作的指导意见〉的通知》，转发《庆阳市住房和城乡建设局〈关于工程招投标管理体制改革工作情况的报告〉》。举办3期建设工程招标投标评标专家及从业人员培训班，参训人员1222人（其中专家920人，从业人员302人）；培训"电子标书生成器"招标版、投标版应用软件操作人员752人（其中招标代理机构人员112人，施工单位人员640人）。完成上报2011年度全省招标代理机构统计报表工作。办理16家申报招标代理资格核查、评审及发证工作，其中乙级资格延续4家、暂定级升乙级5家、暂定级延续2家、初始暂定级3家，注销乙级代理资格2家，与合格的14家招标代理资格发证机构法定代表人签订了承诺书。截至年底，全省共有招标代理机构94家，其中甲级5家、乙级63家、暂定级26家。受理招投标投诉5起，均已妥善处理。

编发招投标简报3期。召开全省建设工程招投标管理和交易中心建设工作会议和工程量清单计价计算机辅助评标现场演示会。与省交易中心共同承办召开了第五届西北五省区招标办、交易中心联席会议。4月1日，工程量清单计价评标定标办法和计算机辅助评标系统正式使用。在全省全面推行电子招标文件、投标文件及计算机辅助评标，推行工程量清单招标后，实行电子清标，有效遏制围标串标；实施相关企业信息网上查询违法违规行为，在招投标环节落实惩戒措施，有效地促进了企业守法经营和提升公司整体实力的转型，取得了较好的效果。

【工程安全质量监督】 全省共监督工程9020项（同比增长22.1%）、建筑面积9076.7万平方米（同比增长36.6%）、工程造价1903.3亿元（同比增长55.1%）、市政工程总长度166.7万延米，未发生一般及以上工程质量事故。全省房屋和市政工程施工中，共发生死亡事故10起，死亡14人（2011年同期发生死亡事故10起，死亡12人）。省住房和城乡建设厅共监督工程26项（含3项竣工工程），其中，民用建筑工程23项（含3项竣工工程），总计建筑面积约171.74万平方米，工程造价约43.26亿元；水电工程3项，工程设计规模391兆瓦，工程投资约21.6亿元。1月，依法对2011年发生的10起房屋市政工程施工死亡事故进行处罚，共暂扣施工企业安全生产许可证10家，吊销三类人员安全生产考核合格证书21人，责令总监理工程师停止执业7人，处罚执行全部到位。严格按照有关规定做好建筑施工企业安全生产许可证及建筑施工企业"三类人员"安全生产考核合格证的审核报批发证工作，向105家建筑施工企业颁发安全生产许可证，对339家建筑施工企业安全生产许可证给予了延期；向5733人颁发安全生产考核合格证书，对3197人的安全生产考核合格证书给予延期。截至年底，累计向1954家建筑施工企业颁发安全生产许可证，向60279名三类人员颁发安全生产考核合格证书。完成了全省2560人次的检测员岗位证书发放工作。完成全省监督员基本条件考核及证书制作工作，向902名考试合格人员发放证书。

3月，召开了全省建设工程质量安全监督工作会议。8月，召开了全省建设工程质量安全监督站长工作会及西北地区建设工程质量工作研讨会。完成了全省建设工程质量安全监督机构基本情况统计摸底工作。10月，按照住房和城乡建设部《房屋建筑和市政基础设施工程质量管理办法》和《甘肃省房屋建筑和市政基础设施工程质量安全监督机构及人员考核管理办法》，对全省89家建设工程质量安全监督机构进行了考核。3月，对全省建筑安全监督人员及部分施工、监理企业有关人员进行《建筑施工安全检查标准》（JGJ 59—2011）和《施工企业评价标准》（JGJ/T 77—2011）的宣贯。5月，参与全省中小学校舍安全工程督导工作（定西组），对定西市的中小学校舍安全工程项目情况进行督导。6月，参与省安委会组织的安全生产宣传日活动，印制《建设工程安全生产管理条例》、《建筑施工安全生产基本知识》宣传单并发放市民。8月，参加省安委会组织的对全省防汛减灾工作的检查（庆阳、平凉组）。9月，配合省安委会对各地"打非治违"专项行动开展情况进行抽查，并对重点地区、重点企业、重点项目和重点环节认真开展专项检查。9月，组织全省预拌商品混凝土生产企业产品质量专项检查。10月，组织开展全省建设工程质量检测机构专项监督检查，共检查5552项，符合2970项、基本符合2138项、不符合项444项；总体评价达到合格标准的检测机构有90家、基本合格的有45家，签发整改通知书的有16家。10月，对全省工程监理企业进行专项检查。加强舟曲灾后重建工程现场质量安全监督工作，舟曲灾后重建房屋建筑及市政基础设施项目未发生重大安全质量事故。

按照《全省保障性安居工程专项及舟曲、成县、东乡灾后重建房屋建筑及市政基础设施工程质量安全检查工作方案》的要求，开展舟曲、成县及东乡灾后重建工程质量专项检查。2月，对张掖、武威、临夏等地保障性住房质量情况进行监督检查。4月，制定《甘肃省保障性安居工程质量监督管理办法》并实施。4月，组织全省保障性安居工程质量安全监督执法检查，共抽查工程64项、建筑面积64.7万平方米，抽查钢筋质量11规格品种105组。11~12月，配合国家审计署兰州特派办和省审计厅，对甘南州、天水市等地的城镇保障性安居工程进行跟踪审计。印发《2012年甘肃省建筑工程质量典型问题治理措施》，修订完善《甘肃省建设工程飞天奖评选办法》，制订《甘肃省保障性安居工程质量监督管理办法》，起草《甘肃省房屋建筑和市政基础设施工程项目施工技术负责人岗位管理办法（试行）》，草拟《甘肃省专业监理工程师考核认定管理办法》和《甘肃省建筑施工特种作业人员管理实施细则》（征求意见稿）。

做好监理企业资质初审及日常管理工作，建立完善工程监理信息化管理系统。受理并初审申请晋升甲级和改制合并的企业9家次，申请增项乙级及以下资质的企业17家，新申请资质11家，申请注销资质企业9家次；省外监理企业进甘备案7家次；办理全省监理企业各类变更28家次；审核注册监理工程师变更107人次、总监变更52人次、岗位培训证89人次；出具出省介绍信68家次，出具诚信证明63家次。对注册人员及注册专业不满足资质标准要求的9家企业下发整改意见书，对注册监理工程师不足的4家监理企业下发限期整改通知书，对因有效期届满但再符合相应资质标准要求的16家检测机构资质办理了注销手续。加强对预拌混凝土公司专项试验室的管理工作，完成48家预拌混凝土公司专项检测试验室资质申报的资料核查、实地查验及资质核发工作。促进预拌混凝土公司专项试验室水泥及试块检测数据上传工作，初步建立检测数据上传系统并向全省市(州)工程质量监督机构开放。对全省建设工程质量检测机构中具有建筑工程检测、市政工程检测、公路(桥梁)工程检测、水利工程检测资质的检测机构组织开展了钢材物理力学性能比对试验活动。对全省建筑机械的使用和登记情况进行了摸底，全省建筑机械设备产权备案6160台，在用数量6132台；建筑起重机械检验检测机构15家；建筑起重机械租赁企业102家，特种作业人员持证数量10690人，统计结果已上报住房和城乡建设部。与省安全生产监督管理局联合印发《关于进一步加强建筑起重机械及高处作业吊篮安全管理的通知》、《关于进一步加强建筑安全生产的紧急通知》。根据《住房和城乡建设部关于湖北省武汉市"9.13"施工升降机坠落事故的通报》精神，要求各市州立即全面开展以建筑起重机械为重点的安全生产专项检查活动。11月19~26日，对兰州、白银、定西、酒泉四市建筑起重机械的安全使用情况进行抽查，共检查在建工程项目2409项，检查塔式起重机2395台、施工电梯265台、物料提升机374台、其他起重机械486台，下发整改通知书452份、停工通知书171份。

【工程造价监管】 完成《甘肃省建筑工程预算定额》、《甘肃省装饰工程预算定额》、《甘肃省安装工程预算定额》、《甘肃省建设工程混凝土砂浆材料消耗量定额》、《甘肃省施工机械台班费用定额》、《甘肃省施工仪器仪表费用定额》6套定额和相配套的地区基价(初稿)的编制工作，完成《甘肃省建设工程材料预算价格汇编》，指导、协调有关单位完成《兰州市城市园林绿地养护管理定额》、《甘肃省城市轨道交通工程预算定额暨兰州地区基价》、《甘肃省城市轨道交通费用定额》的修编工作。启动了《甘肃省建筑工程概算定额》、《甘肃省安装工程概算定额》修编工作。在住房和城乡建设部组织开展的全国统一定额修编工作中，主编《房屋建筑与装饰工程消耗量标准》中"木结构工程"和"保温、隔热、防腐工程"两章。开展2009版费用定额调研，完成新版《甘肃省建筑安装工程费用定额》初稿。结合市场价格的变化情况，对现行建设工程施工机械使用费采用系数法进行调整。开展甘肃省建设工程人工单价调查，起草《甘肃省建设工程人工、材料、机械费动态管理办法》初稿。针对建设、设计、施工、造价咨询单位在工程计价中存在的问题，下发《二〇一二年度工程结算中有关问题的处理意见》。

为贯彻执行国家及甘肃省工程量清单计价有关规定，推进工程量清单计价方式，举办了建设工程工程量清单计价专题讲座。完成了甘肃省造价咨询企业收费标准成本测算，颁发了甘肃省工程造价咨询服务收费项目和标准。

完成2011年省内造价师、造价员合格人员名单公示、初始登记等相关工作。其中造价师报名470人，合格317人；造价员报名3578人，合格872人。完成2012年省内造价师、造价员报名、考试、阅卷等相关工作，其中造价师报名179人，合格122人；造价员报名2867人，合格723人。开展2012年度省内造价师、造价员网络继续教育工作。完成4批216家工程造价执业印章审核工作。完成3批工程造价咨询企业资质延续、升级、新申办及外省入甘备案等工作，其中延续47家、升乙级9家、新报暂定级4家，注销资质6家，外省备案10家。完成甘肃省建筑业企业规费标准核定，颁发相应的《甘肃省建设工程费用标准证书》5批共944家，颁发外省入甘建筑业企业参加投标的《甘肃省建设工程费用标准证书(临时)》54家。核定外省入甘建筑业企业承揽工程项目规费标准，颁发相应《甘肃省建设工程费用标准证书(外省入甘)》45项。完善甘肃工程造价信息网，完成了4个季度人、材、机市场价格信息的采集发布工作。按照住房和城乡建设部要求，完成4个季度人工成本信息、住宅成本信息采集上报工作。完成4个季度全省各市州建设工程指标指数生成发布工作。完成全省各市州建设工程主要材料指导价格发布工作。指导甘南州建设局发布舟曲4个季度主要材料市场指导价。完成《甘肃工程造价管理》、《甘肃工程造价信息》(六期)出版发行。根据住房和城乡建设部《建设工程造价信息化管理办法》(征求意见稿)、关于征求《关于改进和完善工程计价定额人工单价及人工费调整工作的通知》意见的函、关于征求《建筑工程建筑面积计算规范》

(征求意见稿)意见的函、工程造价计价管理办法修改意见稿、关于征求《建筑工程施工与承包计价管理办法(修订)》(第一、二次征求意见稿)的要求,提出并上报修改意见。完成住房和城乡建设部标准定额研究所"关于开展工程造价计价依据现状调查的通知"的汇总上报工作。根据住房和城乡建设部《关于报送2011年工程造价咨询统计报表的通知》要求,完成统计报表的审核、上报、总结工作。编制完成定西市岷县灾后重建民宅建筑工程造价分析。

5. 城市建设

【基础设施建设】 2012年,甘肃省共争取中央预算内资金20.7348亿元,较2011年13.337亿元增加7.3978亿元,增长率55.46%。其中供水工程41项,安排预算内投资9.4327亿元;供热工程32项,安排预算内投资16.52亿元;污水项目32项,安排预算内投资10.92亿元;垃圾项目34项,安排预算内投资0.83亿元;污水管网以奖代补资金2.01亿元。全省城市市政基础设施建设完成投资约261.68亿元,完成了年初确定的目标任务。全省列入中央预算内投资的62项在建城镇污水处理项目全面完成年度建设计划,开工并建设完成武威市污水处理厂、平凉市污水处理厂等9个不达标污水处理厂的脱氮除磷升级改造工程。

截至年底,全省已建成城市、县城污水处理设施共41项(城市22项、县城19项),其中正常运行的35项,试运行6项,设计日处理污水能力148.75万立方米,较2011年增长27.6%;在建污水处理项目52项,设计新增日处理污水能力1.9万立方米,概算总投资40.2692亿元。全年污水处理总量23916万立方米,较2011年增长12.2%;COD消减量10.2416万吨,较2011年增长0.1%。兰州市盐场污水处理厂、兰州市西固区污水处理厂、永登县城区污水处理厂、泾川县城区生活污水处理厂、西峰区污水处理再生利用工程、渭源县污水处理厂、会宁县污水处理厂、和政县污水处理厂、甘谷县污水处理厂、麦积城市污水处理厂、秦安县污水处理厂、静宁县城区生活污水处理厂、庆城县城区污水处理厂、华池县城区污水处理厂投入运行或试运行。全省已建成运行的城镇生活垃圾无害化处理设施共61项,设计规模7421吨/日;在建城市生活垃圾无害化处理设施24座,设计处理规模4455吨/日,建设总投资40776万元。已建成运行的61项城镇生活垃圾无害化处理设施中,39个城市(县城)的生活垃圾填埋场通过住房和城乡建设部组织的无害化等级评定,其中张掖市、定西市、敦煌市生活垃圾填埋场无害化等级评定为Ⅰ级,嘉峪关市、庆阳市、金昌市、酒泉市、白银市白银区、武威市、平凉市、临夏市、合作市生活垃圾填埋场无害化等级评定为Ⅱ级;27个县城生活垃圾填埋场无害化等级评定获得住房和城乡建设部备案。全省设市城市生活垃圾清运量270.54万吨,无害化处理量133.85万吨,无害化处理率49.48%。

根据国务院关于鼓励和引导民间资本健康发展的若干意见,结合甘肃省城市市政公用行业特点,起草下发《关于进一步鼓励和引导民间资本进入市政公用事业领域的实施意见》。根据国家发改委、住房和城乡建设部统一部署,会同省发改委共同编制上报《甘肃省城镇供水设施改造与建设"十二五"规划》,共上报供水厂改造规模65万立方米/日,规划投资9.04亿元;新建水厂规模140万立方米/日,规划投资23.8亿元;供水管网更新改造长度1527公里,规划投资10.4亿元;新建供水管网长度219.07公里,规划投资35.1亿元。根据住房和城乡建设部、财政部《关于请确认"十二五"重点流域县(市)集中支持城镇污水处理设施配套管网建设任务量的通知》,会同有关市、县主管部门进一步核定了甘肃省上报的重点流域污水处理"十二五"建设任务量。"十二五"期间,甘肃省共有45个县(市)列入重点流域范围,共申报污水管网建设项目1251.29公里,总投资约15亿元。

【城市管理】 与省公安厅、省发改委联合下发了《关于印发〈甘肃省城市停车场规划建设和管理暂行办法〉的通知》。安排部署了在全省设市城市开展城市地下管线综合管廊设施调查工作。组织审查并批复东乡县城灾后重建绿化美化工程、雨水管道工程、城区集中供热工程等7个项目的可行性研究报告。根据住房和城乡建设部通知,为加强燃气企业管理,印制并下发《燃气经营许可证》。召开"2011年全省城市建设统计年报审查会",《2011年城市建设统计年报》通过住房和城乡建设部审核。9月下旬,会同有关部门对部分城市的供水、天然气、污水处理设施、公园游乐设施的安全运行情况进行实地检查。按照省人大环资委《关于征求我省饮用水安全意见建议的函》,起草报送《关于我省城市饮用水安全保障有关情况的报告》。

组织开展了第五批甘肃园林城市(县城)创建活动的上报、初审、评选等工作,肃北县、瓜州县、高台县、天祝藏族自治县、陇西县被命名为甘肃园林县城。推荐申报金昌市、敦煌市为国家园林城市。

完成7家园林绿化施工企业晋升资质和4家二级园林绿化施工企业换证工作。

9月下旬，组织召开全省风景名胜区工作会议。按照住房和城乡建设部的部署，对敦煌市鸣沙山月牙泉风景名胜区保护管理进行执法检查。启动天水麦积山风景名胜区总体规划的修编工作。组织完成麦积山风景名胜区图斑变化的核实调查。会同省旅游局、省发改委、环保厅、林业厅、国土厅等有关部门和张掖市政府组织有关专家对张掖市丹霞风景名胜区彩色丘陵片区旅游总体规划进行了评审。张掖市高台黑河城市湿地公园申报国家城市湿地公园的报告获住房和城乡建设部批准，被命名为"张掖市高台黑河国家城市湿地公园"。组织专家对《甘南州卓尼县大峪沟风景名胜区资源调查评价报告》进行评审，并按规定上报省政府申请设立省级风景名胜区。

6. 村镇建设

【村镇规划编制】 完成乡(集镇)建设规划141个，较2011年提高了19.1%；完成行政村建设规划3288个，较2011年提高了21%。完成镇、乡、村规划修编分别为51个、9个和286个。截至年底，全省380个建制镇、760个乡、15696个行政村规划编制覆盖率分别达到100%、87.5%、57.6%。5个市州(酒泉、嘉峪关、金昌、平凉、庆阳)和34个县市区(酒泉市肃州区、金塔县、玉门市、瓜州县、敦煌市、肃北县、阿克塞县、张掖市山丹县、临泽县、武威市民勤县、金昌市永昌县、金川区、白银市会宁县、兰州市榆中县、永登县、城关区、西固区、安宁区、平凉市西和县、崆峒区、泾川县、灵台县、崇信县、华亭县、庄浪县、静宁县、庆阳市西峰区、正宁县、华池县、镇原县、合水县、环县、宁县、庆城县)镇、乡、村规划编制实现全覆盖，约占全省县市区总数的40%。

召开了村镇规划会议并下发《关于切实做好2012年全省村镇规划编制工作的通知》。协调指导哈达铺镇、环县6镇12村等重点村镇的规划编制工作。参与兰州新区总体规划调整优化相关工作。结合推进全省村镇风貌特色建设，提出《关于加强全省村镇特色风貌规划和建设工作的通知》。5月至10月，按照全国传统村落调查电视电话会议安排，协调省文化厅、文物局和财政厅成立了传统村落调查工作协调领导小组，完成了甘肃省传统村落调查工作，共审核上报113个传统村落、77个村落承载的非物质文化遗产。12月7日，住房和城乡建设部对第一批中国传统村落进行网上公示，甘肃省共有7个传统村落(含村落承载的非物质文化遗产)入围。

【村镇建设管理】 继续推进"百镇千村"建设示范工程，安排12个重点镇纳入试点，每镇补助30万元。省住房城乡建设厅给予资金补助的建设项目共完成投资3848万元，补助资金带动比例约为1：10.68。各试点镇各类基础设施建设项目累计投入约3.3亿元，镇均投入约为2750万元。推荐上报国家"绿色低碳重点小城镇示范项目"4个。在对省重点流域重点镇污水管网建设现状进行核查摸底的基础上，初步核实上报15个重点镇申报"十二五"期间国家专项资金支持，总投资3.89亿元，其中，申请国家专项补助共2.99亿元，管网总长度299公里。先后对省上提出的国家新一轮片区扶贫规划涉及甘肃省的秦巴山区、六盘山区、甘肃藏区扶贫规划纲要提出意见和建议。配合省发改委对肃南县和天祝县游牧民定居、以工代赈异地搬迁工程实施方案进行了评审。联合省发改委、省社科院共同开展《甘肃省建制镇发展研究》课题研究，对全省建制镇的现状特点、产业布局、发展定位、发展模式及政策建议等进行了全面的剖析和诊断，11月完成初稿并进行了初步评审。

岷县"5·10"特大冰雹山洪泥石流灾害发生后，省住房城乡建设厅多次赴灾区查看灾情，指导协调抢险救灾和灾后重建工作。帮助指导市、县住房和城乡建设部门对灾损房屋和市政基础设施受损情况进行评估确认，与省民政厅、财政厅研究确定灾后房屋重建补助标准。协调指导岷县建设局开展灾后村镇规划编制工作，并安排专项资金支持，受灾的6乡镇29村灾后重建规划均已完成。向住房和城乡建设部上报《关于请求解决岷县"5·10"特大冰雹山洪泥石流灾害损毁房屋重建及维修资金的报告》，并争取增加岷县灾后重建危房指标。在全省危改指标中调整支持岷县等3县危房指标10389户，补助资金1.1亿元。截至年底，受损房屋按计划全部竣工并通过省级抽查验收。

【农村危房改造】 全年共争取中央危房改造计划25万户、资金19.65亿元，较2011年实际数增长59.2%，首次突破20万户，实现与历年省级危房改造规模全覆盖。争取节能示范户计划达到3.6万户，较2011年增加2.5万户，增长227.2%。编印《陇原农房特色风格设计方案汇编》、开展《甘肃农村民居区域特色及村落风貌建设》研究、下发《关于加强全省村镇特色风貌规划和建设工作的通知》、研究制定《2013~2020年甘肃省实施农村危房改造工作规划》。6月，国家发改委稽查办对省危房改造工作给予了充分肯定。11月中旬，住房和城乡建设部随机抽查了3县50户危房改造，各项考评指标及现场检查结果明显好于上年。12月，组织4个检查组对全省25县随机抽查250户检查验收，合格率100%。截至11月底，全省实际竣工20.83万户，占应竣工数的104%，完成投资167亿元；农户信息档案录入完成20.98万户，录入率占应竣工数的105%。截至年底，全省累计实施86.3万户，占全省农村危房总数的46.6%。各级政府累计投入74.07亿元，其中争取到国家补助资金35.65亿元、省级财政投入25.42亿元、市州财政配套约13亿元。全省农村砖混砖木结构住房比例达到76%。7月，住房和城乡建设部村镇司对全省农村危房改造满意度随机抽样调查，很满意占83%，满意占17%，满意率为100%。与住房和城乡建设部村镇司、西安建筑科技大学共同开展农村现代夯土农宅示范项目研究，完成会宁县2户示范点建设。

7. 建筑节能与科技

【建筑节能】 2012年，国家下达既有居住建筑供热计量及节能改造任务340万平方米，补助资金5494万元，省级配套资金3000万元。全省新建居住建筑全面执行节能65%的国家标准，新建建筑施工阶段节能强制性标准执行率达到98%。按照财政部、住房和城乡建设部先后印发的《关于组织2012年度可再生能源建筑应用相关示范工作的通知》（财办建〔2011〕167号）、《关于组织实施2012年度太阳能光电建筑应用示范的通知》（财办建〔2011〕187号）和《关于组织2012年度公共建筑节能相关示范工作的通知》（财办建〔2012〕28号）要求，组织完成可再生能源建筑应用示范市县、太阳能光电建筑应用示范项目、高校节能监管平台建设示范项目申报工作。5月19日至6月6日，财政部、住房和城乡建设部对申报可再生能源建筑应用示范市县的天水市、敦煌市、永靖县等6市县进行了核查。7月，兰州职业技术学院1兆瓦太阳能光电建筑应用示范工程、武威市能源服务综合楼540千瓦太阳能光电建筑应用一体化示范项目获批为国家太阳能光电建筑应用示范项目。9月，兰州理工大学、西北师范大学、甘肃农业大学3所高校被批准为国家2012年高等院校节能监管平台建设示范；天水市、临夏州永靖县、酒泉市金塔县分别被批准为国家可再生能源建筑应用城市示范和县级示范。分别召开已获国家批准的示范项目工作会议，督促各申报主体及时、规范地开展工作。7月26日，召开太阳能光电建筑应用示范项目座谈会，兰州职业技术学院、武威市聚能能源投资公司等项目单位负责人及兰州、武威两市建设局相关负责人参会。9月14日，召开可再生能源建筑应用示范市县工作会议，天水市、临夏州、酒泉市及永靖县、金塔县等市县的政府分管领导和建设局长参会。9月18日，召开兰州理工大学等3所高校参加的高校节能监管平台建设示范工作会议，就资金拨付、建设周期、验收方式、数据检测等具体工作提出要求，编印《高等学校节能监管体系建设文件汇编》发放各高校。出台《甘肃省绿色建筑评价标识管理办法（试行）》，成立了绿色建筑评价标识专家委员会，确定了技术依托单位。组织编写的《甘肃省绿色建筑评价标准》进入报批阶段。组织了绿色建筑评价标识的申报工作。8月，会同省财政厅组织专家组按程序对酒泉职业技术学院图书馆太阳能光电建筑应用一体化示范项目等三个项目进行验收，按时将验收材料上报财政部、住房和城乡建设部，并申请拨付剩余资金。按照住房和城乡建设部要求，完成全省14个市州、85个县区（舟曲县除外）的民用建筑能耗和节能信息统计工作，共统计建筑物5505栋楼，含国家机关办公建筑、大型公共建筑、中小型公共建筑及居住建筑，总建筑面积2700万平方米。为增强对建筑节能与绿色建筑工作的认识，提高政策理解力和执行力，促进建筑节能与绿色建筑工作开展，8月22日，召开全省建筑节能与绿色建筑培训及座谈会，发放《建筑节能政策与实践》、《绿色建筑评价标准》、《建筑节能文件资料汇编》。公布第二批"甘肃省建设工程与建筑节能新技术新产品备案目录"。6月10~16日的节能宣传周活动中，发放《建筑节能常识》小册子和《建筑节能小知识》宣传单。12月14~18日，住房和城乡建设领域节能减排监督检查第十小组检查了甘肃省本级及兰州市、酒泉市、榆中县等受检市县的建设领域节能减排工作，对甘肃省建筑节能工作取得的成绩予以肯定，认为榆中县既有居住建筑供热计量及节能改造效果显著，具有典型的推广意义。

【建设科技】 5月14~15日，召开甘肃省建设科技攻关项目和甘肃省建设科技示范项目立项评审会。依据《住房和城乡建设部科学技术计划项目管理办法》（建科〔2009〕210号）、《建筑业10项新技术》等文件的有关规定，经专家评审，2012年批准列入计划的项目共218项，其中新上科技攻关项目59项，结转科技攻关项目86项，新上科技示范项目44项，结转科技示范项目29项。8月2日，召开甘肃省建设科技进步奖评审会议,评审出获奖项目51项,其中一等奖10项,二等奖18项,三等奖23项。

【教育培训】 完成施工企业岗位培训、建设行业职业技能培训鉴定、建筑施工特种作业操作人员培训、建筑施工行业年度安全教育等培训工作42000人次。完成各类考试报名29868人次,其中监理1580人次、一二级建筑师507人次、二级建造师13372人次、一级建造师7526人次、造价工程师2700人次、物业管理师406人次、勘察类3331人次、城市规划师218人、房地产估价师和经纪人228人次。完成各类注册5612人次,其中监理初始、延续、变更注册786人次,造价初始、延续、变更注册407人次,勘察设计类初始、延续、变更注册426人次,一二级建造师初始注册、变更注册3897人次,房地产估价师、经纪人初始、变更、延续96人次。

8. 工程建设

【工程建设管理】 重点项目协调工作。组织审核兰渝铁路兰州枢纽建设涉及兰州市4家国有企业安置房屋价差问题;对泾川县政府上报西平铁路涉及泾川县城关段规划区内房屋拆除及垃圾清运费进行批复;现场协调解决并多次开会研究西平铁路涉及泾川段建设存在的问题;参与研究兰新铁路第二双线涉及玉门市养殖户整体搬迁的问题;研究解决兰州铁路枢纽企业拆迁问题;研究解决兰渝铁路涉及省建材学校职工过渡费问题;审核确定兰渝铁路枢纽管网改移工程费用以及造价审核收费标准;参加省上铁路项目专项督查;研究确定兰渝铁路桃树坪隧道的过渡期限;研究明确了兰渝铁路东过渡工程征地拆迁问题;研究确定兰新第二双线引入线涉及七里河、西固征地拆迁中存在的问题。

为加强监理行业管理,完善监理行业管理制度,推进监管模式改革,引导监理市场的健康发展,10月30日至11月16日,在企业自查、市州检查的基础上,从在监项目入手,对全省监理企业的资质、人员、合同、监理资料等16项内容进行检查。共检查了14个市(州)的44个在监项目,检查结果共计594项,其中符合439项、基本符合58项、不符合100项,分别占73.53%、9.72%、16.75%。共发出反馈意见书18份,存在问题149条,对问题严重的2家监理企业发出了执法建议书。2012年,有3家企业获得甲级资质,新成立12家监理企业,办理了7家监理企业的资质增项。完成施工许可审批项目83个,涉及总投资277.66亿元,总建筑面积287.63万平方米。竣工备案受理3件。共监督工程9020项,建筑面积9076.7万平方米,市政工程总长度166.7万延米,工程造价1903.3亿元,工程项数同比增长22.1%,建筑面积同比增长36.6%,工程造价同比增长55.1%,未发生一般及以上工程质量事故。全省房屋和市政工程施工中,共发生各类死亡事故10起,死亡14人;事故起数与2011年同比持平,死亡人数同比增加2人(2011年同期死亡事故10起,死亡12人),全省建设工程安全形势稳定。

4月10~25日,开展全省保障房及灾后重建项目工程质量专项检查。6月4~8日,配合住房和城乡建设部保障性安居工程质量监督执法监察组对保障性安居工程进行检查,并对检查出的问题进行了处理。根据省安委办、省监察厅《关于开展安全生产"一岗双责"等制度落实情况专项督查的通知》(省安办发电〔2012〕19号)的安排部署,9月5~7日,先后对张掖、金昌和武威开展安全生产"一岗双责"等制度落实情况进行专项督查。

【省级政府投资项目代建】 截至年底,共计承担包括舟曲灾后恢复重建在内的24个代建项目,涉及总投资额近28亿元,完成投资额约11.4亿元。

共承担7项舟曲灾后恢复重建任务。完成水浸公共建筑维修加固工程、地质灾害纪念公园、桥梁工程、市政道路工程、舟曲县城区垃圾处理工程5项工程并办理移交使用手续。涉及总投资共计78554.8万元,已完成投资近52000万元。2011年新增峰迭新区生活污水处理厂工程项目和2012年新增峰迭新区市政公园和空白地带绿化、硬化、照明工程项目计划2013年4月底完成并交付使用。

共承担17项省政府投资项目代建任务。其中已完成项目1项、已开工项目10项、已进入代建程序项目6项,总投资规模达20亿元,已完成投资近6.2亿元。已完成项目是甘肃行政学院一期改造项目;已开工项目包括甘肃科技馆项目、中共甘肃省委1#办公楼项目、甘肃省市妇女儿童活动中心项目、甘肃省中央级及省级救灾物资储备库建设项目、甘肃省精神卫生防治中心住院部大楼项目、邓家花园维修改造项目、甘肃省综合防灾减灾项目、甘肃省人大常委会会议中心综合楼项目、公安部警用装备应急储备物资仓库西北库及省公安厅警用装备应急储备物资仓库项目、省委西楼装修改造工程;已进入代建程序项目包括甘肃省人口计生委办公楼和西北人口信息中心项目、甘肃省卫生监督所业务楼项目、兰州饭店天水和谐园综合楼项目、甘肃省公安厅技术业务用房建设项目、宁卧庄高层住宅区美化、亮化、绿化工程及设备更新改造项目、省纪委机关办案点改扩建项目。

9. 勘察设计

为优化完善施工图审查管理方式，进一步提高工作效率，组织编制"甘肃省施工图审查管理系统"并发送市州建设局、施工图审查机构安装使用，从10月起全省施工图审查和备案工作全面实行网络化管理；制定印发《甘肃省房屋建筑和市政基础设施工程施工图审查及备案管理办法》(甘建设〔2012〕448号)，从10月1日起全省施工图审查备案工作实行属地化管理，所有项目的施工图审查备案均由项目所在地的市州建设行政主管部门办理，全省施工图审查备案工作全面实现网上远程备案；对《甘肃省建设工程施工图设计文件审查合格书》(2010年版)进行了改版。为做好保障性住房的质量监督管理工作，组织设计专家对全省14个市州的保障性住房质量进行了专项抽检，对发现的质量违法行为及时下发了整改通知；配合住房和城乡建设部开展的全国保障性住房质量监督执法检查，认真落实检查组提出的问题和建议，切实做好保障性住房的勘察设计质量监督管理。及时完成兰大二院医疗综合楼(12.5万平方米)、兰州城关万达广场城市综合体(45万平方米)、兰州红楼时代广场(245米超高层)、兰州雁滩家园(120万平方米居住区)、兰州市北环路东段(投资35亿)等特大型建设项目的初步设计审批工作。

完成全省270家勘察设计单位的资质检查工作和统计年报的收集、审核和报送工作，对省外进甘勘察设计企业承揽建设项目的资质资格进行了审核和备案管理，进一步规范和加强了勘察设计市场的监督管理工作。组织进行全省优秀勘察设计奖的评审，评选出甘肃会展中心建筑群项目—大剧院兼会议中心等54项获奖项目，其中一等奖5项、二等奖16项、三等奖32项、优秀方案1项。组织召开了全省勘察设计工作座谈会，举办了行业发展讲座。编制完成了甘肃省《建筑抗震设计规程》，并在全省宣贯实施。为推动基础隔震技术的推广应用，选择白银市平川区医院、嘉峪关酒钢三中等建设项目作为基础隔震技术的推广应用工程，加大抗震防灾新技术的推广力度。组织实施兰州市红楼时代广场振动台实验，积累了超高层建筑抗震设防经验。

10. 法制建设

对省厅发《省外招标代理机构进甘管理办法》、《民用建筑太阳能热水系统应用管理办法》、《绿色建筑标识管理办法》、《保障性安居工程质量管理办法》、《省外工程监理企业入甘管理办法》等16件规范性文件和政策指导意见进行合法性审查，提出修改意见和建议。审查修改报出《甘肃省循环经济促进条例》、《甘肃省公园管理条例》、《甘肃省实施水文条例细则》、《兰州市城镇燃气管理条例》等12件立法草案征求意见稿的反馈意见。向省政府法制办报送备案规范性文件4件。向省人大常委会报送立法议案1件、立法建议3件。参与住房公积金管理制度的建立和完善工作。全年收到行政复议申请23件(受理22件、不予受理1件)，应对行政诉讼上诉案3件。完成清理《行政强制法》实施主体工作。重新核定直属单位的执法主体资格。完成行政审批事项的清理报审工作。修订完善了行政处罚自由裁量权的细化量化标准。审查修改了《甘肃省行政执法与刑事司法衔接工作联席会议制度》、《关于加强我省行政执法与刑事司法衔接工作的指导意见》。安排部署了《行政强制法》的学习宣传工作。为兰州市住房和城乡建设局法制培训班作《认真贯彻依法行政实施纲要，积极推进建设系统依法行政》专题讲座，共四期约500人参加培训学习。组织全省建设系统行政执法和管理人员参加了住房和城乡建设部举办的法制培训。组织全厅行政执法人员进行法制知识测试，取得良好成绩。

11. 建设稽查执法

10月25日，甘肃省建设稽查执法局成立。筹备拟出台《甘肃省建设综合执法条例》，制定了《稽查执法程序及流程》，参与《全省建设领域清理违规挂靠、出借资质清理工作方案》的制定，向全省建设系统印发《关于进一步加强建设稽查执法工作的通知》。参与了全省建设市场综合执法检查、监理企业资质及经营活动专项执法检查、保障性住房检查验收以及供水、供气、泳乐设施安全专项检查。

全省共受理各类案件312件，其中举报不实或重复投诉65件，对247件进行立案调查，对113家违规责任单位实施处罚，罚没金额1147.73万元。其中甘肃省建设稽查执法局受理各类案件25件，办结18件，对7家责任单位实施了处罚，罚没金额160万元。

12. 舟曲灾后重建

根据省政府《舟曲特大山洪泥石流灾害灾后恢复重建资金安排实施方案》，以及省重建办增加2个续建项目(2011年4月增加的峰迭新区生活污水处理厂工程、2012年9月新增的峰迭新区市政公园和空白地带绿化、硬化、照明工程)的安排，共承担了10项重建任务，总投资89269.8万元。按照省重建办下达的2012年重建任务目标要求，水浸公共建筑维修加固工程、永久性供水工程、地质灾害纪念公园、桥梁工程、市政道路工程、老城区污水处理工程、生活垃圾填埋场等8个援建项目已基本建成。

13. 大事记

1月

4日　全省住房保障工作座谈会在兰州召开。会议总结表彰了2011年住房保障工作，安排部署2012年保障性住房建设任务。

6日　省委书记王三运视察省住房城乡建设厅援建的舟曲重建项目。

16日　省政府办公厅召开舟曲灾后恢复重建工作会，对2011年舟曲灾后重建规划任务目标责任考核结果进行通报。省住房城乡建设厅考核结果为优秀等次。

18日，省保障性安居工程建设投资有限公司正式挂牌成立。

2月

8日，省住房城乡建设厅召开2012年舟曲灾后重建工作安排暨动员大会。

8~11日，由住房城乡住房和城乡建设部副部长齐骥任组长的国务院保障性住房分配及质量管理工作第五督查组，对甘肃省保障性住房分配及质量管理工作进行督查，对兰州市、白银市保障性住房分配及质量管理工作进行抽查。

23日，由北京市住房和城乡建设委员会及市政市容管理委员会组织的全市16个县区的供热办、建材办组成的48人考察团赴甘肃省榆中县，对既有居住建筑供热计量及节能改造工作进行考察、学习。

3月

5日　国家开发银行与省人民政府签订战略合作协议，至2015年底，为甘肃省保障性安居工程建设提供80亿元融资支持，优先支持保障性安居工程中的廉租房和公共租赁房建设。

12日，由省住房城乡建设厅负责援建的舟曲老城区灾后重建项目新瓦厂桥提前通车。

27日，全省建设工程安全质量工作会议在兰州召开。

30日，国家发改委副主任、国务院灾后重建领导小组副组长穆虹同志对省住房城乡建设厅援建、代建的舟曲灾后重建工程进行督查指导。

4月

11~13日　国家七部委检查组对甘肃省住房公积金涉险资金清收和兰州市利用住房公积金贷款支持保障性住房建设试点工作进行检查。

20日　省住房城乡建设厅举行"全国文明单位"授牌仪式，并召开精神文明暨党风廉政建设工作会议。

5月

29日　省十一届人大常委会第二十七次会议在兰州召开。省住房和城乡建设厅厅长、党组书记李慧受省政府委托，向大会做了全省城镇保障性住房建设情况的专题汇报。

6月

12日，中央纪委和省纪委检查组来省住房城乡建设厅对建设工程领域信息化建设工作进行检查指导。

7月

2日　兰州市城市总体规划(2011~2020)成果评审会在兰州召开。

18日　第五届西北五省区招标办、交易中心联席会议在敦煌召开，中国土木学会招标投标分会秘书长安连发，陕西、青海、宁夏、新疆、甘肃、四川省招标办及交易中心的负责人和工作人员参加会议。

8月

18日　由甘肃土木工程科学研究院和皇明太阳能股份有限公司联合建立的"西北地区太阳能建筑一体化联合研究中心"揭牌成立。

13~14日　住房和城乡建设部村镇建设司农房处处长白正盛一行，就西安建筑科技大学在会宁县实施的现代生土建筑民居项目进行专题调研。

29日　西北地区建设工程质量监督工作研讨会在酒泉召开。

10月

13日　"张掖丹霞风景名胜区彩色丘陵片区旅游总体规划评审会"在张掖市召开。

24日　甘肃省建设稽查执法局挂牌成立，住房和城乡建设部陈大卫副部长出席了揭牌仪式。

24日　住房和城乡建设部副部长陈大卫莅临兰州住房公积金管理中心视察。

11月

8日　上午9时，中国共产党第十八次全国代表大会在北京人民大会堂隆重召开。省住房城乡建设厅机关及直属单位全体党员和干部职工认真收看了党的十八大开幕式盛况。

20日，省住房和城乡建设厅召开全厅干部大会，党的十八大代表、厅党组书记、厅长李慧同志作学习宣传贯彻十八大精神报告。

12月

5日　省住房城乡建设厅十八大精神宣传工作走进工地一线，向正在施工的广大干部职工赠送"十八大图片"。

14～18日　全国住房城乡建设领域节能减排专项监督检查组刘贺明副司长一行检查甘肃省建设领域节能减排工作进展情况。

(甘肃省住房和城乡建设厅　撰稿：彭强)

青 海 省

1. 概况

2012年，在青海省委、省政府的正确领导和住房城乡建设部的指导支持下，青海省住房城乡建设系统广大干部职工认真贯彻落实科学发展观，紧紧围绕省委、省政府中心工作和年初确定的目标任务，真抓实干，不断创新，较好完成全年工作任务，保持全省住房城乡建设事业又好又快发展的良好势头。

【城镇住房保障覆盖面不断扩大，多层次保障体系已初步建成】　全年新增建设任务3.54万套，完成率100%；竣工任务完成10.81万套(户)，完成率145%；入住任务完成7.39万套(户)，完成率145%。全省城镇保障性住房覆盖面达到30%以上，位居全国前列，低收入家庭住房困难问题得到有效改善。

【落实市场调控政策，房地产业持续健康发展】　全年完成房地产开发投资189.68亿元，比上年同期增长31%；房地产完成投资占全社会固定资产投资比重在9.88%。

【努力提升服务水平，不断提高住房公积金使用效率】　自实行住房公积金制度以来，全省住房公积金缴存职工共42万人，缴存总额277亿元，缴存余额168亿元，提取总额109亿元；个人贷款总额154亿元，个人贷款余额68亿元。住房公积金存贷率、使用率、运用率分别达到41%、66%、43%。其中，2012年全省住房公积金缴存为48亿元，余额24.4亿元，支取额23.5亿元；贷款额21.1亿元，贷款余额5.4亿元。

【城乡规划实施管理力度进一步加大，城镇化水平快速提升】　2012年，青海省城镇化水平达47%，比上年提高0.8个百分点，高于西部平均水平。

【建筑业快速发展壮大，支撑作用日益突显】　2012年全省建筑业增加值完成196.09亿元，较上年增长约20%；建设工程质量一次验收合格率达到93.7%，有1项工程入选国家优质工程"鲁班奖"，2项工程荣获中国建筑装饰奖，22项工程荣获省优质工程"江河源"杯奖。

【新农村建设推进顺利，农牧民生产生活条件明显改善】　2012年，全省共安排农村奖励性住房建设6万户。开工率为100%，竣工58171户，竣工率为96.95%。落实资金53.24亿元；全省共安排困难群众危旧房改造2.5万户。开工25316户，开工率为101.26%，竣工24168户，竣工率为95.47%。落实资金12.78亿元。

【建设领域科技水平逐年提高，节能减排工作取得新进展】　完成2012年既有居住建筑供热计量及节能改造任务200万平方米。

2. 住房保障

【落实建设资金】　全年落实中央补助资金22.26亿元，省级配套资金18.3亿元。同时，为解决保障性安居工程面临的资金缺口问题，积极创新融资方式，继北京市后成功发行保障房私募债50亿元，确保全年保障房建设开竣工任务的超额完成。

【进一步完善保障性住房的管理制度】　出台《青海省保障性住房管理办法》，从项目、规划、土地、资金、建设、分配、运营和监督等方面，规范了保障性安居工程建设管理方面的政策措施。各地政府也结合实际制定相应的政策措施，初步建立分层次、多元化的住房保障政策体系。

【加快配套设施建设，确保工程质量】　在抓好保障性住房合理布局与选址的同时，进一步抓好配套设施的建设工作，做到基础配套设施与主体工程同步规划、同期建设、同时运行。进一步完善保障性住房建设项目的监管措施,严格履行项目基本建设程序。严格执行施工公示牌制度和永久性标牌制度。全面实行住宅工程质量分户验收制度,未进行分户验收或分户验收不达标的,建设单位不予组织工程竣工验收。

【准入分配】 在保障性住房的分配中,青海省各地普遍实行政策、程序、房源、对象、过程、结果、投诉处理的"七公开"制度,严格执行社区、街道和市县民政、住房保障等部门"三级审核、两级公示"的分配程序。对符合条件的保障对象,采取"评分排序、公开摇号、公证机关公证"等方式分配住房。在确定准入条件的基础上进行入户调查,严格把关,确保过程公开透明、结果公平公正。

【建立和完善住房保障工作机制】 建立省级政府负总责、州(地、市)县政府抓落实、相关部门协调监管的工作格局。同时层层签订目标责任书,明确了责任单位和责任人。成立8个保障性安居工程建设督查组,采取分片包干的办法,开展日常巡查、专项检查、重点督查和年度考核,确保全年目标任务的完成。

3. 房地产业

2012年,青海省住房和城乡建设厅认真贯彻中央关于房地产市场的调控政策,在抑制投机投资性住房需求、增加普通商品住房供给等方面取得了积极成效。

【强化房地产市场监管】 会同发改、国土、工商等部门开展房地产市场专项检查,进一步规范全省房地产市场秩序。对全省征地拆迁任务较重的西宁市、海东地区和海南州征地拆迁情况进行了专项检查,并将检查情况上报省政府。印发《关于进一步加强商品房预售资金监管有关问题的通知》,将商品房预售资金统一纳入监管账户,保护购房者权益和防范金融风险。

【进一步提高商品住房品质】 在全省首次开展住宅性能认定和昆仑杯评选工作,"帝景花园二期"等7个商品房项目通过住宅性能认定A级预审,"九合院"等9个商品房项目获得首届青海房地产业"昆仑杯"奖。

【"十二五"住房发展规划编制】 在充分总结"十一五"住房发展的主要成就、深入分析存在问题和规划期住房发展面临的形势的基础上,进一步明确青海省住房发展的目标任务和政策措施。同时,指导各地完成"十二五"住房建设规划编制。

【房地产信息系统建设】 基本建成房地产信息系统,为进一步强化房地产业管理打下了坚实的基础。

【物业服务】 为进一步规范青海省物业服务行为,在全省选择3家企业开展物业服务规范化试点工作,研究制定《青海省物业服务企业规范化管理办法(试行)》及《青海省物业服务企业规范化管理标准》,在西宁组织召开有200多家企业参加的全省物业规范化服务现场观摩暨经验交流会。

4. 公积金管理

协调督促海南、玉树、果洛州调整住房公积金管理机构,理顺了管理体制。帮助海北州建成公积金业务管理信息系统,使海北州住房公积金管理中心告别了手工记账的历史。组织西宁市中心、省直分中心完成业务管理信息系统升级工作,搭建门户网站、手机短信、语音及掌上公积金查询等公众服务平台,全面提升了管理和服务水平。成功将公积金业务信息管理系统接入中国人民银行个人信用基础数据库,开通与住房城乡建设部住房公积金监管系统镜像线路连接,为实现全省住房公积金管理和使用全程监管奠定了基础。

5. 城乡规划

【城镇总体规划修编】 在完成《青海省城镇体系规划》修改的同时,加快各地城镇总体规划的修编,积极开展县域规划的研究和编制工作。通过城镇体系规划、城市总体规划、村庄和集镇规划等,优化城镇等级结构和城镇布局,合理引导城镇化发展的规模、速度、节奏。

【建立城乡规划督察制度】 将黄南州列为试点。配合省发改委做好城镇化发展规划工作,承担完成《加快推进城镇化进程中青海省城镇空间布局及发展思路》、《青海省城镇化基本问题研究》、《青海省城镇化控制指标体系研究》等课题研究。

组织开展了西宁市城市总体规划修编的协调、审查和上报工作,完成了德令哈市、久治县城、玛多县城等总体规划及30平方公里城镇控制性详细规划的编制任务。

6. 建筑业

【政府投资项目初步设计审查和重点项目协调服务】 2012年共审查政府投资项目初步设计412项(其中玉树灾后重建项目21项、工业"双百"重点项目6项、校安工程15项,其他370项),工程概算总投资为196.04亿元。审查过程中,重点对工业

"双百"项目、柴达木循环经济区项目、东部城市群项目、藏区项目、校安工程等重点建设项目加强了前期阶段的协调服务工作，确保初步设计审查意见的落实，并督促项目尽快开工建设发挥效益。

【质量安全和建筑市场执法监督检查】 以保障性安居工程和"打非治违"工作为重点，开展质量安全和建筑市场执法监督检查，对多家违规企业依法给予行政处罚，进一步加大质量安全的监管力度。

【加强建筑市场动态监管和严格市场准入】 开展资质动态核查，注销49家省内建筑施工企业资质；开展全省建设工程勘察设计质量和市场监督执法专项检查，对14家勘察设计单位依法进行处理，进一步规范企业从业行为和市场环境。同时，以招投标领域专项清理和完善招投标制度建设为措施，做到施工现场和建筑市场两场联动，进一步加强全省建筑市场监管。

【全省建筑业发展】 通过政策和技术扶持，以点带面推动全省建筑业发展。支持3家建筑施工企业和1家园林绿化企业、2家监理企业升级为一级和甲级资质，努力培养引领行业发展的本省龙头企业。

7. 城市建设与市政公用事业

【城镇基础设施建设】 会同青海省发改委安排1.45亿元专项资金实施小城镇项目20个。督导全省黄河流域城镇完成污水管网建设专项规划，并会同省财政厅下达3.46亿元资金启动实施28个沿黄河流域县城387.83公里的污水处理设施配套管网建设任务。开展全省重点城镇既有桥梁安全检查和供水水质监测工作。

【历史文化名城、名镇、名村】 申报贵德县城、循化街子镇、称多拉布村等为国家历史文化名城、名镇、名村。互助丹麻镇索卜滩村等13个自然村落被列入第一批中国传统村落保护名录。报经省政府同意，设立门源百里花海等6处第三批省级风景名胜区，并开展了国家级风景名胜区的资源调查工作。

8. 村镇建设

【农村牧区住房建设】 结合全省农村牧区"千村建设、百村示范"工程和"党政军企共建示范村"活动，安排村庄规划编制任务2024个。积极推进农村牧区住房建设。争取农村奖励性住房建设中央及省级补助资金7.2亿元，圆满完成6万户农村奖励性住房建设任务；争取中央和省级补助资金4.2亿元，配合民政部门完成农村困难群众危房改造2.5万户；结合农村住房"两房"建设，争取中央补助资金2750万元完成1.1万户建筑节能示范户改造任务；配合农牧部门开工建设游牧民定居工程1.36万户。同时，为全面掌握了解青海省农牧民的实际住房状况和住房建设需求量，衔接相关部门开展了全省农村牧区住房普查工作。为实现农村牧区住房建设信息动态管理，建立农村牧区住房建设农户档案信息管理系统。会同省政府督查室等部门开展了农村住房建设进展情况专项督查和目标任务考核。

【农村环境综合整治】 安排农村环境综合整治资金2000万元，与农村建设其他各项建设资金整合使用，示范村建设取得成效，农村面貌发生显著变化。根据省政府的安排，确定20个村开展新型农村社区建设试点，同步编印《新型农村社区规划建设导则》，审查通过17个新型农村社区规划和实施方案并上报省政府。

9. 建筑节能与科技

【绿色建筑发展】 争取国家补助资金1000万元，将格尔木市列为国家级可再生能源示范市，推广太阳能建筑应用示范任务面积达25万平方米；落实可再生能源建筑应用国家财政补助资金8162万元，落实省级太阳能利用示范补助资金2600万元，促进了青海省建筑领域太阳能等可再生能源的广泛应用。全省城镇新建居住建筑在施工图设计阶段执行《严寒和寒冷地区居住建筑节能设计标准》比例达100%。

【加大减排投入力度】 全省已建成运行城镇污水处理厂19座，日污水处理能力达到39.3万吨，覆盖15个市县。建成城镇生活垃圾填埋场67座，日处理生活垃圾达到3700余吨，做到县城以上城镇全覆盖。全省城镇污水处理率和生活垃圾无害化处理率分别达到53.49%和64.56%。连续两年开展沿湟水河流域河道存量垃圾清理整治工作，治理成效显著。

【建筑设计标准图集编制】 组织完成《多高层建筑CL墙板构造图集》、《太阳能热水系统选用与安装图集》等标准设计图集的编审印刷发行工作，扎实推进建筑设计及建设集约化和标准化。

【新型墙材推行】 加大新型墙体材料专项基金征收力度(共征收专项基金3800万元)，新型墙材使用率达到83%。稳步推进高强钢筋的推广应用。散装水泥供应量全年达到514.7万吨，水泥散装率达到45.92%，同比提升1.11个百分点。

【既有建筑节能改造】 落实国家和省级补助资金9368万元，督促各地加快工程进度，严格执行基本建设程序，强化质量监管，全面完成200万平方米的年度节能改造任务。

10. 法规稽查

【立法工作】 《青海省促进散装水泥发展管理办法》经省政府常务会议通过并于2013年2月1日起正式施行。《青海省物业管理条例》报省法制办进入调研论证阶段。

【政务公开工作】 安排厅机关各部门及时、准确公开财务预算、目标责任考核、执法检查、行政处罚、企业业绩考核等方面的政务信息。全面推行保障性住房项目信息公开，所有州地市县均在地方政府网站公开相关信息。对出台的19项规范性文件全部进行公开并依法进行备案。对依法申请公开的1项政府信息进行及时答复。

【加强行政执法】 对西宁市城北区华春建材企业违法建设开展专案稽查；对德令哈市违章违法建筑整治情况进行实地调查。重新梳理厅机关行政执法主体和执法依据及行政审批项目。举办行政执法培训班对全省住房城乡建设系统89名行政执法人员进行培训。

【推进行政审批改革】 结合青海省实际，经与省发改委多次反复协商，研究制定《青海省建筑和市政公用工程政府投资项目初步设计及概算审查管理暂行办法》。该办法报经省政府同意，由青海省住房和城乡建设厅和青海省发展改革委员会联合下发全省执行。

【完善信访工作运行机制】 回复网民留言22件。接待群众来信来访108件1006人，并全部做到事事有着落，件件有回声。因拖欠农民工工资引发的群体性事件得到控制，维护社会和谐稳定。

11. 玉树灾后重建

青海省住房和城乡建设厅积极发挥行业职能和协调作用，圆满完成2012年初既定的灾后重建工作目标任务，为全面完成三年重建目标任务赢得宝贵时间，奠定坚实基础。

加强规划、设计审查工作。召开规委会第十二次、十三次会议和玉树绿地系统专项规划审查会，审查了包括结古镇民主路、红卫路、胜利路景观规划设计方案及文成公主纪念馆、康巴风情商业街等建筑设计在内的重点项目。完成85座寺院"四通"工程、经堂维修加固改重建工程、康巴艺术中心等重建项目初步设计审查21项。

严控工程质量安全。坚持把"质量"作为确保科学重建的中心目标，把强化监管作为落实科学重建的关键环节，严格执行项目法人责任制、招投标制、合同管理制和工程监理制，全面落实工程质量责任追究制。充分发挥"五支队伍"作用，调动全社会全程参与工程质量监管。采取专项检查、联合检查、拉网式检查等形式，对发现的问题认真研究，及时整改到位，坚决把好质量关。深入推进安全生产监督检查，开展灾后重建文明标准化工地创建活动，有力促进施工企业安全生产。

加强行业指导协调和人力支持。指导玉树县污水处理厂水质监测建设工作，协调西宁市第一污水处理厂、第三污水处理厂给予对口技术帮扶和业务指导。举办了为期4天的玉树灾后重建房屋建筑和市政设施工程质量安全人员技术培训班。抽调12名行业技术骨干参与玉树灾后重建，提供人力和技术支持。玉树灾后重建现场指挥部常务副指挥长匡湧与现场指挥部工程验收组组长姚宽一，长期驻扎玉树灾后重建第一线，承担了玉树灾后重建中大量繁重的协调指导工作，切实发挥领导干部的示范引领作用。

发挥沟通协调作用，确保又好又快推进重建。加强同现场指挥部、玉树州县党委政府和各援建单位的联系沟通，着力解决重建中的问题困难，确保项目施工顺利进行。截至2012年年底，基本完成年度城乡居民住房建设目标任务。全州城乡住房重建总任务为41934套（含重建僧舍2785套），完成40273套，完工率为96%。其中：农牧民住房16710套全部完工；城镇住房22439套全部开工，完工20778套，完工率为92.6%。建成给排水、污水、燃气、雨水等管网700多公里，落实供热点46个，自来水厂、垃圾填埋厂、污水处理厂和3处公交场站交付使用。一大批重建项目陆续建成并投入运行，推动着灾区面貌发生脱胎换骨的历史性巨变。

12. 大事记

1月

4日 全省住房和城乡建设工作会议暨党风廉政建设工作会议在西宁召开，会期半天。会议主要内容是：深入贯彻落实全国住房城乡建设工作会议和省委十一届十一次全体会议精神，回顾总结2011年全省住房城乡建设工作，安排部署2012年重点工作。

2月

9日 青海省人民政府办公厅转发青海省住房和城乡建设厅《关于青海省城市（镇）控制性详细规划管理办法的通知》（青政办〔2012〕37号）。

16日　为加快推进青海省建筑节能和墙体材料革新工作，推广应用新型建筑结构体系，完成了青海省建筑标准设计《多高层建筑CL墙板构造图集》的编制、审定、审批、印刷和发行工作，并下发《关于颁布青海省建筑标准设计〈多高层建筑CL墙板构造图集〉的通知》（青建设〔2012〕45号）。

17日，青海省保障性安居工程建设领导小组办公室向各州以内部情况通报的形式印发李克强副总理2011年12月22日在全国住房保障工作座谈会上的讲话。

17日，青海省住房和城乡建设厅、民政厅、残疾人联合会、老龄工作委员会联合转发住房和城乡建设部、民政部、中国残疾人联合会、全国老龄工作委员会办公室《关于表彰"十一五"全国无障碍建设先进城市的决定的通知》（建科〔2012〕6号）。青海省格尔木市、德令哈市被评为"十一五"全国无障碍建设先进城市。

27日，全省城镇保障性住房建设工作会议在西宁宾馆举行，会议由省政府副省长邓本太主持，省政府常务副省长徐福顺、省政府副秘书长姚海瑜参加。省住房城乡建设厅党委书记贾应忠通报了2011年全省保障性住房建设情况。

28日　省政府召开全省农村住房建设工作会议。会上，省政府与各地政府签订了2012年工作目标责任书，确定2012年农村住房建设任务共8.5万户（其中农村困难群众危房改造2.5万户，农村奖励性住房建设6万户）；完成660个重点村的村庄规划编制工作。

29日　经青海省人民政府同意，青海省住房城乡建设厅印发了《青海省东部城市群城乡一体化发展规划》（青建规〔2012〕64号）和《青海省东部城市群城镇体系规划》（青建规〔2012〕63号）。

3月

1日　《青海省实施〈城乡规划法〉办法》正式实施，在西宁市中心广场举行启动仪式。

6日　青海省建设工程质量安全监督暨联络员工作会议在西宁召开。会议全面分析2011年全省建设工程质量安全工作，宣贯学习住房城乡建设部、省政府等相关重要文件，通报2011年相关检查及处理情况，交流各地建设工程质量安全监管经验，表彰10家2011年度优秀工程质量监督机构。省安监局、各级建设行政主管部门、各地质量安全监督机构等相关部门负责同志共计150余人参加会议。

9日　青海省建设监理协会2011年度工作总结暨2012年度工作会议在西宁召开。会议表彰2011年度先进工程监理企业及优秀个人，宣读监理协会秘书长、常务理事、副会长改选增选名单，交流优秀监理工作经验。全省监理行业相关负责同志共计140余人参加会议。

12日　下发《关于发布青海省柴达木地区绿洲新居建筑设计方案图集的通知》（青建设〔2012〕85号），并将图集电子版在省住房城乡建设厅网站勘察设计栏目发布。

15日　青海省保障性安居工程建设领导小组办公室向全省各地下发《关于对国有工矿棚户区改造情况进行调查的通知》（青保建〔2012〕6号），对国有工矿棚户区改造情况进行调查。

22日　青海省保障性安居工程建设领导小组办公室向各州地市下发《关于印发2012年住房保障工作要点的通知》（青保建〔2012〕8号），明确2012年住房保障工作的总体思路。

26日　青海省建筑业协会2012年工作会议在西宁召开。会议回顾了2011年建筑业协会工作，认真分析全省建筑业的发展形势，表彰国优省优工程、安全标准化示范工地和先进企业及个人。全省部分建筑企业负责人及相关部门人员共计130余人参加会议。

27日　青海省住房和城乡建设厅下发《关于印发2012年全省建筑施工安全生产专项整治工作方案的通知》（青建工〔2012〕134号）。

4月

1日　青海省保障性安居工程建设领导小组办公室向各州以内部情况通报的形式印发2012年2月6日李克强副总理在全国保障性住房公平分配工作座谈会上的讲话。

6日　青海省住房和城乡建设厅下发《关于转发住房和城乡建设部做好2012年城镇保障性安居工程工作的通知》（建房〔2012〕18号）。

16日　为加快青海省城镇低收入住房困难家庭租赁住房补贴发放工作，青海省住房和城乡建设厅下发《关于做好廉租住房租赁补贴资金发放工作的通知》（青建房〔2012〕169号）。

5月

2日　印发《关于颁布青海省建筑标准设计〈住宅厨房、卫生间防火组合变压式排气道通用图集〉的通知》（青建设〔2012〕225号），完成青海省建筑标准设计《住宅厨房、卫生间防火组合变压式排气道通用图集》的编制、审定、审批、印刷和发行工作。

2~4日　举办城乡规划工作培训班，对全省各州、市、县分管领导和城乡规划行政主管部门人员进行专题培训。

9日 组织召开房地产开发企业座谈会。省委常委、省政府常务副省长徐福顺主持并讲话。

11日 青海省住房和城乡建设厅、经济委员会联合转发住房和城乡建设部、工业和信息化部《关于加快应用高强钢筋的指导意见的通知》(建科〔2012〕30号)

14日 青海省住房和城乡建设厅在西宁市组织召开全省既有居住建筑供热计量及节能改造工作座谈会，邀请各地建设行政主管部门主要负责人、各县（市、行委）分管县长（市长、主任）参会，主要就各地2011年既有居住建筑供热计量及节能改造工程验收准备情况和2012年工作任务落实情况进行研讨。

16日 青海省住房城乡建设厅印发关于深入推进全省城乡建筑第五立面色彩设计和建设工作的通知，开展全省城乡建筑第五立面色彩设计和建设检查督察。

18日 青海省保障性安居工程建设领导小组办公室向各地下发《关于对全省城市国有破产改制企业和工矿棚户区改造调查摸底情况进行核查的通知》（青保建〔2012〕15号）。

22~23日 青海省住房和城乡建设厅举办《住宅设计规范》（GB 0096—2011）宣贯会，培训对象：各地区建设行政主管部门、设计单位、房地产开发企业、施工企业和住宅产（部）品生产企业相关人员，参会人员达300余人。

29日 青海省保障性安居工程建设领导小组办公室向省长骆惠宁上报《关于对全省城市国有破产改制企业和工矿棚户区改造调查摸底情况进行抽样核查的报告》（青保建〔2012〕16号）。

6月

1日 下发《关于向西宁经济技术开发区下放行政审批权的通知》（青建法〔2012〕324号）。向西宁经济技术开发区、柴达木循环经济试验区、海东工业园区下放行政审批权共18项。

10~13日 根据2012年青洽会执委会要求，青海省住房和城乡建设厅参与并完成青海省东部城市群建设规划布展工作。

12日 青海省住房和城乡建设厅在海湖新区阳光恒昌卢浮公馆施工现场组织召开2012年度全省建筑施工安全标准化示范工地现场观摩会，省住房城乡建设厅、省安监局、海湖新区管委会、各州地住房城乡建设局、施工企业和监理企业等相关部门的领导同志和负责人共约2600余人参加现场观摩会。

21~22日 举办全省住房城乡建设系统行政执法培训班，组织厅机关和部分州县共89名行政执法人员参加培训。

26日 为进一步健全和充实信息公开的内容，做好2012年住房保障信息公开工作，青海省住房和城乡建设厅向各地下发《关于转发做好2012年住房保障信息公开工作的通知》（建房〔2012〕41号）。

7月

17日 青海省住房和城乡建设厅、质量技术监督局联合下发《关于发布执行〈青海省绿色建筑评价标准〉和〈改性酚醛泡沫防火保温外墙外保温系统应用技术规程〉青海省地方标准的通知》（青建科〔2012〕412号），标准编号分别为：DB63/T 1110—2012和DB63/T 1111—2012，实施日期自2012年8月15日起。

17~20日 配合住房城乡建设部在青海省举办"全省建设系统领导干部专题培训班"，组织全省建设系统200余人参加专题培训。

23~28日 联合西安建筑科技大学赴刚察、门源、祁连、共和等地进行实地调研考察。并开始《环湖地区——"环湖藏居"建筑设计方案图集》的编制工作。

25日 青海省住房和城乡建设厅、经济委员会联合下发《关于进一步加强推广应用高强钢筋的实施意见》（青建科〔2012〕447号）

30~31日 根据青海省防汛指挥部的工作安排，青海省住房城乡建设厅联合海东地区、海南州、黄南州住房城乡建设局对化隆县巴燕镇、群科新区、甘都镇，循化县街子镇，尖扎县马克唐镇、康杨镇、坎布拉镇，贵德县河阴镇，民和县川口镇、官亭镇等龙羊峡水库下游沿黄城镇开展城镇防汛抗洪检查工作，重点对城镇排洪设施、低洼地带、河道等重点部位防涝隐患，城镇桥梁、供水、排水等方面以及应急预案、安全防范工作开展排查。形成《关于城镇防汛检查工作情况的汇报》，并报省防汛指挥部。

31日 为加强全省住房城乡建设领域投诉举报受理工作，印发了《青海省住房城乡和建设违法违规行为投诉举报管理办法（试行）》（青建法〔2012〕467号）。

8月

3日，青海省保障性安居工程建设领导小组办公室，对1~7月份全省城镇保障性安居工程建设进展情况进行了通报。并向各地下发了《关于全省城镇保障性安居工程建设进展情况的通报》（青保建〔2012〕21号）。

8月7日至9月30日，顺利完成省代建项目办公室划转省住房城乡建设厅的清产核资审计、财务移交等相关工作，确保省代建项目办公室各项工作平稳有序地开展。

9日　为进一步做好全省保障性安居工程建设进度及入住、分配等情况，青海省保障性安居工程建设领导小组办公室向各监督检查组下发《关于印发2012年下半年全省城镇保障性住房监督检查工作要点的通知》（青保建〔2012〕22号）。

14日　为更好地贯彻节能方针、引导和规范太阳能技术的推广和应用，推动太阳能热水系统在我省房屋建筑中的规模化应用，完成青海省建筑标准设计《太阳能热水系统选用与安装图集》的编制、审定、审批、印刷和发行工作。

29日　为了加强保障性住房规划建设和质量监管工作，全面推行质量终身责任制，接受社会长期监督，青海省保障性安居工程建设领导小组办公室向各地下发《关于规范青海省保障性安居工程项目永久性标示牌的通知》（青保建〔2012〕23号）。

9月

14日　为进一步加强全省住房城乡建设投诉举报受理工作，及时查处各类投诉举报案件，提高依法行政能力，建立了省住房城乡建设厅违法违规行为举报平台。

19日　青海省住房和城乡建设厅组织全省各地及相关部门就加快全省新型城镇化工作进行座谈，青海省委常委、常务副省长徐福顺参加会议并作重要讲话。根据常务副省长徐福顺的指示，青海省住房和城乡建设厅对加快城镇化发展中城镇空间布局工作开展调研，形成《加快推进城镇化进程中青海省城镇空间布局及发展思路》调研报告，并于12月3日在青海省政府常务会议上进行了交流。

24～28日　住房城乡建设部住宅产业化促进中心组织对青海省申报的14个商品住宅项目进行住宅性能进行评定，青海省紫恒房地产有限公司开发的帝景花园（二期）等7个项目通过A住宅性能预审。

26～27日　在西宁组织召开全省物业规范化服务现场观摩暨经验交流会，各州、地、市、县住房城乡建设局（房产局）分管负责人和物业服务企业经理近400人参会。

10月

12日　青海省住房和城乡建设厅对循化县麻日村、文都乡文都大寺、拉贷村、街子镇、孟达乡大庄村等多个村镇进行了实地调研，形成了《历史文化名镇名村保护和利用（循化县历史文化名镇名村保护现状调研）》调研报告。

12日　青海省住房和城乡建设厅、质量技术监督局联合下发《关于发布执行〈青海省驻地网通信设施建设规范〉、〈固体废弃物免烧普通砖、多孔砖砌体结构设计与施工技术规程〉和〈青海省受损砌体结构安全性鉴定实施导则〉三项工程建设地方标准的通知》（青建科〔2012〕669号），标准编号分别为：DB 63/1141—2012、DB 63/1142—2012和DB63/T1143—2012，实施日期自2012年11月1日起。

17日，青海省人民政府办公厅转发青海省住房和城乡建设厅《关于加快推广绿色建筑发展意见的通知》。

19日　青海省保障性安居工程建设领导小组向国家保障性安居工程协调小组上报了《青海省保障性安居工程建设情况专报》（青保建〔2012〕28号）。

26日　为依法平稳做好全省房屋征收工作，充分维护好被征收群众的合法权益，在西宁举办《国有土地上房屋征收与补偿条例》和《国有土地上房屋征收评估办法》培训班。

31日　为加强保障性住房建设和管理，省人民政府办公厅转发省住房城乡建设厅等10部门拟定的《青海省保障性住房管理办法》（青政办〔2012〕287号）。

11月

11日　青海省住房和城乡建设厅和国家电力监管委员会西北监管局联合向各地下发了《关于转发做好保障性安居工程电力供应与服务工作若干意见的通知》（建房〔2012〕63号）。

14～25日　组织省内建筑设计单位总工及负责人赴江苏、江西学习考察建筑设计创作、绿色建筑设计及勘察设计行业管理调研。考察、学习两省优秀建筑设计作品和优秀绿色建筑设计，与当地住房城乡建设系统进行了座谈交流，并参加"中国绿色建筑与节能委员会青年委员会2012年年会暨第四届江苏省绿色建筑技术论坛"，并形成《关于赴江苏、江西学习考察建筑设计创作、绿色建筑设计及勘察设计行业管理经验的调研报告》。

26日　为进一步深化城镇住房制度改革，推进住房分配货币化，提高职工工资中住房工资的含量，增强职工购买住房的能力，青海省人民政府办公厅下发《关于印发青海省机关事业单位补充住房公积金实施办法的通知》（青政办〔2012〕304号）。

28日　青海省人民政府第109次常务会议审议

通过《青海省促进散装水泥发展办法》，12月10日，以第93号政府令予以公布，自2013年2月1日起施行。

20～30日 开展送图、送建筑技术下乡服务基层活动。带领技术专家深入海南、海东等县新农村社区，针对农村牧区住房建设所涉及的特色民居户型方案、抗震知识、节能保温和建筑材料等相关知识对农牧民进行普及性宣传，让广大农牧民充分了解掌握特色民居户型方案、节能保温和建筑材料等相关知识，切实发挥技术下乡活动的服务和指导作用。

12月

17日 青海省住房和城乡建设厅、质量技术监督局联合下发《关于发布执行〈散装水泥农村牧区配送站建设技术规范〉和〈城镇园林绿地养护管理质量标准〉工程建设地方标准的通知》（青建科〔2012〕812号），标准编号分别为：DB63/T 1174—2012 和 DB63/T 1175—2012，实施日期自2012年12月30日起。

18日 青海省公安厅、青海省住房和城乡建设厅联合下发《关于明确我省民用建筑外墙保温及外墙装饰材料燃烧性能相关规定的通知》（青公通字〔2012〕135号）。

20日 青海省住房城乡建设厅下发《关于印发青海省房屋建筑及市政基础设施工程项目工程量清单招标投标管理办法的通知》（青建法〔2012〕826号），并于2013年1月1日起施行。原《青海省房屋建筑及市政基础设施工程项目工程量清单招标投标管理办法》（青建法〔2010〕544号）同时废止。

21日 青海省住房和城乡建设厅技术审查通过委托西安思路发展研究院编制的《青海省城镇体系规划》。

(青海省住房和城乡建设厅)

宁夏回族自治区

1. 概况

【概况】 2012年，宁夏回族自治区（以下简称"宁夏"）开工建设保障性安居工程8.9万套（户），竣工6.89万套，新增发放廉租住房租赁补贴1.14万户；完成房地产开发投资429.15亿元，增长27.6%；开工建设沿黄河城市带重点项目194项，完成投资228亿元；开工宁南区域中心城市和大县城建设项目133个，完成投资65亿元；完成城市基础设施建设投资55亿元，全区城镇化率达到50.7%。建设"塞上农民新居"新村24个，整治旧村庄点290个，改造农村危房5.9万户，其中建设生态移民住房1.59万户；完成建筑业总产值461亿元；全区累计建成节能建筑8310万平方米，占全区既有民用建筑总量的48.72%，建筑节能对全区节能减排的贡献率达到20%以上。

【社会管理工作】 宁夏住房和城乡建设系统创新行业社会管理模式，建成银川市、大武口区数字化城市管理系统，开展农民工有序融入城镇机制、规范化住宅小区物业公司治安责任追究机制、城镇房屋征收补偿机制、工程建设领域农民工工资正常支付机制试点工作。

【营造风清气正的发展环境】 宁夏住房和城乡建设系统深入开展进一步营造风清气正的发展环境活动，深入查找干部职工存在的"庸懒散软"问题，以治庸提能力，以治懒增效率，以治散正风气，以治软提干劲，切实转变工作作风，优化发展环境。公开向社会承诺解决制约建筑企业发展的瓶颈问题、保障房建设分配管理和优化住房公积金贷款审批等3项重点工作、12项具体内容。进一步优化行政审批流程，下放3项建筑施工总承包和13项建筑施工专业承包三级资质审批权，对外省进宁企业备案实行网上申报和电话预约，对自治区重点项目实行上门办理和代办审批手续。

【干部"下基层"活动】 宁夏各级住房和城乡建设部门组织机关干部深入企业、农村、社区，集中解决了一批事关群众切身利益的住房保障、房屋征收补偿、城市供暖、行政执法等突出问题，帮助所联系的村庄制定村庄建设规划和产业发展规划，为有条件的村庄组建劳务企业，安排务工人员，积极为基层办实事、办好事。宁夏住房和城乡建设厅73名机关干部深入11个县、市（区）的31个村、10个社区、3个建筑企业，帮助联系村编制完成了12个村庄建设和产业发展规划，建立了5个劳务企业，组织建筑专业技能培训2800人次，安置就业人员850人。

【政风行风建设】 宁夏住房和城乡建设系统深入开展"行风推进年"活动，开展问题回查促整改、"五查、七不让"、"阳光执法塞上行"等活动，加强行业管理，树立行业新风，增强为民服务意识，集中解决一批群众反映强烈的突出问题，群众满意度有了新提高。2012年宁夏住房城乡建设厅政风行风评议在21个政府组成部门中排名第七位，比上年进了10个位次，有24个市县住房城乡建设局、园林局、公积金管理中心在本市县行风评议中排名前6位。

【廉政风险防范管理】 在全面落实住房城乡建设系统各级领导班子、领导成员、重点工作岗位和人员廉政风险防范管理的同时，宁夏住房和城乡建设厅制定了保障性安居工程建设廉政风险防范管理办法，使廉政风险防范管理向重点项目延伸，确保保障性住房建设质量合格，分配公平公正，从源头上防范工程建设和公共权力运行产生的不廉洁行为和腐败现象。

2. 政策规章

【住房和城乡建设部出台支持宁夏加快内陆开放型经济试验区建设的意见】 住房和城乡建设部印发《关于支持宁夏加快内陆开放型经济试验区建设的意见》，从城乡规划管理、加快城镇化进程、住房保障体系建设、城镇市政公用设施建设、农村住房建设和小城镇建设、建筑节能、建筑业发展、建设人才培养等8个重点领域，出台14条有针对性的措施，支持宁夏加快内陆开放型经济试验区建设：对宁夏城镇化发展和城乡一体化规划建设给予技术指导，在宁夏实行城市总规划师制度试点，支持银川、贺兰、永宁、灵武沿黄河毗邻区域共同承接产业转移，支持宁夏建设生态园林城市和利用低丘缓坡荒滩等未利用地进行开发建设城市，适度调整人均规划建设用地指标，支持宁夏各类开发区扩区和升级，对城市规划区内面向区域发展服务的产业园和开发区用地指标单独平衡，为发展内陆开放型经济，打造国家承接产业转移示范区创造有利条件；加大对宁夏公共租赁房和各类城市棚户区改造的支持力度，增加国家资金补助金额，帮助指导宁夏加快建立多层次、广覆盖的城市住房保障体系；指导宁夏开展鼓励和引导民间资本进入市政公用事业领域的试点工作，开放市政公用事业投资、建设和运营市场，推进市政公用事业改革；继续把宁夏列入全国农村住房建设示范省区、建材下乡试点地区，把宁夏村庄规划列为全国2013年试点示范地区，加快推进塞上农民新居、生态移民住房建设、危房危窑改造和老旧村庄综合整治，支持宁夏在"十二五"期间再改造完成农村危房15万户，并新增宁夏全国重点镇，从资金、技术上给予支持；支持宁夏加快实施建筑业"走出去"战略，通过差别化政策扶持宁夏建筑企业发展，大力开展与阿拉伯国家、穆斯林地区在建筑业发展方面的交流合作；把宁夏列为全国可再生能源建筑应用示范省区，支持宁夏在"十二五"期间完成500万平方米既有居住建筑供热计量及节能改造和600万平方米绿色建筑，支持银川市滨河新区等城市新区开展绿色生态城区创建工作，在政策、资金和技术方面给予倾斜；支持宁夏加快培养面向阿拉伯国家市场的勘察设计、造价咨询、工程监理等工程服务方面专业人才和队伍，提高参与国际交流合作的竞争力。

【印发《关于开展"优美环境、洁净城乡"综合整治行动的实施方案》】 宁夏回族自治区人民政府印发《关于开展"优美环境、洁净城乡"综合整治行动的实施方案的通知》，决定从2012年7月开始，利用3年时间，在全区开展"优美环境、洁净城乡"综合整治行动，以城中村、城乡结合部和村庄整治为重点，组织各市县实施规划引领、基础设施完善、环境治理、生态优化、道路畅通、公民素质提升"六大工程"，对全区18个县级以上城市、156个乡镇、4300个村庄环境进行全面整治，切实解决城乡"脏、乱、差、暗、堵"等问题，使全区人居环境和村容村貌明显改观，市政基础设施体系更加完善，为城乡群众创造"设施完善、环境整洁、生态优美、卫生健康、文明和谐"的城乡环境。

【出台《关于加快城中村改造实施意见》】 宁夏回族自治区人民政府批转《宁夏住房城乡建设厅关于加快城中村改造的实施意见》，计划从2012年起，利用3年时间对全区22个县级以上城市281个城中村、73186户农民住宅进行改造。2012年优先改造5个地级城市的城中村，计划改造40个村、13502户农宅。宁夏按照科学规划、合理布局、适度超前、提高标准的原则，完善配套城中村基础设施和公共服务设施，强化社区服务、治安管理、医疗卫生、文化教育、物业管理等公共服务设施，提高吸纳就业和承载能力，统筹推进城乡一体化建设。同时，对城中村改造中涉及的新型墙体材料专项基金、散装水泥专项基金、劳保基金、农民工工资保证金、城市基础设施配套费、房屋土地权属初次登记费、工程交易服务费、人防易地建设费等各类政府性收费，一律免缴或缓缴。

【印发《城镇经营性建设用地容积率管理办法》】 宁夏住房和城乡建设厅、国土资源厅和监察厅联合出台《宁夏回族自治区城镇经营性建设用地容积率管理办法(试行)》，针对宁夏各城镇在经营性建设用地容积率管理中缺乏统一制度规范、规划主管部门自由裁量权过大、规划设计条件的提出缺乏合法依据、批后监管制度尚不健全等突出问题，对规划设计条件的提出、容积率调整的程序、批后监督管理和违规行为的处理等方面进行严格的规定：明确经依法批准的控制性详细规划是规划设计条件提出的唯一合法依据，详细规定可以申请调整容积率和不可以申请调整容积率的条件，明确申请调整容积率的程序、评估、论证、公示、补缴土地出让金等规定，容积率批后管理制度、容积率规划核实的标准和违反本办法的行为应当承担的相应法律责任。

【出台《城镇居民住宅供热室温检测及退费暂行办法》】 宁夏住房和城乡建设厅和质量技术监督局联合制定下发《宁夏回族自治区城镇居民住宅供热室温检测及退费暂行办法》，进一步规范城镇居民住宅供热室温检测工作。《办法》规定，当用户居室温度低于18℃时，可通过电话、当面、书面等形式向供热单位申请测温。供热单位应当自申请之时起12小时内入户测温。经测定，用户居室平均温度不达标的，视为当天室温不达标；一周内测温2次以上不达标的，按一周不达标计算；1个月内超过三周不达标的，视为全月不达标。用户申请测温后，供热单位拒绝测温的，用户可向所在市、县(区)供热主管部门投诉，经供热主管部门督促，供热单位仍拒绝测温的，视为当月室温不达标。供热期结束1个月内，用户可持检测记录单和检测报告书，到供热单位办理退费手续。供热单位入户测温后与用户存有室温争议的，由供热主管部门委托专业机构进行测温。《办法》还明确以下10种情形造成室温不达标的，供热单位不退费：取用供热系统内热水；连接或隔断供热设施；擅自改动供热管线、增设散热器或改变用热性质；擅自安装、修改、更换热水循环装置或防水装置；改变房屋结构的；室内装修遮挡散热器影响供热效果的；未采取正常保温措施的；因停水、停电等不可抗拒力因素造成供热单位停止供热的；因极端天气导致室外温度低于居住建筑设计温度要求的；实行供热计量的用户调低室内温度或关断、关小热水阀门的，以及其他损害供热设施或者影响供热质量的行为。

【出台《集体土地房屋登记管理暂行办法》】 宁夏住房和城乡建设厅制定出台《宁夏回族自治区集体土地房屋登记管理暂行办法》，明确规定集体土地房屋登记申请人的种类、房屋产权确权和登记程序、房屋所有权初始登记和转移、变更、注销登记的条件、生态移民住房权属证书的办理、禁止房屋所有权转移、变更和不予登记的情形等具体内容，规范集体土地房屋登记行为。

【修订《住房城乡建设行政处罚自由裁量基准》】 宁夏住房和城乡建设厅修订出台《宁夏回族自治区住房城乡建设行政处罚自由裁量基准》，对违反住房城乡建设法律、法规、规章等行为，在法定行政处罚权限范围内，是否给予行政处罚、给予何种行政处罚和多大幅度行政处罚，作了进一步细化分解。《裁量基准》按照住房城乡建设行政管理职能的分类标准，分为房地产业管理、建筑施工安全生产管理、建筑质量管理、城乡规划设计管理、城市建设管理等12章，涉及63部法律、法规、规章中的259个处罚项目，细化分解为1100个量化分项的自由裁量标准。将法律、法规、规章所规定的处罚幅度，根据由轻到重的标准划定为一般违法、较重违法和严重违法3个阶次，保证处罚幅度合法合理、公平公正。

【出台《保障性安居工程建设质量安全管理办法》】 宁夏住房和城乡建设厅出台《宁夏回族自治区保障性安居工程建设质量安全管理办法》，进一步明确保障性安居工程建设参建各方主体的责任，规范施工质量和安全管理、建设管理与监督检查、工程验收和备案管理。《办法》明确规定保障性住房由乙级以上勘察设计企业、二级以上施工总承包企业、乙级以上监理企业参与建设。项目经理(建造师)只能在一个保障性住房建设工程项目上担任项目负责人，项目总监理工程师只能在一个保障性住房建设项目从事监理活动。保障性安居工程实行施工总承包的，总承包单位对所承包工程的施工质量和安全生产负总责，严禁将工程分包给不具备相应资质的单位和个人，严禁将工程转包和违法分包。对保障性安居工程建设发生重大质量安全事故或有违法违规问题的工程，依法加大对各地建设主管部门、参建各方主体的责任追究力度。各市、县建设主管部门因监管责任不落实、玩忽职守，造成重大质量安全责任事故的，由有关部门依照相关规定，对主要领导、分管领导和直接责任人进行责任追究。凡发生重大工程质量安全事故以及有转包和违法分包、挂靠、弄虚作假等严重违法违规行为的，市、县住房城乡建设主管部门要及时查处相关责任单位和责任人。对工程质量管理混乱、质量存在严重问题，不按要求整改或拒不整改、在执法监督检查中受到通报批评的单位和个人，由各级住房和城乡建设主管部门按照法律法规规定，给予行政处罚。对责任单位和相关责任人，给予资质、执业资格降级或吊销的处理，停止参加工程投标活动，一年内不得承接政府投资工程和保障性住房工程。属区外进宁的企业清出宁夏建筑市场，5年内不得在宁夏从事建筑活动。

3. 房地产业

【房地产业发展】 宁夏认真贯彻落实国家房地产调控政策，加强市场调控引导，稳定住房价格，鼓励支持企业增加开发投资，加大中低价位、中小套型普通商品房建设规模，扩大住房有效供给，抑制投资投机性购房，满足群众自主性住房需求。强化房地产市场监管，率先在全国建立省一级房地产市场联席会议制度，制定房地产市场突发事件应急处理办法，严厉查处违法违规开发经营行为，促进全区房地产业平稳健康发展。2012年宁夏完成房地产开发投资近429.15亿元，同比增长27.6%，房地产开发投资占全区固定资产投资总额的20.3%以上。深入开展房地产开发企业信用等级评定、物业服务提升年、房屋产权交易与权属登记规范化管理等活动，评选出AA级企业84家，全区物业覆盖率达到69%，石嘴山市房屋产权产籍管理所荣获全国房屋产权交易和权属登记规范化管理先进单位。积极开展住宅性能认定和"广厦奖"申报、新建住宅全装修等工作，完成住宅性能认定项目16个，有2个项目获得全国"广厦奖"，全区新建住宅全装修面积达到40万平方米。

【房地产市场监管】 宁夏建立房地产市场定期巡查制度，加强房地产市场监督检查，重点查处审批手续不全开工建设、开发项目未经许可擅自销售和一房两卖、合同欺诈、违约失信等违法违规行为。对资金紧张、可能产生矛盾纠纷的企业，纳入重点监管范围，及时防范和化解各种不稳定因素。率先在全国建立省一级房地产市场联席会议制度，宁夏住房和城乡建设厅、高级法院、国土资源厅、公安厅、工商局、地税局、统计局、物价局、人民银行银川中心支行、银监局、国家统计局宁夏调查总队等部门定期召开会议，通报全区房地产开发投资、宏观调控、市场运行、土地供应、开发贷款、个人住房消费信贷等方面情况，分析研判房地产市场形势，加强房地产市场监测预报。印发了《宁夏回族自治区房地产市场突发事件应急处理暂行办法》，建立房地产市场矛盾纠纷排查处理机制，对补偿安置、延期交房、房屋质量、销售价格、预售资金收缴和使用等可能引发矛盾纠纷的，及时进行调解处理，进一步规范全区房地产市场秩序，优化房地产业发展环境。

【房地产开发企业信用等级评定活动】 宁夏住房和城乡建设厅会同工商局、国土资源厅、地税局、统计局、物价局、人民银行银川中心支行、银监局等部门联合开展2011年房地产开发企业信用等级评定工作，全区共有427家房地产开发企业参加信用等级评定活动，经市县初评、有关部门复评、审定，评选出AA级信用企业84家、A级信用企业320家、B级信用企业23家。宁夏各部门依据信用等级评定结果，坚持扶优扶强、奖优限劣的原则，对实力强、信誉好的企业，在土地供应、开发贷款等方面予以支持，对实力弱、信誉差的企业，加强监督检查，并限制供地、贷款，大力营造诚信激励、失信惩戒的市场环境。

【"物业服务提升年"活动】 宁夏住房和城乡建设厅在全区组织开展"物业服务提升年"活动，总结推广银川市加大老旧小区改造力度、吴忠市利通区拓展物业服务管理空间、固原市推行物业服务管理规范化等工作经验，进一步规范物业服务行为，扩大物业服务覆盖面，促进全区物业服务管理提质增效。截至2012年底，宁夏全区住宅小区物业服务覆盖面达到69%，银川、石嘴山、吴忠、固原中卫5个地级市达到78%。

【第四届中国西部（银川）房车生活文化节】 宁夏回族自治区人民政府举办第四届房车生活文化节，全区共有38家房地产开发企业的48个楼盘参加展会，展位面积达5500多平方米。房车节期间，各参展企业纷纷推出特价房、优惠价等加大促销力度，有效地推动了商品房销售。举办房地产高峰论坛，邀请住房和城乡建设部政策研究中心主任秦虹发表"房地产政策趋势与市场空间"为主题的演讲，提振房地产开发企业的信心和住房消费。

【"广厦奖"申报工作】 宁夏住房和城乡建设厅鼓励荣获"宁夏杯"的项目申报全国"广厦奖"，组织专家按照《"广厦奖"评选办法及评价标准》，深入实地对申报项目的配套设施、产品性能、施工质量、科技含量、物业服务、客户满意度进行严格的实地调研评审打分。经宁夏"广厦奖"评选领导小组审定，推荐宁夏泰和房地产开发有限公司"泰和·地中海"住宅一期项目和银川建发集团股份有限公司"建发·现代城"商业地产项目申报全国"广厦奖"。最终2个推荐项目荣获2011~2012年度"广厦奖"。

【新建住宅全装修试点工作】 宁夏住房和城乡建设厅采取分阶段、分比例的方式，在全区逐步推行新建住宅全装修试点工作。2012年，全区新建住宅全装修面积达到40万平方米。银川市新建多层和小高层、高层商品住宅全装修竣工面积占到项目建筑面积的比例分别达到50%、30%。恒大地产集团宁夏项目实行100%全装修，银川"建发·宝湖湾"、中房"东城人家"全装修比例达到30%。

4. 住房保障

【保障性安居工程建设】 宁夏全区共开工建设各类保障性住房8.9万套（户），占全年计划的100.4%；新增发放廉租住房租赁补贴1.13万户，占年度计划的266%；对8.4万户城市低收入住房困难家庭实施廉租住房保障，3.1万户城市低收入家庭住上保障房。银川市将"十二五"期间保障性住房建设用地统一规划、一次审批，并率先制定出台《公共租赁住房管理办法》。吴忠市成立保障性住房项目建设指挥部，统一指挥协调规划设计、工程建设、征地拆迁等，保证保障性住房建设进度和质量安全。固原市采取突击抽查、受理查处举报等方式，及时清退不再符合条件的保障对象。中卫市聘请14名义务监督员，专门监督保障房分配入住和建设工作。石嘴山市、中宁县、青铜峡市、红寺堡区、贺兰县把廉租住房项目全部配建在商品房小区。

【颁布《保障性住房建设标准》】 宁夏住房和城乡建设厅发布《保障性住房建设标准》，对保障性住房的规划、环境、建筑、设备、建筑节能及可再生能源利用、套内装修等方面作出详细规定。具体的套型建筑面积为：廉租住房不超过50平方米；公共租赁住房不超过60平方米；经济适用住房不超过70平方米；限价商品住房不超过90平方米。《标准》规定，保障性住房建设应与当地的经济发展水平相适应，遵循安全卫生、经济适用、保护环境、节约资源的原则，满足抗震、防洪、防火、防雷和抗风雪等要求。鼓励保障性住房按照绿色建筑标准进行建设。保障性住房建设应积极推广应用先进成熟、经济实用的新技术、新材料、新设备，不得采用国家和自治区明令禁止的淘汰产品或技术。在规划上，保障性住房建设用地应选择市政基础设施基本配套及公共服务设施相对完善的区域；应避开可能引发地质灾害及辐射、有毒有害等危险源的不利地段；建设应遵循因地制宜、统筹规划、合理布局、节约土地的原则。环境方面，保障性住房应合理设置老年人、残障人和儿童的活动场地及设施。保障性住房新建区绿地率不应低于35%；改造区绿地率不应低于30%；公共绿地应符合其设置条件，指标不应低于1平方米/人。保障性住房的绿地设在地下或半地下建筑的屋顶时，平均覆土厚度应大于1.5米。保障性住房的室外景观和绿化用水应使用中水或经处理达标的其他水。住区内道路、公共活动场地及配套公共服务设施应设置无障碍设施。

【编印保障性住房设计参考图集】 宁夏住房和城乡建设厅组织区内各设计单位和专家编辑完了《宁夏回族自治区保障性住房设计参考图集》，免费发放到各市县和设计单位，指导其做好保障性住房设计工作。该图集所选方案涵盖公共租赁住房、廉租住房、经济适用住房和限价商品住房，共44个方案。设计方案本着集约用地、功能完善、布局合理、经济适用、抗震安全的原则，既严格执行国家各类保障性住房套型建筑面积标准，又充分考虑满足中低收入家庭的住房需求和基本生活需要，做到在有限的套型面积内，切实解决资源合理配置问题。

【保障性房建设质量管理】 宁夏住房和城乡建设厅组织专业技术人员编制《保障性住房建设标准》、《保障性住房建设户型设计参考图集》、《保障性住房建材价格控制指南》、《保障性住房建设质量控制导则》、《保障性住房建设质量安全管理办法》等规范性文件和标准，指导各地做好保障性住房规划设计、建设质量控制和施工管理。严格执行基本建设程序和房屋建设强制性技术标准、抗震设防标准，全面实行保障性住房质量终身责任制，强化规划、设计、施工、监理等参建各方主体责任。严格落实安全生产责任制，实行一个项目一名行政负责人、一名技术负责人、一名安全生产负责人，切实加强安全隐患排查，落实各项安全措施，确保安全生产、文明施工。严把建筑材料进入关口，加强钢筋、水泥等原材料进场检验，保证选用的材料符合国家、自治区技术标准，确保工程地基基础、主体结构安全可靠。对建筑设计、施工现场组织、工期、竣工验收等每个环节加强监督管理，全面实施工程实体结构质量、住宅质量分户验收制度，严格工程质量责任追究。采取巡回检查、专项检查、受理举报等方式，加大对保障性住房建设质量安全的监督检查力度，对存在质量安全问题的项目，坚持"四不放过"：即问题不查清不放过、原因不辨明不放过、整改不彻底不放过、责任不追究不放过。

【保障性住房分配管理】 宁夏进一步完善保障性住房准入退出机制，严格执行保障性住房申请审核、听证轮候、准入退出、公示等制度，健全社区、街道和住房保障部门三级审核制度，实行保障房源、分配过程、分配结果三公开，严把准入关，坚决防范并从严查处骗租骗购、变相福利分房和以权谋私行为。完善住房保障管理信息系统，将保障对象的家庭收入状况、住房困难程度与住房保障面积等实行电子化、动态化管理，做到一户一档，规范住房保障档案管理。把保障性住房分配政策、分配对象、分配房源、分配程序、分配过程、分配结果和退出情况等信息，在各地政府网站进行公开，全面接受群众、社会和媒体的监督。强化动态监管，定期严格复核廉租房、公租房保障对象，对收入、住房状况不再符合保障条件的，停发补贴或责令退租，退出保障范围。2012年，全区累计清退不再符合住房保障条件的家庭4421户。

5. 公积金管理

【住房公积金业务发展】 截至2012年12月底，宁夏全区住房公积金缴存总额296.15亿元，比上年底增加58.39亿元，增长率25%；个人住房贷款总额170.35亿元，比上年底增加32.34亿元，增长率23%；个人住房贷款余额占缴存余额的比例为52%；累计发放贷款笔数149751笔，比上年底增加14078笔，增长10%。

【"住房公积金优质服务年"活动】 宁夏住房和城乡建设厅组织各住房公积金管理中心紧紧围绕"健全服务制度、改善服务环境、创新服务方式、提升服务质量"，大力推行"一站式"、"一条龙"服务，积极发展网上登记缴存、委托代收等业务，开展文明服务窗口、文明服务岗位评选活动，加强队伍建设，强化内部管理，全面提升窗口服务水平。2012年，宁夏住房公积金管理系统共获得全国"三八红旗集体"、"青年文明号"、"妇女创先争优先进集体"等荣誉称号35项。

【住房公积金资金管理】 宁夏严格执行《住房公积金财务管理办法》、《住房公积金会计核算办法》及相关财务制度，对定期存单实行双人双锁、双人办结、定期核对；对沉淀资金实行阶梯式管理，在保证职工住房公积金提取、贷款需要的同时，最大限度地实现资金保值增值，全年实现增值收益1.74亿元；对活期存款实行日清月结，及时编制银行存款余额调节表，实时监控资金流向，确保住房公积金资金安全运行。

【住房公积金缴存扩面】 宁夏各住房公积金管理中心紧紧围绕确定的扩面重点单位，会同工商部门、工会、银行积极开展工作，帮助企业建立住房公积金缴存账户，加大非公有制单位住房公积金扩面力度。截至2012年12月底，宁夏全区住房公积金缴存职工达到51.27万人，比上年底增加2.83万人，住房公积金覆盖率达到93.9%，比上年底提高5.2个百分点。

【住房公积金贷款支持保障性住房建设试点工作】 宁夏住房和城乡建设厅按照住房城乡建设部《关于扩大利用住房公积金贷款支持保障性住房建设试点范围的实施意见》，指导银川市做好利用住房公积金贷款支持保障性住房建设试点项目申报工作。经住房和城乡建设部批准，宁夏银川市高桥二期、平伏桥、丰盈3个经济适用住房建设项目被批准为利用住房公积金贷款支持保障性住房建设试点项目，计划使用住房公积金贷款5.9亿元。

6. 城乡规划

【城乡规划编制】 宁夏住房和城乡建设厅指导各市县开展新一轮城市总体规划修编、沿黄经济区相关规划编制、配套政策研究和镇村体系规划编制工作。编制完成4个市县总体规划、26个小城镇、30个滨河特色新村建设规划和全区镇村布局规划、银川滨河新区发展战略研究总体规划和全区《"十二五"城镇化发展规划》，为全区经济社会科学发展提供决策依据。

【出台城镇化发展"十二五"规划】 宁夏回族自治区人民政府颁布《城镇化发展"十二五"规划》，确定"十二五"期间宁夏城镇化发展的主要目标：全区总人口增长速度控制在9‰以内，城镇化率每年保持1.4个百分点以上的增长，到2015年，全区总人口控制在675万以内，城镇化率达到55%，城镇人口超过371万；城镇空间布局进一步优化，规模不断壮大，形成银川1个特大城市，石嘴山1个大城市，吴忠、中卫、固原3个中等城市，12个小城市，60个左右小城镇的体系格局；城镇基础设施配置水平明显提高，功能不断完善，城镇经济实力和承载力显著增强。沿黄城市带城镇人口达到315万，城镇化率达到70%左右。"十二五"期间，按照

"把宁夏作为一个大城市规划建设"的思路，宁夏将进一步优化完善全区城镇体系结构，加快推进沿黄城市带建设，大力实施宁南区域中心城市和大县城发展战略，积极引导人口、产业向沿黄经济区城市带转移，向各级城镇特别是中心城市和重点中心城镇聚集，提高城镇发展的集约程度。加强城镇基础设施和公共服务设施建设，健全城乡社会保险体系，积极推进城镇特色化发展，大力推进城乡统筹发展，在全区形成特大、大、中、小城市和小城镇有机结合、优势互补、功能完善、特色鲜明的网络化、外向型城镇格局。

【发布绿色建筑发展"十二五"规划】 宁夏发布实施《绿色建筑发展"十二五"规划》，明确"十二五"全区绿色建筑发展的目标：到"十二五"末，全区新建绿色建筑占新建民用建筑总量的10%，建成绿色建筑600万平方米；绿色建筑政策体系、管理体系、技术支撑体系和产业集群基本建立。5个设区城市规划区内，总建筑面积10万平方米以上的住宅小区、建筑面积2万平方米以上的公共建筑必须达到绿色建筑要求；可再生能源利用替代常规能源量占建筑总能耗的10%。在现行建筑节能标准的基础上，单位建筑面积能耗降低10%，减少污染物排放总量20%。非传统水源利用率不低于10%；采用节水器具、设备和系统，节水率不低于8%。累计推广应用新型墙体材料110亿标砖，新型墙材产量占墙材应用总量的70%，节能能力达到1.97万吨标准煤/年，二氧化碳减排能力达到4.9万吨/年。

【印发建筑节能"十二五"专项规划】 宁夏住房和城乡建设厅印发《宁夏回族自治区建筑节能"十二五"专项规划》，确定"十二五"期间建筑节能发展目标：到"十二五"期末，全区建筑节能新形成年节能106万吨标准煤能力，减排二氧化碳265万吨/年。其中：新建建筑形成73万吨标准煤节能能力，减排二氧化碳190万吨/年；既有建筑节能改造形成3万吨标准煤节能能力，减排二氧化碳7.5万吨/年；可再生能源建筑应用可实现替代常规能源21万吨标准煤/年，减排二氧化碳52.5万吨/年；推广应用新型墙材可实现节能7.62万吨标煤/年，减排二氧化碳19.8万吨/年；发展绿色建筑实现节能1.97万吨标准煤/年，减排二氧化碳4.9万吨标准煤/年。

7. 城市建设与市政公用事业

【沿黄城市带建设】 宁夏大力实施沿黄城市带发展战略，新开工和建成一大批标志性工程以及产业、生态、文化旅游重点项目，建设重点项目194项，完成投资228多亿元。吴忠回族历史人物园、滨河体育运动公园、夜游黄河项目投入使用，中华黄河楼、塞上江南博物馆建成，国际会议中心、银川园博园等标志性工程和文化旅游项目建设中。"黄河善谷"6个慈善园区基础设施建设基本完成，落地企业60家，实际到位资金216亿元。银川市发挥龙头作用，加快推进滨河新区、悦海湾商务区、综合保税区建设，做大中心城市规模，促进经济要素和资源优势向黄河金岸聚集。石嘴山市大力推进产业结构调整和经济转型，加强环境污染治理，加快环星海湖生态经济圈建设，着力打造山水园林工业新型城市。吴忠市实施滨河新区崛起和老城区改造提升两大战略，推进市区西移与青铜峡东扩同城化建设，提升滨河生态水韵城市魅力。中卫市全力打造绿色生态城市、旅游文化名城，荣获2012年"全国十大最具投资潜力城市"美誉。

【宁南区域中心城市和大县城建设】 宁夏组织实施宁南区域中心城市暨大县城建设大会战，全年开工建设重点项目133个，完成投资近65亿元。宁夏中南部山区城市综合服务功能和承载力明显增强，人居生态环境和质量显著提高。固原市在加快完善老城区基础设施的同时，创新城市规划布局，加快建设西南新区和西部新区，提升城市综合服务功能，打造新的经济增长极。盐池县聘请高等级资质单位高标准修编城市总体规划，城市框架拉大，规划、建设和管理水平提高。同心县、西吉县坚持规划、建设、管理、经营"四轮驱动"，加快推进新区建设和旧城改造，基础设施进一步完善。彭阳县、泾源县把历史文化和地方特色融入县城建设之中，凸显生态旅游休闲功能。海原县以改善民生为主线，坚持老城区改造、工业物流园区、保障性安居工程齐头并进，提升城市基础设施建设和产业发展水平。

【城镇基础设施建设管理】 2012年，宁夏全区完成城市基础设施建设固定资产投资55亿元，新建了一大批城市基础设施和公共服务设施，城市综合服务功能和承载力进一步增强。全区城镇化进程加快推进，2012年城镇化率达到50.7%。深入开展"明珠杯"城市规划建设管理竞赛、园林城市（县城、镇）、人居环境（范例）奖创建等活动，吴忠市、盐池县、隆德县荣获国家园林城市（县城）称号，固原市、永宁县、李俊镇、金积镇分别获得自治区园林城市（县城、镇）称号，固原市须弥山石窟入选第18批国家级风景名胜区。

【城乡环境综合整治行动】 宁夏以"优美环境、洁净城乡"为目标，组织各市县开展声势浩大的城乡环境综合整治行动，对县以上城市和重点小城镇进行了全面整治，改造城中村260万平方米。全区城乡环境明显好转，市容乡貌焕然一新。青铜峡市、贺兰县对整治活动实行月考核、季评比，初步建立垃圾户分类、村收集、乡运输、县处理的农村环境长效管理机制。永宁县、原州区把城乡环境综合整治与城中村改造、特色城镇、新农村建设相结合，通过市场化运作，既解决了群众的住房、就业、增收等问题，又改善了城乡人居环境。

【有限空间作业管理】 宁夏住房和城乡建设厅从2012年9月初至10月底，在全区住房和城乡建设行业开展为期2个月的有限空间作业专项治理工作。组织各地住房城乡建设主管部门对城市供水、排水、燃气、供热、污水处理、垃圾处理等市政公用设施有限空间作业场所进行安全隐患大排查，摸清住房城乡建设系统有限空间作业场所的底数和安全管理现状，建立基础台账和销号制度，对存在的问题和安全隐患逐一进行登记，并跟踪督查，限期整改。建立健全市政公用设施有限空间作业审批、监管、设备配备、岗位资格等制度，对可能产生有毒有害气体的市政公用设施有限空间进行作业时，必须经市政公用设施经营管理单位批准和当地住房城乡建设主管部门审批同意，方可进行作业。凡是未取得有限空间作业上岗资格证的人员，不得从事该项作业。

【银川供水水质监测站通过国家资质认定复查和扩项评审】 国家认证认可监督管理委员会、住房和城乡建设部国家计量认证供排水水质评审组依据《实验室资质认定评审准则》，通过听取汇报、现场参观、试验考核、提问、座谈和查阅记录、档案资料等方式，对银川监测站质量管理体系运行情况进行了审核。评审组专家一致认为，银川监测站从2011年129项参数检测扩项到152项参数检测，具备国家《生活饮用水卫生标准》等7个标准、6种产品共152项参数的检测能力，同意通过资质认定复查和扩项评审。国家城市供水水质监测网银川监测站成为西北五省区第三个具备《生活饮用水卫生标准》全部106项检测能力的监测站。

8. 村镇建设规划

【"两大工程"建设】 宁夏把"塞上农民新居"建设和农村危房改造与黄河金岸建设、生态移民、小城镇建设结合起来，引导农民建房由分散向集中转变、自然村适度整合向大村庄集中、边远村向小城镇集中。修改完善《宁夏特色农宅方案设计参考图集》、《宁夏农村危房改造和生态移民住房建设技术导则》、《抗震示范农宅设计图集》等一系列技术规范和标准，指导各地做好农村住房建设工作，提升村庄规划和农宅设计建设水平。2012年，全区开工建设"塞上农民新居"新村24个，整治旧村庄点290个，改造农村危房5.9万户，其中建设生态移民住房1.59万户。兴庆区、永宁县、青铜峡市、利通区按城市社区的标准规划建设新村，配套基础设施和公共服务设施，建成一批欧式风格、布局合理、功能齐全、环境优美的新型社区，提升了农宅规划设计水平和建设品质。原州区加大农村廉租住房建设力度，配套资金1000多万元，建成廉租住房1055套，让农村特困群众住有所居。

【小城镇建设】 宁夏开工建设13个沿黄特色小城镇和16个中南部重点中心镇，配套完善基础设施，综合整治环境，打造特色建筑，小城镇的综合实力、聚集能力和辐射带动能力进一步增强，有力地促进了农村人口和产业向城镇集聚。原州区、兴庆区、利通区、青铜峡市坚持高标准、高起点规划建设改造小城镇，为全区提供示范。

【村庄规划设计】 宁夏住房和城乡建设厅组织各市县开展新一轮村庄布局规划编制工作，对条件好、有发展潜力的村庄重点支持，集中建设、完善基础设施，吸引周边空心村、零散村向大村庄集中；对空心村或不具备条件的村庄限制发展。组织设计56种欧式、回族、现代等不同风格的农宅建设方案和30个不同户型的设计平面图，免费发放各地，指导各市县根据当地的自然特色与人文风情，优化民居建筑设计，突出地域特色、民族特色和历史文化，引导农民建设不同风格、各具特色的新农居。

【村庄基础设施建设】 宁夏把"塞上农民新居"建设和农村危房改造与村庄环境综合整治结合起来，实施水、电、路、气、房、优美环境"六进农家"工程，综合配套村庄道路、供水、排水、沼气、电力、电讯、绿化等基础设施，合理布局学校、幼儿园、卫生室、文化站等公共服务设施，普及推广沼气、太阳能等清洁能源。全区共硬化村庄道路246.34公里，绿化植树19万多平方米，铺设排水管线100公里，给水管线144公里，安装太阳能热水器2078台。

【农房建设质量管理】 宁夏把农房集中建设改造项目纳入工程建设监管范围，严格执行抗震设防标准和技术规范，全面推行规划许可证和开工许可证制度，对全区1000多名农村工匠进行技术培训，严把项目选址、房屋设计、质量管理、建材选用、竣工验收等环节，并选派农民代表参与全过程管理，确保农宅建设质量合格、抗震安全。

【提高农村危房改造补助标准】 宁夏回族自治区人民政府在2011年提高农村危房改造补助资金标准的基础上，2012年再次提高农村危房改造补助资金标准，其中：川区每户补助2万元，山区每户补助2.2万元，每户补助资金比上年增加0.4万元；川区低保户每户补助1.35万元，山区低保户每户补助1.55万元，每户补助资金比上年增加0.15万元；对其他贫困户D级危房改造川区每户补助0.75万元，山区每户补助0.95万元，每户补助资金比上年增加0.15万元；其他贫困户C级危房改造、生态移民每户补助资金0.5万元，补助标准不变。

【农村廉租住房建设】 为解决农村极度贫困户住房难问题，2011年宁夏率先在全国探索建立农村廉租住房制度，由各级政府实行全额救助，统一建设面积为30平方米左右的住房，建成后租给极度贫困群众居住。农村廉租房产权属于政府，可以循环使用，流转解决新的极度贫困户住房问题。"十二五"期间，宁夏计划建设农村廉租住房2万套，率先在全国实现农村廉租住房制度全覆盖。2011年，宁夏安排补助资金5300万元，建成农村廉租房3000多套，已全部入住。2012年，宁夏安排补助资金1.1亿多元，全区建成农村廉租房5700多套，有效解决了住房最危险、经济最困难群众的住有所居问题。

9. 工程建设标准定额

【建设工程造价管理】 宁夏住房和城乡建设厅印发《宁夏回族自治区〈工程造价咨询企业管理办法〉实施细则》、《宁夏建设工程造价信息员准入清除管理制度》、《宁夏回族自治区建设工程造价咨询合同(示范文本)》、《宁夏建筑节能工程价定额》和《关于加强建筑安装工程工期管理的通知》等文件，开展建设工程造价计价活动执法检查；完善信用体系，及时公示咨询企业和从业人员诚信信息；出版5期《宁夏建筑材料价格指南》。

【工程建设标准】 宁夏住房和城乡建设厅发布《宁夏保障性住房建设标准》、《宁夏保障性安居工程建设施工质量控制导则》、《EPS模块外保温工程技术规程》、《EPS模块混凝土剪力墙结构体系应用技术规程》、《EPS模块框(钢)架结构工业建筑节能体系技术规程》、《民用建筑并网光伏发电应用技术规程》、《烧结煤矸石页岩保温空心砖建筑构造》、《楼宇公共空间太阳能光伏照明系统安装图集》、《公共租赁房设计指导图集》、《农村生态住宅技术应用指南》等地方标准和标准设计图集；组织编制完成《胶粉颗粒复合外墙外保温应用技术规程》、《农村节能住宅技术导则》、《塑料检查井安装构造图集》和《蒸压加气混凝土建筑构造图集》地方标准和标准设计图集；完成《水泥发保温板》、《无机保温砂浆》、《外墙用复合保温板》等8项企业标准备案登记和复审工作。

10. 工程质量安全监督

【工程质量管理】 宁夏制定《2012年全区建设工程质量管理工作要点》、《宁夏保障性安居工程建设施工技术质量控制要点》、《宁夏保障性住房质量控制导则》和《宁夏生态移民工程质量技术控制要求》等文件，建立健全质量安全管理保证体系，加强对沿黄城市带、宁南区域中心城市暨大县城、保障性住房、生态移民工程、"塞上农民新居"建设、农村危房改造等重点工程质量监管，严格执行工程建设强制性标准，对质量责任制落实不到位的工程项目加大巡查、抽查和处罚力度，及时消除工程质量隐患。2012年，共检查在建保障性住房工程775项，总建筑面积647.85万平方米，生态移民工程83项(安置点)，总面积95.6万平方米，现场抽测383组建筑原材料，下发整改通知书33份，对存在问题较多的2家建设单位、4家施工单位、4家监理单位进行约谈和警示教育，有效保障了工程质量安全，工程质量合格率达到100%。

【建筑施工安全监管】 宁夏制定《建筑工程安全管理规程》、《建筑工人安全操作规程》、《标准化工地实施指南》等规章制度，组织开展建筑工程车辆和施工机械安全管理、预防高空坠落等专项整治，督促施工企业严格落实安全生产责任制，有效防范安全事故。推广应用安全生产新技术新装备，在施工现场实施远程监控系统，对塔式起重机安装安全监控系统，对职工宿舍照明电源使用安全电压和定时电压转换开关，对煤炉取暖封闭空间使用一氧化碳报警器等，提高安全施工防护水平。严肃事故查处，严格追究责任，对发生安全事故的区内企业一律暂扣安全许可证并停业整顿，情节严重的暂扣资质；属区外企业的清出宁夏市场，遏制建筑施工违法违规行为，全区建筑安全生产形势持续稳定，无重大事故发生。

【"打非治违"专项行动】 在全区房屋建筑和市

政基础设施建设领域开展"打非治违"专项行动，第一阶段共检查在建工程1162项，涉及建设单位405家，施工单位476家，监理单位189家。查处未办理施工许可证的工程115起，施工企业未定期检查的64起，工程项目部未进行日常检查的33起，重大危险源管理未落实的31起，项目经理不到位的76起，专职安全员未到位55起，机械管理员不到位的92起，项目总监不到位的46起，安全监理员不到位的37起，特种作业人员配备不足的84起，特种作业人员证件过期的77起。第二阶段共检查工程982项、建筑起重机械2792台、重大危险源共187项，查处各类隐患1098项，针对存在的违法违规情况，共下发停工整改通知书151份，隐患整改通知书578份，行政处罚48份。对未办理施工许可证擅自开工建设的等共70家责任单位共处罚款156万元，对现场存在重大安全隐患且拒不执行停工令的10家企业暂扣其安全生产许可证，对96家责任单位负责人、9家安全保证体系不健全的施工企业进行约谈，有力地打击了各类违法违规行为，有效地消除了建筑安全隐患。

【建筑施工安全质量标准化工作】 6月26日，宁夏住房和城乡建设厅在国电英力特大厦项目施工现场召开全区建筑施工安全质量标准化工地现场观摩会，并设置建材大厦，上元名筑1号、2号楼，城市1号，银川凯宾斯基花园一期工程和亘元万豪大厦项目施工现场5个分会场。在观摩现场设置新技术、新设备实物展区，展示近年来宁夏推广的塔机安全监控系统、工具化、标准化临边防护设施、安全电压照明系统、消防标准化设施、施工现场远程网络监控系统和农民工实名制管理门禁系统等建筑施工新产品、新工艺、新技术、新设备。宁夏住房和城乡建设厅和安全监督管理局组织专家对2012年度申报自治区"建安杯"安全文明标准化示范工程项目进行审查，宁夏建筑设计院有限公司总部基地商务办公楼，建材大厦，英力特大厦，共享春天1号、2号、3号公寓楼地下车库，银设·唐堤慧苑1号综合楼，石嘴山市公安局大武口区分局业务技术用房工程，同心县人民法院审判办公综合楼，青铜峡宾馆综合楼和华祺国际9项工程获得"建安杯"安全文明标准化示范工程称号。

11. 建筑市场

【建筑业发展】 宁夏加大政策扶持力度，支持有实力的房屋建筑工程、公路工程、水利水电工程、电力工程、矿山工程施工总承包企业申报特级资质，指导一级企业按照新资质标准夯实基础，扶持二、三级总承包发展升级，积极培育以总承包为龙头、专业承包为依托、劳务分包为基础的承包商体系，形成大中小企业、综合型和专业型企业相互依存、协调发展的建筑业产业结构，推进建筑产业优化升级，提高发展质量和竞争力。放宽资质准入条件，对经营特色明显、科技含量较高、市场前景广阔的专业企业，按照专业企业资质标准中的工程技术人员数量、业绩达到80%予以核准，通过动态监管促使企业2年内达到资质标准要求。放宽建筑劳务分包企业资质条件，对初次申报3项以下建筑劳务作业资质的企业，注册资本金和技术工人数量放宽至资质标准规定的80%，通过动态监管促使企业在其后2年内达到资质标准要求。全年完成建筑业总产值461亿元。

【建设工程招投标监管】 宁夏健全完善制度＋科技的监管模式，全面实行工程量清单计价招标、网上报名、电子评标、投标保证金集中收退管理，探索随机抽取中标人、业主代表不参与评标等方法，促进房屋建筑工程和市政工程招投标活动依法有序进行。制定下发《房屋建筑和市政工程项目招标投标监督工作职责及制度》、《工程建设项目开标工作程序》等文件，规范和细化开标评标工作程序，明确参与各方的职责范围，避免职权交叉。建立招投标投诉举报快速处理工作机制，严厉打击招投标违法违规行为。调查处理招投标投诉举报案件9起，实施行政处罚5起，对两家外省进宁施工企业在招投标活动中弄虚作假和串通投标行为，依法给予一年内不得参加宁夏区域内招投标活动的行政处罚。

【规范建筑市场秩序】 宁夏开展勘察设计质量检查、房屋建筑和市政工程挂靠借用和违规出借资质问题专项清理、工程监理市场专项治理等活动，深入排查工程项目建设中施工、监理、勘察设计、招标代理等单位和个人在房屋建筑和市政工程建设中存在的挂靠借用资质投标、违规出借资质问题，依法依规进行处理。对违法违规的市场主体，视情节轻重，给予限制市场准入、降低或取消从业资质、吊销执业资格、没收违法所得、罚款等处罚，进一步规范全区建筑市场序。

【建筑业诚信体系建设】 宁夏住房和城乡建设厅整合信息资源，建立完善建筑业信用信息平台，实现建筑工程质量、安全、招投标管理与市场行为记录联网，引导建筑业企业依法守信生产经营。根据企业的年度信用等级评价，实行差别化管理，对

AAAA、AAA级企业，鼓励其做大做强、创优，实施简化监督、动态监管。对各级建设部门检查通报表扬的企业，获得"建安杯"标准化工地和"西夏杯"优质工程的企业在诚信平台中予以加分。对创优、守信企业在企业资质升级、增项等方面予以政策支持，优先入围政府投资工程项目。对重大违规违法经营、发生重大质量安全事故、在社会上造成严重影响的，列入"黑名单"，两年内限制承接新工程。

12. 建筑节能与科技

【建筑节能工作】 宁夏强化建筑节能标准执行监管，全区新建建筑设计、施工阶段执行节能标准达100％，银川市新建建筑65％节能标准执行率达100％。完成35栋国家机关办公建筑和大型公共建筑能源审计工作，开展全区国家机关办公建筑和大型公共建筑能效公示。完成既有居住建筑供热计量及节能改造200万平方米。全区可再生能源建筑一体化配建面积达450万平方米。宁夏列入国家第一批可再生能源建筑应用省级示范地区，吴忠市被列为国家可再生能源建筑应用示范城市，宁夏银星能源设备制造有限公司工业厂房光伏发电项目列入国家2012年度光电建筑应用示范项目。全区新型墙材产量达到23.1亿标块，建筑节能和新型墙材工作实现节能28.35万吨标准煤。截至2012年底，宁夏累计建成节能建筑8310万平方米，占全区既有民用建筑总量的48.72％，建筑节能对全区节能减排的贡献率达到20％以上。

【太阳能光伏发电温室示范项目】 宁夏太阳能光伏发电温室示范项目建成投产。该项目建设规模336.6千瓦，项目覆盖10座设施农业光伏温室，年发电量约37万千瓦时，年节能129.5吨标准煤，减排二氧化碳282吨，减排二氧化硫约8078吨，减排粉尘约3.9吨。

【太阳能光伏屋顶发电项目】 宁夏中宁县人民政府与宁夏百事德新能源科技有限公司、宁夏银星能源有限公司签署屋顶光伏发电项目合作协议，两家公司投资5.25亿元，3年内在中宁县建成总装机容量为35兆瓦的农村屋顶光伏发电项目。该项目是宁夏最大的太阳能光伏屋顶发电项目。项目建成后，年发电量可达5110万千瓦时，节约标准煤约1.7万吨，减排二氧化碳4.233万吨；受益农户达1.2万户、约5.4万人，每户每年可增加纯收入约1000元。

【银川火车站改造工程】 宁夏银川火车站改造工程通过建筑业十项新技术应用示范工程验收。该工程重点应用地级基础和地下空间工程技术、高强钢筋与预应力技术、绿色施工等十项新技术中的10大项、19个子项，新技术应用量多、范围广，其中"灌注桩后注浆技术"、"索结构预应力施工技术"、"拱壳结构清水混凝土模板技术"，具有技术性强、施工难度大、创新性强等特点，填补了宁夏相关施工技术空白。

【科技成果】 宁夏住房和城乡建设厅完成10项科技成果鉴定验收，45项新技术、新产品推广认证，46项建筑节能门窗产品认定，35项民用建筑太阳能热水系统一体化应用技术和产品认定。

13. 建设人事教育

【建设行业人才发展】 宁夏住房和城乡建设厅在对全系统人才资源状况进行调查统计，摸清底数的基础上，出台《宁夏回族自治区住房和城乡建设行业人才发展中长期规划（2012～2020）》。进一步规范全行业职能教育培训工作，加强对行业协会和培训机构的管理，提高培训质量。2012年，宁夏全区共组织145批职业技能培训，共有1.6万人获得职业培训岗位合格证书，其中，施工现场专业管理人员2600人，"三类人员"3600人，特种作业操作人员4800人，其他3000多人。

【农民工培训】 宁夏住房和城乡建设厅开展建筑业农民工职业技能竞赛暨农民工岗前安全培训月活动，在生态移民、"塞上农民新居"点和各市、县（区）建筑业劳务输出集中的乡镇，建立建筑业农民工培训基地和劳务输出基地，开展电工、电焊工、瓦工、木工、钢筋工等建筑类初级职业技能培训，培训考核合格者颁发岗位合格证，着力提高建筑业农民工技能操作水平。

14. 大事记

1月

9日 宁夏在银川市召开了全区住房和城乡建设工作会议。宁夏回族自治区人大常委会副主任何学清、自治区副主席李锐出席会议。全区各市、县（区）分管住房和城乡建设工作的副市、县（区）长，住房城乡建设系统部门主要负责人，自治区相关部门、中央驻宁单位负责人及相关企业负责人参加会议。会议传达了全国住房和城乡建设工作会议精神，总结了2011年全区住房和城乡建设工作，安排部署2012年工作任务。自治区副主席李锐作重要讲话。

2月

8日 宁夏回族自治区2011年度惩防体系建设和落实党风廉政建设责任制第八检查考核组在自治区党委常委、宣传部部长蔡国英的带领下，对宁夏住房和城乡建设厅党组2011年度惩防体系建设和落实党风廉政建设责任制情况进行检查考核。

15日 宁夏回族自治区党委常委、纪委书记陈绪国到宁夏住房和城乡建设厅调研督查营造风清气正发展环境活动开展情况，对宁夏住房和城乡建设厅开展进一步营造风清气正发展环境活动前一阶段工作给予充分肯定，对下一步工作提出具体要求。

3月

19日 宁夏在银川召开全区建筑管理工作会议。自治区相关厅局，各市、县（区）建设局和有关企业负责人约300余人参加会议。会议总结2011年全区建筑管理工作，表彰2011年建筑管理先进单位和优秀建筑业企业，通报2011年建筑业安全生产责任事故单位，安排部署2012年建筑管理工作。

4月

10日 2012年宁夏黄河金岸重点项目建设大会战动员会在中卫市召开。自治区领导张毅、王正伟、项宗西、苏德良、马秀芬、郝林海、李锐、屈冬玉出席动员会，并为中卫"大河之舞"主题文化公园项目奠基。自治区党委书记张毅宣布2012年黄河金岸重点项目建设大会战启动，自治区主席王正伟在动员会上讲话，自治区副主席郝林海宣读《自治区人民政府关于表彰奖励2011年度沿黄城市带建设工作先进单位的决定》，自治区副主席李锐主持会议，并代表自治区人民政府与沿黄各市签订2012年沿黄城市带建设考核目标责任书。

11日 宁夏在固原市召开宁南区域中心城市暨大县城建设大会战动员会。自治区领导王正伟、项宗西、马秀芬、李锐出席动员会，并为固原市西兰银综合物流园开工奠基。自治区主席王正伟宣布2012年宁南区域中心城市和大县城建设大会战启动，并作重要讲话。自治区副主席李锐主持会议，并代表自治区人民政府与固原市和中南部九县（区）签订目标责任书。自治区住房和城乡建设厅、固原市、吴忠市红寺堡区负责同志在动员会上发言。

17日 宁夏生态移民工程质量安全现场会暨建筑行业第五个农民工岗前安全生产培训教育月活动和技能竞赛活动在固原市原州区头营乡生态移民工程现场开幕。自治区住房城乡建设、发展改革、移民等部门领导和各市、县建设局、质量安全监督站、各有关企业的主要负责人参加了会议。宁夏建工集团有限公司、宁夏煤炭基本建设公司、宁夏电力建设工程公司、宁夏第四建筑工程公司与各村签订了用工协议。

29日 第四届"中国西部（银川）房·车生活文化节"隆重开幕。宁夏回族自治区党委书记张毅，自治区主席王正伟，自治区党委副书记、秘书长崔波，住房和城乡建设部政策研究中心主任秦虹、中国汽车流通协会副秘书长刘文姬共同为房·车节启幕。自治区领导齐同生、蔡国英、徐广国、冯炯华、李锐、安纯人等出席开幕式。宁夏住房和城乡建设厅举行房地产高峰论坛，邀请住房和城乡建设部政策研究中心主任秦虹作了"房地产政策趋势与市场空间"的主题演讲。自治区副主席李锐出席论坛并发表重要讲话。

5月

20日 以巴林外交部顾问、前埃及驻华大使穆罕默德·努曼·贾拉勒为团长的海湾国家政治顾问考察团一行11人在中国国际交流协会和宁夏外事办人员的陪同下，参观了宁夏中阿经贸论坛永久会址建设施工现场。

28日 宁夏回族自治区政协副主席李淑芬带领政协各委办负责人、部分常委、委员，在宁夏住房和城乡建设厅厅长刘慧芳，总工程师郑德金的陪同下，先后视察银川市经济技术开发区颐安投资有限公司ASA复合保温板及轻钢结构抗震节能建筑体系、泰山（银川）石膏有限公司纸面石膏板生产线、湖畔嘉苑、长城花园新型墙体材料和太阳能建筑一体化推广应用情况。

6月

12～30日 中央加快转变经济发展方式第十检查组在宁夏回族自治区副主席齐同生、纪检委书记陈绪国的陪同下，对宁夏保障性安居工程建设政策措施落实情况进行检查。宁夏回族自治区党委书记张毅、自治区主席王正伟接见检查组一行。

12日 宁夏回族自治区政协副主席张乐琴带领政协各委办负责人、部分委员，在宁夏住房和城乡建设厅厅长刘慧芳、副厅长张吉胜的陪同下，先后视察宁夏国际会议中心和穆斯林商贸城。

26日 宁夏住房和城乡建设厅在国电英力特大厦项目施工现场召开全区建筑施工安全质量标准化工地现场观摩会。全区各市县建设局主管副局长、安全监管机构负责人和部分建设、施工、监理单位代表参加观摩会。

7月

12日 全区住房保障工作会议在银川市召开。

自治区领导何学清、李锐、解孟林出席会议。自治区副主席李锐代表自治区人民政府与各市县人民政府签订2012年住房保障工作目标责任书，并作重要讲话。会议总结2011年及2012年上半年全区住房保障工作，部署下半年工作，表彰2011年度全区住房保障工作先进单位和先进个人。宁夏住房和城乡建设厅与国家开发银行宁夏分行签署《开发性金融支持保障性安居工程建设合作协议》。

20日　宁夏吴忠市被住房和城乡建设部列入2012年国家可再生能源建筑应用示范城市，这是继银川市后宁夏第二个国家级示范城市。

8月

15日　宁夏召开全区保障性安居工程推进会，自治区副主席李锐出席会议，并作重要讲话。宁夏有关部门分别汇报全区保障性安居工程建设、中央下放地方煤矿棚户区改造、林业危旧房改造、垦区棚户区改造进展情况，银川、石嘴山、吴忠、固原、中卫市分别汇报本地保障性安居工程建设进展情况。

28日　宁夏回族自治区政协副主席陶源带领部分政协常委、政协委员，在宁夏住房和城乡建设厅副厅长张吉胜、银川市副市长杨有贤的陪同下，视察银川市城市公共厕所建设管理工作。

9月

12日　2012中国（宁夏）国际投资贸易洽谈会暨第三届中阿经贸论坛在银川开幕。中共中央政治局常委、国务院副总理李克强出席会议。在会议期间，李克强副总理实地考察了宁夏石嘴山市大武口区煤机三厂煤矿棚户区改造项目进展情况。在听了石嘴山市有关负责同志关于全市棚户区改造进展情况和下一步打算后，李克强副总理说，加快改造棚户区是推进城镇化健康发展的重大任务。经过多年的发展，我国城乡面貌发生了很大变化，但经济发展还不平衡，其中最大的表现是城乡差别，即使从城市看，内部也存在二元结构的问题，突出表现在由于历史原因还存在不少棚户区，这里的居民又大多为低收入群众。实施保障性安居工程特别是推进棚户区改造，既能改善这些家庭的住房条件，保障困难群众基本生活，调节收入分配；又能扩大消费和投资，拉动经济增长，是重大的民生工程，也是重大发展与和谐工程。他叮嘱随行同志，要加大棚户区改造力度，确保建设质量、设施配套和分配公平公正，使不同收入居民、不同民族群众同区居住，共享和谐。

10月

18日　宁夏回族自治区召开了2012年沿黄城市带建设现场观摩会，自治区领导王正伟、崔波、何学清、李锐、袁汉民出席会议。与会代表实地观摩银川市、吴忠市的10个具有典型性和示范性的重点项目和亮点工程。现场观摩结束以后，自治区副主席李锐主持召开观摩总结会，自治区党委书记张毅向观摩会发来贺信，自治区主席王正伟作重要讲话。

11日　宁夏被住房和城乡建设部列入国家首批可再生能源建筑综合应用省级示范。

31日　国务院公布第八批国家级风景名胜区名单，宁夏固原市须弥山石窟入选第八批国家级风景名胜区，这是继1982年西夏王陵成为国家级风景名胜之后宁夏的第二个国家级风景名胜区。

11月

12日　宁夏回族自治区副主席李锐在自治区有关部门负责同志的陪同下，先后视察宁夏国际会议中心、鸿曦·悦海湾和凯宾斯基花园等项目建筑工地，详细了解各项目规划设计、施工进度、安全生产等情况，并看望慰问一线建筑工人。

18日　宁夏住房和城乡建设厅和质量技术监督局联合制定下发《宁夏回族自治区城镇居民住宅供热室温检测及退费暂行办法》，进一步加强供热管理，规范供用热行为，维护供热用热双方的合法权益。

12月

5日　宁夏住房和城乡建设厅在银川市、中卫市两地试行异地远程电子评标，身在不同地方的7位评标委员会成员，通过电子招投标系统，对中国工商银行中卫市支行营业室装修改造工程进行远程评标，并获得成功。

6日　住房和城乡建设部印发《关于支持宁夏加快内陆开放型经济试验区建设的意见》，从城乡规划管理、加快城镇化进程、住房保障体系建设、城镇市政公用设施建设、农村住房建设和小城镇建设、建筑节能、建筑业发展、建设人才培养8个重点领域，出台14条有针对性的措施，支持宁夏加快内陆开放型经济试验区建设。

25日　宁夏回族自治区人民政府命名固原市为自治区园林城市，永宁县为自治区园林县城，吴忠市利通区金积镇、永宁县李俊镇为自治区园林镇。

（宁夏回族自治区住房和城乡建设厅）

新疆维吾尔自治区

1. 概况

【城乡规划工作取得新突破】 2012年，新疆维吾尔自治区（以下简称"新疆"）出台《新疆城镇体系规划（2012～2030）》正式上报国务院，《自治区推进新型城镇化行动计划（2012～2020）》经自治区党委常委（扩大）会议审议通过，全区城镇化率43.98%。全年投入资金5.18亿元，编制（修编）完成12个地州城城镇体系规划、88个城市（县城）、594个乡镇总体规划和4336个村庄建设规划，城市控制性详细规划覆盖率达70%、县城达50%。

【重点民生工程建设任务圆满完成】 2012年，新疆安居富民建设投入资金253.68亿元，补助资金总额较上年增加13.5亿元（其中国家补助标准由6000元/户增长到10500元/户），开工建设安居富民工程32.12万户，占年度计划任务的107%，竣工31.48万户，竣工率达104.95%。在全国农村危房改造年度检查考核中，新疆安居富民工程成绩名列前茅；保障性住房投入资金245.6亿元，其中国家补助资金较上年增加21.2亿元，开工建设各类保障性住房30.7万套，占年度计划任务的104%，基本建成28.3万套。其中，住房城乡建设部门组织实施的保障性住房开工25.3万套，占年度计划任务的107%，基本建成21.2万套；学校、医院抗震防灾工程投入资金10.76亿元，开工建设145.9万平方米，占年度计划任务的128%，竣工96.3万平方米，竣工率为84.5%；城市基础设施投入资金200亿元以上，年新增城市供水能力2120万立方米、供气能力16649万立方米、污水处理能力2310万立方米、垃圾无害化处理能力24万吨，分别为年度计划任务的1.25倍、4.5倍、1.54倍和2倍。

【城乡人居环境明显改善】 2012年，争取补助资金13.92亿元，新建节能建筑3000万平方米，完成既有建筑节能改造2367万平方米，组织建立绿色建筑、信息化等新技术示范工程19项，新建可再生能源示范县4个。新一轮城市建设"天山杯"竞赛评比表彰圆满完成，成功举办自治区第十届"环卫工人节"，大力开展节水型城市和园林城市创建活动，城市建成区人均公园绿地面积达9.54平方米，绿化覆盖率达33.92%。风景名胜区和历史文化名城（镇、村）保护得到加强，新疆天山申遗取得突破性进展，城市环境综合治理利用外资项目累计完成投资35亿元。

【建筑业、房地产业保持持续健康发展】 2012年，新疆等级建筑施工企业1045家，实现建筑业总产值1633亿元、建筑业增加值380亿元。深入开展工程建设领域突出问题专项治理工作，加快建筑市场信用体系建设，建立规范有序的建设工程交易信息化服务平台，全年累计进场交易项目近8000项、交易总额约880亿元。全面落实工程质量和安全生产主体责任，鼓励引导企业争创优质工程和安全文明工地，工程质量和安全生产水平显著提高，特别是伊犁州、巴音郭楞州安居富民工程经受住伊宁——巩留6.0级和新源县——和静县交界处6.6级地震的考验。

新疆全年1509家房地产开发企业完成房地产开发投资606亿元，同比增长17.4%，商品住宅价格总体保持平稳。累计缴存住房公积金总额累计归集总额939.49亿元、累计发放个人住房贷款472.94亿元，同比分别增长24.60%和28.6%，累计提取廉租住房补充资金10.14亿元。克拉玛依市、哈密地区、巴州被列为利用住房公积金贷款支持保障性住房建设新增试点城市，新增贷款额度24.8亿元。

【行业各项工作取得新进展】 《自治区建筑工程社会保险费统筹办法（试行）》经自治区人民政府批准实施，《自治区超限高层抗震设防审查工作规程》等46件规范性文件发布实施。严肃查处住房城乡建设领域违法违规行为，直接立案查处违法违规案件14件，下发执法建议书44件。《自治区安居富民工程建设标准》、《自治区保障性住房建设标准》等16项工程建设地方标准及标准设计发布实施，自治区12系列建筑标准设计编制工作全面启动，《自治区市政工程消耗量定额》及配套技术文件修编完成，全疆统一的工程造价信息化平台正式运行，推广应用高强钢筋示范工作稳步推进。城建档案管理工作规范开展。深化行政审批制度改革，健全完善绩效考评体系，行政审批效率进一步提高。完善信访工作制度，国家和自治区交办的34件重大信访案件基本解决完毕。建筑工程价款结算和农民工工资支付监管力度加大，有效预防和制止了拖欠问题引发的群体性上访事件。建立健全应急管理组织体系，编制完善行业各类应急预案，突发事件防范应对能力有所增强。及时向企业拨付建筑劳保费14.97亿元，安排困难企业各类调剂补贴资金近6000万元。

加大行业教育培训工作力度，累计培训各类人员6.7万多人次。多角度、深层次宣传住房城乡建设工作，在自治区主流媒体刊发信息300余条，完成"项目促进周、民生促进周、现代文化促进周"、"援疆工作两周年纪实"、"科学发展辉煌成就"和"贯彻落实十八大精神"等重大新闻宣传活动，营造良好社会舆论氛围。

2. 政策规章

【法规建设】 2012年初，住房城乡建设厅印发《2012年自治区住房和城乡建设厅行政执法检查方案》、《自治区住房和城乡建设厅行政处罚决定执行程序规定》、《自治区住房城乡建设厅行政处罚案卷归档管理办法》，规范行政执法程序。2012年，住房和城乡建设厅提请自治区人民政府审查《自治区建设工程勘察设计活动监督管理办法》、《自治区建筑工程社会保险费统筹管理办法》、《自治区实施〈国有土地上房屋征收与补偿条例〉办法》，发布《自治区建设工程安全专项施工方案论证专家及专家库管理办法》、《自治区建设工程项目串通投标行为认定处理暂行办法》、《自治区超限高层建筑工程抗震设防审查工作程序》、《自治区镇和村庄总体规划编制成果验收办法》等46项规范性文件，起草《自治区保障性住房分配退出管理办法》、《自治区保障性住房销售和上市交易管理办法》等文件。

【行政执法】 2012年9月19～20日，住房和城乡建设部在乌鲁木齐市举办住房城乡建设系统稽查执法培训班。各州、市（地）、县（市）建设、规划、房产等部门分管法制工作的领导和各市、县城建监察执法机构负责人和业务骨干200多人参加培训。

2012年，处理违法违规举报投诉65件。反映问题按行业分类，建筑市场24件，占36.9%；房地产市场19件，占29.2%；城乡规划11件，占16.9%；工程质量安全8件，占12.3%；城市建设3件，占4.6%。65件举报投诉中，立案调查11件，占16.9%；转往地、州、市查处19件，占29.2%；配合办理4件，占6.1%；其他举报投诉31件，占47.7%。11件案件中9件已结案，下达行政处罚决定14份，处罚总额577.44万元。

3. 房地产业

【城镇房屋建设】 2012年，新疆城镇实有房屋建筑面积42262.63万平方米，比上年增加3703.13万平方米。其中住宅建筑面积26221.44万平方米，比上年增加2939.24万平方米，非住宅建筑面积16041.19万平方米，比上年增加763.89万平方米，成套住宅建筑面积22894.61万平方米，住宅成套率87.31%，比上年增长1.75%。城镇人口977.12万人，人均住宅建筑面积26.84平方米，比上年增加0.82平方米。

2012年新疆城镇房屋建筑面积42262.63万平方米。其中钢结构1076.2万平方米，钢混结构7553.23万平方米，混合结构10471.74万平方米，砖混合结构18652.61万平方米，砖木结构2438.72万平方米，土木结构2070.13万平方米；单层房屋10636.13万平方米，多层房屋25516.56万平方米，高层6109.94万平方米。

【城镇房屋征收】 2012年新疆城镇实际做出房屋征收决定490个，建筑面积1163万平方米，比上年增加88个，增加167.75万平方米。其中住宅1105.23万平方米，增加208.05万平方米。实际完成339个，建筑面积753.43万平方米。其中住宅686.18万平方米，住户37008户，司法强制执行35户，房屋面积1.12万平方米。

【房地产开发经营】 2012年，新疆列入统计部门统计范围的房地产开发企业1509家，商品房屋开发投资完成606.09亿元，比上年增长17.4%。商品房屋施工面积6896.54万平方米，增加1415.1万平方米，其中新开工面积2823.64万平方米，减少150.87万平方米。商品房屋竣工面积1736.19万平方米，增加465.71万平方米，其中住宅竣工面积1438.43万平方米，增加330.41万平方米。实现商品房屋销售面积1430.30万平方米，减少297.93万平方米，其中销售住宅面积1274.79万平方米，减少295.77万平方米。截至年底，全区商品房屋待售面积459.21万平方米，增加92.19万平方米，其中住宅待售面积277.72万平方米，增加57.27万平方米。

【4项目获"广厦奖"】 2012年11月15日，经中国房地产业协会、住房和城乡建设部住宅产业化促进中心评审，住房和城乡建设部批准，授予"北

京雅世·合金公寓"等73个项目2011～2012年度"广厦奖",新疆华源实业(集团)有限公司的华源·博雅馨园二、三期工程,伊犁华新置业有限公司的新矿·滨河家园,石河子开发区天富房地产开发有限责任公司的天富玉城和天富巨城4个项目榜上有名。

【城镇房屋登记】 2012年,新疆城镇房屋权属登记总建筑面积36502.36万平方米,比上年增加1377.87万平方米,其中住宅登记面积22819.53万平方米,比上年增加610.46万平方米,非住宅登记面积13682.83万平方米。2012年国有土地上登记总建筑面积8365.38万平方米,其中所有权登记5183.55万平方米,初始登记1866.15万平方米,转移登记1855.45万平方米,变更登记320.7万平方米,注销登记1141.25万平方米(含拆除登记),抵押权登记2311.91万平方米,预告登记683.35万平方米,其他登记186.57万平方米。国有土地上登记总件数489464件,其中所有权登记277359件,初始登记37284件,转移登记175043件,变更登记10782件,注销登记54250件(含拆除登记),抵押权登记141520件,地役权登记848件,预告登记46916件,其他登记4821件。

【物业管理】 2012年,全疆有物业服务企业1225家,比上年增加328家,现有从事物业服务人员5.96万人,比上年增加0.19万人,接受委托物业服务项8376个,比上年增加293个,物业管理房屋总建筑面积20935万平方米,比上年增加1152.01万平方米,占房屋总建筑面积的49.54%,比上年减少1.77%;物业管理住宅总建筑面积16596.37万平方米,比上年增加901.31万平方米,占住宅建筑面积63.29%,比上年减少3.51%。

【自治区物业管理示范小区】 2012年,区住房和城乡建设厅对申报"2012年自治区物业管理示范小区(大厦)"项目进行考评、验收,克拉玛依市荣康物业有限责任公司的新疆油田公司机关一号办公楼等24个物业服务项目达到考核标准,评定为"2012年自治区物业管理示范小区(大厦)"。

【住宅专项维修资金】 2012年,区城镇房屋(住宅)累计归集住宅专项维修资金归集559615.15万元,比上年增加99824.96万元,其中累计申请已使用21627.03万元,增加3187.77万元,住宅专项维修资金余额537988.12万元,增加115076.45万元。

4. 住房保障

【保障性住房建设】 2012年,国家保障性安居工程协调小组与区人民政府签订的目标任务为:建设保障性住房和棚户区改造住房29.5万套。由建设部门牵头建设的保障性住房23.7万套。其中:廉租住房7.7万套,公共租赁住房5.4万套;经济适用住房0.7万套;限价商品住房0.5万套;城市棚户区改造8.5万户;国有工矿棚户区改造0.9万户;林业棚户区(危旧房)改造0.36万户;垦区危房改造5.4万户。新增发放廉租住房租赁补贴10.17万户。2012年,开工建设各类保障性住房29.82万套,占年度计划任务的100.8%,基本建成27.89万套。其中,住房城乡建设部门组织实施的保障性住房开工25.02万套,占年度计划任务的105.1%,基本建成21.2万套。

2012年全疆投入资金245.6亿元,其中:中央补助资金94.8亿元、自治区安排补助资金20.1亿元,地方自筹、银行贷款、企业投入等130.7亿元。

【住房城乡建设部巡查保障性安居工程建设】 2012年5月22日,住房城乡建设部城镇保障性安居工程巡查组在自治区住房城乡建设厅召开住房城乡建设部城镇保障性安居工程新疆巡查工作座谈会。自治区城镇住房领导小组办公室组织农业厅、林业厅、畜牧厅及住房城乡建设厅人员参加会议,会上,巡查组成员听取自治区农业厅、林业厅、畜牧厅与会代表的情况汇报。

【全国住房城乡建设系统对口援疆工作会议】 2012年7月16～18日,住房和城乡建设部在吐鲁番召开第三次全国住房城乡建设系统对口支援新疆工作会议,19个援疆省市住房和城乡建设部门的代表、各地州市住房城乡建设行政主管部门主要领导120多人参加会议。会议由住房城乡建设部总规划师唐凯主持,住房和城乡建设部副部长齐骥,自治区党委常委努尔兰·阿不都满金,兵团党委常委、副司令员于秀栋出席会议。湖南、山东和安徽省、中国城市规划设计研究院、自治区住房城乡建设厅、兵团建设局做了大会主题发言,与会代表交流对口支援工作经验,参观示范区地源热泵机房及集资统建住房现场和吐鲁番地区部分安居富民工程点。

【齐骥出席吐鲁番城乡建设系统援疆工作会议】 2012年7月16～17日,住房和城乡建设部齐骥副部长一行出席在吐鲁番市召开的第三次全国住房城乡建设系统对口支援新疆工作会议。

5. 公积金管理

【住房公积金管理】 2012年,新疆归集住房公积金185.51亿元,累计归集总额939.49亿元,比年初增长24.60%。累计为职工购建房等原因支取住房公积金413.47亿元，住房公积金归集余额526.03亿元，增加80.51亿元。

全区累计为45.88万户职工发放个人住房公积金贷款472.94亿元，比年初增加105.19亿元；个人住房公积金贷款余额287.24亿元，个人贷款余额占缴存余额的比例54.61%。截至年底，累计提取廉租住房建设补充资金10.14亿元，已划转交财政部门7.19亿元。

2012年累计归集住房资金81.82亿元，其中住房资金78.56亿元、住房维修基金3.26亿元。审批使用住房资金19.46亿元（新建住房18亿元，住房维修0.09亿元，退房1.37亿元）。至年底，住房资金余额12.12亿元（维修资金1.6亿元，售房及集资款10.52亿元）。

【住房公积金廉政风险防控工作】 2012年3月19～24日，全国加强住房公积金管理专项治理工作领导小组专项检查伊犁州、昌吉州、巴音郭楞州、喀什地区、乌鲁木齐住房公积金管理委员会、住房公积金管理中心住房公积金涉险资金。经查全区5.29亿元住房公积金项目贷款、挤占挪用资金全部清收完毕；巴音郭楞州和若羌县用个人名义发放的住房公积金项目贷款12148.40万元全部归还；财政和部分行业欠缴职工住房公积金全部补缴到位；阿勒泰地区管理中心被质押的2000万元破产项目承债保证金本金及104.43万元利息全部归还。10月17～25日，自治区住房和城乡建设厅、纠风办、财政厅、审计厅、人民银行等七部门及抽调的部分地区公积金管理中心人员组成四个检查组，检查各地、州、市开展住房公积金廉政风险防控工作，检查采取听取地州市住房公积金廉政风险防控工作情况汇报，现场查看有关机制、业务运行信息系统建设及标识设置情况；查阅重大事项备案和报告有关记录等综合评价检查情况。10月24日至11月30日，中央纪委纠风室、国务院纠风办、住房和城乡建设部检查组重点检查克拉玛依住房公积金管理中心独山子分中心、巴音郭楞州塔里木油田分中心、哈密地区住房公积金管理中心吐哈油田分中心、潞新管理部等地住房公积金廉政风险防控工作。11月2～3日，住房城乡建设部住房公积金专项检查组检查喀什地区住房公积金管理委员会、住房公积金管理中心住房公积金涉险资金清收工作。

【中央驻疆企业建立补充住房公积金制度试点工作】 2012年3月9日，住房城乡建设部、财政部、人民银行下发《关于做好扩大利用住房公积金贷款支持保障性住房建设试点范围工作的通知》，确定了一批新的试点城市和贷款项目，其中新疆克拉玛依市、哈密地区、巴音郭楞州的20个项目被列入新增贷款城市和项目，共计贷款额度24.8亿元，至此，自治区四个试点城市总计贷款规模达49.7亿元。其中乌鲁木齐市2010年确定为全国首批28家利用住房公积金贷款支持保障性住房建设的试点城市。7月4日，区住房和城乡建设厅、自治区人民政府纠风办、监察厅、财政厅、中国人民银行乌鲁木齐中心支行、审计厅、新疆银监局决定成立中央驻疆企业建立补充住房公积金制度试点工作领导小组。7月4～8日，住房和城乡建设部、财政部、人民银行等部门组成调查组抽查巴音郭楞州、哈密地区、克拉玛依市的试点项目。检查组听取新疆试点城市关于试点准备工作和项目情况的汇报，查看相关资料，实地考察试点项目，根据检查内容修正试点城市上报的项目。

【陈大卫调研《住房公积金管理条例》修订工作】 2012年4月26～28日，住房和城乡建设部副部长陈大卫一行6人调研新疆《住房公积金管理条例》修订工作。26日，自治区党委常委努尔兰·阿不都满金主持召开座谈会。28日，努尔兰·阿不都满金、张鸿陪同陈大卫一行调研和田地区部分县市保障性住房建设工作。

6. 城乡规划

【规划编制】 2012年，喀什市城市总体规划、昌吉市城市总体规划、北屯市总体规划、吐尔尕特口岸总体规划、新疆准东经济技术开发区总体规划经自治区人民政府批准实施。自治区人民政府批准察布查尔伊南、伊宁苏拉宫、吉木萨尔北庭、泽普、新源、莎车县、叶城、沙湾工业园区、疏附广州工业城（园区）、木垒民生工业园区、新疆软件园工业园区、博尔塔拉州五台工业园区、克拉玛依云计算产业园、疏附国际商贸物流产业园区为自治区级园区，批准调整富蕴县饮用水水源地保护区划分方案和皮山三峡工业园区更名为皮山安徽（三峡）工业园区。截至2012年底，全疆所有地州域城镇体系规划编制工作全面启动，其中12个地州已编制完成；84个县市总体规划完成修编；118个镇、475个乡和3336个村庄编制完成乡镇总体规划和村庄建设规划。全区城镇化率43.98%。

【国家级经济技术开发区】 11月21日，国家级新疆准东经济技术开发区正式揭牌。准东经济技术开发区位于新疆昌吉州境内，准东经济技术开发区规划面积9.8134平方千米。开发区内准东煤田是国家确定的第十四个大型煤炭基地的重要组成部分。

【自治区城乡规划建设专家顾问组指导城乡规划建设工作】 3月20日，区人民政府城乡规划工作顾问组组长、原上海市城市规划管理局局长毛佳樑一行，指导《乌鲁木齐县域总体规划》、《金融城城市设计》等规划设计。21日，自治区城乡规划建设专家顾问组与自治区住房和城乡建设厅召开座谈会，讨论2012年自治区城乡规划专家顾问组工作计划。22日，专家顾问组听取库尔勒市城乡总体规划、库尔勒市概况、交通枢纽规划、南市区规划以及天鹅河等库尔勒市重点规划建设项目的情况汇报，实地调研库尔勒市孔雀公园、建设桥孔雀河风景旅游带、东山荒山绿化工程、白鹭河工程、杜鹃河石化桥工程、劳动广场、美克化工等库尔勒市重点项目建设工程，指导库尔勒市城乡规划建设工作。24日，调研指导克孜勒苏州的乌恰县、伊尔克什坦口岸、阿图什重工业园区。交流喀什——克孜勒苏州经济一体化构想、阿图什市城市发展方向和空间布局、乌恰县总体规划、伊尔克什坦口岸园区10平方千米经济开发区规划。31日，自治区党委书记张春贤与自治区城乡规划专家顾问组一行座谈，听取顾问组关于新疆城乡规划工作的调研汇报。顾问组围绕新疆乡镇、村庄规划，产业园区、经济开发区规划，安居富民工程，生态保护和环境建设以及加强规划管理等方面提出建议。

【全国对口援疆城乡规划编制工作会在京召开】 2012年4月26日，全国对口援疆城乡规划编制工作会议在北京召开。住房和城乡建设部副部长仇保兴、区党委常委、自治区常务副主席黄卫出席会议并讲话，住房和城乡建设部城乡规划司司长孙安军做了工作安排。区住房和城乡建设厅党组书记、副厅长李建新介绍新疆城乡规划工作情况。上海市规划和国土资源管理局以及江苏省住房和城乡建设厅会上发言。会议由住房和城乡建设部村镇司司长赵晖主持。

【乌鲁木齐市城市轨道交通建设规划审查会】 4月18～20日，区住房和城乡建设厅在乌鲁木齐市组织召开《乌鲁木齐城市轨道交通建设规划（2011—2016）》（简称《建设规划》）审查会。住房和城乡建设部城市建设司司长陆克华、自治区住房和城乡建设厅党组书记、副厅长李建新同志参加会议。副厅长甫拉提·乌马尔同志主持会议。来自北京、广州、南京、上海等地和自治区8名专家以及自治区发展和改革委员会、国土资源厅、财政厅、环保厅等部门以及乌鲁木齐市委常委王扣柱、副市长樊新和、乌鲁木齐市有关部门及编制单位代表出席会议。

7. 城市建设与市政公用事业

【亚行贷款新疆城市交通和环境改善项目】 2月9日，亚行贷款新疆城市交通和环境改善项目吐鲁番市E11、E12（道路交通安全）设备包在自治区建设工程交易中心公开招标。此次招标评标2个设备包，最终评定出响应招标文件且评标价最低的投标商中标，中标总金额550.2万元。3月15日，亚行贷款新疆城市交通和环境改善项目昌吉市A8合同包（建国西路、健康西路、宁边西路）在自治区建设工程交易中心公开招标。招评标最终评定出响应招标文件并且评标价最低的昌吉市市政建设有限责任公司中标，中标总金额25580978.18元。3月20日起，区审计厅审计自治区住房和城乡建设厅管理的亚行贷款新疆基础设施和环境改善项目（一期）、新疆城市交通和环境改善项目（二期）各子项目办2011年度财务收支和项目执行情况。3月29日亚行贷款新疆阿勒泰地区基础设施和环境改善项目布尔津县城供水工程输水管材的供货与安装和青河县集中供热工程锅炉设备采购合同包ICB招标和评标工作在北京举行。最终分别由湖北国贸投资发展有限公司和北京英世腾机械工程有限公司中标。4月11日，应亚洲开发银行邀请，自治区住房和城乡建设厅厅长张鸿一行6人赴菲律宾首都马尼拉谈判亚行贷款四期项目技术援助合同。谈判期间，拜见了中国驻亚行的执行董事、亚行副行长及中亚局有关官员，张鸿向亚行高层介绍新疆历史、地理和资源优势。

【表彰"天山杯"竞赛城市】 2月3日，自治区人民政府决定对在2009～2011年度"天山杯"竞赛评比活动中表现突出的克拉玛依市等29个城市（县城、小城镇）予以表彰。克拉玛依市等获先进小城镇称号。和田市、塔城市、额敏县、阿合奇县获进步奖。

【第八届中国国际园林博览会先进城市、单位和个人】 4月28日，住房城乡建设部通报表扬第八届中国（重庆）国际园林博览会做出突出贡献的城市、单位和个人。乌鲁木齐市获优秀组织奖，乌鲁木齐市林业局（园林管理局）、喀什市园林局获优秀建设奖，乌鲁木齐市园林绿化工程公司、喀什市园林局获先进集体，乌鲁木齐水上乐园的高伟、乌鲁木齐市园林绿化工程公司的谷忠义、燕儿窝风景区管理站的高洪彬、乌鲁木齐市林业局（园林管理局）的张顺，喀什市园林局的王研、王英娜、赵潮、田文意获先进工作者。

【城镇污水处理】 2012年，区住房和城乡建设厅在乌鲁木齐市进行中水回用工程试点，新疆大学、新疆高等工业专科学校等首批建设5个中水回用处理设施；建设新市区蜘蛛山中水回用、头屯河自动化灌溉、柴窝堡生态林中水回用项目和水磨沟中水回用绿化管线改造4个中水回用处理工程，每年可提供绿化用水120多万立方米；建成河东、七道湾、头屯河区城市二级污水处理厂3座，总设计规模为28.5万立方米/日；建成虹桥、雅玛里克山城市生态林绿化用水一级半生化处理厂2座，总规模8万立方米/日。投入1.27亿元建设乌鲁木齐水务集团七道湾污水处理厂再生水利用工程，解决自治区重点项目中泰化学工业园区二期和神华新疆公司煤矸石热电厂的生产用水。哈密市2012年总投资8118万元建设日处理能力近期5万立方米，远期10万立方米的再生水处理设施，解决下游工业园区工业用水。

截至2012年底，全区设市城市、县城累计建成城镇污水处理厂71座，污水处理能力209.96万立方米/日。全区20个城市建有污水处理厂（含氧化塘），占21个设市城市总数的97.82%；累计建有污水处理厂32座，形成污水处理能力180.35万立方米/日，其中两个地级市建有污水处理厂10座，处理能力达84万立方米/日。全区有41个县城建有污水处理厂（含氧化塘），占66个县城总数的62.12%；累计建有污水处理厂42座，形成污水处理能力76.72万立方米/日。15个县城污水处理厂正在建设，10个县城没有污水处理厂。乌鲁木齐河西污水处理厂、水磨沟区虹桥污水处理厂，克拉玛依市南郊污水处理厂等39座投入运行一年以上的城镇污水处理厂平均运行负荷率不足60%，没有达到国家有关要求。

【自治区环卫工人节表彰大会】 5月26日，自治区暨乌鲁木齐市第十届环卫工人节表彰大会在新疆人民大会堂举行。自治区党委常委、乌昌党委书记、乌鲁木齐市市委书记朱海仑主持会议，自治区党委常委、常务副主席黄卫等出席会议。自治区发改委、财政厅、人力资源和社会保障厅、环保厅、卫生厅、广播电视局和自治区总工会、妇联、团委以及部分地州市住房和城乡建设部门负责人，乌鲁木齐市各区县、相关部门负责人，自治区和乌鲁木齐市"优秀环卫工人"代表，乌鲁木齐市市容环卫战线离退休职工代表参加会议。来自环卫战线的200名自治区"优秀环卫工人"和260名乌鲁木齐市"优秀环卫工人"受到表彰。

【城建固定资产投资】 2012年，新疆21个设市城市、66个县城市政公用设施建设完成固定资产投资4262235万元，比上年增长101.41%。其中设市城市完成3679987万元。按投资行业分：供水完成172740万元，集中供热959439万元，燃气225918万元，道路桥梁1092858万元，排水189373万元，园林绿化424561万元，环境卫生73258万元，其他1124088万元。2012年新增固定资产3544238万元。

【城市供水】 2012年，新疆设市城市、县城新增自来水供水能力50.83万立方米/日，新增自来水管道505.03千米。综合生产能力453.1万立方米/日，供水管道总长11871.8千米，年供水总量91892.22万立方米，用水人口923.84万人，用水普及率96.49%，人均日生活用水153.28升。其中设市城市综合生产能力353.94万立方米/日，供水管道长6857.87千米，年供水总量73329.48万立方米，用水人口646.02万人，用水普及率99.13%，人均日生活用水171.02升。县城综合生产能力99.16万立方米/日，供水管道5013.93千米，年供水总量18562.74万立方米，用水人口277.82万人，用水普及率91.05%，人均日生活用水113.41升。

【城市集中供热】 2012年，新疆设市城市、县城新增集中供热能力蒸汽330吨/小时、热水8721兆瓦。累计供热能力蒸汽2009吨/小时、热水30023.69兆瓦，集中供热管道9817.72千米。年供热总量蒸汽1320.84万吉焦，热水20342.32万吉焦。集中供热面积27563.27万平方米，其中住宅19231.22万平方米。设市城市累计供热能力蒸汽1959吨/小时，热水23675.41兆瓦，年供热总量蒸汽1301.84万吉焦，热水20342.32万吉焦，集中供热管道9817.72千米，集中供热面积21844.02万平方米，其中住宅15491.13万平方米。全区县城供热能力蒸汽50吨/小时，热水6348.28兆瓦，年供热总量蒸汽19万吉焦，热水3650.9万吉焦，集中供热管道2441.88千米，集中供热面积5719.25万平方米，其中住宅3740.09万平方米。

【城市燃气】 2012年，新疆设市城市、县城新增天然气管道1721.39千米，新增天然气储气能力484.41万立方米，新增液化石油气储气能力25吨。全区累计天然气管道12265.64千米，年天然气供气总量316166.52万立方米，用气人口688.38万人。人工煤气管道71.3千米，人工煤气生产能力46万立方米/日，储气能力2万立方米，年供气总量2190万立方米，用气人口2.2万人。液化石油气储气能力18689.8吨，供气管道82.22千米，年供气总量105797.61吨，用气人口197.96万人。全区燃气普及率89.56%。拥有天然气汽车加气站272座、液化气汽车加气站55座。其中设市城市天然气储气能力591.67万立方米,供气管道9971.5千米,供气总量262669.68万立方米,用气人口547.68万人;人工煤气生产供应全在设市城市内,液化石油气储气能力9318吨,供气管道80.81千米,年供气总量73122.85吨,用气人口94.57万人,设市城市燃气普及率96.6%。县城天然气供气管道2294.14千米,天然气储气545.99万立方米,供气总量53496.84万立方米,用气人口140.7万人;液化石油气储气能力9371.8吨,年供气总量32674.76吨,用气人口103.39万人,燃气普及率75.01%。

【城市道路桥梁】 2012年,新疆设市城市、县城新建扩建道路385.84千米,新建扩建道路面积8026.85万平方米,新增桥梁8座。全区累计道路长8979.5千米,道路面积14727.95万平方米,人均拥有道路面积14.77平方米。拥有桥梁799座(立交桥52座),路灯626362盏。其中设市城市道路5813.24千米,道路面积9517.2万平方米,人均拥有道路面积14.16平方米;桥梁436座。县城道路5813.24千米,道路面积9517.2万平方米,人均拥有道路面积16.01平方米;桥梁799座,路灯626362盏。

【城市排水及防洪】 2012年,新疆设市城市、县城新增排水管道2816.39千米,新增污水处理能力58.9万立方米/日,污水排放量70795.58万立方米,有排水管道8059.95千米,排水管道密度5.23千米/平方千米。有污水处理厂74座,达到二、三级处理的54座,污水处理能力241.5万立方米/日,年污水处理总量57344.02万立方米,污水处理率81%。其中设市城市污水排放量56316.52万立方米,有排水管道4956.34千米,排水管道密度5.16千米/平方千米;有污水处理厂31座,达到二、三级处理的27座,总污水处理能力194.5万立方米/日,年污水处理总量47495万立方米,污水处理率84.34%。县城污水排放量14479.06万立方米,有排水管道3103.61千米,排水管道密度5.34千米/平方千米;有污水处理厂43座,达到二、三级处理的27座,总污水处理能力47万立方米/日,年污水处理总量9849.02万立方米,污水处理率68.02%。

【城市园林绿化】 2012年,新疆设市城市、县城新增园林绿地面积4424公顷。设市城市、县城绿化覆盖面积71812公顷,建成区绿化覆盖面积51502公顷;园林绿地面积65409公顷,建成区园林绿地面积46187公顷;公园绿地面积(含综合公园、社区公园、专类公园、带状公园、街亭绿地)9829公顷;拥有公园251个,公园面积5403公顷,人均公园绿地9.85平方米,比上年增长3.9%;建成区绿化覆盖率33.43%,建成区绿地率29.98%。其中设市城市建成区绿化覆盖面积53328公顷,建成区绿化覆盖面积34428公顷;绿地面积49512公顷,建成区园林绿地面积31355公顷;公园绿地面积6718公顷;拥有公园139个,公园面积3681公顷,人均公园绿地10平方米;建成区绿化覆盖率35.88%,建成区绿地率32.67%。县城绿化覆盖面积18484公顷,建成区绿化覆盖面积17074公顷;园林绿地面积15897公顷,建成区绿地面积14832公顷;公园绿地面积3111公顷,拥有公园112个,公园面积1722公顷,人均公园绿地9.56平方米;建成区绿化覆盖率29.39%,建成区绿地率25.53%。

【7县城获自治区园林城市】 2月3日,区人民政府决定命名呼图壁、吉木萨尔、精河、霍城、鄯善、博湖、和硕县为自治区园林县城。截至2012年底,新疆有8个市、23个县、6个城区、2个镇获自治区园林城市、县城、城区、村镇。新疆巴音郭楞州的八县一市均获得自治区级以上园林城市,是西北地区首个园林地州。

【国家城市湿地公园】 2012年8月7日,住房城乡建设部批准新疆农六师五家渠市青格达湖湿地公园为国家城市湿地公园。

【罗布人村寨获国家级风景名胜区】 10月31日,国务院发布第八批河北省太行大峡谷等17处国家级风景名胜区,新疆罗布人村寨风景名胜区名列其中。截至2012年底,新疆有国家级风景名胜区5处,自治区级风景名胜区13处。

【可可托海镇获自治区级历史文化名镇】 2012年9月6日,区人民政府批准富蕴县可可托海镇设立为自治区级历史文化名镇。截至2012年底,新疆有国家历史文化名城5个、名镇2个、名村4个,自治区历史文化名城2个、名镇1个。

【新疆天山申报世界自然遗产】 1月6日,经国务院副总理李克强、国务委员刘延东、戴秉国同意,新疆天山作为中国2013年申报世界自然遗产项目上报世界遗产中心。2月26日,自治区党委召开自治区财经领导小组会议。自治区党委书记张春贤、自治区领导努尔·白克力、车俊、韩勇、黄卫、努尔兰·阿不都满金等领导听取住房城乡建设厅关于申遗工作进展情况汇报。会上,张春贤在肯定新疆天山申遗工作成绩的同时,对天山申遗工作提出明确要求。5月19日,自治区人民政府主席努尔·白克力主持召开新疆天山申报世界自然遗产工作专题会议,自治区住房和城乡建设厅党组书记李建新通报各提名地申遗工作总体进展情况，伊犁、昌吉、巴音郭楞州和阿克苏地区主要领导汇报本区域综合整治情况。会上，自治区党委常委努尔兰·阿不都满金充分肯定申遗工作取得的阶段性成果。自治区人民政府常务副主席黄卫对新疆天山申遗工作再部署。

11月，编制完成天山天池风景名胜区核心区、马牙山、灯杆山、花儿沟、白杨沟和赛里木湖风景名胜区综合服务接待基地等六个控制性详细规划，天池核心区及花儿沟控制性详细规划通过住房城乡建设部批准。

【城市环境卫生】 2012年，新疆设市城市、县城道路清扫保洁面积15379万平方米，市容环卫专用车辆设备总数4168辆，实现机械化道路清扫保洁面积5831万平方米；生活垃圾年清运量605.46万吨，生活垃圾处理量508.54万吨，处理率83.99％；拥有无害化垃圾处理厂44座，无害化处理能力11997吨/日，无害化处理总量368.03万吨；粪便清运量7.49万吨；有公共厕所3318座，达到三级以上1845座。其中设市城市道路清扫保洁面积10445万平方米，市容环卫专用车辆设备总数3365辆，实现机械化道路清扫保洁面积4597万平方米；生活垃圾年清运量352.69万吨，生活垃圾处理量331.29万吨，处理率93.93％；拥有无害化垃圾处理厂21座，日无害化处理能力7880吨，无害化处理总量301.56万吨；粪便清运量0.37万吨，有公共厕所2162座，达到三级以上1262座。县城道路清扫保洁面积4934万平方米，市容环卫专用车辆设备总数803辆，实现机械化道路清扫保洁面积1234万平方米；生活垃圾年清运量252.77万吨，生活垃圾处理量177.25万吨，处理率70.12％；粪便清运量7.12万吨，有公共厕所1156座，达到三级以上583座。

8. 村镇规划建设

【村镇规划】 截至2012年底，新疆有县城（区）以外的独立建制镇173个，乡（乡政府所在地）56个；行政村8626个，全区村镇总人口1286.88万人，其中独立建制镇人口85.9万人；乡人口138.61万人；特殊区域农场人口13.47万人；村庄人口1048.9万人。建制镇建成区面积28800.97公顷；乡建成区面积61303.2公顷；村庄现状用地面积387512.42公顷；全区累计编制建制镇总体规划167个；编制乡总体规划509个，编制行政村建设规划4982个；全区乡镇建立村镇建设管理机构497个；配备村镇建设管理人员1397人，其中专职管理人员812人。

【安居富民工程】 2012年，新疆安居富民工程建设总任务为30万户，工程总量占全国危房改造任务的5.36％，全区各地开工安居富民房32.12万户，开工率107.1％；竣工31.48万户，竣工率104.9％。已建成的安居富民房工程质量合格率100％。全年共投入资金253.68亿元，其中中央补助32.6亿元，较上年增长13.5亿元，自治区补助24亿元、对口援助24.11亿元、地县自筹8.88亿元、银行贷款31.15亿元、农牧民自筹132.94亿元。

【安居富民工程绩效考评】 2012年11月22日至12月10日，区安居富民工程建设领导小组考核验收全区13个地（州市）、90个县（市区）安居富民工程建设完成情况。考核验收组人员由自治区安居富民办、住房城乡建设厅、发展改革委、财政厅、审计厅、农业厅、扶贫办、地震局以及各地（州市）抽调的工作人员组成。在国家住房城乡建设部检查组检查扩大农村危房改造试点任务落实情况中，检查组通过实地抽查房屋、随机走访农户、综合考核评比，2012年新疆安居富民工程绩效考评总体成绩为95.8分，在全国29个承担农村危房改造任务的省份中名列第一，连续两年名列榜首。

【村镇建设投资】 2012年，新疆村镇建设投资总额221.5万元，其中住宅建设投资166.6万元，占投资总额的75.2％；公共建筑投资18.6万元，占投资总额的8.4％；生产性建筑投资9.4万元，占投资总额的4.2％；市政公用设施投资26.95万元，占投资总额的12.2％。

【村镇房屋建设】 2012年，新疆村镇竣工住宅建筑面积1734.55万平方米，其中混合结构以上的住宅建筑面积1436.39万平方米，占竣工住宅建筑面积的82.8％。年末实有村镇住宅总建筑面积28300.51万平方米，其中混合结构以上的11549.83万平方米。占年末住宅建筑面积的40.8％；2012年竣工公共建筑面积146.19万平方米，其中混合结构以上的130.65万平方米，占竣工公共建筑面积的89.4％；年末实有公共建筑面积4885.74平方米，其中混合结构以上的1911.21万平方米，占年末实有公共建筑面积的39.1％；2012年竣工生产性建筑面积59.82万平方米，其中混合结构以上的31.19万平方米，占本年竣工生产性建筑面积的52.1％；年末实有生产性建筑面积2036.42万平方米，其中混合结构以上的1017.73万平方米，占年末生产性建筑面积的50％。建制镇、集镇、村庄人均住宅建筑面积分别达到27平方米、24平方米、22平方米。

【4村入中国传统村落名录】 2012年12月17日，经传统村落保护和发展专家委员会评审认定并

公示，住房和城乡建设部、文化部和财政部公布第一批北京市房山区南窖乡水峪村等646个村落列入中国传统村落名录。新疆的吐鲁番地区鄯善县吐峪沟乡麻扎村，哈密地区哈密市回城乡阿勒屯村、五堡镇博斯坦村和伊犁州特克斯县喀拉达拉镇琼库什台村名列其中。

【村镇市政公用设施】 截至2012年底，新疆村镇有公共供水设施997个，其中建制镇257个，乡（集镇）662个，独立建制镇、集镇和村庄用水普及率分别达到82.05％、73.10％、73％。全区村镇道路长度8169.22千米，道路面积4977.03千米。全区独立建制镇绿化覆盖面积3942.24公顷，绿地面积2813.73公顷；公园绿地面积164.54公顷；人均公园绿地面积2.24平方米；乡绿化覆盖面积8283.57公顷，绿地面积5250.80公顷；公园绿地面积212.97公顷；人均公园绿地面积1.69平方米。

全区有污水处理厂9个，污水处理装置24个；排水管道长度739.41公里，年污水处理总量为180.71万立方米；全区有环卫专用车辆526辆，年清运垃圾31.54万吨，有公共厕所4249座；有集中供水的行政村6430个，占全部行政村比例74.54％；有生活垃圾收集点的行政村2242个，对生活垃圾进行处理的行政村1295个。

9. 工程建设标准定额

【标准定额编制】 2012年，区住房和城乡建设厅、发展和改革委员会、财政厅、人力资源及社会保障厅、乌鲁木齐市建委组成自治区计价依据编制领导小组，组织28位专家及业务骨干进行定额修编、单位估价表编制、费用定额编制和软件开发。开展《发热电缆地面供热技术规程》、《地下水水源热泵准工程技术规程》、《展览布展防火规范》、《建设项目交通影响评价技术标准》和《岩烧结保温砌块填充构造增补内容》等工程建设标准及标准设计的编制。制定《自治区推广应用高强钢筋实施方案》、《新疆维吾尔自治区安居富民工程建设标准》、《新疆维吾尔自治区保障性住房建设标准》。编制完成自治区工程建设标准《村庄规划编制技术规程》、《新疆维吾尔自治区城市管理技术标准》、《镇（乡）总体规划编制技术规程》。完成《屋面》、《地下工程防水》等17项标准设计（图集）的建议稿审查和《页岩烧结保温砌块填充墙构造（增补本）》审定工作。发布自治区工程建设标准设计《燃气工程设计与施工图集》、《STP超薄绝热板建筑保温系统构造》和《预拌混凝土生产施工技术管理规程》。结合市政工程常用项目缺项及新材料、新工艺推广应用，编制市政工程补充定额1657个子目（如：预拌砂浆、燃气井室等）；编制市政工程混凝土、砂浆配合比定额283个子目，对63个市政工程项目进行测算对比。《市政工程消耗量定额》共九册，分别是土石方工程、道路工程、桥涵护岸工程、给水工程、排水工程、燃气热力工程、钢筋工程、拆除工程，路灯工程、措施项目，共计6507个子目。完成建设工程合同备案221件。其中办理施工合同备案139件、工程监理合同备案81件，工程设计合同备案1件，累计备案合同金额118亿元；备案面积794万平方米。办理招标控制备案141件，累计备案金额145亿元。与2033家具有法人资格信息协作单位签订了协议书（其中：施工企业15家和18个地州站，市建材行业部门、生产厂家、代理商2000家），涉及43个材料类别10万多种材料。组织人员调查建筑市场，收集、整理、分析、测算完成2012年1～10月乌鲁木齐地区人工、材料、施工机械的价格发布工作。编辑发行《新疆工程造价管理信息》期刊5期、2000余册。

【高强钢筋推广应用】 2012年3月22日，住房和城乡建设部、工业和信息化部高强钢筋推广应用协调组现场调研指导宝钢新疆八一钢铁有限公司高强钢筋生产情况，对钢厂产品分类标识等方面提出政策指导和可行性建议。3月23日，在新疆住房和城乡建设厅召开座谈会，自治区住房和城乡建设厅介绍自治区组织开展推广应用高强钢筋的前期工作情况，自治区经信委介绍新疆高强钢筋生产情况。11月5～7日，住房和城乡建设部、工业和信息化委员会联合检查组一行6人检查新疆开展推广应用高强钢筋工作，检查组实地查看在建工程项目4个。

10. 工程质量安全监督

【工程质量安全监督】 2012年，新疆各级建设工程质量监督机构共监督房屋建筑工程15227项，建筑面积12648.29万平方米，与2011年相比分别增长11.17％和2.82％；其中跨年度监督工程6506项，建筑面积5828.04万平方米；年初以来新监督工程8721项，建筑面积6820.26万平方米；建设单位组织竣工验收合格工程4596项，建筑面积3053.83万平方米。通过竣工验收备案工程2967项，建筑面积1737.57万平方米，竣工验收备案率64.56％。累计监督市政工程1181项，较2011年增长43.01％，工程造价214.61亿；其中跨年度监督工程332项，工程造价合计64.8亿；新监督工程849项，工程造价合计149.81亿；建设单位组织竣工验收合格工程420项，工程造价合计91.88亿。通过竣工验收备案工程247项，工程造价合计79.9亿，竣工验收备案率58.81%。新疆登记工程质量不良行为责任主体和有关机构211起，较2011年下降9.44%；其中涉及建设单位43起，勘察单位2起，设计单位7起，施工单位120起，监理单位38起，施工图审查机构1起。对工程各方质量责任主体行政处罚共90起，较2011年上升119.51%；其中涉及建设单位10起，施工单位56起，监理单位24起。未执行建筑工程强制性标准条文83起，较2011年上升144.12%；其中涉及设计单位2起，施工单位81起。受理房屋工程质量投诉917起，较2011年上升55.02%，其中处理完结896起，完结率97.71%。

【考核建设工程质量监督机构和监督人员】 3～4月和7～10月，自治区住房和城乡建设厅组织开展全区建设工程质量监督机构（以下简称监督机构）和工程质量监督人员的考核工作。考核采取查资料、抽查监督工程实体质量和问卷调查等方式，考核监督机构条件、监督机构制度建设、监督工作质量和监督人员情况。考核监督机构101个（4个县因未成立监督机构不具备考核条件）。考核评定，61家监督机构合格，占60.4%，其中乌鲁木齐市、昌吉州、巴音郭楞州、塔城地区、乌苏市、阿克苏市、且末县、麦盖提县等8家监督机构考核评分在90分以上；27家监督机构基本合格，占26.7%；新和县、阿克陶县、乌什县、喀什地区、岳普湖县、吐鲁番市、伊吾县、和硕县、察布查尔县、木垒县、阜康市、吉木乃县、哈巴河县等13家监督机构不合格，占12.9%。

【城乡重要建（构）筑物抗震防灾工程建设】 5月16日，自治区抗震防灾办与自治区财政厅、发展和改革委员会、教育厅和卫生厅协商后共同下达自治区2012年的学校、医院抗震防灾工程投资计划。自治区学校、医院抗震加固、改造（更新）工程补助资金涉及工程项目面积113.96万平方米，其中中小学面积94.64万平方米、医院12.55万平方米和中职等6.77万平方米；学校、医院抗震防灾工程投入资金10.76亿元，2012年，开工建设145.9万平方米、占年度计划任务的128%，竣工96.3万平方米、竣工率为84.5%。

【排查抗震鉴定】 2月10日凌晨2点57分，哈密地区巴里坤县发生5.3级地震，新疆自治区住房和城乡建设厅立即安排人员赶赴地震灾区查看灾情。实地查看未发现震损建筑物，特别是经过抗震加固改造的中心小学未受地震影响，经受住地震考验。6月30日，伊犁州新源县与巴音郭楞州和静县交界处发生6.6级地震。自治区住房和城乡建设厅总工程师贾亚利带领专家赴伊犁州与当地建设部门、州设计院等部门成立领导小组，下设8个组36人入户排查新源县11个乡镇75个村，排查农牧民450户、学校22所、乡镇卫生院15所、县城2栋住宅楼。房间倒塌5213，严重损坏房间10203间，轻微损坏房屋11978间。损害严重的房屋大多是土打墙，干打垒，泥土砌筑的房屋，而由中央、自治区、援建资金支持开展的安居富民房建设都安然无恙。自治区住房和城乡建设厅专家组与巴音郭楞州当地建设部门、设计院一道对和静县农民住房、学校、医院等公共建筑受损情况开展排查。初步排查，受损农民住房14566户（伊犁州10351户，巴州4215户），学校、医院受损面积15.94万平方米（伊犁州10.29万平方米，巴州5.65万平方米）。

【国家优质工程奖】 11月21日，国家工程建设质量奖审定委员会决定表彰2011～2012年度国家优质工程，新疆电力设计院设计的"华电新疆发电有限公司昌吉热电厂2×330MW工程"、新疆风电工程设计咨询有限责任公司设计的甘肃瓜州300兆瓦大型自主化示范风电场项目，中建新疆建工（集团）有限公司施工的克拉玛依市独山子区文化中心项目获国家优质工程银奖。

独山子文化中心工程建筑面积5万多平方米，由图书馆、会议会展中心、科技展厅、影剧院等多功能区组成。中建新疆建工集团四建承建，2007年10月开工建设，2010年5月竣工。

【新疆建筑工程天山奖】 2012年，新疆建筑业协会组织评选新疆建筑工程天山奖（自治区优质工程）。经审定，中国新兴建设开发总公司承建的新疆石油管理局生产调度指挥中心等40项工程获2012年新疆建筑工程天山奖。

【第十六届优秀工程勘察设计奖】 6月27日，经自治区第十六届优秀工程设计暨第十一届优秀工程勘察评选委员会专业评选和综合评审，新疆自治区建筑设计研究院设计的乌鲁木齐国际机场三期改扩建航站楼等22项获一等奖。新疆自治区建筑设计研究院设计的乌鲁木齐机场旅客过夜用房（天缘酒店）等44项获二等奖。新疆自治区建筑设计研究院设计的哈密红星医院外科综合楼等75项获三等奖。新疆生产建设兵团勘测规划设计研究院设计的石河子大学游泳竞技训练馆等11项获表扬奖。

11. 建筑市场

【建筑企业经营概况】 2012年，新疆列入统计部门统计范围的1045家等级建筑施工企业完成建筑业总产值1633.11亿元，完成建筑业增加值380.62亿元。全年房屋建筑施工面积11026.49万平方米，其中新开工面积6247.32万平方米。房屋建筑竣工面积4553.97万平方米，其中住宅3351.68万平方米、厂房及建筑物用房187.43万平方米、办公用房241.48万平方米、商业、居民服务业用房247.86万平方米、文化、体育娱乐用房34.02万平方米、科研、教育、医疗用房270.98万平方米、仓库23.57万平方米、其他196.95万平方米。企业期末从业人数30.93万人，计算劳动生产率的平均人数65.53万人，按建筑业总产值和建筑业增加值计算的劳动生产率分别为249202元/人和58080元/人。2012年，建筑企业总收入1735.95亿元，其中工程结算收入1707.56亿元，实现利税总额92.89亿元（其中利润总额35.66亿元）。有亏损企业255家，亏损额58596万元。

【勘察设计】 2012年，新疆有300家勘察设计单位，其中甲级60家、乙级161家、丙级75家、丁级4家。纳入统计报表报送范围的自治区勘察设计企业269家，占全区勘察设计单位总数的91%。在所统计的267家勘察设计企业中，国有企业71家、集体企业2家、股份合作企业1家、有限责任公司152家、私营企业25家、股份有限公司12家、其他企业4家。全区勘察设计企业从业人员19623人，其中具有高级专业技术职务4868人、中级6593人。全区勘察设计企业营业收入116.59亿元，比上年增长41%，其中工程勘察收入9.46亿元，下降5%，工程设计收入34.93亿元，增长9%。营业成本99亿元，增长49%。

【自治区建设工程招标投标】 2012年，新疆自治区建设工程交易中心投资130万元改造场地服务功能，实现招投标项目公告、限价、中标候选人、中标结果、招投标诚信记录等各类招投标信息的网上发布，发布信息548条。建立1284家企业及人员信息数据管理库。网上投标报名，实现全区投标报名工作统一管理，全年网上投标报名系统接受投标企业报名3900余次。开发应用电子评标系统，并对500余名专家进行电子评标系统与应用培训。全区招投标活动进入信息化管理轨道，工作效率和效益全面提高。铁路、新疆生产建设兵团、乌鲁木齐经济技术开发区、高新技术开发区的项目以及外资贷款的市政项目、部分重点项目都纳入了交易范围。2012年，累计进场交易项目428项，进场交易总额约152亿元；其中公开招标项目317项，交易额125亿元，公开招标率达100%；邀请招标项目53项，交易额16亿元；另有其他专业工程项目进场交易58项，交易总额为11亿元。进场交易量较上年上升31%。

【安全生产】 2012年，新疆发生一般建筑施工安全生产事故11起，死亡14人，发生较大事故1起，死亡3人，事故起数比上年下降20%；死亡人数下降5.5%。建筑施工安全生产事故类别主要为高处坠落、起重伤害、触电、坍塌和物体打击。其中高处坠落事故5起，死亡6人；起重伤害事故4起，死亡7人。触电事故1起，死亡1人。坍塌事故1起，死亡2人。物体打击事故1起，死亡1人。

【建筑工程安全生产文明工地】 2012年，经各地、州、市住房和城乡建设主管部门初验，自治区建筑工程安全生产文明工地评选领导小组核验，中建新疆建工集团第三建设工程有限公司施工的阿克苏成就御景湾3号商住楼等337项工程达到标准，被评为2012年度自治区建筑施工安全生产文明工地。

【自治区安全生产目标管理先进单位】 1月13日，自治区人民政府通报2011年自治区安全生产目标管理考核的80个安全生产目标管理责任书签订单位履行安全生产职责情况。自治区住房城乡建设厅、新疆建工（集团）有限公司、新疆天山水泥股份有限公司、新疆天山建材（集团）有限责任公司、新疆道路桥梁工程总公司获2011年度自治区安全生产目标管理先进单位和企业。自治区住房城乡建设厅、中建新疆建工（集团）有限公司获2009~2011年连续三年安全生产目标管理先进单位和企业。自治区建设工程安全监督总站获2011年自治区安全生产工作先进单位。在2012年自治区安全生产目标管理考核工作中，自治区住房城乡建设厅被评为2012年安全生产工作先进厅局，自治区建设工程安全监督总站被评为2012年安全生产工作先进单位，自治区住房城乡建设厅连续第9年被自治区评为安全生产目标管理考核优秀单位。

【建筑行业劳保统筹】 2012年，新疆收取建筑行业劳保统筹费24亿元，比上年增加4.5亿元。2012年，自治区建筑行业劳保统筹部门拨付劳保费14.96亿元，其中向新疆建筑施工企业拨付劳保费11.24亿元、外省建筑企业0.44亿元、生产建设兵团和专业厅局企业3.28亿元。安排全区75家缴纳基本养老保险费困难的建筑企业补贴资金2756万元。发放20世纪60年代精简下放人员生活补助费115万元，安排3124.5万元资金补助自治区六建等6家企业补交1999～2010年欠缴的社会保险费。

【重点项目完成情况】 2012年，新疆重点项目建设完成投资2260亿元，完成牧区水利主体工程22个；基层医疗卫生服务体系建设项目累计完成县级医疗机构63项、社区卫生服务中心78项、中心乡镇卫生院191项、村卫生室792个；建成安居富民31.48万户、游牧民定居11633户、廉租房6595套；新改建农村公路7306千米。兰新铁路第二双线完成正线铺轨574.6千米；大黄山至奇台、星星峡至吐鲁番、库车至阿克苏、沙尔湖至南湖等6条高速公路主线通车，通车里程1055千米。华电昌吉新热电厂新建工程、塔什店电厂四期扩建工程、独山子—乌鲁木齐—鄯善原油管道工程、一批风电及光伏电站等项目建成投产，投产装机302万千瓦。中泰化学阜康工业园一期工程年产40万吨聚氯乙烯树脂及30万吨离子膜烧碱循环经济项目建成投产；伊犁川宁生物技术有限公司万吨抗生素中间体建设项目第一条抗生素生产线完成；阿克苏纺织工业城纺织产业项目部分生产线进入试生产阶段；新疆众和股份有限公司新型功能及结构件专用一次电解高纯铝（OHA）项目第一条10万吨生产线投入生产。截至2012年底，安居富民工程开工320658户，开工率达107%；游牧民定居工程1.25万户全部开工；廉租房建设项目开工78389套，开工率102%。华威和田热电厂、哈密东南部风区200万千瓦项目、特变电工吐鲁番大型风光互补并网电站示范项目等电源项目开工建设，完成投资211亿元。上海大众汽车有限公司新疆生产基地乘用车7个项目开工建设，完成投资12亿元。省道303线公路改建工程、国道312线石河子过境段公路等5条公路开工建设，完成投资13亿元。

12. 建筑节能与科技

【建设科技成果推广】 2012年，经自治区建设科学技术专家委员会优选论证，自治区住房和城乡建设厅公布58个技术依托单位55种技术（混凝土保护液DPS应用技术等）为新疆建设行业2012年科技成果推广项目。

【可再生能源建筑应用】 8月6～7日，住房和城乡建设部在乌鲁木齐市召开可再生能源西北片区工作会暨可再生能源建筑应用技术交流培训会，160多名代表参加会议，区住房和城乡建设厅副厅长徐彬出席会议并致辞。自治区、生产建设兵团住房和城乡建设主管部门汇报了可再生能源建筑应用总体进展、辖区内可再生能源建筑应用示范城市（县）、太阳能光电建筑应用示范项目进展及相关能力建设等情况；部分可再生能源建筑应用示范城市（县）汇报了工作进展情况。会议部署可再生能源建筑应用工作，对可再生能源建筑应用相关政策、管理制度进行解读，对可再生能源示范城市（县）、太阳能光电建筑应用示范项目验收标准及关键适用技术进行交流培训。

2012年，新疆库车县、喀什市、伊宁市、额敏县被批准为国家可再生能源建筑应用示范市县，推广示范建筑面积105万平方米，"库尔勒市华源·圣地欣城太阳能光电建筑应用示范工程"被列为国家太阳能光电建筑应用示范工程，装机容量459KWp。5个项目被列为自治区全社会节能减排专项资金支持的可再生能源建筑应用示范项目，推广地源热泵供暖制冷面积21.33万平方米。争取国家及自治区补助资金8325万元。已批准立项的国家和自治区示范市县及示范项目实施进展顺利，全年竣工99万平方米。累计建立可再生能源建筑应用面积1756万平方米。

国家新能源示范城市吐鲁番市示范区项目建设一期112.5万平方米的建筑工程基本建成。75万平方米居住建筑的地下水源热泵供热制冷项目建成运行。太阳能建筑一体化供生活热水设施安装完成。13.4兆瓦的屋顶光伏发电及微电网工程正在实施。

【既有建筑供热计量及节能改造】 2012年，国家下达新疆既有建筑供热计量及节能改造计划693.5万平方米，9月份申请追加3350万平方米，拨付国家奖励资金13.04亿元。实际开工建设既有建筑供热计量及节能改造项目4380万平方米，竣工2367万平方米。其中乌鲁木齐市和沙湾县作为国家"节能暖房工程"重点改造市县，2012年计划改造367.3万平方米，9月份追加乌鲁木齐市供热计量及管网改造3000万平方米，拨付国家奖励资金7.6亿元。全部开工建设，竣工1819万平方米，其中三项全部改造369万平方米，供热计量及管网改造1450万平方米。各地筹集资金9亿元，其中政府资金5亿元，单位和个人资金4亿元。

【建筑节能】 2012年，全区县及以上城市居住建筑全面执行《〈严寒和寒冷地区居住建筑节能设计标准〉新疆维吾尔自治区实施细则》（XJJ001—2011），特别是率先执行65%节能指标示范的乌鲁木齐市、克拉玛依市、巴音郭楞州、阿克苏地区的执行率达到100%，争取国家和自治区专项补助资金

13.92亿元，新建节能建筑3000万平方米，完成既有建筑节能改造2367万平方米，组织建立绿色建筑、信息化等新技术示范工程19项，其中5项被列为国家示范项目，新建可再生能源示范县4个，自治区本级和乌鲁木齐、克拉玛依、库尔勒市已建成国家机关办公建筑和大型公共建筑能耗监测平台。截至2012年底，全区组织实施低能耗建筑示范工程5项，建成节能建筑约1.65亿平方米。

【绿色建筑】 9月11日，新疆华源实业（集团）有限公司的乌鲁木齐市"华源·博雅馨园住宅小区"和"华源·博瑞新村住宅小区"通过住房和城乡建设部组织的绿色建筑示范工程验收，达到绿色建筑二星级标准，2个示范项目建筑面积65.73万平方米。9月12日，住房和城乡建设部在乌鲁木齐市召开全国绿色建筑和低能耗建筑示范工程技术交流会。2012年新增绿色建筑示范项目5个，建筑面积150万平方米，其中国家级示范项目2个，自治区示范项目3个。2012年，开发建设国家绿色建筑示范工程项目6项，其中三星级2项，二星级3项。

【政府办公建筑和大型公共建筑节能运行监管体系建设】 2012年，新疆自治区本级和乌鲁木齐、克拉玛依、库尔勒市能耗监测平台建成使用。对139栋重点能耗建筑的水、电、暖、气进行分类分项计量改造，纳入动态监测系统，开展能耗统计、审计。完成120栋重点高耗能建筑外围护结构等节能改造，其中50栋建筑外围护结构、供热系统、照明、电气设备和给排水管网全部进行了改造。

【新疆住房和城乡建设厅获科技兴新先进厅局】 2012年3月27日，新疆自治区党委、自治区人民政府召开自治区第七次科技兴新工作会议暨科学技术奖励大会，会上表彰了10个"2007～2011年度自治区科技兴新先进厅局（行办）"，自治区住房和城乡建设厅榜上有名。

【汪光焘调研吐鲁番市示范区建设工作】 7月3～4日，全国人大环资委主任委员汪光焘调研吐鲁番市示范区建设工作，汪光焘听取伊力汗·奥斯曼专员关于吐鲁番市示范区建设管理情况汇报及各有关方面的发言，考察了吐鲁番市示范区及地区现代农业科技示范园、吴明珠院士制种基地、吐鲁番市垃圾处理厂、污水处理厂、中电投光伏发电站等。

13. 建设人事教育工作

【建设职工教育培训】 2012年，新疆建设职工教育培训完成各类人才培训67361人次，比上年减少17.77%。其中：完成专业技术人员和管理人员岗位培训21450人次；完成各类管理人员和专业技术人员继续教育培训7219人次；各类试验检测培训人数2098人；各类大中专应届毕业生8668人次。建设行业专业技术人员职称前继续教育培训1396人次。"三类人员"安全考试5700人。建设职业技能培训11891人次。农村劳动力转移培训2000人次。工程造价员执业资格培训1660人。

【表彰先进】 12月24日，人力资源社会保障部和住房城乡建设部联合下发《关于表彰全国住房城乡建设系统先进集体、先进工作者和劳动模范的决定》，确定乌鲁木齐市建设委员会、克拉玛依市建设局、阿克苏地区住房和城乡建设局、新疆自治区住房和城乡建设厅行政许可办公室、新疆生产建设兵团农六师建设局5个单位为全国住房城乡建设系统先进集体，喀什地区住房和城乡建设局党组副书记、局长牛俊民等11人获得先进工作者称号。伊犁州特克斯县建设局市容站环卫工人沙吉旦·斯比那洪（女，维吾尔）等8人为劳动模范。新疆住房和城乡建设厅连续15年获得自治区级精神文明单位称号。2012年，新疆西部建设股份有限公司预拌混凝土分公司营销管理部生产指挥中心、城乡规划服务中心被共青团新疆维吾尔自治区委员会授予"2011～2012年度自治区青年文明号"。

14. 大事记

1月

4日 住房和城乡建设部、工业和信息化部在北京召开"推广应用高强钢筋示范工作座谈会"，会议将新疆确定为高强钢筋应用示范省市。

6日 自治区党委常委、自治区常务副主席黄卫和自治区党委常委努尔兰·阿不都满金一行到自治区住房和城乡建设厅看望慰问全厅干部职工并指导工作。厅党组书记李建新主持汇报会，厅长张鸿全面汇报住房城乡建设厅工作情况。自治区人民政府副秘书长闫勤，厅领导及各处室、各单位负责人参加会议。

10日 新疆自治区住房和城乡建设厅印发《新疆维吾尔自治区住房和城乡建设事业发展"十二五"规划纲要》。

2月

15日 新疆自治区审计厅副厅长宣国苗一行在区住房城乡建设厅召开审计见面会。自治区住房和城乡建设厅党组副书记、厅长张鸿、监察室、计财处及厅属事业单位的主管领导参加会议。会上审计组组长林勇宣读了审计通知书。审计时间2012年2

月15日至5月15日，重点为厅2011年度预算执行和其他财务收支及管理情况。

20日 自治区召开行政机关效能考评电视电话会议。自治区党委常委、副主席库热西·买合苏提宣读《2011年自治区行政机关效能考评工作情况通报》。区住房和城乡建设厅考评为合格单位，得分88.42分，在市场监管与执法监督类并列排名第二。

21日 自治区召开城市规划管理委员会会议。自治区党委副书记、自治区主席努尔·白克力、自治区及兵团领导黄卫、努尔兰·阿不都满金、于秀栋等领导出席会议。

同日 新疆自治区住房城乡建设厅召开住房城乡建设系统党风廉政暨精神文明建设工作电视电话会议。

24日 自治区人民政府纠风办召开2011年度政风行风民主评议大会，反馈2011年度重点行风评议情况。新疆自治区住房城乡建设厅在地税、交通运输、国土资源、公安、安全生产监督、住房城乡建设、环保、质量技术监督、工商9个重点评议部门中得分88分，列第6位。

同日 新疆自治区人民政府下发《关于进一步加强自治区城镇保障性住房建设和管理的实施意见》，《意见》要求，城镇保障性住房以中小套型为主，具备基本使用功能，满足基本居住需求。

3月

14日 自治区城市建设"天山杯"竞赛总结表彰电视电话会议在乌鲁木齐市召开。

同日 住房和城乡建设部审核公布新疆大学建筑工程专业为一级注册建造师继续教育培训单位。

20日 中国建设年鉴编辑委员会表扬中国建设年鉴2011年编纂工作突出贡献的单位和个人。新疆自治区住房和城乡建设厅为中国建设年鉴2011年编纂工作先进单位，自治区住房和城乡建设厅的陆青锋为中国建设年鉴2011年编纂工作先进个人。

22日 新疆自治区人民政府公布第一批人民剧场等227处自治区级重点文物保护单位的保护范围、建设控制地带。

4月

23日 新疆自治区住房城乡建设厅印发《自治区住房城乡建设厅绩效管理考评工作实施方案》，绩效考评机关各处室、直属事业单位，完成职能性年度绩效目标任务。

5月

14～16日 新疆自治区建筑行业劳保统筹管理总站检查伊宁市建筑行业劳保统筹管理站劳保费专户管理、聘用人员、工作经费使用等情况。

15日 住房城乡建设部部长姜伟新陪同中央有关领导到伊宁市调研。

24日 新疆自治区住房城乡建设厅、自治区总工会决定授予白志新（回族）等200人自治区"优秀环卫工人"称号。

6月

13～28日 新疆自治区住房城乡建设厅与自治区发改委调研伊犁州、阿克苏地区和昌吉州物业服务监管情况。

7月

19日 新疆自治区住房和城乡建设厅召开2012年自治区住房城乡建设系统第二季度安全生产工作会议。

同日 自治区建设工程质量监督总站在库尔勒市召开自治区保障性住房质量安全现场观摩会。

23日 铁道部监察局监察室主任鲁巍一行三人，调研铁路建设工程进入新疆自治区建设工程交易中心招投标实施情况。

26日 新疆自治区十一届人大常委会第37次会议审议《新疆城乡体系规划（2012～2030）》（审议稿）。

28日 中国民族建筑研究会在山东曲阜召开第十五届中国民族建筑研究会学术年会。会上鄯善县鲁克沁文物保护区街景提升改造工程，获得2012年度中国民族建筑保护、传承、创新奖。

8月

6日 新疆自治区住房和城乡建设厅召开全区建筑系统电视电话会议。

13日 自治区党委决定海拉提·巴拉提任自治区住房和城乡建设厅党组成员。

14～17日 住房城乡建设部标准定额司在乌鲁木齐召开全国统一定额修编启动会议。

28日 自治区建设工程质量监督总站在昌吉市召开自治区保障性住房质量安全现场观摩会。

31日 自治区人民政府决定：任命海拉提·巴拉提为自治区住房和城乡建设厅副厅长。

9月

25日 昌吉州住房公积金管理中心在昌吉市举行昌吉州住房公积金联名卡启动仪式，首批向5个缴存单位394名职工发行住房公积金联名卡。

10月

11日 自治区住房和城乡建设厅卫明副厅长参加头屯河沿岸综合治理领导小组第一次会议。会上，领导小组办公室（昌吉州）汇报整治工程进展情况，自治区常务副主席黄卫要求自治区住房和城乡建设厅做好该区域保障性住房计划安排等工作的支持。

12日　经中国建筑业协会、中国安装协会推荐，住房和城乡建设部审核通过增补，新疆自治区建设职工教育培训中心建筑工程专业一级注册建造师继续教育培训单位。

10～15日　新疆自治区住房和城乡建设厅李建新书记、甫拉提巡视员分别带队，督查昌吉州、喀什地区、克孜勒苏州城乡规划编制工作。

11月

13日　乌鲁木齐市市委、市政府投资20亿元在新疆国际会展中心片区开工建设乌鲁木齐市文化中心。

21日　新疆自治区发展改革委、住房和城乡建设厅印发《新疆维吾尔自治区物业服务收费管理办法》，该办法对2004年制定的《新疆维吾尔自治区物业服务收费管理办法》进行修改、补充和完善。2013年1月1日起执行。

12月

7～12日　住房和城乡建设部建筑节能与科技司巡视员吴涌一行21人专项检查新疆住房城乡建设领域节能减排工作。

14日　新疆自治区住房和城乡建设厅正处级领导述职述廉述德大会在建设大厦召开。

17日　新疆自治区住房和城乡建设厅制定印发《自治区建筑业科学发展"十二五"规划》。

19日　新疆自治区人民政府发布第180号令《新疆维吾尔自治区建筑工程社会保险费统筹管理暂行办法》经2012年12月7日自治区第十一届人民政府第35次常务会议讨论通过，2013年3月1日起施行。

20日　经新疆勘察设计协会评审通过，确定中国石油工程建设公司新疆设计分公司等18家勘察设计企业为新疆维吾尔自治区工程勘察设计行业诚信单位。

21日　新疆自治区住房和城乡建设厅批复同意新疆自治区建筑设计研究院启动转企改制工作。

28日　新疆自治区住房和城乡建设厅制定印发《新疆维吾尔自治区实施〈商品房屋租赁管理办法〉细则》。

31日　新疆自治区住房和城乡建设厅在乌鲁木齐市召开自治区住房和城乡建设工作电视电话会议。

（新疆维吾尔自治区住房和城乡建设厅　陆青锋）

新疆生产建设兵团

【城镇规划】　2012年，新疆生产建设兵团建设局认真贯彻落实中央新疆工作座谈会、援疆工作会议和《中共中央、国务院关于推进新疆跨越式发展和长治久安的意见》（中发〔2010〕9号）文件精神，配合中国城市规划设计研究院做好《新疆生产建设兵团城镇化发展规划（2011～2020年）》。按照兵团安排，起草《关于加快推进兵团城镇化的若干意见》，研究制定《兵团推进城镇化行动计划（2012～2014年）》，《推进城镇化重点及示范团场城镇和中心连队居住区建设活动实施方案》，《推进城镇化工作考核评价体系》，修订《兵团团场中心连队居住区规划建设导则》。

按照兵团和住房和城乡建设部部署，完成兵团城镇化建设与发展"十二五"规划及城镇住房保障、农村危房改造、建筑节能、城镇供水与水质保障、城镇污水处理及再生利用设施建设与发展、城镇生活垃圾处理设施建设与发展、城镇燃气设施建设与发展、城镇道路、城镇供热、建筑业发展、城乡建设防灾减灾等11个专项"十二五"规划。配合住房城乡建设部完成了《新疆城镇市政公用设施"十二五"建设规划》，将兵团城市和团场城镇的供水、排水、供热、环卫、燃气、道路、绿化等七项基础设施纳入规划范围。

铁门关市挂牌成立，城市总体规划编制完成。按照兵团党委提出的"师建城市、团场建镇、整体规划、分步实施，成熟一个、建设一个的思路"，指导各师积极开展师域城镇体系规划修编和拟设市选址论证及总体规划编制工作。一、二、五、六、七、十、十三、十四8个师的师域规划形成阶段性成果，一师金银川、四师可克达拉、五师双河、六师芳新、七师胡杨河、十三师红星、十四师昆玉等完成设市前期研究，城市中心城区总体规划大纲基本完成。各师认真落实中央和兵团加快城镇化发展的要求，积极组织开展团场城镇总体规划修编和中心连队居住区规划编制工作。一师、二师、五师、六师、七师、八师、十三师、十四师等借助对口支援省市的技术力量，全面完成所辖团场总体规划的修编和中心连队居住区规划编制，并组织进行审查批复，规划编制深度、质量有较大提高。

【城镇建设】 按照兵团办公厅《推进城镇化重点及示范团场城镇和中心连队居住区建设活动实施方案》的要求，指导13个垦区中心城镇全面开展城镇化建设工作，同时要求17个一般团场城镇和50个中心连队居住区在特色经济、城镇管理、市政设施建设、园林绿化、园区建设、清洁能源使用、住房建设以及新型房屋建筑体系推广使用等一个或几个方面开展示范创建，引领带动团场城镇建设管理水平提高。

【农村安居工程】 2012年兵团完成农村安居工程建设任务5.5万户，争取中央财政补助资金7.525亿元，完成总投资16.6亿元，政策覆盖132个农牧团场（单位）；结合兵团党委加快推进城镇化总体要求，整合相关住房和基础设施建设政策资金，按照将农村安居工程与推进团场城镇建设、开展示范中心连队居住区建设、整合连队居住区相结合的基本要求，优先支持重点及示范、少数民族聚居和沿边、沿线、沿途团场和中心连队居住区。通过实施农村安居工程及配套基础设施建设，近16万连队职工群众住房条件和人居环境得到大幅改善，进一步加快城镇和中心连队居住区建设，提高兵团城镇化水平和发展质量。

【住房保障】 会同发改委、财务局下达《关于下达2012年保障性安居工程工作计划的通知》，将任务分解到团场。副司令员于秀栋代表兵团与各师签定2012年保障性安居工程目标责任书。举行保障性住房建设开工仪式，兵团领导分别参加十三师火箭农场和五师86团主会场开工仪式。坚持实施保障性住房建设月度情况统计和通报制度。对进度缓慢和规划设计落后的师实行约谈和整改。印发《关于进一步加强保障性安居工程规划设计管理工作的通知》、《关于进一步加强保障性安居工程建设有关工作的通知》、《关于做好2012年保障性安居工程工作目标责任考核和验收准备工作的通知》、《关于做好2013年保障性住房居住小区规划设计工作的通知》、《关于开展兵团保障性住房规划设计方案评选活动的通知》等文件。开展保障性住房建设优秀规划设计评审，通报评审结果。举行城镇化和保障性住房建设成果展览，政委车俊和于秀栋副司令员观看了展览。在十三师召开了保障性住房现场会，配合组织召开了兵团城镇化现场会。按兵团办公厅要求，会同发改、财务、审计、民政、监察、工会等部门开展了对保障性安居工程验收考核。按住房城乡建设部要求对保障房分配和质量管理进行了自查。5月份组织开展了保障性住房建设综合检查。从5月至10月，配合住房城乡建设部对兵团十三个师的大部分团场保障性住房的开工建设、竣工完成、信息公示、后期管理等情况进行了专项巡查。配合国家审计署做好保障性安居工程审计工作。及时向国家审计署提供相关文件和资料，对计划任务和资金分配等方面内容进行书面说明，并对审计署《审计报告征求意见书》提出反馈意见。

【职工住房状况】 截至2012年末，兵团居住总人口为249.03万人，总户数87.5万户。实有住宅总面积7219.02万平方米，91.92万套，其中楼房4648.53万平方米，57.8万套；平房2570.49万平方米，34.12万套。人均住房面积28.98平方米，超过西部平均水平。

【住宅建设完成情况】 随着兵团经济的快速发展和国家支持力度的加大，团场城镇化建设进程进一步加快，基础设施明显改善，住房建设总规模不断提高。2012年全年共完成住房建设1154.03万平方米，总投资186.52亿元，建成住房129722套。其中商品房185.19万平方米，总投资37.61亿元；经济适用住房47.12万平方米，总投资6.74亿元；廉租住房828.21万平方米，总投资121.34亿元；其他保障性住房102.22万平方米，总投资16.17亿元。

【房地产产权产籍管理】 随着团场城镇建设进程的加快，团场职工对房屋财产的维权意识显著提高。兵团各级房地产管理部门克服种种困难，加强了房屋权属登记和交易管理。2012年末登记房屋总建筑面积5580万平方米，其中住宅4003万平方米，办公楼、商业用房等房屋1571万平方米。本年登记总面积972万平方米，登记总件数50456件，其中六师、八师占70%。初始登记总件数8582、总面积314万平方米。转移登记1.8万件，175万平方米。

【团场城镇和连队危旧房屋集中整理专项工作】 按照《关于开展团场城镇和连队危旧房屋集中整理专项工作的实施方案（2012～2014年）》的统一部署，各师、团场积极努力，经过动员部署，制定方案阶段，摸底和调查登记阶段后，全面实施危旧房屋集中整理专项工作，顺利完成年初制定的任务目标，整理400多个连队的危旧房屋3.7万套，清理违法违章建筑及临时建筑5100多间，整体搬迁连队作业点126个。通过专项整理，为保障性住房的顺利建设奠定坚实基础,达到聚合资源、整合土地利用空间,优化城镇发展条件、提升城镇整体承载力和城镇发展质量的目的,切实改善团场城镇面貌和人居环境。

【建筑业】 2012年,兵团建设系统广大干部职工在兵团党委、兵团的正确领导下,紧紧围绕兵团中心工作和年初建设工作会议确定的目标任务,进一步解放思想,开拓进取,建筑业持续快速发展,支柱产业地位进一步增强,为兵团经济社会做出重要贡献。

【建筑业生产经营指标】 2012年度,等级以上建筑施工企业共签订合同额940亿元,比上年同期增长34.5%。其中,上年结转320亿元,本期新签620亿元。"走出去"战略成效显著,兵团外部工程合同额386亿元,占总签订合同额的41.1%。其中,兵团外疆内合同额227亿元,占总额的24.1%;疆外合同额41.2亿元,占总额的4.4%;国外合同额112.3亿元,占合同总额的12%。

2012年度,等级以上建筑施工企业共完成建筑业总产值550亿元,比上年同期增长42.1%,完成年初计划的110%。

2012年度,等级以上建筑施工企业房屋建筑施工面积3760万平方米,比上年增长33.9%;本年新开工面积2295万平方米,比上年增长11%;房屋建筑竣工面积1478万平方米,比上年增长23.6%。

2012年度,人均自有技术装备率8552元/人,自有动力装备率2.6千瓦/人。

【建筑业企业主要财务指标】 2012年末,等级以上建筑施工企业资产合计353亿元,负债合计285亿元,资产负债率81%。

2012年度,全社会建筑业增加值147.5亿元,比上年同期增长30.5%,占全兵团生产总值的12.3%,支柱产业地位进一步增强。等级以上建筑施工企业实现利润7.9亿元,比上年同期增长31.7%,产值利润率1.44%。

【各师及企业综合排名】 各师建筑业产值前三名:建工师161亿元,八师76亿元,一师53亿元;

各师建筑业利润前三名:建工师19917万元,八师14978万元,一师10865万元。

各施工企业建筑业产值前三名:新疆北方建设集团有限公司34.5亿元,新疆北新路桥建设股份有限公司32.6亿元,兵团水利水电集团22.2亿元。

各施工企业建筑业利润前三名:新疆北新路桥建设股份有限公司6416万元,新疆兵团水利水电集团有限公司4087万元,新疆天恒基建筑工程有限公司3557万元。

【建筑节能与科技】 严格落实新建建筑节能标准。兵团各级建设主管部门,围绕保障性住房建设等重点民生工程,采取"抓两头促中间"的方法,紧抓规划设计这个龙头,对达不到节能标准的不予通过审查;严把竣工验收关,对不执行节能设计标准的项目,不予验收备案,兵团新建建筑设计、施工阶段节能标准执行率均达到98%以上。

积极推进既有建筑节能改造工作。下达既有建筑节能改造232万平方米计划指标,对兵团"十一五"期间各师既有居住建筑供热计量及节能改造完成工作量和节能量奖励资金进行了清算,共清算下达3990万元。按照各师2012年度即改工作任务及完成情况及时分解下达了奖励资金5390万元,促进了工作的有效开展。截至2011年12月,完成既有居住建筑节能改造面积100万平方米。

大力推动可再生能源建筑应用示范工作。组织开展2012年可再生能源建筑应用相关示范申报工作,第二师34团被财政部和住房城乡建设部列入国家2012年可再生能源建筑应用示范团场(县级),争取中央财政补贴资金1128万元。

【建筑市场管理】 严格市场准入制度,加强兵团以外工程监理、招标代理、造价咨询企业的监督管理。按照《外部工程监理、招标代理、造价咨询企业进兵团备案管理规定》,共完成84家外部中介企业(工程监理34家,造价咨询26家,招标代理24家)进入兵团建筑市场的备案登记及网上公示工作,对进入兵团建筑市场的企业资质和从业人员资格及工作业绩进行严格的审查和把关,解决各师对工程监理、招标代理、造价咨询等外部中介企业市场准入管理混乱的问题,规范外来工程监理、招标代理、造价咨询的市场行为。

加强建筑市场监督执法检查和管理。9月中旬组织开展2012年度兵团建筑市场监督执法专项检查工作,重点对兵团各级建设主管部门贯彻落实《建筑法》、《招标投标法》等相关法律法规情况;招投标监管、建筑市场监管信息系统及诚信信息平台建设情况;工程项目各方主体市场行为等情况进行检查。

及时调整政策措施,加大监督检查力度。针对兵团大开发、大建设形势,认真贯彻住房和城乡建设部《关于进一步加强房屋建筑和市政工程项目招标投标监督管理工作的指导意见》,进一步规范建筑市场秩序。

不断规范招投标活动。加强对兵团直属单位建设项目招投标活动的日常监管,完成兵团直属单位22个工程项目的招投标备案登记及监管工作。加大备案登记管理力度,对违反基本建设程序,不严格按照招投标法和条例规定进行发包的工程项目坚决不予办理项目登记和有关招投标手续,并对个别操作及程序不规范的招投标代理企业负责人进行约谈。

认真执行标准规范,落实监理制度。兵团各师认真贯彻执行《建设工程监理规范》,监理人员持证上岗,严格实行关键部位和关键工序现场跟踪监理的旁站监理制度,监理企业对总监履行职责及巡视检查记录情况进行考核,对不称职的监理人员随时撤换,切实履行监理职责,充分发挥监理职能,增强行业自律行为,加强工程监理行业管理,保障了兵团工程建设项目顺利实施。

【生产安全事故控制指标完成情况】 2012年兵团建设系统未发生较大及其以上施工安全事故,发生一般生产安全事故4起,死亡5人,事故起数与上年同期持平,安全生产形势总体保持稳定。

【开展"打非治违"、隐患排查和专项整治】 落实国务院办公厅《关于集中开展安全生产领域"打非治违"专项行动的通知》精神,按制定方案,开展"打非治违"专项行动各个阶段的工作,集中严厉打击各类非法违法生产经营行为,收到明显成效。制定《2012年兵团建设系统隐患排查专项整治方案》建立健全安全隐患排查治理制度,定期组织检查企业和施工现场存在的各类安全隐患,实行重大隐患治理挂牌督办制度,防范和遏制事故的发生。全年共检查工程项目1843项,查出各类事故隐患8900余条,查出重大事故隐患240条,其中,挂牌督办31条。

【质量安全执法检查】 狠抓"两会、两节"期间安全生产工作,确保"两会、两节"期间无质量安全事故;针对春季质量安全易多发的特点,开展春季建设工程质量安全检查;按照住房和城乡建设部的要求,做好迎部检工作;按照年初计划,开展建筑施工安全生产情况督查;汲取"9.13"特大事故教训,开展特种设备安全生产检查活动。

【安全质量标准化活动】 制定《兵团建筑安全生产标准化工作实施方案》,要求各有关单位研究制定本师、本企业的安全生产标准化工作手册,大多数师和企业已经制定出本单位的安全生产标准化工作手册,逐步实施中,促进兵团建筑施工安全生产标准化总体水平不断提高。

【开展"安全生产月"和"质量月"活动】 组织开展以"科学发展、安全发展"为主题的"安全生产月"和以"宣传贯彻质量发展纲要,推动建设质量强国"为主题的"质量月"活动,制定活动方案,明确指导思想,加强组织宣传,发挥媒体的舆论引导和文化传播作用,利用电视、电台、报纸、网络等各类媒体,宣传"安全生产月"和"质量月"活动开展情况。对各师开展"安全生产月"和"质量月"活动情况进行检查。

【文明工地创建】 兵团建设局对各师申报的2012年度"文明工地"工程项目进行终评,最终有160项工程荣获兵团"安全文明工地"称号,7项工程荣获国家级AAA级安全文明标准化诚信工地。

【创建优质工程活动】 2012年,兵团建设局对各师申报的2012年度"昆仑杯"工程项目进行了终评,最终有59项工程荣获兵团优质工程"昆仑杯"称号。

【质量安全培训工作】 利用冬、春施工淡季,积极开展质量安全培训工作,重点加强企业质量安全管理"三类人员"和特种作业人员的质量安全知识、操作技能及责任意识的培养,共培训各类人员近千余人次。创建施工现场"农民工夜校",加大对一线工人的质量安全教育培训力度,实现思想意识和实践能力的本质转变。

【兵团住房公积金管理】 2012年是实施"十二五"规划承上启下的重要一年,兵团住房公积金管理中心在兵团党委的正确领导和兵团住房公积金委员会的正确决策下,在各相关部门的关心支持下,认真贯彻落实住建部《关于大力开展住房公积金文明行业创建活动的通知》精神和要求,以实现"工作作风明显改进、工作效率明显提高、员工素质明显增强、群众满意度明显提升"的主要目标,各项经济目标全面超额完成,各项重点工作有序推进,取得了可喜的成绩,有力地促进了住房公积金事业的快速发展,为兵团的住房建设作出贡献。

截止到2012年12月31日,全兵团共有3299个单位建立住房公积金制度,开户人数为25万户,住房公积金累计归集总额达到72.4亿元,2012年度新增归集额为14.8亿元,同比增长21%,住房公积金归集余额达到45.9亿元;累计支取额为26.5亿元,2012年度支取额为5.3亿元;累计发放个人住房公积金贷款26388户,贷款总额为25.1亿元,2012年度发放个人住房公积金贷款5.7亿元,同比增长26%,住房公积金贷款逾期率为零,资产质量总体良好。

【防震减灾】 2012年,兵团防震减灾工作以着力提高兵团防震减灾事业发展的保障水平,加强兵团地震系统干部人才队伍建设，增强兵团地震系统自我发展能力，全面推进兵团防震减灾事业实现跨越式发展为抓手，进一步明确目标，落实责任，逐步建立健全防震减灾工作体系，不断完善工作机制，形成了由兵团统一领导，各级、各部门通力协作，全社会共同参与的防震减灾工作格局，防震减灾各项工作稳步推进。

积极协助国家、自治区地震部门在兵团范围内开展新建、改建、扩建地震监测台网建设，提升兵团范围内地震宏观测报能力。同时，积极推进兵团"三网一员"等群测群防体系建设，进一步拓宽地震监测及震情信息资源共享范围，即时掌握地震震情信息并采取处置措施，确保了地震震情、灾情信息传输渠道通畅。认真履行防震减灾社会服务和管理职能，加大地震震灾预防能力建设。进一步加强对各类新建、改(扩)建建设工程的抗震设防要求管理，积极推进兵团重大建设工程地震安全性评价和开展既有建筑尤其是学校、医院等人员密集场所抗震鉴定和加固。防震减灾宣传教育工作主题鲜明，形式多样，社会效果明显，广大职工群众的防震减灾意识普遍得到提高。地震应急管理体系和协调联动机制不断完善，兵、师、团三级地震应急预案、地震应急工作流程以及地震灾情信息速报人员网络管理体系初步建立，地震应急管理工作能力和水平有所提升。2012年新疆境内发生的十余次震级在5.0级以上的破坏性地震得到有效处置，灾害评估工作逐步得到社会各界的认可，灾后重建工作成效显著，防震减灾工作为经济建设服务的作用愈加明显。

【建设项目管理】 2012年，兵团建设局按照建设项目管理工作面临的新形势和新要求，通过完善制度，强化审批和加强对建设项目实施全过程的监督管理，建设项目管理能力和水平不断迈上新台阶。进一步健全和完善建设项目管理制度，有效提高建设项目申报审查工作质量和工作效率，推进兵团建设项目管理程序化、标准化、制度化建设，为建设项目管理工作有序开展提供保障基础，推动建设项目管理工作的健康发展。同时，积极探索开展建设项目审查、管理的新思路、新办法，为项目建设把好关，切实做好服务。进一步规范建设项目前期工作程序，严格建设项目规划、选址、环境影响评价和初步设计等前期工作，积极推进建设项目专家咨询机制，加强专家队伍建设和管理，充分发挥专家的技术支持和指导作用，以实现"审批高效、服务优质"为工作原则，以"着力改进工作方式，提高工作效率"为落脚点，积极采取有效措施，进一步提高建设项目决策的科学化水平。强化建设项目实施全过程监督管理和竣工验收。严格落实建设项目管理有关政策措施，强化层级管理制度，切实转变建设项目宏观管理方式，抓好建设项目实施全过程的跟踪和监督检查。及时组织开展建设项目检查和清理，加强各级各类建设项目竣工验收关键环节的管理。加强部门协调沟通，完善竣工验收工作机制，规范验收程序，积极落实责任追究制度，加强对验收工作的监督管理，严格执行验收标准，及时开展建设项目竣工验收和后评价工作，确保建设项目竣工验收质量，建设项目竣工验收工作进入常态化管理。深入贯彻落实中央新疆工作座谈会和对口援疆工作会议精神，具体分解和细化建设项目管理工作目标，明确对口支援项目的工作方向。

积极配合兵团扩大内需政策落实和治理工程建设领域突出问题排查工作，及时掌握项目的实施情况和建设动态，对项目建设存在主要问题提出整改意见，坚决杜绝违规建设的情况。同时，及时总结项目建设经验和成果，更好地发挥建设项目的投资效益和社会效益。

【纪检监察】 2012年，认真贯彻落实中央和兵团纪委关于加强领导干部反腐倡廉教育的意见，组织开展了理想信念教育、加强党的优良传统和作风教育、廉洁从政教育和党纪法规教育；以创先争优、深化干部作风建设年、"热爱伟大祖国、建设美好家园"主题教育、学习型兵团工作等为载体，积极开展民主评议政风行风、廉政风险防控、廉政文化建设月、党风廉政教育月等活动，打牢勤政廉洁的思想基础，提高队伍素质和防腐拒变能力；加强惩防体系建设，全面完成兵团纪委《分工意见》赋予的3项牵头和9项协办工作任务；深化工程建设领域突出问题、住房公积金监督管理、房屋征收补偿、环保专项行动等专项治理工作，及时解决群众反映强烈的突出问题；开展行政审批制度改革，进一步清理行政审批事项，规范审批程序；严格落实党风廉政建设责任制，建立健全反腐倡廉长效机制，坚持业务工作和廉政建设"两手抓"、"两不误"、"两促进"；严格执行《廉政准则》、"三重一大"、述职述廉、民主评议、领导干部报告个人有关事项、诫勉谈话和函询等制度规定，进一步规范领导干部从政行为，确保建设环保事业健康发展和队伍健康成长。

(新疆生产建设兵团建设局)

大 连 市

1. 城市建设与管理

【城市建设概况】 2012年，大连市安排城建项目200项。截至2012年底，已开工实施130个，开工率63.4%；全年完成城建项目投资436亿元，同比增长14.4%。

【重大基础设施项目建设】 大连北站及南北广场项目和大连国际会议中心项目于12月1日正式竣工。城市地铁建设加紧推进，48座车站中的22座车站主体结构完工，49个区间完成开挖进尺36公里，占总里程的65.4%。

【城市道桥及照明项目建设】 列入大连市政府工作报告和"为民办16件实事"的维修23条主干路和200条街巷路工程、中华路改建工程、川岭路改建工程、改造4处拥堵点和16处港湾停车站、20条无灯路照明工程建设任务全部完成。

【园林绿化项目建设】 列入市政府"为民办16件实事"的健身公园和健身路径工程按期竣工，共新改建中南苑等健身公园6处、枫林山等健身路径6条。完成东北快速路、迎客路、西部通道等13条主干道路和劳动公园、植物园、友好广场的树木补植及绿化升级改造工程，全力推进体育中心周边、朱棋路绿化工程和滨海路改造工程。老虎滩市民广场和森林动物园大熊猫馆建成投入使用。全年，市市内四区栽植各种树木89万株、草坪21万平方米，栽植和摆放各类花卉178万株。建成区绿化覆盖率45.2%，人均公共绿地面积13.2平方米。

【环境保护和环境工程建设】 大连市完成化学需氧量、氨氮、二氧化硫3项污染物减排2%；大孤山环境监控预警系统初步建成，从12月开始正式发布PM2.5和臭氧实时监测数据，成为东北地区第一个发布该信息的城市。中心城区生活垃圾焚烧发电厂竣工投产，历时4年的新型垃圾除运体系建设工程全部完成，城市垃圾实现减量化、无害化、资源化处理。寺儿沟污水处理厂投入运营，城市污水处理能力进一步提高。

【城乡环境建设与综合整治】 2012年，大连市政府组织城市管理考核成员单位对各区市县城市管理工作进行4次考核，有力地推动和促进全市城市管理工作的同步提升。以清洁化、秩序化、优美化、制度化为主要内容的"四化"创建和迎十二运市容环境整治为重点，由市建委、市城建局等单位牵头组织，以体育中心周边和81条道路、21个广场、68家宾馆酒店周边为重点的市容环境整治工作；对各类工地围挡及出入口进行统一规范，组织开展占道商亭、户外招牌和野广告整治；环卫作业新增对各类市政设施、交通设施、公用设施清洗内容，实现环卫清扫保洁的立体化作业。乡镇建设方面，继续以"排水、道路交通、公共照明、公园绿地、环境卫生"为主，加强中心乡镇、重点区域基础设施建设。全市57个乡镇共完成排水管网改造15公里，新建、改造镇区道路60多万平方米、公共绿地0.11平方公里，更新、安装路灯2700盏，新建乡镇垃圾中转站2个。

【市政设施管护】 严格贯彻精品化、一体化建设管理思路，市政设施管护的科学化、精细化、常态化水平显著提升。对五五路、朝阳街等7条道路进行精品化试点改造，为城市道路全面提升品质积累经验；对2011年大修的道路和示范路及时进行保修，并采取小分队即时检修模式对破损道路及设施进行常态化维护，较好地保持了主城区道路质量；完成主城区内大型桥梁的标识号码喷涂，实现桥梁的坐标化管理。坚持周期性与状态性相结合的维修养护管理和作业方式，及时对城市排水设施进行维修养护，最大限度地发挥排水设施的功能。对全市的路灯设施进行全面检查管护，路灯"三率"（亮灯率、设施完好率、安全生产率）达到98%以上。

【公路交通基础设施建设】 庄盖高速公路、大连湾疏港高速公路先后竣工通车；渤海大道一期工程开工26公里；长山大桥完成工程总量的66%；202路轨道线路延伸工程、金普城际铁路、体育新城路网建设、丹大快速铁路征地动迁加快推进；实施公路改造大中修313公里，新建农村公路360公里，超额完成省、市任务指标。全市公路运输完成客运量1.12亿人、旅客周转量63.35亿人公里，分别比上年增长6.9%和11；完成货运量2.51亿吨，货物周转量351.4亿吨公里，分别比上年增长14.7%和15.3%。

【公共交通项目建设】 新开辟2条、延伸5条、延时6条公交线路；泉水公交枢纽站投入使用；17条公交线路增设公交站点；配合地铁和市政项目施工，对50条公交线路进行临时调整，确保市民正常出行；在高尔基路、西南路开辟公交专用道，实现公交路权优先。更新公交车辆550台，升级换型出租车820台，新增出租车400台。完成城市公交客运量13.11亿人，比上年增长0.5%，运输生产保持向上势头。为全市60~69岁老年人办理专用乘车卡，27条近郊公交线路执行优惠、免费乘车政策。大连市成为交通运输部确定的15个全国"公交都市"建设示范工程第一批创建城市之一。

【民生工程项目建设】 城市建设"五个一"和"三个一"工程完成104个。其中整治一处弃管楼院、新建一处停车场、新建一处市民健身场所、改造一处集贸市场、改造提升一条路街环"五个一"工程项目83个，完成投资5.16亿元；开发改造一片旧城区、改造一处集贸市场、改造提升一条路街环"三个一"工程项目21个，完成投资10.59亿元。全年改造供热旧管网205公里，完成新增供热面积252万平方米，拆除锅炉房43座，锅炉64台，实现集中供热面积200万平方米。2011~2012年度供热期供热任务完成，市民投诉上访数量比上一个供热期下降11%。发放采暖补贴2237万元，保证城市低保家庭和低收入家庭的正常供热。限期整改影响供热质量的重点、难点问题22项，2012~2013年度供热期顺利启动。发展燃气用户4.4万户。改造旧燃气管网31.3公里。市内四区安排1691人次检查燃气厂站317站次，组织28家燃气企业完成应急救援演练61场次，组织燃气经营企业入户安全检查50余万户，开展社区安全用气宣传活动4次，最大限度减少燃气事故的发生。公用事业联合收费代收金额20.5亿元，比上年增长3%；收费站所达到48个。

【公用事业联合收费】 2012年，大连市公用事业联合收费处代收水费用户83.5万户，比上年增加2.5万户；代收电费用户92.7万户，比上年增加2.7万户；代收燃气费(含煤气费和管道液化气费)用户54.8万户，比上年增加4000户；代收采暖费用户34.2万户，比上年增加1.5万户；代收物业费用户5.5万户，比上年增加1万户。全年代收费总金额20.5亿元，比上年增加1.1亿元，增长5.6%。

2. 工程建设

【城市地铁建设】 2012年，大连市城市地铁建设项目继续推进。至年末，全线48座车站中，31个明挖车站开工29座，开工率93%，22座车站主体结构已完工；17座暗挖车站全部开工，其中9座车站进行主体二衬施工，3座车站进行车站拱部开挖、初支，其余3座车站进行站内导洞梁柱施工。全线49个区间，设计总里程55公里，完成开挖进尺36公里，占总里程的65.4%。《大连市城市轨道交通近期建设(2009~2016)规划调整报告》通过国家发展和改革委员会审批，《大连市地铁1、2号线二期工程可行性研究报告》通过国家发改委委托上海市隧道工程轨道交通设计研究院组织的专家评估。

【地铁工程质量安全管理】 2012年，大连市地铁工程建设指挥部先后完善并下发《大连地铁工程安全风险现场巡视实施办法(暂行)》、《大连市地铁工程基础、主体结构分部工程验收管理规定(暂行)》、《大连地铁建设工程重要部位和环节施工前条件验收暂行办法》、《大连地铁工程盾构施工管理规定》、《大连地铁突发险情基本抢险流程与应急处置措施》等14个规章制度和75份管理文件。与参与大连地铁工程的全部勘察、设计、施工、监理单位逐一签订管理目标责任状。开展安全风险现场巡视工作，建立质量安全部、业主代表、第三方管理单位三级风险巡视体系，形成巡视情况通报，定期召开风险管理例会，集中分析、研究、解决发现的质量安全隐患。全年召开风险例会34期，巡视发现安全问题670个，关注危险源107个，提出各项工作处置措施250余项，下达工作联系单170份。根据各标段质量安全管理水平、重大风险源施工情况和地质风险情况，对现有施工标段实行差别化管理，每周对三类管理标段施工情况进行汇总，对标段质量安全管理水平满足施工需求的、重大风险源或地质薄弱部位已通过审定的三类标段进行动态调整，及时更新。组织专家对地质薄弱环节、重大风险源施工专项方案进行评审，召开专项会议11次，研讨方案60个。全年组织开展2012年大连地铁盾构应急演练等应急演练59次。

【大连国际会议中心工程项目竣工】 2012年12月1日，大连国际会议中心工程项目正式竣工。大连国际会议中心位于大连市人民路东端的东港商务区，项目占地面积4.3公顷，总建筑面积约19.6万平方米，高度59米。该项目于2008年11月17日开工建设，2010年8月28日主体钢结构封顶，工程施工历时4年。

【大连北站工程项目竣工】 2012年12月1日，哈尔滨至大连高速铁路正式开通运营。同时，宣告以大连北站航站楼和南北广场建设为主要内容的大连北站工程项目正式竣工。大连北站位于大连市甘井子区南关岭地区，哈大铁路客运专线的重要组成部分。

【"五个一"、"三个一"工程】 2012年，大连市完成城市建设"五个一"、"三个一"工程项目104个，完成投资15.75亿元。完成"五个一"工程项目83个，完成投资5.16亿元。其中，整治一片弃管楼院项目30个，面积83.48万平方米，1.44万户，完成投资1.12亿元；新建停车场28座，泊位数6186个，完成投资1.76亿元；新建市民健身场所6处，总面积64万平方米，完成投资0.88亿元；改造农贸市场10个，摊位数2625个，完成投资0.56亿元；改造路街9条，总长度26.83公里，完成投资0.84亿元。完成"三个一"工程项目21个，完成投资10.59亿元。其中，旧城区改造项目11个，完成投资9.13亿元；拆除建筑面积19万平方米；改造农贸市场5个，摊位数2767个，完成投资0.97亿元；改造路街5条，总长度6.1公里，完成投资0.49亿元。

3. 城市交通

【城市交通综合整治】 2012年3月1日，大连市人民政府召开市政府专题会议听取大连市城乡建设委员会、大连市公安局、大连市交通局等部门工作汇报，专题研究2012年大连市城市交通综合整治工作。5月2日，市政府召开2012年大连市道路交通安全管理暨城市交通综合整治工作会议大会，全面部署2012年交通综合整治工作。截至年底，已落实的交通综合整治工作任务133项，有81项全部完成，有20项完成年度工作计划，32项按计划推进。2012年是大连市开展城市5年交通综合整治工作的第2年。城市交通综合整治实施2年，交通法规逐步完备，交通基础设施全面加强，交通管理进一步规范，市民交通法规意识增加。

【城市交通规划及评价指标体系不断完善】 2012年，大连市新编制完成的《大连市综合交通体系规划》、《大连市城市公共交通专项规划》、《大连市建设项目交通影响评价技术标准(试行)》、《大连市主城区停车设施专项规划》、《轨道交通站点换乘静态交通设施专项规划》、《主城区建筑物配建指标》、《建成区断头路改造规划》、《疏港路拓宽改造等4项工程前期规划》8项交通专项规划正式实施。《长大铁路两侧联系通道规划》、《城市快速路网络重要节点规划》、《大连市停车行业发展规划》、《大连市交通安全管理规划》、《公交专用道的长期建设规划》、《大连市城市道路交通管理评价指标体系》和《大连市城市交通年度报告》等规划的编制工作均按期推进。

【城市交通基础设施建设力度加大】 2012年，全市共开展城市交通基础设施项目72项，其中续建项目33项，新建项目38项，前期准备项目1项。全部项目总投资1025.8亿元，当年完成投资212亿，其中市政府投资103亿元。

【公路建设】 截至2012年底，大连湾疏港高速公路项目全部完工；机场快速路、甘南快速路、棋南线等3项工程按计划推进，已分别完成工程总量的50％、90％和40％。

【城市道桥建设及维修改造】 "七纵七横"路网工程进一步完善。续建光明路、胜利路东段拓宽改造、振连路(大连湾段)，新建中华路改造等工程如期完工；续建中华路跨华北路朱棋路立交桥、南部滨海大道西端连线、凌川路、南部滨海大道，新建南部滨海大道东端桥隧、中华路改建、大连湾跨海交通等7项工程建设进展顺利。城市快速路网工程按计划推进。2012年，市政府进一步加大道路拥堵点、拥堵路段、断头路等改造治理，金三角广场、五五路与杏林街交叉口等4处拥堵点改造工程按时完成。

【城市公共交通设施建设】 地铁1号线和2号线建设工程稳步推进；202路轨道线路延伸完成铺轨工程、接触网、信号专业工程；快轨三号线扩能改造工程完成通信系统设备、AFC系统设备全部施工，完成改扩建的总投资(2200万元)的80％；开展大连汽车站选址等前期工作。

【城市公共停车设施建设】 进一步加大公共停车场建设力度。市内四区、高新园区和金州新区共新建28处公共停车场，新增泊位5400个。西岗区站北广场停车场和沙河口区西安路停车场年底前竣工并投入使用。在此基础上，中、西、沙、甘、高新园区共完成30个大型公共停车场的方案设计，其中市规划局已组织审查方案14个，确定方案1个。市公安局完成15条道路单侧停车规划，建成临时泊位3000个。

【城市交通安全管理设施建设】 完成可变车道、交通组织渠化、单行路等建设任务。五一路、疏港路、中南路三条可变车道建设完成，通行效率提高36％；组织渠化增设19条单行路，增设19个禁左路口，形成区域环流，有效减少车流交叉点和冲突点。完善城市道路交通安全设施建设。完成黄河路等10

条主干路街信号灯"绿波带"的交通信号优化配时。完成在国省干道安装28处高清视频卡口系统工程。道路安全设施建设项目均已完成招标。

【城市交通管理持续强化】 2012年，大连市集中组织交通整治统一行动52次，各区市县进行专项整治1212次，对违法停车、绿灯跟进、涉牌涉证、酒后驾驶等突出违法行为进行重点惩治，实施高压严惩。全年全市累计查处各类交通违法行为227.8万件，比上年增长18.3%。其中查处酒驾1117件，暂扣驾驶证1012件，吊销驾驶证224件，拘留743人次。全市主干道路的交通岗位全部实行视频远程考核。

4. 城市供气

【概况】 2012年，大连市煤气供应总量2.71亿立方米，比上年增加1998万立方米；日最高供气量117.2万立方米，比上年增加7.6万立方米；日均供应量85.3万立方米，比上年增加16.5万立方米；人工煤气用户总数80.5万户，其中新增4.8万户；地下煤气管网总长1966公里；人工煤气普及率92.83%。全市改造地下旧煤气管网20公里、进户支线830个；完成东港商务区40公里天然气管网设施建设。全年进行燃气入户安全检查40.8万户，实际入户32.7万户，入户率80.3%。

全市具备液化石油气经营资格的企业185家；有液化石油气灌装站213家，储存能力约2.5万吨；瓶装液化石油气用户92.8万户，瓶装液化石油气年销售量15.7万吨；管道液化石油气经营单位17家，管道液化石油气用户36.1万户；液化石油气汽车加气站13座，天然气加气站2座。

【燃气行业管理】 2012年，大连市燃气管理处加大燃气安全检查力度，先后组织开展燃气行业大型专项安全检查11次，检查各类燃气场站317站次，发现安全隐患和问题76处，对违法行为进行及时处理。提高燃气行业应对突发事件能力，增强防灾减灾意识，先后组织市内四区28家燃气经营企业进行燃气事故应急预案演练61场次，参加演练及观摩400余人。进一步规范燃气经营许可证的发放工作，为市内四区24家企业发放燃气经营许可证。大连市城乡建设委员会组织大连市燃气管理处编制完成2012年度《大连市燃气器具气源适配性检验合格目录》，收录80个品牌的家用燃气器具产品和19个品牌的商用燃气器具产品。全年发放和贴置燃气器具产品合格标志7.3万个。

【首个安全使用燃气、器具教育展示基地投入使用】 2012年2月9日，大连市首个安全使用燃气、器具教育展示基地正式对外开放。该基地位于黄河路大连燃气集团有限公司一楼煤气客户服务中心旁的燃气具专营店内，面积500平方米，是全市唯一连通燃气管道和气源、可进行各种实际操作和演练的燃气具展厅。基地全年对外开放，市民可免费咨询与日常用气有关的各种问题，现场体验带自动熄火保护装置燃气灶具的安全性能。

5. 城市供热

【概况】 2012年，大连市市内四区及高新技术产业园区有供热单位126家；供热总建筑面积13536万平方米，其中住宅供热面积9681万平方米，非住宅供热面积3855万平方米。供热总建筑面积中，城市集中供热面积12789万平方米，分散锅炉房供热面积747万平方米。城市集中供热面积中，热电联产供热面积4317万平方米，区域锅炉房供热面积8472万平方米。全市有供热厂（站）768座，其中热电厂8座（企业自备电厂2座）、区域锅炉房132座，分散锅炉房133座，二次换热站495座；供热主次管网总长度4381公里。城市集中供热普及率93.6%，城市住宅供热普及率99.85%。2012年~2013年采暖期计划用煤403万吨，实际用煤412万吨；应收采暖费39.1亿元，实收38.4亿元，收费率98.2%；大连市集中供热办公室受理群众信访174件，电话投诉7845人次，网上投诉、咨询842件，群众咨询、投诉处理答复率100%，群众满意率99%以上。当年，市内四区及高新园区实际投入供热设施维修改造资金6.4亿元，其中热源新建、改建、扩建资金1.2亿元，供热设施维修改造资金3.8亿元，供热管网改造资金1.4亿元。市内四区及高新园区拆除大小锅炉房43座、锅炉64台，实现集中供热面积200万平方米。完成旧管网改造205公里。

【城市供热质量监管】 2012年5月1日，大连市新修订的《大连市供热用热条例》正式实施。新的《大连市供热用热条例》于2011年12月26日经大连市第十四届人民代表大会常务委员会第二十六次会议表决通过，2012年3月30日辽宁省第十一届人民代表大会常务委员会第二十八次会议批准。新的《大连市供热用热条例》从供热、用热、监督检查、责任法规等7个方面，对供热运行和管理中遇到的问题进行明确，奠定了供热监管的法律依据。大连市城市集中供热管理办公室、大连市市内四区及高新技术产业园区供热管理部门针对2011~2012年供热期出现的供热故障和市民投诉反映集中的重点问题，进一步强化责任落实，通过拆炉并网，将一些小的、年久失修的锅炉彻底淘汰；实施分户改造，更换老化、锈蚀的外管网和室内管网；责成供热企业进行设备更新等措施，使22个重点问题全部得到解决。为了便于市民反映问题，供热期开始前，市建委将全市供热管理部门和各供热单位的服务热线电话，通过媒体向社会全部公开。市供热办对市民供热投诉中心进行升级改造，主要针对用户反复投诉、多次投诉增加短信提醒和用户投诉语音自动回访系统，用户可就供热诉求处理情况对供热单位进行评价，督促供热单位认真办理投诉，使供热单位更加重视用户投诉的处理，用户重复投诉明显降低，对供热单位的服务满意率大幅提升。供热运行期间，市供热办先后5次联合媒体对供热运行情况进行突击检查，受检企业、站点供热运行良好。

【13个供热单位获辽宁省政府表彰】 2012年10月25日，辽宁省住房和城乡建设厅、辽宁省纠正行业不正之风办公室在沈阳市召开辽宁省供热工作会议。会议期间，表彰2011～2012年采暖期供热管理先进单位和优秀供热企业。大连市集中供热办公室等5个单位被授予辽宁省供热管理先进单位称号；大连市热电集团有限公司等8个供热企业被授予辽宁省优秀供热企业称号。

6. 建筑业

【概况】 2012年，大连市建筑业进一步在做大、做强、做优上求发展，行业规模持续扩大。截至年底，大连市建筑业有资质企业2239家。按级别分，特级企业5家（辽宁省共有7家），一级企业119家，二级企业386家，三级企业1201家，劳务企业528家；按类别分，总承包企业648家，专业承包企业1063家，劳务分包企业528家。全年新增建筑业企业225家，吊销资质建筑业企业44家。全市有注册建造师13085人，其中一级建造师2876人、二级建造师10209人，建造师数量约占辽宁省总数的23%，持续保证辽宁省首位。全市资质以上建筑企业完成总产值2031亿元，较上年净增349亿元，比上年增长20%，产值超20亿元的企业13家。全年建筑业缴纳地税73.45亿元，比上年增长33.24%。建筑业吸纳就业人员70万人。全市房屋建筑施工面积12380.7万平方米，比上年增长24.7%。其中新开工面积7010.7万平方米，减少24%。实行投标承包的房屋建筑施工面积9059.5万平方米，占全部施工面积的73%。

建筑业重点区域发展继续保持强劲势头。金州新区建筑业产值达到492.9亿元，沙河口区、甘井子区和庄河市建筑业产值均在200亿元以上，金州新区、沙河口区、甘井子区和庄河市建筑业产值总和占全市总产值的63.6%，比重与上年基本持平。金州新区建筑业产值在全市各区市县排名中继续保持第一，与辽宁省其他城市相比，仅在沈阳、鞍山之后。

行业争先创优氛围逐步形成。大连市城乡建设委员会、大连市建筑业协会等相关部门和单位坚持围绕做大做强做优的整体思路，积极为企业创造争先创优的良好氛围，催生一大批精品工程和优质企业。由大连软件园股份有限公司建设、大连市勘察测绘研究院有限公司和哈尔滨工业大学建筑设计研究院联合勘察设计、大连金广建设集团公司组织施工、大连正信建设工程管理有限公司负责监理的大连软件园开发22、23、24号楼项目获2011～2012年度国家优质工程银质奖。大连悦达建设工程集团有限公司、大连筑成建设集团有限公司等2家企业获2012年度全国保障性安居工程建设质量管理奖。大连筑成建设集团有限公司承建、大连宏达建设监理有限公司负责监理的大连万科溪之谷三期D115号楼，大连悦达建设工程集团有限公司承建、大连建实建设监理有限公司负责监理的悦泰祥里11号楼，大连渤海建筑集团有限公司承建、大连理工工程建设监理有限公司负责监理的大连海事大学学生公寓二期（英华公寓4号楼）等25个项目获2012年度辽宁省建设工程世纪杯奖（省优工程）。3月31日，中国施工企业管理协会发布《关于表彰2011年度全国优秀施工企业的决定》，大连华禹建设集团有限公司、大连宜华建设集团有限公司等4家企业被评为2011年度全国优秀施工企业；大连筑成建设集团有限公司俞敏、大连宜华建设集团有限公司苏跃升等4人被评为优秀高级职业经理人。在中国建筑业协会8月9日召开的第二届全国建筑劳务管理经验交流暨合作洽谈会上，大连建工劳务有限公司、大连筑成劳务有限公司、大连宏基劳务有限公司、大连永发劳务有限公司获全国优秀建筑劳务企业称号。

行业运行步入健康有序的良性轨道。市建委进一步加强行业诚信体系建设，借助开展"软环境"建设年的有利时机，充分发挥大连市"民意网"、大连市建筑市场信用监管网、大连市"城市家书"、"行风热线"意见办理等重要载体，积极受理社会各界的意见、建议，不断加强行业管理，力求实现企业、社会、政府乃至建筑业从业者的多方满意。

进一步推动实施"绿色通道",优化审批流程,实现对企业审批、备案的所有经办事项全部实行网上办理,共受理行政审批事项2244项,按时办结率100%。积极弘扬行业内部的优良传统,大连市建筑业协会先后作出关于表彰2011~2012年度大连市建筑行业诚信企业的决定和关于表彰2011年~2012年度大连市建筑企业优秀总工程师的决定。大连悦达建设工程集团有限公司、大连华禹建设集团有限公司、大连圣鑫建设集团有限公司等64家企业被评为2011~2012年度大连市建筑行业诚信企业,大连三川建设集团股份有限公司总工程师梁伟、大连金广建设集团有限公司总工程师万世坤、大连阿尔滨集团有限公司总工程师于春林等34名总工程师被评为2011年~2012年度大连市建筑企业优秀总工程师。

行业管理法制化规范化建设。大连市城乡建设委员会先后印发《2012年依法行政工作安排》、《2012年依法行政工作要点》、《"六五"普法教育工作方案》、《2012年普法教育工作方案》和《市建委依法行政试点方案》等文件。制定《市建委行政强制陈述申辩制度》,印发《加强行政审批备案的通知》、《行政执法检查工作方案》、《2012年市建委依法行政日常监督考核内容及责任分工的通知》。重新调整《市建委行政执法责任制》,完成《市建委行政职权分开目录》和《市建委行政职权流程图目录》的修订编制工作。做好立法工作,制订"修订燃气条例、制定劳保费条例工作方案",组织起草这两个条例的草稿;完成《大连市建筑施工现场文明施工管理办法》政府立法任务,以市政府第212号令印发;起草"停车场建设管理办法"、"建筑工地特种设备管理办法"、"燃气经营许可证管理办法"3个规范性文件,并进行合法性审查。4月、9月,市建委先后4次向市人大常委会、市政协常委会报告2012年城市建设项目安排计划;开展行政执法案卷评查工作2次,抽查6个行政执法部门的行政许可、行政处罚案卷20件。年内,市建委先后2次邀请市人大代表、政协委员考察地铁项目、机场三期、大连北站、东港商务区、虎滩新区改造、大连国际会议中心等重大城建项目和民生工程等建设项目,听取意见、建议。

【建设工程招标管理】 2012年,大连市城乡建设委员会完成工程招标3963项,比上年增长10.8%,招标总额708.31亿元,比上年下降9.4%。其中,市内四区招标项目1270项,比上年增长0.2%;招标额249.39亿元,比上年下降30.1%。大连市建设工程交易中心完成入场交易项目1725项,比上年增长44%;实现建设工程招投标入场交易额337.08亿元,比上年下降25%。至年末,全市建设工程项目中标价与预算控制价相比节省财政性资金7.2亿元。推行电子化招投标即网上招标、网上投标、网上评标,完成电子化招投标项目1107项,其中市内四区789项。完善市建设工程招投标网上办公系统,全年网上招标项目备案612项,发布招标公告1685条,招标文件备案1575项,中标公示1194条,项目负责人网上锁定835人次,中标结果备案1178项,打印并核发中标通知书943项。至年末,全市建设工程招投标主要业务全部实现网上办理,招投标工作流程得到进一步规范和优化。

【招标代理机构管理】 2012年末,大连市有建设工程招投标代理机构66家,其中甲级13家、乙级30家、暂定级23家。全市招标代理机构中的各类注册人员及中级以上工程技术人员900余人。当年,大连市建设工程评标专家库中累计抽取各类专家2404项9368人次。大连城乡建设委员会严格落实招投标法规纪律,对招投标过程中发现的不客观评标等违纪问题进行严肃处理,先后对8名(次)评标专家予以停止评标资格3个月到一年的处理。

【建筑科技推广和应用】 2012年,大连市继续推动绿色建筑的发展。5月,大连市城乡建设委员会组织召开由建筑开发企业、设计企业、施工企业、监理单位等业内人士参加的大连市绿色建筑宣传贯彻会议,邀请加拿大沃德城市设计公司总裁李楠、中国建筑上海设计研究院建筑师王廷熙等国内外知名学者进行绿色建筑专题技术讲座,宣传贯彻财政部、住房和城乡建设部《关于加快推动我国绿色建筑发展的实施意见》文件精神。在住房和城乡建设部的指导下,由大连市城乡建设委员会组织开展一星级、二星级"绿色建筑"评价工作,大连高新园区万达公馆项目(一期,14.2万平方米),大连华润星海湾壹号悦府25-1、25-2、25-3号楼7.3万平方米住宅项目2个项目获住房和城乡建设部"一星级绿色建筑"评价标识,大连南关岭工矿旧区改造地块B6、B8号楼0.9万平方米住宅项目和B2区3万平方米公建项目,大连金龙寺土羊高速公路南侧科技研发8号楼1.22万平方米公建2个项目获住房和城乡建设部"二星级绿色建筑"评价标识。

【建筑行业教育培训】 2012年11月10~15日,大连市城乡建设委员会、大连市建筑业协会联合中国建筑业协会,在大连开办全国建筑工程一级注册建造师继续教育示范班，培训355人。当年，由大连市建筑业协会组织开办"QC和工法"培训班，培训全市资质以上建筑企业人员近200人，以强化建筑企业工程质量管理，增强企业创优和品牌意识。市建委、市建筑业协会在全市100余个建筑工地进行质量安全常识宣传培训，播放施工安全、质量、技术等方面教学录像，培训农民工2万多名。市建委与市总工会联合举办华信杯第三届农民工技能大赛，通过理论考试、焊工实践操作、专家现场评审，评出一等奖1名，二等奖2名，三等奖7名，优秀奖10名，并评出"优秀组织奖"17个单位。大连市建设系统中级岗位培训全部实行计算机随机出题考试，培训与考试分离，教学质量和学员主动学习的积极性提高。全年组织各类中级岗位培训2100人、组织农民工职业技能培训4800人、配合省住房和城乡建设厅组织建筑节能培训1100人。

【建筑勘察设计行业管理】 2012年，大连市有建筑勘察设计单位147家。按类别分，设计单位（含专项设计）115家，勘察单位25家，勘察设计双资质单位7家；按级别分，甲级资质单位74家，乙级资质67家，丙级资质5家，劳务资质1家。全市有施工图审查机构13家，其中一类审查机构7家，二类审查机构6家。全年全市勘察设计行业实现营业额103.6亿元，是上年营业额的近2倍。年内，大连市城乡建设委员会办理外埠勘察设计单位入连备案手续142项，办理本地勘察设计单位出连承揽项目手续183项；完成工程初步设计审批140项，施工图审查备案544项，备案建筑面积2228.9万平方米。开展2012年度大连市优秀工程勘察设计项目评选活动，共评出一等奖15项、二等奖22项、三等奖28项。

【建设工程质量监督管理】 2012年，大连市城乡建设委员会建设工程质量监督管理站完善检测监管系统和桩基础承载力试验的远程监控系统，安全监管更全面、更科学、更规范。全市地基基础、主体结构质量安全100%合格；住宅工程分户验收一次合格率97.5%以上，百姓投诉总量下降12%，14项工程获评为大连市优质主体结构工程；7项工程获评辽宁省建筑业新技术应用示范工程，居全省第一；工程监理企业59家，完成产值7.94亿元；工程检测机构发展到154个，工程质量整体水平始终保持全省首位，并居全国领先行列。3月，大连市建设工程质量监督站获辽宁省住房和城乡建设厅2010至2011年度建设工程质量监督先进单位称号，11月，获中国建筑业协会工程建设质量监督与检测分会全国建设工程质量监督系统先进单位称号。当年，大连市监督系统共监督在建单位工程1.4万个，建筑面积9271万平方米。结构工程监督重点抽查涉及结构工程质量的钢筋、砼等建筑材料质量和关键工序以及关键部位，抽查钢筋2523批，合格率98.5%，清退不合格钢筋247吨；抽查检测试验报告494份，合格率100%；抽查预拌混凝土出厂质量200批，合格率100%。组织开展全市冬期施工质量、结构质量、钢结构工程质量专项检查，检查单位工程2144个，建筑面积2361万平方米，下发责令改正通知书149份；对各区市县抽查工程46项，下达督办通知书24份；下发检查情况通报3个，通报建设单位31家、施工单位36家、监理单位26家、设计单位3家的质量问题。安装工程监督重点检查易产生质量通病和影响使用功能的部位，出台《关于加强建筑节能分部工程质量验收的意见》，组织全市开展质量通病防治、幕墙工程质量专项检查，共检查单位工程1366个，建筑面积1439万平方米，下发责令改正通知书159份。市建设工程质量监督站全年受理工程质量投诉75件，比上年下降11.8%；办结74件，办结率98.7%，合理诉求问题处理满意率98.8%。市建设工程质量监督站在开通24小时诉求热线的基础上，设立网络投诉、咨询平台，收到网络投诉咨询100余条，办结率100%。

【房屋建筑工程竣工验收备案管理】 2012年，大连市城乡建设委员会贯彻执行《大连市房屋建筑工程竣工验收备案管理暂行办法》，全市竣工验收备案单位工程1967个，建筑面积2583.9万平方米。市建设工程质量监督站与规划、环保、消防、供电等单位沟通协调58次，移交配套幼儿园4所，社区用房10个；对各区市县（先导区）的备案管理工作进行专项检查，发现和指出问题65个。

【建设工程监理行业管理】 2012年，大连市有建设工程监理企业59家，其中甲级32家，乙级21家，丙级6家；拥有专业资质129个，其中甲级资质58个，乙级资质59个，丙级资质12个。59家监理企业中有监理人员3067人，其中国家注册监理工程师1343人，省监理工程师935人，省监理员789人。市建设工程质量监督站开展全市优秀监理工程师信誉榜活动，评选大连市优秀监理工程师143名，授予其中47名连续3年上榜、57名连续两年上榜者大连星级监理工程师称号。受理建设工程委托监理合同备案608项，备案项目总投资额456.72亿元，监理合同额8.48亿元。

【建设工程检测管理】 2012年，大连市有建设工程质量对外检测机构43家，检测资质111个；对内检测试验室111家，检测资质119个；检测人员2141人。大连市城乡建设委员会组织对全市检测机构（试验室）进行专项检查，检查126家，下发责令整改通知书82份。对41家预拌混凝土企业冬期生产情况进行抽查，下发改正通知书14份；对5家主体结构工程现场检测机构进行9次监督抽查，下发整改通知书5份。组织大连市370名试验人员进行培训和参加辽宁省住房和城乡建设厅考试；加强检测管理，建立检测监管系统和桩基础承载力试验的远程监控系统及检测备案制度，实现无施工许可证不予开通检测系统、不能实现检测的功能，全年检测备案项目1158项。

【建设施工安全管理】 2012年，大连市建筑施工百亿元产值死亡率控制在2.3以内，建筑安全生产形势保持稳定。当年，大连市人民政府颁布实施《大连市建筑工程文明施工管理办法》；大连市建筑工程安全管理站先后下发各类管理性文件73份，下发安全生产大检查通报12份。年初，大连市城乡建设委员会组织召开大连市建筑安全生产工作会议，所属市建筑工程安全管理站分别与各区市县建设行政主管部门和应急抢险救援单位签订《2012年大连市建筑行业安全生产目标管理责任书》和《应急抢险救援协议》。市建筑安全监督管理站组织在全市开展跨年度工程和新开工工程安全生产大检查、建筑工程春季安全生产大检查、秋季安全生产大检查、冬季安全生产大检查等检查活动，重点检查办理安全监督手续情况、项目经理带班作业情况、安全生产管理机构设置情况、起重机械使用管理和安全防护用品使用情况。检查建筑施工现场441个，发现处理各类问题和隐患5132项，下达安全隐患责令整改通知书351份。组织开展以预防高处坠落、起重伤害、施工坍塌为重点的建筑施工现场专项整治，加强对高大模板、深基坑、脚手架、起重机械等重大危险部位的管理，对安全生产薄弱环节和重大隐患实行挂牌督办，跟踪落实整改。先后检查市区21个深基坑和25个地铁施工现场，对全市47项使用高处作业吊篮、37项使用附着式脚手架的施工企业进行"拉网"式隐患排查，发现问题和隐患187项，下达安全隐患责令整改通知书33份。在全省率先开展建筑施工现场场内车辆管理工作，先后制定《大连市房屋建筑和市政工程企业场（厂）内专用机动车辆监督管理暂行规定》和《大连市房屋建筑和市政工程企业场（厂）内专用机动车辆监督管理实施细则》，并依托大连市建筑安全监督管理系统，实施场内车辆网上申报、登记、转移、注销及驾驶员的资格审核，登记备案17家企业场内车辆221台，初审合格驾驶员200名。推行建筑施工现场远程监控系统和塔式起重机智能预警系统建设，至年末，市、区市县两级视频监管平台及包括地铁工程在内的120个施工现场远程视频监控系统投入使用，2700台次塔式起重机安装塔机智能预警系统。加强建筑施工企业"三类人员"（企业负责人、项目负责人、专职安全管理员）、特种作业人员管理，组织10批"三类人员"考核证书新办和延期考试，7680人初次取得"三类人员"安全生产考核证书，5687人取得"三类人员"延期安全生产考核证书；4839人取得特种作业人员操作资格证书。先后为305家建筑施工企业办理安全生产许可证，为749家企业重新核发安全生产许可证。当年，全市有大连中心·裕景（公建）工程等10个建筑施工现场被住房和城乡建设部评为AAA级安全质量标准化"示范工地"，海创国际产业大厦等20个建筑施工现场被辽宁省住房和城乡建设厅评为安全质量标准化"示范工地"，海事大学英华公寓4号楼等33个建筑施工现场被省住建厅评为安全质量标准化"文明工地"。在沈阳、大连、哈尔滨三市建设施工现场安全联合检查中，石油大厦等22项工程获金牌，塞纳名郡A区6号楼等10项工程获银牌。保证施工现场文明施工管理费用的足额投入，加强对安全措施费用的审批管理，存缴安措费5.86亿元，拨付安措费3.9亿元。

【建筑节能示范工程建设】 2012年，大连市继续扩大建筑节能示范工程建设范围，开展建筑节能示范工程16项，总建筑面积约455万平方米。其中，成品房示范工程3项1486套，建筑面积15万平方米；环境友好型示范工程4项，建筑面积277万平方米；墙体革新示范项目1项，建筑面积30万平方米；可再生能源示范工程6项，建筑面积81万平方米；干混砂浆示范工程2项，建筑面积51万平方米。大连市城乡建设委员会组织建设项目一体化安装太阳能热水器110万平方米，组织实施大连科技学院、大连机电集团等太阳能光电建筑一体化应用技术项目，总发电功率811兆瓦，太阳能光伏集热面积2万平方米，应用建筑面积48万平方米。

【建筑节能管理】 2012年，大连市城乡建设委员会完成建筑节能备案71项，节能保温材料备案70项，新型墙体材料备案100项。利用财政部给予的补贴资金建成建筑能耗监测平台，有7个大型公共建筑首批纳入该平台，实现数据实时监测和上传，有12家合同能源管理服务公司纳入项目库备案管理。全市新增节能建筑300万平方米，新型墙体材料利用率96%，粉煤灰综合利用率86%，水泥散装率72%。

【工程建设预算管理】 2012年，大连市城乡建设委员会工程预算管理处完成政府及财政部门交办的政府重点投资工程概（估）、预（决）算编审工作任务242项，编审工程总造价60.94亿元，审减6.7亿元。其中，审核大连市体育中心工程、大连北站南北广场工程、胜利路扩宽改造项目、甘井子泉水居住区公共租赁住房项目、大连市南部滨海大道工程等招标文件及拦标价216项，申报拦标价57.15亿元，审定拦标价51.56亿元，审减值5.59亿元，平均审减率9.8%；审核2012年道路维修工程、2012年大连城市绿化工程、大连市体育中心周边绿化工程、朱琪路绿化建设工程等投资估算23项，申报工程造价8.72亿元，审定工程造价7.86亿元，审减工程造价0.86亿元，平均审减率9.86%；审核2011大连夏季达沃斯新领军者年会会场搭建工程、大连海上消防救援中心基地站工程等结（预）算3项，申报工程造价1.77亿元，审定工程造价1.52亿元，审减工程造价0.25亿元，平均审减率14.12%。

【工程建设造价管理】 2012年，大连市城乡建设委员会组织全市建设行业落实国家标准《建设工程工程量清单计价规范》、《2008年辽宁省建设工程计价依据》、《辽宁省房屋修缮工程预算定额》和《城市轨道交通工程预算定额》，做好宣传贯彻工作，进一步规范建设工程造价管理。工程建设标准造价管理处全年受理施工企业规费计取标准申报635起，其中本埠企业605起，外埠企业30起；办理工程类别确认886项，比上年增长52%；办理造价咨询企业合同备案资料150份；完成60家工程造价咨询企业收费许可证申报资料和统计报表的资料核查、上报工作，对30家造价咨询企业进行实地核查。出台《大连市建设工程施工合同管理办法》，加大施工合同监管力度。全年完成建设工程施工合同备案1698份，工程合同价款345亿元，比上年增长46%；办理工程担保合同价款428亿元，比上年增长1.1陪；办理竣工结算书备案75项，有效解决拖欠工程款和农民工工资问题，规避"阴阳合同"和配套合同不备案现象。年内完成造价工程师初始注册、变更注册和延续注册342人，造价员资格证书变更及换发见习造价员资格证的书面资料审核、上报365名。造价员资格证书发放1309人，造价员资格考试升级审核确认1460人。截至年末，全市工程造价从业人员10206人。自2003年，大连市建设标准工程造价从业人员以每年10%比例增加。按照国家新的标准规范《建设工程工程量清单计价规范》，工程建设标准造价管理处组织采集市内和各区市县建筑工程的建筑材料价格、建筑市场人工劳务工资价格信息，经汇总、分析，按季度发布；全年采集、发布建筑材料价格信息82.2余万条，为全市建设工程招投标和工程清单计价提供可靠的依据。

【城建档案管理】 2012年，大连市城市建设档案馆接待查档人员约4000人次，调卷3800余卷，为政府各部门及地铁指挥部复印图纸680余张；管线工程档案查询近30人次，满意率100%，签订管线工程档案责任书6份。全年签订建设工程档案责任书92个工程项目，为108个项目核发建设工程档案初验合格证。整理档案31550卷。制作完成925个项目的电子档案，扫描文字资料17.5008万张，图纸3958张。完成2012年大连市地下管网普查探测（一期工程）任务，探测管线4821.5公里，完成普查工程的档案资料整理、数据检查及成果入库验收等工作。全年验收地下管线竣工测量项目30个，检查指导88次，管线数据更新处理长度约1000公里。

7. 房地产业

【概况】 截至2012年12月31日，大连市共有具备开发资质的房地产开发企业共968家，其中一级企业13家，二级企业62家，三级企业344家，四级企业11家，暂定企业538家。

2012年1～12月，全市房地产开发完成投资1396.5亿元，同比增长26.1%。全市房地产项目累计在建施工面积6123.4万平方米，同比增长0.3%。累计新开工面积1615.1万平方米，同比增长10.3%。累计竣工面积750万平方米，同比下降20.5%。全市房地产项目累计销售额861.5亿元，同比增长17.6%，累计销售面积1076.4万平方米，同比增长18.3%。

（大连市城乡建设委员会）

青 岛 市

1. 概况

2012年，青岛市全年城建项目、房地产、村镇建设完成投资1075亿元，同比增长2.7%，建筑业、房地产业、勘察设计业实现税收收入177.4亿元，占全市地税收入的38.3%左右。

重大基础设施建设。海湾大桥接线海尔路立交、黑龙江路立交、重庆路立交实现通车，四流路立交四条匝道实现通车，跨线桥完成主体工程；新疆路快速路、长沙路跨铁路高架桥等项目开工建设，福州路过街天桥投入使用。重庆路改造工程年内完成西半幅总量的50%。

"两改"工作。回迁21个项目，超额完成原定18个的年度目标；新开工项目25个，完成年度任务。

农村住房建设与危房改造。新建农村住房2.72万套，超额完成原定2.5万套的年度目标；改造农村危房4067户，提前完成任务。

停车场建设。2012年建成书城停车楼，结合浮山整治建设3处停车场；完成海伦广场人防停车场主体工程；开工建设香港西路人防停车场、保儿小学、康居公寓小学、劲松七路等大型公共停车场。

中山路改造。组建专门工作机构，指挥部成立6个工作部；成立专门的融资平台，房屋征收工作积极推进，中山路改造工作进入实施阶段。

主城区危旧房改造。青岛市政府出台《关于加快主城区危房改造工作的意见》及相关配套政策，20个片区全部启动，其中7个片区已实施房屋征收工作。

过城河道整治。海泊河流域河道治理工程、李村河、张村河下游综合治理工程进展顺利，完成年度目标。

城区生态绿化。全面超额完成年初确定的目标任务，完成新改建绿地731公顷，栽植景观树4.9万株，行道树5.8万株，各类乔灌木1922万株；完成立体绿化131处，完成绿道建设74公里；启动山头绿化整治17个；完成嵌草砖改绿化带14.8万平方米。新改建绿地面积较上年同期增长491公顷。

城市管理。认真落实市委、市政府《关于进一步加强和创新城市管理工作的意见》，建立了日巡查、周抽查、月联查、季调查的常态化城市管理考核机制。对《青岛市城市管理综合考核办法》进行修订完善，组织开展"城镇容貌和环境卫生责任区达标制度"活动。

既有建筑节能改造和绿色建筑。圆满完成既有125万平方米居住建筑节能改造任务，完成200栋大型公共建筑能耗监测设备的安装，10个项目获得国家绿色建筑评价标识。

农村垃圾集中收集处理。出台《关于进一步加强农村垃圾处理工作的实施意见》、《青岛市农村垃圾处理奖补资金管理暂行办法》。组织各市编制农村垃圾处理专项规划。开工建设3个工厂化垃圾分类处理场、4个垃圾中转站及一批垃圾处理设备。

城镇化建设。出台《关于加快推进小城镇建设和发展的意见》，加大基础设施和公共设施投入，开展绿色低碳生态重点小城镇建设试点，组织全市开展和谐城乡建设行动。预计2012年底城市化率达到69.6%。

2. 建筑业

【概况】 2012年，青岛市完成建筑业总产值1020.3亿元，比上年（下同）增长17.6%；实现建筑业增加值360亿元，增长9.8%；实缴税金54.1亿元，增长18.5%，占地税收入的10.8%。完成招标投标项目3875个，增长5.07%；工程造价806.10亿元，增长43.34%。其中，国有资产投资项目2833个，增长6.67%，工程造价506.76亿元，增长56.99%；社会投资项目1042个，增长0.97%，工程造价299.34亿元，增长24.95%。

【建筑市场管理】 截至年底，全市有建筑业施工企业1190家，其中总承包企业350家，占总数的（下同）29.4%；专业承包企业446家，占37.5%；劳务企业394家，占33.1%，以总承包企业为龙头、专业承包企业为骨干、劳务企业为依托的建筑业行业组织结构更为合理。年内，扶持26家企业升级、57家企业资质增项，淘汰小、劣、差企业67家，为

210余家企业办理外出施工手续及外出备案。与700多家重点建筑业企业及区市、单位建立联系服务制度，征求意见和建议268条，解决问题186件。牵头制定下发《关于规范工程建设相关企业入区、市管理的通知》，取消企业入区市缴纳保证金制度，为300余家企业返还或解冻近4亿元保证金。减少、压缩审批事项和审批时限，平均提速31.3%。创新建立企业质量安全管理体系，共有820家企业充实质量管理机构，新增质量安全管理人员1800余人。成功举办全市建筑业书画摄影展和建筑业电线电缆及配电设备新技术新产品展示会，展示企业文化建设成果，搭建企业发展平台。

【工程质量管理】 深入推进质量标准化管理，对质量存在不确定性的实体和材料、商砼企业、检测机构进行"飞行抽检"，强化监督与检测有机联动，全市建筑工程主体验收和竣工验收一次验收通过率达到100%。实行质量投诉处理网上曝光、销号制度，增强了企业防范质量投诉问题发生的强烈意识，质量投诉结案率100%。建立"明白册"和"明白卡"制度，全面落实参建各方质量责任。完成《住宅工程外窗水密性现场检测技术规程》的起草工作，申报山东省地方标准。建立保温材料实验室等三个专业实验室，完成24个检测项目和108个检测参数的计量认证扩项工作。

【安全生产管理】 深入开展"安全生产基层基础强化年"、"安全月安全周"和"打非治违"三大活动，严格模式化管理，强化建设各方主体责任落实，突出抓好深基坑、高支模、脚手架、起重机械等重大隐患源管控，市区46个深基坑、6200台塔机、1770台施工升降机得到有效监管。规范设置建筑物安全密目网和安全平网，合理架设使用外挑式安全平网，全市在建工程全部实现"全封闭"施工。开展建筑工地围挡墙、脚手架及密目网、大门门牌、扬尘污染等"四项整治"和绿化管理，建筑工地环境面貌焕然一新。组织开展全市建筑工程安全应急预案拉动演练，成功抗击强台风"达维"和"布拉万"。

3. 房地产业

2012年，青岛市严格执行国家调控政策，房地产开发建设指标稳中有升，企稳向好的基础进一步增强，整体的供求关系有所转化，但也存在销售规模下降、投资增速降低等问题。

【投资增速降低，总额继续扩大】 青岛市房地产投资额同比增速有所回落，2012年，青岛市房地产业完成投资930.1亿元，首次突破900亿元，同比增长18.8%，增幅较上年同期（同比增长26%）收窄了6.2个百分点。虽然增幅收窄，但从投资总量看，近几年房地产投资规模不断扩大的势头仍然没有改变，2012年房地产完成投资为2008年同期的2.44倍。

【开发速度放缓，新开工面积微降】 全市各类房屋施工面积6473.7万平方米，同比增长13.8%；新开工面积1763.2万平方米，同比下降2.89%；竣工面积1211.6万平方米，同比增长33.7%。持续调控和市场销售不畅直接影响了企业的开发进度，新增商品房供给速度放缓。

【房屋销售呈现先冷后热态势，市场回稳】 受调控政策影响，青岛市新建商品房销售呈现先冷后热态势，各类新建房屋共成交1068.2万平方米，同比上升7.8%。全市房地产实现税收149.9亿元，同比增长29.3%。其中实现地税收入134.3亿元，同比增长25.4%，占全市地税收入的26.9%。

【住宅销售价格指数先抑后扬】 根据国家统计局发布的2012年12月份70个大中城市住宅销售价格指数，青岛市新建住宅价格指数同比下降3.4%，环比上升0.5%，分别在全国70个大中城市中排名分别在66和17位。环比指数最能反映价格的实时变动，在70个城市中，有62个城市环比上升或持平，也说明随着销量上升，销售价格也有回升态势。

【房屋征收】 按照青岛市委、市政府确定的危旧房改造目标要求，确保危旧房改造征收工作与即将出台的征收条例同轨，市城乡建设委组织专门人员对全市原有的补偿标准、奖励标准进行数据分析，起草完成《青岛市主城区危旧房改造房屋征收补偿安置办法》，已颁布实施。针对房屋征收成本确认、房屋征收部门、评估机构管理不规范的问题，出台《关于加强市内四区房屋征收费用审核的通知》、《房屋征收管理规范化考核暂行办法》、《关于进一步加强房屋征收评估机构考核的通知》的配套政策，进一步规范全市房屋征收工作的行为。

4. 勘察设计业

根据青岛市勘察设计行业经济形势月报统计数据，截止到2012年底，全市勘察设计单位211家，全行业共完成合同额1100902万元，同比增长56.1%，其中工程勘察完成合同额43363万元，同比降低10.4%，工程设计项目完成合同额282324万元，同比增长1.3%，其他项目（包括工程总承包、工程技术管理等）完成合同额775215万元，同比增长105.0%，勘察设计单位实交税额52944.1万元，同比增长54.0%。

工程勘察业务量同比下降的原因：受国家房地产业宏观调控的影响，造成房地产开发企业拿地和进行项目开发建设的积极性下降；工程勘察行业存在地域性较强的特殊性，导致工程勘察企业开拓外地市场难度较大，一般企业的工程勘察业务范围局限在青岛市；青岛市勘察设计行业重点企业之一的中国石油天然气华东勘察设计研究院受单位资质收归上级主管部门、企业管理体制改革等方面因素的影响，包括工程勘察在内的统计业务量有大幅下降，例如，该企业工程勘察业务量由2011年1～12月的14785万元下降到2012年的7279万元，同比下降幅度达到49.2%，带动全市勘察完成合同额同比下降15.5个百分点。

工程设计业务量同比增长幅度较小的原因：一是受国家房地产业宏观调控的影响，造成房地产开发企业拿地和进行项目开发建设的积极性下降；二是由于工程设计行业竞争加剧、地方保护等因素的影响，导致工程设计企业开拓外地市场难度增大；三是青岛市勘察设计行业重点企业之一的中国石油天然气华东勘察设计研究院受单位资质收归上级主管部门、企业管理体制改革等方面因素的影响，包括工程设计在内的统计业务量有大幅下降，例如，该企业工程设计业务量由2011年1～12月的112638万元下降到2012年的35555万元，同比下降幅度达到68.43%，带动全市设计完成合同额同比下降27.66个百分点。

5. 园林绿化

【概况】 2012年，青岛市完成新建绿地358.6公顷，改建绿地372.5公顷，栽植各类乔灌木1922.66万株，完成立体绿化131处，道路绿化改造88条，建设绿道74.57公里，启动山头绿化整治17个，完成庭院绿化改造249处，完成行道树下栽植绿篱14.8万平方米，园林绿化管理水平明显提升，拆违建绿8万余平方米，精品工程不断涌现，城市绿化生态效果显著改善。

【城市园林绿化管理】 城市园林绿化管理水平明显提升。园林绿化注重根据季节的变换，适时将工作重点向养护管理转移，坚持徒步巡查制度，加大巡查力度；完善技术规范，加强水肥管理，提高树木成活率；增设园林病虫监测点，编发15期《青岛园林病虫预测预报》。聘请5位住房城乡建设部和山东省住房城乡建设厅园林绿化专家组成员及7位青岛市绿化专家为园林绿化特邀顾问，提供咨询服务和技术支撑。组织5次园林绿化专家召开养护管理技术专题培训会，推广使用园林专用浒苔生物肥料，对新栽植树木病虫害进行巡查，对养护单位进行面对面、手把手地技术指导，组织召开树木扶架现场观摩会，全面推广多层加固、二次扶架、铁索牵拉等稳固措施。成立抢险应急队，积极应对极端天气的影响，做到安全无事故。

【行道树整治工程】 按照"有路必有行道树"原则进行补植更新，不断提高绿荫效果。全面推进嵌草砖改绿篱工程，增加绿量，丰富色彩。实施绿道和小游园建设工程，让市民能走进绿色，亲近自然。深入推进庭院绿化改造工程，坚持建设民生园林，开展拆违建绿、拆墙透绿、见缝插绿、阳台增绿，让居民生活环境更加优美舒适。加强立体绿化工程，深入开展喷播植绿、攀缘增绿、桥体挂绿。

【依法治绿拆违建绿】 《青岛市城市绿化条例》贯彻实施的第一年，通过报纸、网络等媒体进行广泛宣传、组织全市相关人员进行3次轮训。制定出台《园林绿化建设政府投资项目行政管理规则》、《青岛市植树增绿工作技术导则》。制定《青岛市园林绿化施工企业管理考核办法（暂行）》、《青岛市园林绿化工程安全质量监督管理办法（暂行）》、《青岛市城市园林绿化规划设计管理办法》等。在完善法规体系的同时，深入开展了占绿毁绿专项整治行动，对东海路、香港路等50余处约4600平方米违章占绿进行清查，恢复绿地30处、1500平方米，各区市清除并恢复违章占绿8万余平方米。

【精品工程建设】 全市园林绿化的整体水平有明显提高，前海一线大幅增绿，景观品质不断提升、环湾大道绿化景观焕然一新，嵌草砖改绿篱工程为美丽青岛增绿、增色、增彩，浮山果艺生态园200余公顷绿地景观效果全面提升，太平山中央公园高品位规划设计，宁夏路288号绿化养护提升工程、劲松三路绿化提升工程、李沧区李村河上游综合治理（二期）工程、西山老年文化公园、白沙河运动主题公园道路绿化密植混交林建设工程、中德友谊林园林绿化景观工程等一大批绿量大、景观好、品质高的精品绿化工程不断涌现。

6. 村镇建设

【村庄和小城镇建设政策制定与实施】 出台《青岛市人民政府关于继续推进农村住房建设与危房改造的意见》。该文件提出，继续执行《青岛市人民政府关于加快农村住房建设与危房改造的实施意见》

（青政字〔2009〕31号），突出抓好城中村改造型、小城镇集聚型、新社区建设型、农村经济适用住房型、危房改造型等五种类型住房建设。从2012年起，每年集中新建农村住房2.5－3万户；2012－2015年改造危房2万户，进一步建立和完善农村住房建设与危房改造常态化工作机制，推动青岛市农村住房建设与危房改造工作健康有序发展。

出台《青岛市人民政府关于加快推进小城镇建设和发展的意见》。该文件提出今后四年小城镇建设的工作目标和主要任务以及推进举措，把小城镇建设成为县域人口集中的新主体、产业聚集的新高地、功能集成的新平台、要素集约的新载体。同时对即墨市龙泉镇、田横镇，胶州市李哥庄镇、铺集镇，胶南市王台镇、泊里镇，平度市南村镇、新河镇，莱西市姜山镇、南墅镇10个省示范镇进行重点培育。

【推动村镇建设全面快速发展】 抓好和谐城乡建设。2012年是山东省政府开展和谐城乡建设行动三年活动的最后一年，也是非常关键的一年。根据山东省住房城乡建设厅修订的和谐城乡建设行动实施方案，为深入扎实地开展进和谐城乡建设行动，印发《青岛市和谐城乡建设行动考核办法》，通过强化组织领导、强化责任分工、强化标准落实、强化氛围营造等"四大举措"，积极组织开展和谐城乡建设行动。为迎接省组织的考核，组织七区五市和市直部门对上年开展的和谐城乡建设行动进行自查，并对全市和谐城乡建设行动进行考核验收，通过以考促建的形式，推进和谐城乡建设行动的扎实开展。省政府综合检查组对青岛市和谐城乡建设行动工作进行检查验收后，给予很高评价。

【农村住房建设与危房改造】 实施村庄集中改造建设工程。启动城中村改造34个，采取成片开发、拆建分离等形式，有序推进村庄集中改造工作，进一步提高城市建设品位和城中村改造的水平。实施农民经济适用房建设工程。按照"政府主导、总量控制、因地制宜、困难优先"的原则，建设农民经济适用房项目10个，建设农民经济适用房2832户，加快解决因停止宅基地审批形成的农民新增住房需求问题。实施农村危房改造工程。按照"以人为本、关爱群众、先急后缓、梯次改善"的要求，认真组织开展农村危房调查和改造工作，通过拆除重建、修缮加固等多种方式，改善了4067户农村困难群体住房条件。

【农村垃圾处理基础设施建设】 按照青岛市《关于进一步加强农村垃圾处理工作的实施意见》，编制农村垃圾处理专项规划，合理确定垃圾处理场、垃圾中转站和村庄的垃圾收集房（池）建设规模和数量，并制定实施方案。2012年共开工建设农村垃圾处理场10个，垃圾中转站15个，创建达标镇32个、达标村1700多个，农村垃圾无害化处理率达到40％以上，有效改善了农村生态环境。

【积极推动绿色生态镇村建设】 开展绿色低碳生态重点小城镇建设试点。根据财政部、住房城乡建设部《关于绿色重点小城镇试点示范的实施意见》和住房城乡建设部、财政部、国家发改委《关于印发〈绿色低碳生态重点小城镇评价指标（试行）〉的通知》精神，认真按照评价指标开展试点示范活动，并申报胶州市李哥庄镇为国家级绿色低碳生态试点小城镇。国家住房城乡建设部专家组到胶州市李哥庄镇进行现场考察，并给予了较高的评价。

【开展传统村落调查申报】 根据住房城乡建设部、文化部、国家文物局、财政部等四部委的部署，组织全市开展传统村落调查工作。召开全市开展传统村落调查工作部署会，印发《青岛市传统村落调查工作方案》，组织全市开展传统村落调查工作。青岛市崂山区王哥庄街道青山渔村、即墨市丰城镇雄崖所村列入中国第一批传统村落名录。

7. 建设科技与建筑节能

【建筑节能】 2012年，青岛市共完成节能建筑1275万平方米，既有居住建筑供热计量及节能改造完成125万平方米，在200栋公共建筑中安装能耗监测设备，在此基础上完成32万平方米公共建筑节能改造。完成10个项目总计94.7万平方米绿色建筑设计标识评价工作。完成可再生能源建筑应用面积达300万平方米，太阳能光伏发电项目装机容量达37.5兆瓦。成功入选为国家可再生能源建筑应用示范增量任务示范市，新增平度市为国家可再生能源建筑应用示范县。

【建筑节能政策和发展规划制定与实施】 2012年，青岛市出台《青岛市建设工程材料管理条例》、《青岛市建筑废弃物资源化利用条例》。编制实施《青岛市居住建筑节能设计实施细则（75％标准）》、《关于进一步推进住宅性能认定工作的通知》、《关于组织申报绿色建筑示范工程的通知》，这些地方性政策规划的实施，有力地促进了建筑节能工作的开展。

【重大建筑节能项目实施、重大科技项目研究开发】 青岛市通过申请国家奖励资金和市财政配套资金对重大建筑节能项目和科技创新项目进行扶持。其中昌盛日电农业科技大棚光伏发电项目获批为

2012年国家金太阳示范工程，总装机容量20兆瓦，获得国家奖励资金1.1亿元。光伏电站建成后预计年均发电量为2169.6万千瓦时，可年节约标准煤7376.64吨，减排二氧化碳18441.6吨，减排二氧化硫103.27吨，粉尘73.77吨。

【"十二五"建筑节能专项规划编制】 2012年，《青岛市"十二五"建筑节能专项规划》编制完成并通过专家评审。

8. 大事记

1月

31日 青岛市副市长王建祥主持召开奥帆中心可视范围亮化提升改造准备会，市城乡建设委牵头组织实施。

2月

17日 2012年度全市工程建设管理工作会议在青岛市八大关宾馆召开，市城乡建设委副主任、建管局局长孙宗贤讲话。

3月

1日 全市植树增绿大行动动员大会在黄海饭店会议中心召开，王建祥部署全市植树增绿大行动工作任务。

8日 王建祥组织召开重庆路改造工程现场调度会，会议实地踏勘重庆路现状情况，听取市城乡建设委及各区关于房屋征收等有关工作进展情况的汇报。

9日 全市房地产开发管理工作会议在市级机关会议中心召开，青岛市城乡建设委员会主任汤吉庆主持并讲话。

20日 青岛市市长张新起主持召开调度会，听取青岛市城乡建设委员会《奥帆中心可视范围亮化提升方案》等工作情况汇报，确定按照汇报的设计方案实施改造。

30日 全省工程质量技术管理工作会议在青岛召开。省局和省总站领导、全省17地市质监站总工程师、部分一级以上施工企业和省建科院、勘测院总工85人出席会议，现场观摩莱西建总施工的李家上流社区城中村改造A6地块1.2期工程质量标准化管理情况。

4月

19日 王建祥在市城乡建设委员会参加青岛政务网在线访谈，就2012年青岛市植树增绿的有关热点问题进行解答。

5月

16日 王建祥主持召开"奥帆中心可视范围及前海一线亮化提升工作专题会"，确定城投集团为建设单位。

6月

5日 根据市政府关于《关于实施青岛市奥帆中心可视范围亮化提升工程的请示》（青城投字〔2012〕40号）有关意见，市城乡建设委牵头筹建青岛市奥帆中心可视范围亮化提升工程建设办公室。

13日 中央电视台新闻频道以"山东省青岛：送建材下乡，散装水泥便民利民"新闻采访报道形式，通过"农村散装水泥直销配送中心"现场配送基础建材、农民建房亲身感受等全面报道青岛市发展农村散装水泥新路子、新模式。"农村散装水泥直销配送中心"是青岛市便民惠农工程的重要举措，通过"中心"直接向农村用户提供散装水泥、砂石等基础环保建材，并提供技术、施工等服务项目。

7月

1日 青岛市建设工程交易服务费执行新标准（山东省标准的65%）。

2日 王建祥主持召开"奥帆中心可视范围亮化提升工程专题调度会"，会议听取城投集团"关于奥帆中心可视范围亮化提升工程进展情况及存在问题的汇报"。

4日 王建祥在政务信息专报（12178）《市城乡建设委建管局三措并举促工作提速增效》上批示："市城乡建委提速增效的三大举措值得推广，请建设系统各部门参阅"，推广市建管局工作提速增效做法。

5日 张新起在全市建设工程质量暨城市保洁管理工作会议上讲话，强调提高建设工程质量和城市保洁管理水平的重要性，要求着力提高建设工程质量、市政设施养护管理水平和保洁水平。

11日 王建祥主持召开《青岛市建筑废弃物资源化利用管理条例（草案）》协调会，对相关问题进行协调确认。

17日 青岛市政府发布《关于禁止现场搅拌砂浆的通告》（青政发〔2012〕36号），市南等七区（自2012年8月1日起）、即墨等五市（自2013年1月1日起）禁止现场搅拌砂浆。《通告》强化城市"禁现"执法措施，明确实施"闭合式"监管办法。

17~19日 中国（青岛）国际建筑材料与装饰材料博览会在青岛国际会展中心开幕。展会总展出面积60000平方米，来自海内外的参展企业近500家，吸引专业观众近60000人次，协约采购商2000余家。

24日 张新起主持召开青岛市主城区危旧房改造工作动员大会，确定用5年时间完成主城区危旧房约170万平方米，涉及居民近5万户的改造任务。

24日 中国建筑学会、山东省住房和城乡建设厅、青岛市城乡建设委员会联合举办的山东省第三届建筑设计与城市文化建设高峰论坛在青岛举办。此次论坛针对建筑设计与城市文化建设，确定"创新—文化＋技术"的主题。

24日 王建祥主持召开会议，研究城市防暴雨防内涝问题。会议听取市城乡建设委城市防汛防涝工作情况，并对7月21日北京的特大暴雨事件进行深入探讨和研究。

30日 张新起深入城市防汛一线，对城市防汛进行深入调研，并对城市防汛的工程和管理措施做出重要指示。

8月

2日 青岛市委书记李群亲临市城市防汛办公室调度防御台风"达维"应急准备工作。李群指出，"达维"是2012年青岛市迎来的首次台风和强降雨天气，市城市防汛办务必全力做好组织调度，城市防汛各责任单位务必全力以赴做好各项应对准备。

11日 张新起在对红岛国际会议中心项目批示中提出下一步要改进市级重大公用项目建设体制，由市城乡建设委总牵头并主导建设，实行交钥匙工程。

24日 张新起召开组建"青岛市建筑工务局"有关事宜专题汇报会，确定工务局负责政府投资公共项目建设管理的统筹及组织实施工作。

24日 青岛市在全省建设工程招标投标暨农民工工资清欠工作座谈会做典型发言。

31日 青岛市城乡建设委投资建设的四方区博文小学正式落成使用。该学校是四方区近15年来建成的第一所学校，也是自《山东省普通小学基本办学条件标准（试行）》出台后，青岛市（七区）按照省标建设交付的第一所现代化小学。

9月

3日 张新起主持召开市级重点公共项目建设专题会议研究市级重点公共项目集中建设管理和组织实施工作。

15日 王建祥副市长参加青岛市主城区首片危旧房改造——抚顺路19号动迁启动仪式。

19日 王建祥带队对海水浴场整治情况进行全面检查。海水浴场专项整治指挥部拟定《青岛市海水浴场管理办法（初稿）》，多次征求意见，并报市政府法制办申请立法。

25日 王建祥率有关部门负责人到建筑工地进行安全生产检查，对加强"两节一会"期间建筑安全生产工作提出明确要求。

10月

17日 李群在第17期新闻内参对青岛市建筑废弃物资源化利用工作批示：请建祥同志牵头，召集有关部门，邀请有关专家，抓紧制定青岛市未来垃圾处理科学方案。

23日 青岛市城乡建设委员会党委书记、主任刘建军带领市城乡建设委党委班子成员、副局级以上领导及市城乡建设委机关各处室、委直属各单位主要负责同志，到李沧区青岛万科生态城1.2期项目观摩质量安全标准化管理，对建筑工程领域推行的施工现场质量标准化管理给予肯定。

11月

15日 张新起视察青岛市老城区道路和绿化改造工程情况，对青岛市下一步老城区道路整治工作做出重要指示，首次提出市政道路整治可视范围内全元素整治理念。

16日 王建祥主持召开亮化工作专题会议。会议听取了市城乡建设委关于奥帆中心可视范围亮化提升工作进展和各区亮化情况的汇报。

21日 张新起主持召开会议，专题研究2013年城市建设交通事业发展思路有关问题。

22日 青岛市海尔山海湾、万达CBD广场和仁和康居公寓3个项目获得国家"广厦奖"。

27日 山东省人大常委会第三十四次会议批准《青岛市建筑废弃物资源化利用条例》，2013年1月1日起实施。这是我国第二部建筑废弃物资源化利用领域的地方性法规，制度设计更加完善，更具可操作性。为青岛市建筑废弃物资源化利用的变革和利益格局的重大调整，提供了强有力的法律保障。

29日 《人民日报》、《大众日报》等12家媒体记者到市行政审批大厅城乡建设委窗口，了解审批提速情况和审批工作的先进经验、做法，并现场采访窗口工作人员和前来办事的群众，深入了解市城乡建设委为基层群众办实事、解难题，争做人民满意公务员活动的贯彻实施情况。

12月

2日 2012年全省城市防汛总结表彰会议在青岛市黄海饭店召开，山东省住房城乡建设厅副厅长耿庆海就2012年度全省防汛工作进行总结，并对下一步的工作进行部署和安排。

11日 李群调研青岛市建筑废弃物资源化利用企业——青岛旭盛再生建材有限公司，给予高度评价，并作出重要指示。

26日 住房城乡建设部质量安全监管司司长常

宁 波 市

1. 城乡建设

【城乡基础设施建设投资不断加大】 2012年，宁波市深入实施六个加快"重大项目突破年"活动，城乡基础设施建设投资不断加大，一大批项目加快推进，全市完成城市市政公用设施建设固定资产投资168亿元，其中中心城区完成109亿元。

【城市综合交通路网进一步完善】 甬金高速连接线、机场路南延、机场路北延建成通车，11条绕城高速连接线圆满收工。中心城区快速路网建设全面推进，南北环快速路项目完成年度投资40亿元，占总投资的52.2%，机场快速干道永达路连接线、杭甬高速互通立交工程开工建设。南苑街西延、澄波街、通达路、莱茵堡北侧路、解放南路延伸、小浃江路、范江岸路西延、福明路等21条断头路全面打通。新江桥、院士桥、澄浪桥规划选址和方案研究等前期工作稳步推进。

【中心城区环境进一步优化】 "三江六岸"品质提升工程全面启动，滨江休闲带整体方案全面完成，启动段（姚江大桥—解放桥）完成投资4200万元；江东江厦桥南侧段和濠河公园南侧段完成初步设计评审。包家河公园建设有序推进，阳光城公园前期工作全面启动。城镇生态基础设施建设进度进一步加快。17个建制镇污水处理设施建成通水，15个镇污水处理设施项目开工建设，全市完成配套管网330公里。

【行政审批服务水平稳步提升】 2012年全年，宁波市住房和城乡建设委员会各行政审批窗口共受理行政审批事项39.3858万件，同比增长3.35%；办结39.6371万件，同比增长3.83%；办理3349件，退还77件，平均每日办理行政审批事项1530件，提前办结率达100%，无超期办结。

2. 住房保障

2012年全市新开工建设保障性安居工程140万平方米、18858套，完成省政府下达目标套数的118.6%，其中公共租赁住房56万平方米、10269套，完成省政府下达目标套数的102.7%；竣工保障性安居工程6202套，完成省政府下达目标套数的107%；新增发放廉租住房货币补贴3721户，完成省政府下达目标的338%。均超额完成省政府下达的年度目标任务。全年新增解决中低收入住房困难家庭7057户，其中，推出销售保障性住房3972套，新增廉租住房保障家庭2997户，实现应保尽保。截至年底，廉租住房在保户数13507户，累计保障户数24343户。第二轮老旧小区整治实现圆满收官，2012年中心城区完成老旧小区整治22个、108万平方米，宜居示范小区创建全面启动，海曙区西河小区宜居示范小区创建项目竣工，江东丹顶鹤小区、江北大闸小区分别完成总工程量的34%和25%。旧住宅区改造深入推进，加固解除危房190幢、建筑面积10.06万平方米。全市住房公积金归集102.93亿元，实现增值收益4.83亿元，发放贷款53.64亿元，为12774户城镇居民购房提供资金支持。

【保障性房源建设稳步推进】 2012年全市新开工建设保障性安居工程140万平方米、18858套，完成省政府下达目标套数的118.6%，其中公共租赁住房56万平方米、10269套，完成省政府下达目标套数的102.7%；竣工保障性安居工程6202套，完成省政府下达目标套数的107%；新增发放廉租住房货币补贴3721户，完成省政府下达目标的338%。均超额完成省政府下达的年度目标任务。

【住房保障配套政策逐步完善】 2012年，宁波市住房城乡建设委员会出台《关于规范海曙区、江东区、江北区保障性住房产权处置管理有关事项的通知》（甬建发〔2012〕71号），对保障性住房回购、收回、上市交易等行为作了进一步规范；下发《关于公布公共租赁住房租金标准及承租家庭租金补贴标准的通知》（甬建发〔2012〕176号），明确公租房租金标准和补贴标准。市财政局出台《宁波市市级住房保障补助资金管理办法》（甬财政基〔2012〕

115号），进一步加强对住房保障补助资金筹集、划拨和使用管理的规范化管理。此外，海曙区、江东区、江北区、鄞州区等地结合本地实际制定出台《公共租赁住房实施细则》，北仑区制定出台《北仑区工业企业建造公租房操作细则》（仑政办〔2012〕176号），为工业企业建造公租房提供具体的操作流程和支持政策。

【保障性住房建设要素制约得到有效破解】 资金方面，全市共获得中央公共租赁住房补助资金9245万元和城市棚户区改造补助资金1113万元，市区2012～2013年公租房贷款项目获国开行总行批准，总贷款额度达34亿元，放贷8.05亿元。社会力量、民间资金参与投资保障性安居工程建设积极性不断提高，建设资金需求得到有效保障。土地方面，经市政府协调，完成陈婆渡地块和蒲家地块土地成本的核算、定价工作以及江北应家一期约500亩土地红线确定等工作，用地指标上报并获国务院批准，征地拆迁等前期工作正式启动。

【实施住房保障"阳光工程"建设】 2012年4月，宁波市住房城乡建设委员会制定出台《关于加强住房保障阳光工程建设的实施意见》（甬建发〔2012〕70号），对住房保障提出"目标任务公开、建设信息公开、质量监督公开、申请受理公开、审核分配公开、后续管理公开以及违规查处公开"等"七个公开"要求。

【住房公积金贷款支持保障性住房建设试点工作深入推进】 首批试点的海曙蒲家和江东陈婆渡项目进展顺利，截止到2012年底，累计发放项目贷款4.1亿元。在此基础上，宁波市余姚、鄞州两个公租房项目成功申报试点并获国家相关部委批复，至此，全市住房公积金贷款支持保障性住房建设试点达4个。

【市中心城区第二轮老旧小区整治任务按期完成】 2012年为市区第二轮老旧小区整治收官之年，全年共完成老旧小区整治22个，面积108万平方米，市、区两级政府投资7049万元，受益居民1.16万户，居住环境得到很大改善，受到广大居民的热烈拥护和欢迎。

【宜居示范小区创建工作稳步推进】 2012年根据《宁波市创建宜居示范小区实施意见》，市政府确定海曙西河小区、江东丹顶鹤小区、江北大闸小区为宜居示范小区创建试点小区，截止到2012年底西河小区创建工程全部完成，丹顶鹤小区完成总工程量的30%，大闸小区创建工程完成总工程量的20%。

【房屋使用安全管理监管进一步加强】 2012年初宁波市在册危房224幢、建筑面积14.85万平方米。2012年经鉴定新增危房161幢、建筑面积11.99万平方米，2012年通过拆迁、维修加固解除危房190幢、建筑面积10.06万平方米，房屋使用安全管理工作取得了较好成绩，确保人民群众生命和财产的安全。

3. 建筑业

【概况】 2012年宁波市完成建筑业总产值2510.5亿元（快年报数据），同比增长29.85%，增幅位列浙江全省第一。完成省外产值986.2亿元，同比增长33.84%，占建筑业总产值比重的39.3%。上缴地方税收60.85亿元，同比增长30.98%，占全市地税收入比重的10.2%。全市房屋建筑施工面积达到22343万平方米，同比增长23%，共办理招标及交易项目2746项，工程造价905亿元。全市33家企业晋升一级资质，77家企业晋升二级资质。9家建筑业企业分别取得省、市级企业技术中心；新增一级建造师516人（含引进178人）。

截至2012年底，全市共有建筑业企业1376家。其中，特级5家，一级146家，二级354家；招标代理机构共60家，其中，甲级13家，乙级21家；勘察设计企业共132家，其中，甲级47家，乙级59家；工程监理企业共60家，其中，甲级35家，乙级19家；工程质量检测机构44家；施工图审查机构6家。

2012年度，宁波市1项工程获国家级工程质量奖（鲁班奖），23项获浙江省钱江杯（优质工程）奖。

【宁波市建筑业"走出去"发展工作座谈会召开】 10月17日上午，宁波市建筑业"走出去"发展工作座谈会在上海召开，副市长王仁洲出席会议并讲话，全市各县（市）区分管领导、住房城乡建设主管部门主要负责人、市级有关部门和单位主要领导、建筑业企业代表以及部分新闻媒体等80余人参加会议，会议由市政府副秘书长倪炜主持。会上，宁波市住房城乡建设委员会主任郑世海总结回顾了近年来该市建筑业"走出去"发展基本情况，分析存在的问题和困难，并对下阶段推进该市建筑业"走出去"发展工作提出建议。各县（市）区政府、各有关部门、各建筑业企业代表就该市建筑业"走出去"发展、企业目前面临的困难和问题等进行面对面交流。

【工程建设质量安全监管常抓不懈】 8月份起，全市范围组织开展为期3个月的预防高处坠落事故、坍塌事故安全生产专项整治。"9·13"武汉重大安全事故发生后,结合全国建筑安全生产工作电视电话会议精神,组织开展起重机械拉网式的大检查。各地监管部门共抽查井字架688台,塔吊639台,施工升降机379台。其中对存在严重安全隐患的29台井字架、33台施工升降机、117台塔吊责令停止使用,待整改后经重新检查合格后方可继续投入使用。大力开展"打非治违"专项行动,全市共组织检查企业3060个,打击非法违法、治理纠正违规违章行为4178次,责令停工整改107次。2012年,全市共查处安全生产违法违规案件53起,并将63家施工、监理单位列入重点监管对象。

【着力打造建筑业人才高地】 2012年,宁波市住房城乡建设委员会联合市相关部门组织宁波市建筑业企业开展省、市级建设行业企业技术中心申报和评价工作。2012年全市共有9家建筑业企业分别取得省、市级企业技术中心。举办了监理与招标代理企业、勘察设计企业总裁研修班,对全市共200名监理与招标代理企业、勘察设计企业负责人进行培训,提高企业家队伍综合素质。同时,继续做好建筑业人才培育经费补贴工作。共对全市102家建筑业企业给予2011年度人才培育经费补贴,补贴金额总计61万元。下发《关于实施宁波市建设工程项目经理领军人才培养工程的通知》,在全市范围内选拔培训对象,进一步加强建设工程项目经理领军人才队伍建设。开展新一期一级建造师考前培训,对全市800余名报名参加2012年一级建造师考试的人员进行培训,进一步提高建造师考试通过率。此外,积极搭建校企人才合作平台,在宁波大学召开建筑行业综合性人才专场招聘会,缓解宁波市建筑业企业人才紧缺困境。

【建筑市场信用体系建设取得新突破】 10月1日,建筑市场信用信息管理系统正式投入运行,《宁波市建筑市场信用信息管理系统运行管理办法(试行)》正式下发,建筑市场信息不对称问题得到有效解决,公平诚信的建筑市场环境得到进一步完善。同时,宁波市住房城乡建设委员会对全市1677家建筑业企业进行检查,对未达到要求的83家本地企业撤回资质。在全市范围内开展"外地进甬建筑业企业专项检查",取消87家外地进甬建筑业企业进甬备案资格,进一步强化了外地进甬建筑业企业监督管理。此外,下发《关于加强企业资质申报弄虚作假行为查处进一步规范建筑市场秩序的通知》,明确在资质申报过程中要严格落实企业主体责任,进一步加大对弄虚作假行为查处力度。

【建筑业外来务工权益得到切实维护】 2012年,建筑业务工人员实名制管理得到全面推广,403家建筑业企业、7.8万余名务工人员信息纳入全市建筑业务工人员信息系统,安装考勤机近400台,施工现场作业人员动态管理得到进一步加强,为维护民工权益和社会稳定奠定基础。同时,下发《关于进一步加强建筑业企业务工人员工资支付保障工作的通知》,进一步明确各方主体工资支付管理工作责任,并公布全市建筑业务工人员工资投诉举报电话,畅通投诉渠道,工资管理长效机制得到进一步建立健全。全年调整105家建筑业企业人工工资支付担保额度,通报处罚22家严重拖欠农民工工资的建筑业企业和12名项目经理。

【宁波市66项工程获国家级、省级、市级优质工程奖】 2012年度,宁波市1项工程获中国建设工程鲁班奖(国家优质工程);获浙江省钱江杯(优质)奖工程23项(另有4项表扬奖);宁波市甬江杯优质工程42项;宁波市优质结构工程奖55项。

4. 建筑节能与科技

【可再生能源示范项目建设全面推进】 2012年,全市组织实施可再生能源建筑应用示范项目15个,应用面积110万平方米,建筑类型涵盖住宅、商场、酒店、拆迁安置房;技术种类包括水源热泵、地源热泵、太阳能光热一体化及其综合应用项目。全年累计组织实施5批次示范项目,超额完成国家示范城市建设目标,也为全面推动全市可再生能源建筑应用迈上新台阶奠定基础。

【绿色建筑推广进一步加快】 2012年,宁波市与全球环境基金GEF合作开展宁波低碳城市建筑节能和再生能源建筑示范项目建设,获得GEF赠款350万美元。慈溪创新园区智慧之芯(16#楼)、中国人寿大厦等多个项目获评绿色建筑。组织宁波市专家参加了住房城乡建设部开展的绿色建筑专家培训,初步建立宁波市绿色建筑专家库,为宁波市绿色建筑规模化推广发展奠定了基础。

【建筑节能评估全面实施】 2012年全市住房和城乡建设行政主管部门共对178个民用建筑项目进行节能评估和审查,项目类型包括住宅、酒店、大型商业、办公、医院、学校等,总建筑面积1654万平方米,通过审查,从源头上控制能源消耗,提高了宁波市民用建筑的节能水平。

5. 房地产业

【概况】 根据国务院及相关部委一系列调控精

神，宁波市继续严格执行差别化住房信贷政策和住房限购政策，坚决落实国务院和浙江省政府加强房地产市场调控的有关精神。全市上下加强对市场运行动态和调控政策实施对房地产市场发展影响的关注度，强化对数据及信息的收集、整理和分析，加大房地产市场分析和监测力度。7月29日，国务院房地产市场调控工作督查组对宁波市进行专项督查，对宁波执行房地产调控政策情况予以充分肯定。同时，宁波市住房城乡建设委员会制定出台《关于加强宁波市房地产市场监管工作的通知》（甬建发〔2011〕216号），督促开发企业依法加强自律，促进房地产市场健康有序发展。积极开展"进村入企"活动，赴镇海、鄞州、慈溪等地进行专题调研，并逐个走访中心城区在售项目公司，听取基层部门和开发企业对住房城乡建设部门的意见和建议，及时了解房地产企业存在的问题和困难，为下一步调整各项政策措施打下基础。各地也积极引导房地产企业根据市场变化和需求，理性开发销售，合理确定和调整价格，促进市场成交。

通过实施宏观调控政策，宁波市房地产调控成果进一步得到巩固，房地产市场总体运行平稳，主要指标运行基本符合预期，供求基本平衡，投资投机性购房需求明显遏制。成交总体保持增长。全市商品房成交面积为578万平方米，同比增加14.2%；其中商品住房成交面积为437万平方米，同比增加48%。全年二手房成交面积561万平方米，同比增加5.8%。其中二手住房成交面积为270万平方米，同比增加27.9%。

新增商品住房供应总量基本平稳。全市新建商品房（不含保障性住房）累计批准预售面积为806万平方米，其中商品住房（不含保障性住房）新增供应量为560万平方米，同比分别减少3.4%。商品房库存增幅减缓。2012年商品住房库存增长速度较2011年（98.85%）大幅下降，截止到12月30日，商品住房库存为748万平方米，比上年同期增加22%。房价回落呈现趋稳态势。从2012年市区新开盘商品住房项目分析，"以价换量"特征明显，价格较上年明显下调。根据国家统计局数据，12月份新建商品住房价格同比跌幅为7.4%，跌幅位居70个大中城市第三，二手住房价格同比下跌4.7%。11月和12月连续2个月新建商品住房价格环比为0，保持平稳。房地产投资平稳增长。根据国家统计局数据，全年累计房地产开发完成投资884.35亿元，增幅为16.8%，其中住宅开发完成投资515.65亿元，增幅为23.3%，施工面积6080.5万平方米，同比增长14.8%。

【房地产开发企业和项目日常管理】 继续强化房地产开发项目建设条件论证、初步设计会审、预售许可证发放、商品房现售备案、竣工交付联合检查和企业资质管理等工作，维护正常的房地产开发经营秩序。完成市三区地块建设条件论证7幅，土地面积共16.24公顷；完成初步设计会审项目8个，设计总建筑面积约57.96万平方米；完成竣工交付前联合检查项目8个，总建筑面积约80.35万平方米；核准商品房预售项目16个，建筑面积77.21万平方米，其中住宅40.48万平方米；完成商品房现售备案项目6个，建筑面积21.37万平方米；共对110家房地产开发企业进行资质年检，其中升级或转正3家，注销6家；新申报核准6家；完成11家企业申报一、二级资质的初审、上报工作。

【商品房预售款和二手房交易资金监管】 有序实施商品房预售款和二手房交易资金监管制度。结合项目管理进一步强化商品房预售款监管制度的实施，市中心城区新核准预售许可的商品房项目均已落实监管银行，预售资金统一进入监管账号，按规定实施监管。截至2012年底，共有36个项目纳入监管，纳入预售账户资金余额约12.69亿。市中心城区继续推行二手房交易资金托管服务，2012年共办理交易资金托管88笔，总计托管资金8970万元。

【房地产开发项目手册管理制度】 为加强房地产开发项目的动态管理，及时了解掌握项目进度等基本情况，从2012年1月开始实施房地产开发项目手册管理制度。房地产开发企业基本信息、开发项目信息等由企业自行录入房地产开发项目手册信息管理系统，其中项目信息结合开发建设进展情况实施动态更新，宁波市有527个开发企业、595个本地开发项目和82个本地企业赴外地开发项目的基本信息录入项目手册信息管理系统，系统录入的企业数和项目数同比分别增长21.4%和25.6%。

【第十七届宁波市国际住宅产品住博会】 该届展会得到住房城乡建设部支持，由宁波市人民政府、住房城乡建设部住宅产业化促进中心主办，宁波市住房城乡建设委员会承办，宁波市城之新展览有限公司、宁波市房产交易与权籍管理中心执行承办。总展出面积5万平方米，展位3000余个。设房产、金融、家装、厨具、陶瓷卫浴、家具、建筑节能、门窗管道、油漆涂料、信息家电、家纺布艺、太阳能、新型建材共13个展区。同时举行2012年中国宁波房地产高峰论坛，宁波市低碳建筑节能技术和产品展,宁波市住宅开发项目"人居环境奖"评选活动,2012年宁波市二手房交易会,房产交易咨询活动,宁波市银行、保险金融产品展,2012年全国室内设计大赛获奖作品展,第九届"家装无忧"活动,最佳布展企业评选及网上住博会等十余项活动。

【4个新建项目获2012年度宁波市住宅"人居环境奖"】 经房地产开发企业申报,各县(市)区、管委会住房城乡建设行政主管部门推荐上报,通过资料审查和实地查验,并结合开发建设单位的业绩、不良行为记录等因素,经过综合考评,宁波雅戈尔南城置业有限公司开发的香湖湾,宁波中海和协置业发展有限公司开发的雍城世家二期(A2地块),宁波江北万科置业有限公司开发的万科云鹭湾II-2、II-5地块,新中宇集团有限公司开发的君悦国际花园一、二期,4个项目为2012年度宁波市住宅开发项目"人居环境奖"。

【一、二级房地产开发企业达到67家】 截至12月,宁波市共有一级资质房地产开发企业20家、二级资质房地产开发企业47家。

6. 房屋征收

【国有土地上房屋征收全面实施】 2012年是宁波市房屋征收工作全面实施的第一年,全市计划征收项目132个、236.44万平方米。截至12月底,全市有97个项目作出征收决定,建筑面积193.8万平方米,户数6602户;全市拆迁遗留项目实际完成拆迁建筑面积约56.35万平方米,拆迁户数1619户,有57个项目完成清零,遗留项目明显减少,扫尾工作进展显著。

【"阳光征收"实施细则正式出台】 根据2011年年底"阳光征收"工作会议精神,宁波市征管办于2012年4月出台《宁波市国有土地上房屋"阳光征收"实施细则》(甬建发〔2012〕73号),规定"阳光征收"具体要求和内容,为实行"阳光征收"提供细化的操作依据。

【"阳光征收"信息化试点正式启动】 江东区曙光路延伸段项目、海曙区南站扩建项目以及江北区外滩延伸段等12个项目成为首批利用信息化平台实施网上签约和网上公开协议的"阳光征收"试点项目。

【全市"阳光征收"现场会召开】 12月11日下午,全市"阳光征收"现场会在南苑饭店举行。市委常委、市纪委书记暨军民、副市长王仁洲出席会议并讲话。会议由市政府副秘书长倪炜主持,市监察局、市法制办、市规划局、市住建局、市国土资源局等10家部门领导、各县(市)区政府分管领导以及征收部门主要负责人参加会议。会上,王仁洲副市长充分肯定了今年宁波市房屋征收工作成绩,表示"阳光征收"是一项走群众路线、维护群众利益、破解难题的好办法,并希望能以此次会议为契机,进一步落实"阳光征收"的各项工作,让好办法取得好成果。

7. 物业管理

【物业管理规模进一步扩大】 截至2012年底,宁波市共有物业管理企业329家,其中一级资质企业23家,二级资质企业28家,管理项目达2010个,面积12851.75万平方米。全市全年经考评,获得2012年度宁波市物业管理示范小区(大厦)称号22个,宁波市物业管理优秀小区(大厦)称号11个。

【宁波市新增省级物业管理示范小区(大厦)3个、部级物业管理示范小区(大厦)4个】 在浙江省住房和城乡建设厅公布的"2012年度全省物业管理示范住宅小区(大厦)"通知名单中,宁波市宁波联合物业管理有限公司服务的宁波市梅山保税区行政商务中心;宁波绿城物业管理有限公司服务的杉杉商务大厦;宁波中建物业管理有限公司服务的宁波帮博物馆获得浙江省物业管理示范小区(大厦)称号。

在住房城乡建设部公布的"2012年度全国物业管理示范住宅小区(大厦、工业区)"通知名单中,宁波市宁波银亿物业管理有限公司服务的汇豪天下;宁波绿城物业管理有限公司服务的绿城绿园;宁波市亚太酒店物业管理有限公司服务的科创大厦;浙江永成物业管理有限公司服务的泰富广场,获得全国物业管理示范小区(大厦)称号。

【文明物业活动深入开展】 2012年宁波市文明物业开展文明素质提升行动、物业服务志愿者行动、物业服务小区环境整治行动、文明和谐关系促进行动、文明物业优胜小区争创行动等五大行动,余姚市安居物业管理有限公司东台公寓等60个住宅小区、肖德生等60位同志被评为2012年宁波市文明物业主题活动先进集体、先进个人。

(宁波市住房和城乡建设委员会 撰稿:胡荣亮)

厦 门 市

1. 勘察设计

【概况】 2012年，在厦门市承接业务的工程勘察设计企业162家，其中工程勘察企业31家（本地甲级2家、本地乙级2家、外地甲级27家），工程设计企业131家（本地甲级21家、本地乙级9家、外地甲级101家）。全年完成勘察设计合同备案1163项，合同金额100569万元。其中，工程勘察项目516项，合同金额11047万元；工程设计项目493项，合同金额81290万元；市政工程53项，合同金额7237.27万元；岩土工程101项，合同金额994.68万元。

【勘察设计质量检查】 6月，厦门市建设与管理局（以下简称"市建设局"）开展全市勘察设计质量检查，同时对施工图审查质量进行连带检查。检查的范围是厦门市行政区域内2011年1月1日至2012年5月31日完成施工图审查的房屋建筑工程、市政基础设施、建筑幕墙和工程勘察项目。在各从业单位自查的基础上，市建设局采取指定和随机抽取的方式确定30个工程项目进行抽检，其中包含10个建筑工程项目、10个勘察工程项目、5个市政道路项目及5个幕墙工程项目。检查内容包括项目的质量、市场管理等方面。8月21～22日，市建设局召开质量检查意见反馈会，将检查意见向各被检单位反馈，并要求被检单位在会后提交相关说明及整改情况报告，同时对问题较多、违反强制性条文的4家单位进行处理。

【启动勘察设计信用评价系统】 5月，由厦门市建设与管理局组织建立的勘察设计信用评价系统启动。该信用评价系统从资质资格、经营管理、安全管理、质量管理、社会责任5个方面对勘察设计企业的信用信息进行采集、录入、公布、评价，最终实现差别化监管。对勘察设计从业人员，则对从（执）业资格、经营管理活动、评标过程管理、质量管理、安全文明施工5个方面进行信用评价，按6个档次记录勘察，设良好行为评价和不良行为评价。评价结果作为规范勘察设计市场秩序，健全勘察设计市场诚信体系，实施差别化监管制度的工作依据。

【首个建筑工程设计项目实现全过程电子招投标】 7月31日，厦门市首个设计电子招投标项目——象屿物流仓库工程项目完成电子招标、网上投标、电子资格预审、电子开标、电子评标全过程，该项目使厦门市成为我国首个实现设计招标项目全流程电子化招投标的城市。2010年11月，市建设局开始启动建设工程设计电子招投标平台的建设工作。电子招投标平台包括信息发布平台、网上交易平台、政府监管平台、行政监察平台、预防腐败平台。该平台将制度管权、制度管事、制度管人体现在招投标的交易流程中，实现规范流程、信息公开、网上投标、加强监管。平台的建立和运行为厦门市将来与多个大城市之间开展设计标异地远程评标工作打下良好的基础。

2. 城市管理

【概况】 2012年，市建设与管理局通过建立城市管理协调运行机制，整合内外资源和力量，做好与各区、各相关部门、各相关单位沟通协调，并通过例会、专题会、协调、巡查、督办等工作制度，充分发挥建设局的牵头作用。推进公共停车场建设，完成《关于加快我市公共停车场建设的实施意见》的起草并上报市政府，开展公共停车场诱导系统的扩增和完善工作；牵头推进江头公园、槟榔小区、万寿路南侧、滨北兴业银行、中级人民法院检察院等9个公共停车场项目建设。配合做好道路安全综合整治，完成渣土车安全卫星定位装置。做好2012年全国城市文明程度指数测评的迎检工作，完成市容市貌专项整治任务，做好环境卫生、户外广告、占道经营等的牵头协调工作，督促相关单位落实迎检工作职责。强化市容市貌管理，完成国际马拉松赛、台交会、海峡论坛等重要活动的市容保障工作和城市氛围布置，全年发布公益宣传广告50处10000平方米，设置各类灯杆旗15000杆（面）。开展市容环境卫生日常监督，组织两次铁路沿线市容检查，对岛内22个城市水景雕塑运行与养护实施监管。

【实施道路两侧立面综合整治及夜景提升改造】 年内，随着厦门市新建城市主干道的开通，道路两侧尤其是原城乡结合部地段的景观与城市形象极不相称，年内，市建设与管理局牵头组织实施人才中心、环岛干道岭兜段、莲前西路驻厦某部队店面、仙岳路岳阳小区旁两旧楼、莲前东路前埔农贸市场、环岛干道节点、中山路各节点支路、马拉松赛道沿线、文园路、仙岳路节点等26个项目的道路两侧立面综合整治及夜景提升改造。26个整治项目总造价约3.6亿元，截至年底，基本完成7个项目，已动工10个项目，尚有部分项目进行施工前准备工作。

【城市用水管理】 年内，厦门市计划用水与节约用水办公室完善三级节水管理网络，进行计划用水管理，对全市月用水在600吨（特种行业200吨）以上的5064家非居民用水单位纳入计划管理。做好节水型城市复查准备工作，开展计划用水指标的日常管理和服务工作，全年完成水平衡测试验收162家，通过查堵漏水日均节水4191吨，采取节水改造措施日均节水18587吨，合计日均节水22778吨，年节水近800万吨。组织开展节水型企业（单位）创建，市级节水型企业（单位）13家，通过复评13家，节水型企业（单位）覆盖率超过20%；组织节水型居民小区创建，51个居民小区被评为厦门市2011～2012年度节水型居民小区。

3. 村镇建设

【概况】 2012年，厦门市村镇建设重点是城乡环境综合整治、家园清洁行动、旧村改造和新村建设、综合改革试点小城镇建设等，配套和完善全市镇、村基础设施，综合整治城乡环境，推动全市村镇建设发展。年内，新增开展16个农村"七好"社区示范村（含10个省宜居新村）、铁路与高速公路及6条重要道路沿线自然村（社区）的环境整治，开展12个旧村改造和新村建设重点村整治及36个家园清洁行动重点村的环卫设施建设。启动海沧区山边、霞阳、新垵，集美区田头、灌口新村、城内，同安区塘边、浦头西塘，翔安区马塘、东园等示范村建设和7条快线沿线村庄整治，累计完成房屋立面整治1105栋，涂装面积215423平方米，完成绿化景观改造381395平方米，坡面屋檐改造572米，建设停车场1400平方米，弱电缆化400米，地面硬化11835平方米，新建和改造围墙2178米，规范广告牌4000多平方米。

【绿色低碳乡镇创建】 年内，根据创建全国首批绿色低碳重点小城镇示范镇建设要求，灌口镇完成绿色低碳重点小城镇总体规划、各专项规划和整体实施方案编制工作，并根据推广应用可再生能源和新能源、建筑节能与发展绿色建筑、环境污染防治、城镇污水管网建设、商贸流通服务业发展5个专项要求，梳理项目，争取国家相关部委的支持。10月，灌口风景湖公园绿色低碳示范项目建成投入使用。

【城乡环境综合整治】 3月起，厦门市开展3个城市完整社区、16个农村"七好"（村庄规划好、卫生好、建筑风貌好、配套设施好、绿化好、生态好、管理机制好）社区（含10个省宜居新村）的创建工作，开展福厦高铁、沈海高速公路（32公里）两侧30米绿化和6条重要道路（31.42公里）沿线149个自然村（社区）的环境整治，开展3个慢线建设和3个小流域综合整治项目。截至年底，省级项目：高林居住区、金安社区、瑞景社区打造城市完整社区完成投资231.5万元，农村社区翔安马塘村基本完成整治，福厦铁路和沈海高速公路完成投资46000万元；市级项目累计完成投资约1.4亿元。

4. 物业管理

【概况】 截至2012年底，全市有物业管理资质企业276家，其中一级资质企业17家，二级资质企业20家，三级资质企业212家，暂定资质企业27家。实施物业管理小区1455个，约15.66万栋、48.8万户。其中，住宅小区821个，高层楼宇255个，工业厂房（含商场）及其他379个。物业管理总建筑面积8730.2万平方米，其中住宅小区面积5105.27万平方米，高层楼宇面积1034万平方米，工业厂房（含商场）及其他面积2590.93万平方米。全市住宅小区物业管理覆盖率67%。被评为国家、省级、市级示范或优秀物业管理项目有224个，其中国家示范或优秀项目40个，福建省级示范或优秀项目76个，市级示范或优秀项目108个。全市物业服务企业营业收入总额20.59亿元，上缴税收总额1.5亿元，企业利润总额1.04亿元。厦门特房物业服务有限公司、厦门市观音山物业服务有限公司取得国家一级资质，厦门禾丰物业服务有限公司、厦门滕王阁物业管理有限公司取得国家二级资质，全年新办物业服务企业11家。截至年底，专项维修资金总额17.79亿元，新增专项维修资金总额2.77亿元，新增利息2976.56万元，全年划拨使用290.72万元。

【第二届十佳物业评选】 7月24日，市建设与管理局与厦门日报社共同主办第二届"厦门市物业十佳评选"活动。评选内容包括十佳物业服务企业、十佳业主委员会、十佳物业管理处主任、十佳物业从业人员。厦门市住总物业管理公司、怡家园（厦门)物业管理有限公司、厦门华菲物业管理有限公司等10家物业公司获得十佳物业服务企业称号，前埔南区四、六、七组团业主委员会、长青北里莲岳里小区业主委员会、联发新天地业主委员会等10家业主委员会获得十佳业主委员会称号，易昕(住总物业)、林丽华(建坤诚兴物业)、胡传波(厦航物业)等10人获得十佳物业管理处主任称号，宋伟(中华城秩序维护员)、蔡进财(松柏片区绿化领班)、李衍辉(瑞景新村维修人员)等10人获得十佳物业从业人员称号。

5. 建筑业

【概况】 2012年，厦门市注册建筑业企业完成产值558.77亿元，同比增长23.13%。其中，在厦完成产值219.44亿元，同比增长32.47%；在外地(含省外和本省外市)完成产值339.33亿元，同比增长17.76%。本市注册建筑业企业拓展省外建筑市场取得成效，全年有120家企业到省外拓展业务，省外产值为136.61亿元，同比增长8.76%。

年内，1个保障性住房项目获评鲁班奖，48个项目通过省优质工程(闽江杯)评审，4个项目被评为全国3A级安全文明标准化工地，84个项目获评省级文明工地。发生一般建筑施工死亡安全事故6起，死亡6人，其中2起为安全生产责任事故，4起为非安全生产事故，未发生较大等级及以上安全事故，厦门市建设与管理局被省住房城乡建设厅授予2012年度建筑工程质量安全生产目标管理责任制先进单位。

【工程招投标管理和服务】 11月，市建设局对采用经评审最低投标价中标项目试行电子招投标。对重点工程项目、"五大战役"项目等通过延时服务、延伸服务、容缺受理等举措，采用优先安排开标及评标场地、指定业务人员跟踪每个项目招标各个环节、加班加点为中标人办理工程项目中标手续及工程担保保函寄存服务等方法，提速增效。年内对54家工程招标代理机构及造价咨询单位、56个房屋建筑和市政基础设施工程造价咨询项目进行专项检查，通报表扬14家单位及个人，通报批评、限期整改3家企业。

【建筑业企业监管】 6月，全市开展建筑业企业资质检查工作，重点对新设立和被投诉过的企业的资质条件进行现场核查，依法注销未按时完成整改企业的资质。为加强对建筑业企业资质和人员备案的动态监管，启用厦门市建筑市场建筑业企业管理系统，严格审核在厦从业的施工企业、人员信息和证件，启动非本市注册建筑业企业在厦主要管理人员到位情况核查工作，进一步规范全市建筑市场。

【建筑市场信用体系建设】 4月下旬，厦门市发布2011年度建筑业企业信用评价结果，306家施工总承包企业和183家专业承包企业参与评价，41家施工总承包企业和9家专业承包企业被评为A级以上信用等级。市建设局根据信用评价结果实行差别化监管，并鼓励施工企业参与2010～2011年度厦门市诚信示范企业评选活动，对入选的企业，给予与信用评价A级以上企业同样的免存储工人工资保证金的优惠政策。

【建筑劳务管理】 年内，厦门市造价站共检查227个在建工程合同履约、劳动用工情况。处理47个问题项目，发出检查监督意见书55份并限期责令整改，对未整改到位的6家单位予以通报批评并记录不良信用档案。市建设局联合市劳动和社会保障局开展建筑业企业劳动用工及农民工工资支付情况专项检查。检查内容包括用工单位与工人签订建筑劳动合同情况、工资支付情况、劳务公司所在分包项目是否派出劳务队长、企业和项目计生工作情况等。

【清欠工作】 年内，市清理建设领域拖欠工程款办公室接听施工企业、项目部、工人的电话咨询750多次(含少部分投诉件)，接待来访咨询、投诉901人次，召开协调会57场，与市信访、劳动监察等部门配合处理各项工程纠纷1046人次。对可能存在纠纷隐患的项目有针对性地进行摸底排查，受理投诉38件，涉及拖欠工程款金额10827.04万元；解决或部分解决35件，实际解决被拖欠工程款3220.31万元，发放农民工工资1984.45万元，未发生农民工采取过激行为讨薪事件。

【建设审批工作进驻市政务服务中心】 5月14日，市建设局的32个审批服务事项全部纳入市政务服务中心办理。通过流程再造，压缩审批环节，所有事项的审批时限压缩到法定时限的40%以内。在制度建设上，建立初审会、办事指南审核发布、"背靠背"审核等8项制度，做到制度管人、程序管事，确保审批有序、规范。

【建设工程交易中心入驻市政务服务中心】 10月29日，市建设工程交易中心入驻市政务服务中心4楼公共资源交易区，成为第一批入驻公共资源交易区的单位。在公共资源交易区设有交易发布大厅1间、开标室9间、评标室24间、专家抽取室3间、资格后审室3间、评标专家隔夜休息室7间和答辩室、随机抽取室、评标专家活动室、监控室各1间。

市建设工程交易中心入驻后，将开展厦门市工程招投标交易流程再造和标准化建设，使本市工程招投标交易流程得到提升优化。

【安全生产月活动】 6月，市建设局围绕"科学发展、安全发展"主题，开展一系列形式多样的安全生产月活动。重点开展安全管理岗位技能竞赛、建筑模板支架技能竞赛、建筑起重机械维修技能竞赛、塔吊操作技能竞赛和安全生产辩论赛五项重大竞赛活动，对一批优胜者和优胜单位分别授予 技术能手、技术状元、五一劳动奖章、工人先锋号等各类称号。

【质量月活动】 9月，市建设系统开展以"贯彻《质量发展纲要》，推进质量强国建设"为主题的质量月活动，举办翔城国际保障性安居工程质量观摩、施工技术讲座、首届"鼓浪杯"建设摄影展等活动。各区建设局和建筑企业结合各自实际，开展现场质量安全文明施工观摩与交流会、质量知识竞答等活动及各类专项检查。共检查工程1890个次，及时消除各类安全隐患4800多条次。

【整治砂土污染"百日行动"】 5月，市建设局开展整治砂土污染"百日行动"。对75个砂土污染项目进行曝光查处，对相关施工单位和监理部给予通报批评或记入不良记录等处理，有效控制部分建设工地存在的各类砂土污染现象。

【建筑施工安全文明标准化规定实施】 5月25日，全市开始实施由厦门市建设与管理局制定的《提升厦门市建筑施工安全文明标准化水平若干措施》（以下简称《措施》），明确规定施工现场围挡设置均应在工程开工前完成，高度不得低于2.5米。工程监理单位应当对施工现场围挡等安全文明施工措施的实施情况进行监理，围挡设置未在开工前完成的工程，不得签发开工令。《措施》要求，施工现场应当按规定设置实体围挡，包括工地围墙、大门两部分。围挡须稳固、安全、整洁、美观，其外侧与道路衔接处应采用绿化或者硬化铺装措施。建筑物外的脚手架应挂设整洁并符合相关标准的密目式安全网，并定时清理、更换，保持整洁完好。

【建筑材料备案管理】 年内，市建设局开展建设工程材料备案登记工作，对备案企业进行管理和梳理，并开展换证工作。全市办理备案证书105件，其中初次备案的33件，年检件72件。完成门窗工程监督登记138项，总面积591755平方米，总造价30012万元；完成幕墙工程监督登记49项，总面积812112平方米，总造价49954万元。

【2012厦门建筑节能博览会】 5月，"2012厦门建筑节能博览会"在会展中心举行。博览会以"节能、绿色、科技"为主题，设有绿色节能模型屋、中心展区、技术与产品区。100多家国内外知名企业参展，展位总数超过300个，展示面积7000平方米。此届博览会是厦门市历年规模最大、参与面最广、档次最高的以建筑节能减排为主题的专业展会。

【建筑节能监管体系建设与建筑节能改造】 年内，市建设局开展全市建筑能耗统计工作，完成录入国家机关办公建筑和大型公共建筑359栋、建筑面积1093.95万平方米的能耗数据，录入6区7街道的民用建筑14937栋、抽样建筑面积796.73万平方米能耗数据。完成20栋国家机关办公建筑和大型公共建筑的能源审计工作。全市65栋国家机关办公建筑和大型公共建筑能耗监测系统安装上线，基本覆盖全市的重点用能建筑。开展民用建筑能效测评工作，完成杏林文滨花园酒店、汇金国际大厦等一批大型公共建筑的能效测评工作。完成建设大厦照明、电梯和17楼外围护结构的节能改造工作。9月实施会展中心三期、罗宾森购物广场、汇腾天虹等项目采用合同能源管理模式实施节能改造。

【建设系统法规建设】 年内，市建设局开展《厦门市建筑外立面装饰装修管理规定》的修订工作。开展《厦门经济特区建设工程勘察设计管理条例》、《厦门经济特区建筑节能条例》、《厦门市机动车停车场管理办法（修订）》、《厦门市建设工程造价管理规定（修订）》4部法规规章的调研、立法后评估，为下一步立法工作打好基础。

【施行建设工程电子文件归档】 5月1日起，厦门全面施行建设工程电子文件归档工作，新接收进馆的档案全部包含电子版。市城建档案馆继续开展馆藏档案数字化加工工作，馆藏档案数字化率达21%，争取在5年内达100%。

【城建档案信息化建设】 厦门市城市建设档案信息化（一期）项目获市财政局、市信息化局批复立项，并于9月完成公开招标采购，进入系统开发阶段。项目采用城市三维模型和地理信息技术，准确定位城建档案信息资源，彻底解决因城建档案与建筑物的地理空间信息无关联而产生的"死档"现象，提高城建档案利用水平。

【修订绿色建筑标识评价标准】 年内，市建设局组织完成福建省工程建设地方标准《绿色建筑评价标准》修订，及时补充和完善评价过程中的各类技术文件，使厦门市绿色建筑评价体系建设上升到一个新的阶段。全省首创在保障性住房建设中引入"绿色建筑标准"，为该市新建保障性住房按绿色建

【科技计划项目及标准化管理】 年内,市建设局完成市科技计划项目立项3项、省科技计划项目申报14项、科技计划项目验收5项,组织申报华夏科技进步奖和福建建设科学技术奖(源昌杯)、省市科技进步奖9项等。以技术创新推动标准化管理,先后完成《厦门市照明配电箱配置及安装质量验收规程》、《稳定型橡胶改性沥青路面施工技术规程》等多项福建省工程建设地方标准的制定,完成《城市桥梁检测评估标准》等14项省工程建设标准的意见征求,进一步完善厦门市建设工程标准化体系建设。

【老旧住宅加装电梯】 年内,市建设局开展老旧住宅加装电梯,完成《加装电梯指导手册》的编制并提供免费指导,做好市民、业主的咨询服务,完成老旧住宅加装电梯13梯位,办理财政补贴手续162.4万元,30多个梯位处于公示及电梯方案设计中。实施老旧住宅小区整治,开展4个区11个项目整治,下达补助资金1579万元。

【重点工程】 2012年,厦门市安排重点建设项目175个,完成投资920亿元。其中,工业项目42个、服务业项目65个、城市建设项目10个、社会事业项目16个、交通环保项目32个、农业项目10个。工业项目主要包括金龙客车研发中心及零部件产业化、厦工挖掘机技改、天马面板、软件园三期、科技创新园、建颖科技、永联达光电、海洋生物多糖产业化等。服务业项目主要包括两岸金融中心、会展北片区、泰地海西中心、厦门汽车物流中心、集美物流园、航空港物流运营中心、海沧港区13号泊位、集美万达广场、华强文化科技产业基地、电信光网及无线宽带城市建设光缆等。城市建设项目主要包括集美新城及配套、海沧湾新城及配套、同安新城及配套、翔安新城及配套、灌口小城镇建设、东孚小城镇建设、新圩小城镇建设、汀溪小城镇建设、五缘湾片区基础设施等。交通环保项目主要包括轨道交通一期工程、厦漳跨海大桥(厦门段)、厦成高速公路(厦门段)、翔安国际新机场快速路、火车站改扩建、海翔大道(二期)、翔安南路、西部垃圾焚烧发电厂、上古街公共停车楼、厦门海域清淤整治工程等。社会事业项目主要包括保障性安居工程、中山医院湖里分院、同民医院提升改造、厦门大学翔安校区、厦门演艺职业学院、城市职业学院集美分院、市运动训练中心、海沧体育中心二期等。农业项目主要包括长泰枋洋水库、莲花水库、海峡农业高新技术园、石兜水库除险加固改造及输水管工程、同安东溪流域综合整治工程等。市建设局实施重点项目建设的分级分类管理,进一步明确各个项目的责任协调内容,引导各责任协调单位主动跟踪服务,采取有效措施,加快前期手续办理,加快建设施工进度,推进竣工验收。组织重点项目的专项检查、巡查,做好进度督办协调工作,重点项目得到快速推进。

6. 房地产业

【概况】 2012年,厦门市房地产开发投资企业161家,在建项目159个,完成房地产开发总投资518.88亿元,同比增长1.2%。全市房地产开发完成总投资按构成分,建安工程投资320.73亿元,同比增长39.63%,占总投资61.81%;土地购置费198.15亿元(往年成交2012年入库的总额),同比增长8.86%,占总投资38.19%。按工程用途分,住宅完成投资291.61亿元,同比增长17.34%,占总投资56.2%;办公楼完成投资47.49亿元,同比增长38.7%,占总投资9.15%;商业营业用房完成投资52.61亿元,同比增长30.9%,占总投资10.14%;其他完成投资(包括车库和厂房)127.17亿元,同比增长10.42%,占总投资24.51%。

全市商品房竣工面积530.81万平方米,同比减少11.8%。按用途分,商品房住宅竣工面积277.59万平方米,同比减少24.79%,占总竣工面积52.3%;商品房办公楼68.36万平方米,同比增长52.93%,占总竣工面积12.88%;商品房商业营业用房竣工面积52.7万平方米,同比减少9.08%,占总竣工面积9.93%;其他用房132.16万平方米,同比增长1.61%,占总竣工面积24.89%。按区域分,岛内商品房竣工面积为235.97万平方米,占总竣工面积44.45%;岛外商品房竣工面积294.84万平方米,占总竣工面积55.55%。

全市商品房新开工面积954.65万平方米,同比减少7.95%。按用途分,商品房住宅新开工面积447.14万平方米,同比减少29.96%,占总新开工面积46.84%;商品房办公楼181.13万平方米,同比增长132.43%,占总新开工面积18.97%;商品房商业营业用房96.81万平方米,同比增长62.71%,占总新开工面积10.14%;其他用房229.57万平方米,同比减少12.11%,占总新开工面积24.05%。按区域分,岛内商品房新开工面积317.91万平方米,占总新开工面积33.3%;岛外商品房新开工面积636.74万平方米,占总新开工面积66.7%。

全市商品房在建面积3456.27万平方米,同比增长17.12%。其中，住宅1917.44万平方米，同比增长9.57%，占总在建面积55.48%；办公楼435.74万平方米，同比增长47.58%，占总在建面积12.61%；商业营业用房244.41万平方米，同比增长29.85%，占总在建面积7.07%；其他用房858.68万平方米，同比增长19.67%，占总在建面积24.84%。按区域分，岛内商品房在建面积1232.11万平方米，占总在建面积35.65%；岛外商品房在建面积2224.16万平方米，占总在建面积64.35%。

【第九届厦门人居环境展示会】 5月18~20日，第九届厦门人居环境展示会暨中国(厦门)国际建筑节能博览会在厦门国际会展中心举办。此届人居展以"同城化，提升海西人居品质"为主题，由厦门市政府、住房城乡建设部建筑节能与科技司、省住房城乡建设厅共同主办，展览面积共3.5万平方米，规格和规模均超过往届。由中国(厦门)国际建筑节能博览会、厦门成品房设计·装修·部品展、厦门公共安全技术与产品展、海西(厦门)生态地产展四大专题展览组成，吸引国内外专业客商超过10000人次、嘉宾和观众近10万人次。

【物业管理概况】 2012年，厦门市物业管理资质企业276家，其中，一级资质企业17家，二级资质企业20家，三级资质企业212家，暂定资质企业27家。实施物业管理小区1453个(当年物业服务企业撤出近200个小、旧小区)，约15.66万栋，48.8万户。其中：住宅小区821个，高层楼宇255个，工业厂房(含商场)及其他379个。物业管理总建筑面积8730.2万平方米，其中：住宅小区面积5105.27万平方米，高层楼宇面积1034万平方米，工业厂房(含商场)及其他面积2590.93万平方米。全市住宅小区物业管理覆盖率67%。被评为国家、省级、市级示范或优秀物业管理项目的有224个(保留称号的190个，被取消称号的34个)，其中国家示范或优秀项目40个(保留称号的35个，被取消称号的5个)，省级示范或优秀项目76个(保留称号的有66个，被取消称号的10个)，市级示范或优秀项目108个(保留称号的89个，被取消称号的19个)。全市物业服务企业营业收入总额20.59亿元，上缴税收总额1.5亿元，企业利润总额1.04亿元。年内，取得国家一级资质的有厦门特房物业服务有限公司、厦门市观音山物业服务有限公司2家；取得国家二级资质的有厦门禾丰物业服务有限公司、厦门滕王阁物业管理有限公司2家；全年新办物业服务企业11家。

截至2012年12月31日，专项维修资金总额17.79亿元，全年新增专项维修资金总额2.77亿元，新增利息2976.56万元；全年划拨使用290.72万元。

【小区物业志愿服务活动】 5月16日，厦门市举行首批物业志愿服务组启动仪式暨志愿者培训会。市建设局和市文明办对全市100个物业志愿服务组统一授牌，团市委、市青年志愿者协会开展志愿服务培训授课。家家海景、汇丰家园、仙岳山庄、福满家园等100个物业小区建立首批志愿服务组。其中，思明区有62个小区，湖里区有22个小区，集美区有7个小区，海沧区有6个小区，同安区有1个小区，翔安区有2个小区。这些志愿服务组的成员都是物业公司服务人员，主要职责包括宣传志愿服务理念、收集发布小区居民需求信息和志愿服务项目、在小区开展便民为民志愿服务等。重点帮扶小区内的空巢老人、残疾人和特困户等，各小区的物业志愿服务逐步开展。

【闽粤港澳台物业管理行业交流合作】 11月，《闽粤港澳台物业管理行业交流合作框架协议》在厦门签署，这是大陆城市首次在物业管理行业与港、澳、台地区签订交流合作协议。根据协议，福建、广东、香港、澳门、台湾五地将围绕物业管理政策法规、物业管理现状和发展趋势、物业管理行业面临的现实问题、物业服务行业的发展战略、物业管理商业模式创新等方面，展开一系列交流与合作。同时，共同推动各方物业管理行业协会互访，并决定每年在一个区域轮值举办一次两岸五地物业管理论坛。

【开展老旧小区整治】 年内，全市投资1579万元开展老旧小区整治，包括4个区11个项目的整治，涉及地下管网改造、围墙封闭、防盗门、楼道粉刷、停车场和绿化改造等内容，截至年末，思明区的莲坂小区、小学路140号小区和东浦路112-120号小区完成地下管网、围墙等大部分施工整治工作，其他各区的项目进入招投标等前期准备阶段。

7. 保障性安居工程

【概况】 2012年，福建省政府下达给厦门市的保障性安居工程建设任务为2.9万套，按照市政府对建设任务的分解，全市共筹集开工建设项目32个2.93万套，占年度建设目标任务的101%，基本建成2.28万套，占年度目标任务102%，累计完成投资21.6亿元，占年度投资计划15.4亿元的140%。厦门市建设与管理局被全国总工会授予全国保障性安居工程建设优秀组织奖。洋唐居住区开创保障性住房综合体模式，被省住房城乡建设厅列为首批

"和谐人居"示范试点小区。全市94幢单体工程被评为市优工程，20幢单体工程被评为省优工程，优良率81%。

【全面公开保障性住房建设信息】 8月，厦门市保障性住房建设与管理办公室在《厦门日报》和厦门市建设局网站上公布2006～2012年保障性安居工程项目清单。全面实施保障性住房项目挂牌公示制度，要求各个项目现场设置公示牌，项目竣工后，在建筑物显著位置设置竣工牌，同时在小区建筑位置设置物业报修电话。

【保障性住房配售管理】 年内，全市申请各类保障性住房、限价商品住房11882户，审核公示7042户，完成13批5085户选房配租配售。完成岛外各区保障性租赁房申请户的资格审核公示与岛内剩余192套现房选房配租前的资格核查，启动第6批岛内申请户登记预约岛外现房的登记预约，完成万景公寓3年一审房产排查工作，启动杏北锦园居住区剩余63套房源的登记预约选房。

【集美滨水小区工程获鲁班奖】 由厦门住宅建设集团有限公司下属特工公司代建、厦门思总建设有限公司承建的社会保障性住房——集美滨水小区3号地块4号、5号、6号、7号楼获得2012～2013年度鲁班奖（国家优质工程），滨水小区成为全国第一个获得鲁班奖荣誉的保障性住房工程。该工程位于厦门集美北区，北临集美大道，东临沈海高速连接线。总建筑面积37.42万平方米，保障性住房5372套，住宅户型面积符合保障房标准。该小区先后被评为市级全优工程、省级文明示范工地。

（厦门市建设与管理局 撰稿：洪德源 黄勇 洪钢 吴雪琳 陈美美 吴美娜 黄依柱 姚龙泓 黄建翔）

深 圳 市

1. 住房和建设

（1）概况

2012年，深圳市住房和建设局系统认真贯彻中央、广东省、深圳市的决策部署，攻坚克难，真抓实干，全力推进住房保障工作，强化燃气供应和物业服务保障，创新建筑行业和市场监管，加强班子队伍和党风廉政建设，各项工作取得了明显成效。保障房建设在全省提前超额完成开工任务，共获得11个国家级质量奖项，绿色建筑规模居全国前列，新建住宅物业100%实现物业管理，燃气公共服务文明指数位列前茅，获市政府服务大厅"跨部门协同办理改革特别奖"和"先进窗口单位"称号。获市信访维稳"百日行动"二等奖。

（2）住房保障

【保障房建设】 2012年，深圳市保障房建设提速提效，开工3.8万套，竣工1.8万套，分别为计划数的109%和180%，在全省提前超额完成开工任务，年供应量创历史最高纪录，居广东省、全国前列。

【租售分配】 所有符合廉租房条件家庭，继续实现"应保尽保"。深圳市户籍的低收入住房困难家庭问题已基本解决。实物配置不足的，由各区全面启动货币补贴方案予以解决。针对户籍夹心层，先后推出中海"阅景花园"等多个安居型商品房以及公共租赁住房。全年共供应2.39万套保障性住房。

【人才安居】 全面完成人才安居试点。截止到2012年底，累计发放货币补贴资金总额约2.14亿元。在全面完成试点基础上，启动实施扩大试点，安排资金10亿元为20万名人才提供租房补贴，配租公共租赁住房。

【住房公积金】 利用后发优势，各项业务稳步推进。新增个人开户数155万、新增归集资金245亿。个人开户总数稳居全国前三。缴存职工提取73亿元，同比增长281%，发放住房公积金贷款8亿元，为1851户家庭提供低息贷款，减轻了居民购房还贷压力，提升了住房消费能力。

（3）城市建设和工程建设

【工程建设】 深圳市全年实现建筑业总产值1988.47亿元，增长2.4%。房屋建筑施工面积9596.64万平方米，增长15.2%。加大对全市固定资产投资项目建设的统筹协调力度，完成南科大校园一期工程建设，轨道交通三期7、9、11号线BT项目全面实施，新疆塔县人民医院落成，全面完成援疆3个试点项目建设。

【质量安全】 对826个市管项目及全市其他项目实施质量安全监管，未发生较大及以上建设工程质量安全事故。共获得11个国家级质量奖项，其中鲁班奖6个，占全省总数的3/4，国家优质工程奖5个，另有21个项目被评为省双优工地，19个项目获省优良样板工地，共有48家建筑装饰企业入选全国百强，是深圳市建市以来获得国家级工程奖项最多的一年。

【规范市场】 严格市场准入退出，加强企业资质动态核查，清理不合格资质企业135家。深入开展建设领域突出问题专项治理和"三打两建"活动，全力实施安全生产百日行动以及建材打假、打击围标串标等专项行动。共查处不合格建材63批次，串通投标、弄虚作假或者违法分包工程10个，发出行政处罚决定23宗。

(4) 绿色建筑和建筑节能

【绿色建筑】 新增获得绿色评价标识的项目38个、总面积491万平方米，分别完成计划的190%和164%，居全省第一。全市共有12个项目达到国家绿色建筑最高等级三星级，绿色建筑规模居全国前列。率先全国推行绿色物业试点，出台居民小区生活垃圾减量分类《指导意见》，倡导绿色生活。推进智慧社区试点，为业主提供智能化、信息化的物业服务。

【建筑节能】 被国家授予公共建筑节能改造重点城市、建筑废弃物减排与综合利用试点城市。建立大型公建能耗监测平台和建筑能耗数据中心，完成对500栋大型公建实时在线能耗监测、750栋能源审计、80栋能效公示，基本完成国家大型公建节能监管示范市建设各项任务。完成既有建筑节能改造项目197个，建筑面积达707万平方米。新建节能建筑面积921万平方米，完成计划的102.33%，建筑节能量48万吨标准煤，占深圳市节能目标的1/3。

【建筑减排】 建成4个建筑废弃物综合利用项目，建筑废弃物资源化率达35%，超过计划5个百分点。建筑废弃物减排与利用总量达350万吨，完成计划的116.67%。其中，南科大项目100万吨建筑废弃物，通过就地处理利用，实现建筑废弃物"零排放"。实施太阳能屋顶计划，推进20个国家级太阳能建筑应用示范项目建设，全市太阳能热水建筑应用面积新增278万平方米，完成计划的173.75%。光电建筑应用系统总装机容量约46兆瓦。推广天然气在各领域的应用，建成10座天然气加气站。

(5) 泥头车专项整治

针土石方运输市场的乱象，牵头制定印发《关于进一步加强建设工地土石方运输管理的紧急通知》、《全市整治泥头车联合执法行动总体方案》等文件，召开全市建设、施工和监理企业参加的专题大会，与主要单位签订责任书。组成44个强执行力专项组，会同交委、城管、交警等部门，连续多次深入施工现场广泛宣传动员和培训，全面开展"夜查"泥头车联合执法行动。前后组织880个检查组次，出动6931人次，查处违法违规车辆1148辆，下发执法文书834份，有效遏制泥头车乱象。省委常委、深圳市委书记王荣在市住房和建设局泥头车整治工作报告上批示："此次行动成效显著。望进一步总结，立足于长效管理。"

(6) 社会管理和公共服务工作

【物业管理】 在物业管理进社区工作已完成98%的基础上，全市新建住宅物业100%实现物业管理，获国家(省)物业管理优秀示范项目15个。全面推广运用物业管理电子投票系统，构建社区公共事务表决平台。有效使用和管理"物业养老金"，加快推进房屋公用设施专用基金和房屋本体维修基金"两金合一"。归集专项维修资金8.3亿元，完成计划的103.75%。

【燃气保障】 完成西气东输二线深圳段及其配套输配设施建设，顺利接收西气东输二线天然气，形成天然气"双气源"供气格局。加强天然气管道设施监管，推行燃气钢瓶信息化管理和信息标识制度，未发生燃气生产安全事故。大力推进燃气特区一体化，新建市政中压燃气管道140公里，完成计划的140%。其中，原特区外管网覆盖率预定目标30%，实际完成达43%，全市新增管道天然气用户10万户。

(7) 行政执法

【法制建设】 先后出台1个纲要、1个规章、4个规范性文件。包括：《深圳市住房保障制度改革创新纲要》、《深圳市建设工程造价管理规定》、《深圳市安居型商品房轮候与配售办法》、《深圳市住房公积金贷款管理规定》、《深圳市建筑施工企业诚信管理办法》、《关于深化建设工程招标投标改革的若干措施》等政策法规，全面推进深圳市住房保障、工程建设等多个领域的法制建设。

【依法行政】 全年共组织召开4场行政处罚听证会，作出《行政处罚决定书》85份，对22家企业、20名个人作出不准在深圳市承接工程或执业的处罚。共记录建筑市场不良行为1492条，对38家企业或个人给予红色警示，144家企业或个人黄色警示。对80多户骗购保障房或另购买商品房的经适房购买家庭采取行政强制措施，实施收房行动。

【便民服务】 改进作风、删繁就简，方便群众，提质提效。推出多项便民服务措施，减少行政审批9

项，实行现场办公、一线接访、带案下访等。共处理来信1200件、来访2300批次，安排局领导接访日活动12期，办理人大建议42宗、政协提案29宗，满意率达100%。办理各类业务86480项，日均业务办理量338项；处理市民热线12345转办件10298件，获市政府服务大厅"跨部门协同办理改革特别奖"和"先进窗口单位"称号。获市信访维稳"百日行动"二等奖。

【廉政建设】 以廉政风险防控为目标加强制度建设。全面开展廉政风险排查及防控工作，共排查一级廉政风险点8项，二级风险点22项，三级风险点34项，建立有针对性的防范措施。深化行政审批制度改革，规范行政执法行为。以"四干"精神为导向加强干部队伍管理，全面实施竞争性公开选拔干部工作制度，严格落实领导干部个人事项报告制度，加强班子队伍建设和"一把手"监督，加强干部绩效考核。

(8) 深圳市住房和建设局机构设置

深圳市住房和建设局机构设置见表1。

深圳市住房和建设局机构设置 表1

机构名称	主要职责	负责人	电话	地址
深圳市住房和建设局	贯彻执行国家、省、市有关城市建设、工程建设、建筑业、建材业、勘察设计咨询业、物业管理业、燃气业、房屋使用安全以及住房制度改革、保障性住房建设、住房公积金管理的法律、法规和政策；组织起草相关地方性法规、规章、政策和标准；负责相关行业监管和服务。	李廷忠 局党组书记、局长 洪海灵 局党组成员、副局长 胡建文 局党组成员、副局长 段衡金 局党组成员、副局长	0755-83787998	深圳市福田区振华路8号设计大厦

(深圳市住房和建设局 撰稿：贺波)

2. 城市规划和房地产市场管理

(1) 城市规划管理

【概况】 2012年，深圳市规划和国土资源委员会(市海洋局)(以下简称市规划国土委)进一步加强城市规划对城市发展的空间统筹与引导作用，通过科学规划，提升城市功能与空间品质，提高空间资源保障与综合服务效率，促进经济增长方式转变。

年内，《深圳市近期建设和土地利用规划(2011—2015)》通过市政府审批；完成前海、龙华、大鹏综合规划，为培育新的城市增长极奠定基础；交通一体化向纵深发展；区域合作达到新水平；规划管理更加科学；城市公共空间更加人性化、特色化；城市更新提速提效；古建保护和地名管理更加规范；低碳城市建设取得新的进展。

【宏观规划与计划】 《深圳市近期建设和土地利用规划(2011—2015)》是统筹协调深圳市"十二五"期间空间资源合理利用的重要指导性文件，市规划国土委于2012年上半年完成该规划的各项修改工作，并补充完成基础资料汇编等成果，4月，通过市政府审批并上报住房和建设部及省建设厅备案。《深圳市近期建设和土地利用规划年度实施计划编制度计划(2012)》是深圳市城市发展和土地利用的年度综合计划，2012年6月11日，该计划通过市政府审批。

【龙华和大鹏新区综合发展规划】 为配合推进龙华新区和大鹏新区的规划建设，2012年，市规划国土委与龙华新区管委会、大鹏新区管委会共同开展《龙华新区综合发展规划(2012—2020年)》和《大鹏新区综合保护与发展规划》的编制工作。其中，《龙华新区综合发展规划(2012—2020年)》分别于4月和9月先后向深圳市市长许勤和深圳市委书记王荣进行汇报，获得市领导的高度评价；《大鹏新区综合保护与发展规划》分别于4月和10月先后向许勤和王荣进行汇报，市领导对规划贯彻党的"十八大"生态文明建设理念，以保护优先、科学发展、精细管理、提升水平为指导思路，探索保护与发展综合平衡的空间路径给予高度评价。目前，两项规划成果均上报市政府审查，待市政府批准后，将全面推进规划实施。

【法定图则】 为实现全市范围内法定图则的全覆盖，市规划国土委组织编制法定图则231项，其中已通过审批的法定图则有214项，覆盖率达95%。在编的法定图则有15项(其中11项已公示)，法定图则全覆盖的目标基本实现，为全市建设发展及管理管理提供法定规划依据。其中，2012年审批通过的法定图则草案及公示意见处理的共32项。

【交通规划】 2012年，市规划国土委积极开展《深圳市轨道交通规划(2012—2040)》、《穗莞深城际线深圳段交通详细规划(修编)和相关枢纽交通规划研究》、《轨道三期工程8号线交通详细规划》、《赣州至深圳客运专线深圳段交通详细规划》等规划。完成《深圳市干线道路网规划(修编)》的上报工作，同步推动项目规划环评工作。加快推进《大外环高速沿线市政设施协调及路网调整规划》、《深圳市道路空间合理利用指南研究》等道路交通规划项目的编制工作，大型建筑附设式公交首末站设计指引、交通仿真系统二期工程等工作。

【市政规划】 2012年，市规划国土委组织开展《坪山新区低冲击开发试点规划研究及实施方案》和《坪山低冲击开发模式规划实施纲要》、《深圳市初期雨水处理处置研究》、《深圳湾国家红树林湿地公园系统规划》、《宝安区珠江口水系防洪排涝规划》、《茅洲河流域排水管网规划修编》等工作；完成《深圳市小型水库管理线划定及蓝线补充规划》。编制了《深圳市电力设施及高压走廊专项规划修编》、《深圳市加油（气）站系统布局规划（2006～2020）》。完成《深圳市天然气高压管网规划》、《深圳市瓶装燃气供应布局规划及选址研究》上报工作。完成东部垃圾焚烧发电厂（坂陂场址）规划选址研究；编制《深圳固废战略研究》、《深圳市危险废弃物处理处置规划环境影响评价报告》；修编完善《深圳市余泥渣土受纳场专项规划》；推进《深圳市中小型环卫设施规划与设计标准》立法和发布工作；基本完成《深圳市附设式垃圾转运站设计指引》的编制工作。编制《深圳市通信管道及机楼"十二五"发展规划》。推进《深圳市蓝线管理规定》、《深圳市黄线管理规定》、《深圳市橙线管理规定》编制工作。配合推进前海、后海、大空港等填海工程，组织编制《后海片区市政管线详细规划及建设指引》、《前海合作区市政工程详细规划》、《前海交通枢纽站综合规划》、《深圳市西部填海区填海综合规划研究》等。

【城市与建筑设计】 2012年，市规划国土委继续高水准推进《前海深港现代服务业合作区综合规划》的编制工作，创新编制方式和内容，形成包含产业布局、综合市政、综合交通、城市设计、投入产出等多方面的综合性规划，最终成果得到市委市政府的高度评价，并通过市政府和市委常务会议审议。与此同时，高水平推动重点地区和项目的城市与建筑设计，全面推进后海中心区、深圳湾超级总部基地、留仙洞片区基地、龙华核心区等重点地区城市设计，为城市战略性空间发展及重大项目落地和实施提供空间保障和规划依据；重点开展推进水晶岛、华强北改造、华润后海总部、大冲村以及轨道三期综合上盖的城市设计实施工作；积极打造建筑精品，主动服务重大项目，重点推进香港中文大学（深圳）项目的建筑设计，组织高水平的华润大冲旧改项目专家咨询会、华润后海项目工作坊，做好轨道交通项目的建筑设计审查指导工作。此外，积极开展城市与建筑设计相关研究，完成《趣城·城市设计地图》，将深圳主要特色建筑、街区、景观和活动场所表现出来，方便市民和游客对深圳有更直观的感受和认识，形成包括近100个公共项目的实施项目库，并提出深圳未来5年内重点实施的12个重点公共项目，成果提请市政府审议；理顺城市设计控制体系，探索完善《建设用地规划许可证》，建立重点和一般地区、刚性和弹性指标不同的分类控制原则和标准；完成了《无障碍管理深圳市无障碍设施建设与改造规划（2011—2015）》和《深圳市建设项目无障碍改造办法》、《深圳市危房拆除重建管理办法（暂行）》、《关于进一步加强建筑工程方案设计招标投标管理的指导意见》的编制工作；加快推进《深圳经济特区建筑条例》、《深圳市建筑设计管理规定及指标修订》等项目。

【城市更新】 2012年，市规划国土委大力推动城市更新实施。加强调研。市规划国土委组织开展旧工业区升级改造系列调研活动，加快完善制定城市更新促进转型升级政策；市政府召开全市加快城市更新实施工作动员会，明确下一阶段突出抓好"项目开工、质量提升、增速提效、政策创新"四项具体工作；组织各区开展以旧住宅区为主的城市更新项目公开选择市场主体试点工作，罗湖、福田等区已经形成初步试点方案。

创新政策。1月21日，市政府以2012年1号文形式出台《深圳市城市更新办法实施细则》，进一步深化和细化城市更新政策的相关规定，加强城市更新工作的规范性和操作性；8月17日，出台《关于加强和改进城市更新实施工作的暂行措施》，对城市更新项目历史用地提出了简便易行的处置办法，调整了市场评估地价评估机制及地价收缴方式，并建立更新项目优先集中审批机制，有效推动了全市城市更新项目实施。

成效显著。2012年，形成5批城市更新计划，包含63个更新单元，涉及拆除用地面积约4.7平方公里；审批通过38项城市更新单元规划（含产业升级类项目7个），涉及用地面积4.3平方公里，规划批准总建筑面积1530万平方米（其中产业用房279万平方米）；新增签订用地出让合同并开工60个，供应用地面积约2.07平方公里，圆满完成市政府布置的工作任务。2月，国土资源部"三旧"改造专题调研组集中赴深圳市调研城市更新工作；4月，中共中央政治局委员、广东省委书记汪洋调研深圳产业转型升级情况，充分肯定蛇口网谷项目转型思路和城市更新成效；5月，深圳市城市更新经验在国土资源部、广东省人民政府节约集约用地政策创新座谈会上被作为典型向全国土地管理部门推广。同时，《深圳市城市更新专项规划（2010—2015）》、深圳市旧城改造与更新决策支持系统工程分获中国城市规划协会2011年度全国优秀城乡规划设计一、二等奖；在省国土资源厅组织的"三旧"改造工作考核中，深圳市获得第二名；市规划国土委城市更新办被国土资源部评选为2010至2012年度国土资源系统创先争优先进集体。

【低碳生态城市规划建设】 2012年，深圳市低碳生态示范市建设进入稳步发展阶段。市规划国土委在各项工作中不断强化树立低碳生态发展理念，围绕土地开发、空间优化、绿色交通、绿色市政等低碳生态城市建设领域开展了多项基础研究和建设实践。在《深圳市城市规划标准与准则》（下文简称《深标》）修订工作中深入贯彻低碳生态理念与要求，以集约高效、特色质量、资源环境、精细管理为重点，新增"密度分区与容积率"、"自然保育、文保和防灾"两章，集中体现了低碳生态城市的具体要求，同时对土地混合利用、公共设施混合设置、资源和能源综合利用、城市绿化及景观、步行及自行车交通、自然保育等提出规划建设要求和量化指标。8月10日，住房和城乡建设部在北京组织召开"《深标》修订研究验收会"，受到全国专家的一致好评，顺利通过验收，上报市政府。

组织开展《深圳市规划国土低碳生态建设政策研究》、《落实低碳生态目标——法定图则和城市更新单元规划编制技术指引》、《深圳市低碳生态居住小区试点规划研究及实施方案》、《深圳市低碳生态城市指标体系研究》、《深圳低碳生态示范市建设评级指引》等项目，重点对规划标准与技术指引、各层次法定规划、行政审批管理提出一系列改进措施建议，并研究制定低碳生态规划建设的奖励性政策文件。以光明、坪山新区为代表的国家低碳生态示范区建设特色鲜明，凸显集成化效应，在绿色交通、绿色建筑、绿色照明、雨洪利用、低冲击开发模式等方面开展一系列工作，取得了良好成效。2月和10月，住房城乡建设部先后两次考察光明、坪山新区的低碳生态示范区建设并予以赞许。位于坪地的国际低碳城，在规划引导下，实施产城融合战略，从规划设计、建筑、交通、能源、公共意识和行为五个方面推进低碳建设，8月20日，55万平方米核心启动区内的6个项目和周边11个建设项目集中启动。

【地名管理及历史文化保护】 按照国家的统一部署，从2011年4月至2012年7月，市规划国土委圆满完成全国第二次地名普查的各项工作任务，得到民政部和省民政厅的一致肯定。此次地名普查共搜集全市42类地名资料，整理20余本地名志、专业志的地名信息，补充各类地名含义、历史沿革；完成41200个地名点的属性信息登记表和4200个地名点的基本信息登记表的填报工作；完成地名普查1：5万成果图的初审和绘制工作；完成地名数据库的建立和成果制作工作。2012年8月通过省地名普查办的检查验收。大力推进《深圳市地名管理办法》的出台，该办法经过反复研究、公众意见征询、专家论证等过程，于2012年3月经市政府五届五十次常务会审议通过，并于2012年6月14日起颁布实施。该办法对深圳市范围内地名规划的编制与审批，地名的命名、更名、注销、备案、公告和使用，地名标志的设置与管理，地名违法行为查处等管理活动进行了明确的规定，并对相关部门的职责进行了明确的界定。2012年，市规划国土委完成《南头古城保护规划》和《深圳市历史风貌保护区和优秀历史建筑保护规划》编制工作，并组织开展了深圳市岭南近现代建筑的编辑整理工作，于2012年7月形成深圳市岭南近现代建筑资料册。

【国际创新城市大会】 2月23～24日，国际城市创新发展大会于深圳五洲宾馆召开。大会由住房和城乡建设部、国家开发银行、深圳市政府和凤凰卫视共同主办，深圳市规划国土委牵头，深圳市规划国土发展研究中心具体承办。围绕大会主题"城市的使命：以创新求发展"，各界精英齐聚深圳，共同研究和探讨城市发展模式和未来方向。全国政协副主席董建华、国家开发银行董事长陈元、住房和城乡建设部副部长仇保兴、深圳市委书记王荣、广州市市长陈建华以及澳大利亚前总理约翰·霍华德、博鳌亚洲论坛前秘书长龙永图、诺贝尔经济学奖得主罗伯特·蒙代尔、凤凰卫视董事局主席刘长乐出席开幕式；来自美国、墨西哥、以色列、新加坡等国的市长、议员等代表参加大会论坛；麦肯锡发布"全球城市600"研究成果。会议聚焦城市创新和可持续发展，围绕大会主题，设置"城市化的路径选择"、"城市的使命与未来"；"城市多元化的和谐与融合"、"城市转型与产业创新"、"城市质量与生活品质"等分论坛。大会聚集国内外政学商各界力量共同研究和探讨城市发展模式和未来方向，从更高层面和更广的领域研究探索城市发展的一系列重大问题，为中国和世界城市发展提供智力支持和交流合作平台，通过经验的分享，为城市运营管理者提供城市发展思路和可借鉴的解决方案，推动城市科学发展、提升市人居水平。

(2) 房地产市场监管

【概况】 2012年，深圳市严格按照国务院"坚定不移贯彻房地产调控政策，巩固调控成果，促进房价合理回归"的部署要求，多措并举、注重成效，积极加强和改善房地产市场监测和调控。从全年市场情况来看，房价有所回落，居民住房需求有效满足，有效抑制了投资投机需求，调控成效得到巩固。

【房地产开发】 2012年，深圳市房地产开发投资规模增速较上年小幅放缓，但仍保持较快增长。全市房地产开发投资仍以住宅为主，住宅所占份额略低于上年水平。90平方米以下住宅投资额所占比较2010年微幅增加；办公楼占比小幅回落；商业用房占比小幅增加；其他类商品房份额有所攀升。2012年，全市共完成房地产开发投资736.84亿元，比上年增加24.8%。从用途结构来看，住宅完成投资474.60亿元，同比增加20.7%。其中，90平方米以下住宅投资规模为264.57亿元，比上年增加25.2%；办公楼投资规模为26.99亿元，同比下降33.4%；商业用房投资规模为90.11亿元，同比增加27.5%；其他用房投资规模为145.13亿元，增加69.5%。从投资计划来看，2012年，深圳市房地产计划总投资3755.10亿元，比上年增长10.6%；全年实际完成房地产开发投资额为736.84亿元，占年度计划总投资的19.6%，比上年增加2.2个百分点。从资金来源来看，2012年，全市商品房开发资金来源合计为1577.11亿元，比上年增长30.8%，其中：上年结余386.14亿元，占年度总资金来源的24.5%；当年新增资金的1190.97亿元，占75.5%。在新增资金中，国内贷款302.88亿元，比上年增长37.7%，占新增资金的25.4%；2012年无外资利用；其他资金来源414.84亿元，增长27.2%；自筹资金473.24亿元，增长38.1%。从施工情况来看，2012年，全市商品房施工面积3216.69万平方米，比上年增长4.4%。按用途分，住宅2107.59万平方米，增长0.9%；其中90平方米以下住宅1223.29万平方米，增长3.4%；办公楼156.93万平方米，下降19.3%；商业用房339.25万平方米，增长4.3%；其他用房612.92万平方米，增长29.6%。从新开工情况来看，2012年，全市商品房新开工面积905.24万平方米，增长44.04%。按用途分，住宅561.89万平方米，增长34.6%，其中90平方米以下住宅337.77万平方米，增加52.3%；办公楼50.69万平方米，增长95.81%；商业用房103.47万平方米，增长60.5%；其他用房189.18万平方米，增长56.83%。从竣工情况来看，2012年，全市商品房竣工面积425.75万平方米，比上年增加24.0%。按用途分，住宅289.40万平方米，增加17.0%，其中90平方米以下的200.40万平方米，增加36.6%；办公楼12.30万平方米，下降41.4%；商业用房39.75万平方米，增长9.3%；其他用房84.31万平方米，增长117.8%。

【房地产一级市场管理】 2012年，深圳市继续加强房地产一级市场即土地市场管理。2012年，深圳市土地招拍挂出让总面积255.80公顷，同比增加34.66%，占土地供应总量的33.30%；协议出让总面积为512.29公顷，同比增加45.16%，占供应总量的66.70%。2012年，全市房地产开发用地供应总量为353.87公顷，同比增加26.29%，占全市建设用地供应总量的46.07%；深圳市2012年房地产开发用地重点为住宅用地，供应用地为221.94公顷，占房地产开发用地的62.72%，同比减少14.12%；商业服务业用地面积为131.93公顷，同比增加505.75%。2012年，深圳市保障性住房用地供应量为14.84公顷，占住宅用地供应总量的6.69%，已完成深圳市全年保障性住房供应计划。

【房地产二级市场管理】 2012年，深圳市继续加强房地产二级市场管理，进一步规范房地产市场秩序，进一步增加新建商品住房供应。2012年，市规划国土委根据《深圳市规划国土委开展"三打两建"专项行动工作方案》(深规土〔2012〕232号)和《关于开展房地产市场"三打两建"专项行动工作实施方案》(深规土〔2012〕360号)文件，积极开展房地产市场"三打两建"工作，整顿市场秩序，重点清理整治非法预售、虚假广告、合同欺诈、违法经纪以及审计、评估和清算中的违法欺诈行为。年内，共检查经纪机构及其分支机构320家，检查在售、在建项目及开发企业63个(次)，对存在违法违规行为的房地产开发企业、经纪机构、估价机构发放责令整改通知49份，针对在售项目赠送面积等问题，约谈7家开发企业，调处群众信访案件3宗。还重点对6月份发现问题的已送达《责令整改通知书》的经纪机构及分支机构、在售项目及开发企业进行跟踪复查。2012年，市规划国土委积极调整楼盘预售审批节奏，有力地支持了各类商品房需求。

2012年，全市商品房批准预售面积648.79万平方米，比上年大幅增长47.4%。其中，住宅批准预售502.81万平方米，增长32.2%；办公楼批准预售21.64万平方米，增长49.4%；商业用房批准预售

94.34万平方米,增长108.1%;其他用房批准预售29.94万平方米。2012年,深圳市商品房成交525.83万平方米,同比增长43.0%。其中,期房成交410.41万平方米,增长34.2%,其中住宅成交389.48万平方米,增长43.8%;办公楼成交5.02万平方米,下降23.5%;商业用房成交8.63万平方米,下降58.1%;其他用房成交7.28万平方米,下降6.4%。2012年,深圳市现房商品房成交115.42万平方米,同比增长12.8%,其中住宅成交98.96万平方米,增长60.1%;办公楼成交0.96万平方米,下降76.2%;商业用房成交12.37万平方米,下降49.6%;其他用房成交3.13万平方米,下降73.8%。

【房地产三级市场管理】 2012年,深圳市继续加强房地产三级市场管理。年内,全市房地产三级市场交易6.44万宗,比上年下降11.9%;交易面积592.20万平方米,下降13.1%。其中,住宅成交468.40万平方米,下降8.4%;办公楼成交19.34万平方米,下降39.7%;商业用房成交49.71万平方米,下降24.7%;其他用房成交54.75万平方米,下降24.3%。从住宅区域结构来看,罗湖区1.18万宗、面积95.49万平方米,分别下降11.1%、17.3%;福田区1.25万宗、面积119.38万平方米,分别下降17.9%、19.8%;南山区1.11万宗、面积102.49万平方米,分别下降2.5%、8.3%;盐田区0.13万宗、面积13.09万平方米,分别下降27.0%、50.2%;宝安区1.29万宗、面积128.02万平方米,分别下降15.2%、6.8%;龙岗区1.46万宗、面积133.73万平方米,分别下降8.6%、5.6%。

【市场调控】 2012年,深圳市进一步加强房地产市场调控政策的执行力度,提高房地产市场监测的频率和密度,加强市场调控和管理的有关工作。年内,深圳市严密监控限购政策中虚假材料骗取购房资格的漏洞,加强社保、房产登记、民政、税务等多个部门间的合作,有效堵塞骗取购房资格的漏洞。年内,深圳市继续召开每月一次的房地产市场监测和调控例会,对3月份市场回暖和中介关铺、二季度价格上涨、下半年调整预售审批进度和控制高价盘入市等重点问题进行专项讨论和工作部署;同时,提高房地产市场监测的频率和密度,将监测和分析细化到每个在售和预售楼盘。此外,市规划国土委还初步建立"深圳市房地产宏观调控信息共享平台",并不断加快"深圳市个人住房信息系统建设工程"开发工作。2012年全市新建商品住宅平均价格为18524元/平方米,比上年同期的18533元/平方米下跌了0.1%,在上海、广州及多个一、二线城市房价上涨的背景下,有效地实现新建商品住房价格回落。年内,全市新建商品住房累计成交面积大幅增长,尤其是新建商品住宅达到2010年调控以来最高点,有效地支持了居民住房需求和扩大内需。2012年,全市首套住房占比达到85%,是2010年调控以来最高水平,以首套购房为主的自住需求成为市场需求的主力,投资投机需求基本被挤出市场。2012年,深圳市房地产市场调控的主要做法和成绩得到国务院房地产市场调控督查组和住房城乡建设部的高度肯定和赞扬。

【住房计划】 2012年,经深圳市政府同意,市规划国土委3月15日发布实施《深圳市住房建设规划2012年度实施计划》(深规土〔2012〕163号,以下简称"计划")。计划提出"理顺和完善多层次梯度住房供应体系、完善住房全过程监管体系、构建住房价值评估体系"的年度发展目标。强调坚持落实房地产调控政策不动摇,促进房价合理回归,支持居民合理住房需求,促进房地产市场健康发展。同时,稳步推进全市保障性安居工程建设,加大力度,规范创新保障性住房的建设、分配与管理。计划要点内容:1)新建商品住房。计划安排建设商品住房6万套、建筑面积约540万平方米。本年度安排新供应商品住房用地40公顷,新供应用地主要安排建设中小套型普通商品住房,安排城市更新商品住房用地70公顷,安排征地返还等存量用地40公顷。通过计划加强住房空间布局和梯度供应指引,发挥住房对区域产业发展的基础配套作用,有效衔接自住需求。加快建立长效机制,逐步以市场化调节机制实施需求分类引导。严厉打击普通商品住房的投资投机,合理降低首套普通商品住房购房和居住成本,加大对自住住房需求支持力度,引导住房市场向满足居民居住需求的方向发展。2)存量商品住房。规范存量住房市场交易秩序,研究合理调整首套、中小套型普通商品住房交易的计税税基,支持居民首套自住住房需求;并进一步规范和发展较低居住成本的普通住房租赁市场。3)保障性住房。2012年,计划新增安排筹集建设保障性住房4万套,建筑面积262万平方米,其中,通过本年度安排新供应用地30公顷建设保障性住房2万套;通过城市更新配套建设、拆迁安置、企业自有用地建设等存量用地筹建保障性住房2万套。积极推进原农村集体经济组织集资房、城中村村民自建房统一纳入保障性安居工程工作。2012年,根据国家和广东省保障性安居工程工作部署,深圳市新开工保障性住房3.5万套、竣工1万套,以租售方式供应保障性住房2万套。

(深圳市规划和国土资源局 撰稿:王芳)

第五篇

政策法规文件

一、国务院令

无障碍环境建设条例

中华人民共和国国务院令第 622 号

《无障碍环境建设条例》已经 2012 年 6 月 13 日国务院第 208 次常务会议通过,现予公布,自 2012 年 8 月 1 日起施行。

总　理　温家宝
二〇一二年六月二十八日

无障碍环境建设条例

第一章　总　则

第一条　为了创造无障碍环境,保障残疾人等社会成员平等参与社会生活,制定本条例。

第二条　本条例所称无障碍环境建设,是指为便于残疾人等社会成员自主安全地通行道路、出入相关建筑物、搭乘公共交通工具、交流信息、获得社区服务所进行的建设活动。

第三条　无障碍环境建设应当与经济和社会发展水平相适应,遵循实用、易行、广泛受益的原则。

第四条　县级以上人民政府负责组织编制无障碍环境建设发展规划并组织实施。

编制无障碍环境建设发展规划,应当征求残疾人组织等社会组织的意见。

无障碍环境建设发展规划应当纳入国民经济和社会发展规划以及城乡规划。

第五条　国务院住房和城乡建设主管部门负责全国无障碍设施工程建设活动的监督管理工作,会同国务院有关部门制定无障碍设施工程建设标准,并对无障碍设施工程建设的情况进行监督检查。

国务院工业和信息化主管部门等有关部门在各自职责范围内,做好无障碍环境建设工作。

第六条　国家鼓励、支持采用无障碍通用设计的技术和产品,推进残疾人专用的无障碍技术和产品的开发、应用和推广。

第七条　国家倡导无障碍环境建设理念,鼓励公民、法人和其他组织为无障碍环境建设提供捐助和志愿服务。

第八条　对在无障碍环境建设工作中作出显著成绩的单位和个人,按照国家有关规定给予表彰和奖励。

第二章　无障碍设施建设

第九条　城镇新建、改建、扩建道路、公共建筑、公共交通设施、居住建筑、居住区,应当符合无障碍设施工程建设标准。

乡、村庄的建设和发展,应当逐步达到无障碍设施工程建设标准。

第十条　无障碍设施工程应当与主体工程同步设计、同步施工、同步验收投入使用。新建的无障碍设施应当与周边的无障碍设施相衔接。

第十一条　对城镇已建成的不符合无障碍设施工程建设标准的道路、公共建筑、公共交通设施、居住建筑、居住区,县级以上人民政府应当制定无障碍设施改造计划并组织实施。

无障碍设施改造由所有权人或者管理人负责。

第十二条　县级以上人民政府应当优先推进下列机构、场所的无障碍设施改造：

（一）特殊教育、康复、社会福利等机构；

（二）国家机关的公共服务场所；

（三）文化、体育、医疗卫生等单位的公共服务场所；

（四）交通运输、金融、邮政、商业、旅游等公共服务场所。

第十三条　城市的主要道路、主要商业区和大型居住区的人行天桥和人行地下通道，应当按照无障碍设施工程建设标准配备无障碍设施，人行道交通信号设施应当逐步完善无障碍服务功能，适应残疾人等社会成员通行的需要。

第十四条　城市的大中型公共场所的公共停车场和大型居住区的停车场，应当按照无障碍设施工程建设标准设置并标明无障碍停车位。

无障碍停车位为肢体残疾人驾驶或者乘坐的机动车专用。

第十五条　民用航空器、客运列车、客运船舶、公共汽车、城市轨道交通车辆等公共交通工具应当逐步达到无障碍设施的要求。有关主管部门应当制定公共交通工具的无障碍技术标准并确定达标期限。

第十六条　视力残疾人携带导盲犬出入公共场所，应当遵守国家有关规定，公共场所的工作人员应当按照国家有关规定提供无障碍服务。

第十七条　无障碍设施的所有权人和管理人，应当对无障碍设施进行保护，有损毁或者故障及时进行维修，确保无障碍设施正常使用。

第三章　无障碍信息交流

第十八条　县级以上人民政府应当将无障碍信息交流建设纳入信息化建设规划，并采取措施推进信息交流无障碍建设。

第十九条　县级以上人民政府及其有关部门发布重要政府信息和与残疾人相关的信息，应当创造条件为残疾人提供语音和文字提示等信息交流服务。

第二十条　国家举办的升学考试、职业资格考试和任职考试，有视力残疾人参加的，应当为视力残疾人提供盲文试卷、电子试卷，或者由工作人员予以协助。

第二十一条　设区的市级以上人民政府设立的电视台应当创造条件，在播出电视节目时配备字幕，每周播放至少一次配播手语的新闻节目。

公开出版发行的影视类录像制品应当配备字幕。

第二十二条　设区的市级以上人民政府设立的公共图书馆应当开设视力残疾人阅览室，提供盲文读物、有声读物，其他图书馆应当逐步开设视力残疾人阅览室。

第二十三条　残疾人组织的网站应当达到无障碍网站设计标准，设区的市级以上人民政府网站、政府公益活动网站，应当逐步达到无障碍网站设计标准。

第二十四条　公共服务机构和公共场所应当创造条件为残疾人提供语音和文字提示、手语、盲文等信息交流服务，并对工作人员进行无障碍服务技能培训。

第二十五条　举办听力残疾人集中参加的公共活动，举办单位应当提供字幕或者手语服务。

第二十六条　电信业务经营者提供电信服务，应当创造条件为有需求的听力、言语残疾人提供文字信息服务，为有需求的视力残疾人提供语音信息服务。

电信终端设备制造者应当提供能够与无障碍信息交流服务相衔接的技术、产品。

第四章　无障碍社区服务

第二十七条　社区公共服务设施应当逐步完善无障碍服务功能，为残疾人等社会成员参与社区生活提供便利。

第二十八条　地方各级人民政府应当逐步完善报警、医疗急救等紧急呼叫系统，方便残疾人等社会成员报警、呼救。

第二十九条　对需要进行无障碍设施改造的贫困家庭，县级以上地方人民政府可以给予适当补助。

第三十条　组织选举的部门应当为残疾人参加选举提供便利，为视力残疾人提供盲文选票。

第五章　法律责任

第三十一条　城镇新建、改建、扩建道路、公共建筑、公共交通设施、居住建筑、居住区，不符合无障碍设施工程建设标准的，由住房和城乡建设主管部门责令改正，依法给予处罚。

第三十二条　肢体残疾人驾驶或者乘坐的机动车以外的机动车占用无障碍停车位，影响肢体残疾人使用的，由公安机关交通管理部门责令改正，依法给予处罚。

第三十三条　无障碍设施的所有权人或者管理人对无障碍设施未进行保护或者及时维修，导致无法正常使用的，由有关主管部门责令限期维修；造成使用人人身、财产损害的，无障碍设施的所有权人或者管理人应当承担赔偿责任。

第三十四条 无障碍环境建设主管部门工作人员滥用职权、玩忽职守、徇私舞弊的，依法给予处分；构成犯罪的，依法追究刑事责任。

第六章 附则

第三十五条 本条例自2012年8月1日起施行。

二、部 令

公共租赁住房管理办法

中华人民共和国住房和城乡建设部令第11号

《公共租赁住房管理办法》已经第84次部常务会议审议通过，现予发布，自2012年7月15日起施行。

住房和城乡建设部部长 姜伟新

二〇一二年五月二十八日

公共租赁住房管理办法

第一章 总 则

第一条 为了加强对公共租赁住房的管理，保障公平分配，规范运营与使用，健全退出机制，制定本办法。

第二条 公共租赁住房的分配、运营、使用、退出和管理，适用本办法。

第三条 本办法所称公共租赁住房，是指限定建设标准和租金水平，面向符合规定条件的城镇中等偏下收入住房困难家庭、新就业无房职工和在城镇稳定就业的外来务工人员出租的保障性住房。

公共租赁住房通过新建、改建、收购、长期租赁等多种方式筹集，可以由政府投资，也可以由政府提供政策支持、社会力量投资。

公共租赁住房可以是成套住房，也可以是宿舍型住房。

第四条 国务院住房和城乡建设主管部门负责全国公共租赁住房的指导和监督工作。

县级以上地方人民政府住房城乡建设（住房保障）主管部门负责本行政区域内的公共租赁住房管理工作。

第五条 直辖市和市、县级人民政府住房保障主管部门应当加强公共租赁住房管理信息系统建设，建立和完善公共租赁住房管理档案。

第六条 任何组织和个人对违反本办法的行为都有权进行举报、投诉。

住房城乡建设（住房保障）主管部门接到举报、投诉，应当依法及时核实、处理。

第二章 申请与审核

第七条 申请公共租赁住房，应当符合以下条件：

（一）在本地无住房或者住房面积低于规定标准；

（二）收入、财产低于规定标准；

（三）申请人为外来务工人员的，在本地稳定就业达到规定年限。

具体条件由直辖市和市、县级人民政府住房保障主管部门根据本地区实际情况确定，报本级人民政府批准后实施并向社会公布。

第八条 申请人应当根据市、县级人民政府住房保障主管部门的规定，提交申请材料，并对申请材料的真实性负责。申请人应当书面同意市、县级人民政府住房保障主管部门核实其申报信息。

申请人提交的申请材料齐全的，市、县级人民政府住房保障主管部门应当受理，并向申请人出具书面凭证；申请材料不齐全的，应当一次性书面告知申请人需要补正的材料。

对在开发区和园区集中建设面向用工单位或者园区就业人员配租的公共租赁住房，用人单位可以代表本单位职工申请。

第九条　市、县级人民政府住房保障主管部门应当会同有关部门，对申请人提交的申请材料进行审核。

经审核，对符合申请条件的申请人，应当予以公示，经公示无异议或者异议不成立的，登记为公共租赁住房轮候对象，并向社会公开；对不符合申请条件的申请人，应当书面通知并说明理由。

申请人对审核结果有异议，可以向市、县级人民政府住房保障主管部门申请复核。市、县级人民政府住房保障主管部门应当会同有关部门进行复核，并在15个工作日内将复核结果书面告知申请人。

第三章　轮候与配租

第十条　对登记为轮候对象的申请人，应当在轮候期内安排公共租赁住房。

直辖市和市、县级人民政府住房保障主管部门应当根据本地区经济发展水平和公共租赁住房需求，合理确定公共租赁住房轮候期，报本级人民政府批准后实施并向社会公布。轮候期一般不超过5年。

第十一条　公共租赁住房房源确定后，市、县级人民政府住房保障主管部门应当制定配租方案并向社会公布。

配租方案应当包括房源的位置、数量、户型、面积，租金标准，供应对象范围，意向登记时限等内容。

企事业单位投资的公共租赁住房的供应对象范围，可以规定为本单位职工。

第十二条　配租方案公布后，轮候对象可以按照配租方案，到市、县级人民政府住房保障主管部门进行意向登记。

市、县级人民政府住房保障主管部门应当会同有关部门，在15个工作日内对意向登记的轮候对象进行复审。对不符合条件的，应当书面通知并说明理由。

第十三条　对复审通过的轮候对象，市、县级人民政府住房保障主管部门可以采取综合评分、随机摇号等方式，确定配租对象与配租排序。

综合评分办法、摇号方式及评分、摇号的过程和结果应当向社会公开。

第十四条　配租对象与配租排序确定后应当予以公示。公示无异议或者异议不成立的，配租对象按照配租排序选择公共租赁住房。

配租结果应当向社会公开。

第十五条　复审通过的轮候对象中享受国家定期抚恤补助的优抚对象、孤老病残人员等，可以优先安排公共租赁住房。优先对象的范围和优先安排的办法由直辖市和市、县级人民政府住房保障主管部门根据本地区实际情况确定，报本级人民政府批准后实施并向社会公布。

社会力量投资和用人单位代表本单位职工申请的公共租赁住房，只能向经审核登记为轮候对象的申请人配租。

第十六条　配租对象选择公共租赁住房后，公共租赁住房所有权人或者其委托的运营单位与配租对象应当签订书面租赁合同。

租赁合同签订前，所有权人或者其委托的运营单位应当将租赁合同中涉及承租人责任的条款内容和应当退回公共租赁住房的情形向承租人明确说明。

第十七条　公共租赁住房租赁合同一般应当包括以下内容：

（一）合同当事人的名称或姓名；

（二）房屋的位置、用途、面积、结构、室内设施和设备，以及使用要求；

（三）租赁期限、租金数额和支付方式；

（四）房屋维修责任；

（五）物业服务、水、电、燃气、供热等相关费用的缴纳责任；

（六）退回公共租赁住房的情形；

（七）违约责任及争议解决办法；

（八）其他应当约定的事项。

省、自治区、直辖市人民政府住房城乡建设（住房保障）主管部门应当制定公共租赁住房租赁合同示范文本。

合同签订后，公共租赁住房所有权人或者其委托的运营单位应当在30日内将合同报市、县级人民政府住房保障主管部门备案。

第十八条　公共租赁住房租赁期限一般不超过5年。

第十九条　市、县级人民政府住房保障主管部门应当会同有关部门，按照略低于同地段住房市场租金水平的原则，确定本地区的公共租赁住房租金标准，报本级人民政府批准后实施。

公共租赁住房租金标准应当向社会公布，并定期调整。

第二十条 公共租赁住房租赁合同约定的租金数额，应当根据市、县级人民政府批准的公共租赁住房租金标准确定。

第二十一条 承租人应当根据合同约定，按时支付租金。

承租人收入低于当地规定标准的，可以依照有关规定申请租赁补贴或者减免。

第二十二条 政府投资的公共租赁住房的租金收入按照政府非税收入管理的有关规定缴入同级国库，实行收支两条线管理，专项用于偿还公共租赁住房贷款本息及公共租赁住房的维护、管理等。

第二十三条 因就业、子女就学等原因需要调换公共租赁住房的，经公共租赁住房所有权人或者其委托的运营单位同意，承租人之间可以互换所承租的公共租赁住房。

第四章 使用与退出

第二十四条 公共租赁住房的所有权人及其委托的运营单位应当负责公共租赁住房及其配套设施的维修养护，确保公共租赁住房的正常使用。

政府投资的公共租赁住房维修养护费用主要通过公共租赁住房租金收入以及配套商业服务设施租金收入解决，不足部分由财政预算安排解决；社会力量投资建设的公共租赁住房维修养护费用由所有权人及其委托的运营单位承担。

第二十五条 公共租赁住房的所有权人及其委托的运营单位不得改变公共租赁住房的保障性住房性质、用途及其配套设施的规划用途。

第二十六条 承租人不得擅自装修所承租公共租赁住房。确需装修的，应当取得公共租赁住房的所有权人或其委托的运营单位同意。

第二十七条 承租人有下列行为之一的，应当退回公共租赁住房：

（一）转借、转租或者擅自调换所承租公共租赁住房的；

（二）改变所承租公共租赁住房用途的；

（三）破坏或者擅自装修所承租公共租赁住房，拒不恢复原状的；

（四）在公共租赁住房内从事违法活动的；

（五）无正当理由连续6个月以上闲置公共租赁住房的。

承租人拒不退回公共租赁住房的，市、县级人民政府住房保障主管部门应当责令其限期退回；逾期不退回的，市、县级人民政府住房保障主管部门可以依法申请人民法院强制执行。

第二十八条 市、县级人民政府住房保障主管部门应当加强对公共租赁住房使用的监督检查。

公共租赁住房的所有权人及其委托的运营单位应当对承租人使用公共租赁住房的情况进行巡查，发现有违反本办法规定行为的，应当及时依法处理或者向有关部门报告。

第二十九条 承租人累计6个月以上拖欠租金的，应当腾退所承租的公共租赁住房；拒不腾退的，公共租赁住房的所有权人或者其委托的运营单位可以向人民法院提起诉讼，要求承租人腾退公共租赁住房。

第三十条 租赁期届满需要续租的，承租人应当在租赁期满3个月前向市、县级人民政府住房保障主管部门提出申请。

市、县级人民政府住房保障主管部门应当会同有关部门对申请人是否符合条件进行审核。经审核符合条件的，准予续租，并签订续租合同。

未按规定提出续租申请的承租人，租赁期满应当腾退公共租赁住房；拒不腾退的，公共租赁住房的所有权人或者其委托的运营单位可以向人民法院提起诉讼，要求承租人腾退公共租赁住房。

第三十一条 承租人有下列情形之一的，应当腾退公共租赁住房：

（一）提出续租申请但经审核不符合续租条件的；

（二）租赁期内，通过购买、受赠、继承等方式获得其他住房并不再符合公共租赁住房配租条件的；

（三）租赁期内，租赁或者承购其他保障性住房的。

承租人有前款规定情形之一的，公共租赁住房的所有权人或者其委托的运营单位应当为其安排合理的搬迁期，搬迁期内租金按照合同约定的租金数额缴纳。

搬迁期满不腾退公共租赁住房，承租人确无其他住房的，应当按照市场价格缴纳租金；承租人有其他住房的，公共租赁住房的所有权人或者其委托的运营单位可以向人民法院提起诉讼，要求承租人腾退公共租赁住房。

第三十二条 房地产经纪机构及其经纪人员不得提供公共租赁住房出租、转租、出售等经纪业务。

第五章 法律责任

第三十三条 住房城乡建设（住房保障）主管部门及其工作人员在公共租赁住房管理工作中不履行本办法规定的职责，或者滥用职权、玩忽职守、徇私舞弊的，对直接负责的主管人员和其他直接责任人员依法给予处分；构成犯罪的，依法追究刑事责任。

第三十四条 公共租赁住房的所有权人及其委托的运营单位违反本办法，有下列行为之一的，由市、县级人民政府住房保障主管部门责令限期改正，并处以3万元以下罚款：

（一）向不符合条件的对象出租公共租赁住房的；

（二）未履行公共租赁住房及其配套设施维修养护义务的；

（三）改变公共租赁住房的保障性住房性质、用途，以及配套设施的规划用途的。

公共租赁住房的所有权人为行政机关的，按照本办法第三十三条处理。

第三十五条 申请人隐瞒有关情况或者提供虚假材料申请公共租赁住房的，市、县级人民政府住房保障主管部门不予受理，给予警告，并记入公共租赁住房管理档案。

以欺骗等不正手段，登记为轮候对象或者承租公共租赁住房的，由市、县级人民政府住房保障主管部门处以1000元以下罚款，记入公共租赁住房管理档案；登记为轮候对象的，取消其登记；已承租公共租赁住房的，责令限期退回所承租公共租赁住房，并按市场价格补缴租金，逾期不退回的，可以依法申请人民法院强制执行，承租人自退回公共租赁住房之日起五年内不得再次申请公共租赁住房。

第三十六条 承租人有下列行为之一的，由市、县级人民政府住房保障主管部门责令按市场价格补缴从违法行为发生之日起的租金，记入公共租赁住房管理档案，处以1000元以下罚款；有违法所得的，处以违法所得3倍以下但不超过3万元的罚款：

（一）转借、转租或者擅自调换所承租公共租赁住房的；

（二）改变所承租公共租赁住房用途的；

（三）破坏或者擅自装修所承租公共租赁住房，拒不恢复原状的；

（四）在公共租赁住房内从事违法活动的；

（五）无正当理由连续6个月以上闲置公共租赁住房的。

有前款所列行为，承租人自退回公共租赁住房之日起五年内不得再次申请公共租赁住房；造成损失的，依法承担赔偿责任。

第三十七条 违反本办法第三十二条的，依照《房地产经纪管理办法》第三十七条，由县级以上地方人民政府住房城乡建设（房地产）主管部门责令限期改正，记入房地产经纪信用档案；对房地产经纪人员，处以1万元以下罚款；对房地产经纪机构，取消网上签约资格，处以3万元以下罚款。

第六章 附 则

第三十八条 省、自治区、直辖市住房城乡建设（住房保障）主管部门可以根据本办法制定实施细则。

第三十九条 本办法自2012年7月15日起施行。

城乡规划编制单位资质管理规定

中华人民共和国住房和城乡建设部令第12号

《城乡规划编制单位资质管理规定》已经第84次部常务会议审议通过，现予发布，自2012年9月1日起施行。

住房和城乡建设部部长　姜伟新
2012年7月2日

城乡规划编制单位资质管理规定

第一章 总 则

第一条 为了加强对城乡规划编制单位的管理，规范城乡规划编制工作，保证城乡规划编制质量，根据《中华人民共和国城乡规划法》、《中华人民共和国行政许可法》等法律，制定本规定。

第二条 在中华人民共和国境内申请城乡规划编制单位资质，实施对城乡规划编制单位资质监督管理，适用本规定。

第三条 城乡规划组织编制机关应当委托具有相应资质等级的单位承担城乡规划的具体编制工作。

第四条 从事城乡规划编制的单位，应当取得相应等级的资质证书，并在资质等级许可的范围内从事城乡规划编制工作。

第五条 国务院城乡规划主管部门负责全国城乡规划编制单位的资质管理工作。

县级以上地方人民政府城乡规划主管部门负责本行政区域内城乡规划编制单位的资质管理工作。

第二章 资质等级与标准

第六条 城乡规划编制单位资质分为甲级、乙级、丙级。

第七条 甲级城乡规划编制单位资质标准：

（一）有法人资格；

（二）注册资本金不少于100万元人民币；

（三）专业技术人员不少于40人，其中具有城乡规划专业高级技术职称的不少于4人，具有其他专业高级技术职称的不少于4人（建筑、道路交通、给排水专业各不少于1人）；具有城乡规划专业中级技术职称的不少于8人，具有其他专业中级技术职称的不少于15人；

（四）注册规划师不少于10人；

（五）具备符合业务要求的计算机图形输入输出设备及软件；

（六）有400平方米以上的固定工作场所，以及完善的技术、质量、财务管理制度。

第八条 乙级城乡规划编制单位资质标准：

（一）有法人资格；

（二）注册资本金不少于50万元人民币；

（三）专业技术人员不少于25人，其中具有城乡规划专业高级技术职称的不少于2人，具有高级建筑师不少于1人、具有高级工程师不少于1人；具有城乡规划专业中级技术职称的不少于5人，具有其他专业中级技术职称的不少于10人；

（四）注册规划师不少于4人；

（五）具备符合业务要求的计算机图形输入输出设备；

（六）有200平方米以上的固定工作场所，以及完善的技术、质量、财务管理制度。

第九条 丙级城乡规划编制单位资质标准：

（一）有法人资格；

（二）注册资本金不少于20万元人民币；

（三）专业技术人员不少于15人，其中具有城乡规划专业中级技术职称的不少于2人，具有其他专业中级技术职称的不少于4人；

（四）注册规划师不少于1人；

（五）专业技术人员配备计算机达80%；

（六）有100平方米以上的固定工作场所，以及完善的技术、质量、财务管理制度。

第十条 城乡规划编制单位的高级职称技术人员或注册规划师年龄应当在70岁以下，其中，甲级城乡规划编制单位60岁以上高级职称技术人员或注册规划师不应超过4人，乙级城乡规划编制单位60岁以上高级职称技术人员或注册规划师不应超过2人。

城乡规划编制单位的其他专业技术人员年龄应当在60岁以下。

高等院校的城乡规划编制单位中专职从事城乡规划编制的人员不得低于技术人员总数的70%。

第十一条 甲级城乡规划编制单位承担城乡规划编制业务的范围不受限制。

第十二条 乙级城乡规划编制单位可以在全国承担下列业务：

（一）镇、20万现状人口以下城市总体规划的编制；

（二）镇、登记注册所在地城市和100万现状人口以下城市相关专项规划的编制；

（三）详细规划的编制；

（四）乡、村庄规划的编制；

（五）建设工程项目规划选址的可行性研究。

第十三条 丙级城乡规划编制单位可以在全国承担下列业务：

（一）镇总体规划（县人民政府所在地镇除外）的编制；

（二）镇、登记注册所在地城市和20万现状人口以下城市的相关专项规划及控制性详细规划的编制；

（三）修建性详细规划的编制；

（四）乡、村庄规划的编制；

（五）中、小型建设工程项目规划选址的可行性研究。

第十四条 省、自治区、直辖市人民政府城乡规划主管部门可以根据实际情况，设立专门从事乡和村庄规划编制单位的资质，并将资质标准报国务院城乡规划主管部门备案。

第三章 资质申请与审批

第十五条 申请资质证书应当提供以下材料：

（一）城乡规划编制单位资质申请表；

（二）法人资格证明材料；

（三）法定代表人和主要技术负责人的身份证明、任职文件、学历证书、职称证书等；

（四）专业技术人员的身份证明、执业资格证明、职称证书、劳动合同、社会保险缴纳证明等；

（五）完成城乡规划编制项目情况；

（六）技术装备和工作场所等证明材料；

（七）其他需要出具的证明或者资料。

第十六条 城乡规划编制单位甲级资质许可，由国务院城乡规划主管部门实施。

城乡规划编制单位申请甲级资质的，应当向登记注册所在地省、自治区、直辖市人民政府城乡规划主管部门提出申请。省、自治区、直辖市人民政府城乡规划主管部门应当自受理申请之日起 20 日内初审完毕并将初审意见和申请材料报国务院城乡规划主管部门。

国务院城乡规划主管部门应当自受理申请材料之日起 20 日内完成审查，公示审查意见，公示时间为 10 日。城乡规划编制单位对审查结果有异议的，可以进行陈述申辩。

第十七条 城乡规划编制单位乙级、丙级资质许可，由登记注册所在地省、自治区、直辖市人民政府城乡规划主管部门实施。资质许可的实施办法由省、自治区、直辖市人民政府城乡规划主管部门依法确定。

省、自治区、直辖市人民政府城乡规划主管部门应当自作出决定之日起 30 日内，将准予资质许可的决定报国务院城乡规划主管部门备案。

第十八条 资质许可机关作出准予资质许可的决定，应当予以公告，公众有权查阅。

第十九条 城乡规划编制单位初次申请，其申请资质等级最高不超过乙级。

第二十条 乙级、丙级城乡规划编制单位取得资质证书满 2 年后，可以申请高一级别的城乡规划编制单位资质。

第二十一条 在资质证书有效期内，单位名称、地址、注册资本、法定代表人等发生变更的，应当在登记注册部门办理变更手续后 30 日内到原资质许可机关办理资质证书变更手续。

第二十二条 申请资质证书变更，应当提交以下材料：

（一）资质证书变更申请；

（二）法人资格证明材料；

（三）资质证书正、副本原件；

（四）与资质变更事项有关的证明材料。

第二十三条 城乡规划编制单位合并的，合并后存续或者新设立的编制单位可以承继合并前各方中较高的资质等级，但应当符合相应的资质等级条件。

城乡规划编制单位分立的，分立后资质等级，根据实际达到的资质条件，按照本规定的审批程序核定。

城乡规划编制单位改制的，改制后不再符合资质标准的，应按其实际达到的资质标准及本规定申请重新核定；资质条件不发生变化的，按本规定第二十二条办理。

第二十四条 城乡规划编制单位资质证书分为正本和副本，正本一份，副本若干份，由国务院城乡规划主管部门统一印制，正本和副本具有同等法律效力。资质证书有效期为 5 年。

第二十五条 资质证书有效期届满，城乡规划编制单位需要延续资质证书有效期的，应当在资质证书有效期届满前 3 个月，申请办理资质延续手续。

对在资质证书有效期内遵守有关法律、法规、规章、技术标准，信用档案中无不良行为记录，满足资质标准要求的城乡规划编制单位，经资质许可机关同意，有效期延续 5 年。

第二十六条 城乡规划编制单位领取新的资质证书，应当将原资质证书交回资质许可机关予以注销。城乡规划编制单位遗失资质证书的，应当在公众媒体上发布遗失声明后，向资质许可机关申请补发。

第四章 监督管理

第二十七条 城乡规划编制单位设立的分支机构中，具有独立法人资格的，应当按照本规定申请资质证书。非独立法人的机构，不得以分支机构名义承揽业务。

第二十八条 两个以上城乡规划编制单位合作编制城乡规划，资质等级较高的一方应对编制成果质量负责。

第二十九条 编制城乡规划以及所提交的规划编制成果，应当符合国家有关城乡规划的法律、法规和规章，符合与城乡规划编制有关的标准、规范。

城乡规划编制单位提交的城乡规划编制成果，应当在文件扉页注明单位资质等级和证书编号。

第三十条　资质许可机关可以依法对城乡规划编制单位进行必要的检查，并有权采取下列措施：

（一）要求被检查单位提供资质证书，有关人员的职称证书、注册证书、学历证书、社会保险证明等，有关城乡规划编制成果及有关质量管理、档案管理、财务管理等企业内部管理制度的文件；

（二）进入被检查单位进行检查，查阅相关资料；

（三）纠正违反有关法律、法规和本规定及有关规范和标准的行为。

资质许可机关依法进行监督检查时，应当将监督检查情况和处理结果予以记录，由监督检查人员签字后归档。

第三十一条　资质许可机关在实施监督检查时，应当有两名以上监督检查人员参加，不得妨碍单位正常的生产经营活动，不得索取或者收受单位的财物，不得谋取其他利益。

有关单位和个人对依法进行的监督检查应当协助与配合，不得拒绝或者阻挠。

监督检查机关应当将监督检查的处理结果向社会公布。

第三十二条　城乡规划编制单位违法从事城乡规划编制活动的，违法行为发生地的县级以上地方人民政府城乡规划主管部门应当依法查处，并将违法事实、处理结果或者处理建议及时告知该城乡规划编制单位的资质许可机关。

第三十三条　城乡规划编制单位取得资质后，不再符合相应资质条件的，由原资质许可机关责令限期改正；逾期不改的，降低资质等级或者吊销资质证书。

第三十四条　有下列情形之一的，资质许可机关或者其上级机关，根据利害关系人的请求或者依据职权，可以撤销城乡规划编制单位资质：

（一）资质许可机关工作人员滥用职权、玩忽职守作出准予城乡规划编制单位资质许可的；

（二）超越法定职权作出准予城乡规划编制单位资质许可的；

（三）违反法定程序作出准予城乡规划编制单位资质许可的；

（四）对不符合许可条件的申请人作出准予城乡规划编制单位资质许可的；

（五）依法可以撤销资质证书的其他情形。

第三十五条　有下列情形之一的，资质许可机关应当依法注销城乡规划编制单位资质，并公告其资质证书作废，城乡规划编制单位应当及时将资质证书交回资质许可机关：

（一）资质证书有效期届满未延续的；

（二）城乡规划编制单位依法终止的；

（三）资质依法被撤销、吊销的；

（四）法律、法规规定的应当注销资质的其他情形。

第三十六条　城乡规划编制单位应当按照有关规定，向资质许可机关提供真实、准确、完整的信用档案信息。

城乡规划编制单位的信用档案应当包括单位基本情况、业绩、合同履约等情况。被投诉举报和处理、行政处罚等情况应当作为不良行为记入其信用档案。

城乡规划编制单位的信用档案信息按照有关规定向社会公示。

第五章　法律责任

第三十七条　申请人隐瞒有关情况或者提供虚假材料申请城乡规划编制单位资质的，不予受理或者不予行政许可，并给予警告，申请人在1年内不得再次申请城乡规划编制单位资质。

以欺骗、贿赂等不正当手段取得城乡规划编制单位资质证书的，由县级以上地方人民政府城乡规划主管部门处3万元罚款，申请人在3年内不得再次申请城乡规划编制单位资质。

第三十八条　涂改、倒卖、出租、出借或者以其他形式非法转让资质证书的，由县级以上地方人民政府城乡规划主管部门给予警告，责令限期改正，并处3万元罚款；造成损失的，依法承担赔偿责任；构成犯罪的，依法追究刑事责任。

第三十九条　城乡规划编制单位有下列行为之一的，由所在地城市、县人民政府城乡规划主管部门责令限期改正，处以合同约定的规划编制费1倍以上2倍以下的罚款；情节严重的，责令停业整顿，由原资质许可机关降低资质等级或者吊销资质证书；造成损失的，依法承担赔偿责任：

（一）超越资质等级许可的范围承揽城乡规划编制工作的；

（二）违反国家有关标准编制城乡规划的。

未依法取得资质证书承揽城乡规划编制工作的，由县级以上地方人民政府城乡规划主管部门责令停止违法行为，依照前款规定处以罚款；造成损失的，依法承担赔偿责任。

以欺骗手段取得资质证书承揽城乡规划编制工作的，由原资质许可机关吊销资质证书，依照本条第一款规定处以罚款；造成损失的，依法承担赔偿责任。

第四十条 城乡规划编制单位未按照本规定要求提供信用档案信息的，由县级以上地方人民政府城乡规划主管部门给予警告，责令限期改正；逾期未改正的，可处 1000 元以上 1 万元以下的罚款。

第四十一条 城乡规划主管部门及其工作人员，违反本规定，有下列情形之一的，由其上级行政机关或者监察机关责令改正；情节严重的，对直接负责的主管人员和其他直接责任人员，依法给予行政处分：

（一）对不符合条件的申请人准予城乡规划编制单位资质许可的；

（二）对符合条件的申请人不予城乡规划编制单位资质许可或者未在法定期限内作出准予许可决定的；

（三）对符合条件的申请不予受理或者未在法定期限内初审完毕的；

（四）利用职务上的便利，收受他人财物或者其他好处的；

（五）不依法履行监督职责或者监督不力，造成严重后果的。

第六章 附 则

第四十二条 外商投资企业申请城乡规划编制单位资质证书，适用《外商投资城市规划服务企业管理规定》（建设部、对外贸易经济合作部令第116号）。

第四十三条 本规定自 2012 年 9 月 1 日起施行，原建设部 2001 年 1 月 23 日发布的《城市规划编制单位资质管理规定》（建设部令第 84 号）同时废止。

城乡规划违法违纪行为处分办法

中华人民共和国监察部　中华人民共和国人力资源和社会保障部
中华人民共和国住房和城乡建设部令第 29 号

《城乡规划违法违纪行为处分办法》已经 2012 年 9 月 24 日监察部第 6 次部长办公会议、2012 年 8 月 27 日人力资源社会保障部第 101 次部务会议、2012 年 5 月 10 日住房城乡建设部第 84 次部常务会议、2012 年 7 月 30 日国家公务员局第 37 次局务会议审议通过，现予公布，自 2013 年 1 月 1 日起施行。

监察部部长　马　馼
人力资源社会保障部部长　尹蔚民
住房城乡建设部部长　姜伟新
2012 年 12 月 3 日

城乡规划违法违纪行为处分办法

第一条 为了加强城乡规划管理，惩处城乡规划违法违纪行为，根据《中华人民共和国城乡规划法》、《中华人民共和国行政监察法》、《中华人民共和国公务员法》、《行政机关公员处分条例》及其他有关法律、行政法规，制定本办法。

第二条 有城乡规划违法违纪行为的单位中负有责任的领导人员和直接责任人员，以及有城乡规划违法违纪行为的个人，应当承担纪律责任。属于下列人员的（以下统称有关责任人员），由任免机关或者监察机关按照管理权限依法给予处分：

（一）行政机关公务员；

（二）法律、法规授权的具有公共事务管理职能的组织中从事公务的人员；

（三）国家行政机关依法委托从事公共事务管理

活动的组织中从事公务的人员；

（四）企业、人民团体中由行政机关任命的人员。

事业单位工作人员有本办法规定的城乡规划违法违纪行为的，依照《事业单位工作人员处分暂行规定》执行。

法律、行政法规、国务院决定及国务院监察机关、国务院人力资源社会保障部门制定的处分规章对城乡规划违法违纪行为的处分另有规定的，从其规定。

第三条　地方人民政府有下列行为之一的，对有关责任人员给予记过或者记大过处分；情节较重的，给予降级或者撤职处分；情节严重的，给予开除处分：

（一）依法应当编制城乡规划而未组织编制的；

（二）未按法定程序编制、审批、修改城乡规划的。

第四条　地方人民政府有下列行为之一的，对有关责任人员给予警告、记过或者记大过处分；情节较重的，给予降级或者撤职处分；情节严重的，给予开除处分：

（一）制定或者作出与城乡规划法律、法规、规章和国家有关文件相抵触的规定或者决定，造成不良后果或者经上级机关、有关部门指出仍不改正的；

（二）在城市总体规划、镇总体规划确定的建设用地范围以外设立各类开发区和城市新区的；

（三）违反风景名胜区规划，在风景名胜区内设立各类开发区的；

（四）违反规定以会议或者集体讨论决定方式要求城乡规划主管部门对不符合城乡规划的建设项目发放规划许可的。

第五条　地方人民政府及城乡规划主管部门委托不具有相应资质等级的单位编制城乡规划的，对有关责任人员给予警告或者记过处分；情节较重的，给予记大过或者降级处分；情节严重的，给予撤职处分。

第六条　地方人民政府及其有关主管部门工作人员，利用职权或者职务上的便利，为自己或者他人谋取私利，有下列行为之一的，给予记过或者记大过处分；情节较重的，给予降级或者撤职处分；情节严重的，给予开除处分：

（一）违反法定程序干预控制性详细规划的编制和修改，或者擅自修改控制性详细规划的；

（二）违反规定调整土地用途、容积率等规划条件核发规划许可，或者擅自改变规划许可内容的；

（三）违反规定对违法建设降低标准进行处罚，或者对应当依法拆除的违法建设不予拆除的。

第七条　乡、镇人民政府或者地方人民政府承担城乡规划监督检查职能的部门及其工作人员有下列行为之一的，对有关责任人员给予记过或者记大过处分；情节较重的，给予降级或者撤职处分；情节严重的，给予开除处分：

（一）发现未依法取得规划许可或者违反规划许可的规定在规划区内进行建设的行为不予查处，或者接到举报后不依法处理的；

（二）在规划管理过程中，因严重不负责任致使国家利益遭受损失的。

第八条　地方人民政府城乡规划主管部门及其工作人员在国有建设用地使用权出让合同签订后，违反规定调整土地用途、容积率等规划条件的，对有关责任人员给予警告或者记过处分；情节较重的，给予记大过或者降级处分；情节严重的，给予撤职处分。

第九条　地方人民政府城乡规划主管部门及其工作人员有下列行为之一的，对有关责任人员给予警告处分；情节较重的，给予记过或者记大过处分；情节严重的，给予降级处分：

（一）未依法对经审定的修建性详细规划、建设工程设计方案总平面图予以公布的；

（二）未征求规划地段内利害关系人意见，同意修改修建性详细规划、建设工程设计方案总平面图的。

第十条　县级以上地方人民政府城乡规划主管部门及其工作人员或者由省、自治区、直辖市人民政府确定的镇人民政府及其工作人员有下列行为之一的，对有关责任人员给予警告或者记过处分；情节较重的，给予记大过或者降级处分；情节严重的，给予撤职处分：

（一）违反规划条件核发建设用地规划许可证、建设工程规划许可证的；

（二）超越职权或者对不符合法定条件的申请人核发选址意见书、建设用地规划许可证、建设工程规划许可证、乡村建设规划许可证的；

（三）对符合法定条件的申请人不予核发或者未在法定期限内核发选址意见书、建设用地规划许可证、建设工程规划许可证、乡村建设规划许可证的；

（四）违反规划批准在历史文化街区、名镇、名村核心保护范围内进行新建、扩建活动或者违反规定批准对历史建筑进行迁移、拆除的；

（五）违反基础设施用地的控制界限（黄线）、各类绿地范围的控制线（绿线）、历史文化街区和历史建筑的保护范围界限（紫线）、地表水体保护和控制的地域界限（蓝线）等城乡规划强制性内容的规定核发规划许可的。

第十一条 县人民政府城乡规划主管部门未依法组织编制或者未按照县人民政府所在地镇总体规划的要求编制县人民政府所在地镇的控制性详细规划的，对有关责任人员给予记过或者记大过处分；情节较重的，给予降级或者撤职处分；情节严重的，给予开除处分。

第十二条 城市人民政府城乡规划主管部门未依法组织编制或者未按照城市总体规划的要求编制城市的控制性详细规划的，对有关责任人员给予记过或者记大过处分；情节较重的，给予降级或者撤职处分；情节严重的，给予开除处分。

第十三条 县级以上人民政府有关部门及其工作人员有下列行为之一的，对有关责任人员给予警告或者记过处分；情节较重的，给予记大过或者降级处分；情节严重的，给予撤职处分：

（一）对未依法取得选址意见书的建设项目核发建设项目批准文件的；

（二）未依法在国有土地使用权出让合同中确定规划条件或者改变国有土地使用权出让合同中依法确定的规划条件的；

（三）对未依法取得建设用地规划许可证的建设单位划拨国有土地使用权的；

（四）对未在乡、村庄规划区建设用地范围内取得乡村建设规划许可证的建设单位或者个人办理用地审批手续，造成不良影响的。

第十四条 县级以上地方人民政府及其有关主管部门违反风景名胜区规划，批准在风景名胜区的核心景区内建设宾馆、培训中心、招待所、疗养院以及别墅、住宅等与风景名胜资源保护无关的其他建筑物的，对有关责任人员给予降级或者撤职处分。

第十五条 在国家级风景名胜区内修建缆车、索道等重大建设工程，项目的选址方案未经国务院住房城乡建设主管部门核准，县级以上地方人民政府有关主管部门擅自核发选址意见书的，对有关责任人员给予警告或者记过处分；情节较重的，给予记大过或者降级处分；情节严重的，给予撤职处分。

第十六条 建设单位及其工作人员有下列行为之一的，对有关责任人员给予警告、记过或者记大过处分；情节较重的，给予降级或者撤职处分；情节严重的，给予开除处分：

（一）未依法取得建设项目规划许可，擅自开工建设的；

（二）未经城乡规划主管部门许可，擅自改变规划条件、设计方案，或者不按照规划要求配建公共设施及配套工程的；

（三）以伪造、欺骗等非法手段获取建设项目规划许可手续的；

（四）未经批准或者未按照批准内容进行临时建设，或者临时建筑物、构筑物超过批准期限不拆除的；

（五）违反历史文化名城、名镇、名村保护规划在历史文化街区、名镇、名村核心保护范围内，破坏传统格局、历史风貌，或者擅自新建、扩建、拆除建筑物、构筑物或者其他设施的；

（六）违反风景名胜区规划在风景名胜区核心景区内建设宾馆、培训中心、招待所、疗养院以及别墅、住宅等与风景名胜资源保护无关的其他建筑物的。

第十七条 受到处分的人员对处分决定不服的，可以依照《中华人民共和国行政监察法》、《中华人民共和国公务员法》、《行政机关公务员处分条例》等有关规定，申请复核或者申诉。

第十八条 任免机关、监察机关和城乡规划主管部门建立案件移送制度。

任免机关或者监察机关查处城乡规划违法违纪案件，认为应当由城乡规划主管部门给予行政处罚的，应当将有关案件材料移送城乡规划主管部门。城乡规划主管部门应当依法及时查处，并将处理结果书面告知任免机关或者监察机关。

城乡规划主管部门查处城乡规划违法案件，认为应当由任免机关或者监察机关给予处分的，应当在作出行政处罚决定或者其他处理决定后，及时将有关案件材料移送任免机关或者监察机关。任免机关或者监察机关应当依法及时查处，并将处理结果书面告知城乡规划主管部门。

第十九条 有城乡规划违法违纪行为，应当给予党纪处分的，移送党的纪律检查机关处理；涉嫌犯罪的，移送司法机关依法追究刑事责任。

第二十条 本办法由监察部、人力资源社会保障部、住房城乡建设部负责解释。

第二十一条 本办法自2013年1月1日起施行。

三、综合类

关于贯彻落实国务院关于加强和改进消防工作的意见的通知

建科〔2012〕16号

各省、自治区住房和城乡建设厅，直辖市建委（建交委），新疆生产建设兵团建设局：

为贯彻落实国务院《关于加强和改进消防工作的意见》（国发〔2011〕46号），现就有关工作通知如下：

一、认真学习，准确把握。各地住房城乡建设主管部门要及时组织工程建设、设计、施工、监理等单位认真学习国务院《关于加强和改进消防工作的意见》，准确理解和把握有关规定，切实落实各项要求。严格执行现行有关标准规范和公安部、住房城乡建设部联合印发的《民用建筑外墙保温系统及外墙装饰防火暂行规定》（公通字〔2009〕46号），加强建筑工程的消防安全管理，防患未然，减少火灾事故。

二、加强新建建筑监管。要严格执行《民用建筑外墙保温系统及外墙装饰防火暂行规定》中关于保温材料燃烧性能的规定，特别是采用B1和B2级保温材料时，应按照规定设置防火隔离带。各地可在严格执行现行国家标准规范和有关规定的基础上，结合实际情况制定新建建筑节能保温工程的地方标准规范、管理办法，细化技术要求和管理措施，从材料、工艺、构造等环节提高外墙保温系统的防火性能和工程质量。

三、加强已建成外墙保温工程的维护和管理。外墙采用有机保温材料（以下简称保温材料）且已投入使用的建筑工程，要按照现行标准规范和有关规定进行梳理、检查和整改。

四、严格管理既有建筑节能改造工程。对既有民用建筑进行节能改造时，公共建筑在营业、使用期间不得进行外保温材料施工作业，居住建筑进行节能改造作业期间应撤离居住人员，并安排专人进行消防安全巡逻，严格分离用火用焊作业与保温施工作业。要督促施工单位切实落实现场消防安全管理主体责任。改造施工前，施工单位应编制施工消防工作方案，对居住人员进行有针对性的消防宣传教育和疏散演练，在建筑内安装火灾警报装置；施工期间，施工单位要有专人值守，一旦发生火情立即处置。

五、强化建筑工地消防安全管理。要严格按照《建设工程施工现场消防安全技术规范》等有关标准规范、公安部和住房城乡建设部联合印发的《关于进一步加强建设工程施工现场消防安全工作的通知》（公消〔2009〕131号）以及有关质量管理的规定，加强施工现场和建筑保温材料的监督管理。

（一）保温材料的燃烧性能等级要符合标准规范要求，并应进行现场抽样检验。保温材料进场后，要远离火源。露天存放时，应采用不燃材料安全覆盖，或将保温材料涂抹防护层后再进入施工现场。严禁使用不符合国家现行标准规范规定以及没有产品标准的外墙保温材料。

（二）严格施工过程管理。各类节能保温工程要严格按照设计进行施工，按规定设置防火隔离带和防护层。动火作业要安排在节能保温施工作业之前，保温材料的施工要分区段进行，各区段应保持足够的防火间距。未涂抹防护层的保温材料的裸露施工高度不能超过3个楼层，并做到及时覆盖，减少保温材料的裸露面积和时间，减少火灾隐患。

（三）严格动火操作人员的管理。动用明火必须实行严格的消防安全管理，动火部门和人员应当按照用火管理制度办理相应手续，电焊、气焊、电工等特殊工种人员必须持证上岗。施工现场应配备灭火器材。动火作业前应对现场的可燃物进行清理，并安排动火监护人员进行现场监护；动火作业后，应检查现场，确认无火灾隐患后，动火操作人员方可离开。

六、各地住房城乡建设部门要加强对建筑保温材料的监管。

积极组织和支持科研和企事业单位研发防火、隔热等性能良好、均衡的外墙保温材料及系统，特别是燃烧时无有害气体产生、发烟量低的外墙保温材料。对具备推广应用条件的材料和技术要积极组织推广应用。要加强相关标准规范的编制和完善工作，组织做好相关管理和技术、施工人员的教育培训。

各地住房城乡建设主管部门要加强对辖区内建设工程项目各方责任主体的监督管理，在施工图设计审查时要严格按照本通知第二条规定执行，在对建设单位审核发放施工许可证时，应当对建设工程是否具备保障安全的具体措施进行审查，不具备条件的不得颁发施工许可证。要积极配合公安消防部门加强对辖区内建设工程施工现场的消防监督检查，对于不具备施工现场消防安全防护条件、施工现场消防安全责任制不落实的建设工程要依法督促整改。

各地在执行中如有意见和建议，可及时反馈我部建筑节能与科技司。

中华人民共和国住房和城乡建设部
二〇一二年二月十日

关于建筑外墙保温材料消防安全专项整治工作情况的通报

公消〔2012〕74号

各省、自治区、直辖市公安厅、局，住房和城乡建设厅、委，新疆生产建设兵团公安局、建设局：

2011年10月28日至12月31日，公安部、住房城乡建设部部署全国开展了建筑外墙保温材料消防安全专项整治工作。通过开展专项整治，各地整改和查处了一大批建筑外墙保温材料消防安全隐患，有效预防和遏制了建筑外墙保温材料重特大火灾事故的发生。现将有关情况通报如下：

一、高度重视，周密部署，精心组织实施。各地对专项整治工作高度重视，各省（自治区、直辖市）公安机关、住房城乡建设部门均联合制定了专项整治工作实施方案，细化工作措施，明确工作职责。上海市政府分管领导多次召开会议，对加强建筑外墙保温材料消防安全管理工作进行专题部署；辽宁省政府专门召开全省消防联席工作会议，细化分解整治工作目标任务；北京、河北、湖南、陕西等地成立了由政府分管领导或公安机关、住房城乡建设部门主要领导为组长的专项整治工作领导小组；江苏、浙江、山东、江西等地公安、住房城乡建设部门联合召开动员会协调会，对专项整治工作进行部署；吉林、四川、宁夏、新疆等地政府统一组织公安、住房城乡建设等部门联合开展督导检查，确保整治措施落到实处。

二、联合排查，集中整治，严督改隐患。各地公安、住房城乡建设部门密切配合，积极整合建筑监管基础信息资源，联合对采用外墙保温系统的建筑进行核查，并广泛动员乡镇街道、社区力量和社会单位进行排查，逐一登记造册。据统计，专项整治期间，全国共排查采用外墙保温材料的建筑38999栋，其中高层建筑17466栋，占总数的45%，公共建筑7526栋，占总数的19.3%；在84.3%的公共建筑、50%的居住建筑设立了外墙保温材料燃烧性能等级及防火要求标识；改造、拆除各类广告牌等高温用电设备7.9万余平方米；发现火灾隐患26445处，督促整改隐患23482处，整改合格率88.8%；下发法律文书12336份，提请政府挂牌督办106家，责令"三停"496家，临时查封435家，强制执行19家，罚款1953万元，行政拘留89人。

三、广泛宣传，强化培训，营造浓厚氛围。各地结合近年来发生的建筑外墙保温材料火灾典型案例，充分利用各种媒体，广泛宣传使用易燃外墙保温材料的危害性和专项整治工作的必要性，在建筑明显位置设立防火安全提示标牌，并向周围居民群众发放宣传单，告知不得在建筑周边燃放烟花爆竹、堆放易燃易爆物品等事项，着力提高居民消防安全意识。据统计，专项整治期间，全国共悬挂宣传条幅1.6万余条，组织消防宣传活动5800余次，发放宣传资料230万余份，培训相关人员3.8万余人，在全社会形成了浓厚的专项整治氛围。

四、标本兼治，严把源头，建立长效机制。各地在专项整治工作的基础上,因地制宜、积极探索建立建筑外墙保温材料消防安全监管常态化机制,大力推广使用新型外墙保温材料。四川省住房城乡建设厅颁布了《建筑节能自保温墙体热工性能技术导则》,积极推广应用新型建筑自保温产品;山东省住房城乡建设厅组织中国建筑科学研究院、省墙改节能办等单位对"A级(复合A级)外墙保温系统"进行专家评审,大力推动A级外墙保温产品的市场应用和产品改进;北京市公安局结合全市老旧房屋抗震节能改造工程,专门出台《消防审批指导意见》等文件,提高抗震节能改造工程建筑外墙保温材料设防标准;重庆市公安局和市城乡建设委员会建立长效管理制度,启动联合执法机制,严把设计、进场、施工和验收关口,确保建筑外墙保温材料使用符合标准规定。

通过开展专项整治工作,整改和查处了一大批建筑外墙保温材料消防安全隐患,有效预防和遏制了建筑外墙保温材料重特大火灾事故的发生。但是,专项整治工作中也发现,部分地方仍然存在对专项整治工作重视不够、部门之间联系不够、整治措施不得力等问题。一是排查工作还不够全面。建筑节能工作已开展多年,我国北方地区保温材料在建筑节能工程中的使用量占很大比例,而此次全国共排查出采用外墙保温材料的建筑总数不到4万幢,仍有大量建筑未排查到位。二是部分隐患未得到彻底整改。一些住宅建筑缺乏物业服务企业,特别是多产权建筑单位消防安全管理责任不落实,建筑外墙保温材料防护层脱落、开裂,保温材料裸露等现象仍然存在;少数地方公安、住房城乡建设等部门对一些难以自行完成整改的隐患,未及时提请政府统一协调解决。三是部分地方宣传力度有待进一步加强。一些社会单位和群众对禁止使用的易燃保温材料的危害性认识不足,对专项整治的必要性和重要性认识不够,开展专项整治的积极性和主动性不高,建筑周边烟花爆竹禁放措施落实不到位。

加强建筑外墙保温材料消防安全管理是一项长期的任务,下一步,各地要深入贯彻落实《国务院关于加强和改进消防工作的意见》(国发〔2011〕46号)有关要求,在专项整治的基础上,采取切实有效措施,进一步加强建筑外墙保温材料消防安全监督管理工作。一是继续深化专项整治工作。要加强部门联勤联动,对未排查的建筑要全面排查,对排查出的隐患要限期消除。二是建立长效工作机制。要通过加强地方立法、制定地方标准、研发推广新型建筑外墙保温材料等措施,探索建立加强建筑外墙保温材料消防安全监督的长效机制。鼓励大城市制定高于国家标准的地方标准。公安消防部门要督促社会单位深化消防安全"四个能力"建设,推广单位消防责任人管理人变更、建筑消防设施维护保养、定期开展消防安全评价"三项申报"制度,提高社会单位消防安全管理水平;住房和城乡建设管理部门要督促建设、施工、监理单位加强进场材料的数量、品种、质量控制,从源头上强化保温材料和施工现场的消防安全监管。三是进一步加大宣传培训力度。要加强对消防安全管理人、消防控制室值班人员以及施工人员的消防安全培训;要充分利用广播、电视、网络等媒体,广泛宣传使用易燃保温材料和违规燃放烟花爆竹、不落实消防安全责任引发火灾的严重性和危害性,进一步提高全民消防安全意识,坚决遏制重特大火灾事故的发生。

中华人民共和国公安部
中华人民共和国住房和城乡建设部
二〇一二年三月七日

关于推进夏热冬冷地区既有居住建筑节能改造的实施意见

建科〔2012〕55号

上海、江苏、浙江、安徽、福建、江西、湖北、湖南、重庆、四川、贵州省(市)住房城乡建设厅(建委、建设交通委)、财政厅(局):

《国务院关于印发"十二五"节能减排综合性工作方案的通知》(国发〔2011〕26号)明确提出,"十二五"期间完成夏热冬冷地区既有建筑节能改造 5000 万平方米。为贯彻国务院部署，推动夏热冬冷地区既有建筑节能改造工作，现提出以下实施意见。

一、充分认识夏热冬冷地区既有居住建筑节能改造的重要性与紧迫性

夏热冬冷地区既有居住建筑普遍缺乏节能措施，室内舒适性较差。近年来，随着经济社会发展和人民生活水平的提高，夏热冬冷地区住宅空调和采暖需求逐年上升。空调用电成为夏季居民用电的主要部分，用电高峰负荷已经对电网容量与安全形成挑战。冬季普遍采用电采暖，部分地区开始建设集中采暖设施为居住建筑供热，能耗大大增加。对夏热冬冷地区既有建筑实施节能改造，一方面可以提升建筑用能效率，降低建筑用能需求，有效缓解建筑能耗增长压力；另一方面可以提高建筑室内热舒适性，有效改变居住建筑室内夏季过热、冬季过冷的状况，减少室内噪声，更好地惠及民生。各级住房城乡建设、财政部门要把既有居住建筑节能改造作为贯彻落实国务院节能减排、改善民生战略的重要措施，抓紧抓好。

二、工作目标与基本原则

（一）工作目标。"十二五"期间，夏热冬冷地区力争完成既有居住建筑节能改造面积 5000 万平方米以上。积极探索适用夏热冬冷地区的既有建筑节能改造技术路径及融资模式，完善相关政策、标准、技术及产品体系，为大规模实施节能改造提供支撑。

（二）基本原则。推进夏热冬冷地区既有居住建筑节能改造应坚持以下原则：一是坚持因地制宜、合理适用。要在充分考虑地区气候特点、建筑现状、居民用能特点等因素基础上，确定改造内容及技术路线，优先选择投入少、效益明显的项目进行改造。二是窗改为主、适当综合。改造应以门窗节能改造为主要内容，具备条件的，可同步实施加装遮阳、屋顶及墙体保温等措施。三是统筹兼顾、协调推进。改造应根据地区实际与旧城更新、城区环境综合整治、平改坡、房屋修缮维护、抗震加固等工作相结合，整合政策资源，发挥最大效益。四是政府引导、多方投入。中央财政适当奖励、地方财政稳定投入，引导受益居民、产权单位及其他社会资金自愿投资改造，建立稳定、多元的投融资渠道。五是点面结合、重点突破。在实施单一改造项目同时，应选择积极性高、组织能力强、改造资金落实好的市县，优先安排节能改造任务，实现集中连片的推进效果。

三、认真做好既有居住建筑节能改造各项工作

（一）做好既有居住建筑现状调查。各地住房城乡建设主管部门应组织对本辖区内既有居住建筑的建成年代、结构形式、用能状况、室内热环境及居民改造意愿等基本信息进行调查、统计，建立既有居住建筑信息数据库，为制定节能改造计划，确定节能改造项目提供依据。

（二）编制节能改造计划及实施方案。省级住房城乡建设、财政主管部门应在充分调查摸底基础上，制定"十二五"既有居住建筑节能改造规划，确定既有居住建筑节能改造目标、分年度改造计划。应根据规划编制改造实施方案。实施方案应包括改造目标分解落实情况、节能改造重点市县、改造技术方案和融资模式、改造效益分析、相应保障措施等内容。各省（区、市）要在 2012 年 5 月 31 日前将节能改造规划及实施方案报住房城乡建设部、财政部。住房城乡建设部、财政部将在充分论证基础上，确定节能改造任务及奖励资金分配方案。

（三）鼓励重点市县实施整体综合节能改造。为突出政策综合效益和改造整体效果，鼓励有积极性的重点市县加大改造力度，实施集中连片的既有居住建筑节能改造，并将节能改造与旧城改造、城市市容整治、老旧小区改造等工作统筹推进，充分发挥整体效果。对节能改造重点市县，财政部、住房城乡建设部将优先安排节能改造任务及相应补助资金，并在改造完成后根据实际改造效果给予专门资金奖励。申请节能改造的重点市县，要抓紧制定改造方案，提出节能改造目标，保障措施并落实改造项目，并随省级改造实施方案一并上报财政部和住房城乡建设部。

（四）组织实施节能改造。各地住房城乡建设、财政主管部门应综合考虑建筑物寿命、建筑所有权人改造意愿等因素选择改造项目。防止假借改造名义实施大拆大建。应根据建筑形式、居民承受能力等因素，进行节能改造方案优化设计，并组织专家进行技术经济论证。按照公正公平公开原则，采取招投标方式优选施工单位。严格施工过程的质量安全管理，切实加强改造工程的防火安全管理。加强改造项目选用的门窗、遮阳系统、保温材料等产品的工程准入控制，优先选择获得国家节能性能标识、列入推广目录的材料及产品。

（五）建立改造项目专项验收与评估机制。各地住房城乡建设、财政主管部门要建立节能改造项目的评估机制，对改造项目的实施量、工程质量等进行专项验收，委托具备条件的建筑能效测评机构对改造项目的节能效果、居民室内舒适度改善等情况进行测评。对达不到预期目标的，应分析原因，提出限期整改要求，并监督落实。

四、完善配套措施，保障节能改造任务的落实

（一）加强组织协调。各地住房城乡建设、财政主管部门应根据本地区实际情况，建立健全有效的节能改造工作协作机制，统一协调解决工作中的重大问题，特别要与有关部门加强沟通，力求节能改造与旧城改造、城市市容整治、平改坡、可再生能源建筑应用等工作同步实施。要充分发挥墙改节能办、街道办事处、居民委员会等单位的作用，做好节能改造的组织实施、宣传动员等工作。

（二）建立多元化资金筹措机制。夏热冬冷地区既有居住建筑节能改造所需资金主要由受益居民及产权单位投入。中央财政设立专项资金，支持夏热冬冷地区既有居住建筑节能改造工作。地方各级财政要把节能改造作为节能减排资金安排的重点，建立稳定、持续的财政资金投入机制。

（三）强化技术标准产品支撑。住房城乡建设部将编制《夏热冬冷地区既有居住建筑节能改造技术导则》，指导改造实施工作。各地住房城乡建设主管部门要结合当地实际编制节能改造相关技术规程、图集、工法等，指导和规范节能改造项目的实施。应通过发布技术产品推广目录、公告等形式，引导改造工程选用性能优良的技术及产品。在推广成熟的改造技术基础上，积极探索新技术及产品的应用。

（四）加大宣传培训力度。各级住房城乡建设、财政主管部门要大力宣传既有居住建筑节能改造的重要意义，争取和动员相关部门、产权单位、居民等积极参与既有居住建筑节能改造工作。及时总结与宣传节能改造范例，扩大社会影响，推动节能改造工作。要加大节能改造相关政策、技术标准、施工技术要求等的培训力度，提高管理、设计、施工等相关从业人员的技术水平。

（五）健全监督考核机制。住房城乡建设部、财政部将组织对既有居住建筑节能改造工作进展情况，以及中央财政奖励资金的使用情况等进行监督检查。各地住房城乡建设、财政主管部门应建立责任考核机制，将节能改造目标及任务落实情况作为责任部门领导及相关人员的绩效考核内容。有关检查考核结果将作为财政部清算中央财政节能改造奖励资金的主要依据之一。

中华人民共和国住房和城乡建设部
中华人民共和国财政部
二〇一二年四月一日

关于印发《夏热冬冷地区既有居住建筑节能改造补助资金管理暂行办法》的通知

财建〔2012〕148号

上海市、江苏省、浙江省、安徽省、福建省、江西省、湖北省、湖南省、重庆市、四川省、贵州省、河南省、宁波市、厦门市财政厅（局）：

为贯彻落实《国务院关于印发"十二五"节能减排综合性工作方案的通知》（国发〔2011〕26号）精神，启动夏热冬冷地区既有居住建筑节能改造，我们制定了《夏热冬冷地区既有居住建筑节能改造补助资金管理暂行办法》。现予印发，请遵照执行。

附件：夏热冬冷地区既有居住建筑节能改造补助资金管理暂行办法

财政部
二〇一二年四月九日

附件：

夏热冬冷地区既有居住建筑节能改造补助资金管理暂行办法

第一章 总则

第一条 为贯彻落实《国务院关于印发"十二五"节能减排综合性工作方案的通知》（国发〔2011〕26号），中央财政将安排资金专项用于对夏热冬冷地区实施既有居住建筑节能改造进行补助。为加强资金管理，发挥资金使用效益，特制定本办法。

第二条 本办法所称"夏热冬冷地区"是指长江中下游及其周边地区，确切范围由《民用建筑热工设计规范》（GB50176）规定。涉及的省份主要有：上海市、重庆市、江苏省、浙江省、安徽省、江西省、湖北省、湖南省、四川省、河南省、贵州省、福建省等。

本办法所称"夏热冬冷地区既有居住建筑节能改造补助资金"（以下简称补助资金）是指中央财政安排的专项用于补助夏热冬冷地区既有居住建筑节能改造的资金。

第三条 中央财政对2012年及以后开工实施的夏热冬冷地区既有居住建筑节能改造项目给予补助，补助资金采取由中央财政对省级财政专项转移支付方式，具体项目实施管理由省级人民政府相关职能部门负责。

第四条 补助资金管理实行"公开、公平、公正"原则，接受社会监督。

第二章 补助资金使用范围及标准

第五条 补助资金使用范围：
（一）建筑外门窗节能改造支出；
（二）建筑外遮阳系统节能改造支出；
（三）建筑屋顶及外墙保温节能改造支出；
（四）财政部、住房城乡建设部批准的与夏热冬冷地区既有居住建筑节能改造相关的其他支出。

第六条 补助资金将综合考虑不同地区经济发展水平、改造内容、改造实施进度、节能及改善热舒适性效果等因素进行计算，并将考虑技术进步与产业发展等情况逐年进行调整。2012年补助标准具体计算公式为：

某地区应分配补助资金额＝所在地区补助基准×∑（单项改造内容面积×对应的单项改造权重）。

地区补助基准按东部、中部、西部地区划分：东部地区15元/m^2，中部地区20元/m^2，西部地区25元/m^2。

单项改造内容指建筑外门窗改造、建筑外遮阳节能改造及建筑屋顶及外墙保温节能改造三项，对应的权重系数分别为30％、40％、30％。

第三章 补助资金申请与拨付

第七条 省级财政部门会同住房城乡建设部门分年度对本地区既有居住建筑节能改造面积、具体内容、实施计划等进行汇总，上报财政部、住房城乡建设部。

第八条 财政部会同住房城乡建设部综合考虑有关省（自治区、直辖市、计划单列市）改造积极性、配套政策制定情况等因素，核定每年的改造任务及补助资金额度，并将70％补助资金预拨到省级财政部门。

第九条 省级财政部门在收到补助资金后，会同住房城乡建设部门及时将资金落实到具体项目。

第十条 财政部会同住房城乡建设部根据各地每年实际完成的工作量、改造内容及实际效果核拨剩余补助资金，并在改造任务完成后，对当地补助资金进行清算。

第四章 补助资金的使用管理

第十一条 补助资金支付管理按照财政国库管理制度有关规定执行。

第十二条 各地要认真组织既有居住建筑节能改造工作，不得以节能改造为名进行大拆大建，应对拟改造的项目进行充分的技术经济论证，并严格按照建设程序办理相关手续。

第十三条 各级财政、住房城乡建设部门要切实加强补助资金的管理。确保补助资金专款专用。对弄虚作假，冒领补助或者截留、挪用、滞留专项资金的，一经查实，按照国家有关规定进行处理。

第十四条 本办法由财政部、住房和城乡建设部负责解释。

第十五条 相关省、自治区、直辖市财政部门，可以根据本办法，结合当地实际，制定具体实施办法。

第十六条 本办法自印发之日起执行。

关于加快推动我国绿色建筑发展的实施意见

财建〔2012〕167号

各省、自治区、直辖市、计划单列市财政厅（局）、住房城乡建设厅（委、局），新疆建设兵团财务局、建设局：

按照《国务院关于印发"十二五"节能减排综合性工作方案的通知》（国发〔2011〕26号）统一部署，为进一步深入推进建筑节能，加快发展绿色建筑，促进城乡建设模式转型升级，特制定以下实施意见：

一、充分认识绿色建筑发展的重要意义

绿色建筑是指满足《绿色建筑评价标准》（GB/T 50378—2006），在全寿命周期内最大限度地节能、节地、节水、节材，保护环境和减少污染，为人们提供健康、适用和高效的使用空间，与自然和谐共生的建筑。

我国正处于工业化、城镇化和新农村建设快速发展的历史时期，深入推进建筑节能，加快发展绿色建筑面临难得的历史机遇。目前，我国城乡建设增长方式仍然粗放，发展质量和效益不高，建筑建造和使用过程能源资源消耗高、利用效率低的问题比较突出。大力发展绿色建筑，以绿色、生态、低碳理念指导城乡建设，能够最大效率地利用资源和最低限度地影响环境，有效转变城乡建设发展模式，缓解城镇化进程中资源环境约束；能够充分体现以人为本理念，为人们提供健康、舒适、安全的居住、工作和活动空间，显著改善群众生产生活条件，提高人民满意度，并在广大群众中树立节约资源与保护环境的观念；能够全面集成建筑节能、节地、节水、节材及环境保护等多种技术，极大带动建筑技术革新，直接推动建筑生产方式的重大变革，促进建筑产业优化升级，拉动节能环保建材、新能源应用、节能服务、咨询等相关产业发展。

各级财政、住房城乡建设部门要充分认识到推动发展绿色建筑，是保障改善民生的重要举措，是建设资源节约、环境友好型社会的基本内容，对加快转变经济发展方式，深入贯彻落实科学发展观都具有重要的现实意义。要进一步增强紧迫感和责任感，紧紧抓住难得的历史机遇，尽快制定有力的政策措施，建立健全体制机制，加快推动我国绿色建筑健康发展。

二、推动绿色建筑发展的主要目标与基本原则

（一）主要目标。切实提高绿色建筑在新建建筑中的比重，到2020年，绿色建筑占新建建筑比重超过30%，建筑建造和使用过程的能源资源消耗水平接近或达到现阶段发达国家水平。"十二五"期间，加强相关政策激励、标准规范、技术进步、产业支撑、认证评估等方面能力建设，建立有利于绿色建筑发展的体制机制，以新建单体建筑评价标识推广、城市新区集中推广为手段，实现绿色建筑的快速发展，到2014年政府投资的公益性建筑和直辖市、计划单列市及省会城市的保障性住房全面执行绿色建筑标准，力争到2015年，新增绿色建筑面积10亿平方米以上。

（二）基本原则。加快推动我国绿色建筑发展必须遵循以下原则：因地制宜、经济适用，充分考虑各地经济社会发展水平、资源禀赋、气候条件、建筑特点，合理制定地区绿色建筑发展规划和技术路线，建立健全地区绿色建筑标准体系，实施有针对性的政策措施。整体推进、突出重点，积极完善政策体系，从整体上推动绿色建筑发展，并注重集中资金和政策，支持重点城市及政府投资公益性建筑在加快绿色建筑发展方面率先突破。合理分级、分类指导，按照绿色建筑星级的不同，实施有区别的财政支持政策，以单体建筑奖励为主，支持二星级以上的高星级绿色建筑发展，提高绿色建筑质量水平；以支持绿色生态城区发展为主要抓手，引导低星级绿色建筑规模化发展。激励引导、规范约束，在发展初期，以政策激励为主，调动各方加快绿色建筑发展的积极性，加快标准标识等制度建设，完善约束机制，切实提高绿色建筑标准执行率。

三、建立健全绿色建筑标准规范及评价标识体系，引导绿色建筑健康发展

（一）健全绿色建筑标准体系。尽快完善绿色建

筑标准体系，制（修）订绿色建筑规划、设计、施工、验收、运行管理及相关产品标准、规程。加快制定适合不同气候区、不同建筑类型的绿色建筑评价标准。研究制定绿色建筑工程定额及造价标准。鼓励地方结合地区实际，制定绿色建筑强制性标准。编制绿色生态城区指标体系、技术导则和标准体系。

（二）完善绿色建筑评价制度。各地住房城乡建设、财政部门要加大绿色建筑评价标识制度的推进力度，建立自愿性标识与强制性标识相结合的推进机制，对按绿色建筑标准设计建造的一般住宅和公共建筑，实行自愿性评价标识，对按绿色建筑标准设计建造的政府投资的保障性住房、学校、医院等公益性建筑及大型公共建筑，率先实行评价标识，并逐步过渡到对所有新建绿色建筑均进行评价标识。

（三）加强绿色建筑评价能力建设。培育专门的绿色建筑评价机构，负责相关设计咨询、产品部品检测、单体建筑第三方评价、区域规划等。建立绿色建筑评价职业资格制度，加快培养绿色建筑设计、施工、评估、能源服务等方面的人才。

四、建立高星级绿色建筑财政政策激励机制，引导更高水平绿色建筑建设

（一）建立高星级绿色建筑奖励审核、备案及公示制度。各级地方财政、住房城乡建设部门将设计评价标识达到二星级及以上的绿色建筑项目汇总上报至财政部、住房城乡建设部（以下简称"两部"），两部组织专家委员会对申请项目的规划设计方案、绿色建筑评价标识报告、工程建设审批文件、性能效果分析报告等进行程序性审核，对审核通过的绿色建筑项目予以备案，项目竣工验收后，其中大型公共建筑投入使用一年后，两部组织能效测评机构对项目的实施量、工程量、实际性能效果进行评价，并将符合申请预期目标的绿色建筑名单向社会公示，接受社会监督。

（二）对高星级绿色建筑给予财政奖励。对经过上述审核、备案及公示程序，且满足相关标准要求的二星级及以上的绿色建筑给予奖励。2012年奖励标准为：二星级绿色建筑45元/平方米（建筑面积，下同），三星级绿色建筑80元/平方米。奖励标准将根据技术进步、成本变化等情况进行调整。

（三）规范财政奖励资金的使用管理。中央财政将奖励资金拨至相关省市财政部门，由各地财政部门兑付至项目单位，对公益性建筑、商业性公共建筑、保障性住房等，奖励资金兑付给建设单位或投资方，对商业性住宅项目，各地应研究采取措施主要使购房者得益。

五、推进绿色生态城区建设，规模化发展绿色建筑

（一）积极发展绿色生态城区。鼓励城市新区按照绿色、生态、低碳理念进行规划设计，充分体现资源节约环境保护的要求，集中连片发展绿色建筑。中央财政支持绿色生态城区建设，申请绿色生态城区示范应具备以下条件：新区已按绿色、生态、低碳理念编制完成总体规划、控制性详细规划以及建筑、市政、能源等专项规划，并建立相应的指标体系；新建建筑全面执行《绿色建筑评价标准》中的一星级及以上的评价标准，其中二星级及以上绿色建筑达到30%以上，2年内绿色建筑开工建设规模不少于200万平方米。

（二）支持绿色建筑规模化发展。中央财政对经审核满足上述条件的绿色生态城区给予资金定额补助。资金补助基准为5000万元，具体根据绿色生态城区规划建设水平、绿色建筑建设规模、评价等级、能力建设情况等因素综合核定。对规划建设水平高、建设规模大、能力建设突出的绿色生态城区，将相应调增补助额度。补助资金主要用于补贴绿色建筑建设增量成本及城区绿色生态规划、指标体系制定、绿色建筑评价标识及能效测评等相关支出。

六、引导保障性住房及公益性行业优先发展绿色建筑，使绿色建筑更多地惠及民生

（一）鼓励保障性住房按照绿色建筑标准规划建设。各地要切实提高公租房、廉租房及经济适用房等保障性住房建设水平，强调绿色节能环保要求，在制定保障性住房建设规划及年度计划时，具备条件的地区应安排一定比例的保障性住房按照绿色建筑标准进行设计建造。

（二）在公益性行业加快发展绿色建筑。鼓励各地在政府办公建筑、学校、医院、博物馆等政府投资的公益性建筑建设中，率先执行绿色建筑标准。结合地区经济社会发展水平，在公益性建筑中开展强制执行绿色建筑标准试点，从2014年起，政府投资公益性建筑全部执行绿色建筑标准。

（三）切实加大保障性住房及公益性行业的财政支持力度。绿色建筑奖励及补助资金、可再生能源建筑应用资金向保障性住房及公益性行业倾斜，达到高星级奖励标准的优先奖励，保障性住房发展一星级绿色建筑达到一定规模的也将优先给予定额补助。

七、大力推进绿色建筑科技进步及产业发展，切实加强绿色建筑综合能力建设

（一）积极推动绿色建筑科技进步。各级财政、住房城乡建设部门要鼓励支持建筑节能与绿色建筑工程技术中心建设，积极支持绿色建筑重大共性关键技术研究。加大高强钢、高性能混凝土、防火与保温性能优良的建筑保温材料等绿色建材的推广力度。要根据绿色建筑发展需要，及时制定发布相关技术、产品推广公告、目录，促进行业技术进步。

（二）大力推进建筑垃圾资源化利用。积极推进地级以上城市全面开展建筑垃圾资源化利用，各级财政、住房城乡建设部门要系统推行垃圾收集、运输、处理、再利用等各项工作，加快建筑垃圾资源化利用技术、装备研发推广，实行建筑垃圾集中处理和分级利用，建立专门的建筑垃圾集中处理基地。

（三）积极推动住宅产业化。积极推广适合住宅产业化的新型建筑体系，支持集设计、生产、施工于一体的工业化基地建设；加快建立建筑设计、施工、部品生产等环节的标准体系，实现住宅部品通用化，大力推广住宅全装修，推行新建住宅一次装修到位或菜单式装修，促进个性化装修和产业化装修相统一。

各级财政、住房城乡建设部门要按照本意见的部署和要求，统一思想，提高认识，认真抓好各项政策措施的落实，要与发改、科技、规划、机关事务等有关部门加强协调配合，落实工作责任，及时研究解决绿色建筑发展中的重大问题，科学组织实施，推动我国绿色建筑快速健康发展。

财政部
住房和城乡建设部
二〇一二年四月二十七日

财政部 住房城乡建设部关于完善可再生能源建筑应用政策及调整资金分配管理方式的通知

财建〔2012〕604 号

各省、自治区、直辖市、计划单列市财政厅（局）、住房城乡建设厅（委、局），新疆生产建设兵团财务局、建设局：

为积极推进太阳能等新能源产品进入公共设施及家庭，进一步放大可再生能源建筑应用政策效应，提高财政资金使用的安全性、规范性与有效性，财政部、住房城乡建设部决定进一步完善可再生能源建筑应用政策，调整资金分配管理方式。现将有关事项通知如下：

一、稳定可再生能源建筑应用示范市县政策，更好地发挥示范带动作用

自可再生能源建筑应用示范市县（以下简称示范市县）政策实施以来，有效带动了可再生能源在建筑领域的应用规模，提升了应用水平，取得了良好的示范效果。考虑到已批准示范市县的数量已经达到一定规模，为了充分发挥示范带动作用，集中力量将现有示范市县工作做深做透，将严格控制新增示范市县，今后不再组织申报，对 2012 年（含）以前提出示范申请的市县，如条件成熟、经核查达到条件要求的可列入示范。此后，其他个别推广潜力大、工作基础好、条件成熟的市县，在经过核查、验收等程序后，可增补为示范市县。中央财政继续支持完成任务的示范市县扩大推广应用规模，根据新增推广任务面积拨付相应补助资金。同时，两部将进一步加大对示范市县的监督考核力度。

二、大力推进集中连片推广，更好地发挥政策整体效应

（一）选择条件适宜的重点区域确定为集中连片推广示范区。在部分可再生能源资源丰富、应用基础条件好、配套政策落实的区域，进一步加大集中连片推广的工作力度。可再生能源建筑应用集中推广区一般应包括若干相邻市县，并与国家综合配套改革试点、区域发展规划、生态城或生态社区规划等国家战略政策相衔接。各省、自治区、直辖市（以下简称各省）要精心组织、统筹规划，选择推荐 1-2

个集中连片推广区。财政部、住房城乡建设部将根据地方编制的工作方案、可再生能源建筑应用工作的总体安排,选择确定予以重点支持的集中连片推广示范区。

(二)签订省部级协议,共同推动集中连片发展。对选定的集中连片推广示范区,财政部、住房城乡建设部将与所在省签订共建协议,明确推广任务目标、实施方案、保障措施及中央财政资金支持计划等。财政部、住房城乡建设部将切实加大对集中连片推广的支持力度,补助资金安排优先向集中连片推广示范区倾斜,将补助资金拨付至省(自治区、直辖市),并加强指导、监督与考核。各地也应将集中连片推广区作为优先发展的重点区域,抓好组织实施。要注重可再生能源建筑集中连片推广应用与发展绿色建筑相结合,将集中连片推广区打造成为生态低碳先导示范区。

三、支持可再生能源建筑应用省级推广,加快规模化推广进程

(一)实施省级推广,资金切块下达。为了从整体上推动可再生能源在建筑领域应用,更好地调动地方积极性,财政部、住房城乡建设部将实施可再生能源建筑应用省级(包括省、自治区、直辖市、计划单列市)推广,将部分可再生能源建筑应用补助资金切块下达到省,由省级财政、住房城乡建设部门统筹安排用于非示范市县可再生能源建筑应用,资金安排优先向工作任务完成情况好、积极性高、保障性住房及公益性行业推广比例高、地方财政安排资金情况好的地区倾斜。各省分配的中央财政补助资金具体计算公式如下:

各省补助资金量=省级推广补助总资金量×[(各省工作进展/Σ各省工作进展)×0.4+(各省核定任务量/Σ各省核定任务量)×0.3+(各省保障性住房及公益性建筑推广量/Σ各省保障性住房及公益性建筑推广量)×0.15+(各省财政安排资金量/Σ各省财政安排资金量)×0.15]

其中,省级推广补助总资金量,主要根据年初可再生能源建筑应用预算安排扣减当年可再生能源建筑应用示范市县及集中连片推广财政补助资金量后计算确定;各省工作进展,主要根据示范市县工作任务完成情况分档、经实地核查及专项检查等程序核定的上一年度实际工作量确定;各省核定任务量以及保障性住房、公益性建筑推广量,主要根据各省申报推广面积,结合地方资源状况、技术标准、能力建设等方面情况,由住房城乡建设部负责审核确定;各省财政安排资金量,主要根据地方实际出台的资金支持政策确定。资金分配因素及权重将根据可再生能源产业发展等情况适时调整。

对2012年省级推广补助资金的分配,财政部、住房城乡建设部将根据各省2012年上报的太阳能建筑应用推广方案以及提出示范申请但此次未列入示范的市县推广应用方案、各省示范工作进展情况等因素,将资金分配至省。各省统筹用于行政区域内可再生能源推广应用,并重点向已提出示范申请、制订了完备工作方案的市县倾斜。从2013年起,财政部、住房城乡建设部将严格按照上述因素法公式计算和分配补助资金,具体申报要求另行通知。

(二)强化省级责任,切实加强资金管理。省级财政、住房城乡建设部门应切实负起责任,用好、管好中央财政补助资金,充分发挥资金使用效益。财政补助资金要专项用于符合《关于进一步推进可再生能源建筑应用的通知》(财建〔2011〕61号)等文件规定的可再生能源建筑应用技术的推广应用。各省要积极编制和完善可再生能源建筑应用发展规划,提出年度实施方案。要及时制定资金管理及工程管理具体办法,以确保财政资金使用的安全、规范、高效,更好推动可再生能源建筑应用工作的开展。各省资金分配方案要及时上报财政部、住房城乡建设部,并以适当方式公开,接受社会监督。

(三)加强能力建设,建立长效机制。各省要切实加强相关能力建设,要进一步摸清本省可再生能源资源分布状况及建筑应用潜力,对经过实践证明已经成熟、效果良好的应用技术、产品、工艺,要抓紧制定标准、规范等。要加大对太阳能光热建筑一体化应用等成熟技术的推广力度,凡全年日照时数大于2200小时的地区,都应在2014年前出台措施,在具备条件的民用建筑上进行强制推广。要加强对可再生能源建筑应用全过程的质量安全控制。对投入使用的工程,要加强运行管理,探索创新运营模式,确保实际效果。

四、大力推进实施太阳能浴室等重点工程,切实推动新能源更好地惠及民生

在上述政策框架内,财政部、住房城乡建设部将优先支持太阳能光热应用等成熟技术的推广,启动和实施一系列重点工程,使财政补助资金向农村地区、公益性建筑和保障性住房等方面倾斜,支持有关地方推广太阳能海水淡化技术。鼓励各省在编

制实施方案时优先纳入重点工程实施内容。

（一）太阳能浴室工程。主要内容是以村为单位，建设公共太阳能浴室，解决农村特别是北方地区农村冬季洗浴难的问题。各省应对本行政区域内村庄建设公共太阳能浴室工程的需求进行调查摸底，编制建设计划，并对浴室选址、设计、产品采购及施工加强指导、监督和政策支持，确保建设质量。北方地区建设的太阳能浴室必须同步采取建筑节能措施，进一步提高舒适性。要积极探索太阳能浴室建成后的后续管理模式，确保长期高效使用。

（二）保障性住房太阳能推广工程。主要内容是有条件地区在保障性住房建设中，同步规划、设计、安装应用太阳能，为居民提供生活热水等。各省应根据地区实际及保障性住房建设规划，合理安排推广计划，与保障性住房建设同步实施、同步投入使用。

（三）农村被动式太阳能暖房工程。主要内容是在新农村民居建设工程、牧民定居工程等集中建设农村住宅的过程中，同步采用被动式应用太阳能技术，部分的解决冬季采暖问题。各省要统筹考虑本地区气候特点、居民生活习惯、农居建筑形式等因素，合理选择被动式太阳能技术，并统一进行设计、施工。

（四）阳光学校、阳光医院工程。主要内容是在寄宿制中小学、卫生院等公益性公共建筑中大力推广应太阳能，包括建设太阳能浴室及集中太阳能热水系统，解决生活热水需求；建设太阳能房，解决教室、病房的采暖问题等。各省要及时摸清学校、医院太阳能应用需求，编制建设计划及具体工作方案。

五、加快组织实施

各省接此通知后，要抓紧完善可再生能源建筑应用规划，确定省级推广实施计划，编制工作方案，划定省内的集中连片推广区，广泛调动各市县推广应用可再生能源的积极性，进一步挖掘应用潜力，积极推进太阳能浴室等重点工程的建设。要加强对可再生能源建筑应用的组织领导，注重与相关部门加强协调配合，形成工作合力。要加强指导和监督，确保施工质量与安全，加快工作进度，将可再生能源建筑应用工作持续推向深入。具体申报和管理要求另行通知。

中华人民共和国财政部
中华人民共和国住房和城乡建设部
2012年8月21日

住房城乡建设部关于印发《民用建筑能耗和节能信息统计暂行办法》的通知

建科〔2012〕141号

各省、自治区住房城乡建设厅，直辖市、计划单列市建委（建交委、建设局），新疆生产建设兵团建设局：

为贯彻落实《节约能源法》、《统计法》、《民用建筑节能条例》等法律法规，进一步建立和完善民用建筑能耗统计制度，提高统计资料的准确性、完整性和及时性，我部制定了《民用建筑能耗和节能信息统计暂行办法》。现予印发，请遵照执行。

中华人民共和国住房和城乡建设部
2012年9月25日

民用建筑能耗和节能信息统计暂行办法

第一条 为了加强民用建筑能耗和节能信息统计的管理，发挥统计信息的作用，依据《中华人民共和国节约能源法》、《中华人民共和国统计法》、《民用建筑节能条例》等有关法律、法规，制定本办法。

第二条 本办法所称的民用建筑能耗和节能信

息统计,是指对民用建筑能耗状况和建筑节能信息进行的收集、整理、分析、公布的活动。

民用建筑能耗,是指民用建筑在使用过程中一定时期内的电力、煤炭、天然气等各类能源的消耗量。

节能信息,是指新建建筑节能、既有建筑节能改造,以及可再生能源建筑规模化应用等建筑节能工作的进展情况。

第三条 国务院住房城乡建设主管部门在国务院统计主管部门的业务指导下,负责全国民用建筑能耗和节能信息统计工作。

县级以上地方人民政府建设主管部门在上级建设主管部门和同级统计主管部门的指导下,负责本辖区的民用建筑能耗和节能信息统计工作。

第四条 各级建设主管部门应当将民用建筑能耗与节能信息统计工作纳入民用建筑节能工作计划中组织实施,配备专门的统计人员及相应的办公设备,妥善保管统计资料,建立并完善信息化平台。

第五条 县级以上地方人民政府建设主管部门应当在建筑节能资金中列支民用建筑能耗和节能信息统计工作经费,并纳入财政预算。

第六条 民用建筑能耗和节能信息统计调查对象应当按照法律法规和本办法的规定,完整、及时地提供统计调查所需的资料,不得提供不真实或者不完整的统计资料,不得迟报、拒报统计资料。

国家机关办公建筑和单体建筑面积2万平方米以上的大型公共建筑的所有权人或使用权人应当定期将分项用电量报县级以上地方人民政府建设主管部门。

第七条 国务院住房城乡建设主管部门在民用建筑能耗和节能信息统计中承担如下职责:

(一)依法制定民用建筑能耗和节能信息统计工作规划、标准、统计调查制度、调查项目,建立健全统计指标体系;

(二)组织实施全国民用建筑能耗和节能信息统计调查、分析和监督,进行综合协调和业务指导;

(三)管理民用建筑能耗和节能信息统计资料、统计信息化系统和统计数据库资源;

(四)依法检查、审定、管理、发布全国民用建筑能耗和节能信息统计调查信息、统计分析报告或其他统计资料;

(五)组织开展全国民用建筑能耗和节能信息统计培训和技术交流工作。

第八条 县级以上地方人民政府建设主管部门在民用建筑能耗和节能信息统计中承担如下职责:

(一)完成国务院住房城乡建设主管部门部署的相关统计调查任务,对本行政区域民用建筑能耗和节能信息统计进行组织协调和业务指导;

(二)建立健全民用建筑能耗和节能信息统计的质量控制制度,保障统计数据及统计资料的真实性、准确性和及时性;

(三)收集、汇总、核实民用建筑能耗和节能信息统计数据及统计资料,及时、如实向上级机关和统计管理部门报告,并对本行政区域内建筑节能情况进行统计分析;

(四)根据统计调查和统计分析,对民用建筑能耗和节能相关工作进行统计监督和考核,提出改进工作的建议;

(五)管理本行政区域内民用建筑能耗和节能信息统计资料、统计信息化系统和统计数据库资源;

(六)组织开展本行政区域内民用建筑能耗和节能信息统计培训和技术交流工作。

第九条 统计人员在民用建筑能耗和节能信息统计工作中有权调查、查阅有关资料,要求被调查单位和人员提供有关民用建筑能耗和节能信息的文件和资料。

第十条 民用建筑能耗和节能信息统计调查应当按照民用建筑能耗和节能信息统计调查制度组织实施。民用建筑能耗和节能信息统计调查制度由国务院住房城乡建设主管部门制定并报经国务院统计主管部门审批。

第十一条 按照规定程序批准的民用建筑能耗和节能信息统计调查表,应当标明表号、制定机关、批准或备案文号、有效期限等标志。被调查单位或人员应准确、及时地按调查方案填报。

对未标明前款规定的标志或者超过有效期的统计调查表,统计调查对象有权拒绝填报。

第十二条 统计资料采取逐级上报的方式。提供民用建筑能耗和节能信息统计资料须经本部门、本单位负责人审核批准后报送。

第十三条 各级建设主管部门应执行国家有关统计资料保密管理的规定。有关单位和人员应当对民用建筑能耗和节能信息统计中知悉的国家秘密、商业秘密和个人信息保密

第十四条 各级建设主管部门应建立民用建筑能耗和节能信息统计资料档案制度,民用建筑能耗和节能信息统计资料档案的保管、调用和移交,应当遵守国家有关档案管理的规定。

第十五条 国务院住房城乡建设主管部门与国务院统计主管部门协商后向社会公布全国民用建筑能耗和节能信息统计数据。

县级以上地方人民政府建设主管部门依照国家有关规定，报经上一级建设主管部门审定，并与同级统计主管部门协商后可公布本行政区民用建筑能耗和节能信息统计数据。

第十六条 各级建设主管部门应充分发挥统计资料的作用，利用可以公开的统计信息为社会、公众服务。

第十七条 各级建设主管部门应当将民用建筑能耗和节能信息统计工作作为对建筑节能工作年度考核内容，其考核内容应包括统计资料的上报时间和填报质量，以及统计数据分析报告的编制质量。

其中上报时间为是否按民用建筑能耗和节能信息统计报表制度规定的时间内上报统计资料；填报质量包括统计资料的上报率、统计数据的准确性、统计资料的完整性和规范性，以及计算机统计应用软件的使用情况；统计数据分析报告的编制质量包括分析报告的完整性、科学性和客观性。

第十八条 各级建设主管部门对有下列表现之一的单位或者个人，应当给予表彰或者奖励：

（一）在民用建筑能耗和节能信息统计科学研究方面有所创新，在改革和完善民用建筑能耗和节能信息统计制度、统计调查方法等方面，有重要贡献的；

（二）在完成规定的民用建筑能耗和节能信息统计调查任务，保障民用建筑能耗和节能信息统计资料准确性、及时性方面，做出显著成绩的；

（三）在进行民用建筑能耗和节能信息统计分析、预测和监督方面取得突出成绩的；

（四）在民用建筑能耗和节能信息统计方面，运用和推广现代信息技术有显著效果的。

第十九条 在民用建筑能耗和节能信息统计工作中，单位和个人违反《统计法》的规定，由有关部门依法追究相关责任。

第二十条 省、自治区、直辖市人民政府住房城乡建设主管部门可以依据本办法制定实施细则。

第二十一条 本办法自2012年11月15日起施行。

住房城乡建设部办公厅关于开展国家智慧城市试点工作的通知

建办科〔2012〕42号

各省、自治区住房城乡建设厅，直辖市、计划单列市建委（建交委、建设局），新疆生产建设兵团建设局：

智慧城市是通过综合运用现代科学技术、整合信息资源、统筹业务应用系统，加强城市规划、建设和管理的新模式。为探索智慧城市建设、运行、管理、服务和发展的科学方式，决定开展国家智慧城市试点工作。现将《国家智慧城市试点暂行管理办法》和《国家智慧城市（区、镇）试点指标体系（试行）》印发你们，请遵照执行，并做好2012年度申报试点有关工作。

一、建设智慧城市是贯彻党中央、国务院关于创新驱动发展、推动新型城镇化、全面建成小康社会的重要举措。各地要高度重视，抓住机遇，通过积极开展智慧城市建设，提升城市管理能力和服务水平，促进产业转型发展。

二、申报国家智慧城市试点的城市（区、镇），应制定智慧城市发展规划纲要，对照《国家智慧城市（区、镇）试点指标体系（试行）》，根据当地实际制定切实可行的国家智慧城市创建目标并编制实施方案，建立相应的政策、组织和资金保障体系。

三、请抓紧组织开展申报工作，并对申报材料进行审核、提出推荐意见，于2012年12月31日前将申报材料连同电子文档报送我部建筑节能与科技司。

联系人及方式：（略）

附件：1. 国家智慧城市试点暂行管理办法
2. 国家智慧城市（区、镇）试点指标体系

中华人民共和国住房和城乡建设部办公厅
2012年11月22日

附件1

国家智慧城市试点暂行管理办法

一、总则

第一条 智慧城市建设是贯彻党中央、国务院关于创新驱动发展、推动新型城镇化、全面建成小康社会的重要举措。为加强现代科学技术在城市规划、建设、管理和运行中的综合应用，整合信息资源，提升城市管理能力和服务水平，促进产业转型，指导国家智慧城市试点申报和实施管理，制定本办法。

第二条 本办法所指国家智慧城市试点的范围包括设市城市、区、镇。

第三条 住房城乡建设部成立智慧城市创建工作领导小组，全面负责组织实施工作。

第四条 试点城市（区、镇）人民政府是完成当地试点任务的责任主体，负责试点申报、组织实施、落实配套条件等工作。

二、申报

第五条 由申报城市（区、镇）人民政府提出申请，经所在省级住房城乡建设主管部门审核同意后报送住房城乡建设部。直辖市及计划单列市的申报由城市人民政府直接报送住房城乡建设部。

第六条 申报国家智慧城市试点应具备以下条件：

（一）智慧城市建设工作已列入当地国民经济和社会发展"十二五"规划或相关专项规划；

（二）已完成智慧城市发展规划纲要编制；

（三）已有明确的智慧城市建设资金筹措方案和保障渠道，如已列入政府财政预算；

（四）责任主体的主要负责人负责创建国家智慧城市试点申报和组织管理。

第七条 申报国家智慧城市试点需提供下列材料：

（一）申请文件及所在省级住房城乡建设主管部门推荐意见（签章）。

（二）智慧城市发展规划纲要。纲要应体现以现代科学技术促进城镇化健康发展的理念，明确提出建设与宜居、管理与服务、产业与经济等方面的发展目标、控制指标和重点项目。

（三）智慧城市试点实施方案。具体内容：

1. 基本概况。包括经济、社会、产业发展现状、社会公共服务和城市基础设施情况等。

2. 可行性分析。包括创建国家智慧城市的需求分析、基础条件和优势分析及风险分析等。

3. 创建目标和任务。根据当地实际情况，对照《国家智慧城市（区、镇）试点指标体系（试行）》提出合理可行的创建目标和建设任务，以及建设期限和工作计划。

4. 技术方案。支撑创建目标的实现和服务功能的技术路线、措施和平台建设方案。

5. 组织保障条件。包括组织管理机构、相关政策和资金筹措方式等。

6. 相关附件。

三、评审

第八条 住房城乡建设部负责组成国家智慧城市专家委员会，委员会由城市规划、市政、公共服务、园林绿化、信息技术等方面的管理和技术专家组成。

专家委员会坚持实事求是的原则，独立、客观、公正地进行评审，并负责智慧城市创建的技术指导和验收评定。

第九条 评审程序包括材料审查、实地考查、综合评审等环节。评审专家组从专家委员会中抽取专家组成。

（一）材料审查。专家组对申报材料的完整性、可行性、科学性进行审查。

（二）实地考查。专家组对通过材料审查的城市进行实地考查，考查内容包括信息化基础设施、应用系统建设与应用水平、保障体系和建设基础等，并形成书面意见。

（三）综合评审。专家组通过查看申报材料、听取工作和试点实施方案汇报、听取实地考查意见和综合评议等程序，对申报国家智慧城市试点工作进行综合评审，并形成综合评审意见。

第十条 综合评审意见报住房城乡建设部智慧城市创建工作领导小组审批，批准后的试点城市名单在住房城乡建设部网站上公布。

四、创建过程管理和验收

第十一条 住房城乡建设部与试点城市（区、

镇)人民政府签订国家智慧城市创建任务书,明确创建目标、创建周期和建设任务等内容。

第十二条 承担试点任务的责任主体要明确创建工作行政责任人,成立由相关职能部门组成的试点工作实施管理办公室,具体负责创建实施工作。

第十三条 试点城市在创建期内,每年12月31日前向住房城乡建设部提交年度自评价报告,说明预定目标的执行情况。根据年度自评价报告,住房城乡建设部组织专家实地考查建设工作进展,并形成年度评价报告。

第十四条 创建期结束后,住房城乡建设部智慧城市创建工作领导小组依据创建任务书组织验收。对验收通过的试点城市(区、镇)进行评定,评定等级由低至高分为一星、二星和三星。未通过验收的允许进行一次限期整改,整改结束后组织复验收。

第十五条 评定结果报住房城乡建设部智慧城市领导小组核定后,在住房城乡建设部网站上公示,公示期10个工作日。公示无异议的,住房城乡建设部命名其相应等级的国家智慧城市(区、镇)。

五、附则

第十六条 本办法由住房城乡建设部建筑节能与科技司负责解释。

附件 2

国家智慧城市(区、镇)试点指标体系(试行)

一级指标	二级指标	三级指标	指标说明
保障体系与基础设施	保障体系	智慧城市发展规划纲要及实施方案	指智慧城市发展规划纲要及实施方案的完整性和可行性。
		组织机构	指成立专门的领导组织体系和执行机构,负责智慧城市创建工作。
		政策法规	指保障智慧城市建设和运行的政策法规。
		经费规划和持续保障	指智慧城市建设的经费规划和保障措施。
		运行管理	指明确智慧城市的运营主体并建立运行监督体系。
	网络基础设施	无线网络	指无线网络的覆盖面、速度等方面的基础条件。
		宽带网络	指包括光纤在内的固定宽带接入覆盖面、接入速度等方面的基础条件。
		下一代广播电视网	指下一代广播电视网络建设和使用情况。
	公共平台与数据库	城市公共基础数据库	指建设城市基础空间数据库、人口基础数据库、法人基础数据库、宏观经济数据库、建筑物基础数据库等公共基础数据库。
		城市公共信息平台	指建设能对城市的各类公共信息进行统一管理、交换的信息平台,满足城市各类业务和行业发展对公共信息交换与服务的需求。
		信息安全	指智慧城市信息安全的保障措施和有效性。
智慧建设与宜居	城市建设管理	城乡规划	指编制完整合理的城乡规划,并根据城市发展的需要,制定道路交通规划、历史文化保护规划、城市景观风貌规划等具体的专项规划,以综合指导城市建设。
		数字化城市管理	指建有城市地理空间框架,并建成基于国家相关标准的数字化城市管理系统,建立完善的考核和激励机制,实现区域网格化管理。
		建筑市场管理	通过制定建筑市场管理的法律法规,并利用信息化手段促进政府在建筑勘察、设计、施工、监理等环节的监督和管理能力提升。
		房产管理	指通过制定和落实房产管理的有效政策,并利用信息技术手段进行房产管理,促进政府提升在住房规划、房产销售、中介服务、房产测绘等多个领域的综合管理服务能力。
		园林绿化	指通过遥感等先进技术手段的应用,提升园林绿化的监测和管理水平,提升城市园林绿化水平。

三、综 合 类

续表

一级指标	二级指标	三级指标	指标说明
智慧建设与宜居	城市建设管理	历史文化保护	指通过信息技术手段的应用，促进城市历史文化的保护水平。
		建筑节能	指通过信息技术手段的应用，提升城市在建筑节能监督、评价、控制和管理等方面的工作水平。
		绿色建筑	指通过制定有效的政策，并结合信息技术手段的应用，提升城市在绿色建筑的建设、管理和评价等方面的水平。
	城市功能提升	供水系统	指利用信息技术手段对从水源地监测到龙头水管理的整个供水过程实现实时监测管理，制定合理的信息公示制度，保障居民用水安全。
		排水系统	指生活、工业污水排放，城市雨水收集、疏导等方面的排水系统设施建设情况，以及利用现代信息技术手段提升其整体功能的发展状况。
		节水应用	指城市节水器具的使用和水资源的循环利用情况，以及利用现代信息技术手段提升其整体水平的发展状况。
		燃气系统	指城市清洁燃气使用的普及状况，以及利用现代信息技术手段提升其安全运行水平的发展状况。
		垃圾分类与处理	指社区垃圾分类的普及情况及垃圾无害化处理能力，以及利用现代信息技术手段提升其整体水平的发展状况。
		供热系统	指北方城市冬季供暖设施的建设情况，以及利用现代信息技术手段提升其整体水平的发展状况。
		照明系统	指城市各类照明设施的覆盖面和节能自动化应用程度。
		地下管线与空间综合管理	指实现城市地下管网数字化综合管理、监控，并利用三维可视化等技术手段提升管理水平。
智慧管理与服务	政务服务	决策支持	指建立支撑政府决策的信息化手段和制度。
		信息公开	指通过政府网站等途径，主动、及时、准确公开财政预算决算、重大建设项目批准和实施、社会公益事业建设等领域的政府信息。
		网上办事	指完善政务门户网站的功能，扩大网上办事的范围，提升网上办事的效率。
		政务服务体系	指各级各类政务服务平台的联接与融合，建立上下联动、层级清晰、覆盖城乡的政务服务体系。
	基本公共服务	基本公共教育	指通过制定合理的教育发展规划，并利用信息技术手段提升目标人群获得基本公共教育服务的便捷度，并促进教育资源的覆盖和共享。
		劳动就业服务	指通过法规和制度的不断完善，结合现代信息技术手段的应用，提升城市就业服务的管理水平，通过建立就业信息服务平台等措施提升就业信息的发布能力，加大免费就业培训的保障力度，保护劳动者合法权益。
		社会保险	指通过信息技术手段的应用，在提升覆盖率的基础上，通过信息服务终端建设，提高目标人群享受基本养老保险，基本医疗保险，失业、工伤和生育保险服务的便捷程度，提升社会保险服务的质量监督水平，提高居民生活保障水平。
		社会服务	指通过信息技术手段的应用，在提升覆盖率的基础上，通过信息服务终端建设，提高目标人群享受社会救助、社会福利、基本养老服务和优抚安置等服务的便捷程度，提升服务的质量监督水平，提高服务的透明度，保障社会公平。

续表

一级指标	二级指标	三级指标	指标说明
智慧管理与服务	基本公共服务	医疗卫生	指通过信息技术手段应用，提升基本公共卫生服务的水平。通过信息化管理系统建设和终端服务，保障儿童、妇女、老人等各类人群获得满意的服务；通过建立食品药品的溯源系统等措施，保障食品药品安全供应，并促进社会舆论监督，提高服务质量监督的透明度。
		公共文化体育	指通过信息技术手段应用，促进公益性文化服务的服务面，提高广播影视接入的普及率，通过信息应用终端的普及，提升各类人群获得文化内容的便捷度；提升体育设施服务的覆盖度和使用率。
		残疾人服务	指在提高服务覆盖率的基础上，通过信息化、个性化应用开发，提升残疾人社会保障、基本服务的水平，提供健全的文、体、卫服务设施和丰富的服务内容。
		基本住房保障	指通过信息技术手段应用，提升廉租房、公租房、棚户区改造等方面的服务水平，增强服务的便利性、提升服务的透明度。
	专项应用	智能交通	指城市整体交通智慧化的建设及运行情况，包含公共交通建设、交通事故处理、电子地图应用、城市道路传感器建设和交通诱导信息应用等方面情况。
		智慧能源	指城市能源智慧化管理及利用的建设情况，包含智能表具安装、能源管理与利用、路灯智能化管理等方面的建设。
		智慧环保	指城市环境、生态智慧化管理与服务的建设情况，包含空气质量监测与服务、地表水环境质量监测与服务、环境噪声监测与服务、污染源监控、城市饮用水环境等方面的建设。
		智慧国土	指城市国土资源管理和服务的智慧化建设情况，包含土地利用规划实施、土地资源监测、土地利用变化监测、地籍管理等方面的建设。
		智慧应急	指城市智慧应急的建设情况，包含应急救援物资建设、应急反应机制、应急响应体系、灾害预警能力、防灾减灾能力、应急指挥系统等方面的建设。
		智慧安全	指城市公共安全体系智慧化建设，包含城市食品安全、药品安全、平安城市建设等建设情况。
		智慧物流	指物流智慧化管理和服务的建设水平，包含物流公共服务平台、智能仓储服务、物流呼叫中心、物流溯源体系等方面的建设。
		智慧社区	指社区管理和服务的数字化、便捷化、智慧化水平，包含社区服务信息推送、信息服务系统覆盖、社区传感器安装、社区运行保障等方面的建设。
		智能家居	指家居安全性、便利性、舒适性、艺术性和环保节能的建设状况，包含家居智能控制，如智能家电控制、灯光控制、防盗控制和门禁控制等，家居数字化服务内容，家居设施安装等方面的建设。
		智慧支付	指包含一卡通、手机支付、市民卡等智慧化支付新方式，支付终端卡设备、顾客支付服务便捷性、安全性和商家支付便捷性、安全性等方面的建设。
		智能金融	指城市金融体系智慧化建设与服务，包含诚信监管体系、投融资体系、金融安全体系等方面的建设。

续表

一级指标	二级指标	三级指标	指标说明
智慧产业与经济	产业规划	产业规划	指城市产业规划制定及完成情况，围绕城市产业发展、产业转型与升级、新兴产业发展的战略性产业规划编制、规划公示及实施的情况。
		创新投入	指城市创新产业投入情况，包括产业转型与升级的创新费用投入，新兴产业发展的创新投入等方面。
	产业升级	产业要素聚集	指城市为产业发展，产业转型与升级而实现的产业要素聚集情况，增长情况。
		传统产业改造	指在实现城市产业升级过程中，实现对传统产业的改造情况。
	新兴产业发展	高新技术产业	指城市高新技术产业的服务与发展，包含支撑高新技术产业的人才环境、科研环境、金融环境及管理服务状况，高新技术产业的发展状况及在城市整体产业中的水平状况。
		现代服务业	指城市现代服务业发展状况，包含现代服务业发展的政策环境、发展环境、发展水平及投入等方面。
		其他新兴产业	反映城市其他新兴产业的发展及提升状况。

住房城乡建设部办公厅关于 2012 年全国住房城乡建设领域节能减排专项监督检查建筑节能检查情况的通报

建办科函〔2013〕202 号

各省、自治区住房城乡建设厅，直辖市建委（建交委），新疆生产建设兵团建设局：

为贯彻落实《节约能源法》、《民用建筑节能条例》和《国务院关于印发"十二五"节能减排综合性工作方案的通知》（国发〔2011〕26 号）要求，进一步推进住房城乡建设领域节能减排工作，2012 年 12 月 7 日至 26 日，我部组织了对全国建筑节能工作的检查。检查范围涵盖了除西藏自治区外的 30 个省（区、市）及新疆生产建设兵团，包括 5 个计划单列市、26 个省会（自治区首府）城市、26 个地级城市以及 26 个县（市），共抽查了 936 个工程建设项目的建筑节能施工图设计文件及施工现场。对检查中发现的问题，下发了 58 份执法建议书。现将检查的主要情况通报如下：

一、总体评价

2012 年，各地围绕国务院明确的建筑节能重点任务，进一步加强组织领导，落实政策措施，强化技术支撑，加强监督管理，各项工作取得积极成效。

（一）新建建筑执行节能强制性标准。根据各地上报的数据汇总，2012 年全国城镇新建建筑执行节能强制性标准基本达到 100%，新增节能建筑面积 10.8 亿平方米，可形成 1000 万吨标准煤的节能能力。全国城镇累计建成节能建筑面积 69 亿平方米，共形成 6500 万吨标准煤节能能力。

（二）既有居住建筑节能改造。截至 2012 年底，北方 15 省（区、市）及新疆生产建设兵团共计完成既有居住建筑供热计量及节能改造面积 2.2 亿平方米。北京、天津、内蒙古、吉林、山东等 5 个与财政部、住房城乡建设部签约的重点省（区、市）共计完成改造面积 8969 万平方米。夏热冬冷地区既有居住建筑节能改造工作已经启动，共安排改造计划 1200 万平方米，上海、江苏、浙江、安徽、湖南、贵州等省市改造工作进展较好，部分项目已经改造完成。

(三)公共建筑节能监管体系建设。截至2012年底,全国累计完成公共建筑能耗统计40000余栋,能源审计9675栋,能耗公示8342栋建筑,对3860余栋建筑进行了能耗动态监测。确定山西、辽宁、吉林、安徽、河南、湖北6省为第五批能耗动态监测平台建设试点,确定上海市为第二批公共建筑节能改造重点城市。确定中国地质大学(北京)、华侨大学等77所高等院校为节约型校园建设试点,中共中央党校、清华大学等14所高校为节能综合改造示范。

(四)可再生能源建筑应用。截至2012年底,全国城镇太阳能光热应用面积24.6亿平方米,浅层地能应用面积3亿平方米,光电建筑已建成及正在建设装机容量达到1079兆瓦。将21个城市、52个县、3个区、10个镇确定为可再生能源建筑应用示范市(县、区、镇)。在山东、江苏启动了2个可再生能源建筑应用集中连片示范区。将江苏、青海、新疆等8个省(区)确定为太阳能光热建筑应用综合示范省。

(五)绿色建筑与绿色生态城区建设。截至2012年底,全国共有742个项目获得了绿色建筑评价标识,建筑面积7543万平方米,其中2012年当年有389个项目获得绿色建筑评价标识,建筑面积达到4094万平方米。上海、江苏、深圳等省市在保障性住房建设中,全面强制推广绿色建筑。天津市中新生态城、河北省唐山市唐山湾新城、江苏省无锡市太湖新城、湖南省长沙市梅溪湖新城、重庆市悦来生态城、贵州省贵阳市中天未来方舟生态城、云南省昆明市呈贡新区、深圳市光明新区等被确定为首批绿色生态城区示范。

2012年度,北京、天津、河北、山西、内蒙古、吉林、黑龙江、山东、青海、宁夏、上海、江苏、浙江、安徽、重庆、湖北、福建、广西、海南、云南等省(区、市),以及深圳、青岛、宁波、厦门、太原、沈阳、哈尔滨、银川、乌鲁木齐、南京、杭州、合肥、武汉、长沙、广州、南宁、昆明等城市建筑节能重点工作进展较好,相关配套政策措施完善,监督管理比较到位,给予表扬。

二、主要工作措施

(一)加强组织机构与能力建设。北京、天津、山西、内蒙古、吉林、黑龙江、上海、江苏、浙江、山东、湖北、广东、四川、贵州等省(区、市)建立了政府领导牵头,各相关部门参加的领导小组,建筑节能组织领导及部门协调机制进一步完善。省、市、县三级建筑节能管理机构能力进一步增强。住房城乡建设部门均设置了建筑节能专门处室,配备了专门人员。山西、内蒙古、上海等省市成立了专门的建筑节能监管(监察)机构。

(二)完善法规体系与制度创新。各地切实加强建筑节能法制化建设,天津、河北、山西、上海、山东、湖北、湖南、广东、重庆、陕西、贵州、青岛、深圳等地制定了专门的建筑节能条例,及时将建筑节能成熟实践上升为法规制度,天津、山东在条例中设置了绿色建筑专门章节及条款发展,其他省市的地方法规规定了民用建筑项目规划阶段节能审查、民用建筑能效测评及信息公示、既有建筑节能运行及改造、可再生能源强制推广、建筑节能专项资金、技术标准等多项制度,为建筑节能法制化推进奠定了坚实基础。

(三)强化资金投入与政策激励。据不完全统计,2012年度,在北方既有居住建筑供热计量及节能改造、可再生能源建筑应用、绿色建筑等方面,中央财政共安排补助资金150亿元,地方省、市两级财政安排建筑节能专项资金超过130亿元,其中,北京、山西、内蒙古、吉林、上海、江苏、山东、青海、宁夏等地资金投入力度较大。部分地区出台了节能建筑与绿色建筑配套费减免、可再生能源应用减免水资源费及享受优惠电价、太阳能建筑应用容积率奖励、墙改基金减免与返还等激励政策。

(四)突出标准引导与科技支撑。北方采暖地区及夏热冬冷地区各省市及时修订地方标准,适应国家标准的新要求。北京市出台国内第一部节能75%的居住建筑节能设计标准。北京、天津、河南、上海、江苏等省市逐步开始建立绿色建筑标准体系。既有建筑节能改造、可再生能源建筑应用、新型建筑材料及产品、绿色施工等多个领域的标准规范、图集、工法等不断健全。建筑节能科技创新水平不断提升,通过国家科技支撑项目、科研开发项目等,对建筑节能关键技术、产品进行研发,并通过制定发布技术公告、推广目录等形式,对新技术、新材料、新产品等进行推广,促进成果转化。

(五)严格监督管理与目标考核。各地在现行法律法规设置的行政许可范围内,不断完善和创新管理办法。浙江省全面推行民用建筑节能评估审查制度,对项目设计方案进行分析和评估,既确保标准执行,又对设计方案进行了优化。天津、山西等省市实行规划阶段节能审查、施工图专项设计与审查、节能产品质量认定与备案、节能施工专项资格认证、节能工程专项验收、建筑能效测评标识与信息公示等制度，监管效果明显。各地不断强化检查力度，对违法违规行为进行处理，据不完全统计，2012年各省在建筑节能检查中共下发执法告知书500份。部分省市通过政府及住房城乡建设部门逐级签订目标责任状的方式，对建筑节能目标进行了分解落实，并按期进行考核，保障了工作任务的落实。

三、存在的问题

（一）建筑节能能力建设依然不足。一是管理力度不够，部分地区对绿色建筑、既有建筑节能改造、可再生能源建筑应用等专项工作缺乏专门机构及人员进行管理，工作进度、质量及财政资金使用效益等无法得到有效保障。二是资金投入力度不够，尤其是中央财政大力投入的既有居住建筑节能改造、可再生能源建筑应用等工作，部分地区没有落实地方配套资金。

（二）新建建筑执行节能强制性标准仍有不到位情况。一是部分省市对新颁布建筑节能国家标准执行不及时，地方实施细则没有及时出台，设置执行过渡期过长。二是建筑节能设计规范性及精细度不够，不能有效指导施工。节能设计软件管理比较混乱，存在设计指标明显不够而由软件权衡计算通过的现象。三是施工现场随意变更节能设计、偷工减料的现象仍有发生。部分地区在施工标准、工艺不健全情况下，推广使用新型外墙外保温，造成质量隐患。四是部分地区对保温材料、门窗、采暖设备等节能关键材料产品的性能检测能力不足，检测质量监管有漏洞，存在检测结果与工程实际应用情况不符情况。

（三）既有建筑节能改造质量及效益水平仍需提高。一是部分节能改造项目质量存在问题，部分完成的改造项目已经出现保温层破损、脱落，供热计量表具安装不到位等情况。二是供热计量改革滞后，部分北方地区城市尚未制定供热计量收费办法，导致既有居住建筑节能改造完成后，没有同步实现计量收费，造成"节能不节钱"，影响了节能企业居民参与节能改造的积极性。三是公共建筑节能改造及夏热冬冷地区既有居住建筑节能改造进度滞后，改造项目落实及实施情况不理想。

（四）绿色建筑发展相对缓慢。一是绿色建筑标准体系还不健全，目前仍以评价标准为主，缺乏针对绿色建筑的规划、设计、施工、验收标准，绿色建筑与现有工程建设管理体系结合程度不足。二是绿色建筑配套政策不落实，包括支持绿色建筑的财税政策、保障性住房等公益性建筑强制推广绿色建筑等的相关政策不配套。三是绿色建筑技术支撑能力不足，缺乏针对不同气候区、不同建筑类型的系统技术解决方案。相关设计、咨询、评估机构服务能力不强。

（五）可再生能源建筑应用示范管理水平仍需加强。一是部分示范市县实施进度缓慢。据统计，2011年批准的96个示范市（县、区、镇）中，项目开工率小于20%的有21个，占批准示范数量的22%；2012年批复的112个示范市（县、区、镇）中，项目开工率小于20%的有38个，占批准示范数量的34%。二是技术管理能力有待进一步提升。示范专门管理人员严重不足，特别是部分偏远地区、经济落后地区的市县的管理能力、技术能力跟不上，技术支撑力量薄弱，设计、施工、监理等单位对业主的相关技术咨询和服务能力不足。

四、下一步工作思路

（一）全面推进绿色建筑行动。贯彻落实《国务院办公厅关于转发发展改革委、住房城乡建设部绿色建筑行动方案的通知》（国办发〔2013〕1号），全面推动绿色建筑行动。做好首批8个绿色生态城区组织实施。启动第二批绿色生态城区示范。发布绿色生态城区规划编制办法及指标体系。加大绿色建筑评价标识推广力度，强化标识质量审查及备案管理。启动高星级绿色建筑财政奖励工作。引导保障性住房等公益性建筑强制推广绿色建筑评价标识。逐步增强绿色建筑专家委员会、设计咨询、第三方评价等市场服务能力。加快国家建筑节能与绿色建筑工程技术中心建设。

（二）稳步提升新建建筑节能质量及水平。继续做好北方采暖地区及夏热冬冷地区新颁布建筑节能标准的贯彻实施工作。总结北京、天津经验，督促指导有条件的地区率先执行更高水平的节能标准。着力抓好新建建筑在施工阶段执行标准的监管力度。进一步规范建筑节能施工图审查、设计及计算模拟软件、材料产品性能检测等行为。全面推行民用建筑规划阶段节能审查、节能评估、民用建筑节能信息公示、能效测评标识等制度。加快新建建筑节能管理体制建设，增强市县的监管能力和执行法律法规及标准规范的能力。

（三）深入推进既有居住建筑节能改造。继续加大北方采暖地区既有居住建筑供热计量及节能改造实施力度，力争2013年完成改造面积1.9亿平方米以上。强化节能改造工程设计、施工、选材、验收等环节的质量控制。总结地方实践经验，修订改造技术导则及验收办法。督促完成节能改造的既有居住建筑全部实行供热计量收费。切实加强建筑保温工程施工的防火安全管理。力争完成夏热冬冷地区既有居住建筑节能改造面积1200万平方米以上，下达改造计划指标1500万平方米以上。选择有工作基础、积极性高、配套政策落实的城市，实行规模化改造试点。

（四）加大公共建筑节能管理力度。进一步扩大省级公共建筑能耗动态监测平台建设范围，力争到2015年，建设完成覆盖全国的公共建筑能耗动态监测体系。推动公益性行业公共建筑节能管理，开展"节约型校园"、"节约型医院"创建工作。启动第三批公共建筑节能改造重点城市。推动高等学校校园建筑节能改造示范。指导各地分类制定公共建筑能耗限额标准，并建立基于限额的公共建筑节能管理制度。加快推行合同能源管理、能效交易等节能新机制。

（五）实现可再生能源在建筑领域规模化高水平应用。实施可再生能源建筑应用省级推广，做好中央财政资金按因素法分配工作。选择有条件区域打造集中连片推广示范区。推动已批准的可再生能源建筑应用示范市县进一步挖掘推广潜力。加快示范市县的验收进度。加大"太阳能屋顶计划"实施力度，调整光伏建筑一体化示范项目支持政策，扩大自发自用光伏建筑应用规模。推动资源条件具备的省（区、市）针对成熟的可再生能源应用技术尽快制定强制性推广政策。加快研究制定不同类型可再生能源建筑应用技术在设计、施工、能效检测等各环节的工程建设标准。

（六）加强建筑节能相关支撑能力建设。指导各地住房城乡建设主管部门加强建筑节能管理能力建设，完善管理机构，充实人员。加快完善建筑节能标准体系，针对不同建筑类型、不同建设环节，制定修订绿色建筑、新建建筑、既有建筑节能改造、可再生能源建筑应用等相关标准。加强建筑节能科技创新，组织建筑节能与绿色建筑共性关键技术科技项目的立项和实施。加快国家建筑节能与绿色建筑工程技术中心、重点实验室等科研平台建设工作，增强第三方评价机构的能力。

（七）严格执行建筑节能目标责任考核。进一步建立完善建筑节能统计、监测、考核体系建设。组织开展建筑节能专项检查，对国务院明确的建筑节能、供热计量改革等工作任务的落实情况进行专项核查，严肃查处各类违法违规行为和事件。组织中央财政资金使用情况专项核查，重点核查北方采暖地区既有居住建筑供热计量及节能改造、可再生能源建筑应用示范市县、太阳能光电建筑应用示范项目等进展情况及中央财政资金使用安全及效益情况。

中华人民共和国住房和城乡建设部办公厅
2013年3月25日

住房城乡建设部关于印发"十二五"绿色建筑和绿色生态城区发展规划的通知

建科〔2013〕53号

各省、自治区住房城乡建设厅，直辖市建委（建交委），新疆生产建设兵团建设局：

为深入贯彻党的十八大精神，把生态文明建设融入城乡建设的全过程，加快推进建设资源节约型和环境友好型城镇，实现美丽中国、永续发展的目标，根据《国民经济和社会发展第十二个五年规划纲要》、《国务院关于印发"十二五"节能减排综合性工作方案的通知》（国发〔2011〕26号）、《国务院办公厅关于转发发展改革委住房城乡建设部绿色建筑行动方案的通知》（国办发〔2013〕1号）等，我部制定了《"十二五"绿色建筑和绿色生态城区发展规划》。现印发给你们，请认真执行。

中华人民共和国住房和城乡建设部
2013年4月3日

"十二五"绿色建筑和绿色生态城区发展规划

住房城乡建设部
2013年3月

我国正处于工业化、城镇化、信息化和农业现代化快速发展的历史时期，人口、资源、环境的压力日益凸显。为探索可持续发展的城镇化道路，在党中央、国务院的直接指导下，我国先后在天津、上海、深圳、青岛、无锡等地开展了生态城区规划建设，并启动了一批绿色建筑示范工程。建设绿色生态城区、加快发展绿色建筑，不仅是转变我国建筑业发展方式和城乡建设模式的重大问题，也直接关系群众的切身利益和国家的长远利益。为深入贯彻落实科学发展观，推动绿色生态城区和绿色建筑发展，建设资源节约型和环境友好型城镇，实现美丽中国、永续发展的目标，根据《国民经济和社会发展第十二个五年规划纲要》、《节能减排"十二五"规划》、《"十二五"节能减排综合性工作方案》、《绿色建筑行动方案》等，制定本规划。

一、规划目标、指导思想、发展战略和实施路径

（一）规划目标

到"十二五"期末，绿色发展的理念为社会普遍接受，推动绿色建筑和绿色生态城区发展的经济激励机制基本形成，技术标准体系逐步完善，创新研发能力不断提高，产业规模初步形成，示范带动作用明显，基本实现城乡建设模式的科学转型。新建绿色建筑10亿平方米，建设一批绿色生态城区、绿色农房，引导农村建筑按绿色建筑的原则进行设计和建造。"十二五"时期具体目标如下：

1. 实施100个绿色生态城区示范建设。选择100个城市新建区域（规划新区、经济技术开发区、高新技术产业开发区、生态工业示范园区等）按照绿色生态城区标准规划、建设和运行。

2. 政府投资的党政机关、学校、医院、博物馆、科技馆、体育馆等建筑，直辖市、计划单列市及省会城市建设的保障性住房，以及单体建筑面积超过2万平方米的机场、车站、宾馆、饭店、商场、写字楼等大型公共建筑，2014年起率先执行绿色建筑标准。

3. 引导商业房地产开发项目执行绿色建筑标准，鼓励房地产开发企业建设绿色住宅小区，2015年起，直辖市及东部沿海省市城镇的新建房地产项目力争50%以上达到绿色建筑标准。

4. 开展既有建筑节能改造。"十二五"期间，完成北方采暖地区既有居住建筑供热计量和节能改造4亿平方米以上，夏热冬冷和夏热冬暖地区既有居住建筑节能改造5000万平方米，公共建筑节能改造6000万平方米；结合农村危房改造实施农村节能示范住宅40万套。

（二）指导思想

以邓小平理论、"三个代表"重要思想和科学发展观为指导，落实加强生态文明建设的要求，紧紧抓住城镇化、工业化、信息化和农业现代化的战略机遇期，牢固树立尊重自然、顺应自然、保护自然的生态文明理念，以绿色建筑发展与绿色生态城区建设为抓手，引导我国城乡建设模式和建筑业发展方式的转变，促进城镇化进程的低碳、生态、绿色转型；以绿色建筑发展与公益性和大型公共建筑、保障性住房建设、城镇旧城更新等惠及民生的实事工程相结合，促进城镇人居环境品质的全面提升；以绿色建筑产业发展引领传统建筑业的改造提升，占领材料、新能源等新兴产业的制高点，促进低碳经济的形成与发展。

（三）发展战略

在理念导向上，倡导人与自然生态的和谐共生理念，以人为本，以维护城乡生态安全、降低碳排放为立足点，倡导因地制宜的理念，优先利用当地的可再生能源和资源，充分利用通风、采光等自然条件，因地制宜发展绿色建筑，倡导全

生命周期理念,全面考虑建筑材料生产、运输、施工、运行及报废等全生命周期内的综合性能。在目标选取上,发展绿色建筑与发展绿色生态城区同步,促进技术进步与推动产业发展同步,政策标准形成与推进过程同步。在推进策略上,坚持先管住增量后改善存量,先政府带头后市场推进,先保障低收入人群后考虑其他群体,先规划城区后设计建筑的思路。

(四)发展路径

一是规模化推进。根据各地区气候、资源、经济和社会发展的不同特点,因地制宜地进行绿色生态城区规划和建设,逐步推动先行地区和新建园区(学校、医院、文化等园区)的新建建筑全面执行绿色建筑标准,推进绿色建筑规模化发展。

二是新旧结合推进。将新建区域和旧城更新作为规模化推进绿色建筑的重要手段。新建区域的建设注重将绿色建筑的单项技术发展延伸至能源、交通、环境、建筑、景观等多项技术的集成化创新,实现区域资源效率的整体提升。旧城更新应在合理规划的基础上,保护历史文化遗产。统筹规划进行老旧小区环境整治;老旧基础设施更新改造;老旧建筑的抗震及节能改造。

三是梯度化推进。充分发挥东部沿海地区资金充足、产业成熟的有利条件,优先试点强制推广绿色建筑,发挥先锋模范带头作用。中部地区结合自身条件,划分重点区域发展绿色建筑。西部地区扩大单体建筑示范规模,逐步向规模化推进绿色建筑过渡。

四是市场化、产业化推进。培育创新能力,突破关键技术,加快科技成果推广应用,开发应用节能环保型建筑材料、装备、技术与产品,限制和淘汰高能耗、高污染产品,大力推广可再生能源技术的综合应用,培育绿色服务产业,形成高效合理的绿色建筑产业链,推进绿色建筑产业化发展。在推动力方面,由政府引导逐步过渡到市场推动,充分发挥市场配置资源的基础性作用,提升企业的发展活力,加大市场主体的融资力度,推进绿色建筑市场化发展。

五是系统化推进。统筹规划城乡布局,结合城市和农村实际情况,在城乡规划、建设和更新改造中,因地制宜纳入低碳、绿色和生态指标体系,严格保护耕地、水资源、生态与环境,改善城乡用地、用能、用水、用材结构,促进城乡建设模式转型。

二、重点任务

(一)推进绿色生态城区建设

在自愿申请的基础上,确定100个左右不小于1.5平方公里的城市新区按照绿色生态城区的标准因地制宜进行规划建设。并及时评估和总结,加快推广。推进绿色生态城区的建设要切实从规划、标准、政策、技术、能力等方面,加大力度,创新机制,全面推进。一是结合城镇体系规划和城市总体规划,制定绿色生态城区和绿色建筑发展规划,因地制宜确定发展目标、路径及相关措施。二是建立并完善适应绿色生态城区规划、建设、运行、监管的体制机制和政策制度以及参考评价体系。三是建立并完善绿色生态城区标准体系。四是加大激励力度,形成财政补贴、税收优惠和贷款贴息等多样化的激励模式。进行绿色生态城区建设专项监督检查,纳入建筑节能和绿色建筑专项检查制度,对各地绿色生态城区的实施效果进行督促检查。五是加大对绿色环保产业扶持力度,制定促进相关产业发展的优惠政策。

建设绿色生态城区的城市应制定生态战略,开发指标体系,实行绿色规划,推动绿色建造,加强监管评价。一是制定涵盖城乡统筹、产业发展、资源节约、生态宜居等内容的绿色生态城区发展战略。二是建立法规和政策激励体系,形成有利于绿色生态城区发展的环境。三是建立包括空间利用率、绿化率、可再生能源利用率、绿色交通比例、材料和废弃物回用比例、非传统水资源利用率等指标的绿色生态城区控制指标体系,进而制定新建区域控制性详细规划,指导绿色生态城区全面建设。四是在绿色生态城区的立项、规划、土地出让阶段,将绿色技术相关要求作为项目批复的前置条件。五是完善绿色生态城区监管机制,严格按照标准对规划、设计、施工、验收等阶段进行全过程监管。六是建立绿色生态城区评估机制,完善评估指标体系,对各项措施和指标的完成情况及效果进行评价,确保建设效果,指导后续建设。

(二)推动绿色建筑规模化发展

一是建立绿色建筑全寿命周期的管理模式,注重完善规划、土地、设计、施工、运行和拆除等阶段的政策措施,提高标准执行率,确保工程质量和综合效益。二是建立建筑用能、用水、用地、用材的计量和统计体系,加强监管,同时完善绿色建筑相关标准和绿色建筑评价标识等制度。三是抓好绿色建筑规划建设环节,确保将绿色建筑指标和标准纳入总体规划、控制性规划、土地出让等环节中。四是注重运行管理,确保绿色建筑综合效益。五是明确部门责任。住房城乡建设部门统筹负责绿色建筑的发展,并会同发改、教育、卫生、商务和旅游等部门制定绿色社区、绿色校园、绿色医院、绿色宾馆的发展目标、政策、标准、考核评价体系等,推进重点领域绿色建筑发展。

(三) 大力发展绿色农房

一是住房城乡建设部要制定村镇绿色生态发展指导意见和政策措施,完善村镇规划制度体系,出台绿色生态村镇规划编制技术标准,制定并逐步实施村镇建设规划许可证制度,对小城镇、农村地区发展绿色建筑提出要求。继续实施绿色重点小城镇示范项目。编制村镇绿色建筑技术指南,指导地方完善绿色建筑标准体系。二是省级住房城乡建设主管部门会同有关部门各地开展农村地区土地利用、建设布局、污水垃圾处理、能源结构等基本情况的调查,在此基础上确定地方村镇绿色生态发展重点区域。出台地方鼓励村镇绿色发展的法规和政策。组织编制地方农房绿色建设和改造推广图集。研究具有地方特色、符合绿色建筑标准的建筑材料、结构体系和实施方案。三是市(县)级住房城乡建设主管部门会同有关部门编制符合本地绿色生态发展要求的新农村规划。鼓励农民在新建和改建农房过程中按照地方绿色建筑标准进行农房建设和改造。结合建材下乡,组织农民在新建、改建农房过程中使用适用材料和技术。

(四) 加快发展绿色建筑产业

提高自主创新和研发能力,推动绿色技术产业化,加快产业基地建设,培育相关设备和产品产业,建立配套服务体系,促进住宅产业化发展。一是加强绿色建筑技术的研发、试验、集成、应用,提高自主创新能力和技术集成能力,建设一批重点实验室、工程技术创新中心,重点支持绿色建筑新材料、新技术的发展。二是推动绿色建筑产业化,以产业基地为载体,推广技术含量高、规模效益好的绿色建材,并培育绿色建筑相关的工程机械、电子装备等产业。三是加强咨询、规划、设计、施工、评估、测评等企业和机构人员教育和培训。四是大力推进住宅产业化,积极推广适合工业化生产的新型建筑体系,加快形成预制装配式混凝土、钢结构等工业化建筑体系,尽快完成住宅建筑与部品模数协调标准的编制,促进工业化和标准化体系的形成,实现住宅部品通用化,加快建设集设计、生产、施工于一体的工业化基地建设。大力推广住宅全装修,推行新建住宅一次装修到位或菜单式装修,促进个性化装修和产业化装修相统一,对绿色建筑的住宅项目,进行住宅性能评定。五是促进可再生能源建筑的一体化应用,鼓励有条件的地区对适合本地区资源条件及建筑利用条件的可再生能源技术进行强制推广,提高可再生能源建筑应用示范城市的绿色建筑的建设比例,积极发展太阳能采暖等综合利用方式,大力推进工业余热应用于居民采暖,推动可再生能源在建筑领域的高水平应用。六是促进建筑垃圾综合利用,积极推进地级以上城市全面开展建筑垃圾资源化利用,各级住房城乡建设部门要系统推行建筑垃圾收集、运输、处理、再利用等各项工作,加快建筑垃圾资源化利用技术、装备研发推广,实行建筑垃圾集中处理和分级利用,建立专门的建筑垃圾集中处理基地。

(五) 着力进行既有建筑节能改造,推动老旧城区的生态化更新改造

一是住房城乡建设部会同有关部门制定推进既有建筑节能改造的实施意见,加强指导和监督,建立既有建筑节能改造长效工作机制。二是制定既有居住、公共建筑节能改造标准及相关规范。三是设立专项补贴资金,各地方财政应安排必要的引导资金予以支持,并充分利用市场机制,鼓励采用合同能源管理等建筑节能服务模式,创新资金投入方式,落实改造费用。四是各地住房城乡建设主管部门负责组织实施既有建筑节能改造,编制地方既有建筑节能改造的工作方案。五是推动城市旧城更新实现"三改三提升",改造老旧小区环境和安全措施,提升环境质量和安全性,改造供热、供气、供水、供电管网管线,提升运行效率和服务水平,改造老旧建筑的节能和抗震性能,提升建筑的健康性、安全性和舒适性。六是各地住房城乡建设主管部门将节能改造实施过程纳入基本建设程序管理,对施工过程进行全过程全方面监管,确保节能改造工程的质量。七是各地住房城乡建设主管部门在节能改造中应大力推广应用适合本地区的新型节能技术、材料和产品。

三、保障措施

(一) 强化目标责任

落实《绿色建筑行动方案》的要求,住房城乡建设部要将规划目标任务科学分解到地方,将目标完成情况和措施落实情况纳入地方住房城乡建设系统节能目标责任评价考核体系。考核结果作为节能

减排综合考核评价的重要内容，对作出突出贡献的单位和个人予以表彰奖励，对未完成目标任务的进行责任追究。

（二）完善法规和部门规章

一是健全、完善绿色建筑推广法律法规体系。二是引导和鼓励各地编制促进绿色建筑地方性法规，建立并完善地方绿色建筑法规体系。三是开展《中华人民共和国城乡规划法》和《中华人民共和国建筑法》的修订工作，明确从规划阶段抓绿色建筑，从设计、施工、运行和报废等阶段对绿色建筑进行全寿命期监管。四是加强对绿色建筑相关产业发展的规范管理，依法推进绿色建筑。

（三）完善技术标准体系

一是加快制定《城市总体规划编制和审查办法》，研究编制全国绿色生态城区指标体系、技术导则和标准体系。二是引导省级住房城乡建设主管部门制定适合本地区的绿色建筑标准体系，适合不同气候区的绿色建筑应用技术指南、设备产品适用性评价指南、绿色建材推荐目录。三是加快制定适合不同气候区、不同建筑类型的绿色建筑评价标准。培育和提高地方开展评价标识的能力建设，大力推进地方绿色建筑评价标识。四是制定配套的产品（设备）标准，编制绿色建筑工程需要的定额项目。五是鼓励地方出台农房绿色建筑标准（图集）。

（四）加强制度监管

实行以下十项制度：一是绿色建筑审查制度，在城市规划审查中增加对绿色生态指标的审查内容，对不符合要求的规划不予以批准，在新建区域、建筑的立项审查中增加绿色生态指标的审查内容。二是建立绿色土地转让制度，将可再生能源利用强度、再生水利用率、建筑材料回用率等涉及绿色建筑发展指标列为土地转让的重要条件。三是绿色建筑设计专项审查制度，地方各级住房城乡建设主管部门在施工图设计审查中增加绿色建筑专项审查，达不到要求的不予通过。四是施工的绿色许可制度，对于不满足绿色建造要求的建筑不予颁发开工许可证。五是实行民用建筑绿色信息公示制度，建设单位在房屋施工、销售现场，根据审核通过的施工图设计文件，把民用建筑的绿色性能以张贴、载明等方式予以明示。六是建立节水器具和太阳能建筑一体化强制推广制度，不使用符合要求产品的项目，建设单位不得组织竣工验收，住房城乡建设主管部门不得进行竣工验收备案；对太阳能资源适宜地区及具备条件的建筑强制推行太阳能光热建筑一体化系统。七是建立建筑的精装修制度，对国家强制推行绿色建筑的项目实行精装修制度，对未按要求实行精装修的绿色建筑不予颁发销售许可证。八是完善绿色建筑评价标识制度，建立自愿性标识与强制性标识相结合的推进机制，对按绿色建筑标准设计建造的一般住宅和公共建筑，实行自愿性评价标识，对按绿色建筑标准设计建造的政府投资的保障性住房、学校、医院等公益性建筑及大型公共建筑，率先实行评价标识，并逐步过渡到对所有新建绿色建筑均进行评价标识。九是建立建筑报废审批制度，不符合条件的建筑不予拆除报废；需拆除报废的建筑，所有权人、产权单位应提交拆除后的建筑垃圾回用方案，促进建筑垃圾再生回用。十是建立绿色建筑职业资格认证制度，全面培训绿色生态城区规划和绿色建筑设计、施工、安装、评估、物业管理、能源服务等方面的人才，实行考证并持证上岗制度。

（五）创新体制机制

规划期内要着重建立和完善如下体制与机制：一是建立和完善能效交易机制。研究制定推进能效交易的实施意见，研究制定能效交易的管理办法和技术规程，指导和规范建筑领域能效交易。建立覆盖主要地区的建筑能效交易平台。积极与国外机构交流合作，推进我国建筑能效交易机制的建立和完善。二是积极推进住房城乡建设领域的合同能源管理。规范住房城乡建设领域能源服务行为，利用国家资金重点支持专业化节能服务公司为用户提供节能诊断、设计、融资、改造、运行管理一条龙服务，为国家机关办公楼、大型公共建筑、公共设施和学校实施节能改造。三是推进供热体制改革，全面落实供热计量收费。建立健全供热计量工程监管机制，实行闭合管理，严格落实责任制。严把计量和温控装置质量，要由供热企业在当地财政或者供热等部门监督下按照规定统一公开采购。全面落实两部制热价制度，取消按面积收费。四是积极推动以设计为龙头的总承包制。要研究制定促进设计单位进行工程总承包的推进意见，会同有关部门研究相关激励政策，逐步建立鼓励设计单位进行工程总承包的长效机制。进行工程总承包的设计单位要严格按照设计单位进行工程总承包资格管理的有关规定实施工程总承包。五是加快培育和形成绿色建筑的测评标识体系。修订《民用建筑能效测评标识管理暂行办法》、《民用建筑能效测评机构管理暂行办法》。严格贯彻《民用建筑节能条例》规定，对新建国家机关办公建筑和大型公共建筑进行能效测评标识。指导和督促地方将能效测评作为验证建筑节能效果的基本手段以及获得示范资格、资金奖励的必要条件。加大民用建筑能效测评机构能力建设力度，完成国家及省两级能效测评机构体系建设。

（六）强化技术产业支撑

一是国家设立绿色建筑领域的重大研究专项，组织实施绿色建筑国家科技重点项目和国家科技支撑计划项目。二是加大绿色建筑领域科技平台建设，同时建立华南、华东、华北和西南地区的国家级绿色建筑重点实验室和国家工程技术研究中心，鼓励开展绿色建筑重点和难点技术的重大科技攻关。三是加快绿色建筑技术支撑服务平台建设，积极鼓励相关行业协会和中介服务机构开展绿色建筑技术研发、设计、咨询、检测、评估与展示等方面的专业服务，开发绿色建筑设计、检测软件，协助政府主管部门制定技术标准、从事技术研究和推广、实施国际合作、组织培训等技术研究和推广工作。四是建立以企业为主，产、学、研结合的创新体制，国家采取财政补贴、贷款贴息等政策支持以绿色建筑相关企业为主体，研究单位和高校积极参与的技术创新体系，推动技术进步，占领技术与产业的制高点。五是加快绿色建筑核心技术体系研究，推动规模化技术集成与示范，包括突破建筑节能核心技术，推动可再生能源建筑规模化应用；开展住区环境质量控制和关键技术，改善提升室内外环境品质；发展节水关键技术，提升绿色建筑节水与水资源综合利用品质；建立节能改造性能与施工协同技术，推动建筑可持续改造；加强适用绿色技术集成研究，推动低成本绿色建筑技术示范；加快绿色施工、预制装配技术研发，推动绿色建造发展。六是加大高强钢筋、高性能混凝土、防火与保温性能优良的建筑保温材料等绿色建材的推广力度。建设绿色建筑材料、产品、设备等产业化基地，带动绿色建材、节能环保和可再生能源等行业的发展。七是定期发布技术、产品推广、限制和禁止使用目录，促进绿色建筑技术和产品的优化和升级。八是金融机构要加大对绿色环保产业的资金支持，对于生产绿色环保产品的企业实施贷款贴息等政策。

（七）完善经济激励政策

一是支持绿色生态城区建设，资金补助基准为5000万元，具体根据绿色生态城区规划建设水平、绿色建筑建设规模、评价等级、能力建设情况等因素综合核定。对规划建设水平高、建设规模大、能力建设突出的绿色生态城区，将相应调增补助额度。支持地方因地制宜开展绿色建筑法规、标准编制和支撑技术、能力、产业体系形成及示范工程。鼓励地方因地制宜创新资金运用方式，放大资金使用效益。二是对二星级及以上的绿色建筑给予奖励。二星级绿色建筑45元/平方米（建筑面积，下同），三星级绿色建筑80元/平方米。奖励标准将根据技术进步、成本变化等情况进行调整。三是住房城乡建设主管部门制定绿色建筑定额，据此作为政府投资的绿色建筑项目的增量投资预算额度，对满足绿色建筑要求的项目给予快速立项的优惠。四是绿色建筑奖励及补助资金、可再生能源建筑应用资金向保障性住房及公益性行业倾斜，达到高星级奖励标准的优先奖励，保障性住房发展一星级绿色建筑达到一定规模的也将优先给予定额补助。五是改进和完善对绿色建筑的金融服务，金融机构可对购买绿色住宅的消费者在购房贷款利率上给予适当优惠。六是研究制定对经标识后的绿色建筑给予开发商容积率返还的优惠政策。

（八）加强能力建设

一是大力扶持绿色建筑咨询、规划、设计、施工、评价、运行维护企业发展，提供绿色建筑全过程咨询服务。二是完善绿色建筑创新奖评奖机制，奖励绿色建筑领域的新建筑、新创意、新技术的因地制宜应用，大力发展乡土绿色建筑。三是加强绿色建筑全过程包括规划、设计、建造、运营、拆除从业主体的资质准入，保证绿色建筑的质量和市场有序竞争。四是建立绿色建筑从业人员（咨询、规划、设计、施工、评价、运行管理等从业人员）定期培训机制，对绿色建筑现行政策、标准、新技术进行宣贯。五是加强高等学校绿色建筑相关学科建设，培养绿色建筑专业人才。

（九）开展宣传培训

一是利用电视、报纸、网络等渠道普及绿色建筑知识，提高群众对绿色建筑的认识，树立绿色节能意识，形成良好的社会氛围。二是加大绿色建筑的相关政策措施和实施效果的宣传力度，使绿色建筑深入人心。三是加强国际交流与合作，促进绿色建筑理念的发展与提升。

四、建筑市场监管类

关于进一步加强房屋建筑和市政工程项目招标投标监督管理工作的指导意见

建市〔2012〕61号

各省、自治区住房和城乡建设厅，直辖市建委（建设交通委），新疆生产建设兵团建设局：

为全面贯彻《招标投标法实施条例》，深入落实工程建设领域突出问题专项治理有关要求，进一步规范房屋建筑和市政工程项目（以下简称房屋市政工程项目）招标投标活动，严厉打击招标投标过程中存在的规避招标、串通投标、以他人名义投标、弄虚作假等违法违规行为，维护建筑市场秩序，保障工程质量和安全，现就加强房屋市政工程项目招标投标监管有关重点工作提出如下意见。

一、依法履行招标投标监管职责，做好招标投标监管工作

招标投标活动是房屋市政工程项目建设的重要环节，加强招标投标监管是住房城乡建设主管部门履行建筑市场监管职责，规范建筑市场秩序，确保工程质量安全的重要手段。各地住房城乡建设主管部门要认真贯彻落实《招标投标法实施条例》，在全面清理现有规定的同时，抓紧完善配套法规和相关制度。按照法律法规等规定，依法履行房屋市政工程项目招标投标监管职责，合理配置监管资源，重点加强政府和国有投资房屋市政工程项目招标投标监管，探索优化非国有投资房屋市政工程项目的监管方式。加强招标投标过程监督和标后监管，形成"两场联动"监管机制，依法查处违法违规行为。加强有形市场（招标投标交易场所）建设，推进招标投标监管工作的规范化、标准化和信息化。加强与纪检监察部门的联动，加强管理、完善制度、堵塞漏洞。探索引入社会监督机制，建立招标投标特邀监督员、社会公众旁听等制度，提高招标投标工作的透明度。

二、加快推行电子招标投标，提高监管效率

电子招标投标是一种新型工程交易方式，有利于降低招标投标成本，方便各方当事人，提高评标效率，减少人为因素干扰，遏制弄虚作假行为，增加招标投标活动透明度，保证招标投标活动的公开、公平和公正，预防和减少腐败现象的发生。各省级住房城乡建设主管部门要充分认识推行电子招标投标的重要意义，统一规划，稳步推进，避免重复建设。可依托有形市场，按照科学、安全、高效、透明的原则，健全完善房屋市政工程项目电子招标投标系统。通过推行电子招标投标，实现招标投标交易、服务、监管和监察的全过程电子化。电子招标投标应当包括招标投标活动各类文件无纸化、工作流程网络化、计算机辅助评标、异地远程评标、招标投标档案电子化管理、电子监察等。各地住房城乡建设主管部门在积极探索完善电子招标投标系统的同时，应当逐步实现与行业注册人员、企业和房屋市政工程项目等数据库对接，不断提高监管效率。

各地住房城乡建设主管部门应当在电子招标投标系统功能建设、维护等方面给予政策、资金、人员和设施等支持，确保电子招标投标系统建设稳步推进。

三、建立完善综合评标专家库，探索开展标后评估制度

住房城乡建设部在2012年底前建立全国房屋市政工程项目综合评标专家库，研究制定评标专家特别是资深和稀缺专业评标专家标准及管理使用办法。各省级住房城乡建设主管部门应当按照我部的统一部署和要求,在 2013 年 6 月底前将本地区的房屋市政工程项目评标专家库与全国房屋市政工程项目综合评标专家库对接,逐步实现评标专家资源共享和评标专家异地远程评标,为招标人跨地区乃至在全国范围内选择评标专家提供服务。

各地住房城乡建设主管部门要研究出台评标专家管理和使用办法,健全完善对评标专家的入库审查、考核培训、动态监管和抽取监督等管理制度,加强对评标专家的管理,严格履行对评标专家的监管职责。研究建立住房城乡建设系统标后评估制度,推选一批"品德正、业务精、经验足、信誉好"的资深评标专家,对评标委员会评审情况和评标报告进行抽查和后评估,查找分析专家评标过程中存在的突出问题,提出评价建议,不断提高评标质量。对于不能胜任评标工作或者有不良行为记录的评标专家,应当暂停或者取消其评标专家资格;对于有违法违规行为、不能公正履行职责的评标专家,应当依法从严查处、清出。

四、利用好现有资源,充分发挥有形市场作用

招标投标监管是建筑市场监管的源头,有形市场作为房屋市政工程项目交易服务平台,对于加强建筑市场交易活动管理和施工现场质量安全行为管理,促进"两场联动"具有重要意义。各地住房城乡建设主管部门要从实际出发,充分利用有形市场现有场地、人员、设备、信息及专业管理经验等资源,进一步完善有形市场服务功能,加强有形市场设施建设,为房屋市政工程项目招标投标活动和建筑市场监管、工程项目建设实施和质量安全监督、诚信体系建设等提供数据信息支持,为建设工程招标投标活动提供优良服务。各地住房城乡建设主管部门要按照《关于开展工程建设领域突出问题专项治理工作的意见》(中办发〔2009〕27 号)提出的"统一进场、集中交易、行业监管、行政监察"要求,加强对有形市场的管理,创新考核机制,强化对有形市场建设的监督、指导,严格规范有形市场的收费,坚决取消不合理的收费项目,及时研究、解决实际工作中遇到的困难和问题,继续做好与纪检监察及其他有关部门的协调配合工作。

五、加强工程建设项目招标代理机构资格管理,规范招标投标市场秩序

依据《招标投标法》及相关规定,从事工程建设项目招标代理业务的机构,应当依法取得国务院住房城乡建设主管部门或者省级人民政府住房城乡建设主管部门认定的工程建设项目招标代理机构资格,并在其资格许可的范围内从事相应的工程建设项目招标代理业务。各地住房城乡建设主管部门要依法严格执行工程建设项目招标代理机构资格市场准入和清出制度,加强对工程建设项目招标代理机构及其从业人员的动态监管,严肃查处工程建设项目招标代理机构挂靠出让资格、泄密、弄虚作假、串通投标等违法行为。对于有违法违规行为的工程建设项目招标代理机构和从业人员,要按照《关于印发〈建筑市场诚信行为信息管理办法〉的通知》(建市〔2007〕9 号)和《关于印发〈全国建筑市场注册执业人员不良行为记录认定标准〉(试行)的通知》(建办市〔2011〕38 号)要求,及时记入全国建筑市场主体不良行为记录,通过全国建筑市场诚信信息平台向全社会公布,营造"诚信激励、失信惩戒"的市场氛围。

各地住房城乡建设主管部门要加强工程建设项目招标代理合同管理。工程建设项目招标代理机构与招标人签订的书面委托代理合同应当明确招标代理项目负责人,项目负责人应当是具有工程建设类注册执业资格的本单位在职人员。工程建设项目招标代理机构从业人员应当具备相应能力,办理工程建设项目招标代理业务应当实行实名制,并对所代理业务承担相应责任。工程建设项目招标代理合同应当报当地住房城乡建设主管部门备案。

六、加强招标公告管理,加大招标投标过程公开公示力度

公开透明是从源头预防和遏制腐败的治本之策,是实现招标投标"公开、公平、公正"的重要途径。各地住房城乡建设主管部门应当加强招标公告管理,房屋市政工程项目招标人应当通过有形市场发布资格预审公告或者招标公告。有形市场应当建立与法定招标公告发布媒介的有效链接。资格预审公告或招标公告内容应当真实合法,不得设定与招标项目的具体特点和实际需要不相适应的不合理条件限制和排斥潜在投标人。

各地住房城乡建设主管部门要进一步健全中标候选人公示制度,依法必须进行招标的项目,招标人应当在有形市场公示中标候选人。公示应当包括以下内容:评标委员会推荐的中标候选人名单及其排序;采用资格预审方式的,资格预审的结果;唱标记录;投标文件被判定为废标的投标人名称、废

标原因及其依据；评标委员会对投标报价给予修正的原因、依据和修正结果；评标委员会成员对各投标人投标文件的评分；中标价和中标价中包括的暂估价、暂列金额等。

各地住房城乡建设主管部门要认真执行《招标投标法》、《招标投标法实施条例》等法律法规和本指导意见，不断总结完善招标投标监管成熟经验做法，狠抓制度配套落实，切实履行好房屋市政工程招标投标监管职责，不断规范招标投标行为，促进建筑市场健康发展。

中华人民共和国住房和城乡建设部
二〇一二年四月十八日

关于印发《建设工程监理合同（示范文本）》的通知

建市〔2012〕46号

各省、自治区住房和城乡建设厅、工商行政管理局，直辖市建委（建交委）、工商行政管理局，新疆生产建设兵团建设局、工商局，国务院有关部门建设司，国资委管理的有关企业：

为规范建设工程监理活动，维护建设工程监理合同当事人的合法权益，住房和城乡建设部、国家工商行政管理总局对《建设工程委托监理合同（示范文本）》（GF-2000-2002）进行了修订，制定了《建设工程监理合同（示范文本）》（GF—2012—0202），现印发给你们，供参照执行。在推广使用过程中，有何问题请与住房和城乡建设部建筑市场监管司、国家工商行政管理总局市场规范管理司联系。

本合同自颁布之日起执行，原《建设工程委托监理合同（示范文本）》（GF-2000-2002）同时废止。

附件：《建设工程监理合同（示范文本）》（GF—2012—0202）

中华人民共和国住房和城乡建设部
中华人民共和国国家工商行政管理总局
二〇一二年三月二十七日

建设工程监理合同
（示范文本）

住房和城乡建设部
国家工商行政管理总局　制定

第一部分　协议书

委托人（全称）：＿＿＿＿＿＿＿＿＿＿
监理人（全称）：＿＿＿＿＿＿＿＿＿＿

根据《中华人民共和国合同法》、《中华人民共和国建筑法》及其他有关法律、法规，遵循平等、自愿、公平和诚信的原则，双方就下述工程委托监理与相关服务事项协商一致，订立本合同。

一、工程概况

1. 工程名称：＿＿＿＿＿＿＿＿＿＿；
2. 工程地点：＿＿＿＿＿＿＿＿＿＿；
3. 工程规模：＿＿＿＿＿＿＿＿＿＿；
4. 工程概算投资额或建筑安装工程费：＿＿＿＿。

二、词语限定

协议书中相关词语的含义与通用条件中的定义与解释相同。

三、组成本合同的文件

1. 协议书；
2. 中标通知书（适用于招标工程）或委托书（适用于非招标工程）；
3. 投标文件（适用于招标工程）或监理与相关服务建议书（适用于非招标工程）；
4. 专用条件；
5. 通用条件；
6. 附录，即：

附录 A　相关服务的范围和内容
附录 B　委托人派遣的人员和提供的房屋、资料、设备

本合同签订后，双方依法签订的补充协议也是本合同文件的组成部分。

四、总监理工程师

总监理工程师姓名：_____，身份证号码：_____，注册号：_____。

五、签约酬金

签约酬金（大写）：_____（￥_____）。

包括：

1. 监理酬金：_____。
2. 相关服务酬金：_____。

其中：

（1）勘察阶段服务酬金：_____。
（2）设计阶段服务酬金：_____。
（3）保修阶段服务酬金：_____。
（4）其他相关服务酬金：_____。

六、期限

1. 监理期限：

自____年____月____日始，至____年____月____日止。

2. 相关服务期限：

（1）勘察阶段服务期限自____年____月____日始，至____年____月____日止。
（2）设计阶段服务期限自____年____月____日始，至____年____月____日止。
（3）保修阶段服务期限自____年____月____日始，至____年____月____日止。
（4）其他相关服务期限自____年____月____日始，至____年____月____日止。

七、双方承诺

1. 监理人向委托人承诺，按照本合同约定提供监理与相关服务。
2. 委托人向监理人承诺，按照本合同约定派遣相应的人员，提供房屋、资料、设备，并按本合同约定支付酬金。

八、合同订立

1. 订立时间：____年____月____日。
2. 订立地点：_____。
3. 本合同一式____份，具有同等法律效力，双方各执____份。

委托人：（盖章）　监理人：（盖章）
住所：_____　住所：_____
邮政编码：_____　邮政编码：_____
法定代表人或其授权　法定代表人或其授权
的代理人：（签字）　的代理人：（签字）
开户银行：_____　开户银行：_____
账号：_____　账号：_____
电话：_____　电话：_____
传真：_____　传真：_____
电子邮箱：_____　电子邮箱：_____

第二部分　通用条件

1. 定义与解释

1.1　定义

除根据上下文另有其意义外，组成本合同的全部文件中的下列名词和用语应具有本款所赋予的含义：

1.1.1 "工程"是指按照本合同约定实施监理与相关服务的建设工程。

1.1.2 "委托人"是指本合同中委托监理与相关服务的一方，及其合法的继承人或受让人。

1.1.3 "监理人"是指本合同中提供监理与相关服务的一方，及其合法的继承人。

1.1.4 "承包人"是指在工程范围内与委托人签订勘察、设计、施工等有关合同的当事人，及其合法的继承人。

1.1.5 "监理"是指监理人受委托人的委托，依照法律法规、工程建设标准、勘察设计文件及合同，在施工阶段对建设工程质量、进度、造价进行控制，对合同、信息进行管理，对工程建设相关方的关系进行协调，并履行建设工程安全生产管理法定职责的服务活动。

1.1.6 "相关服务"是指监理人受委托人的委托，按照本合同约定，在勘察、设计、保修等阶段提供的服务活动。

1.1.7 "正常工作"指本合同订立时通用条件和专用条件中约定的监理人的工作。

1.1.8 "附加工作"是指本合同约定的正常工作以外监理人的工作。

1.1.9 "项目监理机构"是指监理人派驻工程负责履行本合同的组织机构。

1.1.10 "总监理工程师"是指由监理人的法定代表人书面授权，全面负责履行本合同、主持项目监理机构工作的注册监理工程师。

1.1.11 "酬金"是指监理人履行本合同义务，委托人按照本合同约定给付监理人的金额。

1.1.12 "正常工作酬金"是指监理人完成正常工作，委托人应给付监理人并在协议书中载明的签约酬金额。

1.1.13 "附加工作酬金"是指监理人完成附加工作，委托人应给付监理人的金额。

1.1.14 "一方"是指委托人或监理人；"双方"是指委托人和监理人；"第三方"是指除委托人和监理人以外的有关方。

1.1.15 "书面形式"是指合同书、信件和数据电文（包括电报、电传、传真、电子数据交换和电子邮件）等可以有形地表现所载内容的形式。

1.1.16 "天"是指第一天零时至第二天零时的时间。

1.1.17 "月"是指按公历从一个月中任何一天开始的一个公历月时间。

1.1.18 "不可抗力"是指委托人和监理人在订立本合同时不可预见，在工程施工过程中不可避免发生并不能克服的自然灾害和社会性突发事件，如地震、海啸、瘟疫、水灾、骚乱、暴动、战争和专用条件约定的其他情形。

1.2 解释

1.2.1 本合同使用中文书写、解释和说明。如专用条件约定使用两种及以上语言文字时，应以中文为准。

1.2.2 组成本合同的下列文件彼此应能相互解释、互为说明。除专用条件另有约定外，本合同文件的解释顺序如下：

（1）协议书；

（2）中标通知书（适用于招标工程）或委托书（适用于非招标工程）；

（3）专用条件及附录A、附录B；

（4）通用条件；

（5）投标文件（适用于招标工程）或监理与相关服务建议书（适用于非招标工程）。

双方签订的补充协议与其他文件发生矛盾或歧义时，属于同一类内容的文件，应以最新签署的为准。

2. 监理人的义务

2.1 监理的范围和工作内容

2.1.1 监理范围在专用条件中约定。

2.1.2 除专用条件另有约定外，监理工作内容包括：

（1）收到工程设计文件后编制监理规划，并在第一次工地会议7天前报委托人。根据有关规定和监理工作需要，编制监理实施细则；

（2）熟悉工程设计文件，并参加由委托人主持的图纸会审和设计交底会议；

（3）参加由委托人主持的第一次工地会议；主持监理例会并根据工程需要主持或参加专题会议；

（4）审查施工承包人提交的施工组织设计，重点审查其中的质量安全技术措施、专项施工方案与工程建设强制性标准的符合性；

（5）检查施工承包人工程质量、安全生产管理制度及组织机构和人员资格；

（6）检查施工承包人专职安全生产管理人员的配备情况；

（7）审查施工承包人提交的施工进度计划，核查承包人对施工进度计划的调整；

（8）检查施工承包人的试验室；

（9）审核施工分包人资质条件；

（10）查验施工承包人的施工测量放线成果；

（11）审查工程开工条件，对条件具备的签发开工令；

（12）审查施工承包人报送的工程材料、构配件、设备质量证明文件的有效性和符合性，并按规定对用于工程的材料采取平行检验或见证取样方式进行抽检；

（13）审核施工承包人提交的工程款支付申请，签发或出具工程款支付证书，并报委托人审核、批准；

（14）在巡视、旁站和检验过程中，发现工程质量、施工安全存在事故隐患的，要求施工承包人整改并报委托人；

（15）经委托人同意，签发工程暂停令和复工令；

（16）审查施工承包人提交的采用新材料、新工艺、新技术、新设备的论证材料及相关验收标准；

（17）验收隐蔽工程、分部分项工程；

（18）审查施工承包人提交的工程变更申请，协调处理施工进度调整、费用索赔、合同争议等事项；

（19）审查施工承包人提交的竣工验收申请，编写工程质量评估报告；

（20）参加工程竣工验收，签署竣工验收意见；

（21）审查施工承包人提交的竣工结算申请并报委托人；

（22）编制、整理工程监理归档文件并报委托人。

2.1.3 相关服务的范围和内容在附录A中约定。

2.2 监理与相关服务依据

2.2.1 监理依据包括：

（1）适用的法律、行政法规及部门规章；

（2）与工程有关的标准；

(3) 工程设计及有关文件；

(4) 本合同及委托人与第三方签订的与实施工程有关的其他合同。

双方根据工程的行业和地域特点，在专用条件中具体约定监理依据。

2.2.2 相关服务依据在专用条件中约定。

2.3 项目监理机构和人员

2.3.1 监理人应组建满足工作需要的项目监理机构，配备必要的检测设备。项目监理机构的主要人员应具有相应的资格条件。

2.3.2 本合同履行过程中，总监理工程师及重要岗位监理人员应保持相对稳定，以保证监理工作正常进行。

2.3.3 监理人可根据工程进展和工作需要调整项目监理机构人员。监理人更换总监理工程师时，应提前7天向委托人书面报告，经委托人同意后方可更换；监理人更换项目监理机构其他监理人员，应以相当资格与能力的人员替换，并通知委托人。

2.3.4 监理人应及时更换有下列情形之一的监理人员：

(1) 严重过失行为的；

(2) 有违法行为不能履行职责的；

(3) 涉嫌犯罪的；

(4) 不能胜任岗位职责的；

(5) 严重违反职业道德的；

(6) 专用条件约定的其他情形。

2.3.5 委托人可要求监理人更换不能胜任本职工作的项目监理机构人员。

2.4 履行职责

监理人应遵循职业道德准则和行为规范，严格按照法律法规、工程建设有关标准及本合同履行职责。

2.4.1 在监理与相关服务范围内，委托人和承包人提出的意见和要求，监理人应及时提出处置意见。当委托人与承包人之间发生合同争议时，监理人应协助委托人、承包人协商解决。

2.4.2 当委托人与承包人之间的合同争议提交仲裁机构仲裁或人民法院审理时，监理人应提供必要的证明资料。

2.4.3 监理人应在专用条件约定的授权范围内，处理委托人与承包人所签订合同的变更事宜。如果变更超过授权范围，应以书面形式报委托人批准。

在紧急情况下，为了保护财产和人身安全，监理人所发出的指令未能事先报委托人批准时，应在发出指令后的24小时内以书面形式报委托人。

2.4.4 除专用条件另有约定外，监理人发现承包人的人员不能胜任本职工作的，有权要求承包人予以调换。

2.5 提交报告

监理人应按专用条件约定的种类、时间和份数向委托人提交监理与相关服务的报告。

2.6 文件资料

在本合同履行期内，监理人应在现场保留工作所用的图纸、报告及记录监理工作的相关文件。工程竣工后，应当按照档案管理规定将监理有关文件归档。

2.7 使用委托人的财产

监理人无偿使用附录B中由委托人派遣的人员和提供的房屋、资料、设备。除专用条件另有约定外，委托人提供的房屋、设备属于委托人的财产，监理人应妥善使用和保管，在本合同终止时将这些房屋、设备的清单提交委托人，并按专用条件约定的时间和方式移交。

3. 委托人的义务

3.1 告知

委托人应在委托人与承包人签订的合同中明确监理人、总监理工程师和授予项目监理机构的权限。如有变更，应及时通知承包人。

3.2 提供资料

委托人应按照附录B约定，无偿向监理人提供工程有关的资料。在本合同履行过程中，委托人应及时向监理人提供最新的与工程有关的资料。

3.3 提供工作条件

委托人应为监理人完成监理与相关服务提供必要的条件。

3.3.1 委托人应按照附录B约定，派遣相应的人员，提供房屋、设备，供监理人无偿使用。

3.3.2 委托人应负责协调工程建设中所有外部关系，为监理人履行本合同提供必要的外部条件。

3.4 委托人代表

委托人应授权一名熟悉工程情况的代表，负责与监理人联系。委托人应在双方签订本合同后7天内，将委托人代表的姓名和职责书面告知监理人。当委托人更换委托人代表时，应提前7天通知监理人。

3.5 委托人意见或要求

在本合同约定的监理与相关服务工作范围内，

委托人对承包人的任何意见或要求应通知监理人，由监理人向承包人发出相应指令。

3.6 答复

委托人应在专用条件约定的时间内，对监理人以书面形式提交并要求作出决定的事宜，给予书面答复。逾期未答复的，视为委托人认可。

3.7 支付

委托人应按本合同约定，向监理人支付酬金。

4. 违约责任

4.1 监理人的违约责任

监理人未履行本合同义务的，应承担相应的责任。

4.1.1 因监理人违反本合同约定给委托人造成损失的，监理人应当赔偿委托人损失。赔偿金额的确定方法在专用条件中约定。监理人承担部分赔偿责任的，其承担赔偿金额由双方协商确定。

4.1.2 监理人向委托人的索赔不成立时，监理人应赔偿委托人由此发生的费用。

4.2 委托人的违约责任

委托人未履行本合同义务的，应承担相应的责任。

4.2.1 委托人违反本合同约定造成监理人损失的，委托人应予以赔偿。

4.2.2 委托人向监理人的索赔不成立时，应赔偿监理人由此引起的费用。

4.2.3 委托人未能按期支付酬金超过28天，应按专用条件约定支付逾期付款利息。

4.3 除外责任

因非监理人的原因，且监理人无过错，发生工程质量事故、安全事故、工期延误等造成的损失，监理人不承担赔偿责任。

因不可抗力导致本合同全部或部分不能履行时，双方各自承担其因此而造成的损失、损害。

5. 支付

5.1 支付货币

除专用条件另有约定外，酬金均以人民币支付。涉及外币支付的，所采用的货币种类、比例和汇率在专用条件中约定。

5.2 支付申请

监理人应在本合同约定的每次应付款时间的7天前，向委托人提交支付申请书。支付申请书应当说明当期应付款总额，并列出当期应支付的款项及其金额。

5.3 支付酬金

支付的酬金包括正常工作酬金、附加工作酬金、合理化建议奖励金额及费用。

5.4 有争议部分的付款

委托人对监理人提交的支付申请书有异议时，应当在收到监理人提交的支付申请书后7天内，以书面形式向监理人发出异议通知。无异议部分的款项应按期支付，有异议部分的款项按第7条约定办理。

6. 合同生效、变更、暂停、解除与终止

6.1 生效

除法律另有规定或者专用条件另有约定外，委托人和监理人的法定代表人或其授权代理人在协议书上签字并盖单位章后本合同生效。

6.2 变更

6.2.1 任何一方提出变更请求时，双方经协商一致后可进行变更。

6.2.2 除不可抗力外，因非监理人原因导致监理人履行合同期限延长、内容增加时，监理人应当将此情况与可能产生的影响及时通知委托人。增加的监理工作时间、工作内容应视为附加工作。附加工作酬金的确定方法在专用条件中约定。

6.2.3 合同生效后，如果实际情况发生变化使得监理人不能完成全部或部分工作时，监理人应立即通知委托人。除不可抗力外，其善后工作以及恢复服务的准备工作应为附加工作，附加工作酬金的确定方法在专用条件中约定。监理人用于恢复服务的准备时间不应超过28天。

6.2.4 合同签订后，遇有与工程相关的法律法规、标准颁布或修订的，双方应遵照执行。由此引起监理与相关服务的范围、时间、酬金变化的，双方应通过协商进行相应调整。

6.2.5 因非监理人原因造成工程概算投资额或建筑安装工程费增加时，正常工作酬金应作相应调整。调整方法在专用条件中约定。

6.2.6 因工程规模、监理范围的变化导致监理人的正常工作量减少时，正常工作酬金应作相应调整。调整方法在专用条件中约定。

6.3 暂停与解除

除双方协商一致可以解除本合同外，当一方无正当理由未履行本合同约定的义务时，另一方可以根据本合同约定暂停履行本合同直至解除本合同。

6.3.1 在本合同有效期内，由于双方无法预见和控制的原因导致本合同全部或部分无法继续履行或继续履行已无意义，经双方协商一致，可以解除本合同或监理人的部分义务。在解除之前，监理人应作出合理安排，使开支减至最小。

因解除本合同或解除监理人的部分义务导致监理人遭受的损失，除依法可以免除责任的情况外，应由委托人予以补偿，补偿金额由双方协商确定。

解除本合同的协议必须采取书面形式，协议未达成之前，本合同仍然有效。

6.3.2 在本合同有效期内，因非监理人的原因导致工程施工全部或部分暂停，委托人可通知监理人要求暂停全部或部分工作。监理人应立即安排停止工作，并将开支减至最小。除不可抗力外，由此导致监理人遭受的损失应由委托人予以补偿。

暂停部分监理与相关服务时间超过182天，监理人可发出解除本合同约定的该部分义务的通知；暂停全部工作时间超过182天，监理人可发出解除本合同的通知，本合同自通知到达委托人时解除。委托人应将监理与相关服务的酬金支付至本合同解除日，且应承担第4.2款约定的责任。

6.3.3 当监理人无正当理由未履行本合同约定的义务时，委托人应通知监理人限期改正。若委托人在监理人接到通知后的7天内未收到监理人书面形式的合理解释，则可在7天内发出解除本合同的通知，自通知到达监理人时本合同解除。委托人应将监理与相关服务的酬金支付至限期改正通知到达监理人之日，但监理人应承担第4.1款约定的责任。

6.3.4 监理人在专用条件5.3中约定的支付之日起28天后仍未收到委托人按本合同约定应付的款项，可向委托人发出催付通知。委托人接到通知14天后仍未支付或未提出监理人可以接受的延期支付安排，监理人可向委托人发出暂停工作的通知并可自行暂停全部或部分工作。暂停工作后14天内监理人仍未获得委托人应付酬金或委托人的合理答复，监理人可向委托人发出解除本合同的通知，自通知到达委托人时本合同解除。委托人应承担第4.2.3款约定的责任。

6.3.5 因不可抗力致使本合同部分或全部不能履行时，一方应立即通知另一方，可暂停或解除本合同。

6.3.6 本合同解除后，本合同约定的有关结算、清理、争议解决方式的条款仍然有效。

6.4 终止

以下条件全部满足时，本合同即告终止：

(1) 监理人完成本合同约定的全部工作；

(2) 委托人与监理人结清并支付全部酬金。

7. 争议解决

7.1 协商

双方应本着诚信原则协商解决彼此间的争议。

7.2 调解

如果双方不能在14天内或双方商定的其他时间内解决本合同争议，可以将其提交给专用条件约定的或事后达成协议的调解人进行调解。

7.3 仲裁或诉讼

双方均有权不经调解直接向专用条件约定的仲裁机构申请仲裁或向有管辖权的人民法院提起诉讼。

8. 其他

8.1 外出考察费用

经委托人同意，监理人员外出考察发生的费用由委托人审核后支付。

8.2 检测费用

委托人要求监理人进行的材料和设备检测所发生的费用，由委托人支付，支付时间在专用条件中约定。

8.3 咨询费用

经委托人同意，根据工程需要由监理人组织的相关咨询论证会以及聘请相关专家等发生的费用由委托人支付，支付时间在专用条件中约定。

8.4 奖励

监理人在服务过程中提出的合理化建议，使委托人获得经济效益的，双方在专用条件中约定奖励金额的确定方法。奖励金额在合理化建议被采纳后，与最近一期的正常工作酬金同期支付。

8.5 守法诚信

监理人及其工作人员不得从与实施工程有关的第三方处获得任何经济利益。

8.6 保密

双方不得泄露对方申明的保密资料，亦不得泄露与实施工程有关的第三方所提供的保密资料，保密事项在专用条件中约定。

8.7 通知

本合同涉及的通知均应当采用书面形式，并在送达对方时生效，收件人应书面签收。

8.8 著作权

监理人对其编制的文件拥有著作权。

监理人可单独或与他人联合出版有关监理与相关服务的资料。除专用条件另有约定外，如果监理人在本合同履行期间及本合同终止后两年内出版涉及本工程的有关监理与相关服务的资料，应当征得委托人的同意。

第三部分 专用条件

1. 定义与解释

1.2 解释

1.2.1 本合同文件除使用中文外，还可用_____。

1.2.2 约定本合同文件的解释顺序为：_____
_____。
2. 监理人义务
2.1 监理的范围和内容
2.1.1 监理范围包括：_____。
2.1.2 监理工作内容还包括：_____。
2.2 监理与相关服务依据
2.2.1 监理依据包括：
2.2.2 相关服务依据包括：_____。
2.3 项目监理机构和人员
2.3.4 更换监理人员的其他情形：_____。
2.4 履行职责
2.4.3 对监理人的授权范围：_____。
在涉及工程延期_____天内和（或）金额_____万元内的变更，监理人不需请示委托人即可向承包人发布变更通知。
2.4.4 监理人有权要求承包人调换其人员的限制条件：_____。
2.5 提交报告
监理人应提交报告的种类（包括监理规划、监理月报及约定的专项报告）、时间和份数：_____。
2.7 使用委托人的财产
附录B中由委托人无偿提供的房屋、设备的所有权属于：_____。
监理人应在本合同终止后____天内移交委托人无偿提供的房屋、设备，移交的时间和方式为：_____。
3. 委托人义务
3.4 委托人代表
委托人代表为：_____。
3.6 答复
委托人同意在____天内，对监理人书面提交并要求做出决定的事宜给予书面答复。
4. 违约责任
4.1 监理人的违约责任
4.1.1 监理人赔偿金额按下列方法确定：
赔偿金＝直接经济损失×正常工作酬金÷工程概算投资额（或建筑安装工程费）
4.2 委托人的违约责任
4.2.3 委托人逾期付款利息按下列方法确定：
逾期付款利息＝当期应付款总额×银行同期贷款利率×拖延支付天数
5. 支付
5.1 支付货币
币种为：____，比例为：____，汇率为：____。

5.3 支付酬金
正常工作酬金的支付：

支付次数	支付时间	支付比例	支付金额（万元）
首付款	本合同签订后7天内		
第二次付款			
第三次付款			
……			
最后付款	监理与相关服务期届满14天内		

6. 合同生效、变更、暂停、解除与终止
6.1 生效
本合同生效条件：_____。
6.2 变更
6.2.2 除不可抗力外，因非监理人原因导致本合同期限延长时，附加工作酬金按下列方法确定：
附加工作酬金＝本合同期限延长时间（天）×正常工作酬金÷协议书约定的监理与相关服务期限（天）
6.2.3 附加工作酬金按下列方法确定：
附加工作酬金＝善后工作及恢复服务的准备工作时间（天）×正常工作酬金÷协议书约定的监理与相关服务期限（天）
6.2.5 正常工作酬金增加额按下列方法确定：
正常工作酬金增加额＝工程投资额或建筑安装工程费增加额×正常工作酬金÷工程概算投资额（或建筑安装工程费）
6.2.6 因工程规模、监理范围的变化导致监理人的正常工作量减少时，按减少工作量的比例从协议书约定的正常工作酬金中扣减相同比例的酬金。
7. 争议解决
7.2 调解
本合同争议进行调解时，可提交_____进行调解。
7.3 仲裁或诉讼
合同争议的最终解决方式为下列第____种方式：
（1）提请_____仲裁委员会进行仲裁。
（2）向_____人民法院提起诉讼。
8. 其他
8.2 检测费用
委托人应在检测工作完成后____天内支付检测费用。
8.3 咨询费用
委托人应在咨询工作完成后____天内支付咨询费用。
8.4 奖励

合理化建议的奖励金额按下列方法确定为：

奖励金额＝工程投资节省额×奖励金额的比率；

奖励金额的比率为_____％。

8.6 保密

委托人申明的保密事项和期限：_____。

监理人申明的保密事项和期限：_____。

第三方申明的保密事项和期限：_____。

8.8 著作权

监理人在本合同履行期间及本合同终止后两年内出版涉及本工程的有关监理与相关服务的资料的限制条件：_____。

9. 补充条款_____。

附录A 相关服务的范围和内容

A-1 勘察阶段：_____。

A-2 设计阶段：_____。

A-3 保修阶段：_____。

A-4 其他（专业技术咨询、外部协调工作等）：_____。

附录B 委托人派遣的人员和提供的房屋、资料、设备

委托人派遣的人员　　　　B-1

名称	数量	工作要求	提供时间
1. 工程技术人员			
2. 辅助工作人员			
3. 其他人员			

委托人提供的房屋　　　　B-2

名称	数量	面积	提供时间
1. 办公用房			
2. 生活用房			
3. 试验用房			
4. 样品用房			
用餐及其他生活条件			

委托人提供的资料　　　　B-3

名称	份数	提供时间	备注
1. 工程立项文件			
2. 工程勘察文件			
3. 工程设计及施工图纸			
4. 工程承包合同及其他相关合同			
5. 施工许可文件			
6. 其他文件			

委托人提供的设备　　　　B-4

名称	数量	型号与规格	提供时间
1. 通讯设备			
2. 办公设备			
3. 交通工具			
4. 检测和试验设备			

住房城乡建设部办公厅关于建筑智能化等工程设计与施工资质延续有关问题的通知

建办市〔2012〕33号

各省、自治区住房和城乡建设厅，直辖市建委（建交委）、北京市规划委，新疆生产建设兵团建设局，国务院有关部门建设司（局），总后基建营房部工程局，有关中央企业：

为做好建筑智能化工程、消防设施工程、建筑装饰装修工程、建筑幕墙工程设计与施工资质（以下简称"设计与施工资质"）的延续工作，根据《建筑业企业资质管理规定》（建设部令第159号）和《建设工程勘察设计资质管理规定》（建设部令第160号）等有关规定，现就有关事宜通知如下：

一、资质有效期届满，上述企业需要延续资质证书有效期的，应当在资质证书有效期届满60日前，向资质许可机关提出资质证书延续申请。

二、对在资质有效期内遵守有关法律、法规、规章、技术标准，信用档案中无不良行为记录，且注册资本金、专业技术人员满足资质标准要求的企业，经资质许可机关同意，有效期延续5年。

三、对于资质条件发生变化,不符合现有设计与施工资质标准要求的企业,资质许可机关不予批准其资质延续申请。企业可申请设计与施工资质重新核定,最高核定其原有资质等级的下一级资质。

四、申请资质延续,目前暂不考核注册电气工程师,可由具有电气或相近专业(发电、输变电、供配电、建筑电气、电气传动、电力系统、工企自动化、自控、机电一体化、机电安装、计算机应用等)中级及以上职称,10年以上本专业从业经历的专业技术人员替代。

五、申请资质延续,需提交以下材料:

(一)设计与施工资质申请表及电子文档;

(二)企业法人营业执照副本复印件;

(三)原设计与施工资质证书副本复印件;

(四)企业注册执业人员的身份证明复印件、加盖执业印章的注册证书复印件、个人业绩证明(资质标准中要求提供的);

(五)企业非注册专业技术人员的身份证明、职称证书、毕业证书等复印件、个人业绩证明(资质标准中要求提供的);

(六)企业专业技术人员(包括注册和非注册人员)与现聘用单位签定的劳动合同及申报之日前近三个月的社会保险证明。

对在资质有效期内发生质量安全事故、存在违法违规行为或信用档案中有其他不良行为记录的企业,应当提供相关主管部门出具的违法违规行为等整改情况的相关材料。

六、资质证书有效期届满,企业未提出延续申请的,资质许可机关依法注销该企业资质,并公告其资质证书作废。

七、本通知自印发之日起执行。

执行中有何问题和建议请与我部建筑市场监管司联系。

联系电话:010-58934626

中华人民共和国住房和城乡建设部办公厅
2012年9月18日

住房城乡建设部办公厅关于2012年上半年全国建设工程企业及注册执业人员违法违规行为查处情况的通报

各省、自治区住房城乡建设厅,直辖市建委(建交委),北京市规划委,新疆生产建设兵团建设局:

今年以来,为加强建筑市场动态监管,整顿建筑市场秩序,各地住房城乡建设主管部门加大了建筑市场违法违规行为查处力度,对建设工程企业各类违法违规行为进行了处罚。现将各地住房城乡建设主管部门2012年上半年对建设工程企业及注册执业人员违法违规行为查处情况通报如下:

一、2012年上半年建设工程企业违法违规行为查处情况

(一)总体查处情况

2012年上半年各地住房城乡建设主管部门共查处存在违法违规行为建设工程企业7905家。

按查处类型划分:撤销、撤回资质2923家,占36.98%;注销资质535家,占6.77%;吊销资质523家,占6.62%;降级资质15家,占0.19%;警告罚款1837家,占23.24%;暂扣安全生产许可证201家,占2.54%;停业整顿169家,占2.14%;暂停招投标455家,占5.75%;通报批评1247家,占15.77%(见附件1)。

按企业类型划分:工程勘察设计企业260家,占3.29%;建筑业企业7007家,占88.64%;工程监理企业561家,占7.09%;招标代理机构25家,占0.32%;设计施工一体化企业52家,占0.66%(见附件2)。

(二)各地查处情况

2012年上半年全国给予撤销撤回资质处罚企业共2923家,给予该类处罚较多的省份有江苏(2200家)、四川(448家),而天津、河北、内蒙古、辽宁、吉林、上海、安徽、福建、江西、湖北、湖南、广西、海南、贵州、云南、西藏、陕西、甘肃、宁夏、新疆没有该类处罚。

四、建筑市场监管类

2012年上半年全国给予注销资质处罚企业共535家,给予该类处罚较多的省份有广东(169家)、河南(125家)、北京(95家),而天津、辽宁、吉林、黑龙江、上海、江苏、安徽、江西、湖北、广西、海南、四川、贵州、云南、西藏、宁夏、新疆没有该类处罚。

2012年上半年全国给予吊销和降级资质处罚企业共538家,给予该类处罚较多的省份有新疆(462家)、四川(62家),而北京、天津、河北、山西、内蒙古、辽宁、浙江、安徽、福建、山东、河南、湖南、广东、广西、海南、重庆、贵州、云南、西藏、陕西、青海、宁夏没有该类处罚(处罚名单见附件3)。

2012年上半年全国给予警告罚款处罚企业共1837家,给予该类处罚较多的省份有内蒙古(481家)、上海(320家)、北京(313家),而辽宁、江苏、安徽、福建、河南、湖南、西藏、陕西、青海没有该类处罚。

2012年上半年全国给予暂扣安全生产许可证处罚企业共201家,给予该类处罚较多的省份有黑龙江(34家)、吉林(32家)、上海(24家)、重庆(22家),而北京、天津、山西、山东、湖北、四川、西藏、甘肃没有该类处罚。

2012年上半年全国给予停业整顿处罚企业共169家,给予该类处罚较多的省份有山西(45家)、甘肃(27家)、广西(17家)、重庆(16家),而河北、内蒙古、辽宁、黑龙江、上海、浙江、安徽、福建、河南、湖南、云南、西藏、青海、宁夏、新疆没有该类处罚。

2012年上半年全国给予暂停招投标处罚企业共455家,给予该类处罚较多的省份有广东(234家)、四川(77家),而天津、河北、山西、辽宁、吉林、黑龙江、上海、安徽、福建、江西、湖北、湖南、云南、西藏、青海、宁夏、新疆没有该类处罚。

2012年上半年全国给予通报批评处罚企业共1247家,给予该类处罚较多的省份有广东(440家)、山东(176家)、内蒙古(160家)、浙江(137家),而天津、山西、辽宁、吉林、上海、江苏、安徽、四川、云南、西藏、陕西没有该类处罚。

二、2012年上半年注册执业人员违法违规行为查处情况

(一)总体查处情况

2012年上半年各地住房城乡建设主管部门共查处存在违法违规行为注册执业人员461人。

按查处类型划分:吊销执业资格7人,占1.52%;停止执业55人,占11.93%;警告罚款15人,占3.25%;通报批评192人,占41.65%;其他处罚192人,占41.65%(见附件4)。

按人员类型划分:注册建造师342人,占74.20%;注册监理工程师110人,占23.86%;勘察设计注册工程师7人,占1.52%;注册建筑师2人,占0.42%(见附件5)。

(二)各地查处情况

2012年上半年全国给予吊销执业资格处罚共7人,给予该类处罚较多的省份有江苏(2人)、河南(2人),而北京、天津、河北、山西、辽宁、吉林、黑龙江、浙江、安徽、福建、江西、山东、湖北、湖南、广东、广西、海南、重庆、贵州、云南、西藏、陕西、甘肃、青海、宁夏、新疆没有该类处罚。

2012年上半年全国给予停止执业处罚共55人,给予该类处罚较多的省份有广西(11人)、吉林(10人),而山西、黑龙江、浙江、安徽、福建、江西、山东、湖北、广东、四川、云南、西藏、陕西、甘肃、青海、宁夏、新疆没有该类处罚(处罚名单见附件6)。

2012年上半年全国给予警告罚款处罚共15人,给予该类处罚较多的省份有广东(6人)、内蒙古(3人)、浙江(3人),而北京、天津、河北、山西、辽宁、吉林、黑龙江、上海、江苏、安徽、福建、江西、山东、河南、湖北、湖南、海南、重庆、贵州、云南、西藏、陕西、甘肃、青海、宁夏、新疆没有该类处罚。

2012年上半年全国给予通报批评处罚共192人,给予该类处罚较多的省份有内蒙古(67人)、吉林(37人)、浙江(34人)、广东(30人),而北京、天津、河北、山西、辽宁、黑龙江、上海、江苏、安徽、江西、山东、湖北、湖南、广西、四川、重庆、贵州、云南、西藏、陕西、青海、宁夏、新疆没有该类处罚。

从统计数据看,各地对违法违规行为查处的"宽严"差别较大,有的处罚得较多、较严,有的处罚得较少、较轻,处罚种类不平衡。希望各地进一步提高加强建筑市场动态监管的重要性和紧迫性的认识,认真贯彻落实《规范住房城乡建设部工程建设行政处罚裁量权实施办法(试行)》和《住房城乡建设部工程建设行政处罚裁量基准(试行)》(建法〔2011〕6号),加大建筑市场违法违规行为的查处力度，依法清出不合格的企业和人员，促进建筑业健康发展。

附件：1. 2012年上半年建设工程企业违法违规行为查处情况表（按地区）（略）

2. 2012年上半年建设工程企业违法违规行为查处情况表（按企业类型）（略）

3. 2012年上半年建设工程企业吊销资质、降级资质处罚名单（略）

4. 2012年上半年注册执业人员违法违规行为查处情况表（按地区）（略）

5. 2012年上半年建设工程企业违法违规行为查处情况表（按人员类型）（略）

6. 2012年上半年注册执业人员吊销执业资格、停止执业处罚名单（略）

中华人民共和国住房和城乡建设部办公厅
2012年9月24日

五、工程质量安全监管类

关于贯彻落实《国务院关于坚持科学发展安全发展促进安全生产形势持续稳定好转的意见》的通知

建质〔2012〕6号

各省、自治区住房城乡建设厅，直辖市建委（建交委），新疆生产建设兵团建设局：

为贯彻落实《国务院关于坚持科学发展安全发展促进安全生产形势持续稳定好转的意见》（国发〔2011〕40号，以下简称《意见》）精神，进一步提高建筑安全生产管理水平，现就有关事项通知如下：

一、充分认识坚持科学发展安全发展的重要意义

安全生产事关人民群众生命财产安全，事关改革开放、经济发展和社会稳定大局，事关党和政府形象。多年来，各级住房城乡建设部门深入贯彻落实科学发展观，按照党中央、国务院决策部署，不断加大监管力度，建筑安全生产工作取得显著成绩。"十一五"期间，房屋市政工程生产安全事故总量逐年下降，较大事故得到有效控制。但当前，我国正处于快速发展阶段，建筑施工规模大，生产安全事故仍然易发多发。坚持科学发展安全发展是对安全生产实践经验的科学总结，是解决安全生产问题的根本途径，是经济发展社会进步的必然要求。各级住房城乡建设部门要认清形势，充分认识坚持科学发展安全发展的重要意义，进一步增强自觉性和坚定性，努力推进建筑安全生产各项工作，促进建筑安全生产形势持续稳定好转。

二、不断完善坚持科学发展安全发展的政策措施

（一）加强安全生产法制建设。积极贯彻落实建筑安全生产法律法规和技术标准，重点推动《房屋市政工程生产安全和质量事故查处督办暂行办法》、《建筑施工企业负责人及项目负责人施工现场带班暂行办法》、《建筑安全生产重大隐患挂牌督办暂行办法》等三项制度的有效实施。适应新形势需要，制定修订法律法规和技术标准，加快制定《城市轨道交通工程安全质量管理条例》，修订完善《建筑施工企业主要负责人、项目负责人及专职安全生产管理人员管理规定》，颁布实施《建筑施工安全统一技术规范》等。深入研究城市轨道交通工程工期造价内在规律，制定保障合理工期造价的相关规定。

（二）全面落实安全生产责任。要督促建筑施工企业建立健全安全生产管理制度，健全安全生产管理机构，配备专职安全生产管理人员，加大安全生产资金投入，提高安全生产管理水平。加强对工程项目施工现场的安全管理，加大安全隐患排查治理

力度，确保安全施工。深入推进以施工现场安全防护标准化为主要内容的建筑安全生产标准化建设，提高建筑施工安全管理的标准化、规范化程度。要督促企业主要负责人对安全生产工作全面负责，带头严格执行现场带班制度。各级住房城乡建设部门要切实履行安全监管职责，以保障性安居工程、城市轨道交通工程为重点，加强层级督查和现场检查，突出检查工程建设涉及的深基坑、高大模板、脚手架、建筑起重机械设备等关键部位和环节。建立健全激励约束机制，定期通报生产安全事故情况，对工作不力的地区和企业实行督办约谈制度。

（三）严厉查处违法违规行为。各级住房城乡建设部门要认真贯彻执行相关法律法规，依法严厉查处工程招投标环节中的围标、串标、虚假招标行为，严厉打击转包、违法分包行为；肢解发包、恶意压价、压缩合理工期的行为；企业无资质证书或超越资质证书范围承接工程、从业人员无资格证书从事施工活动的行为；不按强制性标准勘察设计、施工以及偷工减料、以次充好的行为；不执行施工许可、质量安全监督等法定建设手续的行为。要公开违法违规企业和人员的不良行为信息，引导工程建设单位选用信誉好、能力强、安全生产状况好的企业，促进建筑市场健康发展。

（四）严肃认真查处安全事故。认真做好事故查处工作，严格执行事故查处督办制度，住房城乡建设部负责督办较大及以上生产安全事故，省级住房城乡建设部门负责督办一般生产安全事故。各级住房城乡建设部门要按照有关规定，及时了解核实及报送事故情况。加强与有关部门的沟通协调，组织或参与事故调查处理工作，提出事故处理意见或建议。依法严肃追究事故责任企业和人员的责任，加大对企业资质和从业人员执业资格的处罚力度。对事故责任企业，依法给予罚款、停业整顿、降低资质等级或吊销资质证书、暂扣或吊销安全生产许可证等行政处罚。对事故责任人员，依法给予罚款、停止执业、吊销注册证书、吊销岗位证书等行政处罚。建立事故分析与通报制度，认真研究事故特点，积极探索事故防范措施。要将事故责任企业和责任人员在媒体上曝光，并公布事故查处情况，接受社会监督。

（五）严肃认真开展监督检查。建筑安全监督检查要做到"四个结合"。一是全面检查与重点检查相结合，既要加强全面监督检查，又要加强对重点项目、重点环节、安全形势不好的重点地区的监督检查。二是自查与抽查相结合，既要督促企业加强自身检查，又要组织力量对工程项目及工地进行抽查。三是经常性检查与集中专项性检查相结合，既要组织经常性监督检查，又要组织加强对突出问题、专项问题进行集中专项性监督检查。四是明查与暗查相结合，既要组织公开的监督检查，又要在不通知情况下进行暗查暗访。在监督检查过程中，要在认真仔细上下功夫，真正发现违法违规行为和生产安全隐患。要严肃认真查处发现的违法违规行为，并切实督促企业落实整改生产安全隐患。

（六）加强安全隐患排查治理。要督促建筑施工企业建立健全安全隐患排查治理工作制度，并落实到每个工程项目。定期组织安全生产管理人员、工程技术人员和其他相关人员排查工程项目的安全隐患，特别是对技术难度较大、危险性较大的分部分项工程要进行重点排查。对排查出的工程项目安全隐患，要及时实施治理消除。充分运用科技和信息化手段，加强对安全隐患的监测监控和预报预警。要督促工程建设单位积极协调勘察、设计、施工、监理、监测等单位，并在资金、人员等方面积极配合做好安全隐患排查治理工作。各级住房城乡建设部门要严格执行生产安全重大隐患治理挂牌督办制度，及时督促建筑施工企业对重大隐患进行治理消除，对不认真整改导致生产安全事故发生的，要依法从重追究企业和相关人员的责任。

（七）注重安全生产教育培训。要加强对建筑施工企业主要负责人、项目负责人、专职安全生产管理人员以及建筑施工特种作业人员的安全教育培训，使其熟练掌握工作岗位安全技能，提高建筑施工现场安全管理水平。要加强对施工现场作业人员尤其是农民工的安全教育培训，普及安全生产常识，增强安全生产意识，并掌握基本安全技能和防护救护知识。各级住房城乡建设部门要积极引导和督促建筑施工企业建立健全培训管理制度，加大培训费用投入，开展全员安全教育培训。要利用各类社会资源，充分发挥职业院校和社会化培训机构作用，建立政府部门、行业协会、施工企业多层次培训体系，加大安全教育培训力度。

（八）加强安全监管队伍建设。要建立健全建筑安全生产监督管理机构，根据地区工程建设规模不断扩大的实际情况，配备满足工作需要的安全监管人员。稳定建筑安全监管队伍，不断充实基层监管力量，保障工作经费来源，努力改善工作条件。提高建筑安全监管队伍的专业化水平，加强对监督执法人员依法行政及业务能力的教育培训。建立完善培训考核和持证上岗制度，切实提高建筑安全监管人员的业务素质、服务意识和依法监管水平。创新建筑安全监管方式，充分运用信息化手段，提高建筑安全监管效能,并做到严格、公正、廉洁、文明执法。

(九)发挥社会舆论监督作用。要充分发挥新闻媒体的积极作用,大力宣传建筑安全生产法律法规和方针政策,以及建筑安全生产工作的先进经验和典型。依法维护和落实建筑企业员工对安全生产工作的参与权和监督权,鼓励员工监督举报各类建筑安全隐患,并对举报者予以奖励。进一步畅通社会监督渠道,设立举报箱、公开举报电话,接受人民群众对建筑安全生产工作的公开监督。大力倡导"关注安全、关爱生命"的安全文化,营造全社会共同重视建筑安全生产的良好氛围。积极认真对待有关工程质量安全的新闻报道,及时对新闻报道有关情况进行调查核实,情况属实的要严肃查处有关责任单位和责任人,并公开查处结果;情况有出入的要实事求是地说明情况,让社会公众及舆论全面地知晓情况。

三、切实加强坚持科学发展安全发展的组织落实

各级住房城乡建设部门要把学习宣传贯彻《意见》,作为当前和今后一段时期建筑安全生产工作的首要任务,切实加强领导,认真组织实施。认真研究和积极宣传《意见》精神,全面把握《意见》基本原则和丰富内涵,增强贯彻落实《意见》的自觉性。紧密联系实际,结合本地区建筑安全生产工作的情况及特点,抓紧制定贯彻落实《意见》的具体工作措施。各级住房城乡建设部门要进一步增强主动性和前瞻性,统筹安排好建筑安全生产各方面工作,更好地推动建筑行业的科学发展安全发展,促进建筑安全生产形势的持续稳定好转。

中华人民共和国住房和城乡建设部
二〇一二年一月十九日

关于转发财政部、安全监管总局《企业安全生产费用提取和使用管理办法》的通知

建质〔2012〕32号

各省、自治区住房城乡建设厅,直辖市建委(建交委),新疆生产建设兵团建设局:

为进一步健全完善企业安全生产费用管理制度,财政部、安全监管总局联合制定了《企业安全生产费用提取和使用管理办法》,现转发给你们,请结合建筑施工行业特点和本地区实际,认真组织学习并遵照执行。

附件:财政部、安全监管总局关于印发《企业安全生产费用提取和使用管理办法》的通知

中华人民共和国住房和城乡建设部
二〇一二年三月六日

财政部 安全监管总局关于印发《企业安全生产费用提取和使用管理办法》的通知

财企〔2012〕16号

各省、自治区、直辖市、计划单列市财政厅(局)、安全生产监督管理局,新疆生产建设兵团财务局、安全生产监督管理局,有关中央管理企业:

为了建立企业安全生产投入长效机制，加强安全生产费用管理，保障企业安全生产资金投入，维护企业、职工以及社会公共利益，根据《中华人民共和国安全生产法》等有关法律法规和国务院有关决定，财政部、国家安全生产监督管理总局联合制定了《企业安全生产费用提取和使用管理办法》。现印发给你们，请遵照执行。

附件：企业安全生产费用提取和使用管理办法

中华人民共和国财政部
国家安全生产监督管理总局
二〇一二年二月十四日

企业安全生产费用提取和使用管理办法

第一章　总则

第一条　为了建立企业安全生产投入长效机制，加强安全生产费用管理，保障企业安全生产资金投入，维护企业、职工以及社会公共利益，依据《中华人民共和国安全生产法》等有关法律法规和《国务院关于加强安全生产工作的决定》(国发〔2004〕2号)和《国务院关于进一步加强企业安全生产工作的通知》(国发〔2010〕23号)，制定本办法。

第二条　在中华人民共和国境内直接从事煤炭生产、非煤矿山开采、建设工程施工、危险品生产与储存、交通运输、烟花爆竹生产、冶金、机械制造、武器装备研制生产与试验(含民用航空及核燃料)的企业以及其他经济组织(以下简称企业)适用本办法。

第三条　本办法所称安全生产费用(以下简称安全费用)是指企业按照规定标准提取在成本中列支，专门用于完善和改进企业或者项目安全生产条件的资金。

安全费用按照"企业提取、政府监管、确保需要、规范使用"的原则进行管理。

第四条　本办法下列用语的含义是：

煤炭生产是指煤炭资源开采作业有关活动。

非煤矿山开采是指石油和天然气、煤层气(地面开采)、金属矿、非金属矿及其他矿产资源的勘探作业和生产、选矿、闭坑及尾矿库运行、闭库等有关活动。

建设工程是指土木工程、建筑工程、井巷工程、线路管道和设备安装及装修工程的新建、扩建、改建以及矿山建设。

危险品是指列入国家标准《危险货物品名表》(GB12268)和《危险化学品目录》的物品。

烟花爆竹是指烟花爆竹制品和用于生产烟花爆竹的民用黑火药、烟火药、引火线等物品。

交通运输包括道路运输、水路运输、铁路运输、管道运输。道路运输是指以机动车为交通工具的旅客和货物运输；水路运输是指以运输船舶为工具的旅客和货物运输及港口装卸、堆存；铁路运输是指以火车为工具的旅客和货物运输(包括高铁和城际铁路)；管道运输是指以管道为工具的液体和气体物资运输。

冶金是指金属矿物的冶炼以及压延加工有关活动，包括：黑色金属、有色金属、黄金等的冶炼生产和加工处理活动，以及炭素、耐火材料等与主工艺流程配套的辅助工艺环节的生产。

机械制造是指各种动力机械、冶金矿山机械、运输机械、农业机械、工具、仪器、仪表、特种设备、大中型船舶、石油炼化装备及其他机械设备的制造活动。

武器装备研制生产与试验，包括武器装备和弹药的科研、生产、试验、储运、销毁、维修保障等。

第二章　安全费用的提取标准

第五条　煤炭生产企业依据开采的原煤产量按月提取。各类煤矿原煤单位产量安全费用提取标准如下：

(一)煤(岩)与瓦斯(二氧化碳)突出矿井、高瓦斯矿井吨煤30元；

(二)其他井工矿吨煤15元；

(三)露天矿吨煤5元。

矿井瓦斯等级划分按现行《煤矿安全规程》和《矿井瓦斯等级鉴定规范》的规定执行。

第六条　非煤矿山开采企业依据开采的原矿产量按月提取。各类矿山原矿单位产量安全费用提取标准如下：

（一）石油，每吨原油17元；

（二）天然气、煤层气（地面开采），每千立方米原气5元；

（三）金属矿山，其中露天矿山每吨5元，地下矿山每吨10元；

（四）核工业矿山，每吨25元；

（五）非金属矿山，其中露天矿山每吨2元，地下矿山每吨4元；

（六）小型露天采石场，即年采剥总量50万吨以下，且最大开采高度不超过50米，产品用于建筑、铺路的山坡型露天采石场，每吨1元；

（七）尾矿库按入库尾矿量计算，三等及三等以上尾矿库每吨1元，四等及五等尾矿库每吨1.5元。

本办法下发之日以前已经实施闭库的尾矿库，按照已堆存尾砂的有效库容大小提取，库容100万立方米以下的，每年提取5万元；超过100万立方米的，每增加100万立方米增加3万元，但每年提取额最高不超过30万元。

原矿产量不含金属、非金属矿山尾矿库和废石场中用于综合利用的尾砂和低品位矿石。

地质勘探单位安全费用按地质勘查项目或者工程总费用的2%提取。

第七条 建设工程施工企业以建筑安装工程造价为计提依据。各建设工程类别安全费用提取标准如下：

（一）矿山工程为2.5%；

（二）房屋建筑工程、水利水电工程、电力工程、铁路工程、城市轨道交通工程为2.0%；

（三）市政公用工程、冶炼工程、机电安装工程、化工石油工程、港口与航道工程、公路工程、通信工程为1.5%。

建设工程施工企业提取的安全费用列入工程造价，在竞标时，不得删减，列入标外管理。国家对基本建设投资概算另有规定的，从其规定。

总包单位应当将安全费用按比例直接支付分包单位并监督使用，分包单位不再重复提取。

第八条 危险品生产与储存企业以上年度实际营业收入为计提依据，采取超额累退方式按照以下标准平均逐月提取：

（一）营业收入不超过1000万元的，按照4%提取；

（二）营业收入超过1000万元至1亿元的部分，按照2%提取；

（三）营业收入超过1亿元至10亿元的部分，按照0.5%提取；

（四）营业收入超过10亿元的部分，按照0.2%提取。

第九条 交通运输企业以上年度实际营业收入为计提依据，按照以下标准平均逐月提取：

（一）普通货运业务按照1%提取；

（二）客运业务、管道运输、危险品等特殊货运业务按照1.5%提取。

第十条 冶金企业以上年度实际营业收入为计提依据，采取超额累退方式按照以下标准平均逐月提取：

（一）营业收入不超过1000万元的，按照3%提取；

（二）营业收入超过1000万元至1亿元的部分，按照1.5%提取；

（三）营业收入超过1亿元至10亿元的部分，按照0.5%提取；

（四）营业收入超过10亿元至50亿元的部分，按照0.2%提取；

（五）营业收入超过50亿元至100亿元的部分，按照0.1%提取；

（六）营业收入超过100亿元的部分，按照0.05%提取。

第十一条 机械制造企业以上年度实际营业收入为计提依据，采取超额累退方式按照以下标准平均逐月提取：

（一）营业收入不超过1000万元的，按照2%提取；

（二）营业收入超过1000万元至1亿元的部分，按照1%提取；

（三）营业收入超过1亿元至10亿元的部分，按照0.2%提取；

（四）营业收入超过10亿元至50亿元的部分，按照0.1%提取；

（五）营业收入超过50亿元的部分，按照0.05%提取。

第十二条 烟花爆竹生产企业以上年度实际营业收入为计提依据，采取超额累退方式按照以下标准平均逐月提取：

（一）营业收入不超过200万元的，按照3.5%提取；

（二）营业收入超过200万元至500万元的部分，按照3%提取；

（三）营业收入超过500万元至1000万元的部分，按照2.5%提取；

（四）营业收入超过1000万元的部分，按照2%

提取。

第十三条 武器装备研制生产与试验企业以上年度军品实际营业收入为计提依据，采取超额累退方式按照以下标准平均逐月提取：

（一）火炸药及其制品研制、生产与试验企业（包括：含能材料，炸药、火药、推进剂，发动机，弹箭，引信，火工品等）：

1. 营业收入不超过 1000 万元的，按照 5% 提取；

2. 营业收入超过 1000 万元至 1 亿元的部分，按照 3% 提取；

3. 营业收入超过 1 亿元至 10 亿元的部分，按照 1% 提取；

4. 营业收入超过 10 亿元的部分，按照 0.5% 提取。

（二）核装备及核燃料研制、生产与试验企业：

1. 营业收入不超过 1000 万元的，按照 3% 提取；

2. 营业收入超过 1000 万元至 1 亿元的部分，按照 2% 提取；

3. 营业收入超过 1 亿元至 10 亿元的部分，按照 0.5% 提取；

4. 营业收入超过 10 亿元的部分，按照 0.2% 提取；

5. 核工程按照 3% 提取（以工程造价为计提依据，在竞标时，列为标外管理）。

（三）军用舰船（含修理）研制、生产与试验企业：

1. 营业收入不超过 1000 万元的，按照 2.5% 提取；

2. 营业收入超过 1000 万元至 1 亿元的部分，按照 1.75% 提取；

3. 营业收入超过 1 亿元至 10 亿元的部分，按照 0.8% 提取；

4. 营业收入超过 10 亿元的部分，按照 0.4% 提取。

（四）飞船、卫星、军用飞机、坦克车辆、火炮、轻武器、大型天线等产品的总体、部分和元器件研制、生产与试验企业：

1. 营业收入不超过 1000 万元的，按照 2% 提取；

2. 营业收入超过 1000 万元至 1 亿元的部分，按照 1.5% 提取；

3. 营业收入超过 1 亿元至 10 亿元的部分，按照 0.5% 提取；

4. 营业收入超过 10 亿元至 100 亿元的部分，按照 0.2% 提取；

5. 营业收入超过 100 亿元的部分，按照 0.1% 提取。

（五）其他军用危险品研制、生产与试验企业：

1. 营业收入不超过 1000 万元的，按照 4% 提取；

2. 营业收入超过 1000 万元至 1 亿元的部分，按照 2% 提取；

3. 营业收入超过 1 亿元至 10 亿元的部分，按照 0.5% 提取；

4. 营业收入超过 10 亿元的部分，按照 0.2% 提取。

第十四条 中小微型企业和大型企业上年末安全费用结余分别达到本企业上年度营业收入的 5% 和 1.5% 时，经当地县级以上安全生产监督管理部门、煤矿安全监察机构商财政部门同意，企业本年度可以缓提或者少提安全费用。

企业规模划分标准按照工业和信息化部、国家统计局、国家发展和改革委员会、财政部《关于印发中小企业划型标准规定的通知》（工信部联企业〔2011〕300号）规定执行。

第十五条 企业在上述标准的基础上，根据安全生产实际需要，可适当提高安全费用提取标准。

本办法公布前，各省级政府已制定下发企业安全费用提取使用办法的，其提取标准如果低于本办法规定的标准，应当按照本办法进行调整；如果高于本办法规定的标准，按照原标准执行。

第十六条 新建企业和投产不足一年的企业以当年实际营业收入为提取依据，按月计提安全费用。

混业经营企业，如能按业务类别分别核算的，则以各业务营业收入为计提依据，按上述标准分别提取安全费用；如不能分别核算的，则以全部业务收入为计提依据，按主营业务计提标准提取安全费用。

第三章　安全费用的使用

第十七条 煤炭生产企业安全费用应当按照以下范围使用：

（一）煤与瓦斯突出及高瓦斯矿井落实"两个四位一体"综合防突措施支出，包括瓦斯区域预抽、保护层开采区域防突措施、开展突出区域和局部预测、实施局部补充防突措施、更新改造防突设备和设施、建立突出防治实验室等支出；

（二）煤矿安全生产改造和重大隐患治理支出，包括"一通三防"（通风、防瓦斯、防煤尘、防灭火）、防治水、供电、运输等系统设备改造和灾害治理工程，实施煤矿机械化改造，实施矿压（冲击地压）、热害、露天矿边坡治理、采空区治理等支出；

（三）完善煤矿井下监测监控、人员定位、紧急避险、压风自救、供水施救和通信联络安全避险"六大系统"支出，应急救援技术装备、设施配置和维护保养支出，事故逃生和紧急避难设施设备的配置和应急演练支出；

（四）开展重大危险源和事故隐患评估、监控和整改支出；

（五）安全生产检查、评价（不包括新建、改建、扩建项目安全评价）、咨询、标准化建设支出；

（六）配备和更新现场作业人员安全防护用品支出；

（七）安全生产宣传、教育、培训支出；

（八）安全生产适用新技术、新标准、新工艺、新装备的推广应用支出；

（九）安全设施及特种设备检测检验支出；

（十）其他与安全生产直接相关的支出。

第十八条 非煤矿山开采企业安全费用应当按照以下范围使用：

（一）完善、改造和维护安全防护设施设备（不含"三同时"要求初期投入的安全设施）和重大安全隐患治理支出，包括矿山综合防尘、防灭火、防治水、危险气体监测、通风系统、支护及防治边帮滑坡设备、机电设备、供配电系统、运输（提升）系统和尾矿库等完善、改造和维护支出以及实施地压监测监控、露天矿边坡治理、采空区治理等支出；

（二）完善非煤矿山监测监控、人员定位、紧急避险、压风自救、供水施救和通信联络等安全避险"六大系统"支出，完善尾矿库全过程在线监控系统和海上石油开采出海人员动态跟踪系统支出，应急救援技术装备、设施配置及维护保养支出，事故逃生和紧急避难设施设备的配置和应急演练支出；

（三）开展重大危险源和事故隐患评估、监控和整改支出；

（四）安全生产检查、评价（不包括新建、改建、扩建项目安全评价）、咨询、标准化建设支出；

（五）配备和更新现场作业人员安全防护用品支出；

（六）安全生产宣传、教育、培训支出；

（七）安全生产适用的新技术、新标准、新工艺、新装备的推广应用支出；

（八）安全设施及特种设备检测检验支出；

（九）尾矿库闭库及闭库后维护费用支出；

（十）地质勘探单位野外应急食品、应急器械、应急药品支出；

（十一）其他与安全生产直接相关的支出。

第十九条 建设工程施工企业安全费用应当按照以下范围使用：

（一）完善、改造和维护安全防护设施设备支出（不含"三同时"要求初期投入的安全设施），包括施工现场临时用电系统、洞口、临边、机械设备、高处作业防护、交叉作业防护、防火、防爆、防尘、防毒、防雷、防台风、防地质灾害、地下工程有害气体监测、通风、临时安全防护等设施设备支出；

（二）配备、维护、保养应急救援器材、设备支出和应急演练支出；

（三）开展重大危险源和事故隐患评估、监控和整改支出；

（四）安全生产检查、评价（不包括新建、改建、扩建项目安全评价）、咨询和标准化建设支出；

（五）配备和更新现场作业人员安全防护用品支出；

（六）安全生产宣传、教育、培训支出；

（七）安全生产适用的新技术、新标准、新工艺、新装备的推广应用支出；

（八）安全设施及特种设备检测检验支出；

（九）其他与安全生产直接相关的支出。

第二十条 危险品生产与储存企业安全费用应当按照以下范围使用：

（一）完善、改造和维护安全防护设施设备支出（不含"三同时"要求初期投入的安全设施），包括车间、库房、罐区等作业场所的监控、监测、通风、防晒、调温、防火、灭火、防爆、泄压、防毒、消毒、中和、防潮、防雷、防静电、防腐、防渗漏、防护围堤或者隔离操作等设施设备支出；

（二）配备、维护、保养应急救援器材、设备支出和应急演练支出；

（三）开展重大危险源和事故隐患评估、监控和整改支出；

（四）安全生产检查、评价（不包括新建、改建、扩建项目安全评价）、咨询和标准化建设支出；

（五）配备和更新现场作业人员安全防护用品支出；

（六）安全生产宣传、教育、培训支出；

（七）安全生产适用的新技术、新标准、新工艺、新装备的推广应用支出；

（八）安全设施及特种设备检测检验支出；

（九）其他与安全生产直接相关的支出。

第二十一条 交通运输企业安全费用应当按照

以下范围使用：

（一）完善、改造和维护安全防护设施设备支出（不含"三同时"要求初期投入的安全设施），包括道路、水路、铁路、管道运输设施设备和装卸工具安全状况检测及维护系统、运输设施设备和装卸工具附属安全设备等支出；

（二）购置、安装和使用具有行驶记录功能的车辆卫星定位装置、船舶通信导航定位和自动识别系统、电子海图等支出；

（三）配备、维护、保养应急救援器材、设备支出和应急演练支出；

（四）开展重大危险源和事故隐患评估、监控和整改支出；

（五）安全生产检查、评价（不包括新建、改建、扩建项目安全评价）、咨询和标准化建设支出；

（六）配备和更新现场作业人员安全防护用品支出；

（七）安全生产宣传、教育、培训支出；

（八）安全生产适用的新技术、新标准、新工艺、新装备的推广应用支出；

（九）安全设施及特种设备检测检验支出；

（十）其他与安全生产直接相关的支出。

第二十二条 冶金企业安全费用应当按照以下范围使用：

（一）完善、改造和维护安全防护设施设备支出（不含"三同时"要求初期投入的安全设施），包括车间、站、库房等作业场所的监控、监测、防火、防爆、防坠落、防尘、防毒、防噪声与振动、防辐射和隔离操作等设施设备支出；

（二）配备、维护、保养应急救援器材、设备支出和应急演练支出；

（三）开展重大危险源和事故隐患评估、监控和整改支出；

（四）安全生产检查、评价（不包括新建、改建、扩建项目安全评价）和咨询及标准化建设支出；

（五）安全生产宣传、教育、培训支出；

（六）配备和更新现场作业人员安全防护用品支出；

（七）安全生产适用的新技术、新标准、新工艺、新装备的推广应用支出；

（八）安全设施及特种设备检测检验支出；

（九）其他与安全生产直接相关的支出。

第二十三条 机械制造企业安全费用应当按照以下范围使用：

（一）完善、改造和维护安全防护设施设备支出（不含"三同时"要求初期投入的安全设施），包括生产作业场所的防火、防爆、防坠落、防毒、防静电、防腐、防尘、防噪声与振动、防辐射或者隔离操作等设施设备支出，大型起重机械安装安全监控管理系统支出；

（二）配备、维护、保养应急救援器材、设备支出和应急演练支出；

（三）开展重大危险源和事故隐患评估、监控和整改支出；

（四）安全生产检查、评价（不包括新建、改建、扩建项目安全评价）、咨询和标准化建设支出；

（五）安全生产宣传、教育、培训支出；

（六）配备和更新现场作业人员安全防护用品支出；

（七）安全生产适用的新技术、新标准、新工艺、新装备的推广应用；

（八）安全设施及特种设备检测检验支出；

（九）其他与安全生产直接相关的支出。

第二十四条 烟花爆竹生产企业安全费用应当按照以下范围使用：

（一）完善、改造和维护安全设备设施支出（不含"三同时"要求初期投入的安全设施）；

（二）配备、维护、保养防爆机械电器设备支出；

（三）配备、维护、保养应急救援器材、设备支出和应急演练支出；

（四）开展重大危险源和事故隐患评估、监控和整改支出；

（五）安全生产检查、评价（不包括新建、改建、扩建项目安全评价）、咨询和标准化建设支出；

（六）安全生产宣传、教育、培训支出；

（七）配备和更新现场作业人员安全防护用品支出；

（八）安全生产适用新技术、新标准、新工艺、新装备的推广应用支出；

（九）安全设施及特种设备检测检验支出；

（十）其他与安全生产直接相关的支出。

第二十五条 武器装备研制生产与试验企业安全费用应当按照以下范围使用：

（一）完善、改造和维护安全防护设施设备支出（不含"三同时"要求初期投入的安全设施），包括研究室、车间、库房、储罐区、外场试验区等作业场所的监控、监测、防触电、防坠落、防爆、泄压、防火、灭火、通风、防晒、调温、防毒、防雷、防静电、防腐、防尘、防噪声与振动、防辐射、防护围堤或者隔离操作等设施设备支出；

（二）配备、维护、保养应急救援、应急处置、特种个人防护器材、设备、设施支出和应急演练支出；

（三）开展重大危险源和事故隐患评估、监控和整改支出；

（四）高新技术和特种专用设备安全鉴定评估、安全性能检验检测及操作人员上岗培训支出；

（五）安全生产检查、评价（不包括新建、改建、扩建项目安全评价）、咨询和标准化建设支出；

（六）安全生产宣传、教育、培训支出；

（七）军工核设施（含核废物）防泄漏、防辐射的设施设备支出；

（八）军工危险化学品、放射性物品及武器装备科研、试验、生产、储运、销毁、维修保障过程中的安全技术措施改造费和安全防护（不包括工作服）费用支出；

（九）大型复杂武器装备制造、安装、调试的特殊工种和特种作业人员培训支出；

（十）武器装备大型试验安全专项论证与安全防护费用支出；

（十一）特殊军工电子元器件制造过程中有毒有害物质监测及特种防护支出；

（十二）安全生产适用新技术、新标准、新工艺、新装备的推广应用支出；

（十三）其他与武器装备安全生产事项直接相关的支出。

第二十六条　在本办法规定的使用范围内，企业应当将安全费用优先用于满足安全生产监督管理部门、煤矿安全监察机构以及行业主管部门对企业安全生产提出的整改措施或达到安全生产标准所需的支出。

第二十七条　企业提取的安全费用应当专户核算，按规定范围安排使用，不得挤占、挪用。年度结余资金结转下年度使用，当年计提安全费用不足的，超出部分按正常成本费用渠道列支。

主要承担安全管理责任的集团公司经过履行内部决策程序，可以对所属企业提取的安全费用按照一定比例集中管理，统筹使用。

第二十八条　煤炭生产企业和非煤矿山企业已提取维持简单再生产费用的，应当继续提取维持简单再生产费用，但其使用范围不再包含安全生产方面的用途。

第二十九条　矿山企业转产、停产、停业或者解散的，应当将安全费用结余转入矿山闭坑安全保障基金，用于矿山闭坑、尾矿库闭库后可能的危害治理和损失赔偿。

危险品生产与储存企业转产、停产、停业或者解散的，应当将安全费用结余用于处理转产、停产、停业或者解散前的危险品生产或者储存设备、库存产品及生产原料支出。

企业由于产权转让、公司制改建等变更股权结构或者组织形式的，其结余的安全费用应当继续按照本办法管理使用。

企业调整业务、终止经营或者依法清算，其结余的安全费用应当结转本期收益或者清算收益。

第三十条　本办法第二条规定范围以外的企业为达到应当具备的安全生产条件所需的资金投入，按原渠道列支。

第四章　监督管理

第三十一条　企业应当建立健全内部安全费用管理制度，明确安全费用提取和使用的程序、职责及权限，按规定提取和使用安全费用。

第三十二条　企业应当加强安全费用管理，编制年度安全费用提取和使用计划，纳入企业财务预算。企业年度安全费用使用计划和上一年安全费用的提取、使用情况按照管理权限报同级财政部门、安全生产监督管理部门、煤矿安全监察机构和行业主管部门备案。

第三十三条　企业安全费用的会计处理，应当符合国家统一的会计制度的规定。

第三十四条　企业提取的安全费用属于企业自提自用资金，其他单位和部门不得采取收取、代管等形式对其进行集中管理和使用，国家法律、法规另有规定的除外。

第三十五条　各级财政部门、安全生产监督管理部门、煤矿安全监察机构和有关行业主管部门依法对企业安全费用提取、使用和管理进行监督检查。

第三十六条　企业未按本办法提取和使用安全费用的，安全生产监督管理部门、煤矿安全监察机构和行业主管部门会同财政部门责令其限期改正，并依照相关法律法规进行处理、处罚。

建设工程施工总承包单位未向分包单位支付必要的安全费用以及承包单位挪用安全费用的，由建设、交通运输、铁路、水利、安全生产监督管理、煤矿安全监察等主管部门依照相关法规、规章进行处理、处罚。

第三十七条　各省级财政部门、安全生产监督管理部门、煤矿安全监察机构可以结合本地区实际情况，制定具体实施办法，并报财政部、国家安全生产监督管理总局备案。

第五章　附则

第三十八条　本办法由财政部、国家安全生产监督管理总局负责解释。

第三十九条 实行企业化管理的事业单位参照本办法执行。

第四十条 本办法自印发之日起施行。《关于调整煤炭生产安全费用提取标准加强煤炭生产安全费用使用管理与监督的通知》(财建〔2005〕168号)、《关于印发〈烟花爆竹生产企业安全费用提取与使用管理办法〉的通知》(财建〔2006〕180号)和《关于印发〈高危行业企业安全生产费用财务管理暂行办法〉的通知》(财企〔2006〕478号)同时废止。《关于印发〈煤炭生产安全费用提取和使用管理办法〉和〈关于规范煤矿维简费管理问题的若干规定〉的通知》(财建〔2004〕119号)等其他有关规定与本办法不一致的,以本办法为准。

关于印发《2012年建筑安全专项整治工作方案》的通知

建安办函〔2012〕8号

各省、自治区住房城乡建设厅,直辖市建委(建交委),新疆生产建设兵团建设局:

按照《国务院安委会办公室关于印发〈工程建设领域预防施工起重机械脚手架等坍塌事故专项整治工作方案〉的通知》(安委办函〔2012〕25号)的要求,结合我部建筑安全生产工作部署,现将《2012年建筑安全专项整治工作方案》,制定印发给你们。请结合本地区实际,做好部署落实工作。

附件:《2012年建筑安全专项整治工作方案》

中华人民共和国住房和城乡建设部安全生产管理委员会办公室
二〇一二年四月二十六日

2012年建筑安全专项整治工作方案

按照《国务院安委会办公室关于印发〈工程建设领域预防施工起重机械脚手架等坍塌事故专项整治工作方案〉的通知》(安委办函〔2012〕25号)的要求,结合我部建筑安全生产工作部署,现就2012年建筑安全专项整治工作制定方案如下:

一、整治目标

通过深入开展建筑安全专项整治工作,进一步落实企业的安全生产主体责任,及时消除施工现场存在的安全隐患,有效防范和遏制建筑起重机械、脚手架和深基坑等坍塌事故,促进全国建筑安全生产形势持续稳定好转。

二、整治范围和重点

(一)整治范围

房屋建筑和市政基础设施工程。

(二)整治重点

1. 建筑安全法规制度的贯彻落实情况

各地贯彻落实我部《关于贯彻落实〈国务院关于进一步加强企业安全生产工作的通知〉的实施意见》(建质〔2010〕164号)、《关于贯彻落实〈国务院关于坚持科学发展安全发展促进安全生产形势持续稳定好转的意见〉的通知》(建质〔2012〕6号)及《关于继续深入扎实开展"安全生产年"活动的实施意见》(建办质〔2012〕14号)的情况;房屋市政工程生产安全事故查处督办、建筑施工企业负责人及项目负责人施工现场带班、建筑安全生产重大隐患挂牌督办等三项制度的实施情况;在建工程项目建设、施工、勘察、设计、监理等参建企业依法落实安全生产主体责任的情况。

2. 危险性较大的分部分项工程安全管理情况

贯彻落实《关于印发〈危险性较大的分部分项工程安全管理办法〉的通知》(建质〔2009〕87号)等文件的情况。重点是施工现场建筑起重机械、脚手架及深基坑等重点部位和环节的安全管理情况。

(1)建筑起重机械:建筑起重机械的备案登记、安装、拆卸、顶升、验收、使用和维修保养等情况;

起重机械司机、信号工、司索工等特种作业人员持证上岗情况。

（2）脚手架工程：施工现场的各类脚手架，如落地式钢管扣件脚手架、附着式升降脚手架、模板支撑系统搭设、验收及使用等情况；脚手架搭设人员持证上岗情况。

（3）深基坑工程：深基坑的土方开挖、基坑支护、临边防护、变形监测等情况，各环节是否符合相关规定及安全生产技术标准规范要求。

三、时段安排

（一）部署启动阶段：2012年4月底之前。各地住房城乡建设主管部门要结合本地区建筑安全生产的实际情况，认真分析安全生产现状，查找问题，提出对策，制定建筑安全专项整治工作实施方案，并做好相应的部署、落实工作。

（二）自查自纠阶段：2012年5月至9月，各地住房城乡建设主管部门要指导、督促本辖区内的建筑施工企业和在建工程项目学习宣传及贯彻落实专项整治方案有关要求，认真开展自查自纠，对发现的问题要及时予以纠正。

（三）检查督导阶段：2012年10月至11月中旬。各地住房城乡建设主管部门要在企业、项目自查自纠的基础上对本地区重点企业和重点工程进行抽查。对发现的问题和隐患的，要立即监督、指导企业进行整改。

我部将在各地开展的基础上，适时对部分地区建筑安全专项整治工作进行监督检查。

（四）总结分析阶段：2012年11月下旬至12月。各地住房城乡建设主管部门要对本地区建筑安全专项整治工作开展情况进行全面总结分析，根据督查的有关情况，研究提出深入开展专项整治工作的意见和建议，形成专项整治工作总结报告。

四、工作要求

（一）加强领导，认真部署。各地住房城乡建设主管部门要充分认识开展建筑安全专项整治工作的重要意义，加强组织领导，落实责任，精心安排，认真部署，针对本地区建筑安全生产工作实际情况，制定切实可行的实施方案，明确专项整治的重点、步骤、要求和保障措施，认真组织实施，确保专项整治工作落到实处。

（二）强化预防，及时整改。各地住房城乡建设主管部门要继续深入开展建筑安全隐患排查治理工作，树立"隐患就是事故"的预防理念，通过开展严格细致的监督检查，真正发现问题和隐患，并督促有关企业落实责任，逐一整改到位。对于隐患治理及整改不力，特别是引发事故的，要依法严厉查处。

（三）突出重点，力求治本。各地住房城乡建设主管部门要结合本地实际，有针对性地开展检查工作，突出重点，力求治本。针对建筑行业特点，加强对生产安全事故多发的地区和企业的监督检查。重点检查工程项目中涉及的建筑起重机械、脚手架及深基坑等危险性较大的分部分项工程是否按照相关程序要求编制专项施工方案和专家论证情况，企业技术负责人、项目总监对方案的审核签字等情况。

（四）统筹工作，有序推进。各地住房城乡建设主管部门要认真统筹安排建筑安全生产各项工作，把建筑安全专项整治与深入开展"安全生产年"活动、"打非治违"活动和开展建筑安全生产标准化等各项工作有机结合起来，相互促进、共同推进，使专项整治工作各项具体措施真正落到实处。

各地住房城乡建设主管部门要做好相关信息的汇总和报送工作。11月30日之前，要将本地区建筑安全专项整治工作开展情况进行总结，形成报告报送我部工程质量安全监管司。

关于印发住房城乡建设系统贯彻落实国务院关于坚持科学发展安全发展促进安全生产形势持续稳定好转意见有关重点工作分工实施意见的通知

建办质函〔2012〕233号

各省、自治区住房城乡建设厅，直辖市建委、建交委、市政管委、规划委（局）：

现将《住房城乡建设系统贯彻落实国务院关于坚持科学发展安全发展促进安全生产形势持续稳定好转意

见有关重点工作分工实施意见》印发给你们,请认真组织实施。

中华人民共和国住房和城乡建设部办公厅
二〇一二年四月十八日

住房城乡建设系统贯彻落实国务院关于坚持科学发展安全发展促进安全生产形势持续稳定好转意见有关重点工作分工实施意见

为贯彻落实《国务院办公厅印发贯彻落实国务院关于坚持科学发展安全发展促进安全生产形势持续稳定好转意见重点工作分工方案的通知》(国办函〔2012〕63号),进一步加强住房城乡建设系统安全生产管理工作,结合住房城乡建设系统实际,制定本实施意见。

一、加强安全管理法规标准建设

(一)健全完善安全生产法规。研究起草《建设工程抗御地震灾害管理条例》(草案),完善《超限高层建筑工程抗震设防管理规定》,强化超高层建筑等抗灾管理。研究制订《城市轨道交通工程安全质量管理条例》,根据前期征求意见做好修改论证工作。开展城市地下管线管理立法研究,调研国内外城市地下管线管理立法情况,研究起草《城市地下管线管理条例》。配合国务院法制办加快制订《城镇排水与污水处理条例》。抓紧完成《房屋建筑和市政基础设施工程施工图设计文件审查管理办法》、《建筑施工企业主要负责人、项目负责人和专职安全生产管理人员安全管理规定》等部门规章修订或制订工作。

(二)完善工程安全标准体系。抓紧开展《建筑施工安全技术统一规范》、《建筑施工脚手架安全技术统一标准》、《建设工程施工现场供用电安全规范》和《城市轨道交通安全控制技术规范》等标准的制订或修订工作。

二、加强建筑施工安全生产监管

(一)着力强化企业安全生产主体责任。各地住房城乡建设主管部门要督促建筑施工企业严格遵守和执行安全生产法律法规、规章制度和技术标准,依法依规加强安全生产,加大安全投入,严格按照有关规定提取和使用安全生产费用。督促建筑施工企业负责人和项目负责人带头执行现场带班制度,加强现场安全管理。

(二)着力抓好重点领域施工安全监管。各地住房城乡建设主管部门要加大对保障性安居工程、城市轨道交通工程的监管力度,有效配置监管资源,加强监督检查,严肃查处和曝光违法违规行为。重点开展深基坑、高大模板、脚手架、建筑起重机械设备等关键部位环节安全隐患专项排查治理和督查,切实整改生产安全隐患。督促建筑施工企业建立健全安全隐患排查治理工作制度,充分运用信息化手段加强对安全隐患的监测监控、动态管理和预报预警。进一步推动房屋市政工程生产安全和质量事故查处督办、建筑安全生产重大隐患挂牌督办等制度的有效实施,严肃查处事故责任单位和人员。

(三)着力落实资质审批和施工许可环节安全监管职责。加强企业资质申报与安全生产状况联动,对申报资质企业生产安全事故情况进行严格核查,对发生安全事故的企业的资质申请暂停审批;对负有安全生产责任的企业的资质申请不予批准,并依法作出处罚。各地住房城乡建设主管部门要严格执行《建筑工程施工许可管理办法》,严格审查工程建设项目安全生产措施是否满足要求。

(四)着力打击建筑市场违法违规行为。各地住房城乡建设主管部门要严格执行《关于进一步加强建筑市场监管工作的意见》、《规范住房城乡建设部工程建设行政处罚裁量权实施办法》和《住房城乡建设部工程建设行政处罚裁量基准》,严厉打击转包、违法分包、无资质证书或超越资质证书范围承接工程、从业人员无资格证书从事施工活动等行为。

三、加强城市道路桥梁安全管理

(一)提升城市道路桥梁安全保障能力。各地住房城乡建设主管部门要认真贯彻落实《城市道路管理条例》、《城市桥梁检测和养护维修管理办法》相关要求,督促指导城市道路桥梁管理单位建立健全应急管理和保障机制,加强检测和养护维修管理,建立安全隐患排查治理制度,提升应急管理和安全保障能力。加强城市桥梁信息系统建设,尽快建立完善桥梁档案资料和基础信息,确保做到一桥一档,抓紧建立桥梁信息系统,实现桥梁信息数据的动态更新和管理。

(二)加大对破坏城市道路桥梁行为的惩处力度。各地住房城乡建设主管部门要认真落实监管职责,加强对城市道路桥梁安全状况的监督检查,重点查处未经批准、擅自占用、挖掘城市道路,超重、超高、超长车辆擅自过路过桥,在城市桥梁擅自架设管线等违法违规行为。

四、加强建筑节能改造消防安全管理

(一)加强外墙保温材料和施工现场监管。各地住房城乡建设主管部门要严格执行《关于贯彻落实〈国务院关于加强和改进消防工作的意见〉的通知》和《民用建筑外墙保温系统及外墙装饰防火暂行规定》,严厉查处使用不合格材料、不按规定做防火构造以及不按规定施工等行为。

(二)不断提升外墙保温材料及系统的技术水平。积极组织和支持科研和企事业单位研发防火、隔热等性能良好、均衡的外墙保温材料及系统,特别是燃烧时无有害气体产生、发烟量低的外墙保温材料,及时修订完善相关标准规范。组织推广应用具备条件的材料和技术,组织做好相关管理和技术、施工人员的教育培训工作。

五、加强危化企业规划管理工作

(一)指导危化企业选址布局。各地规划主管部门要指导规划编制单位做好城市各类功能区的科学布局,通过规划审批等措施指导危化企业避开城市上风口、河流上游及水源地保护范围,与城市其他功能用地特别是人流密集地区保持必要的隔离距离,尽量减少危险化学品污染和危害。

(二)加强危险化学品生产、储存企业规划许可监管。各地规划主管部门要配合当地安全监管部门严格执行《关于危险化学品生产企业申请安全生产许可证时提交规划行政许可证明的通知》,在发放危险化学品生产、储存项目规划许可前应征求安全监管部门的意见。

六、加强应急救援体系建设

各地住房城乡建设主管部门要健全建筑工程,城市供水、供气、市政桥梁等安全事故应急预案体系,指导有关企业应急预案做好与政府相关应急预案的衔接,完善与相关部门、单位的应急救援协调联动机制。要督促企业定期组织开展应急预案演练,加强应急预案培训,提高企业现场带班人员、作业人员的应急意识和能力,遇到险情时,要按照预案规定,立即执行停产撤人等应对措施。着力加强城市轨道交通、超高层建筑等工程应急救援体系建设,鼓励和引导有关施工企业参与应急抢险,有条件的地区应依托大型施工企业建立专业应急救援队伍,保障应急资金投入,完善应急物资设备储备机制。

七、加强安全监管工作组织领导

各地住房城乡建设主管部门要在当地政府统一领导下,完善部门依法监管、企业全面负责、群众参与监督、全社会广泛支持、各方齐抓共管的工作体系,为切实履行安全生产监管职责创造有利格局。要根据国务院重点分工方案和本意见要求,结合本地实际制定实施步骤和具体要求,加强与有关部门的协调沟通,建立密切协作机制,配合有关牵头部门做好相关工作。要研究建立安全生产绩效考核和奖惩机制,对安全生产工作突出、长期未发生事故或事故持续下降的地方和企业予以表扬和奖励,激励有关地方和企业进一步落实安全生产责任,加大安全生产投入。

住房城乡建设部办公厅关于加强城市轨道交通工程施工图设计文件审查管理工作的通知

建办质〔2012〕25号

各省、自治区住房城乡建设厅,北京市住房城乡建设委、规划委,天津市、上海市城乡建设交通委,重庆市城乡建设委:

近年来,施工图设计文件审查(以下简称施工图审查)制度的实施,对保障城市轨道交通工程设计质量,促进我国城市轨道交通快速安全发展发挥了重要作用。

但在制度执行过程中仍然存在一些问题：一是部分地区施工图审查业务的委托方式不合理，将设计咨询与施工图审查捆绑招标；二是部分地区施工图审查内容不全面，没有对重要设备系统的安全性进行审查；三是部分地区对施工图审查机构跨区备案规定不明确。为进一步加强城市轨道交通工程施工图审查管理，确保施工图审查质量，现就有关事项通知如下：

一、规范施工图审查机构的委托。施工图审查是工程勘察设计质量安全监管的重要手段，与设计咨询工作的性质、作用和内容不同。各地住房城乡建设主管部门要加强施工图审查管理，督促建设单位严格执行有关规定，不得将施工图审查业务委托与设计咨询招标工作捆绑进行，确保施工图审查工作的独立性和公正性。

二、规范施工图审查的实施。各地住房城乡建设主管部门要针对城市轨道交通工程特点，完善施工图审查内容，确保审查质量。除继续加强城市轨道交通工程土建工程的审查外，要将城市轨道交通工程设备系统纳入审查内容。

要加强对施工图审查机构审查结果备案和不良记录报送的管理，实时掌握城市轨道交通工程勘察设计质量状况。

三、规范审查机构的备案。各地住房城乡建设主管部门要按照我部关于实施房屋建筑和市政基础设施工程施工图设计文件审查管理的有关规定，结合本地区实际，制定完善省外城市轨道交通工程审查机构进入本省承接审查业务的备案管理办法，明确相关程序，规范备案管理。

中华人民共和国住房和城乡建设部办公厅
2012年7月2日

六、城乡规划与村镇建设类

关于印发《建设用地容积率管理办法》的通知

建规〔2012〕22号

各省、自治区住房和城乡建设厅，直辖市规划局（委）：

为规范建设用地容积率管理，提高城乡规划依法行政水平，促进反腐倡廉工作，根据《城乡规划法》、《城市、镇控制性详细规划编制审批办法》，我部制定了《建设用地容积率管理办法》，现印发你们，请认真贯彻落实。

附件：建设用地容积率管理办法

中华人民共和国住房和城乡建设部
二〇一二年二月十七日

建设用地容积率管理办法

第一条 为进一步规范建设用地容积率的管理，根据《中华人民共和国城乡规划法》、《城市、镇控制性详细规划编制审批办法》等法律法规，制定本办法。

第二条 在城市、镇规划区内以划拨或出让方式提供国有土地使用权的建设用地的容积率管理,适用本办法。

第三条 容积率是指一定地块内,总建筑面积与建筑用地面积的比值。

容积率计算规则由省(自治区)、市、县人民政府城乡规划主管部门依据国家有关标准规范确定。

第四条 以出让方式提供国有土地使用权的,在国有土地使用权出让前,城市、县人民政府城乡规划主管部门应当依据控制性详细规划,提出容积率等规划条件,作为国有土地使用权出让合同的组成部分。未确定容积率等规划条件的地块,不得出让国有土地使用权。容积率等规划条件未纳入土地使用权出让合同的,土地使用权出让合同无效。

以划拨方式提供国有土地使用权的建设项目,建设单位应当向城市、县人民政府城乡规划主管部门提出建设用地规划许可申请,由城市、县人民政府城乡规划主管部门依据控制性详细规划核定建设用地容积率等控制性指标,核发建设用地规划许可证。建设单位在取得建设用地规划许可证后,方可向县级以上地方人民政府土地主管部门申请用地。

第五条 任何单位和个人都应当遵守经依法批准的控制性详细规划确定的容积率指标,不得随意调整。确需调整的,应当按本办法的规定进行,不得以政府会议纪要等形式代替规定程序调整容积率。

第六条 在国有土地使用权划拨或出让前需调整控制性详细规划确定的容积率的,应当遵照《城市、镇控制性详细规划编制审批办法》第二十条的规定执行。

第七条 国有土地使用权一经出让或划拨,任何建设单位或个人都不得擅自更改确定的容积率。符合下列情形之一的,方可进行调整:

(一)因城乡规划修改造成地块开发条件变化的;

(二)因城乡基础设施、公共服务设施和公共安全设施建设需要导致已出让或划拨地块的大小及相关建设条件发生变化的;

(三)国家和省、自治区、直辖市的有关政策发生变化的;

(四)法律、法规规定的其他条件。

第八条 国有土地使用权划拨或出让后,拟调整的容积率不符合划拨或出让地块控制性详细规划要求的,应当符合以下程序要求:

(一)建设单位或个人向控制性详细规划组织编制机关提出书面申请并说明变更理由;

(二)控制性详细规划组织编制机关应就是否需要收回国有土地使用权征求有关部门意见,并组织技术人员、相关部门、专家等对容积率修改的必要性进行专题论证;

(三)控制性详细规划组织编制机关应当通过本地主要媒体和现场进行公示等方式征求规划地段内利害关系人的意见,必要时应进行走访、座谈或组织听证;

(四)控制性详细规划组织编制机关提出修改或不修改控制性详细规划的建议,向原审批机关专题报告,并附有关部门意见及论证、公示等情况。经原审批机关同意修改的,方可组织编制修改方案;

(五)修改后的控制性详细规划应当按法定程序报城市、县人民政府批准。报批材料中应当附具规划地段内利害关系人意见及处理结果;

(六)经城市、县人民政府批准后,城乡规划主管部门方可办理后续的规划审批,并及时将变更后的容积率抄告土地主管部门。

第九条 国有土地使用权划拨或出让后,拟调整的容积率符合划拨或出让地块控制性详细规划要求的,应当符合以下程序要求:

(一)建设单位或个人向城市、县城乡规划主管部门提出书面申请报告,说明调整的理由并附拟调整方案,调整方案应表明调整前后的用地总平面布局方案、主要经济技术指标、建筑空间环境、与周围用地和建筑的关系、交通影响评价等内容;

(二)城乡规划主管部门应就是否需要收回国有土地使用权征求有关部门意见,并组织技术人员、相关部门、专家对容积率修改的必要性进行专题论证;

专家论证应根据项目情况确定专家的专业构成和数量,从建立的专家库中随机抽取有关专家,论证意见应当附专家名单和本人签名,保证专家论证的公正性、科学性。专家与申请调整容积率的单位或个人有利害关系的,应当回避;

(三)城乡规划主管部门应当通过本地主要媒体和现场进行公示等方式征求规划地段内利害关系人的意见,必要时应进行走访、座谈或组织听证;

(四)城乡规划主管部门依法提出修改或不修改建议并附有关部门意见、论证、公示等情况报城市、县人民政府批准;

(五)经城市、县人民政府批准后,城乡规划主管部门方可办理后续的规划审批,并及时将变更后的容积率抄告土地主管部门。

第十条 城市、县城乡规划主管部门应当将容积率调整程序、各环节责任部门等内容在办公地点和政府网站上公开。在论证后,应将参与论证的专家名单公开。

第十一条 城乡规划主管部门在对建设项目实施规划管理，必须严格遵守经批准的控制性详细规划确定的容积率。

对同一建设项目，在给出规划条件、建设用地规划许可、建设工程规划许可、建设项目竣工规划核实过程中，城乡规划主管部门给定的容积率均应符合控制性详细规划确定的容积率，且前后一致，并将各环节的审批结果公开，直至该项目竣工验收完成。

对于分期开发的建设项目，各期建设工程规划许可确定的建筑面积的总和，应该符合规划条件、建设用地规划许可证确定的容积率要求。

第十二条 县级以上地方人民政府城乡规划主管部门对建设工程进行核实时，要严格审查建设工程是否符合容积率要求。未经核实或经核实不符合容积率要求的，建设单位不得组织竣工验收。

第十三条 因建设单位或个人原因提出申请容积率调整而不能按期开工的项目，依据土地闲置处置有关规定执行。

第十四条 建设单位或个人违反本办法规定，擅自调整容积率进行建设的，县级以上地方人民政府城乡规划主管部门应按照《城乡规划法》第六十四条规定查处。

第十五条 违反本办法规定进行容积率调整或违反公开公示规定的，对相关责任人员依法给予处分。

第十六条 本办法自2012年3月1日起施行。

住房和城乡建设部关于印发《关于规范城乡规划行政处罚裁量权的指导意见》的通知

建法〔2012〕99号

现将《关于规范城乡规划行政处罚裁量权的指导意见》印发给你们，请遵照执行。在执行过程中遇到的问题，请及时报告我部。

附件：关于规范城乡规划行政处罚裁量权的指导意见

中华人民共和国住房和城乡建设部
2012年6月25日

关于规范城乡规划行政处罚裁量权的指导意见

第一条 为了规范城乡规划行政处罚裁量权，维护城乡规划的严肃性和权威性，促进依法行政，根据《中华人民共和国城乡规划法》、《中华人民共和国行政处罚法》和《中华人民共和国行政强制法》，制定本意见。

第二条 本意见所称城乡规划行政处罚裁量权，是指城乡规划主管部门或者其他依法实施城乡规划行政处罚的部门（以下简称处罚机关），依据《中华人民共和国城乡规划法》第六十四条规定，对违法建设行为实施行政处罚时享有的自主决定权。

本意见所称违法建设行为，是指未取得建设工程规划许可证或者未按照建设工程规划许可证的规定进行建设的行为。

第三条 对违法建设行为实施行政处罚时，应当区分尚可采取改正措施消除对规划实施影响的情形和无法采取改正措施消除对规划实施影响的情形。

第四条 违法建设行为有下列情形之一的，属于尚可采取改正措施消除对规划实施影响的情形：

（一）取得建设工程规划许可证，但未按建设工程规划许可证的规定进行建设，在限期内采取局部拆除等整改措施，能够使建设工程符合建设工程规划许可证要求的。

（二）未取得建设工程规划许可证即开工建设，但已取得城乡规划主管部门的建设工程设计方案审查文件，且建设内容符合或采取局部拆除等整改措施后能够符合审查文件要求的。

第五条 对尚可采取改正措施消除对规划实施影响的情形，按以下规定处理：

（一）以书面形式责令停止建设；不停止建设的，依法查封施工现场；

（二）以书面形式责令限期改正；对尚未取得建设工程规划许可证即开工建设的，同时责令其及时取得建设工程规划许可证；

（三）对按期改正违法建设部分的，处建设工程造价5%的罚款；对逾期不改正的，依法采取强制拆除等措施，并处建设工程造价10%的罚款。

违法行为轻微并及时自行纠正，没有造成危害后果的，不予行政处罚。

第六条 处罚机关按照第五条规定处以罚款，应当在违法建设行为改正后实施，不得仅处罚款而不监督改正。

第七条 第四条规定以外的违法建设行为，均为无法采取改正措施消除对规划实施影响的情形。

第八条 对无法采取改正措施消除对规划实施影响的情形，按以下规定处理：

（一）以书面形式责令停止建设；不停止建设的，依法查封施工现场；

（二）对存在违反城乡规划事实的建筑物、构筑物单体，依法下发限期拆除决定书；

（三）对按期拆除的，不予罚款；对逾期不拆除的，依法强制拆除，并处建设工程造价10%的罚款；

（四）对不能拆除的，没收实物或者违法收入，可以并处建设工程造价10%以下的罚款。

第九条 第八条所称不能拆除的情形，是指拆除违法建设可能影响相邻建筑安全、损害无过错利害关系人合法权益或者对公共利益造成重大损害的情形。

第十条 第八条所称没收实物，是指没收新建、扩建、改建的存在违反城乡规划事实的建筑物、构筑物单体。

第十一条 第八条所称违法收入，按照新建、扩建、改建的存在违反城乡规划事实的建筑物、构筑物单体出售所得价款计算；出售所得价款明显低于同类房地产市场价格的，处罚机关应当委托有资质的房地产评估机构评估确定。

第十二条 对违法建设行为处以罚款，应当以新建、扩建、改建的存在违反城乡规划事实的建筑物、构筑物单体造价作为罚款基数。

已经完成竣工结算的违法建设，应当以竣工结算价作为罚款基数；尚未完成竣工结算的违法建设，可以根据工程已完工部分的施工合同价确定罚款基数；未依法签订施工合同或者当事人提供的施工合同价明显低于市场价格的，处罚机关应当委托有资质的造价咨询机构评估确定。

第十三条 处罚机关按照第八条规定处以罚款，应当在依法强制拆除或者没收实物或者没收违法收入后实施，不得仅处罚款而不强制拆除或者没收。

第十四条 对违法建设行为进行行政处罚，应当在违反城乡规划事实存续期间和违法行为得到纠正之日起两年内实施。

第十五条 本意见自2012年9月1日起施行。

住房城乡建设部 国家文物局关于对聊城等国家历史文化名城保护不力城市予以通报批评的通知

建规〔2012〕193号

各省、自治区住房城乡建设厅、文物局，直辖市建委（规划委、规划局）、文物局：

今年是国家历史文化名城制度建立30周年。为了认真贯彻党的十七届六中全会精神，落实《历史文化名城名镇名村保护条例》要求，全面总结30年来历史文化名城的保护工作，住房城乡建设部、国家文物局于去年末和今年初组织开展了国家历史文化名城保护工作检查。

检查发现，山东省聊城市、河北省邯郸市、湖北省随州市、安徽省寿县、河南省浚县、湖南省岳阳市、广西壮族自治区柳州市、云南省大理市，因保护工作不力，致使名城历史文化遗存遭到严重破坏，名城历史文化价值受到严重影响。

住房城乡建设部、国家文物局决定，对山东省聊城市、河北省邯郸市、湖北省随州市、安徽省寿县、河南省浚县、湖南省岳阳市、广西壮族自治区柳州市、云南省大理市等国家历史文化名城保护不力城市予以通报批评。

请相关省、自治区住房城乡建设厅、文物局督促上述城市人民政府立即梳理名城保护工作，认真查找问题，分析原因，尽快采取补救措施，提出整改方案，完善相关保护制度，坚决制止和纠正错误的做法，防止情况继续恶化。并将整改情况于2013年8月31日前报住房城乡建设部、国家文物局，我们将视整改情况决定是否请示国务院将其列入濒危名单。

其他国家历史文化名城要引以为戒，按照《历史文化名城名镇名村保护条例》的要求，加强法规建设，健全保护制度，完善保护规划，严格规划实施，加大保护投入，履行管理职责，坚持严格保护，维护历史文化遗产的真实性和完整性，妥善处理好经济社会发展与历史文化遗产保护的关系，开创历史文化名城保护工作的新局面。

中华人民共和国住房和城乡建设部
国家文物局
2012年11月7日

住房城乡建设部　文化部　国家文物局　财政部关于开展传统村落调查的通知

建村〔2012〕58号

各省、自治区、直辖市住房城乡建设厅（委、农委）、文化厅（局）、文物局、财政厅（局）：

为贯彻落实温家宝总理在中央文史馆成立60周年座谈会关于"古村落的保护就是工业化、城镇化过程中对于物质遗产、非物质遗产以及传统文化的保护"的讲话精神和加强保护工作的指示，摸清我国传统村落底数，加强传统村落保护和改善，住房城乡建设部、文化部、国家文物局、财政部决定开展传统村落调查。现通知如下：

一、调查目的和意义

我国传统文化的根基在农村，传统村落保留着丰富多彩的文化遗产，是承载和体现中华民族传统文明的重要载体。由于保护体系不完善，同时随着工业化、城镇化和农业现代化的快速发展，一些传统村落消失或遭到破坏，保护传统村落迫在眉睫。开展传统村落调查，全面掌握我国传统村落的数量、种类、分布、价值及其生存状态，是认定传统村落保护名录的重要基础，是构建科学有效的保护体系的重要依据，是摸清并记录我国传统文化家底的重要工作。

二、调查对象

传统村落是指村落形成较早，拥有较丰富的传统资源，具有一定历史、文化、科学、艺术、社会、经济价值，应予以保护的村落。符合以下条件之一的村落列为调查对象：

（一）传统建筑风貌完整

历史建筑、乡土建筑、文物古迹等建筑集中连片分布或总量超过村庄建筑总量的1/3，较完整体现一定历史时期的传统风貌。

（二）选址和格局保持传统特色

村落选址具有传统特色和地方代表性，利用自然环境条件，与维系生产生活密切相关，反映特定历史文化背景。

村落格局鲜明体现有代表性的传统文化，鲜明体现有代表性的传统生产和生活方式，且村落整体格局保存良好。

（三）非物质文化遗产活态传承

该传统村落中拥有较为丰富的非物质文化遗产

资源、民族或地域特色鲜明，或拥有省级以上非物质文化遗产代表性项目，传承形式良好，至今仍以活态延续。

传统村落调查不搞村村普查，要依据上述条件，充分利用全国第三次文物普查、第一次非物质文化遗产调查、历史文化名村和特色景观旅游名村的申报材料等现有资料，确定需要调查的村落。要积极发动社会团体、学校院所、专家学者等社会各方面力量提供符合条件的村落信息。

三、调查内容

调查内容包括村落基本信息、村落传统建筑、村落选址和格局、村落承载的非物质文化遗产、村落人居环境现状等，具体见《传统村落调查登记表》（附件）。

调查对象原则上以行政村为单元，根据条件也可以自然村为单元。

四、调查组织

住房城乡建设部会同文化部、国家文物局、财政部负责全国传统村落调查的组织、指导和监督。建立全国传统村落信息管理系统，组织调查质量抽查，汇总全国调查结果。

省级住房城乡建设会同文化、文物、财政部门对本行政区的传统村落调查负总责。制定本行政区的调查实施工作方案，汇总本省（自治区、直辖市）登记表文本，成立调查质量检查小组进行质量审核和验收。

县级住房城乡建设会同文化、文物、财政部门负责组织进行入村调查，按"一村一表"要求如实完整填写登记表，拍摄相应照片和提供有关图件，提出传统村落保护意见，并将登记表信息录入全国传统村落管理信息系统。

五、调查时间

县级住房城乡建设等部门应于2012年6月30日之前完成调查登记表的填写、录入全国传统村落管理信息系统、并将登记表文本报省级住房城乡建设等部门汇总；省级住房城乡建设等部门在2012年7月15日之前完成质量审核和验收工作，并将汇总结果报住房城乡建设部、文化部、国家文物局、财政部。

六、其他事宜

此次传统村落调查经费原则上由地方解决。

全国传统村落管理信息系统的信息录入要求将另行通知。调查中有何问题和建议，请与以下人员联系：（略）

附件：传统村落调查登记表（略）

中华人民共和国住房和城乡建设部
中华人民共和国文化部
国家文物局
中华人民共和国财政部
二〇一二年四月十六日

关于做好2012年扩大农村危房改造试点工作的通知

建村〔2012〕87号

河北、山西、内蒙古、辽宁、吉林、黑龙江、江苏、浙江、安徽、福建、江西、山东、河南、湖北、湖南、广东、广西、海南、重庆、四川、贵州、云南、西藏、陕西、甘肃、青海、宁夏等省、自治区、直辖市住房城乡建设厅（建委）、发展改革委、财政厅（局）：

为贯彻落实党中央、国务院关于加快农村危房改造和扩大试点的要求，切实做好2012年扩大农村危房改造试点工作，现就有关事项通知如下：

一、试点范围与改造任务

2012年中央扩大农村危房改造试点实施范围是中西部地区全部县（市、区、旗）和辽宁、江苏、浙江、福建、山东、广东等省全部县（市、区）。任务是支持完成400万农村贫困户危房改造，其中：优先完成陆地边境县边境一线13万贫困农户危房改造，支持东北、西北、华北等"三北"地区和西藏自治区试点范围内13.08万农户结合危房改造开展建筑节能示范。各省（区、市）危房改造任务由住房城乡建设部会同国家发展改革委、财政部确定。

二、补助对象与补助标准

中央扩大农村危房改造试点补助对象重点是居住在危房中的农村分散供养五保户、低保户、贫困残疾人家庭和其他贫困户。各地要按照优先帮助住房最危险、经济最贫困农户解决最基本安全住房的要求，合理确定补助对象。要坚持公开、公平、公正原则，规范补助对象的审核、审批程序，实行农户自愿申请、村民会议或村民代表会议民主评议、乡（镇）审核、县级审批。同时，要建立健全公示制度，将补助对象基本信息和各审查环节的结果在村务公开栏公示。县级政府要组织做好与经批准的危房改造农户签订合同或协议工作。

2012年中央补助标准为每户平均7500元，在此基础上对陆地边境县边境一线贫困农户、建筑节能示范户每户再增加2500元补助。各省（区、市）要依据农村危房改造方式、建设标准、成本需求和补助对象自筹资金能力等不同情况，合理确定不同地区、不同类型、不同档次的分类补助标准。

三、资金筹集和使用管理

2012年中央安排扩大农村危房改造试点补助资金318.72亿元（含中央预算内投资35亿元），由财政部会同国家发展改革委、住房城乡建设部联合下达。中央补助资金根据试点地区农户数、危房数、地区财力差别、上年地方补助资金落实情况、试点工作绩效等因素进行分配。各地要采取积极措施，整合相关项目和资金，将抗震安居、游牧民定居、自然灾害倒损农房恢复重建、贫困残疾人危房改造、扶贫安居等资金与农村危房改造资金有机衔接，通过政府补助、银行信贷、社会捐助、农民自筹等多渠道筹措扩大农村危房改造试点资金。地方各级财政要将扩大农村危房改造试点地方补助资金和项目管理等工作经费纳入财政预算，省级财政要切实加大资金投入力度。

各地要按照《中央农村危房改造补助资金管理暂行办法》（财社〔2011〕88号）等有关规定加强扩大农村危房改造试点补助资金的使用管理。补助资金要实行专项管理、专账核算、专款专用，并按有关资金管理制度的规定严格使用，健全内控制度，执行规定标准，严禁截留、挤占和挪用。各级财政部门要会同发展改革、住房城乡建设部门加强资金使用的监督管理，及时下达资金，加快预算执行进度，并积极配合有关部门做好审计、稽查等工作。

四、科学制定试点实施方案

各省级住房城乡建设、发展改革、财政等部门要认真组织编制2012年扩大农村危房改造试点实施方案，明确试点范围、政策措施、任务分配、资金安排、监管要求，并于今年7月初联合上报3部委。危房改造任务分配要综合考虑各试点县的实际需求、建设与管理能力、地方财力、工作绩效等因素，优先支持陆地边境地区、贫困地区、少数民族地区和革命老区，适当向集中连片特殊困难地区倾斜。各试点县要细化落实措施，合理安排各乡（镇）、村改造户数。

五、合理选择改造建设方式

原则上拟改造农村危房属整体危险（D级）的应拆除重建，属局部危险（C级）的应修缮加固。各地要因地制宜，积极探索符合本地实际的危房改造方式，提高补助资金使用效益。重建房屋以农户自建为主，农户自建确有困难且有统建意愿的，地方政府要发挥组织、协调作用，帮助农户选择有资质的施工队伍统建。坚持以分散分户改造为主，在同等条件下危房较集中的村庄可优先安排任务。积极编制村庄规划，统筹协调道路、供水、沼气、环保等设施建设，整体改善村庄人居环境。陆地边境一线农村危房改造重建以原址翻建为主，确需异址新建的，应靠紧边境、不得后移。

六、严格执行建筑面积标准

翻建新建或修缮加固住房建筑面积原则上控制在每户40至60平方米。地方政府要积极引导，防止出现群众盲目攀比、超标准建房的问题。各地要组织技术力量编制可分步建设的农房设计方案并出台相关配套措施，指导农户先建40至60平方米的安全房，同时又便于农民富裕后扩建。农房设计要符合农民生产生活习惯，体现民族和地方建筑风格，注重保持田园风光与传统风貌。要加强地方建筑材料利用研究，传承和改进传统建造工法，探索符合标准的就地取材建房技术方案，推进农房建设技术进步。要结合建材下乡，组织协调主要建筑材料的生产、采购与运输，并免费为农民提供主要建筑材料质量检测服务。

七、强化质量安全管理

各地要建立农村危房改造质量安全管理制度，严格执行《农村危房改造抗震安全基本要求（试行）》

（建村〔2011〕115号），积极探索抗震安全检查合格与补助资金拨付进度相挂钩的具体措施。地方各级尤其是县级住房城乡建设部门要组织技术力量，开展危房改造施工现场质量安全巡查与指导监督。加强乡镇建设管理员和农村建筑工匠培训与管理，提高其农房建设抗震设防技术知识水平和业务素质。编印和发放农房抗震设防手册或挂图，向广大农民宣传和普及抗震设防常识。开设危房改造咨询窗口，面向农民提供危房改造技术服务和工程纠纷调解服务。各地要健全和加强乡镇建设管理机构，提高服务和管理农村危房改造的能力。

农房设计要符合抗震要求，可以选用县级以上住房城乡建设部门推荐使用的通用图，也可使用有资格的个人或有资质的单位的设计方案，还可由承担任务的农村建筑工匠设计。农村危房改造必须由经培训合格的农村建筑工匠或有资质的施工队伍承担。承揽农村危房改造项目的农村建筑工匠或者单位要对质量安全负责，并按合同约定对所建房屋承担保修和返修责任。乡镇建设管理员要在农村危房改造的地基基础和主体结构等关键施工阶段，及时到现场逐户进行技术指导和检查，发现不符合抗震安全要求的当即告知建房户，并提出处理建议和做好现场记录。

八、完善农户档案管理

各地要按照危房改造农户档案管理有关要求，实行一户一档，批准一户、建档一户，完善危房改造农户纸质档案管理。农户纸质档案必须包括档案表、农户申请、审核审批、公示、协议等材料，其中档案表必须按照信息系统公布的最新样表制作。在此基础上，严格执行危房改造农户纸质档案表信息化录入制度，将农户档案表及时、全面、真实、完整、准确录入信息系统。危房改造农户档案录入情况及相关数据是绩效考评的重要内容和依据，各地要加强对已录入农户档案信息的审核与抽验，并逐步向社会公开农户档案有关信息。改造后农户住房产权归农户所有，并根据实际做好产权登记。

九、推进建筑节能示范

建筑节能示范地区各试点县要安排不少于五个相对集中的示范点（村），有条件的县每个乡镇要安排一个示范点（村）。省级住房城乡建设部门要及时总结近年建筑节能示范经验与做法，制定和完善技术方案与措施；充实省级技术指导组力量，加强技术指导与巡查；及时组织中期检查和竣工检查，开展典型建筑节能示范房节能技术检测。县级住房城乡建设部门要按照建筑节能示范监督检查要求，实行逐户施工过程检查和竣工验收检查，并做好检查情况记录。建筑节能示范户录入信息系统的"改造中照片"必须反映主要建筑节能措施施工现场。要组织农村建筑工匠和农民学习节能技术和建造管理，做好宣传推广。

十、健全信息报告制度

省级住房城乡建设部门要严格执行工程进度月报制度，于每月5日前将上月危房改造进度情况报住房城乡建设部。省级发展改革、财政部门要按照有关要求，及时汇总并上报有关农村危房改造计划落实、资金筹集、监督管理等情况。各地要组织编印农村危房改造工作信息，将建设成效、经验做法、存在问题和工作建议等以简报、通报等形式，定期或不定期上报。省级住房城乡建设部门要会同发展改革、财政部门及时组织对年度危房改造实施情况进行检查，于2013年1月底前将2012年任务落实检查情况、年度总结报告以及2013年度危房改造任务和补助资金申请报3部委。

十一、完善监督检查制度

各地要认真贯彻落实本通知要求和其他有关规定，主动接受纪检监察、审计和社会监督。要定期对资金的管理和使用情况进行监督检查，发现问题，及时纠正，严肃处理。问题严重的要公开曝光，并追究有关责任人员的责任，涉嫌犯罪的，移交司法机关处理。加强农户补助资金兑现情况检查，坚决查处冒领、克扣、拖欠补助资金和向享受补助农户索要"回扣"、"手续费"等行为。财政部驻各地财政监察专员办事处和发改稽察机构将对各地扩大农村危房改造试点资金使用管理等情况进行检查。

要建立农村危房改造试点年度绩效考评制度，逐级开展年度绩效考评，健全激励约束并重、奖惩结合的任务资金分配与管理机制。地方各级住房城乡建设部门要会同有关部门制定年度绩效考评办法，全面监督检查当地农村危房改造任务落实与政策执行情况。住房城乡建设部、国家发展改革委、财政部对各试点省份实行年度绩效考评，综合评价各地政策执行、资金落实与使用、组织管理、工程质量与进度、建筑节能示范管理监督检查等情况，公布绩效考评结果与排名，并将考评结果作为安排下一年度改造任务的重要依据。

十二、加强组织领导与部门协作

各地要加强对扩大农村危房改造试点工作的领导,建立健全协调机制,明确分工,密切配合。各地住房城乡建设、发展改革和财政部门要在当地政府领导下,会同民政、民族事务、国土资源、扶贫、残联、环保、交通运输、水利、农业、卫生等有关部门,共同推进扩大农村危房改造试点工作。地方各级住房城乡建设部门要通过多种方式,积极宣传农村危房改造政策,认真听取群众意见建议,及时研究和解决群众反映的困难和问题。

中华人民共和国住房和城乡建设部
中华人民共和国国家发展和改革委员会
中华人民共和国财政部
2012 年 6 月 29 日

住房城乡建设部关于支持大别山片区住房城乡建设事业发展的意见

建村〔2012〕159 号

安徽、河南、湖北省住房城乡建设厅:

为贯彻中央扶贫工作会议精神,落实《中国农村扶贫开发纲要(2011-2020 年)》,根据集中连片特殊困难地区联系单位工作职责,现就支持大别山片区住房城乡建设事业发展提出以下意见。

一、指导思想、基本原则和主要任务

(一)指导思想。贯彻科学发展观,落实中央扶贫工作部署,立足大别山片区实际,发挥住房城乡建设系统优势,尽力而为,真诚帮扶,开展政策和项目及智力支持,推动城乡建设,改善人居环境,促进大别山片区扶贫攻坚和区域发展。

(二)基本原则。坚持突出重点,发挥片区优势及住房城乡建设系统优势。坚持雪中送炭,着力解决贫困群众和民生领域的突出问题。坚持硬件软件兼顾,着力提高片区自我发展能力。坚持因地制宜,密切结合片区实际和需求。坚持群众路线,深入乡村和工作一线。

(三)主要任务。加大农村危房改造和保障性住房建设支持力度,"十二五"末完成片区 70%的农村存量危房改造。支持和指导城乡规划建设,加快改善片区城乡基础设施和人居环境。支持人力资源开发和建筑业等产业发展,加快提升片区自我发展能力。

二、支持措施

(一)加大农村危房改造支持力度。加大对安徽、河南、湖北省农村危房改造支持力度,协调 3 省有关部门在任务安排上向片区各县倾斜,确保每年片区县均任务量高于全国的县均任务量、高于片区 3 省的县均任务量,"十二五"期间安排中央农村危房改造任务 80 万户以上。派遣专家组指导片区农房设计和建造,帮助提高农房建设管理能力。

(二)支持城镇保障性住房建设。协调加大对片区财政困难地区保障性安居工程建设补助力度,指导片区 3 省在任务安排上对片区各县给予倾斜。支持片区各县在乡镇建设公共租赁住房,解决乡村教师、医疗卫生工作者、科技人员、乡镇公务员、扶贫志愿者等农村公益性岗位人员住房困难问题。

(三)开展城乡规划试点。指导片区 3 省各 1 个县开展县域规划编制试点,支持试点县编制县域城乡统筹发展战略规划、1 个重点镇和 1 个中心村规划。根据地方需求,组织专家对未列入试点的县提供技术指导和咨询,参加城乡规划审查,帮助提高规划编制和实施水平。

(四)支持县镇基础设施建设。选择并指导片区 9 个试点县编制或修订城镇给排水规划、城镇绿地系统规划等专项规划。指导未编制上述专项规划的县编制规划,已编制上述专项规划的县制定年度实施计划和方案并督促执行。及时转达县镇基础设施建设有关项目申报文件及具体要求,指导各县建立项目库,组织相关单位提供技术指导,并协调有关部门对符合相应条件的项目给予支持。在片区 3 省各选择1个试点县,组织协调设计、科研单位对生活垃圾处理专项规划编制及修编提供技术服务。协调有关部门将片区符合条件的16个镇污水处理设施配套管网建设项目列入中央财政支持范围,力争"十二五"期间安排管网任务量400公里、补贴2.9亿元左右。选择并支持6个县(镇)开展节约型、生态型园林绿化示范,组织城市园林绿化设计、施工单位及有关专家提供全过程指导服务。组织重点城市的供水企业、污水处理单位与各县市在水质检测、运行维护管理等方面结对帮扶和技术支持工作。协调北京市朝阳区循环经济产业园、深圳市宝安区老虎坑生活垃圾卫生填埋场、杭州天子岭生活垃圾填埋场等运行管理较好的场区作为对口帮扶单位,组织大别山片区相关人员进行驻场交流实践。组织东部地区有关6省市住房城乡建设或园林绿化部门各对口帮扶1个县,以选派干部蹲点挂职的形式在园林绿化管理、技术等方面给予指导和帮助。

(五)促进风景名胜区保护和利用。开展片区风景名胜资源调查,指导地方做好价值评估并提供技术服务。根据地方意愿建立国家级风景名胜区申报预备名单,按照程序,对条件成熟的申报项目予以重点支持。加大对花亭湖、天柱山国家级风景名胜区专项资金支持力度,帮助纳入国家"十二五"文化和自然遗产保护设施建设规划项目储备库,争取中央补助资金支持基础设施建设;组织黄山、九华山等发展较好的风景名胜区与花亭湖、天柱山国家级风景名胜区结成帮扶对子,开展人员交流及管理、技术培训。

(六)扶持片区县建筑业发展。加强建筑业发展政策咨询与指导,指导地方住房城乡建设主管部门在企业资质升级、做大做强、做精做专等方面提供政策咨询服务。组织中国建筑业协会支持河南固始县、新县、民权县、湖北团风县、罗田县、麻城市、红安县、安徽金寨县、岳西县等9个县建筑劳务发展。组织中国建筑金属结构协会重点扶持团风县钢结构产业发展,带动钢结构企业整体水平进一步提升。协调中国建筑工程总公司等建筑业企业分别一对一重点帮扶安徽岳西县、河南民权县、湖北团风县和罗田县。

(七)开展村镇建设示范。"十二五"期间帮助片区36个县各创建1个示范村,在村庄规划、人居环境整治、绿色照明等可再生能源利用、农房建设、传统文化和田园风貌保护、发展乡村旅游和农业生产、村庄管理等方面做出示范。支持符合条件的村落列入国家传统村落名录,指导和支持传统村落保护与发展。指导创建国家特色景观旅游名镇名村。"十二五"期间支持3省各1个基础条件较好的镇创建绿色低碳重点小城镇试点示范,协调有关部门在建筑节能、可再生能源建筑应用、城镇污水管网、环境污染防治、商贸流通设施等建设项目上予以支持。在新一轮全国重点镇名单调整中支持片区新增10个以上全国重点镇。支持开展现代民居示范,结合农村危房改造予以推广,培育专业农村建筑工匠500人以上。

(八)推动建筑节能与科技示范。开展可再生能源建筑应用县级示范和农村地区可再生能源建筑应用示范。重点支持中小学校、乡镇卫生院及农村住房采用太阳能热水技术,推进被动式太阳能采暖方式为教室等供暖。协调有关部门每年在片区县城及农村选择30万平方米的建筑开展可再生能源建筑应用并给予补贴。加强对示范项目技术类型选择、工程设计、施工等环节的指导。支持和指导新建建筑执行节能强制性标准,鼓励采用节能、节地、节水、节材及环境友好技术建设节能省地型住宅,对评价标识等级达到二星级、三星级的新建绿色建筑按照有关规定给予财政补贴。

(九)开展人力资源支持。为片区举办村镇建设、农村危房改造、城乡规划、城乡基础设施与生态环境建设、住房保障、房地产、城镇给排水、生活垃圾处理、城镇园林绿化等专题管理与技术培训班,提升县乡主要领导、相关部门领导及管理人员、技术人员与相关从业人员的业务水平。选派住房城乡建设部机关及直属单位干部赴片区挂职,接收片区干部到部机关或直属单位挂职锻炼培养。

三、组织协调

住房城乡建设部机关各司局和直属单位按照统一部署,加强与安徽、河南、湖北省住房城乡建设部门沟通和协调,结合各自职能职责落实各项支持措施,并积极与中央其他有关部门合作,共同推进片区区域发展与扶贫攻坚工作。安徽、河南、湖北省住房城乡建设部门要高度重视片区扶贫攻坚工作,结合当地实际,积极主动与我部有关单位协调和对接,落实和细化各项支持措施,切实做好组织实施工作。县级住房城乡建设部门要积极主动做好项目前期准备、组织实施以及具体协调等相关工作。加强宣传,扩大社会影响,在全社会形成关心支持连片特困地区发展的良好氛围。

本意见提出的有关支持措施适用于住房城乡建设部定点帮扶的国家扶贫开发工作重点县。

中华人民共和国住房和城乡建设部
2012年11月6日

住房城乡建设部 文化部 财政部关于加强传统村落保护发展工作的指导意见

建村〔2012〕184号

各省、自治区、直辖市住房城乡建设厅（建委、农委）、文化厅（局）、财政厅（局），计划单列市建委（建设局）、文化局、财政局：

为贯彻落实党的十八大关于建设优秀传统文化传承体系、弘扬中华优秀传统文化的精神，促进传统村落的保护、传承和利用，建设美丽中国，住房城乡建设部、文化部、财政部（以下称三部门）就加强传统村落保护发展工作提出如下意见。

一、充分认识传统村落保护发展的重要性和必要性

传统村落是指拥有物质形态和非物质形态文化遗产，具有较高的历史、文化、科学、艺术、社会、经济价值的村落。传统村落承载着中华传统文化的精华，是农耕文明不可再生的文化遗产。传统村落凝聚着中华民族精神，是维系华夏子孙文化认同的纽带。传统村落保留着民族文化的多样性，是繁荣发展民族文化的根基。但随着工业化、城镇化的快速发展，传统村落衰落、消失的现象日益加剧，加强传统村落保护发展刻不容缓。

新时期加强传统村落保护发展，保护和传承前人留下的历史文化遗产，体现了国家和广大人民群众的文化自觉，有利于增强国家和民族的文化自信；加强传统村落保护发展，延续各民族独特鲜明的文化传统，有利于保持中华文化的完整多样；加强传统村落保护发展，保持农村特色和提升农村魅力，为农村地区注入新的经济活力，有利于促进农村经济、社会、文化的协调可持续发展。

二、明确基本原则和任务

保护发展传统村落要坚持规划先行、统筹指导，整体保护、兼顾发展，活态传承、合理利用，政府引导、村民参与的原则。

保护发展传统村落的任务是：不断完善传统村落调查；建立国家和地方的传统村落名录；建立保护发展管理制度和技术支撑体系；制定保护发展政策措施；培养保护发展人才队伍；开展宣传教育和培训。

三、继续做好传统村落调查

各地住房城乡建设、文化、财政部门要按照三部门要求，对已登记的传统村落进行补充调查，完善村落信息档案。同时，进一步调查发现拥有传统建筑、传统选址格局、丰富非物质文化遗产的村落，特别要加强对少数民族地区、空白地区的再调查，并发动专家和社会各界推荐，不断丰富传统村落资料信息。

四、建立传统村落名录制度

三部门根据《传统村落评价认定指标体系（试行）》，按照省级推荐、专家委员会审定、社会公示等程序，将符合国家级传统村落认定条件的村落公布列入中国传统村落名录。各地住房城乡建设、文化、财政部门要抓紧制定本地区传统村落认定标准，开展本行政区传统村落评审认定，在三部门的指导下建立地方传统村落名录。各级传统村落名录分批公布。

五、推动保护发展规划编制实施

各级传统村落必须编制保护发展规划。规划要确定保护对象及其保护措施，划定保护范围和控制区，明确控制要求；安排村庄基础设施和公共服务设施建设和整治项目；明确传统要素资源利用方式；提出传承发展传统生产生活的措施。

各地住房城乡建设、文化、财政部门要建立保护发展规划的专家审查制度，提高规划编制的质量；建立巡查制度，保障保护发展规划的实施；坚持批前公示，方便公众参与；规划成果要长期公开，接受公众监督；加强规划编制与实施管理的人员机构经费保障，做到专人负责。

六、保护传承文化遗产

传统村落保护应保持文化遗产的真实性、完整性和可持续性。尊重传统建筑风貌，不改变传统建筑形式，对确定保护的濒危建筑物、构筑物应及时抢救修缮，对于影响传统村落整体风貌的建筑应予以整治。尊重传统选址格局及与周边景观环境的依存关系，注重整体保护，禁止各类破坏活动和行为，已构成破坏的，应予以恢复。尊重村民作为文化遗产所有者的主体地位，鼓励村民按照传统习惯开展乡社文化活动，并保护与之相关的空间场所、物质载体以及生产生活资料。因重大原因确需迁并的传统村落，须经省级住房城乡建设、文化、财政部门同意，并报中央三部门备案。

七、改善村落生产生活条件

正确处理传统村落保护和村民改善生活意愿之间的关系，在符合保护规划要求的前提下，优先安排传统村落的基础设施和公共服务设施建设项目，积极引导居民开展传统建筑节能改造和功能提升，改善居住条件，提高人居环境品质。正确处理村落保护和发展之间的关系，深入挖掘和发挥传统文化遗产资源价值，在延续传统生产生活方式的基础上，适度发展特色产业，增加村民收入。正确处理保护与利用之间的关系，针对不同类型的资源提出合理的利用方式和措施，纠正无序和盲目建设，禁止大拆大建。

八、加强支持和指导

加大对传统村落保护发展项目的支持，鼓励社会力量参与传统村落的保护发展，多渠道筹措保护发展资金，建立政府推动、社会参与的协同保护发展机制。村庄整治等建设项目要向传统村落倾斜。各地住房城乡建设部门要会同文化、财政部门建立传统村落保护发展工作协调机制，成立专家指导委员会负责开展基础研究，提供总体技术指导和战略决策咨询，开展现场指导和培训。要建立村民参与机制，在制订保护发展规划、实施保护利用等项目时，应充分尊重村民意愿。

九、加强监督管理

各级传统村落应设置保护标志，建立保护档案，未经批准不得对传统村落进行迁并。三部门建立传统村落动态监测信息系统，收录村落基本情况、保护规划、建设项目等信息，对传统村落的保护状况和规划实施进行跟踪监测。

加强传统村落保护发展工作监督，对违反保护要求或因保护工作不力、造成传统文化遗产资源破坏的，提出警告并进行通报批评；对在开发活动过程中造成传统建筑、选址和格局、历史风貌破坏性影响的，发出濒危警示，并取消名录认定和项目支持，情节严重的，会同有关部门依法查处。

十、落实各级责任

传统村落保护发展实行分级管理。三部门制定全国传统村落保护发展纲要，认定公布中国传统村落名录，制定保护发展政策和支持措施，编制保护发展技术导则，对全国传统村落保护发展进行监督管理。省级住房城乡建设、文化、财政部门认定公布省级传统村落名录，编制本行政区传统村落保护发展技术指南，对本行政区传统村落保护发展进行监督管理。市、县级住房城乡建设、文化、财政部门认定公布市、县级传统村落，负责组织和指导本行政区内各级传统村落保护发展规划的制定，监督规划实施和建设项目的落实。

十一、加强宣传教育

各地要通过电视、广播、报刊、网络等媒体，展示传统村落的魅力，提高群众对传统文化资源的认知和了解，增强全民保护传统村落的自觉性。充分利用农村广播、壁画板报、宣传册等多种形式，向广大群众宣传传统村落保护的基本知识。举办传统村落保护的专业培训，加强技术和管理人才队伍的培养，为传统村落保护发展提供充足的人才储备。

中华人民共和国住房和城乡建设部
中华人民共和国文化部
中华人民共和国财政部
2012 年 12 月 12 日

住房城乡建设部 文化部 财政部
关于公布第一批列入中国传统村落名录村落名单的通知

建村〔2012〕189号

各省、自治区、直辖市住房城乡建设厅（建委、农委）、文化厅（局）、财政厅（局），计划单列市建委（建设局）、文化局、财政局：

根据《住房城乡建设部等部门关于印发传统村落评价认定指标体系（试行）的通知》（建村〔2012〕125号），在各地初步评价推荐的基础上，经传统村落保护和发展专家委员会评审认定并公示，住房城乡建设部、文化部、财政部（以下称三部门）决定将北京市房山区南窖乡水峪村等646个村落（名单见附件）列入中国传统村落名录，现予以公布。

请按照三部门印发的《关于加强传统村落保护发展工作的指导意见》（建村〔2012〕184号），做好传统村落保护发展工作。各地要继续做好传统村落调查申报，对经评审认定具有重要保护价值的村落，三部门将分批列入中国传统村落名录。对已列入名录的村落的保护发展工作，三部门将予以监督指导。

附件：第一批列入中国传统村落名录的村落名单（略）

中华人民共和国住房和城乡建设部
中华人民共和国文化部
中华人民共和国财政部
2012年12月17日

七、城市建设类

国务院关于实行最严格水资源管理制度的意见

国发〔2012〕3号

各省、自治区、直辖市人民政府，国务院各部委、各直属机构：

水是生命之源、生产之要、生态之基，人多水少、水资源时空分布不均是我国的基本国情和水情。当前我国水资源面临的形势十分严峻，水资源短缺、水污染严重、水生态环境恶化等问题日益突出，已成为制约经济社会可持续发展的主要瓶颈。为贯彻落实好中央水利工作会议和《中共中央 国务院关于加快水利改革发展的决定》（中发〔2011〕1号）的要求，现就实行最严格水资源管理制度提出以下意见：

一、总体要求

（一）指导思想。深入贯彻落实科学发展观，以水资源配置、节约和保护为重点，强化用水需求和用水过程管理，通过健全制度、落实责任、提高能力、强化监管，严格控制用水总量，全面提高用水效率，严格控制入河湖排污总量，加快节水型社会建设，促进水资源可持续利用和经济发展方式转变，推动经济社会发展与水资源水环境承载能力相协调，保障经济社会长期平稳较快发展。

（二）基本原则。坚持以人为本，着力解决人民群众最关心最直接最现实的水资源问题，保障饮水安全、供水安全和生态安全；坚持人水和谐，尊重自然规律和经济社会发展规律，处理好水资源开发与保护关系，以水定需、量水而行、因水制宜；坚持统筹兼顾，协调好生活、生产和生态用水，协调好上下游、左右岸、干支流、地表水和地下水关系；坚持改革创新，完善水资源管理体制和机制，改进管理方式和方法；坚持因地制宜，实行分类指导，注重制度实施的可行性和有效性。

（三）主要目标。

确立水资源开发利用控制红线，到2030年全国用水总量控制在7000亿立方米以内；确立用水效率控制红线，到2030年用水效率达到或接近世界先进水平，万元工业增加值用水量（以2000年不变价计，下同）降低到40立方米以下，农田灌溉水有效利用系数提高到0.6以上；确立水功能区限制纳污红线，到2030年主要污染物入河湖总量控制在水功能区纳污能力范围之内，水功能区水质达标率提高到95%以上。

为实现上述目标，到2015年，全国用水总量力争控制在6350亿立方米以内；万元工业增加值用水量比2010年下降30%以上，农田灌溉水有效利用系数提高到0.53以上；重要江河湖泊水功能区水质达标率提高到60%以上。到2020年，全国用水总量力争控制在6700亿立方米以内；万元工业增加值用水量降低到65立方米以下，农田灌溉水有效利用系数提高到0.55以上；重要江河湖泊水功能区水质达标率提高到80%以上，城镇供水水源地水质全面达标。

二、加强水资源开发利用控制红线管理，严格实行用水总量控制

（四）严格规划管理和水资源论证。开发利用水资源，应当符合主体功能区的要求，按照流域和区域统一制定规划，充分发挥水资源的多种功能和综合效益。建设水工程，必须符合流域综合规划和防洪规划，由有关水行政主管部门或流域管理机构按照管理权限进行审查并签署意见。加强相关规划和项目建设布局水资源论证工作，国民经济和社会发展规划以及城市总体规划的编制、重大建设项目的布局，应当与当地水资源条件和防洪要求相适应。严格执行建设项目水资源论证制度，对未依法完成水资源论证工作的建设项目，审批机关不予批准，建设单位不得擅自开工建设和投产使用，对违反规定的，一律责令停止。

（五）严格控制流域和区域取用水总量。加快制定主要江河流域水量分配方案，建立覆盖流域和省市县三级行政区域的取用水总量控制指标体系，实施流域和区域取用水总量控制。各省、自治区、直辖市要按照江河流域水量分配方案或取用水总量控制指标，制定年度用水计划，依法对本行政区域内的年度用水实行总量管理。建立健全水权制度，积极培育水市场，鼓励开展水权交易，运用市场机制合理配置水资源。

（六）严格实施取水许可。严格规范取水许可审批管理，对取用水总量已达到或超过控制指标的地区，暂停审批建设项目新增取水；对取用水总量接近控制指标的地区，限制审批建设项目新增取水。对不符合国家产业政策或列入国家产业结构调整指导目录中淘汰类的，产品不符合行业用水定额标准的，在城市公共供水管网能够满足用水需要却通过自备取水设施取用地下水的，以及地下水已严重超采的地区取用地下水的建设项目取水申请，审批机关不予批准。

（七）严格水资源有偿使用。合理调整水资源费征收标准，扩大征收范围，严格水资源费征收、使用和管理。各省、自治区、直辖市要抓紧完善水资源费征收、使用和管理的规章制度，严格按照规定的征收范围、对象、标准和程序征收，确保应收尽收，任何单位和个人不得擅自减免、缓征或停征水资源费。水资源费主要用于水资源节约、保护和管理，严格依法查处挤占挪用水资源费的行为。

（八）严格地下水管理和保护。加强地下水动态监测，实行地下水取用水总量控制和水位控制。各省、自治区、直辖市人民政府要尽快核定并公布地下水禁采和限采范围。在地下水超采区，禁止农业、工业建设项目和服务业新增取用地下水，并逐步削减超采量，实现地下水采补平衡。深层承压地下水原则上只能作为应急和战略储备水源。依法规范机井建设审批管理，限期关闭在城市公共供水管网覆

盖范围内的自备水井。抓紧编制并实施全国地下水利用与保护规划以及南水北调东中线受水区、地面沉降区、海水入侵区地下水压采方案，逐步削减开采量。

（九）强化水资源统一调度。流域管理机构和县级以上地方人民政府水行政主管部门要依法制订和完善水资源调度方案、应急调度预案和调度计划，对水资源实行统一调度。区域水资源调度应当服从流域水资源统一调度，水力发电、供水、航运等调度应当服从流域水资源统一调度。水资源调度方案、应急调度预案和调度计划一经批准，有关地方人民政府和部门等必须服从。

三、加强用水效率控制红线管理，全面推进节水型社会建设

（十）全面加强节约用水管理。各级人民政府要切实履行推进节水型社会建设的责任，把节约用水贯穿于经济社会发展和群众生活生产全过程，建立健全有利于节约用水的体制和机制。稳步推进水价改革。各项引水、调水、取水、供用水工程建设必须首先考虑节水要求。水资源短缺、生态脆弱地区要严格控制城市规模过度扩张，限制高耗水工业项目建设和高耗水服务业发展，遏制农业粗放用水。

（十一）强化用水定额管理。加快制定高耗水工业和服务业用水定额国家标准。各省、自治区、直辖市人民政府要根据用水效率控制红线确定的目标，及时组织修订本行政区域内各行业用水定额。对纳入取水许可管理的单位和其他用水大户实行计划用水管理，建立用水单位重点监控名录，强化用水监控管理。新建、扩建和改建建设项目应制订节水措施方案，保证节水设施与主体工程同时设计、同时施工、同时投产（即"三同时"制度），对违反"三同时"制度的，由县级以上地方人民政府有关部门或流域管理机构责令停止取用水并限期整改。

（十二）加快推进节水技术改造。制定节水强制性标准，逐步实行用水产品用水效率标识管理，禁止生产和销售不符合节水强制性标准的产品。加大农业节水力度，完善和落实节水灌溉的产业支持、技术服务、财政补贴等政策措施，大力发展管道输水、喷灌、微灌等高效节水灌溉。加大工业节水技术改造，建设工业节水示范工程。充分考虑不同工业行业和工业企业的用水状况和节水潜力，合理确定节水目标。有关部门要抓紧制定并公布落后的、耗水量高的用水工艺、设备和产品淘汰名录。加大城市生活节水工作力度，开展节水示范工作，逐步淘汰公共建筑中不符合节水标准的用水设备及产品，大力推广使用生活节水器具，着力降低供水管网漏损率。鼓励并积极发展污水处理回用、雨水和微咸水开发利用、海水淡化和直接利用等非常规水源开发利用。加快城市污水处理回用管网建设，逐步提高城市污水处理回用比例。非常规水源开发利用纳入水资源统一配置。

四、加强水功能区限制纳污红线管理，严格控制入河湖排污总量

（十三）严格水功能区监督管理。完善水功能区监督管理制度，建立水功能区水质达标评价体系，加强水功能区动态监测和科学管理。水功能区布局要服从和服务于所在区域的主体功能定位，符合主体功能区的发展方向和开发原则。从严核定水域纳污容量，严格控制入河湖排污总量。各级人民政府要把限制排污总量作为水污染防治和污染减排工作的重要依据。切实加强水污染防控，加强工业污染源控制，加大主要污染物减排力度，提高城市污水处理率，改善重点流域水环境质量，防治江河湖库富营养化。流域管理机构要加强重要江河湖泊的省界水质水量监测。严格入河湖排污口监督管理，对排污量超出水功能区限排总量的地区，限制审批新增取水和入河湖排污口。

（十四）加强饮用水水源保护。各省、自治区、直辖市人民政府要依法划定饮用水水源保护区，开展重要饮用水水源地安全保障达标建设。禁止在饮用水水源保护区内设置排污口，对已设置的，由县级以上地方人民政府责令限期拆除。县级以上地方人民政府要完善饮用水水源地核准和安全评估制度，公布重要饮用水水源地名录。加快实施全国城市饮用水水源地安全保障规划和农村饮水安全工程规划。加强水土流失治理，防治面源污染，禁止破坏水源涵养林。强化饮用水水源应急管理，完善饮用水水源地突发事件应急预案，建立备用水源。

（十五）推进水生态系统保护与修复。开发利用水资源应维持河流合理流量和湖泊、水库以及地下水的合理水位，充分考虑基本生态用水需求，维护河湖健康生态。编制全国水生态系统保护与修复规划，加强重要生态保护区、水源涵养区、江河源头区和湿地的保护，开展内源污染整治，推进生态脆弱河流和地区水生态修复。研究建立

生态用水及河流生态评价指标体系，定期组织开展全国重要河湖健康评估，建立健全水生态补偿机制。

五、保障措施

（十六）建立水资源管理责任和考核制度。要将水资源开发、利用、节约和保护的主要指标纳入地方经济社会发展综合评价体系，县级以上地方人民政府主要负责人对本行政区域水资源管理和保护工作负总责。国务院对各省、自治区、直辖市的主要指标落实情况进行考核，水利部会同有关部门具体组织实施，考核结果交由干部主管部门，作为地方人民政府相关领导干部和相关企业负责人综合考核评价的重要依据。具体考核办法由水利部会同有关部门制订，报国务院批准后实施。有关部门要加强沟通协调，水行政主管部门负责实施水资源的统一监督管理，发展改革、财政、国土资源、环境保护、住房城乡建设、监察、法制等部门按照职责分工，各司其职，密切配合，形成合力，共同做好最严格水资源管理制度的实施工作。

（十七）健全水资源监控体系。抓紧制定水资源监测、用水计量与统计等管理办法，健全相关技术标准体系。加强省界等重要控制断面、水功能区和地下水的水质水量监测能力建设。流域管理机构对省界水量的监测核定数据作为考核有关省、自治区、直辖市用水总量的依据之一，对省界水质的监测核定数据作为考核有关省、自治区、直辖市重点流域水污染防治专项规划实施情况的依据之一。加强取水、排水、入河湖排污口计量监控设施建设，加快建设国家水资源管理系统，逐步建立中央、流域和地方水资源监控管理平台，加快应急机动监测能力建设，全面提高监控、预警和管理能力。及时发布水资源公报等信息。

（十八）完善水资源管理体制。进一步完善流域管理与行政区域管理相结合的水资源管理体制，切实加强流域水资源的统一规划、统一管理和统一调度。强化城乡水资源统一管理，对城乡供水、水资源综合利用、水环境治理和防洪排涝等实行统筹规划、协调实施，促进水资源优化配置。

（十九）完善水资源管理投入机制。各级人民政府要拓宽投资渠道，建立长效、稳定的水资源管理投入机制，保障水资源节约、保护和管理工作经费，对水资源管理系统建设、节水技术推广与应用、地下水超采区治理、水生态系统保护与修复等给予重点支持。中央财政加大对水资源节约、保护和管理的支持力度。

（二十）健全政策法规和社会监督机制。抓紧完善水资源配置、节约、保护和管理等方面的政策法规体系。广泛深入开展基本水情宣传教育，强化社会舆论监督，进一步增强全社会水忧患意识和水资源节约保护意识，形成节约用水、合理用水的良好风尚。大力推进水资源管理科学决策和民主决策，完善公众参与机制，采取多种方式听取各方面意见，进一步提高决策透明度。对在水资源节约、保护和管理中取得显著成绩的单位和个人给予表彰奖励。

国务院
二〇一二年一月十二日

关于进一步保障环卫行业职工合法权益的意见

建城〔2012〕73号

各省、自治区、直辖市住房城乡建设厅(市容环卫主管部门)、人力资源社会保障厅、公安厅(局)、财政厅、卫生厅、安全监管局、总工会、新疆生产建设兵团建设局、人力资源社会保障局、公安局、财政局、卫生局、工会：

为进一步保障环卫行业职工的合法权益，推动环境卫生事业持续健康发展，按照《国务院批转住房城乡建设部等部门关于进一步加强城市生活垃圾处理工作意见的通知》(国发〔2011〕9号)和《城市市容和环境卫生管理条例》要求，现提出以下意见：

一、提高思想认识

市容环境卫生工作是城市管理和公共服务的重要组成部分,是关系民生的基础性公益事业。当前我国环卫行业发展现状与日益增长的社会需求很不适应,大量一线环卫职工工作生活条件比较艰苦,合法权益不能得到保障,队伍难以稳定,严重制约了环卫事业发展,影响城市正常运行和人居环境质量。各地区、各有关部门要从保民生、构建和谐社会和推动经济社会可持续发展的高度出发,加强领导,把健全市容环卫组织管理机构、规范环卫行业职工队伍建设和管理、保障环卫行业职工合法权益作为提升城市形象、体现政府作为的重要工作,保证环卫职工队伍稳定,实现环卫事业健康和可持续发展。

二、规范劳动人事管理

(一)企业单位用工。所有环卫企业都必须按照《中华人民共和国劳动合同法》的要求与职工签订劳动合同,并按照国家有关规定为环卫工人办理各项社会保险手续,包括养老保险、医疗保险、失业保险、工伤保险和生育保险,做到应保尽保,及时足额缴纳社会保险费。

(二)事业单位用人。环卫事业单位与职工应在平等自愿、协商一致的基础上,通过签订聘用合同,明确聘用单位和受聘人员与工作有关的权利和义务,并明确依法参加社会保险的内容。环卫事业单位职工应按照国家或当地有关规定参加养老保险。

(三)有效抵御风险。针对环卫工作特点,建立环卫职工风险保障机制。鼓励地方设立困难环卫职工救助基金,并积极引导社会各界捐助。救助基金主要用于因工伤或患有重病住院治疗且家庭特别困难的环卫职工的补助。

三、提高职工待遇

(一)明确工资待遇。各地要切实落实国家有关工资倾斜政策,保障环卫事业单位职工的工资待遇。建立健全环卫企业职工工资正常增长机制,着力提高一线环卫职工工资收入水平。

(二)解决生活困难。对符合当地保障性住房申请条件的环卫职工,在同等条件下可优先配租配售。根据各地实际,解决好环卫职工子女医疗和入学问题。

四、改善工作条件

(一)保障休息时间。环卫用工单位要合理安排环卫职工工作量和休息时间,超过法定工作时间的,要按照国家有关规定安排补休或给予补偿。各地要根据《城镇环境卫生设施设置标准》要求,做好规划布局和控制,合理设置环卫职工休息用房,解决好环卫职工工间休息和车辆停放问题。

(二)强化作业安全。严格执行安全生产责任制和环卫安全作业规范,重点做好道路清扫保洁、粪便清运处理、垃圾处理等一线作业人员的安全保障工作,完善应对极端天气工作预案,落实人身安全防护措施,有效防范各类安全事故。要采取切实措施,加强环卫作业道路安全管理,严格执行国家和地方环卫清扫车辆有关安全作业标准,严禁清扫作业车辆在道路上逆向行驶或者随意变更车道。要完善和落实道路清扫作业人员安全防护措施,按照规范设置安全标志和设施,环卫人员进行人工道路清扫作业时应配备使用具有警示和反光性能的安全服和安全帽,有条件的,要划出临时清扫作业区并设置交通围挡。要强化安全作业教育和技能培训,教育环卫人员严格遵守道路交通安全法律法规,提高环卫人员安全意识和能力。要依法妥善处理环卫作业中发生的交通事故,造成环卫作业人员伤亡的,积极做好损害赔偿纠纷调解工作,切实维护环卫职工的合法权益。

(三)加强职业病防治。加强尘毒、高温等职业病危害的防治工作,落实职业病防控措施。推广建立一线职工健康疗养制度。加强环卫职业卫生的研究和专用劳动保护用品的研发,配备必要的劳动防护用品。用人单位的主要负责人和职业卫生管理人员应当接受职业卫生培训,遵守职业病防治法律、法规,依法组织本单位的职业病防治工作。用人单位要建立健全环卫职工职业卫生管理制度、职业卫生档案和劳动者健康监护档案,对环卫职工要进行上岗前和在岗期间的职业卫生培训。对从事接触职业病危害作业的环卫职工依法组织开展职业健康检查。

(四)逐步提高机扫比例。要积极采用先进适用的机械化清扫方式,增加机扫、洒水等作业车辆,逐步扩大机械化作业范围和区域,减轻一线环卫职工劳动强度,提高作业安全系数。

五、落实保障措施

(一)加大资金投入。地方政府有关部门要加大对环卫职工权益保障工作的投入,重点保障环卫职工工资福利和休息场所建设,按照国家及各地环境卫生劳动定额向作业单位核拨经费。

（二）落实各级责任。环卫职工权益保障工作的主要责任在地方政府有关部门，国务院有关部门要做好指导工作。住房城乡建设部牵头会同有关部门建立部门协调机制，协调解决有关问题。

（三）加强监督管理。要加大对环卫行业用工和工资福利政策执行情况的监督检查力度，限期整改出现的问题。将环卫职工权益保障工作情况纳入环卫单位市场准入和评价条件，完善行业进入及退出机制，规范环卫单位用工行为。要严肃查处殴打侮辱环卫职工事件。

（四）做好宣传教育。各地要结合"五一劳动节"、"环卫工人节"等节日和活动，丰富环卫职工业余生活。借助各类媒体大力宣传环卫工作的重要意义和作用，弘扬环卫职工的奉献精神。教育群众尊重环卫职工的劳动成果，引导鼓励社会各界开展向环卫职工献爱心活动，树立尊重环卫职工的良好社会风气。

中华人民共和国住房和城乡建设部
中华人民共和国人力资源和社会保障部
中华人民共和国公安部
中华人民共和国财政部
中华人民共和国卫生部
国家安全生产监督管理总局
中华全国总工会
二〇一二年五月四日

关于印发进一步鼓励和引导民间资本进入市政公用事业领域的实施意见的通知

建城〔2012〕89号

各省、自治区住房和城乡建设厅，直辖市建（交）委，北京市市政市容委、园林绿化局、水务局，天津市市容园林委、水务局，上海市绿化和市容管理局、水务局，重庆市市政委、园林事业管理局，海南省水务厅，各计划单列市建委（建设局），新疆生产建设兵团建设局，有关单位：

为了落实《国务院关于鼓励和引导民间投资健康发展的若干意见》（国发〔2010〕13号）要求，支持民间资本参与市政公用事业建设，促进市政公用事业健康发展，现将《关于进一步鼓励和引导民间资本进入市政公用事业领域的实施意见》印发你们，请认真贯彻执行。

附件：关于进一步鼓励和引导民间资本进入市政公用事业领域的实施意见

中华人民共和国住房和城乡建设部
二〇一二年六月八日

关于进一步鼓励和引导民间资本进入市政公用事业领域的实施意见

为贯彻落实《国务院关于鼓励和引导民间投资健康发展的若干意见》（国发〔2010〕13号）要求，支持民间资本参与市政公用事业建设，深化市政公用事业改革，促进市政公用事业又好又快发展，现制定以下实施意见：

一、充分认识民间资本进入市政公用事业的重要意义

市政公用事业是为城镇居民生产生活提供必需的普遍服务的行业，是城市重要的基础设施，是有限的公共资源，直接关系到社会公众利益和人民群众生活质量，关系到城市经济和社会的可持续发展。进一步鼓励和引导民间资本进入市政公用事业，是适应城镇化快速发展的需要，是加快和完善市政公用设施建设、推进市政公用事业健康持续发展的需要。

进一步鼓励和引导民间资本进入市政公用事业，有利于完善社会主义市场经济体制，充分发挥市配置资源的基础性作用,建立公平竞争的市场环境;有利于充分发挥民间资本的积极作用,加快形成市政公用事业多元化投资格局,完善市场竞争机制,进一步增强企业活力,提高运行效率和产品服务质量;有利于加快城市基础设施建设,提高城镇建设质量,改善人居生态环境,更好地满足城镇居民和社会生产生活需要。

二、进一步鼓励引导民间资本参与市政公用事业建设

(一)鼓励和引导民间资本进入市政公用事业领域的基本原则。坚持公平竞争。民间资本参与市政公用事业建设,应与其他投资主体同等对待,不对民间投资另设附加条件。凡是实行优惠政策的投资领域,其优惠政策同样适用于民间投资。

实行分类指导。根据不同地区、不同行业、不同业务环节的实际,采用合适的途径和方式,有序推进民间资本进入市政公用事业领域。

强化政府责任。确保政府对市政管网设施、市政公用公益性设施和服务等领域的必要投入。加强行业监管,切实保障社会公共利益和投资者利益。

(二)民间资本进入市政公用事业领域的途径和方式。要进一步打破垄断,引入市场竞争机制,开放市政公用事业投资、建设和运营市场,鼓励民间资本参与市政公用设施的建设和运营。允许跨地区、跨行业参与市政公用设施的建设与运营。

鼓励民间资本采取独资、合资合作、资产收购等方式直接投资城镇供气、供热、污水处理厂、生活垃圾处理设施等项目的建设和运营。鼓励民间资本以合资、合作等方式参与城市道路、桥梁、轨道交通、公共停车场等交通设施建设。

鼓励民间资本通过政府购买服务的模式,进入城镇供水、污水处理、中水回用、雨水收集、环卫保洁、垃圾清运、道路、桥梁、园林绿化等市政公用事业领域的运营和养护。

鼓励民间资本通过购买地方政府债券、投资基金、股票等间接参与市政公用设施的建设和运营。

鼓励民间资本通过参与企业改制重组、股权认购等进入市政公用事业领域。根据行业特点和不同地区的实际,政府可采取控股或委派公益董事等方法,保持必要的调控能力。

(三)营造公平竞争的制度环境。各地要严格贯彻执行《市政公用事业特许经营管理办法》(建设部令第126号),坚持公开、公正、公平的原则,及时、广泛、充分发布特许经营项目的相关信息,在招标、评标等环节中,平等对待民间资本,严格按照招投标程序,择优选择特许经营者,为民间资本创造良好的公平竞争环境。

(四)完善价格和财政补贴机制。逐步理顺市政公用产品和服务的价格形成机制,制定合理的价格,使经营者能够补偿合理成本、取得合理收益。研究建立城镇供水、供气行业上下游价格联动机制。实行煤热联动机制,全面推行按用热量计价收费。建立并规范城镇污水处理和生活垃圾处理运营费按月核拨制度。对民间资本进入微利或非营利市政公用事业领域的,城市人民政府应建立相应的激励和补贴机制,鼓励民间资本为社会提供服务。

(五)加强财税、土地等政策扶持。坚持市政公用事业公益性和公用性的性质,民营企业与国有企业享有同样的税收和土地等优惠政策。市政公用行业事业单位改制为企业的,按照国家税收政策的有关规定,享受既有优惠政策。政府投资可采取补助、贴息或参股等形式,加大对民间投资的引导力度,降低民间资本投资风险。要保障市政公用设施建设用地,符合《划拨用地目录》的,应准予划拨使用。

(六)拓宽融资渠道。深化市政公用事业投融资体制改革,进一步拓宽融资渠道。鼓励金融机构支持民间资本投资市政公用设施建设。积极利用地方政府债券用于市政项目建设。支持符合条件的市政公用企业发行企业债券。

(七)加强技术指导服务。各级政府要发挥科研院所、大专院校和国有企业的科研、人才、技术等优势,为进入市政公用事业领域的民营企业提供技术推广、技术咨询、员工培训等服务,提升民间资本公平竞争的能力。各级市政公用行业学会协会要发挥桥梁纽带作用,吸纳民营企业入会,建立民间资本反映诉求和信息沟通渠道。

(八)完善信息公开制度。充分发挥行业信息对投资的导向作用,积极为民间资本投资者提供宏观政策和国内外市政公用事业领域的市场信息,及时发布行业政策、市场需求、建设项目、行业发展规划、国内外行业动态等信息,增加政策透明度,保障民营企业及时享有相关信息。鼓励民间资本参与国际竞争,承揽国外市政公用设施工程和服务,提高国际知名度和竞争力。

三、落实政府责任,促进民间投资健康发展

(九)完善法规政策体系。各地要加快制定鼓励和引导民间资本进入市政公用事业领域的实施细则和相关政策,进一步清理和修订不利于民间资本发展的法规和政策性规定。在政策制定过程中，要充分听取民间资本投资者的意见建议，反映其合理要求。积极研究《市政公用事业特许经营条例》等立法工作。

（十）确保政府投入。要加大对市政公用事业的必要投入，加快完善基础设施，确保对城市供水、供气、供热、污水管网以及生活垃圾处理、园林绿化等公益性基础设施建设、改造和维护的投入。充分发挥政府投资的导向作用，引导民间资本健康有序发展。对国有企事业单位改组改制的，涉及转让、出让市政公用企业国有资产的价款，除用于原有职工的安置和社会保障费用外，应主要用于市政公用事业的发展。城市人民政府应采取必要的措施，保障城市低收入家庭和特殊困难群体享用基本的市政公用产品和服务。

（十一）落实政府监管责任。各地要严格贯彻执行《关于加强市政公用事业监管的意见》（建城〔2005〕154号），切实加强对市政公用事业的投资、建设、生产、运营及其相关活动的管理和监督，确保市政公用产品与服务质量。

健全市政公用产品、服务质量和工程验收等标准规范，组织有关部门定期对市政公用产品和服务质量进行检验、检测和检查。严格按照有关产品和服务质量标准的要求，对企业提供的产品和服务质量实施定点、定时监测。监测结果要按有关规定报上级主管部门，必要时应通过适当的途径向社会公布。

完善特许经营制度，严格组织实施。要严格按照特许经营制度的要求，规范市场准入，完善退出机制，认真签订和执行特许经营项目协议，加强项目实施和运行情况监管，确保项目运行质量和服务水平。

组织编制市政公用事业近、远期发展规划和市政公用基础设施年度投资建设计划，组织并督促有关方面和相关市政公用企业予以实施。

加强对市政公用产品和服务的价格、成本监管，通过产品和服务成本定期监审制度，及时掌握企业经营成本状况，为政府定价提供基础依据，形成科学合理的价格形成机制，防止成本和价格不合理上涨。

城市人民政府及其有关部门要切实加强对生产运营和作业单位安全生产的监管，监督企业建立和完善各项安全保障制度，严格执行安全操作规程，消除各种安全隐患。

（十二）建立预警和应急机制。要建立健全安全预警和应急救援工作机制，提高应对突发事件的应急反应能力，妥善应对重大安全和突发事件，防范和及时化解运营风险。要制定特殊情况下临时接管的应急预案。实施临时接管的，必须报当地政府批准，并向上一级主管部门报告。必要时，上一级主管部门可跨区域组织技术力量，为临时接管提供支持和保障，确保市政公用事业生产、供应和服务的连续性、稳定性。

（十三）健全公众参与和社会监督制度。按照政务公开的要求，鼓励公众参与监督，完善公众咨询、投诉和处理机制，建立及时畅通的信息渠道，尊重公众的知情权。有关主管部门和企业要将特许经营协议执行情况、产品和服务的质量信息、企业经营状况等关系公众利益的重要信息，以适当的方式予以公开，自觉接受公众的监督。推进信用体系建设，建立诚信管理体系和诚信信息发布平台，建立黑名单制度和失信惩戒机制，引导民间投资健康发展。

（十四）加强组织领导。城市人民政府及其有关管理部门要依据有关法律法规，认真履行职责，加强对民间资本进入市政公用事业领域投资、建设、生产、运营活动的管理和监督，抓好有关扶持政策的落实。理顺管理体制机制，落实管理机构和人员，维护市场秩序，保障社会公众利益和民间资本的合法权益，确保市政公用行业安全高效运行。各省、自治区、直辖市市政公用行业主管部门负责本辖区内相关工作的指导和监管。住房城乡建设部负责鼓励和引导民间资本进入市政公用事业领域工作的指导、协调和监督，会同国家发展改革委、财政部等有关部门研究制定相关引导和扶持政策。

住房城乡建设部关于印发全国城镇燃气发展"十二五"规划的通知

建城〔2012〕100号

各省、自治区住房城乡建设厅，北京市市政市容委，上海、天津市建设交通委，重庆市经信委、商委，新疆生产建设兵团建设局：

根据《城镇燃气管理条例》的有关规定，我部组织编制了《全国城镇燃气发展"十二五"规划》，现印发给你们，请结合本地实际情况，认真贯彻执行。

附件：全国城镇燃气发展"十二五"规划

中华人民共和国住房和城乡建设部
2012年6月27日

全国城镇燃气发展"十二五"规划

城镇燃气是市政公用事业的重要组成部分，是现代城镇的重要基础设施，与经济社会发展和人民生活息息相关。"十一五"期间，城镇燃气快速发展，各项水平大幅提高，对优化能源结构、改善环境质量、促进城镇发展、提高人民生活水平发挥了极其重要的作用。

为促进城镇燃气健康较快发展，根据《城镇燃气管理条例》的规定，特制定《全国城镇燃气发展"十二五"规划》（以下简称"规划"）。"规划"在总结分析全国城镇燃气"十一五"发展现状、主要经验、存在问题和面临形势的基础上，提出了"十二五"期间全国城镇燃气发展的指导思想、原则、目标、主要任务和政策措施。规划期为2011年—2015年。

本规划是指导"十二五"期间我国城镇燃气发展的主要依据。

一、"十一五"期间全国城镇燃气发展情况

（一）基本情况

"十一五"期间，各地抓住国家大力发展城镇燃气的机遇，深化改革，科学发展，在气源供给、消费规模、管网建设、应用领域等各方面都取得了令人瞩目的成就，使得城镇燃气的发展水平跃上了一个新的台阶。

1. 气源种类

"十一五"期末，我国城镇燃气种类主要包括：天然气、人工煤气、液化石油气等，形成了多种气源并存的格局。其中，天然气供气占比明显上升，由"十五"期末的46%增至63%；人工煤气和液化石油气供气占比明显下降，合计供气占比由"十五"期末的54%降至37%。

2. 供气规模

"十一五"期末，城镇燃气年供气总量达到836亿立方米，较"十五"期末增长62%。城镇燃气气源结构中，天然气供气量为527亿立方米，占供气总量的63%，液化石油气、人工煤气供气量分别为192亿立方米和117亿立方米，分别占供气总量的23%和14%。全国城镇燃气用气总人口达到4.53亿，较"十五"期末增长29%。

3. 应用领域

"十一五"期末，燃气已广泛用于居民、工商业、发电、交通运输、分布式能源等多个领域，燃气的市场需求快速扩大，较"十五"期末，城市燃气普及率从82.08%提高至92.04%，居民用气量占比由34%下降至27%，工商业用气量占比由60%提高至66%，交通运输业用气量占比由6%提高至7%。

4. 管网建设

"十一五"期末，我国城镇燃气管网总长度由"十五"期末的17.7万公里提高至35.5万公里。

5. 投资总额

"十一五"期末，城镇燃气行业固定资产投资总额由"十五"期末的164.3亿元提高至358亿元，实现翻番。

6. 地区分布

"十一五"期末，东部、中部、西部、东北地区城镇燃气的使用及分布情况均较"十五"期末取得了显著进步，其中：东部地区城镇用气人口2.14亿，占全国用气总人口的50%；供气量488亿立方米，占全国供气总量的58.4%；气源以天然气为主，占比55%，人工煤气和液化石油气分别占比19%和26%。中部地区城镇用气人口0.94亿，占全国用气总人口的21%；供气量118亿立方米，占全国供气总量的14.1%；气源以天然气为主，占比63%，人工煤气和液化石油气分别占比10%和27%。西部地区城镇用气人口0.95亿，占全国用气总人口的20%；供气量196亿立方米，占全国供气总量的23.4%；天然气占比高达84%，人工煤气和液化石油气分别占比5%和11%。东北地区城镇用气人口0.5亿，占全国用气总人口的9%；供气量34亿立方米，占全国供气总量的4.1%；天然气占比54%，人工煤气和液化石油气分别占比10%和36%。

（二）"十一五"期间的成就和经验

1. 天然气利用发展迅速，成为城镇燃气的主要气源之一

2004年西气东输一线工程全线贯通，极大促进了天然气资源在城镇燃气行业中的规模化利用。"十一五"期间，陕京二线、忠武线、川气东送以及西气东输二线等骨干管线建成，沿海液化天然气接收站布局投运，使得天然气资源供应渠道多元化，供应量增加。各地对城镇燃气基础设施建设力度的加大，使得城镇燃气消费量得到了快速的提升，其中天然气的消费量实现翻番。

2. 城镇燃气行业积极稳妥地引入了市场机制

"十一五"期间，随着市政公用事业改革的不断深入，城镇燃气行业积极稳妥地引入了市场机制，国有、民营和境外资本积极投资城镇燃气行业，各类资本通过转制、合资、合作等方式参与城镇燃气建设运营，逐步形成多元化的发展格局，缓解了城镇燃气行业发展资金不足的问题，提升了城镇燃气建设和运营水平，促进了城镇燃气行业的健康发展。

3. 城镇燃气行业技术进步成果显著

"十一五"期间，城镇燃气行业注重燃气先进技术的研发和应用，在不同地区和不同环境下因地制宜地研发和应用了世界上先进的燃气输配与监控、安全保障、非开挖、检漏等新技术和燃气PE管等新材料以及SCADA系统、管网GIS系统、巡检GPS管理系统等现代信息管理手段，有效保障了城镇燃气设施的安全运行，提升了安全管理水平。

4. 城镇燃气法规及标准体系进一步完善

"十一五"期间，《城镇燃气管理条例》的颁布出台，坚实了城镇燃气行业发展的法治基础；《城镇燃气技术规范》、《城镇燃气设计规范》、《城镇燃气设施运行、维护和抢修安全技术规程》、《聚乙烯燃气管道工程技术规程》和《燃气冷热电三联供工程技术规程》等标准的颁布，完善了城镇燃气标准体系，进一步规范了城镇燃气行业的建设和运营工作。

5. 燃气经营者管理水平进一步提高，人才培养机制初步形成

"十一五"期间，燃气经营者通过学习借鉴国内外先进经营管理理念，建立完善了一系列内部管控制度，规范了法人治理结构，完善了治理机制，在管理理念、安全生产、运营效率、保供能力、服务质量、创新机制、技术进步、人才培养等方面得到了全面提升，初步形成了以高等院校和科研院所专业人才培养为基础，以燃气经营者根据市场需要实施高端人才培养计划和行业继续教育相结合的人才培养体系。

6. 城镇燃气行业监管体系初步建立，宏观调控、市场监管、公共服务、应急保障等职能进一步加强

近年来，燃气主管部门将直接管理城镇燃气企业的管理方式转变为对城镇燃气行业的监管，主要包括对发展规划、市场准入、竞争规则、安全与服务等方面的监管，加强了咨询民主化、决策科学化、管理现代化、信息公开化，初步建立起符合我国实际情况的城镇燃气监管体系，发挥了政府主管部门的宏观调控、市场监管、公共服务、应急保障等职能，较好地保障了城镇燃气行业的健康发展。

（三）发展中存在的问题

1. 城镇燃气需求增长迅速，供需矛盾凸显

随着我国城镇化水平逐步提高，城镇燃气需求量增长迅速，但城镇燃气特别是天然气供应总量的增长相对较慢，"十一五"期末，天然气在我国一次能源消费结构中的比例仅约为4.4%，其中用于城镇燃气的比例约为50%，不能满足城镇燃气的发展需求。

2. 城镇燃气调峰、应急、储备能力不足

由于城镇燃气用气不均衡的特点及冬季采暖用气量的大幅攀升，城镇燃气峰谷差问题突出，加之调峰、应急储气设施建设滞后，调峰能力不足，造成城镇燃气行业冬季供应紧张的局面时有发生。

针对重大事故、自然灾害等突发事件，城镇燃气行业与上游协同应急调度机制尚未完全建立，缺乏完善的应急处理手段。

天然气国家储备制度尚未建立。

3. 城镇燃气价格调整机制不适应发展需要

城镇燃气价格机制未完善，尤其是天然气价格尚未形成上下游联动机制，天然气销售价格没有实施鼓励高峰节气、低谷用气的季节差价、峰谷差价和可中断气价等差别性政策，不利于天然气高效合理的使用和发展的需要。

4. 城镇燃气地区发展不均衡

东部地区在燃气普及率、供气量、管网建设等方面都居全国前列，中部、西部和东北地区的燃气普及率则相对较低。由于各级城镇在功能定位、集聚效应和承载能力等方面的差异，导致大城市的城镇燃气发展要快于小城镇；同时，受经济发展水平差异的影响，部分经济发达地区燃气应用已经扩展到提供多种能源服务的领域，而在经济落后的地区燃气还仅限于在基本生活保障领域或中心城区的有限使用，在气量和气源种类上缺少保障。

5. 液化石油气市场发展缺乏规范

"十一五"期间，随着天然气的普及，液化石油气在城市中的供气量比例逐渐降低，但是由于部分地区没有解决好液化石油气"退"和"进"的问题，在退出原有市场的同时，没有及时占领郊区和农村市场，也未有效开发新的市场，造成液化石油气发展迟缓，市场份额减少，发展呈现无序化。

6. 城镇燃气安全问题突出，服务质量有待提升

安全问题依然突出，造成这种现状的原因主要有以下几点：一是违法违章建筑等占压城镇燃气管线；二是第三方破坏引起燃气管线及设施损坏；三是部分燃气经营者安全生产工作仍有薄弱环节；四是部分燃气用户使用不当。

社会服务方式落后，燃气服务与用户的期望仍存在差距；企业目前仍以"坐商"服务为主，服务内容单一，远不能满足用户的个性化需求。

二、"十二五"期间全国城镇燃气发展面临形势

（一）国民经济和社会发展目标要求城镇燃气行业继续保持较快增长

"十二五"期间，城镇燃气的发展要适应国民经济和社会发展的需要，满足经济结构调整的需要，满足区域经济发展的需要，满足城镇化水平提高的需要，满足能源结构优化和节能减排的需要。因此，城镇燃气行业需继续保持较快的增长速度。

（二）节能减排要求大力发展城镇燃气

节能减排是我国经济社会发展的重要目标，发展城镇燃气是实现这一目标的重要措施之一。2015年我国天然气供应总量将达到2695亿立方米，每使用一万立方米天然气，可减少标煤消耗量12.7吨，减少二氧化碳排放量33吨，节能减排效益可观。因此，扩大城镇燃气应用规模是实现节能减排目标最现实的途径之一。

（三）城镇燃气供应保障要求气源多元化

根据城镇燃气行业特点，针对季节性调峰、单一气源等影响供应保障的因素，需要通过多渠道气源利用、多种类燃气利用等气源多元化方式来解决供应保障问题，如通过全国性主干管网的互联互通实现大规模气源的统一调配；通过区域性管网的互联互通实现区域性城市群间的资源调配和应急保障；在非管输地区可开展液化石油气区域气化模式；通过上游供气企业建设大型储气调峰设施；通过城市人民政府建立健全燃气应急储备制度等，因地制宜地采取综合措施实现气源多元化，保障城镇燃气供应。

（四）加强燃气安全工作的重要性越发凸显

燃气安全事关人民群众生命财产安全，事关经济社会稳定。一旦发生燃气事故，往往给社会公共安全和公众利益造成极大的危害，影响经济社会运行秩序，后果严重。因此，切实保障城镇燃气的安全运行，确保城镇燃气企业的生产安全和燃气用户的用气安全越发重要。

（五）城镇燃气行业发展趋于规模化和品牌化

城镇燃气管网设施建设投资大，资产专用性强，且投资建设需与城市规划建设保持同步，具有前瞻性的特点。为了发挥资产的使用效率，降低燃气供应的单位成本，必须体现其规模经济性。在一定条件下，一个或多个城市逐步进行燃气行业内的兼并整合，实现规模化经营，可以共享多渠道的燃气资源和管网基础设施，同时，城镇燃气行业关系到城镇的经济社会发展和居民正常生活，必须打造优质的品牌，才具备发展壮大的良好基础。

三、全国城镇燃气发展"十二五"规划依据、指导思想、原则

（一）依据

1. 《城镇燃气管理条例》；
2. 《中华人民共和国国民经济和社会发展第十二个五年规划纲要》；
3. 《能源发展"十二五"规划》；
4. 《天然气发展"十二五"规划》；
5. 《天然气利用政策》；
6. 其他相关法律、行政法规和国家政策。

（二）指导思想

以邓小平理论和"三个代表"重要思想为指导，深入贯彻落实科学发展观，以适应城镇化发展、满足城镇居民生产生活、进一步改善民生为目的，坚持深化改革，坚持科技进步和自主创新，优化城镇能源消费结构，促进节能减排，确保供气安全和安全供气，实现城镇燃气行业在"十二五"期间的安全、健康、可持续发展。

（三）原则

1. 坚持统筹发展、合理布局的原则

"十二五"期间，城镇燃气行业的发展要根据全国燃气资源总量平衡情况，与国民经济发展和人民生活改善的总体目标相一致、相适应，着重于持续改善人民生活、调整产业结构和投资结构、推进城乡区域协调发展、促进节能减排。要根据各地区的自然条件、资源禀赋、经济发展水平、环境空气质量状况和燃气行业现状，发挥各地区比较优势，因

地制宜,合理布局,科学规划,使城镇燃气行业得到有序协调发展。

2. 坚持以天然气为主,液化石油气、人工煤气为辅,其他替代性气体能源为补充的气源发展原则

结合我国地区经济社会发展特点、能源资源分布差异和城镇化进程的要求等,因地制宜,统筹考虑,以多种类燃气供应满足当地社会经济发展需求,坚持以天然气为主,液化石油气、人工煤气为辅,其他替代性气体能源为补充,促进城镇燃气行业的健康、稳定发展。

3. 坚持节能减排原则

以促进节能减排为出发点,坚持技术研发和自主创新,通过延展城镇燃气行业的服务深度和广度,大力推广天然气分布式能源和燃气汽车等技术,改进能源消费方式,实现能源节约和能源利用效率的提升。

4. 坚持积极稳妥引入市场机制的原则

城镇燃气行业作为市政公用事业的一个重要组成部分,在已取得的改革成果基础上,应进一步积极稳妥引入市场机制,加大引进社会资本参与城镇燃气行业建设运营的力度。

5. 坚持供气安全的原则

完善城镇燃气供气安全保障机制、调节机制和气源多元化供给机制,加强城镇燃气安全生产和使用工作,预防和减少各类燃气事故的发生,提高燃气供应的安全性和可靠性,保障经济社会稳定和人民群众生命财产安全。

6. 坚持技术进步的原则

从标准规范的编制、分布式能源的应用、城镇燃气管网设施的安全管理、信息化建设、高效低污染燃气用具和新型材料的应用等方面开展科研活动,务求实效。加强对国内外先进技术的消化吸收,保证安全供气,降低供气成本,通过技术进步引领城镇燃气行业的发展。

四、全国城镇燃气发展"十二五"规划目标和主要任务

(一)目标

"十二五"期间,城镇燃气行业坚持科学发展;城镇燃气规划、建设、运营以及管理、技术和服务水平全面提升;城镇燃气普及率明显提高,应用领域范围明显拓宽;城镇燃气管网设施建设与改造工作取得较大进展;城镇燃气的优化能源结构、改善环境质量、促进城镇发展、提高人民生活水平的作用充分发挥。

1. 城镇燃气供应规模

到"十二五"期末,城镇燃气供气总量约1782亿立方米,较"十一五"期末增加113%。其中:

(1)天然气供应规模约1200亿立方米;

(2)液化石油气供应规模约1800万吨(按照热值折算为单位天然气,约合232亿立方米);

(3)人工煤气供应规模约300亿立方米,其他替代性气体能源约50亿立方米。

2. 城镇燃气应用规模

到"十二五"期末,城市的燃气普及率达到94%以上,县城及小城镇的燃气普及率达到65%以上。其中:

(1)居民用气人口达到6.25亿以上,用气家庭数达到2亿户,居民用气量达到330亿立方米;

(2)工业、商业及服务企业用气量达到810亿立方米;

(3)交通运输用气量达到300亿立方米;

(4)分布式能源项目用气量达到120亿立方米;

(5)其他用气量达到222亿立方米。

3. 城镇燃气管网规模

"十二五"期间,我国新建城镇燃气管道约25万公里,到"十二五"期末,城镇燃气管道总长度达到60万公里。

4. 应急气源和设施建设

到"十二五"期末,我国城镇燃气应急气源储备能力提高,城镇应急气源储气设施建设规模约达到15亿立方米。

5. 安全和服务水平

"十二五"期间,燃气安全水平明显提高,燃气事故率明显降低。

"十二五"期间,燃气经营者有关用户发展、供气保障、运行维护、安全管理等方面的服务质量明显提高,用户服务电话及时接通率、报修处理及时率和办结率、投诉处理及时率和办结率等服务指标达到燃气服务标准的要求。

6. 燃气用具及设备

加强燃气用具的质量监督,提高产品质量整体水平,"十二五"期末,燃气用具综合能源利用效率比"十一五"期末提高5个百分点,基本淘汰高能耗的燃气用具和设备产品。

与燃气设备相关的分布式能源、燃料电池及物联网应用等关键技术有重大突破。

(二)主要任务

1. 因地制宜,加快城镇燃气协调发展

"十二五"期间,各地区要根据国家燃气资源总

量平衡情况和当地燃气发展特点和需求，因地制宜，推进区域协调发展，大力推进城镇燃气公共服务均等化，逐步缩小区域间的燃气利用水平差距，缩小中心城市与周边城镇的燃气利用水平差距。

——东部地区积极拓展城镇燃气应用领域。除大力发展民用燃气外，积极推进车用燃气、天然气分布式能源的应用发展，优化区域燃气的利用结构；同时，科学规划燃气基础设施的空间布局。

改变城镇燃气行业现有局限于输气、配气、售气的经营模式，推动行业向高效、高附加值的现代能源服务业转变，形成以服务经济为主的产业结构。大力提高燃气在一次能源中的比重，加快实施天然气置换人工煤气的工作，推进天然气在交通运输业和分布式能源领域的应用。统筹城乡发展，促进县城和小城镇的燃气发展，有条件的地区可以延伸到农村居民点。加快储气设施建设，提高安全供气能力，在条件成熟的城市群中，提高燃气设施的区域一体化、燃气资源互补、管网互联互通的程度。

——中部地区完善城镇燃气管网，依托国家主干管网建设，加快区域性支线管网设施建设，促进城镇燃气行业发展。

中部地区各省市依托西气东输管线、川气东送、陕京线等主干管网，抓住机会，推动中心城市高污染、高耗能燃煤、燃油锅炉及相关设备的改造，提升燃气利用规模。以中心城市为核心，规划建设支线管网，提高周边中小城镇的气化水平，有条件的城镇可逐步推进液化石油气、人工煤气的置换工作，边远地区和小县城要结合自身特点，合理利用液化石油气、压缩天然气等多种气源资源。

——西部地区发挥资源优势，扩大燃气资源的利用领域和规模。

西部地区应充分利用燃气资源优势，合理规划、统筹发展、完善设施、保护环境，使城镇燃气获得跨越式发展。其中，四川、重庆、陕西、甘肃、新疆等资源大省进一步完善省内燃气管网布局，经济较好的县镇实现接通管道燃气，边远山区利用压缩天然气、液化天然气、液化石油气等供应方式，形成多元互补的农村燃气保障体系；对新建及规划的工业园区和开发区要做好燃气近期和中长期规划，并分步实施；推广压缩天然气汽车等燃气汽车的应用，降低汽车污染物排放；鼓励城市工业园区、旅游集中服务区、生态园区、大型商业设施等采用天然气分布式能源技术，并为进一步推广积累经验。

广西、贵州、云南等地区结合西气东输二线、三线、广西液化天然气项目、新疆煤制天然气外输管道、缅气以及广西沿海液化天然气接收项目建成通气时间和供气量，做好天然气利用规划，同时结合高原地区城镇化建设特点，探索液化石油气小型储罐供气等气源的利用，完善本地区的燃气基础设施建设，构建高效、完善、区域一体、城乡统筹的燃气基础设施网络，进一步鼓励民间资本进入城镇燃气行业，构建科学的燃气建设运营管理模式，提高燃气利用水平。

——东北地区依托国家东北天然气干网，积极开拓和引进省外气源，逐步完善东北地区天然气输送管网。加快城市天然气配套工程建设速度，形成比较完备的天然气清洁能源体系。

东北地区省市依托大庆、吉林、辽河、松南气田、二连油田的天然气供应体系，积极引进省外气源和国外液化天然气，为东北地区振兴提供有力保障。统筹城乡天然气基础设施建设，合理布局市县域城镇和中心村天然气设施建设，全面提高乡镇天然气水平。优化用气结构，推进发展天然气热电联产、燃气汽车等。积极发展可中断用户，发展天然气高附加值用户。

2. 加快设施建设，提高城镇燃气调峰、应急、储备能力

各地应从保障燃气供应和运行安全出发，因地制宜、合理布局、明确重点地配套建设相应储气设施，可灵活采用高压管网、液化天然气储气、发展可中断用户等多种方式，削峰填谷，增强调峰应急能力，确保燃气供应。在城市群较为集中的地区，可探索建立跨省市的区域性应急保障机制；也可通过与天然气开采和液化石油气生产等企业合作，结合储气调峰设施建设，统筹考虑解决应急储备问题，从而不断提高城镇燃气调峰、应急、储备能力。

3. 拓展燃气应用领域，促进燃气高效利用

"十二五"期间，各地应结合国家节能减排、城镇能源转型发展的要求，不断提高燃气在城镇一次能源利用中的结构比例，大力拓展燃气应用领域，引导天然气合理高效利用，结合国家节能减排政策的实施，积极拓展天然气在热电联产、工业锅炉、煤改气工程、分布式能源和天然气汽车等领域的应用。

4. 引导液化石油气市场整合，推进现代服务供应

根据液化石油气供应特点和市场发展趋势，"十二五"期间液化石油气仍然是城镇燃气的重要气源之一，其市场供应将逐步由天然气管网覆盖地区向未覆盖地区转移，因此各地应统筹考虑液化石油气

的发展规模和市场结构，构建现代供应模式，合理规划、整合、建设液化石油气供应设施，推进信息化管理手段，实现气源资源、储配资源和站点资源的合理配置，建立和完善符合城镇液化石油气行业特点和需求的企业储备和商业储备机制。积极探索和研究液化石油气作为城镇天然气管网应急气源的方案。

5. 加强城镇燃气安全工作，确保安全供气

加强城镇燃气事故隐患排查治理工作，及时发现和消除事故隐患。加大城镇燃气老旧管网设施更新改造力度，保障燃气管网安全运行。进一步落实城镇燃气安全生产责任制，建立燃气安全运行评价制度。做好城镇燃气事故应急处理工作，完善各级、各类燃气应急预案并抓好落实。加强城镇燃气安全教育，向社会普及燃气安全使用常识，提高公众的燃气安全防范意识。

6. 制定燃气服务标准，提高行业整体服务水平

以满足用户需求为宗旨，制定燃气服务标准，规范燃气服务行为。建立健全覆盖巡检、热线服务、安全宣传等方面的服务体系，实现服务行为规范化、服务管理标准化、服务措施制度化、服务设施便民化、服务内容信息化；创建服务品牌，不断提高用户满意度、行业文明指数和行业形象，满足城镇燃气用户对燃气服务的要求。

7. 推动科技创新，促进行业发展

鼓励科技创新，积极开发、研制一批安全、节能、高效、环保的燃气新技术、新工艺、新产品。以关键技术突破和标准制定为切入点，积极培育天然气分布式能源、燃气汽车、智能燃气表等新兴产业，开展燃气物联网关键技术和燃气器具新产品的研发及应用示范，实现燃气安全、节能、高效应用。

——进一步加强天然气分布式能源技术研发，提高天然气综合利用效率。

——加快推动燃气汽车研发、应用示范和产业化等方面的工作，重点加强液化天然气汽车的自主研发、产业化生产和规模化应用。提高燃气汽车加气站加气系统集成装备技术国产化水平，重点开展液化天然气加气站、城市中压管网加气等技术研发与应用示范。

——加强燃气标识、检测、快速抢修、液化石油气小型储罐等技术研究。重点开展管道防腐、阀门、调压等领域和相关新材料技术攻关。

——提高高能效等燃气用具的生产、使用比例，建立和完善燃气用具能效等级标准体系，逐步淘汰低能效燃气用具产品，加快采用新技术的燃气用具的推广和使用；不断提高高安全等级燃气用具和设备的应用水平，大力推进技术创新和设备革新，完善我国燃气用具和设备相关技术标准规范体系。

8. 加强教育培训，提高从业人员素质

加强对城镇燃气行业管理人员和操作人员等从业人员的教育、培训，加强国内外管理、技术经验交流，不断提高从业人员素质，适应城镇燃气行业的发展需求。

——发挥大专院校的优势，培养科技创新型人才和现代燃气经营管理人才；注重理论与实践相结合，建立具有行业发展前瞻性的产学研相结合的人才培养体系，鼓励实行工学结合、校企合作、顶岗实习的教育培养模式。

——大力发展职业教育，鼓励企事业单位进行各类人才的再培养，促进经营管理、专业技术、高技能、实用型等多层次人才队伍的建立。

——制定包括燃气企业主要负责人、安全生产管理人员和运行、维护、抢修人员等人员的岗位职责和资格要求，建立健全资格认证制度、持证上岗制度及相应的培训和考核体系。

（三）政策措施

1. 完善法律法规体系，深化燃气行业改革

贯彻《城镇燃气管理条例》，落实规划编制、经营许可、从业人员培训考核、应急抢险、安全事故统计分析等各项制度；加强燃气行业标准体系建设和相关标准的制定、修编工作。

深化燃气行业改革，鼓励社会资本参与城镇燃气设施建设运营；鼓励通过兼并、重组、合资合作等方式，形成规模化经营。

2. 完善价格机制，加强成本监审

建立天然气上下游价格联动机制。研究差别性气价政策，引导天然气合理消费，提高天然气利用效率。强化燃气经营成本监审，推进燃气产品和经营、服务成本公开，严格控制供应损耗和产销差率。

3. 加大城镇燃气设施投资力度，促进城镇燃气行业发展

加大城镇燃气设施建设的投资。政府投资建设的燃气设施，要按建设计划解决建设资金；社会投资建设的燃气设施，投资者和经营者可通过多种融资渠道，落实燃气设施建设资金。

4. 提升政府监管能力，提高监管水平

加强政府对城镇燃气行业的监管，理顺监管体制，完善监管机制，健全监管机构，落实监管职能和监管人员，提高监管水平，建立以安全监管、质

量监管、服务监管和技术监管等为核心内容的监管体系。

5. 加强燃气供应调控，强化需求侧管理

提高燃气调度管理水平。针对不同时段、季节峰谷差大的问题，适时调整用气结构，优化用能方式，削峰填谷，缓解供需矛盾，提高用气效率，降低用气成本。加强需求侧管理，支持节能服务业发展，鼓励采用合同能源的管理方式。

住房城乡建设部关于促进城市园林绿化事业健康发展的指导意见

建城〔2012〕166号

各省、自治区住房城乡建设厅，北京市园林绿化局，上海市绿化和市容管理局，天津市市容和园林管理委员会，重庆市园林事业管理局，新疆生产建设兵团建设局：

为全面贯彻落实党的十八大精神，进一步深入落实科学发展观，大力推进生态文明建设，加强城市园林绿化规划设计、建设和管理，促进城市园林绿化事业健康、可持续发展，现就城市园林绿化工作提出如下意见：

一、促进城市园林绿化事业健康发展的重要性和紧迫性

城市园林绿化作为为城市居民提供公共服务的社会公益事业和民生工程，承担着生态环保、休闲游憩、景观营造、文化传承、科普教育、防灾避险等多种功能，是实现全面建成小康社会宏伟目标、促进两型社会建设的重要载体。

各地住房城乡建设（园林绿化）主管部门要从战略和全局发展的高度，充分认识促进城市园林绿化事业健康发展的重要性和紧迫性，进一步统一思想，落实各项措施，积极推进城市园林绿化工作，创造良好人居环境，促进城市可持续发展。

二、指导思想、基本原则和目标任务

（一）指导思想

以科学发展观为指导，将城市园林绿化作为生态文明建设和改善人民群众生活质量的重要内容，作为政府公共服务的重要职责，切实加强全过程的控制和管理，推动园林绿化从重数量向量质并举转变，从单一功能向复合功能转变，从重建设向建管并重、管养并重转变，实现城乡绿化面积的拓展、绿地质量的提高和管养水平的提升，促进城市生态、经济、政治、文化和社会协调发展。

（二）基本原则

生态优先，科学发展。要树立按照尊重自然、顺应自然、保护自然的生态文明理念，加强对城市所依托的山体、河湖水系、林地、生物物种等自然生态资源的保护，坚决纠正急功近利、贪大求洋等违背科学发展观和自然规律的建设行为。

量质并举，功能完善。要在合理增加城市绿量的基础上全面提升绿地品质。通过科学规划和合理设计，进一步完善绿地系统布局和结构，实现城市园林绿化生态、景观、游憩、文化、科教、防灾等多种功能的协调发展。

因地制宜，资源节约。要以"节地、节水、节材"和"减少城市热岛效应、减少城市空气和水体污染、减少城市建筑和基础设施能耗"为核心，在城市园林绿化规划、设计、建设和养护管理各个环节中最大限度地节约资源，提高资源使用效率，减少资源消耗和浪费，获得最大的生态、社会和经济效益。

政府主导，社会参与。明确城市政府责任，强化政府在资源协调、理念引导、规划控制、财政投入等方面的作用，鼓励民间资本通过政府购买服务的形式进入园林绿化的运营和养护，提升社会公众在园林绿化规划、建设和管理各个方面的参与度，实现全民"共建共享"的和谐发展。

（三）发展目标和主要任务

到2020年，全国设市城市要对照《城市园林绿化评价标准》完成等级评定工作，达到国家Ⅱ级标准，其中已获得命名的国家园林城市要达到国家Ⅰ级标准。

当前园林绿化工作的主要任务是：在积极拓展城市绿量的基础上，进一步均衡绿地分布，加强城市中心区、老城区的园林绿化建设和改造提升；紧密结合城市居民日常游憩、出行等需求，加快公园绿地、居住区绿地、道路绿化和绿道建设；继续推广节约型园林绿化；不断完善绿地系统综合功能；以保护城市规划区内水系、山体、湿地、林地等自然生态资源为依托，统筹城乡绿化发展。

三、采取有效措施，促进城市园林绿化事业健康发展

（一）坚持公益性、专业化发展方向

城市园林绿化是重要的公益事业，必须坚持政府主导的原则，不能将城市公园绿地片面视为旅游资源和旅游产业内容，违背其公益性质进行经营性开发。城市园林绿化是涉及生态、土壤、植物、城市规划、建筑等多个专业的系统工程，不能简单等同于植树造林，进行粗放式建设和管理。城市园林绿化是唯一有生命的城市基础设施，与城市建筑物、构筑物及各类市政基础设施密不可分，必须统一规划、协同建设、综合管理。

（二）加强科学规划设计

1. 增强绿地系统规划的强制性和可实施性。各设市城市、县城要在2015年底前完成绿地系统规划的编制或修订工作，并纳入城市总体规划依法报批。绿地系统规划应根据地域自然条件和历史文化特征，合理设置各类绿地及园林绿化设施，采取点、线、面、环等多种形式，进行科学布局，形成完整有机的系统。绿地系统规划应包括绿地现状分析与评价、规划期限和目标、绿地指标、绿地系统总体结构、各类绿地布局、绿线、区域植物及引种育种规划、生物多样性保护、古树名木保护、防灾避险等主要内容。批准后的绿地系统规划要向社会公布，各级人民政府要定期组织检查，督促落实。绿地系统规划确定的各类绿地实行绿线管制，园林绿化主管部门要会同城乡规划主管部门加快划定城市绿线，绿线划定后要在政府网站等主要媒体上公布，接受公众监督。

2. 严格把好城市绿地设计方案审查、论证关。要将节约型、生态型、功能完善型园林绿化的具体要求落实到设计方案审查要求中，从源头上控制追求高档用材和过大规格苗木、从山区移植古树到城市、引种不适合本地生长的外来植物、滥设粗劣雕塑和小品、使用昂贵灯具造景、盲目建设大广场和大水景等不符合科学发展观的做法。严格控制城市绿地设计方案中使用的苗木规格，胸径大于15厘米的速生树种乔木数量和胸径大于12厘米的慢生树种乔木数量在乔木总数中所占比例不得大于10%。

（三）提升绿地建设品质

1. 积极拓展绿化空间。要对城市边角地、弃置地全部实施绿化，结合市政基础设施积极开展墙体、屋面、阳台、桥体、公交站点、停车场等立体空间绿化。

2. 均衡城市绿地分布。要结合旧城改造、棚户区改造项目，通过拆迁建绿、拆违还绿、破硬增绿、增设花架花钵等形式，加强城市中心区、老城区等绿化薄弱地区的园林绿化建设和改造提升。

3. 加快公园绿地建设。要按照城市居民出行"300米见绿，500米见园"的要求，加快各类公园绿地建设，不断提高公园服务半径覆盖率。大力倡导文化建园，加大对地域、历史、文化元素的挖掘，提高公园文化品位和内涵，打造精品公园。

4. 完善居住区绿化。要加强对新建居住区绿地指标和质量的审核，并结合居民使用需求，通过增加植物配置和游憩、健身设施，对老旧小区绿化进行提升改造，完善居住区绿地的生态效益和服务功能。

5. 建设林荫道路。要加强城市道路绿化隔离带、道路分车带和行道树的绿化建设，增加乔木种植比重，在降低交通能耗、减少尾气污染的同时，为步行及非机动车使用者提供健康、安全、舒适的出行空间，达到"有路就有树，有树就有荫"的效果。

6. 增强绿地防灾避险功能。要通过合理利用城市湿地和增加下凹式绿地、透水铺装、路面雨水引流设施等措施，增强雨洪调控能力，滞留和净化雨水回补地下水。结合公园绿地、广场因地制宜设置应急避难场所，按照相关标准、规范配备应急供水、供电、排污、厕所等设施并保障日常维护管理到位。

7. 推广节约型园林绿化。要针对不同城市水质性、水源性缺水的情况，推广使用微喷、滴灌、渗灌、再生水利用和雨水收集利用等节水技术，探索并推广集雨型绿地建设。绿地铺装地面要使用透水透气的环保型材料，减少硬质铺装使用比例。坚持适地适树，优先使用苗圃培育的乡土植物种苗，通过科学配置，营建以乔木为骨干的复层植物群落，减少单一草坪应用，节省建设、养护成本。

8. 实施自然生态保护和修复。要加强城市规划区内的湿地资源和生物多样性保护，充分保护和利用城市滨水区域野生、半野生生境构建滨水绿地，推进城市水体护坡驳岸的生态化建设和修复，纠正随意改变自然地形地貌、挖湖堆山、拦河筑坝、截弯取直、护坡驳岸过度硬化等建设行为。强化城市内自然山体保护和绿化，对违法开山采石取土造成的裸露、破坏山体尽快实施生态修复。

9. 统筹城乡绿化。要加强城乡大环境绿化，结合城市道路、山体、水系、湿地、林地建设绿化隔离带、绿道、绿廊等，强化城乡之间绿色生态空间的联系。县、镇园林绿化建设不能简单模仿城市，要充分体现对县、镇自然山水资源和人文历史资源的保护和利用。

（四）规范市场监管

1. 加强从业单位资质和从业人员资格的管理。从事园林绿化工程设计、施工、监理的单位，要依法取得相应的资质，并在资质许可范围内承接业务。设计人员、监理人员要取得相应的执业资格并在资格许可范围内执业。城市园林绿化主管部门要加强对施工负责人、项目负责人、质量和安全管理人员的专业培训。

2. 完善工程建设程序。城市园林绿化主管部门要根据园林绿化工程特点及管理现状，研究制定规范工程建设程序的相关规定，完善项目报建、承发包交易、项目报监、施工许可和竣工验收备案制度。加强对各类园林绿化工程竣工验收的监督管理，对其用材、用工、工艺、施工质量以及绿地指标的落实等严格把关。加大对违规项目的处罚力度，切实提高投资使用效率和工程建设水平，保障群众利益。

3. 严格招投标管理。园林绿化工程依法应当实施招投标的，要按国家和地方有关规定执行，并应充分考虑园林绿化的文化性、艺术性和园林植物具有生命力等特殊性，通过公平、公正、公开的市场竞争方式确定设计、施工、养护、监理、质检单位，禁止串标、围标、低于成本价的恶意投标、弄虚作假等行为。

4. 强化工程质量监督。要制定园林绿化工程质量监督管理办法，完善对监理单位及监理人员的园林绿化专业技术资格要求，加强对园林绿化工程质量的监督检查和施工技术指导。

5. 加强行业诚信体系建设。城市园林绿化主管部门要会同相关主管部门和质量监督机构，定期发布城市园林绿化工程设计、施工、养护、监理单位遵守法律法规、工程质量、诚信等情况，及时公布违法违规企业名单及降低资质等级、吊销资质证书等处罚结果。

（五）强化日常管护

1. 切实执行绿线管理制度。要在城乡规划中全面引入绿线管理制度，对城市绿线内的用地进行严格管理，对侵占绿地、擅自改变绿地性质等违法行为加大检查和执法力度。确因特殊需要临时占用绿地的，要经园林绿化主管部门批准，按照有关规定办理临时用地手续，缴纳相关费用，并在被占绿地四周明显位置公示占用单位、事由、期限和批准单位、时间及恢复措施等相关信息。开发利用绿地地下空间的，在报规划等有关部门审批时，应征求园林绿化主管部门的意见，并符合国家和地方有关规范，确保树木正常生长和绿地正常使用。

2. 严格保护园林树木。在城市建设中要加强原有园林绿化成果的保护，严禁擅自砍伐、移植园林树木。因同一个工程项目需砍伐大树（胸径20厘米以上落叶乔木和胸径15厘米以上常绿乔木）超过2株，或移植大树、实施大修剪超过10株，或需迁移古树名木的，必须在工程规划设计阶段进行专项论证，采取听证会、公示等形式，就砍伐、移植树木种类和数量、修剪程度等征求公众意见，接受社会监督。道路改造要制定对原有行道树妥善保留的实施方案，反对盲目更换树种、随意砍伐和移植行道树。要加大对古树名木及树龄大于50年的树木的保护力度，反对高价购买、移植非生产绿地内的树木，严禁从自然山林或乡镇农村直接采挖大树、古树进行异地移植。

3. 加强公园绿地监管。禁止借改造、搬迁等名义侵占公园绿地，确需搬迁的要经过充分论证，搬迁后不得改变公园绿地的公益性质，不得改变原址用地的公园绿地性质和使用功能。禁止将公园用地或园内设施以租赁、承包、买断等形式转交给营利性组织或个人经营。对侵占公园用地进行商业开发的，要限期整改，并恢复用地的公园绿地性质。对公园绿地内不符合规划、未经批准，并且与公共服务、公园管理功能无关的经营性场所，要坚决予以清退。

4. 强化专业化、精细化管护。各地要结合实际情况，制定完善园林绿化养护管理技术规范和养护定额标准，加快培养养护专业技术人员，加大养护资金投入。养护管理资金投入应占当地上一年度园林绿化建设总投入的7-10%，同时不低于当地园林绿化养护管理定额标准。坚决纠正"重建轻管，只建不管"，绿地建成后无管养资金、人员保障，造成绿地难以发挥应有景观、生态效益的问题。要结合数字城市建设，加快城市园林绿化管理信息系统建设，提高遥感信息技术在绿地要素调查、古树名木保护、绿地系统监测、绿地跟踪管护等方面的应用水平。

（六）推动科技创新

要加强城市园林绿化的基础调研和应用研究，充实科研队伍，落实科研经费，加大新成果、新技术的推广力度，促进科研成果的转化和应用。要结合风景名胜区、植物专类园、综合公园、生产苗圃等建立乡土、适生植物种质资源库，开展相应的引种驯化和快速繁殖试验研究。要积极推广应用乡土及适生植物，在试验基础上推广应用自衍草花及宿根花卉等，丰富地被植物品种。要促进野生种群恢复、生境重建，满足城市园林绿化建设和生物多样性保护需求。

四、加强对城市园林绿化工作的组织领导

（一）落实地方责任，完善管理制度

要建立健全市政府主要领导负总责的城市绿化目标责任制，把城市园林绿化纳入市政府重要议事日程，并从管理机构、资金投入和人员编制等方面给予保障，制定完善绿线管理、园林绿化工程管理、养护管理、信息公开及杜绝古树迁移、控制大树移栽、防止外来物种入侵等各项管理制度，确保城市园林绿化管理职能行使到位。

（二）巩固创建成果，推进生态园林城市建设

要在巩固国家园林城市创建成果的基础上进一步发展提升，将创建活动向县、镇延伸，向居民区和单位发展，向生态园林城市推进。省级住房城乡建设（园林绿化）主管部门要积极引导已获命名的国家园林城市推进生态园林城市创建工作，从实际出发，制定切实可行的创建目标和工作方案，促进城市园林绿化从以园林绿化为基础，向市政基础设施、住房保障、绿色出行、低碳交通、绿色建筑、循环经济、建筑节能等全方位的结合发展过渡；从追求外在形象整洁美观向提升城市生态功能、保护自然资源和生物物种多样性、保障城市生态安全和促进城市可持续发展转变。

（三）以示范项目带动，加强行业指导

住房城乡建设部将确定一批符合节约型、生态型、功能完善型园林绿化发展方向的园林绿化示范项目，向全国推广，发挥示范引领作用。各级园林绿化主管部门要对居住区、单位附属绿地和公路、铁路、湖泊、水库、河道等用地范围内的绿地加强行业指导，促进其按照国家标准规范要求，实施专业化规划设计、建设和规范化管理。

（四）完善法规标准，建立长效监管机制

要严格贯彻执行《城市园林绿化评价标准》等国家及行业标准，有条件的城市要结合实际情况，尽快制定、修订地方法规，加强对毁绿、占绿等违规行为的处罚力度，强化对城市园林绿化的保护。各级园林绿化主管部门要与规划、纪检、监察、财政、审计、房产、执法等有关部门联动配合，加大对违法违规行为的查处力度。

（五）加大培训教育和宣传力度

要加强城市园林绿化专业技术人才队伍的培养，定期组织专业知识和技能培训，形成低、中、高级技能型人才梯队，提高行业发展整体水平。建立园林绿化信息发布和社会服务信息共享平台，将园林绿化工程项目信息及移植树木、临时占用绿地等行政审批信息面向社会公开，自觉接受社会公众和新闻媒体的监督，加强对社会舆情的收集、研判和处理，营造"政府重视、社会关注、百姓支持"的良好氛围。

（六）组织专项检查

各地要对照本意见各项内容，全面组织开展城市园林绿化专项检查，并对当前存在的问题立即整改。各省级住房城乡建设（园林绿化）主管部门要对本地区的问题查找和整改情况进行监督检查，并在2012年12月底前将检查情况和整改方案报我部。

我部将根据各地专项检查开展情况和各省上报情况进行重点抽查，对经检查确实存在破坏城市自然生态资源、大规模砍伐移植行道树、移植大树古树、占用公园用地或设施进行经营性开发、侵占绿地等严重问题的，将予以通报批评；其中已获得"国家园林城市"、"中国人居环境奖"称号的城市，将撤销其称号；已申报"国家园林城市"、"中国人居环境奖"的城市，将取消其申报、考核资格。

中华人民共和国住房和城乡建设部
2012年11月18日

住房城乡建设部关于加强城镇供水设施改造建设和运行管理工作的通知

建城〔2012〕149号

各省、自治区住房城乡建设厅，海南省水务厅，北京、上海、天津市水务局，重庆市市政管委，新疆生产建设兵团建设局：

加强城镇供水设施改造、建设和运行管理工作，对保障广大人民群众的身体健康和生命安全、实现基本公共服务均等化、促进城镇化健康发展具有重要作用。近日，我部会同国家发展改革委印发了《全国城镇供水设施改造与建设"十二五"规划及2020年远景目标》（以下简称《规划》），为贯彻落实《规划》，现通知如下：

一、尽快开展前期工作

（一）分解落实规划任务。按照《规划》确定的原则，结合本地实际情况，制定和完善本地区城镇供水设施改造与建设规划，明确辖区内各市县近远期的建设任务。市县供水主管部门要将规划任务逐一落实到工程项目，并组织和监督相关单位按照国家标准规范要求认真实施。

（二）加强项目技术论证。抓紧组织编制工程项目建议书、可行性研究报告等。项目立项审批前，要根据水源水质、供水设施状况、地质条件等，参照《城镇供水设施建设与改造技术指南》制定技术对策与方案，并充分进行技术论证，确保工程技术适用、建设规模合理，满足抗震设防要求。水厂改造项目应考虑水质检测和应对突发性水源污染的要求，配置必要的水质检测设备和应急净水设施；管网改造项目应采用优质管材和配件，有条件的地区应同步建设水量、水压及关键水质指标的在线检测设备。

（三）加快工程项目实施。要加快工程项目的实施，定期汇总项目建设情况并加强监督指导。市县供水主管部门要结合本地实际情况，优先实施供水设施改造，限期解决水源污染、设施陈旧造成的水质不能稳定达标问题；制定好工程项目年度实施计划，纳入当地城市建设年度计划统筹实施；通过"全国城镇供水信息系统"填报项目信息，并及时更新项目进展情况。

二、强化指导和监管

（四）严把工程质量。加强工程项目质量安全监督检查，督促建设单位通过重点检查、随机抽查等掌握工程进度和质量情况，对存在质量安全问题的项目，要责令限期整改。工程项目严格执行项目法人制、招标投标制、合同管理制、工程监理制、竣工验收备案制等制度。

（五）加强行业监管。督促市县供水主管部门根据供水经营模式，及时调整监管方式，加强监管能力建设；严格按照国家法律法规和标准规范的要求，对供水企业的水质状况、运营水平和服务质量进行监督检查。

（六）提高企业运行管理水平。严格执行《城镇供水厂运行维护及安全技术规程》等标准，督促供水企业实施精细化管理，落实岗位职责、规范操作规程，建立健全供水企业管理人员和关键岗位持证上岗制度。供水企业要定期开展业务交流和技术培训，组织有关人员认真学习贯彻相关标准规范，严格按照《生活饮用水卫生标准》要求的检测项目和频率实施水质自检，加强内部质量控制；特别要加强消毒环节管理，合理选择消毒方式，严格控制消毒副产物的产生。

（七）加快水质信息公开。各地按照《城市供水水质管理规定》、《生活饮用水卫生监督管理办法》等文件的要求，及时将供水水质监督检查结果向社会公布。供水企业务必于2013年底前建立水质信息公布制度，接受社会监督。

三、加大资金投入

（八）加大地方投入。市县供水主管部门要将规划任务和实施计划向当地人民政府主要领导作专题汇报，积极争取将项目建设资金列入当地财政预算，加大地方财政投入；争取将城市建设维护资金、土地出让收益、市政工程配套费的一定比例用于工程项目；主动配合发展改革部门做好中央预算内投资的安排，对获得资金支持的项目要加强监督检查，确保资金发挥效益。对于城乡统筹区域供水项目，结合受益的农村人口，争取农村饮用水安全工程补助资金。

（九）利用好价格机制。市县供水主管部门应主动配合价格主管部门做好成本监审和水价调整工作，及时补偿供水成本；按照国家规定提取资产折旧费，并确保资产折旧费足额用于供水设施的更新改造；对水价不能及时调整到位的，应向当地人民政府汇报有关情况，争取对供水企业予以补贴。

四、强化薄弱环节建设

（十）加快编制供水专项规划。市县供水主管部门要委托具有资质的编制单位，根据当地城市总体规划，结合已确定的工程项目，按照《城市给水工程规划规范》国家标准的要求，于2013年3月底前编制或修订完成城市供水专项规划，优化城镇供水设施布局。

（十一）严格落实特许经营制度。按照《市政公用事业特许经营管理办法》、《关于进一步鼓励和引导民间资本进入市政公用事业领域的实施意见》等文件的要求，通过政府购买服务的模式引入市场竞争机制，逐步提高城镇供水行业的产业集中度；规范市场准入退出，公开、公平、公正地选择专业化运营企业，签订并严格执行特许经营协议，提高公共服务水平和运营效率。

（十二）强化水源污染风险控制。市县供水主管部门要积极配合环保部门科学划定饮用水水源地保护区，加强水源地水质信息的沟通。供水企业要按照国家标准要求加强饮用水水源水质检测，全面掌握特征污染物情况，并针对污染状况采取有效应对措施。

（十三）加强水质检测能力建设。各地在2012年底前要实现国家标准规定的全部106项水质指标检测能力全覆盖；要求规模超过30万立方米/日的供水企业具备国家标准规定的常规指标和当地重点非常规指标的检测能力、所有公共供水厂具备国家标准规定的日常检测指标的检测能力。

（十四）提升应急供水保障能力。完善应对突发性水源污染和重大自然灾害的应急供水预案，加快应急水源建设，加强应急抢险队伍建设，储备必要的应急器材，落实水厂应对突发性水源污染的技术措施，配置救灾期紧急供水设备和水质检测仪器。

（十五）加强二次供水设施管理。鼓励和引导产权人将二次供水设施移交或委托供水企业进行运营维护，实行专业化管理。加快改造存在水质安全风险的二次供水设施，通过财政补贴、住宅专项维修资金等解决改造费用。

各地要尽快将本通知的要求部署和贯彻到辖区内各市县供水主管部门和供水企业，认真组织做好落实工作，并于2013年3月31日前将落实情况和辖区内供水企业公布水质信息的时间安排报住房城乡建设部城市建设司。

中华人民共和国住房和城乡建设部
2012年10月18日

八、住宅与房地产类

关于进一步严格房地产用地管理巩固房地产市场调控成果的紧急通知

国土资电发〔2012〕87号

各省、自治区、直辖市国土资源主管部门，住房城乡建设（房地产、城乡规划）主管部门：

去年以来，各级国土资源主管部门、住房城乡建设（房地产、城乡规划）主管部门按照中央要求，认真贯彻落实国务院有关房地产调控政策，做了大量工作，发挥了应有的作用，促进了房地产和土地市场平稳运行。但今年5月份以来，部分城市商品房销售量明显回升，新建住宅价格出现环比上涨，土地市场也随之出现了一些波动，部分城市再现高价地，引发社会热议。为更好地落实中央要求，巩固已有调控成果，切实维护好房地产和土地市场的稳定，现就有关工作通知如下：

一、进一步提高认识，坚持房地产市场调控不放松

近期房地产和土地市场出现的一些波动，虽并未改变市场整体格局，但市场运行的复杂性和不稳定性在增加，房地产市场调控仍然处在关键时期，任务还很艰巨。对此，各级国土资源主管部门、住房城乡建设（房地产、城乡规划）主管部门要有清醒认识，要坚持调控不放松，密切配合做好各项工作，不断巩固调控成果，坚决防止房价反弹。

二、加大住房用地供应力度，提高计划完成率

各地要把落实住房用地供应计划作为下半年的重点工作切实抓好，应保尽保保障性安居工程用地，并以提高计划完成率、增加有效供应为首要目标，进一步加大普通商品住房用地的供应力度。省级国土资源主管部门接到本通知后，要根据市县保障性安居工程用地和普通商品住房用地计划的落实情况，分别制订督促措施，按月跟进。从7月开始，国土资源部将对保障性安居工程用地和普通商品住房用地供应实行月度指导，对落实情况较差的将予以公开通报，年底对各省（区、市）进行目标责任考核。

三、继续探索完善土地交易方式，严防高价地扰乱市场预期

地价是衡量房地产状况的重要指标，过高过快的地价变化影响市场预期。下半年，各地要密切跟踪市场形势，切实把握好土地出让节奏、时序和价格，防止出现商服和住宅高价地，扰乱市场预期，破坏市场稳定。市县国土资源主管部门要进一步完善地价专业评估和集体决策程序，合理确定起始价、底价，在土地出让前还应全面分析、研判市场形势，对可能出现高价地的要及时调整竞价方式，制定出让方案和现场预案。对预判成交价创历史总价最高，或单价最高，或溢价率超过50%的房地产用地，包括商服、住宅或商住综合，要及时调整出让方案，采用"限房价、竞地价"或配建保障房、公共设施等办法出让土地。省级国土资源主管部门要密切关注市县出让公告，及时掌握拟出让宗地的具体情况，督促市县严格执行异常交易宗地备案制度。市县应在成交确认书签订（中标通知书发出）后2个工作日内，在土地市场动态监测监管系统在线填写《房地产用地交易异常情况一览表》，分别上报国土资源部和省级国土资源主管部门。对不及时上报、错报、漏报或瞒报的，国土资源部将予以通报或约谈。

四、严格执行现有政策，加强监管增加住房有效供给

各地要严格执行房地产市场调控政策，不得擅自调整放松要求。已放松的，要立即纠正。房地产用地出让不能超过面积上限，不得捆绑出让、"毛地"出让。住宅用地容积率不得小于1。各类住房建设项目要在划拨决定书和出让合同中约定土地交付之日起一年内开工建设，自开工之日起三年内竣工。严格实施竞买人资格审查，落实不得使用银行贷款缴交土地出让价款的规定。土地出让竞买保证金不得低于出让最低价的20%。土地出让成交后，必须在10个工作日内签订出让合同，合同签订后1个月内必须缴纳出让价款50%的首付款，余款要按合同约定及时缴纳，最迟付款时间不得超过一年。土地出让后，任何单位和个人无权擅自更改规划和建设条件。

各级住房城乡建设（房地产、城乡规划）主管部门要建立保障性住房和普通商品住房建设项目审批快速通道，提高行政办事效率，加快此类项目的建设和上市，尽快形成保障性住房和普通商品住房的有效供应。城乡规划主管部门要优先办理建设用地规划许可、建设工程规划许可手续，建设主管部门应当要求施工图审查机构优先进行施工图审查，优先办理施工许可手续，房地产主管部门要优先办理商品房预售许可手续。要鼓励和引导开发企业将在建的大套型、高档住房依法依规转化为中小套型普通商品住房。

各地要严格落实《闲置土地处置办法》（国土资源部第53号令），及时处理土地市场动态监测监管系统显示的闲置土地预警信息，做到早发现、早制止，促进已供土地及时形成有效供给。接到本通知后，市、县国土资源主管部门要逐宗清理超期1年未开工构成闲置的土地，按照53号令的要求及时调查认定，并在监测监管系统中确认并据实填写闲置原因，进一步加大处置力度，同时在国土资源部门

户网站的中国土地市场网上公开。对用地者欠缴土地出让价款、闲置土地、囤地炒地、土地开发规模超过实际开发能力以及不履行土地使用合同的，市、县国土资源管理部门要禁止其在一定期限内参加土地竞买。

五、强化监测分析和新闻宣传，积极引导市场

各级国土资源主管部门、住房城乡建设（房地产、城乡规划）主管部门要密切关注市场变化，加强部门联动，发挥政策合力。要加强对增量存量土地供应、用地结构、开发利用和价格变化等指标的分析研判，进一步提高敏锐性，密切关注市场动向，及时采取措施应对新情况新问题。要加大主动宣传力度，及时回应人民群众关心关注的热点难点问题，全面客观地向社会公布各类监测信息，努力引导和稳定市场预期。

国土资源部　住房和城乡建设部
2012年7月19日

关于印发全国白蚁防治事业"十二五"发展规划纲要的通知

建房〔2012〕92号

各省、自治区住房和城乡建设厅，直辖市房地局（建委），新疆生产建设兵团建设局：

为进一步发挥白蚁防治在防灾减灾和保障经济建设成果中的积极作用，全面推进白蚁防治事业持续健康发展，我部制定了《全国白蚁防治事业"十二五"发展规划纲要》，现印发给你们，请结合本地区实际情况贯彻落实。

附件：全国白蚁防治事业"十二五"发展规划纲要

中华人民共和国住房和城乡建设部
二〇一二年六月二十一日

全国白蚁防治事业"十二五"发展规划纲要

全国白蚁防治事业"十二五"发展规划纲要，是住房和城乡建设事业的一项专项规划纲要，着力于解决"十二五"期间白蚁防治事业改革与发展的根本性、战略性和前瞻性问题，阐述了今后一段时期工作的指导思想和总体目标，确定了工作重点、主要任务以及保障措施，为我国白蚁防治事业的发展指明了方向。

一、主要成就

"十一五"期间，在各级住房城乡建设部门的领导下，各地白蚁防治工作取得了显著成效，在防灾减灾中发挥了重要作用，为服务和保障我国社会经济建设作出了积极贡献。

（一）防治规模不断扩大

各地认真贯彻落实建设部第130号令，始终坚持"预防为主、防治结合、综合治理"的方针，积极开展白蚁防治工作。2011年完成新建房屋白蚁预防面积约5.89亿平方米，装饰装修房屋白蚁预防面积约1024万平方米，对约4200万平方米的居民住房、直管公房进行了蚁害检查，对约6080万平方米的既有房屋进行了白蚁治理。同时，还对2500余座水库、2530余公里堤坝和约25万公顷的园林果木等进行了蚁害检查和治理，并对部分城市地铁、核电站、文物古建等进行了防白蚁处理，切实保护了国家和人民的财产安全。

（二）法规体系逐步建立

以《城市房屋白蚁防治管理规定》为核心，以

《房屋白蚁预防技术规程》等规范性文件为基础，各地积极开展宣传贯彻工作，因地制宜出台了相关配套措施和细则，逐步形成结构合理、科学规范的白蚁防治政策法规体系，有力促进了白蚁防治的规范发展。为引导和推动白蚁防治事业的规范化和标准化建设，2011年成立全国白蚁防治标准化技术委员会，专门开展白蚁防治相关技术规范和标准的研究、制定和推动工作。

（三）国际公约全面履行

各地坚持把履行《关于持久性有机污染物（POPs）的斯德哥尔摩公约》（以下简称"POPs公约"）作为日常工作来抓，科学谋划、统筹部署，有计划、有步骤地推广应用环保型白蚁防治新技术，以替代氯丹和灭蚁灵等持久性有机污染物。2009年，在行业内开展了"践行绿色承诺，共筑和谐家园"的全国性公约签名承诺活动，号召以实际行动履行POPs公约，全面停用氯丹和灭蚁灵。在安徽、湖南和江苏三省以及杭州、南昌、成都、广州和南宁五市，率先开展了有害生物综合治理（Integrated Pest Management，简称"IPM"）技术替代氯丹和灭蚁灵等高毒杀白蚁药剂的示范活动。经过努力，白蚁防治行业已基本停用氯丹和灭蚁灵，新技术推广面积达5000多万平方米，从业人员的新技术培训达3300人次，较好地履行了POPs公约。

（四）科技创新成效显著

各地重视白蚁防治技术的研发，在科技创新上投入大量的人力、物力，研究开发了一批具有自主知识产权的技术和产品，为全面提升我国白蚁防治技术水平提供了有力的科技支撑。《中国白蚁防治氯丹灭蚁灵替代示范项目——作为IPM基础数据的地下白蚁种群生态学研究》《白蚁监控喷粉技术研究》和《农药登记用白蚁防治剂药效试验方法及评价的研究和修订》等多个国家级科研项目取得了阶段性成果；《构筑浙江"母亲河"的防蚁护盾--钱塘江海塘白蚁综合治理》项目成果达到国内领先水平；《房屋建筑绿色环保控制白蚁新技术研究》获浙江省科技二等奖；《农村住房白蚁综合治理技术研究》项目获湖北省重大科学技术成果证书。

（五）诚信建设积极推进

以颁发《全国白蚁防治行业信用建设指导意见》为契机，白蚁防治行业积极推进诚信体系建设，通过加大宣传和贯彻力度，绝大多数白蚁防治单位已经将"诚实守信"作为日常工作的自觉要求和行为规范，做到施工有礼貌、治理讲方法、根治有措施、结算有标准。伴随着用户满意度的不断提高，白蚁防治行业的社会公信力也得到了提升。

二、存在问题

我国白蚁防治事业在快速发展的同时，也暴露出一些亟待解决的突出问题，主要表现在：

（一）防治方式亟需改变

当前我国白蚁防治方式仍以化学防治为主，在人居环境中大量喷洒化学药剂，给生态环境和人体健康带来了潜在威胁。亟需采取措施改变传统的白蚁防治方式，逐步推广应用环保型白蚁防治新技术。

（二）行业监管有待加强

部分白蚁防治单位集"运动员"和"裁判员"于一身，缺乏有效的监督制约机制。各级住房城乡建设部门对从业单位监督管理的力度不够，还存在一些薄弱环节，监管与服务不到位的现象时有发生。

（三）配套制度仍需完善

与《城市房屋白蚁防治管理规定》相配套的制度建设相对滞后，缺乏白蚁防治工程质量管理等配套性规范，环保型白蚁防治新技术的推广政策还有待加强。

（四）专项经费缺乏保障

个别地方政府随意减免白蚁预防费，甚至存在将白蚁专项经费挪作他用的现象，使得后期的复查和灭治经费得不到保障，严重影响白蚁防治的工程质量和后续工作。

（五）人员素质有待提高

白蚁防治一线工作人员报酬偏低，难以吸引高素质的技术人才。对在职人员继续教育和知识更新重视不够，不注重专业人才建设，从业人员整体素质不高。一些白蚁防治单位还大量聘用临时工作人员，人员的频繁变动，加大了队伍的不稳定性。

三、发展基础

（一）科学发展观为白蚁防治工作指明方向

发达国家的白蚁防治方法已由单一的化学防治逐步转为有害生物综合治理。相比而言，我国目前白蚁防治工作仍以化学防治为主，无论是防治手段还是防治理念，与发达国家都有一定的差距。正确认识白蚁防治工作面临的新形势，必须要以科学发展观为指导，坚持以人为本、统筹兼顾、协调发展的理念，正视我国各地经济社会发展不平衡的事实，适应传统白蚁防治方式向现代有害生物综合治理转变的需要，抓住城镇化和新农村建设为白蚁防治工作提供的新机遇，关注水利工程、核电工程和文物古建以及农林果木等方面白蚁防治的要求，科学谋划白蚁防治工作的转型升级和持续发展，发挥白蚁防治工作保障人民群众生命财产安全的积极作用，促进白蚁防治工作与经济社会建设和生态环境建设的协调发展。

（二）履行国际公约为行业创新发展提供契机

履行POPs公约，实施"中国白蚁防治氯丹灭蚁灵替代示范项目"，为白蚁防治行业全面停用氯丹和灭蚁灵，减少化学药剂使用，促进行业技术转型升级提供了良好的契机。我们要充分利用履约平台，扩大社会宣传，推广先进的IPM理念，积极研究和应用环保型白蚁防治新技术和新产品，大力推动白蚁防治行业创新发展和持续发展。

（三）生态文明建设为行业转型升级设计主线

保护生态环境，加强生态文明建设，已成为我国的重要国策，也给白蚁防治工作提出了新的要求。"十二五"期间，白蚁防治工作要紧紧围绕"环境友好型"和"资源节约型"社会建设这条主线，改变传统思维模式，加大白蚁防治技术转型升级的步伐，努力开创与生态文明建设和环境友好型社会建设相适应的白蚁防治工作新局面。

（四）社会经济发展为行业持续发展奠定基础

"十一五"期间，伴随我国社会经济的快速发展，白蚁防治事业取得了长足进步，白蚁防治专项经费收入逐年增加，科研成果不断诞生，人员素质不断提高，为行业转型升级和创新发展奠定了坚实的物质基础和人才保障。"十二五"期间，我国宏观经济发展势头不减，在转变发展方式和调整产业结构的大背景下，白蚁防治事业必将得到进一步的发展。

四、指导思想和总体目标

（一）指导思想

坚持以科学发展为主题，以转型升级为主线，以履行国际公约为契机，以规范化和标准化管理为基础，以人才队伍建设为支撑，以保障人民生命财产安全为目标，转变发展理念，破解现实难题，加强行业监管，提高科技水平，推动生态文明建设，促进白蚁防治事业又好又快地发展。

（二）总体目标

"十二五"期间，白蚁防治工作要紧紧围绕"转型发展、创新发展、统筹发展、和谐发展"十六字方针，力争实现以下总体目标：

1. 转变防治方式，促进转型升级

建立环保型白蚁防治新技术推广机制，实现白蚁防治方式转型升级。"十二五"后期，省会城市应用IPM技术防治白蚁的面积力争达到白蚁防治总面积的50%以上，其他城市达到30%以上。白蚁危害得到有效控制，化学药物使用量大幅降低，实现白蚁防治工作与生态文明建设的和谐发展。

2. 扩大覆盖范围，保障经济建设

进一步提高白蚁防治覆盖面，开展白蚁预防地区的新建房屋的预防覆盖率达到95%以上。积极拓展业务新领域，实现白蚁防治在水利工程、核电工程、文物古建、交通通讯、农林果木和园林绿化等领域的广覆盖，充分发挥白蚁防治在防灾减灾和保障经济建设成果中的积极作用。

3. 完善科研机制，提高服务能力

建立健全联合科研机制，发挥各地白蚁防治机构的优势，形成合力，培养一批具有丰富理论知识和实践经验的科研带头人，培育一系列高质量的科研成果，促进行业整体科研水平的提升，提高行业的技术服务能力。

4. 加强规范管理，实现持续发展

进一步完善白蚁防治政策法规体系和各项工作制度，加大白蚁防治单位规范化管理力度，建立以诚信建设为核心的行业自律管理机制，实现白蚁防治事业的持续健康发展。

五、主要任务

（一）转型升级

1. 继续推动全行业认真履行POPs国际公约，禁用氯丹和灭蚁灵等高毒杀白蚁药剂，保护生态环境。

2. 总结示范项目的成功经验，加快以白蚁监测控制技术为核心的IPM技术在全国范围内的推广应用。

3. 结合各地实际情况，积极推广应用环保型白蚁防治新技术，逐步替代传统的以喷洒化学药剂为主的白蚁防治模式，最大限度地减少化学品用量。

4. 扩大新技术的应用范围，在农林果园、水库堤坝和园林绿化等领域的白蚁防治中推广应用环保型新技术。

（二）人才培养

1. 落实白蚁防治从业人员岗位培训考核制度，建立证书定期检查登记制度，坚持"先培训，后上岗"的原则,"十二五"后期,上岗人员持证率力争超过95%。

2. 建立和实施全国白蚁防治从业人员职业资格证书制度,制订白蚁防治初级工、中级工、高级工、技师、高级技师职业资格技术标准。

3. 建立白蚁防治从业人员继续教育制度,规范继续教育培训管理体系,加快从业人员专业知识更新和专业技能的提高。

4. 广泛开展多层次、多形式的专题培训,加大IPM技术的培训力度,采取所(站)长轮训和专业技术人员普训等形式,提高从业人员专业素质。

(三) 规范管理

1. 适时修改完善《城市房屋白蚁防治管理规定》,继续加强《房屋白蚁预防技术规程》贯彻实施工作,开展《房屋建筑白蚁防治工程质量管理办法》调研和起草工作,做好《白蚁防治专业术语》国家标准的编制工作,开展《水库、堤坝白蚁防治技术标准》和相关白蚁防治产品标准的前期调研及立项工作,力争出台白蚁防治专项经费使用管理规定,以规范白蚁防治专项资金使用。

2. 完善白蚁防治单位部门设置,"十二五"后期,有蚁害地区的省会城市白蚁防治单位质量检测部门和标本室建立率达100%;地级市白蚁防治单位质量检测部门和标本室建立率达80%以上;县(市)级白蚁防治单位标本室(柜)建立率达80%以上;各白蚁防治单位药物专用仓库和档案室(柜)建立率达100%。提升白蚁防治单位机械化施工能力,省会城市白蚁防治单位机械化施工设备拥有率达100%;地级市白蚁防治单位机械化施工设备拥有率达70%以上;县(市)级白蚁防治单位机械化施工设备拥有率达50%以上。白蚁防治单位逐步推行ISO9000质量管理体系认证,鼓励有条件的单位开展ISO14000环境管理体系认证。

3. 贯彻落实《全国白蚁防治行业信用建设指导意见》,建立白蚁防治从业单位信用等级评价制度。建立健全信用信息数据库和开放式信息查询平台,运用信用评价、信用警示等自律机制,加强信息公开,提升行业公信力。

(四) 科技创新

1. 基础研究方面

以白蚁生物学、生态学与行为学为基础,研究全球气候变暖对我国白蚁分布与危害的影响,建立我国白蚁危害区域的认定制度,制订白蚁危害程度的等级标准、申报流程及认定管理细则。开展白蚁食物消化机理研究,分析体内外共生微生物在白蚁同伴识别与食物消化利用中的作用,研究开发以白蚁消化酶和共生微生物为靶标的白蚁防治新药物、新技术。

2. 应用技术研究方面

以节能减排为目标,大力开展绿色环保、低能耗的白蚁防治新技术研究。建立产学研合作机制,推动企业、白蚁防治单位与科研院所三方合作,力争在物理防治和生物防治(尤其是微生物防治)方面取得较大的突破,建立利用物理设施和真菌、病毒产品防治白蚁的新技术,制定相应的技术应用和评估标准。以白蚁监测控制技术为核心,开展高效、持久的白蚁引诱材料和饵剂研究,开发白蚁入侵自动检测技术和长久有效的白蚁监控装置,建立白蚁监测控制技术在古建筑(仿古建筑)、土质堤坝和经济林木方面的应用标准和评估细则。

3. 新技术成果转化方面

鼓励研发白蚁防治新技术、新产品、新设备,保护知识产权,加大新技术成果的推广应用力度。建立白蚁防治产品与科研成果的评估、论证及推荐制度,最大限度促进科技成果的转化和应用。

(五) 信息建设

1. 建立和完善白蚁防治行业信息数据库。"十二五"期间,逐步建立和完善白蚁防治行业从业单位的基础信息库、全国白蚁种类分布信息库、重点项目白蚁防治信息库、科普宣传和教育培训信息库等基础数据库。

2. 以全国白蚁防治行业网络为平台,以《城市害虫防治》及《白蚁防治》等刊物为载体,进一步开发利用信息资源,加大IPM新理念、新方式和新技术的宣传力度,着力提高社会公众的防蚁意识和行业认知。

3. 组织开展国内外白蚁防治信息咨询服务,广泛开展对外交流和学习,借鉴先进经验,实现信息共享。

六、保障措施

(一) 明确责任主体

1. 各级住房城乡建设部门在充分认识白蚁防治工作重要性的基础上,切实履行监管职能,采取措施进一步完善相关制度和标准,加大对白蚁防治工作的日常指导和监管的力度。

2. 充分行使全国白蚁防治中心组织和指导全国白蚁防治工作的相应职能,着力推动全国白蚁防治事业"十二五"发展规划纲要的贯彻落实工作。

3. 充分发挥全国白蚁防治标准化技术委员会在

促进白蚁防治规范化和标准化建设方面的作用，加快研究和制定一系列行业技术标准并予以贯彻实施。

4. 充分发挥中物协白蚁防治专业委员会及各级白蚁防治协（学）会的作用，理顺政府行政监管和行业协会自律的关系。

5. 充分调动各地白蚁防治单位的积极性和能动性，合理配置从业人员数量与施工机械设备，确保白蚁防治工程质量和进度。

（二）制订扶持政策

建立健全白蚁防治新技术推广应用政策，加快推动出台新技术的指导性意见，制定相关技术标准和规范，以建立白蚁防治工作的长效机制。鼓励各地因地制宜出台新技术促进政策，推动建立新技术的收费标准。

（三）保障资金投入

建议专门从白蚁预防收费中提取不少于6%的经费，用于开展白蚁防治的科研和宣传。鼓励通过联合出资、共同委托等方式进行合作研究开发。各地应进一步规范白蚁预防收费的管理工作，严格执行国家白蚁防治收费政策，不得随意减免白蚁预防收费，对于确需减免的，当地政府应建立相应的财政补偿机制。

（四）完善科研机制

充分挖掘和整合各地优势资源，探索建立以实用创新为导向的联合科研机制。本着共同开发、成果共享、资金分担、统一管理的原则，由全国白蚁防治中心牵头，以全国白蚁防治标准化技术委员会为依托，制订行业科技发展计划，开展课题研究、成果评价、成果转换和技术交流。以专业科研机构为骨干，开展基础性、前瞻性和关键性技术研究工作，以各级白蚁防治机构为主体，开展技术创新和合理化建议活动。

（五）加强宣传教育

各地白蚁防治单位要通过广播、电视、报刊、网络、宣传单等宣传工具，采取多种形式开展科普知识教育，提高普通民众对白蚁危害性和防治重要性的认识，增强白蚁防治技术转型升级的社会共识。

关于做好2012年城镇保障性安居工程工作的通知

建保〔2012〕38号

各省、自治区住房城乡建设厅，北京市住房城乡建设委、上海市城乡建设交通委、住房保障和房屋管理局，天津市国土资源房屋管理局，重庆市城乡建设委、国土资源房屋管理局，新疆生产建设兵团建设局：

为贯彻落实《国务院办公厅关于保障性安居工程建设和管理的指导意见》（国办发〔2011〕45号）精神，全面推进2012年城镇保障性安居工程建设，进一步加强保障性住房分配和质量管理工作，现将有关要求通知如下：

一、积极落实建设项目，加快项目建设进度。各省（区、市）住房城乡建设（住房保障）部门要会同发展改革、农业、林业等部门，尽快将各省（区、市）人民政府确定的年度建设任务目标落实到市县，并督促各市县尽快分解落实到具体建设项目。对具备改造条件的铁道、有色、黄金等行业棚户区，要统一纳入改造计划。要督促市县住房城乡建设（住房保障）部门积极协调有关部门，优化审批程序，提高工作效率，抓紧开展新开工项目的选址立项、规划、土地、施工手续办理等前期工作，落实各项建设条件，保证项目尽早开工建设；对季节性停工项目，要抓紧复工，加快建设进度。列入年度建设计划的开工项目、基本建成（竣工）项目，由各省（区、市）住房城乡建设（住房保障）部门负责建立年度建设计划项目库，并于2012年6月15日前报住房城乡建设部备案。年度计划实施过程中，项目发生变更的，要及时更新并报备。年度建设计划项目库作为各级、各部门督促检查的重要资料。

二、加大基础设施投入，加强质量安全管理。要结合实际，优化2012年建设项目的规划布局，提高规划设计水平。集中建设的，选址要尽量安排在交通便利、基础设施齐全地段，做到给排水、供电、燃气、供暖、消防等设施齐全。要加大配套基础设施投入，提高投资完成率，尽快形成有效供应；对配套基础设施投入压力大的地区，要在中央和省级补助资金的安排上给予倾斜。根据需要，同步规划建设教育、卫生、文体、物业管理、社区服务等公共服务设施和配套商业设施，加快完善公共交通系统。要严把规划设计关、建材供应关、施工质量关、竣工验收关，切实加强项目管理，确保质量安全处于受控状态。要严格执行基本建设程序，完善相关手续，对手续不全、基础设施不配套、达不到入住条件的项目，不得组织验收；验收不合格的项目不得交付使用。

三、拓宽资金来源渠道，做好建设资金安排。各省（区、市）住房城乡建设（住房保障）部门要会同发展改革、财政部门，按照财政部《关于切实做好2012年保障性安居工程财政资金安排等相关工作的通知》（财综〔2012〕5号）文件要求，指导市县做好2012年保障性安居工程建设投资需求测算，合理确定年度投资规模，积极拓宽资金来源渠道，做好资金筹集安排，并具体分解落实到各类建设项目，确保各类资金来源渠道落实到位，不留缺口。各级住房城乡建设（住房保障）部门要积极配合财政部门，研究公共租赁住房商业银行贷款具体贴息政策，创新财政支持方式，支持和吸引社会资本参与保障性住房建设、运营和管理。中央补助资金下达后，各省（区、市）住房城乡建设（住房保障）部门要配合有关部门，在规定时限内将补助资金分解落实或明确到具体建设项目，并报住房城乡建设部备案。

四、建立健全监管机制，加强分配和运营管理。各省（区、市）住房城乡建设（住房保障）部门要督促市县，完善申请、审批、公示、轮候、复核制度，建立健全信息共享、部门联动的审查机制；完善经济适用住房、限价商品住房上市交易收益调节办法，合理确定收益分配比例；制定出台公共租赁住房管理办法，加强建设、分配和运营管理；加强廉租住房和公共租赁住房租赁合同、经济适用住房等销售合同管理，规范配租、配售行为；探索建立物业管理新机制，规范物业服务，完善使用管理。要指导、督促市县住房城乡建设（住房保障）部门主动公开分配政策、分配程序、分配房源、分配对象、分配过程、分配结果等情况，主动接受社会监督，确保准入分配工作公开、公平、公正。

五、做好信息公开工作，主动接受社会监督。各省（区、市）住房城乡建设（住房保障）部门要于年度计划确定后20个工作日内，在当地政府网站公开本地区及所辖市（地、州、盟）年度建设计划，并按月公开开工和基本建成（竣工）情况。要督促市县住房城乡建设（住房保障）部门按照住房城乡建设部《关于公开城镇保障性安居工程建设信息的通知》（建保〔2011〕64号）要求，及时公开当地年度建设计划、开工和竣工项目信息，并按月公开开工和基本建成（竣工）情况。各省（区、市）住房城乡建设（住房保障）部门要制定信息公开办法，做好信息公开组织实施工作。信息公开工作纳入各级、各部门督促检查的重点，作为各级政府和部门重点考核内容。

六、强化部门协调配合，做好统计管理工作。各级住房城乡建设（住房保障）部门要配合统计等有关部门，建立强有力的工作机制，做好《保障性安居工程统计报表制度》（国统字〔2011〕57号）的实施；建立统计信息分析与发布协调机制，及时审核评估统计数据，做好统计信息分析与发布工作。各级住房城乡建设（住房保障）部门要继续做好保障性安居工程统计快报工作，动态监测年度目标任务完成情况。严格执行《关于城镇保障性安居工程统计口径有关问题的通知》（建保规函〔2011〕30号）规定，统计开工、基本建成（竣工）要以单体工程为单位，开工以规划设计的永久性工程已正式破土刨槽（地基处理或打永久桩）为准，基本建成以按批准的设计文件要求主体工程完工并基本达到使用条件为准。快报统计周期为：上月26日到本月25日。要扎实做好数据采集和汇总上报工作，确保上报数据真实、准确、完整、及时。要会同有关部门加强对市县统计工作的监督指导，对虚报、瞒报或者伪造、篡改统计资料的，要提请有关部门按照《统计违法违纪行为处分规定》（监察部、人力资源社会保障部、国家统计局令第18号）等规定，依法追究相关人员的责任。

七、完善相关工作机制，抓好组织实施工作。各级住房城乡建设（住房保障）部门要会同有关部门，建立健全联席会议制度，进一步明确职责分工，建立健全部门协调配合、齐抓共管的工作机制，积极发挥工会、行业、社区等各类组织的作用，扎实推进保障性安居工程建设和分配管理工作。要进一步完善监督检查机制，加大督促检查力度，强化建设、分配和管理各环节的监督检查。要积极配合审计部门，做好专项审计工作。对监督检查和审计中发现的问题，要及时研究处理，限期整改。各省住房城乡建设（住房保障）部门要会同有关部门，建立健全约谈、问责制度，对建设项目不落实、信息不公开、管理不到位、进展迟缓、存在质量安全隐患的，要及时通报、限期整改，对相关责任人员要予以约谈、问责，对玩忽职守、弄虚作假、以权谋私的，要依法追究法律责任。

中华人民共和国住房和城乡建设部
二〇一二年三月十四日

关于做好2012年住房保障信息公开工作的通知

建办保〔2012〕20号

各省、自治区住房城乡建设厅，北京市住房城乡建设委，天津市国土资源和房屋管理局，上海市城乡建设和交通委、住房保障和房屋管理局，重庆市城乡建设委、国土资源和房屋管理局，新疆生产建设兵团建设局：

为贯彻落实《国务院办公厅关于印发2012年政府信息公开重点工作安排的通知》（国办发〔2012〕26号），做好2012年住房保障信息公开工作，现就有关问题通知如下：

一、充分认识信息公开的重要意义

推进政府信息公开有利于促进政府依法行使权利、履行职责，提高公信力和执行力，有利于发挥政府信息对人民群众生产、生活和经济社会活动的服务作用，有利于保障人民群众的知情权、参与权和监督权。住房保障工作是政府履行公共服务职责的重要内容，关系到人民群众的切身利益，社会关注度高。公开住房保障信息，既是人民群众的迫切要求，也是建设行为规范、公开透明、廉洁高效的行政管理体制的要求。各地要统一思想、提高认识，进一步完善工作机制、畅通信息渠道，采取有效措施扎实推进住房保障信息公开工作。

二、进一步明确信息公开的内容

（一）保障性安居工程建设信息公开

1. 年度建设计划信息。按廉租住房、公共租赁住房、经济适用住房、限价商品住房、城市棚户区、国有工矿棚户区、国有林区（场）棚户区（危旧房）、国有垦区危房、中央下放地方煤矿棚户区类别公开市、县保障性安居工程年度建设计划任务量和具体建设项目信息。

（1）年度建设计划任务量。内容：开工套数、基本建成套数。时限：在确定年度计划后20个工作日内公开。本通知下发之前已经确定的，应在本通知下发之后20个工作日内公开。

（2）年度建设计划项目清单。公开列入年度开工计划的建设项目清单。内容：项目名称、建设地点、总建筑面积、住宅面积、计划开工时间等。时限：本通知下发之后20个工作日内，一次性公开已审批立项的项目清单，以后有新项目立项的，应在项目立项后20个工作日内更新项目清单。

2. 年度建设计划完成情况信息。分类别公开保障性安居工程年度建设计划完成情况。

（1）年度建设计划任务量完成进度。内容：实际开工套数、基本建成套数。时限：每月后10个工作日内公开。

（2）已开工项目基本信息。内容：项目名称、建设地址、建设方式、建设总套数、开工时间、年度计划开工套数、年度计划基本建成套数、建设、设计、施工和监理单位名称等。时限：项目开工后20个工作日内公开。

（3）已竣工项目基本信息。内容：项目名称、建设地址、建设单位、竣工套数和竣工时间等。时限：项目竣工后20个工作日内公开。

（二）保障性住房分配和退出信息公开

1. 分配政策信息

（1）政策法规。市县政府和有关部门发布的保障性住房分配和管理等规范性文件。内容：文件名称、文号、发布部门、发布日期、实施日期、正文。时限：年内6月30日前一次性公开，以后于新文件制定后20个工作日内更新。

（2）住房保障办事指南。内容：申请审批的具体事项、依据、条件、程序、期限以及需提交的全部材料目录等。时限：年内6月30日前一次性公开，以后于修订后20个工作日内更新。

2. 分配对象信息

（1）已申请登记保障对象名册。内容：申请人姓名、身份证号码(隐蔽部分号码)、申请住房保障类型、登记日期等。时限：年内6月30日前一次性公开，以后于每月后10个工作日内更新。

(2)保障性住房批次分配对象信息。内容：分配批次、分配时间、申请人姓名、身份证号码(隐蔽部分号码)、申请租购项目名称等。时限：每批次分配报名申请结束后20个工作日内公开。

3.分配房源信息

(1)保障性住房待分配房源情况。内容：项目名称、保障房类型、竣工日期、住房套数、已分配套数、待分配套数等。时限：年内6月30日前一次性公开，以后于每月后10个工作日内更新。

(2)保障性住房批次分配房源信息。内容：分配批次、保障房类型、分配时间、建设项目名称、住房套数、套型比例等。时限：分配房源确定后20个工作日内公开。

4.分配程序信息

按照批次分配计划，制定保障性住房批次分配程序，并公开。具体内容由市县住房保障部门已确定。时限要求：分配程序制定后20个工作日内公开。

5.分配过程信息。

市县住房保障部门执行批次分配程序产生的信息，应当及时公开。具体内容由市县住房保障部门确定。时限要求：每个分配程序节点结束后20个工作日内公开。

6.分配结果信息。

内容：分配对象姓名、分配保障性住房类型、套型面积、所在建设项目名称等。时限：分配结果确定后20个工作日内公开。

7.退出情况信息。

内容：原保障对象姓名、原租购保障性住房类型、套型面积、所在建设项目名称等。时限：年内6月30日前一次性公开，以后于每月后10个工作日内更新。

三、切实做好信息公开的组织实施

(一)明确信息公开责任主体。市、县住房城乡建设(住房保障)部门是住房保障信息公开的责任主体，会同有关部门做好组织实施。各省级住房城乡建设(住房保障)部门要加强对信息公开工作的监督指导，并将信息公开工作情况于2012年9月底前报部住房保障司。

(二)加强门户网站等信息公开渠道建设。加强市县住房城乡建设(住房保障)部门门户网站建设，发挥好信息公开第一平台的作用。要在门户网站设立住房保障专栏，突出信息公开栏目。没有设立门户网站的，要充分利用当地政府和上级部门门户网站开展信息公开工作。要充分发挥新闻发布会、报刊、广播、电视以及信息公开栏等渠道的作用。已开工建设项目，还应在项目建设地点公开有关信息。

(三)加强机构和队伍建设。要从实际出发，健全工作机构，配齐工作人员，加强工作力量。要给予信息公开工作必要经费支持，保证工作条件。要制定信息公开培训计划，切实加强信息公开教育培训。

中华人民共和国住房和城乡建设部办公厅
二〇一二年五月二十八日

关于鼓励民间资本参与保障性安居工程建设有关问题的通知

建保〔2012〕91号

各省、自治区、直辖市住房城乡建设厅(委、局)，发展改革委，财政厅(局)，国土资源厅(局)，中国人民银行上海总部、各分行、营业管理部、省会(首府)城市中心支行、副省级城市中心支行，各省、自治区、直辖市和计划单列市国家税务局、地方税务局、银监局，新疆生产建设兵团建设局、发展改革委、财务局、国土资源局：

根据《国务院关于鼓励和引导民间投资健康发

展的若干意见》（国发〔2010〕13号）、《国务院办公厅关于鼓励和引导民间投资健康发展重点工作分工的通知》（国办函〔2010〕120号）和《国务院办公厅关于保障性安居工程建设和管理的指导意见》（国办发〔2011〕45号）的有关规定，现就支持、鼓励和引导民间资本参与保障性安居工程建设的有关问题通知如下：

一、多种方式引导民间资本参与保障性安居工程建设

鼓励和引导民间资本根据市、县保障性安居工程建设规划和年度计划，通过直接投资、间接投资、参股、委托代建等多种方式参与廉租住房、公共租赁住房、经济适用住房、限价商品住房和棚户区改造住房等保障性安居工程建设，按规定或合同约定的租金标准、价格面向政府核定的保障对象出租、出售。具体方式如下：

（一）直接投资或参股建设并持有、运营公共租赁住房。

（二）接受政府委托代建廉租住房和公共租赁住房，建成后由政府按合同约定回购。

（三）投资建设经济适用住房和限价商品住房。

（四）在商品住房项目中配建廉租住房和公共租赁住房，按合同约定无偿移交给政府，或由政府以约定的价格回购。

（五）参与棚户区改造项目建设。

（六）市、县政府规定的其他形式。

二、落实民间资本参与保障性安居工程建设的支持政策

民间资本参与保障性安居工程建设的，享受下列政策支持：

（一）对实行公司化运作并符合贷款条件的项目，银行业金融机构依据《关于认真做好公共租赁住房等保障性安居工程金融服务工作的通知》（银发〔2011〕193号）的有关规定，按照风险可控、商业可持续原则给予积极支持。

（二）地方政府可采取贴息方式对公共租赁住房建设和运营给予支持，贴息贷款只能用于公共租赁住房建设和运营，不得用于与此无关的项目及开支，贴息幅度及年限按照财政部有关规定执行，具体办法由市、县人民政府制定。民间资本参与各类棚户区改造，享受与国有企业同等的政策。

（三）可以在政府核定的保障性安居工程建设投资额度内，通过发行企业债券进行项目融资。

（四）符合财政部、国家税务总局《关于廉租住房经济适用住房和住房租赁有关税收政策的通知》（财税〔2008〕24号）、《关于城市和国有工矿棚户区改造项目有关税收优惠政策的通知》（财税〔2010〕42号）和《关于支持公共租赁住房建设和运营有关税收优惠政策的通知》（财税〔2010〕88号）规定的，可以享受有关税收优惠政策。同时，按规定免收行政事业性收费和政府性基金。

（五）用地上适用国家规定的保障性安居工程土地供应和开发利用政策。

（六）公共租赁住房项目可以规划建设配套商业服务设施，统一管理经营，以实现资金平衡。

三、营造民间资本参与保障性安居工程建设的良好环境

各地要高度重视，积极采取措施，消除民间资本参与保障性安居工程建设的政策障碍，加强对民间资本参与保障性住房建设和运营的指导监督，为民间资本参与保障性住房投资、建设、运营和管理创造良好的环境。

（一）今年8月底前，各地要对本地区民间资本参与保障性安居工程建设和管理的各项政策进行一次梳理，对其中不符合法律、法规和有关政策的规定，予以取消。

（二）列入年度建设计划的保障性安居工程项目，市、县住房城乡建设部门要及时公布项目名称、位置、占地面积、建设规模、套型结构、总投资、开竣工时间等信息，便于民间资本参与。

（三）民间资本参与建设的保障性住房，在分配、使用、上市交易、退出管理和财务核算等方面，要遵守国家和地方的有关规定。

（四）各地住房城乡建设部门要严格落实民间资本参与建设的保障性住房的质量责任，切实履行监督管理职责，加大工程质量责任追究力度，依法严肃查处各种违法违规行为。

中华人民共和国住房和城乡建设部
中华人民共和国国家发展和改革委员会
中华人民共和国财政部
中华人民共和国国土资源部
中国人民银行
国家税务总局
中国银行业监督管理委员会
二〇一二年六月二十日

关于做好保障性安居工程电力供应与服务工作的若干意见

电监供电〔2012〕48号

电监会各派出机构，各省（自治区、直辖市）住房城乡建设厅（委）、新疆生产建设兵团建设局、国家电网公司、南方电网公司、有关地方电网企业：

为贯彻落实《国务院办公厅关于保障性安居工程建设和管理的指导意见》（国办发〔2011〕45号）有关要求，确保保障性安居工程电力供应，加快报装接电速度，降低建设费用，提高服务水平，经商国家电网公司、中国南方电网公司等电网企业，就做好保障性安居工程电力供应与服务工作，提出如下意见：

一、高度重视保障性安居工程电力供应与服务工作

保障性安居工程包括廉租住房、公共租赁住房、经济适用住房、限价商品住房建设和各类棚户区改造等。大力推进保障性安居工程是党中央、国务院促进经济发展和改善民生的重大举措。做好保障性安居工程电力供应与服务工作，推动供电基础设施建设，提升保障性安居工程电力供应与服务水平，对于加快保障性安居工程建设进度，完善保障性住房配套设施，改善中低收入家庭居住环境，促进社会和谐稳定，具有十分重要的意义。各级电力监管机构、住房城乡建设（住房保障）部门和电力企业要进一步树立大局意识，充分认识此项工作的重要性，密切协作，全力做好保障性安居工程电力供应与服务工作。

二、明确工作目标和原则

（一）总体目标

确保保障性安居工程电力设施建设工程质量，确保保障性安居工程及时装表接电，提高供电企业对保障性安居工程电力供应与服务水平。

（二）基本原则

质量第一。要把电力设施建设工程质量放到首位，依据国家、行业技术标准和规程严格把关，确保工程设计合理、节约成本、质量可靠。

确保进度。要进一步优化业扩报装流程，提高业务办理效率，合理缩短电力设施建设周期，确保及时装表接电。

提升服务。要不断完善保障性安居工程用电全过程服务，建立健全保障性住房优质服务常态机制。

三、明确工作任务和要求

（一）做好保障性安居工程电力规划及相关基础性工作

各地住房城乡建设（住房保障）部门要及时把当地保障性安居工程建设规划、年度建设计划和项目清单向供电企业通报，协助解决电力设施建设工程涉及的通道、房屋及民事补偿等问题。供电企业要据此早筹划、早安排，提前规划电源建设，完善电力配套工程，在确保安全可靠的前提下，优先满足保障性安居工程用电需求。

（二）确保保障性安居工程电力设施建设施工质量

保障性安居工程配套的电力设施建设，要严格履行项目招投标制度，择优选择工程设计、施工、监理和设备供应单位。严禁使用不合格产品。供电企业要加强业扩报装方案答复、设计审查、中间检查、竣工检验和装表接电等关键环节的管理，明确责任，严格把关。电力监管机构要加强承装修试企业资质管理，对于无证施工以及越级施工等行为严加查处。

（三）加快保障性安居工程建设报装接电速度

开辟保障性安居工程用电报装接电绿色通道，建立项目专人负责制，在保障性安居工程项目建设单位提供立项批复、用地预审手续后，供电企业要积极介入工程项目建设，提供必要指导和服务；项目取得建设工程规划许可证或提供有关政府部门必要证明材料后，尽快办理用电手续，指定专人全程跟踪负责。

供电企业办理施工用电和正式用电报装应满足

以下要求：

供电企业提供供电方案的期限：自受理用户用电申请之日起，低压供电用户不超过7个工作日；高压单电源供电用户工程不超过15个工作日；高压双电源供电用户工程不超过30个工作日。

受电工程设计文件审核期限：自受理之日起，低压工程不超过8个工作日，高压工程不超过20个工作日；审核后的受电工程设计文件和有关资料如有变更，供电企业复核的期限应当符合：自受理客户设计文件复核申请之日起，低压供电用户不超过5个工作日；高压供电用户不超过15个工作日。

受电工程启动中间检查期限：自接到用户申请之日起，低压工程不超过3个工作日，高压供电不超过5个工作日。

受电工程启动竣工检验期限：自接到用户受电装置竣工报告和检验申请之日起，低压工程不超过5个工作日，高压工程不超过7个工作日。

装表接电期限：自受电工程检验合格并办结相关手续之日起，不超过5个工作日。

执行居民住宅小区电力建设配套费政策的地区，供电企业要加快有关招投标工作，在资料齐全具备招投标条件后，相关施工和设备招标时限不得超过45个工作日。

（四）规范保障性安居工程电力建设的收费标准，让利于民

实施配电设施工程建设配套费的地区，可根据收费标准情况予以一定优惠，具体优惠政策由各省（区、市）结合实际确定；未实施配电设施工程建设配套费的地区，各施工单位应按照保本微利原则收取费用并接受审计部门的审计。供电设施施工单位要严格执行政府批准的工程收费项目和标准，在确保工程质量前提下，合理控制工程造价。各地可结合实际情况，推动制定保障性安居工程小区供电配套工程费政策，科学测算，合理确定收费标准和使用原则，努力降低保障性安居工程建设成本。

对集中建设的保障性安居工程，鼓励由供电企业投资建设配套的供配电设施。

（五）加强保障性住房电力信息公开

供电企业要按照电监会《供电企业信息公开实施办法（试行）》（电监办〔2009〕56号）和《居民用电服务质量监管专项行动有关指标》（电监供电〔2011〕45号）的有关要求，通过有效渠道向社会和用户公开保障性住房用电政策、办事程序、收费标准和服务举措，主动向工程项目建设单位公开项目业扩报装的实施进度以及项目联系人。

（六）加强保障性住房电力供应的后期维护等服务

实行"一户一表"：保障性安居工程住房电力供应实现"一户一表"；严格计量管理：应安装经法定检验机构校验合格的电能计量装置，对用户提出有异议的计量装置，在受理校验申请后，及时安排检验，保证计量装置的准确性。严格收费标准：严格执行国家规定的电费电价标准，不得随意分摊电费；拓展缴费渠道：根据保障性住房建设规划布局，设立缴费网点，积极推行网站、POS机、充值卡、自助服务终端等新型缴费方式，为保障性住房用户提供方便、快捷的交费服务；严格履行停限电告知义务：规范告知方式、时间和内容，计划检修要提前7天、临时检修停电要提前24小时公告。对居民欠费停电的，在缴清电费后要及时恢复供电；做好有序用电：准确预测负荷缺口，合理编制有序用电方案和应急预案措施，优先保障居民生活用电；严格执行政府批准的有序用电方案，充分利用负荷控制等手段，做到限电不拉路，不得随意拉限居民生活用电；加快抢修速度：供电企业应当建立完善的报修服务制度，公开报修电话，24小时受理供电故障报修。抢修工作人员到达现场抢修的时限，城区范围不超过45分钟，农村地区不超过90分钟，边远、交通不便地区不超过2小时。因天气、交通等特殊原因无法在规定时限内到达现场的，应当向用户做出解释。

四、明确工作机制和措施

（一）建立保障性安居工程电力供应与服务常态沟通机制。各省（区、市）住房城乡建设（住房保障）部门、电力监管机构、供电企业要建立常态沟通机制，定期召开工作联席会议，及时协调和解决配套电力设施工程建设中遇到的重大事项和难点问题，共同做好保障性安居工程电力供应与服务工作。

（二）建立保障性安居工程电力服务基础信息统计制度。供电企业要完善本地区保障性安居工程电力服务档案，建立保障性安居工程用电专用信息台账。要掌握本地区保障性安居工程项目数量、报装接电项目等情况，包括报装接电项目个数、户数、面积、报装容量、配电设施优惠金额以及方案提供、设计审核、中间检查、竣工检验、装表接电等时限情况。

（三）建立保障性安居工程电力供应与服务满意度调查制度。供电企业要发挥业扩回访和满意度评价制度，实现服务质量闭环管控机制；电力监管机

构要主动听取政府有关部门和项目建设单位意见，通过发放满意度调查问卷等多种形式，了解相关各方对各级供电企业工作的满意程度，对于满意度不高的供电企业要督促供电企业努力提高服务水平。

（四）畅通保障性安居工程投诉举报渠道。建立12398电力监管热线与95598供电服务热线的协调工作机制，及时发现保障性安居工程电力供应服务过程中的问题和薄弱环节，加强监管与督促整改。完善12398投诉举报满意率统计分析闭环管控机制，切实维护用户的合法权益与合理诉求。

（五）加大保障性安居工程供电服务的监管力度。电监会各派出机构要严格履行电力监管工作职责，联合政府有关部门对保障性安居工程电力供应与服务工作情况开展定期或不定期检查。对在检查中发现的问题，要责令限期整改并向社会公开披露，对拒不整改或严重违规行为，应按规定程序予以行政处罚。

电监会各派出机构要会同当地住房城乡建设（住房保障）部门和电网企业，根据本意见要求，因地制宜，联合制定具体落实工作方案和实施细则，建立健全组织保障和考核机制，确保各项工作要求和工作措施落到实处。

国家电力监管委员会
中华人民共和国住房和城乡建设部
2012年9月8日

住房城乡建设部关于印发《住房保障档案管理办法》的通知

建保〔2012〕158号

各省、自治区住房城乡建设厅，北京市住房城乡建设委，天津市城乡建设交通委、国土资源房屋管理局，上海市城乡建设交通委、住房保障房屋管理局，重庆市城乡建设委、国土资源房屋管理局，新疆生产建设兵团建设局：

为加强住房保障档案管理制度建设，规范住房保障档案管理工作，我部制定了《住房保障档案管理办法》。现印发给你们，请认真贯彻执行。

中华人民共和国住房和城乡建设部
2012年11月6日

住房保障档案管理办法

第一章 总 则

第一条 为加强和规范住房保障档案管理，确保其完整、准确、安全和有效利用，根据《中华人民共和国档案法》、《城市建设档案管理规定》和住房保障政策法规，结合住房保障工作实际，制定本办法。

第二条 本办法所称住房保障档案，是指在住房保障管理工作中形成的或者依法取得的具有保存价值的文字、图表、声像等不同形式的历史记录。

第三条 住房保障档案应当真实完整记录住房保障实施情况，全面客观反映住房保障管理状况。

第四条 住房保障档案管理工作实行统一领导、分级管理、分类指导。各级住房保障主管部门应当加强对住房保障档案管理工作的组织领导和制度建设，并组织实施。

第五条 国务院住房城乡建设部门负责全国住房保障档案管理工作。

县级以上地方人民政府住房保障主管部门负责本行政区域内的住房保障档案管理工作。

第六条 市、县级人民政府住房保障主管部门应当根据住房保障档案管理工作情况，在管理机构、设施设备、管理经费等方面，满足档案管理工作需要。

（一）明确档案管理机构，配备必要的档案管理人员，档案管理人员专业技术职务任职资格评审、岗位聘任等按照有关规定执行；

（二）配备符合设计规范的专用库房，配置必要的办公设备和防盗、防火、防潮、防尘、防高温、防有害生物等设施设备，确保档案安全；

（三）统筹安排档案管理经费，确保足额到位，并严格按规定用途使用，不得挤占、挪用。

第七条 住房保障档案管理人员应当遵纪守法，爱岗敬业，忠于职守，具备档案业务专业知识和技能，具体职责是：

（一）执行住房保障档案管理政策法规和档案业务技术规范；

（二）对住房保障档案材料进行收集、整理、归档、保管、利用等；

（三）按要求参加业务培训、继续教育和技能考试，提高业务能力；

（四）维护档案信息安全，遵守档案保密规定，提高档案管理服务水平。

第二章 归档范围

第八条 住房保障档案分为住房保障对象档案和住房保障房源档案。纸质档案应当同步建立电子档案。各类住房保障档案之间应当彼此关联，相互印证。

第九条 住房保障对象档案指正在轮候和已获得住房保障的住房困难家庭或者个人的档案材料，收集归档范围为：

（一）申请材料。包括申请书，申请人的基本情况、住房状况和收入、财产状况证明，诚信申报记录等相关材料；

（二）审核材料。包括审核表，审核部门对申请人的基本情况、住房状况和收入、财产状况等审核记录；

（三）实施保障材料。包括轮候记录、实施保障通知书、房屋租赁合同、房屋买卖合同、货币补贴协议等相关材料；

（四）动态管理材料。包括对住房保障对象基本情况和住房、收入、财产状况等定期或者不定期的审核材料，不良信用记录及违规行为查处材料，变更或者终止保障等动态变更材料。

第十条 住房保障房源档案指已分配使用的保障性住房的档案材料，收集归档范围为：

（一）基本情况材料。包括房屋来源和权属证明材料，房屋地址、所属项目或者小区名称、保障性住房类别、房号、户型、面积等情况记录材料；

（二）使用管理情况材料。包括房屋承租人、租赁期限、租金标准、租金收缴、房屋购置人、购置价格、产权份额、租售转换、上市交易、房屋入住、退出交接手续等情况记录材料。

第十一条 住房保障电子档案指住房保障管理工作中，通过数字设备及环境生成，以数码形式存储，依赖计算机等数字设备阅读、处理，并可以在通信网络上传送的具有规范格式的电子数据文件。收集归档范围为：

（一）纸质档案形成的电子文档。包括住房保障对象和住房保障房源纸质档案的电子化文档；

（二）住房保障管理信息系统的生成文档。包括住房保障管理信息系统运行中生成的文本文件、图形文件、影像文件、声音文件、超媒体链接文件、程序文件等电子文档。

电子档案与相应纸质档案的内容应当保持一致。内容不一致时，以纸质档案为依据进行认定调整；对纸质档案材料存有疑义的，由住房保障主管部门组织核查鉴定后进行认定调整。

第三章 归档管理

第十二条 住房保障对象档案按照"一户一档"的原则，根据《归档文件整理规则》（DA/T 22—2000）、《城建档案业务管理规范》（CJJ/T 158—2011）等整理立卷，在申请人获得住房保障后三个月内完成归档。

住房保障对象动态管理材料应当定期归入原档，或者根据工作需要单独立卷归档，并与原档的案卷号建立对应关系，便于检索查阅。

第十三条 住房保障房源档案按照"一套一档"的原则，根据《归档文件整理规则》（DA/T 22—2000）、《城建档案业务管理规范》（CJJ/T 158—2011）等，建立保障性住房的基本情况、使用管理情况登记表格，在房屋分配使用后三个月内完成归档；成套房屋应当按套建立档案，宿舍应当按间建立档案。

住房保障房源使用管理情况的动态变更材料应当定期归入原档，或者根据工作需要单独立卷归档，并与原档的案卷号建立对应关系，便于检索查阅。

第十四条 电子档案应当根据《电子文件归档与管理规范》（GB/T 18894—2002）、《建设电子文件与电子档案管理规范》（CJJ/T 117—2007）等归档保管。

第十五条 住房保障文书档案资料、会计档案资料及其他具有保存价值的档案资料，应当按照相应档案管理规定及时立卷归档。

第十六条 住房保障档案管理机构应当对归集的档案材料进行查验，确保其符合档案管理要求；定期对已归档的住房保障档案进行检查，发现档案毁损或丢失的按规定采取补救措施。

对档案政策法规规定应当立卷归档的材料，必须按规定整理、立卷、归档管理，任何人都不得据为己有或者拒绝归档。

第十七条 住房保障档案管理机构应当对住房保障档案进行编目，编制不同种类档案相互关联的检索工具，建立档案信息检索与管理系统，做好档案的接收、保管、利用、移交等情况记录，做到保管妥善、存放有序、查阅方便。

第十八条 住房保障档案管理机构的隶属关系及档案管理人员发生变动，应当及时办理交接手续。

第十九条 纸质的住房保障对象档案保管期限，在住房保障期间顺延至终止住房保障后为长期；纸质的住房保障房源档案保管期限为永久。住房保障电子档案保管期限为永久。

第二十条 住房保障档案可以向市、县城建档案馆移交，具体移交办法由省级人民政府住房保障主管部门规定。

第二十一条 住房保障档案管理机构应当定期开展档案鉴定销毁工作。由档案管理、业务部门等相关人员共同组成鉴定组，按照国家档案鉴定销毁的规定，对住房保障档案进行鉴定销毁，销毁档案的目录应当永久保存。禁止擅自销毁处理档案。

第四章 信息利用

第二十二条 市、县级人民政府住房保障主管部门应当依法建立住房保障档案信息利用制度，利用住房保障档案信息，为住房保障申请、审核、分配、复核、退出等管理工作服务，为房屋管理、使用、维护提供依据，为住房保障管理信息系统建设提供支持。

第二十三条 市、县级人民政府住房保障主管部门应当依法建立住房保障档案信息公开和查询制度，规范公开和查询行为，依法保障住房保障对象的合法权益。

第二十四条 住房保障档案信息公开、利用和查询中涉及国家秘密、个人隐私和商业秘密的，应当严格执行法律法规的保密规定。查询、利用所获得的档案信息不得对外泄露或者散布，不得不正当使用，不得损害住房保障对象的合法权益。

第五章 监督管理

第二十五条 各级住房保障主管部门应当切实履行职责，对住房保障档案管理工作进行监督检查，对违法违规行为责令限期改正。

第二十六条 有下列行为之一的，由县级以上人民政府住房保障主管部门、有关主管部门对责任人员，依照《中华人民共和国公务员法》、《中华人民共和国档案法》等法律法规给予处分；构成犯罪的移交司法机关依法追究刑事责任：

（一）不按规定归档的；

（二）涂改、伪造档案的；

（三）擅自提供、抄录、公布、销毁、出卖或者转让档案的；

（四）档案工作人员玩忽职守，造成档案损失的；

（五）其他违反档案管理法律法规的行为。

第二十七条 任何单位和个人有权对违反本办法规定的行为进行检举和控告，有关部门应当依照职责及时核查处理。

第二十八条 对在住房保障档案管理工作中做出显著成绩的单位和个人，按照有关规定给予表彰奖励。

第六章 附 则

第二十九条 各地可以参照本办法建立棚户区改造安置对象的相关档案。

第三十条 各地可以根据本办法，并结合当地实际，制定具体实施办法。

第三十一条 本办法自2013年1月1日起施行。《建设部关于印发〈城镇廉租住房档案管理办法〉的通知》（建住房〔2006〕205号）同时废止。

关于加快推进棚户区（危旧房）改造的通知

建保〔2012〕190号

各省、自治区、直辖市住房城乡建设厅（建委、建交委、住房保障房屋管理局、国土资源房屋管理局）、发展改革委、财政厅(局)、农垦部门、林业厅(局)、侨务办公室、总工会,新疆生产建设兵团建设局、发展改革委、财务局、农业局、林业局、侨务办公室、总工会,内蒙古、龙江、大兴安岭森工(林业)集团公司:

为认真贯彻《国家基本公共服务体系"十二五"规划》(国发〔2012〕29号)和《国务院办公厅关于保障性安居工程建设和管理的指导意见》(国办发〔2011〕45号)精神,全面落实全国资源型城市与独立工矿区可持续发展及棚户区改造工作座谈会部署,扎实推进各类棚户区(危旧房)改造,现将有关要求通知如下:

一、总体要求。深入贯彻落实科学发展观,适应工业化、城镇化发展的需要,以改善群众住房条件为出发点和落脚点,把棚户区(危旧房)改造作为城镇保障性安居工程的重要内容,加快推进集中成片棚户区(危旧房)改造,积极推进非成片棚户区(危旧房)改造,逐步开展基础设施简陋、建筑密度大的城镇旧住宅区综合整治,稳步实施城中村改造,着力推进资源型城市及独立工矿区棚户区改造。到"十二五"期末,全国成片棚户区(危旧房)力争基本完成改造,住房使用功能得到改善,基础设施得到完善,居住质量得到提高。

二、全面推进城市棚户区(危旧房)改造。城市棚户区(危旧房),指城市规划区范围内,简易结构房屋较多、建筑密度较大,使用年限久、房屋质量差、建筑安全隐患多,使用功能不完善、配套设施不健全的区域。"十二五"期间,各地要按照《国家基本公共服务体系"十二五"规划》要求,加快推进非成片棚户区(危旧房)改造、城中村改造和城镇旧住宅区综合整治。城市棚户区(危旧房)改造具体范围由市县人民政府结合当地实际情况确定。

城市棚户区(危旧房)改造要因地制宜,采取拆除新建、改建(扩建、翻建)、综合整治等多种方式。注重旧住宅区有机更新、旧住宅性能充分利用和历史文化街区保护。居民安置采取实物安置和货币补偿相结合;安置住房采取原地重建和异地建设相结合,能就近安置的,尽可能就近安置。在改造中可配套建设一定数量的廉租住房、公共租赁住房等保障性住房,统筹用于符合条件的保障家庭。各地要按照《关于开展旧住宅区整治改造的指导意见》(建住房〔2007〕109号)规定,加快城镇旧住宅区综合整治,加强环境综合整治和房屋维修改造,完善使用功能和配套设施,提高建筑节能水平。要加大投入力度,完善配套基础设施和公共服务设施。

对城市规划区内的城中村,要按照城镇规划稳步实施改造。要合理利用城镇土地,调整用地结构,完善城镇功能,增强综合承载能力。对城市建成区内,已无农村户口和集体用地、撤销了乡村行政建制、实施街道办事处居委会城镇管理的区域,要优先安排改造。对城市规划区范围内,土地已被全部或部分征用,原农村居民已全部或部分转变为城镇户口,已被建成区包围或半包围的自然村,要稳步实施改造。对城市规划区范围内其他自然村,要结合当地城镇化发展和城市基础设施建设等实际情况,区分轻重缓急,有序实施改造。

"十二五"期间,城市棚户区(危旧房)改造范围内的居民安置住房筹建(新建、购买、货币补偿等)工程和原居民住房改建(扩建、翻建)工程,统一纳入国家城镇保障性安居工程规划计划,其他工程不纳入规划计划。

三、加快推进国有工矿棚户区改造。国有工矿棚户区位于城市规划区内的,要统一纳入城市棚户区改造范围;位于城市规划区外的,要统一纳入国有工矿棚户区改造范围。铁路、钢铁、有色、黄金等行业棚户区,要按照属地原则纳入各地棚户区改造规划计划组织实施。已纳入中央下放地方煤矿棚户区改造范围的煤矿棚户区,2013年年底前要基本建成,其他煤矿棚户区统一纳入国有工矿棚户区改造范围。

国有工矿(煤矿)各级行业主管部门和工会组织,要加强对棚户区改造工作的监督指导,做好督促检查工作。地方各级政府和工矿(煤矿)企业要加大对棚户区改造的投入力度,保质保量完成改造任务。

四、大力推进国有林区棚户区和国有林场危旧房改造。任务较少的省(区、市)要争取在2013年年底前完成改造,其他省(区、市)要力争在2015年年底前基本完成。对林区(场)没有经济来源的特殊困难家庭,要探索通过多种方式妥善安置。要尽快研究房屋产权证明办理问题,健全具有林业特色的住房管理办法,维护职工群众的合法权益。其他林业基层单位符合条件住房困难职工,纳入当地城镇住房保障体系统筹解决。

五、积极推进国有垦区危房改造。加快剩余国有垦区危房改造,力争在2015年年底前全面完成,有条件的地区要争取在2014年年底基本完成。要注重规划先行,优化垦区危房改造布局,方便生产生活,促进垦区产业发展和小城镇建设。要探索通过多种方式妥善安置,切实解决好特困职工安居问题。将华侨农场非归难侨危房改造,统一纳入国有垦区危房改造中央补助支持范围，加快实施改造。

六、进一步做好各类棚户区（危旧房）调查摸底。各地要按照属地原则，对辖区内截至2012年底尚未实施改造、在改造的各类棚户区（危旧房），逐个调查摸底，登记造册。市县住房城乡建设（住房保障）、发展改革、财政、农业、林业、侨务等部门，要协商制定调查方案，明确职责分工，建立健全部门协调配合、齐抓共管的工作机制，注意发挥好工会、行业、社区等各类组织的作用，认真组织做好调查摸底工作。省级住房城乡（住房保障）、发展改革、财政、农业、林业、侨务等部门要加强对市、县调查工作的指导，确保调查范围内的棚户区（危旧房）不遗不漏，调查数据真实、准确、完整；要做好上报数据的汇总、审核和分析工作，保证调查质量。各地要认真做好调查总结，将调查情况连同附表，于2013年1月底前报送住房城乡建设部、国家发展改革委、财政部、农业部和国家林业局。

按照《关于对国有工矿棚户区情况进行调查的通知》（建保〔2011〕199号）要求，已完成国有工矿棚户区调查摸底和上报工作的地区，要进一步核实情况，并纳入本次调查一并上报。

七、切实抓好各类棚户区（危旧房）改造的组织实施。各地要在调查摸底的基础上，按照统筹规划、分步推进、量力而行、尽力而为的原则，合理安排改造时序，有序推进各类棚户区（危旧房）改造。要充分尊重居民群众的意愿，扩大群众参与，切实维护群众合法权益。要落实好土地、财税、信贷等各项优惠政策。要拓宽融资渠道，加大投入力度，加快基础设施配套，着力完善小区居住功能。要把好规划设计关、施工质量关、建筑材料关和竣工验收关，确保工程质量安全。要加强改造后的住房管理，完善社区公共服务，确保居民安居乐业。

附件：1. 各类棚户区（危旧房）改造情况调查汇总表（略）

2. 城市棚户区（危旧房）情况调查表（集中成片棚户区/危旧房）（略）

3. 城市棚户区（危旧房）情况调查表（非集中成片棚户区/危旧房）（略）

4. 城市棚户区（危旧房）情况调查表（城中村）（略）

5. 城市棚户区（危旧房）情况调查表（旧住宅区综合整治）（略）

6. 国有工矿棚户区改造情况调查表（略）

7. 国有林区棚户区和国有林场危旧房改造情况调查表（略）

8. 国有垦区危房改造情况调查表（略）

中华人民共和国住房和城乡建设部
中华人民共和国国家发展和改革委员会
中华人民共和国财政部
中华人民共和国农业部
国家林业局
国务院侨务办公室
中华全国总工会
2012年12月12日

关于进一步加强住房公积金监管工作的通知

建金〔2012〕10号

各省、自治区住房和城乡建设厅：

管好用好住房公积金，事关推动实现"住有所居"目标、维护职工合法权益、促进社会和谐稳定的大局。加强住房公积金监管，保证资金安全和有效使用，是各省（区）住房城乡建设厅的重要职责。近年来，各省（区）住房城乡建设厅在加强住房公积金制度建设、规范管理和队伍建设等方面做了大量工作，取得积极成效。但也存在监管工作落实不到位，工作力量薄弱，监管手段单一，监管能力不足等问题。随着住房公积金规模快速增长，业务范围不断拓宽，缴存、提取、个人贷款、资金存储、财务核算等方面的风险隐患不断积累，监管工作面临不少新情况和新问题，监管任务十分繁重。为进一步强化省（区）住房城乡建设厅对住房公积金的监管职能，根据《住房公积金管理条例》、《住房公积金行政监督办法》等规定，现通知如下。

一、加强对管委会决策的监督。会同有关部门，对各设区城市（含省直、行业，下同）制定的住房公积金缴存、提取、贷款、增值收益分配等政策进行合规性审查。对不符合规定的政策，应责令限期纠正。各设区城市住房公积金管理委员会（以下简称管委会）审议重大决策事项时，住房城乡建设厅可列席会议；加强对管委会会议纪要和决策事项的备案管理。

二、加强文件报备审核。各省（区）住房城乡建设厅或会同有关部门制定的住房公积金有关规定，应报住房城乡建设部备案；对突破《住房公积金管理条例》规定的，应报住房城乡建设部审核。

三、定期开展监督检查。每年组织对各设区城市住房公积金业务管理、政策执行、风险控制和规范服务等工作开展检查，重点检查涉险资金回收、分中心机构调整、骗提骗贷和大额资金转存等情况。协调组织开展年度审计工作。对检查和审计中发现的问题，责令整改并通报管委会。对拒不整改的，约谈管委会和住房公积金管理中心（以下简称公积金中心）负责人。

四、实施管理绩效考核。每年3月底前，会同同级财政、人民银行等部门对公积金中心上一年度管理情况进行全面考核，将考核结果通报管委会，并抄送设区城市人民政府。对考核优秀的，予以表彰；对考核不合格的，通报批评，责令限期整改。对连续2年考核不合格的，向当地人民政府提出撤换公积金中心负责人的建议。

五、加快监管系统建设。按照住房城乡建设部的统一部署，加快推进住房公积金监管信息系统建设，确保资金、人员、设备及时到位。逐步统一住房公积金业务管理信息系统技术标准，规范本地区业务系统建设，加强数据安全管理。

六、加强业务指导。深入基层开展调查研究，全面了解本地区住房公积金管理运行情况，定期召开会议，研究处理影响本地区住房公积金健康发展的问题，总结推广先进经验。按照有关规定，结合本地实际开展业务创新，努力提高科学化、标准化、规范化和精细化管理水平。

七、组织开展全员培训。制定住房公积金管理人员培训规划和年度培训计划，每年参训人员不低于从业人员的20%。组织开展政治素质、廉洁从政和业务知识培训，不断提高管理人员的政治素质和业务能力。指导公积金中心开展岗位技能培训，提高从业人员的业务能力和服务水平。

八、加强信息报送工作。及时准确报送统计报表等相关信息。对本地区住房公积金管理中发生的资金风险、信息安全、人员违规违纪、重要社会舆情等问题，及时向上级监管部门报告。每年组织公积金中心对住房公积金管理运行情况进行总结汇报。每半年总结本省（区）住房公积金监管工作情况并报送住房城乡建设部。

九、做好信息公开工作。充分利用报纸、电视、电台、网络等新闻媒体，做好信息公开工作。每年定期向社会公开住房公积金管理运行情况和相关政策规定。督促公积金中心落实信息公开制度，接受社会监督。向社会公布投诉举报电话和网站，受理住房公积金相关投诉举报，及时调查处理。依法做好住房公积金行政复议工作。

十、加强部门协调。积极与财政、人民银行、纪检监察、审计、银监等部门沟通协调，充分发挥相关部门的职能作用，形成监管合力。主动与专家学者沟通，广泛听取社会各界对加强和改进住房公积金管理工作的意见和建议。

十一、加强队伍建设。加强住房公积金监管机构建设，充实经济、金融、财会、法律、房地产、计算机等相关专业人员，保持人员相对稳定。保障专项检查和监管工作经费，确保住房公积金监管工作有序开展。

各地可根据本《通知》要求，制定具体实施措施，报住房城乡建设部备案。

中华人民共和国住房和城乡建设部
二〇一二年二月六日

第六篇

行业发展研究报告

中国风景名胜区事业发展公报

(1982—2012)

住房和城乡建设部
2012 年

前言

风景名胜区是国家依法设立的自然和文化遗产保护区域，以自然景观为基础，自然与文化融为一体，具有生态保护、文化传承、审美启智、科学研究、旅游休闲、区域促进等综合功能及生态、科学、文化、美学等综合价值。风景名胜区与国际上的国家公园相对应，同时又有着鲜明的中国特色，它凝结了大自然亿万年的神奇造化，承载着华夏文明五千年的丰厚积淀，是自然史和文化史的天然博物馆，是人与自然和谐发展的典范之区，是中华民族薪火相传的共同财富。

风景名胜资源属国家公共资源，风景名胜区事业是国家公益事业。1982 年，国家正式建立风景名胜区制度。30 年来，在党中央、国务院的高度重视和正确领导下，在国家建设行政主管部门、各级地方人民政府和风景名胜区管理部门的辛勤工作以及各相关行业部门的大力支持下，我国风景名胜区事业不断发展壮大，在保护自然文化遗产、改善城乡人居环境、维护国家生态安全、弘扬中华民族文化、激发大众爱国热情、丰富群众文化生活等方面发挥了极为重要的作用。

值此事业而立之年，为使公众更全面地了解中国风景名胜区发展情况，特进行全面介绍。

一、体系建设

体系建设是风景名胜区事业发展的基础。1982 年国务院审定公布第一批 44 处国家重点风景名胜区（2006 年 12 月 1 日《风景名胜区条例》实施后，统一改称为"国家级风景名胜区"）以来，经过 30 年的不懈努力，我国已形成覆盖全国的风景名胜区体系。

等级。我国风景名胜区分为国家级和省级两个层级。国务院先后批准设立国家级风景名胜区 8 批共 225 处，面积约 10.36 万平方公里；各省级人民政府批准设立省级风景名胜区 737 处，面积约 9.01 万平方公里，两者总面积约 19.37 万平方公里。这些风景名胜区基本覆盖了我国各类地理区域，遍及除香港、澳门、台湾和上海之外的所有省份，占我国陆地总面积的比例由 1982 年的 0.2% 提高到目前的 2.02%。

类型。我国是世界上风景名胜资源类型最丰富的国家之一，包括历史圣地类、山岳类、岩洞类、江河类、湖泊类、海滨海岛类、特殊地貌类、城市风景类、生物景观类、壁画石窟类、纪念地类、陵寝类、民俗风情类及其他类 14 个类型，基本涵盖了华夏大地典型独特的自然景观，彰显了中华民族悠久厚重的历史文化。

价值。在保护实践中，风景名胜区不仅展示了生态、科学、美学、历史文化等本底价值，还充分体现出科研、教育、旅游、实物产出等直接利用价值和促进产业发展、社会进步等衍生价值，这种多元价值使其成为我国各类遗产保护地中保护管理最复杂、功能最综合的法定保护区。在国家自然和文化遗产保护体系中，风景名胜区占重要地位，与自然保护区、文物保护单位/历史文化名城并列为国家三大法定遗产保护地。

二、法规和体制

法规制度与管理机构是风景名胜区事业发展的根本保障。各级政府十分重视风景名胜区管理的法制化和规范化，30 年来，出台了一系列法律、法规、规章及规范性文件，建立了符合我国国情的风景名胜区管理体制。

在法律层面上，国家先后颁布《中华人民共和国城乡规划法》、《中华人民共和国土地管理法》、《中华人民共和国环境保护法》等与风景名胜区密切相关的法律 10 余部，为规范风景名胜资源的综合保护管理提供了法律依据。

在法规层面上，1985 年，国务院颁布我国第一个关于风景名胜区工作的专项行政法规——《风景名胜区管理暂行条例》，使风景名胜区走上依法发展之路。2006年，国务院颁布《风景名胜区条例》，强化了风景名胜区的设立、规划、保护、利用和管理，并在风景名胜资源有偿使用、门票收缴管理以及保护风景名胜区内有关财产所有权人合法权益等方面取得了重要突破，是风景名胜区事业发展的重要里程碑。为及时解决发展中出现的问题，使风景名胜区始终保持有序健康发展，国家建设行政主管部门先后出台了《风景名胜区环境卫生管理标准》、《风景名胜区安全管理标准》、《风景名胜区建设管理规定》、《国家重点风景名胜区规划编制审批管理办法》、《国家重点风景名胜区总体规划编制报批管理规定》、《国家重点风景名胜区审查办法》、《国家级风景名胜区徽志使用管理办法》、《国家级风景名胜区监管信息系统建设管理办法（试行）》等一系列配套制度。各级地方政府、人大也很重视风景名胜区的立法工作，先后有19个省（直辖市、自治区）制定了地方性法规，82个国家级风景名胜区实现了"一区一条例"。在我国市场经济转型期复杂的历史条件下，这些法规对风景名胜区行政管理、资源保护、规划建设和旅游服务等发挥了重要的规范指导作用。

就体制而言，我国建立了国家建设行政主管部门、地方政府主管部门以及风景名胜区管理机构三级管理体制。国家建设行政主管部门负责全国风景名胜区的监督管理，省、自治区人民政府建设主管部门和直辖市人民政府风景名胜区主管部门，负责本行政区域内风景名胜区的监督管理。风景名胜区所在地县级以上地方人民政府设置的风景名胜区管理机构，具体负责风景名胜区的保护、利用和统一管理。目前，全部国家级风景名胜区都已建立管理机构，设立了风景名胜区管理委员会（管理局、管理处等），行使地方人民政府或有关主管部门依法委托的行政管理职权。大部分省级风景名胜区也建立了相应的管理机构。

三、资源保护

资源保护是风景名胜区事业发展的核心内涵。30年来，我国风景名胜区的保护理念不断提升，逐步实现由注重视觉景观保护向视觉景观、文化遗产、生物多样性、自然生态系统等方面综合保护的转变，由点状保护向网络式、系统式保护的转变，由注重区内保护向区内区外协调保护、共同发展的转变。30年来，风景名胜区以较少的政府资金投入，保护了我国最优秀的自然和文化遗产资源。

保护了珍贵的自然资源。 风景名胜区的设立，不仅有效保护了丹霞地貌、喀斯特地貌、花岗岩地貌、火山地貌、雪山冰川及江河湖泊等最珍贵的地质遗迹、最典型的地貌类型和最美的自然景观，还为我国及世界生物多样性保护作出了积极贡献。绝大多数国家级风景名胜区（约7.87万平方公里）被列入《中国生物多样性保护战略与行动计划（2011年—2030年）》中的生物多样性保护优先区域；武夷山、黄龙、九寨沟、西双版纳等7个国家级风景名胜区被联合国教科文组织列入"世界生物圈保护区"。

传承了丰富的民族文化。 风景名胜区以物质或非物质载体的方式保存了大量文化遗产，分布着401个全国重点文物保护单位和490个省级文物保护单位，还有非物质文化遗产196项。尤为重要的是，我国风景名胜区十分重视文化与自然的和谐统一，整体保护传统文化所处的自然与人文环境，使传统文化成为活的可传承的文化，这不仅是对中华民族文化传承的重要贡献，也是对全球文明传承的重要贡献。

优化了风景环境。 在风景名胜区事业发展过程中，由于认识不到位、法规不健全、管理不到位等原因，出现了一些违反风景名胜区相关规定、不符合风景名胜区规划和资源保护要求的行为。针对上述问题，自2003年起，全国国家级风景名胜区开展了环境综合整治工作，累计拆除违规建设或影响景观环境的宾馆、酒店、度假村等楼堂馆所2000多家，关闭非法采石场、挖沙场、小煤窑2534处，恢复绿地789.8万平方米，疏浚治理河流200多条，治理水域污染4100平方公里，退田还湖、退地还海1000平方公里，退耕还林3万平方公里。一些省级主管部门借鉴国家级风景名胜区综合整治经验，在省级风景名胜区也组织开展了综合整治工作。通过综合整治，风景名胜区的自然景观和生态环境显著优化。

四、规划管理

规划是风景名胜区保护、利用和管理工作的重要依据。30年来，我国风景名胜区规划管理取得三方面重要成就。

规划编制全面规范。 风景名胜区规划包括总体规划、详细规划和省域/区域体系规划三个层次。规划编制遵循"政府主导、公众参与、专家论证、科学决策"的原则，具有较强的科学性和规范性。截至目前，已有181个国家级风景名胜区完成总体规划编制，152个国家级风景名胜区完成重点景区详细规划编制，7个省（直辖市、自治区）完成省域风景名胜区体系规划编制，343个省级风景名胜区完成总体规划编制。

规划审批程序严格。 风景名胜区规划属法定规划，具有严格的审批要求和程序。国家级风景名胜区总体规划由国务院审批，在审批前需经9部门组成的部际联席会议审查；详细规划由国家建设行政主管部门审批。省级风景名胜区总体规划由省级人民政府审批；详细规划由省、自治区人民政府建设主管部门和直辖市人民政府风景名胜区主管部门审批。目前，全国已有128个国家级风景名胜区、271个省级风景名胜区总体规划通过审批。

规划监管制度完备。按照《城乡规划法》、《风景名胜区条例》中相关规定，加大对风景名胜区规划实施的监管力度。建立国家级风景名胜区遥感监测信息系统，对150多个国家级风景名胜区的规划实施、资源保护和项目建设情况实施动态监测，及时发现和严肃查处各类违规建设行为。2006年，建立城乡规划督察员制度，积极开展国家级风景名胜区规划实施督察，有效促进规划的依法实施，累计发现和查处违反风景名胜区规划行为30余项。规范和加强国家级风景名胜区重大建设工程项目选址方案的审查和核准工作，自2008年以来，已依法审查80余项。一些省级建设行政主管部门积极探索，实行风景名胜区建设项目选址审批书制度和初步设计报批制度，对风景名胜区规划实施的重要方面进行有效监管，指导地方妥善处理保护与利用的关系。

五、能力建设

能力建设是风景名胜区保护、利用和管理的重要支撑。30年来，风景名胜区的基础设施日益完善，管理队伍日益规范，管理方式日益精细。

基础设施日益完善。各级风景名胜区把服务设施能力作为展示风景名胜区形象的重要窗口，广泛动员和整合社会相关力量，积极拓展景区建设投融资渠道，极大地改善了景区内外交通、住宿、餐饮、污水处理等基础设施，以及游客中心、旅游集散中心等公共服务设施。"十一五"期间，我国国家级风景名胜区完成固定资产投资725.6亿元，为全方位游客服务提供了良好保障。

管理队伍日益规范。目前，国家级风景名胜区共有管理人员4万余人，其中专业技术人员约1.3万人，占总数的32.5%。各级风景名胜区主管部门不断加强风景名胜区管理人员的在岗培训和业务交流，有效增强了管理队伍依法保护管理的执行能力和业务能力，对国内外遗产保护利用经验教训的认知也得到提升。

管理方式日益精细。在加强风景名胜区科学研究的基础上，充分运用现代信息技术，提升风景名胜区科学保护、科学利用、科学决策的能力。从2004年开始，国务院建设行政主管部门在黄山、峨眉山、九寨沟、杭州西湖等24处国家级风景名胜区进行"数字景区"建设试点，并逐步在其他有条件的国家级风景名胜区推广。通过"数字景区"建设，一些风景名胜区在资源监测、森林防火、游客组织、交通调度、政务票务、信息发布、应急救援等方面逐步实现精细化管理，提升了管理效率和水平。

六、经济和社会贡献

30年来，具有公益性的风景名胜区事业，作出了巨大的社会贡献，带动了相关产业发展。

拉动旅游经济发展。风景名胜区作为文化和旅游经济的重要资源，在培育国民经济新的增长点、促进旅游经济和现代服务业发展方面，发挥着越来越重要的作用。"十一五"期间，我国国家级风景名胜区共接待游客21.4亿人次。其中，2010年国家级风景名胜区接待游客4.96亿人次，比上年增长10%，占全国国内和入境过夜游客总数的23%，浙江、江苏均超过6000万人次；接待境外游客1171万人次，占全国入境过夜旅游人数的32%；直接旅游收入397亿元，增长11%，占全国国内和入境过夜旅游总收入的2.5%，安徽、浙江两省均超过60亿元。另外，风景名胜区自身开展特许经营的收入也不断增长，"十一五"期间，国家级风景名胜区经营服务收入1402亿元，年均增长9.9%，其中2010年达到328.5亿元。

开展科学普及和爱国主义教育。风景名胜区丰富的自然和文化资源，为开展青少年科普、环境教育和爱国主义教育奠定了基础，是我国社会主义精神文明建设的重要载体。目前，全国设立"全国科普教育基地"和"全国青少年科技教育基地"的风景名胜区达到107个，设立各级爱国主义教育基地286个。

促进和谐社会建设。风景名胜区事业发展与人民生活紧密相连，惠及民众，服务社会。30年来，风景名胜区始终坚持资源保护、旅游发展与民生发展相结合的道路，通过旅游收入反哺居民、门票利益居民共享、生态补偿及搬迁补偿、促进居民就业等多种方式，大大提高了居民收入水平，改善了民生，完善了基础设施，缩小了地区差距，很好地促进了社会和谐发展，很多风景名胜区的所在地区成为脱贫致富的典范。据不完全统计，2010年，通过带动旅游产业和区域服务业的发展，风景名胜区为37万人提供了就业机会，间接为地方创造经济价值1095.7亿元。

七、国际交往

作为与国外国家公园最接近的自然和文化遗产管理体系，30年来，我国风景名胜区开展了多层次、多主体、多形式、全方位的国际交流。

认真履行国际公约。 在履行《保护世界文化和自然遗产公约》、《生物多样性公约》等国际公约工作中，国家和地方各级风景名胜区管理部门会同中国风景名胜区协会、相关科研培训机构，与联合国教科文组织、世界自然保护联盟等100多个国际组织、政府、机构建立了密切联系，在资源保护、技术标准、专业培训、世界遗产申报管理等方面建立了广泛而深入的对话和合作机制。1998年，原建设部（现为住房和城乡建设部）风景名胜区管理办公室与美国内政部国家公园管理局签署关于在保护和管理国家公园及其他文化与自然遗产方面开展合作的谅解备忘录，并先后5次签署两年行动计划，开展务实合作。27个国家级风景名胜区与国外的国家公园建立了友好公园，共派出2061名技术人员赴国外学习交流，接待133801名国外国家公园人员访问交流。

学习借鉴保护理念和制度。 1979年1月，邓小平同志访美签订的中美建交后的第一个中美科技合作协定和文化协定就包含了风景名胜区与国家公园交流的内容。我国风景名胜区从建立伊始就注重借鉴国外国家公园的理念和制度，在建设目的、性质定位、资源构成、建立标准、审批程序等方面与国外国家公园具有很多共性，从而也推动风景名胜区成为我国既有保护地体系中最规范、最成熟的一种，同时，在资源丰富度、保护和利用模式等方面又有鲜明的中国特色。

积极保护世界遗产。 国际交往加深了世界对中国的了解，促进了我国世界遗产快速发展。我国自1985年加入《保护世界文化和自然遗产公约》以来，在价值研究、提名申报、资源监测、定期评估、人员培训、保护管理规划、能力建设、青少年教育等方面开展了深度国际合作，不仅推进了我国世界遗产的发展，而且带动了风景名胜区事业的发展。截至目前，我国共有世界遗产地43处，总量位居世界第三，共涉及国家级风景名胜区32处、省级风景名胜区8处。

树立良好的国际形象。 作为遗产大国，我国承办了第28届世界遗产大会、第3届世界自然遗产大会、国际风景园林师联合会第47届世界大会，还与相关国际组织合作举办了一系列国际会议。这些会议增进了国际同行对我国文化和自然遗产保护理念、方法的认识和理解，形成了一些具有重要影响的国际文件（如：《苏州宣言》、《峨眉山宣言》等），为国际自然和文化遗产保护事业作出了重要贡献。具有中国特色的风景名胜区保护管理模式也极大地丰富了国际文化和自然遗产保护的理论、实践和模式，为广大发展中国家正确处理遗产的保护、利用与传承的关系提供了有益借鉴。联合国教科文组织世界遗产中心高度赞誉："中国政府和人民一直都是世界遗产的有力支持者"。

八、展望

30年来，我国风景名胜区事业在保护生态、服务人民、展示文化、推动发展上成就卓著。但是，我们也清醒地认识到，由于我国正处于工业化、城镇化和旅游产业快速发展的阶段，经济建设、城乡建设、旅游开发对风景名胜区的压力仍然十分突出。一些地方过于注重风景名胜区的经济功能，片面强调旅游开发，收取高额门票，出让或转让经营权，严重影响了风景名胜区的公益性；一些地方不顾风景名胜资源不可再生的特殊性，违章建设，错位开发，导致风景名胜区资源破坏严重；一些地方忽视风景名胜区管理机构能力建设，管理职能不到位，保护资金不落实，规划编制滞后，管理水平低下；还有一些大型基础设施建设缺乏科学论证，随意侵占、穿越风景名胜区，严重破坏其生态环境和自然文化遗产价值。

党的十八大报告提出，要把生态文明建设放在突出地位，努力建设美丽中国，并就优化国土空间开发格局、加大自然生态系统和环境保护力度、加强生态文明制度建设等做出了明确部署。

在新的历史时期，我国风景名胜区事业发展要始终坚持科学发展观，坚持"科学规划、统一管理、严格保护、永续利用"的基本方针，坚持生态效益、经济效益和社会效益的有机统一，坚持风景名胜资源保护和促进地区发展的相互结合，突出风景名胜区的公益性，全面发挥风景名胜区的各项功能，为广大人民群众提供更好的精神家园。

加强法制建设。 认真贯彻落实《风景名胜区条例》，完善配套规章制度，特别是要加快制定和完善规划建设管理、门票管理和资源有偿使用、特许经营管理等方面的制度。支持和鼓励各地结合实际完善风景名胜区地方性法规，推进国家级风景名胜区"一区一条例"，做到有法可依、执法必严、违法必究。积极开展风景名胜区立法研究，提升其法律地位。加快风景名胜区分类管理政策和技术规范制定，实施分类指导，推进管理的规范化和科学化。

完善管理体制机制。 进一步强化风景名胜区管理机构依法管理风景名胜区的主体地位，严格落实《风景名胜区条例》赋予的具体事权，切实做到统一规划、统一管理。建立风景名胜区管理绩效考核机制，实行动态管理：对考核优秀的风景名胜区，列入绿色名录；对考核不合格的风景名胜区，列入濒危名单并向社会公布。

加大资金投入。进一步强化风景名胜区的公益性，落实国家对禁止开发区的财政政策，不断加大中央财政投入，加强地方财政支持力度，使各级财政投入基本满足风景名胜区保护资金需求，逐步解决风景名胜区保护资金对门票收入的高度依赖问题，降低风景名胜区门票价格。积极推进风景名胜资源有偿使用，拓宽保护资金来源，弥补财政资金不足。

强化规划调控。继续加快风景名胜区规划编制审批进度，为风景名胜区保护、利用和管理提供依据。维护风景名胜区规划的权威性、规范性和科学性，建立规划实施定期评估制度，完善风景名胜区规划实施和资源保护状况年度报告制度；加强对规划实施的遥感动态监测，加大对违规建设行为的查处力度。依据风景名胜区规划，科学利用风景名胜区资源，积极发展旅游、服务、土特产加工等相关产业，更好地服务社会、服务公众，促进地方经济发展和人民群众脱贫致富，实现资源保护、生态建设和经济社会发展的良性循环。

加强科学研究和能力建设。建立风景名胜区与国内外科研机构和高等院校的合作机制，积极申请风景名胜区科研立项，开展资源普查与保护、生态环境监测、规划管理、游客服务与容量调控、应急管理等基础性研究，为风景名胜区保护与发展提供技术支撑。建立健全风景名胜区专业人才培养的科学机制和学科体系，为风景名胜区事业发展提供人才储备。进一步加大风景名胜区人才队伍培训力度，实现业务培训的定期化和制度化，提升其业务水平和实践能力。

鼓励公众参与。加强风景名胜区科学价值、综合功能和保护意义的宣传，增强公众保护意识。建立风景名胜区志愿者服务机制，鼓励社会团体和个人参与风景名胜区的巡查、卫生、宣传、科技服务等工作。完善风景名胜区规划公开公示制度，在规划编制阶段广泛征求社会各界的意见，在规划审批后及时向社会公布。建立风景名胜区违规行为的举报与发布制度，鼓励公众、媒体、社会组织对风景名胜区管理实施监督。

扩大国际交往。继续深入开展风景名胜区与国家公园的交流合作，把我国风景名胜区事业发展纳入国际自然和文化遗产事业发展的视野，充分学习借鉴国际先进经验，坚持改革创新，探索中国特色的自然和文化遗产保护与发展新路子，不断提高我国风景名胜区在国际上的知名度和影响力，开创我国风景名胜区事业科学发展新局面。

结束语

保护珍贵的自然和文化遗产，已成为全球共识。中国的风景名胜区事业不仅肩负着保护我国自然和文化遗产的重要历史使命，也是人类社会保护环境、传承文明的共同利益所在。在过去30年工作的基础上，继续把风景名胜区保护好、利用好、管理好，实现永续利用、永世传承，是当代人对历史、对社会、对子孙后代的应尽责任，也是对世界的应尽责任。

（来源：住房和城乡建设部网站
2012年12月4日　对原目录有所删节）

2012年城市照明节能工作专项监督检查情况

为贯彻落实国务院"十二五"节能减排工作任务和《"十二五"城市绿色照明规划纲要》，2012年，住房和城乡建设部对全国59个地级及以上城市的照明节能工作进行了专项监督检查。

一、检查基本情况

2012年，检查组共抽检了59个城市的781个城市照明项目，其中道路照明项目549个，景观照明项目232个，对照《住房城乡建设部办公厅关于组织开展2012年度住房城乡建设领域节能减排监督检查的通知》（建办科〔2012〕43号）中有关要求和《城市照明节能专项检查评分细则》，综合考核了受检城市的城市照明节能工作完成情况（考核结果见附件1和附件2）。总体上看，各地积极贯彻落实国务院"十二五"节能减排工作任务和《"十二五"城市绿色照明规划纲要》的各项要求，加强城市照明规划编制工作和城市照明能耗管理，城市照明质量进一步提升。

（一）城市照明规划编制工作明显改观。2012年，47个受检城市完成城市照明规划编制，占比80%，比2011年增加8个百分点。35个省会城市（直辖市和计划单列市）中有31个城市完成了城市照明规划，照明规划经同级政府批准的城市个数由2011年7个增加到15个；24个其他地级城市中有16个完成城市照明规划编制，占总数的67%，比2011年增加17个百分点。江苏、浙江和山西省出台了城市照明规划编制大纲或纲要。

（二）城市道路照明质量和节能水平明显提高。2012年，各地进一步加强了照明质量和照明节能监管，重视道路照明的节能，运用各种节能手段提高了道路照明节能管理。59个受检城市中完成年节电率3%的目标的城市有52个，占比88%；受检城市的道路照明质量达标率平均为91%，较2011年增加了2个百分点；受检城市的道路照明功率密度值达标率是90%，相比较于2011年的81%有较大提高。

（三）照明新产品、新技术应用范围扩大。59个受检城市均开展了城市绿色照明新产品、新技术的试点工作，部分城市已在城市支路以下城市道路、农村道路等领域推广使用半导体照明（LED）路灯。此外，可调式镇流器、单灯控制系统等照明新产品、新技术在城市照明中的应用也有所增加。

二、检查发现的主要问题

（一）城市照明规划和质量有待进一步加强。2012年，未完成城市照明规划编制的城市有呼和浩特、郑州、洛阳、上海、上饶、娄底、东莞、钦州、渭南、兰州、酒泉、吐鲁番市；城市道路照明质量达标率低于75%的城市有乌海、南昌、长沙、钦州、渭南、兰州、酒泉市；新建道路照明工程功率密度值不合格的有西宁市南山路东延段。未完成年节电率3%指标的城市有营口、郑州、上海、东莞、钦州、绵阳、昆明市。

（二）城市照明工程建设管理需要进一步完善。35个省会城市（直辖市和计划单列市）中有石家庄、沈阳、大连、长春、哈尔滨、福州、厦门、海口、贵阳、兰州、乌鲁木齐市存在没有开展施工图审查或审查不全的情况；太原、沈阳、大连、长春、哈尔滨、济南、南昌、海口、昆明、西安、兰州、西宁市存在工程建设档案资料不完善的情况；部分城市如石家庄、福州和天津市未对照明工程进行规范的专项验收，洛阳市对城市照明工程无施工监理。

（三）功能照明中普遍存在多光源无控光器灯具。检查中发现，城市道路功能照明中使用多光源无控光器灯具的现象仍比较突出，个别城市新建城市道路中仍在使用。如沈阳、大连、营口、长春、通化、哈尔滨、大庆、洛阳、济南、临沂、湖州、上饶、荆门、娄底、广州、深圳、南宁、钦州、成都、绵阳、贵阳、曲靖、兰州、渭南、酒泉、银川、吴忠和西宁等28个受检城市的功能照明中存在多光源无控光器灯具；三亚和南宁市的景观照明中存在大功率投光灯。

三、整改要求

（一）积极整改。省级住房城乡建设（城市照明）主管部门要对检查通报的问题，抓紧研究提出整改意见，督促有关城市限期整改。住房城乡建设部将在2013年住房城乡建设领域节能减排专项监督检查中对这些城市和项目进行复查。

（二）加强城市照明节能管理。各地要充分认识"十二五"期间城市照明节能面临的形势和任务，按照国家节能减排总体工作部署，制定有力工作措施，建立和完善城市绿色照明发展的体制机制，切实履行责任，加强城市照明专项规划、城市照明节能和照明质量管理，促进城市绿色照明健康发展。

（来源：《住房城乡建设部办公厅关于2012年城市照明节能工作专项监督检查情况的通报》
建办城函〔2013〕241号）

2012年上半年全国建设工程企业及注册执业人员违法违规行为查处情况

2012年以来，为加强建筑市场动态监管，整顿建筑市场秩序，各地住房城乡建设主管部门加大了建筑市场违法违规行为查处力度，对建设工程企业各类违法违规行为进行了处罚。各地住房城乡建设主管部门2012年上半年对建设工程企业及注册执业人员违法违规行为查处情况如下：

一、2012年上半年建设工程企业违法违规行为查处情况

（一）总体查处情况

2012年上半年各地住房城乡建设主管部门共查处存在违法违规行为建设工程企业7905家。

按查处类型划分：撤销、撤回资质2923家，占36.98%；注销资质535家，占6.77%；吊销资质523家，占6.62%；降级资质15家，占0.19%；警告罚款1837家，占23.24%；暂扣安全生产许可证201家，占2.54%；停业整顿169家，占2.14%；暂停招投标455家，占5.75%；通报批评1247家，占15.77%（见附件1）。

按企业类型划分：工程勘察设计企业260家，占3.29%；建筑业企业7007家，占88.64%；工程监理企业561家，占7.09%；招标代理机构25家，占0.32%；设计施工一体化企业52家，占0.66%（见附件2）。

（二）各地查处情况

2012年上半年全国给予撤销撤回资质处罚企业共2923家，给予该类处罚较多的省份有江苏（2200家）、四川（448家），而天津、河北、内蒙古、辽宁、吉林、上海、安徽、福建、江西、湖北、湖南、广西、海南、贵州、云南、西藏、陕西、甘肃、宁夏、新疆没有该类处罚。

2012年上半年全国给予注销资质处罚企业共535家，给予该类处罚较多的省份有广东（169家）、河南（125家）、北京（95家），而天津、辽宁、吉林、黑龙江、上海、江苏、安徽、江西、湖北、广西、海南、四川、贵州、云南、西藏、宁夏、新疆没有该类处罚。

2012年上半年全国给予吊销和降级资质处罚企业共538家，给予该类处罚较多的省份有新疆（462家）、四川（62家），而北京、天津、河北、山西、内蒙古、辽宁、浙江、安徽、福建、山东、河南、湖南、广东、广西、海南、重庆、贵州、云南、西藏、陕西、青海、宁夏没有该类处罚（处罚名单见附件3）。

2012年上半年全国给予警告罚款处罚企业共1837家，给予该类处罚较多的省份有内蒙古（481家）、上海（320家）、北京（313家），而辽宁、江苏、安徽、福建、河南、湖南、西藏、陕西、青海没有该类处罚。

2012年上半年全国给予暂扣安全生产许可证处罚企业共201家，给予该类处罚较多的省份有黑龙江（34家）、吉林（32家）、上海（24家）、重庆（22家），而北京、天津、山西、山东、湖北、四川、西藏、甘肃没有该类处罚。

2012年上半年全国给予停业整顿处罚企业共169家，给予该类处罚较多的省份有山西（45家）、甘肃（27家）、广西（17家）、重庆（16家），而河北、内蒙古、辽宁、黑龙江、上海、浙江、安徽、福建、河南、湖南、云南、西藏、青海、宁夏、新疆没有该类处罚。

2012年上半年全国给予暂停招投标处罚企业共455家，给予该类处罚较多的省份有广东（234家）、四川（77家），而天津、河北、山西、辽宁、吉林、黑龙江、上海、江苏、安徽、福建、江西、湖北、湖南、云南、西藏、青海、宁夏、新疆没有该类处罚。

2012年上半年全国给予通报批评处罚企业共1247家，给予该类处罚较多的省份有广东（440家）、山东（176家）、内蒙古（160家）、浙江（137家），而天津、山西、辽宁、吉林、上海、江苏、安徽、四川、云南、西藏、陕西没有该类处罚。

二、2012年上半年注册执业人员违法违规行为查处情况

（一）总体查处情况

2012年上半年各地住房城乡建设主管部门共查处存在违法违规行为注册执业人员461人。

按查处类型划分：吊销执业资格7人，占1.52%；停止执业55人，占11.93%；警告罚款15人，占3.25%；通报批评192人，占41.65%；其他处罚192人，占41.65%（见附件4）。

按人员类型划分：注册建造师342人，占74.20%；注册监理工程师110人，占23.86%；勘察设计注册工程师7人，占1.52%；注册建筑师2人，占0.42%（见附件5）。

（二）各地查处情况

2012年上半年全国给予吊销执业资格处罚共7人，给予该类处罚较多的省份有江苏（2人）、河南（2人），而北京、天津、河北、山西、辽宁、吉林、黑龙江、浙江、安徽、福建、江西、山东、湖北、湖南、广东、广西、海南、重庆、贵州、云南、西藏、陕西、甘肃、青海、宁夏、新疆没有该类处罚。

2012年上半年全国给予停止执业处罚共55人，给予该类处罚较多的省份有广西（11人）、吉林（10

人），而山西、黑龙江、浙江、安徽、福建、江西、山东、湖北、广东、四川、云南、西藏、陕西、甘肃、青海、宁夏、新疆没有该类处罚（处罚名单见附件6）。

2012年上半年全国给予警告罚款处罚共15人，给予该类处罚较多的省份有广东（6人）、内蒙古（3人）、浙江（3人），而北京、天津、河北、山西、辽宁、吉林、黑龙江、上海、江苏、安徽、福建、江西、山东、河南、湖北、湖南、海南、重庆、贵州、云南、西藏、陕西、甘肃、青海、宁夏、新疆没有该类处罚。

2012年上半年全国给予通报批评处罚共192人，给予该类处罚较多的省份有内蒙古（67人）、吉林（37人）、浙江（34人）、广东（30人），而北京、天津、河北、山西、辽宁、黑龙江、上海、江苏、安徽、江西、山东、湖北、湖南、广西、四川、重庆、贵州、云南、西藏、陕西、青海、宁夏、新疆没有该类处罚。

从统计数据看，各地对违法违规行为查处的"宽严"差别较大，有的处罚得较多、较严，有的处罚得较少、较轻，处罚种类不平衡。希望各地进一步提高加强建筑市场动态监管的重要性和紧迫性的认识，认真贯彻落实《规范住房城乡建设部工程建设行政处罚裁量权实施办法（试行）》和《住房城乡建设部工程建设行政处罚裁量基准（试行）》（建法〔2011〕6号），加大建筑市场违法违规行为的查处力度，依法清出不合格的企业和人员，促进建筑业健康发展。

（来源：住房城乡建设部办公厅《关于2012年上半年全国建设工程企业及注册执业人员违法违规行为查处情况的通报》建办市〔2012〕34号）

2012年下半年全国建设工程企业及注册执业人员违法违规行为查处情况

一、2012年下半年建设工程企业违法违规行为查处情况

（一）总体查处情况

2012年下半年各地住房城乡建设主管部门共查处存在违法违规行为建设工程企业10236家。

按查处类型划分：撤销、撤回资质1236家，占12.08%；注销资质2553家，占24.94%；吊销资质501家，占4.89%；降级资质60家，占0.59%；警告罚款2607家，占25.47%；暂扣安全生产许可证208家，占2.03%；停业整顿246家，占2.40%；暂停招投标432家，占4.22%；通报批评2393家，占23.38%（见附件1）。

按企业类型划分：工程勘察设计企业362家，占3.54%；施工企业8626家，占84.27%；工程监理企业991家，占9.68%；招标代理机构144家，占1.41%；设计施工一体化企业113家，占1.10%（见附件2）。

（二）各地查处情况

2012年下半年全国给予撤销撤回资质处罚企业共1236家，给予该类处罚较多的省份有广西（303家）、上海（272家）、四川（197家），而辽宁、吉林、安徽、福建、江西、山东、湖北、湖南、海南、贵州、云南、西藏、陕西、甘肃没有该类处罚。

2012年下半年全国给予注销资质处罚企业共2553家，给予该类处罚较多的省份有江苏（2053家）、上海（260家），而辽宁、吉林、黑龙江、福建、江西、广西、海南、四川、贵州、云南、西藏、陕西、宁夏、新疆没有该类处罚。

2012年下半年全国给予吊销和降级资质处罚企业共561家，给予该类处罚较多的省份有湖北（549家），而内蒙古、辽宁、黑龙江、江苏、浙江、安徽、福建、江西、山东、河南、湖南、广东、广西、海南、四川、重庆、贵州、西藏、陕西、甘肃、宁夏、新疆没有该类处罚（处罚名单见附件3）。

2012年下半年全国给予警告罚款处罚企业共2607家，给予该类处罚较多的省份有内蒙古（976家）、上海（395家）、北京（355家）、河北（310家），而江苏、安徽、湖南、贵州、西藏、陕西、宁夏、新疆没有该类处罚。

2012年下半年全国给予暂扣安全生产许可证处罚企业共208家，给予该类处罚较多的省份有重庆（33家）、浙江（26家），而天津、黑龙江、河南、四川、贵州、云南、西藏、陕西、新疆没有该类处罚。

2012年下半年全国给予停业整顿处罚企业共246家,给予该类处罚较多的省份有甘肃(67家)、山东(60家)、广西(55家),而北京、山西、内蒙古、黑龙江、江苏、浙江、福建、河南、湖北、湖南、广东、海南、贵州、云南、西藏、陕西、青海、宁夏、新疆没有该类处罚。

2012年下半年全国给予暂停招投标处罚企业共432家,给予该类处罚较多的省份有浙江(101家)、广西(95家)、广东(57家)、江苏(55家),而天津、辽宁、吉林、黑龙江、安徽、江西、河南、湖南、四川、云南、西藏、陕西、青海、新疆没有该类处罚。

2012年下半年全国给予通报批评处罚企业共2393家,给予该类处罚较多的省份有广东(556家)、浙江(413家)、内蒙古(325家)、山东(284家),而天津、黑龙江、江西、西藏、陕西、新疆没有该类处罚。

二、2012年下半年注册执业人员违法违规行为查处情况

（一）总体查处情况

2012年下半年各地住房城乡建设主管部门共查处存在违法违规行为注册执业人员570人。

按查处类型划分：吊销执业资格5人,占0.88%；停止执业119人,占20.88%；警告罚款26人,占4.56%；通报批评420人,占73.68%（见附件4）。

按人员类型划分：注册建造师274人,占48.07%；注册监理工程师225人,占39.47%；勘察设计注册工程师22人,占3.86%；注册建筑师49人,占8.60%（见附件5）。

（二）各地查处情况

2012年下半年全国给予吊销执业资格处罚共5人,给予该类处罚较多的省份有上海(3人),而北京、天津、河北、内蒙古、辽宁、黑龙江、江苏、浙江、安徽、福建、江西、山东、河南、湖北、湖南、广东、广西、海南、四川、重庆、贵州、云南、西藏、陕西、甘肃、青海、宁夏、新疆没有该类处罚(处罚名单见附件6)。

2012年下半年全国给予停止执业处罚共119人,给予该类处罚较多的省份有广东(44人)、广西(34人)、浙江(27人),而北京、天津、辽宁、黑龙江、上海、江苏、安徽、福建、江西、山东、河南、湖北、湖南、海南、四川、重庆、贵州、云南、西藏、陕西、甘肃、青海、宁夏、新疆没有该类处罚(处罚名单见附件6)。

2012年下半年全国给予警告罚款处罚共26人,给予该类处罚较多的省份有山西(5人)、广西(5人)、四川(5人),而北京、河北、内蒙古、辽宁、吉林、黑龙江、江苏、安徽、江西、山东、河南、湖北、湖南、广东、海南、贵州、云南、西藏、陕西、甘肃、青海、宁夏、新疆没有该类处罚。

2012年下半年全国给予通报批评处罚共420人,给予该类处罚较多的省份有广东(152人)、福建(124人),而北京、天津、河北、内蒙古、辽宁、黑龙江、上海、江苏、安徽、江西、山东、湖北、四川、云南、西藏、陕西、甘肃、青海、宁夏、新疆没有该类处罚。

从统计数据看,各地对违法违规行为查处的"宽严"差别较大,有的处罚得较多、较严,有的处罚得较少、较轻,处罚种类不平衡。希望各地进一步提高加强建筑市场动态监管的重要性和紧迫性的认识,认真贯彻落实《规范住房城乡建设部工程建设行政处罚裁量权实施办法(试行)》和《住房城乡建设部工程建设行政处罚裁量基准(试行)》(建法〔2011〕6号),加大建筑市场违法违规行为的查处力度,依法清出不合格的企业和人员,促进建筑业健康发展。

(来源：住房城乡建设部办公厅《关于2012年下半年全国建设工程企业及注册执业人员违法违规行为查处情况的通报》建办市〔2013〕9号)

人口迁移流动条件下的城市规模和结构发展趋势研究

住房和城乡建设部政策研究中心课题组

"十二五"规划纲要提出：优化城市化布局和形态。按照统筹规划、合理布局、完善功能、以大带小的原则,遵循城市发展客观规律,以大城市为依托,以中小城市为重点,逐步形成辐射作用大的

城市群，促进大中小城市和小城镇协调发展。在东部地区逐步打造更具国际竞争力的城市群，在中西部有条件的地区培育壮大若干城市群。科学规划城市群内各城市功能定位和产业布局，缓解特大城市中心城区压力，增强小城镇公共服务和居住功能，推进大中小城市基础设施一体化建设和网络化发展。积极挖掘现有中小城市发展潜力，优先发展区位优势明显、资源环境承载能力较强的中小城市。有重点地发展小城镇，把有条件的东部地区中心镇、中西部地区县城和重要边境口岸逐步发展成为中小城市。特大城市要合理控制人口规模，大中城市要加强和改进人口管理，继续发挥吸纳外来人口的重要作用，中小城市和小城镇要根据实际放宽落户条件。"十二五"规划纲要为中国特色城镇化道路和路径指明了方向。

一、人口迁移流动的现状、特点和原因

本部分主要依据六普人口数据，对比五普人口数据，分析人口迁移流动的现状、特点和原因。

（一）人口迁移流动现状

1. 人口迁移流动逐步趋强呈现活跃态势

（1）人口迁移流动规模快速增长。2010年，六普数据公报显示，我国流动人口数量已突破2亿，达到22143万。图1-1为全国流动人口规模增长情况。这主要是多年来我国农村劳动力加速转移和经济快速发展促进了流动人口大量增加。人口迁移流动更趋活跃，人口地域分布促进生产要素的优化配置。

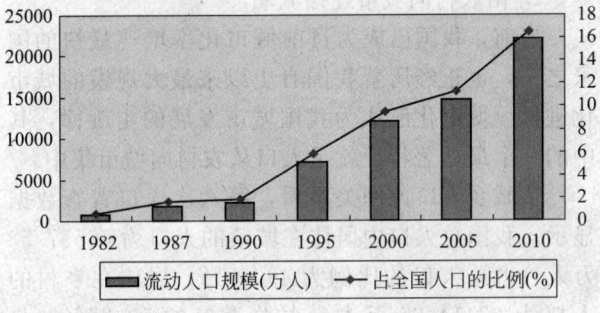

图1-1　全国流动人口规模增长情况

资料来源：根据1982年第三次全国普查、1987年全国1%人口抽样调查、1990年第四次全国人口普查、1995年全国1%人口抽样调查、2000年第五次全国人口普查和2005年全国1%人口抽样调查和2010年第六次全国人口普查数据计算。

（2）流动人口占全国总人口的比例大幅度提高。从1982年到2010年28年时间内，全国流动人口规模从660万人增加到2.21亿人，增长了33.7倍。流动人口占全国人口的比重由0.66%提升到16.53%，提高了近25倍。不同时期流动人口占总人口比例见表1-1。

不同时期流动人口占总人口比例　　表1-1

年份	1982	1987	1990	1995	2000	2005	2010
流动人口规模（万人）	657	1810	2135	7073	12107	14735	22143
占全国人口的比例（%）	0.66	1.69	1.89	5.86	9.56	11.28	16.53

资料来源：根据1982年第三次全国普查、1987年全国1%人口抽样调查、1990年第四次全国人口普查、1995年全国1%人口抽样调查、2000年第五次全国人口普查和2005年全国1%人口抽样调查和2010年第六次全国人口普查数据计算。其中，2000年流动人口比例系本课题组根据国家统计局六普公告数据计算，2000年不包括市辖区内人户分离的人口为12107万人，相应比例为9.56%。

2. 流动人口中性别比例趋向平衡，家庭化趋势明显

（1）流动人口中性别比例趋向平衡。在户口登记地在外乡镇街道人口的性别构成中，男性占52.49%，女性占47.51%。其中，户口登记地在外乡镇街道的省内人口男女性别比例接近1∶1；在市区内人户分离中，女性比例还要高于男性，说明女性更倾向于在同一城市范围内向外乡镇街道流动；户口登记地在外乡镇街道的省外人口男女性别比例差距最大，为56.31∶43.69，说明男性更倾向于跨省流动；用户口登记地在外乡镇街道人口减去市区内人户分离人口，可以视为一般意义上的流动人口，男女性别比例是53.16∶46.84。具体见表1-2。

户口登记地在外乡镇街道人口的性别构成　　表1-2

分类	小计（人）	男（人）	比例（%）	女（人）	比例（%）
（1）合计	260937942	136974792	52.49	123963150	47.51
（2）省内	175061605	88617297	50.62	86444308	49.38
（3）其中市区内人户分离	39906796	19467585	48.78	20439211	51.22
（4）其中省内-市区内人户分离	135154809	69149712	51.16	66005097	48.84
（5）省外	85876337	48357495	56.31	37518842	43.69
（6）流动人口=(1)-(3)	221031146	117507207	53.16	103523939	46.84

资料来源：根据六普数据中合计模版表T8-01《全国按现住地、户口登记地、性别分的户口登记地在外乡镇街道的人口》计算。

（2）流动人口中性别比例趋向平衡与家庭化趋势

的相互作用。分析以上变化原因，流动人口中性别比例趋向平衡与家庭化趋势存在相互作用关系：一方面，城市为女性创造了充足的就业岗位促使流动人口中性别比例趋向平衡。特别在大城市和特大城市中，发达的服务行业更倾向于为女性流动人口提供就业机会。流动人口中的女性规模和比例上升促使流动人口家庭化现象的形成。另一方面，家庭夫妇式的人口迁移流动又进一步促使流动人口性别比例趋向平衡。目前越来越多的流动人口开始注重家庭成员的团聚，流动人口正从以前男劳动力外出"独闯"，逐渐演变成现在夫妻二人同时外出务工以及携子女外出流动的形式，流动人口家庭化现象明显。

3. 人口迁移流动呈现长期化趋势

（1）流动人口离开户口登记地时间延长。根据2010年六普数据，离开户口登记地时间为五年至六年的1051万人，六年以上为6216万人，五年以上合计为7267万人，占全部流动人口比例27.85%，是各个区间中比例最高的。出现这种现象的主要原因在于：一是流动人口中就业和收入稳定的群体开始融入当地生活，滞留时间延长，而且这部分人群有逐年增加的趋势。二是流动人口家庭化趋势导致已经进入城市的流动人口稳定地生活在城市。三是流动人口中新生代农民工开始增加。这部分流动人口主要是随着父母来到城市打工，并且在城市长大的新生代农民工，定居城镇的意愿明显提高。表1-3为按离开户口登记地时间划分的迁移流动人口规模和比例。

按离开户口登记地时间划分的迁移流动人口规模和比例 表1-3

离开户口登记地时间	项目	人数合计	省内	省外
		260937942	175061605	85876337
半年至一年	人数（人）	54225856	33935160	20290696
	比例（%）	20.78	19.38	23.63
一年至二年	人数（人）	54825642	36664877	18160765
	比例（%）	21.01	20.94	21.15
二年至三年	人数（人）	39221245	26978893	12242352
	比例（%）	15.03	15.41	14.26
三年至四年	人数（人）	25183338	16695231	8488107
	比例（%）	9.65	9.54	9.88
四年至五年	人数（人）	14812795	9683405	5129390
	比例（%）	5.68	5.53	5.97
五年至六年	人数（人）	10512801	6725621	3787180
	比例（%）	4.03	3.84	4.41

续表

离开户口登记地时间	项目	人数合计	省内	省外
		260937942	175061605	85876337
六年以上	人数（人）	62156265	44378418	17777847
	比例（%）	23.82	25.35	20.70

数据来源：根据六普数据合计模板表中T8-04《全国按现住地、离开户口登记地时间分的户口在外乡镇街道的人口》计算。

（2）人口迁移流动这一现象将伴随我国城镇化进程长期存在。目前，促使流动人口产生的条件依然存在，如农村剩余劳动力的存在、巨大的城乡和地区收入差异并没有从根本上改变。在城镇化背景下，人口从农村到城市大规模流动的趋势将继续延续。同时，城镇化本身是一个长期性的过程。2010年我国的城镇化率为49.68%，据预测，2030年中国的城市化率将达到65%，未来20年，我国需要解决4亿农民工的市民化问题❶。因此，人口从农村向城市流动是一个长期的过程。

（二）城镇化发展中人口迁移流动的主要特点及规律性

六普数据表明，我国人口迁移流动的主要特征是农村人口主要向城市迁移、中西部地区人口主要向东部沿海地区迁移、流动人口向大城市和特大城市迁移。其原因在于，这种迁移流动是符合生产要素空间配置效率化要求的，也是集聚效应和规模效应共同作用的结果。

1. 由农村向城市迁移流动

当前，我国已成为目前城市化率增速最快的国家之一，也正经历着我国有史以来最大规模的城市化进程。城市化已成为我国城市发展的主旋律，其中的一个最显著特征就是人口从农村向城市集中。

从城乡人口比例关系看，第六次人口普查数据显示，我国总人口中居住在城镇的人口为66557.53万人，占总人口的比例为49.68%；居住在乡村的人口为67414.95万人，占总人口的50.32%。与2000年第五次人口普查相比，城镇人口总量增加20963.53万，城镇人口比重上升13.46个百分点。

从城镇化速度比较，1990-2000年，我国城镇人口比重上升了9.86%，城镇化率每年约为1%；2000～2010年，我国城镇化率年平均提高1.35个百分点，这表明2000年以来我国城镇化率还在加快提高。

2. 由中西部向东部迁移流动

随着改革开放和城镇化发展，我国人口迁移流

---

❶ 中国发展报告（2010）。

动的方向也发生了较大变化，人口逐步由中西部向东部迁移流动，特别向长三角、珠三角和京津冀地区集中。

（1）不同区域人口分布变化反映人口从中西部地区向东部发达地区迁移和聚集的趋势。根据六普数据，从人口的迁移流向和地域分布看，继续表现为中西部地区人口向东部地区迁移，东部地区的人口比重延续稳步上升的势头。与2000年人口普查相比，东部地区的人口比重上升2.41个百分点，是从1982年第三次人口普查以来上升速度最快的十年。中部、西部、东北地区的比重都在下降。表1-4为不同时期人口区域分布比较。

不同时期人口区域分布比较（单位：%）　　表1-4

地区	2010年	2000年	1990年	1982年
东部地区	37.98	35.57	34.18	33.96
中部地区	31.42	32.58	33.36	33.12
西部地区	22.38	23.41	23.68	23.86
东北地区	8.22	8.44	8.79	9.06

资料来源：根据1982年、1990年、2000年和2010年人口普查资料整理。

（2）不同省份人口总数、比例及排名变化同样反映人口从中西部地区向东部发达地区迁移和聚集的趋势。从总人口及排名变化看，2010年，各省总人口方面与2000年人口普查相比，总人口排名前三位的省份没有发生变化，但三个省份的排名顺序发生了重要变化。广东取代河南跃升为全国人口第一大省，并且是唯一一个人口总数过亿的省份，河南下降到第三位。从各省人口占比变化看，占全国总人口比例增幅排在前五位的省份分别是广东、上海、北京、浙江和天津。其中，广东省占全国总人口的比例增幅最大。占全国总人口比例下降幅度最大的五个省份分别是四川、湖北、重庆、河南和安徽，其中四川省下降幅度最大。从各省变化可以得出，占全国人口比例上升的省份都是流动人口吸纳的传统省份，而占全国人口比例下降的省份都是流动人口流出的主要省份。因此，人口迁移流动加速对我国省际人口分布产生了重要影响。表1-5为各省人口数及占全国比重。

（3）流动人口向沿海和长三角、珠三角和京津冀等经济发达地区集中。我国不同时期流动人口集中的区域根据经济状况不同相应发生变化。随着改革开放的深入，长三角、珠三角和京津冀等经济发达地区提供就业岗位和增加收入的机会迅速增加，对流动人口的吸引力加大。2010年六普流动人口数据表明，我国近十年流动人口规模增长迅速，同时流动人口增长最快的地区也是我国经济发展最活跃的地区。

各省人口数及占全国比重（单位：万人、%）　　表1-5

地区	2010年人口数	2000年人口数	2000年占全国总人口比重		2010年占全国总人口比重		比重变化
			比重	排序	比重	排序	
广东省	10430	8642	6.83%	3	7.79%	1	0.96%
上海市	2302	1674	1.32%	25	1.72%	24	0.40%
北京市	1961	1382	1.09%	26	1.46%	26	0.37%
浙江省	5443	4677	3.69%	10	4.06%	10	0.37%
天津市	1294	1001	0.79%	27	0.97%	27	0.18%
新疆	2181	1925	1.52%	24	1.63%	25	0.11%
山西省	3571	3297	2.60%	19	2.67%	18	0.07%
江西省	4457	4140	3.27%	14	3.33%	13	0.06%
云南省	4597	4288	3.39%	12	3.43%	12	0.04%
河北省	7185	6744	5.33%	6	5.36%	6	0.03%
海南省	867	787	0.62%	28	0.65%	28	0.03%
宁夏	630	562	0.44%	29	0.47%	29	0.03%
青海省	563	518	0.41%	30	0.42%	30	0.01%
西藏	300	262	0.21%	31	0.22%	31	0.01%
福建省	3689	3471	2.74%	18	2.75%	17	0.01%
江苏省	7866	7438	5.88%	5	5.87%	5	-0.01%
山东省	9579	9079	7.17%	2	7.15%	2	-0.02%
内蒙古	2471	2376	1.88%	23	1.84%	23	-0.04%
黑龙江省	3831	3689	2.91%	15	2.86%	15	-0.05%
陕西省	3733	3605	2.85%	16	2.79%	16	-0.06%
辽宁省	4375	4238	3.35%	13	3.27%	14	-0.08%
广西	4603	4489	3.55%	11	3.44%	11	-0.11%
甘肃省	2558	2562	2.02%	22	1.91%	22	-0.11%
吉林省	2746	2728	2.16%	21	2.05%	21	-0.11%
湖南省	6568	6440	5.09%	7	4.90%	7	-0.19%
贵州省	3475	3525	2.78%	17	2.59%	19	-0.19%
河南省	9402	9256	7.31%	1	7.02%	3	-0.29%
安徽省	5950	5986	4.73%	9	4.44%	8	-0.29%
重庆市	2885	3090	2.44%	20	2.15%	20	-0.29%
湖北省	5724	6028	4.76%	8	4.27%	9	-0.49%
四川省	8042	8329	6.58%	4	6.00%	4	-0.58%
全国合计	133972	126478					

资料来源：2000年和2010年人口普查资料。

根据各省六普公报中公布的跨省流动人口信息，广东省跨省流动人口规模从2000年的2105.41万增加到2010年地3128.16万，增加了1022.75万，是跨省流动人口增长最多的省份；其后跨省流动人口增加规模的排序依次为上海、北京、浙江和天津，这五个省份恰与占全国人口比例增加最快的五个省份相同，并且排序也相同。跨省流动人口增长速度最快的是天津市，跨省流动人口从2000年地87.3万增加到2010年地299.17万，十年间跨省流动人口增长2.43倍。这表明我国近十年流动人口规模增长迅速，同时流动人口增长最快的地区也是我国经济发展最活跃的地区。

3. 向特大城市和大城市迁移流动

(1) 三大城市群人口分布方面：占全国总人口比例加快提高。我国东部沿海的三大城市群，即长三角城市群、珠三角城市群和京津冀城市群，是我国经济最发达和竞争力最强的区域，人口也不断向这些区域聚集。"六普"数据显示，三大城市群占全国总人口的比例继续提高，2010年三大城市群人口占全国总人口的比例为18.11%，相比"五普"提高了2.86%。而在"五普"与"四普"两次人口普查期间，三大城市群人口占全国总人口的比例仅上升了0.91%，这表明近十年我国人口加速向三大城市群转移的趋势。见表1-6。

三大城市群人口分布❶　（单位：万人、%）
表1-6

地区	六普		五普		四普	
	人口数	比重	人口数	比重	人口数	比重
全国人口	133972.5		126582.5		113368.3	
三大城市群合计	24262.35	18.11	19298.28	15.25	16253	14.34
长三角城市群	10272.03	7.67	8422.36	6.65	7354.05	6.49
上海	2301.91	22.41	1673.77	19.87	1334.19	18.14
江苏八市	4890.98	47.61	4228	50.2	3781	51.41
浙江六市	3079.14	29.98	2520.59	29.93	2238.86	30.44
珠三角城市群	5611.84	4.19	3768.62	2.98	2559.83	2.26
广州	1270.08	22.63	994.3	26.38	629.99	24.61
深圳	1035.79	18.46	700.84	18.6	166.74	6.51
广东其他七市	3305.97	58.91	2073.48	55.02	1763.1	68.88
京津冀城市群	8378.48	6.25	7107.3	5.61	6339.12	5.59
北京	1961.2	23.41	1356.9	19.09	1081.94	17.07
天津	1293.82	15.44	1000.91	14.08	878.54	13.86
河北八市	5123.46	61.15	4749.49	66.83	4378.64	69.07

资料来源：1990年、2000年和2010年人口普查资料。

(2) 向三大城市群首位城市迁移流动。从各城市群总人口构成来看，城市群的首位城市中，北京市人口占京津冀城市群人口比例最高，为23.41%。同时，北京市也是近十年占城市群人口比例上升最快的首位城市，上升比例为4.32%，而上海和广州的增长幅度分别为2.54%、1.21%。三大城市群首位城市人口总量增长较快的主要原因是社会经济持续快速发展，作为中心城市的基础设施完善，具有较为完善和较高水平的公共服务，对外来人口的吸引力不断增强，促使外来人员规模迅速扩大。表1-7为不同时期北京、上海和广州占各自城市群人口比重。

不同时期北京、上海和广州占各自城市群人口比重　表1-7

地区	六普		五普		四普	
	人口数	比重	人口数	比重	人口数	比重
京津冀城市群	8378.48		7107.3	5.61	6339.12	
北京	1961.2	23.41	1356.9	19.09	1081.94	17.07
长三角城市群	10272.03		8422.36		7354.05	
上海	2301.91	22.41	1673.77	19.87	1334.19	18.14
珠三角城市群	5611.84		3768.62		2559.83	
广州	1270.08	22.63	994.3	26.38	629.99	24.61

资料来源：1990年、2000年和2010年人口普查资料。

其中，外来人口增长是三大城市群首位城市常住人口增长的主要因素。见表1-8。例如，北京市外来人口在常住人口中的比重由2000年的18.9%提高到2010年的35.9%；上海市外来人口在常住人口中的比重由2000年的20.7%提高到2010年的39%；广州市外来人口在常住人口中的比重由2000年的33.29%提高到37.48%。从人口增量结构分析，与五普相比，北京市和上海市常住人口增量中，有分别由74.17%和87.75%是外来人口。

---

❶ 长三角城市群划分依据《长江三角洲地区区域规划(2010)》，包括上海、江苏八市(南京、苏州、无锡、常州、镇江、扬州、秦州、南通)和浙江六市(杭州、宁波、湖州、嘉兴、绍兴、舟山、台州)；珠三角城市群划分依据《珠江三角洲地区改革发展规划纲要(2008-2020)》，包括了广州、深圳和广东省其他七市(珠海、佛山、江门、东莞、中山、惠州、肇庆)；京津冀城市群划分依据《京津冀都市圈区域规划研究包括》，包括北京、天津和河北八市(石家庄、保定、唐山、秦皇岛、廊坊、沧州、张家口、承德)。

三大城市群首位城市外来人口增长情况　　表 1-8

	常住人口	外来人口	常住人口增长率	外来人口增长率	2000年外来人口占常住人口比例	2010年外来人口占常住人口比例	外来人口增量占常住人口增量的比例
北京	1961.2	704.5	3.8	10.6	18.8	35.9	74.17
上海	2301.9	897.7	3.24	9.99	20.7	39.0	87.75
广州	1270.8	476	2.48	7.54	33.29	37.48	52.58

资料来源：根据有关城市公布2010年六普数据公报整理。

（3）同一省内向副省级城市迁移流动。根据2010年第六次全国人口普查的数据，对15个副省级城市的人口状况进行比较。15个副省级城市第六次全国人口普查总人口为1.32亿人，占全国总量的9.6％，平均常住人口为878.94万人，其中沿海城市平均828.83万人、东北地区平均827.74万人、其他城市平均977.87万人。其中排在前4位的成都、广州、哈尔滨、深圳人口均过千万人。与2000年比较，15个城市常住人口10年间年均增长2.15％。厦门市人口总量（353万人）最小，但年均增速5.57％居第一位。见表1-9。

十五个副省级城市人口增长情况比较　　表 1-9

地区	常住人口总量			人口密度（人/平方公里）	
	万人	位次	年均增长%	密度	位次
15城市平均	878.94		2.15	1212	
1. 沿海城市平均	828.83		2.77	1624	
大连	669.04	14	1.28	532	12
南京	800.46	10	2.52	1216	4
杭州	870.04	7	2.38	524	13
宁波	760.57	12	2.46	775	10

续表

地区	常住人口总量			人口密度（人/平方公里）	
	万人	位次	年均增长%	密度	位次
厦门	353.13	15	5.57	2245	2
青岛	871.51	6	1.52	794	9
广州	1270.1	2	2.48	1708	3
深圳	1035.79	4	3.98	5201	1
2. 东北地区平均	827.74		1.11	433	
沈阳	810.62	9	1.19	625	11
长春	767.71	11	0.73	373	14
哈尔滨	1063.6	3	1.23	200	15
3. 其他城市平均	977.87		1.74	999	
武汉	978.54	5	1.97	1152	6
成都	1404.76	1	2.25	1171	5
西安	846.78	8	1.34	838	7
济南	681.4	13	1.41	833	8

（4）同一城市内人口向市区迁移流动。即使在同一城市内，同样也呈现市县人口向市区迁移流动的趋势。以济南市为例，从2000年到2010年十年间，市区人口增长迅速，下辖6个区中有5个区人口增长在20％以上，最低的长清区也增长了14.23％，而下辖的三个县人口均出现负增长。又如青岛市，从2000年到2010年十年间，下辖黄岛区人口增长119.88％，崂山区、李沧区和城阳区人口增长均接近50％，而下辖县级市人口增长只有2-8％。

（三）影响我国人口迁移流动的原因

1. 六普数据中的人口迁移原因

根据六普数据，迁移原因主要有务工经商、工作调动、学习培训、随迁家属、投亲靠友、拆迁搬家、寄挂户口、婚姻嫁娶和其他等9种。见表1-10。

全国按迁移原因分的户口在外乡镇街道人口　　表 1-10

现住地	合计	务工经商		工作调动		学习培训		随迁家属	
		人	比例（%）	人	比例（%）	人	比例（%）	人	比例（%）
户口登记地在省内	175061605	53598164	30.62	7923187	4.53	26012259	14.86	28996975	16.56
户口登记地在省外	85876337	64131695	74.68	2127968	2.48	3775325	4.40	7974468	9.29
总计	260937942	117729859	45.12	10051155	3.85	29787584	11.42	36971443	14.17

续表

投亲靠友		拆迁搬家		寄挂户口		婚姻嫁娶		其他	
人	比例(%)	人	比例(%)	人	比例(%)	人	比例(%)	人	比例(%)
8194805	4.68	23536175	13.44	1750911	1.00	10395865	5.94	14653264	8.37
2803695	3.26	740122	0.86	117312	0.14	2198043	2.56	2007709	2.34
10998500	4.21	24276297	9.30	1868223	0.72	12593908	4.83	16660973	6.39

资料来源：根据六普数据 T8-07、T8-8-01 和 T8-8-0 综合整理。

在省内迁移中（即户口登记地在省内），"务工经商"占 60.62%，其次是"随迁家属"、"学习培训"和"拆迁搬家"，分别占 16.56%、14.86% 和 13.44%。

在省外迁移中（即户口登记地在省内），"务工经商"占绝对优势，所占比例达 74.68%。其次是"随迁家属"，占 9.29%。

在全部迁移中，比例最高的仍是"务工经商"，占 45.12%，其次是"随迁家属"、"学习培训"和"拆迁搬家"，分别占 14.17%、11.42% 和 9.3%。

2. 分析和结论

（1）"务工经商"是人口迁移特别是跨省迁移的主要原因。"务工经商"在省内迁移、省外迁移和全部迁移的原因中均排名第一位，特别是在省外迁移中占据了近四分之三的比例，充分说明"务工经商"是人口迁移特别是跨省迁移的主要原因。东部沿海地区之所以成为流动人口集中流入的原因，主要原因是这一地区产业，尤其是第三产业和劳动密集型产业的发展与聚集。人口由西向东迁移，促进了我国生产要素和劳动力要素的优化配置，推动了我国经济的快速增长。

（2）"随迁家属"是人口迁移的次要原因，再次印证了人口迁移流动中的家庭化趋势。"随迁家属"在省内迁移、省外迁移和全部迁移的原因中，均排在第二位，分别占 16.56%、9.29% 和 14.17%。这与前面分析的我国人口迁移流动的家庭化趋势相一致。各国人口迁移经验表明，在对流入地和流出地的选择方面，随迁的妇女和儿童更倾向于选择留在流入地。这种人口迁移流动家庭化趋势，将促使迁移流动人口更多地选择留在所占居住地，而不是返回原来的户籍地。这也进一步使得大城市和特大城市形成人口迁移流动的盆地聚集效应。

（3）公共资源配置成为影响人口迁移流动的重要因素。我国大城市和特大城市在经济、文化、医疗、教育、公共设施等各种社会资源方面具有明显优势，拥有优质的社会公共资源对流动人口形成了强大的吸引力。特别是大城市和特大教育资源集聚更加突出，如北京、上海等特大城市聚集了全国最优质的教育资源。根据国家人口和计划生育委员会调查，接近一半的人（46.6%）愿意落户城市是为了子女的教育和升学❶。在省内迁移和全部迁移中，"学习培训"分别占 14.86% 和 11.42%，成为人口迁移流动的第三个主要原因。

二、现阶段我国城市规模和结构分析

（一）城市规模结构发展的理论与实践

1. 国际上城市规模结构发展的理论与实践

城市规模和城市结构是城市发展模式的主要内容。城市发展始终是国内外学者研究和总结的对象，先后有田园城市、卫星城市、线形城市、城市群及大都市连绵区、紧凑城市、生态城市、低碳型城市、循环经济型城市、互动型城市等理论与模式。

从世界现代化的发展看，发达国家的城市化进程大体上可分为两个时期：

（1）第一个时期以"集中化"为特征。表现为工业和人口持续的、大规模的集中，城市数目不断增加，规模不断扩大，大城市不断增多。从工业革命开始到 20 世纪 50 年代前后，是西方发达国家城市演进的集中化阶段，亦称为城市化阶段或城市化运动阶段。到了 20 世纪 60 年代，世界上的工业化国家或发达国家城市人口占总人口的比例已普遍达到较高水平。例如，1965 年加拿大城市人口占总人口比例为 73%，英国为 87%，联邦德国为 79%，荷兰为 86%，澳大利亚为 83%。

（2）第二个时期则以"分散化"为特征。表现为城市人口增长停滞，大城市人口和产业不断向四郊扩散，城市群体不断出现与完善。20 世纪 60 年代以后，西方发达国家城市化中出现了新的趋势，这就是市郊化以及后来的超市郊化，即大批居民从城市的中心地带迁往城市的郊区地带，一方面是因为城

---

❶ 国家人口和计划生育委员会流动人口服务管理司，《中国流动人口发展报告 2011》。

市的中心地带环境问题严重；另一方面，现代交通工具的发达，高速公路、地下铁路的兴建，私人轿车的普及都为人们从城市移居到郊区提供了可能。在市郊化阶段，发达国家大城市人口相对减少，而大城市周围的中小城镇人口比例逐渐上升。这一趋势导致了以大城市为中心的"都市圈"的产生和"城市群"、"城市带"的出现。

2. 基于城市规模和结构的我国城市化发展模式探索

我国的专家学者曾先后提出过不同的城市化模式，如：大城市模式、中等城市模式、小城镇模式、城市群与城市带模式、城乡一体化模式。目前，这几种模式在我国不同地方同时推行。

（1）小城镇发展模式。主张这一模式的人认为，我国城市化道路有其独特性，农业现代化造成我国农村劳动力过剩，只靠大城市解决不了这样多的人口就业问题。解决的办法应该是发展小城镇，使广大农民由农村迁移到附近的集镇。小城镇是解决中国农村剩余劳动力的根本出路。小城镇是城市与农村的结合点，它加强了城乡之间的联系，将城市中的高科技、文化、经济联系推向农村，协调了城乡之间的均衡发展。小城镇模式显然有其局限性，它更多地适于江南地区，在人口密度较低的北部和中西部地区，小城镇模式显然是不适用的。人们也常常批评，小城镇的集约化程度低、经济效益低下、能源耗费指标高、吸纳农村劳动力的能力在逐年下降。

（2）职中等城市发展模式。主张这一模式的人认为，无论是小城镇还是小城市都不是解决中国农村剩余劳动力的根本出路。小城市或小城镇投资效益低下，土地浪费严重。目前星罗棋布的小城镇或小城市布局分散，城市功能不明显，城市建设无序、管理混乱，类似于扩大了的农村，换言之，出现了城市建设中的"农村病"。因此，应积极发展中等城市，将有限的资金投放于适当数量的中等城市。中等城市人口大约在50万左右，它既可发挥工业生产与城市社区的聚集效应，又可避免大城市和超大城市的人口高度密集的弊端。

（3）大城市发展模式。大城市、超大城市的优越性在亚洲的模式下表现得更为突出。亚洲国家人口密度大、资源有限，因此超大城市的发展更为突出，日本、韩国、泰国等都是超大城市聚集了大部分人口，新加坡、中国香港等更是超大城市聚集区。城市经济体制转变、经济结构调整取得积极进展、生产力水平不断提高、就业机会增加为大城市的健康发展提供了条件。体制创新、科技创新和知识创新都以大城市为依托，这是大城市活力的根本所在。大城市吸引力的增加，也带动了周边中小城市和县镇的发展。

（4）城市群与城市带发展模式。这是超大城市的延伸。从城市化的进程看，这是目前城市化的最高层次，是城市化的一个新阶段。城市群、城市带的发展形成了空间聚集效应，有利于经济效率的提高和降低生产成本，这些经济、科技、贸易中心的形成又对周围地区起到了辐射作用，带动了整体经济的发展。

（5）城乡一体化发展模式。传统上，城市化指的是人口聚集到少数区域、该区域内非农产业占据主导地位。然而，当代社会中传播、通讯、交通的高度发达，大大缩短了人们之间的距离，这样"聚集"可以是跨区域的；在产业结构上，高技术产业、信息业几乎统治了各个产业领域，在生物技术指导下的农业已失去了传统农业的含义。从发达国家的经验看，大批生活稳定的中产阶层已从市中心迁到了城市郊区居住，他们在郊区的生活方式与在城市里的生活方式并没有区别。由城市居民所创造的现代文明的生活方式，也可能在农村得到普及。

（二）现阶段我国城市规模特点

1. 人口规模、用地规模、数量规模等方面的特点

（1）在单个城市规模方面，一方面大城市人口规模不断突破规划目标，另一方面中小城市人口规模普遍达不到规划目标。如：北京城市总体规划（1991-2010年）对城市规模描述如下：今后50年北京市人口仍呈持续增长的趋势。对北京的人口，实行有控制、有引导的发展方针，尤其要严格控制市区的人口规模。今后20年北京市的人口控制规模为：2000年全市常住人口从1990年的1032万增至1160万左右，流动人口从127万增至200万左右；2010年常住人口1250万左右，流动人口250万左右。北京城市总体规划（2004年-2020年）对城市规模的人口规模型的表述为：2020年，北京市总人口规模规划控制在1800万人左右，年均增长率控制在1.4%以内。其中户籍人口1350万人左右，居住半年以上外来人口450万人左右。2020年，北京市城镇人口规模规划控制在1600万人左右，占全市人口的比例为90%左右。现实是：第五次人口普查全市常住人口为1356.9万人，第六次人口普查全市常住人口为1961.2万人。相反地，中小城市由于土地财政的支配，追求用地规模的扩大，于是在城市总体规划中

设定了较大的人口规模。现实是：由于多方面因素影响，城市人口的集聚力不够强大，人口的增长达不到预设的目标。

（2）中小城镇的土地浪费与发达城市的用地紧缺相伴随。总的来说，中小城市比大城市或区域中心城市的土地资源浪费现象更加明显。

（3）城镇化率保持较高增长速度（见表2-1）。从1996年开始到2011年，已连续16年城镇化率保持一个百分点以上，2011年我国城镇化率已首次超过50%，达到51.27%。

（4）城市土地规模扩张的势头减缓，强调紧凑城市、精明增长。

（5）城市增长以内涵式增长为主，更加注重质量，城市个数变动小（见表2-2、表2-3等）。

（6）大中城市成为吸纳农村富余劳动力的主要载体，大城市规模越来越大，规模调控备受关注。

全国历年城镇化率变化情况

（1990～2010年）　　　　　　表2-1

年份	城镇总人口（年末）（万人）	城镇化率（%）	每年城镇化率提高数（%）
1990年	114333	26.41	0.20
1991年	115823	26.94	0.53
1992年	117171	27.46	0.52
1993年	118517	27.99	0.53
1994年	119850	28.51	0.52
1995年	121121	29.04	0.53
1996年	122389	30.48	1.44
1997年	123626	31.91	1.43
1998年	124761	33.35	1.44
1999年	125786	34.78	1.43
2000年	126743	36.22	1.44
2001年	127627	37.66	1.44
2002年	128453	39.09	1.43
2003年	129227	40.53	1.53
2004年	129988	41.76	1.23
2005年	130756	42.99	1.23

续表

年份	城镇总人口（年末）（万人）	城镇化率（%）	每年城镇化率提高数（%）
2006年	131448	44.34	1.35
2007年	132129	45.89	1.55
2008年	132802	46.99	1.10
2009年	133450	48.34	1.35
2010年	134091	49.95	1.61
2011年	134735	51.27	1.32

数据来源：2012《中国统计年鉴》3-1。

全国历年城市数量变化情况

（1990～2010年）（单位：个）　　表2-2

年份	城市数	直辖市	地级市	县级市
1990年	467	3	185	279
1991年	479	3	187	289
1992年	517	3	191	323
1993年	570	3	196	371
1994年	622	3	206	413
1995年	640	3	210	427
1996年	666	3	218	445
1997年	668	4	222	442
1998年	668	4	227	437
1999年	667	4	236	427
2000年	663	4	259	400
2001年	662	4	265	393
2002年	660	4	275	381
2003年	660	4	282	374
2004年	661	4	283	374
2005年	661	4	283	394
2006年	656	4	283	369
2007年	655	4	283	368
2008年	655	4	283	368
2009年	655	4	283	367
2010年	658	4	283	370

数据来源：《中国城市建设统计年鉴》。

各省、自治区地级市个数变化情况（2000～2010年）（单位：个）　　表2-3

省级区划名称	地级市										
	2010年	2009年	2008年	2007年	2006年	2005年	2004年	2003年	2002年	2001年	2000年
全国	283	283	283	283	283	283	283	282	275	265	259
河北	11	11	11	11	11	11	11	11	11	11	11

续表

省级区划名称	地级市										
	2010年	2009年	2008年	2007年	2006年	2005年	2004年	2003年	2002年	2001年	2000年
陕西	11	11	11	11	11	11	11	11	10	10	10
内蒙古自治区	9	9	9	9	9	9	9	9	7	7	5
辽宁	14	14	14	14	14	14	14	14	14	14	14
吉林	8	8	8	8	8	8	8	8	8	8	8
黑龙江	12	12	12	12	12	12	12	12	12	12	12
江苏	13	13	13	13	13	13	13	13	13	13	13
浙江	11	11	11	11	11	11	11	11	11	11	11
安徽	17	17	17	17	17	17	17	17	17	17	17
福建	9	9	9	9	9	9	9	9	9	9	9
江西	11	11	11	11	11	11	11	11	11	11	11
山东	17	17	17	17	17	17	17	17	17	17	17
河南	17	17	17	17	17	17	17	17	17	17	17
湖北	12	12	12	12	12	12	12	12	12	12	12
湖南	13	13	13	13	13	13	13	13	13	13	13
广东	21	21	21	21	21	21	21	21	21	21	21

数据来源：2011、2010、2009、2008、2007、2006、2005、2004、2003、2002、2001《中国统计年鉴》1-1。

各省、自治区地级市个数变化情况(2000~2010年)续表(单位：个) 表 2-4

省级区划名称	地级市										
	2010年	2009年	2008年	2007年	2006年	2005年	2004年	2003年	2002年	2001年	2000年
广西壮族自治区	14	14	14	14	14	14	14	14	14	9	9
海南	2	2	2	2	2	2	2	2	2	2	2
四川	18	18	18	18	18	18	18	18	18	18	18
贵州	4	4	4	4	4	4	4	4	4	4	4
云南	8	8	8	8	8	8	8	8	6	5	4
西藏自治区	1	1	1	1	1	1	1	1	1	1	1
陕西	10	10	10	10	10	10	10	10	10	10	9
甘肃	12	12	12	12	12	12	12	12	11	10	6	5
青海	1	1	1	1	1	1	1	1	1	1	1
宁夏回族自治区	5	5	5	5	5	5	5	5	4	4	3
新疆维吾尔自治区	2	2	2	2	2	2	2	2	2	2	2

数据来源：《中国统计年鉴》(2001卷~2011卷)1-1。

2. 1997~2010年城市化程度的区域比较

2010年，东部地区的城市化率比1997年提高了21.18个百分点，达到59.77%，中部和西部则分别提高了19.34和14.99个百分点，达到44.43%和41.40。然而，东北地区的城市化速度则放缓，1984到1997年的13年里仅提高了5.33个百分点，虽如此，但城市化率仍达到57.67%，略低于东部地区，远高于中西部地区❶。图2-1为中国四大区域城市化率。

透过现象追寻本原，东部沿海地区得改革开放和加入WTO之先机，积极参与全球分工、发展民营经济，释放了巨大的经济活力；而东北地区过去一直是我国工业化先进地区，城市化基础好、起点高，但成也重工业败也重工业，由于重工业比重过大，

❶ 中国人类发展报告2012(专家评阅稿)。

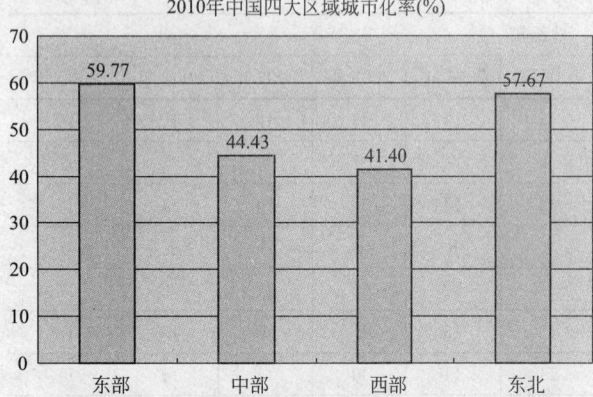

图 2-1 中国四大区域城市化率
数据来源：中宏数据库。

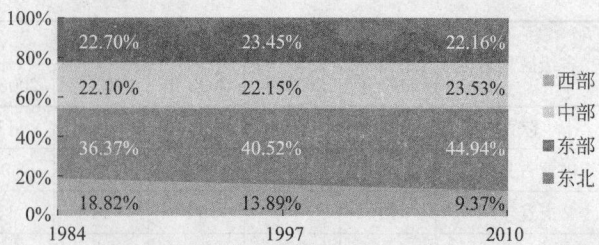

图 2-3 不同地区城市人口占全国比重的变化
数据来源：中宏数据库（部分年份的数据根据四次人口普查数据进行调整）和《中国统计年鉴》（1998卷、2011卷）。

更多依靠国家投资拉动，加之大量国企难以适应市场经济形势，导致整体发展速度相对落后于东部地区。

3. 城市人口在不同区域的分布

改革开放以来，随着中国城市化的推进，城镇人口规模持续扩张。1984年到2010年中国城镇总人口从240125.5千人增长到666164.10千人，扩大了2.77倍。其中，东部地区的城镇人口规模扩大了3.93倍，中部和西部分别扩大了3.39倍和3.10倍，东北地区增长幅度最小，扩大了1.58倍。新增的461935.10千人城镇人口，东部地区吸纳了48.87%，中部和西部地区分别吸纳了24.19%和21.9%，东北地区仅吸纳了5.04%。图2-2为四大区域吸纳新增城市人口的比例。

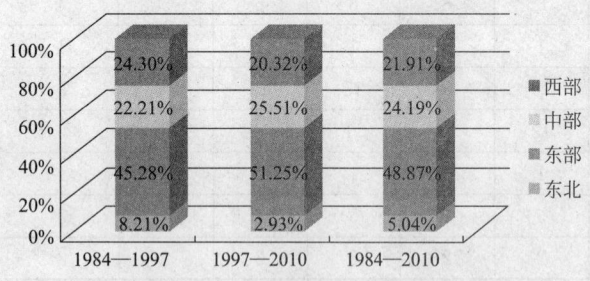

图 2-2 四大区域吸纳新增城市人口的比例
数据来源：中宏数据库和国家统计局。

相应地，随着不同区域城市化速度的变化，各区域城镇人口所占全国的比重也在发生变化。从1984年到2010年，东北地区城镇人口占全国的比重由18.82%降低到9.37%，而东部地区所占比重则由36.37%增加到44.94%。中西部地区所占比重没有明显变化，一直维持在22%左右❶。图2-3为不同地区城市人口占全国比重的变化。

4. 不同人口规模城市的状况

从表2-4中，2010年按行政级别划分的地级及以上城市（包括直辖市）市辖区常住人口400万以上的城市有14个，包括4个直辖市、9个省会城市和1个特区城市，分别是：即：北京、天津、上海、重庆、沈阳、哈尔滨、南京、杭州、郑州、武汉、广州、成都、西安、深圳。见表2-4。

从表2-5中，2005至2010年的六年中，地级及以上城市个数基本保持不变，仅仅增加1个。具体到不同人口规模城市，市辖区常住人口400万以上的地级及以上城市仅增加1个，200万~400万人口的城市增加5个，100万~200万人口的城市增加6个，50万~100万人口的城市增加1个，20万~50万人口的城市减少了12个，20万以下人口的城市数目维持不变。见表2-5。

地级及以上城市人口分组情况（2010年）

（单位：个）　　　　　　　　　　　　　　表 2-5

地区	合计	按城市市辖区总人口分组					
		400万以上	200万~400万	100万~200万	50万~100万	20万~50万	20万以下
地级及以上城市	287	14	30	81	109	49	4
北京	1	1					
天津	1	1					
河北	11		2	2	6	1	
山西	11		1	1	7	2	
内蒙古	9			3	3	1	
辽宁	14	1	1	2	9	1	
吉林	8		1	1	4	2	
黑龙江	12	1	1	2	8		1

---

❶ 中国人类发展报告2012（专家评阅稿）。

续表

地区	合计	按城市市辖区总人口分组					
		400万以上	200万~400万	100万~200万	50万~100万	20万~50万	20万以下
上海	1	1					
江苏	13	1	6	5	1		
浙江	11	1	1	3	5	1	
安徽	17		2	6	7	2	
福建	9		1	2	6		
江西	11		1	2	5	3	
山东	17		5	8	4		
河南	17	1		8	6	2	
湖北	12	1	1	3	6	1	
湖南	13		1	4	5	3	
广东	21	2	1	7	6	4	
广西	14		1	6	4	3	
海南	2				1		1
重庆	1	1					
四川	18	1		10	5	2	
贵州	4		1		2	1	
云南	8		1		3	3	1
西藏	1						1
陕西	10	1		2	6	1	
甘肃	12		1	2	3	6	
青海	1			1			
宁夏	5				1	4	
新疆	2		1		1		

数据来源:《中国统计年鉴》2011卷 11-1。

全国按城市市辖区总人口分组的地级及以上城市个数(1995~2010年)
(单位:个) 表2-6

年份	合计	按城市市辖区总人口分组					
		400万以上	200万~400万	100万~200万	50万~100万	20万~50万	20万以下
2010年	287	14	30	81	109	49	4
2009年	287	14	28	82	110	51	2
2008年	287	13	28	81	110	51	4
2007年	287	13	26	79	111	55	3
2006年	286	13	24	80	106	59	4
2005年	286	13	25	75	108	61	4
2004年	287	—	—	—	—	—	—

续表

年份	合计	按城市市辖区总人口分组					
		400万以上	200万~400万	100万~200万	50万~100万	20万~50万	20万以下
2003年	660	11	22	141	274	172	40
2002年	660	10	23	138	279	171	39
2001年	662	8	17	141	279	180	37
2000年	663	13	27	53	218	352	
1999年	667	13	24	49	216	365	
1998年	668	13	24	48	205	378	
1997年	668	12	22	47	205	382	
1996年	666	11	23	44	195	393	
1995年	640	10	22	43	192	373	

1. 数据来源:1998卷~2011卷《中国统计年鉴》11-1 和 1997卷、1996卷《中国统计年鉴》10-1。
2. 2004年只有按城市行政级别划分的城市个数。
3. 2003年及之前年份的城市数没有区分城市级别。

(三) 现阶段我国城市结构特点

城镇化是经济社会发展的客观趋势。城镇化,是扩大内需最雄厚的潜力。当前和今后相当长一段时间,我国城镇化处于快速发展阶段。随着我国城市化进程的加速,现阶段我国城市结构呈现以下特点:

1. 城市群成为城镇化发展的主体形态,成为经济发展的龙头,城镇体系逐渐走向成熟。

2. 按大、中、小城市标准或按行政级别划分,我国城市结构呈现不同数量、不同等级的典型的金字塔结构。金字塔结构,即:特大城市是有限的几个,大城市30多个,中小城市数量可观,镇数量庞大;4个直辖市为塔尖、32个计划单列市和省会城市为塔身、其他地级市和县级市为塔基。

3. 区域城市发展不平衡。经济发达地区城市化水平高;经济欠发达地区和西部地区城市之间协调发展不足,中心城市辐射带动作用不强,大部分省份一城独大(见表2-6、表2-7)。

4. 经济发达地区小城镇数量不断增长。

5. 中小城市特别是中部和西北地区的中小城市,城市质量不高,影响力不强,城市占地面积很大,但聚集能力不强、辐射能力不强、综合服务能力不强。

6. 特大城市追求融合式发展、集约发展,"摊大饼式"发展模式、功能分区方法有所改观。

7. 北京、上海、广州、深圳等人口持续流入的特大城市人口落地易,但公共服务落地难。

直辖市、省会城市、计划单列市
常住人口数(2010年)　　表2-7

城市名称	人口数(万人)	城市名称	人口数(万人)
重庆市	2884.62	福州市	711.54
上海市	2301.91	长沙市	704.41
北京市	1961.24	济南市	681.40
成都市	1404.76	大连市	669.04
天津市	1293.82	南宁市	666.16
广州市	1270.08	昆明市	643.20
哈尔滨市	1063.60	合肥市	570.20
深圳市	1035.79	南昌市	504.26
石家庄市	1016.38	贵阳市	432.46
武汉市	978.54	太原市	420.16
青岛市	871.51	兰州市	361.62
杭州市	870.04	厦门市	353.13
郑州市	862.65	乌鲁木齐市	311.03
西安市	846.78	呼和浩特市	286.66
沈阳市	810.62	西宁市	220.87
南京市	800.47	海口市	204.62
长春市	767.71	银川市	199.31
宁波市	760.57	拉萨市	55.94

数据来源：第六次全国人口普查。

各地城市个数(2011年底)　　表2-8

省级区划名称	地级市	县级市
全国	284	369
北京	—	—
天津	—	—
河北	11	22
山西	11	11
内蒙古	9	11
辽宁	14	17
吉林	8	20
黑龙江	12	18
上海	—	—
江苏	13	25
浙江	11	22
安徽	16	6
福建	9	14
江西	11	11
山东	17	31

续表

省级区划名称	地级市	县级市
河南	17	21
湖北	12	24
湖南	13	16
广东	21	23
广西	14	7
海南	2	6
重庆	—	—
四川	18	14
贵州	6	7
云南	8	11
西藏	1	1
陕西	10	3
甘肃	12	4
青海	1	2
宁夏	5	2
新疆	2	20

数据来源：《中国统计年鉴》2012卷1-1。

(四)我国城市规模和结构发展的原则及方向

随着我国工业化进入中后期阶段以及我国经济规模的扩大和发展目标的确定，加速城市化进程已成为我国经济转型提升的客观要求，具有其历史必然性。因此，我国的城市化，必须从国情、省情和区域的实际情况出发，探索一条以经济发展为主线，社会发展为基础，先进文化为引领，现代产业体系为支撑，以特大城市为示范，大城市为依托，中小城市为重点，逐步形成辐射作用大的城市群，进而促进带动大中小城市和小城镇协调发展。一言以蔽之，我国的城市化，是具有中国特色的城镇化。

1. 我国的城市规模和城市结构发展遵循的原则

(1)我国城镇化发展要将小城镇纳入其中。

(2)我国城镇化呈现"立体网络型"协调发展态势。即以大城市为中心、中等城市为骨干、小城市及小城镇为基础，以大带小，协调并举，构筑一个容纳农村剩余劳动力的立体网络。这是一条大中小城市和小城镇协调发展的道路。

(3)我国城镇化采取区域布局"差别化"推进方略。具体表现在：中国的东部重点是丰富城镇内涵、提高城镇化质量，形成有生命力的城镇带、都市圈、大城市连绵区；中部重点大力发展中等城市和大城市，扶持区域性中心城市，形成大中小城市和小城镇协调发展的城镇体系；西部则控制小城镇无序发展,优先发展大城市,有重点发展中等城市,将超出环境承载容量的人口向区内大中城市和东部沿海迁移。

(4) 我国城镇化要与体制转型紧密结合。数以亿计的农民进入城市或城镇,这是一个相当巨大的社会变迁,它相应地提出体制转型的要求,应着力于促使城镇化从政府推动型向市场引导型转化,打破城乡分割的格局,一是打破城乡人口管理的二元体制,改革户籍和社会保障制度,引导农村富余劳动力向非农产业和城镇有序转移;二是改革城乡管理体制,为改进政府管理方式创造条件。

2. 我国城市发展方向

(1) 基于综合发展的城市发展方向。这一城市发展方向强调从城市的空间发展、资源利用、生态环境和社会发展多个角度系统综合着眼,探讨我国城市发展的新模式。大致可包括以下四个方面:

一是城市空间发展紧凑型方向。土地集约节约利用,是城市空间紧凑发展模式的核心。

二是城市资源利用集约型方向。面对我国城市传统经济模式发展面临的挑战,借鉴发达国家发展循环经济的实践与探索,提出我国发展循环经济的基本模式。

三是城市生态环境友好型方向。包括生态型城市内涵与评价指标体系研究、生态型城市生态体系构建研究、生态型城市工程技术体系研究、生态型城市产业发展研究、生态型城市规划与建设导则研究。例如,在中新天津生态城规划中提出了如下规划原则:坚持生态优先,注重生态保育、生态恢复和生态建设,促进自然生态环境与人工生态环境和谐共融;坚持以人为本,建设宜居环境,完善公共服务设施和社会保障体系,构建和谐社会;坚持集约节约用地,形成以绿色交通为支撑的紧凑型城市布局模式,提高土地利用效率;坚持能源资源节约与循环利用,发展循环经济,加强节能减排,构建资源节约型、环境友好型社会;坚持科技创新,鼓励采用先进适用的科学技术,探索生态城市规划、建设、管理的新方式等。

四是城市社会发展和谐型方向。包括我国城市社会面临的问题和挑战、以人为本和建设和谐社会理念对城市社会和谐发展的要求、新时期城乡社会关系的界定、城中村问题研究、农民工群体社会问题研究、促进社会协调发展的规划方法和制度创新、促进城市发展模式转型的政府管理体制研究、城镇群规划方法与发展政策研究等。

(2) 基于地域分类的差别化城市发展方向

东部地区城市发展方向。我国东部区位条件优越,经济基础较好,城市化和工业化发展水平较高,基础设施条件较好,科技与资本优势突出,制度领先,在将来相当长的时期还是吸引外来人口聚集的重要地区。按照鼓励东部地区率先发展的要求,要加快京津冀、长江三角洲、珠江三角洲大都市连绵区的发展和资源整合,提升城市化质量,提高参与国际竞争的能力。促进城镇群的健康发展,引导产业和人口向大城市周边的中小城市、小城镇转移和适度集聚,与中心城市形成网络状的城镇空间体系,防止中心城市人口和功能的过度集聚。

中部地区城市发展方向。中部地区具有承东启西、纵贯南北的区域优势,具有土地、矿产资源等生产要素方面的比较优势,交通等基础设施条件较好,经济技术基础较好,工业化水平在全国处于中等位置,有吸引资本的良好条件,具有后发优势。大力培育城镇群和区域中心城市,促进中部地区崛起,加强承东启西的作用,发挥城镇群的辐射带动作用,提高城镇群的人口吸纳能力。中部地区要加强以省会为主体的中心城市建设,完善城市功能,增强辐射力。

西部地区城市发展方向。按照推进西部大开发的要求,推行生态环境保护优先的集中式城市化发展战略。西北省区要按照国家制定的产业等方面的优惠政策,实施生态移民工程,引导生态脆弱地区人口向人口吸纳能力较强的大城市和中小城镇有序合理转移。西南省区要妥善处理人地关系紧张问题,通过中心城市和中心镇的发展吸纳农村人口,聚集中小企业和地方服务业,缓解人地关系紧张的矛盾。加强和完善区域和省域中心城市功能,向综合性经济中心方向发展,带动区域经济发展。重点发展县城、工矿区和工贸城镇,依托黄河中上游、新疆、陕西榆林地区、云贵临界地区等区域能矿资源的开发,培育发展地方性中心城市。

三、人口迁移流动条件下的城市规模和结构发展趋势分析

结合我国十七大报告提出的"走中国特色城镇化道路,促进大中小城市协调发展"的方针,分析未来一段时期内我国人口迁移流动条件下的城市规模和结构发展趋势。

(一) 人口迁移流动对城市规模和结构的影响

1. 人口迁移流动和城市规模扩张形成互动机制

互动机制在于,一方面,大城市和特大城市对人口迁移流动吸引力更大。在城镇化快速发展时期,

由于大城市的规模效应和集聚效益更加显著，大城市在经济、文化、医疗、教育、公共设施等各种社会资源方面具有明显优势，对流动人口形成了强大的吸引力。另一方面，人口迁移流动是大城市和特大城市人口规模扩展的主要原因。以三大城市群首位城市北京、上海和广州为例，外来人口的快速增长是城市规模扩大的主要原因。

总的来看，城市通过自身发展规律调节人口迁移流动的方向。尽管我国东部地区仍是外来务工人员的主要输入地，但增长势头已经减缓。这一趋势反映出，随着经济社会的不断发展，我国东部地区城市定位、发展方向和劳动力需求已经发生变化，城市正通过自身发展规律调节人口迁移流动的方向。

2. 人口迁移流动对城市发展产生正负两个方面的效应

从正的效应看，人口迁移流动促进了不同城市经济活力的不断增强。对流入地区的城市来说，大量外来人口的流入增加了城市劳动力供给，减缓了城市老龄化速度，减轻了城市抚养比，促进了人口流入地区的经济发展，给城市经济带来了活力。对流出地区的城市来说，通过外出务工收入汇款、回家创业等渠道提高了人口流出地区的收入水平，改善了人口流出地区的发展条件。

从负的效应看，大量人口向某个特定地区或城市长期持续的流入，将给流入城市的交通、环境、医疗以及社会保障带来了很大的压力与挑战，同时部分城市还出现治安水平下降、城市环境恶化等问题，城市管理难度加大，不利于该城市的可持续发展。同时，也不利于流出地区的城市经济社会发展。如目前中西部地区农村和部分城镇出现"空心化"，大量留守老人儿童产生一系列社会问题矛盾等，都是这一流动模式的直接后果。

3. 人口迁移流动带来的流动人口问题成为城市发展的"短板"

在城镇化发展过程中，人口迁移流动趋势还将持续，规模继续扩大。根据"木桶原理"，流动人口问题已成为城市发展的"短板"。在某种意义上，未来的城镇化发展的关键是解决好流动人口带来的挑战。

(1) 流动人口构成城市低收入人群主体。

(2) 流动人口凸显大城市和特大公共服务供需矛盾，社会保障压力增大。目前，以农民工为主体的流动人口还没有完全享受与城镇居民相同的待遇，突出表现在劳动就业、工资待遇、子女教育、社会保障等方面。多数流动人口希望融入所在城市，与此同时，城市公共服务和管理能力还不能满足快速城镇化的要求。特别是在大城市和特大城市，流动人口大规模集中进入，进一步提高了公共服务均等化的难度。

(3) 流动人口住房问题日益突出，高房价成为城市进入"门槛"。流动人口要在城市中立足，首先就要解决居住的问题。与户籍人口相比，流动人口在人均住房面积、生活设施等方面差距明显。特别是在大城市，流动人口居住条件和居住环境普遍较差，多集中在城乡结合部、"城中村"等城市边缘聚居。同时，大城市高房价成为流动人口定居城市的门槛。2010年，被调查的流动人口中67.9%依靠租住私房解决住房问题，只有5.9%已购买商品房❶。由于我国现有住房保障方式主要针对城镇居民，并没有将流动人口纳入到住房保障体系中，因此，流动人口普遍缺少住房保障。

(二) 人口迁移流动条件下的城市规模和结构发展趋势

1. 流动人口成为我国城镇化加速发展的主要驱动力

在城镇化过程中，城镇人口总量增加可能有三个方面的来源：第一，城镇人口的自然增加。第二，农村人口向城镇迁移流动导致的城镇人口增加，包括从农村落户到城镇的人口，即乡城迁移人口；从农村流动到城镇的人口，即乡-城流动人口。第三，城乡地域划分引起的城镇人口增加，即城镇数量的增加和城镇划分标准的差异可能引起的城镇人口增加。

未来，我国流动人口将继续保持增长的趋势。根据国家人口和计划生育委员会预测，如果人口流动迁移政策不发生较大变化的情况下，2050年，流动人口规模处于3.5亿左右；流动人口对城镇人口增长的贡献率将由23%增长到53%❷。

2. 城镇化过程中人口迁移流动呈现城市化和郊区化两大趋势

(1) 城际人口流动趋势更多地表现为从中小城市向特大城市和大城市流动。从未来人口城际流动来看，更多的人口会向特大城市和大城市流动，同时也包括中小城市由于人口聚集而升格为大城市的部分。其根本原因在于小城镇难以发挥城市聚集效应，

---

❶ 国家人口和计划生育委员会流动人口服务管理司，《中国流动人口报告2011》。

❷ 国家人口和计划生育委员会流动人口服务管理司，《中国流动人口发展报告(2010)》。

无法实现产业结构升级调整，难以孕育出最高效的服务业企业，吸纳新增就业岗位的能力远不及更大规模的城市，甚至可能出现倒退。另外一个重要而直接的原因是以乡镇企业为代表的农村工业化是中国小城镇的支柱，但是中国的乡镇企业属于非集聚型工业化，农村经济和人口并未实现空间上的聚集。

（2）城市内部人口流动趋势表现为从城市中心区向周边扩散，呈现郊区化趋势。在大城市和特大城市人口总体快速增长的同时，人口分布还存在另一趋势——郊区化趋势，即人口从城市中心区向周边扩散。一方面是中国城市化进程推进导致城市边界不断扩展，另一方面是供给和需求条件的变化导致人口向郊区迁移。因此，在中国部分超大城市在继续成长的同时，人口向郊区迁移的过程也将加速。

3. 人口迁移流动使城市规模结构进一步变化

按照城市化的国际规律，未来人口流动的主导方向将依次是：城市化率低于50%，以从农村进入城市为主；超过50%，以从小城市进入大城市为主；超过70%，人口流动以从城区进入郊区为主；大都市圈阶段，人口进入郊区。未来人口流动将依次进入以小城市进入大城市为主导阶段、以大城市郊区化为主导阶段和以都市圈为主导阶段。

（1）大城市和特大城市数量增加。中小城市和小城镇中，中等城市最有发展潜力，且多是区域经济的中心。随着户籍制度改革、人口迁移流动和城镇化发展，许多中等城市将迅速成长为大城市。大城市的发展速度将大大加快，大城市和特大城市数量继续增加。

（2）省域范围内将形成多个经济中心。在市场经济条件下，各省的经济中心有可能与行政中心出现偏离，比如已经形成或初见端倪的新的省内经济中心有青岛、大连、厦门、深圳、包头等等。此外，随着各省经济发展，会逐步改变省内单一经济中心的格局，逐步发展起一批新的经济增长极。

（3）以都市圈和城市群为代表的城市网络化发展形成基本格局。京津、上海、广州三地已开始形成以超大城市为核心，辐射带动周边中小城市和小城镇的都市圈，都市圈内城镇之间的经济发展、基础设施投资以及社会公共服务之间的协作、协调，将更加密切。沿海及其他发达地区的城市群，以中心城市和特色城市为主体，形成各具优势的城镇分工和互补体系。

（4）大城市和特大城市周边新城获得快速发展。伴随大城市和特大城市出现郊区化特征，在其周围出现大量新城，并获得快速发展。新城作为分担中心城区居住、产业、行政等功能的空间物质载体，是中心城区功能的有效补充。

4. 城市群将成为我国未来城市发展的主导形式

长江三角洲、珠江三角洲和京津冀三大城市群在未来仍将主导中国经济的发展。除了三大城市群之外，新的城市群将不断涌现。现在已露端倪的有山东半岛城市群、辽中南城市群、中原城市群、长江中游城市群、海峡西岸城市群、成渝城市群和关中城市群，江淮地区、湖南中部、吉林中部、北部湾、天山北坡等都有希望成为新的城市群。大大小小的城市群、产业带和经济圈将推动区域合作和区域经济一体化进程并对"诸侯经济"形成冲击。

四、引导形成合理城市规模和结构的政策建议

（一）制定科学的城市规模政策，建立合理的城镇结构体系

1. 围绕城市规模坚持大中小城市并举，实现协调发展

我国城镇化发展及规模结构变化，在很大程度上是由国家主导的强制性制度变迁而诱致的结果。《城乡规划法》删除了原《城市规划法》中"控制大城市规模"和"发展中小城市、小城镇"的城市发展方针，这标志着我国城市规模政策从根本上实现了从"严格控制"到"协调发展"的战略性转变。党的十七大报告中提出要把"城镇人口比重明显增加"作为全面建设小康社会的重要目标和实现经济又好又快发展的重要举措，指出要"走中国特色城镇化道路，促进大中小城市和小城镇协调发展。以特大城市为依托，形成辐射作用大的城市群，培育新的经济增长极"。

2. 建立合理完善的城镇体系，提升城镇综合承载力

以人口发展功能区为基础，依据各地自然禀赋、宜居条件、人文积累及人口空间分布状况，逐步形成以都市圈为骨架，以中心、次中心城市为支撑的城镇结构体系，作为未来吸纳迁移人口的重点地。不同城市类型应采取不同的城镇化模式，具体是：城市群要走组团式、集约化发展道路，增强大都市的辐射能力，把周边的小城镇纳入块状的城市圈范围；中心城市要采取空间适度扩张和人口聚集并举的城镇化战略，走据点式、集约化发展道路；对于资源和土地等综合条件较好、发展潜力较大县域城市和中心镇，要通过政策扶持，增强其产业和人口聚集能力，发挥就近、就地吸纳农村迁移人口的优势。

（二）与人口迁移流动要求相适应，进一步完善城乡规划

1. 完善人口预测方法，增强城乡规划的科学性和合理性

传统的城市规划对人口的研究更多地关注于人口规模的预测，在人口规模预测上最常用的方法是通过人口的自然增长率和机械增长率求得。随着我国人口低出生、低死亡和低自然增长趋势的形成，人口迁移流动对地区人口规模的影响逐渐成为主要因素。由于人口迁移流动的不确定性，对城乡规划中人口规模预测的科学性、合理性提出更高的要求。因此，在制定城乡规划过程中，应把人口分布调整作为配置经济、资源、环境的主变量，开展人口规模、结构、分布、素质等因素变化影响的综合性评价，根据人口迁移流动规律完善人口规模预测方法，准确预测人口迁移流动规模及对城市发展的影响，使人口规模预测更趋合理。

2. 优先发展道路和交通设施，沿公共交通走廊布局住房项目

优先发展道路和交通设施，能够为住宅供给提供更多的余地。对于我国特大城市和大城市而言，优先发展轨道交通和快速公交，形成网络合理、多种层次、换乘方便的完善的城市公共交通体系，有利于引导城市空间布局，为优化住宅选址创造条件，提高城市整体的土地利用效率。住房项目沿公共交通走廊进行布局，对居住者而言，能够实现出行成本的降低和出行效率的提高。

（三）消除户籍制度壁垒，制定引导人口合理迁移、流动和聚集的政策体系

1. 推进户籍管理制度改革

改革开放以来，户籍制度等阻碍人口迁移的制度性障碍已开始缓解，人口迁移与流动已逐步向符合市场经济规律的方向发展，人口迁移与流动对经济发展的推动作用已初现其效。另一方面，也应该看到户籍制度以及以此为基础的二元社会体制等制度性障碍还依然存在，这些制度性障碍对人口迁移与流动的制约作用还十分坚固。

因此，要按照2012年《国务院办公厅关于积极稳妥推进户籍管理制度改革的通知》要求，认真贯彻国家有关推进城镇化和户籍管理制度改革的决策部署，积极稳妥推进户籍管理制度改革。要推进城乡、区域一体化户籍制度改革，在小城镇实施更加灵活的户籍迁移政策，在适当时机将小城镇落户条件完全放开；稳步推进大中市户籍制度改革，进一步放宽引进人才户口迁移的限制，逐步剥离附着于户籍上的各种社会权利；探索建立全国统一的居民登记管理制度以取代户籍制度。

2. 制定差别化的人口迁移管理政策

优化开发和重点开发区域实施积极的人口迁入政策，引导人口向城市群和都市圈迁移，提升城镇人口集聚和吸纳能力；引导人口在都市圈中心城市和周边小城镇均衡分布，防止人口向特大城市中心区度集中；限制开发和禁止开发区域实施人口退出政策，加强职业教育和培训，增强劳动力人口跨区转移就业能力，鼓励人口到重点开发和优化开发区域就业定居，引导区域内人口向县城和中心镇聚集。完善各类城镇化地区人口调控政策。

3. 构建有利于人口聚集的财税管理体制

理顺中央和地方财政分配关系，适时建立和完善以居民财产、居民消费为税基的税收制度，中央财政按实有人口规模补助地方公共服务资金，逐步形成地方财政收入随人口聚集度增长的机制；适度降低镇、小城市和中等城市增值税的中央分成比例，为中小城镇发展提供条件。扩大中小城市、中心镇的发展权限。按照城镇实际管理的人口规模，赋予相应行政管理权限，增加机构人员编制，加大土地、规划和投融资制度改革力度。

（四）发展租赁市场，完善住房保障制度，着力解决流动人口住房问题

与我国城镇化的长期过程相适应，解决流动人口住房问题，帮助其定居城镇也是一个长期的过程。政策的核心应是为流动人口实现永久性定居提供必要的条件，使其分享到改革和经济发展的成果。

1. 解决流动人口住房问题应以租赁为主

从我国的现实情况看，租赁是解决流动人口住房问题的主要途径。一是大力发展城市住房租赁市场，加强对房屋中介的规范管理。二是及时向流动人口提供准确租赁信息。重点是要加强对进城务工人员租赁住房信息的服务将其纳入政府对农民工的综合信息服务平台，及时发布符合农民工需求特点的租赁住房所在区域、住房的租赁信息等定点，帮助他们方便、快捷地租赁到所需的住房。三是城中村、城郊村是吸纳流动人口的主要居住地点，加强对其中出租屋的管理是改善流动人口居住条件的重要方面。

2. 完善住房保障制度，逐步将进城务工人员纳入城镇住房保障体系

促进进城务工人员在中小城市永久性定居，关键还要将其纳入城镇住房体系。一是住房公积金制度应逐步覆盖到农民工群体。二是符合一定条件的

农民工可纳入住房保障体系。

3. 探索建立农村宅基地退出和补偿机制，促进城乡住房资源联动

通过补偿，鼓励有在城镇定居意愿的农民退出农村宅基地，换取在城镇定居的资金支持或社保权利等。

（五）克服基础设施、公共服务、社会保障等薄弱环节，促进流动人口定居城市

1. 完善基础设施特别是市政公用设施建设，增强城市承载能力

根据城市经济社会发展的客观要求，与扩大内需的政策结合，加快城市基础设施特别是市政公用设施建设，扩大城市容量，增强城市承载能力。在分析城市内部人口空间布局的基础上，围绕居住需求，充分考虑居民就医、就学、购物等需要，整合区域公共服务设施，实现公共配套齐全，方面居民生活。同时，要考虑公共配套设施的承载力是否与周边人口规模相匹配。加强完善城市管理，特别是城市边缘这类城镇化扩张前沿地区的管理。

2. 推动基本公共服务均等化，促进流动人口真正实现"市民化"

推进基本公共服务均等化，核心是按照受益均等、主体广泛、优惠合理的原则，让流动人口根据经济发展水平逐步享受到均等化的服务、市民化的待遇。既要逐步把有稳定劳动关系并在城市居住一定年限的农民工及其家属转为城市居民，又要加快建立健全符合国情、比较完整、覆盖城乡、可持续的基本公共服务体系，逐步剥离附加于户籍制度上的不公平福利制度，逐步缩小城乡间人民生活水平和公共服务差距，促进农村转移人口在劳动报酬、劳动保护、子女教育、社会保障、医疗服务、住房租购等方面与城市居民享有同等待遇。

3. 完善流动人口社会保障制度，建立多层次社会保障体系

对于职业稳定、有固定收入农民工，社会保障及其经费筹集方式可参照城镇职工标准设置，或者两者合二为一。对于职业不稳定、也无固定收入的农民工及自雇农民工，可采取比较灵活、相对独立的政策。农民工第一层次社会保障，重在实施工资支付保障、工伤保险，第二层次强调疾病保险和养老保险，第三层次则是失业保险和社会救助。

（课题组成员：陈淮、刘美芝、周江、翟宝辉、钟庭军、李德全、刘波）

人口、家庭与住房占有关系

住房和城乡建设部政策研究中心课题组

2000年第五次全国人口普查通过长短表的方式，首次获得了全国范围内较为详细的人口/家庭户住房资料，2010第六次人口普查又不断地加以完善。利用第六次人口普查数据，研究我国人口、家庭与住房占有关系，其意义在于：一是有利于掌握我国住房基本状况，提高建设领域以及房地产领域的决策水平。二是有利于提高房地产宏观调控精确度，为完善房地产宏观调控提供必要的数据支持。本报告首先对我国社会经济人口特征变化进行分析，接着分析城镇住房的供求关系、总量以及分布，为更加明晰我国城镇住房基本情况提供基础数据；最后对住房的占有特征进行分析。

一、我国社会经济人口特征变化及对住房需求的影响

（一）全国总人口与城镇人口增长特征

1. 全国总人口增长缓慢

从第六次全国人口普查数据看，全国总人口为13.39亿人，不但低于国家人口计生委2005年提出的人口规划目标（2010年13.7亿）近3000万人（国家人口发展战略研究报告，2007），也低于联合国2008年版的中国人口"低方案"预测结果（13.54亿）。1990～2000年间年均人口增长率为1.07%，2000～2010年间年均人口增长率下降至0.57%，仅为1990～2000年间年均人口增长率的一半[1]（乔晓春，2011）。由此可见，中国人口惯性增长速度大大降低，人口快速增长早已成为历史。

2. 城镇人口增长迅速

---

[1] 乔晓春，从六普数据看我国人口状况变化，中国信息报，2011-8-15

进入21世纪以后，中国的城镇人口和城镇化水平仍然保持着快速增长的势头。从2000年11月1日第五次全国人口普查到2005年11月1日全国1‰人口抽样调查以及2010年11月1日第六次全国人口普查，中国城镇人口从2000年的45844万增加到2005年的56157万，增加了10313万人，增长了22.50%。2010年居住在城镇的人口为66558万，又比2005年增长了18.52%，与此同时，中国的城镇化水平也得到了较大幅度的提高，从2000年的36.22%增长到2005年的42.99%，增长了6.77个百分点。后五年从2005年的42.99%增长到2010年的49.68%，增长了6.69%。

由于全国总人口增长缓慢，而城镇人口增长迅速，仅仅是人口在城乡之间的调配。"惟有源头活水来"，可以预定到了未来一定阶段，城镇人口增长乏力，对住房的需求也随之趋缓。

(二) 全国年龄与城镇年龄特征

1. 全国老龄化趋势加剧

从人口年龄结构上看，本次普查得到大陆31个省、自治区、直辖市和现役军人的人口中，0~14岁人口占16.60%；15~59岁人口占70.14%；60岁及以上人口占13.26%，其中65岁及以上人口占8.87%。对于城镇来说，0~14岁的少年儿童人口比例更快减少，2000年时0~14岁少年儿童占比为18.42%（比全国平均水平22.89%还低），而2010年下降为14.62%，说明城镇的计划生育政策更加严格以及少子化趋势。而65岁及以上的，占比从2000年的6.42%上升到8.07%，说明老龄化趋势加剧。如果老龄化趋势加剧，这些老年人过世之后，而0~14岁的少年儿童后继乏力，那么必然有很多住房空置出来。表1为历次人口普查各年龄段比例。

历次人口普查各年龄段比例（%） 表1

	0~14岁		15~64岁		65岁及以上	
	全国	城镇	全国	城镇	全国	城镇
1953.7.1	36.28		59.31		4.41	
1964.7.1	40.70		55.74		3.56	
1982.7.1	33.59		61.50		4.91	
1990.7.1	27.70		66.72		5.58	
2000.11.1	22.89	18.42	70.15	75.16	6.96	6.42
2010.11.1	16.60	14.62	70.14	77.31	8.87	8.07

2. 城镇化延缓了城镇老龄化过程

从城市人口年龄结构上看（图1），目前我国人口年龄呈现出双高峰分布，一是20~24岁之间人口占城市总人数的11.28%；另一高峰是35~39岁之间的人口占城市总人数的9.80%。20~34岁之间人口占城市总人数的29.18%。如果我们把20~34岁视为结婚时段，需要婚房的话，那么根据六普长表数据，由于城市人口为3.79亿，城市婚房需求量为5530万套。每套按100平方米，每年住房竣工10亿平方米计算，得需要5年时间才能完成婚房建设。

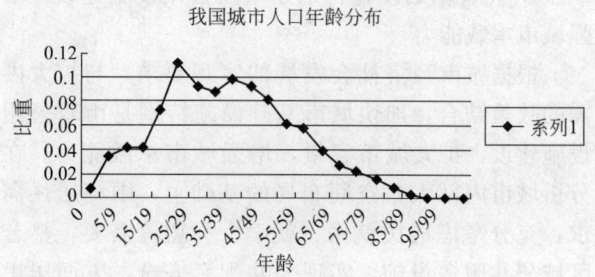

图1 我国城市人口年龄分布

一线城市比全国城镇年龄更年轻。北京、上海、天津人口与全国相比更多年轻，在20~34岁之间的人数占城市总人数的比例，北京为34.62%；上海为31.58%，天津为29.26%，比全国城市平均年龄结构更为年轻。纵向来看，与2000年相比，20~34岁人数占城市总人数比例为30.80%，2010年为29.18%，十年间城市人口年龄基本没变。但是2000年20~34岁之间人口占总人口的比例，北京仅为29.72%，上海仅为24.82%，天津仅为22.87%。但是北京现在该比例增至为34.62%；上海增至为31.58%，天津增至为29.26%。简言之，从全国城市人口年龄结构来看，基本没变，但是特大城市人口年龄却变得更年轻。这说明一线城市和大城市对住房需求更加旺盛。

劳动力人口主要指16~65岁的人口，其中对购房需求最大的20~49岁的人口。劳动力人口占比多，人口抚养比就低，住房购买力就高。"六普"数据同时表明，人口抚养比为34.17%比2000年略上升了2.93个百分点，但仍处于较低点，远低于日本抚养比的最低点43%，即使考虑到2015年后抚养比的上升，中国抚养比仍能处于较低水平，大约持续到2030年左右。这一状况反映出我国住房需求量在未来20年仍将保持相当规模。

3. 城镇家庭户规模小型化

从城市家庭户规模角度看，2010年城市家庭户户均人数为2.72人，而2000年城市家庭户户均人数为3.03人，下降了10.23%。其中11个省市自治区直辖市下降率超过了10.23%,这11个省区市名单按照下降率排序为:广东、吉林、西藏、北京、辽宁、黑龙江、福建、陕西、新疆、浙江、湖北等。粗略估算,过去10年,仅因家庭小型化因素导致的住房需求约占新增住房需求的10%。这表明,由于年轻人独立居住的愿望强烈,导致家庭快速小型化。即使城镇人口不增加,住房需求也会增加,这一因素加剧了过去10年城镇住房供需不平衡的格局。

城镇家庭户规模减少尤其体现在一代户增加以及二代户的减少上(图2)。2010年与2005年相比较:一代户增加,从27.26%上升到38.32%。主要是一代户一人户增加,从10.50%上升到16.49%,可能反映富裕家庭为未婚的孩子提前购买了住房,部分反映了住房分配不均,也可能反映了独立意识的增强;一代户二人户增加,从15.75%上升到20.65%。这说明传统的家庭分裂为更小的细胞,需要更多的住房,也反映了年轻人追求个人独立生活,要孩子的愿望不如以前强,也反映了抚养小孩的成本增加。二代户减少,从2000年占家庭户比例的58.67%下降到2010年的48.10%,这反映两方面趋势:第一,新婚的夫妻不愿意和父母居住;第二,夫妻要孩子的意愿下降。二代户二人户增加,从2000年的4.8%上升到2010年的5.88%,可能反映两个方面趋势:第一,离婚率增加;第二,留守家庭增加。

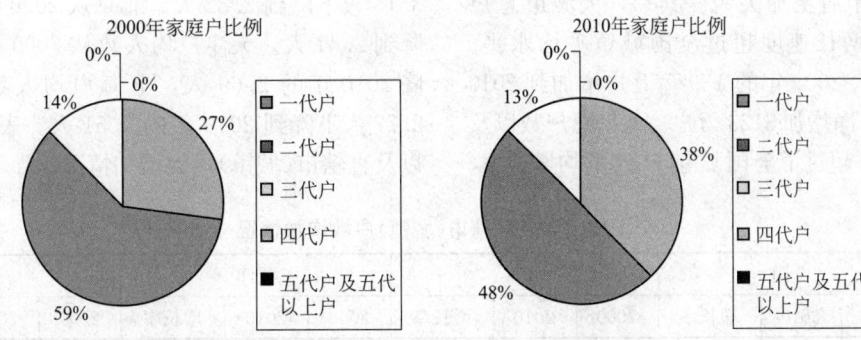

图2 2000年与2010年家庭户比例比较

(三)人户分离趋势加剧(流动人口)

人口迁移是人口分布的原因之一。而中国的人口迁移更多指的是人口流动,而人口流动通常被定义为"人户分离"人口,即户口所在地与现住地不在同一乡镇街道且离开户口所在地已经超过半年的人口。这一人口在2010年已经达到26138万人,占总人口的19.5%,即全国有五分之一的人口在流动。而在2000年这一人口为14439万人,占总人口的比例为11.4%;十年间流动人口增加了11699万,增长了81.0%;可以说从2000年到2010年这十年,中国人口向外地流动并没有停滞和减弱,而是继续在增加。实际上本次人口普查公布的流动人口可以分解为跨乡镇街道、跨县市地,以及跨省三类流动人口,目前公布的数据只是这三类流动人口的总和。2000年人口普查中这三部分人口分别占了45.5%,25.2%和29.4%。本次这三部分人口分别占了23.16%、44.28%、32.56%。另外,由于近十年来全国各级城市中心区以外兴建了大量的居民住宅,市内居民往往在搬进新居时并不将户口随之迁入,从而积压了一大批的市内人户分离人口。本次普查得到的市辖区内人户分离的人口为3996万人。如果不包括市辖区内人户分离的人口,两次普查流动人口增加10036万人,增长82.9%。

简而言之,人口结构老龄化、少子化;"三口之家"成为主流;家庭小型化、空巢化;居住离散化。户籍人口人户分离占28.5%,单人户、单亲、空巢家庭比例增加,独生子女规模庞大,家庭内部资源配置的弹性减弱、压力增大,传统家庭功能呈弱化趋势。这种人口特征一方面造成对当前住房需求的急剧增长;另一方面到了未来某个时刻,可能对住房需求急剧减少。

二、全国城镇住房供求关系、住房总量及分布研究

(一)全国城镇住房供求矛盾

1. 全国城镇供求矛盾

2000年到2010年是我国城镇化速度相对较快的时期,对住房产生较大需求(图3)。从总量上看,2000年到2010年,我国城镇共增加家庭户数为7589万户。同期,城镇总竣工住宅67.21亿平方米。其

中，商品住房竣工43.80亿平方米，非商品住房竣工23.41亿平方米（中国统计年鉴，2011卷），如果按新竣工住宅每套100平方米计算，则大约新竣工住宅共6721万套，差额为868万套。

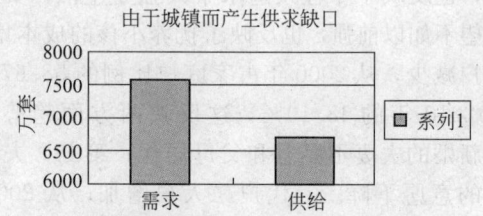

图3 由于城镇化而产生的供求缺口

2. 供求矛盾的地区差异

大城市供求矛盾更加尖锐。其一，大城市总户数以及家庭户数增长速度超过全国城镇平均水平。全国城镇总户数从2000年的13977万户增加到2010年的22100万户，净增加8123万户。北京总户数以及家庭户数的增长率超过了全国城镇户数平均增长率，上海总户数的增长率以及家庭户数基本等于全国城镇平均增长率，而天津则低于全国城镇平均增长率。从户数增长看，北京总户数在十年间增加了290万户，天津增加了86万户，而上海增加了290万户，刚性需求巨大。其二，大城市对外来人口吸引力越来越强。三个直辖市的集体户增长率均超过了全国城镇平均增长率，北京、天津、上海的集体户增长率分别为117.27%、203.28%、84.35%，超过了全国集体户增长率63.06%。这进一步证明了全国外来流动人口基本是中西部朝东部、中小城市向大城市转移的趋势。其三，大城市家庭户规模小型化的趋势更加明显。从表中很容易看出全国城镇户均人数呈下降趋势，从2000年到2010年，户均人数从3.15人下降到2.82人。北京从2000年的2.87人下降到2.41人，天津户均人数从2000年的3.01人下降2010年的2.69人，上海户均人数从2000年的2.77人下降到2010年的2.51人。表2为全国城镇以及直辖市（城镇）户数增加情况。

全国城镇以及直辖市（城镇）户数增加情况 表2

城镇 万户	全国			北京			天津			上海		
	2000	2010	增长率	2000	2010	增长率	2000	2010	增长率	2000	2010	增长率
总户数	13977	22100	58.12%	351	642	82.62%	231	316	37.19%	499	789	58.11%
家庭户	13130	20719	57.80%	323	580	79.59%	221	288	30.07%	467	730	56.33%
集体户	847	1381	63.06%	28	61	117.27%	9	29	203.28%	32	59	84.35%
户均人数	3.15	2.82		2.87	2.41		3.01	2.69		2.77	2.51	

* 由于2000年重庆不是直辖市，因此本表没有把重庆计算在内。2000年的城镇人口户数是根据2000年城市人口户数加上2000年镇人口户数加总而得。2000年户均人数，取城市和镇的户均人数中间值。

既然大城市超常规增长，当地的房地产市场是否能提供足够多的商品住宅满足这些刚性需求呢？见表3，课题组根据住房和城乡建设部40个重点城市交易情况简报，从2006年到2010年五年北京、天津、上海的平均每年批准预售套数分别为14.78万套、12.44万套、14.85万套。而六普数据中北京、天津、上海的家庭户户数分别为580.31万户、287.58万户、730.24万户。我们假设家庭户每户需要一套新商品住房用于改善性需求，如果每个家庭户都有足够的资金，持币待购，那么所需要的等待年数分别为39.26年、23.11年以及49.17年。这还不算外来流动人口（绝大多数为集体户）以及投资性需求（富裕家庭以前可以购买好几套商品住宅进行投资）。因此可以说在热点城市、一线城市实施限购令是具有相当程度合理性的。

直辖市2006～2010年平均每年新增商品住宅与家庭户户数比较 表3

万套/万户	2006	2007	2008	2009	2010	平均每年商品住宅增量(万套)①	家庭户户数(万户)②	需要年数③=②/①
北京	17.78	13.74	17.36	13.22	11.80	14.78	580.31	39.26
天津	7.88	11.42	16.06	11.66	15.20	12.44	287.58	23.11
上海	19.56	16.73	10.08	15.40	12.47	14.85	730.24	49.17

资料来源：批准预售套数2006年、2007年、2008年、2009年数据来自于住房和城乡建设部40个重点城市交易情况简报。2010年的批准预售套数是根据2010年各市批准预售面积除以前四年的平均批准预售每套面积推算而来。

(二) 各类住房数量、地区分布以及历史变迁

城镇住户住房来源现状：通过对城镇住房来源的比例分析，我们可以得出两大结论。其一、城镇、

城市、镇的主要住房来源有所区别。城镇住户主要住房来源是自建房和商品房，城市住户的主要住房来源是购买商品房和租赁其他住房，镇的主要住房来源是自建房和购买商品房。城镇自建房的户数占比为31.47%，购买商品房的户数占比为21.75%。而城市购买商品房的户数占比26.02%，比城镇高出4.27%；而城市租赁其他住房的户数占比为23.11%，比城镇高出4.51%；而城市的自建房户数占比为16.43%，比城镇低15.04%。说明城市比城镇的住房商品率更高。而镇的主要住房来源是自建房和购买商品房。镇的自建房户数占比高达56.19%，而购买商品房户数占比仅为14.72%。说明镇的住房商品率严重不足，基本上如同农村靠自建房解决住房问题。其二、近年住宅租赁市场的发展明显快于住宅销售市场的发展。在第五次人口普查以及2005年1%人口抽样调查时，租赁其他住房尚不成其独立调查项，说明当时租赁市场尚不发达。但是2005年我国人口流动速度和数量大为加剧，这些流动人口对租赁性住房有较强的需求，同时由于日益高涨的住房价格，部分住户只能用租赁的方式解决住房问题，因此导致了住宅租赁市场的发展明显快于住房销售市场的发展。2010年城镇租赁其他住房的户数占比为18.60%，成为仅次于城镇两大住房来源（自建房和购买商品房）。而在城市，租赁其他住房的户数占比高达23.11%，仅次于城市的主要住房来源（购买商品房）；镇租赁其他住房的户数占比为11.19%，次于镇两大住房来源（自建房和购买商品房）。

购买二手房比例以及趋势。1998年我国实行全面市场化改革，当时居民购买商品房的积极性并不高，尤其是二手房成交量极少。但是随着房价逐步上涨，价格相对较低的二手房逐步受到人们的关注，进而形成了一定规模的二手房市场。六普数据表明购买二手房的户数占比为4.63%，其中城市购买二手房的户数占比为4.98%，而镇购买二手房的户数占比为4.07%，说明城市的二手房市场比镇的二手房市场更加成熟。但是我国二手房市场尚处于发育阶段，像英美等成熟发达国家，基本上不建新房，而是以二手房为主。在我国过了大规模城市化阶段之后，二手房也将成为住房的主要来源。

城镇自建房比例以及趋势。自建房的比例在2005年有了较大的提高。表现城市自建房的户数占比为28.48%，比2000年增加1.7%；镇的自建房的户数占比为58.85%，比2000年增加了6.61%；2010年与2005年相比，城镇自建房的比例下降到31.47%，城市自建房的户数占比下降得较快，从28.48%下降到16.43%，下降了12.05%；而镇的自建房户数占比下降得较慢，从58.85%下降到56.19%，下降了2.66%。其原因在于2000~2005年发生了较大规模拆村并镇，很多农村的自建房纳入城区或者建制镇，村委会改为居委会。因此自建房的绝对数量增加了，表现在2005年城镇自建房户数占比上升。而到2005~2010年，拆村并镇已经停止，商品房逐渐成为主流，因此自建房的户数占比呈现下降的趋势。

经济适用房比例以及发展趋势。大体趋势是处于逐渐萎缩的状态。2000年城镇购买经济适用房的户数占比为5.96%，下降到2005年的5.71%，进而下降到2010年的4.07%。从城市和镇的购买经济适用房户数占比趋势来看，镇购买经济适用房的户数占比趋势下降得更快。城市购买经济适用房户数占比从2000年的6.54%下降到2005年的6.52%，进而下降到2010年的5.05%；镇购买经济适用房户数占比从2000年的4.88%下降到2005年的4.36%，进而下降到2010年的2.45%。原因有二：其一，经济适用房逐步失去其主体地位。这种主体地位是由1998年国家政策规定，而2003年则取消了经济适用房的主体地位，而取代以商品房。其二，商品房的数量增加。国家政策规定商品房取代经济适用房成为主要的供给渠道。2003年的非典疫情后的经济疲软引发了房地产带动经济的再次启动，在国务院的18号文中把需要购买经济适用房的对象从1998年文件规定的中低收入家庭缩小为低收入家庭，并要"逐步实现多数家庭购买或承租普通商品住房"[1]（谢家瑾，2009）。商品房的利益主体众多，包括得益于土地收益的地方政府、得益于贷款收益的银行、得益于高利润的开发商等等，因此促进了商品房的大发展。

购买原公房比例以及趋势。2010年城镇购原公房的户数占比为12.94%，比2005年下降了5.33%，比2000年下降了10.57%；其中城市购原公房的家庭户户数比例为17.3%，镇购原公房的比例为5.77%；从发展趋势来看，城市购买原公房从2000年的29.44%下降到2005年的24.38%进而下降到2010年的17.3%，这十年几乎每年按照1%左右下降；而镇购买原公房户数占比从2000年的12.53%，下降到2005年的8.02%，进而下降到

---

[1] 谢家瑾，《房地产这十年：房地产风雨兼程起起伏伏之内幕》，中国市场出版社，2009年版

2010年的5.77%，每年下降不到1%。从整体趋势上无论是城市还是镇，购买原公房的户数都呈现下降趋势；但是从下降幅度看，前五年下降得较快，而后五年下降得较慢；从购买原公房的户数分布看，原公房大多数分布在城市，而位于镇上的较少。原因分析：其一，1998年开始全面市场化改革，全国掀起了出售原公房的热潮，因此购买原公房户数占比在改革初期占有较大比重；其二，商品房逐渐成了主要的住房来源，商品房数量十年内大为增加，进而缩减了购买原公房的家庭户数占比；其三，由于原公房质量相对较差，已经购买原公房的户数，在购买商品房后可能将原有的公房出售，这部分原公房在统计学上变成"购买二手房"，也就是说流入了二手房市场。因此在统计上显示下降速度前快后慢。表4为2000年、2005年、2010年我国城镇住房来源。

2000年、2005年、2010年我国城镇住房来源 表4

		租赁廉租房	租赁其他住房	自建房	购买商品房	购买二手房	购经济适用房	购原公房	其他
城镇				35.71%	8.92%		5.96%	23.51%	
城市	2000			26.78%	9.21%		6.54%	29.44%	
镇				52.24%	8.37%		4.88%	12.53%	
城镇				39.82%	14.08%		5.71%	18.27%	
城市	2005			28.48%	16.34%		6.52%	24.38%	
镇				58.85%	10.29%		4.36%	8.02%	
城镇		2.45%	18.60%	31.47%	21.75%	4.63%	4.07%	12.94%	4.10%
城市	2010	2.66%	23.11%	16.43%	26.02%	4.98%	5.05%	17.30%	4.46%
镇		2.10%	11.19%	56.19%	14.72%	4.07%	2.45%	5.77%	3.51%

（三）城镇各类型住房比例、数量以及分布

1. 全国城镇各类住房比例以及地区分布

无论是全国来说还是从各地区来说，我国城镇解决住房问题的两种主要方式是自建房和购买商品房。自建房户数占总户数的比例为31.47%；东部地区自建房户数占总户数的27.98%；中部地区占比34.71%；西部地区占比28.49%。从购买商品房户数占总户数的比例来看，全国平均为21.75%；东部地区为22.79%，中部地区占比21.92%；西部地区占比18.89%。我们简单可以把自建房看作计划经济或者小农经济，而把购买商品房看作市场经济，那么从东、中、西部比较看，东部的市场化程度最高。有意思的是，中部地区的自建房比例最高。

从租赁廉租房住户户数占总户数比例来看，全国平均为2.45%，东部地区为2.61%，中部地区为1.86%，而西部地区为3.87%。西部地区租赁廉租房住户户数占总户数比例最高，原因在于近年来，国家加大了西部地区的廉租住房投入，导致了更大比例的住户居住在廉租住房中。

购买经济适用房户数占比来看，城镇购买经济适用房的户数占比为4.07%。东部地区城镇购买经济适用房的户数占比为3.65%。中部地区城镇购买经济适用房的户数占比为4.69%；西部地区城镇购买经济适用房的户数占比为5.82%；西部地区城镇购买经济适用房户数占比最高。原因分析：西部地区城镇经济实力不发达，商品房市场发育不完全，而旧体制下住房福利分配制度尚有较大的残余。这种残余的形式以单位自建房的形式表现出来，单位自建房被当地政府归并到"经济适用房"的大盘子，表现出西部地区城镇购买经济适用房户数占比相对最高。

购买原有公房户数占比来看，城镇购买原公有住房户数占比12.94%。东部地区城镇购买原公有住房户数占比为12.78%；中部地区城镇购买原公有住房户数占比为16%；西部地区城镇购买原公有住房户数占比为13.60%；中部地区城镇购买原公有住房户数占比相对最高。原因分析：中部地区原有老企业以及单位较多，老公房的存量比较多，而商品房市场相对发育缓慢，造成中部地区城镇购买原公有住房户数占比相对最高。

购买原公房、购买经济适用房以及租赁廉租房住户比例占总户数，三者总计19.45%。如果购买原公房，不允许购买商品房。或者购买商品房后，原公房需要退出。那么我们这么多年累积的用于保障性住房，其实其户数覆盖率已经接近达到了20%。如果不是机制设计失误的话，我们其实已经达到了为十二五设定的目标：保障性住房覆盖率达20%。当然，课题组认为19.45%还存在低估可能性，因为购买二手房、租赁其他住房中，包括了购买二手经济适用房、二手公房；租赁其他住房包括租赁他人所有的经济适用房、租赁他人所有公房等等。购买商品房、购经济适用房、购原公房在六普统计口径中是指"自己住在自己所购买的住房"中。东部地区三者之和为19.03%；中部地区三者之和为22.55%；西部地区三者之和23.29%。见表5。显而易见，国家这么多年建设保障性住房还是有成绩的。

租赁其他住房。全国城镇租赁其他住房户数占比为18.60%；东部地区城镇租赁其他住房户数占比为21.27%；中部地区城镇租赁其他住房户数占比为11.57%；西部地区城镇租赁其他住房户数占比为19.68%。东部地区城镇租赁其他住房户数占比相对最高。原因是东部地区经济发达，流入人口较多，租赁需求更加旺盛。

我国城镇家庭户住房的主要来源以及地区分布 表5

	租赁廉租房	租赁其他住房	自建房	购买商品房	购买二手房	购经济适用房	购原公房	其他
全国平均	2.45%	18.60%	31.47%	21.75%	4.63%	4.07%	12.94%	4.10%
东部地区	2.61%	21.27%	27.98%	22.79%	4.35%	3.65%	12.78%	4.58%
中部地区	1.86%	11.57%	34.71%	21.92%	5.50%	4.69%	16.00%	3.74%
西部地区	3.87%	19.68%	28.49%	18.89%	4.50%	5.82%	13.60%	5.14%

2. 城镇各类住房数量

由于第六次人口普查，仅仅是查人，而不是专门查房。遇到空房无人户时，往往放弃该房。因此通过人房合一的情况，推算全国住房情况，的确存在偏差。但是我们要看到，查人也伴随查房，象宾馆等算入居住水平，可能造成了多算。另一方面，由于空房没有计算在内，造成了少算。我们姑且假设多算和少算两者是平衡的。假设是每户住着一套住房，权作参考价值。有了全国城镇的住户数，我们将其乘以城镇各类住房的比例，就得到各类住房数量估算值。

根据2010年的六普数据，基本计算出城镇廉租房数量为540.72万套，租赁其他住房为4110.39万套，自建房数量为6954.47万套；购买商品房数量为4806.52万套；购买二手房为1024.34万套；购买经济适用房为899万套；购买原公房为2859.38万套，其他为905.37万套。见表6。

我国城镇各类住房数量估算 表6

套		租赁廉租房	租赁其他住房	自建房	购买商品房	购买二手房	购经济适用房	购原公房	其他
城镇	2000			35.71%	8.92%		5.96%	23.51%	
套数				49833878	12463589		8332247	32910157	
城镇	2005			39.82%	14.08%		5.71%	18.27%	
套数				75291970	26622580		10796510	34545060	
城镇	2010	2.45%	18.60%	31.47%	21.75%	4.63%	4.07%	12.94%	4.10%
套数		5407163	41103946	69544673	48065193	10243394	8992089	28593814	9053749

三、全国城镇住房均量以及住房特征研究

（一）城镇住房建成年代

从六普数据分析，我国住宅建筑周期为30年。表现有二：其一，1980年以前的住宅面积占比为5.84%；其二，1980年以前的住宅间数占比为7.2%。我国住宅建筑周期为30年这说明两点原因：其一，历史原因造成。1980年以前，国家过度重视生产性，而忽视消费性，对住宅生产不是很重视而导致的；其二，拆迁造成的。近年来各城市大举拆迁以及棚户区改造，这些拆迁户和棚户区大多数为1980年以前的老住房，导致1980年以前的老住房减少。我国目前城镇居民居住的主要是1990~2010年这20年建的住房，约72.72%住在这20年新建的住

房中。其中1990~2000年面积占比为35.04%，户数占比34.36%；2000~2010年面积占比43.21%，户数占比为37.87%。见表7。

城镇住房建成年代　　　　　　　　　　　　　　　　　　　　　　　　　　　表7

%	1979年以前			1980~1989年			1990~1999年			2000年以后		
	户数	间数	面积	户数	间数	面积	户数	间数	面积	户数	间数	面积
平均	8.74	7.2	5.84	19.03	17.97	15.91	34.36	35.37	35.04	37.87	39.46	43.21
东部地区	11.83	10.27	8.54	22.30	22.06	19.99	33.11	34.21	34.50	32.76	33.45	36.96
中部地区	11.85	9.87	8.55	21.84	20.24	18.56	33.41	33.77	33.77	32.88	36.15	39.12
西部地区	10.97	9.5	8.94	16.75	15.80	14.93	29.32	29.50	28.94	42.96	45.21	47.20

最近10年住房面积扩大、间数反而减少。2000年~2010年面积43.21%，间数占比39.46%，下降了3.75%。1990~2000年的面积和间数持平。1980~1989年面积占比为15.91%，间数反而上升到17.97%。背景是商品房占主导地位，商品房面积比单位自建房面积大，但间数并没有随面积增大而增大。说明商品房价格上升，获利容易，开发商卖的是面积，而不是间数，行业精细化程度不够，故而导致这类现象。衡量一个国家和地区的住房水平，不仅仅用面积，而且用间数衡量的话，商品房并没有起到如同面积所起到的作用。因为间数多（尽管面积可能较小），能保障个人隐私。也说明单位自建房虽然面积小点，如1990年面积占比35.04%，但间数反而上升到35.37%。面积占比和2000~2010年相差8.17%，但间数仅相差4.09%。我国居民仍有8.74%的户数居住在1980年以前的破旧住房，这批住房亟待改造，这可以作为十二五保障性住房规划所解决的目标：我国保障性住房覆盖人群占所有城镇户籍人口比例为10%。

（二）城镇住户居住状况

1. 全国住房基本状况（表8）

全国住房基本状况（均量）　　　　　　　　　　　　　　　　　　　　　　　　　表8

	全国				城镇				农村			
	住房面积 平方米/户、人		住房间数 间/户、人		住房面积 平米/户、人		住房间数 间/户、人		住房面积 平米/户、人		住房间数 间/户、人	
	户均	人均	户均	人均	户均	人均	户均	人均	户均	人均	户均	人均
合计	95.82	31.06	3.12	1.01	86.39	30.33	2.66	0.93	105.88	31.73	3.62	1.08
东部	88.37	30.52	2.78	0.95	82.10	29.39	2.48	0.89	101.94	33.47	3.42	1.12
中部	97.02	30.04	3.14	0.97	89.81	29.96	2.75	0.92	103.50	30.00	3.48	1.01
西部	90.19	27.78	3.10	0.95	82.09	28.97	2.64	0.93	95.86	27.24	3.46	0.98

户均面积比较。就城乡比较而言，全国各地区的农村住房户均面积都大于该地区城镇住房户均面积，譬如东部地区城镇户均面积为82.1平方米，而东部地区农村户均面积为101.94平方米；中部地区城镇住房户均面积为89.81平方米，而该地区农村户均面积为103.5平方米；西部地区城镇住房户均面积为82.09平方米，而该地区农村户均面积为95.86平方米。就城镇而言，东部地区和西部地区城镇住房户均面积小于中部地区，原因是东部地区流入的流动人口较多，而这些流动人口往往是举家外出，把一些城中村、简易楼作为寓所，西部地区城镇经济不发达，单位自建房比较多，单位自建房的面积一般较小，因此我们看到东部地区和西部地区城镇户均面积小于中部地区。就乡村而言，中部地区农村的住房户均面积大于东部地区，也大于西部地区。中部地区农村像山西、吉林、黑龙江等农村住房户均面积较小，分别为86.40平方米、70.19平方米、66.65平方米，但是湖南为121.41平方米、湖北为131.32平方米。农村住房户均面积较大，因此

提升中部地区农村户均面积。西部地区像宁夏、新疆、青海、内蒙古的户均面积较小，因此拉低了西部地区农村住房户均面积。

人均住房面积比较。就全国城乡住房人均面积而言，城镇人均住房面积小于农村人均住房面积，主要是东部地区的农村地区人均住房面积大大超过了该地区城镇人均住房面积。但是西部地区农村人均住房面积(27.24平方米)小于该地区城镇人均住房面积(28.97平方米)。主要是由于西部地区人均耕地和宅基地比东部和中部地区小，因此造成了这一现象。就城镇人均住房面积而言，东部地区和中部地区差不多，分别为29.39平方米，29.96平方米，高于西部地区城镇人均住房面积28.97平方米。见图4。

2. 城镇户均间数

目前我国城镇住房水平还不是太高，特别是直辖市。全国城镇平均住房水平相比直辖市高些，主要是在3间以及4间以上的占比比较高。譬如全国拥有3间的住户占比26.18%，4间的住户占比为18.62%，而北京、天津、上海等直辖市以1间、2间居多，见图5。这说明全国城镇住房平均水平高。由于大城市对中小城市、村镇等人口具有较强吸引力。因此一般人口流动从村镇流向中小城市，从中小城市流向大城市。造成大城市的住房情况普遍比全国城镇平均水平差。上海排行第一的是一间，占41.71%。排行第二的是二间。两者占到78.27%。北京排行第一是二间，占39.83%。排行第二的是一间。两者占到72.79%。天津排行第一是二间，占51.78%。一间、二间占比77.73%。重庆排行第一是二间，占33.26%，二间、三间占比49.36%。见图5、表9。

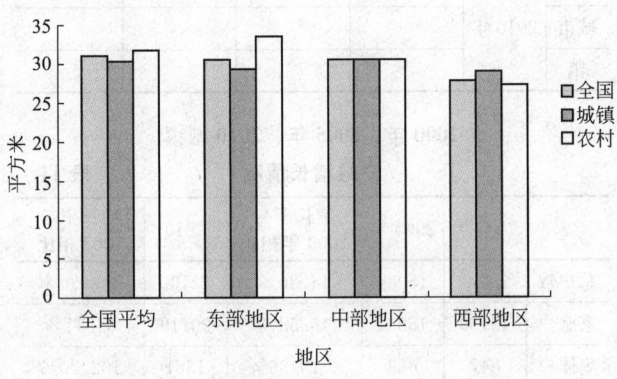

图4 我国各地区家庭户人均住房面积比较

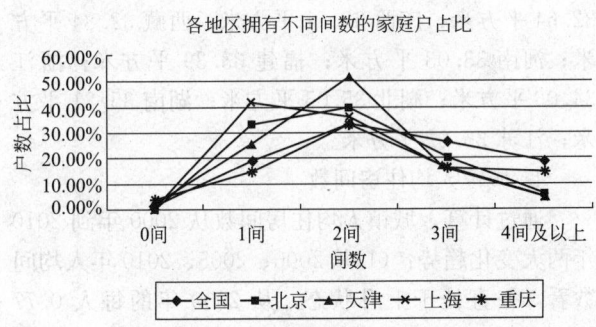

图5 全国及直辖市(城镇)拥有不同间数的家庭户占比

全国城镇东中西部地区不同人均住房面积(单位：平方米)户数占总户数的比例											表9
	无住房	8以下	9~12	13~16	17~19	20~29	30~39	40~49	50~59	60~69	70以上
全国平均	2.52%	5.91%	6.41%	8.62%	5.75%	23.42%	16.98%	10.99%	5.76%	4.65%	8.99%
东部地区	1.93%	8.21%	7.37%	9.04%	6.07%	22.74%	16.18%	10.27%	5.54%	4.20%	8.46%
中部地区	3.82%	3.30%	5.28%	8.50%	6.26%	24.82%	17.65%	11.25%	5.73%	4.81%	8.58%
西部地区	2.78%	6.28%	6.89%	8.88%	5.70%	23.75%	16.74%	10.58%	5.42%	4.42%	8.55%

3. 城镇人均住房面积

人均住房面积30平方米以下是一个庞大的群体，见图6和表9。就全国而言，人均住房面积30平方米以下的户数占城镇总户数的52.63%。东部占55.36%；中部占51.98%；西部占54.28%。因此要把人均住房面积30平方米以下提高到30平方米具有较大的困难。

但是城镇人均住房面积在不同省份差异甚大。像在江苏城镇人均住房面积甚至高达36.02平方米，而黑龙江仅为人均23.35平方米。我们根据不同人均住房面积将全国划分三类区域，可以根据不同省份不同人均住房面积在保障性住房补贴、宏观调控力度予以不同的差别对待：第一类住房困难区域：黑龙江人均23.35平方米；吉林为24.36平方米；海南24.63平方米；内蒙古24.66平方米；青海25.13平方米；山西25.62平方米；上海25.83平方米；辽宁25.85平方米；第二类住房脱困区域：天津26.11平方米；甘肃26.36平方米；广东26.38平方米；宁夏27.24平方米；贵州27.26平方米；新疆27.31平方米；北京28.22平方米；陕西28.83平方

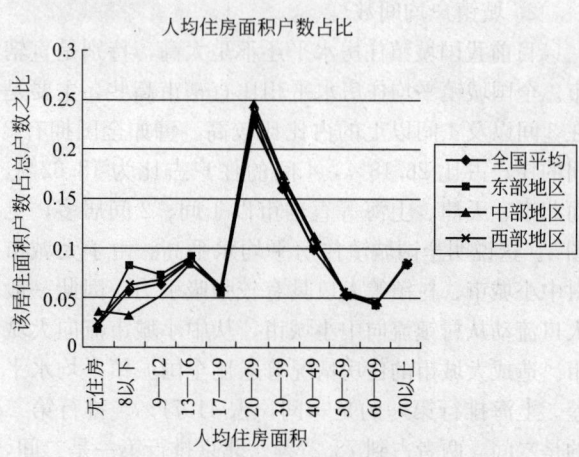

图6 不同人均住房面积的户数占总户数比例

原因分析：2000～2010年人口增长以及人口流动主要是在2005年到2010年发生。主要在2005年到2010年之间发生了大规模人口流动，见表11。

2000年、2005年、2010年城镇家庭户人均间数趋势表　　表10

		平均每户住房间数（间/户）	家庭户平均每户人数	家庭户户数	人均间数
城镇	2000年	2.38	3.11	131297872	0.77
城市		2.27	3.03	84889340	0.75
镇		2.58	3.26	46408532	0.79
城镇	2005年	2.73	2.97		0.92
城市		2.55	2.9	1530075	0.88
镇		3.02	3.09	912800	0.98
城镇	2010年	2.66	2.85	207189173	0.93
城市					
镇					

米；河北30.45平方米；云南30.51平方米；安徽30.9平方米；第三类住房小康区域：重庆32.06平方米；江西32.09平方米；山东32.3平方米；四川32.64平方米；广西32.81平方米；西藏32.84平方米；河南33.03平方米；福建33.39平方米；浙江34.06平方米；湖北35.05平方米；湖南35.31平方米；江苏36.02平方米。

4. 城镇人均住房间数

通过计算，城镇人均住房间数从2000年到2010年两大变化趋势：(1) 从2000、2005、2010年人均间数看，一直处于上升状态，从2000年的每人0.77间，上升到2005年的每人0.92间，进而上升到2010年的每人0.93间，见表10；(2) 从平均每户住房间数看，每户住房间数从2000年的2.38间上升到2005年的每户2.73间，进而下降到每户2.66间。

2000年、2005年、2010城镇户数增长情况　　表11

	2000年	2005年	增长率与2000年相比	2010	增长率与2005相比
总户数	13977	15984	14.36%	22100	38.26%
家庭户	13130	15301	16.53%	20719	35.41%
集体户	847	683	−19.36%	1381	102.20%

（三）城镇住房类型、层数、结构

城镇住房用途、建筑层数及承重类型家庭户占比见表12。

城镇住房用途、建筑层数及承重类型家庭户占比　　表12

	住房用途			建筑层数					承重类型			
	生活住房	兼作生产经营用房	无住房	平房	2～3层楼房	4～6层楼房	7～9层楼房	10层以上楼房	钢及钢筋混凝土结构	混合结构	砖木结构	其他结构
全国平均	97.16%	2.70%	0.15%	25.20%	22.51%	34.71%	11.92%	5.51%	35.22%	45.95%	16.66%	2.03%
东部地区	97.54%	2.35%	0.11%	24.92%	19.20%	37.22%	10.26%	8.29%	37.99%	43.51%	17.10%	1.30%
中部地区	97.08%	2.71%	0.22%	26.41%	24.83%	32.95%	12.92%	2.67%	34.05%	45.80%	18.33%	1.60%
西部地区	95.56%	4.09%	0.36%	27.79%	22.86%	34.35%	10.61%	4.03%	36.26%	42.95%	15.70%	4.74%

1. 从城镇住房用途上看

全国住房绝大多数属于生活住房，全国城镇生活住房的户数占比为97.16%，其中东部地区户数占比为97.54%，中部地区用作生活用房的户数占比为97.08%，而西部地区用作生活用房的户数占比95.56%。全国兼作生活经营用房的户数占比为2.70%；无住房的户数占比为0.15%。

2. 从建筑层数上看

2010年从全国家庭户户数来看，住在平房的占25.20%，从地区比较而言，东部地区城镇住在平房的户数占比为24.92%，低于中部地区26.41%以及西部地区27.79%。说明东部地区经济较发达，平房已经大为减少。平房之所以较多的原因，可能是城区调整时将部分农村地区纳入城区的范围。东部地区10层以上的户数占比比较多，为8.29%，中部地区为2.67%，而西部地区为4.03%，说明东部地区土地利用率相对比较高。从整体上看，如表12，我国城镇居民大多数住在4-6层的楼房里，其中东部地区4-6层楼房的户数占比为37.22%，中部地区占比为32.95%，而西部地区该比例为34.35%，说明我国城镇住房容积率并不高。

3. 从住宅建筑结构看

住宅的建筑结构以混合结构为主，全国城镇混合结构户数占比为45.95%，其中东、中、西部地区其住房为城镇混合结构的家庭户户数占比分别为43.51%、45.80%以及42.95%。住房是钢及钢筋混凝土结构的家庭户户数占比为35.22%，其中西部地区为36.26%，与东部地区37.99%接近，东部地区城镇钢以及钢筋混凝土结构的住宅较多，是由于经济发达的原因所致，与之比较，西部地区的该类住宅较多，是由于西部地区是我国地震较为频繁的地区，其地震设防烈度高于东部及中部地区，国家实施住宅抗震强制性标准所致。

(四) 城镇月租费支出

众所周知，居民收入水平与住房租赁价格水平具有千丝万缕的联系，高收入家庭通常也会选择较高租金的住房。同时居民收入水平的提高也刺激住房租金的上涨。住房租赁价格又影响着居民的实际收入水平。20世纪90年代后期，货币化成为城镇居民住房分配的主要形式。居民既可以选择购房也可以选择租房，租赁形式有租赁旧公房；租赁廉租房、公租房；到市场租赁住房。随着经济水平的发展，月租费水平也在不断上升。

从东中西地区月租费比较来看，东部地区经济比较发达，也是外来流动人口汇聚的焦点，因此其月租房水平普遍高于全国平均水平。东部地区200元以下的住户占比最小，但是200元以上的比例普遍高于中西部地区。见图7。其中北京月租费1500元以上的住户占比明显高于全国其他城镇。由于北京外来流动人口较多，城市化速度迅速，房价较高，房租较贵，因此很容易造成群租现象。东部地区天津的情况比较特殊，100元以下的住户占比居然占到56.21%，估计是当地的直管公房较多。西部地区西藏的100元以下的住户居然占到34.90%。

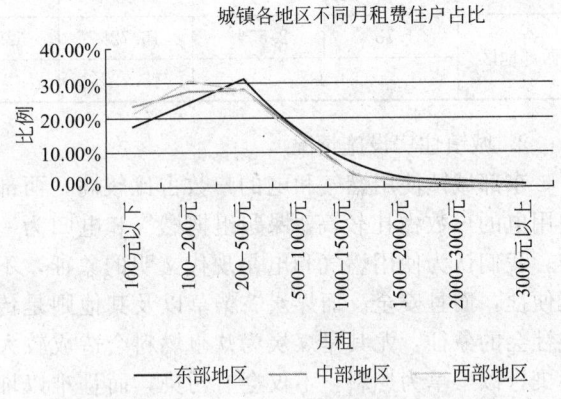

图7 我国城镇各地区不同月租费的家庭户占比

(五) 城镇住房配套情况

1. 全国城镇住房成套率(见表13)

我们把独立使用厨房看作基本的功能之一，全国城镇具有独立厨房的户数占户数的比例为87.09%；其中东部为86.23%；中部为89.13%；西部为81.73%。显然中部独立使用厨房使用率最高。无厨房的户数占比还比较高，其中东部占9.96%，中部占8.83%，西部占15.72%；与其他户合用，东中西部差不多，东部为3.81%；中部为2.04%，西部地区为2.55%，我们判断由于东部地区外来流动人口比较多，合租现象比较普遍，因此不同住户使用同一厨房是正常现象。

住房成套率分析。我们把同时具备厨房和厕所的住房视为成套住房。全国住房内有厨房户数占比为90.03%；有厕所的为84.37%。那么成套率不高于84.37%(取最低值)；东部地区为住房内有厨房户数占比90.04%；有厕所的为86.14%，均高于全国水平，那么东部地区成套率不高于86.14%；中部地区住房内有厨房为91.17%；有厕所的为80.24%，那么中部地区住房成套率不高于80.24%；西部地区住房内有厨房的为84.28%，有厕所的为78.29%，均低于全国水平，那么成套率不高于78.29%。

城镇住房成套率　　　　　　　　　　　　　　表 13

	住房内有无厨房			住房内有无厕所				
	独立使用	与其他户合用	无	独立使用抽水式	独立使用其他样式	合用抽水式	合用其他样式	无
全国	87.09%	2.94%	9.97%	58.37%	19.48%	2.59%	3.93%	15.63%
	90.03%		9.97%	84.37%				15.63%
东部地区	86.23%	3.81%	9.96%	64.84%	14.58%	3.36%	3.34%	13.88%
	90.04%		9.96%	86.12%				13.88%
中部地区	89.13%	2.04%	8.83%	54.41%	20.34%	1.65%	3.83%	19.76%
	91.17%		8.83%	80.24%				19.76%
西部地区	81.73%	2.55%	15.72%	52.25%	18.46%	2.34%	5.26%	21.71%
	84.28%		15.72%	78.29%				21.71%

2. 城镇住房设施情况

东部城镇使用燃气和电的户数占比较高，西部使用电的户数占比较高。课题组把燃气和电归为一类，我们认为使用燃气和电是现代文明的象征，不仅便捷，而且安全。而煤炭、柴草以及其他则是传统社会的象征，尤其是煤炭为炊事燃料会造成较大污染，以柴草为燃料，不仅会有污染，而且难以堆肥。全国燃气和电使用率的户数占比为79.84%；东部地区为87.9%，高于全国平均水平；中部地区为69.74%；而西部地区为74.13%。说明东部经济比较发达，燃气和电使用率比较高，尤其是燃气使用率比较高，燃气用户数占总户数的79.39%，而用电作为炊事燃料仅占8.51%。原因在于我国华北、长江三角洲、华南等东部地区的经济发展较快，居民可支配收入已达到或接近中等发达国家水平，天然气消费发展潜力巨大，人们能够承受较高的天然气价格。再者我国政府已经高度重视环境问题带来的负面影响，将天然气作为未来重要的阶梯能源。西部的水电资源比较丰富，虽然使用燃气户数占比仅占52.58%，但是使用电力的户数占比21.55%。这与当地的丰富太阳能、风能、水能和地热能有关。

东部城镇使用管道自来水户数占比最高，中部地区和西部地区相差不大。东部地区城镇该指标为90.63%，中部地区城镇为81.69%，西部地区城镇为81.70%。东部省区城镇相对普及，而广大的中西部地区普及率亟待加强。统一供热水、家庭自装热水器的户数占比，东部较高，为70.01%；统一供热水，在东中西部比例差不多，东部为2.82%、中部为2.52%，西部反而最高为3.45%。其差异来自于家庭自装热水器，东部高达67.19%，而中部为51.33%，和西部地区差不多(为50.06%)。

令人吃惊的是，全国城镇84.37%的家庭户拥有厕所，且以独立式为主，比例最高是东部地区为86.12%，中部地区和西部地区分别为80.23%、78.31%。从独立使用抽水式的户数比例来看，独立使用抽水式的住户占总住户的比例都不高，全国城镇为58.37%；东部地区城镇稍微高些，为64.84%，而中部地区城镇仅为54.41%，西部地区为52.25%。

四、全国住房家庭户以及住房占有关系研究

(一) 家庭结构和住房状况

按照家庭成员之间的关系，可以将家庭结构简单的划分为1代户、2代核心家庭户、3代户、4代户及以上户和其他类别(核心家庭、主干家庭、联合家庭和其他家庭)，这四类家庭分别占34.18%、47.83%、17.31%、0.69%。

东部地区城镇以一代户和二代户为主，分别占40.89%和46.08%，其中一代户的住房多为一间(16.95%)和二间(12.62%)。二代户的住房多为两间(17.72%)和三间(12.77%)。中部地区同时为一代户和二代户为主，但二代户户数占比(52.05%)远远超过一代户(33.48%)。说明中部地区城镇居民较东部地区保守，年轻人做丁克族的相对较少。就住房水平而言，中部地区一代户以一间(7.24%)和二间(13.46%)为主，二代户以二间(20.52%)和三间(14.90%)为主。西部地区以一代户和二代户为主，分别占38.15%和49.96%，一代户中以一间(11.47%)和二间(13.43%)为主，二代户以三间(19.15%)和四间(14.66%)为主。

表14为2010年全国城镇各地区按代数和住房间数分的户数。

2010年全国城镇各地区按代数和住房间数分的户数　　表14

地区	家庭户代数	户比例	0间	一间	二间	三间	四间	五间及以上
全国	一代	38.32%	1.51%	13.03%	12.60%	7.40%	2.08%	1.70%
	二代	48.10%	0.87%	5.57%	17.76%	14.43%	4.81%	4.66%
	三代	13.19%	0.13%	0.42%	3.27%	4.26%	2.13%	2.99%
	四代以上	0.39%	0.00%	0.00%	0.04%	0.10%	0.08%	0.16%
东部地区	一代	40.89%	1.26%	16.95%	12.62%	6.69%	1.85%	1.51%
	二代	46.08%	0.56%	7.23%	17.72%	12.77%	4.03%	3.77%
	三代	12.66%	0.10%	0.65%	3.61%	3.97%	1.82%	2.51%
	四代以上	2.12%	0.00%	0.01%	0.04%	0.10%	1.82%	0.14%
中部地区	一代	33.48%	2.11%	7.24%	13.46%	7.07%	1.94%	1.67%
	二代	52.05%	1.50%	4.87%	20.52%	14.90%	5.07%	5.19%
	三代	14.08%	0.21%	0.34%	3.62%	4.24%	2.32%	3.35%
	四代以上	2.62%	0.00%	0.00%	0.04%	0.09%	2.32%	0.17%
西部地区	一代	38.15%	1.90%	11.47%	13.43%	7.70%	1.91%	1.74%
	二代	49.96%	0.78%	6.11%	19.15%	14.66%	4.45%	4.80%
	三代	11.61%	0.10%	0.35%	2.93%	3.83%	1.74%	2.65%
	四代以上	1.97%	0.00%	0.00%	0.03%	0.07%	1.74%	0.11%

如果我们把适宜居住水平定义为一代一间，那么一代至少一间，二代至少二间，以此类推。这里就能保障各代之间的隐私，体现出较好的居住水平。见表15。我们把全国城镇各地区进行比较，发现东部地区一代户的居住水平较高，一代户至少一间的比例已经占到39.62%；而中部地区的二代户的居住水平较高，二代户二间及以上的比例已经占到了45.68%；中部地区三代户至少三间、四代户至少四间的比例也最高，分别占到9.91%、2.49%。均优于东部地区和西部地区。见图8。

城镇各地区适宜居住水平比较　　表15

	一代	二代	三代	四代以上
东部地区	39.62%	38.29%	8.30%	1.96%
中部地区	31.38%	45.68%	9.91%	2.49%
西部地区	36.25%	43.06%	8.22%	1.85%

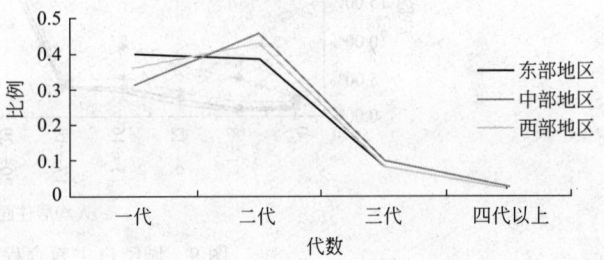

图8　全国城镇各地区按代数适宜居住水平比例

（二）城镇户主教育程度与住房来源情况

从教育程度上看，随着学历的提高，自建住房的比例越来越小，而购买商品房的比例越来越大。未上过学的自建住房住户比例占57.22%，而购买商品住房的住户仅占7.04%；而研究生学历的自建住房住户比例仅占1.24%，而购买商品房比例高达46.23%。主要原因是由于现在高考制度使得农村户籍学生变成城市户籍，转而被吸纳到已经实行住房商品化改革的企业、机关和事业单位，自建住房的住户多为城区中的农户农民，学历低，收入低，主要靠村集体分配的宅基地自建住房而获得住房。由于廉租住房针对的是低收入者，学历越低，收入越低，相对容易获得廉租住房，因此与其他学历相比，未上过学或小学、初中、高中的住户租赁廉租住房的比例比大学和研究生住户高。见表16。

城镇户主教育程度与住房来源情况　　表16

	租赁廉租住房	租赁其他住房	自建住房	购买商品房	购买二手房	购买经济适用房	购买原公有住房	其他
未上过学	2.15%	11.37%	57.22%	7.04%	3.07%	2.97%	11.19%	4.99%
小学	2.32%	15.93%	53.11%	9.14%	3.35%	2.93%	9.41%	3.81%
初中	3.00%	23.35%	36.80%	15.08%	4.37%	3.36%	10.30%	3.75%
高中	2.38%	18.20%	18.43%	28.81%	5.56%	5.06%	17.25%	4.32%
大学专科	1.62%	13.34%	8.54%	42.44%	5.64%	5.98%	17.71%	4.72%
大学本科	1.43%	12.02%	4.02%	47.45%	5.94%	6.06%	17.89%	5.19%
研究生	1.83%	15.72%	1.24%	46.23%	7.33%	6.07%	16.11%	5.48%

（三）城镇住房户主教育程度与人均居住水平

城镇住房人均居住面积0～19平方米，教育程度越高，所占的比例越低，说明教育程度是与人均居住面积正相关的。教育程度越高，人均住房面积越大。大学专科和大学本科在20～29平方米之间的比例较高。但是人均住房面30平方米以上，尤其是50平方米以上，更加体现教育程度越高，其人均居住面积越大。譬如人均住房面积50～59平方米，大学专科的比例为7.19%、大学本科的户数占比为8.61%、而研究生户数占比高达9.94%；人均60平方米以上看，大学专科户数占比为15.67%、大学本科为18.20%，而研究生户数占比为20.93%。

图9显示，0～19平方米之间，高中及以下的学历占比较大，而大学专科及以上户数占比较小。在17～29平方米之间，各类学历的户数占比相差不大，但是人均居住面积在30平方米以上，则分化较大。学历在大学专科以上的户数占比较大，而学历在高中及以下的户数较小。

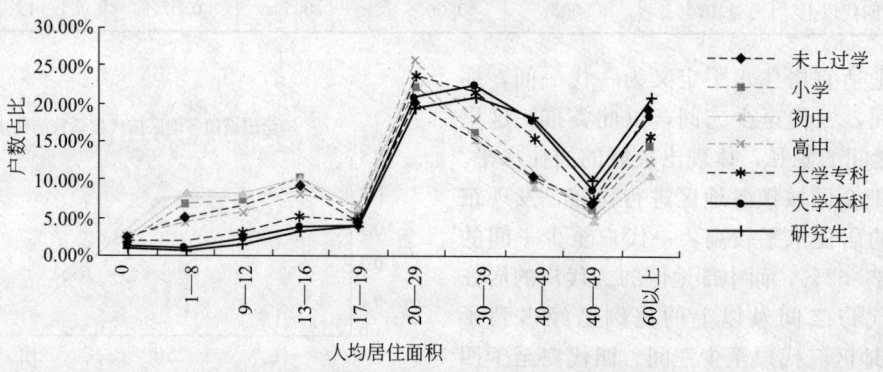

图9　城镇户主教育程度与人均居住水平的关系

乡村的人均居住面积在0～12平方米之间户数占比显著低于城镇居住面积0～12平方米，说明城镇低收入者的人均居住面积显著低于农村低收入者。而人均居住面积20平方米以上的户数占比，农村户数占比显著高于城镇，特别人均50平方米以上的户数占比，农村的户数占比显著高于城镇。说明农民依靠宅基地能较好地解决住房问题。人均居住面积50～59平方米之间的户数，城镇为5.72%，农村为6.27%；人均居住面积60平方米以上，城镇为13.06%，而农村为15.23%。说明农村依靠宅基地，特别宅基地较多的农村，利用自建房，至少在面积上比城镇更加宽松。见表17。

城镇和乡村家庭户同等人均住房面积的家庭户占比比较　　表17

平方米	0	1～8	9～12	13～16	17～19	20～29	30～39	40～49	50～59	60以上
全国	1.67%	4.37%	5.84%	8.94%	5.67%	24.41%	17.65%	11.37%	5.98%	14.08%
城镇	2.23%	6.03%	6.52%	8.75%	5.84%	23.71%	17.13%	11.01%	5.72%	13.06%
乡村	1.05%	2.51%	5.07%	9.16%	5.49%	25.21%	18.24%	11.77%	6.27%	15.23%

（四）城镇住房户主教育程度与月租房费用关系

城镇家庭户月租房费用绝大部分在1000元以下，占90.49%。月租房费用是与学历、经济条件联系在一起的。学历越低，收入越低，相对月租房费用越低。见表34，未上学的户主平均每月租房费用在1000元以下的占比最高，达95.97%；随着家庭户户主教育程度提高，月租费1000元以下的家庭户所占比呈递减趋势。譬如大学本科的家庭户月租房费用在1000元以下的占70.91%；而研究生学历的家庭户月租房费用在1000元以下的仅占55.87%。这说明随着教育程度的提高，学历越高，租房支付能力越强。特别注意的是，当前大学与非大学、大学与研究生之间住房差别较大。大学专科、本科月租房费用在1000元以上的家庭户所占比远高于高中及高中以下的家庭户的占比（未上过学为4.03%、小学学历为5.1%、初中学历为6.83%、高中学历为11.5%）。而研究生学历月租房费用在1000元以上的家庭户占比44.12%，又远高于户主为大学专科（18.37%）以及大学本科学历的家庭户所占比例（29.1%）。未上过学的月租房费用尤其劣于其他的学历水平。说明这部分群体在城镇中处于弱势地位，在城镇中以农民工、雇工等身份出现，单位或企业、雇主提供食宿，个人支付能力有限。因此导致未上过学的家庭户的曲线直接向右下倾斜。见图10。

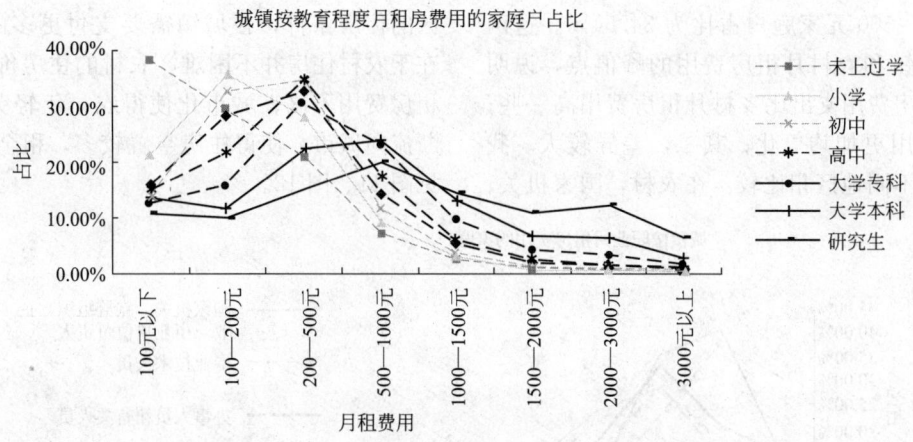

图10 城镇按教育程度与月租房费用的关系

（五）城镇住房户主职业与月租房费用关系

户主为国家机关、党群组织、企业事业单位负责人，在月租房费为0~500元所占比例较小，500元以上所占比例较高。在城镇中农、林、牧渔、水利业月租房费用是最低的。见表18。表现在两个方面：其一，绝大多数月租房费用在200元以下，月租房费用200元的家庭户占68.24%；月租房费用500元以下的家庭户占90.36%。其趋势为起点较高，然后迅速地下滑，月租房费用在500元以上的占比较少。这说明城镇中农、林、牧渔、水林生产人员属于城中村或者已经划为城镇建成区但其生产形态以及住房形态仍然保持着农村的风貌。他们在自己的宅基地上修建住宅，住房并不太困难，加上收入相对城镇其他从业人员较低，因此用于月租房费用不高。住房条件最好的是国家机关、党群组织、企业事业单位负责人，表现月租房费用在0-500元之间的家庭户占比较少（48.17%），而500元以上的家庭户占比较多（51.83%），其图形表现为起点较低，但是超过500元后，处于较上的位置。见图11。

城镇住房户主职业与月租房费用关系　　　　表18

	100元以下	100~200元	200~500元	500~1000元	1000~1500元	1500~2000元	2000~3000元	3000元以上
	11.78%	29.79%	34.54%	14.13%	5.14%	2.08%	1.52%	1.01%
国家机关、党群组织、企业、事业单位负责人	6.24%	13.54%	28.39%	23.31%	12.65%	6.30%	5.04%	4.52%
专业技术人员	15.31%	17.37%	28.14%	20.36%	9.13%	4.39%	3.75%	1.55%
办事人员和有关人员	14.67%	20.34%	33.29%	16.96%	6.95%	3.35%	2.85%	1.58%
商业、服务业人员	8.26%	21.95%	36.67%	19.45%	7.36%	2.86%	2.00%	1.45%

续表

	100元以下	100~200元	200~500元	500~1000元	1000~1500元	1500~2000元	2000~3000元	3000元以上
	11.78%	29.79%	34.54%	14.13%	5.14%	2.08%	1.52%	1.01%
农、林、牧、渔、水利业生产人员	30.71%	37.53%	22.12%	6.43%	1.77%	0.56%	0.40%	0.47%
生产、运输设备操作人员及有关人员	13.32%	40.89%	35.11%	7.75%	1.85%	0.56%	0.31%	0.22%
不便分类的其他从业人员	19.05%	31.70%	28.34%	13.51%	4.49%	1.43%	0.79%	0.67%

乡村和城镇相比：其一，峰值点不同。也就是月租房费用家庭户占比最大的不同。农村月租房费用100~200元的家庭户占比46.37%；而城镇月租房费用在200~500元家庭户占比为34.54%。这两个点分别是城镇和农村月租房费用的峰值点，说明城镇居民月租房费用支出比乡村月租房费用高一些；农村月租房费用更加均等化；其二，差异较大。我们拿同一职业不同地区相比较。在农村，国家机关、党群组织、企业事业单位负责人月租房费用在1000元以上仅占12.2%，而在城镇，这些人群月租房费用在1000元以上的占到28.51%。显然由于不同地区的住房条件，在城镇需要支付更多的费用。原因在于农村住房并不困难，农村的住房价值尚未体现，租房费用不高；城市化使得农村年轻劳动力源源不断流向城市，使得住房空置较多，租金水平并不高。见图11、图12。

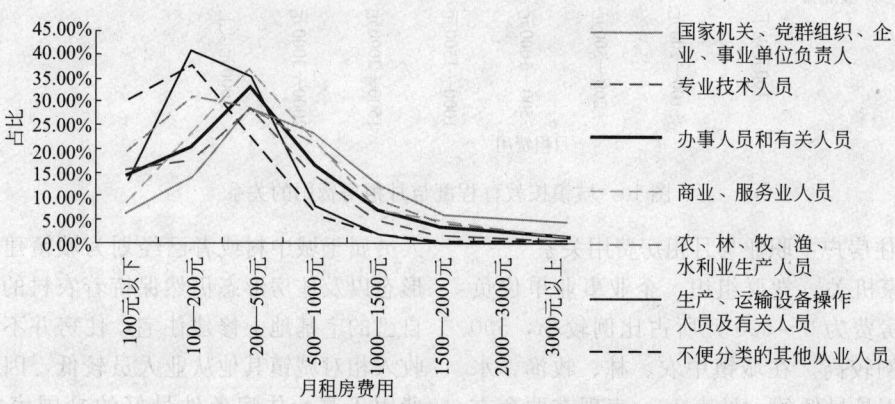

图11 城镇月租房费用与户主职业家庭户占比

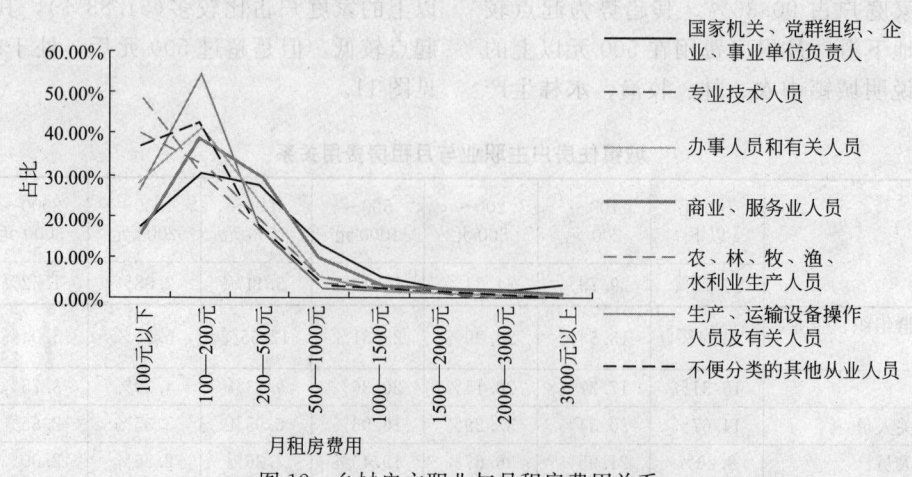

图12 乡村户主职业与月租房费用关系

(六) 城镇住房户主职业与人均建筑面积的关系

从城镇住房户主职业与人均建筑面积关系看。从峰值点的角度，无住房的家庭户占比，以第五类人员最高，占 0.17%；从 8~19 平方米之间，都是第六类人员占比最高，分别为 11.42%、9.76%、11.03%、6.25%。第六类是生产、运输设备操作人员，也就是所谓的蓝领工人或者下岗工人的居住条件最差。从人均建筑面积为 0 到人均住房面积为 20 平方米，都低于全国城镇家庭户人均建筑面积，第六类人员家庭户占比，的确说明这类家庭户住房条件较差。人均 20~29 平方米，户主为第五类人员的户数占比最高。人均 30~50 平方米，户主为专业技术人员的家庭户占比最高，分别占 22.17%、15.81%，说明专业技术人员是住房改革的主要获益者。在人均 50 平方米以上的住户中，以国家机关、党群组织、企业事业单位负责人占比最高，分别占到 7.98%、6.17%、12.91%。说明这类人群获益是最大的。

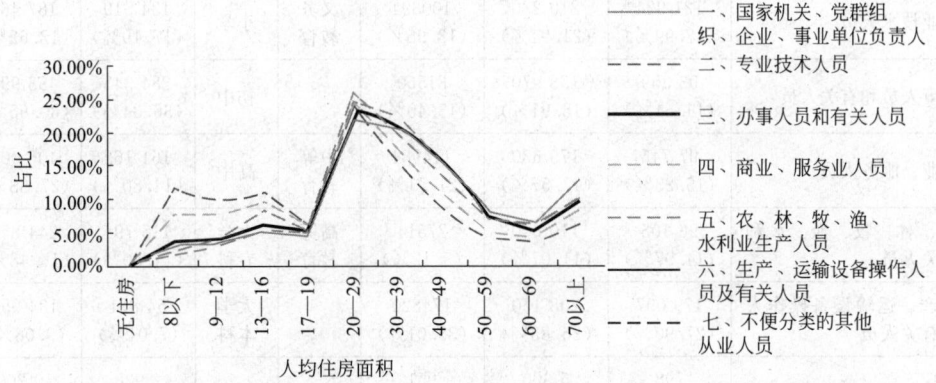

城镇按职业的家庭户居住水平

图 13　城镇住房户主职业与人均建筑面积关系

(七) 各类保障性住房受惠群体

无论是廉租房还是经济适用房分配都相对公平。2010 年廉租房受惠的主要受益群体为商业服务业人员（33.59%）、生产运输设备操作人员及有关人员（45.94%）；经济适用房受惠的主要群体为专业技术人员（19.54%）、办事人员和有关人员（16.01%）、商业服务人员（23.27%）、生产运输设备操作人员及有关人员（33.85%）；购买公房的受惠群体和经济适用房类似。专业技术人员（21.25%）、办事人员和有关人员（18.85%）、商业服务人员（21.27%）、生产运输设备操作人员及有关人员（32.50%）。见表 19。

2010 年城镇各类保障性住房户主职业分布　　表 19

	廉租房	经适房	购原公房
一、国家机关、党群组织、企业、事业单位负责人	3.15%	5.58%	5.22%
二、专业技术人员	8.35%	19.54%	21.25%
三、办事人员和有关人员	7.28%	16.01%	18.85%
四、商业、服务业人员	33.59%	23.27%	21.27%
五、农、林、牧、渔、水利业生产人员	1.47%	1.55%	0.74%
六、生产、运输设备操作人员及有关人员	45.94%	33.85%	32.50%
七、不便分类的其他人员	0.22%	0.20%	0.17%

续表

1998 年 23 号文件将经济适用住房确定为城镇住房供应体系的主体，占全部城镇人口约 70% 左右的中低收入家庭均可以购买经济适用住房。2006 年 37 号文件规定，"经济适用住房要真正解决低收入家庭的住房困难"，其保障性住房的性质也被进一步明确。最终 2007 年 24 号文件将其列为我国住房保障体系的一个组成部分，用于解决城镇低收入住房困难家庭购买住房产权的需求。根据五普数据、六普数据以及 2005 年 1% 人口抽样调查资料，我国经济适用房的保障对象逐步从中低收入群体转向低收入群体。第一类是国家机关、党群组织、企业事业单位负责人从 2000 年的 8.24%，下降到 2005 年的 6.16%，进而下降到 2010 年的 5.56%。第二类是专业技术人员从 2000 年到 2010 年基本处于持平水平。第四类商业服务人员增加，从 2000 年的 15.23% 上升到 2010 年的 21.71%；第六类是生产运输设备操作人员及有关人员从 2000 年的 27.90% 上升到 33.01%。第一类属于较高收入群体，而第四类、第六类属于低收入群体。见表 20。

从职业角度看，2010 年第六类生产运输设备操作人员及有关人员和第四类商业服务人员，约占 54.72%；从教育程度看，2010 年购买经济适用房的户主，初中高中毕业户主占总户主的 59.49%，而这一指标在 2005 年为 57.98%，在 2000 年仅为 51.14%。说明经济适用房分配越来越公平。

全国购买经济适用房的户主职业以及教育程度　　　　　表20

按职业分		购买经济适用房			按教育程度分		购买经济适用房		
		2000	2005	2010			2000	2005	2010
第一类	国家机关、党群组织、企业事业单位负责人	52 872 (8.24%)	61 570 (6.16%)	29 456 (5.56%)	文盲或半文盲	未上过学	28 898 (3.69%)	48 150 (3.42%)	20196 (2.39%)
第二类	专业技术人员	121 924 (18.99%)	219 230 (21.94%)	100394 (18.95%)	义务教育	小学	134 519 (17.19%)	187 460 (12.62%)	109872 (12.99%)
第三类	办事人员和有关人员	93 359 (14.54%)	158 970 (15.91%)	81550 (15.40%)		初中	284 343 (36.34%)	453 990 (30.65%)	288259 (34.08%)
第四类	商业、服务人员	97 745 (15.23%)	175 630 (17.57%)	114984 (21.71%)	中等教育	高中	161 162 (14.80%)	406 000 (27.33%)	214885 (25.41%)
第五类	农、林、牧、渔、水利及有关人员	96 105 (14.97%)	110 600 (11.07%)	27514 (5.19%)	高等教育	大学专科	115 794 (14.80%)	244 850 (16.48%)	21023 (14.31%)
第六类	生产、运输设备操作人员及有关人员	179 097 (27.90%)	268 150 (26.83%)	174820 (33.01%)		大学本科	54 821 (7.01%)	134 950 (9.08%)	82248 (9.72%)
其他	不便分类其他从业人员	798 (0.13%)	5 300 (0.53%)	951 (0.18%)		研究生	2 938 (0.38%)	10 200 (0.69%)	9350 (1.11%)

资料来源：中国 2010 年六普数据，2000 年五普数据，2005 年全国 1% 人口抽样调查资料

（课题组成员：秦虹、钟庭军、周江、浦湛、梁爽、龚江辉、杜旻）

城市公共装备配备标准研究

全国市长研修学院（住房和城乡建设部干部学院）

近年来，我国城镇化发展迅速，据国家统计局公布的数据，2002～2011 年，我国城镇化率以平均每年 1.35 个百分点的速度发展，城镇人口平均每年增长 2096 万人。截止到 2011 年底，城镇人口比重达到 51.27%。在当前环境条件下，我国正处在城市化高速发展阶段，城市建设与发展成为我国发展的核心问题。鉴于城市是一个庞大、复杂并且高级的系统，为维持城市系统功能正常运营，促进城市持续稳定发展，保障城市居民的正常生活，除提供必要的城市基础设施之外，还需要提供众多的城市公共装备，以此达到对城市基础设施及服务功能的支撑。城市公共装备是在特定的城市区域范围内，为维持该城市正常运营，提供相应的城市功能、服务与产品，应对各类突发事件，为城市发展提供有利条件，能够为城市提供公共服务的各类装备。它将与城市基础设施有机结合，为城市居民提供最大限度的服务，促进城市的稳定、可持续发展。

1. 城市公共装备配置存在问题

1.1 城市公共装备供给不足

1.1.1 城市公共装备配置落后于城市发展速度

城市公共装备作为城市居民公共利益实现的载体，是满足城市公共需要，实现城市共同利益的重要基础。随着城市化进程的加快、城市经济的快速发展以及城市人口数量大幅提高，城市居民对于城市公共装备的需求与日俱增。

由表 1 可见，从 1995 年起，我国城市化率、人均 GDP 及城市人口数量都大幅增长，城市发展迅

速。但是，我国对于城市公共装备的关注却明显不足，目前对城市公共装备投入的增长速度落后于城市发展速度，并且城市公共装备供给数量和种类也落后于城市居民的现实需求，无法与我国城市发展现状相匹配。例如，在面对中国南方地区冰雪灾害与汶川大地震等严重的自然灾害的过程中，就凸显了我国城市应急公共装备方面的不足。具体表现为：第一，应急公共装备投入不足、整体水平不高，应急救援设备特别是大型特种救援设备数量有限，标准不高。一些城市在遇到突发应急事件时，由于手中资源不足，往往束手无策，陷于被动。第二，配备不系统、不精细，缺乏对现代城市综合减灾和应急救援的科学研究。2008年我国南方地区发生雨雪冰冻天气时，有的城市因清除积雪能力不足而引起交通大面积阻塞，以及之前发生的全封闭式公共汽车上的燃烧事件，也是因为没有配备相应的逃生锤等工具而造成群死群伤现象。这些都暴露出在应急装备配置上的缺失和粗放。第三，维护不到位、应急演练缺乏针对性，人与设备的结合难以达到最佳状态等问题。

1980～2010年城市发展特征数据表　　表1

年份	城市化率（%）	人均GDP（元）	城市人口（万人）
1980	19.39	463	19140
1985	23.71	858	25094
1990	26.41	1644	30195
1995	29.04	5046	35174
2000	36.22	7858	45906
2005	42	14185	56212
2010	47.5	29748	66978

1.1.2　城市公共装备配置落后于城市基础设施建设

城市的现代化建设和发展与城市基础设施密切相关。首先，城市基础设施现代化水平指标被列入衡量城市现代化的指标体系，其中包括：人均铺装道路面积（平方米），万人拥有公共汽、电车（辆），万人拥有医生数（人），万人拥有电话机（包括移动电话）数（部）。其次，城市基础设施与城市评级也具有一定联系。目前，我国城市排名分类标准分别为：政治地位、经济实力、城市规模以及区域辐射力。其中，城市经济的发展离不开城市基础设施的支持，而城市规模的扩大也需要城市基础设施的支撑。因此，城市基础设施是城市生存和发展所必须具备的工程性基础设施和社会性基础设施。表2为我国城市基础设施发展情况举例。

我国城市基础设施发展情况　　表2

年份	供气管道长度（万公里）	人均拥有道路面积（平方米）	每万人拥有公交车辆（标台）	每千人拥有执业（助理）医师（人）
1990	2.4	3.1	2.2	2.95
1995	4.4	4.4	3.6	2.39
2000	8.9	6.1	5.3	2.31
2005	16.2	10.9	8.6	2.46
2010	30.9	13.2	9.7	2.97

表2以供气管道长度、人均拥有道路面积、每万人拥有公交车辆以及每千人拥有执业（助理）医师为代表，显示了我国城市基础设施近年来的发展情况。根据表1、表2所示，2000～2010年间，随着我国城市化率的增长，城市人口与人均GDP的大幅提高，我国城市基础设施发展速度也明显加快。

城市基础设施功能的发挥需要城市公共装备的配合，城市公共装备的供给水平会直接影响城市基础设施功能的实现。可见，城市公共装备是实现公共物品供给和提供公共服务的重要基础。但是，目前我国城市公共装备总体投入的增长速度，落后于城市基础设施建设的增长速度，城市公共装备发展速度也落后于城市基础设施建设的增长速度，进而导致城市公共装备的供给总体水平低下，不能满足城市基础设施的需求。可以看出，我国城市公共装备目前发展缓慢，在供给方面还存在较大问题。因此，如何解决城市公共装备整体供给不足的问题，应引起社会及城市管理者的足够重视。

1.2　城市公共装备配置标准不规范

由于我国对城市公共装备的研究起步较晚，目前尚未形成一套完整的体系用以对城市公共装备进行定义、分类以及统计口径等，所以，我国城市公共装备的配置标准并不规范。这种不规范进一步导致了我国在城市公共装备的供给方面，同时存在着供给不足与供给过剩的问题。

一方面，城市公共装备供给的总体水平偏低。如前文所述，主要表现为城市公共装备的配置落后于城市发展速度，不能满足城市人民日益增长的需求；城市公共装备的配置落后于城市基础设施建设，不能满足城市基础设施对公共装备支撑功能的要求，并阻碍基础设施功能的实现。这种发展差异与供需不平衡的状态，严重影响到城市稳定、持续发展，城市基本功能的实施也受到限制。例如，湖北省某市副市长在第四届"中国城市发展·市长高峰论坛"

发言中就指出，城市综合减灾体系是城市安全的"神经系统"，是城市经济社会发展的"保护伞"。我国应急公关装备存在投入不足、整体水平不高、配备不系统、不精细，维护不到位，应急演练缺乏针对性等问题。一方面是应急设施设备不足，配置不系统、不齐全，不配套；另一方面又存在现有的应急设备因维护不到位战斗力降低的情况。他认为，要实现城市防灾和减灾的综合管理，必须落实好应急设施设备的科学管理，要建立健全应急设备的日常管理、快速调用、轮换更新制度；各级政府还要统筹规划掌握各级、各类、各业务部门，包括防化、消毒、生活、医疗器械、救援抢险等应急物资和设备的实物储备；加强政府专业救援队伍建设，并逐步探索紧急与非紧急一体化的路子。另一方面，部分城市公共装备又存在供给过剩的问题，降低城市资源的有效利用率。由于城市公共装备具有较强的区域性，各地方政府会根据城市的不同需要制定公共装备的配置情况。地方政府有时为追求本城市的利益和政绩，迎合中央对地方政府实行的政绩考核，增加不必要的公共装备投资，造成区域性公共产品供给过剩。或者当中央政府参与经济合作区域的公共装备供给时，由于不够了解当地的需求情况，也有可能导致城市公共装备供给过剩的情况发生。

城市公共装备配置标准不规范，城市管理者无法有依据地对公共装备进行配置，造成供给不足与过剩的现象同时存在，将直接造成城市公共装备配置效率低下，浪费政府资金、城市资源，影响城市健康发展。

1.3 城市公共装备配备运行机制不合理

我国城市公共装备管理沿袭了计划经济体制下的管理模式，已经跟不上国际的管理步伐。目前，国外许多城市已经通过市场化或多元化的方法，来改进城市公共装备配备运行机制，但我国引进这种机制的城市相对较少。单一由政府提供公共装备的机制，效率相对较低，并且具有一定局限性。

在我国现有城市公共装备管理体制下，大多数城市公共装备是由地方政府来提供，即地方政府是城市公共装备最主要的提供者，这通常是由于城市公共装备的非营利性决定了其他市场主体不愿意提供这种服务。正是由于大多数的公共装备都由政府来提供，这些公共装备的产权理所当然地归政府所有，但囿于现行管理体制，地方政府承担着多而全的政府职责，对公共装备的产权根本无暇顾及，因此也疏于管理。

综上所述，我国城市公共装备行业，起步较晚，发展缓慢，且没有形成完整的体系。行业内存在问题较多，也较为复杂。城市公共装备与城市发展、城市人民生活密切相关，城市公共装备的发展将对城市的运行及稳定起到较大影响，因此，研究城市公共装备不仅是理论的要求，也是现实的需要。可见，对城市公共装备的研究势在必行，且意义重大。

2. 城市公共装备配置标准的制定

2.1 国内外城市公共装备的对比

根据掌握资料，国外关于城市公共装备也没有一套完整的标准，相关数据比较分散。本文参考国家统计局、世界卫生组织、世界银行、各国统计网站以及全球管理咨询机构（如科尔尼公司等）等公布的数据，对国外有关公共装备的数据进行了整理和分析，分别从公共汽车的数量、千人拥有公共汽车量、运营长度、乘车所花费的时间、垃圾填埋场、填埋方式等多个角度，较全面地揭示了我国与一些国际城市的差距。具体见表3。

世界主要发达国家和发展中国家的公共汽车使用量　　　表3

国家	年份	人口（万）	公共汽车数量（万辆）	每千人拥有的公共汽车数量（辆）
中国	2007	135619.74	234.3	172.76
日本	2007	13248	23.1	174.37
韩国	2007	5000	18.2	364
美国	2007	31689	83.4	263.18
俄罗斯	2007	14875	86.1	578.82
印度	2006	124347	99.2	79.78
英国	2007	6151	18.1	294.26
南非	2007	4839	31.7	655.09

资料来源：国际公路协会《世界公路统计》2009年。

从表3可以看出，截至2007年底，我国每千人拥有的公共汽（电）营运车辆数为170辆左右，而2007年美国每千人拥有的公共汽车数量为263辆，英国294辆，韩国364辆，俄罗斯578辆，可见在公共汽车的投入上，我国与世界发达国家仍有很大差距。

表4数据显示，2000~2007年，伦敦每辆公共汽车平均载客量为14.7人，每千人拥有公共汽车约370辆。而根据国家统计局2011年公布的数据，截止到2010年底，我国实有公共汽（电）车374876辆（城镇人口66978万人），每千人拥有的汽车数不到56辆，每辆公共汽车平均需要承载18名乘客。

无论是从总量上来说，还是从舒适性的角度来看，我国城市公共交通明显存在着数量少、舒适性差等不足。

1997～2007年伦敦公共汽车　　　　表4

年份	公共汽车乘客公里（百万）	平均乘客旅行长度（千米）	每辆公共汽车乘客平均数量
1997/1998	4350	3.4	12.9
1998/1999	4315	3.4	12.7
1999/2000	4429	3.4	12.9
2000/2001	4709	3.5	13.3
2001/2002	5128	3.6	13.7
2002/2003	5734	3.7	14.4
2003/2004	6431	3.8	14.7
2004/2005	6755	3.8	15.0
2005/2006	6653	3.7	14.7
2006/2007	7014	3.7	15.3
2007/2008	7714	3.5	16.5
2000～2007平均值	6267	3.7	14.7

资料来源：伦敦统计年鉴2009。

从表5可以看出，在人口相当的情况下，北京客运总量和运营长度的绝对值要高于纽约州，但是运营长度的比例为15∶1，远远大于客运总量的比例2.5∶1。由此可见，公共交通装备未被充分利用，可能存在公交线路设计不合理的缺陷。

**2010年纽约州与北京公共交通
运营状况对比表（单位：百万）　　表5**

指标	北京	纽约州	比例
人口	19.6	19.4	1∶1
客运总量	6897	2775	2.5∶1
运营长度（公里）	19079	1267	15∶1

注：1英里约为1.6公里。
资料来源：纽约统计年鉴2010（New York State Statistical Yearbook）。

表6展示了伦敦2008年第四季度工作花费的时间，大部分人只需花不到一个小时的时间即可从家到工作地点。由于我国人口多，私人小汽车数量不断增加，交通拥堵的现状较严重，公共交通装备数量不足，准点率低，导致上班途中花费的时间较长。鉴于此，大力发展公共交通装备，不断提高公共装备的服务质量显得尤为重要。

**2008年第四季度英格兰工作
花费的平均时间　　　　表6**

	>20分钟（%）	21～40分钟（%）	41～60分钟（%）	61～80分钟（%）	>80分钟（%）	从家到工作地点的平均时间（分钟）
伦敦	30	31	30	4	5	38
英国	57	25	13	2	3	27

根据国家统计局《2010年各地区城市生活垃圾清运和处理情况》公布的数据，2010年北京市卫生填埋厂15个，与纽约州和伦敦市的填埋厂数量相差较多，应适当增加垃圾填埋厂的数量。此外，我国目前大多数城市解决生活垃圾出路最主要方法还是垃圾填埋，到2010年度，全国共有498座生活垃圾填埋场，85%的城市生活垃圾采用填埋处理，北京市固体废弃物送至垃圾填埋厂的比例为70%。见表7。但从表8、表9不难看出，纽约州和伦敦市垃圾填埋场都有逐渐减少的趋势，而回收和堆肥方式所占的比例逐渐增加。因此，我国城市垃圾处理整备也应该向多元化、绿色、低碳、循环利用的方向发展，不可过多采用垃圾填埋这种简单粗糙的方式处理垃圾。所以，在制定填埋场的标准时，本文会参考纽约州以及伦敦市垃圾填埋场的数量，但考虑到环保等因素，增加幅度不会超过150%。

**北京市、纽约市城市固体废弃物送至
垃圾填埋场的比例（单位：%，吨）　　表7**

城市	送至填埋场的固体废弃物	全部的固体废弃物	送至垃圾填埋场的比例
北京	4454000	6330000	70
伦敦	2208605	4149265	53

1970～2009年纽约州移动式固体废弃物处置场所（单位：个）　　表8

城市	1970年	1982年	1986年	1988年	1990年	1992年	1994年	2000年	2009年	垃圾填埋场
纽约州	861	524	354	263	220	127	67	53	45	38
纽约市	6	5	2	2	2	1	1	1	—	

注：移动式固定废弃物处置场所包括卫生、工业等垃圾填埋场，不包括建设和瓦砾碎片垃圾填埋场。

伦敦市固体废弃物各种处理方式所占的比例(单位:%)　　表9

年份伦敦	垃圾填埋场	焚烧	回收或堆肥	其他
2000/2001	72.0	20.0	8.0	0.0
2001/2002	73.0	19.0	8.0	0.0
2002/2003	71.0	20.0	9.0	0.0
2003/2004	70.0	19.0	11.0	0.0
2004/2005	65.4	19.9	14.7	0.0
2005/2006	63.7	18.2	18.1	0.0
2006/2007	56.8	21.9	19.9	1.4
2007/2008	3.2	22.1	22.3	2.4

纽约州不可移动的有害废弃物分级处置场所(单位:个)　　表10

城市	总计	等级			
纽约州	883	2	3	4	5
纽约市	50	41	4	3	2

注：此数据更新至2010年3月底。

除了设置一般的固体废弃物处理厂之外，纽约州还设置了专门处理有害废弃物的场所，且总数要远远大于垃圾填埋场的数量。见表10。

上述表格分别从不同的角度揭示了我国城市公共交通装备、环保装备与国外一些城市的差距，结合这些数据，同时根据城市的实际情况，初步制定我国城市公共交通装备与环保装备的配备标准。

2.2 我国城市公共装备配备标准的确定

根据对国内外城市公共装备数据的对比和分析，结合我国国情及城市公共装备的现状，同时参考各地相关的车辆统计年报，本文初步制定了城市公共装备配备标准。本文制定标准时本着"参考国外标准，结合实际情况，适当进行调整"的原则，并且由于一些统计机构有时对同一指标的统计数据也会有差异，本文在制定标准时选定了某一机构的数据作为参考。此外，需要说明的是，以下数据为各类城市配备装备的平均值，各城市可根据本市人口、经济以及城市规划等因素，在此基础上进行适当调整。

(1) 城市公共汽车配置标准

为缓解我国公共汽车拥挤的现状，提高公共汽车的舒适性，同时考虑到各类城市的经济状况，本文建议以美国公共交通作为参考，同时参考伦敦每辆公共汽车的乘客数，各城市在原来的基础上提高25%—50%，将公共汽车数量相应提高到80－150辆之间。

(2) 出租车配备标准

根据前面的论述可知，从2002年起，我国出租车涨势基本稳定，波动幅度相对较小。且由于2005年建设部、国家发展改革委、科技部、公安部、财政部、国土资源部发布《关于优先发展城市公共交通的意见》，对公共交通规划进行科学编制，并且加强市场监管，导致2006年全国出租车数量有所下降，总体涨幅较之前几年有所降低。再者，本文认为，与出租车相比，城市公共汽车在价格、环保、能源等方面都具有明显的优势，故在制定出租车标准时，本文在现在的基础上提高2%，用以缓解大城市出行不便，打车难的状况。

(3) 环卫装备配备标准

制订环卫装备配置标准的思路以及测算方法，具体标准见表11。此外，由于各省市垃圾填埋厂的数量较少，且并不是每个城市都设有垃圾填埋场厂，因此，填埋场标准并未在表中列出，各城市可根据本地垃圾清运量以及本地的经济条件来确定垃圾填埋厂的数量。

城市交通、环卫公共装备配备标准表(单位:辆/台)　　表11

装备类型 城市类别	公共汽车		出租车		垃圾车	扫路车	洒水车
	实际	标准	实际	标准	标准	标准	标准
第一类	51	77	782	798	14	33	24
第二类	74	104	1100	1122	19	35	26
第三类	77	107	1094	1116	20	30	22
第四类	59	92	1393	1421	28	67	48
第五类	69	97	1892	1930	30	65	47
第六类	98	127	2227	2271	31	64	46
第七类	29	52	1211	1236	30	132	95

续表

装备类型 城市类别	公共汽车		出租车		垃圾车	扫路车	洒水车
第八类	82	107	3154	3217	76	150	108
第九类	150	225	4175	4259	117	157	114
第十类	112	167	17347	17694	307	566	409

	垃圾焚烧炉	吸粪车	污水处理设备	环卫车辆总数	市容环卫专用车辆设备总数
第一类	146	9	123	250	48
第二类	166	8	208	396	62
第三类	168	11	191	393	82
第四类	241	14	212	394	85
第五类	291	12	371	687	110
第六类	299	20	478	811	117
第七类	227	8	298	537	87
第八类	638	19	877	1570	288
第九类	913	25	1843	2899	449
第十类	2234	104	4178	7797	1712

3. 创新我国城市公共装备的管理体制建设

结合我国城市化水平以及我国城市公共装备的发展现状与特点，我国城市公共装备的管理体制应该采取政府、企业、社会多元化主体的管理模式，就是要以政府的主导地位为出发点，以企业的先进管理经验为依托，以社会公众的广泛参与为辅助的新型管理模式。既可以克服"市场失灵"，又可以解决"政府失灵"，既可以充分解决政府财政困境，又可以提高城市公共装备的供给效率。把政府、市场和社会有机结合，相得益彰，使城市的城市公共装备的供给效率、管理效率和广大市民的福祉有机统一，从而实现城市公共装备管理的"善治"。

3.1 政府职能化

转变政府职能，一是推动政府向有限政府转变。包含两个方面的要求，一方面是政府要充分授权和分权，就是根据城市公共装备的特点，针对不同城市公共装备实行分级管理，尽量下放管理权限；另一方面要确保政府在城市公共装备管理中的主导地位，虽然政府转变为有限政府，即政府在城市公共装备的管理中承担的更多的是"掌舵"（决策），而不是"划桨"（执行），但是政府对城市公共装备的放松管制并非是取消管制，被导入的竞争也绝不是弱肉强食的自由竞争，而必须是有限制的竞争，否则便会出现由于受管制的自然垄断环节和放松管制的竞争性环节之间的不协调而发生问题。

二是推动政府向法治政府转变，促进城市公共装备管理的合法性。使城市公共装备的供给、运行、管理和监督做到有法可依，有法必依，执法必严，违法必究。有利于实现行政法治与社会自治良性互动的社会环境，有利于城市公共装备的合理、高效运行，并充分满足人民的需要，这也是我国建设和谐社会的要求。

3.2 实现管理科学化

城市公共装备的管理体制改革必须实现城市公共装备的管理从经验型向科学型的转变，从根本上改善公共装备管理的领导体制和运行机制，对公共装备的领导制度和人、财、物管理制度等整个管理体系做出新的制度安排，提高公共装备管理的效益。

（1）建立独立的城市公共装备政府管制机构。由于城市公共装备是直接服务于各项公共事业，是保障公共事业高效运行的根本。各种公共装备的质量、效率等直接影响到城市公共服务的水平与质量。所以，各项公共装备的采购、储存与维护必须要进行专业化管理。建立独立的城市公共装备政府管制机构可以充分保障装备的质量，可以减少城市公共装备的维护成本，实现城市公共装备的合理配置与高效供给。

（2）建立城市部分公共装备的有偿使用制度。城市部分公共装备既然是商品，对它的使用和消费同样需要进行交换和补偿，实行有偿使用、合理收费，所以，改变不合理收费的情况，适当提高某些项目、特别是资源性公共装备的收费，是合乎市场经济原则的。

（3）建立城市公共装备开放的公众参与制度。全社会要形成合力，统一认识，并纳入到战略制定的程序中来。严格实行民主、科学的投资决策、咨询制度，重大项目实行专家评估制度、市民公示制度和听证制度。另外，要开展各种教育形式，提高市民素质及合理利用城市公共装备的能力。

（4）加快城市公共装备的信息化进程。城市公共装备管理信息化是城市管理信息化发展的必然选择，是实现政府职能转变的必然要求，是提升城市公共装备管理效率与服务能力的重要手段。城市公共装备的信息化就是利用现代信息技术合理优化城市公共装备的供给、配备以及快速有效的应对突发事件等。

3.3 实现社会化

（1）建立投资主体多元化机制。在市场经济条件下，虽然，城市公共装备的生产经营具有垄断性，"是国家需要控制的领域"，但是，国家控制并不意味着必须由国有经济一家垄断经营。应当根据城市公共经济部门或行业不同的情况，在城市规划和城市政府严格管理的前提下，鼓励多元化投资，多种方式经营。

（2）促进城市公共装备管理的市场化进程。在国际上，引导利用私人资本或由私营企业融资来提供传统上由政府提供的公共设施和社会公益服务的项目日益增多，"公共设施私营化模式"是一个发展的趋势。城市公共装备作为公共设施的重要组成部分，促进城市公共装备管理的市场化进程也是符合当前公共事业的发展方向。

随着市场经济的发展，我国应逐步将具有商品属性的城市公共装备纳入市场经济秩序中，凡是有可能实行企业化管理的，都要转为企业，进入市场参与竞争。探索建立与国际接轨的建设与经营新模式。建立新型的政府与企业间委托建设、代理经营关系，比如政府授权或委托国有专业公司统一负责购买、代理经营的新型关系。探索通过政府招标、政府参股、采取特许经营等形式，鼓励私人部门进行公共装备的购买与管理，允许特许企业在政府授予一定期限内某类公共事业的开发经营权（即特许经营权或称特许权、专营权等）的前提下进行公共装备供给、管理与维护。

总之，从国内外的各个公共装备的管理模式来看，各种模式都从一个特定的角度对于不同区域的不同发展阶段的城市公共设施管理的抽象概括，现实的城市政府至少具有两种甚至更多种模式所具有的特征。

公共设施管理模式具有共同特点：一是注重政府与非政府力量的关系。政府部门已不单纯地将城市公共设施的建设和管理看成完全是政府的事，而是善于利用社会各方面的力量；二是关注市民社会在公共决策中的角色，特别突出广大的城市居民和公众在城市治理中的参与性；三是强调城市公共服务供给过程中市场的力量，将市场和竞争机制引入到城市公共服务活动中来，利用产业化、企业化的方式提供公共设施服务。

最终我们提出建立政府、企业、社会多元化主体相结合的管理模式，是在国内外现有公共装备管理模式的基础上，整合他们之间的优势，根据我国当前城市公共装备的现状提出的一种适合我国城市公共装备发展的模式。

（张海荣、陆进业 摘编）

第七篇

数据统计与分析

一、2012年城镇建设统计分析

(一) 2012年城市建设统计概述

【概况】 2012年末,全国设市城市657个,数量与上年相同。城市城区人口3.70亿人,比上年增加0.16亿人;城区暂住人口0.52亿人,比上年减少0.03亿人。建成区面积4.56万平方公里,比上年增加0.20万平方公里。

【城市维护建设资金收入与支出】 2012年全国城市维护建设资金收入11923.35亿元,比上年增加141.63亿元。全国城市维护建设资金收入的具体分布情况如图7-1-1所示,其中市财政资金的具体分布如图7-1-2所示。2012年全国城市维护建设资金支出10198.13亿元,比上年增加1459.06亿元。按用途分类的支出分布情况如图7-1-3所示。

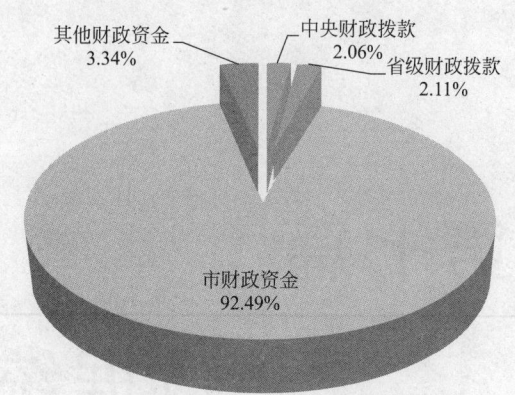

图 7-1-1 2012 年全国城市维护建设资金收入的分布情况

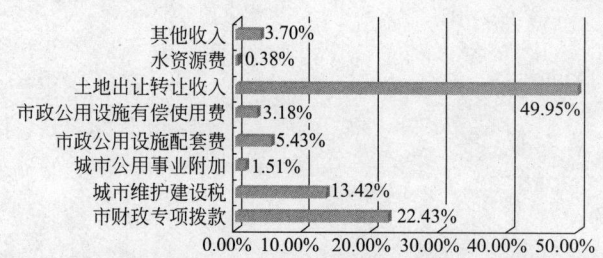

图 7-1-2 2012 年全国城市维护建设资金收入中市财政资金的分布情况

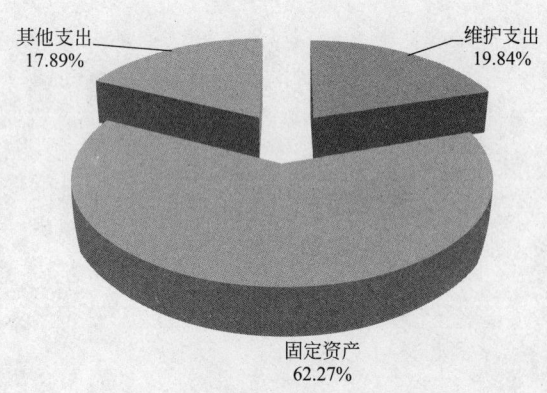

图 7-1-3 2012 年全国城市维护建设资金支出按用途的分布情况

【城市市政公用设施固定资产投资】 2012年城市市政公用设施固定资产完成投资15296.4亿元,比上年增加1362.2亿元。城市市政公用设施固定资产完成投资总额占同期全社会固定资产投资总额的4.08%。全国城市市政公用设施建设固定资产投资的行业分布如图7-1-4所示,其中,道路桥梁、轨道交通、园林绿化分列前三位,分别占城市市政公用设施固定资产投资的48.39%、13.50%和11.76%。

全国城市市政公用设施投资新增固定资产9390.9亿元,固定资产投资交付使用率61.4%。主要新增生产能力(或效益)是:供水日综合生产能力523万立方米,天然气储气能力869万立方米,集中供热蒸汽能力0.6万吨/小时,热水能力1.8万兆瓦,道路长度1.3万公里,排水管道长度2.1万公里,城市污水处理厂日处理能力521万立方米,城市生活垃圾无害化日处理能力2.4万吨。

2012年按资金来源分城市市政设施建设固定资

一、2012年城镇建设统计分析

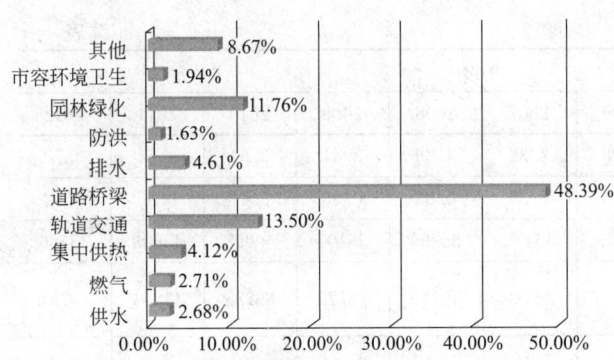

图 7-1-4　全国城市市政公用设施建设
固定资产投资的行业分布

产投资合计 15263.7 亿元，比上年增加 1106 亿元。其中，本年资金来源 14668.9 亿元，上年末结余资金 595.4 亿元。本年资金来源的具体构成，如图 7-1-5 所示。

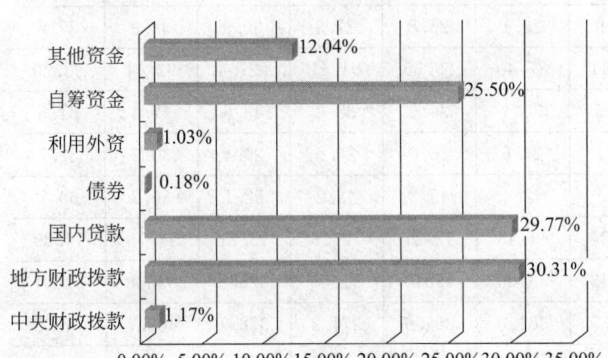

图 7-1-5　2012 年城市市政设施建设固定资产
投资本年资金来源的具体构成

【城市供水和节水】 2012 年，城市供水总量 523.0 亿立方米，其中，生产运营用水 159.3 亿立方米，公共服务用水 71.1 亿立方米，居民家庭用水 184.8 亿立方米，用水人口 4.1 亿人，用水普及率 97.2%，人均日生活用水量 171.79 升。2012 年，城市节约用水 40.1 亿立方米，节水措施总投资 27.6 亿元。

【城市燃气和集中供热】 2012 年，人工煤气供应总量 77.0 亿立方米，天然气供气总量 795.0 亿立方米，液化石油气供气总量 1114.8 万吨。用气人口 3.93 亿人，燃气普及率 93.1%。2012 年末，蒸汽供热能力 8.6 万吨/小时，热水供热能力 36.5 万兆瓦，集中供热面积 51.8 亿平方米。

【城市轨道交通】 2012 年末，全国有 16 个城市已建成轨道交通线路长度 2006 公里，车站数 1307 个，其中换乘站 247 个，配置车辆数 11492 辆。全国在建轨道交通线路长度 2060 公里，车站数 1402 个，其中换乘站 297 个。

【城市道路桥梁】 2012 年末，城市道路长度 32.7 万公里，道路面积 60.7 亿平方米，其中人行道面积 13.3 亿平方米，人均城市道路面积 14.39 平方米。

【城市排水与污水处理】 2012 年末，全国城市共有污水处理厂 1670 座，污水厂日处理能力 11733 万立方米，排水管道长度 43.9 万公里。城市年污水处理总量 363.8 亿立方米，城市污水处理率 87.3%，其中污水处理厂集中处理率 82.5%。

【城市园林绿化】 2012 年末，城市建成区绿化覆盖面积 181.2 万公顷，建成区绿化覆盖率 39.6%；建成区园林绿地面积 163.5 万公顷，建成区绿地率 35.7%；公园绿地面积 51.8 万公顷，人均公园绿地面积 12.3 平方米。

【国家级风景名胜区】 2012 年末，全国共有 225 处国家级风景名胜区，统计了其中 221 处，风景名胜区面积 9.7 万平方公里，可游览面积 4.4 万平方公里，全年接待游人 6.8 亿人次。国家投入 54.1 亿元用于风景名胜区的维护和建设。

【城市市容环境卫生】 2012 年末，全国城市道路清扫保洁面积 57.4 亿平方米，其中机械清扫面积 24.5 亿平方米，机械清扫率 42.8%。全年清运生活垃圾、粪便 1.89 亿吨。全国城市共有生活垃圾无害化处理厂（场）702 座，日处理能力 44.6 万吨，处理量 1.45 亿吨，城市生活垃圾无害化处理率 84.8%。

【2003~2012 年全国城市建设的基本情况】
2003~2012 年全国城市建设的基本情况见表 7-1-1。

2003~2012 年全国城市建设的基本情况　　　　表 7-1-1

指标	年份									
	2003	2004	2005	2006	2007	2008	2009	2010	2011	2012
年末城市数（个）	660	661	661	656	655	655	654	657	657	657
♯直辖市（个）	4	4	4	4	4	4	4	4	4	4
♯地级市（个）	282	283	283	283	283	283	283	283	283	284
♯县级市（个）	374	374	374	369	368	368	367	370	370	369

续表

指标	年份									
	2003	2004	2005	2006	2007	2008	2009	2010	2011	2012
年末城区人口(亿人)	3.38	3.41	3.59	3.33	3.36	3.35	3.41	3.54	3.54	3.70
年末城区暂住人口(亿人)	—	—	—	0.40	0.35	0.35	0.36	0.41	0.55	0.52
年末建成区面积(平方公里)	28308	30406	32521	33660	35470	36295	38107	40058	43603	45566
城市建设用地面积(平方公里)	—	—	—	—	36352	39140	38727	39758	41861	45751
市政公用设施固定资产年投资总额(亿元)	4462.4	4762.2	5602.2	5765.1	6418.9	7368.2	10641.5	13363.9	13934.3	15296.4
年供水总量(亿平方米)	475.3	490.3	502.1	540.5	501.9	500.1	496.7	507.9	513.4	523.0
用水普及率(%)	86.15	88.85	91.09	86.67	93.83	94.73	96.12	96.68	97.04	97.20
人工煤气年供应量(亿立方米)	202.1	213.7	255.8	296.5	322.4	355.8	361.6	279.9	84.7	77.0
天然气年供应量(亿立方米)	141.6	169.4	210.5	244.8	308.6	368.0	405.1	487.6	678.8	795.0
液化石油气年供应量(万吨)	1126.4	1126.7	1222.0	1263.7	1466.8	1329.1	1340.0	1268.0	1165.8	1114.8
年末供气管道长度(万公里)	13.0	14.8	16.2	18.9	22.1	25.8	27.3	30.9	34.9	37.6
燃气普及率(%)	76.74	81.53	82.08	79.11	87.40	89.55	91.41	92.04	92.41	93.20
年末集中供热面积(亿平方米)	18.9	21.6	25.2	26.6	30.1	34.9	38.0	43.6	47.4	51.8
年末道路长度(万公里)	20.8	22.3	24.7	24.1	24.6	26.0	26.9	29.4	30.9	32.7
年末道路面积(亿平方米)	31.6	35.3	39.2	41.1	42.4	45.2	48.2	52.1	56.3	60.7
人均道路面积(平方米)	9.34	10.34	10.92	11.04	11.43	12.21	12.79	13.21	13.75	14.39
城市桥梁(座)	50732	51092	52123	54643	48100	49840	51068	52548	53386	57601
污水年排放量(亿立方米)	349.2	356.5	359.5	362.5	361.0	364.9	371.2	378.7	403.7	416.8
城市污水日处理能力(万立方米)	6626.4	7387.2	7989.7	9734.0	10336.5	11172.5	12183.9	13392.9	13304.1	13692.9
污水处理率(%)	42.39	45.67	51.95	55.67	62.87	70.66	75.25	82.31	83.63	87.30
年末排水管道长度(万公里)	19.9	21.9	24.1	26.1	29.2	31.5	34.4	37.0	41.4	43.9
年末建成区绿化覆盖面积(万公顷)	88.2	96.3	105.8	118.2	125.2	135.6	149.4	161.2	255.4	181.2
年末建成区绿地面积(万公顷)	77.2	84.3	92.7	104.1	111.0	120.8	133.8	144.4	224.3	163.5
建成区绿化覆盖率(%)	31.2	31.7	32.5	35.1	35.3	37.4	38.2	38.6	39.2	39.6
建成区绿地率(%)	27.3	27.7	28.5	30.9	31.3	33.3	34.2	34.5	35.3	35.7
人均公园绿地面积(平方米)	6.49	7.39	7.89	8.30	8.98	9.71	10.66	11.18	11.80	12.30
公园个数(个)	5832	6427	7077	6908	7913	8557	9050	9955	10780	11604
公园面积(万公顷)	11.3	13.4	15.8	20.8	20.2	21.8	23.6	25.8	28.6	30.6
年末国家级风景名胜区个数(个)	151	177	187	187	187	187	208	208	208	227
清扫保洁面积(万平方米)	247880	275973	310836	324768	379355	468545	447265	485033	630545	573507
生活垃圾年清运量(万吨)	14857	15509	15577	14841	15215	15438	15734	15805	16395	17081
粪便年清运量(万吨)	3475	3576	3805	2131	2506	2331	2141	1951	1963	1812

注：1. 自2006年起，人均指标与普及率指标按城区人口和暂住人口合计为分母计算，以公安部门数据为准。
2. "年末城区人口"指标2005年及以前年份为"年末城市人口"。
3. "人均公园绿地面积"指标2005年及以前年份为"人均公共绿地面积"。

一、2012年城镇建设统计分析

【2012年全国各地区城市市政公用设施水平的比较】 表7-1-2列出了2012年全国各地区城市市政公用设施的12项指标，由此可得到全国各地区城市市政公用设施12项指标的排序，如表7-1-3所示。

2012年全国各地区城市市政公用设施水平　　　　表7-1-2

地区名称	人口密度（人/平方公里）	人均日生活用水量（升）	用水普及率（%）	燃气普及率（%）	建成区供水管道密度（公里/平方公里）	人均城市道路面积（平方米）	建成区排水管道密度（公里/平方公里）	污水处理率（%）	人均公园绿地面积（平方米）	建成区绿化覆盖率（%）	建成区绿地率（%）	生活垃圾处理率（%）
全国	2307	171.79	97.16	93.15	13.01	14.39	9.64	87.3	12.26	39.59	35.72	93.32
北京	1464	171.79	100	100	18.77	7.57	10.04	83.16	11.87	46.2	44.95	99.12
天津	2782	134.12	100	100	17.9	17.88	24.59	88.24	10.54	34.88	30.91	99.81
河北	2411	126.23	99.96	99.79	8.82	17.84	9.08	94.26	14	40.98	37.24	97.5
山西	3028	110.93	97.64	95.18	8.43	11.79	6.44	87.98	10.82	38.6	34.12	84.71
内蒙古	1032	91.12	94.43	84.39	8.8	17.67	8.84	85.57	15.52	36.17	33.3	96.13
辽宁	1624	128.05	98.45	96.02	13.77	11.55	6.85	84.59	10.89	40.17	37.4	94.38
吉林	2878	111.6	92.38	89.46	7.42	12.61	6.89	82.35	10.96	33.94	29.5	93.19
黑龙江	5054	125.48	94.14	83.39	7.45	11.83	5.43	60.77	11.75	35.98	32.86	50.95
上海	3754	186.54	100	100	34.95	4.08	18.21	91.29	7.08	38.29	33.76	83.59
江苏	2002	215.44	99.7	99.43	19.54	22.35	15.56	90.69	13.63	42.17	38.73	99.09
浙江	1786	195.81	99.88	99.49	19.53	17.88	12.97	87.5	12.47	39.86	36.08	99.33
安徽	2401	165.45	98.02	94.61	11.13	18.47	11.72	94.53	11.92	38.8	34.72	95.28
福建	2388	178.37	99.13	98.6	13.92	14.13	9.54	85.6	12.1	42.03	38.18	98.6
江西	4663	175.69	97.67	94.4	10.98	14.99	8.8	84.25	14.1	45.95	42.74	100
山东	1349	131.6	99.85	99.48	10.68	24.7	11.04	94.22	16.37	42.12	37.79	99.17
河南	4964	104.09	91.76	77.94	8.69	11.08	7.79	87.83	9.23	36.9	32.32	91.05
湖北	2004	215.72	98.24	95.09	13.84	15.85	9.86	87.12	10.5	38.86	33.27	93
湖南	3030	212.78	96.42	91.33	11.43	13.49	7.78	85.84	8.83	37.01	33.87	98.14
广东	2927	246.68	97.62	94.93	15.33	13.42	8.17	88.33	15.82	41.23	37.17	90.96
广西	1528	248.11	95.3	93.26	13.31	14.74	7.13	87.78	11.42	37.5	32.54	98
海南	2079	237.16	97.74	92.15	12.99	18.85	11.35	75.32	12.01	41.19	36.97	99.91
重庆	1832	148.75	93.84	93.32	9.07	10.67	8.42	90.07	18.13	42.94	39.89	99.28
四川	2866	195.58	92.04	87.96	12.03	12.72	9.86	83.63	10.79	38.69	34.59	94.55
贵州	3324	144.88	92.07	71.35	12.74	6.8	6.22	91.39	9.38	32.8	28.26	94.8
云南	4029	118.29	94.32	66.46	9.32	11.92	6.14	94.74	10.43	39.3	35.29	99.45
西藏	1655	127.69	75.39	29.79	6.98	14.22	2.97	0.06	9.4	32.41	28.67	96.88
陕西	5483	174.72	96.15	94.11	6.89	14.71	7.39	88.49	11.58	40.36	33.51	97.23
甘肃	4369	144.02	92.77	77.81	6.92	12.56	4.82	75.38	9.52	30.02	26.38	98.05
青海	2674	194.19	99.9	92.65	12.56	11.17	9.46	60.36	9.81	32.5	31.65	93.51
宁夏	1251	156.51	92.3	79.67	5	17.56	3.11	93.36	15.71	38.37	36.65	92.49
新疆	4312	171.02	99.13	96.6	7.76	14.16	5.16	84.34	10	35.88	32.67	93.93

2012年全国各地区城市市政公用设施水平排序 表7-1-3

地区名称	人口密度	人均日生活用水量	用水普及率	燃气普及率	建成区供水管道密度	人均城市道路面积	建成区排水管道密度	污水处理率	人均公园绿地面积	建成区绿化覆盖率	建成区绿地率	生活垃圾处理率
北京	28	14	1	1	4	29	8	25	13	1	1	8
天津	15	21	1	1	5	5	1	12	21	26	27	3
河北	17	25	4	4	21	7	13	3	7	9	8	14
山西	11	29	16	11	24	24	24	13	19	17	16	29
内蒙古	31	31	21	24	22	8	14	20	5	23	20	17
辽宁	26	23	11	10	9	25	23	21	18	11	7	21
吉林	13	28	26	22	27	20	22	26	17	27	28	24
黑龙江	2	26	23	25	26	23	27	29	14	24	22	31
上海	8	10	1	1	1	31	2	7	31	19	18	30
江苏	22	5	8	7	2	2	3	8	8	4	4	9
浙江	24	7	6	5	3	5	4	16	9	12	12	5
安徽	18	16	13	14	16	4	5	2	12	15	14	18
福建	19	11	9	8	7	16	11	19	10	6	5	10
江西	4	12	15	15	17	11	19	23	6	2	2	1
山东	29	22	7	6	18	1	7	4	2	5	6	7
河南	3	30	30	27	23	27	18	14	29	22	25	27
湖北	21	4	12	12	8	10	9	17	22	14	21	25
湖南	10	6	18	21	15	17	15	18	30	21	17	11
广东	12	2	17	13	6	18	17	11	3	7	9	28
广西	27	1	20	18	10	12	21	15	16	20	24	13
海南	20	3	14	20	11	3	6	28	11	8	10	2
重庆	23	18	24	17	20	28	16	9	1	3	3	6
四川	14	8	29	23	14	19	9	24	20	16	15	20
贵州	9	19	28	29	12	30	25	6	28	28	30	19
云南	7	27	22	30	19	22	26	1	23	13	13	4
西藏	25	24	31	31	28	14	31	31	27	30	29	16
陕西	1	13	19	16	30	13	20	10	15	10	19	15
甘肃	5	20	25	28	29	21	29	27	26	31	31	12
青海	16	9	5	19	13	26	12	30	25	29	26	23
宁夏	30	17	27	26	31	9	30	22	4	18	11	26
新疆	6	15	9	9	25	15	28	22	24	25	23	22

(住房和城乡建设部计划财务与外事司　哈尔滨工业大学)

(二) 2012年县城建设统计概述

【概况】 2012年末，全国有县城1624个，据其中1607个县、16个特殊区域及145个新疆生产建设兵团师团部驻地统计汇总，县城人口1.34亿人，暂住人口1514万人，建成区面积1.87万平方公里。

【县城维护建设资金收入与支出】 2012年全国县城维护建设资金收入3183.34亿元，比上年增加559.26亿元。全国县城维护建设资金收入的具体分布情况如图7-1-6所示。其中，市财政资金的具体分布情况如图 7-1-7 所示。2012 年全国县城维护建设资金支出 3329.93 亿元，比上年增加 905.32 亿元。按用途分类的支出分布情况如图 7-1-8 所示。

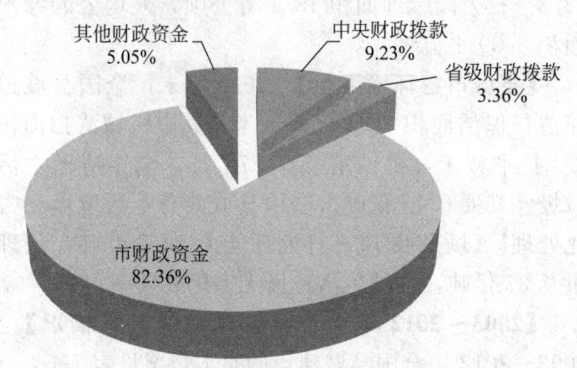

图 7-1-6　2012 年全国县城维护建设资金收入的分布情况

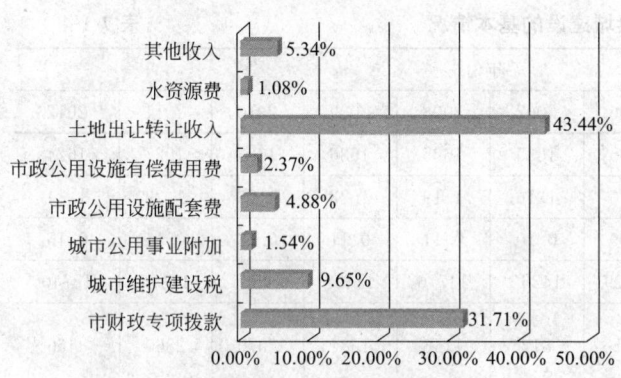

图 7-1-7　2012 年全国县城维护建设资金收入中市财政资金的分布情况

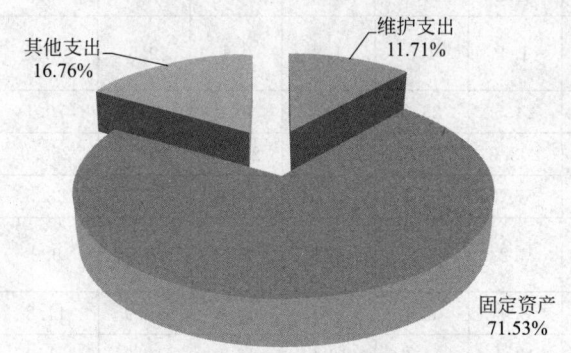

图 7-1-8　2012 年全国县城维护建设资金支出按用途的分布情况

【县城市政公用设施固定资产投资】 2012 年，县城市政公用设施固定资产完成投资 3466.0 亿元，比上年增加 606.4 亿元。全国县城市政公用设施建设固定资产投资的行业分布如图 7-1-9 所示，其中，道路桥梁、园林绿化、排水分列前三位，分别占县城市政公用设施固定资产投资的 50.10%、16.77% 和 6.62%。

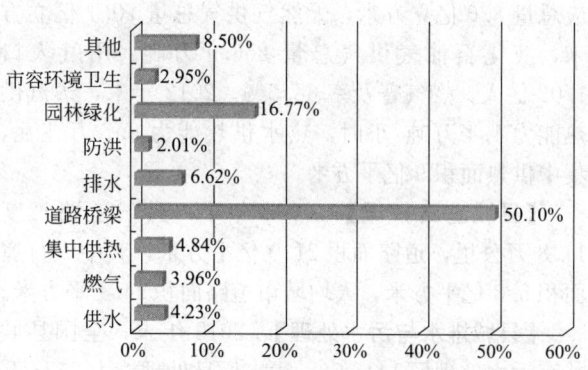

图 7-1-9　全国县城市政公用设施建设固定资产投资的行业分布

2012 年按资金来源分县城市政公用设施建设固定资产投资合计 3368.94 亿元，比上年增加 496.57 亿元。其中，本年资金来源 3317.22 亿元，上年末结余资金 51.72 亿元。本年资金来源的具体构成，如图 7-1-10 所示。

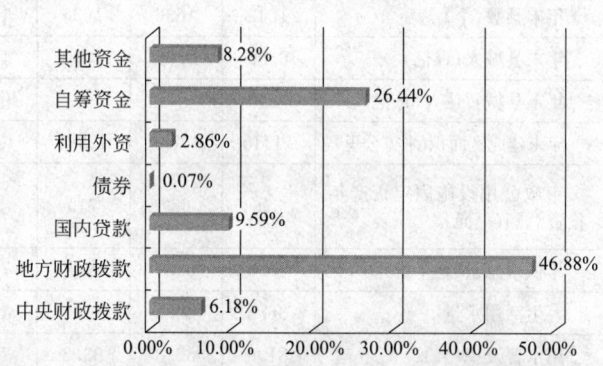

图 7-1-10　2012 年全国县城市政公用设施建设固定资产投资本年资金来源的分布

全国县城市政公用设施投资新增固定资产 2761.1 亿元，固定资产投资交付使用率 79.7%。主要新增生产能力（或效益）是：供水日综合生产能力 222 万立方米，天然气储气能力 830 万立方米，集中供热蒸汽能力 934 吨/小时，热水能力 9363 兆瓦，道路长度 6293 公里，排水管道长度 1.1 万公里，污水处理厂日处理能力 167 万立方米，生活垃圾无害化日处理能力 1.7 万吨。

【县城供水和节水】 2012 年，县城全年供水总量 102.0 亿立方米，其中生产运营用水 28.2 亿立方米，公共服务用水 10.8 亿立方米，居民家庭用水 45.4 亿立方米。用水人口 1.3 亿人，用水普及率 86.9%。人均日生活用水量 119.5 升。2012 年，县城节约用水 3.1 亿立方米，节水措施总投资 4.4 亿元。

【县城燃气和集中供热】 2012年，人工煤气供应总量8.6亿立方米，天然气供气总量70.1亿立方米，液化石油气供气总量256.9万吨。用气人口1.02亿人，燃气普及率68.5%。2012年末，蒸汽供热能力1.4万吨/小时，热水供热能力9.7万兆瓦，集中供热面积9亿平方米。

【县城道路桥梁】 2012年末，县城道路长度11.8万公里，道路面积21.0亿平方米，其中人行道面积5.3亿平方米，人均城市道路面积14.1平方米。

【县城排水与污水处理】 2012年末，全国县城共有污水处理厂1416座，污水厂日处理能力2623万立方米，排水管道长度13.7万公里。县城全年污水处理总量64.2亿立方米，污水处理率75.2%，其中污水处理厂集中处理率72.9%。

【县城园林绿化】 2012年末，县城建成区绿化覆盖面积52.0万公顷，建成区绿化覆盖率27.7%；建成区园林绿地面积43.7万公顷，建成区绿地率23.3%；公园绿地面积13.4万公顷，人均公园绿地面积8.99平方米。

【县城市容环境卫生】 2012年末，全国县城道路清扫保洁面积18.4亿平方米，其中机械清扫面积5.1亿平方米，机械清扫率27.7%。全年清运生活垃圾、粪便0.75亿吨。全国县城共有生活垃圾无害化处理厂（场）848座，日处理能力12.7万吨，处理量0.37亿吨，县城生活垃圾无害化处理率53.97%。

【2003～2012年全国县城建设的基本情况】 2003～2012年全国县城建设的基本情况见表7-1-4。

2003～2012年全国县城建设的基本情况　　表7-1-4

指标	年份									
	2003	2004	2005	2006	2007	2008	2009	2010	2011	2012
年末县数（个）	1642	1636	1636	1635	1635	1635	1636	1633	1627	1624
年末县城人口（亿人）	0.92	0.96	1.00	1.10	1.16	1.19	1.23	1.26	1.29	1.34
年末县城暂住人口（亿人）	—	—	—	0.09	0.10	0.11	0.11	0.12	0.14	0.15
年末建成区面积（平方公里）	11115	11774	12383	13229	14260	14776	15558	16585	17376	18740
市政公用设施固定资产年投资总额（亿元）	556	657	719	731	812	1146	1681	2570	2860	3466
年供水总量（亿平方米）	60.6	65.4	67.7	74.7	79.5	82.6	85.6	92.6	97.7	102.0
♯生活用水量	36.3	39.5	40.9	40.7	44.9	46.0	48.5	51.3	42.9	45.4
用水普及率（%）	81.6	82.3	83.2	76.4	81.2	81.6	83.7	85.1	86.1	86.9
人工煤气年供应量（亿立方米）	0.7	1.8	3.0	1.3	1.4	1.5	1.8	4.1	9.5	8.6
天然气年供应量（亿立方米）	7.7	11.0	18.1	16.5	24.5	23.3	32.2	40.0	53.9	70.1
液化石油气年供应量（万吨）	174.5	188.9	185.9	195.0	203.2	202.1	212.6	218.5	244.7	256.9
燃气普及率（%）	53.3	56.9	57.8	52.5	57.3	59.1	61.7	64.9	66.5	68.5
年末集中供热面积（亿平方米）	1.7	1.7	2.1	2.4	3.2	3.7	4.8	6.1	7.8	9.0
年末道路长度（万公里）	5.8	6.2	6.7	7.4	8.4	8.9	9.5	10.6	10.9	11.8
年末道路面积（亿平方米）	9.1	9.9	10.8	12.3	13.4	14.6	16.0	17.6	19.2	21.0
人均道路面积（平方米）	9.8	10.3	10.8	10.3	10.7	11.2	12.0	12.7	13.4	14.1
污水年排放量（亿立方米）	41.9	46.3	47.4	54.6	60.1	60.0	65.7	72.0	79.5	64.2
污水处理率（%）	9.9	11.2	14.2	13.6	23.4	31.6	41.6	60.1	70.4	75.2
年末排水管道长度（万公里）	5.3	6.0	6.0	6.9	7.7	8.4	9.6	10.9	12.2	13.7
年末建成区绿化覆盖面积（万公顷）	17.0	19.3	21.0	24.7	28.8	31.8	36.5	41.3	46.6	52.0
年末建成区园林绿地面积（万公顷）	12.0	13.7	15.2	18.5	22.0	25.0	28.6	33.0	38.6	43.7

一、2012年城镇建设统计分析

续表

指标	年份									
	2003	2004	2005	2006	2007	2008	2009	2010	2011	2012
建成区绿化覆盖率(%)	15.3	16.4	17.0	18.7	20.2	21.5	23.5	24.9	26.8	27.7
建成区绿地率(%)	10.8	11.7	12.3	14.0	15.4	16.9	18.4	19.9	22.2	23.3
人均公园绿地面积(平方米)	4.8	5.3	5.7	5.0	5.6	6.1	6.9	7.7	8.5	9.0
生活垃圾年清运量(万吨)	6503	7819	8182	9535	6266	7110	6794	8085	6743	6838
粪便年清运量(万吨)	1659	1699	1256	1312	710	2507	1151	759	751	649

注：1. 自2006年起，人均指标与普及率指标按县城人口和暂住人口合计为分母计算，以公安部门数据为准。
　　2. "人均公园绿地面积"指标2005年及以前年份为"人均公共绿地面积"。

(住房和城乡建设部计划财务与外事司　哈尔滨工业大学)

(三) 2012年村镇建设统计概述

【概况】 2012年末，全国共有建制镇19881个，乡(苏木、民族乡、民族苏木)13281个(去年数据)。据17187个建制镇、12687个乡(苏木、民族乡、民族苏木)、672个镇乡级特殊区域和267.02万个自然村(其中村民委员会所在地55.16万个)统计汇总，村镇户籍总人口9.45亿。其中，建制镇建成区1.47亿，占村镇总人口的15.56%；乡建成区0.31亿，占村镇总人口的3.3%；镇乡级特殊区域建成区0.03亿，占村镇总人口的0.32%；村庄7.63亿，占村镇总人口的80.74%。

2012年末，全国建制镇建成区面积371.4万公顷，平均每个建制镇建成区占地216公顷，人口密度4720人/平方公里(含暂住人口)；乡建成区79.6万公顷，平均每个乡建成区占地63公顷，人口密度4238人/平方公里(含暂住人口)；镇乡级特殊区域建成区10.1万公顷，平均每个镇乡级特殊区域建成区占地151公顷，人口密度3725人/平方公里(含暂住人口)。

【规划管理】 2012年末，全国有总体规划的建制镇15387个，占所统计建制镇总数的89.5%，其中本年编制2190个；有总体规划的乡9034个，占所统计乡总数的71.2%，其中本年编制1657个；有总体规划的镇乡级特殊区域448个，占所统计镇乡级特殊区域总数的66.7%，其中本年编制62个；有规划的行政村307945个，占所统计行政村总数的55.82%，其中本年编制45654个。2012年全国村镇规划编制投入达52.93亿元。

【建设投入】 2012年，全国村镇建设总投入14060亿元。按地域分，建制镇建成区5751亿元，乡建成区634亿元，镇乡级特殊区域建成区255亿元，村庄7420亿元，分别占总投入的41%、4.5%、1.8%、52.8%。按用途分，房屋建设投入10829亿元，市政公用设施建设投入3231亿元，分别占总投入的77%、23%。

在房屋建设投入中，住宅建设投入7204亿元，公共建筑投入1214亿元，生产性建筑投入2412亿元，分别占房屋建设投入的66.5%、11.2%、22.3%。

在市政公用设施建设投入中，供水391亿元，道路桥梁1418亿元，分别占市政公用设施建设总投入的12%和43.9%。

【房屋建设】 2012年，全国村镇房屋竣工建筑面积11.23亿平方米，其中住宅7.67亿平方米，公共建筑1.27亿平方米，生产性建筑2.29亿平方米。2012年末，全国村镇实有房屋建筑面积367.39亿平方米，其中住宅308.00亿平方米，公共建筑23.52亿平方米，生产性建筑35.87亿平方米，分别占83.8%、6.4%、9.8%。

2012年末，全国村镇人均住宅建筑面积32.58平方米。其中，建制镇建成区人均住宅建筑面积33.62平方米，乡建成区人均住宅建筑面积30.53平方米，镇乡级特殊区域建成区人均住宅建筑面积31.08平方米，村庄人均住宅建筑面积32.47平方米。

【公用设施建设】 在建制镇、乡和镇乡级特殊区域建成区内，年末实有供水管道长度49.40万公里，排水管道长度15.04万公里，排水暗渠长度7.46万公里，铺装道路长度36.59万公里，铺装道路面积25.68亿平方米，公共厕所21.45万座。

2012年末，建制镇建成区用水普及率80.89%，人均日生活用水量99.07升，燃气普及率46.7%，人均道路面积12.1平方米，排水管道暗渠密度5.3公里/平方公里，人均公园绿地面积2.13平方米。乡建成区用水普及率66.73%，人均日生活用水量

83.85升，燃气普及率19.4%，人均道路面积11.8平方米，排水管道暗渠密度3.18公里/平方公里，人均公园绿地面积1.0平方米。镇乡级特殊区域建成区用水普及率87.07%，人均日生活用水量80.76升，燃气普及率50.8%，人均道路面积14.5平方米，排水管道暗渠密度4.62公里/平方公里，人均公园绿地面积2.83平方米。

2012年末，全国57.3%的行政村有集中供水，7.7%的行政村对生活污水进行了处理，47.4%的行政村有生活垃圾收集点，29.4%的行政村对生活垃圾进行处理。

【2003～2012年全国村镇建设的基本情况】
2003～2012年全国村镇建设的基本情况见表7-1-5、表7-1-6和表7-1-7。

2003～2012年全国建制镇建设的基本情况　　表7-1-5

指标	年份									
	2003	2004	2005	2006	2007	2008	2009	2010	2011	2012
年末建制镇个数(万个)	2.02	2.00	1.95	1.94	1.92	1.92	1.93	1.94	1.97	1.99
年末统计建制镇个数(万个)	—	1.78	1.77	1.77	1.67	1.70	1.69	1.68	1.71	1.72
年末镇建成区面积(万公顷)	—	223.6	236.9	312.0	284.3	301.6	313.3	317.9	338.6	371.4
年末实有住宅建筑面积(亿平方米)	—	33.7	36.8	39.1	38.9	41.5	44.2	45.1	47.3	49.6
人均住宅建筑面积(平方米)	—	24.1	25.7	27.9	29.7	30.1	32.1	32.5	33.0	33.6
年供水总量(亿平方米)	—	110.7	136.5	131.0	112.0	129.0	114.6	113.5	118.6	122.1
#生活用水量(亿平方米)	—	49.0	54.2	44.7	42.1	45.0	46.1	47.8	49.8	51.2
用水普及率(%)	—	83.6	84.7	83.8	76.6	77.8	78.3	79.6	79.8	80.8
人均日生活用水量(升)	—	112.1	118.4	104.2	97.1	97.1	98.9	99.3	100.7	99.1
年末实有道路长度(万公里)	—	27.5	30.1	26.0	21.6	23.4	24.5	25.8	27.4	29.1
年末排水管道长度(万公里)	—	15.7	17.1	11.9	8.8	9.9	10.7	11.5	12.2	13.2
年末公园绿地面积(万公顷)	—	6.01	6.81	3.3	2.72	3.09	3.14	3.36	3.44	3.73
人均公园绿地面积(平方米)	—	4.2	4.6	2.4	1.8	1.9	1.9	2.0	2.0	2.1
年末公共厕所数量(万座)	—	11.8	12.4	9.4	9.0	12.1	11.6	9.8	10.1	10.5

注：1. 2003年无全国汇总数据
2. 2006年执行新的报表制度，数据与往年不可对比。

2003～2012年全国乡建设的基本情况　　表7-1-6

指标	年份									
	2003	2004	2005	2006	2007	2008	2009	2010	2011	2012
年末乡个数(万个)	1.81	1.75	1.60	1.53	1.51	1.51	1.48	1.46	1.36	1.33
年末统计乡个数(万个)	—	2.18	2.07	1.46	1.42	1.41	1.39	1.37	1.29	1.27
年末乡建成区面积(万公顷)	—	78.1	77.8	92.8	75.9	81.2	75.8	75.1	74.2	79.6
年末实有住宅建筑面积(亿平方米)	—	12.5	12.8	9.1	9.1	9.2	9.4	9.7	9.5	9.6
人均住宅建筑面积(平方米)	—	24.9	25.5	25.9	27.1	27.2	28.8	29.9	30.3	30.5
年供水总量(亿平方米)	—	17.4	17.5	25.8	11.9	11.9	11.4	11.8	11.5	12.0
#生活用水量(亿平方米)	—	9.5	9.6	6.3	6.0	6.3	6.5	6.8	6.7	6.9
用水普及率(%)	—	65.8	67.2	63.4	59.1	62.6	63.5	65.6	65.7	66.7
人均日生活用水量(升)	—	74.8	75.6	78.0	76.1	75.5	79.5	81.4	82.4	83.9
年末实有道路长度(万公里)	—	12.6	12.4	7.0	6.2	6.4	6.3	6.6	6.5	6.7
年末排水管道长度(万公里)	—	4.3	4.3	1.9	1.1	1.2	1.4	1.4	1.4	1.5

续表

指标	年份									
	2003	2004	2005	2006	2007	2008	2009	2010	2011	2012
年末公园绿地面积(万公顷)	—	1.41	1.37	0.29	0.24	0.26	0.30	0.31	0.30	0.32
人均公园绿地面积(平方米)	—	2.57	2.65	0.85	0.66	0.72	0.84	0.88	0.90	1.00
年末公共厕所数量(万座)	—	4.58	4.57	2.92	2.76	3.34	2.96	2.75	2.58	3.08

注：1. 2003年无全国汇总数据。
2. 2006年执行新的报表制度，数据与往年不可对比。

2003～2012年全国村庄建设的基本情况　　　　表7-1-7

指标	年份									
	2003	2004	2005	2006	2007	2008	2009	2010	2011	2012
自然村个数(万个)	—	320.7	313.7	270.9	264.7	266.6	271.4	273.0	267.0	267.0
#行政村个数(万个)	—	—	—	—	57.2	56.9	56.8	56.4	55.4	55.1
年末实有住宅建筑面积(亿平方米)	—	205.0	208.0	202.9	222.7	227.2	237.0	242.6	245.1	247.8
人均住宅建筑面积(平方米)	—	26.5	26.9	28.4	29.2	29.4	30.8	31.6	32.1	32.5
有建设规划的行政村个数(万个)	—	—	—	—	19.6	21.9	26.0	27.0	29.2	30.8
集中供水的行政村个数(万个)	—	—	—	—	24.7	26.6	28.3	29.5	30.4	31.6
用水普及率(%)	—	—	—	—	—	—	—	—	56.15	57.77
对生活污水进行处理的行政村个数(万个)	—	—	—	—	1.5	1.9	2.8	3.4	3.7	4.2
有生活垃圾收集点的行政村个数(万个)	—	—	—	—	15.3	17.6	19.9	11.7	23.2	26.1
对生活垃圾进行处理的行政村个数(万个)	—	—	—	—	—	—	—	—	13.5	16.2

注：1. 2003年无全国汇总数据。
2. 2006年执行新的报表制度，数据与往年不可对比。

(四) 2012年城镇污水处理设施建设情况

【城镇污水处理设施建设情况】　截至2012年底，全国设市城市、县累计建成城镇污水处理厂3340座，污水处理能力约1.42亿立方米/日，比2011年底增加约600万立方米/日。

全国已有648个设市城市建有污水处理厂，占设市城市总数的98.5%；累计建成污水处理厂1947座，形成污水处理能力1.17亿立方米/日；比2011年底增加污水处理厂106座，新增污水处理能力450万立方米/日。内蒙古自治区阿尔山市，黑龙江省尚志、五常、密山、铁力、海伦市，云南省临沧市，西藏自治区日喀则市，新疆生产建设兵团五家渠市9个城市尚未建成污水处理厂。

全国已有1254个县城建有污水处理厂，约占县城总数的77.7%，比2011年底增长了7.2个百分点；累计建成污水处理厂1393座，形成污水处理能力2421万立方米/日。全国已有22个省、自治区、直辖市实现了辖区内"每个县(市)建有污水处理厂"。

【建成投运城镇污水处理厂运行与污染物削减情况】　2012年第四季度，全国城镇污水处理厂累计处理污水106.9亿立方米，同比增长4.4%；运行负荷率达到82.3%，同比增长1.8个百分点。累计削减化学需氧量(COD)总量270.9万吨，同比增长6.2%；平均削减化学需氧量(COD)浓度达到253.2mg/L，同比增长2.1%。

2013年第四季度，36个大中城市城镇污水处理厂累计处理污水量39.8亿立方米，同比增长5.7%；运行负荷率为87.3%，同比增长2个百分点；累计

(住房和城乡建设部计划财务与外事司　哈尔滨工业大学)

削减化学需氧量（COD）总量108.6万吨，同比增长5.4%；平均削减化学需氧量（COD）浓度达到272.8mg/L，同比增长1.0%。

2012年，全国城镇污水处理厂累计处理污水422.8亿立方米，同比增加29.6亿立方米，增长7.5%；平均运行负荷率达到82.5%，同比提高3个百分点；全年累计削减化学需氧量（COD）1078.6万吨，同比增加60.9万吨，增长6.0%；削减氨氮总量92.3万吨，同比增加7.7万吨，增长9.2%。

【城镇污水处理工作考核情况】 按照《城镇污水处理工作考核暂行办法》（建城函〔2010〕166号）的要求，依据全国城镇污水处理管理信息系统汇总的数据，住房和城乡建设部对各省（区、市）和36个大中城市2012年度的城镇污水处理工作情况进行了考核、排序。

【城镇污水处理信息报告情况】 2012年第四季度运营项目信息上报情况整体较好，各省（区、市）的运营项目上报率均超过90%；按规模统计，平均上报率为99.5%，其中，北京、天津、辽宁、上海、安徽、湖北、湖南、广东、海南、重庆运行项目上报率为100%。

2012年第四季度各省（区、市）在建项目的上报率不足80%，其中天津、河北、辽宁、上海、湖南、重庆在建项目上报率为100%，江西、河南、山西的上报率不足30%。

【2012年度城镇污水处理工作监督检查情况】 城镇污水处理是住房和城乡建设部住房城乡建设领域节能减排监督检查的重要内容之一，2012年度检查的主要情况如下：

国家"十二五"规划建设任务进展情况：按照国务院办公厅印发的《"十二五"全国城镇污水处理及再生利用设施建设规划》确定的各项建设任务，截至2012年底，全国新增城镇污水处理配套管网建设任务已完成32.1%，新增城镇污水处理能力已完成39.4%，升级改造污水处理设施规模已完成33.1%，污泥处理处置设施建设规模已完成26.9%，污水再生利用设施建设规模已完成26.3%。内蒙古自治区、江苏、浙江等省（区）任务实施进展较好，辽宁、江西、湖南、新疆维吾尔自治区等省（区）任务实施进展缓慢。

中央财政集中支持污水管网项目建设进展情况：截至2012年底，中央财政专项资金集中支持的城镇污水处理配套管网项目建设已完成约2.4万公里，占"十二五"核定任务量的35.6%。其中，重庆、安徽、吉林、湖北、广西壮族自治区建设任务完成量超过50%；上海、河南、北京、云南、宁夏回族自治区、山西建设任务完成率不足25%。

检查中发现的主要问题：一是"重建轻管"现象普遍存在。许多城市排水许可制度不落实，部分污水处理厂运行管理标准、化验分析、报表制度不落实，主管部门监督指导也不到位；不同程度地存在重环保监督、轻日常管理，重在线监测、轻常规分析等问题；不少城市建设主管部门对城镇污水处理管理信息系统不熟悉、不重视，城镇污水处理建设和运行项目信息漏报现象时有发生，造成监管空白。二是设施建设落地难。许多城市对城镇排水与污水处理的专项规划重视不够，城市规划调整后，不能及时对城镇排水与污水处理专项规划进行修订；同时，还存在以城市开发建设名义侵占已建成污水处理设施用地等问题。

（住房和城乡建设部）

二、2012年建筑业发展统计分析

（一）2012年建筑业基本情况

2012年是我国全面实施"十二五"规划承上启下的重要一年，建筑业以科学发展为主题，以转变发展方式为主线，更加注重发展的质量与效益，进一步加快推进发展方式转变和产业结构调整，总体发展稳中有进。全国建筑业企业（指具有资质等级的总承包和专业承包建筑业企业，不含劳务分包建筑业企业，下同）完成建筑业总产值135303亿元，增长16.2%；完成竣工产值75504亿元，增长14.4%；房屋施工面积98.15亿平方米，增长15.2%；房屋竣工面积34.59亿平方米，增长9.3%；签订合同额245688亿元，增长16.9%；实现利润4818亿元，增长15.6%。截至2012年底，全国有施工活动的建筑业企业74042个，增长2.4%；从业人数4180.8万人，增长8.5%；按建筑业总产值计算的劳动生产率

二、2012年建筑业发展统计分析

为267860元/人（计算劳动生产率的平均人数为5051.3万人），比上年增长14.9%。

【**建筑业产业规模持续扩大，总产值增幅持续下降**】 改革开放以来，我国建筑业企业随着生产和经营规模的不断扩大，完成的建筑业总产值屡创新高。2012年全国建筑业企业完成建筑业总产值达到135303亿元，是"十一五"期末（2010年）的1.4倍，是"十五"期末（2005年）的3.9倍，产业规模持续稳步扩大。

受固定资产投资增速及国家宏观经济结构调整等因素影响，2012年建筑业总产值增速延续了上年的放缓态势，增长16.2%，比上年增幅降低了5.7个百分点，增速连续两年放缓（参见图7-2-1）。

2012年，全国固定资产投资（不含农户）364835亿元，比上年增长20.6%，增幅比上年回落3.2个百分点。建筑业固定资产投资4035.6亿元，比上年增长24.6%，增速与上年的42.9%相比有较大幅度下降，增速在国民经济行业20个门类中排名第10位，比上年下降8位（参见表7-2-1）。

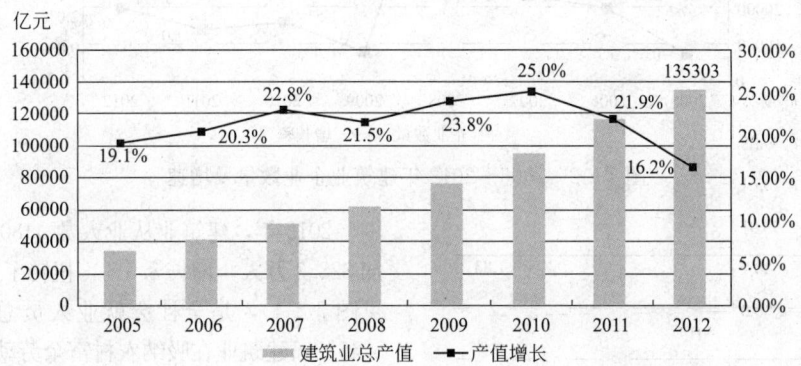

图7-2-1 2005～2012年全国建筑业总产值及增长速度

注：2005-2011年数据来源于《中国统计年鉴》，2012年数据来源于《2012年建筑业企业生产情况统计快报》，以下图中除特殊说明外，均同。

2012年各行业固定资产投资（不含农户）增长率排名　　表7-2-1

排序	主要行业	固定资产投资额（亿元）	比上年增长（%）
1	金融业	932.17	46.2
2	租赁和商务服务业	4644.89	37.4
3	文化、体育和娱乐业	4299.12	36.2
4	批发和零售业	9816.25	33.0
5	农、林、牧、渔业	9004.26	32.2
6	信息传输、软件和信息技术服务业	2834.41	30.6
7	住宿和餐饮业	5102.47	30.2
8	科学研究和技术服务业	2175.81	27.8
9	居民服务、修理和其他服务业	1717.54	26.0
10	建筑业	4035.60	24.6
11	卫生和社会工作	2645.19	23.0
12	房地产业	92357.13	22.1
13	制造业	124970.70	22.0
14	教育	4678.62	20.3
15	水利、环境和公共设施管理业	29296.26	19.5
16	电力、热力、燃气及水的生产和供应业	16536.47	12.8
17	采矿业	13128.74	11.8
18	公共管理、社会保障和社会组织	6363.02	9.2
19	交通运输、仓储和邮政业	30296.42	9.1
20	国际组织		

注：数据来源于国家统计局《2012年1至12月固定资产投资（不含农户）统计快报》。

【建筑业企业数量与从业人数增加，劳动生产率稳步提高】截至2012年底，全国共有建筑业企业74042个，比上年增加1762个，增长2.4%（参见图7-2-2）。国有及国有控股建筑业企业6957个，比上年增加28个，占建筑业企业总数的9.4%。平均每个建筑业企业完成总产值1.83亿元，比上年增长13.0%（参见图7-2-3）。

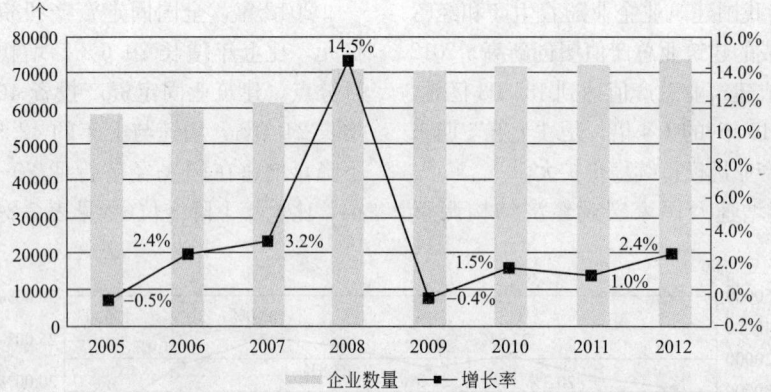

图7-2-2　2005～2012年建筑业企业数量及增速

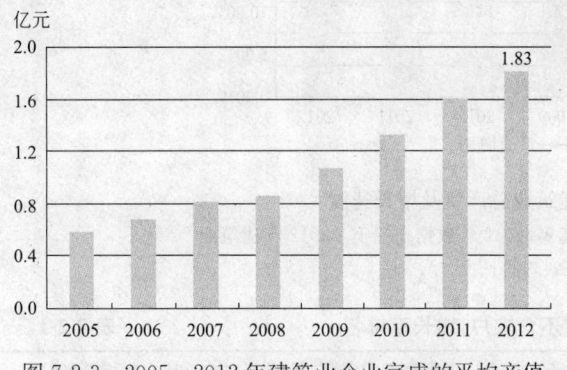

图7-2-3　2005～2012年建筑业企业完成的平均产值

2012年，建筑业从业人数4180.8万人，比上年增加328.3万人，增长8.5%，扭转了上年的缩减趋势（参见图7-2-4），是全社会就业人员总数（76704万人）的5.45%。建筑业在吸纳农村富余劳动力、促进城乡统筹发展和维护社会稳定等方面仍然继续发挥着重要作用。

2012年，按建筑业总产值计算的劳动生产率稳步提高，达到267860元/人（计算劳动生产率的平均人数为5051.3万人），比上年增长14.9%（参见图7-2-5）。表明建筑业劳动者的平均熟练程度、各项新技术的应用推广以及生产过程的组织管理水平等正得到改善与提高。

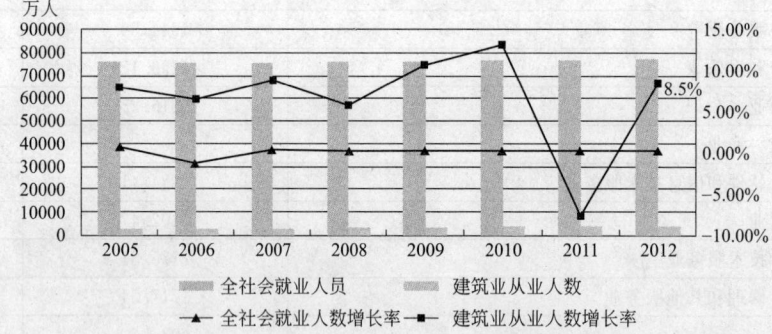

图7-2-4　2005～2012年全社会就业人数、建筑业从业人数增长情况
注：2012年全社会就业人数来源于《中华人民共和国2012年国民经济和社会发展统计公报》。

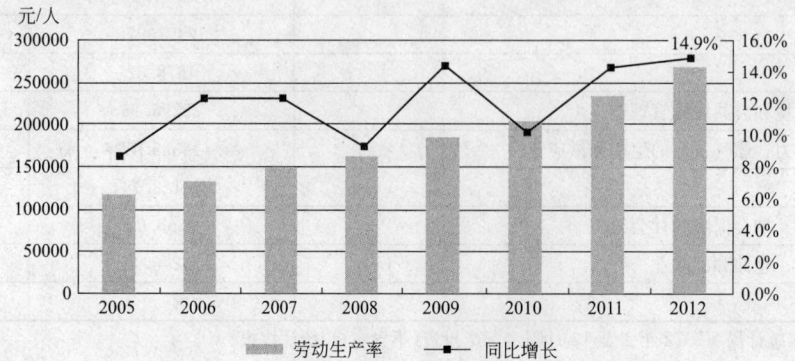

图7-2-5　2005～2012年按总产值计算的建筑业劳动生产率及增速

二、2012年建筑业发展统计分析

【**建筑业有力支持国民经济稳步增长，支柱产业地位进一步巩固**】 2012年，在国家继续加强和改善宏观调控，促进经济平稳较快发展的总体布局下，我国国民经济发展保持稳中有进，国内生产总值519322亿元，按不变价格计算比上年增长7.8%，全年全社会建筑业实现增加值35459亿元，按不变价格计算比上年增长9.3%，增速高出国内生产总值增速1.5个百分点(参见图7-2-6)，对GDP增长的贡献率8.03%，拉动GDP增长0.6个百分点，有力支持了国民经济持续健康稳定发展。2012年，建筑业增加值占国内生产总值比重为6.83%，比上年增加0.08个百分点(参见图7-2-7)，在国民经济各行业中位列第5(参见表7-2-2)，建筑业支柱产业地位得到进一步巩固。

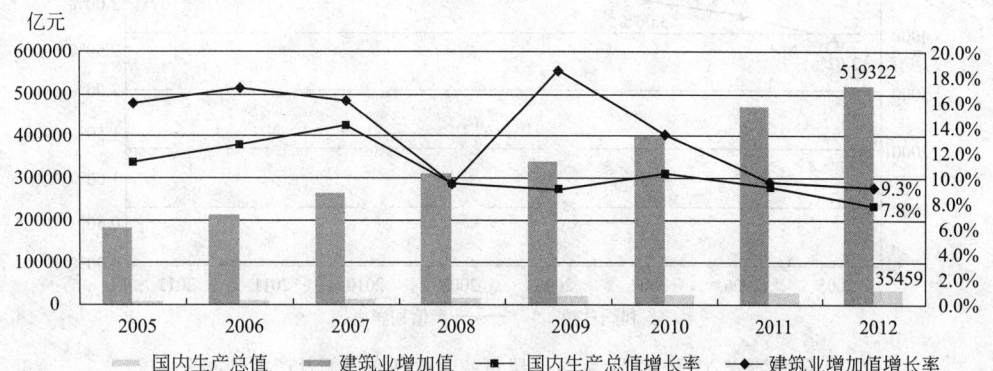

图7-2-6　2005～2012年国内生产总值、建筑业增加值及增长率

注：2012年国内生产总值来源于《中华人民共和国2012年国民经济和社会发展统计公报》。

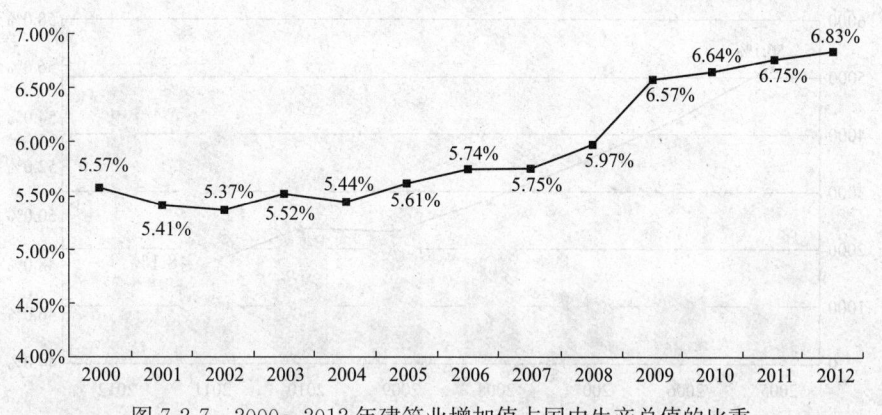

图7-2-7　2000～2012年建筑业增加值占国内生产总值的比重

2012年国民经济各行业增加值占国内生产总值比重情况　表7-2-2

产业	行业	增加值（亿元）	占国内生产总值比重(%)	排序
第一产业	农、林、牧、渔业	52377	10.1	3
第二产业	工业	199859.6	38.5	1
	建筑业	35459	6.8	5
第三产业	交通运输、仓储和邮政业	24959.8	4.8	8
	批发和零售业	50246.4	9.7	4
	住宿和餐饮业	10434.2	2.0	
	金融业	28600.5	5.5	7
	房地产业	29005.5	5.6	6
	其他	88380.2	17.0	
总计		519322.2	100	

【**建筑业企业利润平稳增长，企业经营状况稳定**】 2012年，全国建筑业企业实现利润4818亿元，比上年增加650亿元，增长15.6%，保持了较为稳定的增长态势。建筑业产值利润率(利润总额与总产值之比)为3.56%，与上年持平(参见图7-2-8)，表明利润总额与总产值保持同步增长，企业经营状况稳定，运行效益良好。

与此同时，建筑业利税额亦逐年增高，税收占利税总额的比例有所下降，从2005年的56.1%下降到2011年的48.1%(参见图7-2-9)。

【**房屋施工面积、竣工面积增速放缓，通过投标承包的房屋施工面积占八成以上**】 2012年，全国建筑业企业房屋施工面积98.15亿平方米，比上年同期增长15.2%；竣工面积34.59亿平方米，增长

9.3%。两项指标的增速均比上年有所下降（参见图7-2-10）。

全年房屋建筑施工面积中，通过投标承包的工程房屋面积79.6亿平方米，占81.1%。2005年以来，投标承包工程面积占施工面积的比重稳定，始终保持在八成以上（参见图7-2-11）。

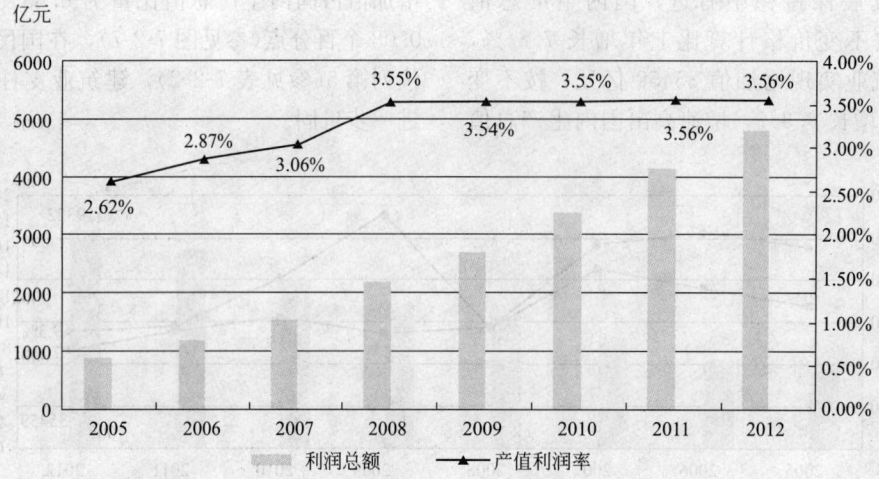

图 7-2-8　2005～2012 年全国建筑业企业利润总额及产值利润率

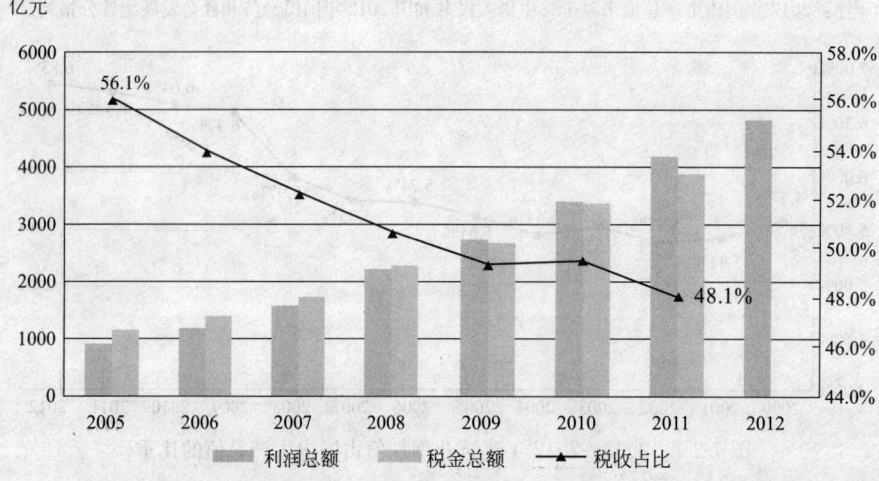

图 7-2-9　2005～2012 年建筑业企业利税构成
注：2012 年全国建筑业企业税收数暂缺。

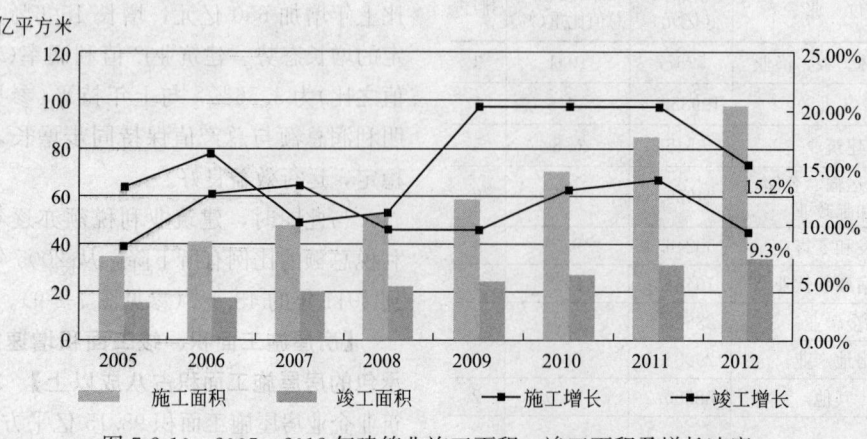

图 7-2-10　2005～2012 年建筑业施工面积、竣工面积及增长速度

二、2012年建筑业发展统计分析

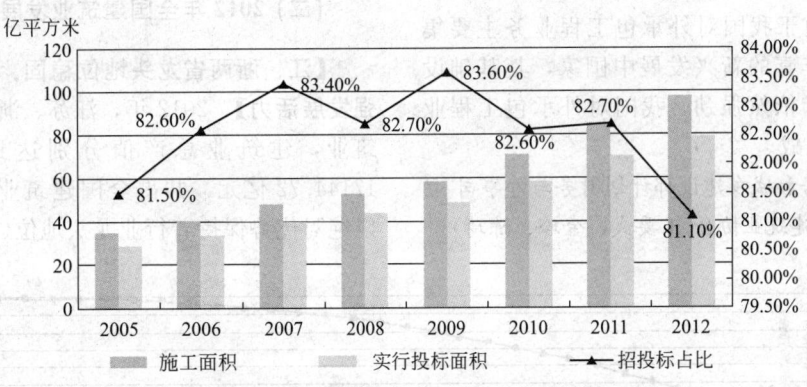

图 7-2-11　2005~2012年通过投标承包工程房屋面积及占比

【建筑业企业签订合同额、新签合同额增速放缓】 2012年，全国建筑业企业签订合同总额245688亿元，比上年增长16.9%。其中，本年新签合同额145030.2亿元，比上年增长12.6%。经历了连续七年20%以上的高速增长后，建筑业企业签订合同总额在2012年增速明显放缓。新签合同额的增速也延续了上一年的放缓趋势（参见图7-2-12）。

【对外承包工程业务增长提速　业务发展机遇大于挑战】 2012年，我国对外承包工程新签合同额1565.3亿美元，比上年增长10.0%，增幅比前一年高出4.1个百分点；完成营业额1166亿美元，比上年增长12.7%，增幅比前一年高出0.5个百分点。这是自2009年以来，我国对外承包工程连续三年增速回落之后的首次反弹（参见图7-2-13）。

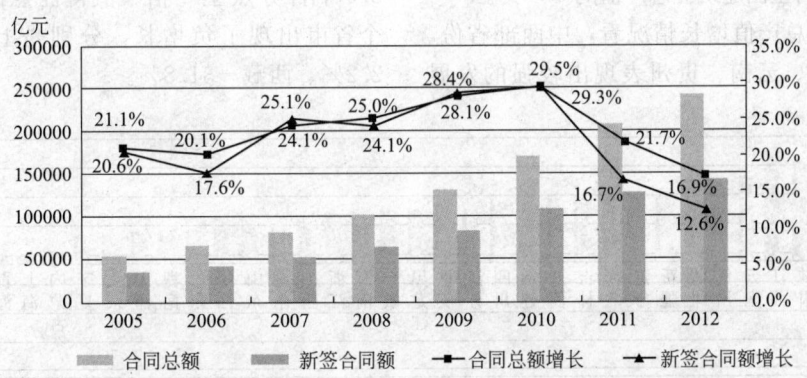

图 7-2-12　2005~2012年全国建筑业企业签订合同额及其增速

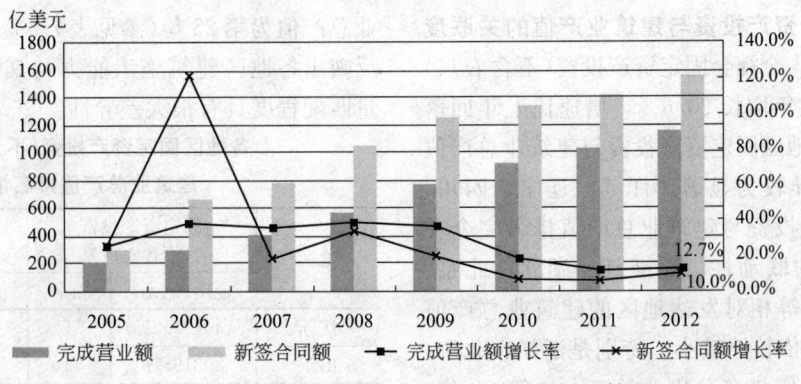

图 7-2-13　2005~2012年我国对外承包工程情况

2012年，我国对外派出各类劳务人员51.2万人，较上年增加6万人，其中承包工程项下派出23.3万人，劳务合作项下派出27.8万人。年末在外各类劳务人员85万人，较上年增加3.8万人。截至2012年底，累计派出639万人。

2013年，在国际建筑市场有效需求仍然不足的情况下，我国对外承包工程业务整体份额短期内难以大幅攀升。但由于我国对外承包工程业务主要集中于亚非等资源丰富的新兴发展中国家，其基础设施建设等刚性需求依然强劲，我国对外承包工程业务发展机遇大于挑战。

（执笔人：住房和城乡建设部计划财务与外事司 赵惠珍、程飞；中国建筑业协会 王要武、金玲、陈琦）

（二）2012年全国建筑业发展特点分析

【江、浙两省龙头地位稳固，中西部地区展现较强发展活力】 2012年，江苏、浙江继续领跑全国建筑业，建筑业总产值分别达到17927.23亿元、17144.72亿元，共占全国建筑业总产值的25.9%，以绝对优势保持着行业龙头地位（参见图7-2-14）。

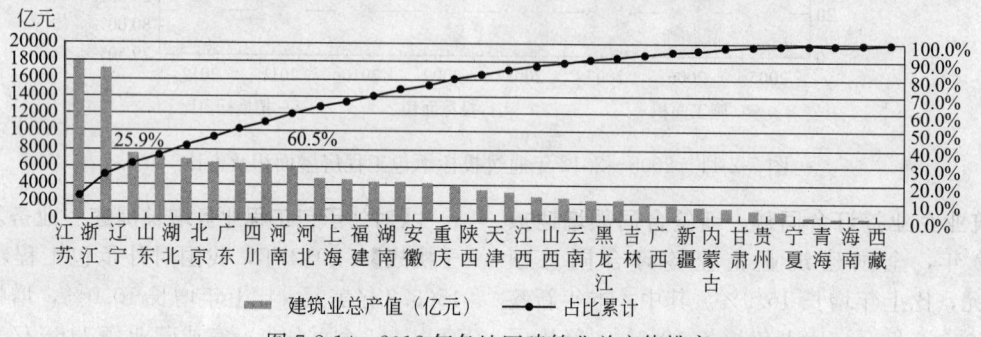

图7-2-14 2012年各地区建筑业总产值排序

除江、浙两省外，总产值超过6000亿元的还有辽宁、山东、湖北、北京、广东、四川和河南，9省市完成的建筑业总产值占全国建筑业总产值的60.5%。

从各省建筑业总产值增长情况看，中西部省份，尤其是甘肃、江西、云南、贵州表现出较强的发展活力，上述四省产值增幅分别达到32.5%、30.3%、27.7%、24.7%（参见图7-2-15），高出全国总增速8.5个百分点至一倍。值得注意的是，2012年有3个省市出现了负增长，分别是上海-0.5%、青海-2.2%、西藏-31.8%。

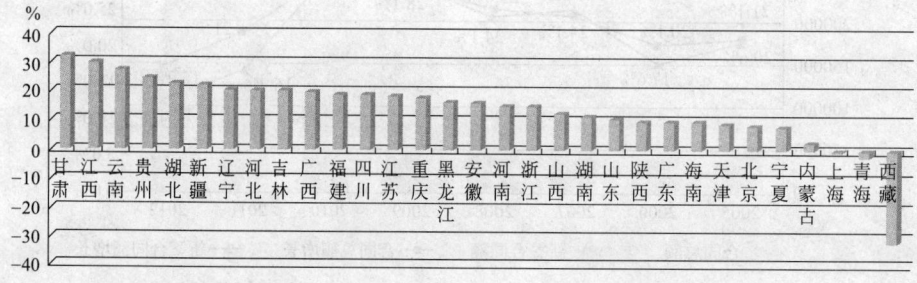

图7-2-15 2012年各地区建筑业总产值增长率排序

【各地区固定资产投资与建筑业产值的关联度差异大】 2012年，全社会固定资产投资（不含农户）364835亿元，比上年增长20.6%，增速比上年回落3.2个百分点。各地区固定资产投资与建筑业总产值增长的关联性差异较为显著。江苏、辽宁、四川、福建等地固定资产投资与建筑业总产值排名完全一致，表现出较强的联动性。而浙江、湖北、北京、上海、重庆、天津等相对发达地区的建筑业总产值对固定资产投资的依赖性较小。特别是浙江、北京、上海，固定资产投资排名分别为第7位、第23位、第26位，但完成的建筑业总产值分别为第2位、第6位、第11位。河南、河北、安徽、内蒙古、吉林、广西等地建筑业总产值受固定资产投资的拉动较弱，如内蒙古固定资产投资排名为第13位，完成的建筑业总产值为第25位（参见表7-2-3和图7-2-16）。上述反映出各地区建筑施工能力与其固定资产投资工作量匹配程度具有很大差异性。

各地区固定资产投资（不含农户）、建筑业总产值排名情况 表7-2-3

地区	固定资产投资（不含农户）		建筑业总产值	
	金额（亿元）	排名	金额（亿元）	排名
江苏	30427.25	1	17927.23	1
山东	30319.76	2	7203.75	4
辽宁	21535.37	3	7507.97	3
河南	20870.16	4	6081.85	9
河北	19104.63	5	4784.38	10
广东	18248.04	6	6343.44	7
浙江	17000.96	7	17144.72	2

续表

地区	固定资产投资（不含农户）		建筑业总产值	
	金额（亿元）	排名	金额（亿元）	排名
四川	16526.89	8	6255.84	8
湖北	15162.21	9	6865.67	5
安徽	14902.31	10	4185.11	14
湖南	13966.26	11	4375.69	13
福建	12165.64	12	4399.93	12
内蒙古	11732.22	13	1433.9	25
陕西	11705.83	14	3533.54	16
江西	11388.92	15	2729.89	18
吉林	9462.09	16	1958.61	22
黑龙江	9376.1	17	2367.39	21
广西	9345.18	18	1866.03	23
重庆	8606.46	19	3934.14	15
山西	8584.85	20	2622.16	19
天津	7913.26	21	3256.98	17
云南	7553.51	22	2386.4	20
北京	6064.15	23	6564.8	6
新疆	5857.58	24	1614.74	24
贵州	5304.93	25	1028.71	27
上海	5114.64	26	4564.13	11
甘肃	5040.53	27	1227.12	26
海南	2045.38	28	279.99	30
宁夏	2033.03	29	461.93	28
青海	1773.67	30	312.39	29
西藏	670.52	31	84.92	31

【建筑市场总量持续做大，发达地区竞争依然激烈】 2012年，全国建筑业企业新签合同额145030.2亿元，比上年增长14.3%，增幅较上年降低2.4个百分点。浙江、江苏两省建筑业企业新签合同额继续包揽前两位，分别达到17698.5亿元、17038.2亿元，共占全国总额的23.9%。进入前十位的省市还有广东、湖北、北京、山东、辽宁、四川、河南和上海，新签合同额均超过5500亿元(参见图7-2-17)。2012年新签合同额排名前十位的省市与2011年完全一致，十省市新签合同额总量占全国的64.0%，建筑业发达地区的市场竞争仍十分激烈。

【跨省完成产值持续增长，建筑业发达地区对外拓展能力强】 2012年，各省市跨地区完成的建筑业总产值42397.1亿元，比上年增长20.0%。跨地区完成建筑业总产值占全国建筑业总产值的31.3%，与上年相比提高1.3个百分点。

跨地区完成的建筑业总产值排名前两位的仍然是浙江和江苏，分别为8623.8亿元、7212.0亿元，共占各省市跨地区完成总额的37.4%。紧随其后的北京、湖北、上海、福建、河南、广东、河北，跨地区完成的建筑业总产值均超过1500亿元。

从外向度（即在外省完成的建筑业产值占本地区建筑业总产值的比例）来看，排在前三位的省市与上年相同，依然是北京、浙江、上海，分别为60.9%、50.3%、47.3%，外向度均比上年有所提高，对外拓展能力进一步增强。此外，外向度超过30%的还有江苏、福建、湖北、湖南、江西、河北、陕西七省（参见图7-2-18）。

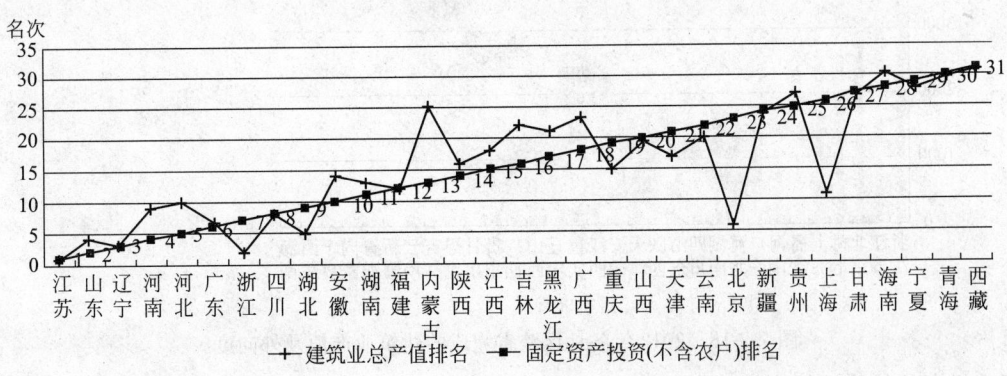

图 7-2-16 2012年各地区建筑业总产值与固定资产投资(不含农户)相关性排名

与2011年相比，30个地区(除西藏外)中，外向度有所提高的19个，下降的11个。其中，提高最显著的是江西，增加6.7%；下降最大的是吉林，降低9.6%。

【多数地区从业人数增加，劳动生产率地区性差异显著】 2012年，全国建筑业从业人数超过百万的地区共14个，比上年增加1个。14个地区的建筑业从业人数占全国建筑业从业人数的81.9%。其中,江苏从业人数首次突破700万,达到702.9万人。浙江紧随其后,为621.4万人。山东、河南、辽宁、四川从业人数均超过200万,分别为275.4万人、225.8万人、218.6万人、200.8万人(参见图7-2-19)。与上年相比,23个地区的从业人数增加,8个地区的从业人数减少。增加人数最多的是江苏,增加83.4万人;减少人数最多的是四川,减少34.0万人。

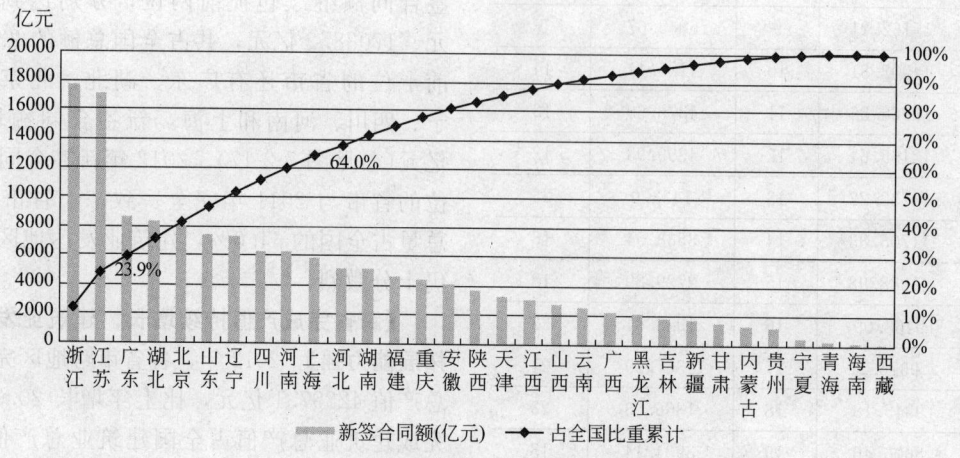

图7-2-17　2012年各地区建筑业新签合同额排序

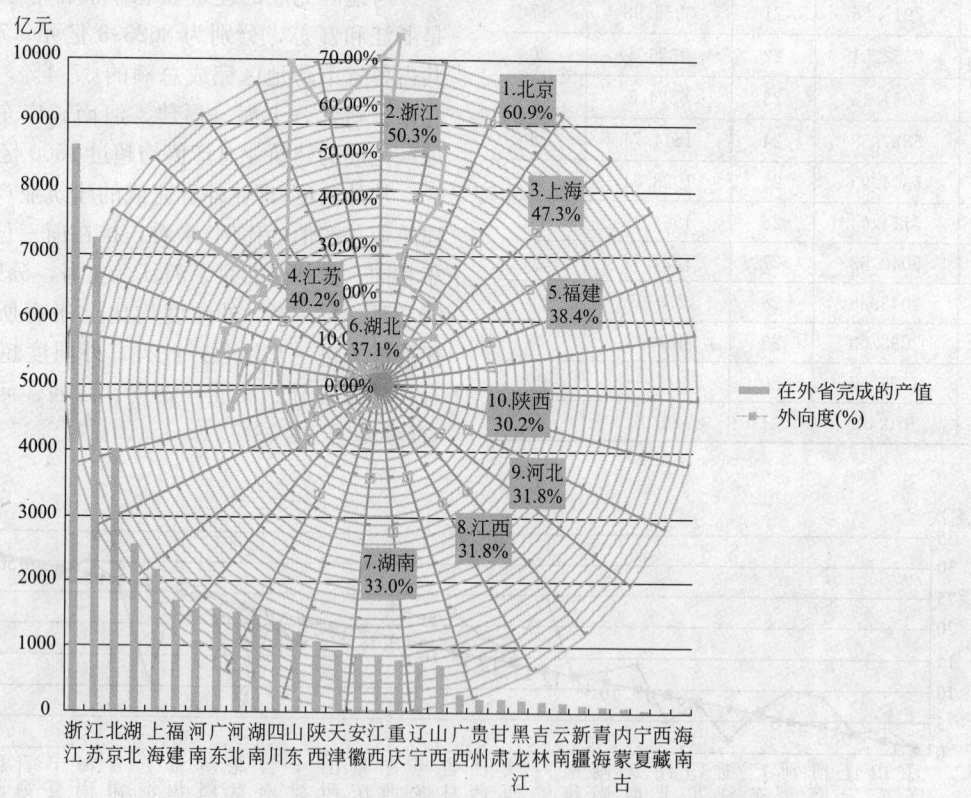

图7-2-18　2012年各地区跨省完成的建筑业产值及外向度

从按总产值计算的劳动生产率来看,2012年除黑龙江、甘肃、青海、西藏4个地区外,其他27个地区的劳动生产率均有较大幅度提高。排在前六位的是:天津(571511元/人)、海南(456397元/人)、上海(399708元/人)、陕西(393860元/人)、广东(340363元/人)、北京(337320元/人)。劳动生产率最高的天津是最低的福建的3.4倍。自2009年我国首个住宅产业化集团落户天津后,劳动生产率始终保持全国领先,建筑工业化对建筑业劳动生产率提高所产生的积极影响日益显现。

二、2012年建筑业发展统计分析

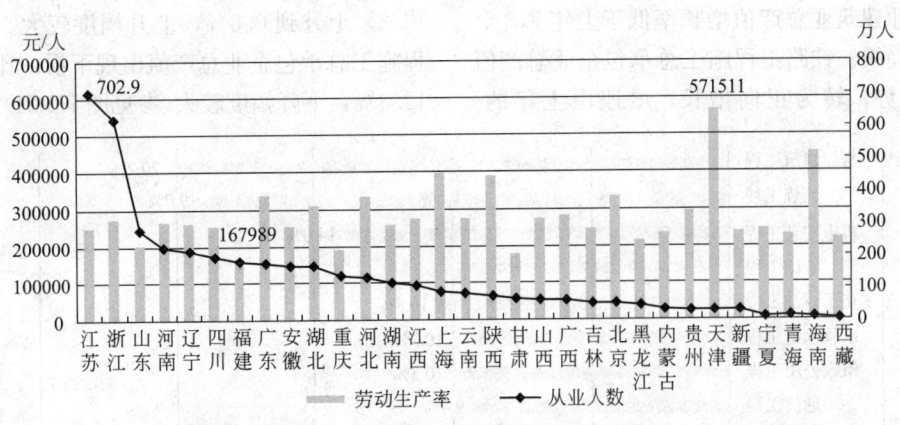

图 7-2-19　2012年各地区建筑业劳动生产率及从业人数

【沿海地区领跑对外承包工程业务，广东对外承包优势明显】 2012年，我国对外承包工程业务完成营业额1166亿美元，比上年增长12.7%。其中，各地区（包括新疆生产建设兵团）共完成对外承包工程营业额801.9亿美元，比上年同期增长17.5%，营业额占全国的68.8%。营业额在40亿美元以上的有六个地区，分别是广东（160.5亿美元）、山东（81.1亿美元）、上海（68.1亿美元）、江苏（64.7亿美元）、四川（56.4亿美元）和湖北（45.6亿美元），这六个地区的总额占各地区总营业额的59.4%（参见图7-2-20）。仅广东一省就占到全国的20.0%，比上年增长2.8个百分点，继续领跑对外承包工程业务。与上年相比，增幅最大的是青海省，达377.1%。其他增长较快的地区还有新疆、吉林、广东、重庆、云南，均在35%以上。营业额下降的地区有山西、海南、河南、宁夏、黑龙江和甘肃。此外，内蒙古和西藏实现对外承包工程业务零突破，分别完成857万美元、501万美元。

（执笔人：住房和城乡建设部计划财务与外事司　赵惠珍、程飞；中国建筑业协会　王要武、金玲、陈琦）

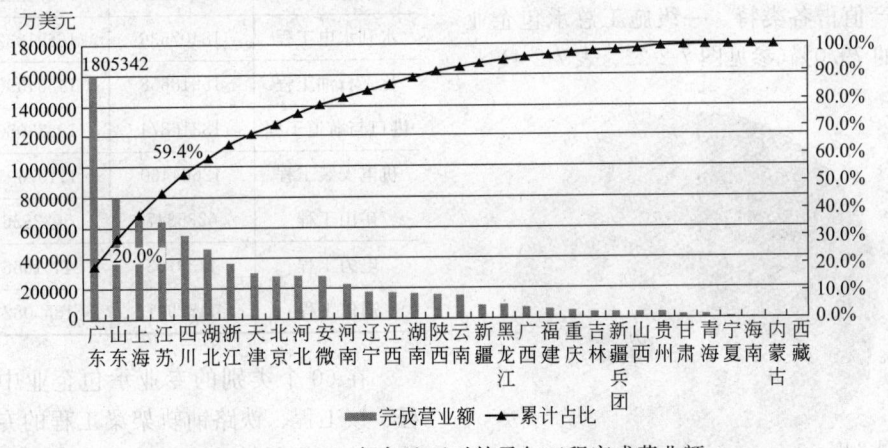

图 7-2-20　2012年各地区对外承包工程完成营业额

（三）2012年建筑业特、一级资质企业基本情况分析

住房和城乡建设部汇总的5961个特、一级资质建筑业企业报表显示，2012年1～12月建筑业特、一级企业主要指标完成情况如下：建筑业总产值75075亿元，比上年同期增长14.8%；房屋建筑施工面积552480万平方米，增长16.0%；新签工程承包合同额89880亿元，增长13.2%；企业总收入70795亿元，增长12.4%；企业实现利润总额2159亿元，增长13.8%；应收工程款12740亿元，增长17.3%。建筑业总产值、房屋建筑施工面积、新签工程承包合同额三项指标均占到全部资质以上企业工作量的一半以上。

1. 按专业类别分析

【多数特、一级施工总承包企业建筑业总产值平稳增长，房屋建筑工程施工总承包企业总产值增长速度下降】 在12个专业类别的特、一级施工总承包企业中，建筑业总产值增幅最大的前三位是房屋建筑工程、冶炼工程和机电安装工程施工总承包企业，增长率分别为20.2%、19.0%和14.0%。房屋建筑工程施工总承包企业建筑业总产值增长率低于上年7.8个百分点,增长趋缓。铁路工程施工总承包企业总产值扭转了下降之势,转为正向增长,增速由上年的-10.2%上升到0.5%,上升幅度较大。港口与航道工程施工总承包企业总产值出现下滑,比上年同期降低12.3%,下降幅度较大(参见图7-2-21)。

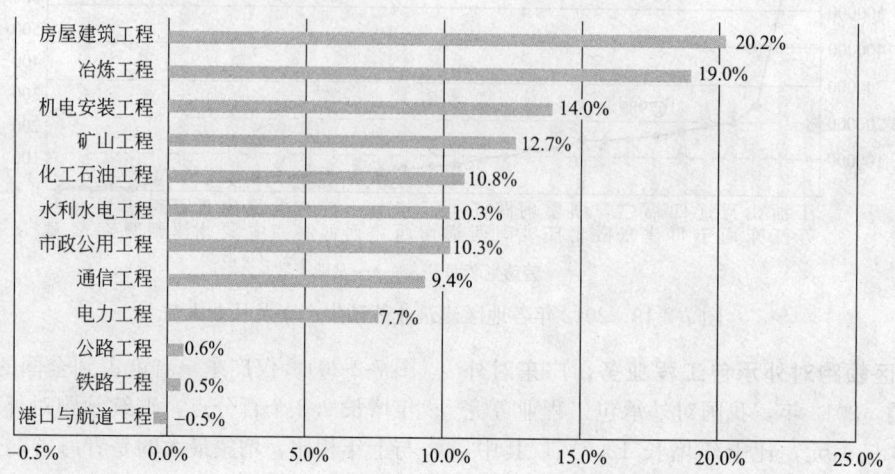

图7-2-21 2012年各类特、一级施工总承包企业建筑业总产值增长率排序

在各类特、一级施工总承包企业中,建筑业总产值排在前四位的专业类别仍然是房屋建筑工程、公路工程、铁路工程和市政公用工程,分别达到44221.8亿元、6040.9亿元、5087.8亿元和3919.7亿元。这四个专业类别特、一级施工总承包企业完成的建筑业总产值占各类特、一级施工总承包企业建筑业总产值的79.0%(参见图7-2-22、表7-2-4)。

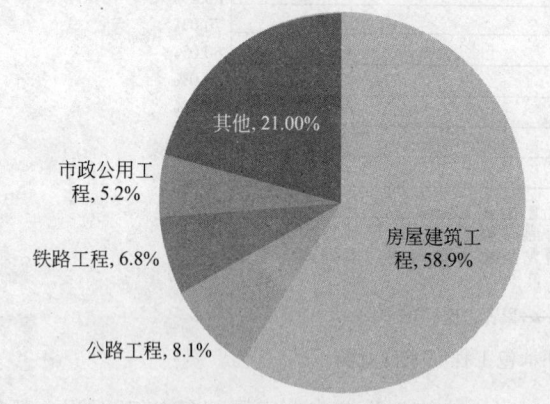

图7-2-22 2012年各类特、一级施工总承包企业完成建筑业总产值构成图

按专业类别分类的特、一级施工总承包企业总产值对比表　表7-2-4

指标 专业	建筑业总产值(万元)		
	2012年	2011年	同比增长(%)
房屋建筑工程	442218392	368006647	20.2
公路工程	60409287	60048838	0.6
铁路工程	50878397	50629419	0.5

续表

指标 专业	建筑业总产值(万元)		
	2012年	2011年	同比增长(%)
市政公用工程	39196954	35523994	10.3
冶炼工程	19376324	16277832	19.0
水利水电工程	18407536	16691332	10.3
化工石油工程	15918658	14364596	10.8
港口与航道工程	13316874	13383080	-0.5
机电安装工程	12664460	11107695	14.0
矿山工程	6235347	5532536	12.7
电力工程	4739763	4401666	7.7
通信工程	1482991	1355082	9.4

在60个类别的专业承包企业中,海洋石油工程、核工程、铁路铺轨架梁工程的专业承包企业建筑业总产值增长较快,与上年相比,增长率分别达到76.7%、69.8%、57.4%。各专业承包企业中,建筑业总产值出现下降的专业由10个增加到14个。下降最多的是机场空管及航站楼弱电系统工程,降幅达36.4%(参见表7-2-5)。

按专业类别分类的一级专业承包企业总产值对比表　表7-2-5

指标 专业分类	建筑业总产值(万元)		
	2012年	2011年	同比增长(%)
60个专业类别合计	65900392	56689191	16.2

二、2012年建筑业发展统计分析

续表

专业分类	指标	建筑业总产值（万元）		
		2012年	2011年	同比增长(%)
增长较快的专业类别	海洋石油工程	1607906	909844	76.7
	核工程	19486	11476	69.8
	铁路铺轨架梁工程	842570	535334	57.4
	城市及道路照明工程	71288	50346	41.6
	土石方工程	1117969	802308	39.3
负增长较大的专业类别	机场空管及航站楼弱电系统工程	8561	13463	-36.4
	冶炼机电设备安装工程	1986720	2619164	-24.1
	河湖整治工程	41037	52331	-21.6
	水工建筑物基础处理工程	11106	13430	-17.3

【水利水电、公路、通信等特、一级企业新签工程承包合同额增幅较大，建筑智能化、航道、水利水电机电设备安装、桥梁等4个专业总承包企业新签合同额出现负增长】 2012年，各类别特、一级建筑业企业新签合同额增长13.2%。在施工总承包企业中，水利水电工程施工总承包企业新签合同额增长最快，增幅达26.5%；其次是公路工程和通信工程施工总承包企业，增幅分别为20.1%和19.6%（参见图7-2-23）。总体上，新签合同额增速较上年有所放缓，但上年出现负增长的公路工程、冶炼工程和铁路工程专业总承包企业的新签合同额扭转为正增长，分别为20.1%、8.9%和3.2%。

在60个类别的专业承包企业中，新签合同额增长的专业类别有33个，下降的专业类别有14个。其中，增幅较高的是铁路电气化工程、管道工程、铁路铺轨架梁工程、土石方工程、核工程专业承包企业，增长率分别为286.8%、236.9%、125.8%、121.3%和104.2%，均超过1倍。新签合同额降幅较大的专业是建筑智能化工程、航道工程、水利水电机电设备安装工程和桥梁工程，分别下降56.3%、34.7%、30.7%和26.4%（参见表7-2-6）。

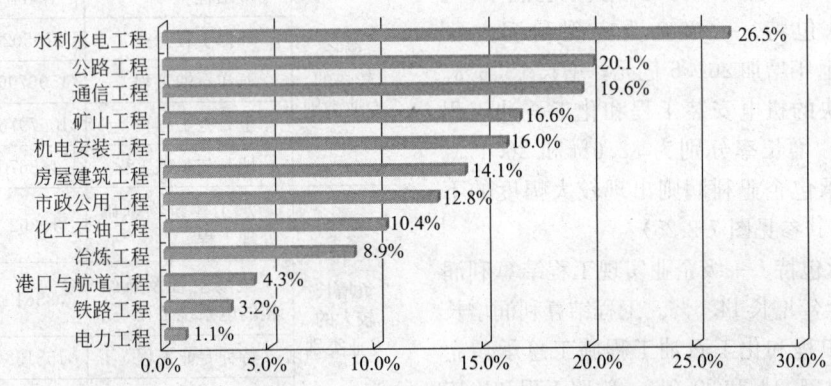

图7-2-23 2012年各类特、一级施工总承包企业新签合同额增长率排序

按专业类别分类的一级专业承包企业新签合同额对比表　表7-2-6

专业分类	指标	新签工程承包合同额（万元）		
		2012年	2011年	同比增长(%)
60个专业类别合计		71478968	64049498	11.6
增长较快的专业类别	铁路电气化工程	501374	129609	286.8
	管道工程	350273	103964	236.9
	铁路铺轨架梁工程	320098	141763	125.8
	土石方工程	1224414	553261	121.3
	核工程	21092	10331	104.2
负增长较大的专业类别	建筑智能化工程	1617518	3699892	-56.3
	航道工程	621293	950892	-34.7
	水利水电机电设备安装工程	28192	40676	-30.7
	桥梁工程	1142610	1553023	-26.4

【除铁路工程外，各类特、一级施工总承包企业建筑业总收入稳步增长，专业承包工程中有部分类别企业收入下降】 2012年建筑业特、一级企业的建

筑业总收入增长12.4%。除铁路工程施工总承包企业外，各类施工总承包企业建筑业总收入都稳步增长，增长最快的专业是房屋建筑工程和机电安装工程施工总承包企业，增长率分别为17.3%和17.2%。铁路工程施工总承包企业则出现总收入下降，下降1.5%（参见图7-2-24）。

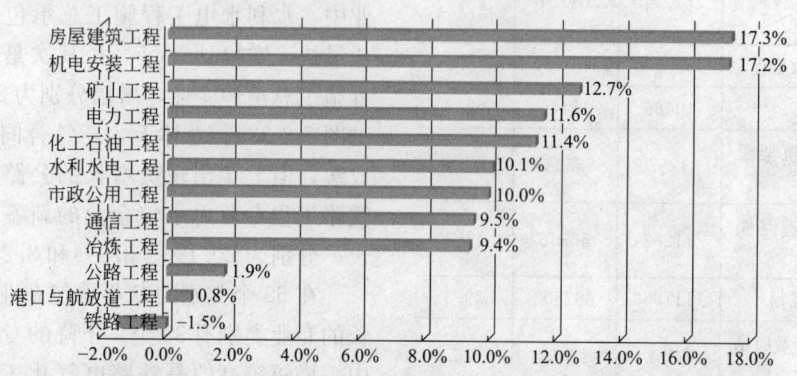

图7-2-24 按专业类别分类的特、一级施工总承包企业总收入增长率排序

在60个专业承包工程类别中，有17个专业的施工企业总收入下降，比2011年增加6个，发展形势不容乐观。降幅超过20%的专业有水工建筑物基础处理工程、机场空管及航站楼弱电系统工程和特种专业工程，分别下降48.3%、36.4%和35.5%（表7-2-7）。

【除铁路工程外，各类施工总承包企业效益稳步提高，专业承包工程中有近三分之一类别利润下降】

各类施工总承包特、一级企业实现利润总额2158.9亿元，比上年增加261.6亿元，增长13.8%。利润总额增长最快的机电安装工程和化工石油工程施工总承包企业，增长率分别为32.6%和26.4%。铁路工程施工总承包企业利润则出现较大幅度的下降，降幅达13.8%（参见图7-2-25）。

各类施工总承包特、一级企业实现工程结算利润3557.7亿元，比上年增长14.6%。工程结算利润增长最快的也是电力工程和化工石油工程施工总承包企业，增长率分别为35.4%和29.9%。铁路工程和冶炼工程施工总承包企业结算利润则出现较大幅度的下降，降幅分别为10.4%和3.0%（参见图7-2-26）。

按专业类别分类的一级专业承包企业总收入对比表　　表7-2-7

专业分类	指标	企业总收入（万元）		同比增长（%）
		2012年	2011年	
	60个专业类别合计	67034935	59146262	13.3
增长较快的专业类别	核工程	19488	11476	69.8
	环保工程专业	276502	172812	60.0
	海洋石油工程	1506796	979593	53.8
	土石方工程	1067976	801764	33.2
	地基与基础工程	7168670	5415799	32.4
负增长较大的专业类别	水工建筑物基础处理工程	10262	19856	-48.3
	机场空管及航站楼弱电系统工程	8561	13463	-36.4
	特种专业工程	158138	245093	-35.5
	起重设备安装工程	306110	359972	-15.0

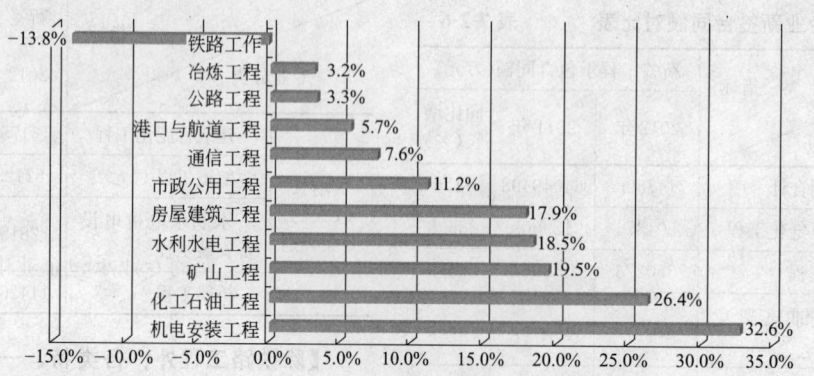

图7-2-25 按专业类别分类的特、一级施工总承包企业利润总额增长率排序

注：电力工程比上年增加数暂无。

二、2012年建筑业发展统计分析

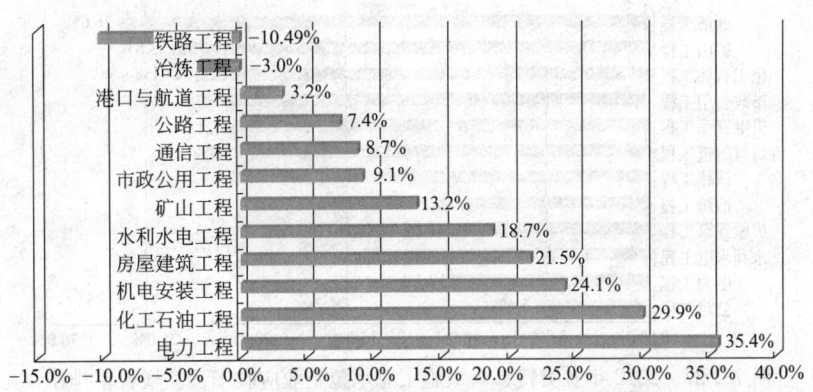

图 7-2-26 按专业类别分类的特、一级施工总承包企业结算利润增长率排序

在60个类别的专业承包企业中,利润总额增长的专业类别有27个,下降的有18个。其中,增幅最大的是水工建筑物基础处理工程专业承包企业,其增幅高达1192.9%。降幅较大的专业是送变电工程,达99.7%(参见表7-2-8)。

按专业类别分类的一级专业承包企业利润总额对比表　表7-2-8

专业分类	指标	利润总额(万元)		
		2012年	2011年	同比增长(%)
60个专业类别合计		3317620	3013535	10.1
增长较快的专业类别	水工建筑物基础处理工程	181	14	1192.9
	核工程	3458	752	359.8
	海洋石油工程	137554	52211	163.5
	管道工程	5097	2004	154.3
	电子工程	48554	20640	135.2
负增长较大的专业类别	送变电工程	79	25635	-99.7
	钢结构工程	132606	370943	-64.3
	城市及道路照明工程	1893	3974	-52.4
	体育场地设施工程	1335	1857	-28.1
	河湖整治工程	5183	7063	-26.6

在60个类别的专业承包企业中,工程结算利润增长的专业类别有34个,下降的有12个。其中,增幅最大的是化工石油设备管道安装工程专业承包企业,其增幅高达271.2%。降幅较大的专业是公路路基工程,为32.7%(参见表7-2-9)。

【企业应收工程款增长幅度有所降低,但个别专业仍居高位】 2012年,建筑业特、一级企业应收工程款增长17.3%,与上年的23.4%相比,增长率降低6.1个百分点。但在12个类别的特、一级总承包企业中,仍有一半的专业类别企业增长率超过20%,分别是通信工程、矿山工程、化工石油工程、市政公用工程、机电安装工程、港口与航道工程,应收工程款增长率最高的达到26.6%(参见图7-2-27)。

按专业类别分类的一级专业承包企业结算利润对比表　表7-2-9

专业分类	指标	结算利润(万元)		
		2012年	2011年	同比增长(%)
60个专业类别合计		4916463	4442667	10.7
增长较快的专业类别	化工石油设备管道安装工程	26297	7084	271.2
	海洋石油工程	139578	54244	157.3
	核工程	3458	1660	108.3
	无损检测工程	5982	3277	82.5
	港口与海岸工程	38113	21902	74.0
负增长较大的专业类别	公路路基工程	24314	36131	-32.7
	桥梁工程	49700	72229	-31.2
	河湖整治工程	6047	8150	-25.8
	体育场地设施工程	2007	2695	-25.5
	水工建筑物基础处理工程	905	1154	-21.6

在60个类别的专业承包企业中,有34类企业应收工程款增长,有11个专业下降。其中,增幅最大的是机场场道工程专业承包企业,增长120.8%。降幅最大的是特种专业工程专业承包企业,下降49.9%(参见表7-2-10)。

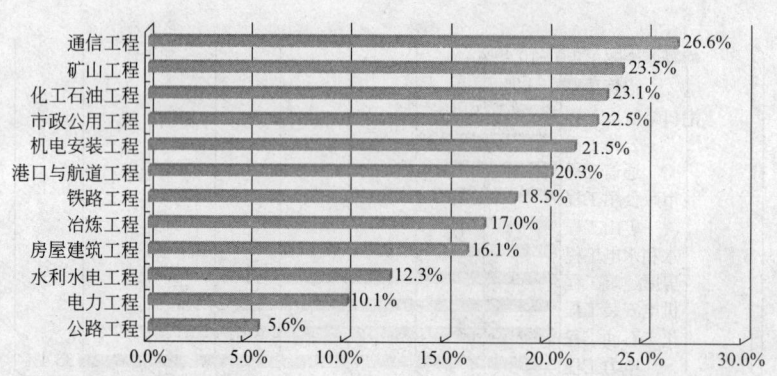

图 7-2-27 2012年各类特、一级施工总承包企业应收工程款增长率排序

按专业类别分类的一级专业承包企业应收工程款对比表 表 7-2-10

专业分类	指标	应收工程款(万元)		同比增长(%)
		2012年	2011年	
60个专业类别合计		8275468	6711171	23.31
增长较快的专业类别	机场场道工程	7157	3241	120.8
	高耸构筑物工程	25002	13003	92.3
	体育场地设施工程	18175	11528	57.7
	金属门窗工程	90862	58403	55.6
负增长较大的专业类别	特种专业工程	3806	7599	-49.9
	航道工程	118997	221199	-46.2
	桥梁工程	303822	422217	-28.0

2. 按企业资质等级分析

【按企业资质等级分析】从5961家特、一级企业的有关数据来看，不同资质等级企业主要指标的增长情况如图7-2-28所示。

从2012年各项主要指标的增长情况看，施工总承包特级企业除新签工程承包合同额增幅高于施工总承包一级和专业承包一级企业，房屋建筑施工面积、房屋建筑竣工面积和利润总额增幅高于专业承包一级企业外，其他指标增幅均低于施工总承包一级和专业承包一级企业。施工总承包特级企业作为行业龙头企业，调结构、转方式任重道远。

施工总承包一级企业2012年各项主要指标的增幅位居中游，房屋建筑施工面积、房屋建筑竣工面积和利润总额增幅高于施工总承包特级企业和专业承包一级企业。企业发展状况相对平稳。

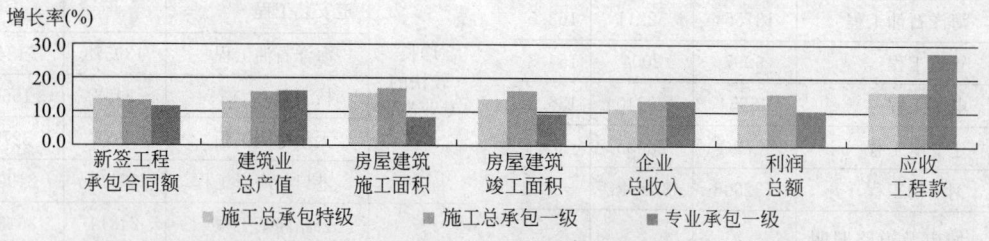

图 7-2-28 2012年不同资质等级企业主要指标的增长情况

专业承包一级企业2012年建筑业总产值、企业总收入和应收工程款三项指标增幅高于施工总承包特级企业和施工总承包一级企业。其中，应收工程款指标增幅高达27.6%，高出其他类型资质企业10个百分点以上，经营风险仍比较大(参见表7-2-11)。

3. 按企业注册地区分析

【按企业注册地区分析】从5961家特、一级企业各项主要指标的增长情况看，东部地区除房屋建筑竣工面积增幅高于西部地区外，其他指标增幅都低于中部和西部地区。中部地区2012年各项主要指标，除新签工程承包合同额、企业总收入增幅低于

2012年不同资质等级企业主要指标的占比情况 表 7-2-11

	新签工程承包合同额(%)	建筑业总产值(%)	房屋建筑施工面积(%)	房屋建筑竣工面积(%)	企业总收入(%)	利润总额(%)	应收工程款(%)
施工总承包特级	34.2	30.4	32.4	24.5	30.8	28.1	26.6
施工总承包一级	57.8	60.9	64.6	69.3	59.7	56.6	61.7
专业承包一级	8.0	8.8	3.1	6.2	9.5	15.4	11.7

西部地区外,其他指标增幅均高于东部地区和西部地区,展示出蓬勃的发展态势。西部地区除新签工程承包合同额、企业总收入增幅高于中、东部地区,房屋建筑竣工面积增幅低于中、东部地区外,其他指标增幅均处于中游,发展态势平稳(参见图7-2-29)。

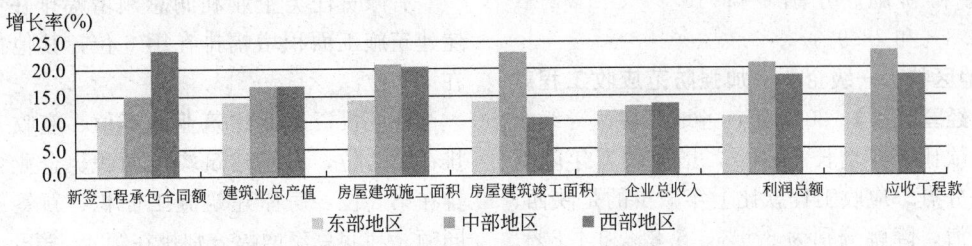

图7-2-29 东、中、西注册地区企业主要指标的增长情况

全国62.8%的特、一级企业集中在东部地区,其各项主要指标所占比重也均在60%以上,区域性领先优势明显。15.0%的特、一级企业注册在西部,除应收工程款指标外,其各项主要指标所占比重均低于15%,区域性落后劣势依然存在。中部地区特、一级企业占全国总量的22.2%,其各项主要指标所占比重也均在20%上下,基本上与该地区的企业数量匹配(参见表7-2-12)。

东、中、西地区企业主要指标的占比情况   表7-2-12

	新签工程承包合同额(%)	建筑业总产值(%)	房屋建筑施工面积(%)	房屋建筑竣工面积(%)	企业总收入(%)	利润总额(%)	应收工程款(%)
东部地区	61.6	64.0	68.8	67.7	63.0	66.7	60.8
中部地区	24.3	22.4	19.6	20.6	22.7	21.8	23.0
西部地区	14.1	13.6	11.6	11.7	14.3	11.6	16.2

【三个地区特、一级企业新签工程承包合同额出现负增长】2012年,各地区特、一级建筑业企业新签工程承包合同额比上年增长13.2%,增速较上年下降1个百分点。全国31个地区中,有3个地区的新签合同额呈现不同程度的下降,比上年减少4个。其中,黑龙江下降程度最大,降幅为13.8%,其次是天津和新疆。黑龙江省特、一级企业新签工程承包合同额连续三年减少,呈现出一定的疲态。

新签工程承包合同额增幅排名前三的地区均属于西部地区,贵州为首,达167.5%;青海为次,为65.2%;广西排名第三,为39.6%。

【各地区特、一级企业建筑业总产值和总收入普遍增长,但增速趋缓】2012年,各地区特、一级企业建筑业总产值比上年增长14.8%,增速较上年下滑了4个百分点。江西、吉林、新疆、广西的特、一级企业建筑业总产值增速都在25%以上,分别为33.1%、26.6%、26.5%和25.0%。宁夏和黑龙江的特、一级企业建筑业总产值出现下降,降幅分别为5.7%和7.0%。

2012年,各地区特、一级企业总收入比上年增长12.4%,增速较上年下滑了4.6个百分点。总收入增幅较大的是江西、甘肃、湖北和广西的特、一级企业,分别达到34.4%、31.3%、24.0%和22.5%。黑龙江的特、一级企业总收入出现下降,降幅为4.3%。

【各地区特、一级企业房屋建筑施工面积和竣工面积普遍增长,部分地区出现大幅下降】2012年,各地区特、一级企业房屋建筑施工面积比上年增长16.0%。内蒙古、吉林、广西、湖北、云南和青海的特、一级企业房屋建筑施工面积增速都在25%以上,分别为48.4%、38.1%、28.6%、27.5%、27.3%和25.4%。天津和黑龙江的特、一级企业房屋建筑施工面积出现下降,降幅分别为1.3%和13.8%。

2012年,各地区特、一级企业房屋建筑竣工面积比上年增长15.1%。河北、海南、江西、湖北、新疆和山西的特、一级企业房屋建筑竣工面积增速都在35%以上,分别为56.3%、53.1%、41.6%、38.2%、36.1%和35.5%。黑龙江、陕西、天津的特、一级企业房屋建筑竣工面积都出现大幅度下降,降幅分别为25.2%、27.6%、17.5%。

【各地区特、一级企业利润总额增幅差异显著】2012年,各地区特、一级建筑业企业利润总额比上年增长13.8%,增速较上年下滑了9.2

个百分点。利润总额增幅较大的地区是青海、江西、广西和重庆,分别增长796.7%、77.2%、52.4%和41.5%。利润总额下降较大的为山西、黑龙江、内蒙古、上海和新疆,分别下降18.8%、21.2%、21.4%、28.8%和28.9%。

【西部地区特、一级企业应加强防范应收工程款增加带来的经营风险】 2012年,各地区特、一级企业应收工程款比上年增长17.3%,增速较上年降低了6.1个百分点。应收工程款比上年减少的是陕西、黑龙江和上海,降幅分别为6.9%、5.8%和4.8%。增长幅度较大的前十位是青海、海南、山西、云南、重庆、广西、贵州、新疆、江苏和湖北,分别增长了121.8%、86.2%、48.7%、41.7%、40.8%、36.4%、36.3%、31.9%、27.9%和27.6%。十个地区中西部占六席,应加强防范应收工程款增幅提高所带来的企业经营风险。

4. 按企业登记注册类型分析

【按企业登记注册类型分析】 从5961家特、一级企业的有关数据来看,不同登记注册类型企业主要指标的增长情况如表7-2-13所示。

不同登记注册类型企业主要指标的增长情况　　表7-2-13

	新签工程承包合同额(%)	建筑业总产值(%)	房屋建筑施工面积(%)	房屋建筑竣工面积(%)	企业总收入(%)	利润总额(%)	应收工程款(%)
国有企业	15.4	14.2	19.1	5.6	10.6	16.0	15.7
集体企业	16.4	21.0	22.7	12.4	20.5	121.5	1.7
私营企业	4.1	29.8	5.0	3.3	26.8	85.1	26.0
有限责任公司	12.5	14.8	14.9	16.6	12.7	11.9	17.5
外商投资企业	6.4	25.9	22.6	20.1	17.6	7.9	34.7
港澳台商投资企业	25.0	0.6	34.7	86.3	6.1	1.5	43.5
其他企业	4.1	5.9	48.6	53.1	8.4	27.4	−21.0

2012年,国有企业新签工程承包合同额增幅排在第3位,利润总额增幅排在第4位,房屋建筑竣工面积增幅排在第6位,其他指标增幅排在第5位。

集体企业利润总额、新签工程承包合同额、企业总收入增幅排在第2位,建筑业总产值、房屋建筑施工面积增幅排在第3位,房屋建筑竣工面积增幅排在第5位,应收工程款增幅排在第6位。

私营企业建筑业总产值、企业总收入增幅排在第1位,利润总额增幅排在第2位,应收工程款增幅排在第3位,新签工程承包合同额增幅排在第6位(并列),房屋建筑施工面积、房屋建筑竣工面积增幅排在第7位。

有限责任类企业利润总额增幅排在第5位,房屋建筑施工面积增幅排在第6位,其他指标增幅排在第4位。

外商投资企业建筑业总产值、应收工程款增幅排在第2位,房屋建筑竣工面积、企业总收入增幅排在第3位,房屋建筑施工面积、新签工程承包合同额、利润总额增幅分别排在第4、第5、第6位。

港澳台商投资企业新签工程承包合同额、房屋建筑竣工面积、应收工程款增幅排在第1位,房屋建筑施工面积增幅排在第2位,其他指标增幅排在第7位。

其他企业房屋建筑施工面积、房屋建筑竣工面积、利润总额增幅分别排在第1、第2、第3位,建筑业总产值、企业总收入、新签工程承包合同额(并列)增幅排在第6位,应收工程款增幅排在第7位。

不同登记注册类型企业主要指标的占比情况如表7-2-14所示。

不同登记注册类型企业主要指标的占比情况　　表7-2-14

	新签工程承包合同额(%)	建筑业总产值(%)	房屋建筑施工面积(%)	房屋建筑竣工面积(%)	企业总收入(%)	利润总额(%)	应收工程款(%)
国有企业	25.9	21.9	19.8	13.0	23.9	21.5	25.2
集体企业	1.3	1.4	2.2	2.4	1.2	2.0	0.8
私营企业	0.1	0.1	0.1	0.1	0.1	0.1	0.1
有限责任公司	70.7	75.0	76.3	83.2	72.9	72.7	71.5
外商投资企业	1.5	1.2	1.1	0.8	1.4	3.1	1.6
港澳台商投资企业	0.5	0.4	0.4	0.4	0.5	0.6	0.8
其他企业	0.0	0.0	0.0	0.1	0.0	0.0	0.0

2012年,有限责任类特、一级企业数量最多,占全部特、一级企业数量的80.2%,比上年增长1.0个百分点;其各项主要指标所占比重均为最大,在70%以上。

国有特、一级企业数量位居第2,占全部特、一级企业数量的14.9%;其各项主要指标所占比重也全部排在第2位,除房屋建筑施工面积所占比重为13.1%外,其余数值均接近或超过20%。

集体所有制特、一级企业数量位居第3,占全部特、一级企业数量的 2.0%；其各项主要指标所占比重全部排在第 3 或第 4 位，数值从 0.8% 到 2.4% 不等。

外商投资特、一级企业数量位居第 4，占全部特、一级企业数量的 1.31%；其各项主要指标所占比重也全部排在第 3 或第 4 位，数值从 0.8% 到 3.1% 不等。

港澳台商投资特、一级企业数量位居第 5，占全部特、一级企业数量的 1.1%；其各项主要指标所占比重全部排在第 5 位，数值从 0.4% 到 0.8% 不等。

私营和其他建筑业特、一级企业数量较少，分别仅占 0.3% 和 0.22%，其各项主要指标所占比重也较低。

(执笔人：住房和城乡建设部计划财务与外事司 赵惠珍、程飞；中国建筑业协会 王要武、金玲、陈琦)

(四) 2012 年建设工程监理行业基本情况

【企业的分布情况】 2012 年全国共有 6605 个建设工程监理企业参加了统计，与上年相比增长 1.43%。其中，综合资质企业 89 个，增长 7.23%；甲级资质企业 2567 个，增长 6.65%；乙级资质企业 2475 个，增长 3.47%；丙级资质企业 1470 个，减少 8%；事务所资质企业 4 个，减少 87.5%。具体分布见表 7-2-15～表 7-2-17。

2012 年全国建设工程监理企业地区分布情况　　表 7-2-15

地区名称	北京	天津	河北	山西	内蒙古	辽宁	吉林	黑龙江
企业个数	291	43	312	225	150	294	189	230
地区名称	上海	江苏	浙江	安徽	福建	江西	山东	河南
企业个数	188	622	345	230	162	147	499	307
地区名称	湖北	湖南	广东	广西	海南	重庆	四川	贵州
企业个数	242	204	467	153	41	93	299	68
地区名称	云南	西藏	陕西	甘肃	青海	宁夏	新疆	
企业个数	141	1	317	137	56	53	99	

2012 年全国建设工程监理企业按工商登记类型分布情况　　表 7-2-16

工商登记类型	国有企业	集体企业	股份合作	有限责任	股份有限	私营企业	其他类型
企业个数	572	46	53	3478	644	1740	72

2012 年全国建设工程监理企业按专业工程类别分布情况　　表 7-2-17

资质类别	企业个数	资质类别	企业个数
综合资质	89	铁路工程	53
房屋建筑工程	5465	公路工程	26
冶炼工程	47	港口与航道工程	10
矿山工程	30	航天航空工程	6
化工石油工程	138	通信工程	15
水利水电工程	78	市政公用工程	413
电力工程	209	机电安装工程	3
农林工程	19	事务所资质	4

* 本统计涉及专业资质工程类别的统计数据，均按主营业务划分。

【从业人员情况】 2012 年年末工程监理企业从业人员 821969 人，与上年相比增长 7.66%。其中，正式聘用人员 643712 人，占年末从业人员总数的 78.31%；临时聘用人员 178257 人，占年末从业人员总数的 21.69%；工程监理从业人员为 623163 人，占年末从业总数的 75.81%。

2012 年年末工程监理企业专业技术人员 729620 人，与上年相比增长 6.92%。其中，高级职称人员 111393 人，中级职称人员 328909 人，初级职称人员 188020 人，其他人员 101298 人。专业技术人员占年末从业人员总数的 88.76%。

2012 年年末工程监理企业注册执业人员为 171897 人，与上年相比增长 8.46%。其中，注册监理工程师为 118347 人，与上年相比增长 5.98%，占总注册人数的 68.85%；其他注册执业人员为 53550 人，占总注册人数的 31.15%。

【业务承揽情况】 2012 年工程监理企业承揽合同额 1826.15 亿元，与上年相比增长 28.43%。其中工程监理合同额 1031.08 亿元，与上年相比增长 12.02%；工程项目管理与咨询服务、勘察设计、工程招标代理、工程造价咨询及其他业务合同额795.07亿元，与上年相比增长58.54%。工程监理合同额占总业务量的56.46%。

【财务收入情况】 2012年工程监理企业全年营业收入1717.31亿元，与上年相比增长15.06%。其中工程监理收入752.95亿元，与上年相比增长13%；工程勘察设计、工程项目管理与咨询服务、工程招标代理、工程造价咨询及其他业务收入964.36亿元，与上年相比增长16.72%。工程监理收入占总营业收入的43.84%。其中5个企业工程监理收入突破3亿元，17个企业工程监理收入超过2亿元，84个企业工程监理收入超过1亿元，工程监理收入过亿元的企业个数与上年相比，增长9.09%。

（住房和城乡建设部建筑市场监管司）

（五）2012年工程建设项目招标代理机构基本情况

【工程招标代理机构的分布情况】 2012年度参加统计的全国工程招标代理机构共5522个，比上年增长8%。按照资格等级划分，甲级机构1336个，比上年增长6.54%；乙级机构2858个，比上年增长11.77%；暂定级机构1328个，比上年增长2%。按照企业登记注册类型划分，国有企业和国有独资公司共230个，股份有限公司和其他有限责任公司共2935个，私营企业2231个，港澳台投资企业9个，外商投资企业4个，其他企业113个。具体分布见表7-2-18、表7-2-19。

2012年全国工程招标代理机构地区分布情况　　　表7-2-18

地区名称	北京	天津	河北	山西	内蒙古	辽宁	吉林	黑龙江
企业个数	272	19	247	176	131	240	151	121
地区名称	上海	江苏	浙江	安徽	福建	江西	山东	河南
企业个数	130	459	374	250	123	176	476	228
地区名称	湖北	湖南	广东	广西	海南	重庆	四川	贵州
企业个数	183	145	430	110	27	121	251	95
地区名称	云南	西藏	陕西	甘肃	青海	宁夏	新疆	
企业个数	144	12	169	78	26	41	117	

2012年全国工程招标代理机构拥有资质数量分布情况　　表7-2-19

资质数量	具有单一招标代理机构资格的企业	具有两个及两个以上资质的企业
企业个数	1510	4012

【工程招标代理机构的人员情况】 2012年年末工程招标代理机构从业人员合计445445人，比上年增长14.62%。其中，正式聘用人员398617人，占年末从业人员总数的89.49%；临时工作人员46828人，占年末从业人员总数的10.51%。

2012年年末工程招标代理机构正式聘用人员中专业技术人员合计351086人，比上年增长14.44%。其中，高级职称人员61438人，中级职称164243人，初级职称80929人，其他人员44476人。专业技术人员占年末正式聘用人员总数的88.08%。

【工程招标代理机构的业务情况】 2012年度工程招标代理机构工程招标代理中标金额91857.60亿元，比上年增长65.48%。其中，房屋建筑和市政基础设施工程招标代理中标金额59759.27亿元，占工程招标代理中标金额的65.06%；招标人为政府和国有企事业单位工程招标代理中标金额54056.25亿元，占工程招标代理中标金额的58.85%。

2012年度工程招标代理机构承揽合同约定酬金合计970.76亿元，比上年增长17.64%。其中，工程招标代理承揽合同约定酬金为198.05亿元，占总承揽合同约定酬金的20.40%；工程监理承揽合同约定酬金为276.70亿元；工程造价咨询承揽合同约定酬金为114.41亿元；项目管理与咨询服务承揽合同约定酬金为84.38亿元；其他业务承揽合同约定酬金为297.22亿元。

【工程招标代理机构的财务情况】 2012年度工程招标代理机构的营业收入总额为2173.40亿元，比上年增长26.95%。其中，工程招标代理收入182.92亿元，占营业收入总额的8.42%；工程监理收入277.97亿元，工程造价咨询收入156.71亿元，工程项目管理与咨询服务收入150.82亿元，其他收入1404.98亿元。

2012年度工程招标代理机构的营业成本合计4614.24亿元，营业税金及附加合计164.25亿元，营业利润合计469.95亿元，利润总额合计537.50亿元，所得税合计99.69亿元，负债合计3693.75亿元，所有者权益合计 7306.28 亿元。

【工程招标代理机构前 100 名企业的情况】
2012 年度工程招标代理机构工程招标代理收入前 100 名中，从资质等级来看，甲级机构 82 个，乙级机构 16 个。

（住房和城乡建设部建筑市场监管司）

（六）2012 年工程勘察设计企业基本情况

【概况】 根据 2012 年全国工程勘察设计企业年报数据统计，全国共有勘察设计企业 18280 个，与上年 16482 个相比，增加 1798 个，增长了 10.91%。2012 年各地工程勘察设计企业数量情况见图 7-2-30，最近 5 年工程勘察设计企业数量发展见图 7-2-31。

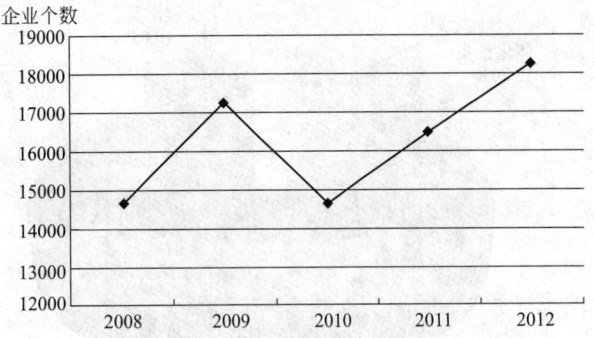

图 7-2-31 最近 5 年工程勘察设计企业数量发展

3692 个，与上年 3474 个相比，增加 218 个，增长了 6.3%。

2012 年工程勘察设计企业资质等级构成见图 7-2-32，近 5 年工程勘察设计企业资质等级发展见图 7-2-33。

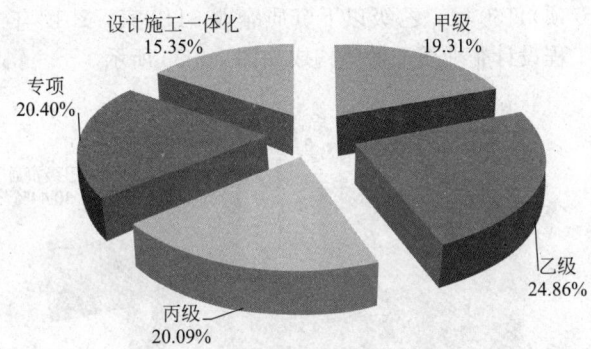

图 7-2-32 2012 年工程勘察设计企业资质等级构成

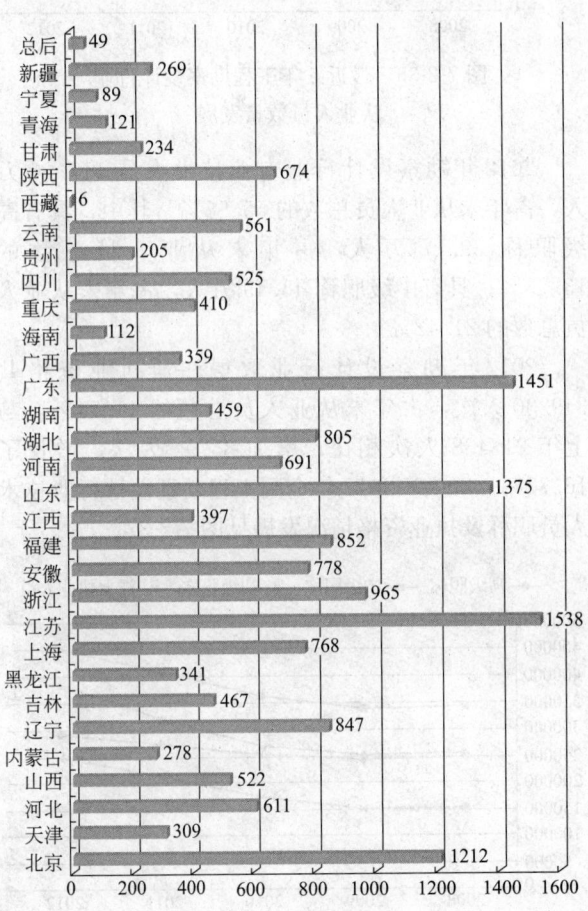

图 7-2-30 2012 年各地工程勘察设计企业数量情况

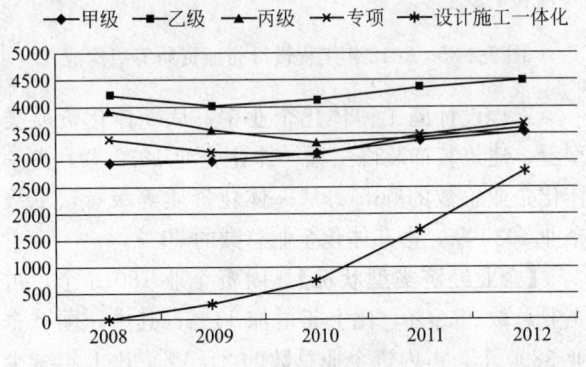

图 7-2-33 最近 5 年工程勘察设计企业资质等级发展

【企业资质情况】 持有行业资质、专业资质企业情况：甲级企业 3495 个，与上年 3365 个相比，增加 130 个，增长了 3.9%；乙级企业 4500 个，与上年 4357 个相比，增加 143 个，增长了 3.3%；丙级企业 3636 个，与上年 3423 个相比，增加 213 个，增长了 6.2%。

持有专项资质企业情况：持有专项证书的企业

【工程勘察设计企业具体构成】 2012 年工程勘察设计企业中，有工程勘察企业 1837 家，工程设计企业 13665 家，工程设计施工一体化企业 2778 家。不同类型企业的构成如图 7-2-34 所示

工程勘察企业中，勘察综合资质企业 218 家，专业甲级企业 484 家，综合资质和专业甲级资质企业占勘察企业总数的 38.2%。

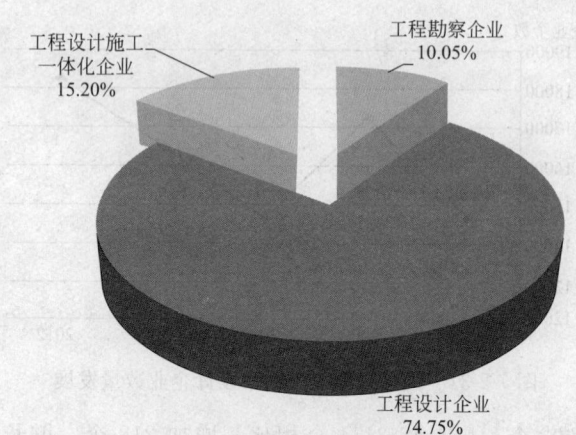

图 7-2-34 2012 年工程勘察设计企业
中不同类型企业的构成

工程设计企业中，按设计企业等级分布情况：设计综合资质企业 63 家，甲级企业（行业、专业、专项）4160 家，乙级以下资质企业 9442 家。2012 年工程设计企业资质等级构成如图 7-2-35 所示。

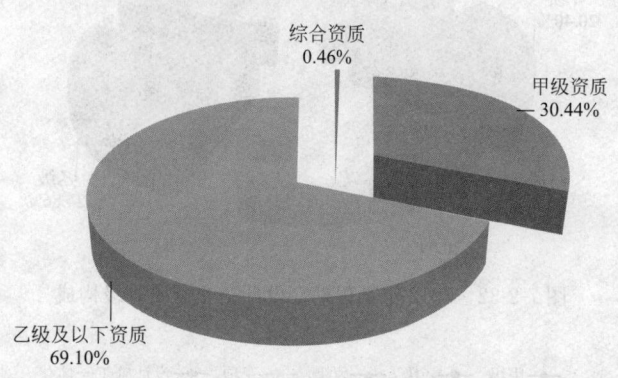

图 7-2-35 2012 年工程设计企业资质等级构成

工程设计施工一体化企业中，从一体化资质类型看，建筑装饰装修工程一体化企业 1832 家，占一体化企业总数的 66%；从一体化资质等级看，二级企业 1939 家，占一体化企业总数的 70%。

【企业经济类型状况】 内资企业 18016 个，占企业总数 98.6%，比上年增加 11%；其中：国有企业 3890 个，占内资企业总数的 21.6%，比上年减少 1.2%；私营企业 3230 个，占内资企业总数的 17.9%，比上年增加 24.5%；集体企业 260 个，占内资企业总数的 1.4%，比上年减少 22.6%；有限责任公司 8888 个，占内资企业总数的 49.3%，比上年增加 14.8%；股份有限公司 1143 个，占内资企业总数的 6.3%，比上年增加 8.3%。

港、澳台商投资企业 121 个，占企业总数 0.67%。

外商投资企业 143 个，占企业总数 0.79%。

【企业人员状况】 2012 年勘察设计行业年末从业人员 212.34 万人，与上年 172.85 万人相比，增加 39.49 万人，增长 22.85%。近 5 年工程勘察设计行业从业人员数量发展见图 7-2-36。

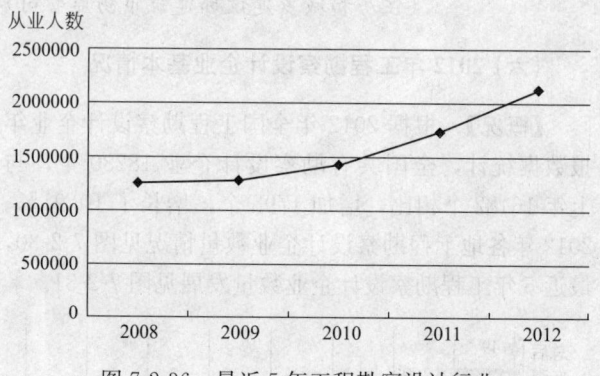

图 7-2-36 最近 5 年工程勘察设计行业
从业人员数量发展

2012 年勘察设计行业专业技术人员 117.96 万人，占年末从业人员总数的 55.55%。其中，具有高级职称 29.17 万人，占年末从业人员总数的 13.73%；具有中级职称 45.49 万人，占年末从业人员总数的 21.42%。

2012 年勘察设计行业取得注册执业资格共 249230 人次，占年末从业人员总数的 11.74%，与上年 213438 人次相比，增加 35792 人次，增长了 16.77%。2008～2012 年全国工程勘察设计行业技术人员职称及执业资格情况发展见图 7-2-37。

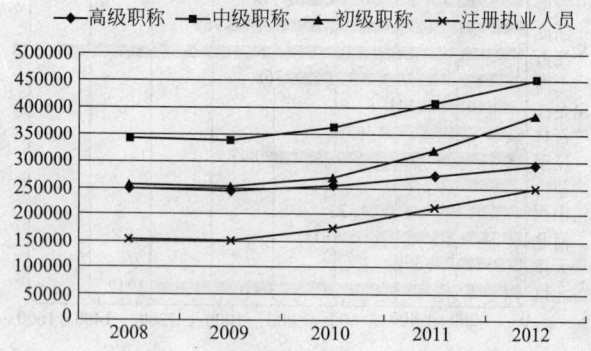

图 7-2-37 2008～2012 年全国工程勘察设计
行业技术人员职称及执业资格情况发展

【业务完成情况】 工程勘察：工程勘察完成合同额合计 595.38 亿元，与上年 531.97 亿元相比，增加 63.41 亿元，增长了 11.91%。

工程设计：工程设计完成合同额合计 3159.66 亿元，与上年 2948.78 亿元相比，增加 210.88 亿元，增长了 7.15%。施工图完成投资额为 85902.87 亿

二、2012年建筑业发展统计分析

元，与上年93005.43亿元相比，减少7102.56亿元，减少了7.64%；施工图完成建筑面积41.36亿平方米，与上年47.12亿平方米相比，减少5.76亿平方米，减少了12.22%。

工程技术管理服务：工程技术管理服务完成合同额合计516.23亿元，与上年420.02亿元相比，增加96.21亿元，增长了22.91%；其中工程咨询完成合同额201.85亿元，与上年167.05亿元相比，增加34.8亿元，增长了20.83%。

工程承包：工程承包完成合同额合计10434.41亿元，与上年8493.25亿元相比，增加1941.16亿元，增长了22.86%。

境外工程：境外工程完成合同额合计876.69亿元，与上年705.74亿元相比，增加170.95亿元，增长了24.22%。

2012年工程勘察设计行业完成各类合同额构成见图7-2-38。

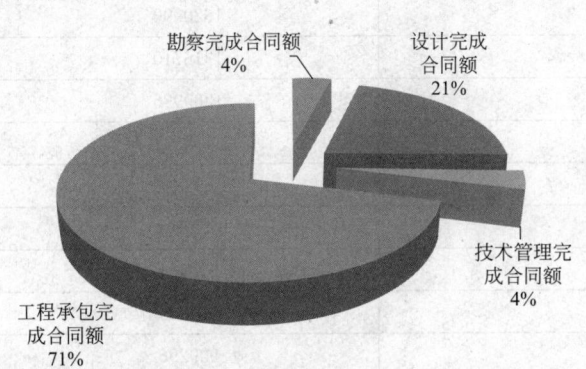

图7-2-38　2012年工程勘察设计行业完成各类合同额构成

【财务状况】　2012年全国勘察设计企业全年营业收入总计16170.63亿元，与上年12914.73亿元相比，增加3255.9亿元，增长了25.21%。其中：工程勘察收入629.12亿元，占营业收入的3.9%，与上年653.98亿元相比，减少了3.8%。其中，境外工程勘察收入为13.31亿元，占工程勘察收入的2.12%；工程设计收入2785.49亿元，占营业收入的17.22%，与上年2667.48亿元相比，增长了4.42%。其中，境外工程设计收入为70.31亿元，占工程设计收入的2.52%；工程技术管理服务收入370.91亿元，占营业收入的2.29%，与上年318.47亿元相比，增长了16.47%。其中，境外工程技术管理服务收入8.9亿元，占工程技术管理服务收入的2.4%；工程承包收入10751.81亿元，占营业收入的66.49%，与上年7886.13亿元相比，增长了36.34%。其中，境外工程承包收入535.81亿元，

占工程承包收入的4.98%。近5年工程勘察设计行业全年营业收入发展情况及营业收入分类发展情况见图7-2-39和图7-2-40，2012年工程勘察设计行业营业收入分布情况见图7-2-41。

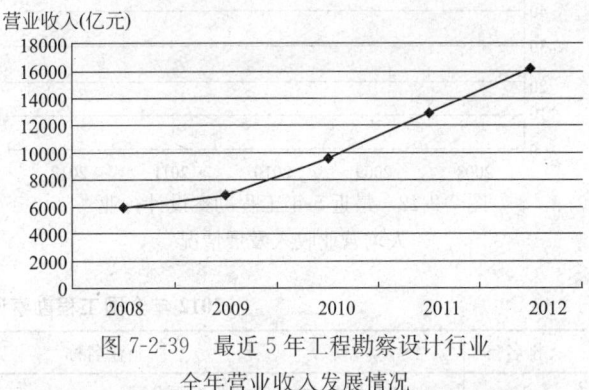

图7-2-39　最近5年工程勘察设计行业全年营业收入发展情况

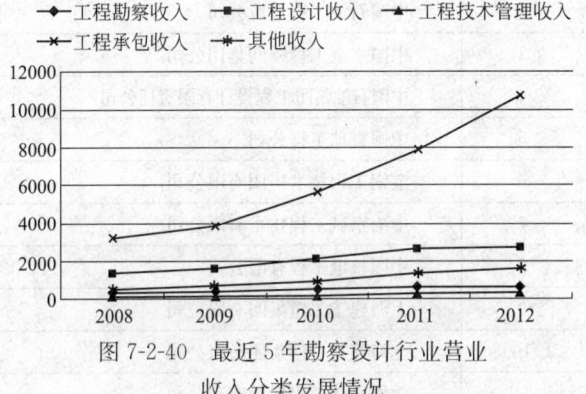

图7-2-40　最近5年勘察设计行业营业收入分类发展情况

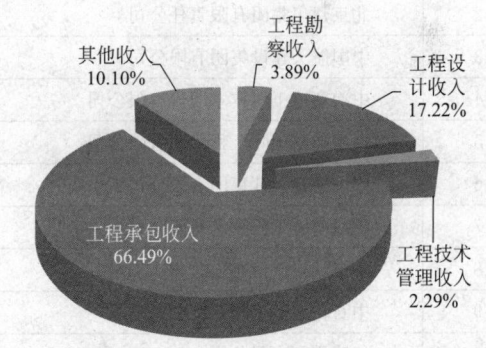

图7-2-41　2012年勘察设计行业营业收入分布情况

人均营业收入情况：2012年勘察设计行业人均营业收入76万元，与上年75万元相比，增长1.33%。近5年工程勘察设计行业人均营业收入发展情况见图7-2-42。

利润及所得税情况：勘察设计行业全年利润总额1195.93亿元，与上年1020.54亿元相比，增长了17.19%；应交所得税254.82亿元，与上年189.80亿元相比，增长了34.26%。勘察设计行业企业净利润950.11亿元，与上年834.49亿元相比，增长了13.86%。

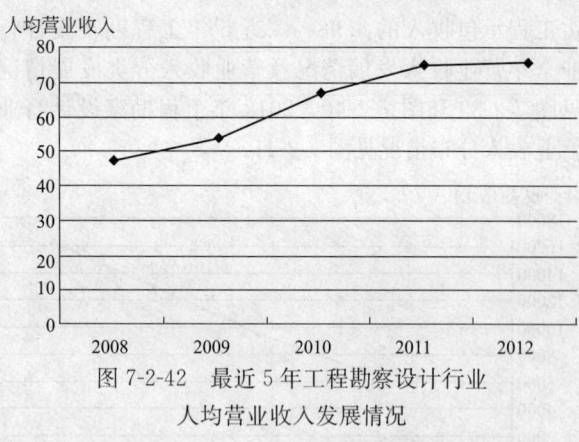

图 7-2-42 最近 5 年工程勘察设计行业
人均营业收入发展情况

【科技活动状况】 2012 年勘察设计行业科技活动费用支出总额为 413.5 亿元，占营业收入的 2.56%；与上年支出总额 294.71 亿元相比，增加 118.78 亿元，增长了 40.3%。

企业累计拥有专利 41501 项，与上年 32310 项相比，增加 9191 项，增长了 28.45%；企业累计拥有专有技术 19118 项，与上年 17202 项相比，增加 1916 项，增长了 11.14%。

【2012 年全国工程勘察设计企业营业收入前 100 名排序】 2012 年全国工程勘察设计企业营业收入前 100 名如表 7-2-20 所列。

2012 年全国工程勘察设计企业营业收入前 100 名　　　　表 7-2-20

排名	企业名称	全年营业收入合计（万元）
1	中国水利水电建设股份有限公司	7760483
2	中国石油工程建设公司	1953850
3	中国水电工程顾问集团公司	1773062
4	中国石油集团工程设计有限责任公司	1620993
5	中国寰球工程公司	1316710
6	宝钢工程技术集团有限公司	1269926
7	中冶京诚工程技术有限公司	1175561
8	中国核电工程有限公司	1093843
9	上海建工二建集团有限公司	970824
10	上海建工一建集团有限公司	948581
11	中国石化工程建设有限公司	934939
12	北京建工集团有限责任公司	929296
13	中国航天建设集团有限公司	807493
14	中冶赛迪工程技术股份有限公司	800239
15	中国建材国际工程集团有限公司	786569
16	中国中建设计集团有限公司	730609
17	中冶南方工程技术有限公司	707362
18	华丰建设股份有限公司	696205
19	中石化洛阳工程有限公司	693859
20	烟建集团有限公司	661802
21	泛华建设集团有限公司	592224
22	中国成达工程有限公司	571213
23	北京首钢建设集团有限公司	562783
24	天津水泥工业设计研究院有限公司	551768
25	中铁二院工程集团有限责任公司	551202
26	中国海诚工程科技股份有限公司	523841
27	中国联合工程公司	517663
28	中国航空规划建设发展有限公司	512345
29	中国建筑设计研究院	511900

二、2012 年建筑业发展统计分析

续表

排名	企业名称	全年营业收入合计(万元)
30	中国建筑科学研究院	488573
31	惠生工程(中国)有限公司	485735
32	方远建设集团股份有限公司	478106
33	武汉凯迪电力工程有限公司	470845
34	中铝国际工程股份有限公司	457125
35	北京首钢国际工程技术有限公司	453156
36	中冶焦耐工程技术有限公司	449083
37	中国昆仑工程公司	447189
38	中国天辰工程有限公司	440006
39	中国华电工程(集团)有限公司	430859
40	中国石油天然气管道工程有限公司	429591
41	中国电力工程顾问集团华北电力设计院工程有限公司	413038
42	中冶华天工程技术有限公司	408133
43	浙江省机电设计研究院有限公司	404248
44	中石化南京工程有限公司	394232
45	铁道第三勘察设计院集团有限公司	386475
46	中国中材国际工程股份有限公司	381432
47	中国能源建设集团广东省电力设计研究院	380386
48	中国五环工程有限公司	378664
49	中铁第四勘察设计院集团有限公司	370429
50	赛鼎工程有限公司	369940
51	中石化宁波工程有限公司	362170
52	上海现代建筑设计(集团)有限公司	361668
53	山东电力工程咨询院有限公司	360719
54	中石化上海工程有限公司	342991
55	新疆石油勘察设计研究院(有限公司)	330627
56	中国中元国际工程公司	329198
57	中国移动通信集团设计院有限公司	316501
58	中国京冶工程技术有限公司	315315
59	华陆工程科技有限责任公司	309334
60	东华工程科技股份有限公司	305028
61	上海市政工程设计研究总院(集团)有限公司	302779
62	中油辽河工程有限公司	301659
63	中铁第一勘察设计院集团有限公司	300935
64	北京全路通信信号研究设计有限公司	297586
65	合肥水泥研究设计院	289499
66	中国有色金属工业西安勘察设计研究院	289446
67	中国水电顾问集团成都勘测设计研究院	286230
68	中国五洲工程设计集团有限公司	286135

续表

排名	企业名称	全年营业收入合计(万元)
69	北京韩建集团有限公司	283548
70	中国电力工程顾问集团中南电力设计院	283000
71	中国土木工程集团有限公司	279384
72	长江勘测规划设计研究有限责任公司	278524
73	信息产业电子第十一设计研究院科技工程股份有限公司	274556
74	中国电力工程顾问集团西北电力设计院	274506
75	北京住总集团有限责任公司	272754
76	同济大学建筑设计研究院(集团)有限公司	269231
77	中国公路工程咨询集团有限公司	268799
78	中国石油集团东北炼化工程有限公司	263860
79	中国水电顾问集团华东勘测设计研究院	263855
80	中国建筑技术集团有限公司	262047
81	中国水电顾问集团昆明勘测设计研究院	261896
82	中国水电顾问集团西北勘测设计研究院	250189
83	中交第一公路勘察设计研究院有限公司	249715
84	北京矿冶研究总院	249452
85	中国电子工程设计院	248780
86	山东省公路建设(集团)有限公司	248538
87	中船第九设计研究院工程有限公司	244948
88	成都建筑材料工业设计研究院有限公司	244941
89	招商局重庆交通科研设计院有限公司	244339
90	中国水电顾问集团中南勘测设计研究院	240629
91	中冶长天国际工程有限责任公司	232162
92	中国恩菲工程技术有限公司	229485
93	中铁工程设计咨询集团有限公司	219586
94	机械工业第四设计研究院	211019
95	中国核动力研究设计院	210459
96	河北建设勘察研究院有限公司	206893
97	东风设计研究院有限公司	202102
98	北方工程设计研究院有限公司	201369
99	中煤西安设计工程有限责任公司	200374
100	中国石油集团东北炼化工程有限公司吉林设计院	200123

(住房和城乡建设部建筑市场监管司 哈尔滨工业大学)

（七）2012年房屋市政工程生产安全事故情况通报

【总体情况】 2012年，全国共发生房屋市政工程生产安全事故487起、死亡624人，比上年同期事故起数减少102起、死亡人数减少114人，同比分别下降17.32%和15.45%。2010～2012年事故起数情况和事故死亡人数情况见图7-2-43和图7-2-44。

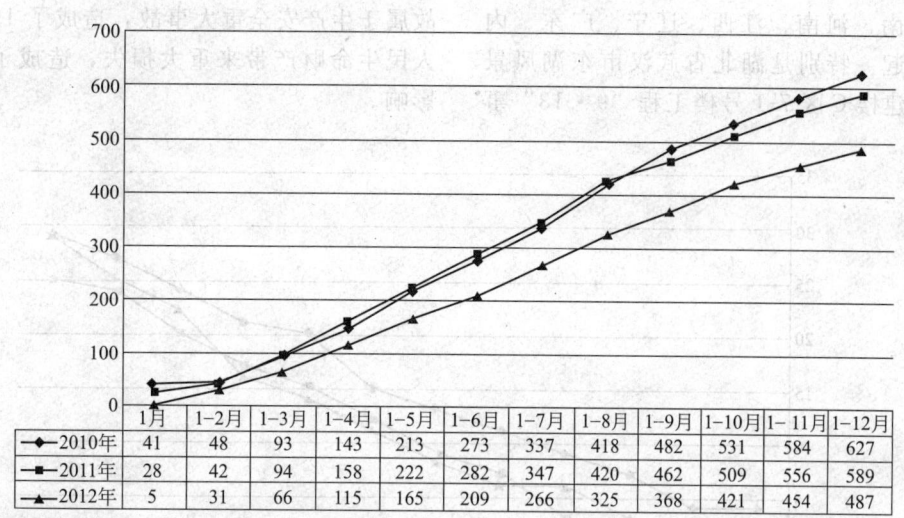

图 7-2-43 2010~2012 年事故起数情况

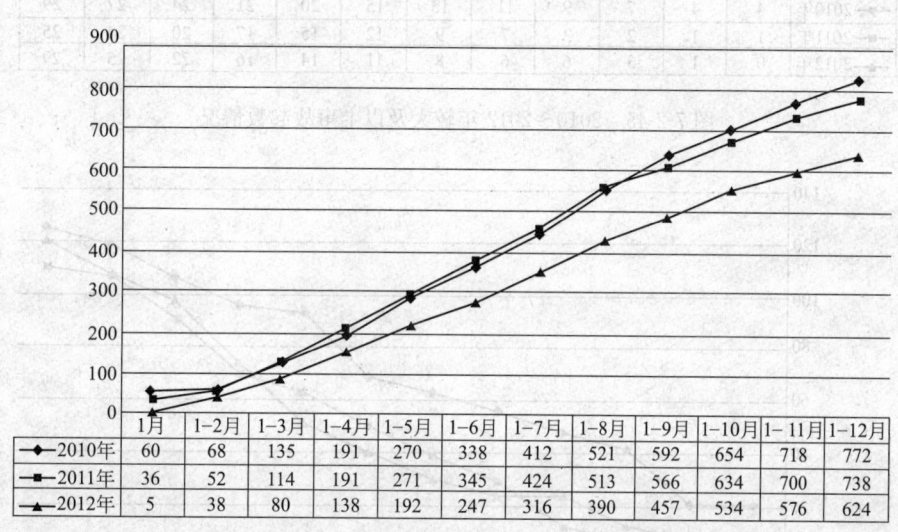

图 7-2-44 2010~2012 年事故死亡人数情况

2012年,全国有31个地区发生房屋市政工程生产安全事故,各地不太平衡,有的地方事故比较少,如:海南(8起、8人)、辽宁(7起、9人)、陕西(6起、8人)、宁夏(5起、6人)、新疆兵团(2起、2人),有的地方事故比较多,如:浙江(45起、52人)、上海(33起、38人)、江苏(30起、41人)、安徽(30起、34人)、云南(27起、29人)、重庆(25起、28人)。

2012年,全国有18个地区的事故起数和死亡人数同比下降,其中河北(起数下降68%、人数下降40%)、辽宁(起数下降59%、人数下降79%)、江苏(起数下降48%、人数下降31%)、北京(起数下降39%、人数下降32%)、山东(起数下降39%、人数下降26%)、广东(起数下降34%、人数下降48%)等地区下降幅度较大;有4个地区的事故起数和死亡人数同比上升,其中重庆(起数上升39%、人数上升40%)、安徽(起数上升20%、人数上升17%)等地区上升幅度较大;有3个地区死亡人数同比上升,其中湖北(人数上升54%)、山西(人数上升38%)等地区上升幅度较大。

【较大及以上事故情况】 2012年,全国共发生房屋市政工程生产安全较大及以上事故29起、死亡121人,比上年同期事故起数增加4起、死亡人数增加11人,同比分别上升16.00%和10.00%。2010~2012年较大及以上事故起数情况和较大及以上事故死亡人数情况见图7-2-45和图7-2-46。

2012年,全国有20个地区发生房屋市政工程生产安全较大及以上事故,其中江苏发生4起,湖北发生3起,河北、吉林、山西、浙江各发生2起,北京、山东、贵州、天津、上海、甘肃、新疆、安徽、湖南、河南、江西、辽宁、广东、内蒙古各发生1起。特别是湖北省武汉市东湖风景区东湖景园还建楼C区7-1号楼工程"9·13"事故属于生产安全重大事故，造成了19人死亡，给人民生命财产带来重大损失，造成了不良的社会影响。

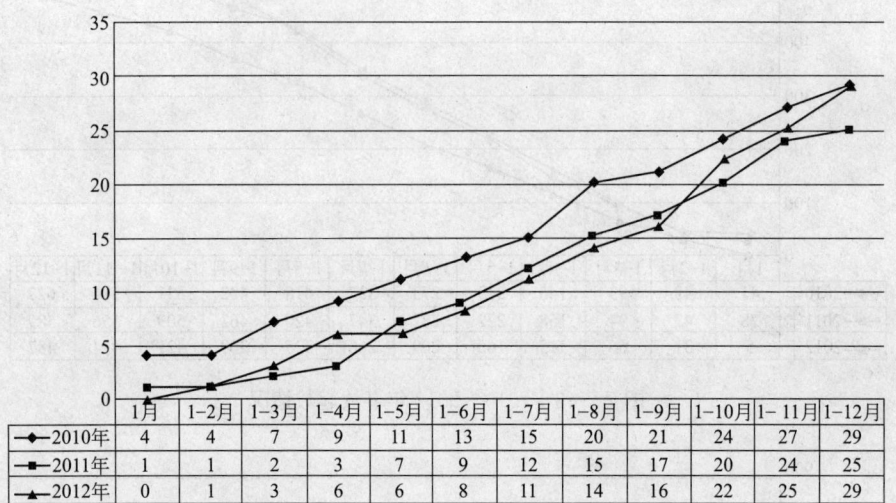

图7-2-45　2010～2012年较大及以上事故起数情况

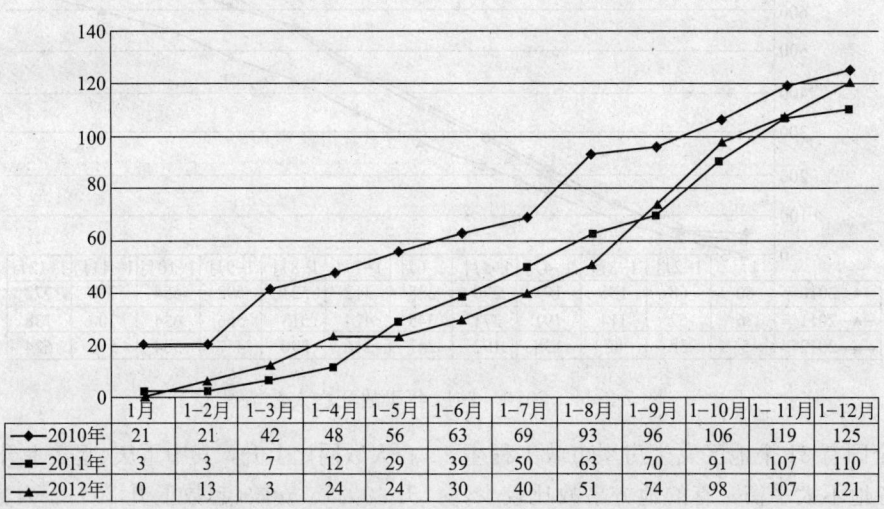

图7-2-46　2010～2012年较大及以上事故死亡人数情况

【事故类型和发生部位情况】　2012年，房屋市政工程生产安全事故按照类型划分，高处坠落事故257起，占总数的52.77%；坍塌事故67起，占总数的13.76%；物体打击事故59起，占总数的12.11%；起重伤害事故50起，占总数的10.27%；机具伤害事故23起，占总数的4.72%；触电事故10起，占总数的2.05%；车辆伤害、火灾和爆炸、中毒和窒息、淹溺等其他事故21起，占总数的4.32%。2012年不同事故类型所占比重情况见图7-2-47。

2012年，房屋市政工程生产安全事故按照发生部位划分，洞口和临边事故128起，占总数的26.28%；脚手架事故67起，占总数的13.76%；塔吊事故63起，占总数的12.94%；基坑事故42起，占总数的8.63%；模板事故26起，占总数的5.34%；井字架与龙门架事故25起，占总数的5.13%；施工机具事故25起，占总数的5.13%；外用电梯事故19起，占总数的3.90%；临时设施事故6起，占总数的1.23%；现场临时用电等其他事故115起，占总数的17.66%。2012年不同事故发生部位所占比重情况见图7-2-48。

【形势综述】　2012年，全国房屋市政工程安全生产形势总体稳定，事故起数和死亡人数保持下降趋

二、2012年建筑业发展统计分析

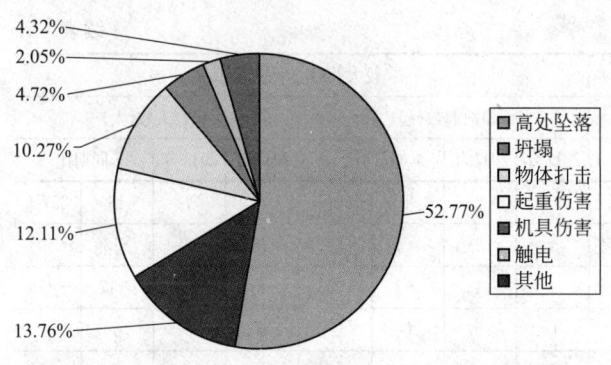

图 7-2-47　2012 年不同事故类型所占比重情况

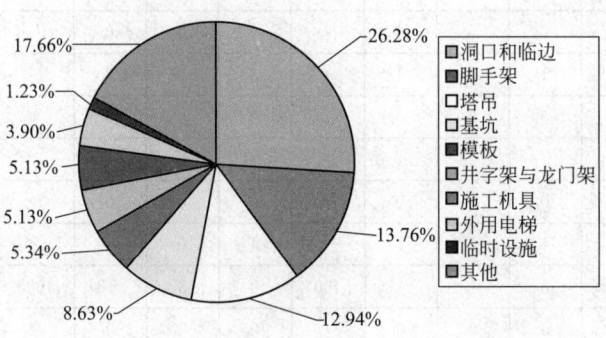

图 7-2-48　2012 年不同事故发生部位所占比重情况

势；有 18 个地区的事故起数和死亡人数同比下降；有 11 个地区没有发生较大及以上事故。但当前的安全生产形势依然比较严峻，事故起数和死亡人数仍然比较大；较大及以上事故起数和死亡人数出现反弹，重大事故还没有完全遏制；地区不平衡的情况仍然存在，部分地区的事故起数和死亡人数同比上升。在全年发生的 29 起较大及以上事故中，模板脚手架坍塌事故 10 起，死亡 35 人，分别占较大事故总数的 34.48% 和 28.93%；起重机械伤害事故 10 起，死亡 52 人，分别占较大事故总数的 34.48% 和 42.98%。模板脚手架和建筑起重机械已成为房屋市政工程重大危险源，需要引起高度重视。同时，建筑市场行为不规范、企业主体责任落实不到位、安全生产隐患排除治理不彻底、生产安全事故查处不严格等问题都给安全生产工作带来了极大挑战。各地住房城乡建设部门要根据本地安全生产状况，认真调查研究，对存在的问题采取切实有效的措施，把安全生产工作抓实抓好。特别是安全生产事故比较多、形势比较严峻的地区，务必要尽快扭转被动的局面。

【2012 年房屋市政工程生产安全事故情况】　2012 年房屋市政工程生产安全事故情况如表 7-2-21 所列。

2012 年房屋市政工程生产安全事故情况　　　　表 7-2-21

地区	总体情况						较大及以上事故情况					
	事故起数(起)			死亡人数(人)			事故起数(起)			死亡人数(人)		
	2012年	2011年	同期比	2012年	2011年	同期比	2012年	2011年	同期比		2012年	2011年	同期比
合　计	487	589	-102	-17.32%	624	738	-114	-15.45%	29	25	4	16.00%	121	110	11	10.00%
北　京	17	28	-11	-39%	23	34	-11	-32%	1	0	1	/	7	0	7	/
天　津	13	18	-5	-28%	16	20	-4	-20%	1	0	1	/	3	0	3	/
河　北	7	22	-15	-68%	15	25	-10	-40%	2	0	2	/	8	0	8	/
山　西	5	5	0	0%	11	8	3	38%	2	0	2	/	8	0	8	/
内蒙古	12	17	-5	-29%	15	35	-20	-57%	1	5	-4	-80%	3	22	-19	-86%
辽　宁	7	17	-10	-59%	9	42	-33	-79%	1	4	-3	-75%	3	26	-23	-88%
吉　林	18	21	-3	-14%	23	24	-1	-4%	2	0	2	/	7	0	7	/
黑龙江	19	18	1	6%	19	18	1	6%	0	0	0	/	0	0	0	/
上　海	33	40	-7	-18%	38	41	-3	-7%	1	0	1	/	5	0	5	/
江　苏	30	58	-28	-48%	41	59	-18	-31%	4	0	4	/	13	0	13	/
浙　江	45	44	1	2%	52	53	-1	-2%	2	1	1	100%	6	5	1	20%
安　徽	30	25	5	20%	34	29	5	17%	3	3	0	0%	3	4	-1	-25%
福　建	17	16	1	6%	17	19	-2	-11%	0	0	0	/	0	0	0	/
江　西	17	13	4	31%	19	19	0	0%	1	2	-1	-50%	3	7	-4	-57%
山　东	11	18	-7	-39%	17	23	-6	-26%	1	0	1	/	3	0	3	/
河　南	10	9	1	11%	21	18	3	17%	1	2	-1	-50%	8	7	1	14%

续表

<table>
<tr><th rowspan="3">地区</th><th colspan="6">总体情况</th><th colspan="6">较大及以上事故情况</th></tr>
<tr><th colspan="3">事故起数(起)</th><th colspan="3">死亡人数(人)</th><th colspan="3">事故起数(起)</th><th colspan="3">死亡人数(人)</th></tr>
<tr><th>2012年</th><th>2011年</th><th>同期比</th><th>2012年</th><th>2011年</th><th>同期比</th><th>2012年</th><th>2011年</th><th>同期比</th><th>2012年</th><th>2011年</th><th>同期比</th></tr>
<tr><td>湖 北</td><td>18</td><td>20</td><td>-2 -10%</td><td>43</td><td>28</td><td>15 54%</td><td>3</td><td>2</td><td>1 50%</td><td>25</td><td>7</td><td>18 257%</td></tr>
<tr><td>湖 南</td><td>16</td><td>20</td><td>-4 -20%</td><td>20</td><td>26</td><td>-6 -23%</td><td>1</td><td>2</td><td>-1 -50%</td><td>3</td><td>6</td><td>-3 -50%</td></tr>
<tr><td>广 东</td><td>19</td><td>29</td><td>-10 -34%</td><td>24</td><td>46</td><td>-22 -48%</td><td>1</td><td>4</td><td>-3 -75%</td><td>3</td><td>20</td><td>-17 -85%</td></tr>
<tr><td>广 西</td><td>14</td><td>14</td><td>0 0%</td><td>14</td><td>14</td><td>0 0%</td><td>0</td><td>0</td><td>0 /</td><td>0</td><td>0</td><td>0 /</td></tr>
<tr><td>海 南</td><td>8</td><td>10</td><td>-2 -20%</td><td>8</td><td>10</td><td>-2 -20%</td><td>0</td><td>0</td><td>0 /</td><td>0</td><td>0</td><td>0 /</td></tr>
<tr><td>重 庆</td><td>25</td><td>18</td><td>7 39%</td><td>28</td><td>20</td><td>8 40%</td><td>0</td><td>0</td><td>0 /</td><td>0</td><td>0</td><td>0 /</td></tr>
<tr><td>四 川</td><td>14</td><td>16</td><td>-2 -13%</td><td>15</td><td>18</td><td>-3 -17%</td><td>0</td><td>0</td><td>0 /</td><td>0</td><td>0</td><td>0 /</td></tr>
<tr><td>贵 州</td><td>11</td><td>16</td><td>-5 -31%</td><td>16</td><td>19</td><td>-3 -16%</td><td>1</td><td>0</td><td>1 /</td><td>4</td><td>0</td><td>4 /</td></tr>
<tr><td>云 南</td><td>27</td><td>26</td><td>1 4%</td><td>29</td><td>29</td><td>0 0%</td><td>0</td><td>0</td><td>0 /</td><td>0</td><td>0</td><td>0 /</td></tr>
<tr><td>西 藏</td><td>/</td><td>/</td><td>/ /</td><td>/</td><td>/</td><td>/ /</td><td>/</td><td>/</td><td>/ /</td><td>/</td><td>/</td><td>/ /</td></tr>
<tr><td>陕 西</td><td>6</td><td>8</td><td>-2 -25%</td><td>8</td><td>9</td><td>-1 -11%</td><td>0</td><td>0</td><td>0 /</td><td>0</td><td>0</td><td>0 /</td></tr>
<tr><td>甘 肃</td><td>10</td><td>10</td><td>0 0%</td><td>14</td><td>12</td><td>2 17%</td><td>1</td><td>0</td><td>1 /</td><td>4</td><td>0</td><td>4 /</td></tr>
<tr><td>青 海</td><td>9</td><td>10</td><td>-1 -10%</td><td>10</td><td>13</td><td>-3 -23%</td><td>0</td><td>1</td><td>-1 -100%</td><td>0</td><td>3</td><td>-3 -100%</td></tr>
<tr><td>宁 夏</td><td>5</td><td>6</td><td>-1 -17%</td><td>6</td><td>7</td><td>-1 -14%</td><td>0</td><td>0</td><td>0 /</td><td>0</td><td>0</td><td>0 /</td></tr>
<tr><td>新 疆</td><td>12</td><td>15</td><td>-3 -20%</td><td>17</td><td>18</td><td>-1 -6%</td><td>1</td><td>1</td><td>0 0%</td><td>3</td><td>3</td><td>0 0%</td></tr>
<tr><td>新疆兵团</td><td>2</td><td>2</td><td>0 0%</td><td>2</td><td>2</td><td>0 0%</td><td>0</td><td>0</td><td>0 /</td><td>0</td><td>0</td><td>0 /</td></tr>
</table>

【2012年房屋市政工程生产安全较大及以上事故情况】 2012年房屋市政工程生产安全较大及以上事故情况如表7-2-22所列。

2012年房屋市政工程生产安全较大及以上事故情况　　　　　　表7-2-22

序号	事故名称	死亡人数	建设单位	施工单位	法定代表人	项目经理	监理单位	法定代表人	项目总监
1	湖北省武汉市东湖风景区东湖景园还建楼工程"9·13"事故	19	武汉市东湖生态风景区东湖村村民委员会	湖北祥和建设集团有限公司	刘维宏	吴秋炎	武汉博特建设监理有限公司	田双杰	曾雯
2	河南省郑州市航空港区港城793工程"10·24"事故	8	郑州富港置业有限公司	河南矿业建设(集团)有限责任公司	马剑伟	曲兴琦	河南元森建设工程监理有限公司	李威	葛堃
3	北京市怀柔区北房镇驸马庄5#楼工程"2·22"事故	7	北京京北鑫民房地产开发有限公司	北京怀建集团有限公司	付志凯	朱占军	北京安顺通工程监理有限责任公司	魏云鹏	魏云鹏
4	山西省忻州市芦芽山路市政工程"4·29"事故	5	忻州市城乡建设开发有限公司	北京市市政二建设工程有限责任公司	周正毅	李洪东	山西恒泰建设项目管理有限公司	胡建华	李卯生
5	上海市轨道交通12号线金桥停车场地面检修库房工程"12·31"事故	5	上海轨道交通十二号线发展有限公司	上海建工二建集团有限公司	叶卫东	徐庆	上海浦桥工程建设管理有限公司	谢炯	仲伟正
6	河北省邯郸市中华大街-北环路立交桥工程"7·7"事故	4	邯郸市城市建设投资有限公司	河北众邦建设有限公司	董志平	梁红	上海建通工程建设有限公司	董雪奎	杜在松

二、2012年建筑业发展统计分析

续表

序号	事故名称	死亡人数	建设单位	施工单位	法定代表人	项目经理	监理单位	法定代表人	项目总监
7	吉林省长春市净月区万科城项目一期工程"8·2"事故	4	长春万科新城房地产开发有限公司	江苏南通第六建筑有限公司	徐正洪	冒宏伟	长春唯实建设工程项目管理有限公司	卞延彬	张立宪
8	江苏省启东市北上海恒大威尼斯水城运动中心工程"8·26"事故	4	启东宝丰置业有限公司	江苏省建工集团有限公司	胡志英	顾汉忠	南通瑞达监理有限公司	樊冲	董辉
9	河北省秦皇岛市达润·时代逸城四期工程"9·5"事故	4	秦皇岛达润置业有限公司	华丰建设股份有限公司	王祉绒	张从东	河北方舟工程项目管理有限公司	张步南	张会民
10	甘肃省酒泉市大敦煌蔬菜保鲜冷藏库扩建工程"10·18"事故	4	酒泉大敦煌农产品有限责任公司	甘肃金佛寺建筑工程有限公司	马世国	秦顺国	酒泉市诚信工程建设监理责任公司	石光春	王海东
11	湖南省株洲市渌湘西苑住宅小区工程"3·1"事故	3	株洲县房产管理局	湖南东富集团醴陵建设有限公司	王日新	张建社	株洲华信监理有限责任公司	周国杰	张建福
12	江苏省无锡市新区长江国际二期工程"3·4"事故	3	无锡民生房地产开发有限公司	江苏江中集团有限公司	沈良兵	黄兰明	无锡市建苑工程监理有限公司	樊力军	李克勇
13	新疆阿克苏地区温宿县机关干部职工第二批次统建集资房工程"4·1"事故	3	温宿县人民政府办公室	阿克苏地区伟华建设工程有限责任公司	唐中华	张慈忠	新疆泽强工程建设监理有限公司	屈新营	陈慧强
14	内蒙古乌兰察布市职业学院新校区体育馆工程"4·12"事故	3	乌兰察布市职业学院	江苏天地钢结构工程集团有限公司	张友峰	祝明敬	呼和浩特市宏祥市政工程咨询监理有限公司	王江	赵志金
15	浙江省湖州市东吴·国际广场Ⅱ标段工程"6·16"事故	3	湖州大东吴龙鼎职业有限公司	浙江八达建设集团有限公司	王昌培	陈亮	浙江东南建设管理有限公司	王伟东	徐世明
16	吉林省延边州黄泥河惠民家园二期工程"6·23"事故	3	吉林省黄泥河林业局	临江市宏大建筑有限责任公司	涂传早	李景学	延边宇诚建设监理有限公司	吕宝成	林洪乾
17	山东省滨州市鹤伴公馆工程"7·14"事故	3	山东原典实业有限公司	邹平县城鑫建筑有限公司	冯增群	徐云东	山东天金河建设项目管理有限公司	马文奎	田瑞霞
18	广东省揭阳市御景城工程"7·26"事故	3	普宁市恒润投资有限公司	汕头市达濠建筑总公司	黄邦平	黄敬雄	珠海市城市建设监理有限公司	张盈润	洪旭辉
19	湖北省武汉市福星惠誉·福星城工程"8·29"事故	3	湖北福星惠誉汉口置业有限公司	江苏省第一建筑安装有限公司	鞠建中	袁顺根	湖北九州建设项目咨询有限责任公司	刘理钧	窦怀金
20	江苏省南通市永兴大道西延(芦泾河-长泰路)含通扬运河桥工程"10·9"事故	3	南通市城市建设工程管理中心	江苏中瑞路桥建设有限公司	葛忠	张斌	江苏东南交通工程咨询监理有限公司	周铁军	彭岸
21	山西省吕梁市鑫飞集团综合办公楼工程"10·10"事故	3	山西鑫飞能源投资集团有限公司	山西四建集团有限公司	王士铎	寇红勇	/	/	/

续表

序号	事故名称	死亡人数	建设单位	施工单位	法定代表人	项目经理	监理单位	法定代表人	项目总监
22	江西省萍乡市人民医院三期扩建工程"10·17"事故	3	萍乡市人民医院	北京城建集团有限责任公司	徐贱云	卢伟	江西省赣建工程监理有限公司	余恕国	皮海萍
23	安徽省安庆市柘山路二期(顺安路—潜江路)建设工程"10·24"事故	3	安庆市重点工程局	苏州雄姿市政工程有限公司	左延雄	左延民	安庆市双建监理有限责任公司	聂建荣	于世鸣
24	辽宁省沈阳市兴齐眼药股份有限公司生产基地仓库工程"11·6"事故	3	沈阳兴齐眼药股份有限公司	沈阳市双兴建设集团荣兴建筑有限公司	张卫国	信观尧	沈阳市建设工程项目管理中心	刘德良	王柱
25	天津市武清区君利供热有限公司热源工程"11·29"事故	3	天津市君利供热有限公司	/	/	/	/	/	/
26	江苏省徐州市鼓楼区大马路小学教学楼拆除重建工程"11·29"事故	3	徐州市大马路小学	徐州宏城市政工程有限公司	王尊栋	刘召峰	江苏创佳建设项目管理有限公司	匡慧	马传林
27	贵州省铜仁市玉屏舞阳欣城工程"12·2"事故	3	贵州黎平县金鹰房地产开发有限公司	湖南万力建设集团有限公司	陈永忠	欧三明	铜仁市广夏建设工程监理有限公司	杨通武	姚源礼
28	湖北省孝感市楚王城商业广场工程"12·16"事故	3	湖北恒馨房地产开发有限公司	武汉天鹏建筑工程有限公司	刘新民	吴柏华	武汉江城建设监理有限公司	金会容	胡志立
29	浙江省杭州市萧山区绿都·湖滨花园碧云苑工程"12·24"事故	3	浙江绿都房地产开发有限公司	浙江宝盛建设集团有限公司	诸黎明	王建伟	浙江中新建筑工程监理有限公司	杨连瑾	吴辉杰

(住房和城乡建设部质量安全司)

(八)入选国际承包商 250 强的中国内地企业

美国《工程新闻记录》(ENR)杂志 2013 年 8 月发布 2013 年度国际承包商排行榜。与往年不同的是,国际承包商排行榜进行了扩容,由往年的 225 家增加到 250 家。2013 年度进入国际承包商 250 强榜单中的中国内地企业共有 55 家,具体如表 7-2-23 所列。

2013 年入选国际承包商 250 强的中国内地企业　　表 7-2-23

序号	公司名称	2013 年度排名	2012 年度排名	海外市场收入(万美元)
1	中国交通建设股份有限公司	10	10	1118720
2	中国水利水电建设股份有限公司	20	23	547310
3	中国建筑工程总公司	24	22	498780
4	中国机械工业集团公司	25	24	494770
5	中国中铁股份有限公司	34	39	379960
6	中信建设有限责任公司	43	46	263580
7	中国冶金科工集团公司	51	42	229570
8	中国铁建股份有限公司	53	30	214700
9	山东电力建设第三工程公司	54	53	209890
10	中国葛洲坝集团股份有限公司	56	62	200930

二、2012年建筑业发展统计分析

续表

序号	公司名称	2013年度排名	2012年度排名	海外市场收入（万美元）
11	山东电力基本建设总公司	61	64	187960
12	中国土木工程集团有限公司	71	91	141110
13	上海电气集团股份有限公司	72	67	140670
14	中国通用技术(集团)控股有限责任公司	81	89	120830
15	中国化学工程集团公司	82	77	119350
16	中国石油工程建设公司	84	48	116560
17	中国水利电力对外公司	86	92	108360
18	中地海外建设集团有限公司	89	93	101680
19	中国石化工程建设有限公司	91	114	95860
20	东方电气股份有限公司	92	83	92630
21	青建集团股份公司	95	104	88000
22	上海建工集团	96	86	87040
23	中国石油天然气管道局	98	123	81190
24	中国地质工程集团公司	110	127	66560
25	中原石油工程有限公司	116	**	63040
26	中国江苏国际经济技术合作公司	122	117	55600
27	北京建工集团有限责任公司	133	146	48640
28	中国大连国际经济技术合作集团有限公司	137	131	46980
29	新疆兵团建设工程(集团)有限责任公司	138	**	45810
30	中国河南国际合作集团有限公司	147	151	41910
31	大庆油田建设集团有限责任公司	149	**	41300
32	安徽建工集团有限公司	151	171	40720
33	泛华建设集团有限公司	152	166	39920
34	中国石油集团工程设计有限责任公司	155	**	39420
35	中国江西国际经济技术合作公司	157	159	39230
36	中国中原对外工程有限公司	161	155	37770
37	中铝国际工程股份有限公司	162	**	37760
38	江西中煤建设集团有限公司	164	184	36770
39	云南建工集团有限公司	169	208	35070
40	中国武夷实业股份有限公司	172	164	33410
41	中鼎国际工程有限责任公司	183	**	27540
42	中钢设备有限公司	185	219	27130
43	中国寰球工程公司	186	169	26450
44	南通建工集团股份有限公司	195	209	24790
45	江苏南通三建集团有限公司	197	205	24420
46	江苏中信建设集团有限公司	199	**	24030
47	浙江省建设投资集团有限公司	205	195	23350
48	威海国际经济技术合作股份有限公司	209	225	22280
49	江苏南通六建建设集团有限公司	211	215	21520

续表

序号	公司名称	2013年度排名	2012年度排名	海外市场收入（万美元）
50	烟建集团国际公司	216	**	19970
51	中国石油天然气管道工程有限公司	220	203	19320
52	中石化胜利石油管理局	221	**	18830
53	重庆对外建设(集团)有限公司	227	**	16970
54	中国沈阳国际经济技术合作有限公司	230	**	16030
55	中国成套设备进出口(集团)总公司	235	**	15450

** 表示未进入2012年度225强排行榜

（九）入选全球承包商250强的中国内地企业

美国《工程新闻记录》（ENR）杂志2013年8月发布2013年度全球承包商排行榜。与往年不同的是，全球承包商排行榜进行了扩容，由往年的225家增加到250家。2013年度进入全球承包商250强榜单中的中国内地企业共有46家，具体如表7-2-24所列。

入选全球承包商250强的中国内地企业　　　表7-2-24

序号	公司名称	2013年度排名	2012年度排名	营业收入（百万美元）
1	中国铁建股份有限公司	1	2	84642.0
2	中国中铁股份有限公司	2	1	81805.7
3	中国建筑工程总公司	3	3	81366.8
4	中国交通建设集团有限公司	6	5	47327.3
5	中国冶金科工集团公司	9	9	31522.6
6	上海建工集团股份有限公司	13	16	20822.4
7	中国水利水电建设集团公司	14	14	20120.1
8	中国化学工程集团公司	36	38	8725.8
9	中石化胜利石油管理局	41	**	7537.6
10	中国葛洲坝集团股份有限公司	42	42	7507.3
11	东方电气集团股份有限公司	45	35	6836.8
12	浙江省建设投资集团有限公司	48	45	6682.9
13	北京建工集团有限责任公司	49	50	6837.5
14	云南建工集团有限公司	51	70	5778.5
15	青建集团股份公司	52	56	5754.0
16	安徽建工集团有限公司	54	65	5665.1
17	中国机械工业集团有限公司	55	53	5533.2
18	江苏南通三建集团有限公司	57	79	5402.8
19	中国石化工程公司	61	134	5122.2
20	中国通用技术(集团)控股有限责任公司	67	81	4268.0
21	中国石油天然气管道局	75	72	4035.9
22	山东电力基本建设总公司	91	61	3056.0
23	中国寰球工程公司	95	91	3024.6
24	大庆油田建设集团	99	**	2997.0
25	中信建设有限责任公司	100	97	2964.0
26	新疆生产建设兵团	105	**	2734.5

二、2012年建筑业发展统计分析

续表

序号	公司名称	2013年度排名	2012年度排名	营业收入（百万美元）
27	江苏南通六建设集团有限公司	108	120	2595.7
28	中原石油工程有限公司	109	**	2482.2
29	中国石油工程建设（集团）公司	115	68	2335.6
30	山东电力建设第三工程公司	121	115	2282.7
31	中铝国际工程有限责任公司	124	**	2202.2
32	中国石油集团工程设计有限责任公司	125	**	2200.2
33	上海电气集团股份有限公司	136	117	1935.0
34	南通建工集团股份有限公司	141	136	1748.9
35	泛华建设集团有限公司	143	180	1744.7
36	中国土木工程集团公司	149	185	1548.2
37	中国江苏国际经济技术合作公司	155	157	1491.9
38	中国电力工程顾问集团公司	159	167	1474.7
39	中国武夷实业股份有限公司	169	188	1314.3
40	江苏中兴建设有限公司	171	**	1303.9
41	中国水利电力对外公司	184	194	1116.4
42	中钢设备有限公司	188	179	1089.8
43	烟建集团有限公司	191	**	1075.1
44	中地海外建设集团有限公司	195	192	1044.3
45	中国地质工程集团公司	206	217	910.6
46	重庆对外建设总公司	240	**	735.7

** 表示本年度未进入225强排行榜

（十）2012年我国对外承包工程业务完成额和新签合同额前50家企业

【2012年我国对外承包工程业务完成营业额前50家企业】 根据国家商务部的有关统计分析报告，2012年我国对外承包工程业务完成营业额前50家企业如表7-2-25所列。

2012年我国对外承包工程业务完成营业额前50家企业　　表7-2-25

序号	企业名称	完成营业额（万美元）
1	华为技术有限公司	1039030
2	中国水利水电建设股份有限公司	547314
3	中国建筑工程总公司	498779
4	中兴通讯股份有限公司	489409
5	中国港湾工程有限责任公司	321538
6	中信建设有限责任公司	263576
7	中国机械设备工程股份有限公司	221672
8	山东电力建设第三工程公司	211885
9	中国葛洲坝集团股份有限公司	200895
10	中国路桥工程有限责任公司	188384
11	山东电力基本建设总公司	187960
12	上海振华重工（集团）股份有限公司	183136
13	中工国际工程股份有限公司	146413

续表

序号	企业名称	完成营业额(万美元)
14	中国石油集团长城钻探工程有限公司	143239
15	中国土木工程集团有限公司	137755
16	上海电气集团股份有限公司	132034
17	中国石油集团东方地球物理勘探有限责任公司	124136
18	中国石油工程建设公司	112188
19	中国石油集团川庆钻探工程有限公司	108750
20	中国水利电力对外公司	108358
21	中地海外建设集团有限公司	101680
22	中铁四局集团有限公司	99920
23	中国电力工程有限公司	97022
24	青建集团股份公司	88008
25	上海贝尔股份有限公司	78207
26	国家电网公司	75809
27	中石化炼化工程(集团)股份有限公司	75519
28	上海建工(集团)总公司	68974
29	中国石油天然气管道局	67445
30	中国地质工程集团公司	66277
31	中国石化集团中原石油勘探局	62315
32	中国技术进出口总公司	60012
33	东方电气股份有限公司	59193
34	上海隧道工程股份有限公司	57936
35	中冶京诚工程技术有限公司	54013
36	哈尔滨电气国际工程有限责任公司	53867
37	安徽建工集团有限公司	53721
38	中国机械进出口(集团)有限公司	51644
39	中国交通建设股份有限公司	49913
40	中国中材国际工程股份有限公司	49039
41	中国石油天然气管道工程有限公司	47321
42	中国大连国际经济技术合作集团有限公司	46979
43	中国江苏国际经济技术合作公司	45823
44	中国海外工程有限责任公司	43537
45	中铁十八局集团有限公司	43193
46	沈阳远大铝业工程有限公司	42839
47	中海油田服务股份有限公司	42225
48	中国河南国际合作集团有限公司	41908
49	中国中铁股份有限公司	41868
50	新疆生产建设兵团建设工程(集团)有限责任公司	40957

【2012年我国对外承包工程业务新签合同额前50家企业】 根据国家商务部的有关统计分析报告，2012年我国对外承包工程业务新签合同额前50家企业如表7-2-26所列。

二、2012年建筑业发展统计分析

2012年我国对外承包工程业务新签合同额前50家企业　　　表 7-2-26

序号	企业名称	新签合同额
1	华为技术有限公司	1315116
2	中国水利水电建设股份有限公司	1229937
3	中国建筑工程总公司	855293
4	中信建设有限责任公司	631039
5	中国葛洲坝集团股份有限公司	599200
6	中国港湾工程有限责任公司	550673
7	中兴通讯股份有限公司	539063
8	中国土木工程集团有限公司	528176
9	中国机械设备工程股份有限公司	425207
10	中铁国际经济合作有限公司	320830
11	中国路桥工程有限责任公司	295330
12	上海振华重工（集团）股份有限公司	279463
13	中国石油工程建设公司	237307
14	中国交通建设股份有限公司	208189
15	中国浦发机械工业股份有限公司	196700
16	中国石油集团长城钻探工程有限公司	187207
17	中国石油天然气管道局	166035
18	山东高速集团有限公司	165272
19	中地海外建设集团有限公司	157881
20	中工国际工程股份有限公司	157614
21	中国水利电力对外公司	148186
22	中国电力工程有限公司	138700
23	特变电工股份有限公司	129949
24	中国石油集团东方地球物理勘探有限责任公司	122243
25	中国石化集团国际石油工程有限公司	121991
26	中国中材国际工程股份有限公司	112462
27	惠生工程（中国）有限公司	102780
28	中国机械进出口（集团）有限公司	99381
29	中铁四局集团有限公司	97685
30	中国成套设备进出口（集团）总公司	92940
31	北方重工集团有限公司	90380
32	山东电力基本建设总公司	87827
33	云南建工集团有限公司	87823
34	中冶京诚工程技术有限公司	82214
35	上海贝尔股份有限公司	79003
36	中国成达工程有限公司	78754
37	中铁一局集团有限公司	76199
38	山东电力建设第三工程公司	74140
39	东北电业管理局第二工程公司	73105
40	北方国际合作股份有限公司	72995

续表

序号	企业名称	新签合同额
41	北京城建集团有限责任公司	71493
42	中国十七冶集团有限公司	70820
43	中国技术进出口总公司	69633
44	中国江西国际经济技术合作公司	68672
45	中国地质工程集团公司	66359
46	中铁二十局集团有限公司	63440
47	青建集团股份公司	59784
48	中国石化集团中原石油勘探局	56856
49	中国河南国际合作集团有限公司	56151
50	威海国际经济技术合作股份有限公司	51565

(十一) 中国500强企业中的建筑业企业

根据中国企业联合会2013年9月公布的2013中国企业500强年度排行榜，共有44家建筑业企业入选2013中国企业500强，比上年增加2家。上年上榜的42家企业中，2013年仍然榜上有名。这42家企业中，有23家的位次有所上升，16家的位次有所下降，3家的位次与上年持平。天津市建工集团(控股)有限公司和北京住总集团有限责任公司2家企业新入榜。具体如表7-2-27所列。

入选2013中国企业500强年度排行榜的建筑业企业　　表7-2-27

序号	中国企业500强名次		企业名称	营业收入(万元)
	2013	2012		
1	9	9	中国建筑工程总公司	57164134
2	11	11	中国铁道建筑总公司	48685426
3	12	12	中国中铁股份有限公司	48399175
4	29	23	中国交通建设集团有限公司	29863520
5	40	33	中国冶金科工集团有限公司	23190537
6	52	56	中国电力建设集团有限公司	20171402
7	94	90	中国能源建设集团有限公司	13963883
8	137	104	上海建工集团股份有限公司	8517433
9	150	152	广厦控股集团有限公司	8022493
10	203	219	中国化学工程股份有限公司	5411670
11	219	229	重庆建工投资控股有限责任公司	4845160
12	236	223	上海城建(集团)公司	4401439
13	238	272	广西建工集团有限责任公司	4386972
14	239	244	四川华西集团有限公司	4342614
15	252	264	中天发展控股集团有限公司	4132270
16	256	257	浙江省建设投资集团有限公司	4035349
17	258	321	陕西建工集团总公司	4022125
18	270	365	江苏南通三建集团有限公司	3816548
19	277	413	中太建设集团股份有限公司	3702729
20	281	297	北京城建集团有限责任公司	3657829
21	290	305	青建集团股份公司	3579230
22	291	299	广州市建筑集团有限公司	3524017

二、2012年建筑业发展统计分析

续表

序号	中国企业500强名次 2013	中国企业500强名次 2012	企业名称	营业收入(万元)
23	292	289	湖南省建筑工程集团总公司	3504868
24	293	329	中南控股集团有限公司	3504837
25	318	377	云南建工集团有限公司	3230626
26	347	209	北京建工集团有限责任公司	2985488
27	353	304	成都建筑工程集团总公司	2934913
28	359	405	浙江中成控股集团有限公司	2852081
29	360	280	北京市政路桥集团有限公司	2849560
30	381	396	安徽建工集团有限公司	2630987
31	398	455	山西建筑工程(集团)总公司	2516427
32	400	480	浙江昆仑控股集团有限公司	2501322
33	406	334	江苏南通二建集团有限公司	2486289
34	409	449	甘肃省建设投资(控股)集团总公司	2474156
35	413	421	河北建工集团有限责任公司	2464311
36	414	395	四川公路桥梁建设集团有限公司	2461575
37	426	386	广东省建筑工程集团有限公司	2401100
38	428	**	天津市建工集团(控股)有限公司	2388182
39	436	417	江苏省苏中建设集团股份有限公司	2351218
40	441	465	浙江八达建设集团有限公司	2301756
41	447	433	河北建设集团有限公司	2281791
42	467	429	黑龙江省建设集团有限公司	2168637
43	483	461	浙江宝业建设集团有限公司	2065314
44	487	**	北京住总集团有限责任公司	2049567

** 表示相应年度未入榜

(十二) 2013年"世界500强"中的中国建筑业企业

根据美国《财富》杂志2013年7月发布的2013年度"世界500强"企业最新排名,共有6家中国建筑业企业入选2013"世界500强"排行榜,入选企业数量和单位与上年相同。具体如表7-2-28所列。这6家企业中,有5家的位次上升,中国建筑股份有限公司由上年的100名上升到80名,1家的位次较上年有所下降。

入选2013"世界500强"年度排行榜的中国建筑业企业　　表7-2-28

序号	世界500强名次 2013	世界500强名次 2012	企业名称	营业收入(百万美元)	利润(百万美元)
1	80	100	中国建筑股份有限公司	90603.2	1291.5
2	100	111	中国铁道建筑总公司	77164.7	815.1
3	102	112	中国中铁股份有限公司	76711.0	1165.7
4	213	216	中国交通建设集团有限公司	47332.6	1232.5
5	302	280	中国冶金科工集团有限公司	36756.2	−806.0
6	354	390	中国电力建设集团有限公司	31971.0	684.5

(十三) 2012 年度中国建筑业双百强企业

为促进建筑业企业科学发展，树立行业品牌，中国建筑业协会研究决定，2013 年继续开展 2012 年度中国建筑业双百强企业评价工作（包括中国建筑业竞争力百强企业评价和中国建筑业成长性百强企业评价，简称：竞争力百强评价和成长性百强评价）。经评价确定的 2012 年度中国建筑业竞争力百强企业排行榜和 2012 年度中国建筑业成长性百强企业排行榜分别如表 7-2-29 和表 7-2-30 所列。

2012 年度中国建筑业竞争力百强企业排行榜　　　　　　表 7-2-29

排名		企业名称	推荐单位	资质等级	位次变化
2012 年度	2011 年度				
1	2	中建三局建设工程股份有限公司	湖北	特级	1
2	3	中国建筑第二工程局有限公司	中建	特级	1
3	**	中国葛洲坝集团股份有限公司	湖北	特级	
4	5	中国建筑第五工程局有限公司	湖南	特级	1
5	4	北京城建集团有限责任公司	北京	特级	-1
6	8	中国建筑第四工程局有限公司	广东	特级	2
7	**	中铁四局集团有限公司	安徽	特级	
8	13	重庆建工投资控股有限责任公司	重庆	特级	5
9	14	陕西建工集团总公司	陕西	特级	5
10	6	北京建工集团有限责任公司	北京	特级	-4
11	11	中天建设集团有限公司	浙江	特级	0
12	9	中国建筑第七工程局有限公司	中建	特级	-3
13	10	广西建工集团有限责任公司	广西	特级	-3
14	15	广东建筑工程集团有限公司	广东	特级	1
15	20	江苏南通二建集团有限公司	江苏	特级	5
16	18	湖南建筑工程集团总公司	湖南	特级	2
17	**	山西建筑工程(集团)总公司	山西	特级	
18	7	中交第一航务工程局有限公司	水运	特级	-11
19	22	广州建筑股份有限公司	广东	特级	3
20	21	安徽建工集团有限公司	安徽	特级	1
21	38	苏州金螳螂企业(集团)有限公司	江苏	一级	17
22	27	江苏江都建设集团有限公司	江苏	特级	5
23	**	成都建筑工程集团总公司	四川	特级	
24	25	江苏苏中建设集团股份有限公司	江苏	特级	1
25	48	南通建筑工程总承包有限公司	江苏	特级	23
26	**	中交第四航务工程局有限公司	广东	特级	
27	**	江苏华建建设股份有限公司	江苏	特级	
28	**	四川公路桥梁建设集团有限公司	四川	特级	
29	24	甘肃建设投资(控股)集团总公司	甘肃	特级	-5
30	31	中国一冶集团有限公司	冶金	一级	1
31	32	河南国基建设集团有限公司	河南	特级	1
32	39	中煤矿山建设集团有限责任公司	安徽	特级	7
33	**	中交上海航道局有限公司	水运	一级	
34	26	江苏南通三建集团有限公司	江苏	特级	-8

二、2012 年建筑业发展统计分析

续表

排名		企业名称	推荐单位	资质等级	位次变化
2012 年度	2011 年度				
35	45	中国五冶集团有限公司	冶金	特级	10
36	**	中国二十二冶集团有限公司	冶金	一级	
37	**	江苏建筑工程集团有限公司	江苏	一级	
38	29	中冶天工集团有限公司	冶金	特级	-9
39	42	南通四建集团有限公司	江苏	特级	3
40	47	中国核工业华兴建设有限公司	核工业	特级	7
41	34	新疆生产建设兵团建设工程(集团)有限责任公司	兵团建协	一级	-7
42	**	天津住宅集团建设工程总承包有限公司	天津	一级	
43	37	上海宝冶集团有限公司	冶金	特级	-6
44	35	中交天津航道局有限公司	水运	一级	-9
45	**	天元建设集团有限公司	山东	特级	
46	28	上海隧道工程股份有限公司	上海	特级	-18
47	41	中国水利水电第十四工程局有限公司	云南	特级	-6
48	65	新八建设集团有限公司	湖北	特级	17
49	44	安徽外经建设(集团)有限公司	安徽	一级	-5
50	33	沈阳远大铝业工程有限公司	辽宁	一级	-17
51	51	福建建工集团总公司	福建	特级	0
52	46	浙江宝业建设集团有限公司	浙江	特级	-6
53	**	通州建总集团有限公司	江苏	特级	
54	43	中国十五冶金建设集团有限公司	有色	特级	-11
55	**	中建八局第一建设有限公司	山东	一级	
56	**	龙信建设集团有限公司	江苏	特级	
57	**	江苏金陵建工集团有限公司	江苏	特级	
58	73	山河建设集团有限公司	湖北	特级	15
59	**	浙江建工集团有限责任公司	浙江	特级	
60	59	浙江海天建设集团有限公司	浙江	特级	-1
61	53	中国江苏国际经济技术合作集团有限公司	江苏	一级	-8
62	**	上海建工一建集团有限公司	上海	特级	
63	**	中国十七冶集团有限公司	安徽	一级	
64	94	浙江勤业建工集团有限公司	浙江	特级	30
65	36	江苏南通六建建设集团有限公司	江苏	特级	-29
66	81	江苏江中集团有限公司	江苏	特级	15
67	50	江苏邗建集团有限公司	江苏	一级	-17
68	91	长业建设集团有限公司	浙江	特级	23
69	71	南京宏亚建设集团有限公司	江苏	一级	2
70	70	北京市政建设集团有限责任公司	北京	特级	0
71	58	黑龙江建工集团有限责任公司	黑龙江	特级	-13
72	63	中冶建工集团有限公司	重庆	一级	-9
73	49	上海建工四建集团有限公司	上海	特级	-24

续表

排名		企业名称	推荐单位	资质等级	位次变化
2012年度	2011年度				
74	67	正太集团有限公司	江苏	特级	-7
75	64	苏州二建建筑集团有限公司	江苏	特级	-11
76	72	湖南高岭建设集团股份有限公司	湖南	特级	-4
77	57	上海建工七集团有限公司	上海	特级	-20
78	**	河南红旗渠建设集团有限公司	河南	特级	
79	**	中建八局第三建设有限公司	江苏	特级	
80	**	歌山建设集团有限公司	浙江	特级	
81	66	南通建工集团股份有限公司	江苏	特级	-15
82	75	烟建集团有限公司	山东	特级	-7
83	76	南通华新建工集团有限公司	江苏	特级	-7
84	12	中国华西企业有限公司	广东	特级	-72
85	**	江苏盐阜建设集团有限公司	江苏	一级	
86	**	中国机械工业建设集团有限公司	安装协会	一级	
87	84	上海建工五建集团有限公司	上海	特级	-3
88	**	江苏弘盛建设工程集团有限公司	江苏	特级	
89	69	新七建设集团有限公司	湖北	一级	-20
90	88	浙江中南建设集团有限公司	浙江	特级	-2
91	**（65）	江西建工第二建筑有限责任公司	江西	一级	
92	**	江苏沪宁钢机股份有限公司	江苏	一级	
93	78	宏润建设集团股份有限公司	浙江	一级	-15
94	77	中化二建集团有限公司	化工	一级	-17
95	85	中兴建设有限公司	江苏	特级	-10
96	**	山东新城建工股份有限公司	山东	特级	
97	**	郑州第一建筑工程集团有限公司	河南	特级	
98	**	浙江国泰建设集团有限公司	浙江	特级	
99	**	南通五建建设工程有限公司	江苏	特级	
100	89	南通新华建筑集团有限公司	江苏	特级	-11

注：**表示该年度未上榜或未参加评价；括号中的数字为2011年度中国建筑业成长性百强企业排行榜中的位次。

2012年度中国建筑业成长性百强企业排行榜　　表7-2-30

排名		企业名称	地区/行业	资质等级	位次变化
2012年度	2011年度				
1	**	中建三局第二建设工程有限责任公司	湖北	一级	
2	**	中建四局第六建筑工程有限公司	安徽	一级	
3	**	中建安装工程有限公司	江苏	一级	
4	4	山东德建集团有限公司	山东	一级	0
5	(100)**	重庆巨能建设(集团)有限公司	重庆	一级	
6	12	山东兴润建设有限公司	山东	一级	6

二、2012年建筑业发展统计分析

续表

排名		企业名称	地区/行业	资质等级	位次变化
2012年度	2011年度				
7	**	广西建工集团第二建筑工程有限责任公司	广西	一级	
8	8	江苏金土木建设集团有限公司	江苏	一级	0
9	23	威海建设集团股份有限公司	山东	一级	14
10	38	江苏省江建集团有限公司	江苏	一级	28
11	6	陕西建工第五建设集团有限公司	陕西	一级	-5
12	33	河南省大成建设工程有限公司	河南	一级	21
13	5	安徽三建工程有限公司	安徽	一级	-8
14	9	中石化南京工程有限公司	石化	一级	-5
15	7	浙江天工建设集团有限公司	浙江	一级	-8
16	**	陕西建工第一建设集团有限公司	陕西	一级	
17	16	浙江鸿翔建设集团有限公司	浙江	一级	-1
18	24	济南四建(集团)有限责任公司	山东	一级	6
19	44	大元建业集团股份有限公司	河北	一级	25
20	**	江苏扬建集团有限公司	江苏	一级	
21	**	山东聊建集团有限公司	山东	一级	
22	**	海通建设集团有限公司	江苏	一级	
23	11	中交三航局第三工程有限公司	江苏	一级	-12
24	98	海南建设工程股份有限公司	海南	一级	74
25	25	巨匠建设集团有限公司	浙江	一级	0
26	**	陕西化建工程有限责任公司	化工	一级	
27	29	安徽湖滨建设集团有限公司	安徽	一级	2
28	49	南通市达欣工程股份有限公司	江苏	一级	21
29	32	山东三箭建设工程股份有限公司	山东	一级	3
30	**	平煤神马建工集团有限公司	河南	一级	
31	19	常州第一建筑集团有限公司	江苏	一级	-12
32	13	江苏省交通工程集团有限公司	江苏	一级	-19
33	46	南京润盛建设集团有限公司	江苏	一级	13
34	26	标力建设集团有限公司	浙江	一级	-8
35	**	深圳市建工集团股份有限公司	广东	一级	
36	**	陕西建工集团第三建筑工程有限公司	陕西	一级	
37	**	山东华邦建设集团有限公司	山东	一级	
38	**	江苏信拓建设(集团)股份有限公司	江苏	一级	
39	**	山东淄建集团有限公司	山东	一级	
40	**	海力建设集团有限公司	江西	一级	
41	**	西山煤电建筑工程集团有限公司	山西	一级	
42	22	南京大地建设集团有限责任公司	江苏	一级	-20

续表

排名		企业名称	地区/行业	资质等级	位次变化
2012年度	2011年度				
43	36	舜元建设(集团)有限公司	上海	一级	-7
44	52	成都市第四建筑工程公司	四川	一级	8
45	**	中国水利水电第十六工程局有限公司	电力	一级	
46	**	江苏龙海建工集团有限公司	江苏	一级	
47	**	陕西航天建筑工程有限公司	陕西	一级	
48	39	广西壮族自治区冶金建设公司	广西	一级	-9
49	**	南通卓强建设集团有限公司	江苏	一级	
50	28	中石化第四建设有限公司	石化	一级	-22
51	**	重庆一建建设集团有限公司	重庆	一级	
52	61	中城建第六工程局集团有限公司	安徽	一级	9
53	58	山东起凤建工股份有限公司	山东	一级	5
54	**	越烽建设集团有限公司	浙江	一级	
55	**	山东宁建建设集团有限公司	山东	一级	
56	68	深圳市宝鹰建设集团股份有限公司	广东	一级	12
57	**	广东省第四建筑工程公司	广东	一级	
58	**	陕西建工安装集团有限公司	陕西	一级	
59	72	中铁四局集团建筑工程有限公司	安徽	一级	13
60	62	中国新兴保信建设总公司	北京	一级	2
61	14	浙江博元建设股份有限公司	浙江	一级	-47
62	56	重庆远海建工(集团)有限公司	重庆	一级	-6
63	59	宏峰集团(福建)有限公司	福建	一级	-4
64	40	南通华荣建设集团有限公司	江苏	一级	-24
65	15	中国能源建设集团安徽电力建设第二工程公司	安徽	一级	-50
66	34	广东金辉华集团有限公司	广东	一级	-32
67	**	中国能源建设集团安徽电力建设第一工程公司	安徽	一级	
68	**	中国化学工程第七建设有限公司	化工	一级	
69	41	重庆恒滨建设(集团)有限公司	重庆	一级	-28
70	70	陕西建工集团第二建筑工程有限公司	陕西	一级	0
71	48	安徽华力建设集团有限公司	安徽	一级	-23
72	90	江苏扬安集团有限公司	江苏	一级	18
73	43	河南省第二建设集团有限公司	河南	一级	-30
74	53	中标建设集团有限公司	福建	一级	-21
75	**	核工业西南建设集团有限公司	核工业	一级	
76	**	湖南北山建设集团股份有限公司	湖南	一级	
77	**	陕西建工集团第六建筑工程有限公司	陕西	一级	
78	73	济南一建集团总公司	山东	一级	-5
79	**	南通英雄建设集团有限公司	江苏	一级	

续表

排名		企业名称	地区/行业	资质等级	位次变化
2012年度	2011年度				
80	**	江苏启安建设集团有限公司	江苏	一级	
81	63	中元建设集团股份有限公司	浙江	一级	-18
82	54	江苏扬州建工建设集团有限公司	江苏	一级	-28
83	**	江西省城建建设集团有限公司	江西	一级	
84	**	合肥建工集团有限公司	安徽	一级	
85	64	中原石油勘探局工程建设总公司	石化	一级	-21
86	**	安徽送变电工程公司	电力	一级	
87	**	天津港航工程有限公司	水运	一级	
88	**	北京建工国际建设工程有限责任公司	北京	一级	
89	77	浙江金立建设有限公司	浙江	一级	-12
90	**	苏通建设集团有限公司	江苏	一级	
91	**	永升建设集团有限公司	新疆	一级	
92	**	河南天工建设集团有限公司	河南	一级	
93	**	广东华隧建设股份有限公司	广东	一级	
94	**	成都市第六建筑工程公司	四川	一级	
95	79	苏州美瑞德建筑装饰有限公司	江苏	一级	-16
96	76	四川省晟茂建设有限公司	四川	一级	-20
97	**	北京金港机场建设有限责任公司	北京	一级	
98	**	湖南省衡洲建设有限公司	湖南	一级	
99	**	鲲鹏建设集团有限公司	浙江	一级	
100	**	陕西建工集团第七建筑工程有限公司	陕西	一级	

注：**表示该年度未上榜或未参加评价；括号中的数字为2011年度中国建筑业竞争力百强企业排行榜中的位次。

三、2012年全国房地产市场运行分析

（一）2012年全国房地产开发情况

根据国家统计局发布的有关数据，2012年我国房地产市场开发情况如下：

【房地产开发投资情况】 2012年，全国房地产开发投资71804亿元，同比增长16.2%（扣除价格因素实际增长14.9%），比2011年回落11.9个百分点。

2012年，全国房地产开发投资占全国城镇固定资产投资比重为16%，同比下降4个百分点。房地产开发投资增速低于同期固定资产投资增速4.1个百分点。图7-3-1给出2000～2012年全国城镇固定资产投资完成额和房地产开发完成额及相应的增速情况。

房地产开发投资中，住宅投资49374亿元，增长11.4%，占房地产开发投资的比重为68.8%。

逐月来看，2012年房地产开发投资月累计增速1-10月逐月回落，11月后略有回升，2012年房地产投资月累计增速为三年来最低，如图7-3-2所示。

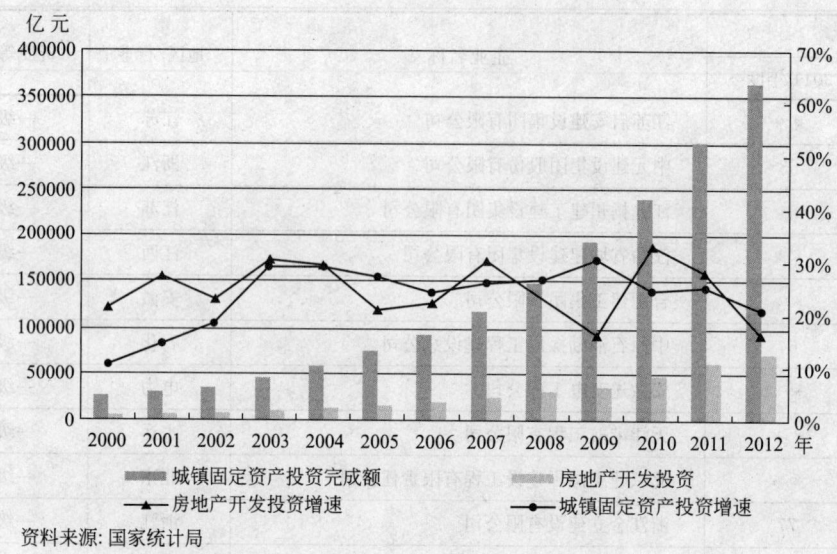

资料来源：国家统计局

图 7-3-1　2000～2012 年全国城镇固定资产投资完成额和房地产开发完成额情况

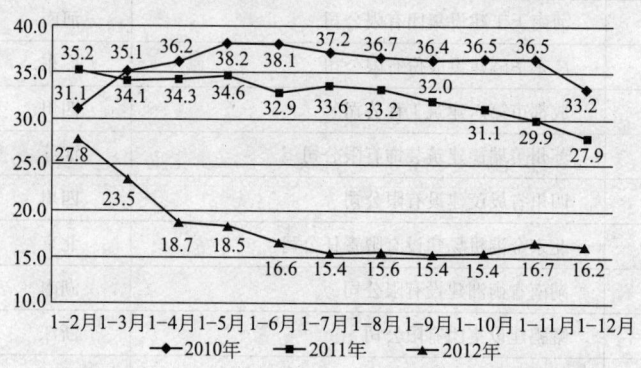

图 7-3-2　2000～2012 年全国房地产投资增速

分地区来看，2012 年东部地区房地产开发投资 40541 亿元，同比增长 13.9%，增速比 1-11 月份回落 0.9 个百分点；中部地区房地产开发投资 15763 亿元，增长 18.3%，增速回落 1.1 个百分点；西部地区房地产开发投资 15500 亿元，增长 20.4%，增速提高 0.9 个百分点。如表 7-3-1 所示。

【房屋供给情况】　2012 年，全国房地产开发企业土地购置面积 3.57 亿平方米，同比下降 19.5%，增幅比上年回落 22.1 个百分点；土地成交价款 7410 亿元，同比下降 16.7%。房地产开发企业房屋施工面积 57.34 亿平方米，同比增长 13.2%；其中，住宅施工面积 42.90 亿平方米，同比增长 10.6%。房屋新开工面积 17.73 亿平方米，同比下降 7.3%；其中，住宅新开工面积 13.06 亿平方米，同比下降 11.2%。房屋竣工面积 9.94 亿平方米，同比增长 7.3%；其中，住宅竣工面积 7.9 亿平方米，同比增长 6.4%。表 7-3-2 示出了 2000～2012 年全国房地产开发企业土地购置、房屋施工、新开工和竣工面积及增速情况。

2012 年分地区房地产开发投资情况　　　　表 7-3-1

地区	投资额（亿元）	住宅	同比增长（%）	住宅
全国总计	71804	49374	16.2	11.4
一、东部地区	40541	27649	13.9	9.6
二、中部地区	15763	11063	18.3	12.2
三、西部地区	15500	10662	20.4	15.5

数据来源：国家统计局。

三、2012年全国房地产市场运行分析

2000～2011年全国房地产开发企业土地购置、房屋施工、新开工和竣工面积及增速情况　　表7-3-2

年度	土地购置面积（亿平方米）	增长（%）	房屋施工面积（亿平方米）	增长（%）	房屋新开工面积（亿平方米）	增长（%）	房屋竣工面积（亿平方米）	增长（%）
2000	1.69	41.1	—	—	2.96	31.0%	2.51	17.3
2001	2.34	38.5	5.98	—	3.74	26.4%	2.99	19.0
2002	3.14	34.0	7.21	20.6	4.28	14.5%	3.50	17.1
2003	3.70	17.9	11.69	62.2	5.47	26.9%	4.15	18.5
2004	4.00	8.2	14.05	19.2	6.04	11.2%	4.25	2.4
2005	3.83	−4.0	16.44	17.8	6.79	10.6%	5.33	25.6
2006	3.68	−3.8	19.40	17.0	7.81	15.1%	5.30	−0.6
2007	4.06	11.0	23.60	21.1	9.46	19.4%	5.80	4.3
2008	3.68	−8.6	27.40	16.0	9.80	2.3%	5.90	−3.5
2009	3.19	−18.9	31.96	12.8	11.54	12.5%	7.02	5.5
2010	4.00	25.2	40.54	26.5	16.36	40.6%	7.87	8.4
2011	4.10	2.6	50.80	25.3	19.01	16.2	8.92	13.3
2012	3.57	−19.5	57.34	13.2	17.73	−7.3	9.94	7.3

数据来源：国家统计局

逐月数据看，全国房地产开发企业施工面积、新开工面积和竣工面积各项指标增幅均有所回落，新开工面积呈现负增长，如表7-3-3所示。

2011年、2012年全国房地产开发企业施工、新开工和竣工面积逐月数据及同比增长率　　表7-3-3

月份	2011年						2012年					
	施工面积（亿平方米）	增长（%）	新开工面积（亿平方米）	增长（%）	竣工面积（亿平方米）	增长（%）	施工面积（亿平方米）	增长（%）	新开工面积（亿平方米）	增长（%）	竣工面积（亿平方米）	增长（%）
1～2	29.15	39.0	1.91	28.0	0.70	13.9	39.49	35.5	2.00	5.1	1.01	45.2
1～3	32.74	35.2	3.98	23.4	1.28	15.4	40.92	25.0	3.99	0.3	1.79	39.3
1～4	35.25	33.3	5.68	24.4	1.71	14.0	42.72	21.2	5.45	−4.2	2.23	30.2
1～5	37.75	32.4	7.61	23.8	2.16	12.9	45.14	19.6	7.29	−4.3	2.73	26.3
1～6	40.57	31.6	9.94	23.6	2.76	13.8	47.56	17.2	9.24	−7.1	3.33	20.7
1～7	42.42	30.8	11.52	24.9	3.24	13.4	48.92	15.3	10.39	−9.8	3.86	19.0
1～8	44.26	30.5	13.19	25.8	3.71	14.7	51.17	15.6	12.29	−6.8	4.46	20.2
1～9	46.08	29.7	14.78	23.7	4.35	17.9	52.54	14.0	13.50	−8.6	5.06	16.4
1～10	47.48	28.4	16.04	21.7	4.97	18.5	53.81	13.3	14.68	−8.5	5.83	17.3
1～11	49.13	27.9	17.50	20.6	5.93	22.3	55.67	13.3	16.24	−7.2	6.77	14.1
1～12	50.80	25.3	19.01	16.2	8.92	13.3	57.34	13.2	17.73	−7.3	9.94	7.3

数据来源：国家统计局

（二）2012年商品房销售情况

2012年，全国商品房销售面积11.13亿平方米，同比增长1.8%，增幅比2011年回落2.6个百分点；其中，住宅销售面积增长2%，办公楼销售面积增长12.4%，商业营业用房销售面积下降1.4%。商品房销售额64456亿元，增长10%，增速比2011年回落1.1个百分点；其中，住宅销售额增长10.9%，办公楼销售额增长12.2%，商业营业用房销售额增长4.8%。分地区来看，东部地区商品房销售面积53224万平方米，同比增长5.7%；销售额38413亿元，增长12.9%。中部地区商品房销售面积30140万平方米，增长2%；销售额13020亿元，增长8.5%。西部地区商品房销售面积27940万平方米，下降5.3%；销售额13023亿元，增长3.7%。如表7-3-4所示。

2012年分地区房地产销售情况
表 7-3-4

地　区	商品房销售面积		商品房销售额	
	绝对数（万平方米）	同比增长（%）	绝对数（亿元）	同比增长（%）
全国总计	111304	1.8	64456	10.0
一、东部地区	53224	5.7	38413	12.9
二、中部地区	30140	2.0	13020	8.5
三、西部地区	27940	−5.3	13023	3.7

数据来源：国家统计局。

2012年末，全国商品房待售面积36460万平方米，比2011年末增加7752万平方米。

逐月数据看，2012年上半年商品房销售面积和销售额负增长，年末同比小幅增加，如表7-3-5所示。

2011年、2012年全国商品房销售面积、销售额
表 7-3-5

月份	2011年				2012年			
	商品房销售面积（万平方米）	增长（%）	商品房销售额（亿元）	增长（%）	商品房销售面积（万平方米）	增长（%）	商品房销售额（亿元）	增长（%）
1～2	8142	13.8	5241	27.4	7004	−14.0	4145	−20.9
1～3	17642	14.9	10151	27.3	15239	−13.6	8672	−14.6
1～4	24897	6.3	14077	13.3	21562	−13.4	12421	−11.8
1～5	32931	9.1	18620	18.1	28852	−12.4	16932	−9.1
1～6	44419	12.9	24589	24.1	39964	−10.0	23314	−5.2
1～7	52037	13.6	28852	26.1	48593	−6.6	28699	−0.5
1～8	59854	13.6	33264	25.9	57415	−4.1	34011	2.2
1～9	71288	12.9	39311	23.2	68441	−4.0	40354	2.7
1～10	79653	10.0	43826	18.5	78743	−1.1	46301	5.6
1～11	89593	8.5	49046	16.0	91705	2.4	53526	9.1
1～12	109945	4.9	59119	12.1	111304	1.8	64456	10

数据来源：国家统计局

（三）70个大中城市住宅销售价格变动情况

【新建住宅销售价格情况】 根据国家统计局公布的月度数据，2012年，全国70个大中城市的新建住宅销售价格上半年下降，下半年逐渐转为上升，全年新建住宅价格累计环比上涨0.2%，累计同比下降0.4%。2012年全国70个大中城市新建住宅销售价格指数逐月数据如图7-3-3所示。

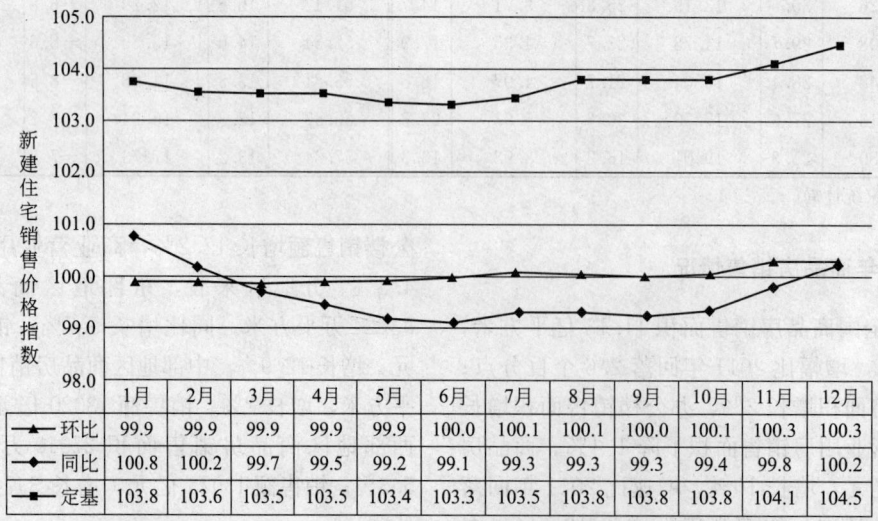

图 7-3-3　2012年全国70个大中城市新建住宅销售价格指数

三、2012年全国房地产市场运行分析

从新建住宅销售价格指数环比数据看，2012年全国70个大中城市中有44个城市新建住宅销售价格上升，有26个城市价格下降，其中，环比累计下降幅度最大的10个城市是扬州，长春，三亚，泉州，烟台，青岛，金华，宁波，杭州，温州；环比累计上涨幅度最大的10个城市是乌鲁木齐，西宁，湛江，泸州，银川，韶关，石家庄，广州，北京，重庆，详见表7-3-6和图7-3-4、图7-3-5。

2012年70个大中新建住宅销售价格指数环比数据 表7-3-6

地区	1月	2月	3月	4月	5月	6月	7月	8月	9月	10月	11月	12月	全年累计
全国	99.9	99.9	99.9	99.9	99.9	100	100.1	100.1	100	100.1	100.3	100.3	100.2
北京	99.9	99.9	99.6	99.9	100	100.3	100.3	100.1	100.1	100.2	100.6	100.6	101.5
天津	99.8	100	100	99.8	100.2	100	100.2	100.3	100	100	100.4	100.4	101.1
石家庄	99.7	100	100	99.9	100	100.2	100.7	100.2	100.2	100	100.4	100.4	101.7
太原	100	100	100	100	99.9	100.1	100	100	100	100	100.3	100.3	100.9
呼和浩特	100	100	99.9	99.9	99.9	99.8	100	99.6	99.6	99.9	100.4	100.4	99.4
沈阳	99.9	99.9	99.8	100	99.8	100.1	100.1	100	100	99.7	100.2	100.2	99.9
大连	99.9	100	99.8	99.9	100.1	100.4	100.2	100.2	100.1	100.2	100.2	100.2	101.2
长春	99.9	99.8	99.7	100	100	99.8	100.1	100.3	100	100.3	99.7	99.7	99.3
哈尔滨	100	99.9	100.1	100.2	99.9	100	100.1	100	100.1	99.1	100.6	100.6	100.6
上海	99.9	99.8	99.8	99.8	99.9	100.2	100	100	100	100	100.2	100.2	99.8
南京	99.6	99.8	99.8	99.8	100	100	100.2	100	100	100.1	100.2	100.2	100.6
杭州	99.9	99.7	95.6	96.6	99.4	100.6	100.3	100.3	100.3	99.7	99.9	99.9	92.3
宁波	99.8	99.9	98.4	97.9	98.4	99.7	99.4	99.6	99.8	99.7	100	100	92.8
合肥	99.9	99.9	99.8	99.9	100	99.9	100.2	100.1	100	100.3	100.3	100.3	100.6
福州	99.8	99.8	99.8	100	99.8	100	100.7	100.2	100.2	99.9	100.2	100.2	100.5
厦门	99.9	99.8	99.8	99.9	99.8	100.1	100.4	100.1	100.1	100.1	100.2	100.2	100.4
南昌	99.8	100	100	99.3	100.2	100.2	100.2	100.2	100.2	100.2	100	100	100.7
济南	99.9	100.1	99.8	99.4	100.2	100	100.2	100	100	100.1	100.1	100.1	99.9
青岛	99.7	99.8	98.8	98.4	99.9	100	99.8	99.9	99.6	100	100	100	96
郑州	99.7	99.9	99.8	99.9	100	100.2	100.2	100.4	100.4	100.4	100.6	100.6	100.5
武汉	99.9	99.8	99.8	100	99.8	100.1	100.1	100	99.9	100.2	100.5	100.5	100.7
长沙	99.6	99.8	100	100	99.9	100	100.2	100.2	100.1	100.2	100.2	100.2	101.1
广州	99.7	99.8	99.8	99.8	99.9	100.2	100.4	100	100.4	100.4	100.6	100.6	101.7
深圳	99.8	99.8	99.7	99.6	99.7	99.9	100	100	100	100.4	100.6	100.6	100.3
南宁	99.6	99.6	99.7	100	100.1	100	100.2	100.2	100	100.3	100.1	100.1	99.9
海口	99.7	100	100	99.9	99.8	99.9	100.1	100.1	99.9	100	100.5	100.5	100.4
重庆	99.8	99.9	100.2	100	100	100	100.2	100.2	100.2	100	100	100	101.3
成都	99.9	100	99.8	99.9	99.7	100	100.3	100	100.1	100	100.4	100.4	100.5
贵阳	100	100	100	100	100.1	100	100.1	100.1	100	100.2	100	100	100.7
昆明	100	100	99.9	100	100	99.9	100.2	100	100	100	100.5	100.5	101.3
西安	99.9	99.9	99.7	100	100	100.2	99.9	100.3	100.3	100.1	100.1	100.1	100.6
兰州	100	100	99.9	99.9	100	100	100	100	100	99.9	100.4	100.4	100.5
西宁	100	100.1	100.2	100.2	100.1	100.1	100	100.4	100.2	100.4	100.4	100.4	102.5

续表

地区	1月	2月	3月	4月	5月	6月	7月	8月	9月	10月	11月	12月	全年累计
银川	99.9	100	100.1	99.9	100	99.9	100.2	100.4	100.3	100.1	100.5	100.5	101.8
乌鲁木齐	100	100	99.9	100.1	100	100.1	100.3	100.2	100.3	100.5	100.6	100.6	102.6
唐山	100	99.9	99.8	100	100	100	99.8	99.9	100.2	99.9	100.3	100.3	100.1
秦皇岛	99.8	100	100	100	99.9	100	100.3	100.3	100.1	100.1	99.9	99.9	100.3
包头	99.8	100.1	99.9	99.8	100.1	100.2	100.2	100	100.1	100.1	100.3	100.3	100.9
丹东	100	99.9	100	100	99.9	100	100.3	99.5	99.8	100.2	100	100	99.6
锦州	100	100	99.8	99.9	100	99.8	100.3	99.9	99.9	99.8	100.7	100.7	100.7
吉林	99.7	99.9	99.8	99.9	100	100	100.3	99.7	100.1	100	100.5	100.5	100.4
牡丹江	100	99.9	100	99.7	100	100.1	100.1	99.8	99.8	100	100.4	100.4	100.2
无锡	99.8	99.9	99.7	100	100	100	100.3	100.5	100	99.9	100.1	100.1	100.3
扬州	99.8	99.9	99.9	100	100	100	100.1	100	99.9	100	99.9	99.9	99.3
徐州	99.9	99.9	99.6	99.9	100	100	100.3	100	100	99.9	100.3	100.3	99.8
温州	99.4	99.5	98.9	96.4	98.2	99.4	99.2	99.6	99.2	99.6	99.2	99.2	88.4
金华	99.8	99.9	95.4	99.5	99.7	99.5	100	99	99.7	100	100.3	100.3	93.2
蚌埠	100	99.8	99.9	99.9	100	100	100	100	99.9	100	100	100	99.5
安庆	99.7	99.8	99.9	100	99.9	99.9	100.3	100	100	100.1	100.3	100.3	100.2
泉州	99.9	99.9	99.7	99.9	99.8	99.9	100.3	99.9	100	100	99.9	99.9	99.1
九江	99.8	99.9	100.1	99.8	99.9	100	100.1	99.9	100	100	100.2	100.2	99.9
赣州	100	99.8	100	100	100	99.9	100	99.9	99.8	99.9	100.1	100.1	99.5
烟台	99.6	99.8	99.8	99.8	99.9	100.2	99.8	99.8	100	100.2	99.9	99.9	98.7
济宁	99.8	99.8	100	100	99.9	100	100.2	100.3	100.1	99.9	100.3	100.3	100.6
洛阳	99.9	100	99.8	99.9	99.9	100	100.1	100	99.9	100	100	100	99.7
平顶山	100	99.9	99.9	99.9	99.8	99.9	100	100.2	100	100.2	99.8	99.8	99.4
宜昌	100	99.8	99.9	99.6	99.9	100	100	100.4	100.2	100.1	100.3	100.3	100.3
襄樊	99.9	99.9	99.3	99.8	99.7	99.9	99.9	100	100.2	100.2	100.4	100.4	99.6
岳阳	99.9	100	100	99.8	100	100	100	100	99.9	100.1	100	100	99.7
常德	99.6	100	100	100	99.9	100.1	99.8	100.1	100	100	100.1	100.1	99.7
惠州	99.9	99.8	99.9	99.8	100	100	100.2	99.9	99.8	100.3	100.2	100.2	100.1
湛江	100	99.9	100	100	100	100.4	100.3	100	100	100.3	100.5	100.5	101.9
韶关	100	100	100.2	100	99.9	99.9	100.1	100	100.4	100.2	100.5	100.5	101.7
桂林	100	99.9	99.8	100	100	100.1	100	100.2	99.9	100	99.9	99.9	99.7
北海	99.8	99.7	99.8	99.9	100	100	100	100	99.8	100.1	100.4	100.4	100.1
三亚	100	100	99.8	99.7	99.8	99.9	99.9	100	100	99.9	100.1	100.1	99.2
泸州	100	99.9	100	99.9	100	100.2	100.4	100.1	100	99.7	100.9	100.9	101.9
南充	99.9	99.9	99.9	99.9	99.9	99.9	100.2	100.2	100.2	100.1	100.5	100.5	101.1
遵义	100	100	100.1	99.9	99.8	100.2	100	100.5	99.6	100.2	100.1	100.1	100.6
大理	100	100	100.1	100	99.9	99.9	100.1	99.9	100	99.8	99.9	99.9	99.5

数据来源：国家统计局。

三、2012年全国房地产市场运行分析

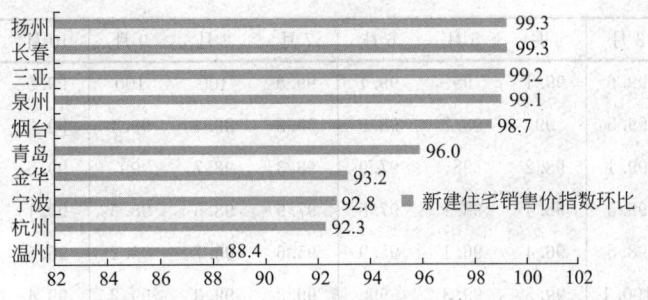

图 7-3-4 2012年70个大中城市中新建住宅销售
价格环比累计下降幅度最大的10个城市

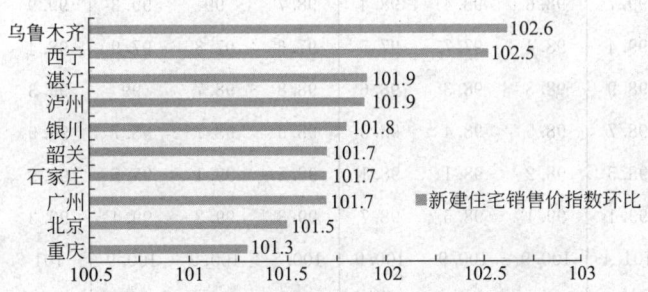

图 7-3-5 2012年70个大中城市中新建住宅销售
价格环比累计上涨幅度最大的10个城市

从新建住宅销售价格指数同比数据看，2012年全国70个大中城市中有49个城市新建住宅销售价格上升，有21个城市价格下降，其中，同比比累计下降幅度最大的10个城市是深圳，海口，九江，烟台，南京，青岛，金华，宁波，杭州，温州；同比累计上涨幅度最大的10个城市是乌鲁木齐，西宁，贵阳，银川，泸州，韶关，湛江，大连，遵义，昆明，详见表7-3-7和图7-3-6、图7-3-7。

全国70个大中城市新建住宅销售价格定基指数见表7-3-8所示。

2012年70个大中城市新建住宅销售价格指数同比数据表   表7-3-7

地区	1月	2月	3月	4月	5月	6月	7月	8月	9月	10月	11月	12月	全年累计
全国	100.8	100.2	99.7	99.5	99.2	99.1	99.3	99.3	99.3	99.4	99.8	100.2	99.6
北京	100.1	99.6	99.2	99	98.8	99	99.3	99.4	99.5	99.8	100.7	101.6	99.7
天津	100.2	99.3	98.8	98.4	98.9	99	98.9	99.2	99.4	99.6	100.4	100.8	99.4
石家庄	101.3	101.1	100.1	99.8	99.6	99.6	100	100.2	100.3	100.6	101.2	101	100.4
太原	100.9	101.4	101	100.8	100.3	100.1	99.9	100.1	100	100	100.3	101	100.5
呼和浩特	102.2	101.5	101.1	100.3	99.9	99.5	98.9	98.4	98.4	98.4	98.9	99.2	99.8
沈阳	101.9	101.7	101	100.3	99.6	99.2	99	98.6	98.6	98.3	99.3	99.7	99.8
大连	102.1	101.7	100.9	100.2	99.9	100.1	100.2	100.6	100.6	100.9	101.1	101.4	100.8
长春	101.4	101.6	100.6	100.1	99.7	99.2	99	99	99	99.3	99.8	100.1	99.8
哈尔滨	100	100.4	100	100.2	100.1	99.7	99.5	99.5	99.5	99	99.8	100.5	99.9
上海	100.7	99.6	99.2	98.7	98.4	98.5	98.5	98.5	98.4	98.7	99.2	100	99
南京	98.7	98.1	97.4	97.3	97.3	97.6	98.1	98.4	98.6	99.2	99.5	101	98.5
杭州	99.3	98.3	94.1	90.8	90.2	90.5	90.9	91.2	91.6	91.6	91.8	92.7	92.7
宁波	98.5	97.9	97	94.5	92.7	92.4	92.2	91.9	91.8	92	92.5	92.9	93.9
合肥	99.9	99.3	99.1	98.7	99	98.8	99	99.1	99.1	99.4	100	100.8	99.3

续表

地区	1月	2月	3月	4月	5月	6月	7月	8月	9月	10月	11月	12月	全年累计
福州	101.8	100.2	99.6	99.1	99	99.1	99.8	100	100	99.9	100.2	101.4	100
厦门	101.6	100	99.5	99	98.7	98.9	99.3	99.4	99.4	99.5	99.9	100.7	99.7
南昌	100.1	99.1	99.1	98.2	98	97.9	98.3	98.7	99	99.5	100	101.1	99.1
济南	100.6	100.2	99.5	98.4	98.1	97.8	97.9	98.5	98.5	99.1	99.4	100	99
青岛	99.8	100	98.5	96.4	96.1	95.9	95.6	95.7	95.2	95.5	95.8	96.6	96.8
郑州	101.6	100.1	100.1	99.5	99.3	99	99.3	99.3	99.2	99.4	99.9	100.8	99.8
武汉	101.2	100.5	100	99.5	99.2	99.1	99	98.9	98.8	99.2	99.8	100.8	99.7
长沙	102.4	101.3	100.9	100.3	99.7	99.3	99.3	99.3	99	99.2	100.1	100.7	100.1
广州	101.1	100.3	99.7	98.8	98.4	98.4	98.7	99	99.3	99.9	100.7	102.3	99.7
深圳	101	99.8	99.4	98.4	97.7	97.5	97.6	97.8	97.9	98.4	99.3	100.8	98.8
南宁	100.2	100	98.9	98.3	98.3	98.6	98.8	98.7	99	99.3	99.4	99.5	99.1
海口	98.8	98.6	98.7	98.5	98.4	98.3	98.5	98.7	98.7	98.9	99.7	99.7	98.8
重庆	99.3	98.9	98.5	98.2	98.1	98.1	98.5	99.1	99.5	99.9	100.6	101.3	99.2
成都	99.8	99.3	99.1	99.1	98.5	98.7	99.3	99.2	99.4	99.3	99.9	100.4	99.3
贵阳	102.5	102	101.4	100.9	100.9	100.9	100.8	100.9	100.9	101	100.8	101	101.2
昆明	101.3	100.8	100.5	100.4	100.1	99.9	100.3	100.3	100.2	100.1	100.8	101.3	100.5
西安	102.2	101.6	100.5	99.9	99.8	99.9	99.7	100.1	100.1	100.3	100.5	100.8	100.4
兰州	100.5	100	100.5	100.4	100.3	100	99.9	100.1	99.9	99.7	100.1	100.1	100.1
西宁	102	101.8	101.8	101.7	101.4	101.1	101	101.3	101.2	101.5	101.7	102	101.5
银川	102.1	102.3	101.6	101	100.8	100.3	100.7	100.8	101	101.3	101.6	101.1
乌鲁木齐	103.8	102.7	101.9	101.6	101.1	100.8	100.9	100.9	101	101.4	102	102.3	101.7
唐山	100.6	100.5	100	99.9	99.7	99.7	99.3	99.5	99.5	99.5	99.8	99.9	99.8
秦皇岛	100.5	99.7	100.2	99.6	99.3	99.1	99.4	99.8	100	100.2	100.3	100.8	99.9
包头	100	99.6	99.7	99.2	99.2	99.4	99.5	99.5	99.6	99.8	100.3	100.6	99.7
丹东	99.5	99.2	98.5	98.3	98	99	100	99.6	99.7	100	99.4	99.9	99.3
锦州	101.6	101	100.5	99.6	99.4	99.1	99.5	99.4	99.5	99.3	100	99.9	99.9
吉林	100	100	100.3	99.5	99.4	99.3	99.5	99.1	99.2	99.3	99.8	100	99.6
牡丹江	100.5	99.7	99.7	100.1	99.7	99.7	99.7	99.7	99.5	99.6	99.9	99.9	99.8
无锡	99.5	99.5	98.5	98	98.5	98.5	98.9	99.5	99.5	99.7	100.2	100.2	99.2
扬州	100.8	99.9	99	98.9	98.8	98.5	99	98.9	98.8	99	99.2	100.2	99.3
徐州	101.2	100.7	99.4	98.7	98.3	98.2	98.4	98.2	98.2	98.3	99.1	99.5	99
温州	92.4	92	91	87.7	85.8	85.1	84.4	84	84.5	88.2	87.6	89.3	87.6
金华	101	100.8	95.4	94.7	94.3	93.8	93.7	92.9	92.5	92.4	92.7	93.8	94.8
蚌埠	101.4	100.3	99.6	99.3	99.3	99.3	99.2	99.3	99.2	99.2	99.3	99.9	99.6
安庆	99	98.7	98.8	98.9	99.1	99	99.1	99.1	99.2	99.3	99.6	100	99.1
泉州	101.2	100.6	99.7	99.4	99.1	99.1	99.2	99.2	99.1	99.1	99	99.1	99.5
九江	100.2	99.5	98.7	97.9	98	98.1	98.3	98.1	98.1	98.5	99.2	100.2	98.7
赣州	98.6	98.3	99.1	99.4	99.5	99.4	99.4	99.6	99.2	99.1	99.2	99.6	99.2
烟台	100.3	99.5	98.5	97.8	97.7	98.2	98	98	98	98.4	98.7	99.2	98.5

三、2012年全国房地产市场运行分析

续表

地区	1月	2月	3月	4月	5月	6月	7月	8月	9月	10月	11月	12月	全年累计
济宁	100.2	99.8	99.7	99.4	99	99.1	99.5	99.7	99.8	99.7	100.2	100.3	99.7
洛阳	102.5	101.5	101	100.4	100.1	99.8	99.9	99.4	99	99	99.2	99.7	100.1
平顶山	100.6	99.6	100.2	100.5	100.2	99.9	99.9	99.9	99.6	99.7	99.5	99.8	99.9
宜昌	102	101.8	100.9	99.9	99.1	98.9	98.6	98.6	98.8	99.3	100	100.4	99.8
襄樊	101.8	100.9	99.6	99	98.4	98	98	97.9	98.1	98.3	99	99.5	99
岳阳	98.1	98.7	99.7	99.7	99.7	99.7	99	99	99	99.2	99.6	99.9	99.3
常德	100.5	100	100	99.5	99.2	99.1	98.7	98.7	98.8	98.8	99.1	100.3	99.4
惠州	101.9	101.1	100.7	100.1	99.5	99.5	99.7	99.6	99.4	99.6	99.8	100.2	100.1
湛江	102.5	101.4	100.6	100.4	100.1	100.4	100.7	100.7	100.6	100.8	101.3	101.7	100.9
韶关	102.4	101.9	102	101.3	100.6	100.4	100.2	100.2	100.6	100.6	101.1	101.4	101.1
桂林	101.6	101	100	100	99.8	100	99.8	100.1	99.7	99.6	99.7	99.8	100.1
北海	100.8	99.7	98.9	98.2	98.3	98.4	98.7	98.8	98.8	99	99.5	99.4	99
三亚	100.6	100.1	99.6	99.4	98.9	99	98.9	98.9	98.9	98.9	99.1	99.6	99.3
泸州	102.1	101.7	101.6	101.3	101.1	101.1	100.7	100.7	100.4	100	101	101.5	101.1
南充	100.4	100.7	100.3	100.2	100	99.8	99.3	99.5	99.7	99.9	100.4	101.3	100.1
遵义	101.9	100.9	100.8	100.8	100.4	100.3	100.3	100.3	100.3	100.5	100.6	101	100.7
大理	100.6	100.6	100.7	100.6	100.5	100.4	100.1	100	99.9	99.7	99.6	99.8	100.2

数据来源：国家统计局。

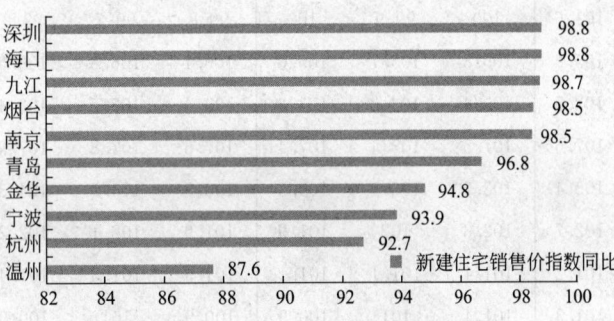

图 7-3-6　2012 年 70 个大中城市中新建住宅销售价格同比累计下降幅度最大的 10 个城市

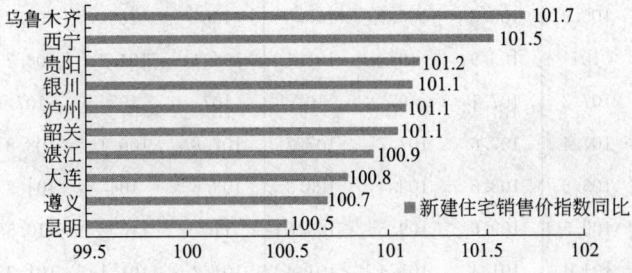

图 7-3-7　2012 年 70 个大中城市中新建住宅销售价格同比累计上涨幅度最大的 10 个城市

2012年70个大中城市新建住宅销售价格指数定基数据 表7-3-8

地区	1月	2月	3月	4月	5月	6月	7月	8月	9月	10月	11月	12月
全国	103.8	103.6	103.5	103.5	103.4	103.3	103.5	103.8	103.8	103.8	104.1	104.5
北京	102.5	102.4	102	101.8	101.8	102.1	102.3	102.5	102.6	102.8	103.4	104.2
天津	103.2	103.2	103.2	103	103.1	103.1	103.3	103.7	103.6	103.6	104	104.2
石家庄	107.7	107.6	107.6	107.5	107.5	107.8	108.5	108.7	108.9	108.9	109.4	109
太原	101.7	101.7	101.7	101.6	101.5	101.6	101.7	101.9	101.9	101.9	102.1	102.8
呼和浩特	105	105	104.9	104.8	104.7	104.5	104.5	104.1	103.7	103.6	104.1	104.1
沈阳	106.1	106	105.8	105.7	105.5	105.6	105	105.5	105.6	105.3	105.7	105.9
大连	105.4	105.4	105.2	105	105.3	105.5	105.9	106.1	106.3	106.5	106.7	107
长春	104	103.7	103.5	103.5	103.4	103.3	103.5	103.7	103.7	104	103.7	104.3
哈尔滨	103.5	103.4	103.5	103.7	103.7	103.7	103.8	103.8	103.9	103	103.6	104
上海	101.6	101.4	101.1	100.9	100.8	101	101	101	101	101	101.2	101.7
南京	99.5	99.4	99.2	99.1	99.1	99.3	99.6	99.9	100	100.1	100.3	100.9
杭州	99.4	99.1	94.7	91.6	91	91.5	91.8	92.1	92.4	92.1	92	92.3
宁波	99.9	99.8	98.2	96.2	94.6	94.3	93.8	93.4	93.3	93	93	93.1
合肥	101.8	101.7	101.6	101.5	101.4	101.4	101.6	101.7	101.7	101.9	102.3	102.7
福州	103.7	103.5	103.2	103	103	103	103.7	104	104	103.8	104.2	105.3
厦门	105.5	105.3	105.1	105	104.7	104.8	105.2	105.3	105.4	105.5	105.7	106.3
南昌	105.9	105.9	105.8	105.1	105.3	105.4	105.9	106.4	106.5	106.8	106.7	107.3
济南	103.2	103.2	103	102.4	102.2	102.2	102.5	102.7	102.8	102.9	102.9	103.3
青岛	103	102.8	101.6	100	99.9	100	99.8	99.7	99.3	99.3	99.3	99.8
郑州	106.2	106.1	105.9	105.8	105.7	105.8	106.1	106.3	106.5	106.7	106.9	107.4
武汉	103.9	103.7	103.5	103.2	103.2	103.2	103.4	103.5	103.4	103.7	104.1	104.9
长沙	107.7	107.5	107.6	107.5	107.4	107.4	107.6	107.8	107.9	108.1	108.7	108.8
广州	103.8	103.6	103.4	103.2	103.1	103.3	103.5	103.9	104.3	104.7	105.3	106.5
深圳	103.3	103	102.7	102.3	102	101.9	101.9	102.1	102.2	102.6	103.2	104.1
南宁	101.9	101.5	101.2	101.1	101.1	101.1	101.1	101.2	101.4	101.7	101.9	101.7
海口	101.3	101.2	101.3	101.1	101	100.9	100.9	101	100.9	100.9	101.5	101.2
重庆	102.7	102.6	102.9	102.8	102.9	102.9	103	103.2	103.1	103.3	103.9	104.3
成都	102.8	102.8	102.6	102.5	102.1	102.2	102.5	102.5	102.6	102.6	103	103.4
贵阳	105.2	105.2	105.3	105.3	105.3	105.3	105.4	105.6	105.8	106.1	106	106.3
昆明	106	105.9	105.9	105.8	105.7	105.6	106	106	106.2	106.2	106.8	107.4
西安	104.4	104.3	104	103.9	104	104.1	104.4	104.4	104.7	104.9	105.1	105.3
兰州	107.3	107.3	107.2	107.1	107	107	107	107	107	106.9	107.4	107.5
西宁	107.2	107.3	107.4	107.6	107.7	107.7	107.8	108.1	108.3	108.8	109.2	109.4
银川	103.5	103.5	103.6	103.5	103.4	103.3	103.6	104	104	104.4	104.9	105.3
乌鲁木齐	109.5	109.5	109.5	109.6	109.5	109.6	110	110.2	110.5	111.1	111.7	112.1
唐山	101.7	101.6	101.4	101.4	101.4	101.4	101.2	101.1	101.3	101.3	101.6	101.6
秦皇岛	106.3	106.3	106.3	106.3	106.2	106.2	106.6	106.8	107	107.1	107	107.4
包头	103.9	104	103.9	103.7	103.7	104	104.1	104.2	104.3	104.4	104.6	104.7

三、2012年全国房地产市场运行分析

续表

地区	1月	2月	3月	4月	5月	6月	7月	8月	9月	10月	11月	12月
丹东	107.7	107.6	107.6	107.6	107.5	107.5	107.9	107.3	107.2	107.4	107.4	107.6
锦州	105.2	105.1	105	104.9	104.9	104.7	105	104.8	104.7	104.5	105.3	105.1
吉林	105.7	105.7	105.5	105.4	105.4	105.4	105.7	105.4	105.5	105.5	106	106
牡丹江	106.9	106.8	106.8	106.5	106.5	106.6	106.7	106.5	106.4	106.4	106.8	106.7
无锡	101.4	101.3	101	101	101	101	101.4	101.9	101.9	101.8	101.9	101.8
扬州	103.6	103.5	103.4	103.5	103.3	103.3	103.4	103.4	103.3	103.3	103.2	103.9
徐州	103	102.9	102.6	102.5	102.5	102.5	102.6	102.4	102.4	102.5	102.6	102.7
温州	92.7	92.3	91.3	88	86.4	85.8	85.2	84.8	84.2	83.9	83.3	83.2
金华	103.5	103.4	98.7	98.2	97.9	97.4	97.4	96.5	96.2	96.1	96.4	97.3
蚌埠	103.5	103.4	103.3	103.1	103.1	103.1	103.1	103.2	103	103.1	103.1	103.4
安庆	103.3	103.1	103	103	102.9	102.8	103.1	103	103.1	103.2	103.5	103.6
泉州	100.9	100.8	100.5	100.3	100.1	100	100.3	100.2	100.2	100.1	100	100.1
九江	102.5	102.4	102.5	102.3	102.2	102.3	102.4	102.3	102.3	102.3	102.5	102.9
赣州	105	104.8	104.8	104.8	104.8	104.7	104.6	104.6	104.3	104.2	104.3	104.7
烟台	103.4	103.2	103	102.8	102.7	103	102.8	102.6	102.6	102.8	102.7	103.1
济宁	103.1	103	103	103	102.9	102.9	103.1	103	103.4	103.3	103.7	103.6
洛阳	106.8	106.9	106.7	106.5	106.4	106.3	106.5	106.3	106.2	106.2	106.4	106.6
平顶山	104.8	104.6	104.6	104.4	104.3	104.2	104.2	104.3	104.3	104.3	104.4	104.6
宜昌	104.4	104.2	103.9	103.6	103.4	103.3	103.4	103.8	104	104	104.4	104.6
襄樊	106.3	106.2	106.2	105.9	105.8	105.7	104.7	104.7	104.8	105.1	105.5	105.9
岳阳	106.8	106.8	106.9	106.7	106.7	106.7	106.7	106.8	106.7	106.8	106.8	106.8
常德	104.7	104.7	104.7	104.7	104.7	104.7	104.5	104.5	104.5	104.5	104.5	105.4
惠州	104.8	104.5	104.5	104.3	104.3	104.4	104.6	104.5	104.3	104.6	104.7	105
湛江	105.4	105.3	105.2	105.3	105.3	105.7	106	106	106	106.3	106.7	107.2
韶关	106.2	106.2	106.4	106.4	106.3	106.2	106.3	106.3	106.7	106.9	107.4	107.7
桂林	106.1	106	105.8	105.8	105.8	105.9	106	106.2	106.1	106	106	105.8
北海	101.9	101.6	101.5	101.3	101.2	101.2	101.5	101.5	101.3	101.4	101.4	101.5
三亚	101.4	101.3	101.2	100.9	100.7	100.6	100.6	100.5	100.5	100.4	100.5	100.9
泸州	102.2	102.2	102.1	102	102	102.2	102.6	102.7	102.6	102.3	103.3	103.8
南充	99.8	99.7	99.6	99.5	99.5	99.3	99.5	99.7	99.9	100	100.4	101.2
遵义	105.4	105.3	105.5	105.4	105.2	105.4	105.5	106	105.6	105.8	106	106.4
大理	101.7	101.6	101.7	101.7	101.6	101.5	101.6	101.5	101.5	101.4	101.3	101.5

数据来源：国家统计局。

【新建商品住宅销售价格情况】 2012年，全国70个大中城市的新建商品住宅销售价格上半年下降，下半年逐渐转为上升，全年新建商品住宅价格累计环比上涨0.3%，累计同比下降0.4%。2012年全国70个大中城市新建商品住宅销售价格指数，如图7-3-8所示。

从新建商品住宅销售价格指数环比数据看，2012年全国70个大中城市中有43个城市新建商品住宅销售价格上升，有27个城市价格下降，其中，环比累计下降幅度最大的10个城市是徐州、北海、呼和浩特、泉州、烟台、青岛、金华、宁波、杭州、温州；环比累计上涨幅度最大的10个城市是西宁、乌鲁木齐、广州、银川、北京、湛江、昆明、泸州、韶关、南充，详见表7-3-9和图7-3-9、图7-3-10。

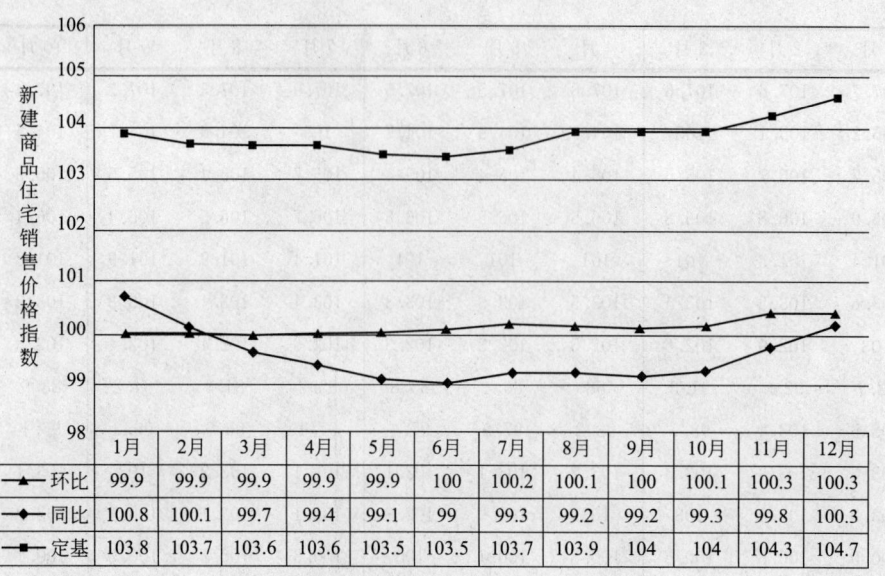

图 7-3-8 2012 年全国 70 个大中城市新建
商品住宅销售价格指数

2012 年 70 个大中城市新建商品住宅销售价格指数环比数据　　　　　　表 7-3-9

地区	1月	2月	3月	4月	5月	6月	7月	8月	9月	10月	11月	12月	累计
全国	99.9	99.9	99.9	99.9	99.9	100	100.2	100.1	100	100.1	100.3	100.3	100.3
北京	99.9	99.8	99.5	99.8	99.9	100.3	100.3	100.2	100.1	100.3	100.8	101	101.9
天津	99.8	100	100	99.8	100.2	100	100.4	100	100	100	100.5	100.2	101.1
石家庄	99.7	100	100	99.9	100	100.2	100.7	100.2	100.2	100	100.4	99.7	101
太原	100	100	100	100	99.9	100.1	100.1	100	100	100	100.3	100.6	101.2
呼和浩特	100	100	99.9	99.9	99.9	99.8	100	99.6	99.6	99.9	100.5	100.1	99.2
沈阳	99.9	99.9	99.8	100	99.8	100.1	100	99.9	100.1	99.7	100.4	100.2	99.9
大连	99.9	100	99.8	99.9	100.1	100.4	100	100	100.1	100.2	100.2	100.2	101.2
长春	99.8	99.7	99.7	100	100	99.8	100.1	100.3	100	100.3	99.7	100.6	100
哈尔滨	100	99.9	100.1	100.2	99.9	100	100.2	100	100.1	99.1	100.6	100.4	100.5
上海	99.8	99.8	99.7	99.8	99.8	100.2	100.1	100	100	100	100.2	100.7	100.1
南京	99.5	99.8	99.7	99.8	100	100.3	100.5	100.3	100.2	100.3	100.3	100.8	101.4
杭州	99.9	99.7	95.4	96.5	99.4	100.6	100.2	100.4	100.3	99.7	99.9	100.3	92.5
宁波	99.8	99.9	98.3	97.8	98.5	99.7	99.4	99.6	99.8	99.7	100	100	92.5
合肥	99.9	99.9	99.8	99.9	99.9	99.9	100.2	100.1	99.9	100.3	100.3	100.5	100.6
福州	99.8	100	100	100	99.8	100	100.2	100.2	100	99.9	100.2	101.1	101.4
厦门	99.9	99.8	99.8	99.9	99.8	100.2	100.2	100.1	100.1	100.1	100.2	100.6	100.7
南昌	99.8	100	100	99.3	100.2	100.2	100.2	100.5	100.2	100.2	100	100.6	101.4
济南	99.9	100.1	99.8	99.4	99.9	100	100.2	100.2	100.1	100.1	100.1	100.4	100.2
青岛	99.7	99.8	98.8	98.3	99.8	99.8	99.9	99.9	99.6	100	100	100.5	96.3
郑州	99.7	99.9	99.8	99.9	100	100.2	100.2	100.2	100.2	100	100.2	100.4	100.7
武汉	99.9	99.9	99.8	100	99.9	99.9	100.2	99.9	99.9	100.5	100.8	100.8	101.1
长沙	99.6	99.8	100	100	99.9	100	100.2	100	100.1	100.2	100.6	100.1	100.6

三、2012年全国房地产市场运行分析

续表

地区	1月	2月	3月	4月	5月	6月	7月	8月	9月	10月	11月	12月	累计
广州	99.7	99.8	99.8	99.8	99.9	100.2	100.2	100.3	100.4	100.4	100.6	101.2	102.3
深圳	99.8	99.8	99.7	99.6	99.7	99.9	100	100.1	100.1	100.4	100.6	101.1	100.8
南宁	99.6	99.6	99.7	100	100	100.1	100.2	99.9	100.2	100.3	100.1	99.9	99.6
海口	99.7	100	100	99.9	99.8	99.9	100.1	100.1	99.9	100	100.5	99.7	99.6
重庆	99.8	99.9	100.2	100	100	100	100.1	100.2	99.9	100.2	100.6	100.4	101.3
成都	99.9	100	99.8	99.9	99.7	100	100.3	100	100.1	100	100.4	100.4	100.5
贵阳	100	100.1	100	100	100.1	100	100	100.2	100.2	100.3	100	100.3	101.3
昆明	100	100	99.9	100	99.9	99.9	100.5	100	100.2	100	100.6	100.7	101.7
西安	99.9	99.9	99.7	100	100	100.2	99.9	100.4	100.3	100.2	100.2	100.3	101
兰州	100	100	99.9	99.9	100	100	100	100	100	99.9	100.4	100	100.1
西宁	100	100.1	100.2	100.2	100.1	100.1	100	100.4	100.3	100.4	100.4	100.2	102.3
银川	99.9	100	100.1	99.9	100	99.9	100.3	100.4	100.4	100.1	100.5	100.4	101.9
乌鲁木齐	100	100	99.9	100.1	100	100.1	100.3	100.2	100.3	100.5	100.6	100.3	102.3
唐山	100	99.9	99.8	100	99.9	100	99.8	99.9	100.3	99.9	100.3	100	99.8
秦皇岛	99.7	100	100	100	99.9	100	100.4	100.3	100.2	100.1	99.9	100.4	100.9
包头	99.8	100.1	99.9	99.8	100.1	100.2	100.2	100	100.1	100	100.3	100.1	100.7
丹东	100	99.9	100	100	99.9	100	100.3	99.5	99.8	100.2	100	100.3	99.9
锦州	100	100	99.8	99.9	100	99.8	100.3	99.8	99.9	99.8	100.7	99.8	99.8
吉林	99.7	99.9	99.8	99.9	100	99.9	100	99.9	99.7	100.1	100	100.5	99.9
牡丹江	100	99.9	100	99.7	100	100.1	100.1	99.8	99.8	100	100.4	99.9	99.7
无锡	99.8	99.9	99.7	100	100	100	100.4	100.6	100	99.9	100.1	99.9	100.3
扬州	99.8	99.9	99.9	100	99.9	100	100.1	100	99.9	100	99.9	100.7	100.1
徐州	99.9	99.9	99.6	99.9	99.9	100	100.3	99.9	99.9	100	100.3	100	99.5
温州	99.3	99.5	98.9	96.1	98.1	99.4	99.2	99.6	99.2	99.6	99.2	100	88.7
金华	99.8	99.9	95.4	99.5	99.7	99.5	100	99	99.7	100	100.3	100.9	93.8
蚌埠	100	99.8	99.9	99.9	100	100	100	100	99.9	100	100	100.4	99.9
安庆	99.7	99.8	99.9	100	99.9	99.9	100.3	100	100	100.1	100.3	100.1	100
泉州	99.9	99.9	99.7	99.8	99.8	99.9	100.3	99.9	99.9	100	99.9	100.1	99.1
九江	99.8	99.9	100.1	99.9	99.9	100	100.1	100	100	100	100.2	100.4	100.1
赣州	100	99.8	100	100	100	99.9	100	99.9	99.8	99.9	100.1	100.4	99.8
烟台	99.6	99.8	99.8	99.8	99.9	100.2	99.8	99.8	100	100.2	99.9	100.3	99.1
济宁	99.8	99.8	100	100	99.9	100	100.2	100.3	100.1	99.9	100.3	100	100.3
洛阳	99.9	100	99.8	99.9	99.9	99.9	100.1	99.9	99.9	100	100.2	100.2	99.7
平顶山	100	99.9	99.9	99.9	99.8	99.9	100	100.2	100	100.2	99.8	100.3	99.9
宜昌	100	99.8	99.8	99.6	99.9	100	100	100	100	100.1	100	100.4	100.4
襄樊	99.9	99.9	99.3	99.8	99.7	99.9	99.9	100	100	100.2	100.4	100.4	99.6
岳阳	99.8	100	100	99.8	100	100	100	100.1	99.9	100.2	100	100	99.8
常德	99.6	100	100	100	99.9	100.1	99.8	100.1	100	100	100.1	100.9	100.5

续表

地区	1月	2月	3月	4月	5月	6月	7月	8月	9月	10月	11月	12月	累计
惠州	99.9	99.8	99.9	99.8	100	100.1	100.2	99.9	99.8	100.3	100.2	100.3	100.2
湛江	100	99.9	100	100	100	100.4	100.3	100	100	100.3	100.5	100.4	101.8
韶关	100	100	100.2	100	99.9	99.9	100.1	100	100.4	100.2	100.5	100.2	101.4
桂林	100	99.9	99.8	100	100	100.1	100	100.2	99.9	100	99.9	99.9	99.7
北海	99.8	99.7	99.8	99.9	99.8	100				100.1	100.4	99.7	99.3
三亚	100	100	99.8	99.7	99.8	99.9	99.9	100	100	99.9	100.1	100.4	99.5
泸州	99.9	99.9	100	99.8	100	100	100	100.1	100	99.7	101	100.5	101.5
南充	99.9	99.9	99.9	99.8	99.9	99.9	100	100.2	100	100.1	100.5	100.8	101.4
遵义	100	100	100.1	99.9	100	100.3	100.1	100.5	99.6	100	100	100.5	101.1
大理	100	100	100.1	100	99.9	99.9	100.2	99.9	100	99.8	99.9	100.2	99.9

数据来源：国家统计局。

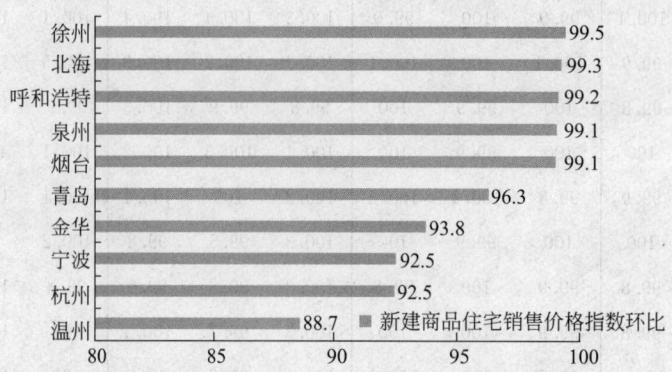

图 7-3-9　2012 年 70 个大中城市中新建商品住宅销售价格环比累计下降幅度最大的 10 个城市

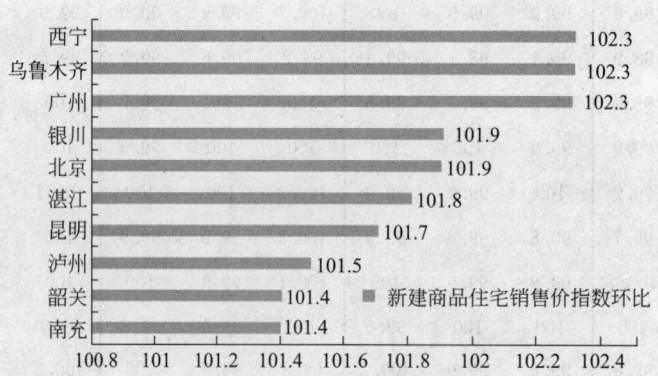

图 7-3-10　2012 年 70 个大中城市中新建商品住宅销售价格环比累计上涨幅度最大的 10 个城市

从新建商品住宅销售价格指数同比数据看，2012 年全国 70 个大中城市中有 21 个城市新建商品住宅销售价格上升，有 49 个城市价格下降，其中，同比比累计下降幅度最大的 10 个城市是海口，九江，烟台，岳阳，南京，青岛，金华，宁波，杭州，温州；同比累计上涨幅度最大的 10 个城市是乌鲁木齐，西宁，贵阳，银川，泸州，韶关，湛江，大连，遵义，昆明，详见表 7-3-10 和图 7-3-11、图 7-3-12。

全国 70 个大中城市新建商品住宅销售价格定基指数见表 7-3-11 所示。

三、2012年全国房地产市场运行分析

2012年70个大中城市新建商品住宅销售价格指数同比数据　　表7-3-10

地区	1月	2月	3月	4月	5月	6月	7月	8月	9月	10月	11月	12月	全年
全国	100.8	100.1	99.7	99.4	99.1	99	99.3	99.2	99.2	99.3	99.8	100.3	99.6
北京	100.1	99.5	99	98.7	98.4	98.7	99	99.2	99.3	99.7	100.9	102	99.5
天津	100.1	99.2	98.6	98.2	98.7	98.8	99	99.1	99.3	99.6	100.4	100.9	99.3
石家庄	101.3	101.1	100.1	99.8	99.6	99.6	100	100.2	100.3	100.6	101.2	101	100.4
太原	101	101.4	101.1	100.8	100.3	100.1	99.9	100.1	100	100	100.3	101	100.5
呼和浩特	102.2	101.5	101.1	100.3	99.8	99.5	99.2	98.7	98.3	98.4	98.9	99.2	99.7
沈阳	101.9	101.7	101	100.3	99.6	99.2	99	98.5	98.5	98.3	99.2	99.7	99.7
大连	102.1	101.7	100.9	100.2	99.9	100.1	100.2	100.6	100.7	100.9	101.1	101.4	100.8
长春	101.4	101.6	100.6	100.1	99.7	99.2	99	99	99	99.2	99.2	100.1	99.8
哈尔滨	99.9	100.4	100	100.2	100.1	99.7	99.8	99.8	99.9	98.9	99.8	100.5	99.9
上海	100.8	99.4	98.9	98.4	98	98.1	98.2	98.2	98.1	98.4	99	100	98.8
南京	98.3	97.5	96.5	96.5	96.4	96.9	97.4	97.9	98.2	98.9	99.9	101.3	98
杭州	99.2	98.1	93.7	90.3	89.7	90.2	90.5	90.9	91.2	91.3	91.5	92.4	92.4
宁波	98.4	97.8	96.8	94.2	92.4	92	91.7	91.5	91.4	91.7	92.1	92.6	93.5
合肥	99.8	99.2	99	98.6	98.9	98.7	98.9	99	99	99.4	100	100.9	99.3
福州	101.8	100.1	99.6	99.1	99	99.1	99.8	100	100	99.9	100.2	101.4	100
厦门	101.6	100	99.5	99	98.7	98.8	99.3	99.4	99.4	99.5	99.9	100.7	99.6
南昌	100.1	99.1	99	98.1	97.9	97.8	98.2	98.7	99	99.5	100	101.2	99
济南	100.6	100.2	99.5	98.4	98.1	97.8	97.9	98.5	98.5	99.1	99.4	100	99
青岛	99.8	100	98.4	96.2	95.9	95.7	95.4	95.4	95	95.2	95.6	96.4	96.6
郑州	101.6	100.1	100.1	99.5	99.3	99	99.3	99.2	99.2	99.4	99.9	100.8	99.8
武汉	101.3	100.6	99.9	99.5	99.1	99	99	98.8	98.7	99.1	99.8	100.9	99.6
长沙	102.4	101.3	100.9	100.3	99.7	99.3	99.3	99.3	99	99.2	100.1	100.7	100.1
广州	101.1	100.3	99.7	98.8	98.4	98.4	98.7	99	99.3	99.9	100.7	102.4	99.7
深圳	101	99.8	99.4	98.3	97.7	97.5	97.5	97.7	97.8	98.4	99.3	100.9	98.8
南宁	100.3	100	98.9	98.5	98.6	98.6	98.7	98.8	98.7	99.3	99.4	99.5	99.1
海口	98.8	98.6	98.6	98.5	98.4	98.6	98.6	98.7	98.7	98.8	99.7	99.6	98.8
重庆	99.3	98.9	98.5	98.2	98	98.1	98.5	99.1	99.5	100	100.6	101.3	99.2
成都	99.8	99.3	99.1	99.1	98.5	98.7	99.3	99.2	99.4	99.3	99.9	100.4	99.3
贵阳	102.7	102.2	101.5	101	101	101	100.9	101	101	101.1	100.9	101.1	101.3
昆明	101.5	100.9	100.7	100.5	100.2	99.8	100.4	100.3	100.2	100	100.9	101.6	100.6
西安	102.4	101.8	100.5	99.8	99.7	99.8	99.6	100	100.1	100.3	100.6	100.9	100.5
兰州	100.5	100	100.5	100.4	100.3	100	99.9	100.1	99.9	99.7	100.1	100.2	100.1
西宁	102	101.8	101.8	101.7	101.4	101.1	101	101.3	101.2	101.5	101.7	102	101.5
银川	102.2	102.4	101.7	101	100.8	100.3	100.3	100.8	100.9	100.9	101.4	101.7	101.2
乌鲁木齐	103.9	102.7	101.9	101.6	101.1	100.8	100.9	100.9	101	101.4	102	102.4	101.7
唐山	100.6	100.5	100.1	99.9	99.7	99.7	99.3	99.2	99.5	99.4	99.8	99.8	99.8
秦皇岛	100.5	99.7	100.3	99.6	99.2	99	99.3	99.8	100	100.2	100.4	100.9	99.9
包头	100	99.5	99.6	99.1	99.1	99.3	99.7	99.4	99.6	99.8	100.3	100.7	99.7
丹东	99.5	99.2	98.5	98.3	97.7	98.6	99	99	99	99	99.4	99.9	99
锦州	101.6	101	100.5	99.6	99.4	99.1	99.5	99.4	99.5	99	100	99.9	99.9
吉林	100	100	100.3	99.9	99.4	99.3	99.5	99.1	99.2	99.3	99.8	100	99.6

续表

地区	1月	2月	3月	4月	5月	6月	7月	8月	9月	10月	11月	12月	全年
牡丹江	100.5	99.7	99.7	100.1	99.7	99.7	99.7	99.7	99.5	99.6	99.9	99.9	99.8
无锡	99.3	99.2	98.1	97.6	98.3	98.2	98.7	99.3	99.4	99.6	100.3	100.3	99
扬州	100.8	99.9	98.9	98.8	98.8	98.7	98.9	98.9	98.8	99	99.2	100.2	99.2
徐州	101.3	100.7	99.4	98.7	98.2	98.1	98.3	98.1	98.1	98.2	99.1	99.5	99
温州	92	91.5	90.5	87	84.9	84.2	83.4	83.1	83.6	87.5	86.8	88.6	86.9
金华	101	100.8	95.4	94.7	94.3	93.7	93.6	92.7	92.4	92.4	92.7	93.7	94.8
蚌埠	101.4	100.3	99.6	99.3	99.3	99.3	99.2	99.3	99.2	99.1	99.3	99.9	99.6
安庆	98.9	98.7	98.7	98.8	99	98.9	99.1	99.1	99.2	99.2	99.6	100	99.1
泉州	101.2	100.6	99.7	99.3	99.1	99	99.2	99.2	99.1	99.1	99	99	99.5
九江	100.2	99.5	98.7	97.8	97.9	98	98.2	98	98	98.4	99.1	100.2	98.7
赣州	98.6	98.3	99.1	99.3	99.5	99.4	99.4	99.6	99.2	99.1	99.2	99.6	99.2
烟台	100.3	99.5	98.5	97.8	97.7	98.2	97.9	98	98	98.4	98.7	99.2	98.5
济宁	100.2	99.8	99.7	99.3	99	99.1	99.5	99.7	99.8	99.7	100.2	100.3	99.7
洛阳	102.5	101.5	101	100.4	100.1	99.9	99.4	99	99.2	99.7	100.1		
平顶山	100.6	99.6	100.2	100.5	100.2	99.9	99.9	99.9	99.6	99.7	99.5	99.8	99.9
宜昌	102.1	101.8	100.9	99.9	99.1	98.9	98.6	98.6	98.8	99.3	100	100.4	99.9
襄樊	101.8	100.9	99.5	99	98.4	98	97.9	97.9	98.1	98.3	99	99.5	99
岳阳	95.4	96.4	97.9	97.8	98	98	98.4	98.4	98.4	98.7	99.3	99.8	98
常德	100.5	100	100	99.5	99.2	99	98.7	98.8	98.8	98.8	99.1	100.3	99.4
惠州	101.9	101.1	100.7	100.1	99.5	99.5	99.7	99.6	99.4	99.6	99.8	100.2	100.1
湛江	102.5	101.4	100.6	100.4	100.1	100.4	100.7	100.7	100.6	100.8	101.3	101.7	100.9
韶关	102.4	101.9	102.1	101.3	100.6	100.5	100.2	100.2	100.6	100.6	101.1	101.4	101.1
桂林	101.6	101	100	100	99.8	100	99.8	100.1	99.7	99.6	99.7	99.8	100.1
北海	100.8	99.7	98.9	98.2	98.3	98.4	98.7	98.8	98.8	99	99.5	99.4	99
三亚	100.6	100.1	99.5	99.4	99	99	98.9	98.9	98.9	98.8	99.1	99.6	99.3
泸州	102.2	101.8	101.7	101.4	101.1	101.2	100.8	100.7	100.4	100	101	101.5	101.1
南充	100.4	100.7	100.3	100.1	99.9	99.7	99.3	99.5	99.7	99.9	100.4	101.3	100.1
遵义	102.2	101	100.9	100.9	100.4	100.3	100.3	100.7	100.7	100.5	100.6	101.1	100.8
大理	100.7	100.6	100.7	100.7	100.5	100.5	100.1	100	99.8	99.7	99.5	99.7	100.2

数据来源：国家统计局。

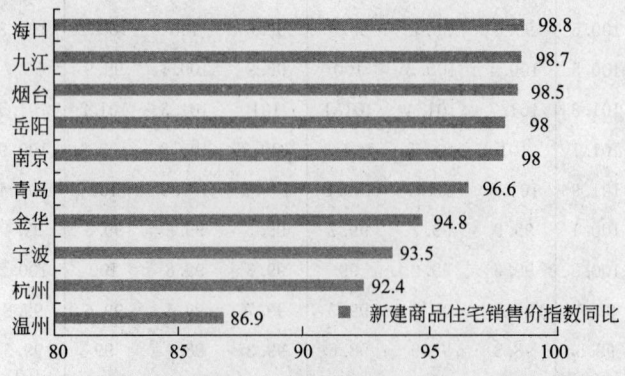

图 7-3-11 2012年70个大中城市中新建商品住宅销售价格同比累计下降幅度最大的10个城市

三、2012年全国房地产市场运行分析

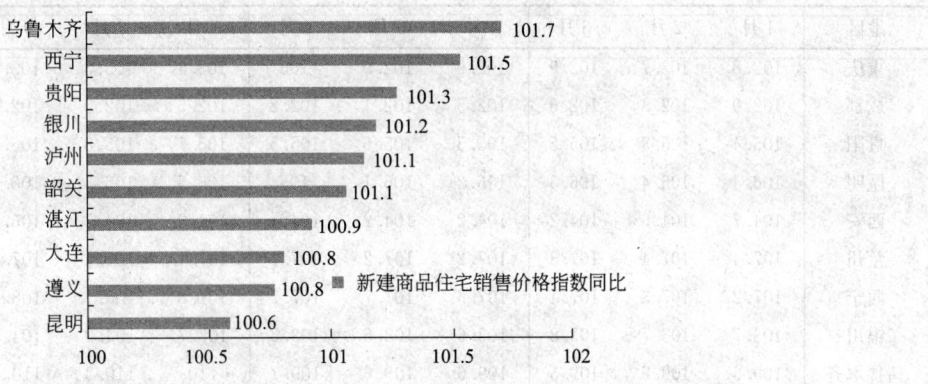

图 7-3-12　2012 年 70 个大中城市中新建商品住宅
销售价格同比累计上涨幅度最大的 10 个城市

2012 年 70 个大中城市新建商品住宅销售价格指数定基数据　　　表 7-3-11

地区	1月	2月	3月	4月	5月	6月	7月	8月	9月	10月	11月	12月
全国	103.8	103.7	103.6	103.6	103.5	103.5	103.7	103.9	104	104	104.3	104.7
北京	103.2	103	102.4	102.3	102.2	102.5	102.9	103.1	103.2	103.5	104.3	105.4
天津	103.6	103.6	103.5	103.3	103.5	103.5	103.7	104.1	104	104	104.5	104.7
石家庄	107.8	107.8	107.7	107.7	107.7	107.9	108.7	108.9	109.1	109.1	109.6	109.2
太原	101.8	101.8	101.7	101.7	101.6	101.7	101.8	101.9	102	101.9	102.2	102.9
呼和浩特	105.1	105.1	105	104.9	104.9	104.7	104.6	104.2	103.8	103.7	104.2	104.3
沈阳	106.6	106.4	106.2	106.2	105.9	106	106.1	106	106.1	105.8	106.1	106.4
大连	105.4	105.4	105.2	105.2	105.3	105.7	106	106.2	106.3	106.5	106.8	107
长春	104.1	103.9	103.6	103.6	103.5	103.4	103.5	103.7	103.8	104.1	103.8	104.4
哈尔滨	103.6	103.6	103.7	103.7	103.8	103.8	104	103.9	104.1	103.2	103.8	104.2
上海	101.8	101.6	101.3	101	100.9	101.1	101.2	101.1	101.1	101.1	101.3	102
南京	99.3	99.2	98.9	98.8	98.7	99	99.5	99.8	99.9	100.1	100.4	101.1
杭州	99.3	99.1	94.5	91.2	90.7	91.1	91.4	91.8	92	91.7	91.6	91.9
宁波	99.9	99.8	98.1	95.9	94.3	94	93.5	93.1	92.9	92.7	92.7	92.7
合肥	101.8	101.7	101.6	101.5	101.4	101.4	101.6	101.7	101.7	102	102.3	102.8
福州	103.8	103.6	103.3	103.3	103	103.1	103.7	104	104.1	104	104.2	105.4
厦门	105.6	105.5	105.3	105.1	104.9	105	105.3	105.4	105.6	105.7	105.9	106.5
南昌	106	105.9	105.9	105.1	105.3	105.5	106	106.5	106.7	106.9	106.9	107.5
济南	103.2	103.2	103	102.4	102.2	102.2	102.5	102.7	102.8	102.9	102.9	103.3
青岛	103.1	102.9	101.7	100	99.9	99.9	99.7	99.6	99.2	99.2	99.3	99.8
郑州	106.3	106.2	106	105.9	105.9	105.9	106.2	106.5	106.6	106.9	107.1	107.5
武汉	104.1	103.9	103.6	103.6	103.4	103.6	103.6	103.7	103.6	103.6	104.4	105.2
长沙	107.8	107.6	107.6	107.6	107.5	107.5	107.7	107.9	108	108.2	108.8	108.9
广州	103.5	103.6	103.4	103.5	103.5	103.5	103.9	104	104.3	104.7	105.4	106.6
深圳	103.3	103.1	102.7	102.3	102	102	102	102.1	102.2	102.6	103.3	104.4
南宁	101.9	101.6	101.2	101.2	101.1	101.2	101.2	101.3	101.5	101.8	101.9	101.8
海口	101.3	101.2	101.3	101.1	101	100.9	100.9	101	100.9	100.9	101.5	101.2

续表

地区	1月	2月	3月	4月	5月	6月	7月	8月	9月	10月	11月	12月
重庆	102.8	102.7	102.9	102.9	102.9	103	103.1	103.3	103.2	103.4	104	104.4
成都	102.9	102.8	102.6	102.5	102.1	102.2	102.5	102.5	102.6	102.6	103	103.4
贵阳	105.4	105.5	105.5	105.5	105.6	105.5	105.7	105.8	106.1	106.4	106.4	106.6
昆明	106.4	106.4	106.3	106.2	106.1	106	106.5	106.5	106.7	106.8	107.4	108.1
西安	104.7	104.6	104.2	104.2	104.2	104.4	104.3	104.7	105.1	105.3	105.4	105.7
兰州	107.4	107.4	107.3	107.2	107.2	107.1	107.1	107.1	107.2	107.1	107.6	107.6
西宁	107.2	107.3	107.4	107.7	107.7	107.7	107.8	108.1	108.3	108.8	109.2	109.4
银川	103.7	103.7	103.8	103.6	103.6	103.5	103.7	104.2	104.5	104.7	105.2	105.6
乌鲁木齐	109.6	109.6	109.5	109.6	109.6	109.7	110	110.3	110.6	111.2	111.8	112.2
唐山	101.9	101.8	101.6	101.5	101.5	101.5	101.3	101.2	101.5	101.4	101.7	101.7
秦皇岛	107	107	107	107	106.9	106.9	107.3	107.6	107.8	107.9	107.8	108.2
包头	104	104.1	103.9	103.7	103.8	104	104.2	104.4	104.4	104.5	104.8	104.9
丹东	107.7	107.6	107.7	107.6	107.5	107.5	107.9	107.4	107.2	107.4	107.4	107.7
锦州	105.2	105.1	105	104.9	104.9	104.7	105	104.8	104.7	104.5	105.3	105.1
吉林	105.9	105.9	105.7	105.5	105.5	105.6	105.5	105.6	105.7	105.7	106.2	106.2
牡丹江	107	106.8	106.9	106.6	106.5	106.6	106.8	106.6	106.4	106.4	106.9	106.8
无锡	101.4	101.3	101	101	101	101	101.4	101.9	102	101.9	101.9	101.9
扬州	103.7	103.6	103.5	103.5	103.4	103.4	103.4	103.4	103.4	103.4	103.3	104
徐州	103.2	103.1	102.7	102.6	102.4	102.4	102.7	102.6	102.5	102.4	102.7	102.8
温州	92.2	91.8	90.8	87.2	85.6	85	84.3	83.9	83.3	82.9	82.3	82.3
金华	103.5	103.4	98.7	98.2	97.9	97.4	97.4	96.4	96.1	96.1	96.4	97.3
蚌埠	103.6	103.4	103.3	103.2	103.2	103.2	103.2	103.2	103.1	103.1	103.1	103.5
安庆	103.3	103.1	103	103	102.9	102.8	103.1	103.1	103.1	103.2	103.5	103.6
泉州	100.9	100.8	100.5	100.4	100.2	100	100.3	100.2	100.2	100.2	100	100.1
九江	102.6	102.5	102.7	102.5	102.4	102.4	102.5	102.4	102.4	102.4	102.7	103
赣州	105	104.9	104.8	104.8	104.8	104.7	104.7	104.6	104.3	104.2	104.3	104.7
烟台	103.5	103.2	103.1	102.9	102.8	103	102.9	102.6	102.6	102.8	102.8	103.1
济宁	103.2	103.1	103.1	103.1	103	103	103.2	103.4	103.5	103	103.8	103.5
洛阳	106.9	107	106.8	106.7	106.5	106.4	106	106.4	106.3	106	106.5	106.7
平顶山	104.8	104.7	104.6	104.5	104.3	104.2	104.3	104.4	104.4	104.6	104.4	104.7
宜昌	104.4	104.2	104	103.6	103.5	103.4	103.4	103.3	104	104.1	104.5	104.9
襄樊	106.3	106.2	105.5	105.2	105	104.8	104.7	104.7	104.9	105.1	105.5	105.9
岳阳	107.7	107.7	107.7	107.5	107.4	107.5	107.5	107.6	107.4	107.6	107.7	107.7
常德	104.8	104.7	104.8	104.8	104.8	104.7	104.4	104.4	104.6	104.5	104.6	105.5
惠州	104.8	104.5	104.5	104.3	104.3	104.4	104.6	104.5	104.3	104.6	104.7	105.1
湛江	105.4	105.3	105.2	105.3	105.3	105.7	106	106	106	106.3	106.8	107.2
韶关	106.3	106.3	106.6	106.6	106.5	106.5	106.5	106.5	106.9	107.1	107.6	107.9
桂林	106.2	106.1	105.9	105.9	105.9	106.1	106.1	106.3	106.2	106.2	106.1	106
北海	101.9	101.6	101.5	101.3	101.2	101.2	101.5	101.5	101.3	101.4	101.8	101.5
三亚	101.4	101.2	101.1	100.9	100.7	100.5	100.5	100.5	100.5	100.4	100.5	100.9
泸州	102.3	102.2	102.2	102.1	102.1	102.2	102.7	102.7	102.7	102.4	103.4	103.9
南充	99.8	99.7	99.6	99.5	99.5	99.3	99.5	99.7	99.9	100	100.5	101.2
遵义	106	106	106.1	106	105.8	106.1	106.2	106.7	106.3	106.5	106.7	107.2
大理	101.8	101.7	101.8	101.7	101.6	101.5	101.7	101.6	101.6	101.4	101.3	101.5

三、2012年全国房地产市场运行分析

【二手住宅销售价格情况】 2012年全国70个大中城市二手住宅价格全年先下降后上升,全年累计环比下降0.1%,累计同比下降1.1%。2012年全国70个大中城市二手住宅销售价格指数,如图7-3-13所示。

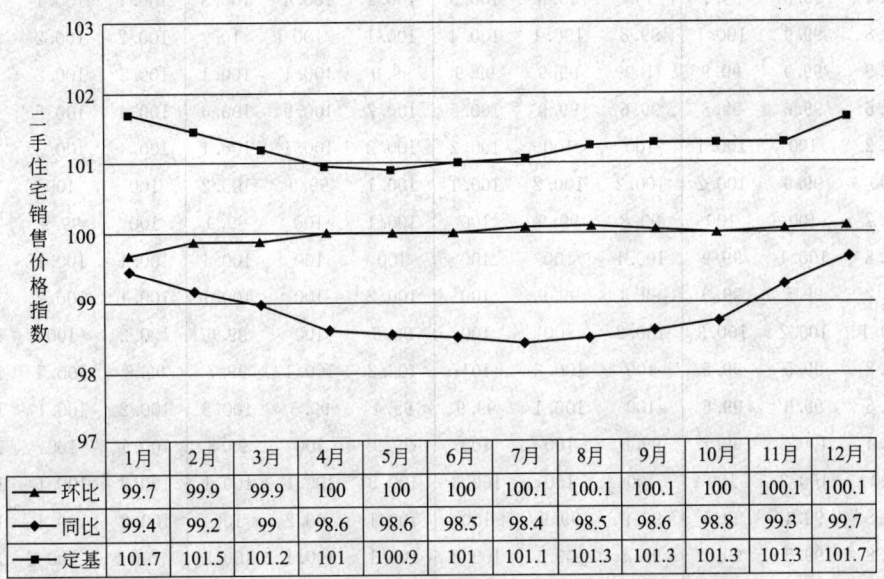

图 7-3-13 2012年全国70个大中城市二手住宅销售价格指数

从二手住宅销售价格指数环比数据看,2012年全国70个大中城市中有27个城市二手住宅销售价格上升,有43个城市价格下降,其中,环比累计下降幅度最大的10个城市是洛阳,唐山,金华,宜昌,泉州,扬州,常德,宁波,烟台,温州;环比累计上涨幅度最大的10个城市是太原,昆明,大连,天津,广州,岳阳,北京,西宁,南昌,深圳,详见表7-3-12和图7-3-14、图7-3-15。

2012年70个大中二手住宅销售价格指数环比数据 表 7-3-12

地区	1月	2月	3月	4月	5月	6月	7月	8月	9月	10月	11月	12月	累计
全国	99.7	99.9	99.9	100	100	100	100.1	100.1	100.1	100	100.1	100.1	99.9
北京	99.1	99.8	100.2	100.4	99.9	100.2	100.3	100.3	100.1	100	100.3	101	101.6
天津	99.7	100.3	100.3	100	100.2	100.2	100.6	100.5	99.7	99.9	100.9	100.4	102.7
石家庄	98.8	100.1	100.4	99.9	99.8	99.8	99.9	99.8	100.1	100	100	100	98.6
太原	100	100	100.2	100.2	100	100.4	100.3	100.7	100.7	100.5	100.6		105.4
呼和浩特	99.9	100	100.1	100	100	100	100	100	100	100	100	100.1	100.2
沈阳	99.7	99.6	99.9	99.9	100.1	100.1	100.1	100.2	100.1	99.7	100.3	100.1	99.8
大连	99.5	100.4	99.9	99.7	100	101.1	101	100.8	100.5	100.4	100	99.6	102.9
长春	99.5	100	99.8	99.9	100.1	100	100.3	100.3	100.4	100	100	100.2	100.8
哈尔滨	99.6	100.1	100.3	99.9	100	100	100	99.9	100	99.3	99.9	100.2	99.2
上海	99.3	99.7	99.5	100.1	99.9	100.2	100.2	100.3	100.2	100.2	100	100.4	100.6
南京	99.4	99.6	100.2	99.9	99.9	100.2	100.5	99.9	100	100.1	100	99.9	100.1
杭州	98.6	99.4	99.7	99.4	99.9	100.1	99.8	100.5	99.6	100	100.1	100.2	98.3
宁波	99.2	99	99.6	99.2	99.3	100.4	99.5	99.8	99.6	100	99.8	99.9	95.4
合肥	98.8	100.3	100.8	100	99.7	99.8	100	99.9	99.1	100.3	100	100.4	99.6
福州	99.3	99.4	99.6	100	100.4	99.8	100	100	99.9	100.2	100.4	100.4	99.8
厦门	99	99.4	100.1	100.4	100	100.2	100	100	100	100.2	100	100.5	100.6
南昌	99.4	99.8	99.9	100	100.3	100.2	100	100	100	100.4	100.4	100.4	101.4
济南	99.9	99.9	99.8	100	99.8	99.8	99.9	99.9	99.9	100	99.8	100	99.2
青岛	99.8	99.9	99.8	99.7	99.5	99.9	100.1	100.3	100.1	100	100	99.9	99

续表

地区	1月	2月	3月	4月	5月	6月	7月	8月	9月	10月	11月	12月	累计
郑州	99.4	99.5	99.7	100	99.8	100.3	100.2	100.4	100.3	100.1	100.1	100.2	100
武汉	99.8	99.9	100.1	99.8	100.1	100.4	100.1	100	100	100.2	100.2	100.3	100.9
长沙	99.9	99.9	99.9	100	99.9	99.9	99.9	100.1	100.1	100.1	100.1	100.1	100
广州	99.6	99.6	99.8	99.6	99.9	100.5	100.7	100.9	100.6	100.4	100.5	100.5	102.6
深圳	99.2	100	100.1	100	100	100.2	100.2	100.1	100.1	100.4	100.3	100.6	101.2
南宁	100	99.9	100.2	100.2	100.2	100.1	100.1	99.9	100.2	100	100	99.9	100.7
海口	99.7	100	100	99.8	99.9	100	100.1	100	99.9	100	99.9	100.1	99.4
重庆	99.8	100.1	99.9	100.1	100	100	100	100	100.1	100.1	100.1	100	100.2
成都	99.2	99.5	99.9	99.3	99.9	100	100	100	100.1	100.1	100	100.4	98.8
贵阳	100.1	100.2	100.3	100.2	100	100	99.6	100	99.6	100.2	100	100.1	100.3
昆明	99.8	99.5	99.5	100	100.3	101	102.2	100.1	99.7	99.8	100.5	101.1	103.5
西安	99.6	99.6	99.6	100	100.1	99.9	99.4	99.5	100.2	100.2	100.1	100.2	98.4
兰州	99.4	100.3	99.7	99.9	100	100	99.9	100	99.8	100.1	100	100.1	99.2
西宁	100	100.2	100	100	100	100.3	100.3	100.1	100.1	100.2	100.1	100.1	101.4
银川	99.8	99.4	99.5	99.9	100	100	100.1	100.2	100	100.2	100.4	100	99.6
乌鲁木齐	99.8	99.5	99.1	99.4	100.1	100.2	100.1	100.1	100.2	100	100	100.1	98.6
唐山	99.5	99.3	99.8	100	99.6	99.7	99.8	100	100	100	100	100.1	97.8
秦皇岛	99.3	99.7	99.8	100	100	100.2	100.5	100.1	100	100.1	100.2	100.2	99.9
包头	99.7	99.3	99.7	100	99.8	100.9	100.6	99.8	99.5	99.5	99.3	100.5	98.6
丹东	100	100	100	100	100	100.1	100	99.7	100.2	100.1	99.8	99.9	99.8
锦州	100	100	100	100	100	100.3	99.8	99.9	100	99.8	99	99.9	98.7
吉林	99.7	99.8	100	100	100	100	99.9	100.1	100	99.9	99.8	99.9	99.1
牡丹江	98.7	99.9	99.9	99.9	99.9	99.9	100	100	100	100	100	99.9	98.1
无锡	99.7	100.2	99.9	99.7	100.1	99.7	99.7	99.9	100.4	99.3	100	101.2	99.8
扬州	99.7	99.8	99.4	99.3	99.3	99.9	99.8	99.8	99.6	99.9	99.8	100.3	96.6
徐州	99.9	99.9	99.7	100	100	101.1	100	100.1	100	100.1	100	100.2	101
温州	98.7	99.4	99.9	97.5	99.6	99.8	100.6	100.2	100	99.7	99.6	99.8	94.7
金华	99.2	99.7	99.5	99.5	98.9	99.9	100.2	100.6	100	99.9	99.8	100.1	97.3
蚌埠	100	100	100	100	100	100	100.1	100.1	100	100.1	99.9	100	100.2
安庆	98.5	100	99.9	100	100	100	100	100.2	100	100	100.1	100.1	98.8
泉州	99.5	98.5	99.5	99.9	99.9	100	100	99.8	100	100	99.8	100	96.8
九江	99.6	99.7	99.6	99.9	100.1	100.2	100.3	100	100.1	100.1	100.2	99.9	99.7
赣州	100	99.9	100	99.9	100	100	100	100	100	99.9	99.9	100.1	99.7
烟台	99.7	99.7	99.3	99.7	99.9	99.4	99.7	99.2	99.8	99.8	99.7	99.8	95
济宁	100.1	99.9	100	100	99.9	100.1	99.9	100.3	100.1	99.9	99.9	99.8	99.9
洛阳	99.2	99.6	99.7	99.7	99.9	99.9	99.9	100	100	100	100.1	100	97.9
平顶山	99.7	99.5	99.8	99.9	99.9	99.9	100	100.3	100.1	100.1	100	100.1	99.3
宜昌	100	99.9	99.9	96.8	100.1	99.7	100.1	100	100	100.1	100	100.3	97.1
襄樊	100.1	99.9	99.9	100	100	100	100	100.1	100	100	100.1	100.1	100.3
岳阳	100	100.1	100.1	100.1	100	100	100	100.3	100.3	100.4	100.3	100.3	102.2
常德	99.9	100	100	99.2	99.9	100.1	99.2	99.5	100.2	100	98.8	99.5	96.4
惠州	99.4	99.9	99.9	100	100.2	100.3	99.7	99.7	99.6	100.2	100.2	100	99.1
湛江	100	100	100	100	100	100	100.1	100	99.9	99.9	100	100	100.4
韶关	100.1	99.9	100.2	100	99.9	100	100	100.2	100.3	100	100.5	100	101.1
桂林	99.9	99.5	100.1	100.1	99.7	100	100.2	100	100.1	99.9	100.1	100	99.6

三、2012年全国房地产市场运行分析

续表

地区	1月	2月	3月	4月	5月	6月	7月	8月	9月	10月	11月	12月	累计
北海	99.7	99.7	99.7	99.9	100	100	100	100.2	100.1	100	100	100.3	99.6
三亚	99.6	99.5	99.8	99.8	99.8	99.8	99.9	100	100.1	100	100.1	100.2	98.6
泸州	99.9	99.9	100	100	100	100.1	100.1	100	100.1	100	100.1	100.3	100.5
南充	99.6	100	99.9	100	100	100.1	99.9	100	100	100.1	100.1	100.1	99.9
遵义	100.1	100	99.8	99.9	100	99.8	99.9	100.1	99.8	99.9	99.1	100.1	98.5
大理	100	100	100	100	100	100	99.8	99.9	99.9	99.9	99.9	99.9	99.3

数据来源：国家统计局。

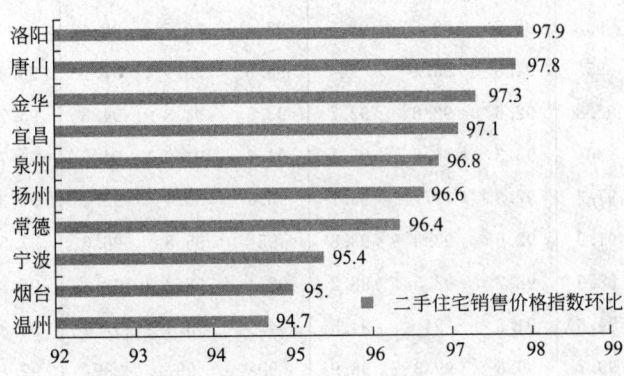

图 7-3-14　2012年70个大中城市中二手住宅销售价格环比累计下降幅度最大的10个城市

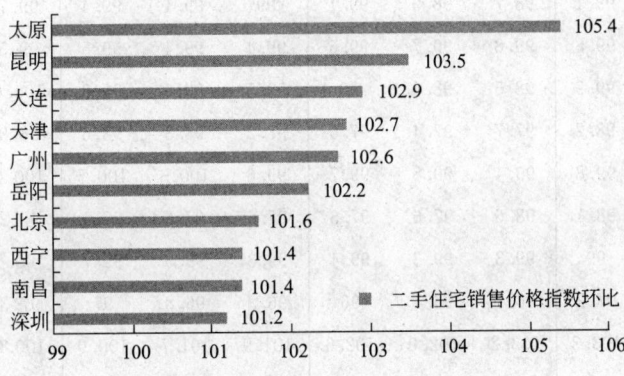

图 7-3-15　2012年70个大中城市中二手住宅销售价格环比累计上涨幅度最大的10个城市

从二手住宅销售价格指数同比数据看，2012年全国70个大中城市中有13个城市二手住宅销售价格上升，有57个城市价格下降，其中，同比累计下降幅度最大的10个城市是南昌，安庆，牡丹江，石家庄，宁波，福州，三亚，金华，杭州，温州；同比累计上涨幅度最大的10个城市是太原，贵阳，韶关，西宁，湛江，呼和浩特，丹东，襄樊，昆明，蚌埠，详见表7-3-13和图7-3-16、图7-3-17。

全国70个大中城市二手住宅销售价格定基指数如表7-3-14所示。

2012年70个大中二手住宅销售价格指数同比数据　　　　表 7-3-13

地区	1月	2月	3月	4月	5月	6月	7月	8月	9月	10月	11月	12月	累计
全国	99.4	99.2	99	98.6	98.6	98.5	98.4	98.5	98.6	98.8	99.3	99.7	98.9
北京	96.9	96.3	96.6	96.8	96.9	97.2	97.5	97.7	98.2	98.8	99.8	101.6	97.8
天津	97.2	97.2	97	97.2	97.5	97.9	98.6	99.3	99	99.5	102.1	102.9	98.8

续表

地区	1月	2月	3月	4月	5月	6月	7月	8月	9月	10月	11月	12月	累计
石家庄	96.2	96.2	96.6	96.2	95.6	95.1	94.9	94.5	94.9	96.4	97.7	98.6	96.1
太原	102.9	102.3	102.2	101.6	102.2	102.4	102.5	103.1	103.5	104.2	104.7	105.5	103.1
呼和浩特	101.9	101.8	101.5	101.3	101.2	100.7	100.4	100.2	100.1	100.1	100.2	100.3	100.8
沈阳	100.9	100	99.4	99.2	99.2	99.2	99.2	98.8	98.8	98.6	99.6	99.7	99.4
大连	99.2	99	99	98.3	97.7	98.4	99	99.7	100.3	100.8	103.1	103	99.8
长春	99.3	99.2	98.9	98.4	98.1	97.7	97.9	97.9	98.2	98.5	99.7	100.7	98.7
哈尔滨	97.4	97.5	97.9	97.8	97.7	97.7	97.8	97.7	97.7	97.7	98.7	99.2	97.9
上海	100.6	99.9	99	98.5	98.5	98.5	98.4	98.5	98.6	99	99.7	100.4	99.1
南京	96.3	95.3	95	94.8	95.2	96	96.8	96.9	97.7	98.3	99.1	100	96.8
杭州	94	93.2	92.8	92.6	92.6	92.7	93.6	94.2	94.3	95.7	96.7	98.2	94.2
宁波	97.2	96.4	96	95.3	94.6	95.1	94.8	94.9	94.5	94.7	94.8	95.3	95.3
合肥	96.4	96.6	97.3	97.3	97	96.7	96.6	96.4	95.4	96.3	98	99.6	97
福州	94.2	92.1	91.9	92.6	93.9	93.8	95	95.8	96.6	97.5	98.5	99.9	95.1
厦门	100	99.4	98.9	98.7	98.5	98.2	98.1	98.2	98.3	99	99.1	100.5	98.8
南昌	95.8	95.2	94.6	94.3	94	94.5	94.9	96.4	97.4	98.3	100.7	101.6	96.4
济南	100.5	100.2	99.7	99.6	99.3	98.9	99	99	99	99.1	99	99.2	99.4
青岛	97.9	97.8	97.6	97.2	96.6	96.5	96.6	97	97.2	97.6	98.2	98.8	97.4
郑州	98.6	98	97.5	97.6	97.7	98.2	98.4	98.5	99.1	99.2	99.4	100.1	98.5
武汉	98.9	98.7	99.1	98.7	98.9	99.1	99	99.1	99.4	99.7	100.2	100.9	99.3
长沙	100	99.9	99.6	99.8	99.6	99.6	99.4	99.4	99.5	99.5	99.8	100	99.7
广州	100.5	99.6	99.9	98.5	98.6	99	99.5	99.6	99.5	100.4	101.7	102.6	99.9
深圳	101.2	98.7	98.2	97.7	97.4	97.6	98.2	98.5	98.6	98.9	100	101.1	98.8
南宁	99.4	99	99.8	99.4	99.8	99.7	99.6	100.3	100.5	100.6	100.3	100.6	99.9
海口	97.9	97.9	98.1	98.6	97.6	97.3	97.5	97.6	97.9	98.2	98.4	99.3	98
重庆	99.3	99.5	99	99.3	99.3	99.4	99.3	99.5	99.7	100.1	100.3	100.3	99.6
成都	97.8	97.1	97.2	96.1	96.1	96	96.8	96.8	97	97.3	98.1	98.8	97.1
贵阳	103.4	103.3	103.3	103.2	102.9	102.6	101.9	101.7	100.9	100.6	100.3	100.3	102
昆明	100.3	99.5	98.8	98.4	98.6	99.4	101.5	101.8	101	101	101.9	103.5	100.5
西安	99.4	99	98.8	98.6	99.5	99	98	97.5	97.8	98.1	98.4	98.7	98.6
兰州	90.5	90.8	96.2	96.9	97.8	97.8	97.9	97.9	97.7	97.7	98	99.3	96.5
西宁	101.3	101	101.5	101.5	100.8	100.7	100.8	100.8	100.8	101.3	101.3	101.3	101.1
银川	102.3	101.6	100.6	99.7	99	98.5	98.1	98.1	98	98.1	98.8	99.5	99.3
乌鲁木齐	102.1	101.2	99.3	98.3	98.6	98.5	98.2	98.2	98.2	98.1	98.2	98.6	98.9
唐山	101.6	100.7	100.3	99.2	98.8	98	97.6	97.4	97.2	97.2	97.5	97.7	98.6
秦皇岛	98.7	98.5	98.1	98	97.9	97.9	98.3	98.5	98.4	98.7	99.4	100	98.5
包头	100.4	99.7	99.1	98.8	98.3	99	99.5	99.2	98.5	98	97.2	98.6	98.9
丹东	101	100.8	100.9	101.4	101.1	101.3	100.1	99.8	100.1	100.2	100	99.9	100.5
锦州	100	100	100	100	100	100.3	100.1	100	100	99.8	98.8	98.7	99.8
吉林	102.1	101.9	100.6	99.8	99.6	99.1	99	99.1	99.1	99	98.9	98.9	99.7

三、2012年全国房地产市场运行分析

续表

地区	1月	2月	3月	4月	5月	6月	7月	8月	9月	10月	11月	12月	累计
牡丹江	96.5	95.3	95.2	95	95.3	95.6	95.8	96	96.3	96.7	97.4	98.2	96.1
无锡	102.7	102	101.5	100.6	100.1	99.7	99.1	99.2	99.4	98.4	98.6	99.8	100.1
扬州	99.2	98.8	98	97.2	96.4	96.3	96.2	96.1	95.9	95.9	95.8	96.6	96.9
徐州	96.5	96	95.8	96.4	96.1	97.7	97.7	98.2	98.2	98.5	100.5	101.1	97.7
温州	85.7	84.5	84.5	82.8	82.9	83	83.9	84.4	85.6	89.4	90.1	94.6	85.8
金华	95.7	95.3	93.8	93.6	92.7	92.7	93.3	94.1	94.5	94.5	96.5	97.5	94.5
蚌埠	101.1	100.7	100.5	100	100.4	100.2	100.3	100.3	100.2	100.2	100.2	100.3	100.4
安庆	96.2	96	95.8	95.6	95.5	95.4	95.7	96	96.1	96.6	98	98.8	96.3
泉州	98.8	97	96.5	96.6	96.5	96.5	96.6	96.4	96.4	96.8	96.6	96.9	96.8
九江	97.3	96.6	96.2	96	96.6	97	97.8	98.2	98.4	98.8	99.2	99.6	97.6
赣州	97.9	97.5	97.7	97.5	98.5	98.5	98.7	99.3	99.6	99.6	99.6	99.7	98.7
烟台	101	100.1	99.1	98.6	97.6	96.8	96.3	95.5	95.2	95.3	95.1	95	97.1
济宁	99.4	98.9	98.8	98.8	98.8	99	99	99.4	99.4	99.3	99.6	99.8	99.2
洛阳	102.9	101.9	100.7	99.1	99.1	98.6	98	98	97.7	97.6	97.6	97.9	99.1
平顶山	103.4	101.5	100.2	99.6	99.3	98.5	98.3	98.5	98.6	98.7	98.9	99.2	99.5
宜昌	100.5	100.3	100.2	96.6	96.6	96.4	96.5	96.6	96.7	96	96.8	97.1	97.6
襄樊	101.6	101.4	100.8	100.6	100.4	100.3	100.2	100.2	100.1	100.1	100.2	100.3	100.5
岳阳	98.5	98.6	98.7	98.7	98.8	99.1	98.9	99	101.1	101.8	102.1	102.4	99.9
常德	103.5	103.2	102.7	101.4	100.8	100.4	99.2	98.5	98.3	98.4	97.2	96.6	100
惠州	101.1	100.3	99.2	99.6	99.6	99.7	99.5	99.4	98.8	99.2	99.3	99.3	99.6
湛江	102	101.8	101.6	101.5	101.2	100.8	100.9	100.7	100.5	100.4	100.4	100.5	101
韶关	102.4	102.2	102.3	102.1	101.3	100.5	100.4	100.4	100.6	100.6	101	101.1	101.3
桂林	98.9	100.1	100.4	100.4	99.7	99.7	99.5	99.4	99.6	99.5	99.6	99.6	99.7
北海	101.8	99.5	98.3	98.2	98.2	98.5	98.8	99	99.1	99.1	99.4	99.6	99.1
三亚	92.9	93.1	92.8	93	95.5	95.4	95.2	95.5	95.2	95.3	96.2	98.5	94.8
泸州	101.5	101.1	101	100.4	99.9	99.7	99.5	99.7	99.7	99.8	100	100.5	100.2
南充	99.1	99.1	99	99.1	99.1	99.2	99	98.9	99.1	99.1	99.5	99.8	99.2
遵义	101.4	100.6	100.2	99.9	99.6	98.9	98.9	99.7	99.4	99	98.6	98.7	99.6
大理	98.8	98.8	98.8	99.7	99.7	100.2	99.8	99.7	99.6	99.5	99.4	99.4	99.4

数据来源：国家统计局

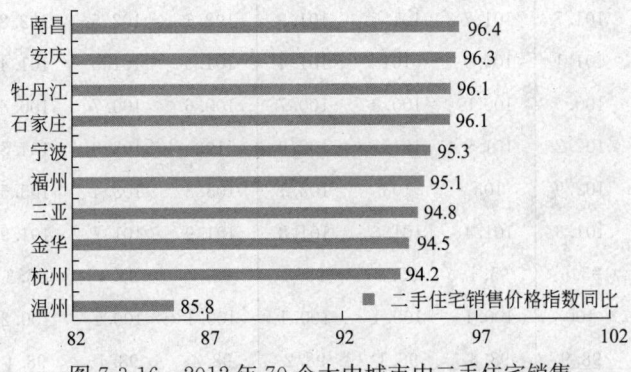

图7-3-16 2012年70个大中城市中二手住宅销售价格同比累计下降幅度最大的10个城市

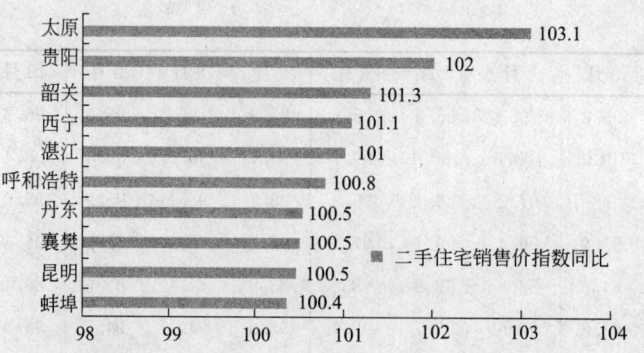

图 7-3-17　2012年70个大中城市中二手住宅销售
价格同比累计上涨幅度最大的 10 个城市

2012 年 70 个大中二手住宅销售价格指数定基数据　　表 7-3-14

地区	1月	2月	3月	4月	5月	6月	7月	8月	9月	10月	11月	12月
全国	101.7	101.5	101.2	101	100.9	101	101.1	101.3	101.3	101.3	101.3	101.7
北京	98.1	97.8	98	98.3	98.3	98.5	98.8	99	99.2	99.2	99.5	100.4
天津	98.6	98.9	99.2	99.3	99.4	99.6	100.2	100.7	100.4	100.3	101.2	101.7
石家庄	98	98.2	98.6	98.4	98.2	98.1	98	97.8	97.9	97.9	97.8	97.8
太原	105.2	105.2	105.4	105.6	106.5	107	107.3	108.1	108.8	109.7	110.3	111
呼和浩特	103.9	103.9	104	104	104	104	104	104	104.1	104.1	104.2	104.3
沈阳	104	103.6	103.5	103.4	103.4	103.5	103.6	103.8	103.9	103.6	103.9	104
大连	101.9	102.3	102.1	101.8	101.8	103	104	104.8	105.3	105.8	105.8	105.4
长春	99.9	99.9	99.7	99.6	99.8	99.7	100	100.7	100.7	100.7	101	101.1
哈尔滨	99.2	99.3	99.6	99.5	99.4	99.4	99.4	99.3	99.3	98.7	98.6	98.7
上海	101.2	100.9	100.4	100.4	100.7	100.9	101.1	101.4	101.6	101.8	102	102.3
南京	96.6	96.1	96.3	96.2	96.1	96.3	96.8	96.7	96.9	97	97.2	97.1
杭州	95.4	94.8	94.5	93.9	93.9	93.9	94.6	95.1	94.7	94.7	94.8	95
宁波	95.9	95	94.6	93.8	93.2	93.5	93	92.8	92.4	92.5	92.2	92.1
合肥	99	99.3	100	100	99.7	99.6	99.7	100	99.1	99.4	99.4	99.8
福州	94.7	94.2	93.8	93.7	94.2	93.9	94.1	94.3	94.3	94.5	94.8	95.2
厦门	100.6	100	100.1	100.6	100.7	101	101	101.2	101.4	101.4	101.7	102.2
南昌	98.2	98	97.9	97.9	98.3	98.5	98.6	98.8	99.1	99.6	100	100.4
济南	102.5	102.4	102.2	102.2	102	101.8	101.9	102	102	102	101.8	101.8
青岛	100.9	100.8	100.6	100.3	99.7	99.6	99.7	100	100	100	100	99.9
郑州	102.5	102	101.7	101.7	101.5	101.9	102.1	102.5	102.8	102.9	103	103.2
武汉	101	101	101.1	100.9	101	101.4	101.5	101.5	101.4	101.6	101.9	102.1
长沙	101.1	101	100.9	100.8	100.8	100.7	100.6	100.7	100.8	100.8	101	101.2
广州	102.9	102.4	102.2	101.9	101.7	102.3	103	103.6	104.5	104.9	105.4	106
深圳	102.9	102.9	102.9	103	103	103.1	103.3	103.4	103.5	103.8	104.2	104.8
南宁	101.2	101.1	101.3	101.4	101.6	101.8	101.7	101.7	101.9	101.9	102	101.8
海口	95.6	95.6	95.6	95.4	95.3	95.3	95.4	95.4	95.3	95.2	95.2	95.2
重庆	99.9	100.1	100	100.1	100.1	100.1	100.1	100.1	100.2	100.3	100.4	100.4
成都	99.5	99	98.9	98.3	98.1	98.2	98.4	98.4	98.4	98.5	98.7	99.1

三、2012 年全国房地产市场运行分析

续表

地区	1月	2月	3月	4月	5月	6月	7月	8月	9月	10月	11月	12月
贵阳	107.8	108	108.3	108.5	108.6	108.6	108.1	108.1	107.7	107.9	107.8	108
昆明	103	102.4	101.9	101.9	102.2	103.2	105.5	105.6	105.3	105.1	105.7	106.8
西安	102.4	102	101.7	101.6	101.7	101.6	101	100.5	100.8	101	101.2	101.4
兰州	98.4	98.7	98.5	98.4	98.4	98.4	98.3	98.3	98.2	98.2	98.3	98.4
西宁	106.2	106.4	106.4	106.4	106.5	106.8	107.1	107.2	107.3	107.4	107.5	107.6
银川	102.9	102.2	101.8	101.7	101.5	101.5	101.6	101.8	101.8	101.9	102.3	102.5
乌鲁木齐	108.2	107.6	106.7	106.1	106.2	106.4	106.5	106.7	106.8	106.9	106.8	107
唐山	103.9	103.2	102.9	102.9	102.5	102.2	102	102	102	102	102	102.1
秦皇岛	100.6	100.4	100.2	100.2	100	100.2	100.7	100.8	100.8	100.9	101.1	101.3
包头	101.1	100.5	100.2	100.1	100	100.9	101.5	101.3	100.8	100.3	99.6	100.1
丹东	102.3	102.3	102.3	102.3	102.3	102.4	102.4	102.1	102.3	102.4	102.3	102.2
锦州	100.2	100.2	100.2	100.2	100.2	100.4	100	100.1	100.2	99.9	99	98.9
吉林	104.2	104	104	103.9	103.9	103.9	103.9	103.9	103.9	103.8	103.6	103.4
牡丹江	101.7	101.6	101.5	101.4	101.3	101.3	101.3	101.3	101.3	101.3	101.3	101.2
无锡	104.6	104.8	104.7	104.4	104.5	104.2	103.9	103.8	104.1	103.4	103.4	104.7
扬州	101.9	101.7	101.1	100.3	99.6	99.5	99.3	99.1	98.7	98.6	98.4	98.7
徐州	97	96.9	96.6	96.6	96.6	97.7	97.7	97.7	97.7	97.8	97.9	98.1
温州	93.1	92.6	92.4	90.1	89.7	89.5	90	90.2	90	89.8	89.4	89.3
金华	95.6	95.3	94.9	94.4	93.4	93.3	93.5	94.1	94.1	94.1	93.9	94
蚌埠	104.1	104.1	104.1	104.1	104.2	104.2	104.3	104.4	104.4	104.5	104.4	104.5
安庆	98.9	98.9	98.8	98.8	98.8	98.8	98.9	99	99	99	99.1	99.1
泉州	98.8	97.1	96.5	96.5	96.4	96.4	96.5	96.4	96.4	96.4	96.2	96.2
九江	100.9	100.5	100.1	100	100.1	100.3	100.6	100.5	100.6	100.8	101	100.8
赣州	99.1	99	99	98.9	98.9	98.9	98.9	99	99	98.9	98.8	98.9
烟台	103.1	102.7	102	101.7	100.8	100.2	99.9	99.1	98.9	98.8	98.5	98.2
济宁	105.3	105.1	105.1	105.1	105	105.1	105	105.3	105.3	105.3	105.1	105
洛阳	106.5	106	105.7	105.4	105.2	105	105	104.9	104.9	104.9	105.1	105
平顶山	106	105.4	105.2	105.1	105	104.9	104.9	105.2	105.3	105.4	105.4	105.4
宜昌	102.2	102.1	102	98.7	98.8	98.5	98.6	98.7	98.8	98.9	98.9	99.2
襄樊	105.6	105.5	105.4	105.4	105.4	105.4	105.4	105.6	105.6	105.7	105.8	105.9
岳阳	106.7	106.8	107	107.1	107.3	107.5	107.7	108	108.4	108.8	109	109.3
常德	108.1	108.1	108.1	107.3	107.2	107.3	106.4	105.9	106.2	106.2	104.9	104.5
惠州	104.6	104.5	104.4	104.3	104.5	104.4	104.6	104.3	103.9	104.2	104.4	104.4
湛江	106.2	106.2	106.2	106.2	106.2	106.2	106.7	106.8	106.7	106.6	106.6	106.8
韶关	103.2	103.1	103.3	103.2	103.2	103.2	103.2	103.5	103.7	103.7	104.2	104.2
桂林	102	101.5	101.6	101.7	101.4	101.4	101.6	101.6	101.7	101.6	101.7	101.7
北海	101.7	101.4	101.1	101	101	101	101	101.2	101.3	101.3	101.3	101.6
三亚	95.1	94.6	94.4	94.2	94	93.8	93.7	93.7	93.8	93.8	93.8	94
泸州	100.1	100.1	100.1	100.1	100.1	100.2	100.1	100.3	100.4	100.4	100.5	100.8

续表

地区	1月	2月	3月	4月	5月	6月	7月	8月	9月	10月	11月	12月
南充	100.7	100.7	100.6	100.6	100.5	100.6	100.5	100.5	100.6	100.7	100.8	100.9
遵义	108.2	108.2	108	108	108	107.8	107.7	107.8	107.6	107.5	106.6	106.7
大理	103.3	103.3	103.3	103.3	103.3	103.3	103.1	103	102.9	102.8	102.7	102.6

数据来源：国家统计局。

（四）2012年全国房地产市场季度分析

1. 2012年第1季度

【房地产开发投资完成情况】 2012年第1季度，全国房地产开发投资10927亿元，同比增长23.5%。其中，住宅投资7443亿元，增长19.0%，占房地产开发投资的比重为68.1%。东部地区房地产开发投资6593亿元，同比增长20.6%；中部地区房地产开发投资2070亿元，增长25.7%；西部地区房地产开发投资2264亿元，增长30.5%。

【房屋供给情况】 2012年第1季度，房地产开发企业房屋施工面积409221万平方米，同比增长25.0%；其中，住宅施工面积307653万平方米，增长22.2%。房屋新开工面积39946万平方米，增长0.3%；其中，住宅新开工面积29427万平方米，下降5.2%。房屋竣工面积17880万平方米，增长39.3%；其中，住宅竣工面积14325万平方米，增长40.0%。房地产开发企业土地购置面积7859万平方米，同比下降3.9%；土地成交价款1555亿元，增长2.5%。

【房地产销售情况】 2012年第1季度，全国商品房销售面积15239万平方米，同比下降13.6%。商品房销售额8672亿元，下降14.6%。东部地区商品房销售面积7351万平方米，同比下降17.5%；销售额5215亿元，下降19.9%。中部地区商品房销售面积3704万平方米，下降7.3%；销售额1592亿元，下降1.9%。西部地区商品房销售面积4185万平方米，下降11.7%；销售额1865亿元，下降7.6%。

全国70个大中城市房屋销售价格环比下降，同比涨幅下降且负增长。1～3月，70个大中城市新建住宅价格环比分别下降0.1%、0.1%、0.1%，同比分别上涨0.8%、上涨0.2%、下降0.3%；二手住宅价格环比分别下降0.3%、0.1%、0.1%，同比分别下降0.6%、0.8%、1.0%。

【房地产开发企业资金情况】 2012年第1季度，房地产开发企业本年资金来源20847亿元，同比增长8.2%。其中，国内贷款4319亿元，增长12.6%；利用外资112亿元，下降22.4%；自筹资金8910亿元，增长25.0%；其他资金7506亿元，下降8.0%。在其他资金中，定金及预收款4380亿元，下降9.2%；个人按揭贷款1963亿元，下降5.5%。

2. 2012年第2季度

【房地产开发投资完成情况】 2012年第2季度，全国房地产开发投资19683亿元，同比增长13.1%。其中，住宅投资13436亿元，增长8.5%，占房地产开发投资的比重为68.3%。东部地区房地产开发投资11216亿元；中部地区房地产开发投资4258亿元；西部地区房地产开发投资4209亿元。

【房屋供给情况】 2012年第2季度，房地产开发企业房屋施工面积66393万平方米，同比下降15.2%；房屋新开工面积52434万平方米，下降12%；房屋竣工面积15379万平方米，增长4.4%。房地产开发企业土地购置面积9684万平方米，土地成交价款1886亿元。

【房地产销售情况】 2012年第2季度，全国商品房销售面积24725万平方米，同比下降7.7%。商品房销售额14642亿元，同比增长1.4%。东部地区商品房销售面积12316万平方米，销售额8915亿元；中部地区商品房销售面积6175万平方米，销售额2796亿元；西部地区商品房销售面积6233万平方米，销售额2932亿元。

4～6月，全国70个大中城市新建住宅价格环比分别下降0.1%、0.1%、持平，同比分别下降0.5%、0.8%、0.9%；二手住宅价格环比价格各月均持平，同比分别下降1.4%、1.4%、1.5%。

【房地产开发企业资金情况】 2012年第2季度，房地产开发企业本年资金来源22482亿元，同比增长3.5%。其中，国内贷款3273亿元，增长2.8%；利用外资90亿元，下降69.4%；自筹资金9681亿元，增长3.7%；其他资金9438亿元，增长6.0%。在其他资金中，定金及预收款6009亿元，增长11.0%；个人按揭贷款2253亿元，增长7.0%。

3. 2012年第3季度

【房地产开发投资完成情况】 2012年第3季度，全国房地产开发投资20436亿元，同比增长13.7%。其中，住宅投资14247亿元，增长8.4%，占房地产开发投资的比重为69.7%。东部地区房地产开发投资11364亿元；中部地区房地产开发投资4616亿元；西部地区房地产开发投资4456亿元。

【房屋供给情况】 2012年第3季度，房地产开发企业房屋施工面积49763万平方米，同比下降9.6%；房屋新开工面积42634万平方米，下降11.8%；房屋竣工面积17308万平方米，增长8.9%。房地产开发企业土地购置面积8490万平方米，土地成交价款1868亿元。

【房地产销售情况】 2012年第3季度，全国商品房销售面积28477万平方米，同比增长6.0%。商品房销售额17040亿元，同比增长15.7%。东部地区商品房销售面积14055万平方米，销售额10468亿元；中部地区商品房销售面积7369万平方米，销售额3269亿元；西部地区商品房销售面积7054万平方米，销售额3301亿元。

7~9月，全国70个大中城市新建住宅价格环比分别上涨0.1%、上涨0.1%、持平，同比分别下降0.7%、0.7%、0.7%；二手住宅价格环比价格分别上涨0.1%、0.1%、0.1%，同比分别下降1.6%、1.5%、1.4%。

【房地产开发企业资金情况】 2012年第3季度，房地产开发企业本年资金来源24903亿元，同比增长18.8%。其中，国内贷款3416亿元，增长25.3%；利用外资115亿元，下降52.1%；自筹资金9847亿元，增长8.5%；其他资金11525亿元，增长29.2%。在其他资金中，定金及预收款7452亿元，增长34.9%；个人按揭贷款2848亿元，增长42.2%。

4. 2012年第4季度

【房地产开发投资完成情况】 2012年第4季度，全国房地产开发投资20758亿元，同比增长18.5%。其中，住宅投资14248亿元，增长13.8%，占房地产开发投资的比重为68.6%。东部地区房地产开发投资11368亿元；中部地区房地产开发投资4819亿元；西部地区房地产开发投资4571亿元。

【房屋供给情况】 2012年第4季度，房地产开发企业房屋施工面积48041万平方米，同比增加1.8%；房屋新开工面积42320万平方米，同比持平；房屋竣工面积48858万平方米，增长6.7%。房地产开发企业土地购置面积9634万平方米，土地成交价款2101亿元。

【房地产销售情况】 2012年第4季度，全国商品房销售面积42863万平方米，同比增长10.9%。商品房销售额24102亿元，同比增长21.7%。东部地区商品房销售面积19502万平方米，销售额13815亿元；中部地区商品房销售面积12892万平方米，销售额5363亿元；西部地区商品房销售面积10468万平方米，销售额4925亿元。

10~12月，全国70个大中城市新建住宅价格环比分别上涨0.1%、0.3%、0.3%，同比分别下降0.6%、下降0.2%、上涨0.2%；二手住宅价格环比价格分别持平、上涨0.1%、0.1%，同比分别下降1.2%、0.7%、0.3%。

【房地产开发企业资金情况】 2012年第4季度，房地产开发企业本年资金来源28306亿元，同比增长32.9%。其中，国内贷款3770亿元，增长33.9%；利用外资85亿元，下降37.1%；自筹资金10645亿元，增长24.4%；其他资金13806亿元，增长41.0%。在其他资金中，定金及预收款8717亿元，增长49.0%；个人按揭贷款3460亿元，增长38.9%。

表7-3-15为2011年、2012年全国房地产市场运行按季度数据。

2011年、2012年全国房地产市场运行按季度数据　　表7-3-15

	房地产开发投资（亿元）	住宅投资（亿元）	房屋施工面积（万平方米）	新开工面积（万平方米）	房屋竣工面积（万平方米）	商品房销售面积（万平方米）	商品房销售额（亿元）	资金总计（亿元）	国内贷款（亿元）	定金及预付款（亿元）
2012年										
第1季度	10927	7443	409221	39946	17880	15239	8672	20847	4319	4380
第2季度	19683	13436	66393	52434	15379	24725	14642	22482	3273	6009
第3季度	20436	14247	49763	42634	17308	28477	17040	24903	3416	7452
第4季度	20758	14248	48041	42320	48858	42863	24102	28306	3770	8717
2011年										
第1季度	8846	6253	327402	39842	12832	17643	10152	19268	3837	4825
第2季度	17404	12388	78336	59600	14727	26777	14438	21723	3186	5411
第3季度	17974	13147	55048	48332	15898	26869	14722	20956	2727	5525
第4季度	17515	12521	47174	42308	45788	38657	19808	21299	2815	5849

数据来源：国家统计局。

(五）2012年全国房地产开发资金来源结构分析

2012年，全国房地产开发企业本年到位资金96538亿元，同比增长12.7%，比2011年回落4.8个百分点。其中，国内贷款14778亿元，利用外资402亿元，自筹资金39083亿元，其他资金42275亿元。在其他资金中，定金及预收款26558亿元，个人按揭贷款10524亿元。如图7-3-18和表7-3-16所示。

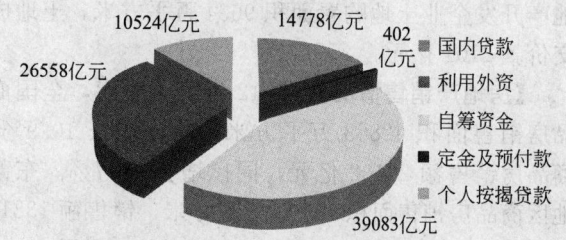

图7-3-18　2012年全国房地产开发资金来源结构图

【国内贷款比重增长】　2012年，全国房地产开发企业本年资金来源于国内贷款14778亿元，同比增长17.6%。2012年房地产国内贷款资金占全年资金总和的15.3%，比上年同期上涨了2.2个百分点。

【利用外资金额比重降低】　全国房地产开发企业本年资金来源于利用外资402亿元，同比下降50.6%。全年房地产企业利用外资资金小于全年资金来源总计的0.5%。

【自筹资金继续增长】　全国房地产开发企业本年资金来源于自筹资金为39083亿元，同比增长14.6%。2012年房地产自筹资金占全年资金来源总计的40.5%，比上年同期下降了0.5个百分点。

【其他来源资金】　全国房地产开发企业本年资金来源于购房者定金及预付款资金26558亿元，同比增长22.9%，定金及预付款的资金占房地产开发企业各项资金比重为27.5%，比上年同期上涨了1.6个百分点；个人按揭贷款10524亿元，同比增长25.9%，占房地产开发企业各项资金比重为10.9%，比上年同期上涨了0.9个百分点。

（六）2012年全国房地产开发景气指数

2012年全国房地产开发景气指数如表7-3-17所示。

2012年全国房地产开发资金来源结构　　表7-3-16

单位：亿元

月份	房地产开发资金合计	国内贷款	利用外资	自筹资金	其他资金	定金及预付款	个人按揭贷款
1-2	14151	3116	107	5995	4933	2795	1296
1-3	20847	4319	112	8910	7506	4380	1963
1-4	26667	5221	127	11144	10176	6042	2607
1-5	34171	6296	168	14518	13188	7926	3343
1-6	43329	7592	202	18591	16944	10389	4216
1-7	50832	8723	228	21284	20596	12750	5094
1-8	59714	9886	293	25040	24495	15323	6057
1-9	68232	11008	317	28438	28469	17841	7064
1-10	76397	12106	337	31515	32440	20337	8075
1-11	85802	13208	371	35374	36849	23119	9274
1-12	96538	14778	402	39083	42275	26558	10524
2011年	83246	12564	814	34093	35775	21610	—
2010年	72944	12540	796	26705	32454	19020	—
2009年	57128	11293	470	17906	27459	15914	—

数据来源：国家统计局。

2012年全国房地产开发景气指数　　表7-3-17

指数类别	月　份										
	1-2	1-3	1-4	1-5	1-6	1-7	1-8	1-9	1-10	1-11	1-12
国房景气指数	97.89	96.92	95.62	94.90	94.71	94.57	94.64	94.39	94.56	95.71	95.59
较上月增幅	−1.00	−0.97	−1.30	−0.72	−0.19	−0.14	0.07	−0.25	0.17	1.15	−0.12

数据来源：国家统计局。

（七）中国500强企业中的房地产企业

根据中国企业联合会2013年9月公布的2013中国企业500强年度排行榜，共有10家房地产开发与经营、物业及房屋装饰、修缮、管理等服务业企业入选2013中国企业500强，具体如表7-3-18所列。

入选2013中国企业500强年度排行榜的房地产开发与经营、物业及房屋装饰、修缮、管理等服务业企业　　　　表7-3-18

序号	500强名次 2013	500强名次 2012	企业名称	营业收入（万元）
1	55	73	绿地控股集团有限公司	20024837
2	91	101	大连万达集团股份有限公司	14168000
3	176	170	恒大地产集团有限公司	6526084
4	199	258	绿城房地产集团有限公司	5460000
5	216	243	隆基泰和实业有限公司	4935741
6	254	274	华侨城集团公司	4066486
7	316	399	银亿集团有限公司	3268189
8	354	359	重庆龙湖企业拓展有限公司	2922453
9	377	**	百兴集团有限公司	2656353
10	385	424	福佳集团有限公司	2614520
11	401	**	世纪金源投资集团有限公司	2499346
12	434	467	江苏华厦融创置地集团有限公司	2358390
13	437	**	重庆市金科投资控股(集团)有限责任公司	2350000
14	468	470	弘阳集团有限公司	2165902
15	490	**	天津住宅建设发展集团有限公司	2031315

数据来源：2013年中国企业发展报告，**表示相应年度未入榜。

（八）2013年"世界500强"中的中国房地产企业

根据美国《财富》杂志2013年7月发布的2013年度"世界500强"企业最新排名，绿地控股集团有限公司以营业收入31738.7百万美元入选2013"世界500强"排行榜，其位次由上年的483位上升至359位。

（哈尔滨工业大学）

四、2012年各省（区、市）住房城乡建设部门行政复议工作统计分析报告

（一）案件基本情况

2012年，全国各省、自治区住房城乡建设厅、直辖市建委等有关部门共办理行政复议案件1937件（不含2011年转结的132件）。

【案件受理情况】　依法受理1643件，占84.82%；因不符合受理条件不予受理的140件，占7.23%；告知申请人向其他机关提出申请的94件，占4.85%；转送案件1件，占0.05%。其他方式办理59件，占3.05%。

【申请人情况】　由公民提起申请的1832件，占94.58%；由法人或其他组织提起申请的105件，占5.42%。涉及群体性申请（指3人以上分别对同一具体行政行为提出申请或同一案件中申请人超过3人的）159件，占8.21%。

【申请复议事项】　从业务领域划分，房地产类

案件1172件，占60.51%；城乡规划类471件，占24.32%；建筑市场类98件，占5.06%；城市建设类17件，占0.88%；住房保障类6件，占0.31%；工程质量安全类4件，占0.21%；其他169件，占8.72%。见表7-4-1。

2012年行政复议案件类型情况　　表7-4-1

类型项目	房地产	城乡规划	建筑市场	城市建设	住房保障	工程质量安全	其他
件数	1172	471	98	17	6	4	169
占比	60.5%	24.3%	5.1%	0.9%	0.3%	0.2%	8.7%

【行政行为划分】　行政许可类551件，占28.5%；行政裁决类521件，占26.9%；信息公开类489件，占25.3%；行政不作为类91件，占4.7%；行政处罚类82件，占4.2%；行政确认类52件，占2.7%；其他151件，占7.8%。（图7-4-1）。

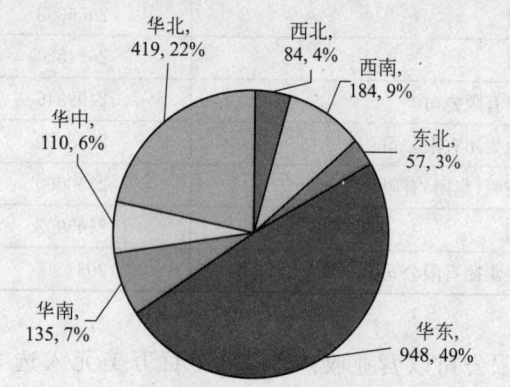

图7-4-1　申请复议事项按照行政行为划分情况

【案件分布情况】　从地区看，华东地区948件，占49%；华南地区135件，占7%；华中地区110件，占6%；华北地区419件，占22%；西北地区84件，占4%；西南地区184件，占9%；东北地区57件，占3%。（图7-4-2）

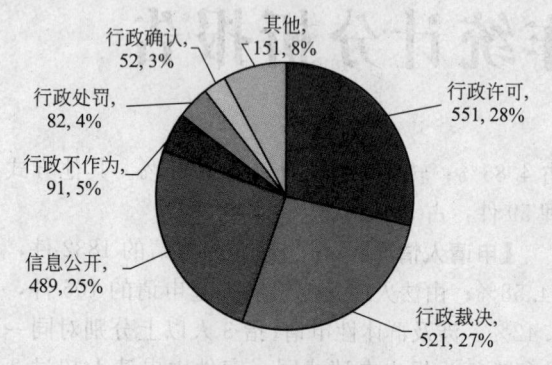

图7-4-2　案件分布情况

从省市看，直辖市有关部门办理案件998件，占51.5%；省（区）厅办理案件939件，占48.5%。其中，江苏、安徽、浙江、广东、山东、陕西省厅办案较多，分别达到194件、132件、116件、105件、49件、48件，六省案件数量占全国各省（区）厅的69%。其中江苏、浙江、广东省厅案件数连续三年排名前六（图7-4-3和表7-4-2）。

2010-2012年部分省（区）住房城乡建设厅案件情况　　表7-4-2

序号	2010年	2011年	2012年
1	江苏271件	江苏211件	江苏194件
2	黑龙江101件	安徽143件	安徽132件
3	浙江100件	福建135件	浙江116件
4	广西86件	广东96件	广东105件
5	广东79件	河北85件	山东49件
6	福建62件	浙江78件	陕西48件

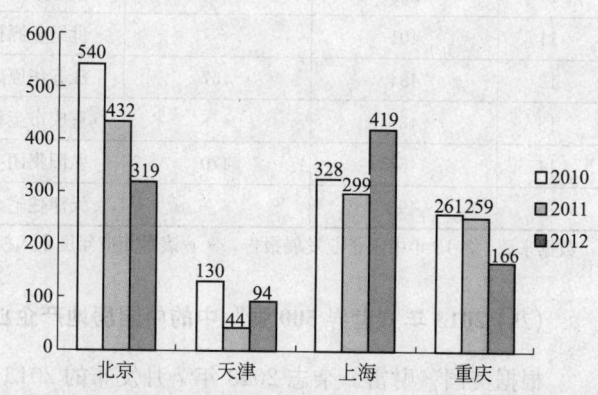

图7-4-3　2010-2012年直辖市行政复议案件情况

【案件审结情况】　在受理的案件中，维持1071件，占65.19%；终止审理190件，占11.56%（其中达成和解协议终止审理的159件，占9.68%）；驳回申请64件，占3.9%；撤销51件，占3.1%；经调解结案5件，占0.3%；责令被申请人履行法定职责25件，占1.52%；确认违法28件，占1.7%；其他方式结案47件，占2.86%。（表7-4-3）

2012年行政复议案件审结情况　　表7-4-3

类型	维持	和解终止	其他终止	驳回	撤销	责令履行	调解结案	确认违法	其他
件数	1071	159	31	64	51	25	5	28	47
占比	65.2%	9.7%	1.9%	3.9%	3.1%	1.5%	0.3%	1.7%	2.9%

2012年，案件复议后复议机关被提起行政诉讼的54件，占3.2%。其中，驳回诉讼请求的25件，

维持的3件，申请人撤诉的12件，确认违法和撤销的各1件，其他5件。

（二）案件特点

【案件总量变化不大，各地案件数量有升有降】 全国省级住房城乡建设部门办理案件总量（1937件）与上年（2151件）变化不大，但各地差异明显。原先几个复议案件数量排名靠前的部门，近两年数量有明显下降。如，北京建委2010年540件、2011年432件、2012年317件；江苏省厅2010年271件、2011年211件、2012年194件；黑龙江省厅2010年101件、2011年34件、2012年10件。分析原因，一是受法规调整的影响，《国有土地上房屋征收与补偿条例》出台后，房屋征收类复议案件转由政府管辖。同时，原有拆迁遗留项目逐渐减少，拆迁裁决及许可的复议案件数量大幅下降；二是更加注重预防和化解矛盾纠纷，对案件、问题较多的地方进行约谈、通报，加强监督指导，有效减缓了案件多发势头。另有部分中部省份案件数量上升较快，如，陕西省厅2010年5件、2011年13件、2012年48件；湖北省厅2010年11件、2011年19件、2012年30件。行政复议案件上升反映了群众维权意识的增强。

【信息公开成为绝大多数地区的热点案件类型，也成为复议、诉讼败诉率最高的领域】 各地办理信息公开类案件（489件）比上年增长77.8%，连续三年大幅增长。如，天津房地局2010年未收到政府信息公开类行政复议申请，2011年政府信息公开类行政复议申请占收案总量的14.28%，2012年占比达到56%。此类案件呈现三个明显特点：一是信息公开已成为申请人搜集行政复议证据材料或激活复议有效期限、启动行政复议程序的重要途径。二是一人多案和一事多案的情况较多，普遍带有群体性特征。三是在复议和诉讼败诉的案件中，大部分是信息公开不及时、不规范引发的。

【大多数行政争议由当事人对征收补偿不满所引发】 住房城乡建设系统复议案件主要集中在房屋征收、城乡规划等业务领域，涉及信息公开、行政许可、行政裁决等不同的行政行为。据不完全统计，约80%的案件背后存在房屋征收问题，当事人提起对被征收项目相关的许可或信息公开的复议申请，目的是启动对征收行为的审查，进而希望提高征收补偿标准。这些案件中申请人维权能力不断增强，一些申请人表现出相当的法律和政策水平，有人组织或聘用专职律师的情况越来越多见，不同案件之间带有关联性，还出现了运用微博等信息化手段影响舆论的新情况。

（三）主要做法

2012年，各地住房城乡建设部门更加重视行政复议工作，提高复议工作水平，充分发挥了行政复议在维护群众合法权益、促进各地依法行政等方面的重要作用。

【创新工作机制，提高复议工作水平】 各地适应行政复议办案需要，探索完善行政复议工作机制。一是建立案件集体审议机制。上海、重庆房管局建立了行政复议委员会。天津建设交通委、房地局，上海规划局，广东、湖北等省厅建立了厅（局）领导主持、相关处室参与的案件审理制度。二是创新复议工作方式。吉林省、广西壮族自治区厅实行"裁前告知"制度，对拟做出确认违法、撤销及责令履行复议决定的，都事先与被申请人沟通，尽可能达成共识。上海建交委，天津规划局，山东省、陕西省、云南省、宁夏回族自治区厅在办案过程中加强与法制办、监察、信访等部门协调联动，争取解决当事人反映的问题。三是引入外部专业人士参与审理。如上海房管局邀请专家学者、北京建委邀请律师参与案件审理，提高了案件办理质量。

【化解行政争议，维护群众合法权益】 各地在行政复议工作中坚持以人为本，复议为民，注重矛盾的实质性化解。一是创新调解方式。如北京建委、安徽、四川、浙江、广东、湖南等省厅形成了审前、审中、审后三阶段调解机制，注重预防和化解纠纷。其中，安徽、四川省厅办案和解率在40%以上，广东省厅领导对某些影响较大的案件亲自主持调解会。二是坚持有错必纠。如福建省厅审理一起拆迁裁决纠纷案时发现，裁决决定限制了申请人的房屋所有权，侵害了申请人权益，省厅撤销了该裁决决定。三是兼顾案外关联问题处理。如重庆建委，江苏、山西、甘肃、内蒙古等省（区）厅对有些不属于受理范围的行政复议申请，不是简单地不予受理或驳回，而是责成下级行政机关及时调查研究，使一些案件得到比较稳妥的处理。

【发挥层级监督作用，促进各地依法行政】 各地注重发挥行政复议层级监督作用，推动依法行政。一是坚决纠正违法行为。如海南省厅在案件审理中发现某市规划局将报批过程中的控制性详规作为规划许可依据，省厅经审理撤销该许可，推动该市依法审批了控制性详规。二是以约谈等方式提出改进意见。北京建委，四川、福建等省厅对复议案件较多的地方，约谈相关领导，提出改进措施。重庆规划局、安徽省厅坚持行政复议案件年度分析报告制度，提出依法行政的对策建议。北京规委，山东、新疆等省（区）厅对办案过程中发现的问题，及时向业务部门指出并提出改进建议。

（四）问题和建议

【重视解决信息公开方面的问题】 问题主要有：收到信息公开申请后不履行信息公开职责，导致行政不作为；拖延履行信息公开职责，导致程序不合法；对申请的信息能否公开、公开内容范围把握不准，导致公开内容事实不清；告知书内容模棱两可，申请人看不明白一再追究；仅口头告知，不留证据。应对这些问题，需要切实加强政府信息公开工作规范化建设，增强信息发布的主动性、权威性、时效性，为申请人提供便捷服务，提高行政效能。

【坚持实体和程序并重】 有的行政机关程序意识不强，仍存有"只要实体正确，程序对错无所谓"的思想，导致行政行为合法性大打折扣。在城市房屋征收、城乡规划等涉及相对人重大利益事项以及行政处罚类案件中，这种现象尤为突出，往往导致行政相对人对政府部门工作提出异议。这需要加强对行政行为的合法性审查工作，保证行政机关依法行政、合理行政。

【被复议机关要重视行政复议答复工作】 有的被复议机关对复议工作认识还存在偏差，认为行政复议是一项软指标，对行政复议案件办理不予积极配合，不能在法定期限内提供有关证据材料，大大增加了复议案件办理难度；有的被复议机关提出答复时，单纯依赖律师处理，却常遇到律师责任心不强、无办理行政案件经验等情况，给自身工作造成被动；有的被复议机关答复不得要领、不熟悉复议规则和程序要求、不能及时有效地提供当初作出具体行政行为的依据和证据，影响案件审理，也使自身在案件中陷于不利。这要求被复议机关进一步重视行政复议答复工作，加强法制队伍建设，提升专业水准，强化责任意识。被复议机关提出答复，要抓住要领，及时提供有效的证据材料，保证复议案件审理顺利开展。

（五）2012年各省（区、市）住房城乡建设部门行政复议案件统计分类汇总

2012年各省（区、市）住房城乡建设部门行政复议案件统计分类汇总见表7-4-4～表7-4-9。

案件数量及专业类别　　　　　　　　　　　　表7-4-4

单位		收到	结转	住房保障	城乡规划	房地产	建筑市场	质量安全	城市建设	节能科技	其他
总数		1937	132	27	469	1155	96	4	17		169
北京	建委	317	41			249					68
	规划委	0									
	市政市容委	2									2
	建设交通委	8					6				2
天津	规划局	35	1		35						
	国土房管局	51		1		50					
河北省厅											
山西省厅		6	3		2	1	2		1		
内蒙古区厅											
辽宁省厅		42		21	19	2					
吉林省厅		5			4	1					
黑龙江省厅		10	10		7	3					
上海	住保房管局	332	0			332					
	建设交通委	32	2			1	2	1	4		24
	规划国土局	55	2		55						
	水务局										
江苏省厅		194			44	110	27	3	3		7

四、2012年各省(区、市)住房城乡建设部门行政复议工作统计分析报告

续表

单位		收到	结转	住房保障	城乡规划	房地产	建筑市场	质量安全	城市建设	节能科技	其他
浙江省厅		116			54	31					31
安徽省厅		132			18	78	25				11
福建省厅		38	5		20	18					
山东省厅		49	3		17	19	5				8
江西省厅		11			4	5					2
河南省厅		38			14	21	1		2		
湖北省厅		30			10	17	3				
湖南省厅		31	8		18	3			7		3
广东省厅		105			30	48	24				3
广西区厅		26		5	15	1					5
海南省厅		4			3	1					
重庆	建委	3					1				2
	规划局	17	1		17						
	国土房管局	146	54			146					
	市政管委										
四川省厅		17	1		12	5					
贵州省厅											
云南省厅		1			1						
西藏区厅											
陕西省厅		48			47	1					
甘肃省厅		25			20	4					1
青海省厅											
宁夏区厅		2				2					
新疆区厅		9	1		3	6					

案件办理情况　　　　　　　　　　　　　　　　表 7-4-5

单位		受理	不予受理	告知	转送	其他
总数		1643	140	94	1	59
北京	建委	298	2	17		
	规划委					
	市政市容委	2				
天津	建设交通委	8				
	规划局	35				
	国土房管局	40	11			
河北省厅						
山西省厅		1	2			3
内蒙古区厅						
辽宁省厅		31	1	8		2
吉林省厅		4	1			
黑龙江省厅		10				

续表

单位		受理	不予受理	告知	转送	其他
上海	住保房管局	263	16	40	1	12
	建设交通委	25	4	3		
	规划国土局	39	13			3
	水务局					
江苏省厅		167	19	8		
浙江省厅		91	25			
安徽省厅		86	10			36
福建省厅		35		3		
山东省厅		38	9	2		
江西省厅		9	2			
河南省厅		37	1			
湖北省厅		25	5			
湖南省厅		27		4		
广东省厅		102	3			
广西区厅		25	1			
海南省厅		3	1			
重庆	建委	1	2			
	规划局	12	5			
	国土房管局	140		5		1
	市政管委					
四川省厅		16	1			
贵州省厅						
云南省厅			1			
西藏区厅						
陕西省厅		46		1		1
甘肃省厅		23	2			
青海省厅						
宁夏区厅		1				1
新疆区厅		3	3	3		

申请人情况　　　　　　　　　　　　　　　　　　　　　　表 7-4-6

单位		公民申请	法人申请	群体性申请
总数		1832	105	159
北京	建委	308	9	24
	规划委			
	市政市容委	2		
天津	建设交通委	8		
	规划局	35		12
	国土房管局	50	1	6
河北省厅				

四、2012年各省(区、市)住房城乡建设部门行政复议工作统计分析报告

续表

单位		公民申请	法人申请	群体性申请
山西省厅		4	2	2
内蒙古区厅				
辽宁省厅		41	1	
吉林省厅		4	1	
黑龙江省厅		9	1	6
上海	住保房管局	326	6	
	建设交通委	31	1	
	规划国土局	54	1	4
	水务局			
江苏省厅		187	7	32
浙江省厅		110	6	20
安徽省厅		132		11
福建省厅		18	20	5
山东省厅		46	3	7
江西省厅		11		
河南省厅		31	7	
湖北省厅		28	2	
湖南省厅		28	3	4
广东省厅		93	12	7
广西区厅		25	1	
海南省厅		4		
重庆	建委	3		
	规划局	15	2	4
	国土房管局	140	6	6
	市政管委			
四川省厅		13	4	
贵州省厅				
云南省厅			1	
西藏区厅				
陕西省厅		46	2	9
甘肃省厅		25		
青海省厅				
宁夏区厅			2	
新疆区厅		5	4	

案件类别 表 7-4-7

单位		行政许可	行政处罚	行政确认	行政裁决	信息公开	不作为	其他
总数		551	82	52	521	489	91	151
北京	建委	116		5	128	39	17	12
	规划委							
	市政市容委				2			

续表

单位		行政许可	行政处罚	行政确认	行政裁决	信息公开	不作为	其他
天津	建设交通委					6		2
	规划局	33				2		
	国土房管局	2	6		11	31		1
河北省厅								
山西省厅		2				1	2	1
内蒙古区厅								
辽宁省厅		22	1		8	10	1	
吉林省厅		4			1			
黑龙江省厅		6		2		1	1	
上海	住保房管局	14	9		177	97	5	30
	建设交通委	1				23	7	1
	规划国土局	27	5			21	2	
	水务局							
江苏省厅		64	2	2	49	28	22	27
浙江省厅		56	3	4	19	3	3	28
安徽省厅		16	2	9	51	38	6	10
福建省厅		25			13			
山东省厅		11	3	5	11	10	4	5
江西省厅				7	3	1		
河南省厅		6	3	7	12	5	3	2
湖北省厅		15	3			9	1	2
湖南省厅		19	5	2	5			
广东省厅		61	11	1	10	18	1	3
广西区厅		1	14	1		4		6
海南省厅		1	2		1			
重庆	建委		1	2				
	规划局	3	2			1	1	10
	国土房管局	4			16	122	1	3
	市政管委							
四川省厅		3	5	4		5		
贵州省厅								
云南省厅		1						
西藏区厅								
陕西省厅		16	2			11	11	8
甘肃省厅		20			4	1		
青海省厅								
宁夏区厅			2					
新疆区厅		2	1	1	2		3	

四、2012年各省(区、市)住房城乡建设部门行政复议工作统计分析报告

案件办理情况 表7-4-8

单位		已审结	终止和解	终止其他	驳回	维持	撤销	变更	确认违法	责令履行	调解	其他	未审结
总数		1515	169	31	64	1101	51	0	28	25	5	47	213
北京	建委	257	22		8	212	13		1	1			41
	规划委												
	市政市容委	2	2										
天津	建设交通委	8									8		
	规划局	17		1	1	15							18
	国土房管局	25		1		24							15
河北省厅													
山西省厅		5									5		1
内蒙古区厅													
辽宁省厅		29	6			14	4		4			1	1
吉林省厅		4	1			3							
黑龙江省厅		6	2		1	2	1						4
上海	住保房管局	218	47		5	163	3						45
	建设交通委	25			12	12					1		
	规划国土局	36		2	6	23	2					3	5
	水务局												
江苏省厅		157	3		8	141			5				10
浙江省厅		91	2		1	72	3					7	6
安徽省厅		77	33			32						12	9
福建省厅		38				33	2					3	
山东省厅		49			1	34			7	7			
江西省厅		9	2			7							
河南省厅		24		2		8	6		1	4		3	13
湖北省厅		30	7		2	13						8	
湖南省厅		26	3	6		12	5						2
广东省厅		87	1		10	70	2					3	18
广西区厅		19				19							6
海南省厅		2				2							1
重庆	建委												
	规划局	9				9							4
	国土房管局	184	10		4	164	6						10
	市政管委												
四川省厅			8			4					1		3
贵州省厅													
云南省厅													
西藏区厅													
陕西省厅		48		18	3	14			9	2		2	
甘肃省厅		23	20		1	2							

续表

单位		已审结	终止和解	终止其他	驳回	维持	撤销	变更	确认违法	责令履行	调解	其他	未审结
青海省厅													
宁夏区厅		2		1		1							
新疆区厅		8			1				1	1		5	1

复议后复议机关被诉情况　　表 7-4-9

单位		被诉量	驳回申请	驳回诉讼请求	维持	确认违法	撤销	变更	限期履行职责	撤诉	其他
总数		45	7	17	2	1	1	0	0	12	5
北京	建委										
	规划委										
	市政市容委										
天津	建设交通委										
	规划局	2								2	
	国土房管局										
河北省厅											
山西省厅											
内蒙古区厅											
辽宁省厅											
吉林省厅											
黑龙江省厅											
上海	住保房管局	7	2	1							4
	建设交通委	2		2							
	规划国土局		5	4							
	水务局										
江苏省厅		20		10		1	1			8	
浙江省厅											
安徽省厅		4			2					2	
福建省厅											
山东省厅		1									
江西省厅											
河南省厅											
湖北省厅											
湖南省厅		8									
广东省厅		1									1
广西区厅											
海南省厅											
重庆	建委										
	规划局										
	国土房管局										
	市政管委										

四、2012年各省(区、市)住房城乡建设部门行政复议工作统计分析报告

续表

单位	被诉量	驳回申请	驳回诉讼请求	维持	确认违法	撤销	变更	限期履行职责	撤诉	其他
四川省厅										
贵州省厅										
云南省厅										
西藏区厅										
陕西省厅										
甘肃省厅										
青海省厅										
宁夏区厅										
新疆区厅										

(住房和城乡建设部法规司)

第八篇

部属单位、社团与部分央企

部属单位、社团

住房和城乡建设部科技与产业化发展中心

【住房和城乡建设部科技与产业化发展中心(住宅产业化促进中心)成立】 为推进事业单位改革,整合住房和城乡建设部直属科研事业单位力量。根据部党组决定,2012年10月科技发展促进中心与住宅产业化促进中心合并,组建住房和城乡建设部科技与产业化发展中心(住宅产业化中心)。

【中心职能】 住房和城乡建设部科技与产业化发展中心(以下简称为"中心")开展建筑节能、绿色建筑、城乡减排、住宅产业现代化和建筑工业化方面技术经济政策、法规研究以及相关技术咨询服务和科研工作;组织实施住房城乡建设领域新技术、新工艺、新产品的评估和推广;组织开展有关试点示范工作,推进新型建筑工业化和住宅产业化,培育自主创新企业,引导技术进步和创新发展,提升产业化发展水平;为住房城乡建设部行使相关行政职能提供支持保障和服务;完成部交办的其他工作任务。

【内设机构】 合并重组后,中心设置17个内设机构。即:综合处、财务处、规划发展处(科研管理处)、信息处、建筑节能发展处、绿色建筑发展处、科技工程与技术咨询处、住宅示范工程处、建筑技术处、城乡减排处、墙材革新与结构技术处、国际合作交流处、评估推广处、产品认证处、性能认定处、建筑节能数据监测分析处和房地产市场监测分析处。

【开展可再生能源建筑应用研究】 围绕住房和城乡建设部工作安排,中心重点组织开展光伏认证和政策、城市示范和农村示范县、重点区域与产业化发展的政策起草工作,并研究建立可再生能源建筑应用示范项目进度督察网络系统和省级可再生能源建筑应用管理与监测系统平台,完成可再生能源建筑应用在线监测和数据远程传输系统的建设;开展太阳能光伏建筑一体化相关研究,完成《太阳能光伏建筑一体化工程设计案例》编写工作,研究建立太阳能光伏系统远程监测体系。

【组织开展国家水专项研究工作】 中心作为住房和城乡建设部水专项研究工作主要参加单位,2012年继续组织开展国家水专项"城市水环境系统规划和管理技术研究与示范"项目,牵头组织并具体开展"城市水环境系统设施的监控和预警研究与示范"、"城市水环境系统综合评价体系研究与示范"两课题的研究工作,具体承担"城市水环境综合整治技术集成与基础支撑平台建设"、"城镇水污染控制与治理共性技术综合集成"课题中有关子课题的研究工作。

完成"城市水环境系统设施的监控和预警研究与示范"课题平台数据体系构建、《关于城市水环境系统设施预警事件风险等级阈值的建议》编制、国家—省(市)级城市水环境系统设施监控预警软件开发;完成北京、上海、山东等省市的国家、省(市)、市(区)三级城市水环境系统设施监控预警管理信息平台示范建设工作。"城市水环境系统设施综合评价与示范研究"课题完成70个城市水环境系统构成要素基础信息数据库建设,取得城市水环境系统基础指标与综合评价指数确定、综合评价管理网络平台构建等阶段性成果。

【民用建筑能耗统计】 为加强建筑节能数据监测分析工作力量,2012年,根据部内要求,在充实原有承担民用建筑节能数据监测分析工作人员基础上,中心新增设建筑节能数据监测分析处。具体职能为承担建筑能耗统计工作的组织实施和建筑节能数据研究分析工作。研究民用建筑能耗和节能信息统计报表制度并组织实施；承担建筑能耗数据分析与预测；承担建筑节能与绿色建筑数据整合与信息系统建设开发；开展相关技术研究和咨询服务工作。

重点加强民用建筑能耗统计数据报送系统的升级与运行维护工作。强化统计系统数据导入、汇总、审核和恢复等过程控制与约束功能，优化报送程序，提高报送效率和质量。

截至2012年底，完成全国30万栋建筑基本信息和9.4万栋建筑能耗信息统计上报。完成《2009～2010年度民用建筑能耗和节能信息统计工作总结报告》和《2012年民用建筑能耗统计工作实施情况总结报告》；对民用建筑能耗现状和发展趋势进行分析，完成《2011年度民用建筑能耗统计数据分析报告》；协助部建筑节能与科技司修订《民用建筑能耗和节能信息统计暂行办法》、《民用建筑能耗和节能信息统计报表制度》和《民用建筑能耗和节能信息统计工作手册》；开展建筑节能数据中心和信息管理平台建设的前期研究工作；在北京市开展《完善建筑能耗统计指标》和《建立建筑能耗统计制度项》等课题研究。

【"绿色建筑评价标识"评审工作全面开展】 中心协助部建筑节能与科技司开展绿色建筑相关政策文件的研究制订，配合10余个省市开展绿色建筑推进和培训活动，组织开展相关标准编制和科研课题研究；全年共完成8批64项（住宅建筑类项目13项，公共建筑类项目51项）标识项目的评审，评审项目数量比2011年增加113%。其中，设计标识项目51项，运行标识项目13项；按获得星级划分，一星级项目16项、二星级项目9项、三星级39项。

在加强国内绿色建筑评审标识项目工作同时，为扩大"绿色建筑评价标识"影响力，根据住房和城乡建设部领导指示，中心会同香港大学在台湾开展"绿色建筑评价标识"推介工作，就绿色建筑技术发展等与台湾有关机构进行交流。

【绿色建筑研究继续深化】 2012年，中心承担"十二五"国家科技支撑计划"绿色建筑规划设计集成技术应用效能评价"、"绿色建筑标准实施测评技术与系统开发"和"绿色建筑评价体系与标准规范技术研发"等课题研究工作。开展"中国绿色建筑技术经济成本效益研究"、"强制推行绿色建筑制度的实施方案研究"和"绿色建筑教学视频制作"等绿色建筑相关合作项目的研究与实施工作。

【开展行业科技成果评估推广，促进科技成果转化】 2012年，中心完成建设行业建筑节能、绿色建筑、城镇减排、施工安全等领域科技成果评估项目153项，完成并发布全国建设行业科技成果推广成果评审159项。

【华夏建设科学技术奖励评审工作顺利开展】 2012年通过网上申报，"华夏建设科学技术奖"办公室共计收到推荐申报项目259项。与往年相比，推荐申报项目数量有较大增长。经审核，申报项目中有效项目236项，包括建筑工程类110项、城建类23项、规划类31项、标准规范类18项、建筑机械类5项、智能信息类37项、软科学研究类12项。申报单位包括主要省（自治区）住房和城乡建设厅、直辖市建委，住房城乡建设部和国资委直属单位，住房城乡建设行业重点企事业单位和相关大专院校科研机构等。

经专业组专家和评审委员会评定，并根据公示期间申报单位提出的实质性异议，最终决议2012年度获奖项目137项，其中一等奖15项、二等奖34项、三等奖88项。

【广泛开展建筑节能国际合作项目】 2012年度，围绕建筑节能工作，中心广泛开展国际合作项目研究。中美清洁能源联合研究中心建筑节能合作项目一期顺利开展，取得阶段成果，二期研究目标项目与内容框架已经明确。

按计划完成与德国环境部的"中国新建建筑领域碳市场-规划类CDM，新领域方法学，开发一个国内贸易平台"项目，与德国能源署合作开展的"被动房和低能耗建筑示范"等国际合作项目；与德国技术合作机构（GIZ）在中国北方采暖地区试点城市（哈尔滨、银川、榆中、石家庄）完成144栋典型建筑的数据采集与能耗计算；利用国外资金技术，在秦皇岛等地组织开展"被动式房屋外墙外保温的理论与实践操作培训"工作。

【推进供热计量改革相关研究】 2012年，中心完成城市供热计量统计指标研究工作，初步搭建城市供热计量统计信息系统平台。在供热能耗调研的基础上，开展城市供热计量和能耗统计管理信息系统指标体系研究，完成供热计量和供热能耗统计信息系统软件开发并编写《用户手册（初稿）》和《供热计量收费管理办法（草案）》。

【第十一届中国国际住宅产业博览会在京召开】 2012年11月21～23日，经住房和城乡建设部批准，住房和城乡建设部科技与产业化发展中心、中国房地产业协会和中国建筑文化中心共同主办的第十一届中国国际住宅产业博览会在北京国家会议中心召开。住房城乡建设部副部长齐骥出席开幕式并致辞。

该届住博会以"共筑明日之家、发展低碳经济"

为主题，设有城市、产业化基地、建筑节能、保障性住房建设材料部品等展区，总展览面积1.8万平方米，国内外300余家企业参展。展会期间，同步举办专业研讨、产品推荐等交流活动。住房城乡建设行业主管部门、有关专家学者和企业代表围绕房地产和住宅产业现代化发展现状、宏观经济形势和房地产业发展趋势、住宅产业现代化发展路径和政策措施等进行交流研讨。参展期间协议成交总金额达3.2亿元，观众人数45000人。

【国家康居示范工程发展态势良好】 2012年以来，国家康居示范工程保持平稳快速发展。大型集团企业申报项目明显增多，包括商品房、保障性住房、农民拆迁安置房等多种类型；项目水平普遍提高，更加注重规划建筑设计和产业化技术应用。年内超过30个项目通过专家组评审。在已通过验收的项目中，优良率达到95%以上，为各地住宅建设树立的样板和典范。同时，示范工程跟踪服务制度初步建立，项目从预审到验收实现专人负责，示范经验得到及时总结。

【住宅产品认证与性能认定工作持续开展】 2012年，中心完成70家认证企业的年度审查工作，累计颁发产品认证证书300余张。进行100余项住宅性能认定的技术辅导工作；组织完成62个住宅项目性能认定预审工作，完成72个住宅项目性能认定终审组织工作。

【开展国家住宅产业化基地的建立与管理工作】 2012年，经专家论证并报住房城乡建设部批准，唐山惠达集团、大连花园口经济区、合肥鹏远住工、北京博洛尼装饰公司、苏州科逸住宅设备工业公司、哈尔滨洪盛集团、中国二十二冶集团7家企业获准为国家住宅产业化基地。

3月，在深圳市召开"国家住宅产业化基地工作座谈会暨国家住宅产业化基地技术创新联盟联席会"，齐骥副部长出席会议，作了"抓住机遇，全面加快推进住宅产业现代化"的重要讲话。会议介绍产业化基地技术交流平台、投融资平台、微博信息交流平台的建设工作。5月，中心与国家开发银行国开金融有限责任公司签署"住宅产业化战略合作协议"，发起设立住宅产业化股权投资基金。

（住房和城乡建设部科技与产业化发展中心）

全国市长研修学院（住房和城乡建设部干部学院）

2012年全国市长研修学院（住房和城乡建设部干部学院）深入学习贯彻党的十七大、十八大精神，以实现市长和建设系统干部培训计划为目标，紧紧围绕住房城乡建设部的职能和重点工作要求，坚持"五个服务"，较好地完成各项工作任务。全年共举办各类培训班206期，培训学员11885人次。其中，境内外市长研究班7期，培训学员217人次；受住房和城乡建设部各司局委托，举办专题培训班17期，培训学员3057人次；受地方党委政府委托，举办地方领导干部培训班22期，培训学员3019人次；举办企业家高级培训班7期，培训学员231人次；面向建设行业和社会，举办执业资格考前培训班和短期业务培训班153期，培训学员5361人次。

1. 2012年培训工作基本情况

【中共中央组织部委托的培训工作】 按照培训计划，全国市长研修学院举办"第57、58、59期全国市长研究班"，共培训市长、副市长135人次。承办中组部、外交部和国家外专局4期182出国培训项目，采用国内外教学、研讨和实地考察相结合，82人次参加培训。

（1）5月12～26日，举办"城乡规划与公共服务专题研究班（第57期全国市长研究班）"，学员为地级市分管城建工作的副市长、直辖市分管城建工作的副区长，38人参加培训。19位有关部委的领导、国内外著名专家、教授围绕城乡规划、区域及城镇体系规划、城市总体规划、保障性住房、城市交通、给排水、垃圾处理等公共服务布局规划及建设管理等方面进行授课，仇保兴副部长讲授《新型城镇化：从概念到行动》。期间，赴湖南长沙、韶山、株洲进行实地教学考察。

（2）7月11～25日，举办"城乡规划与历史文化遗产保护专题研究班（第58期全国市长研究班）"，学员为全国县（市、区、旗）政府分管城乡规划工作的副县（市、区、旗）长，59人参加培训。18位有关部委的领导、国内外著名专家、教授围绕历史文化名城名镇名村保护、城市总规及控规、城乡统筹、北京名城保护实践、日本历史文化保护及其对中国的借鉴等方面进行授课,仇保兴副部长讲授《历史文化名城名镇名村保护的成绩、问题及对策》。期间,赴山西平遥古城请专家现场讲解并进行实地教学考察。

(3) 11月10~24日,举办"城市基础设施与人居环境建设专题研究班(第59期全国市长研究班)",学员为地级市分管城建工作的副市长、直辖市分管城建工作的副区(县)长以及其他领导干部,38人参加培训。23位有关部委的领导、国内外著名专家、教授围绕城乡规划、老城有机更新、城市基础设施建设、市政管理、水和垃圾处理、园林绿化、综合交通、城市景观、城市人居环境等方面进行了授课,仇保兴副部长讲授《重建微循环》。邀请中央政策研究室同志做十八大政策解读,让学员在第一时间学习、理解和掌握十八大精神。期间,赴中新天津生态城、北京高安屯循环经济产业园进行实地教学考察。

(4) 根据领导干部境外培训"182计划",6月21日至7月13日,以住房和城乡建设部副部长陈大卫为团长的中国市长代表团一行20人参加"建筑节能与低碳生态城市专题研究班(赴德国)",其中,国内预培训2天、总结1天、国外21天。在德国期间,听取29名政府官员、专家学者、企业管理及技术人员讲授的25堂讲座,主要学习德国城市产业结构转型、循环经济、低碳生态城市规划与城市发展、建筑节能、可持续城市交通、污水处理和利用等内容。访问柏林、汉堡、多特蒙德、法兰克福4个城市和6个小城镇。

(5) 根据领导干部境外培训"182计划",9月4~27日,以广西防城港市市长莫恭明为团长的中国市长代表团一行19人参加"城市公共设施体系建设与安全运行管理专题研究班(赴荷兰)",其中,国内预培训2天、总结1天、国外21天。在荷兰期间,听取伊拉斯姆斯大学及其住房与城市发展学院、荷兰公共项目部、丹麦皇家艺术学院建筑系等21名专家、政府官员讲授的21堂讲座,主要学习荷兰城市综合管理、公共设施体系建设与安全运行管理、城市绿色交通、城市应急管理、水资源管理与利用等内容。访问鹿特丹、阿姆斯特丹、海牙等城市。

(6) 根据领导干部境外培训"182计划",10月15日至11月6日,以住房和城乡建设部副部长郭允冲为团长的中国市长代表团一行24人参加"建筑节能与城市可持续发展专题研究班(赴美国)",其中,国内预培训2天、国外21天。在美期间,听取72名政府官员、专家学者、企业管理及技术人员讲授的25堂讲座,主要学习美国能源战略与能源政策、地方政府能源规划管理、建筑节能标准、公共基础设施能效管理、低碳生态城市建设等方面的经验和做法。访问加利福尼亚州、俄勒冈州、洛杉矶、旧金山、波特兰都市区等城市。

(7) 根据领导干部境外培训"182计划",11月7~30日,以住房和城乡建设部总规划师唐凯为团长的中国市长代表团一行19人参加"城市管理专题研究班(赴澳大利亚)",其中国内预培训2天、国外21天。在澳大利亚期间,53名来自政府、大学、研究机构、企业等专业人士为研究班授课,主要学习澳大利亚城市规划管理政策、基础设施投融资及建设管理、政府公共服务提供、环境保护与生态可持续发展等方面的经验和做法。访问珀斯、阿德莱德、悉尼等城市。

【部司局委托的培训工作】 围绕住房和城乡建设部中心工作,全国市长研修学院配合10个司局开展14个培训项目,17期培训班,培训3057人次。

(1) 按照中央党校的教学计划安排,3月27日至7月1日,全国市长研修学院举办"中央党校中央国家机关分校2012年春季处级四班",共有住房城乡建设部部机关、部直属事业单位及16个部委的党员处级干部41人参加学习。2012年10月9日至2013年1月11日,举办"中央党校中央国家机关分校2012年秋季处级四班",来自17个部委的党员处级干部40人参加学习。

(2) 为落实中央第五次西藏工作座谈会精神和住房城乡建设部对口援助西藏自治区住房城乡建设系统有关协议精神,受住房和城乡建设部住房保障司委托,6月5~7日全国市长研修学院在拉萨举办"西藏住房保障工作培训班"。来自西藏各地(市)住房城乡建设局分管领导和住房保障科负责人,自治区住房城乡建设厅相关处室人员90多人参加培训。

(3) 为加强住房和城乡建设部机关公务员队伍建设,提高青年干部的思想政治素质、政策理论水平和工作能力,受住房和城乡建设部人事司委托,2012年10月25日,全国市长研修学院承办"住房和城乡建设部2012年青年干部培训班"。来自住房和城乡建设部机关各司局处以下干部49人参加培训。

(4) 受住房和城乡建设部住房改革与发展司委托,8月29~31日、10月23~26日,全国市长研修学院分别在成都、南宁承办第一、三期"城市住房建设规划编制培训班"。来自北京、天津、河北、内蒙古等20多个省、自治区、直辖市负责住房建设规划工作的相关人员461人参加培训。

（5）受住房和城乡建设部人事司委托，10月31日至11月2日，全国市长研修学院承办"贯彻落实《住房和城乡建设部直属单位领导干部管理办法》暨2012年部属单位领导干部人事处长部管社团秘书长培训班"。来自住房和城乡建设部属单位领导班子成员、人事处处长（含综合处或办公室负责人），社团秘书长（副秘书长）90余人参加培训。

（6）完成住房和城乡建设部法规司委托的第一、二期"住房城乡建设系统行政处罚与行政强制工作培训班"；村镇建设司委托的"2012年全国小城镇建设培训班"；工程质量安全监管司委托的"2012年建筑安全生产法规及标准规范培训班"；计划财务与外事司委托的"2012年建筑业统计培训班"；人事司委托的"第三期援疆领导干部住房保障专题培训班"；人事司、城市建设司委托的"城市生活垃圾处理与资源化高级研修班"；直属机关党委委托的"住房和城乡建设部直属机关党群工作会议"、"2012年住房和城乡建设部入党积极分子培训班"；稽查办公室委托的"住房城乡建设稽查执法工作专题培训班"。

【地方党委、政府委托的培训工作】 举办地方领导干部培训班22期，培训学员3019人次，比上年增加7期，人数增加2048人次。

（1）5月4~10日，受山东省委组织部、山东省住房和城乡建设厅委托，全国市长研修学院承办"山东省住房和城乡规划建设管理市长专题研讨班"，学员为济南、青岛两市副市长，其他城市的市长、分管副市长47人参加培训。住房和城乡建设部副部长郭允冲、山东省人民政府副省长夏耕出席开班式。13位国内知名专家教授围绕新型城镇化、城乡规划、住房保障与房地产市场、城市交通规划与管理、建筑节能与绿色建筑、城乡统筹与小城镇发展、村镇建设与人居环境等进行授课。

（2）为深入贯彻落实党的十八大精神，推动城乡一体化发展，促进城乡共同繁荣，根据住房和城乡建设部党组关于加强村干部培训精神，全国市长研修学院制定《村干部培训方案》。12月26日，在河北省滦平县金沟屯镇举办"第一期村干部培训班"。金沟屯镇13个行政村的两委干部30余人参加培训。区域和旅游经济专家解读党的十八大报告要点并结合生态文明建设讲解镇域和村庄生态保护与经济发展的策略。

（3）受青海省住房和城乡建设厅委托，7月18~20日全国市长研修学院在西宁承办"青海省住房城乡建设系统领导干部专题培训班"，学员为青海省各州县的建设局领导、相关企业及省建设厅有关处室人员114人参加培训。还受安徽省、江西省、山东省，嘉兴市、台州市、淮南市、岳阳市、汕头市、重庆忠县、眉州市、西双版纳州、延安市、渭南市、榆林市、濉溪县等政府委托，先后举办城镇化知识、城乡规划建设管理、美好乡村建设、建筑安全生产法规及标准、建筑业统计、最新建筑施工安全检查标准宣贯等专题培训班。

【企业家培训工作】 全国市长研修学院创办"城市发展企业家高级研修班"、"政企合作与集团管控总裁高级研修班"、"全国城市经济发展领导干部高级研修班"、"城市规划建设管理与创新发展高级研修班"等企业家研修班7期，培训学员231人次，培训效果良好。

【社会性短期培训工作】 全国市长研修学院面向建设行业和社会，举办注册建造师、注册建筑师等7类执业资格考前培训班和短期业务培训班153期，培训学员5361人次。

2. 探索完善培训内容和方法，提高培训质量和水平

【教研工作建设】 面对城镇化进程带来的挑战，重点突出以"城乡规划与公共服务、城乡规划与历史文化遗产保护、城市基础设施与人居环境建设"为主题的教学研究，精心开发设计一批与教学主题相适应的系列课程。境外市长培训班重点学习和借鉴"低碳生态城市规划与城市发展、公共设施体系建设与安全运行管理、能源战略与能源政策、城市规划管理"等方面的经验。司局委托培训和其他各类班次的教研工作也都根据委托方要求，突出相应的培训教学主题和核心课程，均受到学员好评。目前学院的教研工作已初步形成以"专职教研、部门教研和项目教研"为格局的教研工作体系。

【教务工作建设】 培训对象、培训班次和培训种类都发生扩增性的变化。为适应教学管理工作的客观要求，着重加强教务统一归口管理和全方位教学监督工作，全国市长研修学院逐步形成从项目审批、培训主题确定、授课题目选择、教师选聘、适用教材、课堂研讨、教学考察、教学效果评估、学员考勤、班主任和研讨助理职责、结业证书、学籍等链条式的管理系统，并建立相应的管理规程，教学管理水平进一步提高。在做好前期审查工作的基础上，与31家培训机构签订合作协议，并印发多项管理措施,加强合作项目的后期监管。

【教学质量建设】 深入开展培训需求调研,不断调整和优化课程结构。在确定培训主题时,严格执行征求司局意见制度和住房和城乡建设部领导审定把关制度,自觉坚持两个结合,即把贯彻住房城乡建设的方针政策、重点工作与当前城乡建设中面临的主要矛盾和问题相结合,把学员培训需求与业务司局工作具体要求相结合。加强师资队伍建设,新充实100多位国内外高端专家学者教师。坚持和完善多元主体教学机制,先后有上千人次的政府官员、国内外市长和专家学者为培训班授课。改进教学方法,引入国际机构、跨国公司和外国专家开设专题讲座150人次,积极培育自身教学能力建设。加大案例法、交流法和教学考察的比重,培训质量有进一步提高。据中组部反馈情况,学院教学质量考评初步结果在21个部委教学单位中列为前9名。

【系统开发培训教材和教学资料】 在2011年出版4本教材的基础上,2012年又出版《城市交通规划与管理》、《城市固体废物管理》、《城市公共空间规划设计》3本新教材,另有6本教材在编写和出版过程中。整理印发教师讲稿千余份,讲稿印发率达95%以上。编写《市长培训简报》9期,及时反映学员们的意见和建议。编辑《历史文化遗产保护资料汇编》、《德国城市规划建设管理参阅资料》,承接《农村危房改造公益宣传片》制作任务。

【科研工作】 编辑整理学员研修成果,《中国市长文集》首三卷已正式出版发行。《中国城市智库》汇集各方研究成果正式创刊。承接美国能源基金会《战略管理:实现城市可持续发展的重要途径》、《宜居视角下的城市交通问题研究》和《城市垃圾技术经济比较研究》等重要课题,已进入收尾阶段。承接《建设稽查执法绩效考评办法研究》,完成《城市公共装备配备标准研究》、《中国城市管理研究》等课题。为推动指导科研工作,制定相应的奖励办法和管理规定,并成立由学院领导牵头的学术委员会。

3. 对外交流与合作

【积极承接地方党委、政府委托的各类培训班】加大接受地方委托,协助举办各类市长、县长培训班,还采取"量身定制"和"送教上门"的方式,举办嘉兴、眉州、延安、榆林市等专业培训班,都取得较好培训效果。为企业家提供培训服务实现新突破,已开办高级研修班7期,招生人数在持续增加中。尝试举办村长培训班实现零突破,着手制定《村长培训大纲》。

【面向国际合作基本形成相对稳定的合作伙伴】与中联重科股份有限公司合作举办市长高峰教学论坛已成为持续性合作项目;与深圳市商会合作建立市长培训京外教学基地已形成培训招生能力;与美国能源部、现代城市管理教育基金会和阿德莱德大学合作的市长境外培训和国内培训课程的教学质量、教学管理水平有新提高;与美国能源基金会、德国国际合作公司等国际机构的合作,在教材编写、课程设计、师资聘请、课题研究、网站建设及自身能力建设等方面发挥重要作用;与荷兰伊拉斯姆斯大学首次合作举办市长境外培训班;首次接待联合国减灾机构官员、荷兰海牙市政府、荷兰伊拉斯姆斯大学、新加坡公共服务学院和淡马锡基金会、澳大利亚阿德莱德大学等国际和国家机构,进一步增进交流与合作机会。

(住房和城乡建设部全国市长研修学院)

住房和城乡建设部人力资源开发中心

【完成住房城乡建设部司局委托的重点培训项目与外事服务工作】 2012年,住房和城乡建设部人力资源开发中心(以下简称"中心")培训工作在各司局的支持下,坚持立足行业、面向市场,充分挖掘自身优势和潜力,科学计划,严格管理,共举办10项培训班共14期,培训学员5000多人次。住房和城乡建设部颁布实施新的《低压配电设计规范》和《建筑地基基础设计规范》国家标准,中心及时组织宣贯培训,为行业相关从业人员对新规范内容的了解和掌握提供帮助。根据2012年住房和城乡建设部农村危房改造工作安排,中心将两期培训班举办地放在危房改造工作重点省云南和危房改造新增试点省浙江,满足他们的实际需求,取得良好效果。

2012年,中心为部相关业务司局出国团组的81名同志办理因公出国手续；为部直属单位24名同志办理因公政审手续。修订完善《因公出国(境)手续办理流程》。

【完成住房城乡建设部2012年专业技术职务任职资格评审工作】 2012年共受理专业技术职务任职资格评审申报材料2010份。组织召开专家评审会33个。从申报材料的受理、审核、整理、分类到组织专家评审，做了大量细致的准备和组织工作，确保此项工作圆满完成。

【承担《住房城乡建设部建设工程(科研)专业技术职务任职资格评审标准》的修编工作】 受住房和城乡建设部人事司委托，中心在大量前期调研、总结、分析、归纳的基础上，制定标准修编工作方案，并于7月份组织召开标准修编启动会，对标准修编工作的任务、时间、架构体系及原则要求、编写分工等进行部署与说明。先后召开20多个专家座谈会、讨论会，反复听取各企事业单位、专业专家的意见建议，对标准(草案)进行反复修改，于2012年底形成该标准(征求意见稿)。

【承担《住房城乡建设行业国家职业分类大典》修订工作(建议稿)】 2012年，中心先后组织21个行业协会、354个企事业单位及300多名专家，完成82个职业，306个工种的修订。这些职业涉及建筑、房地产、风景园林、市政公用等领域的专业技术人员和现场操作人员，覆盖住房城乡建设行业几千万职工的工作岗位。修订后的职业描述比较客观地反映住房城乡建设行业职业现状，体现行业特色，更加符合职业培训、考核管理的需要。

【承担《住房公积金管理人员职业标准》编制研究工作】 受住房和城乡建设部住房公积金监管司委托，中心参与住房和城乡建设部《住房公积金管理人员职业标准》编制研究工作。截至2012年底，基本完成职业分类界定的研究工作，编制工作有序推进。

【完成2012年住房城乡建设部艾滋病防治部委支持经费项目】 受住房和城乡建设部人事司的委托，中心根据《2012年住房城乡建设部艾滋病防治部委支持经费项目》的安排，配合住房和城乡建设部人事司及相关专家完成住房城乡建设系统防艾宣教工作评估工具的构建。通过在系统内建立和推行该评估体系，可以提高国家级督导的科学性和有效性，方便各省住房城乡建设主管部门通过标准化评估发现并改进现有工作的不足，对全国建筑业农民工防艾宣教工作的开展具有重要意义。

【参与国家和北京人力资源服务标准修(制)订工作】 受人力资源社会保障部和北京人力资源社会保障局的委托，中心参与人力资源服务国家部分业务标准的编写。承担人力资源服务北京地方标准的《人力资源服务机构等级评定与管理》标准和13项《服务规范》的执笔、统稿等工作，标准共计16万多字，2012年12月已通过主管部门组织的专家审查会。通过技术标准的编写，不仅提升中心在业内的声誉，也进一步促进和推动中心的发展。

【人事代理业务稳步发展】 截至2012年底，委托中心人事代理单位800多家、18000多人，涉及的服务内容十多项。中心通过不断创新服务模式，改进服务方式，加大对其政策咨询、业务指导。

【人才交流平稳发展】 做好专业人才推荐工作。中心共为部属单位、行业相关企业12家单位推荐专业人才62人次，成功上岗14人。参加6所高校举办的校园双选会，努力为大学生提供就业机会。开展"大学生就业指导训练营"，分别在北京石油化工学院和中国劳动关系学院举办两期训练营活动，受训学生近千人次，有效提升大学生的就业能力。同时，通过网络发布相关资讯733条，吸纳企业会员62家，发布招聘职位283个，累积求职简历30666份，为职位推荐工作和大学生就业指导提供有效的技术支持。

(住房和城乡建设部人力资源开发中心)

住房和城乡建设部执业资格注册中心

1. 执业资格考试工作

【考试组织】

2012年5月12～15日，全国一级注册建筑师执业资格考试。全国共有40250人报名参加考试。

5月12日、13日，全国二级注册建筑师执业资格考试。全国共有17834人报名参加考试。

6月16日、17日，10月27日、28日，组织两次全国二级建造师执业资格考试。全国共有近164万人报名参加考试。

9月15日、16日，全国勘察设计注册工程师执业资格考试。全国共有180715人报名参加15个专业的基础考试，80959人报名参加16个专业的专业考试。基础考试报考情况见表1，专业考试报考情况见表2。

基础考试报考情况　　　　　　　　表1

专业	报考人数
一级注册结构工程师	42045
注册土木工程师（岩土）	25591
注册公用设备工程师（暖通空调）	16193
注册公用设备工程师（给水排水）	16994
注册公用设备工程师（动力）	5441
注册电气工程师（供配电）	28118
注册电气工程师（发输变电）	13585
注册化工工程师	8018
注册土木工程师（港口与航道工程）	970
注册环保工程师	14884
注册土木工程师（水利水电工程）（水利水电工程规划）	1947
注册土木工程师（水利水电工程）（水工结构）	3745
注册土木工程师（水利水电工程）（水利水电工程地质）	311
注册土木工程师（水利水电工程）（水利水电工程移民）	402
注册土木工程师（水利水电工程）（水利水电工程水土保持）	2471
合计	180715

专业考试报考情况　　　　　　　　表2

专业	报考人数
一级注册结构工程师	23320
二级注册结构工程师	18194
注册土木工程师（岩土）	6657
注册公用设备工程师（暖通空调）	4938
注册公用设备工程师（给水排水）	7997
注册公用设备工程师（动力）	1500
注册电气工程师（供配电）	5729
注册电气工程师（发输变电）	2922
注册化工工程师	2508
注册土木工程师（港口与航道工程）	441
注册环保工程师	3883
注册土木工程师（水利水电工程）（水利水电工程规划）	568
注册土木工程师（水利水电工程）（水工结构）	1226
注册土木工程师（水利水电工程）（水利水电工程地质）	222
注册土木工程师（水利水电工程）（水利水电工程移民）	213
注册土木工程师（水利水电工程）（水利水电工程水土保持）	641
合计	80959

9月15日、16日，全国物业管理师执业资格考试。全国共有56942人报名参加考试。

9月22日、23日，全国一级建造师执业资格考试。全国共有863879人报名参加考试。

10月20日、21日，全国注册城市规划师执业资格考试。全国共有23188人报名参加考试。

【其他考试相关工作】　严格落实保密措施，确保考试保密工作的安全。各项考试工作在命题过程中严格执行保密纪律，加强对纸质和电子涉密资料的监管，以及涉密人员的管控，最大限度降低泄密风险。一、二级建造师考试试卷袋还采用塑封覆膜技术，有效避免提前拆卷情况的发生。

加强对考试结果总结和数据分析，指导专家提高命题水平，确保命题质量和通过率稳定。

做好考试大纲修订工作，对建筑师考试大纲修订进行调研，形成初步修订意见，完成物业管理师新考试大纲的初稿。

加强考试工作创新，勘察设计注册工程师基础考试通过改进试题形式，取消考试手册，在不影响考试质量前提下，减轻地方考试部门的工作量，节约考试成本。

继续加快推进题库建设，建造师考试知识题题库得到进一步完善，勘察设计注册工程师基础考试试题库正在逐步建立。

2. 执业资格注册工作

【一级注册建筑师、勘察设计注册工程师】2012年共办理一级注册建筑师、一级注册结构工程师、注册土木工程师（岩土）、注册公用设备工程师、注册电气工程师和注册化工工程师的初始注册、延续注册、变更注册共计35664人次。各专业累计注册人数分别为：一级注册建筑师26702人、一级注册结构工程师41037人、注册土木工程师（岩土）12463人、注册公用设备工程师16632人、注册电气工程师12650人、注册化工工程师3621人。全国二级注册建筑师统计备案注册人数24043人，二级注册结构工程师统计备案注册人数10249人。

【一级建造师】　2012年全年共办理审查完成一级建造师初始注册、增项注册和重新注册34031人次。全国累计已注册一级建造师282397人。

【注册城市规划师】　2012年全年共办理注册城市规划师初始、变更、转换等各类注册登记2233人次。全国累计注册登记注册城市规划师14081人。

【物业管理师】　2012年9月按计划启动物业管理师首次注册工作。

【注册管理相关工作】 为配合部加强对执业人员执业行为的监管，2012年3月在全国范围推广一级注册建筑师和勘察设计注册工程师注册人员照片和手写签名数据库，采集发布78387人的相关数据，通过信息化管理手段，为相关管理部门提供核查依据。

按照住房和城乡建设部要求，健全完善全国二级注册建筑师、二级注册结构工程师注册人员数据库。

升级改造全国城市规划师注册登记信息系统，并开发离线版注册登记信息系统，使注册管理系统能够适应注册工作新需要。

配合住房和城乡建设部加强对违规注册人员的查处，通过联网数据比对、人工校对和受理举报信件等手段，全年共查处、处罚180余人，有力地打击违规注册行为，维护行政许可的严肃性。

3. 继续教育工作

【必修课选题规划和教材编写】 2012年策划、编写、出版结构工程师、岩土工程师必修课教材，启动建筑师、结构工程师新的必修课选题策划工作。

【必修课教材师资培训】 举办岩土工程师、结构工程师必修课教材全国师资培训，并制作现场授课视频，为各省的专家师资提供多种形式的学习资源。

【继续教育实施情况的监督检查】 为严格规范地开展继续教育工作，保证注册人员接受继续教育的权利，加强对各地继续教育实施情况的监督检查。通过对各地注册人员人数与教材发行流量比对核查，督促各地严格规范地开展继续教育工作。

4. 中国香港、台湾地区及国际交流与合作工作

2012年组织开展推荐部分一级注册结构工程师申请取得英国结构工程师学会正会员资格工作。经过推荐、遴选，共有47人参加英国结构工程师学会的补充测试，33人通过测试取得英国结构工程师学会正会员资格。

就《中国—新加坡自贸协定服务贸易协定》下建筑师资格互认事宜，与新加坡注册管理局进行接触探讨。

组织对美国、加拿大注册建筑师执业资格考试及命题工作考察，对香港营造学学会的考察，学习国（境）外相关工作的有益经验，增进双方了解。

组织接待香港建筑师学会、台湾新党主席郁慕明及台湾建筑师公会、香港建造业工人管理局、新西兰物业师协会、坦桑尼亚工程师注册局代表团等来访。

5. 综合研究与协调工作

【研究工作】 开展对注册会计师考试和国家司法考试的专题调研，整理撰写调研报告，为部执业资格考试和注册工作提供有益的借鉴。继续配合云南省完成"关于西部地区执业资格制度的研究"课题工作。

【协调工作】 充分发挥全国勘察设计注册工程师管理委员会秘书处的作用，协调和指导各专委会开展工作。完成对13个勘察设计注册工程师专业管理委员会的335名成员的调整和16个考试专家组的411名成员的调整工作。通过加强对各专委会考试工作的指导，进一步统一规范各专委会的考试工作和阅卷工作。

6. 信息和档案管理工作

积极探索和推进注册人员档案数字化建设，筹备建立档案管理信息系统，提高信息化管理水平。加强注册中心网站建设，通过改版升级提高网站信息的时效性，扩大行业影响。

（住房和城乡建设部执业资格注册中心）

中国建筑工业出版社

【坚持专业出版特色】 中国建筑工业出版社（以下简称为"建工出版社"）针对专业图书市场，围绕住房城乡建设部中心工作，不断调整和优化结构，大力策划保障房建设、房地产、城市规划与建设管理、建筑节能、村镇建设、工程质量安全、建设法规与标准规范、新技术应用等方面的选题，共计1879种。注重加强重大项目的整体策划，策划《中国人居环境史》、《中国近代建筑史》、《创新图书系

列》、《建筑文化系列》等重点图书。《保障性住房产业化系列丛书》等17种(套)出版物入选"十二五"国家重点图书、音像、电子出版物规划。"建筑设计资料库"等2个项目被列入"新闻出版改革发展项目库"。继续做好重点板块的同时，积极开拓市场，加强市场调研，拓展装饰装修、建筑文化、旅游等相关领域，策划《建筑院士访谈系列》、《山西古村镇系列丛书》、《家具空间创意集》、《行摄中国书系》等大众读物和科普读物选题。

【以出版方式服务建设工作大局】 加强与住房和城乡建设部各司局、相关学协会、教育科研单位、设计施工企业及全国各地建设系统的联系，做好出版服务，圆满完成《科学发展 辉煌成就——住房城乡建设卷》、《城乡新貌——聚焦中国之科学发展》等"十八大"献礼书的编纂工作。及时掌握行业标准规范的最新发布情况，多种措施确保规范的出版质量和周期，新出版标准规范单行本124种，完成《中国工程建设标准化发展研究报告》等特急件的出版工作。

【重大项目与品牌图书出版】 品牌图书《建筑施工手册》(第五版)出版发行，举行隆重的图书首发式。"十二五"国家重大出版项目《中国古建筑丛书》(分省卷)多次召开编写工作会，组稿工作进展顺利。《建筑设计资料集》(第三版)基本完成初稿，修订工作进一步推进。《给水排水设计手册》(修订版)各分册按计划陆续进入收、发稿阶段。《20世纪世界建筑史》、《中国古代园林史》(第二版)、《室内细部设计资料集》、《中国民居建筑艺术》、《当代建筑师系列》、《中国雕塑》、《南浔近代园林》、《地下建筑学》等一批重点图书顺利出版。

【建设行业专业教材出版】 策划土木工程新专业规范配套教材、全国高校建筑学与环境艺术设计专业美术教材、高校城乡发展规划与管理专业教材等系列教材；完成土木工程新专业规范配套教材的发稿工作；完成全国高职高专教育土建类专业教学指导委员会规划推荐教材土建施工专业教材的修订工作；开展建筑与市政工程施工现场专业人员岗位培训统编教材的编辑出版工作。有80种教材被评为"十二五"普通高等教育本科国家级规划教材，388种教材列入"十二五"土建学科规划教材，4个专业系列教材批准为教育部中等职业教育专业技能教材立项项目，5种教材被评为中等职业教育改革创新示范教材。

【积极探索数字出版，加快推进出版转型】 将数字出版作为发展战略重点，制定完成建工出版社数字出版规划及实施方案。"新闻出版改革发展项目库"入库项目"中国建筑全媒体资源库与专业信息服务平台"获得财政部国家文化产业发展专项资金500万元支持，项目2012年10月正式启动，与方正电子签订合作协议，当年完成一期项目(建造师考试培训、建筑图书在线、图片在线服务)的需求分析工作，迈出由传统出版向数字出版转型的实质性步伐。加快推进图书、图片数字化资源库建设等数字化基础工作。努力挖掘资源，进行数字、多媒体出版物选题的开发，《项目经理电子书架》U盘版电子书、《城市规划资料集》光盘版取得较好市场反响，尝试将《建筑师》、《室内设计师》在IPAD上同步、差异化出版、发布。建工出版社网站被评为出版社网站十强、新闻出版业网站百强。

【实施"走出去"战略，加强国际交流与合作】 受国务院新闻办委托，承办2012年"中国图书对外推广计划"外国专家座谈会，圆满完成任务，中外出版界专家200多人参会，得到国务院新闻办及与会专家的高度评价，学到先进经验，锻炼员工队伍，并进一步提升建工出版社在业内及国际出版界的影响。进一步加大推出和对外宣传力度，充分利用"经典中国"国际出版工程、"中国图书对外推广计划"等国家扶持项目，针对国际图书市场，大力策划《瑰宝档案——中国的世界遗产》、《当代中国百名建筑师丛书》等多项"走出去"重点产品，5种图书获批国新办基金支持600万元，《中国精致建筑100》获财政部专项补贴340万元。

【深化机构改革，合理专业布局】 根据建工出版社下一步发展需要，经过充分酝酿，按照"强化一线、拓展相关、合理分工、专业发展、责权对等、激发活力"的基本原则，进行机构调整。强化编、印、发一线部门，内设机构由原来的18个变为22个，将现有各图书中心交叉的专业板块进行科学调整，通过设置相应机构拓展相关专业板块，加强弱势专业的发展，加强市场营销部门，完成业务布局，以更好地适应市场竞争和专业化发展，为出版社今后科学发展打下良好的组织基础。经过半年多的运营，弱势板块有所发展，特别是市场营销出现积极变化，机构改革初见成效。

【深化干部聘任制度改革，切实加强队伍建设】 贯彻中央组织部、人事部干部人事制度改革的有关精神，结合出版社转企后的实际，对原《中层干部聘任规定》进行修订。坚持民主、公开、竞争、择优的原则，对29个岗位进行竞聘，是建工出版社历史上竞聘岗位最多、最全的一次；共有92人次参加竞聘，1494人次对竞聘人员进行民主测评，参与人数之多、民主程度之高前所未有；所有相关文件都通过多种方式告知全社员工，过程公开、透明；29个岗位（包括党办、人事），全部由竞聘产生，社党委在决策时充分尊重民意，体现公平、公正。在改革中注重平稳过渡和以人为本，实现改革和生产两不误。通过干部聘任制度改革，充分调动员工的积极性，激发员工的活力，促进干部的年轻化，增强出版社的凝聚力。

【生产经营稳中有进，经济效益有所提高】 全年出书3564种，其中新书1219种，5.25亿字，重印书2345种，出版码洋共计7.55亿元，超出年计划约5%。图书销售收入3.11亿元，同比增长1.6%，回款实洋3.54亿元，同比也有所增长。利润总额8450万元，同比增长6.5%。职工人均收入与当年利润同比增长。截至2012年12月底，总资产达6.93亿元，同比增长15.88%。多项指标均有所提高。

【获奖情况】 《生态建筑学》、《国家游泳中心水立方结构设计》两种图书入选第三届"三个一百"原创出版工程；《中国城市化进程中的城市规划变革》（英文版）等8种图书在第十一届"输出版引进版优秀图书"评选中获奖；《坐观》荣获2012年度"中国最美的书"。

（中国建筑工业出版社）

中国城市科学研究会

1. 概况

【单位简介】 中国城市科学研究会是由全国城市科学研究方面的专家学者、实际工作者、城市发展和城市规划建设管理相关部门和单位自愿组成，经民政部登记成立的全国性学术团体。挂靠住房和城乡建设部，业务归口中国科学技术协会。

中国城市科学研究会成立于1984年1月20日。1989年12月、1994年12月、1999年6月和2007年7月分别进行理事会的换届选举工作，共产生五届理事会。李锡铭、芮杏文、廉仲、周干峙先后任第一、二、三、四届理事会理事长，现任理事长为住房和城乡建设部副部长仇保兴博士。

中国城市科学研究会下设7个专业委员会，共有团体会员约900个，个人会员约16000人，在22个省、自治区、直辖市和20个省会城市及重庆大学等有地方城市科学研究会组织。

【工作概况】 2012年是深入贯彻学习中国科协"八大"精神，深化学会改革的一年。党的十八大胜利召开，为未来中国发展描绘创造出宏伟蓝图，中国城市科学研究会围绕中国科协中心工作，坚持"三服务一加强"的工作定位，全面推进组织建设、学术交流、学科建设、决策咨询等各项工作，切实承担好沟通联系科技工作者的桥梁和纽带职责，紧紧抓住科学发展主题和加快转变经济发展方式主线，畅通联系渠道、广泛凝聚力量、夯实组织基础、提升服务能力。

2. 学术会议与学术活动

【主办第八届国际绿色建筑与建筑节能大会暨新技术与产品博览会】 3月28～30日，由中国城市科学研究会主办的第八届国际绿色建筑与建筑节能大会暨新技术与产品博览会在北京国际会议中心召开。大会紧紧围绕"推广绿色建筑，营造低碳宜居环境"的主题，向全世界展示绿色建筑与建筑节能领域的最新成果、发展趋势和成功案例。根据国内国际建筑节能与绿色建筑工作实际，围绕大会主题安排1个综合论坛和25个分论坛。有来自国内外的近200名政府官员、专家学者和企业界人士围绕绿色建筑设计理论、技术和实践、绿色建筑智慧化与数字技术、既有建筑节能改造技术及工程实践、太阳能在建筑中的应用等题目发表演讲。在为期3天的博览会上，来自国内外的上百家知名企业向全世界展示国内外绿色建筑与建筑节能领域的最新成果、发展趋势和成功案例以及建筑行业节能减排、低碳生态环保方面的最新技术、产品以及应用发展。

【主办2012城市发展与规划大会】 6月12～13日，由中国城市科学研究会主办的2012城市发展与规划大会于广西桂林市召开。围绕"宜居、低碳与可持续发展"主题，与会代表交流中国各地在城市规划研究、规划管理、规划设计和规划教育等领域的最新成就，探讨当前城市规划建设管理工作中面临的一系列热点、难点问题。大会举办绿色建筑、低碳生态城市的规划与设计、绿色交通规划和公交优先策略、历史文化名城保护30周年、城市生态化改造和可持续发展、低碳生态城市——现状与未来、中外生态城市理论与范例、城市生态细胞——立体城市模式探索、城市低碳经济与产业发展、低碳生态城市的规划与实践等13个分论坛。

【主办2012中国城镇水务发展国际研讨会与新技术设备博览会】 由中国城市科学研究会与中国城镇供水排水协会联合举办的2012中国城镇水务发展大会与新技术设备博览会在浙江宁波召开。本届大会的主题是"治理水污染、保障水安全"。围绕国内外水务发展现状、目标、相关政策及实施问题和国家重大科技专项——水体污染处理技术最新进展等进行深入和全方位探讨，分析存在的突出问题及面临的新挑战，探寻解决问题的策略、途径和方法。同期举办的博览会集中展示业内最先进的技术和设备。共有上百家知名企业展示国内外先进实用的水处理技术设备、给排水管网技术设备、膜与分离技术设备、净水器材；水专项展览展示"城市水污染控制"和"饮用水安全保障"两个主题部分项目（课题）实施的最新进展。

【主办第十九届海峡两岸城市发展研讨会】 2012年9月1~7日，由中国城市科学研究会副理事长李兵弟任团长一行21人赴台湾地区参加"第十九届海峡两岸城市发展研讨会"暨学术考察活动。此届研讨会由台湾都市计划学会、中国城市科学研究会和台湾新竹县政府联合主办，台湾中华大学具体承办。研讨会的主题为"智能城市&精明增长"，赴台的各项活动紧紧围绕这一主题展开，并主要包括三个板块：一是2012海峡两岸学者圆桌交流会议，围绕两岸城镇化发展、城乡关系与空间规划理论实践改革等广泛议题进行简短交流；二是全天四个单元主题的学术交流活动，围绕城镇精明增长、智慧城市策略、宏观城镇转型、智慧城市规划四个方面展开学术交流与研讨；三是9月3~7日的县（市）学术考察活动。对各县（市）智慧城市建设的战略思路、重点内容、实施进展以及相关的城市规划及管理情况进行实地考察，并就有关问题进行质询、答疑和讨论。与台湾交通大学智慧生活科技中心、威达云瑞电讯公司等有关单位和企业进行交流。

【主办生态城市中国行活动——昆山花桥站活动】 7月5日，由中国城市科学研究会主办，生态城市研究专业委员会承办的"生态城市中国行"活动走进第四站昆山花桥，江苏省13大市、19个示范区的约400名专家和从业人员汇聚昆山花桥国际商务城，就"绿色让城市更幸福"的主题进行交流。住房和城乡建设部副部长、中国城科会理事长仇保兴出席并作主题演讲，住房和城乡建设部科技发展促进中心副主任梁俊强，中国城市科学研究会秘书长李迅，中国城科会生态委秘书长叶青，昆山市住房和城乡建设局副局长沈长根，花桥国际商务城规划建筑设计有限公司董事长张伟出席论坛并进行简短的对话交流活动。与会专家提出，生态城市建设不仅需要政策的引导、科学技术的应用，还应该努力成为改变人们行为意识的尝试。

【主办面向世界城市低碳发展高级研讨会】 12月6日，由中国科协学术交流项目专项资助，中国城市科学研究会主办，北京城市系统工程研究中心、北京大学首都发展研究院等单位承办的"面向世界城市低碳发展高级研讨会"召开。研究会李迅秘书长、北京大学政府管理学院副院长李国平教授、清华大学建筑学院顾朝林教授、北京城市规划设计研究院何永博士分别做了主旨发言。在沙龙自由讨论中，生态城市专业委员会叶青秘书长引领专家们围绕北京低碳生态城市建设问题及未来发展方向展开热烈讨论。专家们围绕北京建设世界城市的目标、规划展开对话交流活动。中国科协学会技术部副部长刘兴平对会议给予高度评价，认为研讨会命题及时、必要，具有小型高端前沿的特点，研讨会搭建学术交流、经验探讨、开放探索的平台，发挥首都城市发展的智囊团和思想库作用，推进学会、科研院所、高校、行业企业、地方政府的沟通，为推动首都北京以及中国城市的低碳发展提供智力支持。

【以国际论坛为载体，积极组织承办有关分论坛交流活动】 利用国际论坛举办的契机，围绕城市发展中的热点话题，承办有关专业分论坛交流活动，组织专家进行现场交锋、评析，引导科学理性思维。

【国际科技合作研究项目】 完善GIZ《中国低碳生态城市发展指南》的编制工作。与住房和城乡建设部建筑节能与科技司一同赴天津、深圳、成都调研，听取地方对《指南》的完善与回馈意见，并于3月底结题。

组织参与中美清洁能源联合研究中心相关课题项目。完成"西方各国绿色建筑激励机制与政策比较研究及对中国的启示"、"绿色建筑标识体系的推广机制研究"两项课题，承担"新型照明系统设计及控制方法研究"项目。

完成"促进生态城市政策在主流实践中的实施"项目。项目是中、英两国就生态城市、绿色建筑、低碳技术等领域展开的国际合作项目。开展中英生态城市的案例城市考察，分别考察安吉、武汉、株洲等案例城市，同时赴英考察伦敦、剑桥、米尔顿凯恩等城市的生态化建设，完成项目考察报告。

与 UTC（联合技术公司）合作，继续开展"生态城市指标体系构建与生态城市示范评价"项目研究工作，进一步完善低碳生态城市指标体系，出版《兼顾理想与现实》；编制并公开发布《中国城市低碳生态度》，引起较强烈的社会反响；同时开展控规层面的低碳生态城市指标体系编制工作，形成低碳生态城市控规指标初步成果；生态城市的案例研究继续深入执行，继续深入对天津、曹妃甸、深圳的追踪调研，同时新增株洲云龙生态城与无锡太湖新城的案例研究工作。

由 EF 资助，对唐山市曹妃甸新区、昆明市呈贡新城等的生态城市规划和建设进行探索和跟踪研究。在新城的规划编制和生态指针建设阶段，协助组织国内外专家在新城规划编制、实施的不同阶段参加咨询和研讨会等活动，发挥专家作用，促进新城规划建设，对上述地区城市规划中的减碳措施进行跟踪，控制性详细规划和修建性详细规划提供支持。

完成 GEF 项目《促进低碳生态城市的政策建议》《中国城市低碳发展规划纲要和指南》《城市低碳发展培训》三项子课题的前期立项和项目建议书。

完成"中英繁荣基金（SPF）"2013 年的项目申请，围绕低碳绿色发展的主旨，申报"快速城镇化进程中的低碳转型路径探索——以深圳为例"，探索深圳市如何建立以低碳排放为特征的城市空间结构、绿色建筑、交通，新能源等的低碳转型路径，实现可持续发展。

完成亚行项目"基于低碳生态发展的城乡规划技术方法"的项目建议书的撰写。

积极筹备欧盟 EC-Link 项目的申请，和多家国内外著名咨询公司、非政府组织和科研机构协作，完成全部申请材料并提交申请。

3. 决策咨询

【参加国家重大科技项目的决策咨询研究工作】组织开展国家科技重大专项"城镇供水安全保障管理支撑体系研究"、"绿色建筑评价体系与标准规范技术研发"、"智慧城市管理公共信息平台关键技术研究与应用示范"等项目的研究攻关工作，完成相关技术标准的起草与制定，配合住房和城乡建设部中心工作，完成相关业务司局的技术课题及研究工作，结合住房和城乡建设部低碳生态城市领导小组工作，参与两批共十个低碳生态试点城镇调研，对天津、唐山、无锡、深圳、重庆、长沙、池州、贵阳、昆明九个城市的十个试点城（镇）区进行现场考察，并完成有关调研报告的撰写；牵头相关单位组织修订《绿色生态城区评价标准》。实施组织完成中国科协 2011 年度政策研究类课题"适合中国国情的人居环境评价机制研究"，在调研国内外人居环境评价理论方法的基础上，结合实证分析与规范分析，针对人居环境建设中的薄弱环节和主要问题进行深入剖析，提出改善中国人居环境的对策建议；组织开展中国科协"科技与社会 2049 展望"系列研究——"城市科学与未来城市"项目研究工作。以情景模拟作为基本分析方法，深入分析城市科学技术引领和未来城市建设的基本路径，重点揭示城市科学在 21 世纪上半叶对未来城市发展的重大影响，展现未来城市蓝图。

在学术研究过程中，注重理论研究的前沿性与导向性，注重理论研究成果与实践的接轨，面向城市政府，为城市的生态城市规划、建设、管理与可持续发展提供思路与政策指引。

【《河北省生态宜居城市建设研究》项目完成】河北省确立生态宜居城市发展目标提供理论基础、技术支持与示范指导，结合河北省现状摸底，提出可操作、可实施、可执行的生态宜居建设发展指南，从战略目标体系、建设技术体系、政策鼓励体系与示范应用体系四个方面进行有关研究工作。相关成果由中国建筑工业出版社正式出版。

【"湖南株洲云龙示范区生态城市规划体系创新研究"项目开展】在对株洲市云龙示范区近年来在生态城市规划体系进行的创新实践进行深入研究的基础上，充分借鉴实践经验，分析总结适应中国生态城市建设与发展的生态城市规划体系的创新点与关键点。

【承接政府转移职能】2012 年度主要承接事项包括：科技评价、科技咨询与技术服务、行业标准（规范）制定、继续教育与培训。由学会下属各研究中心承担业务工作。

绿色建筑研究中心主要承担绿色建筑标识评价、标准制定、宣贯培训等工作。共举行 16 次绿色建筑设计标识评审会议、2 次绿色工业建筑设计标识评审会议、6 次运营标识绿色建筑评审会议，累计完成 156 个绿色建筑项目包括 7 个运营项目的评审组织工作，其中居住建筑 72 个，公共建筑 76 个，工业建筑 8 个。其中，包含一星级 57 个，二星级 41 个，三星级58个。总面积1650.2万平方米,其中,民用公共建筑面积608.91万平方米,民用居住建筑面积929.79万平方米,工业建筑面积111.5万平方米。从项目数量上看,项目类型比例以及各星级比例都较为均衡。

率先开展绿色工业建筑评价工作,完成两批共8个项目的评审工作,受住房和城乡建设部建筑节能与科技司委托开展绿色施工科技示范工程评价工作。

在北京、上海共组织2批绿色建筑宣贯培训班,来自14个省的共431位学员参加培训,获得培训合格证书的有402人。与绿色建筑委(香港)委员会共同为首批两期共100位香港特区技术人员颁授"GBL Manager"称号证书,为在香港推广中国绿建标识以及香港在内地项目进行绿色建筑申报打下良好的基础。

参与国标《绿色建筑评价标准》的修订工作,及时反映在标准执行过程中所遇到的问题;参与完成铁道部《绿色铁路客站评价标准》的编制工作,参与《绿色建筑检测技术标准》的编制工作。

参与绿色生态城区标准的制定与示范城区的评选工作。

低碳照明研究中心配合住房和城乡建设部业务司局,积极开展有关照明节能试点项目,完成太阳能半导体照明装置农村试点测试评估、无电县照明试点、合同能源管理项目试点工作;参与城市照明节能评价标准、城市照明自动控制系统技术规范、城市照明合同能源管理技术规程等标准规范文件的起草编制工作。

数字工程中心配合住房和城乡建设部开展"智慧城市"评选及标准制定工作。

4. 大型展览展会活动

【**第八届国际绿色建筑与建筑节能大会暨新技术与产品博览会**】 3月29日在北京国际会议中心举办。为期三天的新技术与产品博览会,共有美国联合技术、英格索兰、大连万达集团股份有限公司、方兴地产、万通地产、施耐德电气、巴斯夫、道康宁、阿姆斯壮等来自国内外的上百家知名企业向与会者展示绿色建筑规划设计方案及工程实例、建筑智能技术与产品、建筑生态环保新技术新产品、绿色建材技术与产品、既有建筑节能改造的工程实践、可再生能源在建筑上的应用与工程实践、大型公共建筑节能的运行监管与节能服务市场、供热体制改革方案及工程实例、新型外墙保温材料与技术、低碳社区与绿色建筑等方面的最新技术与产品。参观人数达6000余人次。

【**2012中国城镇水务发展国际研讨会与新技术设备博览会**】 11月29日,在宁波召开,在为期三天的新技术与设备博览会,共有上百家知名企业展示国内外先进实用的水处理技术设备、给排水管网技术设备、膜与分离技术设备、净水器材等;水专项展览展示"城市水污染控制"和"饮用水安全保障"两个主题部分项目(课题)实施的最新进展。参观人次4000余人。

5. 期刊学术出版

【**期刊出版**】 2012年,《城市发展研究》正常出刊12期,出版增刊2期。在选稿上对传统栏目(城镇化、城乡统筹、城市规划、城市经济、土地利用、区域研究等)继续保持高度关注的同时,抓住城市科学研究的重点和热点问题,特别关注"中国特色的城镇化问题"、"城镇与区域协调发展"、"城乡统筹"、"转变城市发展模式"、"城市安全"、"低碳生态城市"、"城市交通"、"城市文化"等问题;把握新的学术发展方向,如城市微循环、乡村规划、城市空间的社会分异等问题都有最新的成果发表。尝试以各种方式开设不同类型的专栏。

【**年度报告出版**】 2012年共编制完成六本年度报告。

《绿色建筑2012》。报告在延续以往风格的基础上,增加中国绿色建筑政策与标准,"十一五"项目、课题科研成果的介绍,旨在全面系统总结中国绿色建筑的研究成果与实践经验,指导中国绿色建筑的规划、设计、建设、评价、使用及维护,在更大范围内推动绿色建筑发展与实践。

《中国城市规划发展报告(2011—2012)》。梳理2011年度城乡规划领域的重点话题,从若干方面以综述的方式进行总结,并对2011—2012年度城乡规划的重要事件、行业发展概况、学术动态进行梳理。针对业界有较大影响的规划实践,新增"实例篇",以期从不同侧面反映年度城市规划事业的发展情况。

《中国低碳生态城市发展报告2012》。吸纳国内相关领域众多学者的最新研究成果,在沿袭原主题框架:最新进展、认识与思考、方法与技术、实践与探索、城市生态宜居发展指数(优地指数,即UD指数)的基础上,2012版报告的创新和特色体现在两个方面:一是将2011年低碳生态城市研究和实践方面的新发展与重建微循环体系相融合;二是尝试更关注低碳生态城市建设的实效与定量化。

《中国数字城市年度发展报告 2011~2012》。报告以构建"宜居、安全、便捷"的健康城市、积极稳妥地推进城镇化为主线，提出对数字城市的深层次理解，在客观地分析评价国内外数字城市建设的经验基础上，提炼出中国数字城市总体框架和技术支撑、业务应用、资本产业、政策标准、评价指标五大体系，同时探讨"政府引导、企业运营、公众实践"的数字城市建设和运营模式，并强化网络基础设施建设的重要性，探讨并初步建立中国数字城市推进评价指标体系。

《中国城市交通规划发展报告 2010》。总结中国各城市在交通规划方面丰富的经验，内容包括中国城市交通规划的发展、城市交通与空间布局、高速铁路与城际铁路、公共交通规划、城市非机动交通规划、交通需求管理与交通信息化、大型活动的交通规划、教育和科研与社会参考等，作为第一本交通规划报告，力求使社会各界对中国城市交通规划的发展有所了解。

《中国小城镇和村庄建设发展报告 2011》。系统展示、回顾和总结 2011 年全国小城镇和村庄的建设情况和经验，涵盖村镇规划、农村住房建设、小城镇建设、农村人居环境建设、特色景观旅游名镇（村）、村镇建设节能减排和可再生能源利用等主要内容。

6. 组织建设

【工作会议召开与会员服务工作】 根据学会组织建设工作的要点，2012 年召开二次组织工作会议。明确年度工作计划、重点方向，交流工作经验：1 月结合会员日活动，召开分支机构与研究中心工作座谈会，对研究会各分支机构及研究中心的工作进展情况进行梳理汇报，建立起通畅的信息沟通管道，通过对于工作经验的交流与探讨，互相借鉴，吸收经验，创新与拓展思维模式。分支机构与研究中心之间形成良好的互动、互补关系；同时着力强化秘书处对各分支机构、中心工作的分类指导；加强沟通和互动；形成对于不同类别二级机构的科学合理的考评机制。6 月，结合 2012 城市发展与规划论坛的契机，在桂林组织召开五届六次理事暨分支机构、团体会员单位代表工作会议。会议汇报总结一年来主要工作进展，交流工作经验，展望今后工作的重点及目标。仇保兴理事长亲临会议并发表重要讲话。

【启动换届筹备工作】 （1）组织推荐本次会员代表大会代表。学会经广泛征求意见，提出第六次会员代表大会代表及理事会人选分配方案，并根据学会换届程序的相关要求，报送中国科协及住房和城乡建设部，并开始向各省辖市、相关高校、科研机构进行有关理事人选的推选及确认。（2）研究修改学会章程。在学会第五届理事会任期五年中，党中央提出新的理论和要求，形势的发展也对学会工作提出新的要求，第五次会员代表大会通过的《学会章程》部分条款需要及时地充实和修改，已着手进行有关章程文本的修改与完善工作，并第一时间向常务理事征集有关意见。（3）组织起草工作报告。成立换届筹备工作组，负责代拟《第五届理事会工作报告》，待报告完成，拟进一步征求对报告的修改意见。

【内部机构设置】 （1）成立水环境技术中心。以期进一步发挥水环境技术在城市生态建设中的积极作用，促进城市水环境建设、管理、维护领域的政策研究，探索企业、政府、研究学术机构共同参与水系统创新模式，中心由杭州思源环境与发展研究院 nars 水环境系统技术研究中心、中国城市科学研究会、曹妃甸生态城三方合作，以曹妃甸生态城为试点，为中国城市的水环境发展提供整体解决方案。主要研究业务范围包括：城市河道、湖泊景观水体设计、治理、运营和维护；城市中心污水厂扩容改建、污水尾水深度处理、分布式村镇污水治理；各地水生态基因库基地和水景公园；国外城市水处理技术的引入、投资示范建设及推广。

（2）成立空气动力交通技术中心：由中国城市科学研究会与天津国泰之光新材料技术研究院共同组建成立"空气动力交通技术中心"。中心以发展城市绿色交通及削减 PM2.5 为目标，以空气动力技术为主导的低碳高效动力技术研发为核心，并在前期研发基础上，筹组空气动力车辆股份有限公司，使技术研发成果在示范城市投入运营，引领绿色交通示范推广。

（3）筹备成立绿色建材研究院。

【科技工作者专家库】 扩展专家准入范围，充分发挥专家库中的专家作用。为配合数据库的管理和应用，实施专家库管理办法。

【发展团体会员和个人会员】 壮大城市科学研究队伍：调整个人会员准入条件和方式，面向分支机构和地方城市科学研究会补充和增加会员；面向全国相关高等院校和科研院所吸收会员；继续进行注册会员发展工作，对会员进行重新登记，实现会员的信息化管理。

（中国城市科学研究会　撰稿：周兰兰）

中国建筑学会

【工作概况】 2012年，中国建筑学会（下简称"学会"）秘书处在第十二届理事会的领导下，在中国科协、住房和城乡建设部、民政部的正确指导和关心下，学会领导班子认真贯彻中央六中全会精神和住房城乡建设部、中国科学技术协会的工作部署和工作要求，团结带领广大科技工作者，紧紧围绕科学发展主题和加快转变经济发展方式主线，着力培育提升学会能力，团结合作、勤奋进取，受到学界和社会充分肯定和良好评价。

围绕行业热点、难点问题，学会及所属分会全年共开展学术交流活动35次，参加人数达13000余人次，主要活动有：发展和繁荣中国建筑文化座谈会、全国甲级建筑设计院建筑创作方向工作会、中国建筑学会2012年"建设我们的和谐家园"主题年会、《建筑学名词》终审工作会议、APEC建筑师课题研讨会、"华山论剑——建筑创作方法与实践论坛"、第十一届全国建筑物理学术会议、中国建筑学会地基基础分会2012年学术年会、现代民用建筑电气设计节能技术高峰论坛暨中国建筑学会电气分会2012年会等。举办专业科技培训、讲座53次，参加人数5232人次；出版论文集16册，收录学术论文1252篇。

启动第一届国务院评比办核定的"建筑设计奖"评审工作，完成第六届梁思成奖、第四届建筑教育奖和第九届青年建筑师奖的评选颁奖工作。

拓宽国际交往渠道，扩大国际交流和合作，1月至11月，共接待来自美国、日本、韩国、英国、匈牙利、伊朗、西班牙、以色列、中国香港、中国澳门、中国台湾等国家和地区的相关建筑师学会、协会、设计机构及驻华使馆等临时访问团组13个，共64人次。2012年1～11月，共派出出访团组6个，共23人次，访问菲律宾、美国、朝鲜、新西兰、韩国、印度尼西亚、中国香港等7个国家和地区，出席5次国际会议，进行2次双边交流。

学会及直属分会公开出版和内部发行的刊物18种，全年累计发行60余万册期刊。各编辑部坚持以高质量、高水平的出版物奉献社会，为行业的发展、学术和科技水平的不断提高，做出积极贡献。在保证做好期刊出版的同时，积极开展与刊物密切相关的多项学术交流、竞赛活动，赢得社会和业界的广泛认可。

学会进一步加大会员工作的力度，在会员的管理与服务上有新的突破，主要有：10月17日，中国建筑学会在故宫隆重举行资深会员颁证仪式。在故宫博物院举行颁证仪式，具有中国建筑文化的浓厚氛围，有特殊和重要的意义。

学会秘书处认真贯彻理事会的各项决议，注重发挥理事的作用，体现民主办会的原则，与此同时，综合服务质量及办事效率得到进一步提高，为学会各项活动的开展提供保证。

【发展和繁荣中国建筑文化座谈会】 1月5日在人民大会堂召开"发展和繁荣中国建筑文化座谈会"。来自建筑界和新闻媒体的代表共100余人参加座谈会。建设部老领导叶如棠、周干峙、宋春华，以及张锦秋、马国馨、崔愷院士等，就发展和繁荣中国建筑文化提出宝贵的意见和建议，车书剑理事长代表学会向全国建筑界工程技术人员发出《发展和繁荣中国建筑文化倡议书》，得到与会嘉宾积极赞同。会后学会秘书处整理《院士专家对发展和繁荣中国建筑文化的建议》，上报住房城乡建设部，同时也发至学会的直属分会和各地方学会，全国多家新闻媒体对会议内容进行报道。这次会议对积极倡导贯彻落实节能减排方针，反对建筑实践中过度装饰、追求形式、盲目攀比等浪费资源的倾向，为树立中国建筑文化自信、进一步推进中国建筑文化发展、繁荣中国建筑文化产生重要和积极的影响。

【全国甲级建筑设计院建筑创作方向工作会议】 3月16～17日，学会在北京京西宾馆召开"全国甲级建筑设计院建筑创作方向工作会议"。住房城乡建设部副部长齐骥，建设部老领导叶如棠、毛如柏、周干峙等出席大会开幕式，来自全国28个省、自治区、直辖市建筑设计单位、建筑类高校，以及香港、澳门地区建筑界，新闻媒体代表500余人参加会议。中国建筑学会顾问、两院院士吴良镛向大会发来

"寄语青年同行"贺信。车书剑理事长致开幕词,秘书长徐宗威等7位特邀嘉宾作了大会发言,60余位代表分别在3个分会场进行即席发言。围绕新时期中国建筑创作方向等议题进行广泛而深入的交流。会后,学会秘书处整理会议总结,上报住房城乡建设部和中国科协。住房城乡建设部办公厅4月18日在《建设工作简报》第34期以专刊形式印发此次会议的情况报道。

【"建筑我们的和谐家园"2012年会】 10月15~18日,举办以"建筑我们的和谐家园"为主题的年会,与会人员1000余人,会议交流论文359篇,出版论文集2册,评出优秀论文115篇。在年会开幕式上,两院院士、国家最高科学技术奖获得者吴良镛作了题为"人居环境与审美文化"的主旨报告,业界60多位知名专家、院士、大师以及部分优秀论文作者进行发言。与以往年会不同的是,此届中国建筑学会年会不是简单被定义为中国建筑师的年会,而是广大中国建筑科技工作者交流、学习的盛会。年会得到广大建筑科技工作者和社会各界的广泛关注和参与,以"业界广泛重视,学术水平高、综合性强,会议内容丰富、形式多样"等特点受到各界的积极赞誉和好评,也进一步使"发展和繁荣中国建筑文化、建筑我们的和谐家园"的观念深入人心。

【"资深会员"故宫颁证仪式】 10月17日,中国建筑学会在故宫隆重举行资深会员颁证仪式。在故宫博物院举行颁证仪式,具有特殊和重要的意义。

【车书剑出席第九届亚洲建筑国际交流会和亚洲建协第15次建筑师大会】 10月,以车书剑理事长为团长的中国建筑学会代表团赴韩国光州出席第九届亚洲建筑国际交流会。亚洲建筑国际交流会由中、日、韩三国建筑学会轮流主办,每两年举行一次,中国将承办2014年第十届亚洲建筑国际交流会。代表团出席在印尼巴厘岛召开的亚洲建筑师协会第15次建筑师大会和第33次理事会。在此次会议上,北京市建筑设计研究院有限公司提交的北京奥林匹克下沉花园获得亚洲建筑师协会颁发的金奖。

【第六届梁思成奖在人民大会堂颁奖】 12月21日,第六届梁思成建筑奖颁奖仪式在人民大会堂举行,住房城乡建设部副部长郭允冲、老领导叶如棠、学会理事长车书剑等出席会议,并为2位获奖专家刘力、黄锡璆以及3位获得提名奖专家孟建民、陶郅、唐玉恩颁发奖章和证书。中央电视台新闻联播节目进行相关报道。

(中国建筑学会 撰稿:魏巍)

中国土木工程学会

【工作概况】 2012年,中国土木工程学会(以下简称"学会")新发展团体会员65个,个人会员202人,团体会员共666个,个人会员总人数达42100人。

6月15日,召开学会第九次全国会员代表大会及九届一次理事和常务理事会议。大会选举产生第九届理事会,住房和城乡建设部郭允冲副部长当选为理事长。

审核批复防护工程分会、工程质量分会换届改选,完成计算机应用分会负责人变更申请和备案工作。

2012年,共举办学术会议72次,参会人数1.1万人次,出版论文集38种,提交论文2782余篇。10月在昆明召开的学会第十五届年会暨隧道及地下工程分会第十七届年会、5月在武汉举办的第二十届全国桥梁学术会议、8月在上海举办的2012国际桥梁与隧道技术大会桥隧会议、8月在哈尔滨举办的第六届全国防震减灾工程学术研讨会、10月在长春举行的2012中国城市轨道交通关键技术论坛、4月在北京举办的"2012中国国际轨道交通技术展览会(CRTS China 2012)"及相关学术会议、10月在北京召开的第二届全国工程风险与保险研究学术研讨会等。

年度内学会组织开展"十二五"国家科技支撑计划课题"软土地下空间开发工程安全与环境控制"的研究任务。主要完成课题任务书及实施方案的审核论证、子课题任务书的签署,召开课题启动大会及开展各专题研究工作。学会承担的住房和城乡建设部专项课题"《建设工程抗御地震灾害管理条例》相关问题研究",于4月通过由住房和城乡建设部工程质量安全监管司组织的专家验收。学会承担的住房和城乡建设部专项课题"城市轨道交通工程抗震设防研究",课题组现已完成《城市地下轨道交通工程抗震设防指南(修改稿)》,并已完成《市政公用设施抗震设防专项论证技术要点(地下工程篇)》的编写任务。完成行业标准《人工碎卵石复合砂应用技术规程》(公开征求意见稿)。继续开展《土木工程名词》修订工作。

学会组织完成第十届詹天佑奖(2011年度)评选表彰工作,并组织召开第十届詹天佑奖(包括2010年度、2011年度)颁奖大会。共有55项工程荣获第十届詹天佑奖,有近600人参加颁奖典礼。组织开展百年百项杰出土木工程推评活动。组织完成2012年度中国土木工程学会优秀毕业生评选工作,有26名同学被授予2012年中国土木工程学会高校优秀毕业生称号。开展中国土木工程学会第十优秀论文奖的评选工作,共推评出优秀论文一等奖2篇,二等奖5篇,三等奖13篇,鼓励奖16篇。学会推荐申报的"苏通大桥展览馆"被中国科协认定为"全国科普教育基地"。

学会桥梁与结构工程分会理事长项海帆院士荣获IABSE国际结构工程终身成就奖。编辑出版《土木工程学报》、《现代隧道技术》、《防护工程》、《建筑市场与招标投标》、《煤气与热力》、《城市公共交通》、《公交信息快递》、《城市公交》文摘报、《预应力技术与工程应用》、《空间结构简讯》、《土木工程师》、《城市道桥与防洪》等期刊。

【中国土木工程学会第九次全国会员代表大会】 6月15日,学会第九次全国会员代表大会暨九届一次理事会议在北京召开。来自中国科学技术协会、民政部,建设、铁道、交通、水利以及相关学(协)会约300名代表参加会议。中国科学技术协会程东红副主席、住房和城乡建设部郭允冲副部长出席开幕式并讲话。

学会第八届理事长谭庆琏代表八届理事会作了工作报告。会议审议通过中国土木工程学会第八届理事会工作报告、财务工作报告以及《中国土木工程学会章程》(修改草案)等报告。选举产生以住房和城乡建设部副部长郭允冲为理事长,铁道部副部长卢春房、交通部副部长冯正霖、住房和城乡建设部机关党委常务副书记杨忠诚、清华大学副校长袁驷、同济大学原常务副校长李永盛、中国建筑工程总公司董事长易军、中国铁路工程总公司董事长李长进、中国铁建股份有限公司董事长孟凤朝、中国交通建设集团有限公司总裁刘起涛、中国建筑科学研究院院长王俊为副理事长,张雁为秘书长,铁道部副总工安国栋、交通部总工周海涛为副秘书长的中国土木工程学会第九届理事会领导机构。来自学会专业分会、地方学会、单位会员以及行业管理部门等单位共计259名代表当选为中国土木工程学会第九届理事会理事。会议还对八届理事会期间学会工作先进集体和先进工作者进行表彰,共有50个单位和81名个人分别获得中国土木工程学会"先进集体"和"先进工作者"荣誉称号。

【中国土木工程学会第十五届年会暨隧道及地下工程分会第十七届年会】 10月9~12日,中国土木工程学会第十五届年会暨隧道及地下工程分会第十七届年会在昆明召开。此届年会由中国土木工程学会和中国土木工程学会隧道及地下工程分会共同主办,中国铁建十六局集团有限公司承办。中国工程院王梦恕、杨秀敏、周丰峻、郑颖人、马洪琪、王景全6位院士以及来自全国隧道及地下工程领域的专家、学者及工程技术人员约420余人出席大会。

此届年会分为大会报告和分组报告两个阶段。在大会报告会上,马洪琪、王梦恕、郑颖人与周丰峻、杨秀敏5位院士分别就"中国水利水电地下工程安全建设技术、国家需求和前沿技术研究"、"我国高速铁路技术发展现状及未来趋势"、"隧道设计理念与计算方法"、"大跨度岩土工程建设与技术进展"、"数值模拟技术在岩土动力学领域的应用"作了精彩发言,范玫光副总工程师、郭陕云理事长、蒋树屏研究员、洪开荣总工程师、周文波副总裁、赵勇教授级高工也就"高强热处理节能钢筋在工程中的应用分析"、"论隧道及地下工程建设风险管理的有效性"、"十年来公路隧道科技发展"、"钻爆法跨江越海隧道关键技术与工程实践"、"上海超大直径盾构法隧道施工技术综述"、"软弱围岩隧道施工技术"作了相应的报告,和参会人员共同分享隧道与地下工程学科的研究及应用新成果。与会人员还围绕"隧道技术施工、安全风险、产品研发等"、"工程设计、理论研究及其他"等主题进行分组报告与讨论。

年会共收到论文114篇(其中:"综述与探讨"21篇、"研究与分析"26篇、"勘察与设计"9篇、"施工技术"58篇),发表在隧道及地下工程分会会刊《现代隧道技术》(增刊),会上共交流论文40

余篇。

【第二十届全国桥梁学术会议】 第二十届全国桥梁学术会议于5月15～17日在武汉市召开,来自全国各地桥梁界专家学者近600人参加会议。

会议开幕式由桥梁及结构工程分会秘书长肖汝诚主持,湖北省交通厅尤习贵厅长到会致欢迎词,桥梁及结构工程分会常务副理事长葛耀君致开幕词,中国公路学会桥梁和结构工程分会理事长张喜刚向大会致贺词,最后,中国土木工程学会秘书长张雁发表重要讲话,他首先代表谭庆琏理事长对会议的召开表示热烈的祝贺,并结合会议主题总结我国桥梁建设取得的成就,指出存在的问题及与世界先进水平存在的差距,提出要从四个方面加强对桥梁重大问题的研究探讨。中国工程院邓文中、郑皆连、王景全、秦顺全院士、交通部原总工凤懋润也参加大会。

此次会议的主题是"理念、创新、经济、耐久"。围绕上述主题,大会共录用论文175篇,并由人民交通出版社出版论文集,在国内公开发行。

【第十届中国土木工程詹天佑奖颁奖典礼】 3月27日,第十届中国土木工程詹天佑奖颁奖典礼在北京友谊宾馆隆重举行。住房和城乡建设部副部长郭允冲,交通部副部长冯正霖,中国科学技术协会副主席、党组副书记程东红,国家科技奖励工作办公室主任邹大挺,住房和城乡建设部原副部长、中国土木工程学会理事长谭庆琏,铁道部原副部长、中国土木工程学会副理事长蔡庆华,交通部原副部长、中国土木工程学会副理事长胡希捷,中国土木工程学会副理事长徐培福,铁道部原总工程师王麟书,交通部原总工程师凤懋润、蒋千,水利部原总工程师朱尔明,以及住房和城乡建设部、铁道部、交通部、水利部、科学技术部、中国科学技术协会、中国工程院、北京市民政局、北京市科学技术协会等单位领导,荣获第十届詹天佑奖的获奖单位代表和来自全国各省市的土木建筑科技工作者近600人参加颁奖典礼。

颁奖大会由蔡庆华主持并致欢迎辞;郭允冲、程东红、邹大挺、谭庆琏分别在大会上发表讲话;胡希捷宣读第十届詹天佑奖颁奖决定。会上向上海环球金融中心等55项获奖工程颁发詹天佑奖荣誉奖杯。

(中国土木工程学会　撰稿:张君)

中国风景园林学会

2012年,中国风景园林学会(以下简称"学会")在中国科学技术协会、住房和城乡建设部、民政部等部门的领导和支持下,认真努力落实第四届第四次理事会议和四届六次常务理事会议精神,按照年度工作计划,各项工作扎实推进。

【年度主要工作】 3月,学会四届六次常务理事会议在北京召开。会议讨论并原则通过《中国风景园林学会2011年工作总结和2012年工作计划》、《中国风景园林终身成就奖评选办法(试行)》和《中国风景园林学会先进集体和先进个人评选办法(试行)》等文件。10月,学会第四届第五次理事会议暨四届七次常务理事会议在上海召开,会议讨论通过《中国风景园林学会理事会换届方案》和《中国风景园林学会第四届理事会关于延期换届的意见》,将换届时间拟定为2013年10月。

学会和各分支机构共举办学术和行业性会议16次,参加2690人次,交流论文460篇。其中,国际会议2次,参加830人次,交流论文280篇。会议次数较上年增加1次,增加274人次,论文数量208篇。在学术交流方面,着力提高办会质量,提升交流实效。进一步完善学会年会申办程序,依据《中国风景园林学会年会管理及实施办法(试行)》,在会员单位中公开征集2013年会承办单位。2013年初步确定在湖北省武汉市举行,由武汉市园林局等单位具体承办。

10月22～24日,国际风景园林师联合会(IFLA)亚太区、学会、上海市绿化和市容管理局共同主办,在上海举办IFLA亚太区会议,学会2012年会同期举行,主题为"风景园林让生活更好(Better Landscape, Better Life)"。

11月23～24日,学会和武汉大学共同主办,在武汉大学召开"纪念计成诞辰430周年国际研讨会",主要围绕我国明代造园家计成的造园思想及其《园冶》著作进行研讨。会议进行8个主旨演讲和24个专题报告。会议旨在以《园冶》研究为出发点，推动作为一级学科的风景园林学的理论和历史研究。

年内，学会分支机构举办的会议有，5月在南京举办的"2012年中国风景园林教育大会暨风景园林院系负责人联席会议"，8月在乌鲁木齐举办的"第十三届中国风景园林规划设计交流会"，10月在杭州举办的菊花研究专业委员会第21届学术年会等。

9月，学会组织会员代表参加在南非召开的"第49届IFLA世界大会"并对南非、肯尼亚等地的风景园林进行考察。期间，对将于2013年举办的第九届中国(北京)国际园林博览会和第十一届中国(北京)菊花展进行推介。

9月，由学会、日本造园学会和韩国造景学会共同主办的"第十三届中日韩风景园林学术研讨会"在韩国召开。学会组织会员代表参会，并选送论文15篇，其中3篇在会上作了宣读。会议商定，第十四届中日韩风景园林学术研讨会于2014年在中国举办。在韩期间，中韩双方还召开"纪念中韩风景园林界交流20周年纪念会议"，理事长陈晓丽在会上致辞。菊花研究专业委员会主任委员张树林、学会业务部副主任付彦荣分别代表中方在会上发言。

学会还接待IFLA秘书长伊利亚·莫查洛夫(Ilya Mochalov，俄罗斯)、IFLA副主席、欧洲风景园林协会主席奈吉尔·索恩(Nigel Throne，英国)等的来访。陈晓丽、副秘书长刘晓明等应邀参加国际古迹遗址理事会(ICOMOS)、IFLA国际文化景观科学委员会在杭州举办的世界文化景观国际峰会。

【评奖工作】 2012年，学会继续推荐国内优秀项目参加"IFLA亚太区风景园林奖"评选，在总共9个获奖项目中，中方占得8个，较2011年又增加2个，是参加此项评奖以来，成绩最好的一次。《阜新玉龙新城核心区风景园林规划与设计》、《深圳水土保持公园》分获规划类和土地管理类一等奖。

学会进一步完善科技奖励工作，启动并完成首届"中国风景园林学会科技奖"和"中国风景园林学会优秀管理奖"评选，设置奖项数量达到7项。2012年，"中国风景园林学会科技奖"评出获奖科技成果8项，包括一、二等奖各2项和三等奖4项。获一等奖的项目为"杨柳飞絮控制技术的研究与示范"和"上海世博会绿地建设创新技术与集成应用"。

"中国风景园林学会优秀管理奖"评出获奖单位46个，优秀管理工作者9人。2012年度"中国风景园林学会优秀园林工程奖"评出获奖工程项目195项，包括大金奖4项，金奖114项，银奖62项，铜奖15项。

为配合在上海举办的IFLA亚太区会议，学会举办IFLA亚太区大学生设计竞赛，收到参赛作品108份。评出获奖作品13份，其中一、二、三等奖各1份，评委奖10份。所有奖项均由中国大学生获得，也是历届竞赛中成绩最好的一次。

另外，学会向中国科学技术协会推荐的赵世伟、张浪和包满珠三位科技人员，获"第五届全国优秀科技工作者"称号。

【承担政府委托的多项工作】 学会继续协助住房和城乡建设部，推动建立风景园林师职业制度。10月，住房和城乡建设部城建司和人事司联合向主管部长报告，加快筹备工作并组建领导班子。10月，报告得到批复。随后，学会对第一次领导班子会议作了相关筹备。

学会继续配合住房和城乡建设部做好《国家职业分类大典》修订工作，多次修订相关职业的《修订建议表》。4月，配合住房和城乡建设部，召开"专家审核会"。受住房和城乡建设部委托，学会园林工程分会着手编制园林绿化工程施工现场专业人员职业标准(部标)。应住房和城乡建设部的安排，学会申报"中日城市绿地防灾减灾功能评价和优化技术合作研究"，作为科技部"2012年国际科技合作项目建议"。

【组织工作】 学会开展于2013年举办的第十一届中国(北京)菊花展览会的筹备，全面参与展出方案、招展计划、展会标识审核工作。配合菊花展览办公室，组建"专家委员会"，编印《邀展手册》，开展全国招展。另外，落实住房和城乡建设部交办的第九届中国(北京)园林博览会的相关筹备任务，包括高层论坛和展园评奖方案拟定等。

11月，菊花研究专业委员会和杭州市人民政府共同在杭州举办"第五届中国菊花精品展暨杭州市第三届菊花艺术节"，主题为"菊花与文化"。展会包括中国菊花精品篇、室外景点篇、艺菊篇、菊科作物篇、科普篇、插花篇、群众篇等七大内容。展区总面积5万余平方米，用花70余万盆。展出菊花品种约800个，菊科植物100余种。展览会既是丰富群众生活的文化活动，也是学会传播菊花科学知识的一次科普活动。

继续加强与地方风景园林行政主管部门和地方学(协)会的联系。10月，在上海召开"全国各省风景园林学(协)会理事长交流会"。12月，在南宁召开"全国风景园林学(协)会秘书长工作会议"。会上，讨论建立中国风景园林学会信息员网络，并原则通过《中国风景园林学会信息员工作制度》。

广东园林学会开展成立50周年纪念，湖北省风景园林学会进行换届改选，鄂尔多斯市园林绿化协会和邯郸市园林绿化行业协会组建成立。

向中国科协和民政部申报成立科技工作委员会、文化景观专业委员会、历史理论与文化遗产保护专业委员会、园林公共艺术专业委员会四个分支机构。其中，园林公共艺术专业委员会已获批准并正式组建成立。园林植物与古树名木专业委员会进行换届改选。贾祥云再次当选为学会园林植物与古树名木专业委员会新一届主任委员。

学会新吸收单位会员61个，个人会员505人。截至2012年底，已经完成中国科协统一换证登记的单位会员达522家，个人会员3291人。自4月起，学会开展向会员单位免费赠送学刊《中国园林》。

学刊《中国园林》再次入选2012版《中文核心期刊要目总览》(中文核心期刊)，是"中国科技论文统计源期刊"(中国科技核心期刊)。期刊影响因子为0.344，被引频次为734。与平均水平持平，较上一年度分别上升39%和1.6%。

秘书处首次进行工作人员正式的年度工作考核。

【2012国际风景园林师联合会(IFLA)亚太区会议暨中国风景园林学会2012年会】 由国际风景园林师联合会(IFLA)亚太区、中国风景园林学会、上海市绿化和市容管理局共同主办，上海市风景园林学会具体承办，10月22~24日，在上海举办IFLA亚太区会议。学会2012年会同期举行。会议被中国科协选定为2012年度"前沿高端学术会议活动"之一，给予经费支持。

会议主题为"风景园林让生活更好(Better Landscape, Better Life)"，约820位国(境)内外专家、学者、在校学生参会。IFLA副主席(亚太区负责人)拿督伊斯麦(Dato Ismail Ngah)、国际古迹遗址理事会(ICOMOS)、IFLA文化景观科学委员会主席莫妮卡·芦恩格(MónicaLuengo)、中国科协学会学术部副部长刘兴平、中国教科文组织全国委员会副秘书长秦昌威、住房和城乡建设部城市建设司副司长李如生、上海绿化和市容管理局局长马云安等出席会议并致辞。学会理事长陈晓丽主持开幕式并宣读住房和城乡建设部副部长仇保兴的书面致辞。

会议设6个分会场，交流84个学术报告，涉及风景园林遗产与文化景观保护、风景园林的规划与设计、工程管理与技术、风景园林植物研究、风景园林管理和教育等。

会议收录英文论文67篇，编制《2012IFLA亚太区会议论文集》(光盘版)，收录中文论文198篇，公开出版《中国风景园林学会2012年会论文集》，并评出年会优秀论文17篇。会议同期举办IFLA亚太区大学生营活动。

【召开纪念计成诞辰430周年国际研讨会，推动理论历史研究】 11月23~24日，中国风景园林学会和武汉大学共同主办，在武汉大学召开"纪念计成诞辰430周年国际研讨会"，主要围绕中国明代杰出造园家计成的造园思想及其《园冶》著作进行研讨。来自国内外相关领域的100余位专家、学者参会。

中国风景园林学会理事长陈晓丽、湖北省住房和城乡建设厅副厅长张学锋、武汉大学副校长谈广鸣、华中农业大学副校长高翅和武汉市园林局局长苏霓斌等领导参会并致辞。

中国工程院院士孟兆祯、来自英国的《园冶》研究专家爱丽森·海迪(Alison Hardie)、天津大学教授王其亨、风景园林美学专家金学智等8位国内外知名专家作了主旨演讲，内容包括《园冶》理论在国外的传播和影响，"借景"、"入境式设计"等《园冶》理论探析、《园冶》美学思想和计成作品"影园"的剖析等。

会议设3个分会场，围绕《园冶》综合研究、《园冶》与古典园林艺术和《园冶》的哲学观及造园技术三个专题，交流24个专题报告。会议认为，计成是中国明代著名的造园理论家和实践家，其著作《园冶》是世界最早的园林学专著之一。进一步开展《园冶》理论和计成造园实践的研究和研讨，对继承和发扬以《园冶》为代表的中国园林传统文化精华，具有重要现实意义。

会议收到相关学术论文50余篇，编印会议论文集。会议是围绕计成造园思想和《园冶》论著的一次高层次、国际性专题研讨会，旨在推动作为一级学科的风景园林学的理论和历史研究，促进学科理论体系的不断完善。

会议期间，还就组建中国风景园林学会理论与历史专业委员会进行商讨，初步议定委员会的主要任务、组织构成、工作办法等。

(中国风景园林学会　撰稿：付彦荣)

中国市长协会

【概况】 2012年,中国市长协会在各城市政府及市长的大力支持下,坚持"为城市发展服务,为市长工作服务"的宗旨,积极开展各项活动,圆满地完成各项工作任务。

【围绕城市热点、难点问题举办专题研讨会】

(1) 4月11~12日,由中国市长协会主办的"城市社会管理创新座谈会"在广州召开。来自北京、天津、杭州、沈阳、长沙、哈尔滨等14个城市的政府主管部门领导30余人参加会议。

(2) 4月18~19日,由中国市长协会组织的以"实施城市公共节能减排,推动节能型城市建设"为主题的城市节能减排座谈会在京召开。来自广州、沈阳、武汉、南宁、石家庄、郑州、银川等10多个城市的驻京办主任等相关领导出席座谈会。

(3) 7月27日,由中国市长协会作为主办方之一的泛珠三角省会城市市长论坛在贵阳举行,至此已成功举办八届。同期还召开"2012生态文明贵阳会议"。来自广州、成都、福州、南昌、长沙、南宁、海口、贵阳、昆明9个省会城市市长和香港、澳门特别行政区政府代表参加会议。泛珠三角市长论坛已经成为中国规模最大、范围最广、交流领域最宽的区域协调机制。

(4) 9月15日,中国市长协会参与主办"北京CBD商务暨世界CBD联盟城市论坛"。

(5) 9月17日,中国市长协会与《房地产导刊》在沈阳举办房地产高层论坛。

(6) 11月28日,中国市长协会在广州举办"国际城市咨询研究机构和中国城市小型座谈会"。来自国内外研究机构和城市政府领导共计30人参加会议。

(7) 12月10日,中国市长协会与上海健康产业发展促进协会在上海共同举办"两岸健康城市论坛"。

【加强国际交流与合作】 (1) 6月22日,中美城市经济合作和投资会议在南京举行。此次会议旨在落实中美双方在胡锦涛主席2011年1月份访美、习近平副主席2012年2月份访美和第四轮中美战略与经济对话上达成的关于推进中美地方层级经济合作的重要共识。会议由中美两国财政部牵头,中方商务部、贸促会、中国市长协会和美方商务部、美国市长协会、美中贸委会及中国美国商会共同主办,南京市人民政府承办。中国财政部、外交部、国家发展改革委、商务部和美国财政部、商务部的高级官员,中美两国50多个城市的市长及代表,两国市长协会、商会及200多家企业的代表参加会议。财政部部长谢旭人出席开幕式并致词。美国财政部部长盖特纳发来贺信。会议包括中美市长政策论坛、"南京日"主题活动、投资促进活动和合作项目签约仪式等内容。在中美市长政策论坛上,与会双方市长代表围绕基础设施投资和融资、推进服务业发展、中小企业发展和创造就业等共同关心的议题进行讨论,加强对各自发展经验的交流借鉴,共同探讨未来合作机遇。会议期间,双方城市和企业签署42项合作协议,签约合同金额共计34亿美元。4家中国企业公布在美投资项目,合同投资额共计7000万美元。来自中美两国29位市长及中国贸促会、美中贸委会、中国美国商会、中美两国市长协会的主要负责人见证签约仪式。

(2) 9月2~6日,由联合国人居署主办的第六届世界城市论坛在意大利城市那不勒斯召开,共有152个国家的8271名代表出席此届论坛。此届论坛的主题是"城市的未来"。近百位市长出席"市长圆桌会议"。此届论坛上,举行由中国市长协会、联合国人居署、国际欧亚科学院中国科学中心联合出版的《中国城市状况报告2012/2013》首发式。

(3) 根据中组部"182"计划,举办"清华——耶鲁环境与城市可持续发展高级研究班"。由中央纪委驻住房和城乡建设部纪检组组长杜鹃为团长,来自全国14个省(市、自治区)的市委书记、市(州)长、有关部门领导及相关工作人员共23位成员,于6月4~22日在清华大学和耶鲁大学进行为期三周的学习和考察。研究班的主题是"环境与城市可持续发展",核心目标是为中国大中城市领导、中央和国家机关有关部委领导干部提供关于城市管理、可持续发展、环境保护、生态文明建设、能源及应对气候变化等方面的高层次培训,以强化环境和可持续发展理念,提高推进科学发展的能力。

(4) 9月20日，由中国住房和城乡建设部与欧盟能源司共同主办，中国市长协会和欧盟市长盟约组织共同承办的首届中欧市长论坛在欧盟地区委员会总部布鲁塞尔举行。此届论坛有来自北京、天津、重庆、深圳、武汉、无锡、烟台等16位中国城市的市长、副市长以及柏林、赫尔辛基、巴塞罗那、哥本哈根、尼科西亚、安特卫普、索非亚等几十个欧方城市的市长、专家学者齐聚一堂，交流城市建设经验，探讨互利合作，共同推进城市可持续发展。论坛的主题是"生态城市规划建设、建筑节能以及人居环境改善与可持续城市管理"。中外城市简短地概括介绍和双方问答互动，实实在在摆出中欧城市发展的共同问题和方向。气氛热烈，加深中欧双方及中外城市的相互了解和认识。

(5) 根据中组部"182"计划，10月14日～11月2日，以住房和城乡建设部总工程师陈重为团长的中国市长代表团一行16人参加中德两国政府间合作项目——经济结构转型与城市建设管理专题研究班（总期第32期中德城市管理研讨班）。赴德国前，学员们在北京进行为期4天的国内培训，18日，在北京举办第四届中德市长峰会和中德项目合作30周年纪念活动。

(6) 由马来西亚—中国商务理事会、亚洲策略与领导研究所主办，中国市长协会作为支持单位的"第四届世界华人经济论坛"于11月12～13日在澳大利亚墨尔本市召开。此届论坛的主题为"中国—澳大利亚—东盟伙伴关系：未来无限"，共有来自澳大利亚、马来西亚、新加坡、菲律宾、泰国、中国等国家的政府官员、学者、企业家近400余人出席论坛。

【开展适合女市长特点的各项活动】 (1) 8月18～29日，女市长分会"女市长爱尔慈善基金"承办美国斯达克基金会在北京、西安、成都向6000名听障人士捐助助听器活动。

(2) 5月6～11日，中国市长协会与新加坡政府主办的"第22期中国市长研讨班"在新加坡举行。此期市长研讨班由女市长组成。通过学习，女市长们对新加坡的城市管理及教育、医疗状况给予很高评价。在深入探讨新加坡成功管理经验的同时，还展现中国女市长的风采。离开新加坡后，应日本日中友好协会的邀请，女市长团对日本进行顺访并对日本的农业、社区建设等方面进行考察；

(3) 12月6～8日，中国市长协会在上海举办第十四期全国女市长研讨班。

【继续做好《中国市长》杂志的编辑出版工作】 一年来，《中国市长》编辑部对协会重大活动基本做到事先有策划，事中有跟踪，事后有报道。例如年初对协会与中国国际交流中心和美国保尔森中心"未来城市"论坛的报道；二月份对"中国最幸福感城市五周年庆典"的报道；三月份对两会的报道；四月份对"城市管理创新座谈会"的报道；五月份对《2011中国城市发展报告》的报道；六月份对新加坡市长班的报道；七月份对中美"清华—耶鲁"市长班的报道；八月份对"第八届泛珠三角省会城市论坛"的报道；九月份对"第六届世界城市论坛"的报道；十月份对"中欧城市市长论坛"的报道。同时，对有关城市建设以及市长工作进行多方面多角度的报道。

【继续做好《中国城市发展报告》和《中国城市状况报告(2012/2013)》的研究出版工作】 (1) 由中国市长协会主办的《中国城市发展报告2011》卷正式出版，并于5月9日在北京举行首发式，后又分别在上海、广州召开发布会。《中国城市发展报告》自2001年起已连续出版十卷，系统地记述中国城市的发展过程。《中国城市发展报告(2011)》卷以"十二五规划·构建和谐社会、幸福城市"为主题，特邀数十位院士、专家和学者撰稿，全面记述中国城市发展的热点、焦点问题和典型案例。《报告》分为六大板块，共80万字。

(2) 为向世界介绍中国的城市发展状况，加强与世界的沟通，中国市长协会与国际欧亚科学院中国科学中心、联合国人居署继出版《中国城市状况报告2010/2011》后，共同编写出版《中国城市状况报告2012/2013》。9月4日，在意大利那不勒斯市召开第六届世界大城市论坛上，举行《中国城市状况报告(2012/2013)》首发式。《报告》记录中国各级政府的各类新举措，这些政策和实践将对世界各地的发展中城市提供有益的参考，有助于他们解决其自身面对的城市化挑战。

【信息服务与咨询】 (1) 协会网站的建设工作。协会网站已完成基本建设，会员专区已经建好，其中已建成舆情监测栏目（每月提供一次舆情监测报告）和地方政府经济社会管理动态栏目（每周更新一次）。公共页面中"城市之窗"栏目建成一个各地方政府网站的导航地图，并在城市之窗中显示各城市政府网页内容，点击城市链接可指向该城市政府官方主页；中国市长协会已在新浪微博上开设官方微博，发布传递协会最新信息，与各地市官方政务微博相互关注；中国市长协会与中国电子信息产业发展研究院合作撰写《智慧城市：规划 建设 评测》一书。该书撰稿工作已完成,在2013年1月正式发布;搜狐"寻美中国"活动正式启动。中国市长协会作为支持单位积极参与。

(2)城市咨询工作:9月15~16日,应黑龙江省黑河市人民政府邀请,中国市长协会城市咨询委员会一行15人,于9月15~16日赴黑河市开展咨询调研活动。咨询委一行重点考察城镇建设、旅游产业、交通事业等方面的情况,并召开咨询座谈会,与黑龙江省黑河市相关负责同志进行交流。

(中国市长协会)

中国城市规划协会

【概况】 2012年,中国城市规划协会按照党的"十七大"、"十八大"精神,围绕国家"十二五"规划纲要,结合住房和城乡建设部的中心工作和协会年初制定的工作要点,扎实工作,开拓进取,通过组织开展多种多样的行业活动提高协会影响力和行业凝聚力,充分发挥协会的积极作用,有力地推动规划行业的发展进步,为加强城乡规划行业管理和促进行业发展做了大量的工作,各项工作都取得很大进展。

1. 精心打造协会优势品牌活动,全面提升行业影响

【"2011年度全国优秀城乡规划设计奖"评选工作】 2011年7月,"2011年度全国优秀城乡规划设计奖"评选活动全面启动,按照《全国优秀城乡规划设计奖评选管理办法》的有关规定以及第二届全国优秀城乡规划设计奖评选组织委员会(以下简称"组委会")的要求,此届评优工作通过各省、市协会及二级专业委员会的组织评审推荐,共收到申报项目1266项,按类别分为城市规划类、村镇规划类、城市勘测类、规划信息类、风景名胜区类进行评选,共评选出获奖项目501项。历时一年时间,于2012年6月结束。其中:城市规划类共收到申报项目600项,评出获奖项目241项(一等奖20项,二等奖57项,三等奖106项,表扬奖58项);村镇规划类共收到申报项目201项,评出获奖项目67项(一等奖6项,二等奖22项,三等奖39项);城市勘测类共收到申报项目383项,评出获奖项目160项(一等奖13项,二等奖39项,三等奖77项,表扬奖31项);规划信息类共收到申报项目40项,评出获奖项目20项(一等奖2项,二等奖6项,三等奖12项);风景名胜区类共收到申报项目42项,评出获奖项目13项(一等奖1项,二等奖4项,三等奖8项)。

【加强对评优工作的审查力度】 协会在"2011年度全国优秀城乡规划设计奖"评选工作中,共召开四次组委会工作会议,对每个评审阶段的工作方案及进展情况进行汇报,体现组委会的权威性和评优过程的"公开、公正、公平"原则。同时在评优方式上采取更加优化的分类举措。如城市规划类项目按法定规划与非法定规划分类评审,体现评审工作的创新性,另外通过对"全国优秀城乡规划设计奖申报评审系统"的试运行,提高评优工作效率。为表彰在此次评优工作中做出突出贡献的部门及个人,提高各省市评优工作的积极性,经各省、自治区、直辖市城市规划相关部门积极申报和推荐,共有37个单位评为"最佳组织奖",34名同志获得"最佳组织奖先进个人"荣誉称号。

【编辑出版《全国优秀城市规划获奖作品集(2011~2012)》】 评优工作结束后,中国城市规划协会将获奖项目汇编成册出版,为提高编书质量,中国城市规划协会邀请到行业内专家召开编辑座谈会,在征求意见的基础上,将作品集按项目规划类别分为三册编辑,上册主要包括:区域规划、城镇体系规划、城市总体规划和近期建设规划及其相关研究等;中册包括:控制性详细规划、修建性详细规划、城市设计及其相关研究等;下册以专项规划为主,包括:交通规划、市政公共设施规划、历史文化保护规划、绿地系统规划及其相关研究等。

【召开"转型 创新 发展——2012年中国城市规划协会会员代表大会"】 9月10~11日,中国城市规划协会与西安市人民政府主办,西安市规划局、西安市城市规划设计研究院承办的"转型 创新 发展——2012年中国城市规划协会会员代表大会"在西安召开。会议围绕"转型 创新 发展"这一主题,邀请到国务院发展研究中心原党组书记、副主任陈清泰,故宫博物院院长单霁翔,中国科学院院士、中国工程院院士李德仁,中国工程院院士、西北建筑设计研究院总建筑师张锦秋以及中国工程院院士、中国城市规划设计研究院学术顾问邹德慈等知名专家院士分别从经济、文化、建筑、历史、智慧城市等角度作了主旨报告。会议还结合协会的七个二级专业委员会的职能分工，设置"城市规划管理创新"、"规划院改革与发展"、"转型发展背景下的规划师责任"、"智慧城市与城市安全"等分论坛。会议期间对"2011年度全国优秀城乡规划设计奖获奖"项目进行颁奖与点评，同时开展"我和我的城市"第三届城市规划行业摄影作品展等活动。会议期间还召开协会第三届五次常务理事会，原则通过协会工作报告，以及第三届理事会常务理事人员变动情况报告和财务报告。

2. 反映会员单位诉求，积极支持地方活动

【召开2012年全国省规划院联席会】 7月，"2012年全国省规划院联席会"在贵阳召开。会议以"聚焦转型，共谋发展"为主题，与会代表围绕"省规划院的转型与发展"、"新型工业化与西部地区的城镇化"等行业热点问题展开交流。会议通过《全国省规划院联席会倡议书》，并确定下一届联席会承办单位。

【参加第七届泛珠三角区域城市规划院院长论坛】 8月，中国城市规划协会派员参加"第七届泛珠三角区域城市规划院院长论坛"。会议在城市规划设计及管理方面取得共识，起到加强区域交流与合作的效果。

【参加优质生活圈视角下的澳珠协调发展交流会】 8月下旬，应澳门运输工务司和广东省住房和城乡建设厅的邀请，中国城市规划协会派员赴澳门参加"优质生活圈视角下的澳珠协调发展交流会"。与会嘉宾作了"共建优质生活圈与澳珠协同发展的关系"、"澳珠协同发展——交通与基建对接"等专题报告，通过交流讨论及参观考察形式，共同探讨粤澳合作发展契机。

【参加第22届华东地区规划院联席会】 9月下旬，中国城市规划协会派员参加"第22届华东地区规划院联席会"。华东地区六省一市规划院代表围绕规划设计创新与发展、规划设计改革，结合本单位在规划设计、研究和管理上的创新做法和成功经验，改革发展过程中遇到的问题，进行深入交流。

【参加2012年西南地区规划院联谊会】 9月下旬，中国城市规划协会派员参加"2012年西南地区规划院联谊会"。规划院院长们畅谈西南地区城镇化的特殊性与各规划院人才需求的具体情况，探讨今后城乡规划事业的发展问题。

3. 完成住房和城乡建设部交办的工作，发挥桥梁作用

【完成住房和城乡建设部批准的外事计划】 2012年10月下旬，中国城市规划协会完成赴希腊、土耳其进行的"历史文化遗产及其环境保护"的考察活动，期间考察雅典卫城、以弗所古城等世界著名文化古迹。并与联合国教科文组织驻希腊办事处、土耳其多姆绿色建筑设计集团等国际同行就两国在历史文化遗产保护等方面的经验与成就进行交流和探讨。考察报告已上报至住房和城乡建设部计划财务与外事司。

【完成《国家职业分类大典》修订工作】 受住房和城乡建设部人事司委托，中国城市规划协会在2011年承担《国家职业分类大典》住房和城乡建设行业中关于"城乡规划专业技术人员"（编码2-02-21-01）的修订工作。2011年9月下旬完成全部职业信息收集工作。2012年5月召开"《国家职业分类大典》城乡规划职业信息修订会议"，与会专家就职业名称、定义、主要工作内容等事项形成统一意见；新增规划相关专业技术人员等8类职业所含工种（城乡规划设计专业技术人员、区域与城镇体系规划专业技术人员、建筑设计规划专业技术人员、环境工程规划专业技术人员、城市交通规划专业技术人员、市政工程规划专业技术人员、园林绿化规划专业技术人员、历史文化保护规划专业技术人员），并针对各工种的岗位名称、定义等内容进行讨论，形成修订意见。

4. 加强规划队伍素质建设，抓好继续教育培训工作

【举办两期转型发展创新——城乡规划编制研讨班】 2012年10月至2013年12月，中国城市规划协会围绕"十二五"规划纲要和"十八大"会议精神，结合"2011年度全国优秀城乡规划设计奖"评优工作成果及特点，与地方协会合作，分别在深圳、上海举办两期"转型发展创新——城乡规划编制研讨班"。共邀请12名专家进行授课，共计533名学员参加学习。其中，深圳研讨班以城市总体规划和绿地系统规划为主题，上海研讨班以详细规划和城市综合交通规划为主题进行研讨。两期研讨班针对当前发展态势和需要，选取一些在城市转型期作出积极探索和创新的规划项目，并将研讨与参观考察相结合，与大家进行交流，分享经验，切实把握城乡规划应发挥的作用。同时，互动答疑环节着重解答实际工作中遇到的一些问题，为学员开阔视野和拓宽思路。

5. 关注舆论宣传，提高协会影响力

【完成《中国城市规划年度发展报告（2011—2012）》】 3月，中国城市规划协会与中国城市科学研究会、中国城市规划学会和中国城市规划设计研究院联合编写《中国城市规划年度发展报告（2011—2012）》。中国城市规划协会主要负责"动态篇"的撰写。

【完成《中国数字城市规划专业领域2011年度发展报告》】 中国城市规划协会信息管理工作委员会编辑出版《中国数字城市规划专业领域2011年度发展报告》。该报告概述并分析2011年度国内外数字规划专业领域的发展动态、现状，介绍各地开展探索与实践的情况，为促进同行交流、研讨和促进数字城市规划的健康发展提供可供参考的信息内容和分析观点。

【组织编纂《中国城市交通规划年报》】 12月，中国城市规划协会参与中国城市科学研究会编辑的《中国城市交通规划年报》，主要负责对获得2011年度全国优秀城乡规划设计奖交通类项目进行案例介绍。

【制作《全国优秀城市规划获奖作品集（2007～2012）》光盘】 为了对"全国优秀城乡规划设计奖"获奖项目进行广泛宣传，中国城市规划协会制作《全国优秀城市规划获奖作品集（2007～2012）》光盘。光盘收集2007～2008年度和2009～2010年度"全国优秀城乡规划设计奖"中获一、二等奖的项目，并对《全国优秀城市规划获奖作品集（2011～2012）》进行介绍。在中国城市规划协会会员代表大会及"转型发展创新——城乡规划学习研讨班"系列活动中也为参会代表提供此光盘。

【网站改版】 中国城市规划协会网站由于建设时间较长，存在页面风格陈旧、栏目结构与网站功能单一问题，已不能很好地满足协会提升网络信息服务水平的要求，2012年，中国城市规划协会专门聘请顾问进行网络改版设计。

6. 做好协会组织建设，加强内部管理

【召开2012年会长工作会议暨第二届全国优秀城乡规划设计奖评选组织委员会在京委员会议】 1月，"2012年会长工作会议暨第二届全国优秀城乡规划设计奖评选组织委员会在京委员会议"在北京召开。会议原则通过协会2011年工作情况及2012年工作计划；秘书处对"全国优秀城乡规划设计奖申报、评审系统"建设情况作了汇报；研究讨论并通过将有关奖项纳入"全国优秀城乡规划设计奖"实行分类评选等事宜。

【召开2012年全国城市规划协会秘书长联席会议】 5月，中国城市规划协会在广西南宁召开每年一次的"全国城市规划协会秘书长联席会议"。会议听取中国城市规划协会工作报告及各省、市协会的工作报告，与会代表就各自工作开展情况进行经验交流。会议还介绍"2011年度全国优秀城乡规划设计奖"评选的初步情况，并对历届"全国优秀城乡规划设计奖"评选申报项目中存在的问题以及今后评优工作中应注意的事项与要求作了全面系统的通报。代表们就提升申报项目质量和做好省一级评优组织工作进行交流和探讨，并对优化规划评优工作提出很好的意见和建议。

【召开2012年专、兼职秘书长工作会议】 12月，中国城市规划协会在合肥召开"2012年专、兼职秘书长工作会议"。会议总结2012年协会工作，研究讨论2013年协会工作要点，与会代表就2013年协会工作要点提出有建设性的意见和建议。

7. 充分发挥二级专业委员会作用，提高协会整体工作效能

【规划管理专业委员会】 10月下旬，中国城市规划协会在南宁召开"管理专业委员会三届四次年会暨大城市规划局长座谈会"。会议以"提升城市活力，创新规划管理"为主题，围绕城镇化转型时期，城市规划与管理面临的问题与挑战等方面进行研讨。5月，在马鞍山市召开规划管理专业委员会专业组工作会议。7月，在海南三亚召开规划管理技术专业组第十五次会议。11月召开法制组研讨会议。10月下旬，在四川省泸州市举办"2012年中国城市规划信息化年会"。

【规划设计专业委员会】 5月在武汉成功召开"第二届全国副省级城市规划院联席会"；7月，组织并支持召开"2012年全国省规划院联席会议"。启动"新形势下全国城市规划编制机构问题"调研工作。

【城市勘测专业委员会】 完成"2011年度全国优秀城乡规划设计奖——城市勘测类"评优活动。2012年2月在哈尔滨主办全国第二届测绘单位雪地徒步定向比赛。3月在三亚市召开城市勘测专业委员会四届二次常务理事（扩大）会议。5月在广西桂林召开"全国优秀城市勘测工程评优工作交流大会"。8月在大同市召开城市勘测专业委员会四届三次常务理事（扩大）会议暨"中国城市勘测行业发展课题研究"签字仪式。城市勘测专业委员会组织行业力量制定的《城市测量规范》已经住房和城乡建设部批准发布。7月在黑龙江省伊春市举办《规范》培训班。

【地下管线专业委员会】 6月在京举办"2012地下管线行业发展论坛"，论坛以"地下管线与城市安全"为主题进行技术研讨和经验交流。10月召开二届二次秘书长会议。组织两期地下管线技术培训班，完成《城市地下管线探测技术与工程项目管理》培训教材的出版、发行。完成《城镇供水管网漏水探测技术手册》的编写。

【女规划师工作委员会】 积极参加全国妇联组织的各项活动，同时开展城乡规划义务咨询活动，2012年4月，在安徽省合肥市召开"2012环巢湖规划与发展研讨会"在合肥市未来空间发展战略进行咨询讨论。11月在桂林市召开第三届二次年会，会上进行学术交流活动。

【信息管理工作委员会】 初步建立规划管理信息化专家库，为开展信息咨询、决策支持、评优评奖等活动奠定基础。配合协会秘书处研发"全国优秀城乡规划设计奖"申报、评审系统，该系统已投入使用。完成"全国优秀城乡规划设计奖——规划信息类"评选工作。编辑《中国数字城市规划专业领域2011年度发展报告》，出版《城市规划信息化》刊物。

【规划展示专业委员会】 7月，组织全国第一期讲解员培训班，共有20个城市规划展览馆的29名讲解员参加培训，培训提高规划展示行业员工整体素质。9月在西安召开第二届第二次规划展示年会。会议以"城市文化发展与城市规划展示"为主题交流各省市规划展览馆的发展状况、成功经验以及未来发展方向，对中国规划展示事业发展起到促进作用。

（中国城市规划协会）

中国勘察设计协会

【承办首届中国（北京）国际服务贸易交易会"建筑及相关工程服务"板块系列活动】 5月，中国勘察设计协会（以下简称"协会"）受住房和城乡建设部委托承办首届中国（北京）国际服务贸易交易会的"建筑及相关工程服务"板块相关会展工作，举办国际工程服务发展大会、"走向世界的中国工程服务业"展览和中外服务贸易合作招待酒会。国际工程服务发展大会以"国际工程市场环境与风险管理"为主题，住房和城乡建设部建筑市场监管司司长吴慧娟、协会理事长王素卿、中国对外承包工程商会会长刁春和等领导出席会议并发表讲话，9位专家学者与企业代表分别作了专题报告。会议交流勘察设计企业开展国际工程服务的经验，分析行业面临的困难和挑战，提出行业深化改革、创新发展的指导意见。"走向世界的中国工程服务业"展览组织37家企业参展，涵盖建筑、勘察、石化、电力、机械、电子、煤炭、冶金等行业，展示勘察设计行业创建国际型工程公司所取得的辉煌业绩及行业的综合实力和水平，时任国务院副总理李克强在住房和城乡建设部部长姜伟新、副部长郭允冲的陪同下，参观协会的特装展台并现场作了重要指示，中央电视台、人民日报等主要媒体作了专门报道。与中非经济技术合作委员会共同举办的中外服务贸易合作招待酒会，有来自突尼斯、津巴布韦、多哥、加蓬、刚果、尼日利亚等国的驻华使馆参赞参加，并与中国工程勘察设计企业代表进行交流及商务洽谈。

【召开全国工程勘察设计行业信息化建设交流大会】 12月5~6日，协会在北京召开全国工程勘察设计行业信息化建设交流大会。原城乡建设环境保护部部长、全国人大环资委原副主任委员、协会名誉理事长叶如棠出席，协会理事长王素卿作了题为"信息化建设再接再厉，现代化发展再续新篇"的致辞；住房和城乡建设部总工程师陈重作了题为"坚定行业信息化发展方向，推进勘察设计现代化建设，为完成党的十八大提出的任务做出努力"的讲话；工业和信息化部信息化推进司秦海副司长以"'十二五'期间信息化形势与发展展望"为主题进行演讲；清华大学教授、BIM课题组负责人顾明围绕"BIM、标准、信息化"三个关键词作了讲述。大会分三个分会场，围绕"企业信息系统建设"、"IT新技术应用"、"自主研发软件应用"等主题，30余家企业代表分别发言,介绍各自企业信息化建设的情况,较为深入地交流信息化建设过程中的经验。大会同期举办"IT产品展示及体验"小型展览,服务勘察设计行业的国内外主要IT厂商现场展示最新的信息技术产品。为开好全国工程勘察设计行业信息化建设交流大会,协会于4~10月,开展面向全行业的信息化建设专题调研工作,在有关协会的协助下召开调研座谈会,走访企业和部分软件厂商,并面向全行业以问卷形式进行抽样调查,取得大量的第一手资料,撰写并发布《工程勘察设计行业信息化建设调研报告》。

【开展课题研究】 协会围绕行业改革和发展的工作重点,在深入调查研究的基础上,配合主管部门开展并完成一系列课题研究和政策制定的前期工作,完成"勘察设计行业执业注册制度研究"、"工程勘察设计行业激励机制研究"和"工程勘察设计行业年度发展研究报告(2011~2012)"三个课题的研究工作;参与《关于进一步促进工程勘察设计行业改革与发展的若干意见》(建市[2013]23号)的研究与拟定,并承担相关专家研讨会的组织工作。

协会工程建设标准设计工作委员会参与国家抗震防灾相关标准的编制和修编工作,配合标准主编单位完成《城市抗震防灾规划标准》(修订)和《城镇综合防灾规划标准》的审查工作。园林和景观设计分会与会员单位共同承担国家标准及规范的编制和修编工作,完成《动物园设计规范》、《植物园设计规范》、《公园设计规范》的初稿,并进行《城市绿地设计规范》、《居住绿地设计规范》、《古树移植规范》等规范的大纲策划。

【组织优秀工程项目评选】 为继续发挥优秀项目的示范引领作用,推动工程勘察设计水平和质量的不断提升,促进行业健康持续发展,建立中国勘察设计协会评优专家库,各分支机构进行多项评优组织工作。建设项目管理和工程总承包分会认真执行协会的规定要求,完成第六届优秀工程项目管理评选、优秀工程总承包项目评选的工作以及2012年度工程项目管理和工程总承包企业营业额百名排序工作,并进一步完善专家库。工程设计计算机应用工作委员会代表协会与欧特克(中国)软件公司合作,组织第三届"创新杯"——建筑信息模型(BIM)应用设计大赛,并于赛后在新加坡建设局支持下举办"中国——新加坡工程建设行业建筑信息模型(BIM)高峰交流会",使国内BIM大赛获奖单位的代表与新加坡的同行直接沟通开展交流,以利开阔视野,促进技术进步。质量管理工作委员会继续推进TQM、组织QC小组评选和成果发表交流,并对国家工程建设(勘察设计)优秀QC小组评选程序、规则及相关工作内容进行修订完善,以更好地推进QC小组开展活动,增加评审工作透明度。工程智能设计分会与《智能建筑与城市信息》杂志社合作组织"2012全国智能建筑百项经典工程"的评介和"第七届中国智能建筑品牌评选"活动,推介与鼓励设计理念创新,展示经典工程,提高智能建筑企业的品牌知名度,促进智能建筑的水平提升。建筑设计分会组织"全国保障性住房优秀设计专项奖评选"工作,为提高保障性住房的设计品质发挥积极的推进作用。

【发挥分支机构推动行业持续健康发展作用】 为贯彻协会以创新为驱动力,以加快转方式、调结构为主线,促进行业科学发展的主旨要求,推动企业转型升级的年度工作思路,协会各分会、工作委员会分别组织多种形式的活动。市政工程设计分会召开以"理性应对企业改制的后发展期"为主题的研讨会,多家改制单位介绍改制后自身的发展状况以及面临的困难与困惑,并对设计院改制后公司治理与股权二次优化、业务转型、管理变革与机制完善等问题进行深入的探讨和交流;还召开信息管理工作会议,对涉及二维、三维信息技术的应用及工程实践、工程协同设计和信息共享、工程设计项目管理以及设计院信息管理系统等内容进行交流。抗震防灾分会联合中国城市规划学会城市安全与防灾规划学术委员会、中国城市规划学会城市工程规划学术委员会召开"2012年城市安全减灾与工程规划学术研讨会",展示中国城市安全减灾与工程规划领域的研究成果,探讨城市安全问题及其相关领域的基础理论、应用研究以及新技术应用等科学问题,为相关问题的解决提供思路、对策、方法和措施,进一步促进中国城市安全减灾和工程规划领域的协调发展。人民防空与地下空间分会召开全国"城市地下空间开发利用学术研讨会",15位专家学者以"理念和技术引领城市地下空间未来发展"为主题作了报告和交流,就城市地下空间综合开发利用领域的成功设计和开发经验,深入地分析该领域面临的形势和主要任务,探讨该领域存在的主要问题,提出城市地下空间综合开发利用方面应树立的理念和需要发展的技术方向。高等院校勘察设计分会举办第三届"建筑工程设计技术创新论坛",来自各高校设计院的8位专家作了学术报告,并分为建筑、结构两组围绕主题展开交流;此外,高等院校勘察设计分会为加强内部管理，提高职能部门管理能力，促进高校设计院的发展，组织召开设计院办公室主任工作经验交流会。建筑设计分会举办"工程设计行业BIM技术推广与应用实务操作交流会"和"工程勘察设计行业标准规范信息化外包服务和标准自动更新软件应用交流研讨会"，促进BIM技术在全行业的推广运用和行业标准规范的信息化建设。工程智能设计分会举办"2012中国物联网时代智能建筑技术应用发展高峰论坛"和"2012智慧机场技术研讨会"，深入研讨有关智能化和信息化的两化融合、协同工作与决策机制、资源优化整合、物联网应用和低碳节能等新技术，搭建企业与行业专家互动的、为企业制定发展战略提供咨询意见的平台。

【组织开展"首届全国勘察设计·最美·女设计师评选活动"】 在国际劳动妇女节前夕，协会主办"首届全国勘察设计·最美·女设计师评选活动"。活动自2月7日开始，历经一个月时间，共有全国25个省市自治区的150家勘察设计单位推荐的449名候选人参加，通过网络投票和评审委员会的评审，最终共评选出100名爱岗敬业、业绩突出的"最美·女设计师"。其中，青年设计师占40%，中年业务骨干占45%，从业时间达30年以上者占15%；有90%的入选者设计作品曾经获得省部级以上奖项，38%的入选者设计作品曾经获得国家级奖项；有71%的入选者具有高级职称，38%的入选者具有正高级职称；入选者中有12人曾经获得全国劳动模范、全国三八红旗手等国家级荣誉或当选全国人大代表，有45%的入选者曾获得省级以上荣誉。活动展现工程勘察设计行业优秀女设计师的风采。

【完成《国家职业分类大典》相关职业新增与修订工作】 根据住房和城乡建设部人事司关于《国家职业分类大典》（99版）修订工作的安排，协会完成所承担的新增"工程勘察和岩土工程技术人员"、修订"建筑和市政设计工程技术人员"和"建筑模型设计制作员"的相关工作。协会组织工程勘察与岩土分会按要求采集400余份《拟新增职业描述信息采集表》，并以此为基础完成《拟新增职业描述信息建议表》规定的各项具体内容；组织建筑设计分会和市政工程设计分会对《已有职业描述信息建议表》进行修订与完善，经过征求业内意见，多层次专家反复论证，如期完成全部上报工作。

【增强行业宣传力量】 协会完成网站的改版工作，调整板块、增加栏目，对协会各分支机构做了二级页面的设计或链接，并进行运行测试，开始正式运行。同时，协会建立通讯员网络，有效整合宣传力量，促进行业工作及活动信息宣传力度的增强。在办好《中国勘察设计》杂志和提高《智能建筑与城市信息》杂志水平的基础上，加强与《工程建设与设计》、《中国建设报》、《建筑时报》等媒体的合作，与《工程建设与设计》杂志合办的手机报，翻开采用新型媒体形式进行行业宣传的一页。

协会各分支机构定期印发宣传刊物，并更新各自现有网站，增强宣传能效，沟通本业务领域信息。建筑设计分会的《建筑设计管理》和手机报、建设项目管理和工程总承包分会的《工程建设项目管理与总承包》、园林和景观设计分会的《简讯》、工程勘察与岩土分会的《中国勘察与岩土工程简讯》、工程建设标准设计工作委员会的《工程建设标准设计通讯》、质量管理工作委员会的《勘察设计质量与管理》、人民防空与地下空间分会的《中国人民防空网》等媒介，对信息在业内的传递起到推动作用。

【加强协会自身建设提升服务能力和水平】 协会按照规定的工作制度和程序，召开工作调研、决策、部署和实施等各种会议，突出做好组织建设工作。一年来，协会吸收新会员单位21家，增补第五届理事会常务理事单位3家。协会秘书处根据实际工作需要，调整及补充工作人员，健全部门职能和部门负责人岗位职责。

各分支机构管理进一步得到规范和加强。建筑设计分会、市政工程设计分会、工程勘察与岩土分会、园林景观设计分会和计算机应用工作委员会都按照工作条例规定及时完成换届任务，进一步明确各自的工作方向与职能。施工图审查分会经过一年半的筹备，于11月召开第一次会员代表大会，审议通过《施工图审查分会工作条例》和《会费标准及管理办法》，选举产生第一届理事会、常务理事会、会长、秘书长。协会有会员单位300余家。建筑设计分会在会长工作会上通过《会长工作会议规定》、《会长、副会长工作分工职责》、《建筑分会副秘书长名单及正副秘书长工作分工职责》、《分会理事、常务理事、会费收取办法》、《秘书处工作职责》等文件，为分会的正常运转和有效工作提供依据。

（中国勘察设计协会）

中国建筑业协会

2012年，中国建筑业协会（以下简称"中建协"）在住房城乡建设部的领导下，在各地和有关行业建筑业（建设）协会及广大会员企业的大力支持下，认真履行"提供服务、反映诉求、规范行为"的基本职能，圆满完成年度工作计划。

【深入开展行业调查研究】 2012年中建协应国务院法制办要求，召开专题座谈会，广泛听取同业协会和企业的意见，对《建筑市场管理条例》（征求意见稿）提出修改建议。经汇总整理，上报共20余条修改意见，得到国务院法制办的重视，其中有10余条意见被采纳。

按照住房城乡建设部的要求，中建协参与建筑业营业税改征增值税的调研工作，组织推荐督促部分施工总承包企业和劳务企业参加调研测算。组织部分省市建筑业协会和建筑业企业召开座谈会，测算税收数据，分析"营改增"对企业的影响。根据调研结果，于8月和12月两次向住房城乡建设部提交报告。

针对业内反映强烈的临时建造师问题，中建协组成调研组，通过座谈会和抽样调查的方式，摸清一级临时建造师队伍的基本情况，在听取各地建筑业企业、行业协会和地方政府意见的基础上，向住房城乡建设部提交专题报告，客观评价一级临时建造师在工程项目管理上的作用，建议按照"新人新办法，老人老规定"的原则继续保留和延续临时建造师队伍，并允许符合有关条件的人员继续担任项目经理。这一诉求经住房城乡建设部同意并正式发文，较好地解决一级建造师紧缺问题。

受国家发展和改革委员会委托，中建协召集有代表性的建筑业企业和协会召开建筑业就业与用工形势座谈会，提出在新形势下进一步规范建筑业用工制度、稳定行业就业的建议。

受住房城乡建设部委托，开展建筑业企业各类保证金调研课题。通过发放调查问卷、召开座谈会、走访等方式搜集第一手资料，已整理分析形成报告初稿。

2012年，中建协有关分支机构还开展"建筑工程施工现场质量控制体系研究"、"新形势下建筑工程质量监督管理方式方法研究"、"工程施工建筑信息模型应用对策研究"、"关于混凝土企业增值税问题的研究"、"建设行业综合统计指标体系研究"等大量课题调研工作。

【促进工程质量安全管理与企业科技创新水平提高】 2012年，中建协以鲁班奖评选活动为抓手，深入广泛开展创精品工程活动，推动行业建立健全质量安全保障体系。为鼓励和支持重点工程项目和保障性安居工程创建鲁班奖工程，在做好2012年度鲁班奖工程复查工作和一年一度创精品工程经验交流会的同时，中建协多次组织专家对一批项目进行建造过程咨询指导，组织专家和评委对申报鲁班奖的保障性安居工程进行现场考察与技术咨询，有力地促进重点项目和保障性住房质量安全水平的提高。

运用交流会、研讨会、标准规范培训班等形式，积极推广应用建筑业先进适用技术，总结推广基层开展质量安全活动的先进经验和做法。举办大体量高难度土木工程质量技术成果研讨会、国家级工法成果推广应用经验交流会与建筑业绿色施工示范工程现场观摩会。组织编写《全国建筑业绿色施工示范工程申报与验收指南》，完成第六批结转的全国建筑业新技术应用示范工程和首批绿色施工示范工程的验收评审工作。中建协绿色施工分会与中国海员建设工会全国委员会共同开展全国建设单位节能减排达标竞赛活动，充分发挥国家级工法和绿色施工示范工程在建筑业节能减排中的引领作用，促进优秀科技成果转化为生产力。

按照住房城乡建设部要求，中建协参与部分标准规范的编制、审定和宣贯工作。2012年先后完成《危险性较大分部分项工程安全专项施工方案编制指南及案例分析——模架篇》和《建筑施工脚手架安全技术统一标准》编制工作。参与《建筑深基坑工程施工安全技术规范》、《建筑施工升降设备设施安全检验标准》等多个行业标准的征求意见与专家审查工作。举办四期《建筑施工企业信息化评价标准》宣贯培训班、三期建筑施工脚手架安全技术培训班、两期建筑安全生产标准化知识培训班和一期混凝土结构设计、施工、质量验收规范培训班，约3000人参加培训。

【推进行业信用体系和企业品牌建设】 在住房城乡建设部和商务部的指导下，中建协以加强行业自律为着力点，进一步推动行业信用体系建设，认真开展信用评价工作，促进企业诚信经营，实施品牌战略，增强市场竞争力。以诚信建设作为行业自律的基本内容，通过信用评价引导企业把诚信经营落实到施工生产的全过程，营造"讲诚信、守合同、重价值"的建筑市场环境。2012年度共有291家企业被评为全国建筑业AAA级信用企业，第二批140多家全国建筑业AAA级信用企业通过年度信用等级复审。

2012年，中建协组织开展2011年度中国建筑业双百强企业评价。经各地区和有关行业协会推荐、初审、专家审查与公示，评出中国建筑第八工程局有限公司等100家企业为2011年度中国建筑业竞争力百强企业，中建工业设备安装有限公司等100家企业为2011年度中国建筑业成长性百强企业，并召开发布会。编辑出版《2011年度中国建筑业双百强企业研究报告》，深入分析2011年度双百强企业的竞争力和成长性情况，为参与评价的企业学习交流、取长补短提供重要参考资料，充分发挥统计数据对引导建筑业企业加快成长、不断提升竞争力的作用。

经各地区建筑业协会推荐，中建协组织专家评审，先后授予江苏省海安县、浙江省东阳市等9个县（市、区）"中国建筑之乡"称号。截至2012年底，经中建协授予"中国建筑之乡"称号的县级地区已达到15个。这项活动为促进当地建筑业发展和区域经济繁荣发挥重要作用。

【加强行业培训工作】 中建协以全面开展建筑工程专业一级注册建造师继续教育工作为重点，继续做好行业培训工作。按照住房城乡建设部《注册建造师继续教育管理暂行办法》的要求，举办三期建筑工程专业一级注册建造师继续教育师资培训班和一期必修课示范班。印发《关于建筑工程专业一级注册建造师继续教育有关事项的通知》，对继续教育的过程监管、质量评估、学时管理、收费标准等事项作出具体规定。参加《国家职业分类大典》中住房城乡建设行业部分职业的修订工作。中建协负责修订砌筑工等10个职业标准、参与修订工程测量员等5个职业标准，按时保质地完成任务，受到有关部门的好评。按照人力资源社会保障部和住房城乡建设部的要求，为实现"对接世界技能大赛，提升国内竞赛质量"的工作目标，成功举办全国建筑业职业技能大赛暨第42届世界技能大赛选拔赛，比赛项目为砌筑和瓷砖贴面。大赛产生15名获奖选手和5名即将参加第42届世界技能大赛的集训选手。

根据中建协总体安排，建筑企业经营与劳务管理分会开展劳务基地建设和建筑劳务人员培训工作，确定山东省费县、河南省项城市等5家首批"建筑劳务输出示范基地"，并举办两期施工现场专业人员培训班，为推进建筑业劳务管理企业化、企业用工规范化和务工人员产业化做出努力。

【建筑业统计与信息宣传工作】 2012年，中建协与住房城乡建设部计划财务与外事司完成2011年度建筑业统计数据的分析工作，撰写《2011年建筑业发展统计分析》，及时为行业提供翔实权威的数据资料。编辑出版协会会刊《中国建筑业》12期。出版《中国建筑业年鉴（2011卷）》，并荣获2012年度全国年鉴编校质量检查评比一等奖。编印《中国建筑业协会2011年年报》，赠送会员单位，供学习交流。做好协会网站管理工作，及时发布协会工作动态和行业重要资讯。开展第二届"鸿翔杯"全国建筑业信息传媒工作竞赛活动，评出一批优秀期刊、报纸、网站和媒体工作者，有力地促进建筑业企业文化建设。

【搭建业内交流合作平台】 中建协充分发挥桥梁纽带作用，通过开展论坛、研讨会、展览等活动，为业内学习交流提供平台。受商务部和住房城乡建设部委托，承办首届中国（北京）国际服务贸易交易会——建筑及相关工程服务板块展示交流工作。以此为窗口，向世界展示中国改革开放以来建筑业在工程建造能力、施工技术水平、项目管理方式、质量安全保障等方面取得的辉煌成就，集中展现大型建筑业企业的实力与风采，为中国建筑业企业实施"走出去"战略搭建平台。

加强与境外行业组织的学习交流与合作。组织大陆业界人士赴台参加第十届海峡两岸营建业合作交流活动，接待香港建筑金属协会、澳门金属结构协会来访，并就成立澳门建筑业协会、完善澳门建筑标准及合同条款管理、在港澳推行国标以取代欧标等事宜交换意见。举办第十一届中国国际工程项目管理高峰论坛，来自英国、波兰、新加坡、中国香港等五国六方境外项目管理机构组团参加会议并作大会交流，有力促进中国建筑界与国际组织的交流与合作。

【协会建设】 为在秘书处人事管理中引入竞争激励机制，建设一支高素质的人才队伍，中建协对秘书处部门主任和副主任实行竞争上岗。为此制定《中国建筑业协会秘书处竞争上岗暂行办法》和《秘书处部门主任和副主任竞争上岗实施方案》，成立竞争上岗领导小组。经过报名、资格审查、民主测评、面试、组织考察、公示等程序，产生秘书处7个部门的主任和副主任，进一步优化秘书处部门负责人的年龄和知识结构。在此次竞争上岗过程中，协会会长郑一军多次主持召开会长办公会，研究决定竞争上岗的指导原则、方法步骤、对关键问题的处理办法等，确保这项工作圆满顺利地完成。

为更好地提升协会工作质量，实现规范科学管理，中建协在总结过去几年加强自身建设经验的基础上，修订编印《协会内部管理制度汇编》。成立工会组织，并开展一系列活动，包括举办职工学习园地和摄影展，组织职工观看形势教育报告会录像、爱国影片等，促进职工文化素质的提高。定期召开分支机构工作沟通协调会，严格要求分支机构按照国家和住房城乡建设部的有关规定规范有序开展各项活动，并按照有关规定完成建筑工程技术专家委员会的成立和部分分支机构的更名及负责人变更工作。为加强与各地区和有关行业协会及团体会员的联系与合作，举办第二届全国建筑业"国基杯"篮球赛，以鼓励建筑业从业人员强身健体。

【纪念中国建设工程鲁班奖（国家优质工程）创立25周年】 2012年是中国建设工程鲁班奖（国家优质工程）创立25周年。为弘扬精益求精、追求卓越的行业精神，总结全国工程建设质量管理经验，宣传建筑业支柱产业地位和在提高工程质量方面取得的辉煌成就，中建协举办一系列纪念活动，包括表彰创建鲁班奖工程突出贡献企业及先进个人、编辑出版《中国建设工程鲁班奖（国家优质工程）创立25周年专辑》、举办"创建鲁班奖工程与建筑业企业发展"主题征文活动和召开纪念大会等。

12月21日，中国建设工程鲁班奖（国家优质工程）创立25周年纪念大会在北京召开。全国人大常委会副委员长乌云其木格，十届全国人大环境与资源保护委员会主任委员毛如柏，十一届全国政协常委、经济委员会副主任孙永福，原建设部副部长、中国建筑业协会会长郑一军，北京市委常委、副市长陈刚，原建设部副部长李振东，原建设部副部长、中华环境保护基金会理事长傅雯娟，原建设部党组成员、中纪委驻建设部纪检组组长、中国建筑节能协会会长郑坤生，中国建筑工程总公司董事长、党组书记易军以及住房城乡建设部等有关方面领导同志出席会议。各地区建筑业协会、各行业建设协会及大型建筑业企业发来贺信对纪念大会表示祝贺。

25年来，中建协坚持优中选优的原则，共评出1638项鲁班奖工程，遍布全国除港、澳、台地区以外的31个省、自治区、直辖市，涵盖交通、铁路、电力、冶金、石油、化工、有色、核工业等17个行业。

郑一军会长强调，全行业要认真贯彻党的十八大精神，把几十年来在创建鲁班奖工程活动中体现出的理念和精神进一步提炼升华，使之成为社会主义核心价值观在建筑行业的具体体现，进一步组织好创建鲁班奖工程活动。

纪念大会由中建协副会长徐义屏主持，副会长兼秘书长吴涛宣读《关于颁发创建鲁班奖工程突出贡献奖和授予创建鲁班奖工程先进个人荣誉称号的决定》。各地区建筑业协会、有关行业建设协会负责人及建筑业企业代表共1000余人出席纪念大会，并共同观看"建百年精品，树行业丰碑"大型颁奖文艺晚会。

【纪念推广鲁布革工程管理经验25周年】 2012年是国务院五部委推广鲁布革工程管理经验25周年。为了全面系统总结回顾中国建设工程项目管理的辉煌业绩，进一步提升工程项目管理理论研究和实践应用创新水平，中建协于8月22日在天津举行纪念推广鲁布革工程管理经验25周年大会暨第十一届中国国际工程项目管理高峰论坛。

大会向25年来为推进工程项目管理事业的突出贡献者颁发奖状，表彰2011年全国优秀项目经理。来自国务院有关部门、天津市及住房城乡建设部有关部门的领导，国际项目管理合作联盟、美国、新加坡、日本、芬兰等国际项目管理组织的专家代表，各地区和有关行业建筑业（建设）协会负责人，有关大专院校的专家学者，建筑企业代表，全国优秀项目经理，国际杰出项目经理代表近千人出席大会。

【重要会议与活动】 1月13日，中建协秘书处召开2011年度工作总结表彰会，对2011年工作进行总结汇报，并提出2012年工作设想。中建协副会长徐义屏、副会长兼秘书长吴涛出席会议并讲话。会议同时传达中纪委第七次全会精神，并表彰9位年度优秀职工。

2月16~20日，建筑工程专业一级注册建造师继续教育师资培训班在北京举办。住房城乡建设部建筑市场监管司处长商丽萍代表司长吴慧娟出席培训班开学仪式并发表讲话。中建协副会长徐义屏，副会长兼秘书长吴涛出席开班仪式。来自49家培训单位的近500名专、兼职授课教师接受培训，获得师资培训合格证书。

2月21~24日，中建协组织专家组对首批全国建筑业绿色施工示范工程"上海市南京西路1788号（4507地块）项目"验收评审，同时对上海地区第二批全国建筑业绿色施工示范工程实施情况进行过程检查。

2月29日至3月1日，《建筑施工企业信息化评价标准》宣贯培训班在广西北海举办。中建协副会长兼秘书长吴涛出席培训班开班仪式并讲话。他指出，《标准》的颁布实施对于指导和推动中国建筑施工企业信息化建设、贯彻落实中央关于转变经济发展方式、促进企业转型升级的要求具有重要作用。来自全国建筑施工企业、大专院校、科研单位、软件开发企业主管信息化建设的同志及相关业务技术和管理人员约240多人参加此次宣贯班。

3月6日，中建协召开首届中国（北京）国际服务贸易交易会展示交流活动工作会议，正式启动京交会建筑及相关工程服务板块的展示交流工作。中建协副会长兼秘书长吴涛出席会议并讲话。来自中国建筑工程总公司、中国交通建设股份有限公司、中国铁路工程总公司、中国铁道建筑总公司、中国水利水电建设集团公司、中国冶金科工集团有限公司、北京建工集团有限责任公司、北京城建集团有限责任公司、上海建工集团总公司、南通四建集团有限公司、浙江中天建设集团有限公司，11家大型建筑业企业的代表出席会议。

3月13日，由住房城乡建设部工程质量安全监管司组织的"建筑企业质量保证体系研究"课题评审会在北京召开。住房城乡建设部工程质量安全监管司副司长曾宪新、中建协副会长兼秘书长吴涛出席会议并讲话。会上，专家们听取课题组的汇报，针对建筑企业质量管理现状，提出进一步加强和完善建筑行业质量管理的建议。

3月15日，住房城乡建设部工程质量安全监管司在北京组织专家对中建协工程项目管理委员会承担的"工程项目安全生产管理有效性研究"课题进行验收。课题组组长、中建协副会长兼秘书长吴涛出席验收会。该课题对中国工程项目安全生产管理现状进行深入的调查与分析，从落实各方主体尤其是建设单位的安全责任、加强施工企业的安全管理、注重农民工的安全教育培训、加大事故隐患的排查治理力度、培育安全文化等方面，提出进一步提高中国工程项目安全生产管理有效性的对策与建议。

3月16日，中建协会长郑一军组织召开座谈会，深入了解建筑业企业劳务用工现状，一线施工队伍的来源、归属、使用、培训及传承等问题。

3月20日，中建协在北京召开全国建筑行业协会秘书长座谈会，副会长徐义屏出席座谈会，副会长兼秘书长吴涛主持会议。来自全国各地区建筑业协会、有关行业建设协会的秘书长以及中建协各部门及各分支机构的负责人60多人参加座谈会。会议深入探讨行业发展中遇到的热点难点问题：一是建筑业企业面临生存发展困境，利润率低，发展乏力，需要行业协会的支持和帮助；二是要对建造师继续教育及续期注册问题、项目经理岗位认证问题向建设主管部门提出意见建议；三是要充分认识在保障性安居工程中开展创精品活动对促进企业强化质量安全意识，提高保障性安居工程质量的重大意义；四是要提高劳动者素质，特别是一线生产人员的素质；五是要大力推进绿色施工示范工程工作，召开绿色施工示范工程交流研讨会，进一步完善绿色施工示范工程的管理和验收办法，在全行业大力推动绿色施工；六是要充分发挥行业协会优势，为维护企业合法权益提供帮助。

3月20日，中建协五届三次理事会暨五届四次常务理事会在北京召开，会长郑一军出席会议并讲话。副会长徐义屏主持会议。全体代表听取中建协副会长兼秘书长吴涛关于五届二次理事会以来的协会工作报告。大会一致同意聘请第十届人大环资委主任、原建设部老领导毛如柏同志为中国建筑业协会特邀顾问，会议审议通过增补和调整部理事和常务理事、增补秘书处副秘书长、同意接受北京城建七建设工程有限公司等186家单位为新会员、纪念中国建设工程鲁班奖（国家优质工程）创立25周年系列活动方案等事项。各理事单位的理事共260余人参加会议。

3月31日至4月1日，由中建协主办，工程项目管理委员会承办，广东省建筑业协会、深圳市建筑业协会等单位协办的2011年度鲁班奖工程项目经理高级研修班在深圳市举办。十届全国人大环资委主任、工程项目管理委员会名誉会长毛如柏出席颁证仪式并讲话，中建协副会长兼秘书长吴涛宣读《关于颁发2011年度鲁班奖工程项目经理荣誉证书的决定》。

4月18~19日，《建筑与市政工程施工现场专业人员职业标准》宣贯培训班在西安举办。住房城乡建设部人事司副巡视员陈付出席会议并讲话。中建协副会长兼秘书长吴涛主持会议。各地区建设行政主管部门负责人及有关企业代表近200人参加培训。

4月25日，中建协绿色施工分会成立暨第一次会员代表大会在北京召开。住房城乡建设部副部长郭允冲出席成立大会，并与中国建筑工程总公司董事长易军一起为分会揭牌。住房城乡建设部人事司司长王宁，中建协副会长徐义屏、副会长兼秘书长吴涛等出席大会。会议选举第一届理事会，选举会长、副会长、秘书长、副秘书长。中国建筑工程总公司董事长易军被聘为名誉会长，中国建筑股份有限公司副总裁王祥明当选为会长，肖绪文为秘书长。

5月11日，中建协中心学习组进行第一次集体学习。副会长徐义屏，副会长兼秘书长吴涛，各副秘书长以及秘书处部门、分支机构负责人共40余人参加学习。会议传达国务院第五次廉政工作会议精神和住房城乡建设部落实会议精神的要求，认真学习中共中央办公厅《关于深入开展学雷锋活动的通知》、全国评比达标表彰工作协调小组《社会组织评比达标表彰活动管理暂行规定》和《住房和城乡建设部对外合作协议管理暂行办法》等三个文件。

5月16~18日，中建协在呼和浩特市召开全国建筑业企业创精品工程经验交流会。中建协副会长徐义屏出席会议并讲话，内蒙古自治区建筑业协会会长李振东致辞。内蒙古自治区住房城乡建设厅副厅长吴龙出席会议。来自全国各地区、有关行业协会及建筑业企业有关人员700余人参加会议。会上，有关专家就推广应用高强钢筋、创精品工程的策划和实施等问题进行交流。

5月28日，首届中国（北京）国际服务贸易交易会在国家会议中心隆重开幕。由中建协组织承办的建筑及相关工程服务展亮相核心区，通过展板、模型、电视片等丰富立体的形式生动展示中国建筑业改革发展历程和取得的辉煌成就，以及当代建筑业的营建能力和技术水平。29日上午，中建协会长郑一军在副会长徐义屏、副会长兼秘书长吴涛的陪同下观看建筑及相关工程服务展区的内容和反映中国建筑业辉煌成就60年的宣传片及各项设施，对协会组织的参展工作给予充分肯定。

6月1日，受中建协郑一军会长和协会全体职工的委托，副会长徐义屏、党总支书记周福民在"六一国际儿童节"前夕赶赴四川，看望中建协捐建的希望小学——广元市利州区荣山镇三小花园小学的师生，向孩子们赠送图书，并对10名贫困学生进行捐助。

6月10~11日，中建协在杭州召开国家级工法成果推广应用与建筑业绿色施工示范工程观摩交流会。副会长兼秘书长吴涛出席会议并讲话，浙江省建筑业行业协会会长赵如龙致辞，浙江省建筑业管理局副局长柴林奎、中建协副会长楼永良等出席。来自全国各地区、相关行业代表600余人参会。

6月27日，中建协在北京召开庆祝中国共产党成立91周年会议，副会长徐义屏、副会长兼秘书长吴涛出席，协会党总支全体党员、秘书处全体职工和分支机构会长及秘书长共80余人参会。吴涛副会长兼秘书长作了题为《贯彻落实'十二五'规划，深化工程项目管理内涵，促进建筑业发展方式转变与企业转型升级》的专题讲座。

6月29~30日，首届中国国际工程项目经理联谊会暨第十一届中国国际杰出项目经理考评答辩会在银川举办。中建协副会长兼秘书长吴涛出席会议。第十一届中国国际杰出项目经理候选人、部分取得中国国际工程项目经理证书的代表共120余人参加会议。大会向36名项目经理颁发中国国际工程项目经理认证证书。

8月9日，第二届全国建筑劳务管理经验交流暨合作洽谈会在河南开封召开。中建协副会长徐义屏、副会长兼秘书长吴涛出席会议。大会进行建筑劳务基地建设、建筑劳务管理和劳务用工管理等方面的经验交流，举行《建筑劳务管理》一书首发式，并向首届全国优秀建筑劳务企业代表颁奖。来自全国各省市建设主管部门、行业协会、建筑企业和劳务企业的代表共400余人参加会议。

8月11~17日，中建协在北京举办全国建筑工程专业一级注册建造师继续教育必修课程示范培训班。住房城乡建设部建筑市场监管司副司长张毅、住房城乡建设部执业资格注册中心主任赵春山出席开班仪式并讲话。中建协副会长徐义屏、副会长兼秘书长吴涛出席开班仪式。来自全国20多个省、直辖市、自治区的168名一级注册建造师参加建筑工程专业必修课60个学时的培训。各地协会（各省建造师继续教育主管单位）及培训机构的负责人观摩培训班。

8月30日，由宁夏住房城乡建设厅主办、宁夏建筑业联合会承办的西部地区建筑业协会联谊会在银川市召开。中建协会长郑一军、副会长徐义屏出席会议。会议就建筑业面临的保证金繁多、"营业税改增值税"带来的困扰、人才特别是技术工人短缺、劳务企业发展艰难及行业协会自身建设等问题进行深入探讨和交流。西部有关省、自治区、直辖市建筑业协会，浙江、江苏、天津等特邀建筑业协会及部分建筑业企业的代表共80余人参加会议。

9月5～6日，应香港营造师学会的邀请，中建协副会长兼秘书长吴涛一行四人赴香港访问。这次访问旨在加强中国建筑业协会建造师分会与香港营造师学会的交流，商讨两会新时期的合作意向，并就内地建造师注册制度发展现状、香港营造师注册体系、香港同业获取内地建造师职业资格的途径和方法进行深入的交流和探讨。

9月25～26日，全国建设行业职业技能竞赛暨第42届世界技能大赛选拔赛在安徽省合肥市举办。中建协副会长徐义屏、副会长兼秘书长吴涛出席开幕式并讲话。全国22个省（区、市）、2个中央建筑企业和有关院校组成的25支代表队共48名选手参加大赛，产生15名获奖选手和5名参加第42届世界技能大赛的集训选手。

10月11～12日，中建协在苏州市举办全国建筑业绿色施工示范工程观摩交流会，并发布《全国建筑业绿色施工示范工程申报与验收指南》。中建协副会长兼秘书长吴涛、江苏省建筑行业协会会长高学斌出席会议并讲话。来自全国建筑业企业和相关行业协会的代表千余人参会。

10月15～21日，第二届全国建筑业"国基杯"篮球赛在河南郑州举行。河南省住房城乡建设厅副厅长王国清致辞。住房城乡建设部直属机关党委纪委书记、机关工会主席彭小平，中建协副会长徐义屏、副会长兼秘书长吴涛，河南省建筑业协会会长洪瀛，陕西省建筑业协会会长许龙发，北京市建筑业联合会副会长兼秘书长范魁元等领导出席，并向获奖运动员颁奖。

10月22日，中建协在郑州市召开2012年度全国建筑业AAA级信用企业暨2011年度中国建筑业双百强企业发布会，发布291家2012年度全国建筑业AAA级信用企业和2011年度中国建筑业双百强企业。中建协副会长徐义屏、住房城乡建设部建筑市场监管司综合处处长王玮出席会议并讲话。河南省住房城乡建设厅副厅长王国清致辞。中建协副会长兼秘书长吴涛宣读《关于公布2012年度全国建筑业AAA级信用企业的决定》和《关于公布2011年度中国建筑业双百强企业评价结果的通知》。

10月31日，住房城乡建设部工程质量安全监管司副司长曾宪新、中国工程院院士叶可明、中建协副会长兼秘书长吴涛及鲁班奖评委到北京建工集团承建的建工双合家园保障房工程进行现场观摩。该工程是北京建工集团集开发、设计、施工总承包、物业管理为一体的保障房项目，工程装修到位，配套到位，备受国家领导、各级政府部门和社会各界关注。

12月20日，中建协建筑工程技术专家委员会在北京召开成立大会。中建协会长郑一军、住房城乡建设部人事司副司长郭鹏伟出席会议。中建协建筑工程技术专家委员会顾问陈肇元院士、主任委员叶可明院士、副主任委员缪昌文院士，以及其他顾问、副主任委员和来自全国建设行业的专家共700余人参会。郑一军会长向到会的顾问、主任委员、副主任委员颁发聘书。郭鹏伟宣读住房城乡建设部人事司和民政部对成立中建协建筑工程技术专家委员会的批复文件。中建协副会长兼秘书长吴涛向大会做《中国建筑业协会建筑工程技术专家委员会组建有关情况说明的报告》。副会长徐义屏宣读建筑工程技术专家委员会组织机构成员名单。大会通过《中国建筑业协会建筑工程技术专家委员会工作办法（试行）》。

12月21日，中建协五届四次会长会议在京召开，会长郑一军主持会议并讲话。副会长丘小广、刘龙华、李长进、李里丁、李宝元、吴涛、张鲁风、易军、周纪昌、杨镜璞、徐义屏、耿立新、耿裕华、栾德成、蒋志权、楼永良出席会议。副会长徐义屏作关于2012～2013年度第一批鲁班奖评审情况的报告。副会长兼秘书长吴涛汇报协会2012年的工作情况和2013年的工作安排。会议审议2012～2013年度第一批鲁班奖工程评审结果，研究讨论协会2013年工作安排。

12月29日，全国建筑行业信息传媒工作经验交流会在海南省三亚市召开。中建协副会长兼秘书长吴涛出席会议并讲话，海南省建筑业协会副会长刘爱循致辞。大会对"鸿翔杯"第二届全国建筑行业信息传媒工作竞赛精品和优秀期刊、报纸、网站，先进集体，优秀工作者和竞赛优秀组织单位进行表彰。来自全国各地的建筑行业信息传媒工作者共120余人参会。

（中国建筑业协会）

中国安装协会

1. 推动安装行业工程质量水平提高，提升协会服务能力

中国安装工程优质奖（中国安装之星）是2009年经国务院九部委正式批准保留的安装行业工程质量最高奖，也是专为机电安装企业设立的工程质量奖。2012年，中国安装协会（以下简称为"协会"）认真组织中国安装工程优质奖评选活动，并以此为抓手开展一系列改善企业质量管理的工作，使企业创优意识不断提高，创优能力不断增强，施工管理水平不断提升，有力地推动安装行业工程质量水平的提高。

【开展2011~2012年度第二批中国安装工程优质奖评选工作】 2012年，在总结2011年第一次评选工作基础上，协会加强对申报资料的审查，规范工程复查，完善复查评分标准，提高评选活动的整体工作水平，共评出104项中国安装工程优质奖（中国安装之星）。获奖项目涵盖各类新建、改建、扩建项目的安装工程。既有建设项目的整体工程，也有建设项目中的单项工程。在获奖企业中，既有沿海开放地区的企业，也有内陆边疆地区的企业。不仅有国有企业获奖，也有民营企业获奖。获奖工程代表着国内安装工程的先进技术和管理水平，为提高行业工程质量起到示范带头作用，推动中国安装行业全面健康的发展。通过评选，中国安装工程优质奖在全行业和社会上的认知度越来越高，奖项的品牌效应逐渐显现，同时也使中国安装协会在行业中和社会上的影响力逐年增强，服务能力得到提高。

为将先进企业在创精品工程中积累的好方法传授到行业中去，协会举办创精品机电工程研讨班，请专家讲解创精品工程的策划和实施，请先进企业传授争创中国安装工程优质奖的经验。活动的开展，使企业对创精品工程的策划和实施有很多的启发和借鉴，对质量创新及品牌创优工作有更深刻的认识。

【激励获奖项目经理再创佳绩】 在争创中国安装工程优质奖的过程中，众多项目经理按照奖项评选条件的标准要求，在工程项目开工时就制定创优计划，并在全过程中严格质量控制和质量管理，创建出高质量的获奖工程。为肯定获奖项目经理的成绩，激励获奖项目经理再创佳绩，同时引导安装行业项目经理以质量立信誉，以管理求效益。2012年，结合创建中国安装工程优质奖活动，协会开展全国安装行业优秀项目经理评选活动，表彰获得过中国安装工程优质奖或其他省部级优质工程奖的项目经理。共有188名安装行业的项目经理获得此项荣誉，活动的开展，得到行业内项目经理的支持和欢迎。

【表彰先进企业和优秀企业家】 在争创中国安装工程优质奖的过程中，众多获奖企业和企业家，重视企业管理水平的提升，重视技术开发和应用，企业经济效益得到提高，树立企业品牌，提升市场竞争力，提高企业的社会声誉。为发挥先进示范作用，总结先进经验，结合创建中国安装工程优质奖活动，协会在全行业开展先进企业和优秀企业家评选活动，表彰获中国安装工程优质奖或其他省部级优质工程奖的企业和企业家。2012年，共有72家企业和49位企业领导被评为全国安装行业先进企业和优秀企业家，获奖企业和企业家涵盖电力、冶金、有色、石油、石化、化工、煤炭、核工业等安装行业涉及的各建设领域。

2. 推动安装行业科技进步，促进协会科技工作开展

中国安装协会科学技术进步奖是经国家科技部批准设立的中国安装行业最高科学技术荣誉奖项，它的设立为安装协会推动安装企业科技创新打造一个具有广泛影响力和权威性的服务平台，使安装协会的科技服务工作取得重要进展。中国安装协会获得科技部批准设立科技进步奖，这是国家对安装行业的重视，是对安装企业科技进步工作的激励。协会以开展中国安装协会科学技术进步奖活动为契机，组织一系列科技成果推广工作，企业技术创新日趋活跃，创新能力不断提升，有力地推动安装行业的科技进步。

【做好表彰奖励和总结宣传工作】 3月，协会召开隆重的表彰大会，对2011年评出的77项中国安装协会科学技术进步奖的获奖单位和个人进行表彰。

科学技术进步奖的评选,极大地鼓舞安装行业广大科技工作者、工程技术人员科技创新的积极性,使安装行业技术积累、技术推广、技术进步工作前进一大步。住房城乡建设部和科技部的领导出席大会,为他们颁发奖牌和荣誉证书,同时对获得一、二等奖的项目颁发奖金。奖金数目虽然不大,但对获奖企业起到一定的肯定和鼓励作用。

在认真总结第一次评选活动的基础上,协会科技委四届三次工作会议又对《中国安装协会科学技术进步奖评选实施细则》进行修改。修改后的评选办法更清晰、更规范、更具操作性。7月,协会发出通知,开始"2012~2013年度中国安装协会科学技术进步奖"申报和推荐工作。

【组织科技进步奖宣讲会和技术推广活动】 为进一步做好科技进步奖的申报和推荐工作,第一次评选活动结束后,协会认真总结经验,在呼和浩特市召开科技进步奖宣讲会,通过对评选办法的解读,加深企业对科技进步奖的评选范围、标准的了解,掌握申报所需材料的具体要求。更重要的是通过专家的讲解和获奖单位的经验介绍,指导安装企业如何在归纳总结科技成果时抓住重点,突出科技创新部分,高质量地整理申报资料,提高申报水平。

同时,协会以中国安装协会科技进步奖为平台,通过召开先进技术应用观摩会、先进技术施工方案培训班等活动,把评选出来的先进技术,特别是那些科技含量高、市场应用好的新技术在全行业推广应用,使科技成果转化成现实的生产力。协会努力使这些科技成果在行业中得到推广应用,使这个奖项能够在推进行业科技进步,增强安装企业科技创新能力方面发挥应有的作用。

【在活动中充分发挥专家作用】 专家是搞好协会工作的一支重要力量,协会在开展活动时,一直是积极依靠专家,充分发挥专家的作用,以提高协会工作的质量和水平。协会组织的资质标准修订、课题研究、建筑业10项新技术修编、标准规范、技术咨询、培训、新技术推广、科技成果鉴定、评优、工程复查等都离不开专家的帮助、支持和指导,每项成果都饱含着专家的智慧和心血。在科技进步奖的评选中,专家的作用更加充分地体现出来,他们敬业的工作精神和严谨的工作态度,使评选结果做到实事求是,客观公正。通过评选活动也极大地提高业内专家们参与协会工作的热情和积极性。

协会一直以来建有《中国安装行业专家数据库》,协会的很多工作都会从专家库中选取专家参与。科技进步奖的开展,进一步推动数据库的建立,专家库的专家数量不断充实,覆盖面扩大,专业结构得到优化。又有一批安装行业各领域的老、中、青技术专家成为专家库成员。中国安装协会专家库已有241名专家,为协会各项工作的开展提供保证。为规范专家库管理,协会制定《中国安装协会专家库专家管理办法》,就专家的使用、考核提出更加具体的要求。

3. 认真完成政府主管部门交办的工作,为协会赢得服务企业的更大空间

建造师继续教育工作是注册建造师执业资格制度中的重要环节,通过继续教育,提高建造师综合素质和执业能力。2011年3月,在住房和城乡建设部召开的《建造师继续教育管理暂行办法》宣贯会上,确定由中国安装协会作为机电工程专业一级注册建造师继续教育牵头单位。协会以这项工作为重点,认真完成政府主管部门交办或委托的各项工作,发挥纽带作用,当好政府助手。

【认真做好机电工程专业一级注册建造师继续教育工作】 作为牵头单位,协会做的主要工作有编写大纲和培训教材、推荐培训单位、制定培训计划及相关的办法、制度、培训授课教师,并对培训单位实施监管等。协会成立专门的领导机构,制定机电工程专业一级注册建造师继续教育工作方案,组织召开继续教育领导小组工作会议及教材编写委员会工作会议,推荐培训机构。2012年3月经住房和城乡建设部批准,华北电力大学等20家单位成为首批机电工程专业一级注册建造师继续教育培训单位。10月又批准天津市建协和平培训部等4家培训单位。4月,完成机电工程专业一级注册建造师继续教育机电工程专业必修课教学大纲和教材,以及选修课教材的编写工作。并在北京召开继续教育领导小组工作会议,审议通过管理办公室起草的《机电工程专业一级注册建造师继续教育实施办法》、《机电工程专业一级注册建造师培训单位监督管理试行办法》和《机电工程专业一级注册建造师继续教育充抵学时试行办法》。这三个办法是开展机电工程专业一级注册建造师继续教育的依据和保证,内容细致,具有可操作性,为全面启动继续教育工作奠定基础。同时还举办机电工程专业一级注册建造师继续教育师资培训班,20家培训单位的近200名专、兼职授课教师接受培训,并获得师资培训合格证书。7月正式启动注册建造师继续教育工作,截至2012年底,已有北京、上海、河北、辽宁、四川、江苏、安徽、浙江、湖北、广东等地区举办培训班期,近13000

名机电工程专业一级建造师接受培训。

【继续做好建造师教育相关工作】 协会配合住房和城乡建设部认真完成建造师教育的相关工作。推荐业内专家参加住房和城乡建设部一、二级建造师考试出题和考试阅卷工作；完成《机电工程二级建造师考试用书》第二版的修订；举办注册建造师制度宣贯研讨会，向安装企业介绍建造师制度的建立、文件起草以及这项制度在全行业的执行情况，对企业如何管理、使用注册建造师作具体说明。

【做好国家职业大典分类修订工作】 2010年12月，人力资源和社会保障部会同国务院有关部门、直属机构和行业组织共同开展对99版《国家职业分类大典》的修订工作，住房和城乡建设部承担64个职业的修订任务。为此，住房和城乡建设部设立行业大典修订工作委员会，协会作为委员单位也参与这项工作，承担着7个职业的修订工作。协会对这项工作十分重视，积极参加住房和城乡建设部召集的相关会议，认真学习住房和城乡建设部制订的《修订工作方案》及修订工作技术要求，组织各地方协会和业内专家共同参与。2011年底完成对这7个工种的信息采集汇总和分析工作，形成《职业描述信息建议表》上报给住房和城乡建设部。

4. 召开协会理事会议和相关会议，推进协会各项工作稳步发展

【召开协会五届五次理事（扩大）会议】 3月份召开协会五届五次理事（扩大）会议，会议总结协会五届四次理事会的工作，确定2012年的工作计划。理事会对协会自五届四次理事会以来各方面的工作给予充分的肯定，认为《工作报告》客观全面，实事求是，2012年的工作安排重点突出、目标明确，与时俱进。理事会审议通过《协会五届四次理事会工作报告》和《关于批准部分企业入会的提案》。讨论并通过秘书处提出的《中国安装协会第六届理事会组成方案》的初步意见，同意秘书处按照此方案进行理事会换届的准备工作。

【召开协会联络员、通讯员会议】 6月协会在成都召开协会联络员、通讯员会议，会议通报并部署协会工作，介绍《安装》杂志通讯员工作，会议交流就加强联络员和通讯员队伍建设，推进协会工作的具体落实。会议授予53名同志为"中国安装协会优秀联络员"称号，40名同志为"《安装》杂志社优秀通讯员"称号，并颁发荣誉证书。

【召开安装行业高层论坛】 12月20日，协会在海口举办2012中国安装行业高层论坛。论坛的主题是：贯彻党的十八大和十七届六中全会精神，加强企业文化建设。天津安装工程有限公司、中交一航局安装工程有限公司、江苏邗建集团、广州市机电安装有限公司、云南建工安装股份有限公司、重庆工业设备安装集团有限公司、苏州二建建筑集团有限公司、中国十五冶金建设集团有限公司、浙江诸安建设有限公司九家企业的代表在论坛上作了演讲。

他们围绕企业文化建设这一核心问题，结合本企业在文化建设过程中的实践经验，从提高企业领导重视，加深思想认识，完善相关机制，增大财力投入，坚持实践创新，注重文化建设实效等多个方面出发，就如何建设先进的企业文化，不断创新企业文化，发挥企业文化的先导作用、助力作用，提升企业的综合实力进行交流分享，得到与会人员的热烈好评。会长田世宇做专题讲话。会议编撰《论文集》，收录30多篇优秀论文。

5. 加强协会秘书处自身建设，积极做好基础性工作

【加强协会秘书处自身建设】 协会继续强化秘书处工作人员的素质和能力，注重学习科学的工作方法，提高办事效率和工作质量。秘书处坚持召开季度工作会议，就工作中存在的一些问题进行交流探讨，总结并安排工作，明确任务和目标，保证各项工作计划的落实。

【发挥协会分支机构的专业优势和作用】 协会继续努力为各分支机构开展工作创造条件，调动分支机构的工作积极性和创造性，积极发挥协会分支机构的专业优势和作用，各分支机构也结合企业发展特点，开展技术培训、技术交流等活动。

协会新成立的建筑设备和系统运行维护分会在成立大会后积极开展工作，举办"建筑运行与维护技术高峰论坛"，通过演讲、介绍等方式，提高安装企业对建筑设备运行与维护在建筑节能中作用的认识，及如何加强运行维护管理工作。为贯彻落实国家《"十二五"节能减排综合性工作方案》，提高安装的工程质量，实现节能减排的战略目标，通风空调分会、建筑设备和系统运行维护分会联合河北省空调与制冷行业协会，举办"中国建筑通风空调系统工程技术论坛"，通过报告和案例分析，推广节能新技术，促进通风空调工程节能设计、施工工艺与技术进步，提高施工人员的技术水平、工艺和检测手段，提高空调设备的运行能效和空调风管的清洗技术。

机械设备与起重分会在成都举办全国安装行业

大型机械设备制造、安装技术交流会，会议就800MN大型模锻压机安装项目、大型冶炼工厂的模块化建造与安装、610m超高层电视塔机电安装技术、3.5万吨螺杆压力机安装技术、260t/h干熄焦系统工程施工技术、大台面自动冲压生产线安装技术等六个工程项目开展专项技术交流。这六个项目大都是在国内乃至在世界上有影响的高、大、精、尖、新项目，展示中国安装企业不断实践、创新、进取的最新成果。会议通过三维动画、影像放映等方式，介绍项目安装技术的过程，让代表耳目一新。会议还组织代表到中国二重集团现场观摩800MN大型模锻压机安装项目。这次会议为全国安装行业的科技工作者提供交流、相互学习、共同提高的机会，为研究当今安装行业前沿技术，探讨安装行业未来发展趋势提供一个平台。

【办好《安装》杂志、《工作通报》和协会网站】《安装》杂志是住房和城乡建设部主管的全国性科技与管理期刊，是全国机电工程建设领域权威性期刊，是中国唯一的安装行业国内外公开发行的期刊。杂志社一方面着力于通过提高自身办刊质量，提高杂志的可读性，将杂志办成行业内具有前沿性、创新性、权威性的学术期刊，另一方面，积极围绕协会工作，跟踪报道协会各项活动，加强对协会、行业、会员企业的宣传，提高协会凝聚力。杂志的发行量比上一年有所增长，文章质量也有所提高，影响力不断扩大，广告收入也有所增加，实现收支平衡、略有盈余。《安装》杂志社的通讯员队伍已组建两年多，有110家企业和单位向《安装》杂志社推荐通讯员。

协会《工作通报》主要是向会长、副会长、顾问，以及省市协会（分会）、协会各分支机构、有关行业建设协会、协会（会员单位）地区联络组和政府主管部门发送。《工作通报》及时反映协会的重要信息和工作情况，促进协会各项工作的开展。通过这个渠道，不但使协会内部的机构对协会工作有及时地了解，对取得上级主管部门对安装协会工作的重视和支持也起到积极的作用。同时，通过与有关行业建设协会互换内部资料，对大家沟通信息、及时了解各协会工作状态、工作上相互支持起到积极有效的作用。

协会网站以宣传协会和服务会员单位为宗旨，一方面加快网站建设，完善网站功能，根据工作需要和企业需求合理设置网站版面，方便会员了解协会动态和下载各种资料。另一方面充分发挥网站作用，积极调动行业资源，使其成为行业信息发布平台和会员信息交流的窗口，较好地服务行业和会员。

【认真筹备协会第六次会员代表大会】 根据理事会上通过的《中国安装协会第六届理事会组成方案》，秘书处认真进行理事会换届的准备工作。制订中国安装协会换届工作方案、起草第五届理事会工作报告、对章程进行修改、对新一届协会理事会候选人进行酝酿，对第五届理事会期间的财务进行审计，并将换届方案、筹备情况上报给住房和城乡建设部人事司。

（中国安装协会　撰稿：顾心建）

中国建筑金属结构协会

【协会发文】 2012年3月14日和4月23日中国建筑金属结构协会（以下简称为"协会"）分别批准江苏沪宁钢机股份有限公司和山东精典建筑科技股份有限公司等51家企业为建筑钢结构行业定点企业。

3月14日协会发出《关于表彰2011年度全国钢结构工程优秀项目经理（一级建造师）的决定》。受表彰者66名。

3月14日协会授予凤凰国际传媒中心、西宁海湖区体育中心等108项工程为"中国钢结构金奖"。

3月15日协会授予香港会议展览中心扩建工程和澳门关闸边检大楼工程为"港澳特区钢结构金奖"。

4月9日协会对2011年度钢结构行业30强企业进行通报。

4月25日协会批准河南省基本建设科学实验研究院有限公司为"科技产业化基地"。

7月31日协会发出《关于表彰科技创新优秀企业和科技创新优秀个人的决定》。表彰科技创新优秀企业117家，科技创新优秀个人93名。

8月18日协会对钢木门窗电动门窗行业六十六家企业进行表彰。

9月30日协会发出《关于做好钢结构住宅产业化推进调研的补充通知》。

10月23日协会向住房城乡建设部标准定额司报送关于在国家《绿色建筑评价标准》中增加钢结构工程评价内容的报告。

11月2日协会授予步阳集团公司"全国安全门行业标杆企业"称号。

12月24日协会向住房城乡建设部标准定额司报送关于列入《绿色建筑评价标准》参编单位的请示。

【行业展会】 2月23～25日在北京召开"第四届光伏四新展",展会设立光电建筑展区,展出面积800平方米,21家会员企业参展。上万人参观。会后,《太阳能发电杂志》、《光伏产业观察》、21世纪经济等媒体对此次活动进行报道。

4月5日中国(北京)国际供热通风空调、卫生洁具及城建设备与技术展览会在北京召开。辐射供暖供冷参展企业816家,其中,国外企业151家。布展面积70000平方米。观众33156人次,国外观众1401人次,同期举办地暖技术研讨会暨2011年度行业表彰大会。散热器行业参展企业51家,占总参展企业的6%;展出净面积3827平方米,占展出净面积的20%。本届展会评出"金质奖"18家;"创新奖"13家;最佳创意企业6家。同期举办中国壁挂炉与新型散热器采暖系统应用论坛。

5月10～12日"第三届中国国际现代建筑施工技术、模板脚手架展览会"在北京举行。模板脚手架参展企业23家,展位面积450平方米。观众突破3万人次。同期举办"中国国际建筑模板脚手架工程技术交流会"。

5月26～28日在永康国际会展中心举行"第三届中国国际门业博览会"。展出面积5.52万平方米,参展企业607家,其中,境外展商11家。特装展位占61%。参观人数6万多人次。同期举办"中国门业新经济高峰论坛"暨全国老年公寓用门窗指定供应商推荐工作启动会。

5月30日中国(西安)国际地面供暖技术产品与设备展览会。辐射供暖供冷行业布展面积25600平方米。参展商487家,其中,国外参展商32家。参观人数3万人次,其中,国外观众1300人次。同期举办辐射冷暖系统优化方案与成本控制技术对接会。

9月26～28日(上海)国际供热通风空调、城建设备与技术展览会,辐射供暖供冷行业布展面积7366.25平方米;参展企业175家,其中,国外参展商14家;观众5951人次,其中,国外观众673人次。同期召开辐射供暖供冷委员会常务工作会议。

9月26～28日,建筑给排水水处理技术及设备展在上海举办,给排水参展企业155家。展出面积6750平方米。专业观众8679人次。国外观众100人次。同期举办国际建筑给排水高峰论坛、海峡两岸建筑消防技术论坛、热泵论坛及建筑给排水系统优化方案与技术对接会。

11月23～25日"第十届中国国际门窗幕墙博览会"在北京·中国国际展览中心(新馆)举行。此次"博览会"面积约55000平方米,较上届增长约20%。13个国家和地区的360家企业参展。53个国家和地区的51520人次参观,较上届观众增长约13.6%。其中,国际观众4676人次,较上届增长约24%。同期举办"中国国际门窗幕墙高级研讨会"、"中外门窗B2B贸易对接会"、"感恩十年——门窗幕墙行业风云榜评选"等活动。共有600多家国内知名房地产企业参加。有近40多位地方协会负责人出席本届"博览会"开幕式。

【行业年会】 协会第十次会员代表大会暨第十届理事会一次会议于2012年11月22日在京召开。参会代表500多人。住房城乡建设部副部长陈大卫出席,宣读姜伟新部长的贺信并讲话。会议审议通过第九届理事会工作报告、财务工作报告、章程修正案等。会议选举产生第十届理事会及新的领导机构。姚兵为会长,刘哲为秘书长。会议还表彰117家科技创新优秀企业和93名科技创新优秀个人。

3月18～20日第18届全国铝门窗幕墙行业年会暨铝门窗幕墙新产品博览会在广州召开。会议发布建筑门窗幕墙新技术论文39篇。学术交流讲座10场,前沿论坛2场。同期举办的博览会吸引国内外20多个国家和地区的400家企业参展,展出面积4.5万平方米。参观人数43087人次。

4月13～14日"建筑钢结构行业大会"在浙江绍兴召开。参会代表600人。大会以"推动钢结构产业发展,促进行业转型升级"为主题。中国建筑金属结构协会建筑钢结构委员会主任尹敏达向全体会员汇报工作。会议宣布"中国钢结构金奖"工程获奖单位、钢结构行业30强企业、2011年度"全国优秀钢结构项目经理"以及2012年建筑钢结构行业定点企业。协会会长姚兵出席并作了"求真务实,科学严谨——做好钢结构住宅产业化研究"的重要讲话。同期举办钢结构副主任座谈会和钢结构前沿技术与应用研讨会,发表论文59篇。

4月15～18日"2012年全国塑料门窗行业年

会"在沈阳召开，参会代表300余人。中国建筑金属结构协会塑料门窗委员会主任闫雷光汇报工作。姚兵作了题为"全力推进塑窗下乡活动"的重要讲话。会议举行技术交流讲座12场，发布"交流论文27篇"，行业专利汇编1册。同期举办"2012年国际塑料门窗及相关产品展览会"。展出面积3500平方米，国内外参展企业84家。参观观众7000人次。

8月19日全国钢木门窗、电动门窗行业年会在河北高碑店召开，参会代表220多人。姚兵出席并做重要讲话。协会钢木门窗委员会主任潘冠军汇报工作。会议宣布"十强企业"名单和表彰66家优秀企业并颁发奖牌。还特别利用门窗城开业之机，进行技术交流和新产品观摩活动。会议印发"全国钢木门窗、电动门窗行业优秀企业专刊"，技术论文15篇。

10月20~21日在银川召开建筑扣件委员会会年，来自全国15个地区80个单位的102名代表参加会议。协会建筑扣件委员会主任王峰汇报扣件委员会两年来的工作。会议对2011年~2012年度26家"优秀企业"、20家"质量信得过企业"、7家"科技创新企业"进行表彰。

11月16日~18日全国建筑模板脚手架行业年会在福州召开，参会代表110人。会议由姜传库主持。姚兵出席并作了题为"注重合作、谋求发展"的重要讲话。会议为13家重点推荐企业颁发证书和铜牌；发布论文22篇；交流发言10人次。

12月12日采暖散热器行业年会在昆明召开，参会代表200多人。主题为"拓宽市场、科学采暖"。会议发布论文24篇；2场交流活动，有25人发言。会议为21家行业知名品牌获奖企业和6家获得中国驰名商标的企业颁发证书。会议发布十大专项课题研究之一——"散热器低温运行"的研究结果。

【工作会议】 1月11~12日协会工作会议在怀柔召开。协会新老领导及各部门全体职工80人参加会议。协会秘书长刘哲主持并做工作报告。会长姚兵围绕"五大任务，五大亮点；五大品牌；五大活动"，作了题为《稳中求进规划好新年工作》的重要讲话。协会各部门主要负责人也分别汇报本部门2011年的工作成绩和2012年的工作计划。

5月采暖散热器委员会在京召开"压铸铝散热器生产企业市场工作会议"。会上强调，压铸铝散热器生产企业应该内外贸并举。进一步关注、拓展国内市场，提高占有率，加快实现市场转型。并提出要加强企业管理和产品创新，走品牌战略发展之路。

6月13~14日，塑料门窗委员会工作会议在贵阳召开。会议通报科技产业化基地管理办法；塑料门窗行业表彰项目等评比办法；型材热工性能数据库阶段性工作；塑料门窗加工培训教学片工作进展情况。还讨论研究塑料门窗下乡活动方案。

6月13日建筑门窗配套件委员会工作会议在杭州召开。参会代表60余人。会议对"科技创新工作"、"推荐产品工作"征求意见。会议决定论文大赛评奖活动从下届开始改为两年一次；推荐产品工作增加一次企业抽样考察和检测。

7月19日在京召开模板脚手架主任委员工作会议。会议通过增补北京联东模板工程有限公司为副主任单位；研究当前经济形势对模板脚手架行业发展的影响；研究开展企业《资质管理》和《产品认证》等事项。

11月21日在京召开"塑料门窗下乡工作会"，会议听取住房城乡建设部村镇建设司的领导介绍新农村建设情况，参会企业代表介绍农村建设项目中的体会。讨论确定组建调研小组和参加调研的企业十余家。

12月6~7日塑料门窗委员会工作会在中国国际门窗城召开，参会代表80人。会议通报委员会2012年的工作开展情况，塑料门窗型材节能数据库及教学片拍摄工作进展情况等。会后代表们参观中国国际门窗城国际馆、国内馆、设备馆。

12月17~19日建筑钢结构委员会在福建厦门召开主任工作会议。会议围绕"绿色发展、循环发展、低碳发展"为目标和任务，进行研讨。

【联合协作】 2月13~14日钢木门窗委员会在哈尔滨召开"中国木门窗行业战略合作与发展联盟"第二次会议。秘书长刘哲到会并讲话。会议决定"中窗联"组织机构、章程、自律公约，还针对该领域存在的合同不规范、双重征税等问题，着手编制《木门窗工程合同(示范文本)》。6月在京召开《木门窗工程合同(示范文本)》编制会。11月在浙江召开"中窗联"第三次工作会，会议重点结合北京市于2013年开始执行的新的门窗节能标准，研究节能木窗产品的宣传推广方案；制订机构下一步吸纳新成员的条件和流程；论证木窗系统认证的必要性和实施办法等。

6月3日协会与工商联房地产商会共同在山东举办"房地产部品采购合作与发展研讨会"，到会代表280多人。姚会长、聂会长出席并发表演讲。会议从服务模式、部品分类标准、供应商及产品评价体系等方面，重点研讨联盟电子商务服务平台的建设问题，并向代表介绍先进采购管理理念。

9月12～13日协会与工商联房地产商会共同在上海召开"首届中国房地产部品采购联盟供需合作高峰论坛"。出席会议的有：房地产商、建筑部品供应商、专家学者等，共计400余名。秘书长刘哲到会并讲话。

11月24日在中国国际展览中心会议室联合举办"中国房地产部品采购联盟发布会暨房地产业与门窗幕墙行业高峰论坛"，一位建筑师代表、两位地产商代表、三位门窗幕墙企业代表共同就"节能政策与开发成本探讨＋门窗选材新格局＋门窗系统化发展前景"进行探讨。来自82家地产企业代表与117家门窗幕墙企业代表及49位建筑师、设计师参加会议。有85％的听众给予高度评价。

塑料门窗委员会和北京建筑五金门窗幕墙行业协会合作，于9月26日在北京召开塑料门窗保温节能技术交流会，来自政府部门、开发商等近200人出席。会议以"服务与北京建筑节能75％新政，突出塑料门窗保温节能新技术"为主题，交流塑料门窗最新的保温节能技术。组织9家企业18个K值都是小于2.0保温性能的最新产品进行展示。

建筑钢结构委员会与住宅产业化促进中心等部门合作，10月在包头召开高层钢结构住宅技术交流会、11月在长沙召开钢结构装配式房屋技术总结会。

【标准制定】 钢木门窗委员会主编、参编或受托主管的标准中有：新发布批准：《上滑道车库门》、《工业滑升门》。报批标准：《木门窗》、《电动卷帘门开门机》、《电动伸缩围墙大门》、《飞机库门》。在编标准：《户门》、《集成材木门窗》、《电动开门机》。

2012年铝门窗幕墙委员会对《建筑用硅酮结构密封胶生产企业行业推荐管理办法》进行修订和完善，该办法于2012年11月25日发布并实施。修订的建筑工业行业产品标准《建筑用硬质塑料隔热条》完成征求意见稿；修订的国家标准《建筑幕墙抗震性能振动台试验方法》召开两次编制工作会议。

塑料门窗委员主编的《建筑用塑料门》和《建筑用塑料窗》，于2012年11月5日批准发布。与维卡塑料(上海)有限公司主编的工程建设标准《塑料门窗设计及组装技术规程》于2012年11月完成征求意见稿。和国家化学建筑材料测试中心主编的建筑工业行业标准《建筑门窗用未增塑聚氯乙烯共混料性能要求及测试方法》，2012年底进展到试验测试阶段。申报的建筑工业行业标准《塑料门窗及型材功能结构尺寸》修订工作，于2013年1月已列入标准修订计划内。

采暖散热器委员会与天津行业协会及骨干企业于2012年6月共同启动国家标准《采暖用钢制散热器配件通用技术条件》已完成初稿。联合部分骨干企业共同编制行业标准《喷塑铸铁无砂散热器》于2012年10月完成初稿。

建筑门窗配套件委员会主编的行业标准《建筑门窗五金件 双面执手》、《建筑门窗复合密封条》已批准发布，于2013年1月1日实施。6月启动国家标准《建筑门窗五金件 通用要求》的编制工作。《建筑门窗配套件应用技术导则》正在编制。

光电建筑构件应用委员会主编的《建筑光伏夹层玻璃用封边保护剂》、《建筑光伏组件用PVB胶膜》、《建筑光伏组件用EVA胶膜》行业标准，已进入征求意见阶段。《建筑用光伏系统技术导则》的编制工作，完成15章99节10多万字的第六稿。申报的工程建设产品标准《建筑用光伏遮阳构件通用技术条件》于2012年7月获批。

国际合作部编制的《建设工程分类标准》于2012年12月已审定；《建设工程咨询分类标准》待审定；《外墙外保温技术要求及评价方法》已审定；《建筑市场主体信用评价标准》待审定；《国际工程风险评估技术规范》完成征求意见稿。

给排水设备分会组织编写制定《建筑同层排水工程技术规程》、《减压型倒流防止器应用技术规程》、《建筑给水水锤吸纳器应用技术规程》，修订《管网叠压供水设备》、《给水排水软密封闸阀》。

辐射供暖供冷委员会与浙江盛世博扬公司联合主持编写《冷热水用分集水器》国家标准，已完成报批稿；与中国建筑标准设计研究院主编《地面辐射供暖系统施工安装》国家标准图集，《辐射供冷末端施工安装》试用图集，已报批。

喷泉水景委员会和浙江鸿翔建设集团有限公司协同21家骨干企业于2012年10月完成《喷泉水景工程技术规程》送审稿，12月该《规程》通过审查。

模板脚手架委员会参编国家标准《建筑施工脚手架安全技术统一标准》，于8月在鄂尔多斯举行第三次编制工作会。

【服务企业】 1月10日，铝门窗幕墙委员会在北京南山滑雪场主办第三届"安泰杯"南山滑雪联谊会，有100多人参加会议。

2月29日，模板脚手架委员会，受哈斯科租赁公司的委托，组织专家对该公司在上海保利剧院模板支撑系统设计方案进行审查评估，提出意见和建议，最终在工程上实施。

3月21日，铝门窗幕墙委员会在深圳主办第九届"坚朗杯"国际门窗幕墙行业精英高尔夫邀请赛，有300多人参加。

6月12日，采暖散热器委员会组织12名专家在京对天津金王粉末涂料有限公司生产的"环氧聚酯型粉末涂料"进行评估。

6月，钢木门窗委员会组织行业专家对大同明星彩板制品有限公司的"新型钢门窗项目"进行评审论证。年初，该公司全面启动此项目的立项、设计和试制工作。委员会以谭宪顺为主，参与该项目各关键环节的工作，提出设计有隔热断桥的防火门门窗和木包钢门窗两项建议，并牵头与天津消防研究所建立联系，该项目已通过省级鉴定，关键加工设备已安装调试完毕。

7月6日，开始申报"建筑门窗配套件定点企业"工作，8月1日结束。11月公布，青岛立兴杨氏门窗配件有限公司、山东国强五金科技有限公司等13家企业为"建筑门窗配套件定点企业"。

2012年建筑门窗配套件委员会推荐产品工作。共有16家企业申报的48个产品被评为推荐产品。

钢木门窗委员会，在2011年6月～2012年7月，带6批次会员代表参观门窗博物馆，了解现场和规划，洽谈入驻布展事宜。8月，"门窗城"在河北高碑店正式落成。会长姚兵于2009年9月在钢木门窗委员会工作会议上提出创办"门窗博物馆"的设想变为现实。

自2011年开始，钢木门窗委员会多次陪同协会领导和行业专家赴凯必盛集团公司参观考察，开展"门道馆"论证和修改完善。经过双方的共同努力，"中国门道馆"于2012年6月28日在北京昌平正式落成。

10月18日，潘冠军和谭宪顺参加沈阳奥文公司承办的钢门窗隔热断桥技术研讨会，该项目通过省级立项论证。

10月，协会向住房城乡建设部报送《关于在国家绿色建筑评价标准中增加钢结构工程评价内容的报告》。12月协会向住房城乡建设部报送《关于列入绿色建筑评价标准参编单位的请示》。2013年1月8日，住房城乡建设部标定司和中国科学院的领导参加由委员会组织召开的"钢结构建筑绿色标准专家座谈会"。修编组负责人与钢结构行业专家学者面对面沟通讨论。相关部门已将协会列入参编单位。

自2011年起，塑料门窗委员会与广联达软件股份有限公司合作，组织一批质量好，讲信誉，在行业有一定影响力的企业加入"广联达建材信息网"，2012年底有26家企业入网。建材平台的点击浏览量1195,8151次，浏览者44％为施工企业、35％为房地产企业、17％为设计单位、4％为中介咨询企业。

自2011年6月起，塑料门窗委员会在全行业内征集已获得专利证书的项目，截至2012年3月，共收到11个单位报送的111项专利。其中：发明专利11项，占总专利数的10％；实用新型专利83项，占专利总数的74.77％；外观专利17项，占专利总数的25.23％。

10月20日，塑料门窗工人技术教学片在沈阳华新门窗工程有限公司实地拍摄。

11月23日，光电建筑构件应用委员会在协会举办的"中国国际门窗幕墙博览会"上，向参展商和观众推出《世界光电建筑欣赏》一书，获得大家好评。

铝门窗幕墙委员会先后派出三批专家参加哈尔滨大剧院、重庆市江北嘴金融城3号项目和云南省科技馆等幕墙工程招投标工作。

铝门窗墙幕墙委员会推荐参加中国驰名商标评选的企业有5家，同时还推荐7家参与地方名优产品的评选活动。

光电建筑构件应用委员会起草《太阳能建筑应用行业管理办法》、招投标办法、合同示范文本，组织编写光电建筑应用培训教材。

采暖散热器委员会组织康居认证工作。推荐广东太阳花散热器有限公司、辽宁鞍山浩特散热器有限公司、河北圣春冀暖股份有限公司和山东邦泰散热器有限公司的产品现场核审，这几家企业的产品均通过康居认证中心的审查，被该平台成功收录。

采暖散热器委员会协助宁波东方热传科技有限公司研发的塑料散热器、鞍山浩特散热器有限公司研发的钢制散热器，天津金王粉末涂料有限公司研发的采暖散热器用环氧聚酯型粉末涂料均有突破性的创新，通过住房和城乡建设部"科技成果评估"。

建筑扣件委员会对会员企业的扣件产品，经地方技术监督部门组织抽样在国家建筑工程质量监督检验中心检验，合格的企业，颁发产品合格证明。

钢结构委员会组织专家为企业开展针对性技术服务。全年组织229人次专家到工厂进行现场技术指导和各类施工方案评审，受到企业欢迎。

配合"两会"的代表完成议案、提案的资料收集与整理；陈华元等8名人大代表提交第7390号议案：《关于大力发展钢结构产业，促进城镇化发展与建筑工业化的建议》；全国政协委员郝际平提交第2609号：《关于发挥钢结构建筑优势、加快我国绿色建筑发展》提案、第4641号：《关于加大钢结构产业扶持力度》的提案。

收集人大提案、住房城乡建设部、财政部等相关文件，编印下发《钢结构住宅产业化推进背景资料》、《钢结构住宅研究资料》之一、二等200余份发给企业和专家参考、研究，为特邀钢结构企业提供研究信息和动态服务。一些企业根据协会的资料，在当地申报相关产业优惠政策扶持的定点企业。

【服务政府】 1月，协会向住房城乡建设部报送《关于在保障性住房推广钢结构体系的建议》，得到部领导的关注和批示。3月5日协助住房城乡建设部有关部门，在京召开保障性住房采用钢结构体系专家、企业家座谈会，有40多人参会，会后上报《会议纪要》。在部相关部门的指导下，重点指导行业开展保障性住宅建设的试点工作，截至2012年底，已有5个省市的6个公租房建设项目明确采用钢结构体系。

5月29日，建筑扣件委员会受住房城乡建设部委派，派员参加《租赁模板脚手架维修保养技术规范》该项标准的审查工作。并提出审查意见和建议。

2011年9月5日协会向住房城乡建设部上报的"关于《绿色建筑行动方案（征求意见稿）》建议的报告"得到相关部门的采纳：在国发办[2013]1号文件转发的国家发改委、住房城乡建设部制定的《绿色建筑行动方案》中，要求推广适合工业化生产的钢结构等建筑体系。

建筑钢结构委员会按照住房与城乡建设部下达的钢结构住宅产业化推进研究课题，经专家调查研究选定：上海宝钢建筑集成有限公司、浙江杭萧钢结构有限公司等10家企业，撰写钢结构住宅发展总结报告，并于12月底完成初稿，经专家审阅后编印成册，预计2013年上报。为政府相关部门进行参考和提供决策依据。

铝门窗幕墙委员会组织专家参与政府部门针对建筑幕墙工程开展的安全排查工作，派出的幕墙专家还受内蒙古鄂尔多斯东胜区建设局邀请，进行有针对性的讲课和技术指导。针对《危险性较大的分部分项工程安全管理办法》中，关于建筑幕墙安全施工管理的内容，组织专家在全国各地协助政府参与的建筑幕墙工程安全施工专项方案论证工作200次以上。三次派出专家参加住房和城乡建设部组织的建设工程企业资质专家评审工作，为政府加强建筑幕墙行业的管理提供技术支持。

喷泉水景委员会组织大专院校、设计科研单位的专家，为全国8项工程进行评标及验收。

建筑扣件委员会配合国家质检总局，重新修订《建筑钢管脚手架扣件产品生产许可证实施细则》；配合国家建筑工程质量监督检验中心对37家审查合格企业的产品进行许可证检验工作，截至2012年底已有19个省、自治区、直辖市的近400百家生产企业取得全国工业产品生产许可证。

建筑钢结构委员会经无记名投票方式，新增补傅学义、林冰等44人为专家委员会专家。6月底，专家委员会共有16名专家进入住房城乡建部新调整的建设工程企业资质评审专家库。

【促科技进步】 对会刊形式进行改革，将会刊会议报道和行业论文报道进行集中和压缩，增加产品版。主要为会员企业展示产品，读者面向房地产商、建筑师和建筑装饰企业等。产品版出5期。综合版出6期，协会换届出版1期。深受行业内外读者好评。

3月15日，"2009～2011年度中国光电建筑应用四优活动表彰大会"在广州召开，参会代表150名。会长姚兵、秘书长刘哲出席并为获奖的个人和企业颁奖。会议颁出"光电建筑应用突出贡献人物"19名、"光电建筑应用优秀项目经理"23名、"光电建筑应用优秀企业"15家、"光电建筑应用优秀项目"21个。会上姚兵会长发表题为《群策群力 攻克光电建筑业发展的三大难题》的重要讲话。

3月16日，第三届建筑门窗配套件行业科技创新论文大赛颁奖大会，在广东三水召开。会议评出一等奖2篇；二等奖5篇；入围论文2篇。获奖论文既包括原材料改进创新，也包括产品开发创新，还有产品力学模型探讨和产品应用方案创新和改进等多方面内容。

5月12日，在京召开"模板脚手架工程国内外技术发展趋势座谈会"。国内外企业代表和专家24人参加会议。

9月4日，给排水设备分会"国防系统给排水学术交流会"在河北保定举办。有来自全国120名代表出席。会议收集论文近百篇，共有8位代表在会上宣讲论文，大会评选出优秀论文一等奖12篇，二等奖22篇，三等奖52篇。

国际合作部组织课题研究："中外建造师执业资格制度研究"、"建筑市场景气指数研究"、"建筑业景气指数研究"、"中国建筑业改革研究报告"、"中国建筑工人队伍建设研究"、"新疆建筑业发展战略研究报告"和"新疆维吾尔自治区人民政府关于推进新疆建筑业跨越式发展的若干意见（代拟稿）"。

9月，协会成立"辐射供暖供冷技术委员会"。

9月10日，采暖散热器委员会和辐射供暖供冷委员会承办的，"西藏供热发展技术应用研讨会"在拉萨召开。来自采暖设备厂商、设计院、开发商等

200余人参加。12月在第一批拉萨市城市供暖试点工程，户内燃气壁挂炉供暖项目材料设备供应商入围招标公告中，采暖散热器行业有昂彼特堡、意乐、森德、旺达、森拉特、舒龙等6家企业的产品入围该项目。

9月27日，塑料门窗体系评价方法研讨会在京召开。会议听取专家介绍塑料门窗系统初步研究报告；分析塑料门窗行业发展现阶段存在的问题和建立塑料门窗体系和评价方法的必要性；确定建立塑料门窗体系评价方法课题组。

铝门窗幕墙委员会，开展建筑用硅酮结构密封胶的行业认定工作，有4家建筑用硅酮结构密封胶生产企业通过行业认定。截至2012年，通过中国建筑用硅酮结构密封胶行业认定的企业已经达到74家，产品有163种；通过硬质塑料隔热条行业认定的企业有5家。

10月29~30日，喷泉水景委员会在浙江举办"中国喷泉水景高峰论坛暨安全施工培训"。参会代表312人。论坛共收到技术论文29篇。有8篇高水平的论文进行现场演讲。有100多技术人员参加安全施工培训。

为了大力推进由壁挂炉与新型散热器相结合的独立供暖系统在我国淮河、长江流域的应用，采暖散热器委员会组织行业专家和部分骨干企业，于4月在北京、9月在上海以及10月在武汉的展会上分别举办"中国壁挂炉与新型散热器采暖系统应用论坛"。

11月21~22日，建筑门窗配套件委员会在京组织召开第十一届行业技术交流会。近百名与会代表围绕着16个议题进行交流。有适应新节能政策的创新产品介绍和门控五金与安防系统的内容介绍等，会上颁发新一批建筑门窗配套件定点企业奖牌及2012年推荐产品证书。

辐射供暖供冷委员会主办的《地暖月刊》，增设"南方供暖供冷专栏"、"探讨市场行情"、"空气源热泵"、"营销管理"等专栏。《中国地暖网》举办第五届地暖施工日记大赛，地暖人的"职业奥运"。50多个城市，一百多家地暖施工企业参与，参赛作品200多篇，有效点击数十万次。协办《中国建设报·冷暖舒适家居》栏目。

"中国地暖万里行"，5月、6月、8月、9月、10月，分别在济南、成都、苏州、兰州、武汉、徐州举办六场，超过2000多家区域房地产商、地暖施工企业、装饰公司、建筑设计院参与。

12月12日，"第八届中国国际地暖产业发展高峰论坛暨辐射供暖供冷委员会技术委员会工作会议"在京召开。

辐射供暖供冷委员会，审核颁发地暖施工企业等级证书21张；行业推荐品牌换证工作26个；评定行业名牌换证工作25个；4月在京表彰2011年度优秀施工企业49个；先进集体54个；先进工作者87人。

建筑钢结构委员会在中国建设报、中华建设报、建筑时报、中国建筑金属结构杂志等主流刊物发表钢结构文章报道36篇，在协会网站和钢结构网站的报道60余篇。钢结构网提供各种技术论文和技术资料129篇。

《光电建筑资讯》全年共发行42期。通过网站建立BIPV论坛，为企业搭建交流平台，上传技术资料，提供在线和下载服务。专家组数十次奔赴企业现场，为企业答疑解惑。

【培训工作】 钢木门窗委员会于3月初在京举办《人行自动门安全要求》宣贯会；3月下旬在沪举办《卷帘门窗》宣贯会。两次培训班共有90名学员参加。

铝门窗幕墙委员会3月组织资深专家在广州举办"第17期全国建筑门窗幕墙技术培训班"。共有127名技术人员参加培训。12月份在重庆举办"第三期有限元分析技术培训班"。共有25人参加培训。

采暖散热器委员会与中国化工学会涂料涂装专业委员会，3月在天津联合主办"采暖散热器粉末涂装技术培训班"，参加培训学员30人。8月、9月在京举办两届"采暖散热器行业高级管理人员技术与管理培训班"，共计76人参加培训，有效地提升骨干企业青年领导人的管理能力和业务素质。

建筑钢结构委员会4月、7月在京举办《钢结构工程质量通病预防与控制》、《钢结构工程施工规范》培训班，两次培训共有90名学员参加。

辐射供暖供冷委员会2012年举办四次培训班，共培训地暖施工员、地暖项目经理、工程设计人员近200人。与重庆五一技师学院签署联合办学协议，6月首届培训国家级地暖施工员30人。与江苏工作委员会、吉林省地暖协会、湖北建筑节能协会供暖供冷分会达成合作意向，并在江苏举办首次地暖施工员培训班。与人力资源和社会保障部职业技能鉴定中心培训国家级考评员32人，其中高级考评员7人。

塑料门窗委员会于12月在京举办"全国塑料门窗技术培训班"。邀请七位国内知名专家授课，19个课时的课程，有60名技术人员参加培训。

【考察交流】 3月14日，塑料门窗委员会组团一行14人赴欧洲考察。期间，参观在德国纽伦堡举办的门窗展，还参观维卡公司、瑞好公司两家型材生产企业以及维卡公司的门窗厂用户。在展览会上了解到国外发达国家正在不断推进建筑节能、发展零能耗建筑。其中德国住宅门窗的保温性能要求 U 值低于 $1.2W/(m^2 \cdot K)$。经过了解，一些随行企业领导回国后，已经在本企业内推行学到的知识。

2月23日～3月5日，钢木门窗委员会组织26家会员企业38人的考察团，赴欧洲进行考察与交流。参观瑞士的瑞电士公司和严实公司；德国的索玛公司并参观斯图加特的"R+T"展会。中欧行业协会在斯图加特联合举办的"中国日活动"，会上秘书长刘哲致辞，主任潘冠军作了题为"中国电动门市场现状与发展趋势"的演讲。

3月21～24日，以主任孟凡军为团长，会员企业、行业协会一行32人赴欧洲考察门窗幕墙市场，参观"2012德国纽伦堡门窗幕墙博览会"。同时对"铝门窗幕墙博览会"进行宣传和招展。

5月中旬会长姚兵率钢结构住宅技术交流考察团6人赴日本考察。

9月中旬，钢木门窗委员会组织10家会员企业17人的考察团，参观美国玻璃展会，考察得克萨斯州的建筑门窗和车库门市场，出席"门窗技术、美国门窗市场交流论坛"。

9月12～14日，以孟凡军主任为团长一行25人，参观在美国拉斯韦加斯举办的"2012年美国国际玻璃门窗展览会"。

9月姚兵参加香港营造师协会成立15周年庆典活动。

（中国建筑金属结构协会）

中国建筑装饰协会

【行业规模】 全国建筑装饰行业完成工程总产值2.63万亿元，比2011年增加2800亿元，增长幅度为11.2%，比宏观经济增长速度高出约3.4个百分点。其中，公共建筑装饰装修全年完成工程总产值1.41万亿元，比2011年增加1600亿元，增长幅度为13%；住宅装饰装修全年完成工程总产值1.22万亿元，比2011年增加1200亿元，增长幅度为10.8%。

在公共建筑装饰装修中建筑幕墙全年完成工程总产值2200亿元，比2011年增加400亿元，增长幅度为22%；成品房精装修全年完成工程产值4500亿元，比2011年增加500亿元，增长幅度为12.5%；境外工程产值约为250亿元人民币，与2011年基本持平，境外工程产值主要由建筑幕墙企业实现，建筑幕墙工程产值约占境外工程产值的85%左右。

2012年，全行业实现建筑业增加值在1.44万亿元左右，比2011年增加了2100亿元，增长幅度为17.4%，其中上缴税收约为2460亿元，比2011年增长15%左右；劳动者收入7500亿元，比2011年增加1500亿元，增长幅度为25%左右；行业实现净利润约为750亿元，比2011年增加30亿元，增长幅度约为4%左右；全行业平均利润率在2.9%左右，比2011年下降0.3个百分点。设计取费全年实现780亿元左右，比2011年增加80亿元，增长幅度在11.5%左右。

【企业状况】 2012年，行业内企业总数在14.2万家左右，比2011年减少0.3万家左右，下降幅度为2.3%。退出市场的企业，主要是承接散户装修、没有资质的小型企业。2012年，行业内企业间的并购、重组力度加大，特别是上市公司对企业的并购数量与规模都超过2011年。但企业的并购、重组都是以股权转让的形式进行的，原企业的法人地位没有改变，因此，并购、重组并未引发企业数量的变化。

2012年，企业结构进一步优化，企业平均产值约为1850万元，比2011年增长约为12%，其中公共建筑装饰领域最大企业完成工程产值170亿以上，增长近70%；建筑幕墙领域最大企业完成工程产值140亿以上，增长近20%。装饰装修行业年工程产值超过50亿元的企业增加到6家，比2011年增加1家。公共建筑装饰装修百强企业平均年产值14.13亿元，比2011年增加1.42亿元，增长幅度为16%；建筑幕墙50强企业平均年产值19.3亿元，比2011年增加3.44亿元，增长幅度为23%，都高于全行业年平均增长水平。

2012年，新增主业为建筑装饰装修施工一级资质企业，据不完全统计为136家；新增建筑装饰装修工程设计施工一体化一级资质企业105家；新增建筑装饰装修工程专项设计甲级资质企业139家。新增主业为建筑幕墙施工一级资质企业，据不完全统计为62家；新增建筑幕墙工程设计施工一体化一级资质企业63家；新增建筑幕墙工程专项设计甲级资质企业75家。新增主业为建筑装饰装修施工二级资质企业约为350家；新增建筑装饰装修工程设计一体化二级资质企业约为520家；新增建筑装饰装修工程专项设计乙级资质企业约为210家。新增主业为建筑幕墙施工二级资质企业约为260家；新增建筑幕墙工程设计施工一体化二级资质企业约为370家；新增建筑幕墙工程专项设计乙级资质企业约为210家。新增建筑装饰装修工程设计施工一体化三级资质企业约为850家；新增建筑幕墙施工三级资质企业约为110家。

2012年5月9日，经中国证监会批准，建筑装饰行业新增北京东易日盛1家装饰公司上市公司。截止到2012年底，全国共有建筑装饰行业上市公司12家，其中建筑装饰装修类企业6家，建筑幕墙类企业6家。另有2家装饰公司在股权交易所成功挂牌交易，2011年12月26日，重庆广建装饰股份有限公司在"重庆股份转让中心"挂牌；2012年3月30日，苏州建筑装饰股份有限公司在"天津股权交易所"挂牌，实现登陆资本市场。

在资本市场中上市与场外股权交易市场的装饰板块中，建筑装饰公司有很好的表现，特别是在深圳证券交易所中小板块中，表现尤为突出。随着企业结构的优化和资本市场对建筑装饰企业的高度认同，2012年业内大型骨干企业继续把登陆资本市场作为企业可持续发展的重要途径和战略目标之一。

截至2012年底，在中国证监会等候审核批准上市的装饰企业有两家，分别是深圳奇信建筑装饰工程股份有限公司和上海全筑建筑装饰工程股份有限公司；有近30家企业已经同证券商达成上市的协议，开始进入上市的相应程序；有近百家企业正在进行上市的前期准备。预计未来几年，将持续有装饰公司上市，资本市场中一板、二板、三板的装饰板块还将持续扩充，与社会共享企业发展成果的企业数量将不断增加。

【从业者队伍状况】 2012年全行业从业者队伍约为1550万人，比2011年增加50万人，增长幅度为3.3％。全年接受大专院校毕业生约20万人，行业内受过高等系统教育的人数达到210万人，比2011年提高11％，受过高等教育人数占从业者总数的14％左右，比2011年提高1个百分点。2012年新增装饰工程设计人员约10万人，增长幅度约为9.8％，全行业设计人员总数约为120万，占从业者总数的8％左右。

新生劳动力不足，以及农村政策调整、新生劳动力职业观念影响等因素，建筑装饰工程施工一线劳动力募集日益困难，劳动力成本上涨速度持续加快。建筑装饰行业已经成为农民工工资增长最快、最高的行业，行业一线施工人员平均工资为220元/日，增长幅度为13％左右；技术工人平均工资为320元/日，增长幅度为20％左右；其中水、电、镶贴工平均工资为400元/日，增长幅度为30％左右。

2012年全行业人均劳动生产率为16.97万元，比2011年提高11％左右。行业劳动生产率的提高，主要影响因素是产业化水平的不断提高，具体表现在施工过程的成品率不断提高。公共建筑装饰装修工程的平均成品率在60％左右，最高的可达到90％以上；住宅装饰装修工程的平均成品率在40％左右，最高的可达到70％以上。同时，产业化水平提高具体表现在劳动力结构的变化，施工现场作业人员与生产加工基地人员数量比约为6∶4，大型骨干企业可达到5.5∶4.5，都比2011年有所提高。

行业从业者队伍的年龄构成中，20～35岁的从业者主要集中在工程设计、施工管理、工厂加工领域，女性比例在70％～80％；而施工现场作业人员主要由35岁以上的中老年人构成，男性比例在90％左右。由于年青技术工人补充严重不足，施工现场劳动力老化现象日益突出，从业者队伍的年龄、性别结构越来越不合理。行业已经到了改变施工作业方式的临界点，必须通过技术升级才能解决，是转变行业发展方式的重要推动因素。

【全国建筑工程装饰奖】 全国建筑工程装饰奖是中国建筑装饰协会接受住房和城乡建设部委托，组织开展的最具影响力和最大权威力的常规性工作，也是业内企业关注程度最高的一项工作。全国建筑工程装饰奖作为国家级装饰工程奖项，对促进行业创优意识、提高装饰工程质量，推广名优材料、推动节能减排具有不可替代的作用。2012年度，经过企业申报、地方协会初审、专家组复查、评审会评定，全国共评审、认定由北京港源建筑装饰工程有限公司、上海新丽装饰工程有限公司、天津华惠安信装饰工程有限公司、重庆港庆建筑装饰有限公司、苏州金螳螂建筑装饰股份有限公司、浙江亚厦装饰股份有限公司、深圳洪涛装饰股份有限公司、深圳广田装饰集团有限公司、北京江河幕墙股份有限公司、沈阳远大铝业工程有限公司等340家企业承建的300项建筑装饰工程、176项建筑幕墙工程、47项建筑装饰工程设计获得全国建筑工程装饰奖。

2012年是全国建筑工程装饰奖改为每两年评选表彰一次的第二年，2012年12月19日，中国建筑装饰协会在清华大学新清华学堂举办隆重的颁奖大会。住房和城乡建设部、民政部领导及协会负责人、获奖代表共600人参加大会。民政部民间组织管理局李勇副局长、中国建筑装饰协会会长李秉仁做了重要讲话，上海新丽装饰工程有限公司总经理陈丽代表获奖单位发表获奖感言。会议还同时表彰连续10年以上获此奖的"星级明星企业"和连续5年获此奖的"明星企业"。

【主要会议】 为提高行业绿色发展的认识水平，提升行业全面顺应国家宏观经济发展的能力，实现行业的可持续发展，2012年中国建筑装饰协会主要召开以下重要会议：

（1）2012年4月23日，中国建筑装饰协会在江苏省苏州市召开"全国重点建筑装饰和建材企业申报中国驰名商标专题会议"，国家工商行政管理总局、中国建筑装饰协会、江苏省与苏州市装饰行业协会领导及近百位企业代表参加会议。国家工商总局专家做了专题报告。经与国家工商管理总局商议，全国建筑装饰和建材行业申报驰名商标的推荐工作由中国建筑装饰协会负责。

（2）2012年5月18日，中国建筑装饰协会在四川省成都市召开"全国建筑装饰精品工程业务交流会"。会议以创建精品工程为主题，进行2012年全国建筑工程装饰奖评选办法的工作说明及创建精品装饰工程的经验交流。苏州金螳螂建筑装饰股份有限公司等350多家企业代表及中国建筑装饰协会、四川省住房和城乡建设厅及地方协会领导参加会议。

（3）2012年6月16日，中国建筑装饰协会在深圳召开绿色建筑装饰标准化技术论坛。会议以绿色装修为主题，对设计、施工标准化进行研讨和交流。住房和城乡建设部、广东省住房和城乡建设厅、中国建筑装饰协会、中国房地产协会及深圳科源建设集团有限公司、深圳建筑设计研究院等单位的领导与专家进行交流，全国房地产开发商及业内各界人士300多人参加。

（4）2012年9月9日，中国建筑装饰协会在广东省广州市召开建筑装饰行业企业家峰会，行业内400家企业参加会议。会议以绿色、可持续发展为主题，进行管理、技术方面的交流，苏州金螳螂建筑装饰股份有限公司、深圳广田装饰集团有限公司等10多家业内优秀企业，无私地介绍成功经验。

（5）2012年10月13日，中国建筑装饰协会在海南省海口市召开全国建筑装饰行业宣传与文化建设工作会议，同期举行第二届中国建筑高峰论坛。会议以加强企业文化建设，推动行业绿色发展为主题，进行经验介绍和中华传统文化在建筑中的应用、绿色建筑标准解读的专题报告，同时，进行业内优秀企业期刊和报纸、优秀通讯员的表彰活动。业内100多家企业代表参加会议。

（6）2012年11月7日，中国建筑装饰协会在广东省深圳市召开百强活动10周年庆典和百强企业颁奖活动。同期举办"建筑装饰行业市场细分化"、"绿色家居——精装修成品住宅"两个论坛，就不同建筑的装饰装修设计、施工及成品房装修标准化等进行经验交流，会议表彰连续10年获得行业百强企业称号的明星企业。行业内130多家企业的200多名代表参加会议。

（7）2012年12月12日，中国建筑装饰协会在湖北省武汉市召开"在世界复杂经济条件下的中国现代家居业发展之道"的高峰论坛，就全球金融危机条件下中国住宅装饰装修行业的可持续发展进行研讨和交流，武汉嘉禾集团等700多家企业代表及中国建筑装饰协会、湖北省建筑工程管理局、武汉市住房和城乡建设委员会、地方建筑装饰协会领导参加会议。

（8）2012年12月18日，中国建筑装饰协会在北京召开中国建筑装饰协会七届二次理事会，秘书长刘晓一作了工作报告，中央政策研究室经济研究局局长李连仲作了"十八大经济政策解读与发展趋势分析"的专题报告，会议期间还举办"2012年建筑装饰行业新技术、新产品、新成果博览会暨第三届中国国际空间艺术设计大赛（筑巢奖）优秀作品展"，业内900多位企业代表参加会议及相关活动。

【重要活动】 为加快行业调整结构，走产业化发展的步伐，加强产业链建设，提升行业发展品质，中国建筑装饰协会组织开展以下活动。

（1）中国建筑装饰协会官方网站——中国建筑装饰新网2012年4月11日开通，与企业战略合作签约仪式同期在北京举行。住房城乡建设部、中国建筑装饰协会、业内知名企业家、知名设计师及20余家主流媒体500多人与会。中国建筑装饰新网旨在构建具有广泛影响力的装饰产业信息平台、数据平台、网络社区和网上交流平台。

（2）为在行业内树立标杆、推动企业做大、做强，中国建筑装饰协会继续开展年度中国建筑装饰行业百强企业、中国建筑幕墙行业50强企业、中国厨卫行业百强企业、中国住宅装饰装修行业百强企业（每2年组织一次）的评价推介活动，分别与2012年9月27日、2012年8月21日、2012年12月5日和2012年12月20日发布公告公布评价推介结果。

(3) 为规范市场秩序，培育诚信的市场环境，受国务院全国整顿市场经济秩序领导小组办公室委托，中国建筑装饰协会继续开展信用体系评价工作。2012年共评价认证39家企业，其中AAA级37家，包括公共建筑装饰工程企业32家、住宅装饰装修工程企业3家、建筑幕墙企业2家；AA级2家；由AA级降为A级1家；废止1家。

(4) 为建立中国建筑装饰设计师群体的考评与推介体系，中国建筑装饰协会继续开展室内建筑师、景观设计师、陈设艺术设计师技术岗位能力认证工作，2012年认证1085名高级室内设计师、539名室内建筑师、45名助理室内建筑师；233名高级住宅室内设计师、81名住宅室内设计师；60名高级景观设计师、84名景观设计师、20名助理景观设计师；34名高级陈设艺术设计师、43名陈设艺术设计师。

(5) 为提升产业集中度，形成产业聚集优势，中国建筑装饰协会继续开展材料生产（采购）基地生产（采购）定点企业的评价认定工作。2012年对广东高要市"中国建筑装饰材料产业基地"、浙江玉环县"中国水暖精品生产采购基地"进行复评；对上海西蒙电气（中国）有限公司"中国电气附件产品研发中心"、北京纳美联创科技有限公司"室内空气净化材料研发生产基地"进行考察评审工作。

(6) 为促进产业升级，推动节能环保产品与技术的应用，中国建筑装饰协会继续开展卫浴洁具（坐便器、水嘴）及橱柜产品环保、测评推荐活动。经国家建筑卫生陶瓷质量监督检验中心和国家建筑材料工业建筑五金水暖产品质量监督检验测试中心检测、消费者及媒体打分、评审专家组评定，于2012年11月5日公布测评结果。

（中国建筑装饰协会）

中国公园协会

2012年是中国实施国民经济和社会发展第十二个五年规划的第二年，是贯彻落实科学发展观，迎接党的第十八次全国代表大会召开的重要年份。中国公园协会（以下简称为"协会"）在行业主管部门住房和城乡建设部的指导，各会员单位的支持、配合下，重点围绕繁荣和发展公园文化开展工作，年度各项工作计划已经完成。

【理事会、会长会和公园信息工作交流会如期召开】(1) 三届四次理事（扩大）会议在贵州省贵阳市召开。2012年5月17日，180位理事单位及会员单位代表出席协会理事（扩大）会议。会议讨论通过吸收新增会员单位和理事、常务理事。增聘无锡市公园景区管理中心主任常荣初为协会顾问。新聘任的协会顾问任期内按副会长资格参加协会活动。理事会议还讨论通过：关于举办首届"我心中最美公园"摄影大赛的方案；"2012年全国公园优秀文化活动"评选方案和组织"中国公园最佳植物专类园区"评选等有关工作方案。郑坤生会长在讲话中着重阐述"绿色建筑"理念和公园实施绿色理念的措施，对会员单位的工作有很好的引导作用。

(2) 会长会议在吉林省长春市举行。8月8日，中国公园协会会长会议在长春市召开。会长郑坤生和副会长林芳友、阚跃、张群芳、余红健、李晓晶、章勤春以及副会长单位北京市公园管理中心、上海市绿化和市容管理局、南京市园林旅游局、广州市林业和园林局、厦门市市政园林管理局委派的代表与协会顾问常荣初、协会副秘书长于绍华、李亮、景长顺等出席会议。

中国公园协会副会长、长春市园林绿化局副局长李晓晶主持会议，长春市园林绿化局局长周亚昆在会上致欢迎词。中国公园协会常务副会长林芳友汇报协会2012年重点工作进展情况以及2013年工作设想。协会副秘书长、北京市公园绿地协会秘书长景长顺介绍中国公园协会和北京市公园管理中心、北京市公园绿地协会拟于2012年9月6日共同举办的全国公园（园林）协会（学会）联谊会和"文化建园"论坛的筹备情况。与会同志讨论研究"文化建园"论坛、"中华历史公园"情况调查等工作方案。讨论协会2013年工作设想，并提出很好的意见和建议。郑坤生会长要求协会秘书处的同志认真采纳大家的意见，精心组织实施，力争最好的工作成效。

（3）全国公园信息工作交流会在成都召开。10月12日，2012年度全国公园信息工作交流会议在成都召开。北京市南馆公园介绍"社区为本再塑公园，企业方式运作公益，科普先行弘扬低碳"的成功做法和体会；武汉市园林科普公园介绍园林科普和公园精细化管理的经验；成都望江楼公园介绍公园部分免费、文物遗产部分门票收费管理和举办竹文化节的经验；四川国光农化股份有限公司在会上讲解园林绿化管理及养护、树木移栽设施与技术等。与会代表实地参观考察成都浣花溪公园、望江楼公园和国光公司总部园林科技成果展览。每年的信息工作交流会围绕当前园林行业先进的管理理念、技术成果进行交流和探讨，得到会员单位的一致认可。

【组织开展多种公园文化活动，促进行业科学发展】（1）开展2012年全国公园行业优秀文化活动评选。全国公园行业开展丰富多彩的文化活动，这些文化活动的成功举办，给广大市民提供交流和欣赏的平台，推进城市生态文明建设以及和谐社会的发展。为宣传和鼓励全国各地优秀公园文化活动的开展，推动公园文化活动向更高水平发展。中国公园协会开展2012年全国公园优秀文化活动评选。经全国各地公园申报，协会秘书处组织专家评选，从70余个文化活动中评选出"第七届北京公园节"等54项公园优秀文化活动作为2012年全国公园行业优秀文化活动进行表彰。

（2）举办首届"我心中最美公园"摄影大赛。6月25日，协会在青海西宁市举办西部公园景观与文化建设座谈会暨"我心中最美公园"摄影大赛启动仪式。邀请北京市公园管理中心、无锡市公园景区管理中心、深圳市公园管理中心、西宁市公园管理中心、北京市公园绿地协会、上海市公园行业协会、天津市公园协会、重庆市园林行业协会、石家庄市风景园林学会、南京市公园风景区协会、厦门市公园管理协会、山东省风景园林协会、广州市公园协会、陕西省风景园林协会14个单位为协办单位。武汉市公园协会、厦门市市政园林管理局、上海世纪公园、北京百瑞盛田环保科技发展有限公司、文化部北京恭王府管理中心对摄影大赛给予大力支持。全国各地会员单位干部职工积极投稿，上传至协会官网作品700余幅，经审核具备评选资格的作品495幅。协会邀请知名摄影家李绍白、姚天新以及业内摄影专家李亮、景长顺、祁浩庭等组成的评委会对全部作品进行评审，组织开展网络投票，最终评选出入围作品80幅，其中，一等奖1幅、二等奖3幅、三等奖6幅；最美瞬间奖1幅；最佳人气奖1幅（网络投票评出）、优秀奖30幅。编辑出版"我心中最美公园"摄影作品800册，制作2013年台历2000册。

此次摄影大赛成功举办，得到有关省、市园林主管部门和公园（园林）行业协会的大力支持。为此协会秘书处讨论决定，授予北京市公园管理中心等22家单位为"我心中最美公园"摄影大赛优秀组织单位，颁发荣誉证书。

【举办全国公园（园林）协会（学会）联谊会暨文化建园论坛】9月6日，中国公园协会与北京市公园管理中心、北京市公园绿地协会共同举办全国公园（园林）协会（学会）联谊会暨"文化建园"论坛。来自全国21个城市，180位代表参加会议。北京市公园管理中心副主任刘英代表北京市公园管理中心致辞；中国公园协会会长郑坤生作了主旨讲话。

郑会长讲话中指出：在北京举办"全国公园（园林）协会（学会）联谊会"暨"文化建园"论坛，是全国公园绿地行业进一步落实党的十七届六中全会决定，繁荣和发展公园文化的活动，是促进公园绿地行业科学发展的重要措施。以民为本，繁荣和发展公园文化，是中国公园协会的历史责任，中国公园协会有大量工作要做。中国公园协会要保护公园历史文化遗产，弘扬中国传统文化，创新和发展具有地方特色的公园文化。文化建园关键在建，核心在人。中国公园协会应当抓住历史文化的彰显、本地文化的提炼、异域文化的展示、自身文化特征的塑造等，凸显公园在整个城市绿地系统中独特价值。协会在这里举办"文化建园"论坛，也是展示中国公园协会园林队伍的素质，促进这支队伍的建设。有一支高素质的干部职工队伍，中国公园协会的公园绿地事业一定会兴旺发达。在"文化建园"中，各地的公园（园林）协会（学会）要继续发挥行业协会的组织协调作用，大力推广各会员单位的经验，促进公园文化活动的开展，取得新的成效。

在文化建园论坛上，北京颐和园园长阚跃、厦门白鹭洲公园总经理王维生、北京大学建筑与景观设计学院、北京土人景观与建筑规划设计研究院院长俞孔坚、北京动物园园长吴兆铮、广州文化公园主任秦良谷、郑州碧沙岗公园尚玉萍分别作了主题讲演。会后，北京市公园绿地协会编辑"文化建园"论文集，印发给会员单位交流学习。

联谊会上，北京市公园绿地协会秘书长景长顺和上海市公园行业协会秘书长邵辉军分别介绍协会工作的开展情况。

与会代表参观考察在建的第九届中国（北京）国际园林博览会中国园林博物馆施工现场。

【发挥专业委员会作用，开展中国公园"最佳植物专类园区"评选】 经理事会和会长会研究决定，中国公园协会从2012年度起，在全国公园范围内开展两年一次的"最佳植物专类园区"评选，此项活动由植物园工作委员会协助协会秘书处组织开展。

【创建对外交流平台，组织出国考察】 按照住房和城乡建设部批准的出国计划，协会积极与国际相关组织建立联系，创建对外交流平台。受德国园林管理学会及意大利公园园艺协会邀请，组织长春、厦门、乌鲁木齐等城市的园林工作者到德国、意大利进行公园绿地建设与管理的考察、交流。协会派员参加赴韩国的研讨交流和园林绿化考察活动。

【积极参与各地园林建设工作】 中国公园协会作为历届园博会承办单位之一，派员参加第八届中国（重庆）国际园林博览会闭幕式；参加第九届中国（北京）国际园林博览会展园建设、开闭幕式筹备、中国园林博物馆展陈大纲及展品征集等有关工作；协同无锡市人民政府共同举办《梅园建园一百周年庆典暨第十三届中国梅花蜡梅展览会、梅品种国际登录园开园仪式》。

【协会秘书处日常工作运转正常】 中国公园协会网站正常运行。利用网站进行会员单位的经验交流，开展摄影作品和公园文化活动评选，取得新的经验；《中国公园》杂志自今年第一期改为全彩页。2012年的4期季刊页数增加到48页，版面效果有进一步提高。编辑印发第11期《公园信息交流》。此外，为无锡梅园百年庆典编辑出版一期专刊；在贯彻落实十七届六中全会决定，迎接党的十八大和学习宣传贯彻十八大精神中，协会秘书处工作人员努力创新，完成有关情况上报，文件印发、管理，有关活动的组织等工作任务。

2013年工作中，需要深入调查研究，改进工作作风，为会员单位提供良好的服务。

（中国公园协会）

中国工程建设标准化协会

【分支机构制度建设】 根据登记管理机关和业务主管单位发布的有关文件，结合分支机构实际，中国工程建设标准化协会（以下简称为"协会"）对原分支机构管理办法作了较大修改和完善，进一步明确分支机构管理体制，建立年度考核机制，健全工作程序，规范组织行为，促进分支机构健康发展。同时，组织制订《专业委员会及分会工作条例（示范文本）》，编写《分支机构工作指南》，编辑印刷《分支机构规章制度汇编》，有效地促进协会分支机构的制度化建设。

【协会分支机构工作会议】 为贯彻落实协会七届一次、七届二次理事会决议，做好分支机构管理办法的宣贯培训，7月底协会在吉林长春召开分支机构工作会议，共有105名代表参加会议。会议研究部署分支机构建设和管理应当做好的10个方面的具体工作，包括分支机构的换届工作、财务工作，分支机构的申请设立，专家委员、学术委员的组织推荐，资深会员的组织申报等工作。会议期间，还组织大会交流和小组讨论。会后，根据住房和城乡建设部人事司关于开展部属社团分支机构清理整顿工作的有关要求和协会的具体实际，研究制订"协会分支机构清理整顿工作方案"，并组织落实。根据"方案"的规划和要求，9月，正式向民政部申请成立建筑信息模型专业委员会和农业工程分会两个分支机构，11月28日，获得民政部正式批准。通过清理整顿，分支机构换届工作的规范化水平有很大提高。2012年，共有鉴定与加固、建筑防水等六个专业委员会如期完成换届，铁道、电气等五个正在筹备。

【组建协会专家委员会和学术委员会】 专家委员会和学术委员会的筹备成立，是协会制度创新、机制创新的一个重要举措。经过近一年的积极筹备，2013年1月8日，在北京举行两委会成立大会暨第一次工作会议。学术委员会的主要任务是：对工程建设标准化基础理论及综合性、应用性、前瞻性问题，组织相关委员及分支机构进行研究；对协会分支机构的学术研究和交流活动进行指导，提高协会的整体学术工作水平；解决标准制订工作中的关键性问题，为确保标准的质量和水平提供坚实的理论支撑和技术保障。专家委员会的主要任务是：对国家整体层面及有关行业或专业领域的标准化发展战略及规划、政策制订，政府关注的、老百姓关心的一些热点问题，以及标准的制订、实施及监督相关过程的一些关键或重大问题组织相关专家进行研讨、论证，形成意见共识或结论后，提交给相关部门和单位进行参考；对攸关协会科学发展的重要项目、重点工作提出指导性意见，并参与具体的组织实施。专家委员会和学术委员会作为协会理事会领导下的工作机构，将为各理事单位、会员单位以及各分支机构搭建一个更高层级的务实、高效、专业的研究与咨询服务平台，将为中国建设事业的科学发展及标准化事业的科技进步发挥积极的推动作用。

【开展工程建设协会标准试点工作】 经过20多年的试点改革，协会标准已成为中国现行工程建设标准体系的重要组成部分，初步形成以市场为主要导向，社会各方广泛参与的工作机制。为加强协会标准的制订和管理工作，3月，在株洲召开协会标准编制工作会议，来自各专业委员会、分会及标准主编单位共70余人出席会议。会上，有关专家作了工程建设标准与专利、中外协会标准概况及发展趋势的专题报告，举办协会标准管理程序和工程建设标准编写规定知识讲座，对协会标准编制工作中遇到的问题进行研讨。

围绕新技术、新产品、新材料的推广应用，针对建筑节能、污水处理、生态修复等重点领域，2012年分两批组织下达42项协会标准的制修订计划。组织开展协会标准计划项目的清理工作。通过对2010年前未完成的102项计划项目的清理，确定撤销计划项目40项，继续有效计划项目62项；对于继续有效的项目，重新拟定计划。

2012年共批准发布协会标准31项，创协会历史新高。从标准的技术内容来看，仍然以"三新"应用方面的技术标准为主体。其中，《波浪腹板钢结构应用技术规程》和《波纹腹板钢结构应用技术规程》采用国内外最新研究成果，参考有关工程设计经验，对于波浪、波纹腹板结构技术的推广应用发挥积极的促进作用。冶金分会和中冶建筑研究总院，针对中国建筑钢结构与钢铁产品迅速互动发展对钢材品种多元化及其综合性能优化的更高要求，组织编制《钢结构钢材选用与检验技术规程》，对规范合理用钢，保证建设工程的技术经济合理性具有重要意义。《模块化同层排水节水系统应用技术规程》、《叠压供水技术规程》、《干粉灭火装置技术规程》等标准，由于紧密结合工程实际和生产需要，编制周期短，反映新技术、新经验快，实用性强、技术水平高，因此得到广大工程界的广泛认可。此外，《农村住宅用能测试标准》、《农村小型地源热泵供暖供冷工程技术规程》等标准的发布实施，为推动中国的新农村建设，提高城镇化建设质量提供有力技术支持。《门式刚架轻型房屋钢结构技术规程》、《钢管混凝土结构技术规程》的及时修订，确保相关标准的先进性、适应性和协调性，一经修订再版，就受到广大使用者的积极采用。《双曲拱桥加固改造技术规程》是公路分会组织制订的第一本协会标准，进一步扩大协会标准的适用领域。

除以上标准外，全年共有29项协会标准完成征求意见稿的工作，其中，有17项已完成送审阶段的任务。为保证协会标准技术水平的先进性和有效性，在有关分支机构及主编单位的积极配合下，对2010年前批准发布的214项协会标准进行复审。该项工作现已基本完成，正在汇总整理。

受住房和城乡建设部标准定额司委托，派员参加由中国标准化协会、国家产业技术创新战略联盟联络组、中国标准化研究院、中国标准化杂志社共同举办的2012中国产业技术联盟标准论坛。利用这次机会，与有关单位和组织，交流协会标准的发展历程、内容特点、管理模式、社会地位及作用。

【参与各类工程建设标准编制】 多年来，协会各专业委员会、分会始终把积极参与工程建设国家标准、行业标准的制订作为主要工作来抓。例如，石油天然气分会2012年承担57项国家标准、行业标准及集团公司企业标准的制修订项目，《工程建设标准体系（石油工程部分）》也已通过住房城乡建设部审查。化工分会全年共承担30多项国标、行标的制修订任务，完成《工程建设标准体系（化工部分）》及《工程建设标准强制性条文（石油和化工建设工程部分）》的修编工作。冶金分会参与完成《工业和通信业"十二五"技术标准体系建设方案》的编制工作。公路分会协助交通部公路局开展《公路路基设计规范》等标准制修订项目的大纲审查等工作。木结构委员会积极协调参编各方，开展国家标准《木结构设计规范》的全面修订工作，已完成征求意见稿的编写工作。焊接委员会组织制订的国家标准《钢结构焊接规范》于2012年8月1日起正式实施。砌体结构委员会、工业炉砌筑委员会分别完成《砌体结构设计规范》和《工业炉砌筑工程施工与验收规范》的修编工作。由建筑振动委员会组织编制的《建筑振动容许振动标准（送审稿）》已通过审查。城市给水排水委员会、城市交通委员会分别完成《城镇污水处理厂臭气处理技术规程》、《城市道路路线设计规范》等行业标准报批稿的编制工作。高耸构筑物委员会完成《高耸结构工程施工质量验收规范》送审稿的编制工作，这个项目过去是协会标准，2010年被列入国家标准制订计划。雷电防护委员会除组织完成国家标准《建筑物电子信息系统防雷技术规范》修订工作的同时，还参与《光伏电站防雷技术规程》的编制工作。

【工程建设标准英文版翻译】 根据对外工程承包企业的具体需要，协会组织有关专家和翻译公司，为相关企业及时提供英文版标准的代译服务，涉及各类工程建设国家标准、行业标准40多项。为继续做好房屋建筑领域英文版的配套完善，根据主管部门的指示要求和安排，协会在以往工作基础上，编列20项城建、建工行业的标准翻译计划。

【工程质量安全检查及调研】 协会先后参加住房和城乡建设部组织的大别山区扶贫蹲点调研，保障房开工进度及质量大检查，国家风景名胜区环境及违章建筑大检查，建设领域建筑节能、城市照明、污水处理、垃圾无害化处理综合大检查等活动。

【工程建设标准宣贯培训】 在围绕制订各类工程建设标准同时，协会组织开展100多期的宣贯培训班，涉及各类标准课题50余项，参加人员达到6000多人次，取得良好的社会效益和经济效益。协会秘书处充分发挥协会自身优势，继续组织开展优势项目培训，围绕重点领域、重要标准的发布实施，组织开展形式多样、内容丰富的培训班和研修班，涉及《住宅设计规范》、《城镇给水排水技术规范》、《建筑地基基础设计规范》等一批重要标准。地基基础、结构焊接、城市交通、信息通信、木结构、鉴定与加固、雷电防护专业委员会，以及化工、石化、石油天然气等分会，也充分发挥师资优势，对归口管理或主编、参编的标准，举办几十期培训班、研讨会，为广大工程技术人员正确理解和掌握新规范，及时解决规范在执行过程中遇到的技术问题起到重要作用。

【工程建设标准化咨询服务】 协会秘书处全年共组织开展80多项各类工程建设产品的评定推荐。为推动施工安全标准的贯彻实施，委托建筑安全委员会组织开展"贯彻实施建筑施工安全标准示范单位"推选活动，11月在厦门召开发布会，共有356个单位被授予安全标准示范单位。分支机构的咨询服务工作也取得一定成绩。冶金分会对冶金行业单位主编标准的情况进行调查，对33家单位414项标准进行统计分析，不仅掌握行业标准体系的现有状况，了解各单位的技术优势和发展方向，对分会制定、执行行业标准化工作规划和标准体系具有重要意义。水运委员会组织完成6个水运工程技术软件的鉴定工作。湿陷性黄土委员会组织有关委员，组织开展多次湿陷性黄土地区有关地基处理的技术咨询活动。

【工程建设标准及图书资料发行】 协会书店通过集体订购和门市销售等方式，共发售各类标准图书20多万册，经营的图书种类也越来越多，除各类工程建设标准外，还代售产品标准、英文版标准、标准图集，以及其他与工程建设有关的图书资料。还在淘宝网新开网上书城，进一步扩大标准资料的销售渠道。

【标准化学术研究与研讨】 协会各专业委员会和行业分会都十分重视学术研究与交流工作，纷纷利用换届会、年会或标准审查会之际，举办各种各样的研讨与交流，吸引本领域内许多工程技术人员参加，会议规模一般都在百人以上，多至300~500人之间，交流的论文不仅数量可观，水平也很高。例如，城市给水排水委员会9月联合相关单位举办"2012上海水业热点论坛"，此届论坛以"提供污泥处理处置系统解决方案"为主题，包括"规划与市场"、"商业模式与交易结构"、"污泥技术与经验分享"等内容，吸引500多名各界代表参加。建筑防水委员会在浙江嘉兴召开的"2012全国工程防水技术交流会"，吸引国内工程防水领域210余名代表参会，会议期间，共有22名专家学者进行专题报告和演讲。鉴定与加固委员会在山西太原成功举办"第十一届全国建筑物鉴定、加固与改造学术会议"，参会代表达到500多人，同时还举办加固材料展示会，有40多家厂商参展。砌体结构委员会在浙江大学宁波理工学院召开的两年一度的"2012全国砌体结构基本理论与工程应用学术会议"，共有20位专家从不同的学术角度作了主旨报告，印发经过精心遴选的近50篇优秀论文。地基基础委员会全年共主办4期以学习、传承、发展、创新为主题的建研地基专家论坛，邀请中国岩土工程方面的著名专家、院士主讲，涉及基础理论、工程实践、学术前沿等内容。这些学术交流活动，精彩纷呈，具有浓厚的学术氛围，展示各领域最新的科技成果，不仅使广大技术人员开阔视野，了解最新的学术前沿动态，还能通过学习交流进一步增强科技创新能力。

【编辑出版《工程建设标准化》期刊】 根据主管部门要求，围绕住房城乡建设部的工作重点，协会努力做好工程建设标准化工作的宣传和报道，稿件质量和编辑工作水平不断提高，专业性、时效性和针对性进一步增强，同时也努力做好期刊的发行服务。《工程建设标准化》期刊作为协会的会刊，担负着为协会会员提供服务、反映诉求的任务。期刊开辟"会员风采"专栏，全年共为80多家理事单位和常务理事单位提供近100个版面的彩色宣传，得到有关单位的热烈欢迎。

【协会信息化建设】 为充分发挥协会网站的功能和作用，组织制定"中国工程建设标准化网"改版工作方案（草案）。通过协会网站的全面改版，努力使协会各办事机构、分支机构得以方便快捷地共享信息，高效协同开展工作，实现全方位、多渠道、快速高效的信息采集、信息处理和信息传递，为协会内部管理、会员服务及对外联络提供信息服务及工作平台。

（中国工程建设标准化协会）

中国建设工程造价管理协会

【法律法规制订】 中国建设工程造价管理协会（以下简称"协会"）配合政府主管部门参与《建设工程市场管理条例》、《建筑工程发承包计价管理办法》的制订和修订工作。在《条例》和《办法》中进一步明确工程量清单计价制度、招标控制价制度、工程结算审查与备案制度以及工程计价纠纷的调解制度等内容。这些制度是保证工程造价咨询企业法定业务和工程造价管理机构进行依法行政管理的重要基础。

为从根本上改变造价工程师法律地位不高，工程造价管理机构职能定位缺乏法律依据，工程造价咨询行业可持续发展等问题，协会进行《建设工程造价管理条例》立法前期研究，做好基础工作，积极推进该条例立法工作。

【工程造价领域重大课题研究】 协会重点开展"工程造价管理体系"、"中国工程造价指数设置体系与模型"、"建设工程分解分类——基于造价应用"、"工程造价咨询企业发展战略"四项课题。这些科研成果不仅为政府部门制订政策提供理论基础和决策依据，也将为拓宽工程造价咨询的业务范围，推动中国工程造价管理的改革与发展，探索出适合中国国情的工程造价咨询企业发展道路等，提供全面、科学的理论指导。

【标准编制等基础建设工作】 《工程造价术语标准》完成报批稿；协会承担《工程造价咨询规范》国家标准的编制工作；配合标准定额研究所参加国家标准《建设工程工程量清单计价规范》、《矿山工程工程量清单计量规范》和《构筑物工程工程量清单计量规范》的编制。

组织有关单位编制《工程造价咨询成果文件质量标准》、《建设项目工程经济纠纷鉴定编审规程》、《建设工程计量支付编审规程》和《建设工程计量支付编审规程》。《工程造价咨询成果文件质量标准》已于2012年4月份颁布试行，并于6月在青岛面向地方或行业工程造价管理机构和协会进行首次免费的宣贯和师资培训，为培训师资提供培训课件，各地方或行业均据此为基础对标准进行认真宣贯，取得良好的效果和反响。

【工程造价咨询单位资质管理、造价工程师考务工作】 协会协助住房和城乡建设部标准定额司完成2012年造价工程师执业资格考试考务工作。2012年全国造价工程师执业资格考试达142733人，参加考试人数为92529，合格人数为10056，合格率为10.87%，截至2012年底，历年考试取得造价工程师总的合格人数已达132934人。

配合住房和城乡建设部标准定额司审核造价咨询企业乙级升甲级合格单位185家，并进行实地核查。协助标准定额司完成2011年度的工程造价咨询行业统计工作。并在此基础上对行业统计数据进行梳理与分析，形成《2011年工程造价咨询行业统计分析报告（初稿）》上报部标准定额司，为政府部门出台统计结果和宏观决策提供依据。

【造价工程师继续教育工作】 协会组织编制造价工程师继续教育和造价员考试教材。组织专家编制《建设工程造价管理理论与实务》作为全国注册造价工程师继续教育培训的统一教材。继续教育内容已经涵盖造价工程师职业道德教育、工程合同管理案例分析、价值管理、建筑施工新技术等，涵盖工程技术、经济、管理和法律等诸多板块。

【积极开展对外交流与合作】 认真履行会员义务，参加第八届国际造价工程联合会（ICEC）南非会议，并按照ICEC秘书处的要求，提交2012年国际工程造价管理综述（中国部分）、ICEC参会报告、会员国企业信息情况报告等文件资料。

7月6日参加在文莱举办的第16届亚太工料测量师（PAQS）年会，秘书长吴佐民接过PAQS会旗，正式承办2013年在中国举办的第17届PAQS年会。

【期刊和信息化工作】 充分发挥协会《工程造价管理》期刊为政府服务、为会员服务、为行业发展服务的作用。听取广大读者的意见与建议，适时对期刊内容做出调整和优化，栏目设置更加全面，选题新颖突出，通过编委会和通讯员的不懈努力，期刊内容越来越贴近行业的工作实际，不断受到业内人士好评。

发挥网站的宣传窗口作用。网站随时跟进行业有关热点和资讯，对行业的政策法规、文件及有关标准的发布做到随时更新，对行业有关动态及时上网。

【秘书处基础建设和制度建设】 协会秘书处提倡学习、引领、务实、进取的工作作风。不断加强职工思想教育，树立为会员服务、为行业发展服务的思想。不断完善人事、财务管理、外事管理及分支机构的管理规定，健全各项管理制度，加强内部管理，保证秘书处各项业务工作的顺利开展。

（中国建设工程造价管理协会　撰稿：薛秀丽）

中国建设教育协会

【重要会议】 （1）中国建设教育协会四届六次常务理事会。中国建设教育协会（以下简称"协会"）四届六次常务理事会于2012年3月27日在北京召开。协会常务理事及其代表、部分专业委员会秘书长共35位同志出席会议，会议由理事长李竹成主持。住房和城乡建设部人事司副巡视员赵琦出席会议并讲话。她从落实住房和城乡建设部人才规划纲要、颁布职业标准、有序推进行业队伍培训力度、职业技术培训、发展土建类专业教育五个方面，论述当前建设教育工作。副理事长荣大成通报协会20周年庆典工作实施方案，协会副秘书长邵华介绍《中国建设教育协会2009～2013年发展规划》中期评估报告，徐家华同志汇报《中国建设教育》杂志的工作及改版进展。会议进行交流。李竹成作了会议总结。

（2）中国建设教育协会四届七次常务理事会。协会四届七次常务理事会于10月16日在北京召开。35位常务理事或受委托代表参加会议。会议由中国建设教育协会理事长李竹成主持。住房和城乡建设部人事司副巡视员赵琦作为常务理事到会并讲话。中国建设教育协会副理事长荣大成报告协会成立二十周年庆典活动准备工作的相关情况。中国建设教育协会副秘书长邵华代表秘书处，分别汇报优秀教师、优秀教育工作者、优秀会员单位及优秀教育教学成果的评选组织情况和评选结果。会议审议并原则通过各类优秀名单，还通过协会房地产人力资源（教育）工作委员会和技工教育专业委员会的换届报告。

（3）第十一次全国地方建设教育协会联席会议。由协会牵头，浙江省建设人力资源管理协会承办的第十一次全国地方建设教育协会联席会议于4月26日在杭州召开。湖南、河南、山西等地方建设教育协会代表共60余人参加会议。浙江省住房和城乡建设厅副巡视员周伟群、厅党组成员人教处处长郭丽华、住房和城乡建设部人事司教育培训处处长何志方等出席会议。会议以贯彻实施住房和城乡建设部《建筑与市政工程施工现场专业人员职业标准》，落实《关于贯彻实施住房城乡建设领域现场专业人员职业标准的意见》文件精神为主题交流讨论。何志方处长在会上介绍《职业标准》和《实施意见》出台背景和意义，对贯彻实施《职业标准》提出明确要求。随后，中国建设教育协会副秘书长徐家华在会上汇报20周年庆典活动需要地方建设教育协会配合的几项主要工作。各地方建设教育协会与会代表进行交流。理事长李竹成对会议进行总结，他表示要继续积极参与住房城乡建设部市政公用企业、公积金管理、工程监理等职业标准的编制工作，做好《建筑与市政工程施工现场专业人员职业标准》配套考核评价大纲编制与教材开发等工作；要进一步加强协会自身建设，顺应形势发展，创新工作方式，把中国建设教育协会工作做得更好。

（4）中国建设教育协会成立20周年庆典活动。举办协会20周年庆典活动，列为2012年协会工作的头等任务。为此，协会秘书处召开多次协调会议并通过两次常务理事会议和地方建设教育协会联席会议，广泛征求意见和建议，从庆典主题、活动内容、筹办步骤、任务分配直至庆祝大会议程，都进行反复论证和调整，最终形成"一个庆祝大会、两项长线项目"的庆典活动方案。由于方案设计合理，整个筹办工作做到层层推进、步步细化，有条不紊，忙而不乱。在庆典活动筹办期间，各专业委员会及地方建设教育协会积极配合协会秘书处工作，踊跃组织会员单位参会，从人力、物力、财力上给予庆典活动大力支持。

12月9日，院校德育工作专业委员会、房地产人力资源（教育）工作委员会、建筑企业人力资源（教育）工作委员会和技工教育专业委员会分别举办有关建设教育的论坛。

12月10日，建设教育改革发展论坛在北京市国谊宾馆举行，论坛邀请原中纪委驻建设部纪检组组长、中国建筑金属结构协会会长姚兵作了题为"新型建筑工业化呼唤职业教育现代化"的专题报告，报告从十一个方面讲述新型建筑工业化的定义、内涵以及与建筑职业教育现代化的关系。

12月10日，中国建设教育协会成立20周年庆祝大会在北京建筑工程学院学生活动中心召开，各专业委员会和地方建设教育协会及各兄弟协会近400名代表及50多位嘉宾参加庆祝大会。住房和城乡建设副部长郭允冲应邀出席庆祝大会，出席大会的领导和嘉宾还有原建设部常务副部长叶如棠、原建设部纪检组组长郭锡权、住房和城乡建设部总工程师兼办公厅主任王铁宏、住房和城乡建设部人事司司长王宁、住房和城乡建设部住房公积金监管司司长张其光、住房和城乡建设部机关党委书记彭小平、原建设部人事教育司副司长张玉祥、北京建筑工程学院院长朱光等。住房城乡建设部姜伟新部长发来贺信。庆祝大会由中国建设教育协会副理事长荣大成主持，中国建设教育协会理事长李竹成致欢迎辞，他回顾和总结中国建设教育协会自成立以来20年的发展历程，对给予中国建设教育协会支持和帮助的领导、同仁和会员单位表示诚挚感谢。住房和城乡建设部人事司司长王宁作了重要讲话，他对中国建设教育协会20周年庆典成功召开表示热烈祝贺，充分肯定中国建设教育协会成立20年来取得的瞩目成就，并对中国建设教育协会未来的发展提出殷切希望。各专业委员会代表、兄弟协会代表和地方建设教育协会代表上台致贺词，对中国建设教育协会成立20周年表示衷心祝贺。大会对优秀教师、优秀教育工作者、优秀会员单位及优秀教育教学成果进行表彰。

【《中国建设教育协会2009～2013年发展规划》中期检查及修订工作】 在科学发展观指导下，四届理事会制定《中国建设教育协会2009～2013年发展规划》，明确提出协会到2013年的发展目标和工作要求。《规划》制订后，协会上下紧紧围绕《规划》提出的目标、任务，齐心协力，做了大量的工作。伴随着协会工作中的实践，对建设教育协会发展的认识和协会工作的认识也在不断地丰富和深化，尤其是在研究建设人才培养规律，探索建设类院校办学模式的改革与创新，全面提升建设行业人才队伍的素质等方面，应该发挥更大的作用。在这种情况下，开展《规划》中期检查评估工作，其目的既是为使协会以后的工作目标更明确、思路更清晰，也是为凝聚共识，为协会在更高的平台上发展形成坚实的积淀。自2011年下半年以来，采取上下结合、对照检查的方法，基本完成此次中期检查评估工作。形成《中国建设教育协会2009～2013年发展规划》中期评估报告，并印发给各专业委员会和常务理事。

【协会承办或主办的各类主题活动】 （1）第八届全国建筑类高校书记、校（院）长论坛于8月7～8日在青岛市召开，此届论坛由中国建设教育协会主办、青岛理工大学承办。论坛的主题是：文化引领·创新发展·提升内涵，下设七个分题。共有19个单位50位代表参加论坛。论坛期间，还召开建筑类高校党政办公室主任研讨会。山东省住房和城乡建设厅副厅长李兴军应邀出席会议并讲话。

（2）第四届全国建设类高职院校书记院长论坛于9月18～21日在成都市召开，此届论坛由中国建设教育协会主办、四川建筑职业技术学院承办。论坛的主题是：建筑业产业升级与土建高职教育使命，下设六个分题。共有22个单位44位代表参加论坛。四川省教育厅副巡视员、高教处处长周雪峰，四川省住房和城乡建设厅党组成员、总规划师邱建，四川省住房和城乡建设厅人事教育处副处长、调研员谈云均应邀出席会议。

（3）由协会承办的2012年全国职业院校技能大赛中职组建设职业技能比赛，分别于6月18～19日、25～28日在广东清远、天津成功举办。此届比赛，共设电梯维修保养、工程测量、建筑设备安装与调控（给排水）、和计算机辅助设计（建筑CAD）四个赛项。来自全国36个省、自治区、直辖市和新疆生产建设兵团、计划单列市的554位学生参加比赛。

（4）11月18日，由中国建设教育协会主办、广联达股份有限公司承办，在厦门理工学院成功举办第五届"广联达杯"全国高等院校工程算量大赛总决赛。中国建设教育协会副秘书长徐家华、广联达软件股份有限公司副总裁刘谦、厦门理工学院党委书记、校长黄红武教授、副院长朱文章教授等校方领导及厦门当地企业代表参加本次活动。此次算量大赛有全国214所高校的代表队参与角逐，参赛师生人数达825人，观摩大赛师生人数达135人，创下自大赛创办以来参赛人数的新纪录。此外，参赛院校中还包含两家来自台湾的高等院校。

（5）11月25日，由中国建设教育协会主办、广联达软件股份有限公司承办，全国高职高专土建类工程管理专业指导委员会支持的第三届"广联达杯"全国高等院校项目管理沙盘模拟大赛总决赛，在厦门集美大学诚毅学院圆满落下帷幕。住房和城乡建设部人事司司长王宁、处长何志方专程前往比赛现场观摩指导。此届工程项目管理沙盘模拟大赛从筹备组织到今天收官闭幕历时6个多月，总决赛共迎来全国86支代表队参与角逐。其中，本科组55队、专科组31队，参赛师生人数达550余人。除了综合项目管理本科专科组两个特等奖以外，此次大赛还设立综合项目管理一二三等奖、团队优秀指导老师以及最佳项目管理策划等奖项。

（6）5月12～13日，由中国建设教育协会主办、深圳市斯维尔科技有限公司承办的第三届全国高等院校"斯维尔杯"BIM系列软件建筑信息模型大赛总决赛同时在深圳大学、西安建筑科技大学分南北两赛区成功举办。大赛得到全国各高校的热烈响应，参赛学校覆盖全国各个省份，其中，包括清华大学、同济大学、哈尔滨工业大学等众多"985"及"211"重点大学。网络晋级赛共收到1500支团队、5000多名建设类不同专业的学生1443件参赛作品，其中113所高校153支团队获总决赛资格。最终南昌大学的08综合队获得本科全能冠军、湖南高速铁路职业技术学院的指北针队获得专科全能冠军。

（7）7月31日，由中国建设教育协会主办的第三届全国高等院校建筑类专业优秀学生夏令营在北京正式拉开帷幕。此届夏令营主题为心怀梦想、描绘蓝图，旨在表彰全国高等院校建筑类优秀学生，给予他们更多学习、实践和交流的机会，住房和城乡建设部人事司司长王宁与全体学员亲切互动交谈，勉励大学生勤奋学习，立志成才。共有来自全国79所高等院校建筑类专业117名学生参加此届夏令营。8月6日闭营。

【科研服务】（1）受住房和城乡建设部人事司委托，协会秘书处组织行业和院校的部分专家开展《建筑与市政工程施工现场专业人员职业标准》教材的编写工作和《市政公用企业运行管理人员职业标准》编制工作。

（2）"国家继续教育学习成果认证、积累与转换制度的研究与实践"项目是教育部立项的国家"学分银行"制度研究与实践项目。该项目由国家开放大学承担，其主要任务是研究国家"学分银行"制度的框架标准、方式方法、体制、机制等。协会与国家开放大学合作，组织部分高校、高职、行业的专家参加由协会主持的建设行业子课题"'学分银行'制度服务于高职高专与开放教育本科之间'立交桥'建设实践探索"的研究。

（3）在协会20周年庆典活动期间，根据《中国建设教育协会成立20周年系列评优表彰活动方案》，经各专业委员会及地方建设教育协会审核、推选"优秀教育教学成果"，协会秘书处组织专家进行多次评选及论证，最终评出"优秀教育教学成果"一等奖10项、二等奖46项、三等奖89项。

（4）2012年度，各专业委员会科研工作开展得有声有色，例如，普通高等教育专业委员会召开四届五次全体会议，以"强化'卓越工程师教育培训计划'指导下工程教育改革 提升人才培养质量"为主题，来自全国17所院校及《高等建筑教育》编辑部的领导和代表出席会议。会后组织策划、征稿并出版《2012年教育教学改革与研究论文集》；城市交通职工教育专业委员会致力于贯彻落实"公交优先"政策，组织会员单位通过年会等形式开展多次学术交流，并将交流论文汇编成册。同时，各专业委员会积极组织申报科研课题，截至2012年底，2009年度立项的科研课题结题26项；2011年度立项的科研课题结题16项。

（5）由中国建设教育协会和中国建筑工业出版社主办的《中国建设教育》（电子版）、重庆大学主办的《高等建筑教育》、中职委员会主办的《中国建设教育》（中职版）和技工教育委员会主办的《建设技校报》，在2012年度都按期出版，质量有所提高，受众面有所扩大。

【培训活动】 住房城乡建设部人事司继续对部管社团实施自律管理，协会对以往培训班情况进行分析，进一步加强对短训班的监督检查。针对发现的问题，及时加以纠正。从而进一步规范培训操作，提高培训质量,维护协会的声誉。2012年协会培训中心共举办培训班98期,培养3800余人,成功率为87%,社会效益和经济效益增长明显。8月,经住房城乡建设部建筑市场监管司批准,协会培训中心成为建筑工程专业一级建造师继续教育培训机构。在牵头单位中国建筑业协会、中国建筑装饰协会和地方主管单位北京市建筑业联合会的指导与支持下,自9月起,在北京地区连续举办14期培训班,受训人员超过3000人次。该培训班聘请国内知名专家授课,严格执行考勤、考核制度,培训效果整体良好。根据市场需求,继续开发"建筑工程变形监测技术"、"建筑幕墙工程检测鉴定技术"等培训项目,得到地方行政主管部门和参培学员的一致认同,填补了空白。

各专业委员会培训工作开展良好,如受住房城乡建设部住房改革与发展司委托,房地产人力资源(教育)专业委员会承办一期"城市住房建设规划编制培训班"。该班于2012年9月12～14日在深圳市举办,有来自广东、新疆生产建设兵团等11个省、自治区、直辖市共230人参加培训;建设机械职业教育专业委员会,针对行业不景气的形势,变挑战为机遇,积极开展业务咨询、教材编写和试题库建设、开展技能培训;中职教育委员会的会员单位承办"外墙外保温技术师资培训班"和参加由中国建设教育协会和德国塞德尔基金会组织的毕业考试。

(中国建设教育协会)

中 央 企 业

中国建筑工程总公司

【概况】 中国建筑工程总公司(以下简称为"中国建筑")。主营业务包括房屋建筑工程、国际工程承包、房地产开发与投资、基础设施建设与投资以及设计勘察五大领域,是惟一一家同时拥有房建、市政、公路三个特级总承包资质与建筑行业工程设计甲级资质的企业,经营区域遍布全国除台湾以外的各省、市、自治区,海外经营包括27个国家和地区。中国建筑实行总公司(股份公司)—工程局、设计院、直营企业—公司三级法人管理体制。其中,二级企业(工程局、设计院和直营公司)37家,三级企业166家,共有员工20余万人。

中国建筑工程总公司2012年积极贯彻中央"稳增长、调结构、促转型、控风险"的系列政策,坚决落实国务院国资委的部署和要求,坚持"一最两跨"战略目标不动摇,坚持"品质保障、价值创造"发展理念不动摇,全面超额完成年度各项工作目标,创造令人鼓舞的新业绩。在2013年世界500强排名中,中国建筑又向前跃进20位,排名第80强,继续位列全球建筑企业第一,并且成为惟一进入世界500强前80名的建筑企业。

2012年,中国建筑的社会评价和品牌美誉度进一步提升,在国务院国资委年度央企负责人经营业绩考核中,第7次评为A级企业;各业务系统获得数十项国家级的表彰和荣誉。

在资本市场,中国建筑各上市企业均表现优异:中国建筑(601668.SH)年度涨幅高于大盘35个点,高于建筑行业15个点,高于地产行业5个点。中国海外发展(0688.HK)、中国建筑国际(3311.HK)股价均突破历史新高;西部建设(002302.SZ)依靠集团内部资源整合成为备受资本市场关注的重组题材。

【主要指标】 中国建筑主要指标保持行业领先。2012年面对日益激烈的市场竞争,中国建筑追求"一最两跨"的战略目标,推行三大(大市场、大业主、大项目)营销战略、五化(专业化、区域化、信息化、标准化、国际化)管理策略卓有成效,取得良好的经济效益和社会效益。新签合同额、营业收入、利润总额等主要指标增长均超过10%。见表1。

中国建筑工程总公司主要经济指标　　　表1

项目	2011年	2012年	比上年增长(%)
资产总额(亿元)	5183.88	6575.16	26.84
所有者权益(亿元)	1201.08	1414.36	17.76
营业收入(亿元)	4914.95	5716.41	16.31
利润总额(亿元)	259.34	298.55	15.12
净利润(亿元)	191.39	221.94	15.96
归属于母公司所有者的净利润(亿元)	71.64	81.48	13.74
技术开发投入(亿元)	42.44	48.79	14.96
利税总额(亿元)	451.24	519.21	15.06
应交税金总额(亿元)	283.0	309.17	9.25
全员劳动生产率(万元/人·年)	18.33	24.89	35.79
净资产收益率(%)	17.02	16.97	-0.05个点
总资产报酬率(%)	6.41	5.98	-0.43个点
国有资本保值增值率(%)	116.55	117.93	1.38个点

【重大项目】 中国建筑2012年平均单项合同额大幅度提高。境内工程总承包平均单项合同额为5.16亿元，同比提高14.9%；境外承包工程平均单项合同额为8.16亿元，同比提高60%。建筑业各板块大项目个数占比、金额占比同比均有较大上升。大项目所占比重的不断上升，为规模和效益的均衡发展奠定坚实的基础。

房建业务规模效益持续增长，保持龙头地位。全年房建业务新签合同额、营业收入、净利润均创历史新高。尤其是通过高端营销，实现大市场向区域化市场、大业主向合作型业主、大项目向效益型项目的转变升级，有效地推动企业产品结构、区域布局的优化。在建的项目包括660米高的深圳平安国际金融大厦、606米高的武汉绿地中心、中国结构第一高楼——597米高的天津117大厦等。充分体现中国建筑在房建高端市场的优势。中国建筑承建合同额15亿美元的阿尔及利亚大清真寺项目，是2012年全球最大的公建项目。

据初步统计，全国各省市300米以上的超高层地标性建筑中，中国建筑承接46个，占比90%以上；含港澳地区在内的中心城市机场航站楼建设项目中，中国建筑承接21个，占比超过50%。中国建筑与53家中央骨干企业及其他重点客户合作项目800余项，2012年与大客户签署合作项目金额已突破4500亿元，占总合同额接近50%。

基础设施业务板块增长较快，2012年中标深圳地铁、港珠澳大桥连接线工程，重庆市江津中渡长江大桥、武汉四环线等一批重点工程。合同额同比增长24.2%，营业收入同比增长36.1%，占比提高2个百分点。

设计勘察业务营业收入保持平稳增长。中建设计集团在2012年ENR全球排名中，列第59位，比上年提升8位，继续列全国民用建筑设计企业首位，实现营业收入71亿元，利润5.1亿元，同比分别增长9.2%、15.6%。经营业绩再创历史新高。中建西南设计研究院、中建西南勘察设计研究院院、中建西北设计研究院营业收入均超10亿元。中国建筑各设计院新签合同额500万元以上大项目占比均超过50%。

中国建筑房地产业务稳中求进，保持良好发展势头。2012年在全国二三线的20个城市购入36幅土地，新增土地储备1063万平方米。中海地产连续九次荣获"中国房地产行业领导公司品牌"与"中国蓝筹地产榜首企业"，并以252.77亿元蝉联中国房地产企业品牌价值第一名。中海地产在港澳地区也取得突出业绩，进入香港主流开发商年度开发前五名。中建地产在新的市场形势下随行就市，加快销售，快速回款，新获地块均实现"当年拿地、当年开盘"。全年销售额189亿元，同比增长24.6%，创历史新高。全年实现销售回款168亿元，同比增长62%；并获得"中国房地产行业社会责任杰出贡献大奖"。

【走向海外】 2012年，中国建筑海外业务实现规模效益双增长：新签合同额599亿元，实现营业收入364亿元，利润总额19亿元，同比分别提高29.9%、29.5%、1.7倍。中海集团境外营业收入突破百亿元，同比增长31.1%。中建阿尔及利亚分公司新签合同额22亿美元，首次突破20亿美元大关。中国建筑在非洲市场实现新突破，先后签约肯尼亚多功能水坝项目和刚果(布)体育中心，合计合同额超过23亿美元；刚果(布)实现收入34亿元，利润总额1.5亿元，同比分别增长154.0%、50.9%。中国建筑各工程局、专业公司、设计院海外开拓的广度和深度大幅提升，为集团优势联动实施海外重大项目积累经验。中建八局中国政府援建项目非盟会议中心和老挝国际会议中心项目如期交付使用，并受到高度评价。

中海集团成功收购伦敦金融区甲级写字楼，为地产业务实施走出去战略探索新路径；成功并购远东环球集团有限公司(00830HK),在国际化道路上又前进一步。

【改革发展】(1)专业化发展有新突破。中国建筑2012年启动"天山项目",开展商混业务整合工作,打造全国最大商混上市公司。以中建铁路、中建市政为基础重组中建交通。推进中建钢构、中建安装的整合升级。

(2)"区域化"有新进展。2012年,中国建筑八个工程局,在前五个省市区的区域集中度平均达到63.2%,其中,中建四局、中建七局达到70%以上。中国建筑西北、东北、西南区域总部相继挂牌成立。以中建七局三公司为主体组建中建海峡公司,为推进区域化做了有益的探索和创新。投资区域化也稳步推进。

(3)"标准化"与"信息化"交融推进。公司成立标准化管理委员会,完善组织体系建设,加强公司总部与二级企业的上下联动。公司确定10个项目管理标准化示范三级企业及25个项目管理标准化示范项目,通过样板引路,推进项目管理标准化和信息化。财务信息化各项工作稳步推进,创新应用所开发的境外统计报表软件获得国家版权局著作权。

2012年,中国建筑成立监督委员会,加强内控机制建设,稳步推进两级审计管理体制改革,构建"大监督"工作格局,风险管理、内控、内审和监察工作形成协同效应。总部财务、资金、审计、监察联合对120个单位进行财务资金大检查。同时加强会议、差旅、办公等管理,全年总部会议费、差旅费、业务招待费实际支出比预算压缩12%~15%。对二级单位落实"三重一大"决策制度执行情况进行监督检查,得到中纪委的充分肯定。总公司和二级企业两级总部管理费用同比分别下降7.5%、6.9%。

中国建筑首次建立非领导职务职级系列体系,破解技术型员工职业发展。共建立项目经理、科技研发、投资运营、商务法务、勘察设计等七个不同领域的专业技术职级体系,旨在解决专家型技术员工非领导序列的职业通道,以稳定核心人才。其中,项目经理序列首次授予1人为总监级项目经理(对应工程局正职并享受相关待遇),6人为副总监级项目经理(对应工程局副职,并享受相关待遇)。中国建筑共有在任项目经理共7000多个,施工产值达到4800亿。非领导职务职级系列体系还同时规定退出机制,对于担任相应行政职务的人员,将退出相应专业技术职级。

【重大创新】(1)商业模式逐步深化。"四位一体"运作实施北京门头沟、西安沣渭、天津新塘、中关村生命园三期、重庆两江新区等10多个城市综合开发项目,开发土地面积合计约200平方公里。通过总结实践案例,已形成三种具体商业模式,即:城市综合建设实施主体权模式、工程BT与土地联动模式、BT模式。中海的统筹城乡业务符合国家城镇化发展战略,获得地方政府的大力政策支持,重庆黎香湖项目、渭南太华湖项目开始销售,标志着统筹城乡新主业逐步成型。

(2)融投资带动总承包。2012年,中国建筑以融投资方式中标深圳地铁三期工程9号线设计施工总承包项目,合同额153亿元,创下中国建筑历史上单体项目之最。同时还以融投资方式中标合同额43亿元的天津滨海新区综合开发项目和合同额16亿元的武汉四环线西段等一大批项目。

(3)融资模式创新有新收获。中国建筑在内地和香港两个债券市场,共计发行各类债券216亿元人民币(含港元、美元债券),降低融资成本,为生产经营有序运行提供坚实保障。

(4)兼并重组取得突破。完成上海港工重组工作,新公司将进一步提升中国建筑在水工领域的实力。通过与邢台水务集团合资,成立中建冀泉供水、中水公司,进军水务行业,实现地方水务的持有运营。

(5)推进科技创新和技术升级。2012年中国建筑提出打造全产业链"绿色中建"、"数字中建"和大力推进建筑工业化的目标,出台《关于进一步推进中国建筑科技创新工作的决定》和《关于推进中建BIM技术加速发展的若干意见》等一系列文件。中国建筑在高等级奖项、国家标准编制、专利等方面取得一批成果,在国家级奖项评选中,推荐一项成果获国家技术发明一等奖;"上海环球金融中心工程建造关键技术"获国家科技进步二等奖;荣获鲁班奖13项(国内),累计达177项;获国家专利授权963项,保持行业领先地位。同时在绿色建筑设计研究、全过程数字化建造技术研发、住宅工业化开发、绿色商品混凝土研发、EPR核岛施工技术等专项工作中取得积极成果。

(6)管理提升工作稳步推进。2012年,中国建筑按照国务院国资委关于开展管理提升活动的要求,针对催收清欠、集中采购、投资风险管理等专项工作进行重点部署,取得阶段性成效。

在工程款催收清欠方面,制定提高营销质量、强化商务管理、落实责任、奖罚兑现等10项对策措施。收款项比较年度峰值降低11.4%,达到控制目标。

集中采购工作初见成效。2012年，中国建筑正式建立物资集中采购平台，钢材、商砼、水泥、加气砖四大主材价格，分别降低3%~5%、10%、10%、8%，累计节省成本约8亿元。

资金集中管理有新成效。2012年底，中国建筑资金一级集中度平均达到38%以上，各二级子企业的资金集中度平均达到97%以上，均创历史新高。中建财务公司加大对集团主业各板块的信贷支持及金融支持力度，为集团提高资金运作效益2.33亿元、节约财务费用1.36亿元。

【信息化建设】 中国建筑继续完善信息化体系建设，努力推进中国建筑系统企业信息化建设上下联动，在信息化管理、信息安全、基础编码、IT运维等方面新编或修订十七个信息化相关管理制度以及相关流程，使全集团信息化有根本的制度保障。继续推进集成协同平台建设，实现与各业务系统的集成，初步构建"专业＋集成"的体系架构。通过对各业务系统信息资源的有效整合。推进办公信息系统应用向广度和深度发展，完成移动办公平台的建设、催办督办功能体系建立和完善，显著提高办公效率，实现总部无纸化办公。

【党建工作】 中国建筑以"央企一流，行业排头"目标，深入开展以"十百千"工程为载体的创先争优实践活动。中建南京南站项目党委和中建二局（沪）党委被授予"2010~2012年全国创先争优先进基层党组织"荣誉称号；涌现出以陈超英、李文兴等为代表的一批先进个人，以中建利比亚公司党委为代表的先进集体；创造出"三联建"、"三号联创"等受到上级肯定的鲜活经验。

陈超英，女，中国建筑所属中建五局土木工程有限公司党委副书记兼纪委书记、工会主席，不幸于2011年6月13日在慰问职工家属返程途中发生车祸而殉职。2012年5月23日，陈超英事迹演讲团走进人民大会堂，受到贺国强等领导亲切接见，全国县级以上党政机关和118家中央企业通过视频收看实况直播。一个学习"超英精神"的群众性活动高潮，由此在中国建筑、在中央企业、在全社会展开。

党的十八大之后，中国建筑在全集团进行一次比较深入系统的企业党建调研，结合实际，提出"五个转化"思路和工作举措，以重点解决基层反应强烈的党建与经营生产的"两张皮"问题，提升党建科学化、标准化水平，更好地发挥党建促进经营管理的作用。"五个转化"：把党组织政治优势转化为企业的制度优势；把党组织先进性优势转化为党员攻坚克难的作风优势；把党组织宣传发动优势转化为企业持续发展的文化优势；把党组织群众工作优势转化为企业和谐发展的环境优势；把党组织党风廉政建设优势转化为职工廉洁从业的行为优势。

2012年，中国建筑发布以《中建信条》为核心的中国建筑文化体系，明确中国建筑统一的企业文化：企业使命——拓展幸福空间），企业愿景——最具国际竞争力的建筑地产综合企业集团，核心价值观——品质保障、价值创造，企业精神——诚信、创新、超越、共赢等核心文化理念。《中建信条》蕴含中国建筑核心经营管理思想，是全体员工都必须遵循的最根本的行为准则和价值追求。《中建信条》对于加强集团管控能力、强化中国建筑企业文化的统领性，正确处理集团母子公司文化关系，提高整体核心竞争力和品牌影响力，具有十分重要的战略作用。

【履行社会责任】 （1）继续履行保障房投资和建设的责任。2012年，中国建筑设计、投资、建设保障性住房项目124个，总建筑面积约2728万平方米，分布于21个省、自治区、直辖市，其质量、工期、安全、环保受到广泛赞誉。在国家发改委等举办的保障性安居工程建设质量管理奖评选活动中，中建五局、中建七局、中建一局三公司、中建三局一公司获此殊誉，获奖数量居行业首位，中建八局在上海投资、建设保障房得到市政府高度肯定；中建地产荣获"2012年度保障房建设推动力企业大奖"。

（2）继续履行援建责任。中国建筑玉树灾后重建项目85个，总建筑面积40.41万平方米，计划总投资16.74亿元。在三年灾后重建中，中建八局在以及市政西北院为主力的玉树灾后援建团队，认真履行中央企业的政治责任和社会责任，克服高原缺氧、环境恶劣、保障受限重重困难，在安全、质量、工期及绿色环保管理方面均走在前列，受到青海省及国务院国资委的一致好评和社会各界的高度赞扬。截至2012年底，率先基本完成玉树灾后三年重建任务。

（3）继续履行扶贫等公益性事业责任。2012年，中国建筑及各子企业为国家扶贫、救济、教育、文化、卫生等公益性事业捐赠2855.84万元，其中，向定点扶贫地区实施资金捐赠20次，资金总额890.94万元，占年对对外捐赠总额的31.19%。中国建筑总部向宁夏盐池县、同心县2个定点扶贫捐赠487.22万元，占中国建筑扶贫开发总资金的54.69%，中建四局定点扶贫捐赠283.72万元，占扶贫资金的31.84%，中建三局定点扶贫捐赠71万元，占扶贫资金的8%，其他子企业捐赠49.01万元，占比8.83%。

（中国建筑工程总公司）

中国电力建设集团有限公司

【概况】 中国电力建设集团有限公司(简称"中国电建",英文简称 PowerChina)于2011年9月29日在北京挂牌成立,是根据国务院批准的电网企业主辅分离改革及电力设计、施工企业一体化重组方案,在中国水利水电建设集团公司以下简称为"集团公司"、中国水电工程顾问集团公司和国家电网公司、中国南方电网有限责任公司所属的14个省(区、市)勘测设计企业、施工企业、修造企业的基础上组建新设的中央大型骨干企业。注册资本金300亿元。

【主营业务】 (1)境内外电力(包括水电、火电、核电、风电及太阳能发电等新能源及送变电)工程和水利(包括水务)工程及相关业务的工程总承包与规划、勘察设计、施工安装、技术研发、项目管理、咨询、监理、设备检修及相关设备的制造修理租赁、开发、投资、建设、经营、管理和生产、销售及相关招标代理业务、进出口业务等。

(2)境内外公路、铁路、港口与航道、机场、房屋、市政工程、城市轨道、环境工程、矿山、冶炼及石油化工及相关业务的勘察设计、施工安装、技术研发、项目管理、咨询、监理、设备检修及相关设备的制造修理租赁、开发、投资、建设、经营、管理和生产、销售及相关招标代理业务、进出口业务等。

(3)房地产开发与经营;实业投资、经营与管理;物流;国际资本运作与境外项目投融资;对外派遣劳务人员和对外承包工程;以上相关业务的人员培训;经国家批准或委托开展的其他业务。

【突出优势】 (1)拥有较为明显的行业优势。中国电建占有全国80%以上大中型水电和全国50%以上风电的勘测设计市场,占全国65%以上水电建设市场和全球50%以上大中型水电建设市场,水利水电规划设计、施工管理和技术水平达到世界一流,是全球水电规划建设的领导者。

(2)具有较强的价值创造潜力。中国电建拥有集电力工程规划设计、施工建设、装备制造于一体的完整产业链,能够为水利水电、火电、风电及基础设施建设等领域提供集成式、一站式服务,为实现转型升级和商业模式创新提供良好的起跳平台。

(3)资源整合潜能增强。中国电建将通过有效整合,充分释放集团管控、资源优化配置、市场协同蕴藏的能量,引导成员企业利用中国电建的管理、技术、资金、资质、品牌、人才等优势,实现又好又快发展。

(4)国际业务先发优势明显。部分成员企业多年来国际业务蓬勃发展、成果显著,已经形成较为完整的海外市场布局和业务网络,在抢占海外市场方面获得先机。截至2012年底,中国电建在63个国家设有122个驻外机构,在建项目728个,分布在81个国家和地区。累计实现海外营业收入约612亿元,同比增长15.9%;海外新签约合同额1096亿元,同比增长59.8%;海外业务合同存量2336亿元,同比增长23.9%。以上三项指标占全集团比重分别为30.1%、40.2%、50.8%,明显高于同类中央企业平均水平。集团公司海外业务在地域分布上已经形成以亚洲、非洲为主,辐射美洲、大洋洲和东欧的多元化市场格局。

(5)品牌具备较强的市场竞争力。中国电建拥有的知名品牌蜚声海内外,取得良好的经营业绩和市场口碑,已经具备较强的竞争力和影响力。

【组织机构】 中国电建总部设有办公厅/董事会办公室、党委工作部、人力资源部/企业领导人员管理部、财务资产管理部、战略发展部、市场经营部、科技部(技术中心)、安全质量环保部、投资管理部、资金管理部、审计与风险管理部、监察部/纪委办公室、法律事务部、信息中心、海外事业部/外事局、勘测设计事业部、电力工程事业部、房地产事业部、装备制造事业部、工会工作部、西藏代表处共21个部门和事业部。

中国电建旗下拥有中国水利水电建设集团有限公司、中国水电工程顾问集团公司、水电水利规划设计总院以及50余家从国家电网公司、中国南方电网有限责任公司划转分离的勘测设计、施工、修造企业。其中,中国水利水电建设集团有限公司、中国水电工程顾问集团公司是我国水利水电施工、设计行业的领军企业。中国电建集团包括成员企业(含子集团及子集团全资、控股企业)共105家(详见附件)。

【2012年度经济技术指标完成情况】 中国电建全面完成国务院国资委下达的各项经营指标,实现营业收入跨上"两千亿元"台阶,达到2017.34亿元,同比增长10.3%;实现利润75.13亿元,同比增长38.9%;新签合同2726.83亿元,同比增长47.0%。截至2012年底,集团公司资产总额达到2937.35亿元,同比增长21.11%;合同存量4597.75亿元,同比增长23.3%。业务遍及全球70余个国家和地区。在2012年财富世界500强排名390位,在全球225家国际工程承包商中列15位之前,在全球最大设计企业排名16位。

(1)市场营销成效显著,市场地位进一步巩固。一是战略引领,集而成团,外部竞争,内部竞赛。加快建立集团化模式下的市场战略统筹营销体系,中国电建将外部市场机制和内部统筹协调相结合,建立市场统筹协调机制,推进纵向一体化协同,提高市场竞争力,使恶性竞争丢失的利润、相对不公平的市场地位,在逐步地回归到正常。集团公司统筹协调市场竞争性项目240余项,合同额600亿元。二是创新商业模式,由传统低端的施工承包商向总承包商转型。积极推进老挝南欧江流域梯级水电站一期项目、泰国防洪综合治理一揽子项目等一体化实施。积极开拓水电、火电、新能源和基础设施建设总承包市场,在建的国内外EPC总承包项目173项,合同总额1925.60亿元。三是设计、施工、制造一体化协同促进商业模式升级转换,提高在某一些领域竞争层级。加大高端营销力度,先后与7家省级政府、5家市级政府签订战略合作协议,与5家中央企业、6家银行建立战略联盟,拓展融投资项目合同额近400亿元,获得银行授信5700亿元。四是大力调整业务结构成效明显。大力开拓非传统业务市场,集团全年新签非传统业务合同939.76亿元,占新签合同总量约三分之一。集团公司所属水电股份公司(以下简称"水电股份公司")国内非水电业务新签合同约占国内新签合同总额67.1%,集团公司所属水电顾问集团(以下简称"水电顾问集团")新签国内非传统业务合同108亿元,完成目标值的161%,占新签合同总额的34.2%。五是集团公司加强向国家部委、重要客户及社会各界的品牌推介力度,发布企业品牌标志,阐释为客户创造更高价值的服务理念,市场影响力进一步提升。六是传统的核心业务电力设计、施工在行业中的领导地位进一步巩固。其中,水电类设计院承担国内80%以上大中型以上水电站的设计工作。

(2)国际业务发展良好,国际竞争力进一步增强。一是发挥战略引领作用,积极推进"中国电建"主品牌下的多子品牌经营模式。从战略规划、人才选用、管控模式、组织架构、领导力量、经营机制、业绩考核、激励政策上充分体现国际业务优先发展战略原则,国际业务对集团发展的贡献愈加显现,营业收入、新签合同、利润占比分别为30.1%、40.2%、57.3%。二是高端切入,推动国际业务转型升级。国际经营领域从传统的施工承包拓展至矿产资源、煤电一体化及新能源开发,一体化全产业链优势开始显现,重点推动泰国防洪抗旱、哥伦比亚马格达莱纳河流域综合开发、尼日利亚电力合作等一揽子项目,推进海外业务的转型升级。三是完善国际经营体系,创新海外业务发展模式成效显著。水电股份公司推动国际业务由"统一品牌、集中营销"向"主品牌集中营销与子品牌自主营销"转变,鼓励国际业务发展较好的子公司在集团战略统筹下自主经营,同时以资源项目为重点,实施融投资加EPC模式整合集团设计施工资源,努力提高一体化效能。四是拓展业务领域,市场营销成效明显。水电股份公司新签国际业务合同649.40亿元,同比增长8.7%;实现国际经营收入360.04亿元,同比增长24.8%,新开拓蒙古、波黑等七个国别市场,实现欧盟高端市场零的突破。水电顾问集团国际EPC和机电成套项目快速增长,厄瓜多尔德尔西水电项目首开EPC总承包先河,年内新签国际项目合同108.8亿元,同比增长215.4%。电力工程事业部管理企业共签订海外合同320.68亿元,同比增长达到317.5%。五是在建项目履约良好,风险总体可控。在建项目728个,分布在81个国家和地区。成员企业加强项目精细化管理,质量、安全、工期、国别公共关系处理总体受控,提升"中国电建"品牌的国际影响力。集团公司所属四川电力设计咨询公司承包的国内电力勘测设计企业最大海外总包项目-印度WPCL总承包项目获得最终移交证书,盈利水平较高,有望获得行业首枚海外总承包金钥匙奖。

(3)着力推进结构调整,发展方式进一步转变。一是在巩固传统主业市场主导地位的同时,加大开拓非传统业务市场,大力调整优化结构,相关业务多元化发展态势基本确立。水电股份公司在地铁、市政交通等基础设施领域取得重大进展,中标深圳市轨道交通7号线BT项目,总金额168亿元。积极开拓城乡供水、水环境治理等综合水务市场,目前控股运行和在建项目规模约76万吨/日。水电顾问集团开展前期工作的水务项目规模超过200万吨/

日。努力实施装备制造业务产品结构优化升级，一些新产品、专用设备开发生产进入实质运作阶段。进一步加大自有土地房地产业务开发和政府保障性住房建设参与力度。二是水电、风电等优质资源开发稳步推进，已投产控股项目 51 个，在建项目 18 个，累计完成投资总额达到 661 亿元。已投产控股电力项目装机 639 万千瓦，在建项目装机 259 万千瓦，开展前期工作项目装机 846 万千瓦。推进云南、山东、江苏等地区陆地和海上风电、太阳能等新能源开发模式研究。三是创新商业模式，推动结构调整。集团公司积极探索建立一体化项目管理协调机制，培养成员企业一体化总承包能力。水电股份公司和水电顾问集团积极就老挝南欧江流域梯级水电站一期项目建立一体化利益共享、风险共担的合作机制，为推行一体化积累经验。集团公司所属上海院和水电新能源公司合作推进敦煌光伏总承包项目，实施设计、投资和建设、运营一体化。集团公司所属宁夏院在总承包的香山 330 千伏输变电工程等项目中携手宁夏电建实施设计、施工一体化。集团公司所属宁夏电建和甘肃能源公司进行专业对接，实施火电投资运营、检修保障业务一体化。四是通过深度战略合作，形成新的经济增长空间和能力。集团公司加大力度推动和地方政府、重要客户等战略合作联盟方基于项目的深度合作，积极为地方政府提供电力、水利水务、基础设施等领域的规划咨询服务，与重要客户战略合作完善产业链和价值链，形成集团业务领域的新扩展和市场规模的新增长。集团公司所属水电七局、水电九局、水电十二局依托集团公司和驻地省市的战略合作关系，在战略合作协议框架内积极进行项目对接，获得一系列基础设施建设项目，实现区域化项目群开发，区域市场的广度和深度进一步加大。集团公司所属福建院、湖北院、江西院与省级地方政府合作共建能源规划中心，为政府制定发展政策规划提供咨询策划，为后期合作奠定坚实的基础。

（4）管理提升初见成效，发展基础进一步夯实。集团公司被国务院国资委授予"2012 年度中央企业管理提升活动优秀组织单位"称号，取得阶段性成果。集团公司的资源利用效率有所提升，成本费用较 2011 年有所下降；应收账款全面完成国务院国资委下达的封项目标，融资成本利用集团平台较大幅度地下降；技术管理标准化、规范化、程序化、精细化水平有明显改变，值得肯定。一是着力推进，试点先行，获取经验，全面推广。二是坚持"进度服从质量"原则，增加"回头看"环节，对自我诊断阶段查找出的管理短板和瓶颈问题再回顾、再确认、再深化。三是增强针对性，丰富管理提升内容，在国务院国资委确定的专项任务基础上增加资金管理、项目管理，其中资金集中管理帮助成员企业特别是困难企业解决融资难题，节约对外融资成本近 6 亿元，资金链安全得到有效改善。

坚持安全发展理念，安全管理体系、管控机制和制度体系进一步健全。隐患排查治理、打非治违和地质灾害防治管理工作扎实开展，年内没有发生重大安全事故，安全生产保持稳定态势。

质量管理的责任体系、制度体系、管控体系进一步健全，"质量月"、"QC 小组"等活动踊跃开展，精品意识持续增强，创优工作取得新成绩，获得 15 项国家级优质工程奖、8 项全国工程建设项目优秀设计奖。

强化全面风险管理体系和内控机制建设，风险管控工作进一步加强。审计工作突出抓好经济责任审计、财务收支审计、海外项目审计，较好地发挥监督和经济评价作用。法律基础管理体系不断完善，重大专项事务和遗留法律纠纷稳妥处置，法律风险防范和处置能力进一步提升。

贯彻落实创新驱动战略，提高自主创新能力和转化应用能力。集团公司获批成为第五批科技创新型试点企业。水电股份公司 33 项科技成果被鉴定为国际领先或先进水平，获得中国电力科学技术奖 5 项。依托水电顾问集团成立的国家水能风能研究中心、国家能源水电工程技术研发中心有效运营，水电顾问集团在国家最有影响力的三大科技计划中取得全方位突破，在研科技项目 138 项，覆盖水电工程全专业和风电工程主要技术领域。集团公司所属水电规划总院研发具有自主知识产权的光伏电站智能化信息管理系统，满足政府部门决策管理和企业投资开发的需要。集团公司所属河南院在南方电网公司首届金点设计大赛中荣获 500 千伏方案设计金点奖。集团公司所属河南电力器材公司完成 ±800 千伏哈郑线、1000 千伏皖沪线等国家重点特高压工程急需产品的技术研发。

集团公司积极履行央企社会责任，开局之年即发布首份社会责任报告。加大捐赠、援建和环境友好型企业建设力度，加速本地化经营进程，树立良好的企业形象。

（5）内部改革改制深入推进，企业活力进一步增强。稳健实施各项改革措施。一是启动集团整体改制工作，水电顾问集团及其所属企业已完成尽职调查，事业部管理企业公司制改建工作正在分步推进。

二是整体划转移交协议基本落实，实现平稳接收、管理对接。三是清产核资取得阶段性成果，摸清家底，夯实资产。四是积极推进各类历史遗留问题的解决，加大力度逐步改善和提升事业部管理企业的经营条件和能力，对少数亏损严重、发展能力严重不足的企业实行分类帮扶和专项督导整治。五是水电顾问集团和水电规划总院基于战略职能定位的分设工作按期完成。六是厂办大集体改革、清理规范关联企业和自然人持股工作正式启动。

积极推进内部三项制度改革，努力构建业绩及能力导向的客观公正的干部选拔任用体系、战略导向结构优化的劳动用工机制和绩效优先科学有效的薪酬激励机制。集团公司制定三项制度改革指导意见，事业部管理企业逐步构建市场化、规范化的劳动用工体系和"业绩升薪酬升、业绩降薪酬降"的收入分配机制。

内部资源整合取得新进展。集团公司发布推进内部资源重组整合指导意见，水电七局完成重组夹江水工厂，福建电力承包公司和福建电建一公司合并重组顺利推进。水电九局、水电十二局优化内部组织架构，整合二级单位，降低管理成本。昆明院对二级经营单位进行业务整合，营业收入实现翻番。

（6）党建工作不断加强，和谐发展能力进一步提升。集团公司党委认真落实"参与决策、带头执行、保障监督"要求，促进决策的民主化、科学化、制度化。结合集团处于协同过渡期的实际，着力做好党组织参与决策的顶层设计，集团公司党政共同制定《所属子企业议事规则》，全面落实"三重一大"决策制度。各级党员领导干部带头坚决执行决策，各级党组织充分发挥保障和监督作用，保证决策的有效执行。

企业文化和新闻宣传持续加强。编制集团公司企业文化建设三年发展规划，在集团范围内开展企业文化征集活动，促进集团文化的整合和融合。新闻宣传工作突出党的十八大、集团公司成立一周年及进入世界500强企业行列等重点热点，加大宣传力度，对外广泛推介，树立良好形象。

群团工作取得成效。集团公司工会加强企务公开和企业民主管理，启动"服务职工在基层"活动，积极引导开展群众性经济技术创新、劳动技能竞赛和文体活动，推进设立集团特困职工帮扶救助基金、海外救助专项基金。集团公司团委组织"郭明义爱心团队"，积极开展各种形式的志愿活动。

【年度代表工程】（1）国内工程。

① 锦屏一级水电站。11月30日，由集团公司所属成都院设计、水电股份公司施工的国家重点工程、世界第一高拱坝——锦屏一级水电站正式开始蓄水。这标志着大坝开始挡水，为电站2013年首批机组发电奠定坚实基础。

由锦屏一级、二级组成的锦屏"双子星座"电站，被认为是国内乃至世界上施工布置难度最大、建设管理难度最大、工程技术难度最大、施工环境最危险的巨型水电站之一，面临着最高混凝土双曲拱坝、高山峡谷、高边坡、高埋深、高地应力、高压大流量地下水、深部卸荷裂隙、高水头等世界级难题。其中，锦屏一级水电站位于四川省凉山彝族自治州盐源县和木里县境内，是雅砻江干流下游河段的控制性水库梯级电站。锦屏一级水电站规模巨大，电站总装机容量360万千瓦，平均年发电量166.2亿千瓦时，这一项目有着305米高的世界第一高拱坝。

② 锦屏二级水电站。12月30日，由集团公司所属华东院设计、水电五局、水电七局施工的国家"西电东送"重点工程、雅砻江上最大水电项目锦屏二级水电站首台60万千瓦机组正式投产发电。

锦屏二级水电站位于四川省凉山彝族自治州冕宁、木里、盐源三县交界处的雅砻江锦屏大河湾上，利用大河湾天然落差，截弯取直开挖隧洞引水发电。工程开挖平均长16.67千米、直径12.4～13米的引水隧洞4条。总装机480万千瓦，单机容量600MW，多年平均发电量242.3亿 kW×h，是四川省除界河外最大的水电项目，也是雅砻江上水头最高、装机规模最大的水电站。据了解，电站2号机组将于12月31日完成72小时试运行后也将投产发电，实现2012年底"一洞双机"的发电目标，其他六台机组在两年内陆续投产发电。

③ 向家坝水电站。12月21日，由集团公司设计、施工的向家坝6号机组成功结束72小时试带负荷连续运行，正式投入商业运行。这是继该电站7号、8号机组之后具备正式投入运行条件的第三台机组，标志着向家坝电站实现"一年三投"的目标。6号机组试运行期间各项参数和指标正常，运行稳定，累计发电约2592万千瓦时。

向家坝水电站是中国已建和在建的第三大水电站。电站左、右岸共安装8台机组，单机容量80万千瓦。截至12月21日，向家坝右岸电站四台机组中已完成三台机组投产发电，其中7号、8号、6号机组分别较合同计划提前45天、11天以及97天，累计共提前153天，首批机组的发电量已达到120357万千瓦时。

④ 华电莱州发电有限公司一期工程。12月6日，集团公司所属山东电建二公司承建的华电莱州一期2×1000MW级工程2号机组顺利完成168小时试运行，标志着全国首座智能化生态电厂——华电莱州发电有限公司一期工程胜利投产。该项目的投产将为山东省环渤海经济圈、黄河三角洲高效生态经济区的发展提供重要电源支撑，并有效填补东部沿海电力缺口。

华电莱州发电公司是山东省和华电集团首家以百万千瓦机组起步的电港一体化大型能源基地，规划装机容量为8×1000MW。一期工程建设两台1000MW级国产超超临界燃煤发电机组，同步建设脱硫等环保工程。项目建设在海边滩涂盐碱地，并采用国内最先进的海水淡化技术和城市中水；厂内污水和废水经处理回用，实现"零排放"。同时将循环水排水尾能加以利用，建设小型水电站。项目采用全三维立体化工程设计，是全国第一个全寿期三维数字化智能火电厂。

⑤ 昌都应急电源工程。12月29日，由集团公司投资1.26亿元援建的西藏昌都应急电源工程全部并网发电，实现12台柴油发电机组在藏历新年前全部投运的目标，也结束昌都地区无备用电源的历史。此次投运21840千瓦柴油发电机组，将填补当地冬春电力缺口，使10多万昌都人民告别拉闸限电之苦，为当地群众温暖过冬发挥巨大作用。

该电源工程位于昌都地区昌都镇，海拔超过3300米，集团公司所属河南火电二公司以及河南院、水电基础局等各参建单位克服设备异地采购、拆卸和运输难、工期紧张、任务繁重、交叉作业多、高原冬季施工条件恶劣等困难，精心组织施工，不分昼夜奋战，从9月26日正式开工，到12月2日首批4台投产发电，再到12月29日全面投产移交，仅用94天时间就安全、快速、高质量地实现工程建设目标，创造国内同区域、同类型机组建设周期新纪录。电站建成后全部资产和生产运营管理已无偿划转给西藏自治区政府，体现负责任的中央企业应有风采。

(2) 国外项目。

① 沙特拉比格项目。12月14日，集团公司所属山东电建三公司沙特拉比格项目#1机组正式投入商业运行（COD），标志着由中国公司在沙特承建的首台电站机组，正式成为沙特电网的重要枢纽。

沙特拉比格2×660MW亚临界燃油电站项目位于沙特西部港口城市吉达以北约150公里，是沙特国家电力公司以"建设—拥有—运营"方式招标的第一个独立发电厂项目，集团公司所属山东电建三公司于2009年7月签订EPC总承包合同，合同总额超过17亿美元。该项目以高端管理承包为经营模式，在充分引入燃油锅炉、汽轮机、发电机等国产电站装备的同时全面推行当地分包和属地化经营，在质量、进度和投资控制各方面都取得良好的效果。

② 老挝南欧江流域梯级水电一期工程。12月10日，由集团公司所属水电股份公司控股开发的南欧江流域梯级水电一期工程（南欧江二、五、六级水电站）开工典礼于在老挝首都万象隆重举行。

南欧江是湄公河北部在老挝最大的支流，开发规划7级电站，总装机容量115.6万千瓦，第一期项目含二、五、六级水电站，总装机容量54万千瓦，预计2.17年建成投产。这也是中资公司首次在老挝境内获得整条流域开发权的项目。南欧江水电站项目是中老两国特别是两国电力开发企业在经济领域合作的具体成果，建成后将为老挝电网提供优质稳定的电源，极大地改善丰沙里省、朗勃拉邦省和南欧江流域的交通条件，带动当地经济和社会发展，为老挝北部人民脱离贫困创造有利条件。

③ 柬埔寨甘再项目。7月31日，集团公司所属柬埔寨甘再项目公司收到柬埔寨王国国家电力公司正式批文：批准甘再水电站BOT项目自2012年8月1日起进入商业运行期。这是甘再投资项目的重要里程碑，标志着集团公司在海外投资的首个水电站项目圆满完成建设任务，正式转入商业运行。

甘再水电站总装机19.41万千瓦，运营发电期40年，年发电4.98亿千瓦时，截至2012年7月底，电站试运行期总发电量1.45亿千瓦时，实现收入800余万美元。项目将成为调整和改善柬埔寨国家电力能源结构的优质骨干电源电站，为改善投资环境、促进基础建设、拉动人口就业、交通旅游、财政税收等领域发展作出积极贡献。同时大坝枢纽工程的投入使用也将有效解决当地季节性的洪涝、干旱问题，对改善下游农田水利灌溉有积极而重要的作用。

④ 赤道几内亚吉布洛水电站。当地时间11月14日，集团公司所属水电六局与赤道几内亚能源矿产部在马拉博签订吉布洛水电站移交协议，标志着该电站自此进入商业运行发电阶段。

吉布洛水电站位于维勒河中游，由320米拦河坝、1230米的引水隧洞、发电厂房等组成，总装机容量120MW，2008年4月15日正式开工，2011年10月顺利实现"一年四投"发电目标。该项目的竣工投产为赤道几内亚大陆地区带来充足而洁净的电能资源，为赤道几内亚的社会经济发展发挥重要作用。吉布洛水电站建设施工采用的是中国技术规范，水轮机、发电机等所有设备均为"中国制造",在向世界推广中国水电技术、中国水电行业标准、水电站设备等都方面起到促进作用,也带动中国的劳务、设备、材料、技术出口。

⑤委内瑞拉新中心电厂项目。当地时间12月17日,委内瑞拉新中心电厂项目3号机组顺利实现点火发电,标志着新中心电厂项目四台机组点火发电的节点目标全部实现。

新中心电厂由委内瑞拉国家石油公司PDVSA投资兴建,安装193MW燃气发电机组4台,总装机容量77.2万千瓦,项目合同额10.38亿美元。集团公司仅用4个多月的时间,顺利实现四台机组的点火发电,充分展现优质高效的履约能力,为打造海外工程典范、提升中国电建品牌形象及进一步开拓南美市场打下坚实的基础。

委内瑞拉新中心电厂是委内瑞拉向中国紧急求助解决电力短缺的应急工程,是中委两国在中委基金框架下的重要能源合作项目。集团公司仅用20个月时间建成投资10亿美元的委内瑞拉新中心电厂,该电厂自7月25日首台机组成功点火后,仅4个多月的时间,实现4台机组全部一次性点火发电,其中,电厂系统受电、1号机组并网发电和2号机组点火在四天内三战三捷,其工程建设的高速度、高质量震惊南美,受到业主的高度赞扬。

(中国电力建设集团有限公司)

中国铁路工程总公司

【概况】 中国铁路工程总公司(China Railway Engineering Corporation,缩写CREC)是集勘察设计、施工安装、房地产开发、工业制造、科研咨询、工程监理、资本经营、金融信托、资源开发和外经外贸于一体的多功能、特大型企业集团,总部设在北京。中国铁路工程总公司具有住房和城乡建设部批准的铁路工程施工总承包特级资质、公路工程施工总承包一级资质、市政公用工程施工总承包一级资质以及桥梁工程、隧道工程、公路路面、公路路基工程专业承包一级资质,城市轨道交通工程专业承包资质,拥有中华人民共和国对外经济合作经营资格证书和进出口企业资格证书。2000年通过质量管理体系认证,同时获得英国皇家UKAS证书。2003年通过环境管理体系和职业健康安全管理体系认证。2004年通过香港品质保证局质量/环保/安全综合管理体系认证,并获得国际资格证书。作为全球最大建筑工程承包商之一,连续七年进入世界企业500强,2012年排名世界企业500强第112位,排名全球225家最大承包商第39位,在中国企业500强中排名第12位。

截至2012年底,职工总数为287813人,其中:在岗职工234219人,管理人员154528人。中级职称及以上专业技术人员56095人,股份公司高级专业技术人才达到14294人,其中:教授级高级工程师971人,高级工程师9326人,高级会计师919人,高级经济师971人。拥有高层次技术专家644人,其中:中国工程院院士3名、国家级突出贡献专家5名、国家勘测设计大师5名、享受国务院政府特殊津贴专家人员285名。

中国铁路工程总公司主要从事股权管理、非上市单位和存续资产管理。中国中铁股份有限公司(以下简称为"中国中铁")是中国铁路工程总公司经营业务的运营主体,拥有下属子、分公司48家和其他项目机构,主要分布在全国除台湾省以外的各省、市、自治区,并在60多个国家和地区设有公司办事处、代表处和项目部等境外机构。具体包括中铁一局、二局、三局、四局、五局、六局、七局、八局、九局、十局、大桥局、隧道、电气化局、建工、港航局、航空港、上海局17家施工企业集团;中铁二院、设计咨询、大桥院、西北院、西南院、华铁咨询6家勘察设计科研企业;中铁山桥、宝桥、科工、装备4家工业制造企业;中海外、中铁国际、委内瑞拉分公司、老挝分公司、印尼公司、东方国际分公司6家国际业务公司;以及中铁置业、资源、信托、交通、建设、海西、中原、贵州、昆明、成都、北方、物贸和建设分公司等10余家房地产、金融、投资管理公司。中铁宏达资产管理中心为中国铁路工程总公司成立的具有法人资格的全民所有制企业,负责管理学校、医院、主辅分离资产等未进入上市范围的机构和资产。

作为科技部、国资委和中华全国总工会授予的全国首批"创新型企业",中国铁路工程总公司拥有"高速铁路建造技术国家工程试验室"和"盾构及掘进技术国家重点实验室",及4个博士后工作站,14家经国家实验室认可委员会认可的检测实验中心。拥有2个国家认定的技术中心和17个省部认定的技术中心,并先后组建桥梁、隧道、电气化、先进工程材料、轨道和施工装备6个专业研发中心,在高原铁路、高速铁路、电气化铁路、城市轨道交通、大型桥梁及隧道、高速铁路道岔、钢结构研发生产等多个领域拥有核心技术,达到世界先进、国内领先水平。截至2012年底,中国铁路工程总公司共荣获国家科技进步和发明奖94项,其中,特等奖4项、一等奖13项,荣获省部级科技进步奖1586项。公司拥有有效专利2134项,其中,发明专利505项,在诸多领域达到世界先进水平。

中国中铁还被中央和国家有关部委授予全国最佳诚信企业、全国学习型组织标兵单位、全国西部大开发突出贡献集体、全国抗震救灾先进集体、全国农民工工作先进集体、全国体育工作先进单位等称号,荣获全国五一劳动奖状。2012年公司荣获上海证券交易所"2012年度上市公司董事会奖",并在资本市场先后荣获"优秀董事会"、"中国上市公司诚信企业100强"、"中国上市公司综合实力100强"、"中国新型跨国公司50强"、"中国上市公司十佳董事会"等多项殊荣。

【主要指标】 2012年中国铁路工程总公司新签合同额7318亿元,企业营业额5145.4亿元,其中国内完成4893.3亿元;海外完成252.1亿元。截至2012年底,中国铁路工程总公司的资产总额达5554.6亿元,同比增长17.2%。其中,流动资产4380.3亿元,同比增长20.4%,流动资产占资产总额78.9%。负债总额4620.0亿元,其中带息负债1626.2亿元。见表1。

中国铁路工程总公司主要业绩指标(2012年) 表1

项目	2012年	2011年	比上年增长(%)
资产总额(亿元)	5554.6	4738.9	17.2
所有者权益(亿元)	934.6	860.4	8.6
营业总收入(亿元)	4846.2	4613.2	5.1
利润总额(亿元)	106.1	95.7	10.9
净利润(亿元)	80.6	72.4	11.3
归属于母公司所有者的净利润	41.5	37.6	10.4

续表

项目	2012年	2011年	比上年增长(%)
技术开发投入(亿元)	89.7	98.2	-8.7
利税总额(亿元)	244.3	241.5	1.2
应交税金总额(亿元)	202.8	203.9	-0.5
全员劳动生产率(万元/人·年)	19.4	19.1	1.6
净资产收益率(%)	8.8	8.7	1.1
总资产报酬率(%)	3.3	3.1	6.5
国有资本保值增值率(%)	108.4	107.8	0.6

【改革发展】 中国中铁坚持以"保发展、调结构、强管理、促稳定"为中心,紧密围绕"两个坚定不移",加强企业战略管理,调整优化企业中长期战略规划;加强市场营销策划和协调,全面拓展铁路、公路、城轨、市政和海外市场;加强对各单位生产经营的督导,确保企业各项经济指标的完成;加强企业基础管理,大力推进以全面预算管理和项目管理为重点的管理提升活动;加强投融资管理,推动新兴业务有序发展,促进企业转型升级;加强科技创新和管理创新,提高企业核心竞争力;加强风险管控,从容应对各种突发性事件,维护稳定大局;加强和谐企业和文化建设,不断提高广大员工的生活水平,营造风清气正的企业氛围,圆满实现企业年度各项目标。

(1)积极推进战略合作。根据国资委资源大整合、大联合的要求,先后组织起草、评审、完成中国中铁与平安信托、中国兵器、云南省、中国保利、北京矿冶研究总院、南昌市、佛山市签订战略合作协议的相关工作,并与上述省市和企业签订战略合作协议。为实现"大市场、大业主、大项目"的战略转型奠定基础。

(2)开展全面风险管理工作。按照国资委的要求,组织各职能部门结合企业实际,在风险管理初始信息收集和所属各单位风险评估结果的基础上,编制风险评估调查问卷。识别出2012年股份公司十个重大风险,编制完成《2012年度全面风险管理报告》,经公司董事会批准,上报国资委。

(3)继续推进四级以下法人企业注销。按照董事会要求,对压缩管理层级、缩短管理链条工作进行安排部署,共清理整合四级及以下企业9家,有7家企业接近尾声,其余5家正在办理有关注销手续。

【重大项目】 中国中铁参建的世界运营里程最长高速铁路京广高铁、世界首条高寒地区高速铁路哈大客专,以及合蚌、龙厦、汉宜、哈罗等17项铁路工程，玉蒙、红乌、红烟等14项铁路电气化工程开通运营；北京、天津、重庆等7条地铁以及武汉二七长江大桥、湖南矮寨大桥、黑龙江乌苏大桥相继建成通车；津秦、西宝、宁杭客专和兰新、南广、贵广铁路，以及以BT等形式参与投资建设的深圳地铁、昆明地铁、成都地铁、沈阳四环、贵州生态城等一批重难点项目进展顺利；玉树灾后重建五大商住组团胜利竣工并交付使用，为国家经济建设做出新的贡献。2012年获鲁班奖6项，国家优质工程21项，全国铁路优质工程61项。

【年度代表工程】（1）甘肃省大剧院-会展中心工程。中国中铁参建的甘肃会展中心建筑群项目——甘肃大剧院兼会展中心获得甘肃省"飞天金奖"和2012年甘肃省建设科技示范工程。2该项目集大型歌舞演出、会议功能于一体的大型公共建筑，总投资约4.1亿元。该建筑为地上4层、地下3层结构，建筑高度32米，总面积3.3万平方米。该项目建筑面积33108平方米，在施工过程中，采用深基坑土钉墙支护技术、混凝土裂缝控制技术、金属矩形风管薄钢板法兰连接技术等10项新技术，特别是钢与砼组合结构、建筑智能化、不规则错层复杂结构、舞台灯光机械、音响和建筑声学处理技术等方面创新点突出，多项技术填补甘肃省建设工程技术的空白，关键技术应用达到国内领先水平，取得显著的社会效益和经济效益。

（2）上海长江隧桥（崇明越江通道）工程。中国中铁参建的上海长江隧桥（崇明越江通道）工程获得2011～2012年度国家优质工程金质奖。该项目位于上海东北部长江口南港、北港水域，是我国长江口一项特大型交通基础设施项目，该工程的建成将改善上海市交通系统结构和布局，加速长三角地区经济一体化，更好地带动长江流域乃至全国经济发展，提升上海在全国经济中的综合竞争力。工程起于上海市浦东新区的五号沟，经长兴岛到达崇明县的陈家镇，全长25.5公里。

（3）武汉二七长江大桥。1月1日，中国中铁参建的武汉二七长江大桥通车。该桥是武汉市第七座跨越长江的大桥，为武汉主城"三环十三射"骨架主城道路系统的重要组成部分，总投资72.84亿元，全长6507米，其中，主桥为三塔斜拉桥，正桥全长2922米，塔高209米，两个主跨均为616米，双向8车道，桥梁净空高24米，设计最高通航水位为25.81米，设计基准期为100年，可抗5000吨海船撞击，能抵御300年一遇的洪水，抗震级别为7级。

（4）江苏省苏通公路大桥。中国中铁参建的江苏省苏通公路大桥获得2011～2012年度国家优质工程金质奖。苏通长江公路大桥全长32.4公里，由跨江大桥工程和南、北岸接线工程三部分组成，全线采用双向六车道高速公路标准。主桥采用主跨1088米双塔斜拉桥，是世界首座突破千米跨径的斜拉桥。

（5）湖南矮寨大桥。3月31日，中国中铁参建的世界跨峡谷跨径最大的钢桁梁悬索桥——湖南矮寨大桥正式建成通车。该桥由中铁大桥局监理，全部钢桁梁由中铁山桥承制，大桥跨度1176米，距谷底垂直高度达355米。大桥在设计施工中创下四个"世界第一"。大桥首次采用塔、梁完全分离的结构设计方案；首创"轨索滑移法"架设钢桁梁；首次采用岩锚吊索结构，并用碳纤维作为预应力筋材。

（6）玉蒙铁路。11月1日，中国中铁参建的泛亚铁路东线玉（溪）蒙（自）段全线铺通。玉蒙铁路是国家实施西部大开发战略和云南省桥头堡建设重点工程，是规划建设的云南国际铁路通道（泛亚铁路）东线的重要组成部分，全长141公里，设计时速120公里，总投资45亿元。玉蒙铁路对改善中国滇南交通条件，促进云南经济社会发展，开拓东南亚市场，打通中国——东盟陆地国际大通道具有重要意义。

（7）哈大客专。12月1日，中国中铁参建的世界首条高寒地区高速铁路——哈（哈尔滨）大（大连）客运专线正式开通运营。哈大客专是中国首条、同时也是世界上首条投入运营的新建高寒地区长大高铁，可应对东北地区全年80度的温差。哈大客专纵贯东北三省，全长904公里，设计时速350公里，总投资980亿元，是中国铁路中长期"四纵四横"高速铁路规划的重要组成部分。正式通车后，哈尔滨到大连的车程也将由过去的9小时缩短为4小时左右，对于缓解中国东北地区运能紧张问题、振兴东北老工业基地等意义重大。

【走向海外】 中国中铁进一步加强海外5亿美元及以上项目的集中管控，强化海外项目的危机管理，持续健康推动海外业务经营工作。公司在56个国家和地区开展业务，成功签约伊朗铁路、巴新公路升级改造、塞拉利昂新弗里敦国际机场一期、圭亚那Amaila水电站项目以及安哥拉住房配套工程等重大项目；境外在建工程项目涉及铁路、公路、桥梁、隧道、房屋建筑、城市轨道、市政工程、农田水利、港口建设等领域，分布于南美、东欧、非洲、南太、东南亚、中东等56个国家和地区。公司道岔及钢结构等产品远销到美国、韩国、新西兰、德国、加拿大、丹麦等18个国家和地区。另外，公司在境外投资兴办纺织厂、制药公司，并开展房地产开发、矿产资源等业务。

截至2012年底，中国中铁境外在建的工程和设计项目总数有369个，涉及到国家和地区56个，其中，境外在建工程296个，设计项目37个，道岔及钢结构产品加工项目24个。境外在建项目合同总额是256.1912亿美元，尚未完成的合同总额163.1700亿美元，在尚未完成的境外在建工程项目中，500万美元以上较大的项目有220个；上亿美元项目有33个；另外，中国中铁在境外设立的子公司53个，分公司36个，代表处、办事处65个，项目部5个，基本形成在亚洲、非洲、拉丁美洲三大区域市场。

中国中铁所属子公司中海外承建的南非卡拉盖迪锰矿土方项目、斯里兰卡兰卡高尔——德尼亚亚道路项目和中铁国际摩洛哥姆鲁娅公路桥项目顺利竣工；中国中铁委内瑞拉铁路项目正常推进；所属子公司中铁四局、隧道局、建工集团等单位分别承建的安哥拉社会住房项目、伊朗德黑兰北部高速公路、阿尔及利亚体育场、坦桑尼亚达市独立大厦等项目也进展顺利。另外，中国中铁所属子公司中铁建工在坦桑尼亚继续蝉联坦桑尼亚最佳外资承包第一名。

【重大创新】 中国中铁大力推进科技创新和经营模式创新，进一步健全和完善技术创新体系，加大科技投入和研发力度，突破一批关键核心技术。高速铁路建造技术和盾构及掘进技术国家重点实验室顺利通过验收，2012年共获得国家各项技术资金支持7599万元。其中，高速铁路特长水下高风险隧道盾构施工及对接技术等20项成果达到国际领先水平，地铁复合式通风空调系统研究等74项成果达到国际先进水平，新增国家和省级认定企业技术中心3个，有效专利授权632项，其中，发明专利151项；通过省部级工法评审267项；获国家科技进步奖3项，省部级科技成果奖116项，省部级优秀工程勘察设计奖56项、优秀工程咨询成果奖16项，全国绿色示范工程和国家重点环境保护示范工程称号3项。

【党建工作】 紧密围绕迎接党的十八大召开这一主线，以"保安全生产、保工程质量、保认真组织"，开展十八大代表推荐选举，中国中铁董事长、党委书记李长进、中铁一局窦铁成、中铁电气化局巨晓林三位同志当选十八大代表，是公司历史上当选党的全国代表大会代表最多的一次。

结合管理提升活动，积极开展加强执行力建设。按照中央、国资委党委和公司党委的安排部署，对全公司创先争优活动作出具体部署。结合公司一届三次职代会开展全公司创先争优活动群众评议，满意率达95.8%。全公司共有745个党委、8462个支部（总支）、97165名党员分别从基层党委、党支部和党员等三个不同层面参加群众评议工作。公司党委对全公司100个创先争优先进党组织、162名优秀共产党员和80名优秀党务工作者进行表彰，巨晓林同志被授予"全国创先争优活动优秀共产党员"荣誉称号。

【信息化建设】 信息化建设紧密围绕公司确定的工作目标和中心任务，根据信息化总体规划和业务发展需要，进一步加大信息化建设力度，各项工作进展顺利，圆满支撑公司各业务板块的有效运转。一是组织制定并实施股份公司信息化项目管理、网站群技术架构和视频会议建设标准等十项管理办法和制度，指导和服务二级单位信息化建设。二是首次开展二级单位信息化建设绩效评价工作，以评促建、以评促管，均衡提高所属单位的信息化建设和管理水平。三是组织专家对总部申报的16个信息化项目进行立项论证评审，严把信息化建设立项关。四是推进信息化大平台建设和ERP管理咨询工作，研究梳理股份公司信息化建设的蓝图规划和行动路线。五是遵循"统一规划、分期实施、先重点后扩展"原则，提出二期建设规划编制并评审"中国中铁电子商务平台需求报告"，有序推进电子商务平台建设。六是异地灾备中心建设稳步推进，成都灾备中心机房建设完成，实现OA办公数据、基础平台等数据的异地备份。七是推进"五统一"信息化基础平台项目，全年纳入管理的域用户已达到51730个，域服务器44台，受管理服务器计算机4178台，邮件账户41287个，OCS账户39302个。八是开展系统安全定级，对总部的22套信息系统、69台网络设备和163台服务器进行分析排查，逐一定级备案，确保系统安全。

【履行社会责任】 中国中铁切实践行"建造精品、改善民生"的神圣使命，在一系列重大自然灾害面前挺身而出，勇挑重担，积极投身抢险救灾；广泛参与公益事业，捐款捐物，扶贫助困，积极践行央企责任，受到政府和社会各界好评。青海玉树灾后重建工作中承建的玉树县第一民族中学、第二完全小学、第一幼儿园、第二幼儿园四所学校均已完工。中国中铁继续定点帮扶湖南省桂东和汝城两个贫困县，选送第九批扶贫干部到两个贫困县，全年共投入278万元，启动并完成7个扶贫项目。由于扶贫成绩显著，公司被国务院国资委评选为中央企业扶贫开发工作先进单位，2人获得扶贫开发先进个人称号。全公司新接收大中专毕业生5544人，军转干部在京安置工作也得到国务院军转办肯定，公司还在南美洲、东南亚、非洲、中东等国外地区，为当地劳动力提供约2.5万个就业岗位。公司大力推进节能减排，坚持节约优先方针，秉承节约能源宗旨，完善三大体系，严格贯彻执行能源管理体系（GB/T 2331—2009）标准要求，建立资源节约型、环境友好型企业公司2个项目获"全国建筑业绿色施工示范工程"称号。公司承建的合福铁路长临河制梁场获"国家重点环境保护示范工程"称号。2012年全公司无环境责任事故及节能减排重大违规违纪事件，排放污染物均达到国家和所在地相应排放标准，圆满完成国家和国资委的年度考核目标。

（中国铁路工程总公司）

中国有色矿业集团有限公司

【2012年度企业概况】 中国有色矿业集团有限公司（简称"集团公司"）紧紧盯住"迈进世界500强"的目标，积极应对复杂多变的经济形势以及各种危机和挑战，努力克服经济下行压力加大的不利影响，战胜前所未有的压力和困难，多项经营指标创历史最好水平。生产经营取得优异的成绩，改革发展实现历史性的跨越。

集团公司的发展倍受党和国家的关怀和重视，9月举行的第九届中国-东盟博览会上，中共中央政治局常委、中国国家副主席习近平视察集团有限公司的展位，听取集团公司的汇报，称赞集团公司实现跨越式的发展，为"走出去"战略作出积极的贡献，希望集团公司再接再厉，取得更好更快的发展。盛华仁、顾秀莲等多位党和国家领导同志以及王勇等24位部委领导同志视察集团公司总部和所属境内外企业，为集团公司作出重要批示，对集团公司2012年的工作给予充分肯定和高度评价，对中国有色集团2013年的工作寄予殷切的期望，为今后的发展注入强大的精神动力。

（1）沉着主动应对挑战，生产经营逆势增长。在国际金融危机继续蔓延、国内经济下行压力加大的严峻形势下，集团公司依然保持良好的经营运行态势，取得较好的经营业绩。有望迈进"世界500强"，实现历史性跨越；经济增加值、成本费用率等各项指标全面完成国务院国资委下达的考核任务。根据最新的央企财务动态报告，集团公司2012年营业收入指标在全部中央企业中排名第43位，较2011年大幅前进23位。

（2）资本运作成就显著，发展战略不断充实。集团公司积极利用国际、国内资本市场，进一步加大项目运作力度。6月29日，由集团公司在赞比亚的中色非矿、中色卢安夏、铜冶炼公司、湿法公司四家生产企业重组设立的中国有色矿业在香港联交所主板成功挂牌上市，成为第一支在香港上市的非洲概念股。上市以来，股价走势稳健，受到国际资本市场的好评，有力地支撑上市公司的治理和发展。3月7日，大冶有色在香港联交所主板上市，为大冶有色打造"千亿企业"搭建发展运作平台。中色股份配股方案已经中国证监会主板发行审核委员会审核通过。至此，集团公司境内外上市公司总数达到8家，对进一步改善企业融资结构、优化公司治理、规范内部管理等方面起到明显的推动作用。

针对进入"十二五"之后宏观经济形势的变化以及企业持续快速发展的实际，集团公司开展并完成2012~2014年发展战略的滚动修订工作，为进一步调整产业布局、核心业务和组织模式，明确发展目标、发展重点和重点投资项目，提升核心竞争能力，建设具有国际竞争力的世界一流矿业集团，统一思想认识，确立行动指南。

【年度经济技术指标完成情况】 在国际金融危机继续蔓延、国内经济下行压力加大的严峻形势下，集团公司依然保持良好的经营运行态势，取得较好的经营业绩。集团公司全年实现营业收入1551.17亿元，同比增长142.06%，有望迈进"世界500强"，实现历史性跨越；全年生产有色金属产品132.6万吨，同比增长20.98%；全年实现利润总额18.82亿元；经济增加值、成本费用率等各项指标全面完成国务院国资委下达的考核任务。根据最新的央企财务动态报告，集团公司2012年营业收入指标在全部中央企业中排名第43位，较2011年大幅前进23位。

国际工程承包市场萎缩、竞争加剧。集团公司建筑工程业务充分发挥品牌优势，大力巩固传统市场，积极开发新兴市场，全年累计新签合同额121.94亿元，其中国外工程27项，合同额39.87亿元，国内工程项目73项，合同额82.07亿元。

【年度主要工程】（1）缅甸达贡山镍矿项目通过三年多艰苦卓绝的建设取得重大成果。中国有色矿业集团有限公司建成一个现代化的有色金属采选冶联合企业，于10月3日成功生产出第一批镍铁产品，正式进入全面试生产阶段。

（2）中国有色矿业所属各企业积极推进重点项目建设。中色非矿东南矿区项目获得赞比亚政府环评批准，确保后续工作顺利推进，4条井筒已全部转入正常段的掘砌施工；中色卢安夏穆利亚希湿法项目搅拌浸出系统已于4月顺利投产，运行状况良好，产量稳步提升，累计产铜超过1万吨，堆浸系统进入全面重负荷试车阶段；铜冶炼公司二期扩建工程进展顺利，渣选矿系统于2月建成投产，硫酸二期于12月建成投产，阳极精炼厂房和转炉烟尘处理项目的土建安装正在进行；湿法公司利卡西项目于2月投产，硫磺制酸系统于7月11日点火试车成功，后续填平补齐工程正在按计划推进；刚果马本德项目已按计划顺利开工，相关工作稳步推进。经贸合作区基础设施和服务配套设施建设项目陆续竣工，园区功能日趋完善，21家企业签订入区协议。集团公司于2月3日在人民大会堂隆重举行"赞比亚中国经贸合作区成立5周年庆祝大会"，进一步贯彻落实胡锦涛主席为合作区题词的重要指示精神，有力地推动合作区的建设和招商引资工作。

（3）国内重点项目按计划稳步实施。大冶有色澳斯麦特炉配套的余热发电项目实现并网运行，30万吨铜加工清洁生产示范项目建成投产，阴极铜生产能力达到70万吨，迈入全国前三甲；黄金山稀贵工业园一期工程基本完工，稀贵金属开发处理能力和技术水平将大幅提升；铜绿山矿和铜山口矿深部开采工程进展顺利。中色股份所属中色泵业隔膜泵技改项目土建工程厂房及辅房主体施工全部完工；中色锌业综合回收二期工程建成投产，银锌综合回收项目主体工程全部完成；中色矿业探采选扩建项目按计划进行；沈冶机械整体搬迁改造、升级项目稳步推进。中色奥博特6万吨铜管项目一期工程两条生产线进行带料试车，铜板带二期高铜合金熔炼、保温和浇铸生产线设备基础施工完成；铜箔项目设计等前期工作按计划推进。红透山矿业冶炼厂技改项目于10月30日顺利产出第一炉成品粗铜。沈阳矿业大井子矿业锡冶炼项目进入收尾阶段；铁岭药剂综合技改项目主体工程全部竣工。中色天津新材料产业园努力抓好生产经营和项目建设工作，搬迁、改造、升级工作全部完成，试投产工作稳步推进。

（4）夯实基础真抓实干，管理提升初见成效。集团公司按照国务院国资委统一部署，紧密结合实际，以"强基固本、控制风险，转型升级、保值增值，做强做优、科学发展"为主题，认真组织开展全面管理提升活动。在实践中锻炼培养队伍，提高总体经营管理水平。

总部各部门积极深入企业调研，"下基层、接地气"，抓好"流程优化、制度规范、管理精准、持续改进"四个关键环节，努力提高管理的制度化、标准化、规范化水平。各出资企业按照集团公司的安排和要求，把管理提升活动的重点放在加强基础管理上，真正做到"向管理要增长、要效益"。

（5）自主创新支撑发展，科技实力明显增强。集团公司在"加大国家科技项目申报力度、加大在研项目管理强度、加大出资企业调研深度、加快科技支撑体系规划编制"等方面扎实工作，取得丰硕成果。

集团公司及各出资企业共申报省部级及以上科技项目91项，获批34项。其中，国家级项目10项。集团公司作为牵头单位，共有18项科技成果获得中国有色金属工业协会科学技术奖，其中一等奖3项，二等奖11项，三等奖4项；作为参与单位另有8项科技成果获奖，获奖数量比2011年翻了将近一番。截至2012年底，集团公司累计拥有专利848件，同比增长39.9%；其中，发明专利184件，同比增长52.1%。

各出资企业狠抓科技创新工作，加强推进科技成果转化，在解决企业技术难题、提升企业研究水平、增加企业经济效益等方面逐步凸显出科技支撑作用。

（6）安全生产、节能减排、环保形势稳定，责任形象显著提升。集团公司围绕安全生产工作目标和思路，大力提升安全生产管理能力，狠抓重点企业、重点项目、生产作业现场和重要时段的安全生产管理，全面落实"一个目标、两大重点、三项机制和四项建设"任务，较大及以上生产安全事故为零，百亿元产值生产安全事故死亡率同比下降10%，安全生产形势保持持续平稳的态势。集团公司积极应对由于规模快速发展、能耗及排放总量急增带来的巨大挑战，始终抓好节能减排和环保工作，确保生产经营与节能环保平衡发展。在节能减排信息化、循环经济、资源能源综合利用、宣传培训和专家服务机制建设等方面取得积极成效。

（中国有色矿业集团有限公司）

中国铁建股份有限公司

【概况】 中国铁建股份有限公司(中文简称中国铁建,英文简称CRCC),由中国铁道建筑总公司独家发起设立,于2007年11月5日在北京成立,为国务院国有资产监督管理委员会管理的特大型建筑企业。2008年3月10日、13日,公司人民币内资股(A股,代码601186)和境外上市外资股(H股,代码1186)分别在上海证券交易所和香港联合证券交易所上市。

中国铁建下辖中国土木工程集团有限公司、中铁十一局集团有限公司至中铁二十五局集团有限公司、中铁建设集团有限公司、中国铁建电气化局集团有限公司、中国铁建港航局集团有限公司、中国铁建房地产集团有限公司,中铁第一、第四、第五勘察设计院集团有限公司、中铁上海设计院集团有限公司、中铁物资集团有限公司、昆明中铁大型养路机械集团有限公司、中国铁建重工集团有限公司、中国铁建国际集团有限公司、北京铁城建设监理有限责任公司、中国铁建投资有限公司、中国铁建财务有限公司、中铁建中非建设有限公司、诚合保险经纪有限责任公司、中铁建(北京)商务管理有限公司、北京培训中心(党校)35家二级子公司和单位;有三级子企业413家,其中工程公司148家。截至2012年底,在岗职工244523人。其中,管理人员44992人,占18.4%;专业技术人员95872人,占39.21%;技能人才103659人,占42.39%。拥有工程院院士1名、国家勘察设计大师6名、享受国务院特殊津贴的专家220名。资产总额4806.61亿元,比2011年增长13.64%。机械动力设备87071台(套),总功率784.15万千瓦,技术装备率1.99万/人,动力装备率31.6千瓦/人。公司业务涵盖工程承包、勘察设计咨询、工业制造、房地产开发、物流与物资贸易等,具有科研、规划、勘察、设计、施工、监理、维护、运营和投融资等完善的行业产业链。在高原铁路、高速铁路、高速公路、桥梁、隧道和城市轨道交通工程设计及建设领域,确立行业领导地位。自20世纪80年代以来,中国铁建在工程承包、勘察设计咨询等领域获得国家级奖项470项。其中,国家科技进步奖63项;国家勘察设计"四优"奖90项;中国土木工程詹天佑奖50项,中国建筑工程鲁班奖87项,国家优质工程奖180项。累计拥有专利1740项、获国家级工法180项。

中国铁建经营范围遍及除台湾以外的全国31个省、直辖市、自治区和香港、澳门特别行政区,世界59个国家和地区。连续7年入选"世界企业500强",2012年排名第111位;连续15年入选"全球225家最大承包商",2012年排名第2位;连续8年入选"中国企业500强",2012年排名第11位。年内获中国上市公司资本品牌百强、中国上市公司诚信企业100强、中国上市公司综合实力100强和最具海外影响力上市公司、最佳投资者关系管理上市公司、香港上市公司综合实力100强及营业额10强等多个奖项。

【主要经济指标完成情况】 中国铁建实现营业收入4843.13亿元,比2011年的4573.66亿元增加269.47亿元,增长5.89%。见表1。其中,工程承包增长0.01%,勘察设计咨询下降2.37%,工业制造增长11.99%,物流贸易增长61.51%,房地产增长33.98%。完成海外营业收入174.28亿元,比2011年的171.99亿元增加2.29亿元,增长1.33%。实现利润总额108.96亿元,比2011年的100.56亿元增加8.40亿元,增长8.35%。实现净利润85.21亿元,比2011年的78.82亿元增加6.39亿元,增长8.10%。资产总额4806.61亿元,负债总额4073.72亿元,所有者权益总额733.29亿元。截至2012年底,货币资金余额922.74亿元,比2012年初的830.58亿元增加92.16亿元,增长11.1%。

中国铁建主要经济指标完成情况比较 表1

项目	2012年	2011年	同比增长或下降(%)
资产总额(亿元)	4806.61	4229.83	13.64
所有者权益	733.29	657.19	11.58
营业收入(亿元)	4843.13	4573.66	5.89
利润总额(亿元)	108.96	100.56	8.35
净利润(亿元)	85.21	78.82	8.11

续表

项目	2012年	2011年	同比增长或下降(%)
归属于母公司所有者的净利润	84.79	78.54	7.96
技术开发投入(亿元)	45.86	69.13	-33.66
利税总额(亿元)	299.63	289.00	3.68
应缴税金总额(亿元)	190.67	188.44	1.18
加权平均净资产收益率(%)	12.47	12.98	减少0.51个百分点
总资产报酬率(%)	3.48	3.42	增加0.06个百分点

【生产经营】（1）施工生产有序推进。2012年，中国铁建系统新签合同额7893.37亿元，同比增长15.88%；完成企业总产值5008.3亿元，同比增长的8.19%。其中，国内产值4791.7亿元，占总产值的95.7%，同比增长9.2%；海外产值216.6亿元，占总产值的4.3%，同比增长3.7%。在企业总产值中，施工产值4117.3亿元，占82.2%；勘察设计咨询73.9亿元，占1.5%；工业制造96.1亿元，占1.9%；物资贸易483.9亿元，占9.7%；房地产开发173.3亿元，占3.5%；其他产值63.9亿元，占1.3%。在施工产值中，铁路1923.6亿元，占46.7%；公路870.3亿元，占21.1%；房建530.3亿元，占12.9%；轻轨、地铁283.3亿元，占6.9%；市政295.1亿元，占7.2%；水利、电力86.6亿元，占2.1%；港口与航道30.1亿元，占0.7%；矿山39.4亿元，占1%。全年完成主要实物工程量：土石方10亿立方米，隧道1316公里，桥梁1283公里，正线铺轨6016公里，站线铺轨746公里，公路2859公里，通信线路6343条公里，供电线路6798公里，房屋施工面积6916万平方米，房屋竣工面积1238万平方米。安全生产责任事故总数、因工伤亡人数、事故单位数量、安全发展的主要指标均明显下降。

（2）结构调整实现重大突破。非工程承包业务比重进一步提高，全年新签合同额1289.94亿元，同比增长37.44%；实现营业收入817亿元，同比增长30.1%，占营业收入总额的17.4%，同比增长4个百分点；实现净利润38.9亿元，同比增长19.5%，占净利润总额的47.3%，同比增长7.4个百分点。

（3）资本经营稳健发展。全年审批资本经营项目45项，投资总额1291亿元。截至2012年底，中国铁建既有资本经营项目58项。年内通过资本经营完成施工收入93亿元，BOT项目运营实现收入10.1亿元，资本经营实现效益20.3亿元，其中遂渝高速公路实现净利润4.4亿元。通过资本经营，有效带动勘察设计咨询、工业制造、物流贸易等产业协同发展，进一步发挥资本的杠杆和纽带作用，巩固双轮驱动、协调发展的良好局面。

（4）房地产开发保持增长。全年实现销售金额212亿元，销售面积226万平方米，同比分别增长44.7%和27%，年度销售在全国的排名由27名上升到23名。完成营业收入176.3亿元，实现净利润21.4亿元。

【改革发展】（1）大力发展非工程承包业务。勘察设计咨询的转型步伐进一步加快。中铁第一勘察设计院集团公司陕西省铁道及地下交通工程重点实验室进入实质运行阶段；中铁第四勘察设计院集团公司在牵头实施工程总承包方面做了有益尝试；中铁第五勘察设计院集团公司依托股份公司平台，积极开发中央企业市场。工业制造的自主创新能力进一步提升。昆明中铁大型养路机械集团公司加强高速铁路无砟轨道养护领域设备研发，为进入相关领域奠定基础。中国铁建重工集团公司累计生产盾构设备45台(套)，成功应用于北京、西安、长沙等10多个城市的地铁市场，与神华集团合作研发制造煤矿掘进机正加快推进；中铁十一局集团公司汉江重科190吨矿用自卸车已研制成功并正式投产；中铁二十局集团机械公司生产的冲击压路机占取国内市场80%的份额，研发制造环保装备已通过论证。房地产开发在"限购、限贷、限价"的严厉政策环境下逆势增长，在全国37个城市开发建设76个项目，总建设用地面积872万平方米，规划总建筑面积2747万平方米，以一二线城市为重点、三四线城市为补充的梯次布局逐步形成。海外房地产业务迈出实质性步伐，尼日利亚拉各斯7万平方米房地产项目正式启动，销售良好。物流贸易取得长足发展，中铁物资集团公司加强商业模式创新，多元化、网络化经营加快推进，资源掌控和风险防控能力进一步增强。

（2）大力扶持专业化公司发展。中国铁建国际集团公司挂牌成立，进一步优化海外资源配置，加强海外风险防控，国际化经营能力得到提升。并购重组广东航盛集团，将中铁二十三局集团七公司整体划转到中国铁建港航局集团公司，并在设备购置、任务协调等方面加大扶持力度。中国铁建财务公司成立8个月实现净利润1.4亿元。诚合保险经纪公司在全国420多家保险经纪公司中排名前15位。中铁十九局集团矿业公司立足矿山剥离和矿产资源开发主业，发展势头强劲，经济效益可观。中铁十六局集团铁运公司先后承担包神、神朔等多条地方铁路的运营任务。中铁十二局集团铁路养护公司担负青藏铁路526公里线路养护任务，取得良好的经济和社会效益。

（3）大力发展资本经营。在提升规模的同时，进一步明确股份公司、中国铁建投资公司以及各集团公司的职能定位，明晰市场分工，完善责任制，协同作战的运行机制初步形成。同时，强化项目论证和过程监管，提升风险防控能力。中国铁建投资公司作为股份公司的专业化平台，注册资本金由30亿元调整为100亿元，市场竞争、再融资和持续发展能力得到增强。中铁建中非建设莱基自贸区新增10家注册企业，招商进展顺利。

【企业管理】 （1）全力以赴开拓市场，经营工作成绩突出。一是高度重视铁路外市场，路外市场新签合同额明显增长。房建、公路、市政、城市轨道的新签合同额分别为1559.53亿元、1320.92亿元、786.42亿元、619.21亿元，水工、环保等市场开发取得新成效。二是紧抓10～12月铁路市场回暖机遇，上下配合、内外沟通、周密运作，新签铁路合同1720.03亿元，同比增长26.05%。三是先后与尼日利亚等10多个国家，湖南、北京等20多个省市自治区以及10多家中央企业进行业务对接，加强战略合作，搭建高端平台，狠抓协议落实，相继在长沙、兰州、石家庄、长春、青岛等地签约大项目。四是圆满完成总部及所属二级企业的资质就位，取得19个铁路特一级资质以及行业设计甲级与施工总承包特级资格。五是组建川渝、广州、北京3个区域指挥部，加强上海代表处及云贵、山东、福建等区域经营平台建设。

（2）精心组织施工生产，在建项目管理不断加强。一是对在建项目进行全面梳理，调整施工计划，优化设计方案、优化施工组织、优化资源配置，合理安排施工生产，积极调配资金，确保在建项目资金链不断、现场不乱。二是强化项目管理，深入实施"法人管项目"，加强工程队、架子队建设，注重节能减排和生态保护，建立重点工程定期通报制度，全面推进标准化建设，项目管理水平进一步提升。三是抓好重点项目施工，汉宜、厦深、哈大、石武、京石等一大批铁路项目相继通车。玉树灾后重建项目实现"三年重建两年基本完成"的目标，安全、质量、工期在参建中央企业中名列前茅。广西358米高的市长大厦按计划顺利推进。四是注重发挥科技创新的支撑引领作用，依托在建项目，积极开展科技攻关，桥隧施工能力和技术水平持续提升。厦深铁路榕江特大桥、雅泸高速公路干海子特大桥等顺利建成，创造世界同类桥梁设计施工技术之最。厦深铁路梁山隧道、锦屏电站引水隧洞等一批高难度、高风险隧道实现贯通。五是狠抓安全质量管理，以"打非治违"专项行动和"安全月"、"质量月"活动为契机，加强安全质量教育培训，建立健全应急机制，深入开展大检查、大整改活动，有效排查并化解安全质量隐患。

（3）注重突出降本增效，经济运行质量持续提升。按照国资委"管理提升活动"的要求，注重过程控制，强化集中管控，努力降本增效。一是深入推进精益化管理，"三次经营"卓有成效，项目统筹、变更索赔和成本控制能力明显增强。各单位坚持以经济效益为中心，在营业收入规模不断扩大的同时，创效水平进一步提高。二是全面推进"工程要素、金融保险、商贸服务"集中采购，进一步完善设备物资集中采购体系，充分发挥"两级采购平台"和"两个集采中心"的作用，基本实现10万元以上设备以及钢材、水泥等大宗物资的集中招标采购，全年内部调剂使用设备5602台（套），内部产品采购合同额达到12.3亿元。加强资金集中管理，积极推行"资金池"和"法人一套账"管理模式，调剂使用资金768.3亿元，较好地满足各单位的资金需求。全年利用财政税收优惠政策，为企业争取中央财政补贴3.1亿元，财务价值创造能力不断提升。积极拓展融资渠道，加强债券融资统一管理，加大清收清欠力度，有效缓解资金压力。三是加强全面预算和责任成本管理，增强过程管控能力。加大财务监督和审计力度，深入开展财务大检查，推进领导离任和任期审计，对发现的问题及时有效处理，为企业挽回损失。四是强化风险内控体系建设，编制形成《内部控制整体建设持续改进计划》，将风险管理纳入日常管理工作。五是着力完善法律合规管理体制机制，以法律服务与合规监督为工作重点，法律合规管理逐步深入到资本运营、境外项目、证券融资、改制重组等重要业务领域，保障企业依法经营、合规管理。

（4）不断强化基础工作，企业保持和谐稳定。加大人才引进和培养力度，全年接收高校毕业生6740人，举办各类培训班1540个，16.9万人次参加培训，有222人通过教授级高级工程师评审。全面加强机关建设，总部机关协调、服务、指导职能不断提升。始终坚持以人为本，维护职工权益，在岗职工人均年收入由2011年的52925元增加到56535元，增长6.8%。

【技术创新】 新增中铁十一、十六局集团公司和中国铁建重工集团公司3家国家级技术中心和5家省级技术中心。承担的"大直径全断面硬岩掘进机总体设计与集成关键技术研究"和"绿色高性能混凝土材料性能和品质提升技术"两项"863"课题，年内与国家科技部签订立项合同。中国铁建参建的京津城际铁路工程、中铁十六局集团公司参与研发的"地下工程开挖诱发灾害防控关键技术开发及应用"科技成果分别获国家科技进步一、二等奖。全年获省部级科技进步奖142项、省部级工法249项；授权专利703项，其中，发明专利86项；获中国测绘工程金奖1项、中国建筑学会建筑设计奖2项、省部级勘察设计奖76项。申报中国土木工程詹天佑奖8项。

【工程创优】 中国铁建承建的山西体育中心主体育场、合肥市畅通一环四里河立交桥、新建武汉天兴洲公铁两用长江大桥正桥、南京长江隧道、苏州工业园区北环快速路东延二期工程获2012年度中国建设工程鲁班奖，承建的上海崇明越江通道（长江隧桥）工程获国家优质工程金质奖，承建的宁夏水洞沟电厂一期2×660兆瓦机组工程、华能东营河口风电场1-4期工程、广州市白云区江高—石井污水处理系统一期厂区工程、上海市轨道交通7号线工程通信系统工程、新建海南东环铁路三亚站工程、新建铁路精伊霍线站后工程（供电线路及电力牵引供电工程）、郑西铁路客运专线渭南渭河特大桥工程、宜昌东站工程、南宁调度所工程、武汉至广州客运专线新建武汉动车段工程、成昆铁路货车外绕线工程绕城双线特大桥工程、二连浩特至河口国道主干线陕西省户县经洋县至勉县公路郭家山隧道工程、大庆至广州高速公路（江西境内）武宁至吉安段九岭山隧道工程、小河至安康高速公路包家山隧道工程、国道112线高速公路天津东段工程永定河特大桥工程、合肥市长江西路高架快速路综合建设工程、哈尔滨市宣化街交通疏解工程、国道主干线子洲至靖边高速公路建设项目、国道主干线（GZ40）云南水富至麻柳湾高速公路项目、昆明主城二环快速系统改扩建工程南二环段福海立交工程、四川省西昌（黄联关）至攀枝花公路工程、滨州中金盛德商务写字楼工程、迪拜运动城 The Bridge 项目23项工程获国家优质工程银质奖。

【国内工程】 中国铁建完成5000万元以上的在建工程2311项。其中，铁路工程567项；公路工程757项；市政工程225项；城市轨道交通工程253项；水利水电工程91项；房建工程324项；其他工程64项；海外工程30项。承建隧道3261座6256.1公里，开工累计完成4264.5公里，其中，10公里以上隧道87座；承建桥梁10761.5座6208.6公里，开工累计完成4491.9公里。国内有在建重点工程25项，包括沪昆高速铁路、京石铁路客运专线、石武铁路客运专线、哈齐铁路客运专线、津秦铁路客运专线、合福铁路客运专线、成渝铁路客运专线、山西中南部铁路通道、拉日铁路、兰渝铁路、兰新铁路、渝利铁路、贵广铁路、西格铁路二线关角隧道、土库铁路二线中天山隧道15项铁路工程，成渝高速公路复线重庆段、岳阳至宜昌高速公路石首至松滋段两项公路工程，北京地铁、昆明地铁3号线两项城市轨道交通工程，广西九洲国际、昆明草海安置房两项房建工程，湛江石化产业园、新疆伊吾县白石湖煤矿露天剥离工程、玉树地震灾后重建3项综合工程及1项锦屏二级水电站工程。年内，汉宜铁路客运专线、厦深铁路厦门至漳州段、哈大铁路客运专线、石武铁路客运专线郑武段、京石铁路客运专线、通化至灌水铁路、哈密至罗布泊铁路建成通车；北京地铁6号线一期、8号线南段、9号线、10号线二期，杭州地铁1号线、苏州地铁1号线、沈阳地铁2号线开通运营。3月19日，向莆铁路双洞单线隧道——戴云山特长隧道贯通，双洞总长31.2公里，最大跨度断面270平方米；9月，全长22.175公里的向莆铁路青云山隧道贯通。天津西站至天津站地下直径线盾构隧道于6月12日贯通。

【海外工程】 加快"走出去"步伐，充分发挥中国土木工程集团公司、中国铁建国际集团公司的商务优势，调动各集团公司积极性，2012年中标尼日利亚拉各斯高速公路、吉布提铁路、蒙古国南部铁路等一批重大工程项目，新签合同额733.41亿元。年内，安哥拉本格拉铁路首批车站、特多斯卡伯罗总医院、博茨瓦纳国际科技大学等工程相继建成。阿尔及利亚东西高速公路补充合同谈判取得积极进展；沙特麦加轻轨铁路圆满完成朝觐运营，累计运送朝觐者约400万人次。

【房地产开发】 中国铁建房地产业务按照"减库存、调在建、慎拿地"的工作方针，在国家房地产宏观调控政策持续偏紧的情况下，紧密结合市场形势，加快库存项目的去化速度，审慎稳妥拓展土地储备，经营业绩持续攀升，品牌影响力显著增强，对公司的利润贡献度稳步增长。房地产板块全年完成销售金额211.647亿元，同比增长44.47%；实现销售面积225.9万平方米，同比增长26.91%。年度销售金额在全国排名第23位。实现营业收入181.37

亿元,同比增长33.98%;实现利润总额28.68亿元,同比增长29.69%。51个项目在29个城市销售,有35个项目单盘销售金额超过1亿元,在北京开发的中国铁建梧桐苑、中国铁建青秀城、中国铁建国际城单盘销售金额突破20亿元,分别为39.211亿元、22.343亿元和20.875亿元。截至2012年底,中国铁建在北京、上海、天津、广州、杭州、重庆、西安、长沙、贵阳、南宁、成都、合肥、长春、济南、厦门、武汉、宁波等37个城市开展房地产开发业务,项目建设用地总面积872万平方米,规划总建筑面积2747万平方米。在新项目获取上始终坚持审慎、稳妥的原则,年内分别在北京、上海、重庆、武汉、长沙、兰州、西安、梧州、杭州、济南、徐州等13个城市获得16个房地产开发项目,新增建设用地面积131万平方米,规划总建筑面积376万平方米。

(中国铁建股份有限公司 撰稿:杨启燕)

第九篇

2012年建设大事记

2012年建设大事记

1月

住房和城乡建设部干部学习网正式开通 1月11日,住房和城乡建设部干部学习网开通仪式在京举行。部人事司主要负责人表示,此举旨在加大干部培训力度,创新干部培训方式,更好地满足干部多样化的学习需求。

两部门要求加快推广应用高强钢筋 1月16日,住房和城乡建设部、工业和信息化部联合出台的《关于加快应用高强钢筋的指导意见》要求,在建筑工程中加速淘汰335兆帕级钢筋,优先使用400兆帕级钢筋,积极推广500兆帕级钢筋。

2月

国务院召开保障性住房公平分配工作座谈会 2月6日,中共中央政治局常委、国务院副总理李克强主持召开保障性住房公平分配工作座谈会并讲话。他强调,要在确保保障性安居工程按期开工、质量可靠、如期建成的同时,把确保公平分配放在更重要的位置,按照保障基本、公正程序、公开过程的原则,科学确定保障范围,规范和阳光操作,切实保障中低收入住房困难家庭的基本住房需求。

住房和城乡建设部要求加强和改进建筑工程消防安全管理 2月10日,住房和城乡建设部下发通知,要求各地要准确理解和把握有关规定,切实落实各项要求,加强和改进建筑工程的消防安全管理,防患于未然,减少火灾事故发生。

住房和城乡建设部进一步规范工程质量事故质量问题查处通报工作 2月10日,住房和城乡建设部下发通知,进一步规范工程质量事故质量问题查处通报工作。要求各级住房城乡建设主管部门要高度重视工程质量事故质量问题查处通报工作,建立健全查处通报制度,完善具体措施办法,严肃认真开展调查、处理及通报,依法依规进行责任追究,发挥惩劣扬善、奖优罚劣作用,防范、遏制工程质量事故质量问题的发生,警示教育企业和从业人员,全面提高全行业的质量意识。

住房和城乡建设部与吉林省签署合作备忘录 2月12日,住房和城乡建设部与吉林省人民政府在长春市签署了《关于统筹推进吉林特色城镇化健康发展合作备忘录》。住房和城乡建设部党组书记、部长姜伟新;吉林省委书记孙政才,省委副书记、省长王儒林,省委常委、省委秘书长房俐,副省长王祖继出席签约仪式。姜伟新、王儒林代表双方在备忘录上签字。双方还举行了工作会谈。

住房和城乡建设部全面部署城乡规划督察工作 2月15~16日,住房和城乡建设部城乡规划督察员座谈会在北京召开。会议旨在贯彻落实住房和城乡建设工作会议精神,全面部署城乡规划督察工作,加大城乡规划实施监督力度。住房和城乡建设部部长姜伟新会前接见全体督察员并讲话,副部长仇保兴做工作报告。

3月

住房和城乡建设部规范建设用地容积率管理 3月1日,住房和城乡建设部制定并印发的《建设用地容积率管理办法》开始实施。办法规定,国有土地使用权一经出让或划拨,任何单位和个人都应当遵守经依法批准的控制性详细规划确定的容积率指标,不得随意调整、更改,不得以政府会议纪要等形式代替规定程序调整容积率。因城乡规划修改造成地块开发条件变化的,城乡基础设施、公共服务设施和公共安全设施建设需要导致已出让或划拨地块的大小及相关建设条件发生变化的,国家和省、自治区、直辖市的有关政策发生变化的及法律、法规规定的其他条件的,方可进行调整。

首届全国勘察设计行业最美女设计师评选揭晓 3月8日,在第102个"三八"国际劳动妇女节来临之际,由中国勘察设计协会主办的"CCDI杯"首届全国勘察设计最美女设计师评选活动圆满结束,丁燕等100名女设计师获此殊荣。此次活动旨在通过评选展现勘察设计行业优秀女设计师美丽、知性的风采,促进女设计师群体互相学习、共同进步,并使社会大众更加了解和关注勘察设计行业。

住房和城乡建设部表彰直属机关"为民服务巾帼争先"先进个人和先进妇女工作者 3月8日，住房和城乡建设部直属机关庆祝"三八"国际劳动妇女节暨表彰大会召开。大会表彰了41名"为民服务巾帼争先"先进个人和32名先进妇女工作者。住房和城乡建设部党组成员、副部长郭允冲出席大会，并为受到表彰的人员颁奖。

住房和城乡建设部要求多渠道加强保障房建设监管 3月14日，住房和城乡建设部下发了《关于做好2012年城镇保障性安居工程工作的通知》，要求各地进一步加强保障性住房分配和质量管理工作，全面推进2012年城镇保障性安居工程建设。根据要求，保障房将建立项目库，将加大基础设施投入力度，将吸引社会资金建保障房，并加强统计管理信息公开。此外，各地还要督促市县完善监管机制，完善申请、审批、公示、轮候、复核制度，建立信息共享、部门联动的审查机制。

住房和城乡建设部召开会议传达全国"两会"精神 3月22日，住房和城乡建设部召开会议，传达全国"两会"精神。部党组书记、部长姜伟新主持会议并讲话。部党组成员、副部长陈大卫传达了全国政协会议的有关情况。部党组成员、副部长仇保兴，党组成员、中央纪委驻部纪检组组长杜鹃，党组成员、副部长齐骥出席会议。部总规划师唐凯、总工程师陈重出席。部级老同志、部机关处级以上干部、部属单位主要负责同志以及部分离退休老同志参加会议。姜伟新传达了全国人大十一届五次会议召开的有关情况，明确要求住房和城乡建设部各单位一定要认真学习贯彻"两会"精神，把干部职工思想和行动统一到中央的决策部署上来。

第十届中国土木工程詹天佑奖颁奖 3月27日，第十届中国土木工程詹天佑奖颁奖典礼在北京隆重举行，上海环球金融中心等55项科技创新工程获得表彰。住房和城乡建设部副部长郭允冲、中国科学技术协会副主席、党组副书记程东红、中国土木工程学会理事长谭庆琏等出席讲话。交通运输部副部长冯正霖等出席。中国土木工程学会副理事长蔡庆华主持，中国土木工程学会副理事长胡希捷宣读颁奖决定。

4月

全国保障性安居工程建设劳动竞赛表彰会召开 4月7日，中华全国总工会、国家发展和改革委员会、住房和城乡建设部在人民大会堂联合召开全国保障性安居工程建设劳动竞赛表彰大会。中建一局集团第三建筑有限公司等40个单位荣获全国五一劳动奖状，王聪颖等99名个人荣获全国五一劳动奖章，北京建工集团保障性住房双合家园（王四营）项目部等79个班组荣获全国工人先锋号称号。

住房和城乡建设部召开廉政工作会议暨部党组中心组学习扩大会议 4月9日，住房和城乡建设部召开部廉政工作会议暨部党组中心组学习扩大会议，学习贯彻国务院第五次廉政工作会议精神，部署部廉政工作。姜伟新对部机关和直属单位学习贯彻国务院第五次廉政工作会议精神提出4点要求。一是要进一步提高认识，增强住房和城乡建设部机关及全系统反腐倡廉的自觉性。二是部机关和直属单位要下定决心，完成好、落实好反腐倡廉4项重点工作。三是要加强反腐倡廉工作的制度建设。四是严格落实党风廉政建设责任制。杜鹃结合实际就贯彻落实国务院第五次廉政工作会议精神谈了3点意见。

国务院出台方案 要求预防施工起重机械、脚手架等坍塌事故 4月11日，为重点解决施工起重机械、脚手架等坍塌事故多发、频发的问题，国务院安全生产委员会办公室印发了工程建设领域预防施工起重机械、脚手架等坍塌事故专项整治工作方案，要求2012年4月至12月在工程建设领域开展专项整治工作，进一步减少事故总量。

全国推广应用高强钢筋工作会议召开 4月12日，住房和城乡建设部、工业和信息化部在云南省昆明市召开全国推广应用高强钢筋工作会议。住房和城乡建设部部长姜伟新会前作出批示，副部长陈大卫出席并讲话。会议以深入贯彻实践科学发展观，落实国务院节能减排工作重大战略部署为主线；以在全国动员部署推广应用高强钢筋工作任务为主题，全面落实《住房和城乡建设部、工业和信息化部关于加快应用高强钢筋的指导意见》，并对全国推广应用工作进行了经验交流。

公安部、住房和城乡建设部通报外墙保温材料消防安全整治情况 4月14日，公安部、住房和城乡建设部通报了2011年两部门在全国开展的建筑外墙保温材料消防安全专项整治工作情况。通报指出，通过开展专项整治工作，各地整改和查处了一大批建筑外墙保温材料消防安全隐患，有效预防和遏制了建筑外墙保温材料重特大火灾事故的发生。

全国特色景观旅游名镇名村研讨会召开 4月18日，住房和城乡建设部、国家旅游局在江苏省苏州市召开全国特色景观旅游名镇名村研讨会，并对第一、第二批国家特色景观旅游名镇名村进行授牌。住房和城乡建设部副部长仇保兴、国家旅游局副局长杜一力出席并讲话。会议指出，两部局将继续扩大名镇名村示范规模，并将启动第三批国家特色景观旅游名镇村示范工作，进一步促进特色景观资源的保护利用，加强规划编制和实施管理，加大政策支持力度，做好宣传工作，建立评估和退出机制，持续不断地推动特色景观旅游名镇名村工作开展。

住房和城乡建设部召开"两会"议案建议提案交办会 4月23日，住房和城乡建设部召开"两会"议案建议提案交办会，传达十一届全国人大五次会议代表建议交办会和全国政协十一届五次会议提案交办会精神，部署住房和城乡建设部今年议案建议提案办理工作。住房和城乡建设部党组书记、部长姜伟新作出批示，指出办理"两会"议案建议提案是行政业务工作，也是政治任务，务必抓紧抓好。住房和城乡建设部副部长郭允冲主持会议，并对做好今年"两会"议案建议提案办理工作提出要求。

住房和城乡建设部就继续开展"安全生产年"活动提出实施意见 4月23日，住房和城乡建设部就继续深入扎实开展"安全生产年"活动提出实施意见，要求各级住房和城乡建设部门认真贯彻落实《国务院关于坚持科学发展安全发展促进安全生产形势持续稳定好转的意见》，紧紧围绕"安全生产年"活动，自觉践行科学发展、安全发展理念，把建筑安全生产工作置于重要地位，正确处理好安全与发展的关系，实现安全与发展的统一。

住房和城乡建设部、财政部推进夏热冬冷地区既有居住建筑节能改造 4月24日，为贯彻落实国务院部署的"十二五"期间完成夏热冬冷地区既有建筑节能改造5000万平方米的目标任务，住房和城乡建设部、财政部就推动夏热冬冷地区既有居住建筑节能改造工作提出实施意见，要求积极探索适用于这些地区的既有建筑节能改造技术路径及融资模式，完善相关政策、标准、技术及产品体系，为大规模实施节能改造提供支撑。

住房和城乡建设部进一步加强房屋市政工程招投标监管 4月24日，住房和城乡建设部就加强房屋市政工程项目招标投标监管有关重点工作提出指导意见，旨在深入落实工程建设领域突出问题专项治理的有关要求，进一步规范房屋建筑和市政工程项目招标投标活动，严厉打击规避招标、串通投标、以他人名义投标、弄虚作假等违法违规行为，维护建筑市场秩序，保障工程质量和安全。

全国建筑市场监管工作座谈会召开 4月26日，住房和城乡建设部建筑市场监管司在北京组织召开了全国建筑市场监管工作座谈会，对2011年建筑市场监管工作进行了总结，并就当前建筑市场监管工作面临的形势和挑战对下一步的工作提出要求。建筑市场监管司负责人对2011年建筑市场监管工作进行总结，并就当前建筑市场监管工作面临的形势和挑战，提出要求。

全国对口援疆城乡规划编制工作会议召开 4月26日，为贯彻落实中央新疆工作座谈会精神，部署援疆省、市支援新疆城乡规划编制工作，全国对口援疆城乡规划编制工作会议于日前在北京召开。会议总结了对口援疆城乡规划编制工作的经验，部署了19个对口援疆省市支援新疆城乡规划编制工作的任务。会议指出，新一轮对口支援新疆工作是党中央、国务院的重大战略决策，做好城乡规划编制工作是积极稳妥推进新型城镇化、科学指导城乡建设发展的一项重要的基础性、先导性工作，对于充分发挥城乡规划的综合调控作用、促进城乡经济社会与资源环境全面、协调、可持续发展具有重要意义。

5月

全国城镇污水和生活垃圾处理设施建设"十二五"规划出台 5月4日，中国政府网发布"十二五"全国城镇污水处理、再生利用和城镇生活垃圾无害化处理设施建设规划。根据规划，到2015年，全国所有设市城市和县城具有污水集中处理能力，城市污水处理率提高到85%。根据国家发展和改革委员会、住房和城乡建设部、环境保护部编制的《"十二五"全国城镇污水处理及再生利用设施建设规划》，同期，全国直辖市、省会城市和计划单列市城区将实现污水全部收集和处理，地级市处理率达到85%，县级市达到70%，县城污水处理率平均达到70%，建制镇污水处理率平均达到30%。

财政部、住房和城乡建设部发文力推绿色建筑 5月8日，财政部、住房和城乡建设部联合发布了《关于加快推动我国绿色建筑发展的实施意见》，明确将通过建立财政激励机制、健全标准规范及评价标识体系、推进相关科技进步和产业发展等多种手段，力争到2020年，绿色建筑占新建建筑比重超过30%。两部门在通知中明确了推动绿色建筑发展的主要目标与基本原则，除了切实提高绿色建筑在新建建筑中的比重，还要力争到2014年政府投资的公益性建筑和直辖市、计划单列市及省会城市的保障性住房全面执行绿色建筑标准，到2015年，新增绿色建筑面积10亿平方米以上。

住房和城乡建设部与河南省签署合作框架协议共同推进中原经济区建设 5月10日，住房和城乡建设部与河南省人民政府在京签署《共同推进中原经济区建设合作框架协议》。住房和城乡建设部部长姜伟新、河南省省长郭庚茂出席签字仪式。住房和城乡建设部副部长仇保兴、齐骥，中央纪委驻部纪检组组长杜鹃，住房和城乡建设部总工程师陈重；河南省副省长赵建才出席仪式。

我国城镇供水总体安全水质不断提高 5月10日，国家水体污染控制与治理科技重大专项技术副总师、住房和城乡建设部城市供水水质监测中心主任邵益生接受新华社记者专访时表示，2011年受有关部门委托，住房和城乡建设部城市供水水质监测中心会同有关单位组织国家认可的专业水质检测机构对占全国城市公共供水能力80%的自来水厂出厂水进行了抽样检测。按新的《生活饮用水卫生标准》评价，自来水厂出厂水质达标率为83%。他说："我国城镇供水总体安全，近年来水质不断提高。"

4部门协同推进传统村落保护 5月10日，住房和城乡建设部、文化部、国家文物局、财政部联合召开传统村落调查电视电话会议。本次会议明确了4部门在本次调查中的职责、作用和要求。调查完成后，各部门将形成传统村落调查和保护工作报告，并上报国务院，有针对性地出台加强传统村落保护的意见，联合命名一批国家级重点保护传统村落，共同推进保护工作。

7部门联合发布的《关于进一步保障环卫行业职工合法权益的意见》 5月21日，住房和城乡建设部、人力资源和社会保障部、公安部、全国总工会等7部门联合发布《关于进一步保障环卫行业职工合法权益的意见》并指出，各地政府要加大对环卫行业用工和工资福利政策执行情况的监督检查力度，将环卫职工权益保障工作情况纳入环卫单位市场准入和评价条件，规范环卫单位用工行为。要严肃查处殴打侮辱环卫职工事件。住房和城乡建设部牵头会同有关部门建立部门协调机制，协调解决有关问题。

中央财政下达2012年廉租住房保障和城市棚户区改造专项补助资金 5月23日，财政部会同住房和城乡建设部下达了2012年中央补助廉租住房保障专项资金105亿元和城市棚户区改造专项资金212亿元。该项资金主要用于补助廉租住房保障工作中的租赁补贴以及购买、改建、租赁廉租住房开支。用于上述开支后仍有结余的，经同级财政部门批准可以用于公共租赁住房支出。该项资金专项用于补助政府主导的城市棚户区改造项目，包括拆迁、安置、建设以及相关的基础设施配套建设等开支。

李克强出席2012年普利兹克建筑奖颁奖典礼 5月25日，中共中央政治局常委、国务院副总理李克强在人民大会堂出席国际建筑界大奖——2012年普利兹克建筑奖颁奖典礼，并同出席典礼的美国凯悦集团主席普利兹克、建筑奖评委及来自各国的历届获奖代表等合影留念。本年度获奖者为中国美院建筑艺术学院院长、建筑师王澍。

住房和城乡建设部部署安全生产管理重点工作 5月30日，为贯彻落实《国务院办公厅印发贯彻落实国务院关于坚持科学发展安全发展促进安全生产形势持续稳定好转意见重点工作分工方案的通知》，住房和城乡建设部结合本系统实际，提出将从7个方面入手，加强住房城乡建设系统安全生产管理工作。

6月

住房和城乡建设部召开住房城乡建设系统住房保障和国有土地房屋征收补偿信息公开工作电视电话会议 6月7日，住房和城乡建设部召开了住房城乡建设系统住房保障和国有土地房屋征收补偿信息公开工作电视电话会议。住房和城乡建设部部长姜伟新主持会议并讲话，要求各地住房城乡建设系统认真贯彻落实国务院2012年政府信息公开重点工作安排和全国政府信息公开工作电视电话会议精神，积极推进住房保障和国有土地房屋征收补偿信息公开工作。会议对今年住房保障和国有土地房屋征收补偿信息公开工作作出了部署。

住房城乡建设系统开展道德领域突出问题专项教育和治理活动 6月7日，住房和城乡建设部下发通知，提出住房城乡建设系统开展道德领域突出问题专项教育和治理活动，并印发了具体活动方案。

"十二五"建筑节能专项规划出炉 6月8日，住房和城乡建设部发布《"十二五"建筑节能专项规划》，要求各级住房和城乡建设部门高度重视该规划的贯彻执行工作，加大宣传力度，加强组织领导，密切结合本地区、本部门实际，建立监督检查机制，确保建筑节能和绿色建筑工作扎实推进，取得实效。

《公共租赁住房管理办法》出台 6月12日，住房和城乡建设部公布《公共租赁住房管理办法》。该办法对公共租赁住房的申请条件、运营监管、退出机制等作出明确规定。同时明确，公共租赁住房可以通过新建、改建、收购、长期租赁等多种方式筹集，可以由政府投资，也可以由政府提供政策支持、社会力量投资。

2012城市发展与规划大会召开　6月12日至13日，2012城市发展与规划大会在广西壮族自治区桂林市召开，会议主题为"宜居、低碳与可持续发展"。在开幕式上，住房和城乡建设部副部长、中国城市科学研究会理事长、中国城市规划学会理事长仇保兴作主题报告，广西壮族自治区副主席蓝天立致辞，住房和城乡建设部总规划师唐凯主持会议。

纪念国家历史文化名城设立30周年活动启动　6月13日，纪念国家历史文化名城设立30周年系列活动开幕式在北京市规划展览馆举行。住房和城乡建设部副部长仇保兴出席并宣布开幕，北京市副市长、中国城科会副理事长、中国城科会历史文化名城委员会主任委员陈刚致辞，两院院士周干峙、故宫博物院院长单霁翔、住房和城乡建设部总规划师唐凯等出席。开幕式后，仇保兴作了题为"我国历史文化名城保护形势、问题及对策"的主旨演讲，和与会者交流名城保护工作中的经验、教训，并展望未来的发展趋势。

城镇供水设施改造与建设"十二五"规划　6月13日，住房和城乡建设部、国家发展改革委联合下发通知，公布了两部委组织编制的《全国城镇供水设施改造与建设"十二五"规划及2020年远景目标》。同时明确，该规划是开展城镇供水设施改造与建设工作的重要指导性文件，各省、自治区、直辖市人民政府要切实加强对该规划实施的组织领导，进一步将相关责任分解落实到省（区、市）内有关部门和地方各级政府，建立健全《规划》实施组织机制，认真做好该规划实施工作。

住房和城乡建设部等7部门发文鼓励民间资本参与保障房建设　6月30日，住房和城乡建设部会同国家发展和改革委员会、财政部、国土资源部、中国人民银行、国家税务总局、中国银行业监督管理委员会联合发布了《关于鼓励民间资本参与保障性安居工程建设有关问题的通知》，要求各地有关部门以多种方式引导民间资本参与保障性安居工程建设，落实民间资本参与保障性安居工程建设的支持政策，为民间资本参与保障性安居工程建设营造良好环境。

7月

全面完成保障房建设任务　7月2日，全国保障性安居工程工作会议在京举行。中共中央政治局常委、国务院副总理李克强在会上强调，要继续推进保障性安居工程建设，实现保质按期竣工，确保分配公开、公平、公正，使建设成果惠及更多中低收入住房困难群众，更好地发挥保障房建设对改善民生、稳定增长、调整结构的重要作用。住房和城乡建设部负责人介绍了2012年全国保障房建设进展和质量安全、公平分配检查情况，黑龙江、上海、江西、四川、陕西等省（市）政府负责人介绍了本地进展情况和做法。

住房和城乡建设部与内蒙古自治区签署合作意见　7月2日，住房和城乡建设部与内蒙古自治区人民政府在呼和浩特市签署了《关于贯彻落实国务院〈意见〉推进内蒙古住房城乡建设事业又好又快发展的若干意见》。仪式上，姜伟新、巴特尔分别代表住房和城乡建设部和内蒙古自治区人民政府在合作意见上签字。合作意见涉及城乡规划、住房保障、城市建设、村镇建设、建筑市场监管、工程质量安全监管、建筑节能等方面内容。合作意见的签署，对于落实《国务院关于进一步促进内蒙古经济社会又好又快发展的若干意见》，推进内蒙古住房城乡建设事业又好又快发展具有重要意义。

住房和城乡建设部与贵州省签署合作协议　7月5日，住房和城乡建设部与贵州省人民政府签署《共同推进贵州住房城乡建设事业又好又快发展合作协议》。仪式上，姜伟新、赵克志分别代表住房和城乡建设部和贵州省人民政府在合作协议上签字。合作协议涉及城乡统筹协调发展、城镇住房保障和农村危房改造、城镇综合承载力提升、风景园林和历史文化资源保护、建筑节能、行业信息化等方面内容。协议的签署，对于贯彻《国务院关于进一步促进贵州经济社会又好又快发展的若干意见》精神、推进贵州住房城乡建设事业发展具有重要意义。

6月中国25个城市新建商品住宅价格环比上涨　7月8日，国家统计局发布报告显示，6月份全国70个大中城市中，新建商品住宅（不含保障性住房）环比价格下降的城市有21个，持平的城市有24个，上涨的城市有25个。国家统计局新闻发言人盛来运表示，总体而言，房地产价格上半年延续了去年以来稳中有降的态势，投机性需求得到了明显遏制，房地产的投资虽有明显的回落，但还是一个比较适中的速度。他表示，房地产调控不能放松。

《无障碍环境建设条例》获通过　7月10日，国务院第208次常务会议通过《无障碍环境建设条例》。该条例共六章35条，自2012年8月1日起施行，旨在创造无障碍环境，保障残疾人等社会成员平等参与社会生活。该条例所称无障碍环境建设，是指为便于残疾人等社会成员自主安全地通行道路、出入相关建筑物、搭乘公共交通工具、交流信息、获得社区服务所进行的建设活动。

住房和城乡建设部等3部门要求做好2012年扩大农村危房改造试点工作 7月15日，住房和城乡建设部、国家发展和改革委员会、财政部联合发出通知，要求各地贯彻落实党中央、国务院关于加快农村危房改造和扩大试点的要求，切实做好2012年扩大农村危房改造试点工作。

住房和城乡建设部要求进一步做好保障性安居工程质量和建筑安全生产工作 7月17日，住房和城乡建设部召开全国保障性安居工程质量和建筑安全生产工作电视电话会议。姜伟新主持会议并强调指出，保障性安居工程建设要坚持质量第一，工期服从质量，要把加强质量管理贯穿于保障性安居工程建设的全过程，严把勘察设计、建材采购与核验、施工和竣工验收关；要全面落实质量责任、严格责任追究、严格执行永久性标牌制度，不折不扣地落实工程建设各单位质量责任；要加强安全生产监管、狠抓工作落实、深入扎实开展"打非治违"专项行动、加大监督检查力度，有效防范和遏制各类事故发生。

住房和城乡建设部部长姜伟新在京会见新加坡国家发展部部长许文远 7月18日，住房和城乡建设部部长姜伟新在京会见新加坡国家发展部部长许文远，双方续签了中国市长研讨班项目谅解备忘录，并就城乡规划、城市建设、保障性住房建设等工作交换了意见。新加坡驻华大使罗家良，新加坡国家发展部相关负责人，住房和城乡建设部城乡规划司、计划财务与外事司主要负责人及中国市长协会等部门相关负责人陪同会见。

国土资源部、住房和城乡建设部联合要求坚持房地产市场调控不放松 7月19日，国土资源部召开视频会议，就国土资源部、住房和城乡建设部联合下发的《关于进一步严格房地产用地管理巩固房地产市场调控成果的紧急通知》进行部署，要求坚持房地产市场调控不放松，密切配合做好各项工作，不断巩固调控成果，坚决防止房价反弹。

在全国住房城乡建设系统开展向周江疆同志学习活动 7月20日，中共住房和城乡建设部党组作出《关于在全国住房城乡建设系统开展向周江疆同志学习活动的决定》。周江疆，江苏省南通市通州建总集团有限公司第十分公司副经理。2012年7月2日凌晨，公司租住在烟台开发区的宿舍楼突发火灾，周江疆同志不顾个人安危，两次冲进火海，逐房间叫醒熟睡的员工。10名员工全部获救，他却献出了年仅27岁的宝贵生命。决定指出，周江疆同志的英雄壮举，充分展示了新时期建设者和新一代企业家强烈的社会责任感、崇高的精神品质和良好的职业道德，彰显了中华民族的传统美德，是住房城乡建设系统践行社会主义核心价值体系的楷模，是广大干部职工学习的榜样。当前，大力宣传周江疆同志的英雄事迹，对于进一步强化道德力量、激励住房城乡建设系统广大干部职工自觉践行社会主义核心价值体系，具有重要意义。

国务院专项督察房地产市场调控政策措施落实情况 7月24日，针对近期房地产市场出现的新情况、新问题，为进一步推动房地产市场调控政策措施落实，坚决抑制投机投资性需求，巩固房地产市场调控成果，国务院决定从7月下旬开始，派出8个督察组，对16个省(市)贯彻落实国务院房地产市场调控政策措施情况开展专项督察。

住房和城乡建设部与江苏省签署合作协议 7月25日，住房和城乡建设部与江苏省人民政府在南京市签署了《关于共同推进江苏美好城乡建设战略合作框架协议》。姜伟新、李学勇代表双方在合作协议上签字。根据合作协议，住房和城乡建设部和江苏省将按照胡锦涛总书记对江苏工作"六个注重"的要求，大力推进江苏美好城乡建设，具体包括共同推动江苏省村庄环境整治、加强城乡建设转型发展的规划引领、提升城镇功能品质、推动低碳生态城镇建设、推动建筑节能和绿色建筑发展、加强住房保障体系建设等。

住房和城乡建设部与安徽省签署合作协议 7月26日，住房和城乡建设部与安徽省人民政府在合肥市签署了《共同推进安徽省美好乡村建设合作协议》。住房和城乡建设部党组书记、部长姜伟新，安徽省委书记、省人大常委会主任张宝顺，省委副书记、省长李斌，省委常委、省委秘书长唐承沛，副省长倪发科，省政府秘书长韩先聪出席签约仪式。合作协议涉及城乡统筹发展、中心镇建设、村庄整治、大别山片区区域发展与扶贫攻坚、村镇规划建设管理机构与人员队伍建设等方面内容。协议的签署，对于加快安徽省城乡统筹、推进安徽省美好乡村建设具有重要意义。

7部门发文要求加强见义勇为人员权益保护 7月26日，民政部、教育部、公安部、财政部、人力资源社会保障部、住房和城乡建设部和卫生部日前联合下发通知，要求各地区、各部门充分认识解决见义勇为人员及其家庭困难、加强见义勇为人员权益保护的重要性，坚持政府主导、社会广泛参与，立足于解决实际困难、保障合法权益，从基本生活、医疗、教育、住房等方面，切实保障好见义勇为人员的合法权益。

城镇燃气发展"十二五"规划发布 7月30日，住房和城乡建设部发布《全国城镇燃气发展"十二五"规划》。根据规划，到"十二五"末，城镇燃气供气总量约1782亿立方米，较"十一五"期末增加113%；城市燃气普及率达到94%以上，县城及小城镇燃气普及率达到65%以上；城镇燃气管道总长度达到60万公里；城镇应急气源储气设施建设规模约达到15亿立方米。

8月

两部门规范城市棚改补助资金管理 8月16日，财政部、住房和城乡建设部印发联合修订的《中央补助城市棚户区改造专项资金管理办法》，旨在加强中央补助城市棚户区改造专项资金管理，提高财政资金使用效益，以更好地支持地方做好城市棚户区改造工作。两部门明确，该办法自2012年1月1日起施行，2010年出台的现行管理办法同时废止。

2012年北方采暖地区供热计量改革工作会议召开 8月21日，住房和城乡建设部召开2012年北方采暖地区供热计量改革工作电视电话会议。会议的主要任务是总结实施供热计量改革以来的工作成果和经验，部署下一阶段工作任务。会议指出，2011年，北方采暖地区新建建筑安装分户供热计量装置的比例达到72%，既有居住建筑供热计量及节能改造完成面积1.32亿平方米，累计实现供热计量收费5.36亿平方米，供热计量收费工作稳步推进。

李克强考察保障性安居工程建设情况 8月21日，中共中央政治局常委、国务院副总理李克强在北京市考察保障性安居工程建设情况，并召开保障房分配和运行现场会。他强调，要在保质按期完成2012年保障房建设任务的同时，严格管理确保公平分配，完善配套形成有效供应，创新机制实现持续运行，切实把保障房建设成果转化为惠民成果。

国务院印发节能减排"十二五"规划 8月21日，国务院印发《节能减排"十二五"规划》，要求各地认真贯彻执行，确保"十二五"期间实现节约能源6.7亿吨标准煤等节能减排目标。该规划要求，到2015年，全国万元国内生产总值能耗下降到0.869吨标准煤（按2005年价格计算），比2010年的1.034吨标准煤下降16%。

《住房和城乡建设部历史沿革及大事记》出版 8月，《住房和城乡建设部历史沿革及大事记》正式出版，住房和城乡建设部部长姜伟新为其作序。《住房和城乡建设部历史沿革及大事记》共80余万字，由4编组成。第一编为机构沿革，包括历届部机关机构名称、成立依据、主要职能、内设机构名称、机构调整情况；第二编为领导班子与内设机构，包括历届领导班子任免及届中变动情况；第三编为大事要述，主要记述以住房和城乡建设部为主体的住房城乡建设领域发生的重大事件、颁布的重要文件、召开的重要会议等内容；第四编为直属机构，介绍了住房和城乡建设部直属事业单位、社会团体、部分脱钩单位的基本情况。在编纂过程中，编委会在遵循"以公开资料为基础，以内部档案为依据"的原则上，查阅了中央档案馆保存的有关材料，以确保资料的准确翔实。

9月

住房和城乡建设部印发《关于规范城乡规划行政处罚裁量权的指导意见》 9月11日，住房和城乡建设部印发《关于规范城乡规划行政处罚裁量权的指导意见》，要求各地遵照执行。旨在规范城乡规划行政处罚裁量权，维护城乡规划的严肃性和权威性，促进依法行政。

全国农村危房改造工作电视电话会召开 9月13日，住房和城乡建设部、国家发展改革委、财政部联合召开全国农村危房改造工作电视电话会议。住房和城乡建设部部长姜伟新主持会议并作会议总结，住房和城乡建设部副部长仇保兴、国家发展改革委副主任徐宪平、财政部副部长王保安讲话。会议总结了农村危房改造5年来取得的成绩和经验，研究了存在的问题和困难，提出了下一步工作要求。会议指出，全国目前仍有约2000万户危房待改造。今后，住房和城乡建设部、国家发展改革委、财政部将按照党中央、国务院的要求，继续加大农村危房改造力度，完善政策措施，加强指导与监督管理，加快改善广大农村困难群众住房条件。

21个省实现污水处理设施全覆盖 9月17日，住房和城乡建设部根据"全国城镇污水处理管理信息系统"汇总数据，通报了2012年第二季度全国城镇污水处理设施建设运行情况。截至6月底，全国已有21个省(区、市)实现了污水处理设施市(县)级别的全覆盖。

全国建设行业职业技能竞赛举办 9月25日至26日,全国建设行业职业技能竞赛暨第42届世界技能大赛选拔赛在安徽省合肥市成功举办。经过两天的激烈角逐,大赛产生15名获奖选手和5名参加第42届世界技能大赛的集训选手。其中,来自河北的宋井成、山东的常保见、安徽的雷小兵从众多参赛的泥瓦匠中脱颖而出,以精湛的技艺获得前三名,摘得"全国技术能手"荣誉称号。

严寒和寒冷地区绿色建筑联盟成立 9月27日,我国严寒和寒冷地区绿色建筑联盟成立。住房和城乡建设部副部长仇保兴出席在天津召开的成立大会暨第一届绿色建筑技术论坛,并作了题为《北方地区绿色建筑行动纲要》的主旨演讲,天津市副市长熊建平致辞。

在全国开通12329住房公积金热线 9月28日,住房和城乡建设部下发通知,决定在全国开通12329住房公积金热线。此举旨在提高住房公积金管理效率和服务水平,增强住房公积金管理工作透明度,切实维护缴存职工合法权益。

10月

住房和城乡建设部与河北签署合作框架协议 10月12日,住房和城乡建设部与河北省政府在北京签署《关于共建北戴河新区国家级绿色节能建筑示范区合作框架协议》。住房和城乡建设部副部长仇保兴、河北省副省长宋恩华出席签约仪式,并代表双方在框架协议上签字。根据协议,双方将通过合作,以绿色节能建筑为重点和特色,积极探索生态城市和绿色节能建筑示范区的规划建设模式,将北戴河新区打造为滨海休闲旅游度假胜地和生态宜居新区。

2012中国城市规划年会召开 10月17日至19日,2012中国城市规划年会在云南省昆明市召开。全国人大环境与资源保护委员会主任委员汪光焘,住房和城乡建设部副部长、中国城市规划学会理事长仇保兴出席会议并作学术报告。第二届全国优秀城市规划科技工作者奖、中国城市规划学会2012年杰出工作者奖、第五届中国城市规划学会求是理论论文奖等奖项在开幕式上颁发。

2012年世界屋顶绿化大会开幕 10月24日,2012年世界屋顶绿化大会在杭州正式拉开帷幕。住房和城乡建设部副部长仇保兴致函祝贺,杭州市市长邵占维、两院院士周干峙等出席大会并讲话。

11月

住房和城乡建设部召开部机关党员干部大会学习传达贯彻落实党的十八大精神 11月16日,住房和城乡建设部党组书记、部长姜伟新主持召开部机关党员干部大会,学习传达贯彻落实党的十八大精神。部党组成员、副部长仇保兴、陈大卫,党组成员、中央纪委驻部纪检组组长杜鹃,党组成员、副部长齐骥,十八大代表孔彦鸿出席。会议传达了十八大主要精神,认真学习了胡锦涛同志和习近平总书记的重要讲话,传达了《中国共产党章程(修正案)》说明及中纪委第一次会议精神。

第十一届住博会开幕 11月21日,由住房和城乡建设部支持,住房和城乡建设部住宅产业化促进中心、中国房地产业协会、中国建筑文化中心共同主办的第十一届中国国际住宅产业博览会(以下简称"住博会")在北京国家会议中心开幕。住房和城乡建设部副部长齐骥出席开幕式并致辞,住房和城乡建设部有部门负责人,来自各省、自治区、直辖市的相关领导,参展企业代表,美国、法国、加拿大、瑞典等国驻华使馆官员出席了开幕式。本届住博会以"共筑明日之家、发展低碳经济"为主题,在突出国际性、科学性和专业性的基础上,积极搭建企业展示平台、行业交流平台、技术与创新推广平台、产品和部品交易平台,在全面推进我国住宅产业转型升级和科学发展方面发挥了重要作用。

住房和城乡建设部出台《关于促进城市园林绿化事业健康发展的指导意见》 11月30日,住房和城乡建设部出台《关于促进城市园林绿化事业健康发展的指导意见》,要求各地从战略和全局发展的高度,充分认识促进城市园林绿化事业健康发展的重要性和紧迫性,进一步统一思想,落实各项措施,积极推进城市园林绿化工作,创造良好人居环境,促进城市可持续发展。

住房和城乡建设部通报风景名胜区保护管理执法检查结果 11月30日,住房和城乡建设部近日发出通知,通报了对48个国家级风景名胜区抽查的结果。安徽黄山等16个风景名胜区被评为优秀等级,予以表扬;因保护管理不达标,山西五台山等5个风景名胜区被责令限期整改。

12月

水污染治理专项监督评估反馈交流会召开 12

月13日,水污染治理专项2012年监督评估反馈交流会在北京召开,科技部重大专项办有关领导、环保板块重大专项监督评估组有关专家、水专项相关人员参加会议。会上,监督评估组专家介绍了监督评估总体情况和经费使用管理监督评估情况并反馈了相关意见。水专项牵头组织部门住房和城乡建设部副部长仇保兴、环境保护部副部长吴晓青出席会议并讲话。

住房和城乡建设部开展企业资质网上申报审批试点 12月20日,住房和城乡建设部决定在上海、山东、河南三地区开展建设工程企业资质网上申报和审批系统(以下简称"新系统")试点工作,下发通知就试点的相关工作提出具体要求。此举旨在推进建设工程企业资质申报和审批电子化进程,减轻企业负担和社会成本,提高资质审批效率。

住房和城乡建设部等三部门加强传统村落保护发展工作 12月20日,住房和城乡建设部、文化部、财政部3部门就加强传统村落保护发展工作提出指导意见,明确保护发展传统村落的基本原则和任务,要求继续做好传统村落调查工作,建立传统村落名录制度,对传统村落的保护状况和规划实施进行跟踪监测并实行分级管理。

中建协纪念鲁班奖创立25周年 12月22日,中国建设工程鲁班奖(国家优质工程)创立25周年纪念大会在北京召开。全国人大常委会副委员长乌云其木格,十届全国人大环境与资源保护委员会主任委员毛如柏,十一届全国政协常务委员、经济委员会副主任孙永福,中国建筑业协会会长郑一军,北京市委常委、副市长陈刚等领导同志出席会议。

全国住房城乡建设工作会议召开 12月26日,全国住房城乡建设工作会议在北京召开。会议全面总结了全国住房城乡建设系统过去5年的工作,并对2013年的重点工作进行部署。住房和城乡建设部部长姜伟新作工作报告,副部长仇保兴主持会议,副部长陈大卫、齐骥、郭允冲,中央纪委驻部纪检组组长杜鹃出席会议。全国住房城乡建设系统党风廉政建设工作会议、精神文明建设工作会议同期举行。全国住房城乡建设系统精神文明建设工作会议对全国住房城乡建设系统先进集体、先进工作者和劳动模范进行了表彰并现场颁奖;人力资源社会保障部党组成员、副部长杨士秋宣读《人力资源社会保障部、住房和城乡建设部关于表彰全国住房城乡建设系统先进集体、先进工作者和劳动模范的决定》。

7部门联合下发通知加快推进棚户区(危旧房)改造 12月28日,住房和城乡建设部、国家发展改革委员会、财政部、农业部、国家林业局、国务院侨务办公室、中华全国总工会7部门联合下发通知,要求各地全面落实全国资源型城市与独立工矿区可持续发展及棚户区改造工作座谈会部署,扎实推进各类棚户区(危旧房)改造。

(中国建设报社 撰稿:汪汀)

第十篇

附　录

一、2012年度会议报道

全国推广应用高强钢筋工作会议召开

4月12日,住房和城乡建设部、工业和信息化部在云南省昆明市召开全国推广应用高强钢筋工作会议。住房和城乡建设部部长姜伟新会前作出批示,副部长陈大卫出席并讲话。会议以深入贯彻实践科学发展观,落实国务院节能减排工作重大战略部署为主线;以在全国动员部署推广应用高强钢筋工作任务为主题,全面落实《住房和城乡建设部、工业和信息化部关于加快应用高强钢筋的指导意见》,并对全国推广应用工作进行了经验交流。

姜伟新在批示中指出:"推广应用高强钢筋工作,是推动建筑业节能减排和技术进步的重要抓手。住房和城乡建设部门要与工业和信息化部门通力合作,扎扎实实地推进这项工作。"

陈大卫在以《提高认识,狠抓落实,推动高强钢筋应用工作实现新突破》为题的讲话中指出,要从调整经济结构、转变发展方式、推动科学发展的高度,深刻认识推广应用高强钢筋的重要意义。推广应用高强钢筋是落实中央节能减排决策部署的重要措施,是钢铁工业转型升级的突破口,是推动建筑业技术进步的有效途径。通过在建设工程使用高强钢筋,能够降低钢筋用量,相应减少钢铁生产的能源资源消耗和污染物排放。同时缓解铁矿石进口、煤炭需求和电力供应的压力,节省环境容量,并将提高相关工程技术和建筑"四节一环保"水平,促进建筑业科学发展。

陈大卫在总结了前一阶段时间的工作后指出:推广应用高强钢筋涉及不同行业、不同主体和多个环节,需要统筹兼顾、协同配合,要妥善处理推广应用高强钢筋中的供给和需求矛盾、市场机制与政府引导、全局利益与局部利益、技术先进性与经济适用性、全国推广与重点示范5个问题。

对于下一步工作,陈大卫提出了具体要求:一是加强组织领导和协同配合,成立领导与工作协调机构,形成联合推广机制,强化阶段目标管理,加强过程监督,做到有部署、有落实、有检查;二是完善推广应用高强钢筋的相关鼓励政策和措施,完善相关标准规范;三是做好推广应用高强钢筋示范工作,发挥典型引路效应;四是加强高强钢筋应用技术研发与指导;五是加大应用高强钢筋的社会效益和经济效益宣传以及高强钢筋应用技术培训力度;六是加强对推广应用高强钢筋工作监督检查。

受工业和信息化部副部长苏波委托,工业和信息化部原材料工业司司长陈燕海部署了5方面工作:一是要加强技术创新,建立完备的技术创新体系,形成政府引导、企业主体、高校和研究机构参与、下游行业需求引导的"产—学—研—用"创新机制。二是要建立上下游合作机制。促进下游企业联合钢铁企业和最终用户建立高性能钢铁材料应用示范平台,协同创新,加快量大面广钢铁产品升级换代,推进关键钢材品种产业化,推动钢铁工业与下游用钢产业持续健康发展。三是要提升钢铁材料标准水平。会同下游用钢行业,加强综合标准化在工业中的应用,提升钢铁材料标准与下游用钢规范水平。根据钢铁材料开发应用情况,适时修订量大面广建筑用钢、铁路用钢、机械装备用钢等钢铁材料标准。四是要按照国家淘汰落后产能工作统一部署,淘汰落后工艺装备和产品。修订《钢铁行业生产经营规范条件》,对企业生产经营进行规范管理。

经过两部门研究论证,确定到"十二五"末期,建筑工程中高强钢筋使用量至少要达到钢筋总用量65%,实现这一推广应用目标的技术路线为:加快淘汰335MPa、优先使用400MPa、积极推广500MPa螺纹钢筋。基础好的地区,如400MPa螺纹钢筋应用水平高的城市,可积极应用500MPa,力争提前实现全国工作目标;基础差一些的城市要循序渐进,推广应用以400MPa为主;有抗震设防要求的地区,要推广高强抗震钢筋。

为了切实完成推广应用高强钢筋的各项任务，两部门已选择云南、重庆、江苏、河北和新疆为试点，旨在通过不同地区、不同条件城市的经验总结，以及钢铁企业和建设项目的示范，建立生产、配送、设计、施工、监理、验收等全过程协调和管理机制。

会议由住房和城乡建设部标准定额司司长刘灿主持。高强钢筋推广应用协调组成员单位代表，交通运输部、铁道部、国家标准化委员会等部门同志，各省、自治区、直辖市、新疆生产建设兵团住房和城乡建设、工业和信息化主管部门相关负责同志，有关协会、科研院所、企事业单位的负责同志共240余人参加了会议。

云南、河北、江苏、重庆、新疆五省、自治区、直辖市，以及中国建筑科学研究院、国建建筑钢材质量监督检验中心、冶金工业信息标准研究院、昆钢、承钢、沙钢、云南省建筑设计院、河北建工集团有限公司作了会议交流发言。

(摘自《中国建设报》2012年4月16日 记者 武春丽)

全国特色景观旅游名镇名村研讨会召开

为总结全国特色景观旅游名镇名村示范经验，推进特色景观旅游名镇名村工作，住房和城乡建设部、国家旅游局(以下简称"两部局")于近日在江苏省苏州市召开全国特色景观旅游名镇名村研讨会，并对第一、第二批国家特色景观旅游名镇名村进行授牌。住房和城乡建设部副部长仇保兴、国家旅游局副局长杜一力出席并讲话。

仇保兴在讲话中指出，国家特色景观旅游名镇名村示范符合中央关于扩大内需、调整经济结构、实现可持续发展的战略要求，适应了人民生活需求多样化和乡村旅游业兴起的时代发展需求，取得了良好成效。今后要进一步明确工作思路和方法，要尊重自然山水，尊重原有的村庄历史格局，尊重本地的历史文化和建筑特色，尊重游客和当地村民的需求，要有一个好的保护规划，有一个好的管理机制，要以农民增收为核心。

据介绍，特色景观旅游名镇名村示范是2006年两部局全国旅游小城镇发展工作会议确定开展的一项工作，也是落实《国务院加快发展旅游业的意见》提出"在妥善保护自然生态、原居环境和历史文化遗存的前提下，合理利用民族村寨、古村古镇，建设特色景观旅游村镇"的具体措施。这项工作开展几年来，得到了各级政府的高度重视和广大村镇的拥护，取得了良好的社会反响。

自2009年以来，两部局分两批公布了216个国家特色景观旅游名镇名村示范。这216个名镇名村分布在全国30个省、自治区、直辖市。特色景观旅游名镇名村工作的开展，推动了乡村自然和人文资源的保护，促进了乡村旅游业发展和村镇经济发展方式转变，解决了生态环境保护和村镇建设管理的一些难点问题。

下一步，两部局将继续扩大名镇名村示范规模，下半年将启动第三批国家特色景观旅游名镇村示范工作，进一步促进特色景观资源的保护利用，加强规划编制和实施管理，加大政策支持力度，做好宣传工作，建立评估和退出机制，持续不断地推动特色景观旅游名镇名村工作开展，为农村经济社会发展作出更大贡献。

(摘自《中国建设报》2012年4月17日 记者 汪汀)

全国建筑市场监管工作座谈会召开

日前，住房和城乡建设部建筑市场监管司在北京组织召开了全国建筑市场监管工作座谈会，对2011年建筑市场监管工作进行了总结，并就当前建筑市场监管工作面临的形势和挑战对下一步的工作提出要求。各省、自治区、直辖市、计划单列市的住房城乡建设系统建管部门负责人、国务院有关部门建筑市场监管相关负责人及有关中央企业、协会代表参加了会议。

会上，天津、吉林、上海、江苏、广东、重庆、甘肃7个省市结合本地实际，分别从完善法规制度、加强审批后动态监管、强化市场现场的两场联动、创新信息化监管手段等方面，作了交流发言；中国建筑业协会和中国建筑股份有限公司也分别代表协会和企业，结合当前形势，针对如何发挥作用、担当责任提出工作定位和发展目标。

建筑市场监管司负责人对2011年建筑市场监管工作进行总结，并就当前建筑市场监管工作面临的形势和挑战，提出四点要求：一是要进一步加强建筑市场法规制度建设，推进立法工作，配合做好《建筑市场管理条例》的意见征集和修改完善工作，做好《招标投标法实施条例》的贯彻落实工作，进一步健全合同管理制度。二是要进一步加大建筑市场监管和清出力度，深入开展工程建设领域专项治理，加强建筑市场监督检查，加强资质资格的动态监管，加大行政执法力度。三是要进一步加强行业发展工作，认真贯彻落实《建筑业发展"十二五"规划》和《工程勘察设计行业2011～2015年发展纲要》，推动建立全国统一的建筑市场，进一步减少行政审批，减轻企业负担，加强对企业发展的政策引导。四是要进一步加快监管信息化建设工作，大力推进基础数据库建设，启动企业资质申报审批信息系统建设，健全建筑市场诚信体系。

该负责人同时要求各地在工作中注意处理好四方面的关系：一是处理好中央与地方工作的关系，既要保证中央各项政策的贯彻落实，又要兼顾到地方的不同情况，有针对性地制订政策、采取措施。二是处理好市场监管与行业发展的关系，市场监管不仅仅是为了打击违法违规行为，更重要的是为了营造良好的建筑市场环境，促进行业的健康发展。三是处理好目前的工作与未来发展方向的关系，工作要有前瞻性，深入开展研究，特别是基础性研究工作，认真做好政策储备工作。四是处理好传统管理方式与现代信息化管理方式的关系，要充分利用现代化信息技术，不断丰富和创新管理手段。

该负责人表示，希望各地建管部门不断加强廉政建设，进一步推进资质审批过程和结果的公开、透明；各地建设行政主管部门要转变观念，提高监管效能，优化和规范审批程序，努力为行业创造良好的发展环境。

(摘自《中国建设报》2012年4月27日 记者 汪汀)

第一届中国智慧城市高峰论坛

7月19日，由住房和城乡建设部指导、中国城市科学研究会等单位主办的第一届中国智慧城市高峰论坛在京召开。住房和城乡建设部副部长、中国城市科学研究会理事长仇保兴在会上作了"智慧地进行城镇建设，积极促进我国城镇可持续发展"的主题发言。全国人大常委会委员、内务司法委员会副主任委员、中国智慧城市论坛智库专家辜胜阻、中国工程院常务副院长潘云鹤、中国邮电大学校长方滨兴作主题发言。会上，还举行了国家智慧城市工程技术研究中心（筹）、中国智慧城市产业技术创新联盟（筹）、中国智慧城市产业发展管理基金（筹）揭牌仪式。

仇保兴从"十一五"城市信息化建设情况、"十二五"城镇化建设新形势、更加智慧地推进城镇化建设、做好智慧城市研究和保障工作4个方面阐述了建设智慧城市的重要性。

仇保兴指出，应从以下3方面推进智慧城市的建设。第一，从社会发展的整体角度，系统谋划城市的发展。第二，从有效的可执行的角度来分析，实现智慧城市建设过程可执行、可落实、可检验、可考核。其中，必须关注并解决产业、民生、环境、行政、资本这5个问题。第三，要从现代科学技术应用的角度来思考，特别是运用信息技术成果来解决发展中的问题。

仇保兴说，国家科技支撑计划项目"智慧城市管理公共信息平台关键技术研究与应用示范"和"高分辨率对地观测重大专项"，不仅要做好启动工作，更要做好研究和示范工作，把有能力向智慧化发展升级的城市作为示范，探索城市实现可持续发展的科学途径。据仇保兴介绍，未来5年，住房和城乡建设部将在华东、华南、华北、华中、西部分别开展智慧城市试点建设，将从智慧城市、智慧城镇、智慧城区 3 个层面分别选择若干个典型城市作为试点示范，实现智慧城市（镇）建设全面提速。每年选择总计约 15 个城市、城区、城镇作为创建试点。

（摘自《中国建设报》2012 年 7 月 20 日 记者 宋京平）

全国保障性安居工程质量和建筑安全生产工作电视电话会议

为贯彻落实全国保障性安居工程座谈会及李克强副总理讲话精神，住房和城乡建设部于日前召开全国保障性安居工程质量和建筑安全生产工作电视电话会议。住房和城乡建设部部长姜伟新、副部长郭允冲出席会议并讲话。

姜伟新主持会议并强调指出，保障性安居工程建设要坚持质量第一，工期服从质量，要把加强质量管理贯穿于保障性安居工程建设的全过程，严把勘察设计、建材采购与核验、施工和竣工验收关；要全面落实质量责任、严格责任追究、严格执行永久性标牌制度，不折不扣地落实工程建设各单位质量责任；要加强安全生产监管、狠抓工作落实、深入扎实开展"打非治违"专项行动、加大监督检查力度，有效防范和遏制各类事故发生。

郭允冲通报了今年全国保障性安居工程质量监督执法检查情况和上半年建筑安全生产情况，部署了下一阶段保障性安居工程质量和建筑安全生产工作。

郭允冲强调，要认真贯彻落实李克强副总理在全国保障性安居工程座谈会上的讲话精神，进一步做好保障性安居工程质量管理工作。一是要进一步提高对保障性安居工程质量重要性的认识，要站在讲政治的高度，站在维护人民群众切身利益的高度，集中一切力量，采取一切措施，克服一切困难，确保保障性安居工程质量。二是要认真做好质量问题整改工作，对于检查中发现的质量问题，要坚决做到"零容忍"，采取有效措施认真整改，切实消除质量隐患。对存在违法违规行为和违反工程建设强制性标准的责任单位和责任人，要依法严肃进行处罚。三是要不断完善层级负责的工程质量责任制，严格履行法定基本建设程序，严格落实工程质量终身责任制。四是要继续加强保障性安居工程质量执法检查，逐步完善日常检查与重点检查相结合的检查机制，加大检查的力度和频次，确保检查工作取得实效。五是要大力加强工程质量监督队伍建设，不断提高质量监督执法水平，进一步强化政府对工程质量的有效监管，确保工程质量。

郭允冲最后强调，要高度重视建筑安全生产工作，强化对保障性安居工程、轨道交通工程、大型公共建筑隐患排查治理，加强监督检查，切实排除隐患，有效防范事故的发生。要加大对违法违规和发生生产安全事故的责任企业及责任人的处罚力度，真正起到以儆效尤的作用，促进建筑安全生产形势进一步好转。

住房和城乡建设部有关司局负责同志、全国各市（县）级以上住房城乡建设主管部门主要负责同志、中央管理的建筑企业负责同志及有关人员共约 4.7 万人参加了会议。

（摘自《中国建设报》2012 年 8 月 2 日 记者 陈园园 通讯员 范宏柱）

2012 年北方采暖地区供热计量改革工作电视电话会议

8 月 21 日，住房城乡建设部召开了 2012 年北方采暖地区供热计量改革工作电视电话会议。会议的主要任务是总结实施供热计量改革以来的工作成果和经验，部署下一阶段工作任务。住房城乡建设部副部长仇保兴作了题为《坚定信心，创新机制，全面实施供热计量收费》的报告，财政部、国家质检总局相关司局负责人讲话。

会议指出，2011年，北方采暖地区新建建筑安装分户供热计量装置的比例达到72%，既有居住建筑供热计量及节能改造完成面积1.32亿平方米，累计实现供热计量收费5.36亿平方米，供热计量收费工作稳步推进。

会议认为，进一步推进供热计量改革存在四大主要障碍。一是认识和观念障碍。有些地方重保障轻节能、重设施节能轻行为节能，错误地认为实行供热计量收费，供热企业就一定会减少收入。二是体制机制障碍。监管体系没有形成合力、计量热价制订不合理、计量收费政策不配套。三是系统设施障碍。供热系统缺乏调控装置、热量表质量良莠不齐、供热系统水质差。四是能力障碍。组织领导能力不足、供热企业能力不足、计量装置检测能力不足。

会议强调，供热计量改革是大势所趋，民心所向。国家推进供热计量改革决心不变、目标不变、要求不变。各地要认清形势，坚定信心，以"三个不变"的坚定态度，继续坚决深入推动供热计量改革。

会议要求，各地要进一步创新机制，强化措施，细化政策，从5个方面扎实推进供热计量收费工作。一是加强组织领导。城市政府要充分发挥推进供热计量改革的主导作用，设立专门的领导机构，配备专门人员，保障必要的经费，大力推进供热计量改革。二是创新监管机制。切实加强全过程的监管。三是创新收费机制。严格落实供热企业主体责任，制订房地产开发企业和供热企业选表、安装和收费衔接细则及资金管理办法，取消"面积上限"，完善计量热价和管理办法。四是创新激励和约束机制。将供热政策性亏损补贴改为供热计量奖补资金，对于不进行供热计量改革的供热企业，不应再发放补贴。各地要依法处罚违反供热计量强制性标准和要求的单位。五是强化管理措施。加强供热能耗管理，供热企业要逐步建立供热监控调度平台，加大供热系统和计量装置运行维护管理力度。

会议还明确了2012年采暖季供热计量改革的4项具体工作。一是开展计量装置清查。各省住房城乡建设厅要组织所辖城市在今年采暖季前对辖区内供热计量装置安装和使用情况进行一次清查，提出整改建议和解决措施。二是探索合同能源管理模式。各地要积极引入合同能源管理模式，利用能源服务公司资金、技术、管理优势，建立具有一定规模的计量收费试点示范项目。三是分解目标任务。各省住房城乡建设部门要根据本省实际，明确今年采暖季供热计量收费目标，并将目标任务分解到所辖城市，对没有完成的城市要予以通报批评。四是开展宣传培训。各地要采取多种形式，加强供热计量改革的宣传培训，提高专业技术水平和能力，为供热计量收费营造良好的社会舆论氛围。

会议期间，北京市市政市容管理委员会、吉林省住房城乡建设厅、山东省临沂市政府、河南省鹤壁市政府、宁夏回族自治区吴忠市政府相关负责人在主会场进行了供热计量改革经验交流发言。

住房城乡建设部领导及有关司局负责人，国家发展改革委、财政部、国家质检总局、国务院机关事务管理局、中央直属机关事务管理局、总后勤部基建营房部有关司局负责人，北京市人民政府领导及相关部门、区县负责人在主会场参加了会议。北方采暖地区其他14个省、自治区、直辖市住房城乡建设部门负责人、地级以上城市分管副市长以及相关部门负责人在分会场参加了会议。

(摘自《中国建设报》2012年8月23日 记者 张际达)

第三届中国国际生态城市论坛举办

由国家发展改革委、住房城乡建设部、天津市政府和中国国际经济交流中心共同主办的第三届中国(天津滨海)国际生态城市论坛日前在天津滨海新区举行。全国人大常委会副委员长乌云其木格，天津市市长黄兴国、市委副书记何立峰，住房城乡建设部总规划师唐凯等出席论坛活动。

论坛主题是"生态城市建设与体制机制创新"。与会中外人士通过论坛的研讨与交流平台，展示了各国生态城市的新理念及建设成果和实践经验。

代表住房城乡建设部参会的中国城市科学研究会同期举办了"国内外低碳生态城市发展现状分析

及展望"分论坛，对各国低碳生态城市理论发展和建设进展及未来发展方向等进行了互动交流，来自我国四川省甘孜藏族自治州、河北省保定市和德国、英国等国的专家学者进行了演讲。

（摘自《中国建设报》2012年9月25日 记者 钱厚琦）

2012年世界屋顶绿化大会开幕

10月24日，2012年世界屋顶绿化大会在杭州正式拉开帷幕。住房城乡建设部副部长仇保兴致函祝贺，杭州市委副书记、市长邵占维，两院院士周干峙等出席大会并讲话。

现代工业和高速发展的城市建设，在带来现代生活的同时，也带来了景观单调、内涝频发、热岛效应、PM2.5超标等现代城市病，已经严重影响到市民的生活健康。仇保兴在致函中指出，要做到让城市生活更美好，是一个复杂的、科学性很强的系统工程。首先要从城市科学规划抓起，要动员千军万马一起推进节能、低碳、宜居的绿色建筑，要把城市丢失的生态景观、绿色植被重新请回到城市中来。他特别强调，屋顶绿化、立体绿化是花钱少、见效快、最受群众欢迎的城市生态建设工程，目前城市用地已经处于饱和状态，城市的屋顶和墙体是城市增绿节水的宝贵资源，向屋顶要绿、要菜、要美、要生态景观，已经成为治理城市病的必由之路。

2012年世界屋顶绿化大会由杭州市人民政府、世界屋顶绿化协会、世界屋顶绿化技术联盟、中国城科会绿色建筑与节能专业委员会主办，《中国建设报》等作为联合主办单位，主题为"立体绿化治理PM2.5；碳汇建筑使生态低碳宜居城市更美好"。大会致力于搭建一个友谊、公益的平台，研讨屋顶绿化、墙体绿化、屋顶农业、雨水收集利用等一系列使城市中心区增加绿量、优化环境，特别是治理PM2.5的新技术、新理念，交流行业的新理念、新技术、新政策。

（摘自《中国建设报》2012年10月25日 记者 童亦弟 胡春明）

全国住房城乡建设系统廉政风险防控工作创新经验交流会召开

11月27日，全国住房城乡建设系统廉政风险防控工作创新经验交流会在天津召开。监察部部长兼国家预防腐败局局长马馼，住房城乡建设部党组书记、部长姜伟新，住房城乡建设部党组成员、中央纪委驻部纪检组组长杜鹃，天津市委常委、纪委书记臧献甫，天津市副市长熊建平，天津市纪委副书记、监察局局长韩启祥，天津市城乡规划建设交通工委书记沈东海出席。杜鹃主持。全国住房城乡建设系统纪检监察部门150人参加了会议。

杜鹃在讲话中说，各级住房城乡建设部门深入贯彻党中央、国务院反腐倡廉建设精神，把廉政风险防控工作作为有效预防腐败的一项重要内容来抓，工作取得了阶段性成果。着力完成中央纪委监察部交办的各项牵头任务，为廉政风险防控工作打下了基础。为巩固专项治理成果，建立预防腐败长效机制，住房城乡建设部党组对全系统开展廉政风险防控工作作出部署，部机关和部属单位廉政风险防控工作即将进入总结阶段；地方廉政风险防控工作稳步推进。全国住房城乡建设系统在开展廉政风险防控工作中积累了有益经验，各级住房城乡建设部门要组织学习这些好经验、好做法。要以十八大精神为指引推进预防腐败工作，在全面防控的同时，要突出抓好重点领域、重点部位的廉政风险防控工作。继续把保障性住房、城乡规划、工程建设实施和工程质量安全、住房公积金、城镇房屋拆迁等中央纪委监察部交由住房城乡建设部负责牵头的工作，作为廉政风险防控工作的重点领域。继续把拥有政策制定、行政审批、人事任免、项目分配、资金管理、行政执法、评优评奖审定等各类职权的部位作为重点，建立预防腐败的长效机制。

杜鹃强调，廉政风险防控工作的核心是规范行政权力运行。要增强决策的科学性和民主性，规范自由裁量权，建立问责和纠错机制。要加强制度建设，提高制度的可操作性，增强制度的执行力。要细化和规范权力运行程序，确保按照法定程序行使权力。要深化改革，强化市场机制作用，推进行政审批制度改革。要推进权力运行公开，加强事前、事中、事后的公开。要加快基础信息数据库、业务管理信息系统、电子监察系统建设，提高科技防控水平。

姜伟新在总结时说，召开全国住房城乡建设系统廉政风险防控工作创新经验交流会，是为了学习贯彻党的十八大精神，交流廉政风险防控工作创新经验，促进全国住房和城乡建设系统廉政风险防控深入开展，推进反腐倡廉工作。要认真总结各地的经验，继续以制度建设为重点，建立廉政风险防控工作的长效机制。把各地创造的新鲜工作经验融入全系统廉政风险防控中，进一步推动我们的工作，取得工作实效。各地住房城乡建设行政主管部门，要结合各自实际，学习、借鉴创新经验，取长补短，不断深化廉政风险防控，规范权力运行，取得更大成效。

会上，天津市城乡规划建设交通系统介绍了廉政风险防控工作情况，7个单位作了交流发言，印发了25个单位的交流材料。与会人员还参观考察了天津市文化中心、国土房管局和规划展览馆。

（摘自《中国建设报》2012年11月29日
记者　陈军　有修改）

二、示范名录

国务院发布第八批国家级风景名胜区名单及简介

（共17处）

1. 河北省太行大峡谷风景名胜区

位于河北省邢台市境内，距邢台市62公里，景区面积17平方公里，其中的峡谷奇观由24条峡谷组成，具有峡长、陡峻、深幽、赤红、集群五个特点，千米以上的峡谷达8条之多，景区景观资源丰富，环境优越，交通便利，基础设施完善，是集峡谷、绝壁、流水、瀑布、原始次生林、地质遗迹、历史遗迹于一体的山岳型风景名胜区。

2. 河北省响堂山风景名胜区

位于河北省邯郸市峰峰矿区境内，包括南北响堂山石窟、元宝山等，总面积34.5平方公里。响堂山石窟始凿于北齐，佛像生动、华丽，形态各异，形象逼真，现为中国保存最好、规模最大的北齐石窟。景区内，山势险峻，奇峰耸立，怪石林立，是登山游览，休闲度假，研究佛教和雕刻于一体的人文景观为主的风景名胜区。

3. 河北省娲皇宫风景名胜区

位于河北省邯郸市涉县境内，包括娲皇宫、一二九师司令部旧址、五指山、韩王山等，总面积132平方公里，景区内山峰奇秀，松柏苍翠，名胜史迹众多，其中娲皇宫是我国最大、最早的奉祀上古天神女娲氏的古代建筑，娲皇宫摩崖刻经被誉为"天下第一壁经群"，一二九师司令部旧址和故居保存完整，风景资源丰富独特，特征特色鲜明，是以悠久历史文化、红色旅游、优美生态环境为主要特色的山岳型风景名胜区。

4. 山西省碛口风景名胜区

位于山西省临县境内，总面积为100平方公里。自然景观以秦晋黄河大峡谷为主体，在景区内绵延百里，以黄河风光与黄土高原地貌为主要特征，黄河沿岸水蚀浮雕、高原土柱林均属世界罕见的地质遗迹，具有很高的观赏和科学价值。人文景观以保存完好的碛口古镇及周围村落为主体，这些古建筑均是利用黄土高原地形依山而建，层层叠叠，蔚为壮观，可完整反映明清北方商贸发展史与建筑发展史，是研究晋商、建筑、民俗等学科的活化石。

5. 浙江省大红岩山风景名胜区

位于浙江省武义县境内，总面积50.5平方公里，由大红岩景区、刘秀垄景区、清风寨景区、俞源景区、寿仙谷景区、龙潭景区、石鹅岩景区、郭洞景区等八个景区组成。景区以山青、林秀、泉甘、岩险、峰奇、洞多、谷幽、湖静取胜。峰、岩、洞、谷、溪、涧、瀑、潭一应俱全，山光水色融为一体，充分体现了雅、幽、奇、险四大特色。是以典型的丹霞地貌自然景观和明清——民国时期古村落人文景观为特色的山岳型风景名胜区。

6. 福建省湄洲岛风景名胜区

位于福建省莆田市境内，总面积49.3平方公里，以海蚀地貌、妈祖文化和自然沙滩为主要特征，是闻名遐迩的"海上女神"妈祖的故乡。湄洲妈祖祖庙建筑群和湄洲妈祖祭奠分别列入全国重点文物保护单位、国家非物质文化遗产，"妈祖信俗"于2009年9月被列入《人类非物质文化遗产代表作名录》，成为我国首个信俗类世界遗产。湄洲岛港湾众多，岸线曲折，沙滩连绵，风景秀丽，是理想的观光、朝圣和度假胜地。

7. 福建省灵通山风景名胜区

位于福建省平和县境内，总面积32.32平方公里，系1亿三千万年前由火山喷发而成，以中生代火山峰丛地貌和峡谷景观为特色，兼有良好的森林植被和宗教人文景观，素有"北武夷，南灵通"之美称。景区内崖壁峭立、峰峦叠翠、雄奇险幽，灵通岩(寺)千年来香火鼎盛，观音菩萨的"灵应感通"闻名遐迩，是观光度假、宗教朝圣和访古探幽的好去处。

8. 江西省神农源风景名胜区

位于江西省上饶万年县境内，总面积43.13平方公里，包括仙人洞、严家、港道源、神农宫和天子溪等景区，其中仙人洞景区有世界迄今为止发现年代最早的栽培稻遗址，并出土了被誉为"世界第一罐"的古陶器；区内喀斯特地貌特色明显，有集地下河、峡谷、溶洞于一体的神农宫和构景秀丽的山地石林。是一处文化底蕴深厚、生态环境良好、景观奇特的风景名胜区。

9. 江西省大茅山风景名胜区

位于江西省上饶德兴市境内，总面积143平方公里，由大茅山、笔架山、四角坪、双溪湖四大景区组成。景区内珍稀的原始次生混交阔叶林与茂密的植被，构成了国内罕见的深山原生生态环境；典型的花岗岩峰峦微地貌，具有极高研究价值和美学价值；花岗岩峡谷、碧潭、溪流与森林生态景观完美结合，是一处以深谷秀水、原生生境、雄峰奇岩、史迹胜地为主要特色，融自然山水于一体的山岳型风景名胜区。

10. 湖南省凤凰风景名胜区

位于湖南省湘西土家族苗族自治州凤凰县境内，总面积81.09平方公里。区内有形态各异的青峰峡谷，清澈碧透的沱江，生长繁茂的森林，遍布四方的溶洞等自然奇观。有蜿蜒起伏的南方长城，错落有致的土家、苗家、瑶家山寨，民俗风情浓郁。

11. 湖南省沩山风景名胜区

位于湖南省长沙市宁乡县境内，总面积190平方公里。区内山峰起伏，峡谷幽深，植被繁茂，自然环境良好。有千年古刹密印寺，四羊方尊等殷商古文化出土遗址和毛泽东、何叔衡、谢觉哉等无产阶级革命家早期革命活动多处纪念地，是展示历史文化，进行爱国主义教育的重要基地。

12. 湖南省炎帝陵风景名胜区

位于湖南省株洲市炎陵县境内，总面积111.86平方公里。区内有炎帝墓、祭殿、碑林、故道及相关遗址等重要历史文物。周边有金紫峰、笔架峰等群山环抱，是炎黄子孙祭祀人文始祖，弘扬历史文化，进行爱国主义教育的重要基地。

13. 湖南省白水洞风景名胜区

位于湖南省邵阳市新邵县境内，总面积120平方公里。区内山奇水秀、资江环绕、植被繁茂，特别是白水洞发育奇特，暗河流动，石钟乳生长密集。有始建于宋代的文仙观，白衣庵等人文景观，宗教文化源远流长。还有多处大革命时期的红色纪念地，是集祈福健身、观光旅游、休闲度假为一体的风景名胜区。

14. 重庆市潭獐峡风景名胜区

位于重庆市万州区境内，面积80平方公里。风景区内原生植被保存完好，以幽深、惊险的喀斯特峡谷为主要景观特征，集雄峡、奇石、险峰、秀潭、幽洞、叠瀑等景观于一体，是具有游览、探险、科学考察功能的峡谷型风景名胜区。

15. 宁夏回族自治区须弥山石窟风景名胜区

位于宁夏回族自治区固原市原州区境内，总面积22.86平方公里，由丝路边关景区、须弥山石窟景区、寺口子水库景区、黄铎堡景区和蝉塔山景区5大景区组成。是古丝绸之路东段北道必经之地，自然景色优美，环境极为清幽。丹霞地貌特色鲜明，融人文景观与自然景观于一体，集石窟、佛像、寺院、古树、奇石于一处。是观光游览、文化科考的绝好去处。

16. 新疆维吾尔自治区罗布人村寨风景名胜区

位于新疆维吾尔自治区巴音郭楞蒙古自治州蔚犁县境内，塔里木盆地东北缘，总面积134平方公里。世界最大的原始胡杨林保护区，中国最大的沙漠塔克拉玛干、最长的内陆河塔里木河及古老的丝绸之路交汇于此，形成集沙漠、河流、湖泊、森林、草原等自然景观与极具异域风情的罗布淖尔文化景观于一体的沙漠型风景名胜区，具有很高的文化价值、科学价值和游览观赏体验价值。

17. 西藏自治区土林——古格风景名胜区

位于西藏自治区阿里地区札达县境内，总面积817.91平方公里。以宏伟壮丽的雪域高原风光、峻峭挺拔的冰川雪峰景观、独特磅礴的土林地貌景观为主体，柔美甘冽的象泉河、奇特珍稀的野生动物、经典珍贵的人文景观为点缀，融合当地特有的民族风情，呈现出自然景观与人文景观完美结合的景象。区内历史文化底蕴丰厚，历史遗迹悠久珍贵，在人类进化史、社会发展史、宗教文化史、军事战争史、工程技术史、工艺美术史等领域都具有极高的历史文化价值，极具科考和科普教育价值。

（来源：住房和城乡建设部城市建设司2012年11月8日《国务院发布第八批国家级风景名胜区名单》）

国家城市湿地公园

（第九批）

山东省寿光市滨河城市湿地公园

新疆农六师五家渠市青格达湖湿地公园

（第十批）

贵阳红枫湖-百花湖城市湿地公园
张掖高台黑河湿地公园

（住房和城乡建设部城市建设司提供）

2012年"迪拜国际改善居住环境最佳范例奖"获奖项目名单

一、全球十佳范例
山西省临汾市城市公厕改善人居环境项目

二、全球百佳范例
1. 浙江省嘉兴市石臼漾水源生态湿地工程
2. 浙江省杭州市长桥溪水生态修复工程
3. 江苏省可再生能源在建筑上的推广应用项目
4. 广东省珠三角绿道网建设项目

三、全球良好范例

1. 江苏省苏州市同里古镇保护工程
2. 四川省安县灾后城乡住房重建工程
3. 北京市东城区菊儿社区公众参与社区规划实践项目
4. 世博会新能源公交车示范应用项目

（来源：住房城乡建设部办公厅《关于2012年"迪拜国际改善居住环境最佳范例奖"获奖项目的通报》 建办城函［2013］24号）

第一批列入中国传统村落名录的村落名单

北京市(9个)
房山区南窖乡水峪村
门头沟区龙泉镇琉璃渠村
门头沟区龙泉镇三家店村
门头沟区斋堂镇爨底下村
门头沟区斋堂镇黄岭西村
门头沟区斋堂镇灵水村
门头沟区雁翅镇苇子水村
顺义区龙湾屯镇焦庄户村
延庆县八达岭镇岔道村

天津市(1个)
蓟县渔阳镇西井峪村

河北省(32个)
石家庄市井陉县南障城镇大梁江村
石家庄市井陉县南障城镇吕家村
石家庄市井陉县于家乡于家村
石家庄市井陉县南峪镇地都村
石家庄市井陉县天长镇梁家村
石家庄市井陉县天长镇宋古城村
石家庄市井陉县天长镇小龙窝村
石家庄市鹿泉市白鹿泉乡水峪村
邯郸市磁县贾壁乡北贾壁村
邯郸市磁县陶泉乡北岔口村
邯郸市磁县陶泉乡花驼村
邯郸市磁县陶泉乡南王庄村
邯郸市涉县固新镇固新村
邯郸市涉县偏城镇偏城村
邯郸市涉县关防乡宋家村
邯郸市涉县河南店镇赤岸村
邯郸市涉县井店镇王金庄村
邯郸市武安市伯延镇伯延村
邯郸市武安市冶陶镇安子岭村
邯郸市武安市冶陶镇固义村
邯郸市武安市冶陶镇冶陶村
邯郸市武安市邑城镇白府村
邢台市内丘县南赛乡神头村
邢台市邢台县路罗镇英谈村
保定市清苑县冉庄镇冉庄村
张家口市怀来县鸡鸣驿乡鸡鸣驿村
张家口市蔚县南留庄镇南留庄村
张家口市蔚县涌泉庄乡北方城村
张家口市蔚县暖泉镇北官堡村
张家口市蔚县暖泉镇西古堡村
张家口市蔚县宋家庄镇上苏庄村
张家口市阳原县浮图讲乡开阳村

山西省(48个)
太原市晋源区晋源街道店头村
大同市天镇县新平堡镇新平堡村
大同市灵丘县红石塄乡觉山村
阳泉市郊区义井镇小河村
阳泉市郊区义井镇大阳泉村
长治市长治县八义镇八义村
长治市长治县贾掌镇西岭村
长治市平顺县石城镇东庄村
长治市平顺县石城镇岳家寨村
晋城市高平市河西镇苏庄村
晋城市高平市原村乡良户村
晋城市高平市马村镇大周村
晋城市高平市米山镇米西村
晋城市陵川县西河底镇积善村
晋城市泽州县晋庙铺镇拦车村
晋城市泽州县北义城镇西黄石村
晋城市沁水县嘉峰镇窦庄村
晋城市沁水县土沃乡西文兴村
晋城市沁水县郑村镇湘峪村
晋城市阳城县北留镇郭峪村
晋城市阳城县北留镇皇城村

晋城市阳城县润城镇上庄村
晋中市榆次区东赵乡后沟村
晋中市介休市龙凤镇张壁村
晋中市灵石县两渡镇冷泉村
晋中市灵石县夏门镇夏门村
晋中市平遥县岳壁乡梁村
晋中市太谷县北洸乡北洸村
运城市万荣县高村乡阎景村
运城市新绛县泽掌镇光村
运城市永济市蒲州镇西厢村
忻州市宁武县涔山乡王化沟村
忻州市繁峙县神堂堡乡茨沟营村
忻州市繁峙县杏园乡公主村
忻州市繁峙县横涧乡平型关村
忻州市河曲县旧县乡旧县村
忻州市岢岚县大涧乡寺沟会村
忻州市岢岚县宋家沟乡北方沟村
忻州市偏关县万家寨镇万家寨村
临汾市襄汾县新城镇丁村
临汾市襄汾县汾城镇西中黄村
临汾市襄汾县陶寺乡陶寺村
临汾市汾西县僧念镇师家沟村
吕梁市交口县双池镇西庄村
吕梁市临县碛口镇李家山村
吕梁市临县碛口镇西湾村
吕梁市柳林县柳林镇贺昌村
吕梁市柳林县三交镇三交村

内蒙古自治区(3个)
包头市土默特右旗美岱召镇美岱召村
包头市石拐区五当召镇五当召村
乌兰察布市丰镇市隆盛庄镇隆盛庄村

黑龙江省(2个)
齐齐哈尔市富裕县友谊达斡尔族满族柯尔克孜族乡宁年村富宁屯
齐齐哈尔市富裕县友谊达斡尔族满族柯尔克孜族乡三家子村

上海市(5个)
闵行区马桥镇彭渡村
闵行区浦江镇革新村
宝山区罗店镇东南弄村
浦东新区康桥镇沔青村
松江区泗泾镇下塘村

江苏省(3个)
无锡市惠山区玉祁镇礼社村
苏州市吴中区东山镇陆巷古村
苏州市吴中区金庭镇明月湾村

浙江省(43个)
杭州市富阳市龙门镇龙门村
杭州市建德市大慈岩镇新叶村
杭州市桐庐县江南镇深奥村
宁波市奉化市溪口镇岩头村
宁波市象山县石浦镇东门渔村
宁波市余姚市大岚镇柿林村
宁波市余姚市梨洲街道金冠村
宁波市余姚市鹿亭乡中村
宁波市宁海县茶院乡许民村
温州市苍南县矾山镇福德湾村
温州市苍南县桥墩镇碗窑村
温州市乐清市仙溪镇南阁村
温州市永嘉县岩头镇芙蓉村
温州市永嘉县岩坦镇屿北村
湖州市南浔区和孚镇荻港村
绍兴市嵊州市金庭镇华堂村
绍兴市诸暨市东白湖镇斯宅村
绍兴市绍兴县稽东镇冢斜村
金华市金东区傅村镇山头下村
金华市磐安县尖山镇管头村
金华市磐安县双溪乡梓誉村
金华市浦江县白马镇嵩溪村
金华市浦江县虞宅乡新光村
金华市浦江县郑宅镇郑宅镇区
金华市婺城区汤溪镇寺平村
金华市武义县大溪口乡山下鲍村
金华市武义县熟溪街道郭洞村
金华市武义县俞源乡俞源村
金华市永康市前仓镇后吴村
衢州市龙游县石佛乡三门源村
衢州市江山市大陈乡大陈村
舟山市岱山县东沙镇东沙村
台州市仙居县田市镇李宅村
台州市仙居县白塔镇高迁
丽水市缙云县新建镇河阳村
丽水市景宁县大际乡西一村
丽水市龙泉市城北乡上田村
丽水市龙泉市兰巨乡官浦垟村
丽水市龙泉市西街街道宫头村

丽水市龙泉市小梅镇大窑村
丽水市龙泉市小梅镇金村村
丽水市遂昌县焦滩乡独山村
丽水市庆元县濛州街道大济村

安徽省(25个)
安庆市太湖县汤泉乡金鹰村蔡畈古民居
安庆市太湖县汤泉乡龙潭寨古民居
黄山市黄山区永丰乡永丰村
黄山市徽州区呈坎镇呈坎村
黄山市徽州区呈坎镇灵山村
黄山市徽州区潜口镇潜口村
黄山市徽州区潜口镇唐模村
黄山市祁门县闪里镇坑口村
黄山市休宁县万安镇万安老街
黄山市休宁县商山镇黄村
黄山市黟县宏村镇宏村
黄山市黟县宏村镇卢村
黄山市黟县宏村镇屏山村
黄山市黟县碧阳镇关麓村
黄山市黟县碧阳镇南屏村
黄山市黟县西递镇西递村
黄山市歙县徽城镇渔梁村
黄山市歙县郑村镇棠樾村
池州市东至县花园乡南溪古寨
池州市贵池区墩上街道渚湖姜村
池州市贵池区棠溪镇石门高村
宣城市泾县桃花潭镇查济村
宣城市泾县榔桥镇黄田村
宣城市旌德县白地镇江村
宣城市绩溪县瀛洲镇龙川村

福建省(48个)
福州市马尾区亭江镇闽安村
福州市长乐市航城街道琴江村
三明市清流县赖坊乡赖安村
三明市大田县济阳乡济阳村
三明市建宁县溪源乡上坪村
三明市将乐县万全乡良地村
三明市明溪县胡坊镇肖家山村
三明市明溪县夏阳乡御帘村
三明市尤溪县台溪乡盖竹村
三明市尤溪县台溪乡书京村
三明市尤溪县西滨镇厚丰村
三明市尤溪县新阳镇双鲤村

三明市尤溪县洋中镇桂峰村
三明市泰宁县新桥乡大源村
泉州市晋江市金井镇福全村
泉州市永春县岵山镇茂霞村
漳州市平和县大溪镇庄上村
漳州市平和县霞寨镇钟腾村
漳州市南靖县书洋镇田螺坑村
南平市武夷山市武夷街道下梅村
南平市武夷山市兴田镇城村
南平市顺昌县大干镇上湖村
龙岩市连城县庙前镇芷溪村
龙岩市连城县宣和乡培田村
龙岩市连城县莒溪镇壁洲村
龙岩市连城县四堡乡务阁村
龙岩市长汀县馆前镇坪埔村
龙岩市长汀县三洲镇三洲村
龙岩市长汀县红山乡苏竹村
龙岩市上杭县太拔乡院田村
龙岩市新罗区适中镇中心村
龙岩市永定县湖坑镇洪坑村
龙岩市漳平市双洋镇东洋村
宁德市福安市溪潭镇廉村
宁德市福鼎市磻溪镇仙蒲村
宁德市福鼎市店下镇巽城村
宁德市福鼎市管阳镇西昆村
宁德市福鼎市太姥山镇㵲城村
宁德市古田县吉巷乡长洋村
宁德市古田县平湖镇富达村
宁德市古田县杉洋镇杉洋村
宁德市屏南县长桥镇柏源村
宁德市屏南县长桥镇长桥村
宁德市屏南县双溪镇双溪社区
宁德市屏南县棠口乡棠口村
宁德市屏南县棠口乡漈头村
宁德市屏南县甘棠乡漈下村
宁德市霞浦县溪南镇半月里村

江西省(33个)
南昌市进贤县温圳镇杨溪村委李家村
南昌市进贤县文港镇晏家村
南昌市安义县石鼻镇罗田村
景德镇市浮梁县江村乡严台村
景德镇市浮梁县勒功乡沧溪村
景德镇市浮梁县浮梁镇旧城村
景德镇市浮梁县瑶里镇高岭村

景德镇市浮梁县瑶里镇绕南村
景德镇市浮梁县峙滩乡英溪村
赣州市赣县白鹭乡白鹭村
赣州市安远县镇岗乡老围村
赣州市龙南县杨村镇杨村村燕翼围
赣州市龙南县关西镇关西村
吉安市井冈山市鹅岭乡塘南村
吉安市青原区富田镇陂下村
吉安市青原区富田镇横坑村
吉安市青原区文陂乡渼陂村
吉安市吉州区兴桥镇钓源村
吉安市安福县金田乡柘溪村
吉安市安福县洋门乡上街村
吉安市安福县洲湖镇塘边村
吉安市吉水县金滩镇燕坊村
宜春市高安市新街镇贾家村
宜春市宜丰县天宝乡天宝村
抚州市广昌县驿前镇驿前村
抚州市乐安县湖坪乡湖坪村
抚州市乐安县牛田镇流坑村
抚州市金溪县双塘镇竹桥村
上饶市婺源县江湾镇江湾村
上饶市婺源县江湾镇汪口村
上饶市婺源县思口镇延村
上饶市婺源县沱川乡理坑村
上饶市婺源县浙源乡虹关村

山东省(10个)
济南市章丘市官庄镇朱家峪村
青岛市崂山区王哥庄街道青山渔村
青岛市即墨市丰城镇雄崖所村
淄博市周村区王村镇李家疃村
淄博市淄川区太河镇梦泉村
淄博市淄川区太河镇上端士村
枣庄市山亭区山城街道兴隆庄村
潍坊市寒亭区寒亭街道西杨家埠村
泰安市岱岳区大汶口镇山西街村
威海市荣成市宁津街道东楮岛村

河南省(16个)
洛阳市孟津县小浪底镇乔庄村
洛阳市汝阳县蔡店乡杜康村
平顶山市宝丰县杨庄镇马街村
平顶山市郏县堂街镇临沣寨(村)
平顶山市郏县李口镇张店村

平顶山市郏县渣园乡渣园村
平顶山市郏县冢头镇西寨村
新乡市卫辉市狮豹头乡小店河村
濮阳市清丰县双庙乡单拐村
漯河市郾城区裴城镇裴城村
三门峡市陕县西张村镇庙上村
南阳市邓州市杏山旅游管理区杏山村
南阳市内乡县乍曲乡吴垭村
信阳市光山县文殊乡东岳村
信阳市罗山县铁铺乡何家冲村
信阳市新县八里畈镇神留桥村丁李湾村

湖北省(28个)
武汉市黄陂区木兰乡双泉村大余湾
武汉市黄陂区李家集街道泥人王村
黄石市阳新县浮屠镇玉塄村
黄石市阳新县排市镇下容村阚家塘
十堰市竹溪县中峰镇甘家岭村
宜昌市长阳土家族自治县高家堰镇向日岭村六组
襄阳市枣阳市新市镇前湾村
荆门市钟祥市客店镇赵泉河村
孝感市大悟县芳畈镇白果树湾村
孝感市大悟县宣化镇铁店村八字沟
黄冈市红安县华家河镇祝楼村祝家楼垸
黄冈市麻城市歧亭镇丫头山村
黄冈市武穴市梅川镇同心村李垅垸
咸宁市赤壁市赵李桥镇羊楼洞村
恩施土家族苗族自治州恩施市崔家坝镇滚龙坝村
恩施土家族苗族自治州恩施市白果乡金龙坝村
恩施土家族苗族自治州鹤峰县铁炉白族乡铁炉村
恩施土家族苗族自治州鹤峰县铁炉白族乡细杉村
恩施土家族苗族自治州鹤峰县五里乡五里村
恩施土家族苗族自治州鹤峰县中营乡三家台蒙古族村
恩施土家族苗族自治州来凤县百福司镇新安村
恩施土家族苗族自治州来凤县大河镇冷水溪村
恩施土家族苗族自治州利川市凉雾乡海洋村
恩施土家族苗族自治州咸丰县大路坝区蛇盘溪村
恩施土家族苗族自治州咸丰县甲马池镇马家沟村王母洞
恩施土家族苗族自治州咸丰县清坪镇中寨坝村郑家坝
恩施土家族苗族自治州宣恩县椒园镇庆阳坝村
恩施土家族苗族自治州宣恩县沙道沟镇两河口村

湖南省(30个)

二、示范名录

衡阳市常宁市庙前镇中田村
邵阳市隆回县虎形山瑶族乡崇木凼村
岳阳市岳阳县张谷英镇张谷英村
张家界市永定区王家坪乡石堰坪村
益阳市安化县东坪镇黄沙坪老街
益阳市安化县马路镇马路溪村
郴州市永兴县高亭乡板梁村
永州市零陵区富家桥镇干岩头村
永州市江永县夏层铺镇上甘棠村
永州市祁阳县潘市镇龙溪村
永州市双牌县理家坪乡坦田村
怀化市辰溪县上蒲溪瑶族乡五宝田村
怀化市会同县高椅乡高椅村
湘西土家族苗族自治州保靖县夯沙乡夯沙村
湘西土家族苗族自治州保靖县碗米坡镇首八峒村
湘西土家族苗族自治州凤凰县阿拉营镇舒家塘村
湘西土家族苗族自治州凤凰县都里乡拉毫村
湘西土家族苗族自治州凤凰县麻冲乡老洞村
湘西土家族苗族自治州古丈县高峰乡岩排溪村
湘西土家族苗族自治州古丈县红石林镇老司岩村
湘西土家族苗族自治州古丈县默戎镇龙鼻村
湘西土家族苗族自治州花垣县边城镇磨老村
湘西土家族苗族自治州花垣县排碧乡板栗村
湘西土家族苗族自治州吉首市矮寨镇德夯村
湘西土家族苗族自治州吉首市矮寨镇中黄村
湘西土家族苗族自治州龙山县苗儿滩镇六合村
湘西土家族苗族自治州龙山县苗儿滩镇惹巴拉村
湘西土家族苗族自治州永顺县大坝乡双凤村
湘西土家族苗族自治州永顺县灵溪镇老司城村
湘西土家族苗族自治州永顺县小溪乡小溪村

广东省(40个)
广州市番禺区石楼镇大岭村
韶关市仁化县石塘镇石塘村
深圳市龙岗区大鹏镇鹏城村
汕头市澄海区隆都镇前美村
佛山市南海区西樵镇松塘村
佛山市三水区乐平镇大旗头村
佛山市顺德区北滘镇碧江村
江门市开平市塘口镇自力村
江门市恩平市圣堂镇歇马村
湛江市雷州市白沙镇邦塘村
湛江市雷州市龙门镇潮溪村
湛江市雷州市南兴镇东林村
湛江市遂溪县建新镇苏二村
肇庆市端州区黄岗街道白石村
肇庆市封开县罗董镇杨池古村
肇庆市广宁县北市镇大屋村
惠州市博罗县龙华镇旭日村
惠州市惠城区横沥镇墨园村
梅州市梅县水车镇茶山村
梅州市梅县南口镇侨乡村
梅州市梅县桃尧镇桃源村
梅州市梅县雁洋镇桥溪村
梅州市梅县雁洋镇石楼村
梅州市梅县雁洋镇松坪村
梅州市丰顺县埔寨镇埔北村
梅州市蕉岭县南礤镇石寨村
梅州市兴宁市罗岗镇柿子枰村
汕尾市陆丰市大安镇石寨村
河源市和平县林寨镇林寨古村
清远市佛冈县龙山镇上岳古围村
清远市佛冈县高岗镇社岗下村
清远市连南瑶族自治县三排镇南岗古排
清远市连南瑶族自治县三排镇三排村
东莞市企石镇江边村
东莞市茶山镇南社村
东莞市石排镇塘尾村
中山市南朗镇翠亨村
潮州市潮安县古巷镇古一村象埔寨
潮州市潮安县龙湖镇龙湖古寨
云浮市云城区腰古镇水东村

广西壮族自治区(39个)
南宁市江南区江西镇扬美村
柳州市融水苗族自治县拱洞乡平卯村
柳州市融水苗族自治县四荣乡东田村
柳州市融水苗族自治县四荣乡荣地村
柳州市三江侗族自治县丹州镇丹州村
柳州市三江侗族自治县独峒乡高定村
柳州市三江侗族自治县林溪乡高友村
桂林市龙胜各族自治县和平乡龙脊村
桂林市灌阳县洞井瑶族乡洞井村
桂林市灌阳县水车乡官庄村
桂林市灌阳县新街乡江口村
桂林市荔浦县马岭镇永明村小青山屯
桂林市临桂县四塘乡横山村
桂林市灵川县潮田乡太平村
桂林市灵川县大圩镇熊村
桂林市灵川县定江镇路西村

桂林市灵川县灵田乡长岗岭村
桂林市灵川县灵田乡迪塘村
桂林市灵川县青狮潭镇老寨村
桂林市灵川县青狮潭镇江头村
桂林市灵川县三街镇溶流上村
桂林市平乐县沙子镇沙子村
桂林市兴安县白石乡水源头村
桂林市兴安县漠川乡榜上村
桂林市阳朔县白沙镇旧县村
桂林市阳朔县兴坪镇渔村
钦州市灵山县佛子镇大芦村
玉林市北流市民乐镇萝村
玉林市玉州区城北街道高山村
百色市隆林各族自治县金钟山乡平流屯
百色市那坡县城厢镇达腊屯
百色市西林县马蚌乡浪吉村那岩屯
贺州市钟山县燕塘镇玉坡村
贺州市富川瑶族自治县朝东镇秀水村
贺州市富川瑶族自治县朝东镇福溪村
贺州市富川瑶族自治县新华乡虎马岭村
贺州市平桂管理区鹅塘镇芦岗村
贺州市钟山县回龙镇龙道村
来宾市象州县罗秀镇纳禄村

海南省(7个)
海口市龙华区新坡镇文山村
海口市龙华区遵谭镇东谭村
海口市琼山区国兴街道上丹村
三亚市崖城镇保平村
文昌市会文镇十八行村
东方市江边乡白查村
定安县龙湖镇高林村

重庆市(14个)
涪陵区大顺乡大顺村
涪陵区青羊镇安镇村
九龙坡区走马镇椒园村
綦江县东溪镇永乐村
忠县花桥镇东岩古村
忠县新生镇钟坝村
石柱土家族自治县金岭乡银杏村
石柱土家族自治县石家乡黄龙村
石柱土家族自治县悦崃镇新城村
秀山土家族苗族自治县梅江镇民族村
酉阳土家族苗族自治县苍岭镇大河口村
酉阳土家族苗族自治县酉水河镇河湾村
酉阳土家族苗族自治县酉水河镇后溪村
酉阳土家族苗族自治县南腰界乡南界村

四川省(20个)
成都市邛崃市平乐镇花楸村
攀枝花市仁和区平地镇迤沙拉村
泸州市泸县兆雅镇新溪村
泸州市叙永县分水镇木格倒苗族村
遂宁市射洪县青堤乡光华村
南充市阆中市老观镇老龙村
南充市阆中市天宫乡天宫院村
巴中市巴州区青木镇黄桷树村
雅安市宝兴县硗碛乡夹拉村委和平藏寨
雅安市石棉县蟹螺藏族乡蟹螺堡子
雅安市雨城区上里镇五家村
阿坝藏族羌族自治州理县桃坪乡桃坪村
阿坝藏族羌族自治州马尔康县沙尔宗乡丛恩村
阿坝藏族羌族自治州茂县黑虎乡小河坝村鹰嘴河组
阿坝藏族羌族自治州汶川县雁门乡萝卜寨村
甘孜藏族自治州得荣县子庚乡八子斯热村
甘孜藏族自治州炉霍县更知乡修贡村
甘孜藏族自治州炉霍县泥巴乡古西村
甘孜藏族自治州炉霍县新都镇七湾村
甘孜藏族自治州丹巴县梭坡乡莫洛村

贵州省(90个)
贵阳市花溪区高坡苗族乡批林村
贵阳市花溪区石板镇镇山村大寨
贵阳市开阳县禾丰布依族苗族乡马头村
遵义市赤水市丙安乡丙安村
遵义市务川仡佬族苗族自治县大坪镇龙潭村
遵义市凤冈县绥阳镇玛瑙村
安顺市西秀区大西桥镇吉昌村
安顺市西秀区大西桥镇石板房村
安顺市西秀区大西桥镇鲍屯村
安顺市西秀区七眼桥镇云山村
铜仁市德江县楠杆土家族乡兴隆社区上坝自然寨
铜仁市江口县太平土家族苗族乡云舍村
铜仁市石阡县白沙镇马桑坪村
铜仁市石阡县白沙镇箱子坪村
铜仁市石阡县国荣乡楼上村
铜仁市石阡县国荣乡葛容村高桥自然村
铜仁市石阡县河坝场乡小高王村
铜仁市石阡县聚凤仡佬族侗族乡黄泥坳村

二、示 范 名 录

铜仁市石阡县聚凤仡佬族侗族乡廖家屯村
铜仁市石阡县聚凤仡佬族侗族乡瓮水屯村
铜仁市石阡县石固仡佬族侗族乡公鹅坳村
铜仁市石阡县五德镇大寨村
黔西南布依族苗族自治州兴仁县巴铃镇百卡村卡嘎布依寨
黔东南苗族侗族自治州从江县往洞乡增冲村
黔东南苗族侗族自治州从江县往洞乡则里村
黔东南苗族侗族自治州从江县丙妹镇岜沙村
黔东南苗族侗族自治州从江县谷坪乡银潭村
黔东南苗族侗族自治州从江县下江镇高仟村
黔东南苗族侗族自治州丹寨县扬武乡排莫村
黔东南苗族侗族自治州剑河县南哨乡翁座村
黔东南苗族侗族自治州锦屏县隆里乡隆里所村
黔东南苗族侗族自治州锦屏县河口乡文斗村
黔东南苗族侗族自治州雷山县郎德镇上郎德村
黔东南苗族侗族自治州雷山县郎德镇下郎德村
黔东南苗族侗族自治州雷山县郎德镇南猛村
黔东南苗族侗族自治州雷山县西江镇控拜村
黔东南苗族侗族自治州黎平县坝寨乡坝寨村
黔东南苗族侗族自治州黎平县坝寨乡蝉寨村
黔东南苗族侗族自治州黎平县坝寨乡高场村
黔东南苗族侗族自治州黎平县坝寨乡高兴村
黔东南苗族侗族自治州黎平县坝寨乡青寨村
黔东南苗族侗族自治州黎平县大稼乡邓蒙村
黔东南苗族侗族自治州黎平县德顺乡平甫村
黔东南苗族侗族自治州黎平县地坪乡岑扣村
黔东南苗族侗族自治州黎平县地坪乡高青村
黔东南苗族侗族自治州黎平县地坪乡滚大村
黔东南苗族侗族自治州黎平县洪州镇归欧村
黔东南苗族侗族自治州黎平县洪州镇九江村
黔东南苗族侗族自治州黎平县洪州镇平架村
黔东南苗族侗族自治州黎平县洪州镇三团村
黔东南苗族侗族自治州黎平县九潮镇高寅村
黔东南苗族侗族自治州黎平县九潮镇贡寨村
黔东南苗族侗族自治州黎平县九潮镇杳洞村
黔东南苗族侗族自治州黎平县雷洞瑶族水族乡金城村
黔东南苗族侗族自治州黎平县茅贡乡蚕洞村
黔东南苗族侗族自治州黎平县茅贡乡冲寨
黔东南苗族侗族自治州黎平县茅贡乡登岑村
黔东南苗族侗族自治州黎平县茅贡乡地扪村
黔东南苗族侗族自治州黎平县茅贡乡高近村
黔东南苗族侗族自治州黎平县茅贡乡流芳村
黔东南苗族侗族自治州黎平县茅贡乡寨头村
黔东南苗族侗族自治州黎平县孟彦镇芒岭村
黔东南苗族侗族自治州黎平县尚重镇高冷村
黔东南苗族侗族自治州黎平县尚重镇纪登村
黔东南苗族侗族自治州黎平县尚重镇绍洞村
黔东南苗族侗族自治州黎平县尚重镇育洞村
黔东南苗族侗族自治州黎平县尚重镇朱冠村
黔东南苗族侗族自治州黎平县双江乡黄岗村
黔东南苗族侗族自治州黎平县岩洞镇述洞村
黔东南苗族侗族自治州黎平县岩洞镇岩洞村
黔东南苗族侗族自治州黎平县岩洞镇宰拱村
黔东南苗族侗族自治州黎平县岩洞镇竹坪村
黔东南苗族侗族自治州黎平县永从乡豆洞村
黔东南苗族侗族自治州黎平县肇兴乡肇兴中寨村
黔东南苗族侗族自治州黎平县肇兴乡纪堂村
黔东南苗族侗族自治州黎平县肇兴乡纪堂上寨村
黔东南苗族侗族自治州黎平县肇兴乡堂安村
黔东南苗族侗族自治州黎平县肇兴乡肇兴村
黔东南苗族侗族自治州榕江县平江乡滚仲村
黔东南苗族侗族自治州榕江县兴华乡八蒙村
黔东南苗族侗族自治州榕江县兴华乡摆贝村
黔东南苗族侗族自治州榕江县栽麻乡大利村
黔东南苗族侗族自治州榕江县栽麻乡宰荡村
黔南布依族苗族自治州荔波县瑶山民族乡董蒙村
黔南布依族苗族自治州荔波县永康民族乡太吉村
黔南布依族苗族自治州荔波县永康民族乡尧古村
黔南布依族苗族自治州平塘县卡蒲毛南族乡场河村交懂组
黔南布依族苗族自治州三都水族自治县坝街乡坝辉村
黔南布依族苗族自治州三都水族自治县都江镇怎雷村
黔南布依族苗族自治州三都水族自治县拉揽乡排烧村

云南省(62个)
曲靖市会泽县娜姑镇白雾村
曲靖市罗平县鲁布革布依族苗族乡罗斯村委腊者村
玉溪市元江县青龙厂镇它克村
保山市隆阳区板桥镇板桥村
保山市施甸县姚关镇山邑村
保山市腾冲县固东镇和平村
保山市腾冲县固东镇顺利村
保山市腾冲县和顺镇水碓村
昭通市威信县水田乡湾子苗寨村

丽江市古城区大东乡大东行政村
丽江市古城区金山乡贵峰村
丽江市古城区金山乡漾西村
丽江市古城区七河乡共和西关村
丽江市宁蒗县永宁乡落水村
丽江市永胜县期纳镇谷宇村
丽江市永胜县期纳镇清水村
丽江市玉龙县白沙乡白沙村
丽江市玉龙县宝山乡石头城村
丽江市玉龙县石头乡桃园村
普洱市江城县整董镇城子三寨村
普洱市景东县大街乡三营村
普洱市景东县文井镇清凉村梁家组
普洱市澜沧县酒井哈尼族乡勐根村老达保组
普洱市墨江县联珠镇碧溪古镇村
普洱市墨江县那哈乡牛红村委勐嘎村
普洱市宁洱县同心乡那柯里村
普洱市思茅区龙潭乡龙潭村南本小组
临沧市沧源县勐角乡翁丁村
临沧市凤庆县鲁史镇鲁史古集村
临沧市凤庆县鲁史镇沿河村
临沧市临翔区博尚镇大勐准委会勐准组（村）
临沧市临翔区博尚镇碗窑村碗窑组
临沧市临翔区博尚镇永和村委上永和村
临沧市临翔区平村乡那玉村委东岗村
临沧市临翔区章驮乡勐旺村委勐旺大寨
楚雄彝族自治州姚安县光禄镇西关村
红河哈尼族彝族自治州建水县官厅镇苍台村
红河哈尼族彝族自治州建水县西庄镇团山村
红河哈尼族彝族自治州泸西县永宁乡城子村
红河哈尼族彝族自治州弥勒县西三镇可邑村
红河哈尼族彝族自治州弥勒县西三镇腻黑村
红河哈尼族彝族自治州石屏县宝秀镇郑营村
文山壮族苗族自治州麻栗坡县董干镇新寨村委城寨村
西双版纳傣族自治州景洪市基诺族乡洛特老寨村
西双版纳傣族自治州景洪市勐罕镇曼春满村
西双版纳傣族自治州勐腊县易武乡十字街村
大理白族自治州大理市太邑乡者么村委大村
大理白族自治州大理市喜洲镇喜州村
大理白族自治州大理市喜洲镇周城村
大理白族自治州剑川县金华镇剑川古城
大理白族自治州剑川县沙溪镇寺登村
大理白族自治州祥云县禾甸镇大营庄村
大理白族自治州祥云县禾甸镇旧邑村
大理白族自治州祥云县云南驿镇云南驿村
大理白族自治州永平县博南镇曲硐村
大理白族自治州永平县博南镇花桥村
大理白族自治州永平县杉阳镇杉阳村
大理白族自治州云龙县宝丰乡宝丰村
大理白族自治州云龙县检槽乡师井村大村
大理白族自治州云龙县诺邓镇诺邓古村
大理白族自治州巍山县永建镇东莲花村
德宏傣族景颇族自治州陇川县户撒乡曼东村

西藏自治区(5个)
昌都地区芒康县纳西民族乡上盐井村
昌都地区左贡县东坝乡军拥村
日喀则地区吉隆县贡当乡汝村
日喀则地区吉隆县吉隆镇帮兴村
林芝地区工布江达县错高乡错高村

陕西省(5个)
铜川市耀州区孙塬镇孙塬村
渭南市韩城市西庄镇党家村
榆林市绥德县白家硷乡贺一村
榆林市佳县佳芦镇神泉村
榆林市米脂县杨家沟镇杨家沟村

甘肃省(7个)
兰州市西固区河口乡河口村
兰州市永登县连城镇连城村
兰州市榆中县青城镇城河村
白银市景泰县寺滩乡永泰村
天水市麦积区麦积镇街亭村
天水市麦积区新阳镇胡家大庄村
陇南市文县石鸡坝乡哈南村

青海省(13个)
海东地区互助县丹麻镇索卜滩村
海东地区互助县丹麻镇哇麻村
海东地区互助县东沟乡大庄村
海东地区互助县五十镇北庄村
海东地区互助县五十镇寺滩村
海东地区互助县五十镇土观村
海东地区循化县街子乡孟达山村
黄南藏族自治州同仁县保安镇城内村
黄南藏族自治州同仁县隆务镇吾屯下庄村
黄南藏族自治州同仁县年都乎乡年都乎村

二、示 范 名 录

黄南藏族自治州同仁县年都乎乡郭麻日村
黄南藏族自治州同仁县曲库乎乡江什加村
玉树藏族自治州玉树县仲达乡电达村

宁夏回族自治区(4个)
固原市隆德县城关镇红崖村一组
固原市隆德县奠安乡梁堡村一组
中卫市沙坡头区迎水桥镇北长滩村
中卫市沙坡头区香山乡南长滩村

新疆维吾尔自治区(4个)
吐鲁番地区鄯善县吐峪沟乡麻扎村
哈密地区哈密市回城乡阿勒屯村
哈密地区哈密市五堡镇博斯坦村
伊犁哈萨克自治州特克斯县喀拉达拉镇琼库什台村

(来源:《住房城乡建设部 文化部 财政部关于公布第一批列入中国传统村落名录村落名单的通知》建村〔2012〕189号)

考评合格的2012年度全国物业管理示范住宅小区(大厦、工业区)名单

一、住宅小区项目(89)个

序号	项目名称	管理单位
1	北京市万科四季花城	北京万科物业服务有限公司
2	上海市天恒名城	上海上实物业管理有限公司
3	天津市海景雅苑	天津市天房物业管理有限公司
4	天津市瑞湾花园	天津万科物业服务有限公司
5	天津仁恒海河广场住宅(一期)	天津仁恒物业服务有限公司
6	重庆市龙湖·郦江	重庆新龙湖物业服务有限公司
7	重庆市融侨半岛·香弥山	北京金辉锦江物业服务有限公司
8	重庆市协信天骄城	重庆天骄物业管理有限公司
9	重庆市东原·香山	重庆新东原物业管理有限公司
10	重庆市中渝·山顶道1号	重庆加州物业服务有限公司
11	河北省保定市假日雅典城小区	保定市华中物业服务有限公司
12	河北省衡水市丽景名苑小区	衡水泰华物业服务有限公司
13	河北省邯郸市荣盛·锦绣花苑小区	廊坊荣盛物业服务有限公司
14	河北省秦皇岛市兴龙国际城小区	秦皇岛兴龙物业服务有限公司
15	河北省三河市燕郊天洋城小区东北组团	河北天融物业服务有限公司
16	山西省太原市新领地住宅小区	山西新大陆物业管理有限公司
17	山西省太原市优山美地住宅小区	山西佳安物业管理有限公司
18	山西省长治市潞安·麟绛花园小区	长治市潞安鸿源物业管理有限公司
19	山西省永济市中都御苑住宅小区	运城市永济电机物业管理有限责任公司
20	山西省晋中市银海心悦住宅小区	晋中心怡物业管理有限公司
21	内蒙古自治区呼和浩特市桥华世纪村居华园	呼和浩特市富华物业服务有限公司
22	内蒙古自治区通辽市希望·红星新城	通辽市希望物业服务有限公司
23	内蒙古自治区通辽市盛世江南	通辽市盛世龙兴物业服务有限公司
24	内蒙古自治区鄂尔多斯市维邦奥林花园B区	内蒙古维邦物业服务股份有限公司

续表

序号	项目名称	管理单位
25	辽宁省沈阳市新湖·北国之春	沈阳新湖绿城物业服务有限公司
26	辽宁省沈阳远洋天地	北京远洋基业物业管理有限公司
27	辽宁省大连市大连明珠	大连万达明珠物业管理有限公司
28	辽宁省鞍山市东山林语	鞍山爱家物业服务有限公司
29	辽宁省锦州市丽景湾	锦州金基物业管理有限责任公司
30	吉林省长春市中信城圣达美安	长春中信城物业服务有限公司
31	吉林省吉林市鸿博锦绣花园	吉林市鸿博锦绣花园物业服务有限公司
32	吉林省松原市吉粮康郡小区	松原颐和物业服务有限公司
33	黑龙江省哈尔滨市荣耀天地小区	黑龙江宝宇物业管理有限公司
34	黑龙江省齐齐哈尔市鑫海家园	齐齐哈尔鑫海物业管理有限公司
35	黑龙江省大庆市东城领秀小区	大庆高新物业管理有限公司
36	黑龙江省大庆市采油四厂节能小区	大庆油田矿区服务事业部
37	江苏省南京市栖园	南京栖霞建设集团物业有限公司
38	江苏省连云港市苍梧河滨花园	连云港市苍梧物业管理有限公司
39	江苏省海门市运杰·龙馨园	江苏龙信物业服务有限公司
40	浙江省杭州市逸天广场	浙江南都物业管理有限公司
41	浙江省宁波市汇豪天下	宁波银亿物业管理有限公司
42	浙江省宁波市绿城绿园	绿城物业服务集团有限公司
43	安徽省合肥市创景花园	合肥宜尔室家物业管理有限公司
44	安徽省黄山市德懋堂住宅小区	黄山德懋堂酒店物业管理有限公司
45	福建省福州市江南水都·丽岛	福州融侨物业管理有限公司
46	福建省福州市融信·绿色金山（四期）	融信（福建）物业管理有限公司
47	福建省厦门市海峡国际社区A区（一期）	厦门滕王阁物业管理有限公司
48	福建省厦门市联发五缘湾1号花园一期	厦门联发（集团）物业服务有限公司
49	福建省泉州市中骏·西湖1号	福建世邦泰和物业管理有限公司
50	福建省泉州市濠江国际	福建省德泰物业管理有限公司
51	福建省漳州市天利仁和天籁苑（一期）	悦华新物业服务有限公司
52	江西省南昌市联泰·香域滨江	江西联泰物业管理有限公司
53	江西省南昌市伟梦·清水湾	江西鑫勤物业管理有限公司
54	江西省宜春市正荣·丽景滨江	江西正荣物业管理有限公司
55	山东省青岛理想之城·蓝庭	绿城物业服务集团有限公司
56	山东省烟台市天马·相城	烟台天马物业管理有限责任公司
57	山东省潍坊市崇德·丹桂里	潍坊崇德物业管理有限公司
58	山东省新泰市秀水花园	新泰市华通物业管理有限公司
59	山东省东营市胜东社区锦苑一区	锦苑物业管理公司
60	河南省郑州市正弘山住宅小区	河南正弘物业管理有限公司
61	河南省焦作市亿祥东郡小区	河南亿森物业服务有限公司
62	广东省广州市从化雅居乐滨江花园	雅居乐物业管理服务有限公司
63	广东省汕头市中信嘉顿小镇	汕头中信物业服务有限公司
64	广东省深圳市万科城	深圳市万科物业服务有限公司

二、示 范 名 录

续表

序号	项目名称	管理单位
65	广东省珠海市华发世纪城(一、二期)	珠海华发物业管理服务有限公司
66	广东省湛江市安康·金海湾(一期)	湛江市橄榄园物业服务有限公司
67	广西壮族自治区南宁市翰林华府小区	南宁市翰林物业服务有限公司
68	广西壮族自治区南宁市荣和中央公园小区	南宁市荣和物业服务有限责任公司
69	广西壮族自治区南宁市保利·21世家小区	广西保利物业服务有限公司
70	海南省陵水县清水湾金色果岭住宅小区	海南雅居乐物业服务有限公司
71	四川省成都市晶蓝半岛	成都龙湖物业服务有限公司
72	四川省成都市置信牧山丽景一期(爱提亚小镇)	成都和达物业服务有限责任公司
73	四川省成都市盛畅园	成都成飞物业服务有限公司
74	四川省绵阳市奥林春天	成都忠信物业管理有限公司
75	四川省绵阳市小岛花园城"尚岛国际"	四川泰和物业服务有限责任公司
76	湖南省长沙市阆峰云墅	湖南保利物业管理有限公司
77	湖南省衡阳市香江·水岸新城	衡阳市凯星物业管理有限公司
78	湖南省衡阳市中泰峰境A、B区	衡阳市雅居物业服务有限公司
79	贵州省贵阳市金阳新世界水临境小区	贵阳新生活物业服务有限公司
80	陕西省西安市天地源·兰亭坊小区	西安天地源物业服务管理有限责任公司
81	陕西省西安市城市风景·都市印象小区	西安高科物业管理有限责任公司
82	陕西省西安市融侨·馨苑小区	北京金辉锦江物业服务有限公司
83	陕西省西安市龙湖·曲江盛景小区	西安龙湖物业服务有限公司
84	陕西省西安市曲江6号小区	西安联诚行物业管理有限公司
85	陕西省长庆油田礼泉基地小区	长庆油田礼泉物业服务中心
86	宁夏回族自治区银川市福星苑住宅小区	银川众一集团物业服务有限公司
87	宁夏回族自治区银川市高尔夫家园住宅小区	宁夏中房集团银川物业服务有限公司
88	宁夏回族自治区银川市民生城市花园	宁夏民生物业服务有限公司
89	宁夏回族自治区中卫市旭日隆祥住宅小区	宁夏江元物业服务有限公司

二、大厦项目(71个)

序号	项目名称	管理单位
90	北京市华金泰大厦	北京鲁能物业服务有限责任公司
91	北京市首府大厦	北京市圣瑞物业服务有限公司
92	北京市民生金融中心	泛海物业管理有限公司
93	北京市华北电网有限公司办公楼	北京华奕圆物业管理有限公司
94	北京市德胜尚城大厦	北京金融街物业管理有限责任公司
95	北京市富凯大厦	北京金融街第一太平戴维斯物业管理有限公司
96	北京市曙光西里甲5号院16号楼	北京华润物业管理有限公司
97	北京市普天大厦	北京普信物业管理有限公司
98	北京市数码科技广场	北京盛世物业服务有限公司
99	上海市第二中级人民法院	上海新世纪房产服务有限公司
100	上海市春申文化广场	上海上勤物业管理有限公司

续表

序号	项目名称	管理单位
101	上海汽车博物馆	上海车城物业管理有限公司
102	上海市九六广场	上海富都物业管理有限公司
103	上海市证大五道口广场	上海证大物业管理有限公司
104	天津君隆广场	天津津旅物业管理有限公司
105	重庆国贸中心	重庆豪生物业管理有限公司
106	河北省质量检验检测大楼	河北世纪大饭店物业管理有限公司
107	河北省石家庄市银泰国际大厦	河北恒辉物业服务集团有限公司
108	河北省唐山供电公司生产办公综合楼	唐山中泰物业服务有限公司
109	山西省太原市国瑞大厦	太原国瑞物业管理有限公司
110	山西省太原市汇都·MOHO大厦	山西晋商物业管理有限公司
111	山西省太原市千禧大厦	山西亲贤千禧物业管理有限公司
112	山西信息研发基地办公大厦	山西信通联科工贸有限公司
113	内蒙古博物院	内蒙古卓越华物业服务有限责任公司
114	内蒙古自治区国土资源厅办公楼	内蒙古仁和物业服务有限责任公司
115	内蒙古自治区鄂尔多斯大剧院	深圳市明喆物业管理有限公司
116	内蒙古自治区鄂尔多斯市康巴什新区管理委员会办公大楼	鄂尔多斯市烽升物业管理有限责任公司
117	辽宁省沈阳市中国医科大学附属盛京医院	深圳市明喆物业管理有限公司
118	辽宁省大连市东软国际	大连亿达物业管理有限公司
119	黑龙江省大庆市中级人民法院审判综合楼	大庆义耕物业服务有限公司
120	江苏广电城	江苏东恒国际物业服务有限公司
121	中国移动江苏公司通信枢纽大楼	江苏爱涛物业管理有限公司
122	江苏省南京市江宁地方税务局办公楼	南京新鸿运物业管理有限公司
123	江苏省徐州市中国矿业大学科技园科技大厦	徐州市天润物业管理有限公司
124	江苏省常州市金源大厦	常州中房物业有限公司
125	江苏省苏州市吴江经济技术开发区企业投资服务中心	吴江经济技术开发区物业管理有限公司
126	江苏省丹阳市行政中心	深业集团(深圳)物业管理有限公司
127	浙江省杭州市浙能大厦	浙江新成物业管理有限公司
128	浙江省杭州市新城市广场	杭州滨江物业管理有限公司
129	浙江省杭州市市委党校大厦	新中物业管理(中国)有限公司
130	浙江省宁波市科创大厦	宁波市亚太酒店物业管理有限公司
131	浙江省宁波泰富广场	浙江永成物业管理有限公司
132	浙江省温州大剧院	温州星河物业管理有限公司
133	安徽省合肥市中级人民法院综合审判技术楼	合肥顺昌物业管理公司
134	安徽省合肥市包河区机关行政办公中心	合肥市房地产经营公司
135	福建省福州市电力调度指挥中心大楼	福建省亿力电力物业管理有限公司
136	福建省厦门市中闽大厦	厦门友朋四方物业管理有限公司
137	福建省厦门银行中心大楼	裕景(厦门)物业管理有限公司
138	山东省高级人民法院审判综合楼	山东省诚信行物业管理有限公司
139	山东省广电中心综合业务楼	中土物业管理集团有限公司
140	山东省青岛市市级机关3号办公楼	青岛黄海物业管理公司

二、示范名录

续表

序号	项目名称	管理单位
141	山东省邹城市商务中心	邹城市万邦物业管理有限公司
142	山东省菏泽市单县湖西大厦	济南济发物业有限责任公司
143	河南省郑州市楷林国际大厦	河南楷林物业管理有限公司
144	河南省中国农业银行河南分行办公楼	郑州国基物业管理有限公司
145	广东省电力设计研究院科学城办公楼	广州广电物业管理有限公司
146	广东省广州市富力中心	广州天力物业发展有限公司
147	广东省广州市第二少年宫	广州市开物物业管理有限公司
148	广东省深圳市天安龙岗数码新城南区一号楼	深圳天安物业管理有限公司
149	广东省深圳市华强高新发展大楼	深圳华强物业管理有限公司
150	广东省佛山市环球国际广场	广州珠江物业酒店管理有限公司
151	四川省成都市市级机关第四办公区（原蜀锦路办公楼）	成都华昌物业发展有限责任公司
152	四川省成都市金沙万瑞中心	成都利丰物业有限公司
153	四川省成都市南部园中心科技创业中心二期A楼（北楼）	成都市银杏物业管理有限责任公司
154	中国水电大厦（四川）	成都五兴物业管理有限公司
155	湖南省长沙市天心区政府机关办公楼	深圳市锦峰物业经营管理有限公司
156	湖南省长沙市五凌电力办公大厦	湖南五凌力源经济发展有限公司
157	湖南省株洲市国家税务局办公楼	株洲市湘银物业公司
158	云南省委机关办公区	云南建工物业服务有限公司
159	陕西省西安公安交通指挥中心大楼	陕西华西物业有限公司
160	宁夏回族自治区党委办公区	银川建发物业服务有限公司

三、工业区项目（2个）

序号	项目名称	管理单位
161	山西潞安容海发电有限责任公司工业区	长治华通物业管理有限公司
162	黑龙江省肇东市榆树林油田工业园	黑龙江迅通物业服务有限公司

住房城乡建设部关于公布第六届梁思成建筑奖名单的通报

建质〔2012〕175号

各省、自治区住房城乡建设厅，直辖市建委（规委、建交委）及有关部门：

经专家提名委员会提名，专家评选委员会评选，并经第六届梁思成建筑奖审定委员会审定，决定授予刘力、黄锡璆第六届"梁思成建筑奖"，授予孟建民、陶郅、唐玉恩第六届"梁思成建筑提名奖"。

特此通报。

中华人民共和国住房和城乡建设部
2012年12月5日

三、获奖名单

2012年中国人居环境奖获奖名单

江苏省太仓市

山东省泰安市

(住房和城乡建设部城市建设司 提供)

中国人居环境范例奖

1. 上海市宝山区顾村公园建设项目
2. 上海市浦东新区碧云国际社区建设管理项目
3. 上海市长江口青草沙水源地原水工程项目
4. 重庆市园博园建设项目
5. 重庆市渝中半岛步行与北部新区自行车交通系统示范项目
6. 河北省邢台市七里河水环境治理暨健身绿道建设项目
7. 山西省晋中市污水多用途资源化综合利用项目
8. 山西省侯马市再生能源综合利用项目
9. 内蒙古自治区乌海市乌达区煤矿棚户区搬迁改造爱民佳苑社区项目
10. 内蒙古自治区锡林郭勒盟多伦县多伦诺尔镇古城保护与建设项目
11. 内蒙古自治区呼伦贝尔市阿荣旗那吉镇小城镇建设项目
12. 辽宁省沈阳市蒲河生态廊道建设项目
13. 吉林省通化市暖房子建设工程
14. 江苏省城乡统筹区域供水规划及实施项目
15. 江苏省金坛市宜居工程建设项目
16. 江苏省昆山市巴城镇生态宜居工程建设项目
17. 江苏省宜兴市周铁镇小城镇建设项目
18. 浙江省杭州市老旧住宅区物业管理改善工程
19. 浙江省杭州市天子岭生活垃圾处理优化管理项目
20. 浙江省杭州市数字化城市管理项目
21. 浙江省桐庐县县城滨江区块综合改造项目
22. 安徽省芜湖市老港区环境综合整治暨滨江公园建设项目
23. 安徽省宣城市梅溪河水环境综合治理工程
24. 安徽省潜山县燕窝村村庄环境整治工程
25. 福建省福州市城区内河综合整治工程
26. 福建省龙岩市莲花山栈道项目
27. 山东省农村住房建设与危房改造工程
28. 山东省青岛市保障性住房建设项目
29. 山东省日照市既有居住建筑供热计量及节能改造工程
30. 山东省荣成市乡村环境清洁行动工程
31. 河南省许昌市城市建筑垃圾处理和资源化利用项目
32. 湖南省株洲市城市公共自行车租赁系统建设项目
33. 广西壮族自治区桂林市恭城瑶族自治县改造城区风貌提升人居环境建设项目
34. 四川省成都市锦江区城乡物业管理全覆盖及社区建设项目
35. 云南省昆明市城市再生水利用项目
36. 陕西省西安市莲湖区市容环卫标准化管理项目
37. 青海省西宁市大南山绿色屏障建设工程
38. 新疆维吾尔自治区乌鲁木齐市大容量快速公交系统建设项目

(住房和城乡建设部城市建设司 提供)

2012~2013年度第一批中国建设工程鲁班奖（国家优质工程）入选名单

(排名不分先后)

序号	工程名称	承建单位	参建单位
1	中国国家博物馆改扩建工程（新馆）	北京城建集团有限责任公司	北京城建五建设工程有限公司
			北京城建安装工程有限公司
			湖南建工集团装饰工程有限公司
			苏州金螳螂建筑装饰股份有限公司
			厦门准信机电工程有限公司
			北京港源建筑装饰工程有限公司
			北京江河幕墙股份有限公司
			中建电子工程有限公司
			泰豪科技股份有限公司
			江阴大桥（北京）工程有限公司
2	朔黄发展大厦	北京建工集团有限责任公司	浙江中南建设集团有限公司
			中城建第五工程局有限公司
			深圳广田装饰集团股份有限公司
			北京市机械施工有限公司
3	中国农业银行东单办公南楼工程	江苏江都建设集团有限公司	
		江苏省第一建筑安装有限公司	
4	新疆大厦	北京住总集团有限责任公司	深圳市中建南方装饰工程有限公司
			中国建筑装饰集团
			北京江河幕墙股份有限公司
			浙江银建装饰工程有限公司
			深圳海外装饰工程有限公司
5	万丽天津宾馆	天津市建工工程总承包有限公司	天津中发机电工程有限公司
			天津市艺术建筑装饰有限公司
			苏州金螳螂建筑装饰股份有限公司
			黑龙江国光建筑装饰工程有限公司
6	天津生态城国家动漫产业综合示范园01-01地块动漫大厦工程	天津三建建筑工程有限公司	江苏恒龙装饰工程有限公司
			天津美图装饰设计工程有限公司
			天津津利堡消防装饰工程有限公司
			天津海纳天成景观工程有限公司
7	天津市滨海一号工程	天津住宅集团建设工程总承包有限公司	天津卓容建设工程集团有限公司
			天津中发机电工程有限公司
			天津鑫裕建设发展有限公司
			天津华惠安信装饰工程有限公司

续表

序号	工程名称	承建单位	参建单位
8	天津西青医院门诊急诊住院综合楼	天津天一建设集团有限公司	天津市南洋装饰工程公司
9	天津团泊新城团泊新桥工程	天津第一市政公路工程有限公司	天津天佳市政公路工程有限公司
		中铁一局集团有限公司	
10	河北省白楼宾馆贵宾楼	河北建工集团有限责任公司	北京南隆建筑装饰工程有限公司
			中国新兴建设开发总公司
			广东省建筑装饰集团公司
			北京弘高建筑装饰设计工程有限公司
			广东世纪达装饰工程有限公司
11	唐山市南湖紫天鹅庄扩建工程	河北建设集团有限公司	
		河北建设集团园林工程有限公司	
12	鄂尔多斯市东胜区全民健身活动中心体育场	内蒙古兴泰建筑有限责任公司	内蒙古兴泰实业有限责任公司
			内蒙古兴泰电子科技有限责任公司
			浙江精工钢结构有限公司
13	鄂尔多斯市东胜区图书馆	湖南德成建设工程有限公司	
14	山西体育中心主体育场	山西四建集团有限公司	秦皇岛渤海铝幕墙装饰工程有限公司
		中铁十二局集团建筑安装工程有限公司	上海宝冶集团有限公司
15	东北传媒文化广场	中国建筑一局(集团)有限公司	上海嘉春装饰设计工程有限公司
			沈阳华维工程有限公司
			沈阳白云穗港装饰有限公司
			沈阳天地建设发展有限公司
			沈阳远大铝业工程有限公司
16	长春市人民检察院办案及专业技术用房	吉林建工集团有限公司	福建远泰幕墙装饰工程有限公司
			吉林省富临装饰工程有限公司
			长春裕乾建筑装饰有限公司
17	大庆油田生态园	江苏南通六建建设集团有限公司	江苏元辰安装集团有限公司
18	上海卷烟厂"中华"牌卷烟专用生产线技术改造项目	上海建工集团股份有限公司	上海市安装工程有限公司
			沈阳远大铝业工程有限公司
			福建成信绿集成有限公司
			南通长城建筑安装工程有限公司
			上海市机械施工有限公司
			江苏启安建设集团有限公司
19	太平金融大厦	上海建工一建集团有限公司	中建钢构有限公司
			中建五局工业设备安装有限公司
			沈阳远大铝业工程有限公司
20	天津海河教育园区(北洋园)一期综合配套工程(体育场、游泳馆、体育馆及公共实训中心)	上海建工七建集团有限公司	上海市安装工程有限公司
		中国建筑第八工程局有限公司	上海市建筑装饰工程有限公司
			沈阳远大铝业工程有限公司

三、获 奖 名 单

续表

序号	工程名称	承建单位	参建单位
			江苏建设装饰工程有限公司
			上海宝冶集团有限公司
			北京泛华新兴体育发展有限公司
			天津安装工程有限公司
			福建省聚利建设工程有限公司
21	苏州工业园区档案大厦	上海嘉实(集团)有限公司	沈阳远大铝业工程有限公司
		宜兴市工业设备安装有限公司	苏州金螳螂建筑装饰股份有限公司
			深圳海外装饰工程有限公司
22	闸北区文化馆和大宁社区文化活动中心	江苏南通三建集团有限公司	江苏南通三建建筑装饰有限公司
23	葛洲坝大厦	浙江海天建设集团有限公司	中建一局集团装饰工程有限公司
			中建三局东方装饰设计工程有限公司
24	苏州润华环球大厦B楼	江苏南通二建集团有限公司	沈阳远大铝业工程有限公司
			浙江诸安建设集团有限公司
			龙信建设集团有限公司
25	无锡市人民医院儿童医疗中心	江苏正方园建设集团有限公司	苏州金螳螂建筑装饰股份有限公司
			深圳瑞和建筑装饰股份有限公司
			无锡金城幕墙装饰工程有限公司
			无锡市鸣豪机电设备安装工程有限公司
			江苏中卫九洲医用工程有限公司
			江苏富润电子工程有限公司
26	昆山高新技术创业服务中心大楼	振华集团(昆山)建设工程有限公司	中建工业设备安装有限公司
			苏州金螳螂幕墙有限公司
			昆山市华鼎装饰有限公司
			苏州美瑞德建筑装饰有限公司
			中程科技有限公司
27	中国医药城(泰州)会展交易中心	南通四建集团有限公司	南通四建装饰工程有限公司
			江苏达海智能系统股份有限公司
			浙江精工钢结构有限公司
28	南京大学仙林校区图书馆	南通新华建筑集团有限公司	珠海市红海幕墙有限公司
			常州黎明玻璃幕墙工程有限公司
29	常州九洲花园大酒店	江苏成章建设集团有限公司	常州工业设备安装有限公司
			苏州金螳螂建筑装饰股份有限公司
			江苏华艺装饰工程有限公司
30	中国科技五金城会展中心工程	广厦建设集团有限责任公司	金华市婺江建筑装璜有限公司
			浙江金立建设有限公司
			浙江德方智能科技发展有限公司
31	歌山大厦(歌山品悦大酒店)	歌山建设集团有限公司	浙江广居装饰有限公司
32	迪荡新城移动通信大楼	浙江勤业建工集团有限公司	湖北凌志装饰工程有限公司
			浙江嘉华装饰有限公司

续表

序号	工程名称	承建单位	参建单位
33	台州黄岩耀达酒店	标力建设集团有限公司	浙江大经建设集团股份有限公司
			浙江正和建筑装饰有限公司
34	北仑出入境检疫检验局综合实验楼	曙光控股集团有限公司	宁波新曙光建设有限公司
35	瑞丰大厦	浙江中成建工集团有限公司	浙江华尔达装饰工程有限公司
			浙江亚厦幕墙有限公司
36	济南恒隆广场发展项目	中建八局第一建设有限公司	江苏省华建建设股份有限公司
37	临沂大学图书馆	天元建设集团有限公司	山东天元装饰工程有限公司
			山东天元安装工程有限公司
38	济南市第二生活垃圾综合处理厂（焚烧发电厂）	山东淄建集团有限公司	江苏汉风钢结构股份有限公司
		山东省工业设备安装总公司	
39	安徽电力科研设计大楼	安徽三建工程有限公司	
40	合肥市畅通一环四里河立交桥工程	中铁二十四局集团安徽工程有限公司	
41	聚龙小镇一期A东区、CI区	福建省第五建筑工程公司	
42	集美滨水小区3号地块4号-7号楼	厦门思总建设有限公司	
43	南昌师范高等专科学校新校园主教学楼	南昌市建筑工程集团有限公司	江西省美华建筑装饰工程有限责任公司
44	中国井冈山干部学院添建项目	江西建工第一建筑有限责任公司	江西省建工集团有限责任公司
			苏州金螳螂建筑装饰股份有限公司
			深圳远鹏装饰设计工程有限公司
45	南阳市中心医院高层综合病房楼	河南天工建设集团有限公司	中建七局建筑装饰工程有限公司
46	许昌市文博馆工程	河南省第一建筑工程集团有限责任公司	浙江中南建设集团有限公司
			北京天图设计工程有限公司
			开封安利达金属工程有限公司
47	华中科技大学先进制造工程大楼	湖北远大建设集团有限公司	
48	辛亥革命博物馆	武汉建工股份有限公司	深圳市中孚泰文化建筑建设股份有限公司
			珠海市晶艺玻璃工程有限公司
49	湖南移动枢纽楼工程	湖南省第六工程有限公司	深圳市博大装饰工程有限公司
			长沙广大建筑装饰有限公司
			深圳市科源建设集团有限公司
			湖南六建机电安装有限责任公司
50	湖南省质量技术监督检测中心	湖南省沙坪建筑有限公司	中建五局装饰幕墙有限公司
			长沙广大建筑装饰有限公司
			湖南力唯中天科技发展有限公司
			湖南天禹设备安装有限公司
51	湘潭市第一人民医院肿瘤防治科研大楼	湖南省第三工程有限公司	湖南华意建筑装修装饰有限公司
52	君豪酒店	广东明兴建筑集团有限公司	福建凤凰山装饰工程有限公司
53	富力丽港中心公寓项目	广东正升建筑有限公司	汕头市建安（集团）公司
54	布吉污水处理厂主体及附属工程	深圳市市政工程总公司	深圳市天健市政安装工程有限公司

三、获奖名单

续表

序号	工程名称	承建单位	参建单位
55	卓越皇岗世纪中心项目2号楼及裙楼配套	江苏省华建建设股份有限公司	深圳市金润建设工程有限公司
			江苏中程建筑有限公司
			江苏扬安集团有限公司
			中国建筑第二工程局有限公司
			中建三局第一建设工程有限责任公司
			深圳市中装建设集团股份有限公司
			深圳市瑞华建设股份有限公司
			汕头市达濠建筑总公司
56	广西壮族自治区国土资源厅业务综合楼	广西建工集团第五建筑工程有限责任公司	
57	安徽省铜陵至汤口高速公路太平湖大桥	广西壮族自治区公路桥梁工程总公司	
58	林和西横路酒店（广州新天希尔顿酒店）	海南省第四建筑工程公司	
59	三亚凤凰岛国际养生度假中心5号楼	中天建设集团有限公司	中天建设集团浙江安装工程有限公司
			上海滨晟建筑装饰设计工程有限公司
			中山盛兴股份有限公司
60	电子科技大学清水河校区一期工程（体育馆、游泳馆）工程	四川省晟茂建设有限公司	
61	四川烟草工业有限责任公司西昌分厂整体技术改造项目生产线及联合工房	中国建筑第七工程局有限公司	泸州龙城建筑工程有限公司
		四川省工业设备安装公司	
62	中国石油工程设计有限公司西南分公司设计办公楼	中建五局第三建设有限公司	中建五局工业设备安装有限公司
			苏州金螳螂建筑装饰股份有限公司
			沈阳远大铝业工程有限公司
63	四川广播电视中心	中国建筑第四工程局有限公司	四川超宇建设集团有限公司
			中建四局安装工程有限公司
			中国船舶重工集团公司第七〇九研究所
			海南海外声学装饰工程有限公司
			中国电子系统工程第三建设有限公司
			深圳市瑞华建设股份有限公司
			四川汇源钢建科技股份有限公司
			厦门中联建设工程有限公司
64	云阳县市民文化活动中心	重庆建工第二建设有限公司	重庆建工市政交通工程有限责任公司
			深圳海外装饰工程有限公司
			四川泰兴装饰工程有限责任公司
65	贵阳奥林匹克体育中心主体育场工程	中建三局第一建设工程有限责任公司	中建钢构有限公司

续表

序号	工程名称	承建单位	参建单位
			中建三局东方装饰设计工程有限公司
			贵州大茂建设有限公司
66	昆明理工大学呈贡校区（一期）图书馆工程	云南工程建设总承包公司	云南艺隆装修有限公司
67	中国延安干部学院添建项目	陕西建工集团总公司	陕西建工集团第二建筑工程有限公司
			陕西省第三建筑工程公司
			陕西建工集团设备安装工程有限公司
			北京港源建筑装饰工程有限公司
68	中国电子科技集团公司第二十研究所研发实验楼	陕西建工集团第五建筑工程有限公司	
69	调度指挥中心	陕西建工集团总公司	陕西建工集团设备安装工程有限公司
			沈阳远大铝业工程有限公司
70	中华石鼓园	宝鸡市第二建筑工程有限责任公司	西安高科园林景观工程有限责任公司
			福建省溪石建筑工程有限公司
71	甘肃会展中心建筑群项目-大剧院兼会议中心	中国中铁航空港建设集团有限公司	深圳市中孚泰文化建筑建设股份有限公司
			湖南建工集团装饰工程有限公司
72	银川车站改造工程站房、雨棚、天桥及地道标段(站房工程)	浙江省建工集团有限责任公司	浙江中信设备安装有限公司
			浙江建工幕墙装饰有限公司
			武林建筑工程有限公司
73	新疆石油管理局生产调度指挥中心	中国新兴建设开发总公司	沈阳远大铝业工程有限公司
			苏州金螳螂建筑装饰股份有限公司
74	深圳北站综合交通枢纽工程	中铁二局股份有限公司	中铁二局集团装饰装修工程有限公司
		中国中铁股份有限公司（中铁南方投资发展有限公司）	中铁二局集团电务工程有限公司
			深圳中铁二局工程有限公司
			中国中铁二局第四工程有限公司
			广东杭萧钢构有限公司
			中铁四局集团有限公司
			中铁建工集团有限公司
			中铁四局集团第五工程有限公司
			中铁上海工程局第一工程有限公司
			中铁四局集团建筑装饰安装工程有限公司
75	新建铁路成都东客站及相关工程I标段工程	中铁建工集团有限公司	中铁建工集团钢结构有限公司
			中铁建工集团安装工程有限公司
			中铁建工集团装饰有限公司
			四川恒升钢构工程有限公司
76	新建武汉天兴洲公铁两用长江大桥正桥	中铁大桥局股份有限公司	中铁大桥局集团第五工程有限公司
		中铁十二局集团有限公司	中铁港航局集团有限公司

三、获 奖 名 单

续表

序号	工程名称	承建单位	参建单位
			中铁九桥工程有限公司
			中铁山桥集团有限公司
			中铁十二局集团第一工程有限公司
			中铁十二局集团第四工程有限公司
77	南京长江隧道工程	中国铁建股份有限公司	中铁十四局集团电气化工程有限公司
		中铁十四局集团有限公司	中铁十四局集团隧道工程有限公司
		中铁十四局集团电气化工程有限公司	中铁十五局集团有限公司
			北京中铁房山桥梁有限公司
			中铁十四局集团第四工程有限公司
78	苏州工业园区北环快速路东延二期工程	中铁二十局集团第一工程有限公司	中交第二公路工程局有限公司
		中交第一公路工程局有限公司	苏州交通工程集团有限公司
		南京第二道路排水工程有限责任公司	路桥华祥国际工程有限公司
			江苏雷威建设工程有限公司
79	深圳港大铲湾港区集装箱码头一期工程	中交第四航务工程局有限公司	中交四航局第二工程有限公司
		中铁二局股份有限公司	深圳中铁二局工程有限公司
80	大唐南京下关发电厂"上大压小"异地新建工程	中国能源建设集团江苏省电力建设第一工程公司	中国能源建设集团天津电力建设公司
		中国能源建设集团江苏省电力建设第三工程公司	南京市水利建筑工程有限公司
			陕西建工集团机械施工有限公司
81	吉林中电投白城电厂2×60万千瓦"上大压小"新建工程	河北省电力建设第一工程公司	江西省水电工程局
		东北电业管理局第三工程公司	中电投远达环保工程有限公司
82	河北尚义龙源风电场(150兆瓦)工程	张家口市第一建筑工程有限公司	天津蓝巢特种吊装有限公司
		张家口建筑工程集团有限公司	中国核工业中原建设有限公司
83	河北广元(顺德)500kV变电站工程	河北省送变电公司	
84	河南省燕山水库工程	河南省水利第二工程局	中国水利水电第十工程局有限公司
		河南省水利第一工程局	葛洲坝集团基础工程有限公司
85	苏里格第三天然气处理厂工程	长庆石油勘探局油田建设工程公司	
86	内蒙古蒙泰不连沟矿井及选煤厂工程	中煤第三建设(集团)有限责任公司	中煤第一建设有限公司
87	鼎立国际大酒店	鼎立建设集团股份有限公司	
88	首钢京唐钢铁联合有限责任公司钢铁厂一期轧钢（2250mm热轧、2230mm冷轧)工程	北京首钢建设集团有限公司	鞍钢建设集团有限公司
		上海宝冶集团有限公司	上海舜宝彩钢结构有限公司
		中国三冶集团有限公司	上海四新钢结构工程有限公司
		中国五冶集团有限公司	
		中国二十冶集团有限公司	
		九冶建设有限公司	

续表

序号	工程名称	承建单位	参建单位
		马鞍山钢铁建设集团有限公司	
89	深圳市大运中心项目	中国建筑第八工程局有限公司	中建钢构有限公司
		上海宝冶集团有限公司	深圳市瑞华建设股份有限公司
			中建工业设备安装有限公司
			上海中建八局装饰有限责任公司
			深圳市洪涛装饰股份有限公司
			北京国安电气有限责任公司
			江苏沪宁钢机股份有限公司
			深圳市方大装饰工程有限公司
			深圳市宝鹰建设集团股份有限公司
90	海西州民族文化活动中心	二十三冶建设集团有限公司	建峰建设集团股份有限公司
91	解放军第451医院医疗综合楼	陕西航天建筑工程有限公司	
92	中国运载火箭技术研究院科研楼[科研办公楼(东配楼)等3项]	中建三局建设工程股份有限公司	中国建筑装饰集团有限公司
			同方股份有限公司
			沈阳远大铝业工程有限公司
93	海军9155工程	中国建筑股份有限公司	北京昕亿华消防工程有限公司
		中国建筑第七工程局有限公司	江苏省苏中建设集团股份有限公司
94	福州海峡国际会展中心	中国建筑股份有限公司	中建五局第三建设有限公司
			中建八局第二建设有限公司
			中建五局工业设备安装有限公司
			中建五局土木工程有限公司
			中建二局安装工程有限公司
			浙江东南网架股份有限公司
			中国建筑装饰集团有限公司
			中建钢构有限公司
			广东金刚幕墙工程有限公司
			浙大网新系统工程有限公司
			中建三局第一建设工程有限责任公司
			福建地矿建设集团公司
			江苏合发集团有限责任公司
95	昆泰酒店	中建一局集团第三建筑有限公司	中信室内装修工程公司
			北京建黎铝门窗幕墙有限公司
			深圳市晶宫设计装饰工程有限公司
96	肿瘤科学研究中心工程	中国建筑第六工程局有限公司	
97	中国人民解放军空军2548工程场道工程	中国航空港建设第九工程总队	
98	武警河南省总队指挥中心	江苏省第一建筑安装有限公司	中国建筑装饰集团有限公司
			河南天地装饰工程有限公司
			江苏省一建建筑装修装饰有限公司

三、获奖名单

续表

序号	工程名称	承建单位	参建单位
			宜兴市工业设备安装有限公司
99	全国组织干部学院工程	中国新兴建设开发总公司	北京港源建筑装饰工程有限公司
			中国电子系统工程总公司

（中国建筑业协会 提供）

第十一届中国土木工程詹天佑奖获奖名单

序号	工程名称	获奖单位
1	天津环球金融中心	中建一局集团建设发展有限公司
		中建二局第三建筑工程有限公司
		金融街津塔（天津）置业有限公司
		金融街津门（天津）置业有限公司
		华东建筑设计研究院有限公司
		北京双圆工程咨询监理有限公司
		北京江河幕墙股份有限公司
2	香港环球贸易广场	新鸿基地产集团附属九龙站项目策划有限公司
		新鸿基地产集团附属新辉建筑有限公司
		奥雅纳工程顾问（Arup）
		中建三局第一建设工程有限责任公司
	深圳宝安体育场	华南理工大学建筑设计研究院
		中国建筑第八工程局有限公司
		深圳市宝安区建筑工务局
3	深圳大运中心	上海宝冶集团有限公司
		深圳市建筑工务署
		深圳市建筑设计研究总院有限公司
		中国建筑东北设计研究院有限公司
		广州珠江工程建设监理有限公司
		中国建筑第八工程局有限公司
		中建三局第二建设工程有限责任公司
		深圳市方大装饰工程有限公司
		上海裕项建设工程有限公司
		浙江精工钢结构有限公司
		深圳市工勘岩土工程有限公司
		中建钢构有限公司
4	京沪高速铁路 天津西站站房工程	北京市第三建筑工程有限公司
		北京建工集团有限责任公司总承包部
		铁道第三勘察设计院集团有限公司

续表

序号	工程名称	获奖单位
4	京沪高速铁路天津西站站房工程	北京铁路局京沪高速铁路天津西站工程建设指挥部
		北京市建筑工程研究院有限责任公司
5	深圳北站综合交通枢纽工程	中铁二局股份有限公司
		广深港客运专线有限责任公司
		深圳市地铁集团有限公司
		中铁南方投资发展有限公司
		中铁第四勘察设计院集团有限公司
		深圳大学建筑设计研究院
		北京城建设计研究总院有限责任公司
		中铁二局集团装饰装修工程有限公司
		广东杭萧钢构有限公司
		中铁四局集团有限公司
		中铁建工集团有限公司
		深圳中铁二局工程有限公司
		中铁二局第四工程有限公司
		北京铁城建设监理有限责任公司
		华南铁路建设监理公司
		中煤邯郸中原建设监理咨询有限责任公司
6	贵阳奥林匹克体育中心主体育场	中建三局第一建设工程有限责任公司
		贵阳金阳建设投资(集团)有限公司
		中国航空规划建设发展有限公司
		中建钢构有限公司
		中建三局东方装饰设计工程有限公司
7	新疆克拉玛依独山子区文化中心	中建新疆建工(集团)有限公司
		泉州粤港装饰工程有限公司
		新疆克拉玛依市独山子区建设局
8	天津港国际邮轮码头(客运大厦)	中国建筑第二工程局有限公司
		中建(北京)国际设计顾问有限公司
9	山西体育中心主体育场	山西四建集团有限公司
		中建国际(深圳)设计顾问有限公司
		中铁十二局集团建筑安装工程有限公司
		浙江江南工程管理股份有限公司
10	华能大厦	中建八局第一建设有限公司
		建设综合勘察研究设计院有限公司
		华能置业有限公司
		华东建筑设计研究院有限公司
		北京建工京精大房工程建设监理公司
11	中国石油大厦	中建一局集团建设发展有限公司
		北京华昌置业有限公司
		北京市建筑设计研究院

三、获 奖 名 单

续表

序号	工程名称	获奖单位
11	中国石油大厦	中程科技有限公司
		北京金雅装饰工程有限公司
12	广州塔	广州新电视塔建设有限公司
		奥雅纳工程顾问(香港)有限公司
		广州市设计院
		上海建工(集团)总公司
		广州市建筑集团有限公司
		上海建工一建集团有限公司
		广州市第一建筑工程有限公司
		上海市机械施工有限公司
		广州市第一装修有限公司
		上海新丽装饰工程有限公司
		上海市建筑装饰工程有限公司
		广东省基础工程公司
13	武汉阳逻长江公路大桥	武汉绕城公路建设指挥部
		湖北省交通规划设计院
		中交公路规划设计院有限公司
		中交第二航务工程局有限公司
		铁科院(北京)工程咨询有限公司
		武船重型工程股份有限公司
		江苏法尔胜缆索有限公司
		中铁大桥局股份有限公司
14	杭州九堡大桥	杭州市城市基础设施开发总公司
		杭州市城市建设投资集团有限公司
		上海市政工程设计研究总院(集团)有限公司
		中交第二航务工程局有限公司
		路桥集团国际建设股份有限公司
		武汉桥梁建筑工程监理有限公司
		杭州天恒投资建设管理有限公司
15	重庆嘉悦大桥正桥工程	重庆建工桥梁工程有限责任公司
		重庆市地产集团
		林同棪国际工程咨询(中国)有限公司
		重庆市建筑科学研究院
16	上海崇明越江通道(长江隧桥)	上海长江隧桥建设发展有限公司
		上海市政工程设计研究总院(集团)有限公司
		上海市隧道工程轨道交通设计研究院
		上海隧道工程股份有限公司
		中国中铁股份有限公司
		中交第二航务工程局有限公司
		上海城建(集团)公司

续表

序号	工程名称	获奖单位
16	上海崇明越江通道（长江隧桥）	路桥集团国际建设股份有限公司
		上海市基础工程有限公司
		中交第一航务工程局有限公司
		中铁大桥局股份有限公司
		上海城建市政工程（集团）有限公司
		中铁上海工程局有限公司
		中铁二十四局集团有限公司
		上海市第一市政工程有限公司
		广东省长大公路工程有限公司
		中铁武汉大桥工程咨询监理有限公司
		上海市市政工程管理咨询有限公司
17	小河至安康高速公路包家山隧道	陕西省交通建设集团公司
		中铁十二局集团有限公司
		中铁隧道股份有限公司
		中铁十八局集团有限公司
		陕西省交通规划设计研究院
		武汉大通公路桥梁工程咨询监理有限责任公司
18	六安至武汉高速公路大别山隧道群	安徽省交通投资集团有限责任公司
		武汉广益交通科技股份有限公司
		西南交通大学
		安徽省交通规划设计研究院有限公司
		天津大学
19	锦屏水电枢纽工程锦屏山隧道	中铁二局股份有限公司
		雅砻江流域水电开发有限公司
		中国水电顾问集团华东勘测设计研究院
		中国水电顾问集团贵阳勘测设计研究院
		中铁十四局集团有限公司
		中铁二局第二工程有限公司
20	云南新街至河口高速公路	中铁十二局集团有限公司
		云南新河高速公路建设指挥部
		四川省交通运输厅公路规划勘察设计研究院
		中铁十九局集团第三工程有限公司
21	大广高速湖北麻城至浠水段	湖北大广北高速公路有限责任公司
		葛洲坝集团第五工程有限公司
		中国葛洲坝集团机械船舶有限公司
		重庆锦程工程咨询有限公司
		武汉理工大学硅酸盐建筑材料国家重点实验室
22	江西景德镇至婺源（塔岭）高速公路	江西省交通厅景婺黄（常）高速公路建设项目办公室
		江西省交通设计研究院有限责任公司
		江西省公路工程监理公司

三、获奖名单

续表

序号	工程名称	获奖单位
22	江西景德镇至婺源(塔岭)高速公路	江西交通咨询公司
		中铁十八局集团有限公司
		北京城建道桥建设集团有限公司
		中交第三公路工程局有限公司
		中国葛洲坝集团股份有限公司
		江西省公路桥梁工程局
		中铁十三局集团有限公司
		中铁十二局集团第三工程有限公司
23	浙江曹娥江大闸枢纽工程	绍兴市曹娥江大闸建设管理委员会
		浙江省水利水电勘测设计院
		浙江省第一水电建设集团股份有限公司
		浙江省水利河口研究院
		浙江凌云水利水电建筑有限公司
		浙江江能建设有限公司
		浙江亚厦幕墙有限公司
24	深圳港大铲湾港区集装箱码头一期工程	中交水运规划设计院有限公司
		中交第四航务工程局有限公司
		中交四航局第二工程有限公司
		中铁二局股份有限公司
		深圳中铁二局工程有限公司
		上海东华建设管理有限公司
25	深圳地铁三号线	深圳市地铁三号线投资有限公司
		中铁二院工程集团有限责任公司
		上海市隧道工程轨道交通设计研究院
		中国土木工程集团有限公司
		中铁电气化局集团宝鸡器材有限公司
		中铁第四勘察设计院集团有限公司
		中铁隧道集团有限公司
		中铁十三局集团有限公司
		中铁十六局集团有限公司
		中铁二局股份有限公司
		浙江众合机电股份有限公司
		中铁隧道集团三处有限公司
		铁四院(湖北)工程监理咨询有限公司
		深圳达实智能股份有限公司
		深圳星蓝德工程顾问有限公司
		汕头市达濠市政建设有限公司
26	北京地铁四号线	北京市轨道交通建设管理有限公司
		北京市市政工程设计研究总院
		北京市政建设集团有限责任公司

续表

序号	工程名称	获奖单位
26	北京地铁四号线	北京城建集团有限责任公司
		中铁十四局集团有限公司
		北京城建设计研究总院有限责任公司
		中铁三局集团有限公司
		北京城乡建设集团有限责任公司
		中铁十三局集团有限公司
		中铁隧道勘测设计院有限公司
		北京京港地铁有限公司
27	沈阳地铁一号线	中铁四局集团有限公司
		中铁九局集团有限公司
		沈阳地铁集团有限公司
		铁道第三勘察设计院集团有限公司
		华铁工程咨询有限责任公司
28	深圳布吉污水处理厂	深圳市市政工程总公司
		深圳市水务工程建设管理中心
		中国市政工程西南设计研究总院
29	"西气东输"上海天然气主干管网系统工程	上海燃气(集团)有限公司
		上海天然气管网有限公司
		上海燃气工程设计研究有限公司
		中国市政工程华北设计研究总院
		上海煤气第一管线工程有限公司
		上海煤气第二管线工程有限公司
30	山西万家寨引黄入晋工程北干线PCCP输水工程安装Ⅱ标	北京韩建集团有限公司
		北京韩建河山管业股份有限公司
31	北京中信城(大吉危改项目)	北京中信房地产有限公司
		中国建筑标准设计研究院
		中国建筑技术集团有限公司
		中国航天建设集团有限公司
		中信国华国际工程承包有限责任公司
		通州建总集团有限公司
		中建保华建筑有限责任公司
		北京紫光绿化工程有限公司
32	北京雅世·合金公寓	中国建筑设计研究院
		日本株式会社市浦住宅城市规划设计事务所上海代表处
		中建一局集团第三建筑有限公司
		博洛尼旗舰装饰装修工程(北京)有限公司
		雅世置业(集团)有限公司

(中国土木工程学会 提供)

2011～2012年度省地节能环保型住宅国家康居示范工程通报表扬名单

一、通过"省地节能环保型住宅国家康居示范工程"验收的项目及突出成效

1. 北京西府颐园：产业成套技术推广、规划设计、建筑设计和施工组织管理。
2. 晋城经济适用住房项目龙凤苑：规划设计、建筑设计和施工组织管理。
3. 大同水泉湾龙园：产业成套技术推广、规划设计、建筑设计和施工组织管理。
4. 哈尔滨天鹅湾：产业成套技术推广、规划设计、建筑设计和施工组织管理。
5. 大庆东城领秀（锦绣园、华彩园）：规划设计、建筑设计和施工组织管理。
6. 朝阳毓水蓬莱：产业成套技术推广。
7. 北票毓水蓬莱：产业成套技术推广、规划设计、建筑设计和施工组织管理。
8. 大庆新城枫景：建筑设计和施工组织管理。
9. 大庆汇景花园：建筑设计和施工组织管理。
10. 上海三湘四季花城玉兰苑：产业成套技术推广、规划设计、建筑设计和施工组织管理。
11. 济宁冠亚星城：产业成套技术推广、规划设计、建筑设计和施工组织管理。
12. 临沂冠亚星城（一、二期）：产业成套技术推广、规划设计、建筑设计和施工组织管理。
13. 淄博创业颐丰花园（一期）：产业成套技术推广、规划设计、建筑设计和施工组织管理。
14. 淄博方正凤凰城：产业成套技术推广、规划设计、建筑设计和施工组织管理。
15. 东营众成格林星城：产业成套技术推广、规划设计、建筑设计和施工组织管理。
16. 潍坊双羊新城丽景园：产业成套技术推广、规划设计、建筑设计和施工组织管理。
17. 荣成丰荟海映山庄：产业成套技术推广、规划设计、建筑设计和施工组织管理。
18. 盐城钱江方洲小区（南区）：产业成套技术推广、规划设计、建筑设计和施工组织管理。
19. 吴江奥林清华（东区）：产业成套技术推广、规划设计、建筑设计和施工组织管理。
20. 苏州枫情水岸：产业成套技术推广、规划设计、建筑设计和施工组织管理。
21. 南京江畔人家：产业成套技术推广、规划设计、建筑设计和施工组织管理。
22. 合肥琥珀名城：产业成套技术推广、规划设计、建筑设计和施工组织管理。
23. 南昌保集半岛：产业成套技术推广、规划设计、建筑设计和施工组织管理。
24. 杭州市浦阳镇桃北新村农民公寓：产业成套技术推广、规划设计、建筑设计和施工组织管理。
25. 晋江兰峰城市花园（二、三期）：产业成套技术推广、规划设计、建筑设计和施工组织管理。
26. 襄阳左岸春天：规划设计、建筑设计和施工组织管理。
27. 长沙东岸梅园：产业成套技术推广、规划设计、建筑设计和施工组织管理。
28. 成都远洋朗郡：产业成套技术推广、规划设计、建筑设计和施工组织管理。

二、住宅建设创新成效突出单位

1. 北京中筑置业有限公司
2. 大同翔龙集团房地产开发有限责任公司
3. 哈尔滨中威投资有限公司
4. 大庆久隆房地产开发股份有限公司
5. 朝阳华龙科建房地产开发有限公司
6. 上海三湘（集团）有限公司
7. 济宁怡景地产有限公司
8. 山东创业房地产开发有限公司
9. 山东方正房地产开发有限公司
10. 山东众成地产有限公司
11. 天同宏基集团股份有限公司
12. 威海丰荟集团有限公司
13. 盐城市苏嘉房地产开发有限公司
14. 南京栖霞建设集团有限公司
15. 苏州栖霞建设有限责任公司
16. 合肥城建发展股份有限公司
17. 南昌申标房地产发展有限公司
18. 杭州市萧山区浦阳镇桃北新村经济联合社
19. 长沙芙蓉新城置业有限公司
20. 长沙郡城项目管理有限公司

21. 成都朗基地产有限公司

（来源：住房城乡建设部《关于2011～2012年度省地节能环保型住宅国家康居示范工程的通报》 建房函[2012]251号）

住房城乡建设系统2011～2012年度全国青年文明号名单

(共90个)

北京市通州区住房和城乡建设委员会执法监督科
北京市规划展览馆
北京朝阳公园南门检票班
北京住房公积金管理中心方庄管理部
北京市北海公园琼岛永安寺班
北京市天坛公园神乐署雅乐艺术团
北京金隅嘉业房地产开发有限公司管理部
北京建工置业有限责任公司建工大厦项目部
首开集团北京亿方物业管理有限责任公司通惠家园分公司工程部
天津市自来水集团供水服务热线网络中心
中铁十八局五公司海河隧道项目部
天津市规划展览馆
上海市排水管理处防汛与设施管理科（信息科）
上海老港废弃物处置有限公司生活垃圾运输五班
上海市普陀区房地产交易中心
上海隧道工程股份有限公司机械制造分公司技术中心
上海城投置业管理有限公司物业管理分公司
上海市测绘院浦东分院测绘一科
重庆市工程建设招标投标交易中心
重庆市路桥收费管理处收费服务中心
河北省建设信息中心
山西省太原市市政公共设施管理处桥梁养护管理所
山西省太原市房产交易服务中心
山西建筑工程（集团）总公司北京分部
辽宁省葫芦岛市房地产价格评估事务所
辽宁省鞍山市房产立山总公司青年突击队
辽宁省铁岭市市政管理维修处
辽宁省沈阳市房屋租赁管理中心稽查科
吉林省长春房屋置换股份有限公司
江苏省南京市市容管理收费处收费窗口
江苏省常州市规划馆
江苏省如皋市自来水厂客户服务中心
江苏省南京市江宁区住房和城乡建设局办公室（局12345呼叫办理中心）
江苏省常州港华燃气有限公司博爱路客户中心（原常州港华燃气有限公司客户服务中心）
江苏省苏州市建设工程交易中心
江苏省南通安装集团股份有限公司第三分公司（原南通市工业设备安装股份有限公司第三项目部）
江苏省镇江市自来水公司金西水厂中心控制室
浙江省杭州市城市基础设施建设发展中心大桥建设处
浙江省宁波市住房公积金管理中心办事大厅
浙江省嘉兴市城乡规划建设管理委员会服务窗口
浙江省杭州市城市规划展览馆服务部
浙江省台州市房地产管理处
安徽省芜湖市住房公积金管理中心信贷科
安徽省安庆市房地产产权产籍监理处交易大厅服务台
安徽省合肥供水集团有限公司营业大厅
福建省福州市闽江公园管理处
福建省厦门市国土资源与房产管理局综合服务大厅
福建省泉州市建设工程交易中心
江西省上饶市房产交易中心
江西省九江市规划局报建信息管理中心
江西省新余市房地产交易登记中心
山东省济南市城乡建设委员会驻行政审批中心窗口
山东省济南市历下区城市管理监督指挥中心
山东省青岛市12319服务热线管理中心
山东省济宁市房产交易监理处
山东省日照市园林管理局
山东省泰安市环境卫生管理处"橘红"环卫服

三、获奖名单

务中心(原泰安市环卫处收费管理办公室)
　　山东省滕州市房地产交易监理所
　　山东省东营市建设工程招标投标办公室
　　山东省烟台市城市排水管理处套子湾污水处理厂污泥处理车间
　　山东省潍坊市城市管理监督指挥中心"12319"市政热线
　　山东省泰安市建筑工程质量检测站
　　山东德建集团有限公司一建设分公司
　　河南省开封市供水总公司水质监测站
　　河南省濮阳市公用事业局"老李服务热线"
　　河南省济源市风景园林管理局南蟒河管理组
　　河南省郑州自来水投资控股有限公司客户服务中心供水热线
　　河南省许昌市数字化城市管理中心
　　厦门水务集团(新乡)城建投资有限公司
　　湖北省武汉市洪山区住房保障和房屋管理局政务窗口管理办公室
　　湖北省宜昌住房公积金管理中心一马路营业部
　　湖北省黄石市城管执法局机动大队(原黄石市城市管理局黄石港大队)
　　湖南省长沙市城市建设科学研究院
　　湖南省株洲市白蚁防治管理办公室防治科
　　湖南省衡阳市房地产产权监理处房屋产权交易服务中心(原衡阳市房屋产权产籍管理处政务窗口)
　　湖南省株洲市市政工程管理处路政管理大队
　　广东省广州市房地产交易登记中心业务受理部
　　广东省江门市房地产交易登记所
　　广西壮族自治区南宁市房屋产权交易中心登记科
　　广西壮族自治区柳州市政务服务中心房产分厅受理科
　　海南省建筑工程研究院
　　四川省峨眉山一乐山大佛风景名胜区管委会金顶管理处
　　贵州省建筑设计研究院设计六所
　　陕西省宝鸡市自来水有限责任公司营业所抄表收费班
　　甘肃省金昌市供水管理处
　　宁夏回族自治区银川住房公积金管理中心区直分中心营业大厅
　　青海省西宁住房公积金管理中心省直分中心
　　新疆维吾尔自治区昌吉州住房公积金管理中心
　　中建八局二公司王大勇项目经理部(原中建八局二公司山东省会文化艺术中心工程项目经理部)
　　中建三局建设工程股份有限公司(北京)安装经理部

(来源:《住房城乡建设部 共青团中央关于命名住房城乡建设系统2011~2012年度全国青年文明号的决定》2013年2月1日)

全国住房城乡建设系统先进集体名单

(共计198个)

北京市
东城区住房和城市建设委员会
西城区住房和城市建设委员会
北京市城市规划设计研究院
北京环境卫生工程集团有限公司一清分公司
北京城市排水集团有限责任公司抢险大队(北京新源恒能市政工程有限公司)
西城区园林绿化局
北京住房公积金管理中心方庄管理部
北京市颐和园管理处

天津市
天津市12319城建热线服务中心
天津市历史风貌建筑整理有限责任公司
天津子牙循环经济产业投资发展有限公司
天津市建设工程监理公司
天津松江股份有限公司
河东区建设管理委员会
河北区建设管理委员会
和平区人民政府供热办公室

河北省
唐山市住房和城乡建设局
邯郸市建设局
邯郸市城乡规划局
石家庄市园林局

廊坊市住房保障和房产管理局
石家庄住房公积金管理中心
河北省住房和城乡建设厅住房保障处

山西省
太原市规划编制研究中心
大同市住房和城乡建设委员会
山西省城乡规划设计研究院
晋中市园林局道路绿化管理处
忻州市市容环境卫生管理处
吕梁市柳林县住房保障和城乡建设管理局

内蒙古自治区
内蒙古自治区建设工程招标投标服务中心
乌海市规划局
鄂尔多斯市东方房地产开发有限责任公司
西乌珠穆沁旗住房和城乡建设局
通辽市房产管理局
乌兰察布市建设工程质量监督站

辽宁省
沈阳市住宅小区管理办公室
沈阳市绿化管理处
大连市房地产登记发证中心
本溪市动植物园管理办公室
锦州市城乡规划建设委员会
营口市房产交易管理中心
盘锦市住房和城乡建设委员会
葫芦岛市住房和城乡建设委员会

吉林省
长春市建筑市场执法监察支队
吉林市住房保障和房地产管理局
延边朝鲜族自治州住房和城乡建设局
白城市住房和城乡建设局
通化市规划局
梅河口市建设局
吉林省华兴工程建设集团有限公司

黑龙江省
哈尔滨市墙体材料改革建筑节能领导小组办公室
大庆市城乡建设局
伊春市住房和城乡建设局
黑龙江省城市规划勘测设计研究院
七台河市园林管理局
大兴安岭地区漠河县住房和城乡建设局
牡丹江市住房和城乡建设局
黑龙江省建设集团有限公司七建建筑工程有限责任公司

上海市
上海城建市政工程(集团)有限公司
上海黄浦江越江设施投资建设发展有限公司
上海市房地产交易中心
上海建工房产有限公司
上海东晨市容清洁服务有限公司
上海岩土工程勘察设计研究院有限公司
上海轨道交通十三号线发展有限公司
上海市市政规划设计研究院

江苏省
江苏省住房和城乡建设厅住房保障处
无锡市住房公积金管理中心
徐州市城乡建设局
常州市城市管理行政执法支队
南通市建筑工程质量检测中心
淮安市人民政府房屋征收管理办公室
镇江市住房和城乡建设局
泰州市房产管理局

浙江省
杭州市数字城管信息处置中心
宁波市建筑工程安全质量监督总站
温州市房屋登记中心
湖州市住房公积金管理中心
嘉兴市环境卫生管理处
中国联合工程公司第一工程建设公司
东阳市建筑业管理局
台州市三门县建设规划局

安徽省
合肥市城乡建设委员会
蚌埠市住房和城乡建设委员会
芜湖市住房和城乡建设委员会
铜陵市住房公积金管理中心
黄山市自来水公司
安徽省住宅产业化促进中心
安徽建工集团有限公司

福建省

福州市城乡建设委员会
厦门建发房地产集团有限公司
漳州市长泰县建设局
莆田市住房和城乡建设局
泰宁县住房和城乡规划建设局
福建省住房和城乡建设厅政务服务中心

江西省

九江市住房保障和房产管理局
赣州市城乡规划建设局
上饶市建设局
九江市庐山区市容局
鹰潭市住房公积金管理中心
中阳建设集团有限公司

山东省

济南市生活废弃物处理中心
济南城建集团有限公司
青岛泰能燃气集团有限公司
烟台市住房和城乡建设局
潍坊市规划局
潍坊市公积金管理中心
临沂市城市管理局
德州市住房和城乡建设局

河南省

河南省住房和城乡建设厅住房保障处
许昌市城市管理局
商丘市住房和城乡建设局
平顶山市城市污水处理费征收管理办公室
固始县城市公用事业服务中心
邓州市市政工程公司
济源市住房和城乡建设局
项城市住房和城乡建设局

湖北省

襄阳市城乡建设委员会
随州市住房和城乡建设委员会
湖北省城镇住房制度改革领导小组办公室
宜昌市规划局
黄石市房地产管理局
武汉市江夏区城市管理局
荆州住房公积金管理中心

湖南省

株洲市城市管理和行政执法局
长沙市城市管理和行政执法局
湘西土家族苗族自治州住房和城乡建设局
永州市房产局
岳阳市建设工程质量安全监督管理处
常德市澧县住房和城乡建设局
怀化市全城污水处理有限公司

广东省

汕尾市海丰县住房和城乡规划建设局
韶关市住房和城乡建设局
湛江市房产管理局
广东省建设工程质量安全监督检测总站
梅州市城乡规划局
深圳市住宅发展事务中心

广西壮族自治区

广西建工集团第一建筑工程有限责任公司
广西壮族自治区住房和城乡建设厅培训中心（广西建设执业资格注册中心）
南宁市城乡建设委员会
桂林市园林局
贵港市住房公积金管理中心

海南省

海南省住房和城乡建设厅行政审批办公室
海南省建筑设计研究院
海口市建设工程质量安全监督站
三亚市住房和城乡建设局

重庆市

重庆市工程建设招标投标交易中心
永川区城乡建设委员会
重庆市规划局规划编制管理处
重庆市江北土地房屋权属登记中心
渝北区城乡建设委员会
涪陵区城乡建设委员会
重庆建工市政交通工程有限责任公司
重庆市动物园管理处华南虎班组

四川省

成都市住房保障中心
德阳市住房和城乡规划建设局
四川省住房和城乡建设厅城市建设处
阿坝藏族羌族自治州红原县城乡规划建设和住

房保障局
 绵阳市住房和城乡建设局
 广元市城乡规划建设和住房保障局
 成都市散装水泥办公室
 峨眉山—乐山大佛风景名胜区管理委员会

贵州省
 黔东南苗族侗族自治州建筑工程总公司
 贵阳市住房和城乡建设局
 遵义市住房公积金管理中心
 贵州织金洞风景名胜区管理局

云南省
 云南省安泰建设工程施工图设计文件审查中心
 云南城市建设工程咨询有限公司
 云南建设学校
 昆明华昆工程造价咨询有限公司
 昆明市市政工程(集团)有限公司
 元江哈尼族彝族傣族自治县自来水厂

西藏自治区
 西藏宏绩集团有限公司

陕西省
 西安市城中村改造办公室建设工程质量安全监督站
 西安市房产交易管理中心
 延安市宝塔区住房和城乡建设规划局
 安康市城乡规划设计院
 商洛市城市管理局
 陕西省建设工程质量安全监督总站

甘肃省
 庆阳市住房和城乡建设局
 白银市住房和城乡建设局
 酒泉市住房和城乡建设局
 陇南市住房和城乡建设局
 天水市房地产管理局

青海省
 玉树藏族自治州住房和城乡建设局
 海北藏族自治州建设工程质量安全监督站
 西宁市园林局
 西宁金座房地产开发有限公司

宁夏回族自治区
 银川市住房保障局
 吴忠市建设局
 石嘴山市规划管理局
 宁夏建设工程造价管理站

新疆维吾尔自治区
 乌鲁木齐市建设委员会
 克拉玛依市建设局
 阿克苏地区住房和城乡建设局
 新疆维吾尔自治区住房和城乡建设厅行政许可办公室

新疆生产建设兵团
 新疆生产建设兵团农六师建设局

住房城乡建设部直属机关
 住房城乡建设部办公厅信访处

全国住房城乡建设系统先进工作者名单

(共计 441 名)

北京市
魏　霞(女)　北京市住房和城乡建设委员会应急与信访工作处调研员
高　松　房山区建设工程质量监督站站长
赵建章　海淀区房屋管理局第二房屋管理所所长
朱铁华　北京市规划委员会总体规划处调研员
马芝蕾(女)　北京市市政市容管理委员会工会副主席(现在拉萨市挂职)
时鸣玲(女)　房山区市政市容管理委员会农村改水办公室总工程师
葛二梅(女)　门头沟区市政市容服务中心工程协

三、获奖名单

	调科科长
张春岩	丰台区房屋经营管理中心供暖设备服务所职工
蒋天科	丰台区环境卫生服务中心大红门环卫所所长
李继良	通州区环境卫生设施所所长
余长康	北京市环境卫生设计科学研究所环境卫生监测站理化检测室副主任
王世锋	海淀区水务局排水科科长
温殿文	怀柔区人民政府节约用水办公室常务副主任
王学斌	西城区人民政府节约用水办公室主任
张书函	北京市水科学技术研究院节水技术研究中心副总工程师
陈福柱	石景山区市政工程管理所副所长
高连发	门头沟区园林绿化局党委书记、局长
林广勋	北京市园林绿化工程质量监督站副站长
王卫华(女)	顺义区园林绿化局办公室主任
朱利君	北京市紫竹院公园管理处游船队青年班班长
韩笑(女)	北京市颐和园管理处讲解员
车少臣(满族)	北京市园林科学研究所植物保护所研究室主任

天津市

全 雷	天津市城乡建设和交通委员会村镇建设处处长
赵春水	天津市城市规划设计研究院总建筑师
沈 舟	天津市住房公积金管理中心河东管理部职工
古建华	静海县建设管理委员会主任
崔士伟	宁河县市政工程管理中心主任
王德华	津南区市政工程管理所所长
王洪成	天津市园林规划设计院院长

河北省

冯长锁	河北省住房和城乡建设厅总工程师
张增振	秦皇岛市城市管理局党委书记、局长
于文竹	邯郸市住房保障和房产管理局局长、党委书记
尹孟谦	邢台市建设局党组副书记
蒋满科	河北省住房和城乡建设厅执业资格注册中心调研员
祖桂玉(女)	石家庄市城市管理委员会市政处处长
李腾飞	张家口市房地产交易产权管理处处长
常胜超	承德市城市管理局城管监察一大队监察员
张 平	秦皇岛市工程建设造价管理站副站长
张红英(女)	唐山市住房公积金管理中心管理部主任
张春晖	保定市建设市场稽查大队大队长
杨建峰	沧州市住房和城乡建设局安居办综合室主任
王晨亮	衡水市建设工程质量监督站站长
姜志远	邢台市环境卫生管理处党委副书记、处长
云文水	邢台市规划监察大队大队长

山西省

王建宝	大同市园林管理局党组书记、局长
徐海马	太原市城乡管理委员会党委副书记
刘秀华(女)	阳泉市住房公积金管理中心副主任
徐金虎	临汾市古县住房保障和城乡建设管理局局长
张力明	山西省住房和城乡建设厅后勤服务中心干部
王 浩	运城市建设工程交易中心主任
马裕国	晋城市园林局绿化建设科科长
李 静(女)	晋中市住房保障和城乡建设管理局房产科科员
贺新荣	大同市城乡规划局编制和历史文化名城保护科科长
高晓乾	山西省政府工程建设事务管理局施工管理科科长
蓝继志	太原市市容环境卫生机械清洁队队长

内蒙古自治区

王 成	包头市住房保障和房屋管理局党委书记、局长
郭存宇(女)	呼和浩特市住房保障和房屋管理局党委办公室副主任
董天学	赤峰市红山区城市管理综合行政执法局环卫清扫三队队长
宋 慧	呼和浩特市园林管理局总规划师
刘永军	巴彦淖尔市城市管理行政执法局主任科员
肖彤伟	呼伦贝尔市城乡规划设计研究院院长
张哲恒	乌海市住房和城乡建设委员会建筑

业管理科科长

辽宁省

李江波	辽宁省住房和城乡建设厅办公室副主任
张　平	锦州市规划管理局局长
付志宏	阜新市住房和城乡规划建设委员会主任
刘旭东	葫芦岛市住房和城乡建设委员会党委书记、主任
李　忠	鞍山市环境卫生管理处处长
苗　宇	铁岭市环境卫生管理处主任
李　华	朝阳市园林管理处党总支书记、处长
韩文凯	葫芦岛市绥中县城乡规划局党组书记、局长
李晓华	沈阳市城市管理行政执法局直属二支队支队长
柳晓云	大连市路灯管理处路灯一所副所长
孙立英(女)	鞍山市城乡建设委员会副处长
张玉美(女)	抚顺市房产管理局住宅建设处科员
刘红梅(女)	本溪市平山区城乡建设管理局保洁队队长
贾福玉	本溪市房产产权管理处党委书记、处长
王素芳(女)	丹东市住房和城乡建设委员会政治处主任
李绍杰	营口市市政设施维修处副处长
富海洋(满族)	辽阳市住房和城乡建设委员会工程质量安全科科长
王大军	铁岭市新城区建设项目管理局规划处处长
王向军	盘锦市住房保障与房改办公室主任
张　刚	鞍山市公用事业管理局局长

吉林省

曲惠卿(女)	吉林省住房和城乡建设厅安全生产监督管理处处长
王大为	白山市住房和城乡建设局局长、党委书记
孙红菊(女)	长春市朝阳区环境卫生保洁管理处班长
刘　波	吉林市城乡建设委员会重点处处长
孟庆敏	四平市城市管理办公室主任
孙树贵(满族)	伊通满族自治县住房和城乡建设局局长
杨松林	辽源市房地产市场管理处主任
孙英男(女)	松原市规划局规划展览馆馆长
韩英浩(鲜)	白山市规划局浑江分局局长
潘春刚	白城市镇赉县园林管理处主任

黑龙江省

贾振富	黑龙江省住房和城乡建设厅总规划师
徐井波	哈尔滨市城乡建设委员会基础设施工程处副主任科员
魏　昶	哈尔滨市城市管理局副局长
王国君	黑龙江省墙体材料改革办公室总经济师
李洪强	哈尔滨市棚改征收净地总指挥部综合部部长
闫振滨	齐齐哈尔市建设工程安全监察站站长
黄　伟	牡丹江市棚户区改造和廉租房建设办公室科长
栾金晶	佳木斯市住房保障办公室主任
丁喜富	大庆市城市管理委员会主任
陈立新(女)	大庆市住房公积金管理中心科长
田锦霞(女)	鸡西市园林管理处党支部书记
张兴武	牡丹江市宁安市建设局局长
吕　华	伊春市伊春区环境卫生监督管理处主任
王全志	鹤岗市房地产产权市场管理处支部书记
毕淑杰(女)	黑河市建筑安全监督管理站站长
贺东升	绥化市肇东市住房和城乡建设局党委书记、局长
王欢(女)	大兴安岭地区加格达奇区市政园林管理处主任

上海市

田　旗	上海辰山植物园标本馆馆长
张　逸	上海市城市规划设计研究院浦东院副院长
袁文平	上海市路政局道路技术中心主任
陈幸幸(女)	松江区环境卫生管理署党支部书记、署长
丁汉明	崇明县水务局局长
刘贤明	上海城市发展信息研究中心数字化管理部副主任
樊金江	上海市物业管理事务中心房屋维修监督科科长

三、获奖名单

胡广杰	闸北区建设和交通委员会主任
沈　昱（女）	长宁区建筑业管理署党支部书记、署长
胡化龙	浦东新区住宅发展和保障中心建设管理科副科长
姜同金	普陀区住房保障和房屋管理局房屋征收科科长
董之益	静安区城市管理行政执法局执法大队曹家渡街道分队队长助理
高建平	徐汇区住房保障和房屋管理局综合执法队队长

江苏省

何　平	江苏省建设工程招投标办公室主任
万冬平（女）	南京市城市管理局组织人事处处长
董莉莉（女）	南京住房公积金管理中心副主任科员
聂　晶	南京市规划局主任科员
纪　苏	无锡市建设工程设计审查中心主任
冯晓星（女）	无锡市规划局新城分局副局长
夏　天	无锡市房屋安全管理处（无锡市房产监察支队、房屋安全鉴定中心）处长、支队长、主任
赵　越	徐州市规划局行政许可服务处处长
李云岘（女）	徐州市市政园林局局长
刘仁富	常州市住房保障中心副主任兼总工程师
项卫东	苏州市绿化管理站副站长
张正祥	苏州市住房公积金管理中心常熟分中心主任
张志华	南通市城市管理行政执法局直属执法支队大队长
陈　岗	南通市规划局市政规划处处长
马久健	南通市住房保障和房产管理局拆迁管理处处长
徐传东	连云港市城乡建设局城市建设处处长
翟晓东	连云港市住房保障和房产管理局物业管理处处长
胡锦尧	淮安市住房公积金管理中心主任、党总支书记
从卫民	淮安市建设工程施工图审查处主任、书记
姜　华	盐城市城乡建设局局长、党委副书记
单萍萍（女）	盐城市住房公积金大丰管理部主任
唐为祥	盐城市环境卫生管理处主任、党总支书记
谭学斌	高邮市住房保障和房产管理局法制科科长
	高邮市公有房屋管理所所长
钱　进	扬州市江都区城乡建设局党委副书记扬州市江都区住房保障和房产管理局局长、党组书记
沙振镇（回族）	镇江市规划委员会办公室主任
周东明	镇江市丹阳市住房和城乡建设局党委书记、局长
孔乐云（女）	泰州市环境卫生管理处城南所副所长
陈　奎	宿迁市园林绿化管理局副局长、党支部书记
金龙成	宿迁市规划局工程规划处处长

浙江省

祝时伟	湖州市住房和城乡建设局局长、党委副书记
陶金根	嘉兴市城乡规划建设管理委员会党委书记、主任
张顺建	绍兴市住房和城乡建设局党委书记、局长
徐绍兴	杭州市住房保障和房产管理局组织人事处调研员
陈高鲁	温州市住房和城乡建设委员会副主任、党委副书记
顾　浩	浙江省城乡规划设计研究院院长、党委书记
施祖元	浙江省建筑设计研究院院长、党委书记
邱卓敏	宁波市北仑区建筑工程安装管理处综合科科长
徐春来	金华市住房和城乡建设局办公室主任
梅建宏	衢州市综合行政执法局南区支队支队长
黄林伟	舟山市新城建设开发服务中心副主任
洪　孙	丽水市松阳县城建监察大队大队长
陈建弟	杭州市城市管理行政执法支队直属大队科员
郑志雄	宁波市城市管理局（城市管理行政执法局）主任科员
杨介榜	温州市城市规划设计研究院副院长

潘文豪	湖州市城市管理行政执法局执法第三支队政委	汪秀安	安庆市城市管理行政执法局副大队长
吴加杰	平湖市建筑工程管理处质监一科科长	黄显怀	安徽建筑工业学院科技处处长

福建省

杜蔚	绍兴市城市规划设计研究院院长、党委书记
吴翠虹(女)	金华市环境卫生管理处职工
郑明宏	衢州市区旧城改造指挥部办公室主任
葛震蓉(女)	舟山市环境卫生管理处党支部副书记
陈爱东	丽水市青田县建设工程质量监督站站长
周慈奉	杭州市勘测设计研究院院长、党委书记
蒋卫鸣	宁波市规划局江北慈城(镇)分局副局长
余利勇	温州市城市管理与行政执法局机动大队二中队中队长
姚敏亚(女)	湖州市德清县建设工程招标投标管理站站长兼质监站党支部书记
姬汉民	嘉兴市海盐县白蚁防治站站长

安徽省

张炜	合肥市房地产管理局局长
葛斌	合肥市重点工程建设管理局副局长
林美珠(女)	淮北市环境卫生管理处副科长
温峰	亳州市住房和城乡建设委员会工会主任
李爱尊	宿州市住房公积金管理中心(房改办)副主任
陈礼超	蚌埠市城乡规划局行政审批科副科长
陈林波	阜阳市环境卫生管理局清扫大队大队长
王刚勇	淮南市风景园林规划设计研究院院长
张德新	滁州市城乡建设委员会科长
陶泽芳(女)	马鞍山市住房公积金管理中心主任
吴玉芳(女)	宣城市旌德县住房和城乡建设委员会市政局副局长
何刚明	铜陵市住房和城乡建设委员会党组书记、主任
桂海宏(女)	池州市住房公积金管理中心总会计师

福建省

陈跃鸿	漳州市城乡规划局党组书记、局长
王卫红	泉州市住房和城乡建设局副局长
张隆基	龙岩市住房和城乡建设局副局长
李与耀	厦门市建设与管理局机关党委专职副书记
黄丽娜(女)	福州市马尾区市容管理局机动中队指导员
林泉	福州市绿化工程处办公室主任
褚丹霞(女)	厦门市规划局海沧分局用地与市政科科长
陈登雄	厦门市绿化管理中心科长
周维娜(女)	厦门市住房公积金管理中心副主任科员
陈永杰	泉州市市政公用事业管理局市容公用管理科科长
陈德产	泉州市鲤城区城市管理行政执法局直属二中队中队长
蔡进山	莆田市城乡规划局办公室主任科员
陈开强	南平市政和县住房保障和城乡规划建设局城建股股长
张瑞元	三明市市政工程管理处主任
温爱萍	福建省住房和城乡建设厅城建处主任科员(驻村)
林跃平	漳州市住房和城乡建设局审核审批科科长

江西省

王绍英	宜春市城乡规划建设局行政服务科科长
桂晓华	抚州市园林绿化局管护科科长
毛宗水	九江市建筑施工管理站站长
李景华	景德镇市市政工程处机械维修队职工
刘革伟	新余市建设工程质量监督站副站长
黄春华(女)	上饶市房产交易中心主任
吴水胜	抚州市建设局建筑管理科科长
张贤谊	南昌市城乡规划局用地规划处处长
占志民	景德镇市住房公积金管理中心秘书科科长
罗祯云	江西省建设工程造价管理局局长
姜青山	上饶市上饶县建设局局长

三、获奖名单

山东省

李广东	潍坊市住房和城乡建设局局长、党委书记
张绪忠	莱芜市住房和城乡建设委员会主任、党委书记
刘来河	滨州市住房和城乡建设局党委书记、局长
王乃光	菏泽市城乡建设局党委书记、局长
张普林	山东省住房和城乡建设厅机关党委专职副书记
杨相强	威海市城乡建设委员会工委副书记、市规划局党组书记
刘 新	滕州市住房和城乡建设局党委书记、局长
徐茂盛	济宁市泗水县住房和城乡规划建设局党委书记、局长
王义勇	烟台市市政养护管理处党委副书记副处长
牟 强	日照市集中供热中心副主任兼建设热力有限公司副经理
庞玉坤	临沂市政工程总公司总经理
陆春雷	济南市规划局市政规划处主任科员
王世龙	济南市趵突泉公园管理处环城公园主任
惠晓飞	青岛市城乡建设委员会城建处副主任科员
程士东	青岛市勘察测绘研究院测绘研究所支部副书记兼副所长
李宏军	淄博市规划局淄川分局建管科科员
王清燕	淄博市住房公积金管理中心淄川管理部主任
牛效强	东营市建设工程施工安全监督站站长
孙丽莉(女)	烟台市城市规划编研中心技术科高级工程师
李 立	泰安市东平县住房和城乡建设局财务科科长
李元元	泰安市规划设计院副院长
全胜先	临沂市规划建筑设计研究院建筑设计二所副高级工程师
韩 冰	德州市建设工程质量监督站工程师
李春勇	滨州市园林绿化管理处绿化管理科科员
于汇洋	东营市城乡规划局建设用地规划管理科科长

河南省

吕中元	河南省住房和城乡建设厅机关党委专职副书记
张桂婷(女)	河南省建设工会主席
高永振	郑州市城乡建设委员会党委副书记
李嵩峰	鹤壁市住房和城乡建设局党组书记、局长
张群林	南阳市住房和城乡建设委员会副主任
马志远	河南省建设工程质量监督总站科长
冯荣智	郑州市住房保障和房地产管理局规划和住房保障处处长
杨香安	许昌市城乡规划监察支队支队长
胡海燕(回族)	固始县住房和城乡建设局党委副书记、局长
张国喜	周口市市政管理处副主任
李永平	焦作市墙体材料改革办公室主任
顾 凯	南阳市墙体材料改革办公室主任
李建设	周口市规划局工会主席
吴 峰	许昌市建设工程质量监督站站长、书记
郜书森	驻马店市泌阳县住房和城乡建设局党组书记、局长
张建忠	三门峡市园林绿化建设投资公司主任
朱浩伟	漯河市住房保障中心主任
刘瑞群(女)	平顶山市建设工程质量监督站站长
谷红旭	安阳市城市管理行政执法局办公室主任
金加法	洛阳市公用事业局办公室主任
席学武	三门峡市住房和城乡建设局住房保障科科长
麻永周	长垣县城乡规划局监察大队大队长
理效明	信阳市房屋产权产籍监理处档案馆馆长
王建郑	郑州市碧沙岗公园园林科工人
陈月梅(女,回族)	漯河市环境卫生管理处工人

湖北省

肖 彬	咸宁市城乡规划局局长
张忠诚	湖北省住房和城乡建设厅机关党委调研员(现挂职新疆博州住建局副局长)
江 永	宜昌住房公积金管理中心主任
叶 辉	武汉市计划用水节约用水办公室副主任
王志莉(女)	襄阳市城乡规划编制研究中心副主任

钟　毓	荆门市公房管理处处长	陈　平	资兴市园林管理处主任
曹树旺	武当山旅游经济特区规划建设局局长	龚林岚(女，土家族)	湘西土家族苗族自治州建设工程质量安全监督管理站副站长
程秋元	洪湖市住房和城乡建设局局长、党委书记	李　良	株洲市规划设计院总工程师
刘　忠(女)	武汉住房公积金管理中心服务大厅主任科员	邓礼军	永州市城市管理行政执法局冷水滩分局肖家园大队大队长
张建钢	黄石市排水管理处职工	李启军(土家族)	张家界市环境卫生管理处市容环卫科副科长
苏志雄	十堰市房地产管理局住房保障办公室职工	刘　彬	衡阳市城乡规划局市政科科长
张志朋	湖北省葛店经济技术开发区房产管理局办证服务大厅房屋登记员	倪春莲(女)	湘潭市园林管理局城市道路绿化维护二队工人
徐春枝(女)	黄冈市市容环境卫生管理局赤壁环卫所保洁员	**广东省**	
张劲松	黄冈市园林绿化管理处园林绿化工	谭龙海	广东省住房和城乡建设厅直属机关党委专职副书记
刘莉梅(女)	孝感住房公积金管理中心办公室主任	杨海涛	广东省建设信息中心总工室主任
周勇昌	随州市城市管理执法局二分局市容管理中队中队长	邓国基	广州市城市规划勘测设计研究院副院长
彭美虹	恩施市城市管理局城建监察大队六角城管中队中队长	熊　林(女)	广州市水务局排水管理处主任科员
刘　伟	仙桃市住房和城乡建设委员会办公室主任	蔡耿生	深圳市规划和国土资源委员会主任科员
湖南省		袁忆博(女)	深圳市水务局污染治理处主任科员
刘金春	长沙市市政设施建设管理局党组书记	李　凡	珠海市住房公积金管理中心副主任
张灼文	湖南省住房和城乡建设厅直属机关党委副书记	游从正	东莞市城市综合管理局主任科员
雷细生	永州市住房和城乡规划建设局党组成员	罗泳仪(女)	佛山市禅城区住房保障建设管理中心普君房管所副所长
张益平	长沙市浏阳市住房和城乡建设局党委副书记、局长	曾伟锋	河源市住房和城乡规划建设局办公室主任
黄保锦	衡阳市住房和城乡建设局局长、党委副书记	练瑞群(女)	惠州市桥西环境卫生管理所保洁员
陈经同	株洲市园林绿化局总工程师	梁　涛	茂名市建设工程监督管理局综合监督科负责人
付昭良	邵阳市洞口县住房和城乡建设局党委书记、局长	温文忠	梅州市住房和城乡建设局住房保障科科长
蒋志新	岳阳市华容县住房和城乡建设局局长、党委书记	胡剑芸	清远市住房和城乡建设局建筑管理科副科长
曹　华	常德市规划局建设用地规划管理科科长	张　青(女)	汕头市生活垃圾卫生处理场科研所所长
张　炼(女)	张家界市住房和城乡建设局建筑管理科科长	陈辉南	汕尾市住房和城乡建设局局长、党组书记
徐再琼	益阳市住房保障管理中心主任	袁建文	韶关市城乡规划市政设计研究院市政所所长
		黎家余	肇庆市生活垃圾无害化处理场业务股副股长
		房三艳(女)	中山市住房保障办公室科员
		黄宗文	江门市台山市城市管理局环卫管理

三、获 奖 名 单

	处环卫工人
林　川	阳江市城市规划设计院院长、党支部书记
江卓君	云浮市住房和城乡建设局局长
何　杰	湛江市城市规划局建管科副科长
李尚春	佛山市顺德区国土城建和水利局科员
王锡鑫	潮州市城市规划勘测设计院院长

广西壮族自治区

冯炳浩	南宁市住房保障和房产管理局党组书记
张世良	柳州市园林局总工程师
刘自江	柳州市环境卫生管理处业务股股长
李新平	桂林市白蚁防治所所长、党支部书记
王新强	桂林市环境卫生管理处冲口生活垃圾填埋场场长
王　萍(女)	北海市房地产交易中心产权科科长
范雨霞(女)	防城港市环境卫生管理处工人
李小梅(女)	贵港市环境卫生管理处清扫保洁大队副大队长
曾国科	贺州市住房公积金管理中心主任、党支部书记

海南省

苏金明	三亚市规划局局长
林丽霞(女)	海南省住房和城乡建设厅办公室机要保密员
唐义海	海南省建设工程质量安全监督管理局检测管理科科长
刘桂妹(女)	儋州市环境卫生管理局第四环卫队清扫班班长

重庆市

刘朝煜	重庆市城乡建设委员会办公室主任
张柳生	重庆市国土资源和房屋管理局机要秘书
杨君建	北碚区建设工程质量监督站站长
黄伯寿	重庆市规划局市政处主任科员
瞿仁惠(女)	沙坪坝区城乡建设委员会党办主任
李科成	重庆市建筑工程职业学院教师
谭建军	巫溪县城乡建设委员会工会主席
胡永谦	铜梁县城乡建设委员会办公室副主任
张　玲(女)	重庆市石门公园管理处办公室主任
宋发柏(土家族)	渝中区建设工程综合监督管理处支部书记
范中军	秀山土家族苗族自治县城乡建设委员会党组书记、主任
唐家利	重庆市数字化城市管理中心主任
周昌萱(女)	开县城乡建设委员会副主任

四川省

李世庆	成都市城乡建设委员会调研员
钟强文	成都市市政工程设计研究院院长
李丹戈	成都市固体废弃物卫生处置场主任
郭正兵	自贡市规划建设监察支队队长
卯　辉	四川省住房和城乡建设厅城乡规划处处长
刘成栋	攀枝花市建设工程质量安全监督站总工程师
梁　闯	泸州市住房和城乡规划建设局副局长
刘先杰	四川省城乡规划设计研究院党委书记、副院长
王　懿	泸州市城市绿化管理处处长
李小容(女)	德阳市规划局规划编制科科长
肖　荣	德阳市重点工程建设办公室副主任科员
殷德辉	绵阳市住房和城乡建设局党委副书记、副局长
杜玖泉	广元市青川县城乡规划建设和住房保障局党组书记、局长
盛大奎	广元市建设工程质量安全监督站站长
熊家远	遂宁市园林管理局局长
朱　宇	内江市住房和城乡建设局城建科科长
郑贵林	乐山市住房和城乡规划建设局党组书记、局长
郑德军	阆中市住房和城乡建设局副局长
李　化	宜宾市屏山县住房和城乡规划建设局局长
柏　林	广安市住房和城乡规划建设局重点建设科科长
贾金戈	达州市住房和城乡规划建设局办公室主任
杨　军	巴中市住房和城乡建设局房地产市场监管科科长
张　欣	雅安市汉源县城乡规划建设和住房保障局局长

张旭冬	眉山市建设工程质量安全监督站站长		**西藏自治区**	
邹迎春	资阳市住房和城乡规划建设局建筑管理科科长		刘　阳	拉萨市住房和城乡建设局副局长
杨正辉	甘孜藏族自治州住房和城乡规划建设局规划科科长		贺贵祥	西藏山南地区建筑规划设计院院长
			陕西省	
苟雪丹	凉山彝族自治州会理县城乡规划建设和住房保障局职工		董埃孝	西安市规划局政务中心首席代表
			孙晓斌	宝鸡市建设工程质量安全监督站站长
徐　平	峨眉山—乐山大佛风景名胜区管理委员会清音阁管理处处长		李锋波	宝鸡市住房和城市建设局党组书记、副局长
			闫长松	宝鸡炎帝园主任
贵州省			曹新利	陕西省建设信息中心主任
孔志红(女)	贵阳市河滨公园管理处处长		刘俊峰	咸阳市建筑设计研究院勘察所所长
蒋明强	遵义市住房和城乡建设局总工程师		惠满盈	铜川市住房和城乡建设管理局党工委书记、局长
苏远钧	六盘水市城乡规划局设计室副主任			
何　林	安顺市西秀区城市管理局党组书记、局长		申孝海	榆林市城乡规划设计院院长
			刘振锋	延安市志丹县房产管理所所长
娄必福	黔东南州住房和城乡建设局房地产市场监管科科长		赵绪春	商洛市城乡建设规划局党组书记、局长
杨清华	贵州省城乡规划设计研究院规划一所副总工程师		孙建明	韩城市住房和城乡建设局市政处主任
黄淑珍(女,壮族)	黔南布依族苗族自治州都匀市园林管理处处长			
			甘肃省	
李　星(侗族)	铜仁市石阡县住房和城乡规划建设局局长		刘　宁	甘肃省住房和城乡建设厅办公室主任
			王　勇	甘肃省建设工程安全质量监督管理局综合办公室主任、
云南省				舟曲前线工作组副组长、临时党支部书记
周绍华	昆明市建设工程质量安全监督管理总站副站长			
尹安强	德宏州盈江县住房和城乡建设局局长		桑俊杰	甘南藏族自治州舟曲县住房和城乡建设局办公室主任
段体双	保山市住房公积金管理中心办公室主任		潘东海	陇南市礼县住房和城乡建设局局长
			陈亚恩	定西市岷县住房和城乡建设局干部
马　军	云南省工程质量监督管理站监督管理科科长		张兴忠	临夏回族自治州和政县建设工程安全质量监督管理站副站长
杨光荣(彝族)	石林风景名胜区管理局园林绿化处处长		戴余武	兰州市城乡建设局规划科科长
鲁雪梅(女,彝族)	临沧市住房和城乡建设局住房保障科科长		**青海省**	
			唐建清	海东地区建筑工程质量监督站副站长
郭海滨(彝族)	普洱市房地产管理局局长			
郭建明	昆明市住房和城乡建设局建筑市场管理处处长		王志强	海南藏族自治州住房和城乡建设局局长
杜立英	曲靖市住房和城乡建设局村镇管理科科长		张　恒	西宁地区建设工程交易中心综合科科长

宁夏回族自治区

何晓勇（回族）	宁夏回族自治区住房和城乡建设厅建筑管理处处长
张宝相	固原市建设工程质量监督站站长
万　玲（女）	中卫市城市公用事业管理所绿化队队长

新疆维吾尔自治区

牛俊民	喀什地区住房和城乡建设局党组副书记、局长
李忠研	新疆维吾尔自治区住房和城乡建设厅质量安全监管处处长
左公全	伊犁哈萨克自治州昭苏县住房和城乡建设局局长
梁　勇	博尔塔拉蒙古自治州温泉县住房和城乡建设局党组副书记、局长
许　勇	昌吉回族自治州玛纳斯县环境卫生服务中心主任
达春红（女）	哈密地区住房公积金管理中心巴里坤县管理部副科长
宋晓甜（女）	吐鲁番地区托克逊县建设局住房保障办副主任兼征收办副主任
张　路	乌鲁木齐市供热行业管理办公室安全技术科科长
林　海	克拉玛依市独山子区建设局局长

新疆生产建设兵团

牛立新	新疆生产建设兵团建设局住房保障处处长
李昌进	新疆生产建设兵团农三师四十一团工交建商科科长

住房城乡建设部直属机关

陈中博	住房城乡建设部人事司机关人事处处长
鞠德东	中国城市规划设计研究院规划与住房研究所副所长（现挂职青海省住房和城乡建设厅规划设计处副处长、玉树灾后重建前线指挥部规划管理组副组长）

全国住房城乡建设系统劳动模范名单

（共计 356 名）

北京市

赵正义	北京九鼎同方技术发展有限公司总经理
任传彬	中国建筑一局（集团）有限公司项目管理部经理
刘占宝	北京城建集团有限责任公司青海玉树援建工程总承包部项目经理
常　宏（女，满族）	北京机械施工有限公司项目经理
黄安南	北京金隅嘉业房地产开发有限公司执行董事、经理
郭玉海	北京市政建设集团有限责任公司第四工程处项目经理
李　捷	北京首开仁信置业有限公司总经理
阚景隆	中国新兴建设开发总公司三公司总经理
杨海啸	北京住总集团有限责任公司工程总承包部项目负责人
宋　兵	北京中联环建文建筑设计有限公司副总经理
刘　光	北京市测绘设计研究院基础地理信息工程院（北京九州宏图技术有限公司）副院长兼总工程师
郝建军	北京市燃气集团有限责任公司第二分公司工人
杨连军	北京华远意通供热科技发展有限公司运行总监
杨建勋	北京金房暖通节能技术有限公司总经理
王作峰	北京环境卫生工程集团有限公司北清分公司班长
杨志来	北京市自来水集团禹通市政工程有限公司项目部经理
宋占东	北京市黄垡治沙技术培训中心主任
矣庆贺	北京市第三建筑工程有限公司副总工程师

天津市

郭维成	天津市房地产开发经营集团有限公司天房滨海分公司党总支书记、总经理
李纪娜(女)	天津市燃气集团有限公司第一销售分公司河西营业所柳苑服务站站长
李玉霞(女)	天津市自来水集团津南水务有限公司工人
杨兴海	天津住宅建设发展集团有限公司华诚房地产开发部项目经理
回光林	中国建筑第六工程局有限公司桥梁公司副总经理
吴健萍(女)	天津市市容环境工程设计研究所设计一室主任

河北省

张潮海	秦皇岛市热力总公司总经理
刘景岳	衡水城建集团总经理
边建全	沧州市规划设计研究院院长
沈 斌	张家口赛丽苗木花卉种植公司项目经理
李 光	承德热力集团有限责任公司热力计量室主任
孔凡博	唐山城市排水有限公司工程师
王立辉	保定市排水总公司副班长
赵发宅	邢台市邢房房地产开发有限责任公司项目部负责人
张汉林	邯郸市热力公司经理
强万明	河北省建筑科学研究院项目组长
韩立君	河北建设勘察研究院有限责任公司项目经理
安占法	河北建工集团有限责任公司总工程师
苑德政	河北建设集团有限公司项目经理
崔凤文	唐山市自来水公司劳动服务公司工程处处长
吕连兵	廊坊市城市管理综合执法局中队长

山西省

李先卫	太原市市政工程总公司第二工程公司钢筋组组长
吕建平	山西诚信市政建设有限公司道路工段长
常友斌	朔州市朔城区建筑工程公司职工
苏敏芳(女)	山西省建筑设计研究院八所所长
秦 军	晋城市规划设计研究院院长
王 洁(女)	阳泉市煤气公司收费员
吕建生	忻州市供热公司书记、经理

内蒙古自治区

刘 晟	呼和浩特中燃城市燃气发展有限公司清水河焦化分公司炼焦运行部副主任
高 勇	包头市环卫产业有限责任公司工人
刘艳荣(女)	满洲里市建设工程质量检测中心副主任
戴惠良	乌兰察布市第二建筑安装工程有限责任公司董事长
王虎林	呼和浩特市建筑工程有限责任公司政工干部

辽宁省

陈宏亮	辽宁省建筑设计研究院副院长
张立鹏	辽宁省城乡建设规划设计院副院长
吕荣田	沈阳汇鼎投资有限公司党委书记、总经理
王 彪	锦州市物业管理总公司总经理
于向东(蒙)	阜新市热力总公司总经理
张绍银	沈阳市规划设计研究院总建筑师
张 军	大连市地铁有限公司副经理
吴 峰	鞍山市燃气总公司工人
王宝文	抚顺市房产经营总公司维修110负责人
陈宝良	抚顺市公园管理处浑河公园主任助理
陈永康	丹东市供热经营管理公司工程技术科科长
李国波	锦州市园林管理处女儿河公园主任助理
姜义园	营口市排水公司西部污水处理厂厂长
王玉柱	朝阳市市政工程管理处城区民用排污管理中心主任
佟玉柱	盘锦市自来水总公司双西经营公司工人
杨树凯(满族)	葫芦岛市绥中县凯达房地产开发有限公司项目经理
张 伟	鞍山市排水事业总公司抢险应急队队长

吉林省

王 玮	长春房地(集团)有限责任公司总

三、获 奖 名 单

	经理
田相工	长春市供热（集团）有限公司董事长、总经理
杨文涛	长春水务（集团）党委副书记
陈洪瑞（满）	吉林市热力集团有限公司富源有限责任公司检修所班长
张世军	延边朝鲜族自治州建筑工程设计审查中心建筑审查组组长
尚俊成	大安市市政工程公司生产部副部长
刘海峰	白城市热力总公司供热二处班长
杨万兵	四平市四通城市基础设施建设投资有限公司融资部项目经理
王玉芝（女）	吉林省嘉源建筑工程咨询有限公司总工程师

黑龙江省

刘玉梅（女）	哈尔滨市南岗区城市管理局广场家政作业队、队长
张凤英（女）	双鸭山市市政工程公司副经理
黄 宇	齐齐哈尔市齐翔建工集团有限公司总经理
姚 鹏	齐齐哈尔市垃圾处理公司推土机驾驶员
赵东红（女，满族）	哈尔滨市香坊区第二环境卫生清洁中心队长
郑 伟	佳木斯市安基物业管理有限公司生产部部长
李衍东	大庆市居住区整理有限公司工程部部长
于兆海	鸡西市市政建设工程公司项目经理
邓小冬	双鸭山市龙双供热公司董事长
孙立彬	伊春市自来水公司维修工
王亚彬	垦区龙垦建设工程总公司项目经理
张传海	黑龙江省苇林基建工程有限责任公司项目经理
宋文震	黑龙江省安装工程公司总经理
周 伟	哈尔滨市物业供热集团道外房产经营物业管理有限责任公司雅典城物业管理经营分公司水暖工
刘重军	大庆市热力公司东安供热分公司抢修班长

上海市

李胜来	上海上实物业管理有限公司总经理
杨 明	华东建筑设计研究院有限公司建筑创作所所长总建筑师
周 隽	上海隧道工程股份有限公司项目经理
汪洪斌	上海地产中星曹路基地开发有限公司常务副总经理
张 郁	上海申通地铁集团有限公司维护保障中心通号公司副总经理
徐 强	上海市建筑科学研究院（集团）有限公司总工程师
周海燕（女）	上海老港废弃物处置有限公司总工程师
倪永明	上海市安装工程有限公司党委书记、董事长
胡德义	上海勘测设计研究院副总工程师
袁建勋	中国建筑第八工程局有限公司总承包公司第三项目管理部经理、党总支书记

江苏省

许 平	江苏省建工集团有限公司副总经理、总工程师
王胡浩	南京市保障房建设发展有限公司职工
徐 源（女）	南京地下铁道有限责任公司项目工程师
张 敏（女）	南京市江宁区房地产交易中心职工
刘晓雯（女）	徐州市市政建设集团有限责任公司试验室主任
王世华	淮海建设集团项目经理
马路琴（女）	常州通用自来水有限公司魏村水厂班长
张福林	常州市规划设计院院长
顾建清	张家港市华建物业管理有限公司副总经理
李 明	昆山市自来水集团有限公司副总经理
陈祖新	龙信建设集团有限公司党委书记、董事长、总经理
刘 宁	连云港市自来水有限责任公司班长
丁延年	淮安新奥燃气有限公司工人
季金章	淮安市淮阴园林建设工程有限公司经理
刘根东	盐城市园林设计研究所高级工程师
杨 磊	扬州欣祥房地产信息服务有限公司总工程师

鲍银萍(女)	扬州市古运河旅游有限责任公司职工		书记
杨远东	镇江市市政建设工程总公司分公司经理	钱荣标	台州建筑安装工程公司经理

安徽省

张一飞	江苏誉达工程项目管理有限公司副董事长、副总经理
徐建青(女)	泰州市高港区金港保洁公司工人
夏方军	宿迁华夏建设(集团)工程有限公司董事长

浙江省

芦　俊	杭州市环境集团有限公司党委书记、董事长、总经理
袁建华	华汇工程设计集团股份有限公司董事长
黄建华	新世纪建设集团有限公司董事长、总裁
俞伯华	宁波建工股份有限公司第一分公司项目经理
方旭明	温州建设集团有限公司项目经理
杨晓鸣	湖州市城市建设发展总公司副总经理
陆建东	嘉兴市嘉善县三维城乡建设测绘队小队长
罗国俊	浙江衢州水业集团有限公司自来水分公司管道抢修班班长
潘信宽	大昌建设集团有限公司常务副总经理
梁坚强	丽水市安居房建设有限公司副总经理
张大华	杭州市地铁集团有限责任公司机电设备部部长
王盛俊	宁波市自来水总公司江东分公司客户服务科科长
盛金喜	温州东瓯建设集团有限公司副总经理
包国琴(女)	绍兴市排水管理有限公司工程建设处处长
倪一平	浙江武义城市建设有限公司工会主席
张方伦	舟山市规划建筑设计研究院副总工程师
陈丽华(女)	丽水市供排水有限责任公司分公司经理
管　雷	义乌市勘测设计研究院院长、党委

马　虎	阜阳市嘉安建筑劳务有限公司董事长
陈恩燕(女)	合肥市庐阳区城市管理局第一清洁队班长
杨海光	淮北市供水总公司调度中心主任
常　春	亳州市城市排水有限责任公司项目经理
杨　溪(女)	宿州市花木公司副经理
张华飞	阜阳市供水总公司党委书记、总经理
缪振兵	淮南市市政管理处班组长
曹亚弟	滁州新奥燃气有限公司总工程师
王　坤	安徽华力建设集团有限公司总工程师
陈　军	池州港华燃气有限公司维修主任
张　和	宣城市水务有限公司维修队队长
葛竹平(女)	安庆市潜山县自来水公司勘察设计员
朱才华(女)	六安市环境卫生管理处工人

福建省

朱丹恒	福州市自来水有限公司东区水厂厂长
胡发胜	福州房地产发展集团有限公司常务副总工、总经理助理
施春辉	福州市红庙岭垃圾综合处理场工人
李国用	厦门市同安区第一建筑工程公司项目经理
屈红伟	厦门市市政建设开发总公司第二工程管理部经理
陈平辉	南安市第一建设有限公司项目负责人
刘　晖	中国武夷实业股份有限公司项目经理
徐光明	莆田市城市建设投资开发有限公司工程部经理
罗廷长	福建登凯成龙建设集团有限公司董事长兼总裁
胡宗浩	南平市城建国有资产投资运营有限公司职员
林福平	福建宏晖市政工程有限公司董事长

三、获 奖 名 单

黄飞元	宁德市城市建设投资开发有限公司副总经理
林怀志	福建省第一建筑工程公司项目经理
张榕生	福建省二建建设集团公司副总经理

江西省

王红金(女)	九江市水务有限公司客户服务中心班长
聂龙云	宜春市上高县自来水公司维修队队长
陈述明	萍乡市规划勘察设计院院长
王定水	江西新厦建设集团有限公司董事局主席
黄志广	江西省建筑设计研究总院副院长
王立新	赣州市城乡规划设计研究院副院长
万晓茹(女)	鹰潭市供水有限公司营销分公司经理
李晓勇	吉安市房屋拆迁代办处副主任
黄金才	抚州市羊城园林绿化有限公司工程部技术员

山东省

曹永敏	山东建科特种建筑工程技术中心建筑节能室主任
刘涛	济南市拆迁服务公司总经理、党支部书记
黄玉岭	济南济发物业有限责任公司工程技术部经理
韩晶(女)	青岛东亚建筑装饰有限公司主任设计师
吕超	山东天齐置业集团项目经理
孙言明	枣庄市燃气总公司管线运营处处长
韩志刚	山东万达地产有限公司项目经理
刘爱臣	东营市供气站维修服务队队长
唐波	烟建集团有限公司董事长、总裁、党委副书记
蒋召锋	山东华圣瑞德市政工程有限公司项目经理
常斌	泰安市泰山燃气集团有限公司工程现场管理员
杨金保	泰山景区东岳泰山旅游集团职工
于洪生	威海市园林建设集团绿化养护管理分公司养护班长
李观军	日照市莒县城市污水处理厂水质化验室职工
郑胜	日照市城市管理行政执法局泰禾园林绿化养护公司技术员
苏彦浩	临沂市房地产置业担保有限公司董事长、总经理
李宪生	德州市环境卫生管理处中鲁土石方工程有限公司职工
兹延君	山东聊建集团有限公司施工技术员
王德洪	聊城市环境卫生管理处清运队垃圾清运工
刘延森	滨州市自来水公司职工
汤庆丹	菏泽市建筑工程施工图审查中心科员
苏薇(女)	山东德建集团现场安全员
刘兴玲(女)	济南市城市建设委员会济南泺口商城员工
张经尧	潍坊市环境卫生管理处生活垃圾处理场填埋二组组长
李延实	莱芜市城市管理行政执法局执法车辆运营管护中心主任
张红旗	菏泽开发区园林管理处监察科科长

河南省

多化勇	郑州市市政工程总公司总经理
左玉平	安阳水务集团公司党委副书记、副董事长
陈梦强	汝州市燃气公司党支部副书记、经理
鲁性旭	河南省城市规划设计研究总院有限公司总建筑师
程俊普	河南省宏大建设工程有限公司项目经理
杨振轩	濮阳市市政工程公司技术人员
张文海	永城市市政工程项目经理
李德鹏	信阳市市政工程公司技术人员
赵金鼎	邓州市自来水公司安装队长
李帅军	济源市城市污水处理厂副总工程师
范明杰	鹤壁市城市水务(集团)有限责任公司安装工程处工人
赵忠心	新乡市市政工程处项目经理
谢中杰	洛阳市政建设集团有限公司桥梁隧道分公司经理、党支部书记
王美英(女)	商丘市国基建筑安装有限公司项目经理
韩建刚	濮阳市天然气公司抢险工
马发现	河南省第一建筑工程集团有限责任

	公司第五项目部经理、党支部书记
王平西	焦作市绿源热力有限公司抢修班长
潘海洲(回族)	洛阳北控水务集团有限公司工程处机电班工人
翟克利	平顶山市市政工程公司项目经理
胡建波	周口市建筑设计研究院总工程师

湖北省

周 力	中国市政工程中南设计研究总院有限公司院长助理
于一丁	武汉市规划研究院院长
谢先启	武汉市市建设集团总公司武汉爆破有限公司董事长、总经理
刘 堃	武汉市园林建筑工程公司经理
杨书虎	湖北荆门城建集团有限公司项目管理部部长
高 超	神农架林区建设工程监理有限责任公司副经理
石亚军	武汉市政工程设计研究院有限责任公司综合二院给排水专业副总工程师
吴冬戌	武汉市金鼎物业管理有限公司会计
高 玲(女)	荆州市城市规划设计研究院规划设计室主任
周 立(女)	潜江市城市规划设计研究院职工
杜 勇	湖北长安建筑股份有限公司项目经理
王耀云	湖北远大建设集团有限公司钢筋工长
程宝玉	湖北远升建筑工程有限公司施工员
陈光雄	恩施自治州翔宇建设工程有限公司技术部主任
任稚萍(女)	宜昌市固废公司生产部副部长

湖南省

彭全跃	湖南省建筑科学研究院办公室主任、综合党支部书记
夏心红	湖南省建筑设计院副总工程师
彭旭峰	长沙市轨道交通集团有限公司党委副书记、董事长
刘利平(苗族)	邵阳市棚户区改造开发有限责任公司董事长
朱满四	娄底市自来水公司经理
辛长庚	湖南德诚建设工程有限公司项目经理
杨展辉	湖南省郴州建设工程集团有限公司项目部技术负责人
杨 煊	湖南省怀化市建设工程监理有限公司副总工程师
易振华	株洲市城市排水有限公司工程师
田茂文(土家族)	湘西土家族苗族自治州凤凰县环境卫生管理局工人
刘朝兴	怀化市环境卫生管理处工人
邓 伟(女)	岳阳市市容环境卫生管理局环卫西所清扫队长
胡佐英(女)	衡阳市市政工程公司沟井班班长
但程辉	益阳市城市建设投资开发有限责任公司房产开发部副部长

广东省

陈 星	广东省建筑设计研究院结构总工程师
陈惠明	广州市绿化公司工程一部技术总监
郭 伟	深圳市第一建筑工程有限公司项目经理
刘清伟	广东珠海淇澳—担杆岛省级自然保护区管理处护林员
罗贤光	佛山市南海区房地产测绘中心测量工程师
陈贺添	东莞市石鼓污水处理有限公司技术负责人
邱建明	韶关市自来水公司第一污水处理厂技术员
邓 韬	肇庆市房地产交易中心副主任
马荫贤	广东耀南建筑工程有限公司技术员
王 川	湛江市检测技术发展公司职工
石仕益	阳江市阳西县房地产开发总公司办事员
吕帝雄	茂名市建筑集团有限公司项目经理
蔡俊明	潮州市第二建筑安装总公司总经理
王淑冰(女)	佛山市顺德区水业控股有限公司大良分公司营业室副主任
王 燕(女,满族)	云浮市嘉信实业发展有限公司董事长
刘晓东	广东工程建设监理有限公司项目总监理工程师
卢 凯	广东省工业设备安装公司重庆分公司经理
杨国龙	广东省建科建筑设计院市政环卫设计所所长

三、获奖名单

冯向东	深圳市建工集团股份有限公司技术中心主任

广西壮族自治区

王路生	南宁市城市规划设计院院长、党总支副书记
邓茹强	桂林市建筑设计研究院总建筑师
覃庆远	梧州市市政工程管理处清渠班班长
黄宏健	广西建工集团第一安装有限公司第二分公司锅炉安装班长
杨 溢(侗族)	广西建工集团第五建筑工程有限责任公司南宁分公司项目经理
顾 涛	广西壮族自治区建筑科学研究设计院副院长
徐 兵	广西华蓝设计(集团)有限公司总规划师

海南省

陈 和	海南省建设集团有限公司党委书记
欧善华	海南第六建设工程有限公司项目经理

重庆市

刘先华	重庆建工集团市场经营管理公司总经理
姚 宏	重庆建工第九建设有限公司项目经理
钟志明	重庆交通建设(集团)有限责任公司路面机械化分公司经理
杨大树	重庆市万州三峡平湖有限公司项目经理
李秀敏(女)	重庆市轨道交通(集团)有限公司工会主席
李 飞(苗)	黔江区盛黔污水处理有限公司车间主任
王晓波(女)	重庆市环卫控股(集团)有限公司纪委书记
叶贻军	重庆市圣华建筑劳务有限公司董事长、总经理
张泽烈	重庆知行地理信息咨询服务有限公司正高级工程师
王 进	重庆市花木公司项目经理

四川省

凌 锋	四川华西集团第六建筑有限公司总经理
王永树	四川华信建设有限公司董事长
唐 军	达州市水务集团有限公司党委书记、董事长、总经理
鲁 冰	成都市环卫车辆燃料供应处新华加油站站长
周 恒	自贡市城市规划设计研究院有限公司副院长
代万铭	攀枝花市城市建设投资经营有限公司工程技术部经理
周琴莎(女)	四川天立房地产开发有限公司泸州大区副总经理
许大志	德阳市垃圾清运服务公司工人
王明强	广元市城建投资有限公司工程部部长
李伟勋	遂宁市惠美岩土地质勘探有限公司技术负责人
王联宇	四川内江建筑勘察设计研究院测量队队长
郑宏萍(女)	南充市市政工程公司质量安全管理所所长
姜 恒	绵阳市三台县自来水公司技术部主任、管网管理所所长
付 波	广安市房屋测绘队工人
邬丽君(女)	四川平安建筑工程检测有限公司副主任
汪志敏	四川鸿林建设有限公司技术副总经理
兰文生	资阳市诚兴城市建设有限责任公司总工程师
戴 兵	阿坝州建筑设计有限责任公司副总经理
胡志勤(女)	甘孜州第一建筑工程有限责任公司办公室主任
郑劲松	凉山彝族自治州西昌市建筑勘测设计院有限公司副总建筑师
王锐贤	绵阳燃气集团天然气公司工程管理部项目组长
温书国	资阳市三贤城市建设设计有限责任公司总工程师兼市政室主任

贵州省

周德敏	贵阳市环卫机械设备公司助理工程师
宋家龙(回族)	黔东南州锦屏县方正建筑工程有限公司总经理助理
何晓勤(女)	遵义市供排水有限责任公司工程技

术部主任
周　卫　贵州省建筑设计研究院副总工程师
钟　耿　黔南州工程建设监理有限责任公司技术负责人
李爱国　贵州燃气集团毕节市燃气有限责任公司副总经理
王伟星　贵州三维工程建设监理咨询有限公司总经理

云南省
吕　强　昆明市市政工程（集团）有限公司董事长
张迎跃　云南建工第五建设有限公司副总经理
庞　逸　云南省建筑工程设计院副主任建筑师
许　峻　昆明市建筑设计研究院有限责任公司建筑方案创作室主任
和志群（女，纳西族）云南省丽江环卫城市综合服务开发有限责任公司工人
容　超　云南省第三建筑工程公司市政直管部经理
李志军　云南建工第四建设有限公司项目经理

西藏自治区
罗　布（藏族）仁布县达热瓦建设工程有限公司执行董事

陕西省
帖　华　陕西建工集团第八建筑工程有限公司项目经理
燕建龙　西北综合勘察设计研究院院长
胡卫军　西安市建筑工程总公司项目经理
王转运　西安市房地产经营三公司第一经营部工人
杨海龙　陕西省咸阳市建筑安装工程总公司项目部工长
张　珩　陕西省渭南市城市建设总公司总经理
张维东　延安市建筑工程总公司项目经理
李　斌　汉中市经济适用住房开发公司项目经理

甘肃省
章海峰　甘肃省建筑设计研究院副院长
邸彦均　甘肃省城乡规划设计研究院副总建筑师
梁立功　平凉市建筑勘察设计院有限责任公司所长
杨明田（满族）嘉峪关市公共交通有限责任公司总经理
齐建华　武威市卫生清洁服务公司清运队队长
庞树帮　天水市供热公司广宇建材厂车间主任
杜　雷　甘肃土木工程科学研究院副总工程师、副院长

青海省
周世学　青海第一路桥建设有限公司经理
田小萍（女）格尔木市自来水公司统计员

宁夏回族自治区
王新生　宁夏住宅建设发展集团董事长
朱晓平　银川建发物业服务有限责任公司物业管理员
马　涛（女，回族）青铜峡市市政管理服务中心清扫工

新疆维吾尔自治区
沙吉旦·斯比那洪（女，维吾尔族）伊犁哈萨克自治州特克斯县建设局市容站环卫工人
彭　辉　博乐市自来水公司副经理
布勒布勒·奴尔汗（女，哈萨克族）伊犁哈萨克自治州裕民县园林环卫处职工
王克广　新疆哈巴河建筑安装有限责任公司职工
孙淑珍（女）乌鲁木齐房地产开发（集团）有限公司党委书记、董事长
张彦文　昌吉回族自治州奇台县供排水有限公司党支部书记
张良孝　伊犁哈萨克自治州奎屯市供热公司工人

新疆生产建设兵团
黄　斌　新疆北新国际工程建设有限责任公司安哥拉项目经理

全国住房城乡建设系统先进集体事迹

天津市历史风貌建筑整理有限责任公司

天津市历史风貌建筑整理有限责任公司（以下简称"风貌整理公司"），是天津市政府依据《天津市历史风貌建筑保护条例》和天津市历史风貌建筑保护利用工作的特点，于2005年10月出资组建。公司成立以来，按照"政府掌舵、企业划桨"的运营模式，树立在保护中利用、在利用中保护的循环发展战略，使数万平方米的历史风貌建筑得以重现昔日的风采，为天津市历史风貌建筑保护利用工作做出有益的探索。六年来，公司3次荣获天津市历史风貌建筑保护工作先进单位、3次荣获天津市和平区功臣企业，团支部2次荣获天津市国土房管局先进团组织，先后荣获天津市国土房管局青年文明号、天津市青年文明号、全国青年文明号等荣誉称号，党支部2次荣获天津市国土房管局先进党组织，并在创先争优活动中荣获中共天津市委城乡规划建设交通工委先进党组织等荣誉称号。冯军书记先后荣获天津市廉政勤政优秀党员干部、天津青年五四奖章等荣誉称号。

1. 用教育引导人，做历史风貌建筑忠实的守护者

公司坚持以人为本，秉持企业发展、员工成长的理念，注重发挥党支部作用。在创先争优活动中，以五大道试验区建设为平台，以"保护建筑遗产，提升城市品位"为己任，紧扣支部创"先"和党员争"优"两大主题，着力创建创新型、实干型、奉献型、廉洁型"四型领导班子"。努力争当学习优秀、技术优秀、服务优秀、宣传优秀、业绩优秀"五优党员"，带动公司全员争创一流，取得良好的实效。同时不断探索党务工作新思路，创新"党务交流机制"，每年选择1名党员参与党务工作；创新党员"1+1+1"活动，要求每名党员每年至少组织一次党务活动；创新党务"1+3"活动，在党务工作中，邀请民主党派、返聘老党员和群众参加，确保活动效果全覆盖。截至2012年，公司集体和员工荣获局级各类表彰和奖励55次，市级以上各类表彰和奖励18次；市级以上媒体报道公司风貌建筑保护成果1200余篇，中央和国际媒体报道60余篇；公司员工先后在局级、市级和国家级刊物上发表文章52篇，参加国家级课题1项，组织市级课题3项、局级课题8项。

2. 用成绩鼓舞人，做历史风貌建筑坚定的实践者

六年来，公司认真落实天津市委市政府"近代中国看天津"的旅游发展战略，集中力量打造12个旅游板块中的英租界"五大道试验区（原聚客锚地）"和日租界"扶桑市井"等项目，依靠市政府投入的3亿元货币资本金和自筹的19.15亿元金融机构贷款，陆续对81处、7.3万平方米历史风貌建筑实施腾迁保护，并对五大道试验区内23处、221户、1.5万平方米非历史风貌建筑开展搬迁工作。截至2012年，共有1400余户居民通过腾搬迁改善居住条件，58处、5.17万平方米历史风貌建筑得到有效保护。其中，静园，原为末代皇帝溥仪故居，是天津市特殊保护级别的历史建筑，也是全国第一个根据地方立法实施腾迁保护的试点。建成后先后荣获国家AAA级旅游景区、中国旅游品牌魅力景区、全国科普教育基地和天津市爱国主义教育基地等荣誉称号，成为"近代中国看天津"精品文化旅游景点。截至2012年，累计接待游客超过77万人次，得到多位党和国家领导人的肯定。庆王府，原为庆亲王载振旧居，2011年5月实现运营，先后接待澳大利亚原总理陆克文、德国前总理施密特等世界20余个国家和地区的政界首脑及商界名流，服务水平和文化氛围赢得广泛赞誉，成为天津市历史风貌建筑保护利用新亮点和高端服务业新坐标。此外民园西里人文艺术中心、五大道试验区的建设，重新赋予老街区、老建筑以生命活力，张扬与展示天津软实力的城市名片，获得较好的经济和社会效益。

3. 用事业凝聚人，做历史风貌建筑永远的坚守者

天津市委市政府加大对历史风貌建筑保护利用的力度，建立起政府、社会和企业"三位一体"的保护体系，并创造全国领先的"天津模式"。公司紧紧抓住天津发展的大好形势，筑巢引凤、聚智汇能，公司由最初只有4个内设部门发展为5个内设部门、5个专业子公司，本部员工由16名增至48名，研究生以上人才占近一半；公司资产由5亿元增至25亿元，净资产6亿元，实现企业的快速发展。未来五年，公司将以资产经营、资本运营和资源运营"三资运营"为主线，重点建设天津市五大道历史文化博物馆区和法式中心花园区，五大道名人故居景观线和鞍山道辛亥革命文化景观线"两区两线"，实现百亿资产，成为引领我国历史风貌建筑保护利用的集团化、专业型企业，为天津历史风貌建筑科学持续保护利用做出新贡献。

天津市河北区建设管理委员会

2012年12月25日，天津市河北区建设管理委员会（以下简称"区建委"）被国家人力资源和社会保障部、住房和城乡建设部联合表彰为四年一度的全国住房城乡建设系统先进集体。区建委在区委、区政府的正确领导下，勇于创新、扎实苦干、锐意进取，着力在班子队伍建设上下功夫，在加快城市建设上使实劲，在服务管理提升上用实招，在文明创建开展上求实效，出色完成各项任务目标。相继被评为市级"2009~2011年度精神文明创建先进单位"、市级"五一劳动奖状先进集体"、市级"节水先进单位"、市级"档案一级管理先进单位"、市级"卫生红旗单位"，区建委机关党总支部连续三年被河北区委表彰为"创先争优先进党组织"荣誉称号。

1. 加强班子队伍建设，全面提升凝聚力和战斗力

天津市河北区建设管理委员会班子成员主动学习、善于学习，定期撰写学习体会和专题调研报告，每季度进行学习体会交流。区建委撰写的《奋斗不息，发展不止》被市委党史研究室评为优秀论文三等奖；《坚持和谐发展，促进城市建设》调研报告被《当代天津人文志》收录；在窗口基层单位宣传报道市规划建设交通工委思想政治工作研究评选中，区建委有两篇稿件被评为三等奖。注重培育脚踏实地、务实敬业的工作作风，大力弘扬与时俱进、敢为人先的开拓精神，建立健全创先争优、永争第一激励机制。领导班子团结协作、作风民主，认真落实民主集中制原则，开展批评与自我批评，重大事项集体研究决定，形成凝神聚气、同心同德工作合力。定期召开领导班子民主生活会、每年签订《党员领导干部廉政承诺书》和《党风廉政建设工作责任书》，认真落实述职述廉、承诺践诺、诫勉谈话等党内民主监督制度。

2. 紧紧把握重点工作，着力提升城市服务功能

区建委积极落实天津市河北区委、区政府的有关部署，不断加快城市建设步伐，开竣工面积逐年增加，城市建设贡献率累创新高。四年累计新开工543.3万平方米、竣工453.5万平方米，实现房地产税收12.07亿元，占城建系统31.08亿元的39%，特别是2012年，重点项目建设呈现规模体量加大、商贸设施比例加大、社会公共服务设施建设力度加大的良好态势，为提升城市服务功能，增强区域综合实力打下坚实基础。在市内六区率先开始发动组织社会力量建设定向安置用房。四年累计投资50亿元建成110.44万平方米、14869套。所建定向安置用房价格低、质量好、房型适宜，深受拆迁居民欢迎，为解决拆迁难问题探索一条有效途径。大力支持市政基础设施建设。2012年，在市重点工程项目地铁5、6号线建设中，区建委承担天津市月牙河站、天泰路站房屋征收任务，面对资金短缺、征收任务急、房屋产权复杂等诸多困难，区建委多方协调、化解矛盾，利用一个多月时间全面完成两个站点的土地征收工作，在全市地铁站点征收工作率先完成任务，得到市、区领导的高度评价。积极落实市、区旧楼区居住功能综合提升改造部署，高标准组织实施并完成"三管、一灶、两提升"改造任务，其中，燃气灶具软连接管、燃气户管和自来水户管项目改造完成率位居市内六区第一，天津电视台、《每日新报》等新闻媒体先后对河北区的有关做法进行宣传报道。

3. 完善服务加强管理，有效维护社会安全稳定

区建委不断改进工作作风，深入扎实地做好各项服务和管理工作，推动河北区城市建设在困境中得到发展。通过强化服务、完善服务、主动服务，不间断地深入项目现场，及时了解并积极协调解决实际问题，有效地促进各类项目早开快竣。特别是对一些体量较大的项目，给予重点帮扶。2012年在施工程402万平方米，有11个项目主体竣工，14个项目达到预期部位，9个项目实现开工建设，圆满完成开竣工任务。积极开展文明工地创建活动，以主体结构及分户验收为重点，加大执法力度，全区建设工程质量逐年提升，连续多年建筑质量验收合格率为100%。重视外来务工人员物质文化生活需求，每年组织免费体检，定期进行专业培训，在市内首创开办流动图书馆。推行农民工预储账户制度，四年累计协调解决30余起农民工事件，清欠农民工工资2000余万元。连续6年建筑工程无伤亡安全事故。

高度重视信访稳定工作，实行领导包保制，责任到单位、落实到个人。积极为困难群众办实事解难题，2012年，通过不懈努力，嘉海花园小区转供电、茂业大厦和富海公寓遮挡阳光等拖延多年的历史遗留问题得到圆满解决，为河北区社会和谐稳定、人民安居乐业做出贡献。

上海市市政规划设计研究院

上海市市政规划设计研究院最初创建于1946年，为上海市工务局技术处材料试验所；之后为顺应时代发展、配合市政行业改革，不断调整自身业务范围，在1993年更名为上海市市政工程研究院。2006年7月，为适应"建管并举、重在管理"的政府职能需要，更名为上海市市政规划设计研究院。同时也揭开上海市市政规划设计研究院在"作为决定地位、创新谋划发展"这一全新理念的指引下飞速发展的序幕。先后获各类科技成果奖约50项，获上海市优秀工程设计奖5项。

上海市市政规划设计研究院始终坚持以邓小平理论和"三个代表"重要思想为指导，全面贯彻落实科学发展观，模范执行党的路线方针政策和国家法律法规。该院作为上海市城乡建设和交通委员会直属的事业单位，认真履职、奋发作为、开拓创新，全力完成上级交办的各项工作任务，为政府决策提供技术服务，为上海建设交通事业的发展做出一定贡献。

1. 领导班子团结、注重民主管理、抓好队伍建设

上海市市政规划设计研究院院班子注重自身建设，作风民主、决策科学，积极发挥集体领导作用，明确责任范围，狠抓党风廉政建设，密切联系群众。在单位内部形成"心齐、气顺、风正、劲足"的良好氛围。

2. 坚持以人为本、服务重大工程、保障城市建设

上海市市政规划设计研究院紧紧围绕上海建设"四个中心"的目标，结合行业特色、单位特点，坚持开创性、操作性相结合，开拓性、传承性相结合，进一步把改善民生落实到每项工作中去，参与完成多项上海市重大工程。如"迎世博600天行动计划"等一系列世博会相关项目、上海市骨干道路网深化规划、中国博览会会展综合体道路专项规划、迪士尼路网配套研究、上海市城市道路公路"十二五"规划、上海市地下道路规划初步方案等项目，确保全市重大工程建设又好又快完成，城市安全有序运行，推动城市管理和服务水平跃上新台阶、创出新水平，再创新佳绩。

3. 主动请缨、积极作为、做好援建工作

上海市市政规划设计研究院先后派出五名优秀技术骨干参与都江堰灾后重建，完成四川省都江堰市蒲虹公路、蒲阳干道等工程，蒲虹公路在当地被称为"生命之路"；一名同志参与援藏工作，该院作为后方配合完成西藏自治区日喀则市上海路改造工程；三名同志参与援疆工作，该院积极推进新疆维吾尔自治区莎车机场综合交通规划研究工作。

4. 结合创先争优、展开文明创建、弘扬先进风气

上海市市政规划设计研究院充分借鉴深入学习实践科学发展观活动的成功经验，精心设计载体，开展创先争优活动。结合创先争优活动，展开文明创建，建立起一套流畅的内部运行体系。强化服务意识，无论对内或对外都扎实推进为民服务创先争优活动，队伍稳定、素质良好，单位整体精神面貌有大幅度改善，获上海市建交系统精神文明单位的称号。5年未发生违法违纪事件、重大安全生产质量责任事故、"黄赌毒"丑恶现象及邪教活动。

5. 以创建学习型单位为抓手，积极推进文化建设、诚信建设

在2007~2011年中，提出每年单位总体学时都要达到"万人次，万学时"的学习目标，建立总工室技术讲座等多个平台，供给大型宏观信息系列讲座资源、深掘区域内优秀历史文化资源等。坚持在学习中坚定理想信念、锤炼道德操守、掌握先进技术和管理经验。并获得上海市推进学习型社会建设与终身教育先进单位荣誉。在工作开展中，注重科学利用各种资源，积极推进节能减排，获得上海市固定资产投资项目节能评估文件编制机构库入库证书。

上海市市政规划设计研究院作为一家有着60余年历史的单位,从最初单一的材料试验机构,发展到专门从事道路、交通、桥梁等门类齐全、集科研设计、检测、评估、咨询、专业规划、交通研究等业务于一体的综合性规划设计单位。上海市市政规划设计研究院发挥职工积极性、主动性、创造性,始终着眼国家建设大局、立足于上海城市发展,与时俱进、开拓创新、服务人民,为推进住房城乡建设事业又好又快发展做出积极贡献。

重庆市永川区城乡建设委员会

永川区城乡建设委员会全面贯彻落实科学发展观,开拓创新、锐意进取,推动城乡建设工作迈上了新台阶。先后荣获中国西部最具投资潜力百强区县、中国产业发展能力百强区县、中国最佳投资服务城市、中国宜居宜业典范区、全国安全生产先进集体、全国建设系统先进集体、全国建筑质量监督先进单位,以及"2011中国最具幸福感城市民生贡献奖"、"重庆最具幸福感城市"荣誉称号。

1. 城乡建设亮点纷呈

紧扣区域性中心城市建设工作主题,围绕"双百"城市建设,统筹推进城区、镇村建设,行业管理规范有序,城市形象显著提升,人居环境明显改善。连续五年荣获重庆市委、市政府城镇化工作一等奖,连续五年荣获重庆市建设工作一等奖,六个工程荣获"巴渝杯"——重庆市建筑工程质量最高奖,成渝高速公路匝道口工程荣获国家市政工程金杯奖。兴龙大道、人民大道、文曲路3条街道荣膺"重庆最美街道"、"重庆最美街区",棠城公园滨河路入围2011年度"最美小巷",永奥·巴塞罗那和桓大·泰晤士清晨等4个项目被评为"詹天佑大奖·重庆市优秀住宅小区金奖",鸿翔·康桥生活公园获重庆市住宅性能评定4星级住宅,竣祥·红河枫景一期项目荣获重庆市"绿色生态住宅小区"称号。

(1) 新城建设开启"三湖时代"。精雕细琢建成神女湖、兴龙湖、凤凰湖,以兴龙湖为核心打造6平方公里东部现代商务服务拓展区,以凤凰湖为核心打造20平方公里南部产业新城拓展区,以神女湖为核心的4平方公里北部都市文化旅游拓展区。"三湖"的建成为城市提速拓展注入强劲动力。

(2) "以文建城"雕琢优雅永川。坚持以文化人、以文建城、以文兴业,建成系列经典文化建筑、主题城市雕塑群,在城市主干道添置100余处文化石刻,永川博物馆、锦云书院、棋院等"文化大件"加快建设。

(3) 城市广场、公园一年翻一番。以城市广场和公园建设城市开阔空间。建成城市广场8个、城市公园12个。

(4) 宜居环境持续改善。大规模植树造林扮靓生态永川,三年种树40万亩,人均公共绿地达到25.2平方米,全区森林覆盖率达到40%,增速位居全市第一。整治老城区34.4公里主次干道及6条城区河道环境,实现城区道路"白改黑"全覆盖。

(5) 城镇化驶入快车道。全区城镇建成区面积达到67.25平方公里,其中中心城区面积达到50平方公里、人口53万人,城镇化率由五年前的51%提高到60.33%。"双百"大城市规划勾勒出永川发展蓝图。

(6) "561工程"集镇全覆盖。实施中心镇"561工程"和一般镇"五个一"、"六个有"建设,全区建制镇已建成连锁超市、农贸市场、垃圾收运系统、供水工程等公共基础设施项目41个。

(7) 上万农户住房得改善。累计建成农民新村34个、巴渝新居4716户,改造农村危旧房8844户,农民居住品质极大提高。

(8) 在全市率先实现乡通畅、村通达、村通畅、村村通客车四个百分百。硬、油化农村公路242公里,整治农村公路412公里,实施集镇道路"白改黑"15万平方米,实现"车畅其路、人畅其行"。开通行政村客运线路,在全市率先实现"村村通客车"目标。

2. 建设管理成效凸显

(1) 建筑产业"走出渝西、迈向全国"。全区建筑企业总数201家,其中11家企业产值过亿,3家产值上亿企业荣获"重庆市先进企业"称号,建筑企业同全国10多个省市建立了稳固的劳务合作关系。充分发挥职教基地建设优势,提升整体素质,"永川技工"形成品牌。

(2) "234"勘察设计管理模式全市推广。建立建设工程方案审查、初步设计审批"二个会审"机制,准入登记、项目登记、负责人登记"三项登记"制度,信誉、成果、人才和节能"四大信息"资源平台,积极推行建设工程初步设计并联审批,"234"管理模式在全市推广。

(3)"一统、二规、三会审"行政执法方式树立标杆。清理行政执法项目,细化自由裁量标准,成立案件调处委员会,实行统一执法,程序规范化、制度规范化,大队审核、法制办把关、调处委员会裁决的制度,行政执法更加公正规范。

(4)建筑物室内空气及建筑门、窗"四性"检测渝西领先。建成渝西一流工程质量检测所,提升建筑质量检测技术水平,在渝西地区率先开展建筑空气密闭性能、渗水性能、抗风压性能、保温性能检测,为铸造高品质建筑提供了坚强保障。

3. 部门形象显著提升

(1)班子精诚团结,连续三年荣膺区"好班子"称号。领导班子作风民主、决策科学、精诚团结。坚持勤政廉政。连续三年被重庆市永川区区委、区政府表彰为"好班子"。

(2)队伍能打善战,"四项活动"锻造建设标兵。以活动为载体深入推动队伍建设,坚持开展创先争优、共产党员示范城、"三比三创四建"、"人民好公仆"等一系列主题实践活动,强化机关效能建设。机关党总支被重庆市委表彰为"重庆市创先争优先进基层党组织"。

(3)作风务实清廉,"三个创新"优化政务环境。创新建立行政权力廉政风险预警防范机制。按照风险等级实施分类管理,采取前期预警、中期防控、后期考核修正等措施有效控制和化解了廉政风险。创新建立行政审批"绿色通道"。实行重点项目主动协办、预约办理、容缺预审、上门服务和跟踪督办,大力提高审批效率和质量。创新"三定两并联"服务,深入园区开展定点、定人、定时的"三定"服务,为各大园区开展并联审批、并联验收"两并联"服务,提高办事效率。

邯郸市建设局

河北省邯郸市建设局在市委、市政府领导下,以保持和推动城镇建设各项事业快速发展、加速新型城镇化进程为己任,担当主力军,争做先锋队。2011年被省委、省政府授予"全省城乡面貌三年大变样工作模范集体",并连续三年被评为"省级文明单位",牵头组织的省级人居环境奖、省级园林城市(县城)、十佳绿色小区等11项工作全部榜上有名;2012年被国家人力资源社会保障部、住房城乡建设部表彰为全国住房和城乡建设系统先进集体,城镇建设工作取得阶段性成效。

1. 统筹协调,主动当好参谋助手

先后组织起草邯郸市《加快壮大中心城市加速推进城镇化的意见》等十余部加快城镇化进程的政策、法规,牵头起草的《关于进一步加快主城区和城中村改造的实施意见》,为迅速打开旧改工作局面提供政策依据。国务院590号令出台后,起草的《邯郸市国有土地上房屋征收与补偿办法》为全市旧改工作在国家新的政策下顺利推进奠定基础。围绕"建设区域中心城市,北方江南水城"的城市发展定位,抢抓机遇、乘势而上,对重点建设工程认真谋划,提出邯郸市四套班子领导分包重点项目责任制的建议,赋予分包领导工作推进指挥权、项目推进决策权、项目资金调剂权、干部使用建议权、年度考核奖惩权,为城镇建设各项工作顺利实施提供有力的领导保障。

2. 争创一流,勇当城镇建设排头兵

2008年以来,共新建城市道路48条,总长127公里、500余万平方米,进一步完善中心城区路网体系;丛台广场已成为市中心的新标志;赵苑公园、赵王城遗址公园相继建成开放,成为展示邯郸古赵文化特色的重要载体;北湖景区一、二期工程已经完成,加快推进三期工程建设步伐,为建设北方江南水城夯实基础;全省单体建筑面积最大的文化设施——文化艺术中心,城市重要对外窗口——火车站广场改造工程,城市路桥工程重点项目——4座新建大型互通式立交桥等一批城市重大标志性工程建成投用。2012年,全市共实施32项重点项目,仅建设局就承担10项。

3. 以人为本,创造拆迁改造新速度

河北省最大的棚户区改造项目——五仓区综合开发改造项目,已初具规模。作为项目推进牵头部门,改造之初,50天内拆出千亩净地,6个月内基本完成拆迁任务,实现当年拆迁、当年挂牌、当年建设,创造邯郸城建工作的奇迹;在建设中,坚持以水为依托,引进城市综合体的设计理念和建设"城中之城"的结构布局,经过几年的努力,一座集商务、文化、娱乐、休闲于一体的"水环绿绕"的现代化新城区即将呈现在世人的面前。

4. 解放思想，多措并举破解瓶颈

（1）利用平台融资。充分发挥城投公司融资平台作用，2011年10亿元城投债券成功发行上市，2012年12月，城投二期20亿元债券再次成功发行，债券发行规模之大，在河北省居首位，在全国平台类债券发行中名列前茅。

（2）利用项目融资。先后成功策划、组织对邯郸城建具有历史意义的邯郸（北京）重点城建项目推介会，并组织全市城建项目分别参加河北省第二届、第三届城博会、第十六届建博会、香港招商会，共签订项目200多个，总投资2380多亿元，受到省、市领导的充分肯定。

（3）面向市场融资。按照"三个面向、四个开放"要求，将城建项目面向全国放开市场，通过公开招标、BT等模式优选一批有实力有信誉的"国"字头、"中"字头战略投资者和施工队伍进驻邯郸市场，实现融资模式新突破。

5. 过硬作风，赢得社会一致好评

在队伍建设上，领导班子发挥表率作用，以建立"学习型、创新型、服务型、廉政型"机关为目标，结合实际工作，扎实开展党的十七届六中全会、省市八次党代会和党的十八大精神的学习贯彻，有力地促进学习深入。在审批服务上，在全市率先清章减费，将房地产单体项目从报建到开工许可的审批用章从14枚减少合并为1枚，收费项目从12项减为3项，审批时限由15个工作日减少为3个，率先承诺"三天一章"办结制，深受基层企业欢迎。在廉政建设上，主动邀请纪检、监察、财政、审计等部门全程介入项目建设，对重点项目、重点部门和人员深化、细化廉政风险评估、风险点查找、预警防范等措施，确保监管到位。

石家庄住房公积金管理中心

2012年，石家庄住房公积金管理中心（以下简称为"中心"）在河北省住房和城乡建设厅和石家庄市委、市政府的正确领导下，在全体干部职工的不懈努力下，深入贯彻落实科学发展观，积极进取，扎实工作，主要业务指标位于全省前列。截至2012年12月底，全市累计归集住房公积金217.17亿元，累计发放公积金贷款65284户、136.89亿元，归集余额136.18亿元，贷款余额103.48亿元。中心被中华人民共和国人力资源和社会保障部、中华人民共和国住房和城乡建设部评为全国住房城乡建设系统先进集体。被河北省住房和城乡建设厅、财政厅评为全省住房公积金管理优秀单位，获得市级文明单位和市普法工作先进单位称号，中心业务大厅先后被评为全省建设系统文明行业示范点、市级青年文明号。

1. 抓扩面、提比例，归集工作取得新成效

提高县（市）缴存比例。中心积极与市考核办沟通协调，将提高缴存比例列入县（市）政府考核内容，并以市政府名义出台《关于逐步提高县（市）、矿区住房公积金缴存比例的通知》。全市18个县（市）均最少达了单位、个人各9%，一半以上达到单位12%、个人10%。二是完善执法政策。以市政府名义出台《石家庄市住房公积金管理行政执法暂行规定》、《石家庄市住房公积金行政处罚自由裁量管理办法》，进一步明确执法主体、处罚标准和有效期限，为石家庄市住房公积金行政执法提供制度保障。开展缴存基数年审，对全市人事代理、劳务派遣机构进行专项检查。建立协调联动机制。督促单位为职工按时足额缴存住房公积金，维护职工合法权益。

2. 抓机遇、保质量，贷款工作取得新进展

中心积极争取，将石家庄市列入全国住房公积金贷款支持保障性住房建设试点城市，贷款项目8个，贷款额度10亿元。中心继续支持职工购买、建造、翻建、大修自住住房，积极开拓公积金个贷市场，对优质楼盘提前介入，及时掌握楼盘的立项、开工、销售等情况，跟踪服务，2012年新增合作项目83个，全市楼盘合作率达到85%以上，贷款量居全市金融机构住房贷款量前列，更多职工通过住房公积金改善居住条件。不断加大个人逾期贷款的催收力度，与放款银行一起成立专门的催贷小组，采取委托代扣协议、扣除开发商保证金等多种措施，减少逾期还款情况的发生。2012年，中心贷款发放量、发放户数、个贷率、逾期率均创历史最好水平。

3. 抓管理、防风险，资金安全规范运行

严格执行管委会决策。把管委会议定的事项列为重点工作，明确专人和完成时限，确保管委会议定事项的落实。扎实开展权力运行监控机制建设。

在排查廉政风险点的基础上,制定以"思想预防、制度设防、信息控防、排查布防、监督外防"五防为主的廉政风险防范措施,进一步规范管理,确保资金安全。中心作为典型单位在全市大会上介绍经验做法。加强信息化建设。按照省建设厅"建立全省统一住房公积金软件"的要求,中心成立新业务系统建设领导小组及办公室,制定实施方案,科学论证管理模式,反复推敲业务流程,量身定做业务模块,新系统研发已完成。购置 IBM 小型机等先进设备,中心核心机房综合水平迈入全国同行业先进行列。加强提取管理,严防套取、骗取公积金行为的发生。2012年,全市提取住房公积金 13.46 亿元,基本符合石家庄市房地产市场实际运行情况。规范缴存单位管理,制定出台《石家庄住房公积金缴存单位专管员管理办法》,印发专管员手册,对全市缴存单位专管员进行集中培训,提高专管员业务水平。缴存单位分片管理的格局已基本形成。加强内部检查。制定出台《内部审计管理办法》,对各业务科室、县(市)区管理部业务管理情况进行专项检查,针对检查出的问题,提出整改方案,提高中心业务管理水平。

4. 抓行风、树形象,文明行业创建活动取得较好成效

健全完善工作人员业务行为规范、首问负责制、服务承诺制、限时办结制等 18 项行风效能制度,塑造中心良好社会形象。提高工作效率,进一步压缩审批时间、审批程序,优化操作流程。公积金贷款,7 个工作日内办结放款手续;坚持上门服务,到各单位集中办理公积金提取、贷款审批手续;全面开展免费邮寄住房公积金结息对账单业务。改善服务环境,全市共设立 5 个管理部,方便群众就近办理业务;升级公积金提取付款方式,开展网银付款,开通服务热线 12329。与银行合作,发行住房公积金联名卡,优化公积金服务。加强政策宣传。积极利用多种渠道,多角度、全方位宣传住房公积金政策。中心报纸《石家庄住房公积金》按月发刊,社会各界反映良好;及时更新中心门户网站内容,提高网站关注度,访问量、留言量位于全市市直各单位门户网站前列。

5. 抓班子、带队伍,中心自身建设取得长足进步

中心按照全市统一要求,扎实开展创先争优、基层建设年、"两个环境"建设等主题活动,取得一定成效。加强党务工作,印发中心《关于认真学习宣传贯彻党的十八大精神的通知》,组织专题座谈会,提高了党员的政治素质。加强学习教育,开展全员素质提高工程,制定出台了《干部职工学习教育工作意见》。积极鼓励干部职工利用业余时间,参加各种学习活动,中心干部队伍学历层次得到进一步提升。坚持正确的用人导向,加大对优秀年轻干部的培养力度,调整、充实中层领导干部,做到公开、公平、公正。三是进一步建立健全内部考核指标体系和绩效评价系统,加大奖惩力度,奖勤罚懒、奖优罚劣,最大限度激发广大干部职工的积极性和创造力。加强党风廉政建设,坚持业务工作与党风廉政建设同研究、同部署、同督导,积极开展住房公积金廉政风险防控工作,认真排查 34 个廉政风险点,制定 61 条廉政风险防控措施,住房公积金风险防范体系得到进一步完善。积极开展工青妇工作。工会积极履行职能,关心职工生活,开展形式多样"送温暖、献爱心"活动,使干部职工切实感受到组织的关怀和温暖。组织各类文体活动,展现中心干部职工的昂扬向上精神风貌,提高中心凝聚力。中心工会被评为全市建设系统模范职工之家。

内蒙古自治区建设工程招标投标服务中心

1. 加强制度建设,确保服务按章行事

内蒙古自治区建设工程招标投标服务中心(以下简称为"中心")制定和完善《"中心"运行和管理制度》、《"中心"工作人员管理制度》、《建设工程招标投标进场主体管理制度》、《建设工程招标投标进场程序管理制度》、《评标专家管理制度》和《举报、投诉管理制度》。这一系列制度经修订、完善和系统化,形成《内蒙古自治区有形建筑市场标准化管理制度》,在全自治区推行。

2. 加强队伍建设,确保服务优质高效

(1)以"和谐中心、团队建设和有尊严的工作"为切入点,积极开展思想教育工作。中心领导以身作则,党员模范带头,群众自觉践行,把和谐、团队、尊严的意识和理念,体现于日常工作中。形成人与人、人与制度、人与工作环境之间一种行为规范、衔接有序、和谐共事的"中心"文化;树立荣辱与共的团队精神；营造平等互敬、讲人格、有尊严的工作氛围。

（2）加强廉政文化建设。中心以读书思廉为抓手，积极开展廉政文化建设。订阅廉政文化建设的相关书刊、学习资料，组织观看先进典型或警示案例的录像片，通过典型事例，对员工进行廉政文化教育，使全体员工自觉做到自重、自省、自警、自励。通过整理名言警句，进行艺术创作，在办公场所用图文并茂的廉政警语、促廉图画，营造浓厚的崇廉、尚廉、学廉、守廉的廉政文化氛围。

（3）强化招标投标专业知识和相关法律法规的学习和培训，切实提高业务能力和政策水平。一是定期组织专业知识培训，员工每人每年按工作岗位和专业接受至少一次短期全日制培训。二是组织业务人员进行专业知识考评、案例分析及专题讲座；三是积极鼓励广大员工参加与招标投标相关的各类执（职）业考试，如造价师、招标师等。

3. 加强现代技术应用，确保服务快捷科学

（1）建设自治区招标投标服务中心网站。网站设有"中心"介绍、服务指南、建设快讯、工程信息、企业信息、造价信息、信用体系、科技成果推广、政策法规等栏目。还开发以自治区建设工程招标投标服务中心网站为主站，各盟市"中心"为分站的网站平台，通过网络资源整合，实现业务连接和信息资源共享。

（2）开发应用评标专家计算机随机抽取语音（短信）自动通知系统。从2007年7月，到2012年底，共有3264个项目，抽取评标专家15924人次，没有发生一例泄密事件。

（3）应用计算机指纹识别、通讯屏蔽和评标监控系统。该系统的应用，使招标投标监督管理部门对评标、定标活动，实现从整体到局部，从现时到过去的可视、可听、可查、可控的全过程、全方位的有效监管。

（4）开发应用电子招标投标系统。"中心"积极进行电子招标投标的开发和应用。已完成模拟测试和项目试点工作。2013年4月起，房屋与市政设施项目全面实施电子招标投标。

4. 加强评标专家管理，确保评标工作公平、公正

（1）切实把好评标专家的入库资格审查关。在审核专家入库资格时，从其学历、职称、工作业绩等八个方面，作为其是否具备某一专业评审资格的参考条件，通过单位推荐、"中心"初审、主管部门审查、专家评审委员评审等程序，层层把关，确保评标专家的入库质量。

（2）建立健全评标专家动态管理制度。建立评标专家个人评标工作档案，记录评标专家的个人基本信息情况、参加培训及考核情况、每年的评标次数、迟到和未出席评标活动的次数和原因、被投诉次数以及原因、调查处理结果等，作为动态管理的依据。实行评标专家准入和退出机制。

（3）不断扩充评标专家库容。"中心"专家库评标专家达到4500人，20个专业，能够满足各类工程建设项目评标需求。

5. 加强功能建设，确保专业建设项目顺利进场

2012年以来，继民航、通讯、电力等专业项目外，铁路和部分交通、水利、煤炭项目也进入"中心"交易。

2009年7月被住房和城乡建设部确定为"全国住房和城乡建设系统文明行业示范点"；2011年10月，"中心"党支部被自治区党委直属机关工委评为自治区直属机关"十佳学习型党组织"。2012年1月，荣获自治区精神文明委员会授予的"全区百佳文明服务单位"称号。

乌兰察布市建设工程质量监督站

乌兰察布市建设工程质量监督站（以下简称"监督站"）成立于1984年，属科级全额拨款事业单位，其主要职责是负责全市建筑工程质量指导管理，直接负责中心城区建筑工程质量监督管理和工程质量事故鉴定工作。30年来，累计监督工程3000多万平方米，从单体到群体，从多层到高层。伴随着乌兰察布经济建设的兴盛与发展，监督站逐步成熟壮大，到目前，拥有在职员工39人，专业技术人员28人，各种监督检测设备日臻完善。2000年和2001年连续被评为建设局先进集体，2003年被内蒙古自治区建设厅评为全区建设系统先进集体，2008年被中共乌兰察布直属机关工作委员会评为先进基层党组织，2008年被内蒙古自治区建设工程质量监督站评为工程质量监督先进集体，2009年、2010年连续被乌兰察布市人民政府评为质量管理先进集体。

为了搞好工程质量监督工作，监督站把培训业务工作人员,提高业务工作人员的业务知识水平和业务工作能力,造就一批高素质的知识过硬、作风正派的专业执法队伍作为监督站建设的重点。通过转变监督机制,改进工作方法、转变工作作风来树立良好的执法队伍形象。通过制定、完善各项规章制度,如廉政执法制度,岗位责任制、监督站办事公开制度等规范监督执法人员的执法行为。通过督查制度和监督投诉举报公开制度来预防腐败的发生。在转变监督机制、创新监管模式、完善监督方法和手段方面,监督站进行大胆探索并取得可喜的成绩。根据乌兰察布市建筑市场发展的需要,通过一系列的探索与实践顺利完成上级政府赋予监督站的各项工作。工程质量稳步提高,通病治理进一步落实,人民群众对工程的满意度明显增强。

监督站在2011年试点的基础上推行预见性、服务性的质量监督模式并取得良好的效果。通过风险源识别机制发现并处理许多重大质量隐患。熟悉图纸,把监督检查的重点、难点、关键点、易造成重大工程质量事故点和易形成重大工程质量隐患的不安全点,作为监督工作中重点控制、集中检查和巡查检查的重点,使监督工作做到事前和事中控制。这不仅可提高监督工作的预见性、服务性,也达到防止重大工程质量事故发生,确保结构安全的目的。同时还提高监督人员的业务素质与水平。

监督信息平台的建立,统计分析制度的建立,使监督站能及时发现质量波动情况并采取相应对策,许多质量隐患、质量事故被消灭在施工中,确保了结构安全与工程质量。在社会上树立良好的监督执法、文明执法的形象。在具体的工程质量监督工作中,实行监督小组制。即确定监督责任人由监督小组集体进入施工现场进行执法的监管模式。将"差别管理"引入监督工作。对不同项目、不同的施工管理机构、不同的结构形式,分别进行分析比较,确定重点控制的内容。这些制度的引入,极大地提高监督工作效率,显著解决工程量大,结构形式复杂,技术人员严重不足的矛盾。通过日常监督、监督巡查、结构工程季度大检查和建筑工程质量大检查等手段,进一步整顿建筑市场,规范责任主体五方的质量行为,确保工程建设强制性标准在工程中的贯彻执行。对于日常监督和各种检查中发现的问题,依据情节轻重分别下发监督通知书、整改通知书、局部停工通知书等执法文书,并对整改情况进行跟踪落实,确保竣工工程质量。

商品砼生产企业是根据国家和自治区的要求在建筑行业发展起来的。经过一年多的建设,乌兰察布市辖区内共有商混凝土生产企业47家。其中,内蒙古自治区乌兰察布市集宁区范围内的商混凝土企业26家。2012年监督站共对所有商品砼生产企业进行三次检查,并对原材料进行比对试验。检查下发整改通知书105份,并对各企业的整改情况进行跟踪落实。各企业均将整改情况进行回馈。经过检查,各商混凝土企业完善管理制度,加强质量的控制与监管,规范操作过程,保证产品质量,为建筑工程的质量提供可靠保证。

工程实体检测是为主体结构验收提供科学依据,是"完善手段"的体现,是保证主体结构安全、防止重大结构质量隐患流入工程的关键环节。2012年年共对352栋单位工程进行实体检测。检测内容涉及重要结构构件、结构部位和主要使用功能方面。在检测中发现的不合格项全部进行处理,为主体验收和结构安全提供科学依据。

提升监督工作信息化平台,加强数据统计工作,为住房和城乡建设委员会机关提供大量的第一手真实材料。监督站各室全部配备电脑,各监督室均配备了便携式检查、检测工具、现场影像提取设备等。为监督工作的科学性、准确性提供依据,2001年监督站还成立质量信息简报平台,由各监督员将每周的工程建设情况汇总,作为简报的素材,由指定专人全面汇总的基础上完成质量信息简报的内容,并将每期的简报发到住房和城乡建设委员会相关领导和相关科室,向上级部门提供准确、翔实的第一手准确的信息,为领导的决策提供科学依据。

工程质量监督工作开展三十年来,总结过去、展望未来,不仅要依靠健全的法律法规制度,更要依靠掌握先进管理技术和专业技术的各类人才。未来的监督工作任重道远,我们要在继续落实工程质量监督管理现行措施的基础上,加大监督管理力度,促进工程整体质量水平的提高。

黑龙江省城市规划勘测设计研究院

黑龙江省城市规划勘测设计研究院成立于1979年8月,是隶属黑龙江省住房和城乡建设厅的正处级事业单位。主要承担省内外的城乡规划、市政工程、建筑工程、风景园林设计、工程地质及水文地质勘察、地形图测量等规划、设计、勘测、咨询及科研任务。具有城市规划编制、风景园林工程设计、工程测量、岩土工程勘察、工程咨询5项甲级资质；给水工程、排水工程、热力工程、环境卫生工程、建筑工程、旅游规划、水文地质7项乙级资质。院内设有14个生产作业所，6个管理部门和1个下属公司，现有在职职工208人，其中13人为研究员级专家，各类国家注册人员56人，另有离退休职工71人。院内技术力量雄厚，仪器设备先进，在业界拥有较高的知名度。

建院三十多年来，业务遍及国内14个省、自治区和直辖市，累计完成各种项目6000余项，获得国家和省级优秀勘察设计、规划设计及科研成果奖500余项，400余篇论文获省级以上优秀论文奖，在国内招投标过程中多次中标和获奖。并且多次获得"省级文明单位"、"省建设系统文明单位标兵"、"省城乡规划行业先进单位"、"省五·一劳动奖状"、"省级卫生先进单位"等光荣称号。在省级规划设计综合质量评定工作中，连续两年位列第一名，2012年被评为全省3家"城市规划最优设计单位"之一和"全国住房城乡建设系统先进集体"称号。

黑龙江省城市规划勘测设计研究院积极探索体制改革之路，在内部制度管理、质量管理、人员管理等方面加大改革创新力度。在黑龙江省城市规划勘测设计研究院院长宁德峰同志的带领下打造并施行适合该院长远发展的机构文化理念体系，确定以"黑龙江规划院"为对外品牌形象，设计新的机构标识；明确机构使命、机构愿景、核心价值观和质量方针，对全院生产、生活的各个方面都制定标准规范，形成独特的文化环境，收到良好的效果。

在日常工作中，该院领导班子坚持以人为本，积极贯彻落实科学发展观，一切决策均以集体和职工利益为重。该院党委经常关怀慰问离退休同志，坚持每年为离退休党员组织主题党日活动。在该院经济效益和社会效益大幅度提高的情况下不忘扶危救困，为灾区和所属社区弱势群体组织多次捐款捐物，并安排专人到灾区驻扎支灾后重建和长期"援疆"工作。院工会、共青团、女职工委员会经常组织丰富多彩的活动，职工合唱团在全省住建系统红歌会上，获得"优秀组织奖"和"最佳节目奖"。

全院职工积极开拓市场，在不断挖掘省内潜力的同时拓展吉林、内蒙古和新疆市场。年签订项目数、合同额、进款额及完成上级部门的指令性任务数量逐年均有较大幅度提高，精品高效的设计赢得了客户和各级领导的信任。其中，《省城镇体系规划》、《省滨水城市滨水区规划指引》、《省域村镇体系》等都是省级重点项目。在全省旅游名镇规划，新农村建设，旅游名镇及百镇"三供两治"近期规划，县（市）域镇村居民点空间布局规划等大型项目中均占据主导地位。

突破创新一直是黑龙江省城市规划勘测设计研究院的发展手段之一。除了紧跟时代潮流，大力弘扬文化、精品、特色的发展理念，注重挖掘龙江文化、民族特色、区域特点等文化内涵之外，更着重考虑城市建设的可持续发展。并且注意通过与国内知名设计机构及高校以合作设计、委托培养、咨询讲座等形式来提高该院的整体技术水平。在全省旅游名镇规划项目中，由该院设计骨干和著名专家组成的工作组精心设计的两个规划成果得到省委主要领导的首肯和表扬。与哈工大联合推出的"多级过滤"污水处理工艺，就是污水处理领域上的一次飞跃式进步。

该院经济效益和社会效益稳步增长，院领导班子廉洁自律、坚强有力，职工队伍思想稳定，民主管理科学规范，内外环境整洁有序。作为新时代的设计者，黑龙江省城市规划勘测设计研究院将以弘扬"创业、创新、创优"精神为动力，大胆开拓，奋勇超越，为美丽中国、和谐龙江的建设做出更大的贡献！

徐州市城乡建设局

江苏省徐州市城乡建设局围绕打造特大型区域性中心城市，全面振兴徐州老工业基地目标，解放思想、扎实工作，圆满完成各项目标任务，相继获得全国住房和城乡建设系统先进集体、住房和城乡建设部"十一五"建筑节能先进单位、全省住建系统优质服务先进单位、全省建筑行业管理先进单位、全省住房保障工作先进单位、市重大项目为民办实事先进单位和市城建重点工程建设先进单位等诸多荣誉，并在2010～2012年度市级机关年度绩效考评中连续3年获得优秀等次；2009年以来，获振兴徐州老工业基地创新实践奖特等奖和一、二、三等奖。

1. 强力推进"三重一大"，城乡面貌深刻变化

徐州市城乡建设局围绕"推进跨越发展，建设美好徐州"主题，扎实抓好"三重一大"，有力推动徐州城市建设快速发展，老城区改造、新城区开发和高铁站区建设全面展开，全市城市化率达55.4%。中心城市建设步伐明显加快，2010年以来组织实施近580项城建重点工程。408万平方米的棚户区改造一期工程"三年任务两年完成"，显著改善民生民计，提升城市形象，拓展城市发展空间，实现徐州城建史上的重大突破，在全省乃至全国创造棚户区改造的先进经验，得到李克强总理和省委、省政府的充分肯定和广大人民群众的热烈拥护。《人民日报》、中华网、香港《大公报》、《中国建设报》等多家媒体进行深度报道。村庄环境整治扎实推进，已完成2586个村庄整治任务，创建三星级"康居乡村"25个，村容村貌、生态环境、乡村特色、基础设施、公共服务等进一步提升。整治工作处于苏北领先地位，江苏省省委、省政府领导视察后给予充分肯定。

2. 充分发挥部门职能，行业监管不断强化

（1）建筑业持续快速发展。徐州市出台一系列优惠政策，建筑业连续五年实现跨越式发展，2012年建筑业总产值达1100多亿元，同比增长29%以上，连续三年苏北第一。实现税收50.92亿元，同比增长27.85%，占全市总税收18.73%。建筑业科技创新步伐不断加快，2项国家级工法获通过，填补市属建筑企业国家级工法的空白。

（2）建筑市场日益规范。实施"两场联动"，健全建筑市场信用体系，依法查处和有效遏制各种违法违约行为，营造诚实守信的市场环境，建筑市场秩序进一步规范。建成并启用3000平方米的现代化交易中心，建立"在徐投标企业信用库"，积极推行电子化招投标，构建建设工程承发包交易的阳光平台。创新非国有资金投资建设工程项目招投标监管模式，受到上级领导充分肯定，在全国建设系统予以推广。

（3）建筑工程质量不断加强。加强工程质量管理，该局建立并推广住宅工程分户验收制度，分户验收通知率100%，探索聘请业主代表为义务质量监督员参与住宅质量监督，维护广大业主知情权、参与权，住宅质量投诉率逐年下降。2010年以来，获省"扬子杯"优质工程奖41项。音乐厅项目获得国家钢结构金奖，矿大图文中心等3个项目被评为"国家优质工程"。

（4）建筑节能勘察设计水平稳步提升。强化新建建筑节能全过程监管，加快推进可再生能源建筑应用，2010年以来，全市共建成2758.13万平方米的节能建筑。规范勘察设计市场秩序，繁荣建筑创作，2010年以来共有40个项目获省城乡建设系统优秀勘察设计奖，在苏北地区名列前茅。

（5）安全文明施工水平不断提升。认真抓好建设工地安全文明施工，安全生产局面平稳可控。2010年以来，创建国家级文明工地3项；创省级文明工地309项。

3. 持续加强自身建设，行政效能逐步提升

（1）着力加强干部队伍建设。该局领导班子团结一心，识大体，顾大局，任劳任怨，扎实工作，模范执行党的路线方针政策和国家法律法规，营造一个既有集中又有民主的工作局面。在对关系建设事业发展和建设系统广大干部职工切身利益的重大问题的处理上，遵循"集体领导、民主集中、个别酝酿、会议决定"的原则，决策前认真调查研究，广泛听取意见，决策中充分发扬民主，决策后加强跟踪反馈和督促检查。开展公务员职业道德教育，全局干部职工职业道德水平明显提升，"服务基层、服务群众、服务发展"的责任意识进一步增强，"善操作、会落实、能创新、敢担当"已成为全局干部队伍的特质。

（2）切实转变工作作风。该局开展"三解三促"和百姓办事"零障碍"活动，简化办事环节，打通障碍梗阻，做好优质服务、超前服务，强力推动各项工作提速、提质、提效，树立"优质、便捷、高效"的服务型机关形象。努力精简各种会议、文件，减少公务接待，厉行勤俭节约，反对铺张浪费，树立节约型机关良好形象。

（3）立足岗位创新创优。该局紧紧围绕"三重一大"工作，开展创先争优活动，大兴求真务实之风、创新创优之风，坚持开展振兴徐州老工业基地和"三重一大"创新奖评选活动，在棚户区改造中创新实践，在全国树立先进经验。

（4）加强诚信建设和文明创建。该局加大窗口单位诚信建设力度，积极探索建立诚信机制，全面开展窗口单位的规范化服务，进行服务承诺公示，接受社会监督，提高规范化服务水平，干部职工的文明素质和信用意识不断提高，树立行业文明诚信的良好形象。

（5）深入推进反腐倡廉建设。该局实施反腐倡廉"八大工程"，深入开展工程建设领域突出问题专项治理，建立健全决策权、执行权、监督权既相互制约又相互协调的权力结构和运行机制。

杭州市数字城管信息处置中心

杭州作为全国首批十个试点城市之一，数字城管系统于2006年3月28日建成投入运行，同年8月第一个通过原国家建设部的系统验收。杭州市数字城管上线以来，按照国家住建部要求，紧扣杭州市"打造东方品质之城、建设幸福和谐杭州"的总目标，努力实现"城市管理，让生活更美好"的愿景，着眼于信息科技前沿，努力创新运行机制，搭建全市统一平台，强化综合管理效能，着力实现数字城管的扩面、提质和增效。

1. 积极推进文明创建工作

杭州市数字城管信息处置中心（以下简称为"中心"）始终坚持把文明单位创建作为中心的"重心"工作来抓，在着力营造丰富、活跃、健康、向上的中心文化和数字城管文化的同时，进一步强化中心员工的业务素质和道德作风建设，锻造队伍，提升形象，推动发展。六年来，先后获得团中央等十二个国家部委颁发的"青年文明号"、浙江省级和杭州市"文明单位"称号，荣获浙江省"巾帼文明岗"、杭州市"个性化基层示范窗口"、杭州市最具"生活品质体验点"（连续三年）等荣誉。同时，还将文明触角进一步向社会延伸，与浙江省建德市两个村建立结对帮扶关系，通过"特殊党费"、"爱心包裹"等形式，建立向社会困难人群奉献爱心的常态机制。

2. 建立"一平台、四机制"

六年来，中心紧扣"实际，实用，实效"要求，着力推进数字城管"一个平台四项机制"建设，进一步创建数字城管"杭州品牌"。

（1）构建数字城管大平台。通过资源整合共享，构建"横向到边、纵向到底、覆盖城乡"的市辖城域数字城管统一平台，实现与867家城市管理网络单位和468个社区的互联互通，全面覆盖13个区、县(市)和两个市级管委会，并向市辖27个中心镇拓展，覆盖面积达438.99万平方公里。同时以数字城管平台为基础，建成包括数字执法、桥隧监管、节水监管等子系统的行业信息化大平台。

（2）首创信息采集市场化机制。采取政府"花钱买信息"、"养事不养人"的做法，引进和培育具有良好社会信誉和人力资源管理能力的第三方公司（信息采集公司）从事信息采集，提高城市管理效率。据了解，推行数字城管的城市（区），采取市场化采集的占绝大多数，杭州已成为全国数字城管信息采集市场化的"孵化器"。

（3）建立有效的目标考核机制。以问题及时解决率为数字城管考核惟一指标，纳入杭州市委、市政府对各城区和市相关部门（单位）年度考核，并每月将及时解决率排名通过杭州日报和"城管动态"分别向市民和领导通报，以此调动各城区、部门工作积极性。此外还通过"代整治"、"四个损坏"等专项整治，着力解决热难点问题，促进城市管理问题的第一时间解决。

（4）建立"平急"转换机制。"平"即日常状态下，围绕城市的"洁化、绿化、亮化、序化"，做好城市常态管理；"急"指一旦转入防汛、防雪等预警状态，第一时间调整人员配置、采集时间、重点采集区域和重点关注问题类别等，全面、及时地发现和解决道路积水积雪、树木倒伏、广告牌倒伏等问题，为城市正常运行和市民群众出行安全提供有力保障。

（5）建立与市民互动的服务机制。将数字城管的触角延伸到所有的社区城管服务室，社区发现问题可以通过数字城管系统交办，做到"小事不出社区"。开通12319服务热线，24小时受理市民对城建城管方面的意见和诉求。为进一步整合资源，12319热线与原城管执法96310热线整合试运行中，2013年5月1日完成整合工作并正式运行。

3. 稳步推进智慧城管建设

2012年，浙江省提出建设智慧城市的目标。5月，杭州智慧城管被列为首批启动的13个试点项目之一；9月，实施方案顺利通过省经信委组织的专家评审。拟通过建设1套标准体系、1套管理体系、3大基础平台、6大应用系统，实现五型城管的目标，做实"一心一意，365天为民服务"。

为稳步推进智慧城管建设，通过智慧城管建设实现城市管理的"全民共管、科技强管和人才兴管"，在杭州市城市管理委员会党委和主要负责人的高度重视下，专门成立杭州市城市管理信息化工作领导小组。依托领导小组的带领，中心主要在做一些建设前期的规划调研工作，同时逐步开展一些基础项目的建设。2012年10月，智慧城管一期中的集约化信息展示平台完成立项和可研评审，12月完成招标；2012年11月，智慧城管总体规划完成招标，

温州市房屋登记中心

"全国住房和城乡建设系统"先进集体——浙江省温州市房屋登记中心(以下简称为"中心")为温州市住房和城乡建设委员会下属事业单位。该中心现有职工130人(其中党员35人,团员20人),内设有办公室、财务科、法制科、督查科、登记发证科、信息管理科、权属审理一科、权属审理二科、权属审理三科、抵押管理科、商品房管理科、测绘管理科十二个科室,下设鹿城、龙湾、瓯海、经济技术开发区三家分中心。主要负责建立和管理温州市区的房屋登记簿;负责温州市区国有土地、集体土地范围的房屋登记;温州市房地产市场预警预报工作;收集、整理、归档、保管、开发利用温州市区房地产权属档案和各类房产相关档案及提供房产档案的查询服务。

该中心的综合办证大楼,直属服务大厅建有30个主业务窗口、16个配套服务窗口,实现房屋所有权登记、房屋抵押权登记、地役权登记、预告登记等大项共20余种登记,以及公证、测绘、评估等"一条龙"服务的综合办证大厅。随着温州市的城市建设规模不断扩大,房地产交易活动日趋活跃,该中心年均接待服对象30余万人次,年均办理各类房屋登记14万余件。

1. 不断加强房屋登记工作的规范化管理

(1) 规范建立房屋登记簿,基本完成个人住房信息系统建设。中心经过三年的努力完成市区即包含新登记房屋的状况,又包含原来登记形成的历史记录,登记簿的形式和内容规范统一的温州市区房屋登记簿,为物权保护和登记簿利用打好基础。同时,按照国务院和住建部的要求,建立全市统一的信息系统平台、市级统一的数据库,基本完成涉及总量达1523575宗,建筑面积30802.54万平方米房屋登记的个人住房信息系统建设,实现全市各县(市)个人住房信息的整合,并协助完成住房和城乡建设部个人住房信息系统全国联网以及省住房和城乡建设厅房地产监管分析平台数据联网建设工作,为国务院房地产宏观调控提供数据参考。

(2) 规范建立房屋登记机构,提高房屋登记服务能力。在温州市委、市政府的支持下,房屋登记中心在市区设立鹿城、瓯海、龙湾、经济技术开发区房屋登记分中心,推行温州市区房屋登记机构统一、系统统一、政策统一、操作统一、时限统一、登记簿统一的六个统一,为推进同城受理打好基础,实现群众就近办理登记的目标。

(3) 落实登记官制度,强化登记质量管理。房屋登记官制度是住房和城乡建设部《房屋登记办法》确立的一项制度,是中国房屋登记职业化的一项重要制度。在房屋登记机构从事审核工作的人员,应通过全国房屋登记人员培训考核,取得《房屋登记官考核合格证书》,成为房屋登记官后,方可从事房屋登记审核及质量管理等工作。该中心认真组织业务培训,鼓励工作人员参加房屋登记官考核,市区共有57名同志取得房屋登记官资格,登记官制度让专业人员为群众服务,提高专业水平和登记质量,让老百姓的房屋财产上一道保险,更好地为人民群众服务。

2. 不断创新服务新理念

(1) 建立透明服务。温州市房屋登记中心将工作人员的工号、姓名等信息做成信息卡放在显著位置。在党员中开展"创先争优"活动,制作标识牌亮明党员身份,充分发挥党员先锋模范作用,便于群众监督。平时,以宣传栏、电子显示屏和触摸查询机为载体,全面公开政务;积极宣传办事程序、收费标准、房产法规等,利用电子屏幕、宣传栏等进行公示,真正做到公开、透明服务,努力为群众提供一个现代化、人性化、便捷化的办证大厅。

(2) 打造亮点服务。中心办证大厅在软硬件建设上技术先进,服务水平、接待能力和办事效率大幅提升。其中导向台、咨询台成为办证大厅的亮点:在一楼大厅入口处设置排队叫号系统,配备专门的叫号人员进行取号导向,咨询台由业务精湛的工作人员为群众咨询,答疑解难。

(3) 推行特色服务。除了以往推行的贴心服务、预约服务、上门服务、延时服务、温馨服务等便民举措,该中心不断延伸服务功能,在办证大厅处处体现出"以人为本"的特色服务理念。为了更好地服务特殊人群,该中心开通特殊人群业务申办绿色通道,符合条件的人群均可享受该中心为其提供的免排队服务、预约服务、上门服务等特殊服务。面对群众反映的因多方原因造成的"办证难"问题,做到不推诿、不喊冤,主动协调相关部门,努力排除困难，想方设法为群众办实事：一方面抓好保障性住房、拆迁安置房的产权发证工作。该中心采取与各部门协调的方式，解决较集中的问题；对已具备办证条件的拆迁安置房继续开辟绿色通道，安排专场，让拆迁安置户实实在在感受到实惠。第二方面，健全和完善疑难问题的协调处理机制，积极、主动处置好历史遗留问题，该中心每月召开疑难案件审理会议，解决疑难案件上千余件；通过各种渠道收到群众来信来访均在规定时限内回复，回复率达100%。为方便群众，该中心在大厅里便民硬件设施上更是加强投入，为群众提供各种便民服务，为广大群众营造了一个良好舒适的办事环境。

该中心坚持以群众满意为根本落脚点，将"一心一意服务群众，一举一动方便群众，一言一行尊重群众"作为工作理念，先后获得全国"房地产交易与权属登记规范化管理"先进单位、全国"精神文明建设工作"先进单位、全国"巾帼文明岗"、全国"三八红旗集体"、浙江省"文明单位"、浙江省"先进基层党组织"、浙江省"巾帼文明岗"、浙江省"群众满意基层站所"创建工作示范单位、浙江省"青年文明号"等多项省部级以上荣誉。

湖州市住房公积金管理中心

湖州市住房公积金管理中心（以下简称为"湖州中心"）前身为湖州市住房委员会办公室、湖州市住房资金管理中心、市住房公积金管理中心。2003年6月，根据国务院和省政府统一部署，实行住房公积金管理机构调整，重新组建市住房公积金管理中心。按照国务院《住房公积金管理条例》，住房公积金的管理原则是："管委会决策、公积金中心运作、银行专户存储、财政监督"。湖州中心已实行统一管理、统一制度、统一政策，实现管理和运作分离。湖州中心始终坚持围绕中心、服务大局，坚持"人、钱、房"一起抓，不断创新完善住房公积金制度，全面争创一流工作业绩。

湖州中心坚持突出重点，发挥制度作用，服务"住有所居"。从2003年机构调整前到2012年底，全市累计归集住房公积金从13.26亿元增加到151.03亿元，增长1039.99%；职工累计提取住房公积金从3.4亿元到80.23亿元，增长2259.71%；贷款发放额从9.94亿元增加到114.36亿元，增长1050.50%；贷款余额为60.02亿元；累计实现增值收益6.72亿元，提取风险准备金3.59亿元。在没有实施置业担保公司担保的前提下，实现连续十五年年末无逾期贷款的记录。

1. 创新创先，制度创新走在前列

湖州中心以"宜居湖州，住房公积金相伴"为主题，在全国全省率先推出在非公企业和农民工中建立住房公积金制度，已为6800多家非公企业18万名职工新建立公积金制度，其中，农民工11.6万多人。另外，还推出低收入公积金贷款家庭贴息、支持新就业大学生和引进人才解决住房问题等等一系列政策制度创新措施。

2. 突出重点，争创一流工作业绩

全市住房公积金归集扩面、资金使用、规范管理、资金安全、信息技术等各项主要业务建设工作和主要业务指标，走在全国全省同行业的前列。住房和城乡建设部曾先后四次在湖州召开专题研讨会，推广湖州经验，湖州中心六次在全国公积金工作会议作经验介绍，2012年浙江省住房公积金制度扩面会议在湖州召开，总结和推广湖州公积金制度扩面经验。全国有28个省、市、自治区的近200个城市150多批次1800多人来湖州中心参观考察。

3. 管理规范，建设一流防控机制

湖州中心在内部管理上牢固树立"100－1＝0"的理念，始终把防范资金风险，作为重中之重来抓。修订和完善包括《湖州市住房公积金管理办法》在内的100多项规章制度。建立比较完善的外部监督和内部防控机制，保证住房公积金安全完整。注重发挥信息技术在管理服务中的作用，湖州在全国率先实施公积金中心与银行联网结算，住房和城乡建设部公积金监管司在全国推广这一经验。在没有实施置业担保公司担保的前提下，实现连续十五年年末无逾期贷款的记录。

4. 心系群众，打造一流服务水平

湖州中心确定为所有缴存职工和应缴未缴职工服务的服务宗旨，推出一系列创新服务措施。设立"一站式"服务大厅，推出星期六上午办理业务。开展上门宣传服务、单位批量业务上门服务和预约定向服务等便民服务。建立全市住房公积金服务中心，

畅通诉求表达和查询渠道,并整合"12329"住房公积金服务热线、短信平台等多种服务机制。

湖州市住房公积金管理中心所做的工作和所取得的成绩,住房城乡建设部与浙江省政府分管领导、湖州市委市政府与浙江省建设厅领导多次给予充分肯定。《人民日报》华东版、《浙江日报》、《中国建设报》头版头条对湖州中心的工作作了重点报道。

2003年以来,湖州中心已连续十年被全省住房公积金管理系统考核评为优秀单位,获得包括"全国文明单位"、"全国住房城乡建设系统先进集体"等20多项(次)省级以上先进和荣誉。被湖州市委、市政府授予2011年度"群众满意单位"。全国有28个省、市、自治区的190多批次近200个城市1800多人次前来参观考察。

东阳市建筑业管理局

浙江省东阳市建筑业管理局(以下简称为"建管局")坚持以邓小平理论和"三个代表"重要思想为指导,全面贯彻落实科学发展观,团结带领全系统广大党员干部,解放思想、创新求变、抢抓机遇、拼搏实干,多项指标处于全国县级市第一,2009年完成建安产值746.3亿元,首次跃居全国第一,2010年达到1017.9亿元,成为全国首个产值超千亿元的县级市,2011达到1282亿元,2012年达到1480亿元,连续四年位列全国县级市第一,累计创"鲁班奖"31项,是全国创鲁班奖最多的县级市;年地税贡献率达到25%以上,为"强市名城"建设作出突出贡献。2012年3月东阳市被中国建筑业协会授予"中国建筑之乡"荣誉称号,12月被人力资源和社会保障部、住房和城乡建设部评为"全国住房城乡建设系统先进集体"。

1. 突出党建,夯实基础,着力推进创先争优

以"夯实党建基础,抓好企业服务,促进建筑企业转型提速"为思路,探索建筑企业党建工作的新路子、新形式、新方法,不断增强党组织的凝聚力、战斗力和创造力。始终坚持"一把手"抓党建的工作责任制,不折不扣地贯彻落实上级党组织关于党建工作的要求。始终将党组织功能定位在服务的角色上,为加快建筑业发展提供强有力的组织保障和服务功能。有针对性地开展"亮党员身份、树党员形象"、"我为企业献一计"、"党员责任区"等多种主题实践活动,形成"活动形式灵活化、活动内容多样化、活动时间业余化、组织生活正常化"的活动机制,不断夯实党建基础,营造创先争优的良好氛围,有力的促进建筑业的发展。

2. 主动应对,创新方法,全力推动建筑业发展

始终坚持打造"建筑强市"目标不动摇,充分发挥东阳建筑品牌的优势,推动企业向科技化、集团化、专业化集群方向迈进。积极邀请人大、政协组织专题视察和调研,向浙江省东阳市市委、市政府提出合理化扶持建筑业发展的意见建议,市委、市政府先后出台5个扶持政策文件,鼓励企业做大做强、创新发展。市财政每年拿出600多万元用于奖励优秀企业和个人。每年正月初十召开高规格的全市建筑业工作会议,总结经验,分析形势,推动建筑业不断转型升级。2011年被省政府命名为"建筑强县(市、区)"。同时积极营造建筑业良好的发展环境,2008年东阳市委、市政府出台《关于进一步优化建筑企业法制环境的意见》以来,建管局联络室和公安局经侦大队共受理建筑业经济案件135起,立案108起,涉案金额24160万元,挽回经济损失7960余万元。坚持"一主多业、一业多元、境外拓展"的战略,向产业链的上下延伸以及横向跨行业的科学发展。积极鼓励、支持和引导企业转型升级,做到全程、全面、全心服务。为满足建筑企业对办公用地的需求,2009年市委、市政府提出建设建筑业"总部经济"的决策,制定下发《关于建筑企业总部基地建设的实施意见》,确定第一期81.43亩土地和13家企业。有124项获得国家专利,有18项工法被批准为国家级工法,有27项工法被批准为省级工法,全市特级企业拥有专利68项,创省示范工程23项,拥有省级技术中心企业5家、金华市级4家、东阳市级19家,企业的自主创新能力和综合实力得到显著提升。

3. 创新监管,多措并举,不断夯实建筑市场平台

积极创新机制,转变方式,提高投资效益,建立公平竞争的市场环境,利用市场机制加强监管,加强对重点环节和市场突出问题的监管力度,并充分运用信息化手段提高监管效率。为整顿和规范建筑市场秩序,治理拖欠工程款和农民工工资,会同人力资源和社会保障局等有关部门建立联席会议制度,加强各部门的协调和沟通,通过联合检查督察、制定统一的清欠政策、建立解决拖欠的长效机制等工作。通过建立诚信体系、推行工程担保等市场化运作方式，提高监管效能，引导行业自律。同时建立和完善建筑市场不良行为记录和公示制度，促进整个市场的规范化运作，2011年被浙江省住房和城乡建设厅评为"浙江省建筑市场管理先进集体"。

4. 着眼实际，以我为主，大力加强人才队伍建设

深入实施"东阳人智力回归工程"，逐步形成政府主导、企业主体、社会参与的多元化人才投入机制。充分发挥东阳"教育之乡"优势，强化广厦职业技术学院教学作用，积极拓展国内高校合作办学途径，培养建设专业人才。引导建筑企业主动创建学习型单位，激发企业内部潜力，营造积极向上的企业文化。全市建筑业从业人员45万余人，其中工程技术人员40000余人，持有一级建造师证书的项目经理2600人，每年组织各类培训7000余人次，为建筑业的发展提供强大的人才支撑。

铜陵市住房公积金管理中心

安徽省铜陵市住房公积金管理中心（以下简称为"中心"）坚持以人为本，扎实开展住房公积金各项管理工作，推进全市职工住房保障水平的提高和住房条件的改善，为全市房地产市场健康稳定发展作出了积极的贡献。中心先后被全国海员工会授予全国建设系统"工人先锋号"称号，被省住建厅授予全省建设系统"工人先锋号"称号，被省团委、省住建厅授予全省"青年文明号"称号，被省政府政务公开领导小组命名为第二批"安徽省办事公开示范点"，被市文明委授予市级"文明单位"，中心住房公积金业务管理工作连续三年被省住建厅、省财政厅考评为"优秀"等次，中心的工作多次受到住建部、省住建厅和市领导的充分肯定和表扬。

1. 多管齐下，扩大住房公积金制度的受益面

（1）加大政策宣传力度，营造住房公积金事业发展的大环境。中心通过铜陵市报纸、电视、网站、公交站台宣传栏、出租车LED后屏等多种载体，常年开展住房公积金政策宣传；在铜陵市纠风办的支持下，定期上"行风热线"节目，现场接受职工电话咨询，宣传政策；常年开展住房公积金进社区活动；争取市委组织部、市委党校的支持，中心领导在年度非公有制企业负责人培训班上专题讲解住房公积金政策；利用中心网站、"市民论坛"等载体，搭建与职工交流政策、解疑释惑的平台。

（2）加强沟通，为职工全面建立住房公积金制度。中心领导亲自带队，与县区主要领导反复沟通，采取先建制度，逐步提高的方式，先后为1300名乡镇职工和4000多名教师、卫生系统职工全部建立住房公积金制度。

（3）严格政策，为委派制人员和机关聘用人员建立起住房公积金制度。中心针对全市委派制大中专毕业生和机关聘用人员没有建立起住房公积金制度的问题。中心按照《劳动法》和《住房公积金管理条例》的规定，通过与人力资源部门和县、区财政部门领导沟通，提高这些部门对委派制人员和聘用人员的认识，为他们建立起住房公积金。

（4）分类指导，推进非公有制单位建立住房公积金制度。中心利用质检部门的单位编码系统认真筛选重点非公企业单位情况，编制重点非公企业建制目录，发催建通知书督办催建；每年与县区责任部门共同确定重点非公企业建制工作对象，有针对性做非公单位的建制工作；开展对重点非公企业建立住房公积金制度的业务培训，宣传政策，指导建制工作；允许非公单位管理层或企业骨干先行缴存住房公积金等"低门槛"进入政策，正面引导非公有制单位建制工作。

（5）创新制度，把城镇社会人员纳入住房公积金保障范围。中心规定城镇个体工商户、自由职业者、进城务工人员和下岗失业自谋职业人员，缴存住房公积金达到一定时限后，可以申请住房公积金贷款购房，从制度层面弥补《住房公积金管理条例》未涵盖到这部分群体的缺陷，解决有购买住房预期，但短期内家庭住房资金能力不足的问题。

2. 强化举措，加快改善了职工家庭的住房条件

（1）完善贷款制度，规范个人住房公积金贷款的行为。制定、出台《铜陵市个人住房公积金贷款管理办法》和《个人住房公积金贷款实施细则》，对个人住房公积金贷款对象、条件、房源、抵押、风险等进行规范。公开《个人住房公积金贷款办事指南》，明确办事项目、要件、办理时限及流程图，自觉接受办贷职工的监督。

（2）建立工作机制，实行个人住房公积金贷款全过程的管理。中心实行贷前对开发楼盘贷款项目的风险实行项目贷款审查机制；建立贷款科有效地防范贷中的风险；建立中心、委托银行和担保机构三重贷后风险管理的防控机制；年度风险防控专项检查制度化。中心每年都会同监察、银行、财政、审计等部门对贷款进行专项检查，提高各部门的风险意识，有效地防止风险的发生。

（3）放宽贷款政策，支持职工家庭改善住房条件。在不同时段，依据中心住房公积金存量大小，适时提出放宽住房公积金贷款政策的意见，提请管委会、市政府及时放宽贷款政策。

（4）协调部门联动，支持困难企业集资建房。中心设立为职工集资建房期间发放个人住房公积金贷款抵押担保的措施，利用企业独立房产为集资建房职工贷款办理抵押担保；利用集资建房职工亲属房产进行过渡性的抵押担保；集资建房职工邀约职工用缴存的住房公积金担保，从而解决职工集资建房在建过程中不能办理预登记、登记和担保的问题。

（5）探索融资途径，解决个人住房公积金贷款资金使用不足的问题。中心采取职工申请住房公积金贷款实行商业贷款贴息的方式，职工享受住房公积金贷款优惠利率不变，较好地解决职工贷款排队轮候的问题；经铜陵市政府批准，从市政府金融投资公司先后拆借资金8000万元，用于发放职工个人住房公积金贷款，有力地支持职工家庭住房条件的改善。

3. 以人为本，打造了优质服务平台

（1）前移业务窗口，打造综合服务平台。中心主动申请，整建制进驻铜陵市政务服务中心业务大厅，并设立相应的业务窗口，从而建立起综合性服务平台。办理住房公积金相关业务真正实现"一站式"、"一条龙"和一次性办结全部手续的服务目标。

（2）精心规划设计，打造便民支取平台。中心对原有的住房公积金提取程序重新进行规划设计，做到现场受理职工住房公积金提取申请，现场审核审批。中心推动部门联动，打造现场办贷平台。

安徽省住宅产业化促进中心

安徽省住宅产业化促进中心（以下简称为"中心"）自2007年成立以来，全面贯彻落实科学发展观，围绕建设资源节约型、环境友好型社会主线，勇于探索，主动作为，确立以建筑工业化为目标、推广项目为抓手、标准设计为保障的"三位一体"工作机制，稳步推进安徽建筑工业化科学发展。

1. 加强建筑工业化政策研究，积极发挥指导作用

为指导"十二五"期间全省各地开展建筑工业化工作，中心发布《安徽省住宅产业化"十二五"发展规划》，明确安徽省建筑工业化发展的指导思想、发展目标、主要任务和政策措施，提出到"十二五"末，初步建立建筑工业化成套技术体系和标准化体系，通过技术进步打造"百年住宅"等具体要求。

2. 加强建筑工业化标准体系建设，创新技术服务机制

（1）积极构建建筑工业化标准体系。中心已编制发行《叠合板式混凝土剪力墙结构技术规程》（DB34 810～2008）等6项建筑工业化标准，正在编制设计《安徽省高层钢结构住宅设计技术规程》等8项建筑工业化标准、图集。

（2）积极推广建筑工业化成套技术。中心大力发展集保温、装饰、围护与防水一体的预制外墙等新型墙体围护结构和技术，积极推行土建装修一体化、太阳能利用与建筑一体化、厨卫安装一体化等成套技术。大力推广应用建筑工业化新技术、新工艺、新材料、新产品，"十一五"期间共推广应用五百多项新技术新产品，定期发布推广应用新技术和限制、禁止使用落后技术目录，充分发挥行业指导作用。

（3）强化技术指导。中心建立专家库，成立建筑工业化专家委员会，指导各地建筑工业化的技术管理工作，指导和评审建筑工业化基地的建设，对建筑工业化项目的建设方案进行技术论证。

3. 积极培育建筑工业化实施主体

（1）极引进和培育建筑工业化生产企业。中心针对各地建筑工业化现状及基础，因地制宜地参与承接、牵线，吸引国内外大型建筑工业化企业和战略性新兴产业在安徽省落户，发展产业集群，已初见成效。合肥西伟德、长沙远大、黑龙江宇辉、苏州科逸等纷纷落地安徽。同时积极指导和培育安徽建工集团等本省企业向建筑工业化方向发展。鼓励保障性住房等政府投资项目用建筑工业化方式建设，并优先享受相关科技创新和绿建等扶持政策，加快提升企业实力。

（2）加强建筑工业化技术研究。该中心集著名高校与知名企业的技术研发力量，进行工业化技术研究和产品开发。

（3）大力推进建筑工业化基地建设。中心组织实施全国第一个"国家级住宅产业现代化试验区"——安徽省江北产业集中区；建成合肥经开区、合肥鹏远住工两个国家级住宅产业化基地；创新建立马鞍山十七冶集团安徽省住宅产业化基地。

4. 积极推动示范工程建设，切实发挥示范带动作用

中心建设157个省地节能环保型建筑试点项目，11个国家康居示范工程住宅小区，15个A级以上住宅性能认定项目，7个国家"广厦奖"住宅小区和公建项目。通过以点带面，以建设项目为载体，推进建筑工业化生产方式深入发展。

5. 积极宣传推广，创造良好的建筑工业发展环境

中心成功举办三届中国（合肥）住宅产业博览会和全国"住宅建筑新型工业化生产方式与产业化技术交流大会"，并定期召开安徽省建筑工业化工作座谈会，通过各类会议和表彰先进，加强对企业和消费者的宣传，提高建筑工业化的社会认同度，为推动建筑工业化营造良好的氛围。

安徽的建筑工业化起步较晚，但在安徽省住宅产业化促进中心的推动下，正呈现欣欣向荣的发展趋势。安徽省住宅产业化促进中心的成绩也得到社会的认可，先后获得安徽省住房和城乡建设系统"工人先锋号"、共青团安徽省委与安徽省住房和城乡建设厅授予的省级"青年文明号"、人力资源和社会保障部与住房和城乡建设部授予的"全国住房城乡建设系统先进集体"、住房和城乡建设部授予的"十一五"科技创新先进集体等荣誉。

济南城建集团有限公司

济南城建集团有限公司（以下简称为"集团"）是具有80余年发展史的国有大型独资企业。拥有工程施工总承包（市政公用工程一级、公路工程一级）、工程专业承包（桥梁工程一级、公路路面工程一级、公路路基工程一级、城市轨道交通工程、爆破与拆除工程等）以及园林绿化、项目管理、市政工程设计、工程检测等全产业链资质，并具有对外经济技术合作及工程承包、劳务合作经营权。

集团设有省级市政工程技术研究中心以及哈尔滨工业大学博士后流动工作站，辖有5个全国性区域公司，轨道交通公司、桥梁结构公司、爆破工程公司等11个施工分公司，园林绿化公司、项目管理公司、设计研究院、工程检测公司、物业管理公司、房地产开发公司等8个子公司。集团现有职工2000余人，其中各类专业技术人员占70%，拥有国家注册一级建造师、国家注册造价工程师、注册监理工程师、注册安全工程师等各类国家注册工程师400余人。集团业务范围涵盖市政工程设计、项目管理、施工等全产业链以及公路、轨道交通、水利、园林绿化等相邻行业领域，年综合施工能力100亿元。

集团承建的工程涵盖国内10余个省及海外市场。荣获中国建筑鲁班奖、中国市政金杯示范工程等各类奖项300余项；承建的山东省济南市经十路道路及环境建设工程和济南市国际园博园二项工程荣获中国建筑工程最高奖——"鲁班奖"。集团先后荣获全国优秀市政施工企业、全国汶川地震灾后恢复重建先进集体、山东省文明单位、全国建设系统先进集体和中国建筑业最具成长性百强企业等荣誉称号。

集团党委书记、董事长汤继沂自1997年担任济南城建集团的主要领导职务以来，以科学发展观为指导，以"科技创新、管理创新、体制创新、文化创新"为主要手段，紧抓市场开发，完善管理流程，开拓发展新路，带领集团不断创造辉煌业绩。

集团全面实施科技兴企、人才强企、多元化发展战略。坚持以企业综合发展为中心，以资源整合、流程优化、人才引进培养为保障，大力实施多元发展战略。十多年来，坚定地执行人才优先战略，坚持员工利益重于泰山、发展成果共享的理念，注重提高基层一线员工的福利待遇，职工收入居全国同行业领先水平；每年招收来自全国各地高校优秀毕业生100多人。以知识分子为主体的管理团队已成为一支全国各地公认的技术过硬、敢打敢拼的"城建铁军"队伍。

集团制定"十二五"发展规划目标，引领企业快速发展。坚持市政工程全产业链以及工程相近行业的多元化发展战略，不贪大、不求全、不冒进，稳步发展。立足本地市场，坚持面向全国布局业务，与央企等国内同行业排头兵同台竞争，拓展生存发展空间。2012年，在全国市政施工企业承揽业务量普遍下滑的大背景下，集团施工产值逆势上扬。其中，外地市场作出半数以上贡献。城建品牌逐步在全国叫响，企业综合实力位居山东省市政行业龙头、全国市政行业领先地位。坚持"职工利益重于泰山"的管理理念，培养爱厂如家、吃苦奉献、能打敢拼的城建铁军精神。在集团业务构架和战略布局已初步成型、各项事业快速发展的关键时刻，集团着眼于长远发展，充分利用原有设施改造创新，成立大成美术馆，积极探索城市建设与文化艺术的深度融合，对内丰富员工的文化生活，提高品位，培养文化艺术素养；对外树立形象，扩大集团的社会知名度和美誉度，提升软实力，打造支撑企业更高层次发展的新平台。大成美术馆将紧抓文化产业发展和"第十届中国艺术节"战略机遇，坚持艺术性、普及性和多元性的发展方向，肩负起引领企业文化发展、传承民族优秀文化的重任，为迎接"第十届中国艺术节"和建设文化强省作出积极贡献。

随州市住房和城乡建设委员会

湖北省随州市住房和城乡建设委员会紧紧围绕打造"圣地车都"、"神韵随州"，建设百万人口百平方公里"双百城市"的总目标，实现跨越式发展，走出一条建设管理城市的新路子。累计投入近200亿元完善城乡基础设施，提升绿化档次，加快保障房建设，提升城市管理水平，城市面貌发生巨大的变化。随州市先后荣获中国人居环境范例奖、湖北省文明城市、湖北省卫生城市、湖北省园林城市、湖北省城镇规划建设管理"楚天杯"和全国优秀旅游城市称号。随州市住房和城乡建设委员会先后获得湖北省委省政府、湖北省住房和城乡建设厅多次表彰，荣获"全国支持工会工作先进单位"、"全国体育工作先进单位"、全国住房和城乡建设系统先进集体。

1. 城乡统筹发展全面推进

随县新县城行政中心办公楼群、路网建设全面推进，县城框架进一步拉开，市政基础设施进一步完善。累计投入8亿多元，加快村镇基础设施建设，加大重点线路集镇、村装整治力度，城镇承载和辐射能力进一步增强，打造出一批亮点工程，涌现出随县吉祥寺、柏树湾等一批新农村建设典范。全市已成功争创国家级重点镇2个，省级重点中心镇4个，特色镇3个，边界口子镇2个，综合经济强镇（镇级市）2个，打造宜居村庄9个。

2. 实现行业产业翻番发展

（1）实现建筑业的翻番发展。随州市住房和城乡建设委员会加大建筑业扶持和行业规范管理力度，建筑业呈现良好发展态势，建筑企业发展到109家，办理外地来随施工企业备案220家，办理施工合同备案509份，施工面积808.2万平方米造价85.21亿元，建筑业产值从2007年的22亿元发展到2012年超过50亿元，先后有150余项工程获省、市优质工程，建筑业成为全市国民经济重要支柱产业。

（2）实现房地产业的翻番发展。房地产市场主体数量和发展质量大幅提升，全市房地产开发企业发展到134家，累计投资104.49亿元，提供税收10亿元，开发商品房550万平方米，城市人均住房面积达到40平方米，2012年较2007年翻一番，市民居住条件显著改善。

3. 实现三个重要创新

（1）实现城市投融资平台的重要创新。不断加大经营城市力度，逐步深化城市建设投融资体制改革，积极构建融资平台，破解城建资金"瓶颈"。2008年底成立城市建设综合开发投资有限公司，四年累计收储土地3891.42亩成功拍卖931.5亩，融资18.22亿元，有力地推动城市基础设施建设。

（2）实现工程建设模式的重要创新。为有效推动城市建设重点项目建设，积极创新工作思路，按照以土地换项目的原则，对投资1000万元以上的市政基础设施项目采取招商招标（BT）的方式实施建设。已按这种建设模式实施市政基础设施项目20多项，新增城区面积20余平方公里，拉开城市框架，完善城市功能，改善城市环境。

（3）实现工程管理模式的重要创新。在源头治腐过程中探索出两个重要创举：即对重点项目建设发包实行公开招商招标，制定严格、规范的操作及监督办法；对重点建设项目的施工管理实行一公开（公开招投标）、两提前（纪检监察部门、审计监督部门提前介入）、三分离（投资、建设、质量监督职责分离)、四签证(施工、监理、质量监督、业主四方签证)的廉政管理制度,确保工程建设起来,干部成长起来。

4. 实现四个重大突破

(1) 实现住房保障工作的重大突破。2008年,随州市开始大规模建设保障性安居工程以来,逐步配套住房保障制度,逐渐完善住房保障体系。累计投入资金20.83亿元,建设各类保障性住房21045套,发放廉租住房补贴9295户2575万元,均超过省政府任务10%以上,基本实现对城镇中低收入住房困难家庭的"应保尽保"。

(2) 实现市政重点工程建设的重大突破。先后建设迎宾大道、季梁大道、神农大道等20余条城市道路;新建、改造随州文化公园、滨湖体育公园、滨湖体育运动场等一批城市公益设施;建成城南垃圾处理场、随州市污水处理厂一期和二期工程,积极筹备城南污水处理厂,实现城市污水处理和垃圾无害化处理零的突破,达标排放污水8000万吨减排COD1.1万吨,取得显著的经济效益和社会环境效益,城市综合承载能力显著增强。

(3) 实现城市管理的重大突破。以举办"世界华人炎帝故里寻根节"、"三城同创"等全省、全国重大节会活动为载体,深入开展"人人参与、洁美随州"等活动,不断健全城市管理体制机制,大力开展户外广告整治,切实解决道路拥堵、垃圾围城等突出问题,有效解决一大批市民关注的热点、难点问题,城市环境面貌日益改善,城市管理工作长足发展,在2011年和2012年的全省城市管理综合排名检查中均位居前四名,城市管理水平进入全省第一方阵。

(4) 实现城市绿化建设的重大突破。投资7.3亿元,新建、改造公园、广场、小游园50余处,对20多条道路进行绿化提档升级,新增公共绿地面积380万平方米,先后有106个单位荣获市级"园林式单位(居住小区)",11个单位(居住区)荣获省级"园林式单位(居住小区)",人均公园绿地面积达到8.03平方米。成功创建省级园林城市,白云湖两岸景观建设项目荣获"中国人居环境范例奖"。

随州城市建设会牢牢把握"黄金十年"的重大历史机遇,围绕打造"中国专用汽车之都"、建设"世界华人谒祖圣地"这一总体发展目标,加快发展中心城区,实现由中等城市向大城市的跨越,高标准发展县级城市,建设各具特色的市域副中心城市,打造一批重点中心镇和特色镇,推动社会主义新农村建设,为实现随州新的跨越作出更大贡献!

荆州住房公积金管理中心

湖北省荆州住房公积金管理中心(以下简称为"中心")在坚守住房公积金行为规范、资金安全、服务完善的阵地上,以服务创新为核心,以细节管理为抓手,以宣传引导为重点,优化业务流程,提高工作效率,探索一条自身发展的独特新路。2012年,中心作为全省住房公积金系统和荆州市的唯一代表被人力资源和社会保障部和住房和城乡建设部表彰为"全国住建系统先进集体"。

1. 强化职业意识,注重工作标准创新

荆州中心不断创新工作理念,通过思想教育、专题培训、开展讨论等方式,确立"真诚、热情、廉洁、高效"的服务理念。中心党组还不失时机地通过实施绩效考核、签订目标责任书等形式,引导干部职工将这种职业意识转化为开展争先创优、争创一流业绩的工作热情。中心连年超额完成湖北省住房和城乡建设厅及当地党委、政府下达的工作任务,10余名干部职工还先后获省、市级岗位能手、先进工作者称号。

2. 坚持规范运行,推动管理模式创新

为全面提升住房公积金管理素质和管理水平,确保公积金运行安全,2009年,中心与中南财经政法大学公共管理学院合作,在全国住房公积金系统率先开发导入CIS管理体系(即企业形象识别系统),并对中心管理组织结构、管理制度、管理模式、员工行为规范、形象标识等进行全新设计。通过CIS管理体系的全面实施,推行管营分离模式,健全内部管理制度,完善公积金业务操作规程,加强内部审计稽核与监督检查,堵塞管理漏洞,有效规避资金运行风险。同时,还实行内部绩效考核管理制度,建立针对全员的激励约束机制,公积金管理运作实现规范化、精细化和标准化。2010年,中心推出的《开发导入CIS管理体系,创新住房公积金资金运行安全监管模式》还荣获湖北省纪检监察工作"创新奖"。

3. 转变工作理念，促进服务环境创新

（1）创新理念抓服务。中心开展创建优质服务型单位活动、"两创两树"（即创新、创优、树正气、树形象）等主题活动。同时，积极参加创建全省住房公积金文明行业活动。在开展各类创建活动过程中，中心党组始终以尊重和维护群众利益为出发点和落脚点，对内加强管理，对外展示服务，把公积金管理要求寓于各项服务之中，加快实现从管理主导型向服务主导型的转变。

（2）率先垂范抓服务。中心领导带头深入各单位、楼盘及合作银行，了解情况，征求意见，开展公积金营销宣传。实行开放式服务、上门服务、休息日服务以及办事环节的前置服务。

（3）完善细节抓服务。重点加强营业窗口建设，通过"弯下身子学银行"，博采各商业银行之所长，推行综合柜员制、限时办结制和一站式服务模式，开展"创文明窗口，做服务明星"竞赛活动，服务质量不断改善，群众满意度不断提升。

4. 重视宣传引导，加快工作制度创新

（1）宣传造势，在舆论引导上创新。中心从改变宣传手段和方式入手，变形式性宣传为有效性宣传，改变以往政策宣传主要依靠新闻媒体的做法，让公积金政策多次走进开发楼盘、走进党校课堂、走进大学论坛、走进社区和单位。电视台常年播放公积金专题宣传片，住房公积金已成为社会各界热议的话题，缴存公积金已成为众多单位和职工的自觉行动。1996年起，中心连续16年将年度公积金制度执行情况在《荆州日报》上向社会公布，接受群众评议，取信于民。

（2）健全制度，在帮难解困上创新。为减轻群众办理公积金贷款负担，中心除坚持办贷零收费外，还主动与相关部门协调沟通，大幅度减免借款人在办理住房抵押登记的费用。通过优化流程，减少办理环节，实行对外承诺服务，使公积金贷款在7个工作日办结。针对"半边户"职工提取和申请公积金贷款问题，中心在认真调研的基础上，实事求是地予以帮扶。

5. 突出队伍建设，深化教育管理创新

（1）注重道德文化培养。中心持续开展中华传统文化和道德学习，弘扬优秀文化，克服部分员工思想上和行为上的贪、嗔、痴、慢，鼓励做"四德"新人；启动"德能双馨"员工援助培训计划，通过第三方参与方式，对全体员工进行培训和咨询，帮助解决职业心理健康与行为问题，增强对组织的认同感。

（2）注重团队意识培养。2012年，创立并实施"常青树要素工作法"，以此打造荆州中心以人为本的独特管理文化，增强团队意识，提高凝聚力。

（3）注重廉政意识培养。中心制订党员领导干部《廉政八项承诺书》并层层签订，常年开展廉政教育和预防职务犯罪教育。五年来，中心领导班子和干部中没有出现违法违纪问题，资金安全、信息安全及干部成长安全得到保障。一批优秀员工通过素质提高脱颖而出，得到组织的表彰、提拔和重用。

韶关市住房和城乡建设局

广东省韶关市住房和城乡建设局坚持以邓小平理论和"三个代表"重要思想为指导，全面贯彻落实科学发展观。按照国家和省的政策法规，切实加强和规范建筑、房地产市场管理，促进建筑业、房地产业和燃气行业健康发展，健全住房保障机制，加快保障房建设，积极推进建筑节能，有力地推进全市住建事业的科学发展。

1. 着力打造民生工程，在住房保障工作上有新业绩

韶关市住房和城乡建设局坚持把改善民生、促进"住有所居"当作工作的重中之重。3年来，全市投入资金9.2亿元，累计新开工建设108万平方米、15057套保障性住房，竣工34.33万平方米、5020套。落实廉租住房建设投入机制，市、县两级进一步加强保障性住房的建设、管理、分配，及时解决低收入居民家庭的住房困难，实现"应保尽保"。建成人才公寓。率先建成住房保障管理信息系统，作为范本在全省推广使用。在省政府对各地解决城镇低收入家庭住房困难工作目标责任考核工作中，韶关市连续三年以总分第一的成绩获得优秀。

2. 着力规范市场运行，在房地产业监管上有新成效

韶关市住房和城乡建设局加大房地产市场运作监测和监管力度，加强商品房预售的监管。规范物业专项维修资金的归集和使用。高标准建设房地产

信息系统。正在开发的建设房地产地理信息管理系统,将实现"以图管房,以房管档,图、文、档一体化"管理模式,进一步提升房地产管理信息化建设水平。房地产交易登记管理不断规范,2009年,被住房和城乡建设部授予"全国房地产交易与权属登记规范化管理先进单位"、获评全国"50个新增重点城市"的房地产市场信息系统优秀(当年仅韶关和湛江优秀通过)、获评广东省房地产登记簿建设工作验收优秀、获广东省建设系统思想政治工作研究会授予"广东省住房和城乡建设系统精神文明建设先进单位"荣誉称号。

3. 着力加大监管力度,在建筑施工安全质量上有新突破

韶关市住房和城乡建设局将质量通病防治工作作为质量监督工作的重点,实现建筑工程"渗、漏、裂"整治工作制度化、规范化、经常化,采取一系列措施推进住宅工程质量分户验收工作,得到广东省住房和城乡建设厅的充分肯定,在全省工程质量样板引路工作现场会暨住宅工程质量分户验收工作经验交流会上,做了经验介绍。出台《关于加大政策扶持力度促进建筑业发展的意见》,从税收、服务、奖励等方面给企业提供支持。连续五年安全生产指标都控制在指标范围内,是全省地级以上市安全生产形势最为稳定的地级市。2012年,建筑业增加值比上年增加16.5%,超过年初市政府下达的建筑业经济增长目标。2012年,东莞(韶关)产业转移工业园高新技术创业服务中心办公楼工程已通过住房和城乡建设部专家评审,获得中国建筑业"安全文明施工"的最高奖项"国家AAA级安全文明标准化诚信工地"。

4. 着力实施建筑节能,在建设领域资源节约上有新进步

韶关市住房和城乡建设局严格执行民用建筑节能设计标准,全市建筑工程新型墙体材料应用比例达到96%,设计阶段节能强制性标准执行率达到100%,施工阶段节能强制性标准执行率达到96%以上。推进可再生能源在建设领域的应用,积极实施"太阳能屋顶计划",加快太阳能和浅层地源等可再生能源在城乡建设领域的推广应用。2008年,培育的南枫碧水花城绿色建筑示范项目采用15项建筑业新技术,成为全国六个之一、全省惟一的"节能省地型居住建筑综合技术应用科技示范工程"。

5. 着力加强文化建设,在精神文明建设上有新成果

韶关市住房和城乡建设局深入开展"抓作风,塑形象"教育整改活动、"树立正确权力观,提高执行力"活动、纪律教育月活动、"创文明机关、做人民公仆"活动、"我为重点项目献力量",以及民主评议政风行风活动。坚持依法行政,在韶关市较早推行行政处罚自由裁量制度。被韶关市委、市政府授予2010年~2011年韶关市精神文明建设先进单位,获评2010年广东省职业技能大赛韶关选拔赛先进单位,依法治市工作在全市作了经验介绍,住房和城乡建设局机关党委被韶关市市直属机关工作委员会授予韶关市直属机关2009-2011年度先进基层党组织,住房和城乡建设局驻行政服务中心窗口连续5年被评为"优秀窗口",2012年还被韶关市委党务公开领导小组办公室评为党务公开标兵单位。2011年,扶贫"双到"工作被省评为"插红旗单位"荣誉称号。

湛江市房产管理局

湛江市房产管理局坚持以高效服务、精细监管为宗旨,以精神文明建设和创先争优活动为载体,不断强化效能意识、服务意识和责任意识,用扎实的工作成效服务湛江经济社会发展大局,工作得到上级部门的高度肯定。被中央精神文明建设委员会、住房和城乡建设部评为"全国房地产交易与权属登记规范化管理先进单位"、"全国房地产信息系统建设应用优秀城市"、"全国精神文明建设先进单位"、"全国建设系统精神文明建设先进单位";被广东省住房和城乡建设厅评为"广东省房地产登记簿建设工作先进单位"、"广东省建设系统先进集体"、"广东省住房和城乡建设系统精神文明建设示范单位";连续7年被湛江市政府授予"湛江市人民政府标兵窗口单位"称号,湛江市房产管理局党委连续8年被湛江市直机关工委评为"先进党委"。

1. 践行人本理念,实现便民服务高效化

为方便群众办事,湛江市房产管理局提出"小部门,大窗口"的窗口建设目标,将房地产交易、房产权登记、房地产档案等业务进行梳理整合,一并派驻到一线服务窗口,实现"一体化办公,一站式

服务"。2006年起，湛江市房产管理局窗口工作群众测评满意率始终保持在100%，多次被省、市授予"广东省巾帼文明岗"、"十佳共产党员示范岗"、"文明建设示范窗口"、"青年文明号"等称号。

湛江市房产管理局积极简化办事程序，大力压缩办事时限，促进服务效能全面提升。该局坚持做到证件齐全的尽快办，证件不全的指导办，特别急需的加班办，疑难繁杂的领导亲自办，工作得到群众的广泛好评。2012年先后收到群众感谢信6封、锦旗9面。

2. 强化市场监管，促进房地产市场持续健康发展

湛江市房产管理局认真落实国家和广东省关于房地产市场调控相关政策，创新调控方法，促进湛江房地产市场持续健康发展。

（1）提高交易登记规范化管理水平。组织编写《湛江市房产管理局房屋登记及相关业务操作规范》、《湛江市实施〈房屋登记办法〉细则》和《房地产交易登记疑难问题处理办法汇编》等操作指南和规范性文件，为准确、高效地开展房屋交易登记工作奠定坚实基础。

（2）加强整顿和规范房地产交易秩序。出台商品房预售管理、合同备案注销变更等有关制度，加大对房地产交易环节违法违规行为的查处力度，营造有序的市场环境。湛江市房产管理局制定的预售商品房退房再销售制度，有效抑制市场投机行为，多次受到广东省检查组的好评。

（3）加强对房地产市场数据的分析、整理和披露。为企业发展、市民购房提供基础数据支持，引导企业合理投资、市民理性消费。2012年湛江市共完成房地产开发投资总额达114.96亿元，商品房销售总面积达206.65万平方米，同比增长6.4%，其中住宅销售19435套，同比增长10.1%，住宅销售面积182.79万平方米，同比增长5.3%。全市住宅均价4997元/平方米，同比增长4.8%。

3. 加快技术创新，实现房地产市场监管服务信息化

湛江市房产管理局自主研发的由房产权产籍信息管理系统、房产测绘管理系统、电子政务门户网站等组成，集登记、交易、档案、抵押、查封、查询、综合收费功能于一体的管理服务信息系统，实现各系统间数据共享和跨部门协同。湛江市房产管理局自主研发的商品房网上预（销）售管理系统，在广东省东西两翼地级市中第一个通过省住建厅验收并投入使用，实现商品房预售许可申请、签约、合同备案的网上操作，对商品房预（销）售实行实时监控，极大提高工作效率，确保房产交易安全。

在国家住房和城乡建设部2009年对全国新增50个重点城市房地产市场信息系统第一阶段建设工作考核验收中，湛江市房产管理局研发的房地产电子登记簿以广东省参加验收城市第一名的成绩通过验收，并被评为"优秀"等次。在2011年举办的"常州登记杯"全国房屋登记簿设计竞赛活动中，该局设计的房屋电子登记簿在众多作品中脱颖而出，被专家组评为二等奖（其中一等奖空缺）。

4. 健全住房保障体系，为建设幸福湛江贡献力量

湛江市房产管理局高度重视保障性住房建设，明确目标、突出重点，大力加强保障性住房建设的组织领导。积极配合市政府做好住房保障工作任务分解，该局领导班子分工挂点，定期联合湛江市财政、监察等部门深入各县（市、区）督查住房保障目标责任完成情况，对检查中发现的新问题、新情况及时做好协调处理，确保保障性住房建设工作顺利推进。截至2012年底，湛江市累计建设各类保障性住房13426套，其中：廉租住房1919套、经济适用住房1086套、公共租赁住房5784套、城市棚户区改造4249套、国有工矿棚户区改造388套；发放廉租住房租赁补贴3886户。

广西壮族自治区住房和城乡建设厅培训中心（广西建设执业资格注册中心）

广西壮族自治区住房和城乡建设厅培训中心（以下简称为"中心"）在自治区住房和城乡建设厅党组的正确领导下，紧紧围绕全区住房城乡建设工作大局，通过强化"一个核心"，采取"三项举措"，实现"五个突破"，全面推动建设人才教育培训、执业资格注册管理服务和单位文化建设工作，取得突出的成绩，为广西住房城乡建设事业快速发展提供有效的人才资源和智力支撑。

1. 强化一个核心，凝聚人心带队伍

中心的班子成员搭配合理，成员之间团结协作，工作中能够坚持以人为本，制度优先。班子内部认真执行民主集中制原则，善于开展批评与自我批评，坚持集体领导、分工负责的原则，做到分工不分家，起到相互协调、相互配合、相互支持、相互监督的作用，形成团结和谐的氛围，极大地增强中心的凝聚力和战斗力。

2. 采取三项举措，拓展思路有创新

(1) 塑造团队、彰显社会责任。中心策划提出"一个主题、两个服务、三种模式、四种理念"的文化建设思路，通过开展职工内训学习、拓展训练、"节日送温暖、会员交流活动"等活动，提升职工对文化建设内涵的认同感，增强职工的幸福感和归属感。先后与广西天峨县芭暮中学、广西天峨县向阳中学结成共建帮扶对子，持续每年深入各扶贫支教点开展"送温暖、献爱心"定点帮扶活动。共筹资30多万元援建芭暮中学和向阳中学校校园基础设施，并向贫困学生赠送书籍、学习用品和慰问金。同时，还拨出专项培训经费对天峨县部分农民工进行专项培训，使他们在农业技术指导等方面充分发挥产业示范的引领作用和能人的带动作用，以实际行动支援贫困山区建设。

(2) 创新机制、规范行业管理。中心严格执行国家和自治区各项法规、制度，组织起草《广西建设企事业单位专业管理人员关键岗位持证上岗管理暂行办法》，根据基层单位的要求和培训点的实际情况组织拟定相配套的具体措施和实施细则，并参照建设执业资格考试的考务工作模式，积极推进关键岗位考试管理工作的规范化、流程化、标准化；组织人员研发广西住房城乡建设系统专业技术人员管理系统，全面改变原有的学时管理方式；建设中心网站，充分利用网络资源发布各种培训注册信息和相关文件，开通中心政务邮箱和网站在线留言，保证培训注册工作的透明、公开。

(3) 革新载体、拓宽培训思路。中心采用创新培训模式，邀请国内建设领域的资深教授、专家前来授课，大力推广实践性教学，采用典型案例分析与实践相结合的教学方式，改变"速成班"、"发证班"的模式，使学员通过学习达到提升自我的目的。针对一些基层企业工学矛盾严重，难以安排人员集中到南宁参加学习培训，主动到各地市推行"送教上门"服务，让基层企业参训人员工作学习两不误、两促进。充分发挥中心行业优势，从区外聘请业界专家学者到广西传经授典，与深圳大学、广西大学等高校签订合同，达成优势互补、资源共享协议。同时，从师资、教材、方法、内容上寻求突破，逐步推广远程会议系统，采用互动式、案例式、研讨式、异地教学考察等方式，突出学员的培训主体地位，提高了培训质量。

3. 实现五个突破，展现团队新形象

(1) 围绕"强化职能"，实现注册管理服务工作新突破。中心加强与各有关职能部门的沟通和协作，圆满完成或共同组织建设类各专业执业资格考试考务工作。积极协助开展二级建造师等注册申报材料初审工作，推进全区建设执业资格注册人员信用体系建设，做好广西建设执业资格人员资格国际、国内（港澳地区）互认工作。"十一五"以来，由中心组织参加建设执业资格考试的人数超过10万人次，大批优秀的建设人才走上工作岗位。

(2) 围绕"持证上岗"，实现岗位资格性培训工作新突破。中心按照"先培训、后就业，先培训、后上岗"的原则，对建设行业关键岗位专业技术人员实行严格的准入控制管理和持证上岗，实行统一培训标准、分点教学、灵活培训，强化岗位培训，规范考试管理，加大监督检查力度，取得良好的效果。"十一五"期间，开展资格性岗位培训人数达11万人次，较"十五"增长146%，关键岗位持证上岗率达到100%。

(3) 围绕"更新知识"，实现继续教育培训工作新突破。中心大力开展以"三新"（新技术、新规范、新成果）为主要内容的专业技术人员继续教育培训。"十一五"期间，中心组织建设类执业资格注册人员、关键岗位持证人员、"三类人员"继续教育培训人数16.6万人次，较"十五"增长205%。

(4) 围绕"综合能力"，实现干部培训工作新突破。中心根据自治区党委组织部"开展大规模培训干部工作"和厅党组"创建学习型机关"的要求，把协助上级有关部门做好领导干部培训和在职干部全员培训作为一项主要工作来抓，并在人力、物力、财力方面给予优先考虑，确保服务工作优质高效。"十一五"以来，协助开展培训厅、处级领导干部509人次，同比增长95%；培训在职干部1.2万人次，同比增长108%。

(5) 围绕"科学发展"，实现精神文明建设工作新突破。中心持之以恒的团队建设，成效显著的文化建设，全面提升中心干部职工的综合素质，展现和谐向上的精神风貌，有力推动中心各项事业的全面发展、科学发展。中心多次荣获"全区住房和城乡建设系统教育工作先进集体"、"先进基层党组织"等荣誉称号。

成都市散装水泥办公室

2006年起，四川省成都市散装水泥办公室（以下简称"成都市散办"）以科学发展观为指导，认真贯彻国家节约资源、保护环境和推进科学治尘、促进循环经济的方针政策，坚持务实创新，坚持稳步推进、全域覆盖，在散装水泥推广尤其是预拌砂浆的推广过程中，认真探索，努力实践，创造出领先全国同行业的预拌砂浆推广"成都方式"，得到住房和城乡建设部、中华人民共和国商务部领导的充分肯定，并在全国各省市得以推广，为中国节能减排、环境质量提升、建设资源节约型、环境友好型社会做出积极贡献。成都市水泥散装率从2006年的56.8%跃升到2011年的73.4%，年均增长3.3%；成都市作为国家第二批33个"限期禁止现场搅拌砂浆城市"之一，采取一系列综合配套措施，促进预拌砂浆行业快速健康发展，截至2011年底，成都市在其预拌砂浆使用量、使用率和发展速度上均赶超第一批砂浆"禁现"城市，走在全国发展散装水泥尤其是预拌砂浆推广的前列。

1. 大胆探索，务实创新，创造领先全国的预拌砂浆推广"成都方式"

成都市散办积极探索、敢为人先，具体问题具体分析，形成符合成都发展实际的"一心两点四体系"的预拌砂浆推广思路和工作方式。通过2006年的调研、2007年的试点、2008年构建推广政策基本框架、2009年正式启动预拌砂浆推广工作以及2010年、2011年的不懈努力，成都迎来预拌砂浆推广应用的春天，从2010年起成都市预拌砂浆使用量、产能比、增长规模均位居全国副省级城市之首。

2. 完善配套政策措施，加强闭合监管，推散工作走在全国前列

成都市散办在四川省散办的指导下，在成都市建委的领导下，从"政策驱动、科技带动、行政推动、'禁现'促动"四个方面进一步加强散装水泥推广使用工作，在提高发散量、散装率，加强专项资金的征收，规范专资投入，加大宣传力度，启动散装水泥行政执法工作等方面开展卓有成效的工作，连续四年被评为四川省发展散装水泥先进集体。成都市紧紧围绕国家七部局和四川省政府颁布的部长、省长令，结合成都市的实际情况，以闭合监管为切入点，2007年起，成都先后出台《成都市散装水泥管理办法》、《市建委、市交委、市公安局、市环保局、市质监局关于限期禁止施工现场搅拌砂浆的通知》、《成都市散装水泥专项资金管理实施细则》、《成都市散装水泥工作目标考核实施办法》等政策文件，这些政策的出台为成都市散装水泥事业的持续发展提供有力的保证。通过扎实的举措，成都市健全设计、招标、安全、质量、行政执法、专资清退等环节的闭合监管体系；同时加大对散装水泥使用环节的监管力度，加强执法检查，强化建设、施工单位对散装水泥的认识，为预拌砂浆和预拌混凝土的推广应用奠定坚实的基础。

3. 以统筹城乡为立足点，创新工作方式，探索全域推散之路

成都市作为全国统筹城乡综合配套改革试验区，各项工作都要先行先试。在推散工作方面，成都市散办大胆创新，积极探索并走出一条城乡全域协调发展散装水泥的道路。以政府目标为抓手，有效推动工作落实。以统筹城乡为立足点，构建全域发展管理体制。一是实施"圈层"管理。二是完善"禁现"政策体系。同时利用城乡统筹、灾后重建、农民新居建设等机会，加大"禁现"力度，使成都市的农村推散工作直接进入使用预拌混凝土、预拌砂浆的时代，农村建房的散装水泥量和散水率得到跨越式提升。以专项资金为杠杆，促进产业和全域推散发展。成都市向预拌混凝土、预拌砂浆行业投入散水专资，激发民间投资热潮，实现农村散水工作的新跨越和二、三圈层区（市）县预拌砂浆的推广使用。

4. 用"成都方式"创造出成都速度

2006年～2011年，成都市水泥散装率从2006年的56.8%跃升到2011年的73.4%，年均增长3.3%。六年来，散装水泥累计使用量达到3971.2万吨，预拌混凝土供应量达到1亿余方，共减少粉尘排放194.88万吨，减少排放二氧化碳241.1万吨、二氧化硫0.76万吨、氮氧化物0.62万吨。

成都市预拌砂浆产业发展势头强劲，截至2012年上半年，经主管部门公告的预拌砂浆生产企业达13家，产能达610万吨，预拌砂浆运输车达107台，移动存储罐1091个；2009年起，累计完成预拌砂浆销售量420余万吨，从2009年的9.2万吨到2012年的225万吨，平均增幅达363%，实现预拌砂浆应用的迅速健康发展。成都市预拌砂浆使用量、使用率和发展速度上均赶超第一批砂浆"禁现"城市；成都市在预拌砂浆生产企业数量、产能、实际产量、市场供应量和使用率等指标上，均为全省第一；相应的配套物流数量和发展规模也在全国首屈一指。

西藏宏绩集团有限公司

西藏宏绩集团有限公司（以下简称为"集团"）自1997年成立，立足高原，在跨度2000多公里的广袤土地上建起一座座高楼，开辟一条条山路，用自己坚定的步伐走过了5个春秋，展现宏绩人艰苦奋斗、开拓创新的精神面貌。

集团在建设领域一直坚持高标准、高质量的要求，承建的各类工程建设项目先后荣获自治区级的优良工程、援藏项目样板工程、文明工地、十佳建筑企业及西藏建筑行业最高奖项"雪莲杯"等称号及诸多荣誉；在安全管理上先后被西藏安全生产委员会和西藏安全生产监督管理局连年评为自治区级"安全生产先进企业"称号；公司承建的中国政府援尼泊尔沙拉公路项目开创西藏本土企业承揽国际工程的先河，被西藏商务厅评为"走出去"优秀企业；2012年12月集团被国家住房和城乡建设部评为全国住房和城乡建设系统先进集体。集团在工程建设领域已发展成为西藏自治区龙头企业之一。

1. 把加强自身建设作为企业永恒的主题

（1）加强党组织建设。集团董事长尼玛扎西同志经常说："一个企业如果不讲政治，就会迷失中国特色社会主义道路的建设方向，企业永远无法做大做强"。他也经常向自己的团队讲："一个党员就是一面旗帜，一个党组织就是一个坚强的战斗堡垒"。正是在这种精神的激励下，集团在党建与发展上取得骄人的成绩。集团是全区非公经济企业中第一家成立党委的公司；公司领导层及业务骨干基本上是党员；集团党委书记兼董事长尼玛扎西同志被光荣的选举为全国党的十八大代表；公司分别被中央组织部、西藏自治区党委和政府授予全国及全区"全区优秀基层党组织"的殊荣。围绕公司发展增效，设立5个党员先锋班组、6个党员责任区、10个党员先锋岗，让全体党员亮明身份，组织党员职工立足岗位，带头攻坚克难，努力成为岗位能手、业务骨干，为企业发展争创佳绩，确保公司年产值翻倍增长。党员的先锋模范作用和党组织的战斗堡垒作用为企业的发展带来勃勃生机。

（2）加强企业文化建设，促进企业凝聚力。集团每逢重大节日，公司党委、工会都要对贫困职工及家属进行慰问；员工遇到具体困难，集团总是第一时间伸出援手，每年平均帮助解决实际困难上百余件。集团积极鼓励支持职工参加各种专业技能的培训，已有12人分别取得一级和二级建造师资格证；集团先后选派24名优秀员工脱产学习，掌握先进管理经验，并提拔到管理岗位。集团大力推进企业发展成果的共享。经集团党委建议，董事会出台提高职工福利的6项举措，并采用奖励的方法，把开发的74套商品房，以成本价让利给职工，让职工切身享受企业发展带来的实惠，感受到宏绩大家庭的温暖。

2. 追求稳步发展并回报社会

（1）创造更多的就业机会，为社会稳定做贡献。集团年均解决农牧民工和下岗职工就业3000人次；与拉萨市部分县、乡签订长期用工合同，为他们增加收入，找到致富的途径。

（2）开办农民工培训学校，为三农事业做贡献。投资300万元建起西藏中华职教社宏绩农民工培训学校，免费承担农民工培训和就业安置任务，累计培训2000多人，促进农牧民工增收致富；每年出资扶助群众发展旅游服务业和民族手工业。西藏自治区建设厅授予公司"全区培训和使用农牧民工先进企业"的称号。

（3）积极投身公益事业。自公司成立，积极参与各类抗震救灾、扶贫捐助等各类公益事业，累计捐款达1000多万元；在西藏贫困地区兴建10所希望小学。

（4）勇于承担社会责任，积极上缴税收。公司连续五年被拉萨市、城关区政府评为"纳税大户"先进集体和先进个人。

正是在企业创建者尼玛扎西董事长倡导的"宏伟的业绩靠宏绩人努力"的企业发展信念下，在"企业昨天是个人的、今天是大家的、明天是社会的"企业核心价值观的感召下，在企业党建工作和文化建设工作的合力推动下，宏绩人励精图治、奋发图强，努力克服高寒缺氧、条件艰苦的自然环境，创造出在地球第三级的"宏伟业绩",同时也获得政府和社会各界的认可。

西藏宏绩集团有限公司是一个有着巨大向心力、凝聚力以及发展潜力的企业,企业在今后的发展道路上继续坚持以邓小平理论和"三个代表"重要思想、科学发展观为指导,努力贯彻落实党的十八大重要精神,胸怀全局、大胆创新、求真务实、奉献社会,在社会主义市场经济的发展浪潮中,努力推动企业又好又快发展,为地方经济发展作出积极贡献。

庆阳市住房和城乡建设局

甘肃省庆阳市住房和城乡建设局认真贯彻落实科学发展观,以推进城镇化进程为主线,以项目建设为重点,推动全市住房和城乡建设事业取得长足发展和进步。先后获得全国住房和城乡建设系统先进集体、"五五"普法工作先进单位,全省城镇保障性安居工程建设、城市规划建设、农村危房改造工作先进单位,全市创先争优先进单位、理论教育示范点等多种奖项。

1. 持之以恒抓学习教育,以开拓创新促履职能力不断提高

(1) 严格学教制度,抓共同学习。以党员学习为带动,以周一集中学习为重点,狠抓理想信念、职业道德和形势政策三项教育。

(2) 创新学教方式,抓重点学习。两年来,先后组织专家讲座4场,安排领导干部讲党课8次,参加党校培训26人次,中国人民大学、上海展望学院专题培训10人次;参观(观看)廉政警示基地、图片展、教育片400余人次。

(3) 开展调查研究,抓实践学习。先后在《求是》、《城乡建设》等刊物发表理论文章5篇,编制形成《庆阳市推进城镇化和城乡一体化进程调研成果汇编》、《建筑节能调研报告》、《村镇建设管理调研报告》,对于推动全市住房和城乡建设快速发展具有较强的指导意义。

2. 认真规范抓制度建设,以务实作风促建设工作不断进步

(1) 扎实开展制度建设。健全形成以"两个规则、一个守则、一个规定、八项制度、两个办法"为主要内容的制度体系,各项工作有章可依,有规可循。

(2) 有效组织风险防控。围绕关键岗位,排查廉政风险点484个,制定防控措施742条,并在门户网站增加"廉政风险监控"模块,实现对行政权力运行的实时监督和有效控制。

(3) 不断健全廉政机制。将审批、审核、备案等腐败问题易发多发环节作为监控重点,大力度、高频次进行监督防控。未发现领导干部利用职权干预和插手项目建设、在项目建设中谋取私利、在企业中兼职领取报酬等违规违纪问题。

3. 严谨细致抓任务落实,以实际行动促为民服务不断深化

(1) 城市基础设施条件得到改善。"十一五"以来共实施项目294项,完成投资112.51亿元,市区旧城"五纵五横"和新区"八纵十六横"的道路网络格局基本形成。

(2) 城市环境质量得到提高。累计实施以绿、亮、畅、美、净为主要内容的"五化"工程324项,完成投资7.32亿元。

(3) 是房地产开发较为平稳。共实施项目177项、435.8万平方米。市直机关住宅小区、世纪新村等项目相继建成,为市民提供适用、美观的人居环境。

(4) 保障性住房建设进展顺利。2007年以来,全市共实施保障性住房建设16057套、151.3万平方米。2011年6月,全省保障性安居工程建设和房地产市场调控工作会议在该市召开。

(5) 农村危旧房改造取得实效。自2009年实施农村危旧房改造起,共投资15.9亿元,完成改造3.7万户,提高农民居住水平,改善农村人居环境。

(6) 小城镇建设稳步推进。以30个重点小城镇为突破点,累计实施建设项目560项,完成投资31.2亿元,建成一批省、市级小城镇建设示范点。

(7) 建设行业管理更趋规范。相继开展旨在规范建设市场的突破年、落实年、巩固年和质量安全强化管理年活动。2011年11月,全省建设工程质量安全和施工管理工作现场会议在该市召开。

4. 求真务实抓重点活动,以实际效果促群众关系不断密切

(1) 创先争优取得实效。两年来,围绕项目审批、质量安全、廉洁自律等方面做出组织承诺2份12条,审定党员承诺176份680条,组织领导点评3次,开展群众评议2次,承诺事项兑现。

(2) 难题破解全面落实。坚持把低收入家庭住房难题的破解作为深化创先争优的重要突破口和着力点，人均住房面积10平方米以下城市低保家庭住房保障实现了应保尽保。

(3)"双联"行动推进顺利。在认真向帮联村(户)送技术、赠物资、修道路、搞绿化、育产业、争项目的同时，积极帮助帮联村理清发展思路，制定了近期、中期、长远三期发展规划，受到帮联村干部群众的欢迎。

5. 严格有效抓机关管理，以文明创建促工作环境不断优化

(1)切实加强治安防控体系建设。建立警民联防机制，定期开展联防通报、安全检查、稳定评估，未发生重大治安案件和矛盾纠纷。

(2)认真组织主题教育活动。围绕纪念建党90周年、辛亥革命100周年主题活动，积极弘扬以爱国主义为核心的民族精神和以改革创新为核心的时代精神。获得全省庆祝建党90周年主题合唱比赛一等奖等多项荣誉。

(3)扎实开展文明创建活动。两年来，累计获得省建设工程"飞天奖"11项、"文明工地"58项、"优秀建造师"51名，评审市"古象奖"18项、"建筑施工现场管理奖"35项。

白银市住房和城乡建设局

甘肃省白银市住房和城乡建设局坚持以科学发展观为指导，以加快城镇化进程为主线，以完善城市基础设施为重点，以提高城乡建设和管理水平为目标，超前谋划，狠抓落实，城市基础设施进一步完善，城市绿化、美化、亮化水平进一步提高，城市综合服务功能进一步提升。保障性住房建设和农村危房改造工作连续4年名列甘肃省前列，2012年荣获全国住房和城乡建设系统先进集体称号。

1. 保障性住房建设成效显著

白银市因矿设企，因企设市，多年来形成大面积的棚户区。为努力改变这一现状，白银市住房和城乡建设局积极对接国家政策，按照省建设厅的统一部署，全面实施各类保障性安居工程和农村危房改造工作，努力推进"居者有其屋"的民生目标实现。

2008～2011年，白银市开工建设各类保障性住房52525套、385.03万平方米，人均住房建筑面积13平方米以下最低收入家庭做到应保尽保。2012年，白银市在完成2486套保障性安居工程年度目标任务的基础上，增加申报13217套，建筑面积103.75万平方米。2013年，开工建设保障性住房21813套。

2. 农村危房改造强力推进

为推动农村危房改造工作深入开展，编制市、县(区)、乡(镇)三级《农村危旧房改造实施方案》，坚持集中建设与分散改造相结合，坚持农村危房改造同省、市级示范村镇建设、新农村建设、村庄治理相结合，力争改善农村人居环境、提高农民生活质量，为全市农村面貌的改变和经济社会跨越式发展奠定良好基础。

2009年～2012年，完成农村危旧房改造任务75742户，新建和维修加固农宅建筑面积580.5万平方米。严格按照申报、公示、审批程序，改造房屋满足国家及省上的改造要求，改造农户资料档案规整齐全，质量安全管理到位，改造建成后的农房较改造前在抗震、保暖等性能上有较大的改善，农村危改房节能效果也较改造前有很大改进。

3. 城市功能日趋完善

白银市住房和城乡建设局以建设陇上生态宜居新城和打造高原湖城为目标，围绕完善城镇功能、改善人居环境、提高城市品位，强化旧城改造，加大城市基础设施建设投入力度，着力打造区域中心城市，城市、城镇的承载力、辐射力和聚集力不断增强，城市形象发生翻天覆地的变化。

在加快新建道路的同时，注重对老城区原有道路的拓宽改造，形成纵横交错、四通八达的道路交通网络。2012年底，全市城市道路总长度由1985年的31.57公里增加到541.56公里，人均拥有道路面积达到13.62平方米。实施供水、污水、供热、燃气等一系列基础设施建设项目，城市服务功能明显增强。截至2012年底，用水普及率为99.57%，燃气普及率为65.02%。2012年，收购整合供热面积166.03万平方米，市区供热面积增加到1056.77万平方米，保证供热市场的正常平稳运行。

4. 城市生态明显改善

白银市住房和城乡建设局紧抓绿化，坚持走专业绿化和社会绿化相结合之路，不断完善和增加主城区城市绿地面积。修编完成《白银市绿地系统规划(2011~2030年)》,启动实施城区大环境绿化工程,相继建成11座公园,通过实施"见缝插绿"、"拆墙透绿"、"拆房辟绿"、"垂直挂绿"等增绿工程,坚持开展住宅小区、单位庭院的绿化美化,城市生态环境发生巨大变化,初步形成"树在城中、城在绿中"的人居生态景观和"三季有花、四季有绿"、人与自然相得益彰的绿化格局。截至2012年底,全市建成区绿地面积1769公顷,建成区绿地率达到19.9%,公园绿地面积480公顷,人均公园绿地面积为7.01平方米。

5. 老城新区同展新姿

针对老城区基础设施落后、新城区亟待开发的实际,白银市住房和城乡建设局将旧城改造与新城开发同步推进,先后对盘旋路三角区、银光三角区等几个棚户区进行改造,极大地改变城市面貌。白银市充分利用国家级白银高新技术产业开发区的招牌,构建起总规划面积300平方公里的"一区多园"工业集中区空间格局,不仅扩大了白银的城市面积,也成为城市经济新的"增长点"。

为实现新老城区同步发展,大力推进"城中村"改造工程,为形成和谐美观的城市色彩,对不符合城市色彩规划要求的建筑物外墙进行粉刷美化,城区色彩更加协调。启动实施旧城改造、老旧失管小区改造工程,有效解决老城区居民的现实困难。

银川市住房保障局

宁夏回族自治区银川市住房保障局深入贯彻落实党的十七大、十八大精神,认真践行"科学决策、激情创业、热情干事、超越自我、追求卓越"的工作作风,夯实基础、精心谋划、凝心聚力、狠抓落实,扎实推进银川市住房保障事业健康发展,为银川市经济和社会跨越式发展做出积极贡献。

1. 团结协作,科学决策,凝心聚力促发展

银川市住房保障局领导班子团结一心,始终做到六个坚持:坚持贯彻执行党的路线方针政策,不断加强自身建设;坚持学习长效机制,努力提高整体素质;坚持一切从实际出发,深入一线调查研究;坚持密切联系群众,全心全意为人民服务;坚持民主集中制原则,科学决策;坚持勤政廉政,始终保持清正廉洁本色。

2. 文明创建,创先争优,各项建设保发展

银川市住房保障局始终重视精神文明创建工作,扎实开展创先争优活动,切实抓好系统文化、诚信、作风等建设,不断健全组织机制和工作机制,形成精神文明和经济建设齐抓共管的创建格局。银川市住房保障局多次获得区市精神文明先进单位。2009年获得全国文明单位,并被授予"自治区建设学习型党组织先进单位"荣誉称号。

3. 与时俱进,开拓创新,住房保障事业大发展

(1)住房保障制度体系不断完善。银川市住房保障局先后出台《关于构建银川市住房保障制度体系的指导意见》、《银川市新建住宅小区配套建设廉租住房的暂行规定》、《银川市城市住房保障管理试行办法》和《银川市公共租赁住房管理办法》等规定,形成廉租住房、公共租赁住房、经济适用住房、限价商品住房和外来务工人员公寓多层次住房保障形式。加快保障性住房建设,"十一五"期间开工建设五里湖畔、盈北、满春等各类保障性住房163万平方米,25100套,2012年新建各类保障性住房8648套、56.05万平方米。住房保障分配管理规范有序,截至2012年底,银川市已累计保障低收入住房困难家庭17027户,正在实施保障的14143户,已对家庭人均月收入低于500元、人均住房面积低于15平方米的低收入住房困难家庭实现应保尽保。

(2)房地产业蓬勃发展。几年来,银川市认真贯彻宏观调控政策,加强市场分析和引导,着力优化市场结构,不断规范房地产市场秩序,房地产业保持平稳健康发展态势。2008~2012年,全市累计完成房地产开发投资821.38亿元,商品房累计施工面积9422.55万平方米,商品房销售面积2282.81万平方米。

(3)物业管理水平显著提高。银川市保障局制定《物业服务合同》、《管理规约》、《业主大会议事规则》等示范文本和规定。加强市场引导和监管,不断提高行业整体水平,全市共有273家物业服务企业。完善物业专项维修资金管理,启动物业专项维修资金综合管理系统。开展规范化住宅小区物业公司治安责任追究机制试点工作,积极探索城市住宅小区治安管理模式。集中开展老旧小区改造工作,先后实施102万平方米的老旧小区改造项目,惠及人群1.5万户。

(4) 供热体制改革稳步推进。银川市住房保障局制定《城市供热条例》、《供热企业资质管理规定》、《城市供热保障统筹金管理办法》和减免低保户、重点优抚对象采暖费优惠政策。加大监管力度，严肃查处弃供、擅自停暖、违规建设热源等违规行为。编制城市供热总体规划（2012～2020），先后投入5400余万元重点解决66处供热遗留问题，大力推进热计量改革，实现按分户计量计价收费，银川市供热事业全面健康发展。

(5) 人居奖创建工作圆满完成。经过多年努力，银川市被国家住房和城乡建设部正式命名授予"中国人居环境奖"。银川市住房保障局继续履行人居奖创建工作牵头职能，大力开展创建联合国人居环境奖工作，积极实施改善人居环境的重点工作，不断推进城市建设水平和人居环境显著提升。

4. 珍惜荣誉，精益求精，多项成绩助新发展

银川市住房保障局先后获得全市节能降耗、扶残助残和"五创"工作先进单位，自治区住宅产业化工作、保障性安居工程工作、住房和城乡建设工作、房地产管理和住房保障工作先进单位等荣誉称号。

乌鲁木齐市建设委员会

新疆维吾尔自治区乌鲁木齐市建设委员会秉承"追求卓越、务实高效"的理念，以"始于百姓需求，终于百姓满意"为己任，切实履行"科学发展城乡建设，建管并重统筹协调，热忱服务各族群众，合力建造宜居城市"职责，实现班子建设明显加强、干部队伍整体素质明显提升、城市建设管理成效显著、群众满意度明显提高的有力局面。连续四年被评为"乌鲁木齐市群众满意好班子"。先后荣膺全国"精神文明建设先进单位"、全国"住房城乡建设系统纪检监察先进集体"，以及自治区、市精神文明建设、党风廉政及民族团结等先进集体荣誉称号。

1. 强化理论教育、道德教育和宣传教育，推进学习型党组织和机关文化建设

乌鲁木齐市建设委员会以领导领学、处长讲学、网络培训等多种方式，抓基础、抓源头、抓载体、抓教育、抓提高，极大丰富机关文化建设内容，提升干部理论素养，敦促党员干部为"大建设、大开发、大发展"倾心尽力、争做贡献，加强了清正廉洁、执政为民的思想和变化变革、敢于担当的意识，为各项任务的完成提供坚实保障。

2. 坚持"三带头、三创新"，加强领导班子和干部队伍建设

"三带头"即：领导班子带头学习党的基本理论；带头履行职责，全身心投入新疆跨越式发展给乌鲁木齐城市建设带来重大机遇期的伟大实践中；带头依法行政，做廉洁自律表率。"三创新"即：围绕"高起点、高质量、高效率"和"精心、精细、精致"标准，形成考虑问题有新思维、发现问题有新方法、解决问题有新举措的良好局面，实现思路创新；坚持正确用人导向，大力选拔群众公认、政绩突出、德才兼备的优秀干部，积极开展"满意好班子"、"满意好处（科）室"创建活动，实现管理创新；在重大项目建设中，保障市民知情权、参与权和监督权，做到前期调研论证到一线、项目开工舆论宣传全覆盖，实现服务创新。

3. 提高"六个水平"，推动城市建设事业跨越式发展

(1) 以人为本。乌鲁木齐市建设委员会着力加强城市道路基础设施建设、大气污染治理、棚户区改造、供热供气、富民安居等民生工程，使每个项目成为改善民生、惠及百姓、群众满意的工程，努力提高服务民生水平。

(2) 为民服务。乌鲁木齐市建设委员会依托乌鲁木齐市委市政府确定的民生实事，加大联系群众工作力度，做到每一个项目就有一个服务群众的工作队，项目建设所涉及的范围就是联系群众的范围，让市民充分享受城市建设发展的成果，提高联系群众水平。

(3) 加大"一厅式"、"一站式"改革力度。实行集中敞开式办公，努力实现"厅外无审批"和"进一个门办所有事"，同时建立行政审批电子监察、效能满意度测评两大系统，进一步简化工作流程，提升服务效能，实现廉洁高效，提高服务环境水平；

(4) 深入开展公开承诺、三争创、"三亮、三比、三评"活动。从提升软实力入手，推进文明创建，提高创先争优水平。

(5) 强化队伍建设，完善专业化管理机制和模式。实现建设执法"三理六公开"（纠正违法违规有理、处理违法违规讲理、执法尺度合理及执法时身份公开、依据公开、程序公开、标准公开、职责公开、结果公开），提高依法行政水平。

（6）发展是第一要务。乌鲁木齐市建设委员会以"加大基础设施建设力度，助推经济社会发展；加大城建行业管理力度，助推建筑事业发展；加大宜居城市创建力度，助推文明城市发展"为思路，提高城市建设水平。城市基础设施建设累计投入678.9亿元，先后完成国际会展大道、大容量快速公交系统（BRT）、"田"字形市政道路改造等一批重大基础设施项目，实施了热电联产集中供热、煤改气、节能建筑、棚户区改造、农村富民安居等一大批民生改善项目，特别是2012年煤改气工程，一年安装燃气锅炉710台1.29万蒸吨，实现替代燃煤供热面积1.16亿平方米，是历年改造量的6倍以上，充分体现"新疆效率"和"首府速度"，形成基础设施建设不断加快，大气污染治理、棚户区改造、抗震加固等民生工程进展顺利，建筑业、房地产业、热力、燃气等公用事业健康发展、城市建设水平明显提升的良好局面。为首府的跨越式发展和长治久安做出新的贡献。

阿克苏地区住房和城乡建设局

新疆维吾尔自治区阿克苏地区提出"两个率先"（即率先实现跨越式发展和长治久安，率先实现新型工业化、农牧业现代化和新型城镇化）发展的目标定位。面对新形势、新情况、新任务，地区住房和城乡建设局新一届党组班子成员按照地委、行署的部署，立足新起点，抢抓新机遇，秉持新疆精神、落实新疆效率、展示新疆面貌，坚持稳中求进、进中求变，不断提高工作水平，取得一定的成效，为阿克苏地区"两个率先"发展发挥积极的推动作用。

1. 改革创新，服务发展

为进一步加强和规范地区建设工程管理工作，阿克苏地区住房和城乡建设局制定《阿克苏地区规划管理主要控制指标规定（暂行规定）》和《阿克苏地区建设工程规划批后管理办法（试行）》。确保建设工程按批准的规划条件和建设工程设计方案进行建设。修订《阿克苏地区建设工程招投标监督管理办法（修订稿）》，起草《阿克苏地区建筑市场管理规定（试行）》。修订《阿克苏地区建设工程评标计分方法》，进行工程量清单计价方式改革，从2011年7月推行投资500万元以下（含500万元）工程进行工程量清单计价试点。2012年继续扩大试点范围，投资额在1000万元以下的项目都采取工程量清单计价进行招投标。2011年下半年以来，开展工程量清单计价招投标试点工程369项，总投资47.97亿元，总建筑面积171.65余万平方米。

阿克苏地区住房和城乡建设局为适应地区经济的发展，鼓励建筑企业做大做强，支持二、三级建筑业企业通过改组、联合、兼并、股份合作等多种形式做大做强，培育新的增长点，使建筑业逐渐成为地区经济发展中的支柱产业。把建设培训工作作为提升企业技术和管理能力的一项基础性事业予以强化。

坚持进度服从质量的原则，严格执行法定建设程序，落实项目法人制、招标投标制、工程监理制、合同管理制等规定，加大日常监督巡查、抽查的力度，对涉及工程建设主体结构安全的环节实行地县双控制，细化监管措施，明确监管责任，落实监管目标，确保工程质量安全。加强建筑工程参建责任主体行为和招投标的监督管理，从严从快查处违法违规行为，净化和规范建筑市场。

2. 简政放权，提升效能

阿克苏地区住房和城乡建设局坚定"只有努力，才能改变；只要努力，就能改变"的理想信念，认真查找在服务质量、行政效能等方面存在的问题，紧紧围绕"转变作风，简政放权，提速增效，服务大局"的目标，实施招投标管理权限下放。

多年来，各县因工程技术人员不足，无法满足招标投标工作需要，2012年阿克苏地区决定将投资额500万元以下的工程建设项目招投标管理权限下放到各县（市），简化招投标程序，缩短办事时限，减轻相关单位的经济负担，进一步加大行政许可权限下放，缩短审批时间，提升行政效率，推进地区经济的发展。

3. 建立诚信，两场联动

2011年以来，该局以工程项目为载体、以信息技术为手段，实施建筑市场和施工现场的联动管理，大力推进建筑市场信用体系建设。以建筑业企业为突破口，加强企业信用档案建设和信用评价。为每家企业和个人市场行为建立基本信息档案。同时，信用评价采取计分制，根据建筑市场管理要求划分等级，实行差别化管理。运用信息技术，将企业基本情况、各项目和人员情况、工作动态等，通过项目为载体，加强对企业和人员的行为管理。实现地、县(市)建筑企业、执业注册人员和工程项目信息资源共享,企业和人员资质(资格)及其信用行为等信息数据的互通、互用和互认的目标。建立诚信奖惩机制,实施"两场联动"。通过两场联动,将企业的信用信息与业绩、招投标、合同管理、总分包管理、质量安全、民工工资等方面结合起来,无论哪个方面都会影响其信用积分和未来的招投标活动。实现"一地受罚、处处受制",营造诚实守信的市场环境目标。

4. 主动作为,务求实效

该局紧紧围绕全面落实《自治区推进新型城镇化行动计划》的主线,牢固树立现代城市发展战略,坚持规划先行、城乡统筹、布局合理、特色鲜明的原则,全面完成地区城镇体系规划、9个县(市)总体规划修编和50%建制镇总体规划、乡规划、行政村建设规划编制工作。加快城镇道路、供水、供热、供气、污水处理等基础设施建设,全面提升城镇综合承载力,两年来共投入19.35亿元,初步建立以城镇为依托、城乡衔接、布局合理的城乡基础设施网络。按照自治区"民生建设年"的部署要求,加大民生工作力度,安居富民、住房保障、学校、医院抗震防灾工程实施取得积极进展。完成安居富民工程建设任务6.65万户,开工新建各类保障性住房7.28万套,实施学校、医院抗震防灾工程63.19万平方米,极大地改善城乡各族群众的住房条件,强化社会公共安全保障,赢得广大群众的衷心拥护,有力地促进地区经济发展和社会稳定。

5. 绩效考评,现新气象

该局以绩效考评为抓手,扎实推进机关作风建设,制定完成绩效考评工作方案,全面推行岗位职责牌公开制度,有力促进了机关效能建设和政风行风转变。紧紧围绕住房城乡建设工作大局,切实抓好精神文明建设创建活动,严格落实离退休老干部政治待遇和生活待遇,认真研究解决干部职工关心的问题,为干部职工营造良好的工作和生活环境。曾先后荣获全国建设系统法制工作、统计信息工作、科技建筑节能、农民工工资支付情况专项检查以及自治区抗震安居工程、住房保障、精神文明建设、科技兴建和地区目标考核、党建工作、政务信息工作、人民满意单位等30多项先进单位荣誉称号,2010年12月跨入"自治区级文明单位"行列,工会连续6年获得地区表彰,连续多年群众满意度均在95%以上。

全国住房城乡建设系统先进工作者事迹

天津市津南区市政工程管理所所长　王德华

王德华任天津市津南区市政工程管理所所长以来,团结和带领广大职工与时俱进,开拓创新,锐意改革,把一度陷入困境的市政所打造成行业内的佼佼者,以工程质量过硬,管理工作到位而誉满业内。单位产值、纳税额每年分别以75%、79%的速度递增,盈利增幅较大,单位发展态势喜人,经济运行质量在强化管理中实现质的飞跃。2011年,企业承接工程3亿元,比2008年增长938%;年上缴纳税款突破千万元大关,员工收入增长较2008年增长100%。均创历史新高。上述令人瞩目的成就,使王德华先后多次荣获津南区"十五"立功活动先进个人、津南区"五一劳动奖章"、津南安全防汛抗旱工作先进个人、津南区创先争优优秀共产党员称号等。

1. 坚定共产主义信念,爱岗敬业,刻苦钻研,模范实践"三个代表"重要思想

自1992年7月起,他先后从事路政管理、施工管理、工程质量管理、施工机械管理及市政设施养护、建设、维护等多项技术和管理工作。在每一项工作中,他都能从中积累实际经验,学到课本理论以外的真功夫,充实许多发展的新知识。经过十多年的实践磨炼,先后取得市政行业副高级技术职称和建造师资格。这些年来,他参加或主持大量的市政设施建设工作,修筑道路200多公里,铺筑路面120余万平方米,铺设各类管道超过500公里,修建各类泵站十一座,解决技术难题10多项;主持修建

的我区津沽路改造工程被评定为"优良工程",为津南区的建设付出辛勤的汗水,以实际行动和优良的业绩实践"三个代表"重要思想。

2. 顾全大局,开拓创新,管理上水平

王德华有较强的领导能力和丰富的基层管理经验,2009年7月,他任区市政所所长后,注重调研,善抓工作重点,重视完善制度。在他的带领下,全区市政设施的养、管、建等各项工作安全有序,市政设施养护水平不断提高,路政执法水平不断加强。当发现部分道路存在雨后退水慢的问题后,他组织相关技术人员,通过深入调研,科学决策,先后投入800余万元,建设天津市津南区南华路泵站、紫江路泵站、北环路泵站,铺设管道5000米,从而彻底解决南华路、紫江路等十余处路面积水问题。在汛期强降雨来临的时候发挥重要的作用。

3. 作风过硬,抗险救灾身先士卒

王德华工作踏实,任劳任怨,责任心强。在主持葛沽营房路工程建设期间,为了保证工程进度和质量,及时解决问题,他带头住在工地,不分白天黑夜,不分节假日,经常食不定时,睡不安寝,直到工程顺利通车。

2011、2012年,津南区连续遭受台风、暴雨冲袭,短时降雨量达到了历史罕见的250MM,市政排水设施受到前所未有的考验。在抢险救灾的日日夜夜,王德华同志思想明确,一方面靠前指挥,带着专业技术人员冒着暴雨奔走在各排水泵站,保证泵站连续几十小时正常运转;另一方面,不等不靠,组织工程人员上千人次,出动机械设备上百台次,运送沙袋300多立方,架设临时泵40台次,尽最大努力保护人民群众的生命财产安全。受到区领导的肯定和社会各界的好评。

4. 以身作则,廉洁自律

王德华作为一名共产党员,处处以身作则,廉洁奉公,始终践行"立党为公、执政为民"的理念,以共产党员博大的情怀关爱职工,当好精神文明建设的排头兵。他关心职工的疾苦,做职工的贴心人。他注重职工队伍建设,把发展人才资源和建设优质工程结合起来,几年来投入再教育经费60万元,受训职工达200人次,培养几十名专业技术人才,在建设众多优质工程的同时,为企业为社会造就一大批优秀人才,履行"建一个项目,育一批人才,树一座丰碑"的承诺。他关注社会公益事业,企业捐赠助残、助学、救灾等100万元。他重视企业文化建设,善于学习,精于思考,总结市政行业改革发展中一些成功的做法和经验,撰写《沥青混凝土路面病害分析及对策》等6篇获奖论文。作为单位一把手,他始终在廉政方面对自己高标准、严要求。一是加强党性修养。他时刻保持清醒的头脑,弘扬艰苦奋斗的优良传统。二是充分发扬民主。他注重增强所领导班子的民主意识,主动听取各方面的意见,坚持"集体领导,民主集中,个别酝酿,会议决定"的"十六字"方针。三是注重廉政建设,王德华同志认真执行廉政建设规定,严于律己,加强廉政建设。在市政工程各项建设中引入招投标机制,大力推行经评审后的最低价中标法,努力降低市政建设工程造价,确保工程优质价廉,从源头上遏止腐败现象的发生。

上海市城市规划设计研究院浦东院副院长　张逸

张逸,上海市城市规划设计研究院高级工程师,现任浦东院副总工程师,国家注册规划师,1999年毕业于同济大学,工学硕士。荣获2011年上海市规划和国土资源局"优秀共产党员"、2009～2011年上海市城市规划院先进工作者等荣誉称号。

1. 在上海重点地区规划工作中勇攀高峰

在党的十八大召开的新形势下,上海围绕四个中心和国际大都市的建设目标,进入"创新转型"的新的历史发展时期。短短三年,作为团队的领军人物,由张逸主持并负责完成《上海浦东新区城市总体规划修编》、《世博会后续利用规划》、《世博会地区会展及其商务区(A片区)控制性详细规划》、《迪士尼主题乐园一期修建性详细规划》等十几项市重点规划项目。尤其是作为市规划院引领浦东地区规划的核心团队,面对新一轮浦东新区总体规划修编的历史机遇和挑战,张逸带领团队持续数月时间,始终保持高涨的工作热情和严谨的工作态度,放弃无数个休息日,形成10多个研究专题,向市领导、区领导、相关部门和局领导汇报20多次,特别是在项目攻坚克难的关键时刻,更是主动封闭集中工作,连续几天每天工作超过15个小时,保证总体规划的顺利完成,获得市、区、局领导的高度评价。

2. 在城市规划设计和研究领域硕果累累

张逸在城市总体规划、概念规划、交通规划、新农村规划等领域坚持长期研究,工作十几年硕果累累。张逸先后主持完成重大规划项目几十项,了解城市总体规划和概念规划的工作特点,完成的这类型规划有:《上海市浦东新区总体规划修编》、《上海浦东新区战略规划》、《崇明岛域总体规划》、《环淀山湖地区概念规划》等十几项。

在规划工作中,张逸攻坚克难,敢于担当,争创工作佳绩,由他负责或参与负责的项目获得市级以上各类奖项16项。其中《崇明岛域总体规划》获得2007年全国决策咨询项目一等奖、2007年度建设部优秀规划设计二等奖;《江苏省昆山市城市总体规划》获得2010年度住建部优秀规划设计一等奖、2009年度上海市优秀规划设计一等奖;《环淀山湖地区概念规划》获得2010年度上海市优秀规划设计二等奖;《上海浦东新区战略规划》获得2010年度上海市优秀规划设计三等奖。

在完成规划项目的同时,张逸潜心研究,勇于突破,探索规划研究的前沿领域。2009年～2010年作为主要负责人完成国家住建部科研项目《经济中心城市产业结构调整和空间布局优化研究》和上海市规土局科研项目《上海产业结构调整和空间布局优化研究》,获得2010年度上海市优秀科研项目二等奖。2006～2011年在完成上海新农村规划试点规划编制的实践基础上,负责完成《上海市新农村规划编制导则》,负责完成科研项目《上海新农村规划方法研究》;另外他还先后撰写和在国内城市规划主要刊物上发表学术论文十多篇。

3. 在引领部门团队建设成长中率先垂范

张逸一贯对自己高标准、严要求,发挥一名优秀共产党员的先锋模范作用和部门领头羊的率先垂范作用。在担任浦东院的副总工程师期间,他带动周围的同志,完成一个又一个艰巨的规划任务。

为保证市重点规划任务的按时完成,他加班加点,在年轻人为主的浦东院团队中树立榜样。他常和团队的青年同志们共勉:"规划工作不仅是为百姓造福,更是在为中国新型城镇化的伟大进程中实现国家又好又快发展作出贡献"。他告诫团队的同志,做好规划工作必须具备很强的团队协作精神和对人民对历史负责的责任意识。平时工作中他注意用好业务骨干,将他们放到重要任务岗位上锻炼,发挥作用。同时重视培养新人,在重要的项目中将年轻人推向项目负责人,为他们创造锻炼的机会,提供施展才能的舞台。鼓励设计人员在具体项目中要学会总结提炼,不断提升自己的知识层次和结构。在工作中尊重和及时肯定设计人员的规划设想;捕捉和完善设计人员的设计亮点,调动设计人员的工作积极性和创造性,让设计人员感受到从事规划工作的光荣感、成就感和责任感。

2009年起,他一直兼任规划院第五党支部副书记、书记。对此他认真积极负责,所在支部多次被评为市规划院先进党支部,自己也被评为2011年市规土局优秀共产党员。在围绕为民服务的"创先争优"主题活动,他所在支部树立起"援疆规划党员示范岗党"。党员示范岗激发支部每一位成员在"业务重点方向"、"部门管理制度"、"业务学习组织"、"项目操作方式"、"党支部建在所上"等方面的工作热情,同时带动浦东院团队成为一支积极向上、善于思考、充满活力、团结奋进的优秀团队。

保定市建设市场稽查大队大队长　张春晖

河北省保定市住房和城乡建设局建设市场稽查大队张春晖同志长期工作在工程建设领域第一线,拥护中国共产党的领导,热爱祖国,遵纪守法。有强烈的事业心和责任感,有高尚的职业道德和严谨的学风,爱岗敬业,诚实守信,业务全面,具有较强的政策理论水平和专业技术管理能力。积极贯彻执行党的路线方针政策,坚持党性原则,遵守党的纪律,密切联系群众,带头创先争优,奋发进取,敢于负责,勇于奉献,清正廉洁,在行业管理工作中开拓进取,业绩显著,贡献突出。

1. 在科学研究方面做出突出贡献

张春晖先后组织和参与3S建设稽查执法系统等

多项科研项目的研究，并将成果转化应用，促进各项工作的开展。获得河北省建设行业科技进步一等奖三项、二等奖三项，获得河北省人才工程培养经费资助项目一项，出版《住房城乡建设稽查执法理论与实务》专著一部。

张春晖由于在科研工作中取得一定的成绩，2009年被评为河北省新世纪"三三三"人才工程第二层次人选，列入省政府人才培养计划；2010年被授予河北省"优秀科技工作者"称号；2011年被授予保定市第一届"社会科学优秀青年专家"荣誉。

2. 在加强行业管理，提高行业管理水平方面做出突出贡献

在住房城乡建设稽查执法工作中，张春晖认真贯彻落实科学发展观，把现代管理理念和高科技手段相结合，积极推进稽查执法信息化、标准化建设，实施以稽查机制创新和稽查手段创新为主要内容的"两创"活动。在全国住房城乡建设稽查执法领域首次将数字化稽查执法新模式应用于实际工作中，深化拓展建设稽查执法的内涵和外延，使建设稽查执法工作走上了规范化、精细化、信息化发展轨道。将ISO9000质量管理体系认证引入建设稽查执法工作，使稽查执法更加公开、公正、公平。用国际标准规范行政执法程序，构建"阳光稽查"的有效机制，规范稽查执法行为，提升稽查队伍素质，提高稽查工作效率。

数字化建设稽查新模式通过河北省建设厅组织的科技成果验收，认为该成果达到国内领先水平，2010年、2011年先后参加住房和城乡建设部举办的第五届、第六届中国国际数字城市建设大会，并荣获全国住房城乡建设领域2010年度、2011年度信息化突出贡献奖。2010年1月在全国建设稽查执法工作座谈会上，张春晖进行大会典型发言，得到住房和城乡建设部的肯定。《中国建设报》、《新华网》对保定市数字化稽查执法先进经验进行宣传报道。《河北法制日报》发表题为《张春晖为建设稽查插上科技之翼》的宣传报道。

在建设稽查执法日常管理中，保定市住房和城乡建设局建设市场稽查大队强化制度建设，健全协调机制，明确执法责任，加大监管力度，严格依法执法。在2011年度河北省建设稽查执法工作考核中成绩突出，位列全省第一。

3. 在加强党风廉政建设、争先创优工作等方面做出突出贡献

张春晖在稽查执法工作岗位上兢兢业业，时时刻刻以党员的标准严格要求自己，以饱满的工作热情扎实开展执法工作，坚持学习党的基本路线、方针和政策，坚持用科学发展观来丰富自己的头脑，坚定共产主义信念，积极完成党的各项任务，把党组织的温暖通过自己传送给每一个人。在"创先争优"活动和帮扶结对活动中，他始终积极主动，不计得失，用自己的爱心让大家感受到党的温暖，用自己的言行感召周围的同志。

扬州市江都区城乡建设局党委副书记
扬州市江都区住房保障和房产管理局局长、党组书记　钱进

钱进能认真实践"三个代表"重要思想，践行科学发展观，紧紧抓住住房保障与城市建设管理工作的重点，敬业求实，刻苦钻研，在不同的岗位做出不凡的业绩。在其任职内，江都的建筑业突飞猛进，先后取得4项鲁班奖，位居全省前列。2011年，江都实现区域供水全覆盖，江都通过考评荣膺"国家级园林城市"。城建系统也已连续两届被评为"省级文明行业创建先进行业"。多年来，他也先后被评为江苏省建筑机械设备管理先进个人，江苏省建筑业优秀总经济师，扬州市"新长征突击手"，多次被评为江都区两个文明建设先进个人，多次受到政府嘉奖。

1. 坚持创业为先，推动江都建筑业跨越发展

在扬州市江都区建筑工程管理局工作十多年期间，他不论在哪个岗位上，都能干一行、爱一行、专一行，管理服务水平和单位业绩都有了很大的提高。企业管理科被江苏省建筑工程管理局评为"资质管理工作先进单位"。调任南京办事处工作期间，他能客观对待和妥善处理历史遗留问题，对内强化管理，对外巩固老市场、发展新队伍。工作中果断决策，抢抓国家实施中部崛起战

略的契机，率先挺进中原，开辟郑州、洛阳市场，有4个项目被当地主管部门评为省市文明工地和优质结构工程。期间，他调任江都沿江开发区领导小组办公室副主任，负责拆迁群众安置房建设。他本着维护群众利益，坚持"先建后拆，拆在建中"，一年半间，建成两期安置区，让群众早日住进新楼房，为沿江开发作出应有贡献。在江都区建筑工程管理局任副局长期间，能服从组织分工，能坚决贯彻落实执行上级的指示精神和工作要求，坚持民主集中制原则，拥护班子团结，在主持机关工作上，大胆创新、锐意改革，机关管理不断规范，服务水平不断提高，得到领导和群众的一致好评。

2. 坚持创优为民，让城乡建设成果普惠于民

2008年2月，钱进升任江都建设局局长。江都建设局涉及规划、建设、园林、环卫、公用事业、拆迁安置等诸多工作领域，城乡建设工作面临着建设项目多、资金筹措难、信访矛盾突出的困境。他不等不靠，迅速熟悉情况，转变角色，并提出着力打造"科学城建、民生城建、和谐城建、动力城建"的目标，大胆创新，真抓实干，着力完善城市基础设施建设，提升园林绿化品位，强化城市管理，促进城乡统筹，使城乡面貌焕然一新，赢得各方面的赞誉。他组织实施城市新一轮总体规划修编，获省厅表彰的"规划全覆盖先进单位"荣誉。在城区先后新建、改造舜天路、新都路、龙城路等20多条主要道路，形成"五纵七横"的城市道路网络。建成日处理4万吨的污水处理厂、日处理310吨的新垃圾处理场。主持编制《江都市城市绿地系统规划》，修订和制定《城市绿化管理办法》、《城市绿线管理办法》等，城市生态环境明显改善，形成"江河湖一水贯通，古水绿一体和谐"的绿化特色。2011年江都顺利通过国家住房和城乡建设部的考评，荣膺国家级园林城市。仅用两年时间，投资13亿元的区域供水工程主管道（共430千米）就全面铺至各建制镇，并新建供水增压站7座，实现区域供水的全覆盖。完成58公里的污水管道铺设，新建污水泵站4座；新建压缩式垃圾中转站3座。建立城乡垃圾集中收集处理的模式，农村生活环境得到极大的改善。

3. 坚持创新突破，推进房管工作更加科学高效

根据组织安排，钱进任重组后的城乡建设局党委副书记，并兼任区住房保障与房产管理局局长、党组书记。在半年多的工作中，他努力践行"住有所居、住有优居"的宗旨，以加强管理创新、科技创新、服务创新为抓手，以"加强住房保障，发展房产经济"为工作重心，着力实施保障性住房建设，加强房产管理工作，取得明显成效。建立直管公房动态管理信息库，直管公房实现电子化管理，"建好四网，实现住房保障和房产管理城乡全覆盖"在全省是首创。房产测绘完善ISO9000质量管理体系，测绘成果合格率达到99.5%以上，房产评估秉承"公开、公平、公正"的原则，有力的保障城市拆迁改造和国家重点交通工程的顺利进行。加快实施廉租房、经济适用房、公共租赁住房建设。大力实施老旧小区改造工程，3个老小区得到整治，涉及住房20万平方米，直接受益2000户，惠及6000余人。

4. 注重行风建设，切实加强党建和精神文明工作

无论是在建筑行业，在建设行业，还是在房管行业工作，他都十分注重党建精神文明工作。担任建筑工程管理局团委书记期间，创新工作，结合行业特点，提出"施工队伍到哪里，团组织建到哪里"的工作目标，切实加强流动团员管理，此举得到上级部门肯定。担任住房和城乡建设局党政主要负责人后，他仍然坚持一手抓工程，一手抓党建，在他的不懈努力下，全系统先后争创2个省级文明单位，4个市级文明单位，建设工程质量检测中心2011年荣膺"全国青年文明号"，系统干事创业争一流的氛围浓烈。

5. 坚持严于律己，不断提高自身素质

他能自觉抓好邓小平理论、"三个代表"重要思想和科学发展观的学习，不断提高自身的政治修养，党性强，作风正，廉洁自律，率先垂范，在党员和群众中有较高威信。勤于学习钻研，先后获得高级工程师、高级经济师职称，取得一级建造师任职资格，多篇文章在国家级杂志发表。

菏泽市城乡建设局党党委书记、局长　王乃光

菏泽城市面貌日新月异，令人赞叹的背后，离不开山东省菏泽市城乡建设局党委书记、局长王乃

光恪尽职守、竭诚奉献，以高度的责任感和强烈的事业心带领全市城乡建设系统干部职工团结拼搏、扎实苦干，无数个白天黑夜坚守在工程一线的辛勤付出。

1. 以身作则，带头树立榜样

王乃光担任山东省菏泽城乡建设局党委书记、局长的这几年，正是菏泽市城乡建设项目最多、任务最重、规模最大的一个时期。作为承担城建工作的主要业务部门，他深知自己肩上的担子有多重。为确保顺利完成任务，率先垂范，身先士卒，带领广大干部职工长期奋战在施工一线。在他的影响和带动下，广大干部职工更是奋力拼搏，任劳任怨，实行倒排工期。白天加班加点、晚上干过零点、节假日照常到点的工作模式。正是由于他们的团结拼搏、无私奉献，一项项工程才得以按照时间节点顺利完工，牡丹城才一天天变得亮丽多彩。

2. 无私奉献，情系灾区人民

2008年，汶川地震发生后，山东省菏泽市城乡建设系统紧急动员，全力支援抗震救灾。王乃光多次到一线指导工作，他带领着援建队伍克服山体滑坡、道路不通、余震等重重困难，顶风雨、冒酷暑，昼夜奋战，全力开展地形勘察、规划设计、板房安装、设施配套等工作。共完四川省成都坝乡、贯岭乡530套板房和27间教室、6间办公室、91间宿舍、2个厨房共约15300多平方米的板房生产、运输和安装，提前完成山东省下达的任务。对口援建都坝乡小学、卫生院、集贸市场、全民健身广场、文化站、场镇道路、供排水和垃圾填埋场等8个项目。对口援建的乡镇项目获得四川省绵阳市建筑工程质量最高奖——"天府杯"、"绵州杯"奖。援建和承建四川省北川新县城项目获得"三杯一优"荣誉（绵州杯、天府杯、泰山杯和四川省结构优质工程），施工现场分别获山东省、四川省"安全文明工地"称号。2008年8月，王乃光同志被山东省人事厅、山东省建设厅授予全省建设系统抗震救灾先进个人荣记二等功。

3. 锐意进取，城乡面貌焕然一新

在王乃光的带领下，山东省菏泽市城乡建设局大力推进新型城镇化，城乡面貌发生历史性巨变，城市功能逐步完善。实施环城公园一期工程，获得"中国人居环境范例奖"。先后投资10亿余元实施山东省菏泽市赵王河、洙水河综合治理，赵王河公园获得全国市政工程质量最高奖－"市政金杯奖"，并入选国家级水利风景区。该局还大力完善居民文体设施建设，大剧院、演武楼建成投用，大剧院获得全国建设工程质量最高奖"鲁班奖"，填补菏泽该项空白，并入选齐鲁文化新地标。

菏泽市城乡建设局按照菏泽市委、市政府的要求，从维护群众根本利益出发，全力加快推进小城镇建设，深入推进整村建设改造。村镇建设速度的加快、配套设施的逐步完善，极大改善村容镇貌，提高群众生活质量。部分乡镇、村庄建设走在全省的前列，山东省菏泽市牡丹区吴店镇、曹县庄寨镇、郓城县南赵楼镇等6个村被评为全省"小城镇建设示范镇"。山东省菏泽市单县李田楼镇中心社区、巨野太平镇郭坊村、东明陆圈镇纪庄村等66个被评为山东省"村庄建设示范村"。2013年，菏泽成功入选国家第四批可再生能源建筑应用示范城市，并被列为一类可再生能源建筑应用地区。国家可再生能源建筑应用示范城市是菏泽城的新名片，不仅提高城市品位，也让节能环保的理念深入人心。

在王乃光的带领下，因工作业绩突出，菏泽市城乡建设局党委自2006年以来连年被评为"先进基层党组织"、"廉政示范教育基地"；该单位连续多年被山东省、菏泽市市政府评为"文明单位"，被山东省省建设厅、山东省委省政府信访局评为"山东省建设系统信访工作先进单位"等等。

济宁市泗水县住房和城乡规划建设局党委书记、局长　徐茂盛

日新月异的山东省泗水县城，让熟悉泗水过去的人赞叹不已，在这翻天覆地的变化背后，凝聚着该县住房和城乡规划建设局局长、党委书记徐茂盛的心血和汗水。他先后被授予全国重点流域水污染防治先进个人、全省城市污水和垃圾处理先进个人、英模党员等荣誉称号。2012年，被评为"全国住房城乡建设

系统先进工作者"称号。

1. 从技术员到城建专家

1991年，不到20岁的徐茂盛毕业分配到县建委，成为一名技术员。徐茂盛吃苦耐劳、勤于实践，各项技术数据烂熟于心，很快成为业务骨干，被大家称为泗水城建的"活字典"，得到领导和同志们的认可。1995年县里决定新建中兴路，时间紧迫。徐茂盛临危受命，任混凝土面层组组长。为确保冬季施工质量和工期，他带领2名技术员黑白靠在工地上，查阅大量技术资料、求教各级专家，最终解决冬季混凝土面层施工的技术性难题。该路已超设计期限使用，路面仍然完好。

1996年8月～2007年10月，先后担任副科长、科长、副局长等技术和管理岗位。为更好地胜任工作，他考取山东省建筑工程学院、北京理工大学，以超出分数线52分的高分被录取为全日制研究生。2004年，作为济宁市百名MBA人才脱产学习城建和管理知识，成为山东省泗水县的城建专家，成为同事们眼中"工作、学习两不误"的典范。

2. 工作是脚踏实地干出来的

脚踏实地、亲力亲为，始终走在工作第一线是徐茂盛的鲜明特点。2009年泗水城市进入加速发展期，许多新课题、新矛盾在发展中集中显现。在这个关键时刻，徐茂盛被任命为住房和城乡建设局局长。

上任伊始"三把火"。首先，徐茂盛认为"抓好工作调研，理清工作思路"是他最根本的职责。他制定翔实的调研方案，夜以继日地研究，形成"规划引领、基础先行、城乡统筹、重点突破、生态优先、科学运营"的工作思路，他提议将县城以建设"山水园林、生态宜居城"为目标定位，并提出创建"园林县城"具体任务。其次就是"资金"的问题。他提出"借海出船"经营理念，城市规模迅速膨胀：采取公用事业特许方式引资发展城市集中供热、管道天然气两个项目；采用BT等方式融资2.6亿元建成山东省泗水县圣源湖公园及圣源湖大桥、327迎宾大道、圣和路；抓住淮河流域综合治理和扩内需等政策机遇，争取政策性资金1.27亿元，启动实施污水处理一级A改造、生活垃圾处理场、2万吨新水厂等项目建设。

思路、目标和资金有了，剩下的就是贯彻与执行。一是对城市各类规划进行深化与调整，使泗城建设布局更加合理；二是严把建设质量关，无论是道路、园林，还是安置房、商品房建设，他都要求将工程质量放在第一位；三是始终将服务群众、关注民生作为工作的出发点和落脚点，先后实施老城棚户区及城中村三大片区改造，建成舜和家园、龙城知春等一批高标准小区；配套建设圣源湖公园、济河植物园等11处公园绿地，为群众创建生态宜居的环境。2011年，泗水被省政府命名为"山东省园林城市"；2012年被评为"中国宜居宜业典范县"。

3. 抓班子作表率，抓队伍树正气

在徐茂盛眼里，团队精神是一个单位和部门能否干好工作的前提与保障。从班子成员到下属单位负责人，再到一般职工，"五加二""白加黑"工作作风得到充分体现，加班已成为他们的常态；始终把廉政建设当作首要工作，凡重大事件均由集体研究决定，不搞个人说了算；创新实行"一章制"、"一费制"等工作机制，简化审批收费层次，避免乱收费，形成城乡规划、市政建设等几条工作主线，每条工作主线又培养一组爱岗敬业、业务精湛的工作团队。住房和城乡建设局先后被山东省济宁市委、市政府评为"市级文明单位"、"济宁市先进基层党组织"。

宜昌住房公积金管理中心主任　江永

湖北省宜昌住房公积金管理中心主任江永，现年46岁，中共党员，高级经济师。从2007年上任以来，江永同志全神贯注抓工作，凝心聚力谋发展，带领全体干部职工围绕发展大局想办法，围绕资金安全动脑筋，围绕以人为本做文章，各项业务指标年均增长率达到22%，资金规模在全省仅次于省会城市武汉，全市住房公积金管理工作实现跨越式发展。宜昌住房公积金管理中心不仅年年被评为全省住建系统先进单位、全省住房公积金管理先单位，还先后荣获省级文明单位、省级卫生单位、档案管理省一级达标单位等40多项荣誉，受到省市各级领导高度赞扬。

1. 围绕发展大局，在服务经济建设上积极想办法

（1）实行"三放"，促进宜昌市房地产市场走出低谷。2008年，江永针对市场情况，及时提请住房公积金管理委员会修改相关政策，加大"三放"力度，即贷款政策放宽；随到随办，贷款营运放活；盘活资金，贷款额度放大。帮助全市房地产业走出低谷，取得了良好成效。

（2）立足市情，促进中低收入家庭住房保障水平提升。江永上任后，通过认真调研，立足市情，确定"三抓"的扩面归集目标。即抓扩面宣传、抓缴存规范、抓职工维权，保证更多的职工享受到住房公积金制度的政策优惠。截至2013年2月，全市累计归集住房公积金122.87亿元，归集余额67.16亿元；全市住房公积金缴存人数达到35.41万人。

（3）注重民生，促进保障性住房建设。截至2013年2月，全市累计提取廉租住房建设补充资金1.58亿元。在江永的积极争取下，宜昌被纳入国家扩大住房公积金贷款支持保障性住房建设试点范围，为宜昌市保障住房建设提供1亿元的项目贷款支持。

2. 围绕资金安全，在住房公积金保值增值上动脑筋

（1）把握金融政策，根据利率调整规律合理配置资金。江永特别注重对国家经济和金融政策的研究，及时掌握利率波动规律，顺势而为合理配置资金。2011年，尽管受国家金融政策的影响，连续3次上调利率，宜昌中心仍然实现增值收益5624万元。特别是2011年及时调整资金配置方案后，为今后五年提高增值收益打下坚实的基础。2012年，全市增值收益达到9907万元，向政府上缴廉租住房补充资金近5000万元。2011年9月，住房和城乡建设部副部长陈大卫同志专程来到宜昌调研住房公积金管理工作。

（2）实行项目跟踪，提高资金使用效率。对住房公积金签约楼盘，从项目前期介入开始，在贷前、贷中、贷后江永和同事们一道建立一套完整的工作制度和考核制度，对贷款项目实行全过程跟踪。截至2013年2月，全市累计发放个人住房公积金抵押贷款53亿元，个贷余额31.19亿元，逾期贷款率仅为0.06‰，远远低于全省平均水平，大大提高资金使用效率。

（3）强化内控管理，防范住房公积金使用风险。江永同志特别注重制度建设，用制度健全和完善管理办法并堵住管理的漏洞。为防范资金使用风险，宜昌中心从管理上设置复核和稽核的工作流程，每一笔住房公积金业务，按照前台受理、后台复核、审计稽核的流程，实现对各类业务审计的全覆盖，业务审计率达到100%。组织专班梳理制定有关法律法规、政策、制度、操作服务共五大门类284项制度，历时两年汇编完成。

3. 围绕以人为本，在管理服务创新上做文章

（1）开展争先创优，在服务理念上创新。在全省住房公积金管理系统综合考评中，宜昌市连续多年名列前茅。中心营业部先后荣获"宜昌市十杰青年文明号"、"湖北省杰出青年文明号"和"全国青年文明号"殊荣，两个办事处被评为全省住房公积金文明服务窗口。《中国建设报》用二分之一的版面专题介绍了"宜昌住房公积金的惠民品牌是这样炼成的"，《中华文摘》用"汇聚青春力量，创建服务经典"介绍中心营业部青年文明号的创建纪实。

（2）简化办事手续，在服务手段上创新。为方便缴存职工查询和办理业务，2007年在全省首创并发行住房公积金联名卡，被载入《湖北建设年鉴》。为省去职工办理业务需复印大量的纸质材料，2011年，宜昌中心自主创新研发电子档案成像系统，在全省系统率先投入使用。2012年提取还贷自动扣划系统正式上线运行，广大申请公积金贷款的职工无须每年再到柜台办理提取还贷业务，由系统实现自动抵扣，收到良好效果。

（3）集中办理业务，在服务流程上创新。为免去群众办理公积金贷款在银行、产权监理部门和中心之间来回奔波之苦，在江永同志的努力下，把产权监理处和各委托银行请进来联合办公，实行真正意义上的"一条龙服务"，实现公积金贷款随到随办，随时办结。2012年中心贷款业务实现适时放款，最快当日办结，最长不超过三日，远远超过各商业银行的贷款办理速度，住房公积金贷款发放总额占全市个人住房贷款市场份额的47.83%，充分发挥住房公积金制度在解决城市中低收入家庭住房问题的保障作用。

长沙市市政设施建设管理局党组书记　刘金春

刘金春，男，1955年2月出生，中共党员，高级风景园林师，1992年毕于同济大学，历任湖南省长沙市岳麓山风景名胜区管理处主任、长沙市园林局局长、长沙市建委副主任，现任长沙市市政设施建设管理局党组书记。主持修建的道路工程荣获"市政金杯示范工程"、"中国人居环境范例奖"等荣誉。个人先后获得"全国风景名胜区系统先进工作者"、"全国旅游行业先进工作者"、"昆明园博会先进个人"等荣誉。

1. 腔热血为事业

刘金春在城市建设领域40多年，将自己的心血汗水、青春年华毫无保留地奉献给城市建设事业。他坚持创新理念，抓好顶层设计，在湖南省长沙市岳麓山公园管理处工作期间，他坚持走"绿化城市、建设公园、创建景区。风景资源与旅游资源双结合"的道路，有力确保三个效率的稳步增长。1993年8月组织修建的湖南省首条索道通车，在园林行业率先突破1000万元大关；2002年9月27日在四川省峨眉山风景区为长沙夺回三块金牌，即全国第四批国家级风景重点名胜区、全国文明示范景区、全国4A级风景名胜旅游景区。在第二届中国国际花卉博览会中，刘金春主持设计《风景这边独好》的景点，获得"特等奖第一名"的荣誉。2002年10月，他进入市政建设行业，坚持"一个城市的空间是有限的，但一个城市的文化艺术景观是无限的"理念，以高标准的设计理念和精细化管理措施，创造出一个又一个深受老百姓称赞的精品工程项目。近20年来，他主持设计、筹资、实施各类园林工程50余项，园林建筑1万多平方米，园林绿化15万多平方米，包括万景园白沙古井公园、兰圃、芙蓉绿化广场等。主持实施湖南省长沙市枫林路、湘江大道、太平街历史文化街区、人民西路等市政工程40余项。担任管理者以后，他仍然以普通城市建设者的姿态投入城市建设工作，率先垂范。每年他都与干部职工战斗坚守抗洪一线，2007年7月，他正躺在病床上打点滴，当得知湘江洪峰过境，他拔掉针头就赶赴防洪大堤，一忙就是十几个小时，最后晕倒在大堤上。2010年6月湘江大道解放垸出现两处重大管涌险情，他带领干部职工坚守大堤5天4夜，成功控制住险情，保障堤下50多万居民的生命和财产安全。在园林局工作期间，他亲自带头上山打扫卫生，每年扫断的扫帚达200多个；亲自带领组织扑救森林火灾272起。

2. 一份真情献人民

他始终将建筑工地一线的进城务工人员及广大职工群众的冷暖放在心头。在酷暑和寒冬，他总会抽时间带领着中层干部下到工地一线慰问进城务工人员。从1990年起，他先后当选岳麓区长沙市人大代表，多次被评选为优秀人大代表。在担任人大代表18年内，他提出建议议案20余个。提出的《关于出台岳麓山风景名胜区管理办法》的议案，经长沙市人大审定并报湖南省人大批准后颁布施行。2007年，他提交的"请求批准制定《长沙市桥梁安全管理办法》"的议案，由长沙市人大审议一致通过并付诸实施，此举引发较大反响。

3. 一片丹心映党徽

刘金春是一个有30多年党龄的老党员。无论在哪个岗位，他始终注重发挥自己党员的先锋模范作用。2008年初，长沙遭遇百年一遇冰冻灾害，他连续3天4夜守在"四桥一路"的铲冰现场，多方巡查，集中100台大型机械设备（重铲车）分路破冰，仅用一个晚上就破除四座过江桥梁及20条城区主干道上的冰雪，确保主城区桥梁道路的畅通、安全。长沙市政建设局是新成立的局，组建之初，在缺人、缺钱、缺行政职能的情况下，他提出"优质、安全、文明、稳定、节约、耐久、精品"的市政建设管理方针和"生态低碳、优雅宜居、和谐美好、造福后代"的建设理念，带领长沙市市政设施建设管理局一班人白手起家、负重爬坡，迅速打开局面，完成西二环路面整治、南湖路、世行项目等工程。创造性推行"双轨制"人事运行机制，建立健全机关党委、机关工会、共青团等群团组织，营造党群工作良好氛围。

长沙市浏阳市住房和城乡建设局党委副书记、局长　张益平

张益平，男，汉族，中共党员，大学本科文化，1966年12月出生，湖南省浏阳市人。近5年来，先后担任浏阳市房产局和住建局局长。在任期间，他通过机关文化建设凝心聚力，团结和带领湖南省浏阳市住房和城乡建设系统广大干部职工开拓创新，务实求精，住房城乡建设事业实现科学跨越发展，浏阳市房产局获得"全国青年文明号"、"全国房地产交易与权属登记规范化管理先进单位"荣誉称号，浏阳市住房和城乡建设局被评为全国散装水泥统计工作先进单位，两单位还多次获评浏阳市四好领导班子和绩效考核红旗单位，个人也多次被浏阳市委、市政府记功、嘉奖和授予优秀领导干部。

1. 创新求精，行业监管亮点纷呈

（1）住房保障敢为人先。为实现住房保障无缝覆盖，张益平在湖南省率先创建由市、街道（乡镇）和社区住房保障专干构成的三级工作体系。针对"夹心层"人群住房问题，他创造性提出并实施经济租赁住房（现公共租赁房）模式进行解决。为落实房地产调控，他坚持一手抓市场监管、一手抓行业服务，规范秩序，稳定房价，构建住房梯级供应体系，满足中、低收入家庭住房需求。他积极推行农房发证工作，浏阳"农屋新政"领跑三湘、影响全国。

（2）城乡统筹勇立潮头。浏阳是湖南省面积最大、人口最多、乡镇最多的县市之一。为推进城乡统筹发展，张益平力推项目建设，实施小区环境综合整治，提质建设精品小区，浏阳市所有乡镇全部建成垃圾中转站和自来水厂；他走村入户调研，构建"户分类、村收集、镇中转、市处理"的生活垃圾分类减量回收处理一体化"三口模式"；葛家乡入选全国环境优美乡镇，浏阳村镇建设经验在住房和城乡建设部工作简报中被重点推介。

（3）质量安全精益求精。浏阳地域面积5007平方公里，工程项目点多面广，每年建筑施工面积高达230余万平方米，质安监管工作任重量大。张益平率先将乡镇房屋建筑工程纳入日常监管体系，实行分区监管责任制，实施远程视频监控，推行业务联动协作机制，全市连续五年未发生工程质量事故和四级以上安全生产事故，质量安全事故发生率保持全省乃至全国最低。

（4）低碳节能推陈出新。为解决城市最后一公里的交通问题，他结合浏阳实际，提出建议并具体组织在全省县级城市率先建成公共自行车系统。他积极探索太阳热能、地源热能等可再生能源在建筑领域的应用，浏阳市成功获批全国可再生能源建筑示范县（市），并被评为全省墙材革新工作先进基层单位。

2. 文化为纲，精神文明建设成效显著

（1）以德服人带好班。作为一把手，他始终坚持做到以德服人。在班子中，注意沟通尊重，求同存异，营造共谋发展的团结局面；在工作中，他以人为本，积极倡导快乐工作理念，对职工冷暖相知，他严谨持局，大力推行精细化管理，对工作赏罚分明，打造严肃活泼的和谐团队。住房和城乡建设部和房产局党政领导班子任内期间均被评为浏阳市四好领导班子。

（2）以文化人带好队。文化是一个单位的灵魂。张益平同志坚持不懈地倡导和实施机关文化建设。他提出并推行"破除十种歪风，戒掉十种陋习，倡导十种新风"的作风建设活动；积极倡导和推进了浏阳住建文化建设和浏阳房产文化建设，单位核心精神深入人心，队伍凝聚力和工作活力显著增强，各项业务实现零差错，浏阳市房产局和住房和城乡建设局也先后被评为省级文明窗口单位、浏阳市绩效考核红旗单位等。

3. 以身作则，自身建设扎实过硬

（1）勤勉干事。多年来，张益平始终坚持一线工作法，处处以身作则，勤勉实干。大街小巷、建筑工地，经常可以看到他走访调研、现场督查的不倦身影；全市所有重大建设项目，都留下他了解情况、检查质量、督促安全的奔忙足迹。2008年，他带队深入街道、厂矿和乡镇走访调查十余天，在长沙地区率先摸清低收入家庭住房情况，加快浏阳住房保障工作的深入推进；2011年，4.2公里长的市区主干道金沙路要在保证畅通的同时进行提质改造。张益平不分工作日和节假日坚守现场，合理调度，仅用22天就优质高效的完成任务。

(2) 清廉做人。张益平始终坚持带头执行党风廉政建设有关规定，以共产党员的标准严格要求自己，做到清正自律、廉洁奉公。浏阳市房产局长和住房和城乡建设局局长，在外人眼里都是手握工程发包、项目审批等"大权"的要职，但他时刻不忘公仆本职，从不插手工程发包，从不违规审批项目，坚持遵守工程招投标制度，规范审批程序，始终做到公平公正招标、阳光透明审批。

株洲市规划设计院总工程师　李良

2001年起，李良担任湖南省株洲市规划设计院院长。他坚持科学发展观，服务政府、服务规划，全面引进建立企业管理机制、市场竞争机制，加快内部改革，创新工作思路，加强科学研究，努力创建设计品牌，打造创新型、学习型单位，创建综合型甲级设计院。该设计院立足株洲市场，为株洲城市建设做好服务、当好参谋，努力实现可持续发展。

1. 加强科学研究，创建设计品牌

李良担任院长以来带领该院加强科学研究，成立城市设计创作中心、规划交通发展研究中心、规划基础数据中心，开展城市建设领域专题研究，开发城市交通仿真平台，开发规划基础地理信息系统。通过 ISO9001：2008 标准质量管理体系认证，质量管理体系完整，严格按照该院制定的质量方针开展管理工作，提高设计质量和效率。该单位获得"省规划协会先进单位"称号、"重信用守合同单位"、省级"A类"纳税企业，省级"十佳规划设计单位"、"全国软件正版化工作示范单位"、"全国优秀项目最佳组织奖"。该院申报的优秀规划、设计等项目获部、省、市级优秀奖项超过100项。在湖南省优秀勘察设计院院长评选中，院长李良连续两届被评为"湖南省优秀勘察设计院院长"。

2. 狠抓人才储备，培养优秀团队

李良院长狠抓人才队伍建设，高度重视人才的培训和引进，制定有效的人才培养激励措施。定期组织专业技术人员参加各类专业培训和各类职称考试、注册考试。积极引进高学历（研究生以上）毕业生、工程师、高级工程师或注册工程师等专业技术人员。全院现有在读博士2人，研究生83人，高级工程师81人，工程师96人，一级注册建筑师4人，二级注册建筑师5人，一级注册结构师8人，二级注册结构师4人，注册岩土师5人，注册城市规划师15人，注册测绘师5人，注册造价师3人，注册咨询师10人，注册公用设备师8人。

3. 狠抓资质建设，打造综合设计院

通过资质建设，全院具有：城乡规划编制、建筑行业（建筑工程）、市政行业（道路工程）、工程勘察、工程测绘五个甲级资质。风景园林工程专项、市政行业（桥梁工程）、市政行业（排水工程）、市政行业（给水工程）、土地规划机构、工程咨询六个乙级资质。

该院规模不断发展和壮大，内设机构有：建设总承包公司、规划设计分院、道桥工程分院、排水工程分院、景观规划与工程分院、建筑工程设计分院、勘察分院、测绘分院、城市设计创作中心、城市交通发展研究中心、规划基础数据中心和咨询公司等。发展成具备规划、市政、建筑、景观、勘察、测绘等甲级资质的综合设计院。

4. 狠抓业务拓展，实现可持续发展

积极调研市场，拓展思路，开拓业务，设计业务拓展到江西、娄底、邵阳、浏阳、张家界等地。设计产值实现稳步增长，2009年产值3500万元，2010年产值4790万元，2011年产值8156万元，2012年产值8943万元。

业务合作上，积极开展学术交流活动，邀请国内著名专家来院讲座，积极加强与国内一流设计水平的设计大院进行业务合作，以提升该院的综合设计水平。其中，主要合作单位有：中国城市规划设计院、上海市政设计院、上海城市建设设计研究院、武汉市政设计院、深圳交通规划设计院、清华大学、北京大学、同济大学、华南理工大学、北京土人景观与城市规划设计研究院、湖南水利院、湖南交通研究院、中南大学、省建工集团、湖南大学及外资设计机构如英国红盒子、德国戴水道公司、维思平公司等。

坚持科学管理，管理程序化、制度化。以科学发展观为指导，加强与高校进一步合作，共享科研资源，将生产、教学、科研结合，积极培养科研人

才，围绕"十大产业项目、十大基础工程、十大民生实事"，服务"四个株洲"，着力打造院务在阳光下规范运行、干部在阳光下健康成长、职工在阳光下享受服务，努力创建创新型、学习型单位。

珠海市住房公积金管理中心副主任　李凡

李凡，男，1955年12月出生，山西新绛人，研究生学历，中共党员，工程师，广东省珠海市住房公积金管理中心副主任。1975年11月参加工作，1975～1979年在新疆有色科研所办公室工作；1979～1984年在新疆工学院工业与民用建筑专业学习；1984～1986年在新疆有色科研所办公室任办事员；1986～1991年在珠海市建委房地产科工作；1991～1992年在和平县建委挂职锻炼，任副主任；1992～1994年在珠海市建委房地产科任副科长；1994年起任珠海市住房公积金管理中心副主任。

稳步提高珠海公房租金，按房改政策出售公房，实施住房分配货币化制度。1988年特区范围内政府公房租金由原来的每平方米建筑面积几角钱提高到1.12元，1994年再提高到1.37元，之后逐年提高，到1999年已提高至3.5元。2000年之后，全面停止住房实物分配、推行住房分配货币化制度。至1999年底，按房改政策出售公房（俗称"房改房"）约280万平方米、约6万套，售房回收资金约10亿元，解决近20万人的住房问题。至2009年9月底，累计为珠海市35614名机关、企事业单位职工发放约11亿元（应发数）的住房补贴。

针对珠海市低收入住房困难家庭的不同情况，他提出分类解决的办法：对城镇最低和较低收入的住房困难家庭实施廉租住房保障制度（含发放租赁住房补贴和提供实物配租）；对低收入住房困难家庭实施经济适用住房制度；对历史遗留的平沙红旗白藤农场职工住房困难实施危房改造，截至2009年10月底，完成改造2472户，优先解决归难侨的住房困难。

推动住房公积金事业健康发展，提高职工购房能力。1994年上任伊始，李凡与同事们成功建立珠海市住房公积金制度。历经19年的发展，为住房公积金的健康运行、发展壮大努力工作：千方百计扩大归集面、上门为企业宣传政策、上街与群众面对面交流、不断规范住房公积金的提取、妥善处理业务纠风、积极研究住房公积金贷款等政策、推动珠三角住房公积金管理一体化等。他积极配合珠海市住房公积金管理中心开展的"一个理念两个准则"机关文化建设，以扩大归集让更多职工受惠为主线、以支持住房消费促进经济增长为重点、以开展"人性化体验服务"增强群众认同感为抓手，确保住房公积金保持安全、稳健的运行态势，归集额稳步增长、购房贷款额稳步增加、使用率逐步增大、增值收益屡创新高，积极发挥提高职工购房能力、促进住房合理消费等作用。截至2012年12月31日，珠海市住房公积金期末累计缴存总额2 289 266万元，期末累计缴存余额653 587万元，期末累计提取总额1 635 679万元，期末累计发放个人购房贷款总额670 595万元，期末累计发放个人购房贷款笔数37 777笔。

柳州市园林局总工程师　张世良

张世良，男，1953年10月出生，广西容县人，"文革"后恢复高考的第一届大学毕业生。1978年春入学北京林学院（现北京林业大学）园林系，1982年元月毕业，分配到广西壮族自治区柳州市园林局工作。先后在柳州市园林局所属柳侯公园、局设计室、园林设计所、绿化工程处、园林建设工程处和局总工室工作。现技术职称高级工程师，任职柳州市园林局总工程师，兼职中国风景园林学会规划设计学术委员会委员、广西风景园林学会常务理事、柳州市风景园林学会理事长、柳州市规划委员会专家组成员，曾兼任政协柳州市委员会常委，被柳州市委市政府授予"专业技术业务拔尖人才"称号，享受政府特别津贴。

他从事园林事业工作三十多年，为柳州园林事业作出突出贡献。1996年，主要由张世良设计并指导施工的柳州江滨公园二期工程，获1997年度广西优秀城市详细规划设计一等奖，为柳州首次获得该类奖项，开柳州同类获奖之先河。由他设计续建的江滨公园三期、四期、五期及附近的小桃源景观工程，同样获得极好效果，先后获得行业专家周干峙（中科院院士、中国工程院院士、原国家建设部副部长）、孟兆桢院士及其他资深专家和社会各界的好评。江滨公园已成为柳州城市形象的品牌，公园景点照片在各行各业的宣传广告中比比皆用。

1997年张世良设计的广西省柳州市园林局办公楼，将地方文化与地方建筑特色相结合，设计获得成功，项目分别获评柳州优秀建筑设计二等奖，广西优秀建筑设计三等奖。

2006年，他负责主持建于清末1906年的广西省柳州柳侯公园改造提升工程设计，获社会各界广泛好评，成为老公园改造的成功范例。经知名园林专家提议，向住建部申请"国家重点公园"荣誉称号成功，成为广西首个"国家重点公园"。

2008年，他主持广西省柳州东堤路、河东公园等绿化项目设计，成为柳州最成功的绿化设计项目之一，被柳州市领导指为绿化设计的示范标准。

2007年～2008年，张世良作为园林部门代表，参与《柳州市园林绿地系统规划》设计，该项目获评2009年度广西优秀城乡规划设计一等奖，全国优秀城乡规划设计三等奖。

2011年，他作为技术负责人，参与组织和指导第一届广西园林园艺博览会园区总体规划设计，设计获得成功，第一届广西园博会成功举行，获得很好的社会效果。另外，他具体主持的第一届广西园博会"柳州园"的设计工作获得成功，被评为"室外造园艺术展大奖"。

2011年，在第八届中国（重庆）国际园林博览会中，他指导的重庆园博园"柳州园"设计成功，获评"室外展综合类金奖"、"植物配置类优秀奖"、"建筑小品类优秀奖"。

2010～2011年，他负责编写柳州"百里柳江绿化规划构想"，在充分研究柳江历史人文、自然景观和地方植物特点的基础上，提出将流经柳州市区范围百里长度的柳江沿岸规划为十大绿化景观区的设想，该设想得到市领导称赞，并付诸逐年实施。

2011～2012年，他负责组织和具体指导柳州花园城市建设方案设计，方案审核通过并实施，建设成效逐步显现，柳州主要街道、沿江、公园、庭院等形成四季花团锦簇、姹紫嫣红的亮丽景色，尤其春季的紫荆花开，满城花海，享誉全国。

张世良在多年的园林实践中成长为柳州市乃至广西省最优秀的园林设计师之一，人们在总结评价他的业务特长时，用了三个"能"字概括：能画、能写、能做。能画即能画图、会设计、出精品；能写即能写文章，会写文章，一些难度大，别人力所不及的工作方案，公园景点说明等，往往出自他之手；能做即能实干，会施工，园林讲求艺术，会画会写不一定会做，他是公认的堆山叠石、挖湖理水、植树点景的现场点景高手。自己主持设计的项目，他必到现场指导施工；别人搞糟的烂摊子，他也经常收拾。什么样的烂摊子只要经他稍加点拨，即成好景。

张世良既是一位卓有成就的园林专家和脑力劳动者，也同时是一位辛勤的体力劳动者。多年来，无论高温酷暑，还是严寒冬天，柳州的园林工地上都看得到他的身影。他是领导和普通群众都很熟识的园林"名人"。近年来，柳州先后获得"国家园林城市"、"中国人居环境范例奖"、"2011中国十大美丽城市"、"国家森林城市"等荣誉称号。这些荣誉的获得，张世良在其中付出辛勤的劳动。在新形势下，他表示要继续像他的园林作品一样，永远的为人民服务。

榆林市城乡规划设计院院长　申孝海

申孝海，1963年12月出生于陕西佳县，1985年7月毕业于西北建筑工程学院中专部城镇建设专业，分配到榆林市建筑设计研究院从事规划、建筑设计工作。1998年6月通过自学考试，毕业于西安建筑科技大学（建筑学本科），于1998年8月获得中华人民共和国二级注册建筑师资格，2007年8月调任榆林市城乡规划设计院副院长，2011年4月任院长，从事规划设计及基础管理工作。

申孝海在历年来的建筑设计工作中，累计完成陕西省米脂、吴堡、靖边三项县城总体规划和近200项民用建筑设计，其中榆林市中级法院审判大楼获1999年度"榆林杯"优质奖，新华书店营业楼、靖边中学学生会公寓楼等获榆林市城乡规划设计院年度优秀设计奖；在陕西省建设厅组织的《村镇住宅标准设计图集》设计中获得"二等奖"，榆林市什拉滩村修建性详细规划荣获2011年度陕西省优秀城乡规划设计"二等奖"，中赢望湖星城、榆林世纪凯富水利商场荣获2011年全国人居经典方案竞赛"规划金奖"奖。申孝海先后主持并参与榆林市绿地系统规划，榆林市长城路、榆阳路、驼峰路街景规划，镇川镇总体规划，什拉滩村、口则队及各类地块修建性详细规划等，保质保量完成榆林市城乡规划局局领导下达的各项任务，并获得一致好评；该院内各项工作有力、有序，2009年、2011年、2012年连续三年获得榆林市城乡规划局局系统先进集体称号，连续五年获得榆林市城乡规划局局系统先进个人荣誉称号。

1. 白手起家，为城乡规划院发展壮大夯实基础

2007年自榆林市城乡规划设计院成立以来，面对没有资金、没有设计队伍的局面，申孝海积极协调、努力为城乡规划院的发展壮大谋出路并取得卓有成效的成绩。

（1）建立健全各项工作制度。按照"开拓创新、精心设计、优质服务、持续改进"的经营理念，该院始终把制度建设作为一项重要工作来抓，2012年以来，该院累计建立健全财务管理、办公管理、设计管理、纪律卫生、档案管理等一系列制度，坚持做到以制度管人、以制度管事，为该院的进步和发展提供有力的制度保障。

（2）狠抓人员培训工作。本着提高全员素质的理念，榆林市城乡规划设计院通过集中学习、自我学习、模拟实践等多种形式开展学习培训活动。为提高设计人员素质，该院召开专题会议，就此专门制定计划，针对所学专业，结合规划编制任务，主动压担子、分任务，创造各种学习机会，以实战练兵，不断提高自身素质；同时，结合各种规划方案论证会、征求意见会，认真听取专家意见，开阔视野，逐步提升自己的理论和业务水平。

2. 狠抓业务，为城乡规划事业做出新贡献

自榆林市城乡规划设计院成立以来，本着努力为陕西省榆林城乡规划事业尽心尽力，做出贡献的基础上，申孝海狠抓业务能力，创造性地开展各项规划编制工作。累计组织编制鄂尔多斯盆地（榆林部分）城镇化专项规划、青山路与柳营路之间、建榆路与文化路之间片区改造规划、榆林市城市绿地系统专项规划；银沙小区、夏洲路社区、望湖小区、榆阳区塞上景苑小区、五雷沟村旭泰景苑小区、皮革厂、地毯厂等50余项修建性详细规划；榆阳路、芹涧路、驼峰路、长城路等街景规划；镇川镇、周砭镇、牛家梁镇、青云乡、芹河乡等总体规划；榆横一体化规划、子洲县、清涧县、佳县等县城乡一体化规划。

3. 严于律己，以身作则，带领年轻规划人成长

申孝海按照"德、能、勤、绩、廉"和社会主义荣辱观的要求，自觉、自省、自警、自励，正确对待人民赋予的权力，严于律已，以身作则，接受监督，提高自己拒腐防变的能力，严格执行党风廉政建设方面的各项规定。

申孝海对其热爱的规划建设事业不遗余力的贡献着自己的力量，数十年如一日，始终以饱满的热情投身于榆林城市的规划建设事业，以主人翁的姿态为榆林的未来献言献策，并得到整个行业的广泛认可。

喀什地区住房和城乡建设局党组副书记、局长　牛俊民

牛俊民，男，汉族，1967年4月出生，中共党员，研究生学历，1985年参加工作，2004年从新疆维吾尔自治区建设厅下派任职到喀什地区，现任喀什地区住房和城乡建设局局长。多年来，他始终忠于职守、服从组织、勤奋工作，忠实履行一名管理工作者的职责和义务，住房和城乡建设事业取得很大发展，喀什地区住房和城乡建设局多次被上级部门评为先进单位。他先后获得"全国建筑市场管理先进个人"、"全国建设系统先进个人"、自治区"抗震安居工作先进工作者"、"两基攻坚先进工作者"等荣誉，连续9年地区年终考核优秀，并记三等功一次。

1. 治学习，促进行业稳定

模范执行党的路线方针政策和自治区党委、政府的决策指示，有强烈的事业心和责任感，有良好的职业道德。将思想政治建设作为转变工作作风、提高服务质量和服务水平的重点，在真学真用和创建学习型班子、创新型队伍上下功夫，做到理论与

实践相结合。他很好的组织和部署本系统维护稳定各项工作，切实把干部职工思想行动统一到上级部门的要求上来。采取切实有效措施稳定内地赴疆建筑务工人员。积极做好市政公用行业安全防范工作，确保市政公用行业安全。

2. 务工作，圆满完成各项建设任务

他先后组织完成了老城区改造、保障性住房等重点项目的可研、立项和报批工作，其中：喀什老城区改造经国务院批准，获上级拨付资金30多亿元；保障性住房项目和资金均占全疆1/3以上，因工作成绩突出2011年额外获奖励资金4.5亿元，并被新疆维吾尔自治区评为"保障性住房工作先进地州"。

（1）保障性住房建设。他兼任地区保障性住房领导小组办公室主任，通过努力将喀什10.4万户、35万人纳入国家和自治区廉租房计划。累计争取中央、自治区保障性住房补助资金95.9亿元。督促各县市遵守和完善项目法定建设程序，建立"督办、告诫、问责、年终考核建议"制度、"廉租房公示、准入、审核、分配"制度，并被喀什地区地委、行署印发12县市执行。积极推行保障住房共有产权管理工作，取得良好效果。该同志思路清晰，充分利用集资建房政策，解决和改善喀什干部职工住房问题和房改欠账问题，对"拴心留人、稳疆固疆"意义深远。

（2）富民工程建设进展顺利。他重视安居富民工程质量管理工作，组织完成安居富民工程质量标准规范、施工技术要点、平面布置图集等资料，确保安居富民房质量。同时注重加强监督检查，采取多种方式对农村工匠进行培训。他能紧密结合新农村建设，积极指导安居富民工程的水电路等配套建设。试点完成塔吉克族游牧民及护边员装配结构住房的设计、施工和安装。

（3）和改进城乡规划工作。他通过努力，成立喀什地区地委书记任主任的"地区城乡规划委员会"，健全城乡规划委员会制度。组织编制《喀什地区城镇体系规划（纲要）》，填补此项工作的历史欠账和空白。督促各县市完成总体规划修编及控制性详细规划编制，指导做好乡镇和村庄规划编制及报批工作。重视规划效能监察工作，规范城乡规划行政许可制度，提高城乡规划审批效率和服务质量。通过该同志积极争取，喀什地区获得规划编制补助资金9000余万元。

（4）业健康发展，工程质量安全得到加强。他制定并实施建筑业行业自律公约，进一步规范建筑业经营行为。制定并严格执行"关于建筑工程使用本地维吾尔族民工不少于50%的规定"，拓宽当地农民就业渠道，增加收入，缓解务工人员不足的压力。对建设领域突出问题进行专项治理，创造良好的市场环境。建立和完善"AAA"信誉评价机制、工程质量和安全标准化考评体系，全面推行施工现场视频监控系统，全面实行"黑牌"、"黑旗"制度。该同志带领的喀什地区住房和城乡建设局连续五年被评为地区安全生产先进单位。

（5）城镇基础设施建设力度加大。他紧紧抓住中央支持新疆跨越式发展的重大机遇，加快城镇供水、供气、供热和污水、垃圾处理等基础设施建设，提高城市承载能力。还积极整合各方力量推进喀什市老城区改造基础设施建设，城乡面貌发生巨大变化。注重加强对市政公用行业监管，提高城镇基础设施运营质量。

3. 抓自身建设，为行业发展保驾护航

他始终将讲政治、顾大局、守纪律作为恪守的准则，以一名普通党员的身份编入党支部参加组织生活，接受组织监督。始终重视党风廉政和政风行风建设，与业务工作一起部署、落实、检查和考核。不断加强自身和部门思想、组织、作风和制度建设，以自身建设的成效推动行业工作。组织开展本系统"行业纠风"和"示范窗口"达标等活动，树立良好的行业形象。

全国住房城乡建设系统劳动模范事迹

华东建筑设计研究院有限公司建筑创作所所长总建筑师 杨明

杨明是上海现代建筑设计集团华东建筑设计研究院有限公司杰出的中青年建筑师和城市设计师，

三、获奖名单

多年来，带领创作设计团队，开拓创新、锐意进取，为集团和华东院争创中华民族自主设计品牌、为城市建设发展做出突出贡献，先后获得"2008年世博赛区重大工程建功立业劳动竞赛优秀建设者"、"2009年度上海市重大工程立功竞赛建设功臣"、"2010年度上海市重大工程立功竞赛杰出人物"、上海市"五一劳动奖章"荣誉。

自1995年参加工作起，杨明即展现出强烈的团队工作意识和先进的设计创新理念。他秉持自主原创的职业精神，积极投身于激烈的国际化设计竞争中，带领年轻的设计创作团队在为企业赢得社会声誉的同时，也赢得众多大型项目的设计合同。

2004年，上海世博会设计筹备工作正式启动，为杨明及其创作团队提供全面展现其专业能力和社会服务精神的广阔舞台。他把"以志愿者之心投身世博会，尽最大努力展现最优质的本土建筑创意设计"作为自己的行动准则，从最初作为建筑专业的核心设计人员加入园区规划调整工作开始，一直到世博会场馆运营维护结束，在近六年的时间里为场馆建设项目的设计创作倾注自己的心血和汗水。

杨明及建筑创作团队大胆创新，践行绿色世博的设计理念，不仅在行业瞩目的世博会"一轴四馆"建筑方案国际招标中赢得世博行政中心、世博文化中心两大沿江项目标的设计建设，还参与世博村酒店、宝钢大舞台、沪上生态家和信息通信馆等一系列场馆的设计建设。这些建筑均以先进的绿色理念、鲜明的文化特征、人性的参观感受而广受好评。其中，"沪上生态家"是上海市在世博园内惟一实物建造的城市案例，也是国内生态建筑技术的最高水平展示。杨明带领设计建造团队将多年来的科研成果与建设实践相结合，根据夏热冬冷地区以通风为主的居住环境特点和项目面向产业推广的后期目标，创造性地提出"低技整合"的设计思路，使建筑在"风、光、智、绿、废"等多方面实现高标准的节能环保示范目标，形成全国性的创新示范效果，曾获得国家绿色建筑设计、运营双三星认证。其科研设计成果还分别获得2009年上海市科学技术二等奖、2011年住房城乡建设部绿色建筑创新奖一等奖、2011年中国勘察设计协会全国优秀工程勘察设计行业奖建设工程二等奖、2011年上海市勘察设计协会优秀工程设计一等奖、2010年中国勘察设计协会创新杯BIM设计大赛最佳BIM建筑设计二等奖、最佳BIM建设工程二等奖、2009年上海市建筑学会建筑创作佳作奖等众多奖项。

在世博会设计项目的实践启发下，杨明逐渐在"绿色建筑"和"低碳城区"的设计领域形成专业突破和自身独到的理论见解。他在武汉、上海等地进行的低碳城区设计推广活动也取得良好的成果。其中，上海虹桥商务区公共服务中心、武汉光谷生态技术展示中心两个项目继沪上生态家之后也都列入2012年国家绿色建筑设计"三星"标识公示名单，并产生广泛的社会效应，也使杨明成为本地区绿色建筑设计实践的先行者和行业专家。

杨明具有一个优秀党员和基层青年领导者的职业责任感，始终关注对青年设计师的带教工作，不遗余力地为他们提供专业引导和实践机会。多年来，其领导的建筑创作部门先后获得2003年上海市"劳模集体"、2007年上海市"青年文明号"等荣誉，并有多名青年建筑师在国际、国内的项目设计中崭露头角，成为企业、行业的业骨干。

上海市安装工程有限公司党委书记、董事长　倪永明

倪永明现任上海市安装工程有限公司党委书记、董事长。五年来，他以与时俱进、科学发展的思路和敢为人先的胆识，带领公司干部职工抢抓机遇，创新求进，探索出一条在新形势下全面、协调、可持续、跨越式发展之路。

1. 着力抓好战略制定及运营实施，推动公司稳步转型发展

倪永明重视企业发展战略规划的制定和实施，深入研究、整体谋划、提前布局、躬身实践。他提出，新形势下公司要稳步推进"四个转型"要求，在他的带领下，公司着力提升"总承包、主承包和总集成"能力，圆满完成"十一五"战略规划提出的各项工作目标，实现"十二五"的良好开局。在他带领下，公司先后组建工业工程公司和建筑工程

公司，设立机电设计事务所有限公司和物资采购中心设备部，收购上海吴泾化工设计院和华谊集团建设有限公司，公司机电工程"总承包、主承包、总集成"的品牌效应初见成效。他积极推进"走出去"战略，完成以长三角、环渤海、珠三角、沈阳、重庆、成都等区域中心城市为重点的"2+3+X"的战略布局。截至2011年底，公司市外和境外承接任务总量已达承接任务总量的34.31%。倪永明还积极推动公司内部经营资源的整合与产业链前伸后延。支持机电设计事务所有限公司以施工图设计深化、BIM技术应用和机电安装技术咨询等形式为公司发展提供强有力的支撑。

2. 始终坚持发展是第一要务，公司发展不断取得新成就

五年来，在他的带领下，公司经营规模持续扩大，履约能力不断增强，综合实力显著提高。完成综合营业额累计175.81亿元，年均增幅达30.09%。完成建安产值累计225.03亿元，年均增幅达21.71%。公司承担70多项高难度的国家重大工程建设任务，尤其是作为惟一一家全程参与世博会所有永久性场馆建设的机电安装企业，不仅顺利完成工程建设任务，还出色完成世博会184天运行保障的艰巨任务。五年中，公司共获得鲁班奖、国家优质工程奖、市白玉兰奖等92项，还获得上海市重点工程实事立功竞赛金杯公司、上海市质量管理金奖、上海市"守合同、重信用"优秀企业等荣誉称号。2010年公司再次获得全国"五一劳动奖章"。

3. 重视建设企业文化灵魂作用，努力打造和谐企业

多年来，倪永明大力推动企业文化建设，推动学习型组织创建，取得显著成效。他要求企业文化建设融入企业各项工作中，从精细化管理、安全文化的培养、团队精神、专业精神等方面，开展多种形式的活动，使企业文化内化于心、外化于行，并形成公司常态化的工作机制。他倡导营造"学习工作化、工作学习化"的氛围，推动企业学习力和市场竞争力同步提升。倪永明倡导建设"以人为本"的和谐企业，逐年提高员工薪酬和体检、度假、综合保险、工作午餐等福利水平，进一步改善员工的工作环境，积极履行社会责任，使企业快速发展的成果惠及员工和社会。2009年公司荣获全国建设系统企业文化建设先进单位和上海市职工最满意企业。

4. 着眼于领导班子能力素质建设，不断提高党建工作水平

倪永明注重加强领导班子建设，通过开展以"学习实践科学发展观"为主要内容的主题实践活动，促进两级领导班子的能力素质得到进一步提高。他强调企业党建工作要围绕中心、服务大局、夯实基础、狠抓实效，以"创先争优"活动为契机，推动各级党组织建设，为企业发展提供坚实的组织保障。他重视领导干部的考察选拔和后备队伍建设，为企业长远发展提供智力支撑和人才保障。他始终把反腐倡廉工作放在重要位置，以"惩防体系"建设为主线，不断完善企业内控机制和推进工程项目"创双优"。在倪永明的带领下，公司党委着力把党组织的政治优势转化为推进企业发展的优势，形成风清气正、齐心协力谋发展的良好氛围。

多年来，倪永明心系企业发展和职工群众，抓方向、抓协调、抓落实，敢于决断，勇于实践，求真务实。2008年获得"上海市推进厂务公开民主管理先进工作者"称号，2009年荣获"上海市职工信赖的经营（管理）者"称号。

邯郸市热力公司经理　张汉林

张汉林，男，汉族，1966年9月出生，河北隆尧人，中共党员，大学学历。1985年7月～1988年12月在磁县申家庄煤矿工作，1988年12月～1993年4月在邯郸市热力公司工作，1993年4月～2011年5月在邯郸市城建局（市政公用事业管理局）工作，2011年5月起在邯郸市热力公司工作。2013年1月当选为邯郸市丛台区第十届人大代表，2013年2月当选为邯郸市第十一届政协委员。张汉林先后荣获河北省住房城乡建设系统"百名服务标兵"、河北省公安厅"企业事业单位内部治安防范工作先进个人"、中共邯郸市委"优秀党务工作者"、全国住房城乡建设系统"劳动模范"等荣誉称号。

多年来，张汉林认真学习邓小平理论和"三个代表"重要思想,牢固树立科学发展观,在公司领导班子成员的大力支持下,紧紧围绕供热中心工作,确立"优质供热,科学发展,真抓实干,争创一流"的工作思路,以"科学创新、求真务实"的态度全面落实上级部门对供热工作提出的要求,认真做好供热建设和开发,城市供热工作实现新的突破和飞跃,综合服务保障能力进一步增强,为邯郸市的集中供热事业又好又快发展做出突出的贡献。

集中供热作为市政服务行业,是直接为百姓服务的一个"窗口",在政府和群众之间起着桥梁和纽带作用,扎扎实实做好供热工作是落实"科学发展观"的具体体现。张汉林与公司领导班子科学制定供热运行方案,采取多种措施扎实做好供热和行风优服工作。供热期间,张汉林与领导班子成员分包督导,深入生产运行一线,带领干部职工对医院、学校、老干部及孤寡老人等重点用户进行走访,征求意见,排查问题,现场协调解决用户反映的影响供热效果的各种问题。对城市低保家庭、保障性住房小区和实际生活非常困难用户给予了充分的照顾,并按照相关规定减免热费,让用户过上温暖如春的冬季,得到用户的高度赞扬,树立邯郸热力的良好形象。要求各"窗口"单位和供热一线职工,言行举止要文明,解答咨询要耐心,受理投诉要重视,故障抢修要迅速,办事程序要规范,服务反馈要及时,努力为广大用户提供安全可靠的供热服务。对部分单位和用户提出的用热问题,要求工作人员主动提供上门服务,讲解用热常识,发放安全用热宣传单,并积极与房地产开发企业、小区管理单位和政府相关部门联系,协商解决居民冬季采暖问题,努力营造和谐供用热关系。

随着城市建设速度的加快,尤其是邯郸市东部新城建设,给城市供热工作提出新的、更高的要求。长期以来,由于热源建设滞后,居民的用热需求无法得到满足,城市集中供热矛盾十分突出。张汉林与公司广大干部职工面对新形势,分析新情况,采取新举措,解决新问题。积极与政府相关部门联系,力争得到政策支持;主动与热源单位沟通,谋求合作共赢之路;深入基层生产一线,诚恳向职工征询发展大计;会同科研单位、生产厂家,大力研发新技术、新工艺、新产品。通过充分的调研论证,制定供热基础设施建设"西扩、东移、南连、北延、中改"的总体思路,着力解决影响供热长远发展的能力不足、管网老化、方式单一、区域受限等瓶颈问题。邯郸市热力公司在发展过程中也面临着诸多困难,供热体制和管理机制上存在的缺失和问题,制约着供热事业的健康发展。为营造良好的发展环境,张汉林克服困难和阻力,针对工作中存在的问题,抓班子,带队伍,严纪律,明责任,创新工作制度,狠抓成本核算,推行目标管理,进行改革创新,大力营造"风清气正、昂扬向上、积极作为、勇于担当"的工作氛围,使公司上下形成"团结一心、踏实勤奋、不怕困难、甘于奉献"的良好精神风貌,有力地促进了各项工作的顺利开展。

乌兰察布市第二建筑安装工程有限责任公司董事长　戴惠良

内蒙古乌兰察布市第二建筑安装工程有限责任公司(以下简称"二建")成立于1977年。二建逐步发展成为国家二级建筑施工企业,地区经济建设的主力军。21世纪初,公司陷入困境,形势相当严峻。

2001年12月19日,这是二建有史以来参加人数最多、最长的、也是最艰难的一次职代会。市体改委、主管局派员全程指导,125名职工代表围绕二建何去何从整整开了四天的会议,面对二建现实,代表们各抒己见,最终达成共识,表决通过企业转制重组。由原公司党委书记戴惠良担任新公司董事长。

戴惠良,1958年10月27日出生在山西临汾一个普通的农民家庭。1981年从内蒙古建筑学校毕业后分配到二建公司工作,由一名普通的技术员,逐步成长为工长、队长、副经理、党委书记。经历党的一元化领导、党委领导下的经理负责制、领导班子集体承包经理负责制、公开招聘经理负责制、企业法定代表人负责制等一系列变革。转制重组的重担压在他的身上。

1. 企业要生存,稳定是第一要务

上任伊始,戴惠良坚持以人为本,提出"三个确保、一个全力推进"的总体工作思路:确保职工队伍团结稳定,确保工程质量安全,确保企业效益,全力推进科学发展。

他把实现这一思路的着力点放在解决职工退休

养老金这个最为敏感，也最为棘手的问题上。转制前企业已累计拖欠社保资金1000多万元。为稳定大局，公司从维护职工利益出发，千方百计筹措资金先后把517名离退休人员全部移交社保，并为所有在册职工办理失业保险。在此基础上为提升企业的凝聚力，由工会牵头深入职工中了解职工的愿望与要求，认真听取职工反映的热点、难点、焦点问题。由于历史原因，公司一直没有给职工办理医疗保险。职工看病难的问题一直没有得到解决。对此公司想方设法筹措资金，在有关部门的协调下首先为这些已退休职工办理医保，为他们解决后顾之忧。为构建和谐劳动关系及社会稳定奠定基础。

2. 为社会建造精品工程是企业经营之道

在他的带领下，公司坚持实施精品战略，连续十年开展决不向社会交不合格产品及争创优良工程的活动。为确保工程质量及安全生产，公司从组织制度上组成以企业法人负总责、总工程师主要负责、项目部经理具体负责、工地质检员及安全员现场负责的四级管理网络。重点工程、重点项目设立党员示范岗，并以此为窗口展示党组织的战斗堡垒作用及党员先锋模范带头作用。对职工进行教育培训。经过多年努力，公司逐步建立起覆盖一线工人特别是农民工、项目管理人员、专业技术人员三大职业教育培训网络。内培、外培相结合，关键人员持证上岗。经过不懈努力已创出一个自治区安全文明示范工地、七个自治区样板工程、十四个自治区安全文明工地、三个自治区安全质量标准化工地，先后被自治区人民政府授予"连续三年安全生产先进集体"、被建设厅授予"用户满意单位"、被自治区工商厅授予"守信用企业"、被自治区总工会、安监局联合授予"安康杯"优胜企业荣誉称号。企业社会声誉及经济效益显著提高，已发展成为乌兰察布地区建筑施工行业的龙头企业。

3. 主动承担社会责任是一个成功企业的标志

公司转制后的第二年，一场"非典"无情袭来。危难之际市二建公司临危受命，戴惠良坐镇指挥，仅用八天的时间完成三所"非典"医院的改建任务，为战胜"非典"赢得宝贵的时间，创出当地建筑史上一个奇迹。并先后向红十字会捐款60余万元，成为当时乌兰察布地区捐助最多的单位之一。

2008年"5.12"四川地震发生后，他在全公司范围内主持召开"献爱心"动员大会并带头捐款。在他的带领下公司先后用不同形式在不同场合下共捐款近10万元。

转制十年来戴惠良肩负使命、任劳任怨，带领全体职工负重奋发，视主动承担社会责任为己任，职工收入年胜一年，工作环境大为改观，人气十足。十年来公司先后被有关部门授予"全国模范职工之家"、"全国企业文化建设示范单位"、"自治区精神文明先进单位"、"自治区优秀基层党组织"、"自治区双爱双评优秀企业"、"市级文明单位标兵"、"市级优秀施工企业"等荣誉称号。戴惠良先后荣获"自治区优秀共产党员"、"自治区先进个人"、"乌兰察布市劳动模范"。被国家人力资源和社会保障部、住房和城乡建设部授予全国住建系统劳动模范称号。

阜阳市供水总公司党委书记、总经理　张华飞

作为企业的领路人，张华飞同志时刻牢记党的宗旨，把供水事业当作自己终生奋斗的事业。他心系供水，情系群众，以勤恳的工作态度、廉洁的工作作风，带领全体职工内强素质、外树形象，通过不懈努力使企业实现扭亏转盈，并连续三届荣获"阜阳市文明单位"和2011年度安徽省文明单位称号，有力的推动阜城供水事业的发展。

1. 抓基础，厉兵秣马酬壮志

2000年12月张华飞担任安徽省阜阳市自来水公司经理，他深入基层、凝集人心，集思广益、大胆探索，在企业资金困难的情况下，通过自筹资金和申请国债，陆续开凿5眼深井，兴建西二环20000吨加压泵站，建立综合供水基地，改善服务环境；更新供水微机调度系统，两次改造阜城城区老管网，积极申报阜阳市河东片区管网改造项目，申请并开展南照淮河取水工程等项目。12年来，在他的带领下，企业的工业总产值比2000年翻了一番，职工人均工资比2000年翻了两番。

2. 倾真情，信念忠诚暖职工

他经常深入基层，倾听职工的心声，及时帮助他们解决问题，奋斗一线鼓舞职工，组织捐助困难家庭。在合肥治疗期间，他得知南二环 DN300 管线爆管，塌方严重，维修施工难度大后，不顾医生阻拦，带着颈托回工地指挥抢修，直到 10 小时后抢修结束。2011 年他又做了颈椎手术，术后他也不忘工作，事事亲力亲为，这份对供水企业、对党和政府的负责和忠诚深深感动着企业职工。

3. 善管理，俯首甘为孺子牛

坚持周一开例会、周五督察制度，利用例会和中心组学习严肃工作纪律，在"落实"上求效益，建立企业长效机制，完善监督检查机制和奖惩机制，冬夏季重要供水时期 24 小时领导值班巡视制，统一资金管理制度等，在张华飞的正确引领下，全体干部职工力争排除万难，有条不紊，有力地促进公司的整体工作开展。

4. 勇创新，科学发展为民生

为解决水价十多年未调，供水企业主业亏损严重的问题，在他的倡导下，公司相继成立阜水实业公司、畅通有限公司和表闸井铸造厂以分流员工。还不断创新服务方式，相继推出"一站式"服务、窗口微笑服务、热线 24 小时服务、安装工程质量用户反馈制度等。积极进行"两个文明"建设，全力打造"优质服务进社区"和"东亮便民维修服务队"两大供水品牌，勇担社会责任，将阜阳供水打造成为一个关爱社会的责任型企业。

5. 强素质，廉洁奉公身示范

他从自身做起，在思想和行动上时刻与党中央保持高度一致，三十年如一日坚持供水管理制度化、公平化，把党风廉政建设纳入公司干部考核范围之内，签订《领导干部廉洁自律承诺书》，确保党风廉政建设。同时他还积极支持鼓励职工参加学习，强化业务技能，提出激励考核机制，提高职工的业务水平，推动供水服务全面发展。

身正则令行，多年来，他始终坚持"舍小家、为大家"的奉献精神，无论酷暑寒冬、无论风吹日晒，工作前线哪里有困难、哪里有问题，他那高大的身影就出现在哪里。他常说一句话"老百姓一天都断不了水，这份事业一天都不能停"。三十年来，张华飞就是这样以一个共产党员的赤热情怀和为民办事的拳拳之心，忠实地践行科学发展观，将整个青春都奉献给阜阳供水，为阜城供水事业发展做出杰出的业绩！

济南市拆迁服务公司总经理、党支部书记　刘涛

刘涛，山东省济南市房地产开发服务中心主任，兼济南市拆迁服务公司书记、总经理。自 2007 年 10 月份调入该单位以来，始终坚持以邓小平理论和"三个代表"重要思想为指导，深入贯彻落实科学发展观，认真执行党的路线、方针、政策，在思想和行动上与党中央保持高度一致。特别是在创建和谐劳动关系，解决两个单位历史遗留问题上，他立足本职工作，知难而进，大胆探索，埋头苦干，成绩突出。

2007 年刘涛到任时，企业存在三大难题：一是资金困难，经营瘫痪；二是债权债务诉讼纠纷多；三是过去开发的小区办不下房产证，业主群体上访不断。在这样极度困难的情况下，他带领班子成员，团结广大职工，群策群力，力克诸多困难，本着尊重历史，面对现实，积极推进的原则，办了"三件事"：首先为职工办实事，到任不到六个月，就逐步补齐拖欠职工半年的工资；其次为企业办难事，三年的时间就使久拖不决的杏林学院投资回报款一案胜诉，届时可为企业收回 2 亿元投资回报款；再次为业主办心事，拖欠 10 个小区 3000 余户居民，十年之久的房产证问题，有望在今年年底得到解决。出色完成本职工作，解决企业和职工的困难，维护企业和百姓的切身利益题，化解社会矛盾，并使国有资产得以保值。

励精图治，使济南市最大的一个"城中村"拆迁安置建设项目，停滞四年后顺利实施回迁。中心所属的伟东新都项目涉及东八、西八（南、北居）、张安村上千户居民，由于种种历史原因，济南伟东置业公司违约，不再支付代建工程款，致使中心代建工程于 2005 年下半年全面停工。由此引发诸多大规模的群体上访、堵路等恶性事件，并一度影响到该市的稳定大局，成为 2007 年该市第三号不稳定事

件。为解决这些问题,省、市各级领导都做了明确指示,并成立"伟东新都建设项目协调推进领导小组"。刘涛同志接手后,以高度的政治责任感,严格按照省、市各级领导的指示精神,在市委、市政府、市建委的大力支持下,他深入现场,精心组织;扎实推进,务实有效。截至2011年3月底,回迁房竣工43.92万平方米;2011年4月25日,历时八年的安置项目得以全部回迁完成;并通过大量细致入微的工作,使1000余户业主放弃2.3亿元的经济索赔,为政府和单位节省资金;拆迁村民的过渡费和集体财产补偿也得以基本解决。因此,受到广大拆迁村民的赞誉,受到时任市委副书记殷鲁谦和市城乡建设委田庄主任的表扬。有力地化解诸多社会矛盾,维护了社会的稳定,确保一方平安。

他能廉洁奉公,生活低调;虽身兼数职,却从不被困难所压倒,从不向组织伸手;并富有爱心,热心公益事业。在2008年汶川地震抗震救灾建设工作中,积极响应市委、市政府、市建委的号召,除个人解囊相助外,还积极组织员工捐款捐物,恪尽职守,勇挑重担,圆满完成各项任务,单位被授予先进单位;并于2010年受到市、区慈善总会的表彰,被评为先进个人。

广东省工业设备安装公司重庆分公司经理　卢凯

卢凯同志,男,广东兴宁人,现年43岁,1992年毕业于南方冶金学院有色冶金专业,2002~2004年在中山大学管理学院在职攻读研究生并取得工商管理硕士学位,高级工程师。国家注册造价工程师,一级建造师。1996年12月加入中国共产党,现任广东省工业设备安装公司重庆分公司总经理、党支部书记。

一直以来,卢凯都以共产党员的标准严格要求自己,勤勤恳恳、兢兢业业。跟随国家西部大开发的脚步,让广东省工业设备安装公司走进西部,卢凯同志奋勇当先,他扎根山城,无私奉献,创造骄人的业绩。

1. 勇于拼搏,严格管理,经营生产成效显著

2004年7月,卢凯以高度的责任感和使命感,精细化管理,牺牲休息时间,认真、细致地做好调研,妥善处理每一项工作,带领广东省工业设备安装公司重庆分公司全体员工共同努力,连续承接一批批有影响力的工程项目。其中,重庆西南医院外科大楼、重庆时代广场、重庆大学主教学楼工程、重庆市唐家沱污水处理厂污泥处理项目、重庆市化龙桥工程均获得重庆市优质工程"巴渝杯"奖、重庆大学主教学楼还获得国家"鲁班奖",大大地提高广东安装在西南地区的影响力,成为重庆地区知名安装企业。

2. 解放思想,落实科学发展观

卢凯是新一代成长起来的基层领导干部,他坚持以"三个代表"重要思想为指导,坚持深入贯彻落实科学发展观,他政治坚定,刻苦钻研业务知识,善于敏锐洞察新的形势,准确把握时代脉搏,自觉锤炼,不断增强做好新时期各项工作的能力,带领广东省工业设备安装公司重庆分公司全体职工创造显著的经济效益和社会效益,为中国西部大开发建设的进程添砖加瓦,做出了突出贡献。

3. 以人为本,构建和谐新粤安

随着经济改善,职工收入逐步提高。卢凯进一步优化职工薪资结构,员工的总体收入每年都达到15%~20%的提高。他带领员工全面学习各项管理制度,落实执行制度并加强执行的力度。他亲自选址,组建职工食堂和单身宿舍,使重庆分公司员工的饮食和住宿问题得到妥善解决。他非常重视青年员工的业余生活,多次开展员工活动,如组建篮球队、足球队、羽毛球队、乒乓球队等,开展各种比赛、组织节庆郊游、远征职工亲子游、健康体检等等,形成和谐粤安的良好气氛。他坚持以人为本,关心职工利益,建立起有归属感、荣誉感、责任感的管理团队和职工队伍。

4. 奉献爱心,回馈社会

卢凯把共产党员扶危济困、互助友爱的精神带到重庆分公司,他积极的倡议并带领全体员工参与各项社会公益爱心捐款。他先后组织员工进行汶川地震捐款、献血,对重庆花房小学、巫山小学进行捐赠,并亲自带领员工加入抗震救灾的行列。还参

与了重庆妇联主办的对贫困山区"爱心字典"捐赠活动，重庆红十字基金会捐款，四川凉山州少数民族山区小学帮扶活动捐款，每年进行的广东省扶贫济困日捐款等。卢凯以实际行动充分展现一个共产党员爱国爱民、勇于承担社会责任的高尚情怀。卢凯多次荣获广东省工业设备安装公司"年度优秀员工"、"优秀共产党员"，广东建工集团"先进生产工作者"荣誉。2007年中国建筑业协会授予"鲁班奖"工程项目经理，2008年广东省授予"抗震救灾优秀共产党员"、中国住房和城乡建设部授予"抗震救灾先进个人"称号，2011年度重庆市建筑业优秀经理，2012年度全国住房城乡建设系统劳动模范。

宁夏住宅建设发展集团董事长　王新生

王新生，男，1953年8月出生，籍贯河北乐亭，中共党员，中国社会科学院经济管理研究生，高级工程师，高级经济师，国家注册一级建造师。历任宁夏回族自治区建设总公司服务公司经理，宁夏建设公司副经理，现任宁夏住宅建设发展集团党委书记、总裁。历任银川市第十一届、第十二届、第十三届人大代表，自治区第九届政协代表，自治区第十次党代会代表，先后荣获"全国建设系统劳动模范"、"全国建设系统精神文明建设先进个人"、"全国五一劳动奖章获得者"、"全国首届道德模范提名奖"、"宁夏自治区五一劳动奖章"、"宁夏回族自治区首届道德模范"、"宁夏慈善突出贡献人物奖"等多项荣誉。

1. 为宁夏经济建设和发展作出突出贡献

王新生自1997年组建公司，先后开发建设宁夏回族自治区北安经济适用房示范小区、民族运动员村、新世纪花园建筑节能示范小区、清水湾国家级绿色生态住宅示范项目、银川防非典隔离留观站、宁夏新型标准化抗震设防示范小学等项目。其中北安经济适用房示范小区，被评为"全国青年文明社区"；新世纪花园小区被评为银川市人居环境奖；清水湾项目，被全国工商联地产商会评为国家级绿色生态住宅项目，成为宁夏惟一一家国家级绿色生态住宅示范项目，荣获全国工商联房地产商会的精瑞住宅科学技术奖、绿色生态建筑奖，被国家住房和城乡建设部住宅性能认定为2A级。十几年来，宁夏住宅建设发展集团完成总建筑面积120多万平方米，总投资达30亿元人民币，创利税2.2亿元，给国家上缴税金1.2亿元，为宁夏当地的建设和经济发展做出突出贡献。

2. 以大局为重，危急时刻迎难而上，敢打"硬仗"

2003年4月，一场突如其来的非典型肺炎疫情向宁夏大地袭来。在这危急关头，宁夏回族自治区党委、政府决定改建宁夏传染病医院和建设银川防非典隔离留观站。王新生接到命令后，宁可停下自己所有的工程，连夜抽调600多名工程技术人员冒雨进入施工现场，连续奋战4天4夜，圆满完成改建宁夏传染病医院和建设银川防非典隔离留观站任务，受到自治区党委、政府的表彰。

2008年5月12日四川汶川地区发生8.0级特大地震灾害，学校校舍的倒塌不仅让灾区揪心，也引起宁夏回族自治区党委、政府及各级领导的高度关注。对此，宁夏回族自治区党委、政府决定，用最快的速度建一所新型抗震设防标准化小学，经试点示范后，在宁夏全区推广。重任又一次落到宁夏住宅建设发展集团董事长王新生的头上。他立即召开公司动员大会，停止公司在建项目，抽调精兵强将200多人，于2008年6月16日开赴抗震小学建设工地。全体参战人员战高温、斗酷暑、昼夜奋战，仅用1个多月时间就完成新型抗震设防标准化小学的建设任务，为宁夏推广新型抗震设防标准化学校提供了试点经验和示范样板。

3. 以人为本，让农民工有"家"的感觉

为切实维护公司农民工的合法权益，使农民工从进入城市的临时打工者向城市产业工人逐步过渡，王新生率先在公司组建宁夏回族自治区第一个"进城务工人员工会委员会"，并且把全面推进组建工会工作落实到每一个项目部。使农民工在政治上与公司员工一样平等、工作上一样要求、生活上一样关心、报酬一样合理、管理上一样标准，并将进城务工人员纳入公司日常管理中，对农民工工资实行实名制管理，保障他们的权益，充分调动他们的工作积极性，使他们把公司当成自己的家。中华全国总工会调研组曾专程到公司对进城务工人员组建工会工作进行调研，对公司的这一做法予以高度评价。

4. 热心社会公益事业，努力回报社会

王新生热心关注社会公益事业，把支持社会公益事业和慈善活动当作自己义不容辞的责任和义务，积极回报社会。王新生常说"现代企业的发展，更需要企业家的良知，作为一个来源于社会的企业，就应该时时刻刻想着为社会做点有益的事"。

公司自成立以来，先后捐资捐物累计达1560多万元，为宁夏慈善和社会公益事业做出突出贡献。

中国建筑工业出版社
CHINA ARCHITECTURE & BUILDING PRESS

图书广告征集
010-58933828　010-58934667

中国建筑节能现状与发展报告（2012）
该书由中国建筑节能协会组织有关专家编写。全面总结了2012年我国建筑节能行业的现状与发展情况。分别为建筑节能标准和质检、建筑节能规划、建筑节能服务、建筑保温隔热、建筑遮阳与节能门窗幕墙、暖通空调、地源热泵、太阳能建筑应用、建筑电气与智能化节能现状与技术发展、地方篇和附录。

中国低碳生态城市发展报告（2013）
该报告是中国城市科学研究系列报告之一，由中国城市科学研究会生态城市研究专业委员会组织编写。2013版报告的创新和特色体现在两个方面：一是将2012年低碳生态城市研究和实践方面的重建微循环体系延续和扩展，总结了低碳城市建设进程中的可供借鉴的经验和反思；二是关注低碳生态城市建设实效和定量化分析。

建筑施工手册（第5版）（缩印本）[精装]
该书在第四版的基础上做了全面的修订，紧密结合国家和行业现行规范技术要求，囊括了近年来我国在建筑安装工程领域中的最新成果，总结了最先进的建筑安装施工技术以及在建筑工程管理方面的新成果，反映了目前我国最新的施工技术水平，充分体现了权威性、科学性、先进性、实用性、便捷性。

中国绿色建筑2013
该书是中国绿色建筑委员会组织编撰的第六本绿色建筑年度发展报告，旨在全面系统总结我国绿色建筑的研究成果与实践经验，指导我国绿色建筑的规划、设计、建设、评价、使用及维护，在更大范围内推动绿色建筑发展与实践。

生态石 APE STONE
古猿人

(意大利黄洞)

(黄金麻)

(卡拉麦里金)

(葡萄牙砂岩)

外观效果
胜似天然，青出于蓝胜于蓝

理化性能
轻质高强，理化性能约等于天然石材

综合成本
经济节约，低于天然石材使用成本约50%

使用古猿人生态石产品的部分开发商

保利、万科、龙湖、金科、世茂、
华润、绿地、融创、融侨、金地……
下一个是您吗？
（古猿人生态石产品可用于各类建筑）

以上信息及数据均由上海古猿人石材有限公司提供

上海古猿人石材有限公司
SHANGHAI APE STONE CO.,LTD.

www.apestone.com
800-820-8362

地址：中国·上海浦东新区世纪大道1500号东方大厦8楼
Add: 8F Orient Mansion.NO.1500 Century Avenue.Pudong New,
District Shanghai 200122 China

中国建设年鉴编委会

《中国建设年鉴》

Periodical Ann. Yearbook Center
China Architecture & Building Press

《中国建设年鉴》由住房和城乡建设部组织编纂，中国建筑工业出版社中国建设年鉴编辑部具体负责编辑出版工作。内容综合反映我国建设事业发展与改革年度情况，属于大型文献史料性工具书。内容丰富，资料来源权威可靠，具有很强的政策性、指导性、文献性。可为各级建设行政主管领导提供参考，为地区和行业建设发展规划和思路提供借鉴，为国内外各界人士了解中国建设情况提供信息。本书具有重要的史料价值、实用价值和收藏价值。

《中国建设年鉴》装帧精美，设计美观大方，易于长期保存。适合作为资料使用，是中国住房城乡建设行业改革发展的权威记录和写照。

《中国建设年鉴》的读者主要有住房城乡建设行业各级行政主管部门，国务院有关基础建设管理部门，建设企业管理人员，研究机构，大中专院校、图书馆及国内外关注中国城乡建设发展状况的读者等。

《中国建设年鉴》是住房城乡建设行业内优秀企事业单位展示年度发展创新成果、数据发布、奖项荣誉、企业风采的重要平台。

PERIODICAL AND YEARBOOK CENTER

我想订阅《中国建设年鉴》

寄：
100037
北京 海淀 百万庄
中国建筑工业出版社
期刊年鉴中心
《中国建设年鉴》
编辑部

征订单

请留下您的宝贵信息！免收邮寄费！

□□□□□□

地址：

姓名：　　　　电话：

传真：　　　　Email：

收款单位：中国建筑工业出版社
开户银行：中国工商银行北京百万庄支行
账号：0200001409004600466

汇款后请将本征订单连同汇款凭证
邮寄或传真至编辑部

电话/传真：010-58934667
Email:jsnj@cabp.com.cn

本征订单复印有效

《中国建设年鉴》广告全面招商进行中！

GOLD RING CONSTRUCTION

天津市金环建设工程造价咨询有限公司
Gold Ring Construction ProjectCost Segregation Consultanct Co.,Ltd

Tianjin gold ring construction

公司简介 Company profile

　　天津市金环建设工程造价咨询有限公司，成立于2002年，具有工程造价咨询甲级资质及工程招标代理乙级及建设工程项目咨询丙级资质，在2011年通过了ISO9001质量体系认证，拥有一大批长期从事工程建设诸多领域的高级顾问和专职资深专家；公司与各专业协会保持着密切的联系。

　　公司拥有一批在工程前期咨询、工程成本造价监控、招标代理、工程技术、外语、计算机方面有一定造诣的中青年骨干，同时公司拥有优秀的专业团队，以扎实的专业知识和丰富的执业经验，一如既往地为广大委托方提供了优质、高效及全过程的咨询服务。

成功案例 Successful cases

■ 名称：住宅小区
　项目：全过程造价咨询

■ 名称：工业办公厂房
　项目：工程量清单及招标控制价

■ 名称：住宅小区别墅洋房
　项目：工程量清单及招标控制价

■ 名称：住宅小区景观绿化
　项目：工程量清单及招标控制价

中国建筑工业出版社

Periodical Aan Yearbook Center
China Architecture & Building Press

《建造师》是服务于建造师，服务于政府，开展行业政策法规指导、专家学者学术交流、建造师执业经验交流、新技术交流、国际同行业交流和建造师学习培训指导等，为建筑行业提供一个学习、提高和信息交流的平台，在推动中国建造师执业资格制度的发展中起到积极的作用。

读者群体定位于已经考取国家一级、二级建造师以及争取成为建造师的建筑行业从业人员；研究我国注册建造师制度的各级行政、科研机构的人员及院校师生；由建造师工作内容延伸的相关行业如政府、造价管理、工程管理、设计、监理等相关人员及设备材料供应商。

《建造师》由建设部主管，中国建筑工业出版社主办。

建造师 Constructor

PERIODICAL AND YEARBOOK CENTER

我想订阅《建造师》

寄：
100037
北京 海淀 百万庄
中国建筑工业出版社
期刊年鉴中心
《建造师》
编辑部

征订单

请留下您的宝贵信息！免收邮寄费！

□□□□□□

地址：

姓名：　　　　电话：

传真：　　　　Email:

收款单位：中国建筑工业出版社
开户银行：中国工商银行北京百万庄支行
账号：0200001409004600466

《建造师》2013年单本定价18元 全年72元

汇款后请将本征订单连同汇款凭证
邮寄或传真至编辑部

电话/传真：010-58933025

Email:jzs_bjb@126.com

本征订单复印有效

《建造师》广告全面招商进行中！

广州市设计院
GUANGZHOU DESIGN INSTIUTE

学院简介

广州市设计院组建于1952年，下属13个设计部门，4个分院（分部），3个公司。员工600多人，其中，享受政府特殊津贴的专家多名，拥有各专业的国家注册师以及各类高中级技术人才百余名。

广州市设计院坚持走管理创新、质量兴业、科技强院之路，作品遍布国内18个省、自治区、直辖市和亚、欧、非等11个国家，常年多次获得国家、部、省、市级工程勘察设计奖励，打造了一大批标志性建筑精品，如中苏友好大厦、广东科技馆（旧）、广州友谊剧院、中国出口商品交易会（流花路展馆）白天鹅宾馆、中国大酒店、广州天河体育中心、广州天河城、广州美术馆、湖南省政府办公大楼、广州新图书馆、毛泽东遗物馆、广州塔、广州国际体育演艺中心、广州太古汇、广州珠江城等。

广州市设计院凭借对质量的执着追求、对技术的不懈探索，沉淀出厚重品牌，在建筑设计行业享有良好声誉。与国外著名建筑设计单位均保持着良好的合作关系，如美国SOM、日本株式会社日建设计、法国ADP、德国GMP、ARUP国际工程顾问、TT结构顾问等。

展卷蓝图竞风流，笔蘸激情创新篇。广州市设计院将继承传统、开拓创新、砥砺进取，为社会进步和新型城市化建设作出更大的贡献！

电话：020-87544608
传真：020-87544798
地址：广州市天河区体育东路体育东横街3号设计大厦
邮政编码：510620
邮箱：bgs@gzdi.com
网址：www.gzdi.com

◀ 中国出口商品交易会流花路展馆（1974）

▲ 白天鹅宾馆（1983）

广州珠江城（2012）▶

▼ 广州天河体育中心（1987）

▼ 广东美术馆（1997）

▲ 毛泽东遗物馆（2008）

▲ 广州国际体育演艺中心（2009）

▲ 广州新图书馆（2012）

◀ 广州塔（2010）

海加利集团工程事例

HERCULES GROUP CORP

HIAD 黑龙江省建筑设计研究院

学院简介

黑龙江省建筑设计研究院简介 >>>

黑龙江省建筑设计研究院（英文缩写HIAD），始建于一九五四年八月，具有建筑工程设计、工程咨询、工程勘察甲级资质，城乡规划、风景园林、市政设计、商物粮行业设计、造价等多项乙级资质。现有职工352人，其中"黑龙江省工程设计大师"6名，各专业注册师80余人。

黑龙江省建筑设计研究院始终坚持"技术先进、质量可靠"的优化设计理念，发扬"严谨、扎实、传承、创新"的优良传统，以"服务优质，顾客满意"为经营宗旨。特别是在严寒地区建筑设计领域积累了丰富的设计经验。

自建院以来，该院共有近百项建筑工程设计、多项工程勘察成果和多项建筑标准设计规范、标准分别获行业主管部门、东北地区和省级奖励；多项建筑科学研究成果分别获国际、国家和省级奖励；多个建筑设计方案分别在国家、部和省市建筑设计方案竞赛中获得奖励。

成功案例

黑龙江省建筑设计研究院实际案例 >>>

华鸿·红星美凯龙商业综合体
设计完成时间：2013.08　项目状态：在建项目

铁力市日月湾水世界
设计完成时间：2013.03　项目状态：在建项目

扎赉诺尔博物馆
设计完成时间：2010.03　项目竣工时间：2011.11

哈尔滨太平国际机场改扩建工程

项目状态：设计阶段

萧红纪念馆

设计完成时间：2010.04
2011年著名作家萧红诞辰百年之际纪念馆竣工并投入使用

五大莲池博物馆

设计完成时间：2011.10　　项目状态：在建项目

月亮湾9号

设计完成时间：2012.10

哈尔滨市松雷中学校

设计完成时间：2010.09
项目竣工时间：2012.08

龙光，中国房地产企业

2012年度销售额逾百亿，荣列中国房地产企业50强

龙光地产控股有限公司，一直以来坚持高效能运营，以具较高附加值的创新产品引领市场。龙光地产成功完成广东、广西、四川、海南4大战略基地、12大城市布局，相继开发5大产品系逾40精品项目。

缔造全领域价值，荣膺三大国家一级资质

龙光地产业务板块涵盖房地产开发的全产业链，打造商品住宅、商业地产等复合地产多元化经营模式，荣膺房地产开发国家一级资质、房屋建筑工程施工总承包一级资质、物业管理国家一级资质。

荣誉建树，见证龙光实力

2013中国房地产开发企业50强
2012-2013连续两年中国房地产百强企业—盈利性TOP10
2011中国华南房地产公司品牌价值TOP10
2011-2013连续三年中国房地产百强企业
2003-2012连续十年广东地产资信20强
2012中国房地产行业诚信品牌企业
2000年-2009年 AAA信用企业
2004年-2007年广东省百强民营企业
……

www.loganestate.com

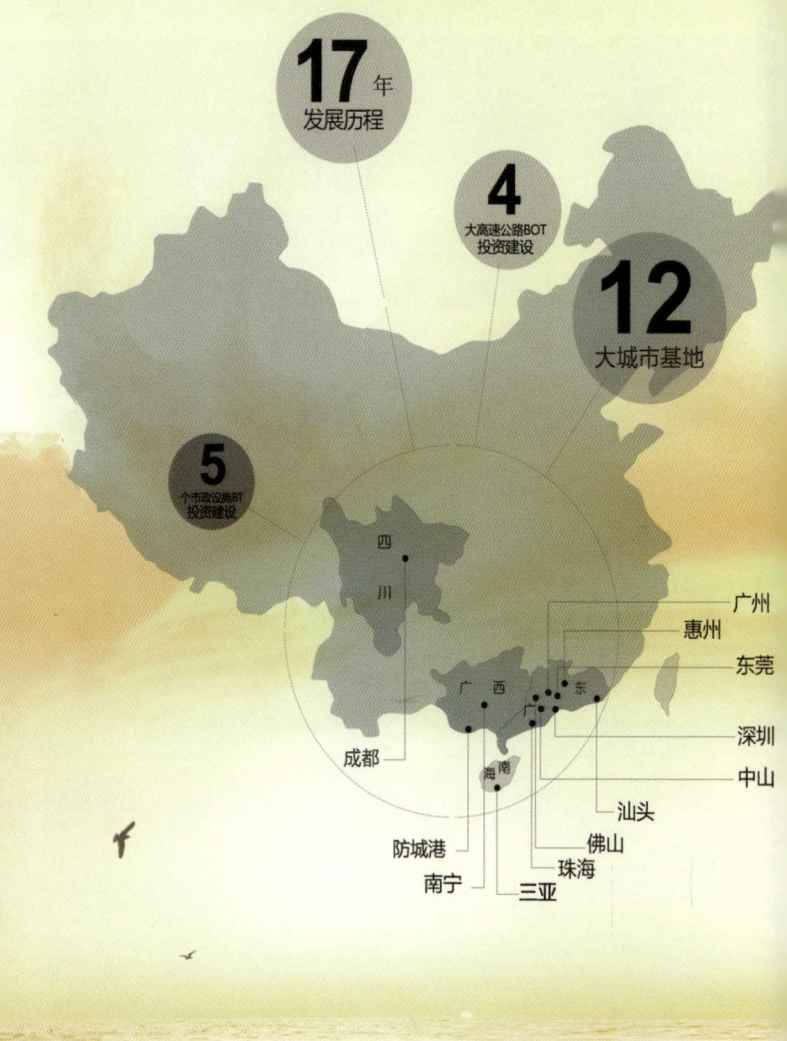

专筑美好生活

建筑的未来，只有生活能给出答案。龙光坚信，"美好"是生活最好的终点，同样是最初的开端。

5大住宅产品系，优悦人居体验

龙光地产从资源与建筑的契合点出发，针对不同类别客户的喜好，精准定位，打造专业化产品体系。

≫防城港·阳光海岸

≫佛山·天湖郦都

1 阳光系列，海与阳光的生活热情
以海资源为主要划分标准，为热爱自身感受与自然完美融合的人们建设最懂得如何热爱生活的房子。
项目：防城港·阳光海岸；汕头·尚海阳光

2 水悦系列，寓居于世的生活智慧
以江、河、湖等水资源为划分标准，为那些爱水的智者们提供真正理解生活要义的房子。
项目：南宁·水悦龙湾；佛山·天湖郦都

≫东莞·君御旗峰

≫成都·天悦龙庭

3 城悦系列，出可繁华，进可恬静
坐拥城市最繁华核心，以最稀缺城市资源为标准，为离不开城市的人们呈献绚烂而又悠然的生活。
项目：东莞·君御旗峰；成都·天悦龙庭

4 龙光城系列，全方位的适居之邦
集龙光十数载建筑实力之精华，以全方位人居体验为标准，打造真正的生活大城。
项目：深惠·龙光城

≫深惠·龙光城

≫广州·香悦山

5 尊悦系列，悠然自得，尊享人生
每一种人生都有属于自己的追求，在海、水与城市之外，龙光给每一个独特的你建筑属于自己的悠然尊享居住体验。
项目：广州·香悦山

3大商业产品系，铸就品质生活

专筑美好生活，致力于高品质人居感受。龙光以宽广的胸怀洞见城市发展，以精品住宅为依托，配套、构建商业地产体系，从商业综合体、商业MALL、商业街区三大品类出发，结合建筑地块特点、业态组合、当地人文、消费习惯，创建龙光商业自有的三大产品系列：龙光世纪、阳光千汇及尚街！

≫南宁·龙光世纪

≫深圳·龙光世纪

以上数据由本单位提供

沈阳都市建筑设计有限公司
URBAN ARCHITECTURE DESIGN CO.,LTD

通信地址：辽宁省沈阳市沈河区西滨河路60-2号5门
联系电话：024-23939337　　传真：024-23931370
电子邮件：urban2001@126.com　主页网址：www.urban2001.cn

沈阳千缘·财富商汇

设计灵感来自于古代的铜鼎和古钱币，与财富商汇名称相容共存，建筑顶部的金式玻璃幕墙恰似两块金砖由下而上从地中升起，体现了业主当初对大厦本身的创意和对未来的美好憧憬—堆积财富。

沈阳都市建筑设计有限公司成立于2001年4月，是由建设主管部门批准的具有甲级建筑工程资质并兼有地下人防工程乙级设计资质的一家知名民营股份制建筑设计及咨询机构。专门从事各类建筑设计、城市规划、区域规划、工程咨询、技术顾问、工程监理、装饰设计等多方位专业服务，并通过ISO9001：2008质量管理体系认证。公司的经营理念是创作精品，服务社会。公司工作作风强调集体创作与团队合作精神，实行全面质量管理和工程项目负责人制，工程宁缺勿滥，追求品牌卓越。

沈阳千缘·铁西金谷壹号

灵感来自"山"的概念，通过建筑体块的错动和出挑，使建筑有了延绵起伏的感觉，为城市空间带来强烈的视觉体验。大量的屋面绿化和活动空间，为建筑注入了勃勃生机和活力。

西安建筑科技大学
Xi'an University Of Architecture And Technology
建筑设计研究院

鼎昊

鼎昊广场建设单位为
西安鼎昊房地产开发有限公司

项目地点位于西安高新区高新三路与高新四路之间，高新三路与光夏路交叉口西北角。

该工程地上主体五十三层，其中裙楼六层，功能为商业（含1层设备/避难层），8-53层为办公（含2层设备/避难层），地下四层，设有设备用房和汽车库。建筑总高超过200米。

设计单位：西安建筑科技大学建筑设计研究院
项目负责人：崔恩泽
建筑专业主要设计人：崔恩泽 马纯立

求源创新　精设广厦

宝鸡游泳跳水中心

项目名称：宝鸡游泳跳水中心
项目地点：宝鸡市文理学院新校区西北角
项目人员：
项目主创：张闻文、车通
建　　筑：吴凯、沈西平、连峰、张伟、陈颖
结　　构：薛强、孙晓岭、王顺礼
设　　备：刘茵、韩玚、岳斌佑、拓开、王相焕、孙晴
项目介绍：宝鸡游泳跳水中心项目是为迎接陕西省十五运会举办，新建的比赛场馆。
设计特点：
合理解决用地较为不规则及用地紧张的矛盾。
设计中充分考虑，赛时、教学、公众开放等不同使用要求的功能应对以及对赛后经营的考虑。
造型设计以参数化设计为基础，整合考虑造型特征、屋顶采光吸声要求、结构设计、施工难度等要素。实现了建筑、结构、施工整体的经济合理性。

石鼓山

石鼓山透视图设计说明：
　　宝鸡市·石鼓山·太阳市商业项目位于宝鸡城市东部，渭河南岸，石鼓山东北侧的山脚下。建筑以二、三层为主，充分考虑与石鼓山、石鼓阁及周边环境的呼应，建筑造型遵循宝鸡市的周秦城市建筑风格定位，在古典的基调上通过现代建筑的处理手法体现出古韵新风，打造集商业、餐饮、文化、娱乐于一体的新的城市亮点。

浙江省建筑设计研究院

浙江省建筑设计研究院成立于1952年，从最初十余人的设计组成长为现如今专业齐全，实力雄厚，是一家具有良好社会声誉的具有建筑设计及城市规划双甲级资质的综合性建筑设计与咨询机构。

60多年来，浙江省建筑设计研究院以"设计创新、质量创优、诚信求实、团结敬业、发展争先"为宗旨。服务范围包括：建筑工程设计与咨询、建筑智能化系统工程设计、室内装饰设计、岩土工程设计、市政公用工程设计与咨询、风景园林设计、城市规划编制、工程项目可行性研究、项目评估、工程造价咨询、工程项目管理和工程总承包等。

现有各类技术人员近500余人。其中中国工程设计大师2人，浙江省有突出贡献中青年专家2人，教授级高级工程师50余人，高级建筑师和高级工程师120余人，国家各类注册执业人员250余人次。全院共设9个综合建筑设计所，9个专业设计所、室、分院，9个职能部门，4个子公司及上海建筑设计分院和温州、台州办事处。多年来承担的工程项目类型包括办公、宾馆、体育、交通、文化、教育和医疗等。

60多年来，400余项工程设计分别获国家、省、部级优秀设计奖，25余项科研项目分别获国家、省、部级科技成果奖、科技进步奖。1992年率先入选中国勘察设计单位综合实力百强之一，1997年通过ISO9001质量管理体系认证，荣获"优秀勘察设计院"、首批"全国重合同重信用企业"、"'十五'全国建设科技先进集体"和浙江省"文明单位"等多项荣誉称号。回望六十多年，浙江省建筑设计研究院成绩斐然，以设计回应时代，以经典铸就历史，沿着"建设中国最优秀的建筑设计企业"的品牌之路阔步前进。

杭州云石生态休闲旅游度假村

上海视觉艺术大学

维纳商务广场

昆明螺蛳湾国际商贸城

西湖文化广场

浙江影视后期制作中心

地址：中国杭州安吉路18号　电话：0571-85154691　邮编：310006　传真：0571-85151540　电子信箱：ziad@ziad.cn　网址：www.ziad.cn

 # ZHEJIANG PROV. INSTITUTE OF ARCHITECTURAL DESIGN AND RESEARCH

杭州黄龙体育场

阿里巴巴杭州软件生产基地

厦门观音山国际商务营运中心

乐清总部经济园一期

杭州市萧山机场航站楼

江苏东海水晶博物馆

杭州新世界财富中心

中华航空大厦

杭州恒兴大厦

地址：中国杭州安吉路18号　电话：0571-85154691　邮编：310006　传真：0571-85151540　电子信箱：ziad@ziad.cn　网址：www.ziad.cn

北京市建筑设计研究院有限公司
BEIJING INSTITUTE OF ARCHITECTURAL DESIGN

建筑服务社会，创新成就未来

——北京市建筑设计研究院转企改制暨新公司成立

2012年6月12日上午，北京市建筑设计研究院转企改制暨新公司揭牌仪式，在北京国际饭店国际厅隆重举行。此举标志着北京市首批事业单位分类改革试点正式启动。

北京市建筑设计研究院是与共和国同龄的大型民用建筑设计机构，自成立以来，经过几代人的开拓创新、励精图治，在建筑设计及科研领域取得了突出的成绩。1979年开始实行事业单位企业化管理试点，1980年实行自收自支，1988年获得工商企业法人营业执照，1992年享有对外经营权成为改革开放后最早进入国际建筑市场的国内著名设计企业之一，2009年被评为国家高新技术企业。

伴随着新中国的建设与发展，北京市建筑设计研究院承担并完成了北京及全国各地许多重要的设计项目，贡献了不同时期的设计经典，如50年代象征新中国形象的人民大会堂、历史与革命博物馆；20世纪60~70年代体现我国自主科技实力的工人体育馆、北京饭店；20世纪80年代体现改革开放的中国国际展览中心、第11届亚运会场馆；20世纪90年代有完善国际大都市功能的首都机场2号航站楼、国际金融大厦；21世纪以来的国家大剧院、首都机场3号航站楼、国家体育馆、五棵松文化体育中心、奥林匹克公园国家会议中心、奥林匹克公园中心景观及下沉广场、中国石油大厦、北京电视中心、上海世博会项目。

从1977年至2012年5月，北京市建筑设计研究院设计项目获国家奖61项，获部级奖281项，获北京市奖551项。科研获国家进步奖28项，获部级科技进步奖84项，获北京市科技进步奖147项。获詹天佑土木工程大奖14项。北京市建筑设计研究院以"开放、合作、创新、共赢"为经营宗旨，以"为顾客提供高完成度的建筑设计产品"为质量方针，坚定不移地实施品牌战略，充分利用设计与科研、人才与技术的综合优势，全面提升核心竞争力，在激烈的市场竞争中保持设计水平和原创能力的领先地位，为促进行业的发展和建筑设计领域的繁荣贡献力量。

六十余年的发展历程，记载了北京市建筑设计研究院曾经的辉煌与荣耀。今天，北京市建筑设计研究院有限公司已经站在新的历史起点上，将继续发扬艰苦奋斗、百折不挠的优良传统，秉承与时俱进、开拓创新的时代精神，坚持"建筑服务社会"的核心理念，以"建设中国卓越的建筑设计企业"为目标，在新的征程续写新的华章。

奥林匹克公园中心区

万科东丽湖项目一期C区

中国工商银行　北京五棵松

北京植物园大型展览温室

太仓市图博中心

国家大剧院

联想园区C座　首都体育馆

北京饭店东楼　炎黄艺术馆

PEDDLE THORP ARCHITECTS
澳大利亚柏涛(墨尔本)建筑设计有限公司

Founded in 1889, Peddle Thorp Pty Ltd. has been one of the larger architectural design firms in Australia. For over one hundred years, Peddle Thorp has always been at the forefront of the architectural world.

Pre-eminent, practical and efficient design works are the principles; design innovation and technical renovation are treated tenets; established reputation has been based on technical reliability and unique design. With superior technical resources, advanced computer skills and comprehensive experiences, Peddle Thorp has been specializing in regional planning and architectural design in various scales and categories.

Peddle Thorp Group has practices worldwide with offices in Australia, South East Asia, Europe and America. Supported by a number of outstanding architects and experts, Peddle Thorp provides professional design service for sports, health and various residential projects. Major works are Australian National Tennis Centre, Melbourne Olympic Park and Velodrome, ESSO Headquarters, Melbourne Underwater World Aquarium, Malaysia Sports Centre, and a series of hotels, retail projects, offices, residences, and health facilities both in Australia and internationally.

Peddle Thorp Asia has established business in 26 provinces, autonomous regions and cities throughout China and a branch office in Shanghai and Beijing, to accommodate a quality team of both Foreign and Chinese architects, introducing an internationally advanced design philosophy. In collaboration with the Melbourne Office, Peddle Thorp Shenzhen is able to provide a wide range of professional planning, architectural design, residential design, and landscape design by utilizing a unique approach. Advanced skills and comprehensive experience commit Peddle Thorp to provide a specialized service for our clients worldwide.

澳大利亚柏涛建筑设计有限公司是澳大利亚著名的建筑设计公司。柏涛的历史可以追溯到1889年，一个多世纪以来，柏涛一直走在世界建筑设计行业的前列。

杰出、实用和经济是柏涛公司设计的原则；设计上的创新和技术上的更新是公司的宗旨；技术上的可靠和设计上的独特更是公司长期的声誉之所系。庞大的技术资源，广泛、丰富的经验，使柏涛公司能够承担各种规模、各种类型的区域规划设计和各类建筑的设计。

柏涛建筑设计集团除在澳大利亚几个大城市外，还在东南亚、欧洲和美国设有分支机构，设计业务遍布世界各地。柏涛墨尔本公司集中了一大批优秀的建筑师和相关专业人员，除开展通常的建筑设计业务之外，还对体育、医疗、住宅建筑设有专门的研究机构。主要作品有澳大利亚国家网球中心，澳大利亚墨尔本奥林匹克公园及自行车赛馆，ESSO澳洲总部，墨尔本水底世界水族馆，马来西亚运动中心以及众多建于澳洲本地与国外的酒店、商业大厦、政府大厦、写字楼工程、居住区建筑、医疗设施等。

1998年2月，柏涛墨尔本公司在中国成立办事处，随即设立柏涛亚洲公司，发展中国及周边地区的建筑设计业务，其设计业务范围包括城市规划、建筑设计及景观园林设计。经过澳中建筑师几年来的共同努力，如今已成功设计完成了许多令人瞩目的优秀工程项目，并多次获得中国权威机构颁发的奖项。同时与中国的政府、著名的开发企业及设计机构建立了良好、深入的合作关系。

柏涛墨尔本公司在中国的设计机构拥有众多高素质的中外建筑师，国际化的先进设计理念、本地化的优秀团队服务，使公司业务发展迅速。到目前为止，业务范围已覆盖了中国境内26省、市、自治区，并在上海和北京常设实力雄厚的设计机构。在澳洲本部的支持下，我们有能力在大规模的城市区域规划设计、大型公共建筑设计（包括办公楼、商业中心、酒店、教育行政文化设施、运动娱乐设施、医疗设施等）以及住宅规划设计、建筑设计及园林景观设计等方面，以独特的设计手法、先进的技术和丰富的经验，活跃在国际建筑设计舞台上，并始终如一地为客户提供一流的服务。

PEDDLE THORP ARCHITECTS MELBOURNE ASIA
澳大利亚柏涛（墨尔本）建筑设计亚洲公司

Shenzhen Office 深圳公司
Address:Room 302, Building A, Ecological Square,OCT, Shenzhen
地址：深圳市南山区华侨城生态广场A栋302
Tel总机：(86) 755 26928866 / Fax传真：(86) 755 26905186
Http://www.ptma.com.cn / Email：main@ptma.com.cn

Beijing Office 北京公司
Address:Rm.C302, Technology Building No.8, Zhong Guan Cun East Road Yard No.1, Haidian District, Beijing
地址：北京市海淀区中关村东路1号院8号楼科技大厦C座302
Tel总机：(86) 10 82151527 / Fax传真：(86) 10 82151178
Http://www.ptma.com.cn / Email：beijingxm@ptma.com.cn

Shanghai Office 上海公司
Address:4/F,Tower B China Diamond Exchange Center No.1701 Century Ave,Shanghai
地址：上海市世纪大道1701号中国钻石交易中心B座4楼
Tel总机：(86) 21 50158366 / Fax传真：(86) 21 50158399
Http://www.pta-sh.com.cn / Email：shpt@pat-sh.com.cn

南昌中信城市广场

成都博川物流基地　深圳鹿丹大厦

办公总部-卡塔尔

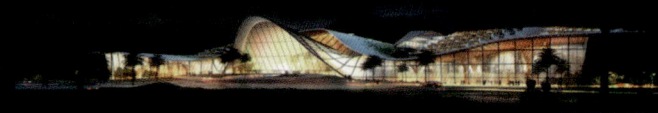

厦门两岸金融中心

贵阳中铁逸都国际

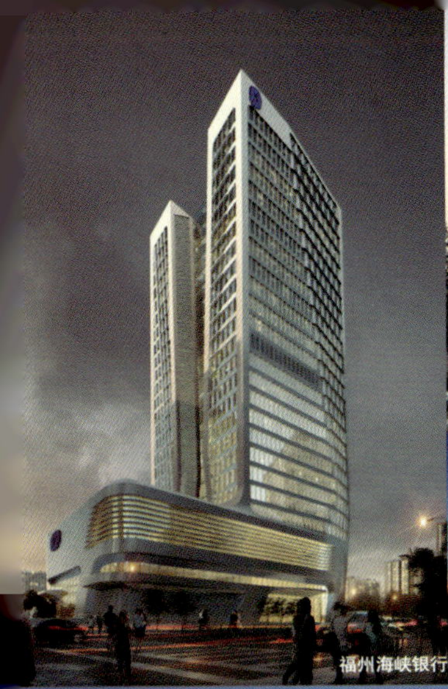
福州海峡银行

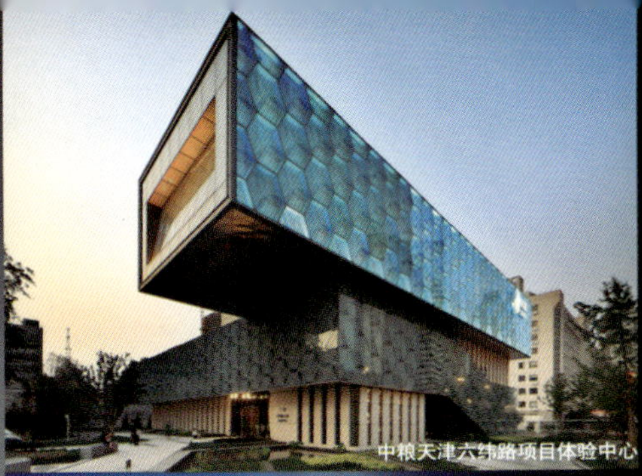
中粮天津六纬路项目体验中心

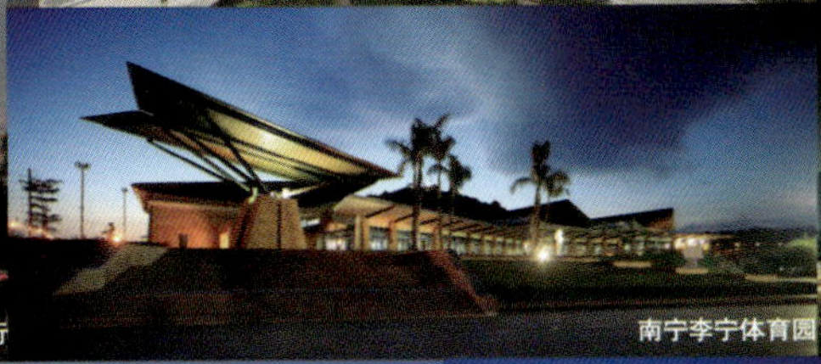
南宁李宁体育园

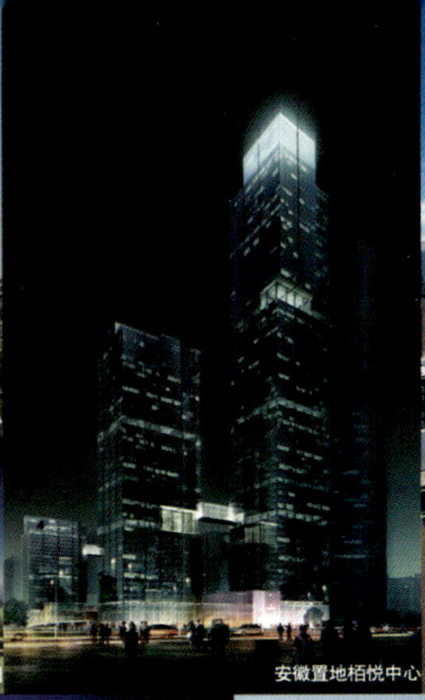
安徽置地栢悦中心

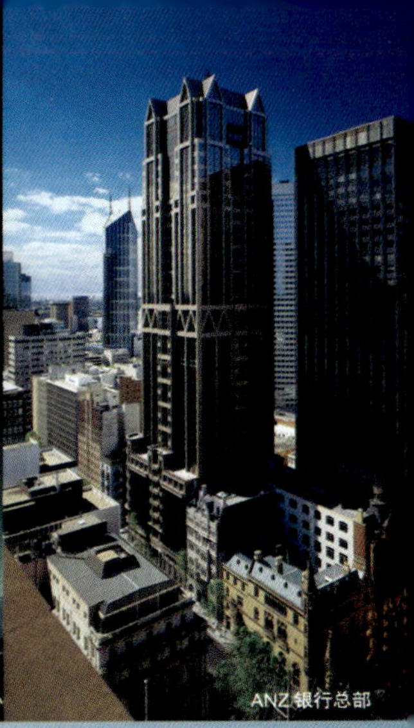
ANZ银行总部

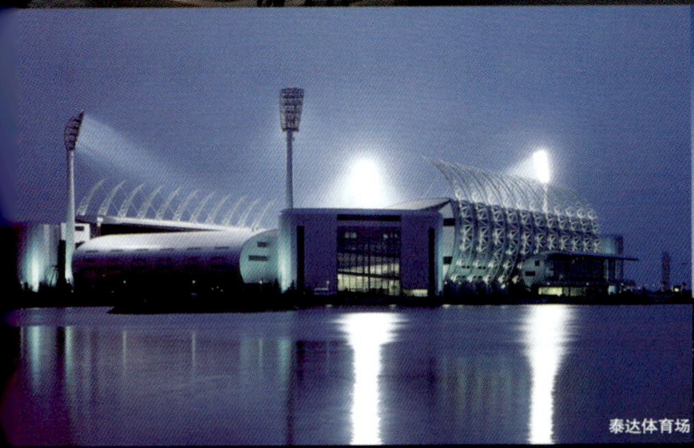
泰达体育场

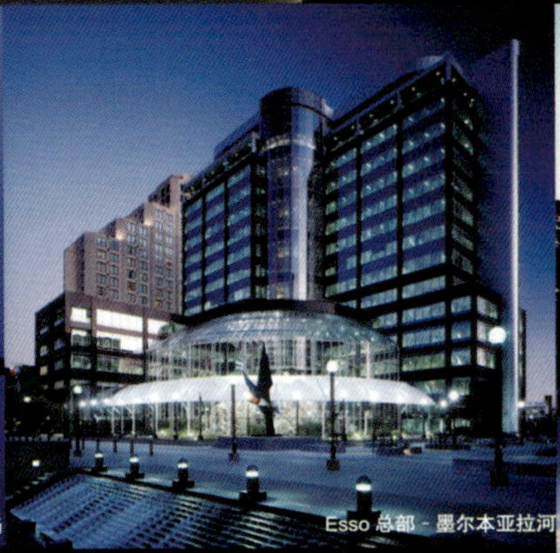
Esso 总部 - 墨尔本亚拉河

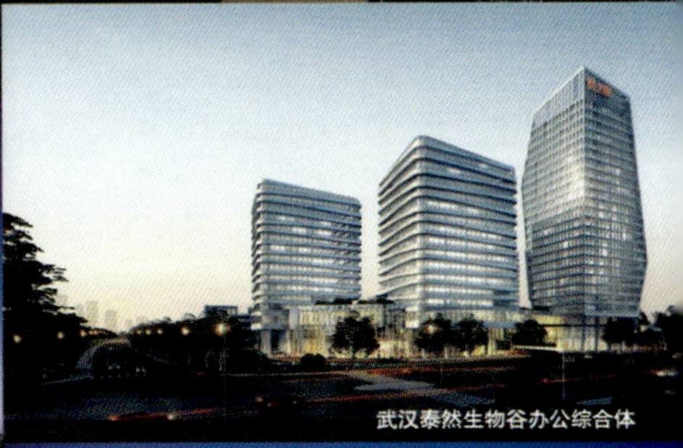
武汉泰然生物谷办公综合体

PTMA柏涛建筑

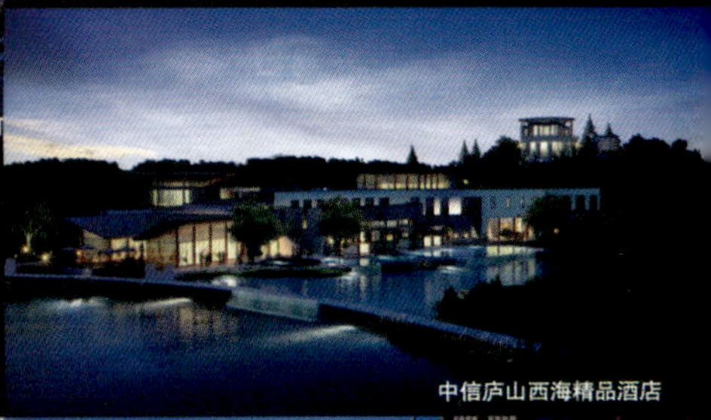
中信庐山西海精品酒店

希尔顿酒店 - Tullamarine

私人医院 - 吉隆坡

墨尔本北岸区

墨尔本水上运动中心

西安中建开元壹号

珠海中信红树湾

华润大连星海湾壹号

漳州圣地亚哥半山墅

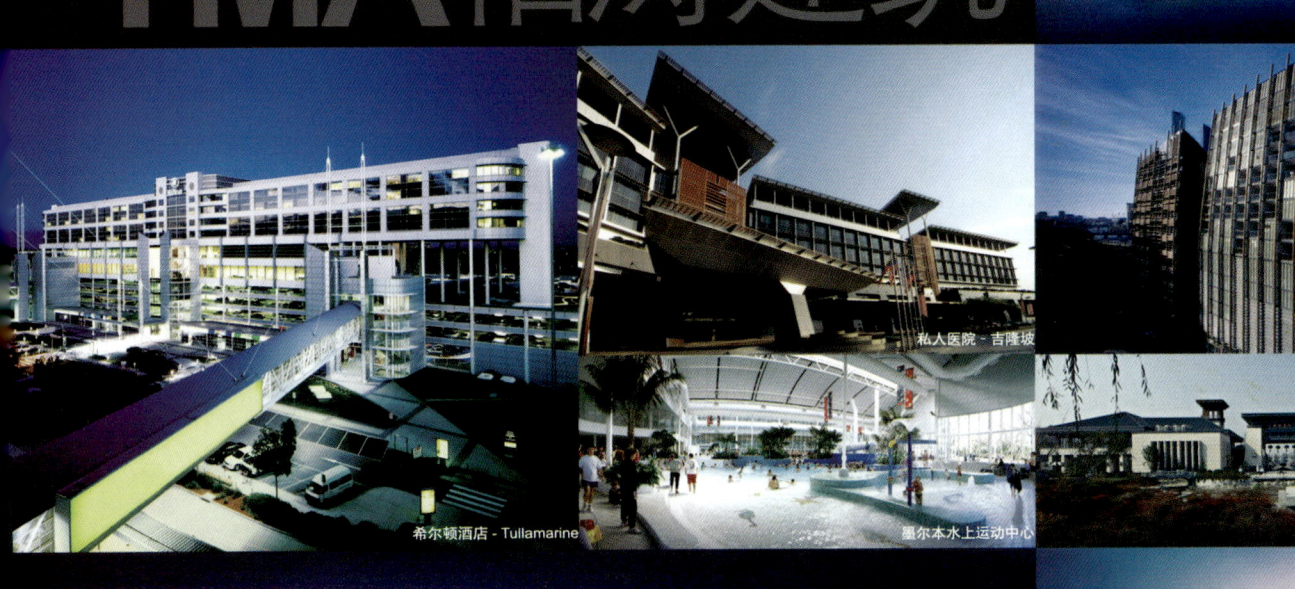

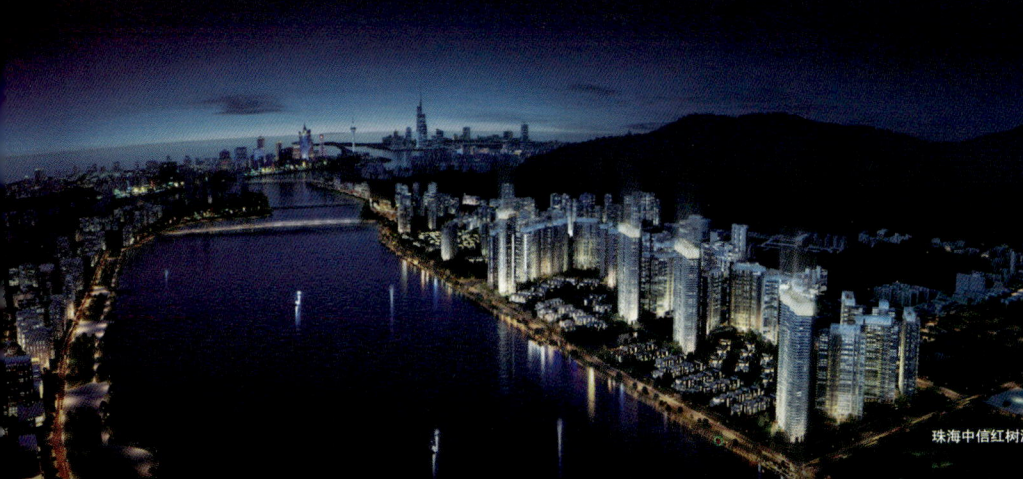

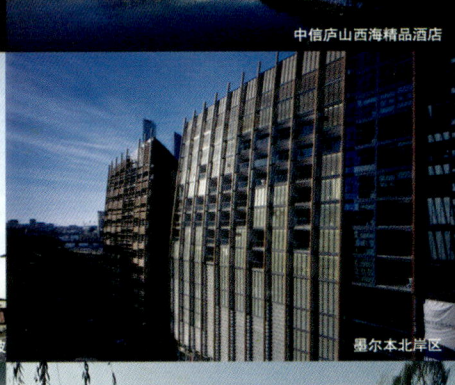

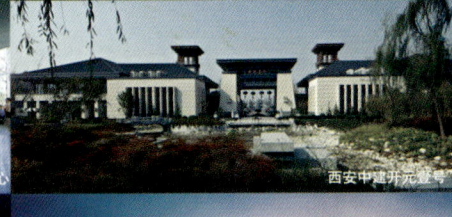

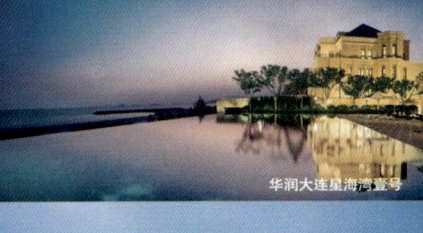

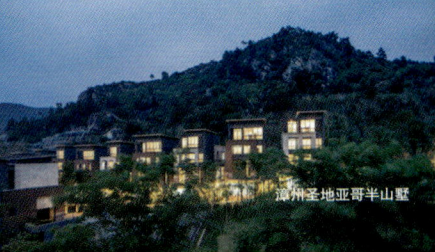

北京中体建筑工程设计有限公司
China Sports Architectural Engineering Design Co., Ltd.

南昌市残疾人康复就业体训中心　　　　**莱芜综合体育馆**

西昌学院体育馆　　　**江西奥林匹克体育中心**　　　**越南河内田径馆**

北京中体建筑工程设计有限公司
China Sports Architectural Engineering Design Co., Ltd.
地址：北京市东城区天坛东路50号,网联大厦
Address: Wanglian Mansion, No. 50, Tiantan East Road, Dongcheng District, Beijing, China
公司网址：www.ztjz.net　　　电话：010-67116889
Official website: www.ztjz.net　　　Tel: +86-10-67116889
微信公众平台：中体设计
负责人：王道正，总经理

洪涛装饰
HONGTAO DECORATION
始于1985年
（股票代码：002325）

中国高端装饰持续领跑者
扬帆领航建筑装饰总承包

随着时代的发展，越来越多的大型公共装饰工程渴求"一站式"、"管家式"服务，中国高端建筑装饰龙头企业洪涛股份率先提出"装饰总承包"理念，并完成多项装饰总承包项目，迅速占领装饰总承包战略制高点，同时洪涛股份认为装饰总承包将成为中国建筑装饰行业新的发展趋势。即装饰工程由一家施工企业总承包管理，装饰工程整体从效果设计到各个专项施工由一家企业全部完成。

洪涛公司依托在各个专项领域的卓越成就：
1、大堂王
（建筑大堂装饰市场全国领先）
2、国宾馆专业户
（国宾馆装饰市场全国领先）
3、大剧院专家
（大剧院会堂装饰市场全国领先）
4、五星级酒店装饰专家
（拥有已完成多项高端五星级酒店经验）
5、顶级智能化办公楼装饰专家
（北京中银大厦、中央电视台新台址、深圳证券交易所等工程）
6、拥有6项一级施工资质、1项设计甲级资质的大型企业

2004年，洪涛股份整合资源，以装饰总承包的角色承接并成功完成内蒙古新城宾馆国宾楼，得到业内的高度评价，之后总结经验，先后承接了五洲宾馆修缮改造工程、麒麟山庄综合楼修缮改造工程、厦门磐基国际皇冠假日酒店、郑州天鹅城国际大酒店、新一佳常德戴斯大酒店装修工程、青岛中联·加州双子塔装修工程、梅州豪生国际大酒店、青岛南山·岭海国际度假酒店精装修工程、泸州大剧院·泸州会议中心·泸州巨洋国际假日酒店工程、贵州六盘水锦江国际大酒店等多项装饰总承包项目。

洪涛装饰秉承把"一百个客户变成一百个朋友"的经营理念，对装饰总承包项目努力做到并至善至美。先后获得包括鲁班奖、全国建筑工程装饰奖等在内的国家级工程奖项多项，各类省、市优质样板工程奖多项、国家级设计大奖多项、省市级设计大奖多项，努力全面、全方位为业主分忧，得到业主认可的"装饰总承包问题解决服务商"荣誉称号，持续领跑中国高端装饰市场。

厦门磐基皇冠假日酒店

贵州六盘水锦江国际大酒店

泸州大剧院·泸州会议中心·泸州巨洋国际假日酒店

常德戴斯国际大酒店　　麒麟山庄综合楼

鸟瞰效果图（日景）
华润置地（湖南）有限公司 华润五彩城项目 初步设计
PRELIMIRY DESIGN OF CRLAND WUCAI CHENG PROECT **GLC**

西南角入口低点效果图
华润置地（湖南）有限公司 华润五彩城项目 初步设计
PRELIMIRY DESIGN OF CRLAND WUCAI CHENG PROECT **GLC**

 湖南大学设计研究院有限公司
Hunan University Design Institute Co., LTD

总经理：唐国安（法人代表兼顾问总建筑师）　　副总经理：郦世平（兼总工程师）
副总经理：刘子毅（兼总建筑师） 池 峰 项丹强
　　　　　王新夏 罗学农 郭 健
地址：湖南省长沙市岳麓山湖南大学一舍　　电话：0731-88821068
传真：0731-88824092　　　　　　　　　　　网址：www.hdsjy.cn
邮编：410082 邮箱：hdsjy@vip.sina.cn

企业简介
INTRODUCE

　　1980年，中外合资建筑设计企业——华森建筑与工程设计顾问有限公司在香港成立。

　　目前，华森在广州、南京、杭州、成都、重庆、海口、上海设立了分支机构，形成以深圳为中心，延伸全国的跨地区、一体化经营格局。公司业务范围涵盖建筑与工程设计的全部内容，包括建筑与小区规划、结构、给排水、空调通风、建筑智能化、电力电讯、民用动力、环境景观和建筑消防、人防工程的设计、咨询，以及施工图审查，是技术实力雄厚、专业配套齐全、拥有现代化设计和管理手段的设计公司。

　　基于多年打造的品牌优势、服务各类顾客的丰富经验、业内首屈一指的人才团队、日益完善的经营和服务体系，华森致力于成为国内乃至国际一流的设计服务公司，为顾客提供专业和优质的服务。

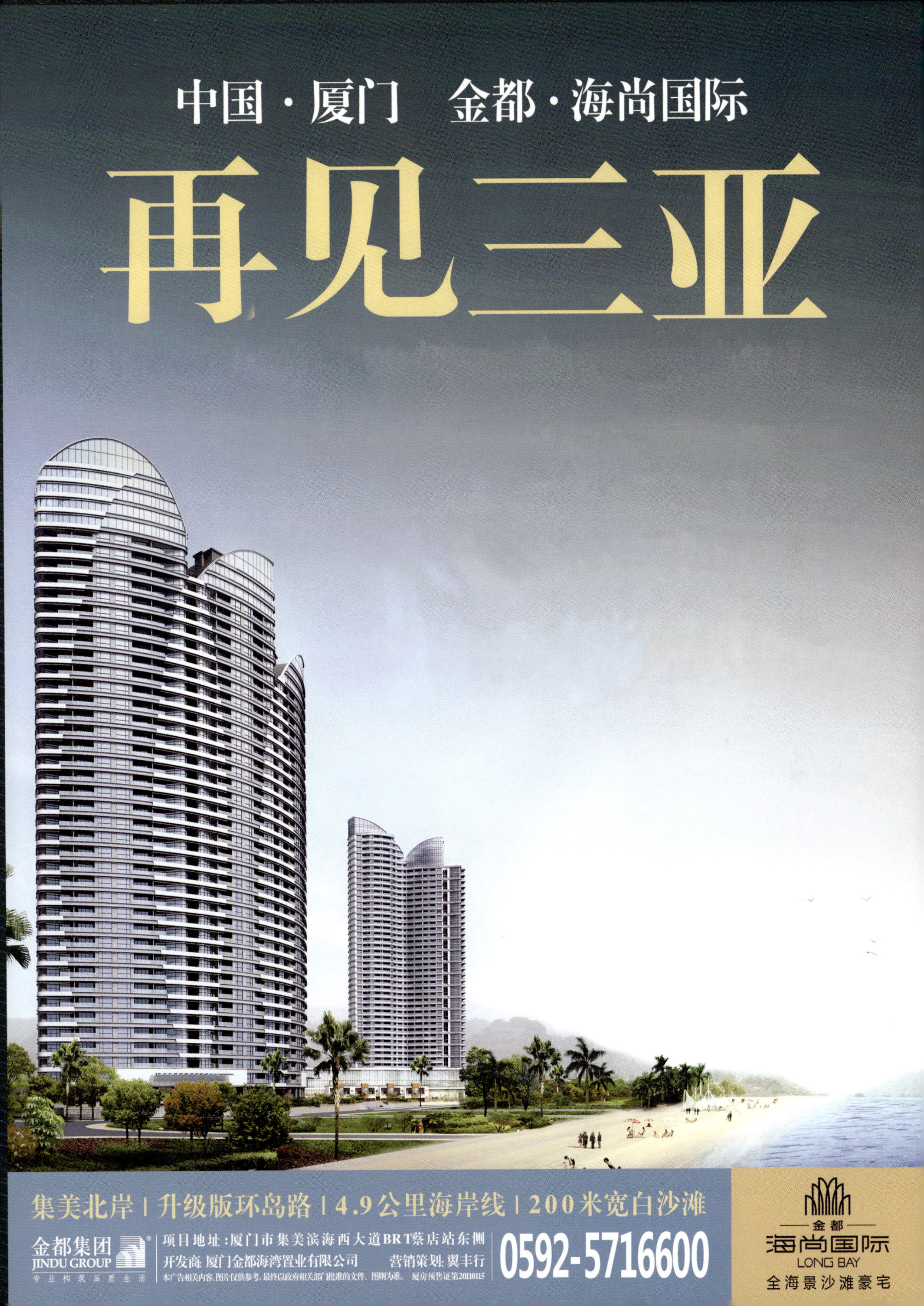

中国·厦门　金都·海尚国际

再见三亚

集美北岸 ｜ 升级版环岛路 ｜ 4.9公里海岸线 ｜ 200米宽白沙滩

金都集团　专业构筑品质生活

项目地址：厦门市集美滨海西大道BRT蔡店站东侧
开发商：厦门金都海湾置业有限公司
营销策划：冀丰行
本广告相关内容，图片仅供参考，最终以政府相关部门批准的文件、图则为准。厦房预售证第20110115

0592-5716600

金都
海尚国际
LONG BAY
全海景沙滩豪宅

HS | Planning Architectecture Landscape Interior

康益·漢森

规划 建筑 景观 室内

www.hsarch.net.cn　020-83390004

董事长 沙励励

康益·汉森

- ● 2008年度CIHAF中国房地产设计行业杰出贡献奖.
- ● 2009年度CIHAF中国设计行业杰出贡献奖.
- ● 2010年度CIHAF中国设计行业杰出贡献奖.

该公司是汉森伯盛始创公司,自1993年成立以来,业绩骄人、广受赞誉,荣获2010年度CIHAF中国最具有影响力园林景观设计机构。该公司推行精英组合,采用香港及国际先进公司管理模式,聚集了国内外资深专业设计师下设规划设计组、建筑设计组、室内设计组、景观设计组、工程顾问组,竭诚为客户提供规划、建筑、室内、园林一站式国际水平的全专业服务,多专业全方位早期同时介入,更好地贯彻设计理念,统一风格,为业主节约成本,加快进度,更好的面对市场的挑战。

我们不仅提供具创意的设计、更重要的是提供客户实现目标的诚意和让设计经受时间考验的执着和使命感。创新、本原、互动使产品最优化,令成功业主更成功是我们的目标!

公司主页:www.hsarch.net.cn
公司邮箱:Hsarchnetcn@qq.com
公司电话:020-83390004

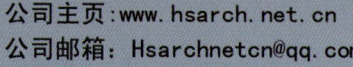

新增软装服务

陆易斯通集团

缔造国际生态城市建设与推广的领航者

LUISTONE GROUP

陆易斯通集团——卓越的生态城市运营商，国际生态城市建设与推广的领航者。专业的城市生态系统方案解决供应商，开创了中国生态城市建设与推广的里程碑。陆易斯通集团通过城市生态系统、低碳产业与循环经济、投融资和国际招商引资广泛地参与中国的城市建设，致力于中国生态城市的建设与推广。

陆易斯通集团荣获"中国具有社会责任民营企业"和【"里约+20"峰会"联合国秘书长办公室高级工作人员-国际绿色经济协会（IGEA）"中国绿色经济杰出贡献企业】荣誉称号。奠定了可持续发展在中国，可持续发展在陆易斯通，可持续发展在城市生态系统的基石。其后，集团在中国城镇建设过程中一贯秉承资源节约、环境友好、经济持续、社会和谐、创新引领五大建设行动目标，引领中国生态城市的建设和推广。在合作伙伴的眼里，陆易斯通集团属实干派，给别人注入已干、敢干、真干、先干、全干的低碳作为，是为政府打造亲商、利商、留商、暖商、敬商、懂商、悦商新法宝。

陆易斯通以生态文明思想指导经济建设，以生态城市建设与推广的理论建设国家，以城市生态系统的方法指导建设作为该公司行动目标。陆易斯通人在生态文明建设理论的指导下，致力于中国国际生态城市建设与推广，向城市综合运营的多元化发展，融合国外先进的生态城市建设理念，打造中国特色的生态城市建设模式。陆易斯通为加快中国小城镇发展和社会主义新农村建设注入了更强劲的动力，引领国人走向社会主义生态文明新时代，树立了国际生态城市建设与推广的领航者的良好形象。挖掘土地的潜质，升华城市的价值，倾力打造国际生态城市建设与推广的品牌。

陆易斯通集团目前在四川省都江堰市崇义镇场镇改造建设开发项目中，以"十二五"为规划目标，通过转方式，调结构的方式使崇义镇达成国际生态田园城市建设示范乡镇的目标。将官家花园的单一性文物地产转变为以官家花园商业地产为主的复合产业集群。以官家花园文化产业为重点大力发展第三产业。以文化产业带动整个崇义镇产业集群实现都江堰小城镇跨越发展，最终扩张到整个西南地区。继而又在黑龙江省安达市古大湖国家湿地公园建设开发项目，通过古大湖国家湿地公园的保护开发与利用建成同纬度的生态物候区、北中国湿地寒流温泉和哈大都市圈的休闲胜地。同时我们以古大湖建设开发为依托推进安达重要节点的城镇发展，增强哈尔滨大都市圈辐射带动能力。黑龙江省绥化地区兰西县榆林镇粮库地块建设开发项目，通过榆林镇粮库地块的建设开发推进榆林镇的城镇化建设，以大榆林经济区的辐射能力为支撑，带动兰西成为哈尔滨卫星城（区），构建哈尔滨大都市圈。进而拉开东北地区生态城市建设与推广的帷幕，形成贯穿南北的枢纽。

中国生态城市建设与推广是一条漫长的道路，通过点、线、面；短、中、长期的可持续发展。我们预计通过20年的努力实现中国生态城市的建设与推广，并向2032年"里约+20"献礼！伟大的时代国人自强不息，祖国磅礴复兴，陆易斯通人气指山河上下，描壮丽之城池，筑秀美之家境，引华夏绿色革命，领环球生态中国。

蒙娜丽莎 MONALISA
瓷砖·薄瓷板·瓷艺

国家首批"资源节约型 环境友好型"创建试点企业
承担"十一五"国家科技计划支撑重点项目
业内2010上海世博会特许生产商
国家建筑材料科技进步一等奖
广东省工业旅游示范单位

中国环境标志　　采用国际标准产品　　国家火炬计划重点高新技术企业　　ISO9001认证

广东蒙娜丽莎新型材料集团有限公司
地址:广东省佛山市南海区西樵轻纺城工业园　邮编:528211
电话:+86-757-86822683 86820366　传真:+86-757-86828138
网址:www.monalisa.com.cn　邮箱:monalisa@monalisa.com.cn

SG 南玻集团

— 中国建筑节能玻璃领航者

中国南玻集团股份有限公司成立于1984年，为中外合资企业。1992年2月公司A、B股同时在深交所上市，是中国较早的上市公司之一。经过近三十年的发展，集团已拥有总资产150余亿元，员工万余人，是中国玻璃行业具有竞争力和影响力的大型企业。

南玻集团主营业务涵盖浮法玻璃、工程玻璃、精细玻璃和太阳能产业。平板及工程玻璃是南玻集团最重要的品牌支柱产业，总部位于深圳蛇口，在深圳、东莞、天津、吴江、成都、廊坊、咸宁等地设有大型生产基地，产品涵盖多种类的建筑玻璃，包括：浮法玻璃、Low-E低辐射镀膜玻璃、热反射镀膜玻璃、中空玻璃、夹层玻璃、彩釉玻璃、钢化玻璃等，及由上述玻璃构成的各种复合玻璃产品。南玻集团引领着中国建筑节能玻璃行业的发展，节能玻璃深加工产能位居亚洲前列。

红外线屏蔽玻璃

建筑能耗的约50%是透过门窗产生，提高玻璃的节能性是降低建筑能耗的关键。南玻集团采用先进镀膜技术，率先在国内推出全新概念红外线屏蔽玻璃，可将炎热的太阳光过滤成冷光源。红外线屏蔽玻璃是当前世界建筑领域公认节能、符合人性需求的建筑玻璃，其优点体现在：

- 太阳红外热能直接透射比低，夏季隔热性能优；
- 更低的传热系数，冬季保温性能更好；
- 更高的可见光透射比，保证室内足够的自然采光；

中国南玻集团股份有限公司
地址：深圳市蛇口工业六路1号南玻大厦
电话：+86-755-26860666　　传真：+86-755-26860641　　网址：www.csgholding.com

本广告中所有数据均由本单位提供

盤山

主峰：挂月峰

三盘暮雨　　漱峡

雨后盘山云裳

盘山简介

盘山始记于汉、兴盛于清，是自然山水与名胜古迹并著，佛教文化与皇家文化相融的旅游胜地。早在唐代就以"东五台山"著称佛界，清康熙年间以"京东第一山"驰名中外，为中国十五大名胜之一。清乾隆皇帝曾32次游历盘山，为盘山留下诗文1702篇，并发出了"早知有盘山，何必下江南"的感叹。1994年国务院批准为国家重点风景名胜区，2007年被国家旅游局评定为国家首批5A级旅游景区。

盘山地处京津唐承交汇地带，位于京东60公里、津北100公里的蓟县境内，沿京平、津蓟高速公路可直达景区。盘山集幽林、古洞、奇峰、秀水于一身，已恢复开放了五大景区，三百余处景点。建设开通的入胜、云松、挂月三条客运索道和环保观光车，可将游人送达主峰--挂月峰。正门综合服务区的落成，为游客提供了一个具有皇家园林风范的休闲景地。

106平方公里的盘山风景名胜区，正以它那秀丽清幽的景色，古老迷人的传说，热情文明的服务，欢迎四海宾朋光临！

地址：天津市蓟县官庄镇
电话：4001-06-4001
网址：www.chinapanshan.com

融侨集团
为居者着想　为后代留鉴

2013中国房地产
开发企业500强测评
第25名

融侨
福建房企品牌领航者！

2013中国房地产开发企业品牌价值 TOP 50

2012中国房地产企业销售金额 TOP 50

官方网站：http://www.rongqiao.com

排名来源于中国房地产研究会、中国房地产业协会与中国房地产测评中心联合发布的
《2013中国房地产开发企业500强测评研究报告》

上海后滩

西藏南路越江隧道

上海市城市建设设计研究总院

春华秋实五十载，风劲扬帆正当时。值城建总院50周年华诞之际，必将承几代设计人的梦想与追求，胸怀对设计事业的虔诚与热爱，锐意进取，领科研技术之先，创设计成果之新，打造国内一流以勘察设计为主的咨询单位，让城市响应未来！

苏州现代有轨电车1号线工程2-x

上海浦东国际机场主进场路及航站区道路工程

济阳路立交

南昌朝阳大桥

沈阳建筑大学建筑设计研究院
Architectural design and Research Institute of Shenyang Construction University

单位：沈阳建筑大学建筑设计研究院　　地址：沈阳市东陵区（浑南新区）浑南东路9号
网址：http://jzsj.sjzu.edu.cn　　　　　邮箱：sjd24507799@163.com
电话：024–24507799　　　　　　　　传真：024–24506333

云海汽车公园-YJNK

辽中港湾度假酒店

辽宁法库县辽风小镇街口

辽宁省环保科技服务中心

圣戈班伟伯 全球瓷砖铺贴专家

伟伯，预拌砂浆行业的世界领导者，在全球多个国家为您提供新建及翻新的建筑方案

伟伯建筑方案

伟伯专业瓷砖铺贴系统

伟伯多效地坪处理系统

伟伯外墙整体解决方案

伟伯全球分布

- 来自不同国家或地区的公司在伟伯品牌的旗帜下统一运作
  - 在多个国家我们拥有上百家的工厂支持庞大的销售网络

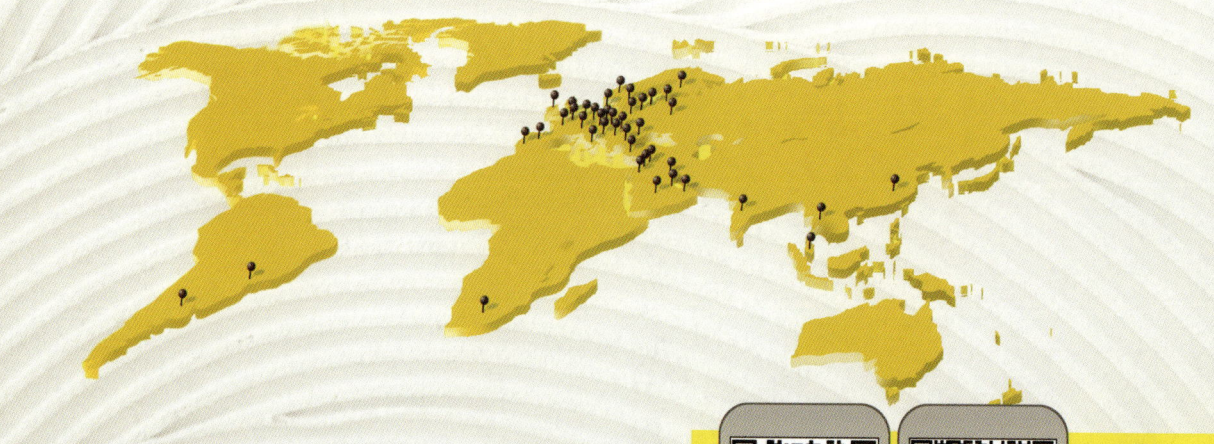

 iPhone    android

伟伯如影随形
手机拍摄二维码了解更多信息

瓷砖铺贴 天赋尽现
www.weber-china.cn

圣戈班伟伯绿建筑材料（上海）有限公司　　地址：上海市延安东路550号海洋大厦1816-1818室
电话：+86（0）21 63618869　　传真：+86（0）21 63618200

同化 追求卓越

COMPANY INTRODUCES

国际先进水平　国内领先水平　节能环保　防火保温

烟台同化防水保温工程有限公司
YANTAI TONGHUA WATERPROOF & THERMAL INSULATION ENGINEERING CO.,LTD.

烟台同化防水保温工程有限公司成立于1997年，注册资金2100万，是一家集科研、生产、设计、施工为一体的高新技术企业、山东省工程技术研发中心，是国家标准《硬泡聚氨酯保温防水工程技术规范》（GB50404---2007）的主编单位之一。具有建筑防水和防腐保温工程二级资质、建筑装饰装修三级资质、机电设备安装三级资质，信用等级AAA企业。多年来公司先后被评为山东省高新技术企业、山东省工程技术研发中心、山东省级重合同守信用企业、山东省优秀民营科技企业，被建设主管部门评为中国建设科技自主创新优势企业(保温装饰一体化)，自2009年起"同化"商标连续多年获得山东省著名商标。

公司拥有先进的检测仪器和一流的生产设备。公司严抓质量管理，注重环境保护和节约能源，并顺利通过了ISO9001:2008国际质量管理体系、ISO14001:2004环境管理体系认证、康居产品认证和中国环境标志认证。公司依托高新技术产品的优势迅速发展，取得"预制硬泡聚氨酯复合板系"、"硬泡聚氨酯复合板及其生产工艺"、"硬泡聚氨酯复合板外墙外保温系统制作方法"（200510044565.0）等十多项专利，并组建了山东省建筑物防水保温装饰工程技术研究中心，现已开始运行。公司先后荣获山东省建设技术创新二等奖、科技成果推广项目、全国保障性住房建设用材优秀供应商、中国专利山东明星企业、山东省节能奖、山东省建设科技创新奖、山东省节能产品50强等系列荣誉，并有两项技术成果获国家级火炬计划项目，一项成果获山东省星火计划项目。公司先后承接了国务院国管局部级宿舍楼、人民大会堂宴会厅、万人大礼堂、国家机关楼外墙外保温工程等国家大型建筑屋面防水；山东、吉林、黑龙江等地国家粮食储备库（近200个库点，100多万m²）屋面防水保温工程；山东、浙江、江苏等全国各地的大型居民小区屋面及外墙保温工程，并顺利我地完成任务。公司同时还为烟台市著名楼盘如银河怡海天越湾、桃源一品、天马相城、西海岸、海港小区、烟台日报社、烟台火车站等提供了保温节能工程施工服务。优秀的产品质量让同化获得了社会各界领导和用户的高度赞誉。

公司主要产品有：TH硬泡聚氨酯复合板、TH柔性装饰砖、TH磁石漆、现喷TH硬泡聚氨酯以及其他配套产品。

多年来，同化人一直秉承"诚信创新、用户满意"的企业宗旨，愿和社会各界新老朋友携手合作，为中国的建筑节能事业做出自己更多的贡献。

地址：烟台市福山高新技术产业区永达街591号
热线：0535-6302259　0535-6302799-8109
传真：0535-6303259
网址：www.yt-tonghua.com
邮箱：tonghua@163169.nets

工程案例

人民大会堂屋面防水保温

江苏太仓高尔夫湖滨花苑

南京汇杰新城保障房

南京岱山保障房

大连颐和星海

大连红星美凯龙

济南恒大名都

青岛鲁商首府

烟台火车站

武汉市墙体材料改革办公室
武汉市建筑节能办公室
武汉市化学建材推广应用办公室

武汉市墙体材料改革办公室简介

武汉市墙体材料改革办公室成立于1996年。与此同时，武汉市建筑节能办公室、武汉市化学建材推广应用办公室一并挂靠市墙体材料改革办公室，形成"三块牌子"一套班子，并隶属市城建委。

武汉市墙体材料改革办公室服务宗旨

服务宗旨：依法办事，公正廉洁，业务精通，提高效率；工作严谨，纪律严明，精心组织，科学管理；团结协作，顾全大局，爱护公物、文明办公。

武汉市墙体材料改革办公室改革成果

近年来，武汉市墙体材料改革办公室获得领导部门授予的"文明单位"称号，湖北省"十一五"建筑节能与墙材改革先进单位、"群众满意基层站"、"武汉市五一劳动奖状"、"武汉市卫生先进单位"等称号。武汉市墙改办还建立了办公室计算机局域网，开通了"武汉墙体节能"网站（www.whqgjn.com），进一步实现了办公自动化。

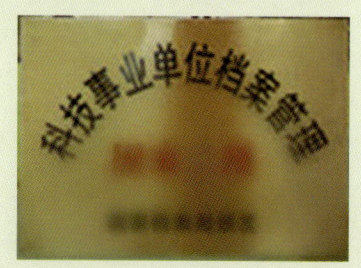

国家住宅产业化示范基地落户新疆华源集团

创立于1994年的新疆华源集团，是集房地产开发、城市供热、建安施工、矿产能源、物业管理、幼儿教育为一体的多元化集团型企业。目前集团资金实力雄厚，为自治区税收做出突出贡献。华源集团先后被授予"中国优秀民营企业"、"中国房地产诚信企业"、"中国房地产开发100强及综合发展、发展潜力十强、企业创新能力十强"、"全国双强百佳党组织"、"全国双爱双评先进企业"、"全国民营企业文化建设先进单位"、"全国安康杯优胜企业"、"开发建设新疆奖状"、"自治区级文明单位"，被自治区、乌鲁木齐市委、市政府评为"AAA级房地产开发企业"、"纳税突出贡献企业"、"守合同重信用企业"。

十八年来华源集团始终把"营造精品，回报社会"作为企业的使命，先后开发建设华美-文轩家园、华源-博瑞新村、华源-博雅馨园等十多个规模化精品住宅小区，所开发建设的住宅产品已成为了新疆地区乃至全国的住宅典范，目前累计开发面积达上百万平方米，年开发量位居新疆前列。

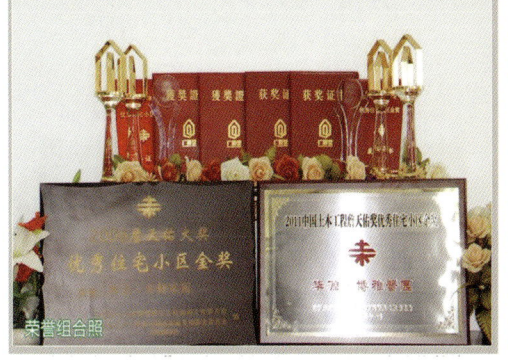
荣誉组合照

国家住宅产业化基地落户新疆华源集团

不仅如此，在制药领域，华源集团立足新疆地域优势资源，致力于民族药品种的研究和开发，目前集团旗下的新疆银朵兰维药股份有限公司已成功开发各类维药品种11个，并打造出全国维药产品。在城市供热领域，集团旗下的乌鲁木齐市华源热力股份有限公司积极响应国家"节能减排"号召，全力推进新疆"蓝天工程"和清洁能源改造项目的实施。与此同时集团所属的乌鲁木齐新城建筑工程有限公司、乌鲁木齐华源物业管理有限公司、新疆华源金太阳幼儿教育有限公司三大关联产业始终保持各自领先的行业优势，为华源集团的品牌建设提供了有力的保障。

自2010年开始集团房产实现跨区域发展战略，先后在五家渠市、库尔勒市、阜康市、奎屯市全面投资开发建设华源-贝岛逸轩、华源-贝岛语城、华源-圣地欣城、华源-阜景源，累计示范面积达数百万平方米，全面推动了区域覆盖示范带动效应。2012年，被建设主管部门授予华源集团成为西北地区"国家住宅产业化基地"。

新疆"双百"全国绿色建筑示范工程——华源-博瑞新村

全国绿色建筑示范工程——华源-博雅馨园实景

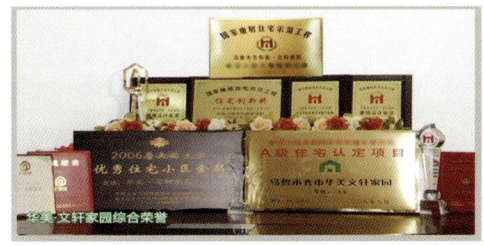
华美-文轩家园综合荣誉

集团于2006年建成的国家第58个康居、节能双示范工程——华美-文轩家园被誉为"引领西北地区住宅产业科技进步的典范"，获得由建设主管部门颁发的"规划设计金奖"、"建筑设计金奖"、"住宅产业成套技术推广金奖"、"住宅创新奖"、"2006中国詹天佑大奖优秀住宅小区金奖"、首届"中国广厦奖"等项大奖。集团所开发建设的"华源-国秀家园"、"华源-博瑞新村"、"华源-博雅馨园"更是精品小区的延续，分别通过建设主管部门住宅性能认定并获得"中国广厦奖"，至此华源集团公司成为全国一家连续五届获得广厦奖的企业。

绿色高品质住宅小区——华源-国秀家园

库尔勒市国家康居和绿色"双示范"工程——华源-圣地欣城

阜康市国家康居示范工程——华源-阜华景源

国家第58个康居、节能双示范工程——华美-文轩家园实景

新疆华源实业（集团）有限公司
公司地址：新疆乌鲁木齐南昌北路99号 邮编：830000
联系电话：0991-4550524 传真：0991-4554616
E-mail：web@xjhuayuan.com
网址：http://www.xjhuayuan.com

新疆四方建筑设计院有限公司

"新疆四方建筑设计院有限公司"成立于1993年1月1日，其前身为"乌鲁木齐经济技术开发区建筑勘察设计院有限责任公司"，2001年5月1日与"乌鲁木齐市建筑设计院"合并成立"乌鲁木齐建筑设计研究院有限责任公司"，2009年11月2日重新组建为"新疆四方建筑设计院有限公司"。

"新疆四方建筑设计院有限公司"具有建筑工程设计甲级、规划编制乙级、市政设计乙级等设计资质。

"新疆四方建筑设计院有限公司"现有职工238人，各类注册师35人；高级工程师33人，工程师49人，助理工程师71人，具有较强的高端人才优势。

该院在注重提高人才素质的同时，不断更新和完善技术装备，配置各种绘图机、彩色打印机设备、投影演示仪、内部局域网、计算机中心室等，真正实现了大规模计算机出图。

自建院20年以来，设计了大量的设计作品，内容涉及宾馆、医院、游泳馆、幼儿园、中小学建筑、纪念性建筑、住宅、居住区规划、残疾人建筑等，涌现出许多优秀作品。

该院具有一批优秀的设计人才。许多优秀设计师都曾获得过国家、自治区优秀设计奖，个人业绩在同行业中较强。其中有国家评比优秀奖、行业主管部门优秀设计三等奖、自治区优秀设计一等奖；二、三等奖多项。在他们的带领下，全院整体素质具有较强的竞争力，也使该院的平台在一个较高的层面上。

该院将抓住国家西部大开发的机遇，强化具有地方、地域特色的精品设计走原创设计的道路。本着"把顾客放在第一位、把荣誉放在第一位、把质量放在第一位、把服务放在第一位"的原则，努力为社会奉献更多、更好的设计产品。

新疆乌鲁木齐市水磨沟区安居南路70号中国万向招商大厦13层（830042）
70 ANJU SOUTH RD. SHUIMOGOU DIVESION, URUMQI&13TH FLOOR OF CHINA WANXIANG BUSINESS 830042
电话：0991-4614563　　传真：0991-4677309　　手机：13325535155

电话：0377-62206677 / 62206688
传真：0377-63803688
移动电话：13782195388
邮箱：yintongkeji@163.com
网址：www.nyyintong.com
地址：南阳市机场南路

手机直接拍摄二维码
可直接进入银通网站

银通·YT：
A级不燃墙体隔热保温系统

全国免费电话：400-633-7709

1 概述

YT无机活性保温隔热材料是以耐高温的天然无机轻集料为骨料，多种无机改性和无机固化材料，经过工厂化生产而成的单组份保温隔热材料。施工现场不需添加任何其他材料，只需加水搅拌，便可使用的无机环保保温隔热材料。

适用范围

YT无机活性保温隔热材料适用于全国各地区需冬季保温、夏季隔热的民用建筑和工业建筑，以及既有建筑节能改造的保温工程。

2 特点

YT无机活性保温隔热材料可采用有网保温系统，也可采用无网保温系统。YT无机活性保温隔热材料无网保温系统利用具有良好的粘结性能和抗裂性能，施工时可不需加设网格布和抗裂砂浆，直接在保温层上做涂料饰面和面砖饰面。YT无机活性保温隔热材料施工方便、造价低。施工操作与水泥砂浆抹灰使用方法相同，可用于不同墙体和其他部位，消防安全性能良好。

3 设计

YT无机活性保温隔热系统可应用于建筑物的外墙外保温、内保温、内外组合保温、楼梯间保温、分户墙保温、防火隔离带、楼地面、屋面保温及隔热。

4 施工

基层处理

1．墙面应清理干净、无污垢、无油渍、灰尘等。基层墙体应洒水湿润后做保温层。

材料配制

2．保温材料与水质量比1:1左右，根据不同地区，不同季节、不同基层墙体材质以及施工要求水份比适当调整，达到易于操作，搅拌3～5分钟材料达到均匀即可使用。

使用要点

第一遍厚度掌握在10mm左右，其后每遍掌握在15～20mm之间，一般保温材料厚度在40mm内二次批抹即可完成。当保温层完全固化后方可进行饰面层施工。15日左右可做面砖饰面；20日左右可做涂料饰面，涂料饰面应做防水腻子。

注意事项

1．YT无机活性保温隔热材料现场施工，严禁添加其他材料。
2．配置的浆料要随配随用，以两小时左右用完为宜，没用完的浆料严禁二次使用。

面砖饰面构造

◆ 实例图　　◆ 示意图

面砖饰面层
YT保温层
基层墙体

涂料饰面构造

◆ 实例图　　◆ 示意图

涂料饰面层
YT保温层
基层墙体

品牌

专注成就专业，品质铸造品牌

经营理念

加强质量规范管理；提升高效优质服务；迎合社会经济发展、造福于人类，贡献于社会

——以先进的绿色 安全 节能 适用技术贡献中国建筑节能事业

黑龙江万吉华府　四川中铁果壳里的城　江苏时代豪庭　万达广场　建业社区　海岸壹号

永茂建机 YONGMAO

不断追求高尚品质

持续打造永茂品牌

抚顺永茂建筑机械有限公司

地址：辽宁省抚顺市顺城区援大路3号
电话：86-24-57648899
传真：86-24-57649999
网址：www.yongmao.com.cn
电邮：sun@yongmao.com.cn

工程案例

澳门俊和威尼斯工程　　广州国际金融广场工程

首都机场工程工程　　成都万达广场工程

阿联酋阿布扎比写字楼工程　　中国国家大剧院工程

大连红沿河核电工程　　澳门水城工程

广东台山核电工程　　上海世贸大厦工程

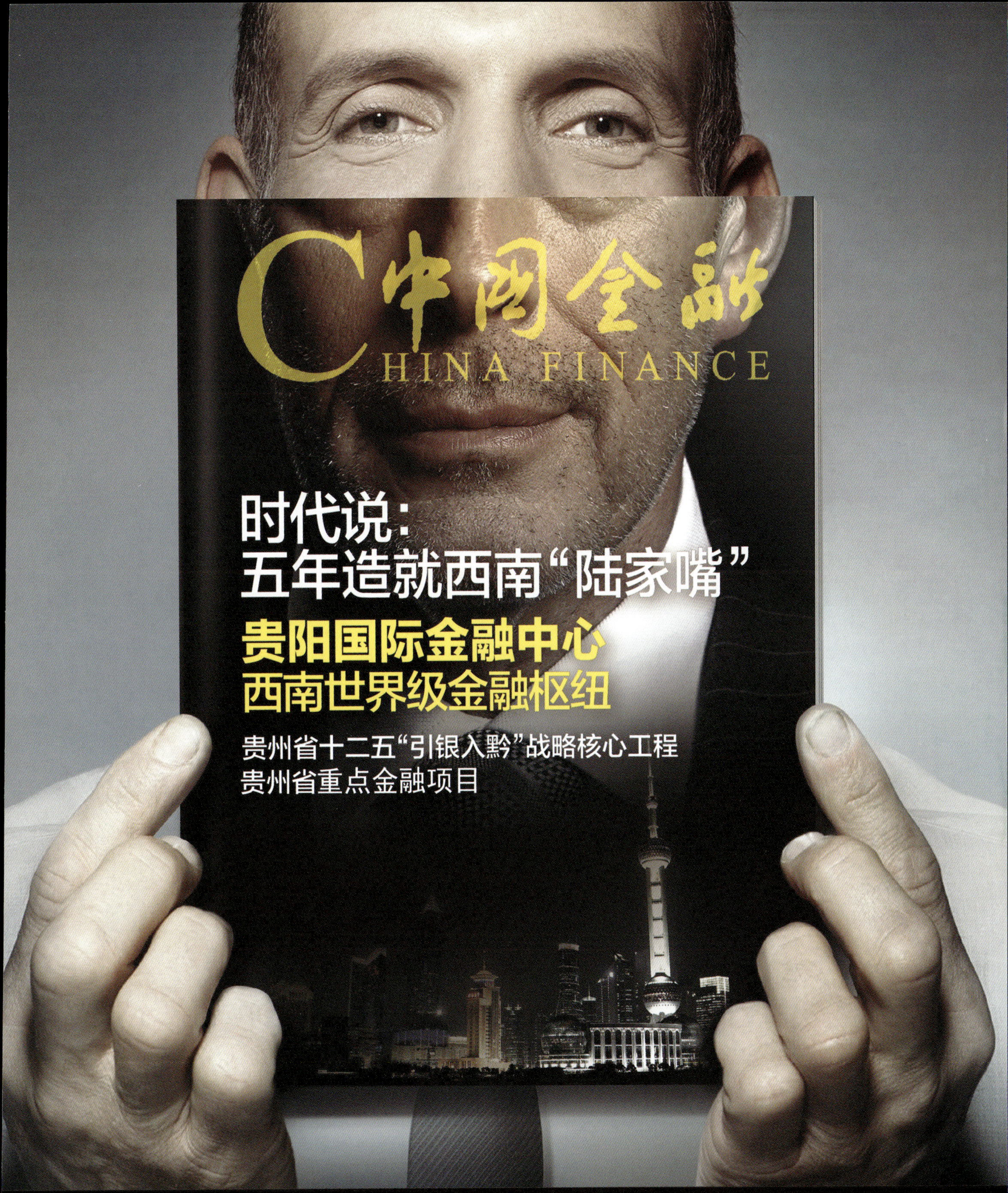
中国金融
CHINA FINANCE
时代说：
五年造就西南“陆家嘴”
贵阳国际金融中心
西南世界级金融枢纽
贵州省十二五“引银入黔”战略核心工程
贵州省重点金融项目

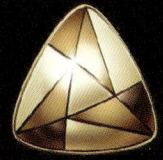

珠海兴业绿色建筑科技有限公司

湖南兴业光伏屋顶电站

深圳朗科大厦

中海大厦

大连博融

珠海兴业绿色建筑科技有限公司（以下简称"兴业绿建"）是中国兴业太阳能技术控股有限公司（港股代码：00750)的中国全资子公司。兴业绿建致力于绿色建筑领域的技术研究、方案设计、生产加工、工程安装及运行维护等，并从事大型太阳能光伏并网发电、微电网能源系统的开发、投资、建设和运营，及600多项大型系统工程的优良业绩。

兴业绿建秉承科技创新、持续发展理念，在传统幕墙工程的基础上，致力"环保"、"低碳"事业，将太阳能光伏技术融于建筑系统设计中，积极投身于光伏建筑一体化的研发和推广，承建的光伏项目达百余个，成为该领域的领军企业。近年来，公司积极响应国家推进基础设施建设的号召，发展铁路市场，已承接铁路站房工程50多个，并将光伏建筑一体化技术成功应用到铁路站房项目中。公司同时大力发展海外市场，将业务拓展至中东、北美、澳洲等国家和区。

兴业绿建作为"光伏建筑一体化"推荐承建商，业已承建了大批"可再生能源示范"、"光电建筑"和"金太阳示范"工程，得到了相关部门的积极肯定，也得到了建筑设计、新能源利用方面的专家以及项目业主的高度评价。凭借领先的技术优势，公司参与了多项太阳能光伏发电行业相关标准和图集的制定。

金鼎园区屋顶加蓝

提效率　保安全
交易登记再扬服务新风

广州市房地产交易登记中心简介

广州市房地产交易登记中心暨广州耕地储备指标交易中心，是主管部门属下参照公务员法管理的正处级事业单位，主要承担以下工作任务：（一）负责广州市土地使用权交易和房屋交易权属管理工作；（二）负责房地产登记簿的生成和动态维护；（三）受广州市国土资源和房屋管理局的委托，负责对广州市行政区域范围内申请登记房地产依法进行审查、确认房地产权属并核发房地产证工作；（四）负责组织本行政区域内的耕地储备指标公开交易活动；受广东省人民政府土地行政主管部门委托，承担广东省内跨地级以上市的耕地储备指标交易机构职能。

中心为广大人民群众提供优质、高效、便捷的公共服务。中心办证大厅每天接待群众约3000人次，全市年均共核发房地产权证约50万本，办理房地产交易金额达2000多亿元，在广州市保民生、促发展中发挥着举足轻重的作用。中心工作成效得到了各级领导和社会各界的肯定，先后获得"全国房地产交易与权属登记规范化管理先进单位"、"第十届全国职工职业道德建设先进单位"、"全国建设系统先进集体"、全国"工人先锋号"、"2011~2012年度青年文明号"、"广东省职工职业道德建设先进单位"、"广东省五一劳动奖状"、"广东省青年文明号"、"2009~2011年度广州市先进集体"、广州市"先进基层党组织"等多项荣誉。

工人先锋号奖牌

交登中心获精神文明建设先进单位

企业大门

优服务　提效率　保安全

近年来，中心秉承"心系百姓，服务民生"的理念，不断创新管理模式，拓展特色服务——

一、拓展服务平台，提升服务质量

该中心改被动服务模式，推主动服务新招，大大延伸服务空间，陆续推出服务进社区、现场预约、短信告知、网上申办等，通过立体化、全方位的服务，让市民办证更省心。

二、优化服务流程，提高服务效能

该中心在确保交易登记安全的前提下，一方面在中心内部大力推行"无纸化审核"，进一步提高登记质量和登记效率；另一方面通过推出全市通窗办案、"一站式服务"、"一窗式服务"，减少市民往返奔波，让市民办证更轻松；再一方面以"即办即取"为目标，全面梳理登记业务环节，深入推进业务流程及信息系统的优化整合，致力于缩短市民办理房地产交易登记业务的时限，让服务更高效、便捷。

三、利用科技手段，保障登记安全

该中心通过启用身份证识别器，与关联职能部门信息互联共享，推行房地产权证设置密码以及指纹肖像加密等手段，不断提高房屋登记的安全性，切实保障市民房地产权益，让交易更放心。

"服务进社区"系列活动 富力小区现场咨询

中心党委书记　于雪银

中心主任　伦小伟

中孚泰

大剧院建设专家与领导者

- 国家《剧院设计规范》参编单位之一
- 建国以来十大优质剧院贡献六座
- 《剧场工艺安全技术要求》参编单位之一
- 建国以来三佳声效剧院贡献两座

▶ **广州大剧院** 中国三佳声效剧院

▶ **武汉琴台音乐厅** 我国较好的音乐厅

▶ **大连国际会议中心** 中国三佳声效剧院

▶ **哈尔滨大剧院** 中国自然声剧院先驱

中国十大优质剧院中孚泰参建六座

中孚泰
深圳市中孚泰文化集团
中国声学装饰科学研究院

总部：深圳市福田区八卦四路中浩大厦8F、13F
电话：0755-2215 9999　传真：0755-2221 9123
欢迎关注中孚泰官方网站：www.szzft.com

中孚泰官方网站
中孚泰官方微信
www.szzft.com　扫一扫，立即关注